KB041794

제2판

공정거래법

이 봉 의

박영사

제2판 머리말

공정거래분야 전문가들의 과분한 성원에 힘입어 지난 2022년 3월 초판이 발행된 지 약 1년여 만에 졸저인 「공정거래법」이 품절되었다는 소식을 듣고, 부랴부랴 서두른다고는 하였으나 저자의 건강상 이유로 예정보다 지연되어 이제야 제2판을 출간하게 되었다. 그 사이 우리나라에서는 대통령 선거가 있었고, 이례적으로 5년 만에 정권이 교체되었다. 새 정부는 자유시장경제의 가치를 중시하는 방향으로 국정을 운영할 것으로 표방하였고, 일부 성과가 나타나고 있는 것으로 평가되기도 한다. 다만, 해방 이후 급속한 산업화를 추구하는 과정에서 누적된 병폐는 우리나라의 정치·경제·사회 전반에 뿌리 깊게 남아 있고, 진정한 시장경제와 경쟁을 기반으로 하는 혁신경제로 나아가는 길은 매우 길고도 험난할 것이다.

자본주의적 시장경제는 그 나라의 정치·사회질서는 물론이고 역사·문화와 무관하게 작동하는 것이 아니라 시장경제를 뒷받침하는 여타 질서의 토대 위에서 발전한다. 공정거래법의 실효적 집행만으로 시장경제가 꽃피울 수 없는 이유이다. 지난 20여 년간 우리나라에서 유독 '경제민주화'나 '공정' 또는 '공정경제'가 회자(膾炙)되었던 것도 결국은 한국형 시장경제의 역사적 발전과정에서 '공정'이라는 가치가 그만큼 훼손되었던 현실을 보여주는 하나의 징표로 이해할 수 있을 것이다.

다만, 작금에 우리가 직면한 커다란 문제는 지난 반세기에 걸쳐 정치이데올로기의 영향을 적지 않게 받아온 공정거래제도가 정작 급격한 경제환경의 변화에 적절히 대응하지 못하고 있다는 점이다. 1986년 체제에 머물러 있는 대기업집단 규제, 지주회사 규제의 방향성 상실, 플랫폼에 관한 경쟁정책의 부재 등 시대에 부합하지 못하는 법제도는 단지 그 정당성과 실효성을 의심받을 뿐만 아니라 오히려 공정하고 자유로운 경쟁질서를 위태롭게 한다는 점에서 꾸준히 그 변화를 모색하지 않으면 안 된다.

본래 시장과 경쟁은 매우 복잡다양하고 예측하기 어려운 속성을 지니고 있다. 이처럼 변화무쌍한 시장과 경쟁에 대응하는 기업의 전략 또한 복잡하고 매우 가변적일 수밖에 없다. 따라서 시장과 경쟁의 본질 및 그에 대응하는 기업전략의 복잡·다양성을 제대로 이해하지 못하고 행해지는 법집행은 그 자체가 바로 시장경제의 적(敵)이 될 수 있는 점에서 모두가 경계하지 않으면 안 된다. 무릇 공정거래법의 해석·적용은 시장에서 경쟁에 직면한 인간과 기업의 복잡한 이해관계와 동기에 대한 종합적인 이해를 기초로 삼아야 하는 것이다. 공정거래법 제2판은 저자의 이러한 문제의식을 이어가면서, 2023년 10월 말까지 제·개정된 법령과 대법원 판결을 최대한 반영하고자 하였다. 그러다 보니 책의 면수도 늘어났다. 방대한 분량을 살펴보는 과정에서 구석구석 맘에 들지 않는 부분이 적잖이 눈에 띄었으나, 세세한 부분을 포함한 전면적인 개정은 다음 기회로 미루기로 하였다.

제2판을 준비하는 과정에서도 제자들의 도움을 많이 받았다. 대법원 재판연구관인 허승 부장판사는 불공정거래행위 부분에 관하여 새로운 판결과 함께 유익한 조언을 주었고, 서울대학교 경쟁법센터의 선임연구원인 윤경원 변호사는 개정 법령을 찾아 반영해주었으며, 서울대학교와 전북대학교에서 경제법을 강의하는 정주미 박사와 한창 박사논문을 쓰고 있는 오준형 미국변호사는 막판에 목차와 색인을 비롯하여 전체적인 교정작업을 맡아주었다. 모두에게 진심으로 감사하며, 이들에게 늘 학운이 함께 하길 바란다.

끝으로 최근 출판계에 변화와 혁신을 시도하고 있는 박영사의 안상준 대표와 임재무 전무, 그리고 방대한 편집작업을 잘 마무리해준 이승현 차장께도 깊은 감사의 마음을 전하고 싶다.

2023년 11월
관악에서
이 봉 의

머 리 말

저자는 경제법을 대학원에서 처음 접한 1990년으로부터 10년이 지난 2000년 2월 독일에서 박사학위를 받았고, 2001년부터 현재까지 20여 년을 대학에서 경제법을 연구하고 가르치며 지내왔다. 전체적으로 30여 년을 경제법과 지내오면서 이제야 공정거래법 단행본을 출간하게 되었다. 당초 공정거래법을 집필하기 시작한 것은 2006년 무렵이었으나, 타고난 게으름과 번잡한 일들로 인하여 이제야 빛을 보게 되었다. 2020년에 연구년을 맞아 2월 초부터 독일에 체류하면서 야심차게 미뤄두었던 책작업을 진행하고자 하였으나, 유럽 내 코로나19의 확산으로 불과 두 달 반 만에 조기 귀국하면서 뜻을 이루지 못하였다. 그러던 차에 같은 해 12월에 공정거래법 전부개정안이 국회를 통과하였다. 40년 만에 이루어진 첫 번째 전부개정이어서 내용과 체계, 무엇보다 조문번호가 대폭 바뀌었다. 전부개정법은 2021년 12월에 시행될 예정이어서 당초 예정대로 2021년 상반기에 출판을 하자니 고민이 앞섰다. 시행령이나 고시 등 하위규정의 개정이 언제까지 이루어질지 예상하기도 어려웠다. 고민 끝에 출간이 지연되더라도 전부개정법과 2021년 12월 말까지 개정된 법령을 모두 반영하기로 하고 다시 보완작업을 진행하였으며, 2022년 1월 중순에야 책작업이 마무리되었다.

이 책은 분량과 내용 면에서 주로 연구자와 실무가를 염두에 두고 집필되었다. 무엇보다 로스쿨 교재는 국내에 이미 몇 권이 출간되어 있는 반면, 주석서(註釋書)가 거의 부재한 우리나라의 상황에서 향후 공정거래법에 대한 관심은 연구자와 실무가가 주도할 수밖에 없다는 판단에 따른 것이다. 뿐만 아니라 대학원에서 공정거래법을 전공하는 석·박사과정 학생들에게는 교과서 수준 이상의 이론서가 필요하고, 이들이 빠른 기간 내에 그간 축적된 국내외의 연구성과를 습득할 수 있어야 우리나라 경제법학계의 국제경쟁력도 높아질 것으로 판단되었다. 공정거래법의 위상이 높아지고, 공정거래사건, 특히 과징금 부과 건수와 건별 부과금액이 대폭 늘어나면서 공정거래위원회의 처분에 대한 사법적 통제가 더욱 중요하게 되었고, 경제이론이나 정책적 판단 못지않게 동법의 목적에 부합하는 합리적인 해석론이 차지하는 비중이 커지게 되었다는 점도 이론과 실무를 결합한 체계적인 해설서를 집필하게 된 배경이다. 우리 사회 전반에 공정거래법에 관한 관심이 높아졌고, 공정거래위원회의 법집행이 활발해지면서 대기업을 중심으로 전담 사내조직이 늘어나고 있는 상황에서, 사내변호사의 업무에 구체적인 지침을 줄 수 있는 전문서를 제공하겠다는 의도도 반영되었다.

이러한 배경 하에 최근까지 국내외의 학계와 실무에서 축적된 성과, 즉 다양한 법리와 학설 및 판례를 최대한 반영한 이론서이자 실무서를 집필하게 되었다. 본서의 특징이라면 다음 몇 가지를 들 수 있다. 첫째, 집필과정에서 단순한 조문해설이 아니라 개별 조항의 입법취지와 연혁 및 체계적이고 합리적인 해석론을 모색하고자 노력하였다. 둘째, 경제법이 기술적(technical)이라거나 무미건조한 학문이라는 선입견을 줄여보고자 하였고, 이를 위하여 다툼의 소지가 큰 쟁점들에 대해서도 저자의 주관적 가치판단을 드러내는 데 주저하지 않으려고 노력하였다. 셋째, 저자 나름의 가치와 철학을 기초로 우리나라의 공정거래법 체계를 구축하고자 하였다. 경쟁법을 선도해온 외국의 입법례를 참고하면서도 가급적 우리나라의 역사와 문화, 산업의 특성을 고려하고, 우리나라에 고유한 문제의식과 이를 해결하기 위한 법리구성에 지면을 할애하고자 하였다.

학문이란 끊임없이 무지(無知)를 알아가는 과정이어서 거창한 계획에도 불구하고 집필하는 내내 저자의 부족한 부분만 눈에 띄었다. 여전히 미흡한 부분은 개정판에서 최대한 메우고자 한다. 판을 거듭하면서 공정거래법의 역사와 해석론, 법리와 정책을 통합한 나름의 체계가 완성되어 갈 것으로 기대한다.

무릇 모든 학문분야가 그러하듯이 선구자격인 학자들의 헌신과 뛰어난 성과 없이는 그 어떤 후속작품이 나올 수 없다. 무엇보다 저자를 경제법이라는 너무나도 흥미로운 세계로 안내해주신 권오승 명예교수님(대한민국 학술원 회원)과 저자의 독일 유학시절 지도교수로서 학자의 엄중한 자세를 몸소 보여주신 Mainz 대학의

Meinrad Dreher 교수님께 진심으로 감사드리며, 이분들의 건강을 진심으로 기원한다. 본서의 집필과정에서는 제자들의 도움을 크게 받았다. 유영국 박사(한국공정거래조정원)는 시장지배적 지위남용과 사업자단체의 금지행위 등, 박현규 전 사무관(공정거래위원회)은 경쟁제한적 기업결합, 강지원 박사(국회입법조사처)는 부당한 공동행위, 박세환 교수(서울시립대학교)는 불공정거래행위, 박준영 박사(서울대학교 경쟁법센터 객원연구원)는 집행 및 절차에 관하여 초고를 꼼꼼히 보완해주었고, 정주미 박사(서울대학교 강사)와 오준형 선임연구원(서울대학교 경쟁법센터)은 책 전반의 각주 및 교정작업을 도맡아 처리해주었다. 제자들의 헌신적인 도움이 없었더라면 아직도 탈고를 하지 못하였을 것이다. 이 자리를 빌어서 이들의 학운을 기원하며 깊은 감사의 마음을 전한다. 녹록치 않은 출판상황에서 상업성도 없는 책의 출판을 기꺼이 맡아준 박영사, 특히 임재무 상무님과 이승현 편집팀장님께도 고마운 마음을 감출 수 없다.

2022년 1월
관악에서
이 봉 의

〈주요목차〉

제 1 편 공정거래법의 이론적 기초

제 2 편 공정거래실체법

제3편 공정거래법의 집행

〈세부목차〉

제1편 공정거래법의 이론적 기초

제1장 경제법의 개념과 체계

제 2 장 경쟁이론과 경쟁정책

제 2 편 공정거래실체법

제 1 장 공정거래법 총설

제 2 장 공정거래법의 적용범위

제3장 시장지배적 지위남용의 금지

제4장 경쟁제한적 기업결합의 제한

제5장 경제력집중의 억제

제 6 장 부당한 공동행위의 제한

제 7 장 불공정거래행위의 금지

제8장 부당지원행위와 부당한 이익제공의 금지

제9장 재판매가격유지행위의 제한

제10장 사업자단체의 금지행위

제11장 적용제외 및 지식재산권의 행사

제3편 공정거래법의 집행

제1장 공정거래절차의 전담기구: 공정거래위원회

제 2 장　공정거래사건의 처리절차

제3장 불복의 소

제 4 장 민사절차

제5장 형사벌

제6장 보 칙

제 1 편

공정거래법의 이론적 기초

제 1 장

경제법의 개념과 체계

제 1 절 경제법의 태동과 개념론

Ⅰ. 경제법의 연원

경제법(經濟法)에 관한 최초의 논의는 19세기 후반 독일에서 폰 쉬타인(Lorenz v. Stein)이 1865년부터 1884년에 걸쳐 모두 8권으로 저술한 행정학(Verwaltungslehre)[1]이라는 책에서 비롯되었다. 그는 무엇보다 사회국가(Sozialstaat)에 관한 논의를 전개하면서, 경제에 대한 국가개입의 근거를 제시함으로써 경제법의 본질적인 속성에 접근한 것으로 평가받고 있다. 1880년부터 1920년까지 약 40년의 시기는 독일이 '경제'라는 현상으로 특징지울 수 있는 산업화사회를 경험하게 되면서, 종래의 판덱텐체계(Pandektistik)에 입각한 물권법이나 채권법과는 다른 새로운 법형식이 요구되었다.

종래의 공·사법 이원론에 입각한 법체계로는 급격하게 변화하는 경제생활을 법규범에 제대로 반영시킬 수 없었고, 19세기 후반의 급속한 산업발전에 따라 발생한 여러 가지 문제는 국가의 포괄적인 개입을 초래한 반면 이러한 개입에는 아무런 규범적 정당성도 찾을 수 없었던 상황에서 등장한 것이 바로 경제법이라는 영역이었다. 특히, 1914년에 발발한 제1차 세계대전과 그에 따른 전시경제(戰時經濟)는 독자적인 경제법이 형성되는데 결정적인 촉매로 작용하였다. 당시 전쟁수행이라는 특수한 목적을 지향하는 특별법의 탄생은 전통적인 공·사법 구분의 장벽을

1) Lorenz von Stein, Die Verwaltungslehre, Bd. 8, 1884. 쉬타인은 Jena 대학에서 법학을 공부하고, 당시 독일 역사법학(historische Rechtslehre)의 본거지였던 Kiel 대학에서 교수자격논문을 쓴 후 1846년부터 동 대학에서 교편을 잡았다. Schleswig-Holstein 영유권 분쟁에서 독일 측에 가담하였다고 1852년 해직되고, 그 후 1855-1885년까지 오스트리아 Wien 대학에서 국가학 교수를 역임하였다. 현재 Kiel 대학에는 그의 이름을 딴 연구소가 설치되어 있다.

여지없이 흔들어놓았다. 경제법이라는 용어가 처음 사용된 것은 1918년 칸(Richard Kahn)의 '전시경제에서의 법개념'[2]이라는 논문으로 알려져 있으며, 누스바움(Arthur Nußbaum) 역시 전시경제를 목격하고 독일의 새로운 경제법이 갖는 특성을 국가개입이라는 현상에서 찾고자 하였던 것도 이와 같은 맥락에서 이해할 수 있다.[3]

그 후 경제법은 그 연구대상이나 사고 면에서 전혀 새로운 차원의 특별법으로 발전하였고, 각 대학에서 경제법이라는 강좌가 개설되고, 국가고시의 선택과목으로 정해졌다. 당시 경제법의 연구대상으로는 다음의 세 가지가 강조되었다. 첫째 사적자치에 의하여 특징 지워지는 전통적인 사법과 국가의 개입으로 특징 지워지는 경제법 간의 체계적인 연관성, 둘째로 국민경제의 원활한 조정과 기업활동 간의 기능적인 연관성, 끝으로 경제법에 고유한 특성을 부여하는 경제정신(經濟精神; Wirtschaftsgeist)의 관념이 바로 그것이다. 그에 따라 시장에 대한 국가개입의 유형과 그 범위, 기업의 행위와 시장 사이의 긴장관계 및 국가·기업·시장과 상호 연결되는 법영역으로서 경제법의 세 가지의 영역이 대두하였다.

그러나 독일에서 경제법의 이론적 빈약성과 미국식 실용주의적 사고(pragmatism)의 지배적인 영향에 의하여 현실에서 기능하는 경제법을 정립하는 작업은 만만치 않은 일이었다. 그 결과 1971~1972년에 이루어진 학제 및 국가고시 개편과정에서 각 주의 법무장관들은 시험과목에서 경제법을 폐지하였고, 그 대신 경제법의 주요 내용에 따라 경쟁 및 독점금지법, 회사법 등으로 시험과목이 세분화되었으며, 현재는 주로 강의나 세미나 또는 연구소의 명칭에서 경제법이라는 용어가 사용되고 있을 뿐이다.

현재 대부분의 나라에서도 아직 경제법이라는 법영역이 체계적으로 정립되어 있지 못한 상태이다. 그렇다고 하여 많은 나라에서 경제법이 존재하지 않는다거나 경제법이라는 용어가 사용되지 않는 것은 아니다. 오히려 경제법 현상은 예외 없이 모든 나라의 국민경제에서 목격할 수 있다. 법체계론적 사고라는 전통의 유무에 따라 경제법의 모습이 다르게 나타날 뿐인 것이다. 예컨대 영미법계에서는 대륙법계

2) Richard Kahn, Rechtsbegriffe der Kriegswirtschaft. Ein Versuch der Grundlegung des Kriegswirtschaftsrechts, 1918.

3) Arthur Nußbaum, Das neue deutsche Wirtschaftsrecht. Ein systematische Übersicht über die Entwicklung des Privatrechts und der benachbarten Rechtsgebiete seit Ausbruch des Weltkrieges, 1920.

와 달리 법체계론이 발달하지 않았기 때문에 경제법이라는 용어나 법영역은 존재하지 않고, 경쟁법·은행법·보험법·운송법 등 개별적인 법영역이 존재할 뿐이다. 다만, 국제경제법(International Economic Law)이라는 용어는 국제시장에서의 경제활동을 규율하는 범규범의 총체라는 의미로 영미법계를 포함하여 전 세계에서 비교적 널리 사용되고 있다.

Ⅱ. 경제법의 개념

1. 산업법설

"현상은 법에 앞선다." 경제법이라는 현상을 처음으로 인식한 것은 레만(Heinrich Lehmann; 1876~1963)이었다. 그는 경제법을 새로운 법영역으로서 산업법(産業法; Industrierecht)이라고 정의하면서, 이러한 법영역에서 제기되는 사회문제들은 무엇보다도 '산업'의 영역에서 발생한다는 점을 근거로 하였다.[4] 경제법이란 곧 산업사회에 고유한 법이라는 것이다. 산업법설은 경제법의 형성에 과도기적 역할을 수행하였으나, 당초 레만이 상정하였던 산업법이란 회사법, 은행·보험법, 특허법, 저작권법 등을 아우르는 것으로서 산업화에 따른 특별사법(特別私法)의 성격을 갖고 있었다. 여기서 그는 산업법의 핵심을 기업 내지 기업가의 활동에서 찾았으나, 법체계적인 중요성보다는 경제적·사회적 현상에만 착안함으로써 산업화에 따른 새로운 '법의 소재'(Rechtsmaterie)와 법적인 문제를 체계화하였을 뿐, 경제법은 여전히 종래의 법체계 밖에 위치하고 있었다.

이에 대하여 후버(Ernst Rudolf Huber)는 이러한 개념정의가 지나치게 협소하다고 비판하면서, 금융·농업부문 등을 예로 들면서 산업법에는 경제법을 특징지울 수 있는 그 밖의 사회적, 정치적인 변동이 함께 포함되어 있다고 하였다. 이러한 후버의 지적은 적어도 노동법의 경우에는 매우 타당한 것이었다. 그런데 경제법은 노동법과 같이 계급현상이라는 의미에서의 사회적인 긴장과 갈등만으로 특징지울 수 없으며, 예컨대 소비자보호는 레만이나 후버 모두 아직 생각하지 못했던 산업화의 문제로서 사회적 긴장과 갈등의 또 다른 표현이라고 할 수 있다. 따라서 문제는 사회적 긴장이나 갈등이 아니라 사회적·경제적 정의이며, 양자를 종합적으로 이해하

4) Lehmann Heinrich, Grundlinien des deutschen Industrierechts, in: FS Ernst Zitelmann, 1913, S. 1 ff.

는 것이 중요하다.

하이만(Ernst Heymann) 역시 산업법에 국한된 경제법의 개념에서 출발하였으나,[5] 그 후 법은 경제의 형식에 불과하다고 보았던 쉬타믈러(Rudolf Stammler)의 영향을 받아 경제법의 개념을 여타의 법영역으로부터 특히 경제적인 관점에서 추려낸 영역을 포괄하기 위한 총합개념으로 확대하였다.[6] 한편, 골드쉬미트(Levin Goldschmidt)는 산업법에 국한되지 않고 조직된 경제에 고유한 법을 경제법으로 보았으나,[7] 여전히 산업법적인 이해의 흔적이 남아 있다. 예컨대, 일반적으로 조직되어 있지 않은, 그러나 중요한 경제주체인 소비자들의 경제생활을 전혀 고려하지 않고 있다는 점이 그러하다.

2. 집성설

경제법을 경제관계에 대한 법규범의 총체로 파악하는 집성설(集成說; Sammeltheorie)은 초기 경제법의 개념론을 특징지운 대표적인 이론이다. 후버(Huber)는 일반 민법이나 특수한 경제관련 법률에서 경제법의 법원(法源)을 찾을 수 있다고 하였으며, 헤데만(Justus W. Hedemann)은 경제법을 경제정신(Geist der Wirtschaft)이 투영된 하나의 법체계로 보고,[8] 법 전체에 대하여 새로운 접근방법으로서 경제적인 접근방법을 주장하였다. 이와 유사하게 아이힐러(Hermann Eichler)도 경제란 그 자체가 특별한 법적 소재(素材)는 아니며, 규범의 대상이 될 수 없다고 하였다. 그에 따르면 경제법에는 법체계상 하나의 확립된 독립적인 지위가 부여될 수 없으며, 경제법이란 경제적인 관점에서 법을 체계화한 것에 불과하다.[9] 경제법을 경제와 관련된 법으로 보는 베스트호프(Emil Westhoff)도 기본적으로 이와 동일한 입장에 선 것이었다.[10] 이어서 다름쉬테터(Friedrich Darmstaedter)는 경제적 수요의 충족을 규율하고 이를 보호하는 법규범을 모두 경제법으로 이해하였는데,[11] 그 역시 민법이 경제와

5) Ernst Heymann, Die Rechtsformen der militärischen Kriegswirtschaft als Grundlage des neuen deutschen Industrierechts, 1921.

6) Ernst Heymann, Recht und Wirtschaft in ihrer Bedeutung für die Ausbildung des Juristen, Nationalökonomen und Techniker, Festgabe Rudolf Stammler, 1926, S. 205.

7) Hans Goldschmidt, Reichswirtschaftsrecht, 1923.

8) Justus Wilhelm Hedemann, Grundzüge des Wirtschaftsrechts, 1922, S. 7 및 Reichsgericht und Wirtschaftsrecht, 1929, S. 1 ff.

9) Hermann Eichler, Wirtschaftsrecht, 1950.

10) Emil Westhoff, System des Wirtschaftsrecht, Bd. I: Wesen und Grundlagen, 1926.

관련된 경우에는 경제법에 포함되는 것으로 이해하였다.

한편, 메르텐스(Joachim Mertens)는 경제정책상의 최적화 기준을 합리적으로 지향하지 않고는 정당하게 내려질 수 없는 법체계의 모든 결정을 경제법이라고 정의함으로써 상당히 개방적인 개념론을 전개하였다. 그에 의하면 경제법이란 경제정책에 대한 합리적인 지향 이상의 것이었다.[12] 단순한 실용주의적인 관점에서 한발 더 나아가 현상학적으로 경제법을 정의한 것은 바두라(Peter Badura)였는데, 그는 경제법을 경제생활의 현실을 법적으로 파악한 것이라고 정의하였다.[13]

요컨대 전술한 집성설은 원칙적으로 민법, 상법 등과의 개념구분 없이 경제적인 특성만을 포섭하고 있으며, 이러한 특성을 법적으로 규율하는 데에서 경제법의 실체를 찾고 있다는 점에서 산업법설과 유사하다. 따라서 경제법을 경제질서 내에서 체계적으로 정의하는 데에는 적합하지 않다.

3. 기업자법설

카스켈(Walter Kaskel)은 경제활동의 새로운 주체로서 기업에 착안하여 경제적인 기업자와 관련된 법, 이른바 기업자법(企業者法; Unternehmersrecht)을 경제법이라고 정의하였다.[14] 노동법학자였던 그는 이러한 개념정의를 통하여 경제법과 노동법의 개념을 구분하려고 하였고, 이 점에서는 나름 설득력이 있는 것으로 보인다. 그러나 그의 정의는 무엇보다도 기업자 외에 또 다른 중요한 경제주체, 특히 소비자가 존재한다는 사실을 간과하고 있다. 그 후 카스켈의 시도는 하나의 학파를 이루게 되었는데, 이를테면 훅(Walter Hug)은 기업법과 공·사법을 종합한 것이 경제법이라고 정의하면서, 사법은 경제의 자율적인 조직을, 공법은 국가의 개입을 관심대상으로 한다고 하였다.[15]

이어서 크론쉬타인(Heinrich Kronstein)은 경제법을 개별 경제영역, 전체 국민경제 및 여기서 발생하는 법규범의 형식을 말한다고 하였고,[16] 쉴루엡(Walter R. Schluep)은

11) Friedrich Darmstaedter, Das Wirtschaftsrecht in seinen soziologischen Strukturen, 1928, S. 13.

12) Joachim Mertens, Wirtschaftsrecht, in: Die Aktiengesellschaft, 1976, S. 62.

13) Peter Badura, Wirtschaftsverfassung und Wirtschaftsverwaltung, 1971, S. 35 ff.

14) Walter Kaskel, Gegenstand und systematischer Aufbau des Wirtschaftsrechts, in: Juristische Wochenschrift, 1926, S. 11.

15) Walter Hug, Die Problematik des Wirtschaftsrechts, 1939; Walter Hug und Otto Konstantin Kaufmann, Wirtschaftsrecht, in: Handbuch der schweizerischen Volkswirtschaft, 1955.

희소한 자원을 무한한 수요에 충당하기 위한 인간활동으로서의 경제를 규범화한 것이 경제법이라고 하였다.[17] 거시경제적인 관련성을 갖는 법과 기업법을 경제법으로 본 코펜쉬타이너(Hans-Georg Koppensteiner) 역시 이러한 견해에 가깝다.[18] 끝으로 브롬(Winfrid Brohm)은 경제법을 경제와 관련된 규범의 총체라고 하면서, 경제법의 핵심적인 관심영역에 경제헌법, 경제행정법 및 독점금지법과 부정경쟁법을 포함시켰다.[19] 그는 단순한 기업자법설에서 한걸음 더 나아가 경제를 제도적으로 이해하려고 하였다는 점에서 코펜쉬타이너의 거시경제적인 기본질서의 형성을 강조한 개념과 유사하다. 이러한 기업(자)법설은 점차 포괄적인 경제법의 원리에 접근하고 있으나, 경제법에서는 정당성 내지 정의(正義)와 같은 가치판단 역시 중요하다는 점을 충분히 고려하지 못하고 있다.

4. 개입법설

개입법설(介入法說)은 경제를 법적으로 파악되지 않는 행위의 자유로 이해하고, 경제법의 과제를 이처럼 일반적으로 자유로운 경제행위에 대한 국가의 개입을 규율하는 데에서 찾으려는 학설이다. 그에 따르면 경제법이란 법적으로 포섭되지 않는 경제행위에 대한 '국가의 개입을 위한 법규범'(Interventionsrecht)의 총체가 된다. 이때 법적인 규율대상으로서 경제적 자유는 완전히 후퇴하게 된다. 반면 개입법설은 규제라는 기본관념을 포섭하고 있다는 장점이 있는데, 경제란 단순히 일반적인 법원칙이나 단지 현상학적으로 기업자나 경제활동에 의하여 정의될 수 없고, 원칙적으로 자유로운 행위에 대한 국가적 개입의 정당성을 근거로 법이 주의를 기울이는 영역이기 때문이다.

쉬트라우스(Walter Strauss)에 따르면 경제법은 경제에 대한 국가개입의 총체이며, 개입의 목적은 매우 다양하기 때문에 경제법은 고정적으로, 정태적으로 이해할 수 없다고 하였다.[20] 일찍이 헤멜레(Hermann Hämmerle)도 경제법을 공익을 실현하

---

16) Heinrich Kronstein, Wirtschaftsrecht – Rechtsdisziplin und Zweig der Rechtstatsachenkunde, 1928.

17) Walter René Schleup, Was ist Wirtschaftsrecht?, in: FS Walther Hug, 1968, S. 25 ff.

18) Hans-Georg Koppensteiner, Wirtschaftsrecht – inhalts- und funktionsbezogene Überlegungen zu einer umstrittenen Kategorie, in: Zeitschrift für Rechtstheorie, 1973, S. 1 ff. 특히 18면 이하에서 경제법의 핵심으로서의 기업을 다루고 있다.

19) Winfried Brohm, Strukturen der Wirtschaftsverwaltung, 1969.

20) Walter Strauss, Entwicklung und Probleme des heutigen Wirtschaftsrechts, 1957.

기 위하여 국가가 경제에 영향을 미치는 하나의 표현양식이라고 정의한 바 있다.[21] 링크(Gerd Rinck)는 경제법을 경제규제법으로 정의하고, 경제규제란 금지나 명령, 촉진이나 한계설정을 통하여 생산과 소비에 국가가 영향을 미치는 것이라고 하였다.[22] 다만, 독일 경쟁제한방지법과 부정경쟁방지법의 경우에는 단순한 개입법으로는 설명하기 어려운데, 왜냐하면 여기서는 원칙적으로 스스로 조정하고 관리하는 일반적인 의미에서의 경제과정을 법적으로 보호하는 것이 문제되기 때문이다.

하트(Dieter Hart)와 오트(Claus Ott) 역시 경제의 자율적인 조정을 경제법의 규율대상에서 제외하는 한편, 국가개입의 영역에서 조정메커니즘으로의 수단화(Instrumentierung)에 초점을 맞추었다. 하트가 국가규제의 수단적 성격을 강조한 반면,[23] 오트는 국가의 규제를 통한 경제의 정치적 통제를 강조한 점에서 차이가 있다.[24] 라이히(Norbert Reich) 역시 국가의 직·간접적인 여러 가지 조정수단에 대하여 관심을 가졌으며, 국가의 규제에 대하여 비교적 낙관적인 견해를 갖고 있었다(Lenkungs-optimismus).[25]

한편 쉬타인도르프(Ernst Steindorff)는 법에 대한 세 가지 상이한 관념을 비교하면서 경제와의 관계에서 수단으로서, 그것도 조정수단으로서의 법을 주장하였다.[26] 즉, 법의 수단적이고 조정적 기능은 무엇보다도 경제법에서 의미를 가지며, 이때의 조정에는 시장을 통한 간접적인 조정과 국가의 개입을 통한 직접적인 조정이 있다는 것이다. 자유란 그 자체가 스스로의 목적을 가지나, 다른 한편으로 법의 목적이기도 하다. 따라서 법 이전에 주어진, 그 결과 법에 의하여 아직 포착되지 않은 경제활동의 자유에 대한 개입의 총체가 경제법이라는 개념정의는 쉬타인도르프의 개

21) Hermann Hämmerle, Wirtschaftsrecht als Disziplin, in: Zeitschrift für die gesamte Staatswissenschaft 97, 1936, S. 258.

22) Gerd Rinck, Wirtschaftsrecht(5. Aufl.), 1977, Rn. 1. 그녀의 사후 Schwark에 의하여 1986년에 제6판이 발간되었다.

23) Dieter Hart, Zur Instrumentierung des Wirtschaftsrechts am Beispiel der Wirtschaftsverfassung, ZHR 140, 1976, S. 31.

24) Claus Ott, Die soziale Effektivität des Rechts bei der politischen Kontrolle der Wirtschaft, in: M. Rehbinder/H. Schelcky(Hrsg.), Jahrbuch für Rechtssoziologie und Rechtstheorie/Zur Effektivität des Rechts, Bd. Ⅲ, 1972, S. 345.

25) Norbert Reich, Markt und Recht – Theorie und Praxis des Wirtschaftsrechts in der Bundesrepublik Deutschland, 1977.

26) Ernst Steindorff, Einführung in das Wirtschaftsrecht der Bundesrepublik Deutschland, 1977, S. 1 ff. 나머지 두 개의 관념은 법에 대한 유물론(Materialismus)과 분쟁해결수단으로서의 법을 지칭한다.

념에 부합하지 않는다. 반면, 그는 정의지향적인 법관념을 갖고 있지 않았으며, 수단 내지 조정지향적인 법관념을 구체화한 것이 경제법이라고 보았다.

한편 쉬바르크(Eberhard Schwark)는 경제법에 고유한 법적 내용은 신자유주의학파가 주장한 바와 같이 시장경제의 사적자치에 의한 질서와 이러한 질서의 보호에만 있는 것이 아니라, 필요한 경우에는 경제과정과 기업의 개별적인 결정에 영향을 미치는 규제기구로서 현대국가의 역할이 전환되는 데에 있다고 주장하였다.[27] 라이저(Ludwig Raiser) 역시 국가의 경제에 대한 영향력 행사와 조정을 기초로 하여 경제법을 인식하였으나, 그는 시장의 힘이나 자율적인 조정과 국가의 개입은 서로 긴장관계에 있는 것으로 보았고, 이러한 긴장관계의 규율이 경제법의 특징을 이룬다고 하였다.[28]

5. 충돌규율설

일찍이 쉬뢰더(Eduard August Schroeder)는 1895년에 개인주의적인 경제형성과 집단주의적인 경제형성이라는 이원주의를 조정하는 것이 '경제법'이라고 표현한 바 있다.[29] 이들 간의 종합명제(Synthese)를 찾는 것이 경제법의 내용이자 과제라고 한 클라우징(Friedrich Klausing)도 이와 유사한 입장이라고 할 수 있다.[30] 이러한 견해는 그뤈비힐러(Rudolf Grünbichler)와 라우쉔바흐(Gerhard Rauschenbach)에게 전수되었는데,[31] 그 후 자기결정질서와 고권적인 질서 간의 관계에 대한 연구는 쉬미트-림플러(Schmidt-Rimpler)의 주된 관심대상이었다. 그는 양자를 모두 경제형성의 형식으로 보아 경제법상의 고려에 포함시켜야 한다고 하면서, 경제형성과 경제규제 및 계획경제(Dirigismus)를 구별하였다. 이때 경제의 형성이란 고권적인 질서가 자기결정질서에서 사라지면서 나타나며, 경제규제는 원래 존재하던 자기결정질서를 위하여 고권적인 질서가 등장하면서 생겨나고, 계획경제란 고권적인 질서가 자기결정질서를 완전히 배제하는 경우에 등장하게 된다.[32]

---

27) Eberhard Schwark, Anlegerschutz durch Wirtschaftsrecht, 1979, S. 68.

28) Ludwig Raiser, Der Gegenstand des Wirtschaftsrechts, ZHR 143, 1979, S. 338-339; ders., Die Aufgabe des Privatrechts, 1977.

29) Eduard August Schroeder, Das Recht der Wirtschaft(2. Aufl.), 1904.

30) Friedrich Klausing, Wirtschaftsrecht, in: FS Ernst Heymann, Bd. I, 1931, S. 1 ff.

31) Gerhard Rauschenbach, Wirtschaftsrecht mit Kartellrecht, 1965, S. 17.

32) Walter Schmidt-Rimpler, Wirtschaftsrecht, Handwörterbuch der Staatswissenschaft, Bd. 12, 1965, S.

그러나 뵘(Franz Böhm)이나 매스트메커(Ernst-Joachim Mestmäcker)와 같은 신자유주의자들은 개인주의와 집단주의, 자유와 구속 간에 해결해야 할 충돌이란 처음부터 존재하지 않으며, 자유가 갖는 모순적인 성격을 해결하는 데에 초점을 맞추었다(Konfliktregulierungsrecht). 즉, 자유는 법적으로 규율되지 않는 한 스스로를 파괴하며, 따라서 경제법의 과제는 우선적으로 자기파괴(Selbststörung)로부터 경제적 자유를 보호하는 것이다. 이를 위해서는 국가가 경제에 대하여 적극적으로 개입할 필요가 있다고 보았다. "시장은 법을 필요로 한다."(Das Markt bedarf des Rechtes)는 명제가 바로 그것이다. 그 밖에 틸만(Winfried Tilmann)은 경제법을 법영역(Rechtsgebiet)의 하나가 아니라 학문의 일개 분과(Wissenschaftszweig)에 해당한다고 보았다.

6. 기능설

제2차 세계대전 이후에는 이른바 기능설(機能說)로 범주화할 수 있는 일련의 개념론이 등장하였는데, 오이켄(Walter Eucken)과 뵘(Franz Böhm) 등 프라이부르크학파(Freiburger Schule)가 주도한 질서자유주의(Ordo-Liberalismus)에 기초하여 경제질서라는 것이 경제법의 핵심적인 지도원리로 자리 잡게 되었다. 그 후, 링크(Gerd Rinck), 발러쉬테트(Kurt Ballerstedt), 니퍼다이(Hans Carl Nipperdey)와 리트너(Fritz Rittner)를 거치면서 국민경제를 정당하게 질서지우기 위한 법규범과 법제도의 총체를 경제법이라고 정의하기에 이르렀다.

대표적으로 리트너(Fritz Rittner)는 현대의 국가가 입법자로서 경제에 대하여 담당하고 있는 과제를 통하여 경제법의 영역과 개념을 밝히려고 하였는데, 그는 바이마르헌법 제151조를 근거로 국가는 경제생활이 정의(正義)의 원칙, 인간다운 생활의 보장에 부합하도록 해야 할 책무를 지고 있으며, 이러한 책무를 실현하기 위하여 국가가 사용하는 모든 수단이 경제법이라고 하였다. 그러나 기능설은 경제법의 질서형성적 기능에만 착안하고 있으며, 그 밖에 현실적으로 이와 무관하게 이루어지고 있는 경제과정에 대한 국가의 직접적인 개입·조정을 도외시하고 있다는 단점이 있다.

693.

7. 헌법상의 경제질서와 경제법

지금까지 우리나라에서는 경제법이 무엇인지에 대한 논의과정을 거치지 않은 채 경제법이라는 용어를 사용해왔고, 나름 독자적인 법영역으로서 지위를 인정받아왔다. 혹자는 새삼 경제법의 독자성을 논할 실익이 있을지에 관하여 의문을 가질 수도 있으나, 경제법의 개념에 관한 나름의 인식을 갖는 것은 개별 경제법령을 올바르게 해석하고 바람직한 정책방향을 모색함에 있어서 매우 중요한 의미를 가진다. 종래 우리나라에서 경제법의 개념논쟁이 전혀 이루어지지 못한 것은 법체계론이 갖는 의미와 기능을 간과한 데에도 근본적인 원인이 있다. 다만, 시간을 초월하는 법체계론은 존재하지 않으며, 법체계론은 언제나 역사적으로 조건지워진다는 점을 고려하여야 한다. 이러한 의미에서 경제법의 개념 또한 장래에 대하여 개방적일 필요가 있다는 마이어(Chr. J. Meier)의 지적은 시사하는 바가 적지 않다.

경제법은 경제적 규제를 근거지우는 규범이며, 규제법은 맹목적이어서는 안 된다. 경제법에서도 중요한 것은 법의 목적이며, 목적이 결여된 법개념은 아무런 의미나 내용을 갖지 못하기 때문이다. 일찍이 예링(Rudolf von Jhering)이 지적한 바와 같이 "목적은 모든 법의 창조자인 것이다."(Der Zweck ist der Schöpfer des ganzen Rechts.).[33] 이때, 법의 목적 뒤에는 언제나 일정한 가치가 숨겨져 있는바, 이러한 가치는 시간에 따라 항상 변화한다는 점에서 경제법의 목적과 가치도 변화가능성을 가진다.

끝으로, 경제법의 독자적인 지위를 결정하는 것은 경제법에서 고유하게 발전된 독자적인 '법원리'이다. 이러한 의미에서 종래에 전개된 경제법의 개념들은 대체로 관념적인 의미체계라는 의미에서 경제법이론(Wirtschaftsrechtstheorie)에 불과하며, 그 결과 현행법 질서와의 괴리를 극복하지 못하였다. 이때 현행법의 질서는 결국 헌법에 의해서 구체화된다는 점에서 경제법은 헌법상 경제질서를 중심으로, 즉 헌법이 추구하는 바람직한 경제질서를 중심으로 규정될 수 있다. 이와 같이 경제법의 개념을 정의함에 있어서 개방성과 목적지향성, 헌법상 경제질서를 종합적으로 고려하자면 다음과 같은 정의가 가능할 것이다.

경제법이란 헌법상 경제질서를 실현하기 위하여 국가가 경제에 개입하는 규범의 총체이다. 즉, 경제법은 경제질서법이자 경제규제법인 것이다. 이러한 맥락에서

33) Rudolf von Ihering, Scherz und Ernst in der Jurisprudenz, 1884, S. 37.

헌법상 경제질서를 먼저 살펴보고, 경제규제법의 의미를 통하여 경제법의 독자적 지위를 확인해보도록 하자.

제2절 경제질서와 경제법

I. 의 의

시장경제란 그 이념형(Idealtypus)과는 달리 국가가 적절히 규율하여야 할 대상이자 국민들이 그 속에서 생활을 영위해가는 현실의 영역이다. 전체 법질서 속에서 경제법이 차지하는 지위를 밝히기 위해서는 경제법의 고유한 기능 및 가치판단을 살펴보아야 한다. 그런데 경제법 또한 헌법이 추구하는 바람직한 경제질서의 형성을 목적으로 하는 법규범의 총체로서 무엇보다 헌법의 구속을 받는 것이기 때문에, '규범적으로 정당한 경제질서'란 무엇인지를 규명해볼 필요가 있다. 이러한 맥락에서 경제법의 관심은 크게 두 가지로 나눌 수 있다.

하나는 경제법을 통하여 '개인 간의 관계를 바람직하게 질서지우는 것'(eine gerechte Ordnung zwischen den Einzelnen)이고, 다른 하나는 '전체 경제를 바람직하게 질서지우는 것'(Instrumente für gesamtwirtschaftlich richtige Ordnung)이다. 즉, 경제법은 사적인 기능(사법적 측면) 뿐만 아니라 공적인 기능(공법적인 측면)을 아울러 갖는다.[34] 나라마다 그 방법이나 정도는 다르지만 경제법은 전통적인 공·사법체계를 극복하고 자본주의의 모순을 해결하기 위하여 탄생하였고, 사적자치의 영역과 국가의 고권적인 규제를 포괄하면서 무엇보다 이들 간의 바람직한 관계를 설정하는 데에 관심을 가지고 있다.

헌법상 정당한 경제질서의 모습은 무엇보다 우리나라의 경제헌법(Wirtschafts-verfassung)을 살펴봄으로써 그 윤곽을 찾을 수 있다. 경제헌법론은 일찍이 독일에서 발전하였고, 우리나라에도 지대한 영향을 미쳤기 때문에 아래에서는 먼저 독일의 경제헌법론을 살펴보고, 이어서 우리나라의 논의를 다루어보기로 한다.

---

34) 사회적 질서원리이자 경제주체의 행위준칙으로서 무엇보다 경쟁이 우위에 서는 것이 바로 시장경제의 핵심이다. Ernst-Joachim Mestmäcker, Über das Verhältnis des Rechts der Wettbewerbsbeschränkungen zum Privatrecht, AcP 168, 1968, S. 235 ff.; Karsten Schmidt, Wirtschaftsrecht: Nagelprobe des Zivilrechts – Das Kartellrecht als Beispiel, AcP 206, 2006, S. 169 ff.

Ⅱ. 독일의 경제헌법론과 경제질서

1. 논의의 기원

'경제헌법'이라는 용어는 원래 독일의 경제학에서 유래한 것으로, 경제질서나 경제체제, 경제(발전)단계 또는 경제양식 등 다양한 용어와 혼용되어 왔다. 일반적으로 경제헌법은 두 개의 범주를 가리키는데, 하나는 일정한 역사적·사실적인 경제상태를 이해하고 분류하여 체계화한 것으로서 경제학이나 사회학에서 주로 관심을 가지는 부분이다. 다른 하나는 일정한 역사적·사실적인 경제질서를 근거지우는 규범과 제도의 총체로서 경제헌법을 바라보는 것인데, 이는 주로 법학의 관점에 속한다.

독일에서 경제헌법을 둘러싼 논의는 오이켄(Walter Eucken)과 뵘(Franz Böhm) 등 질서자유주의학파에서 비롯되었다. 이들은 경제헌법을 '경제생활의 질서에 관한 공동체의 총체적인 결정'이라고 보았고, 이를 설명하기 위하여 이념형(Idealtypus)으로서의 경제체제 즉, 시장경제와 중앙관리경제라는 용어를 사용하였다. 이들의 경제헌법론은 제2차 세계대전 이후 독일에서 전시의 통제경제와 전혀 다른 새로운 경제질서를 모색하는 데에 중요한 역할을 수행하였다.

1950년대 초에 본격적으로 시작된 독일의 경제질서(經濟秩序) 논쟁은 크게 세 가지 주제를 둘러싸고 전개되었다. 즉, ① 경제헌법 자체의 개념 ② 경제헌법과 국가헌법과의 관계, 그리고 ③ 독일기본법(Grundgesetz)상 경제헌법의 구체적인 내용이 바로 그것이다. 차례로 살펴본다.

경쟁법을 헌법과 직접 연결시키는 부분 역시 경제헌법(經濟憲法; Wirtschafts-verfassung)이다. 경제법의 핵심영역이 바로 시장경쟁을 보호하는 경쟁법이고, 경쟁법이 보호하는 자유경쟁이란 헌법상 경제질서 내지 경제헌법의 기본원리이기 때문이다.[35] 경쟁법의 집행 또한 궁극적으로 경제헌법을 지향하여야 함은 물론이다.

2. 경제헌법과 국가헌법의 관계

초기의 질서자유주의는 이념형에 지나치게 기우는 경향이 있었고, 그 결과 헌법상 다른 중요한 현실적인 관점을 차단하게 되었다. 그 후 스트라우·니퍼다이

35) Di Fabio, Wettbewerbsprinzip und Verfassung, in: FIW, Freier Wettbewerb – Verantwortung des Staates, 2008, S. 1–2.

(Strau/Hans Carl Niperdey)는 헌법의 사회적 명제를 강조함으로써 보다 현실에 가까워지고자 노력하였다. 전후 경제정책을 수립하기 위한 하나의 프로그램으로서 연구되기 시작한 '사회적 시장경제'(soziale Marktwirtschaft)는 현대국가의 경제헌법이 하나의 가치관념에만 기초할 수 없으며 새로운 종합명제(Synthese)를 필요로 한다는 점을 명확히 인식한 결과였다.

먼저, 발러쉬테트(Kurt Ballerstedt)는 경제헌법을 '사회화된 욕구충족에 참여함으로써 근거 지워지는 공동체의 기본질서', '경제공동체의 법질서'라고 정의하였고, 경제헌법과 국가헌법을 합친 것을 사회헌법이라고 명명하였다.[36] 그에 의하면 경제공동체에는 사회정의라는 관념이 내포되어 있으며, 이를 실현하기 위해서 특히 기업법이나 노동법이 어떻게 형성되어야 하는지에 관심을 가져야 한다고 주창하였다.

나아가 경제헌법을 협의의 경제헌법과 광의의 경제헌법으로 구분한 것은 바두라(Peter Badura)였는데, 그에 의하면 전자는 형식적 의미의 경제헌법으로서 경제법에 규범적인 기초를 제공하는 역할을 하며, 일반적으로 국가헌법을 가리키는 것으로 이해되고 있다. 즉, 협의의 경제헌법이란 경제생활의 질서에 관한 헌법의 규정을 말한다. 예컨대, 영업의 자유나 소유권보장 등에 관한 독일기본법(Grundgesetz)의 규정들이 이에 속한다.[37] 이때 관련 헌법 규정이 반드시 직접적으로 국민들의 경제생활에 관하여 언급할 필요는 없으며, 노동관계나 사회관계와 같이 내용적으로 경제생활에 관련된 것이면 족하다. 반면 후자는 실질적 의미의 경제헌법으로서 헌법상의 경제규정을 포함하여 경제법을 근본적이고 지속적으로 특징지우는 모든 규범을 뜻한다고 한다. 광의의 경제헌법이란 협의의 경제헌법을 포함하여 법체계상의 지위와는 상관없이 경제생활의 과정을 근본적으로 규정하는 규범의 총체를 말한다.[38] 예컨대 경쟁제한방지법, 약관법 등이 이에 속한다. 통상 경제헌법이라고 칭할 때에는 양자를 모두 가리키는 것으로 이해된다.[39]

그런데 국가헌법과 경제헌법은 서로 보완적인 의미를 갖는 것으로 이해하여야

---

36) Kurt Ballerstedt, Wirtschaftsverfassungsrechts, in: Karl August Bettermann/Hans Carl Nipperdey/Ulrich Scheuner, Die Grundrechte, Bd. Ⅲ/1, 1958, S. 6, 11, 23.

37) Gerd Rinck/Eberhard Schwark, Wirtschaftsrecht(6. Aufl.), 1986, §3 I.

38) Kurt Ballerstedt, Wirtschaftsverfassungsrecht, in: Die Grundrechte, Bd. Ⅲ, 1958.

39) Peter Badura, Grundprobleme des Wirtschaftsverfassungsrechts, JuS, 1976, S. 205.

한다. 국가헌법은 일정 부분 경제헌법의 기초를 제공한다는 점에서 경제헌법의 일부가 될 뿐만 아니라, 경제헌법은 국가헌법에서 규정하고 있는 경제생활의 근본적인 질서를 위한 법규범을 벗어날 수 없다는 의미에서 국가헌법의 일부를 이루기 때문이다. 여기서 주요 관심사는 자유민주주의에 기반한 시장경제 하에서 국가가 개인의 권한과 자유의 영역을 경제질서의 기본원칙을 침해하지 않으면서 어디까지 제한할 수 있는가의 문제이다.

3. 독일기본법상의 경제질서

경제헌법(經濟憲法)을 단지 관념적으로 개인법적인 자유보장과 사회법적인 자유구속이 혼재되어 있는 것으로 이해한다면, 경제헌법이라는 개념은 혼합경제(mixed economy)라는 용어만큼이나 공허하게 된다. 종래의 사회·경제정책적 프로그램을 경제헌법으로 발전시킨 니퍼다이(Hans Carl Nipperdey)의 사회적 시장경제론[40]은 헌법과의 연관성을 사실상 간과하고 있으며 그 내용도 명확하지 않을 뿐만 아니라, 정치적인 형성의 여지를 지나치게 제한한다는 문제점을 안고 있었다. 반면 경제법과 관련해서 경제헌법은 입법자에게 법률형성의 방향과 함께 그 한계를 정해주기도 한다.

독일기본법(Grundgesetz)은 바이마르(Weimar) 헌법과 달리 특정한 경제질서를 명정하지 않고 있으며, 구체적인 질서형성은 입법자의 정치적인 판단에 맡겨져 있다는 의미에서 이른바 중립성설(Neutralitätslehre)이 유력하게 대두하였다. 동설은 다시 크게 세 가지 유형으로 나눌 수 있다. 우선 크뤼거(Herbert Krüger)에게 '중립적'이라는 의미는 입법자에게 일정한 경제정책적 프로그램을 실현할 권한을 부여해서는 안 되며, 경제정책은 위험의 예방과 공공복리의 증진에 국한되어야 한다는 것이다. 그 결과 그는 국가의 형성의 자유를 지나치게 제한하고 있어서, 현대의 사회국가적인 요구 및 경제법의 실제 모습과 부합하지 않는다. 반면 아벤트로트(Wolfgang Abendroth)는 입법자에게 지나치게 폭넓은 권한을 부여하여 심지어 독일기본법 제15조를 기초로 사회주의적인 경제질서를 형성할 수도 있다고 한다. 그는 경제헌법이 그 구체적인 내용을 입법자에게 위임하고 있으며, 사회주의적인 경제질서나 자본주의적인 경제질서 모두에 대하여 개방적인 입장을 취하고 있다는 것을 전제로

40) Hans Carl Nipperdey, Die soziale Marktwirtschaft in der Verfassung der Bundesrepublik, 1954.

하고 있다고 주장한다.

그런데 연방헌법재판소(BVerfG)는 종래의 학설을 모두 거부하고, 경제정책상, 특히 경제규제에 있어서 상당한 재량 및 형성의 여지를 입법자에게 부여하면서도, 다만 입법자는 경제정책을 추구함에 있어서 언제나 헌법을 준수하여야 한다는 규범적 한계를 제시하였다.[41] 이러한 연방헌법재판소의 태도는 우리나라에도 적지 않은 영향을 미쳤다.

Ⅲ. 우리나라의 경제질서와 경제법

1. 경제법과 경제질서

경제법을 바람직한 경제질서, 즉 헌법이 추구하는 경제질서를 실현하기 위하여 국가가 경제에 개입하는 법규범의 총체라고 정의할 경우, 구체적인 경제법의 내용은 헌법상 경제질서를 어떻게 이해하느냐에 따라 달라진다. 다만, 경제법은 경제헌법을 포함하여 우리나라의 경제질서를 형성하는 법규범으로서, 언제나 경제질서의 관점에서 경제적 규제의 근거와 한계를 모색한다는 점에서 다른 법영역과 근본적으로 구별된다.

흔히 경제질서란 한 나라의 경제가 운용되는 현실적인 모습(Realtypus)으로서, 경제운용의 이념적 형태(Idealtypus)인 경제체제와 구별된다. 후자의 관점에서 흔히 경제운용의 형태를 재산권의 소유형태와 경제활동의 조정메커니즘에 따라 4가지, 즉 '자본주의적 시장경제'와 '자본주의적 통제경제', '사회주의적 시장경제'와 '사회주의적 계획경제'로 나누기도 한다. 그런데 이념형으로서 경제체제는 특정 국가의 특정 시점에서의 실제 경제운용의 모습을 보여주는 것이 아니기 때문에, 독일의 경제체제나 우리나라의 경제체제라는 용어는 성립하지 않는다. 보다 정확하게는 독일의 경제질서 또는 우리나라의 경제질서라는 표현이 적절한 것이다.

2. 헌법상 경제질서의 내용

가. 우리나라의 경제질서와 경제법

헌법재판소는 일찍이 우리나라 헌법상의 경제질서는 사유재산제를 바탕으로

---

41) BVerfGE, 4, 7, 17.

하고 자유경쟁을 존중하는 자유시장경제질서를 기본으로 하면서도, 이에 수반되는 갖가지 모순을 제거하고 사회복지·사회정의를 실현하기 위하여 국가적 규제와 조정을 용인하는 '사회적 시장경제질서'로서의 성격을 띠고 있다고 판시한 바 있다.[42] 헌법 제119조도 먼저 개인과 기업의 자유와 창의를 기본으로 하는 자유시장경제를 규정하고(제1항), 시장의 지배와 경제력의 남용 등을 방지하기 위하여 경제에 대한 국가의 개입을 허용하는 점(제2항)에서 적어도 사회적 시장경제와 유사하다고 할 수 있다.[43] 사회적 시장경제는 공법과 사법의 이분법적 사고를 더 이상 허용하지 않으며, 정당한 경제질서의 형성을 위하여 양자의 상호의존성을 강조하고 있다는 점에서 우리나라의 경제질서를 이해하는 데에도 참고할 만하다.

한편, 경제법이 경제정책적인 목표설정에 따라 자유시장경제와 극단적인 국가개입 사이에서 자의적으로 그 성격이 정해질 경우에 경제법은 단지 기능적·수단적인 의미를 가질 수밖에 없고, 불가피하게 국가와 시장경제 사이에 괴리와 충돌을 가져오게 된다. 이 문제를 해결하는 방식으로 우리나라의 경제헌법을 지배하는 사회국가원리와 법치국가원리를 들 수 있다. 사회국가원리 하에서 경제는 원칙적으로 사인 간의 자치에 맡기고, 기업에게는 경제활동의 자유가 보장된다. 헌법상의 사회국가원리에 따라 국가는 사적자치가 전개될 수 있는 사법적 및 공법적인 규범의 틀을 형성하여야 할 책무를 지게 되며, 이러한 틀이 바로 바람직한 경제질서의 핵심적인 내용인 것이다. 그리고 법치국가원리 하에서 국가는 국민의 자유와 평등을 보장해야 하고, 국가시민(Staatsbürger)으로서 개인이 강조된다. 후자의 경우 한 국가의 경제질서는 민주적인 정당성에 의하여 뒷받침됨은 물론이다.

1948년 제헌 헌법[44] 이후 우리나라가 추구하는 경제질서의 모습은 적지 않은 변천을 겪어왔으나,[45] 대체로 시장경제를 기본으로 삼아 왔다는 데에는 이견이 없어 보인다. 1987년의 제7차 개정된 현행 헌법[46] 또한 경제질서에 관한 장(章)에서

42) 헌법재판소 1996.4.25. 선고 92헌바47 결정.

43) 권오승, 경제법(제13판), 법문사, 2019, 17면.

44) 1948.7.17. 제정, 헌법 제1호.

45) 제헌 헌법 제84조가 "대한민국의 경제 질서는 모든 국민에게 생활의 기본적 수요를 충족할 수 있게 하는 사회정의의 실현과 균형 있는 국민경제의 발전을 기함을 기본으로 삼는다. 각인의 경제상 자유는 이 한계 내에서 보장된다."고 규정하는 등 다분히 사회주의적 요소를 강하게 드러내고 있었다.

46) 1987.10.29. 전부개정, 헌법 제10호.

자유시장경제를 원칙으로 하되, 시장의 지배와 경제력의 남용을 방지하고 경제주체 간의 조화를 통한 경제민주화를 위하여 국가가 시장에 개입할 것을 정당화하고 있다(헌법 제119조). 이처럼 우리나라의 경제질서는 자유와 창의를 기본으로 하는 분권화된(decentralized) 시장경제를 지향하고 있으며, 이를 위한 수단으로서 공정하고 자유로운 경쟁과 경제적 힘의 균형은 시장경제의 기초이자 경제민주화의 핵심요소를 이루는 질서정책(Ordnungspolitik)에 해당한다는 점에서 헌법적 정당성을 가진다.

이러한 배경 하에 우리나라에서 경제법의 과제는 대기업의 과도한 시장집중을 억제함과 아울러 대기업이 중소기업에 대하여 경제력을 남용하지 못하도록 방지하는 데에서 출발하며, 특히 우리나라의 정치·경제·사회 및 문화 전반에 지배적 영향력을 갖고 있는 재벌 중심의 경제시스템에 대한 패러다임에 근본적인 변화를 요구한다. 이러한 점에서 재벌정책과 중소기업정책은 가장 기본적인 경쟁정책으로서 우리나라 경제법의 고유한 특성을 보여준다고 할 수 있다.[47] 시장경제의 핵심요소인 공정하고 자유로운 경쟁을 촉진하면서 힘의 균형을 유지한다는 과제는 무엇보다 재벌에 대한 적절한 규제와 중소기업의 지위향상을 통해서 실현될 수 있기 때문이다.

나. 경제민주화와 경제법

(1) 경제민주화의 개념과 법적 성격

1987년 개정 헌법은 우리나라의 경제질서와 관련하여 "…… 경제민주화를 위하여 국가가 경제에 관하여 규제와 조정을 할 수 있다."고 규정하고 있다. 따라서 경제민주화(經濟民主化)는 우리나라의 경제질서를 이해함에 있어서 매우 중요한 개념이자 경제법의 핵심목표를 정한다는 의미에서 매우 중요한 의미를 갖는다. 경제민주화가 무슨 의미인지에 관하여 주로 헌법 및 경제법에서 논쟁이 이루어진 것도 이러한 맥락에서 이해할 수 있다.[48]

일찍이 경제민주화 조항을 입안한 것으로 알려져 있는 김종인(金鍾仁)은 정치세력이 경제세력을 통제할 수 없는 상황을 막기 위하여 경제세력 내부의 의사결정과정을 민주화시키는 방법을 생각했다고 한다. 대표적으로, 노동자의 경영참가를

47) 이러한 의미에서 '재벌'을 빼놓고 대한민국의 경제질서를 논할 수 없고, 경제법의 핵심역할도 재벌체제에 대한 문제의식과 대안모색이 되어야 한다.

48) 최근의 논의를 정리한 것으로 유승익, "헌법 제119조 제2항 "경제의 민주화" 해석론", 법학연구 제47권, 2012, 12면 이하.

경제민주화의 핵심으로 고려하였던 것이다. 사견으로는 그보다 넓은 의미에서 우리나라 경제질서를 구성하는 요소의 하나로 '경제주체 간의 조화가 실현되는 분권화된 시장경제를 실현하는 것'을 경제민주화로 정의하기로 한다. 헌법 제119조 제1항의 문언에 충실하면서도 경제민주화의 규범적 의미를 보다 충실하게 포섭할 수 있는 개념으로 파악할 수 있기 때문이다. 사회적 시장경제에 사회정의 내지 경제민주화를 포섭시켜 논의하려는 시도도 이와 유사한 태도로 볼 수 있다.

결국 경제민주화라는 용어는 경제정의(economic justice)나 사회정의(social justice)와 의미 있는 차이를 갖지 않으며,[49] 이들 모두 무엇보다 헌법에서 그 정당성이 도출되는 규범적 정의이다. 그리고 경제민주화란 시장경제를 전제로 규제의 정당성과 한계를 제공한다는 의미에서 경제법의 핵심이념이라고도 볼 수 있다. 경제민주화의 핵심요소는 이미 우리나라 헌법이 여러 곳에서 '사회적 시장경제'를 구체화하는 방식으로 규정하고 있는 바,[50] 예컨대 헌법 제123조도 그 중 하나이다. 동조 제3항에 따르면 국가는 중소기업을 보호·육성하여야 할 책무를 지고, 이를 위하여 중소기업의 자조조직을 육성하여야 한다. 지역 간 균형 있는 발전을 위하여 국가가 지역경제를 육성할 의무를 진다는 제2항 또한 지역경제의 중추가 바로 중소기업이라는 점에 비추어 중소기업보호와 직접 관련된 조항으로 해석된다.[51] 다만, 경제민주화의 핵심적인 가치내용이 과연 무엇인지에 대해서는 논의의 여지가 충분하며, 우리나라 경제질서의 발전과정에서 함께 변화하는 것이라는 의미에서 매우 가변적이다.

(2) 경제민주화의 규범적 한계

경제민주화가 헌법상 경제질서가 요구하는 핵심가치라는 점을 받아들이더라도 그 한계를 간과해서는 안 된다. 자칫 경제민주화의 과잉이 자유경쟁이 숨 쉴 공간을 원천적으로 배제하고, 종국에는 정치적 민주주의를 위태롭게 할 수 있기 때문이다. 일찍이 뵘(Franz Böhm)이 지적한 바와 같이, "국가에게 중앙관리를 통하여 국민경제를 조정할 임무를 부여하는 순간 민주주의의 모든 가능성은 사라진

---

49) 1980년 헌법 제120조 제2항에서는 '사회정의'를 언급하고 있었다.

50) 헌법재판소 1996.12.26. 선고 96헌가18. 이와 다른 견해로 홍명수, "헌법상 경제질서와 사회적 시장경제론의 재고", 서울대학교 법학 제54권 제1호, 2013, 86면.

51) 헌법재판소 1996.12.26. 선고 96헌가18 결정. 이러한 맥락에서 중소기업보호의 경쟁정책적 의미를 수용하는 견해로는 박병형, "기업형 수퍼마켓 규제와 경쟁정책", 중소기업연구 제34권 제1호, 2012, 66면.

다."[52)] 시장경제는 나름의 한계에도 불구하고 정치적 민주주의와 불가분의 관계에 놓여 있는 것이다.

이러한 맥락에서 시장경제의 구성원리인 경쟁의 의미를 재음미할 필요가 있다. 경쟁의 자유란 경제질서의 차원과 개인·기업의 차원에서 모두 중요한 의미를 갖는바, 전자는 법규범을 통해서 만들어지는 경제활동의 준칙이고, 후자는 자유로운 경쟁질서를 실제로 가능하게 하는 경제주체의 권리이다. 따라서 공정거래법은 '제도로서의 경쟁사업자유' 외에 '개별 경제주체의 경쟁사업자유'를 보호할 책무를 갖는다. '개인보호 없는 제도보호'(Institutionenschutz ohne individuellen Schutz)는 시장경제의 원활한 기능이라는 관점에서 불완전한 보호에 불과하기 때문이다.[53)]

3. 경제법과 공·사법의 관계

그렇다면 경제법은 공법인가 아니면 사법인가? 현재 공·사법 간의 긴장관계는 그리 중요한 문제로 여겨지지 않고 있다. 경제법 관계에서도 그 출발점은 민법이나 상법과 같은 사법관계(私法關係)이며, 공정거래법과 같이 이러한 사법관계를 정당하게 질서지우기 위한 법규범이 그 핵심적인 내용을 이룬다. 동시에 일정한 산업분야에서 경제과정에 대한 개입 내지 규제를 특징으로 하는 특별경제법 내지 산업규제법이 경제법의 한 축을 이루고 있다. 요컨대, 경제법은 사적자치 내지 사법이 제대로 기능하기 위한 질서 내지 틀을 형성하는 것과 아울러 특별한 경제정책적 목적을 실현하기 위하여 경제과정에 개입하는 법규범인 것이다. 이러한 의미에서 경제법에는 공·사법이 융화되어 있다. 시장경제 하에서만 사법이 제대로 기능할 수 있으나, 역으로 사법 내지 계약자유는 시장경제의 확립에 기여해야 한다는 의미에서 공·사법은 경제법 속에서 서로 보완관계에 있다.

나아가 경제법은 공법과 사법의 단순한 종합이 아니라 양자의 경계를 넘어서 새로운 법영역을 형성하면서 공·사법과 밀접한 상호작용을 하고 있다. 경제법이 추구하는 목적을 실현하기 위해서는 사법상의 수단뿐만 아니라 공법상의 수단을 필요로 하기 때문이다. 예컨대 공정거래법의 경우에도 사법적인 요소와 공법적인

52) Franz Böhm, Wirtschaftsordnung und Staatsverfassung, 1950, S. 44: "In dem Augenblick, in dem man dem Staat die Aufgabe aufbürdet, die gesamte Volkswirtschaft mit Hilfe eines Zentralplans zu steuern, hört jede Möglichkeit von Demokratie auf.".

53) Philipp Voet van Vormizeele, Kartellrecht und Verfassungsrecht, NZKart, 2013, S. 386.

요소가 서로 교차하고 있다. 즉, 공정거래법 위반행위의 사법상 효력이 무효로 되거나(법 제40조 제4항), 위반행위로 인한 피해자의 손해배상청구(법 제109조 이하) 등은 종래 사법의 영역에 속하는 것이고, 공정거래위원회의 시정조치나 과징금 부과 등은 공법의 영역에 속하던 것이다. 이러한 의미에서 경제법은 종래의 전통적인 이분법(Dichotomie)을 더 이상 허용하지 않는다.

이처럼 공·사법적인 요소는 서로 별개의 것으로 공정거래법에 섞여 있는 것이 아니라, 동법의 목적을 실현한다는 공통의 목표 아래 서로 유기적으로 통합되어 있는 것이다. 즉, 공정거래법은 공정하고 자유로운 경쟁질서의 보호를 목적으로 하고 있으며, 따라서 경쟁질서를 위협하는 공동행위 등의 사법적 효력은 원칙적으로 인정될 수 없는 것이고, 그러한 위법행위로 손해를 입은 자에게 손해배상청구권을 부여함으로써 위반행위로 인한 손해의 전보(塡補)뿐만 아니라 사인에 의한 동법의 목적 실현에도 기여하게 하는 것이다. 나아가 국가는 헌법상 바람직한 경쟁질서를 유지해야 할 책무를 지기 때문에, 경쟁보호를 단순히 사법적 수단에만 맡기지 않고 직접 고권적 수단, 즉 시정조치나 과징금 등을 통하여 적극적으로 경쟁질서의 유지·보호라는 책무를 수행하는 것이다.

제 3 절 경제규제와 경제법

Ⅰ. 총 설

1. 경제규제법의 개념

넓은 의미에서의 규제란 일정한 국민경제상의 목적을 달성하기 위하여 사적자치에 의한 기업의 행위에 영향을 미치기 위하여 국가가 직·간접적으로 고권적인 수단을 통하여 기업에 작용하는 것을 말한다. 이러한 국가작용을 규정하는 모든 법규범과 법제도를 넓은 의미에서 규제법이라고 한다. 이때, 사적자치를 원칙으로 하는 시장경제하에서 규제의 중요한 개념적 징표는 바로 국가적 개입의 목적에서 찾을 수 있다. 국가는 경제생활의 정당한 질서를 실현해야 할 책무에 비추어 매우 다양한 목적을 추구할 수 있으며, 예컨대 중소기업보호를 위한 구조정책, 에너지의 안정적 공급을 위한 공적급부정책, 경기정책, 소비자정책에 따른 개입이 그러한 목적의 예이다.

여기서 주의할 것은 오로지 사적자치가 원활하게 작동하기 위한 조건을 유지하고 사적자치의 정당성확보를 보장하기 위한 규제법은 특정한 경제정책적 목표를 실현하기 위한 규제법과는 구별되며, 전자를 제외한 규제가 통상 좁은 의미에서의 규제법에 속한다. 협의의 규제법에 있어서 구체적으로 어떤 목적을 추구할 것인지는 소관 행정기관의 재량과 책임에 맡겨져 있으며, 목적 간의 충돌이 일어나기 쉽다. 양자는 비록 그 수단에 있어서는 부분적으로 동일할 수 있으나, 추구하는 목적에서 확실히 구분된다. 이를테면 계약법은 교환관계의 정당성 보장을, 기업법은 기업행위와 기업조직의 정당성 보장을, 그리고 경쟁법은 경쟁과 계약자유의 보장을 그 목적으로 한다고 이해할 수도 있을 것이다.

경제에 대한 국가적 간섭이 모두 경제법상의 규제는 아니며, '통제'라는 용어도 그다지 적합하지 않다. 경제법상의 규제대상은 경제생활에 대한 법률관계뿐만 아니라 사실관계를 포함한다. 그러나 무엇보다도 중요한 것은 경제법상의 규제는 다른 규제에 비하여 고유한 규제목적을 가진다는 점이다. 이들 개별적인 규제목적은 어디까지나 정당한 경제질서의 형성 및 유지라는 상위목적에 구속되어야 함은 물론이다. 즉, 경제법적 규제는 바람직한 경제질서의 형성이라는 상위목표 하에서 구체적인 상황에 따라 보다 구체적인 경제적 목적을 가진다. 따라서 경제외적인 목적의 규제는 경제법의 대상에서 제외된다.

2. 규제법의 목적과 수단

경제법상 규제의 목적은 경제법의 목적과 그 맥을 같이 하는 것으로서, 자유시장경제를 실현하면서 다른 한편으로 경제정책적인 목표를 실현하는 것을 그 내용으로 한다. 따라서 전자를 위한 규제는 자유롭고 공정한 경쟁질서의 보호를 그 목적으로 하는 반면, 후자를 위한 규제는 그때그때의 경제정책에 따라 그 목적과 내용을 달리하게 된다. 이때, 경제법상 규제목적은 경제현상의 특성상 불특정개념이 널리 쓰이고 있는 법규범의 해석지침으로서 중요한 의미를 가지며, 경제법의 독자성을 뒷받침하고 목적론적 해석을 수행하기 위한 기초가 된다.

여기서 경제규제법의 목적(目的)과 대상(對象)은 이를 구분하지 않으면 안 된다. 경제규제의 대상은 시장 내지 경제활동에 관한 것이 아닐 수 있으나, 규제목적은 어디까지나 경제적인 것, 다시 말해서 바람직한 경제질서의 형성과 관련되어야 하는데, 시장에서의 경제활동은 그 한도에서 경제규제법의 대상이 될 수 있기 때문이다. 예컨대, 환경이나 노동에 관한 규제라도 그것이 오히려 기업 간 공정한 경쟁을 보장하기 위한 목적을 가지거나 시장경쟁으로 해결할 수 없는 국민경제의 균형 있는 성장이나 적정한 소득재분배를 목적으로 하는 경우를 상정할 수 있을 것이다.

규제의 수단으로는 직접적인 수단과 간접적인 수단이 있다. 전자는 사적자치에 의한 기업의 행위를 전면적으로 배제하거나 제한하는 것으로서, 고권적인 명령이나 금지가 이에 해당된다. 반면 후자는 기업에 경제적, 심리적인 압박을 가하는 방법으로 기업행위에 영향을 미치는 것을 말한다. 직접적인 규제수단은 자칫 사적자치와 경쟁을 과도하게 침해하거나 왜곡할 우려가 있으므로 가급적 제한적으로 활용되는 것이 바람직한 반면, 간접적인 규제는 목적 실현에 효과가 떨어지는 단점이 있다.

3. 한계원리로서의 경제질서

헌법상 경제질서는 경제법적 규제의 근거와 동시에 한계를 제공한다. 우리나라의 경제질서를 헌법재판소의 용례에 따라 '사회적 시장경제'로 규정하는 경우, 이는 다시 자유시장경제와 국가의 규제·조정의 조합으로 이루어진다. 그런데 자유시장경제를 기본으로 삼더라도 경제적 자유에 내재된 경제력집중 내지 독과점화의 경향으로 말미암아 시장의 자유가 제한될 수 있으므로 국가의 법질서에 의해서 공정한 경쟁질서를 형성하고 확보하는 것이 필요하게 마련이다. "공정한 경쟁질서의 유지는 자연적인 사회현상이 아니라 국가의 지속적인 과제"인 것이다.[54] 자유시장경제 또한 국가의 규제를 전제로 하게 되고, 이러한 맥락에서 경제법은 전체적으로 경제에 관한 규제법의 성격을 갖게 된다.

이러한 맥락에서 헌법상 경제질서는 개인과 기업의 경제상 자유와 창의의 존중이라는 '기본원칙'과 시장의 지배와 경제력의 남용방지·경제의 민주화 등 헌법이 직접 규정하는 특정 목적을 위한 국가의 규제와 조정의 허용이라는 '실천원리'로 구성되고, 후자에 해당하는 헌법 제119조 제2항에 따른 경제규제에 관한 입법의 해석과 적용 또한 이러한 기본원칙을 훼손해서는 안 된다.[55]

헌법 전문과 사회적 기본권 보장 및 경제에 관한 일련의 헌법 조항을 기초로 한 사회적 시장경제질서를 시장경제나 사유재산권 보장, 국가의 규제와 조정을 포괄하는 상위개념으로 보아 양자의 관계를 원칙(原則)과 예외(例外)가 아니라 대등한 위치에서 조화적 관계로 보는 견해도 만만치 않다.[56] 이 경우 시장과 규제를 어떻게 조화시킬 것인지, 양자가 충돌할 경우에 이를 해결하는 원리가 무엇인지는 여전히 모호하며, 그 만큼 국가의 과도한 간섭에 적절한 한계를 설정하기란 쉽지 않아 보인다.

---

54) 헌법재판소 2002.7.18. 선고 2001헌마605 결정.

55) 대법원 2015.11.19. 선고 2015두295 전원합의체 판결. 동 판결이 기본원칙과 실천원리 중 어느 한 쪽이 우월한 가치를 지닌다고 할 수 없다고 언급하고 있는 점을 근거로 양자의 관계를 대등적·조화적 관계로 보아야 한다는 견해로는 이선희, "현 정부 공정거래정책 2년의 성과와 과제", 2019년 서울대학교 경쟁법센터·공정거래위원회 공동세미나 자료집, 2019.5.27, 23면 이하. 그 밖에 하도급대금 직접지급제와 관련해서는 헌법재판소 2003.5.15. 선고 2001헌바98 결정.

56) 양건, 헌법강의(제6판), 법문사, 2018, 213면; 정종섭, 헌법학원론(제12판), 2018, 박영사, 232면.

Ⅱ. 경제법과 다른 법과의 관계

1. 구별기준

경제법의 개념을 헌법상 경제질서를 실현하기 위하여 국가가 경제활동에 개입하는 법규범으로 정의할 경우, 경제법을 다른 법영역과 구별하는 기준은 무엇일까? 먼저, 경제법이 경제학과 밀접한 관련을 맺고 있는 점은 부인할 수 없으나, '경제적 접근방법'(economic approach)이 핵심적인 요소라고 보기는 어렵다. 법경제학을 비롯한 경제적 접근은 그 대상과 정도에 차이가 있을 뿐 헌법이나 민법, 형법 등 모든 법규범에서 활용되고 있으며, 경제적 접근이란 무엇보다 경제분석의 대상이 법제도라는 점에서 특징을 찾을 수 있다. 따라서 자칫 경제적 접근방법을 활용하는 모든 법규범을 경제법으로 보게 된다. 나아가 규범적인 판단이 경제학적 분석에 의하여 희석화될 우려가 있다는 점도 간과할 수 없다.

그렇다면 경제법은 규율대상의 특수성이라는 관점에서 다른 법영역과 구별되는가? 경제법의 규율대상은 경제 내지 경제활동인데, 경제라는 개념의 불명확성을 차치하더라도 규율대상이 지나치게 넓고 그 범위를 특정하기가 곤란하다. 뿐만 아니라 민법이나 상법, 행정법이나, 환경법, 세법 등도 경제활동에 대한 규율을 내용으로 하고 있다는 점에서 종래 독자적인 것으로 인정되던 법영역을 대거 경제법에 포함시키게 되는 난점이 있다.

끝으로, 규제목적의 특수성을 생각할 수 있다. 물론 개개의 규제에는 경제적 목적과 사회적 목적 또는 환경보호의 목적 등이 서로 경합될 수 있으며, 개별 법령의 규제목적도 언제나 분명한 것은 아니다. 경우에 따라서는 하나의 목적에 여러 법영역이 동원되기도 한다. 예컨대, 환경보호라는 목적을 위하여 환경관련 규제를 하는 경우 외에 세법상의 수단을 강구할 수도 있는 것이다. 자칫 종래의 독자적인 법영역을 경제법의 부분영역으로 파악하게 되는 난점이 있는 것이다. 그런데 결국 경제법의 영역을 확정하는 것은 경제법의 목적을 어떻게 파악하느냐에 따라 달라질 수밖에 없고, 비록 경제활동에 대한 규제라도 그것이 국민경제의 바람직한 형성과 직접적 관련이 없다면 경제법으로 볼 수 없는 것이다. 이러한 관점에서 아래에서는 경제법과 여타 법영역의 관계를 살펴보기로 하자.

2. 민법과의 관계

개인 간의 생활관계를 규율하는 민법은 근대 시민사회의 근간을 이루는 법영역으로서, 시장경제를 위한 기초이기도 하다. 민법은 비록 현대에 들어오면서 많은 변용을 거치기는 하였으나, 여전히 특정한 목적을 위한 규범도 아니고 경제생활을 규제하는 것은 아니라는 점에서 경제법과는 전혀 다른 법영역이라는 데에 별다른 이견이 없을 것이다.

다만, 경제법적인 관점에서 볼 때 사법의 핵심적인 제도인 계약(契約)과 소유권(所有權)은 민법에서와는 다른 의미와 기능을 가질 수 있다는 점에 주목할 필요가 있다.[57] 헌법이 추구하는 국민경제의 균형 있는 발전을 실현하기 위한 수단으로는 국가에 의한 직접적인 규제와 계약자유, 소유권을 기초로 한 사적자치가 있는데, 후자와 관련된 사법상의 제도들은 전체 경제질서와 규범적인 관계 속에 포섭된다. 즉, 사법제도의 의미와 과제는 더 이상 사인 간의 생활관계를 법적으로 규율하는데 그치지 않고, 추가로 국민경제의 정당한 질서형성에 기여하는 데서 찾아야 한다. 사법제도는 더 이상 사적인 기능만이 아니라 공적인, 다시 말해서 전체적인 경제질서와 관련된 기능을 갖는 것이다.[58]

3. 상법과의 관계

상법에서는 본질적으로 주주나 채권자와 같은 개별 이해관계자의 이익을 정당하게 규율하는 것이 관건이 되며, 상업등기나 공시 등에 관한 규정도 마찬가지이다. 회사법의 목적도 이러한 관점에서 파악할 수 있다. 상법 또한 민법과 마찬가지로 특정한 정책목표를 추구하지 않으며, 이 점에서 국민경제의 관점에서 경제활동을 규제하는 경제법과는 판이하게 다르다.

그런데 경제활동의 주체로서 허용되는 회사의 종류, 은행이나 보험회사의 지배구조 및 금산분리 여부, 경우에 따라서 주주나 회사대표 이외에 누가 회사의 의사결정에 참가하여야 하는지와 같이 국민경제의 질서형성과 관련된 문제들은 순수하게 상법의 관점으로는 해결될 수 없다. 예컨대, 지배주주의 사익편취(私益騙取)와

---

57) Karl Kreuzer, Privatautonomie und fremdes Außenwirtschaftsrecht, in: Peter Schlechtriem/Hans G. Leser(Hrsg.), Zum Deutschen und Internationalen Schuldrecht, 1983, S. 89 ff.

58) Gustav Radbruch, Einfhrung in die Rechtswissenschaft, 1925, S. 150.

관련하여 상법[59]은 특칙을 두고 있으나, 동시에 재벌의 편법승계를 방지하여 경제력집중, 특히 소유집중을 억제한다는 차원에서 공정거래법도 특수관계인에 대한 부당한 이익제공 등 금지(법 제47조)를 도입하였다.[60] 상법상 이슈라도 관점 내지 규제목적에 따라 언제든지 경제법의 일부로 포섭될 수 있는 것이다.

4. 행정법과의 관계

행정법은 국기기관의 작용으로부터 사인의 권익을 보호하기 위한 법규범이다. 그 중 경제행정법은 비록 경제생활에 대한 국가의 고권적 작용을 관심대상으로 한다는 점에서 일부 경제법과 중첩될 여지가 있으나, 여전히 고유한 목적지향성을 찾기 어렵다는 점에서 경제법과는 구별된다. 물론 경제행정법 또한 협의의 경제헌법을 지향하여야 하며, 구체적으로 경제행정을 통하여 법률의 목적을 실현함에 있어서 헌법상의 기본권과 경제질서에 구속된다. 이때 협의의 경제헌법은 국가의 경제행정에 대하여 정당성을 부여하는 한편 경제행정에 일정한 한계를 부과하는 기능을 담당한다. 나아가 경제헌법이 국가에게 경제생활에 대한 개입권한을 위임한 한도에서 이는 개인의 자유에도 일정한 한계를 지우는 것이 된다.

5. 노동법과의 관계

현대 산업사회에 새로이 등장한 노동법도 그 목적과 가치에 있어서 경제법과 구별된다. 노동법은 종속근로자와 사용자와의 법률관계, 종속근로자의 단결을 규율하는 규범의 총체를 말하는데, 무엇보다 적용대상이라는 측면에서 많은 노동관계 내지 근로관계는 경제법의 규율대상과 매우 상이하다.

그런데 노동법과 경제법은 매우 밀접한 관계를 맺고 있다. 헌법상 경제질서, 이른바 사회적 시장경제에서 기업의 지배구조에 근로자가 얼마만큼 어떤 방식으로 참여할 것인지, 기업의 이익에 근로자의 몫을 얼마나 인정할 것인지는 매우 중요한 쟁점이기 때문이다. 헌법상 경제질서의 구성요소라고 할 수 있는 경제민주화의 당초 취지가 사용자에 대한 근로자의 견제, 즉 자본과 노동의 균형에 있었다는 점도 노동법과 경제법의 중첩되는 관심사를 잘 보여준다.

---

59) 상법 제397조의2는 회사기회 및 자산의 유용을 금지하고 있다.

60) 2013.8.13. 개정, 법률 제12095호.

노동시장이 가격메커니즘을 기초로 하는 경쟁원리에 맡겨질 수 없는 것인지, 그 결과 적어도 경쟁법의 적용대상에서 제외되어야 하는지는 한마디로 말하기 어렵다. 최근 우리나라에서 근로자의 범위를 입법적으로 확대하는 경향이 나타나고 있는바, 경제법과의 새로운 긴장관계라는 관점에서 세심한 논의가 요구된다. 특히, 플랫폼 노동자, 대표적으로 라이더(riders)의 배달료와 관련하여 공정거래법상 부당한 공동행위의 성립 여부가 관심을 받고 있다.

6. 형법과의 관계

형법과 경제법의 관계는 헌법이나 행정법과의 관계와 매우 유사하다. 다만, 독자적인 법영역으로서 경제형법이 존재하며, 경제형법은 전체로서의 국가경제질서를 그 보호대상으로 한다.[61] 여기서 개개의 경제법 규정에 포함된 제재를 내용으로 하는 협의의 경제형법만이 경제법상 중요한 의미를 가진다. 예컨대 어떤 공정거래법 위반행위가 과징금이 아니라 벌금이나 자유형과 같은 형벌에 처해져야 하는지 여부는 정당하고 효과적인 처벌수단이라는 측면에서 형법의 관점을, 그리고 경쟁질서의 실현이라는 관점에서는 경제법의 관점을 종합적으로 고려하여 판단하여야 한다.

7. 세법과의 관계

세법은 국가의 재정적인 수요를 충족시키기 위하여 국민으로부터 일정한 금전적 급부의무를 부과하는 법이다. 종래 납세의무가 상대적으로 약했던 시대에 세법은 관세의 경우를 제외하고는 국민경제상 중요성이 별로 없었다. 그러나 사회국가원리에 따라 국가의 재정수요가 증대하고, 동시에 납세의무가 증가하면서 세법은 점점 더 경제법상의 중요성을 갖게 되었다. 입법자가 세법상의 수단을 통하여 경제법상의 목적을 추구하는 경향이 증대하고 있다. 세금을 징수하는 것은 단순히 국가재정의 확보 외에 국민경제상의 또 다른 정책목표를 가질 수 있는 것이다.

8. 소비자법과의 관계

경제법의 일부 법규범이 소비자의 이익을 보호하고 있음에도 불구하고 경제법과 소비자법과의 관계는 그리 쉽고 명확하게 정리하기 어렵다.[62] 소비자보호라는

---

61) Klaus Tiedemann, Wirtschaftsstrafrecht und Wirtschaftskriminalität, Bd. I, 1976, S. 54.

목표는 다분히 정치적인 프로그램의 성격을 가지며, 소비자법에는 제조물책임이나 약관 및 할부거래나 여행계약과 같이 소비자거래에 전형적인 계약이 포괄되기 때문이다. 문제는 소비자법이 민사특별법과 명확히 구분되지 못하면서 하나의 독자적이고 체계적인 범주를 형성하고 있는지 의문이라는 점이다. 그간 우리나라의 경우에 소비자보호를 위한 다양한 입법과정에서 국민경제적인 관점, 특히 경제질서라는 관념은 거의 고려되지 않았던 것으로 보인다.

그러나 소비자법이 공정거래법이나 규제산업법과 중첩되는 영역을 점차 넓혀가고 있음은 부인하기 어렵다. 공정거래법의 목적으로 소비자이익이 강조되고, 소비자의 이익을 저해하는 행위가 시장지배적 지위남용으로 규제될 뿐만 아니라, 경쟁제한적 기업결합이나 부당한 공동행위를 판단함에 있어서도 소비자후생이 점점 더 중요하게 고려되기 때문이다. 뿐만 아니라 특정 산업분야에 규제를 고안함에 있어서도 소비자의 이익은 그 중요성을 더하고 있다. 예컨대, 「전기통신사업법」은 일찍이 이용자이익 저해행위를 폭넓게 금지하고 있으며(동법 제50조 제1항 제5호), 통신산업의 규제목표 또한 이용자이익을 우선하는 추세가 자리 잡고 있다.

9. 경제학과의 관계

경제학은 '경제적 합목적성'(wirtschaftliche Zweckmäßigkeit)이라는 관점에서 인간의 행위를 분석한다. 따라서 경제법이 그 대상으로 하는 경제질서의 정당성, 기업행위의 한계설정 등은 경제학에서는 별로 고려되지 않으며, 제한적으로 경제정책의 일부분을 구성하는 원리에 지나지 않는다. 그리고 경제정책이란 특정한 목적과 수단의 관계를 설명하기 위하여 경제이론과 모델에 기초하게 된다.

특히, 법경제학(Law and Economics; Economic Analysis of Law)은 경제법과 매우 밀접한 관계에 있다. 법경제학은 법과 사회제도에 대한 경제학적인 분석을 말하며, 기존의 당위를 합리성(특히, 비용/편익분석)을 기준으로 규명하고자 하는 비판적 학문분야이다. 법경제학은 다양한 법영역에 시도되고 있으며, 이를테면 민법에서도 과실책임이냐 무과실책임이냐, 호의동승자의 책임을 제한할 것이냐 등 여러 가지 문제에 관하여 많은 분석과 연구가 이루어진 바 있다.

그럼에도 불구하고 법경제학은 경쟁법분야에서 가장 활발하게 활용되고 있다.

---

62) Eike von Hippel, Verbraucherschutz(3. Aufl.), 1985.

역사적으로 시장획정에 관하여 다양한 경제분석과 이론이 제시되었으며, 기업결합의 경쟁제한효과를 분석함에 있어서도 법경제학적 분석이 대세를 이루고 있다. 최근 우리나라에서는 공정거래법 위반행위에 대한 손해배상 청구소송에서 손해액 산정에도 계량경제학적 분석방법이 점차 활용되고 있는바, 그와 동시에 경제적 분석결과를 법률의 해석·적용 단계에서 어떻게 활용할 것인지, 경제분석에 대한 규범적 통제는 어떻게 이루어져야 하는지에 대한 논의를 촉발시키고 있다.

제 4 절 경제법의 체계

Ⅰ. 체계화와 해석방법론

1. 체계화의 의의

경제법을 헌법이 추구하는 규범적으로 정당한 경제질서를 실현하기 위한 규제법의 총체라고 정의할 때, 그렇다면 경제법이 이러한 목적을 위하여 어떠한 내용을 담아야 하는지가 밝혀지지 않으면 안 된다. 흔히 체계화라는 용어는 종합하고, 분류하며, 일정한 기준에 따라 질서지우는 것을 말한다. 이때 본질적으로 체계화의 원칙은 체계화할 대상에 부합하여야 하며, 동시에 규범목적에 부합하여야 한다. 나아가 법이 당위(Sollen)인 것과 마찬가지로 법규범과 체계화원리 사이의 관계 역시 당위의 범주에 속하며, 개별 법규범과 제도와의 관계에 따라 구체적인 가치, 원리 또는 정의관념(正義觀念)이 정해진다.

경제법을 체계화하는 것은 하나의 지도원리(指導原理)를 형성하는 과정이자 동시에 확립된 지도원리를 실현하기 위한 수단들을 엮어내는 작업이다. 나아가 이러한 작업은 궁극적으로 경제법, 구체적인 규제법령의 체계적 해석을 위한 기초가 된다.

2. 체계화의 방법론

경제법을 체계화하기 위해서는 전술한 바와 같이 세 단계의 과정에 유의하여야 한다. 우선 '종합의 단계'에서는 경제와 관련된 법령을 추려내는 작업이 중요하며, 이를 위해서는 일관된 사고가 필요하다. 이어서 추려낸 법령을 분류하는 작업이 이어지는데, 분류기준에 따라 여러 가지의 분류가 가능하다. 즉, 전통적인 법체계에 따라 경제헌법, 경제행정법, 경제형법 및 경제사법으로 분류할 수도 있고, 규범의 적용대상에 따라 기업법, 은행법, 시장법, 소비자법 등으로 나눌 수도 있으며, 일반원리의 차이에 따라 일반경제법과 특별경제법으로 분류할 수도 있다. 끝으로 체계적으로 분류된 법령을 경제법 내에서 질서지우는 단계가 있는데, 이 단계에서는 경제법의 궁극적인 목적이나 가치판단에 따라 각각의 법영역에 고유한 개별원리를 마련하는 것이 중요하며, 이를 위해서는 경제학이나 정치학, 사회학 등의 인접과학에 대한 인식이 요구된다.

Ⅱ. 경제법의 체계

어떤 법영역의 독자성은 그 체계를 어떻게 구성할 것인지와도 밀접하게 관련되어 있다. 그리고 경제법의 범주와 한계는 여전히 다툼의 소지를 안고 있으며, 실제로 여러 가지 가능성이 열려있다. 그러나 무릇 법영역의 구성은 해당 법규범의 가치관념(價値觀念)에 기초하여야 하고, 그렇다면 경제법을 지배하는 가치관념이 무엇인지에 따라 경제법의 구성체계가 좌우되는 것이다.

경제법은 한편으로는 개인과 기업에게 경제활동의 자유를 보장하고, 다른 한편으로는 경제과정에 필요한 국가의 관여와 규제를 정당하게 질서지우는 법규범의 총체로서, 양자가 조화를 이루도록 하는 것이 지도원리(Leitprinzipien)이다. 그에 따르자면 경제법은 크게 경쟁법(일반경쟁법과 특별경쟁법)과 산업규제법, 그리고 이들 분야에 공통되는 소비자법의 세 분야로 나눌 수 있다.

경쟁법은 원칙적으로 모든 경제분야에서 활동하는 모든 기업에게 적용되는 법으로서, 사적자치에 기초한 시장경제질서의 틀을 형성한다는 과제를 맡고 있다. 여기서는 사적자치에 따른 자유로운 경제활동에 공정하고 자유로운 경쟁의 관점에서 일정한 틀과 한계를 정하는 한도 내에서 특수한 형태의 고권적(高權的) 규제가 이루어지며, 이 점에서 국가는 헌법이나 행정법이 포섭하지 못하는 과제와 기능을 갖게 된다. 일반경쟁법은 모든 산업분야에 적용되는 공정거래법 및 불공정거래행위 관련 특별법으로 이루어져 있으며, 특별경쟁법은 전기통신사업법상 경쟁과 관련된 금지행위 규정과 같이 특정 산업분야에서 경쟁의 유지 또는 촉진을 위한 규제법을 의미한다. 산업규제법은 특정 산업의 특성을 고려하여 사업자를 규제하는 법규범으로서 에너지나 통신, 운송 등 네트워크산업에 고유한 규제를 상정할 수 있다.

1. 일반경쟁법

가. 공정거래법

기업을 어떻게 설립하고 운영할 수 있게 할 것인지는 경제체제와 밀접한 관련을 맺고 있다. 예컨대 기업의 설립에 관하여 특허제에서 출발하여 허가제, 인가제 등을 거쳐 오늘날에는 거의 모든 국가에서 자유설립주의가 지배하기에 이르렀다. 자유설립주의는 자본주의에 따른 자유경제질서가 자리를 잡은데 따른 당연한 결과였다. 나아가 기업집단을 어떻게 형성하고 운영할 것인지 또한 원칙적으로 기업의 자율에 맡겨져 있다.

기업은 시장경제 하에서 소비자와 더불어 가장 중요한 주체의 하나로 등장한다. 사적자치를 기본으로 하는 경제질서는 경쟁을 핵심요소로 삼고 있으며, 국가는 이러한 경쟁을 보호할 책무를 진다. 그런데 아이러니하게도 경쟁에 대한 위협은 바로 국가와 사적자치에서 비롯된다. 전자는 각종 인허가를 비롯한 진입장벽, 가격규제 등 경쟁제한적 규제를 말하고, 후자는 사기업의 차원에서 사적자치 및 계약자유를 남용하여 공정하고 자유로운 경쟁을 침해하는 것이다. 이처럼 국가가 지닌 이중적 성격에서 비롯되는 딜레마 상황은 경쟁당국이 다른 정부부처와 유기적으로 협력하면서도 일정한 거리를 유지해야 하는 배경이기도 하다.

공정거래법은 공정하고 자유로운 경쟁을 저해하는 행위를 금지하는 방식으로 시장경제를 보호하고자 한다. 동법은 경쟁하는 기업들에게 지켜야 할 기본적인 행위준칙(code of conducts)을 제공하고, 규범화된 최소한의 행위준칙을 준수하는 한 기업은 자유로운 경제활동을 보장받는다는 의미에서 '기업의 권리헌장'(Magna Charta des Unternehmens)이라고 볼 수도 있다. 달리 표현하자면 공정하고 자유로운 경쟁이 유지되는 상태에서 기업은 최대한의 계약자유와 사적자치를 누릴 수 있게 되는 것이다.

나. 거래공정화법

공정거래법은 1980년 제정 당시부터 경쟁의 자유 내지 자유경쟁을 침해하는 행위뿐만 아니라 공정한 거래질서를 저해하는 행위를 함께 금지하고 있었다. 이른바 불공정거래행위를 하나의 법률에 포함시킬 것인지, 아니면 이를 규율한 특별법을 제정할 것인지는 나라별로 다르며, 이는 다분히 입법정책의 문제이다. 우리나라나 일본과 같이 하나의 법률에서 시장지배적 지위남용부터 경쟁제한적 기업결합, 부당한 공동행위와 더불어 불공정거래행위까지 망라하는 입법례도 있고, 독일이나 프랑스와 같이 불공정거래행위를 전통적인 범주에서 별도로 규율하는 법률을 두고 있는 입법례도 있다.

이와 관련하여 우리나라는 다소 특별한 방식을 취하고 있다. 공정거래법에 불공정거래행위를 포섭하고 있으면서, 일정한 거래분야에 대해서는 해당 분야에 특수한 불공정거래행위를 효과적으로 예방 또는 시정하기 위하여 별도의 법률을 제정하고 있기 때문이다. 이러한 방식은 우리나라에 고유한 정치·경제상황과 해당 거래분야의 특성 등을 반영하는 것이다. 즉, 당초 거래분야별로 특수불공정거래행위의 유형과 기준을 고시로 정하였다가, 국민경제에서 차지하는 비중이 커지면서 불공정한 거래가 만연한 일부 분야에서 마련되었던 고시를 법률로 격상하였던 것이다. 대표적으로 1984년에 하도급법, 2002년에 가맹사업법, 그리고 2011년에 대규모유통업법 및 2015년에 대리점법(이상 "유통3법"이라 함)이 차례로 제정되었다.

우리나라에서는 거래공정화에 대한 요구가 거세지면서 특정 분야의 공정성을 담보하기 위하여 별도의 법률을 제정하는 것이 헌법상 경제민주화의 실천원리로 받아들여지고 있다. 그 결과 거래공정화법은 양적으로나 질적으로 그 중요성이 날로 커지고 있다. 다만, 거래공정화라는 명분의 규제란 필연적으로 당사자의 거래상 자유를 일정부분 제약할 수밖에 없으므로 산업의 특성과 업계의 현실을 충분히 반영하여 꾸준히 개선하는 작업이 병행되지 않으면 자칫 거래공정도 거래자유도 모두 잃을 수 있다는 점을 간과해서는 안 된다.

2. 소비자법

시장에서 공정하고 자유로운 경쟁이 작동하더라도 현실의 거래관계에서 언제나 소비자가 경쟁의 혜택을 제대로 누리기 어렵다. 사업자는 소비자에 대하여 전문성이나 자본, 기술 등의 측면에서 구조적으로 우월한 지위에 있고, 이를 이용하여 소비자의 생명이나 신체 또는 재산을 위협하는 거래를 행할 수 있기 때문이다.

공정거래법의 일부 조항, 예컨대 시장지배적 사업자의 착취남용(부당한 가격책정이나 소비자이익의 현저한 저해행위)이나 부당한 공동행위, 일부 불공정거래행위의 금지 등이 제한적이나마 소비자이익을 직접 보호할 수 있으나, 여전히 소비자피해의 예방 및 구제에는 커다란 공백이 존재한다. 무엇보다 공정거래법 위반이 인정되더라도 공정거래위원회는 사후에 시정조치와 과징금을 부과할 수 있을 뿐이며, 소비자는 개별적으로 손해배상을 구하는 소를 제기할 수밖에 없다.[63] 공정거래법의

63) 공정거래법상 동의의결에 요구되는 시정방안에는 소비자 피해구제가 포함될 수 있다는 점에서 이 경우에도 제한적이나마 소비자이익이 직접 보호될 수 있다.

이념적 목표가 소비자후생의 증대라는 관점에서 보더라도 소비자에 초점을 맞춘 별도의 법영역이 요구되는 것이다. 다른 한편으로 사업자와의 관계에서 소비자의 권익을 철저히 보호하는 것은 시장에 대한 신뢰를 제고함으로써 시장경제질서의 유지와 원활한 작동에 기여하게 된다. 소비자피해의 예방 및 구제에 관한 한 별도의 제도적 장치가 필요하고, 그것이 바로 소비자법(消費者法)의 영역인 것이다.

소비자법은 비록 소비자의 이익을 보호하기 위한 법영역이기는 하나, 이 또한 경제법의 일 분과라는 관점에서 볼 때 무조건 소비자의 이익만을 고려하여 경제활동을 규제하는 것은 타당하지도 바람직하지도 않다.[64] 경제법이란 국민경제의 균형 있는 발전을 궁극적으로 지향한다는 점에서 소비자법 역시 소비자의 이익을 중심으로 놓되, 소비자보호를 위한 규제가 사업자의 이익이나 산업 전체의 발전 등과 조화를 이룰 수 있도록 종합적인 사고를 하지 않으면 안 된다.

3. 특별경쟁법

개별 산업분야의 규제에 관한 법을 널리 산업규제법이라고도 한다. 경쟁원리는 국가가 시장에 경제활동의 조정을 맡긴 모든 산업분야에서 지도원리로서 작동하는바, 일부 산업은 역사적·경제적인 이유로 여전히 경쟁보다는 규제가 거래관계의 핵심적인 내용과 시장행위 및 성과 등을 좌우하고 있다. 규모의 경제가 크게 작동하는 전기·가스 등 에너지산업과 철도·항공·해운 등 운송산업, 통신산업 등과 같은 이른바 '네트워크산업'이 대표적이다.

그런데 오늘날 시장경제를 기본으로 하는 나라에서 규제산업이라고 하더라도 경쟁원리가 완전히 배제되어 있는 경우는 존재하지 않으며, 현실에서는 경쟁과 규제 또는 계약자유와 후견적 간섭이 혼재되어 있다. 그런데 이러한 규제와 경쟁이 무질서하게 혼재해서는 안 되며, 양자는 헌법이 추구하는 경제질서라는 관점에서 서로 조화를 이루지 않으면 안 된다. 즉, 규제산업에서도 가능한 한 경쟁원리가 원활하게 작동할 수 있어야 하고, 종전의 규제에 대해서는 시장환경의 변화에 맞게 꾸준히 그 타당성이 재검토되어야 하고, 규제의 신설에는 경쟁을 지나치게 제약하지는 않는지 또는 가급적 경쟁을 덜 왜곡할 다른 수단은 없는지가 항상 모색되어야

64) 이러한 맥락에서 「소비자기본법」 제1조는 동법의 궁극적인 목적으로서 소비생활의 향상과 함께 "국민경제의 발전에 이바지함"을 명정하고 있다.

하는 것이다. 이처럼 경쟁질서의 관점에서 규제산업의 경쟁원리를 최대한 실현하고자 하는 법규범, 규제산업에서 공정하고 자유로운 경쟁을 형성 또는 촉진하기 위한 법규범이 바로 특별경쟁법이라고 할 수 있다.

대표적으로 「전기통신사업법」은 경쟁촉진을 위하여 별도로 제4장을 두고, 설비제공의무(법 제35조)나 가입자선로의 공동활용(법 제36조), 상호접속(법 제39조 이하) 등의 사전규제와 함께 공정한 경쟁을 저해할 우려가 있는 일련의 행위를 금지하고 있다(법 제50조). 「전기사업법」은 한국전력의 발전자회사를 분리한 이후 전기사업의 경쟁촉진을 제1조의 목적에 명정하는 외에 송·배전사업자에게 그 전기설비의 제공의무를 규정하고(법 제31조 이하), 한국전력거래소(법 제35조 이하) 및 전기위원회(법 제53조 이하)의 설치를 포함하여 경쟁원리의 도입에 맞게 전력시장을 개편하는 내용을 포함시키는 한편, 전력시장의 공정한 경쟁을 저해하는 행위를 금지하고 있다(법 제21조).

특별경쟁법은 강학상의 개념으로서 일반경쟁법에 대비되나, 양자를 특별법-일반법의 관계로 단순하게 이해할 수는 없고, 각 법률규정의 취지와 내용 및 체계를 종합적으로 고려하여 양자의 관계를 판단하여야 할 것이다.

제2장

경쟁이론과 경쟁정책

오래전부터 경쟁정책을 담당하거나 경쟁법을 해석·적용하는 사람들 사이에서 경제학의 중요성은 널리 인식되어 왔다. 일찍이 미국이나 유럽에서 어떤 사업자의 시장행위가 경쟁에 미치는 효과를 분석함에 있어서 시장지배력이나 진입장벽, 매몰비용(sunk cost), 일방효과(unilateral effect) 등 다양한 경제이론상의 분석틀을 활용하는 것이 보편화되어 있다. 특히, 경쟁정책은 경제의 조직과 경제적 행위 및 경제적 효과를 다룬다는 의미에서 분명 경제정책의 성격을 가진다. 따라서 공정거래법과 경쟁정책을 다루는 본서에서도 경쟁이론에 대한 설명은 빼놓을 수 없는 부분이다.

경제이론이 경쟁정책에서 차지하는 중요성이 커질수록 동시에 경쟁법의 틀을 정하고 이를 구체적인 사례에 적용함에 있어서 과연 경제학이 유용한 것인지의 문제가 제기된다. 여기서 한 가지 유의할 점은 경제이론, 경제적 사고나 모델은 그 자체가 경쟁정책의 설정이나 경쟁법의 적용에 있어서 완결적인 해답을 제공해주지 못한다는 사실이다. 경제이론과 경제모델은 여러 가설에 기반을 두고 있고, 가설이란 그 성질상 실제의 경제현실이나 시장상황을 완벽하게 반영할 수 없다. 더구나 가설이 변경되면 이를 기초로 설정된 모델에 따른 분석결과도 달라지게 마련이다. 이러한 이유로 예컨대 실제 두 기업이 합병하거나 어떤 사업자가 거래거절을 하거나 또는 여러 사업자들이 공모를 하는 경우에 시장에 어떤 효과를 미칠 것인지에 관하여 경제학은 종종 명확하고 절대적인 가이드라인을 제시하지 못한다.

그렇다면 경쟁이론(competition theory)은 어떤 의미가 있는가? 일반적으로 경제학에 기반을 둔 경쟁이론은 다양한 관념과 모델을 제공하여 구체적인 사실관계를 설명할 수 있는 합리적인 논거를 마련하게 하며, 이는 시장에서 활동하는 기업의 행위를 경제적으로 설명함으로써 그 원인이나 동기를 밝혀준다. 구체적으로 경쟁이론은 경쟁법이나 정책의 기본적 방향설정의 타당성 여부를 분석하고, 구체적인 금지요건의 현실적합성을 비판적으로 접근하며, 경우에 따라서는 안전지대(safety zone)를 설정하고 나아가 과연 어떤 시장조건 하에서 경쟁제한효과가 발생하거나 발생하지 않을 것인지를 추론하게 한다. 따라서 실무상 개별사례에서는 일단 현실의 시장조건을 가장 잘 설명해주는 경제이론이나 경제모델을 이해하고, 이어서 당해 시장에서 현실적으로 가능한 경쟁효과를 분석하게 된다.

끝으로 경쟁법과 정책을 다루는 전문가가 경쟁이론을 부분적으로 채용하더라도 법과 정책 간의 모순충돌을 피하고 아직 검증되지 않은 가설(假說)에 빠지지 않기 위해서는 적어도 경쟁이론의 전개과정과 현재 주류의 지위를 차지하고 있는 내용을 먼저 파악할 필요가 있다. 이를 위하여 아래에서는 시장경제의 본질적 구성요소인 경쟁의 개념과 경쟁제한을 중심으로 경쟁이론의 역사와 현재의 논의수준을 개관해보기로 한다.

제 1 절 시장경제와 경쟁

Ⅰ. 경제학상의 시장 개념

경제학에서 실증적인 분석대상이자 산업정책상 의미를 갖는 시장은 기본적으로 '교환거래가 이루어지는 장(場)'으로서 파악되었다.[1)] 일찍이 세이(Jean-Baptiste Say)는 '자신의 생산물을 각자가 원하는 것과 쉽게 교환할 수 있을 때' 시장이 존재한다고 함으로써 시장을 '잠재적 교환의 장'으로 보았다. 그리고 쿠르노(Antoine Augustin Cournot)는 시장을 '매매가 이루어지는 구체적인 장소가 아니라 거래자 간의 자유로운 교류를 통하여 동일한 재화의 가격이 신속하고 용이하게 균등해지는 경향이 있는 지역전체'라고 정의함으로써 시장이 갖는 공간적인 측면을 강조하였다.

한편 제본스(William Stanley Jevons)는 시장에서 활동하는 인간 사이의 경제적 관계에 주목하여 '시장이란 긴밀한 영업관계 속에서 광범위하게 상품의 거래를 행하는 사람들의 조직체'라고 정의하였다. 이어서 마샬(Alfred Marshall)은 '상품이 운송비를 고려하여 쉽고도 신속하게 동일해지는 경향이 있는 지역'을 기준으로 시장을 정의하였다.[2)] 이는 종래의 시장 개념에 운송비를 고려한 공간적인 차원을 도입한 것으로서, 상품이 갖는 물리적 특성에 따라 시장의 공간적인 범위가 달라진다는 것이다. 이처럼 기본적으로 시장을 교환거래가 이루어지는 장으로서 정의하는 것은 수요와 공급의 두 측면을 모두 고려한 것이기는 하지만, 이는 시장이 갖는 하나의 속성을 지적한 것에 지나지 않으며, 따라서 현실적으로 경제정책, 특히 산업정책상의 목적을 위해서는 보다 논리적인 기준이 필요하였다.

그런데 1890년에 미국에서 최초의 경쟁법이 제정된 이후 미국의 경제학자들은 독점의 판단에 있어서 시장지배력(market power)을 기준으로 평가하였고, 시장지배력을 평가하기 위한 수단으로는 주로 '시장점유율'이라는 기준을 이용하였다. 그러나 다른 한편으로, 경제학자들 사이에는 오래전부터 시장지배력을 평가하기 위한 수단으로서 시장점유율을 이용하는데 대한 반감이 존재하였고, 나아가 독점금지의

1) 윤석호 · 이규억, 산업조직론(제2전정판), 법문사, 1994, 144면.
2) Alfred Marshall, Principles of Economics, Book V, 1920, p. 324.

목적으로 시장획정을 하려는 일반적인 생각에 대하여 의문을 제기하여 왔다.[3] 시장의 획정에 대한 이러한 반감은 1930년대 초부터 1950년대 중반에 미국에서 독점적 경쟁이론이 풍미하면서 더욱 강해졌다.

이러한 요청에 따라 시장을 객관적이고 명확하게 획정하려는 시도는 독점적 경쟁이론의 대표자인 로빈슨(J. Robinson)과 쳄벌린(E. Chamberlin)에서 비롯되었다. 이들은 공통적으로 제품 간의 중대한 차이는 모든 판매업자로 하여금 당해 제품에 대하여 적어도 제한된 의미에서의 독점적 지위를 가능케 한다고 보았다.[4] 따라서 이들은 서로 구별되는 제품군으로서의 동일한 상품군을 하나의 시장으로 파악하였고, 상품 간의 동일성 판단을 위한 기준을 제시하려고 노력하였다.

이를 위하여 우선 로빈슨은 시장을 동일상품(like product)을 생산하는 기업들의 집단으로 정의하였는데, 이는 소비자의 관점에서 매우 유사한 대체재로 인식되는 상품의 생산자들을 의미하였다. 그러나 양자가 공통적으로 시장을 정의하는 기준으로 삼은 것은 바로 수요의 대체탄력성이었다.[5] 즉, 로빈슨은 어떤 두 개의 상품이 동일상품에 속하는지 여부를 판단하기 위하여, 챔벌린은 당해 제품들이 서로 대체재의 관계에 있는지 여부를 판단하기 위하여, 이들 두 제품 간의 수요의 대체탄력성을 구하였다. 그 후 베인(J. S. Bain)은 수요의 탄력성을 '수요의 교차탄력성'(cross elasticity of demand)이라는 개념으로 확립하였다. 따라서 경제학상 교차탄력성이 큰 상품은 서로 동일성이 인정되고, 결국 하나의 시장으로 포섭되게 된다.[6]

3) 이들은 주로 시장점유율이란 당해 산업을 어떻게 정의하느냐에 따라 자의적으로 높아질 수도 있고 낮아질 수도 있다는 이유로 시장점유율이나 집중도를 평가함에 있어서 시장점유율지표는 적절치 못하다고 지적하였다. Edward S. Mason, The Current Status of the Monopoly Problem in the United States, 62 Harvard Law Review, 1949, p. 1265, 1274; Edward S. Mason, Monopoly in Law and Economics, 47 Yale Law Journal 34, 1937, pp. 47-48.

4) Edward H. Chamberlin, The Theory of Monopolistic Competition(8th ed.), 1948; Joan Robinson, The Economics of Imperfect Competition(2nd ed.), 1969.

5) Robinson, Ibid, p. 17; Chamberlin, Ibid, p. 202.

6) 이에 대하여 스티글러(Stigler)는 소득수준이 높은 계층의 경우 고급주택과 고급자동차는 교차탄력성은 매우 크지만, 그렇다고 이들 상품을 동일시장으로 볼 수는 없다는 점을 지적하면서 대체성관념의 불완전성을 지적하였다.

Ⅱ. 산업과 시장의 개념구분

종래 고전파와 신고전파 경제학자들은 기본적으로 시장을 산업과 동일시하고 있었다. 그러나 그 후의 연구결과에 따라 시장과 산업이 서로 다른 차원의 개념이라는 것이 밝혀졌다.

우선 경제학상의 시장이란 어떤 상품이 갖는 수요와 공급의 교차탄력성을 기준으로 결정되는 것으로서, 그 중에서도 수요 측면을 특히 강조하는 개념이다. 그리고 공급 측면이 고려될 경우 각각의 상품을 제조하는데 필요한 원료나 제조공법, 기술 등이 중요한 의미를 갖는다. 예컨대, 자동차산업의 경우 그 원자재나 디자인 또는 제조공정에 따라 그 안에 승용차시장, 화물차시장, 중기(重機)시장 등의 여러 가지 시장이 존재할 수 있는 것이다. 또 다른 예로 석유화학산업의 경우를 보더라도 원료는 모두 석유로서 동일하지만, 그 제조공법이나 기술 등에 따라 나일론과 같은 섬유시장, 폴리에틸렌시장, 플라스틱시장 또는 유류시장 등이 하나의 산업 내에 존재할 수 있다.[7] 이와 같이 시장과 산업을 분리하여 파악하는 견해가 대두하면서, 로빈슨도 시장과는 별도로 산업을 제조방법이 유사한 상품을 생산하는 기업들의 집합이라고 정의함으로써, 종래 수요대체성에 따른 시장개념과 구별하였다.

그러나 시장과 산업을 체계적으로 구분한 사람은 앤드류스(Philip Walter Sawford Andrews)와 브루너(Elizabeth Brunner)였다. 앤드류스는 시장이란 수요 측면에서 파악한 개념인 반면, 산업은 공급 측면에서 파악한 것이라고 하여, 산업을 '유사한 공법과 공정을 사용하고 경험과 지식의 배경도 비슷한 기업들의 집합'이라고 정의하였다. 그리고 브루너는 산업을 '유사한 공정을 이용하여 기술적으로 동일한 제품을 생산하는 기업들의 집합'이라고 정의하고, 이에 대하여 시장을 기업이 제품의 판매나 원료의 구입을 하는 거래제도(transactional institution)로 보았다. 그러나 다른 한편으로 목재가구와 철제가구 또는 플라스틱가구는 각각의 제조공정이나 공법은 전혀 다르고 따라서 서로 다른 산업에 속하지만, 이들 간에는 가구로서의 용도가 동일하기 때문에 서로 대체재의 관계에 있고 그 결과 하나의 시장에 속하게 된다. 그 결과 현재 시장과 산업은 명확하게 구분되기는 하나, 서로 유기적인 연관을 맺고 있

---

7) 반면, 산업이란 생산활동을 중심으로 정의된 개념으로서 원칙적으로 수요 측면은 고려되지 않는다. 정갑영, 산업조직론, 박영사, 1994, 35면.

는 것으로 파악되고 있다.[8)]

우리나라에서는 여러 가지 경제정책적인 목적을 위하여 '한국표준산업분류'가 널리 활용되고 있다. 한국표준산업분류는 통계법에 근거하여 통계자료의 정확성 및 국가 간의 비교가능성을 확보하기 위하여, 유엔에서 권고하고 있는 국제표준산업분류를 기초로 작성한 통계목적의 분류이다. 동 분류에 따르면 산업이란 '유사한 성질을 갖는 산업활동에 주로 종사하는 생산단위의 집합'이며, 이때 생산단위 간의 유사성은 경제적 대체가능성과는 다르게 이해된다. 구체적으로 2021년 현재 표준산업분류표는 우리나라의 모든 산업을 농업, 광업, 제조업, 건설업 등 모두 21개 대분류산업으로 나누고, 이를 다시 4단계(중분류, 소분류, 세분류, 세세분류산업)로 나누고 있으며, 세세분류산업은 다수의 상품으로 구성된 가장 기본적인 산업단위이다.

그런데 표준산업분류는 경제이론상 경쟁관계를 파악하기에는 매우 불완전하다. 즉, 동 분류는 대부분 공급 측면에서의 대체성을 기준으로 하고 있으며, 따라서 수요의 대체성을 반영하지 못하고 있다. 예를 들면, 표준산업분류표 상으로 의약품과 화장품은 모두 제조업에 포함되어 있으나, 이들 간에는 수요대체성이 거의 없으며, 의약품의 경우에도 완제의약품과 동물용의약품과 같이 그 용도에 따라 수요대체성이 전혀 없는 경우가 많다. 한편, 이러한 표준산업분류는 사회, 경제의 발전에 따라 새로운 산업이 포함되기도 하고 기존의 산업이 제외되기도 하는 등, 경제여건의 변화에 따라 수시로 개정되고 있다.

Ⅲ. 시장의 획정

1. 상품시장의 획정이론

가. 수요 및 공급의 대체탄력성

시장을 적절한 범위로 획정하기 위한 기준으로 제시된 것이 대체탄력성이라는 개념이다. 이것은 밀접한 대체재의 관계에 있는 상품을 생산하는 기업들을 묶어 하나의 상품시장으로 파악하는 방법이다. 이때 상품 간에 합리적 대체관계가 존재하는지 여부는 1차적으로 수요 및 공급의 대체탄력성으로 판단하며, 이는 다음의 공식에 따라 산정한다.

8) 윤석호·이규억, 앞의 책, 145-147면.

수요(공급)의 대체탄력성 − 상품 X의 수요량(공급량) 변화율/상품 Y의 가격 변화율

이때 그 값이 양(+)이면 상품 X, Y는 서로 대체재관계에 있는 것이고, 음(−)이면 보완재관계에 있는 것이 된다. 그리고 대체재관계가 인정되면, 이들 상품은 하나의 관련시장에 포함되는 것으로 이해된다.

그런데 구체적인 상품 간의 관계는 기술의 발전이나 소비자기호의 변화 등에 따라 유동적일 수밖에 없다. 또한 대체성 또는 보완성의 정도란 측정하는 방법에 따라 그 결과치가 달라질 수 있고, 무엇보다 정량화된 대체성 또는 보완성이 어느 정도에 이르러야 비로소 하나의 상품시장으로 묶을 수 있는지는 경제분석만으로 당연히 도출되지 않는다. 더구나 공정거래법상 문제되는 사안에 따라서는 대체가능성으로 관련시장을 포착하기 어려운, 달리 말하자면 대체관계 자체가 성립하지 않는 경우도 종종 발생한다. 유지·보수시장(aftermarket)이나 군집시장(cluster market), 또는 양면시장 등이 그러한 예로 언급되기도 한다. 이들 시장의 경우에 대체가능성 외에 여타 사정을 고려해야 할 것이다.[9)]

나. 대체탄력성이론의 한계

'대체탄력성'은 계산이 복잡하다는 점 이외에도 여러 가지 한계를 가진 개념이다.[10)] 첫째, 대체탄력성은 수많은 가정을 전제로 하고 있다. 우선 탄력성의 산정에 있어서 실제로 구매되거나 판매된 양의 변화를 반영하지 못하며, 상품 Y의 가격변화 이외에 모든 변수를 불변으로 가정하고 있다. 따라서 과거의 수치를 기초로 한 탄력성의 추정이 장래에도 맞을 것인지의 문제와 상품 X의 수요량이 상품 Y의 가격변화 이외에 이를테면 소비자 선호의 변화나 소득변화 또는 광고와 같은 다른 요인에 의하여 변화하였을 가능성을 배제할 수 없다는 등의 문제가 제기된다.

둘째, 탄력성의 계산이 용이하고 상품 Y의 가격변화만이 상품 X의 수요에 영향을 미친다고 해도, 그렇게 하여 도출된 탄력성의 수치는 연속선상에 있게 마련이다. 따라서 과연 이들 상품이 동일한 상품인지, 즉 동일한 상품시장에 속하는지의 여부를 가리기 위해서는 이들 상품 상호 간에 어느 정도의 탄력성이 요구되는지가

9) 대체관계가 성립하지 않는 시장의 획정에 관한 상세한 내용은 이상규, "경쟁법 적용을 위한 보완재 상품군의 시장획정", 경제학연구 제61집 제3호, 2013, 5면 이하.

10) Douglas Needham, Substitutability Criteria for Market Definition, Economic Analysis and Antitrust Law, 1979, pp. 80−83.

문제된다. 그러나 가격탄력성이나 대체탄력성이라는 개념은 이에 대하여 결정적인 해답을 제시해주지 못한다.

따라서 대체탄력성만으로는 상품시장을 완전하게 정의할 수 없으며, 기술적인 공정이나 원재료 또는 상품의 물리적 특성과 같은 다른 기준들이 함께 고려되어야 한다. 그러나 이러한 한계에도 불구하고 대체탄력성은 다음과 같은 점에서 적어도 경제학적으로는 여전히 중요한 의미를 갖는다.

첫째로 경제이론은 대체로 기업이나 소비자와 같은 경제주체들의 시장행동(market behavior)을 연구대상으로 하며, 그 중에서도 특히 이들의 의사결정과정에 관심을 갖는다. 즉, 기업은 이윤극대화라는 목표를 달성하기 위하여 가격, 생산, 투자, 광고 등에 관하여 의사결정을 하며, 소비자는 효용극대화를 위하여 상품이나 거래상대방인 기업에 대한 선택이라는 의사결정을 한다. 이때 대체탄력성 개념은 경제주체들이 서로 다른 경제주체의 예상되는 행동을 기초로 하여 스스로 자기의 행동을 결정하는 측면을 잘 보여준다. 둘째로, 대체탄력성은 경제주체들이 다른 자의 가격설정에 따라 영향 받는 정도를 잘 나타내준다. 이는 기업들이 자기의 의사결정을 함에 있어서 다른 기업들의 정책, 특히 가격정책을 고려하는 정도를 잘 보여주며, 이들 기업 간 행동의 상호의존성을 통하여 하나의 집단으로 묶을 수 있는 근거를 제시해준다.

2. 지역시장의 획정문제

가. 대체탄력성이론

지역시장의 크기를 판단하는 가장 좋은 방법은 일정지역 내에 존재하는 사업자에 있어서 장기간에 걸쳐 나타나는 가격결정상의 행태를 살펴보는 것이다. 이를테면 A지역의 가격이 B지역에서의 가격변화에 따라 계속적이고 신속하게 오르내린다면, 그 두 지역은 동일한 하나의 관련시장으로 추정될 수 있다. 이처럼 지역시장의 획정도 기본적으로는 상품시장에서와 마찬가지로 '대체탄력성이론'에 따라 정해지며, 그 밖에 경제적 요소로서는 운송비가 가장 중요하게 고려된다.

나. 최소지리시장

지리적 관련시장을 획정함에 있어서는 당해 제품의 운송비가 차지하는 비중이 매우 크다. 즉, 스티글러(George Stigler)가 지적한 바와 같이, 지역시장이 운송비를 고려한 가격이 동일해지는 경향이 있는 지역이라면,[11] 운송비 이상으로 가격차이가 생기지 않는 일정한 지역이 지리적 시장이 되는 것이다. 그러나 경쟁법상 중요한 것은 일정한 행위가 일정한 지역 내의 경쟁관계에 영향을 미치는지 여부이며, 경쟁관계는 운송비 이외에도 진입장벽이나 소비자의 선호 등에 의해서도 영향을 받고, 이러한 요소들을 추가로 고려할 경우에는 시장의 지리적 범위는 확대되는 경향이 있다. 따라서 운송비를 기준으로 한 시장획정에 의하여 경쟁법상 의미 있는 지리적 관련시장이 바로 도출되는 것은 아니다. 요컨대 운송비를 기준으로 획정된 지리적 시장은 단지 지리적 관련시장의 최소한의 범위, 즉 최소지리시장을 정하는 것에 불과하다.

운송을 요하는 상품의 경우 지리적 관련시장의 최소범위는 일반적으로 다음 세 가지의 변수를 갖는 함수로 나타낼 수 있다. ① 운송비(T), ② 제품의 원가 내지 경쟁가격(C) 및 ③ 독점력을 반영하는 가격인상의 크기(I). 이때 지리적 시장의 반경(Mr)은 다음과 같은 공식에 의하여 산출된다.

$$Mr = IC/T$$

이러한 공식에 의하여 다음과 같은 경우의 최소지리시장을 구해보면 다음과 같다. 어떤 제품의 단위당 제조원가가 50달러이고, 운송비는 100마일당 1달러이며, 독점적으로 인상된 가격이 원가의 10%라고 가정하면, 이때의 최소지리시장은,

$$Mr = 10(\%) \quad 50(\$)/1(\$) \text{ per } 100\text{mile} = 500\text{miles}$$

이 경우 고객의 위치와 관계없이 지리적 시장은 시장지배적 기업이 위치한 곳으로부터 최소반경 500마일의 범위로 획정되며, 이에 따르면 고객의 위치와 관계없이 최소의 지리적 시장을 계산할 수 있는 이점이 있다. 따라서 1차적으로 이러한 지리적 범위 내에서 경쟁법상 독점이 문제되지 않는 경우에는 더 이상의 심사가 불필요해진다. 한편, 고객의 위치를 고려할 경우 만약 고객이 시장지배적 기업과 경

11) George J. Stigler, The Theory of Competitive Price, 1942, p. 92: “A Market for a commodity is the area within which the price tends to uniformity, allowance being made for transportation costs …”.

쟁기업의 중간에 위치한다면 그 지리적 범위는 최대 3배까지 확대된다. 즉, 다음의 그림과 같이 시장지배적 기업으로부터 500마일 떨어진 곳에 고객이 위치하는 경우, 그 기업은 60달러(원가 50달러 + 운송비 5달러 + 독점이윤 5달러)의 가격에 판매할 수 있는 반면, 독점이윤을 누리지 않는 경쟁기업의 경우에는 1,000마일이나 떨어진 곳에서도 고객에게 상품을 공급할 수 있기 때문에, 지리적 시장의 범위는 반경 1,500마일 이내가 되는 것이다.[12)]

60$(50+5+5)		60$(50+10)
지배적 기업 고객		경쟁기업
500마일	+	1,000마일(합계 1,500마일)

이와 같이 산출되는 지리적 범위가 바로 경쟁법상 의미 있는 지리적 관련시장이 되는 것은 아니며, 그 밖에 수요자의 선호나 소비패턴 및 진입장벽 등 수요와 공급의 대체성에 영향을 미칠 수 있는 요소들이 추가적으로 고려되어야 한다.

12) Phillip E. Areeda/Herbert Hovenkamp/John Solow, Antitrust Law(revised ed.), 1994.

제 2 절 경쟁 및 경쟁제한

공정거래법은 사업자의 시장지배적 지위의 남용, 과도한 경제력집중의 방지, 부당한 공동행위 및 불공정거래행위를 규제하여 공정하고 자유로운 경쟁을 촉진함으로써 창의적인 기업활동을 조성하고 소비자를 보호함과 아울러 국민경제의 균형 있는 발전을 도모함을 목적으로 한다(법 제1조).

Ⅰ. 공정하고 자유로운 경쟁

1. 총 설

가. 사적자치와 경쟁

사적자치(Privatautonomie)는 계약자유를 요체로 한다. 계약자유란 시장경제에서 거래당사자의 자유로운 의사형성을 기반으로 하고, 이를 통하여 비로소 경쟁도 가능해진다. 여기서 경쟁이란 국가의 고권적 개입에 의존하지 않고 계약자유를 보장할 수 있는 제도로서 의미를 가진다.[13) 경쟁이란 계약자유의 또 다른 표현인 것이다.

재산권보장과 함께 계약자유가 충분히 보장되는 경우에 비로소 경쟁이 작동할 수 있다는 점에서 양자는 경쟁의 사법적(私法的), 규범적 기초라고 할 수 있다. 반면, 사업자가 단 하나 존재하는 독점시장에서 거래상대방은 상대방선택의 자유나 내용결정의 자유 또는 (해당 상품이 필수재인 경우에는) 처음부터 계약체결의 자유조차 제대로 누릴 수 없다는 점에서 경쟁시장에 비하여 사적자치가 현저히 제약되어 있다고 볼 수 있다.

이러한 맥락에서 경쟁이 작동하는 영역을 확장하고, 그 안에서 자유경쟁과 공정경쟁이 조화를 이루도록 하는 것은 개인과 기업의 자유와 창의를 기반으로 사적자치를 촉진함으로써 자유시장경제를 기본으로 삼는 우리나라 헌법이 추구하는 바람직한 경제질서의 실현에도 기여하게 된다.

13) Fritz Rittner, Der privatautonome Vertrag als rechtliche Regelung des Soziallebens, JZ, 2011, S. 269 ff.

나. 자유경쟁과 공정경쟁의 관계

공정거래법이 추구하는 직접적인 목적은 시장에서의 공정하고 자유로운 경쟁을 촉진하는 데에 있으며, 동법상 금지되는 여러 가지 경쟁제한행위나 불공정거래행위는 모두 이러한 경쟁질서를 확보하기 위한 수단으로 이해할 수 있다. 그런데 자유경쟁과 공정경쟁은 어떤 관계에 있는 것일까?

자유경쟁이란 시장에 참가하고 있는 사업자들의 사업활동의 자유, 다시 말해서 사적자치와 계약자유를 그 전제로 한다. 그런데 계약자유는 오히려 사업자의 자유를 제한하는, 자기파괴적인 성질을 가지며, 대표적인 예가 바로 기업결합이나 공동행위를 통한 경쟁제한이다. 계약자유를 남용하는 또 다른 유형은 바로 부당한 경쟁수단을 통해서 경쟁상의 우위를 획득하려는 노력으로 나타난다. 따라서 자유경쟁이 존재하지 않는 곳에는 불공정한 경쟁도 이루어질 수 없으며, 결국 공정한 경쟁이란 자유로운 경쟁을 전제로 하는 것이 된다. 이러한 자유경쟁과 공정경쟁의 유기적인 관련성을 고려해서 동법은 이를 모두 1차적인 목적으로 삼고 있는 것이다.

예컨대 맥주제조회사인 A는 원칙적으로 계약자유의 원칙에 따라 계약체결의 자유, 상대방선택의 자유, 내용결정의 자유를 가지며, 그 당연한 결과로 도매상인 B와의 거래를 아무런 이유 없이도 거절 또는 중단할 수 있다. 그런데 A가 경쟁사인 C를 시장에서 배제하기 위하여 B에게 C의 제품을 공급받지 말 것을 요구하고, 이에 따르지 않았다는 이유로 거래거절이 이루어진 경우에는 공정거래법상 불공정거래행위에 해당된다. 이때 처음부터 A에게 계약체결의 자유가 없다면, 그의 거래거절행위는 적어도 불공정거래행위로서는 문제될 수 없다.

한편, 이 사례에서 알 수 있는 바와 같이, 불공정거래행위는 경쟁을 제한하기 위한 수단으로 이용되는 경우가 많으며, 따라서 이러한 불공정거래행위의 규제는 간접적으로 자유경쟁을 보호하는 데에도 기여하는 측면이 있다. 예컨대 독일의 경우에도 자유경쟁에 대한 법적인 규제가 어느 정도 정비된 후에는 경쟁법의 핵심이 점차 불공정거래행위로 옮아가고 있으며, 부정경쟁방지법과 경합되는 금지요건, 이를테면 보이코트(boycott)나 거래거절, 차별취급이 경쟁제한방지법에도 규정되어 있다. 그 결과 현재 독일에서는 경쟁제한방지법과 부정경쟁방지법을 통합하여 하나의 경쟁법으로 파악하려는 경향도 나타나고 있다.[14] 그러한 점에서 경쟁제한행위

14) 이봉의, 독일경쟁법, 법문사, 2016, 8-9면.

와 불공정거래행위를 통합적으로 규율하고 있는 우리의 입법태도는 매우 타당한 것으로 보인다.

여기서 크게 세 가지 문제가 제기된다. 하나는 도대체 경쟁이란 무엇인가의 문제이고, 다른 하나는 이러한 경쟁이 왜 보호되어야 하는가의 문제이다. 그리고 끝으로 공정거래법이 보호대상으로 하는 경쟁은 어떠한 형태의 경쟁인지도 아울러 밝혀지지 않으면 안 된다.

2. 경쟁의 개념

공정거래법에서 몇 가지 개념은 매우 중요한 한계설정기능을 가진다.[15] 예컨대 사업자, 경쟁, 경쟁제한, 시장과 같은 개념은 개입의 요건과 당국의 행위에 대한 한계를 정한다는 의미에서 매우 중요한 의미를 갖는다.[16] 그 중에서도 가장 중요한 두 개의 핵심개념인 시장과 경쟁은 원래 경제학에서 유래한 것이다. 그러나 시장과 경쟁이라는 개념은 공정거래법의 주요 개념으로 정착되었을 뿐만 아니라, 고유한 법적 의미를 가지고 있다. 경제법상 이들 두 개념은 무엇보다 사법질서의 맥락으로부터 명백하게 밝혀질 수 있다. 즉, 시장이란 상품과 용역에 관한 계약의 체결을 목적으로 하는 기업과 고객 간의 만남이며, 경쟁은 이러한 시장에서 가능한 한 자기에게 가장 유리한 계약을 체결하려는 모든 시장참가자들의 노력과정이다.

그런데 공정거래법상의 시장이란 공정거래법이 보호하고자 하는 경쟁의 장으로서, 다분히 규범적인 성격을 갖는다. 즉, 사적자치에 따라 경제활동이 이루어지는 시장에서 종래의 사법원리에 따라 당사자의 의사만을 지나치게 강조할 경우에는 오히려 그 내부로부터 당사자 간의 사적자치가 위태로워질 수 있을 뿐만 아니라, 그 효과는 정부의 규제에 의한, 다분히 외부에 의한 사적자치의 제한에 못지않다. 이는 동시에 다른 사업자가 누려야 할 사적자치의 폭을 현저히 제한할 수 있다. 그 결과 사적자치를 경쟁제한수단으로 남용하는 경우에는 사적자치를 유지·보호하기 위해서라도 이를 적절히 규제하지 않으면 안 된다는 점에서, 공정거래법의 보

15) Robert Knöpfle, Der Rechtsbegriff "Wettbewerb" und die Realität des Wirtschaftslebens, 1966; Jürgen F. Baur, Das Tatbestandsmerkmal "Wettbewerb", ZHR 134, 1970, S. 97 ff.; Wernhard Möschel, Wettbewerb im Schnittpunkt von Rechtswissenschaft und Nationalökonomie, in: Tradition und Fortschritt im Recht, 1977, S. 333 ff.; Michael Lehmann, Das Prinzip Wettbewerb, JZ, 1990, S. 61.

16) Otto Sandrock, Grundbegriffe des Gesetzes gegen Wettbewerbsbeschränkungen, 1968.

호대상인 경쟁은 의미를 갖게 되는 것이다.

공정거래법은 일부 조항에서 '경쟁'을 직접 언급하고 있다. 지금까지 학설은 경쟁이라는 개념을 동법의 문맥이나 입법의도에 근거하여 해석하거나, 특히 경제학상의 경쟁이론 기타 사회과학적인 인식에서 출발하는 등 그 출발점이 서로 다르기 때문에 명확하고 통일적인 개념정의가 이루어지지 못하고 있다. 경쟁이란 매우 복잡한 현상이기 때문에, 최근에는 더욱 개념정의에 대하여 비판적인 입장이 지배적이다. 법적인 질서원리로서의 경쟁관념이 중요한 의미를 갖는다. 자유주의질서 하에서 인간은 무한성, 즉 미래를 형성할 자유를 지향하는 존재로 이해된다. 따라서 경쟁은 이른바 시장구조나 시장형태 또는 시장성과에 기초한 방법에 의해서 정의되거나 확정될 수 없다.[17)]

이러한 맥락에서 공정거래법은 경쟁의 개념을 적극적으로 정의하지 않고 있으며, 경제학에서처럼 완전경쟁을 이상적인 시장형태로, 따라서 가능한 한 실현해야 할 시장형태로서 규정하지도 않고 있다. 반면, 일본의 사적독점금지법은 지극히 이례적으로 경쟁을 명시적으로 정의하고 있다. 그에 따르면 경쟁이란 "2 이상의 사업자가 통상의 사업활동 범위 내에서 또는 당해 사업활동을 위한 시설 또는 태양(態樣)에 중요한 변경을 가하지 않고도 동일한 수요자에게 동종 또는 유사한 상품 또는 용역을 공급하는 행위나 동일한 공급자로부터 동종 또는 유사한 상품 또는 용역을 공급받는 행위를 하거나 할 수 있는 상태"라고 한다(동법 제2조 제4항).

그런데 위와 같이 법률에 경쟁의 개념을 명정하는 것이 어떤 실익을 갖는지는 의문이며,[18)] 공정거래법상 단일한 경쟁개념을 도출하려는 것은 가능하지도 않고, 바람직하지도 않아 보인다. 공정거래위원회가 보호하고자 하는 경쟁을 예컨대 완전경쟁이나 과점적 경쟁 등 경쟁개념 그 자체를 통해서 정의해서는 안 된다. 이를 허용하게 되면 공정거래위원회가 경기정책, 고용정책 또는 이와 유사한 목표를 추구하거나 그러한 여타의 정책목표에 따라 법을 적용하는 것을 가능하게 하기 때문이다. 여기서 공정거래법은 우선 '경쟁제한행위'를 포착하여야 하고, 이를 위하여

---

17) 경쟁이론적인 근거에 대해서는 Wernhard Möschel, Schutzziele eines Wettbewerbsrechts, in FS Fritz Rittner, 1991, S. 405, 그 밖에도 Ernst-Joachim Mestmäcker, Der verwaltete Wettbewerb, 1984, S. 51, 123. Mestmäcker는 그의 표제개념(Titelbegriff)하에서 그다지 우선적인 것은 아니지만, 사적인 경쟁제한행위에 의하여 '관리되는' 경쟁을 파악하였다.

18) 이호영, 독점규제법(제6판), 홍문사, 2020, 8-9면.

구체적인 금지요건을 규정하게 되는 것이다. '경쟁'이란 용어는 여러 가지 금지요건에서 그 기능에 따라 서로 다른 의미를 가질 수 있다.[19)]

한편, 통상적으로 성과경쟁, 능률경쟁, 혁신경쟁 등과 같은 여러 가지 형태의 다양한 경쟁개념이 사용되고 있으나, 공정거래법의 관심은 경쟁의 형태가 아니라 어떠한 형태의 경쟁이든 경제적 경쟁이 제한된다는 데에 있다. 따라서 공정거래법상 보호대상인 경쟁은 언제나 '사업자' 간의 경쟁을 의미한다. 공정거래법이 원칙적으로 사업자만을 동법의 수범자로 삼고 있으며, 사업자의 행위만을 규제대상으로 삼고 있는 이유이다.

3. 경쟁의 기능

가. 경제정책적 기능

흔히 가격메커니즘은 가격이 수요와 공급에 따라 자유롭게 움직이고 시장에의 진입이 모든 사업자에게 자유롭게 개방되어 있는 경우, 즉 모든 시장에서 가능한 한 경쟁이 작동할 때 비로소 만족스럽게 기능할 수 있다. 즉, 경쟁이 지배하는 경우에야 비로소 구매자의 선호에 따른 공급이 보장되고, 공급자의 입장에서도 적응의 탄력성을 실현할 수 있으며, 궁극적으로 최적의 자원배분이 가능하게 되는 것이다. 이를 경쟁이 갖는 '조정기능 내지 질서기능'(Steuerungs– oder Ordnungsfunktion)이라 할 수 있다.

나아가 경쟁이 제대로 작동하는 경우에 비로소 시장에서 최상의 상품이나 서비스를 제공하는 사업자가 최고의 이윤을 누릴 수 있게 됨으로써, 능률 내지 성과에 따른 소득의 분배가 가능하게 된다(배분기능; Verteilungsfunktion). 이것은 다시 기술의 진보와 또 다른 혁신을 가능하게 함으로써 사업자에게 최선의 노력을 '자극하는 기능'(Antriebsfunktion)을 하게 된다.

나. 사회정책적 기능

이는 사회적 힘을 중립화하는 기능으로도 볼 수 있는데, 경쟁이 지배하는 경우에만 계약에 의한 사법질서(私法秩序)의 형성에 정당성이 부여될 수 있으며, 사적자치에 따른 만족스러운 결과를 담보할 수 있다. 이것이 바로 사법질서의 과제 중에

---

19) BGHZ 49, 367, 375 f. = WuW 1968, 455, 460 f. = WuW/E BGH 907, 912 f., "Fensterglas II"; Hill, Zur Rechtsprechung des Kartellsenats, in: FS 25 Jahre Bundesgerichtshof, 1975, 137 ff., 175 ff.; 가격경쟁에 대해서는 특히 BGHZ 88, 273, 292 = WuW/E BGH 2031, "Texaco/ Zerssen".

경쟁의 보호가 포함되어야 하는 이유이기도 하다. 다른 한편으로 사법상의 모든 제도 역시 이러한 측면에서 다루어져야 하며, 어떠한 제도도 경제적 지배력을 형성하기 위하여 남용되어서는 안 되는 것이다. 따라서 사적자치, 사적소유권 및 경쟁은 직접적으로 매우 밀접한 관계에 있게 되며, 자유롭게 기능하는 사회, 경제질서를 떠받치고 있는 3대지주인 것이다.

4. 경쟁이론의 전개

그렇다면 경쟁은 어떠한 조건 하에서 전술한 여러 기능을 제대로 실현할 수 있는지가 밝혀져야 하며, 이것이 바로 경쟁이론(competition theory)의 주된 연구대상이다.

가. 고전파

고전파 경제학자들은 경쟁이란 지배로부터 자유로운 사회적 조정절차로서 만인을 위하여 자유, 평등 및 복지에 기초한 최적의 종합명제를 보장해준다고 한다. 그러나 이들은 경쟁이 기능하기 위한 구체적인 조건에 대해서는 구체적으로 생각하지 않았다. 즉, 인위적인 경쟁제한이 모두 제거되기만 하면 언제나 경쟁이 존재한다고 한다. 다만 오늘날까지도 중요한 의미를 갖는 내용으로는 경쟁의 최대의 적은 기업이 아니라 국가라는 사고이다. 따라서 이들, 특히 아담 스미스(A. Smith)는 가능한 경쟁이 지배하기 위해서 가장 중요한 전제조건은 국가에 의한 모든 경쟁제한적인 조치, 예컨대 보호관세나 조세상의 특혜 등이 철폐되는 것이라고 보았다.

나. 가격이론

그 후 고전파 이론은 상당기간 잊혀 졌으며, 프랑스 국민경제학의 영향 하에 쿠르노(Cournot)의 가격이론이 지배적인 견해가 되었다. 그는 수요자와 공급자의 수에 따라 시장을 여러 가지 형태로 구분하였으며, 가장 기본적인 형태가 바로 완전경쟁(Polypol)과 완전독점(Monopol)이었다. 이는 기본적으로 정태적인 이론을 지향하는 모델이다.

다. 독점적 경쟁(Chamberlin & Robinson)

완전경쟁은 비현실적이며 바람직한 모델이 될 수 없으며, 현실의 경쟁은 불완전경쟁이라는 기본적인 특성을 갖고 있다. 즉, 대기업의 등장, 시장의 불투명성, 제품차별화, 생산요소 이동의 비탄력성, 가격차별화, 품질·서비스경쟁의 중요성 증대

등에 의하여 현실의 경쟁은 불가피하게 독점적인 성격을 갖는다. 따라서 경쟁정책적으로는 모든 시장에서 이러한 불완전성을 배제하여 부분적으로나마 완전경쟁의 상태로 접근하도록 하는 것이 중요하다고 한다.

그러나 이들 역시 시장의 투명성을 전제로 최적의 가격과 수량이 바로 도출된다고 보고 있으며 시장의 동태적 측면, 즉 경쟁과정의 중요성을 간과하고 있다는 비판을 받고 있다.

라. 동태적 경쟁이론

대항력이론(Gegengiftthese)에 의하면 불완전성이 지배하는 모든 시장에서 이러한 불완전성을 가능한 한 배제하는 것이 언제나 그리고 반드시 경제적으로 바람직한 결과를 가져오는 것은 아니다. 오히려 모든 불완전성을 배제하는 것이 불가능하다면 또 다른 불완전성을 창출함으로써 기존의 불완전성과 상쇄시키는 것이 유용할 수 있다. 이러한 이론을 뒷받침하는 하나의 예로서 Open－price－system을 들 수 있는데, 이것은 한편으로 시장의 투명성을 높이지만 일정한 조건에서는 경쟁제한을 가져올 수 있는 것이다. 즉, 모든 시장에서 완전경쟁이라는 이상형에 점차적으로 접근해가는 것이 당연히 경쟁의 강도를 높이는 것은 아니며, 오히려 시장의 단계나 경쟁조건에 따라 전혀 다른 결과를 가져올 수 있는 것이다.

클라크(John Maurice Clark)는 이른바 동태이론을 확립하였는데, 경쟁을 시간에 따라 그 모습이 변화하는 동태적인 과정으로 보고 그러한 경쟁과정을 자유롭게 유지하는 것이 가장 중요하다고 보았다. 따라서 시장에의 진입이 자유로운 한 개별 사업자의 일시적인 시장지배력은 용인될 수 있다는 것이다. 합리적인 경쟁정책을 위한 핵심과제는 모든 시장을 개방적으로 유지하는 것이 된다. 이러한 동태이론은 규제완화와 경쟁의 촉진이라는 측면에서 초기 유럽통합의 관념과도 일치하는 부분이 있다.

이러한 클라크의 이론은 경쟁이 그 기능을 최적으로 실현하고 그 결과 최상의 결과를 가져오기 위해서는 어떠한 조건이 충족되어야 하는지, 기술 및 경제발전을 위해서 경쟁의 불완전성 중에서 어떤 것은 포기해서는 안 되고 오히려 촉진되어야 하는지에 관한 논의를 촉발시켰다. 이로써 아래의 유효경쟁이론이 대두하게 되었다.

마. 유효경쟁이론

유효경쟁이론(workable competition; wirksamer bzw. Funktionsfähiger Wettbewerb) 또한 전술한 클라크(J. M. Clark)에 의해서 처음으로 주장되었는데,[20] 동 이론은 전술한 이론에 비하여 '규범적인 성격을 갖는 이론'이라는 점에서 대조적이다. 왜냐하면 동 이론에 의하면 먼저 규범을 정의하고, 그에 따라 특정한 경제상태를 긍정적 또는 부정적으로 평가하여 경쟁정책적인 수단을 강구할 것인지의 여부를 판단하게 되기 때문이다. 개개의 경제부문 또는 산업영역마다 구조적인 특성이 고려되어야 하며 이는 현실적합성이 있는 경쟁정책을 실현하기 위해서 불가피한 것이다(이른바 industrial organization; 산업조직론).

유효경쟁의 판단기준 및 과정은 다음과 같다. 우선 시장을 공간적, 시간적, 그리고 대상적으로 획정하고, 이어서 당해 시장의 특성을 조사하게 되는데 이는 다시 시장구조(structure), 시장행위(conduct) 및 시장성과(performance)에 대한 조사로 나누어진다(S−C−P 패러다임). 그러한 연후에 비로소 규범을 적용하게 되는데, 이는 문제의 시장에서 요구되는 만큼의 경쟁이 지배하고 있는지의 여부에 대한 판단과정이다. 그에 따르면 일정한 시장구조(예컨대 좁은 과점)에는 일정한 시장행위(카르텔계약 등)와 시장성과(지나치게 높게 책정된 가격)가 귀속된다. 따라서 비록 시간이 흐르면서 그 중 일부 요소는 그 비중이 약해지고, 진입장벽과 같은 다른 요소들은 그 중요성이 커질 수는 있지만 기본적으로 여기서는 가능한 바람직한 성과를 가져올 수 있는 시장구조를 마련하는 것이 주된 관심사가 된다. 한편, 칸첸바흐(Erhard Kantzenbach)는 완전독점이나 '좁은 과점' 하에서는 경쟁이 그의 동태적인 기능을 충분히 발휘할 수 없으므로 경쟁정책은 가능한 한 전체시장에서 넓은 과점을 추구하여야 한다고 하였다. 왜냐하면 이른바 '넓은 과점' 하에서만 최적의 경쟁강도가 가능하기 때문이다.

그러나 유효경쟁이론은 지나치게 가격이론에만 치우침으로써 1970년대 이후 시카고학파의 대두에 의하여 크게 후퇴하게 되었다. 대표적인 신자유주의자로 분류되고 있는 하이에크(Friedrich Von Hayek)나 댐제츠(Harold Demsetz), 호프만(Erich Hoppmann), 뵘(Franz Böhm), 오이켄(Walter Eucken), 매스트메커(Ernst−Joachim

---

20) John Maurice Clark, Towards a Concept of Workable Competition, 20 American Economic Review 241, 1940, p. 241.

Mestmäcker) 등은 경쟁과정에 대한 국가의 개입에 대한 반대입장에서 동 이론을 비판하였다. 이들은 시장구조, 시장행위 및 시장성과 간의 밀접한 상호관계를 강조하고, 이들 간의 상호 복잡한 인과관계를 주장하였다. 즉, 경쟁은 그 자체가 매우 복잡한 체계이기 때문에 시스템이론은 처음부터 부분적인 설명에 그칠 수밖에 없으며, 경쟁에 중요한 모든 요소를 모두 밝히기는 불가능하다고 한다.

바. 경쟁의 자유라는 관념

이들은 하이에크가 주창한 발견절차(Entdeckungsverfahren)로서의 경쟁을 중시하고, 경쟁의 목적을 경제적 자유, 특히 국가의 개입으로부터의 자유에서 찾고자 하였다(차별취급, 보조금을 받지 못한 사업자의 경쟁사업자소송 등). 즉, 무엇보다도 규범적인 명제를 포기함으로써 유효경쟁론과 대비되는데, 하이에크는 경쟁을 이질적으로 창조된 목적이 없는 추상적인 질서로서 규범적으로 평가할 수 없는 이점을 가지고 있으며, 분권화된 계획을 통하여 개별 경제주체의 모든 능력과 지식을 포괄적으로 이용할 수 있게 하는 유일하게 알려진 절차라고 하였다. 그 밖에 이들은 경쟁행위의 지표로서 가격뿐만 아니라 품질이나 광고, 연구·기술개발 등을 함께 고려하였으며 경쟁과정의 핵심은 자기의 경쟁사업자보다 가능한 한 뛰어나고자 하는 여러 가지 형태의 경쟁의식이라고 보았다.

이러한 경쟁과정의 현상형태는 정부규제, 입법, 시장단계 등 상이한 여러 가지 요소에 달려 있다. 이를테면 '제품의 라이프사이클'(product life cycle) 이론에 의하면 연구·개발→팽창→성숙→쇠퇴의 단계를 거치게 되는데, 개방된 시장에서는 새로운 제품이 끊임없이 진입함으로써 이러한 시장단계가 서로 겹치게 된다. 이러한 상태에서는 어떤 한 기업의 일시적인 지배적 지위는 불가피하게 나타나며, 시장진입이 모든 잠재적인 경쟁사업자에게 열려 있는 한 시장지배적 지위란 경쟁의 표현이자 결과일 수 있다.

사. 도대체 경쟁이란 무엇인가?

경쟁정책의 규범적인 지도형상으로서 경쟁에 대한 개념정의가 가능한지에 대해서 의문이 있다.

누구나 제각기 경쟁에 대한 관념을 가지고 있으나, 이들로부터 하나의 경쟁개념을 도출하기는 현대경제에 있어서 경쟁과정이 매우 다양하고 고도로 복합한 점을 고려할 때 거의 불가능한 것으로 보인다. 그 결과 경쟁을 소극적으로 개념정의

하려는 시도도 있었다. 즉, 피켄처(Wolfgang Fikentscher), 뫼쉘(Wernhard Möschel), 쉬미트(Karsten Schmidt)와 같이 경쟁에 대한 반대개념으로서 경쟁제한이나 시장지배력이 없는 상태를 경쟁이라고 정의하려는 것으로서, 이는 단지 우리의 경험에 비추어 전형적으로 경쟁질서를 위협하는 어떠한 행위를 경쟁제한적인 것으로 규범적으로 확정하는 것에 불과하다. 나아가 시간이 지남에 따라 특정한 행위에 대한 판단이 경쟁에 합치 또는 배치되는 것으로 변화될 수 있으며, 관찰자에 따라 다른 평가도 가능하다. 예컨대 시장지배적 사업자가 가격을 인하하는 경우에는 시장조건에 따라 상반된 두 가지 효과가 가능한 것이다.

요컨대 경쟁과정은 각 시장의 특성, 시장관계, 시장진입의 조건 등에 좌우되며, 진입이 자유로운 한 시장에서의 경쟁과정은 자유로운 것이고 이때 시장의 형태는 주요하지 않다. 심지어 독점 하에서도 다른 사업자가 시장에 진입할 수 없을 정도로 독점기업이 모든 자원을 지배하고 있지 않은 한 그 시장은 경쟁이 지배하고 있는 것이다. 따라서 이러한 관점에서 전형적인 경쟁제한행위는 예컨대 경쟁에 필요한 모든 자원을 독점함으로써 시장진입을 인위적으로 제한하는 행위가 될 것이다. 이는 아래의 시카고학파의 주장과 대체로 일치한다.

아. 새로운 명제

경쟁정책의 가장 핵심적인 목표를 경제적 효율성에서 찾고 있는 시카고학파는 시장구조, 시장행위 및 시장성과 간의 경험적으로 입증 가능한 관계를 해명하려는 노력에서 비롯되었다.[21] 이러한 점에서는 경쟁의 자유라는 관념과 일정부분 일치한다. 그러나 국가의 경쟁정책의 정당한 목표로서 일반복지의 증가와 개별기업의 효율성 증대를 받아들이고 있기 때문에 결과에서는 전혀 다른 결론을 도출하고 있다. 이들은 어떤 사업자의 시장지배력은 당해사업자의 우월적인 효율성을 보여주는 것이며, 그 자체가 아무런 경쟁제한성을 내포하지 않는다고 한다. 원칙적으로 장기적으로 경쟁의 자정능력(Selbstheilungskräfte)을 신뢰하여, 어떤 시장에서의 집중률은 인위적인 진입장벽이 없는 경우에는 시간이 흐르면서 언제나 기업들마다의 상이한 비용상황을 반영할 뿐이라고 한다. 따라서 그 당연한 결과로 국가는 본질적으로 인위적인 시장진입장벽을 배제하는 데에만 노력하여야 하는 것이 되며, 그 밖

---

21) Richard A. Posner, Antitrust Law: An Economic Perspective, 1976; Harold Demsetz, Economics as a Guide to Antitrust Regulation, Journal of L&E, 1976, p. 371.

에 시장구조에 대한 개입은 엄격하게 거부한다.

이때 문제되는 시장진입장벽은 원칙적으로 국가에 의해 야기된 것에 국한되며, 그렇지 않은 경우에는 비록 시장진입장벽이 존재하는 경우에도 대체로 제품차별화와 그에 따른 경쟁이 가능하기 때문에 문제 삼을 필요가 없다고 한다. 그 결과 국가의 경쟁정책은 주로 고전적인 가격카르텔을 규제하는 데에 국한되며, 기업결합이나 수직적인 경쟁제한을 긍정적으로 평가하게 된다. 왜냐하면 이러한 조치들은 개별기업의 효율성과 일반의 복지증진에 기여하는 것이기 때문이다. 독일에서는 이에 전적으로 동조하는 자는 없으나, 국가의 폭넓은 경쟁정책에 대한 비판이 증가하고 있다. 그렇다면 동 이론상 문제되는 것은 수평적인 기업결합이나 경쟁사업자 간의 카르텔에 국한되게 된다.

한편, 효율성이론의 현대판 변형이라고 할 수 있는 것이 바로 (신)제도경제학파가 주창한 거래비용이론(transaction cost theory)[22]이다. 대표적 학자인 윌리엄슨(Oliver Williamson)에 따르면 특히 수직적 기업결합이나 기타 합의는 시장지배력을 형성 또는 유지하기 위한 것이 아니라 단지 거래비용을 절감하기 위한 제도적 장치라고 한다.

그 밖에 행동과학을 비롯하여 새로이 발전된 조직이론을 경쟁이론에 도입하려는 시도로서, 그 출발은 '대기업이란 오늘날 더 이상 일원적인 단일한 결정단위가 아니며, 기업의 행위는 수많은 사람과 제도의 영향을 받는다.'는 점이다. 따라서 기업의 의사결정은 매우 복잡한 과정을 거치게 되는바, 그것은 투자자, 근로자, 은행 및 국가 등 다양한 이해관계가 충돌되고 이를 조정하는 과정이다. 따라서 다른 기업을 인수·합병하는 것과 같은 행위가 경쟁을 제한할 우려가 있더라도 인수기업에게는 기업내부의 갈등 내지 이해충돌을 해소하거나 재무·유통 상의 문제를 해결하기 위한 하나의 수단일 수 있다. 이러한 관점은 일견 경쟁제한행위라도 그 동기와 목적이 복잡·다양할 뿐만 아니라 효과 또한 양면적일 수 있다는 점을 충분히 강조하고 있는 것이다.

자. 결 론

시장경제에서 경쟁의 자유가 갖는 중요성에 대해서는 이견이 없으며, 각종 인

22) Ronald H. Coase, The Nature of the Firm, Economica 4(16), 1937, p. 386; Scott E. Masten, The Economic Institutions of Capitalism: A Review Article, JITE 142, 1986, p. 445.

위적인 경쟁제한을 방지하거나 해소하는 것이 관건이다. 그중 가장 중요한 경쟁제한은 인위적인 시장진입장벽이며, 여기에는 다시 기업의 행위에 의한 것과 국가의 고권적인 규제에 의한 것이 있다. 그 중에서 특히 국가의 고권적인 규제에 의한 경쟁제한을 가능한 한 방지하기 위해서는 불필요한 독점의 폐지, 특정산업 내지 기업의 보호를 위한 시장진입장벽의 철폐와 같은, 넓은 의미에서의 규제완화가 절실히 요구된다.

한편 경쟁 및 경쟁의 자유가 시장경제가 추구하는 유일한 가치는 아니다. 현실의 경제질서는 경쟁과 상반되는 가치에 눈감을 수 없고, 그로 인하여 경쟁보호가 다른 경제적 목표 또는 '경제 외적인 목표'(supra-economic goals)와 충돌하는 경우가 종종 발생하게 된다. 예컨대 기업의 최적규모, 연구개발의 촉진, 국제경쟁력, 국민의 복지증진, 사회정의의 실현 등의 가치가 그러하다. 시장경제가 장래에 대한 국가의 세세한 계획을 부정하고 경제주체의 활동을 원칙적으로 경쟁과정에 맡기는 것이기는 하나, 경쟁만능주의(競爭萬能主義) 또한 경계하지 않으면 안 된다. 이 문제는 공정거래법의 목적을 둘러싼 논쟁과도 직접 결부되는바, 이는 뒤에서 상술한다.

5. 보호목적으로서의 경쟁

현실의 시장경제에서 기업 간 경쟁은 여러 가지 현상 내지 형태로 나타난다. 우선 그 수단에 따라 경쟁은 가격경쟁, 품질경쟁, 서비스경쟁, 연구·개발경쟁 등으로 나뉠 수 있고, 경쟁의 주체에 따라 개별 사업자 간의 경쟁과 '기업집단 간의 경쟁'(Gruppenwettbewerb), 또는 대기업 간의 경쟁과 대기업과 중소기업 간의 경쟁으로 나뉠 수도 있으며, 경쟁이 이루어지는 거래단계에 따라 제조업자 간의 경쟁과 판매업자 간의 경쟁으로 나눌 수 있다. 그 밖에 수직적 경쟁제한에서 주로 문제되는 바와 같이 브랜드내 경쟁(intra-brand competition)과 브랜드간 경쟁(inter-brand competition)으로 구분할 수도 있다. 이처럼 경쟁을 여러 가지 형태로 분류하는 것은 공정거래법을 적용함에 있어서 다양한 형태의 경쟁이 갖는 의미를 종합적으로 고려할 필요가 있다.

시장경제는 가격메커니즘을 통하여 작동한다는 점에서 가격경쟁은 다른 형태의 경쟁과 달리 넓은 의미에서 모든 경제활동을 경제원리에 따르도록 방향을 제시하는 역할을 담당하며, 가격경쟁이 작동하는 것은 경쟁의 여러 목적을 실현하기 위한 전제조건이기도 하다. 특히, 미시경제이론을 기반으로 한 경제적 접근에서는 어떤 행위가 소비자후생에 미치는 효과를 가격인상 또는 가격인하라는 이른바 가격효과(price effect)를 분석하여 판단하므로, 가격경쟁이야말로 경쟁을 가장 잘 대변하는 변수라고 이해하고 있다.

그런데 동질적인 상품으로 이루어진 과점시장과 같이 가격경쟁이 제대로 작동하기 어려운 경우도 생각할 수 있다. 재판매가격유지행위는 동일 브랜드의 판매업자들 단계에서 가격경쟁을 원천적으로 배제하기도 한다. 이와 같은 경우에 사업자들은 결국 품질경쟁이나 서비스경쟁으로 나아갈 수밖에 없다는 점에서 이러한 경쟁형태 또한 간과해서는 안 된다. 이때, 가격경쟁과 품질·서비스경쟁 사이에 선후관계를 논하기는 어려우며, 단지 전자의 경우 객관적으로 경쟁제한효과를 판단하기가 용이할 뿐이다.

공정거래법이 현실적 경쟁뿐만 아니라 잠재적 경쟁(potential competition)도 보호한다는 데에는 이견이 없다. 다만, 양자의 관계와 관련하여 현실적 경쟁을 제한하는 것이 잠재적 경쟁을 제한하는 경우에 비하여 경쟁제한효과가 보다 명백하고 입증 가능하다는 점은 부인하기 어려울 것이다. 잠재적 경쟁이란 보기에 따라서 진입의사와 진입장벽을 달리 표현한 것에 불과할 수 있기 때문이다.

Ⅱ. 경쟁제한

1. 경쟁제한의 법적 성격

공정거래법은 공정하고 자유로운 경쟁의 촉진을 1차적인 목적으로 삼고 있으며, 이를 위하여 공정경쟁 또는 자유경쟁을 제한하는 행위를 규제하고 있다. 따라서 결국 경쟁제한이란 공정거래법이 어떤 행위를 금지할지 여부를 좌우하는 핵심적인 개념이다. 일정한 거래분야에서 '경쟁을 실질적으로 제한하는' 기업결합만을 금지하고, 부당하게 '경쟁을 제한하는' 공동행위만을 금지하는 것이다. 그 밖에 공정거래법은 비록 법문에서 사용하지는 않고 있으나, 시장지배적 지위의 남용과 관련하여 일찍이 판례는 경쟁제한의 의도와 효과가 입증되어야 한다는 점을 밝힌 바 있다.

여기서 '경쟁제한'행위란 공정거래법이 금지하는 사업자의 행위를 특정하는 의미를 가지고, '경쟁제한' 효과란 공정거래위원회가 어떤 행위를 금지할지 여부를 고려함에 있어서 핵심적으로 고려해야 하는 요소를 특정하는 의미를 가진다. 이때 경쟁제한 여부는 규범적인 관점에서 평가되어야 하고, 경제분석의 결과는 금지 여부를 판단함에 있어서 주요한 참고가 될 수 있을 뿐이다. 이를테면 경쟁제한의 폐해와 효율성 증대효과를 비교하여 기업결합의 금지 여부를 판단할 때, 경쟁제한의 폐해나 효율성 증대효과를 계량화하기란 매우 어려운 작업일 뿐만 아니라 후자가 전자보다 얼마나 커야 해당 기업결합이 예외적으로 허용될 수 있을지는 결국 경쟁당국의 규범적 가치판단에 맡겨져 있는 것이다. 그 과정에서 산업정책적 고려나 국민경제에 미치는 효과에 대한 종합적인 고려를 통하여 최종적인 판단이 내려지지 않으면 안 된다. 무릇 정부의 정책적 판단이란 단지 법령의 해석작업을 뛰어넘는 성격을 가지고, 공정거래위원회가 준사법적 기능을 수행하고 있는 점을 부인할 수는 없으나 공정거래법의 영역에서는 경쟁제한이나 부당성 등의 불특정개념을 해석하는 과정에서 다양한 정책적 고려가 불가피하게 수반될 수밖에 없는 것이다.

2. 경쟁제한의 척도

경쟁제한이라는 용어는 널리 쓰이는 만큼이나 여전히 모호하여 어떤 기준으로 이를 측정할 것인지는 오래전부터 논의되었다. 경쟁법의 목적에 따라 보호하고자 하는 경쟁의 내용 및 경쟁제한을 포착하는 방식에 차이가 나타나고, 법학과 경제학의 관점에 따라 경쟁제한은 다른 의미와 기준으로 이해되기도 한다. 아울러 공정거래법이 금지하는 행위에 따라 상이한 규제목적 하에서 경쟁제한의 의미와 이를 판단하는 척도가 달라질 수도 있다. 여기서는 전통적인 대척점의 하나로 흔히 언급되는 하버드학파(Harvard School)와 시카고학파(Chicago School)의 입장을 간략히 서술하기로 하고, 나머지 경쟁제한의 판단기준은 해당 금지행위 부분에서 상세히 다루기로 한다.

통상 구조주의로 불리기도 하는 하버드학파는 경쟁 및 경쟁제한을 보여주는 가장 중요한 척도를 시장구조에서 찾고 있다. 구조(Structure) – 행태(Conduct) – 성과(Performance)의 패러다임으로 잘 알려진 도식에 따라 시장에서 활동하는 기업의 수가 많을수록 경쟁적인 시장구조가 형성되고, 경쟁구조 하에서 기업의 경쟁적인 행태와 경쟁적인 성과가 도출된다는 의미에서 일견 구조결정주의(structuralism)로 불리기도 한다. 경쟁사업자의 퇴출이나 신규진입의 봉쇄와 같이 인위적으로 시장구조의 악화를 가져오는 것을 경쟁제한으로 파악하게 된다. 반면, 시카고학파는 시장구조와 시장성과 사이에—하버드학파에서 주장하는 만큼—상관관계가 크지 않고, 실제 일부 시장에서는 독과점적인 시장구조 하에서도 경쟁적인 가격과 같은 시장성과가 나타나고 있음을 보이고자 하였다. 그에 따르면 경쟁법의 목적이 소비자후생의 증대에 있는 만큼 객관적으로 파악할 수 있는 경쟁제한효과란 경제분석으로 도출할 수 있는 가격효과로서 어떤 행위가 효율성이나 소비자후생에 미치는 부정적 효과로 포착할 수 있다고 한다.[23)]

생각건대, 현실의 경쟁규범을 해석·적용함에 있어서 시장의 구조나 성과 중 어느 하나만을 고려할 수는 없다. 개별 금지규범의 입법취지나 목적에 비추어 시장구조보다는 경쟁제한적 행태나 성과가 강조될 수도 있고, 문제된 행위나 관련시장의 특성에 따라 시정조치를 고려함에 있어서 시장구조가 우선시될 수도 있다. 그럼에도 불구하고 양 학파의 논쟁은 우리나라를 비롯한 여러 나라에 영향을 미치면서 각자 일관된 분석틀을 제공한다는 점에서, 그 유용성을 부인할 수는 없다.

---

23) 양 학파의 비교 및 양 극단을 피하는 방법론으로서 거래비용이론에 대한 간명한 설명으로는 Herbert Hovenkamp, Harvard, Chicago, and Transaction Cost Economics in Antitrust Analysis, University of Iowa Legal Studies Research Paper Number 10-35, 12. 2010(Revised).

제 2 편

공정거래실체법

제 1 장

공정거래법 총설

제 1 절 공정거래법의 목적

Ⅰ. 목적론의 의의

공정거래법의 목적은 무엇인가? 독일이나 미국 등 다른 입법례와 달리 공정거래법은 제1조에서 목적을 규정하고 있으나, 동법의 해석·집행과정에서 동법의 목적을 둘러싼 이해의 차이는 여전히 좁혀지지 않고 있다. 공정거래법의 목적론이 중요한 이유는 무엇보다 동법이 금지하고 있는 각종 경쟁제한행위에 내포된 다수의 불특정개념에서 비롯된다. 부당성이나 정당한 이유, 경쟁제한성이나 공정거래저해성 등을 해석함에 있어서 입법취지나 문언만으로는 그 의미를 밝히는 데에 한계가 있기 때문이다.

공정거래법령의 제·개정과정에서는 다양한 이해관계와 가치가 충돌하게 마련이고, 그 충돌을 개별 사례에 맞게 합리적으로 해결하기 위하여 공정거래법은 그 의미가 다분히 불명확한 개념들을 사용하게 된다. 불특정개념을 구체화하는 작업은 경쟁당국과 법원에 맡겨져 있으며, 경제상황의 변화나 법리 또는 경제이론의 발전에 따라 유연한 해석을 가능하게 한다. 그 과정에서 공정거래법의 목적은 단지 경쟁정책의 방향을 제시할 뿐만 아니라 나아가 경쟁당국이나 법관에 의한 법형성(Rechtsfortbildung)을 위한 기본적인 해석원칙으로 기능하게 된다. 아울러 공정거래법이 추구하는 목적은 한편으로 경쟁당국에게 판단상 재량을 부여하기도 하지만 다른 한편으로 법집행의 일관성과 예측가능성을 담보하기도 한다.

종래 경쟁법의 목적을 둘러싼 논의는 크게 경제적 목적론과 규범적 목적론의 대립으로 이해할 수 있다. 전자는 경쟁법 집행을 통하여 효율성이나 소비자후생 등 특정한 경제적 목표를 실현하고자 하는 점에 착안하는 반면, 후자는 보호대상인 경쟁이나 경쟁과정 자체에 내포된 자유와 공정이라는 가치를 강조하는 점에 차이가 있다. 이처럼 다양한 목적론은 나라마다 각기 나름의 역사적, 시대적 상황을 배경으로 하고 있으나, 동시에 경쟁 및 경쟁법에 관한 학자들의 상이한 가치관과 이데올로기를 반영하는 것이기도 하다.

1. 경제적 목적론

경제적 목적론이란 다분히 실용주의적 관점에서 경쟁법의 목적을 주로 경쟁이 갖는 경제적 측면에 비추어 규명하고자 하는 것을 말한다. 일찍이 미국에서 목적논쟁은 주로 셔먼법(Sherman Act) 등의 입법취지를 설명하는 방법으로 진행되었는데, 동법 제1조의 거래제한이나 제2조의 독점화 금지가 일반조항의 성격을 갖고 있고, 그 결과 이데올로기나 가치관념의 변화 및 경제발전에 따라 법해석의 탄력성이 매우 폭넓게 보장되어 있어서, 동법이 추구하는 목적 또한 그에 따라 상이하게 이해할 수 있었던 것이다.[1] 그리고 미국에서는 적어도 셔먼법 제정 당시 입법자가 '경제외적인 목표'(non－economic goals)를 함께 고려하였다는 사실에는 별다른 이견이 없어 보인다.[2] 대표적으로 쉬와르츠(L. Schwartz)는 1890년 셔먼법을 제정할 당시 입법자에게는 효율성이라는 관념이 거의 없었고, 실제로 셔먼법에 적극적으로 수용되지도 않았으며, 오히려 당시의 중요한 관심사는 정의(justice) 내지 기업활동의 공정성(fairness)[3]이었음을 지적한 바 있다. 그에 의하면 배분적 효율성을 설명하는 '파레토 효율성'(Pareto's efficiency)에 관한 논문은 셔먼법이 제정된 지 20여년이 지난 1909년에야 비로소 발표되었으며,[4] 당시 고전파 경제학의 영향을 주로 받았던 경제학자들은 셔먼법의 제정이 오히려 보다 효율적인 대기업의 활동을 위축시킴으로써 생산량의 감소와 소비자가격의 인상을 가져올 것이라는 이유로 반대하였음에 주목할 필요가 있다고 한다. 스티글러(G. Stigler) 역시 중소기업과 같이 소비자를 제외한 특정 이익집단의 보호를 위하여 셔먼법이 제정되었다는 의미에서 독점금지법의 정치경제적 맥락을 강조하였다.[5]

1) Perry Johnson, Current Antitrust Goals and Policies: How Different are They Really?, 27 SLU Law Journal 321, 1983.

2) Robert Pitofsky, The Political Content of Antitrust, 127 U. Pa. L. Rev. 1051, 1979.

3) Louis B. Schwartz, "Justice" and other Non－economic Goals of Antitrust, 127 U. Pa. L. Rev. 1076, 1979.

4) Vilfredo Pareto, Manual D'Economie Politique, 1909.

이어서 1970년대 이후에 보크(R. Bork), 포스너(R. Posner),[6] 브로즌(Y. Brozen),[7] 뎀제츠(H. Demsetz)[8] 등으로 대표되는 시카고학파는 경제적 효율성을 셔먼법의 유일한 또는 적어도 최고의 목적으로 보아야 한다는 입장으로서 비교적 최근까지 전세계 경쟁법의 목적론과 법집행에 지대한 영향을 미쳐왔다. 셔먼법의 목적을 효율성에서 찾으려는 시도는 다시 챔버린(E. Chamberlin)의 독점적 경쟁이론(monopolistic competition)[9]에서부터 클라크(J. Clark)의 유효경쟁이론(workable competition),[10] 베인(J. S. Bain)의 진입장벽(entry barrier)이론[11] 등 시장에 대한 국가의 직접적인 개입을 강조하는 입장, 보크나 포스너와 같이 단기의 정태분석에 기초한 '배분적 효율성'(allocative efficiency)을 유일한 목적으로 주장하는 입장, 그리고 폭스(E. Fox)와 같이 장기에 걸친 '생산적 효율성'(productive efficiency)을 강조하여 단기적 효율성과의 비교형량을 강조하는 입장[12] 등 여러 범주로 나눌 수 있다. 반면, 랜드(R. Lande)는 소비자로부터 독점사업자나 담합사업자로 부의 이전, 즉 '소비자후생의 이전'(移轉; transfer of consumer welfare)을 막는 것이 셔먼법의 1차적인 목적이라고 보았다.[13] 그 중에서도 지금까지는 시카고학파류의 주장이 비교적 유력한 지위를 차지해 왔던 것으로 보인다.[14]

---

5) George Stigler, The Origin of the Sherman Act, 14 J. Legal Stud. 1, 1985.

6) Richard A. Posner, The Chicago School of Antitrust Analysis, 127 U. Pa. L. Rev. 925, 1979.

7) Yale Brozen, Concentration, Mergers and Public Policy, 1982.

8) Harold Demsetz, Barriers to Entry, 72 Am. Econ. Rev. 47, 1982.

9) Chamberlin, The Theory of Monopolistic Competition, 1933.

10) John Maurice Clark, Towards a Concept of Workable Competition, 20 Am. Econ. Rev. 241, 1940. 유효경쟁론의 핵심은 경쟁이란 시장에 내재된 것도 아니지만, 불완전한 시장에서도 경쟁제한요소를 적극적으로 제거함으로써 나름대로 효과적인 경쟁이 실현가능하다는 것으로서, 1940~50년대 미국의 독점금지정책에 심대한 영향을 미쳤으며, 그 후 산업조직론의 모태가 되었다.

11) Joseph S. Bain, Economies of Scale, Concentration, and the Condition of Entry in Twenty Manufacturing Industries, 44 Am. Econ. Rev. 15, 1954. Bain에 의하면 규모의 경제란 그리 대단한 것이 아니고, 일부 산업에서만 반경쟁적인 집중을 정당화할 수 있을 뿐이며, 당시 미국의 대부분의 산업에서는 생산적 효율성을 담보할 수 있는 수준 이상으로 과도하게 집중이 이루어졌다고 한다. 또한 독과점시장에서는 진입장벽이 상대적으로 높고 시장지배적 사업자에 의해 자의적으로 조작될 수 있으며, 상대적으로 집중도가 낮은 시장에서도 과점상태에서는 경쟁에 반하는 시장성과가 나타날 수 있음을 지적하였다.

12) Eleanor Fox, The Modernization of Antitrust: A New Equilibrium, 66 Cornell L. Rev. 1140, 1981.

13) Robert Lande, Wealth Transfers as the Original and Primary Concern of Antitrust: the Efficiency Interpretation Challenged, 34 Hastings L. J. 65, 1982.

14) Robert Bork, Legislative Intent and the Policy of the Sherman Act, 9 L. J. & Econ., 1966; Robert Bork, The Antitrust Paradox: A Policy at War With Itself, 1978; Robert Bork, Panel Discussion:

효율성과 이를 보장하는 수단으로서의 경쟁, 중소기업이나 소비자의 보호 등 강조하는 내용에는 차이가 있으나 경제적 목적론이 갖는 공통점은 대체로 '일원주의적 접근방법'(monism)에서 찾을 수 있다. 미국에서 전개된 독점금지법의 목적논쟁은 시장과 경쟁, 경쟁이 소비자후생에 미치는 긍정적 효과와 입법자의 의도, 그리고 경쟁정책에 미치는 이익집단의 영향 등을 이해하는 데 상당한 기여를 하였다. 그러나 이들의 주장은 독점금지법의 구체적인 해석·적용에 미치는 가치판단의 요소, 예컨대 경쟁의 자유나 경쟁 그 자체가 갖는 규범적 의미에 대해서는 직접적인 도움을 주지 못한다. 특히 효율성을 유일한 보호목적으로 보는 견해는 다음 두 가지 측면에서 비판을 받고 있다.

하나는 효율성 관념이 갖는 다분히 공리주의적인 성격이다. 경쟁법이 효율성을 실현하기 위한 수단의 관점에서만 파악됨으로써, 경쟁제한에 내재된 시장참가자의 거래상 자유의 침해나 경쟁사업자·거래상대방의 정당한 이익에 대한 침해는 간과되고 만다. 결국 효율성 관념은 자칫 독점금지법을 '도덕적 기형아'(moral monstrosity)로 전락시킬 우려가 있는 것이다.

다른 하나는 효율성 관념을 구체적인 법적용에 고려하는 방식이 가진 난점이다. 비용·편익분석(cost-benefit analysis)에 따른 효율성 산정은 '가격'의 존재를 전제로 하는데, 가격이란 다름 아닌 시장에서의 반복적인 거래를 통해서 형성되는 것이다. 즉, 가격이란 경쟁과정을 통하여 꾸준히 발견되는 것이라는 점에서 효율성 극대화라는 목적 또한 경쟁과정의 원활한 작동을 전제로 하지 않고는 생각할 수 없다. 더구나 효율성을 계량화(計量化) 하는 작업은 비록 분석모델의 정합성에도 불구하고 분석자의 의도에 따라 자의적으로 행해지거나 불명확한 결과를 가져오기 쉽다. 여기서 경쟁과 법질서로서의 시장경제, 사적자치의 본질과 같은 규범적 가치와의 관련성에 대해서는 독일 경제법학자들의 공헌을 살펴보지 않을 수 없다.

2. 규범적 목적론

독일에서는 시장경제의 독특한 형성과정을 토대로 경쟁법에 관하여 대륙법계 특유의 규범적 목적론이 형성되었고, 학자들은 정도의 차이는 있으나 국가와 경제

Merger Enforcement and Practice, 50 Antitrust L. J. 238, 1981.에서는 독점금지와 관련하여 경제적 효율성 이외의 다른 모든 것은 '순전히 지적인 엉터리'(pure intellectual mush)라고 폄하한 바 있다.

의 관계, 시장경제와 경쟁 및 경쟁과 사적자치의 관계라는 보다 근본적인 문제에 접근하고 있다. 방법론의 측면에서 독일의 경제법학자들은 1957년에 제정된 경쟁제한방지법의 연혁보다는 오히려 동법의 전체적인 체계와 구체적인 금지·예외요건, 그리고 경쟁보호를 위한 조직과 절차에 관심을 집중하였다.

독일에서 전개된 규범적 목적론은 경쟁법의 목적을 불특정한 법개념의 해석에 결정적으로 중요한 요소로 파악하고 있다는 점에서 의미를 갖는다.[15] 경쟁법은 나라마다 다소 차이는 있으나 대체로 '경쟁제한'이나 '불공정경쟁', '시장지배적 지위'나 '남용', '부당성' 등 다수의 모호한 용어를 사용하고 있으며, 이는 항상 변화하고 있는 '경제' 내지 '시장'이라는 경쟁법의 관심대상에 내재된 동태적 성격을 근거로 법적용에 폭넓은 유연성을 제공하고자 하는 취지에서 비롯된 것이다. 따라서 이러한 개념들을 틀에 박힌 방식으로 이해하고 적용하는 것은 바람직하지 않고, 시장의 변화에 맞게 이들 개념을 적절히 해석하기 위해서는 결국 경쟁법상 최고의 지도원리로서 그 목적이 무엇인지를 분명히 밝히지 않으면 안 되는 것이다.

이러한 맥락에서 독일에서는 사업자의 인위적인 왜곡으로부터 경쟁과정 내지 경쟁의 자유를 보호하는 것을 경쟁법의 주된 목적으로 보는 데에 대체로 견해가 일치되어 있다. 하이에크(F. A. Hayek) 식의 '발견절차'(Entdeckungsverfahren)이자 동태적 과정으로서의 '경쟁 그 자체'(competition itself)를 보호목적으로 삼아야 한다는 정통 질서자유주의적 태도는 이미 오래 전에 경쟁제한방지법의 제정 과정에서 상당 부분 후퇴하였다.[16] 현재 독일을 비롯하여 유럽 여러 나라의 경쟁법제에서는 그만큼 다원주의적 접근방법(pluralism)이 지배적이다.[17] 다원주의(多元主義) 하에서 경쟁법의 목적은 단지 경제적 효율성이나 소비자후생의 극대화가 아니라 공정경쟁이나 중소기업의 보호와 같은 사회정책적 차원을 포괄하게 된다. 이러한 입법례에서는 대체로 경쟁법의 1차적인 보호목적인 경쟁 및 그와 충돌되는 효율성 등 국민경제상의 이익을 비교형량(Interessenabwägung)하는 체계를 두고 있다. 예컨대, 경쟁을 제한하는 카르텔은 원칙적으로 금지하더라도, 중소기업의 경쟁력 강화라는 국민

15) Wernhard Möschel, The Goals of Antitrust Revisited, 147 JITE, 1991, p. 348, 349.

16) Volker Emmerich, Kartellrecht(10. Aufl.), 2006.

17) Alison Jones/Brenda Sufrin, EC Competition Law(3rd ed.), 2010, p. 15 ff. 반면, 경제적 효율성을 유일한 목적으로 파악하는 견해는 효율성 이외의 다른 사회정책적 요소를 여타의 법영역 소관으로 보고 있다. 대표적으로 Phillip E. Areeda/Donald F. Turner, Antitrust Law, Volume I, 1978, §107.

경제상의 이익을 비교형량하여 예외적으로 이를 허용할 수 있도록 하는 것이 그것이다.

질서자유주의와 같이 경쟁법의 목적을 경쟁 그 자체의 보호에서 찾는 일원적 접근방법은 법적용의 투명성과 예측가능성의 제고, 이를 통한 공정거래위원회의 재량통제에서 그 장점을 찾을 수 있는 반면, 다원주의적 접근은 그만큼 경쟁당국이 법령을 적용함에 있어서 비교형량에 근거한 폭넓은 재량을 허용하는 한편 그러한 결정에 대한 사법심사를 매우 곤란하게 한다는 난점을 갖는다. 따라서 경쟁법이 경쟁 외의 경제적·사회적 이익을 고려한다고 하더라도 비교형량에 있어서 우위는 원칙적으로 경쟁보호에 있어야 할 것이다. 이때 보호목적으로서의 경쟁이 단순히 효율성 제고를 위한 수단은 아니며, 효율성이란 자유로운 경쟁과정으로부터 자연스럽게 도출되는 것이라는 점에서 경쟁과 효율성은 경쟁법의 틀 내에서 양립 가능한 것이 된다.[18]

Ⅱ. 공정거래법의 목적

일반조항을 통하여 다종다양한 경쟁제한행위를 탄력적으로 규제하고, 경쟁당국이나 법원으로 하여금 구체적 타당성을 갖는 기준을 찾아가도록 하는 미국이나 유럽의 예와 달리 공정거래법은 동법의 목적과 이를 위하여 금지행위를 열거하고 있다. 따라서 우리나라에서는 무엇보다 동법 제1조와 나머지 금지조항을 체계적이고 합목적적으로 해석하기 위해서라도 동법의 목적을 규명할 필요가 있다. 여기서 공정거래법의 목적론은 금지요건의 합리적 해석과 단순한 추론이 혼재될 우려가 있는 법해석의 영역에서 올바른 방향을 제시하는 데에 커다란 의미를 가진다.

특히, 다른 나라의 경쟁법에서는 찾기 어려운 '대기업집단의 경제력집중 억제'와 관련하여 새로이 사후규제를 도입할 때마다 공정거래법의 목적은 다시 주목을 받게 된다. 예컨대, 지원행위의 부당성이란 동법 제1조 및 법 제45조 제1항 제9호의 입법취지와 목적을 기초로 지원객체가 속한 시장에서 경쟁을 저해하거나 경제력집중을 심화할 우려 여부에 따라 판단하게 된다. 법 제47조 제1항이 금지하는 특수관계인에 대한 이익제공의 부당성이 다투어지는 경우에도 마찬가지로 동조의

---

18) Wernhard Möschel, The Goals of Antitrust Revisited, 147 JITE, 1991, p. 14 ff.

입법취지와 제1조의 목적조항이 중요한 단서를 제공함은 물론이다.[19)]

1. 목적조항의 체계

공정거래법은 제1조에서 ① 사업자의 시장지배적 지위의 남용과 과도한 경제력의 집중을 방지하고, 부당한 공동행위 및 불공정거래행위를 규제하여 ② 공정하고 자유로운 경쟁을 촉진함으로써 ③ 창의적인 기업활동을 조성하고 소비자를 보호함과 아울러 국민경제의 균형 있는 발전을 도모함을 목적으로 한다고 규정하고 있다. 동조는 1980년 법제정[20)] 이후 잦은 법개정에도 불구하고 단 한 차례도 변경된 바 없다.

위 목적조항은 크게 세 부분으로 나누어진다. ①은 동법의 목적을 실현하기 위한 수단으로서 규제대상이 되는 행위이고, ②는 동법의 직접적 목적, ③은 궁극적 목적에 해당한다.[21)] 즉, ①은 공정거래법의 목적을 실현하기 위하여 동법이 금지하는 행위를 시장지배적 지위남용, 과도한 경제력집중,[22)] 부당한 공동행위와 불공정거래행위로 '열거'하고 있는 바, 동법이 규제하고 있는 그 밖의 행위, 예컨대 경쟁제한적 기업결합의 제한, 사업자단체의 금지행위나 재판매가격유지행위는 모두 그 성질상 이들 네 가지 행위유형의 어느 하나에 귀속시킬 수밖에 없다.[23)]

이어서 ②는 ①에 규정된 수단을 통하여 동법이 실현하고자 하는 1차적 목적에 해당한다. 무릇 경쟁법이란 사회적 시장경제의 기초인 공정하고 자유로운 경쟁원리를 경제력의 남용이나 카르텔, 시장집중으로부터 보호하기 위한 법규범이기 때문이다. 이때, 공정경쟁과 자유경쟁은 자칫 충돌할 수도 있으나, 공정거래법이 보호하고자 하는 자유경쟁이란 공정경쟁을 전제로 한다는 점에서 양자는 상호보완

---

19) 특수관계인에 대한 부당한 이익제공 금지가 공정거래법에 규정되어 있는 이상 그 부당성은 결국 경쟁제한성, 공정거래저해성 또는 경제력집중의 세 가지 중에서 찾을 수밖에 없다. 그런데 부당지원행위와 차별화를 도모하려 한 법 제47조의 입법취지상 공정거래저해성, 특히 경쟁저해성이나 일반집중을 제외할 경우에는 결국 소유집중만 남게 된다. 이와 같은 취지로 서울고등법원 2017. 9.1. 선고 2017누36153 판결("대한항공" 판결).

20) 1980.12.31. 제정, 법률 제3320호.

21) 권오승, 경제법(제13판), 법문사, 2019, 79면; 신현윤, 경제법(제8판), 법문사, 2020, 133-136면.

22) 법 제1조에서 규정하는 '경제력집중'은 시장집중과 일반집중을 모두 포함하는 의미로 새길 수 있고, 그에 따라 전자를 억제하기 위한 것이 기업결합제한인 반면 후자를 방지하기 위한 것이 기업집단에 대한 사전규제이다.

23) 경제력집중의 방지는 공정거래법의 고유한 규제대상이 아니라는 점을 들어 이를 동법의 규제수단이 아니라 경쟁촉진에 이은 또 하나의 목적으로 이해하는 견해로는 권오승(제13판), 84-86면.

적인 관계로 이해할 수 있다.

목적조항의 해석상 어려운 부분은 마지막 ③이다.[24] 그 의미는 정책적인 차원과 규범적인 차원으로 나누어볼 수 있다. 먼저, 정책적인 관점에서 동법의 목적은 공정거래위원회의 경쟁정책도 궁극적 목적에 부합하는 방향으로 수립·운용되어야 하고, 궁극적 목적에 반하는 경우에는 경쟁정책이 일정 부분 양보하여야 한다는 의미를 갖는다. 예컨대, 중소기업의 경쟁력 강화를 위하여 담합을 일부 용인하는 정책이 바로 그러하며, 원칙적으로 인가사유를 심사하는 과정에서 충분히 고려되어야 한다. 규범적 측면에서 볼 때 궁극적 목적이 공정거래법의 해석·적용 시 구체적인 판단기준을 제공할 수 있는지에 대해서는 견해가 분분하다.[25]

궁극적 목적을 경쟁촉진이라는 목적이 실현될 경우에 기대되는 '경쟁정책의 의의 내지 존재이유' 또는 공정거래법의 '국민경제적 의미' 정도로 이해할 경우에 그것은 단지 선언적인 의미에 그칠 것이다. 왜냐하면 창의적인 기업활동의 조성은 경쟁이 제대로 기능하는 경우에 자연히 도출되는 결과에 불과하고, 소비자의 보호는 그 의미를 소비자피해의 사전예방이나 사후구제로 이해할 경우에 공정거래법이 부분적으로 소비자이익을 침해할 우려가 있는 행위를 금지하는 방법으로 실현될 것이기 때문이다.[26] 이때 소비자보호란 어디까지나 시장지배적 지위남용이나 불공정거래행위 등의 규제에 일부 포함되어 있는 데에 불과하고 그 밖의 경우에는 유효경쟁을 통하여 소비자에게 귀속되는 소극적이고 간접적이자 반사적인 이익을 말하는 것으로서 소비자보호가 공정거래법의 궁극적이거나 추가적인 목적은 될 수 없다는 견해[27]도 결국 목적조항의 규범성을 부인하는 연장선에 서있다.

그 밖에 '국민경제의 균형 있는 발전'은 경제관련 법령이 공통적으로 지향하는 내용으로서, 일반적으로 경쟁촉진이 효율성 증대와 국민경제의 발전을 가져올 것이라는 점을 확인하고 있는데 불과한 것으로 보기도 한다. 그에 따르면 '국민경제

24) 권오승(제13판), 82-86면; 이남기·이승우, 경제법, 2001, 85면.

25) Rainer Bechtold, GWB, 2002, S. 20.

26) 시장지배적 사업자의 부당한 가격인상이나 소비자이익의 부당한 저해, 가격담합 등에 대한 규제는 결국 소비자보호의 성격을 아울러 가지게 된다.

27) 공정거래위원회·한국경제연구원, 공정거래10년, 1991, 305면. 소비자보호라는 표현이 다소 오해를 가져올 소지가 있으나 소비자보호를 적극적이고 직접적인 의미로 이해할 경우에는 언제나 계약자유와 과실책임을 근간으로 하는 사법의 원칙에 대한 예외를 수반하고, 이러한 예외가 시장원리 내지 경쟁원리와는 상반되는 것임에 유의할 필요가 있다.

의 균형발전'은 그 의미가 지극히 불명확하여[28] 해석 여하에 따라서 구체적인 정책수단이나 경쟁촉진과의 관계도 전혀 다르게 이해될 수 있다는 점을 고려할 때, 동 개념 역시 공정거래법의 고유한 목적에 맞게 경쟁촉진에 따른 의의 정도로 보아야 하며, 그와 달리 고유한 법적 성격을 부여하는 것은 바람직하지 않다고 한다.[29]

그런데 목적조항을 위와 같이 해석할 경우 공정거래법의 목적은 오로지 기업의 사적인 경쟁제한으로부터 경쟁을 보호하는 것이 되고, 그 결과 국민경제의 균형발전 등은 동법상 가치판단을 요하는 금지요건을 심사함에 있어서 아무런 규범적 효력을 갖지 않는 것이 된다. 문제는 현실에서 경쟁의 촉진만을 염두에 둘 경우에는 비록 예외적이기는 하나 궁극적인 목적과 상충되는 경우가 생길 수 있다는 점을 부인할 수 없다는 점이다. 경쟁촉진만이 국민경제적 차원에서 만능일 수는 없고, 공정거래위원회에게 경쟁만을 맹목적으로 추구하도록 하는 것은 산업정책이나 중소기업정책, 소비자정책 등과 해소할 수 없는 모순·충돌을 가져올 수 있기 때문이다. 궁극적 목적에 규범적 우선순위를 둠으로써 이 문제를 해결하고자 한 것이 바로 동법 제1조의 입법취지라고 보아야 하는 이유이다.

끝으로 공정거래법이 국민건강의 보호, 불량식품의 제거, 환경오염의 방지 등 사회적 목적을 아울러 추구하여야 한다는 견해가 있다.[30] 그러나 공정거래법은 어디까지나 시장에서의 경쟁질서를 보호하는 것을 주된 과제로 삼고 있으며, 그 밖에 시장원리에 의해서 해결되지 않는 문제들은 경제법의 관심대상일 수는 있어도 공정거래법이 적극적으로 개입하여 해결할 수는 없다. '사회적 규제'(social regulation)는 시장원리만을 통해서 실현될 수 없는 문제에 대하여 경제활동에 대한 국가의 직접적인 개입이라는 점에서 공정거래법과는 이질적인 것이기 때문이다.

2. 공정거래법의 목적 간 위계질서

경쟁법의 목적이 과연 무엇인지와 관련하여 혼란을 더하는 것은 목적논의가 처음부터 지나치게 이론에 치우치고 있다는 점이다. 독점금지법에 그 목적을 명시

28) 예컨대 이를 산업 간, 지역 간, 기업 간의 균형발전으로 이해하는 견해도 있고(권오승(제13판), 84면), 효율적인 자원배분이나 합리적인 소득분배로 이해하는 견해도 있다(이남기·이승우, 앞의 책, 85면).

29) 같은 취지로 신동권, 독점규제법(제3판), 박영사, 2020, 22-23면.

30) 김영섭, "공정거래제도의 발전적 정착을 위한 행정규제에 관한 비교연구", 한국행정학보 제25권 제2호, 1991, 481, 492면 이하.

하지 않고 있는 대부분의 입법례에서 이 문제는 다분히 경쟁이론 및 정책적인 함의와 결부될 수밖에 없기 때문이다. 반면, 우리나라나 일본과 같이 명문의 목적조항을 두고 있는 입법례에서는 얘기가 달라진다.

일찍이 대법원은 “제주도관광협회” 사건[31]에서 문제된 사업자단체가 관광상품의 판매가격 및 송객수수료율을 하향조정하기로 결의한 행위가 일정한 거래분야에서 경쟁을 실질적으로 제한하는 행위에 해당하더라도, 이로 인하여 경쟁이 제한되는 정도에 비하여 구법 제19조 제2항(인가) 각 호에 정해진 목적 등에 이바지하는 효과가 상당히 커서 소비자를 보호함과 아울러 국민경제의 균형 있는 발전을 도모한다는 법의 궁극적인 목적에 실질적으로 반하지 아니하는 예외적인 경우에 해당한다면 부당한 가격제한행위라고 할 수 없다고 판시하였다.

동 판결은 ① 법 제1조의 목적조항을 경쟁촉진이라는 1차적 목적과 국민경제의 균형발전이라는 궁극적 목적의 2단계 구조로 이해하고, ② 전자를 형식적 위법성(경쟁제한성)과, 후자를 실질적 위법성(궁극적 목적과의 불합치)과 결부시킨 뒤, ③ 암묵적으로 이들 간의 위계질서(hierarchy)를 전제로 형식적인 경쟁제한행위라도 실질적으로는 부당성이 부인될 수 있다는 의미로도 이해할 수 있다.[32]

이러한 접근방법은 다분히 일본 사적독점금지법 제1조[33]의 해석에 관한 일본 최고재판소의 판결을 참고한 것으로 보인다. 1984년 석유카르텔 형사사건[34]에서 일본최고재판소는 자유경쟁경제질서에 반하는 경쟁제한행위라 하더라도 그것이 ‘일반소비자의 이익’과 ‘국민경제의 민주적이고 건전한 발전’이라는 사적독점금지법의 궁극적인 목적에 반하지 않는다면 그것을 금지에서 제외하는 취지에서 동법 제2조 제6항은 부당한 거래제한(공정거래법상 ‘부당한 공동행위’에 해당)에서 ‘공공의 이익

31) 대법원 2005.9.9. 선고 2003두11841 판결. 같은 취지로 대법원 2005.8.19. 선고 2003두9251 판결, 대법원 2008.12.24. 선고 2007두19584 판결.

32) 이러한 논리구조를 보다 명확하게 보여주는 판결로는 서울고등법원 1996.12.6. 선고 96나2240 판결(“농수산물도매시장” 판결).

33) 일본 사적독점금지법 제1조는 “이 법률은 사적 독점, 부당한 거래제한 및 불공정한 거래방법을 금지하고, 사업지배력의 과도한 집중을 방지하며, 결합·협정 등의 방법에 의한 생산·판매·가격·기술 등의 부당한 제한, 기타 일체의 사업활동에 대한 부당한 구속을 배제함으로써 공정하고 자유로운 경쟁을 촉진하고, 사업자의 창의를 발휘하게 하며, 사업활동을 성장시켜 고용 및 국민실소득의 수준을 제고하고, 일반소비자의 이익을 확보함과 아울러 국민경제의 민주적이고 건전한 발전을 촉진함을 목적으로 한다.”고 규정하고 있다.

34) 일본최고재판소 소화 59.2.24. 이 사건에 관한 보다 상세한 내용은 독점금지법심결·판례백선, 2002.3, 18−19항.

에 반하여'라는 요건을 정하고 있는 것이라고 판시하였다.[35] 요컨대, 궁극적 목적의 실현을 위하여 경쟁정책을 양보하지 않으면 안 되는 예외적인 경우에는 독점금지법이 적용되지 않는다는 것이다.

물론 일본 사적독점금지법 제2조 제6항과 달리 공정거래법 제40조 제1항은 부당한 경쟁제한성 이외에 '공공의 이익에 반할 것'이라는 요건을 명정하지 않고 있으므로 일본 판례의 해석론을 우리나라에 그대로 수용할 것은 아니다.[36] 다만, 우리나라와 마찬가지로 일본에서도 부당한 거래제한의 범위가 매우 넓고, 일단 여기에 해당될 경우 불황카르텔(동법 제24조의3)이나 합리화카르텔(동법 제24조의4 제1항)의 경우에 한하여 사전의 인가절차를 거쳐서 예외적으로 허용될 수 있을 뿐이다.[37] 즉, 매우 제한된 사유의 사전인가를 받지 않은 카르텔의 경우 국민경제상 긍정적인 측면이 있더라도 이를 허용할 수 있는 다른 방법이 없다는 점은 양국에 공통된 것이다.

생각건대, 공정거래법 제40조 제2항의 예외적 인가는 지금까지 공정거래위원회의 지극히 소극적인 운용으로 인하여 사실상 사문화(死文化)되어 있고, 제116조의 적용제외 또한 대법원 판례가 지극히 까다로운 요건을 설시함으로써 구체적인 사례에서 작동할 여지가 거의 없다. 경쟁제한적인 기업결합에 대한 예외(법 제9조 제2항)와 마찬가지로 공정거래법상 금지에 대한 예외 내지 적용제외는 가급적 엄격한 기준에 따라 제한적으로 허용되어야 한다는 점에는 이견이 없으나, 지나치게 경직적인 운용은 국민경제에 유해할 수 있다는 점도 간과해서는 안 된다. 따라서 판례가 동법의 목적과 예외조항의 취지 등을 근거로 국민경제의 관점에서 위법성을 부인하는 해석론을 마련한 것은 불가피한 측면이 있으며, 그것이 설사 불문(不文)의 예외를 인정하는 결과로 이어지더라도 일응 타당한 법리로 볼 수밖에 없다.

---

35) 다만, 이 사건은 형사사건이었기 때문에 이러한 최고재판소의 판단이 '반공익성'을 부당한 거래제한이라는 범죄의 금지요건으로 본 것인지, 아니면 위법성조각사유로 본 것인지에 대해서는 견해가 갈라져 있다.

36) 根岸哲·舟田正之, 전게서, 54항 이하; 實方謙二, 독점금지법, 소화 62, 181항 이하. 일본에서도 통설은 '공공의 이익'을 자유경쟁 경제질서의 유지 그 자체와 동일한 것으로 보아, '공공의 이익에 반하여'라는 것을 카르텔금지를 위한 별개의 요건이 아니라 단지 훈시적이거나 선언적인 의미로 이해하고 있다.

37) 그 후 불황카르텔과 합리화카르텔에 대한 예외조항은 1999년 법개정으로 모두 삭제되었다. 그 결과 현재 국민경제의 발전에 부합하는 카르텔에 대한 예외는 적용제외입법을 통하지 않는 한 적어도 일본 사적독점금지법상 명문의 규정으로는 인정되는 것이 없다.

제 2 절 공정거래법의 특징

Ⅰ. 폐해규제주의

폐해규제주의(Missbrauchsprinzip)란 원인금지주의(Verbotsprinzip)와 대비되는 개념으로서, 과거 제2차 세계대전 이후 독일에서 경쟁제한방지법을 제정하는 과정에서 카르텔에 대한 입법태도를 둘러싼 논쟁을 그 배경으로 한다. 일찍이 독일에서는 1933년 카르텔강제법(Zwangskartellgesetz)을 통하여 전시경제의 카르텔화가 급격하게 전개되었다. 그러나 독일이 패전한 후 미군정 하에 독점금지법을 제정하게 되면서, 과거 카르텔에 대하여 남용감독에 그쳤던 1923년 카르텔규칙(Kartellverordnung)의 태도를 답습할 것인지, 아니면 미국식의 원칙적 금지를 수용할 것인지에 대한 입장차이가 나타나게 되었다.

그 후 카르텔을 규제하는 방식에 관한 폐해규제주의와 원인금지주의의 용례(用例)가 독과점에 대한 각국의 입법태도를 설명하는 의미로 변형된 것은 일본에 의해서였다. 일본의 경제법학자들이 독과점에 대한 미국·일본과 독일·유럽의 입법례를 비교설명하면서 전자를 원인금지주의, 후자를 폐해규제주의로 표현한 것이 이러한 인식을 전파하는 계기가 되었다. 그러나 미국과 같이 독점화 내지 독점화 시도, 사적 독점을 금지하는 입법례라고 하더라도 독과점 그 자체를 금지하는 것이 아니라, 일정한 시장지배력을 가진 사업자가 관련 시장을 독점하고자 하는 '행위'를 금지하는 것이라는 점에서 그 실질은 폐해규제주의에 해당한다.[38]

그 밖에 어느 나라의 입법례도 독과점 그 자체를 금지하지는 않고, 독과점적 지위가 착취 또는 배제의 수단으로 악용되는 행위만을 규제하고 있다는 점에서 원인금지주의를 취하는 예는 없다. 따라서 독과점의 규제방식과 관련하여 원인금지주의와 폐해규제주의를 들어 입법례를 구분하는 것은 적절하지 않다. 연혁적으로 우리나라에서도 부당한 공동행위에 대하여 폐해규제주의의 일종인 등록주의(登錄主義)를 채택한 바 있으며, 비교법적으로나 입법론의 관점에서도 이와 같은 구분은 여전히 중요한 의미를 가질 수 있다.

38) 같은 취지로 권오승(제13판), 86면.

Ⅱ. 행정규제주의

행정규제주의란 경쟁제한행위나 불공정거래행위의 위법성을 판단하여 이를 시정하는 1차적인 권한이 행정기관에 맡겨져 있는 것을 말하며, 법원이 이를 담당하는 사법심사주의와 구별된다. 종래에는 일반적으로 원인금지주의 내지 폐해규제주의와 결부하여 전자를 취하는 입법례는 사법심사주의가, 후자를 취하는 입법례는 행정규제주의가 중심이 되는 것으로 이해되어 왔다.

그러나 이러한 이분법적 구분이 각국의 집행체제를 완벽하게 설명할 수 있는 것은 아니다. 대다수의 국가는 경쟁법의 집행을 담당하는 행정기관과 사법심사를 담당하는 법원에 각각 나름의 역할을 분배하고 있으며, 행정기관이 직접 시정조치를 내릴 수 있는지 여부가 각국의 집행체제를 설명하는데 얼마나 핵심적인 요소인지도 확실치 않다. 다만, 우리나라와 일본, 호주 등 경쟁법의 독립적 집행을 보장하기 위하여 준입법적이고 준사법적 권한을 아울러 갖는 독립규제위원회를 설치하여 운영하는 경우가 적지 않은데, 동 위원회의 법적 지위는 어디까지나 행정청이라는 점에서 행정규제주의의 범주에 속하는 것으로 설명해도 무방할 것이다.[39)]

그런데 사법심사주의와 행정규제주의를 형식적으로 이해할 경우 그것이 갖는 규범적 의미를 간과할 우려가 있다. 사법심사주의를 취하는 것으로 알려진 미국의 경우 그 의미는 독점금지법을 지배하는 '엄격한 법의 지배'(strict rule of law)에서 찾을 수 있다. 예컨대, 미국 법무부 독점금지국(Antitrust Division)은 카르텔이나 경쟁제한적인 기업결합을 금지하기 위해서는 법원에 소를 제기하지 않으면 안 되며,[40)] 그 밖에 정치적 성격을 갖는 각종 결단은 의회에서 내려지는 것이 원칙인 것이다.

Ⅲ. 직권규제주의

종래 공정거래법의 특성 중 하나로 설명해온 직권규제주의는 무엇보다 당사자의 신고를 기다리지 않고 공정거래위원회가 직접 사건을 인지하여 조사를 개시할

39) 권오승(제13판), 86-87면.

40) 경쟁제한적인 기업결합에 대한 시정조치 또한 법원의 판결을 통해서 내려질 수 있을 뿐이며, 연방거래위원회는 FTC법 제5조에 따른 불공정한 경쟁방법 등에 대하여 중지명령을 내리거나 클레이턴법 제7조에 따른 경쟁제한적 기업결합의 금지를 법원에 청구할 수 있다.

수 있다는 의미에서 다분히 절차법적 성격으로 이해되어왔다. 그에 따라 직권규제주의를 보여주는 예로 공정거래위원회의 직권조사권이나 전속고발권 등이 제시되었고, 직권규제주의가 갖는 한계를 극복하기 위한 수단으로서 제3자의 신고, 당사자나 이해관계인의 의견진술권, 손해액 인정제도 및 공정거래분쟁조정제도 등 당사자주의가 가미된 점을 설명하였다.[41]

그러나 직권규제주의는 비단 사건의 인지, 조사개시라는 형식적 절차에만 관련된 것으로 볼 수 없고, 공정거래위원회의 절차상 재량(裁量)을 표현하는 데에 그치는 것도 아니다. 보다 근본적으로 직권규제주의의 본질은 공정거래법이 보호하고자 하는 '공정하고 자유로운 경쟁'의 성격과 이를 보호하는 수단으로서의 공정거래법의 성격과 관련되어 있다. 공정거래법의 보호대상으로서의 '경쟁'이란 시장경제질서의 기본으로서 공익적 성격을 갖는다. 따라서 공정거래법이 금지하는 행위를 한 경우에 소비자를 비롯한 거래상대방이나 경쟁사업자 등 이해당사자가 최종적인 처분권을 가지는 것으로 볼 수는 없다. 직권규제주의는 법위반으로 발생한 민사적인 손해의 배상 여부와는 별도로 전담기관인 공정거래위원회가 경쟁에 대한 최종적인 보호책임을 부담한다는 의미로 이해하여야 한다.[42] 따라서 신고를 통하여 조사를 개시한 경우에도 법위반의 혐의가 있는 때에는 당사자 사이의 화해나 신고의 취하와 무관하게 공정거래위원회는 절차를 계속 진행하여야 한다.[43]

또한 공정거래위원회가 공익적 가치를 갖는 경쟁을 보호해야 할 책임을 전제로 하는 직권규제주의는 증명책임의 관점에서 법위반 여부에 대한 입증책임을 원칙적으로 공정거래위원회가 지도록 한다.[44] 공정거래법상 기업결합의 경쟁제한성을 추정하거나 부당한 공동행위에 대한 합의를 추정하는 등 명문으로 입증책임을 사업자에게 전가하는 규정이 없는 한 공정거래위원회가 시정조치에 필요한 모든 요건사실을 직권으로 조사하여 입증하는 것이 원칙이다. 이러한 맥락에서 동의의결제는 직권규제주의를 완화하는 요소로 이해할 수 있으며, 손해배상 소송의 활성

41) 권오승 외 6인, 독점규제법(제7판), 법문사, 2020, 23-24면.
42) 이봉의, "공정거래법상 동의의결제의 주요 쟁점과 개선방안", 경쟁과 법 제6호, 서울대학교 경쟁법센터, 2016, 53면.
43) 대표적인 예가 마이크로소프트 사건이며, 신고인인 다음(Daum)이 MS와 화해를 한 후 신고를 취하하였음에도 불구하고 공정거래위원회는 절차를 계속하여 시정조치와 과징금을 부과한 바 있다.
44) 이봉의, "공정거래위원회의 재량통제", 규제연구 제11권 제1호, 2002, 22면.

화나 분쟁조정제도의 도입 등은 행정규제주의의 요체인 공적집행을 완화하고 사적 집행 및 당사자주의를 강화하는 요소로 이해하는 것이 타당하다.

제 3 절 공정거래법의 금지요건과 해석방법론

공정하고 자유로운 경쟁의 촉진이라는 공정거래법의 1차적인 목적을 실효성 있게 담보하기 위해서는 동법이 금지하는 경쟁제한행위를 적절히 포섭하는 것은 물론이고 법위반행위에 대한 효과적인 제재수단을 마련할 필요가 있다. 이를 위하여 공정거래법은 원칙적으로 사업자를 수범자(Normadressat)이자 행위자요건으로 규정하고, 행위요건과 위법성요건을 상정하고 있다. 각각의 요건에 대한 해석 및 판단은 모두 동법의 보호목적인 '경쟁'과 직·간접적인 관련성을 갖는다. 이처럼 금지요건을 법률에 명정하는 것은 공정거래위원회의 개입근거를 명확하게 한다는 측면과 아울러 공정거래위원회의의 개입한계를 설정함으로써 공정거래법이 사업자의 권리장전으로 기능하도록 하는 의미를 가진다.

Ⅰ. 금지요건

1. 금지요건의 구조

공정거래법은 공익적 가치이자 헌법상 경제질서의 구성원리로서 '경쟁'을 보호하는 법으로서 독립규제기관인 공정거래위원회에 공정하고 자유로운 경쟁을 제한하는 사업자의 행위를 금지할 수 있는 권한을 부여하고 있다. 이 점에서 공정거래법은 행정규제법 내지 경제규제법의 성격을 갖기 때문에 동법의 해석과 집행은 모두 헌법상 법치국가원리와 그에 따른 엄격한 요구, 예컨대 일반조항의 금지와 명확성의 원칙에 부합하여야 한다.[45] 공정거래위원회가 법위반 사실에 대하여 시정조치를 내리는 경우에도 금지되는 행위의 내용과 범위가 의결서에 명시되어야 하며, 그 이유와 법적 근거가 충분히 제시되어야 한다. 이 역시 행정의 법률적합성의 원칙에 따른 것임은 물론이다.[46]

---

45) BVerfGE 9, 137, 147; 19, 253, 267; BGH, "Polyester－Grundstoffe". Robert Fischer, Der Mißbrauch einer marktbeherrschenden Stellung (§22 GWB) in der Rechtsprechung des Bundesgerichtshofes, ZGR, 1978, S. 235 ff., 239. 이 사건에서 연방헌법재판소는 구 경쟁제한방지법 제22조 이하의 조항이 침해행정작용이나 과징금 부과결정을 내릴 수 있는 헌법상의 요건, 즉 특정성(Bestimmtheit) 요건에 부합하는지 여부를 다룬 바 있다. 경쟁제한방지법 제37조a 제3항에 관한 동일한 문제에 대해서는 BGH WuW 1984, 725 = WuW/E BGH 2073, "Kaufmarkt".

공정거래법은 공정하고 자유로운 경쟁을 제한하는 일련의 행위를 열거하고 있는바, 행위요건이나 위법성 요건에는 전통적인 법영역뿐만 아니라 경영학이나 경제학에서 통용되는 용어가 사용되고 있다. 이를테면 법 제40조 제1항은 공동행위의 형식으로서 '합의'와 같은 사법(私法)상의 개념을 사용하기도 하고, 기업결합이나 공동행위의 위법성과 관련하여 '일정한 거래분야'(관련시장)나 '경쟁제한'과 같이 경제학에서 유래한 개념이 사용되기도 한다.[47] 그런데 '자회사'와 같이 공정거래법이 별도로 개념을 정의하고 있지 않은 경우에, 이들 개념이 사법상 또는 경제학상 의미하는 바와 내용적으로 동일한 것인지는 확실치 않다.[48]

생각건대, 공정거래법이 금지요건에 사용하고 있는 용어를 해석함에 있어서는 '독자성의 원칙'(Grundsatz der Selbständigkeit)[49]이 적용되고, 따라서 사법이나 경제학상의 가치판단이나 분석이 아니라 공정거래법에 고유한 가치평가에서 따라 개념을 이해하여야 한다. 물론 공정거래법상 금지요건이 사법이나 경제학과 무관한 것은 아니다. 다만, 이러한 개념들은 공정거래법상 금지요건으로의 포섭을 통하여 비로소 법개념(Rechtsbegriff)의 성격을 갖게 되고, 따라서 동법의 목적과 기능을 고려하여 그 개념의 내용이 특정되어야 한다.

끝으로 공정거래법에서 사용하는 금지요건은 동시에 민법 및 형법상 법률효과를 가져오는 불법행위요건이나 범죄금지요건으로서의 의미를 갖는다. 다만, 전자와 관련한 손해배상청구에 있어서 고의·과실의 입증책임 전환이나 손해액 인정제 등 일부 특칙이 도입되어 있을 뿐이다(법 제109조, 제115조). 한편, 공정거래법상 형벌을 부과하기 위한 금지요건이 문제되는 경우에 그 금지요건을 해석하는 작업은 죄형법정주의와 유추해석금지의 원칙 등에 부합하여야 한다.[50]

---

46) Fischer, a.a.O., S. 239; Herbert Wiedemann, Rechtssicherheit – ein absoluter Wert?, FS Karl Larenz, 1973, S. 200 ff., 207 f.; Klaus Tiedemann, Der BGH zum neuen Konkursstrafrecht, NJW, 1979, S. 1851; Peter Raisch, Ein Großkommentar zum GWB, ZHR 146, 1982, S. 354 f.; 이와 다른 견해로 Ernst Steindorff, Politik des Gesetzes als Auslegungsmaßstab im Wirtschaftsrecht, FS Karl Larenz, 1973, S. 217 ff., 241 f.; 경제적 접근방법에 관하여는 Fritz Rittner, Die sogenannte wirtschaftliche Betrachtungsweise in der Rechtsprechung des Bundesgerichtshofs, 1975, S. 37 ff.

47) Bodo Börner, Wirtschftswissenschaftliche Begriffe im Gesetz gegen Wettbewerbsbeschränkungen?, in: FS Gunther Hartmann, 1976, S. 77 ff. 및 동 논문집에 수록된 Peter Erlinghagen, Eberhard Günther 그리고 Gerhard Hintze의 기고문.

48) BGHZ 68, 6, 10, "Fertigbeton" = WuW/E BGH 1458, 1461.

49) Rittner, a.a.O., §5, S. 140.

50) Peter Raisch, Normqualität und Durchsetzbarkeit wirtschaftsrechtlicher Regelungen, ZHR 128, 1966,

가. 행위요건

공정거래법은 사업자, 보다 엄밀하게 표현하자면 사업자의 행위에만 적용된다. 사전규제든 사후규제든 공정거래법은 사업자가 동법이 금지하는 일정한 행위(부작위를 포함)로 나아간 경우에 적용된다. 동법이 규정하는 행위는 그 자체로는 가치중립적이거나 경쟁중립적이고, 시장지배적 지위남용이든 부당한 공동행위나 불공정거래행위든 동법이 규정하는 행위에 대하여 경쟁이나 공정거래질서의 관점에서 규범적 무가치판단을 내리게 되는 위법성과 구별되는 부분이다.

그런데 공정거래법상 '행위'란 노골적인 거래거절이나 끼워팔기와 같이 단순한 사실행위인 경우도 있으나 대체로 동법의 목적에 비추어 규범적 평가를 거쳐서 개별 조항에 포섭하는 과정을 거쳐야 한다. 행위의 유형 및 판단기준을 구체화하기 위하여 시행령이나 고시, 지침 등이 마련되어 있으나, 여전히 규범적 판단 내지 해석을 요하는 경우가 많다. 그 원인의 하나로는 무엇보다 '불특정개념'을 들 수 있다. '방해'나 '제한', '현저히' 등 행위를 구성하는 요소 중에는 매우 추상적인 개념이 사용되는 경우가 적지 않은데, 개별 조항의 목적과 행위자의 의도 및 효과 등을 감안하여 종합적·객관적으로 해석하지 않으면 안 된다.

더구나 일견 사실행위로 보이더라도 공정거래법의 관점에서 규범적 평가를 거쳐 동법상 규정된 행위로 재구성할 필요가 있는 경우도 있다. 예컨대, 거래거절의 경우 사업자가 거절의 의사표시를 하지 않고 단지 상대방이 감당하기 어려울 정도로 높게 가격인상을 하는 경우라면 그러한 외관에도 불구하고 거래의 제반 사정을 종합적으로 고려하여 그 실질에 있어서 거래거절이라는 행위로 포섭할 수 있다.

공정거래법상 행위에는 일방적인 행위와 합의가 모두 포함되고, 법률행위와 사실행위를 묻지 않고 행위요건을 충족할 수 있다. 경우에 따라서는 수 개의 법률행위가 공정거래법상으로는 하나의 행위로 포착되기도 한다. 예컨대, 일정 기간에 걸쳐 계열회사 사이에 다수의 거래가 이루어진 경우에도 이를 모두 합쳐서 하나의 지원행위로 보는 경우를 생각할 수 있다. 문제된 법률행위의 사법상 효력 유무는

S. 161 ff. 독일 연방대법원은 형법상의 유추해석금지의 원칙을 고려하고 있으나(BGHSt 24, 54 = NJW 1971, 521, "Teerfarben"), 동일한 금지요건에 대하여 행정절차와 민사절차에서 유추해석금지의 원칙이 동일하게 적용되는지의 여부는 확실치 않다. 경품령 제1조 제3항에 대한 BGH NJW 1978, 1856은 이에 긍정적이나, 반대로 Wilhelm Herschel, Regeln der Technik, NJW, 1968은 부정적이다. Peter Raisch/Beate Maasch, Analogie: ein eigener Auslegungstopos? – Ein Beitrag zur einheitlichen Interpretation des GWB, in: FS Werner Benisch, 1982, S. 201.

중요하지 않다.

나. 위법성요건

공정거래법은 사업자의 다양한 경제행위 중에서 경쟁질서의 관점에서 위법하다고 판단되는 경우만을 규제의 대상으로 삼는다. 이때 위법성은 금지행위의 유형에 따라 그 내용을 달리하게 되는데, 이를테면 시장지배적 지위의 '남용'이나 기업결합의 '실질적 경쟁제한성', 공동행위의 '부당한 경쟁제한성', 불공정거래행위의 '공정거래저해성' 등이 그것이다.

개별 금지행위의 위법성요소를 동법의 목적에 비추어 분류하면 '자유경쟁'을 침해하는 경우와 '공정경쟁'을 저해하는 경우로 구분할 수도 있을 것이다. 자유경쟁의 침해란 유효경쟁이 기능할 수 있는 시장구조를 침해하는 것이고, 공정경쟁의 저해란 공정한 거래를 저해할 우려가 있는 것으로서 「불공정거래행위 심사지침」[51]과 같이 다시 경쟁제한성, 경쟁수단의 불공정성 및 거래내용의 불공정성으로 세분할 수도 있다.

공정거래법이 금지하고 있는 행위의 위법성에 대한 입증책임은 원칙적으로 공정거래위원회가 부담한다. 공정거래법상 당연위법(當然違法; per se illegal)에 해당하는 행위유형은 존재하지 않는다. 다만, 일정한 경우에는 객관적인 행위사실이 존재하기만 하면 법률상 위법성을 추정하는 경우가 있다. 예컨대 기업결합의 경우 시장점유율을 기준으로 경쟁제한성을 추정하는 경우가 대표적이다(법 제9조 제3항). 그 밖에 시장지배적 지위남용이나 불공정거래행위 중 일부에 대해서는 시행령이 정당한 이유가 없는 한 금지한다고 규정하고 있는바, 이 경우에는 예외적으로 공정거래위원회가 행위요건만을 입증하면 족하다는 점에서 기업결합의 경쟁제한성 추정과는 그 성격이 다르다.[52]

한편, 시장점유율을 기준으로 시장지배적 지위를 추정하거나(법 제6조) 복수 사업자의 외관상 행위의 일치와 정황증거로부터 그들 간의 합의를 추정하는 것(법 제40조 제5항)은 엄밀한 의미에서 위법성을 추정하는 것이 아니고, 각 금지요건의 일부로서 행위자요건의 충족을 추정하는 데에 불과하다. 따라서 이러한 경우에 공정거래위원회는 여전히 위법성 요소인 남용이나 경쟁제한성 등에 대한 입증책임

51) 공정거래위원회 예규 제387호, 2021.12.22. 개정.

52) 남용행위 중에는 가격의 부당한 결정이나 출고량 조절, 필수요소의 공급거절 등이 여기에 해당하며, 불공정거래행위 중에는 공동의 거래거절과 계열회사를 위한 차별, 계속적 염매가 그러하다.

을 진다.

다. 인과관계

공정거래법상 사업자가 금지요건에 해당되는 행위로 나아간 사실이 존재하는 경우에도 그것이 법위반행위에 해당하기 위해서는 최종적으로 당해 행위와 경쟁제한효과나 공정거래저해효과 사이에 인과관계(Kausalität)가 인정되어야 한다. 예컨대, 둘 이상의 사업자가 가격이나 거래조건 등에 관한 합의를 하거나 기업결합을 하는 경우에도 위법성을 가져오는 경쟁제한효과란 그러한 행위의 결과로서 발생하는 것이어야 한다. 당해 행위가 없더라도 관련시장에서의 경쟁이 제한될 수 있거나, 다른 제3자의 행위나 시장의 외적인 환경변화에 의하여 경쟁제한효과가 나타나는 경우에는 당해 행위와 경쟁제한이라는 결과 사이에 인과관계가 인정될 수 없고, 따라서 공정거래법상 금지되지 않는다.

지금까지 실무에서 인과관계 유무는 주로 시장지배적 지위남용에서 다투어졌고, 대법원은 배타조건부거래가 문제되었던 "이베이지마켓" 판결[53]에서 그로 인하여 실제 경쟁사업자와 거래관계를 단절한 판매업자의 수가 적고, 기간이 짧으며, 그로 인하여 이베이지마켓이 얻은 판매수수료가 미미한 수준인 점을 감안하여 경쟁 오픈마켓사업자의 퇴출 및 신규진입의 봉쇄효과가 문제된 행위에서 비롯된 것이라고 보기 어렵다는 이유로 공정거래위원회의 처분을 취소하였다.

공정거래법상 인과관계는 경쟁제한행위의 예외요건과도 관련되는데, 예컨대 효율성 증대효과가 경쟁제한의 폐해보다 큰 기업결합에 대하여 예외를 허용하기 위해서는 당사회사가 주장하는 효율성 증대효과가 당해 '기업결합에 고유한'(merger-specific), 다시 말해서 당해 기업결합에 따른 것이어야 한다는 의미에서 상당한 인과관계가 입증되지 않으면 안 된다.

다만, 공정거래법상 시정조치 등에 요구되는 인과관계를 민법 제750조의 불법행위책임에 요구되는 인과관계와 동일한 의미로 이해할 수는 없다. 시장에서 어떤 행위의 효과란 매우 복잡다양한 요인에 의해서 영향을 받기 때문이다. 개별 사례에

53) 대법원 2011.6.10. 선고 2008두16322 판결. 이 판결에서 주요 쟁점은 경쟁제한효과가 이미 발생하였는지, 문제된 행위가 경쟁을 제한할 우려조차 없었는지가 아니며, "포스코" 판결에 따르자면 이베이지마켓이 오로지 경쟁제한의도만을 가지고 있었다고 하더라도 경쟁제한효과를 전혀 따져보지 않고 남용을 인정할 수는 없을 것이라는 점에 있다. 이와 다른 접근으로는 권오승·서정, 독점규제법(제4판), 2020, 181면.

따라 사업자의 특정 행위와 경쟁제한효과 사이에 어느 정도 밀접한 상관관계가 있는지 여부가 관건이 될 수밖에 없을 것이다.

2. 금지요건의 중첩

공정거래법은 사업자가 시장에서 행하는 다양한 경제행위를 탄력적으로 포착하여야 하기 때문에 대부분의 요건에 불특정개념(不特定概念)을 사용하고 있고, 행위요건도 예외가 아니다. 그 결과 동법상 하나의 행위가 다른 행위요건을 동시에 충족하는 경우가 종종 발생한다. 특히 이 문제는 시장지배적 지위 남용행위와 불공정거래행위의 경우에 나타난다. 예컨대, 거래거절이나 차별취급이라는 행위 자체는 양자 모두의 행위요건에 해당할 수 있는 것이다. 이와 같은 경우에 법 제5조와 제45조를 동시에 적용할 것인지, 아니면 그 중 어느 하나를 우선 적용할 것인지 등이 오래전부터 다투어졌다. 종래 다수설은 법 제5조가 시장지배적 사업자에게만 적용된다는 점에서 불공정거래행위에 대하여 특별법적 지위에 있다고 보았고,[54] 공정거래위원회의 실무는 일관된 태도를 보이지 않았다.

그런데 이 문제에 관한 한 "포스코" 판결[55]은 목적론적 해석 내지 남용행위를 금지하는 입법취지에 입각하여 나름의 기준을 제시한 것으로 평가할 수 있다. 그에 따르면 시장지배적 지위남용과 불공정거래행위는 이를 금지하는 목적이 상이하므로, 거래거절행위라도 전자의 경우에는 독과점적 지위를 형성 또는 유지하는지 여부를 중심으로, 후자의 경우에는 거래상대방의 사업활동에 미치는 부정적 영향 내지 경제상 불이익에 초점을 맞추어 부당성을 판단하여야 한다는 것이다. 즉, 외관상 행위요건은 중첩될 수 있으나 부당성은 각기 다른 기준에 따라 평가하여야 하므로 경우에 따라서 하나의 행위라도 법 제5조와 제45조의 요건을 각각 따져보아야 하는 것이다.

이러한 맥락에서 하나의 행위가 둘 이상의 금지요건을 충족하는 것은 여전히 가능하다. 시장지배적 사업자의 부당한 사업활동 방해가 성립하고, 동시에 당해 사업자가 거래상대방에 대하여 우월적 지위에 있으면서 그 지위를 남용하는 행위가 모두 성립할 수 있기 때문이다. 이와 같은 경우에는 전형적인 상상적 경합(想像的

54) 권오승(제13판), 324면; 이봉의, "불공정거래행위의 위법성", 권오승 편, 공정거래와 법치, 법문사, 2004, 662면 이하.

55) 대법원 2007.11.22. 선고 2002두8626 전원합의체 판결.

競合)에 해당할 것이다. 따라서 위와 같은 경우 형사벌을 부과함에 있어서는 보다 중한 시장지배적 지위남용에 정한 형으로 처벌하게 되고(형법 제40조), 마찬가지로 과징금을 부과함에 있어서도 「과징금부과 세부기준 등에 관한 고시」[56]에서 정한 방식에 의하여 각 위반행위 별로 산정된 임의적 조정과징금 중 가장 큰 금액을 기준으로 부과과징금을 결정하게 된다(과징금고시 Ⅳ. 4. 다.).[57]

Ⅱ. 금지요건의 해석방법론

1. 일반원칙

공정거래법도 다른 법영역과 마찬가지로 법률의 문언을 기본으로 하고, 입법취지와 동법의 체계 등을 종합적으로 고려하여 해석·적용하여야 한다. 그러나 경제법, 그중에서도 공정거래법은 전체 법질서에서 차지하는 의미와 목적이라는 관점에서 민법이나 형법과는 구별되기 때문에 금지요건을 해석함에 있어서도 다음과 같은 두 가지 원칙에 유의하여야 한다.

첫째, 공정거래법상 금지요건은 개인 간의 법률관계를 규율하는 사법상의 금지요건과 그 기능을 달리하기 때문에 사법에서와 동일한 방법만으로 해석할 수는 없고, 경제규제법의 다른 금지요건처럼 공정거래법의 독자적인 목적(Teleologik)을 중심으로 해석하여야 한다. 둘째, 동법상 일정한 행위금지를 단지 특정 경제정책의 실현을 위한 수단으로 보아 동법을 해석해서도 안 된다. 동법이 추구하는 정책적인 목적은 마땅히 실현되어야 하지만, 이를 위하여 사적자치에 의한 시장의 효율성과 이를 위하여 본질적으로 중요한 법적 안정성이 과도하게 저해되어서는 안 되기 때문이다.[58] 그렇다면 이러한 두 가지 원칙을 구체화할 수 있는 해석방법은 무엇인가? 기능적인 해석방법이 나름 해답을 줄 수 있을 것이다.[59]

56) 공정거래위원회 고시 제2021-50호, 2021.12.29. 개정.

57) 그 밖에 자세한 내용은 본서의 시정조치, 과징금에 관한 부분 참조.

58) Jürgen Kollmorgen, Die Förderung des Wettbewerbs und die Rechtsprechung zu GWB, in: FS Werner Benisch, 1989, S. 219 ff.는 BGB의 연구에 탁월한 시각을 제공하고 있다. Fritz Rittner, Erweiterte Anzeigepflicht bei Unternehmenszusammenschluß, NJW, 1976, S. 546 ff.

59) Fritz Rittner, Die Rechtssicherheit im Kartellrecht, WuW, 1969, S. 69; Herbert Wohlmann, Zur funktionalen Auslegung im Kartellrecht, in: FS Arthur Meier-Hayoz, 1982, S. 461.

2. 기능적 해석론

가. 기능적 해석론의 개관

'기능적 해석방법'(funktionale Auslegungsmethode)은 스위스의 경제법학자인 마이어-하이오즈(Arthur Meier-Hayoz)가 1951년에 발표한 「입법자로서의 법관」(Der Richter als Gesetzgeber)이라는 교수자격논문[60]에서 제창한 경제법, 특히 경쟁법의 해석방법론이다. 기능적 해석론이라는 명칭은 그를 지지하던 여러 학자들에 의해 명명되었고, 보다 체계적으로 다듬어졌다.[61]

이들은 민사법이나 형사법과 구별되는 독자적인 법영역으로서의 경제법을 전제로 그 고유한 특성을 경제법이 갖는 국민경제상의 가치관념에서 찾았다. 그에 따르면 경제법에 속하는 모든 법규범, 특히 경쟁법은 그것을 법적으로 승인한 경제질서에 어떻게 기여할 것인지를 중심으로 연구되어야 하며, 구체적으로 가능한 여러 가지 해석론 중에서 과연 어느 것이 경제질서의 실현에 가장 기여할 것인지에 따라 그 해석의 정당성이 좌우된다고 한다.[62]

다만, 헌법에 경제질서조항을 두지 않고 있던 스위스나 독일에서는 이때의 경제질서를 경쟁과 시장경제에 우위를 두는 질서로 파악하였다. 따라서 법제도로서의 사회적 시장경제질서를 염두에 둘 경우에 경쟁법은 경쟁질서라는 제도를 고려하여 동 규범의 내용을 해석하여야 하며, 그 결과 법관은 법해석을 통하여 경제질서의 형성에 기여하게 된다. 기능적 해석론은 다분히 이상적인 경제질서를 상정하고 있었고, 이 점에서 법규범의 문언이나 발생사, 전체적인 체계와 목적 등 구체적인 법규범을 전제로 그 의미를 밝혀내고자 하는 전통적인 객관적 해석방법 내지 목적론적 해석론과 구별된다.[63]

이러한 기능적 해석론에 대해서는 그것이 법관을 입법자보다 상위에 올려놓음

---

60) Arthur Meier-Hayoz, Der Richter als Gesetzgeber, 1951.

61) 대표적으로 Kurt Biedenkopf, Rechtsfragen der Konzentration, ZBJV, 1972, S. 1 ff.; Walter R. Schluep, Vom lauteren zum freien Wettbewerb, GRUR, 1973, S. 451 ff.; Carl Baudenbacher, Zur funktionalen Anwendung von §1 des deutschen und Art. 1 des schweizerischen UWG, ZHR, 1980, S. 146 ff.

62) Baudenbacher, a.a.O., S. 146, 148; Baudenbacher, Suggestivwerbung und Lauterkeitsrecht, 1978, S. 135.

63) Herbert Wohlmann, Zur funktionalen Auslegung im Kartellrecht, FS Arthur Meier-Hayoz, 1981, S. 461, 464 ff.

으로써 권력분립의 원칙과 법치국가의 원칙을 침해하는 것이며, 경제질서의 복잡성을 간과하고 '경쟁'만으로 경제질서를 규명하려 하였으며, 그 결과 개개인의 권리에 대한 사회적 구속 내지 공공의 이익을 간과하고 있다는 비난이 제기되었다.[64) 이후 쉴루엡(Walter R. Schluep)은 이러한 비판을 의식하여 기능적 해석론에서도 이상적인 경제질서가 아니라 입법자가 의도한 구체적인 경제질서를 염두에 두어야 한다고 주장하였으나, 이 경우 목적론적 해석론과의 구분이 사실상 어려워지게 된다.

나. 공정거래법의 기능적 해석

기능적 해석론(funktimelle Auslegung)은 독일의 경제법 해석론에 지대한 영향을 미쳤으며, 최근 우리나라의 학계나 실무에서도 명시적으로 이를 원용하는 경우는 흔치 않으나 점차 공정거래법의 목적과 기능에 착안하여 불특정개념을 해석하려는 태도가 유력해지고 있다. 그런데 우리나라 헌법은 독일과 달리 경제질서조항을 두고 있다(헌법 제119조). 따라서 헌법상 대한민국 경제질서의 기본은 개인과 기업의 자유와 창의를 통한 자유시장경제임에 의문의 여지가 없다. 다만, 사적자치와 경쟁을 본질적 요소로 하는 헌법상의 자유시장경제라도 국가의 개입을 완전히 배제하는 것은 아니다. 오히려 헌법상의 경제질서조항의 실제 구현은 시장경제의 폐해를 시정하기 위하여 국가가 일정한 규제와 조정을 가하는 데에서 이루어진다. 무릇 헌법은 국가 법질서의 기본을 정하는 최고규범으로서, 모든 법률은 이러한 헌법의 이념을 실현하기 위한 수단이자, 헌법의 의사를 실현하는 손과 발과 같은 유기적 관계에 있다.

따라서 경제법이나 공정거래법 역시 헌법이 상정하고 있는 법질서, 특히 경제질서의 실현에 기여하지 않으면 안 된다. 이는 공정거래법의 제정뿐만 아니라 동법의 해석과 적용에 있어서도 마찬가지이다. 우리 헌법은 단지 이상적인 경제질서가 아니라 구체적으로 실현하여야 할 경제질서로서 이른바 사회적 시장경제(soziale Marktwirtschaft)를 규정하고 있으며,[65) 그 기본이 되는 시장경제를 실현하기 위한 가장 기본적인 법률이 바로 공정거래법이다.

경제질서의 기본을 실현하기 위한 법률이라는 의미에서 공정거래법은 다분히 경제기본법 내지 경제헌법의 지위를 갖는다. 공정거래법은 이를 위하여 시장경제

64) 기능적 해석론에 대한 반론으로는 Markus Niederhauser, Missbrauch der Marktmacht und Rechtsmissbrauch, 1978, S. 30 ff.

65) 헌법재판소 1996.4.25. 선고 92헌바47 결정.

의 구성요소인 사적자치와 경쟁이 최대한 발휘되도록 보장하지 않으면 안 된다. 이러한 과제는 비록 사회적 배려나 공공의 이익, 시장상황의 변화나 이해집단의 역학관계의 변화에 따라 다소 모습을 달리할 수는 있으나, 적어도 공정거래법을 해석, 적용하는 공정거래위원회나 법원은 사회적 시장경제를 구성하는 시장원리와 경쟁의 보호라는 기본관념에 따라 기능적으로 개별 조항을 해석하지 않으면 안 된다.

법치국가의 관점에서 기능적 해석론에 제기된 비판은 법규범 내지 금지요건의 명확화와 사법심사의 강화를 통하여 해소될 수 있을 것이다. 다만, 이와 관련하여 아직 해결되지 않은 가장 큰 난점은 바로 공정거래위원회의 폭넓은 재량과 그에 따른 법치국가원리의 훼손가능성이다.

제2장

공정거래법의 적용범위

공정거래법은 시장지배적 지위남용이나 부당한 공동행위 등 사업자의 인위적인 경쟁제한행위를 규제함으로써 공정하고 자유로운 경쟁질서를 보호함을 목적으로 한다. 여기서 공정거래법의 적용범위와 관련하여 일정한 제한이 도출된다. 하나는 경쟁제한행위의 '주체'에 대한 제한으로서, 공정거래법 제2조 제1호에 따라 동법의 규제대상은 원칙적으로 '사업자'에 한정된다. 동법은 시장경제의 주체인 사업자의 '행위규범 내지 행위준칙'(code of conduct)으로서 의미를 가진다. 행위자가 국내사업자인지 외국사업자인지는 중요하지 않다. 다른 하나는 공정거래법이 적용되는 '장소'에 대한 제한이다. 공정거래법 제3조는 동법의 지리적 적용범위와 관련하여 '이 법은 국외에서 이루어진 행위라도 국내시장에 영향을 미치는 경우에는 적용한다.'고 규정하고 있는바, 행위지가 국내인지 외국인지가 아니라 국내시장에 미치는 영향이 관건임을 천명하고 있다. 이른바 영향이론(effects doctrine; Auswirkungsprinzip)[1]이다.

이처럼 공정거래법의 적용범위와 관련하여 동법의 적용을 받는 사업자는 누구인지, 동법은 어떤 경우에 외국사업자에 의해 외국에서 행해진 행위에도 적용되는지를 살펴볼 필요가 있다. 전자가 공정거래법의 '인적 적용범위'(personal jurisdiction)라면, 후자는 '지리적 적용범위'(geographical jurisdiction) 내지 역외적용의 문제로 이해할 수 있다.

공정거래법의 적용범위는 공정거래위원회의 실무에서 중요한 의미를 가진다. 왜냐하면 공정거래위원회가 직권이나 신고를 통하여 인지한 사건에서 법위반 여부가 문제된 자가 사업자가 아닌 경우에는 직권으로 심사절차 불개시결정을 내리게 되며(절차규칙 제20조 제1항 제1호),[2] 법위반행위가 외국에서 외국사업자에 의해서 행

1) 이봉의, 독일경쟁법, 법문사, 2016, 57면; Meinrad Dreher/Michael Kulka, Wettbewerbs- und Kartellrecht(10. Aufl.), 2018, Rn. 797-801.

2) 공정거래위원회 고시 제2023-9호, 2023.4.14. 개정.「공정거래위원회 회의운영 및 사건절차 등에 관한 규칙」.

해진 경우에는 국내시장에 미치는 영향을 적절히 파악해야 할 뿐만 아니라 불필요한 관할권 충돌을 피하기 위하여 송달이나 조사 및 심의절차 등의 절차에서도 보다 세심한 처리가 요구되기 때문이다.

제 1 절 인적 적용범위

Ⅰ. 서 설

공정거래법은 사업자 또는 사업자단체의 행위에만 적용된다. 경쟁제한행위의 주체가 사업자 또는 사업자단체인 경우에만 동법 위반이 문제될 수 있다는 것이다. 그런데 사업자단체는 사업자를 전제로 하는 개념이기 때문에, 사업자의 개념이야말로 공정거래법의 적용에 있어서 가장 먼저 검토하여야 할 요건에 해당한다.

1980년에 제정된 공정거래법[3]은 동법의 적용을 받는 사업분야를 12개로 한정하여 열거하고, 농업·임업·광업 등 5개 사업분야에는 적용되지 않는 것으로 명정하는 한편, 사업자의 개념에 관한 실체적 정의조항을 두고 있지 않았다. 1999년 제7차 법개정[4]에서는 사업분야에 관한 한정적 열거주의를 폐지하고, 현재와 같이 사업자를 단지 '제조업, 서비스업, 기타 사업을 행하는 자'로 폭넓게 정의하게 되었다(법 제2조 제1호). 그러나 이 또한 '사업'을 중심으로 사업자의 개념을 정의하는 이른바 동어반복에 불과할 뿐이어서, 일찍이 사업자 여부를 판단하는 실체적 기준은 학설과 실무에 맡겨져 있었다.

여기서 공정거래법상 사업자의 개념을 정의하기에 앞서 몇 가지 기본적인 사항을 명확하게 이해할 필요가 있다. 첫째, 동법 제2조 제1호의 사업자 개념은 어디까지나 문제된 행위에 따라 '상대적'인 의미로 이해해야 한다는 점이다. 공정거래법은 공정하고 자유로운 경쟁을 위태롭게 하는 행위에 적용되는 규범으로서 문제된 행위와 관련하여 그 행위주체가 사업자인지를 파악하여야 한다는 의미이다. 따라서 '사업을 행하는 자'란 그 법적 형태를 불문하고, 영리목적을 요하지 않으며, 일정기간 계속하여 사업을 행하여야 하는 것도 아니다. 일상적으로 사업을 행하지 않더라도 구체적인 사안에서 경쟁에 영향을 미치는 행위로 나아갔다면 그 자는 일시적으로나마 사업자로서 공정거래법의 적용을 받을 수 있다. 공정거래법상 사업자 해당 여부는 형식적으로 접근해서는 안 되고, 행위별로 사업자로서 행위하고 있는지

3) 1980.12.31. 제정, 법률 제3320호.
4) 1999.2.5. 개정, 법률 제5813호.

를 살펴보아야 한다는 의미에서 사업자적격(Unternehmenseigenschaft) 내지 사업자성(事業者性)의 문제로 이해하여야 하는 것이다.

둘째, 사업자의 개념은 경쟁질서의 보호라는 공정거래법의 목적에 부합하도록 해석되어야 하며, 그러한 목적에 맞는 기능을 수행하지 않으면 안 된다. 따라서 다른 법률에서 사용하는 사업자라는 용어로부터 곧바로 공정거래법상 사업자의 개념을 추론할 수는 없다. 즉, 사업자는 공정거래법에 고유한 개념정의를 요구하며, 동법의 목적과 기능에 따라 사업자를 파악하지 않으면 안 된다.[5] 이는 종래 유럽 및 독일의 경쟁법상 확립된 '기능적 사업자개념'(funktionaler Unternehmensbegriff)[6]과 그 맥을 같이 하는 것으로서, 그에 따르자면 모든 산업분야에서, 그리고 모든 거래단계에서 경쟁을 보호하여야 하는 공정거래법의 목적상 사업자의 개념은 가능한 한 폭넓게 이해되어야 하며, 동시에 동법의 적용범위에 명확한 한계를 설정할 수 있어야 한다(Abgrenzungsfunktion).[7]

Ⅱ. 사업자 및 사업자단체

1. 사업자의 개념요소

사업자는 제조업, 서비스업 등 그 업종을 불문하고 사업을 행하는 자를 말한다.[8] 대법원은 제7차 법개정[9]으로 사업자의 정의조항이 바뀌기 이전에 "현대정공" 판결[10]에서 이미 사업자를 "국가나 지방자치단체도 사경제의 주체로서 타인과 거

5) 이와 동일한 맥락으로, Katharina Krauß, §1 GWB in: Eugen Langen/Hermann-Josef Bunte, Kartellrecht Band. 1: Deutsches Kartellrecht(13. Aufl.), 2018, Rn. 32.

6) 독일의 다수설이자 유럽 및 독일 판례의 태도이다. EuGH v. 23.4.1991, Rs. C-41/90, Slg. 1991 I 1979 Rn. 21, "Höfner und Elser"; EuGH v. 17.2.1993, verb. Rs. C-159 u. 160/91, Slg. 1993 I 637 Rn. 17, "Poucet et Pistre"; EuGH v. 16.11.1995. Rs. C-244/94, Slg. 1995 I 4013 Rn. 14, "FFSA"; BGH v. 16.12.1976, "Architektenkammer" WuW/E BGH 1474, 1477; 23.10.1979, "Berliner Musikschule", WuW/E BGH 1661, 1662; 06.11.2013, KZR 61/11, "VBL Gegenwert"; Krauß, a.a.O., Rn. 31-32; Ernst-Joachim Mestmäcker/Heike Schweitzer, Europäisches Wettbewerbsrecht(3. Aufl.), 2014, §9 Rn. 6; Dreher/Kulka, a.a.O., Rn. 689 ff.

7) Emmerich, a.a.O., 2006, §3. Rn. 37; Krauß, a.a.O., Rn. 38 ff.

8) 공정거래법 제2조 제1호 사업자 개념 규정의 제·개정 연혁에 관하여는 신동권(제3판), 33면 및 정해방, "공정거래법의 적용대상인 사업자규정의 변천과 해석방향", 경쟁법연구 제22권, 2010.11, 99-103면.

9) 1999.2.5. 개정, 법률 제5813호.

10) 대법원 1990.11.23. 선고 90다카3659 판결. 당해 사안은 서울시와 전동차제작회사 간 전동차제작납

래행위를 하는 경우에는 그 범위 내에서 위 법률 소정의 사업자에 포함된다."고 판시함으로써, 그 법적 형태나 업종 등과 상관없이 타인과 거래행위를 하는 경우, 즉 시장에 참여하고 있는 경우에 폭넓게 사업자성을 인정한 바 있다. 통상 국가의 고권적 작용을 제외하면 거래에 참여하지 않으면서 시장에서의 경쟁에 영향을 미칠 것은 생각할 수 없다는 점에서, 판례는 개별 사례에서 경쟁에 영향을 미칠 수 있는 행위를 하는 자는 사업자로 보아야 한다는 점을 밝히고 있는 것이다. 일응 공정거래법의 경쟁보호기능에 부합하는 해석이다.

다만, 이와 같은 판례의 사업자 개념을 공정거래법 전반에 적용할 수는 없다. 위에서 언급한 "현대정공" 판결은 민사소송으로서, 공정거래법 위반, 구체적으로 거래상 지위남용을 전제로 문제된 계약조항의 무효 및 이를 기초로 피해자가 대금지급을 구하는 것이었다. 이때 계약의 주체가 서울시라는 지방자치단체였던 것이고, 판결의 결과에 따라서 해당 지방자치단체에 계약상 책임을 귀속시키는 데에는 아무런 문제가 없는 것이다. 반면, 공정거래법 위반을 이유로 한 행정절차라면 달리 볼 여지가 있다. 공정거래위원회는 설사 국가나 지방자치단체가 법위반의 주체인 사업자에 해당하더라도 공정거래법은 국가나 지방자치단체에 아무런 구속력 있는 조치를 내릴 수 없고, 심지어 이들을 대상으로 조사 및 심의절차를 진행하는 것조차 가능하지 않다. 후술하는 바와 같이, 위와 같은 판례는 민사절차에 한정된 것으로 보아야 할 것이고, 행정절차 및 형사절차에 있어서는 사업자 개념의 적절한 축소가 필요한 것이다.

그 밖에 위 판결에 따르면 최종소비자 역시 사경제의 주체로서 거래에 참여하는 이상 사업자에 해당하는 것으로 이해할 소지가 있다. 통상 소비자는 경쟁법의 보호대상이지 규제대상이라고 볼 수는 없으나, 적어도 소비자나 소비자단체라도 특정 행위와 관련해서는 경쟁에 부정적인 영향을 미칠 수 있고, 그러한 범위에서는 예외적으로나마 사업자에 해당할 수 있다는 의미로 이해하는 것이 타당하다. 즉, 보다 핵심적인 요소는 바로 특정 행위의 경쟁관련성에서 찾아야 하는 것이다.[11]

품계약 체결에 관한 건으로, 법원은 "국가나 지방자치단체도 사경제의 주체로서 타인과 거래행위를 하는 경우에는 그 범위 내에서 공정거래법(1990.1.13. 법률 제4198호로 개정되기 전의 것) 소정의 사업자에 포함된다고 보아야 한다."고 판시하였다.

11) 이와 관련하여 법 제118조(일정한 조합의 행위)에 따른 적용제외 쟁점을 참고할 수 있을 것이다. 조성국, "독점규제법상 일정한 조합의 행위의 적용 제외에 관한 고찰", 경제규제와 법 제5권 제2호, 2012, 109면 이하.

이처럼 사업자의 개념을 경쟁보호의 관점에서 기능적으로 정의하자면, 사업자란 '그 법적 형태를 불문하고 순수하게 사적인 수요의 충족을 목적으로 하지 않으며, 상품이나 용역의 거래에 참여함으로써 경쟁에 영향을 미칠 수 있는 경제적으로 독립성을 갖는 자'를 말한다고 할 수 있다. 여기서 중요한 개념요소를 설명하면 다음과 같다.

가. 거래에 참여할 것

사업자란 사업을 행하는 자이고, '사업'이란 통상 경제적 급부와 반대급부로 이루어지는 영업상 '거래'를 의미한다. 상법상의 회사와 같이 계속성과 반복성을 요하는 영업상의 거래에 참여하는 것을 주된 목적으로 하는 자는 이른바 절대적 사업자로서 공정거래법상 사업자에 해당한다는 점에 의문이 없다. 회사는 공급 측면에서는 물론이고, 사무실의 비품이나 원료 등을 구입하는 것과 같은 수요 측면에서도 당연히 사업자로서의 성격을 가진다. 따라서 회사는 사업자 중에서도 공정거래법의 가장 중요한 인적 적용대상에 해당된다.

여기서 자신의 활동 중에서 특정한 영역에서만 거래에 참여하게 되는 경우, 이른바 상대적 사업자가 공정거래법상 사업자에 해당되는지 여부가 문제된다.[12] 예컨대, 전문가나 예능인, 자영업자나 프리랜서 등을 들 수 있다.[13] 그런데 공정거래법상 언제나 모든 관계에서 사업자로서의 요건이 충족되어야 하는 것은 아니며, 비록 그 밖의 관계에서 단순한 사인에 불과하거나 고권적인 행위주체에 해당하더라도 구체적인 거래관계에서 경쟁 관련 행위를 수행하고 있는 경우에 그 범위 내에서는 사업자성이 인정된다. 따라서 거래에 참여하는 것을 주된 목적으로 하지 않는 법인, 예컨대 비영리 사단법인이나 재단법인도 상품이나 서비스의 공급 또는 수요를 통하여 시장관계에 영향을 미치는 행위가 문제되는 경우에는 사업자에 해당하게 된다.

---

12) 권오승·서정, 독점규제법(제4판), 2020, 76면; 신동권(제3판), 35－37면; 이호영, 독점규제법(제6판), 홍문사, 2020, 6－7면; 독일의 경우 사업자를 '사업자로서 활동하는 빈도의 차이에 따라'(mit unterschiedlicher Häufigkeit unternehmerischer Tätigkeit) 이른바 절대적(absolute) 사업자와 상대적(relative) 사업자로 나누기도 한다. Fritz Rittner, Einführung in das Wettbewerbs－ und Kartellrecht, UTB 1095, 1985, §6 A I. 1.: Müller－Henneberg는 Gemeinschaftskommentar (§1 Anm. 8)에서 양자를 Muß－Unternehmen과 Kann－Unternehmen으로 구분하기도 한다; Dreher/Kulka, a.a.O., Rn. 695－700.

13) 신동권(제3판), 35면; Ernst－Joachim Mestmäcker/Heike Schweitzer, Europäisches Wettbewerbsrecht(3. Aufl.), 2014, §9 Rn. 32－49; Dreher/Kulka, a.a.O., Rn. 701－735.

한편, 공정거래법상 사업자가 되기 위해서 행위 시점에 이미 영업상 거래에 참여하고 있어야 하는 것은 아니다. 이른바 잠재적인 사업자로서 가까운 시일 내에 시장에 참여할 가능성이 있는 경우에도 마찬가지로 동법의 적용을 받을 수 있다. 또한 사업자는 거래에 계속적이고 반복적으로 참여하여야 할 필요도 없다.[14] 판례도 이와 같은 태도이다.[15] 대기업과 중소기업 등 사업자의 규모도 중요하지 않다.

끝으로, 영리를 목적으로 하는지 여부도 사업자성을 인정함에 있어서 중요하지 않다.[16] 즉, 예술이나 학술, 종교, 친목 등을 목적으로 하는 비영리단체(non-profit organizations)도 부수적으로 사업을 위한 거래에 참여할 수 있으며,[17] 그 한도에서는 공정거래법상 사업자로 인정될 수 있다.[18] 같은 맥락에서 특별법에 따라 설립된 공법인 내지 공기업은 순수하게 영리목적을 추구하지 않지만 실무상 이미 폭넓게 사업자성이 인정되고 있다.

나. 순수하게 사적인 수요충족을 목적으로 하지 않을 것

순수하게 자기의 수요만을 충족할 목적으로 거래에 참여하는 자, 대표적으로 자연인인 소비자는 원칙적으로 사업자에 해당되지 않는다. 사업자의 개념은 경제학상 기업(undertaking; Unternehmen)에서 유래하는 것으로서, 가계(家計) 내지 소비자에 대한 상대적 개념으로서 이해되어 왔다(「소비자기본법」 제2조 제1호).[19] 그러나 공

---

14) 권오승, 경제법(제13판), 법문사, 2019, 132면. '사업'의 개념에는 통상 계속성·반복성이 요구된다고 하나, 이는 사업을 전통적인 관념에 따라 다분히 형식적으로 파악하는 데에 따른 것이다. 사업자 여부는 거래의 계속성 여부와 상관없이 문제된 거래를 중심으로 당해 행위가 경쟁에 영향을 미칠 수 있는지에 따라 판단하는 것이기 때문이다.

15) 대법원 1990.11.23. 선고 90다카3659 판결. 반면, 공정거래위원회의 심결 중 건축사의 사업자 인정 여부를 판단한 사건(공정거래위원회 1987.3.25. 의결 제87-1호)에서, "[…] 건축물의 설계, 공사감리 등의 서비스를 제공하고 그 대가로 보수를 받는 행위를 계속적, 반복적으로 행하는 건축사의 업은 경제적 이익을 공급하고 그것에 대응하는 경제적 이익의 반대급부를 받는 경제행위에 해당되는 것으로 […]" 보아 계속성과 반복성을 요건으로 고려한 바 있다.

16) 권오승(제13판), 132-133면.

17) 서울고등법원 2007.1.11. 선고 2006누653 판결; 대법원 2007.4.27.자 2007두3985 판결(심리불속행기각). 당해 사안에서 서울고등법원은 "사립유치원 운영자들이 구성원이 되어 공동의 이익을 증진할 목적으로 조직한 지역 유치원연합회"가 구 공정거래법상 '사업자단체'에 해당하는지 여부를 판단한 바 있다. 이에 법원은 비록 유치원연합회의 구성원들이 유아교육이라는 공익적 임무를 수행하고 있고, 유치원연합회는 그들이 결성한 단체로서 그 기본적 속성에 비영리적인 점이 있으며 유치원연합회와 그 구성원들이 관할 교육장 등의 지도·감독을 받고 있다고 하더라도, 입학금 등을 받고 그 대가로 교육에 임하는 기능 및 행위와 관련하여서는 '사업자' 및 '사업자단체'로서의 특성 및 측면이 있다고 보아야 한다고 판단하였다.

18) 다만, 비영리단체의 경쟁제한행위는 그 설립 목적에 따라 시장실패를 교정하거나 사회적 이익을 가져온다는 점에서 위법성 판단 시 별도의 비교형량이 필요할 수 있다.

정거래법은 사업자 외에 그 상대방인 소비자의 의미에 대해서는 따로 정의하지 않고 있다. 다수설은 소비자와 소비자단체는 경제적으로 단지 수요자로서만 소극적으로 등장하는 한 사업자에 해당되지 아니하고, 따라서 소비자나 소비자단체의 행위에는 공정거래법이 적용되지 않는다고 한다.[20] 또한 소비자는 공정거래법의 규제대상이 아니라 비록 간접적으로나마 동법의 보호대상이라는 점도 소비자의 사업자성을 부인하는 근거가 된다. 소비자의 권익을 보호하기 위하여 조직된 소비자단체도 최종소비자의 모임으로서 사업자단체에 해당하지 않고, 경우에 따라서 사업자에 해당할 여지가 있을 뿐이다.

그런데 소비자를 공정거래법의 적용대상인 '사업자'의 범위에 포함시킬 것인지 여부는 일률적으로 판단할 수 없으며, 동법의 목적과 기능에 따라 판단하여야 한다. 기능적 사업자개념에 비춰볼 때 소비자 또는 소비자단체의 행위가 공정하고 자유로운 경쟁에 영향을 미치는 한도에서는 그 행위의 구체적인 의도나 목적, 구체적인 행위태양 등을 종합적으로 고려하여 사업자로 인정될 여지가 있는 것이다. 일찍이 루케스(Rudolf Lukes)가 '시장관련성' 내지 '경쟁제한성'이라는 공정거래법의 목적과 금지요건에 착안하여 소비자의 사업자성을 설명하고자 한 것도 이러한 맥락에서 이해할 수 있다.[21] 그에 따르면 소비자에 의한 보이코트는 일종의 공동의 거래거절(group boycott)로서 구매담합과 마찬가지로 소비자가 시장에 부정적 영향을 미치는 경우가 적지 않고, 이러한 경우에는 사업자성을 인정하여야 한다. 즉, 소비자가 수요의 조직화를 통하여 시장에 적지 않은 영향을 미칠 수 있고, 경우에 따라서는 공급기능을 수행하기도 한다는 점에서 공정거래법을 적용할 필요가 있을 수 있는 것이다. 그 밖에 공정거래법이 소비자보호를 궁극적 목적의 하나로 삼고 있으나, 이는 어디까지나 자유롭고 공정한 경쟁질서의 유지를 통해서 궁극적으로 소비자를 보호하는 것을 목적으로 한다는 의미이거나 일부 금지행위의 요건에 소비자 이익을 포섭하는 방법 등으로 직접 소비자 이익을 보호한다는 의미이고, 동법이 소

---

19) 권오승·서정(제4판), 75면. 소비자 개념 정의규정의 입법 배경과 과정, 소비자기본법 제2조 제1호 해석에 관하여는, 신동권, 소비자보호법, 박영사, 2020, 9−10면; 신영수, "소비자기본법상 소비자 개념—회고와 평가, 그리고 대안에 관하여—", 소비자문제연구 제48권 제2호, 2017.8, 2−9면.

20) 권오승(제13판), 132면.

21) Rudolf Lukes, Der Kartellvertrag: das Kartell als Vertrag mit Aussenwirkungen, Institut für Wirtschaftsrecht Bd. 9, 1959, S. 112; Silke Möller, Verbraucherbegriff und Verbraucherwohlfahrt im europäischen und amerikanischen Kartellrecht, 2008, S. 39−40, 68, 74−78.

비자의 경쟁제한적인 행위까지도 보호한다는 취지로는 이해할 수 없다. 따라서 소비자의 행위가 공정하고 자유로운 경쟁질서를 제한하는 경우에 한하여 사업자성을 인정하여 공정거래법이 적용되는 것으로 해석하는 것이 타당하다.[22)]

반면, 사업자가 수요 측면에서 자가수요(自家需要)를 충족할 목적으로 상품이나 용역의 거래에 참여하는 경우에는 여전히 공정거래법상 사업자성이 인정된다. 공급 측면에서 사업자성을 갖는 자가 수요 측면에서 단순히 자가소비를 위한 행위를 한다고 하더라도 여전히 그 행위는 경쟁이나 거래질서와 관련성을 가질 수 있기 때문이다. 동법상 시장지배적 사업자는 공급 측면뿐만 아니라 수요 측면에서도 정의되고 있고(법 제2조 제3호), 불공정거래행위의 일종인 거래상 지위남용 또한 많은 경우에 수요 측면에서 발생한다는 점을 감안할 때, 이러한 해석이 타당하다.

다. 경제적 독립성이 있을 것

공정거래법이 상정하고 있는 사업자는 독립성을 가지고 스스로의 판단에 따라 행위 할 수 있어야 하며, 이는 사적자치를 토대로 사업자들 간에 자유로운 경쟁이 기능하기 위한 전제조건이다. 동시에 사업자의 독립성은 자신의 의사에 기초한 행위에 대하여 과징금이나 손해배상 등 법적 책임을 실질적으로 귀속시키기 위해서도 반드시 필요한 요건이다.

사업자는 자연인 또는 법인으로서 독립된 법인격을 가지고 있는 경우가 일반적이나, 공정거래법의 적용대상이 되는 사업자는 상법상 회사나 비영리사단, 재단 등 그 법적 형태와 무관하고, 권리능력 없는 사단이나 재단도 그 대표자 등을 통하여 경쟁제한행위를 할 수 있는 한 법인격의 유무와 상관없이 사업자성이 인정된다.

나아가 공정거래법상 사업자에 해당하기 위해서는 법적 독립성 못지않게 경제적 독립성이 중요한 의미를 갖는다. 공정거래법은 거래의 형식보다는 시장 및 경쟁의 실질에 주목하고, 경제적 독립성을 갖춘 자를 하나의 경쟁단위로 인식하고 있기 때문이다. 따라서 하나의 사업자 내부에서 일어나는 행위, 이를테면 사업부서 간의 합의는 공정거래법의 적용대상이 되지 못한다.[23)] 대법원은 "BC카드" 판결[24)]에서 복수의 회사가 "각기 자기의 책임과 계산 하에 독립적으로 사업을 하고 있을 뿐 손

22) 다만, 소비자가 자기의 행위를 통해서 동법의 목적을 실현하고자 하는 경우에는 비록 다른 시장참가자의 경쟁의 자유를 다소 제한하더라도 소비자의 행위의 자유가 우선되어야 할 것이다.

23) 권오승·서정(제4판), 77면.

24) 대법원 2005.12.9. 선고 2003두6283 판결.

익분배 등을 함께 하고 있지 않다면" 그 사업자들을 통틀어 하나의 사업자에 해당한다고 볼 수 없다고 판시함으로써 매우 형식적이고 제한적으로 경제적 독립성을 인식하고 있다.[25] 비씨카드 자신도 신용카드사업을 하면서 12개 회원은행을 대신하여 신용카드사업 일부를 대행하고 있기는 하지만 비씨카드와 비씨카드의 12개 회원은행들이 신용카드사업에 따른 수익을 일정한 비율로 분배하는 관계에 있다거나 비씨카드와 그 회원은행들이 실질적으로 단일한 지휘 아래 종속적으로 이 사건 카드사업에 참여하고 있다고 볼 수 없고, 오히려 12개 회원은행들은 각기 위 사업을 자신의 책임과 계산하에 독자적으로 수행하되, 카드발급이나 가맹점 관리 등 일정부분을 비씨카드에게 대행하게 하고 수수료를 지급하는 관계에 있다는 것이다. 그에 따르자면 우리나라에서 통상의 계열관계로는 '하나의 사업자'에 해당할 여지가 없어 보인다. 생각건대, 공정거래법상 손익분배 여부는 하나의 사업자를 판단함에 있어서 중요하지 않으며, 오히려 사업자라면 독립적으로 사업상 의사결정을 할 수 있다는 의미에서 경쟁의 주체이자 경쟁제한행위의 주체인지가 관건이 되어야 한다. 경제적 독립성 내지 자율성(autonomy)이 없는 회사라면 그 자를 실질적으로 지배하는 회사와 함께 시장에서는 하나의 경쟁단위, 즉 사업자로 보아야 할 것이다.[26]

25) 이 사건에서 공정거래위원회와 원심은 경제적 실질에 보다 초점을 맞추어 '하나의 사업자'를 파악하였던 것으로 보인다. 당초 공정거래위원회는 "반드시 법률적 의미에서 하나의 사업자라는 의미가 아니라 시장에서 하나의 경제적 행위 동일체로서의 영향력을 가지고 행동하는 경우도 포함하는 개념이므로 … 각 사업자의 설립과정이나 운영형태상 지속적으로 일정한 방향으로 영업을 조정 내지 통일할 수 있는"지를 강조하였고, 원심(서울고등법원 2003.5.27. 선고 2001누15193 판결)은 "… 당해 사업자와 그 계열회사와 같이 별도의 독립된 사업자로서 각기 자기의 계산으로 사업을 하고 있더라도 실질적으로는 단일한 지휘 아래 종속적으로 경제활동에 참가하고 있어 독자성을 갖추지 못하고 있는"지를 핵심기준으로 제시한 바 있다. 공정거래위원회가 주장한 '경제적 행위 동일체'는 독자성을 갖춘 사업자들이라도 시장에서 사업과 관련한 각종 결정을 사실상 동일 또는 유사하게 하는 경우를 상정한 것으로서, 독자성이나 자율성에 착안한 '경제적 동일체'와 구별할 수 있다. 그리고 원심은 독자적인 사업자들이 시장에서 동일 또는 유사하게 결정하는 경우에 이러한 행위가 부당한 공동행위 또는 사업자단체의 금지행위 위반에 해당할 수 있다고 언급하고 있는바, 법리 면에서 대법원 판결보다 정치하고 타당해 보인다. 이와 같은 태도로 홍명수, "비씨카드 사건에서 시장지배력과 가격남용 판단의 타당성 고찰", 경제법판례연구 제4권, 법문사, 2008, 1−26면 참조.

26) '하나의 사업자'는 유럽경쟁법상 경제적 동일체로 이해되고 있는바, 자회사나 계열회사가 그 실질에 있어서 진정한 자율을 누리지 못하고 있는 경우에 인정된다. 이봉의, "경제적 동일체이론과 공동의 시장지배에 관한 소고", 경제법판례연구 제5권, 법문사, 2009, 8면. 참고로 유럽에서 경제적 동일체이론은 유럽기능조약 제101조가 규정하는 공동행위의 성립 여부나 카르텔에 대한 역외적용의 근거로 활용되어 왔을 뿐 제102조와 관련하여 활용된 예는 찾을 수 없다.

경제적 독립성은 사실상 하나의 사업자, 경제적 동일체 등과 관련하여 공정거래법의 실무상 매우 중요한 의미를 갖는다.[27)]공정거래법 위반 여부를 따져보기 위한 첫 번째 단계에서 문제된 행위의 주체가 사업자인지를 판단하여야 하는데, 행위주체는 동시에 법위반에 따른 책임의 귀속주체와 동일하여야 한다. 따라서 사업자의 요건 중 권리·의무의 주체가 될 수 있다는 의미에서 법인격이 요구되지 않는다는 점에는 이견이 없는 것이다. 적어도 이론상으로는 복수의 회사가 지배·종속관계로 결합되어 있어 하나의 '경제적 동일체'로 인정되는 경우에 이들 회사가 행위주체이자 책임귀속의 주체로서 하나의 사업자에 해당하는 것이다. 다시 말해서, 어떤 회사가 독립된 법인격을 갖더라도 그 회사가 다른 회사에 의하여 실질적으로, 즉 경제적으로 지배되는 경우에는 사업자로 볼 수 없게 된다.

2. 사업자단체

공정거래법은 원칙적으로 사업자에만 적용되나, 동법에 명문의 규정이 있는 경우에는 사업자단체의 일정한 행위에도 적용된다. 이때 사업자단체란 사단, 조합 등 그 법적 형태 여하를 묻지 않고 2 이상의 사업자가 공동의 이익을 증진할 목적으로 조직한 결합체 또는 그 연합체를 말하며(법 제2조 제2호), 법인격이나 설립근거의 유무는 중요하지 않다.

사업자단체는 구성사업자 모두가 사업자는 아니더라도, 그중 2 이상의 구성사업자가 사업자이기만 하면 족하다. 예외적으로 사업자의 이익을 위한 행위를 하는 임원이나 종업원, 대리인 기타의 자는 사업자단체에 관한 규정을 적용함에 있어서는 이를 사업자로 본다(법 제2조 제1호 단서). 중소기업으로 구성된 사업자단체도 당연히 공정거래법의 적용대상에 포함되며, 다만 법 제118조의 요건을 갖춘 조합형태의 소규모 사업자단체에 한하여 동법의 적용이 일부 제외될 뿐이다.[28)]사업자단체는 개념상 사업자를 전제로 하기 때문에 사업자개념이 확장될수록 사업자단체의 개념도 넓어지게 된다. 사업자단체의 구체적 요건에 관하여는 관련되는 부분에서

27) 권오승·서정(제4판), 77-80면; 이봉의, "공정거래법상 과징금 부과와 그룹책임(group liability)의 법리", 경쟁법연구 제36권, 2017.11, 202-225면; 이호영, "경쟁법상 '공동의 시장지배력' 개념에 관한 연구", 법학논총 제26권 제2호, 2009.6, 197-228면.

28) 이와 관련하여, 정호열 외 2인, "소규모사업자 조합에 대한 공정거래법의 적용면제 — 농업협동조합 관련 사례분석을 포함하여 —", 성균관법학 제26권 제3호, 2014.9, 335-360면.

상술하기로 하고, 여기서는 공정거래법의 인적 적용범위라는 관점에서 사업자단체의 상대성에 대해서만 간단히 언급하기로 한다.

공정거래법 제51조와 같이 동법이 특별히 사업자단체를 법위반행위의 주체로 정하고 있는 경우에만 사업자단체에 대하여 공정거래법을 적용할 수 있는지 여부가 문제될 수 있다. 해석론으로는 개별 금지조항에서 사업자와 사업자단체를 구분하여 명시하고 있는 이상, 사업자단체가 수범자로 명시된 경우에만 동법이 적용될 수 있다고 보아야 할 것이다. 다만, 사업자단체가 예컨대 불공정거래행위나 재판매가격유지행위를 하더라도 공정거래법이 적용될 수 없는 것인지에 대해서는 의문이 있다. 이 문제는 사업자와 사업자단체의 개념구분과 관련된 것으로서, 외관상 사업자단체라도 그 실질은 사업자인 경우가 존재할 수 있는지를 살펴볼 필요가 있다.

생각건대, 사업자단체가 공정하고 자유로운 경쟁에 영향을 미치는 경우란 일견 대외관계와 대내관계로 나누어 접근할 필요가 있다. 대외적으로 사업자단체가 시장에서 거래주체로 등장하고, 그에 따라 경쟁을 제한할 우려가 있는 행위를 하는 경우에는 굳이 단체로서의 형식에만 집착하여 이를 사업자단체의 행위로만 파악해야 할 이유가 없을 것이다. 즉, 형식상으로는 사업자단체에 해당하더라도 기능적 사업자 개념에 의하여 사업자성을 가지는 경우에는 사업자로서 공정거래법의 적용을 받는다고 해석하여야 한다. 반면, 사업자단체가 주로 구성사업자와의 대내관계에서 공정하고 자유로운 경쟁을 제한하는 행위를 금지하는 것이 동법 제51조의 전반적인 취지라고 이해할 수 있고, 그 대표적인 금지행위가 바로 사업자단체가 단체의 의사형성을 통하여 부당한 공동행위를 시도하거나 구성사업자의 수를 제한하거나 구성사업자의 사업활동을 제한 또는 방해하는 행위인 것이다. 이처럼 복수의 사업자로 구성된 단체라도 대내외적 관계에 따라 경우에 따라서는 사업자로 볼 여지도 있다는 점에서 해당 단체에 오로지 동법 제51조만 적용된다고 보기는 곤란하다.

Ⅲ. 한계영역

1. 근로자

근로자는 사용자의 지휘·감독에 따라 종속적으로 노동력을 제공하는 자이기 때문에, 원칙적으로 사적자치에 따라 거래에 참가하는 독립적인 사업자로 볼 수 없다.[29] 노동조합에 대해서는 헌법상 결사의 자유를 들어 사업자성을 부인하는 견해도 있으나,[30] 의문이다. 왜냐하면 근로자가 헌법상 결사의 자유라는 기본권을 향유하여 자유로이 노동조합을 결성하는 것과 그렇게 결성된 노동조합이 시장에서 하나의 거래주체로 등장하여 경쟁관계에 부정적인 영향을 미치는 것은 전혀 별개이기 때문이다.

종래 산별노동조합을 취하고 있는 독일에서는 이를테면 단체협약으로 상점의 개점시간을 정하는 행위를 둘러싸고 경쟁제한방지법이 노동시장에도 적용될 수 있는지 여부가 다투어졌다. 연방카르텔청은 단체협약이 결코 경쟁법에 우선하는 것은 아니며 다른 모든 계약과 마찬가지로 단체협약 역시 경쟁제한적인 목적을 추구하거나 경쟁제한적인 효과를 갖는 경우에는 경쟁제한방지법상 카르텔 금지의 적용을 받는다는 입장을 취하였다.[31] 반면, 연방노동법원(Bundesarbeitsgericht)은 노동조합의 사업자성을 원칙적으로 부인하고 노동시장은 전체적으로 경쟁제한방지법의 적용대상에서 제외되지만,[32] 예외적으로 노동조합이 직접적으로 경쟁제한적인 목적을 추구하는 경우에는 그러하지 아니하다고 판시하였다.[33]

요컨대, 근로자 개개인이 경쟁제한행위에 간여하는 경우란 상정하기 어렵지만, 노동조합의 경우에는 예외적으로 경쟁제한적인 목적이나 효과를 갖는 행위로 나아갈 수 있고, 이 경우에 한하여 노동조합의 사업자성을 인정하여야 할 것이다. 또한 사업자단체는 사업자들로 구성된 단체라는 점에서 사업자를 전제로 하는 개념인 반면, 개개의 근로자는 처음부터 사업자가 아니기 때문에 근로자로 조직된 노동조합이라고 하더라도 사업자단체에 해당할 수는 없으며 개별 사건에서 독립적인 사업자성을 가질 수 있을 뿐이다.

한편, 디지털경제의 확산과 더불어 플랫폼이 급부상하고 있다. 여기서 라이더와 같은 플랫폼 종사자 등 특수형태근로종사자를 공정거래법상 사업자로 볼 것인지를 둘러싸고 학계와 실무에서 논의가 있었다. 비록 우리나라에서 플랫폼 종사자

29) 권오승·서정(제4판), 75면.

30) Rittner, a.a.O., §6 A I. 1.

31) BKartA, WuW, 1989, S. 563 f.

32) WuW 1990, S. 41 ff. 노동시장이 경쟁법상 불문의 적용제외영역에 해당한다는 주장에 대해서는 Ulrich Immenga/Ernst−Joachim Mestmäcker(Hrsg.), GWB−Kommentar zum Kartellgesetz(4. Aufl.), 2007, §1, Rn. 340.

33) BAGE 62, 171, 182 ff.; JuS 1990, 332 Nr. 16.

들이 노동법상 근로자로 편입되는 추세에 있으나, 근로자성과 사업자성은 각기 노동법과 공정거래법의 목적에 따라 다르게 파악되어야 한다는 원칙을 상기할 필요가 있다. 즉, 플랫폼 종사자라도 대체로 플랫폼 이용자에게 배달 등 일정한 서비스를 제공하고 그 대가를 받는다는 의미에서 사업을 행하는 자로 보는 것이 타당하다. 따라서 플랫폼 종사자들이 설사 '노동조합'이라는 명칭의 단체를 결성하였더라도 그것은 공정거래법상 사업자단체에 해당하고, 이러한 단체를 통하여 플랫폼사업자와의 관계에서 대가 등을 합의하는 경우라면 사업자단체의 부당한 공동행위에 해당할 소지가 크다.

2. 전문서비스업자

공정거래법 제2조 제1호는 서비스업을 행하는 자를 사업자에 포함시키고 있고, 변호사나 의사 또는 약사, 운동선수나 연예인 등이 제공하는 급부는 그 성질이 서비스라는 점에서 이들이 동법상 사업자라는 데에는 이견이 없다.[34] 다만, 변호사나 의사·약사가 법무법인이나 병원·약국에 소속되어 근로자로서 사용자의 지휘·통제 하에 급여를 받거나 운동선수가 특정 구단에 속하여 연봉을 받는 경우에는 사실상 근로자에 해당할 뿐이고, 원칙적으로 사업자로 문제될 소지는 없어 보인다. 연예인의 경우 기획사에 속하여 회사의 지휘·통제를 받고 직접 제3자와 관련 계약을 체결하지 않는 경우에는 사업자로 보기 어려울 것이다. 즉, 전문서비스를 제공하는 자라도 경제적 독립성을 갖는 경우에만 사업자에 해당하게 된다.[35] 이들 분야에 대해서는 변호사법이나 의료법, 약사법 등 영업규제의 성격을 갖는 별도의 법률이 제정된 경우도 있으나, 그러한 사실만으로 당해 분야를 경쟁원리에 맡기지 않겠다는 취지로는 이해할 수 없고, 공정거래법은 원칙적으로 전문서비스업 분야에서 독립적으로 활동하는 자에게도 적용되는 것이다.

문제는 다른 법률에 의하여 전문서비스업 중에서도 그것이 갖는 공익적 성격이나 소비자보호 등을 고려하여 경쟁의 자유가 일정 부분 제약되는 경우에 공정거래법과 개별 규제법의 관계를 어떻게 이해할 것인지에 대한 것이다. 이 문제는 개별 법률의 내용에 따라 그 판단이 달라진다. 우선, 전문서비스업을 규제하는 법률

34) 권오승(제13판), 132－133면; Krauß, a.a.O., Rn. 38－44; Dreher/Kulka, a.a.O., Rn. 701－706.

35) 이러한 맥락에서 신현윤, 경제법(제8판), 법문사, 2020, 137면은 독립된 유명 탤런트나 자유계약선수에 한하여 사업자성을 인정하고 있는 것으로 보인다.

이 당해 시장에서의 경쟁을 저해하는 행위를 아울러 금지하고 있는 경우에는 그 한도에서 '특별법우선의 원칙'에 따라 일반법인 공정거래법의 적용에 우선한다고 보아야 할 것이다. 그리고 이러한 특별법에서 명시적으로 언급하지 않고 있는 경쟁제한행위에 대해서는 여전히 공정거래법이 제한 없이 적용된다. 다만, 전문서비스업자의 경쟁제한행위가 개별 규제법에 의해 강제된 경우에 공정거래법 제116조가 정하는 법령에 의한 정당한 행위로 포섭되는 한도에서 공정거래법의 적용을 받지 않을 뿐이다.

끝으로 특정 서비스를 규율하는 특별법이 해당 분야의 사업자단체에게 일정한 권한을 위임하고, 이에 기초하여 당해 사업자단체가 구성사업자인 전문서비스제공자의 사업활동을 규율하는 것은 자율규제의 차원에서 원칙적으로 허용된다. 다만, 그 결과 구성사업자들이 공정거래법이 금지하는 경쟁제한적인 행위로 나아가는 경우에는 위임된 범위와 무관하게 사업자단체의 금지행위에 해당될 수 있으며, 이때에는 법 제116조의 적용제외를 고려할 여지가 없을 것이다.

3. 국가 또는 지방자치단체

공정거래법이 국가 또는 지방자치단체의 경쟁제한적인 행위에 대해서도 적용될 수 있는지에 대해서는 별도의 규정이 없다. 그러나 국가가 시장에서 거래주체로 등장함으로써 다른 사업자와 현실적이거나 잠재적인 경쟁관계에 서게 되는 경우에는 국가나 지방자치단체도 공정거래법상의 사업자에 해당할 수 있다.[36] 나아가 판례는 경쟁관계를 넘어서 거래관계에 참여하는 경우까지 이들의 사업자성을 확장한 바 있음은 전술한 바와 같다.[37] 국가와 지방자치단체도 경제주체로서 거래에 참여하는 경우에는 시장에서의 기본적인 행위준칙인 공정거래법을 준수해야 하고, 그 한도에서 사법우위의 원칙(私法優位의 原則)이 관철되어야 하는 것이다. 공정거래법이 거래상대방이나 경쟁사업자 또는 소비자에게 보장하는 이익, 즉 경쟁원리에서 파생되는 이익은 국가와 지방자치단체의 경쟁제한행위에 의해서도 침해되어서는 안 된다는 점에서도 이러한 해석이 타당하다.[38]

---

36) 권오승·서정(제4판), 76면; 정호열, 경제법(제6판), 박영사, 2018, 77면.

37) 대법원 1990.11.23. 선고 90다카3659 판결.

38) 이와 관련하여, Krauß, a.a.O., Rn. 45–52; Dreher/Kulka, a.a.O., Rn. 707–719. BGH v. 15.10.1992, "Selbstzahler", NJW 1993, 791, 14.3.1990, "Sportübertragen", NJW 1990, 2817.

사업자성 여부를 판단함에 있어서 국가나 지방자치단체가 상품이나 용역을 공급하는 과정에서 사법상의 수단을 이용하는지 공법상의 수단을 이용하는지는 중요하지 않다. 국가가 시장참가자로서 경쟁에 영향을 미칠 수 있는지의 여부만이 중요할 뿐이다. 예컨대, 정부투자기관이나 공기업은 모두 공정거래법의 적용을 받는 사업자에 해당되며, 공립학교나 공공도서관 또는 공공스포츠시설과 같은 공적급부사업도 영리목적의 유무나 그 운영수단을 불문하고 거래의 성격을 갖는 한, 동법의 적용을 면할 수 없다. 나아가 행정관청의 단순한 비품구매에서부터 정부조달업무에 이르기까지 국가와 지방자치단체의 모든 수요활동도 공정거래법의 적용범위에 포함된다. 또한 국가와 지방자치단체가 다른 회사의 지분을 취득하고 지배적인 영향력을 행사하게 됨으로써 기업결합을 하는 경우에도 이론상으로는 사업자성을 인정할 수 있을 것이다.[39] 다만, 공정거래위원회가 해당 기업결합에 대하여 시정조치를 부과할 수 없다는 점에서 실무상 한계가 있을 뿐이다.

국가나 지방자치단체가 국민의 경제생활을 조정하기 위하여 고권적으로 개입하는 행위, 이른바 '고권적 행위'(Hoheitsakt)에 대해서는 시장참가자로서의 사업자성이 인정되지 않고, 그 결과 공정거래법이 적용되지 않는다.[40] 그리고 국가 등의 고권적 행위가 사업자의 행위와 결부된 경우, 이를테면 당해 고권적 행위가 법령에 근거한 것이고 사업자가 단지 그에 따라 경쟁제한적인 행위를 한 경우에는 공정거래법 제116조의 적용제외 요건을 충족할 여지가 있다. 그러나 국가 등의 행정지도

39) Dreher/Kulka, a.a.O., Rn. 714; BGH v. 13.10.1977 - II ZR 123/76, "Gelsenberg AG" - Amtllicher Leitsatz a) Herrschendes Unternehmen kann auch die Bundesrepublik Deutschland sein. b) Ein unter 50% liegender Aktienbesitz kann in Verbindung mit weiteren verläßlichen Umständen rechtlicher oder tatsächlicher Art einen beherrschenden Einfluß begründen.; Fritz Rittner, Der Staat als Unternehmen im Sinne des Aktienrechts in: FS Flume, 1978, Bd. II, S. 241 ff.; BKartA, Der Staat als Unternehmer-(Re-)Kommunalisierung im wettbewerbs-rechtlichen Kontext-, Tagung des Arbeitskreises Kartellrecht, 2.10.2014. 1997년 말 이후 기업구조조정 과정에서 정부가 출자를 통하여 다수 은행의 지배권을 확보한 것은 공정거래법 제9조의 기업결합에 해당하나, 그 당시에는 동법상 이에 관한 별도의 예외 조항이 없었음에도 불구하고 공정거래위원회로부터 아무런 심사를 받지 않았다.

40) 권오승(제13판), 133-134면; 정호열, 경제법(제6판), 박영사, 2018, 74-75면. 사업자의 행위로 나타나지 않는 순수한 고권행위, 예컨대 정부의 가격규제는 공정거래법의 적용문제가 아니라 공정거래법과 다른 경제규제법 간의 충돌문제로 이해하여야 한다. 이와 관련하여 미국에서 전개된 판례이론을 기초로, 예컨대 정부나 국영기업의 불공정거래행위를 경쟁법의 문제라기보다는 권력남용행위로 다루는 것이 마땅하다는 견해도 있다. 한정현, "정부주도하의 독점금지위반과 그 구제 — 미국의 판례를 중심으로 —", 현대 경제법학의 과제, 소산 문인구 박사 화갑기념 논문집, 1987, 275면 이하, 297면.

와 같이 법적 구속력이 없는 행위에 사업자가 응하여 경쟁제한행위로 나아간 경우에는 적용제외가 인정되지 않는다.[41)]

기능적 사업자개념에 따라 국가 또는 지방자치단체의 사업자성을 이해할 경우에 부딪히게 되는 문제는 상급감독기관이나 감사원, 최종적으로는 국회의 법적·정치적 통제를 받는 국가의 행위에 대하여 추가적으로 공정거래위원회가 감독할 권한을 가지는지 여부이다. 이들 기관에 의한 통제는 행정행위의 실체적·절차적 정당성만을 대상으로 할 뿐, 국가의 행위가 시장 내지 경쟁에 미치는 효과는 고려하지 않는다는 점에서 감독의 내용 면에서는 별다른 중첩이 발생하지 않는 것으로 보인다. 경쟁질서의 확산이라는 관점에서 공정거래위원회가 국가기관의 경쟁제한관행을 감독할 필요성은 부인하기 어렵다.

다만, 공정거래위원회가 행위주체인 국가나 지방자치단체의 법위반행위에 대해서 시정조치를 내릴 수 있는지 여부는 여전히 어려운 문제이다. 정부출자기관이나 공기업의 행위가 문제된 경우에는 공정거래위원회가 시정조치를 내리는 데 아무런 제약이 없으나, 예컨대 국방부의 조달업무와 같은 국가기관의 행위에 대해서는 결국 국방부장관이나 대한민국 정부가 법적·정치적 책임을 지게 되는 바, 국무총리 소속의 공정거래위원회가 다른 부처의 장관이나 대통령에게 시정조치를 내리기는 곤란할 것으로 보인다.[42)]

이 경우 공정거래법상 가능한 수단은 공정거래위원회의 사전협의권이다. 즉, 행정기관의 장이 경쟁제한적인 사항을 내용으로 하는 법령을 제정 또는 개정하고자 하는 때에는 미리 공정거래위원회와 협의하여야 하고, 경쟁제한사항을 내용으로 하는 예규나 고시 등을 제정 또는 개정하고자 할 때에는 미리 공정거래위원회에 통보하며, 이 경우 공정거래위원회는 당해 경쟁제한사항의 시정에 관한 의견을 제

41) 행정지도에 따른 사업자의 경쟁제한행위로는 주로 부당한 공동행위, 즉 담합이 문제되었고, 공정거래위원회나 법원 모두 법 제116조의 요건을 무척이나 엄격하게 해석해 왔으며, 지금까지 법적 구속력이 없는 행정지도에 따랐다는 이유로 적용제외를 허용한 예가 없다. 이와 관련하여, 이봉의, "공정거래법상 카르텔의 부당성 판단", 사법 제2호, 2007.12, 140-143면; 홍명수, "독점규제법상 행정지도에 의한 카르텔 규제의 법리적 고찰", 경쟁법연구 제21권, 2010.5, 81-105면.

42) 정호열(제6판), 77면; 권오승(제13판), 134면은 국가기관의 단순한 사무용품 구입에서부터 국방부의 군수품 조달에 이르기까지 국가와 지방자치단체의 모든 수요활동에 대해서는 독점금지법이 적용된다고 하면서도 실제로 국방부의 군수품 조달행위에 대하여 독점규제법 위반을 이유로 공정거래위원회가 국방부에 대하여 시정조치를 내릴 수 있는지에 관하여는 회의적인 입장을 취하고 있다.

시할 수 있다(법 제120조).[43] 다른 행정기관이 법령과 무관하게 사실상 경쟁제한행위나 불공정거래행위로 나아간 경우에는 공정거래위원회와 협의하거나 통보할 의무가 없다. 결국, 사전협의만으로 다른 행정기관의 경쟁제한조치를 미연에 방지하기에는 한계가 있으며, 사후적으로는 이를 시정할 수 있는 방법도 전혀 없다는 점은 문제로 지적될 수 있다.

끝으로, 공정거래법의 역외적용이 문제되는 경우에도 사업자의 개념에 관한 법리가 그대로 적용된다. 따라서 외국정부의 고권적 행위에는 공정거래법이 적용될 수 없으나, 외국정부가 시장에서 거래주체로 참여하고 문제의 행위가 국내시장의 경쟁에 영향을 미치는 경우에는 참여의 수단과 방법을 묻지 않고 동법이 적용될 수 있다. 이때 역외적용 여부를 판단함에 있어서는 일정한 비교형량이 요구될 것인데,[44] 마찬가지로 공정거래위원회가 외국정부에 시정조치를 내릴 수 없다는 점에서 현실적으로 공적집행의 대상에서는 벗어나 있다고 보아야 한다.

요컨대, 이론적으로 기능적 사업자 개념을 취하더라도 국가 또는 지방자치단체는 민사절차에 한하여 사업자성을 가질 수 있으며, 행정절차나 형사절차에서는 사업자에 해당하더라도 집행가능성이 없다. 다만, 국가나 지방자치단체의 공정거래법 위반에 대하여 신고가 접수된 경우에 공정거래위원회가 조사를 개시하지 않고 해당 사건을 종료할 수 있는 근거를 마련할 필요가 있을 것이다.

4. 기업집단과 사업자

공정거래법 제4장은 경제력집중의 억제를 위하여 일정한 규모 이상의 기업집단을 대상으로 소속 계열회사에게 상호출자의 금지나 순환출자의 금지, 채무보증의 금지, 금융·보험회사의 의결권 제한 등을 규정하고 있다. 우리나라에서 기업집

43) 독일 연방카르텔청 또한 국가의 경쟁제한행위에 대해서는 금지처분이나 벌금(Bußgeld) 부과를 자제하고 있으며, 지금까지 알려진 일부 벌금부과 등의 결정은 연방철도청(Bundesbahn)이나 연방우정국(Bundespost)에 관한 것이었다. BKartA, Tätigkeitsbericht(TB) 1983/84, S. 26−28; TB 1985/86, S. 22−23; Olav Wagner, §99 GWB, in: Eugen Langen/Hermann−Josef Bunte, Kartellrecht Bd. 1: Deutsches Kartellrecht(13. Aufl.), 2018, Rn. 1 ff., 48−49.

44) 미국에서는 1976년 외국주권면제법(Foreign Sovereign Immunities Act)을 제정하였는바, 동법 역시 외국정부의 영업활동(commercial activities)에 대해서는 독점금지법의 역외적용을 인정하지 않고 있다. 다만, 연방대법원은 잘 알려진 “OPEC” 판결(Int’l Ass’n Machinists and Aerospace Workers v. OPEC, 477 F. Supp. 553 (CD. Cal. 1979)에서 석유수출국들의 카르텔행위가 ‘영업활동’에 해당하지 않는다고 보아 주권면제를 허용하였으나, 이러한 결정에는 OPEC 회원국들의 신경을 건드리지 않으려는 정치적인 판단이 이루어졌음을 부인할 수 없다.

단을 법적으로 정의한 것도 1986년 제1차 개정법이 처음이었다. 동법의 적용대상은 어디까지나 기업집단 소속 계열회사이고, 기업집단 자체에는 어떠한 금지의무도 규정되어 있지 않다는 점에서 '기업집단'이란 경제력집중 억제규정이 적용되는 회사의 범위를 정하기 위한 다분히 수단적인 개념이다. 즉, 경제력집중의 억제와 관련해서도 공정거래법의 인적 적용범위는 어디까지나 회사를 포함한 사업자나 사업자단체인 것이다.

기업집단과 관련하여 사업자 여부가 문제될 수 있는 경우는 크게 세 가지다. 첫째, 동일한 기업집단에 속하는 복수의 계열회사를 하나의 사업자로 파악할 수 있는지, 둘째 특정 기업집단 그 자체를 하나의 사업자로 볼 수 있는지, 셋째 기업집단을 사실상 지배하는 동일인 내지 자연인 총수(總帥)가 사업자에 해당할 여지는 없는지이다.

가. 복수의 계열회사와 '하나의 사업자'

공정거래법과 그 하위법령이 복수의 계열회사를 하나의 사업자로 보는 경우에 대하여 명시적인 규정을 두고 있는 경우가 있다. 먼저, 시장지배적 지위의 추정조항을 적용함에 있어서 문제된 사업자와 계열회사는 하나의 사업자로 간주된다(영 제11조 제3항). 예컨대, 현대자동차의 시장지배적 지위 및 추정 여부를 판단함에 있어서 계열회사인 기아자동차를 합쳐서 하나의 사업자로 파악하는 것이다. 이때, 실무상으로 공정거래위원회는 계열회사의 시장점유율을 합산하여 법 제6조의 추정요건에 해당하는지를 판단하게 된다는 점에서 기업집단 '현대자동차'에 속하는 모든 계열회사를 고려하여야 할 실익이 별로 없어 보인다. 시장지배적 지위를 판단함에 있어서 진입장벽의 유무와 정도를 고려하게 되는바, 이때 원재료나 부품을 공급하는 계열회사나 완제품을 판매하는 계열회사가 중요한 의미를 가질 수 있으나, 이를 위하여 계열회사를 굳이 하나의 사업자로 포섭해야 할 이유는 없다.

아울러 「기업결합심사기준」[45]은 기업결합의 경쟁제한성을 심사함에 있어서 고려되는 당사회사에 다른 계열회사를 포함시키고 있다. 즉, 기업결합의 취득회사 등에는 계열회사를 비롯한 특수관계인이 포함되고, 취득회사 등과 피취득회사 간의 관계를 고려하여 수평·수직 또는 혼합결합으로 구분하여 경쟁제한성을 판단하게 된다(심사기준 Ⅱ. 3. 및 Ⅵ.). 계열회사를 포함한 특수관계인과의 기업결합을 간이

45) 공정거래위원회 고시 제2023-20호, 2023.2.7. 개정.

심사대상 기업결합으로 보아 엄밀한 의미에서 경쟁제한성 심사를 거치지 않도록 하는 것도 마찬가지이다(심사기준 Ⅲ. 1.). 끝으로 「공동행위 심사기준」[46]은 사업자가 다른 사업자의 주식을 모두 소유하거나 제반 사정을 고려할 때 다른 사업자를 실질적으로 지배하여 이들이 상호 독립적으로 운영된다고 볼 수 없는 경우에는 실질적·경제적 관점에서 '사실상 하나의 사업자'로 보며, 그들 간에 이루어진 합의에는 법 제40조 제1항을 적용하지 않는다고 규정하고 있다(심사기준 Ⅱ. 1. 나.).[47]

그 밖에 법령에 명시적인 언급이 없는 경우에도 복수의 계열회사를 해석상 하나의 사업자로 파악할 수 있는 여부는 학설과 판례에 맡겨져 있으며, 이에 관한 판례의 태도는 전술한 바와 같다.

나. 기업집단과 경제적 동일체

기업집단 그 자체는 법인격이 없고, 권리능력이나 행위능력을 갖지 않으며, 그 결과 직접 사경제의 주체로 등장하는 일도 없다. 따라서 기능적 사업자개념에 의하더라도 기업집단을 하나의 사업자로 간주할 수는 없다. 일부 계열회사가 아니라 특정 기업집단 전체를 하나의 사업자로 포착한다는 것은 '하나의 경쟁단위'(a single competition unit)와 같은 경제적 실질에 기초한 것이 아니고, 특정 계열회사의 법위반에 따른 책임을 그룹(계열회사) 전체에 묻기 위한 것도 아니다. 부당지원행위의 이론적 근거와 관련해서 경제적 동일체이론을 근거로 비판하는 견해도 있으나,[48] 이 경우에도 지원성 거래에 참여한 일부 계열회사를 하나의 사업자로 볼 것인지가 이론상 다투어질 수 있을 뿐이다. 즉, 기업집단 자체를 행위주체나 책임주체와 관련하여 하나의 사업자로 볼 여지는 사실상 존재하지 않는다.

경제적 동일체라는 것은 사업자의 실질적 요건 중에서 '경제적 독립성'으로부터 자연스럽게 도출되는 개념으로서, 별개의 법인격을 가진 복수의 회사라도 일방이 타방을 완전히 지배하고 있어서 사실상 시장에서 하나의 경쟁단위로 활동하게 된다면 이들을 하나의 사업자로 보아야 한다는 의미이다.[49] 이와 관련하여 혼선이 발생하는 이유로는 공정거래법령상 '경제적 동일체'라는 개념을 다소 무분별하게

---

46) 공정거래위원회 예규 제390호, 2021.12.28. 개정.

47) 홍명수, "부당한 공동행위 성립에 있어서 경제적 단일체 문제의 검토", 법학연구 제54권 제1호, 2013, 123면 이하.

48) 이와 관련하여 서정, "부당한 지원행위 규제에 관한 연구", 서울대학교 박사학위논문, 2008.

49) 서정, "복수의 법인격 주체에 대한 경제적 단일체 이론의 적용", 시장경제와 사회조화 남천 권오승 교수 정년기념 논문집, 법문사, 2015, 76-78면.

사용하고 있다는 점도 빼놓을 수 없다.[50] 예컨대, 동일인이 사실상 그 사업내용을 지배하는 회사로서 계열회사로 인정될 수 있는 영업상의 표시행위를 하는 등 '사회통념상 경제적 동일체로 인정되는 회사'를 규정하고 있는바(영 제4조 제1항 제2호 마목), 사회통념의 불명확성 문제는 별론으로 하더라도 기업집단이란 '하나의 경제적 동일체'(a single economic entity)라고 오인하게 만들 소지가 있다. 나아가 '사실상 하나의 사업자'나 '경제적 동일체'는 원래 사업자 개념에 요구되는 (경제적) 독립성과 관련하여 하나의 경쟁단위를 달리 표현한 것에 지나지 않는다는 점에서 용어를 통일적으로 일관되게 사용하지 않고 있는 점도 문제의 하나로 지적할 수 있을 것이다.

반면, 주로 기업집단 계열회사 간의 부당지원행위와 관련하여 대법원은 법 제45조 제1항 제9호의 '특수관계인 또는 다른 회사'를 문리적으로 엄격하게 해석하여 달리 자회사를 지원객체에서 배제하는 명문의 규정이 없는 한 모회사와 법적으로 독립된 자회사 사이의 지원행위도 동호의 규율대상이 된다고 판시한 바 있다.[51] 이때, 모회사가 자회사의 지분을 어느 정도 보유하고 있는지는 상관없다는 점에서, 판례는 부당지원행위의 규제에 관한 한 경제적 동일체 이론을 전면 부인하고 있는 것이다.

이와 관련하여 공정거래법상 사후규제에 있어서 기업집단이 갖는 고유한 문제는 동일인이 지배하는 복수의 계열회사를 하나의 사업자로 볼 것인지에 관하여 일관된 체계가 존재하지 않는다는 점, 그 결과 경쟁제한효과나 공정거래저해성 등을 심사함에 있어서 계열관계를 충분히 고려하지 못하는 경우가 생길 수 있다는 점, 나아가 법위반에 대한 책임에 있어서 계열회사나 동일인(총수)을 고려하지 못하는 점 등을 들 수 있을 것이다.

다. 기업집단 동일인(총수)의 사업자성

한편, 기업집단 지배구조의 정점에 놓여 있는 '동일인', 특히 회사가 아닌 자연인 총수가 공정거래법상 사업자에 해당될 수 있는가? 원칙적으로 긍정하여야 한다.

---

50) 홍명수, 앞의 글(2013), 124면; 서정, 위의 글(2015), 77－78면.

51) 대법원 2006.12.7. 선고 2004두11268 판결. 대법원은 모(母)회사가 주식의 대부분을 소유하고 있는 자(子)회사라 하더라도 양자는 법률적으로는 별개의 독립된 거래주체라 할 것이고, 부당지원행위의 객체를 정하고 있는 구 공정거래법 제23조 제1항 제7호의 '특수관계인 또는 다른 회사'의 개념에서 자회사를 지원객체에서 배제하는 명문의 규정이 없으므로 모회사와 자회사 사이의 지원행위도 같은 구법 제23조 제1항 제7호의 규율대상이 된다고 하였다.

대표적으로 동일인이 직접 또는 특수관계인을 통하여 기업결합을 하는 경우를 생각할 수 있다. 공정거래법 제9조 제1항의 문리적 해석상 이때 동일인은 사업자로서 다른 회사의 주식을 취득하는 등의 결합행위를 하는 것으로 볼 수 있기 때문이다. 자연인 총수는 다른 회사의 지배를 주된 사업으로 하는 지주회사에 비하여 훨씬 지배력도 크고 그룹 지배를 주된 사업으로 하는 자로 볼 수 있다는 점에서도 경우에 따라 사업자성을 인정하는 것이 타당할 것이다. 종전의 판례에 의하더라도 자연인 총수가 사경제의 주체로서 거래에 직·간접적으로 참여하고, 더구나 그 결과로 경쟁을 저해할 가능성이 있다면 사업자로 보지 않을 이유가 없다. 동일인의 사업자성과 관련하여 몇 가지만 언급해보자.

첫째, 공정거래법은 2013년 제20차 법 개정[52]을 통하여 일부 금지행위에 한하여 동일인을 비롯한 특수관계인을 수범자로 명시하였다. 즉, 동일인은 부당한 지원행위에 해당할 우려가 있음에도 불구하고 해당 지원행위를 받는 행위를 해서는 안 되고(법 제45조 제2항), 아울러 누구에게든지 자신에게 부당한 이익을 제공하는 행위를 하도록 지시하거나 해당 행위에 관여해서는 안 된다(법 제47조 제4항). 이때, 동일인은 부당한 지원행위를 받는 방식으로 경쟁을 저해하거나 경제력집중을 야기할 수 있고, 자신에게 부당한 이익을 제공하도록 하기 위해서 지시나 관여를 할 수 있다는 점에서 공정거래법의 목적에 비추어 사업자로 보는 것이 타당하고, 이를 입법으로 해결한 것으로 이해할 수 있다. 이 경우 동일인은 단지 계열회사를 사실상 지배하는 자에 그치는 것이 아니라 경쟁질서에 영향을 미칠 수 있는 행위로 나아간 이상 사업자의 성격을 가지는 것이다.

둘째, 공정거래법에 명문의 규정은 없으나 동일인을 사업자로 파악할 필요가 있는 경우로서 동일인이 단독으로 또는 자신의 자녀와 함께 회사를 설립하거나 다른 회사를 인수하는 행위는 현행법상 기업결합으로 포섭되지 않고 있다. 그런데 새로 설립 또는 인수한 회사가 동일인 등을 통하여 다른 계열회사와 수평 또는 수직적으로 결합하는 실질을 가질 수 있다는 점에서, 규제의 공백이 발생하게 된다. 입법적으로 일정한 조건 하에 동일인을 사업자로 포섭하는 방안을 검토할 필요가 있다.

52) 2013.8.13. 개정, 법률 제12095호.

5. 기업집단과 책임귀속: 과징금 부과와 그룹책임(group liability)의 법리[53)]

가. 배 경

공정거래법상 법위반행위에 대한 공법적 제재 중에서 시정조치와 더불어 가장 핵심적인 것은 과징금이다. 과징금은 원칙적으로 사업자에게 부과되는 것인데, 법위반행위에 대한 책임귀속 및 법집행의 실효성이라는 관점에서 기업집단의 경우 몇 가지 특징이 발견된다.

첫 번째는 공정거래법상 '개인과징금'(individual fine)이 원칙적으로 허용되지 않는다는 점이다.[54)] 2013년 제20차 법 개정[55)]으로 부당지원행위의 우려가 있음에도 해당 지원을 받거나 부당한 이익제공에 해당할 우려가 있음에도 해당 거래를 하거나 사업기회를 제공받은 특수관계인(동일인 및 그 친족에 한함)에게도 과징금을 부과할 수 있게 된 것(제50조 제2항)[56)]을 제외하면 여전히 공정거래법상 실제로 법위반행위를 한 임·직원 등 개인에 대해서는 과징금을 부과할 수 있는 경우란 존재하지 않는다. 이른바 '기업과징금'(corporate fine)이 원칙인 것이다.

두 번째는 과징금이 개별 사업자 내지 회사를 넘어서 지배·종속관계로 결부되어 있는 기업집단에는 부과될 수도 없고 과징금 산정에 기업집단 내지 소속 계열회사의 매출액이 고려될 여지도 없다는 점이다. 기업집단은 그 자체로 아무런 법인격을 갖지 못할 뿐만 아니라 법위반행위의 주체가 될 수 없는 것이다. 공정거래법상 법위반을 행한 회사 외에 다른 계열회사에게 과징금을 부과할 수 있는 경우란 법위반회사의 합병·회사분할 및 분할합병에 한하여 그에 따른 존속·신설회사에 과징금을 부과할 수 있는 것이 유일하다(법 제102조 제2항, 제3항).

이와 같이 기업과징금의 원칙과 과징금 부과에 있어서 기업집단의 책임을 전혀 인정하지 않는 태도는 공정거래법이 법위반행위의 주체로 사업자단체의 경우를 제외하고는 '사업자'를 상정하고 있고, 기업집단을 하나의 사업자로 포섭하는 법리는 아직까지 확립되어 있지 않기 때문이다. 그런데 법위반의 억지라는 차원에서는

---

53) 이봉의, "공정거래법상 과징금 부과와 그룹책임(group liability)의 법리", 경쟁법연구 제36권, 2017.

54) 권오승·서정(제4판), 586면.

55) 2013.8.13. 개정, 법률 제12095호.

56) 부당한 이익제공행위를 하도록 지시하거나 이에 관여한 특수관계인에게는 형사벌을 부과할 수 있을 뿐이다(법 제124조 제1항 제10호).

실제 법위반행위로 나아간 개인에게 책임을 묻는 것이 효과적이고, 우리나라에서 동일인이 지배하는 기업집단은 그의 실질적 영향 하에 놓여 있을 뿐만 아니라 계열회사 간에도 적지 않은 경우에 지배·종속관계가 존재한다는 점에서 기업과징금의 원칙을 일부 수정하여야 할 근거와 당위성이 존재하는지를 살펴볼 필요가 있다.

나. 그룹책임론의 근거와 한계

공정거래법은 '사업자'의 경쟁제한행위를 금지하고, 법위반행위의 책임을 원칙적으로 '사업자'에게 귀속시키고 있다. 법인인 사업자의 경우 실제 법위반행위를 한 임·직원의 행위는 사업자의 행위로 당연한 듯 간주하여 행위주체 및 공법상 책임주체를 일치시키고 있다. 이것은 일종의 의제(擬制; Fiktion)로서 공정거래법에 명시적인 근거는 없다. 형사벌에 관한 한 양벌조항을 통하여 실제 법위반행위로 나아간 임·직원을 처벌하는 외에 법인 내지 사업자도 처벌하고 있다(법 제128조).

공정거래법은 비록 일부 실체법 관련 조항에서 기업집단 내지 복수의 계열회사를 염두에 두고 법인격이 다른 복수의 회사를 '하나의 사업자'로 포착하여 시장점유율을 합산하는 등의 방식으로 기업집단의 특성을 고려하고 있다. 반면, 절차법, 특히 시정조치나 과징금 부과와 관련해서는 사업자 단위가 아니라 실제 법위반행위자로 나아간 별개의 법인격을 가진 회사를 중심으로 접근하고 있다. 그 결과 과징금을 부과 받은 계열회사가 변제능력이 없거나 파산하는 경우에도 달리 과징금을 집행할 여지가 없을 뿐만 아니라, 총수 일가가 사실상 계열회사를 절대적으로 지배하여 당해 회사의 독립성 내지 독자성이 결여되어 있음에도 불구하고 법위반에 대한 공법적 책임에 있어서는 여전히 '존재하지 않는 존재'로 남아 있게 된다.

경쟁법의 해석상 일련의 통일적인 지배관계를 통하여 '사실상 하나의 사업자' 내지 '경제적 동일체'[57]로 작동하는 복수의 기업을 포착하려는 시도는 그리 새로운 것이 아니다. 그 배경으로는 유럽의 예에서 알 수 있는 바와 같이 역외적용의 단초를 찾기 위한 것에서부터 그룹책임과 같이 책임귀속의 주체를 확장하는 데에 이르기까지 그 맥락이 상이하기도 하다. 다만, 우리나라에서 대부분의 기업집단은 자연인인 동일인을 중심으로 계열관계를 형성하고 있어서(법 제2조 제11호, 제12호), 계열회사 간에 직접적인 지배관계가 존재하지 않는 복수의 계열회사를 하나의 경제적

57) 공정거래법이 '경제적 동일체'라는 표현을 쓰고 있는 부분은 기업집단의 개념에 관한 시행령이 유일하며, 고시나 지침에서도 이와 같은 표현을 사용하고 있지 않다.

동일체로 파악하기가 쉽지 않다. 예컨대, 총수인 甲이 A, B, C를 사실상 지배하는 경우에 이들 3개사는 하나의 기업집단을 이루는 계열회사이나, A와 B 또는 B와 C 사이에 아무런 직접적인 지배관계가 존재하지 않을 경우에 이들 3개사를 통상 경제적 동일체로 포착하기란 쉽지 않은 것이다.

뿐만 아니라 공정거래법상 경제적 동일체에 비하여 계열관계를 좌우하는 동일인의 '사실상 지배'라는 개념이 광범위하여, 기업집단을 하나의 사업자로 간주한다는 것은 '지나친 단순화'(over-simplification)라는 지적을 받기 쉽다. 더구나 우리나라에서는 복수의 계열회사를 경제적 동일체로 파악하는 구체적인 기준 또한 행위유형에 따라 제각각이어서 학계나 실무 차원의 일관된 접근방식을 찾기 어렵다. 공정거래관련 제재나 절차법에서는 그나마 경제적 동일체라는 관념이 거의 반영되지 않고 있다.

따라서 공정거래법의 실체법과 절차법 및 제재법 등 집행 전반에 걸쳐 일관된 '경제적 동일체' 법리가 마련될 필요가 있고, 특히 우리나라에 고유한 현상이라고도 볼 수 있는 재벌과 관련하여 동일인 및 그가 사실상 지배하는 기업집단을 어떤 요건 하에 하나의 경제적 동일체로 포착할 수 있을지를 모색해 보아야 한다.

동일 기업집단에 속하는 계열회사의 전부 또는 일부를 책임귀속의 관점에서 하나의 사업자로 포착할 수 있는지와 관련하여 동일 기업집단 소속 계열회사 모두에게 과징금을 부담시킬 수 있는지, 또는 당해 기업집단 소속 계열회사의 매출액을 합산하여 과징금을 산정할 것인지가 문제될 수 있다. 어느 경우에나 다음과 같은 몇 가지 법리상 난점이 예상된다.

첫째, 공정거래법상 계열관계를 기초로 형성되는 기업집단은 '경제적 동일체'나 '사실상 하나의 사업자'에 비하여 지배·종속의 정도가 크지 않고, 따라서 양자를 당연히 동일한 의미로 이해할 수 없다. 계열회사라고 하더라도 그룹에 따라 상당한 수준으로 독립경영이 이루어지는 경우가 많고, 모·자회사관계를 제외하고 특정 계열회사가 다른 계열회사를 완벽하게 지배하는 경우란 오히려 예외일 수 있기 때문이다. 따라서 우리나라 기업집단, 특히 동일인 총수를 정점으로 하는 재벌의 경우에 '경제적 동일체' 이론에 따라 책임귀속을 인정하는 법리를 구축하기란 매우 어렵다.

둘째, 특정 계열회사의 법위반에 대하여 소속 기업집단의 모든 계열회사에게 과징금을 부과한다는 의미에서 그룹책임을 인정한다는 것은 전통적인 책임원칙

(Verantwortlichkeitsprinzip)에 부합하지 않고, 전체 법질서의 맥락에서 지극히 이례적이며 이른바 시스템균열(Systembrüche)을 가져올 우려가 있다. 책임이란 행위 또는 지배에 따른 것으로서 다른 계열회사를 사실상 지배하지 않은 상태에서 법위반행위에 대한 책임은 오로지 당해 행위로 나아간 회사가 부담하여야 하는 것이다. 어떤 형태로든 법위반에 직접 관여하지 않은 다른 회사에게 계열관계에 있다는 이유만으로 법위반에 대한 관여(involvement)를 인정하기란 곤란하기 때문이다. 이 문제는 임·직원의 법위반행위에 대하여 그들이 속한 회사 내지 사업자에게 과징금 등 제재를 귀속시키는 근거와 관련해서도 면밀히 검토할 필요가 있어 보인다.

셋째, 공정거래법 위반에 대한 형사벌은 실제 법위반행위를 한 개인에게 부과하는 것을 원칙으로 하고, 경우에 따라서 소속 법인에게도 부과할 수 있을 뿐이다(법 제128조, 이른바 양벌규정). 그에 따르면 법위반행위와 무관한 다른 계열회사에는 형사벌을 부과할 수 없다. 이처럼 법인에 대하여 벌금 등의 형사벌을 부과하는 경우에는 법인의 기관(대표적으로 이사)이나 대표자, 종업원 등의 행위가 전제되어야 하는바, 이러한 원칙이 기업집단과 관련하여 과징금 등의 행정제재에도 그대로 관철될 수 있는지도 의문이다. 경제적 동일체 이론은 다른 계열회사의 행위를 요하지 않기 때문이다.[58]

이와 같은 그룹책임법리의 난점은 향후 동 법리를 실체법, 절차법으로부터 손해배상책임으로까지 확장하려는 과정에서, 재벌 중심의 기업집단과 그 계열회사의 대내적·대외적 책임을 입법화하려는 단계에서 또 다시 수면 위로 올라올 것이다. 따라서 행정제재, 그 중에서도 과징금 부과와 관련한 그룹책임법리에 대한 올바른 이해는 앞으로 전개될 논쟁의 기초로서 그 의미가 적지 않다.

다. 공정거래법상 기업집단과 경제적 동일체론의 상위(相違)

공정거래법은 사업자 내지 사업자단체의 행위에만 적용되고, 사업자란 법 제2조의 형식적이고 동어반복적인 정의에도 불구하고 법원은 구체적인 사례에서 이를 '기능적으로' 해석해왔다. 일찍이 판례는 국가나 지방자치단체의 사업자성을 판단하면서, '사경제의 주체로서 타인과 거래행위를 하는 경우'에는 그 범위 내에서 동

58) 공정거래법은 회사의 분할·분할합병 시 분할 전 회사의 법위반행위에 대하여 존속회사 또는 신설회사에 대하여 과징금을 부과할 수 있다고 명정함으로써, 반대해석상 그 밖에 법인격을 달리하는 회사 사이에는 과징금 부과대상으로서의 동일성이 인정되지 않는다고 해석하는 것이 타당할 것이다.

법상 사업자에 포함된다고 설시한 바 있다.[59] 이때 사업자는 법인격 유무와 무관한 것이어서, 비교적 엄격한 요건 하에 둘 이상의 회사를 '하나의 사업자' 내지 '경제적 동일체'로 파악하는 것 또한 시장에서의 거래단위 내지 경쟁단위라는 기능적 관점을 반영하는 것이다. 이때, '경제적 동일체'나 '하나의 사업자' 모두 법인격을 초월하여 시장거래의 실체에 착안하여 사업자개념을 파악하는 것인데, 공정거래법은 용어 사용면에서도 일관된 태도를 보이지 않고 있다.[60]

(1) '경제적 동일체' 이론과 기업집단

㈎ 유럽 경쟁법상 판단기준

유럽경쟁법상 경제적 동일체란 기업집단의 자회사나 계열회사가 경제적 독립성 내지 자율성이 전혀 없을 경우, 즉 이들이 시장행위를 독자적으로 결정할 자유를 누리지 못하고 있는 경우에 한하여 매우 제한적으로 인정된다. 다시 말해서 자회사나 계열회사가 '진정한 자율'(real autonomy)을 누리지 못함으로써 대외적으로 '통일된 행위'(unified conduct)[61]로 나타나는 경우에 그 행위주체 및 책임주체를 통일적으로 파악하기 위한 법리가 바로 '경제적 동일체' 이론이다.

대표적으로 경제적 동일체를 인정한 판례로는 "Viho" 판결[62]을 들 수 있는데, 여기서는 Parker Pen Ltd.가 독일, 벨기에, 프랑스, 스페인과 네덜란드에 100% 자회사를 두고 3명의 본사 측 이사를 통하여 지역별로 배타적 판매체제를 구축한 행위가 구 조약 제81조(현 유럽기능조약 제101조) 위반으로 문제되었다. 유럽집행위원회의 결정에 이어 유럽1심법원(현재의 일반법원, General Court) 역시 이 경우 100% 지분을 보유하고 있는 Parker Pen 본사와 자회사를 하나의 경제적 동일체로 파악하였고, 따라서 이들 간에 합의나 '동조적 행위'(concerted practices)란 존재할 수 없다고 판시하였다.

문제는 100% 지분을 보유한 모·자회사의 관계가 아니라 법률상 또는 사실상

59) 대법원 1990.11.23. 선고 90다카3659 판결.

60) 같은 취지로 권오승·서정(제4판), 79면. 그 밖에 2009년 3월 공정거래위원회는 롯데칠성음료의 자회사의 해태음료 안성공장 인수를 조건부로 승인한 바 있다. 당해 기업결합 사건에서 공정거래위원회는 롯데칠성음료 및 동 사가 해태제과의 안성공장을 인수할 목적으로 100% 출자하여 설립한 회사(CH 음료)를 합쳐서 '하나의 경제적 실체'라고 보아, 양사를 '취득회사 등'으로 포착한 바 있다.

61) 통일된 행위는 후술하는 바와 같이 경쟁법 위반행위에 대한 벌금부과 등의 책임주체와도 직접 결부된다.

62) ECJ C-73/95 P, Viho Europe BV. v. Commission [1996] ECR I-5457.

지배관계만으로도 경제적 동일체를 인정할 수 있는지 여부이며, 이에 관해서는 유럽경쟁법의 학설이나 판례도 확실치 않다. 예컨대, 유럽합병규칙 제3조 제3항이 규정하고 있는 기업결합의 핵심적 개념요소로서 지배(control) 내지 지배관계란 50% 미만의 지분을 보유하는 경우에도 피취득회사에 대하여 '결정적 영향력'(decisive influences)을 행사할 수 있는 경우에 성립할 수 있는바, 이와 같은 지배관계를 근거로 경제적 동일체를 인정할 수 있는지는 아직 명확하게 정리되어 있지 않다.

한편, 경제적 동일체를 인정하는 경우에 수반되는 중요한 법률효과의 하나는 이들 복수의 회사를 모두 과징금 부과대상으로서 '하나의 사업자'로 파악한다는 점이고, 그 결과 관련매출액의 10% 범위에서 과징금을 산정할 때에도 직접 법위반행위에 관여하지 않은 이들 회사의 매출액을 모두 합산하고, 나아가 간이고시(de minimis Notice; Bagatellbekanntmachung)[63]에서 정하고 있는 안전지대(safety zone)의 점유율 요건을 판단함에 있어서도 마찬가지로 점유율의 합산이 이루어진다. 그 밖에 역외의 모회사가 역내에 자회사를 설립하여 그 사업활동을 지배하고 있는 경우 자회사의 행위를 모회사에 귀속시키는 것 또한 그 이론적 기초는 바로 '경제적 동일체' 이론이며,[64] 역외적용을 위해 개발된 이른바 영향이론(effects doctrine)에 비하여 논란의 소지가 적으면서 관할권 충돌의 문제를 해결하는 수단으로 기능할 수 있다. 여기서 유의할 것은 경제적 동일체란 특정한 지분관계나 지배관계 등으로부터 일률적으로 도출되는 것이 아니라 case-by-case로 특정한 경쟁행위를 판단하는 과정에서 상대적으로 판단할 수 있는 개념이라는 점이다.

㈏ 공정거래법상 기업집단과 경제적 동일체

여기서 공정거래법상 기업집단과의 차이를 살펴보자. 우리나라에서 기업집단을 하나의 법적 실체로 처음 규정한 것은 바로 1986년 제1차 개정 공정거래법[65]이었다. 공정거래법은 기업집단을 동일인이 '사실상 그 사업내용을 지배하는 회사의 집단'으로 규정하면서, 동일인이 회사가 아닌 경우, 즉 자연인 총수인 경우에 총수를 중심으로 지배관계를 파악하여 총수가 직·간접으로 지배하고 있는지 여부를 기

63) Commission, Notice on agreements of minor importance which do not appreciably restrict competition under Article 101(1) of the Treaty on the Functioning of the European Union ('De Minimis Notice'), 2014/C 291/01, para. 15, 16. 여기서는 'connected undertakings'라는 용어가 사용되고 있다.

64) ECJ C-48/69 Imperial Chemical Industries Ltd(ICI) v. Commission [1972] ECR 619.

65) 1986.12.31. 개정, 법률 제3875호.

준으로 계열관계를 파악하고 있다(법 제2조 제11호). 동일인의 사실상 지배가 인정되는 경우는 크게 두 가지로서, ① 단독으로 또는 동일인관련자와 합하여 의결권 있는 주식의 30% 이상을 소유하고 최다출자자인 회사, 그리고 ② 다른 주요 주주와의 합의 등에 의하여 대표이사를 임면하거나 임원의 50% 이상을 선임하는 등 당해 회사의 경영에 지배적인 영향력을 행사하고 있다고 인정되는 회사이다. 후자의 일례가 바로 전술한 '사회통념상 경제적 동일체로 인정되는 회사'이다(영 제4조 제1항 제2호 마목).

그런데 공정거래법이 기업집단을 정의하고 일련의 사전규제를 규정하고 있는 취지는 시장집중이 아니라 일반집중의 관점에서 경제력집중을 억제하기 위한 것이다. 당초 기업집단을 시장에서 하나의 경쟁단위로 파악하려는 것이 아닌 것이다. 따라서 기업집단 내지 그에 속하는 복수의 계열회사를 곧바로 하나의 경제적 동일체 내지 사실상 하나의 사업자와 동일시할 수는 없다. 경제적 동일체란 경쟁제한성을 판단하거나 제재를 부과함에 있어서 법적으로 독립된 복수의 회사를 하나의 사업자로 파악함으로써 개별 시장에서 독자적인 행위주체성 내지 책임주체성을 인정하는 것이다. 그럼에도 불구하고 시행령이 기업집단 소속 계열회사를 하나의 사업자로 파악하는 경제적 동일체라는 용어를 사용하는 것은 불필요하게 개념상 혼선을 야기하는 것으로서 적절하지 않다. 이것은 결국 입법으로 해결할 문제이다.

이처럼 기업집단과 경제적 동일체를 바라보는 취지가 상이하기 때문에, 각각을 판단하는 기준에도 차이가 나타나게 된다. 즉, 기업집단은 경제적 동일체 내지 하나의 사업자보다는 느슨한 결합형태 내지 보다 약한 정도의 지배관계를 널리 포섭할 여지도 있으며, 무엇보다 기업집단의 핵심요소인 '사실상 지배'의 당사자는 복수의 계열회사가 아니라 동일인(동일인관련자 포함)과 상대방 회사라는 점에서 차이가 있다. 그 밖에 경제적 동일체와 달리 기업집단은 어떤 회사의 특정 행위를 놓고 개별적으로 판단하는 것이 아니라 일응 사전에 정해진 정량적·정성적 기준에 따라 공정거래위원회가 매년 미리 지정·고시한다는 점에서도 중요한 차이를 보이게 된다.

(2) 금지행위별 '경제적 동일체' 이론의 검토

(가) 시장지배적 지위남용

공정거래법은 남용규제의 수범자인 '시장지배적 사업자'의 정의 및 추정조항을 적용함에 있어서 당해 사업자와 계열관계에 있는 회사를 하나의 사업자로 본다(법 제2조 제3호, 제6조 및 영 제11조 제3항). 다만, 복수의 계열회사를 하나의 사업자로 간주하는 태도는 남용규제의 실체법과 절차법 전반이 아니라 시장지배적 사업자의 정의조항 및 추정조항의 적용에만 한정되므로, 그것이 갖는 실무상 의미는 매우 제한적이다.[66] 그렇다면 남용규제에 있어서 계열회사를 하나의 사업자로 보는 취지는 무엇인가?

먼저, 시행령 제11조 제3항의 실무상 의미를 언급하자면 무엇보다 시장점유율에 기초한 추정을 적용함에 있어서 계열회사의 점유율을 합산한다는 점을 들 수 있다. 예컨대, 현대차 및 그와 계열관계에 있는 기아차의 점유율을 합산하여 하나의 사업자로 보고, 당해 사업자가 국내 승용차시장에서 50% 이상의 점유율을 가지므로 법 제6조에 따라 현대차와 기아차가 공히 시장지배적 사업자로서 남용규제를 받게 된다는 것이다. 그런데 공정거래법상 시장지배적 사업자로 추정되는 것만으로는 아무런 불이익한 법률효과가 발생하지 않고, '남용' 내지 경쟁제한성 여부를 판단함에 있어서는 현대차와 기아차를 각각 별개의 행위주체로 파악하게 된다는 점[67]에서 복수의 계열회사를 하나의 사업자로 간주하는 의미는 반감될 수밖에 없다. 더구나 추정을 위한 점유율 합산이란 복수의 계열회사가 동일한 관련시장에서 활동하고 있는 경우에나 가능한 것이므로, 그 밖에 동일한 기업집단에 속하더라도 서로 다른 시장에서 활동하고 있는 계열회사는 처음부터 하나의 사업자로 간주할 실익이 전혀 없게 된다.

물론, 이와 다른 해석이 전혀 불가능한 것은 아니다. 복수의 계열회사를 하나의 사업자로 보는 것이 시장지배적 사업자의 정의(definition) 조항에 적용되므로, 당연히 이를 전제로 한 남용 판단이나 시정조치, 과징금 등의 제재에 있어서도 이들을 하나의 사업자로 볼 수 있다는 적극적인 해석도 이론상 가능할 것이다. 다만, 시

66) 이와 유사한 취지로 권오승·서정(제4판), 145면.

67) 남용관련 실체법의 해석단계에서 제기될 수 있는 쟁점은 계열회사를 포함한 하나의 시장지배적 사업자가 남용행위의 주체로 포착될 수 있는지 여부이다. 긍정설에 따르자면 복수 계열회사의 동일 또는 유사한 행위는 하나로 남용 여부를 따져보아야 할 것이다. 공정거래위원회는 부정설을 취하고 있고, 법원도 이러한 접근을 그대로 수용하고 있는 것으로 보인다. 대법원 2010.3.25. 선고 2008두7465 판결("현대차" 판결); 2010.4.8. 선고 2008두17707 판결("기아차" 판결). 당해 사건 관련하여, 이봉의, "공정거래법상 부당한 사업활동방해의 경쟁제한성 판단 — 현대·기아차 판결을 중심으로 —", 법학논문집 제41집 제2호, 2017, 147면 이하.

행령 제11조 제3항의 간주조항이 '법 제6조에 따라 시장지배적 사업자를 추정하는 경우에는'이라고 명시하고 있기 때문에, 공정거래위원회의 행정절차 전반을 비롯하여 형사벌이나 손해배상에도 원용될 수 있는지 여부는 소극적으로 해석할 수밖에 없을 것이다.

그 밖에 동일인의 사실상 지배를 받고 있다는 이유만으로 복수의 계열회사를 시장에서 하나의 사업자로 간주하기에 충분한지를 따져볼 필요가 있다. 동일인 총수의 지배를 받고 있다는 사실만으로 계열회사 사이에 실질적인 경쟁관계가 존재하지 않을 것이라는 추단은 지나치게 단순하다. 경험칙상 기업집단을 경제적 동일체로 간주할 수는 없어 보인다. 외관상 계열회사의 경영상 독립성이 유지되고 있다고 하더라도 총수의 지배 하에서 결국 전체적으로 이들의 경쟁상 이해관계가 일치할 수밖에 없다는 주장도 가능할 것이다. '과도한 일반화'(over-generalization)의 오류를 경계할 필요가 있어 보인다.

㈏ 기업결합

공정거래법 제9조 이하 및 제11조 이하의 규정에서 하나의 사업자 또는 경제적 동일체라는 용어는 사용되지 않는다. 다만, 「기업결합 심사기준」은 '취득회사등'에 계열회사를 비롯한 특수관계인을 포함시키고 있으며(심사기준 Ⅱ. 3.), 경쟁제한성을 판단함에 있어서 취득회사등과 피취득회사의 관계를 고려하여 수평, 수직 또는 혼합결합으로 구분하고, 이들 당사회사의 점유율을 합산하는 방식으로 둘 이상의 회사를 사실상 하나의 사업자로 고려하는 듯한 태도를 취하고 있을 뿐이다(심사기준 Ⅵ.).

그런데 시장지배적 지위남용의 경우와 마찬가지로 시장점유율 합산이란 수평결합의 경우에나 의미를 가질 수 있으나, 수직결합이나 혼합결합에서도 결합 후 지배관계의 형성을 통하여 하나의 경쟁단위처럼 움직이게 될 당사회사를 경제적 동일체로 고려할 여지는 충분해 보인다. 또한 사업다각화 차원에서 여러 분야에 계열회사를 두고 있는 기업집단의 경우라면 당초 수평, 수직 또는 혼합결합 여부를 판단하는 단계에서 취득회사 등을 전체적으로 고려할 필요가 있을 것이다. 다만, 공정거래법은 누구든지 직접 또는 특수관계인(계열회사를 포함)을 통하여 행하는 기업결합을 규제대상으로 삼고 있다는 점에서 처음부터 계열회사를 하나의 사업자로 보는 태도와는 거리가 멀다는 해석도 가능할 것이다. 계열회사가 처음부터 하나의 사업자라면 특수관계인을 통한 기업결합이란 상정할 수 없기 때문이다.

㈐ 부당한 공동행위

2 이상의 사업자가 법 제40조 제1항 각호의 하나를 행하기로 합의하는 이른바 공동행위에서 복수의 사업자는 부당한 공동행위의 주체이자 동 행위가 성립하기 위한 첫 번째 요건이다. 그리고 「공동행위 심사기준」에 따르면 공동행위에 참가한 복수의 사업자를 실질적·경제적 관점에서 '사실상 하나의 사업자'로 볼 수 있는 경우에는 이들 간의 합의를 부당한 공동행위로 금지하지 않는다. 구체적으로 사업자가 다른 사업자[68]의 주식을 모두 소유하고 있거나(법 제2조 제11호의 동일인 또는 시행령 제4조 제1항 제1호의 동일인 관련자가 소유한 주식을 포함), 그렇지 않더라도 주식 소유비율, 당해 사업자의 인식, 임원겸임 여부, 회계의 통합 여부, 일상적 지시 여부, 판매조건에 대한 독자적 결정 가능성, 당해 사안의 성격 등 제반 사정을 고려하여 실질적 지배를 통하여 이들이 상호 독립적으로 운영된다고 볼 수 없는 경우에 '사실상 하나의 사업자'로 인정된다(심사기준 Ⅱ. 1. 나. ⑵ ㈎, ㈏).

따라서 예컨대 복점시장에 참여하고 있는 두 회사가 실질적 지배관계로 얽혀 있고, 이들이 가격이나 거래조건 등을 합의하였다면 처음부터 2 이상의 사업자 간 합의라는 요건이 충족될 수 없는 것이다. 다만, 그 합의에 다른 사업자가 참여한 경우에는 여전히 부당한 공동행위가 성립할 수 있다(심사기준 Ⅱ. 1. 나. ⑴). 이때 실질적 지배관계를 통하여 '사실상 하나의 사업자'로 인정되는 대표적인 경우가 바로 모·자회사를 포함하여 계열관계에 있는 회사임은 물론이다. 주식소유를 파악함에 있어 동일인 또는 동일인관련자가 소유한 주식을 포함하기 때문이다(심사기준 Ⅱ. 1. 나. ⑵).

다른 한편으로 공동행위에 참여한 2 이상의 사업자가 '공동으로' 증거를 제공하는 경우에도 이들이 '실질적 지배관계에 있는' 계열회사라면 이들이 단독으로 제공한 것으로 보아 1순위가 인정될 수 있는 부분도 복수의 계열회사를 사실상 하나의 사업자로 볼 수 있는 또 다른 경우를 보여주고 있다(영 제51조 제1항 제1호 가목). 여기서 「공동행위 심사기준」이 단순히 '계열회사'라고 정하지 않고 '실질적 지배'라는 표현을 붙이고 있는 취지는 무엇일까? 「부당한 공동행위 자진신고자 등에 대한

68) 여기서 사업자란 실상 회사를 지칭하는 것으로 보인다. 따라서 용어사용의 적절성을 고려하여 수정할 필요가 있을 것이다.

시정조치 등 감면제도 운영고시」(이하 "감면고시")[69]에 따르면 이때의 '실질적 지배관계'란 위에서 언급한 「공동행위 심사기준」상 '사실상 하나의 사업자'와 동일한 기준에 따라 판단하게 되어 있다(감면고시 제4조의2 제1항). 그렇다면 결국 공동행위 관련 일련의 심사기준에서는 동일인이 사실상 지배하는 회사들 사이에 '직접적으로' 실질적 지배관계가 존재하는 경우에만 사실상 하나의 사업자 내지 경제적 동일체를 인정하고 있다는 해석이 가능해진다. 판례도 마찬가지이다.[70]

다만, 경제적 동일체를 인정할 경우에는 하나의 계열회사가 혼자 1순위로 자진신고를 하고 공정거래위원회의 조사에 협조한 경우에도 다른 계열회사는 — 사실상 하나의 사업자로서 — 1순위 자진신고에 따른 과징금 면제 및 고발면제 등의 혜택을 별도의 절차 없이 당연히 누릴 수 있다고 보는 것이 논리적으로는 일관될 것이다. 다만, 이렇게 해석할 경우에는 현실적으로 자진신고가 남용될 우려가 있을 것이다.

㈑ 불공정거래행위 등

공정거래법 제45조 제1항은 사업자의 불공정거래행위를 금지하고 있으며, 법문에는 하나의 사업자에 관한 언급이 전혀 없다. 그런데 동항에서 열거하고 있는 행위유형에 따라 하나의 사업자에 관한 태도가 상이함을 알 수 있는바, 예컨대 계열회사를 위한 차별취급에서는 결국 복수의 계열회사를 각각 별개의 사업자로 본다는 태도가, 다른 계열회사에 대한 부당지원에서도 계열회사를 각각 하나의

69) 공정거래위원회 고시 제2023－13호, 2023.4.14. 개정.

70) 대법원 2015.9.24. 선고 2012두13962 판결: 공정거래법 제44조 제1항의 위임을 받은 시행령 제51조 제1항 제1호 (가)목에 의하면, "자진신고에 따른 감면을 받는 자는 부당한 공동행위임을 입증하는데 필요한 증거를 단독으로 제공한 최초의 자와 두 번째의 자임을 원칙으로 하되, 다만 공동행위에 참여한 2 이상의 사업자가 공동으로 증거를 제공하는 경우에도 이들이 '실질적 지배관계'에 있는 계열회사이면 필요한 증거를 단독으로 제공한 것으로 보게 되어 있다. 그 규정의 취지는, 부당공동행위에 대한 자진신고는 단독으로 하는 것이 원칙이어서 그로 인한 감면혜택도 단독으로 받게 하되, 둘 이상의 사업자가 한 공동신고를 단독으로 한 신고에 준하는 것으로 인정해 줄 필요가 있는 경우에는 자진신고의 혜택 역시 같은 순위로 받도록 하는 데에 있다. 위와 같은 법령의 내용과 공동감면제도의 취지에 비추어 볼 때, '실질적 지배관계'에 있다고 함은 각 사업자들 간 주식지분 소유의 정도, 의사결정에서 영향력의 행사 정도 및 방식, 경영상 일상적인 지시가 이루어지고 있는지 여부, 임원겸임 여부 및 정도, 사업자들의 상호 관계에 대한 인식, 회계의 통합 여부, 사업영역·방식 등에 대한 독자적 결정 가능성, 각 사업자들의 시장에서의 행태, 공동감면신청에 이르게 된 경위 등 여러 사정을 종합적으로 고려하여, 둘 이상의 사업자 간에 한 사업자가 나머지 사업자들을 실질적으로 지배하여 나머지 사업자들에게 의사결정의 자율성 및 독자성이 없고 각 사업자들이 독립적으로 운영된다고 볼 수 없는 경우를 뜻하는 것이다."; 대법원 2016.8.24. 선고 2014두6340 판결.

사업자로 보는 태도가 드러나고 있다.[71] 법 제47조 제1항이 금지하는 사익편취, 즉 특수관계인에 대한 부당한 이익제공의 경우도 부당지원행위의 경우와 마찬가지이며, 부당한 이익이 귀속되는 특수관계인은 동일인 및 친족에 한정되어 있으므로 여기에 경제적 동일체를 논할 여지는 원칙적으로 없다. 다만, 자연인 총수를 경우에 따라서 공정거래법상 사업자로 포섭할 수 있을지에 관한 고민은 여전히 필요할 것이다.

여기서 부당한 지원행위나 특수관계인에 대한 부당한 이익제공 등에 대해서 공정거래법이 계열관계에 있는 회사를 하나의 사업자로 파악하지 않는 이유는 이들 행위를 규제하는 취지가 단순히 시장에서 경쟁을 보호하는 데에 국한되지 않고, 오히려 그보다 기업집단에 의한 일반집중의 심화 또는 총수 일가의 부당이득과 경영권의 편법승계를 방지하는 데에 있기 때문이다. 그럼에도 불구하고 계열회사 간의 지원성 거래에 대하여 공정거래법상 무가치판단을 내림에 있어서는 경제적 동일체 이론을 회피함으로써 경제적 실체를 외면하고 있다는 이론적 비판을 면하기 어려워 보인다.

(3) 과징금 부과대상과 '경제적 동일체' 이론

(가) 개 관

공정거래법상 시정조치 및 과징금의 부과대상은 원칙적으로 법위반으로 나아간 사업자이다.[72] 동법이 금지행위의 주체로 사업자(예외적으로 법 제51조의 경우에는 사업자단체)를 규정하고 있는 데에 따른 당연한 결과이다. 이때, 사업자를 위하여 행위 하는 자연인, 대표적으로 법인의 임·직원이 법위반으로 나아가는 경우에도 그에 따른 행정제재는 사업자에게 부과될 뿐이고 해당 임·직원은 '원칙적으로' 행정적 제재를 받지 않는다. 공정거래법상 경제적 동일체 내지 하나의 사업자개념은 시정조치나 과징금과 관련해서는 전혀 고려되지 않고 있는 것이다.

구체적으로 시장지배적 사업자의 정의 및 추정, 기업결합 당사회사의 점유율 합산, 공동행위에 참가한 복수의 계열회사 등에서는 하나의 사업자개념이 반영되어 있으나, 정작 법위반을 이유로 행정제재를 부과함에 있어서는 실제 행위로 나아

71) 신동권(제3판), 845−847면.

72) 예외적으로 사익편취의 경우에는 이를 지시 또는 관여한 (자연인인) 특수관계인도 시정조치 및 과징금의 부과대상이 될 수 있는바, 법 제47조 제4항은 구체적으로 특수관계인이 법위반을 지시하거나 이에 관여하는 행위를 금지하고 있다.

간 특정 계열회사(법인)만 고려되고 있는 것으로 보인다. 그 결과 특정 계열회사가 궁극적으로 총수 또는 그 일가의 이익을 위해서 법위반행위로 나아간 경우에도 지원객체이거나 사업기회를 제공받은 자를 제외하고 다른 계열회사나 총수에게는 공정거래법상 아무런 책임을 귀속시킬 수 없다. 엄밀히 따지자면, 공정거래법이 사업자를 행위주체 및 책임귀속의 주체로 규정하고 있기 때문에 해석상 '하나의 사업자'에 포섭될 수 있는 복수의 계열회사에게 시정조치나 과징금을 부과할 수 있다고 볼 여지도 있다. 다만, 지금까지 공정거래위원회의 심결이나 법원의 판결에서 이와 같이 해석한 예가 없고, 책임귀속의 주체로서 사업자는 언제나 법인인 회사였다.

㈏ 독일 경쟁제한방지법 제9차 개정과 그룹책임론

① 개정의 배경

전통적으로 독일 경쟁제한방지법은 법위반행위에 대하여 형사벌의 성격을 갖는 벌금(Bußgeld; fine)을 부과함에 있어서 법위반행위라는 금지요건(Tatbestand)과 법률효과(Rechtsfolge)로서 책임을 구별해 왔다. 즉, 우리나라의 기업집단에 상응하는 콘체른과 관련하여 금지행위를 판단함에 있어서 행위주체는 사업자(Unternehmen)인 반면, 독일 질서위반법(Gesetz über Ordnungswidrigkeiten; OWiG)에 따라 '책임을 지는 자의 범위'(personelle Haftungsumfang)는 언제나 권리주체, 즉 콘체른을 구성하는 개별 회사였다(GWB 제81조; OWiG 제30조 참조). 즉, 사실상 하나의 사업자로 인정되는 경우에도 벌금이라는 책임은 실제 행위로 나아간 회사만 지는 것이다. 이를 '권리주체원칙'(Rechtsträgerprinzip)이라 하며, 그 결과 행위주체와 책임주체를 이원적으로 파악하게 된다.

반면, 유럽경쟁법은 일찍이 경제적 동일체로서 사업자책임을 원칙으로 하며, 금지행위와 책임의 경우를 구별하지 않고 있다. 즉, 복수의 회사로 구성된 사실상 하나의 사업자가 행위주체이자 책임주체가 되는 것이다. 따라서 행정제재로서 과징금 등의 책임은 경제적 동일체인 사업자에게 귀속되며, 한 사업자의 일부를 구성하는 개별 회사는 유럽집행위원회가 내리는 처분의 '형식적인 수령자'(formelle Entscheidungsadressaten)일 뿐이다.

그간 독일 경쟁제한방지법은 몇 차례의 법개정으로 유럽경쟁법에 조화되어 왔으나, 여전히 책임원리에 관한 한 불완전한 조화상태에 머물러 있었다. 대표적으로 법위반행위로 나아간 회사에게만 벌금이 부과될 수 있는 반면, 벌금액의 산정에 있어서는 경제적 동일체를 이루는 사업자(복수의 회사)의 총 매출액이 고려되었던 것이다(GWB 제81조 제4항). 그 결과 유럽경쟁법과의 조화라는 측면에서 벌금부과를 통한 법집행에 흠결이 있다는 지적이 꾸준히 제기되었고, 2004년에 이 문제가 사회적 이슈로 비화하는 계기가 발생하였다.

즉, 2004년에 연방카르텔청은 "Wurstkartell" 사건에서 21개 제조업자와 33명에 이르는 임·직원(실제 책임 있는 행위를 한 자)에 대하여 약 3억3천8백만 유로에 달하는 벌금을 부과하였고,[73] 그 중 한 사업자가 자신에 속하는 몇몇 회사를 상업등기부에서 삭제함으로써 벌금납부의 책임을 면탈하려고 시도하는 일이 벌어졌던 것이다.[74] 그 후 제8차 경쟁제한방지법 개정을 통하여 합병 등으로 인하여 포괄적인 권리승계가 이루어지는 경우에 존속법인이나 신설법인이 벌금채무를 지게 되었는데(OWiG 제30조 제2a항), 그 전제로 권리승계의 전후에 걸쳐 '경제적 동일성'(wirtschaftliche Nahezu-Identität)이 유지되어야 했다.[75] 따라서 막대한 벌금을 부과받은 법위반 회사를 콘체른 차원에서 그냥 파산시키거나 정리해버리는 방식으로 제재를 사실상 회피할 수 있었기 때문에 여전히 효과적인 제재 내지 법위반행위의 억지를 기대하기 어렵다는 비판이 제기되었다. "Wurstkartell" 사건에서 드러난 흠결은 여전히 해소될 수 없었던 것이다. 그리고 이와 같은 제재상의 흠결을 막기 위하여 콘체른책임(Konzernhaftung),[76] 즉 콘체른 모회사에 대한 벌금 부과의 근거를 마련하고자 한 것이 제9차 개정의 입법취지 중 하나였다.[77]

---

73) BKartA, Pressmitteilung: Bundeskartellamt verhängt Bußgelder gegen Wursthersteller, 15.7. 2014; Pressmitteilung: "Wurstlücke" – Weitere Bußgelder in Höhe von rund 110 Mio. Euro entfallen in Folge von unternehmensinternen Umstrukturierungen, 26.6.2017.

74) 그 밖에 법위반행위에 직접 가담한 자회사를 조직변경을 통하여 콘체른에서 분리시키거나 콘체른에 남아 있더라도 내부적으로 자산을 이전하는 방식으로 책임을 면탈하는 경우가 발생하였고, 이 경우에도 다른 콘체른회사에게 벌금을 부담시킬 수는 없었다. Wurstkartell 사건에서 야기된 이와 같은 제재규정상 흠결을 이른바 "Wurstlücke"라고 부른다.

75) BVerfG, Beschl. v. 20.8.2015 - BvR 980/15, Rn. 13; Rechrslupe, "Bußgeld für den Rechtsnachfolger", 9.9.2015: "Die Erstreckung der (kartell–)bußgeldrechtlichen Verantwortlichkeit auf wirtschaftlich nahezu identische Rechtsnachfolger stellt keinen Verstoß gegen Art. 103 Abs. 2 GG dar.".

76) 콘체른책임이란 원래 독일 콘체른법상 통일적인 관리 하에 하나의 경제적 동일체로 결합된 사업자가 채권자나 소수주주와의 관계에서 부담하는 대외적·대내적 책임관계를 지칭한다. 심지어 자연인도 사업자의 개념을 충족하는 한 엄격한 요건 하에 자신에게 종속된 회사의 채무에 대하여 책임을 진다. BGH, Urteil v. 29. März 1993, BGHZ 122, 123(127); Dreher/Kulka, a.a.O., Rn. 1763–1788.

77) 이와 관련하여, 유영국, "독일 경쟁제한방지법(GWB) 제9차 개정의 취지와 주요 내용, 경쟁과 법 제8호, 서울대학교 경쟁법센터, 2017.4, 125–128면.

제9차 개정법은 법 제81조 제3항에 이어 제3a항을 추가하여 법위반에 대한 벌금을 부과함에 있어서 이른바 '콘체른책임'을 도입하였다. 그에 따르면 회사의 임원이 질서위반행위를 하고 그 결과 사업자가 자신의 의무를 침해하거나 법위반으로 부당이득을 얻게 되는 경우에, 연방카르텔청은 법위반행위의 시점에 하나의 사업자를 구성하고 직·간접적으로 당해 회사에 상당한 영향력을 행사한 다른 법인에게도 벌금을 부과할 수 있다.[78)]

이를테면 하나의 콘체른에 속하는 모회사 A와 자회사 B를 상정하고, B의 이사 c가 경쟁법 위반행위를 한 경우를 상정해보자. c는 B의 기관이자 일정 업무에 대한 대표권을 가지므로 c의 법위반행위에 대해서 1차적으로 법인인 B에게 벌금이 부과된다(이른바 책임귀속; Zurechnung[79)]). 그런데 B가 파산 등으로 벌금을 납부할 능력이 없다면 결국 B를 지배하는 법인인 A에게 벌금을 부담시킬 수 있게 되는 것이다. 즉, 그 임원이 법위반을 행한 법인에 직·간접적으로 영향력을 행사한 다른 법인에게도 벌금을 부과할 수 있게 되는 것이다. 이와 같은 벌금법상 콘체른책임은 카르텔(담합)에 국한되지 않고, 경쟁제한방지법상 벌금이 부과되는 모든 경쟁제한행위에 대해서 인정된다. 아울러 지배회사에 벌금을 부과하기 위하여 실제 법위반을 행한 종속회사에게 파산 등 납부능력이 없어야 하는 것도 아니다.

② 논쟁의 전개

(a) 반 대 론 새로 추가된 제81조 제3a항의 콘체른책임은 일견 법위반행위와 무관한 자에게 그것도 형사적 제재를 가하는 것이라는 점에서 독일의 벌금법체계 하에서 일찍이 전례를 찾을 수 없는 것이었다. 과거 독일 연방헌법재판소(Bundesverfassungsgericht, BVerfG)는 기관이나 대표자 등을 통하여 법위반행위를 하지 않은 법인에게 벌금을 부과하는 것은 위헌이라고 판시한 바 있다.[80)] 책임귀속을 위

78) BT-Drucks. 18/10207, S. 92; §81 (3a) GWB Hat jemand als Leitungsperson im Sinne des §30 Absatz 1 Nummer 1 bis 5 des Gesetzes über Ordnungswidrigkeiten eine Ordnungswidrigkeit nach den Absätzen 1 bis 3 begangen, durch die Pflichten, welche das Unternehmen treffen, verletzt worden sind oder das Unternehmen bereichert worden ist oder werden sollte, so kann auch gegen weitere juristische Personen oder Personenvereinigungen, die das Unternehmen zum Zeitpunkt der Begehung der Ordnungswidrigkeit gebildet haben und die auf die juristische Person oder Personenvereinigung, deren Leitungsperson die Ordnungswidrigkeit begangen hat, unmittelbar oder mittelbar einen bestimmenden Einfluss ausgeübt haben, eine Geldbuße festgesetzt werden.

79) Dreher/Kulka, a.a.O., Rn. 727-728.

80) OLG Celle, 9.9.1963 - 3 W 79/63; BVerfG v. 25.10.1966 - 2 BvR 506/63, BVerfG, 25.10. 1966 - 2 BvR 506/63.

한 연결고리 없이 법인 '자신의 행위책임'(eigene Tatverantwortlichkeit)을 묻는 형식으로 벌금을 부과할 수 없다는 것이다.

이러한 맥락에서 토마스(Stephan Thomas)와 브레텔(Hauke Brettel)은 독일연방산업협회(Bundesverband der Deutschen Industrie, BDI)의 의뢰를 받아 연방의회에 제출한 의견서에서 벌금부과에 있어서 콘체른책임을 규정하는 것은 "책임 없이 형벌도 없다."(nulla poena cine culpa)라는 형사법상 책임원칙(Schuldprinzip)에 역행하는 것이라는 반대 입장을 밝힌 바 있다.[81] 경쟁제한방지법상 콘체른책임이란 결국 자신의 법위반에 기초하지 않은 책임을 인정하는 것으로서 법치국가원리에 부합하지 않는다는 것이다. 뿐만 아니라 콘체른이란 아무런 기관(Organ)도 없고, 자체적으로 법적 구속력을 갖는 의사를 형성할 수도 없으므로 어떠한 권리·의무의 주체가 될 수 없으며, 종래 질서위반법 또한 이러한 점을 감안하여 개별 회사에게만 벌금을 부과하도록 규정하고 있는 것이라고 한다.

다만, 토마스(Stephan Thomas)와 브레텔(Hauke Brettel)은 뒤이은 논문에서 입법자가 정책적으로 모회사에 대한 제재를 강화할 여지는 충분하며, 법률상 모회사에게 이른바 콘체른 감독의무(Konzernaufsichtspflicht)를 도입하는 방법이 오히려 헌법에도 부합하고 법위반을 예방한다는 차원에서도 보다 효과적일 것이라고 한다.[82] 입법론으로서 충분히 경청할 만한 주장으로 보인다.

(b) 찬 성 론 이처럼 벌금의 책임을 개별 회사를 넘어 콘체른으로 확대하는 내용의 법개정에 대한 일부 반대의견에도 불구하고 독일 학계의 입장은 대체로 긍정적이었다. 일찍이 독점위원회(Monopolkommission)는 관련 법개정이 논의되기 시작한 직후 특별의견서(Sondergutachten)를 통하여 유럽경쟁법상 확립된 사업자개념에 독일의 벌금법(제재법)을 조화시키는 것이 바람직하다는 입장을 천명한 바 있다.[83] 또한 콘체른은 그 자체가 회사와는 다른 독자적인 의사형성과정을 특징으로 하며, 경쟁법은 일찍이 '기능적 접근방법'(funktionelle Betrachtungsweise)에 따라 하나의 사업자 내지 경제적 동일체를 행위주체이자 책임주체로 삼아왔다는 점도

81) Stephan Thomas/Hauke Brettel, Compliance und Unternehmensverantwortlichkeit im Kartellrecht, 2016, S. 50 ff.

82) Stephan Thomas/Hauke Brettel, Der Vorschlag einer bußgeldrechtlichen "Konzernhaftung" nach §81 Abs. 3a RefE 9. GWB-Novelle, WuW Heft 07-08, 2016, S. 336, 340 ff.

83) Monopolkommission, Sondergutachten Strafrechtliche Sanktionen bei Kartellverstößen, 2015, BT-Drucks. 18/7508; BKartA, Stellungnahme zum Referentenentwurf, 25.7.2016, S. 2 ff.

언급되었다.

콘체른책임의 도입 여부를 둘러싼 논쟁은 결국 회사법에 기반 한 전통적인 도그마틱 내지 형식적 접근방식과 경쟁법상 널리 인정되고 있는 기능적 접근방법의 차이로 이해할 수 있다. 그런데 경쟁법상 콘체른책임에 대한 반론은 결국 회사법상 책임원칙이 경쟁법에 우선한다는 근거 없는 명제를 전제로 삼고 있다. 즉, 회사법상 원칙이 경쟁법의 원칙이나 구체적인 해석을 구속하지는 않는 것이다.[84] 물론 사업자는 스스로 유책하게(schuldhaft) 행위 할 수 없기 때문에 결국 어떤 형태로든 개인의 책임을 사업자 또는 법인의 책임으로 전환시키지 않으면 안 된다. 이때 책임귀속에는 이를 정당화할 만한 합당한 사유가 있어야 한다.[85] 다만, 그것이 반드시 회사법의 원리에 기초할 당위성은 없는 것이다. 법인이라는 것도 하나의 의제이고, 입법자로서는 경제적 동일체를 벌금법 체계에 수용함으로써 경제현실을 규범적으로 보다 정확하게 포착할 수 있는 것이다.[86]

또한 연방헌법재판소는 반대론자가 근거의 하나로 제시한 "책임 없이 형벌도 없다."라는 책임원칙을 독일기본법(Grundgesetz, GG) 제1조가 보장하는 '인간의 존엄과 가치'(Menschenwürde)라는 기본권과 결부시켜 설명해왔고,[87] 그에 따라 제1조는 법인에게는 보장되지 않는다는 입장을 견지해왔다. 따라서 법인인 회사는 비록 직접적인 책임 없이 벌금을 부과 받더라도 그 어떤 존엄과 가치가 훼손되지는 않는다. 질서위반법상 벌금은 권리주체에게 부과되는 것이 원칙이며, 원칙적으로 벌금부과 대상자에게 일정한 귀책사유가 있어야 하나, 경쟁제한방지법과 같은 특별법이 이러한 원칙을 깨뜨리는 것은 헌법상 용인되고 있는 추세이다.

끝으로 사업자에게 책임을 귀속시키는 데에 일정한 한계를 설정하는 원리는 책임원칙이 아니라 바로 비례의 원칙(Verhältnismäßigkeit)이라는 점도 간과해서는 안된다. 이 점에서 개정법 제81조 제3a항은 제재상의 흠결을 메우는데 적절하고도 필

84) Rupprecht Podszun, Stellungnahme als Sachverständiger im Wirtschaftsausschuss des Deutschen Bundestags zur Vorbereitung der Anhörung am 23.1.2017, BT 18. Wahlperlode Ausschuss für Wirtschaft und Energie - Aussshuss-Drucks. 18(9)1092, 19.1.2017, S. 9.

85) 구체적으로 책임귀속을 위하여 어떤 행위(Zurechnungstat)가 있어야 하는지는 책임법상의 가치판단에 따르게 된다. 어떤 경우에도 벌금결정의 수범자는 종국적으로 다시 '법인'으로 귀착되는바, 벌금을 납부할 의무 역시 권리능력 있는 회사일 수밖에 없다.

86) Podszun, a.a.O., S. 10.

87) BVerfG, 30.6.2009, Az. 2 BvE 2/08 u.a., NJW, 2009, 2267(2289), "Vertrag von Lissabon". Anders noch BVerfG, 25.10.1966, Az. 2 BvR 506/63, NJW 1967, 195, "nulla poena sine culpa".

요한 수단으로 볼 수 있다. 벌금을 면탈하기 위하여 해당 법인을 파산시키는 경우에 징수가 불가능해지며, 콘체른책임보다 권리침해의 정도가 약한 다른 수단도 마땅치 않기 때문이다.[88] 책임귀속의 요건이라는 측면에서도 동항이 정하고 있는 두 가지 요소, 즉 '경제적 동일체'(카르텔에 따른 이득이 귀속되는 사업자의 범위)와 '일정한 영향력 행사'(경제적 동일체 내에서 자율준수 노력 여부)는 유럽경쟁법상 책임귀속의 원칙에 비추어보더라도 적절해 보인다.[89]

③ 사 견

공정거래법상 '경제적 동일체' 내지 '하나의 사업자'라는 개념은 금지행위의 유형에 따라 제각기 운용되고 있으며, 절차법 및 제재법의 영역에서는 그마저도 거의 고려되지 않고 있다. 그런데 '하나의 사업자'란 경쟁법의 기능적 해석에 기초한 이른바 '법의 산물'(Rechtsprodukt)로서 행위유형이나 실체법·절차법에 따라 달리 파악할 수 있는 것이 아니다. 동 개념은 시장에서 하나의 경쟁단위로 작동하는 경제적 실체를 적절히 포착하기 위한 것으로서, 행위주체와 책임주체는 일치해야 하기 때문이다. 그런데 공정거래법은 여전히 법인격을 중심으로 개별 회사에 대해서만 시정조치와 과징금을 부과하고 있어 향후 해석론이나 입법론상 재검토가 요구된다.

우리나라에서 경제적 동일체 내지 하나의 사업자 여부는 재벌 중심의 경제구조 속에서 기업집단 소속 계열회사들을 공정거래법상 어떻게 파악할 것인지와 밀접하게 관련되어 있다. 이와 관련하여 일부 금지행위와 관련하여 공정거래법령에서 복수의 계열회사를 하나의 사업자로 포착할 수 있는 근거조항을 두고 있으나 그 실무상 의미는 매우 제한적이다. 법위반에 따른 제재에 있어서는 결국 당해 행위로 나아간 개별 회사만 책임을 지게 되기 때문이다. 따라서 먼저 경제적 동일체의 법리를 실체법상 일관된 기준에 따라 반영하고 위법성 판단 시 고려할 수 있도록 해석론과 입법론을 강구할 필요가 있고, 궁극적으로는 행정제재와 형사벌, 나아가서 민사책임에 이르기까지 동 법리의 적용범위를 확장할 것인지, 확장한다면 현행 기업집단과 계열회사를 어떠한 추가적인 요건 하에서 경제적 동일체로 파악할 것인지에 대한 추가적인 논의가 이루어질 필요가 있다.

---

88) Regierungsbegründung, BT–Drucks. 18/10207, S. 84; BKartA, Stellungnahme zum Referentenentwurf, 2016, S. 3.

89) Konrad Ost/Gunnar Kallfaß/Katrin Roesen, Einführung einer Unternehmensverantwortlichkeit im deutschen Kartellsanktionenrecht, NZKart, 10/2016, S. 447, 452.

‘하나의 사업자’ 개념은 경쟁법의 목적에 기초하여 행위주체, 위법성 내지 경쟁제한성, 나아가 책임귀속을 위한 출발점이 된다. 일찍이 유럽법원은 하나의 사업자 개념에 입각하여 콘체른 내부의 경쟁제한을 부인하거나 과징금 제재라는 책임귀속의 주체로서 콘체른책임을 인정해왔고, 최근 개정된 독일 경쟁제한방지법은 제9차 개정 과정에서 이루어진 치열한 논란 끝에 이러한 태도를 벌금관련 규정에 명문으로 수용하였다. 유럽법상 실체법과 제재법을 관통하는 사업자개념은 유럽집행위원회 및 상당수 회원국의 경쟁당국이 이를 수용하고 있는바, 독일에서도 향후 법적 안정성이 제고될 것으로 기대되고 있다.

독일 및 유럽에서 전개된 경제적 동일체 이론 및 그룹책임은 법위반을 행한 회사가 파산 등으로 벌금 등을 납부할 수 없는 경우에도 그룹 소속의 다른 회사에게 이를 부과할 수 있다는 점에서 제재의 실효성 차원에서 중요한 의미를 갖는다. 반면, 우리나라의 경우에는 계열회사의 파산 등이 아니라 결국 계열회사의 사업내용을 실질적으로 지배하고 계열회사의 법위반으로 궁극적으로 이득까지 얻었을 총수에게 아무런 제재를 가할 수 없다는 점을 문제로 지적할 수 있다. 동일인인 총수를 중심으로 지배관계를 형성하고 있는 재벌을 일정한 요건 하에 하나의 경제적 실체로 파악하고, 제한적인 범위에서나마 총수 및 다른 계열회사에게도 법위반에 따른 책임을 부담케 하는 것이 ‘지배와 책임의 일치’ 및 ‘법위반행위의 효과적인 억지’라는 관점에서 바람직할 수 있고, 이 점에서 향후 기업집단 관련 책임법리에 관한 심도 있는 연구가 진행될 필요가 있다.

라. 경제적 동일체와 기업내부 공모이론

법적으로 독립된 복수의 회사를 하나의 사업자로 파악하는 대표적인 법리로는 유럽의 ‘경제적 동일체이론’과 미국의 ‘기업내부 공모이론’(intra-enterprise conspiracy doctrine)을 들 수 있다. 양자 모두 기업집단 소속 계열회사들을 하나의 사업자로 포착하기 위한 방법론과 관련하여 공정거래법의 해석에 적지 않은 영향을 미치고 있는바, 그 내용과 성격, 양자의 차이를 간략히 살펴보기로 한다.

먼저, 유럽경쟁법상 동일한 기업집단에 속한 계열회사들이나 모·자회사관계에 있는 회사들은 법적으로 별개의 법인격을 가지고 있으나, 이들 계열회사나 자회사가 경제적 독립성이 없거나 자신의 시장행위를 결정할 수 있는 실질적 자유를 누리지 못하는 경우에, 이들은 하나의 경제적 동일체로 취급된다. 하나의 경제적 동일체란 하나의 사업자와 마찬가지이다. 대표적인 사례가 1997년 유럽법원이 내린 "Viho" 판결인데, 여기서 모회사인 Parker Pen Ltd.와 그의 100% 소유 판매 자회사들 사이에 영업구역을 획정하는 내용의 약정(agreement)이 유럽기능조약 제101조 위반인지 여부가 다투어졌다. 유럽법원은 모회사와 100% 판매자회사들을 하나의 경제적 동일체로 파악하여 '사업자들' 간의 약정을 대상으로 하는 유럽기능조약 제101조 제1항을 적용할 수 없다고 판시하였다.[90)]

경제적 동일체에 해당하는지 여부는 여러 요소를 종합적으로 고려하되, 핵심적인 기준은 모회사가 계열회사나 자회사를 지배하고 있는지, 계열회사나 자회사가 독립된 경제주체로 인정될 수 있을 정도로 충분한 경제상 자유를 누리는지 여부이다. 구체적으로 어느 정도의 지배관계가 인정되어야 경제적 동일체로 인정될 수 있는지에 대한 판단기준은 비교법적으로도 그다지 명확하지 않다. 기업결합규제에서 규정하고 있는 지배관계가 일응의 기준이 될 수 있을 것이나, 규제목적에 따라 판단기준이 상이할 여지도 충분하다. 일반적으로 경제적 동일체 여부를 판단함에 있어서는 계열회사나 자회사에 대한 모회사의 지분율, 임원의 임명권한, 모회사가 가져가는 이윤의 폭, 마케팅이나 투자와 같은 주요 사안에 대한 모회사의 지시나 영향력 행사의 정도 등을 들 수 있을 것이다.

한편, 복수의 계열회사나 모·자회사가 경제적 동일체로 인정될 경우의 법률효과는 이들 간의 합의가 유럽기능조약 제101조상의 계약이나 동조적 행위에 해당하지 않는다는 것 외에 다음의 몇 가지를 들 수 있다. 우선 경제적 동일체에 속하는 복수의 회사는 상호 다른 회사의 법위반행위에 대해서 책임을 질 수 있다. 예컨대, 자회사가 동 조약 제101조나 제102조를 위반한 경우에 모회사가 그에 따른 과징금 등의 책임을 지게 된다. 종래 경제적 동일체이론의 이점으로는 실행지이론(implementation doctrine)이나 효과이론(effects doctrine)에 근거하지 않고 역외적용을 정당화하는 근거로 활용될 수 있다는 점이었다. 대표적으로 "Dyestuff" 판결[91)]에서 유럽법원은 모회사가 유럽공동체 밖에서 활동하고 있는 경우에 그 자회사가 유럽공동체 내에서 법위반행위를 저지른 경우, 그와 경제적 동일체 관계에 있는 모회사에게 경쟁법 위반행위의 책임을 부과한 유럽집행위원회의 결정을 확인한 바 있다.

---

90) ECJ C-73/95 P, Viho Europe BV. v. Commission [1996] ECR I-5457, [1997] 4 CMLR 419.

91) ECJ C-48/69 Imperial Chemical Industries Ltd(ICI) v. Commission [1972] ECR 619, [1972] CMLR 557, para. 125-146.

또한 경제적 동일체이론은 유럽집행위원회가 과징금의 액수를 산정함에 있어서도 매우 중요한 의미를 갖는다. 유럽집행위원회는 법위반사업자의 전년도 매출액의 10% 이내에서 과징금을 부과할 수 있는바, 이 때 부과기준이 되는 매출액이란 법위반행위에 참여한 개별 사업자 또는 기업집단의 전 세계 매출액이 된다. 따라서 해당 매출액에는 경제적 동일체에 속하는 모든 회사의 전 세계 매출액이 포함되고, 직접 경쟁법 위반행위를 실행한 회사의 매출액이나 법위반행위로 얻은 매출액에 국한되지 않는다(Council regulation (EC) No 1/2003 Art. 23 (2)).

그 밖에 유럽공동체의 여러 고시 등에 경제적 동일체를 염두에 둔 규정을 두고 있다. 예컨대, 대부분의 일괄예외규칙(Block Exemption Regulation, BER)과 간이고시(De Minimis Notice, DMN)는 일정한 시장점유율을 초과하지 않는 회사에만 적용되는바, 이때 시장점유율을 산정함에 있어서는 문제된 약정에 실제로 참여한 회사뿐만 아니라 그와 밀접하게 결합되어 있는 다른 회사의 시장점유율을 합산한다.

이와 달리, 미국에서는 셔먼법 제1조 위반의 공모와 관련하여 모·자회사 등 일정한 지배관계에 있는 복수의 회사들이 체결한 약정은 단일한 사업자 내지 기업 내부의 행위에 불과하여 동조의 적용에서 배제하는 법리가 판례를 통하여 발전하였다.

6. 중소사업자

공정거래법은 모든 사업자에 적용되며 대기업과 중소기업을 구별하지 않고 있다. 다만, 중소기업의 경쟁력 향상을 위한 공동행위는 공정거래위원회의 인가를 받아 예외적으로 허용될 수 있는데(법 제40조 제2항 제4호), 이때 중소기업의 개념과 범위가 문제된다. 「중소기업기본법」상 중소기업(동법 제2조 제1항)만이 참여하는 경우에 한하여 공정거래법 제40조 제2항이 적용되도록 하는 것이 타당한가에 대한 의문이 든다. 공정거래법은 기업결합의 경쟁제한성 추정요건과 관련하여 대규모회사가 「중소기업기본법」에 따른 중소기업의 시장점유율이 2/3 이상인 거래분야에서의 기업결합일 것을 정하고 있는 외(법 제9조 제3항 제2호 가.)에, 달리 중소기업을 판단하는 기준을 언급하고 있는 예가 없다.

「중소기업기본법」은 중소기업의 보호·육성정책이라는 목적을 위해 마련된 법(법 제1조)으로서 경쟁질서의 보호를 목적으로 하는 공정거래법과는 그 목적을 달리할 뿐만 아니라, 매출액이나 자본금 또는 종업원의 수와 같은 계량적인 지표로 중소기업을 정의하고 있으나,[92] 이러한 기준은 시장에서의 경쟁관계와 부합하지 않는 경우가 다분히 발생할 수 있기 때문이다. 예컨대, 「중소기업기본법」이 정하는 매출액의 기준을 훨씬 넘는 사업자라도 다른 경쟁사업자와의 관계에서 매출액의 격차가 현저하게 커서 이들의 공동행위를 통한 대규모사업자와의 경쟁상 지위향상이 필요한 경우가 있을 수 있다.

양법의 차이는 「중소기업기본법」이 단지 대기업과의 관계에서 나타나는 중소사업자의 불리한 지위를 조정하려는 것인 반면, 공정거래법과 같이 시장에서의 자유롭고 공정한 경쟁을 유지하는 것과 무관하기 때문에 발생하게 된다. 따라서 기업결합의 경쟁제한성 추정과 같이 중소기업의 정의에 관하여 명시적인 규정이 있는 경우를 제외하고는 「중소기업기본법」상 중소기업의 개념을 공정거래법에 그대로 원용하는 것은 타당하지 않고, 구체적인 사안에 따라 해당 금지조항의 목적과 시장구조 및 당해사업자가 그의 경쟁사업자 또는 거래상대방에 대하여 가지는 상대적 지위 등을 고려하여 상대적으로 판단하는 것이 바람직할 것이다.

92) 2021.6.8. 개정, 대통령령 제31758호, 「중소기업기본법」 시행령 제3조 제1항.

제 2 절 지리적 적용범위

Ⅰ. 서 설

1. 배 경

국내법은 원칙적으로 자국의 영토 내에서만 그 효력을 갖는다. 공정거래법 역시 공정하고 자유로운 경쟁질서의 유지를 도모하고 있는바(법 제1조), 사업자의 경쟁제한행위가 국내에서 행해진 경우에는 그 행위자가 외국기업이건 국내기업이건 상관없이 원칙적으로 공정거래법을 적용할 수 있다. 일련의 경쟁제한행위 중 일부만이 국내에서 행해진 경우[93]에도 마찬가지이다. 이는 국내법의 효력범위에 관한 속지주의의 원칙상 당연한 결과이다.

그런데 오늘날과 같이 시장이 개방되어 국가 간의 거래가 빈번히 이루어지고, 국민경제의 상호의존성이 급속히 커지는 상황에서 종래의 관할권 원칙을 고수할 경우에는 국내법의 목적이 제대로 달성될 수 없는 경우가 종종 발생하게 된다. 대표적으로 공정거래법 위반행위가 외국기업에 의해 제3국에서 행해진 경우에 우리나라의 경쟁질서와 소비자이익을 저해하더라도 속지주의원칙을 고수하여 동법을 적용할 수 없다면 결국 국내에서의 자유롭고 공정한 경쟁질서의 유지·확보라는 동법의 목적은 훼손될 수밖에 없는 것이다. 여기서 외국사업자의 외국에서의 행위에 공정거래법을 적용한다는 의미에서 역외적용(域外適用; extraterritorial application; extraterritoriale Anwendung[94])이 필요하게 된다.[95]

---

93) U.S. v. Aluminium Co. of America(Alcoa), 148 F.2d 416(2d Cir. 1945).

94) Mestmäcker/Schweitzer, a.a.O., §7. Rn. 10 ff.; Dreher/Kulka, a.a.O., Rn. 797−801.

95) 우리나라와 마찬가지로 역외적용을 자제하고 있던 일본에서도 특히 미국과의 관계에서 사적독점금지법의 역외적용을 둘러싼 마찰이 잦아지자, 일찍이 이에 관한 논의가 전개된 바 있다. 평성 2년 2월(1990.2.), 일본의 공정거래위원회에 제출된 「獨占禁止法涉外問題硏究会報告書」에 의하면, 외국기업이 일본 내에 상품을 수출함에 있어서 사적독점금지법을 위반하여 국내의 경쟁질서를 해친 경우에는 그 외국기업의 자회사나 지점이 일본 내에 소재하는지의 여부와 상관없이 사적독점금지법이 적용되어야 한다고 지적하고 있다. “獨占禁止法의 域外適用”, 쥬리스트, 1990.4, 72 −75항. 국내외 경쟁법의 역외적용 법리의 형성과 전개에 관하여, 권오승, “韓國 獨占規制法의 域外適用—航空貨物 國際cartel 事件을 中心으로—”, 경쟁법연구 제24권, 2011.11, 150−157면; 전민철, “경쟁법의 역외적용에 관한 고찰—미국, EU의 관련 입법과 사례를 중심으로—”, 연세법학 제29권, 2017, 209−239면.

반대로, 국내기업들이 주도하는 순수한 수출카르텔[96]의 경우에는 행위지가 비록 국내이더라도 그로 인한 경쟁제한적인 효과는 국외에서 발생하게 된다. 만약 국내에는 직접적으로 아무런 경쟁제한효과를 가져오지 않는다면 공정거래법이 보호하려는 법익, 즉 국내시장에서 공정하고 자유로운 경쟁의 침해가 존재하지 않으므로, 그러한 행위에는 동법을 적용할 수 없는 것이다.

2. 역외적용의 의의

역외적용이란 외국에서 외국사업자에 의해 이루어진 경쟁법 위반행위가 국내의 경쟁질서나 소비자의 이익을 저해하는 경우에도 국내의 경쟁법을 적용하는 것을 말한다. 자국의 영토 밖에서 외국사업자에 의해 이루어진 경쟁제한행위에 대해서도 그 영향 내지 효과가 국내의 경쟁질서나 소비자이익을 침해하는 경우에는 국내의 경쟁당국이 관할권을 행사하는 것이다. 여기서 공정거래법의 역외적용을 위한 연결점(Anknüpfungspunkt)은 바로 국내시장에서의 경쟁제한이나 국내소비자의 이익침해이다. 이때 국내의 경쟁당국은 먼저 자국의 경쟁법을 기준으로 특정 행위를 조사하는 과정에서 역외적용 여부를 결정하게 되고, 일단 국내의 경쟁당국이 국내시장에 미치는 영향을 인정하여 역외적용을 해야 할 사안이라고 판단하면 다시금 '어느 나라의 경쟁법을 적용할 것인가'라는 의미에서 '법의 선택'(choice of law) 문제는 발생하지 않는다. 즉, 역외적용은 국제사법상 법의 선택이라는 문제와는 다른 것이다.[97]

역외적용은 국내에 영향을 미치는 행위에 대하여 국내의 경쟁당국이 자국의 국내법을 적용한다는 점에서 일견 당연한 것으로 보일 수도 있으나, 역사적·사회적 배경이 다르고 경제발전의 단계가 상이한 나라 사이에서 발생하는 경쟁법제의 차이 내지 경쟁규범 간의 차이로 인하여 국가 간의 이해관계가 충돌할 수도 있다.

---

96) 자국시장에 대해서는 그 규제가 엄격한 나라에서도 세계시장을 상대로 하는 수출카르텔에 대하여는 경쟁법상 예외를 인정하거나 특별법의 형태로 오히려 이를 조장하는 경우가 많다. 대표적으로 미국에서도 1918년 제정된 'Webb－Pomerence Act'는 수출을 목적으로 하는 조합의 카르텔행위를 경쟁법의 적용에서 제외시켰고, 나아가 1982년의 새로운 입법이나 FTC법의 개정을 통하여 수출업자의 카르텔에 대한 책임을 면제하고 있다. 'Webb－Pomerence Act'에 관하여는 Eliot Jones, The Webb－Pomerene Act, JPE Vol. 28 No. 9, Nov. 1920, pp. 754－767; John F. McDermid, The Antitrust Commission and the Webb－Pomerene Act: A Critical Assessment, Wash. & Lee L. Rev. Vol. 37 Iss. 1, 1980, pp. 105－126.

97) 이봉의, "공정거래법상의 적용제외에 관한 연구", 경쟁법연구 제3권, 1991, 90면.

특히 경쟁법제가 상대적으로 앞서 있는 선진국과 그 발전이 아직 일천한 개발도상국 간에 역외적용의 문제는 종종 국가 간 무역분쟁으로 이어지기도 한다.

우리나라에서는 과거 공정거래법의 역외적용에 대하여 소극적인 견해가 지배적이었다. 그 이유는 법리상의 문제라기보다 국제무대에서 우리나라의 경제력을 감안할 때 역외적용의 실효성이 없다거나, 역외적용으로 인하여 오히려 무역상 불이익을 받을 수 있다는 등의 현실론에서 찾을 수 있다.[98] 이러한 태도에 대해서는 오래전부터 상호주의 원칙이나 국내경쟁질서의 보호필요성 등을 들어 비판적인 견해가 제기되었다. 21세기에 들어오면서 공정거래위원회는 국내시장에서 경쟁을 저해하는 외국사업자의 법위반행위에 대하여 적극적으로 공정거래법을 역외적용하기 시작하였고, 역외적용은 이제 지극히 통상적인 실무로 자리 잡게 되었다. 즉, 공정거래위원회는 2002년에 처음으로 "흑연전극봉 제조업자들의 국제카르텔"에 대하여 공정거래법을 적용하여 시정조치와 과징금을 부과하였고, 동 사건에서 대법원 역시 역외적용을 인정한 바 있다.[99] 그 후 역외적용의 근거조항을 명시한 법개정이 이루어졌고, 공정거래위원회는 비타민 판매업자들의 국제카르텔 등 일련의 카르텔 사건에서 적극적으로 역외적용을 하고 있다.

그 밖에 기업결합 규제와 관련해서도 역외적 기업결합에 대한 신고관할권을 규정한 이후 외국기업 간에 외국에서 행해지는 기업결합에 대해서도 적극적으로 심사를 하고 있으며, "마이크로소프트/노키아 기업결합" 등 일련의 역외적 기업결합에 대하여 경쟁제한의 폐해를 시정하기 위한 동의의결이나 시정조치를 내린 바

---

98) 윤세리, "독점금지법의 역외적용", 공정거래법강좌 I, 1996. 여기서는 역외적용의 대안으로서 유럽의 '경제적 단일체이론'이나 '행위지주의'의 확대 해석을 제안하고 있는바, 이 또한 역외적용의 변형된 형태에 불과한 것으로 볼 수 있다.

99) 대법원 2006.3.23. 선고 2003두11124, 11148, 11155, 11275 판결: "공정거래법은 사업자의 부당한 공동행위 등을 규제하여 공정하고 자유로운 경쟁을 촉진함으로써 창의적인 기업활동을 조장하고 소비자를 보호함과 아울러 국민경제의 균형 있는 발전을 도모함을 그 목적으로 하고 있고(법 제1조), 부당한 공동행위의 주체인 사업자를 '제조업, 서비스업, 기타 사업을 행하는 자'로 규정하고 있을 뿐 내국사업자로 한정하고 있지 않는 점(법 제2조 제1호), 외국사업자가 외국에서 부당한 공동행위를 함으로 인한 영향이 국내시장에 미치는 경우에도 공정거래법의 목적을 달성하기 위하여 이를 공정거래법의 적용대상으로 삼을 필요성이 있는 점 등을 고려해 보면, 외국사업자가 외국에서 다른 사업자와 공동으로 경쟁을 제한하는 합의를 하였더라도, 그 합의의 대상에 국내시장이 포함되어 있어서 그로 인한 영향이 국내시장에 미쳤다면 그 합의가 국내시장에 영향을 미친 한도 내에서 공정거래법이 적용된다고 할 것이다."; 공정거래위원회 2002.4.4. 의결 제2002-077호. 공정거래위원회 조사 및 심결절차에 관하여는 허선·최영근, "국제카르텔에 대한 공정거래법 역외적용의 경험과 논리 — 흑연전극봉 국제카르텔 사건을 중심으로 —", 공정경쟁 제86호, 2002.10, 12-38면.

있다. 보다 구체적인 내용은 기업결합에 관한 장에서 상술하기로 한다.

Ⅱ. 역외적용의 인정근거

1. 외국의 예

각국마다 경쟁법의 역외적용을 인정하는 방식에 차이가 있다. 일찍이 미국에서는 연방대법원이 "Alcoa" 판결에서 영향이론(effects doctrine)을 최초로 수용한 이래,[100] "Timberlane" 판결에서 '관할권에 관한 합리의 원칙'(Jurisdictional rule of reason)을 근거로 관할권 행사시 이익형량 및 국제예양을 고려하도록 하다가,[101] 대외거래독점금지개선법(Foreign Trade Antitrust Improvement Act, 1982)에 이르러 효과주의 원칙이 명문화되기에 이르렀다.[102] 그 후 "Hartford" 판결[103]에서 법원은 영향이론으로 확실히 회귀하였고, "Nippon Paper" 판결[104]에서는 형사책임에까지 역외적용을 확대하였다.[105]

유럽기능조약에는 역외적용을 위한 명시적 규정이 없고, 유럽집행위원회와 유럽법원의 판례로 역외적용을 허용하고 있다.[106] "Dyestuffs" 판결[107]에서 경제적 단일체이론 내지 '책임이론(Liability Doctrine)에 근거하여 역외에 소재한 모회사에게 법위반책임을 확대하는 차원에서 역외적용이 인정되었고, 뒤이어 "Woodpulp" 판결[108]

100) U.S. v. Aluminium Co. of America(Alcoa), 148 F. 2d 416, 444(2d Cir. 1945); Najeeb Samie, The Doctrine of "Effects" and the Extraterritorial Application of Antitrust Laws, Miami Inter−Am. L. Rev. Vol. 14, 1982, pp. 27−29.

101) Edward A. Rosic Jr., The Use of Interest Analysis in the Extraterritorial Application of United States Antitrust Law, Cornell ILJ Vol. 16, Iss. 1, 1983, pp. 149−157.

102) 이와 관련하여, 장승화, "미국 경쟁법·정책의 외국시장개방수단화 현상: 그 이론적, 실무적 한계에 관한 분석", 법학 제34권 제3−4호, 1995, 152면.

103) Hartford−Empire Co. v. United States, 323 U.S. 386(1945).

104) United States v. Nippon Paper Industries Co., Ltd.; Jujo Paper Co., Inc.; and Hirinori Ichida(1996).

105) 미국 판례법상 효과주의 확립 과정에서의 주요 판례의 요지에 관해서는 장승화, 앞의 글(1995), 150−151면; 윤용희, "미국 독점금지법의 역외적용 — Extraterritorial Application of US Antitrust Law —", 경쟁법연구 제32권, 2015, 322−327면.

106) Mestmäcker/Schweitzer, a.a.O., §7. Rn. 50 ff.; Dreher/Kulka, a.a.O., Rn. 797−798; EuGH v. 6.9.2017 - Rs. C−413/14 P Rn. 49 = NZKart 2017, 525, "Intel"; EuGH v. 27.9.1988 - verbs. Rs. 89/85 u.a. Rn. 11 ff., "Ahlström"; EuGH v. 14.7.1972 - Rs. 48/69, "ICI".

107) Judgment of the Court of 14 July 1972. − Imperial Chemical Industries Ltd. v. Commission of the European Communities. − Case 48−69.

108) Judgment of the Court (Fifth Chamber) of 31 March 1993. − A. Ahlström Osakeyhtiö and others

에서는 실행지이론(Implementation Doctrine)을 채택하여 역외에서 담합을 결의한 경우에도 역내에서 실행이 이루어진 경우에는 해당 외국기업에 대하여 조약 제101조의 책임을 물을 수 있다고 판시하였다. 그 후 "Gencor/Lonrho" 판결[109] 및 "GE/Honeywell" 판결[110]은 기업결합에 대하여 영향이론을 수용한 것으로 평가받고 있다. 이와 달리 독일 경쟁제한방지법은 일찍이 제130조 제2항(현 GWB 제185조 제2항)에서 "이 법은 적용영역 외에서 이루어지더라도 적용영역 내에 영향이 미치는 모든 경쟁제한행위에 적용된다."고 규정함으로써 처음부터 입법적인 해결을 시도하였다.[111]

2. 우리나라의 경우

1980년 제정된 공정거래법[112]에는 역외적용에 관한 명문의 규정이 없었고, 공정거래위원회가 최초로 국제카르텔에 역외적용을 시도한 2002년 당시에도 상황은 마찬가지였다. 그런데 역외적용을 하지 않고 공정거래법이 국내시장에서의 경쟁질서를 충분히 보호하는 데에는 한계가 있었다. 공정거래법의 기능적 해석에 따르면 동법은 국내시장에서 공정하고 자유로운 경쟁을 보호함을 목적으로 하고, 국내시장에서 경쟁을 제한하는 행위라면 행위자나 행위지를 묻지 않고 동법을 적용하지 않으면 안 되며, 더구나 동법의 적용을 받는 사업자에 외국사업자를 제외할 이유가 없는 것이다.

"흑연전극봉" 판결[113]을 계기로 공정거래법이 개정되어 역외적용의 일반원칙을 담은 법 제3조가 도입되었고, 역외적용을 위한 송달절차에 관하여 특칙을 규정하게 되었다. 이로써 공정거래법의 역외적용을 위한 근거는 입법적으로 해결되었

v. Commission of the European Communities. – Joined cases C–89/85, C–104/85, C–114/85, C–116/85, C–117/85 and C–125/85 to C–129/85.

109) Judgment of the Court of First Instance (Fifth Chamber, extended composition) of 25 March 1999. – Gencor Ltd v Commission of the European Communities. – Case T–102/96.

110) Judgment of the Court of First Instance (Second Chamber, extended composition) of 14 December 2005. – Honeywell International, Inc. v Commission of the European Communities. – Case T–209/01.

111) 이에 관한 자세한 내용은 이봉의, 앞의 책, 60–61, 221–223면; BKartA, Merkblatt Inlandsauswirkungen in der Fusionskontrolle, 30.10.2014, Rn. 6 f.(Fußn. 7: Der Begriff "Wettbewerbsbeschränkungen" in §130 Abs. 2 GWB ist die zusammenfassende Bezeichnung für alle in den Sachnormen des GWB geregelten Auswirkungen auf den Wettbewerb.); Mestmäcker/Schweitzer, a.a.O., §7. Rn. 50 ff.; Dreher/Kulka, a.a.O., Rn. 797–801.

112) 1980.12.31. 제정, 법률 제3320호.

113) 대법원 2006.3.23. 선고 2003두11155 판결.

다. 물론 국내시장의 경쟁질서를 침해한다는 결과만을 이유로 외국기업이 외국에서 행한 경쟁제한행위에 대하여 국내법의 역외적용을 인정할 경우에 외국과의 주권충돌이 발생할 수 있다. 그러나 이러한 측면은 역외적용이 갖는 본질적인 속성이고 아울러 속지주의를 원칙으로 하는 국제관습법은 적어도 경쟁법의 적용에 관한 한 선진강국들에 의해 먼저 파기되고 있다는 점 또한 부인하기 어렵다.[114] 다만, 역외적용의 요건과 시정조치의 효력범위를 판단하는 과정에서 경쟁당국의 적절한 해석과 집행이 중요한 의미를 갖게 된다.

3. 국제예양

가. 국제예양의 의의

국제예양(國際禮讓; international comity)이란 통상 '관할에 관한 합리의 원칙'(jurisdictional rule of reason)으로 이해되고 있는바, 1970년대에 미국 판례가 발전시킨 것이다. 이것은 국내시장에 미치는 영향만을 강조하던 초기의 역외적용 실무가 진일보한 것인데, 구체적으로 국제예양이론은 국내시장에 미치는 영향만을 근거로 관할권을 인정하는 '일방주의적 해결방식'(unilateralism)에 의문을 제기하고, 국내시장에 미치는 영향을 비롯하여 행위자의 국적이나 외국정부의 정책 등 각종 요소를 종합적으로 고려하여 관할권의 유무를 인정하여야 한다는 것이다.

이러한 입장은 미국에서 대표적으로 "Timberlane" 판결[115]과 "Mannington Mills" 판결[116]로 집약되어 나타났다. 먼저, "Timberlane" 판결에서 연방제9항소법원은 합병당사자의 국적 및 합병지, 합병에 대한 외국정부의 정책적 입장 등 각종 요소를 고려하지 않고는 관할권의 존부를 결정할 수 없다고 하였다. 구체적으로 법원은 셔먼법을 역외적용하기 위해서는 ① 당해 행위가 미국의 대외무역에 현실적으로 영향을 미치거나 영향을 미칠 의도가 있을 것, ② 나아가 원고들에게 상당한 피해를 야기할 뿐만 아니라 미국 독점금지법 위반에도 해당될 것, ③ 미국 대외무역

114) 독점금지법의 역외적용과 관련하여 속지주의원칙을 확인한 대표적 판례로 알려져 있는 American Banana 판결(American Banana Co. v. United Fruit Co., 213 U.S. 347(1909))은 사실 문제된 행위가 주권을 가진 국가(코스타리카)에 의한 것이라는 이유로 미국법원의 관할권을 인정하지 않은 것이며, 미국 내의 거래에 미치는 효과가 다루어지지도 않았다는 점에서 속지주의를 선언한 것으로 보기 어렵다. 동 판결에 대한 상세한 내용은 이봉의, 앞의 글, 1991.

115) Timberlane Lumer Co. v. Bank of America, 549 F. 2d 597(9th Cir. 1976).

116) Mannington Mills, Inc. v. Congoleum Corp. 595 F, 2d 1287(3rd Cir. 1979).

에 미친 효과를 포함한 미국의 이익과 외국의 이익을 비교하였을 때 역외적용이 정당화될 것이라는 3가지 기준이 충족되어야 한다고 판시하였다. 이러한 요소를 고려함으로써 국제예양이 적절히 준수될 수 있다는 점에서[117] 역외적용의 요건과 국제예양을 위한 고려요소는 서로 일정 부분 결부되어 있는 것이다.

뒤이어 “Mannington Mills” 판결[118]에서도 이러한 입장에 기초하여 미국법원의 역외적 관할권을 결정함에 있어서 다음과 같은 국제예양을 고려해야 한다고 판시하였다.

① 외국법률 및 정책과의 저촉의 정도
② 당사자의 국적, 현재지 또는 영업지
③ 미국법원이 내린 명령의 집행가능성
④ 문제된 행위가 미국 및 외국에 대하여 갖는 중요성
⑤ 미국의 통상을 저해하거나 영향을 미치려는 명백한 의도 및 그 예견가능성
⑥ 외국에서의 시정조치의 존부와 소송 계속 여부
⑦ 미국법원이 관할권을 행사할 때, 그것이 외교관계에 미치는 영향
⑧ 문제된 행위와 관련된 조약의 내용
⑨ 시정조치가 다른 나라에서 위법한 행위를 강제하지는 않는가의 여부
⑩ 동일한 상황에서 외국에서 시정조치가 내려진 경우 미국이 이를 수용할 것인지 여부 등

미국의 경우 법원이 합리의 원칙에 입각한 국제예양을 폭넓게 수용하고 있음에도 불구하고, 여전히 역외적용을 좌우하는 가장 결정적인 요소는 미국통상 내지 미국의 국내시장에 미치는 영향 또는 그와의 관련성임을 부인할 수 없다.[119] 이를 달리 표현하자면 국제예양이라는 것도 결국 역외적용을 인정하는 것과 인정하지 않는 것 중에서 어느 쪽이 전체적인 미국의 통상이익에 도움이 될지를 기준으로 다분히 정책적으로 판단해야 한다는 것에 지나지 않는 것이다.

나. 국제예양의 실제 — 미국을 중심으로 —

일견 완화된 효과주의 내지 영향이론에도 불구하고 외국의 정당한 이익을 고려하기 위한 예양의 기준은 상당히 추상적이고, 1970년대 이후 미국에서는 법원 역

117) 윤용희, 앞의 글, 324면 이하.
118) Mannington Mills, Inc. v. Congoleum Corp. 595 F, 2d 1287(3rd Cir. 1979).
119) Phillip Areeda, Antitrust Analysis(Problems, Text and Cases), 1980, p. 145.

시 자국의 이익을 1차적으로 고려하여 이익형량을 하는 경향을 보여 왔다. 미국 법원의 이러한 태도는 셔먼법의 역외적용범위를 제한하려는 취지에서 1982년 대외거래독점금지개선법(Foreign Trade Antitrust Improvements Act, FTAIA)이 제정된 이후에도 거의 변하지 않은 것으로 평가되고 있다.[120)]

즉, 미국은 자국의 독점금지법을 일방적으로 적용하는 태도를 견지해왔는데, 이러한 태도는 1993년의 "Hartford" 판결[121)]과 뒤이어 1995년에 발표된 '국제활동에 대한 독점금지집행가이드라인'(Antitrust Enforcement Guidelines for International Operations),[122)] 그리고 1997년의 "Nippon Paper" 판결[123)]에서 재확인되었다. 특히, 1993년 "Hartford" 판결에서 미국 연방대법원은 "American Banana" 판결[124)] 이후 처음으로 관할문제를 해결하기 위한 방법으로 효과주의(영향이론)를 확인하는 한편, 효과주의와 국제예양 간의 관계를 명확하게 밝힌 바 있다. 그 밖에 역외적 관할권이 인정되더라도 과연 미국이 집행관할권을 행사할 것인지는 "Timberlane" 판결[125)]에 기초한 국제예양과 그 전제로서 요구되는 외국법과의 '진정한 충돌' 여부에 따라 해결됨을 알 수 있다.

(1) "Hartford" 사건

여기서 문제된 법위반행위는 미국 굴지의 4대 보험회사, 재보험회사 등이 자신들, 특히 재보험회사들에게 유리한 상업일반책임 보험증권을 사용하지 않는 미국 원보험회사들과는 재보험인수 등의 거래를 하지 않기로 일련의 공모를 하였다는 것이었다. 지방법원은 피고들의 행위가 맥캐런-퍼거슨법(McCarran-Ferguson Act) 제2조 (b)[126)]에 따라 독점금지법의 적용에서 면제된다고 보았으나, 항소법원은 이러

120) Roger P. Alford, The Extraterritorial Application of Antitrust Laws: A Postscript on Hartford Fire Insurance Co. v. California, 34 Va. J. Int'l L., 1993, p. 213, 216, 217. 동법(FTAIA)은 외국과의 상거래와 관련된 행위에 대하여 셔먼법을 역외적용하기 위하여 당해 행위가 국내시장에 '직접적이고 상당하며 합리적으로 예측가능한 영향'(a direct, substantial, and reasonably foreseeable effect)을 미쳐야 한다는 점을 명시하고 있다(15 U.S.C. §6a – Conduct involving trade or commerce with foreign nations).

121) Hartford Fire Ins. Co. v. California, 509 U.S. 764(1993).

122) 장승화, 앞의 글, 153-155면. 2017년 1월 13일 FTC와 DOJ는 1995년 마련된 동 가이드라인을 개정하여 발표하였다. DOJ, Press Release: Justice Department and Federal Trade Commission Announce Updated International Antitrust Guidelines (Jan. 13, 2017).

123) U.S. v. Nippon Paper Indus. Co., 109 F. 3d 1(1st Cir. 1997), cert. denied, 118 S. Ct. 685 (1998).

124) American Banana Co. v. Unitcd Fruit Co., 213 U.S. 347(1909).

125) Timberlane Lumer Co. v. Bank of America, 549 F. 2d 597(9th Cir. 1976).

한 원심의 판단을 받아들이지 않았다. 역외적용과 관련하여 항소법원이 판시한 중요 내용은 런던의 재보험회사들에 대해서 원심이 관할권을 부인하는 논거로 인용한 "Timberlane" 판결[127]의 '국제예양' 내지 '이익형량이론'을 명시적으로 부인하지는 않았으나, 영국 재보험회사들이 미국 내 거래에 영향을 미칠 명시적인 의도가 있었고 아울러 그러한 효과가 실질적으로 발생하였기 때문에 미국 독점금지법의 역외적 집행이 영국법과의 충돌보다 중요하다고 지적한 부분이다. 한편 연방대법원은 국내 보험회사가 외국의 보험회사와 공동으로 공모에 가담했다는 이유만으로 셔먼법의 적용을 피할 수 없다는 원심의 입장을 기각하면서, "Alcoa" 판결[128] 이후 처음으로 역외적 관할권의 성립요건에 대한 입장을 분명히 하였다.

즉, 연방대법원은 먼저 영국 재보험회사들이 영국 내에서 행한 행위라도 그것이 미국의 보험시장에 실질적으로 영향을 미칠 의도와 그에 따른 효과가 있었고, 따라서 셔먼법 제1조를 적용할 수 있다고 보았다. 아울러 "Timberlane" 판결에서 순회항소법원이 인정한 국제예양에 기초한 비교형량이론은 국내법과 외국법 간에 '진정한 충돌'(true conflict)이 있는 경우에만 고려될 수 있으며, 진정한 충돌은 외국정부의 명령 등에 의해 외국회사가 자국법과 미국법을 동시에 준수할 수 없는 경우에만 인정될 수 있고, 단지 재보험회사의 행위가 영국법상 적법하다는 사실만으로 독점금지법의 역외적 집행을 곤란하게 할 수 있는 충돌이 발생하지는 않는다고 보았다.

이처럼 연방대법원은 종래 하급심이 일방적인 역외적용을 다소 제한하기 위하여 개발한 국제예양에 기초한 이익형량이론이 적용될 수 있는 여지를 매우 좁힘으로써, 미국의 경쟁당국이 독점금지법을 보다 공격적으로 적용할 수 있는 근거를 제공하였고, 1997년의 "Nippon Paper" 판결[129]에서는 Hartford 판결[130]의 취지를 형사책임에까지 확대하기에 이르렀다.

---

126) 동조에 의하면 보험산업에 관하여 주법이 규율하는 한도에서 셔먼법이 적용되지 않으며, 이러한 적용면제에 대한 예외가 바로 후술하는 동법 제3조 (b)가 규정하고 있는 보이코트의 경우이다. 맥캐런–퍼거슨법의 제정 배경 및 적용 요건에 관하여, 정호열, "상호협정 관련 입법정책 연구", 연구보고서 17–3, 보험연구원, 2017.2, 45–48면.

127) Timberlane Lumer Co. v. Bank of America, 549 F. 2d 597(9th Cir. 1976).

128) U.S. v. Aluminum Co. of Am., 148 F.2d 416(2d Cir. 1945).

129) U.S. v. Nippon Paper Indus. Co., 109 F. 3d 1(1st Cir. 1997), cert. denied, 118 S. Ct. 685 (1998).

130) Hartford Fire Ins. Co. v. California, 509 U.S. 764(1993).

(2) "Nippon Paper" 사건

이 사건에서 미국 법무부는 감열팩스용지를 생산하는 일본제지가 일본 내 관련 산업단체회동에서 가격획정을 논의하고, 그에 따라 동사의 미국 내 자회사가 미국에 판매되는 팩스용지의 가격을 인상한 것이 셔먼법 제1조 위반에 해당된다고 보아, 본사인 일본제지를 미국법원에 기소하였다. 이때 문제된 독점금지법 위반의 범죄행위는 전혀 미국 내에서 이루어지지 않았으며, 위반회사 역시 일본에 본사를 둔 외국회사라는 점에서 전적으로 역외적용이 문제되는 사안이었다.

여기서는 민사사건에 대하여 내려진 "Hartford" 판결[131]이 형사사건에도 그대로 적용될 수 있는지가 다투어졌으며, 제1순회항소법원은 셔먼법 제1조는 민사사건과 형사사건에 따라 달리 해석될 수 없다는 점을 들어, 문제의 가격획정행위가 미국 내에 실질적이고도 의도된 효과를 갖는 한 셔먼법 제1조를 적용할 수 있다고 판시하였다. 그리고 피고가 주장한 국제예양의 항변에 대해서도 항소법원은 "Hartford" 판결을 그대로 원용하여 국제예양이란 자국법상 피고가 셔먼법에 위반되는 행위를 하도록 요구되거나 피고가 두 나라의 법을 모두 준수하는 것이 불가능한 경우에만 고려될 수 있으며, 본 건에서와 같이 일본이나 미국의 독점금지법이 모두 가격담합을 금지하고 있는 이상 국제예양은 처음부터 고려될 여지가 없다고 판시하였다.

다. 평 가

연방대법원은 먼저 문제된 경쟁제한행위에 대하여 미국 독점금지법의 입법관할권이 인정되는지를 판단하고, 입법관할권이 인정된다면 국내법과 외국법 간에 '진정한 충돌'이 있는 경우에 한하여 국제예양을 고려하면 족하다는 입장을 취하고 있다. 다만, 그러한 충돌이 존재하는 경우에 국제예양의 원칙이 어느 정도 고려되어야 하는지에 대해서는 아무런 기준을 제시하지 못하고 있다.[132] 따라서 국제예양을 고려하여야 할 것인지, 고려한다면 어느 정도로 고려할 것인지에 대한 판단은 법원의 재량적 판단에 맡겨짐으로써, 결국 효과주의에 따라 입법관할권이 인정될 경우에는 언제나 미국 독점금지법을 역외에서 집행할 수 있다고도 이해할 수 있다. 아울러 "Hartford" 판결[133]에서 법원은 "국제예양이 미국 법원으로 하여금 영국의 재보험회사들에 대한 관할권의 행사를 자제할 것을 요구하는 것은 아니며, 이는 당

131) Hartford Fire Ins. Co. v. California, 509 U.S. 764(1993).
132) Alford, Ibid, p. 221, 224.
133) Hartford Fire Ins. Co. v. California, 509 U.S. 764(1993).

해 재보험회사들의 행위가 영국의 법과 정책에 완전히 부합하는 경우에도 마찬가지"라고 판시함으로써, 국제예양이 미국 법원의 역외적 집행관할권을 법적으로 구속할 수 있는 여지를 현저히 좁힌 바 있다.

한편, 실무상 법원으로서는 국제예양을 고려해서 역외적용, 특히 역외적 집행관할권을 부인하는 것이 바람직한 것인지의 여부와 관련해서 다른 요소를 폭넓게 고려할 필요가 없어 보인다. 즉, 외국회사가 자국이나 미국 중 어느 나라와 더 밀접한 접촉점을 갖는지, 외국회사들의 활동에 대한 규제가 당해 외국정부의 입장에서 얼마나 중요한 의미를 갖는지, 그리고 관할권을 행사했을 때 그것이 미국의 대외관계에는 어떤 불이익을 가져올 수 있는지와 상관없이 법원은 두 가지 요건, 즉 미국의 통상에 의도적이고 실질적인 영향을 미치고 외국의 법질서와 진정한 충돌이 없는 한 자국의 독점금지법을 적용할 수 있는 것이다.

Ⅲ. 역외적용의 인정기준

1. 일반적 기준

공정거래법은 국외에서 이루어진 행위라도 국내시장에 영향을 미치는 경우에는 적용한다(법 제3조). 동법은 이른바 '영향이론'을 천명한 것으로서, 국내시장에 영향을 미치는 한 원칙적으로 공정거래법의 모든 실체규정과 절차규칙이 적용된다. 따라서 외국기업은 공정거래법 위반행위에 대하여 시정조치나 과징금 등 행정제재를 받게 됨은 물론이고, 그로 인하여 손해를 입은 자에게 배상책임을 질뿐만 아니라 공정거래위원회의 의결이 있는 경우 형사벌을 부과 받을 수도 있다.

가. '국내시장'에 미치는 영향

공정거래법은 공정하고 자유로운 경쟁의 촉진을 목적으로 하며, 이때 경쟁은 당연히 국내시장을 전제로 한다. 따라서 동법의 역외적용은 어디까지나 국내시장에 부정적인 영향을 미치는 경우에만 가능하며, 단지 외국기업의 경쟁제한행위로부터 국내기업을 보호하려는 것은 아니다. 이때 역외적용을 위한 1차적인 기준인 '국내시장에 영향'이란 외국기업의 외국에서의 행위가 국내시장에서 공정하고 자유로운 경쟁을 제한할 것을 요하지 않는다. 국내시장에 미치는 경쟁제한효과란 역외적용을 전제로 구체적인 법위반 여부를 심사하는 단계에서 고려되어야하기 때문이다. 국내시장에 미치는 영향이란 이미 발생하였을 것을 요하지 않으나, 객관적으로 입증 가능할 정도로 개연성이 높은 것이어야 한다. 단순히 잠재적 가능성 내지 이론적 가능성만으로는 충분치 않다.

나. 국내시장에 미치는 '영향의 정도'

전 세계적으로 무역의 자유화가 진전되고 각국 경제의 상호의존성이 심화됨에 따라 한 국가에서 일어난 경제행위가 곧바로 다른 나라에 영향을 미치는 일이 잦아지고 있다. 이때, 외국사업자가 외국에서 행한 행위가 국내시장에 영향을 미친다고 하여 언제나 공정거래법을 적용할 경우에는 주권충돌의 문제가 발생할 수 있다. 즉, 국내시장에 미치는 영향이 어느 정도여야 하는지를 따져볼 필요가 있고, 그 과정에서 역외적용에 따른 국가적 이익과 손실을 종합적으로 고려하지 않으면 안 된다. 이 문제는 결국 역외적용의 범위를 적절히 한정하는 기준에 관한 것이다.

이러한 맥락에서 먼저 국내시장에 미치는 영향은 문제된 행위로부터 직접 야기되거나 야기될 우려가 있는 것이어야 하며, 간접적인 영향으로는 충분치 않다. 예컨대, 중국에서 미국회사들이 수출카르텔을 결성하여 당해 상품을 홍콩으로 판매하고, 홍콩에서 이를 다소 가공하거나 가공하지 않은 상태로 다시 미국에 수출하는 경우에는 국내시장에 직접적으로 영향을 미치지 않는다는 점에서 해당 미국회사들에 대해서 공정거래법을 적용할 수 없다. 아울러 국내시장에 미치는 영향은 미미한 수준이 아니어야 한다는 의미에서 어느 정도 상당한 것이어야 하고, 나아가 그 영향은 합리적으로 예측가능한 것이어야 한다.

"항공화물운송료 담합" 판결[134]에서 대법원 역시 공정거래법 제3조에서 말하는 '국내시장에 영향을 미치는 경우'란 문제된 국외행위로 인하여 국내시장에 직접적이고 상당하며 합리적으로 예측가능한 영향을 미치는 경우로 제한해서 해석하여야 하고, 그 해당 여부는 문제된 행위의 내용·의도, 행위의 대상인 재화 또는 용역의 특성, 거래 구조 및 그로 인하여 국내시장에 미치는 영향의 내용과 정도 등을 종합적으로 고려하여 구체적·개별적으로 판단하여야 한다는 태도를 취하고 있다. 다만, 국외에서 이루어진 경쟁제한적 합의의 '대상'에 국내시장이 포함되어 있는 경우에는 특별한 사정이 없는 한 당해 합의가 국내시장에 영향을 미친다고 보아야 하고, 이 경우 국내시장에 별다른 영향이 없다는 사실에 대한 입증책임은 사업자가

134) 대법원 2014.12.24. 선고 2012두6216 판결.

부담하게 된다.

다. 역외적용에 따른 비교형량

그렇다면 외국에서 이루어진 외국사업자의 행위가 국내시장에 직접적이고 상당하며 합리적으로 예측가능한 영향을 미치는 경우라면 언제나 공정거래법을 역외적용 하여야 하는가? 공정거래법의 기계적인 역외적용은 자칫 외국과 불필요한 통상마찰을 야기하거나 공정거래위원회의 인적·물적 자원을 낭비하는 결과를 가져올 수도 있다. 이러한 문제의식에 따라 발전된 법리가 바로 국제예양에 입각한 합리의 원칙 내지 자국과 상대국의 이익을 비교한다는 의미의 형량심사(balancing test)라고 할 수 있다.[135] 그에 따르면 역외적용 여부를 판단함에 있어서 해당 외국의 법과 정책과의 저촉 여부, 경쟁당국이나 법원이 내린 결정의 집행가능성, 문제된 행위가 해당 외국 및 국내에서 갖는 중요성, 국내시장의 경쟁에 영향을 미치려는 의도 유무, 외국에서의 문제된 행위에 대한 절차의 진행 여부 등을 종합적으로 고려하게 된다.

현재 우리나라에서는 역외적용을 위한 별도의 기준이 마련된 바 없으며, 아래에서 살펴보는 바와 같이 행위별로 입법태도가 상이하다. 기업결합의 경우를 제외하면 외국에서의 외국기업에 의한 경쟁제한행위에 대한 역외적용 여부는 상당부분 공정거래위원회의 재량에 맡겨져 있는 셈이다. '적극적 예양'(positive comity)의 확대 추세에 따라 공정거래위원회가 이른바 공조협정(共助協定)을 활용하는 것은 이와 별개로 일방적인 역외적용의 문제를 완화시킬 수 있는 방법일 것이다.[136]

2. 행위유형별 역외적용

가. 시장지배적 지위의 남용

공정거래법은 시장지배적 사업자가 그 지위를 남용하는 행위를 금지하고 있다(법 제5조). 여기서 남용금지를 적용하기 위해서는 당해 사업자가 공정거래법상 시장지배적 사업자이어야 하고, 동법이 열거하고 있는 남용행위가 존재하여야 한다.

135) 미국에서는 앞서 살펴 본 "Timberlane" 판결(9th Cir. 1976)과 "Mannington Mills" 판결(3rd Cir. 1979)을 기점으로 국제예양에 따른 형량심사를 천명한 바 있으며, 그 후 다소 변화를 겪기도 하였으나 이는 아직까지도 법원의 일관된 입장이라고 할 수 있다.

136) 한-칠레, 한-미 간 FTA 협정에는 경쟁규범에 관한 공조협정이 포함되어 있었으며, 그 핵심은 바로 적극적 예양이었다.

그런데 법 제5조를 역외적용 함에 있어서 가장 먼저 제기되는 쟁점은 외국사업자도 공정거래법상 시장지배적 사업자에 해당할 수 있는지 여부이다.

공정거래법상 시장지배적 사업자를 판단하기 위해서는 무엇보다 시장점유율을 산정하여야 하는데(법 제2조 제3호, 제6조), 시장점유율은 국내총공급액 또는 구매액 중에서 당해 사업자가 '국내에' 공급한 금액 또는 '국내에서' 구매한 금액을 기준으로 삼고 있기 때문에, 외국사업자라도 국내에 상품 또는 용역을 공급하거나 국내에서 구매하는 경우에는 공정거래법상 남용규제를 받는 시장지배적 사업자에 해당할 수 있다. 즉, 외국사업자라도 '국내시장'에서 지배적 지위를 갖는 경우에는 공정거래법상 남용규제를 받게 되는 것이다. 반면, 외국사업자가 국외시장에서, 이를테면 아시아시장이나 세계시장에서 지배적 지위를 갖더라도 당연히 공정거래법상 시장지배적 사업자에 해당하는 것으로 볼 수는 없다.

이어서 국내시장에서 지배적 지위에 있는 외국사업자가 국외에서 남용행위를 한 경우에 비로소 역외적용이 고려될 수 있다. 이때 해당 외국사업자에 대한 역외적용 여부는 해당 외국사업자가 외국에서 행한 행위가 국내시장에 어느 정도로 영향을 미치는지, 나아가 역외적용 할 실익이 있는지 등을 별도로 따져보아 판단해야 할 것이다. 이때, 국내시장에 미치는 영향은 남용 여부가 문제된 행위와 상당한 인과관계가 있어야 하고, 당해 외국사업자가 국내에서 일정한 매출액을 갖는다는 사실만으로 당연히 역외적 관할권을 인정할 수는 없다.

한편, 시장지배적 사업자를 판단함에 있어서는 그 계열회사가 하나의 사업자로 간주되는데(영 제11조 제3항), 외국사업자가 국내에 설립한 자회사나 지사를 통하여 상품 또는 용역을 공급 또는 구매하는 경우 이들 모두 하나의 사업자로서 공정거래법상 시장지배적 사업자에 해당될 수 있다. 통상 공정거래위원회의 실무는 이러한 경우에 당해 외국사업자와 국내 자회사나 지사를 모두 피심인으로 삼아 공정거래법을 적용하고 있는바, 사실상 하나의 사업자로 파악한 것인지는 명확하지 않다.

나. 기업결합

공정거래법은 누구든지 일정한 거래분야에서 경쟁을 실질적으로 제한하는 기업결합을 하는 것을 금지하고 있다(법 제9조 제1항). 동법은 자산총액이나 매출액이 3천억 원 이상인 회사가 기업결합을 하는 경우에는 원칙적으로 사후신고를, 자산총액 또는 매출액이 2조 원 이상인 대규모회사에 의한 합병, 영업양수, 새로운 회사 설립에의 참여에 대해서는 사전신고를 규정하고 있다(법 제11조 제6항 단서). 종래 외국기업(주된 사무소가 외국에 소재하거나 외국 법률에 설립 근거를 둔 회사)이 국내기업을 인수하는 경우에는 역외적용과 무관하게 공정거래위원회의 심사를 받아왔으며, 그 밖에 외국에서 행해지는 외국기업 간의 기업결합이라도 외국회사 각각의 국내매출액이 3백억 원 이상인 경우에는 공정거래위원회에 신고의무가 발생하였고,[137] 그에 따라 공정거래법 제9조 이하가 역외적용될 수 있었음은 물론이다. 이 경우에 공정거래위원회가 해당 기업결합을 심사함에 있어서는 법 제3조에 따른 국내적 영향을 요하지 않는다.[138]

공정거래위원회는 일찍이 "웨스트디지털코퍼레이션과 히타치GST의 기업결합"에 대하여 자산매각을 명하는 시정명령을 내린 바 있고,[139] "호주 철광석 생산회사인 BHP 빌리튼과 리오틴토의 기업결합(합작기업)" 사건에 대해서도 기업결합 신고를 받아 심사를 진행한 바 있다.

아래에서는 외국기업이 국내기업을 인수하는 경우와 외국기업 간의 인수·합병을 각각 살펴보기로 한다. 국내기업이 외국기업을 인수하는 경우에도 그 외국회사의 국내매출액이 3백억 원 이상인 경우에는 공정거래법이 적용되나, 이때에는 원칙적으로 역외적용의 문제가 발생하지 않는다(영 제18조 제3항 참조).

(1) 외국기업이 국내기업과 기업결합을 하는 경우

외국기업이 국내기업을 인수하는 경우에 대해서는 신고의무와 관련하여 공정거래법이나 시행령에 별도의 규정이 없다. 이때에는 국내기업 간 기업결합과 마찬가지로 취득회사인 해당 외국기업의 자산총액이나 매출액이 3천억 원 이상이고 피취득회사인 국내기업의 자산총액이나 매출액이 3백억 원 이상인 경우에 한하여 사전[140] 또는 사후에 그 내용을 공정거래위원회에 신고하여야 한다(법 제11조 제6항).[141]

137) 신동권(제3판), 377－378면.

138) 자세한 내용은 본서의 기업결합규제 부분에서 언급한다.

139) 공정거래위원회 2012.2.3. 의결 제2012－017호. 당해 사건은 공정거래위원회가 외국회사 간 기업결합을 조건부 승인하면서 처음으로 자산매각 등의 구조적 시정명령을 내린 사안이다.

140) 임원겸임의 경우를 제외하고 기업결합의 당사회사 중 1 이상의 회사가 자산규모 2조 원 이상의 대규모회사인 경우에는 예외적으로 사전신고의무가 발생한다(법 제11조 제6항 제1호).

141) 2020년 전부개정법에 따라, 거래금액이 6천억 원 이상이면서, 직전 3년간 국내시장에서 월간 100만 명 이상에게 상품·용역을 판매·제공한 적이 있거나, 직전 3년간 '국내 연구개발 관련 예산이 연간 300억 원 이상인 적이 있었을 경우에도 사전 신고의무가 발생하게 된다(법 제11조 제2항,

공정거래위원회는 신고내용을 검토하여 당해 기업결합이 경쟁을 실질적으로 제한한다고 인정하는 경우에는 취득회사인 해당 외국기업에 대하여 주식의 전부 또는 일부의 양도나 임원의 사퇴, 그리고 영업의 양도 등을 명할 수 있다(법 제14조). 공정거래위원회는 일련의 사례에서 취득회사인 외국기업에게 적극적으로 시정조치를 내린 바 있으며, 이 경우에도 엄밀한 의미에서 역외적용 여부는 문제되지 않는다.

(2) 외국기업 간에 기업결합을 하는 경우

역외적용이 문제되는 것은 외국기업 간에 외국에서 행해지는 기업결합으로서,[142] 2 이상의 외국기업이 공동으로 국내에 자회사 내지 합작회사를 설립하는 경우도 마찬가지이다. 이러한 경우에 대해서는 1980년 공정거래법 제정[143] 이후 오랫동안 신고의무조차 없었으므로, 공정거래위원회가 외국기업 간에 기업결합이 있었던 사실조차 정확하게 파악하기가 쉽지 않았다. 그러다가 1990년대 세계적인 인수·합병 붐과 더불어 외국에서 외국기업 간에 이루어진 기업결합이 국내시장에 부정적 영향을 미치는 경우가 적지 않다는 인식하에 기업결합에 관한 역외적용의 실효성을 담보하기 위하여 공정거래위원회는 2003년에 「기업결합의 신고요령」[144]을 개정하여 외국기업 간의 기업결합에 관한 신고기준을 명시한 바 있다. 현재 동 신고요령은 역외적 기업결합에 한정하지 않고 당사회사 중 하나라도 외국회사인 경우를 합쳐서 규정하고 있다.[145]

다. 경제력집중의 억제

공정거래법은 소수의 기업집단에 경제력이 과도하게 집중되는 것을 방지하기 위하여, 1986년 제1차 개정[146]을 통해 경제력집중을 억제하는 일련의 사전규제를

제19조 제6항 제2호, 영 제19조 제1항, 제2항).

142) 국내시장에 영향을 미치는 외국기업 간 결합으로서 2015년 상반기부터 2019년 상반기 사이에 외국기업 간 기업결합 건수 및 금액 추이에 대하여는, 공정거래위원회, 2019.8.26.자 보도자료, 14면, 2019년 상반기 기업결합 동향: 2015년 45건, 2016년 43건, 2017년 56건, 2018년 41건, 2019년 60건.

143) 1980.12.31. 제정, 법률 제3320호.

144) 공정거래위원회 고시 제2003-1호, 2003.5.2. 개정.

145) 이외에 공정거래위원회는 「기업결합신고 가이드북」(2019.4, 14면 '외국기업이 포함된 기업결합(영 제18조 제3항 해석)' 참고)을 마련하여 기업결합심사제도 및 주요 사례 등을 안내하고 있다.

146) 1986.12.31. 개정, 법률 제3875호. 구법 제11조 제1항에서는 "사업자는 계약·협정·결의 기타 어떠한 방법으로도 다른 사업자와 공동으로 일정한 거래분야에서 경쟁을 실질적으로 제한하는 다음 각 호의 1에 해당하는 행위(이하 "부당한 공동행위")를 하여서는 아니 된다."고 하였다.

도입하였다. 이와 관련해서 지주회사의 행위제한과 공시대상기업집단이나 상호출자제한기업집단 소속 계열회사에 대한 규제를 나누어서 살펴보자.

먼저, 외국의 지주회사에 대하여 공정거래법 제18조가 규정한 제한이 적용되는지를 살펴보자. 동법상 지주회사(持株會社)란 '주식의 소유를 통하여 국내회사의 사업내용을 지배하는 것을 주된 사업으로 하는 회사로서, 대차대조표상 자산총액이 5천억 원 이상인 회사'를 말한다(법 제2조 제7호, 영 제3조 제1항). 여기서 '주된 사업'인지 여부는 자회사의 주식가액의 합계액이 해당 회사 자산총액의 50% 이상인지를 기준으로 판단한다. 지주회사의 지배를 받는 자회사나 손자회사는 모두 '국내회사'이므로 과연 국내회사의 지배를 주된 목적으로 하는 외국회사가 존재하는지가 관건이 된다. 아직까지 외국회사 중에서 이러한 요건을 충족하는 경우는 없는 것으로 알려져 있으나, 국내기업의 사업활동 지배를 주된 목적으로 하는 한 비록 외국에서 설립된 지주회사일지라도 공정거래법 제18조가 적용된다는 점에는 의문이 없어 보인다.[147]

반면, 공정거래법상 기업집단이란 동일인이 사실상 그 사업내용을 지배하는 회사의 집단으로서(법 제2조 제11호), 공시대상기업집단이나 상호출자제한기업집단은 해당 기업집단에 속하는 국내회사들의 자산총액의 합계액이 각각 5조 원 또는 국내 총생산액의 1천분의 5 이상인 경우를 말하므로(법 제31조 제1항, 영 제38조 제1항 및 제2항), 계열회사들이 대부분 외국회사인 기업집단은 현실적으로 여기에 해당하기 어렵다. 현재까지 공정거래위원회가 외국의 기업집단을 공시대상기업집단이나 상호출자제한기업집단으로 지정한 예도 없다. 따라서 경제력집중의 억제에 관한한 공정거래법이 역외적용 될 여지는 사실상 없어 보인다. 대기업집단에 대한 사전규제가 국민경제상 과도한 일반집중을 방지하기 위한 것이라는 취지나 집행가능성 등을 감안할 때, 이러한 태도는 타당하다.

라. 부당한 공동행위

공정거래법은 부당하게 경쟁을 제한하는 공동행위를 금지하고 있다(법 제40조 제1항). 역외적용과 관련하여 이를테면 2 이상의 외국기업이 외국에서 가격카르텔이나 시장분할카르텔을 결성하고, 이를 통하여 국내시장에 부정적 영향을 가져오는 경우에는 원칙적으로 공정거래법이 역외적용 된다. 이때, 외국기업 간 공동행위

147) 일본의 구 사적독점금지법 제9조는 외국회사에 의한 지주회사설립도 명시적으로 금지하고 있었다.

의 전부 또는 일부가 국내에서 행하여질 필요는 없다.[148] 지금까지 공정거래위원회의 실무상 역외적용은 거의 대부분 국제카르텔에 대해서 이루어져 왔다. 자세한 내용은 부당한 공동행위에 관한 부분에서 다루기로 한다.

한편, 국내기업들만 참가하는 '수출카르텔로서 국내시장에는 아무런 직접적인 영향을 미치지 않는 경우'(眞正 수출카르텔)에는 영향이론에 따르든 공정거래법 제3조에 따르든 동법이 적용되지 않는다. 다만, 그러한 '수출카르텔이 간접적으로 국내시장에서의 판매량이나 가격에 영향을 미치는 경우'(不眞正 수출카르텔)는 어떠할 것인가? 판례에 따라 영향의 직접성, 상당성 및 합리적 예측가능성 여부에 따라 판단하여야 할 것이나, 이 경우 공정거래위원회가 직접적 영향을 입증하기란 지극히 어려울 것이다.[149]

마. 불공정거래행위 등

사업자는 공정한 거래를 저해할 우려가 있는 행위를 하여서는 안 된다(법 제45조 제1항 각호). 공정거래법은 그 유형을 8가지로 대별하고, 시행령 [별표 2]는 이를 다시 28가지의 유형으로 나누어 그 세부기준을 정하고 있다. 외국기업에 대하여 동조가 적용되기 위해서는 그러한 행위로 인하여 국내시장에 부정적 영향을 미쳐야 함은 물론이고, 결국 법 제3조에 따른 판단이 요구된다. 외국기업이 국내의 판매업자에 대하여 재판매가격을 강제하는 경우에는 원칙적으로 국내적 영향이 인정될 것이다. 사업자단체는 구성사업자가 국내회사일 것을 요하지 않으므로, 여러 나라의 회사들이 회원으로 가입한 외국의 단체라도 금지행위를 통하여 국내시장에 영향을 미치는 경우에는 법 제51조가 적용될 수 있다.

148) 다만, 국제카르텔에 해당하는 행위의 일부라도 국내에서 행해진 경우에는 엄밀한 의미에서 역외적용이 문제되지 않는다. 속지주의원칙에 따르더라도 국내법인 공정거래법을 적용할 수 있을 것이기 때문이다.

149) 독일에서는 종래 순수한 수출카르텔이라도 국내회사가 참가한 경우에는 당해 국내회사에 한하여 자국의 경쟁법이 적용됨을 명정함으로써 효과주의원칙에 대한 예외를 인정하고 있었다(구 경쟁제한방지법 제98조 제2항 제2문). 그러나 1998년 법 개정에서 제2문을 삭제함으로써, 수출카르텔이 국내에 직접적 효과를 미치지 않는 경우에는 국내회사에 대해서도 동법을 적용하지 않게 되었다.

Ⅳ. 역외적용의 절차

공정거래법 제3조에 따라 동법을 역외적용하기 위한 실체적 요건, 즉 금지요건이 충족되고, 그 필요성이 인정되는 경우에 원칙적으로 공정거래위원회나 국내법원이 집행관할권 및 재판관할권을 갖는다.

1. 집행관할권

가. 조사절차

법위반사건에 대한 공정거래위원회의 심결절차가 원만하게 진행되어 실체적 진실을 밝히기 위해서는 충분한 물적·인적인 증거를 통한 조사가 이루어져야 한다. 역외사건의 경우도 마찬가지이다. 이를 위해서는 외국에 있는 기업관련 문서의 제출이나 증인의 소환이 필요한 것은 물론이다. 외국사업자라도 기업결합의 신고를 하지 않거나 허위의 신고를 하거나 또는 정당한 사유 없이 출석을 하지 아니한 때에는 과태료의 제재를 받게 된다(법 제130조 제1항 제1호, 제6호). 그 밖에 공정거래위원회의 조사를 거부·방해 또는 기피하거나 조사에 필요한 자료나 물건을 제출하지 아니하거나 거짓의 보고 또는 자료나 물건을 제출한 외국사업자에 대하여 공정거래위원회의 고발을 거쳐 형사벌을 부과할 수 있는지는 의문이나, 소극적으로 해석하여야 할 것이다. 형사절차의 경우 주권침해의 소지가 매우 크기 때문이다.

외국기업이 공정거래위원회의 조사에 스스로 협조하거나 증인으로서 자발적으로 조사에 응하는 경우에는 별 문제가 없으나, 그렇지 않을 경우에 이를 강제할 수 있는가? 부정하여야 한다. 공정거래위원회가 외국에서 조사권한을 행사할 수 있다는 명시적인 근거조항이 존재하지 아니하고, 우리나라의 행정권을 외국에서 행사하기 위한 국제법적인 근거를 찾기도 어렵기 때문이다. 국제법상 어떤 경우에도 경쟁당국이 외국에서 직접 조사하는 방식은 허용되지 않는바, 심각한 주권침해에 해당되기 때문이다. 이와 관련해서 결국 피조사인이나 피심인인 외국사업자가 협조를 거부하였다가 법위반행위가 인정될 경우 공정거래위원회의 심의·의결이나 법원의 재판과정에서 그만큼 불리한 입장에 놓이게 될 것이라는 점에서 사실상의 강제효과를 기대할 수 있을 뿐이다.

공정거래위원회는 외국인인 피조사인이나 피심인에게 문서나 자료의 제출을 명할 수 있는바(법 제81조 제6항), 이때에도 상대 외국의 법률에 반하지 않는 경우에 한하기 때문에 주권침해의 문제는 원칙적으로 발생하지 않는다. 증인소환의 경우도 마찬가지이다. 외국사업자가 보유한 문서라도 그것이 국내에 존재하거나 외국의 증인이 국내에 소재하는 한 해당 문서에 대한 제출명령에는 아무런 제약이 없다.

나. 문서의 송달

공정거래사건의 처리절차에서 심사절차 불개시사유에 해당되지 않을 경우에 심사관은 심사절차를 개시하여야 한다. 외국기업의 의견을 듣고자 하는 경우에는 대표나 임·직원에게 출석요구서가 발부되고, 필요한 자료나 물건의 보고·제출명령서가 송부되거나 최종적으로 시정조치·과징금이 의결되면 이를 통지하는 등 각종 문서의 송달이 이루어진다.

일찍이 문서의 송달에 관하여 공정거래법에 명문의 규정이 없던 시기에 대법원은 공정거래법 제101조(사건처리절차 등) 및 「행정절차법」에 따라 공정거래위원회가 심사보고서에 대한 의견제출요구나 전원회의 개최통지서 등을 등기우편으로 송달한 것은 행정절차법 제14조 제1항에 따른 우편송달로서 적법하다고 판시한 바 있다.[150] 이때 구체적인 송달의 방법이나 송달의 효력발생 등에 관하여는 「행정절차법」의 관련 규정이 준용되었다.

한편, 공정거래법의 역외적용을 위한 근거조항을 마련한 2004년 제11차 법개정[151]을 통하여 송달에 관한 규정도 신설되었다. 그에 따르면 국외에 주소·영업소 또는 사무소(이하 "주소 등")를 두고 있는 사업자 또는 사업자단체, 이른바 외국사업자에 대해서는 국내에 대리인을 지정하도록 하여 동 대리인에게 송달하도록 규정하여 대리인에 대한 우편송달을 인정하고 있다(법 제98조 제2항). 반면, 국내 대리인을 지정하지 아니한 외국사업자에 대해서는 제1항의 규정, 즉 행정절차법상의 일반

150) 대법원 2006.3.23. 선고 2003두11124, 11148, 11155, 11275 판결: 구 공정거래법(2004.12.31. 법률 제7315호로 개정되기 전의 것) 제55조의2 및 이에 근거한 「공정거래위원회 회의운영 및 사건절차 등에 관한 규칙」(공정거래위원회 고시 제2001-8호, 2001.6.30. 개정.) 제3조 제2항에 의하여 준용되는 구 행정절차법(2002.12.30. 법률 제6839호로 개정되기 전의 것) 제14조 제1항은 "문서의 송달방법의 하나로 우편송달을 규정하고 있고, 행정절차법 제16조 제2항은 외국에 거주 또는 체류하는 자에 대한 기간 및 기한은 행정청이 그 우편이나 통신에 소요되는 일수를 감안하여 정하여야 한다고 규정하고 있는 점 등에 비추어 보면, 피고는 국내에 주소·거소·영업소 또는 사무소가 없는 외국사업자에 대하여도 우편송달의 방법으로 문서를 송달할 수 있다고 할 것이다.".

151) 2004.12.31. 개정, 법률 제7315호.

원칙에 따르도록 하고 있어 통상적인 교부송달이 불가능한 경우에는 공시송달의 방식으로 송달이 이루어진 것으로 갈음할 수 있도록 하고 있다.

한편, 적법한 송달이 이루어지지 않은 경우에도 공정거래위원회의 결정이나 법원의 판결 그 자체가 무효로 되는 것은 아니며, 단지 이의신청을 포함한 불복의 제기기간이 진행되지 않을 뿐이다.[152]

다. 심결의 집행

외국사업자에 대한 조사결과 법위반행위가 확인되면, 공정거래위원회는 그에 대하여 시정조치나 과징금을 부과하거나 고발을 의결할 수 있다. 특히 시정조치의 경우에는 역외적용의 취지에 비추어 국내시장에서의 경쟁제한효과를 배제하는데 필요한 수준에 그쳐야 한다(비례의 원칙). 다만 외국사업자에 대한 시정조치가 확정된 경우에도 그 집행에 있어서는 일정한 한계가 있다. 즉, 현실적으로 외국사업자가 시정명령을 이행하지 않거나 과징금을 납부하지 않는 경우에도 이를 외국에서 집행하는 것은 해당 국가의 정부와 별도의 공조협정(共助協定)이 체결되어 있지 않는 한 곤란하기 때문이다. 결국 현실적으로 집행의 목적은 외국사업자가 국내에 보유한 자산이나 국내 자회사가 보유한 자산에 국한될 수밖에 없을 것이다.

2. 재판관할권

공정거래위원회 중심의 행정규제주의를 취하는 우리나라에서 재판관할권의 문제는 사법심사주의를 취하는 미국의 경우와 그 의미를 달리한다. 공정거래법상 경쟁제한행위에 대해서는 공정거래위원회가 1차적으로 관할권을 갖고, 국내 법원은 공정거래위원회의 처분에 대한 불복소송이나 공정거래위원회의 고발과 검찰의 기소에 의한 형사사건, 사적 당사자 간의 공정거래법 위반을 이유로 한 손해배상청구 등 민사사건에 한하여 재판관할권을 가진다. 따라서 공정거래위원회가 시정조치나 고발의결을 한 사안에서 역외적 관할권은 다투어질 소지가 별로 없으며, 국내 법원의 재판관할권은 주로 피해자가 공정거래법 위반을 이유로 외국기업에게 손해배상을 청구하는 경우에 중요한 의미를 갖는다.

이와 관련해서는 민사소송법 제5조(법인 등의 보통재판적)를 살펴보아야 한다. 그

152) EuGH v. 14.7.1972 - Rs. 48-69, Slg. 1972, 656, "ICI/Kommission"; EuGH v. 21.2.1973, Rs. 6/72, Slg, 1973, 241, "Continental Can/Kommission".

에 따르면 우선 외국기업의 경우에 원칙적으로 대한민국에 있는 사무소, 영업소 또는 주된 업무담당자의 주소지를 관할하는 법원에 관할권이 있으며, 국내에 사무소나 영업소가 있고, 그들의 업무에 관한 것에 한하여 그 소재지법원에 특별재판적을 인정하고 있는 민사소송법 제12조에 의하더라도 결과는 마찬가지이다. 국내에 이러한 '최소한의 접점'(minimum contacts)이 없는 한 국내법원이 관할권을 행사할 수 없도록 되어 있다. 요컨대, 외국기업이 국내에 사무소나 영업소 등을 두고 있는 때에는 피해자가 국내법원에 손해배상을 청구하면 될 것이고, 문제는 국내에 외국기업의 자회사나 합작회사 등이 존재하는 경우와 아무런 접점이 없이 순수하게 외국에서 공정거래법 위반행위를 한 경우이다. 차례로 살펴보기로 한다.

가. 국내에서 자회사나 합작회사가 활동하고 있는 경우

자회사나 합작회사가 모회사인 외국회사의 사업활동의 일환으로 국내에서 활동하고 있고, 순수하게 모회사의 이익에 기여하는 한, 모회사와 자회사 간에는 일체성 내지는 밀접한 연관성이 인정될 수 있을 것이다.[153] 따라서 이러한 경우에는 그들의 국내 사무소나 영업소 소재지의 법원에 관할권이 존재하게 된다. 경우에 따라서는 주로 외국 모회사의 이익을 위하여 국내에서 활동하고 있는 자회사 또는 합작회사를 모회사의 주된 업무담당자로 보아 그 주소지의 국내법원에 관할권이 인정될 수도 있다(민사소송법 제5조).

반면, 모회사와 자회사 사이에 일체성이 인정되고, 자회사 등이 모회사의 공정거래법 위반행위를 국내에서 실행하거나 이를 지원한 경우에는 그 행위지인 국내법원이 관할권을 행사하는 것도 가능할 것이다(민사소송법 제18조 제1항 참조).

나. 순수하게 외국에서만 활동하고 있는 경우

국내에 아무런 거점도 없는 외국사업자가 외국에서 수행한 행위가 국내시장에 부정적 영향을 야기하는 경우에 그로부터 피해를 입은 자는 청구의 목적이나 압류할 수 있는 외국사업자의 재산이 국내에 있는 때에 한하여, 재산소재지인 국내법원이 관할권을 가진다. 또한 당해 외국사업자가 국내에 재산이 없더라도 대한민국 국민이나 국내사업자가 공정거래법 위반행위로 인한 손해배상을 청구하는 경우에 피고인 외국사업자의 채무는 원칙적으로 지참채무라는 점에서, 피해자는 의무이행지

153) O.S.C. Corp. v. Toshiba America Inc., 491 F. 2d 1064 9th Cir.(1974); Williams v. Canon Inc., 432 F. Supp. 376 C.D. Cal.(1977).

인 자기의 주소지(기업의 경우에는 그 본점소재지)를 관할하는 국내법원에 소를 제기할 수도 있을 것이다.

제3장

시장지배적 지위남용의 금지

제1절 개 관

Ⅰ. 남용규제의 의의

1. 자유시장경제와 경제력의 남용

헌법상 보장되는 자유시장경제는 자유로운 경쟁을 기본으로 하고, 자유경쟁이란 사적자치와 그 운명을 같이 한다. 그리고 사적자치의 원칙은 재산권보장과 계약자유를 기초로 하는바, 공정하고 자유로운 경쟁이란 사적자치의 실질적 보장을 전제로 한다. 경쟁은 선택과정(selection process)을 거쳐 시장경제의 장점인 효율성과 혁신을 담보하게 되며, 궁극적으로 소비자의 이익으로 귀속될 수 있을 때 비로소 시장경제는 규범적 정당성을 부여받게 된다.

그런데 계약자유와 자유경쟁은 그 자체가 스스로를 파괴할 위험성을 내포하고 있다. 사인(私人)에게 무제한의 계약자유를 보장하거나 아무런 제약 없는 경쟁의 자유를 보장하는 것은 경우에 따라서 다른 거래상대방의 계약의 자유에 대한 침해나 공정하고 자유로운 경쟁에 대한 침해를 야기할 수 있기 때문이다. 더구나 시장에서의 자유경쟁이란 곧 시장집중의 과정이고, 독과점은 시장선택의 결과물이라는 점을 부인할 수 없으나, 집중의 결과인 독과점의 힘이 남용되는 문제는 현대 법질서가 간과할 수 없는 법현상인 것이다.

각국의 경쟁법은 기존의 독과점 그 자체에 대해서는 규범적 판단을 유보하고 있으나, 독과점의 힘을 남용하는 행위에 대하여 규범적 한계를 지우는 문제는 오래 전부터 다양한 법 영역에서 다루어져왔다. 우리나라에서 공정하고 자유로운 경쟁을 제한하는 행위를 규제하고 있는 공정거래법 역시 사적자치에 대한 한계설정을 통하여 계약자유를 실질적으로 보장한다는 규범적 목표를 가지는 것이다.[1)]

1) Fritz Rittner, Vertragsfreiheit und Wettbewerbspolitik, in: Andreae, Werner(Hrsg.), Wettbewerbs-

공정거래법은 시장에서 절대적이든 상대적이든 경제력의 부당한 행사를 규제하고 있다.[2] 전자의 예가 시장지배적 지위의 남용금지이고, 후자의 예가 불공정거래행위, 특히 거래상 지위남용의 금지이다. 그런데 '절대적 지배력'(absolute Marktmacht)과 '상대적 지배력'(relative Marktmacht)을 이원적으로 파악할 것인지, 아니면 양자의 본질은 결국 힘의 불균형에 있다는 점에서 일원적으로 파악할 것인지는 입법정책의 문제일 뿐이다. 참고로 독일 경쟁제한방지법의 경우에는 거래상 지위가 문제되는 경우에도 시장지배적 지위남용에 관한 규정을 준용토록 함으로써 일원적인 접근방식을 취하고 있다.[3]

2. 시장지배력에 대한 접근방법

가. 독과점과 법적 규제

어느 나라나 모든 시장에서 경쟁이 절대적으로 우선하는 것은 아니다. 나라마다 차이는 있으나 각국은 개별 시장의 특성을 감안하여 경쟁원리의 채택 여부를 입법적으로 정해왔다. 시장지배력을 공익적 관점에서 규제하는 방식으로는 크게 세 가지를 들 수 있다. 하나는 어떤 산업분야를 처음부터 국가나 지방자치단체의 '공적 소유'(public ownership)로 하여, 독과점에 대한 폐해가 원천적으로 발생하지 않도록 하는 방법이다. 이른바 '국가에 의한 독점'(state monopoly)으로서, 많은 나라에서 국가적으로 특히 중요한 산업에 대해서 아직까지도 국·공유의 방식을 채택하고 있다. 우리나라의 경우에도 철도산업은 국가가 직접 소유·경영하고 있으며, 전력산업이나 도시가스(도매)산업의 경우 주식회사 형태로 전환한 이후에도 여전히 정부가 상당한 지분보유를 통하여 이들 기업을 지배하고 있다.

또 하나는 국·공유에 따른 관리비용의 증가 등 비효율의 문제를 해결하기 위하여 기존의 규제산업에 민간의 소유를 인정하되, 국가가 경영을 규제하거나 생산량 또는 가격을 직접 규제함으로써 독과점에 따른 폐해를 방지하는 방법이다. 이는 대표적으로 공기업을 민영화(deregulation)한 이후에 — 다분히 과도기적으로 — 국가가 직접 유효경쟁의 형성 및 경쟁과정, 나아가 가격 등 시장성과에 사전적 또는 사

ordnung und Wettbewerbsrealität, FS Arno Sölter, 1982, S. 27 ff.

2) Wolfgang Fikentscher, Vertrag und wirtschaftliche Macht, Recht und wirtschaftliche Freiheit, 1992, S. 30 ff.

3) 자세한 내용은 이봉의, 독일경쟁법, 법문사, 2016, 117면 이하.

후적으로 개입하는 것으로서, 우리나라에서는 예컨대 방송·통신산업이나 담배산업 등에서 산업규제의 형태로 발견된다.

끝으로, 처음부터 민간의 경쟁원리에 맡겨졌으나 경쟁과정에서 독과점이 형성되었거나 민영화와 경쟁도입의 과정을 거쳐 유효경쟁이 어느 정도 정착한 규제산업에서 시장지배적 사업자의 남용행위만을 사후적으로 규제하는 방식을 들 수 있다. 이 방식은 독과점 그 자체를 백안시(白眼視)하지 않고 시장지배적 사업자에게도 가능한 한 폭넓은 계약자유의 영역을 보장하는 것으로서, 나라마다 차이는 있으나 대체로 시장지배적 사업자에게 일정한 금지의무를 부과하고 이를 위반한 경우에만 경쟁법적 사후규제를 가하는 것이다. 이러한 경우에 산업규제법과 경쟁법의 관계는 각국에 따라 상이하게 나타나는바, 규제산업에 경쟁체제가 도입·정착된 이후에도 여전히 종래의 산업규제법이 상당부분 존속하는 경우에는 경쟁규범과의 충돌을 조화하는 것이 중요한 과제로 떠오르게 된다.

나. 남용규제 관련 입법 태도

흔히 공정거래법상 시장지배적 지위남용을 설명하면서 미국과 일본은 원인금지주의(Verbotsprinzip)를 취하는 반면, 독일과 EU 및 우리나라에서는 폐해규제주의(Missbrauchsprinzip)를 취하는 것으로 알려져 있다.[4] 그에 따르면 원인금지주의는 독과점 그 자체를 문제 삼는 것인데 반하여, 폐해규제주의는 기존의 독과점은 인정하되 그로 인한 폐해만을 시정하는 것을 말한다. 그러나 이러한 구분은 정확하지도 않을 뿐만 아니라, 공정거래법의 해석이나 경쟁정책상 올바른 방향을 제시하지도 못한다.

먼저, 미국에서는 셔먼법 제2조가 '독점의 시도'(attempt to monopolize) 내지 '독점화'(monopolization)를 금지하고 있으나, 이는 그 실질에 있어서 '시장지배력'(market power)을 가진 사업자가 그 지위를 남용하여 자신의 지위를 유지 또는 강화하는 것을 사후적으로 규제하는 것에 불과하다. 일본의 사적독점금지법도 법문 상으로는 독점적 상태를 금지하고 있으나(동법 제8조의4[5]), 기존의 독과점상태 그 자체를 불법

4) 권오승, 경제법(제13판), 법문사, 2019, 86면; 권오승·서정, 독점규제법(제4판), 법문사, 2020, 130-131면.

5) 독점적 상태가 존재하는 경우(独占的状態があるときは) 일본 공정취인위원회는 법령이 정한 절차에 따라 해당 사업자에 대하여 사업의 일부양도 등 해당 상품 또는 용역에 대한 '경쟁을 회복시키기 위하여 필요한 조치'(競争を回復させるために必要な措置)를 명할 수 있다. 다만, 그 조치에 의해 해당 사업자에 대해 공급하는 상품 혹은 용역의 공급에 필요한 비용의 현저한 상승을 초래할 정도로

으로 보아 금지하는 것이 아니며, 그 기저에는 남용금지의 관념이 깔려 있다. 따라서 미국이나 일본의 입법례가 원인금지주의를 채택하고 있는 것으로 설명하는 것은 오해의 소지가 크다.

그렇다면 1980년 공정거래법을 제정할 당시에 남용규제와 관련하여 주로 참고하였던 독일과 유럽의 입법례를 살펴볼 필요가 있다. 독일에서는 1957년 경쟁제한방지법을 제정[6]할 당시부터 이미 형성된 시장지배력의 남용만을 규제하여 왔고, 유럽경쟁법의 원조라고 할 수 있는 1957년의 로마조약(Treaty of Rome)도 처음부터 시장지배적 지위의 남용만을 규제하고 있었다[동 조약 제86조, 현재는 Treaty on the Functioning of the European Union(TFEU) 제102조]. 결국, 어느 입법례에서나 독과점적 지위의 형성이나 보유 그 자체를 금지하는 경우는 없고, 그러한 의미에서 원인금지주의란 존재하지 않으며, 독과점을 형성 또는 강화하는 수단으로서 또는 독과점을 이용하여 거래상대방을 착취하는 형태의 남용행위만을 금지하고 있다는 점에서는 모두 폐해규제주의를 취하고 있을 뿐이다. 나라마다 폐해규제의 대상이 되는 시장지배력 내지 시장지배적 지위를 달리 파악하고 있을 뿐이다.

나아가 원인금지주의와 폐해규제주의라는 용어가 독일에서 유래하였고, 독일에서는 이들 용어가 카르텔에 대한 규제태도를 표현하는 것이었음에도 유의할 필요가 있다. 즉, 경쟁제한방지법을 제정하는 과정에서 독일경제의 폐단으로서 나치(Nazis)의 전쟁수행을 위한 수단으로도 활용되었던 카르텔을 근본적으로 금지할 것인지, 국민경제의 관점에서 카르텔의 장점을 감안하여 원칙적으로 이를 허용하되 그로 인한 폐해만을 규제할 것인지가 논란이 되었던 것이다. 그런데 일본의 학자들이 사적독점금지법상 독점적 상태의 금지를 설명하면서, 독일의 용어를 차용(借用)한 것이 국내 학자들에 의해 시장지배적 지위남용에 관한 것으로 다분히 오용된 측면이 있어 보인다.

사업규모가 축소되고 회계처리가 불건전하게 되거나 국제경쟁력의 유지가 곤란하게 된다고 인정되는 경우 및 해당 상품 또는 용역에 대하여 경쟁을 회복하기에 충분하다고 인정되는 다른 조치가 강구되는 경우는 그러하지 아니하다.

6) 경쟁제한방지법 제정과 특징에 관하여, 이봉의, 앞의 책, 26-28면.

Ⅱ. 남용규제의 목적과 체계

1. 남용규제의 목적

가. 경제적 목적론

시장지배적 사업자의 남용규제는 독과점의 폐해를 막기 위한 것이다. 일찍이 경제학계에서 독과점의 폐해로는 무엇보다 경제적 효율성 또는 혁신의 저해나 소비자후생의 감소 등이 언급되었다.[7] 즉, 독과점은 규모의 경제를 실현하고 연구·개발이나 원가절감 등을 통하여 경제적 효율성을 높일 수도 있으나, 상품이나 용역의 가격을 인상하고 공급량을 감소시키는 경우에는 소비자후생의 감소를 초래하고, 경쟁사업자의 사업활동을 부당하게 방해함으로써 자원의 효율적 배분을 저해할 우려가 있다고 한다.

그러나 독과점 그 자체가 경제적으로 바람직한 결과를 가져올 수 있음을 전제로 효율성 내지 소비자후생 측면에서의 폐해를 이유로 남용행위를 금지하는 것이라면 몇 가지 점에서 근본적인 의문이 제기된다.

하나는 독과점에 따른 비효율성이나 소비자후생의 감소라는 경제적 효과가 과연 시장지배적 지위의 '남용'을 금지하기 위한 규범적 가치기준이 될 수 있는지 여부이다. 독과점이라는 시장구조 자체가 갖는 폐해와 독과점사업자의 특정 행위에 따른 폐해를 구별할 필요가 있을 뿐만 아니라, 무엇보다 부당성 판단에 요구되는 다차원적 이익의 고려를 감안할 때 그 타당성이 의문스럽다.

다른 하나는 위와 같은 입장에 따라 '부당성' 여부를 판단하기 위해서는 언제나 효율성 측면에서의 '긍정적 (+)효과'와 '부정적 (−)효과'를 비교형량 하여야 하는데(balancing test), 결국 경제분석에 따라서 상충되는 결과가 나오기 쉽다. 법적 안정성이나 예측가능성에 문제가 생기는 것이다. 통상 공정거래법은 '경쟁제한'을 이유로 어떤 행위를 금지하는 경우에는 언제나 효율성 증대를 이유로 한 예외를 두고 있는바(법 제9조 제2항, 제40조 제2항 참조), 시장지배적 지위남용에 대해서는 아무런 예외조항을 두고 있지 않다는 점도 해석상 난점을 가져오는 요인이다.

나. 규범적 목적론

공정거래법이 시장지배적 지위남용을 규제하는 보호법익(保護法益)은 무엇보다

7) 박세일, 법경제학, 박영사, 2000, 589, 593면 이하; 권오승(제13판), 164−165면.

법 제1조가 정하고 있는 1차적인 목적, 즉 '공정하고 자유로운 경쟁의 촉진'에서 찾아야 할 것으로 보인다. 시장지배적 사업자가 존재한다는 것은 이미 규범적으로 상정된 유효경쟁으로부터 상당히 벗어나 있는 상태를 의미하기 때문에, 이때 동법이 보호하고자 하는 경쟁은 바로 '제한된 경쟁'(restricted competition) 내지 '잔존경쟁'(殘存競爭; Restwettbewerb)일 수밖에 없다.

즉, 남용규제의 주된 목적은 이미 구조적으로 제한되어 있는 경쟁을 더 이상의 악화로부터 보호하는 데에서 찾아야 한다. 이때 남용을 가져올 수 있는 경쟁제한성이란 당해 사업자가 기존에 보유하고 있는 시장지배력을 경쟁이 제대로 기능하고 있는 다른 전·후방시장 내지 인접시장을 독과점화하기 위하여 행사되는 경우에도 발생할 수 있다. 아울러 다른 경쟁사업자나 거래상대방으로부터 충분히 견제되지 않을 정도의 지배력을 가진 사업자가 성과나 능률에 기초하지 않는 경쟁행위로 나아가는 것 또한 남용규제에서 간과할 수 없는 부분이다.

다른 한편으로 법 제5조 제1항 제1호와 제2호의 부당한 가격책정 및 출고량조절의 금지는 당초 독과점산업에서 물가를 관리하려는 취지가 반영된 것이었는데, 경쟁이 제대로 기능하지 않는 독과점시장에서 최후의 수단으로 국가의 고권적 개입을 통해 경쟁가격에 상응하는 일정한 시장성과를 실현하고 궁극적으로 독과점이윤을 통한 지배력의 강화를 억제하려는 데에서 그 취지를 찾을 수 있다.[8] 다만, 가격 관련 남용 중에서도 경쟁사업자 배제의 일유형인 부당하게 낮은 가격책정의 금지는 흔히 약탈가격을 통하여 제3자의 신규진입이나 사업활동을 방해하는 행위를 금지하려는 구조정책적 목적을 염두에 둔 것이라고 이해할 수 있다.[9]

다소 해석의 여지는 있으나, 대법원이 "포스코" 판결[10]에서 남용규제의 입법목적을 '독과점적 시장에서의 경쟁촉진'이라고 선언한 것은 방해남용에 관한 한 이와 같은 규범적 목적론을 밝힌 것으로 이해할 수 있을 것이다.

---

8) 이러한 접근은 독점시장에서는 국가의 규제가 경쟁을 대체하지 않으면 안 된다는 Franz Böhm이나 Leonhard Miksch 등의 신자유주의적 사고에 뿌리를 두고 있다. Franz Böhm, Wettbewerb und Monopolkampf, 1933; Leonhard Miksch, Wettbewerb als Aufgabe, 1947.

9) 시장성과를 규제하는 성격을 갖는 가격남용(Preismissbrauch) 규제가 오히려 자유로운 경쟁과정과 충돌할 우려에 대해서는 Wernhard Möschel, in: Ulrich Immenga/Ernst-Joachim Mestmäcker(Hrsg.), GWB-Kommentar zum Kartellgesetz(3. Aufl.), 2001, §19 Rn. 12.

10) 대법원 2007.11.22. 선고 2002두8626 전원합의체 판결.

2. 남용행위의 체계 및 행위유형

가. 체 계

공정거래법 제5조 제1항은 다양한 유형의 남용행위를 모두 6가지로 열거하고 있다. 그 구체적인 내용에 대해서는 시행령에 위임되어 있고, 시행령 제9조는 남용행위의 유형을 보다 구체적으로 규정하는 한편, 공정거래위원회가 남용행위의 세부적인 유형과 기준을 고시할 수 있도록 위임하고 있다. 그에 따라 제정된 것이 「시장지배적 지위 남용행위 심사기준」[11](이하 "심사기준")이다.

나. 행위유형

시장지배적 지위의 남용 여부를 판단하기 위해서는 관련시장, 지배적 지위 및 남용이라는 세 가지 요건을 살펴보아야 한다. 행위주체는 일정한 거래분야에서 지배적 지위를 가진 사업자이고, 이들이 구체적으로 공정거래법이 정하는 행위로 나아가는 한편, 그러한 행위가 남용규제의 목적인 '독과점시장에서의 경쟁촉진'이라는 관점에서 볼 때 부당하여야 하는 것이다. 제5조 제1항은 가격의 결정·유지·변경행위(제1호), 공급량을 조절하는 행위(제2호), 다른 사업자의 사업활동을 방해하는 행위(제3호), 신규 사업자의 진입을 방해하는 행위(제4호), 경쟁사업자를 배제하기 위한 거래행위 및 소비자 이익을 현저히 저해할 우려가 있는 행위(제5호)를 규정하고 있다.[12]

강학상 시장지배적 지위남용은 거래상대방에 대한 착취남용(exploitative abuse)과 경쟁사업자에 대한 배제남용(exclusionary abuse)으로 나눌 수 있다. 전자의 예로는 가격남용(법 제5조 제1항 제1호), 출고조절(제2호), 소비자이익 저해행위(제5호 후단)를 들 수 있고, 후자로는 다른 사업자의 사업활동 방해(제3호), 신규진입 방해(제4호), 경쟁사업자 배제행위(제5호 전단)를 들 수 있다.

이러한 남용금지의 체계 속에서 시장지배적 사업자는 다른 사업자에 비하여 사적 자치가 상당히 제한되어 있다. 즉, 시장지배적 사업자는 경쟁과정에서 가격이나 생산량(내지 출고량)의 결정, 유통업자와의 배타적 거래계약체결, 필수요소에 대한 접근허용 여부 등 계약자유의 본질적인 내용에 대하여 상대적으로 높은 제약을

11) 공정거래위원회 고시 제2021-18호, 2021.12.30. 개정.
12) 남용행위 유형 및 기준, 사례에 관하여, 신동권, 독점규제법(제3판), 박영사, 2020, 150면 이하.

받고 있는 것이다. 우리나라에서 시장지배적 사업자에 대하여는 거래상대방이나 경쟁사업자를 배려할 특수한 의무가 법적으로 인정되는지 여부는 확실치 않으나, 설사 그러한 의무를 받아들이더라도 그 취지는 단순히 경쟁사업자를 보호하는 것이 아니라 제한적이나마 유효경쟁이 작동하도록 하기 위한 것임은 목적론에서 살펴본 바와 같다.

3. 다른 금지행위와의 관계

가. 기업결합 및 경제력집중과의 관계

먼저, 남용규제는 시장지배적 사업자에게만 적용되는 반면, 기업결합의 제한은 누구든지 적용을 받는다는 점에 차이가 있다. 보다 본질적인 차이로는 기업결합규제가 외부적 성장을 통한 시장지배력의 형성 또는 강화를 미연에 방지하는 사전규제(*ex ante* regulation)의 성격을 강하게 갖는 반면,[13] 남용규제는 이미 형성된 시장지배적 지위의 남용만을 '사후적으로 규제'(*ex post* regulation)한다는 점을 들 수 있다. 그렇다면 시장지배적 사업자의 기업결합이 문제되는 경우에 규제의 중첩이 발생할 수 있는가? 소극적으로 해석하여야 한다. 시장지배적 사업자의 남용행위는 공정거래법 제5조 제1항 각호에 6가지로 열거되어 있는데, 주식취득 등 기업결합이라는 행위 자체는 착취남용의 성격을 가질 수 없고, 법률이나 시행령에서 경쟁사업자를 방해 또는 배제하는 수단으로서 기업결합을 상정하고 있는 규정을 찾을 수 없기 때문이다.[14]

한편, 시장지배적 지위남용의 금지가 비록 소속 기업집단의 경제력집중 억제에 기여할 수는 있으나,[15] 그것은 남용금지의 반사적 효과에 불과할 뿐만 아니라 양자의 규제목적은 각각 시장집중과 일반집중의 억제에 맞추어져 있다는 점에서 양자의 상관관계를 속단하기는 곤란하다. 나아가 '남용' 여부를 판단함에 있어서 경제력집중의 형성·유지 또는 강화를 고려할 수는 없으며, 경제력집중 억제효과에

---

13) 법 제11조 제6항의 규정체계상으로는 사후규제가 원칙으로 보이나, 실무상 경쟁제한성이 인정되어 시정조치가 내려지는 기업결합은 거의 대부분 사전신고에 따른 것이기 때문이다.

14) Continental Can 사례(EuGH v. 21.2.1973, Rs. 6/72, Slg, 1973, 241)와 같이 유럽 차원에서 1989년 합병규칙이 제정되기 전에 시장지배적 사업자의 기업결합에 대하여 유럽기능조약 제102조에 따라 남용심사를 진행한 예가 있으나, 동조는 우리나라와 달리 남용을 금지하는 일반조항을 두고 있다는 점에 유의하여야 한다.

15) 이호영(제6판), 163-165면 이하.

대한 다소 막연한 기대를 근거로 남용을 쉽게 인정하는 것 또한 매우 위험한 일이다. 남용 규제에 있어서 대기업집단의 특성은 시장지배적 지위나 문제된 행위로 인한 경쟁제한성을 판단하는 과정에서 관련 계열회사를 적절히 고려하는 것으로 족할 것이다. 시장지배적 지위를 판단하는 단계에서 계열회사를 하나의 사업자로 보는 것은 시행령에 명정되어 있는 반면(영 제2조 제2항), 아무런 규정이 없는 경쟁제한성 여부와 관련해서는 심사기준을 기초로 공정거래위원회가 법 제5조의 입법취지에 근거하여 해석론으로 다른 계열회사의 지위와 역할 등을 고려할 필요가 있을 것이다.

나. 부당한 공동행위와의 관계

부당한 공동행위, 즉 카르텔은 주로 과점시장에서 발생한다. 과점시장이란 소수의 경쟁사업자로 이루어져 있으며 이들 중 누구도 단독으로 시장지배력을 갖지 못하나 각각 높은 시장점유율을 보유하고 있는 상태를 말한다. 어느 한 사업자가 시장을 좌우할 수 없기 때문에, 과점시장에서는 경쟁을 제거하기 위하여 담합이 이루어질 유인이 매우 크다.

부당한 공동행위는 2 이상의 사업자가 명시적 또는 묵시적 합의를 통하여 행하는 반면, 시장지배적 지위남용은 한 사업자의 일방적 행위(unilateral conduct)라는 점에서 양자가 구별된다고 한다.[16] 그러나 공정거래법상 남용행위의 유형에는 배타조건부거래와 같이 시장지배적 사업자와 상대방 간의 합의로 행해지는 경우도 심심찮게 발생한다는 점에서 언제나 타당하지는 않다. 행위자가 복수이냐 단수이냐의 차이 또한 카르텔과 남용행위를 구별할만한 실익이 되지 못한다. 시장지배적 지위남용이 수직적 경쟁제한인 반면 부당한 공동행위는 수평적 경쟁제한이라는 점에서 다르다고 설명하는 견해도 충분하지 않기는 마찬가지이다. 경쟁사업자에 대한 거래거절이나 차별취급 등과 같이 시장지배적 지위남용 또한 경쟁사업자에 대한 관계에서, 즉 수평적 경쟁제한의 수단인 경우가 적지 않기 때문이다.

그 밖에 독일 및 유럽의 경쟁법에서 먼저 논의된 바 있는 '공동의 시장지배'(collective dominance)에 관한 법리는 남용과 공동행위의 관계를 또 다른 관점에서 바라보게 한다. 동 법리에 따르면 합의를 입증할 수 없는 과점시장에서의 담합을

16) 이호영, 독점규제법(제6판), 홍문사, 2020, 45면; 이호영, "공정거래법상 시장지배적 사업자 규제의 쟁점과 과제", 저스티스 통권 제104호, 2008.6, 77면; 홍대식, "시장지배적 지위 남용행위의 판단기준 개선방안", 경쟁법연구 제21권, 2010, 106면.

시장지배적 지위남용으로 포착할 수 있다는 장점이 있고, 결국 남용과 부당한 공동행위의 중첩가능성을 보여준다는 점에서 시사하는 바가 크다. 다만 우리나라에서는 어떤 경우에 공동의 시장지배가 인정될 것인지가 매우 모호하기 때문에 동 법리에 따라 남용행위와 공동행위와의 관계를 일의적으로 논하기 어렵다.

다. 불공정거래행위와의 관계

공정거래법은 제5조에서 시장지배적 지위의 남용행위를 금지하는 한편, 제45조에서 불공정거래행위를 금지하고 있다. 그런데 남용행위와 불공정거래행위의 유형이 상당부분 중첩되어 있어서, 일견 사업자의 어떤 행위가 남용과 불공정거래행위 모두에 해당할 수 있는 것이다. 그에 따라 오래 전부터 양자의 관계를 어떻게 이해할 것인지에 대하여 견해가 갈라져 있었다. 종래 학설은 대체로 남용규제가 불공정거래행위규제에 대하여 특별법적 지위에 있는 것으로 보아, 양자가 경합하는 경우에는 남용규제에 관한 법 제5조가 우선하여 적용되는 것으로 해석해왔다.[17] 이는 남용행위나 불공정거래행위나 그 본질에서는 차이가 없고, 단지 전자의 경우에는 그 행위주체가 시장지배적 지위에 있는 사업자이기 때문에 그만큼 일반사업자에 비하여 제재의 강도가 높다는 정도의 인식을 기초로 하였던 것으로 보인다.

그런데 양자를 특별법과 일반법의 관계로 보는 해석은 몇 가지 점에서 유지되기 어렵다. 우선, 양자의 관계를 특별법 관계로 보는 경우, 만약 행위주체가 시장지배적 사업자라면 언제나 특별법의 관계에 있는 법 제5조를 적용하여야 한다. 그러나 공정거래위원회의 실무는 행위유형이 중첩되더라도 시장지배적 지위 남용의 금지만을 적용하지 아니하고, 불공정거래행위의 금지를 예비적으로 적용하는 모습을 보이고 있다. 예컨대, 마이크로소프트의 끼워팔기가 문제된 사건에서 공정거래위원회는 시장지배적 지위남용 중 부당한 사업활동 방해와 소비자이익 저해 외에 불공정거래행위 중 거래강제(끼워팔기)에 모두 해당한다고 판단한 바 있다.

또한 불공정거래행위의 유형 중에는 단순히 경쟁수단의 불공정성을 문제 삼는 경우뿐만 아니라, 경쟁제한성이나 거래내용의 불공정성을 복합적으로 문제 삼는 행위가 포함되어 있어 남용행위와의 동질성을 전제로 한 특별법–일반법의 관계를 일의적으로 논하기 어렵다. 더구나 2007년 "포스코" 판결[18]에서 대법원은 양자의

17) 권오승(제13판), 324면; 정호열, 경제법(제6판), 박영사, 2018, 379면.
18) 대법원 2007.11.22. 선고 2002두8626 전원합의체 판결.

규제목적이 상이함을 전제로 부당성 판단기준과 관련하여 남용으로서 거래거절의 경우에는 경쟁제한의 의도나 목적, 경쟁제한효과가 발생할 우려를 중심으로 보아야 하는 반면, 불공정거래행위로서 거래거절은 거래상대방이 입게 될 사업상의 곤란을 중심으로 판단하여야 한다고 판시함으로써 판례상 양자를 특별법관계로 접근하는 것은 더 이상 해석론으로서 의미를 가지기 어렵게 되었다.

시장지배적 지위남용의 금지와 불공정거래행위의 금지가 중첩적으로 적용될 여지는 여전히 남아 있다. 불공정거래행위, 특히 거래상 지위남용의 금지가 시장지배적 지위남용의 금지를 구축(驅逐)하는 현상을 우려하기도 한다. 다만, 시장지배적 지위와 거래상 지위는 그 성격과 판단기준이 상이하고 문제된 행위가 경쟁에 미치는 효과 등 부당성을 판단하는 기준 또한 상이하기 때문에 단지 대기업집단 계열회사의 거래상 지위남용 중 상당수가 시장지배적 지위남용에 해당하였을 것이라는 추론[19]을 받아들이기에는 조심스럽다.

생각건대 양자는 엄밀한 의미에서 서로 별개이고, 행위요건 외에 부당성요건 또한 병렬적으로 판단하면 족하다. 이를테면 시장지배적 사업자가 거래거절을 하였을 때에도 한편으로는 거절당한 사업자가 사업상 현저한 곤란을 겪게 될 뿐만 아니라, 다른 한편으로는 관련시장에서 경쟁제한효과를 아울러 야기할 수 있기 때문이다. 이와 관련하여 유럽경쟁법상 시장지배적 사업자의 '특수한 책임'(special responsibility)[20]을 수용하지 않더라도 시장지배적 사업자에게는 보통의 사업자 이상으로 고도의 주의의무, 구체적으로 시장에서 경쟁을 왜곡하지 아니할 소극적 의무가 부과되어 있는지 여부가 중요한 의미를 가질 수 있다. 거래거절이라는 외관상 동일한 행위라도 그것이 시장지배적 사업자에 의한 것인지, 아니면 시장지배력이 없는 사업자에 의한 것인지에 따라 위법성의 기준과 정도, 나아가 공정거래위원회의 입증책임에는 차이를 인정할 수 있기 때문이다.

---

19) 이호영(제6판), 165－166면.

20) 이봉의, 앞의 책, 118면; 김현민, 시장지배적 사업자의 특수한 책임에 관한 연구, 서울대학교 석사학위논문, 2019; Michael Kling/Stefan Thomas, Kartellrecht(2. Aufl.), 2016, §6, Rn. 199; Rainer Bechtold/Wolfgang Bosch, GWB Kommentar(8. Aufl.), 2015, §19 Rn. 7('besondere Verantwortung' 또는 'zusätzliche Rücksichtnahmenpflichten').

4. 과점시장과 경쟁법 · 정책

과점(oligopoly) 내지 과점시장이란 그 자체가 공정거래법상 금지요건과 결부되어 있지 않으며, 단지 '독과점적' 시장구조의 개선시책에 관한 법 제4조에서 독점과 함께 고도로 집중된 시장구조를 지칭하는 의미로 사용되고 있을 뿐이다. 경제학에서는 흔히 경쟁과 독점 사이에 존재하는 시장구조를 널리 지칭하거나 경쟁사업자 사이의 높은 상호의존성(oligopolistic interdependence)을 특징으로 하는 시장구조를 가리키는데 사용된다.

그런데 독점, 과점이나 독과점이라는 용어는 경쟁법상 커다란 함의를 갖기 어렵다. 실제 경쟁과 독점 사이에는 다양한 스펙트럼의 시장상태가 존재할 뿐만 아니라, 정의하기에 따라서는 현실에서 가장 흔하게 발견할 수 있는 시장구조이기 때문이다. 더구나 경쟁사업자의 수가 많은 경우에도 다른 여러 가지 요인에 의하여 시장실패가 나타나기도 하고, 경쟁사업자가 서너 개에 불과한 좁은 과점이면서도 행태나 성과 면에서 매우 경쟁적인 시장도 적지 않다. 따라서 단순히 사업자의 수에 착안하여 과점을 바라볼 경우 경쟁법의 관심사를 올바르게 규명하기 어려우며, 공정거래법상 중요한 것은 개별 사례마다 특정 사업자가 시장지배적 지위를 갖는지 여부이다. 과점시장이라고 해서 그에 속한 사업자들이 모두 또는 언제나 시장지배적 지위를 갖는 것은 아니기 때문이다.

다만, 경쟁정책의 관점에서 과점은 여러 가지 쟁점을 제시하고 있다. 이를테면 과점시장에서 흔히 나타나는 '비경쟁적 안정성'(non-competitive stability)이 과연 구조적 조치를 통하여 해결책을 모색해야 할 문제인지는 고도의 정책적 판단을 요하는 매우 중요한 쟁점이다. 과점시장의 이러한 특성을 '공동의 지배'라는 법리로 연결시킬 것인지의 문제, 암묵적 담합을 용이하게 하는 시장구조로서의 과점을 방지하기 위하여 기업결합규제의 심사기준을 어떻게 정립할 것인지도 마찬가지이다. 근본적으로는 과점 문제의 본질이 경쟁을 곤란하게 하는 '구조'에 있는지, 아니면 경쟁사업자배제나 암묵적 담합과 같은 행태에 있는지를 바라보는 관점에 따라서 상이한 경쟁정책적 판단이 내려질 수 있을 것이다.

제 2 절 시장지배적 사업자의 의의

Ⅰ. 개 관

1. 법개념으로서의 '시장지배적 사업자'

시장지배적 사업자란 일정한 거래분야의 공급자나 수요자로서 단독으로 또는 다른 사업자와 함께 상품이나 용역의 가격, 수량, 품질 기타의 거래조건을 결정, 유지 또는 변경할 수 있는 시장지위를 가진 사업자를 말한다(법 제2조 제3호). 현실에서 어떤 사업자나 가격이나 수량 등을 일정 정도 결정할 수 있으나, 여기서 시장지배적 사업자란 경쟁사업자나 거래상대방의 대응을 의식하지 않고 독립적으로 행위함으로써 유효경쟁을 저해하거나 부당한 이익을 누릴 수 있는 정도의 지위를 말한다. 따라서 어떤 사업자가 일정 수준으로 가격을 인상할 경우 상당수의 고객들이 거래처를 전환하지 못함으로써 당해 사업자의 매출이 증가하거나 적어도 수익이 감소하지 않는 경우에 한하여 그러한 '가격결정권'(power over price)을 가진 사업자는 시장지배적 지위를 가진다고 말할 수 있는 것이다.[21)]

이때, '독과점'과 '시장지배적 지위'는 서로 구별되는 개념이다. 공정거래법상 시장지배적 지위는 반드시 경제학 내지 산업조직론상의 독과점과 일치하는 개념이 아니다. 후자는 현실의 시장에서 가격이나 거래조건 등을 좌우할 수 있는 힘을 가진 지위인 반면, 전자는 다분히 시장이론차원에서의 모델이자 정태적인 시장구조의 하나를 의미한다. 종래 미시경제학이나 산업조직론에서 사용하는 독점 내지 과점이란 어느 시장에 사업자가 단 하나이거나 둘 이상의 사업자가 존재하여 경쟁이 제대로 이루어지지 못하는 시장을 말한다. 반면, 공정거래법상 시장지배적 사업자는 남용금지 및 그에 따른 공법적 제재 등 일정한 법률효과를 수반하는 일종의 법

21) 흔히 시장지배력(market power)은 미국과 유럽에서 다소 상이하게 이해되는 측면이 있다. 미국의 경우 셔먼법 제2조의 독점화금지와 관련하여 시장지배력은 가격을 결정할 수 있는 힘(power to control prices)이나 경쟁을 배제할 수 있는 힘(power to exclude competition)으로 표현되는 반면 (U.S. v. E. I. du Pont de Nemours & Co., 351 U.S. 377 (1956)), 유럽에서는 경쟁사업자나 고객 등으로부터 독립적으로 행위 할 수 있는 힘으로 이해되고 있다(Case 27/76 United Brands Co. and United Brands Cont. BV v. Comm. [1978] ECR 207, para. 65; Case 85/76 Hoffmann-La Roche v. Comm. [1979] ECR 461 para. 38 etc.).

률요건이라는 점에서 양자는 구별되는 것이다.

또한 시장지배력(market power)[22]이란 다분히 경제이론상 상정할 수 있는 개념으로서 그 스펙트럼이 매우 넓다. 그 결과 시장지배력을 가진 사업자라는 용어는 규범의 영역에서 포착하기에 매우 불확실하다. 공정거래법상 어느 정도의 시장지배력을 가진 사업자를 남용규제의 대상으로 삼을 것인지의 여부는 다분히 규범적이고 정책적인 차원에서 독자적으로 정의될 수 있는 것이다. 따라서 독과점 사업자라고 하여 언제나 공정거래법상 시장지배적 지위를 갖는 것은 아니며, 독과점사업자가 아니더라도 경우에 따라서는 시장지배적 지위를 가질 수 있다. 공정거래법이 시장지배력이라는 용어를 사용하지 않고, 시장점유율이나 진입장벽 등을 고려하여 시장지배적 지위를 개별적으로 판단하는 태도를 취하고 있는 것도 이러한 맥락에서 이해할 수 있다.

2. 수범자의 획정방식

공정거래법은 1980년 제정 당시 시장지배적 지위의 남용을 금지하면서(구법 제3조 제1문), 그 대상을 최근 1년간 국내 총공급액이 300억 원 이상이면서 1 사업자가 50% 이상 또는 3 이하의 사업자가 70% 이상의 시장점유율을 갖는 경우에 이들을 시장지배적 사업자로 규정하였다(구법의 영 제3조 제1항).[23] 특히, 부당한 가격결정을 금지하는 제1호의 경우에는 시장지배적 사업자 중에서 시행령이 정하는 기준에 해당하는 사업자, 즉 시장점유율이 50% 이상인 사업자로 한정하고 있었다(구법 제3조 단서, 구법의 영 제4조). 아울러 경제기획원장관은 매년 1회 다음연도 개시 전까지 시장지배적 사업자를 지정·고시하였다(구법의 영 제5조 제1항).

법시행 초기에 공기업이나 정부투자기관은 시장지배적 사업자의 지정에서 사실상 제외되었다. 그러나 이들 사업자를 지정에서 제외할 법적 근거가 없었고, 공공사업자라도 언제나 그 지위를 남용할 수 있다는 점에서 지정제외의 합리적 이유도 없었다. 이에 1993년 7월 5일 전기, 전화, 담배 등 18개 품목, 24개 공공사업자를

22) 'market power'를 어떻게 번역하여 사용할 것인지에 대해서 별다른 논의가 없다. 혹자는 시장력(市場力)이라는 용어를 쓰기도 하나, 이 말 자체는 시장이 가진 힘 내지 시장의 힘(market force)으로 오해될 소지가 있어 보인다. 이 책에서는 사업자가 시장을 지배하거나 지배할 수 있는 힘이라는 의미에서 '시장지배력'을 사용하기로 하고, 규범적 의미를 갖는 '시장지배적 지위'와는 구별되는 것으로 이해하기로 한다.

23) 1981.4.1. 제정, 대통령령 제10267호.

시장지배적 품목 및 시장지배적 사업자로 지정한 이후 공공사업자도 지정·고시의 대상에 포함되어 왔으며, 1999년 제7차 법개정[24]으로 현재와 같은 추정제도로 전환된 이후에도 공기업에 대한 남용규제는 꾸준히 이루어지고 있다.

한편, 금융·보험회사는 규제산업의 특성을 감안하여 처음부터 지정에서 제외되었다. 금융업이나 보험업에 대해서는 금융감독원이나 보험감독원(현재는 금융감독위원회나 금융감독원)과 같은 별도의 감독관청이 이들의 사업활동을 충분히 규제할 수 있었기 때문이다. 당초에는 지정제외를 위한 법적 근거가 없다가 1990년 제2차 개정된 공정거래법[25]은 금융·보험회사를 남용규제의 적용에서 제외하게 되었다(구법 제61조. 금융·보험업을 영위하는 사업자에 대한 특례).[26]

그러다가 1996년 12월 제5차 공정거래법 개정[27]으로 적용제외의 방식에도 변화가 생겼다. 즉 시장지배적 사업자의 개념을 정의하면서, 금융·보험업을 영위하는 회사는 아예 시장지배적 사업자에서 제외시켰던 것이다(구법 제2조 제7호 단서).[28] 그 후 1999년 제7차 법개정[29]으로 지정제도의 폐지와 함께 금융·보험회사를 시장지배적 사업자에서 제외하던 단서조항이 삭제되었다. 이로써 사업분야와 상관없이 모든 시장에서 지배적 지위에 있는 사업자는 공정거래법상 남용규제의 적용을 받게 되었다. 금융·보험업분야의 남용규제는 국내 금융시장의 개방과 IMF 이후 금융시장의 구조조정과정에서 은행, 증권, 보험업에서의 시장집중이 심화되고, 이들 분야에서 시장지배적 사업자의 등장이 가시화되면서 그 중요성이 더욱 커지고 있다.

3. 단독의 지배와 공동의 지배

공정거래법상 시장지배적 사업자는 '단독으로 또는 다른 사업자와 함께' 가격이나 거래조건 등을 결정할 수 있는 사업자를 말한다(법 제2조 제3호). 전자를 '단독의 시장지배'(single dominance), 후자를 '공동의 시장지배'(collective dominance)라 한다.

---

24) 1999.2.5. 개정, 법률 제5813호.

25) 1990.1.13. 전부개정, 법률 제4198호.

26) 다만, 금융·보험회사가 불공정거래행위를 한 경우에는 공정거래위원회가 시정조치를 내릴 수 있었다.

27) 1996.12.30. 개정, 법률 제5235호.

28) 적용제외제도가 폐지되기 전에도, 금융·보험시장의 구조 자체가 비교적 경쟁적이었기 때문에, 리스업이나 초창기의 자동차보험업을 제외하고는 사실상 예외의 의미가 별로 없었다.

29) 1999.2.5. 개정, 법률 제5813호.

한 사업자가 예컨대 100%의 점유율을 갖는 이른바 독점시장에서는 단독의 지배가 성립한다는 데에 이견이 없을 것이다. 그런데 '다른 사업자와 함께' 가격이나 거래조건 등을 결정할 수 있는 사업자, 즉 공동의 시장지배가 어떤 조건 하에서 인정될 수 있는지에 관하여는 아무런 규정이나 기준이 없다. 그렇다면 과점시장에서 발견되는 지배적 지위는 어떻게 이해해야 할 것인가?

일찍이 "BC카드" 사건[30]에서 원심인 서울고등법원은 다른 사업자와 함께 시장지배적 지위를 가진다는 것은 과점의 형태로 지배하고 있는 개별 사업자를 의미할 뿐이고, 개별적으로는 독점 또는 과점의 형태로 시장을 지배하지 않고 있는 여러 사업자들이 집단적으로 통모하여 독과점적 지위를 형성한 경우 이들 사업자들이 모두 시장지배적 사업자에 포함된다는 취지로 볼 수 없다고 판시한 바 있다. 그에 따르면 법 제4조 제2호(현행법 제6조 제2호)에 따라 3 이하의 사업자가 75% 이상의 시장점유율로 시장지배적 사업자로 추정되는 경우에도 이들 3개 사업자가 개별적으로 시장을 지배하는 것이지, 공동의 지배와는 무관하다는 것이다.[31] 이로써 공정거래법상 '다른 사업자와 함께' 지배적 지위를 갖는 경우란 과연 어떤 것인지는 여전히 공백으로 남게 되었는데, 이는 당초 공정거래법 제4조(현행법 제6조)의 추정을 도입하면서 공동의 시장지배와 관련된 부분을 고려하지 않은 입법상 불비(不備)로 보인다.

그런데 1999년 제7차 법개정[32]으로 도입된 공정거래법 제4조 제2호(현행법 제6조 제2호)의 추정은 독일 경쟁제한방지법을 모델로 삼은 것이었다. 독일에서 2 이상의 사업자를 시장지배적 사업자로 추정하는 이른바 과점추정(Oligopolvermutung)은 바로 공동의 시장지배력을 의미한다. 따라서 추정을 받는 사업자가 당해 복수의 사업자 간 내부경쟁이나 당해 복수의 사업자와 여타 사업자 간 외부경쟁의 존재를 입증하는 경우에는 시장지배적 지위의 추정이 복멸된다. 유럽경쟁법상 판례가 제시

30) 서울고등법원 2003.5.27. 선고 2001누15193 판결. 이론상 '하나의 사업자'와 '공동의 지배'는 서로 별개의 것이나, 이 사건에서는 BC카드와 복수의 회원은행을 하나의 사업자로 파악한 연후에 이를 기초로 상위 3개 사업자에 의한 공동의 지배 여부가 문제되었다는 점에서 양자가 서로 결부되어 있다.

31) 이와 달리 법 제4조 제2호(현행법 제6조 제2호)의 추정이 공동의 시장지배력을 상정한 것으로 이해해야 한다는 견해로는 이호영, "경쟁법상 '공동의 시장지배력' 개념에 관한 연구", 법학논총 제26집 제2호, 2009, 225-226면. 다만, 현행법의 해석론으로는 무리로 보인다.

32) 1999.2.5. 개정, 법률 제5813호.

한 공동의 시장지배를 위한 세 가지 요건, 즉 시장의 투명성과 협조의 지속가능성, 제재의 실효성은 참고할 만하기는 하나,[33] 공정거래법상 추정제도와 양립가능한지에 대해서는 추가적인 논의를 요한다.

입법론으로서 '다른 사업자와 함께' 지배적 지위를 갖게 되는 경우를 공정거래법 제6조 제2호의 추정에 포섭할 수 있도록 관련 조항을 개정할 필요가 있다.[34] 구체적으로 독일 경쟁제한방지법과 마찬가지로 내부경쟁(內部競爭)과 외부경쟁(外部競爭)을 반증사유로 법률에 명시하는 것이 바람직할 것이다.[35] 이를테면 법 제6조 제2호에 "3 이하의 사업자 상호 간에 실질적인 경쟁이 존재하거나, 이들 사업자들이 대외적으로 실질적인 경쟁에 맡겨져 있는 경우에는 적용하지 아니한다."라는 내용을 추가하는 것이다. 이 경우 시장점유율이 3위에 불과한 사업자를 1, 2위 사업자와 함께 시장지배적 사업자로 추정하더라도 이들이 상호 경쟁관계에 있는 경우에는 지배적 지위가 부정될 것이므로, 추정제도가 보다 현실에 부합하게 될 것이다. 이러한 개정안은 전술한 서울고등법원 판결과 달리 법 제6조 제2호의 추정이 공동의 시장지배를 추정하는 것임을 전제로 하는 것이다.

그 밖에 계열회사는 공동으로 시장지배적 지위를 가지는 자에 해당하지 않는다. 공정거래법은 시장지배적 사업자를 판단함에 있어서 그 계열회사를 합쳐서 하나의 사업자로 보고 있다(법 제2조 제3호 및 제6조, 영 제2조 제2항). 따라서 계열관계에 있는 복수의 회사는 경제적 동일체로서 시장지배적 사업자와 '하나의' 사업자를 구성할 수 있을 뿐이고, 다른 계열회사와 함께 복수의 사업자를 전제로 하는 공동의 시장지배를 형성하는 것은 아니다.

4. 공급 측면 및 수요 측면의 지배력

공정거래법 제2조 제3호는 일정한 거래분야의 공급자뿐만 아니라 수요자로서 가격이나 거래조건 등을 결정·유지·변경할 수 있는 지위를 가진 사업자 역시 시장

---

33) Case T-342/00, Airtours v. Commission [2002] ECR II-2585.

34) 유럽의 판례는 공동의 시장지배를 인정하기 위한 요건으로서 해당 사업자들간에 공통의 이해관계를 보여주는 경제적 연결고리(economic link)와 하나의 집단으로서 최소한의 규율을 요구하고 있는바, 남용금지의 수범자 해당 여부를 보다 명확하게 규정한다는 면에서 독일의 입법례가 다소 장점을 갖는 것으로 보인다. 이봉의, "경제적 동일체이론과 공동의 시장지배에 관한 소고", 경제법판례연구 제5권, 법문사, 2009, 16-17면.

35) 이봉의, 앞의 책, 137-138면; 같은 취지로 이호영(제6판), 230면 이하.

지배적 사업자에 포섭시키고 있다. 이를 흔히 수요지배력(buyer power) 내지 수요 측면의 지배력이라고 한다. 공정거래법 제2조 제3호가 시장지배적 사업자를 정의하면서 수요 측면을 함께 규정하고 있는 것은 제1호의 사업자 개념에 이미 공급 측면뿐만 아니라 수요 측면이 포함되어 있다는 점에서 논리적으로 당연하다. 따라서 법 제2조 제3호가 수요 측면에서의 시장지배적 사업자를 규정한 것은 새로운 규범적 의미를 부여하기보다는 확인규정에 불과한 것으로 보아야 할 것이다. 다만, 수요 측면의 지배력을 시장지배적 지위로 파악할 것인지, 아니면 거래상 지위로 파악할 것인지는 이론상 명확하지 않으며, 다분히 입법정책의 문제로 보인다. 수요지배력에 관하여 상세한 내용은 후술한다.

Ⅱ. 관련시장의 획정

시장획정(market definition)은 공정거래법의 많은 쟁점 중에서도 경제학과의 관계가 가장 밀접한 것으로 알려져 있다.[36] 그간 우리나라에서도 시장획정에 관한 경제학적 분석방법이 주류를 형성해왔고, 특히 기업결합 규제에서 시장획정은 첨예하게 다투어지는 경향이 있다.[37] 따라서 시장획정의 구체적인 방법론에 대해서는 기업결합 규제를 설명하는 부분에서 자세히 다루기로 하고, 여기서는 시장지배적 지위남용과 관련되는 범위에서 간략하게 짚고 가기로 한다.

1. 시장획정의 의의

사업자는 자신이 공급자나 수요자로서 거래에 참가하고 있는 지역에서, 그것도 일정한 상품 또는 용역에 대해서만 지배적 지위를 가질 수 있다. 따라서 시장지배적 지위를 판단하기 위한 전제로서 가장 먼저 관련시장의 범위를 획정하여야 한

36) Mark. S. Massel, Competition and Monopoly: Legal and Economic Issues, 1962, p. 237: "Market definition requires a combination of the legal and economic disciplines."; David S. Evans, Lightening Up on Market Definition, in: Einer Elhauge(Ed.), Research Handbook on the Economics of Antitrust Law, 2012, pp. 53–55; Jonathan B. Baker, Market Definition: An Analytical Overview, Antitrust L. J. Vol. 74 No. 1, 2007, p. 129.

37) Massel, Ibid, p. 237: "While economic theory defines markets in general terms, the legal concept of the market is specialized, varying with differences in statutory language, with the seriousness of the pertinent violation, and with its consequences.".

다.[38] 시장획정은 특히 기업결합의 제한에서 중요한 의미를 가진다. 기업결합의 위법성을 판단하는 기준이 바로 경쟁제한효과이고, 경쟁제한이란 언제나 일정한 시장을 전제로 하기 때문이다. 경쟁제한효과를 판단하기 전 단계에서 당해 기업결합이 수평, 수직 또는 혼합결합 중 어느 것에 해당하는지를 파악하기 위해서도 관련시장의 획정이 이루어져야 함은 물론이다. 어느 경우에나 시장획정은 일견 관련시장에서 활동하는 사업자의 수와 이들의 시장점유율을 산정하기 위한 수단이자 다분히 기술적(technical) 성격을 갖는다.

그런데 시장지배적 사업자의 지위남용과 경쟁제한적인 기업결합의 경우에 시장획정은 다소 상이한 성격을 갖게 된다. 전자의 경우에는 과거에(retrospective) 구조적으로 유효경쟁이 제대로 이루어지기 어려운 시장을 획정하여 이들 시장에서 지배력을 갖는 사업자가 그 지위를 경쟁제한의 목적으로 악용하지 못하도록 함으로써 사적자치에 일정한 한계를 설정하는 것이다. 반면, 후자의 경우에는 일정한 기업결합이 관련시장에서 향후에(prospective) 경쟁을 실질적으로 제한할 것인지를 판단하는 것이 관건이 된다.[39] 따라서 남용규제의 경우 시장획정은 다분히 과거지향적인 것으로서 당해 사업자가 행위 당시에 누리던 지위를 판단하면 족한 반면, 기업결합 규제에서 시장획정은 미래지향적인 것으로서 기술의 발전이나 소비자선호의 변화 등 향후 예측가능한 동태적인 변화를 반영하여 이루어져야 한다.[40] 다만, 공정거래위원회의 시장획정 실무상 양자에 차별화된 접근은 찾아보기 어렵다.

---

38) Wenzel Bulst, in: Eugen Langen/Hermann-Josef Bunte, Kartellrecht Bd. 2: Europäisches Kartellrecht(12. Aufl.), 2014, Art. 102 AEUV Rn. 37-38: "Zur Feststellung, ob Unternehmen in der Lage sind, wirksamen Wettbewerb zu verhindern, bedarf es eines Bezugsobjektes, das die relevanten Wettbewerbsverhältnisse widerspiegelt. Dies ist der durch Abgrenzung zu ermittelnde relevante Markt.".

39) Ernst-Joachim Mestmäcker/Heike Schweitzer, Europäisches Wettbewerbsrecht(3. Aufl.), 2014, §17 Rn. 2-6(Fußn 7: EuG 22.3.2000, verb. Rs. T-125/97 u. T-127/97, Slg. 2000 II 1733 Rn. 81-85, "Coca Cola"); Faull/Nikpay, The EU Law of Competition(3rd ed.), 2014, p. 124.

40) 관련하여 이른바, '목적에 부합하는 시장획정'(Zweckgebundene Marktabgrenzungen)에 관하여 Mestmäcker/Schweitzer, a.a.O., §17 Rn. 2: "Obwohl die ökonomischen Bestimmungsgründe für die Abgrenzung relevanter Märkte übereinstimmen, ergeben sich Unterschiede aus dem Zweck der anzuwendenden Normen.".

2. 시장획정의 기본원칙

가. 거래상대방의 관점에서 본 합리적 대체가능성

공정거래법상 '일정한 거래분야', 즉 관련시장은 서로 경쟁관계에 있거나 경쟁관계가 성립할 수 있는 범위를 말한다(법 제2조 제4호).[41] 이처럼 현실적 경쟁관계와 잠재적 경쟁관계가 모두 관련시장에 포섭되어 있는바, 경제학적 관점에서 볼 때 경쟁관계란 복수의 상품 간에 합리적 대체관계가 존재한다는 의미[42]이므로 일찍이 SSNIP(small but significant and non-transitory increase in price) 테스트가 널리 활용되어 왔다. SSNIP 테스트란 작지만 의미 있는 수준으로, 지속적인 가격인상이 있을 경우 평균적인 고객이 거래처를 전환할 것인지를 기준으로 경쟁관계를 파악하는 방법을 말한다.

SSNIP 테스트는 1982년 미국의 합병지침(Merger Guidelines)[43]에서 처음으로 제시되었고, 그 후 유럽[44]이나 우리나라를 비롯하여 전 세계적으로 시장지배적 지위 남용이나 기업결합을 심사하기 위한 시장획정의 기본적인 방법으로 정착되었다. 미국의 2010년 개정 수평결합지침[45]은 예견가능한 미래에 5%의 가격인상을 조건으로 판단하며, 유럽의 시장획정고시는 가상의 작지만(5~10%) 지속적인 가격인상을 규정하고 있다. 이때, 5%나 10%라는 수치가 절대적인 것인 아니며, 사안에 따라 5% 보다 낮은 가격인상이 이루어지는 경우를 가정할 수도 있다.[46]

---

41) Bulst, a.a.O., Art. 102 AEUV Rn. 37.

42) 이러한 맥락에서 벡만(Beckmann)의 '시장' 그 자체에 대한 규범적 이해는 참고할 만하다. Peter Beckmann, Die Abgrenzung des relevanten Marktes im Gesetz gegen Wettbewerbsbeschränkungen, 1968, S. 17: "Ganz allgemein sind unter Markt die mit dem Leistungsaustausch verbundenen Beziehungen unabhängiger Wirtschaftssubjekte zu verstehen.".

43) US DOJ and FTC, 1982 Merger Guidelines.

44) Commission Notice on the definition of relevant market for the purposes of Community competition law [Official Journal C 372 of 9.12. 1997]("Market Definition Notice"), para. 15-19, 39-40; Mestmäcker/Schweitzer, a.a.O., §17 Rn. 7-16, Bulst, a.a.O., Art. 102 AEUV Rn. 39-40; Andreas Fuchs/Wernhard Möschel, in: Ulrich Immenga/Ernst-Joachim Mestmäcker, Wettbewerbs-recht EU/Teil 1(5. Aufl.), 2012, Art. 102 AEUV Rn. 50 ff.; Einer Elhauge/Damien Geradin, Global Competition Law and Economics, 2007, p. 284; Emanuela Arezzo, Is there a Role for Market Definition and Dominance in an effects-based Approach, in: Mackenrodt etc.(Ed.), Abuse of Dominant Position: New Interpretation, New Enforcement Mechanisms?, 2008, pp. 26-27.

45) US DOJ and FTC, Horizontal Merger Guidelines, Aug. 19, 2010, para. 4.1.2. Benchmark Prices and SSNIP Size.

46) EU Commission, Market Definition Notice, para. 17-18.

SSNIP 테스트를 통하여 구체적인 사안에서 시장을 획정할 때에는 '가상적 독점사업자 테스트'(hypothetical monopolist test)가 주로 활용되고 있다. 그에 따르자면 가상의 독점사업자가 가격인상으로 이윤을 늘릴 수 있는 다른 상품이나 서비스로 관련시장의 범위를 반복하여 확장해나가게 된다. 여기서 관련시장은 가상의 독점사업자가 이윤을 얻을 수 있는 가장 작은 범위의 시장이 된다. 다만, 이 방법은 이미 어떤 시장에 지배적 사업자가 존재하여 독점적 가격책정이 이루어진 경우, 다시 말해서 현재의 시장가격이 경쟁가격보다 높은 경우에는[47] 약간의 가격인상으로도 이윤이 감소하게 됨으로써 결과적으로 관련시장을 지나치게 확대하는 오류가 발생할 소지가 있다.

보다 근본적인 난점으로서 SSNIP 테스트는 가상의 독점사업자의 비용구조 및 수요의 가격탄력성에 따라 가격인상에 따른 이윤의 증가 여부가 좌우되는데, 이러한 요소를 실제 정량적으로 평가하기란 지극히 어려운 작업이어서 구체적인 사례에 이를 적용함에 있어서 단순한 난점을 넘어 커다란 법적 불확실성을 야기하게 마련이다. 시장획정이란 단지 객관적 경제분석의 결과물이 아니라 공정거래법의 관점에서 개별 금지조항의 입법취지와 목적을 고려하여 판단하여야 한다는 의미에서 다분히 '규범적인 평가과정'(juristischer Bewertungsvorgang)[48]이라는 명제를 간과해서는 안 되는 이유이다.

나. 가격기반의 시장획정이 갖는 한계

종래의 SSNIP 테스트에 따른 시장획정에는 또 다른 한계가 있다. 먼저, '셀로판 오류'(Cellophane fallacy)를 들 수 있는데, 이미 지배력을 가진 사업자가 책정한 독점가격을 기준으로 SSNIP 테스트를 적용할 경우에는 거래상대방의 전환가능성이 매우 크게 나타나게 되고, 그 결과 관련시장을 과대 획정할 우려가 있다는 것이다.[49]

47) 현실 시장에서 가격은 여러 사정에 따라 정도의 차이가 있을 뿐만 아니라 경쟁가격보다 높게 설정되는 점에서 가상적 독점사업자 테스트는 태생적으로 정확한 시장획정 기법으로 보기 어렵다.

48) 이봉의, 앞의 책, 124면; 이러한 관점에서 Massel, Ibid, p. 237: "While economic theory defines markets in general terms, the legal concept of the market is specialized, varying with differences in statutory language, with the seriousness of the pertinent violation, and with its consequences.".

49) 대표적인 판례로 U.S. v. E.I. du Pont de Nemours & Co., 351 U.S. 377 (1956). 이 사건에서 미국 연방대법원은 당시 셀로판의 시장가격 하에서 왁스종이(waxpaper), 글라신(glassine), 납지(蠟紙, greaseproof paper), 알루미늄 호일(aluminum foil), 플리오필름(Pliofilm) 등 다른 연질 포장재와 서로 경쟁관계에 있다고 보아 관련시장을 '모든 연질 포장재'로 획정하였다. 듀폰사는 셀로판 시장에서는 75%의 시장점유율을 보유하였으나, 모든 연질 포장재 시장에서는 18%의 시장점유율에 불과하기 때문에 독점력이 없다고 판단하고, 그에 따른 당연한 결과로 듀폰사가 셀로판 시장을 독점화

이 문제는 SSNIP 테스트를 시작하게 될 기준가격(base price)이 경쟁가격이어야 하는 데에서 발생하는 것으로서, 경쟁가격의 산정은 어느 경우에나 지극히 곤란하거나 사실상 불가능하다는 점에서 경제분석에 입각한 시장획정의 또 다른 한계에 해당한다.

또한 '역(逆)셀로판 오류'(a reverse Cellophane fallacy)도 발생할 수 있는데, 현재의 가격이 지나치게 낮게 책정되어 있을 경우 그것을 기준으로 SSNIP 테스트를 단순하게 적용할 경우에는 관련시장을 과소 획정할 수 있다는 것이다. 대표적으로 혁신시장에서 사업자가 시장을 선점하고 네트워크효과를 누리기 위하여 가격을 일시적으로 낮게 책정하고 있는 경우에 자칫 역셀로판 오류가 발생할 수 있을 것이다.[50]

SSNIP 테스트는 다수의 상품을 묶어서 하나의 상품시장을 획정해야 하는 상황에서도 새로운 난점에 직면하게 된다. 이른바 군집시장(cluster market)의 문제이다. 이 경우에 군집을 이루는 개별 상품별로 SSNIP 테스트를 적용할 경우에는 관련시장이 수도 없이 세분될 수 있고, 그것은 경쟁의 실제와도 부합하지 않기 때문이다. 그런데 신세계 이마트가 월마트를 인수한 사건[51]에서 공정거래위원회가 이들 대형마트가 취급하는 개별 상품별로 시장을 획정하지 않고, 특정 대형마트가 제공하는 소매서비스로 시장을 획정한 것을 군집시장의 사례로 들기도 한다. 그러나 이것은 전혀 다른 차원의 얘기이다. 후자는 대형마트 간의 기업결합에 따른 관련시장을 획정함에 있어서, 다시 말해서 이들 간의 경쟁관계를 파악함에 있어서 중요한 것은 대형마트에서 취급하는 수만 종의 개별 상품이 아니라 대형마트가 제공하는 고유한 서비스라는 데에 핵심이 있고, 이 같은 판매서비스 간의 경쟁범위는 단순히 개별 상품의 가격변동에 따른 고객의 거래처전환으로 파악할 수 없다는 점을 확인하고 있는 것이다. 즉, "이마트/월마트 기업결합" 사건에서 공정거래위원회의 상품시장획정은 군집시장을 인정한 것이 아니라 대형마트가 제공하는 서비스의 특성에

하였다는 미국 법무부의 주장을 기각하였다.

50) 이호영, "통신·방송융합에 따른 기업결합심사에 관한 연구", 법제연구 제29호, 2002, 165면 이하; 권남훈, "디지털 컨버전스 하에서의 시장획정 문제와 시사점", 정보통신정책연구 제13권 제4호, 2006, 17면 이하. 그 밖에 SK가 대한송유관공사를 인수한 사례(공정거래위원회 2001.6.29. 의결 제2001-090호)에서 공정거래위원회의 시장획정에 역 셀로판 오류가 있다는 지적으로는 이상승, "역셀로판 오류(A Reverse Cellophane Fallacy): 대한송유관공사 기업결합 사건에서 공정거래위원회의 시장획정", 산업조직연구 제11권 제3호, 2003, 97면 이하.

51) 공정거래위원회 2006.11.14. 의결 제2006-264호.

기초하여 합리적 대체가능성을 적용한 것이라고 보는 것이 타당하다.

끝으로 가격 자체가 존재하지 않는 경우에는 SSNIP 테스트를 적용하는 것이 처음부터 불가능해지기도 한다. 대표적인 예가 양면시장(two-sided market) 내지 양면플랫폼이다. 양면플랫폼은 서로 '교차 네트워크효과'(cross network effect)를 갖는 두 개의 상이한 이용자집단 사이에 거래를 가능케 하는 것으로서, 일방의 이용자집단이 커질수록 타방의 이용자가 누리게 될 효용이 함께 증가하는 양상을 보인다. 양면플랫폼을 운영하는 사업자는 일방의 이용자를 많이 확보하기 위하여 무료로 서비스를 제공하는 경우가 흔하며, 페이스북이 이용자에게 무료로 '사회적 관계망 서비스'(social network service; SNS)를 제공하고, 광고주로부터 일정 수입을 얻는 비즈니스 모델이 바로 그러하다. 그 당연한 결과로 SNS 이용자에 대한 관계에서는 가격이 제로이기 때문에, SSNIP 테스트를 적용할 수 없게 되는 것이다.[52)]

여기서 근본적으로 가격이 존재하지 않으므로 시장 자체를 인정할 수 없고, 따라서 금전적인 의미에서 무료서비스가 제공되는 면(side)에 관한 한 경쟁법의 적용을 배제하여야 하는지가 논쟁의 대상이 되고 있다. 학설은 갈리고 있으나 국내외에서 공히 부정설이 유력해 보인다. 부정설, 즉 경쟁법의 적용을 주장하는 견해는 핵심적인 근거로서 무료로 제공되는 서비스 또한 경쟁에 영향을 미치고 나아가 소비자후생과 무관하지 않다는 점을 들고 있으며, 그 당연한 결과로 양면시장을 금전적 대가 유무에 따라 인위적으로 분리하여 접근하는 것은 플랫폼의 운영현실에 비추어보더라도 맞지 않다고 한다.[53)] 독일에서는 2017년 제9차 법개정을 통하여 그간의 논쟁[54)]을 종식시키고 특정 서비스가 무료로 제공되더라도 시장개념에 반하지 않는

52) 양면시장의 간접적 네트워크효과를 감안하여 기존의 SSNIP 테스트를 일부 수정하는 방식을 제안하는 견해로는 Lapo Filistrucchi/Damien Geradin/Eric van Damme/Pauline Affeldt, Market Definition in two-sided markets: Theory and Practice, Journal of Competition Law and Economics, 2014, pp. 293-339.

53) Rupprecht Podszun/Ulrich Schwalbe, Digitale Plattformen und GWB-Novelle: Überzeugende Regeln für die Internetökonomie?, NZKart, 2017, S. 98-99.

54) Torsten Körber, Analoges Kartellrecht für digitale Märkte?, WuW, 2015, S. 120 ff.; Meinrad Dreher, Die Kontrolle des Wettbewerbs in Innovationsmärkten - Marktabgrenzung und Marktbeherrschung in innovationsgeprägten Märkten, ZWeR, 2009, S. 149 ff.; Rupprecht Podszun/ Marius Leber, Internetkartellrecht, KSzW, 2015, S. 316 ff.; Petra Pohlmann/Thomas Wismann, Digitalisierung und Kartellrecht - Der Regierungsentwurf zu 9. GWB-Novelle, NZKart, 2016, S. 555 ff.; Boris P. Paal, Internet-Suchmaschinen im Kartellrecht, GRUR Int., 2015, S. 997; Justus Haucap/Tobias Wenzel, Wettbewerb im Internet: Was ist online anders als offline?, DICE Ordnungspolitische Perspektiven 16, 2011.7.

다는 명문의 규정(GWB 제18조 제2a항)을 두었다.[55]

다른 한편으로 'no price, no market'이라는 오래된 경제학적 명제에 의문을 제기하고 가격 인상 대신 그에 상응하는 품질의 감소에 착안하여 종래의 대체가능성을 파악하는 기준으로 SSNDQ(small but significant, non-transitory decrease in quality) 테스트가 제안되었고,[56] 중국에서는 동 기준에 따라 관련시장을 획정하기도 하였다.[57] 생각건대, 양면시장에서 무료서비스가 제공되는 측면에서는 종전의 SSNIP 테스트를 적용할 수 없을 뿐이지 그렇다고 하여 관련시장이 존재하지 않는 것은 아니다. 무료서비스와 관련시장을 반드시 연계할 필요는 없으며, 어떤 측면의 무료서비스가 경쟁법적으로 의미 있는 관련시장을 형성하지 않더라도 양면의 이용자집단 사이에 간접적 네트워크효과를 종합적으로 고려하여 유료 측면에서 경쟁제한효과나 효율성 증대효과를 분석할 필요는 여전히 존재한다.[58]

3. 플랫폼의 개념과 시장지배적 지위 판단

가. 디지털화와 경쟁법의 대응

종래 유선전화와 유선인터넷 중심의 생태계에 스마트폰의 등장과 확산은 ICT 산업 전반에 여러 측면에서 엄청난 변화를 야기하고 있다. 유·무선 융합이 본격화되고, 방송·통신의 경계가 허물어지는 한편, 무엇보다 관련시장의 경쟁판도에도 격변이 일어나고 있다.[59] 특히 최근 들어 눈에 띄는 현상으로는 ICT 생태계에서 종래 네트워크(network)가 차지하던 역할과 기능이 '상대적으로' 축소되는 반면, 플랫

---

55) 다만, 이봉의, "디지털플랫폼의 자사 서비스 우선에 대한 경쟁법의 쟁점 — Monopoly Leverage와 Equal Treatment를 중심으로 —", 법학연구 제30권 제3호, 2020.9, 368면; 무료서비스시장에 대해서는 Harald Kahlenberg/Lena Heim, Das deutsche Kartellrecht in der Reform: Überblick über die 9. GWB-Novelle, Betriebs-Berater, 2017, S. 1155-1156. 그렇다고 해서 무료서비스가 제공되는 경우에 자동적으로 경쟁법상 의미 있는 '시장'이 성립한다는 것은 아니다. 이와 다른 견해로는 Petra Pohlmann, 9. GWB Novelle und Digitalisierung: Innovative oder innovationshemmende Gesetzgebung?, WuW, 2016.12, S. 563.

56) OECD, The Role and Measurement of Quality in Competition Analysis, 2013, pp. 8-9.

57) 중국 법원은 "Qihu v. Tencent" 사건에서 제로 가격인 경우에 있어서 시장 획정은 SSNIP-Test 보다 SSNDQ-Test가 적절할 수 있다고 보았다. 당해 사건에 관하여, 이호영, "온라인 서비스시장의 경쟁법 집행사례 및 시사점", 경제법연구 제17권 제2호, 한국경제법학회, 2018, 195-197면.

58) 심재한, "온라인플랫폼의 관련시장획정에 관한 연구", 경영법률 제29집 제2호, 경영법률학회, 2019, 476면.

59) 방송·통신 융합에 내재된 경쟁촉진의 잠재력에 대해서는 일찍이 이봉의, "통신·방송 융합과 역무구분의 체계정립", 경쟁법연구 제13권, 2006.5, 33면 이하.

폼(platform)이 주도권을 가지고 경쟁구도의 중심에 서게 된 점을 빼놓을 수 없다.

그런데 ICT 분야에서 플랫폼의 급부상은 C－P－N－D(Contents, Platform, Network, Device)의 가치사슬 속에서 단순히 양적 차원에서 네트워크보다 플랫폼이 창출하는 부가가치가 커졌다는 의미에 그치지 않고, 플랫폼을 중심으로 종전과는 질적으로 상이한 생태계가 형성되고 있으며, 이들 플랫폼을 중심으로 상품이나 서비스의 공급과 스마트폰이 수직적으로 통합되고 있다는 점에서 주목할 만하다. 즉, 플랫폼을 중심으로 ICT 생태계 내의 가치사슬이 서로 연결되는 구조가 확산되고 있는 것이다.[60]

2000년대까지만 해도 방송·통신융합에 걸맞는 역무분류의 재편논의에서 수평적 규제체계로의 전환이 제시되면서, 플랫폼을 네트워크와 전송서비스 외에 제3의 역무로 파악할 것인지가 다투어질 만큼 ICT 분야에서 플랫폼은 이미 독자적인 사업영역을 구축하고 있었다. 다만, 이러한 논의는 산업규제법의 관점에서 역무분류의 개편과 관련하여 이루어진 것이어서 독자적인 네트워크를 구축하고 콘텐츠를 전송해주는 케이블(SO)이나 IPTV 등의 성격을 규명하는 데에 주된 관심을 두었고,[61] 네이버나 카카오, 구글 등과 관련하여 플랫폼 관련 경쟁 이슈가 경제학자들을 중심으로 비교적 활발히 논의된 것은 그보다 더 최근의 일이다. 스마트폰의 확산에 따라 다양한 모바일 플랫폼의 중요성이 매우 커지는 상황에서 플랫폼의 개념과 경쟁법상 의미를 파악하는 작업은 향후 모바일 플랫폼을 둘러싼 경쟁 이슈를 올바르게 이해함과 아울러 바람직한 경쟁정책을 수립함에 있어서 출발점이 된다.

그런데 우리나라에서 플랫폼의 명확한 개념·성격과 그에 걸맞는 법적 지위는 아직까지 정립되지 못한 실정이다. 그 결과 경쟁법의 영역에서 플랫폼이란 용어는 단지 특수한 형태의 사업 내지 비즈니스 모델로 이해되는 경향이 있고, 다양한 플랫폼에 공통된 개념요소를 도출하지 못하고 있다. 경제학에서도 플랫폼에 관한 논의가 폭증하고 있으나, 플랫폼의 고유한 '경제적' 특성으로 양면시장의 성격과 그에 따른 교차 네트워크효과 외에 주목할 만한 것을 찾기 어렵다. 아울러 방송·통신법

60) 김도훈, "양면시장형 컨버전스 산업생태계에서 플랫폼 경쟁에 관한 진화게임 모형", 한국경영과학회지 제35권 제4호, 한국경영과학회, 2010, 56면. 컨버전스 환경에서 플랫폼이 새로운 산업구성방식(industrial configuration)이 되고 있다고 한다.

61) 이상우, "통신·방송 융합시대의 수평적 규제체계", KISDI 이슈리포트, 2006.4, 정보통신정책연구원, 4, 11면 이하. 그에 따르면 케이블이나 IPTV는 콘텐츠를 제공받아 가입자들에게 전송해주는 이른바 전송플랫폼운영자(operators of delivery platform)에 해당한다.

상 플랫폼 관련 논의, 이를테면 OTT 서비스와 관련한 개념론 및 역무 분류 논의는 규제목적의 상이함을 감안할 때 경쟁법상 플랫폼의 개념정립에 직접적인 도움을 주기 어려워 보인다.

나. 플랫폼의 경쟁상황

'모바일 생태계'(mobile ecosystem)는 플랫폼 중심의 새로운 산업구성방식이라는 특성을 갖고 있다. 종래 방송이나 유선인터넷분야에서는 네트워크 보유 여부와 상관없이 방송·정보콘텐츠에 대한 편집·통제기능을 수행하는 플랫폼 사업자로서 종합유선방송사업자(SO)나 IPTV를 중심으로 경쟁 이슈가 발생하였다. 그리고 우리나라의 경우 통신분야에서는 네트워크를 보유한 기간통신사업자가 전송서비스를 함께 제공하였기 때문에, 별도의 플랫폼 이슈가 발생할 여지가 별로 없었다.

그런데 모바일 인터넷이 확산되면서 기존의 방송·통신분야 네트워크 사업자와 독립적인 플랫폼 사업자의 관계를 중심으로 다툼이 발생하기 시작하였다. 특히, 구글이나 애플, SNS 사업자(유튜브, 페이스북, 카카오 등)와 같이 네트워크 없이 막강한 플랫폼을 기반으로 독자적인 생태계를 구축한 사업자들이 네트워크 중심의 기존 생태계와 충돌하게 되었고, 다른 한편으로 개별 생태계 내에서는 플랫폼 사업자와 자신의 생태계에서 가치사슬을 이루는 애플리케이션사업자, 판매업자, 콘텐츠사업자 등과 관계에서 여러 가지 경쟁이슈를 야기하기에 이르렀다.

여기서 먼저 여러 플랫폼 간에 경쟁상황을 파악할 필요가 있다. 이것은 특정 플랫폼의 지배력 유무를 판단하기 위한 전단계의 작업이기도 하고, 나아가 특정 플랫폼이 자신의 생태계를 구성하는 방식(이를테면 개방형 또는 폐쇄형)을 경쟁법적으로 평가하기 위한 선결과제이기도 하다.

뿐만 아니라 모바일 플랫폼이 진행하고 있는 수직계열화(vertical systemization)가 관련시장에서 경쟁에 어떤 영향을 미칠 것인지가 다루어져야 하며, C−P−N−D의 가치사슬 속에서 프리미엄 콘텐츠나 네트워크와의 관계를 재조망 할 필요가 있다. 예컨대, 안드로이드와 iOS라는 플랫폼 간의 경쟁이 수직적 가치사슬 속에서 어떻게 작동하는지, 개별 생태계 내에서 불공정거래행위의 여지는 없는지를 살펴보아야 할 것이다. 이 문제는 플랫폼 간의 경쟁상황을 어떻게 바라볼 것인지와 결부되어 있고, 동시에 플랫폼 간 경쟁촉진의 방향을 모색함에 있어서도 시사하는 바가 크다.

끝으로, 모바일 플랫폼의 경우 플랫폼 간 경쟁이 운영체제들 간의 경쟁에 그치지 않고 서비스 플랫폼으로 확대되고 있는 양상을 함께 고려하여 플랫폼의 경쟁상황을 이해할 필요가 있다.[62] 이때 '오픈 플랫폼'(open platform)은 '폐쇄 플랫폼'(closed platform)에 대비되는 용어로서, 통상 소스코드의 변경 없이 다른 방식으로 프로그램이 작동할 수 있도록 허용하는 개방된 API(application programming interface)에 기초한 소프트웨어 시스템을 가리킨다. 이는 플랫폼의 개방성을 강화한 것으로서, 개방된 인터페이스를 이용하여 제3의 개발자가 새로운 기능을 추가하여 플랫폼을 독자적으로 통합하는 것이 가능해진다.[63] 구글의 OS인 안드로이드가 그러하며, 이 경우 애플의 iOS와 달리 새로운 서비스 플랫폼이 이를테면 PIP(platform in platform)의 형태로 대거 등장하여 OS 플랫폼과 상호보완적이면서도 일부 경쟁하는 양상을 보이게 된다.

이러한 맥락에서 플랫폼의 개념을 정립하는 작업은 플랫폼 간 경쟁의 범위 획정하고 플랫폼의 시장지배력이나 거래상 지위 여부를 판단하기 위해서 필요해진다.

다. 플랫폼의 개념론

(1) 기존의 개념들

통상 플랫폼은 기술적 또는 경제적으로 정의되어 왔다. 기술적인 관점에서 플랫폼이란 운영체제와 미들웨어, 핵심 응용프로그램을 실행하는 하드웨어와 소프트웨어가 결합된 계층적 형태라고 한다.[64] 반면, 경제적 관점에 따르자면 플랫폼은 서로 다른 복수의 이용자집단이 거래나 상호작용을 원활하게 할 수 있도록 제공된 물리적, 가상적 또는 제도적 환경을 의미한다고 한다.[65] 이러한 개념들이 플랫폼의 일반적인 기술적, 경제적 특성을 보여줄 수 있다는 점에서는 유용할 수 있으나, 경쟁법상 플랫폼을 어떻게 파악해야 하는지에 대해서는 그 어떤 시사점을 제공하기 어렵다. 그 밖에 플랫폼을 관련시장에서 다음 단계의 재화 및 용역의 공급을 위하여 공통적인 기반이 되는 서비스를 제공하는 유·무형의 설비 등으로 정의하는 경우도 있는바,[66] 무형의 설비가 무엇인지 모호할 뿐만 아니라, 플랫폼의 범주를 획

62) 손상영·김사혁, "모바일 플랫폼의 새로운 경쟁양상과 대응전략", KISDI, 2013.12, 101면 이하.

63) Thomas R. Eisenmann/Geoffrey Parker/Marshall Van Alstyne, Opening Platforms: How, When and Why?, Harvard Business School Entrepreneurial Management Working Paper No. 09-030, Harvard Business School, p. 2.

64) 이영주·송진, "스마트 미디어의 플랫폼 중립성 적용 가능성 검토: 안드로이드 OS 플랫폼의 구글 검색 애플리케이션 사전탑재를 중심으로", 한국방송학보 제25권 제4호, 한국방송학회, 2011, 215면.

65) 이상규, "양면시장의 정의 및 조건", 정보통신정책연구 제17권 제4호, 2010.

정하기에는 지나치게 광범위하다는 난점이 있어 보인다.

그 밖에 개념론과는 거리가 있으나 '다면(多面) 플랫폼'(multi-sided platform; MSP)이 갖는 장점으로서 서로 연계되어 있는 이질적인 이용자집단 사이에 긍정적인 상호작용을 가능케 하는 이른바 간접적 내지 교차 네트워크효과[67]를 드는 경우가 일반적이다.[68] 이때, 간접적 네트워크효과는 다름 아닌 양면 또는 다면시장의 고유한 특성이라는 점에서, 이것은 결국 플랫폼의 핵심요소를 양면 또는 다면시장의 성격에서 찾는 것과 다르지 않다. 그에 따르면 인터넷 포털이나 인터넷 검색, 모바일 플랫폼, 나아가 오픈마켓서비스 등이 양면시장이자 플랫폼으로 파악될 것이다.

그런데 플랫폼을 정의하는 방법은 그 목적에 따라 달라져야 할 것이다. 굳이 '기능적 법개념론'(funktioneller Rechtsbegriff)을 원용하지 않더라도 시장획정이나 지배력 판단, 경쟁제한성 분석에 플랫폼이 어떤 새로운 고려요소나 분석방법을 요구하는지를 파악하기 위하여 그 개념을 모색하고자 한다면,[69] 기존의 분석틀에 의문을 제기하는 플랫폼의 고유요소, 이를테면 양면시장성을 핵심요소로 삼아 플랫폼을 정의하는 것도 방법일 수 있다. 그렇다면 양면시장이 과연 경쟁법상의 개념, 즉 해석의 대상으로 구체화될 수 있는지, 나아가 플랫폼의 개념정립 필요성이라는 관점에서 플랫폼의 성격을 어떻게 파악해야 하는지를 살펴볼 필요가 있다.

(2) 서비스로서의 플랫폼 개념

먼저, 경쟁법상 플랫폼의 개념을 정립할 필요성에 비추어볼 때, 플랫폼이란 그 자체가 특정 사업자가 제공하는 연결 내지 중개(仲介)서비스 또는 그러한 서비스를 제공하는 사업자를 지칭하는데 불과하다. 즉, 플랫폼이란 넓은 의미에서 온라인상으로 서로 다른 이용자집단의 거래(수요)를 매개 또는 중개해주는 서비스로 이해할 수 있다. 플랫폼은 서로 다른 수요가 매개되는 무형의 공간이라는 의미도 가질 수 있으나, 이것은 경쟁법상 아무런 의미가 없어 보인다. 이처럼 '플랫폼서비스'를 상

---

66) 최승재, "모바일 플랫폼 중립성의 개념 정립", 법과 기업연구 제1권 제1호, 서강대 법학연구소, 2011, 142면.

67) David S. Evans/Richard Schmalensee, Markets with Two-Sided Platforms, in: 1 Issues in Competition Law and Policy 667(ABA Section of Competition Law), 2008.

68) 홍대식, "인터넷 플랫폼 시장에서의 경쟁법 적용을 위한 소비자 선택 기준", 경쟁법연구 제27권, 2013-a, 262면.

69) 어떤 경제현상에 법개념이라는 형식을 부여하기 위해서는 그 현상에 대한 규범적 가치판단이 전제되어야 한다. 이것이 바로 플랫폼에 경쟁법적 의미를 부여하는 핵심요소가 무엇인지를 파악해야 하는 이유이다.

정한다고 해서 그 자체가 당연히 경쟁법상 별개의 관련시장을 형성하는 것은 아니다. 플랫폼서비스라도 거래상대방인 이용자집단에 따라서는 다른 서비스와 실질적으로 경쟁관계에 있을 수 있기 때문이다. 이처럼 플랫폼을 하나의 중개서비스로 이해할 경우에 플랫폼 간 경쟁이나 플랫폼사업자의 거래상 지위, PIP(platform in platform)의 성격 규명이 보다 명확해질 것으로 보인다.

그렇다면 플랫폼서비스의 개념요소로는 서로 다른 이용자집단, 다시 말해서 둘 이상의 면(side) 외에 추가로 어떤 것을 상정할 수 있을까? 플랫폼이 갖는 양면시장의 특성을 동 서비스의 개념요소로 삼기 위해서는 나름의 제한 내지 축소가 필요해 보인다. Rochet/Tirole도 인정한 바와 같이 양면시장이라는 용어는 웬만한 거래관계를 '과잉 포섭할'(over-inclusive) 위험이 있기 때문이다.[70] 즉, 모든 시장에서 기업은 양면에서 활동하고 있으며, 정도의 차이일 뿐 한 측면에 참가하는 자의 수가 많을수록 다른 측면의 참가자들에게도 이로운 것이다. 이처럼 기존의 개념을 다소 축소할 필요가 있다면 양면시장의 요소를 보다 적극적으로 플랫폼과 다른 서비스와 구분 짓는 요소는 무엇인지를 살펴볼 필요가 있다.

먼저 플랫폼이 갖는 양면시장의 특성과 기업전략을 구분할 필요가 있다. 예컨대, IPTV의 경우 시청자(이용자)와의 거래에서 pay-per-view, 월정수수료 등 몇 가지 옵션이 존재하고, 이 중에서 어떤 것을 선택할지는 비단 광고주만을 고려하여 정하지 않는다는 점에서 이것은 단순한 사업전략에 불과할 수 있다. 이러한 맥락에서 비록 논쟁의 소지는 있으나 양면시장 고유의 특성에 '외부효과의 상호성'(reciprocal externality)이 추가되어야 한다는 견해도 있다.[71] 그에 따르면 이메일 서비스와 광고를 제공하는 인터넷 포털은 양면시장에 해당하지 않는데, 이 경우에는 이메일 이용자가 많을수록 광고주에게는 이익이 된다는 의미에서 '일방향 외부효과'(unidirectional externality)만 존재할 뿐이며, 반대로 좋은 광고를 제공하는 광고주가 많아진다고 해서 이메일 이용자에게 유인이 되지는 않기 때문이다. 다만, 양면시장의 개념이나 경쟁법적 시사점이 논쟁적인 상황에서,[72] 플랫폼 그 자체를 중개

70) Jean-Charles Rochet/Jean Tirole, Two-Sided Markets: A Progress Report, 37 RAND J. Econ., 2006. pp. 645-646.

71) Giacomo Luchetta, Is the Google Platform a Two-Sided Market?, J. Competition Law Econ 10(1), 2013, p. 191.

72) 주진열, "최근 공정거래법 주요 판례에 나타난 비교법경제학적 쟁점 분석", 경쟁법연구 제23권, 2011, 347면 이하.

서비스로 이해할 경우 플랫폼의 양면시장성을 굳이 제한적으로 해석할 실익이 있는지는 의문이다.

1) 플랫폼 관련 기존의 분석틀

경쟁법의 관점에서 플랫폼의 개념이 왜 중요한가? 지금까지의 경제학적 논의를 살펴보면, 플랫폼은 양면 또는 다면시장의 성격을 갖고, 그에 따른 특성이 관련시장의 획정이나 지배력 판단에 충분히 고려되어야 하기 때문이라고 한다. 구체적으로 경제이론상 양면시장의 교훈으로는 약탈가격과 관련하여 한계비용으로부터 가격의 적정성을 평가하는 방식을 재검토할 필요가 있다는 점, 두 시장 간의 feed-back effect는 플랫폼 관련 행위의 경쟁제한효과를 분석하기 어렵게 한다는 점[73] 등을 들 수 있다. 플랫폼서비스를 전제로 양면시장이론(two-sided market theory)이 플랫폼에 대한 경쟁법리에 과연 어떤 변화를 요구하는지 비판적으로 살펴보자.

플랫폼 관련한 경쟁 이슈는 크게 시장지배적 지위남용과 기업결합에서 나타난다. 어느 경우에나 관련시장의 획정이 선행되게 마련인데, 이때 해당 사업자가 플랫폼사업자라면 과연 어떤 변화가 필요할까?

현재까지 지배적인 견해에 따르면 플랫폼을 매개로 하는 양면시장이란 서로 다른 둘 이상의 이용자집단이 특정 플랫폼을 통하여 상호작용을 하고, 그러한 상호작용에 의해 창출되는 가치가 '간접적 네트워크 외부성'(indirect network externalities)의 영향을 받는 시장으로 이해되고 있다.[74] 그 결과 신용카드시장의 가격탄력성을 조사할 때 카드이용자에게 가입비를 인상할 때 예상되는 카드이용자의 이탈만을 측정해서는 안 되고, 그에 따른 가맹점의 이탈과 그것이 다시 카드이용의 효용을 감소시키는 '피드백 루프'(feedback loop) 효과를 감안하여야 한다고도 한다.[75] 이러한 주장은 일견 신용카드시장을 하나의 관련시장으로 파악한다는 전제에 입각한 것으로 보이는데, 여기서 제시된 방법론은 신용카드회사가 카드이용자나 가맹점에게 가격을 인상할 수 있는 여지, 즉 시장지배력의 문제에 보다 가까워 보이며, 무엇보다 하나의 이용자집단에 대한 가격인상 시 다른 측면의 이용자집단에 나타나는 이탈현상은 시장획정을 함에 있어서 하나의 고려사항일 수 있을 뿐이고, 나아가 시

73) 홍대식, "플랫폼 경제에 대한 경쟁법의 적용 — 온라인 플랫폼을 중심으로 —", 법경제학연구 제13권 제1호, 2016, 107면.

74) 대표적으로 Rochet/Tirole, Ibid, p. 645.

75) 황창식, "다면적 플랫폼 사업자에 대한 공정거래규제", 정보법학 제13권 제2호, 2009, 110면 이하.

장획정의 전통적인 방법론에 근본적인 변화를 요구하지는 않는다.

구체적으로 살펴보자면, 양면시장에서도 상이한 이용자별로 관련시장을 파악하여야 하는 것이 원칙이고, 이러한 입장은 두 가지 측면에서 전통적인 접근방식에도 부합하는 것으로 보인다.

첫째, 시장획정의 기본원칙은 수요자의 관점에서 바라본 합리적 대체가능성이고, 심사기준에 따르면 관련 상품시장은 "거래되는 특정 상품의 가격이나 용역의 대가가 상당기간 어느 정도 의미 있는 수준으로 인상(인하)될 경우 동 상품이나 용역의 대표적 구매자(판매자)가 이에 대응하여 구매(판매)를 전환할 수 있는 상품이나 용역의 집합"으로 획정된다. 따라서 상이한 이용자집단을 연결하는 플랫폼사업자와 관련해서도 수요자에 따라 관련시장이 달리 획정되는 것은 지극히 당연한 일이다. 이때, 플랫폼의 관점에서 각각의 이용자집단에게 제공하는 서비스 자체가 '별개의 상품'(separate product)에 해당될 수 있을 것이다. 중요한 것은 실제 시장에서 플랫폼의 각 면(side)마다 수요자의 전환가능성을 비롯하여 상품의 특성과 소비자의 선호 등을 종합적으로 고려하여 현실적인 경쟁관계를 파악하는 일이다.

이러한 입장에 따르면 플랫폼에 SSNIP 테스트나 임계매출(감소)분석(critical loss analysis)을 그대로 적용하기 곤란하다는 점이 곧바로 양면시장에서 경쟁법상 관련시장 획정방식이 달라져야 함을 의미하지는 않으며, 단지 전통적인 방법론으로는 플랫폼 관련 시장획정에 일부 오류가 발생할 수 있다는 점을 보여줄 뿐이다. 위에 언급한 예에서 신용카드회사를 플랫폼사업자로 인식할 경우에 관련시장은 가맹점과의 관계에서는 '가맹점서비스'라는 상품시장과 카드회원과의 관계에서는 '신용서비스'라는 상품시장으로 나누어질 수밖에 없다. 그리고 이들 두 서비스는 서로 별개의 상품이기 때문에 관련시장 획정단계에서 한 측면에서의 가격인상이 다른 측면의 이용자에게 미치는 효과까지 고려할 경우 시장획정의 불확실성이 지나치게 커질 수 있다,

남용규제에 관한 한 공정거래위원회의 실무도 이와 같다. SO를 플랫폼으로 보았을 때 PP와의 관계에서 '프로그램송출서비스시장'과 가입자와의 관계에서 '프로그램 송출시장'으로 획정한 것이나,[76] 오픈마켓을 플랫폼으로 보았을 때 판매자와의 관계에서 '오픈마켓판매서비스시장'과 소비자와의 관계에서 '인터넷 쇼핑시장'으

76) 대법원 2008.12.11. 선고 2007두25183 판결("티브로드 강서방송" 판결).

로 획정한 것도 마찬가지로 이해할 수 있다.[77] 특히, "이베이/지마켓 기업결합" 사건에서 공정거래위원회는 "오픈마켓은 양면시장으로서의 성격을 가지고 있으므로 관련 상품시장을 획정하는데 있어 이러한 오픈마켓의 양면시장적 특성을 최대한 고려하여 판단할 필요성이 있다."고 밝히는 한편, 양면시장에서의 시장획정 일반론으로서 "관련시장은 경쟁이 실제로 진행되는 내용을 반영해 파악되어야 하고, 만약 양면시장의 개별 면에서 별도의 경쟁이 존재한다면 각 면은 각각 독립된 시장으로 획정되는 것이 타당하여, 양면시장에서 개별 면을 별도의 시장으로 획정할 수 있는지 여부는 각 면에서 제공되는 서비스의 대체서비스에 대한 분석에 따라 결정된다고 할 수 있을 것"이라고 언급하였다.

둘째, 공정거래법상 시장획정의 또 다른 기준인 '거래단계별' 접근의 측면에서도 플랫폼 관련 시장획정을 전통적인 방법론에 따라 설명할 수 있다(법 제2조 제4호). 이를테면 C−P−N−D라는 가치사슬을 상정할 때, 플랫폼은 콘텐츠, 네트워크나 디바이스와 거래단계를 달리하므로 각각의 경우마다 별도의 관련시장이 성립할 것은 자명한 것이다. 양면시장의 성격을 갖는 플랫폼이라도 개별시장 접근방법을 취할 경우에는 플랫폼사업자 대 이용자 측면과 콘텐츠 제공자 또는 애플리케이션 제공자, 광고주 등의 측면별로 거래현상을 구체적·개별적으로 판단할 필요가 있다는 견해[78]도 큰 틀에서는 같은 취지로 이해할 수 있다. 이러한 점에서 플랫폼의 다양한 면(side)을 포괄하여 하나의 관련시장을 획정하여야 한다는 주장[79]은 일견 타당하지 않아 보인다. 가장 대표적인 유형인 중개플랫폼의 경우에 중개서비스시장을 상정할 수는 있으나, 이때에도 구체적인 남용행위가 행해진 시장은 플랫폼의 어느 한 면(side)일 것이고, 경우에 따라서 경쟁제한효과가 발생하는 시장이 중개서비스시장일 수 있을 것이다.

---

77) 공정거래위원회 2009.6.25. 의결 제2009−146호("이베이 케이티에이 기업결합" 사건). 직전 "엔에이치엔" 사건에서 공정거래위원회는 인터넷 포털을 양면시장으로 파악하였고(공정거래위원회 2008.8.28. 의결 제2008−251호), 뒤이어 "이베이/지마켓 기업결합" 사건("이베이 케이티에이 기업결합" 사건)에서도 오픈마켓이 양면시장의 성격을 갖는다고 명시적으로 언급하고 있다.

78) 홍대식·정성무, "관련시장 획정에 있어서의 주요 쟁점 검토 — 행위 유형별 관련시장 획정의 필요성 및 기준을 중심으로", 경쟁법연구 제23권, 2011, 322면 이하.

79) 최승재, "양면시장이론과 한국 경쟁법상 역할에 관한 연구", 경쟁법연구 제17권, 2008.5, 248면 이하 등.

2) 사 견

플랫폼에 대한 기존의 정의들은 플랫폼이 갖는 공통의 기술적·경제적 특성을 기술하고 있을 뿐, 경쟁법상 유용한 독자적인 개념을 규명하는 데에는 이르지 못하고 있다. 나아가 플랫폼 중심의 생태계가 급속히 확대되고 있으나, 그러한 현상을 경쟁법의 해석·적용에 반영할 수 있는 접근방법은 아직 형성 중에 있다. 아직까지 플랫폼이라는 용어는 경제현상이나 시장상황, 일명 플랫폼사업자의 경쟁전략을 이해하는데 유용하나, 경쟁법 이론의 개발이나 새로운 해석방법론으로 이어지지 못하고 있는 것이다.

현재로서는 경쟁법상 플랫폼이란 하나의 서비스로서 서로 다른 이용자집단의 수요(거래)를 매개 또는 중개하는 서비스로 파악하는 것이 타당하다. 온라인 플랫폼이란 이와 같은 수요(거래) 매개서비스가 온라인상에서 이루어지는 것을 지칭하게 된다. 플랫폼이 갖는 양면성 내지 다면성은 매개 또는 중개에 본질적인 속성이며, 서로 다른 이용자집단 내지 서로 다른 수요란 원칙적으로 각 면(side) 별로 별개의 상품시장이 성립함을 의미한다. 따라서 그러한 매개 또는 중개서비스를 플랫폼서비스, 그러한 서비스를 제공하는 사업자를 플랫폼사업자로 정의하는 것이 타당하다.

기존의 논의는 대체로 플랫폼의 특성을 양면 내지 다면시장에서 찾고 있다. 그런데 양면시장이론이 전통적인 시장획정방식에 근본적인 변화를 요구하는지도 의문이다. 원칙적으로 관련시장의 획정은 거래단계에 따라 수요자의 관점에서 이루어져야 한다는 점에서 각 면(side) 별로 접근하는 것이 타당하며, 그 밖에 지배력 판단이나 경쟁제한성 판단에 있어서 양면시장에서 비롯되는 고려사항은 그리 많지 않아 보인다. 더구나 플랫폼 내에서 콘텐츠사업자나 애플리케이션사업자와의 관계에서 발생하는 불공정거래행위와 관련해서는 기존의 법리를 수정할만한 요소를 찾기 어렵다.[80)]

온라인 플랫폼이 차지하는 경쟁상의 중요성을 간과해서도 안 되지만, 기존의 경쟁법적 틀과 접근방법을 전면 수정할 정도로 과대평가하는 것도 경계할 필요가 있다. 보다 중요한 것은 플랫폼 간 경쟁이 매우 동태적이라는 점을 감안하여 소비자선택을 제고하는 방향으로 경쟁정책을 마련하는 일이다.

---

80) 강인규·오기석, "무선 플랫폼 개방에 다른 비통신사업자의 불공정거래행위", KISDI 초점 제23권 제10호, 2011.6, 23면 이하.

4. 남용규제에서 시장획정의 규범적 기능

기업결합과 달리 시장지배적 지위남용을 규제함에 있어서 시장획정은 구체적으로 어떤 규범적 기능을 갖는가?

첫째, 시장획정은 특정 사업자가 남용규제의 수범자로서 '어떤 시장에서' 지배적 지위에 있는지를 명확히 하는 기능을 갖는다. 지배적 지위란 항상 일정한 범위의 시장 내지 경쟁관계를 전제로 하기 때문이다. 시장획정 작업이 매우 복잡한 점을 감안할 때 시장을 어떻게 획정하더라도 특정 사업자가 지배적 지위에 있거나 그러한 지위를 가질 수 없음이 명백한 경우에는 관련시장을 엄밀하게 획정하지 않아도 무방할 것이다. 반면, 특정 사업자의 가격수준과 변동내역 등을 통하여 지배적 지위를 확인할 수 있다면 시장획정을 거치지 않고 남용 판단을 할 수 있을 것인가? 소극적으로 해석하여야 할 것이다. 예컨대, 어떤 사업자의 가격이 경쟁수준을 훨씬 초과하는 것으로 보인다고 할 때에도, 그러한 판단은 매우 논쟁적이고 입증조차 거의 불가능한 경쟁가격을 전제한 것으로서 단순한 주장에 불과하기 때문이다.[81]

둘째, 시장획정은 특정 사업자가 '지배적 지위'를 갖는지를 판단함에 있어서도 중요한 징표를 제공한다. 지배적 지위를 보여주는 대표적인 요소가 바로 시장점유율인데(법 제2조 제3호 제2문), 점유율이란 그 성질상 관련시장의 획정을 전제로 산정할 수 있기 때문이다. 시장점유율은 법 제6조의 추정조항을 적용함에 있어서는 물론이고 시장지배적 지위를 판단함에 있어서 1차적으로 고려하여야 하는 요소이다.

셋째, 시장획정은 시장지배적 사업자의 행위가 과연 '어느 시장에서' 경쟁제한효과를 야기하는지를 분석할 수 있게 해준다. 지배적 지위와 마찬가지로 경쟁제한효과란 언제나 특정한 관련시장에서만 상정할 수 있기 때문이다. 남용 여부를 심사함에 있어서 문제된 행위는 지배적 지위가 존재하는 시장에서 발생하여야 하나, 그 행위에 따른 경쟁제한효과는 제3의 시장에서 발생하더라도 무방하다.[82]

---

81) 이러한 주장은 특히 가격을 인상하기로 하는 담합의 경우에 이미 가격인상이라는 경쟁제한효과가 발생하였음에도 불구하고 공정거래위원회가 추가로 관련시장을 획정하여야 하는지와 관련해서 제기되기도 한다. 가격인상을 경쟁제한효과와 동일시하는 경제적 접근방법의 표현으로서, 이 경우에도 시장획정은 필요하다.

82) 제3의 시장에서 다른 사업자의 사업활동을 방해하는 행위로서 이른바 'Drittmarktbehinderung'에 대하여, Meinrad Dreher/Michael Kulka, Wettbewerbs- und Kartellrecht(10. Aufl.), 2018, Rn.

5. 시장점유율 산정의 몇 가지 쟁점

가. 시장점유율 산정방식

시장획정은 시장에서 경쟁관계가 이루어지는 범위를 정하기 위한 것이고, 시장점유율을 산정하기 위한 수단적 의미를 가진다. 다시 말해서 시장점유율은 관련시장을 획정한 연후에야 비로소 산정할 수 있는 것이다. 공정거래법은 법 제2조 제3호(시장지배적 사업자의 정의) 및 제6조(시장지배적 사업자의 추정)에 있어서 시장점유율을 어떻게 산정할 것인지를 규정하고 있다. 즉, 시장점유율이란 법 제5조의 규정에 위반한 협의가 있는 행위의 종료일이 속하는 사업연도의 직전 사업연도 1년 동안에 국내에서 공급 또는 구매한 상품 또는 용역의 금액 중에서 당해 사업자가 국내에서 공급 또는 구매한 상품 또는 용역의 금액이 점하는 비율을 말한다(영 제2조 제1항). 이를 도식으로 표현하면 아래와 같다. 국내 총공급액 또는 구매액은 달리 표현하자면 국내매출액에 해당한다.

사업자 A의 시장점유율(%) = (사업자 A의 해당상품 국내 총공급액 또는 구매액/
해당상품의 국내 총공급액 또는 구매액) × 100

한편, 시장점유율을 금액기준, 이른바 매출액 기준으로 산정하기 어려운 경우에는 물량기준이나 생산능력기준으로 산정할 수도 있다(영 제2조 제1항 단서). 예컨대, "포스코" 판결[83]에서 관련 상품시장인 자동차용 냉연강판용 열연코일과 관련하여 포스코의 시장점유율은 매출액이 아니라 (공급)물량기준으로 산정되었다.[84] 방송이나 통신서비스에 있어서 가입자의 수를 기준으로 점유율을 산정하는 경우에 있어서 공정거래위원회의 실무상 매출액 산정이 전혀 곤란하지 않은 경우에도 임의로 물량이나 가입자 수를 기준으로 시장점유율을 산정한 것으로 보이는 사례가 나타나는바, 당해 사업자가 시장지배적 지위에 있다는 결론에는 영향을 미치지 않

701–706, 1250, 1566; Kling/Thomas, a.a.O., §20 Rn. 80, 141 ff.; 이봉의, 앞의 책, 145–146면: "지배력이 존재하지 않는 시장에서는 남용행위가 발생할 수 없으나 그에 따른 방해효과는 지배력이 없는 제3의 시장에서 발생할 수 있다.".

83) 대법원 2007.11.22. 선고 2002두8626 전원합의체 판결.

84) 공정거래위원회 2001.4.12. 의결 제2001–068호.

더라도 법규정에는 맞지 않으므로 주의할 필요가 있다.

나. 해당상품 내지 관련상품

여기서 해당상품, 즉 시장점유율 산정을 위한 매출액의 기초가 되는 상품은 무엇인가? 당해 사업자가 국내에서 복수의 관련시장에서 활동하고 있는 경우에 공급한 상품이나 서비스도 다양할 것이다. 법 제2조 제3호와 제6조는 모두 당해 사업자가 지배적 지위를 갖는지에 관한 것이고, 지배적 지위는 남용 혐의가 있는 행위가 발생한 시장에서 인정되어야 한다는 점을 감안할 때, 해당상품이란 남용 여부가 다투어지는 행위와 직접 관련된 상품, 다시 말해서 '관련상품'으로 이해하여야 할 것이다.

관련상품이라도 국내매출액만을 고려하고 해외로 수출된 금액을 제외한다는 점에서, 시장점유율 산정에 관한 한 관련지역시장은 국내시장에 한정된다는 것이 시행령 제2조 제1항의 태도이다. 따라서 시장지배적 지위 여부를 판단함에 있어서 세계시장(world market)을 염두에 두고 글로벌 매출액과 글로벌 시장점유율을 산정하더라도 그것은 법 제2조 제3호와 제6조에서 규정한 법적으로 의미 있는 수치는 아닌 것이다. 이 점은 공정거래법상 남용규제가 국내시장에서 지배적 지위를 가진 사업자에게만 적용된다는 것을 의미한다. 예컨대, 국내기업이 글로벌시장에서 압도적인 점유율을 갖더라도 매출액의 대부분이 해외에서 이루어지고 국내에서 차지하는 비중(국내매출액 내지 국내 시장점유율)은 미미하다면 처음부터 법 제5조가 적용되지 않는 것이고, 외국기업이라도 해외시장에서의 비중과 무관하게 국내시장에서 50% 이상의 점유율을 갖는다면 추정조항 등을 통하여 남용규제를 받게 되는 것이다.

다. 자가소비분의 포함 여부

시장점유율 산정의 기초로서 매출액과 관련하여 제기되는 또 다른 문제는 당해 사업자의 자가소비분(captive sales)이 포함되는지 여부이다. 공정거래위원회는 2001년 4월 "포스코" 사건[85]에서 이 문제를 처음으로 다룬 바 있다. 이 사건에서 공정거래위원회는 포스코의 주장대로 '자동차용 냉연강판용 열연코일'을 별개의 상품으로 구분하더라도 포스코는 국내 유일의 자동차용 냉연강판용 열연코일 생산자이자 의사만 있으면 언제든지 동 제품을 시장에 판매할 수 있는 사실상의 시장참여자

85) 공정거래위원회 2001.4.12. 의결 제2001-068호.

(유동적 진입자)이기 때문에 시장점유율을 산정할 때에 자가소비용 물량을 마땅히 포함시켜야 한다고 보았다.

라. 계열회사의 매출액 합산 여부

공정거래법상 계열회사는 시장지배적 사업자의 정의규정 및 추정규정을 적용함에 있어서 이를 하나의 사업자로 본다(영 제2조 제2항). 이때 하나의 사업자로 보는 1차적인 실익은 계열회사의 시장점유율을 합산한다는 데에 있기 때문에, 이와 같은 간주규정은 남용의 혐의가 있는 사업자와 그 계열회사가 동일한 관련시장에서 활동하고 있는 경우에 의미를 갖게 된다.

시행령 제2조 제2항의 간주규정은 법 제2조(정의)와 제6조(시장지배적 사업자의 추정)에 한하여 적용되기 때문에, 이를 엄격하게 해석할 경우 법 제5조(남용금지)와 제7조(시정조치), 제8조(과징금)의 판단에 있어서는 당해 사업자와 그 계열회사는 여전히 별개의 사업자로 취급된다. 즉, 시장지배적 사업자 해당 여부를 판단함에 있어서만 계열회사를 포함하여 하나의 사업자로 인정될 뿐, 남용행위의 주체와 위법성 판단 및 책임귀속과 관련해서는 계열회사는 고려되지 않는 것이다.[86]

마. 다른 금지행위에 대한 준용 여부

시행령 제2조 제1항에 따른 시장점유율 산정방식과 매출액 기준의 우선원칙은 다른 금지행위에도 그대로 적용되는가? 공정거래법령에 이에 관한 명시적 규정이 없고, 시행령 제2조 제1항은 문언상 법 제2조 제3호 및 제6조에서 사용하고 있는 시장점유율에 한정하여 규정하고 있어서 반대해석을 하자면 경쟁제한적 기업결합이나 부당한 공동행위, 불공정거래행위 등에는 적용되지 않는다는 주장도 가능할 것이다. 그러나 금지행위의 유형에 따라 시장점유율을 달리 산정할 이유가 없고, 지배적 지위나 경쟁제한효과를 판단하기 위한 수단으로서 시장점유율의 의미는 동일하다는 점에서 시행령 제2조 제1항이 여타의 경우에도 그대로 준용되는 것으로 보아야 한다. 공정거래위원회의 실무도 이와 같다.

86) 권오승·서정(제4판), 145면.

Ⅲ. 지배적 지위

1. 일반론

공정거래법상 시장지배적 사업자는 당해 사업자가 일정한 거래분야에서 차지하는 점유율, 진입장벽의 존재 및 정도, 경쟁사업자의 상대적 규모 등을 종합적으로 고려하여 판단한다(법 제2조 제3호 제2문). 그런데 막상 구체적인 사례에서 특정 사업자의 지배적 지위 여부를 판단하기란 매우 복잡하고 난해한 일이다. 경제적 의미에서 시장지배력이란 결국 '가격을 좌우할 수 있는 힘'(power over price), 즉 경쟁가격보다 높은 가격을 책정하여 초과이윤을 얻을 수 있는 힘이다. 반면, 경쟁법적 의미에서 시장지배적 지위란 유효경쟁으로 인한 견제를 충분히 받지 않는 지위, 다시 말해서 다른 경쟁사업자를 의식하지 않고 시장행위를 비교적 자유롭게 정할 수 있는 지위로서 입법취지에 비추어 남용규제의 대상을 어디까지 넓힐 것인지에 대한 규범적 가치판단을 전제로 한다.[87]

그런데 경제적 의미에서 시장지배력을 측정하기란 매우 어렵고, 사업자들이 보유하고 있는 시장지배력의 스펙트럼이 매우 넓어서 과연 어느 정도의 힘을 가진 경우에 남용규제의 대상으로 삼을 것인지는 정책적인 판단의 영역에 속하게 된다. 공정거래법은 시장지배적 지위를 보여주는 대표적인 대리변수(proxy)로서 '시장점유율'을 상정하고, 그 밖에 진입장벽이나 경쟁사업자·거래상대방의 상대적 규모, 자금력 등을 종합적으로 고려하도록 규정하고 있는 것이다. 공정거래위원회의 실무도 일단 남용행위의 혐의가 있는 사업자가 법 제6조의 추정요건에 해당하는지를 살펴보고, 이어서 여러 요소를 종합적으로 고려하여 시장지배적 지위를 확정하는 방식을 취하고 있다.

한편, 시장지배적 사업자에 해당하는지를 판단하는 시점은 법 제5조에서 금지하고 있는 남용행위가 이루어진 시점을 기준으로 한다. 행위시점에 수범자로서 동조의 적용대상이어야 하고, 공정거래위원회가 법위반 여부에 대하여 의결을 함에 있어서 심리종결 시점까지 발생한 사실을 기초로 판단하는 것은 결국 위법성 내지 부당성 판단에 관하여 의미를 갖는다(법 제69조). 공정거래위원회는 실무상 원칙적

87) 시장지배적 사업자로 인정되는 것만으로는 수범자에게 아무런 법률상 불이익이 발생하지 않고, 남용 여하에 따라 금지 여부가 좌우된다는 점에서 시장지배적 사업자는 다소 폭넓게 파악하여 남용심사를 받도록 하는 것이 규제의 흠결을 막는 방법일 수 있다.

으로 매출액 산정과 결부하여 시장점유율 산정의 기초가 되는 위반행위 종료일 직전연도의 1년을 기준시점으로 한다. 해당 행위가 인지일이나 신고일까지 계속되는 경우에는 인지일이나 신고일을 해당 행위의 종료일로 본다(영 제11조). 시장지배적 지위는 일정기간 계속해서 유지되어야 하며, 일시적인 지위로는 남용규제의 대상으로서 충분치 않다. 만약 행위시점에는 시장지배적 지위에 있었으나 심리종결시에는 그러한 지위를 상실한 상태라면 그간의 시장상황을 남용 여부 판단에 종합적으로 고려하여야 할 것이다. 시장진입장벽 등을 고려하는 때에도 마찬가지로 일정한 기간을 두고 판단이 이루어지게 된다.

2. 시장지배적 사업자의 추정

가. 추정제도의 도입배경

전 세계적으로 시장지배적 사업자에 대하여 법률상 추정조항을 두고 있는 입법례는 찾아보기 어렵다. 미국, 유럽이나 일본의 경우에는 남용규제뿐만 아니라 기업결합이나 부당한 공동행위 등과 관련하여 애초에 '법률상 추정'(legal presumption)이 존재하지 않으며, 구체적인 사례마다 당해 사업자의 시장지배적 지위를 판단하고 있다. 다만, 독일 경쟁제한방지법은 시장지배적 사업자를 추정하는 명문의 규정을 두고 있으며,[88] 공정거래법은 이를 모델로 삼은 것으로 보인다.

우리나라에서 시장지배적 사업자의 추정제도를 채택하게 된 배경은 다른 나라와는 달리 이미 독과점체제가 공고히 자리 잡은 상태에서 남용규제가 마련되었다는 데에서도 찾을 수 있다. 구 공정거래법과 같이 사전에 시장지배적 사업자를 지정·고시하거나 시장점유율에 따라 이를 추정함으로써 당해 사업자에 대해서 남용행위를 하지 않도록 경고하는 효과(이른바 '일반예방효과')와 더불어 공정거래위원회의 입장에서는 시장지배적 지위의 존재에 대한 입증을 용이하게 함으로써 규제의

88) 현행 독일 경쟁제한방지법은 한 사업자의 시장점유율이 40% 이상이거나 2 이상의 사업자가 동일체로서(in their entirety) 동법 제18조 제1항 각호의 요건을 충족하고 이들 사이에 실질적인 경쟁이 존재하지 않는 경우에 단독으로 또는 공동으로 지배적 지위에 있는 것으로 간주하는 한편, 3 이하의 사업자가 50% 이상 또는 5 이하의 사업자가 2/3 이상의 시장점유율을 갖는 경우에 지배적 사업자로 추정하고 있다(동법 제18조 제4항 내지 제6항). 공정거래법 제6조에 비하여 폭넓게 시장지배적 사업자를 추정하는 측면도 있으나, 경쟁제한방지법 제18조 제7항은 추정대상 사업자들 사이에 실질적인 경쟁이 존재하거나 이들 사업자가 나머지 사업자들과의 관계에서 압도적인 시장지위에 있지 않음을 입증한 때에는 추정이 복멸될 수 있다는 점에서 반드시 우리나라에 비하여 추정이 용이하다고 단정하기는 어렵다.

실효성을 높이는 효과[89]를 기대할 수 있다.

어떤 사업자가 시장지배적 지위를 갖는지는 예외 없이 제6조의 추정요건에 해당하는 경우에도 공정거래위원회가 이를 입증하여야 한다. 시장지배적 지위란 경제학에서 일정기간 이윤을 남길 수 있는 수준으로 가격을 올릴 수 있는 힘으로 정의되는 시장지배력(market power)과는 다른 '법개념'으로서, 어느 정도의 시장지배력이 있어야 공정거래법상 시장지배적 사업자에 해당할 것인지는 상당부분 공정거래위원회의 재량에 맡겨져 있기도 하다. 이러한 맥락에서 시장점유율을 기준으로 한 시장지배적 사업자의 추정은 나름 공정거래위원회의 재량판단에 어느 정도 예측가능성을 부여하는 긍정적 의미도 가질 수 있다.

나. 추정기준

공정거래법은 시장지배적 사업자 해당 여부의 판단과 입증을 용이하게 하기 위하여 법률상 추정제도를 마련하고 있다. 그에 따라 일정한 거래분야에서 ① 1 사업자의 시장점유율이 100분의 50 이상이거나, ② 3 이하의 사업자의 시장점유율의 합계가 100분의 75 이상인 사업자(다만 시장점유율이 10% 미만인 사업자는 제외)는 시장지배적 사업자로 추정된다(법 제6조 각호). 과거에 공정거래위원회는 매년 시장지배적 사업자를 지정·고시하여 왔으나, 1999년 제7차 법개정[90]을 통하여 시장지배적 사업자에 대한 지정·고시 제도를 폐지하고 추정제도로 전환하였음은 전술한 바와 같다.

공정거래법상 시장지배적 사업자의 추정요건은 오로지 시장점유율에 의한 '구조기준'만을 채용하고 있다. 예컨대, 관련시장에서 1위 및 2위인 사업자가 각각 40%와 25%의 시장점유율을 갖고 3위 사업자가 10%의 점유율을 갖는데 불과한 경우에도 이들 3개 사업자 모두 각자 시장지배적 사업자로 추정된다.[91] 이때 시장점유율을 산정함에 있어서 당해 사업자와 그 계열회사는 하나의 사업자로 본다(영 제2조 제2항).

법 제6조의 추정조항을 적용함에 있어서 두 가지 제외사유가 있다. 하나는 일

89) 권오승·서정(제4판), 139－141면.

90) 1999.2.5. 개정, 법률 제5813호.

91) 지금까지 공정거래위원회가 3위 사업자를 시장지배적 사업자로 보아 남용규제를 한 예는 없다. 2위 사업자가 남용규제를 받은 경우도 거의 없으나, 그 대표적 예로 "아시아나항공" 사건(공정거래위원회 2010.8.31. 의결 제2010－109호)을 들 수 있다.

정한 거래분야에서 연간 매출액 또는 구매액이 40억 원 미만인 사업자에 대하여 처음부터, 즉 시장점유율을 따져볼 필요도 없이 시장지배적 사업자의 추정에서 제외하는 것이고, 다른 하나는 3 이하의 사업자의 시장점유율의 합계가 75% 이상인 경우에도 시장점유율이 10% 미만인 사업자는 추정대상에서 제외하는 것이다. 전자는 시장규모(market volume) 자체가 매우 작은 경우에는 다수의 사업자가 경쟁하는 것이 오히려 자원배분의 효율에 반할 수 있고 남용에 따른 폐해도 그리 크지 않다는 점을 고려한 것으로서 필요시 불공정거래행위로 규제하는 정도로 족하다는 점을 고려한 것이다. 반면, 후자는 시장의 절대적인 규모가 아니라 3위 사업자가 해당 시장에서 차지하는 비중이 미미한 경우에는 당해 사업자의 시장점유율을 산정한 후 추정단계에서 최종 제외한다는 취지로서 1·2위 사업자와의 시장점유율 격차가 매우 크기 때문에 3위 사업자가 지배적 지위를 갖기 어렵다는 점이 주된 이유이다. 어느 것이나 남용규제에 있어서는 법률상 안전지대를 정하는 것과 같은 의미를 갖는다.

한편, 종래 시장지배적 사업자의 추정기준, 즉 시장점유율을 낮추는 것이 바람직하다는 견해가 있었다.[92] 공정거래법은 시장지배적 사업자의 추정기준이 지나치게 높아서 실제로는 시장지배적 지위를 차지하고 있음에도 불구하고 이 기준에 해당하지 않아 남용규제를 받지 않는 경우가 있을 수 있고, 따라서 독일 경쟁제한방지법 제18조 제4항, 제6항의 수준, 즉 1 사업자의 시장점유율이 40% 이상이거나 3 이하의 사업자의 시장점유율 합계가 50% 이상 또는 5 이하의 사업자의 시장점유율의 합계가 2/3 이상인 경우로 하향 조정하는 것이 바람직하다고 한다. 그 후 현행 공정거래법상 추정요건이 비교법적으로도 충분히 완화되어 있다는 취지로 입장이 변경되기는 하였으나,[93] 공정거래법상 추정기준의 적절성에 대해서는 이론적으로나 입법론으로서 여전히 검토할 실익이 있다.

생각건대, 추정조항을 두지 않고 있는 미국이나 유럽과 직접적으로 비교하기엔 적절하지 않고, 독일 경쟁제한방지법에 비하여 추정요건이 다소 높은 수준을 보이고 있다는 점을 근거로 추정기준의 타당성을 논하기는 곤란해 보인다. 보다 중요한 것은 추정에 대한 복멸사유(覆滅事由)를 법률상 명확히 규정하고, 공정거래위원

92) 권오승(제13판), 139-140면; 공정거래법 제4조 제2호에 대한 입법론적 개선 견해로 권오승, "독점규제법의 현대화", 경쟁법연구 제33권, 2016, 139-140면.

93) 권오승·서정(제4판), 139-140면.

회의 실무상 시장점유율 외에 다른 요소를 충실히 고려하는 것이다. 이 경우 설사 추정기준이 다소 완화되어 있더라도, 낮은 시장점유율을 가진 사업자의 행위는 결국 남용 여부를 판단하는 단계에서 적절히 걸러질 수 있을 것이다.

다. 추정의 법률효과

시장지배적 사업자의 추정은 무엇보다 공정거래위원회가 입증을 용이하게 하려는 데에 그 취지가 있음은 전술한 바와 같다. 그렇다면 추정의 효력은 어떠한가? 이와 관련하여 법 제6조의 추정이 민법상의 추정과 마찬가지로 입증책임의 전환이라는 법률효과를 갖는지를 따져볼 필요가 있다. 이는 긍정하여야 한다.[94] 즉, 시장점유율 요건을 충족하는 사업자는 시장지배적 지위에 있는 것으로 추정되며, 당해 사업자의 반증에 의하여 추정이 복멸될 수 있을 뿐이다. 다만, 공정거래위원회는 실무상 추정에만 의존하지 않고 그 밖에 진입장벽의 존재 및 정도, 경쟁사업자의 상대적 규모, 경쟁사업자 간의 공동행위 가능성 등을 종합적으로 고려하여 시장지배적 지위를 판단하고 있다. 추정의 효과는 시장지배적 사업자에 해당한다는 점에 대한 추정에 그치므로, 구체적인 사례에서 남용행위가 성립하는지 여부는 개별적으로 공정거래위원회가 심사하여 입증하여야 함은 물론이다.

그렇다면 시장지배적 사업자로 추정되는 사업자가 추정의 효력을 복멸시키기 위해서 어떠한 반증(反證)을 제시하여야 하는가? 이에 대하여 공정거래법은 아무런 규정을 두지 않고 있으며, 학설도 찾기 어렵다. 생각건대, 현행법상으로 사업자는 법 제2조 제3호의 진입장벽의 존재 및 정도, 경쟁사업자의 상대적 규모 등에 관하여 심사기준이 규정하고 있는 시장지배적 사업자의 판단기준(심사기준 Ⅲ.) 중에서 시장점유율을 제외한 나머지 요소를 들어 추정을 번복할 수 있을 것이다. 예컨대, 사업자가 당해 시장에 대한 진입장벽(entry barrier)이 낮아 가까운 시일 내에 신규진입이 용이하게 이루어질 수 있음을 보인 경우에는 일응 추정이 복멸될 수 있을 것이다.[95] 그 밖에 독일의 입법례를 참고하자면 해석론으로서 추정의 복멸 및 시장지배적 지위를 부인하기 위하여 해당 사업자는 추정된 복수 사업자들 사이에 실질적

---

94) 공정거래법상 추정과 민법상 추정의 법률효과에 대해서는 이봉의, “부당한 공동행위에 있어서 합의의 추정”, 쥬리스트, 2002.5. 및 본서의 부당한 공동행위에 관한 내용에서 설명한다.

95) Phillip E. Areeda/Louis Kaplow/Aaron S. Edlin, Antitrust Analysis: Problems, Text, and Cases(6th ed.), 2004, p. 484; E. Thomas Sullivan/Herbert Hovankamp/Howard A. Shelanski/Christopher R. Leslie, Antitrust Law, Policy and Procedure: Cases, Materials, Problems(7th ed.), 2014, p. 659. 물론 진입장벽은 추정요건에 해당하지 않는 사업자의 시장지배적 지위를 인정하는 근거로도 고려될 수 있다.

인 경쟁이 존재하고 나머지 사업자들과의 관계에서도 유효경쟁이 제대로 작동하고 있음을 입증할 수도 있을 것이다.

법 제6조에 의한 시장지배적 사업자의 추정과 그에 따른 입증책임의 전환은 공정거래위원회의 심의·의결절차뿐만 아니라 남용행위에 대한 민사상의 손해배상 절차에도 마찬가지로 적용되는가? 이에 관하여 독일의 입법례를 들어 공정거래사건을 행정절차와 민사절차로 구분하여 전자의 경우에는 입증책임의 전환을 인정하지 않고 단지 착수요건(Aufgreiftatbestand)으로 보아야 한다는 견해[96]가 있다. 독일에서는 시장지배적 사업자의 추정조항이 카르텔당국의 행정절차에만 원용될 수 있으며 손해배상 등을 구하는 민사소송에서는 적용되지 않고, 따라서 후자의 경우에는 시장지배적 지위의 추정에 따른 입증책임 전환이 발생하지 않는다는 것이 다수설과 판례의 태도이다.[97] 반면, 법률상 추정의 효력을 절차에 따라 이원적으로 파악해야 할 근거는 없어 보이며, 우리나라에서는 경쟁당국이 조사에 착수하기 위한 요건을 따로 정하지 않고 있다는 점에서 해석론으로는 무리이다.

한편, 법률상 추정요건에 해당하지 않는 사업자에 대해서 공정거래위원회가 법 제2조 제3호에 따라 여러 가지 요소를 종합적으로 고려하여 시장지배적 사업자로 인정하는 것도 물론 가능하다. 지금까지 공정거래위원회가 추정조항에 의하지 않고 시장지배적 사업자로 인정한 예로는 "비씨카드" 사건[98]과 "이베이지마켓" 사건[99]이 있을 뿐이다.

3. 그 밖의 고려요소

공정거래위원회는 추정요건에 해당하는 경우에도 법 제2조 제3호 제2문 및 심사기준 Ⅲ.에서 들고 있는 여러 요소를 종합적으로 고려하여 시장지배적 사업자 여부를 판단하고 있다. 시장점유율 제외한 나머지 고려요소를 차례로 살펴보자.

---

96) 차성민, "시장지배적 사업자의 추정", 경쟁법연구 제8권, 2002.

97) BGH v. 23.2.1988-KZR 17/86 = WuW/E BGH 2483, 2488 = WuW 1988, 785, 790, "Sonderungsverfahren".

98) 공정거래위원회 2001.3.28. 의결 제2001-040호. 대법원은 BC카드 및 회원은행들을 경제적 동일체로 볼 수 없다는 입장에서 결과적으로 시장지배적 사업자를 부정하였다(대법원 2005.12.9. 선고 2003두6283 판결).

99) 공정거래위원회 2010.10.22. 의결 제2010-120호.

가. 진입장벽의 존재 및 정도

통상 어떤 시장에 대한 신규진입이 가까운 시일 내에 용이하게 이루어질 수 있는 경우에는 시장지배적 지위가 인정될 가능성이 낮아질 수 있다. 진입장벽(entry barrier)이란 대체로 유무(有無)의 문제라기보다는 정도의 차이이므로, 진입장벽이 낮을수록 '잠재적 경쟁'(potential competition)이 작동하기 쉬워지는 것이다. 진입장벽과 잠재적 경쟁은 서로 밀접한 관계에 있으나, 전자가 주로 특정 시장의 객관적 특성에 착안하는 반면, 후자는 당해 시장에 진입할 수 있는 주관적 의사와 능력을 가진 특정 사업자가 존재하는지에 좌우된다.

진입장벽에는 대표적으로 법적·제도적 진입장벽과 사실상·기술적 진입장벽을 들 수 있다. 심사기준은 여러 사항을 종합적으로 고려하도록 규정하고 있는바, 법적·제도적 진입장벽의 유무, 필요최소한의 자금규모, 특허권 등의 생산기술조건, 입지조건, 원재료 조달조건, 유통계열화의 정도 및 판매망 구축비용, 제품차별화의 정도, 수입의 비중 및 변화추이, 관세율 및 각종 비관세장벽을 열거하고 있다(심사기준 Ⅲ. 2. 나목).

나. 경쟁사업자의 상대적 규모

시장지배적 사업자 추정요건 중에서 법 제6조 제2호는 상위 3개사의 시장점유율 합계가 75% 이상인 경우를 규정하고 있으며, 과점시장을 상정한 것으로 보인다. 이때에도 각각의 사업자가 시장지배적 지위를 갖는 것으로 추정되는 것이어서, 사실상 3위 사업자에게 시장지배적 지위가 인정되기란 지극히 어렵고, 공정거래위원회의 실무에서도 그러한 예를 찾을 수 없다. 비록 공정거래법 제6조 제2호 단서가 시장점유율이 10% 미만인 사업자는 제외하고 있으나, 여전히 시장지배적 사업자로 추정되는 사업자들 사이에 힘의 불균형이 클 수 있다. 예컨대, 1위 사업자의 시장점유율이 40%라면 2위 사업자가 35%인 경우와 2위·3위 사업자가 각각 15%인 경우에 1위 사업자의 시장지배적 지위에는 적지 않은 차이가 있을 것이다.

이러한 점을 고려하여 심사기준은 당해 사업자에 비해 경쟁사업자의 규모가 상대적으로 큰 경우에는 시장지배적 사업자일 가능성이 낮아질 수 있다고 규정하고 있다(심사기준 Ⅲ. 3.). 이때, 경쟁사업자의 규모는 단순히 시장점유율만을 가리키는 것은 아니며, 경쟁사업자의 생산능력이나 원재료 구매비중 또는 공급비중, 자금력을 종합적으로 고려하여 판단한다.

그 밖에 심사기준은 당해 시장에서 대량구매사업자나 대량공급사업자가 존재하는 경우에는 시장지배적 사업자일 가능성이 낮아질 수 있다고 한다. 대량구매사업자나 대량공급사업자란 당해 사업자의 구매액이나 공급액이, 즉 수요 측면이나 공급 측면에서 당해 시장의 국내 총공급액에서 차지하는 비율이 법 제6조 각호의 시장점유율 추정요건에 해당하는 자를 말하며, 이들이 당해 사업자의 계열회사인 경우를 제외한다(심사기준 Ⅲ. 3. 다.). 다시 말해서 당해 사업자의 거래상대방이 수요 측면이나 공급 측면에서 마찬가지로 시장지배적 사업자로 추정될 정도의 시장점유율을 가진 경우에는 그에 상응하는 대항력(countervailing power)이 작용하여 당해 사업자가 경쟁압력으로부터 자유롭게 행위 하기가 어렵다는 의미일 것이다. 대항력은 대기업과의 협상력을 강화하기 위하여 중소기업들이 공동행위를 하는 경우와 같이 대항카르텔[100]이라는 맥락에서도 중요한 의미를 가진다.

다. 경쟁사업자 간의 공동행위의 가능성

심사기준에 따르면 사업자 간의 가격·수량 기타 거래조건에 관한 명시적·묵시적 공동행위가 이루어지기가 용이한 경우에는 시장지배적 사업자일 가능성이 높아질 수 있다(심사기준 Ⅲ. 4. 가.). 사업자 간의 공동행위 가능성을 평가함에 있어서 고려하는 요소는 다음과 같다.

① 최근 수년간 당해 거래분야에서 거래되는 가격이 동일한 거래분야에 속하지 않는 유사한 상품이나 용역의 평균가격에 비해 현저히 높았는지 여부
② 국내에서 거래되는 가격이 수출가격이나 수입가격(관세, 운송비 등을 감안)에 비해 현저히 높은지 여부
③ 당해 거래분야에서 거래되는 상품이나 용역에 대한 수요의 변동이 작은 경우로서 경쟁관계에 있는 사업자가 수년간 안정적인 시장점유율을 차지하고 있는지 여부
④ 경쟁관계에 있는 사업자가 공급하는 상품의 동질성이 높고, 경쟁관계에 있는 사업자 간의 생산, 판매 및 구매조건이 유사한지 여부
⑤ 경쟁관계에 있는 사업자의 사업활동에 관한 정보수집이 용이한지 여부
⑥ 과거 부당한 공동행위가 이루어진 사실이 있었는지 여부

100) '대항카르텔'과 관련하여, 임용, "공정거래법상 대항 카르텔에 관한 검토", 법학연구 제56권 제2호, 2015, 59면 이하.

그런데 공동행위가 용이하다는 사정은 대체로 시장집중도가 높다는 추론을 가능케 하나, 특정 사업자의 지배적 지위를 판단함에 있어서 직접적인 고려요소가 되기는 어렵다. 과점시장과 공동행위의 가능성이 절대적인 상관관계에 있는 것은 아니고, 공정거래위원회가 공동행위의 가능성을 평가함에 있어서 고려하는 요소란 결국 공동행위의 발생이 용이하거나 공동행위의 존재를 추론할 만한 여러 사정에 불과한 것이어서, 그로부터 특정 사업자의 지배적 지위를 인정하는 것은 타당하지 않다.

물론 시장지배적 사업자가 존재하는 시장은 흔히 과점상태이고, 과점사업자들 간에는 경쟁보다 명시적 또는 묵시적 행위조정이 일어날 개연성이 높다. 그 결과 과점시장에서 나타나는 공동행위와 시장지배적 지위의 남용이 엄밀하게 구분되기 어려운 경우가 존재하는 것이다. 다만, 그러한 사정을 감안하더라도 공동행위의 가능성이 높다는 정황이 해당 사업자의 시장지배적 지위를 보여주는 강력한 증거가 되기는 어렵다.

참고로 1980년에 제정된 공정거래법은 시장지배적 지위남용과 부당한 공동행위의 중첩 가능성을 염두에 둔 규정을 두고 있어서 입법론으로서 흥미롭다. 구법 제4조(가격의 동조적 인상)에 따르면 경제기획원장관은 제3조 단서의 규정에 의한 사업자(시장점유율이 50% 이상인 사업자) 이외의 시장지배적 사업자 2 이상이 3월 이내에 동종 또는 유사한 상품이나 용역의 가격을 동일 또는 유사한 '액'이나 '율'로 인상한 때에는 당해 사업자에 대하여 그 인상이유를 보고하게 할 수 있고, 제5조에 따라 경제기획원장관이 가격의 동조적 인상이 부당하다고 인정할 때에는 당해 시장지배적 사업자에 대하여 가격의 인하나 기타 시정에 필요한 조치를 명할 수 있도록 규정하고 있었다.

이러한 태도는 시장지배적 사업자의 가격인상을 부당한 공동행위와 혼합한 것으로도 볼 수 있는바, 과점시장에서 흔히 나타나는 동조적 가격인상을 일종의 시장지배적 지위남용으로 규율하고 있어서 법리적 타당성을 차치하고 규제의 실효성은 높을 것으로 보인다.

라. 유사품 및 인접시장의 존재

심사기준은 유사품 및 인접시장이 존재하여 당해 시장에 영향을 미치는 경우에는 시장지배적 사업자일 가능성이 낮아질 수 있다고 한다(심사기준 Ⅲ. 5.). 당해 시장과 별도의 관련시장을 구성하고 있으나 당해 시장에 영향을 미친다는 것은 결국 잠재적 경쟁이 존재한다는 것을 의미한다. 유사품이나 인접시장이 존재하여 이들이 당해 시장의 유력한 사업자에게 경쟁상 제약을 가할 수 있는 정도의 영향을 미치는 경우에는 해당 사업자가 경쟁을 의식하지 않고 행위 할 여지는 그만큼 좁아질 것이기 때문이다. 이때, 심사기준은 유사품이나 인접시장이 시장지배적 지위의 존부가 다투어지는 시장과 별개의 관련시장임을 전제하고 있다는 점에 유의할 필요가 있다.

구체적으로 기능 및 효용 측면에서 유사하나 가격 또는 기타의 이유로 별도의 시장을 구성하는 경우에는 생산기술의 발달가능성, 판매경로의 유사성 등 그 유사상품이나 용역이 당해 시장에 미치는 영향을 고려하고, 거래지역별로 별도의 시장을 구성하는 경우에는 시장 간의 지리적 근접도, 수송수단의 존재 여부, 수송기술의 발전가능성, 인접시장에 있는 사업자의 규모 등 인근 지역시장이 당해 시장에 미치는 영향을 고려한다.

마. 시장봉쇄력

심사기준에 따르면 당해 사업자(계열회사를 포함)의 원재료 구매비율이나 공급비율(원재료 구매액이나 공급액/원재료의 국내 총공급액)이 공정거래법 제6조에 규정된 시장점유율 요건에 해당하면 시장지배적 사업자에 해당될 가능성이 높아질 수 있다(심사기준 Ⅲ. 6.).

이때, 원재료 구매비율이나 공급비율이란 결국 해당 원재료가 별개의 관련시장을 형성한다는 전제에서 해당 원재료의 구매 또는 공급시장에서 당해 사업자가 차지하는 점유율을 의미한다. 그런데 당초 당해 사업자의 시장지배적 지위가 문제되는 관련시장(B)이 원재료가 아닌 다른 시장(A)인 경우에 원재료 구매비율이나 공급비율은 시장지배적 지위에 직접 영향을 미칠 수 없고, 원재료시장에서 시장지배적 사업자로 추정된다면 굳이 다른 시장에서 시장지배적 지위의 유무를 다툴 실익이 없을 것이라는 점에서 이와 같은 접근방법에는 의문이 제기될 수밖에 없다.

더구나 당해 사업자의 원재료 구매비율이나 공급비율이 매우 높아서 경쟁사업자를 봉쇄할 수 있다고 하더라도 이러한 봉쇄력이 실제로 행사되는 경우에 구체적인 남용행위 여부가 다투어질 것이지, 이를 시장지배적 지위를 판단하는 단계에서 고려할 사항은 아니다.

바. 자금력

심사기준은 당해 사업자의 자금력이 다른 사업자에 비해 현저히 크다면 시장지배적 사업자에 해당될 가능성이 높아진다고 한다. 자금력을 평가함에 있어서는 자본 또는 부채의 동원능력, 매출액, 이윤, 순이익률, 현금흐름, 자본시장에의 접근가능성, 계열회사의 자금력 등을 고려하게 된다(심사기준 Ⅲ. 7.). 자금력은 경우에 따라서 시장지배적 사업자의 이른바 'deep pocket'이 되어 약탈가격을 책정하기 위한 원천이 될 수 있으나, 이 또한 약탈가격이 문제될 때 남용 여부를 판단하는 과정에서 일부 고려될 사항에 불과하다. 구체적인 사례에서 과연 당해 사업자의 자금력이 다른 사업자에 비하여 어느 정도로 커야 현저성이 인정될 수 있는지도 매우 모호하다는 점에서 시장지배적 지위를 판단하기 위하여 그다지 유의미한 기준으로 보기는 어렵다.

사. 기타 고려요인

그 밖에 공정거래위원회는 사안에 따라 사업자가 거래선을 당해 사업자로부터 다른 사업자에게로 변경할 수 있는 가능성, 시장경쟁에 영향을 미치는 당해 사업자의 신기술 개발 및 산업재산권 보유 여부 등을 고려할 수 있다. 이른바 거래처전환가능성은 거래상 지위를 판단하기 위한 요소이지, 절대적 지배력을 보여주는 시장지배적 지위를 판단함에 있어서 고려할 사항은 아니라는 점에서 실무상 주의를 요한다.

4. 지배적 지위는 어떤 시장에 존재하여야 하는가?

가. 시장지배적 지위와 행위의 관계

어떤 사업자가 지배적 지위를 보유하는 시장과 남용행위를 한 시장이 동일하여야 하는가? 이 문제는 공정거래법상 남용의 혐의가 있는 행위가 당해 사업자의 지배적 지위에서 비롯된 것이어야 하는지에 관한 것이기도 하다. 유럽법원이 판결에서 시장지배력이 없다면 발생할 수 없는 행위라는 이유로 시장지배적 지위를 인정한 것도 지배력과 남용행위의 관계를 어떻게 이해하고 있는지를 보여주는 일례이기도 하다.[101)]

101) 이는 소위 'Als－ob Wettbewerb' 개념(Walter Eucken, Grundsätze der Wirtschaftspolitik, 1952, S. 295)으로부터 나온 인과관계(Ursächlichkeitszusammenhang)에 관한 내용으로, Kling/Thomas, a.a.O., §6 Rn. 90－91, §20 Rn. 164; Bechtold/Bosch, a.a.O.,, §19 Rn. 55(Maßstab des Als－

이 문제에 관하여 대법원은 "티브로드 강서방송" 판결[102]에서 긍정설을 취한 바 있다. 프로그램송출시장에서 시장지배력을 갖는 종합유선방송사업자(system operator; SO)가 채널사용사업자(program provider; PP)에 대하여 행한 불이익강제가 문제된 사건에서 대법원은 종합유선방송사업자가 남용행위가 문제된 프로그램송출시장에서 지배력을 갖는 것으로 추단할 수 없다는 점을 들어 남용 여부를 판단하기에 앞서 동사의 시장지배적 지위가 인정되지 않는다고 판시하였다. 이 사건에서 남용행위가 발생한 시장은 프로그램송출시장이었기 때문에, 티브로드가 비록 프로그램송출서비스시장에서 지배적 지위를 가진다고 하더라도 달리 지배력이 전이되었다고 볼 만한 특별한 사정이 없는 한 프로그램송출시장에서 당연히 시장지배적 지위를 가지는 것으로는 볼 수 없다는 것이다.

이러한 판례의 태도는 타당하다. 남용행위란 당해 사업자가 특정 시장에서 보유한 지배적 지위에서 비롯되는 것이므로 문제된 행위가 발생한 시장에서 지배적 지위가 인정되어야 하는 것이다. 그에 따라 시장지배적 지위남용과 관련하여 세 가지 차원에서 관련시장이 중요한 의미를 갖게 되는바, ① 지배적 지위가 존재하는 시장과 ② 남용행위가 이루어진 시장 및 ③ 경쟁제한효과가 발생하는 시장이 그것이다. 이들 시장 간의 관계는 다음과 같이 정리할 수 있다. 지배적 지위가 존재하는 시장에서 남용행위가 발생하여야 하나, 남용에 따른 경쟁제한효과는 제3의 시장에서 발생할 수 있는 것이다. 즉, ① = ② ≠ ③인 것이다. 이러한 맥락에서 지배력전이이론(leverage theory)이란 법해석상 이를 어느 정도 수용할 것인지 여부와 무관하게 특정 사업자가 지배적 지위를 보유한 시장과 남용행위에 따른 경쟁제한효과가 발생하는 시장이 서로 다른 상황을 일정 부분 전제하고 있는 것이다.

나. 특허권과 시장지배적 지위

특허권이란 기술적 진보를 담고 있는 발명을 등록한 자에게 일정 기간 배타적 권리를 부여하는 대신 이를 공개토록 하여 혁신을 촉진하고자 하는 재산권의 일종이다. 과거 특허권을 독점권으로 오해하면서 특허권자에게 당연히 시장지배적 지

Ob–Wettbewerbs); Robert O'Donoghue/A. Jorge Padilla, The Law and Economics of Article 102 TFEU(2nd ed.), 2013, p. 216: "Abuses such as excessive pricing […] have a clear causal connection with dominance."; EuGH v/ 14.11.1996 - Rs. C–333/94 P, Slg. 1996, I–5951 Rn. 27, "Tetra Pak/Kommission"("Tetra Pak Ⅱ").

102) 대법원 2008.12.11. 선고 2007두25183 판결.

위를 인정해야 한다는 견해도 있었다. 그러나 특허권자는 자신이 발명한 기술을 일정 기간 배타적으로 이용할 수 있는 권리를 가질 뿐이고, 그것이 해당 기술이나 기술을 이용한 상품시장을 독점할 수 있는 권리는 아니다. 따라서 특허권과 독점권은 전혀 다른 개념이라는 데에 현재는 이견이 없다.

한편, 특허권자의 특허권 남용이 공정거래법상 시장지배적 지위남용에 해당될 수 있음에는 의문이 없다. 이때, 해당 특허권자가 시장지배적 지위를 갖는지 여부는 개별 사안마다 시장획정의 일반원칙에 따라 획정된 관련시장에서 지배적 지위를 갖는지를 따져보아야 한다. 이때, 관련시장을 남용이 문제된 특허기술 및 그와 대체관계에 있는 기술을 포함한 이른바 기술시장(technology market)으로 볼 것인지, 아니면 특허권의 남용이란 대체로 혁신을 저해하는 것이라는 점에 착안하여 혁신시장(innovation market)으로 보아야 할 것인지는 여전히 논쟁의 대상이다.

지금까지 실무는 관련시장을 기술시장, 구체적으로는 기술라이선스시장으로 파악하고 있다. 결론적으로 타당하나, 혁신시장을 포착할 수 있는 마땅한 대안이 없기 때문에 궁여지책으로 찾아낸 방식에 불과하다는 점에서 그 한계도 크다. 종래 ICT 분야에서는 특허기술의 라이선스 거절이 주로 문제되었는데, 해당 특허가 법적으로나 또는 사실상 표준필수특허(standard essential patent; SEP)에 해당하였기 때문에 서로 경쟁관계에 있는 특허기술이 존재하지 않았다. 그 결과 해당 특허기술의 라이선스가 바로 관련상품으로서 별개의 시장을 형성하게 되고, 특허권자는 원칙적으로 동 시장에서 독점적 지위를 갖는 것으로 인정되었던 것이다.[103)]

다. 플랫폼의 지배력 판단

플랫폼 중심의 생태계로 기업의 패러다임이 급격히 변화하면서 플랫폼의 시장지배와 그로 인한 남용이 전 세계적으로 경쟁법계의 화두로 등장하고 있다. 시장지배력을 경제적인 의미에서 경쟁수준 이상의 가격결정력이라는 의미로 이해할 경우에도 양면시장이론은 플랫폼의 지배력에 어떤 시사점을 주는가? 플랫폼이 어느 한 면(side)에 대해서 무료정책을 취하는지 여부와 무관하게 유료서비스를 통하여 수입을 얻는 면(side), 이를테면 포털사업자든 오픈마켓사업자든 광고주나 판매업자에 대하여 가격결정권을 갖는지 여부가 관건이 될 것이다. 이 문제는 약탈가격 판단

103) 공정거래위원회 2017.1.20. 의결 제2017-25호("퀄컴 Ⅱ" 사건); 이호영, "퀄컴 사건의 의미와 시사점", 경쟁법연구 제36권, 2017, 125면.

시 양면의 가격을 종합적으로 고려하는 문제와는 다른 차원이다.

그렇다면 양면시장을 특성으로 하는 플랫폼의 시장점유율은 어떻게 산정할 것인가? 예컨대, 오픈마켓의 경우 판매자들로부터 중개서비스제공의 대가로 수취하는 수수료가 플랫폼사업자의 매출액이므로, 수수료총액을 기준으로 점유율을 산정하면 될 것이다. 플랫폼과 소비자와의 관계에서는 매출액이 존재하지 않는바, 예컨대 공정거래위원회는 '인터넷 쇼핑시장'에서 쇼핑몰별 거래금액을 기준으로 점유율을 산정한 바 있다.[104] 다만, 인터넷 쇼핑시장에서 플랫폼과 이용자의 관계에서는 거래에 따른 매출액이 발생하지 않는다는 점에서 공정거래법상 매출액을 산정할 수 없는 경우로서 이를테면 회원수나 방문자수 등을 기초로 점유율을 산정하는 것이 타당할 것이다.

무료서비스가 제공되는 면(side)에서 시장점유율 산정의 난점은 근본적으로 관련시장의 획정문제에서 비롯되는 측면이 있다. 경쟁법상 가격이 존재하지 않는 시장을 상정할 수 있는지의 문제이다. "엔에이치엔(NHN)" 판결을 보면, 공정거래위원회가 '인터넷포털서비스 이용자시장'으로 관련시장을 획정하고 시장점유율을 1S−4C(Search, Contents, Communication, Community, Commerce)를 함께 제공하는 포털업체의 전체 매출액을 기준으로 산정한 것도 무료서비스 측면만을 따로 포착하기 어려운 점을 감안한 것일 수 있다.[105] 그런데 시장지배적 지위남용에 관한 한 관련시장은 문제된 남용행위를 출발점으로 산정되어야 하고, 포털의 경우에도 결국 남용행위가 발생한 상품이나 서비스별로 관련시장이 획정될 것이라는 점에는 의문이 없다. 결국 위 사건에서 서울고등법원[106]과 대법원[107]이 남용행위가 문제된 '동영상 콘텐츠 공급업체와 자신의 이용자들을 중개하는 시장'에서 엔에이치엔이 시장지배력을 가지는지와 그 지위를 남용하였는지가 관건이 된다는 전제에서 공정거래위원회의 시장획정을 부당하다고 판단한 점, 아울러 매출액 산정 또한 공정거래위원회가 획정한 시장과 무관한 인터넷광고시장에서의 매출액을 포함시켰다는 이유로 부당하다고 판단한 점은 적어도 우리나라에서 무료로 제공되는 측면의 서비스시장에서 지배력 유무란 실무상 문제될 여지가 거의 없고 다분히 이론상의 쟁점일

104) 공정거래위원회 2007.12.18. 의결 제2007−555호("인터파크지마켓" 사건).
105) 공정거래위원회 2008.8.28. 의결 제2008−251호.
106) 서울고등법원 2009.10.8. 선고 2008누27102 판결.
107) 대법원 2014.11.13. 선고 2009두20366 판결.

수 있다는 것을 보여주고 있다.

그 밖에 한 이용자가 여러 플랫폼을 사용한다는 의미에서 멀티호밍(multi-homing) 또한 해당 이용자집단에 제공되는 여러 플랫폼서비스 간의 경쟁양상을 보여주는 것으로서, 고착효과(lock-in effect)를 감소시킴으로써 특정 플랫폼의 시장지배력을 상대화하는 의미를 가진다.108) 이러한 접근은 이를테면 웹브라우저나 SNS 애플리케이션 등 이용자에게는 무료로 제공되는 소프트웨어의 경우에 매출액과 시장점유율을 기준으로 지배력을 판단하기 어려운 데에서 비롯된다. 지배력 판단의 수단을 시장집중에서 찾고, 특정 플랫폼의 가입자 내지 이용자의 수(소프트웨어의 경우 다운로드 건수 등)를 기준으로 집중도를 보여주는 척도인 시장점유율을 산정할 경우에 역으로 멀티호밍은 해당 플랫폼의 점유율에 따른 지배력을 희석시키게 되는 것이다. 다만, 이용자의 전환가능성이라는 관점에서 멀티호밍을 이해할 경우, 그것이 양면시장의 성격을 갖는 플랫폼에 고유한 특징인지는 여전히 의문이다.

5. 시장지배적 지위와 거래상 지위: 중첩가능성과 법적용

가. 개념상 구분

시장지배적 지위란 사업자가 경쟁으로부터 자유롭게 시장가격이나 공급량에 상당한 영향을 미칠 수 있는 지위인 반면, 거래상 지위란 사업자가 거래상대방과의 관계적 특성에 기초하여 해당 거래상대방의 사업활동에 상당한 영향을 미칠 수 있는 지위를 말한다. 강학상 전자를 절대적 지배력, 후자를 상대적 지배력이라 한다.

시장지배적 지위나 거래상 지위나 '힘' 내지 '영향력'이라는 점에 공통점이 있고, 무릇 모든 힘이란 적절한 견제가 없는 한 남용될 소지가 있기 때문에 시장경제를 택하고 있는 모든 나라가 각기 방식은 달라도 지위남용을 규제하고 있는 것이다. 이때, 양자를 구분하여 별도의 룰(rule)을 적용할 것인지, 아니면 남용이 갖는 보편적인 성질에 착안하여 단일할 규제 툴(regulatory tools)을 마련할 것인지는 입법례에 따라 상이하다.

예컨대, 일본 사적독점금지법과 유사하게 우리나라는 공정거래법 제5조와 제45조에서 나름 상이한 기준에 따라 시장지배적 지위남용과 거래상 지위남용을 규

108) 황창식, 앞의 글, 117면 이하. 그 밖에 모바일 플랫폼의 경우에 고착효과는 아이폰과 안드로이드폰 간의 호환성이 제공되지 않는 앱에 의해서 발생한다.

제하고 있는 반면, 독일에서는 후자를 전자에 준하여 규제하며, 미국에서는 거래상 지위남용을 따로 금지하는 규정을 두지 않고 있다.[109] 문제는 우리나라나 독일 등과 같이 양자를 모두 금지하고 있는 경우에 양자의 관계를 어떻게 이해할 것인지에 관한 것이다. 그 전에 시장지배적 지위남용과 거래상 지위남용의 법적 성격을 통하여 양자의 관계를 생각해보자.

시장지배적 사업자의 방해남용, 이를테면 거래거절이나 차별취급, 끼워팔기, 불이익강제, 배타조건부거래 등은 행위의 상대방이나 그 효과가 미치는 경쟁사업자의 사업활동을 방해하고, 그 결과 원칙적으로 일정한 거래분야에서 경쟁을 제한할 우려가 있고 실제로 그러한 효과를 발생시킬 의도가 있는 경우에 성립한다. 즉, 방해남용은 원칙적으로 특정 사업자의 사업활동을 곤란하게 하거나 경제상 불이익을 가하게 마련이지만, 그러한 방해행위만으로는 남용에 해당하지 않는다. 반면, 거래상 지위남용도 상대방의 사업활동을 곤란하게 하는 측면에서는 방해남용과 마찬가지이고, 다만 경쟁제한성과 무관하게 공정한 거래를 저해할 우려가 있는 경우에만 남용에 해당하게 된다.

다른 한편으로 남용을 가능케 하는 힘 내지 지위가 거래상대방과의 특별한 관계에서 비롯되는지 여부에 따라 거래상 지위와 시장지배적 지위를 준별할 수도 있다.

그런데 거래상 지위가 있다고 하여 언제나 시장지배적 지위가 인정되는 것도 아니고, 그 반대도 마찬가지이기 때문에 개별 사안, 즉 문제된 행위의 성질을 감안하여 적용법조를 판단하여야 할 것이다. 경우에 따라서 양자가 모두 적용되는 것도 가능하다. 한 사업자가 시장지배적 지위와 거래상 지위를 모두 갖고 있고 경쟁제한성(의도+효과)뿐만 아니라 공정거래저해성이 우려될 수도 있기 때문이다.

나. 양자의 중첩가능성과 법적용

(1) 양자의 관계와 중첩가능성

한 사업자가 시장지배적 지위와 거래상 지위를 동시에 보유할 수 있는가? 긍정하여야 한다. 양자는 그 성질상 서로 양립 불가능한 것이 아니며, 지배력을 시장의 관점에서 볼 것인지 거래상대방의 관점에서 볼 것인지에 차이가 있을 뿐이기 때문

109) 유럽에서는 거래의 공정성에 관한 한 초국가적 강행규범이 존재하지 않으며, 회원국마다 자국의 문화와 역사 및 법체계에 맞게 불공정법을 마련하고 있다. 다시 말해서 회원국은 불공정거래행위에 관한 한 유럽연합에 주권을 위임하지 않고 있다.

이다. 또한 시장지배적 지위남용과 거래상 지위남용을 금지하는 취지가 각기 상이할 뿐만 아니라, 남용행위는 어디까지나 이를 가능케 한 지위와 — 엄밀한 의미에서 인과관계까지는 아니더라도 — 밀접한 관련성이 있어야 한다.

(2) 중첩시 법적용의 방식

양 지위의 중첩이 가능한 경우에 실무상 중요한 것은 어떤 사업자의 남용행위 여부가 다투어질 때 그 중 어떤 지위를 남용한 것으로 보아야 하는지에 관한 문제이다. 따라서 예컨대 시장지배적 사업자와 전속대리점의 관계에서 발생하는 각종 불공정거래행위를 당연히 법 제5조에 따른 남용행위로 포착하여야 한다는 인식은 근본적인 재고를 요한다.

이와 관련하여 검토할 만한 대표적인 사례는 "현대·기아차" 판결[110]이다. 공정거래위원회는 현대차가 판매대리점의 거점이전이나 신규채용을 제한한 행위를 시장지배적 지위남용으로 파악하였으나, 사견으로는 거래상 지위남용 여부가 본질이었던 것으로 보인다.[111] 현대차가 판매대리점에게 이와 같은 불이익을 가할 수 있는 힘은 무엇보다도 양자 사이의 특수한 관계에서 비롯되는 것이고, 문제된 행위의 속성 또한 다른 자동차업체와의 경쟁을 제한하거나 소비자에게 불이익을 야기하는 것이 아니기 때문이다. 그 결과 공정거래위원회의 실무에 오류가 생기는 것은 당연한데, 이 사건 심·판결을 관련시장의 획정과 결부하여 비판적으로 살펴보면 다음과 같다.

첫째, 현대·기아차의 남용행위가 문제된, 즉 거래상대방인 판매대리점의 관점에서 시장획정이 이루어져야 한다. 현대·기아차가 비록 소비자와의 관계에서는 일견 시장지배적 지위에 있다고 볼 수 있으나, 거점이전의 제한 등의 행위는 소비자가 아니라 위탁판매관계에 있는 판매대리점에 대해서 행해진 것이기 때문이다.

---

110) 대법원 2010.3.25. 선고 2008두7465 판결; 대법원 2010.4.8. 선고 2008두17707 판결.

111) 그 밖에 "티브로드 강서방송" 판결(서울고등법원 2007.11.8. 선고 2007누10541 판결)에서 원심이 언급한 바와 같이 "우리홈쇼핑 등 PP들은 자신의 상품 등 판매를 위하여 강서구 지역 내에서는 원고들의 프로그램 송출서비스를 구매할 수밖에 없는 거래구조로 되어 있는 이상, 강서구 지역 내의 프로그램 송출에 관한 용역의 거래조건 등의 협상에 있어서 그 인접시장에서의 독점적 공급자인 원고들이 그 관련시장에서의 지배력 때문에 PP들에 비하여 훨씬 우월적 지위"에 있다고 판단하고 있음에도 불구하고 시장지배적 지위남용 여부를 따지는 우(愚)를 범하고 있다. 이 사건 대법원 판결 역시 남용으로서의 부당성을 부인하면서 "원심이 들고 있는 사정들은 모두 원고의 이 사건 채널변경행위에 의하여 우리홈쇼핑이 입게 된 구체적인 불이익에 불과한 것들"이라고 지적하고 있는 점에 비추어 이 사건 행위의 본질이 시장지배적 지위가 아니라 거래상 지위에서 비롯된 남용 여부임을 시사하고 있다(대법원 2008.12.11. 선고 2007두25183 판결).

둘째, 현대·기아차의 직영판매점은 이 사건 관련시장을 획정하는 단계에서 고려할 이유가 없다. 직영판매점은 말 그대로 현대·기아차의 일부로서 공정거래법의 관점에서 처음부터 독립적인 사업자에 해당될 수 없기 때문이다. 이 점은 수직통합된 사업자의 자가소비분(captive sales)을 점유율 산정에 포섭하는 것[112]과는 그 성격이 전혀 다르다. 아울러 수직통합(vertical integration)의 경우에는 크게 원재료·부품과 완제품의 관계 또는 제조와 판매의 관계를 상정할 수 있는바, 관련시장의 획정에서 양자는 중대한 차이를 수반한다. 전자의 경우에는 수직통합사업자와 전·후방사업자 사이에 흔히 치열한 경쟁관계가 발생하는 반면,[113] 후자의 경우에 양자는 통상 이익공동체(Interessengemeinschaft)를 형성하게 된다.[114] 그런데 현대·기아차 사건이 바로 후자의 대표적인 예로서, 이때 제조업자와 독립된 판매대리점은 궁극적으로 '배제'를 지향하는 경쟁관계에 설 수 없는 것이다.[115]

셋째, 현대·기아차가 문제된 행위를 통하여 전혀 경쟁을 제한할 여지가 없는 대상, 즉 다른 자동차제조업체나 그 대리점 또는 판매업자는 이 사건 관련시장 획정에서 고려될 수 없다. 이 사건에 관한 한 '브랜드간 경쟁'(inter-brand competition)은 중요한 요소가 아니고, 브랜드 내에서 제조업자와 소매업자 사이에 발생한 행위가 문제될 뿐이기 때문이다.[116] 그렇다면 이 사건에서 굳이 현대·기아차의 지배적 지위 유무를 판단하기 위하여 관련시장을 획정한다면 그것은 거점이전 제한 등의 행위가 발생한 시장, 즉 현대·기아차가 생산·판매하는 승용차 또는 5톤 이하 화물

112) "포스코" 판결(대법원 2007.11.22. 선고 2002두8626 전원합의체 판결)을 보면, 공정거래위원회와 법원은 거래거절의 대상품목이었던 열연코일에 관한 포스코의 시장점유율을 산정함에 있어서 포스코가 외부에 판매하지 않던 자가소비분까지도 포함시킨 바 있다.

113) 예컨대, 원료를 공급하던 시장지배적 사업자가 완제품시장에 진입하면서 원료공급을 거절하는 경우가 전형적이다(ECJ, Cases 6-7/73 Commercial Solvents v. Commission [1974] ECR 223). "포스코" 판결 또한 열연코일과 냉연강판을 생산하던 포스코가 냉연강판의 원재료인 열연코일의 공급을 거절한 것이 남용으로 문제된 것으로서, 이때 포스코의 지배적 지위는 거래거절이 발생한 시장, 즉 열연코일시장에서 인정되었다.

114) 제조업체가 일부 직접 판매활동을 수행하더라도 자신의 대리점들과는 판매·수익의 극대화라는 공통의 목표를 갖는다.

115) 주진열, "시장지배적 지위 남용 관련 현대자동차 사건에 대한 비판적 고찰 — 대법원 2010. 3. 25. 선고 2008두7465 판결 —", 법경제학연구 제13권 제1호, 2016, 127면 이하.

116) 박재우, "독점규제 및 공정거래에 관한 법률 제3조의2 제1항 제3호의 시장지배적 사업자의 지위남용행위로서 '사업활동 방해행위의 부당성' 판단 기준 — 2010.3.25. 선고 2008두7465 판결: 공2010상, 827 —", 대법원판례해설 제83호, 2010, 898, 909면 이하. 다만, 방법론상 브랜드 내 경쟁제한효과와 브랜드 간 경쟁촉진효과를 비교하는 듯한 부분은 설득력이 약해 보인다.

차의 위탁판매시장이 되어야 할 것이다.

끝으로, 현대·기아차가 판매대리점에게 행한 사업활동 방해행위를 시장지배적 지위남용으로 파악할 사안인지(절대적 지배력의 남용), 아니면 거래상 지위남용(상대적 지배력의 남용)으로 문제 삼을 사안인지를 검토할 필요가 있다. 만약 거래단계별 시장을 획정하였다면 이 사건 관련시장은 현대·기아차와 판매업자 사이의 위탁판매시장에 해당하기 때문에 시장점유율은 또한 마땅히 '승용차 및 5톤 이하 화물차의 국내 위탁판매시장'을 놓고 산정되었어야 할 것이다. 이 점에서 현대·기아차의 국내 소매시장에서의 판매대수를 기준으로 공정거래위원회가 점유율을 산정한 것은 명백한 오류이다. 그 경우 현대·기아차는 동 시장에서 언제나 100%의 점유율을 가질 수밖에 없게 되는 이상한 결과를 가져오게 된다. 제조업자와 전속대리점의 관계에 착안하여 시장획정을 하게 되면 통상 그와 같은 결과를 쉽게 예견할 수 있을 것이다. 결국 현대·기아차와 전속의 위탁관계에 있는 판매대리점의 관계에서 발생한 거점이전 제한 등의 행위를 시장지배적 지위남용으로 포섭하는 것이 타당하지 않고, 그 성질상 거래상 지위남용으로 규제하였어야 할 것이다.

다. 수요지배력(수요 측면의 지배적 지위)

(1) 서 설

㈎ 공정거래법의 태도

공정거래법상 지배적 지위란 언제나 특정 시장을 전제로 하고, 시장이란 공급 측면과 수요 측면으로 대별된다. 따라서 시장지배적 지위는 이론상 수요 측면에서도 상정할 수 있다. 당초 1980년에 제정된 공정거래법은 공급 측면에서만 시장지배적 사업자를 파악하고 있었다. 구법 제2조 제5항에 따르면 시장지배적 사업자란 '동종 또는 유사한 상품이나 용역의 공급에 있어서 다음 각호의 하나에 해당하는 경우로서 대통령령이 정하는 기준에 해당하는 사업자'를 의미하였다.

1. 경쟁사업자가 존재하지 아니하거나 실질적인 경쟁이 행하여지고 있지 아니한 경우
2. 경쟁사업자와의 관계에서 당해 사업분야에 있어서 압도적인 지위를 점하고 있는 경우
3. 2 이상의 사업자중 소수의 사업자가 그 전체로서 당해 사업분야에 있어서 압도적인 지위를 점하고 있는 경우

제1호는 독일법상 시장지배적 지위의 실체적 정의와 같고, 제2호는 경쟁사업자와의 규모 내지 지위상 차이가 현저한 경우를 말하며, 제3호는 2 이상의 사업자에 의한 공동의 시장지배적 지위 추정과 유사하다. 이 점에서 1980년 공정거래법상 시장지배적 사업자의 개념은 경제적 관점에서 주로 가격결정권(power over price)에 착안하고 있는 현행법 제2조 제3호에 비하여 규범적으로 보다 적합하다고 평가할 수 있다.[117)]

이처럼 수요 측면에서 지배적인 사업자는 처음부터 시장지배적 사업자의 지정 대상에서 제외될 수밖에 없었다.[118)] 수요지배력의 형성에 대한 사전규제 역시 기업결합 심사에서 전혀 다루어지지 못하였다. 이러한 규제상 흠결을 해소하기 위하여 입법론으로서 종래의 일률적인 지정·고시제도를 폐지하고, 동법 제5조에 수요지배력(buyer power)의 남용을 포함시키자는 주장이 오래전부터 제기되었다.[119)] 그리고 1999년 공정거래법 제7차 개정은 제2조 제3호를 전격 개정하여 상품이나 용역의 수요자로서 시장지배적 지위를 가진 사업자를 시장지배적 사업자의 개념에 포함시키기에 이르렀다.[120)] 그러나 공정거래법상 수요시장의 지배적 지위를 어떻게 판단할 것인지, 수요 측면의 남용은 어떤 특성을 갖는지 등 여러 쟁점들은 여전히 불확실한 채로 남아 있다. 시행령 및 심사기준도 법개정 후 20여년이 지나도록 수요시장의 특성을 반영한 기준을 반영하지 않고 있다.

공정거래법상 수요 측면에서 시장지배적 지위는 남용규제뿐만 아니라, 수요 측면에서 실질적인 경쟁제한을 가져올 수 있는 기업결합이나 공동구매(collective buying)와 같이 수요 측면의 경쟁을 제한할 수 있는 부당한 공동행위, 불공정거래행

117) 가격이나 거래조건에 영향을 미칠 수 있는 힘이 바로 'market power'이고, 이는 현실의 시장에서 많은 사업자가 보유하고 있는 다양한 힘의 스펙트럼을 널리 포괄하는 것으로 이해된다. 그 결과 'market power'라는 용어는 과연 어느 정도의 힘을 가진 사업자에게 남용규제를 할 것인지에 관한 규범적 가치판단을 거치지 않은 것으로 볼 수 있다.

118) 공정거래위원회, 공정거래백서, 1999, 21면. 더구나 종래의 시장이론이나 경쟁이론은 제조업자와 소비자의 직접적인 관계를 대상으로 하였으며, 판매업자는 단지 부수적인 존재로 보았다.

119) 권오승(제13판), 141면.

120) 1957년 독일에서 경쟁제한방지법을 제정할 당시 제22조는 수요자로서의 사업자는 남용규제대상으로 명시하지 않았으나, 그 후 1976년 동법 제2차 개정을 통하여 지금과 같이 수요 측면의 사업자 역시 시장지배적 사업자로 될 수 있음을 명문으로 규정하였다. 그 후 1980년 연방카르텔청에는 수요지배력을 전담하는 심결부(동 심결부의 주요 소관사항으로는 크게 정부조달에 있어서의 수요지배력, 중소 납품 내지 원재료조달사업자에 대한 제조업자의 수요지배력, 그리고 제조업자에 대한 판매업자의 수요지배력을 들 수 있다. BKartA, Arbeitsbericht des Bundeskartellamtes 1979/80, in: WuW 1980, S. 591－592)가 설치되기에 이르렀다.

위로서의 거래상 지위의 남용 등에서 문제될 수 있으며, 그 밖에 하도급법상 원사업자와 수급사업자의 관계, 가맹사업법상 가맹본부와 가맹점사업자, 대규모유통업법상 대규모유통업자와 납품업자 또는 점포임차업자의 관계, 대리점법상 공급업자와 대리점의 관계에서도 다투어질 수 있다.

(나) **수요경쟁과 수요지배력의 특성**

수요 측면에서 시장지배적 지위의 남용 문제는 기업결합이나 수직계열화 등을 통한 판매시장에서의 집중, 공급자시장에서 수요자시장(buyer market)[121]으로의 변화, 이를 통한 판매업자의 제조업자에 대한 우위라는 현상을 배경으로 한다. 수요 측면에서의 시장지배적 지위는 현대 자본주의하에서 구조적인 성격을 갖는다. 대부분의 시장에는 공급과잉 내지 설비과잉이 존재하여 상품이나 용역은 수요가 존재하는 한 거의 무제한적으로 공급될 수 있기 때문이다. 그 결과 특정 판매업자의 구매가 다른 경쟁판매업자의 구매에 별다른 영향을 미치지 못하며, 이들 간에 특정 상품의 구매를 위한 경쟁은 거의 작동하지 않는다. 즉, 수요 측면에서 판매업자들 간의 경쟁, 즉 수요경쟁(Nachfragewettbewerb)이란 거의 존재하지 않고, 이러한 현상은 수요시장에서 다수의 판매업자들이 활동하고 있는 경우에도 마찬가지이다.[122]

다른 한편으로 제조업자는 하나의 거래처를 상실할 경우에 다른 판매업자로의 거래처전환을 쉽게 기대할 수 없는 반면, 여러 상품을 취급하는 판매업자로서는 거래처를 전환하기가 비교적 용이하다. 제조업자와 판매업자 간에는 구조적인 힘의 불균형이 나타나게 되는 것이다. 제조업자는 가능한 한 기존설비의 충분한 가동을 위하여 판매업자와의 거래관계를 가급적 유지하지 않으면 안 되며, 그에 따라 수요시장의 경쟁구조와 상관없이, 즉 수요 측면에서 시장점유율이 낮은 경우에도 판매업자는 납품업자에 대하여 지배력을 가질 수 있는 것이다.[123]

---

121) 독일에서 소위 '수요자시장개념'에 따라 수요지배력의 문제를 처음 제기한 것은 Arno Sölter로 알려져 있다. Arno Sölter, Nachfragemacht und Wettbewerbsordnung, Verlag Handelsblatt, 1960.

122) Ernst Niederleithinger, in: Schwerpunkte des Kartellrechts 1975/76, 1977, S. 74 ff.; Michael Lehmann, Einige Bemerkungen zum Nachfragemachtgutachten der Monopolkommission, WRP, 1978, S. 598, 599; Wolfang Schumacher, Nachfragemacht und Gegengewichtsprinzip, ZHR, 1976, S. 317 ff. 반면 수요시장개념의 수용에 있어서 다소 비판적인 견해로는 Wolfgang Fikentscher, Nachfragemacht und Wettbewersbeschränkung, WuW, 1960, S. 680 ff.; Helmut Gröner/Helmut Köhler, Nachfragewettbewerb und Marktbeherrschung im Handel, BB, 1982, S. 257 ff. 한편, 카르텔법상 수요경쟁의 보호가치에 대한 비판적 견해로는 Robert Knöpfle, Ist der Nachfragewettbewerb ebenso schutzwürdig wie der Angebotswettbewerb?, BB, 1987, S. 1960 ff.

123) Ingo Schmidt, Handelskonzentration, Nachfragemacht und 6. GWB-Novelle, WuW, 1997, S. 109

다만, 현실적으로 제조업자로부터 보다 유리한 거래조건을 얻어 내기 위한 판매업자들 간의 경쟁이 존재한다는 점은 부인할 수 없으며, 수요경쟁을 판단함에 있어서 판매업자가 소비자에 대한 공급 측면에서 차지하는 비중 내지 판매시장의 경쟁구조는 여전히 중요한 의미를 가질 수 있다.124) 일반적으로 어떤 판매업자의 수요시장에서의 지배력은 그가 판매시장에서 차지하는 시장점유율이 높을수록 커지는 경형이 있으나, 그렇다고 하여 수요 측면에서의 지배력으로부터 공급 측면에서의 지배력을 추단할 수 있는 것은 아니다.125)

(2) 수요시장의 획정

수요시장에서 지배적 지위를 판단하기 위해서는 공급 측면과 마찬가지로 먼저 관련시장을 획정하지 않으면 안 된다. 전통적인 시장획정이론에 따르자면 수요시장(Nachfragemarkt)이란 거래상대방, 즉 제조업자를 기준으로 그가 상품이나 용역을 제공할 수 있는 판매업자의 범위를 가리킨다. 제조업자의 입장에서 판매업자를 전환할 수 있는 대체가능성이 시장획정의 관건인 것이다.126)

이때, 대체가능성을 파악함에 있어서 전통적인 SSNIP 테스트를 수요 측면에도 그대로 적용할 수 있을 것인가? 심사기준이 이와 같은 태도를 취하고 있다(심사기준 Ⅱ). 그에 따르면 수요 측면에서 일정한 거래분야는 '거래되는 특정 상품의 가격이나 용역의 대가가 상당기간 어느 정도 의미 있는 수준으로 인하(인상이 아님!)될 경우 동 상품이나 용역의 대표적 판매자(구매자가 아님!)가 이에 대응하여 판매를 전환할 수 있는 상품이나 용역의 집합'을 말한다. 지역시장도 이와 동일한 방식으로 획정한다.

그런데 수요시장에는 공급 측면과 다른 특성이 있으므로 SSNIP 테스트가 적절한 방법이 아닐 수 있다. 우선, 관련 상품시장의 경우 제조업자의 입장에서 이들 상품이나 용역을 공급할 수 있는 판매업자들의 범위가 중요한 의미를 가질 것인데,

---

ff. 여기서 그는 특히 판매업자의 수요탄력성이 제조업자의 판매탄력성보다 훨씬 크다는 데에서 제조업자의 구조적인 종속성을 도출하고 있다.

124) Ernst Joachim Mestmäcker, Mißbräuche der Nachfragemacht und Möglichkeiten ihrer kartellrechtlichen Kontrolle, in: FIW(Hrsg.), Schwerpunkte des Kartellrechts 1976/77, 1978, S. 16.

125) Ulrich Loewenheim, Aktuelle Probleme des kartellrechtlichen Diskriminierungsverbots, WRP, 1982, S. 194 ff.

126) Ingo Schmidt, Relevanter Markt, Marktbeherrschung und Mißbrauch in §22 GWB und Art. 86 EWGV, WuW, 1965, S. 454 ff.

그에 따르자면 기존의 판매업자를 다른 판매업자로 전환할 수 있는 가능성이 중요한 의미를 가진다. 이때 제조업자가 판매업자의 가격인하에 대응하여 다른 판매업자로 거래처를 전환하기란 매우 어렵다. 가격변동이 여간해서는 거래처전환을 가져오지 못하는 것이다. 수요시장에서는 다양한 종류의 상품이나 용역을 취급하는 판매업자와 상대적으로 몇 가지 상품에 전문화된 제조업자 간에 힘의 불균형이 존재하고, 그것이 바로 수요 측면에서 지배적 지위를 가져오는 핵심 요인이기 때문이다.

또한 '어떤' 제조업자를 기준으로 거래처의 전환가능성을 판단해야 할 것인지도 어려운 문제이다. 심사기준은 '대표적' 판매자라고 규정하고 있으나(심사기준 Ⅱ. 1. 가.), 예컨대 수많은 상품을 취급하는 대규모유통업자를 상정할 경우 여기에 공급하는 판매자(납품업자)는 수많은 분야에 존재하기 때문에 공급 측면에서 대표적 또는 평균적 소비자를 상정하는 경우와 상황이 전혀 다를 수밖에 없는 것이다. 이와 관련하여 일찍이 독일의 독점위원회(Monopolkommission)는 수요시장관념(Bedarfsmarktkonzept)을 토대로 '합리적인 공급자'를 기준으로 대체가능성을 판단해야 한다고 지적한 바 있다.[127] 공급시장에서 평균적인 소비자를 기준으로 대체적인 구매가능성을 판단하는 경우와 달리 수요시장에서 평균적인 제조업자란 지극히 추상적이고 막연하여 그다지 유용하지 못할 뿐만 아니라, 특히 제품차별화를 특징으로 하는 산업에서는 구체적으로 문제된 상품이나 용역을 제공하는 개별 공급자의 관점에서 거래처의 대체가능성을 판단하여야 한다는 것이다.[128]

한편, 수요 측면에서 지리적 관련시장은 공급시장에서와 마찬가지로 어떠한 지리적 범위 안에서 제조업자가 거래상대방인 판매업자에게 당해 상품이나 용역을 제공할 수 있는지에 따라 정해진다(지리적 대체가능성). 여기서 고려할 요소로는 당해 상품이나 용역의 특성(부패성, 변질성, 파손성 등) 및 판매자의 사업능력(생산능력, 판매망의 범위 등), 운송비용, 판매자의 구매지역 전환가능성에 대한 인식 및 그와 관련한 경영의사결정 형태, 시간적·경제적·법적 측면에서의 구매지역 전환의 용이

127) Monopolkommission, VII. Sondergutachten – Mißbräuche der Nachfragemacht und Möglichkeiten zu ihrer Kontrolle im Rahmen des Gesetzes gegen Wettbewerbsbeschränkungen, 1977, Rn. 669.

128) Heinrich Hölzler/Horst Satzky, Wettbewerbsverzerrungen durch nachfragemächtige Handelsunternehmen, 1980, S. 88. 이에 대한 비판적 견해로 Helmut Köhler, Wettbewerbs- und kartellrechtliche Kontrolle der Nachfragemacht, 1979, S. 38 ff.

성 등을 들 수 있다(심사기준 Ⅱ. 2.). 그 밖에 거래상대방인 판매업자의 공급지역이 중요한 고려요소가 될 수 있는데, 전국적으로 상품을 공급하는 제조업자라도 특정 지역의 상권을 지배하는 판매업자를 상실할 경우에는 이를 자동적으로 다른 지역의 판매업자로 거래처를 전환할 수는 없기 때문이다.[129)]

(3) 수요시장에서의 지배적 지위 판단

공정거래법 및 심사기준은 수요 측면에서 시장지배적 지위의 유무를 판단하는 기준을 정함에 있어서 공급 측면에 착안한 기준을 대체로 사용하고 있다. 즉, 시장지배적 사업자인지 여부는 시장점유율, 진입장벽의 존재여부 및 정도 유무나 경쟁사업자의 상대적 규모 등을 종합적으로 고려하여 판단하고(심사기준 Ⅲ.), 수요 측면에서의 시장점유율을 기준으로 추정한다.

여기서 시장점유율은 수요 측면에서 시장지배적 지위를 판단하는 경우에도 가장 중요한 고려요소에 해당한다. 이때, 수요 측면에서 산정되는 시장점유율이란 개별 상품을 기준으로 국내에서 구매된 금액에서 당해 수요자가 구매한 상품의 금액이 차지하는 비율을 말한다(영 제2조 제1항). 그런데 개별 상품시장에서 하나의 판매업자가 법 제6조 각호의 시장점유율 요건을 충족하는 경우란 생각하기 어렵다. 수요 측면에서의 지배력은 일반적으로 공급 측면에 비하여 낮은 시장점유율로도 충분히 성립할 수 있기 때문이다.[130)] 수요지배력의 특성 내지 수요 측면에서의 경쟁이 갖는 특수성을 감안한 별도의 추정요건을 고안할 필요가 있어 보인다.

시장지배적 사업자에 대하여 우리나라와 유사한 추정조항을 두고 있는 독일에서도 이미 오래전부터 수요시장에서의 지배적 지위를 판단함에 있어서 개별 상품별 시장점유율은 적합하지 않으며, 더구나 수요지배력의 판단을 위한 전제로서 수요시장의 획정기준이 명확하게 마련되지 않은 상태에서 시장점유율을 근거로 한

---

129) Monopolkommission, XIV. Sondergutachten – Die Konzentration im Lebensmittelhandel, 1985, Rn. 200; Köhler, a.a.O., S. 40. 한편, 1997년 연방카르텔청은 베를린州에서 발주하는 도로건설공사의 경우에 지리적 시장을 베를린주로 국한하였다. 왜냐하면 당해 도로건설공사와 관련해서 건설업자들은 다른 지역으로 거래처를 전환할 수 없기 때문이다. 이 사례에 대한 보다 자세한 내용은 Reinhard Vieth, Praxis des Bundeskartellamtes zu Kartellverbot, Mißbrauchsaufsicht, Fusionskontrolle, in: FIW(Hrsg.), Schwerpunkte des Kartellrechts 1997, 1997, S. 38 ff.

130) Wernhard Möschel, Recht der Wettbewerbsbeschränkungen, 1983, S. 317, 324; Hölzler/Satzky, a.a.O., S. 89; Knud Hansen, Probleme der Nachfragemacht aus der Sicht des Bundeskartellamtes, DBW, 1979, S. 556; Monopolkommission, XIV. Sondergutachten(1985), Rn. 200; BGH v. 23.2.1988 – KZR 17/86 = WuW/E BGH 2483, 2488 = WuW 1988, 785, 791, "Sonderungsverfahren".

추정이나 간주는 타당하지 않다는 비판이 강력하게 제기된 바 있다.[131)]

이처럼 수요시장에서 지배적 지위를 판단함에 있어서는 수요시장의 구조보다는 판매자와 제조업자와의 관계, 무엇보다 제조업자는 대체 판매업자를 확보하기가 훨씬 어렵다는 점이 중요한 의미를 가져야 한다. 이 점을 고려하여 독일 경쟁제한방지법은 제4차 개정을 통하여 제20조 제1항 제2문에서 수요 측면에서의 '상대적인 시장지배력'(relative Marktmacht)에 관한 추정조항을 신설한 바 있다. 그에 따르면 일정한 상품이나 용역의 수요자가 거래관행상 일반적인 수준의 가격할인이나 기타 반대급부와 별도로 동종의 다른 수요자에게는 제공되지 않는 특수한 이익을 통상적으로 제공받는 경우에 당해 공급자는 그 수요자에게 종속되어 있는 것으로 추정된다. 이때 수요자는 거래상대방인 공급자의 사업활동을 부당하게 방해하거나 공급업자들을 정당한 이유 없이 차별취급해서는 안 된다. 이러한 추정조항은 독일 경쟁제한방지법 제18조 제4항, 제6항의 상대적으로 높은 시장점유율 추정요건이 수요 측면에서의 시장지배력을 판단하기에 한계가 있음을 고려한 것임은 물론이다.[132)]

이와 같은 독일법의 태도는 판매업자에 대한 제조업자의 '경제적 종속성'(economic dependence)을 기초로 판매업자에게 시장지배적 지위에 준하는 지위를 인정하고, 아울러 시장지배적 사업자와 마찬가지로 남용규제를 받게 하고 있다는 점에 특징이 있다. 이러한 태도는 우리나라에도 시사하는 바가 적지 않다. 수요경쟁의 특성을 감안할 때 판매업자가 보유하게 되는 힘은 제조업자와의 관계에서 비롯되는 상대적인 것이다. 독일에서는 절대적인 지배력과 상대적인 지배력이 공히 남용규제를 받으므로 수요지배력을 포섭하는데 별다른 난점이 없으나, 상대적인 지배력 내지 거래상 지위와 시장지배적 지위를 준별하여 차등규제를 하고 있는 공정거래법은 수요지배력이라는 용어에 매몰되어 혼선을 야기하고 있는 것이다.[133)]

131) Monopolkommission, VII. Sondergutachten – Zusammenschluß der Thyssen Industrie AG mit der Hüller Hille GmbH, 1977, Rn. 47; Ernst Niederleithinger, Die Verfolgung von Mißbräuchen von Angebots– und Nachfragemacht nach §§22, 26 Abs. 2 GWB, in: FIW(Hrsg.), Schwerpunkte des Kartellrechts 1975/76, 1997, S. 65 ff.(S. 75: 다만 필자는 수요지배력과 관련하여 시장점유율의 중요성을 완전히 부인한 것은 아니었다.).

132) BT–Drs. 08/2136; WuW 1980, S. 352.

133) "현대자동차의 판매대리점에 대한 방해남용" 사건에서 공정거래위원회의 이분법적 사고가 드러나고 있다. 이 사건에서 현대자동차는 일반적으로 시장지배적 지위에 있을 뿐만 아니라 판매대리점과의 관계에서는 거래상 지위에 있는바, 판매대리점의 거점이전 등의 행위는 그 성격상 거래상

생각건대, 시장지배적 지위와 거래상 지위는 중첩가능하다는 인식에서 논의를 출발하여야 한다. 시장점유율이나 진입장벽 등을 감안할 때 어떤 사업자가 시장에서 절대적으로 지배적 지위를 가지는 경우에 당해 사업자는 특정 상대방과의 거래관계에서 비롯되는 힘, 즉 거래상 지위를 동시에 가질 수 있다. 공정거래법이 수요측면에서 시장지배적 사업자를 명시적으로 포섭하고 있으나 그 실질은 거래상 지위로 파악하는 것이 타당하다. 이러한 관점에서 대규모유통업법은 이미 대규모유통업자가 납품업자와의 관계에서 거래상 지위에 있음을 상정하고 있는바, 수요 측면의 지배적 지위남용을 규제함에 있어서 법 제5조에 내포된 집행상 흠결을 일부나마 해소하고 있는 것이다.

지위남용으로 보았어야 한다.

제 3 절 시장지배적 지위의 남용 금지

Ⅰ. 서 설

1. 시장집중과 남용규제 일반

인간이 사회와 국가를 이루면서 역사적으로 힘의 집중과 남용은 끊임없는 관심과 논쟁의 대상이었다. 흔히 힘이라 하면 권력 내지 정치적 파워(political power)를 떠올리게 되고, 힘을 가진 자는 개인이든 집단이든 언제나 이를 남용할 유혹에 사로잡히게 마련이다. 그 결과 힘의 적절한 분산과 남용에 대한 견제는 근대 이후 법치국가원리의 요체로 자리 잡게 되었다. 아울러 시장경제가 형성·발전하는 과정은 개별시장의 집중과정이고, 집중된 경제력을 시장지배력으로 파악하여 그 남용을 방지하는 규범적 통제는 일찍이 경쟁법의 중요한 대상이 되어 왔다.

공정거래법은 시장지배적 지위의 남용행위를 금지하면서도 '남용' 내지 '남용행위'가 무엇인지를 정의하지 않고 있다. 남용규제의 예측가능성을 제공하기 위하여 일정한 행위유형을 한정적으로 열거하고 있을 뿐이다. 따라서 남용의 의미를 밝히는 것은 전적으로 학설과 공정거래위원회 및 법원의 해석에 맡겨져 있다. 남용 내지 남용행위를 어떻게 이해할 것인지의 문제가 공정거래법 및 동법 제5조의 목적론과도 결부되어 있음은 물론이다.

공정거래법상 시장지배적 사업자의 남용행위는 사업자가 자기의 지위를 이용하여 유효경쟁이 이루어지고 있는 시장에서는 상정할 수 없는 방법으로 지배적 지위를 '유지' 또는 '강화'[134]하는 행위로 정의할 수 있다. 그런데 남용이란 시정조치와 과징금 등 불이익한 법률효과를 수반하는 것이어서 자칫 그 개념을 지나치게 넓게 해석할 경우에는 오히려 자유로운 경쟁을 저해할 수 있는바, 이러한 과잉집행의 문제를 'Type Ⅱ 오류' 또는 'false positive'라 한다. 반면 남용을 너무 좁게 해석할 경우에는 독과점의 심화와 그에 따른 폐해를 방치하는 부작용을 초래할 수 있고, 이때 발생하는 과소집행의 문제가 'Type Ⅰ 오류' 또는 'false negative'이다.[135]

---

134) 법 제5조는 이미 시장지배적 지위를 보유한 사업자가 이를 남용하는 행위를 금지하는 것으로서 지배적 지위가 없는 사업자가 새로이 지배력을 획득하는 행위는 불공정거래행위에 해당할 수 있음은 별론으로 하고 적어도 '남용'에는 해당할 수 없다.

따라서 시장지배적 사업자의 남용행위는 그 유형과 범주가 가급적 명확하게 정해져야 하고, 아울러 정상적인 경쟁행위와 남용행위를 구분할 수 있는 세부적인 기준이 마련되어야 한다. 그 출발점은 바로 남용규제의 '목적'이다. 남용규제의 목적은 과도한 시장집중을 방지하고, 유효경쟁이 기능하지 못하는 시장을 개방적으로 유지하여 새로운 사업자의 진입을 가능케 함과 아울러 동일 시장이나 그 전·후방에 있는 경쟁사업자 또는 거래상대방을 착취하거나 배제하지 못하게 함으로써 기존의 시장집중이 심화되는 것을 막는 데에 있다. 그에 따라 남용규제란 시장지배적 사업자의 존재로 인하여 이미 구조적으로 악화된 이른바 독과점적 시장에서 그로 인한 폐해를 시정하기 위한 것으로서, 무엇보다 잔존경쟁(remaining competition; Restwettbewerb)을 보호하는 것이어야 한다.[136] "포스코" 판결[137]에서 대법원이 시장지배적 지위남용행위로서 거래거절의 부당성을 '독과점적 시장에서의 경쟁촉진'이라는 입법목적에 맞추어 해석하여야 한다고 언급한 것도 이 같은 맥락에서 이해할 수 있다.

한편, 공정거래법상 규제는 일반사업자에 대한 것과 시장지배적 사업자에 대한 것으로 대별할 수 있다. 남용규제는 후자에 해당하는바, 시장지배적 사업자는 자신이 시장에서 가지는 절대적인 힘 때문에 경쟁을 저해할 위험이 일반사업자에 비하여 훨씬 크고, 동일한 행위라도 그것이 시장경쟁에 미치는 부정적 효과는 훨씬 심각하기 때문이다. 유럽과 독일의 경쟁법제에서는 시장지배적 사업자에게 그의 힘에 비례하여 '특수한 책임'(special responsibility)이 부여된다는 점이 널리 받아들여지고 있다.[138] 시장지배적 사업자는 일반사업자에 비하여 경쟁을 제한하거나 왜곡하지 아니할 고도의 주의의무(Sorgfaltpflicht)를 부담한다는 것이다. 우리나라에서 판례는 특수한 책임의 법리에 관하여 이렇다 할 언급을 한 바 없으며, 학설도 찾기 어렵다.

---

135) 다만, 'false negative'나 'false positive'라는 용어는 위법한 남용행위와 적법한 성과경쟁을 명확하게 구분할 수 있음을 전제로 하며, 구체적 사례에서 양자의 경계가 모호한 많은 경우에 있어서 경쟁법 집행을 평가하는 툴(tool)로는 적합하지 않다.

136) 방해남용의 금지는 그 내용면에서 셔먼법 제2조의 독점화금지와 접근방법이 유사하다. 즉, 동조는 우월한 성과의 결과와 무관하게 의도적으로 시장지배력을 얻거나 유지하는 것을 금지하는 것이다. U.S. vs. Alcoa, 148 F 2d 416(2d Cir, 1945).

137) 대법원 2007.11.22. 선고 2002두8626 전원합의체 판결.

138) Kling/Thomas, a.a.O., §6, Rn. 199; Bechtold/Bosch, a.a.O., §19 Rn. 7('besondere Verantwortung' 또는 'zusätzliche Rücksichtnahmenpflichten'); Faull/Nikpay, Ibid, pp. 118–119.

한편, 남용 여부가 경쟁과 무관하게 도덕적인 가치기준에 따라 좌우되는 것은 아니며, 민법 제103조의 반사회질서행위와도 본질적으로 다르다.[139] 다만, 일견 계약상의 권리행사로 보이는 행위라도 그것이 시장지배적 사업자에 의한 것으로서 당사자 사이의 이해관계를 넘어 경쟁을 저해할 우려가 있는 경우에는 남용에 해당될 소지가 있음은 물론이다.

2. 남용행위의 성격 및 남용규제의 체계

가. 남용행위의 성격

시장지배적 사업자의 행위가 정상적인 경쟁행위인지, 아니면 남용행위인지를 구체적인 사례에서 준별하기란 지극히 어렵다. 시장경제 하에서 누군가의 효율적인 행위란 다른 경쟁사업자에게는 방해이자 배제라는 결과를 가져올 수 있기 때문이다. 이처럼 경쟁사업자를 방해·배제하는 행위와 효율성 내지 소비자후생을 증진시키는 행위가 중첩될 수 있다는 점에서 남용이란 다분히 '양면적 속성'(ambivalent nature)을 갖게 된다. 경쟁당국이나 법원이 남용 여부를 판단함에 있어서 '종합적인 이익형량'(balancing interests; Interessenabwägung)을 하지 않으면 안 되는 이유도 여기에서 찾을 수 있다.

종래 강학상 시장지배적 지위남용행위는 단독행위(unilateral conduct)의 성질을 갖고, 이 점에서 법 제40조의 부당한 공동행위와 다르다고 한다. 미국 셔먼법 제1조(거래제한의 금지)와 제2조(독점화금지), 제2차 세계대전 이후 미군정의 압도적인 영향 하에 만들어진 유럽의 경쟁법으로서 현재 유럽기능조약 제101조(회원국 간 거래제한의 금지)와 제102조(시장지배적 지위남용의 금지)가 이러한 체계를 갖고 있다고 볼 수 있다. 그런데 시장지배적 지위남용을 단독행위로 포착하는 것이 타당한지, 이를 통하여 어떤 규제상 실익을 기대할 수 있는지는 의문이다.

미국이나 유럽의 경우에는 무엇보다 '합의'의 유무에 따라 적용법조가 달라지기 때문에(단독행위라는 말도 결국은 '합의'가 존재하지 않는다는 의미임), '단독행위–공동행위'의 이분법(dichotomy)은 그 적용법조를 좌우하고 그에 따라 법위반 여부를 해석하기 위한 출발점이 된다. 반면, 공정거래법은 비록 제40조에서 합의를 요체로

139) Ernst Steindorff, Politik des Gesetzes als Auslegungsmaßstab im Wirtschaftsrecht, FS Karl Larenz, 1973, S. 217 ff.

하는 부당한 공동행위를 규정하고 있는 경우를 제외하면 시장지배적 지위남용이나 불공정거래행위, 사업자단체의 금지행위 등은 굳이 말하자면 합의와 단독행위를 모두 포섭하고 있다. 예컨대, 공정거래위원회가 조건부 리베이트(conditional rebates)를 배타조건부거래로 파악함에 있어서 인텔이나 퀄컴은 그 형식이나 실질에 있어서 거래상대방과 세밀한 합의를 하였고,[140] 심지어 그 어떤 강제나 강요라는 요소도 존재하지 않았다. 즉, 시장지배적 지위남용은 거래상대방의 의사와 상관없이 또는 그 의사에 반하여 일방적으로 행해지기도 하지만, 경우에 따라서는 거래상대방의 적극적·소극적 의사에 합치하여 이루어지는 것이다.

다른 한편으로 단독행위냐 공동행위냐에 따라 위법성을 판단하는 기준이나 방법론에 의미 있는 차이가 존재한다고 보기도 어렵다. 어느 것이나 경쟁제한 여부를 요체로 삼아 위법성을 판단하는 점에는 차이가 없고, 시장지배적 지위남용은 합의 유무와 상관없이 경쟁제한의 의도와 효과가 있는지에 따라 좌우된다. 경쟁사업자간에 행해지는 공동행위라면 그 합의 내용에 따라, 예컨대 가격이나 거래조건 또는 시장분할에 관한 합의의 경우 당연위법까지는 아니더라도 경쟁제한성 판단이 상대적으로 용이하고, 부당성 판단과정에서 공정거래법의 궁극적 목적이나 효율성 증대효과 등이 종합적으로 고려될 뿐이다.

나. 남용규제의 체계

시장지배적 지위남용은 크게 착취남용과 방해·배제남용으로 대별된다. 전자는 수직적 관계에서 소비자를 포함한 거래상대방으로부터 유효경쟁의 상황에서는 기대할 수 없는 과도한 이익을 얻는 것으로서 가격의 부당한 인상이나 출고량 조절, 소비자이익의 현저한 저해가 여기에 해당한다. 반면, 후자는 수평적 관계에서 다른 경쟁사업자의 사업활동을 부당하게 방해하거나 경쟁에서 배제하는 것으로서 다른 사업자의 사업활동 방해나 신규진입의 방해 및 경쟁사업자를 배제하기 위한 거래를 말한다. 하나의 행위라도 그 의도나 효과에 따라서 착취남용과 방해·배제남용에 모두 해당될 수도 있는바, 시장지배적 사업자의 끼워팔기가 대표적인 예이다.[141]

140) 공정거래위원회 2008.11.5. 의결 제2008-295호("인텔" 사건); 공정거래위원회 2009.12.30. 의결 제2009-281호("퀄컴 Ⅰ" 사건).

141) 대법원 2011.10.13. 선고 2008두1832 판결("SKT 멜론 DRM" 판결) 및 공정거래위원회 2006.2.24. 의결 제2006-042호("마이크로소프트" 사건). 이들 사건에서는 착취남용 중에서 '소비자이익 저해행위'가 문제되었다.

(1) 착취남용

전통적으로 시장지배적 지위에서 비롯되는 대표적인 폐해로는 무엇보다 '독점적 가격책정'(monopolistic pricing)을 떠올리게 된다. 이를 규제하는 방법에는 통신, 에너지 등의 규제산업에서 특별법에 근거하여 설치된 행정기관이 가격을 인가하는 이른바 사전규제(*ex ante* regulation)와 경쟁법에 근거하여 경쟁당국이 부당한 착취행위를 금지하는 사후규제(*ex post* regulation)가 있다. 우리나라에서도 「철도사업법」 제9조 제1항 및 제2항에 따른 요금상한제나 「도시가스사업법」 제20조 제1항 및 제2항이 정하는 요금의 승인은 전자에, 공정거래법 제5조 제1항 제1호, 제2호 및 제5호 후단에 따른 착취남용규제는 후자에 해당한다. 이들 규제의 공통된 목표가 독과점시장에서 가급적 유효경쟁에서와 유사한 가격이나 거래조건 등 경쟁적인 시장성과를 보호하기 위한 것임은 물론이다.

착취남용은 시장경제의 핵심적인 작동기제인 가격을 경쟁당국이 직접 규제한다는 점에서 많은 논쟁의 소지를 안고 있다. 규제에 반대하는 대표적인 논거는 다음과 같다. 첫째, 독점가격이란 심각한 진입장벽만 없다면 신규진입을 유인하여 종국에는 가격을 다시 경쟁수준으로 떨어뜨리게 된다는 의미에서 자기교정적인(self-correcting) 성격을 가지기 때문에 경쟁법의 개입은 이러한 동태적 경쟁과정을 왜곡시킬 뿐이라고 한다. 특히, 경쟁당국에 의한 인위적인 가격인하는 당장 소비자에게 이익이 될지 몰라도 종국에는 잔존경쟁과 신규진입을 저해할 우려가 있다는 것이다.[142] 둘째, 어떤 가격이나 거래조건이 착취남용에 해당하는지 여부를 판단하는 기준이 불명확하고, 경쟁당국이 사업자의 가격이나 비용에 관한 정보를 충분히 확보하기도 어려울 뿐만 아니라, 특히 여러 품목을 생산하는 사업자의 경우 품목별로 공통비를 배분하는 작업(이른바, cost allocation)은 매우 자의적(恣意的)일 수 있다. 또한 어떤 사업자가 비용에 비하여 매우 높은 수준의 이익을 누리고 있다고 하더라도 그 원인이 시장지배력이 아니라 압도적으로 우월한 혁신의 결과일 수도 있다. 셋째, 막대한 투자를 요하거나 기술혁신이 매우 중요한 산업에서 위험을 수반하는 R&D나 혁신을 창출하기 위해서는 오히려 충분한 초과이윤이 허용될 필요가 있을

142) Ulrich Loewenheim, in: Ulrich Loewenheim/Karl M. Meessen/Alexander Riesenkampff, Kartellrecht Kommentar Bd. 1 Europäisches Recht, 2005, S. 315. 특히, 단기적인 소비자이익과 중·장기적인 경쟁구조 간에 발생할 수 있는 충돌에 대해서는 Wernhard Möschel in: Ulrich Immenga/Ernst-Joachim Mestmäcker, Kommentar zum deutschen Kartellrecht(4. Aufl.), 2007, §19 Rn. 151.

뿐만 아니라, 시장지배적 사업자가 초과이윤을 누리더라도 이것은 사회 전체의 후생을 감소시키는 것이 아니라 소비자후생이 생산자후생으로 이전되는 것에 불과하다. 아울러 착취남용의 규제 필요성을 인정하더라도 과도하게 높은 가격인지의 여부를 판단할 수 있는 규범적 기준을 마련하기가 쉽지 않고, 적정한 수준의 마진을 산출하기 곤란하여 가격인하명령의 실효성도 담보하기 어려울 뿐만 아니라 적절한 시정조치를 강구하기도 어렵다.[143] 그 밖에 착취남용을 금지하기 위하여 직접 가격수준의 적정성 규제로 나아갈 경우 자칫 경쟁당국이 가격규제자(price regulator)로 변질될 위험을 안고 있다는 점도 지적되고 있다.[144]

그러나 현실적으로 '상당한 수준으로 장기간에 걸쳐 존속하는 진입장벽'(significant, long-lasting barriers to entry)이 존재하여 독점가격이 신규진입을 유인할 수 없는 경우에는 가격의 자기교정기능이 제대로 작동하기 어렵다.[145] 독과점적 시장구조가 장기간 고착되어 있는 시장에서 독점적 지위나 과점의 상호의존성으로 인하여 가격이 현저하게 경쟁수준을 벗어나서 유지되는 경우에는 사전 또는 사후규제의 방식으로 가격규제가 이루어질 수밖에 없는 것이다. 특히, 자연독점산업에서 요금인가 등 특별법에 의한 사전규제가 부재하거나 제대로 작동하지 않는 경우에는 경쟁당국의 착취남용규제가 여전히 보충적으로 적용될 필요가 있다.[146] 이 경우에는 시장지배적 사업자가 누리는 이익이 단지 '일시적인 독점이윤'(temporary monopoly gains)에 그치지 않기 때문이다.

한편, 이미 독점사업자에 대하여 요금규제 등 사전규제가 폭넓게 이루어지는 때에는 설사 인가요금이 지나치게 높은 경우에도 공정거래법상 착취남용으로 문제삼기 어렵다.[147] 반면, 예컨대 집단에너지사업과 같이 법률상 지역독점이 보장되는

143) 자세한 내용은 Damien Geradin, The necessary limits to the control of "excessive" prices by competition authorities – A view from Europe, TILEC Discussion Paper 2007–032, Nov. 2, 2007, p. 7.

144) 특히, 착취남용규제가 물가안정과 같은 정치적 목적으로 이루어질 경우에 이러한 위험은 더욱 현실화되기 쉽다.

145) Emil Paulis, "Article 102 EC and Exploitative Conduct", A reformed approach to Article 102 EC, European Competition Law Annual 2007, 2008, p. 520.

146) 예컨대, 통신시장에서 시장지배적 사업자의 요금을 사전규제하는 가장 중요한 취지는 기존 독점사업자의 착취행위를 막기 위한 것이다. Marian Paschke/Nino Goldbeck, Gesetzliche Vermutungen und Vermutungsleitbilder, ZWeR, 1/2007, S. 49 ff.

147) 인가요금에 대해서는 법령상 정당한 행위로서 적용제외에 해당한다고 해석하거나 관계 부처의 인가처분은 사업자의 가격책정행위를 정당화하는 효과(이른바, Legalisierungseffekt)를 갖는다는 주

반면 독점가격의 책정에 요금인가 등 아무런 사전규제가 부과되지 않는 경우에는 공정거래법상 사후적인 착취남용의 규제가 중요한 의미를 갖게 된다.[148)]

또한 착취가격 여부의 판단이나 비용 산정이 쉽지 않은 것은 사실이나, 이 문제는 공정거래법이 금지하는 다른 경쟁제한행위, 예컨대 약탈가격이나 조건부 리베이트, 끼워팔기 등의 위법성 판단에서도 마찬가지로 제기되는 것으로서 비단 착취남용에 국한되는 것은 아니다. 착취남용을 규제하는 것은 효율성에서 비롯된 초과이윤을 금지하려는 취지도 아닐 뿐만 아니라, 초과이윤 자체를 금지하는 것도 전혀 아니다. 다만, 가격이 과도하게 높은지, 그것이 부당한지 여부에 대한 판단이란 매우 어려운 작업이기 때문에, 그 효과가 명백하고 현저한 경우에 한하여 '예외적으로' 신중하게 규제할 필요가 있을 뿐이다.[149)] 이처럼 착취남용규제는 일반적인 가격규제의 수단이 아니라 매우 엄격한 경쟁법적 요건 하에 소비자의 이익을 보호하기 위한 '최후의 보루'(a last resort)인 것이다.[150)] 독일의 연방카르텔청(Bundeskartellamt)이 수차례에 걸쳐 경쟁질서 하에서 가격규제란 다른 모든 수단이 실패한 특수한 상황에서 동원할 수 있는 '비상수단'(Notbehelfe)이어야 한다고 강조한 것도 이러한 맥락에서 이해할 수 있다.[151)]

요컨대, 독점가격이나 독점이윤이 신규진입을 촉진하기 위한 전제조건이 충족되는 경우, 즉 신규진입에 대한 법적, 사실적 장벽이 존재하지 않고 현재의 독점이윤이 장기간 유지될 개연성이 크지 않은 경우에만 착취남용에 대한 규제가 불필요할 수 있다.[152)] 따라서 이러한 전제조건이 충족되지 않는 일부 산업에서는 경쟁당

장이 가능할 것이다.

148) 이를테면, 시장지배적 사업자가 처음부터 열공급단가를 실제 사용한 연료와는 전혀 무관하게 산정하여 결과적으로 경쟁상태에서는 기대할 수 없는 수준으로 요금을 높게 책정하는 경우를 상정할 수 있을 것이다. 이와 유사한 사례로는 후술하는 독일 연방카르텔청의 전기요금 관련 남용 결정을 참고할 만하다.

149) Faull/Nikpay, Ibid, p. 397; David S. Evans/A. Jorge Padilla, Excessive Prices: Using Economics to Define Administrable Legal Rules, J. of Competition Law and Economics, 2004.9, p. 97, 119. 그에 따르면 예외적으로 과도한 가격에 대하여 착취남용을 적용할 필요가 있는 전제조건으로 다음의 세 가지가 제시되고 있다. ① 문제의 독점적 지위가 투자나 혁신의 결과가 아니고 법적 진입장벽에 의해서 보호되고 있을 것, ② 책정된 가격이 평균총비용을 현저히 초과할 것, 그리고 ③ 이러한 가격이 인접시장에서 새로운 상품이나 서비스의 등장을 저해할 우려가 있을 것이다. 여기서 ③의 요건은 착취남용을 가능한 경쟁제한성과 결부시키려는 시도로 이해할 수 있다.

150) Paulis, Ibid, p. 517.

151) KG v. 26.11.1997, WuW/E DE-R 124, 129, "Flugpreis Berlin-Frankfurt/M"; BKartA, Tätigkeitsbericht 1991/92, S. 30; 1993/94, S. 22; 1995/96, S. 19; 1997/98, S. 21.

국이든 규제당국이든 경쟁시장에서는 상정할 수 없는 과도한 가격책정에 대하여 적극적 개입이 불가피한 것이다. 이때 가격규제를 경쟁당국이 맡아야 하는지, 별도의 산업별 규제기관이 보다 효과적으로 감독할 수 있는지는 별개의 문제이며, 이들 규제기관 역시 비용이나 적정이윤을 산출하기 어려운 것은 마찬가지여서, 적어도 사전적 가격규제가 효과적으로 작동하지 않는 경우에는 경쟁당국이 사후적으로 착취남용을 규제할 필요성과 정당성을 가진다고 할 것이다.

(2) 방해·배제남용

시장지배적 사업자가 경쟁사업자와의 수평적 관계에서 그 지위를 남용하는 경우로서 경쟁사업자를 방해 또는 배제하는 수단에 착안하여 흔히 방해·배제남용이라 한다. 영어식 표현으로는 배제(exclusion) 내지 배제남용(exclusionary abuse)이라는 용어가 주로 사용되는 반면, 독일 및 유럽에서는 방해(Behinderung) 내지 방해남용(Behinderungsmissbrauch)이라는 말이 지배적으로 사용되고 있다.

이처럼 미국과 유럽, 특히 독일에서 각각 배제 또는 방해라는 용어를 선호하는 것은 비단 낱말의 선택에 그치는 것이 아니라, 이들 입법례에서 경쟁사업자에 대한 남용을 이해하는 틀과 경쟁제한성을 판단하는 기준 등 핵심 쟁점에 관한 접근방법이 상당한 차이를 보이고 있다는 사실과 무관하지 않다. 즉, 미국에서는 남용, 보다 정확하게는 셔먼법 제2조상 독점화 내지 독점화시도에 해당하기 위해서는 경쟁사업자를 배제하는 정도의 행위로서 관련시장에서 경쟁을 현저히 제한할 정도를 요구하는 반면, 유럽에서는 시장지배적 사업자의 특수한 책임에 입각하여 경쟁사업자를 방해함으로써 이들의 경쟁여력을 약화시키는 정도만으로도 경쟁제한의 경향을 가진 남용에 해당한다고 파악하는 것이다.

우리나라에서는 배제 또는 방해라는 용어가 혼용되고 있으며, 공정거래법 또한 양자를 병용하고 있다. 즉, 시장지배적 사업자의 부당한 사업활동 방해(법 제5조 제1항 제3호), 부당한 신규진입방해(제4호)와 더불어 부당하게 경쟁사업자를 배제하기 위한 거래(제5호 전단)를 명정하고 있다. 그런데 공정거래법상 행위유형별 용어의 차이에 걸맞는 남용에 대한 가치판단이나 접근방법의 차이는 찾기 어렵다. 이하에서는 두 가지 이유로 주로 방해 내지 방해남용이라는 용어를 쓰기로 한다. 첫째,

---

152) Geradin, Ibid, p. 44. 이 경우에도 경쟁당국의 주된 과제가 진입장벽을 제거하는 데에 있음은 물론이다.

공정거래법은 배제행위를 법 제5조 제1항 제5호 전단에서만 사용하는 한편 시행령에서도 약탈가격과 배타조건부거래라는 두 가지 행위만을 열거하고 있어 문언 상으로는 일견 제한된 의미로 사용하는 것으로 보인다. 반면, 방해행위는 법 제5조 제1항 제3호와 제4호에서 사용하고 있을 뿐만 아니라 시행령과 고시에서 매우 다양한 행위유형을 들고 있고, 공정거래위원회의 실무에서도 주로 문제 삼는 것은 방해행위라는 점에서 착취남용에 대응하는 범주의 남용행위를 포괄하는 용어로는 방해남용이 보다 적절해 보인다. 둘째, 배제 내지 배제행위라는 용어는 사전적 의미에서 경쟁사업자를 시장에서 배제하는 것으로 이해될 수 있는바, 판례에 따르면 남용에 요구되는 경쟁제한성은 그보다 훨씬 광범위한 것으로 해석되므로 자칫 부당성 판단에도 오해를 야기할 수 있기 때문이다.

한편, "포스코" 판결[153]에서 대법원이 다분히 효과중심의 경쟁제한성을 남용요건의 핵심으로 제시한 후에도 여전히 방해남용의 본질이 무엇인지에 관한 논란은 가라앉지 않고 있다. 이 문제는 구체적인 사례마다 과연 어느 정도의 경쟁제한효과가 요구되는지, 경쟁제한의 의도란 남용의 성립과 어떤 관계에 있는지, 근본적으로 경쟁제한효과가 남용 여부를 좌우하는지 등의 쟁점으로 이어지게 된다.

Ⅱ. 남용의 요건

1. 방법론의 대립

공정거래법상 '남용'은 불특정개념이고, 학설 및 공정거래위원회와 법원의 해석을 통한 구체화를 요한다. 법 제5조는 남용 여부와 관련하여 '부당하게'라는 용어만을 사용하고 있어 문리적 해석방법에는 한계가 있을 수밖에 없다. 과거 학설은 불공정거래행위와의 관계를 중심으로 남용에 요구되는 부당성의 실체를 파악하고자 하였다. 즉, 시장지배적 사업자의 지위남용은 그러한 지위가 없는 사업자의 불공정거래행위에 대하여 특별법적 관계에 있다는 견해가 지배적이었고, 그에 따르면 시장지배적 지위남용 또한 불공정거래행위와 실질적으로는 동일 또는 유사한 것이어서 경쟁사업자나 거래상대방에게 미치는 불이익이나 사업상 곤란 등을 기준으로 파악하게 된다.[154]

---

153) 대법원 2007.11.22. 선고 2002두8626 전원합의체 판결.

반면, "포스코" 판결[155]에서 대법원은 목적론적 해석에 기초하여 거래거절의 부당성을 판단함에 있어서 시장지배적 지위남용과 불공정거래행위를 금지하는 목적에 차이가 있고, 각각의 고유한 목적이 '부당성' 판단의 출발점이 되어야 한다는 태도를 취하였다. 그리고 시장지배적 지위남용을 금지하는 취지는 독과점적 시장구조에서 경쟁을 촉진하는 것이므로, 남용으로서 거래거절의 부당성은 경쟁제한효과가 발생할 우려 및 그러한 효과를 야기하려는 의도를 요한다는 입장이 판례로 자리 잡게 되었다. 아래에서 상세히 살펴본다.

가. 불공정거래행위와의 관계로부터 남용의 성격을 파악하는 방식

남용규제가 불공정거래행위의 금지에 대하여 특별법적 지위에 있다는 견해는 더 이상 유지되기 어렵다. 시장지배적 사업자라도 행위의 성격과 효과에 비추어 불공정거래행위에 해당할 수 있고, 이때에는 시장지배적 사업자의 행위라도 법 제45조를 우선하여 적용할 것이기 때문이다. 그럼에도 불구하고 시장지배적 지위남용은 불공정거래행위와의 준별을 통하여 그 법적 성격이 보다 명확해지게 된다.

먼저, 시장지배적 사업자가 존재한다는 것은 이미 규범적으로 지향하는 유효경쟁으로부터 상당히 벗어나 있는 상태를 의미하기 때문에, 이때 보호의 대상인 경쟁은 바로 '제한된 경쟁' 내지 '잔존경쟁'이다. 즉, 남용규제의 '주된' 목적은 독과점시장에서 이미 구조적으로 제한되어 있는 경쟁을 그 이상의 악화로부터 보호하는 데에 있게 된다.[156] 반면, 불공정거래행위의 금지는 무엇보다 시장지배력의 형성을 미연에 방지하는 데에 그 의미가 있으며, 남용금지에 대하여 보완적 지위에 있는 것으로 이해할 수 있다.[157] 따라서 시장지배적 사업자가 잔존경쟁을 저해하는 행위

154) 권오승(제13판), 324면.

155) 대법원 2007.11.22. 선고 2002두8626 전원합의체 판결.

156) "포스코" 판결에서 박시환 대법관이 소수의견에서 "시장경제질서에서 시장지배적 사업자가 존재한다는 자체가 이미 공정거래법이 추구하는 공정하고 자유로운 경쟁으로부터 상당히 벗어날 수 있는 상태를 의미한다. 시장지배적 사업자가 거래거절행위를 하는 경우, 그 거래거절행위가 비록 경쟁을 제한할 우려에까지 이르지 않더라도 그 '지위남용행위'로써 행하여진 경우에는 독점규제의 측면에서 이를 규제하여야 할 필요성이 있다."고 지적한 부분도 이와 같은 맥락에서 이해할 수 있을 것이다.

157) 미국의 입법례를 보더라도 1890년에 제정된 셔먼법 제2조의 독점화 내지 독점화시도 금지가 한계를 드러내면서 1914년에 FTC법과 클레이튼법상 불공정한 거래방법의 금지를 통해서 이를 보완하려는 의도가 있었다. 이를 이른바 맹아이론(incipiency theory)이라고도 한다. 이 점은 1947년 일본에서 사적독점을 금지하면서 '불공정한 거래방법'을 함께 규정한 입법취지에서도 확인할 수 있다. 다만, 일본의 경우 '거래거절'은 사적 독점이 아니라 일반지정을 통하여 불공정거래행위의 한 유형으로 규제되고 있다.

는 남용금지의 적용을 받아야 하는 것이고, 아직 독과점화가 이루어지지 않은 시장에서 공정하고 자유로운 경쟁기반을 저해하거나 거래의 공정성을 침해할 수 있는 행위는 불공정거래행위로 규제되어야 하는 것이다.[158]

달리 표현하자면, 남용규제는 독과점시장에서의 경쟁을 보호하여야 하는 반면 불공정거래행위의 금지는 거래상대방의 정당한 이익을 보호하는 것으로 보는 방식이 있다. 양자를 경쟁 보호와 경쟁사업자 보호로 대비시키는 견해도 이와 마찬가지이다. 그에 따르면 남용 여부는 당해 행위가 시장에서의 경쟁질서에 미치는 폐해를 기준으로 판단하여야 하며, 후자는 그와 무관하게 당해 행위가 거래상대방에게 불이익이나 사업상 곤란을 야기하는지를 기준으로 불공정거래행위에 해당하는지를 따지게 된다.

나. 경제적 접근방법과 규범적 접근방법

(1) 논의의 경과

경제법의 일 분과로서 공정거래법이 갖는 특징 중 하나는 법리의 발전이 새로운 경제이론의 등장에 따른 도전과 대응을 통해서 촉진되어왔다는 점이다. 미국에서는 1960년대 후반 시카고학파의 득세 이후 경제이론의 영향력이 지대하였고, 유럽에서는 1990년대 후반에 들어오면서 "more economic approach"라는 기치 아래 경제이론의 폭넓은 활용이 강조된 바 있다.[159] '경제적 접근방법'이란 경쟁법의 목적을 경쟁 그 자체보다는 소비자후생이나 (배분적) 효율성에서 찾고, 따라서 일견 경쟁을 제한하는 행위일지라도 그것이 궁극적으로 소비자후생이나 효율성을 현저히 저해하는지, 오히려 경쟁제한성을 상쇄할 정도의 소비자후생 또는 효율성 증대 효과를 가져오는지에 따라 당해 행위의 위법성을 판단하자는 것이다.[160] 이러한 맥락에서 2005년 12월 유럽집행위원회가 시장지배적 사업자의 배제행위에 관한 Discussion Paper[161]를 발표하고, 2007년 4월 미국의 독점금지현대화위원회(Antitrust

---

158) 이봉의, "독점적 사업자의 끼워팔기: 마이크로소프트사(MS)의 지위남용을 중심으로", 법과사회 제27권, 2004.12.

159) 그 배경에는 산업경제학(industrial economics)으로 불리는 현대 경제이론의 새로운 시각과 접근방법이 자리 잡고 있다.

160) 권오승·서정(제4판), 169면.

161) DG Competition Discussion Paper on the application of Article 82 of the Treaty to Exclusionary Abuses, 2005.12. 그 밖에 유럽에서 전개된 경제적 접근방법에 대해서는 이봉의, "시장지배적 지위남용: 경제적 접근방법의 효용과 한계", 2008 LEG Working Paper, 한국공정거래조정원, 2009.

Modernization Commission; AMC)가 Report and Recommendations를 공표한 배경을 이해할 수 있다. 우리나라에서도 2000년대 이후 특히 시장지배적 지위남용을 심사함에 있어서 경제적 접근방법을 보다 강조하는 주장이 폭넓게 제기된 바 있다.

경제적 접근방법의 확산과 함께 '행태 또는 효과중심의 접근방법'(form or effects-based approach)[162]이 전 세계적으로 대립하고 있다. 아래에서는 행태주의와 효과주의로 약칭하기로 한다. 행태주의란 시장지배적 사업자의 일정한 행위로부터 부당성을 추론하는 방식으로서 당해 행위가 시장에 미치는 효과를 엄밀하게 따져보지 않는다는 특징을 갖는다. 반면, 효과주의란 일정한 행위의 경제적 효과를 분석하여 그것이 경쟁제한효과를 갖는 경우에만 부당성을 인정하여야 한다는 것이다. 경제적 접근방법이 보다 강화된 효과주의와 결부될 수밖에 없음은 물론이다. 그런데 외관상 일정한 행위가 있으면 원칙적으로 남용에 해당한다는 의미에서 행태주의를 취하는 입법례는 거의 찾을 수 없고,[163] 효과주의란 결국 엄밀한 경쟁제한효과를 분석하기 위한 경제적 접근방법을 강조하는 견해로 이어지게 된다.[164]

(2) 경제적 접근방법과 규범적 접근방법

경제적 접근방법은 경쟁정책의 방향을 설정하거나 공정거래법상 남용 여부를 판단하는 과정에서 고려하게 될 경쟁제한효과를 이해하는데 중요한 시사점을 제공할 수 있다. 무엇보다 경쟁당국은 경제분석의 결과를 참고하여 시장지배적 사업자의 행위가 경쟁에 미치는 효과를 보다 객관적으로 분석하고 예측하되, 그로 인하여 경쟁당국이나 법원단계에서 절차가 지나치게 지연되거나 집행비용이 과도하게 늘어나지 않도록 유의하여야 한다.[165]

---

162) 'form-based approach'를 형식주의적 접근으로 표현하는 경우도 있는바(권오승·서정(제4판), 168면), '형식주의'라는 표현이 갖는 부정적인 뉘앙스나 내용면에서 일정한 행위유형에 초점을 맞추는 점에 비춰볼 때 그리 적절해 보이지 않는다.

163) 설사 유럽경쟁법상 남용규제를 행태주의에 해당한다고 보더라도 예컨대, 유럽에서 리베이트의 경우 그 외관이 아니라 실질에 있어서 단순히 규모의 경제를 반영한 수량할인인지, 아니면 그와 무관한 충성리베이트인지, 그것이 시장에 미치는 효과는 어떠한지, 그 밖에 정당한 이유는 없는지 등을 종합적으로 심사하고 있다. John Kallaugher/Brian Sher, Rebates Revisited: Anti-Competitive Effects and Exclusionary Abuse under Article 82, E.C.L.R., 2004, p. 263, 268.

164) 이들 간의 '개념관계'에 대해서는 Paul K. Gorecki, Form- versus Effects-Based Approaches to the Abuse of a Dominant Position: The Case of TicketmasterIreland, J. of Comp. Law and Eco., 2006, p. 538.

165) 법경제학 내지 경제학적 사고방식의 핵심을 법규정이나 해석이 가져오는 사전적 인센티브 효과에 대한 관심에서 찾는 견해로는 송옥렬, "법경제학적 방법론의 유용성과 한계에 관한 소고", 법학 제55권 제3호, 2014.9, 7, 23면 이하.

반면, 규범적 접근방법이란 헌법이 기본적 경제질서로 추구하는 시장경제와 이를 뒷받침하는 경쟁원리가 비단 효율성으로 치환될 수 있는 것인지에 대한 근본적인 고민을 기초로 한다.[166] 헌법상 직업선택·수행의 자유, 결사의 자유, 재산권 보장 등의 기본권이 그로부터 도출되는 계약자유와 결부되어 '경쟁의 자유'라는 법원칙으로 자리 잡게 된다면, '자유경쟁'이라는 제도는 결국 경쟁참가자의 '주관적 권리'(subjektives Recht)를 통하여 구체화되는 것으로 이해할 수 있다. 이때, 경쟁이란 경제상 권리주체가 자신의 경제적 자유를 구체적으로 행사하는 과정에서 발생하고, 이러한 자유가 인위적으로 제약될 때 일견 경쟁제한이 현상으로서 인식될 수 있는 것이다.[167]

이때, 두 가지 접근방법의 관계를 어떻게 이해할 것인지와 관련해서 두 가지 차원의 대척점을 생각할 수 있다. 하나는 남용규제의 목적을 경쟁 그 자체에서 찾을 것인지, 아니면 효율성 증대의 수단으로서 경쟁을 이해할 것인지에 관한 것이다. 다른 하나는 남용규제의 목적으로 효율성을 파악하는 경우에도 그것이 유일한 목적인지, 그 밖에 다른 목적과의 비교형량이 필요한지에 관한 것이다. 이러한 대척점을 어떻게 정리하고 가느냐에 따라 공정거래위원회나 법원의 절차에서 법적인 가치판단과 경제적 사고가 서로 어떻게 작용할 것인지가 달라지며, 나아가 구체적인 사건에서 남용에 대한 입증방법과 증명의 정도도 달라진다.

첫째, 제도보호와 결과 내지 효과지향 면에서 차이가 있다. 제도보호의 입장에서 공정거래법의 목적은 경쟁적인 시장구조를 유지하고 과정으로서의 경쟁을 보호하는 데에 있다. 2003년 "British Airways" 판결에서 유럽1심법원(현재는 일반법원; General Court)이 판시한 내용 중에서 "조약 제82조(현 유럽기능조약 제102조)는 문제된 행위가 소비자에게 현실적으로나 직접적으로 어떤 효과를 야기할 것을 요구하지 않는다. 경쟁법은 인위적인 파괴로부터 시장구조를 보호하는 데에 초점을 맞출 뿐이며 이를 통하여 중장기적인 소비자이익을 최대한 보호하는 것이다."라는 언급에서도 규범적 접근방식을 확인할 수 있다.[168] 반면, 결과 내지 효과를 지향하는 경제적 접근의 관점에서 경쟁은 그 자체가 목적이 아니라 단지 구체적인 경제적 목적을 실현하기 위한 수단에 불과하게 된다. 이때, 유일하게 고려할 가치가 있는 목적은

166) Fritz Rittner/Meinrad Dreher, Europäisches und deutsches Wettbewerbsrecht, 2008, §2 Rn. 65.
167) Emmerich, a.a.O., S. 2−4.
168) CFI, Case T 219/99, 17.12.2003., para. 264, "British Airways/Comm".

소비자후생과 경제적 효율성이다. 여기서 소비자후생이나 경제적 효율성을 어떻게 측정할 것인지, 이를테면 소비자후생이 언제나 가격이나 품질 등을 통해 계량화할 수 있는지 의문이며, 공정거래법상 소비자후생의 증대가 경쟁정책적 함의를 넘어 구체적인 행위의 부당성 판단기준으로 기능할 수 있는지도 의문이다.

둘째, 자유보호와 후생증대를 바라보는 관점의 차이이다. 양자의 차이는 다시 공정거래법이 소비자후생이나 효율성과 같은 경제적 목적만을 추구하는지,[169)] 아니면 그 밖에 개인과 기업의 사업활동의 자유, 나아가 중소기업보호 등과 같은 또 다른 목적을 갖는지[170)]에 관한 논의로 이어진다. 경제적 접근방법을 강조하는 견해는 법집행의 예측가능성을 제고할 수 있는 반면, 공정거래법에 경제적 가치 이외의 요소를 고려할 경우 객관적으로 신뢰할만한 규제가 이루어지기 어렵다고 한다. 여기에는 공정거래법이 효율성만을 추구할 수는 없으며, 다른 경제·사회적 가치도 동법의 목적에 함께 포함되어야 한다는 반론이 제기된다.[171)] 일찍이 피토프스키(Robert Pitofsky)가 지적한 바와 같이 경제적 가치만을 강조하는 입장은 그에 따른 법집행의 객관성이나 비경제적 가치 고려에 따르는 관리상의 문제를 과장하는 측면도 있어 보인다.[172)] 생각건대, 관건은 자유보호와 효율성 간의 선택이 아니라 양자의 적절한 비교형량(balancing; Abwägung)일 것이다. 즉, 남용 여부의 판단에 있어서도 '부당성'이라는 틀 속에서 시장배적 사업자의 정당한 이익과 다른 사업자의 정당한 이익 및 경쟁촉진을 포함한 사회·경제적 이익을 종합적으로 고려하는 것이 중요하게 된다.

다. 향후 논의의 출발점

혹자는 행태주의적 접근과 효과주의적 접근 사이의 논쟁은 "포스코" 판결[173)]

169) 대표적으로 Robert Bork, The Antitrust Paradox: A Policy at War With Itself, 1978, p. 91. 여기서 효율성은 배분적 효율성과 생산적 효율성을 말한다.

170) Herbert Hovenkamp, Antitrust Policy after Chicago, 84 Mich. L. Rev., 1985, pp. 213, 249-255.

171) 이기종, "공정거래법의 목적 — 비교법적 고찰을 중심으로", 비교사법 제14권 제3호, 2007, 1079면 이하. 여기서는 그 논거로 우리나라 고유의 정치·정치·사회적 요청을 들고 있는 것으로 보인다. 그 밖에 개별 경제주체의 자유보호가 '경쟁이 갖는 사회정책적 분권화기능'(gesellschaft spolitische entmachtende Funktion des Wettbewerbs)과도 관련되어 있다는 지적으로는 Ingo Schmidt, Wettbewerbspolitik und Kartellrecht(8. Aufl.), 2005, S. 30 ff.

172) Robert Pitofsky, The Political Content of Antitrust, 127 U. Pa. L. Rev., 1979, p. 1065. 예컨대, 평균가변비용을 초과하는 가격인 경우 약탈가격을 부인하자는 기준 또한 정확한 비용산정의 어려움 등으로 인하여 현실적으로 예측가능성이 높고 신뢰할 만한 증거를 제공하기에 적합하지 않다고 한다.

173) 대법원 2007.11.22. 선고 2002두8626 전원합의체 판결.

이 후자 또는 후자에 가까운 태도를 취함으로서 어느 정도 정리되었다고도 한다.[174] 그러나 판례가 제시한 경쟁제한효과가 무엇을 의미하는지, 경쟁제한효과를 어떻게 평가하고 과연 어느 정도의 경쟁제한효과가 인정되어야 부당한지, 특히 경쟁제한의 의도와 목적은 어떤 의미내용을 갖는지 등에 대해서는 여전히 불확실하고, 이 부분에서는 여전히 종래의 학설대립이 의미를 가질 수 있을 것이다.[175] 이 점에서 남용에 대한 판단기준을 밝히는 작업은 법발견(Rechtsfindung)의 과정에서 여전히 실천적 의미를 가지게 된다. 공정거래법은 선험적인 경쟁 내지 경쟁질서에 내재된 자연법칙을 단순히 기술한 것이 아니라, 국가의 지속적인 과제로서 헌법이 추구하는 경제질서의 구성요소인 시장경제를 구체적으로 실현하는 법규범이기 때문이다.[176] 이때, 공정거래법이 추구하는 공익적 가치로서의 경쟁은 비단 '효율성'으로 환원될 수 없으며, 경제적 접근방법은 계량화할 수 없는 공정성(fairness)이나 '경쟁의 자유'(freedom to compete)에 대한 해답을 제공할 수 없다.

이러한 맥락에서 남용규제의 1차적 목표는 자유로운 경쟁과정(competitive process)을 보호하고, 경쟁사업자들에게 '장점에 기한 경쟁'(competition on the merits)의 기회를 보장하는 데에 있다. 자유경쟁과 공정경쟁은 보호법익으로서의 경쟁이 갖추어야 할 양대 지주(支柱)이며, 시장지배적 사업자의 구체적인 행위가 남용에 해당하는지를 판단함에 있어서 이러한 두 가지 측면이 모두 고려되지 않으면 안 된다. 가치와 이익의 충돌을 적절한 형량을 통하여 조화 또는 해결하는 작업은 모든 법해석학(Rechtsdogmatik)의 기본이며, 이러한 방법론은 공정거래법상 남용규제에도 원칙적으로 타당하기 때문이다. 다만, 법해석학에 대한 합리적 비판과 검증수단으로서 경제적 접근방법은 그 의의를 과소평가해서는 안 될 것이다.

2. 부당성 요건 일반

방해남용의 부당성에 관하여 대법원이 처음으로, 그것도 전원합의체에서 판시한 사례가 "포스코" 판결[177]이며, 다수설은 동 판결이 명시적으로 효과주의를 채택하였다고 설명하고 있다.[178] 그런데 판례의 태도를 전적으로 경제적 접근방법에서

174) 권오승·서정(제4판), 168면.
175) 이봉의, "포스코 판결과 방해남용의 향방", 경쟁저널 제140호, 2008.9, 19면 이하.
176) 헌법재판소 1996.12.26. 선고 96헌가18 결정; 헌법재판소 2002.7.18. 선고 2001헌마605 결정.
177) 대법원 2007.11.22. 선고 2002두8626 전원합의체 판결.

말하는 효과주의로 단정하기는 어렵다. 무엇보다 판례는 경쟁제한의 '의도'를 요구하고 있을 뿐만 아니라 경쟁제한효과의 의미와 정도 또한 그 후 일련의 판결에서 폭넓은 유연성을 보이고 있기 때문이다. 아래에서는 방해남용을 중심으로 부당성 요건을 살펴보고, 이어서 그와 성질이 다른 착취남용의 부당성에 관한 판례의 태도를 설명하기로 한다.

가. 경쟁제한의 '의도' 내지 '목적'

시장지배적 지위남용을 판단하기 어려운 가장 큰 이유는 실제 시장에서 남용행위와 '바람직한 내지 효과적인'(desirable or effective) 경쟁행위를 구별하기 어렵다는 데에 있다.[179] 지극히 정상적인 경쟁행위라도 경쟁이 갖는 선택기능 — 비효율적인 경쟁사업자를 배제한다는 의미에서 결국 배제기능과 동일한 의미를 갖게 됨 — 으로 인하여 경쟁사업자를 방해 또는 배제하는 효과를 수반하게 마련이다. 따라서 경쟁제한효과를 야기할 우려가 있다는 이유만으로 시장지배적 사업자의 행위를 모두 남용으로 파악할 경우에는 효율적이고 혁신적인 경쟁행위까지 금지하는 바람직하지 않은 결과를 가져올 수 있다. 이른바 과잉규제(over-deterrence; false negative error)[180]의 문제가 발생할 수 있는 것이다.

그렇다면 경쟁제한효과 이외에 남용행위와 정상적인 경쟁행위를 구분하는 척도는 무엇인가? "포스코" 판결[181] 이후 법원은 일관되게 남용행위의 요건으로서 시장지배적 사업자의 '의도'를 언급하고 있다. 그런데 보기에 따라서는 경쟁제한의 의도란 모든 경쟁행위에 내재되어 있다고 볼 수도 있을 만큼 모호한 개념이다. 어떤 사업자나 시장에서 지배력을 갖기 위하여 노력하게 되고, 이를 위한 경쟁전략에는 언제나 경쟁사업자를 방해하거나 배제할 의도가 깔려있게 마련인 것이다. 이때, 효과주의에 충실하자면 경제분석의 대상이 될 수 없는 주관적인 요소를 남용의 적극적인 요건으로 파악해서는 안 된다. 시장지배적 지위남용은 객관적인 개념으로서 경제분석을 통하여 확인 가능한 경쟁제한효과만을 기준으로 삼아야 한다는 입

178) 이황, "공정거래법상 단독의 위반행위 규제의 체계 — 시장지배적 지위 남용행위로서의 거래거절 행위의 위법성, 그 본질과 판단기준", 사법 제5호, 2008.9, 256면 이하.

179) 권오승·서정(제4판), 172-173면.

180) 과잉·과소규제란 엄밀한 의미에서 최적의 상태(optimum)를 전제로 하는 것이고, 그러한 상태를 선험적으로나 실증적으로 규명하지 못한 상태에서 현재의 집행수준에 대하여 과잉 또는 과소라는 평가를 내리기는 불가능하다.

181) 대법원 2007.11.22. 선고 2002두8626 전원합의체 판결.

장[182]과 맞지 않기 때문이다.

그렇다면 "포스코" 판결이 경쟁제한의 의도를 언급한 취지는 무엇인가? 먼저, 대법원이 경쟁제한의 의도나 목적이 전혀 없거나 불분명한 전략적 행위라도 다른 사업자를 다소 불리하게 한다는 이유만으로 이를 금지한다면 자칫 남용규제가 경쟁의 보호가 아닌 경쟁사업자의 보호를 위한 것으로 변질될 우려가 있을 뿐만 아니라, 자유로운 기업활동을 지나치게 위축시켜 결과적으로는 경쟁력 있는 사업자 위주로 시장이 재편되는 시장경제의 본래적 효율성을 저해하게 될 위험성이 있음을 명시적으로 지적하고 있는 점에 주목할 필요가 있다. 즉, 경쟁제한의 의도가 전혀 없거나 불분명한 행위는 그에 따른 효과와 무관하게 남용으로 보지 말아야 하고, 그렇지 않을 경우 과잉규제의 부작용을 야기할 수 있다는 것이다.

나아가 대법원이 시장지배적 사업자의 의도나 목적을 고려하는 또 다른 취지는 효과주의에만 치중할 경우에 나타나는 문제점을 해결하려는 것으로서, 비록 경쟁제한효과를 야기하는 행위에도 나름 정당한 이유가 있을 수 있음을 확인하고 있는 것으로 이해할 수 있다. 따라서 경쟁당국은 경쟁제한효과에도 불구하고 남용을 부인하기 위한 정당한 사유를 고려하여야 하고, 결국 경쟁제한효과와 이를 상쇄할 만한 긍정적 효과를 종합적으로 비교형량해야 하는 것이 된다. "SK DRM" 판결[183]에서 대법원이 SK텔레콤이 폐쇄적 DRM을 운영할 만한 정당한 이유로서 이를테면 불법복제로부터 음악저작권을 보호할 필요성을 들어 부당성을 부인한 것도 이러한 맥락에서 이해할 수 있다.

나. 경쟁제한의 효과

(1) 판례의 태도

시장지배적 사업자의 방해남용, 특히 다른 사업자의 사업활동 방해가 남용에 해당하는지 여부를 판단함에 있어서 "포스코" 판결[184]은 경쟁제한의 효과가 생길만한 우려가 있는 행위라는 점이 입증되어야 한다고 설시하였다. 그 후 거래거절을 비롯한 사업활동 방해는 물론이고 그 밖에 경쟁사업자배제, 나아가 이른바 착취남용이 문제된 경우에도 대법원은 "포스코" 판결에서 제시한 효과를 강조하고 있다.[185]

182) 이황, 앞의 글.

183) 대법원 2011.10.13. 선고 2008두1832 판결.

184) 대법원 2007.11.22. 선고 2002두8626 전원합의체 판결.

185) 대법원 2011.10.13. 선고 2008두1832 판결("SKT 멜론 DRM" 판결); 2008.12.11. 선고 2007두25183

방해남용이 성립하기 위한 요건의 하나로 경쟁제한효과 내지 그러한 효과가 발생할 우려가 입증되어야 한다는 것이 판례를 이해하는 다수설의 견해로 보인다. 그런데 동 판결 이후에도 경쟁제한효과에 관한 핵심적인 쟁점들은 여전히 불확실한 채로 남아 있다.[186]

먼저, 과연 기업결합이나 공동행위와 달리 남용에 요구되는 경쟁제한효과란 무엇을 의미하는지, 어느 정도의 경쟁제한효과가 입증되어야 남용이 성립할 수 있는지는 매우 논쟁적인 이슈에 해당한다. "포스코" 판결에서 대법원은 "상품의 가격상승, 산출량 감소, 혁신저해, 유력한 경쟁사업자의 수의 감소, 다양성 감소 등"을 예시하고 있는바, 이러한 요소들은 대체로 시카고학파에서 주장하는 경쟁제한의 미시적 효과를 염두에 둔 것으로 보인다. 그 밖에 대법원이 예시하지 않은 범주의 어떤 요소가 경쟁제한효과를 판단할 때 중요하게 고려될 수 있는지를 파악하기 위해서는 대법원의 후속 판결들을 세밀하게 분석하지 않으면 안 된다. 이 문제는 특히 성과경쟁(competition on the merits)에 반하는 행위를 남용으로 포섭할 수 있는지와 관련하여 중요한 의미를 갖게 된다.

또한 "포스코" 판결과 같이 경쟁제한효과를 남용의 핵심요소로 포착할 경우에 과연 기업결합이나 카르텔, 불공정거래행위에서 요구하는 경쟁제한성 내지 경쟁제한효과와 어떻게 구별되는지도 의문이다. 경제적 접근방법을 충실히 따를 경우에는 처음부터 행위유형과 상관없이 경쟁제한효과 또한 일의적으로 파악하게 될 것인데,[187] 그렇다면 사업활동 방해에 요구되는 경쟁제한효과와 경쟁사업자배제에 요구되는 효과가 전혀 동일한 것이 되어, 공정거래법이 양자를 따로 규정하고 있는 취지를 설명하기 어렵다는 문제도 간과할 수 없다. 반면 규범적 접근방법을 고수할 경우에는 개별 금지행위마다 그 성질 및 입법취지에 따라 경쟁제한효과 또한 달리 파악할 여지가 있을 것이다.

(2) 심사기준상 경쟁제한효과의 판단기준

"포스코" 판결[188]이 내려진지 5년여가 지난 뒤, 2012년 공정거래위원회는 심사

판결("티브로드 강서방송" 판결) 등. 특히, 소비자이익 저해행위의 부당성과 관련하여 독점적 이익의 실현에 관한 의도와 효과를 중시한 것으로 대법원 2010.5.27. 선고 2009두1983 판결.

186) 이봉의, 앞의 글(2008), 19면 이하.

187) 불공정거래행위의 부당성조차 경쟁제한효과를 중심으로 판단하여야 한다는 견해로는 서정, "배타조건부거래의 위법성 판단에 관한 검토 - 최근의 판례를 중심으로", 경쟁법연구 제30권, 2014, 4면 이하, 29면 이하.

기준[189]을 개정하면서 경쟁제한의 의도에 관하여는 침묵을 유지하면서 경쟁제한효과를 판단하는 기준만을 추가하였다. 경쟁제한효과의 판단요소로는 기격상승이나 산출량 감소 등 "포스코" 판결에서 예시한 항목들을 비롯하여 동 판결 이후 일련의 대법원 판결을 고려하여 봉쇄효과와 '경쟁사업자의 비용상승효과'(raising rival's cost theory)가 예시되었다. 이처럼 공정거래위원회는 거래개시의 거절이 남용으로 다투어졌던 "포스코" 판결 등에서 제시된 경쟁제한성 판단요소를 남용행위 전반에 확장하였으나, 불이익강제와 같은 행위에도 일률적으로 엄밀한 경쟁제한효과를 요구하는 것이 타당한지는 의문이다.

현행 심사기준에 따르면 아래의 5가지 사항을 종합적으로 고려하여 경쟁제한효과를 판단하되, 시장지배적 지위남용의 혐의가 있는 행위가 없었을 경우의 시장상황과 비교하거나 유사시장 또는 인접시장과 비교하는 방법을 활용할 수 있다(심사기준 Ⅳ. 6. 가. (1), (2)). 그 내용을 차례로 살펴보자.

㈎ 가격상승 또는 산출량 감소

"포스코" 판결에서 대법원이 제일 먼저 경쟁제한효과의 예로 들고 있는 것으로서 일정한 거래분야에 속한 상품·용역 또는 직·간접적으로 영향을 받는 인접시장에 속한 상품·용역의 가격이 상승하거나 산출량이 감소할 우려가 있는지 또는 이러한 현상이 당해 행위로 인하여 실제 발생하고 있는지 여부를 고려한다. 이때, 가격상승 또는 산출량 감소의 효과는 시장에 실제 나타나기까지는 상당한 기간이 소요되는 것이 일반적이라는 점을 고려하는데, 일정 기간에 걸친 가격·산출량의 추이를 살피게 된다.

㈏ 상품·용역의 다양성 제한

이 또한 "포스코" 판결[190]이 언급하고 있는 사항으로서 시장지배적 사업자가 공급하는 제품과 경쟁관계(잠재적 경쟁관계를 포함) 또는 보완관계에 있는 저렴한 상품·용역을 구매할 기회가 제한되는 등 거래상대방이 다양한 상품·용역을 구매할 기회가 제한 또는 축소되는지 여부를 고려한다. 당해 행위로 인해 유력한 경쟁사업자의 수가 감소하는 경우에도 구매자가 선택할 수 있는 상품·용역의 다양성이 저해되는 결과를 초래할 수 있다.

---

188) 대법원 2007.11.22. 선고 2002두8626 전원합의체 판결.
189) 공정거래위원회 고시 제2012-52호, 2012.8.21. 개정.
190) 대법원 2007.11.22. 선고 2002두8626 전원합의체 판결.

심사기준은 "시장지배적 사업자가 대형마트와 배타적 거래 계약을 체결함으로써 경쟁사업자가 시장지배적 사업자보다 상대적으로 저렴한 키위를 대형마트에서 판매하지 못하도록 하여, 대형마트를 이용하는 소비자들이 구매할 수 있는 키위의 다양성을 제한한 경우"를 예시하고 있는데(심사기준 Ⅵ. 6. 다. ⑵), 이는 적절하지 않아 보인다. 이때 소비자선택의 다양성이 제한되는 시장이 대형마트시장인지 키위시장인지, 아니면 양자를 결합하여 대형마트에서 판매되는 키위시장인지 알기 어려우나, 남용 여부가 문제된 배타적 거래계약이 '대형마트에서 판매되는 키위'라는 상품에 관한 것임을 감안할 때 이를 상품시장으로 보아야 할 것인데, 소비자가 키위를 구매하는 경로는 대형마트 외에 백화점이나 슈퍼 또는 과일전문점 등 다양하다는 점에서 과연 이 경우에 경쟁제한효과를 인정할 수 있을지는 의문이다. 심사기준에 따르자면 시장지배적 사업자가 대형마트와 어떤 품목에 대해서도 배타적 거래계약을 체결할 수 없다는 것이 되는바, 이러한 결론이 부당함은 재론을 요하지 않을 것이다.

㈐ 혁신의 저해

이 또한 "포스코" 판결에서 예시된 사항으로서, 소비자에게 유익한 기술·연구·개발·서비스·품질 등의 혁신 유인을 저해하는지 여부를 고려한다. 예컨대, 과거 "마이크로소프트" 사건[191]에서 공정거래위원회는 PC운영체제시장의 시장지배적 사업자가 PC 운영체제와 별개 제품인 메신저나 미디어플레이어 등 응용소프트웨어 프로그램을 PC운영체제에 결합하여 판매함으로써, 독립 응용소프트웨어 프로그램 개발자들의 소프트웨어 개발 유인을 축소시킨 행위에 대하여 남용을 인정한 바 있다.

그런데 혁신의 저해 여부와 혁신 저해의 정도를 어떻게 측정할 것인지는 매우 의문이다. 미국에서는 과거 혁신시장(innovation market)을 상정하여 동 시장에서의 경쟁제한효과를 파악하려는 이론적 시도가 있었으나[192] 학계와 실무에 받아들여지지 못하였다. 혁신시장이라는 개념이 모호하고, 기술시장(technology market)과 비슷한 의미로 이해되면서 특허 내지 기술라이선스 자체를 상품시장으로 보아 시장

191) 공정거래위원회 2006.2.24. 의결 제2006-042호.

192) 권영관, "동태적 혁신경쟁과 경쟁법 집행에 관한 연구", 공정거래조정원, 2018, 42-43면: Richard J. Gilbert and Steven C. Sunshine, Incorporating dynamic efficiency concerns in merger analysis: The use of innovaion markets, Antitrust Law Journal Vol. 63, No. 2, Winter 1995, pp. 569-601.

지배력이나 경쟁제한효과를 포착하고자 하였으나 이론적 보편성을 인정받지 못하였다.

다른 한편으로 심사기준은 혁신 저해가 후술하는 봉쇄효과나 경쟁자의 비용상승 등 다른 경쟁제한 효과의 궁극적인 결과일 수 있음을 언급하고 있는바(심사기준 Ⅳ. 6. 라. (2)), 현실적으로는 이것이 혁신의 저해를 객관적으로 포착할 수 있는 유일한 방법일 것이다. 다만, 이 경우 혁신의 저해를 독자적인 경쟁제한효과의 고려사항으로 보기는 어려울 것이다.

㈑ **봉쇄효과**

경쟁사업자의 시장진입 내지 확대기회가 봉쇄되거나 또는 봉쇄될 우려가 있는지(foreclosure effect) 여부를 고려한다. 이때 봉쇄효과의 크기를 고려함에 있어서는, 당해 행위로 특정 시점에서 경쟁사업자의 접근이 차단 또는 곤란해진 정도와 함께, 당해 봉쇄효과가 경쟁사업자(잠재적 경쟁사업자를 포함)의 성장 및 신규진입에 미칠 중요성, 시장점유율 변화 추이, 다른 사업자와 거래시 평판에 미칠 영향 등 동태적 측면을 종합적으로 고려한다.

심사기준은 경쟁사업자에 대한 봉쇄효과가 유력한 경쟁사업자의 수를 감소시키고, 시장지배적 사업자에 대한 경쟁의 압력을 저하시켜 결과적으로 가격상승, 산출량 감소, 상품·용역의 다양성 제한, 혁신 저해 등의 경쟁제한 효과를 초래할 수 있다고 설명하고 있으나(심사기준 Ⅳ. 6. 마. (1)), 그에 따르면 결국 봉쇄효과나 배제효과가 경쟁제한효과의 가장 상위에 놓이는 결과가 된다. 여기서 대법원이 예시한 경쟁제한효과의 여러 요소들 사이의 관계를 생각해볼 필요가 있다. 대법원 또한 여러 요소를 종합적으로 고려하여 경쟁제한효과의 유무를 판단하게 되나, 이들 요소 간의 우선순위나 위계질서를 인정한 것으로 보기는 어렵다는 점에서 심사기준의 태도를 수긍하기 어렵다.

봉쇄효과를 이유로 경쟁제한효과를 인정한 대표적인 사례는 “농협” 판결[193]인데, 화학비료 유통시장에서 상당한 점유율을 가진 농협이 화학비료 제조업체들과 배타조건부거래계약을 체결하여 화학비료를 농협에게만 공급하도록 한 경우, 농협 이외의 비료판매업체들이 화학비료 유통시장에서 봉쇄되는 효과를 초래하였다는 점을 들어 남용이 인정되었다.

---

193) 대법원 2009.7.9. 선고 2007두22078 판결.

㈒ 경쟁사업자의 비용상승 효과

당해 행위로 인해 경쟁사업자(잠재적 경쟁사업자 포함)의 비용이 상승하거나 또는 상승할 우려가 있는지 여부를 고려한다. 경쟁사업자의 비용 상승효과를 판단함에 있어서는, 당해 행위로 인해 경쟁사업자에게 효율적인 유통·공급경로가 차단되거나, 생산·유통에 필요한 적정한 자원확보가 방해되거나 또는 인위적인 진입장벽이 형성되는 등의 사유로 인해 경쟁사업자가 이러한 장애를 극복하는데 상당한 비용과 기간이 소요되는지 여부를 주로 고려한다.

심사기준은 이 경우에도 경쟁사업자의 비용이 인위적으로 상승하면, 시장지배적 사업자에 대한 경쟁의 압력이 저하되므로, 결과적으로 일정한 거래분야 또는 인접시장의 가격상승, 산출량 감소, 상품·용역의 다양성 제한, 혁신 저해 등의 경쟁제한 효과를 초래할 수 있다고 언급하고 있으나(심사기준 Ⅳ. 6. 바. (1)), 위에서 상술한 바와 같은 이유에서 타당하지 않아 보인다.

심사기준은 동 효과를 근거로 남용이 인정되는 사유로 "현대·기아차" 판결[194]을 염두에 둔 예시를 들고 있는바(심사기준 Ⅳ. 6. 바. (2)), 이 사건에서는 자동차제조회사인 현대·기아차가 자신이 직접 운영하는 직영판매점과 경쟁관계에 있는 판매대리점(독립사업체)의 거점이전 승인을 지연·거부하거나 판매인원 채용등록을 지연·거부한 행위가 남용으로 인정되었다. 그런데 이 사건에서 경쟁제한효과를 인정한 근거를 직·간접적으로 자신의 경쟁사업자인 판매대리점의 비용상승을 초래하였다는 점에서 찾기는 어려워 보인다. 상세한 내용은 후술한다.

다. 방해남용의 해석원칙

입법취지를 중시하는 '목적론적 해석'(teleologische Auslegung)의 기초에는 개별경제법령마다 고유한 규제목적이 자리 잡고 있으며, "포스코" 판결[195]도 이러한 인식 하에 일찍이 시장지배적 지위남용과 불공정거래행위의 부당성을 준별하고자 하였던 것으로 보인다.[196] 그로부터 공정거래법상 방해남용에 요구되는 경쟁제한성(경쟁제한의도 및 효과)을 어떻게 이해할 것인지와 관련하여 다음과 같은 몇 가지 해석원칙이 도출될 수 있다.

첫째, 시장지배적 사업자의 부당한 사업활동 방해가 성립하기 위해서 경쟁제

194) 대법원 2010.3.25. 선고 2008두7465 판결; 2010.4.8. 선고 2008두17787 판결.
195) 대법원 2007.11.22. 선고 2002두8626 전원합의체 판결.
196) 대법원 2007.11.27. 선고 2002두8626 전원합의체 판결.

한효과가 요구된다고 하더라도, 이때의 경쟁제한성은 기업결합이나 카르텔에서 문제되는 경쟁제한효과와는 구별되어야 한다. 둘 이상의 사업자가 지배관계를 통하여 사실상 하나의 경쟁단위로 통합됨에 따라 발생하는 시장구조의 집중 내지 경쟁구조의 악화나 경쟁사업자 간의 합의를 통하여 시장행태나 시장성과를 독과점의 경우와 동일 또는 유사하게 결정하는 경우와 달리 시장지배적 사업자의 방해행위로부터 야기될 수 있는 경쟁제한효과란 "포스코" 판결에서 대법원이 지적한 바와 같이 '상품의 가격상승, 산출량 감소, 혁신 저해, 유력한 경쟁사업자의 수의 감소, 다양성 감소' 등 다양한 형태로 나타날 수 있고, 이때 경쟁제한효과의 핵심요소는 '자유로운 경쟁을 제한함으로써 인위적으로 시장질서에 영향을 가하는 것'으로 이해할 수 있다. 시장지배적 사업자의 방해행위가 인위적으로 시장질서에 영향을 미치는지 여부는 행위의 구체적 태양에 따라 달리 판단되어야 할 것이다.

둘째로, 시장지배적 사업자의 방해행위가 남용금지의 전체 체계 속에서 갖는 특성을 감안하여 경쟁제한효과의 의미를 이해할 필요가 있다. 공정거래법 제5조 제1항 제3호가 금지하는 사업활동의 부당한 방해란 넓은 의미에서 방해남용의 하위유형(sub-category)으로서, 동항 제4호 및 제5호 전단이 포섭하지 못하는 다수의 방해행위를 폭넓게 포함하고 있으며, 문리적·체계적 해석상 그 부당성을 언제나 제4호 및 제5호 전단과 같은 제한적 의미에서 봉쇄효과나 경쟁사업자배제효과, 경제적 의미에서는 그에 따른 생산량감소나 가격상승에 한정하여 판단할 수 없다.[197] 즉, 제3호는 방해남용을 금지하는 '작은 일반조항'(kleine Generalklausel)의 성격을 갖는 것이어서,[198] 열거주의를 취하고 있는 공정거래법의 체계에 비추어볼 때 사업활동 방해의 부당성 또한 제4호나 제5호로 포섭할 수 없는 보다 넓은 의미에서의 경쟁제한성, 다시 말하자면 '인위적으로 시장질서에 영향을 미치는지' 여부 또는 '인위적으로 자유경쟁을 제한 또는 왜곡하는지' 여부를 1차적인 기준으로 삼아 해석하는

---

197) 주진열, "공정거래법상 경쟁제한성 요건의 증명방법에 관한 연구", 사법 제22호, 2012, 3-66면. 이와 유사한 맥락에서 시장지배적 지위남용의 유형별로 위법성 판단기준을 차별화하여 이해할 필요가 있다는 견해로 조성국, "시장지배적지위 남용행위에 대한 위법성 판단기준에 관한 연구 - 대법원 판례를 중심으로", 경쟁법연구 제19권, 2009, 392면 이하.

198) 공정거래법 제5조 제1항 제5호가 금지하는 부당한 경쟁사업자 배제 또는 소비자이익의 현저한 저해를 나름 작은 일반조항으로 이해하는 견해(홍명수, "시장지배적 지위남용행위와 불공정거래행위의 관계와 단독행위 규제체계의 개선", 경쟁법연구 제33권, 2016, 52면). 시행령 제9조 제5항이 경쟁사업자 배제의 유형으로 약탈가격책정과 배타조건부거래를 한정하여 열거하고 있는 점을 감안할 때, 동호가 일반조항의 성격을 갖기는 어렵다.

것이 관련 조항을 체계적으로 이해하는 방법이라고 할 것이다.

끝으로, '인위적으로' 경쟁을 제한 또는 왜곡하는지를 좌우하는 핵심 요소는 그러한 효과가 '성과에 기초한 경쟁'(competition on the merits)의 결과인지 여부이다.[199] 즉, 거래상대방이나 경쟁사업자가 자신의 장점에 기초하여 경쟁하기 어렵게 함으로써 시장지배적 사업자가 자신이 지배하는 시장이나 그 전·후방시장에서 경쟁을 제한 또는 왜곡하는 것이 바로 방해남용의 핵심인 것이다. "Hoffmann-La Roche" 판결[200]에서 유럽법원(ECJ)이 "남용은 문제가 되는 사업자의 존재로 인하여 경쟁의 정도가 약화된 시장의 구조에 영향을 미치고, 또한 경제 주체들의 거래에 기초한 상품과 용역에 있어서 '정상적인 경쟁'(normal competition)이 이루어지는 조건과는 다른 방법을 통하여 현재의 시장에 존재하는 경쟁의 정도를 유지하거나 그 경쟁의 발전을 저해하는 효과를 갖는 지배적 지위에 있는 사업자의 행위에 관련된 객관적 개념"이라고 선언한 취지도 이러한 맥락에서 이해할 수 있다. 나아가 어떤 행위가 단지 경쟁을 제한하기 위한 것인지, 아니면 보다 나은 성과의 발현인지를 가리는 과정에서 결국 당해 행위에 경쟁제한의 결과 외에 객관적으로 정당한 이유가 있는지를 살펴보아야 하고, 그것이 바로 판례가 언급한 경쟁제한의 의도라고 해석하는 것이 타당하다.[201]

라. 착취남용의 부당성

우리나라를 비롯하여 독일이나 유럽의 경쟁법은 시장지배적 사업자의 착취남용을 아울러 규제하고 있는바, 이는 경쟁보호와는 무관하나 이미 유효경쟁이 심각하게 침해되어 있는 시장에서 제한적으로나마 유효경쟁에 부합하는 시장성과를 도모함으로써 시장지배적 지위에 따른 전형적인 폐해를 방지하기 위한 것으로 이해할 수 있다. 공정거래법이 열거하고 있는 착취남용의 세 가지 유형 중에서 부당한 가격결정이나 출고량조절의 경우에는 별도의 부당성 판단을 요하지 않는다. 시행령에서 각각 '정당한 이유 없이' 가격을 현저하게 상승시키거나 공급량을 현저히

199) 같은 취지로 Faull/Nikpay, Ibid, p. 315; 조혜신, "공정거래법 30년 회고: 시장지배적 지위 남용행위 규제에 관한 공정거래위원회 심결례의 분석", 경쟁법연구 제23권, 2011, 226면 이하, 257면. 이 글에서는 특히 방해남용과 배제남용의 개념을 준별하고자 하는 시도가 눈에 띈다.

200) ECJ, Hoffmann-La Roche v. Commission, Case 85/76 [1979] ECR 461, para. 91.

201) "포스코" 판결(대법원 2007.11.22. 선고 2002두8626 전원합의체 판결)이 제시한 경쟁제한의 '의도' 요건에 대해서는 비판론이 주류를 이루고 있다. 이황, 앞의 글; 홍명수, "공정거래법 위반행위에 있어서 주관적 요건의 검토", 경쟁법연구 제29호, 2014.

감소시키는 행위 등을 금지하고 있기 때문이다(영 제5조 제1항, 제2항). 따라서 공정거래위원회는 가격의 현저한 인상이나 출고량의 현저한 감소 등의 행위만을 입증하면 족하고, 당해 시장지배적 사업자가 이를 정당화할 만한 사유를 주장·입증하여야 한다. 그 결과 착취남용의 '부당성' 여부는 오로지 소비자이익을 현저히 저해하는 행위에 한하여 심사할 필요가 있는바, 자세한 내용은 후술하는 남용행위의 유형에서 다루기로 한다.

마. 플랫폼의 남용 판단

어떤 플랫폼사업자가 특정 이용자집단에 대하여 시장지배적 지위를 갖는 경우에 그러한 지위의 남용과 관련하여 이론상 주로 다루어진 쟁점은 약탈가격(predatory pricing)에 관한 것이었다. 플랫폼의 양면성을 감안할 때 두 측면에서의 가격정책을 종합적으로 고려하여야 하고, 어느 한 측면에서 원가(한계비용이나 평균가변비용) 이하의 가격인지만을 기준으로 약탈가격이 성립한다고 보아서는 안 된다는 견해가 지배적인 것으로 보인다.[202)]

그 밖에 플랫폼사업자 간의 결합이 문제되는 기업결합에서 고려할 경쟁제한효과와 관련해서는 양면시장의 특성을 시장획정에 어떻게 고려할 것인지를 제외하면 플랫폼 고유의 접근방법은 아직 충분히 정립되지 않은 것으로 보인다. "이베이/지마켓 기업결합" 사건[203)]에서도 결합 후 지배력을 강화한 사업자가 '오픈마켓판매서비스' 시장에 입점한 판매자에 대하여 수수료를 인상할 가능성이 주로 우려되었을 뿐이었다. 이 사건에서 공정거래위원회는 오픈마켓판매서비스시장에서의 경쟁제한성을 판단하는 과정에서 양면시장의 특성을 일부 고려하였는데, 양면플랫폼의 특성상 소비자 측면에서의 네트워크 크기나 네트워크의 특성에 따라 판매자 측면에서 경쟁을 제한할 가능성이 커질 수 있고, 특히 오픈마켓서비스를 이용하는 소비자의 규모가 크고 충성도가 높을 경우 판매자 측면에서 시장지배력을 형성할 수 있고 지배력을 남용해 경쟁을 제한할 가능성이 커진다는 논리이다. 이러한 전제하에 공정거래위원회는 당사회사인 옥션과 지마켓이 제공하는 오픈마켓서비스에 대하여 많은 소비자들의 충성도(loyalty)가 높고 이용빈도가 다른 오픈마켓에 비해 많아 이 같은 소비자에 대한 영향력을 이용해 당사회사가 판매자에 대한 지배력을 형성하

202) Mark Amstrong/Julian Wright, Two-Sided Markets, Competitive Bottlenecks and Exclusive Contracts, Review of Network Economics, 2004, p. 24.

203) 공정거래위원회 2009.6.25. 의결 제2009-146호.

고 이를 바탕으로 가격을 인상할 가능성이 있는 것으로 판단하였다.

3. 행위와 효과 사이의 관련성

시장지배적 지위남용이 성립하기 위해서는 시장지배적 사업자가 일정한 시장행위를 통하여 자신이 지배하는 시장이나 제3의 시장에서 경쟁을 제한하거나 제한할 우려가 있어야 한다. 따라서 남용 여부가 문제되는 행위와 경쟁제한효과 사이에는 엄밀한 의미에서 인과관계까지는 아니더라도 상당한 관련성이 존재하여야 한다. 자신이 지배하는 시장에서 남용이 문제되는 행위(alleged conduct)를 하는 경우가 많지만 언제나 그런 것은 아니다. 원칙적으로 대법원은 시장지배적 지위가 인정되는 시장에서 남용이 우려되는 '행위'가 이루어졌어야 한다는 입장을 취하고 있다. 일방적인 채널변경이 이루어진 (프로그램송출서비스) 시장에서 티브로드 강서방송이 시장지배적 지위에 있다는 점을 공정거래위원회가 입증하지 못하였음을 이유로 남용규제의 출발점인 동사의 시장지배적 지위 자체를 부인한 것이 대표적인 사례이다.[204)]

반면, 다툼의 소지는 있으나 지배적 지위가 없는 시장에서 이루어진 행위가 남용으로 문제될 수도 있다. 대표적인 예가 "SKT 멜론" 사건[205)]이다. 이 사건에서 SK텔레콤은 MP3폰을 디바이스로 하는 이동통신서비스시장에서 지배적 지위에 있었으나, 음악파일 다운로드시장에서 끼워팔기와 유사한 행위를 하였고 동 시장에서 경쟁제한효과가 일부 발생하였다. 이 경우에 상당한 관련성은 어디에 존재하여야 하는가? 끼워팔기의 경우에 행위가 발생한 시장을 주시장, 부시장 중에서 어느 것으로 볼 것인지에 대해서는 견해가 갈라질 수 있으나, 사견으로는 마찬가지로 행위와 효과 사이에 존재하여야 한다. 즉, 시장지배적 지위가 없는 시장에서 이루어진 행위라도 '그로 인하여' 당해 시장 또는 지배적 지위가 존재하는 시장에서의 경쟁이 제한되는지가 종합적으로 입증되어야 하는 것이다. 이들 두 시장 사이의 관련성은 시장지배적 사업자의 일정한 행위와 효과 사이의 관련성을 보이는 과정에서 함께 고려할 만한 중요한 요소로서 의미를 가질 것이다.[206)]

204) 대법원 2008.12.11. 선고 2007두25183 판결.

205) 대법원 2011.10.13. 선고 2008두1832 판결.

206) 이와 달리 시장지배적 지위와 남용행위 및 남용효과가 상이한 시장에 존재하는 경우에는 시장지배적 지위와 남용효과 내지 경쟁제한효과 사이의 관련성을 먼저 파악하여야 한다는 견해가 있다

4. '특수한 책임'의 법리

먼저, 시장지배적 사업자에게 특수한 책임을 인정하는 법리는 시장지배적 사업자의 남용행위를 규제하는 '근거'[207]가 아니라 구체적으로 남용행위를 판단하는 '기준'에 관한 것이라는 점에 유의하여야 한다. 공정거래법이 시장지배적 사업자의 지위남용행위를 별도로 금지하는 것은 일반사업자에 비하여 경쟁제한의 폐해가 크기 때문이고, 구체적으로 어떤 행위를 남용으로 판단할 것인지와 관련하여 특수한 책임의 법리는 시장지배적 사업자에게 경쟁과정에서 보다 무거운 주의의무를 부과하는 것이기 때문이다.

시장지배적 사업자에게 특수한 책임을 명시적으로 인정한 최초의 유럽법원 판결은 "Michelin" 판결[208]로 알려져 있다. 그에 따르면 시장지배적 사업자는 경쟁을 저해하지 아니한 특수한 책임을 지고, 나아가 거래상대방이나 경쟁사업자를 배려할 '특별한 의무'(spezielle Sorgepflicht)를 부담하게 된다. 그 결과 일반사업자는 성과경쟁에 반하는 않는 한 비교적 자유롭게 경쟁할 수 있는 반면, 시장지배적 사업자는 성과경쟁에 합당하게 경쟁해야 할 의무를 지고, 이러한 의무를 위반하여 '왜곡되지 않은 경쟁을 침해하는 행위'(conduct to impair genuine undistorted competition)만으로도 남용책임을 지게 된다.

이와 달리 특수한 책임의 법리를 비판하는 입장에서는 시장지배적 사업자라고 해서 시장의 구조나 경쟁사업자의 존속을 보장할 일반적인 책임을 지는 것은 아니고, 결과적으로 일정한 행위에 대하여 사실상 남용으로 간주된다는 의미에서 당연위법과 유사한 태도로 이어짐으로써 오히려 경쟁을 제한하거나 효율성을 감소시키는 부작용을 초래할 수 있다고 한다.[209] 그러나 동 법리가 거래상대방이나 경쟁사

(홍명수, "시장지배적 지위와 남용 행위의 관계에 관한 연구", 경상대학교 법학연구 제27권 제2호, 2019, 157면 이하). 이 견해는 경쟁제한효과를 특정 사업자의 지배력으로 귀속시킬 수 있는지를 강조하는 것으로 이해할 수 있다.

207) 권오승·서정(제4판), 131−134면. 시장지배적 사업자를 특별히 규제해야 할 근거 내지 필요는 법 제5조를 통해서 실현되는 것이고, 특수한 책임의 인정 여부에 따라서 시장지배적 사업자의 동일한 행위라도 남용 여부에 대한 판단이 달라질 수 있다는 점이 중요하다.

208) ECJ Case 322/81, NV Nederlandsche Baden−Industrie Michelin v. Commission(1983) ECR 3461, para. 57.

209) 시장지배적 사업자에게 특별한 책임을 부여하려는 국민들의 규범의식이 부족한 점을 들어 시기상조라고 보는 견해로 권오승·서정(제4판), 133−134면.

업자를 보호하려는 것이 아니라 경쟁의 기능적 전제조건인 다른 사업자의 경쟁상 자유를 충실히 보호하기 위한 것이고, 시장지배적 사업자는 언제나 자신의 행위가 성과경쟁에 부합한다는 등의 정당한 사유를 들어 남용책임을 벗어날 수 있다는 점에서 이와 같은 비판은 적절하지 않아 보인다.

시장의 영역에서도 경제력이 강한 만큼 이를 견제할 필요는 더욱 커진다. 시장지배적 사업자는 그 지위로 인하여 외관상 동일한 행위라도 시장경쟁에 미치는 폐해가 더욱 크기 때문에 경쟁을 저해하지 않을 보다 높은 수준의 주의의무를 부담하는 것이 일응 타당할 수 있다. 이 점에서 특수한 책임의 법리는 남용에 관한 규범적 접근의 전형적인 모습으로 평가할 수 있다. 다만, 특수한 책임의 구체적인 내용이 그다지 명확하지 않아 법집행상 혼선이 초래될 우려가 있고, 동 법리에 의지하지 않고도 공정거래위원회는 비교적 폭넓게 남용을 인정하는 경향을 보이고 있다는 점에서 동 법리의 수용에는 신중을 기할 필요가 있다. 공정거래위원회의 실무와 판례[210]는 이에 관하여 명시적인 태도를 보인 바 없다.

Ⅲ. 남용행위의 유형

공정거래법은 남용행위의 유형으로 부당한 가격결정, 부당한 출고조절, 부당한 사업활동 방해, 부당한 시장진입방해, 부당한 경쟁사업자배제와 소비자이익의 현저한 저해 등 6가지를 한정적으로 열거하고 있다. 공정거래법상 남용행위의 유형은 1980년 법제정 당시의 모습을 거의 그대로 유지하고 있으며, 2001년 개정된 시행령[211]에서 이른바 필수설비이론(essential facilities theory)을 명문으로 도입하여 사업활동 방해와 신규진입방해의 새로운 유형으로서 '필수요소에 대한 접근거절'을 새로 규정하게 되었다.

지금까지 공정거래위원회의 실무에서 착취남용이 규제된 사례는 매우 적다. 5

---

210) 권오승·서정(제4판), 133면은 특수한 책임에 관하여 "포스코" 판결(대법원 2007.11.22. 선고 2002두8626 전원합의체 판결)의 소수의견이 긍정설, 다수의견이 부정설을 취하는 것으로 평가하면서 시장지배적 사업자에 대한 특별한 규제의 필요성을 인정하였는지에 따라 양설을 구분하고 있다. 생각건대, 다수의견이나 소수의견 모두 특별한 규제의 필요성을 수긍하고 있으며, 그와 별개로 특수한 책임 위반 여부를 근거로 남용을 판단할 것인지에 대해서는 어느 것도 입장을 밝히지 않고 있다고 이해하는 것이 타당하다.

211) 2001.3.27. 개정, 대통령령 제17176호.

건의 부당한 가격인상이 규제된 바 있으나 법원의 판결은 존재하지 않고, 출고량조절을 금지한 3개 사례 중에서 공정거래위원회는 단 1건에서만 승소하였다.[212] 공정거래위원회가 소비자이익의 부당한 저해행위를 금지한 사례는 모두 대법원에서 패소하였다.[213] 방해남용의 경우 신규진입 방해에 관한 심결례는 아직까지 전무하고, 경쟁사업자 배제와 관련해서는 배타조건부거래를 남용으로 다룬 사례가 일부 존재한다. 약탈가격에 대해서는 2건의 심결이 있으나,[214] 2018년에 서울고등법원에서 공정거래위원회 처분이 전부 취소된 바 있다.[215] 그 밖에 대부분의 방해남용은 다른 사업자의 사업활동을 방해한 행위로서 거래거절이나 차별취급, 불이익강제 등 법률이나 시행령이 아니라 고시에 규정된 행위유형이 문제되었다.

1. 부당한 가격결정

가. 의 의

시장지배적 사업자는 상품이나 용역의 대가를 부당하게 결정·유지·변경하는 행위를 해서는 안 된다(법 제5조 제1항 제1호). 공정거래위원회는 시장지배적 사업자가 상품 또는 용역의 가격을 부당하게 결정·유지 또는 변경하였다고 볼만한 상당한 이유가 있을 때에는 관계행정기관의 장이나 물가조사업무를 수행하는 공공기관

212) 권오승 외 6인, 독점규제법(제7판), 법문사, 2020, 45－48면(이봉의 집필부분). 공정거래위원회가 가격인상행위로 규제한 사례는 공정거래위원회 1992.1.15. 의결 제92－1호, 제92－2호, 제92－3호("해태제과" 사건, "롯데제과" 사건 및 "크라운제과" 사건), 공정거래위원회 1999.9.3. 의결 제1999－130호("현대자동차 및 기아자동차" 사건), 공정거래위원회 2001.3.28. 의결 제2001－ 040호("BC 카드" 사건) 등이 있다. 공정거래위원회가 출고량 조절행위로 규제한 사례는 IMF 외환위기 이후에 있었던 공정거래위원회 1998.6.9. 의결 제1998－112호("남양유업" 사건, 대법원 2001.12.24. 선고 99두11141 판결), 공정거래위원회 1998.11.4. 의결 제1998－252호("신동방" 사건, 대법원 2000.2.5. 선고 99두10964 판결), 공정거래위원회 1998.11.4. 의결 제1998－251호, 대법원 2002.5.24. 선고 2000두9991 판결("제일제당" 사건)이 있다. 대법원은 "신동방" 판결에서만 출고량 조절행위의 부당성을 인정하였다.

213) 권오승 외 6인, 위의 책(2020), 64－66면(이봉의 집필부분). 공정거래위원회가 소비자이익 저해행위로 규제한 사례는 공정거래위원회 2003.8.13. 의결 제2003－099호("서울시 태권도협회" 사건), 공정거래위원회 2006.2.24. 의결 제2006－042호("MS" 사건), 2007.8.20. 의결 제2007－405호, 제2007－406호 및 제2007－407호("CJ 헬로비전" 사건), 공정거래위원회 2007.2.6. 의결 제2007－044호("SK DRM" 사건) 등이 있다.

214) 권오승 외 6인, 위의 책(2020), 62면(이봉의 집필부분). 공정거래위원회가 약탈가격행위로 규제한 사례는 공정거래위원회 2015.2.23. 의결 제2015－049호 및 제2015－050호("KT" 사건 및 "LG유플러스" 사건)이 있다.

215) 서울고등법원 2018.1.31. 선고 2015누32278 판결, 2015누38131 판결. 이에 대한 자세한 설명은 이호영(제6판), 90－92면.

에 대하여 상품 또는 용역의 가격에 관한 조사를 의뢰할 수 있다(영 제10조).

동호는 독과점의 전형적인 폐해라고 할 수 있는 '독점적 가격책정'(monopoly pricing)을 문제 삼는 것으로서, 경제이론상 독점가격 자체를 문제 삼는 것이 아니라 수급의 변동이나 공급비용의 변동에 비하여 가격을 현저하게 상승시키거나 근소하게 하락시키는 등 이른바 가격의 실질적인 '인상'을 규제하는 것이다(영 제9조 제1항). 1999년 제7차 법개정[216]으로 수요 측면에서 시장지배적 지위에 있는 사업자도 남용규제를 받게 되었으나, 시행령과 심사기준은 여전히 개정되지 않아서 수요 측면에서 현저하게 구매 내지 조달가격을 인하하는 행위를 전혀 규제할 수 없다.[217] 이는 입법적으로 해결할 문제이다.

지금까지 공정거래위원회가 착취가격에 대하여 시정조치를 내린 사례는 모두 5건에 불과하며, 대법원 판결은 아직 없다. 공정거래위원회가 착취가격에 대한 규제에 매우 소극적이었던 데에는 과거에 정부가 물가안정차원에서 주요 공산품가격에 관하여 행정지도 등의 형식으로 사전규제를 하는 경우가 적지 않았고, 실무상으로도 공급비용의 변동에 비추어 현저한 가격인상 자체를 입증하기도 매우 어려우며, 무엇보다 공정거래위원회가 경쟁당국으로서 기업의 가격결정과정에 개입하는 것에 소극적인 태도를 견지하였던 것이 원인으로 보인다.

법 제5조 제1항 제1호의 착취가격은 말 그대로 가격을 통한 착취만을 가리킨다. 따라서 시장지배적 사업자가 가격이 아니라 거래조건의 변경을 통하여 거래상대방을 착취하는 행위는 제1호에 포섭하기 어렵다. 반면, 유럽기능조약 제102조 제2문 a호나 독일 경쟁제한방지법 제19조 제2항 제2호는 불공정한 구매가격이나 판매가격 또는 기타 불공정한 거래조건을 부과하는 행위를 남용의 하나로 규정하고 있어 우리나라와 같은 규제공백은 발생하지 않는다.[218] 더구나 이들 입법례 모두 남용금지에 관한 일반조항을 두고 있어 새로운 유형의 착취행위나 방해행위를 탄

216) 1999.2.5. 개정, 법률 제5813호.

217) 이봉의, "공정거래법상 수요지배력의 남용", 상사판례연구 제14권, 2003, 176－179면. 독일 경쟁제한방지법 제19조 제2항 제2호 또한 수요 측면에서의 착취가격에 적용되는 것으로 해석되고 있다. Kling/Thomas, a.a.O., §20, Rn. 162; Bechtold/Bosch, a.a.O.,, §19 Rn. 53; EuGH v. 28.3.1985 - 298/83, Slg. 1985, 1105, "CICCE".

218) 독일과 유럽에서는 모두 착취남용의 대상행위에 가격뿐만 아니라 기타 '거래조건'을 명시적으로 규정함으로써 이와 같은 문제를 입법적으로 해결하고 있다. Rittner/Dreher, a.a.O., §19 Rn. 34; Kling/Thomas, a.a.O., §20, Rn. 162－166.

력적으로 포섭할 수 있는 점도 우리나라와 다른 점이다.

그런데 '거래조건'을 통한 '소비자' 착취와 관련해서는 법 제5조 제1항 제5호 후단에서 '소비자이익의 현저한 저해행위'를 금지하고 있기 때문에 일응 소비자의 이익을 현저히 침해하는 부당한 거래조건의 설정·변경은 동호로 포섭될 수 있다. 그 밖에 거래조건을 통하여 소비자가 아닌 거래상대방을 착취하는 행위를 포섭하는 수단으로는 문제된 거래조건이 가격에 직접 영향을 미치는 경우에 한하여 제1호를 적용하는 방법을 생각할 수 있다. 즉, 할인율이나 할부조건, 인도장소 등 가격에 직접 영향을 미치는 거래조건을 부당하게 책정한 경우에는 착취가격에 포함시킬 수 있을 것이고, 그 밖에 가격에 직접 영향이 없는 거래조건이라면 공정거래법상 시장지배적 지위남용으로는 규제할 수 없는 진정한 공백이 발생하게 된다. 다만, 특정 거래조건이 가격과 무관한지, 가격에 직접적 또는 간접적으로 영향을 미치는지 여부를 판단하기가 용이하지 않다는 점을 감안할 때, 규제의 명확성을 위해서라도 입법적으로 해결하는 것이 바람직할 것이다.[219]

그 밖에 거래조건을 통한 착취남용은 공정거래법 제45조의 불공정거래행위 중 거래상 지위남용이나 약관법상의 불공정약관의 통용과 부분적으로 중첩될 수 있다.[220] 각각의 행위에 대한 규제목적과 금지요건이 상이한 점을 감안할 때, 요건 충족시 병렬적으로 해당 조항을 적용할 수 있을 것이다.

나. 금지요건

시장지배적 사업자의 착취가격은 대체로 현저한 가격인상을 통해 이루어진다. 현저성을 판단하는 기준은 바로 공급비용 내지 원가이다. 공정거래위원회가 원칙적으로 남용행위의 존재 및 위법성에 대한 증명책임을 지는 경우와 달리 착취가격과 관련하여 시행령은 수급변동이나 공급비용의 변동에 비하여 가격을 현저하게 인상시키는 행위는 원칙적으로 부당한 것으로 보고, 사업자가 '정당한 이유'를 주

---

219) 다만, 거래조건을 통한 착취남용을 규제하는 작업은 가격책정을 통한 경우보다 훨씬 어려운 일이다. Rittner/Dreher, a.a.O., §19 Rn. 34.

220) 거래조건의 남용 판단에는 임의법규를 비롯한 포괄적인 비교형량, 신의칙이나 비례원칙 등 계약법상 기본원칙의 고려, 그리고 경쟁질서에 미치는 부정적 효과 등이 종합적으로 고려될 수 있으며, 그 결과 배타조건부거래나 과도하게 장기에 걸친 계약, 과도한 위약금 등은 불공정거래행위와 중첩의 소지가 클 수밖에 없다. 유럽경쟁법의 실무에서는 주로 저작권위탁관리단체가 회원의 권리나 이익을 과도하게 제약하는 등의 부당한 거래조건이 문제되었다. Emmerich, a.a.O., §10, Rn. 21.

장·입증하도록 함으로써 입증책임을 일부 전환하고 있다(심사기준 Ⅳ. 1.).

'상품의 가격이나 용역의 대가'는 원칙적으로 현금결제에 적용되는 가격을 기준으로 하되, 거래관행상 다른 가격이 있는 경우에는 그 가격을 적용한다. 과거 제품의 가격은 그대로 둔 채 용량을 줄이는 방법으로 가격을 인상한 것과 동일한 결과를 초래하는 행위도 실질적으로 가격을 인상한 것으로 다루어진 바 있다.[221] 시행령 제9조 제1항의 '수급의 변동'은 당해 품목의 가격에 영향을 미칠 수 있는 수급요인의 변동을 말한다. 이 경우 상당기간 동안 당해 품목의 수요 및 공급이 안정적이었는지 여부를 고려한다. '공급에 필요한 비용의 변동'은 가격결정과 상관관계가 있는 재료비, 노무비, 제조경비, 판매비와 일반관리비, 영업외비용 등의 변동을 말한다. '동종 또는 유사업종'은 원칙적으로 당해 거래분야를 위주로 판단하되, 당해 거래분야 위주의 판단이 불합리하거나 곤란한 경우에는 유사시장이나 인접시장을 포함한다.

'통상적인 수준의 비용'인지 여부의 판단에는 각각의 비용항목과 전체 비용을 종합하여 판단하되, 당해사업자의 재무상황, 비용의 변동추세, 다른 사업자의 유사항목 비용지출상황 등을 종합적으로 고려한다. '현저하게 상승시키거나 근소하게 하락시키는 경우'는 최근 당해 품목의 가격변동 및 수급상황, 당해 품목의 생산자물가지수, 당해사업자의 수출시장에서의 가격인상율, 당해사업자가 시장에서 가격인상을 선도할 수 있는 지위에 있는지 여부 등을 종합적으로 고려하여 판단한다.

㈎ 가격의 결정·유지 또는 변경

공정거래법 제5조 제1항 제1호의 집행상 가장 큰 문제는 동호가 가격의 부당한 결정·유지·변경을 착취남용의 행위형식으로 폭넓게 규정하고 있는 반면, 시행령 제9조 제1항은 상품의 가격을 상승시키거나 하락시키는 경우로 한정하고 있다는 점이다. 그 결과 착취남용의 금지가 시장지배적 사업자의 가격변경 내지 가격인상에 대해서만 적용될 수 있는지 여부가 다투어질 수 있다. 해석론으로 크게 두 가

221) 공정거래위원회 1992.1.15. 의결 제1992-001호, 제1992-002호 및 제1992-003호("해태제과" 사건, "롯데제과" 사건 및 "크라운제과" 사건). 상품의 가격을 판단함에 있어서 기준이 되는 것은 상품의 품질과 용량이다. 따라서 상품의 가격을 인상하는 방법에는 두 가지가 있다. 하나는 상품의 품질과 용량을 그대로 유지하면서 가격을 인상하는 방법, 즉 직접적인 가격인상이고, 다른 하나는 상품의 가격을 그대로 유지하면서 상품의 품질을 떨어뜨리거나 용량을 감소시키는 방법, 즉 간접적인 가격인상이다.

지를 상정할 수 있다.

첫째는 법률이 가격의 부당한 결정·유지 또는 변경을 정하고 있기는 하나 시행령이 수급이나 공급비용의 변동에 비하여 가격을 '상승' 또는 '하락'시키는 경우만을 규정하고 있는 이상, 시장지배적 사업자의 최초 가격설정이나 가격유지에는 착취남용의 금지가 적용될 수 없다는 견해이다.[222] 둘째는 법 제5조 제1항 제1호가 가격의 결정·유지 또는 변경을 폭넓게 그 대상으로 삼고 있는 이상, 시행령상 '상승' 또는 '하락'의 개념도 착취남용의 규제취지에 맞게 가격의 설정과 유지를 포섭할 수 있도록 해석되어야 한다는 것이다.

생각건대, 공정거래법을 비롯한 경제법령은 목적론적, 기능적인 관점에서 해석할 필요가 있다.[223] 경제법령은 규제법으로서 예외 없이 특정한 목표를 실현하기 위한 수단의 성격을 갖기 때문이다. 그런데 공정거래법이 착취가격을 규제하는 것은 유효경쟁 하에서는 실현될 수 없는 가격을 요구하는 행위를 금지함으로써 독과점의 대표적인 폐해를 사후적으로나마 막기 위한 것이다. 이러한 규범목적을 고려하여 법 제5조 제1항 제1호에는 경쟁수준에 비하여 실질적으로 과도한 수준의 가격설정 전반을 모두 포섭하는 것으로 해석하는 것이 바람직할 것이다. 그 근거는 다음과 같다.

먼저, 시행령 제9조 제1항은 법률상 가격의 '결정·유지 또는 변경'을 '상승 또는 하락'으로 구체화하고 있다. 이때, 법률상 가격의 결정·유지 또는 변경이란 사업자가 가격을 책정하는 외관 내지 형식을 가리키는 것이고, 시행령이 규정하고 있는 가격의 상승 또는 하락은 그 실질에 있어서 경쟁수준의 가격 보다 높게 가격을 설정하는 행위를 폭넓게 가리키는 것으로 해석하는 것이 바람직하다.

또한 가격의 '결정·유지'와 '변경'을 개념상 명확하게 구분하기 어렵고, 그 구분 자체도 다분히 자의적일 수 있어서, 가격의 결정이나 변경이란 용어를 착취가격의 적용대상을 좌우하기 위한 개념으로 파악하는 것은 가능하지도 않고 적절하지도 않아 보인다. 예컨대, 계속적 거래관계에서 기간을 약정하여 상품이나 서비스가 제공되는 경우, 계약기간 만료 시 계약을 자동으로 갱신하면서 공급단가만을 조정하는 경우에 그것이 가격의 결정인지 실질적인 가격의 변경인지를 구분하기란 간

222) 권오승·서정(제4판), 150－151면.

223) Rittner/Dreher, a.a.O., §14 Rn. 91－96; Kling/Thomas, a.a.O., §15, Rn. 4 ff.

단치 않은 것이다.

더구나 가격의 결정·유지 또는 변경이라는 외관에 따라 착취남용의 적용 여부가 좌우될 경우에는 시장지배적 사업자가 언제나 신규로 계약을 체결하여 가격을 결정하는 형식을 취하거나 명목상 가격은 유지하면서 다른 거래조건을 악화시키는 등의 방식으로 남용규제를 면탈할 우려가 있다는 점도 간과해서는 안 된다.[224)]

끝으로 착취남용이 문제되는 부당한 가격책정은 당초 과도한 수준으로 가격을 결정하는 단계에서부터 포착할 필요가 있으며, 결정단계에서는 착취 여부를 문제 삼지 않다가 향후 이를 변경하는 단계에서만 과도한 인상을 규제할 경우에는 처음 형성된 독점이윤은 계속해서 규제받지 않는 반면, 추후 인상분만을 규제하는 것이 되어 착취남용에 대한 근본적인 해결책이 될 수 없다.

생각건대, 법률이 가격의 변경뿐만 아니라 가격의 결정 또는 유지를 통한 부당한 독점이윤을 금지하고 있음에도 불구하고 시행령에서 가격의 결정 또는 유지에 관하여는 규제하지 않는 듯이 규정하고 있는 것은 바람직하지 않다. 근본적으로는 입법취지에 맞게 시행령을 개정하는 것이 바람직하다.[225)]

㈏ 수급변동이나 공급비용의 변동

동종 또는 유사업종의 통상적인 수준에 비추어 수급변동이나 공급비용의 변동을 살펴보아야 한다. 공정거래법은 착취가격과 관련하여 부분적으로나마 비교시장접근법(yardstick approach; Vergleichsmarktkonzept)을 취하고 있는 것이다.[226)] 문언상으

---

224) 가격의 인상만을 착취남용에 포섭시킬 경우, 시장지배적 사업자는 기존 상품을 이름만 바꾼 신상품으로 출시하면서 과도하게 높은 가격을 책정하는 면탈행위로 나아갈 유인이 생기게 되고, 이는 곧 규제의 공백으로 나타나게 된다.

225) 2007년 8월 공정거래위원회는 이와 같은 법률과 시행령의 '외관상' 불일치를 해소하기 위하여 아래와 같이 시행령 개정안을 입법예고한 바 있다. 그에 따르면 시행령 제5조 제1항(현행법 시행령 제9조 제1항)을 아래와 같이 변경하는 내용이었다. 그런데 동 개정안은 착취남용에 대한 이해부족으로 시장원리에 반하는 가격규제로 와전되면서 재계와 정치권으로부터의 격렬한 반대에 부딪혔고, 결국 철회되었다.

[2007년 시행령 제5조 제1항 개정안] ① (중략) 다음 각 호의 어느 하나에 해당하는 경우로 한다.

1. 일정한 거래분야에서 제도적 또는 사실상의 진입장벽으로 인하여 상품이나 용역의 가격·수량·품질 기타의 거래조건을 단독으로 결정·유지 또는 변경할 수 있는 독점적 지위를 가진 사업자가 기술혁신·경영혁신 등을 통한 새로운 상품개발·비용절감 이외에 부당하게 상품이나 용역을 그 공급에 필요한 비용에 비하여 현저하게 높고 동종 또는 유사업종의 통상적인 수준에 비하여 현저하게 높은 가격이나 대가로 공급하는 경우
2. 부당하게 상품의 가격이나 용역의 대가를 수급의 변동이나 공급에 필요한 비용(동종 또는 유사업종의 통상적인 수준의 것에 한함)의 변동에 비하여 현저하게 상승시키거나 근소하게 하락시키는 경우

로는 비교시장에서의 가격을 직접 비교하는 것이 아니라 수급변동이나 공급비용의 변동에 비추어 어느 정도의 가격인상요인이 발생하였는지를 살펴본다는 점에서는 일정 부분 이윤한정방식(Gewinnabgrenzungsmethode)[227]을 취한 것으로도 볼 수 있을 것이다. 공급비용을 고려할 경우에는 결국 시장지배적 사업자가 가격인상을 통하여 과도한 이윤을 얻는 것을 금지하는 것과 다를 바 없기 때문이다.

공정거래위원회는 실무상 비교시장으로서 경쟁이 활발한 시장을 고려하였는데, 현대자동차가 기아자동차를 인수한 후 경쟁이 미미한 트럭과 버스의 가격을 인상한 사건[228]에서 공정거래위원회는 경쟁시장이라고 할 수 있는 수출시장에서는 가격의 인상이 거의 없거나 오히려 하락하였음에도 불구하고 국내시장에서 가격을 인정한 점에 주목한 바 있다. 상대적으로 경쟁이 치열한 승용차의 가격을 인상하지 않은 점도 비교시장의 관점에서 함께 고려되었다.

독일의 경우 종래 프라이부르크학파의 질서자유주의에서 비롯된 'Als-ob'(as if) 이론이 가격남용을 판단하는 지배적인 기준으로 사용되었다. 동 이론에 따르면 만약 유효한 경쟁이 이루어지고 있다면 형성되었을 가격, 즉 '가상의 경쟁가격'(hypothetical competition price)과 현재의 가격을 비교하여 후자가 지나치게 높은지 여부를 가리게 된다.[229] 그런데 공정거래법은 비교시장에서의 수급상황이나 공급비용의 변화에만 착안한다는 점에서 차이가 있다. 순수한 비교시장접근법의 경우에도 가상의 경쟁가격을 산정하기란 지극히 어려울 뿐만 아니라, 그렇게 산출한 경쟁가격과 현재가격과의 차이가 어느 정도 이상이어야 착취가격에 해당하는지에 관하여는 결국 규범적 가치판단에 의지할 수밖에 없다는 점에서 실무상 한계가 있다.

한편, 공급비용 내지 원가기준은 당초 '적정' 수준의 가격을 상정할 수 없다는 난점과 함께 착취가격을 판단하는 잣대로서 또 다른 한계를 안고 있다. 첫째, 원가기준이란 원칙적으로 원가변화에 상응하는 만큼의 가격변동을 허용하는 것으로서, 결국 시장지배적 사업자는 한번 정한 마진폭 내지 이윤율을 추후 크게 바꾸기 어렵다. 그런데 과연 어느 정도의 마진폭이 정당한 것인지를 공정거래위원회가 판단하

226) 비교시장접근법에 관하여는 Dreher/Kulka, a.a.O., Rn. 1170, 1286 ff.

227) Bechtold/Bosch, a.a.O.,, §29 Rn. 24; Kling/Thomas, a.a.O., §6, Rn. 101; Dreher/Kulka, a.a.O., Rn. 1170, 1288.

228) 공정거래위원회 1999.9.3. 의결 제1999-130호("현대자동차 및 기아자동차" 사건).

229) BGH v. 16.12.1976 - KVR 2/76, "Valium II"(Mißbräuchliche Preisgestaltung auf Arzneimittelmarkt).

기는 곤란할 뿐만 아니라, 자칫 공정거래위원회에 지나친 가격규제권한을 부여하는 결과가 된다. 둘째, 공정거래위원회의 실무나 다수설에 따르자면, 현재의 원가기준은 시장지배적 사업자가 처음 상품을 출시하면서 가격을 책정할 때에는 적용되지 못하며, 일단 결정된 가격을 변경하는 경우에만 적용될 수 있다는 점에서 독점이윤의 방지에는 근본적인 한계가 있다. 시장지배적 사업자가 기존 제품의 가격을 인상하는 대신 외견상 신제품을 출시하면서 과도한 마진폭을 정함으로써 착취가격의 규제를 피할 수 있는 것이다.

㈐ 현저한 가격인상

사업자의 가격인상은 여러 요인에 의하여 비롯된다. 가격이란 수급과 원가에 의해서만 좌우되지도 않으며, 경쟁상황이나 사업자의 전략적 고려 등 다양한 요인의 영향을 받는다. 따라서 수급변동이나 공급비용의 변동만을 고려하여 가격인상을 남용으로 추단하기란 곤란하다. 시장지배적 사업자의 가격인상에 '현저성'을 추가로 요구하는 이유이다.

시장지배적 지위의 남용에는 법률에 명시적인 언급이 없더라도 '현저성' 내지 적어도 '상당성'이 내재되어 있는 것으로 보아야 한다. 착취남용이든 배제남용이든 구체적인 사안에서 남용행위와 정상적인 경쟁행위의 한계가 모호하여 회색지대(grey area)가 널리 존재하고, 우리나라를 비롯한 외국의 입법례를 보더라도 안전지대(safety zone)가 존재하지 않으며, 자칫 과다집행 내지 과소집행의 폐해가 생길 수 있다는 점[230]을 감안할 때 착취나 배제의 정도가 현저하여야 하는 것이다. 특히, 착취남용의 경우에 유효경쟁에 따른 정당한 가격이란 이론적으로 상정할 수 있을 뿐 구체적인 산정은 사실상 불가능하고, 비용과 가격 간에 발생하는 다소 간의 차이를 모두 남용으로 보아 규제할 경우에는 과도한 가격통제의 우려가 있기 때문에, '현저성' 요건은 공정거래위원회의 남용판단에 규범적 정당성과 한계를 설정하는 기능을 갖는다.[231] 공정거래법과 시행령은 이미 착취가격, 소비자이익 저해 및 출고

230) 김지홍·이병주, "과대집행과 과소집행의 딜레마 — 경쟁법의 숙명", 저스티스 제135호, 2013.4, 291면 이하, 297면 이하. 필자들은 우리나라의 경우에 과소집행의 우려가 더 크다는 평가를 내리면서, 경제분석을 기초로 한 효율성 중심의 접근방법이 강조되던 흐름을 그 배경으로 들고 있다. 다만, 2013년 당시와 Neo-Brandeisian의 부활이 언급되는 현재의 상황 사이에는 적지 않은 괴리가 있어 보인다. '현저성' 내지 '상당성'을 불문의 요건으로 보아야 한다는 필자의 태도는 지난 수년간 — 행위유형에 따른 편차가 적지 않다는 전제 하에 — 경쟁법의 과다집행이 이루어지고 있다는 문제의식에서 비롯된 것이다.

량 조절 등 착취남용의 경우에 '현저성'을 명정하고 있으나, 그 밖에 다른 사업자의 사업활동 방해나 경쟁사업자 배제 등의 경우에도 '부당성' 요건 속에 현저성이 내포되어 있는 것으로 보아야 한다. 이 점은 방해남용에 요구되는 경쟁제한효과의 정도를 판단함에 있어서 중요한 의미를 갖게 된다.

그런데 공정거래위원회가 착취남용의 경우에 '현저성' 요건을 면밀히 고려하고 있는지는 의문이다. 예컨대, 공정거래위원회는 제품의 가격은 유지한 채 용량을 9~20% 감소시킨 일련의 사례[232]에서 각 제품의 가격인상률이 원가상승요인에 비하여 더 많이 인상되었다는 점 및 각 제품별 변동 전 용량의 제품 판매기간 중의 도매물가 상승률 등을 고려하여 곧바로 남용을 인정하였을 뿐, 당해 가격인상이 현저한 수준인지를 판단하지 않았다. 또한 트럭과 버스의 가격을 3~4.4% 인상한 사례[233]에서도 공정거래위원회는 단지 경쟁시장이라고 할 수 있는 수출시장에서의 가격인상이 거의 없거나 하락하였다는 점, 가격인상폭이 비용인상폭 보다 높은 점 등을 지적하고 있을 뿐 당해 가격인상이 현저한 수준인지 여부를 따지지 않았다.

㈑ 정당한 사유의 유무

시장지배적 사업자가 현저하게 가격을 인상한 경우에도 이를 객관적으로 정당화할 사유가 있는 경우에는 남용에 해당하지 않는다. 정당한 이유에 대한 입증책임은 시장지배적 사업자가 부담한다. 그 결과 여타의 남용행위와 달리 착취가격의 경우에 공정거래위원회는 현저한 가격인상만을 입증하면 족하고, 나아가 '부당성'을 적극적으로 입증할 필요가 없다. 시장지배적 사업자로서는 비용인상이나 공급부족, 투자비회수나 신규투자의 필요성 등의 사유를 들어 가격인상의 정당성을 주장할 수 있을 뿐이다. 반면, 시장지배적 사업자가 제공하지도 않은 서비스에 대해서 대가를 요구하거나 허위로 원가를 부풀리는 방법으로 가격을 인상한 경우에는 정당한 이유를 인정하기 어려울 것이다. 그 밖에 정당한 이유는 객관적인 것이어서, 시장지배적 사업자가 그와 같은 사실을 알았는지 여부와 같은 주관적 요소는 고려되지 않는다.[234]

231) Möschel, a.a.O.(2007), §19 Rn. 160.

232) 공정거래위원회 1992.1.15. 의결 제1992-001호, 제1992-002호, 제1992-003호("해태제과" 사건, "롯데제과" 사건 및 "크라운제과" 사건).

233) 공정거래위원회 1999.9.3. 의결 제1999-130호("현대자동차 및 기아자동차" 사건).

234) ECJ, 2001 I-4142, 4160 Rn. 47.

한편, 일부 산업규제법에서 금지행위로 규정하고 있는 것과 같이 가격산정의 방식이 부당한 경우도 공정거래법상 착취남용으로 문제될 여지가 충분하다. 예컨대, 「전기통신사업법」은 전기통신사업자가 비용 또는 수익을 부당하게 분류하여 전기통신서비스의 이용요금 등을 산정하는 행위를 금지행위로 규정하고 있는바(법 제50조 제1항 제4호), 이와 같이 비용을 부당하게 산정하는 방식으로 요금을 인상하는 경우에도 그것이 시장지배적 지위에서 비롯된 것이라면 공정거래법상 착취가격의 금지가 보충적으로 적용될 수 있을 것이다.[235]

2. 부당한 출고조절

가. 의 의

시장지배적 사업자는 상품의 판매 또는 용역의 제공을 부당하게 조절하는 행위를 하여서는 아니 된다(법 제5조 제1항 제2호). 사업자의 출고량 결정은 원칙적으로 사적자치를 향유하는 경제주체의 자유에 속하는 영역이므로, 시장지배적 사업자가 상품이나 용역의 판매 또는 제공을 조절하는 경우에도 당해 상품의 수급상황, 생산능력 또는 원자재 조달사정 등에 비추어 그 조절행위가 통상적인 수준을 벗어나지 않는 경우에는 문제가 되지 않고, 통상적인 수준을 현저하게 벗어나서 가격의 인상이나 하락의 방지에 중대한 영향을 미치거나 수급의 차질을 초래할 우려가 있는 경우에만 남용행위로서 금지된다.[236] 그런데 시행령상 출고조절은 정당한 이유가 없는 한 금지되며(영 제9조 제2항), 판례 역시 부당한 출고조절의 경우에 심사기준이 규정하고 있는 행위의 존재가 확인되면 공정거래위원회가 그 '부당성'을 별도로 입증할 필요는 없다는 태도를 취하고 있다. 이때 정당한 이유에 대한 증명책임은 시장지배적 사업자가 부담한다.

지금까지 공정거래위원회가 부당한 출고량조절을 금지한 예는 모두 3건이다. 이들 3건은 모두 1997년 말 IMF 외환위기 이후 환율인상과 원자재의 가격폭등, 일시적인 가수요(假需要)가 복합적으로 작용하여 출고량 조절이 이루어진 경우로서, 이들 3건에 대해서 모두 대법원 판결이 내려진 점 또한 이례적이다. 먼저, 조제분유의 출고량감소가 문제되었던 "남양유업" 판결[237]에서 대법원은 공정거래위원회

---

235) 이봉의, "독과점시장과 착취남용의 규제 — 독점규제법 제3조의2 제1항 1호를 중심으로 —", 경쟁법연구 제22권, 2010.11.

236) 대법원 2002.5.24. 선고 2000두9991 판결.

가 출고조절의 조사대상을 위 회사의 수도권 출고를 담당하는 2개의 창고 중 하나만을 기준으로 삼아 출고량과 재고량을 산정한 것은 오류이고, 출고조절이 이루어진 '상당한 기간'을 확정함에 있어서도 평상시에 비하여 현저한 기간인지 외에 당해 제품의 유통기한, 수요의 변동요인, 공급에 필요한 정상적인 수급상황에 영향을 미치는 제반 요인을 함께 고려하여 출고량 조절이 당해 사업자의 시장지배적 지위에 기해서만 설명할 있는지 여부도 아울러 감안하여야 한다는 점을 들어 공정거래위원회의 결정을 취소한 원심판결을 인용하였다.

그런데 대두유의 출고량감소가 문제되었던 "신동방" 판결[238]과 "제일제당" 판결[239]에서 대법원은 각각 상이한 결론을 내렸다. 대법원은 일관되게 "상품의 판매 등을 조절하는 행위가 부당한지 여부는 당해 상품의 수급 등 유통시장의 상황, 생산능력이나 원자재 조달사정 등 사업자의 경영환경에 비추어 그 조절행위가 통상적인 수준을 벗어나서 가격의 인상이나 하락의 방지에 중대한 영향을 미치거나 수급차질을 초래할 우려가 있는지 여부에 따라 판단하여야 한다."고 판시하면서도, "신동방" 사건에서는 출고량의 감소폭이 크고 출고량 감소 이후 영업이익이 급증한 점 등을 고려하여 남용행위를 인정한 반면, "제일제당" 사건에서는 재고량이 한 달치에 불과하고 출고량의 감소정도가 미미할 뿐만 아니라 출고량 감소 이후 영업이익도 적자 또는 약간의 흑자에 그쳤다는 점 등을 고려하여 가격인상을 목적으로 출고를 조절하였다고 볼 수 없어 남용행위로 보지 않았다.

생각건대, 이들 사건에서 쟁점은 시장지배적 사업자가 출고량을 조절한 데에 정당한 이유가 있었는지 여부인데, 대법원은 출고조절의 부당성을 가격인상이나 수급차질의 우려로 파악하면서 이를 부인하는 정당한 이유를 시장지배적 사업자의 의도나 목적에 비추어 판단한 것으로 보인다. 대법원이 법령상 요건과 다르게 출고조절의 부당성을 다소 적극적으로 판단하고자 한 측면도 부인할 수 없다.

나. 금지요건

시행령 제9조 제2항은 상품판매 또는 용역제공의 부당한 조절에 대하여 ① 정당한 이유 없이 최근의 추세에 비추어 상품 또는 용역의 공급량을 현저히 감소시키는 경우와 ② 정당한 이유 없이 유통단계에서 공급부족이 있음에도 불구하고 상품

237) 대법원 2001.12.24. 선고 99두11141 판결.
238) 대법원 2000.2.5. 선고 99두10964 판결.
239) 대법원 2002.5.24. 선고 2000두9991 판결.

또는 용역의 공급량을 감소시키는 경우로 나누어 규정하고 있다. 심사기준은 이를 보다 구체화하고 있다(심사기준 Ⅳ. 2.).

(가) 정당한 이유 없이 최근의 추세에 비추어 상품 또는 용역의 공급량을 현저히 감소시키는 경우

시행령 제9조 제2항 제1호의 '정당한 이유 없이 최근의 추세에 비추어 상품 또는 용역의 공급량을 현저히 감소시키는 경우'의 해석에 있어 '최근의 추세'는 상당기간 동안의 공급량을 제품별, 지역별, 거래처별, 계절별로 구분하여 판단하되, 제품의 유통기한, 수급의 변동요인 및 공급에 필요한 비용의 변동요인을 감안하도록 규정하고 있다. '공급량을 현저히 감소시킨다.'란 '당해 품목의 생산량이나 재고량을 조절함으로써 시장에 출하되는 물량을 현저히 감소시키는 것'으로서, 직영대리점이나 판매회사의 재고량 및 출하량을 합산한다.

정당한 이유와 관련하여 구체적으로는 공급량을 감소시킨 후 일정기간 이내에 동 품목의 가격인상이 있었는지 여부, 공급량을 감소시킨 후 일정기간 이내에 당해 사업자(계열회사를 포함)의 동 품목에 대한 매출액 또는 영업이익이 증가하였는지 여부, 공급량을 감소시킨 후 일정기간 이내에 당해 사업자(계열회사를 포함)가 기존 제품과 유사한 제품을 출하하였는지 여부, 원재료를 생산하는 당해 사업자(계열회사를 포함)가 자신은 동 원재료를 이용하여 정상적으로 관련 제품을 생산하면서, 타사업자 대해서는 동 원재료 공급을 감소시켰는지 여부 등을 고려하게 된다(심사기준 Ⅳ. 2. 가.).

한편, 판례는 공급량을 감소시키는 경우에도 '최근의 추세'와 대비되는 '상당한 기간' 동안의 공급량 감소가 있을 것을 요구하고 있다. 이 때 '상당한 기간'의 판단은 "기본적으로 '생산량 또는 판매량의 감소' 내지 '재고량의 증가'가 평상시에 비하여 현저한 기간을 기준으로 삼아야 할 것이지만, 그 외에도 '당해 제품의 유통기한, 수요의 변동요인, 공급에 필요한 비용의 변동요인 등 정상적인 수급상황에 영향을 미치는 제반 요인을 함께 살펴, 그 기간 동안의 '생산량 또는 판매량의 감소' 내지 '재고량의 증가'가 시장의 수요에 현저하게 역행하는 것으로서 그것이 당해 사업자의 시장지배적 지위에 기해서만 설명이 가능한 것인지 여부도 아울러 감안하여 획정할 것"을 요구하고 있다.[240)]

---

240) 대법원 2001.12.24. 선고, 99두11141 판결.

㈏ 정당한 이유 없이 유통단계에서 공급부족이 있음에도 불구하고 상품 또는 용역의 공급량을 감소시키는 경우

시행령 제9조 제2항 제2호의 '정당한 이유 없이 유통단계에서 공급부족이 있음에도 불구하고 상품 또는 용역의 공급량을 감소시키는 경우'에 관하여 심사기준은 '유통단계에서 공급부족'을 주로 성수기에 최종 소비자가 소비하기 전의 각 유통과정에서 품귀현상이 존재하는 것으로 파악하고 있다(심사기준 Ⅳ. 2. 나.). 다만 이때에도 향후 원재료의 공급곤란이 예상되는 상황에서 일시적으로 출고량을 다소 감소시키는데 불과한 경우에는 시행령 제2호의 출고조절행위에 해당하지 아니한다.[241]

3. 부당한 사업활동 방해

가. 의의 및 행위유형

시장지배적 사업자는 다른 사업자의 사업활동을 부당하게 방해하는 행위를 하여서는 아니 된다(법 제5조 제1항 제3호). 부당한 사업활동 방해행위는 다른 사업자의 경쟁가능성을 부당한 수단으로 침해하는 것을 말하며, 그 수단으로는 통상 거래거절이나 차별취급, 불이익제공 등이 이용된다. 사업활동을 방해하는 '행위'는 시장지배적 사업자가 이미 지배적 지위를 보유하고 있는 시장에서 행해져야 한다.

구체적으로 사업활동 방해행위는 '직접 또는 간접으로' 다른 사업자의 사업활동을 어렵게 하는 행위이다(영 제9조 제3항). 심사기준은 '간접적'의 의미를 '특수관계인 또는 다른 자'로 하여금 당해 행위를 하도록 하는 행위로 규정하고, '사업활동을 어렵게 하는 행위'의 판단에 있어서는 다른 사업자의 생산·재무·판매활동을 종합적으로 고려하되, 사업활동이 어려워질 우려가 있는 경우를 포함하도록 하고 있다(심사기준 Ⅳ. 3. ⑵).

시행령은 사업활동 방해행위의 유형을 다시 정당한 이유 없이 다른 사업자의 생산활동에 필요한 원재료 구매를 방해하는 행위(영 제9조 제3항 제1호), 정상적인 관행에 비추어 과도한 경제상의 이익을 제공하거나 제공할 것을 약속하면서 다른 사업자의 사업활동에 필수적인 인력을 채용하는 행위(제2호), 정당한 이유없이 다른 사업자의 상품 또는 용역의 생산·공급·판매에 필수적인 요소의 사용 또는 접근을 거절·중단하거나 제한하는 행위(제3호), 제1호 내지 제3호외의 부당한 방법으로 다

---

241) 대법원 2002.5.24. 선고 2000두9991 판결.

른 사업자의 사업활동을 어렵게 하는 행위로서 공정거래위원회가 고시하는 행위(제4호)로 구체화하고 있다.

(1) 원재료 구매 방해행위(제1호)

정당한 이유 없이 다른 사업자의 생산활동에 필요한 원재료 구매를 방해하는 행위인지의 판단에 있어서 원재료에는 부품과 부재료가 모두 포함된다. 원재료 구매를 방해하는 행위는 원재료 구매를 필요량 이상으로 현저히 증가시키거나, 원재료 공급자로 하여금 당해 원재료를 다른 사업자에게 공급하지 못하도록 강제 또는 유인하는 것을 의미한다(심사기준 Ⅳ. 3. 가.).

(2) 필수적인 인력의 채용행위(제2호)

심사기준은 '다른 사업자의 사업활동에 필수적인 인력'을 ① 당해 업체에서 장기간 근속한 기술인력(기능공 포함), ② 당해 업체에서 많은 비용을 투입하여 특별양성한 기술인력(기능공 포함), ③ 당해 업체에서 특별한 대우를 받은 기술인력, ④ 당해 업체의 중요산업정보를 소지하고 있어 이를 유출할 가능성이 있는 기술인력을 의미하는 것으로 보고 있다. 다만 기술인력 중 기능공의 경우에는 '당해 업체의 생산활동에 커다란 타격을 줄 정도로 다수의 기능공'이 스카웃되는 경우로 제한적으로 규정하고 있다(심사기준 Ⅳ. 3. 나.).

(3) 필수적인 요소의 사용·접근에 대한 거절·중단·제한행위(제3호)

사업자는 정당한 이유 없이 다른 사업자의 상품 또는 용역의 생산·공급·판매에 필수적인 요소의 사용 또는 접근을 거절·중단하거나 제한하는 행위를 하여서는 아니된다.

이 때 '필수적인 요소'는 유·무형을 가리지 아니하고 ① 당해 요소를 사용하지 않고서는 상품이나 용역의 생산·공급 또는 판매가 사실상 불가능하여 일정한 거래분야에 참여할 수 없거나, 당해 거래분야에서 피할 수 없는 중대한 경쟁열위상태가 지속될 것, ② 특정 사업자가 당해요소를 독점적으로 소유 또는 통제하고 있을 것, ③ 당해 요소를 사용하거나 이에 접근하려는 자가 당해 요소를 재생산하거나 다른 요소로 대체하는 것이 사실상·법률상 또는 경제적으로 불가능할 것의 요건을 누적적으로 충족하여야 한다(심사기준 Ⅳ. 3. 다. (1)).

거절·중단·제한행위의 상대방인 '다른 사업자'는 '필수요소 보유자 또는 그 계열회사가 참여하고 있거나 가까운 장래에 참여할 것으로 예상되는 거래분야에 참여하고 있는 사업자'로서 실제적, 잠재적 경쟁사업자를 모두 포함한다(심사기준 Ⅳ. 3. 다. (2)).

'거절·중단·제한하는 행위'는 필수요소에의 접근이 사실상 또는 경제적으로 불가능할 정도의 부당한 가격이나 조건을 제시하는 경우나 필수요소를 사용하고 있는 기존 사용자에 비해 현저하게 차별적인 가격이나 배타조건, 끼워팔기 등 불공정한 조건을 제시하는 경우 등을 포함하여 거래를 실질적으로 거절·중단·제한하거나 이와 동일한 결과를 발생시키는 행위를 의미한다(심사기준 Ⅳ. 3. 다. (3)).

심사기준은 필수요소의 제한에 대해서는 별도의 부당성 판단기준을 제시하고 있다. 당해사업자가 필수요소에 대한 사용·접근을 거절·중단·제한하는 경우에도 ① 필수요소를 제공하는 사업자의 투자에 대한 정당한 보상이 현저히 저해되는 경우, ② 기존 사용자에 대한 제공량을 현저히 감소시키지 않고서는 필수요소의 제공이 불가능한 경우, ③ 필수요소를 제공함으로써 기존에 제공되고 있는 서비스의 질이 현저히 저하될 우려가 있는 경우, ④ 기술표준에의 불합치 등으로 인해 필수요소를 제공하는 것이 기술적으로 불가능한 경우, ⑤ 서비스 이용고객의 생명 또는 신체상의 안전에 위험을 초래할 우려가 있는 경우 등이 정당한 이유의 존부에 대한 고려사항이 된다(심사기준 Ⅳ. 3. 다. (4)).

(4) 공정거래위원회가 고시하는 사업활동 방해행위(제4호)

심사기준은 다른 사업자의 사업활동을 어렵게 하는 행위로서 공정거래위원회가 고시하는 행위(영 제9조 제3항 제4호)의 유형으로 ① 부당하게 특정사업자에 대하여 거래를 거절하거나 거래하는 상품 또는 용역의 수량이나 내용을 현저히 제한하는 행위(수량제한행위), ② 거래상대방에게 정상적인 거래관행에 비추어 타당성이 없는 조건을 제시하거나 가격 또는 거래조건을 부당하게 차별하는 행위(거래조건차별행위), ③ 부당하게 거래상대방에게 불이익이 되는 거래 또는 행위를 강제하는 행위(불이익강제행위), ④ 거래상대방에게 사업자금을 대여한 후 정당한 이유 없이 대여자금을 일시에 회수하는 행위(대여금의 회수행위), ⑤ 다른 사업자의 계속적인 사업활동에 필요한 소정의 절차(관계기관 또는 단체의 허가, 추천 등)의 이행을 부당한 방법으로 어렵게 하는 행위(절차방해행위), ⑥ 지식재산권과 관련된 특허침해소송, 특허무효심판, 기타 사법적·행정적 절차를 부당하게 이용하여 다른 사업자의 사업활동을 어렵게 하는 행위(절차남용행위) 등을 규정하고 있다.

지금까지 사업활동 방해가 남용으로 금지된 사례는 거래거절이나 거래강제, 불이익강제 등 모두 고시에 규정된 유형이었다. 특히 원재료 구매방해나 필수인력의 스카웃과 같은 행위들은 처음부터 경쟁과의 연결고리가 약하거나 실무상 발생하기 어려운 것이어서 사업활동 방해의 부당성에 오히려 혼선을 초래할 소지마저 있어 보인다. 정작 실무상 중요하게 다루어지는 행위유형들이 모두 시행령이 아니라 고시에 규정되어 있는 것도 적절하지 않다. 고시를 제정하는 취지는 시행령이 위임한 범위 내에서 남용행위의 세부 유형 및 기준을 보다 구체적으로 정하는 것이지 시행령에 정하지 않은 행위를 남용유형으로 창설하는 것은 아니기 때문이다. 향후 시행령 및 심사기준 개정을 통해서 해결할 문제이다.

1) 거래거절

일찍이 시장지배적 사업자가 판매업자나 대리점에 대하여 경쟁사업자와의 거래를 중단하도록 하거나 경쟁사업자의 상품판매를 직접 방해하여 공정거래위원회로부터 시정조치를 받은 예가 있다.[242] 한국전기통신공사가 거래처인 대우통신에 대하여 자신의 경쟁사업자인 데이콤에게 유리한 '082 전화기'의 생산·판매의 중단을 요구한 행위도 이와 유사한 맥락에서 이해할 수 있다.[243]

남용으로서 거래거절에 관한 대표적인 사례로는 당시 국내 유일의 일관제철소이자 열연코일(hot coil)의 독점공급자였던 포스코가 냉연강판 제조업자인 현대하이스코에 대하여 냉연강판의 제조에 필수적인 열연코일의 공급을 거절한 행위를 들 수 있다. 포스코는 수직통합된 사업자로서 냉연강판시장에서도 상당한 지위를 차지하고 있었는데, 현대하이스코가 동 시장에 신규진입하게 되자 굳이 경쟁사업자에게 긴요한 원재료인 열연코일을 공급하지 않은 것이다. 공정거래위원회와 서울고등법원은 포스코의 경쟁제한의도가 명백하고, 열연코일은 냉연강판의 생산에 없어서는 안 되는 원재료로서 사실상 수입을 통해서 조달하는 것도 경제적으로 가능하지 않으므로 결국 현대하이스코가 시장에서 존속할 수 없을 것이라는 이유로 남용을 인정하였다. 그러나 대법원은 문제의 거래거절로 인하여 거래상대방인 현대하이스코에게 구체적인 불이익이 발생하는 외에 현실적으로 관련시장에서 경쟁제

242) 공정거래위원회 1990.7.6. 시정권고 제1990-014호("대한항공" 사건); 1993.7.22. 의결 제1993-106호("동양맥주" 사건); 1995.4.1. 의결 제1995-042호("코리아제록스" 사건); 1998.3. 11. 의결 제1998-051호("한국담배인삼공사" 사건) 등.

243) 공정거래위원회 1997.1.30. 의결 제1997-006호("한국전기통신공사" 사건).

한의 결과가 나타났다고 인정할 만한 증거가 없다는 이유로 부당성을 부인하였다.[244)]

"포스코" 판결은 거래개시의 거절에 관한 것으로서 통상 외국의 입법례도 기존 거래의 중단에 비하여 다소 까다로운 기준을 적용하고 있는바, 동 판결에서 부당성 요건으로 제시한 경쟁제한의 의도와 효과는 그 후 다른 방해남용행위 일반에 예외 없이 원용되고 있다.

2) 끼워팔기

시장지배적 사업자의 끼워팔기는 거래강제의 일 유형으로 이해되고 있다. 일찍이 공정거래위원회는 마이크로소프트가 90% 이상의 점유율로 압도적인 시장지배적 지위를 갖는 운영체제(OS)시장에서의 지배력을 이용하여 메신저나 미디어플레이어를 끼워팔기한 행위에 대하여 부당한 사업활동 방해 및 소비자이익의 현저한 저해행위로서 남용을 인정한 바 있다. 이 사건에서는 운영체제와 메신저 등 응용프로그램이 각기 '별개의 상품'(separate products)인지가 다투어졌으며, 공정거래위원회는 마이크로소프트의 제품통합(product integration)이라는 주장을 받아들이지 않았다.[245)]

또한 에스케이텔레콤이 자기의 이동통신서비스를 이용하는 고객 중 MP3폰 소지자들에 대하여 자기가 운영하고 있는 음악사이트인 멜론에서 구매한 음악파일만 재생할 수 있도록 한 DRM을 폐쇄적으로 운영한 행위에 대하여 동사가 MP3폰을 디바이스로 하는 이동통신서비스시장에서 갖는 시장지배적 지위를 남용하여 경쟁사업자의 사업활동을 어렵게 할 뿐만 아니라 거래강제를 통하여 소비자의 이익을 현저히 저해한 행위로 시정조치가 내려졌고,[246)] 서울고등법원은 경쟁제한효과를 인정하면서도 DRM의 특성이나 개발경위 등을 고려할 때 경쟁제한의 의도나 목적을 인정할 수 없어 부당하지 않다고 판시하였다. 대법원 또한 원심의 판단이 정당하다고 판시하였다.[247)]

244) 공정거래위원회 2001.4.12. 의결 제2001－068호; 서울고등법원 2002.8.27. 선고 2001누5370 판결; 대법원 2007.11.22. 선고 2002두8626 전원합의체 판결.

245) 마이크로소프트는 공정거래위원회의 처분에 대하여 불복의 소를 제기하였으나, 추후 소를 취하함으로써 동 처분은 확정되었다.

246) 공정거래위원회 2007.2.6. 의결 제2007－044호("에스케이텔레콤" 사건).

247) 서울고등법원 2007.12.27. 선고 2007누8623 판결; 대법원 2011.10.13. 선고 2008두1832 판결.

3) 불이익강제

티브로드 강서방송이 허가받은 권역 내에서 차지하고 있는 시장지배적 지위를 이용하여 방송채널사용사업자인 우리홈쇼핑과의 송출료 협상이 원만하게 진행되지 않자 방송송출을 일정 시간 동안 제한하고 기존의 인기채널을 비인기채널로 일방적으로 변경한 한 행위가 거래거절을 통한 부당한 사업활동 방해로 시정조치를 받은 바 있다.[248] 그런데 대법원은 이 사건 관련시장을 프로그램송출서비스시장과 프로그램송출시장으로 전제하고, 프로그램송출시장에서의 지배력을 프로그램송출서비스시장으로 전이하였다고 볼만한 사정이 없는 한 티브로드는 채널변경이라는 행위가 이루어진 프로그램송출서비스시장에서 지배적 지위에 있다고 볼 수 없다는 이유로 동사의 시장지배적 지위 자체를 인정하지 않았다.[249]

그 밖에 공정거래위원회는 현대자동차가 국내 승용차 및 5톤 이하 화물차 판매시장에서의 시장지배적 지위를 이용하여 합리적인 이유 없이 자신의 판매대리점의 판매거점이전에 대한 승인 또는 영업직원채용 등록을 지연·거부하거나 판매목표를 강제한 행위 등에 대하여 판매대리점의 사업활동을 부당하게 방해하는 남용행위로 보아 시정조치와 과징금을 부과하였다.[250] 서울고등법원에 이어 대법원은 문제된 행위 중 판매목표 강제부분에 한하여 직영대리점과의 자유로운 경쟁을 제한할 의도나 목적이 없을 뿐만 아니라 경쟁제한효과가 발생할 우려도 없다는 이유로 일부 취소판결을 내린 바 있다.[251]

4) 차별취급

시장지배적 사업자는 거래상대방에게 가격 또는 거래조건을 부당하게 차별하는 행위를 해서는 아니 된다(법 제5조 제1항 제3호, 영 제9조 제3항 제4호, 심사기준 Ⅳ. 3. 라. (2)). 이때 차별이란 거래의 대상인 상품 또는 용역이 실질적으로 동일함에도 이를 '현저하게' 다르게 취급하는 것을 말하며, 그것이 경쟁제한의 의도와 효과를 갖는 경우에 부당한 것으로서 남용에 해당한다. 공정거래위원회가 남용으로서 차별행위를 금지한 사례는 많지 않고, 판결도 몇 개 되지 않는다.

먼저, "지멘스" 사건[252]에서는 지멘스가 지멘스 CT, MRI를 구매한 병원이 독립

248) 공정거래위원회 2007.3.19. 의결 제2007－143호, 제2007－145호 등.
249) 대법원 2008.12.11. 선고 2007두25183 판결.
250) 공정거래위원회 2007.5.18. 의결 제2007－281호.
251) 서울고등법원 2008.4.16. 선고 2007누16051 판결; 대법원 2010.3.25. 선고 2008두7465 판결.

된 유지보수사업자(ISO) 등 경쟁사업자와 거래하는지 여부에 따라 서비스 소프트웨어 서비스키의 가격, 기능 및 발급기간 등 라이선스조건을 차별한 행위가 문제되었다. 공정거래위원회는 국내 지멘스 CT 및 MRI 유지보수서비스 시장을 관련시장[253]으로 획정하고, 동 시장에서 지멘스의 압도적인 시장점유율과 진입장벽, 생산요소의 비용 및 조달의 신속성 측면에서의 비교우위 등을 고려하여 시장지배적 사업자에 해당한다고 보았다. 나아가 공정거래위원회는 지멘스가 경쟁사업자와의 거래 여부에 따라 병원마다 거래조건을 현저히 차별하였고, 서비스키 발급 매뉴얼 제정·배포 및 실행 경위, T/F팀 구성을 통한 전사적·조직적 대응, 시장지배력 유지·강화를 위한 다양한 ISO 배제전략 등을 감안할 때 경쟁제한의 의도가 인정되며, 경쟁사업자들의 비용 상승 및 경쟁력 저하와 신규 경쟁사업자의 진입제한을 근거로 경쟁제한효과가 발생할 우려가 있다고 남용을 인정하였다.

이어서 "퀄컴 I" 사건[254]에서는 퀄컴의 네 가지 행위, 그 중에서도 휴대폰 제조사 중에서 자신의 부품·모뎀칩을 사용하는 업체와 그렇지 않은 업체에 대하여 기술료를 차별적으로 부과한 행위가 남용으로서 문제되었다.[255] 공정거래위원회는 시장지배적 지위가 형성되는 시장과 행사되는 시장을 구분하여, 전자는 CDMA 표준에 포함된 특허기술 중 퀄컴이 보유한 특허기술 전체로, 후자는 국내 CDMA 2000 방식 모뎀칩으로 관련시장을 획정하고, 두 시장에서 독점력을 보유하고 있는 퀄컴의 시장지배적 지위를 인정하였다. 나아가 퀄컴의 모뎀칩을 사용한 경우에만 부품가격 공제, 로열티 부과율 인하, 낮은 상한금액 설정 등의 방식으로 차별행위를 한 것에 대해서는 경쟁제한의도와 함께 CDMA 기술라이선스 시장에서의 독점력을 이용하여 CDMA2000 방식 모뎀칩시장의 경쟁을 저해하는 남용에 해당한다고 판단하였다. 구체적으로 공정거래위원회는 문제된 로열티 차별행위가 FRAND 조건에 반하고, 차별의 기간이 장기이며 그 정도가 크고, 로열티 차별과 조건부 리베이트가 동시에 시행되었다는 점 등을 종합적으로 고려하여 경쟁을 제한할 우려가 있다고 보았다.

252) 공정거래위원회 2018.3.13. 의결 제2018-094호.

253) 지멘스 CT 및 MRI 장비시장이 주상품 시장이고 유지보수서비스시장이 부상품 시장이지만, 공정거래위원회는 당해 사건의 경우 후자를 관련 상품시장으로 획정하는 것이 타당하다고 보았다.

254) 공정거래위원회 2009.12.30. 의결 제2009-281호.

255) 나머지 세 가지 행위 중 두 가지는 조건부 리베이트 제공행위이고, 한 가지는 특허기간이 종료되거나 무효가 된 이후에도 기술료를 지급하도록 하는 약정의 거래상대방 불이익제공이다.

항소심에서 서울고등법원은 공정거래위원회의 시장획정 및 시장지배적 사업자 판단 부분을 모두 인정하면서, 가격차별의 '거래상대방'이란 반드시 복수의 거래상대방을 전제하고 있다고 볼 수 없고, 따라서 반드시 둘 이상의 구매자 사이에서 가격을 차별하는 경우에 한하지 않고, 하나의 구매자에 대하여 구체적 조건에 따라 가격을 차별적으로 할인하는 경우도 포함한다고 판시하였다.[256]

5) 유기적으로 연계된, 포괄적 방해전략

시장지배적 사업자의 방해남용이 언제나 단일한 행위로만 이루지는 것은 아니다. 때로는 상이한 일련의 행위가 유기적으로 연계되어 특정 시장에서 경쟁을 제한하기도 하는데, 이를 보여주는 대표적인 사례가 바로 "퀄컴 II" 사건이다. 2017년 1월 20일, 공정거래위원회는 퀄컴 인코포레이티드, 퀄컴 테크놀로지 인코포레이티드, 퀄컴 씨디엠에이 테크놀로지 아시아－퍼시픽 피티이 리미티드(이하 '퀄컴')가 공정거래법을 위반하였다고 판단하여 시정명령과 과징금 납부명령을 내렸다.[257] 퀄컴은 이에 불복하여 서울고등법원에 취소소송을 제기하였고, 서울고등법원은 2019년 12월 4일 퀄컴에 대하여 일부패소 판결을 내렸다.[258] 퀄컴이 상고하였으나, 2023년 4월 13일 대법원은 퀄컴의 상고를 모두 기각하였다.[259] 이 사건에서 공정거래위원회와 법원의 판단을 정리하면 다음과 같다.

공정거래위원회는 퀄컴의 ① 경쟁 모뎀칩셋 제조사에게 자신의 이동통신 표준필수특허(Standard Essential Patents; SEPs)에 대한 특허 라이선스 거절·제한행위('행위 1'), ② 모뎀칩셋 공급계약과 특허 라이선스 계약을 연계하여 휴대폰 제조사와 특허 라이선스 계약을 체결행위('행위 2'), ③ 휴대폰 제조사와의 특허 라이선스 계약에 포괄적 라이선스, 휴대폰 가격기준 실시료, 크로스 그랜트 조건의 부가행위('행위 3')에 대하여 구법 제3조의2 제1항 제3호의 시장지배적 지위남용(부당한 사업활동방해) 및 제23조 제1항 제4호의 불공정거래행위(거래상 지위남용)에 해당한다고 보았다. 이에 대하여 서울고등법원은 공정거래위원회의 판단을 대체로 인용하면서, 다만 행위 1을 시장지배적 지위의 남용행위로 판단한 근거 중에서 "필수요소 사용제한에

256) 서울고등법원 2013.6.19. 선고 2010누3932 판결. 상고심에서 대법원은 차별취급에 관한 부분을 다루지 않고, 리베이트부분에 대해서만 판단한 후 원심을 확정하였다(대법원 2019.1.31. 선고 2013두14726 판결).

257) 공정거래위원회 2017.1.20. 의결 제2017－25호.

258) 서울고등법원 2019.12.4. 선고 2017누48 판결.

259) 대법원 2023.4.13. 선고 2020두31897 판결.

의한 부당한 사업활동 방해"에 관한 부분은 잘못되었고, 행위 3은 시장지배적 지위 남용 및 불공정거래행위에 해당하지 않는다고 결론지었다. 각 행위에 대한 상세한 설시는 서울고등법원이 내리고 있고, 대법원이 전적으로 원심을 인용하고 있으므로 아래에서는 서울고등법원의 판단을 중심으로 설명하기로 한다.

서울고등법원은 이 사건에서 관련시장을 퀄컴의 시장지배적 지위에 관해서는 이동통신 표준필수특허 라이선스시장(전방시장), 경쟁제한효과가 발생할 우려에 관해서는 표준별 모뎀칩셋시장(후방시장)으로 획정하였다. 반면, 휴대폰의 제조·판매시장은 퀄컴의 시장지배적 지위나 남용행위에 따른 직접적인 경쟁제한효과와 무관하기 때문에 별도의 관련시장으로 획정하지 않았다. 각 행위별로 살펴보자.

'행위 1'(휴대폰 단일 단계 라이선스전략)에 관하여 서울고등법원은 퀄컴이 모뎀칩셋의 경쟁사업자에 대해 표준필수특허 라이선스를 거절한 행위가 거래상대방에게 정상적인 거래관행에 비추어 타당성 없는 조건을 제시한 행위라고 판단하였다. 서울고등법원은 그 근거로서 퀄컴의 행위가 이른바 FRAND 확약 위반에 해당하고, 모뎀칩셋 단계에서 라이선스를 하는 관행을 제시하였다. 이어서 서울고등법원은 부당성과 관련하여 "포스코" 판결[260]의 법리에 따라 퀄컴의 행위에 표준별 모뎀칩셋시장에서 경쟁제한의 의도와 효과를 모두 인정하였다. 구체적으로 서울고등법원은 퀄컴이 시장지배적 지위를 가진 표준필수특허 라이선스를 경쟁사에게 제공하지 않는 방법으로 표준별 모뎀칩셋시장에서 경쟁을 제한하는 행위를 하였다고 판단하면서, 아래와 같이 근거를 제시하였다.

① 특허공격의 위험 및 비대칭적 크로스 그랜트로 인한 경쟁 모뎀칩셋 제조사의 비용 상승

② 판매처를 제한하는 부당조건 결부에 따른 시장봉쇄와 경쟁 모뎀칩셋 제조사의 사업활동 방해

③ FRAND 위반의 라이선스 거절을 통한 경쟁 모뎀칩셋 제조사의 진입제한과 퇴출 → 모뎀칩셋의 다양성 감소 → 휴대폰 제조사·소비자의 선택 감소

④ 모뎀칩셋시장에서의 경쟁제한효과가 인접시장인 AP 시장에 전이될 가능성

이어서 '행위 2'에 관하여 서울고등법원은 "no license, no chips"로 대변되는 퀄컴의 행위 2가 불이익 강제에 의한 부당한 사업활동 방해에 해당하고, 아울러

260) 대법원 2007.11.22. 선고 2002두8626 판결.

거래상 지위남용에 의한 부당한 불이익 제공에 해당한다고 판시하였다. 구체적으로 퀄컴의 행위 2는 거래상대방인 휴대폰 제조사에게 불이익을 강제한 행위로 판단되었다. 무엇보다 동 행위가 모뎀칩셋 구입과 연계하여 표준필수특허 라이선스를 강제한다는 점, 라이선스를 받지 않을 경우 그에 따른 특허침해 금지청구보다 가장 강력한 모뎀칩셋의 공급거절이라는 수단이 부과되어 있다는 점, 그리고 이러한 수단이 부당하다는 점이 고려되었다. 행위 2에 따른 경쟁제한효과는 표준별 모뎀칩셋시장을 놓고 판단하였는데, ① FRAND 확약에 따른 성실한 협상을 회피하여 특허 라이선스계약의 체결을 강제한 점, ② 경쟁 모뎀칩셋 제조사로부터 모뎀칩셋을 공급받는 휴대폰 제조사에 대한 공급거절이나 금지청구 등을 통한 경쟁 모뎀칩셋 제조사의 배제 위험, ③ 경쟁 모뎀칩셋 제조사의 구조적 열위, ④ 모뎀칩셋시장에서의 경쟁사업자 수 감소, ⑤ 이 사건 표준필수특허 라이선스시장에서의 시장지배적 지위 강화 등이다.

여기서 서울고등법원은 퀄컴이 휴대폰 제조사에 대하여 “no license, no chips” 정책을 관철함으로써 결과적으로 모뎀칩셋시장에서 경쟁을 제한하는 양 시장의 상관관계에 주목하였다. 즉, 휴대폰 제조사는 모뎀칩셋 구매가격에 더하여 모뎀칩셋에 실질적으로 구현되는 퀄컴의 표준필수특허에 관한 실시료까지 비용으로 지출하게 된다. 이때, 모뎀칩셋 관련 총비용은 휴대폰 제조사가 퀄컴이 아닌 경쟁사업자의 모뎀칩셋 구매여부를 결정짓는 요소이므로, 퀄컴은 자신의 특허에 대한 실시료율을 조정함으로써 휴대폰 제조사의 모뎀칩셋 관련 총비용을 조정할 수 있고, 이를 통해 휴대폰 제조사의 경쟁 모뎀칩셋 구매여부 또한 조정할 수 있게 되는 것이다. 이상의 방법으로 퀄컴은 휴대폰 제조사로 하여금 경쟁 모뎀칩셋의 구매를 억제시키고 이들의 시장진입을 봉쇄하는 효과를 야기하였던 것이다. 서울고등법원이 언급한 바와 같이 이러한 경쟁제한의 구조는 퀄컴이 행위 1, 2와 연계하여 구축한 ‘휴대폰 단일 단계 라이선스’ 정책에 따라 형성된 것이다.

끝으로 행위 3에 관하여 서울고등법원은 퀄컴의 행위 3에 대해서는 법 제3조의2 제1항 제3호, 동법 시행령 제5조 제3항 제4호, 심사기준 Ⅳ. 3. 라. (3)의 ‘불이익 강제에 의한 부당한 사업활동 방해’이나 제23조 제1항 제4호, 시행령 제36조 제1항 [별표 1의2] 6. 라.의 ‘불이익제공에 의한 거래상 지위남용’에 해당하지 않는다고 판시하였다. 불이익 강제 내지 불이익 제공에 해당하기 위해서는 당해 행위가 거래상대방에 대해 불이익을 '강제'하는 것인지 확인되어야 하고, 특히 거래상대방에 대한 불이익이 어느 정도 '특정'되어야 하는바, 공정거래위원회가 이를 입증하지 못하였다는 것이다. 그 결과 동 행위에 따른 경쟁제한성 내지 공정거래저해성을 살필 필요도 없이 행위 3에 대한 공정거래위원회의 처분은 취소되었다.

나. 필수요소에 대한 접근거절

(1) 의의 및 도입배경

미국 독점금지법상 판례법으로 등장한 필수설비이론(essential facilities theory)은 경쟁에 필수적인 설비를 보유한 사업자에게 당해 설비에 대한 접근(access)을 보장함으로써 경쟁을 촉진한다는 이른바 '적극적 경쟁정책'의 산물이다. 동 이론에 따르면 경쟁사업자가 시장에 진입하기 위해서 반드시 필요한 설비를 보유하고 있는 시장지배적 사업자가 다른 경쟁사업자에게 그러한 설비나 네트워크에 대한 접근을 거부하는 경우에는 원칙적으로 독점화 내지 남용이 된다.

유럽에서 필수설비이론은 규제완화(deregulation)와 밀접한 관련을 맺고 발전하였다. 규제완화란 경쟁을 제한하는 정부규제를 제거하여 경쟁을 도입하거나 촉진하는 것이다. 문제는 법률상 독점 또는 자연독점(natural monopoly)이 존재하는 경우에는 규제완화로 자동적으로 경쟁이 회복되지 않는다는 데에 있다. 즉, 규제완화로 법적인 진입장벽이 제거될 경우 기존의 독과점사업자가 경쟁사업자의 진입을 방해할 위험은 더욱 커지기 때문이다. 특히, 전력이나 통신, 가스산업과 같은 망산업의 경우 법적으로 시장진입이 자유화되더라도 기존의 독점사업자가 배전이나 송전설비, 통신설비, 가스배관설비 등에 대한 제3자의 접근을 허용하지 않을 경우에 결국 신규사업자로서는 효과적인 경쟁이 불가능해진다. 따라서 규제완화와 함께 효과적인 경쟁의 도입과 정착을 위해서는 후발사업자의 시장진입을 막는 행위를 규제하거나 시장진입을 촉진할 필요가 있다. 이를 위한 수단으로 개별 산업규제법령에서 필수설비에 대한 접근을 보장하거나, 경쟁법상 필수설비에 대한 접근거절을 남용으로 규제하는 방법이 있다.

우리나라에서도 몇몇 특별법이 필수설비에 대한 경쟁사업자의 접근을 보장하기 위한 규정을 두고 있다. 예컨대, 「철도사업법」 제31조,[261] 「도시가스사업법」 제

261) 법 제31조(철도시설의 공동 활용) 공공교통을 목적으로 하는 선로 및 다음 각 호의 공동 사용시설을 관리하는 자는 철도사업자가 그 시설의 공동 활용에 관한 요청을 하는 경우 협정을 체결하여 이용할 수 있게 하여야 한다.

39조의6 제1항,[262] 「전기통신사업법」 제35조[263] 등의 개별 산업규제법이 그러하다. 그 밖에 2001년 공정거래법 시행령 개정[264]으로 시장지배적 지위남용의 하나로 필수요소에 대한 접근거절이 도입되었다. 후자의 경우 종래 공정거래법상 시장지배적 사업자의 부당한 거래거절의 금지를 통하여 필수설비의 이용을 거부하는 형태를 제대로 규제할 수 없었는지, 이른바 규제상의 흠결이 있었는지 매우 의문이다.[265] 시행령 개정 후 공정거래위원회의 실무상 명시적으로 필수요소의 접근거절을 남용으로 보아 금지한 사례는 아직 없다.

(2) 외국의 입법례

필수설비이론의 뿌리는 미국 판례법상 이미 1912년의 "Terminal Railroad Association" 판결[266]로 거슬러 올라간다. 이때의 적용법조는 셔먼법 제2조(독점화 또는 독점화 시도의 금지)였다. 그 후 미국 연방대법원은 1985년에 "Aspen Skiing" 판결[267]에서 암묵적으로나마 필수설비이론을 염두에 두고 판결을 내린 바 있다. 잘 알려진, 어느 스키지역에서 한 사업자는 세 개의 스키리프트를, 그리고 다른 사업자가 하나의 스키리프트를 운영하고 있었는데, 이들은 수년간 계약을 통해서 이들 네 개의 리프트를 모두 이용할 수 있는 저렴한 스키패스를 판매해왔다. 그 후 동 계약의 기간이 만료하면서 세 개의 리프트를 보유한 사업자가 종래의 협력관계의

---

1. 철도역 및 역 시설(물류시설, 환승시설 및 편의시설 등을 포함함)
2. 철도차량의 정비·검사·점검·보관 등 유지관리를 위한 시설
3. 사고의 복구 및 구조·피난을 위한 설비
4. 열차의 조성 또는 분리 등을 위한 시설
5. 철도 운영에 필요한 정보통신 설비

262) 법 제39조의6(가스공급시설의 공동이용) ① 나프타부생가스·바이오가스제조사업자, 합성천연가스제조사업자 또는 자가소비용직수입자는 가스공급시설을 보유한 자와 협의하여 그 가스공급시설을 공동이용할 수 있다.

263) 2018.12.24. 개정, 법률 제16019호. 법 제35조(설비 등의 제공) ① 기간통신사업자 또는 도로, 철도, 지하철도, 상·하수도, 전기설비, 전기통신회선설비 등을 건설·운용·관리하는 기관(이하 "시설관리기관")은 다른 전기통신사업자가 관로(管路)·공동구(共同溝)·전주(電柱)·케이블이나 국사(局舍) 등의 설비(전기통신설비를 포함) 또는 시설(이하 "설비 등")의 제공을 요청하면 협정을 체결하여 설비 등을 제공할 수 있다.

264) 2001.3.27. 개정, 대통령령 제17176호.

265) 이봉의, "공정거래법상 필수설비법리의 현황과 과제 — 심결례 및 판례를 중심으로 —", 상사판례연구 제19권 제1호, 3면 이하.

266) U.S. v. Terminal Railroad Association, 244 U.S. 383(1912).

267) Aspen Skiing Co. v. Aspen Highlands Skiing Corp. 105 S. Ct. 2847(1985) = 1985 CCH Trade Cases §66, 653.

갱신을 거부하였고, 그 대신 자기가 보유한 세 개의 리프트에 한하여 보다 저렴한 스키패스를 판매하고자 하였다. 계약의 연장을 거부당한 다른 사업자가 소를 제기하였는데, 법원은 종래의 협력관계를 계속할 것을 명하였다. 연방대법원은 이 사건에서 소규모사업자는 자신의 고객이 다른 세 개의 리프트를 이용할 수 있는지의 여부는 경쟁상 매우 중요하며, 그 밖에 협력관계의 거부를 정당화할 만한 이유가 없다고 보았다. 결과적으로 미국 연방대법원은 경쟁에 필수적인 설비를 통하여 독점적 지위를 누리고 있는 사업자는 다른 사업자에게 그러한 설비의 이용을 허용해야 할 의무가 있음을 천명하였던 것이다.

유럽경쟁법상 필수설비이론은 1993년에 처음으로 실무에 등장하였다. 유럽집행위원회는 일련의 항구사건("Hafenfälle")에서 동 이론에 따라 조약 제86조(현재 유럽기능조약 제102조)의 시장지배적 지위남용을 인정하였다. 이 사건에서는 영국의 항구사업자가 동시에 영국과 아일랜드 간의 선박운송업을 수행하고 있었는데, 동 노선에서 선박운송업을 하고자 하는 다른 사업자에게 자기 항구의 이용을 거부하였다. 유럽집행위원회는 "필수설비를 통해 시장지배력을 갖는 사업자가 아무런 정당한 사유 없이 다른 사업자에게 당해 설비의 이용을 거부하거나 자기가 이용하는 경우에 비하여 불리한 조건으로만 이를 허용하는 경우에는 조약 제86조에 위반한다."고 결정하였다.[268)]

그 밖에 1999년 1월 1일 발효된 독일의 개정 경쟁제한방지법 제19조 제2항 제4호는 필수설비이론을 명문으로 도입하였다.[269)] 동조에 따르면 시장지배적 사업자가 다른 사업자에 대하여 상당한 대가를 받고 자기의 네트워크나 인프라설비에 접근하는 것을 거부하고, 다른 사업자가 그러한 설비를 공동으로 이용하지 못하는 경우 법률상 또는 사실상의 이유로 당해 시장지배적 사업자와 경쟁할 수 없는 경우에, 그러한 거부는 남용행위가 된다. 다만, 시장지배적 사업자가 영업상의 이유로 그러한 공동이용이 불가능하거나 기대가능성이 없음을 입증한 경우에는 그러하지 아니하다.[270)]

---

268) Kommission, ABl. 1994 Nr. L 15/8, 16.

269) Dreher/Kulka, a.a.O., Rn. 1293-1294.

270) 독일 경쟁제한방지법 제19조 제2항 제2문에 따른 객관적 정당화 사유(sachliche Rechtfertigungs-gründe)에 관하여는 Dreher/Kulka, a.a.O., Rn. 1294; BGH v. 11.12.2012 - KVR 7/12 = WuW 2013, 505, "Fährhafen Puttgarden Ⅱ".

(3) 공정거래법상 '필수요소'의 접근거절

공정거래법 시행령 제9조 제3항 제3호는 시장지배적 사업자의 사업활동 방해행위 중 하나로 정당한 이유 없이 다른 사업자의 상품 또는 용역의 생산·공급·판매에 필수적인 요소의 사용 또는 접근을 거절·중단하거나 제한하는 행위를 규정하고 있다. 시행령 제9조 제4항 제3호 또한 신규진입 방해행위의 하나로 이와 동일한 조항을 두고 있다. 필수요소에 해당하기 위한 요건은 심사기준이 상세히 정하고 있다.

즉, 심사기준에 따르면 필수요소에 해당되기 위해서는 다음 3가지 요건을 모두 충족시켜야 하는데, ① 당해 요소를 사용하지 않고서는 상품이나 용역의 생산·공급·판매가 사실상 불가능하여 시장진입 자체가 불가능하거나 불가피하게 중대한 경쟁상의 불이익이 발생할 것(필수성), ② 특정사업자가 당해 요소를 독점적으로 소유 또는 통제하고 있을 것(독점성), 그리고 ③ 당해 요소의 사용이나 접근을 희망하는 사업자에 의한 당해 요소의 재생산이나 다른 요소로의 대체가 사실상·법률상 또는 경제적으로 불가능할 것(복제불가능)이 그것이다.

이때 해당 요소는 상품의 생산이나 판매 또는 서비스의 제공에 필요한 모든 유·무형의 재화를 말하며, 설비능력이나 기타 당해 설비의 제공능력이 제한되어 있는지 여부는 설비제공을 거부할 만한 정당한 사유의 존부와 관련된 것으로서 필수요소의 개념과는 무관하다. 중요한 것은 당해 요소가 다른 사업자의 사업활동이나 시장진입을 위하여 객관적으로 보아 '필수적'인지 여부이다. 접근을 거절당한 사업자가 단지 법률상 또는 경제상의 이유로 스스로 그러한 요소를 조달할 능력이 없다는 이유만으로는 족하지 않다. 요컨대, 당해 요소를 조달하는데 드는 경제적 비용이 객관적으로 보아 다른 사업자가 부담할 것을 기대할 수 없는 경우에 한하여 당해 설비는 경쟁에 필수적인 요소로서, 그 이용을 거부할 경우에만 시장지배적 지위남용에 해당될 수 있다.

공정거래법상 시장지배적 사업자가 필수요소의 제공을 거절하는 경우에는 다른 방해남용과 달리 공정거래위원회가 경쟁제한의 의도나 목적 및 경쟁제한효과가 발생할 우려를 증명할 필요가 없으며, 시장지배적 사업자가 접근을 거절한 상품이나 용역 등이 필수요소에 해당하지 않는다거나 설사 필수요소에 해당하더라도 그 이용을 거부할 만한 정당한 사유가 있음을 주장·입증함으로써 남용책임을 면할 수 있을 뿐이다.

(4) 필수요소의 법리상 쟁점

필수설비 내지 필수요소의 개념과 법적 성격에 관한 문제이다. 원칙적으로 부당성이 추정되는 만큼 필수요소의 범위가 지나치게 넓어지지 않도록 유의할 필요가 있다.[271] 또한 필수요소의 존재가 곧바로 시장지배적 지위를 추단케 하지는 않는지도 명확하지 않다. 법문상으로는 여전히 시장지배적 지위가 입증되어야 하는데, 심사기준 상 필수요소의 요건을 충족할 경우에는 이를 보유한 사업자는 해당 설비를 요하는 시장에서 필연적으로 독점적 지위를 가질 수밖에 없기 때문이다. 양자가 개념상으로는 구분되나, 그 실질에 있어서는 불가분의 관계에 있다고 보아야 할 것이다.

이어서 필수설비법리는 시장지배적 사업자에게 사실상 경쟁촉진의무를 부과하는 결과를 야기하는바, 이것은 일견 전통적인 남용법리에 부합하기 어렵다. 시장지배적 사업자는 자신의 지위를 유지 또는 강화하기 위하여 다른 사업자의 사업활동을 방해하는 경우에 남용에 해당될 수 있는데, 필수설비이론이 적용되는 영역에서는 시장지배적 사업자가 다른 사업자의 신규진입과 그에 따른 경쟁을 촉진시키지 않은 행위를 문제 삼기 때문이다. 즉, 필수설비이론은 시장지배적 사업자가 경쟁촉진행위를 하지 않는 '부작위'를 남용으로 포착하는 것이다. 경쟁촉진의무를 인정할지에 관하여는 독일에서도 소극설이 다수인 것으로 보인다.[272] 남용규제는 어디까지나 행위규제이지 독과점적 시장구조를 개선하기 위한 것은 아니기 때문이다. 필수설비이론은 당초 기왕의 자연독점시장을 경쟁구조로 전환시키는데 목적이 있다는 점에서 경쟁법적 사후규제에는 다소 이질적인 존재라는 점을 부인할 수 없다.

끝으로 시장지배적 사업자가 경쟁에 필수적인 요소의 이용을 거절한 경우, 이를 시정하기 위해서는 다른 사업자에게 당해 요소의 이용을 허락하도록 계약체결을 강제하는 수밖에 없다.[273] 그런데 필수요소에 대한 접근을 거절하는 행위에 대한 체

271) 필수설비이론에 대한 비판적인 견해로는 무엇보다 Meinrad Dreher, Die Verweigerung des Zugangs zu einer wesentlichen Einrichtung als Mißbrauch der Marktbeherrschung, DB, 1999, S. 833 ff.

272) 예컨대 독일 연방대법원은 시장지배적 사업자라 하더라도 자기가 손해를 보면서까지 다른 경쟁사업자를 지원할 의무는 없다고 보고 있다. BGH WuW/E BGH 2755(2759) = DB 1992, 571, “Aktionsbeträge”; BGH WuW/E BGH 2953(2964) = DB 1995, 468, “Gasdurchleitung”.

273) 계약체결을 강제하지 않고 단지 당해 설비의 이용만을 강제할 경우에 경쟁사업자는 설비이용에 요

약강제는 부당한 거래거절에 대한 시정조치와 다른 고유한 문제를 야기한다. 즉, 전자의 경우에는 수많은 다른 계약관계와 평등한 취급을 명하는 차원에서 계약체결을 강제하는 것과 달리 당해 요소에 대하여 전례 없는 제공명령이 내려지는 것이며, 그 결과 비교대상의 결여로 인하여 필수요소의 제공에 따른 적정한 요금산정이나 기타 거래조건의 설정이라는 어려운 문제가 발생한다. 아울러 여러 사업자가 필수요소의 제공을 요구하는 경우에 결국 공정거래위원회가 제한된 설비나 요소를 적절히 분배한다는 보다 적극적인 임무를 수행하지 않을 수 없게 된다. 특히, 여분의 설비가 단 하나의 사업자만 사용할 수 있도록 한정된 경우에는 누구에게 그 설비의 제공을 명할 것인지를 정하는 것도 지극히 어려운 문제이다. 그 밖에 무엇보다 공정거래위원회가 당해 설비의 제공을 명하면서 그에 대한 적정한 대가를 정할 수는 없는바, 자칫 불합리한 대가산정을 이유로 여전히 설비미제공이 문제될 여지도 충분하다. 즉, 시장지배적 사업자가 특정 설비를 제공하면서 과도하게 높은 요금을 부과하는 경우에는 다시 착취가격이나 사실상의 거래거절이 문제될 소지가 있다.[274)]

(5) 플랫폼 중립성과 레버리지

플랫폼 중립성(platform neutrality)이란 당초 네트워크 사업자를 대상으로 한 망(網)중립성 논의에서 원용된 것으로서, '자유로운 접근'(free access)을 본질적 개념요소로 삼고 있다.[275)] 종래 필수설비이론(essential facilities theory)에 기초하여 '기간망을 운영하는 사업자'(common carrier)가 경쟁사업자에게 정당한 이유 없이 망에 대한 이용이나 접근을 거절하는 것을 금지함으로써 후발사업자에 의한 경쟁을 형성 또는 촉진하려는 것과 달리, 망중립성이란 지배력과 무관하게 모든 망사업자가 콘텐츠, 서비스, 애플리케이션, 출처나 목적과 상관없이 모든 데이터를 동등하게 아무런 변경을 가하지 않고 전송해야 할 의무로서 차별금지(non-discrimination)를 핵심원리로 출발하였다.

현재 망중립성 논의는 종래의 Best Effort Principle을 넘어서 정당한 이유가 있는 경우에도 차별이 금지되어야 하는지, 이를테면 과도한 트래픽으로부터 망을 보

구되는 계속적인 계약관계가 존재하지 않기 때문에 법률상 매우 불안정한 지위에 놓일 수밖에 없다.

274) 같은 취지로 권오승·서정(제4판), 161면.

275) 김윤정, "새로운 통신환경 하에서 플랫폼 중립성의 함의와 규제방법", 경제규제와 법 제6권 제1호, 2013.5, 188면 이하; 홍대식, "모바일 생태계에서의 플랫폼 중립성 확보를 위한 경쟁규제 방안", 방송통신연구 통권 제81호, 2013.1, 9면 이하; 최승재, 앞의 글(2011), 139면 이하 등.

호하기 위하여 일정한 데이터를 봉쇄하거나 막대한 투자비를 회수하기 위하여 일정한 데이터에 우선권을 부여하는 등의 행위도 허용될 수 없는지에 관한 논의로 확장되고 있다는 점에서 경쟁법적 사후규제와는 거리가 있는 사전규제의 차원에서 다루어지고 있다.

그런데 최근에 모바일 플랫폼을 중심으로 하는 생태계에 주목하는 입장에서 특정 플랫폼을 필수적인 요소로 파악하고, 이를 근거로 해당 플랫폼에 의존하는 사업자들에게 자유로운 접근을 보장하여야 한다는 주장이 제기되고 있다.[276) ICT 분야의 가치사슬(value chain)에서 서로 다른 모듈을 연결하는 플랫폼이 가치의 흐름을 통제하는 게이트키퍼(gatekeeper) 역할을 담당하고 있다는 일반적인 인식도 이와 맥락을 같이 한다. 애플의 다른 결제수단 사용제한이나 구글의 모바일 OS에 대한 검색엔진 선탑재(pre-installment) 등을 문제 삼는 논거 또한 바로 여기에서 출발한다. 그 연장선에서 볼 때 애플이나 구글이 각자의 분야에서 자신의 플랫폼을 하나의 표준으로 삼아 독자적인 생태계를 만들어가는 전략 또한 경쟁법적으로 규제할 여지가 있게 된다.

플랫폼 중립성이라는 주장은 중립성이라는 용어를 차용하고 있을 뿐, 그 맥락에서는 필수설비이론과 흡사한 논리구조를 갖고 있는 것으로 보인다. 이를테면, 플랫폼 중립성 논의의 전제조건으로서 모바일 플랫폼 중심의 생태계에서 플랫폼이 시장지배력의 원천이자 시장지배력 전이의 출발점으로 작용한다거나 플랫폼사업자의 사업모델에 따른 전략적 행위가 지배력 전이(轉移; leverage)의 메커니즘으로 작용할 수 있다는 주장 또한 마찬가지이다.

1990년대 이후 레버리지를 둘러싼 논쟁은 주로 한 시장에서 독점사업자가 다른 시장에서 추가적인 이윤을 얻기 위하여 레버리지를 이용할 수 있는지에 관한 것이었고, 시카고학파는 그것이 경제이론상 불가능하다는 점을 보여주고자 하였다. 여기서 나온 이론이 'single monopoly profit theory'(기존시장에서 이윤이 감소하지 않고는 인접시장에서 가격을 인상할 수 없음)임은 주지의 사실이다. 시카고학파에 따르면 레버리지행위를 비단 추가 이윤이라는 동기로 설명할 수 없으며, 경쟁촉진적이거나 중립적인 이유로 레버리지행위로 나아간다. 이와 관련하여 기존 시장에서의 독점력을 유지하기 위해서 활용되는 측면을 강조하는 것이 바로 방어적 레버리지

276) 김도훈, 앞의 글, 56면 이하.

(defensive leverage) 이론[277]이다. 미국에서도 20세기 초중반에는 레버리지에 따라 인접시장(the second market)에 '구조적 변화'(structural change — 시장집중의 심화 내지 경쟁구조의 악화)가 나타나는지에 초점을 맞추었다. 비교적 단순한 직관이 지배하였고, 하나의 독점이 나쁜 것이라면, 두 개의 독점은 더 나쁠 것이라는 생각이었다. 그런데 시카고학파는 레버리지 자체는 가능할 수 있지만, 문제는 가격책정(pricing)이고, 인접시장에서 쉽게 가격을 인상하기 어렵다는 점을 보여주고자 하였다.

그 밖에 레버리지이론은 모바일 플랫폼 간에도 경쟁, 즉 inter-platform competition[278] 내지 생태계 간 경쟁이 치열하게 전개되고 있는 시장상황을 감안할 때 그 타당성을 쉽게 인정하기 어렵다. 필수설비법리란 처음부터 그 개념요소의 하나로 복제불가능성을 내포하고 있고, 이것은 필수설비 간의 경쟁이 처음부터 불가능하다는 의미이기 때문이다. 이러한 맥락에서 오히려 어떤 플랫폼의 특정 영업방식이나 사업전략이 중대한 경쟁제한성을 갖는지 여부와 관련하여 소비자선택 개념을 강조하는 견해는 사후규제의 관점에서 일견 참고할 만하다.[279] 물론 플랫폼사업자가 단순히 거래의 중개기능을 넘어서 게이트키퍼로서 네트워크효과의 내부화에 따른 가치배분을 왜곡하거나 수직적으로 통합된 여타 시장을 봉쇄하는 등 경쟁제한행위로 나아갈 우려를 배제할 수 없으나, 이 문제는 특정 플랫폼의 필수설비 해당 여부 등을 따져보아 구체적인 사안마다 개별적으로 판단해야 할 것이다.

생각건대, 모바일 플랫폼이 여타 인접분야까지 지배력을 확장하고, 그 과정에서 경쟁사업자를 배제할 우려가 제기되고 있으나 그것이 곧바로 플랫폼 중립성을 보장하기 위한 사전규제를 정당화하기는 곤란하다. 아울러 플랫폼 접근을 보장하기 위한 경쟁법적 사후규제를 위해서는 특정 플랫폼서비스가 필수설비에 해당하는지에 대한 면밀한 검토가 필요하며, 다소 막연한 레버리지이론에 기대어 경쟁제한성을 추단해서는 안 된다.

---

277) Robin Cooper Feldman, Defensive Leveraging in Antitrust, 87 Geo. L.J. 2079, 1999.

278) 애플과 구글 간의 OS 플랫폼 경쟁이 소비자후생에 미치는 긍정적 영향에 대해서는 손상영·김사혁, 앞의 보고서(2013), 28면 이하.

279) 홍대식, 앞의 글(2013-a), 280, 283면 이하.

4. 시장진입의 방해

가. 의 의

시장지배적 사업자는 새로운 경쟁사업자의 시장진입을 부당하게 방해하는 행위를 하여서는 아니 된다(법 제5조 제1항 제4호). 여기에는 정당한 이유 없이 거래하는 유통사업자와 배타적 거래계약을 체결하는 행위(영 제9조 제4항 제1호)와 정당한 이유 없이 기존사업자의 계속적인 사업활동에 필요한 권리 등을 매입하는 행위(영 제9조 제4항 제2호), 정당한 이유 없이 새로운 경쟁사업자의 상품 또는 용역의 생산·공급·판매에 필수적인 요소의 사용 또는 접근을 거절하거나 제한하는 행위(영 제9조 제4항 제3호)가 포함되고 그 밖에 정당한 이유 없이 신규진입 사업자와 거래하거나 거래하고자 하는 사업자에 대하여 상품의 판매 또는 구매를 거절하거나 감축하는 행위, 경쟁사업자의 신규진입에 필요한 소정의 절차(관계기관 또는 단체의 허가, 추천 등)의 이행을 부당한 방법으로 어렵게 하는 행위, 당해 상품의 생산에 필수적인 원재료(부품, 부자재 포함)의 수급을 부당하게 조절함으로써 경쟁사업자의 신규진입을 어렵게 하는 행위, 지식재산권과 관련된 특허침해소송, 특허무효심판 기타 사법적·행정적 절차를 부당하게 이용하여 경쟁사업자의 신규진입을 어렵게 하는 행위 등이 시행령 제9조 제4항 제4호의 신규사업자의 진입을 어렵게 하는 행위로 열거되어 있다(심사기준 Ⅳ. 4. 참조).

이때 '새로운 경쟁사업자'는 일정한 거래분야에 신규로 진입하려고 하는 사업자 및 신규로 진입하였으나 아직 판매를 개시하고 있지 아니한 사업자를 의미하고, '신규진입을 어렵게 하는 경우'를 판단함에 있어서는 다른 사업자의 생산·재무·판매활동 등을 종합적으로 고려하되, 신규진입을 어렵게 할 우려가 있는 경우를 포함하여야 한다.

지금까지 경쟁사업자의 신규진입을 방해하는 행위가 남용으로 금지된 사례는 없다. 제4호의 남용행위가 기업실무에서 흔히 나타나지 않기도 하지만, 무엇보다 제3호의 사업활동 방해가 매우 다양한 남용행위를 모두 포섭하고 있는 결과로 보인다. 입법론으로는 기존의 경쟁사업자 방해와 신규진입의 방해를 구분하지 않고 제4호를 제3호의 사업활동 방해 중 하나의 유형에 통합하는 한편, 현행 제4호는 삭제하는 편이 나을 것이다.

나. 행위유형

(1) 유통사업자와의 배타적 거래계약 체결행위

정당한 이유 없이 거래하는 유통사업자와 배타적 거래계약을 체결하는 행위(영 제9조 제4항 제1호)를 판단함에 있어 '유통사업자'는 최종소비자가 아닌 거래상대방을 의미한다. 또한 '배타적 거래계약'이라 함은 유통사업자로 하여금 자기 또는 자기가 지정하는 사업자의 상품이나 용역만을 취급하고 다른 사업자의 상품이나 용역은 취급하지 않을 것을 전제로 상품이나 용역을 공급하는 것을 말한다.

그런데 유통사업자와의 배타적 거래계약이나 시행령 제9조 제5항 제2호의 배타조건부거래나 그 실질은 동일한 것이어서 전자의 경우에 정당한 이유가 없는 한 동 행위를 금지할 근거를 찾을 수 없다. 수직적 관계에서 흔히 행해지는 배타적 거래란 양 당사자에게 거래비용의 절감 등 효율성을 가져올 수 있다는 점에서 이를 원칙적으로 금지할 이유는 없어 보인다. 이는 입법적으로 해결할 문제이다.

(2) 사업활동에 필요한 권리 등의 매입행위

시장지배적 사업자가 정당한 이유 없이 기존사업자의 계속적인 사업활동에 필요한 권리 등을 매입하는 행위를 해서는 안 된다. 여기서 '계속적인 사업활동에 필요한 권리'에는 특허권·상표권 등의 지적재산권, 행정관청 또는 사업자단체의 면허권 등 인·허가, 기타 당해 거래분야에서 관행적으로 인정되는 모든 권리가 포함된다. 기존사업자의 계속사업에 필요한 권리 등을 매입함으로써 당해 사업자가 시장에 존속할 수 없게 하는 행위를 금지하려는 취지이다. 두 가지 의문이 제기된다.

첫째, 기존사업자란 이를 어떻게 이해할 것인지 다소 모호하기는 하나 일견 시장에 이미 진입한 사업자로 해석된다는 점에서 동 행위가 새로운 경쟁사업자의 참가를 방해하는 유형이라고 보기 어렵다. 둘째, 해당 권리 등을 매입함으로써 신규진입이 현저히 방해되자면 결국 후술하는 필수요소와 구별하기 어렵게 된다. 정당한 이유가 없는 한 원칙적으로 금지된다는 점에서 해당 권리 등은 이를 활용하지 않고는 일정한 거래분야에 참여할 수 없다는 의미에서 '필수적'이어야 할 것이기 때문이다.

(3) 필수요소의 사용·접근의 거절·제한행위

심사기준은 다른 사업자의 사업활동 방해에 관한 심사기준의 판단기준을 그대로 원용하고 있다.

5. 경쟁사업자의 배제행위

시장지배적 사업자는 부당하게 경쟁사업자를 배제하기 위하여 거래하거나 소비자의 이익을 현저히 저해할 우려가 있는 행위를 하여서는 아니 된다(법 제5조 제1항 제5호). 제5호의 경쟁사업자 배제행위와 소비자이익 저해행위는 비록 같은 호에 규정되어 있으나 양자는 각각 경쟁사업자를 배제하기 위한 방해남용과 소비자이익을 침해하는 착취남용으로 구별되는 것으로 보아야 한다.

법 제5조 제1항 제5호 전단의 경쟁사업자를 배제하기 위한 부당한 거래의 유형으로 시행령은 ① 부당하게 상품 또는 용역을 통상거래가격에 비하여 낮은 대가로 공급하거나 높은 대가로 구입하여 경쟁사업자를 배제시킬 우려가 있는 경우(약탈적 가격책정, 영 제9조 제5항 제1호)와 ② 부당하게 거래상대방이 경쟁사업자와 거래하지 아니할 것을 조건으로 그 거래상대방과 거래하는 경우(배타조건부거래)를 규정하고 있다(영 제9조 제5항 제2호).

경쟁사업자 배제행위를 판단함에 있어서 어려운 문제는 '경쟁에 적절히 대응하기 위한 전략'(meeting the competition)과 남용을 어떻게 구별할 것인지 여부이다. 공정거래법상 시장지배적 사업자에게 손실을 가져올 수 있는 모든 형태의 가격경쟁이 금지되는 것은 아니며, 전속거래(exclusive dealing) 또한 제조업자의 입장에서는 무임승차를 방지할 수 있고 판매업자로서는 특정 제조업자의 판매에 전념할 수 있는 등 나름의 효율성 증대효과를 기대할 수 있기 때문이다. 부당성 판단이 중요한 이유이다.

가. 배제가격의 책정

공정거래법상 시장지배적 사업자가 가격책정을 통하여 경쟁사업자를 배제하는 행위는 법 제5조 제1항 제5호 전단에서 규정하고 있다. 즉, 동항 제1호의 가격남용이 수급의 변동이나 공급비용의 변동에 비하여 가격을 현저하게 상승시키거나 근소하게 하락시키는 이른바 가격의 실질적인 '인상'에 초점을 맞추고 있는 반면, 제5호 전단은 부당하게 경쟁사업자를 배제하는 행위의 하나로 부당하게 상품이나 용역을 통상거래가격에 비하여 낮은 대가로 공급하는 경우를 명정하고 있다(영 제9조 제1항, 제5항 제1호). 그런데 후자의 배제남용은 가격 그 자체가 낮다는 것이 아니라, 통상거래가격 이하의 가격으로 거래함으로써 경쟁사업자를 시장에서 배제시킬 우려가 있다는 의미에서 흔히 약탈가격(predatory pricing)을 의미하는 것으로 이해되고 있다.[280]

그런데 시장지배적 사업자의 낮은 가격책정이 어떤 경우에 경쟁사업자 배제를 위한 남용행위인지를 판단하기는 결코 용이하지 않으며, 특히 낮은 가격이란 일반적으로 소비자에게 이익이 되는 것이기 때문에 경쟁법상 이를 문제 삼기란 쉬운 일이 아니다. 더구나 국내에서는 제5호가 약탈가격만을 가리키는지 아니면 이윤압착(margin squeeze; price squeeze)[281]을 포섭할 수 있는지에 관하여 논의가 거의 없었다. 지금까지 공정거래위원회가 시장지배적 사업자의 약탈가격, 보다 구체적으로 이윤압착에 해당하여 남용으로 금지한 사례는 엘지유플러스와 케이티의 기업메시징서비스 요금책정을 문제 삼은 것이 유일하다.[282] 이들 사건에 대해서는 서울고등법원이 공정거래위원회의 처분을 전부 취소한 바 있으며,[283] 대법원은 원심판결을 파기환송하였다.[284]

한편, 시장지배적 사업자는 낮은 가격을 통하여 경쟁사업자를 배제할 수 있는바, 자신과 무관한 거래상대방에게 통상거래가격보다 낮은 대가로 공급하는 약탈가격과 경쟁사업자에 비하여 자신에게는 통상거래가격보다 낮은 대가로 공급하는 이윤압착으로 나눌 수 있다. 그리고 양자 모두 공통적으로 경쟁사업자 배제를 요건으로 한다는 점에서 이를 합쳐 '배제가격'(exclusionary pricing)이라 칭하기로 한다.

(1) 약탈가격의 책정

1) 의 의

먼저, '약탈적 가격책정'(predatory pricing)은 통상 시장지배적 사업자가 막강한 자본력을 갖고 이는 경우에 가능한 배제전략이다. 약탈전략은 새로이 시장에 진입한 경쟁사업자를 배제하거나 기존의 경쟁사업자를 견제하거나 또는 조만간 시장에

---

280) 정호열, 경제법(제6판), 박영사, 2018, 66, 192면; 이호영(제6판), 83-84면. 반면, 권오승·서정(제4판), 164면 및 신현윤, 경제법(제8판), 법문사, 2020, 162면은 가목이 '부당염매'를 금지하는 것으로 설명하고 있다.

281) 독일에서는 '비용'과 '가격'의 단절을 의미하는 'Kosten-Preis-Schere'(KPS)를 주로 사용하며, 같은 맥락에서 'Margenbeschneidung', 'Preisscheren' 또는 'zweifacher Preisdruck' 등의 용어를 사용하기도 한다. 한편, 'Preisscheren'에 관하여는 BKartA v. 9.8.2000-B8-77/00, S. 13(2.2. Behinderung gemäß §20 Abs. 4 S. 1 GWB), "Freie Tankstellen".

282) 공정거래위원회 2015.2.23. 의결 제2015-049호 및 제2015-050호.

283) 서울고등법원 2018.1.31. 선고 2015누38278 판결; 서울고등법원 2018.1.31. 선고 2015누38131 판결.

284) 대법원 2021.6.30. 선고 2018두37700 판결; 대법원 2021.6.30. 선고 2018두37960 판결.

진입할 의사와 능력이 있는 제3의 잠재적 경쟁사업자에 대하여 시장진입을 주저하게 하는 효과가 있다는 점에서 경쟁에 심각한 위협이 될 수 있다.[285)] 약탈가격은 통상 현재의 이득을 잠정적으로 포기하는 형태로 이루어지는데, 향후 경쟁사업자가 시장에서 배제된 이후 그 이상의 보상을 기대할 수 있는 경우에 비로소 실현가능해진다.

경쟁이론상 약탈가격이란 시장지배적 사업자가 원가[286)] 이하의 가격을 책정하는 방식으로 경쟁사업자를 배제하는 행위를 말하며, 미국의 경우에 ① 자신의 원가 이하의 가격 책정, ② 경쟁사업자의 배제 우려 및 ③ 독점화 이후 가격인상을 통한 손실회복(recoupment)의 가능성이라는 3가지를 요건으로 한다. 반면, 독일과 유럽에서는 ③의 요건을 요구하지 않는다.[287)] 미국에서는 실무상 약탈가격이 인정된 예를 찾기 어려우며, 독일·유럽에서도 그 수는 지극히 적다.[288)] 그 이유는 어느 나라나 약탈가격의 요건이 매우 까다로울 뿐만 아니라 기업실무에서 장래에 가격인상을 통한 손실의 회복이 확실하지 않은 상태에서 당장의 손실을 감수하면서까지 일정 기간 원가 이하로 가격을 책정한다는 것 자체가 비현실적이고 불합리하기 때문이다.

2) 약탈가격의 요건

시장지배적 사업자를 비롯하여 모든 사업자들이 사용하는 가장 전형적인 경쟁수단은 바로 낮은 가격이다. 낮은 가격은 적어도 단기적으로는 소비자의 후생증대를 가져오기 때문에, 그것이 남용행위인지를 판단하기 위해서는 먼저 ① 당해 가격이 통상거래가격에 비하여 낮은 것인지, 그리고 ② 당해 가격설정이 과연 경쟁사업자를 배제하기 위한 의도 내지 경쟁사업자 배제의 효과를 야기할 우려가 있는지를 밝혀야 한다.

공정거래법은 시장지배적 사업자가 낮은 가격을 책정하였는지를 판단하는 기

---

285) 다만, 공정거래법상 신규의 시장진입을 방해하는 차원에서 행해지는 약탈가격은 법 제3조의2 제1항 제5호 전단에 해당하지 않을 것이다.

286) 어떤 비용(cost)으로 약탈가격 여부를 판단할 것인지에 대해서는 여러 견해가 분분하나, 대체로 "평균가변비용"(average variable cost; AVC)을 기준으로 삼고 있다.

287) Jochen Glockner/Lisa Bruttel, Predatory pricing and recoupment under EC competition law – per se rules, underlying assumptions and the reality: results of an experimental study, E.C.L.R., 2010, pp. 424–425,

288) Kling/Thomas, a.a.O., §6, Rn. 12, 153–159, §20 Rn. 122–124.

준으로서 '통상거래가격'을 제시하고 있다. 이는 특정한 경쟁사업자의 가격을 가리키는 것이 아니라 이른바 '시장가격' 내지 '정상가격'을 의미하는 것으로 해석된다. 그러나 통상거래가격을 산정하는 일은 생각만큼 용이하지 않다. 예컨대, 시장지배적 사업자 이외에 다른 경쟁사업자가 전혀 없거나 단 하나의 경쟁사업자만 존재하는 경우에는 적절하고 충분한 비교대상이 없으므로 통상거래가격을 산정하기가 매우 어렵다. 독일의 "루프트한자"(Lufthansa) 사건을 살펴보면, 이 사건에서는 프랑크푸르트-베를린 노선을 과거 루프트한자가 독점하고 있었고, 2001년 말에 들어와서 게르마니아(Germania)가 당해 노선에 신규 취항하여 결국 비교가능한 가격이란 게르마니아의 가격밖에 없었다. 이에 연방카르텔청은 루프트한자의 원가 및 베를린-프랑크푸르트 노선과 거리가 유사한 베를린-뮌헨 간 요금을 함께 고려하여 루프트한자의 요금이 다분히 비정상적인 약탈가격이라고 보았다.[289]

설사 통상거래가격보다 낮은 대가로 공급한 경우에도 그로 인하여 경쟁사업자를 배제시킬 우려가 있어야 하고, 나아가 그러한 가격책정이 부당한 것이어야 한다. 그런데 이윤압착 외에 약탈가격에 관하여는 아직 판례가 존재하지 않는바, 방해·배제남용에 관한 "포스코" 판결[290]을 어떻게 원용할 수 있을 것인지 의문이다. 생각건대, 경쟁제한의 효과란 약탈가격의 경우 시행령이 명시적으로 규정하고 있는 행위요건 중 경쟁사업자 배제와 동일한 의미로 이해할 수밖에 없고, 경쟁제한의 의도란 통상거래가격보다 낮은 가격으로부터 일응 추정되고, 정당한 이유를 통하여 복멸될 수 있는 것으로 해석하여야 할 것이다.

3) 부당염매와의 관계

약탈가격과 관련된 또 다른 쟁점은 불공정거래행위의 일 유형인 부당염매와의 관계이다. 양자 모두 경쟁사업자 배제를 행위요건으로 명정하고 있는바, 약탈가격이란 '통상거래가격'에 비하여 낮은 대가로 공급하거나 높은 대가로 공급하는 것인 반면, 부당염매는 '공급에 소요되는 비용보다 현저히 낮은 대가'로 계속하여 공급하거나 또는 '부당하게 낮은 대가'이다. 일견 부당염매의 판단기준이 약탈가격의 경우에 비하여 엄격하다고 볼 수 있다.

---

289) BKartA v. 18.2.2002, B 9-144/01, "DLH/Germania". 게르마니아는 저가항공사였기 때문에 단순 요금비교는 적절하지 않고, 따라서 연방카르텔청은 루프트한자와의 항공요금을 비교함에 있어서 양사가 제공하는 부대서비스를 포함한 급부의 전체 내용을 고려하였다.

290) 대법원 2007.11.22. 선고 2002두8626 전원합의체 판결.

이러한 태도는 시장지배적 사업자의 경우 원가 이상의, 하지만 통상거래가격을 밑도는 가격을 통해서도 경쟁사업자 배제의 효과를 가질 수 있다는 관점에서 일응 타당할 수도 있다. 다만, 약탈가격을 통한 경쟁자배제란 '시장지배적 지위'를 전제로 하는 것이고, 과연 일반사업자가 경쟁사업자배제를 위하여 원가 이하의 가격으로 그것도 '계속하여' 거래하는 경우란 상식적으로 생각하기 어렵다는 점에서 부당염매의 요건이 불공정거래행위를 규제하는 취지에 맞지 않게 과도하게 엄격하다고 평가할 수 있다. 입법론으로는 시행령 [별표 2]를 개정하여 부당염매의 경우 '경쟁사업자를 배제시킬 우려' 부분을 삭제하는 것이 타당할 것이다. 이 경우 공정거래저해성 여부는 정당한 이유의 유무나 부당성을 판단하는 과정에서 충분히 고려될 수 있을 것이다.

한편, 약탈가격 여부를 '통상거래가격'에 비추어 판단할 경우 자칫 시장지배적 사업자를 비롯하여 대체로 사업자들은 각기 서로 다른 원가구조를 갖게 마련이고, 그 결과 상이한 가격을 책정하는 것이 시장원리에 부합한다. 그런데 경우에 따라서는 공정거래위원회가 개별 기업의 비용상 특성을 간과한 채 일률적으로 '통상거래가격'을 기준으로 그보다 낮은 가격을 문제 삼을 소지도 배제할 수 없다. 또한 현행법의 논리에 따르면 통상거래가격 이하의 가격이 남용으로 판단되는 경우에 생각할 수 있는 시정조치는 마땅히 통상거래가격으로의 인상일 것이다. 그러나 이는 공정거래위원회가 시정조치를 통하여 통상거래가격이라는 다분히 가상적인 가격을 기준으로 과점시장의 가격수준을 인위적으로 일치시키는 것이라는 점에서 문제의 소지가 있다. 반면, '원가기준'을 취할 경우에는 시장지배적 사업자의 비용구조에 따른 남용판단이 가능해질 뿐만 아니라, 당해 원가 이상으로 가격을 인상하라는 시정조치를 내릴 경우에는 공정거래위원회가 거래단계에서의 가격에 지나치게 개입하지 않게 된다는 이점이 있어 보인다. 더구나 시장지배적 사업자의 가격이 약탈적인 것인지를 판단하는 기준은 가능한 한 객관적이고 투명하게 산정될 수 있는 것이어야 한다는 점을 고려할 때 통상거래가격보다는 원가기준이 상대적으로 합당할 것이다.

(2) 이윤압착

㈎ 약탈가격과의 관계

이윤압착(利潤壓搾)이란 수직적으로 통합된 시장지배적 사업자가 후방시장으로 수직통합 되지 않은 다른 경쟁사업자에게 자신의 최종 고객에게 공급하는 소매가격보다 높은 도매가격으로 원재료를 공급함으로써 그 수준으로 소매가격을 낮출 수 없는 경쟁사업자를 배제 내지 봉쇄하는 행위로서[291] 낮은 가격으로 경쟁사업자를 배제한다는 점에서 약탈가격과 공통점이 있는 반면, 그 성립요건에서는 차이를 보인다.

먼저, 이윤압착은 시장지배적 사업자의 도·소매가격 차이를 통하여 후방시장에서 수직통합을 이루지 못한 경쟁사업자가 적정이윤을 누리지 못하게 하는 행위이기 때문에 시장지배적 사업자가 자신의 최종 고객에게 공급하는 가격이 원가 이하일 필요도 없고, 그 결과 손실이 발생할 필요도 없다. 다만, 원재료의 공급가격(도매)과 최종 고객에 대한 공급가격(소매)의 차이가 수직통합을 이루지 못한 경쟁사업자로서는 자신의 조달비용을 충당하기에도 충분하지 않을 정도이고, 그 결과 후방시장에서 효과적으로 경쟁할 수 있을 만큼 일정한 마진을 얻을 수 없다면 이윤압착이 성립할 수 있는 것이다.[292]

또한 이윤압착은 전후방시장에 걸쳐서 수직적으로 통합된 시장지배적 사업자의 거래거절과 행위의 성격이나 남용의 금지요건이라는 측면에서 매우 유사한 구조를 갖고 있으나,[293] 이윤압착은 전방시장에서 필수적인 원재료를 직접 공급하지

291) Commission, Guidance on the Commission's Enforcement Priorities in Applying Article 82 EC Treaty to Abusive Exclusionary Conduct by Dominant Undertakings(2009/C 45/02), 24.2.2009, para. 80; Commission, DG Competition Discussion Paper, para. 212, 219－220; Oliver Brand, Missbräuchliche Ausnutzung im Sinne des Art. 102 AEUV, in: Wolfgang Jaeger usw., Kartellrecht, Teil 2, Frankfurter Kommentar, 2014, S. 281－283; O'Donghue/Padilla, Ibid, p. 364; Bettina Bergmann, Maßstäbe für die Beurteilung einer Kosten－Preis－Schere im Kartellrecht, WuW, 2001, S. 234: "[…], dass der Anbieter nach Abzug seiner Einnah men die Kosten für das entsprechende Produkt nicht decken kann.".

292) Mestmäcker/Schweitzer, a.a.O., §19 Rn 24: "Die vertikale Integration ermöglicht eine Preispolitik, die sich gezielt an der Leistungsfähigkeit der geringer integrierten Wettbewerber orientiert."; Jochen Hoffmann, Preisscheren durch vertikal integrierte Oligopole, WuW, 2003, S. 1278: "[…], durch die vertikal integrierte Unternehmen ihre nicht integrierten Konkurrenten schädigen können.".

293) O'Donghue/Padilla, Ibid, p. 364, 395: "But vertical foreclosure abuses are not limited to refusals to deal. […] A commonly cited example of vertical foreclouse is the abuse of margin squeeze."; Mestmäcker/Schweitzer, a.a.O., §19 Rn. 52(Fußn. 118: In der Prioritätenmitteilung Behinderungs-missbrauch, Rn. 78 ordnet die Kommission die Fälle einer Verweigerung des Zugangs zu wesentlichen Einrichtungen zutreffend als Unterfall der Lieferverweigerung ein); 황태희, "시장지배적 사업자의 이윤압착 행위의 부당성 판단", 사법 제1권 제38호, 2016, 706면 이하. 다만, 전방시장에서 원재료의 가격을 수용불가능할 정도로 높게 책정하는 행위가 사실상 거래거절에 해당할 수는 있으나, 이러한 해석은 어디까지나 거래거절이라는 행위를 포착하는 문제와 관련되어 있는 것이고, 거래거절에는 해당하지 않을 정도의 도매가격이라도 소매가격과의 관계에 따라서는 여전히 이윤압착에 해당될 수 있다는 점에서 양자의 가격 차이에 착안하는 이윤압착의 고유한 성격은 여전히 인정될 만하다.

않는 형태가 아니라 전·후방시장의 가격을 조율함으로써 후방시장의 경쟁사업자가 생존하기에 불충분한 이윤만을 가능케 한다는 점에서 양자는 구별된다.[294)]

한편, 공정거래법은 '통상거래가격'보다 '낮은' 가격으로 공급함으로써 경쟁사업자를 배제시킬 것을 요건으로 삼고 있기 때문에, ① 시장지배적 사업자가 자신의 원가 이하로 가격을 책정할 것을 요하는 (이론상의) 약탈가격과 구별되고, ② 수직적으로 통합되지 않은 경쟁사업자에게 필요한 원재료를 자신의 소매가격보다 높은 가격에 판매하더라도 해당 소매가격이 통상거래가격보다 높은 경우에는 시행령 제9조 제5항 제1호의 행위요건이 충족될 수 없다는 점에 유의하여야 한다.

그 밖에 시장지배적 사업자가 통상거래가격보다 낮은 소매가격으로 공급함으로써 그로부터 원재료를 공급받는 경쟁사업자가 소매시장에서 적정 이윤을 누리면서 경쟁할 수 없는 경우에는 약탈가격과 더불어 이윤압착에도 해당할 여지는 있다. 다만, 이윤압착이 성립하더라도 그것은 어디까지나 행위요건에 불과하며, 그것이 부당하여 남용인지 여부는 경쟁제한의 의도와 효과, 정당한 사유의 유무 등에 대한 종합적인 평가를 거쳐야 함은 물론이다.

㈏ 외국의 입법례

1) 미국 셔먼법상 이윤압착의 규제 법리

미국의 경우 이윤압착은 경쟁사업자의 배제를 통한 '독점화 시도'(attempt to monopolize)를 금지하는 셔먼법 제2조 위반의 일 유형으로 보면서,[295)] ① 독점화의 특정한 의도,[296)] ② 경쟁제한적 행위, ③ 독점력 획득의 위험을 성립요건으로 한다.[297)]

294) Elhauge/Geradin, Ibid., p. 418는 이를 수직통합된 시장지배적 사업자는 후방시장의 경쟁사업자에 대하여 공급을 거절하기보다 오히려 경쟁사업자가 더 이상 정상적인 경쟁을 이어나가지 못할 수준으로 비용-가격 구조를 압박하는 방식으로 설명한 바 있다. 그러면서 비록 이윤압착이 약탈적 가격책정과 공통적인 비용테스트를 공유할지라도, 문제는 낮은 후방시장의 가격이 아니라 과도한 전방시장의 가격이며, 이러한 지배력을 지닌 사업자의 과도한 전방시장 가격책정이 결국 구조적인 거래거절에 이르게 한다는 지적을 하고 있다.

295) E. Thomas Sullivan/Jeffrey L. Harrison, Understanding Antitrust and Its Economic Implication(4th ed.), 2003, p. 297; E. Thomas Sullivan/Herbert Hovenkamp/Howard A. Selanski, Antitrust Law, Policy and Procedure: Cases, Materials, Problems(6th ed.), 2009, pp. 753-760; Charles J. Goetz/Fred S. McChesney, Antitrust Law: Interpretation and Implementation(4th ed.), 2009, pp. 479-480.

296) 셔먼법 제2조 위반의 성립요건 등에 관하여는 United States v. Grinnell Corp., 384 U.S. 563, 570-771(1966); Sullivan/Harrison, a.a.O., pp. 282-283.

297) 독점화 시도의 성립요건은 Swift & Co. v. U.S., 196 U.S. 375(1905) 판결의 Holmes 법관에 의하여

한편, 그 대표적 사례로서 "linkLine" 판결[298] 원고의 주장을 통하여 이윤압착 행위의 구조적 개념과 함께 셔먼법 제2조 적용 가능성을 확인할 수 있다. 당해 사건에서 원고는 수직적으로 통합된 기업이 도매시장에 대한 원료 공급과 소매시장에 대한 완제품 판매를 병행하는 경우 이윤압착이 발생할 수 있으며, 만약 그러한 기업이 도매시장에서 지배력(power)을 가지고 있다면 원료 공급가를 인상하는 동시에 완제품 소매가를 인하할 수 있으며, 이러한 행위는 소매시장에서 경쟁사업자의 이윤을 압박하는 효과가 있다고 주장하였다.[299] 또한 이에 한참 앞선 1945년 "Alcoa" 판결[300]에서 제2연방항소법원은 알루미늄 강판제조업자의 행위를 셔먼법 제2조 위반으로 판단하면서 지적한 부분 역시 위와 같은 이윤압착 규제 법리의 기초를 제공하고 있다.[301] 특히, 당해 법원은 전방시장에서 알루미늄 주괴(ingot)를 공급하는 동시에 이를 원료로 하여 후방시장에서 강판(sheet)을 제조하여 판매하는 사업자의 가격정책행위를 문제 삼으면서 전방시장에서 독점적 지위에 있는 원료 공급업자가 '적정한 가격'(fair price) 이상으로 알루미늄 주괴 가격을 높게 책정하고 이를 원료로 한 강판의 가격을 낮게 책정함으로써 후방시장의 거래상대방이자 경쟁사업자인 사업자의 사업활동 자체를 어렵게 만드는 수준으로 이윤폭을 압박하는 행위는[302] 셔먼법 제2조 위반임을 분명히 하였다.[303] 다만, 이때의 '적정한 가격'을

제시되었으며 이후 판결에서 재확인되었다. 다만, 이와 관련하여 E. Thomas Sullivan/Jeffrey L. Harrison, Understanding Atitrust and Its Economic Implcation, 2003, pp. 303-304에서는 '독점화 시도'는 '독점화' 행위에 비하여 보다 추상적인 것으로 성립요건의 해석과 입증에 있어서 상대적으로 용이하지 않을 수 있음을 지적하였다.

298) Pacific Bell Telephone Co. v. linkLine Communications Inc., 555 U.S. 438(2009); Elhauge/Geradin, Ibid, 2007, p. 418: "Suppose a dominant firm both controls an input itsrival and competes downstream with that rival."

299) "linkLine" 판결: "[…] This will have the effect of "squeezing" the profit margins of any competitors in the retail market."

300) U.S. v. Aluminum Co. of Am., 148 F.2d 416(2d Cir. 1945).

301) 당해 판결에서 Hand 판사는 ① 이윤압착 행위를 한 사업자가 전방시장에서 지배력을 가질 때, ② 그 단계에서 적정한 가격보다 낮은 가격을 책정할 때, ③ 후방시장에서 그의 가격이 매우 낮아서 경쟁자가 가격에 대응할 수 없으며, 그 수준이 생존유지이윤(living profit)에 이를 때에 이윤압착이 성립된다고 하였다. Elhauge/Geradin, Ibid, p. 420.

302) "Alcoa" 판결: "[…] The plaintiff's theory is that "Alcoa" consistently sold ingot at so high a price that the 'sheet rollers', who were forced to buy from it, could not pay the expenses of 'rolling' the 'sheet' and make a living profit out of the price at which "Alcoa" itself sold 'sheet'. […]".

303) 위의 판결: "[…] That it was unlawful to set the price of 'sheet' so low and hold the price of ingot so high, seems to us unquestionable, provided, as we have held, that on this record the price of ingot must be regarded as higher than a 'fair price'. […]".

후방시장 사업자의 강판 제조 관련 비용에 기반하여 판단한 당해 법원의 입장에 관하여는 일정한 비판이 가해졌으며,[304] 그 주된 문제제기는 비용－가격 내지 이윤의 비교를 통하여 후방시장에서 경쟁사업자가 직면하는 수직 통합된 사업자의 가격이 적정한 것인지 여부를 명확히 판단할 수 있느냐에 관한 것이었다.[305]

한편, 아래에서 살펴 볼 유럽과 마찬가지로 미국의 경우도 일정한 요금규제가 존재하는 이른바 규제산업 영역에서 이윤압착이 주로 문제된 바 있으며,[306] 도·소매가격 내지 요금에 대한 규제로 인하여 경쟁법 적용이 응당 배제되는지 여부가 선결적 쟁점이 되었다. 다만, 그러한 판결들에 의하면 이윤압착을 독자적 남용행위 유형으로 보는지와는 무관하게 그와 같은 가격 내지 요금 관련 규제가 곧바로 경쟁법 적용 배제로 이어지거나 다른 영역에 비하여 상대적으로 덜 강하게 경쟁법 적용이 이루어지는 것으로 볼 것은 아니라고 판단한 점에 주목할 필요가 있다. 이에 의하면 오히려, 이러한 규제 영역에서의 이윤압착 행위가 배제적 성격이 덜할 수 있기 때문에 셔먼법 위반 여부를 판단함에 있어서 주의를 기울일 필요가 있다는 지적도 고려될 수 있을 것이다.[307]

한편 미국의 이윤압착 관련 법리를 논함에 있어서 대표적 사례로 언급되는 "linkLine" 사건은 미국 연방대법원이 AT&T의 행위가 이윤압착 행위로서 셔먼법 제2조를 위반한 것은 아니라고 판단하면서 주목받았다. 당해 사건에서 연방대법원은

304) 이와 같은 제2연방항소법원의 판단 방식을 EU 집행위원회와 법원이 이윤압착행위를 포함한 시장지배적 지위의 남용행위에 적용하는 소위 '동등 효율적 경쟁자 기준'(equally efficient competitor test)과 사실상 동일한 것으로 보는 견해로 이호영, "이윤압착행위에 대한 공정거래법의 적용에 관한 연구 — 미국 판례이론 및 기업메시징 사건(서울고등법원 2018.1.31. 선고 2015누38278 판결 및 서울고등법원 2018.1.31. 선고 2015누38131 판결)", 법경제학연구 제16권 제3호, 2019.2, 342면. 같은 맥락에서 Elhauge/Geradin, Ibid, p. 419에서 이윤압착은 단지 전방과 후방시장의 가격차이가 수직통합된 사업자가 경쟁하는 후방시장의 가격보다 낮기만 하면 동등하게 효율적인 경쟁사업자를 배제할 수 있다는 점을 지적하고 있다.

305) "Alcoa" 판결 이후 하급심 법원이 적정한 가격 수준인지 여부를 판단하기 위하여 적용한 기준으로서 ① 비교요금 기준(comparative billing test), ② 이전가격 기준(transfer price test), ③ 비교보수율 기준(comparative rate of return test) 등에 관하여는 이호영, 위의 글(2019), 343면 또는 ABA Section of Antitrust, 2002, Vol. I, p. 271.

306) City of Kirkwood v. Union Elec. Co., 671 F.2d 1173, 1179(8th Cir. 1982); City of Anaheim v. Southern Cal. Edison Co., 955 F.2d 1373, 1378(9th Cir. 1992); Town of Concord v. Boston Edison Co., 915 F.2d 17, 23－29(1st Cir. 1990). 이상의 사건은 전력시장에서의 요금규제 상황을 배경으로 하고 있으며, 앞서 설명한 "Alcoa" 판결은 비록 철강산업을 배경으로 하고 있기는 하나 수십년간 Alcoa는 미국 내 알루미늄 주괴의 거의 모든 생산을 통제하고 있었다.

307) Elhauge/Geradin, Ibid, p. 426.

이윤압착을 독점화 시도 행위의 일 유형으로서 독자적 성격을 인정한 원심(제9연방항소법원)의 결정[308]을 파기하기면서, 다만 수직통합된 사업자에 의한 후방시장에서의 가격책정이 약탈적인지 여부에 따라 셔먼법 제2조 위반 여부를 판단할 수는 있다고 하였다.[309]

동 사건은 기존 유선전화시장에서의 독점력을 토대로 인터넷접속서비스 제공에 요구되는 디지털전용회선(Digital Subscriber Line; DSL)의 기반설비를 보유하고 당해 서비스를 제공해 오던 AT&T로부터 그 시설을 임차하여 DSL 인터넷서비스를 제공하는 사업자, 이른바 ISP(Internet Service Provider)들이 인터넷접속서비스를 제공하는 상황을 그 배경으로 한다.[310] 이때 ISP에 대한 AT&T의 설비 제공은 AT&T에 부과된 2005년 기업결합 인가조건에 따른 것으로 DSL 인터넷서비스 제공시장에서 경쟁관계에 있는 ISP에게 전방시장에서 DSL 서비스를 계속적으로 제공하여야 하며, 그 제공의 대가가 후방시장에서 AT&T의 DSL 인터넷서비스 가격보다 낮게 책정할 것으로 조건으로 하고 있었다. 하지만 ISP들은 AT&T가 DSL 서비스 제공을 위한 설비 제공을 거절하고, 전방시장의 DSL 서비스 제공 가격을 높게 책정하고 후방시장에서 DSL 인터넷서비스 가격을 낮춤으로써 이윤압착행위를 하였다고 주장하였다.[311] 이에 미국 연방대법원은 수직통합된 사업자일지라도 전방시장에서 경쟁사업자와 거래하여야 할 의무가 있는 것은 아니며, 후방시장에서 약탈적 가격책정 행위를 하

308) linkLine Communications, Inc. v. SBC California, Inc., 305 F.3d 876(9th Cir. 2007). 지방법원과 연방항소법원의 판단에 대하여는 이석준·최인선, “수직적 통합기업의 가격압착행위에 관한 미국과 EU 판결의 비교·분석”, 경쟁저널 제144호, 2009, 12면: “[…] 이에 대하여 지방법원은 AT&T에게 linkLine 등과 거래하여야 할 독점금지법상 의무는 없지만, Trinko 판결이 독점금지법상 유효한 가격압착이론을 배척한 것은 아니라는 이유로 원고 linkLine의 승소판결을 결정하였다.” 또한 제9연방항소법원(2007)은 이와 동일한 이유로 원심 법원의 결정을 지지하였다.

309) 이호영, 앞의 글(2019), 345면, 각주 43: “다수의견 이외에 Breyer 대법관 등 다른 4인의 대법관들은 원심 판결을 파기하고, 문제로 된 행위가 약탈적 가격책정에 해당하는지를 심리하도록 연방지방법원에 환송하자는 별개 의견을 제시하였는데, 특히 이 사건 DSL 전송서비스의 요금이 규제되고 있음을 강조하면서 이처럼 경쟁제한적 폐해를 방지하려는 규제체계가 존재하는 경우에 독점금지법 집행에 따른 비용이 그 편익보다 더 클 개연성이 있고, 원고는 규제기관에게 도매가격을 낮춰 주도록 요청하는 것이 나을 것이라고 지적하였다.”.

310) Pacific Bell Telephone Co. v. linkLine Communications Inc., 555 U.S. 438, 439(2009).

311) 위의 판결; Communications Inc., Plaintiffs-Appellees v. SBC Califonia, Inc., 503 F. 3d 876, 887(9th Cir. 2007): “Here, plaintiffs in their »price squeeze« contentions in the amended complaint did not allege that the seller had the market power to set prices for internet connection in the retail market, that SBC’s retail price, contributing to the squeeze, was set below cost, and that losses could later be recouped.”

지 않는 이상 후방시장에서의 경쟁사업자의 이윤폭을 고려하여 도·소매가격을 책정할 필요는 없다고 판시하였다.[312)]

2) 독일 경쟁제한방지법상 이윤압착의 규제 법리

독일 경쟁제한방지법은 시장지배적 사업자의 지위남용을 널리 금지하는 한편(GWB 제19조 제1항의 일반조항), 대표적인 남용행위의 유형을 사업활동 방해, 차별취급, 착취남용, 필수요소에 대한 접근거절 및 이익제공요구의 5가지로 예시하고 있다(동조 제2항 각호).[313)] 강학상 이윤압착(Kosten-Preis-Schere)은 전·후방시장에서 활동하는 시장지배적 사업자가 후방시장의 경쟁사업자에게 가격경쟁을 할 수 없는 수준으로 높은 가격을 책정하는 것으로 이해되고 있다.[314)] 구체적으로 시장지배적 사업자의 이윤압착은 경쟁제한방지법 제19조 제2항 제1호의 부당한 사업활동 방해에 해당될 수 있고,[315)] 후방시장에서 활동하는 경쟁사업자가 중소사업자로서 이들에 대하여 상대적으로 유력한 지위, 즉 '상대적 지배력'(relative Marktmacht)을 갖는 사업자의 이윤압착은 법 제20조 제3항 제2문 제3호에 해당될 수도 있다.

다수설에 의하면 '전·후방시장에서 모두 시장지배적 지위에 있는 사업자'(doppelte Marktbeherrschung)의 이윤압착은 '원칙적으로' 부당한 방해행위에 해당하는 반면, '전방시장에서만 시장지배적 지위에 있는 사업자'(einfache Marktbeherrschung)가 행하는 이윤압착이 남용에 해당하는지 여부는 방법론상 'as efficient competitor test'에 따라 판단한다.[316)] 후자의 경우 후방시장에서 시장지배적 사업자의 가격이 경쟁사업자보다 낮은 이유가 우월한 효율성이라면 남용에 해당하기 어려운 반면, 만약 시장지배적 사업자가 전방시장에서 경쟁사업자에게 판매한 가격으로 원재료를 구

312) Pacific Bell Telephone Co. v. linkLine Communications Inc., 555 U.S. 438, 444-454(2009).

313) Kling/Thomas, a.a.O., §20, Rn. 91 ff.

314) Ulrich Loewenheim. in: Ulrich Loewenheim/Karl M. Meessen/Alexander Riesenkampff/ Christian Kersting/Hans Jürgen Meyer-Lindermann(Hrsg.), Kartellrecht Kommentar(3. Aufl.), 2016, §19 Rn. 36.

315) "약탈가격책정"(Kampfpreisunterbietung)은 제19조 제2항 제1호에 따른 사업활동 방해의 대표적 행위유형으로 관련하여 주목할 만한 사례로 앞서 설명한 DLH/Germania 사건(BKartA v. 18.2.2002, B 9-144/01)이 있다. 한편 독일의 학계에서는 통상 약탈가격과 이윤압착을 체계상 구별하여 다루고 있다. KPS와 다른 남용행위 유형과의 관계는, You Young Gug, Behinderungs-missbrauch durch marktbeherrschende Unternehmen-Kartellrechtswidrigkeit von Kosten-Preis-Scheren in der EU, den USA und Korea, Springer, 2018, S. 131-148.

316) BKartA v. 6.8.2008, B 7-11/09 = WuW/E DE-V 1769 Rn. 52, "MABEZ-Dienste"; Bechtold/ Bosch, a.a.O.,, §20 Rn. 47.

매하였을 경우에는 자신도 후방시장에서 지금 정도의 지위를 누릴 수 없을 것이라면 남용에 해당될 소지가 클 것이다.

독일에서 학설상 주로 논의되는 경우는 상대적 지배력을 보유한 사업자의 이윤압착으로서 후방시장의 중소 경쟁사업자가 원재료에 관하여 다른 구매처를 찾을 수 없을 것은 금지요건에 해당하지 않는다.[317] 이윤압착을 방해남용의 독자적인 유형으로 볼 수 있는지에 관하여 다소 회의적인 견해도 있으나,[318] 경쟁제한방지법 제20조 제3항은 중소 경쟁사업자에 비하여 유력한 지위를 가진 사업자가 경쟁사업자를 부당하게 방해하는 행위를 널리 금지하면서, 세 가지 유형을 예시하고 있는바 그중 제2문 제3호가 바로 이윤압착을 명정하고 있으며 정당한 이유가 없는 한 금지되는 것으로 규정하고 있다는 점을 근거로 긍정설이 다수설이다.

대표적인 예로 정유사가 자신이 운영하는 주유소에 공급하는 가격보다 높은 수준으로 중소의 독립 주유소에 석유제품을 공급하는 경우를 상정할 수 있다. 이때 비교대상가격은 상대적 지배력을 보유한 사업자가 후방시장에서의 경쟁사업자에게 판매하는 가격과 자신의 고객(일반적으로는 최종소비자)에게 직접 판매하는 가격이며, 이때 상대적 지배력을 보유한 사업자 자신의 '비용'은 요건으로서 고려되지 않는다.[319]

이윤압착에 관한 대표적인 사례인 "MABEZ-Dienste" 결정에서 연방카르텔청은 DTAG가 방송사 등에 MABEZ 서비스를 제공하는 후방시장에서 시장지배적 지위를 인정하지 않았고, 동사의 시장지배적 지위는 전방시장에 해당하는 '상호접속을 거쳐 부가서비스를 제공하기 위한 공중전화망(유선망)'에서만 존재한다고 보았다. 그리고 이때에는 전·후방시장에서 모두 시장지배적 지위가 존재하는 경우와 달리 요금차이가 존재한다는 이유만으로 곧바로 남용에 해당한다고 볼 수 없고, 구체적인 시장상황과 이윤압착이 미칠 구체적인 효과를 고려하여야 한다는 것이다.

무릇 방해남용이란 경쟁의 자유라는 관점에서 이해관계인의 다양한 이익, 위 사건과 같은 경우에는 경쟁사업자의 시장진입이라는 이익과 시장지배적 사업자의

317) Loewenheim. a,a,O.(2016), §20 Rn. 83.

318) Kling/Thomas, a.a.O., §20, Rn. 126. 특히 도매요금이 규제당국의 인가대상인 경우에 이윤압착이란 적절한 툴(tool)이 아니라는 견해로는 Mairead Moore, Deutsche Telekom and the Margin Squeeze Fallacy, E.C.L.R., 2008, pp. 721-725.

319) Bechtold/Bosch, a.a.O.,, §20 Rn. 46; BKartA v. 9.8.2000 - B8-77/00, S. 13 (2.2. Behinderung gemäß §20 Abs. 4 S. 1 GWB), "Freie Tankstellen".

'가격결정의 자유'(Preisbildungsfreiheit)라는 이익 등을 종합적으로 고려하여 판단하여야 한다.[320] 그에 따르면 시장지배적 사업자의 가격책정이라도 경쟁사업자를 배제할 의도로 행해지거나 경쟁을 방해하여 경쟁사업자의 존속에 구체적이고 심각한 위험을 야기하는 경우에만 남용이 인정된다.[321] 그런데 전·후방시장 모두에서 지배적 지위를 갖는 사업자의 가격구조상 전방시장의 도매요금이 후방시장의 소매요금보다 높은 경우에 발생하는 이윤압착은 원칙적으로 남용에 해당하는데, 이 경우 시장지배적 사업자의 배제의도가 인정될 수 있을 뿐만 아니라 전방시장에서 종속되어 있는 경쟁사업자에게 불리한 방해효과가 명백하기 때문이다. 결론적으로 연방카르텔청은 이 사건에서 DTAG가 후방시장에서 지배적 지위에 있지 않더라도—이윤압착의 경우에는 전방시장에서 지배적 지위에 있으면 족하므로—남용 혐의가 처음부터 배척되지는 않으나, DTAG의 요금체계상 이윤압착 자체가 발생할 개연성이 없다는 이유로 무혐의결정을 내렸다.

3) 유럽경쟁법상 이윤압착

유럽경쟁법의 1차적인 법원(法源)은 EU기능조약(이하 "조약") 제101조와 제102조[322]이고, 그 중 제102조가 시장지배적 사업자의 지위남용을 금지하고 있다. 동조는 제1문은 공동시장 또는 그 중요한 부분에서 회원국 간의 거래를 저해할 우려가 있는 경우에 한하여 시장지배적 지위남용을 금지하고 있다. 동조 제2문은 남용의 대표적인 유형을 부당한 가격·거래조건의 설정이나 생산·판매 등의 제한, 차별취급, 끼워팔기 등 네 가지 전형적인 남용행위의 유형을 예시하고 있는바, 대체로 학설은 이윤압착을 약탈가격과 더불어 염매전략의 하나로 이해하고 있다.

유럽법원은 일찍이 "Konkurrensverket/TéliaSonera" 사건[323]에서 이윤압착이 그 자체로 독자적인 남용행위의 일 유형에 해당한다는 점을 확인하는 한편, 그것이 남용에 해당하기 위해서는 시장지배적 사업자가 책정한 원재료의 가격이 자신의 최종 고객에 대한 가격보다 높거나 후방시장의 최종 고객에 대한 가격이 해당 서비스 제공에 소요되는 자신의 비용을 충당하기에 충분하지 않음으로써 후방시장에서의

320) Dreher/Kulka, a.a.O., §11 Rn. 1251; BKartA v. 6.8.2008, B 7 - 11/09, Rn. 52; OLG Düsseldorf v. 16.1.2008 - Kart 11/06 - Praktiker Baumärkte, Beschlussausfertigung S. 14.

321) OLG Düsseldorf, 16.1.2008 – Kart 11/06, S. 14 f. = WuW/E DE–R 2235, "Praktiker Baumärkte"; BGH v. 11.11.2008 – KVR 17/08; BGH WuW/E BGH 2547, 2550, "Preiskampf".

322) 2009년 12월 1일자로 리스본조약이 발효되면서, 기존 조약문의 번호가 일부 변경되었다.

323) EuGH v. 17.2.2011 - Rs. C–52/09, Slg. 2011 I–527.

경쟁사업자를 배제할 우려가 있어야 한다고 판시한 바 있다.

이어서 2003년 5월 21일 유럽집행위원회는 구 유럽공동체조약 제82조에 따라 기간통신사업자인 도이체 텔레콤(Deutsche Telekom AG; 이하 "DT")의 가격남용을 금지하는 결정을 내렸다.[324] 이 사건은 1998년 유럽의 통신시장이 완전히 자유화된 이후, 그리고 1982년 영국의 국영기업인 브리티시 텔레콤(British Telekom)이 텔레팩스와 전화설비의 이용을 제한하는 등의 남용행위로 위원회의 규제를 받은 이후[325] 통신시장에서 시장지배적 지위남용이 인정된 첫 번째 사례였다. 이 사건은 이미 기간통신망을 독점적으로 보유하고 있는 사업자에 의한 경쟁사업자 배제행위를 남용으로 인정한 대표적인 예로서 종래 Oftel(현재는 Ofcom)이나 구 통신규제당국(Regierungsbehörde für Telekommunikation und Post; RegTP. 현재는 BNetzA) 등 국내의 규제당국에 맡겨져 있던 통신시장에 직접 유럽경쟁법의 잣대를 댄 것이라는 점에서 주목할 만하다. 아래에서 조금 더 상세히 살펴보자.

이 사건에서 문제된 것은 DT가 유선전화망에 대한 지역접속(local access)에 적용한 가격전략이 구 유럽공동체조약 제82조 a호의 시장지배적 지위남용(부당한 가격책정)[326]에 해당하는지 여부였다. 동 결정에서 위원회는 DT측이 일반 전화가입자에게 부과하는 소매요금보다 신규 진입한 경쟁사업자의 가입자회선(local lop)[327]에 대한 접속요금(도매요금)을 높게 부과함으로써 이윤압착(margin squeeze)을 하였다고 판단하였다.[328] 그 결과 새로운 사업자가 통신서비스시장에 진입하는 것을 곤란하게 하고, 소비자가 통신서비스 공급자를 선택할 수 있는 기회가 감소하였을 뿐만 아니라, 가격경쟁 또한 제한되었다는 것이다. 이 사건에서 DT는 전·후방시장에서 모두 지배적 지위를 갖고 있었다.

---

324) Commission, Case Comp/C-1/37.451, 37.578, 37.579(OL L 263/9), 2003.5. 이 사건에서는 독일당국의 규제요금이 문제되었으나, 정부규제에 따른 남용행위의 성립과 관련된 쟁점은 여기에서 따로 다루지 않는다.

325) OJ L 360, 1982.12.21., p. 36.

326) 동호는 시장지배적 사업자가 '직·간접적으로 가격이나 거래조건을 부당하게 부과하는 행위'(directly or indirectly imposing unfair purchase or selling prices or other unfair trading conditions)를 남용으로 규정하고 있다.

327) 가입자회선이란 통신회사의 로컬교환기(local circuit)로부터 가정이나 회사 등 가입자 전화기까지의 유선연결을 말한다.

328) Comm., Cases No. COMP/37.451, 37.578, 37.579, OJ L 263, 2003.10.14., p. 9. 위원회의 조사는 Mannesmann Arcor AG & Co.를 비롯하여 독일의 유선통신서비스시장에 새로 진입한 다수의 경쟁사업자가 1999년 이러한 DT의 가격책정행위를 위원회에 제소함으로써 개시되었다.

통신시장에 새로 진입한 사업자로서는 처음부터 가입자회선을 새로 구축하는 것이 거의 불가능하기 때문에 경쟁촉진을 위해서는 이들이 가입자회선에 공정하고 비차별적인 조건으로 접속할 수 있어야 한다.[329)] 이러한 맥락에서 공동활용의무(local loop unbundling)는 유럽공동체 차원의 입법[330)]을 통하여 2001년 이후 기간통신사업자에게 부과되어 있었고, 독일과 같은 일부 회원국의 경우에는 그보다 훨씬 이전에 가입자회선에 대한 공동활용의무가 통신법에 규정되어 있었다.[331)] 그러나 유럽공동체차원에서 가입자회선의 공동활용은 충분하게 이루어지지 않았으며, 그나마 공동활용이 가장 활발하게 이루어지고 있는 독일에서도 여기에 제공된 가입자선로는 전체의 불과 5%에 불과한 실정이었다.[332)]

이러한 배경 하에 우선 유럽집행위원회는 가입자회선의 도·소매 접속시장을 관련시장으로 보았는데, 당시 광통신망(fibre-optic network), 무선가입자회선(wireless local loop; WLL), 위성, 전력선 및 업그레이드된 케이블TV망과 같은 다른 수단은 아직 충분히 개발되어 있지 않았고, 따라서 위원회는 이러한 수단을 DT의 가입자회선망에 상응하는 수준의 대체적인 것으로 볼 수 없다고 판단하였다. DT는 독일 내 경쟁사업자 및 최종고객에 대한 가입자회선의 접속시장(전자의 경우 독점적 지위에 있었고, 후자의 경우 약 95%의 시장점유율을 차지하고 있었음)에서 지배적 지위를 차지하고 있었다.

① 유럽집행위원회의 결정

유럽집행위원회에 따르면 이윤압착은 수직적으로 통합된 사업자가 도매단계의 접속서비스에 대하여 지나치게 높은 요금을 부과함으로써 경쟁사업자들이 자기의 최종이용자에게 수직적으로 통합된 사업자 보다 높은 요금을 책정하지 않을 수 없게 되는 때에 성립하게 된다.[333)] 도매단계에서의 접속요금이 소매요금보다 높을 경우, 경쟁사업자들로서는 설사 시장지배적 사업자인 DT만큼 효율적인 경우에도

329) 이처럼 가입자회선을 공동으로 활용하는 제도를 Local Loop Unbundling(LLU)이라고 한다.

330) 가입자회선의 상호접속에 관한 2000년 12월 18일자 유럽의회 및 이사회의 규칙(EC) 2887/2000, OJ L 336, 2000.12.30, 4면. 동 규칙은 2001년 1월 1일부터 시행되었다.

331) 독일에서는 당초 DT이 유선망을 독점하면서 유일하게 유선전화서비스를 제공하다가, 통신시장의 민영화 이후 1996년 통신법이 시행되면서 가입자선로를 도매단계에서 경쟁사업자에게도 제공하기 시작하였다.

332) Comm., 8th Implementation Report of December 2002, COM(2002), p. 695.

333) 대표적인 사례로는 Comm., OJ L 284/66, 1988.10.19., “Napier Brown/British Sugar”.

후방시장에서 최종가입자를 두고 경쟁할 수 있을 정도의 이윤을 낼 수 없게 되고, 궁극적으로 이들 경쟁사업자가 시장에서 배제될 우려가 있다는 것이다.

독일에서 가입자회선의 공동활용이 시작된 이후 지금까지 접속원가와 소매요금 간의 차이가 없거나 불충분하였기 때문에 신규진입자는 최종소비자에게 유선접속을 제공함에 있어서 DT와 경쟁할 수 있는 여지가 없었다. 여기서 유럽집행위원회는 원가－가격의 관계를 보다 정확하게 파악하기 위하여 소매단계에서 DT의 서로 다른 유형의 접속방식을 이용하는 고객의 수를 고려하는 이른바 가중치방식(weighted average)을 이용하여 1998년부터 2003년 5월까지 가입자회선에 대한 도매접속요금과 다수의 소매서비스, 즉 아날로그, ISDN 및 ADSL의 접속요금을 비교하였다. 그 결과 1998년 초부터 2001년 말까지 DT가 도매단계에서 경쟁사업자에게 부과한 접속요금(도매요금 내지 원가)에 비하여 소매단계에서 가입자에게 보다 낮은 요금(소매요금 내지 가격)을 부과한 사실이 확인되었다. 이를 기초로 유럽집행위원회는 원가에 못 미치는 요금책정은 다른 비용요소를 고려할 필요도 없이 명백하게 이윤압착에 해당하는 것이라고 판단하였다.

한편, 2002년에는 일시적으로 도매접속요금이 소매가입자요금보다 '낮아지기는 하였으나'(positive spread), 유럽집행위원회는 DT의 소매요금과 도매요금 간의 차이가 여전히 미미한 수준에 불과하여 DT가 직접 소매서비스를 제공하는데 소요되는 (운영)비용을 커버하기에 불충분하다는 이유로 여전히 이윤압착이 존재한다고 보았다. 이처럼 유럽집행위원회는 DT 자신의 후방시장(소매접속시장)에 소요되는 (운영)비용을 추가적으로 고려하였다. 이러한 테스트 결과 DT라도 경쟁사업자와 동일한 도매접속요금을 지불할 경우 손실을 보지 않고는 소매접속서비스를 제공할 수 없을 것이 명백한 이상 이윤압착에 관한 증거로서 충분하다고 보았던 것이다.

동 결정 이후 DT와 독일의 규제당국은 이윤압착을 해소하기 위하여 가입자회선 공동활용에 대한 요금 내지 도매접속요금을 20%까지 '인하'하는 한편, 소매요금을 10% 정도 '인상'하였다.

② 유럽1심법원의 판결

DT는 위원회의 결정에 대하여 조약 제230조에 따라 구 유럽1심법원(Court of First Instance; 현재는 General Court)에 항소하였는데, 동 법원은 5년여 만에 도매접속요금이 규제당국의 인가대상이라는 이유만으로 경쟁법 위반의 책임이 면제되지 않는다는 판단 하에 DT의 항소를 기각하였다.[334] DT는 다시 상고하였으나 유럽최고법원(ECJ)은 유럽1심법원의 판결을 그대로 확정하였다.[335] 유럽1심법원이 상세히 논하고 있는 이윤압착에 관한 법리적 쟁점만을 살펴보면 다음과 같다.

먼저, 이윤압착이란 도매요금과 소매요금 간의 차이를 줄이는 데에 있으므로, DT의 소매요금이 원가 이하의 약탈적인지 여부는 중요하지 않다는 점을 분명히 하였다. 아울러 위원회가 경쟁사업자들의 특별한 사정을 고려하지 않고 DT의 비용과 요금에 기초하여 남용 여부를 판단한 것도 타당한 것으로 보았는데, 만약 시장지배적 사업자의 요금이 적법한지 여부가 그 자신도 알 수 없는 경쟁사업자의 비용구조와 같은 경쟁사업자의 특별한 사정에 따라 좌우된다면 시장지배적 사업자로서는 자신의 행위가 적법한지 여부를 스스로 판단할 수 없을 것이기 때문이다.

여기서 이윤압착 여부는 도매가격과 소매가격을 비교하는 것이 출발점인데,[336] 전자가 후자보다 큰 경우에는 당연히 이윤압착이 존재하고, 후자가 전자보다 높은 경우에는 후방 소매시장에서의 운영비용을 아울러 고려하여야 한다.[337] 그런데 DT의 가입자선로는 필수설비(必須設備)에 해당하여 이윤압착이 발생할 경우 후방시장에서의 경쟁을 제한하는 점에 의문이 없고, 나아가 DT만큼 효율적인 경쟁사업자라고 하더라도 손해를 감수하지 않고는 후방시장에 진입하여 경쟁할 수 없다는 점에서 경쟁제한성도 인정되었다. 이때 이윤압착을 통한 남용은 도매가격을 인하하거나 소매가격을 인상하는 방법으로 시정될 수 있음은 물론이다.

끝으로, 구 유럽1심법원(현재는 일반법원)과 유럽최고법원은 동등하게 효율적인 경쟁사업자의 이윤을 압착하는 행위의 존재만으로 그로 인한 경쟁제한효과를 입증할 필요가 없다는 위원회의 주장을 받아들이지 않았으나, DT가 설정한 가격차이로 인하여 동등하게 효율적인 경쟁사업자라도 이들의 미미한 시장점유율에서 알 수 있는 바와 같이 손실을 감수하지 않고는 소매서비스를 제공할 수 없었다는 점에서

334) EuG v. 10.4.2008 - Rs. T-271/03, Slg. 2008, II-477.

335) EuGH v. 14.10.2010 - Rs. C-280/08.

336) EuGH v. 14.10.2010 - Rs. C-280/08, para. 159: "[…] it is not the level of the wholesale prices for local loop access services … or the level of retail prices for end-user access services which is contrary to Article 82 EC, but the spread between them."

337) 소매가격보다 도매가격이 큰 경우를 negative spread라 하며 원칙적으로 이윤압착이 인정되는 반면, 도매가격보다 소매가격이 큰 positive spread의 경우에는 원가를 추가로 고려하여 이윤압착 유무를 판단하게 된다.

소매시장에서 경쟁을 제한하였다고 판단하였다.[338)]

(다) **공정거래법상 이윤압착의 법리**

1) 금지요건

공정거래법 제5조 제1항 제5호는 시장지배적 사업자가 부당하게 경쟁사업자를 배제하기 위하여 거래하는 행위를 금지하고, 시행령 제9조 제5항 제1호는 경쟁사업자를 배제하는 수단으로서 통상거래가격보다 낮은 대가로 공급하는 행위를 정하고 있다. “포스코” 판결[339)]에 따를 경우 일반적으로 제1호에 해당하기 위해서는 ① 당해 가격이 통상거래가격에 비하여 낮은 것인지, 그리고 ② 당해 가격이 과연 경쟁사업자를 배제하기 위한 의도와 효과를 갖는지를 살펴보아야 한다. 이와 관련하여 심사기준은 ‘낮은 대가의 공급 또는 높은 대가의 구입’ 여부를 판단함에 있어서는 통상거래가격과의 차이의 정도, 공급 또는 구입의 수량 및 기간, 당해 품목의 특성 및 수급상황 등을 종합적으로 고려하는 한편, ‘경쟁사업자를 배제시킬 우려가 있는 경우’를 판단함에 있어서는 당해 행위의 목적, 유사품 및 인접시장의 존재여부, 당해 사업자 및 경쟁사업자의 시장지위 및 자금력 등을 종합적으로 고려하도록 규정하고 있다.

시장지배적 사업자가 후방시장에서 통상거래가격 이하로 판매하는 행위란 시장에서 흔히 발생하는 현상이다. 다만, 후방시장에서 통상거래가격 이하로 판매할 뿐만 아니라 수직통합 되지 않은 경쟁사업자에게 공급할 원재료의 가격을 그 이상으로 책정함으로써 경쟁사업자가 후방시장에서 경쟁할 수 있을 만큼의 이윤을 누릴 수 없게 하는 상황은 그리 흔한 일이 아니며, 이 경우에 비로소 이윤압착이 성립할 수 있는 것이다. 이윤압착을 통한 남용 여부를 판단함에 있어서는 다음과 같은 요소를 고려하여야 한다.

- 시장지배적 지위의 존재(특히, 전방시장에서 지배적 지위가 존재하여야 함)
- 후방시장에서 통상거래가격 미만의 가격(경쟁사업자의 원가는 통상거래가격의 산정에는 고려하지 않음)
- 전방시장에서 통상거래가격 이상의 가격 또는 통상거래가격과 유사하거나 그보다 낮은 경우에는 시장지배적 사업자의 후방시장에 대한 운영비용을 고려

338) EuGH v. 14.10.2010 - Rs. C-280/08, para. 251-253.

339) 대법원 2007.11.22. 선고 2002두8626 전원합의체 판결.

– 부당성(경쟁제한의 의도 및 효과) 판단 시 'as efficient competitor test' 활용

아래에서는 공정거래법상 약탈가격과 구별되는 이윤압착 형태의 남용이 성립할 수 있음을 전제로 주로 약탈가격과의 차이 및 통상거래가격의 산정방식, 그리고 부당성(경쟁제한의 의도와 효과)을 판단하는 과정에서 고려할 사항을 중심으로 살펴보기로 한다.

2) 약탈가격과의 차이

먼저, 법 제5조 제1항 제5호 전단 및 시행령 제9조 제5항 제1호가 이윤압착을 적절하게 포섭할 수 있는지, 그렇다면 약탈가격과의 차이는 무엇인지 여부를 살펴볼 필요가 있다. 이윤압착이란 공정거래법상 명정되지 않은, 실무에서도 상대적으로 흔하지 않고 학계에서도 거의 다루어지지 않은 형태의 남용으로서 많은 쟁점이 불확실한 채로 남아 있다.

그런데 제1호가 지나치게 낮은 가격을 이용한 경쟁사업자 배제를 규정하고 있다는 점에서 약탈가격과 유사하나, 무엇보다 시장지배적 사업자가 자신의 원가 이하로 가격을 책정하여 손실을 입는 상황을 전제로 하지 않고 있다는 점에서 전형적인 약탈가격과는 차이가 있다. 그런데 공정거래법상 시장지배적 사업자가 원가 이상이지만 통상거래가격보다는 낮은 수준으로 가격을 책정하더라도 경쟁사업자를 배제할 우려가 있으면 남용에 해당될 수 있기 때문에, 관건은 거래상대방 또는 소비자에게 유리할 수 있는 낮은 가격책정을 어떤 이유로 남용으로 보아 금지할 것인지 여부이다.

당초 약탈가격이란 시장지배적 사업자가 후방시장에서는 원가 이하로 가격을 책정하여 손실을 입더라도 전방의 원재료시장에서 높은 가격을 책정하여 이를 만회할 수 있을 뿐만 아니라 장기적으로 후방시장에서 경쟁사업자를 배제한 후에는 다시 가격을 경쟁 수준 이상으로 인상하여 그간의 손실을 보상받을 수 있다는 시나리오를 깔고 있다. 그리고 시장경제 하에서 원가 이하의 가격이란 도산이나 폐업 또는 신규진입 시 판촉전략 등을 이유로 일시적으로 행해질 수 있을 뿐 원칙적으로 비정상적인 경제행위이고, 그것이 경쟁제한의 의도와 효과를 갖는 경우에는 남용에 해당할 수 있는 것이다.

반면, 이윤압착이란 ① 시장지배적 사업자가 전·후방시장에 걸쳐서 수직통합을 이루고 있고, ② 당해 사업자가 후방시장에 필수적인 원재료를 독점적으로 공급

함으로써 ③ 결국 당해 사업자가 전·후방시장의 가격을 결정할 수 있는 지위를 이용하여 후방시장에서 활동하는 경쟁사업자의 마진을 축소하거나 제거하는 행위를 가리킨다. 따라서 이윤압착의 경우에 적어도 이론상으로는 시장지배적 사업자가 후방시장에서 자신의 원가 또는 통상거래가격 이하로 판매하였을 것이 요구되지 않는다. 통상거래가격 이하의 판매는 그 자체가 시장경제에서 흔히 발생하는 것이고, 특히 비용 면에서 경쟁력이 뛰어난 시장지배적 사업자라면 통상거래가격 이하로 판매하더라도 손실이 아니라 나름 충분한 이윤을 누릴 수 있기 때문이다.

다만, 시장지배적 사업자가 후방시장에서 통상거래가격 이하로 판매하는 경우에는 추가로 전방시장에서 원재료의 가격을 그보다 높게 책정하였는지를 고려할 필요가 있을 것이다. 관건은 전·후방시장에서의 가격차이의 유무와 정도, 그리고 그 차이가 후방시장의 경쟁사업자가 존속할 수 있을 정도의 이윤을 곤란하게 하는지 여부이다.

3) 통상거래가격의 산정방식

약탈가격과 관련하여 공정거래법은 먼저 시장지배적 사업자가 낮은 가격을 책정하였는지를 판단하는 기준으로서 '통상거래가격'을 제시하고 있으며, 이는 특정 경쟁사업자의 원가나 가격을 가리키는 것이 아니라 이른바 '시장가격' 내지 '정상가격'을 의미하는 것으로 해석된다. 그런데 통상거래가격을 산정하는 일은 어떤 면에서는 약탈가격에 요구되는 원가산정[340]보다 더욱 어려운 작업이다.

이와 관련하여 공정거래위원회는 "케이티" 사건 및 "엘지유플러스" 사건에서 기업메시징서비스시장의 통상거래가격을 일률적으로 정하기 어렵다는 전제 하에 자신이 다른 기업메시징사업자들에게 제공하는 '전송서비스의 건당 평균 최저 이용요금 단가'를 객관적으로 가정할 수 있는 최저 수준의 통상거래가격에 해당한다고 보았다.[341]

---

340) Faull/Nikpay, Ibid, p. 170; Emmerich, a.a.O., S. 445－446. 유럽의 경우에도 조약 제102조의 시장지배적 지위남용 중에서 약탈가격책정을 입증하기 위해서 종래 위원회나 유럽법원은 무엇보다 '원가기준'을 확립한 바 있고, Wanadoo 사건에서도 위원회나 유럽법원은 이 기준을 적용하였다. 그에 따르면 한계비용 이하의 가격책정은 자동적으로 남용으로 추정되고, 한계비용은 충당되지만 평균총비용에 미치지 못하는 가격책정은 경쟁사업자를 배제할 의도가 입증되는 경우에 한하여 남용으로 볼 수 있다고 한다. Comm., Case No. COMP/38.233, "Wanadoo Interactive" 및 CFI, Case T－339/04 France Télécom v. Commission [2007] ECR II－521.

341) 공정거래위원회 2015.2.23. 전원회의 의결 제2015－049호, 제2015－050호, 12면.

이에 반하여 서울고등법원은 통상거래가격을 “효율적인 경쟁사업자가 당해 거래 당시의 경제 및 경영상황과 해당 시장의 구조, 장래 예측의 불확실성 등을 고려하여 일반적으로 선택하였을 때 시장에서 형성되는 현실적인 가격”이라고 보았다.[342] 그 근거로 서울고등법원은 통상거래가격이란 문리적으로 기업메시징서비스가 시장에서 거래되는 가격이지 원재료에 해당하는 전송서비스의 가격을 가중평균하여 산출하거나 거기에 일정한 이윤을 더하여 산출될 수 있는 것이 아니라는 점을 지적하였다. 서울고등법원은 설사 공정거래위원회와 같은 방식을 취하더라도 공급비용 산정 자체가 오류라고 보았는데, 이때 문제된 엘지유플러스의 공급비용을 고려하지 않고 경쟁사업자(여기서는 후방시장인 기업메시징서비스시장의 경쟁사업자)의 공급비용을 기준으로 산정할 경우 해당 시장지배적 사업자가 기술혁신 등으로 공급비용을 낮추더라도 그간 형성된 시장가격을 낮출 없게 된다는 것이 되고, 경쟁사업자의 비용보다 높은 가격을 책정하도록 규제하는 것은 비효율적인 경쟁사업자를 보호하고 소비자에게 유리한 가격인하를 억제하게 된다는 등의 문제점을 언급하였다.

반면, 대법원은 다시 공정거래위원회의 접근방법이 불합리하다고 단정할 수 없다고 보아, 결론적으로 기업메시징서비스의 통상거래가격은 적어도 경쟁관계에 있는 기업메시징사업자들의 필수 원재료인 전송서비스의 구입비용을 상회할 것으로 추단하였다.[343] 다만, 위 사건을 이윤압착의 관점에서 접근할 경우에 해석론상 고려할 몇 가지만을 살펴보자.

첫째, 시장지배적 사업자가 기업메시징서비스의 가격과 원재료에 해당하는 전송서비스의 가격을 모두 결정할 수 있는, 다시 말해서 전·후방시장의 가격구조를 전적으로 통제할 수 있는 상황에서 공정거래위원회·대법원이 서울고등법원 모두 후방시장인 기업메시징서비스의 가격산정 및 해당 가격의 정확성에만 초점을 맞추고 있는 것이 과연 타당한지 여부이다. 이윤압착의 본질은 시장지배적 사업자의 원가도 아니고 (경쟁이 제한되는 시장인) 후방시장에서의 통상거래가격도 아니며, 전·후방시장에서의 ‘인위적인 가격차이두기’이기 때문이다. 공정거래위원회가 입증해야 하는 핵심요소는 후방시장의 경쟁사업자들에게 기대가능한 마진이 매우 불충분

342) 서울고등법원 2018.1.31. 선고 2015누38131 판결.

343) 대법원 2021.6.30. 선고 2018두37700 판결; 대법원 2021.6.30. 선고 2018두37960 판결.

하다는 점이다. 이를 위한 방법론 중 하나가 바로 "imputation test"로서, 후방시장에서의 운영비용을 산정하여 함께 고려하는 것이다.[344)]

둘째, 당초 위 사건에서 공정거래위원회가 시장지배적 사업자가 통상거래가격보다 낮은 대가로 공급하여 경쟁사업자를 배제하는 행위를 단순한 약탈가격(掠奪價格)의 문제로 접근하지는 않았는지도 의문이다. 공정거래위원회는 의결서에서 약탈가격이나 이윤압착이라는 용어를 전혀 사용하지 않고 있기 때문에 그 취지를 단언하기 어려우나, 일견 시장지배적 사업자가 기업메시징서비스의 요금을 원가보다도 낮은 가격에 판매하였음을 강조하고 있는 점에서 약탈가격에 가깝게 판단하고 있다는 평가가 가능하다. 그런데 엘지유플러스가 전송서비스시장과 기업메시징서비스시장에서 모두 시장지배적 지위에 있다면 후방시장에서 공급비용보다 낮은 가격에 판매하였는지 여부가 아니라 두 시장에서 책정한 가격 간의 관계가 관건이라는 점에서 이윤압착을 약탈가격과 구별되는 별도의 행위유형으로 인정할 실익이 있을 것이다.[345)]

4) 이윤압착의 경쟁제한성

서울고등법원은 예비적으로 이 사건 행위가 경쟁사업자를 배제할 의도와 효과를 갖는지에 관하여 살펴보면서 공정거래위원회와 달리 부당성이 사실상 추정될 정도의 경쟁제한효과가 발생하였다거나 입증되었다고 보기 어렵고, 나아가 소비자후생이나 기업메시징서비스시장에서의 혁신, 다양성이라는 관점에서 경쟁사업자를 배제할 우려가 있는 행위로 보기로 어렵다고 판단하였다. 반면, 대법원은 엘지유플러스나 케이티와 같이 수직통합된 시장지배적 사업자가 전송서비스 최저판매단가(도매가격) 미만으로 기업메시징서비스의 가격(소매가격)을 책정하는 상황(이른바, negative spread)이 지속되는 경우에는 통상적인 경쟁사업자가 기업메시징서비스시장에서 특별한 사정이 없는 한 효과적으로 가격경쟁을 할 수 없고, 결국 경쟁에서 배제될 개연성이 크고, 이와 같은 경우에는 그 행위 자체에 경쟁을 제한하려는 의도와 목적이 추정될 수 있다고 판시하였다. 방법론의 차원에서 몇 가지 첨언하고자 한다.

---

344) Liyang Hou, Some aspects of price squeeze within the EU: a case law analysis, E.C.L.R., 2011, p. 250, 255.

345) 대법원은 이윤압착이 독자적인 시장지배적 지위남용행위의 일 유형에 해당하는지에 관하여 분명한 입장을 취하지 않고 있다. 대법원 2021.6.30. 선고 2018두37700 판결.

전술한 독일과 유럽의 예에서 알 수 있는 바와 같이, 도매요금에 비하여 소매요금이 낮더라도(negative spread) 그러한 가격전략을 언제나 남용으로 볼 수 있는지는 의문이다. 이윤압착의 관점에서 중요한 것은 전·후방시장에서의 인위적 가격차이가 후방의 기업메시징시장에서 독자적인 망(網)을 보유하지 않고 경쟁하는 사업자로 하여금 효과적인 경쟁을 할 수 있는 여지를 제거하지는 않는지 여부이기 때문이다. 이 점에서 공정거래위원회와 대법원의 접근방법은 도매요금을 통상거래가격으로 보고 소매요금이 그보다 낮다는 점(이윤압착의 존재)을 인정한 후 그로부터 당연히 경쟁제한의 의도나 효과를 추단하고 있다는 점에서 문제된 가격차이가 다른 사업자의 경쟁가능성에 미치는 영향을 충분히 분석하지 않고 있다는 점에서 한계가 있어 보인다.

나아가 공정거래법상 통상거래가격 이하의 가격책정으로 경쟁사업자가 배제될 우려가 있더라도 그것이 시장지배적 사업자의 보다 우월한 효율성에서 비롯되는 경우에는 금지되어서는 안 된다. 그렇다면 시장지배적 사업자의 전·후방시장에서의 가격구조를 고려하여 후방시장에서 시장지배적 사업자가 통상거래가격보다 낮은 대가를 책정한 것이 자신의 원가에 비추어 보다 나은 효율성을 보여주는 것이라거나 시장지배적 사업자가 전방시장에서 다른 경쟁사업자에게 판매한 가격으로 원재료를 구매할 경우에도 후방시장에서 현재와 같이 (통상거래가격보다) 낮은 가격을 유지할 수 있을 것이라는 점이 인정되는 경우에는 경쟁제한의 의도를 부인할 수 있을 것이다.[346] 다른 경쟁사업자들이 비용상의 열위에도 불구하고 후방시장에서 효과적으로 경쟁할 수 있는 특별한 사정이 있는지도 함께 고려하지 않으면 안 된다.

한편 전·후방시장 모두에서 시장지배적 지위에 있는지, 아니면 전방시장에서만 시장지배적 지위에 있는지 여부에 따라 이윤압착을 원칙적으로 남용으로 볼지 아니면 구체적으로 여러 시장상황 등을 고려하여 남용을 인정할 것인지도 여전히 의문이다. 전·후방시장 모두에서 시장지배적 지위에 있다는 사정이 부당성 판단에 어떤 영향을 미치는지에 관하여 대법원도 직접 언급하지는 않고 있다. 이러한 사정이 negative spread와 결부될 경우에 경쟁제한의 의도나 효과를 보여주는 강력한

346) 경쟁제한효과는 시장지배적 사업자의 우월한 효율성에서 비롯될 수도 있고, 이 경우에는 남용 내지 부당성을 인정할 수 없을 것이다.

정황증거가 될 수 있을 것이다.

생각건대, 경쟁당국은 전방시장의 가격을 이용한 경쟁사업자 배제를 경계하는 한편, 후방시장에서 설비투자 없이 경쟁하고 있는 사업자들이 무임승차(free riding)하는 것을 조장해서도 안 된다. 즉, 설비투자를 행한 기간통신사업자의 경쟁상 이점을 어느 정도 인정하면서 기업메시징분야의 여타 경쟁사업자들이 진입하여 경쟁할 수 있는 여건을 마련해야 하는 것이다. 이들 사건에서 설비를 보유한 사업자와 보유하지 않은 사업자가 어느 정도 '대등한 조건'(level playing field) 하에서 경쟁할 수 있는 적정한 요금조건을 고민해야 하는 이유이다.

나. 부당한 배타조건부거래

(1) 배타조건부거래의 성립 여부

공정거래법 시행령 제9조 제5항 제2호는 명문으로 경쟁사업자와 거래하지 않는 '조건'으로 거래하는 행위를 규정하고 있다. 문리적 해석에 의하면 명시적 또는 묵시적으로 배타조건에 관한 '합의'가 존재할 경우에 배타조건부거래가 쉽게 인정될 것이다(합의에 의한 배타조건). 문제는 배타조건에 관한 아무런 합의 없이 강제 또는 유인을 통하여 결과적으로 배타성(exclusivity)을 야기하는 행위를 동호의 배타조건부거래로 포섭할 수 있는지 여부이다. 공정거래위원회의 실무와 판례는 유인에 의한 배타조건부거래를 폭넓게 인정하는 반면, 경쟁사업자와 거래 시 불이익을 제공하는 등 배타조건을 강제할 수 있는 한 약정의 유무와 상관없이 배타조건부거래에 해당한다고 판단하는 등 사실상의 배타조건부거래를 널리 동호에 포섭시킴으로써 대체로 긍정설에 가깝게 해석하고 있다.

대표적인 예가 "현대모비스" 판결[347]이다. 이 사건에서 대법원은 현대모비스가 2004년부터 2007년 사이에 자사의 대리점에 순정품을 취급하도록, 다시 말하자면 그와 경쟁관계에 있는 비순정품의 취급을 금지하였으나 대리점의 의무위반에 관한 불이익을 정하는 조항을 두지 않아서 어떤 불이익을 강제할 수 있었다고 보기 어려운 이상 배타조건부거래 자체가 성립하지 않는다고 보았다. 반면, 2008년 이후에 비로소 순정품 취급의무를 위반한 대리점에게 부품공급가격을 할증하고 기존의 할인혜택을 폐지하는 등 거래조건에서 불이익을 주거나 대리점계약의 갱신을 거절하거나 해지할 수 있도록 하는 조항을 두었는바, 이러한 행위는 배타조건부거래에 해

347) 서울고등법원 2012.2.1. 선고 2009누19269 판결; 대법원 2014.4.10. 선고 2012두6308 판결.

당한다는 것이다.

생각건대, 불이익제공이나 공급중단 등 배타조건의 실효성을 담보할 수 있는 수단을 통하여 구속성이나 강제성을 갖추고 있는 경우에 동호가 정하는 배타조건부거래에 해당하는 것이고, 이 점에서 판례가 타당하다. 배타조건에 관한 합의의 유무는 중요하지 않다. 배타조건을 약정하였더라도 거래상대방이 이를 위반하였을 때에도 아무런 제재나 불이익이 없다면 시장에 별다른 영향을 미치지 않을 것이고, 그러한 약정이 없더라도 시장지배적 사업자가 일방적으로 배타조건을 강제할 수 있는 경우에는 경쟁제한효과가 발생할 우려가 있을 것이기 때문이다. 다만, 거래당사자 사이에 이해관계가 일치하여 배타조건이 명시적 또는 묵시적으로 합의된 경우라면 달리 실효성 확보수단의 유무를 따질 필요 없이, 당해 배타조건부거래가 봉쇄효과 등을 통하여 관련시장에서 상당한 경쟁제한효과를 야기할 우려가 있는지만 판단하면 족할 것이다. 다만, 시장지배적 사업자가 배타조건을 강제하는 경우에는 불공정거래행위가 동시에 성립할 수 있음에 유의하여야 한다.

반면, 경제적 보상을 이용한 유인(誘因; inducement)으로 배타조건과 유사한 결과가 야기되는 경우는 달리 파악할 소지가 있다. '조건부 리베이트'(conditional rebate)의 경우를 생각할 수 있는바, 일률적으로 배타조건부거래의 성립을 인정하는 데에는 신중을 요한다.[348] 경쟁사업자와 거래하지 않을 것을 조건으로 거래하는 정도의 유인체계가 존재하는지가 중요하기 때문이다. 즉, 거래상대방이 경쟁사업자와의 거래 여부나 경쟁사업자로부터의 구매물량 또는 비중 등을 그때그때 자율적으로 정하고 있다거나 실제로 구매량의 일정 부분을 경쟁사업자와 거래하고 있어 배타성이 현저히 크지 않다면, 이러한 불완전 배타적 거래를 배타조건부거래로 추단할 수는 없을 것이다. 배타적 거래의 유인을 배타조건부거래로 파악하는 것은 법해석상 일종의 유추(類推; Analogie)로서 공정거래법상 과도한 유추적용은 허용되지 않아야 하기 때문이다.

348) 일부 학설은 사실상 일방적으로 부과되거나 경제적으로 유인되는 형태의 거래도 배타조건부거래에 포함시키고 있는바(홍대식, "배타조건부거래행위, 경쟁제한성 기준인가 강제성 기준인가?", 법조 통권 제661호, 2011.10, 145면), 계약상 구매량의 일부를 여전히 경쟁사업자로부터 구매하고 있거나 구매할 여지가 있는 거래까지 배타조건으로 파악하는 것은 곤란하다.

[보론] 합의와 강제

공정거래법은 일방적 행위와 합의를 명시적으로 구분하여 규정하고 있지 않다. 법 제19조의 부당한 공동행위만이 합의에 의한 경쟁제한을 금지하는 것은 아니며, 시장지배적 지위남용이나 불공정거래행위 중에도 행위형식은 합의인 경우가 적지 않다. 그런데 시장지배적 지위남용이나 불공정거래행위에는 경쟁제한성 외에 성과나 능률에 기초하지 않은 경쟁 내지 거래수단이나 거래내용의 불공정성을 문제 삼는 행위가 포함되어 있기 때문에 개별 사례에서 진정한 자유의사의 합치와 상대방의 내면의 의사에 반하는 의사표시에 대한 사실상 강제 내지 강요를 구별할 필요가 있다. 전자의 경우라면 시장경쟁에 미치는 부정적 효과를 이유로 합의의 양 당사자를 모두 제재하는 것이 논리적으로 타당하다. 예컨대 부당한 공동행위의 경우에 참가한 사업자 모두가 자의에 의하여 경쟁제한적인 합의에 이르게 되었다면 이들 모두가 법위반사업자로서 시정조치 내지 과징금의 부과대상이 된다. 반면, 후자의 경우에는 합의에 참가한 당사자 모두를 처벌하는 것은 적절하지 않다. 경쟁제한적인 내용으로서 위법하다고 평가받는 합의에 이르게 된 의사표시가 거래상대방에 의하여 사실상 강제 또는 강요에 의한 것이라면 그러한 의사표시를 한 자가 아니라 이를 강요한 사업자가 법위반사업자로서 제재를 받는 것이 타당할 것이기 때문이다.

이때 강요 내지 강제된 의사표시는 반드시 민법 제107조의 비진의표시의 요건이나 제108조의 통정한 허위의 의사표시 내지 제110조의 사기·강박에 의한 의사표시의 요건을 만족할 필요는 없고, 마찬가지로 형법상의 강요죄의 금지요건에 해당할 필요도 없다. 강요 내지 강제된 합의인지에 대한 판단은 공정거래법의 관점에서 해석되면 족하고, 민법이나 형법상의 평가에 의한 법률효과가 발생할 것을 요건으로 하지 않는다.

이러한 관점에서 이를테면 시장지배적 사업자의 배타조건부거래가 문제되는 경우에 양 당사자의 자발적인 합의가 있다면 오로지 경쟁제한의 의도와 효과를 중심으로 남용 여부를 판단하여야 할 것이다. 반면, 시장지배적 사업자가 외관상 합의라는 형식의 존부와 무관하게 실제로는 일방적으로 거래상대방에게 배타조건을 강요한 경우라면 그러한 행위에 이미 어느 정도 위법성이 내포되어 있을 뿐만 아니라, 배타조건의 실효성을 담보할 수 있는 장치의 유무 등을 살펴서 배타조건부거래의 성립 여부를 따져보아야 할 것이다.

(2) 배타조건부거래의 부당성

약정에 의한 배타조건부거래는 전속대리점이나 특약점 등의 형태로 우리나라에서도 널리 활용되고 있으며, 일부 강요에 의한 경우도 남용으로 문제된 바 있다. 경제적 유인에 의한 배타조건부거래는 다양한 리베이트의 형태로 이루어지고 있다. 그런데 배타조건부거래 그 자체는 양 당사자 모두에게 이익이 되는 것으로서 거래실무에서 널리 활용되고 있으며, 예외적으로 시장지배적 사업자가 경쟁을 제한할 의도와 목적을 가지고 실제로 그러한 경쟁제한효과가 발생할 우려가 있는 경우에만 금지된다. 심사기준은 단지 경쟁사업자의 대체거래선 확보의 용이성, 당해 거래의 목적·기간·대상자 및 당해 업종의 유통관행 등을 종합적으로 고려한다고만 규정하고 있는바(심사기준 Ⅳ. 5. 나.), 그간 대법원 판례의 태도를 반영하지 않은 것으로 보인다.

배타조건부거래의 부당성, 특히 경쟁제한의 의도와 목적에 대하여 판례는 "포스코" 판결[349]에 약간의 변형을 가한 법리를 제시한 바 있다. 즉, "농협" 판결[350]에서는 농협중앙회가 남해화학 등 10개 비료제조회사들에 대하여 화학비료를 자신의 경쟁사업자들에게는 판매하지 아니하고 자신에게만 배타적으로 판매하도록 하는 전속거래계약을 체결한 행위가 문제되었다. 동 판결에서 대법원은 배타조건부거래 행위는 거래상대방이 자신의 경쟁사업자와 거래하지 아니할 것을 조건으로 거래하는 것으로서 통상 행위 자체에 경쟁제한의 목적이 포함되어 있다고 볼 수 있는 경우가 많을 것이라고 판시함으로써, "포스코" 판결에서 보였던 경쟁제한의 의도 내지 목적에 대한 입증을 한층 용이하게 한 바 있다. 다만, 특정한 행위유형으로부터 그 부당성을 도출하려는 '행태중심의 접근방법'(form-based approach)이 여전히 유지되고 있다는 지적[351]도 있는바, 오히려 반대로 보는 것이 합당할 것이다. 통상 배타조건부거래는 경쟁법적으로 가치중립적인 행위이고, 통상적으로는 합리적인 이유가 있게 마련인데, 그로부터 경쟁제한의 의도를 추단할 경우에는 결국 경쟁제한효과만으로 이를 금지하게 되는 우(遇)를 범하게 될 것이기 때문이다. 즉, 이 사건에서 법원은 '효과중심의 접근방법'(effects-based approach)을 보다 강화한 것으로 보아야 하고, 이 점에서 남용의 핵심적인 징표를 간과하고 있다는 비판이 가능할 것이다.

349) 대법원 2007.11.22. 선고 2002두8626 전원합의체 판결.

350) 대법원 2009.7.9. 선고 2007두22078 판결.

351) 권오승·서정(제4판), 171-172면.

나아가 위 사건에서 대법원은 농협이 자신의 시장지배력을 유지할 목적으로 경쟁사업자를 배제하기 위하여 비료 제조회사들과 사이에 이 사건 구매납품계약을 체결한 것으로 보이는 점, 경쟁사업자인 비료제조회사의 영업소나 판매대리점 등을 통한 식량작물용 화학비료의 시중판매를 원천적으로 봉쇄함으로써 식량작물용 화학비료 유통시장에서 이들을 배제하는 결과를 초래할 우려가 있는 점, 더욱이 이 사건 구매납품계약이 체결된 2006년 1월부터 2006년 6월까지 식량작물용 화학비료의 시장점유율을 보면 농협이 여전히 100%에 가까운 시장점유율을 보이고 있는 반면 경쟁사업자인 일반 시판상들의 시장점유율은 전년도보다 오히려 악화된 0%를 보이고 있어 현실적으로 경쟁제한효과가 발생한 것으로 보이는 점 등을 들어 경쟁제한효과를 인정하였다.[352)]

또한 "이베이지마켓" 판결[353)]에서 오픈마켓을 운영하는 회사가 자신이 운영하는 오픈마켓에 입점하여 상품을 판매하는 사업자들 중 다른 회사가 운영하는 쇼핑몰에도 입점해 있던 7개 사업자들에게 자신의 오픈마켓에서 판매가격을 인하하거나 다른 회사의 쇼핑몰에서 판매가격을 인상할 것 등을 요구하고, 다른 회사의 쇼핑몰에 올려놓은 상품을 내리지 않으면 자신의 메인 화면에 노출된 상품을 빼버리겠다고 위협한 행위에 대하여, 공정거래위원회는 시장지배적 지위남용행위로서 배타조건부거래에 해당한다는 이유로 시정명령과 과징금 납부를 명하였는데, 대법원은 당해 시장지배적 사업자의 행위로 인하여 7개 사업자들이 다른 회사와 거래를 중단한 기간은 주로 1, 2개월이고, 짧게는 14일, 길게는 7개월 보름 남짓에 불과한 점, 행위의 상대방들이 전체 판매업체들 중 차지하는 비율이 미미한 점 등에 비추어 보면 당해 시장지배적 사업자의 행위로 인하여 다른 회사가 매출부진을 이기지 못하고 오픈마켓시장에서 퇴출된 것인지, 다른 신규사업자의 시장진입에도 부정적인 영향을 미쳤는지 명백하지 않음에도 불구하고, 위 행위가 부당한 배타조건부거래행위에 해당한다고 본 원심판결에 법리를 오해한 위법이 있다고 보아 파기환송하였다.

---

352) 대법원 2009.7.9. 선고 2007두22078 판결. 이 판결에서 식량작물용 화학비료시장에서 실제로 경쟁제한효과가 발생하였다면 "포스코" 법리에 따를 경우 경쟁제한의 의도와 목적은 오히려 추정되는 것으로 보았어야 할 것이다.

353) 대법원 2011.6.10. 선고 2008두16322 판결; 공정거래위원회 2007.12.18. 의결 제2007-555호("인터파크지마켓" 사건).

그 밖에 "인텔" 판결[354] 및 "퀄컴 I" 판결[355]에서 소급적·누진적 구조를 갖는 이른바 충성리베이트(loyalty rebate)를 시행한 행위가 문제되었는데, 공정거래위원회는 경쟁사업자와의 거래를 전면적으로 금지하지 않더라도 경쟁사업자로의 구매전환을 어렵게 함으로써 경쟁사업자를 배제할 수 있다고 판단하여 남용을 인정하였다. 조건부 리베이트에 관한 남용사례에서는 모두 유인에 의한 사실상의(de facto) 배타조건부거래가 문제되었다.

6. 소비자이익 저해행위

가. 법적 성격

공정거래법의 목적이 궁극적으로 소비자후생을 증진하는 데에 있다면 동법이 금지하는 행위는 직·간접적으로 소비자후생을 저해하는 것으로 이해할 수 있다. 특히 경제학의 관점에서는 경쟁제한성을 위법성의 요체로 삼고 있는 행위라도 경쟁제한효과란 무엇보다 가격인상 및 이를 통한 소비자이익의 감소로 포착되기 때문에 결국 소비자후생의 저해로 이어지게 마련이다. 그렇다면 공정거래법이 굳이 시장지배적 지위남용의 하나로 소비자이익 저해행위를 명정하고 있는 까닭은 무엇인가?

규범적 관점에서 공정거래법의 목적 또한 공정하고 자유로운 경쟁의 보호에 있고, 개별 금지행위의 요건은 법령이 구체적으로 정한 바에 따라 해석되어야 한다. 예컨대, 부당한 공동행위의 위법성을 판단함에 있어서 원칙적으로 경쟁을 제한하는 합의가 입증되면 족한 것이고, 어떤 공동행위가 소비자의 이익에 부합하는지 여부는 중요하지 않은 것이다. 남용의 경우도 마찬가지이다. 시장지배적 사업자가 경쟁제한의 의도나 목적을 가지고 실제로 그러한 효과를 야기할 우려가 있는 행위를 한 경우에 방해남용이 성립하는 것이고, 그 밖에 소비자후생의 감소를 가져올 수 있는 남용의 유형과 요건은 입법정책의 문제이다. 뿐만 아니라 경쟁제한효과와 소비자후생의 감소를 그 실질에 있어서 동일한 것으로 파악할 경우에는 자칫 공정거래법상 금지행위를 달리 규정한 취지를 설명할 수 없다.

---

354) 공정거래위원회 2008.11.5. 의결 제2008-295호; 서울고등법원 2013.6.19. 선고 2008누35462 판결. 동 판결은 상고제기가 없어 확정되었다.

355) 공정거래위원회 2009.12.30. 의결 제2009-281호; 서울고등법원 2013.6.19. 선고 2010누3932 판결; 대법원 2019.1.31. 선고 2013두14726 판결.

이러한 맥락에서 공정거래법은 경쟁을 제한하는 방해·배제행위를 규정하는 외에 부당한 가격결정이나 출고량 조절 및 소비자이익을 저해하는 행위를 별도의 남용행위로 열거하고 있는 것이다. 그럼에도 불구하고 동 행위의 해석에 관한 한 많은 불확실성이 남아 있는 점은 부인하기 어렵다.

나. 명확성의 원칙 위배 여부

공정거래법 제5조 제1항 제5호 후단의 소비자이익 저해행위의 구체적인 유형 및 판단기준에 관하여 시행령이나 심사기준 모두 아무런 언급을 하고 있지 않다. 따라서 다른 남용행위와 달리 소비자이익 저해행위를 해석함에 있어서 불확실성이 매우 크다. 이러한 맥락에서 과거 제5호 후단이 헌법상의 명확성 원칙에 위반되는지 여부가 다투어진 적이 있다. 후술하는 “씨제이헬로비전”(구 씨제이케이블넷) 사건에서 사업자는 이와 같은 이유로 위헌법률심판 제청신청을 하였으나, 서울고등법원은 동호의 내용이 다소 광범위한 해석의 여지를 두고 있으나 그 필요성이 인정되고 시장지배적 사업자의 입장에서 그 해당 여부를 판단할 수 있다는 등의 이유를 들어 명확성의 원칙에 위반되지 아니한다고 판시한 바 있다.[356)]

그 후 대법원은 법치국가(法治國家) 원리에서 파생되는 명확성의 원칙은 법적 안정성과 예측가능성을 확보하고 법집행당국에 의한 자의적 집행을 방지하기 위하여 기본적으로 모든 기본권제한 입법에 대하여 요구되는 바, 규율대상이 지극히 다양하거나 수시로 변화하는 성질의 것이어서 입법기술상 일의적으로 규정할 수 없는 경우에는 명확성의 요건이 완화되어야 하고, 당해 규정이 명확한지 여부는 문언만이 아니라 관련 조항을 유기적·체계적으로 종합하여 판단하여야 한다는 전제[357)] 하에, 제5호 후단의 규율대상은 그 내용이 지극히 다양하고 수시로 변하는 성질이 있어 이를 일일이 열거하는 것은 입법기술적으로 불가능한 점, 제5호의 금지요건에 관한 판단은 공정거래법의 입법목적을 고려하고 다른 여러 유형의 남용행위 등과 비교하는 등 체계적·종합적 해석을 통하여 구체화될 수 있는 점, 제5호의 수범자가 시장지배적 사업자로서 일반인에 비하여 상대적으로 규제대상 행위

356) 서울고등법원 2008.8.20. 선고 2007아335 결정. 법 제3조의2(현행법 제5조) 제1항 제5호 후단이 명확성 원칙에 반하는지에 관하여 자세한 논의는 이봉의·전종익, “공정거래법 제3조의2 제1항 제5호 후단 “소비자이익 저해행위” 금지의 위헌성 판단 — 명확성의 원칙을 중심으로”, 법학 제49권 제3호, 서울대학교 법학연구소, 2008, 265면 이하. 그 후 대법원은 제5호가 명확성의 원칙에 반하지 않음을 전제로 남용요건을 판단하였다(대법원 2010.2.11. 선고 2008두16407 판결).

357) 헌법재판소 1999.9.16. 선고 97헌바73 결정 등.

에 관한 예측가능성이 크다는 점 등을 고려할 때 명확성원칙에 반하지 않는다고 판시하였다.[358)]

그럼에도 불구하고 형사벌까지 예정하고 있는 소비자이익 저해행위에 대하여 공정거래위원회가 세부유형과 기준을 정하지 않고 방치해두는 상태는 전혀 바람직하지 않으며,[359)] 추후 시행령 및 심사기준 개정으로 해결할 필요가 있다.

다. 금지요건

공정거래법 제5조 제1항 제5호 후단에 해당하기 위해서는 ① 소비자이익을 저해하는 행위가 존재하여야 하고, ② 소비자이익 저해의 정도가 현저하여야 하며, ③ 당해 행위가 착취남용을 규제하는 취지에 비추어 부당하여야 한다.

(1) 소비자이익의 저해행위

소비자란 이용자나 중간소비자를 포함하는 거래상대방과 구별되는 개념으로서 최종소비자를 말한다. 그리고 '소비자이익'이란 소비자후생(consumer welfare)과 구별되며, 공정거래법상 착취남용 금지의 취지에 맞게 해석하여야 한다. 소비자이익이 무엇인지에 관하여 학설과 판례를 찾기 어렵다. 사견으로는 입법취지에 비춰 볼 때 시장지배적 사업자가 가격인상 이외의 방법으로 소비자에게 불리하도록 거래조건을 결정·변경하는 행위로 보는 것이 타당하다. 착취남용을 금지하는 일반조항이 없는 이상 제5호는 제1호(부당한 가격결정)로 포섭할 수 없는 여타의 착취남용을 널리 포섭하는 역할을 담당하는 '작은 일반조항'(kleine Generalklausel)으로서 실익이 있다.[360)]

이와 달리 소비자이익 저해행위가 별도의 남용유형이 아니라 법 제5조 제1항에 규정된 나머지 5개 남용행위 중에서 소비자이익 저해가 극심한 경우로서 이를 규제하여 소비자보호를 확충하는 의미를 갖는다는 견해도 있다.[361)] 남용의 본질을

358) 대법원 2010.5.27. 선고 2009두1983 판결.

359) 윤인성, "'부당하게 소비자의 이익을 현저히 저해할 우려가 있는 행위'에 관한 소고", 행정판례연구 제16-2집, 2011, 201-202면.

360) 양대권, "부당한 소비자이익의 현저한 저해행위'에 관한 고찰", 경쟁법연구 제33권, 102면 이하; 김정중, "소비자이익 저해행위의 성립요건 중 현저성과 부당성의 판단 기준", 대법원판례해설 제84호, 2010 상반기, 18면; 이완희, "시장지배적 지위남용행위로서 다른 사업자의 사업활동을 부당하게 방해하는 행위에 해당하는지 여부", 대법원판례해설 제89호, 2011 상반기, 908면; 강우찬, "소비자이익의 현저한 저해행위'의 판단방법", 공정거래법 판례선집, 2011, 107면.

361) 이영대·최경규, "시장지배적 지위 남용행위 중 소비자이익저해행위에 대한 규제방안", 경쟁법연구 제27권, 2013, 70-71면.

소비자이익의 침해에서 찾는 것이다. 그러나 공정거래법은 경쟁보호와 소비자보호를 남용규제의 목적에 포섭하고 있으며, 방해남용이 성립하는 경우에 굳이 그 입증도 어려운 소비자이익의 현저한 저해를 추가로 금지할 실익이 없다는 점에서 타당하지 않다.

그 밖에 제3호나 제5호 전단의 방해·배제남용과 불필요한 중첩을 피하고 금지요건의 명확성을 최대한 담보한다는 차원에서도 경쟁보호를 통하여 간접적으로 보호되는 소비자의 이익은 포함되지 않는 것으로 해석하는 것이 타당하다.[362] 이때 소비자의 생명이나 신체상 이익은 경쟁을 통하여 보호할 이익으로 보기 어렵고, 보기에 따라서는 시장지배적 사업자보다 일반사업자에 의해서 침해될 소지가 더 크며, 이러한 이익을 보호하는 것은 소비자보호법의 1차적인 책무라는 점에서 마찬가지로 제5호 후단이 보호하고자 하는 소비자이익에 해당하지 않는 것으로 보아야 할 것이다.

반면, 제5호 후단의 소비자이익에 제품의 품질이나 다양성, 소비자의 선택의 자유나 혁신, 다양한 편의성 등 비경제적 이익이 포함되는지 여부에 대해서는 학설이 대립하고 있다. 부정설은 소비자이익의 범위를 지나치게 확장할 경우 남용규제가 자칫 소비자보호규범으로 변질될 우려가 있고, 여타 남용행위의 엄격한 요건과 균형이 맞지 않을 뿐만 아니라 실무상 다분히 추상적인 소비자이익의 저해가능성을 이유로 경쟁법이 개입하는 것은 바람직하지 않다는 이유를 들어 소극적이다.[363] 생각건대, 제5호 후단이 제1호를 보완한다는 점을 감안하여,[364] 생명·신체를 제외한 여타의 경제적·비경제적 이익을 널리 포함하는 것으로 보아야 하며, 독과점을 규제하는 공정거래법의 취지와 착취남용의 성격을 감안할 때 제한적 긍정설이 타당하다.

공정거래위원회의 실무도 긍정설에 가깝다. 예컨대, PC용 운영체제 시장에서 시장지배력을 가지고 있는 마이크로소프트가 인터넷 메신저와 WMP를 운영체제와 결합판매한 행위가 문제된 "마이크로소프트" 사건[365]에서 소비자들이 다른 메신저

362) 이봉의·전종익, 앞의 글, 264-265면; 양대권, 앞의 글, 109면.

363) 정재훈, 공정거래법 소송실무(제3판), 육법사, 2020, 612-616면; 홍대식, 앞의 글(2013-a), 254-285면.

364) 거래조건으로 환원할 수 없는 소비자이익 저해행위에 대해서 제5호를 적용하는 것에 대하여 신중한 견해로는 홍대식, 앞의 글(2010), 149면.

365) 공정거래위원회 2006.2.24. 의결 제2006-042호, 129면.

나 미디어 플레이어 제품을 선택할 기회를 침해하는 행위로서 공정한 경쟁에 의하여 소비자가 성능과 품질 면에서 우수한 제품을 선택할 권리를 침해한다 할 것이므로 장·단기적으로 소비자들의 후생을 감소시켜 소비자의 이익을 현저히 저해하거나 저해할 우려가 있다고 결정한 바 있다.[366)]

최근 플랫폼경제의 확산과 더불어 경쟁법의 영역에서도 개인정보 내지 프라이버시의 보호가 관심을 모으고 있다. 시장지배적 플랫폼사업자가 개인정보보호를 위한 법령을 위반하여 개인정보를 수집·이용한 경우에도 남용에 해당할 수 있는지 여부가 문제되는 것이다. 이와 관련하여 독일 연방카르텔청은 페이스북이 자사와 특수관계에 있는 왓츠앱이나 인스타그램에서 수집한 이용자의 개인정보를 페이스북 계정에 연결시키는 내용의 약관조항이 소비자의 이익을 침해하는 남용에 해당한다고 보았다.[367)] 페이스북의 집행정지신청에 대하여 뒤셀도르프 고등법원이 이를 인용하는 판결[368)]을 내리고, 다시 연방대법원(BGH)이 정보수집에 관련된 약관에 대하여 소비자의 자유로운 선택권이 침해되었음을 이유로 집행정지를 기각하는 판결[369)]을 내리면서 혼선이 정리되는가 싶었으나, 2021년 3월 24일 뒤셀도르프 고등법원이 페이스북이 문제의 약관을 통하여 독일 내 소셜네트워크서비스시장에서 시장지배적 지위를 남용하였는지에 관하여 유럽법원의 예비적 판결을 구하기로 결정[370)]하면서 개인정보보호법과 경쟁법의 관계, 개인정보의 침해를 착취남용의 대

366) 여기서 공정거래위원회는 공정거래법상 "불이익"이라 함은 반드시 거래상대방이 금전적으로 손해를 입는 것뿐만 아니라, 경제적·사회적으로 불리한 위치에 있게 되는 모든 현상을 의미한다고 보는 것이 타당하다고 한다. 그런데 공정거래위원회가 예시하고 있는 거래상대방에게 당장의 경제적 손해는 없다 하더라도 잠재적으로 경제적 이익을 빼앗긴다거나 장래의 기대이익이 박탈당하는 경우, 거래 선택의 자유를 침해당하는 경우, 그리고 상응하는 권리취득 없이 의무만을 부담하는 경우 등도 모두 경제적 불이익으로서 시장에서 경제적 경쟁을 보호하는 공정거래법의 특성을 감안할 때 "사회적" 불이익은 여기에 포함되지 않는다고 보는 것이 타당할 것이다.

367) BKartA vom 6.2.2019, B6－22/16. 이 사건에 관한 평석으로는 최난설헌, "디지털 시장에서의 독과점 규제 적용가능성에 관한 연구 — 독일의 Facebook 사례를 중심으로", 법학논총 제42권 제2호, 단국대학교 법학연구소, 2018, 399면 이하; 유영국, "개인정보보호와 경쟁법 적용 — 연방카르텔청의 Facebook 결정 및 뒤셀도르프 고등법원의 결정(VI－Kart 1/19 (V))을 중심으로", 경쟁법연구 제40권, 2019, 306면 이하; 김지홍·김승현, "데이터와 개인정보 보호에 관한 경쟁법 적용 문제 — 독일 페이스북 사건을 중심으로", 플랫폼 경쟁법, 박영사, 2021, 87면 이하; 심재한, "플랫폼 사업자의 개인정보 수집에 대한 경쟁법 적용문제 — Facebook 사건에 대한 독일 고등법원 결정을 중심으로", 경영법률 제31권 제2호, 2021, 77면 이하.

368) OLG Düsseldorf, Beschluss v. 26.8.2019, Az. VI－Kart 1/19(V).

369) BGH, KVR 69/19 – Beschluss vom 23. Juni 2020.

370) OLG Düsseldorf, Beschluss v. 24.3.2021, Az. VI－Kart 2/19(V).

상으로 삼을 수 있는지 등의 쟁점은 여전히 모호한 상태로 남아 있다.

생각건대, 공정거래법이 착취남용으로부터 보호하고자 하는 '소비자이익'이란 소비자에게 직·간접적으로 불리한 모든 거래조건으로부터 보호받아야 할 이익으로 볼 수는 없고, 플랫폼 이용자로서 개인의 프라이버시는 1차적으로 개인정보보호법을 통해서 보호되어야 할 헌법상 권리이며, 자칫 소비자법에 반하는 모든 행위를 착취남용으로 포섭하고자 할 경우에는 다른 규제당국과의 관할충돌을 야기할 수 있다는 점에서 제한적으로 해석하는 것이 타당하다.

(2) 소비자이익 저해의 '현저성'

공정거래위원회가 소비자이익 저해행위를 문제 삼은 사례가 몇 건 있으나, 대법원에서 예외 없이 패소하였다. 그 이유는 제5호 후단의 요건, 특히 소비자이익 저해의 정도가 현저한지를 공정거래위원회가 제대로 증명하지 못하였다는 것이다. 소비자이익 저해의 현저성에 관하여 대법원이 처음으로 판시한 것은 "씨제이헬로비전" 사건[371]이었다. 여기서는 다채널유료방송시장에서 시장지배적 사업자가 인기채널을 저가 상품에서 제외하고 고가 상품에만 포함시킴으로써 고객들이 고가상품에 가입하도록 하는 등 일방적으로 소비자에게 불리하도록 거래조건을 변경한 행위가 문제되었다. 대법원은 소비자이익 저해의 '현저성'을 입증할 책임은 공정거래위원회에 있다는 전제에서 채널편성의 일방적 변경이 보급형 상품 시청자들의 이익을 '상당히' 저해할 우려가 있다고 할 수는 있을 것이나, 그 정도가 '현저'하다고까지는 평가할 수 없다고 보아 공정거래위원회의 시정명령을 취소하였다. 나아가 대법원은 현저성과 관련하여 당해 상품이나 용역의 특성, 이익이 저해되는 소비자의 범위, 유사 시장에 있는 다른 사업자의 거래조건, 거래조건 등의 변경을 전후한 시장지배적 사업자의 비용 변동 정도, 당해 상품 또는 용역의 가격 등과 경제적 가치와의 차이 등 여러 사정을 종합적으로 고려하여 구체적·개별적으로 판단하여야 한다고 설시하였다.

그런데 '현저성' 여부를 판단함에 있어서 고려하여야 할 구체적인 사정에 대해서는 이 사건 원심이 상세히 제시하고 있어 간략히 소개하기로 한다. 즉, 서울고등법원은 채널편성 변경으로 인한 시청점유율 감소 수치는 4.90% 내지 6.97%에 불과한 점, 채널편성 변경 이후에도 많은 시청점유율 상위 채널들이 보급형 상품에 그

371) 대법원 2010.2.11. 선고 2008두16407 판결; 서울고등법원 2008.8.20. 선고 2007누23547 판결.

대로 남아 있었으므로 보급형 상품을 시청하는 소비자들의 효용이 현저하게 저해되었다고 보기는 어려운 점, 종합유선방송사업자로서는 상품구성의 변경을 통한 수익성 제고를 기대하기 어려운 점, 채널편성이 변경된 방송구역 내 시청자들의 경우에는 새로이 보급형 상품에 편입된 채널에 점차 익숙하게 되어 그 시청점유율이 상승할 가능성이 있는 점, 채널편성 변경으로 인하여 보급형 상품 가입자들이 수신료가 비싼 고급형 또는 디지털형 상품으로의 가입전환을 사실상 강제당하였다고 볼 수 없고, 추가 비용을 지출하면서 고급형 상품으로 전환한 가입자들이 다소 늘었다는 점만으로는 채널편성 변경이 소비자의 이익을 현저히 저해할 우려가 있는 행위에 해당한다고 보기 어렵다고 판시하였다.[372)]

이어서 공동주택에 대하여 요금을 할인하는 내용의 단체계약 신규가입을 중단하고 기존의 단체계약은 약정기간 만료 시 갱신을 거절하는 방법으로 단체계약방식의 기본형 상품을 폐지한 행위가 문제된 "티브로드 강서방송" 판결[373)]에서도 대법원은 위와 유사한 기준을 언급하였는데, "당해 행위로 인하여 변경된 거래조건을 유사 시장에 있는 다른 사업자의 거래조건과 비교하거나 당해 행위로 인한 가격상승의 효과를 당해 행위를 전후한 시장지배적 사업자의 비용변동의 정도와 비교하는 등의 방법으로 구체적·개별적으로 판단하여야 한다."고 지적한 부분은 방법론면에서 주목할 만하다. 결론적으로 대법원은 소비자이익 저해의 현저성 여부를 명시적으로 따지지 않은 원심판결이 위법할 뿐만 아니라, 원심이 인정한 '수신료 상승률'이나 '유료방송시청 중단의 정도'는 단지 이 사건 행위를 전후하여 소비자이익이 변화된 정도에 불과한 것으로서 유사시장에서의 거래조건 등과 비교한 내용이 아니므로 이 사건 행위가 소비자의 이익을 현저히 저해하였거나 저해할 우려가 있는 행위에 해당한다고 볼 징표라고 보기도 어렵다는 점을 들어 파기환송하였다.

이 사건에서 원심인 서울고등법원[374)]이 현저성을 따로 판단하지 않은 점은 부인할 수 없으나, 이 사건 행위가 소비자이익을 저해한 정도가 현저하지 않다고 볼 수 있는지는 의문이다. 원심이 부당성 인정의 근거로 제시한 사실 중에는 기존 단체계약 상품 가입자 중에서 개별계약으로 전환한 세대 가운데 종전보다 수신료가 2.1배 내지 9.2.배 증가하였다거나 기존 단체계약 상품 가입자 중 절반가량이 개별

372) 서울고등법원 2008.8.20. 선고 2007누23547 판결.
373) 대법원 2010.5.27. 선고 2009두1983 판결.
374) 서울고등법원 2008.12.18. 선고 2007누29842 판결.

계약을 체결하지 못하고 유료방송 시청을 중단하게 되었다는 점은 현저성 판단에 보다 신중하게 고려되었어야 할 것으로 보인다.

그 밖에 "SK DRM" 사건에서도 서울고등법원은 불법 다운로드의 경우는 별론으로 하고 소비자가 멜론 이외의 타 사이트에서 유료로 내려 받은 음악파일이라도 SKT의 MP3폰에서는 곧바로 재생이 되기 어렵기 때문에 소비자가 추가로 멜론에서 음악을 다운로드 받게 되는 이중부담을 질 수 있어 소비자이익의 저해가 현저하다고 볼 여지는 있으나, 비록 컨버팅(converting) 과정을 거치는 경우에도 소비자로서는 불편할 뿐이지 현저한 침해가 된다고 보기는 어렵다고 판시하였다.[375)]

생각건대, '현저성'이란 상대적이고 비교를 전제로 한 개념이라는 점에서 판례가 일관되게 문제된 행위를 전후하여 소비자이익의 상태를 비교하여야 함을 전제로 그것이 곤란할 경우에 유사시장에서의 거래조건을 비교하거나 가격－비용분석(해당 행위로 인한 가격상승의 효과를 해당 행위를 전후한 시장지배적 사업자의 비용 변동의 정도와 비교)을 사용하여야 함을 제시하고 있는 것은 일응 타당해 보인다. 다만, 법원의 접근방법은 침해된 소비자이익이 비경제적 이익이거나 가격－비용분석의 대상이 될 수 없는 경우에는 여전히 현저성 판단의 잣대로서 한계를 가질 수밖에 없다. 결국 기존의 판례는 현저성 판단을 위한 하나의 기준을 예시한 것으로 보아야 하고,[376)] 향후 학계나 실무에서 추가적인 기준을 모색할 수밖에 없다.

(3) 소비자이익 저해의 부당성

소비자이익 저해행위의 부당성에 관하여 처음으로 일응의 기준을 제시한 것은 "티브로드 강서방송" 판결[377)]이다. 대법원은 이때의 부당성이란 남용규제의 목적이 단순히 그 행위의 상대방인 개별 소비자의 이익을 직접 보호하고자 하는 데 있는 것이 아니라, 독과점 시장에서 경쟁촉진과 아울러 시장지배적 사업자의 과도한 독점적 이익 실현행위로부터 경쟁시장에서 누릴 수 있는 소비자의 이익을 보호하고자 하는 데 있다는 것을 전제로 당해 행위의 '의도나 목적'이 독점적 이익의 과도한 실현에 있다고 볼 만한 사정이 있는지, 상품의 특성·행위의 성격·행위기간·시장의 구조와 특성 등을 고려하여 그 행위가 이루어진 당해 시장에서 소비자이익의 저

375) 서울고등법원 2007.12.27. 선고 2007누8623 판결. 대법원 또한 결론적으로 현저한 침해에 해당하지 않는다고 본 원심이 정당하다고 보았다.

376) 강우찬, 앞의 글, 109면.

377) 대법원 2010.5.27. 선고 2009두1983 판결.

해의 '효과'가 발생하였거나 발생할 우려가 있는지 등을 구체적으로 살펴 판단하여야 한다고 판시하였다. 다만, 소비자이익을 저해할 우려가 있는 행위가 존재하고, 그로 인한 소비자이익의 저해 정도가 현저하다면, 통상 시장지배적 사업자가 과도한 독점적 이익을 취하고자 하는 행위로서 부당하다고 볼 경우가 많을 것이라고 지적하였다.

위 판결은 행위의 의도·목적과 그에 따른 효과(效果)를 강조한다는 점에서 다분히 "포스코" 판결[378)]의 영향을 받은 것으로 보인다. 소비자이익 저해행위의 부당성에 '의도·목적'이라는 주관적 요소를 가미한 부분에 대해서는 적절하지 않다는 비판[379)]도 있으나, 무릇 공정거래법상 부당성을 판단함에 있어서는 언제나 사업자의 정당한 이유를 포함하여 비교형량이 이루어져야 하고, 결과적으로 소비자이익을 현저히 저해하는 경우라고 하여 시장지배적 사업자의 정당한 이익이 언제나 몰각되어서는 안 된다는 점에서 나름 '의도·목적'을 고려할 실익과 정당성이 인정된다고 볼 것이다.[380)]

[보론] 수요지배력의 남용

1. 의의 및 규제의 실효성

판매업자, 특히 대규모유통업자의 시장지배력 남용은 수요시장에서 자신의 성과와 무관하게 경쟁사업자보다 유리한 조건을 얻어내거나, 제조업자에게 배타조건부거래를 요구하거나 또는 그의 거래상대방을 제한함으로써 경쟁사업자에 대하여 경쟁상의 우위를 확보하고, 종국적으로 자기가 속한 판매시장에서의 경쟁을 제한하는 데에 본질이 있다.[381)] 그런데 공정거래법은 수요자로서 시장지배적 지위를 남용하는 경우를 동법의 규제대상에 포함시키는 이외에 구체적인 행위유형이나 부당성 판단기준은 전혀 제시하지 않고 있다.

378) 대법원 2007.11.22. 선고 2002두8626 전원합의체 판결.

379) 정재훈, 앞의 책, 508면; 강우찬, 앞의 글, 110면.

380) 결론적으로 이와 동일한 취지로는 양대권, 앞의 글, 117-118면.

381) 독일 연방카르텔청 역시 수요지배력의 남용을 판단함에 있어서 경쟁적인 시장구조에 미치는 효과에 초점을 두고 있다. Lübbert Fischötter, Nachfragemacht und Wettbewerbsbechränkung, WuW, 1980, S. 22.

문제는 법 제5조 제1항 각호에서 열거하고 있는 남용행위의 유형은 대체로 공급 측면에서의 남용을 규제하던 것을 전제로 만들어졌다는 데에 있다. 예컨대, 제1호의 가격남용은 사업자가 상품의 수급이나 비용의 변동에 비하여 현저하게 가격을 인상하거나 근소하게 인하하는 경우에 문제되며, 수요 측면의 남용에서 주로 문제되는 것처럼 판매업자가 제조업자에게 지나치게 낮은 가격을 요구하는 행위는 이에 해당되지 않는다(영 제9조 제1항). 그리고 제2호의 부당한 출고조절 역시 사업자가 상품의 '공급량'을 부당하게 조절하는 것만이 문제되며(영 제9조 제2항), 그 밖에 사업활동 방해, 시장진입제한 및 경쟁사업자배제 등의 행위유형 역시 수요 측면을 염두에 둔 것으로는 보기 어렵다.

한편, 독일에서는 수요지배력의 남용을 염두에 두고 1980년 제4차 개정을 통하여 도입된 구 경쟁제한방지법 제20조 제3항이 소극적 차별취급을 금지함으로써 외관상으로는 공급업자에 의한 차별행위로 보이지만 그 실질에 있어서는 수요지배적 사업자의 요구에 의한 것을 수요 측면에서 지배적 사업자의 남용으로 명정하고 있었다.[382] 그리고 남용 여부는 문제된 차별행위가 성과경쟁 내지 능률경쟁(Leistungswettbewerb)을 제한하는지, 이를 정당화할 사유가 있는지 여부를 종합적으로 고려하여 판단하였다.[383] 이를 위해 경쟁당국은 경쟁제한의 의도 내지 효과와 그것이 가져오는 경제적 이익을 비교형량하여, 최종적으로 그러한 행위가 남용행위임을 입증하지 않으면 안 되었다.[384] 그러나 이는 결국 '성과경쟁'이라는 다소 불명확한 개념의 해석문제와 연결되고, 그에 대한 입증은 실무상 매우 어렵다는 비판이 제기되었다. 또한 거래처 상실의 위험에 따른 제조업자의 소극적인 태도,[385] 경쟁당국이 금지처분을 내린 경우에도 법률상 당해 판매업자에게 구입의무 내지 특정한 제조업자와 계약을 체결할 의

382) 자세한 내용은 이봉의, 앞의 책, 169-174면.

383) 성과경쟁의 개념과 그것이 독일 경쟁제한방지법 및 부정경쟁방지법에 대해서 갖는 경쟁정책상의 중요성에 대해서는 일찍이 Peter Ulmer, Der Begriff "Leistungswettbewerb" und seine Bedeutung für die Anwendung von GWB und UWG-Tatbeständen, GRUR, 1977, S. 565 ff. 그러나 '성과경쟁'의 개념에 대해서는 아직 확실한 정의가 존재하지 않으며, 수요지배력의 남용을 판단하는 기준으로서 적합한지 여부에 대해서도 여전히 의문이 있다. Wolfram Dörinkel, Leistungswettbewerb – Rechtsbegriff oder Schlagwort?, DB, 1967, S. 1885 ff.; Gert Exner, Der Mißbrauch von Nachfragemacht durch das Fordern von Sonderleistungen nach deutschem Recht, 1986, S. 84 ff.; Helmut Köhler, Wettbewerbs- und kartellrechtliche Kontrolle der Nachfragemacht, 1979, S. 26 ff.

384) Klaus-Peter Schultz, in: Eugen Langen/Hermann-Josef Bunte, Kommentar zum deutschen und europäischen Kartellrecht, 1998, §26 Rn. 228 ff.

385) Volkhard Riechmann, Fünf Jahre 4. Kartellgesetz-Novelle – Eine Bestandsaufnahme zur Rechtsprechungs- und Verwaltungspraxis-, WRP, 1985, S. 326 ff.

무는 원칙적으로 인정되지 않는 등의 이유로[386] 독일에서도 수요 측면에서의 지위남용 금지는 거의 실효성을 잃게 되었다.[387]

2. 우리나라의 경우: 대규모유통업법을 통한 거래상 지위남용의 금지

앞서 살펴본 바와 같이 수요 측면에서 시장지배적 지위 여부를 판단하기란 매우 어려운 작업이며 전 세계적으로 확립된 기준을 찾을 수 없다. 수요지배적 지위와 공급시장 또는 수요시장의 구조 사이에 어떤 상관관계가 있는지도 명확하지 않다. 우리나라에서는 일찍이 판매업자의 남용 문제를 불공정거래행위, 그중에서도 주로 거래상 지위남용으로 규제해왔고, 종래「백화점업에 있어서 특수불공정거래행위의 유형 및 기준」을 제정하였으며, 1998년에는 그 적용범위를 확대하여「대규모소매점업에 있어서의 특수불공정거래행위의 유형 및 기준」[388]으로 새로 마련한 바 있다. 뒤이어 2011년에 제정된 대규모유통업법[389]은 수요시장의 획정 및 수요지배력의 판단에 관한 이론적 난점을 피해 규제의 효율성을 제고한다는 점에서 일응 긍정적인 측면을 갖는다.

구체적으로 대규모유통업법은 연간 매출액이 1천억 원 이상이거나 매장면적이 3천 제곱미터 이상인 유통업자를 거래상 우월적 지위에 있는 것으로 사실상 추정하여 주요 규제대상으로 삼고 있는바, 수요지배력의 남용이 주로 중소 제조업자(납품업자)를 대상으로 이루어지는 점을 감안할 때[390] 방법론상으로는 수긍할 만하다. 납품업자가 공급시장에서 시장지배적 지위에 있는 등 상당한 힘을 보유한 경우에 거래상대방인 대규모유통업자는 거래상 우월적 지위에 있다고 인정되지

386) Fritz Rittner, Wettbewerbs- und Kartellrecht, 1995, §10 Rn. 49; Ulrich Kirschner, Die Erfassung der Nachfragemacht von Handelsunternehmen, 1988, S. 224. 그 밖에 Immenga는 '남용'을 주관적 금지요건요소로 보고, 그 입증상의 곤란을 지적한 바 있다. Ulrich Immenga, Schwerpunkte der Vierten Novelle zum Gesetz gegen Wettbewerbsbeschränkung, NJW, 1980, S. 1423 ff.

387) 행위통제로서 수요지배력의 남용에 관하여 지금까지 정식으로 금지결정이 내려진 예는 1997년 9월말 현재 독일 경쟁제한방지법 제19조 제4항 제1호에 따른 방해남용에 관하여 연방카르텔청이 내린 단 한 건의 사례에 불과하고, 그 후 최근까지 알려진 사례로는 Berlin시의 부당한 수요지배적 지위남용(방해남용)에 관한 연방카르텔청의 시정조치를 들 수 있다. 수요지배력의 통제를 겨냥하여 제4차 개정법에서 도입된 동법 제26조 제3항에 따른 규제사례는 전무하다는 사실은 수요지배력의 남용규제가 안고 있는 법적용상의 난점을 그대로 반영하는 것으로 볼 수 있다. WuW 1984, 170 = WuW/E BKartA 2092, "Metro-Eintrittsvergütung". 그 밖에 수요지배력의 남용에 관한 법원의 판례는 전혀 없다.

388) 공정거래위원회 고시 제1998-5호, 1998.5.12. 개정.

389) 2011.11.14. 제정, 법률 제11086호.

390) Rittner, a.a.O., §10 Rn. 34.

않을 수 있고, 이 경우 대규모유통업법의 적용이 제외된다(동법 제2조 제1호, 제3조 제1항 제1호).

동법은 사전규제로서 대규모유통업자에게 서면의 교부 및 서류의 보존의무(동법 제6조), 상품 판매대금을 판매마감일로부터 40일 이내에 지급할 의무(동법 제8조)[391]와 매장 설비비용의 보상의무(동법 제16조)를 부과하는 한편, 사후규제로는 상품대금 감액의 금지(동법 제7조), 상품의 수령거부·지체 금지(동법 제9조), 상품의 반품금지(동법 제10조), 판촉비용의 전가 금지(동법 제11조), 납품업자 등의 종업원 사용금지(동법 제12조), 배타적 거래 강요금지(동법 제13조), 경영정보나 경제적 이익 제공 요구 금지(동법 제14조, 제15조), 영업시간 구속금지(동법 제15조의2), 불이익 제공행위의 금지(동법 제17조) 등을 규정하고 있다.

그런데 동법에 대하여 긍정적인 평가만을 내리기는 어렵다. 먼저, 법적용대상과 관련하여 국내외 유통산업의 급격한 변화를 적절히 반영하고 있는지 의문이다. 판매시장에서는 치열한 경쟁이 진행되고 있으며, 인터넷의 급속한 보급에 따른 전자상거래의 급성장은 판매시장에서의 경쟁, 특히 가격경쟁을 더욱 심화시키고 있다. 그 결과 일견 수요지배력의 남용으로 보이는 행위가 실상은 오히려 판매시장에서 치열한 경쟁의 징표이자 유통환경의 변화에 대한 적응 내지 합리화과정으로 볼 수 있다.[392] 수요 측면의 남용행위를 과도하게 금지할 경우에는 오히려 판매시장에서의 경쟁을 제한하고, 궁극적으로 소비자의 이익을 저해하는 결과를 야기할 수 있으므로 신중한 접근이 필요할 것이다.[393]

다른 한편으로 공급 측면과 마찬가지로 수요지배력이 남용되는 대표적인 양상은 판매업자의 구입가격으로 나타난다. 다만, 공급 측면에서 통상 경쟁수준보다 현저히 높은 가격이 소비자이익을 감소시키는 문제를 야기하는 반면, 수요 측면에서는

391) 대규모유통업법 개정으로, 대규모유통업자는 직매입거래의 경우에는 해당 상품수령일부터 60일 이내에 해당 상품의 대금을 납품업자에게 지급하도록 하는 동법 제8조 제2항이 2021.4.20. 신설되었다.

392) Egon Goergens, Nachfragemacht im Lebensmittelhandel als Instrument der Strukturanpassung, ORDO, 1984, S. 232 ff.; Olga Wilde, Wettbewerbsverzerrungen und Wettbewerbsbeschränkungen durch Nachfragermacht, 1979, S. 123 f. 그에 따르면 통상 판매시장에서의 치열한 경쟁은 — 특히 경기침체와 결합될 경우 — 판매업자의 이윤을 떨어뜨리고, 그 결과 치열한 생존경쟁 속에서 판매업자로 하여금 다음과 같은 세 가지 대안 중 어느 하나를 선택하게 한다. 열악해진 수익상황을 그 전후단계에 있는 사업자에게 전가하는 방법, 가격카르텔을 통한 판매경쟁의 제한, 그리고 기업결합 등을 통한 시장집중이 바로 그것이다.

393) Kirschner, a.a.O., S. 132 f.

현저히 낮은 구매가격이 남용판단의 대상이 된다. 후자의 경우 제조업자의 부담으로 소비자에게는 가격상의 이점을 가져올 수 있다는 점에서 공정거래위원회로서는 공급 측면에서의 가격남용과 구별되는 별도의 이익형량(Interessenabwägung)을 하지 않을 수 없게 된다.[394)]

394) 수요 측면에서의 가격남용이 최종적으로 제조업자로부터 소비자에게로 이익이 이전되는 효과를 가져올 것인지는 일률적으로 답할 수 없으며, 개별 사례마다 실증적인 조사가 이루어지지 않으면 안 된다. 이러한 현실적인 법기술상의 난점을 고려하여 예컨대 Niederleithinger는 가격남용의 판단기준으로서 가격인하 또는 할인요구가 경쟁제한성을 갖는지의 여부를 기준으로 할 것을 주장하고 있다. 그에 따르면 판매업자가 특수한 이익의 제공을 거래조건으로 요구할 뿐만 아니라, 이러한 이익을 경쟁사업자에게는 제공하지 않을 것을 약정하는 경우에 이를 가격남용으로 볼 수 있을 것이라고 한다(Exklusivität der besonderen Vorteile). Niederleithinger, a.a.O., 1997, S. 76 f.. 그 밖에 시장지배적 지위남용을 판단함에 있어서 이익형량의 문제에 대한 포괄적인 접근으로는 Rudolf Lukes, Die Problematik der umfassenden Interessenabwägung in § 26 Abs. 2 GWB, BB, 1986, S. 2074 ff.

제 4 절 남용에 대한 제재

Ⅰ. 행정적 제재

공정거래위원회는 시장지배적 사업자의 남용행위가 인정될 때 당해 시장지배적 사업자에 대하여 가격의 인하, 당해 행위의 중지, 시정명령을 받은 사실의 공표 기타 시정을 위하여 필요한 조치를 명할 수 있다(법 제7조).

1. 가격인하명령

법 제7조의 문언상 공정거래위원회가 가격인하명령을 내릴 수 있다는 데에는 의문이 없다. 이와 관련하여 공정거래위원회는 시장지배적 사업자가 '부당하게 가격을 인상한 경우'에만 가격인하명령을 내릴 수 있는가? 긍정하여야 한다. 시장지배적 사업자가 방해·배제행위를 통하여 경쟁을 제한하는 경우에 그 효과로서 궁극적으로 가격인상으로 이어질 수 있더라도 아직까지는 가격인하명령을 내릴 수 없고, 추후 가격이 인상되더라도 공정거래위원회는 법 제5조 제1항 제1호의 요건이 충족되는지 여부를 따로 심사하여야 할 것이다. 시장지배적 사업자가 통상거래가격보다 낮은 가격을 책정하여 경쟁사업자를 배제하는 경우에도 가격인하명령을 내릴 수 없음은 물론이다. 그 밖에 시장지배적 사업자가 소비자의 이익을 현저히 저해하는 수준으로 거래조건을 불리하게 변경한 경우에도 행위중지명령이나 필요시 거래조건의 재(再)변경을 명할 수 있을 뿐이고, 공정거래위원회가 직접 가격인하를 명할 수 없다고 해석하는 것은 타당할 것이다. 그 밖에 수요측면에서 지배적 지위에 있는 사업자가 부당하게 가격을 인하한 경우에 가격인상명령을 내릴 수 있는지에 대해서 동법은 명문의 규정을 두지 않고 있다. 입법적 불비(不備)이며, 현행법 하에서는 필요시 기타 시정에 필요한 조치의 하나로 고려할 수 있을 것이다.

그렇다면 공정거래위원회가 가격인하명령을 내림에 있어서 인하의 폭까지도 정할 수 있는가? 소극적으로 해석하여야 한다. 가격인하의 구체적인 수준을 정하는 작업은 기술적으로 어려울 뿐만 아니라, 남용금지의 목적에 비추어 보더라도 공정거래위원회가 이를 정하는 것은 타당하지 않다. 즉, 가격남용에 대한 규제는 시장지배적 사업자가 유효경쟁이 작동하는 시장에서라면 책정할 수 없는 수준의 지나치게 높은 가격을 책정하였을 때 그 인하를 명할 수 있을 뿐이지, 시장지배적 사업자의 가격인상 자체를 처음부터 금지하는 것은 아니기 때문이다. 시장지배적 사업자라도 원칙적으로 가격결정의 자유를 누리는 것이다. 나아가 공정거래위원회가 가격인하의 폭을 결정할 경우, 이때의 가격 역시 시장에서 유효경쟁을 통하여 정해지는 가격과는 거리가 멀다는 점에서도 동조의 가격인하명령은 제한적으로 해석하는 것이 타당하다.

그 밖에 시장지배적 사업자가 다른 사업자의 활동을 방해하기 위하여 그와의 거래를 거절한 경우에 공정거래위원회가 거래의 계속 내지 계약의 체결을 명할 수 있는지가 문제된다.

2. 당해 행위의 중지

공정거래위원회는 법위반행위, 즉 남용행위에 대한 중지명령(中止命令)을 내릴 수 있다. 공정거래법이 주로 경쟁제한행위를 사후적으로 시정하는 역할을 담당하고 있음을 감안할 때, 법위반행위의 중지명령은 여타 사후규제의 경우와 마찬가지로 가장 대표적인 시정조치에 해당한다. 중지명령은 남용행위가 시정조치를 의결할 때까지 계속되고 있는 경우는 물론이고 공정거래위원회가 조사를 개시한 이후 이미 중지 또는 종료된 경우에도 내릴 수 있다. 즉, 공정거래위원회는 법위반행위의 반복을 방지하기 위하여 필요한 경우에는 장래에 그와 유사한 행위의 금지를 포함하는 내용의 시정조치를 내릴 수 있다. 남용행위가 이미 종료된 경우에 중지명령을 내리는 실익은 무엇보다 향후 유사한 행위가 재발하였을 때 단순한 법위반 외에 시정명령 불이행도 문제 삼을 수 있다는 데에 있다.

3. 법위반사실의 공표

공정거래위원회는 사업자에게 시정명령을 받았다는 사실('수명사실')의 공표를 명할 수 있다. 구 공정거래법 제27조는 공정거래위원회가 시정조치를 내리면서 동시에 '법위반사실'의 공표를 명할 수 있도록 규정하고 있었다. 그런데 헌법재판소는 무죄추정의 원칙 및 진술거부권의 침해를 이유로 동조에 대하여 위헌결정을 내렸다.[395]

395) 헌법재판소 2002.1.31. 선고 2001헌바43 전원재판부 결정.

그 후 개정된 공정거래법 제7조는 동 결정의 취지를 감안하여 '법위반사실'의 공표가 아니라 '시정명령을 받았다는 사실'의 공표를 규정하고 있다.

한편, 공정거래위원회가 사업자 내지 사업자단체(필요한 경우 관련 구성 사업자를 포함함)에 대하여 시정명령을 받은 사실의 공표를 명하고자 하는 경우에는 위반행위의 내용 및 정도, 기간 및 횟수를 참작하여 공표의 내용, 매체의 종류·수 및 지면크기 등을 정하여 이를 명하여야 한다(영 제12조).

4. 기타 시정에 필요한 조치

전술한 시정조치 외에도 공정거래위원회는 법위반행위의 시정에 필요하다고 여겨지는 조치를 내릴 수 있다. 여러 조치 중에서 어느 것을 선택할 것인지는 공정거래위원회의 재량에 맡겨져 있다. 다만, 이때에도 공정거래위원회의 재량은 비례(比例)의 원칙 및 과잉금지(過剩禁止)의 원칙에 의해서 제약을 받는다. 이와 관련하여 몇 가지 쟁점을 살펴보자.

먼저, 법 제5조는 금지규범이다. 즉, 시장지배적 사업자는 일정한 남용행위를 해서는 안 되며, 이를 위반한 경우에 공정거래위원회는 당해 행위의 중지, 즉 부작위를 명하는 것이 원칙이다. 그렇다면 공정거래위원회가 적극적인 작위명령(作爲命令)을 내릴 수 있는가? 착취가격의 경우에는 이미 법 제7조가 가격인하명령이라는 작위적 조치를 명정하고 있으므로, 이 문제는 주로 거래거절과 같이 부작위에 의한 남용이 문제된 경우에 생각할 수 있을 것이다. 공정거래법은 이에 관하여 아무런 규정을 두지 않고 있는바, 원칙적으로 긍정하여야 한다. 이 문제는 결국 법률의 규정에 의하지 않는 체약강제(締約强制; Kontrahierungszwang)를 해석상 허용할 수 있는지의 문제이다. 시장지배적 사업자에 의한 거래거절이 남용에 이르는 경우에는 해당 거래를 개시하지 않고서는 경쟁제한의 폐해를 해소할 수 없을 것이기 때문이다. 다만, 이 경우에도 공정거래위원회가 거래의 구체적인 내용이나 조건까지 정하여 명할 수 없음은 가격인하의 경우와 마찬가지 이유로 허용되지 않는다.

남용행위에 대하여 기업분할(divestiture)과 같은 '구조적 시정조치'(structural remedy)가 허용되는가? 공정거래법은 이에 관하여 명시적인 규정을 두지 않고 있고, 학설은 나누어져 있다. 긍정설은 남용행위가 시장지배적 지위 내지 독과점적 시장구조 그 자체에서 비롯되는 경우에 남용의 반복을 방지하기 위하여 그 필요성이 인정된다고 한다.[396] 반면, 부정설은 기타 시정에 필요한 조치라고 하여 무제한으로 허용되는 것은 아니고, 법 제7조가 예시하고 있는 수준을 벗어나는 조치는 비례원칙에 비추어 불가하다고 한다. 원칙적으로 긍정설이 타당하다. 시정조치란 법위반상태를 법에 합치하는 상태로 회복시키는 조치로서,[397] 시장지배적 사업자의 일부사업을 분할하지 않고는 법위반상태를 충분히 제거할 수 없는 예외적인 상황에 한하여 구조적 조치는 허용된다고 보아야 할 것이다. 다만, 구조적 조치를 고려함에 있어서도 남용에 따른 폐해를 시정할 필요와 시장지배적 사업자의 정당한 이익을 비교형량하여야 하고, 과잉금지원칙에서 벗어나지 않도록 분할의 대상과 방법 등을 필요최소한으로 한정하여야 할 것이다.

5. 과징금의 부과

1980년 제정법상 공정거래위원회는 착취가격남용의 경우를 제외하고는 시장지배적 지위의 남용행위에 대하여 과징금을 부과할 수 없었으나, 1994년의 제4차 개정법[398]에서 모든 남용행위에 과징금을 부과할 수 있도록 제재를 강화하였다. 그에 따라 공정거래위원회는 법 위반에 따른 과징금 상한을 매출액의 3%로 규정하여 적용해 오다가 2020년 전부개정[399]을 통하여 과징금 상한을 2배 상향 조정하여, 법 제5조에 위반하는 행위를 한 사업자에 대하여 매출액의 100분의 6을 초과하지 않는 범위 안에서 과징금을 부과할 수 있도록 하였다(법 제8조 제1문). 이때 매출액이란 법 위반사업자가 위반기간 동안 일정한 거래분야에서 판매한 관련 상품이나 용역의 매출액 또는 이에 준하는 금액을 말하고, 위반행위가 상품이나 용역의 구매와 관련하여 이루어진 경우에는 관련 상품이나 용역의 매입액을 관련매출액으로 본다(영 제13조 제1항).

다만, 매출액이 없거나 매출액의 산정이 곤란한 경우, 즉 ① 영업을 개시하지 아니하거나 영업중단 등으로 인하여 영업실적이 없는 경우와 ② 사업자가 매출액 산정자료의 제출을 거부하거나 허위의 자료를 제출한 경우, 그리고 ③ 기타 객관적

396) Faull/Nilpay, Ibid, p. 202.

397) 공정거래위원회 예규 제380호, 2021.12.30. 개정, 「공정거래위원회의 시정조치 운영지침」(이하 "시정조치 운영지침") Ⅱ. 1.

398) 1994.12.22. 법률 제4790호.

399) 2020.12.29. 전부개정, 법률 제17799호.

인 매출액의 산정이 곤란한 경우에는 20억 원을 초과하지 않는 범위 안에서 과징금을 부과할 수 있다(법 제8조 제2문, 영 제13조). 2020년 전부개정 전에는 ②의 경우에 10억 원 미만의 매출액만을 부과할 수 있도록 규정하였기 때문에, 사업자에게 면탈수단으로 활용될 소지가 있었다. 즉, 객관적인 매출액을 기준으로 할 경우에 예상되는 과징금액이 10억 원을 훨씬 상회하는 경우에 사업자로서는 차라리 관련 자료의 제출을 거부하거나 허위로 매출을 축소한 자료를 제출함으로써 최고한도인 10억 원의 과징금만을 부과 받는 것이 보다 유리할 것이기 때문이었다. 2020년 전부개정법[400]을 통해 정액과징금은 20억 원으로 상향되었다.

시장지배적 사업자와 그 계열회사를 포함하여 하나의 사업자로 인정되는 경우에(영 제2조 제2항) 당해 시장지배적 사업자의 남용행위에 대하여 공정거래위원회가 계열회사에게도 시정조치를 내리거나 계열회사의 매출액을 포함하여 과징금을 부과할 수 있는가? 부정하여야 한다. 시행령에 따르면 '하나의 사업자' 간주는 시장지배적 사업자의 정의 및 추정 규정을 적용하는 데에 국한되고, 불이익처분의 대상을 문언의 범위를 넘어 확대해석하는 것은 허용되지 않기 때문이다. 다만, 계열회사를 하나의 사업자로 보는 태도가 실체법과 절차법, 특히 과징금 부과의 경우에 달라지는 것은 문제이다. 경제적 실질을 중시하는 경제법의 관점에서 행위주체와 책임주체는 원칙적으로 일치하여야 하기 때문이다.

Ⅱ. 형사적 제재

시장지배적 사업자가 법 제5조를 위반하여 그 지위를 남용한 경우에는 3년 이하의 징역 또는 2억 원 이하의 벌금에 처한다(법 제124조 제1항 제1호). 그리고 공정거래위원회의 시정조치 등에 응하지 아니한 자, 즉 시정조치를 불이행한 자는 2년 이하의 징역 또는 1억 5천만 원 이하의 벌금에 처한다(법 제125조 제1호). 남용행위에 대한 처벌과 시정조치 불이행에 대한 처벌은 그 성격을 전혀 달리한다는 점에서 양자는 실체적 경합관계에 있다. 반면, 거래거절(법 제45조 제1호), 차별취급(제2호), 경쟁사업자 배제(제3호), 구속조건부 거래(제7호) 및 부당지원행위(제9호)를 제외한[401]

400) 2020.12.29. 전부개정, 법률 제17799호.

401) 2020년 공정거래법 전부개정을 통하여 형벌 부과 필요성이 낮고 그간 형벌 부과 사례도 없는 행위 유형에 대한 형벌 규정을 삭제하였다.

불공정거래행위를 한 사업자에 대해서는 2년 이하의 징역 또는 1억 5천만 원 이하의 벌금에 처하도록 함으로써 그 제재의 강도가 상대적으로 낮다(동조 제4호). 비록 행위의 외관은 동일 또는 유사하더라도 시장지배적 사업자의 행위는 경쟁 및 소비자에 미치는 효과가 일반사업자의 불공정거래행위에 비하여 크다는 점에서 처벌의 강도를 높임으로서 남용행위를 보다 엄격하게 규제하고자 하는 취지이다.

Ⅲ. 민사적 제재

시장지배적 사업자의 남용행위는 일방적으로 행해질 수도 있고, 거래상대방과의 계약을 통해서 행해질 수도 있다. 후자의 경우에 공정거래법은 시장지배적 사업자가 그 지위를 남용하여 체결한 계약의 사법적 효력에 대하여 아무런 규정을 두지 않고 있다. 법률행위의 사법상 효력에 대한 기준은 특정 법률에 다른 정함이 없는 한 민법에서 근거를 찾을 수밖에 없는바, 대표적으로 반사회질서의 법률행위에 관한 제103조를 들 수 있다. 그런데 법목적의 실현을 저해하는 법률행위의 사법적 효력은 인정될 수 없다는 관점에서 경쟁질서에 반하는 법률행위는 사회질서에 반하는 것으로서 당연무효로 보는 것이 타당하다는 견해도 있다.[402] 반면, 거래의 안전을 고려하여 시장지배적 사업자가 체결한 거래의 대외적 효력을 인정하여야 한다는 견해도 생각할 수 있다. 생각건대, 시장지배적 사업자가 체결한 계약이 남용에 해당하는지 여부를 판단하는 작업은 일방적 행위의 경우와 마찬가지로 매우 복잡하고 난해하여 다툼의 여지가 크다. 경쟁제한의 의도나 효과란 다양한 요소를 종합적으로 고려하여 판단하게 된다는 점에서 공정거래위원회에게 폭넓은 재량이 허용되어 있고, 그 결과 남용 여부에 대한 예측가능성은 매우 낮다. 따라서 사후에 남용으로 판단된 계약의 효력을 처음부터 무효로 볼 경우에 거래상대방은 물론이고 제3자의 신뢰가 지나치게 훼손될 우려가 있다. 즉, 원칙적으로 유효설이 타당하다.

한편, 시장지배적 사업자가 불공정한 약관을 이용하여 계약을 체결한 경우에 해당 약관이 약관법 제6조 이하에 따라 무효로 되는지와 별도로 그러한 약관을 통용시킨 행위는 공정거래법상 시장지배적 지위남용으로 인정될 수도 있다. 이와 같은 경우에는 통용된 약관 중 불공정한 계약조항에 한하여 예외적으로 약관법상 무

402) Faull/Nilpay, Ibid, p. 119. 유럽경쟁법의 다수설도 마찬가지로 무효설을 취하고 있다.

효로 볼 수 있을 것이고, 동법 제16조에 따라 민법상 일부무효의 원칙(동법 제137조)에 대한 특칙으로서 해당 약관은 나머지 부분만으로 유효하게 존속하는 것이 원칙이다.

또한 시장지배적 사업자의 과도한 가격책정이 착취남용으로 인정될 경우에 그러한 가격으로 계약을 체결한 상대방은 정상적인 가격과의 차액에 대하여 민법상 부당이득(不當利得)의 반환청구를 할 수 있다(법 제741조). 그 밖에 남용행위에 의하여 손해를 입은 사업자, 주로 경쟁사업자와 소비자 등은 당해 시장지배적 사업자에 대하여 손해배상을 청구할 수 있음은 물론이다(법 제109조 이하 참조).

한편, 2020년 공정거래법 전부개정[403]을 통하여 제108조에 금지청구제도를 전격 도입하였다. 그런데 동조의 금지청구는 부당지원행위를 제외한 불공정거래행위 및 사업자단체에 의한 불공정거래행위의 교사·방조의 금지를 위반한 행위로 인하여 피해를 입거나 입을 우려가 있는 자만이 청구할 수 있다는 점에서 시장지배적 지위남용의 경우에는 여전히 허용되지 않는다.

Ⅳ. 시정조치의 지리적 효력범위

1. 역외적 시정조치의 기본원칙

공정거래위원회가 부과하는 시정조치의 지리적 한계는 어떠한가? 종래 역외적용의 문제는 외국사업자가 외국에서 행한 행위에 대한 국내 경쟁법의 적용 여부, 다시 말해서 공정거래위원회의 입법관할권을 중심으로 다루어졌다. 그런데 설사 국내시장에 영향을 미친다는 이유로 공정거래위원회의 관할권이 인정되더라고, 법위반사업자에게 부과되는 시정조치 또한 그 범위에 있어서 국내시장에 국한되어야 하는지가 문제 된다. 이 문제를 해결하기 위한 세 가지 원칙은 다음과 같다.

첫째, 공정거래법 위반행위에 대한 시정조치의 내용·범위 및 정도를 좌우하는 최우선의 원칙은 바로 '실효성의 원칙'이라는 점이다.[404] 역외적용의 법리 또한 근본적으로 국내 경쟁법의 실효적 집행을 위한 것임은 물론이다. 즉, 시정조치는 법위반상태를 법에 합치하는 상태로 회복시키기 위한 행정처분으로서, 무엇보다 당

403) 2020.12.29. 전부개정, 법률 제17799호.

404) 시정조치 운영지침 Ⅴ. 1. 가.

해 위반행위를 효과적으로 시정할 수 있는 것이어야 한다. 반면, 비례의 원칙 내지 과잉금지의 원칙은 당해 위반행위의 내용과 정도에 따라 시정조치가 정해져야 한다는 것으로서, 실효성 원칙을 보완하는 의미를 갖는다. 따라서 법위반행위를 효과적으로 시정하기 위해서 필요한 범위의 시정조치는 원칙적으로 비례의 원칙에 반하지 않는다.

둘째, 비례의 원칙과 관련하여 법위반행위에 상응하는 합당한 조치인지 여부가 중요하고, 시정조치를 이행한 결과 남용판단의 주된 대상인 법위반사업자의 사업모델에 중대한 변경을 초래하는지 여부는 원칙적으로 고려사항이 되지 않는다. 시장지배적 지위남용을 규제한다는 것은 적지 않은 경우에 특정 사업자의 사업모델이나 경영전략상 수정을 요하게 되고, 이를테면 표준필수특허(Standard Essential Patents; SEPs)에 대한 라이선스 거절이나 역(逆)지불합의(reverse payment agreement) 등도 당해 사업자의 사업모델과 밀접한 관련을 맺고 있기 때문에,[405] 공정거래위원회의 시정조치가 문제된 사업모델의 변경을 요구하는 것 자체가 비례의 원칙에 반하는 것은 아니다. 오히려 법위반상태의 해소란 해당 사업모델의 변경을 통해서 비로소 가능하다는 점에서 그러한 조치는 실효성 차원에서도 필요할 수 있다.

셋째, 역외적용과 국제예양(國際禮讓; international comity)의 관계를 올바르게 이해할 필요가 있다. 공정거래법의 역외적용이란 입법관할권이든 집행관할권이든 국내시장에 미치는 영향 여부를 기준으로 하며, 일정한 요건을 갖추지 못한 역외적 행위에 대하여 공정거래법을 적용할 경우에는 최종적으로 공정거래위원회 처분이 관할권 없는 것으로서 위법한 것이 된다. 반면, 국제예양이란 일단 국내적 영향이 인정되어 공정거래위원회의 역외적 관할권이 성립한 연후에 경쟁당국인 공정거래위원회가 — 입법관할권이 아니라 — 집행관할권의 행사를 자제할지 여부를 판단하는 단계에서 고려되는 요소이다. 다시 말해서 국제예양이란 공정거래위원회가 적법하게 집행관할권을 행사할 수는 있으나 외국정부의 이익 등을 종합적으로 고려하여(이른바 'balancing test') 집행을 자제한다는 재량판단의 준칙으로서, 딱히 재량권의 일탈·남용에 이르지 않는 한 역외적 시정조치가 위법하다고 보기는 어렵다. 이때, 공정거래위원회의 시정조치가 국제예양에 부합하지 않는다는 점이 재량권의

405) 역지불합의(reverse payment agreement) 또한 특허를 취득한 오리지날 제약사가 법이 허용하는 기간을 넘어서 독점적 이익을 향유하기 위해서 고안해낸 일종의 사업모델로 볼 수 있다. 윤선우, "역지불합의에 대한 경쟁당국의 제재 현황 및 시사점", 연세법학 제29호, 2017.6, 143면 이하.

일탈·남용을 보여주는 것은 아니다.

2. "퀄컴 Ⅱ" 사건 관련 시정조치의 쟁점

가. 쟁점의 소재

"퀄컴 Ⅱ" 사건[406]에서 공정거래위원회의 시정조치는 퀄컴사의 이동통신 표준필수특허(SEPs)를 '모뎀칩셋 제조사'에게 성실히 라이선스하고, 무엇보다 '휴대폰 제조사'에 대한 'no license no chip' 정책을 포기하도록 기존 모뎀칩셋 공급계약의 관련 조항을 수정·삭제하도록 하는 등의 내용을 담고 있었다. 이와 관련하여 퀄컴은 공정거래위원회의 시정조치가 외국지역 또는 외국에 등록된 자신의 특허에 대해서도 효력이 미치는 것으로서 다른 국가의 주권을 침해할 우려가 있으므로 국제예양의 차원에서 시정조치를 자제하는 한편, 필요하다면 한국지역 또는 한국에 등록된 특허로 그 적용범위를 한정하여야 한다고 주장한 바 있다.

국제예양과 관련해서는 비록 시장지배적 사업자의 행위가 국내시장에 상당한 영향을 미치는 경우에도 곧바로 공정거래법을 적용하기보다는 국제예양에 따라 관할권 행사를 자제할 필요가 있는지, 근본적으로 국제예양이 집행관할권의 역외적 행사와 어떤 관계에 있는지를 살펴볼 필요가 있다. 시정조치의 대상이 특허와 관련되어 있는 경우에 국내시장에 미치는 경쟁제한효과를 해소하기 위한 조치라도 국내시장이라는 지리적 범위에 국한되어야 하는지, 구체적으로 시정조치에 포함된 특허가 대한민국에 등록된 특허에 한정되어야 하는지가 쟁점이 될 것이다.

종래 역외적용 사건에서 '시정조치'의 지리적 효력범위에 관한 논의는 국내외를 막론하고 찾기 어렵다. 그 이유는 아마도 외국에서 외국사업자에 의한 행위를 국내시장에 미치는 영향을 이유로 국내법으로 규제한다는 역외적용의 속성상 시정조치를 통한 집행 또한 외국에 소재한 사업자를 상대로 하지 않으면 실효성을 담보할 수 없을 것이기 때문이다. 즉, 역외적 집행관할권이 없는 입법관할권이란 실효성의 관점에서 별다른 의미가 없는 것이다. 국제예양의 문제가 바로 입법관할권은 존재하나 각국의 이익 등을 비교형량하여 외국시장에까지 효력이 미치는 시정조치를 자제한다는 의미에서 결국 일정한 고려 하에 집행관할권을 포기한다는 의미를 갖는다.

406) 공정거래위원회 2017.1.20. 의결 제2017－25호.

나. 시정조치와 국제예양

(1) 역외적용 및 국제예양의 차이

어떤 경쟁사건에서 국내적 영향이 없거나 미미함에도 불구하고 공정거래위원회가 공정거래법을 적용·집행하였다면 그 결과 내려진 시정조치는 법 제3조 위반으로서 위법한 처분이 될 것이다. 반면, 어떤 역외사건에서 상당한 국내적 영향이 인정되는 경우에 공정거래위원회가 외국의 이익 등 제반 사정을 종합적으로 비교형량한 연후에 집행관할권을 자제할 것인지 말 것인지에 대한 판단을 거쳐서 내리는 시정조치는 명백하고 중대한 재량하자가 존재하지 않는 한 당해 처분의 위법성으로 이어지지 않는다. 이러한 맥락에서 외국사업자의 특허라이선스 거절 등의 방해행위가 국내시장에 직접적이고 상당한 영향을 미친다는 점에서 공정거래법 제5조에 반하는 남용에 해당된다면, 공정거래위원회가 예양 차원의 형량요소를 적절히 고려하지 않았음을 이유로 당해 시정조치가 위법해지지는 않는다. 시정조치의 대상에 외국지역에 등록된 특허가 포함되어 있다는 사실만으로 공정거래위원회가 국제예양을 적절히 고려하지 않고 있다고 볼 수도 없을 것이다.

(2) 법위반행위와의 연관성

그렇다면 공정거래위원회가 외국 및 외국에 등록된 특허를 포함한 시정조치를 내릴 필요성과 그러한 처분의 정당성 여부를 살펴보자. 외국에서 외국사업자가 행한 경쟁제한행위가 국내시장에 상당한 영향을 미치는 한 이를 시정하기 위한 조치는 마땅히 그러한 국내적 영향을 제거하기 위한 범위에서 이루어져야 한다. 여기서 국내시장에 미치는 부정적 영향과 시정조치의 내용 사이에는 적절한 연결고리(nexus)가 요구될 수밖에 없다. 이것은 공정거래위원회가 부과하는 시정조치의 원칙 중에서 '연관성의 원칙'[407]으로 이해할 수 있다.

이러한 관점에서 퀄컴의 법위반이 문제되는 행위는 글로벌 차원에서 동일한 라이선스정책과 모뎀칩셋 공급정책 그 자체이고, 라이선스의 대상인 이동통신 SEP 및 기타 특허 중 상당수는 외국에 등록된 특허이다. 그런데 경쟁제한이 문제되었던 모뎀칩셋, 이동통신 SEP 라이선스의 경우 관련시장은 모두 세계시장으로 획정할 수 있고, 실제로 국내외 모뎀칩셋 또는 휴대폰 사업자는 여러 나라에 걸쳐 활동

407) 시정조치 운영지침 V. 1. 나. 그에 따르면 "시정조치는 당해 위반행위의 위법성 판단과 연관되게 명하여져야 한다."

하고 있다. 그리고 퀄컴이 주로 외국에 등록된 특허에 대한 라이선스를 거절하는 방식으로 모뎀칩셋시장을 독점하고, 모뎀칩셋시장에서의 지배력을 기반으로 'no license, no chip' 등의 전략을 구사함으로써 과도하게 높은 로열티를 수취하는 등 국내시장에 직접적이고 상당한 경쟁제한효과를 야기한다면, 공정거래위원회가 외국특허를 제외한 채 시정조치를 내려서는 퀄컴의 구조적 남용행위와 그에 따른 경쟁상 폐해를 효과적으로 제거하는 것이 곤란할 수 있다. 즉, 외국특허를 포함하는 시정조치가 당연히 시정조치의 지리적 한계를 넘는 것은 아니며, 구체적인 사안마다 법위반행위와 직접적인 연관성이 있고 남용의 폐해를 회복하기 위하여 필요한 범위에서 그러한 조치는 허용되는 것으로 보는 것이 타당하다.

(3) 국제예양에 대한 보완장치

시정조치가 비록 외국에서 등록된 특허에 적용되더라도 공정거래위원회는 두 가지 방법으로 외국의 법질서를 최대한 존중하고 있다.

첫째, 시정조치의 내용은 그 실질에 있어서 퀄컴으로 하여금 자신이 선언한 FRAND 확약(確約)을 충실히 이행하라는 것과 동일하다. FRAND 확약은 SEP 설정을 위한 필수적인 조건으로서 표준으로 선정됨에 따라 예상되는 독점적 지위의 남용을 예방하기 위한 장치로서 중요한 의미를 가진다. 따라서 국제적으로 통용되는 이동통신 표준필수특허를 선정하는 과정에서 당초 특허권자가 자발적으로 제시한 FRAND 확약을 준수하라는 취지의 시정조치는 국제적으로 승인된 특허법 및 경쟁법상 원칙에 부합하는 것으로서, 특허등록국가가 외국이라는 이유만으로 다른 나라의 국익이나 경쟁법제와 충돌될 여지는 없어 보인다. 각국의 경쟁당국이 SEP 관련 남용사건에서 FRAND 확약의 적절한 준수를 명할 수 없다면, 동 확약을 국제적으로 담보할 수 있는 장치는 사실상 존재하지 않는 것과 다름없다는 점도 간과해서는 안 된다.

둘째, 공정거래위원회는 시정조치의 대상을 한국에 본점을 두고 있는 모뎀칩셋 제조사, 휴대폰 제조사와 그 계열회사, 한국에서 또는 한국으로 휴대폰을 판매하는 사업자 및 그 계열회사, 한국 내에서 휴대폰을 판매하는 사업자에게 휴대폰을 공급하는 사업자 및 그 계열회사, 그리고 이러한 휴대폰 사업자들에게 모뎀칩셋을 공급하는 사업자 및 그 계열회사로 명정함으로써 동 시정조치가 국내시장에 직접적이고 상당하며 합리적으로 예측가능한 반경쟁적 영향 및 국내소비자의 이익저해를 야기할 수 있는 모뎀칩셋 제조사 및 휴대폰 제조사로 한정하고 있다.

셋째, 이처럼 외국에 대한 주권침해의 소지를 없애기 위한 몇 가지 장치에도 불구하고 향후 외국의 법원이나 경쟁당국이 공정거래위원회의 시정조치와 상충되는 결론을 내림으로써 퀄컴이 양자를 동시에 준수하는 것이 불가능한 경우, 즉 미국의 "Hartford" 판결에서 적시한 '진정한 충돌'(true conflicts)이 존재하는 경우를 염두에 두고 추후 외국법원이나 경쟁당국의 구속력 있는 최종적인 판단 또는 조치와 상충되어 동시에 준수하는 것이 불가능한 때에는 공정거래위원회에 시정조치의 재검토를 요청할 수 있도록 하고 있는 점도 동 시정조치가 국제적으로 통용되는 국제예양의 요건을 갖추고 있다고 보아야 하는 이유 중 하나이다.

3. 국제예양과 역외적용의 관계

가. 시정조치와 국제예양

역외적용 여부는 1차적으로 국내시장에 상당한 영향을 미치는지를 기준으로 좌우되며, 다분히 예외적으로 외국의 법질서와 양립불가능한 충돌이 존재하는 경우에 집행관할권을 자제할 수 있다. 국제예양은 본질적으로 공정거래위원회의 법집행이 외국, 특히 법위반사업자가 속하는 나라의 법집행과 정면으로 충돌하게 되는 상황을 전제로 공정거래법의 집행을 자제하는 것을 의미하기 때문이다. 따라서 '진정한 충돌'이 발생하지 않거나 발생하더라도 이미 공정거래위원회의 시정조치에 충돌회피를 위한 장치가 충분히 마련되어 있는 경우에는 국제예양을 이유로 외국에 영향을 미치는 시정조치를 위법하다고 볼 수는 없을 것이다.

나. 영향이론에 내재된 국제예양의 고려

"화물운송 국제카르텔" 사건[408]에서 대법원은 역외적용을 위한 국내시장에의 영향이 어떠한 것이어야 하는지에 관하여 '직접적이고 상당하며 합리적으로 예측가능한 영향'을 미치는 경우로 제한하면서, 그 근거로서 "국가 간의 교역이 활발하게 이루어지는 현대 사회에서는 국외에서의 행위라도 그 행위가 이루어진 국가와 직·간접적인 교역이 있는 이상 국내시장에 어떠한 형태로든 어느 정도의 영향을 미치게 되고, 국외에서의 행위로 인하여 국내시장에 영향이 미친다고 하여 그러한 모든 국외행위에 대하여 국내의 공정거래법을 적용할 수 있다고 해석할 경우 국외

408) 대법원 2014.5.16. 선고 2012두5466 판결.

행위에 대한 공정거래법의 적용범위를 지나치게 확장시켜 부당한 결과를 초래할 수 있는 점 등을 고려"할 필요를 언급한 부분에 주목할 필요가 있다.

특히, 판례가 국내시장에 직접적인 영향을 미치는 경우에만 역외적용을 허용하여야 한다는 취지에는 전술한 국제예양보다 훨씬 엄격한 예양의 기준을 정한 것으로 해석할 수 있으며, 따라서 공정거래위원회가 퀄컴이 국외에 등록된 표준필수특허에 대한 라이선스를 거절하는 등의 행위를 통하여 국내시장, 특히 경쟁관계에 있는 국내의 칩셋제조업체나 휴대폰 제조사의 사업활동을 '직접적으로' 제한하는지 여부를 충분히 고려하였다면 일응 해당 시정조치는 이미 국제예양까지 고려한 조치라고 보는 것이 상당할 것이다.

다. 국제예양의 또 다른 전제조건

"퀄컴 Ⅱ" 사건과 관련해서는 미국 법원이 이익형량을 위해 예시하는 고려사항 중에서 공정거래위원회가 관할권 행사를 자제할 만한 요소를 찾기 어려우며, 무엇보다 국내시장에 미치는 영향이 지대하다는 점에서 국제예양을 고려하더라도 공정거래위원회로서는 집행관할권을 행사하지 않을 수 없었을 것으로 보인다.

그런데 시정조치의 역외적 효력을 억제하는 의미에서 국제예양을 보다 폭넓게 수용하고자 하는 경우에도 이를테면 이동통신에 관한 표준 및 표준필수특허가 문제될 때에는 국내에만 국한된 시정조치로는 국내시장에 미치는 부정적 영향을 효과적으로 제거할 수 없는지 여부도 고려하여야 한다. 퀄컴을 중심으로 전 세계 모뎀칩셋시장이 독점화되어 있고 국내 휴대폰 제조사로서는 모뎀칩셋과 SEP 라이선스를 퀄컴에 상당 부분 의존할 수밖에 없는 상황에서 국내시장을 따로 분리하여 법위반상태를 배제한다는 것은 현실적으로 불가능할 수 있기 때문이다.

다른 한편으로 국제예양을 강조하는 측에서는 역외적용이 갖는 일방성(unilaterality)이 주권충돌의 위험을 초래하고, 많은 경우에 각국의 국내에 한정된 시정조치가 적절히 조합될 경우에는 국내관할권을 벗어난 역외적용에 의한 일국의 시정조치보다 적절하다고 한다.[409] 그러나 '각국의 병렬적인 시정조치가 적절히 조합될 수 있는지'(a well coordinated set of domestic remedies)부터 매우 의문이다. 남용규제에 관한 한 각국의 경쟁법이 적지 않은 입장 내지 철학의 차이를 보이고 있고,

409) OECD Issues Paper "Roundtable on the Extraterritorial Reach of Competition Remedies", 5.12.2017, para. 4.

국내기업에 대한 보호주의적 태도가 나타날 소지도 있으며, 그 결과 국경을 넘어 여러 나라에 영향을 미치는 사업자의 행위라도 위법성 판단에서 정반대의 결론이 나오는 양상은 전혀 새로운 일이 아니기 때문이다. 역외적용의 세계적인 추세가 'strong comity'가 아니라 'weak comity', 즉 자국보다 엄격한 외국의 경쟁법제만을 존중하는 것인지도 의문이거니와, 이와 별개로 각국의 경쟁법제가 상이한 현실을 인정하지 않을 수 없을 것이다.

실제로 최근 몇 년 사이에 퀄컴의 특허전략과 관련하여 중국이나 대만, EU에서 제재를 부과한 바 있으나, 이때에도 각 나라마다 문제 삼은 행위의 범주나 조치 내용이 동일하지 않다. 공정거래위원회가 국내에만 효력이 국한되는 내용의 시정조치를 내릴 경우에도 각국이 그에 상응하는 시정조치를 내릴 것으로 예단하기 어려운 상태에서 경쟁당국 간의 협력에만 의존하거나 국제예양에 따라 역외적 법집행을 자제할 경우 "퀄컴 Ⅱ" 사건과 같이 그로 인하여 글로벌하게 나타나는 경쟁제한효과를 적절히 배제할 수 없기 때문에, 공정거래위원회의 시정조치의 효력범위를 일정부분 역외로 확장할 필요성을 부인하기는 어려울 것이다.

제 5 절 독과점적 시장구조의 개선

Ⅰ. 구조개선시책의 의의

1980년 제정된 공정거래법은 독과점에 관한 한 지금처럼 폐해규제주의를 취하고 있었고, 경쟁제한적 기업결합의 규제를 통해서 일정 부분 독과점적 시장구조를 방지할 수 있었다. 그 외에 이미 독과점이 심화된 시장구조 그 자체에 대해서는 이를 개선할 수 있는 아무런 장치를 두지 않고 있었다. 법 제정 당시에는 시장지배적 지위의 남용행위를 실효적으로 규제한다면 중·장기적으로 시장을 개방적으로 유지하여 독과점적 시장구조가 개선될 수 있을 것이라는 기대가 있었으나, 실제로는 독과점적 시장구조가 오히려 심화되는 양상을 보였다. 그 결과 독과점적 시장구조가 장기간 유지되고 있는 경우에는 보다 적극적인 구조개선조치가 없는 한 시장의 경쟁촉진은 곤란하다는 인식이 폭넓게 자리 잡게 되었다.

이러한 문제인식에 따라 1996년 제5차 개정법[410]은 구법 제3조에서 보다 적극적인 구조개선시책의 근거를 마련하게 되었다. 이에 따라 공정거래위원회는 독과점적 시장구조가 장기간 유지되고 있는 상품이나 용역의 공급 또는 수요시장에 대하여 경쟁을 촉진하기 위한 시책을 수립하여 시행하여야 한다(현행법 제4조 제1항). 공정거래위원회는 이러한 시책을 추진하기 위하여 필요한 경우에는 관계행정기관의 장에게 경쟁의 도입 기타 시장구조의 개선 등에 관하여 필요한 의견을 제시할 수 있고, 직접 시장구조를 조사하여 공표하거나 조사 내지 공표에 필요한 자료의 제출을 요청할 수도 있다(현행법 제4조 제2항 내지 제4항).

이와 같은 구조개선시책은 경쟁정책의 관점에서 볼 때 종래 폐해규제주의에 입각한 남용규제에 비하여 진일보한 것으로 평가할 수 있다. 동 시책의 취지는 독과점적 시장구조가 장기간 유지되고 있는 원인을 종합적으로 분석하여 그 문제점을 제거함으로써 시장구조 자체를 경쟁적으로 전환하고자 하는 데에 있다. 종래의 남용규제가 일단 남용행위가 발생한 이후에 이를 시정하는 식의 이른바 '사후규제방식'이고, 경쟁제한적 기업결합의 제한은 비록 사전규제의 성격을 갖기는 하나, 양

410) 1996.12.30. 법률 제5235호.

자 모두 원칙적으로 현재의 시장구조가 더욱 악화되는 것을 방지하는 것이라는 점에서 소극적인 현상유지수단인 반면, 법 제4조의 구조개선시책은 독과점을 가능케 한 사업자의 불합리한 관행이나 경쟁제한적 규제를 개선함으로써 기존의 집중된 시장구조를 경쟁적으로 개선하는 내용의 보다 적극적인 현상변화방식이라는 점에서 그 특징을 찾을 수 있다.[411)]

이처럼 공정거래법 제4조가 적극적으로 구조개선시책을 마련할 책무와 일정한 권한을 공정거래위원회에 부여함으로써 정책기관으로서의 성격도 일부 가지게 되었으나, 공정거래위원회의 성격이 그로 인하여 크게 변화하는 것은 아니다. 공정거래위원회는 이미 공정거래법의 해석과 적용과정에서 비교적 광범위하게 경쟁정책적 목표를 추구할 수 있기 때문이다. 즉, 공정거래위원회는 법집행의 우선순위를 정하거나 공정거래법의 목표를 설정하는 단계에서, 또는 구체적으로 기업결합의 예외요건을 해석하거나 시장지배적 지위남용에 대한 시정조치를 강구하는 등 동법의 해석·적용단계에서 정책적 판단을 강하게 실현할 수 있다. 공정거래위원회의 조직 및 운영 측면에서도 공정거래위원회가 그때그때 정부시책의 영향으로부터 자유로운 것을 기대하기 어렵고, 경우에 따라서는 적극적인 정책기관으로 등장하기도 한다.[412)] 이러한 의미에서 공정거래위원회는 예나 지금이나 법적용기관이자 경쟁정책기관으로서의 성격을 아울러 갖는 것으로 보는 것이 타당하다.[413)]

Ⅱ. 구조개선시책의 주요 수단

1. 시장분석 및 경제분석을 통한 구조개선

공정거래위원회는 주요 산업분야의 독과점 구조 고착화와 기업결합을 통한 지배력 확장의 시도가 강화되는 추세를 우려하여 시장구조개선 측면에서 보다 적극적인 대응이 필요하다는 판단 하에 2009년 조직개편을 통하여 기존의 '시장분석정책관'을 '시장구조개선정책관'으로 대체·신설한 바 있다. 그에 따라 시장구조개선

411) 신동권(제3판), 136면.

412) 2009년 이후 공정거래위원회가 물가기관으로 자리매김하게 된 예는 차치하더라도, 1997년 말 외환위기를 겪으면서 범정부 차원의 기업구조조정시책을 수행하는 과정에서 재벌 간의 빅딜에 관여하거나 부당지원행위에 대한 대대적인 단속을 행한 예를 들 수 있다.

413) 이와 달리 구조개선시책을 위한 법적 근거가 마련됨으로써 비로소 공정거래위원회가 정책기관의 성격도 갖게 되었다고 보는 견해로는 권오승·서정(제4판), 185－186면.

정책관 내에 시장구조개선과, 기업결합과, 경제분석과를 두게 되었다. 보다 구체적으로 각 과의 기능을 보자면, 시장구조개선과는 독과점구조개선정책, 경쟁제한적규제 개선, 기업결합시책 등을 담당하고, 기업결합과는 관련시장에서 경쟁을 제한하는 기업결합을 심사하며, 경제분석과는 경쟁정책 및 공정거래 사건의 주요쟁점 분석을 담당토록 하도록 하였다. 이상의 공정거래위원회 조직 개편을 통한 기능의 재조정 결과로 구조개선시책의 양 축을 이루게 된 시장분석과 경제분석의 실무적 의의와 추진 경과 등을 살펴보면 아래와 같다.

가. 시장분석

(1) 의의와 추진 경과

공정거래위원회 구조개선시책은 먼저 직권조사와 연계되어 있는 시장분석(market study)에서 출발하게 된다. 이때의 시장분석은 경쟁당국이 특정 상품이나 서비스 시장에 참여하고 있는 사업자들 간의 경쟁이 어떻게 작동하고 있는지를 파악하고, 만약 유효경쟁이 제대로 작동되지 않는 경우 그 원인을 분석하여 이에 대한 대책(경쟁촉진 방안)을 마련하는 사전작업으로 이해할 수 있다.[414]

1996년 말 공정거래위원회는 우선 제조업분야에서 독과점적 시장구조가 10년 이상 장기적으로 유지되고 있는 품목을 '우선개선대상품목'으로 선정하고, 이듬해인 1997년부터 일정 수의 품목에 대하여 당해 시장에서 독과점적 지위를 가진 사업자들의 원재료 수급단계부터 최종소비단계에 이르기까지 각종 경쟁제한요소를 분석하였다. 구체적으로 1997년에는 자동차, 타이어, 판유리 등 5개 품목, 1998년에는 철강, 맥주 등 6개 품목, 1999년에는 에어컨, 세탁기, 엘리베이터 등 10개 품목에 대하여 다른 사업자의 신규진입을 방해하거나, 유통구조를 독점하여 수입물품의 유통을 어렵게 하는 등의 행위에 대하여 시정명령을 내렸다.

이어서 2000년에는 대상품목을 종래의 상품에서 금융이나 통신 등 서비스분야로 확대하여 신용카드시장에서의 지위남용행위를 다수 적발·시정하였고, 2001년부터는 국민경제적 비중이 크거나 국민생활과 밀접한 관련이 있는 분야 중에서 법위반의 빈도가 높고 소비자의 불만이 큰 6개 분야, 즉 건설, 의료, 제약, 예식 및 장례식업, 신문·잡지 및 방송, 정보통신과 사교육분야를 대상으로 종합적인 구조개선 방안을 마련하는 등 이른바 '포괄적 시장구조 개선시책'(Clean Market Project)을 추진

414) 공정거래위원회, 공정거래백서, 2020, 197면.

하기도 하였다.

2008년부터 공정거래위원회는 경쟁원리가 제대로 작동하지 않는 개별 독과점 산업을 분석하고 그 대책을 마련하기 위하여 보다 심층적인 시장분석을 실시하고 있으며, 2008년부터 2019년까지 매년 1~5개 독과점 업종 등을 대상으로 총 30건의 아래와 같이 시장분석을 실시한 바 있다.[415)]

연도	분석대상	연도	분석대상
2008	항공운송, 인터넷포털	2014	자동차대여업, 가스산업
2009	손해보험, 영화, 석유, 제약, 가스	2015	수산화알루미늄, 학생교복
2010	주류	2016	맥주, 예선, 집단에너지
2011	화장품	2017	철도산업(비운송), 영화, 이동통신
2012	온라인교육, 디지털음악, 다채널유료방송	2018	항공여객운송, 공동주택관리, 보증
2013	광고, 보험	2019[416)]	방송매체산업, 농산물유통, 지급결제서비스

(2) 진행절차

공정거래위원회가 수행하는 시장분석의 진행절차는 아래에서 보는 바와 같이 크게 3단계로 구분된다.[417)]

1단계	시장분석 대상 선정을 위한 기초자료 수집·파악
↓	시장분석 대상 업종 선정을 위해 시장구조조사 결과(시장집중도 현황), 국회·언론·관계부처 등에서 제기한 이슈, 공정거래위원회 각 부서에서의 제도개선 요구사항, 각종 경제연구소의 산업리포트, 공정거래조정원·국책연구소(KDI 등)·한국소비자원 의견조회 결과 등을 수집·검토
2단계	수집·파악한 자료를 토대로 시장분석 대상 선정
↓	수집·파악한 자료를 토대로 국민경제 비중(출하액 또는 매출액), 시장집중도

415) 공정거래위원회, 앞의 백서(2020), 197−198면([표 2−42] 시장분석 실시 현황).

416) 2019년 실시된 방송매체산업, 농산물유통, 지급결제서비스 3개 업종에 대한 시장분석 추진실적에 관하여는 공정거래위원회, 앞의 백서(2020), 200−203면.

417) 공정거래위원회, 앞의 백서(2020), 198면.

(CR1 50% 이상. CR3 75% 이상), 국민생활 밀접성 등을 고려하여 1차 후보 대상을 정한 후 독과점이 고착화되어 있는 분야, 제도적 요인으로 법위반이 반복적으로 발생하는 분야, 경쟁제한으로 소비자 불만이 지속되는 분야를 중심으로 제도개선 필요성·가능성 여부 등을 종합적으로 고려하여 시장분석 대상 업종을 선정

3단계	시장분석 실시

시장분석 대상이 결정되면, 본격적으로 시장분석을 실시한다. 구체적으로 해당 업종에 대한 기초자료 수집, 관계 전문가 회의, 이해관계자 면담 등을 통해 대상 업종의 실태, 시장구조, 정부규제(관행적 규제 포함) 현황, 해외 규제사례 등을 파악한 후 개별 규제사항이 시장에 미친 영향 및 이에 대한 경쟁촉진방안을 검토한 시장분석보고서를 작성

그러나 시장분석을 통한 구조개선은 처음부터 한계를 가질 수밖에 없다. 이 점은 무엇보다 공정거래위원회의 구조개선시책이 그 용어가 풍기는 뉘앙스와는 매우 다른 방향으로 운용되어 왔다는 데에서 확인할 수 있다. 즉, 공정거래위원회는 연도별로 그 대상품목만 달리 하였을 뿐 종래와 마찬가지로 독과점시장에서의 폐해규제만을 수행하였다. 전과 다른 점이 있다면 처음부터 집중적인 조사대상분야를 선정하여 일련의 시정조치를 내렸다는 것뿐이다. 기존에 구조개선시책의 대상이 되었던 시장의 대부분이 그 후에도 구조적으로는 전혀 경쟁이 촉진되지 못하였다거나 1997년 말 외환위기나 2008년 말 글로벌 금융위기에 뒤이은 구조조정이나 2000년대 이후의 세계적인 M&A붐을 타고 시장집중이 더욱 심화되었다는 사실은 전혀 놀라운 일이 아니다.

나. 경제분석

(1) 의의와 추진 경과

경제분석 의견서[418]의 일반원칙, 작성기준, 제출절차 등에 관한 기준을 정하는 데 목적을 두고 2013년 12월 제정·시행된 「경제분석 의견서 등의 제출에 관한 규정」(Ⅱ. (1))에 의하면, 경제분석이란 사업자의 행위가 시장, 경쟁사업자, 소비자 등에 미치는 영향 및 정도에 대하여 경제학 등에 기초하여 이론적 또는 실증적으로 분석하는 것을 말하는 것으로 규정하고 있다.

418) 공정거래위원회 고시 제2017−1호, 2017.3.2. 개정. '경제분석 의견서'란 심사관 또는 피심인이 해당 사건에 대한 법 위반 여부 등에 대하여 주장을 하거나 반박을 하기 위하여 전원회의 또는 소회의(이하 "각 회의")에 제출하는 경제분석의 결과물을 말한다.

경쟁당국의 경제분석은 산업이 고도화되어 기업의 경쟁법 위반행위를 일의적으로 판단하기 어려워짐에 따라 법위반 행위 입증에 있어서 그 역할이 한층 중요해지고 있다. 경제분석은 기업의 특정 행위가 경쟁에 유해한지 여부를 객관적으로 변별하는 역할을 하여 위원회 판단의 신뢰성을 제고하는 데 기여한다.[419] 특히, IT 산업의 발전 및 플랫폼이나 데이터 기반의 새로운 비즈니스 모델의 출현으로 산업구조가 복잡해짐에 따라 경쟁제한 행위를 심층적으로 이해하고 분석하기 위해 경제분석을 적극 활용해야 한다는 인식이 강화되고 있다.

이와 같은 인식에 기초하여 공정거래위원회는 2005년 12월 19일 경제분석팀(현재는 '경제분석과')을 신설하고[420] 중요사건 등에 대한 경제분석을 통하여 사건처리 및 소송과정에서 피심인의 주장에 대하여 대응을 이어오고 있다. 하지만, 경제분석팀 신설 초기에는 주로 피심인이 제출한 경제분석 의견서에 대한 방어를 위하여 그 경제분석의 타당성을 검증하는 데 치중한 면이 있었으며, 이는 법위반 사실의 적극적이고 설득력 있는 증명이라는 경제분석 본연의 취지에 부합하지 않는 한계로 지적되었다. 하지만, 적어도 현재는 경제분석 초기에 제기된 이러한 문제를 어느 정도 극복해 나가고 있는 것으로 판단된다. "퀄컴의 시장지배적 지위남용행위" 사건(2009, 2017), "BHP 빌리턴/리오틴토 기업결합" 사건(2010), "에실로/대명광학 기업결합" 사건(2014), "에스케이텔레콤/씨제이헬로비전 기업결합" 사건(2016) 등을 시장에 미치는 영향이 큰 사건에서 공정거래위원회는 선제적 또는 자체적으로 경제분석을 하였다.[421]

(2) 경제분석 기능의 강화

이에 더하여 경제적 파급력이 큰 경쟁법 사건에 대한 소송에서도 경제분석이 주요 쟁점으로 부각되는 사례가 증가하고 있으며, 2019년 "퀄컴 Ⅰ" 판결문[422]에서

---

419) 경제분석에 대한 이러한 기대는 경제분석 의견서 제출에 관한 공정거래위원회 고시에서 의견서 작성의 일반원칙(적절성, 완결성, 명료성, 일관성)에 그대로 투영되어 있는 것으로 보인다. 또한 경제분석은 특히 기업결합의 경쟁제한성 심사에 있어서 그 활용이 주목받아 왔으며 그 중요성은 더욱 커지고 있다.

420) 다만 공정거래위원회 스스로도 인식하고 있듯이 경제분석의 중요성에 비하여 경제분석 조직은 미국이나 EU 등 선진 경쟁당국에 비추어 취약한 것이 사실이다. 공정거래위원회, 앞의 백서(2020), 208면: "미국·EU 등은 국(局) 단위 경제분석 전담 조직을 두고 있으며 박사급 인원도 전체 직원의 3~7% 수준인 반면, 공정거래위원회의 경제분석 인력(박사)은 2019년 말 기준 전체 직원 대비 0.9% 수준으로 매우 부족한 상황이다."

421) 공정거래위원회, 공정거래위원회 40년사, 2021, 114−115면.

대법원은 경제분석을 사용하여 소송당사자 주장의 신뢰성을 높일 수 있다고 판시하였고, 실제 법원이 경제분석 관련 의견서 및 증인출석을 요구하는 경향이 뚜렷해지고 있다.[423] 또한 이에 따른 경제분석 강화 노력은 경제분석과에서 지원하는 사건 및 소송 처리건수가 크게 증가하는 결과로 이어졌음을 아래 표에서 확인할 수 있다.[424]

	2016년	2017년	2018년	2019년
사건 지원 건수	8건	13건	19건	16건
소송 지원 건수	4건	5건	9건	10건
계	12건	18건	28건	26건

아울러, 동 백서에 의하면 공정거래위원회는 앞서 언급한 경제분석 중요성 증대 추세를 반영하여 2011년부터 경제학 박사인력을 지속적으로 늘려가는 등 경제분석을 위한 조직역량 강화 노력을 기울여오고 있음을 밝히고 있다. 특히, 공정거래위원회는 사건처리의 초기단계부터 경제분석과와의 협업체계 작동이 요구된다는 인식 하에 2017년 7월부터 「경제분석사건 협의회」를 운영하여 체계적 경제분석 지원 시스템을 가동하고 있다.[425]

2. 경쟁제한적 규제의 개선

가. 의의 및 법적 근거

구조개선시책의 또 다른 축은 바로 국가 또는 지방자치단체의 경쟁제한적 규제에 대한 개선이다. 경쟁제한적 규제를 시정할 수 있는 장치는 이하에서 보는 바

422) 대법원 2019.1.31. 선고 2013두14726 판결; 서울고등법원 2013.6.19. 선고 2010누3932 판결.

423) 공정거래위원회, 앞의 백서(2020), 199면.

424) 공정거래위원회, 앞의 백서(2020), 200면.

425) 공정거래위원회, 앞의 백서(2020), 199면: "동 협의회 운영 이전에는 사건에 대한 위원회 심의 단계에서 경제분석을 지원하는 경우가 대부분이었으나, 협의회 운영 이후부터는 사건조사 단계부터 경제분석과의 인력이 투입되어 시장획정 및 경쟁제한성 등을 입증하는 사례가 증가하고 있으며, 필요한 경우 경제분석과의 인력이 현장조사에도 참여해 분석에 필요한 자료를 확보하는 등 긴밀하게 사건과와 협업하는 체계가 구축되었다."

와 같이 크게 두 가지로서, 모두 1996년의 제5차 법개정[426]을 통하여 도입되었다(현행법 제4조 제2항, 제120조 제2항). 이후 공정거래위원회는 진입규제 등 경쟁제한적 규제를 정비하여 경쟁촉진적인 시장구조로 전환하는 것이 시급하다는 점을 인식하고 2009년부터 지속적으로 규제 개선작업을 추진하여 왔다.

공정거래위원회는 경쟁제한적 규제의 개선에 관하여, 기업들의 불공정행태를 시정하기 위한 경쟁법·소비자법 집행이 민간영역에서의 경쟁촉진 수단이라면, 경쟁제한적 법령협의(법 제120조)는 경쟁제한적인 각종 정부 규제·제도를 방지하여 경쟁을 촉진하기 위한 정부부문에서 '경쟁주창활동'(competition advocacy)으로서의 의의가 있음을 밝히고 있다.[427] 특히, 법령이나 제도가 한번 확정되고 나면 사후적으로 이를 개선하기 쉽지 않다는 점에서 사전적인 경쟁제한 법령협의 절차의 중요성을 강조하여 왔다.

먼저 다른 부처의 경쟁제한적 규제와 관련해서는 경쟁제한적 법령 제정 등에 대한 공정거래위원회의 사전 협의권(법 제120조 제2항)을 들 수 있다.[428] 또한 공정거래위원회는 이러한 사전협의제도의 실효적 집행을 위하여 그 구체적 기준을 「법령 등의 경쟁제한사항 심사지침」[429]에 마련하고 있다(지침 Ⅱ. 적용범위). 그런데 동 제도는 관계행정기관의 장이 경쟁제한적인 내용의 법령을 제·개정할 때 공정거래위원회와 사전 협의하도록 하거나 경쟁제한적인 내용의 예규·고시 등을 제·개정할 때 공정거래위원회에 사전 통보하도록 하고 있을 뿐이어서, 기존에 존재하던 경쟁제한적인 법령·예규·고시가 문제되거나 중앙행정기관이 아닌 지방자치단체가 제정한 조례 등에 대해서는 공정거래위원회가 관여할 여지가 전혀 없다.

게다가 정부입법과 달리 의원입법을 통해 제·개정되는 법률안의 경우에는 공정거래법 제120조의 사전협의제도 대상에 명시적으로 포함되지는 않는다. 다만, 이에 대하여 공정거래위원회는 「공정거래위원회 법제업무운영규정」[430] 제23조(의원발

---

426) 1996.12.30. 법률 제5235호.

427) 공정거래위원회, 앞의 백서(2020), 95면.

428) 공정거래위원회, 앞의 백서(2020), 95면. "경쟁제한적인 법령의 사전협의제도란 중앙행정기관이 가격·거래조건의 결정, 시장진입 또는 사업활동의 제한, 부당한 공동행위 또는 사업자단체의 금지행위 등 경쟁제한적인 내용의 법령을 제·개정하거나 승인 등의 처분을 하려고 할 때, 공정거래위원회와 사전 협의를 거치게 하고, 공정거래위원회가 경쟁제한사항의 시정에 관한 의견을 제시하도록 하는 제도이다."

429) 공정거래위원회 예규 제287호, 2017.11.14. 개정.

430) 공정거래위원회 훈령 제351호, 2023.7.18. 개정.

의법률안에 대한 정부 내 기관 간 협조)에서 의원발의 법률안의 소관기관은 관계 기관에 의견을 묻도록 하고 있어, 정부입법과 동일한 방식으로 경쟁제한사항 등을 검토하여 의견을 제시하고 있다.[431]

그 밖에 공정거래위원회는 필요한 경우에 관계행정기관의 장에게 경쟁의 도입 기타 시장구조의 개선 등에 관하여 필요한 의견을 제시할 수 있다(법 제4조 제2항). 그런데 공정거래위원회가 경쟁제한적인 규제를 발굴하더라도 이를 해소하는 작업은 만만치 않다. 무엇보다 공정거래위원회는 소관부처 및 이익집단의 반발에 대응하여 이들을 설득하여야 하는데, 직접 이해당사자인 소관 부처와 이익집단의 불이익은 명확하게 집중되어 있는 반면 경쟁제한적 규제의 철폐에 따른 이익은 침묵하는 소비자에게 널리 분산되어 있기 때문이다.

나. 규제 개선의 성과

공정거래위원회의 경쟁제한적 규제 개선 업무는 불합리한 진입장벽 등을 제거함으로써 경쟁촉진적인 시장구조를 형성해 나가도록 하는데 초점을 맞추고 있으며, 앞서 언급한 일정한 한계에도 불구하고 나름의 성과를 거두어왔다.[432]

연도	규제 개선의 추진 성과
2009	공적 독점이 존재하거나 장기간 독점이 지속되어 개선이 시급한 분야를 중심으로 26개 과제에 대한 개선방안을 확정
2010	보건의료, 유통, 항공운송 등 서비스분야와 공적 독점분야를 중심으로 20개 과제에 대한 개선방안을 확정
2011	보건의료, 문화관광 등 국민생활과 밀접한 서비스분야를 중심으로 19개 과제에 대한 개선방안을 확정
2012	진입규제 뿐만 아니라 가격·영업활동 규제를 중심으로 20개 과제에 대한 개선방안을 확정
2013	기업환경 개선, 소비자 편익제고를 통한 경제활력 제고와 핵심 서비스 산업(방송·의료) 분야를 중심으로 16개 과제에 대한 개선방안을 확정
2014	시장창출·발전을 저해하는 분야, 불합리한 영업활동제한 분야, 국민의 생활의 질을 저해하는 분야를 중심으로 15개 과제에 대한 개선방안을 확정
2015	불합리한 진입제한 분야와 공공분야 독점을 중심으로 18개 과제에 대한 개선방안을 확정

431) 공정거래위원회, 앞의 백서(2020), 96면.
432) 공정거래위원회, 앞의 백서(2020), 98면.

연도	규제 개선의 추진 성과
2016	융복합 기술 구현 및 신소재상품 개발을 저해하는 규제, 공공분야 독점의 원인이 되는 규제 등을 중심으로 22개 과제에 대한 개선방안을 확정
2017	국민생활과 밀접한 먹거리·생필품·레저 분야와 중소기업 관련 분야 등을 중심으로 25개 과제에 대한 개선방안을 확정
2018	헬스케어, 정보통신융합(ICT) 등 신산업 분야와 교육, 물류 등 서비스 분야 등을 중심으로 규제 개선을 추진하여 21개 과제에 대한 개선방안을 확정
2019	관광·의료 등 서비스업 분야에서의 사업활동을 제한하는 규제, 고령친화산업의 발전을 저해하는 규제 등을 중심으로 개선을 추진하여 19개 과제에 대한 개선방안을 확정·발표

다만, 공정거래위원회도 인지하고 있는 바와 같이 우리나라의 국가경쟁력 대비 정부규제가 기업활동에 초래하는 부담이나 규제개선에 관한 법률적 구조의 효율성 순위가 여전히 중하위권에 머물러 있다는 점은 유념할 필요가 있다.[433)]

3. 시장구조의 조사·공표 등

공정거래위원회는 독과점적 시장구조의 개선시책을 추진하기 위하여 시장구조를 조사·공표할 수 있으며(법 제4조 제3항 제1호), 특정 산업의 경쟁상황 분석, 규제현황 분석 및 경쟁촉진 방안을 마련할 수 있다(제2호). 공정거래위원회는 통계청 경제총조사를 기초자료로 삼아 각 산업, 품목별 시장구조를 조사·분석하며, 시장집중도 분석 지표로는 CRk 및 HHI지수를 사용하고 있다. 시장구조 조사 결과는 시장경쟁 촉진을 위한 다양한 정책의 추진을 위한 기초자료로 활용된다. 시장구조의 조사는 주로 한국개발연구원(KDI)에 위탁하여 실시하고 있는바, 주로 CR3에 따른 산업집중도, 독과점구조를 유지하는 산업의 현황 및 특성 분석, 10대·50대·100대 기업점유율과 같은 일반집중도, 대기업집단의 산업집중도 등을 담고 있다.

한편, 공정거래위원회는 이를 위하여 필요한 자료의 제출을 사업자에게 요청할 수 있는바(법 제4조 제4항), 법위반 혐의에 대한 조사가 아니므로 사업자가 자료제출을 거부하거나 허위의 자료를 제출하는 경우에도 제재를 부과할 수는 없다. 다

433) 공정거래위원회, 앞의 백서(2020), 96면: "세계경제포럼(WEF : World Economic Forum) 발표에 따르면 2019년 우리나라의 전체 국가경쟁력 순위는 141개국 중 13위로서 상위권에 속하지만, 세부적으로 보면 정부규제가 기업활동에 초래하는 부담 관련 항목의 순위는 87위로 중하위권에 속해 있으며, 규제개선에 관한 법률적 구조의 효율성 순위는 67위로 중위권에 머물러 있는 상황이다."

만, 현실적으로 공정거래위원회의 폭넓은 규제를 받고 있는 사업자가 자료요청을 거부하기란 매우 곤란하고, 공정거래위원회가 자칫 과도한 자료제출을 요청할 경우에는 그 부담이 적지 않을 것이라는 점을 고려할 때, 시장구조의 조사를 위한 자료제출 요청에 관한 절차를 마련할 필요가 있을 것이다.

Ⅲ. 구조개선시책의 한계

공정거래법상 구조개선시책이란 것은 공정거래위원회의 직권조사와 제재, 관계행정기관의 장에 대한 의견제시나 시장조사 등과 같은 수단 이외에 처음부터 시장구조의 집중을 완화시킬 수 있는 강력한 수단으로 고안된 것이 아니었다는 점에서 그 한계가 크다. 시장지배적 사업자의 지위남용에 대한 시정조치로서 구조적 조치의 활용이나 경쟁제한적 기업결합에 대한 실효적 규제가 여전히 가장 중요한 의미를 가질 수밖에 없는 이유도 바로 여기에 있다.

뿐만 아니라 경쟁제한적 규제를 둘러싸고 경쟁정책과 산업정책이 충돌하는 경우에 공정거래위원회가 소관부처나 해당 이익집단의 반발을 무릅쓰고 규제의 철폐를 관철하기 위한 수단이 부재한 점도 시장구조개선시책의 실효성을 약화시키는 요인으로 지적할 수 있다. 정부 내에서 공정거래위원회 및 경쟁정책의 위상을 높이는 한편, 우리 사회 전반에 경쟁에 대한 인식을 확산시키는 경쟁주창(competition advocacy)노력이 중요한 이유이다. 이와 같은 맥락에서 공정거래위원회가 규제산업에 대하여 깊이 이해하고, 그때그때 중요한 규제 이슈에 대해서 적극적인 의견개진 차원을 넘어 현실적으로 타당한 대안을 함께 제시할 수 있어야 할 것이다.

제4장

경쟁제한적 기업결합의 제한

경쟁의 개념을 적극적으로 정의하기 어려운 이유의 하나는 경쟁을 인지·측정하고 경쟁의 정도를 평가할 수 있는 툴(tool)이 마땅치 않은 데에서도 찾을 수 있다. '시장구조'에 착안한 전통적인 시장이론이 독점시장과 경쟁시장에 대한 기본적인 이해를 높이는 데에 유용하기는 하나, 일정한 경쟁구조를 규범적으로 평가하는 것은 또 다른 차원의 문제이다. 그럼에도 불구하고 시장에서 경쟁구조를 유지하기 위한 규제, 즉 구조규제란 거의 모든 입법례에서 활용되고 있다. 이때, 강학(講學)상 구조규제란 좁게는 경쟁제한적 기업결합의 제한과 같이 독과점의 출현을 미연에 방지하기 위하여 사전적으로 직접 시장구조에 개입하는 경우를 의미하고, 넓게는 사후에 시장지배적 사업자의 남용을 금지하거나 필요시 시장구조의 개선을 위한 조치(structural remedies)를 포함하는 것으로 이해되고 있다.[1)]

구조규제가 곧바로 기업분할(divestiture)을 의미하지는 않는다. 기업분할이란 구조적 시정조치의 하나로서 미국에서는 "Standard Oil" 사건이나 "AT&T" 사건에서 법원의 판결로 내려진 바 있고, 유럽에서도 일부 사건에서 동의의결의 내용으로 활용된 바 있다. 어느 경우에나 법위반행위, 특히 독점화금지나 시장지배적 지위남용 등을 전제로 명해질 수 있다. 미국에서는 이른바 '독점금지의 시대'(era of antitrust)라고 불리던 1970년대에 대기업의 인위적 분할(分割)을 내용으로 하는 여러 법안이 제출되었으나, 법위반행위와 무관한 인위적인 기업분할은 소유권에 대한 본질적인 침해라는 반대에 부딪혀서 단 하나도 입법화되지 못하였다.

1) 공정거래법상의 규제는 크게 구조규제, 행위규제 및 성과규제로 나눌 수 있는데, 이러한 구분에 따르자면 시장지배적 사업자의 남용규제는 행위규제 또는 성과규제로 이해할 수 있다. 또한 구조규제와 구조주의의 개념은 구별되어야 하는 바, 전자는 시장의 집중완화를 위한 규제로서 예컨대 독과점기업의 해체나 합병규제를 가리키는 개념인데 반하여, 후자는 시장지배력의 유무나 유효경쟁의 제한 여부를 판단함에 있어서 구조적인 요소, 예컨대 시장구조, 사업자의 수, 시장점유율, 매출액 등을 중요시하는 입장을 가리키는 개념이다. 다만, 구조주의를 중시하는 견해는 일반적으로 구조규제를 강조한다는 점에서 양자는 밀접한 관계에 있다.

제 1 절 개 설

I. 기업결합의 의의 및 규제목적

1. 기업결합의 의의

기업결합(企業結合)이란 흔히 '경제적'인 의미에서 둘 이상의 기업을 단일한 관리체제 하에 통합함으로써 개별기업의 경제적 독립성을 소멸시키는 과정이나 결과로 이해되고 있다.[2] 반면 '규범적'인 의미에서 기업결합이란 둘 이상의 독립된 기업 사이에 지배관계를 형성 또는 강화하는 일련의 행위를 말한다. 무릇 공정거래법은 사업자의 일정한 '행위'(conduct)에만 적용되고, 기업결합이란 당사회사의 지배구조에 지속적인 변화를 초래하는 행위로서 시장에서 독립적인 경쟁단위의 감소를 수반한다는 특징을 가진다. 흔히 M&A라고도 불리는 기업결합은 기업의 성장이나 시장의 지배를 위한 대표적인 수단으로 전 세계적으로 활용되고 있으며, 일찍이 각국 경쟁법의 관심사항이 되고 있다. 다만, 기업결합의 심사는 시장획정과 경쟁제한효과의 판단에 있어서 매우 난해한 작업으로서 미국이나 유럽 등 경쟁법을 마련한 선발 국가들조차 시장지배적 지위남용이나 카르텔을 규제하는 법률을 제정·시행한 후 상당 기간에 걸쳐 경험이 축적된 연후에 비로소 기업결합에 관한 별도의 규정을 마련한 바 있다.[3]

기업결합은 기업의 경쟁력 향상이나 구조조정 등 다양한 목적으로 행해지며, 당사회사의 입장에서는 시장에의 신규진입이나 퇴출, 그리고 지배구조에 이르기까지 핵심 사안에 관한 폭넓은 자기결정을 의미한다. 기업결합은 임원겸임의 형태를 제외하고는 법률행위, 특히 계약을 통하여 실현되고, 임원겸임의 형태를 취하는 경우에도 이사회의 의결, 경우에 따라서는 주주총회의 결의를 거친다는 점에서 기업결합의 영역에서는 원칙적으로 사적자치가 지배한다.

---

2) 이규억·이성순, "기업결합과 경제력 집중", 한국개발연구원, 1985, 15면; 권오승, 경제법(제13판), 법문사, 2019, 194면; 권오승·서정, 독점규제법(제4판), 2020, 188면.

3) 미국에서는 1890년 셔먼법 제정 후 1914년에야 클레이턴법이 제정되었고, 독일에서는 1957년 경쟁제한방지법이 제정 후 1976년에야 기업결합 규제조항이 신설되었으며, 유럽의 경우 1957년 유럽공동체조약이 체결된 후 1989년에야 합병규칙(EC Merger Regulation)이 마련되었다.

경제적인 관점에서 기업결합은 경영권의 자유로운 양도를 통하여 기업의 자산을 가장 효율적으로 사용할 수 있는 자에게 기업을 운영케 함으로써, 국민경제 전체의 효율성을 높인다는 장점을 가질 수도 있다. 아울러 생산, 연구, 유통, 자본비용 등에 있어서 규모의 경제(economies of scale)를 가져올 수 있으며, 기업결합을 통한 새로운 시장에의 진입은 비효율이 지배하는 산업에 경쟁의 자극을 제공하는 한편, 다른 기업의 취득을 통하여 위험을 분산시킬 수도 있다.

반면, 기업결합은 시장집중을 가져오는 대표적인 수단으로서 경제력집중의 방지라는 차원에서 공정거래법상 규제를 받게 된다. 공정거래법은 기존의 독과점에 대해서 남용 내지 폐해를 규제하는 한편, 새로운 독과점의 출현이 단순한 효율성 증대나 혁신의 결과가 아니라 인위적인 결합행위에서 비롯될 소지가 있는 경우에 이를 사전에 억제하고 있는 것이다.

2. 기업결합의 규제목적

가. 내부적 성장과 외부적 성장의 이분법적 사고

공정거래법상 기업결합규제는 독과점적 시장구조에 대한 예방적 규제라는 의미에서 그 성질상 구조규제이자 사전규제의 성격을 갖는다. 이때, 기업결합규제는 이미 고도로 집중된 시장구조를 경쟁적인 구조로 완화시킨다는 의미에서 시장구조의 적극적인 변경을 목적으로 하는 것이 아니라 기존의 시장구조를 악화시키는 행위를 규제하는 것이다. 따라서 경쟁적인 시장구조가 독과점화되는 경우뿐만 아니라 이미 독과점화된 시장구조가 더욱 집중되는 경우도 규제대상에 포함된다.

경쟁법을 두고 있는 어느 나라에서나 기업결합규제는 시장집중의 원인 중에서 효율성에 기초한 '내부적 성장'(internes Wachstum)이 아니라 단지 다른 기업의 인위적 지배라고 하는 '외부적 성장'(externes Wachstum)에 대해서만 적용된다. 독과점을 가져오는 기업의 성장을 그 수단이나 과정의 차이에 착안하여 이분법적으로 접근하는 것이다. 공정거래법이 독과점 자체를 금지하는 것이 아니라 이를 야기하는 '기업결합'이라는 수단을 포착하는 것도 이러한 맥락에서 이해할 수 있다.

이처럼 공정거래법이 내부적 성장의 경우와 달리 외부적 성장의 주요 수단인 기업결합만을 규제의 대상으로 삼는 근거에 대해서는 크게 두 가지 입장이 대립하고 있다. 규범적으로는 내부적 성장이 기업결합에 의한 외부적 성장보다 바람직하다는 견해가 지배적이다. 이에 따르면 내부적 성장은 원칙적으로 당해 기업의 효율성이 높아지거나 당해 기업제품의 수요증가에 따른 것으로서 설비투자를 증가시키고 일자리와 생산량을 증가시키는 효과를 갖는 반면, 외부적 성장은 설비투자, 일자리 또는 생산량을 증가시키지 않으면서 소비자의 선택을 제한할 뿐이라고 한다.[4)]

반면, 효율성(效率性)을 중시하는 경제이론에 의하면 기업은 성장을 추구하는 과정에서 내부적 성장과 외부적 성장의 두 가지 중에서 하나를 자유롭게 선택하게 마련이고, 이때 선택의 핵심기준은 바로 비용·편익분석(cost−benefit analysis)에 따른 결과이다. 이를테면 다른 기업을 인수·합병함으로써 보다 적은 비용으로 효율성을 높일 수 있다면 그 기업은 구태여 비용이 더 드는 내부적 성장을 고집할 이유가 없는 것이다. 이때 공정거래법이 시장집중을 이유로 외부적 성장의 길을 봉쇄할 경우 그 기업은 어쩔 수 없이 비용이 더 많이 드는 내부적 성장의 길을 선택할 수밖에 없게 되고, 그 결과 당해 기업은 효율성 증대나 소비자후생 증대의 기회를 상실하게 된다. 이러한 부정적 효과는 궁극적으로 공정거래법의 목적과도 부합하지 않는다는 것이다. 그렇다면 공정거래법이 효율성 증대를 가져올 수 있는 외부적 성장수단인 기업결합을 일정한 경우에 금지하는 근거는 무엇인가? 그것은 바로 경쟁의 실질적 제한이고, 이 문제는 경쟁제한에 대한 규범적 접근과 경제적 접근의 차이와 결부되어 있다.

나. 경쟁의 실질적 제한

공정거래법이 기업결합을 금지하는 유일한 근거는 당해 기업결합이 효율성의 증대를 가져올 수 있음에도 불구하고 그보다 관련시장에서 경쟁을 실질적으로 제한할 우려가 더 크다는 점이다(법 제9조 제1항 본문). 기업결합규제가 구조규제의 성격을 갖고 있으나, 동법은 금지요건으로 직접 시장구조에 미치는 영향을 언급하지 않고 있다. 오히려 동법은 기업결합이 일정한 거래분야에서 경쟁을 실질적으로 제한하는 경우에 이를 금지하는 것으로 규정하고, 이때 '경쟁을 실질적으로 제한하는 행위'란 일정한 거래분야의 경쟁이 감소하여 특정 사업자 또는 사업자단체의 의사에 따라 어느 정도 자유로이 가격·수량·품질 기타 거래조건 등의 결정에 영향을

---

4) 예컨대 R. Bork가 외부적 성장이라도 그것이 생산량을 제한하는 경우에만 규제할 필요가 있다고 주장하는 것도 동일한 맥락이다.

미치거나 미칠 우려가 있는 상태를 초래하는 행위라고 정의함으로써(법 제2조 제5호), 다분히 경쟁제한을 파악함에 있어서 경제학적 의미의 시장지배력과 마찬가지로 가격결정력(power over price)에 초점을 맞추고 있다. 달리 표현하자면, 기업결합의 폐해로서 '가격'이라는 시장성과를 가장 중시하고 있다는 설명이 가능하다.

한편, 공정거래법은 일정한 거래분야에서 경쟁을 실질적으로 제한하는지 및 예외요건의 해당 여부를 판단하기 위한 기준을 고시에 위임하고 있고(법 제9조 제4항), 그에 따라 제정된 것이 바로 「기업결합심사기준」(이하 "심사기준")[5]이다. 심사기준은 일응 법규적 효력을 가지는바, 규제대상인 사업자의 권리·의무와 직접 관련된 사항을 정하고 있다는 점에서, 고시보다 상위의 법령에서 일반적인 기준을 명시하는 것이 행정규제기본법의 취지에도 부합하는 타당한 방법일 것이다.[6]

다. 시장구조와 효율성, 일반집중의 관계

그런데 공정거래법은 공정하고 자유로운 경쟁의 촉진이 궁극적으로 기업의 효율성 증대를 가져올 수 있는 최선의 방법이라는 명제를 기초로 한다. 기업결합으로 인하여 달성될 것으로 기대되는 효율성은 실현되지 아니한 장래에 기대되는 효과로서, 효율성 증대 여부는 아무리 정치(精致)한 경제분석에 의하더라도 분석자의 주관적 가치판단에 적지 않게 좌우될 수밖에 없고, 시장의 대·내외적 상황변화에 따라 매우 가변적이다. 따라서 그 발생 여부와 정도를 확신할 수 없는 효율성 증대효과보다는 관련시장에서 현재의 경쟁구조를 유지하는 것이 장기적인 관점에서 효율성을 가져오는 보다 확실한 수단일 수 있는 것이다. 물론 경쟁 그 자체가 갖는 사적자치의 보호 내지 경제활동의 자유보장이라는 가치 또한 간과할 수 없다. 이러한 이유에서 공정거래법상 기업결합은 원칙적으로 사업자의 자율에 맡겨져 있으나, 그것이 경쟁을 '실질적으로' 제한하는 경우에 한하여 예외적으로 이를 금지되는 것이다.

---

5) 공정거래위원회 고시 제2023-20호, 2023.2.7. 개정.

6) 박정훈, "공정거래법의 공적 집행: 행정법적 체계 정립과 분석을 중심으로", 권오승 편, 공정거래와 법치, 법문사, 2004, 1009-1100면. 그 밖에 행정규제기본법은 "규제법정주의'라는 표제 하에 "규제는 법률에 직접 규정하되, 규제의 세부적인 내용은 법률 또는 상위법령에서 구체적으로 범위를 정하여 위임한 바에 따라 대통령령·총리령·부령 또는 조례·규칙으로 정할 수 있다. 다만, 법령에서 전문적·기술적 사항이나 경미한 사항으로서 업무의 성질상 위임이 불가피한 사항에 관하여 구체적으로 범위를 정하여 위임한 경우에는 고시 등으로 정할 수 있다."고 규정하고 있다. 공정거래위원회가 마련한 다수의 고시들이 이와 같은 원칙을 적절히 준수하고 있는지는 의문이다.

한편, 헌법은 시장의 지배와 경제력의 남용을 방지할 의무를 국가에 부여하고 있다(법 제119조 제2항). 여기서 기업결합, 그중에서도 특히 혼합결합은 일반집중을 가져오는 대표적인 수단이고, 경제력집중의 억제는 공정거래법의 목적 중 하나라는 점에 착안하여 기업결합규제의 근거를 설명할 여지가 없는 것은 아니다. 공정거래법상 기업결합에 대한 규제와 경제력집중의 억제가 서로 밀접한 관계에 있음을 부인할 수는 없으나, 전자가 시장집중의 방지를 목적으로 하는 반면 후자는 무엇보다 대기업집단에 의한 일반집중의 억제를 목적으로 한다는 점에서 양자는 적어도 개념상 구별하는 것이 타당하다.[7)]

Ⅱ. 기업결합의 개념 및 유형

1. 법개념으로서의 기업결합

공정거래법 제2조는 기업결합의 개념을 정의하지 않고 있다. 기업결합의 개념은 법 제9조의 적용대상이자 법 제11조의 신고대상인 행위를 특정한다는 점에서 가급적 명확하고 예측가능해야 하며, 동시에 시장집중의 억제라는 목적을 고려하여 그 범위가 한정되어야 한다. 즉, 경쟁당국의 입장에서는 기업결합 금지의 대상을 기업 간의 각종 결합형태 중에서 경쟁제한의 우려를 야기하는 기업결합에 한정하여야 하고, 사업자들로서는 자신의 행위가 공정거래법상 신고의무나 시정조치 등 어떠한 법률효과와 결부될 수 있는 것인지를 스스로 판단할 수 있어야 한다. 기업결합이 입법취지에 부합하면서 동시에 법개념(法概念)으로 파악되어야 하는 이유이다.

가. 형식적 의미의 기업결합

경쟁제한적인 기업결합을 규제하기 위해서는 어떤 행위를 기업결합으로 포착하여야 할 것인지가 명확하게 정해져야 한다. 공정거래법상 일정한 기업결합은 신고의무라는 법률효과를 수반하고, 당해 기업결합이 일정한 거래분야에서 경쟁을 실질적으로 제한하는 경우에는 이를 금지하는 등의 시정조치가 부과된다는 점에서 기업결합이란 규제의 출발이자 그 한계를 정하는 매우 중요한 개념이다.

그런데 공정거래법은 기업결합을 그 실체에 착안하여 정의하지 않고, 단지 그

---

7) 같은 취지로 이규억·이성순, 앞의 글, 131면 이하.

수단에 따라 주식취득, 임원겸임, 합병, 영업양수, 새로운 회사설립에의 참가 등 열거된 행위를 기업결합으로 간주하고 있을 뿐이다(법 제9조 제1항 각호).[8] 이와 같은 태도는 일정한 수단을 통하여 당사회사의 지배구조에 어떤 변화가 발생하는지, 공정거래위원회가 무슨 이유로 어떤 내용의 시정조치를 고려해야 하는지를 적절히 설명하지 못한다는 의미에서 다분히 '형식적인 개념'(Formbegriff)이다. 예컨대, 법 제9조 제1항 제1호에 따르면 주식취득을 통한 기업결합의 경우에 다른 기업의 주식을 단 1주만 취득해도 기업결합에 해당되며, 단 1명의 임원겸임도 마찬가지이다. 그 결과 기업결합의 범주가 지나치게 넓어지고, 경쟁을 제한할 우려가 있는 기업결합만을 금지하려는 제도의 취지에 부합하기 어려울 뿐만 아니라, 법적 안정성과 절차의 경제에도 부정적인 결과를 가져온다. 기업결합의 개념을 실질적으로 파악해야 하는 이유이다.

일찍이 우리나라에서는 기업결합에 대하여 '기업 간의 자본적·인적·조직적 결부를 통하여 기업활동을 단일한 관리체제하에 통합시킴으로써 개별기업의 경제적 독립성을 소멸시키는 기업 간 결합의 과정과 형태'라는 정의가 널리 사용되고 있다.[9] 이러한 개념정의는 법 제9조 제1항의 형식적인 개념정의에 비하여 둘 이상의 기업이 사실상 하나로 합쳐지는 기업결합의 실질(substance)에 일정 부분 접근하고는 있으나, 공정거래법상 기업결합이란 다른 금지행위와 마찬가지로 특정한 행위를 지칭하는 개념이고, 경제적 독립성의 소멸이 기업결합이라는 행위에 공통된 개념요소인지는 의문이라는 점에 한계가 있다.

나. 실질적 의미의 기업결합

공정거래법상 기업결합을 형식적 수단이 아니라 규제목적에 비추어 파악할 경

8) 이러한 태도는 일견 미국 독점금지법, 즉 클레이튼법 제7조의 예와 유사한데, 동조에서는 경쟁을 실질적으로 제한하거나 독점화의 우려가 있는 '주식취득'이나 '자산양도'를 금지하고 있으며(15 U.S.C. §18), 나아가 은행과 신탁회사의 경우를 제외하고 '임원겸임'을 규제하고 있는바(15 U.S.C. §19), 직·간접적인 지배관계의 형성이라는 보다 실질적인 기준을 통해 기업결합을 정의하고 있는 독일 경쟁제한방지법 제37조나 유럽 합병규제규칙 제3조의 입법례와는 차이가 있다. 독일 및 유럽의 입법례에서도 우리나라와 마찬가지로 결합의 법적 수단으로서 주식취득이나 자산인수 등을 언급하고는 있으나, 이러한 수단에 의하지 않은 기업결합을 폭넓게 포섭하기 위해서 예컨대 '사실상의 방법에 의한 지배력의 획득'이나 '기타의 방법에 의한 지배관계의 형성'과 같은 일반적인 요건을 규정하고 있다.

9) 권오승(제13판), 194면; 신동권, 독점규제법(제3판), 박영사, 2020, 247면; 신현윤, 경제법(제8판), 법문사, 2020, 167면; 이호영, 독점규제법(제6판), 2020, 103면; 정호열, 경제법(제6판), 박영사, 2018, 207면.

우 결합수단에 내재된 실질을 중시하게 된다. 동법이 기업결합을 규제하는 이유는 무엇보다 둘 이상의 법적으로 독립된 기업들이 지배관계의 형성·강화를 통하여 사실상 하나의 사업자 내지 '하나의 경쟁단위'로 전환되고, 그로 인하여 관련시장에서 경쟁을 제한할 우려를 미연에 방지하는 데에 있다. 따라서 기업결합의 실질은 바로 법적으로 독립된 기업들 사이에 경제적으로는 하나로 파악할 수 있을 정도로 '지배관계'가 형성·강화되는 데에서 찾을 수 있다. 예컨대, 의결권 없는 주식의 취득이 이루어지는 경우에는 그로 인하여 당사회사 사이의 지배관계에 아무런 변화가 발생하지 않으므로 기업결합의 실질은 존재하지 않는 것이다.

이러한 맥락에서 기업결합의 실체에 대하여 중요한 단서를 제공하고 있는 것이 바로 심사기준이다. 심사기준에서는 간이심사대상 기업결합과 관련하여 기업결합 당사회사 간에 '지배관계'가 형성되지 않는 경우에는 원칙적으로 신고내용의 사실 여부만을 심사하여 적법한 신고서류의 접수 후 15일 이내에 심사결과를 신고인에게 통보하도록 규정하고 있다(심사기준 Ⅲ.). 즉, 지배관계가 형성되지 않는 경우에는 원칙적으로 경쟁제한성 심사를 하지 않는 것이다. 심사기준은 당사회사 간에 지배관계가 형성되지 않는 경우에도 일응 기업결합은 성립한다는 전제 하에 실질적인 심사를 요하지 않다는 태도를 취함으로써 '지배관계'가 기업결합규제에 있어서 핵심적인 고려사항의 하나임을 보여주고 있는 것이다.

기업결합을 통하여 둘 이상의 기업이 '하나의 관리'(einheitliche Leitung) 하에 통합됨으로써 시장집중을 형성·강화하는 것을 방지한다는 입법취지를 고려할 때, 당사회사 간에 '지배관계'가 형성되는지 여부는 기업결합의 핵심적인 개념요소이다. 독일 경쟁제한방지법이나 유럽 합병규제규칙 제3조 제1항 b호 역시 기업결합을 다른 기업에 대하여 상당한 영향력을 행사할 수 있는 '지배력의 획득'(Kontrollerwerb)으로 이해하고 있다. 다만, 공정거래법은 당사회사가 신고의무의 전제가 되는 기업결합의 성립 여부, 다시 말해서 지배관계의 성립 여부를 스스로 판단하기 어려울 수 있는 점을 감안하여 다분히 형식적으로 기업결합을 널리 정의한 것으로 이해할 여지는 있다.

[보론] '지배관계'의 실무상 의의

공정거래법상 금지요건에 대한 증명책임은 동법에 달리 정함이 없는 한 원칙적으로 공정거래위원회가 부담하게 된다. 그런데 사전규제의 성격이 강한 기업결합 규제에 있어서는 공정거래위원회가 경쟁제한효과를 증명하기 이전에 일정한 기업결합을 신고하도록 할 필요가 있고, 이때 신고 여부의 이니셔티브는 당사회사, 보다 정확하게는 기업결합 신고대상회사에게 맡겨져 있다. 그런데 '지배관계'에 대한 증명이 문제되는 상황이 발생할 수도 있다. 예컨대, A사가 자신이 보유한 C사의 지분 60%를 B사에게 매각하기로 합의하고, C사의 대표이사는 여전히 유임하기로 약정한 경우에 취득회사인 B사는 공정거래법상 B사와 C사의 결합을 신고하게 될 것이다. 그런데 만약 60%의 지분 매각에도 불구하고 A사가 여전히 C사를 실질적으로 지배하는 상황이라면, B사는 해당 주식취득으로 인하여 C사에 대한 지배관계가 형성되지 않음을 증명하고, 간이심사대상 기업결합으로서 신속하게 절차를 진행할 수 있게 될 것이다. 반면, B사의 주장에도 불구하고 공정거래위원회는 B사와 C사 사이에 지배관계가 형성됨을 증명함으로써 경우에 따라서는 경쟁제한성 심사를 진행할 수 있을 것이다.

한편, 공정거래위원회의 실무상 지배관계의 형성 여부는 기업결합의 존재와 결부되지 않고 경쟁제한성 판단단계에서 살펴보게 되므로, 지배관계의 형성을 수반하지 않는 기업결합이라도 신고요건을 충족하는 경우에 당사회사로서는 일단 공정거래위원회에 신고하지 않으면 안 된다. 공정거래위원회가 심사하는 도중에 주식매각 등으로 지배관계가 소멸하는 경우에는 간이심사를 거쳐 사건을 종료하면 될 것이다. 「기업결합의 신고요령」(이하 "신고요령")[10]에 따르면 연속적으로 기업결합이 이루어지는 경우 최종 취득자는 전체 기업결합 과정을 구체적으로 기재하도록 규정하고 있다. 만약 기업결합 신고서에 주식의 재매각 계획을 기재한 경우라면 공정거래위원회는 이를 고려하여 기업결합을 심사하게 될 것이다. 다만, 신고서에 지분의 재매각 계획이 기재되지 않은 경우라면 어떠한가? 이 경우 공정거래위원회는 경쟁제한성 심사를 계속 진행할 수는 있으나, 지배관계의 불성립을 이유로 간이심사로 전환하는 것이 타당할 것이다. 지배관계가 형성 또는 강화되지 않을 정도의 범위에서 주식을 보유하는 것은 허용된다는 점에서 별도의 주식처분명령은 내릴 수 없다고 보아야 한다.[11]

10) 공정거래위원회 고시 제2022-23호, 2022.12.30. 개정.
11) 공정거래위원회 1996.4.22. 의결 제1996-051호, "동양나이론의 한국카프로락탐 주식취득" 사건.

다. 지배관계의 형성 여부

(1) 주식취득의 경우

합병 또는 영업양수의 경우에는 그 성격상 당연히 당사회사 사이에 지배관계가 형성되나, 그 밖에 주식취득, 임원겸임 또는 새로운 회사설립에의 참여와 같은 경우에는 구체적으로 여러 사정을 고려하여 지배관계의 형성 여부를 판단하게 된다.

먼저, 주식의 취득 또는 소유(이하 "주식소유")의 경우 취득회사등의 주식소유비율이 50/100 이상인 경우에는 지배관계가 형성된다. 취득회사등의 주식소유비율이 50/100 미만인 경우에는 다음의 사항을 종합적으로 고려하여 취득회사등이 피취득회사의 경영전반에 실질적인 영향력을 행사할 수 있는 경우 지배관계가 형성된다(심사기준 Ⅳ. 1. 가.). 다만, 지배관계 형성의 징표는 실질적인 영향력의 유무라는 점을 감안할 때, 취득회사등이 피취득회사의 주식을 50% 이상 소유하게 되는 경우에도 예외 없이 지배관계가 형성된 것으로 볼 것은 아니고, 당사회사는 지배관계가 형성되지 않는 특별한 사정을 주장할 수 있다고 해석하여야 할 것이다.

① 각 주주의 주식소유비율, 주식분산도, 주주 상호간의 관계

② 피취득회사가 그 주요 원자재의 대부분을 취득회사 등으로부터 공급받고 있는지 여부

③ 취득회사등과 피취득회사 간의 임원겸임관계

④ 취득회사등과 피취득회사 간의 거래관계, 자금관계, 제휴관계 등의 유무

반면, 취득회사등에 의해 단독으로 지배관계가 형성되지는 않지만, 다른 자, 이를테면 피취득회사의 주식을 공동으로 취득하려는 자 또는 기존 주주와 공동으로 피취득회사의 경영전반에 실질적인 영향력을 행사할 수 있는 경우에도 지배관계가 형성된 것으로 본다. 이 경우 다음과 같은 사항 등을 종합적으로 고려하여 판단한다(심사기준 Ⅳ. 1. 나.).

① 주식 또는 의결권의 보유비율

② 임원의 지명권 보유여부

③ 예산, 사업계획, 투자계획 및 기타 주요 의사결정에 대한 거부권 보유여부

④ 의결권의 공동행사 약정 존재여부

⑤ 사업수행에 필요한 주요 행정권한 보유여부

이와 관련하여 취득회사등과 다른 자가 공동으로 피취득회사에 대한 실질적인

영향력을 행사하게 되는 경우에는 후술하는 새로운 회사의 설립과 '공동의 지배관계'라는 측면에서는 동일하나, 단지 피취득회사가 새로 설립되는 회사인지 여부에 차이가 있을 뿐이어서, 양자를 구별하여야 할 실익은 별로 없어 보인다. 입법론으로는 공정거래법 제9조 제1항 제5호 후단을 삭제하는 것도 방법일 것이다.

지배관계의 존부가 다투어진 대표적인 사례로 "무학" 사건과 "호텔롯데등" 사건을 들 수 있다.

먼저, "무학" 사건에서 무학 및 그 특수관계인은 대선주조의 주식 41.21%를 취득하여 최대주주가 되었고, 공정거래위원회는 이를 경쟁제한적 기업결합으로 보아 시정명령을 내렸다. 무학은 이에 불복하여 제기한 취소소송에서 자신들이 이 사건 기업결합으로 인하여 대선주조에 대한 지배관계를 형성하지 못하였음에도 불구하고 공정거래위원회가 지배관계를 전제로 경쟁제한적 기업결합으로 판단하였으므로 위법하다고 주장하였다. 구체적으로 무학은 주주총회에서 대선주조 측이 내세운 임원이 선임되는 등 자신들의 주장이 관철되지 못하였을 뿐만 아니라, 자신들이 제기한 회계장부열람 및 등사청구소송, 주주총회결의취소소송 등에서 패소하는 등 상법상 소수주주에게 인정되는 권리마저 제대로 행사할 수 없는 사정을 감안할 때 대선주조에 대하여 주주권행사에 의한 지배권을 가질 현실적이고도 구체적인 가능성이 전혀 없었다고 주장하였다.

그러나 서울고등법원은 이 사건 처분 당시 대선주조의 주식이 886명의 주주들에게 분산되어 있는 등 주식 분산도의 측면에서 상장법인과 유사한 형태를 띠고 있었고, 무학과 2대주주의 지분보유비율에 상당한 차이가 있으며, 임시주주총회에서 원고들이 제안한 안건이 부결된 것은 대선주조 측의 일반주주를 상대로 한 의결권 위임 권유 등과 같은 노력의 결과로 볼 수 있고, 주주들의 우호성 여부는 언제든지 변동 가능한 것이며, 회계장부 등 열람 및 등사권의 인정 여부와 지배관계의 형성 여부와는 직접적인 상관관계가 없는 점 등을 들어 지배관계를 인정하였다.[12)]

이어서 "호텔롯데등" 사건에서 호텔롯데 및 그 계열회사와 광인쇄는 공동으로 평촌개발의 주식을 각각 19%(호텔롯데 및 그 계열회사), 51%(광인쇄) 취득하는 합작투자계약을 체결하였고, 공정거래위원회는 이를 경쟁제한적 기업결합으로 보아 시정명령을 내렸다. 호텔롯데 및 그 계열회사는 평촌개발의 주식 19%만을 취득하게 되

12) 공정거래위원회 2003.1.28. 의결 제2003－027호; 서울고등법원 2004.10.27. 선고 2003누2252 판결.

므로 지배관계가 성립되지 않는다고 주장하였다. 그러나 공정거래위원회는 광인쇄가 일본 롯데와 납품 관계에 있는 중소기업으로서 호텔롯데의 계열회사가 아니라 하더라도 우호 세력이 될 수 있고, 호텔롯데는 평촌개발의 주식취득 업무를 사실상 주도하면서 주식취득 자금의 원만한 조달을 보증하였다는 점 등을 고려하여 호텔롯데 및 그 계열회사와 광인쇄가 평촌개발을 공동으로 지배하게 된다고 판단하였다.[13)]

(2) 임원 겸임의 경우

다음 사항을 종합적으로 고려하여 취득회사등이 피취득회사의 경영전반에 실질적인 영향력을 행사할 수 있는 경우 지배관계가 형성되는 것으로 본다. 그 밖에 주식소유에 대한 지배관계 판단기준이 적용가능한 경우에는 이를 준용한다(심사기준 Ⅳ. 2. 가, 나).

① 취득회사등의 임직원으로서 피취득회사의 임원지위를 겸임하고 있는 자(이하 "겸임자")의 수가 피취득회사의 임원 총수의 3분의 1이상인 경우

② 겸임자가 피취득회사의 대표이사등 회사의 경영전반에 실질적인 영향력을 행사할 수 있는 지위를 겸임하는 경우

임원 겸임의 경우에도 지배관계의 핵심징표는 실질적인 영향력 행사가능성이라는 점에서 겸임되는 임원의 비율이 3분의 1 이상인지 여부는 결정적인 고려요소로 보기 어려우나, 지배관계의 형성 여부를 판단하는 출발점으로서는 나름의 의미를 가질 수 있을 것이다.

(3) 새로운 회사설립에의 참여의 경우

새로운 회사 설립에 2 이상의 회사가 지분참여를 하는 경우에는 법 제9조 제1항 제1호의 주식취득 또는 소유와 별도로 기업결합이 성립할 수 있는바, 흔히 신규로 설립하는 합작기업(joint venture)의 지분을 공동으로 보유하게 되는 행위를 의미한다. 이때 기업결합이 성립하기 위해서는 참여회사 중 2 이상 회사가 신설회사에 대하여 지배관계, 즉 신설회사에 대하여 실질적인 영향력을 행사할 수 있어야 한다. 심사기준은 이 경우에 대해서 단지 주식소유에 따른 지배관계 판단기준을 준용하는 것으로 정하고 있다(심사기준 Ⅳ. 3. 가, 나.).

그런데 합작기업의 설립을 기업결합의 고유한 형태로 파악하기 위해서는 2 이

---

13) 공정거래위원회 2000.4.26. 의결 제2000-070호.

상의 참여회사가 신설회사를 '공동으로' 지배하게 된다는 점이 인정되어야 한다. 심사기준은 이른바 '공동의 지배관계'에 대해서 아무런 언급을 하지 않고 있는바, 자세한 내용은 후술한다.

(4) 소수지분의 취득과 기업결합의 성립 여부

㈎ 공정거래법상 소수지분 취득의 성격

상대회사의 지분을 50% 미만으로 취득하는 경우, 이른바 소수지분(少數持分; minority shareholding)을 취득하는 행위도 기업결합에 해당하는가? 소수지분의 취득만으로도 단독 또는 공동의 지배관계를 형성할 수도 있고, 경우에 따라서는 지배관계의 형성과 무관하게 경쟁을 제한할 수 있다는 주장이 제기되기도 한다.[14] 그런데 공정거래법 제9조 제1항은 각호의 행위만으로 기업결합은 성립하는 것으로 규정하고 있으므로 소수지분의 취득만으로도 기업결합이 성립한다는 점에는 이견이 있을 수 없다. 다만, 공정거래위원회의 실무상 형식적으로 기업결합에 해당하더라도 지배관계의 성립을 수반하지 않는 경우에는 원칙적으로 경쟁제한성이 없는 것으로 처리하게 되는바, 이와 같은 태도가 기업결합규제에 흠결을 가져오는지의 관점에서 살펴볼 필요가 있다.

기업은 자본제휴나 투자, 공동사업 등 다양한 목적으로 다른 기업의 소수지분을 취득한다.[15] 경우에 따라서는 소수지분의 취득과 함께 소수주주의 이익을 보호하기 위하여 예컨대 사업상 주요 결정에 대한 소수주주의 거부권(veto)이나 소수주주의 주식을 지배주주에게 매각할 수 있는 풋 옵션(put option) 등이 약정되기도 한다. 이때, 소수주주를 보호하는 장치가 당초의 목적을 넘어서 실질적으로 지배관계를 형성하거나 나아가 시장에서의 경쟁제한을 야기할 가능성이 있는지 여부가 관건이 된다.

그런데 심사기준은 나름 소수지분을 취득하는 경우에 지배관계 형성 여부를 판단하는 기준을 마련하고 있다. 즉, 심사기준 Ⅳ. 1.에서는 취득회사 등의 주식소

---

14) 특히 OECD와 유럽집행위원회 차원에서 보고서를 발간한 바 있다. 대표적으로 OECD, "Policy Roundtables – Minority Shareholdings", 2008; EU Commission, "Support study for impact assessment concerning the review of Merger Regulation regarding minority shareholdings(Final report)", 2016. 국내에서는 이상돈, "경쟁제한적인 소수지분 취득에 대한 기업결합심사 규제", 경쟁법연구 제31권, 2015, 135–139면.

15) 이상돈, "소수지분 취득에 대한 유럽연합의 기업결합신고 규제에 대한 검토: '공동지배(joint control)' 개념을 중심으로", 경쟁저널 제174호, 2014, 108면.

유비율이 50/100 미만인 경우에 있어 여러 사정을 종합적으로 고려하여 취득회사 등이 피취득회사의 경영전반에 실질적인 영향력을 행사할 수 있는 경우에는 지배관계가 형성되는 것으로 규정하고 있다.[16] 따라서 소수지분만을 취득하더라도 회사법상 특별한 권리, 예컨대 피취득회사의 전략적 의사결정과정에서 결정적인 영향력을 행사할 수 있는 권리나 이사회의 절반 이상을 임명할 수 있는 권리가 부여된 경우에는 지배관계가 형성될 수도 있다.[17] 아울러 심사기준은 다른 자와 공동으로 지배관계가 형성되는 경우와 관련하여 ① 주식 또는 의결권의 보유비율, ② 임원의 지명권 보유 여부, ③ 예산, 사업계획, 투자계획 및 기타 주요 의사결정에 대한 거부권 보유 여부, ④ 의결권의 공동행사 약정 존재 여부, ⑤ 사업수행에 필요한 주요 행정권한 보유 여부 등을 종합적으로 고려하도록 규정하고 있는바, M&A 실무상 소수지분의 취득은 공동의 지배관계와 결부될 수 있다는 점에서 중요한 의미를 갖는다.

(나) 유럽의 입법례

소수지분의 취득을 기업결합규제에 어떻게 포섭할 것인지에 관련하여 '유럽합병규칙'(이하 "규칙")[18] 및 '합병규칙에 관한 통합고시'(이하 "통합고시")[19]와 유럽집행위원회의 결정례를 참고할 만하다. 먼저, 합병규칙은 기업결합을 합병, 주식·자산의 취득 등의 수단으로 다른 사업자의 전부 또는 일부에 대한 직·간접적 지배관계를 발생시키는 것으로 규정하고 있고(규칙 제3조 제1항), 여기서 '지배'란 다른 사업자에 대한 '결정적 영향력'을 행사할 수 있는 권한을 의미한다(규칙 제3조 제2항 본문). 통합고시는 단독의 지배와 공동의 지배로 나누고 있는바(통합고시 제54항, 제62항), 소수지분 취득의 경우에는 주로 공동의 지배가 문제된다.

유럽집행위원회의 합병 실무는 통합고시에 충실하게 지배관계를 파악하고 있다. 예컨대, "Fortis/BCP" 사건[20]에서는 공동으로 자회사를 설립하면서 94%를 차지

16) 여기서 고려되는 사항은 ① 각 주주의 주식소유비율, 주식분산도, 주주 상호간의 관계, ② 피취득회사가 그 주요 원자재의 대부분을 취득회사 등으로부터 공급받고 있는지 여부, ③ 취득회사등과 피취득회사 간의 임원겸임관계, ④ 취득회사등과 피취득회사 간의 거래관계, 자금관계, 제휴관계 등의 유무이다.

17) 곽상현·이봉의, 기업결합규제법, 법문사, 2012, 59면.

18) Council Regulation (EC) No 139/2004 of 20 January 2004 on the control of concentrations between undertakings("EC Merger Regulation").

19) Commission Consolidated Jurisdictional Notice under Council Regulation EC (NO) 139/2004 on the Control of Concentrations between Undertakings, OJ 2008 C 95/1.

하는 제품의 판매에 관한 거부권을 갖는다는 이유로, "Thomas Cook/LTU/West LB" 사건[21]에서는 연간 사업계획 및 5년간 회사 운영계획에 대한 참여와 고위 임직원의 선임 및 해임권, 배당결정에 대한 거부권 등을 갖는다는 이유로 공동의 지배관계를 인정하였다. "Appolinaris/Scweppes" 사건[22]에서도 마찬가지로 경영이사의 선임에 관여하고 장기 사업계획을 승인하며 연간 예산에 대한 거부권을 중요하게 고려하였다.

㈐ 사 견

우리나라에서 소수지분의 취득을 통한 기업결합은 흔히 발생하고 있고, 유럽과 달리 기업결합을 지배관계라는 실체에서 찾지 않고 결합수단으로 널리 포섭하고 있는 공정거래법 제9조 제1항의 태도에 비추어 볼 때 당장에 규제상 흠결은 발견되지 않는다. 또한 우리나라에서는 소수지분의 취득이 단독의 지배관계를 가져오는 경우가 훨씬 빈번하다는 점에서 유럽합병규칙이 상정하고 있는 공동의 지배관계는 다분히 예외적이라고도 할 수 있다. 그렇다면 공정거래법상 소수지분의 취득에 관한 논의는 어떤 의미를 가질 수 있는가? 생각건대, 소수지분 중에서도 기업결합 신고의무를 발생시키지 않을 정도로 낮은 수준의 지분취득이 '지배관계'를 형성하는 경우에 이를 기업결합규제에 포함시킬 필요가 있고, 이때 심사기준상 지배관계를 판단하는 기준이 소수지분 취득의 특성을 충분히 반영하고 있는지, 유럽합병규칙을 참고하여 보완할 부분은 없는지는 향후 고민할 필요가 있어 보인다.

근본적으로 우리나라에서는 신고의무와 지배관계가 연계되어 있지 않은 데에서 문제가 발생한다. 예컨대, 유럽의 경우에는 지배관계가 기업결합의 핵심적인 개념요소이므로 소수지분의 취득 자체가 아니라 결국 당사회사 사이에 단독 또는 공동의 지배관계가 형성되는지가 관건이 된다. 따라서 지배관계로 이어지는 소수지분의 취득이라면 딱히 규제상 흠결은 발생하지 않는 것으로 보인다. 반면, 우리나라의 경우 신고의무는 발생하지 않는 소수지분의 취득이라도 지배관계를 가져온다면 이를 심사하여 필요한 시정조치를 내리는 것 자체는 가능할 것이나, 공정거래위원회가 이와 같은 소수지분의 취득을 적시에 인지할 수 있을 것인지가 의문이다. 사견으로는 기업결합을 위한 법률행위의 법적 안정성과 예측가능성을 담보하기 위

20) Commission, COMP/M.3556, 2005, "FORTIS/BCP".
21) Commission, Ⅳ/M.229, 1992, "Thomas Cook/LTU/West LB".
22) Commission, Ⅳ/M.093, 1991, "Apollinaris/Schweppes".

하여 신고의무가 없는 지분취득은 (지배관계 유무와 무관하게) 심사대상에서 제외하는 입법적 조치가 필요하다고 본다. 기업결합의 신고는 공정거래위원회의 적극적인 처분을 구하는 행위로서 법위반행위의 신고와는 법적 성격이 전혀 다르다는 점도 간과해서는 안 된다.

라. 실무의 동향

공정거래법상 기업결합을 규제하는 취지는 경제적으로 독립된 복수의 회사가 결합하여 하나의 경쟁단위를 이루게 됨으로써 시장구조가 고도로 집중되는 것을 방지하는 데에 있다. 따라서 동법의 규제를 받는 기업결합에 해당하기 위해서는 첫째, 법적으로나 경제적으로 독립된 회사들 간의 결합이어야 한다. 법적 독립성이 없는 복수의 사업부를 통합하는 것은 기업 간 결합이 아니고, 경제적 독립성이 없는 모·자회사 간의 결합은 그로 인하여 아무런 시장구조의 변화를 가져오지 않기 때문이다. 둘째, 주식취득 등의 법률행위를 통하여 지배관계가 형성되어야 한다. 개별기업이 경제적 독립성을 상실하는 과정이 바로 기업결합의 본질이기 때문이다.

한편 2019년의 경우를 살펴보면 공정거래위원회에 신고된, 즉 신고의무가 있는 기업결합 766건 중에서 해당 기업결합으로 지배관계가 형성된 경우는 458건(59.8%)이며, 지배관계가 형성되지 않은 경우는 308건(40.2%)이었다. 전자의 경우에 대부분은 안전지대에 해당하거나 사모펀드(private equity fund; PEF)의 설립 등 단순투자로서 경쟁제한 여부가 쟁점이 되지 않았고, 경쟁을 제한하는지 여부를 집중적으로 심사한 건은 18건에 불과하였다. 후자의 경우는 결국 지분비율이 높지 않아 상대회사를 지배하기 어려운 경우이거나 계열회사 간 결합으로서 지배관계가 이미 형성되어 있던 경우로서, 그 중 계열회사 간 기업결합이 189건(61.4%)으로 대부분을 차지하고 있었다. 이처럼 신고의무가 발생하는 기업결합 중 지배관계가 형성되지 않는 기업결합이 거의 절반을 차지한다는 사실에서 신고의무가 지나치게 광범위하지 않은가 라는 의문이 생길 수밖에 없다. 기업결합심사의 복잡성에 비하여 공정거래위원회의 담당 직원이 매우 적은 점을 감안할 때, 신고대상 기업결합을 적절히 줄이는 방안을 모색할 필요가 있다.

2. 기업결합의 유형

가. 시장효과에 따른 분류

기업결합은 시장에 미치는 '효과'에 따라 수평결합, 수직결합, 혼합결합으로 나눌 수 있다. 심사기준은 이러한 구분에 따라 경쟁제한효과를 판단하는 기준을 달리 정하고 있다. 시장효과에 따른 기업결합의 유형은 결합되는 사업들 사이에 관련시장의 관점에서 어떤 관계가 있는지에 따라 정해지는바, 그 결과 관련시장을 획정한 연후에 비로소 수평결합, 수직결합 또는 혼합결합 여부를 판단할 수 있게 된다. 당사회사가 복수의 관련시장에 참여하고 있는 경우에는 하나의 기업결합이라도 그 효과 면에서는 둘 이상의 결합유형에 해당할 수 있다. 기업결합을 위한 법률행위의 당사자가 어떤 관계에 있는지는 중요하지 않다. 예컨대, "롯데쇼핑" 사건[23]에서 롯데쇼핑은 대우인터내셔널로부터 대우백화점 마산점과 센트럴스퀘어점을 인수하기로 계약하였는데, 롯데쇼핑과 계약상대방인 대우인터내셔널의 관계는 중요하지 않고, 실제 결합이 이루어지는 사업 간의 관계가 중요한 것이어서 위 결합은 수평결합에 해당하게 된다.

어떤 기업결합이 수평, 수직 또는 혼합결합에 해당하는지 여부는 때로 모호하기도 하다. 예컨대, 종합유선방송사업자(system operator; SO)와 영화배급사가 결합하는 경우를 생각해 보자. 두 사업자는 모두 소비자에 대한 관계에서 콘텐츠를 제공하는 면에서는 서로 경쟁적이고, 동일한 시장에서 활동하는 것으로 볼 수 있다. 이러한 경우에 이들 간의 결합은 수평결합이 될 것이다. 다른 한편으로 SO는 영화배급사로부터 영화라는 콘텐츠를 공급받는 수직적인 관계에 있으므로 이들의 결합은 수직결합으로 볼 수도 있다. 또한 SO의 송출서비스와 영화콘텐츠는 가격이나 소비자선호가 전혀 상이하여 가격변화에 따른 대체가능성이 매우 낮다는 점에서 양자의 결합이 혼합결합의 성격을 가질 수도 있다. 즉 수평결합과 수직결합 또는 혼합결합의 성립 여부는 관련시장의 획정 및 소비자의 선호 등을 종합적으로 고려하지 않은 채 쉽게 단정할 수 없는 것이다.

(1) 수평결합

수평결합이란 동일한 거래단계에서 동종 또는 유사한 상품이나 서비스를 공급

---

23) 공정거래위원회 2015.6.25. 의결 제2015-210호.

하는 기업들 간의 결합을 말한다. 흔히 수평결합은 경쟁사업자 간의 자산, 자금, 판매망 등의 통합을 가져옴으로써 즉각적으로 시장점유율의 증가를 수반하게 된다. 즉, 수평결합은 그 성질상 시장구조의 집중을 가져올 수밖에 없는 것이다. 그리고 공정거래위원회는 수평결합으로 인하여 과도한 시장집중이 우려되는 경우에 이를 사전에 금지하게 된다. 합산 시장점유율이 높아진다는 이유로 수평적 결합을 지나치게 엄격하게 규제할 경우, 외부적 성장수단인 기업결합을 통하여 생산적 효율성을 보다 빨리 달성할 수 있음에도 불구하고 기업들이 억지로 내부적 성장만을 선택하도록 강요되거나, 그로 인한 비용의 증가를 소비자에게 전가시키는 등의 부작용이 초래될 수 있다는 점에 유의하여야 한다.

(2) 수직결합

수직결합이란 동종 또는 유사한 상품이나 서비스의 서로 다른 거래단계에서 활동하는 기업들 간의 결합을 말한다. 수직적 결합을 다시 제조업체가 원재료·부품 공급업체를 결합하는 전방결합과 원재료·부품 공급업체가 제조업체를 결합하는 후방결합으로 나누기도 하나, 이러한 구분이 공정거래법상 특별한 의미를 가지는 것은 아니다. 종래 우리나라에서 신고대상 기업결합 중 가장 비중이 적은 유형이 바로 수직결합이다.

수직결합은 시장에서의 거래를 내부화하는 수단으로서 거래비용(transaction cost)을 절감할 수 있을 뿐만 아니라,[24] 부품조달의 안정성 확보나 판매망 확충 등 효율성을 증대할 목적으로 행해지는 경우가 많다. 반면, 수직결합 또한 전·후방시장에서 봉쇄효과를 초래하는 등 경쟁에 부정적인 영향을 미칠 가능성이 있다. 따라서 극단적으로 과거 미국의 판례 중에는 수직결합을 당연위법(當然違法; per se illegal)으로 본 사례[25]도 있으나, 현재는 경쟁제한효과와 효율성 증대효과를 적절히 비교형량하여 금지 여부를 판단하는 것이 전 세계적인 추세이다.

수직결합의 경우 자가소비분(captive sales)을 관련시장에 포함시켜야 하는가? 예를 들어 원재료와 최종재를 동시에 제조하는 A사와 원재료만을 제조하는 B사가 결합한 경우를 상정해 보자. A사는 최종재 제조 과정의 일환으로 원재료 역시 제조하기는 하나, 다른 사업자에게 이를 판매하지는 않고 있다(자가소비). 이 경우 A

---

24) Ronald H. Coase, "The Nature of the Firm", Economica New Series vol. 4 No. 16., 1937.11., p. 386.
25) United States v. Yellow Cab. Co., 332 U.S. 218 (1947).

사와 B사의 결합은 1차적으로 수직결합(원재료－최종재)으로 판단될 수 있는데, 자가소비분을 관련시장에 포함시키느냐의 여부에 따라 수평결합(원재료－원재료)으로도 볼 수 있게 되는 것이다. 만약 동 기업결합을 수평결합으로 보게 되면 (원재료시장에서의) 시장점유율이 즉각적으로 높아지므로 경쟁제한적 기업결합이 될 가능성도 높아지게 된다.[26)]

(3) 혼합결합

혼합결합은 흔히 수평적 또는 수직적인 결합에 해당하지 않는 기업결합을 총칭하는 의미로 사용된다. 달리 표현하자면 서로 경쟁관계나 구매·공급관계가 없는 기업들 간의 결합으로 이해할 수 있다. 혼합결합은 다시 '시장확대형'과 '상품확대형'으로 구분할 수 있다. 전자는 서로 다른 지역시장에서 동종의 상품이나 서비스를 공급하는 기업들 간의 결합을 말하며, 후자는 동일한 지역시장에서 서로 다른 상품이나 서비스를 공급하는 기업들 간의 결합을 말한다. 이러한 구분이 경쟁제한성 심사에 어떤 차이를 가져오는지는 의문이다. 구분의 실익이 없는 것이다.

신고대상 기업결합 중 대체로 가장 비중이 큰 유형이 바로 혼합결합이다. 혼합결합은 당사회사의 점유율 합산이나 그로 인한 시장집중도의 증가를 수반하지 않고, 전·후방시장을 봉쇄할 여지도 없기 때문에 이를 규제하기 위해서는 별도의 근거가 필요하다. 이론적으로 혼합결합에 대한 규제근거로는 깊은 호주머니이론(deep pocket theory), 진입장벽의 구축, 중소기업의 위축, 상호거래(reciprocal dealing)의 유인, 발판이론(toehold theory), 잠재적 경쟁(potential competition)의 제거, 확률이론(probabilistic approach) 등이 제시된 바 있다.

나. 결합조직에 따른 분류

(1) 트러스트

트러스트(trust)란 동종의 시장에서 활동하는 복수의 회사(신탁회사)가 수탁자(trustee)를 설립 또는 지정하여 각자의 주식 또는 지분을 수탁자에게 맡기고, 수탁자가 의결권 행사를 통하여 신탁회사들을 통일적으로 관리하는 형태의 결합을 말한다. 신탁회사들은 수탁자를 매개로 하여 경제적인 독립성을 상실하게 된다는 점

---

26) 자가소비분은 관련시장의 경쟁에 영향을 미칠 가능성이 있는 경우에 한하여 유동적 진입자(uncommitted entrant)로 간주하고 시장점유율에 포함시키지 않는 점에 대해서는 신동권(제3판), 253－254면. 이와 같은 쟁점이 문제된 심결례로는 공정거래위원회 2003.9.24. 의결 제2003－154호, "용산화학의 기업결합제한규정 위반행위의 건".

에서 기업결합과 유사한 모습이 나타나게 된다. 트러스트는 주로 19세기 중엽 미국에서 석유산업이나 철강산업, 철도산업 등에서 광범위하게 형성되었고, 1890년 셔먼법이 제정되는 배경이 되었다. 미국에서 독점금지법을 반트러스트법(antitrust law)으로 부르게 된 것도 우연이 아니다.

공정거래법 제9조 제1항은 기업결합의 유형을 다섯 가지로 열거하면서 따로 트러스트를 언급하지 않고 있으나, 다음과 같은 이유에서 트러스트의 결성은 동법의 적용을 받을 수 있다. 먼저, 트러스트는 기업결합의 대표적인 수단인 주식의 취득 또는 소유 중 주식취득에 의한 기업결합에 해당한다. 수탁자는 신탁회사의 주식을 소유하지는 않으나, 수탁행위 또한 '취득'에 해당할 것이기 때문이다. 다른 하나는 트러스트를 경영의 수임을 위한 것으로 이해하는 방법으로서, 신탁회사들이 주식을 맡기는 취지가 바로 자신의 경영상 주요 의사결정을 수탁회사에게 위임하는 것이기 때문이다. 수탁회사를 매개로 신탁회사들의 행위가 조정되는 경우에 부당한 공동행위가 인정될 소지가 있음은 물론이다.

(2) 콘체른

콘체른(Konzern)이란 복수의 기업이 자본참가나 지배계약을 통하여 사업상 주요 정책에 관하여 지배회사(통상 콘체른상부회사; Konzernobergesellschaft)의 통일적인 관리 하에 놓이게 되고, 이들이 전체로서 하나의 경제단위로 운영되는 형태의 결합을 말한다. 이때에 종속회사들은 법적인 독립성을 유지하나, 경제적 독립성은 상실하게 된다. 콘체른은 독일에서 기업집단을 형성하는 대표적인 수단으로 알려져 있다.

트러스트의 경우와 마찬가지로 공정거래법은 기업결합의 일 유형으로 콘체른을 따로 규정하지 않고 있다. 다만, 자본참가를 통하여 콘체른을 형성하는 과정에서 주식취득에 의한 기업결합이 포착될 수 있으며, 지배계약이 체결되는 경우는 경영수임이나 임원겸임에 의한 기업결합이 성립할 수 있을 것이다. 콘체른의 형성은 달리 표현하자면 기업집단의 형성이고, 기업집단이 형성되는 과정에서 기업결합 규제는 경쟁관련성을 갖는 한도에서 일정한 한계를 설정할 수 있을 것이다. 계열회사의 편입을 통한 기업집단의 확장과정에서도 마찬가지이다.

(3) 지주회사

지주회사(持株會社; holding company)란 주식보유를 통하여 다른 회사의 사업활동을 지배하는 것을 주된 사업으로 하는 회사를 말한다(법 제2조 제7호). 지주회사를 설립하는 행위 자체는 기업결합과 무관해 보이나, 실제로 자회사가 없는 지주회사란 상정할 수 없기 때문에 자회사의 지분을 취득하는 과정에서 반드시 기업결합이 발생할 수 밖에 없다. 지주회사가 존재하기 위해서는 적어도 하나 이상의 회사를 주식보유라는 방법으로 사실상 지배하고 있어야 하기 때문에, 자회사의 주식을 취득하는 시점에서 기업결합이 일어나는 것이다. 우리나라에서는 주로 대기업집단이 지주회사체제로 전환하는 과정에서 기존의 사업회사를 인적분할(人的分割)하여 사업회사와 지주회사로 지배구조를 개편하는 방식이 활용되었는데, 이때 지주회사가 주식교환을 통하여 사업회사를 지배하게 되는 경우에도 주식취득을 통한 기업결합이 문제될 수 있는 것이다.

대표적으로 에스케이(이하 "SK")가 사업회사인 SK에너지와 지주회사인 SK로 인적분할하고, 다시 SK C&C가 보유 중이던 자사주를 통해 배정된 SK에너지의 주식을 SK의 자기주식과 맞교환함으로써 SK가 SK에너지를 지배할 수 있게 되는 과정에서, 공정거래위원회로서는 주식교환을 통한 취득을 기업결합으로 보아 심사할 기회는 있었던 것이다. 다만, 기업집단의 지배구조 개편과정에서 발생하는 기업결합은 계열회사 간의 결합으로서 대개 경쟁제한과는 무관할 것이기 때문에 실질적인 규제효과를 기대하기 어렵다.

다. 기업결합의 수단에 따른 분류

(1) 주식취득

기업 간의 자본적 결합을 위한 대표적인 수단이 바로 주식의 취득 또는 소유이다(법 제9조 제1항 제1호). 공정거래법은 '주식'의 취득 또는 소유에 국한하고 있으나, 해석상 다른 회사의 '지분'을 취득 또는 소유하는 경우에도 규제대상이 된다고 볼 것이다. 따라서 기업결합의 상대회사는 주식회사에 국한되지 않고, 상법상 모든 회사를 포함하는 것으로 이해하여야 한다. 주식의 소유권을 이전받는 경우뿐만 아니라 단순 취득도 포함하므로 전술한 바와 같이 주식을 신탁받는 경우에도 주식취득에 의한 기업결합이 성립될 수 있다. 다른 회사의 신주인수권을 취득 또는 소유하는 것만으로는 아직 기업결합을 논할 수 없으나, 동 권리를 행사하여 실제로 주식을 취득 또는 소유하게 되는 시점에 기업결합이 발생하는 것으로 보아야 할 것이다.

(2) 임원겸임

다른 회사의 임원을 겸임하는 행위 또한 기업결합의 일 유형이다(법 제9조 제1항 제2호). 상법상 회사의 실질적인 의사결정은 이사회에 의하여 이루어지므로 임원겸임의 대표적인 예는 바로 취득회사의 임원이 상대회사의 임원을 겸하는 경우이다. 그러나 겸임되는 임원이 반드시 이사일 필요는 없으며, 공정거래법 또한 임원을 '이사·대표이사·업무집행을 하는 무한책임사원·감사나 이에 준하는 자 또는 지배인 등 본점이나 지점의 영업 전반을 총괄적으로 처리할 수 있는 상업사용인'으로 매우 폭넓게 정의하고 있다(법 제2조 제6호).

(3) 회사의 합병

법 제9조 제1항 제3호는 다른 회사와의 합병(合倂)을 규정하고 있다. 합병에는 상법상 흡수합병과 신설합병이 모두 포함된다. 분할합병도 마찬가지이다. 실무상 계열회사 간의 합병도 별도의 기업결합에 해당하며, 신고의무가 발생하나 원칙적으로 간이절차가 적용될 뿐이다.

(4) 영업양수

법 제9조 제1항 제4호는 '다른 회사의 영업의 전부 또는 주요부분의 양수·임차 또는 경영의 수임이나 다른 회사의 영업용고정자산의 전부 또는 주요부분의 양수'(이하 "영업양수")에 의한 기업결합을 규정하고 있다. 경영의 수임이란 영업의 양도·양수회사 간에 경영을 위탁하는 계약체결 등을 통하여 수임인이 경영권행사의 주체로서 활동하는 것을 의미한다(신고요령 Ⅲ. 4.).

영업의 일부만을 양수 또는 임차하는 경우에는 그 대상이 '주요부분'인지 여부에 따라 기업결합 해당 여부가 달라진다. 신고요령에 따르면 '주요부분'이라 함은 양수 또는 임차부분이 독립된 사업단위로서 영위될 수 있는 형태를 갖추고 있거나 양수 또는 임차됨으로써 양도회사의 매출의 상당한 감소를 초래하는 경우로서, 양수금액이 양도회사의 직전사업년도 종료일 현재 대차대조표상의 자산총액의 100분의 10이상이거나 50억 원 이상인 경우를 말한다. 다만, 영업양수금액에는 양수목적물인 영업부문 또는 영업용 고정자산에 대한 양수대금 이외에 관련 부채의 인수시 그 부채금액을 포함하며, 영업의 전부 또는 주요부분을 임차하거나 경영수임의 경우에는 임차료 또는 수임료의 연간 총금액을 위 양수금액에 준하여 적용한다(신고요령 Ⅲ. 4. 다.).

다른 회사의 자산이면 족하므로, 양수되는 자산이 반드시 자산양수도 계약의 상대방 소유일 필요는 없고, 따라서 갑, 을 간의 계약을 통해서 결과적으로 제3자인 병의 영업용 고정자산을 양수하게 되더라도 제4호의 기업결합이 성립할 수 있다. 이와 관련하여 흥미로운 사례가 롯데인천개발이 인천광역시로부터 인천터미널(부지와 건물)을 양수한 것이다. 이를 통하여 과연 롯데인천개발과 롯데쇼핑이 당시 인천터미널 부지를 임차하여 백화점을 운영하고 있던 신세계 인천점의 자산을 양수하는 것으로 볼 수 있는지가 다투어졌던 것이다. 공정거래위원회는 이 경우에도 전술한 근거로 롯데와 신세계 사이에 '실질적인' 기업결합이 성립한다고 판단하였다.[27] 신세계를 이 사건 기업결합의 양도인으로 보았음은 물론이다.[28]

(5) 새로운 회사설립에의 참여

법 제9조 제1항 제5호는 새로운 회사설립에 참여하는 행위를 기업결합의 하나로 명정하고 있다. 다만, 특수관계인(대통령령이 정하는 자를 제외) 외의 자는 참여하지 아니하는 경우와 상법 제530조의2(회사의 분할·분할합병) 제1항의 규정에 의하여 분할에 의한 회사설립에 참여하는 경우에는 동호의 기업결합에 포함되지 않는다. 여기서 '참여'란 넓은 의미에서 지분참여를 의미하며, 제5호는 다른 회사와 공동으로 지분에 참여하는 이른바 합작기업(joint ventures; Gemeinschaftsunternehmen)[29]의 설립을 가리킨다.[30] 이 점에서 제5호는 제1호의 주식취득의 특수한 형태라고 볼 수 있다.

새로운 회사의 설립에 참여하는 것이어야 하므로, 모회사가 기존에 있던 회사의 지분을 추가로 취득하여 자회사로 편입하더라도 제5호의 기업결합에는 해당하지 않고, 제1호의 주식취득에 의한 기업결합이 문제될 수 있을 뿐이다. 모회사가 새로 설립하는 회사의 지분을 100% 취득하는 단순한 회사설립 또한 기업결합을 가져오지 않는다.

어떤 회사의 지분을 100% 보유하고 있는 A사가 그 중 50%의 지분을 다른 B사

27) 공정거래위원회 2013.4.29. 의결 제2013-078호.

28) 이 사건에서 실질적인 결합관계를 포착하는 외에 양도회사를 신세계로 보지 않을 경우에는 인천광역시가 기업결합 규제대상으로서 피취득회사의 자산총액이나 매출액이 300억 원 이상이어야 한다는 요건을 충족할 수 없었을 것이다.

29) 합작기업에 관한 공정거래법상의 제 문제에 대해서는 이봉의, "공정거래법상 합작기업의 개념", 경쟁법연구 제7권, 2001.

30) 권오승(제13판), 200면.

에게 매각하는 경우에도 그 실질에 있어서는 합작기업이 성립할 수 있으나, 새로운 회사설립은 아니므로 이때에도 제5호의 기업결합에는 해당하지 않고 단지 제1호의 주식취득에 의한 기업결합이 문제될 뿐이다. 이 경우에도 종래 단독의 지배관계가 공동의 지배관계로 변화하게 된다는 점에서 기업결합의 요소가 발생하는 점에서는 마찬가지이고, 지배관계의 성립 여부와 경쟁제한효과를 판단하는 단계에서 합작기업의 특성이 고려될 필요가 있을 것이다.

라. 합작기업의 체계상 지위

(1) 합작기업의 개념

㈎ 법 제9조 제1항 제5호의 적용대상

공정거래법은 어디에서도 합작기업이라는 용어를 사용하지 않고 있으며, 미국이나 유럽에서도 합작기업에 대하여 일반적으로 승인된 개념은 존재하지 않는다. 미국에서는 이를 완전한 합병에는 미치지 못하는 기업 간 협력(collaboration)으로 이해하기도 하고,[31] 유럽에서는 경쟁기업들이 함께 신규기업을 설립하거나 전략적 제휴를 맺는 외에 경쟁사업자 간의 정보공유나 사업자단체의 활동까지를 포괄하여 합작기업으로 보고 있다.[32] 즉, 이들 입법례에서는 합작기업을 그 법적 형태를 묻지 아니하고 모든 형태의 제휴, 예컨대 주식교환(stock-swapping)을 비롯하여 지분취득을 수반하는 경우(equity joint ventures)나 그 밖에 공동의 연구·개발, 생산설비 및 판매망의 공동이용에 관한 협정이나 전략적 제휴를 모두 포괄하여 이해하고 있다.

반면, 공정거래법은 기업결합과 공동행위의 유형 중 하나로 합작기업을 염두에 두고 있는바, '새로운 회사설립에의 참여'(법 제9조 제1항 제5호)와 '영업의 주요부문을 공동으로 수행·관리하기 위한 회사 등을 설립하는 행위'(법 제40조 제1항 제7호)가 그것이다. 그런데 기업결합을 지배관계의 형성·강화를 가져오는 행위로 이해할 경우, 새로운 회사설립에 참여하는 형태로서 합작기업은 지분을 취득하는 회사가 둘 이상이라는 점에 특성이 있다. 즉, 둘 이상의 회사가 새로 설립되는 회사의 지분

31) Antitrust Guidelines for Collaborations Among Competitors issued by FTC and DOJ(이하 "Guidelines 2000"), April 2000, p. 2.

32) EC Commission, Guidelines on the applicability of Article 101 of the Treaty on the Functioning of the European Union to horizontal co-operation agreements, 2000. 흔히 'joint venture Guidelines'라고 불린다.

을 취득하여 공동의 지배관계가 형성되는 것이 바로 합작기업의 본질인 것이다. 따라서 회사가 단독으로 자회사를 설립하더라도 합작기업에 해당하지 않음은 물론이고 지배관계의 변동을 수반하지 않기 때문에 기업결합으로서 규제를 받지 않는다(심사기준 Ⅳ. 3.)

합작기업의 법적 형태는 법인격의 유무를 떠나서 반드시 회사이어야 한다. 법 제9조 제1항 제5호가 명문으로 '회사'의 설립으로 규정하고 있기 때문이다. 반면, 공동행위로서의 합작기업은 법 제40조 제1항 제7호에서 '회사 등'의 설립으로 규정하고 있기 때문에 그 법적 형태는 비단 회사에 국한되지 않고, 조합이나 법인격 없는 사단 등을 비롯한 단체라도 무방하다.

㈏ 예 외

공정거래법은 두 가지 예외를 규정하고 있다. 하나는 특수관계인[33] 이외의 자는 회사설립에 참여하지 않는 경우로서, 기업결합 당사회사가 서로 특수관계인에 해당하는 경우에는 규제대상인 기업결합으로 보지 않는다(법 제9조 제1항 제5호 가.). 합작기업의 설립에 (지분)참여하는 회사들이 사실상 지배·종속관계에 있거나 동일인관련자인 경우에 이들은 경제적 실질에 비추어 이미 하나의 사업자와 마찬가지이고, 단독의 지배가 성립할 뿐이기 때문이다. 다른 하나는 상법 제530조의2(회사의 분할·분할합병) 제1항에 따라 분할에 의한 회사설립에 참여하는 경우로서 설사 둘 이상의 회사가 지분 참여하는 경우에도 합작기업으로서 기업결합에는 해당하지 않는 것으로 본다.

㈐ 합작기업의 당사회사

합작기업을 설립하는 경우에 과연 당사회사는 누구인가? 이 문제는 합작기업의 설립이라는 형태의 기업결합이 수평, 수직 또는 혼합결합 중 어느 것에 해당하는지, 다시 말해서 경쟁제한효과를 어떻게 판단할 것인지와 관련되어 있다. 이와 관하여 명문의 규정을 두고 있는 입법례로는 독일 경쟁제한방지법을 들 수 있다. 동법에 따르면 복수의 기업이 동시 또는 순차적으로 다른 기업의 지분을 취득하는 경우에는 합작기업이 활동할 시장에서 취득회사들 간에 기업결합이 성립하는 것으로 간주된다(GWB 제37조 제1항 제3호). 동법이 합작기업의 경우에 설립기업 간의 일

33) 다만, 특수관계인이라도 경영을 지배하려는 공동의 목적을 가지고 회사설립에 참여하는 자라면 여전히 기업결합이 성립한다(법 제9조 제1항 제5호; 영 제14조 제1항 제3호).

부합병(Teilfusion)을 의제하는 것은 경쟁기업들이 합작기업을 설립하는 경우에 발생할 수 있는 행위조정의 가능성, 이른바 집단효과(spill-over effect; Gruppeneffekt)를 고려하기 위한 것이다. 즉, 지배회사가 2 이상으로서 이들 사이에 신설회사에 대한 '공동의 지배'가 성립되고, 이를 통하여 설립회사들 간에 공동행위의 가능성이 높아진다는 점에 착안한 것이다.[34)]

(2) 공동의 지배관계

㈎ 판단기준

공정거래법이나 심사기준 모두 합작기업의 핵심요소인 지배관계의 '공동성'에 대해서는 그 지배관계의 형성 여부에 관하여 주식소유에 의한 지배관계 규정을 준용하도록 하고 있을 뿐이고, 주식소유 이외의 방법으로 형성되는 지배관계의 판단기준에 대해서는 별도의 기준을 제시하지 않고 있다. 설립회사는 대체로 주식취득의 방법으로 합작기업의 설립에 참가한다는 점을 염두에 둔 것으로 보인다. 따라서 둘 이상의 회사가 신설회사의 주식을 50% 이상 취득하거나, 그 미만인 경우라고 하더라도 이들의 지분율이 1위로서 주식분산도에 비추어 주주권행사에 의한 회사지배가 가능하거나 신설회사가 취득회사에 대하여 원자재 의존관계에 있고 동시에 동 취득회사는 원자재의 생산에 있어서 시장지배적 지위를 갖는 경우에 당사회사, 즉 취득회사와 신설회사 간에 지배관계가 형성된다.

그런데 지분취득에 의하지 않는 합작기업의 설립참여인 경우에 공동의 지배관계를 규명하기란 매우 어렵다. 이와 관련하여 보다 상세한 규정을 두고 있는 유럽경쟁법의 예를 간단히 살펴보자.

유럽기능조약이나 1989년에 제정된 유럽의 합병규칙 역시 합작기업에 대한 정의규정을 두지 않고 있다. 다만 구 합병규칙 제3조 제2항은 '지속적으로 독립적인 경제단위로서의 모든 기능을 수행하고 설립기업 간 또는 설립기업과 합작기업 간의 행위조정을 수반하지 않는' 합작기업의 설립을 기업결합의 하나로 규정하고 있을 뿐이었다. 합작기업의 정의는 그 후 유럽집행위원회가 합병규칙의 시행을 위한 갖가지 고시를 마련하면서 구체화되었다. 그중에서도 합작기업의 핵심요소인 '공동의 지배관계'와 관련해서는 1994년 기업결합의 개념에 관한 고시[35)]에서 비교적 상

34) 즉, 합작기업의 경우에 결합당사자는 설립기업과 합작기업이라는 것을 의미한다. Ernst-Joachim Mestmäcker, Wettbewerbsrecht EU/Teil 1, 5. Aufl., 2012, Art. 102 AEUV Rn. 50 ff.

35) Komm., ABl. 1994 Nr. C 385/ 5.

세한 기준을 제시하고 있으며, 동 고시가 1997년 제1차 개정된 합병규칙에 따라 그 이듬해인 1998년에 새로이 개정[36]된 이후에도 실무는 대체로 종전의 기준을 유지하고 있다.

동 고시에 따르면 예컨대 참가기업들이 의결권을 대등하게 갖거나 의사결정기관에 동수(同數)로 참여하는 경우, 그렇지 않은 경우에도 소수지분 참가자에게 계약 등에 의하여 이른바 비토권이 부여됨으로써 하나의 참가기업이 일방적으로 중요한 의사결정을 내릴 수 없는 경우, 소수지분 참가기업들이 의결권 공동행사를 위한 일종의 풀(pool)을 형성하여 공동의 지배가 가능한 경우에 '공동의 지배'가 성립할 수 있다.[37] 이러한 지배관계의 공동성은 어느 정도 계속적이어야 하며, 당사자 간의 합의로 회사설립 초기에만 공동으로 지배하고 그 이후에는 어느 한 당사자가 지배권을 넘겨받는 경우에는 처음부터 단독의 지배로서 합작기업에 해당하지 않는다.[38]

비교적 최근에 공정거래위원회는 동방이 다른 3개 회사와 함께 인천항 신국제여객터미널 시설관리를 위해 인천국제페리부두운영를 설립하고 사후신고한 사건에 대하여 심사기준 Ⅳ. 3.에 따라 참여회사 중 2 이상 회사의 신설회사에 대한 지배관계가 형성되는지 여부를 심사하였고, 신설회사의 이사회는 결합 당사회사가 각 1인씩 지명한 총 4인의 이사로 구성되는 점, 대표이사는 결합 당사회사에서 임명한 이사들이 순번에 따라 담당하는 점, 이사회 의결의 일반적인 사항은 이사 3인의 찬성으로 의결하고 중요한 사항은 전원 찬성의 의결로 결정하는 점, 주주총회 또한 일반적인 사항은 주식의 75% 찬성으로, 중요한 사항은 100% 찬성으로 의결하는 점 등을 고려하면 결합 당사회사의 신설회사에 대한 '공동의' 지배관계가 형성된다고 판단하였다.[39]

㈏ '신설' 합작기업에 대한 참여

기업결합의 하나로서 합작기업은 새로이 설립되는 회사이어야 한다. 따라서 예컨대 갑의 100% 자회사로 설립된 회사 병의 지분 중 50%를 다른 회사 을이 인수하고, 그 결과 갑, 을 간에 공동의 지배관계가 사후적으로 형성되는 경우에도 공정

36) Komm., ABL. 1998 Nr. C 66/ 02.
37) Komm., ABl. 1998 Nr. C 66/ 02, Z. 18, S. 21, 30, 36 ff.
38) Komm., ABl. 1998 Nr. C 66/ 02, Z. 38.
39) 공정거래위원회 2019.11.14. 의결 제2019－273호, 12면.

거래법 제9조 제1항 제5호의 적용을 받지 않는다. 예컨대, A가 100% 지분을 보유하고 있던 자회사 B의 지분 중 50%를 C에게 양도한 경우 B는 A와 C가 공동으로 지배하는 합작기업으로 전환되었으나, B가 이미 설립되어 있던 회사이기 때문에 공정거래법상 제5호는 적용되지 않는다.

이처럼 '단독의 지배'에서 '공동의 지배'로 변화하는 경우에는 법 제9조 제1항 제1호의 주식취득에 의한 기업결합에 해당할 수 있을 뿐이다. 법 제40조 제1항 제7호에서 규정하고 있는 합작기업도 마찬가지로 기존의 회사에 대한 공동의 지배가 아니라 영업의 주요부문을 공동으로 수행 또는 관리하기 위한 회사를 '새로이' 설립하는 것만을 의미한다.

㈐ 법 제9조 제1항 제5호의 독자성 여부

그렇다면 새로운 회사설립에 참여하는 행위를 기업결합으로 포착하는 제5호는 독자적인 기업결합의 수단을 규정한 것으로 보아야 하는가? 소극적이다. 법 제9조 제1항 제1호 내지 제4호는 기업결합의 수단을 기준으로 기업결합의 범위를 포괄적으로 규정하고 있어서, 사실상 모든 기업결합을 포섭할 수 있다. 반면, 동조 제5호는 공동의 지배관계라는 특수한 형태의 기업결합을 규정하고 있는 것으로 볼 수 있다. 그리고 이는 본질적으로 제1호 내지 제4호는 기업결합의 법적 수단을, 제5호는 그러한 수단을 이용한 '공동의 지배관계의 성립'이라는 다분히 실체적인 내용을 기준으로 삼고 있는 데에 따른 것이다. 따라서 제5호와 제1호 내지 제4호 간의 경합은 불가피하다. 즉, 현행법상 굳이 제5호의 합작기업 관련 조항이 없더라도 그 자체로 규제상의 흠결은 생기지 않으며, 제5호의 규정은 단지 공동의 지배관계가 형성되는 경우에도 기업결합에 해당된다는 사실을 확인하는 데에 그 의미가 있을 뿐이다.

(3) 합작기업과 부당한 공동행위의 관계

㈎ 문제의 소재

공정거래법상 영업의 주요부문을 공동으로 수행하거나 관리하기 위한 회사 등을 설립하는 행위는 공동행위의 하나로서 설립기업들 간에 경쟁을 부당하게 제한하는 경우에 금지된다(법 제40조 제1항 제7호). 그 결과 경우에 따라서 합작기업의 설립에는 기업결합이나 공동행위의 관련 조항이 모두 적용될 수 있고, 하나의 행위에 대한 이중통제(Doppelkontrolle), 다시 말해서 복수의 조항을 중첩하여 적용할 소지가 발생한다. 공정거래법상 금지행위에 대하여 일부 중첩이 가능하고, 실제로 공정거래위원회가 하나의 행위에 대하여 시장지배적 지위남용과 불공정거래행위를 금지하는 조항을 모두 적용한 예도 있으나, 위법성 판단이 각기 상이하기 때문에 중첩 적용 그 자체를 문제시하기는 어렵다.

그런데 합작기업의 경우에는 법적 안정성과 거래의 예측가능성이라는 측면에서 문제가 그리 간단하지 않다. 즉, 장래의 경쟁제한효과가 크지 않다고 판단되어 기업결합으로서는 허용되었던 합작기업의 설립이 추후 언제라도 부당한 공동행위에 해당되어 금지될 수 있는 것이다. 실체법상 금지요건 측면에서도 기업결합은 관련시장에서 경쟁을 '실질적으로' 제한할 것을 요하는 반면, 공동행위는 단지 '부당하게' 경쟁을 제한하는 것으로 족하기 때문에 결국 둘 중에서 어느 조항이 적용되느냐에 따라 합작기업의 운명이 좌우될 수 있다.

또한 기업결합의 경우에는 원칙적으로 신고 후 30일이 경과한 후에야 비로소 주식인수행위를 할 수 있고(법 제11조 제8항), 기업결합 신고를 한 경우에 공정거래위원회는 원칙적으로 30일 이내에 요청한 자에게 그 결과를 통지하여야 하는 반면(법 제11조 제6항, 제7항), 부당한 공동행위의 경우에는 이러한 기간의 제한 없이 처분시효가 남아 있는 한 법위반행위에 대한 조사 및 시정조치를 내릴 수 있기 때문에[40] 그에 따른 불확실성은 더욱 커지게 된다. 더구나 합작기업의 설립이 부당한 공동행위에 해당하는 것으로 판단될 경우에는 합작계약 그 자체의 사법상 효력이 무효로 되는 위험이 발생한다(법 제40조 제4항). 이러한 규제 리스크를 피하기 위해서는 설립기업들이 기업결합신고와 더불어 부당한 공동행위의 인가신청을 이중으로 하는 수밖에 없으나, 공정거래위원회가 인가를 해줄 가능성은 희박하고 절차의 경제에 비추어보더라도 바람직하지 않다.

(나) 외국의 입법례

종래 독일의 일부 판례와 학설은 합작기업을 집중적 합작기업과 협동적 합작기업(konzentrative und kooperative Gemeinschaftsunternehmen)으로 구분하여 전자의 경우에는 기업결합금지를, 후자의 경우에는 카르텔금지를 적용할 수 있다고 보았다(Trennungstheorie).[41] 그 후 실무상 양자를 명확하게 구분하는 것이 어렵고 그 결과

40) 공정거래위원회는 다만 경쟁을 제한하는 합작기업이 설립된 때로부터 7년을 경과한 때에는 동법에 의한 시정조치를 명하지 않거나 과징금 등을 부과하지 않을 뿐이다(법 제80조 제4항).

41) WuW/ E BGH 2169, 2170; Peter Ulmer, Gemeinschaftsunternehmen im EG-Kartellrecht, WuW,

법적용상 불확실성이 클 뿐만 아니라 카르텔금지와 기업결합규제는 서로 보완적인 관계에 있다는 점을 근거로 독일 연방대법원(BGH)은 합작기업에 대한 이른바 이중통제(Zweischranken-Theorie), 즉 양자를 중첩하여 적용할 수 있다고 판시하였다.[42] 다만, 독일 연방대법원은 여전히 설립기업들 간에 행위조정을 야기하지 않는 합작기업에 대해서는 기업결합규제만이 적용된다는 태도를 유지하고 있었으며, 그 연장선에서 연방카르텔청은 집중적 합작기업의 요건을 넓게 해석하고, 이 경우에는 기업결합규제만을 적용해왔다.[43]

유럽에서는 1989년 합병규칙이 제정되기 전까지 유럽집행위원회가 합작기업의 설립을 카르텔로 보아 구 유럽조약 제81조(현재는 제101조)만을 적용하였다. 그러다가 1989년 합병규칙이 도입된 후에야 비로소 합작기업의 법적 지위가 다투어지기 시작하였는데, 그 이유는 주로 다음과 같다. 우선, 합병규제에 관한 한 공동체차원에서 중요한 기업결합은 유럽집행위원회의 전속관할에 속하는 반면, 카르텔의 경우에는 각 회원국의 경쟁당국도 국내경쟁법과 조약 제81조 제1항을 병렬적으로 적용할 수 있었다. 따라서 합작기업을 기업결합으로 파악할 경우에는 회원국의 이중관할권을 피할 수 있는 장점이 있었다. 또한 실체법상 금지요건과 관련해서도 카르텔 금지에 요구되는 '경쟁제한성' 내지 회원국 간의 '거래제한' 보다 기업결합 금지요건인 '시장지배력의 형성 또는 강화'가 보다 엄격하게 적용된다는 점에서 합병규제를 받는 편이 사업자로서도 보다 유리하게 된다(이른바 기업결합특권; Konzentrationsprivileg). 그 밖에 절차상으로도 합병규제절차를 적용하는 것이 법적 안정성과 절차의 경제라는 관점에서 사업자나 유럽집행위원회 모두에 이익이 되었다.[44]

1979, S. 438 f.; Ernst Rudolf Huber, Gemeinschaftsunternehmen im deutschen Wettbewerbsrecht, in: Ernst Rudolf Huber/Bodo Börner, Gemeinschaftsunternehmen im deutschen und europäischen Wettbewerbsrecht, 1978, S. 162, 166.

42) 이 중 통제를 인정한 대표적인 판결로는 WuW/ E BGH 2169 = BGH 96, 69, 1986, "Mischwerke". 동 판결에 대한 평석으로는 Rainer Stockmann, Verwaltungsgrundsätze und Gemeinschaftsunternehmen, WuW, 1988, S. 269 ff.; Karsten Schmidt, Gemeinschaftsunternehmen im Recht der Wettbewerbsbeschränkungen, AG, 1987, S. 271 ff.; Otto-Friedrich Freiherr von Gamm, Das Gemeinschaftsunternehmen im Kartell- und Fusionskontrollrecht unter Berücksichtigung kartellbehördlicher Unbedenklichkeitserklärung und allgemeiner Verwaltungsgrundsätze, AG, 1987, S. 329 ff.

43) 기업결합규제가 배타적으로 적용되는 합작기업의 요건에 관해서는 Ulrich Immenga, in: Ulrich Immenga/Ernst-Joachim Mestmäcker, Kommentar zum Kartellgesetz, 1992, Rn. 514 ff.

44) 이에 관한 상세한 내용은 Simon Hirsbrunner, Die revidierte EG-Fusionskontroll-Verordnung, EuZW, 1998, S. 69, 72. 반면, 다소 비판적인 견해로는 B. Carolin Hösch, Rechtssicherheit im EG-Wettbewerbsrecht nun auch für kooperative Gemeinschaftsunternehmen?, EWS, 1997, S. 5, 8.

이러한 배경 하에 유럽집행위원회는 '집중적 합작기업'과 '협동적 합작기업'이라는 독일식 접근을 상당부분 수용하였다. 즉, 합작기업이 계속적으로 독립적인 경제단위로서의 모든 기능을 수행하고(적극적 요건), 아울러 설립기업 간에 경쟁행위를 조정할 우려가 없는 경우(소극적 요건)에는 이를 집중적 합작기업으로 보아 합병규제만을 적용하였다. 협동적 합작기업인 경우에는 구 유럽조약 제81조의 카르텔 금지 외에도 합병규칙이 경합해서 적용될 수 있었다. 그러나 개별 사례에서 이들 요건을 판단하는 기준이 불명확하였고, 유럽집행위원회의 실무 역시 가능한 한 집중적 합작기업의 요건을 넓게 해석하여 거의 대부분의 합작기업을 기업결합으로 보아왔다.

나아가 1997년 처음 개정된 합병규칙은 종래의 집중적, 협동적 합작기업의 구분을 폐기하고 합작기업을 완전합작기업(Vollfunktions-GU)[45]과 부분합작기업(Teilfunktions-GU)으로 구분하여 전자의 요건을 충족하는 경우에 합병규칙의 전속관할을 인정하였다. 이때 완전합작기업이란 종래 집중합작기업의 요건 중에서 소극적 요건을 삭제한 것으로서, 설사 설립기업 간에 공동행위의 가능성이 있거나 그 밖에 여러 가지 협정에 수반되는 경쟁상의 위험이 있더라도 이러한 요소를 모두 합병심사절차에서 심사하게 되었다.[46] 이는 결국 유럽합병규칙의 적용범위를 넓히는 효과와 더불어 유럽집행위원회의 전속관할을 확대하는 결과를 가져왔고, 그만큼 합작기업에 관한 법적 안정성이 제고되었다. 이처럼 합작기업의 설립행위를 가급적 기업결합 심사로 포섭하려는 추세는 1999년 유럽집행위원회가 발간한 백서(White Paper)에서 일정한 규모 이상의 투자를 수반하는 생산합작기업 역시 합병규제의 전속관할에 포함시킬 것임을 공표한 사실에서도 확인할 수 있다.[47]

㈐ 공정거래법상 해결방법

먼저 공정거래법상 기업결합과 공동행위의 규제목적을 살펴볼 필요가 있다.

45) 완전합작기업이라고 해서 연구·개발, 생산 및 판매 등 기업활동의 전 범위를 포괄하여야 하는 것은 아니며, 시장에서 독자적으로 경제활동을 수행함으로써 경쟁에 영향을 미칠 수 있는지 여부가 중요한 기준이 된다.

46) FKVO 4064/ 87의 개정규칙 1310/ 97, ABl. 1997. Nr. L 180/ 1, 3.

47) 동 백서에 관해서는 Komm., Weißbuch über die Modernisierung der Vorschriften zur Anwendung der Artikel 85 und 86 EG-Vertrag, KOM (99) 101 endg.; Alexander Schaub/Rüdiger Dohms, Das Weißbuch der Europäischen Kommission über die Modernisierung der Vorschriften zur Anwendung der Artikel 81 und 82 EG-Vertrag, WuW, 1999, S. 1055 ff.

합작기업의 설립에 기업결합 규제를 적용한다는 것은 합작기업의 설립으로 인하여 관련시장의 구조가 변화될 것임을 전제로 한다. 그리고 시장구조는 1차적으로 시장에 참가하고 있는 독립된 사업자의 수와 이들 사업자가 시장에서 차지하는 경제적 비중으로 파악된다. 결국 합작기업이 독립적인 경제단위로서 계속적으로 경제활동에 참여하는지 여부는 기업결합과 공동행위를 구분 짓는 가장 중요한 잣대가 될 수밖에 없다. 반면, 부당한 공동행위 규제는 합작기업을 통해서 설립기업들 간에 경쟁행위의 조정이 이루어지는 경우를 염두에 두고 있다. 예컨대, 합작기업 중에서도 그것이 설립기업들 간의 공동행위를 용이하게 하기 위한 수단에 불과하거나 그 기능상 모회사의 업무를 보조하는데 국한됨으로써 경쟁에 독자적으로 영향을 미칠 수 없는 경우에는 그 실질을 감안하여 공동행위로 포착하여야 할 것이다.

다만, 합작기업의 설립이란 그 성질상 기업조직 내지 지배구조, 나아가 시장에서의 경쟁구조의 근본적 변화를 초래할 수 있고, 예측가능성이나 절차의 경제라는 관점에서 기업결합 규제가 보다 효율적이라는 점을 감안할 때, 우리나라에서도 합작기업의 설립에 대하여 가급적 기업결합 규제만을 적용하는 것이 바람직할 것이다. 독일과 유럽에서 발견되는 집중적 또는 협동적 합작기업, 완전합작기업이나 부분합작기업이라는 구분은 단순히 합작기업의 분류론 내지 유형론(Typologie)이 아니라 합작기업이 경쟁에 미치는 효과를 개별 금지요건과 관련하여 체계적이고 합목적적으로 파악하기 위한 수단이라는 점은 시사하는 바가 크다.

입법론으로는 독일과 유럽의 예에 따라 완전합작기업의 요건을 명정하고, 해당 요건을 갖춘 합작기업의 설립에는 신고의무를 비롯한 기업결합 규제절차만을 적용하며, 설립기업들 사이에 발생할 수 있는 공동행위의 가능성 또한 기업결합 심사과정에서 일괄적으로 심사하며, 이러한 절차를 통하여 허용된 기업결합에 대해서는 추후 부당한 공동행위 금지를 적용하지 않는다는 조항을 신설할 필요가 있다.

(4) 합작기업의 경쟁제한성

㈎ 개관 및 심사현황

합작기업의 설립에 따른 경쟁제한효과는 크게 아래의 세 가지 차원으로 나누어 볼 수 있다.

① 합작기업의 설립이 관련시장의 구조에 미치는 효과

② 합작기업의 설립을 통해서 설립기업들 간에 합작기업이 활동할 시장에서

부당하게 경쟁을 제한할 가능성
③ 합작기업의 설립이 설립기업들 간에 그 밖의 인접시장 내지 전후방시장에서 시장행위를 조정할 가능성

종래 공정거래위원회는 법 제11조에 따라 신고된 합작기업의 설립에 대하여 경쟁제한성을 판단해왔는데, 신고된 전체 기업결합 중에서 합작회사의 설립이 차지하는 비중은 대략 20~30%를 차지해왔다. 1999년 제7차 개정법[48] 이전에는 회사가 단독으로 자회사를 설립하는 경우에도 새로운 회사의 설립으로 보아 기업결합 신고를 하여야 했으나, 그 이후로는 둘 이상의 회사가 공동으로 새로운 회사를 설립하는 경우만을 기업결합으로 보고 있다.

지금까지 공정거래위원회가 합작기업의 설립을 경쟁제한적인 기업결합으로 판단하여 시정조치를 내린 사례로는 주식회사 동방 등의 합작회사 설립 건이 있다.[49] 인천항 카페리 터미널에서 하역업을 수행하는 동방 등 4개사는 인천항 신국제여객터미널의 시설 전부를 인천항만공사로부터 임차하여 관리하는 회사를 설립하는 계약을 체결하고 이를 공정거래위원회에 신고하였다. 공정거래위원회는 동 건으로 인해 카페리 터미널 하역시장(설립회사)과 카페리 터미널 시설 임대시장(신설회사)에서의 수직결합이 발생한다고 보고, 카페리 터미널 시설의 독점적 임차권으로 인한 봉쇄효과 발생 우려를 해소하기 위한 시정조치를 부과하였다. 한편, 설립회사들 사이에서도 하역요금과 관련한 공동행위가 발생할 우려가 있다고 보아 정보 공유를 금지하는 시정조치를 부과하였다.

또한, "BHP빌리턴/리오틴토 합작회사 설립" 사건에서도 합작회사에 대한 공정거래위원회의 접근 방법을 확인할 수 있다.[50] 동 건은 호주 철광석 생산업체들이 철광석 생산을 공동으로 수행하는 합작회사를 설립하는 내용이었다. 공정거래위원회는 신설회사가 생산만을 수행하고 판매는 설립회사가 각각 수행하더라도 실질적으로는 설립회사들의 '완전한 합병'(full merger)과 동일한 효과가 발생한다고 보아 철광석 시장에서 수평결합으로 인한 경쟁제한 우려가 발생한다고 보았다. 이하에서는 심사기준 적용시 특히 유의할 점을 중심으로 살펴보기로 한다.

48) 1999.2.5. 개정, 법률 제5813호.
49) 공정거래위원회 2019.11.14. 의결 제2019-273호.
50) 다만, 기업결합 심사 중 기업결합 신고가 자진 철회되어 시정조치를 부과하지 않고 심의절차를 종료하였다. 공정거래위원회 2010.10.19.자 보도자료.

(나) 경쟁제한성 판단 시 유의할 점

① 시장점유율

수평적 기업결합의 경쟁제한성을 판단하는 가장 중요한 기준은 시장점유율을 기초로 한 시장집중도와 시장집중도의 변화추이이다(심사기준 VI. 1. 가.). 이때 관련 시장은 신설되는 합작기업이 향후 활동하게 될 시장(the joint venture market)이다. 설립기업들이 기왕에 활동하고 있던 시장은 원칙적으로 고려하지 않으며, 이들 간의 묵시적인 행위조정의 가능성을 고려할 수 있을 뿐이다.

그런데 시장점유율은 합작기업의 설립에 따른 경쟁제한성을 판단함에 있어서 적지 않은 한계를 가진다. 심사기준에 따르면 취득회사와 피취득회사 — 여기서는 합작기업을 말함 — 의 시장점유율의 합계를 고려하게 되는바, 피취득회사인 합작기업이 설립기업들이 기존에 활동하던 일정한 시장에서 설립되는지 아니면 새로운 사업분야에서 설립되는지에 따라 점유율 산정이 크게 달라질 것이기 때문이다.

즉, 집중적 합작기업의 경우에 설립기업들은 합작기업을 설립한 후에 대체로 합작기업이 활동할 시장에서 매출액이 존재하지 않는다. 그리고 설립기업들이 합작기업과 계속해서 경쟁관계를 유지하는 경우에는 설립기업과 합작기업의 매출액을 합산하여야 할 것이다. 반면, 새로운 시장에서 설립되는 합작기업의 경우에는 아직까지 매출액이 전혀 존재하지 않는다. 이 경우에는 결국 설립기업이나 합작기업의 매출액은 제로(zero)가 되는 것이다.

또한 일률적으로 말할 수는 없으나 경쟁정책적 관점에서 시장점유율 내지 시장의 집중도가 합작기업의 경쟁제한성을 판단하기에 적합한 기준인지도 의문이다. 시장점유율이 경쟁제한 내지 시장지배적 지위를 보여주기에 적합한 지표인지에 대해서는 오래 전부터 의문이 제기되어 왔다. 특히, 자동차, 제약, 정보통신 등 주로 첨단의 기술산업에서 합작기업을 통한 기업 간 협력이 활발하게 이루어지고 있는 점을 고려할 때, 나아가 이들 산업에서 나타나는 시장의 동태적 성격, 예컨대 빠른 기술혁신과 상대적으로 짧은 제품의 라이프 사이클과 같은 요소를 고려할 때 과거의 시장점유율을 근거로 중·장기적인 관점에서 시장구조의 악화 내지 기존의 시장지배력이 계속 유지될 수 있는지 여부를 판단하기란 매우 어렵기 때문이다.

② 잠재적 경쟁

심사기준은 무엇보다도 '해외경쟁의 도입'과 '신규진입의 가능성'을 통해서 잠재적 경쟁을 고려하고 있다(심사기준 Ⅶ. 1., 2.). 전자는 시장개방의 진전에 따라 현재 외국사업자의 국내시장 참여 정도에 따른 장래의 경쟁촉진 가능성을 염두에 둔 것이고, 후자는 국내외 사업자를 불문하고 가까운 시일 내에 기대되는 신규진입에 따른 경쟁제한효과의 상쇄 여부를 고려하기 위한 것이다.

그런데 합작기업이 단순히 설립기업들이 기존에 수행하던 사업의 일부를 통합하는 것이 아닌 경우에 잠재적 경쟁은 또 다른 의미를 갖는다. 합작기업을 통해서 새로이 진입하려는 시장에서 향후 설립기업들 간에 경쟁관계가 존재할 것인지 여부는 경쟁제한성을 판단함에 있어서 매우 중요한 의미를 가지는 것이다. 예컨대, 설립기업이 모두 조만간 합작기업이 활동하고 있는 시장에 독자적으로 진입할 가능성이 있는 경우에는 이들 간에 잠재적 경쟁이 존재하는 것이 되고, 따라서 합작기업의 설립은 그러한 잠재적 경쟁을 제한하는 결과를 가져올 수 있다.

반면, 기술이나 자금조달능력, 높은 위험부담 등을 이유로 설립기업 중에서 어느 하나라도 조만간 합작기업의 시장에 진입할 의사나 능력이 없는 경우에는 이들 간의 잠재적 경쟁은 부인될 것이다. 그 결과 공동으로 합작기업의 지분을 취득하는 경우에도 그에 따른 시장집중은 설립기업들이 적어도 잠재적 경쟁관계에 있는 경우에만 가능하며, 현실적으로나 잠재적으로 경쟁관계가 없는 경우에는 합작기업이 설립되더라도 그 자체로 시장구조의 악화를 가져오지 않는다는 점에 유의하여야 한다.

③ 경쟁사업자 간의 공동행위 가능성

심사기준은 수평결합의 경쟁제한성을 판단하는 기준의 하나로서 기업결합에 따른 경쟁사업자의 감소 등으로 인하여 사업자들 간에 명시적 또는 묵시적 공동행위가 이루어지기가 용이해지는지 여부를 고려하도록 하고 있다(심사기준 Ⅵ. 2. 나.). 인수나 합병을 통한 기업결합의 경우에는 당연히 시장구조의 집중이 심화되고, 따라서 특히 과점이 형성되는 경우에 사업자들 간—반드시 기업결합 당사회사에 국한되지 않음에 유의하라—에 공동행위가 이루어질 가능성은 커지기 마련이다.

그런데 합작기업을 설립하는 경우에는 사정이 다소 달라진다. 왜냐하면 이 경우에는 기존의 시장이든 신규시장이든 새로운 회사가 새로이 등장하게 될 뿐만 아니라, 특히 합작기업이 새로운 사업분야에 진출할 목적이거나 이른바 집중적 합작기업인 경우에 원칙적으로 설립기업은 처음부터 당해 분야에서 경쟁관계에 있지 않거나 또는 합작기업의 시장에서 완전히 탈퇴하게 되기 때문에 합작기업의 설립으로 인하여 공동행위의 가능성이 높아진다고 추론하기는 어려워진다.

④ 기 타

앞에서 주로 수평적 합작기업을 중심으로 경쟁제한성의 판단기준을 살펴보았는데, 심사기준은 합작기업의 경우에 당사회사인 설립기업들과 신설되는 합작기업과의 관계를 1차적으로 고려하여 경쟁제한성을 심사하는 것으로 규정하고 있다. 공정거래법상 지배관계가 형성되는 당사회사는 설립기업과 합작기업이고, 설립기업들 간에는 아무런 지배관계가 발생하지 않기 때문이다.

예컨대, 설립기업들이 연구·개발, 생산 또는 판매기능 중에서 어느 하나를 공동으로 수행하기 위하여 합작기업을 설립하는 경우에는 비록 설립기업들 간에는 기존에 경쟁관계가 존재하였더라도 합작기업과의 관계에 있어서는 수직적인 관계에 있게 된다. 반면, 설립기업들이 전혀 새로운 사업분야에 공동으로 진출하기 위하여 합작회사를 설립하는 경우에는 수직결합 또는 혼합결합만이 문제될 것이다.

다만, 공정거래위원회의 실무가 어떤 접근방법을 취하고 있는지는 확실하지 않으며, 공동생산을 위한 합작기업의 설립에 관하여 설립회사 간의 수평결합으로 보아 심사를 진행한 예도 있는 것으로 알려져 있다. 미국이나 유럽 등 외국 경쟁당국의 실무도 아직 확실하게 정립되지 않고 있다.

제 2 절 기업결합의 신고

Ⅰ. 신고의무

1. 의 의

공정거래법상 기업결합의 수단과 범주가 매우 넓고 빈번하게 발생하기 때문에 공정거래위원회가 적시에 기업결합을 심사할 기회를 갖는 것은 규제의 실효성 차원에서 매우 중요한 의미를 갖는다. 공정거래법은 1980년 제정[51] 당시부터 경쟁제한적 기업결합을 금지함과 아울러 일정한 기업결합에 대하여 신고의무를 정하고 있었다. 기업결합은 일단 완료된 후에는 비록 경쟁을 실질적으로 제한할 우려가 밝혀지더라도 원상회복이 지극히 곤란하다는 점을 고려하여 당초 공정거래법은 사전신고를 원칙으로 삼고 있었다. 이때, 사전신고와 사후신고의 판단은 공히 '기업결합일'을 기준으로 하였다.

그 후 1996년 제5차 개정법에서 사업자의 자율과 창의를 최대한 보장한다는 취지에서 사후신고의무로 전환하였다. 즉, 일정한 규모 이상의 회사 또는 그 특수관계인이 다른 회사에 대하여 기업결합을 하는 경우 기업결합일로부터 30일 이내에 공정거래위원회에 신고하여야 한다(구법 제12조 제1항, 제6항). 다만 기업결합의 당사회사 중 1 이상의 회사가 자산규모 2조 원 이상의 대규모회사인 경우에는 예외적으로 사전신고의무가 발생한다. 그 밖에 일견 경쟁제한성이 크지 않은 기업결합에 대해서는 이른바 '간이신고제도'가 도입되어 신고서류가 간소화되고, 그에 따라 기업결합 심사기간 또한 단축될 수 있게 되었다(심사기준 Ⅲ.).

기업결합에 대해서도 직권인지에 따른 조사가 가능한지가 다투어질 소지가 있는바, 지금까지 공정거래위원회의 실무는 가능하다는 태도인 것으로 보인다. 무엇보다 신고의무가 없거나 신고가 취하(取下)된 기업결합에 대해서도 언론보도 등을 통해서 해당 기업결합을 인지할 수 있고, 경쟁제한의 소지가 있다고 보인다면 공정거래위원회는 언제든 조사 및 심사에 착수할 수 있다는 것이다. 이러한 태도의 문제점에 대해서는 후술한다.

---

51) 1980.12.31. 제정, 법률 제3320호.

신고의무를 이행하지 아니한 사업자에 대해서는 사전신고인지 사후신고인지를 가리지 아니하고 1억 원 이하의 과태료에 처한다(법 제130조 제1항 제1호). 사전신고의 경우 이행금지의무를 위반한 경우에도 이와 같다.

2. 신고의무의 주체

가. 단독의 신고의무

자산총액 또는 매출액의 규모가 3천억 원 이상인 회사 또는 그 특수관계인이 자산총액 또는 매출액의 규모가 300억 원 이상인 상대회사와 일정한 기업결합을 하는 경우에 신고의무가 발생한다(법 제11조 제1항, 영 제18조 제1항). 자산총액 또는 매출액을 산정함에 있어서는 계열회사의 것을 합산한다. 여기서 신고의무를 지는 회사가 바로 '기업결합신고대상회사'인데, 통상의 경우 취득회사를 가리킨다. 즉, 주식취득이나 영업양수의 경우 취득회사나 양수회사가 단독으로 신고의무를 지게 된다.

나. 공동의 신고의무

신고의무를 지는 자가 2 이상인 경우에는 공동으로 신고하여야 한다(법 제11조 제11항). 예컨대, 합병이나 새로운 회사설립에의 참여인 경우에는 합병의 양 당사자 또는 지분 참가하는 복수의 회사가 기업결합신고대상회사에 해당한다.

다만, 계열회사들 사이의 기업결합에 대해서는 특칙이 마련되어 있는바, 공정거래위원회가 신고의무자가 속한 기업집단 소속 회사 중 하나의 회사를 기업결합 신고 대리인으로 정하여 그 대리인이 신고한 경우에는 공동의 신고의무가 면제된다. 이때 기업결합신고 대리인으로 정해진 계열회사는 대규모기업집단의 주식소유현황신고·채무보증제한기업집단의 국내계열회사에 대한 채무보증현황의 신고 역시 대리하여 신고할 수 있다(법 제11조 제11항 단서, 제30조).

3. 신고의무의 이행

가. 사후신고의 원칙

자산총액 또는 매출액의 규모가 3천억 원 이상인 사업자가 다음과 같은 기업결합을 하는 경우에는 당해 기업결합일로부터 30일 이내에 이를 공정거래위원회에 신고하여야 한다(법 제11조 제1항, 제6항). 일견 당사회사 간에 지배관계가 형성될 수 있는 경우를 염두에 둔 것으로 보인다.

① 다른 회사의 발행주식총수[상법 제370조(의결권 없는 주식)의 규정에 의한 의결권 없는 주식을 제외]의 100분의 20(상장법인의 경우에는 100분의 15) 이상을 소유하게 되는 경우. 주식의 소유를 통하여 다른 회사를 지배하기 위해서는 의결권의 행사가 관건이 되기 때문이다.

② 다른 회사의 발행주식을 제1호에 따른 비율 이상으로 소유한 자가 당해 회사의 주식을 추가로 취득하여 최다출자자가 되는 경우

③ 임원겸임의 경우(계열회사의 임원을 겸임하는 경우를 제외)

④ 법 제9조(기업결합의 제한) 제1항 제3호(합병) 또는 제4호(영업양수)에 해당하는 행위를 하는 경우

⑤ 새로운 회사설립에 참여하여 그 회사의 최다출자자가 되는 경우

공정거래법상 기업결합일은 기업결합이 완성되는 날을 의미하므로, 법 제11조 제1항에 따른 신고의무는 결국 사후신고를 의미한다. 즉, 공정거래법은 사후신고를 원칙으로 정하고 있으며, 다만 공정거래위원회의 시정조치가 내려질 소지가 크다는 점에서 중요한 의미를 갖는 기업결합, 즉 대규모회사에 의한 일정한 기업결합에 대해서는 사전신고의무가 발생한다(법 제11조 제6항). 기업결합은 일단 완료된 이후에는 원상회복이 지극히 곤란하기 때문에 사후신고를 규정한 입법례를 찾기도 어렵다는 점에서 사실상 사전신고가 더욱 중요함은 물론이다.

그렇다면 다른 회사의 전환사채(convertible bond; CB)를 취득하는 경우에도 주식을 취득하는 경우와 동일하게 신고의무를 부담하는가? 전환사채의 경우 상법 제516조 및 제350조 제1항에 따라 주주가 전환을 청구한 때에 전환의 효력이 발생하므로, 전환사채를 취득한 자는 일정한 기간이 경과한 후 당초 정해진 조건에 따라 주식으로 전환할 수 있는 지위에 있다. 그러나 전환사채를 반드시 주식으로 전환하여야 할 의무가 없고, 전환사채 보유자가 만기까지 보유하더라도 아무런 문제가 없다. 따라서 전환사채를 보유한 회사가 주식으로 전환을 청구하는 때에 주식취득과 마찬가지로 법 제11조 제1항에 의한 신고의무를 이행하면 족할 것이다. 이와 유사한 맥락에서 신주인수권부사채(bond with warrant; BW)의 경우에도 해당 사채를 보유한 회사가 신주인수권을 행사하는 때에 주식취득이 발생하는 것으로 보아 일정한 요건 하에 기업결합 신고의무를 지는 것으로 보아야 할 것이다.

나. 사전신고의무와 이행금지의무

공정거래법상 기업결합에 대한 신고의무는 사후신고를 원칙으로 하나, 일정한 경우에는 사전신고의무가 발생한다. 즉, 기업결합의 수단 중에서 임원겸임을 제외한 주식취득, 다른 회사와의 합병, 영업양수, 새로운 회사설립에 참여하여 최다출자자가 되는 경우에 기업결합의 당사회사 중 1 이상의 회사가 자산총액 또는 매출액 이 2조 원 이상인 이른바 '대규모회사'인 경우에는 사전신고의무가 발생한다(법 제11조 제6항 단서).

공정거래법이 예외적으로 사전신고의무를 정한 것은 대규모회사가 참여하는 기업결합의 경우에는 그렇지 않은 경우에 비하여 경쟁제한의 개연성이 비교적 크고, 행위중지 등의 시정조치를 내릴 때에도 임원겸임과 달리 주식취득이나 합병, 영업양수 및 새로운 회사설립은 일단 완성된 후에는 원상회복을 기대하기가 사실상 거의 불가능하다는 점을 고려한 것이다.

사전신고를 위하여 사업자는 각각 합병계약을 체결한 날, 영업양수계약을 체결한 날 또는 회사설립에의 참여에 대한 주주총회 내지 이에 갈음하는 이사회의 의결이 있은 날로부터 기업결합일 이전에 이를 공정거래위원회에 신고하여야 한다. 이때 사전신고를 한 사업자는 공정거래위원회의 심사결과를 통지받기 전까지는 각각 합병등기, 영업양수계약의 이행행위 또는 주식인수행위를 해서는 안 된다(동조 제8항).

한편, 공정거래위원회는 사업자가 제출한 신고서나 첨부서류가 미비한 경우에 기간을 정하여 해당 서류의 보완을 명할 수 있는데(영 제18조 제7항), 이때 보완에 소요되는 기간(보완명령서를 발송하는 날과 보완된 서류가 공정거래위원회에 도달하는 날을 포함)은 공정거래위원회의 심사기간(법 제11조 제7항) 및 사업자의 심사요청에 따른 통지기간(동조 제10항)에 산입되지 않는다(영 제18조 제7항). 완전한 신고가 이루어질 때까지는 관련된 기간이 진행되지 않는 것이다. 결국 공정거래위원회가 서류보완을 명하는 경우에는 신고일로부터 30일의 심사기간에 구애받지 않게 되고, 사전심사요청을 받은 경우에도 원칙적으로 30일 내에 통지할 의무에 구속받지 않게 됨으로써 결과적으로 공정거래위원회가 원하는 만큼 심사기간이 무한정 연장될 수 있게 된다.

기업결합은 일단 외부에 알려질 경우 가능한 한 빨리 종료되는 것이 매우 중요하다는 점, 법률이 절차의 신속과 예측가능성을 제고하기 위하여 마련한 심사기간이 유명무실해질 수 있다는 점을 고려할 때, 시행령 제18조 제7항에는 다분히 문제가 있다. 사업자가 악의적으로 불충분한 자료를 제출할 우려도 있다는 점을 감안하여 절차의 신속·법적 안정성과 규제의 실효성을 함께 담보할 수 있는 방안을 입법적으로 모색할 필요가 있다.

다. 신고의무의 면제

공정거래법은 관련시장에서 경쟁을 제한할 우려가 없는 아래의 기업결합에 대하여 처음부터 신고의무를 면제하고 있다(법 제11조 제3항).

① 「벤처투자 촉진에 관한 법률」 제2조 제10호 또는 제11호에 따른 중소기업창업투자회사 또는 벤처투자조합이 「중소기업창업지원법」 제2조 제3호에 따른 창업기업 또는 「벤처기업육성에 관한 특별조치법」 제2조 제1항에 따른 벤처기업의 주식을 제1항 제1호에 따른 비율 이상으로 소유하게 되거나 창업기업 또는 벤처기업의 설립에 다른 회사와 공동으로 참여하여 최다출자가 되는 경우(제1호)

② 「여신전문금융업법」에 따른 신기술사업금융업자 또는 신기술사업투자조합이 「기술신용보증기금법」에 따른 신기술사업자의 주식을 법 제11조 제1항 제1호에 따른 비율 이상으로 소유하거나 신기술사업자의 설립에 다른 회사와 공동으로 참여하여 최다출자자가 되는 경우(제2호)

③ 「자본시장과 금융투자업에 관한 법률」에 따른 투자회사, 「사회기반시설에 대한 민간투자법」에 따라 사회기반시설 민간투자사업시행자로 지정된 회사 및 그러한 회사에 대한 투자목적으로 설립된 투자회사, 「부동산투자회사법」에 따른 부동산투자회사에 해당하는 회사의 주식을 법 제11조 제1항 제1호의 비율 이상으로 소유하게 되거나 그 회사의 설립에 다른 회사와 공동으로 참여하여 최다출자자가 되는 경우(제3호).

그 밖에 관계중앙행정기관의 장이 다른 법률의 규정에 의하여 미리 당해 기업결합에 관하여 공정거래위원회와 협의한 경우에도 기업결합신고의 대상에서 제외된다(법 제11조 제4항). 기업결합의 신고에 관한 한 일종의 'one stop shop'을 규정한 것으로 볼 수 있다. 대표적으로 기간통신사업의 전부 또는 일부를 양수하거나 기간통신사업자인 법인을 합병하려는 자는 과학기술정보통신부장관에게 신고하여 사전에 인가(認可)를 받아야 하고, 동 인가를 하기 위하여 과학기술정보통신부장관이 공정거래위원회와의 협의를 거친 경우(「전기통신사업법」 제18조 제1항, 제6항), 금융위원회가 금융기관 간의 합병을 인가하기 위하여 당해 합병이 금융기관간의 경쟁을 실질적으로 제한하지 아니하는지에 대하여 미리 공정거래위원회와 협의한 경우를 들 수 있다(「금융산업의 구조개선에 관한 법률」 제4조 제1항, 제4항). 기업결합신고의 1차적인 취지는 거래계에서 행해지는 결합을 공정거래위원회가 인지하도록 함에 있으므로, 이미 다른 법률의 규정에 근거하여 당해 기업결합에 관하여 부처 간 협의가 이루어졌다면 공정거래위원회로서는 충분히 해당 기업결합을 인지할 수 있었을 것이기 때문이다.

라. 신고의무의 특례

방송·통신과 관련하여 공정거래법은 2007년 제14차 법개정[52]을 통하여 신고절차에 관한 특례를 두고 있다. 현행법에 따르면, 「방송법」 제15조 제1항 제1호에 따른 종합유선방송사업자인 법인의 합병, 그리고 「방송법」 제15조의2 제1항에 따라 종합유선방송사업자의 최다액출자자가 되려고 하거나 종합유선방송사업자의 경영권을 실질적으로 지배하고자 하는 경우(이하 "법인설립 등") 그 승인 등을 신청하는 자는 법인설립 등이 공정거래법 제11조 제1항 및 제2항에 따른 신고대상에 해당하는 경우에는 주무관청(방송통신위원회를 포함)에 승인 등을 신청할 때 기업결합 신고서류를 함께 제출할 수 있다(법 제12조 제1항). 이 경우, 주무관청에 기업결합 신고서류가 접수된 날을 공정거래법상 신고가 있은 날로 보며, 주무관청이 기업결합 신고서류를 제출받은 때에는 지체 없이 공정거래위원회에 관련 서류를 송부하여야 한다(법 제12조 제2항, 제3항).

그 반대도 마찬가지여서, 공정거래법상 사전신고의무를 지는 사업자는 공정거래위원회에 기업결합을 신고하면서 법인설립 등의 승인 등에 관한 서류를 함께 제출할 수 있고, 이때 공정거래위원회는 제출받은 승인 등에 관한 서류를 지체 없이 과학기술정보통신부에 송부하여야 한다(법 제12조 제4항, 제5항). 다만, 이러한 장치는 중복신고를 방지하기 위한 것이고, 동일한 기업결합에 대한 심사에 있어서 발생할 수 있는 중복규제를 해결하기 위한 것은 아니다.

더구나 이러한 신고절차 상의 특례조항은 어디까지나 종합유선방송사업자의

52) 2007.8.3. 개정, 법률 제8631호.

합병과 종합유선방송사업자의 최다액출자자가 되거나 경영권을 지배하고자 하는 경우에 한하여 적용될 뿐이고, 기업결합에서 대부분의 비중을 차지하는 기간통신사업자의 합병이나 영업양수, 주식취득 등에 대해서는 여전히 중복신고가 계속될 수밖에 없다는 한계를 안고 있다.[53)]

4. 디지털경제와 신고의무의 보완

가. 디지털경제와 경쟁법에 대한 새로운 도전

(1) 논의의 경과

기술융합, 인공지능, 빅데이터, 플랫폼 등을 특징으로 하는 디지털경제(digitalized economy) 하에서 경쟁법이 고민해야 하는 것은 무엇인가? 온라인에서 진행 중인 경쟁이 지난 20세기에 경험한 전통적인 경쟁과 어떤 점에서 다른가? 플랫폼시장에서 유효경쟁을 어떻게 이해하여야 하는가? 디지털경제에서 경쟁에 대한 새로운 위협은 무엇이고, 경쟁법은 여기에 어떻게 대응해야 하는가?

이러한 여러 가지 문제를 복합적으로 내재하고 있는 플랫폼경제의 특징은 무료서비스(free business model)와 데이터기반(data－based model)이라고 요약할 수 있다. 그간 우리나라에서도 플랫폼의 몇 가지 특성을 경쟁법의 집행에 고려하려는 논의가 있었다. 플랫폼이 갖는 양면시장의 성격을 경쟁법상 시장획정이나 지배력 판단에 고려할 필요가 있다는 점에는 대체로 이견이 없으나 구체적인 방법론에 있어서는 적지 않은 견해차가 존재한다.

2019년 공정거래위원회는 공정거래법의 전면적인 개편작업에 착수하였고, 4차 산업혁명을 맞으면서 대두하고 있는 알고리즘, 빅 데이터, 플랫폼의 문제를 함께 다루었다. 그리고 2020년 전부 개정된 공정거래법[54)]은 디지털 경제 하에서 데이터가 갖는 중요성을 감안하여 신고대상 기업결합을 추가하였다.

(2) 소규모피취득회사와의 기업결합 신고의무

개정법 제11조 제2항에 따르면 기업결합신고대상회사 또는 그 특수관계인이 상대회사의 자산총액 또는 매출액 규모에 해당하지 아니하는 회사(이하 "소규모피취득회사")에 대하여 주식취득, 합병, 영업양수에 해당하는 기업결합을 하거나 기업결

53) 통신합병절차의 주요 쟁점에 대해서는 이봉의, "방송통신시장에서 기업결합규제", 경제규제와 법 제3권 제2호, 서울대학교 공익산업법센터, 2010.11, 12－13면.

54) 2020.12.29. 전부개정, 법률 제17799호.

합신고대상회사 또는 그 특수관계인이 소규모피취득회사 또는 그 특수관계인과 공동으로 새로운 회사설립에 참여하여 그 회사의 최대출자자가 되는 기업결합을 할 때에는 다음의 요건에 모두 해당하는 경우에 대통령령으로 정하는 바에 따라 공정거래위원회에 신고하여야 한다.

① 기업결합의 대가로 지급 또는 출자하는 가치의 총액(당사회사가 자신의 특수관계인을 통하여 지급 또는 출자하는 것을 포함)이 대통령령으로 정하는 금액 이상일 것

② 소규모피취득회사 또는 그 특수관계인이 국내 시장에서 상품 또는 용역을 판매·제공하거나, 국내 연구시설 또는 연구인력을 보유·활용하는 등 대통령령으로 정하는 상당한 수준으로 활동할 것

시행령 제19조에 따르면 거래금액이 6천억 원 이상이면서, i) 직전 3년간 국내 시장에서 월 100만 명 이상에게 상품·용역을 판매·제공한 적이 있거나, ii) 국내 연구시설 또는 연구인력을 계속 보유·활용하면서 관련 활동에 대한 연간 지출액이 300억 원 이상인 적이 있는 경우에는 신고의무가 발생하게 된다.

(3) 신고요건의 판단기준

이어서 공정거래위원회는 2021년 12월 30일자로 기업결합 신고요령을 개정하여 개정 법령의 내용을 구체화하였는데, 무엇보다 소규모피취득회사를 인수하는 경우에 거래금액의 산정방식 및 국내 활동의 상당성 판단기준을 마련하였다(신고요령 V.). 신고요령의 관련 내용을 간략히 살펴보자.

먼저, 거래금액을 산정하는 방식과 관련하여 공정거래법상 규제되는 기업결합의 유형 중에서 거래금액이라는 것이 수반되지 않는 임원겸임을 제외한 4가지 유형 별로 거래금액 산정기준이 마련되었다.

① 주식취득·소유의 경우에는 취득·소유한 주식의 가액(신규 취득주식의 취득금액과 기존 소유주식의 장부가액을 합한 금액)과 인수하는 채무의 합계액을 거래금액으로 본다. 예컨대, B사의 주식 5%를 보유한 A사가 지분 50%를 5,900억 원에 취득한 경우(A사는 B사 주식 5%를 45억 원으로 재무상태표에 반영, B사의 부채 100억 원)에 거래금액은 6,000억 원(5,900억 원 + 45억 원 + 100억 원×55%)이 된다.

② 합병의 경우에는 합병의 대가로 교부하는 주식의 가액(주당합병가액×교부주식수이며, 합병교부금이 있는 경우 이를 포함)과 인수하는 채무의 합계액을 거래금액으

로 본다. 예컨대, C사가 D사를 합병하면서 D사 주주에게 자사 주식 5,900만주를 교부하는 경우(주당합병가액 1만 원, D사의 부채 100억 원)에 거래금액은 6,000억 원(1만 원 ×5,900만 주 + 100억 원)이 된다.

③ 영업양수의 경우에는 영업양수대금과 인수하는 채무의 합계액을 거래금액으로 본다. 예컨대, E사가 F사의 영업을 양수하면서 양수대가로 5,900억 원을 지급하고 관련 부채 100억 원을 인수하는 경우에 거래금액은 6,000억 원(5,900억 원 + 100억 원)이 된다.

④ 회사설립에 참여하는 경우에는 합작계약상 (최다출자자의) 출자금액이 거래금액으로 간주되며, 예컨대 G사와 H사가 회사를 설립하면서 각각 6,000억 원, 200억 원을 출자하는 내용의 계약을 체결하는 경우에는 거래금액이 6,000억 원이 된다.

이어서 국내활동의 상당성과 관련하여 ① 직전 3년간 국내 시장에서 월간 100만 명 이상을 대상으로 상품 또는 용역을 판매·제공한 적이 있는지 여부는 콘텐츠·SNS 등 인터넷 기반 서비스의 경우 월간 순이용자 또는 활성이용자(monthly active users; MAU)[55]를 기준으로 판단하며, ② 직전 3년간 국내 연구시설 또는 연구인력을 계속 보유·활용해 왔으며 국내 연구시설, 연구인력 또는 국내 연구활동 등에 대한 연간 지출액이 300억 원 이상인 적이 있는지 여부와 관련하여 연간지출액은 피취득회사의 연간 경상연구개발비 및 개발비(무형자산)으로 회계처리한 금액을 합산하여 판단한다.

이처럼 관련 법령을 개정하는 과정에서는 무엇보다 2017년 6월 9일에 시행된 독일 제9차 경쟁제한방지법이 참고된 것으로 보이는 바, 아래에서 조금 더 자세하게 살펴본다.

나. 독일 경쟁제한방지법 개정에 따른 신고의무의 확대

(1) 개 관

2016년 제9차 개정법[56]의 양대 축은 유럽의 손해배상지침[57]을 국내법으로 전환한 부분과 디지털화에 대응한 조항을 신설한 부분이다. 전자와 관련해서는 먼저

---

55) 한 달 동안 해당 서비스를 이용·방문한 사람 수로, 한 명이 해당 기간 동안 여러 번 서비스를 이용·방문했더라도 한 명으로 집계한다.

56) 제9차 경쟁제한방지법은 2016년 9월 28일자로 개정되어, 2017년 6월 9일자로 시행되었다.

57) Directive 2014/104/EU of the European Parliament and of the Council of 26 November 2014 on certain rules governing actions for damages under national law for infringements of the competition law provisions of the Member States and of the European Union.

카르텔이 손해를 야기하는 것으로 추정하는 제33조a 제2항(Schadensvermutung)으로서, 손해의 발생과 인과관계가 모두 추정된다.[58] 실무상 종종 논란이 되었던 손해액의 입증책임을 완화하는 내용은 반영되지 않았다. 아울러 카르텔에 따른 가격인상이 간접구매자에게 전가(轉嫁)되는 것으로 추정하는 제33조c 제2항 내지 제5항이 도입되었고, 제33조d 제3항과 제4항은 시장점유율이 낮은 중소사업자로서 경제적으로 존속이 위태로운 경우에는 첫 번째 법위반행위에 관한 한 직접적 거래상대방에게만 손해배상책임을 지도록 하였다. 그 밖에 제9차 개정법은 경쟁법 위반을 이유로 한 손해배상의 절차에 대해서도 몇 가지 특칙을 규정하였다.[59]

한편, 후자는 여러 산업분야에서 급속히 진행되고 있는 디지털화에 대응하기 위한 것으로서 다음과 같은 세 개의 조항으로 구체화되어 있다.

① 인수가격이 4억 유로를 초과하고 피취득회사가 상당부분 독일 국내에서 활동하고 있는 기업결합으로 규제대상 확대(법 제35조 제1a항)

② 무료시장(free markets)에 관한 규정(법 제18조 제2a항)

③ 플랫폼사업자의 시장지위를 판단하는 새로운 기준의 도입(법 제18조 제3a항)

여기서 ①은 독일 경쟁제한방지법상 기업결합규제의 흠결을 메우기 위한 것이고, ②와 ③은 양면 또는 다면시장의 특성을 갖는 플랫폼과 관련하여 무료서비스에 관한 관련시장의 획정과 시장지배적 지위 판단시 고려할 사항(직·간접적 네트워크효과와 이용자의 전환비용, 제3자의 플랫폼 접근성 등)에 관한 것으로서 시장지배적 지위남용에 관한 특칙에 해당한다.

(2) 독일법상 기업결합규제의 적용범위 확대

㈎ 관련 규정의 개관

종래 경쟁제한방지법 제35조 제1항은 경쟁제한적 기업결합 규제의 적용범위(Anwendungsbereich)를 정하면서 오로지 매출액[60]만을 기준으로 삼고 있었다. 즉, 기업결합에 참가하는 사업자의 전 세계 매출액 합계가 5억 유로 이상이고 국내에서

58) 손해추정의 경우, 부당한 공동행위에 참가한 혐의가 있는 사업자는 반증을 들어 추정을 복멸할 수 있다.

59) 손해배상 관련 개정사항에 대해서는 Hanno Schaper/Peter Stauber, Ausgewählte Themen des neuen Kartellschadensersatzrechts – Schadensersatz, Abwälzung, Gesamtschuld und Innenausgleich, NZKart, 2017, S. 2 79 ff.

60) 여기서 매출액 산정은 상법 제277조 제1항에 따르며, 기업집단 계열회사 간에 이루어진 매출액(이른바, 내부매출액)과 소비세는 포함되지 않는다.

적어도 하나의 참가사업자가 2천5백만 유로, 다른 참가사업자가 5백만 유로의 매출액을 갖는 경우에 기업결합 규제 관련 조항이 적용된다. 공정거래법상 신고대상이 기업결합 당사회사의 자산총액이나 매출액이 각각 3천억 원과 3백억 원인 것에 비하면 독일법상 2천5백만 유로(약 325억 원)나 5백만 유로(약 65억 원)는 상대적으로 낮은 기준으로 보이고, 그만큼 우리나라에 비하여 보다 많은 기업결합이 신고될 것으로 예상할 수 있다. 공정거래법은 자산총액 기준을 두고 있는 반면, 독일을 비롯한 외국의 입법례에서 일정 금액 이상의 자산총액을 요구하는 경우는 찾기 어렵다. 그 밖에 공정거래법은 당사회사 합계 전 세계 매출액에 관한 별도의 기준을 두지 않고 있으나, 위에 언급한 매출액은 전 세계 매출액을 의미하므로 결국 당사회사 합계 3천3백억 원(3천억+300억)의 전 세계 매출액을 규정한 것과 마찬가지라고 볼 수 있다. 이때, 기업결합규제의 적용범위란 신고의무가 적용되는 기업결합과 연방카르텔청이 심사하고 시정조치를 내릴 수 있는 기업결합을 모두 포괄하며, 이 점에서 신고대상과 심사대상이 일치한다.

그런데 제9차 개정으로 추가된 동조 제1a항[61]에서는 경쟁제한방지법상 기업결합규제의 적용대상인 기업결합에 ① 전 세계 매출액이 5억 유로 이상이고, ② 국내에서 하나의 참가사업자가 2천5백만 유로 이상의 매출액을 가지며, ③ 피취득회사나 다른 참가사업자가 국내에서 5백만 유로 미만의 매출액을 가지면서 ④ 인수가액이 4억 유로 이상이고 ⑤ 피취득회사가 국내에서 상당부분 활동하고 있는 경우

61) 해당 조문은 아래와 같다: §35 Geltungsbereich der Zusammenschlusskontrolle

(1) Die Vorschriften über die Zusammenschlusskontrolle finden Anwendung, wenn im letzten Geschäftsjahr vor dem Zusammenschluss

1. die beteiligten Unternehmen insgesamt weltweit Umsatzerlöse von mehr als 500 Millionen Euro und
2. im Inland mindestens ein beteiligtes Unternehmen Umsatzerlöse von mehr als 25 Millionen Euro und ein anderes beteiligtes Unternehmen Umsatzerlöse von mehr als 5 Millionen Euro erzielt haben.

(1a) Die Vorschriften über die Zusammenschlusskontrolle finden auch Anwendung, wenn

1. die Voraussetzungen des Absatzes 1 Nummer 1 erfüllt sind,
2. im Inland im letzten Geschäftsjahr vor dem Zusammenschluss
   a) ein beteiligtes Unternehmen Umsatzerlöse von mehr als 25 Millionen Euro erzielt hat und
   b) weder das zu erwerbende Unternehmen noch ein anderes beteiligtes Unternehmen Umsatzerlöse von jeweils mehr als 5 Millionen Euro erzielt haben,
3. der Wert der Gegenleistung für den Zusammenschluss mehr als 400 Millionen Euro beträgt und
4. das zu erwerbende Unternehmen nach Nummer 2 in erheblichem Umfang im Inland tätig ist.

를 추가하고 있는 것이다.

신설된 경쟁제한방지법 제35조 제1a항에 따르면 제35조 제1항의 요건 중 피취득회사(das Zielunternehmen)의 국내매출액 5백만 유로 이상이 충족되지 않는 경우, 즉 독일 내 매출액이 5백만 유로 미만인 경우에도 일정한 요건을 충족하는 경우에는 기업결합규제를 받게 되는 것이다. 즉, 과거에 국내 매출액이 미미한 기업결합은 연방카르텔청에 신고할 의무도 없었고, 그 결과 연방카르텔청의 심사나 시정조치를 받지 않았다. 해당 피취득회사가 조만간 엄청난 성장잠재력을 보유하고 있고, 그에 따라 해당 기업의 인수에 막대한 금액이 소요되는 경우에도 사전에 기업결합심사를 통한 경쟁제한의 우려 여부가 심도 있게 고려될 수 없었던 것이다. 그런데 동조 제1a항이 새로 규정됨에 따라 국내 매출액 요건이 충족되지 않더라도 ① 인수가액(당해 기업결합에 대한 반대급부)이 4억 유로 이상이고 ② 피취득회사가 국내에서 상당 부분 활동하고 있는 경우에는 신고의무가 발생하게 되었다.

(나) 동조의 입법취지

새로 도입된 법 제35조 제1a항의 목적 내지 입법취지는 인수대가와 국내매출액 사이에 현저한 괴리(乖離)가 존재하는 경우에 발생할 수 있는 규제상의 흠결을 메우는 것이었다.[62] 당초 매출액이란 과거의 일정 기간에 걸친 기업의 성과지표이고, 기업결합에서 피취득회사의 인수가액이란 현재 및 장래의 성과에 대한 기대와 예측을 반영한 지표로서, 양자 사이에 간격이 이례적으로 큰 스타트업(start-ups)이나 바이오·제약 벤처와 같이 매우 동태적인 시장에서는 종래의 매출액 기준이 당해 회사의 시장 내지 경쟁상 중요성을 적절히 반영하지 못하고 있다는 문제의식에서 비롯된 것이다. 피취득회사가 혁신적인 아이디어나 기술특허, 신제품 등 상당한 시장잠재력(Marktpotential)[63]과 경쟁잠재력(Wettbewerbspotential)을 보유한 경우에도 그것이 매출(액)의 형태로 적절히 반영되지 못하는 반면, 인수가액을 정하는 단계에서는 이러한 잠재력이 충분히 고려될 수 있을 것이기 때문이다.

즉, 개정법 제35조 제1a항은 디지털화가 활발히 진행되는 시장에서 발생하는 기업결합 중 장래의 잠재력이 매우 큰 경우를 규제대상에 포함시킴으로써 장래의 혁신을 보호하고 시장봉쇄나 신규진입 억지를 통한 구조적 악화를 방지하려는 취

62) Siebert Tilman/Aulmann Helge, Die 9. GWB-Novelle und die Einführung einer transaktionswertbezogenen Aufgreifschwelle in der Zusammenschlusskontrolle, ZWeR, 2017.3, S. 264.

63) 혁신분야에서 시장잠재력은 종종 매출액으로 드러나지 않는다.

지에서 마련되었다. 매출액이 미미함에도 불구하고 해당 기업의 인수가격이 높다는 것은 그만큼 그 기업이 경쟁상 높은 시장잠재력을 가진 혁신적인 기술이나 사업 아이디어를 보유하고 있다는 징표일 것이기 때문이다. 예컨대, 수많은 이용자를 확보한 스타트업을 인수하거나 핵심 특허를 보유한 바이오기업을 인수하는 경우에 동조 제1a항에 따른 신고의무의 확대가 의미를 가질 수 있을 것이다. 바이오나 제약분야의 경우 연구·개발의 비중이 매우 크고, 신약물질에 관한 특허를 취득하더라도 아직 판매로 이어지지 않았을 경우에는 향후 매출잠재력에 비하여 실제 매출액은 적게 마련이다.

이처럼 동 개정은 디지털화된 시장에서 종래 기업결합 규제대상의 흠결을 메우기 위한 것이었고, 대표적인 흠결사례로 언급되는 것이 바로 2014년 페이스북(Facebook)이 왓츠앱(WhatsApp)을 인수한 사건이었다. 동 기업결합에서 페이스북은 당초 독일 연방카르텔청에 신고할 의무가 없었는데, 막상 그 인수가격은 무려 190억 달러에 달하였고 왓츠앱은 당시 독일 내에 수백만 명의 이용자를 확보하고 있었다. 이 기업결합은 유럽집행위원회의 관할권에도 속하지 않았는데, 마찬가지로 유럽 내에 충분한 매출액이 발생하지 않았고 그 결과 신고의무가 발생하지 않았기 때문이었다. 그런데 유럽집행위원회가 동 기업결합을 심사하게 된 계기는 동 기업결합의 경우 유럽 내 3개 회원국에 신고의무가 발생하였고 취득기업인 페이스북이 유럽집행위원회로의 이첩(Verweisung)을 신청하였기 때문이었다.[64)]

정부의 입법이유서(Regierungsbegründung)나 그 밖의 논의과정에서 규제대상에 포섭되었더라면 금지되었을 만한 사례는 언급된 바 없다. "Facebook/WhatsApp" 사건에서도 유럽집행위원회는 1단계 심사에서 아무런 조건 없이 이를 허용한 바 있다. 따라서 당장에 규제상의 흠결이 존재한다고 볼 수 있는지는 의문이며, 이를테면 구글이나 페이스북이 혁신적인 스타트업을 매집함으로써 추격경쟁을 처음부터 봉쇄할 것이라는 우려(이른바 Absicherungsfusion) 또한 다분히 추상적인 위험상태에 지나지 않는다는 평가도 가능하다.

다른 한편으로 과연 인수가액 4억 유로는 어떻게 정해진 것인가? 당시 독일의 독점위원회(Monopolkommission)는 경쟁제한방지법 제35조 제1항에 규정된 전 세계

64) 그 밖에 Microsoft/6Wunderkinder 결합에서는 To-Do-Listen 앱을 제공하던 베를린의 스타트업을 인수한 것이 문제되었는데, 인수가액이 2억 달러에 달하였음에도 불구하고 6Wunderkinder의 국내 매출액이 미미하여 독일의 기업결합규제를 받지 않았다.

합산 매출액 5억 유로 기준을 감안하여 5억 유로의 인수가액을 제시한 것으로 추측되고 있다.[65] 그 후 연방의회는 그간 스타트업 인수가액에 관한 통계를 고려하였을 때 5억 유로 기준이 너무 높다고 보았다. 실제로 조사대상이었던 독일 내 인수가액의 대부분은 1억 유로에 미치지 못했고, 2015년의 경우에 인수가액이 3억5천만 유로를 넘은 사례도 단 1건에 불과했다. 이 점을 반영하여 당초 정부초안은 3억5천만 유로를 기준으로 제시하였고, 추후 4억 유로 수준으로 절충되었다.

이처럼 인수가액 4억 유로라는 기준의 실체적 근거가 무엇인지에 대해서 입법자는 밝힌 바 없고, 단지 입법이유서에서는 단지 매출액은 적지만 반대급부가 높은 기업의 인수를 기업결합규제에 포섭시킨다는 특별한 목표에 비춰볼 때 4억 유로가 적절해 보인다고 언급하고 있을 뿐이다.[66] 그 결과 4억 유로 기준이 과연 타당한지를 비롯하여 기업결합 규제대상을 확대하는 개정 조항이 과연 실효성을 갖는지에 대하여 여러 의문이 제기될 수 있음을 감안하여 개정법은 시행 후 3년 뒤에 연방경제성에게 그간의 결과를 반영하여 연방의회에 평가보고서(Evaluationsbericht)를 제출하도록 하고 있다(GWB 제43a조).

㈐ 법적용상 세부 쟁점들

① 반대급부(Gegenleistung)의 가치 평가방법

먼저, 개정법은 피취득회사의 인수가액(Kaufpreis) 대신 보다 포괄적인 의미를 갖는 반대급부(Gegenleistung) 및 반대급부의 가치라는 용어를 사용하고 있다. 학계나 실무에서는 거래금액(Transaktionswert; transaction value)이라는 용어도 널리 쓰이고 있다. 그리고 반대급부의 가치는 경쟁제한방지법 제38조 제4a항에서 정하고 있는 바, 그에 따르면 반대급부란 피취득회사가 취득회사로부터 제공받는 모든 재산과 금전적 가치 있는 급부의 합(채무를 인수하는 경우에 그 금액을 합산)으로서 흔히 인수가액과 취득회사가 인수하는 채무액을 포괄한다. 따라서 취득회사가 일정한 금액을 지불하고 마찬가지로 일정한 액수의 채무를 인수하는 비교적 단순한 사례에서는 반대급부(인수가액－채무액)를 산정하기란 어렵지 않을 것이다.

반면, 인수가액을 산정하는 방식이 복잡하도록 약정을 체결한 경우에는 종래의 매출액에만 기초한 신고의무에 비하여 신고의무가 발생하는지 여부를 판단하

65) Monopolkommission, Sondergutachten 68 – Wettbewerbspolitik: Herausforderung digitale Märkte, 2015, Rn. 451 ff., 461.

66) BT－Drucks. 18/10207, S. 74.

기란 쉽지 않다. 비교법적으로 이와 같은 '거래규모 내지 거래금액 기준'(size of transaction test)은 미국의 합병규제에서 그 예를 찾을 수 있다. 미국의 경우에도 인수가액의 산정에 관한 법령의 규정과 가이드라인이 존재함에도 불구하고 막상 신고의무 여부를 명확하기 가리기란 실무상 매우 어려운 작업이다. 경쟁제한방지법 제39조는 기업결합 신고 시에 매출액 관련 자료와 더불어 인수가액을 기재하도록 규정하고 있으나, 신고 시점까지 최종적인 인수금액이 확정되지 않는 경우에는 난점에 발생하게 된다. 결국 이와 같은 경우에는 당사회사가 신고 시점에 일단 제안하거나 제안받은 금액을 기대하고 인수금액이 확정된 후에 최종적인 금액을 추가로 제출하는 수밖에 없을 것이다.

다른 한편으로 반대급부에는 이른바 조건부로 지급되는 금액, 즉 조건의 충족 시 장래에 지급될 금액도 포함된다. 대표적인 예가 바로 Earn−out 조항으로서, 그에 따라 장래의 매출액이나 이익에 연동되어 지불되는 금액 및 피취득회사가 경쟁을 포기하는 대가로 받는 금액도 모두 반대급부에 포함된다. 반대급부의 구체적인 평가는 당사회사가 행하며, 기업평가실무에서 널리 승인되고 있는 방법 중에서 비교적 자유롭게 선택할 수 있다. 다만, 연방카르텔청이 사후에 반대급부의 가치산정이나 후술하는 국내활동의 상당성 여부를 적절히 판단할 수 있도록 당사회사가 신고 시에 국내활동의 종류와 범위 등 추가 사항을 연방카르텔청에 제출하도록 하고 있다(GWB 제39조 3a항).

그런데 제출되는 자료 내지 정보가 불충분할 수밖에 없다는 점에서 다음과 같은 두 가지 문제가 현실화될 수 있다는 지적[67]도 무시할 수 없다. 첫째, 입법과정에서 의회는 오로지 디지털경제에서 발견되는 스타트업의 인수와 관련된 자료만을 참조하였으나, 막상 4억 유로의 인수가액 기준은 해당 기업결합이 디지털분야에서 일어난 것인지 아니면 전통산업에서 나타난 것인지와 전혀 상관없이 일률적으로 적용된다.[68] 둘째, 입법자는 독일에서 일어난 기업결합에 관한 통계만을 가지고 인수가액 4억 유로를 제시하였고, 국내에 영향을 미치는 외국의 기업결합은 전혀 고려되지 않았다. 그런데 국제적 기업결합의 규모가 더 큰 경우가 일반적이다. 순수하게 국내의 기업결합에 비하여 전통시장에서 외국에 거점을 둔 기업 간 결합의 경

67) Tilman/Helge, a.a.O., S. 266 ff.

68) Harald Kahlenberg/Lena Heim, Das deutsche Kartellrecht in der Reform: Überblick über die 9. GWB−Novelle, BB, 2017, S. 1156.

우에 인수가액이 훨씬 커지는 경향이 있는 것이다.

이와 같은 점을 감안할 때 어떤 기업결합이 독일 국내에 미미하게 영향을 미침에도 불구하고 인수가액이 4억 유로를 초과한다는 이유만으로 연방카르텔청에 신고하게 되는 경우가 적지 않게 발생할 수 있으며, 이러한 우려를 감안할 때 4억 유로 기준을 적절히 보완 내지 축소할 필요가 있다는 지적도 있다. 독일의 입법자는 그 장치로 아래에 서술하는 국내활동의 상당성이라는 추가적 요건을 두었으나, 여전히 문제는 남아 있는 것으로 보인다. 경쟁제한방지법 제35조 제1a항이 국내 또는 해외의 기업결합에 모두 적용될 수 있는 데에 따른 문제로서, 국내적 영향이 미미한 기업결합을 적절히 걸러줄 필요가 있다. 아래에서 자세히 살펴보는 바와 같이 기업결합 신고대상을 확대함에 있어서 역외적용과의 관계를 살펴보아야 하는 이유이다.

② **국내활동의 상당성**(erhebliche Inlandstätigkeit) **여부**

동 요건은 기업결합규제, 특히 인수가액에 따른 규제대상의 범위를 독일 내지 국내시장과 일정한 관련성(Nexus)을 갖는 사안에 한정하기 위한 것으로서, 적지 않은 경우에 외국기업 간 결합이 독일의 기업결합규제를 받을 수 있음을 염두에 둔 것이다. 그 결과 상당한 국내활동이라는 요건이 독일법의 역외적용을 위한 요건과 어떤 관계에 있는지는 또 다른 쟁점을 야기하게 된다.

먼저, 국내활동이 존재하여야 한다. 어떤 기업결합이 국내 또는 국내의 경쟁조건에 영향을 미칠 우려(Inlandswirkung)가 있는 경우에는 국내활동이 인정될 것이다.[69] 국내 활동의 존부는 당사회사가 비교적 쉽게 판단할 수 있는바, 예컨대 피취득회사가 국내에 이용자나 고객을 두고 있거나 국내에서 연구·개발활동을 수행하고 있다면 언제나 국내활동이 인정될 것이다.[70]

이어서 그러한 국내활동이 상당하여야 한다. 상당성 요건은 기업결합 신고의무의 범위를 한정하는 최종적이고 결정적인 기준인데, 그 판단은 상당성 요건의 모호함으로 인하여 매우 어렵다. 상당성 요건은 정부초안에는 담겨 있지 않았고, 그 이후의 입법과정에서 법안에 추가되었는데, 이를 통하여 국내활동이 미미한 기업결합은 신고의무를 발생시키지 않게 된다. 개정안은 상당성 여부를 판단하기 위한

69) BT-Drucks. 18/10207, S. 75.
70) BT-Drucks. 18/10207, S. 75.

명확한 기준이나 고려요소를 전혀 언급하지 않고 있으며, 입법자는 오히려 산업분야나 시장성숙도에 따라 상당성이 달리 판단될 수 있으므로 절대적인 금액 등 정량적 기준을 법률에 고정하는 것은 바람직하지 않다는 입장을 취하였다.[71)]

그런데 국내활동의 상당성이라는 불특정개념은 결과적으로 연방카르텔청에게 국내시장의 경쟁에 영향을 미치지만 국내활동의 상당성을 인정하기 어려운지 여부를 판단할 폭넓은 재량을 허용하게 된다. 따라서 당사회사나 로펌의 입장에서는 어떤 기업결합에 대하여 신고의무가 발생하는지 여부를 알기 어렵다. 상당성 개념을 설명하기 위하여 입법이유서는 상당한 국내활동의 예로 다음과 같은 두 가지 경우만을 언급하고 있다.

첫째, 무료 또는 거의 무료로 서비스가 제공되는 시장에서 국내 이용자가 피취득회사의 서비스를 이용하고 있는 경우, 즉 독일 내에 상당한 이용자가 존재하는 경우에는 이용자의 수, 이를테면 월간 활성이용자(monthly active users; MAU)의 수를 참고하여 국내활동의 상당성을 판단할 수 있다. 입법이유서가 직접 언급하지는 않고 있으나 이 경우는 결국 “Facebook/WhatsApp 기업결합” 사건을 염두에 둔 것으로 보인다.

반면, 둘째 사례는 상당한 국내활동이 인정되지 않는 사례로서 전통적인 시장에서 활동하고 있는 외국회사의 일부 사업을 독일 회사가 인수함에 있어서 취득회사가 국내에서 2천5백만 유로 이상의 매출을 올리고, 국내에서는 5백만 유로에 못 미치는 매출을 가진 피취득회사와의 전 세계 매출액 합계는 5억 유로를 넘는 경우이다. 전통적인 시장에서는 과거 수년에 걸쳐 유상거래를 통하여 피취득회사의 경쟁잠재력과 시장지위가 그간 얻은 매출액에 충분히 반영되어 있기 때문이다. 이와 같은 사례에서 입법자는 전통시장에 관한 한 목적론적 축소해석을 시도하고 있는 것으로서,[72)] 사례별로 매출액이 해당 사업자의 시장지위나 경쟁잠재력을 판단하기에 적절한 기준인지를 판단하여야 한다는 것이다. 여기에 경쟁법·정책적 가치가 개입될 수밖에 없음은 물론이다.[73)]

---

71) BT－Drucks. 18/10207, S. 75.

72) Michael Esser/Jan Christoph Höft, Fusions－ und Missbrauchskontrolle 4.0 – Die 9. GWB －Novelle als Antwort auf die Herausforderungen der Digitalisierung?, NZKart, 2017, S. 261.

73) 반면, 당초 정부초안(Referentenentwurf)에서는 (특히 합작회사 설립의 경우) 피취득회사가 국내에서 활동할 것으로 예상되는 것으로도 족하다는 입장을 취하고 있었다. BT－Drucks. 18/10207, S. 75.

국내활동의 상당성 요건이 국내시장에 미치는 영향이 미미할 것으로 보이는 경우에 당사회사의 신고의무를 배제하기 위한 것임은 물론이다. 전술한 바와 같이 상당성을 판단하기 위한 정량적 기준을 제시하기란 가능하지 않고, 개별 사례에 맞게 해당 산업의 특성을 고려하여 판단할 수밖에 없을 것이다. 그 결과 특히 외국기업 간 결합의 경우, 독일의 로펌을 통하지 않고는 사실상 연방카르텔청이 상당성을 어떻게 해석할 것인지, 과연 독일 내에서 매출이 거의 발생하지 않음에도 불구하고 신고의무를 이행해야 하는지에 대해서 예견하기 어려울 것이라는 문제도 제기되고 있다.

구체적으로 위에 제시된 두 개의 예시사례를 살펴보더라도 입법자의 의도와 상관없이 사업자가 신고의무의 존부를 판단함에 있어서 적지 않은 법적 불확실성과 예측불가능성이 발생하게 된다. 몇 가지 경우를 상정해보자.

먼저, 어떤 앱 개발회사가 독일 밖에서 상당한 매출을 올리는 반면, 독일 내에서는 무료서비스로 다수의 이용자를 확보하고 있다면 신고의무가 인정될 것이다. 그런데 이러한 사정은 곧 가까운 장래에 독일에서도 상당한 매출을 올릴 것이라는 전망을 가능케 하면서 결국 M&A 협상 시 인수가격의 결정단계에서 이미 충분히 고려되는 것은 아닌지? 이러한 의문은 적어도 당해 앱 개발회사가 독일 회사로서 독일 내에 거점을 두고 있는 경우에는 충분히 제기될 만하다. 독일 내의 이용자 수는 당해 독일 회사를 인수하는 가격에 어떻게든 반영될 것이기 때문이다. 독일 내 이용자가 상당수에 이른다면, 당해 앱 개발회사가 외국회사라도 사정은 그리 달라지지 않을 것이다.

그렇다면 입법이유서에서 제시한 두 번째 사례에서 전통적인 시장에서 활동하는 외국회사, 이를테면 외국의 자동차회사가 독일 내에서 매출액은 미미하지만 R&D센터를 독일 내에 두고 있는 경우라면 신고의무가 인정될 것인가? 아니면 추가로 R&D 활동의 양과 질을 종합적으로 고려해서 국내활동의 상당성을 판단할 것인가? 목적론적 축소해석을 통하여 전통적인 산업에서는 매출액이 국내활동의 상당성을 충분히 반영한다는 입법자의 의도를 감안하더라도, (직접 매출로 이어지지 않는) R&D 활동과 그에 따른 독일 내에서의 성장잠재력을 고려할 경우에 해당 외국회사의 국내활동이 미미하다고 보기는 어려울 것이다.

그 밖에 신약물질을 개발한 외국의 바이오회사를 인수하는 경우, 취득회사가 조만간 이를 상용화하여 독일 내에서 신약을 출시하여 몇 년 내에 수억 유로의 매출을 올릴 계획이라면 상당한 국내활동을 인정할 수 있을까? 해당 바이오회사가 아직까지 독일 내에서 전혀 매출을 올리지 않고 있고 독일 내에서 아무런 연구·개발활동도 하지 않고 있는 경우라면 단순히 가까운 장래에 신약을 출시하고 그에 따른 매출액이 상당할 것이라는 단순한 예측만으로 국내활동의 상당성을 인정하기는 어려울 것이다. 그러나 국내활동이 상당할 것이어야 한다는 요건이 과거나 현재만을 기준으로 하지 않고 가까운 장래에 대한 예측을 포함하는 경우, 이를테면 국내활동이 상당한 수준에 이를 개연성이 있는 경우를 포함하는 것으로 해석할 경우에는 결국 장래에 대한 예측의 신빙성과 연방카르텔청이 이를 어떻게 평가할 것인지에 따라 상당성 및 신고의무 여부가 좌우될 것이다. 그 결과 기업결합규제의 적용범위에 상당한 불확실성이 야기될 것은 물론이다.

이처럼 신고의무와 관련한 불확실성이 존재하는 주된 이유는 무엇보다 상당한 국내활동 여부를 판단함에 있어서 case-by-case 식의 가치판단이 요구되는 반면, 개정법이나 연방카르텔청은 이러한 판단을 위한 명확한 기준을 전혀 제시하지 않고 있기 때문이다. 게다가 국제적 기업결합의 경우에는 상당한 국내활동의 존재라는 기준이 경쟁제한방지법 제185조 제2항이 역외적용의 요건으로 정하고 있는 국내적 영향(Inlandsauswirkung)과 어떤 차이가 있는지도 분명하지 않아 보인다.

요컨대, 기업결합 신고의무는 무엇보다 기업결합 규제대상을 효과적으로 획정하는 작업이며, 특히 독일이나 유럽의 경우 신고의무는 동시에 기업결합의 심사대상을 확정하는 의미를 가지므로 신고의무는 가급적 명확하게 정해져야 한다. 역외적 기업결합의 경우에 신고의무를 판단하는 기준이란 결국 국내시장과의 연결고리를 명확하게 정하는 작업을 수반하게 된다.

경쟁제한적 기업결합을 규제하는 목적에 비추어 볼 때 관건은 언제나 어떤 기업결합이 향후 국내시장에 어느 정도 경쟁상 영향을 미칠 것인지를 파악하여 사전에 시장의 과도한 집중을 방지하는 것이고, 이때 과거의 매출액만으로는 경쟁잠재력을 평가하기에 적절하지 않은 사안이 특히 디지털경제에서 발생할 수 있다는 문제의식이 독일 경쟁제한방지법 제9차 개정의 계기였던 것이다.

독일의 개정법은 국내매출액이 5백만 유로에 미치지 못하여 국내적 영향조차 미미할 수 있는 기업결합이라도 인수가액이 4억 유로를 초과하고 국내활동이 상당한 경우에는 추가로 연방카르텔청에 신고하도록 하고 있다. 현재도 신고의무를 확대하는 경쟁제한방지법 제35조 제1a항이 M&A를 통한 스타트업의 자금회수를 막거나 벤처캐피털의 활동을 저해해서는 안 된다는 점에 관하여 상당 부분 공감대가 형성되어 있는바, 문제는 국내활동의 상당성이라는 정성적 기준으로 인하여 신고의무의 발생 여부를 사전에 판단하기 어렵고, 그만큼 기업결합 규제에 있어서 법적 안정성과 예측가능성이 크게 저해될 수 있다는 점이다.

이와 같은 맥락에서 유럽합병규칙의 개정 논의[74] 또한 인수금액 내지 거래가액기준을 기업결합 신고의무에 도입하는 방향으로 이루어지고 있고, 규제상 흠결이 제기된 계기 또한 "Facebook/WhatsApp" 사건이었다. 다만, 유럽합병규칙에서는 거래가액기준에 따른 규제대상의 과도한 확대를 막기 위하여 이미 피취득회사의 전 세계 매출액을 통한 한계를 정하고 있는바, 추가로 신고의무를 확대할 필요가 있는 것은 해당 비즈니스모델이 유럽 내에서 아직 매출에 반영되지 않는 경우이고 이미 피취득회사가 유럽 외의 다른 나라에서 상당한 매출을 올리고 있는 경우는 관심대상이 아니라는 점에 유의할 필요가 있다.

(3) 확대된 기업결합 신고의무와 역외적 기업결합

㈎ 국제적 M&A와 역외적용

경제의 글로벌화가 진행되면서 이른바 글로벌 기업에게는 국경이 없다. 글로벌 기업들은 각국의 비용상 이점을 누리기 위하여 국제적인 분업체계를 구축하고 있으며, 해외기업의 인수에도 적극적이다. 이와 함께 국제적 M&A가 흔히 발생하게 되는데, 우리나라에서는 2004년 제11차 개정법[75] 제2조의2에 역외적용(域外適用; extraterritorial application)의 근거가 명시되었고, 외국기업 간 기업결합에 관해서는 2007년 11월 개정된 동법 시행령[76] 제18조 제3항이 국내매출액을 기준으로 신고의무를 규정한 바 있다.

흔히 역외적용이란 외국기업이 외국에서 행한 행위에 대해서 국내의 경쟁법을 적용하는 것을 말하며, 공정거래법 제3조는 "국외에서 이루어진 행위라도 국내시장에 영향을 미치는 경우에는" 적용된다고 규정함으로써 동법상 관할권의 일반원칙

74) European Commission, White Paper, "Towards more effective EU merger control", COM (2014) 449, 9.7.2014.

75) 2004.12.31. 개정, 법률 제7315호.

76) 2007.11.2. 개정, 대통령령 제20360호.

을 밝히고 있다. 이때, 경쟁당국의 역외적 관할권을 인정하기 위한 핵심기준은 이른바 효과주의 내지 영향이론(effects doctrine)이다. 그에 따르면, 외국기업이라도 국내시장에 영향을 미치는 행위에 대해서는 공정거래법이 적용되는 반면, 국내기업이라도 국내시장에 영향을 미치지 않는 행위라면 동법이 적용되지 않는다.[77)]

외국기업 간에 외국에서 행해지는 이른바 역외적 기업결합은 공정거래위원회의 실무에서도 꾸준히 적지 않은 비중을 차지하고 있다. 이를테면, 공정거래위원회에 신고된 외국기업 간 기업결합의 건수는 2019년의 경우 127건으로 국내기업에 의한 기업결합 건수 598건에 비하여 적지만 만만치 않은 숫자이다. 더구나 국내기업에 의한 기업결합의 경우 결합금액은 30조 원인 반면, 외국기업 간 결합금액은 무려 408.7조 원으로서 글로벌 기업의 M&A에 대한 공정거래법상 기업결합심사가 매우 중요한 의미를 갖는다.[78)]

(나) **신고의무 확대를 위한 몇 가지 선결쟁점**

제4차 산업혁명을 맞이하면서 국내 매출액은 미미하나 경쟁잠재력(competitive potential)이 풍부한 기업과의 결합을 적절한 범위에서 공정거래위원회에 신고하게 함으로써 경쟁제한의 우려를 방지하고자 하는 것이 바로 공정거래법상 기업결합 신고대상을 확대하는 논의의 핵심이다. 독일 경쟁제한방지법 제35조 제1a항의 신설이 중요한 계기가 되었음은 물론이다. 그런데 기업결합 신고의무를 확대할 필요가 있는지, 과연 어떤 기업결합으로 확대하여야 하는지를 판단하기란 매우 어렵다. 합리적인 제도 도입을 위해서 살펴보아야 할 쟁점을 몇 가지 들자면 다음과 같다.

첫째, 과연 공정거래법상 신고의무에 독일의 “Facebook/WhatsApp” 사건에서와 같은 규제상 흠결이 존재하는지 여부이다. 이 문제는 입법례에 따라 신고의무와 심사대상의 일치 여부가 달라진다는 점에서 특별한 주의를 요한다. 독일 등 대부분의 경쟁법제와 같이 양자가 일치하는 입법례에서는 신고 당시의 매출액과 경쟁잠재력 사이에 간격이 클 경우 그에 따른 규제상 공백이 발생하게 된다. 반면, 우리나라와 같이 당사회사에게 신고가 없더라도, 즉 신고의무가 발생하지 않더라도 공정거래위원회가 언제든지 직권으로 대부분 이미 완료된 기업결합에 대하여 — 처분시

77) 여기서 국내시장에 미치는 영향과 국내시장의 경쟁에 미치는 효과는 구별되어야 하는데, 관할권을 심사하는 단계에서는 전자만을 고려하게 되고, 일단 관할권이 인정된 후 금지요건을 심사하는 단계에서 후자를 고려하는 것이다.

78) 자세한 내용은 공정거래위원회 2020.2.20.자 보도자료, “2019년 기업결합 심사동향”.

효가 남아 있는 한 — 언제든지 조사 및 심의를 거쳐 시정조치를 내릴 수 있다는 식의 접근방법이 유력한 경우에는 엄밀한 의미에서 규제공백이란 존재할 수가 없다. 신고의무가 없더라도 공정거래위원회가 어떤 경로를 통해서든 해당 기업결합의 존재를 인지한 이상 재량에 따라 조사개시 여부를 자유로이 결정할 수 있기 때문이다. 이러한 결론이 기업결합 '신고'의 법적 성격을 잘못 이해한 데에 따른 것임은 후술하는 바와 같다.

둘째, 공정거래법상 기업결합 신고의무는 종래 당사회사의 자산총액 또는 매출액을 기준으로 정해진다. 이때 자산총액이나 매출액은 당사회사의 국내뿐 아니라 외국에 속하는 것을 모두 포함한다는 의미에서, 전 세계 자산총액 또는 전 세계 매출액이라고 볼 수 있다. 따라서 현재 공정거래법상 신고의무를 확대하는 논의는 자산총액, 매출액이라는 종전 2가지 잣대 외에 '추가로' 인수가액 내지 거래금액이라는 제3의 잣대를 도입할 것인지에 관한 내용이라고 볼 수 있다. 그런데 전 세계적으로 자산총액 기준을 신고의무에 채택하는 입법례를 찾기 어렵고, 전 세계에 흩어져 있는 자산총액이 과연 공정거래법의 적용범위를 정하는 잣대로서 적절한지에 대한 의문이 제기될 수 있다. 아울러 자산총액 기준이 자칫 공정거래위원회가 도입하고자 하는 인수금액 및 국내활동의 상당성 기준과 일부 중첩될 수 있다는 점도 빼놓을 수 없는 쟁점이다. 예컨대, 외국기업이 국내에 상당한 자산(R&D센터나 특허 등)을 보유하고 있다면 그로부터 대체로 국내활동의 상당성이 추론될 수도 있을 것이기 때문이다.

셋째, 글로벌 기업 간의 M&A에 대해서는 통상 여러 나라에 걸쳐서 관할권이 인정되는데, 역외적 기업결합에 대한 관할권의 출발점은 바로 기업결합 신고의무이다. 그리고 당사회사의 입장에서는 기업결합을 신고받은 여러 나라의 경쟁당국으로부터 승인을 받지 못하는 한 사실상 당해 기업결합을 완성할 수 없게 되고, 그 중에서 어느 한 나라의 경쟁당국이 절차를 지연하더라도 결국 당해 기업결합 전체의 이행이 지연될 수밖에 없다. 공정거래법은 역외적 기업결합에 대하여 국내매출액을 핵심 기준으로 삼아 신고의무의 존부를 정하고 있는바, 인수가액 내지 거래금액을 기준으로 추가로 신고의무를 정할 경우에는 불가피하게 상당한 국내활동과 같은 추가 요건이 필요할 수밖에 없다. 신고의무의 발생 여부가 그만큼 불확실해지는 것이다. 더구나 외국기업에 사전신고 의무도 발생하지 않는 기업결합에 대해서 공정거래위원회가 언제라도 규제관할권을 주장하여 시정조치를 내릴 수 있다면 기업결합 규제의 실효성과 절차의 경제 및 규제의 예측가능성이 심히 훼손될 소지가 있다.

혁신산업분야에서 인수가액이나 거래금액을 기준으로 신고의무를 정하는 경우에도 막상 추가로 신고할만한 기업결합은 "Facebook/WhatsApp" 사건과 마찬가지로 거의 외국기업 간 결합일 것으로 예상된다. 따라서 아래에서는 첫 번째와 세 번째 쟁점을 역외적용의 관점에서 심도 있게 살펴보고, 자산총액 기준의 존치 여부는 개선방안과 관련하여 간략하게 다루기로 한다.

(다) 기업결합 신고의무와 심사대상의 관계

역외적용이란 외국에서 외국인에 의해 이루어진 법위반행위에 대해서도 그것이 국내시장에 일정한 부정적 영향을 미치는 경우에는 국내법을 적용하는 것을 말한다. 역외적용은 그 성질상 세법이나 금융법 등 경제관련 규제법령에서 흔히 발견되며, 경쟁법의 경우에도 행위자나 행위지와 상관없이 국내시장의 경쟁을 저해하는 경우에는 자국의 경쟁법을 일방적으로 적용하는 원리를 가리킨다. 이 같은 역외적용은 전통적인 관할권원칙인 속지주의나 속인주의에 대한 예외를 구성한다.[79] 그리고 공정거래법의 역외적용은 '국내시장에서' 공정하고 자유로운 경쟁을 보호한다는 동법의 목적에 비추어 명문의 규정이 없더라도 해석론으로 가능함은 물론이다.[80]

현재 공정거래법의 역외적용은 법 제3조에 근거하고 있으며, 국내시장에 미치는 영향에 대해서는 최근 대법원이 "항공사들의 유류할증료 담합" 판결[81]에서 직접성, 상당성, 합리적 예측가능성이라는 기준을 통하여 역외적용의 범위와 한계를 제시한 바 있다. 그리고 공정거래법 시행령 제18조 제3항은 역외적 기업결합에 대해서 신고의무를 별도로 규정함으로써 실제로 신고요건을 충족하는 역외적 기업결합에 대해서는 별도로 국내적 영향의 정도를 고려하지 않고 공정거래위원회가 관할권을 행사할 수 있는 것으로 이해되고 있다.

---

79) 이봉의, "공정거래법의 역외적용", 경쟁법연구 제4권, 1992, 51면 이하.

80) 공정거래위원회는 문제의 경쟁제한효과가 국내시장에 미치거나 미칠 우려가 있기 때문에 관할권을 행사하는 것이고, 이 경우에도 해외에 미치는 경쟁제한효과까지 제거할 권한을 가질 수 없음은 자명하다. 우리나라에서 최초의 역외적용으로 알려진 "흑연전극봉" 사건은 현행 공정거래법 제2조의2가 도입되기 이전에 이와 같은 해석론에 기초하여 이루어진 것이다. 공정거래위원회 2002.4.4. 의결 제2002-077호; 대법원 2006.3.24. 선고 2004두11275 판결.

81) 대법원 2014.5.16. 선고 2012두13665 판결.

㈑ 기업결합 신고제도의 개선방안

다수설과 실무와 같이 기업결합의 경우 신고의무의 발생 여부와 무관하게 공정거래위원회가 법 제9조 제1항에 따라 '직권으로' 처분시효가 남아 있는 한 해당 기업결합을 심사할 수 있다고 이해할 경우, 앞서 독일 2016년 제9차 개정법상 신고의무의 확대를 가져온 '규제의 공백'은 우리나라에서 상정하기 어려워 보인다. 신고의무와 심사가 분리(de-coupling)되어 있어서, 국내매출액이 전혀 없거나 미미하여 신고의무가 없더라도 공정거래위원회는 해당 기업결합에 대한 조사를 진행하여 시정조치를 부과할 수 있기 때문이다.

이 점은 외국기업 간 기업결합의 경우에도 마찬가지여서, 국내매출액 요건이 충족되지 않아 신고의무가 없는 경우에도 공정거래위원회는 국내에 미치는 영향이 있다고 판단할 경우 직권으로 역외적용을 할 수 있는 것이다. 따라서 종래 공정거래위원회의 실무가 계속 유지될 경우 규제의 공백을 메우는 차원에서 신고의무를 개정할 필요는 없어 보인다. 다만, 신고의무란 기업결합을 시도하는 사업자들에게 규제에 대한 일응의 예측가능성을 제공하는 측면을 갖는다는 점에서, 신고요건을 합리적으로 정비하는 작업은 여전히 중요할 것이다. 이와 동일한 맥락에서 인수가액 기준을 도입하여 신고의무를 확장하려는 법개정 또한 나름의 의미를 가질 수 있을 것이다.

① 규모요건(특히, 자산총액 기준)의 개선

공정거래법상 역외적 기업결합을 포함하여 기업결합에 대한 신고의무는 공히 자산총액 또는 매출액이 취득회사의 경우 3천억 원, 피취득회사의 경우 3백억 원 이상인 경우에 인정된다. 여기서 당사회사의 자산총액이나 매출액이 해당 기업결합의 경쟁상 중요성을 적절히 반영하는 지표인지를 먼저 살펴볼 필요가 있다.

비교법적으로 볼 때 자산총액을 기업결합의 신고요건으로 규정하고 있는 입법례를 찾기 어렵다. 미국의 경우에도 앞서 살펴본 바와 같이 일정한 거래금액의 기업결합에 한하여 당사회사의 자산총액이 제한적으로 고려될 뿐이다. 자산총액이란 당사회사의 규모를 보여주는 지표로서, 당해 회사가 시장에서 차지하는 중요성을 보여주기에는 그리 적절하지 않다. 기업결합 신고의무란 국내시장에 영향을 미칠 수 있는 결합을 경쟁당국이 충분히 심사할 수 있는 범위에서 포착하기 위한 것으로서, 신고기준을 정하는 관건은 국내시장에 미치는 영향을 보여줄 만한 '실질적인 연결성'(material nexus)을 얼마나 객관화된 징표로 구체화할 수 있는지 여부이다. 그런데 당사회사의 자산규모는 동 회사의 기업결합이 국내시장에 미치는 '직접적인' 영향을 보여주기 어려운 것이다.

더구나 공정거래법상 신고의무의 존부를 판단함에 있어서 자산총액은 계열회사 및 국내외의 자산이 모두 포함된다는 점을 감안할 때, 예컨대 대부분의 자산이 해외에 존재하고 국내에 소재한 자산은 미미한 기업이 당사회사인 경우 매출액과 무관하게 공정거래법상 기업결합규제를 적용할 실익이 있는지도 의문이다. 따라서 공정거래법상 신고요건과 관련하여 자산총액 기준을 삭제하여 글로벌 스탠더드에 부합하는 방향으로 법 제11조 제1항 및 시행령 제18조를 개정할 필요가 있다.

끝으로 공정거래법상 기업결합 신고의무를 좌우하는 매출액이 직전 사업연도 손익계산서상의 매출액을 기준으로 하고 있는 점도 재고할 필요가 있다. 왜냐하면 동 매출액에는 당사회사가 외국에서 올린 매출액도 포함되고(영 제15조 제2항), 외국시장에서의 매출액은 당해 기업결합이 국내시장 미칠 영향을 '직접적으로' 보여주기 어렵기 때문이다.[82] 따라서 입법론으로서 기업결합 신고의무를 정하는 기준은 매출액으로 일원화하고, 동시에 국내매출액에 한정하여 규정하는 방식으로 전환하는 것이 바람직할 것이다. 이 경우 현행 3천억 원이라는 국내매출액 기준은 다소 하향조정할 필요가 있을 것이다.

② 인수가액 요건의 도입에 따른 고려사항

2020년 공정거래법 전부개정[83]으로 4차 산업혁명에 걸맞게 현행 기업결합 신고제도의 흠결을 보완하는 차원에서 종래의 자산총액 또는 매출액 외에 추가로 인수가액 또는 거래금액을 기준으로 신고대상이 확대되었다. 그런데 인수가액 기준을 도입하더라도 ① 공정거래법을 적용할 만큼 중요한 기업결합인지를 파악하기 위하여 어느 정도의 인수가액을 상정할 것인지, ② 국내시장과의 관련성을 정성적 또는 정량적 지표 중에서 어떤 형태로 명시할 것인지, ③ 추가로 신고대상에 포함될 기업결합이 거의 대부분 국제기업결합일 것이기 때문에 역외적용을 위한 기존의 신고의무와 어떻게 조화시킬 것인지가 면밀하게 검토되지 않으면 안 된다.

a. 인수금액의 설정　　독일의 2016년 제9차 개정법을 고려할 때 우리나라에

82) 극단적으로 어떤 국내회사가 제품의 100%를 수출하는 경우, 즉 국내매출액이 전혀 없는 경우에도 현행법상으로는 신고의무가 발생할 수 있는 것이다.

83) 2020.12.29. 전부개정, 법률 제17799호.

서도 IT분야의 스타트업이나 바이오·제약벤처의 경우에 매출액에 아직 반영되지 않는 경쟁잠재력을 인수가액으로 보완하는 방법은 충분히 고려할 수 있을 것이다. 다만, 현행 공정거래법은 자산총액 기준을 두고 있으므로, 막대한 R&D투자를 수반하는 바이오·벤처의 경우에는 (전 세계) 자산총액 기준을 통하여 어느 정도 이들 기업결합을 신고대상에 포섭시킬 여지가 있다는 점도 간과할 수 없다,

구체적인 인수가액을 제시하기 전에 기존의 신고제도 하에서 일응 흠결이 발생하는 기업결합을 생각해볼 필요가 있다. 그런데 우리나라의 경우에는 당초 독일과 달리 신고요건에 — 역외적 기업결합을 제외하면 — 국내매출액이 존재하지 않기 때문에 국내매출액은 미미하지만 가까운 장래에 경쟁잠재력이 매우 큰 피취득회사라도 계열회사를 포함하여 기존의 전 세계 자산총액 또는 매출액 기준(당사회사 각각 3천억 원, 3백억 원)을 충족하는 경우에는 이미 신고대상에 포함되어 있음에 유의하여야 한다. 즉, 예컨대 국내기업 간 결합으로서 피취득회사가 국내매출액이 없거나 미미하더라도 계열회사를 포함한 전 세계 자산총액이나 매출액이 3백억 원 이상이라면 아무런 규제상 흠결이 존재하지 않고, 피취득회사 등의 전 세계 자산총액이나 매출액이 3백억 원 미만인 경우에 인수가액기준을 적용할 여지가 있는 것이다. 다만, 독일의 경우에도 국내매출액이 5백만 유로 미만일 것을 요구하고 있고, 후술하는 바와 같이 공정거래법도 역외적 기업결합에 대해서는 국내매출액 기준을 명정하고 있는 점을 감안할 때, 인수가액 기준이 적용되는 기업결합과 관련해서는 전 세계 자산총액이나 매출액은 고려하지 않는 것이 규제의 명확성이라는 측면에서는 보다 바람직할 수 있다.

그렇다면 신고의무를 발생시키는 인수가액은 어느 정도의 수준이 적절할 것인가? 시행령은 그 금액을 6천억 원으로 정하고 있다(영 제19조 제1항). 독일의 독점위원회가 당사회사의 합계가 전 세계 매출액 5억 유로인 경우를 상정하여 인수가액 5억 유로 이상의 기준을 제시한 점을 참고로 하여 우리나라의 경우 현행 당사회사의 전 세계 매출액 합계 기준금액이 3천3백억 원인 점을 고려하고, 독일 개정법이 최종적으로 4억 유로로 규정하고 있는 점을 감안할 때 우리나라에서 인수가액 6천억 원은 나름 적정할 수 있을 것이다. 독일과 비교할 때 상대적으로 금액수준이 높다고 볼 수도 있으나, 신규로 편입되는 기업결합의 심사가 매우 까다롭게 진행될 수 있고 그에 따라 공정거래위원회의 행정부담이 가중되는 점을 감안할 때 다소 높

은 수준의 인수가액을 설정하는 것이 바람직할 것이다.

b. 국내시장과의 관련성 인수가액이 6천억 원 이상이더라도 국내시장과의 관련성은 공정거래법상 기업결합규제를 적용하기 위하여 불가피한 추가 요건이다. 동 규제는 어떤 경우에도 국내시장의 과도한 집중을 사전에 방지하기 위한 것이기 때문이다. 독일 경쟁제한방지법상 '국내활동의 상당성'과 같은 정성적 요건도 고려할 수 있으나, 지나치게 불특정한 개념으로서 법적 안정성과 예측가능성이 매우 낮다는 단점이 있다. 우리나라에서도 이와 같은 요건을 도입할 경우에는 공정거래위원회가 최대한 빠른 시일 내에 국내활동의 상당성을 판단하기 위한 세부적인 기준을 고시로 마련하여야 할 것이다.

그 밖에 독일과 달리 정량적 지표를 도입하는 방안도 고려할 수 있는바, 장래에 경쟁잠재력은 있으나 과거의 매출액에는 반영되지 않는 국내의 활동이란 산업에 따라 매우 다양하여 법령에 열거하기란 거의 불가능에 가깝고, 국내이용자의 수나 국내 소재의 R&D 센터 등을 예시하더라도 그 밖에 사안별로 공정거래위원회의 판단에 따라 신고의무가 좌우될 여지는 마찬가지이다. 시행령은 국내시장에서 상당한 수준으로 활동할 것을 요건으로 삼으면서, 직전 3년간 국내시장에서 월 100만 명 이상을 대상으로 상품등을 판매한 적이 있거나, 국내 연구 시설·인력을 계속 보유·활용해 왔고 이들에 대한 연간 지출액이 300억 원 이상인 적이 있을 것을 구체적인 기준으로 제시하고 있다(영 제19조 제2항).

c. 역외적 기업결합의 경우 혁신산업에서 발생하는 역외적 기업결합의 경우에 공정거래법상 신고제도의 흠결이 비교적 명확하게 드러난다. 해외의 ICT 분야 대기업들이 결합을 하는 경우에 피취득회사가 국내시장에서 다수의 이용자를 확보하고 있으나 아직 매출액은 미미하여 각각 국내매출액 300억 원 이상이라는 신고요건을 충족시키지 못할 수 있기 때문이다. 역외적 기업결합의 경우 국내매출액이란 국내시장에 어느 정도 직접적인 영향을 보여주는 대리변수(proxy)인데, 동 기준으로는 포섭되지 않는 기업결합이 존재할 수 있는 것이다.

따라서 역외적 기업결합을 염두에 두고 국내매출액이 300억 원 미만이더라도 인수가액이 6천억 원 이상인 경우를 추가적인 신고대상으로 설정하는 방안을 생각할 수 있다. 물론 이 경우에도 비록 예측가능성과 관리가능성이 낮기는 하지만 정성적 기준, 즉 국내활동의 상당성 요건이 추가되어야 할 것이다.

③ 신고의무와 심사대상의 일원화

기업결합규제에 관한 한 신고의무와 심사절차는 불가분의 관계에 있다. 특히 사전의 신고의무는 해당 기업결합의 이행금지의무와 결부되어 있고, 이것은 공정거래위원회의 승인이든 금지든 그 어떤 처분을 전제로 하는 것이다. 따라서 당사회사 각각의 국내매출액 기준과 공정거래위원회의 규제관할권은 서로 연계하여 해석하여야 하고, 그렇지 않을 경우 역외적 기업결합에 대한 한계설정 자체가 모호해짐으로써 그만큼 규제의 예측가능성을 저해할 것이기 때문이다.

이러한 맥락에서 역외적 기업결합을 포함하여 신고의무가 없는 기업결합에 대해서는 심사를 진행하지 않는 방향으로 관련 규정을 정비하는 방안도 고려할 여지가 있다. 우리나라 기업의 M&A도 일정한 요건 충족 시 미국이나 유럽의 기업결합규제를 받을 수 있는데, 신고의무가 없음에도 불구하고 언제든 조사 및 금지의 대상이 될 수 있다면 그만큼 법적 안정성이 훼손될 것이기 때문이다. 이와 함께 역외사건의 신고요건에 '국내적 영향'을 충분히 반영할 수 있도록 입법적 보완작업이 병행되어야 할 것이다. 신고의무와 심사를 연계하는 방안으로 이를테면 국내매출액 300억 원 미만의 안전지대를 두고, 여기에 해당하는 기업결합에 대해서는 신고의무와 심사를 모두 면제하는 방식을 생각할 수 있을 것이다.

Ⅱ. 임의적 사전심사 요청

1. 의 의

기업결합은 그 성사 여부에 따라 당사회사의 지배구조나 주가 등에 미치는 영향이 매우 크고, 심사가 지연될 경우에는 당초 기대한 효율성 증대효과가 반감될 소지마저 있다. 기업결합에 관한 한 보다 높은 수준의 예측가능성과 법적 안정성이 요구되는 이유이다. 그 결과 추진 중인 기업결합에 대하여 공정거래위원회가 경쟁제한을 야기할 우려가 크다고 볼 소지가 있는 경우에 당사회사로서는 정식으로 신고하기 전에 당사회사가 어떤 내용으로 기업결합을 진행할 것인지를 협상하는 단계에서 미리 '비공식적으로' 경쟁당국의 판단을 구할 실익이 있다. 공정거래법상 이를 위한 절차가 바로 '임의적 사전심사 요청'이며, 심사결과에 따라 당초의 계획을 그대로 진행하거나 결합계획을 일부 수정하여 신고하는 것이 절차의 경제 및 예측가능성 차원에서 합리적일 수 있다.

2. 임의적 사전심사 요청의 절차 및 효력

공정거래법상 기업결합을 하고자 하는 자는 사전 또는 사후의 신고기간 이전에도 당해 결합이 경쟁을 실질적으로 제한하는지 여부에 대하여 공정거래위원회에 그 심사를 요청할 수 있다(법 제11조 제9항). 공정거래위원회는 심사를 요청받은 경우에 30일 이내에 그 심사결과를 요청한 자에게 통지하여야 하고, 필요하다고 인정하는 경우에는 그 기간의 만료일 다음날부터 기산하여 90일의 범위 내에서 그 기간을 연장할 수 있다(법 제11조 제10항). 이때에도 서류보완에 필요한 기간은 30일 내지 90일의 기간에 산입되지 않는다(영 제18조 제7항).

임의적 사전심사 요청은 비록 법률에 근거한 것이기는 하나 다분히 비공식적인 절차의 성격이 강하다. 따라서 당사회사에게는 심사요청을 하여야 할 의무도 없는 만큼 심사요청을 하지 않더라도 아무런 불이익한 처분을 받지 않는다. 법률상 사전신고가 아니므로 법 제11조 제8항에 따른 이행금지의무(standstill obligation)도 발생하지 않음은 물론이다.

아울러 공정거래위원회가 심사요청을 받은 기업결합에 대하여 아무런 경쟁제한의 우려가 없다는 내용을 통지하였더라도 당해 기업결합을 하려는 자는 추후 법 제11조 제1항에 따라 사전 또는 사후에 신고를 하여야 함은 물론이다. 이때, 신고를 받은 공정거래위원회가 종전 심사요청에 따라 경쟁제한의 우려가 없다고 통지한 경우 그 내용에 구속되는가? 이를테면 심사요청을 받은 기업결합에 대하여 공정거래위원회는 정식의 심사절차를 진행한 것이 아니고, 당사회사도 심사요청에 따른 통지를 받은 이후에 여러 가지 이유로 당초의 기업결합에 내용적 변경을 가할 수 있으며, 그 밖에 통지를 받은 이후 정식의 신고시점 사이에 경쟁상황이 달라질 수도 있다는 점에서 구속력을 부인하는 것이 타당하다. 다만, 심사요청제도에 대한 당사회사의 신뢰를 보호하고 동 제도의 실효성을 담보한다는 차원에서 공정거래위원회로서는 최대한 심사결과를 스스로 존중할 필요가 있으며, 그와 다른 판단을 내리고자 하는 경우에는 그 사유를 의결서에도 명시하는 것이 바람직할 것이다. 심사기준 역시 임의적 사전심사 요청 이후 공정거래위원회로부터 경쟁제한의 우려가 없다고 통지받은 기업결합을 '간이심사대상 기업결합'으로 규정하고 있다.

제 3 절 기업결합의 간이절차

Ⅰ. 개 관

1. 간이기업결합의 의의

기업결합사건을 처리하는 절차상 특징의 하나는 신고절차와 심사절차를 서로 다른 고시에서 별도로 규정하고 있다는 점이다. 통상의 경우보다 간소한 방식으로 사건을 종료하는 절차도 마찬가지이다. 즉, 간이신고절차는 신고요령에서, 간이심사절차는 심사기준에서 달리 정하고 있다. 여기서 간이절차란 간이신고절차와 간이심사절차를 통칭하여 사용하기로 한다.

먼저, 간이신고대상 기업결합으로는 기업당사회사가 서로 특수관계인(경영을 지배하려는 공동의 목적을 가지고 당해 기업결합에 참여하는 자는 제외)인 경우, 상대회사 임원총수의 3분의 1 미만의 임원을 겸임하는 경우(다만, 대표이사를 겸임하는 경우는 제외), 「자본시장과 금융투자업에 관한 법률」 제9조 제19항 제1호에 따른 기관전용 사모집합투자기구의 설립에 참여하는 경우, 「자산유동화에 관한 법률」 제2조 제5호에 따른 유동화전문회사를 기업결합하는 경우, 「선박투자회사법」에 따른 선박투자회사의 설립에 참여하는 경우, 조세특례제한법 제104조의31 제1항의 요건을 갖추어 설립되는 프로젝트금융투자회사의 설립에 참여하는 경우, 이미 설립된 기관전용 사모집합투자기구에 추가로 출자하여 새로운 유한책임사원으로 참여하게 되는 경우(다만 「자본시장과 금융투자업에 관한 법률」 시행령 제271조의19 제2항 제2호의 자 등 해당 기관전용 사모집합투자기구가 투자하는 기업의 경영에 공동으로 참여하는 자는 제외), 법 제11조 제3항 각호에 따라 기업결합 신고 의무가 면제되는 주식취득 또는 합작회사 설립과 동일하거나 연속되는 계약 또는 약정에 따른 임원겸임인 경우, 임의적 사전심사를 요청하여 승인받은 결합을 정식으로 신고하는 경우(다만, 사실관계나 시장상황 등에 중대한 변경이 발생한 경우 제외) 등 아홉 가지를 들 수 있다(신고요령 Ⅱ. 2.).

한편, 심사기준은 간이심사대상 기업결합을 다음의 6 가지로 대별하고 있다.

① 당사회사가 서로 특수관계인에 해당하는 경우

② 당사회사 간에 지배관계가 형성되지 않는 경우

③ 대규모회사가 아닌 자가 대규모회사가 아닌 자와 혼합결합을 하는 경우 또는 관련시장의 특성상 보완성 및 대체성이 없는 혼합결합을 하는 경우

④ 다음 중 어느 하나에 해당하는 경우로서 경영목적이 아닌 단순투자활동임이 명백한 경우

i) 「자본시장과 금융투자업에 관한 법률」 제9조 제19항 제1호에 따른 기관전용 사모집합투자기구의 설립에 참여하는 경우

ii) 「자산유동화에 관한 법률」 제2조 제5호에 따른 유동화전문회사를 기업결합하는 경우

iii) 기타 특정 사업의 추진만을 위한 목적으로 설립되어 당해 사업종료와 함께 청산되는 특수목적회사(SPC)를 기업결합하는 경우

iv) 취득, 개발, 개량 및 처분 또는 임대차 및 전대차의 방법으로 오직 투자수익을 얻기 위하여 부동산을 양수하는 경우

v) 이미 설립된 기관전용 사모집합투자기구에 추가로 출자하여 새로운 유한책임사원으로 참여하게 되는 경우(다만 「자본시장과 금융투자업에 관한 법률」 시행령 제271조의19 제2항 제2호의 자 등 해당 기관전용 사모집합투자기구가 투자하는 기업의 경영에 공동으로 참여하는 자는 제외)

vi) 법 제11조 제3항 각호에 따라 기업결합 신고 의무가 면제되는 주식취득 또는 합작회사 설립에 수반하는 임원겸임인 경우

vii) 기타 (1)부터 (6)까지에 준하여 법령 등에 따라 경영 참여가 금지되는 등 단순 투자활동임이 명확한 경우

⑤ 취득회사가 법 제11조 제9항에 따라 임의적 사전심사를 요청하여 공정거래위원회로부터 법 제9조 제1항에 위반되지 아니하는 것으로 통지받은 기업결합을 법 제11조 제1항에 따라 신고한 경우(다만 임의적 사전심사를 요청한 이후 사실관계나 시장상황 등에 중대한 변경이 발생하는 경우는 제외)

⑥ 피취득회사가 외국회사(외국에 주된 사무소를 두고 있거나 외국법률에 의해 설립된 회사)이고 국내 시장에 미치는 영향이 없는 경우(이 때 국내 시장에 미치는 영향이 있는지 여부는 당사회사의 국적·영업지역, 피취득회사의 현재 또는 향후 계획된 영업지역, 피취득회사의 국내 매출액 등을 고려하여 판단)

이처럼 간이신고절차와 간이심사절차가 별도로 규정되면서 간이절차의 대상

에도 중첩과 간극이 존재한다. 즉, 특수관계인 간의 기업결합과 사모투자전문회사나 유동화전문회사 등의 경우에는 간이신고대상이면서 동시에 간이심사대상이다. 그러나 일정 수 이하의 임원겸임의 경우는 간이신고의 대상이면서 간이심사대상의 하나인 지배관계가 형성되지 아니하는 경우와 일부 중첩될 수 있다. 일정한 혼합결합에 대하여는 간이심사대상으로만 규정되어 있다.

생각건대, 간이신고절차를 마련한 취지는 기업결합에 해당하더라도 지배관계가 새로이 형성되지 않거나 지배목적을 인정하기 어려운 경우로서 일견 형식적으로는 기업결합이 존재하나 그 실질에 있어서는 결합 전후로 지배구조 및 경쟁구조에 별다른 변화가 없다는 이유로 결국 경쟁제한의 우려가 미미한 사안으로 보아 간략하게 신고를 마치도록 하는 데에 있다. 간이심사절차의 취지 또한 본질적으로 이와 다르지 않다. 간이신고를 하게 해놓고 심사단계에서 심도 있는 절차를 진행한다는 것도 앞뒤가 맞지 않아 보인다. 입법론으로서 향후 간이신고와 간이심사의 요건과 절차를 통일적으로 운용하는 방향으로 관련 고시를 정비하는 것이 바람직할 것이다.

2. 간이절차의 내용 및 성격

간이신고대상 기업결합은 기업결합의 유형별 신고서에 간략한 보조자료를 첨부하여 공정거래위원회에 신고하되, 공정거래위원회의 홈페이지를 통한 인터넷신고를 원칙으로 한다(신고요령 Ⅱ. 3.). 간이신고대상 기업결합에 대하여 공정거래위원회가 어떤 절차로 심사할 것인지에 대해서는 아무런 언급이 없는바, 간이절차를 이원화하면서 이점을 충분히 고려하지 않은 탓으로 보인다.

간이심사대상 기업결합은 신고절차상 사업자에게 직접 어떤 편의를 제공하는 것이라기보다는 공정거래위원회가 심사하는 방식을 간소화하고 있을 뿐이다. 즉, 공정거래위원회는 신고받은 기업결합을 심사하는 단계에서 원칙적으로 신고내용의 사실 여부만을 심사하여 적법한 신고서류의 접수 후 15일 이내에 그 결과를 신고인에게 통보하게 되어 있다(심사기준 Ⅲ.).

간이심사대상 기업결합은 경쟁제한성이 없는 것으로 추정된다(심사기준 Ⅱ. 1.). 간이심사대상 기업결합의 경우 동법에서 정한 신고기간 내에 허위 또는 부실한 내용 없이 신고가 접수된 경우에 그로부터 15일 이내에 당해 기업결합의 허용 여부가 판가름이 난다는 점에서 절차의 신속성이 제고될 수 있다.[84] 다만, 간이심사대상이라도 신고절차에 있어서는 일반신고대상인 경우가 발생하기 때문에, 지배관계가 형성되지 않거나 경쟁제한성이 미미할 것으로 예상되는 기업결합이라도 일단 공정거래위원회에 신고하여야 한다는 문제는 남아 있는 것으로 보인다. 아울러 불완전한 신고가 이루어진 경우, 다시 말해서 공정거래위원회가 '추가 자료를 요청'(second request)하게 되는 경우에는 절차의 신속이라는 당초 취지조차 무색해질 수 있음에 유의하여야 한다. 자세한 내용은 후술한다.

Ⅱ. 간이심사대상 기업결합의 몇 가지 쟁점

먼저 심사기준상 간이심사대상 기업결합에 대해서도 공정거래위원회가 경쟁제한효과를 심사할 수 있는가? 이와 관련하여 간이심사대상 기업결합으로 열거된 유형들이 과연 경쟁제한 여부를 따질 필요가 없는지를 따져볼 필요가 있다. 특수관계인 간의 기업결합, 지배관계가 형성되지 않는 기업결합, 그리고 일정한 혼합결합의 순서로 살펴보자.

1. 특수관계인 간의 기업결합

가. 기업결합의 성립 여부

기업결합 당사회사가 서로 특수관계인, 예컨대 계열회사의 관계에 있는 경우에 이들 간의 결합을 공정거래법상 하나의 기업결합으로 볼 수 있는가? 기업결합이란 경제적으로 독립된 기업들 사이에 지배관계를 형성하는 행위로서 기업집단소속 계열회사 사이에는 이미 일정한 지배관계가 존재하기 때문이다. 그런데 공정거래법 제9조는 지배관계를 묻지 않고 결합의 수단만을 열거하고 있고, 동법 제11조 또한 지배관계와 무관하게 일정한 기업결합을 신고하도록 하고 있으며, 심사기준은 이를 간이심사대상 기업결합의 하나로 규정하고 있으므로, 지배관계의 강화 여부를 묻지 않고 계열회사 간에도 주식취득 등을 통한 기업결합의 요건이 성립할 수

84) 다만, 신고서나 첨부서류가 미비된 경우에 공정거래위원회는 기간을 정하여 해당 서류의 보완을 명할 수 있고, 보완에 소요되는 기간은 사전신고대상 기업결합의 이행금지기간이나 사전심사요청의 처리기간에 산입되지 않는바(영 제18조 제7항), 이것이 간이절차의 처리기간에도 적용되는지는 해석의 여지가 있다.

있다.[85)]

심사기준은 특수관계인[86)] 간의 기업결합에 있어서 이미 동일인을 중심으로 지배관계가 형성되어 있어서 이들 사이에 외관상 주식취득 등의 기업결합이 발생하더라도 추가로 경쟁을 제한할 우려가 없을 것이라는 전제 하에 이를 간이심사대상으로 규정한 것으로 보인다. 하나의 동일한 기업집단에 속하는 계열회사들은 이미 계열편입의 단계에서 '지배관계'가 인정되고(법 제2조 제11호, 제12호, 영 제4조), 그 결과 공정거래위원회 역시 일정한 경우에는 기업집단에 소속한 계열기업의 '경제적 동일성'을 인정하고 있기 때문이다.[87)]

나. 지배관계의 강화와 경쟁제한성의 관계

(1) 문제의 소재

계열회사 간의 기업결합에 대하여 공정거래위원회가 경쟁제한성을 심사할 수 있는가? 긍정하여야 한다. 이러한 기업결합이 간이심사대상에 해당하더라도 기업결합 자체는 성립하는 것을 전제하고 있고, 심지어 공정거래위원회로서는 신고 여부에 구속되지 않고 통상의 경쟁제한성 심사를 할 수 있기 때문이다. 공정거래위원회의 실무 역시 "KT/KTF 합병" 사건이나 "LGT/LG데이콤/LG파워콤 합병" 사건에서 정식으로 신고를 받아 경쟁제한성을 정식으로, 즉 간이심사를 하지 않고 면밀하게 심사한 바 있다. 다만, 절차의 예측가능성을 제고하기 위해서 두 절차를 구분하는 기준을 마련할 필요는 있어 보인다.

그런데 기업결합규제의 목적을 감안하여 해석하지 않을 경우에 자칫 규제상 공백이 초래될 수 있다. 즉, 공정거래법상 '특수관계인'이란 동일인과 동일인관련자(영 제14조)로서, 언제나 기업결합 당사자 간에 직접적인 지배관계를 수반하는 것은 아니고, 동일인관련자의 대표적인 예인 계열회사의 경우에도 동일인 내지 총수의 사실상 지배를 받는 회사에 불과하기 때문에 두 회사가 계열관계에 있다고 하여 그

85) 홍명수, "공정거래법상 특수관계인과의 기업결합에 대한 규제 가능성 검토", 경쟁법연구 제19권, 2009, 28, 36면 이하에서는 지배관계의 강화를 가져오는 경우에 한하여 추가로 기업결합의 성립을 인정하고 있다.

86) 기업결합 규제에 관한 한 특수관계인은 간접적으로 이루어지는 결합관계를 포섭하기 위한 것이자 동시에 일정한 수단을 통하여 형성될 지배관계를 실질적으로 파악하기 위한 것이다. 같은 취지로 홍명수, 위의 글(2009), 29면 이하.

87) 이 문제는 계열회사의 편입요건과 기업결합의 성립요건 사이에 나타나는 모순·충돌에서 비롯된다. 윤세리, "공정거래법상 기업결합규제에 관한 사례연구", 경쟁법연구 제7권, 2001, 15, 17면 이하.

로부터 계열회사 간에 지배관계를 도출하기는 어렵다. 따라서 기업결합 당사자가 서로 특수관계인의 지위에 있더라도 이들을 '하나의 사업자'로 볼 수 없는 경우, 이들 사이에 현실적·잠재적 경쟁관계가 존재하는 경우, 그리고 추가적인 결합행위로 인하여 기존 결합의 강도가 현저히 높아지는 등의 경우에는 공정거래위원회가 적극적으로 경쟁제한 여부를 심사할 필요가 있다.

(2) 독일의 입법례

독일의 경쟁제한방지법은 우리나라와 마찬가지로 기업결합을 적극적으로 정의하지 않고, 결합의 강도에 따라 크게 자산의 취득, 지배력의 획득, 지분의 취득 및 경쟁상 상당한 영향력의 획득이라는 네 개의 유형으로 열거하고 있다(GWB 제37조 제1항 각호). 그리고 다른 회사의 자산의 전부 또는 주요부분을 취득하는 경우의 대표적인 예가 바로 합병이다.

그런데 콘체른 내지 기업집단 내부에서 조직변경의 일환으로 진행되는 합병에 대해서는 동법 제37조 제2항이 이른바 '지배관계 강화조항'(Verstärkungsklausel)을 두고 있다. 그에 따라 다른 계열회사의 지분을 취득함으로써 당해 기업결합이 기존 결합관계의 실질적 강화를 가져오는 경우에는 이미 당사자 간에 결합관계가 형성되어 있는 경우에도 새로이 기업결합이 성립하고, 그에 따른 심사를 받게 된다. 이때 합병규제를 정당화하기 위해서는 결합관계의 강화가 '실질적'인 것이어야 하고, 무엇보다 신고의무 및 합병규제의 목적에 비추어 합병 전후의 지배관계 상황을 비교하여 판단하여야 한다.

(3) 개선방안

기업결합규제의 취지가 결합의 형성 또는 강화로 인한 경쟁제한효과 내지 시장집중효과를 심사하는 것이고, 새로운 결합관계의 형성이든 기존 결합관계의 강화든 경쟁에 부정적으로 영향을 미칠 수 있다는 점에서 심사의 필요성을 부인하기는 어려울 것으로 보인다. 공정거래법 제11조는 이미 신고대상 기업결합유형을 정함에 있어서 법 제9조 제1항 각호 중 어느 하나의 방법으로 이미 결합된 기업이라도 다른 방법으로 다시 결합하는 경우 공정거래위원회에 신고하도록 하고, 이 또한 폭넓게 심사대상에 포함시키려는 취지로 이해할 수 있다.

즉, 법 제11조 제1항 제1호(20% 이상 지분취득), 제2호(최다출자자), 제4호(합병)는 단계적으로 결합관계가 강화되는 경우를 상정하고 있는바, 이는 결합관계의 강화가 경쟁에 새로운 영향을 미칠 수 있음을 전제로 하는 것이고, 결합관계의 실질적 강화가 없는 경우에만 심사를 면제할 수 있는 것이다. 따라서 계열회사 간의 기업결합에 대해서도 원칙적으로 신고의무를 전제로 실질적인 경쟁제한 여부를 심사하도록 심사기준을 개정하는 것이 바람직하다. 관건은 지배관계가 새로 형성되는 것이 아니라 기존의 지배관계를 강화시키는 기업결합이 야기할 수 있는 고유한 경쟁제한성을 포착하여 판단할 수 있는 적절한 기준을 마련하는 일이다.

2. 지배관계가 형성되지 않는 기업결합

심사기준은 당사회사 간에 지배관계가 형성되지 않는 경우를 간이심사대상 기업결합의 하나로 들고 있다. 그런데 지배관계의 형성·강화는 기업결합의 본질적인 요소에 해당하는 것으로서, 당사회사 간에 지배관계가 형성되지 않는다면 기업결합 자체가 존재하지 않는 것과 다르지 않다. 비록 공정거래법상 지배관계의 형성 여부가 기업결합의 개념요소로 되어 있지 않으나, 결과적으로 새로이 경쟁제한성을 심사할 실익이 없다는 점에서는 지배관계를 수반하지 않는 기업결합을 간이심사대상으로 파악하는 태도를 수긍할 수 있을 것이다.

이와 관련하여 지배관계가 형성되지 않는 기업결합은 경쟁제한성을 판단할 필요조차 없는 것으로서 신고의무를 부인하는 것이 이론적으로는 타당할 수 있으나, 일단 기업결합의 외관을 갖춘 경우에 공정거래위원회에 신고토록 함으로써 지배관계의 형성 여부를 따져볼 기회를 제공할 필요가 있다는 점에서는 현행 심사기준의 태도도 나름의 합리성을 갖고 있는 것으로 보인다. 심사기준이 지배관계의 형성을 가져오지 않는 결합도 이를 간이신고 하도록 하는 취지 이와 유사한 맥락에서 이해할 수 있다.

3. 일정한 혼합결합

심사기준상 대규모회사가 아닌 자 간에 혼합결합을 하는 경우 또는 관련시장의 특성상 보완성 및 대체성이 없는 혼합결합을 하는 경우[88]에는 간이심사대상으로서 간단한 서류심사만으로 절차를 종료할 수 있다. 이러한 혼합결합의 경우에는 시장집중이 문제되지 않고, 주로 미래의 잠재적 경쟁을 제한하는지 여부만이 고려

88) 2011년 개정된 심사기준에 새로이 편입되었다.

될 뿐이며, 더구나 당사회사의 규모가 크지 않은 경우에는 경쟁제한의 우려가 더욱 미약할 수 있기 때문이다. 심사기준에서는 간이심사의 대상으로 업종 관련성이 없는 순수한 혼합결합을 간이심사의 대상으로 삼고 있는데 이러한 태도는 혼합결합이 심사 건수 중 가장 큰 비중을 차지하고 있으나 그간 혼합결합에 대한 집행실적에 의하면 실제 경쟁제한성을 인정하여 시정조치를 내린 것은 불과 몇 건에 불과하고, 대체로 결합회사 사이에 업종관련성이 매우 높은 경우였다는 점을 감안한 것이다.[89] 아울러 공정거래위원회는 그 동안의 집행실적을 바탕으로 업종 관련성이 없는 혼합결합의 경우 결합상대방을 잠재적 진입자로 보기도 어렵고, '포트폴리오 효과'(portfolio effect)의 발생 가능성도 낮은 것으로 보아 기업결합 심사를 보다 효율적으로 수행하기 위하여 혼합결합을 간이심사의 대상으로 한 것으로 보인다.[90]

그렇다면 혼합결합뿐만 아니라 수평결합이나 수직결합 중에서 통상적으로 경쟁제한성이 없거나 미미하다고 볼만한 경우는 없는가? 심사기준은 이 경우에 경쟁제한성이 없는 것으로 추정하는 방법으로 해결하고 있다. 즉, 수평결합으로서 HHI가 1,200 미만인 경우, HHI가 1,200 이상이고 2,500 미만이면서 HHI 증가분이 250 미만인 경우, HHI가 2,500 이상이고 HHI 증가분이 150 미만인 경우와 수직 또는 혼합결합으로서 당사회사가 관여하고 있는 시장에서 HHI가 2,500 미만이고 당사회사의 시장점유율 합계가 25% 미만인 경우, 관련시장에서 당사회사가 각각 4위 이하 사업자이거나, 당사회사의 시장점유율이 10/100 미만인 경우에는 경쟁을 실질적으로 제한하지 않는 것으로 추정된다(심사기준 Ⅵ. 1. 가.).

4. 유럽의 입법례

유럽에서는 2000년에 제정되어 2005년과 2013년에 개정된 바 있는 '기업결합에 대한 간이절차에 관한 유럽집행위원회의 고시'[91](이하 "간이절차 고시")가 일정한

89) 2010년도 기준 과거 시정조치 부과건수는 수평결합이 34건, 수직결합이 11건, 혼합결합이 2건인데 혼합결합에 대하여 시정조치가 내려진 것은 "SKT/하나로텔레콤" 사건(이동통신과 인터넷의 보완관계), "하이트/진로" 사건(맥주와 소주의 보완관계)이다.

90) 유럽합병규칙에 의하면 수평결합 또는 수직결합이 아닌 경우에는 기본적으로 간이심사대상(simplified procedure)으로 보고 있고, 미국이나 일본에는 기업결합에 관한 한 간이절차에 관한 별도의 규정이 없다.

91) Commission Notice on a simplified procedure for treatment of certain concentrations under Council Regulation (EC) No 139/2004, 2013/C 366/04.

기업결합에 대한 간이심사절차를 규정하고 있다. 우선 유럽집행위원회가 제정한 고시는 1989년에 제정된 유럽합병규칙[92]을 10여 년간 적용해본 경험을 기초로 경쟁제한성이 미미하여 일반적으로 허용되어 온 기업결합의 유형을 정리한 것이다. 동 고시의 목적은 경쟁질서에 미치는 효과가 미미한 기업결합을 간이하게 처리함으로써 유럽집행위원회의 인적·물적 자원을 유럽공동체 차원에서 보다 중요한 의미를 갖는 기업결합에 집중시키고, 이를 통하여 궁극적으로는 기업결합규제의 효율성을 제고하는 데에 있다. 이것은 간이심사절차뿐만 아니라 흔히 안전지대로 불리는 제도의 일반적인 취지이기도 하다.

간이절차 고시는 간이심사를 위한 기업결합의 요건과 간이심사절차의 내용을 상세히 정하고 있으며, 해당 요건이 충족되는 경우에는 유럽집행위원회가 신고를 접수한 후 25일(공휴일 제외) 이내에 약식결정으로 당해 기업결합을 허용하는 것으로 되어 있다(간이절차 고시 para. 2). 유럽집행위원회는 경우에 따라서 간이심사의 요건을 갖춘 기업결합이라도 정식심사절차를 개시하거나 정식결정을 내릴 수 있다.

가. 간이심사절차의 적용범위

(1) 간이심사절차가 적용되는 기업결합의 유형

간이절차 고시는 간이심사절차가 적용될 기업결합으로서 크게 세 가지 유형을 열거하고 있다(간이절차 고시 para. 5). 첫째, 둘 이상의 기업이 다른 기업에 대하여 공동으로 지배력을 취득하는 이른바 '합작기업'의 경우로서, 당해 합작기업이 현재 또는 장래에 유럽경제권역(European Economic Area; EEA)에서 전혀 활동하지 않거나 그 활동이 미미한 경우로서, 특히 당해 합작기업의 유럽경제권역에서의 매출액[93]이 1억 유로 미만이고, 당해 합작기업에 출자된 유럽경제권역 내의 총 자산가치[94]가 마찬가지로 1억 유로 미만인 경우이다. 둘째, 간이심사절차가 적용되는 기업결합은 서로 경쟁관계에 있지 않거나 원재료공급 내지 제품판매관계에 있지 않은 기업들 간의 기업결합으로서 혼합결합의 경우가 여기에 해당하며, 우리나라와 달리 당사

---

92) Council Regulation (EEC) No 4064/89 on the control of concentrations between undertakings; Council Regulation (EC) No 139/2004 on the control of concentration between undertakings.

93) 합작기업의 매출액은 직전 사업년도 모회사의 손익계산서를 기초로 하며, 합작기업으로 통합된 사업부문에 대해서 별도의 손익계산서가 존재하는 경우에는 당해 합작기업의 손익계산서를 기초로 산정한다.

94) 합작기업의 총자산가치는 전년도 모회사의 대차대조표를 기준으로 산정한다.

회사에 아무런 규모제한이 없다는 점이 특징적이다. 끝으로 서로 경쟁관계에 있는 기업들 간의 기업 결합이더라도 당사회사의 시장점유율의 합계가 20%를 넘지 않거나, 수직적 거래관계에 있는 기업들 간의 결합이더라도 당사회사의 시장점유율 합계가 30%를 넘지 않는 경우에도 원칙적으로 간이심사절차가 적용된다.

(2) 간이심사절차의 예외

어떤 기업결합이 간이기업결합에 해당되는지 여부를 판단함에 있어서 시장획정은 매우 중요한 의미를 가진다. 즉, 당사회사들은 신고를 하기 이전에 시장획정과 관련하여 문제의 기업결합이 영향을 미칠 수 있는 모든 상품시장과 지역시장에 대한 상세한 자료를 유럽집행위원회에 제출하여야 한다. 이때 만약 제출된 자료가 허위이고 유럽집행위원회가 그 자료에 기초하여 약식결정을 내린 경우에는 추후 언제라도 이전에 내린 예외결정을 철회할 수 있다(규칙 제6조 제3항 a.). 최종적으로 관련시장을 어떻게 획정할 것인지는 전적으로 유럽집행위원회의 재량에 맡겨져 있는데, 시장획정이나 그에 따른 시장점유율의 산정이 곤란한 경우에는 처음부터 간이심사절차를 적용하지 못하게 된다(간이절차 고시 para. 8).

한편, 어떤 기업결합이 '일반적으로' 공동시장에 부합하는지에 관하여 아무런 문제가 제기되지 않더라도 경우에 따라서 유럽집행위원회는 간이심사절차를 적용하지 않고 정식심사를 거쳐 정식결정을 내릴 수 있다. 예컨대, 당사회사들이 동일한 시장에서 활동하지 않고 있더라도 당해 기업결합이 기술이나 자금, 기타 자산의 결합을 통하여 시장지배력을 강화시킬 수 있다. 혼합결합이 문제된 경우에도 당사회사 중에서 하나 또는 일부의 회사가 수평 또는 수직적 관계에 있지 않은 어떤 상품시장에서 25% 이상의 시장점유율을 차지하게 되는 경우도 생각할 수 있다(간이절차 고시 para. 13).[95] 진입장벽이 높거나 집중도가 높은 시장 또는 그 밖에 경쟁상의 우려를 안고 있는 시장에서 이루어지는 기업결합은 간이심사에 적합하지 않을 수 있다. 끝으로 유럽합병규칙 제2조 제4항에서 정하고 있는 바와 같이 당사회사 간에 공동행위 내지 '행위조정'[96]의 우려가 있는 경우에도 유럽집행위원회는 간이심사절차를 진행하지 않을 수 있다(간이절차 고시 para. 15).[97]

95) 유럽합병규칙은 당사회사의 시장점유율 합계가 25%가 넘지 않는 경우에 당해 기업결합은 원칙적으로 유효경쟁을 제한하지 않는 것으로 본다(규칙 이유서 제32호).

96) 이 문제는 특히 합작기업의 경우에 나타나며, 기업결합 심사과정에서 설립기업들 간의 공동행위 가능성을 아울러 고려하게 되어 있다.

나. 간이심사절차의 진행

실무상 기업결합을 하고자 하는 기업으로서는 양해각서(MOU)를 체결하거나 적어도 정식으로 계약을 체결하기 전에 유럽집행위원회와 사전접촉(pre-merger contact)을 하는 것이 상례이다. 사전접촉을 통해서 기업들은 무엇보다 신고서에 어떤 사항을 기재해야 하는지를 정확히 알게 된다. 특히 기업결합 시행규칙[98] 제3조 제1항에 따라 당사회사가 당해 기업결합에 경쟁법상 아무런 문제가 없음을 들어 약식신고를 신청하는 경우에는 이러한 접촉이 매우 유용할 수 있다(간이절차 고시 para. 22).

일단 기업결합신고가 접수되면 유럽집행위원회는 당사회사의 이름, 기업결합의 유형 및 관련 산업분야와 더불어 간이심사절차가 개시될 수 있음을 관보에 공시하여야 한다(규칙 제4조). 그 이후 제3자는 유럽집행위원회에 당해 기업결합에 대한 정식절차의 개시 여부 등에 관하여 의견을 진술할 수 있다.

당해 기업결합이 간이심사절차의 요건을 모두 갖추었다고 판단하는 경우에는 유럽집행위원회는 특별한 사정이 없는 한 약식결정을 내리게 된다. 이로써 당해 기업결합은 유럽합병규칙 제10조 제1항 및 제6항에 따라 신고된 날로부터 25일 이내에 공동시장에 부합하는 것으로 선언된다. 그러나 이 기간 중이라도 유럽집행위원회는 전술한 바와 같이 필요한 경우에는 통상적인 기업결합 심사절차로 복귀하여 정식조사 및 정식결정을 내릴 수 있다.

한편, 유럽집행위원회는 약식결정을 내리는 경우에도 그 내용을 관보(official journal)에 게재하여야 하며, 그 내용에는 신고 당시에 관보에 공표된 내용뿐만 아니라 당해 기업결합이 간이절차 고시에서 명시적으로 규정된 세 가지 유형 중 어느 하나에 해당되어 공동시장과 합치되는 것임을 밝히는 내용이 구체적으로 포함되어야 한다(간이절차 고시 para. 26, 27). 끝으로, 간이심사절차는 기업결합에 수반되는 '부수적 약정'(ancillary restraints),[99] 당해 기업결합과 '직접적으로 관련되고' 기업결합의

---

97) 기업결합신고를 받은 이후 3주 이내에 어떤 회원국도 이의를 제기하거나 일정한 기간(규칙 제10조 제1항)내에 제3자가 당해 기업결합에 대하여 이의를 제기한 경우에도 유럽집행위원회는 정식절차에 따른 결정을 내리게 된다. 회원국이 유럽집행위원회에 신고된 기업결합에 대하여 자국의 관할 당국에 환송을 요청한 경우에도 간이심사절차는 적용되지 않는다(규칙 제9조).

98) Commission Regulation (EC) No 802/2004 of 7 April 2004 implementing Council Regulation (EC) No 139/2004 on the control of concentrations between undertakings, OJ 2004 L 133/1.

99) 부수협정에 대해서는 Commission Notice on restrictions directly related and necessary to

이행에 '필수적'인 제한에 대하여 당사회사가 유럽집행위원회에 공식적인 심사를 구하는 경우에는 적용되지 않는다.

concentrations, OJ 2005/C 56/03.

제 4 절 경쟁제한적인 기업결합의 금지

Ⅰ. 총 설

1. 개 관

공정거래법은 '누구든지' 경쟁을 실질적으로 제한하는 기업결합을 해서는 안 된다고 규정하고 있다(법 제9조 제1항). 과거에는 당사회사의 규모가 일정 수준 이상인 경우만을 기업결합 규제대상으로 삼고 있었으나 1996년 제5차 개정법[100]에서 폐지되었고, 현재는 임원겸임에 한하여 자산총액 또는 매출액의 규모(계열회사의 것을 합산)가 2조 원 이상일 것을 요구하고 있을 뿐이다. 후술하는 바와 같이 기업결합규제의 경우 신고대상이 아닌 경우에는 공정거래위원회가 직권으로 규제할 수 없다는 관점에서 이와 같은 개정이 정당할 수 있으며, 이와 달리 신고의무와 무관하게 직권규제가 가능하다는 견해에 따르자면 규제의 예측가능성이 적지 않게 훼손될 수밖에 없을 것이다.[101] 그 밖에 기업결합규제가 사업자에게만 적용된다는 것이 다수설이다.[102]

한편, 1980년 제정 공정거래법[103]은 금융·보험사업자에 대해서 기업결합의 규제를 적용하지 않았으나, 1996년 제5차 법개정과 시행령 개정[104]으로 삭제되었다. 당시에는 금융기관의 인수·합병에 대해서 은행법 등의 규제법 차원에서 지주비율을 제한하거나 대주주에게 신고의무를 부과하고 있었고, 금융·보험시장의 구조가 상대적으로 경쟁적이었기 때문에 기업결합금지를 적용할 실익이 적었던 측면

100) 1996.12.30. 개정, 법률 제5235호.

101) 공정거래법상 신고의무가 없는 대부분의 기업결합에 대해서 공정거래위원회가 추후 직권으로 조사하여 금지명령 등 시정조치를 내릴 수 있다면, 그에 따른 법적 안정성의 위협은 두말할 나위가 없다. 당사회사의 절대적인 규모나 상대적인 지위를 고려하여 심사대상에서 제외하는 방식은 절차의 경제를 위해서도 바람직하다는 점에서 신고의무와 규제범위의 관계를 적극적으로 해석할 필요가 있을 것이다.

102) 권오승(제13판), 195면; 신현윤(제8판), 167면; 정호열(제6판), 217면; 현행법상 개인도 규제대상이 된다고 보는 견해는 신동권(제3판), 250면.

103) 1980.12.31. 제정, 법률 제3320호. 동법 시행령(1981.4.1. 제정, 대통령령 제10267호.) 제12조 제1항에서는 기업결합 규제가 적용되는 범위에서 정부투자기관예산회계법시행령 제1조의 정부투자기관 중 회사를 제외한다고 규정하였다.

104) 1996.12.30. 개정, 법률 제5235호 및 1997.3.31. 개정, 대통령령 제15328호.

이 있다. 그러나 금융·보험산업의 개방에 따라 외국사업자들의 진출이 예상되고 은행·보험회사들 간에 인수·합병이 활발해지는 등 시장여건의 변화를 앞두고 종래의 적용제외를 폐지하였던 것이다. 현재 다른 법률에 따라 별도의 규제기관이 공정거래위원회와 협의를 거쳐 해당 분야 기업결합의 1차적인 심사를 맡는 경우는 있으나, 공정거래법상 기업결합규제가 전면적으로 제외되는 산업은 존재하지 않는다.

공정거래법은 일정한 거래분야, 즉 관련시장에서 경쟁을 실질적으로 제한하는 기업결합을 금지하고, 경쟁제한성 입증을 용이하게 하기 위하여 경쟁제한성이 추정되는 기업결합의 요건을 명시하고 있다. 아울러 동법은 경쟁을 실질적으로 제한하는 기업결합이라도 효율성 증대효과가 더욱 크거나 회생불가회사와의 결합에 대해서는 엄격한 요건 하에 예외적으로 이를 허용할 수 있도록 되는 사유를 규정하고 있다. 심사기준은 구체적으로 ① 간이심사대상 기업결합인지 여부를 판단한 후, ② 당사자들 사이에 지배관계가 성립되었는지 여부를 심사하고, ③ 관련시장을 획정한 후 ④ 당해 기업결합이 수평, 수직 또는 혼합형 기업결합 중 어느 유형 해당하는지에 따라 각 관련시장에서의 경쟁제한성을 심사한 후, ⑤ 경쟁제한성이 인정될 경우에 한하여 효율성 증대효과 등과의 비교형량을 거쳐 최종적인 금지 여부를 판단하도록 규정하고 있다.

어떤 기업결합이 관련시장에서 경쟁을 실질적으로 제한하고, 경쟁제한의 폐해를 상쇄할 만한 예외사유가 인정되지 않을 경우 공정거래위원회는 시정조치를 내려야 하고, 이때에는 구조적 조치가 우선적으로 고려된다. 그 밖에 공정거래위원회가 아직 조사 또는 심사를 진행하는 중에 사업자의 신청에 따라 동의의결절차로 전환될 수도 있다.

2. 경쟁의 실질적 제한: 경제이론과 규범의 조화

기업결합이 경쟁을 실질적으로 제한하는지 여부는 밝히는 것은 공정거래법이 보호하고자 하는 '경쟁'이 과연 무엇인지의 문제와 동전의 양면과 같은 관계에 있다. 종래 자율적인 조정 메커니즘으로서 유효경쟁이 작동하고 있는지를 파악하기 위한 기준으로는 시장구조, 시장행태 및 시장성과(특히, 가격)가 제시되기도 하였고, 현재 각국에서는 대체로 이들 세 가지 모두를 적절히 조합하여 경쟁의 실질적 제한을 심사하고 있다.

여기서는 성과기준에만 의존하는 경우의 난점만을 간략히 살펴봄으로써 종합적 고려의 필요성을 지적하고자 한다. 오랫동안의 논쟁에도 불구하고 시장성과 중에서 어떤 것이 경쟁상태를 제대로 보여주는지, 특히 유효경쟁에 부합하는 수준의 가격을 어떻게 파악할 것인지에 대해서는 일치된 견해가 존재하지 않는다. 많은 경우에 유사한 조건 하에서 비교할 만한 시장이 존재하지 않고, 경쟁가격을 보여주는 '객관적인' 분석이 무엇인지도 모호하다. 충분한 이론적 근거 없이 주장되는 성과기준과 그에 따른 경쟁제한효과의 판단은 결국 입증상의 난점과 사법심사의 곤란과 결부되어 성과기준을 규범적으로 수용하기 어렵게 한다.

Ⅱ. 관련시장의 획정

어떤 기업결합이 공정거래법상 금지되어야 하는지는 일정한 거래분야에서 경쟁의 실질적 제한 여부에 좌우된다. 그런데 경쟁이란 구체적인 시장을 전제로 하는 것이므로, 공정거래위원회는 먼저 경쟁이 제한될 우려가 있는 시장, 즉 관련시장을 획정하여야 한다. 공정거래법은 일부 조항에서 관련시장을 '일정한 거래분야'로 표현하고 있고, 동법 제2조 제4호는 일정한 거래분야를 '거래의 객체별·단계별 또는 지역별로 경쟁관계에 있거나 경쟁관계가 성립될 수 있는 분야'로 정의하고 있다. 공정거래법이나 시행령에서는 구체적인 시장획정 기준을 제시하지 않고, 심사기준에서 다소 상세하게 제시하고 있다(심사기준 Ⅴ.).

1. 시장획정의 의의

가. 기업결합과 시장획정

공정거래법은 공정하고 자유로운 경쟁을 촉진함으로써 국민경제의 균형있는 발전 등을 도모하고 있으며, 이러한 목적을 실현하기 위하여 시장지배적지위의 남용을 금지하고(법 제5조), 경쟁제한적인 기업결합을 금지하며(법 제9조), 부당한 공동행위(법 제40조)와 불공정거래행위를 금지하고 있다(법 제45조). 그런데 불공정거래행위를 제외한 나머지 세 가지 형태의 규제는 모두 일정한 거래분야 내지 관련시장(relevant market)에서 경쟁을 제한할 우려에 초점을 맞춘 것으로서, 경쟁제한의 여부를 판단하기 위해서는 우선 관련시장을 획정하지 않으면 안 된다.

공정거래법상 관련시장이란 단지 '상품과 용역이 거래되는 장(場)'이라거나 수요의 대체탄력성에 따라 '서로 대체관계에 있다고 인정되는 상품집단' 등 경제적 의미에서의 시장을 의미하는 것이 아니다. 공정거래법상 관련시장은 동법이 금지하는 행위의 위법성 징표를 확인하기 위하여 필요한 전제로서 다분히 규범관련성이 중시되어야 한다. 단순한 대체재나 대체관계가 아니라 '합리적 대체가능성'(reasonable interchangeability)[105)]을 살펴보아야 하는 것도 이러한 맥락에서 이해할 수 있다.

즉, 관련시장이란 공정거래법상 일정한 행위금지의 목적이나 취지를 고려하여 획정되어야 하고, 그 과정에서 해당 금지규범의 목적을 기초로 한 규범적 가치판단이 이루어지게 된다. 경제적 의미에서 특정 기법에 따라 상품 간의 대체가능성 정도가 제시될 수는 있으나, 결국 공정거래법의 해석·적용단계에서는 동법이 허용할 수 없는 수준의 시장집중이 야기될 수 있는 시장의 범위가 여타 여러 사정을 종합적으로 고려하여 확정되어야 하는 것이다. 공정거래법이 금지하고자 하는 경쟁제한성은 시장획정 여하에 따라 좌우되는 성격이 강하다는 점에서, 이러한 시장획정 과정은 다분히 종합적이고 규범적인 판단을 요하는 작업일 수밖에 없다.

나. 시장획정 없이 경쟁제한성을 판단할 수 있는가?

전통적으로 어떤 행위가 경쟁을 제한하는지를 판단하기 위해서는 경쟁이 이루어지는 장(場)인 관련시장을 먼저 획정하고, 당해 행위가 동 시장의 경쟁에 미치는 효과를 따져보아야 한다는 의미에서 이른바 '2단계 접근'(two-stage standard)이 널리 활용되었다. 그런데 2010년 개정된 미국의 수평결합 가이드라인(Horizontal Merger Guidelines)은 그 대안으로 관련시장을 획정하지 않고 합병으로부터 직접 경쟁제한 효과를 평가할 수 있다는 입장을 취하였다. 그 영향으로 우리나라에서도 기업결합뿐만 아니라 시장지배적 지위남용을 판단함에 있어서 반드시 관련시장을 획정하여야 할 필요는 없다는 견해가 제시되기도 하였다.[106)]

그런데 특정 기업결합으로부터 경쟁효과, 즉 여기서는 가격효과(price effects)를 측정하기 위해서는 고도의 경제분석, 게임이론과 계량경제학을 활용하여야 한다는 점

105) 합리적 대체가능성을 다분히 out-of-date한 방법론으로서 SSNIP 테스트와 대비시키는 견해로는 이호영, "放送·通信融合에 따른 企業結合審査에 관한 연구", 법제연구 제29호, 2005, 166면 이하.
106) 이호영, "독점규제법상 '관련시장' 획정의 의미와 입법적 개선", 법조 통권 제692호, 2014, 64면 이하.

에서 막상 그리 간단한 작업이 아니다. 게임이론의 모델이 갖는 장점을 인정하더라도 그것이 시카고 학파류의 경쟁분석을 완전히 대체할 수는 없으며, 종국적으로 시장획정의 유용성을 부인할 수는 없을 것이다.[107)]

2. 시장획정의 다양한 방법론

공정거래법상 관련시장이란 '일정한 거래분야'로서 '거래의 객체별·단계별 또는 지역별로 경쟁관계에 있거나 경쟁관계가 성립될 수 있는 분야'를 말한다(법 제2조 제4호). 경쟁관계가 성립될 수 있는 분야를 포함한다는 의미에서 관련시장에는 현실적 경쟁 외에 잠재적 경쟁이 함께 고려된다.[108)] 관련시장은 흔히 상품시장(product markets)과 지역시장(geographic markets)[109)]으로 나눌 수 있는바, 공정거래법은 거래단계별 시장을 추가로 명정하고 있다. 그 밖에 경우에 따라서는 '시간적' 시장(timely markets)이 고려될 수도 있다.

구체적인 사례에서 관련시장을 획정하기 위해서는 위의 세 가지 차원을 종합적으로 고려해야 한다. 우선 두 개 이상의 상품이 동일상품에 속하는지의 여부를 판단하기 위해서 상품시장을 획정하여야 하고(상품적 요소), 비록 동일상품일지라도 이들이 서로 경쟁관계에 있는지의 여부를 판단하기 위해서는 상품이 이동될 수 있는 지리적 범위로서 지리적 관련시장을 획정하여야 하며(지리적 요소), 시장지배력이 처음부터 한시적인 것인지 여부나 신속한 공급대체성 및 진입장벽의 존재 여부 등을 고려하기 위하여 시간적 요소를 감안하지 않으면 안 된다.

심사기준상 상품시장은 '거래되는 특정 상품의 가격이 상당기간 어느 정도 의미 있는 수준으로 인상될 경우 동 상품의 구매자 상당수가 이에 대응하여 구매를 전환할 수 있는 상품의 집합'으로, 관련 지역시장은 '다른 모든 지역에서의 당해 상품의 가격은 일정하나 특정지역에서만 상당기간 어느 정도 의미 있는 가격인상이 이루어질 경우 당해 지역의 구매자 상당수가 이에 대응하여 구매를 전환할 수 있는 지역전체'로 규정되어 있다. 이른바 SSNIP 테스트를 받아들이고 있는 것이다.

---

107) Malcolm B. Coate/Jeferry H. Fischer, Is market definition still needed after all these years, Journal of Antitrust Enforcement, 2014, p. 1.

108) 권오승·서정(제4판), 80-81면.

109) 국내시장보다 좁은 특정 지역을 관련시장으로 획정하는 경우에는 구역시장(local markets)이라는 용어를 쓰기로 한다.

가. SSNIP 테스트

시장획정에 대하여 전 세계적으로 널리 통용되고 있는 방법론으로 SSNIP(Small but Significant and Non-transitory Increase in Price) 테스트를 들 수 있다. 1982년 미국 법무부가 제정한 '수평결합 가이드라인'(Horizontal Merger Guidelines)과 연방대법원이 시장획정의 방법론으로 채택하고 있는 SSNIP 테스트는 기준상품(reference good)에 대하여 하나의 가상적 독점사업자를 상정한 후 '작지만 유의미하고 일시적이지 아니한 가격의 인상을 전제로 한 거래처 전환가능성'을 토대로 경쟁관계를 파악하는 방법을 말한다. SSNIP 테스트는 당사회사가 시장지배력을 행사하지 못하도록 경쟁상 제약으로 작용하는 상품군의 범위를 파악하는 것으로서, 최소범위의 시장에서 출발하여 점차 시장의 범위를 넓혀가게 된다. '반복과정에 의한 최소시장의 원칙'(smallest market principle through an iterative process)인 것이다. SSNIP 테스트에 의하면 가상의 독점기업이 공급하는 상품이나 용역에 대하여 작지만 유의미한 수준(통상 5~10%)으로 상당한 기간(통상 1~2년)에 걸쳐 가격을 인상하는 경우, 동 상품·용역의 대표적인 구매자가 이에 대응하여 인접한 상품·용역으로 구매를 전환하는 경우, 다시 말해서 가격상승으로 인한 판매 감소가 커서 독점기업의 이윤이 감소할 것으로 판단되면 해당 상품에 대한 대체재를 포함하여 하나의 관련시장에 해당하게 된다.

우리나라에서도 공정거래위원회의 실무나 판례는 시장획정을 위한 기본적인 방법론으로서 SSNIP 테스트를 받아들이고 있다. 대표적으로 "무학/대선" 사건에서 서울고등법원은 부산과 경남지역을 관련지역시장으로 획정하면서 당해 기업결합의 결과로 형성될 "가상의 독점사업자인 무학/대선은 충성도가 강한 다수의 집단을 상대로 '작지만 의미 있고 비일시적인 가격인상'을 행하여 이윤증대를 도모할 수 있는 등 독점력을 행사할 수 있다."는 점을 근거로 제시함으로써 일응 SSNIP 테스트를 받아들인 것으로 이해되고 있다.[110] 대법원 역시 마찬가지이다.[111]

---

110) 서울고등법원 2004.10.27. 선고 2003누2252 판결.

111) 대법원 2007.11.22. 선고 2002두8626 판결. 상품시장은 일반적으로 시장지배적 사업자가 시장지배력을 행사하는 것을 억제하여 줄 경쟁관계에 있는 상품들의 범위를 말하는 것으로서, 구체적으로는 거래되는 상품의 가격이 상당기간 어느 정도 의미 있는 수준으로 인상 또는 인하될 경우 그 상품의 대표적 구매자 또는 판매자가 이에 대응하여 구매 또는 판매를 전환할 수 있는 상품의 집합을 의미하고, 그 시장의 범위는 거래에 관련된 상품의 가격, 기능 및 효용의 유사성, 구매자들의 대체가능성에 대한 인식 및 그와 관련한 구매행태는 물론 판매자들의 대체가능성에 대한 인식

한편, SSNIP 테스트가 관련시장 획정을 위한 절대적인 기준은 아니다. 심사기준은 이 점을 감안하여 ① 상품의 기능 및 효용의 유사성, ② 상품의 가격의 유사성, ③ 구매자들의 대체가능성에 대한 인식 및 그와 관련한 구매행태, ④ 판매자들의 대체가능성에 대한 인식 및 그와 관련한 경영의사결정 행태, ⑤「통계법」 제17조(통계자료의 분류) 제1항의 규정에 의하여 통계청장이 고시하는 한국표준산업분류, ⑥ 거래단계(제조, 도매, 소매 등), ⑦ 거래상대방 등을 종합적으로 고려하도록 하고 있다.

구체적으로 지역시장의 획정을 위해서도 ① 상품의 특성(상품의 부패성, 변질성, 파손성 등) 및 판매자의 사업능력(생산능력, 판매망의 범위 등), ② 구매자의 구매지역 전환가능성에 대한 인식 및 그와 관련한 구매자들의 구매지역 전환행태, ③ 판매자의 구매지역 전환가능성에 대한 인식 및 그와 관련한 경영의사결정 행태, ④ 시간적, 경제적, 법제적 측면에서의 구매지역 전환의 용이성 등을 고려하여야 한다.

나. Elzinga-Hogaty 테스트

공정거래위원회는 "무학/대선" 사건[112]에서 엘징아-호거티 테스트(Elzinga-Hogaty Test)를 사용하여 관련 지역시장을 획정한 바 있다. 일정한 지역 내에서 판매되는 대부분의 상품이 당해 지역 내에 있는 사업자에 의하여 공급되고, 동시에 그 지역 내에 있는 사업자의 상품 중 대부분이 당해 지역에서 판매되는 경우에 당해 지역은 하나의 지역시장으로 획정할 수 있다.

구체적으로는 소비자가 특정 가격으로 당해 상품이나 용역을 구매하기 위하여 당해 지역으로 들어오거나(inflow) 나갈 것인지(outflow)를 기준으로 삼는다. 당해 지역에서 생산된 상품의 지역 내 총 소비량과 유입량을 기준으로 하는 LIFO(little in from out)와 당해 지역에서 생산된 상품의 지역 내 총 판매량과 유출량을 기준으로 하는 LOFI(little out from in)를 기준으로 하여 LIFO와 LOFI가 1에 가까워지면 이를 하나의 지역시장으로 획정하게 된다.[113]

및 그와 관련한 경영의사결정 형태, 사회적·경제적으로 인정되는 업종의 동질성 및 유사성 등을 종합적으로 고려하여 판단하여야 할 것이며, 그 외에도 기술발전의 속도, 그 상품의 생산을 위하여 필요한 다른 상품 및 그 상품을 기초로 생산되는 다른 상품에 관한 시장의 상황, 시간적·경제적·법적 측면에서의 대체의 용이성 등도 함께 고려하여야 할 것이다. 같은 취지의 판결은 대법원 2008.5.29. 선고 2006두6659 판결.

112) 공정거래위원회 2006.1.24. 의결 제2006-009호.

113) 구체적인 활용례에 대해서는 HTI Health Servs. v. Quorum Health Group, 960 F. Supp. 1104 (1997).

다. 보완재의 시장획정

(1) 문제제기

시장획정은 경쟁관계에 있는 상품군의 경계를 획정하는 작업이고, 경쟁관계는 경제적 의미에서 대체재를 의미한다. 그렇다면 대체재가 아니라 보완재의 관계에 있는 두 상품은 언제나 별개의 시장으로 획정되어야 하는가? 국내외에서 보완재와 관련하여 시장획정을 어떻게 할 것인지에 대해서는 논의를 찾기 어렵다. 여기서 논의의 출발은 서로 보완관계에 있는 상품군을 놓고 시장획정을 할 경우에 종전과 같이 SSNIP 테스트를 단순 적용하게 되면 시장획정에 오류가 발생한다는 점이다. 대표적으로 길버트(Gilbert)와 루빈펠드(Rubinfeld)는 보완관계에 있는 상품 A와 B를 상정하고, 가상적 독점사업자가 A의 가격을 인상하여 이윤을 증대시킬 수 있더라도 소비자는 A와 B를 함께 구매하는 패턴을 보이기 때문에 결국에는 B의 가격을 인하할 수밖에 없는 점을 시장획정 시 고려하지 않으면 안 된다는 점을 지적하였다. 이러한 상황은 구체적으로 군집시장(cluster market)과 유지·보수시장(aftermarkets) 및 양면시장(two-sided market)에서 발생한다.[114] 그 결과 보완재시장에 SSNIP 테스트를 기계적으로 적용할 경우에는 관련시장을 지나치게 좁게 획정하는 오류가 발생하게 되는 것이다.[115] 양면시장은 플랫폼과 관련하여 다른 곳에서 상술하기로 하고, 아래에서는 군집시장과 후속시장만을 살펴보기로 한다.

(2) 군집시장

SSNIP 테스트는 거래상대방의 관점에서 합리적 대체가능성을 통하여 경쟁관계를 파악한다는 기본원칙을 경제학적으로 적용하기 위한 것이다. 그런데 SSNIP 테스트는 상품·서비스 간 경쟁관계의 실질을 올바르게 반영하기 위한 유일하고도 최종적인 기준은 아니다.

일반적으로 상품시장은 그 기능이나 대체관계가 유사한 단일 상품을 전제로 하는 바, 서로 대체관계가 없는 다수의 상품을 하나의 유통업체가 판매하고, 이러한 유통 및 판매구조의 특성이 소비자의 거래처선택에 상당한 영향을 미치는 경우

114) Richard J. Gilbert/Daniel Rubinfeld, Revising the Horizontal Merger Guidelines: Lessons from the U.S. and the E.U., in: Michael Faure/Xinzhu Zhang(ed.), Competition Policy and Regulation: Recent Developments in China, Europe and the US, 2011.

115) 이상규, "경쟁법 적용을 위한 보완재 상품군의 시장획정", 경제학연구 제61집 제3호, 2013, 5면 이하, 40면.

에는 개별 상품을 전제로 한 시장획정이 적절하지 않다. 여기서 군집시장(cluster market)이 고안되었다. 백화점이나 대형마트를 비롯하여 다수의 채널을 묶어서 판매하는 유선방송사업자의 프로그램송출시장이 묶음시장에 해당한다.[116] 그 밖에 다소 논쟁적일 수 있으나 예·적금, 대출 등 일련의 서비스를 묶어서 은행서비스(bank services)를 상정할 수도 있을 것이다.[117]

예컨대, "SKT/CJ헬로비전" 사건에서 공정거래위원회는 이동전화를 통해서 음성뿐만 아니라 문자(SMS), 영상 및 데이터 등 여러 가지 종류의 정보가 송·수신되지만 이들은 대부분 개별 구매가 어려우며, 경쟁상황이 유사하고 공급대체성이 높다는 점을 고려하여 이들 각각을 별개의 상품시장으로 획정하지 않고, 군집시장으로서 하나의 상품시장을 획정한 바 있다.[118]

반면, 대형마트의 경우에는 수 만종에 이르는 매우 다양한 상품을 판매하고, 취급하는 품목 역시 매우 가변적이기 때문에 SSNIP 테스트를 적용하는 것에는 한계가 있다. 무엇보다 대형마트 간 경쟁을 특징짓는 것은 수 만종의 개별 품목이 아니라 대형마트가 소비자에게 제공하는 고유한 서비스이기 때문이다. "이마트/월마트" 사건에서도 서울고등법원은 "유통시장, 특히 대형할인점시장은 거래되는 상품의 종류, 포장방법, 가격을 포함한 판매방법이 매우 다양하여 유의미한 가격지수를 산정하기 어려워 SSNIP 테스트과 임계손실분석을 적용하기 어렵다."고 밝힌 바 있다.[119] 그 대신 서울고등법원은 이른바 '중첩원의 합집합'(a union of overlapping circles)이라는 개념을 사용하여 관련시장을 획정한 바 있다. 여기서 인정된 관련시장은 엄밀한 의미에서 군집시장이 아니며, 대형할인점이 제공하는 '서비스'의 특성을 고려한 것으로 이해하여야 한다.

한편, 은행 간 합병의 경우 관련시장을 어떻게 획정하느냐에 따라 시장점유율 산정기준과 지배력 판단이 달라진다. 일찍이 1990년대 은행합병의 붐이 닥쳤던 미국에서는 당시 연방준비은행의 예금을 단일한 기준으로 삼아 매출액과 시장점유율을 산정하고, 이를 기초로 HHI를 계산하여 합병이 경쟁에 미치는 영향을 평가할

116) 권오승·서정(제4판), 93-95면.

117) 은행서비스를 클러스터로 파악한 대표적인 사례로는 U.S. v. Philadelphia National Bank, 374 U.S. 321(1963).

118) 공정거래위원회 2016.7.18. 의결 제2016-000호

119) 서울고등법원 2008.9.3. 선고 2006누30036 판결.

것을 제안한 바 있다. 반면, 미국 법무부는 경쟁상 우려를 야기할 수 있는 개별 서비스에 착안하여, commercial service와 구별되는 retail banking service를 별개의 시장으로 획정하여야 한다는 입장이었다. 다만, 당시에만 해도 양자를 구분한 세부 data를 확보할 수 없었기 때문에 법무부의 접근은 실현가능하지 않았다. 1995년 Community Reinvestment Act(CR)의 개정으로 대출관련 세부 데이터를 확보할 수 있게 되었고, 이를테면 대출금액을 기초로 한 commercial service의 매출액과 시장점유율 산정이 가능하게 되었다.[120)]

(3) 유지·보수시장

대표적으로 장비(equipment market) 및 그와 보완관계에 있는 부품 및 유지·보수시장(aftermarket)을 하나의 관련시장으로 획정할 것인지 여부가 문제된다. 흔히 프린터와 토너, 정수기와 필터, 그리고 “Kodak” 사건에서 문제되었던 복사기와 그 부품, 유지·보수서비스의 관계를 상정할 수 있다. 이 사건에서 코닥의 복사기에 대하여 유지·보수서비스를 제공하던 18개 독립적인 서비스업자들(independent service organizations; ISO)이 코닥의 끼워팔기와 독점화시도에 대하여 셔먼법 제1조 및 제2조 위반이라고 제소한 사건에서 연방최고재판소는—주요쟁점은 아니었으나—복사기와 유지·보수서비스를 별개의 관련시장으로 보고, 소비자의 고착효과와 높은 정보획득비용 등으로 인하여 유지·서비스에 대한 가격을 인상시킬 수 있게 된다는 점을 들어 셔먼법 위반을 인정한 바 있다.[121)]

그런데 보완재의 경우 소비자는 두 상품의 특성을 모두 고려하여 하나의 복합품으로 선택한다고 이해할 경우에는 사업자가 후속시장에서 지배력을 갖더라도 유지·보수서비스 가격을 인상할 경우에는 결국 장비판매가 감소할 것이기 때문에 후속시장에서만 지배력을 행사하기란 곤란하다고 보자면 양자를 합쳐서 하나의 시장으로 획정할 수도 있게 된다.[122)]

---

120) Anthony W. Cyrnak/Timothy H. Hannan, Is the cluster still valid in defining banking markets? Evidence from a new data source, Antitrust Bulletin, Summer 1999, pp. 314−316. commercial banking의 경우 종래의 협소한 지역시장에서 벗어나 보다 넓은 시장획정이 가능해지는 측면은 있으나 기업대출이자율과 시장구조 사이의 관계를 설명하는 등 경쟁제한성 판단에 보다 유용하다고 볼 수는 없다고 한다.

121) Eastman Kodak Company v. Image Technical Services Inc. et al., 112 S. Ct. 2072 (1992).

122) 이상규, 앞의 글, 18면에서는 이를테면 복합품을 구매하는 비중과 개별 품목을 구매하는 비중의 차이가 10%를 초과할 경우에는 구매 비중이 높은 제품을 기준상품으로 삼고, 10% 이하일 경우에는 복합품과 개별 품목을 각각 기준상품으로 삼아 SSNIP 테스트를 적용하는 방안을 제시하고 있다.

라. 연속적 대체관계(continuous chain of substitution)

관련시장을 획정하는 경우에 A상품과 B상품 사이에 대체관계가 인정되고, B상품과 C상품 사이에 대체관계가 인정되지만 C상품과 A상품 사이의 대체관계를 직접 입증하기 어려운 경우 A상품과 C상품 사이에도 대체관계를 인정할 수 있을 것인지가 문제된다. 유럽[123]과 영국에서는 연속적 대체관계가 존재하는 경우 직접적인 대체관계가 인정되지 아니하는 상품 사이에서 대체관계를 인정할 수 있다고 보고 있다. 연속적 대체관계의 문제는 상품시장의 경우 뿐 아니라 관련 지역시장의 경우에도 제기된다.[124]

3. 시장획정의 실무

가. 판 례

기업결합에 대한 경쟁제한성 심사, 특히 그 전제로서 관련시장의 획정은 경쟁법의 역사에서도 경제이론이 가장 활발하게 이루어진 분야이다. 특히 기업결합심사에서 M&A가 시장경쟁에 미치는 효과란 장래의 예측을 요하는 것으로서 경제분석에 가장 적합한 측면을 부인하기 어렵다. 또한 기업결합이란 향후 특정 산업의 판도를 바꿀 수도 있고, 구조조정 시에는 지역경제나 고용 등에 미치는 효과가 심대하기 때문에 산업정책이나 경기 및 고용정책과 밀접한 관련을 맺기도 한다. 이러한 요인들은 모두 기업결합심사가 단순히 공정거래법이 관련 조문을 해석하는 작업을 넘어서 고도의 경제적·정책적 판단을 요하게 한다. 기업결합심사에서 공정거래위원회의 역할이 사법기관과 다를 수밖에 없는 이유도 여기에 있고, 법원이 공정거래위원회의 결정을 거의 그대로 존중해주는 경향 또한 그 원인을 여기에서 찾을 수 있을 것이다.

이러한 배경 하에 법원이 관련 상품시장의 범위를 정함에 있어서 거래에 관련된 상품의 가격, 기능 및 효용의 유사성, 구매자들의 대체가능성에 대한 인식 및 그와 관련한 구매행태는 물론, 판매자들의 대체가능성에 대한 인식 및 그와 관련한 경영의사의 결정행태, 사회적·경제적으로 인정되는 업종의 동질성 및 유사성 등을 종합적으로 고려하여 판단하여야 할 것이며, 그 이외에도 기술발전의 속도, 그 상

123) The Notice on Market Definition, para 58.
124) Airtours v. First Choice[2000], OJ, L93/1.

품의 생산을 위하여 필요한 다른 상품 및 그 상품을 기초로 생산되는 다른 상품에 관한 시장의 상황, 시간적·경제적·법적 측면에서의 대체의 용이성 등도 함께 고려하여야 한다고 판시한 것[125]은 시장획정이 비단 경제분석이나 정책판단에만 좌우되지 않고 규범적 판단이 수반되어야 한다는 점을 보여준 것으로 볼 수 있다.

나. 대표 사례

(1) 수평결합의 예

① "에스케이텔레콤/씨제이헬로비전" 사건

에스케이텔레콤은 씨제이헬로비전(이하 "CJ헬로비전")의 주식 30%를 취득하는 내용의 기업결합을 공정거래위원회에 신고하였다. 동 건에서는 유료방송시장, 방송광고시장, 이동통신 도·소매 시장, 초고속인터넷 시장 등 다수의 관련시장에서 수평·수직 결합이 발생하였다. 그 중에서도 특히 유료방송시장의 지리적 시장획정이 주로 문제되었다. 결합 당사회사는 유료방송 중 IPTV의 영향력이 증가되고 있다는 점을 고려하여 유료방송시장의 지리적 시장이 전국시장이라고 주장하였으나, 공정거래위원회는 케이블 TV가 인허가 받은 방송구역을 고려하여 CJ헬로비전의 23개 방송구역별 시장으로 지리적 시장을 획정하였다. 그 결과 23개 방송구역 중 21개 방송구역에서 시장점유율 합계가 46.9~76.0%에 이르고 16개 방송구역에서는 경쟁제한성 추정요건에 해당하는 등 경쟁제한 우려가 있다고 판단되어 동 기업결합을 금지하였다.

② "호텔롯데/파라다이스글로벌" 사건

면세점 사업을 영위하는 호텔롯데는 파라다이스글로벌의 면세점 사업부문을 양수하는 내용의 양해각서를 체결하고 임의적 사전심사를 요청하였다. 관련 상품시장으로는 면세점 중에서도 시내 및 출국장면세점과 인터넷 면세점을 별개의 시장으로 획정하였다. 또한 시내 및 출국장면세점의 지리적 시장은 부산·경남 지역으로, 인터넷면세점의 지리적 시장은 전국시장으로 획정하였다. 이에 따라 '부산·경남 지역 시내 및 출국장면세점 시장'에서 결합 당사회사의 시장점유율이 97.4%에 이르는 것으로 파악되었으며, 인허가를 필요로 하는 면세점 사업의 특성상 신규진입도 거의 불가능한 것으로 판단되어 공정거래위원회는 동 기업결합을 금지하였다.

125) 대법원 2008.5.29. 선고 2006두6659 판결; 대법원 2009.9.10. 선고 2008두9744 판결.

(2) 수직결합의 예

① "에스케이/대한송유관공사" 사건

에스케이(이하 "SK")는 대한송유관공사(이하 "송유관공사") 민영화 과정에서 송유관공사의 1대 주주가 됨에 따라, 공정거래위원회에 기업결합을 신고하였고 공정거래위원회는 동 기업결합이 봉쇄효과 등 경쟁제한 우려를 발생시킨다고 보아 시정명령을 부과하였다.[126]

동 건의 경우 석유제품 판매업을 수행하는 SK와 석유제품 1차 수송서비스를 제공하는 송유관 공사 간 수직결합이 발생하였는데, 공정거래위원회는 관련 상품시장을 '송유관에 의한 석유제품의 1차(정유공장→저유소) 수송시장'으로 획정하였다. 석유제품의 1차 수송은 유조선·유조화차·유조차 등 다른 수송수단에 의해서도 이루어질 수 있으나, 공정거래위원회는 운송방식·수송지역·수송과정의 안정성 등을 고려하여 송유관에 의한 수송서비스를 별개의 상품시장으로 획정하였다. 결과적으로 SK는 관련시장에서 독점 사업자인 송유관공사를 인수함으로써 경쟁사에 대한 석유 수송 거부, 수송물량의 제한 등 경쟁제한 우려를 발생시킬 소지가 있다고 판단되었다.

② "현대제철/동부특수강" 사건

현대제철은 계열회사인 현대하이스코 및 현대위아와 함께 동부특수강 주식 100%를 취득하는 기업결합을 공정거래위원회에 신고하였다. 관련 상품시장은 유통단계를 고려하여 선재(Wire Rod), 냉간압조용 강선(CHQ Wire) 및 마봉강(CD Bar) 시장, 자동차 시장으로 획정하였는데, 결합 당사회사는 동 기업결합을 통해 원료(선재)에서 최종재(자동차)까지 수직 계열화를 달성하게 되었다. 즉, 선재(Wire Rod) 시장(현대제철) — 냉간압조용 강선 및 마봉강(동부특수강) 시장 — 자동차(현대·기아차) 간의 2단계의 수직결합이 발생하였는데, 기업결합 후 원료인 선재 시장에서의 봉쇄효과 및 중간재인 냉간압조용 강선 및 마봉강 시장에서의 협조효과가 증대될 우려가 있는 것으로 판단되어 시정조치를 부과하였다.

(3) 혼합결합의 예

① "하이트/진로" 사건

하이트맥주는 진로의 주식 52.1%를 취득하고 이를 공정거래위원회에 신고하였

126) 공정거래위원회 2001.6.29. 의결 제2001－090호.

다. 동 기업결합은 맥주(하이트)와 소주(진로) 제조사 간 기업결합으로서, 소주와 맥주가 동일한 상품시장에 속하는지 여부가 쟁점이 되었다. 검토 결과, 상품 특성 측면에서 소주는 고도주인 반면 맥주는 저도주로서 원료·맛·도수 등에서 상당한 차이가 존재하였고, 양 상품 간에 연령·성별·계절별 소비양태 측면에서도 뚜렷한 차이가 존재하여 소주와 맥주는 별개의 상품시장으로 획정되었다. 그 결과 동 기업결합은 혼합결합으로 판단되었고, 혼합결합으로 인한 경쟁사업자 배제·진입장벽 증대·잠재적 경쟁저해 가능성이 있다고 판단되어 시정조치가 부과되었다.

② "에스케이텔레콤/하나로텔레콤" 사건

에스케이텔레콤(이하 "SKT")은 하나로텔레콤의 주식 38.89%를 취득하는 계약을 체결하고 이를 공정거래위원회에 신고하였다. 동 기업결합은 이동전화서비스를 제공하는 SKT와 유선통신서비스를 제공하는 하나로텔레콤 간의 결합으로, 양 서비스는 경쟁관계에 있지 않고 원재료 의존관계에 있지 않았기 때문에 동 기업결합은 혼합결합에 해당하였다. 결합 당사회사가 유무선 결합상품을 출시할 경우, SKT가 이동전화서비스 시장에서 보유하고 있던 시장지배력이 더욱 강화되어 경쟁사업자 배제 및 진입장벽 증대효과가 발생할 것으로 판단되어, 공정거래위원회는 동 기업결합에 행태적 시정조치를 부과하였다.

4. 세계시장(world market)

가. 관련시장의 지리적 확장이 갖는 의미

공정거래법상 일정한 거래분야, 그 중에서도 지리적 관련시장은 국내시장에 한정되는가? 다국적기업을 중심으로 경제의 글로벌화가 급속히 진전되어 국경 없는 세계시장이 형성되고 있는 상황에서 지리적 시장의 범위를 국경을 넘어 보다 넓은 권역, 나아가 세계시장으로 확장해야 하는지에 관한 문제다.

어느 사업자가 국내에서 시장지배력을 갖고 있더라도 국내외의 관세·비관세장벽이 철폐되고 외국사업자의 상품이 자유롭게 수입될 수 있다면 외국의 현실적 또는 잠재적 경쟁사업자까지 포함해서 관련시장을 획정할 필요가 있을 수 있다. 그 결과 국내시장에서 시장지배적 지위를 가진 사업자라도 언제든지 국내시장에 진입할 의사와 능력을 가진 외국의 경쟁사업자가 존재하는 경우에는 국내에서조차 그 지배력을 남용하기 어렵다는 의미에서 공정거래법상 시장지배적 지위가 부인될 수 있는 것이다. 이처럼 국내를 넘어 권역시장이나 세계시장을 상정하는 것은 외국의 잠재적 경쟁사업자를 관련시장에 포섭시키는 의미를 갖는다.

공정거래위원회는 시장지배적 지위남용행위 뿐만 아니라 일련의 기업결합 사건에서 지리적 관련시장을 세계시장으로 획정한 바 있고,[127] 대법원 역시 지리적 관련시장과 관련하여 외국시장을 고려한 바 있다.[128]

나. 세계시장의 법리적 난점

공정거래법은 공정하고 자유로운 경쟁의 보호를 1차적인 목적으로 규정하고 있고, 이때 보호대상인 경쟁은 국내시장에서의 경쟁을 말한다. 공정거래법은 국내법이고, 대한민국을 벗어난 외국시장에서의 경쟁을 보호할 이유도 권한도 없기 때문이다. 그 당연한 결과로 동법상 기업결합규제가 관심을 갖는 것도 국내시장에서 경쟁이 실질적으로 제한되는지 여부에 국한될 수밖에 없다. 이 점에서 경쟁제한이 이루어지는 지리적 관련시장 또한 국내시장이 되어야 함이 원칙일 수밖에 없다.

여기서 세계시장을 고려하는 이유는 ① 기업결합으로 인한 경쟁제한효과를 심사함에 있어서 외국의 경쟁사업자가 국내시장의 경쟁제한효과를 감쇄하거나 ② 기업결합 당사회사가 주로 외국에서 사업활동을 전개함에 따라 국내시장에 미치는 경쟁제한효과가 상대화되는 경우에 이러한 사정을 감안하여 경쟁제한성을 판단할 필요가 있기 때문이다.

다만, 당사회사가 국내시장에서는 막강한 지배력을 보유하고 있으나 글로벌 경쟁으로 인하여 세계시장에서 차지하는 지위는 크지 않은 경우에는 사정이 다르다. 이때에는 글로벌 경쟁의 심화로 당사회사가 결합 후 국내시장에서 지배력을 남용할 여지가 없는 경우라면 당해 기업결합의 경쟁제한성이 부인되는 근거로 세계시장을 논할 수 있는 반면, 그렇지 않은 경우에는 당사회사가 여전히 국내에서는 가격인상이나 경쟁사업자배제 등 지배력을 남용할 수 있으므로 경쟁제한성이 인정될 수 있는 것이다.

생각건대, 법리적으로는 세계시장(world market)은 지리적 관련시장의 획정과 무관해 보인다. 세계시장을 인정한다는 것은 실상 국경을 넘어 경쟁이 이루어지고 있다는 의미이고, 다만 국제적인 경쟁압력이 국내시장에 영향을 미치는 정도에 따

127) 공정거래위원회 2006.2.24. 의결 제2006-042호 등.
128) 대법원 2007.11.22. 선고 2002두8626 판결.

라 기업결합의 경쟁제한성과 관련성을 가질 뿐이다. 즉, 지리적 관련시장은 국내시장으로 한정하되, 국내시장에 영향을 미치는 해외의 경쟁사업자를 적절히 고려하면 족할 일인 것이다.

Ⅲ. 경쟁의 실질적 제한

1. 개 관

가. 개 념

공정거래법은 일련의 금지행위에 대하여 경쟁을 실질적으로 제한할 것을 명정하고 있다. 부당한 공동행위의 하나로 다른 사업자(그 행위를 한 사업자를 포함)의 사업활동 또는 사업내용을 방해하거나 제한함으로써 '일정한 거래분야에서 경쟁을 실질적으로 제한하는 행위'를 규정하는 외에(법 제40조 제1항 제9호), 기업결합에 대하여 마찬가지로 '일정한 거래분야에서 경쟁을 실질적으로 제한하는 행위'를 해서는 안 된다고 한다(법 제9조 제1항). 이때 경쟁의 실질적 제한은 이들 행위의 위법성을 보여주는 핵심징표에 해당한다.

공정거래법은 다른 입법례와 달리 '경쟁을 실질적으로 제한하는 행위'를 정의하고 있는바, 일정한 거래분야의 경쟁이 감소하여 특정 사업자 또는 사업자단체의 의사에 따라 어느 정도 자유로이 가격·수량·품질 기타 거래조건 등의 결정에 영향을 미치거나 미칠 우려가 있는 상태를 초래하는 행위라고 한다(법 제2조 제5호). 여기서 동법은 시장지배적 사업자의 개념과 마찬가지로 자신의 의사에 따라 일방적으로, 즉 경쟁의 제약을 받지 않고 가격 등에 영향을 미칠 수 있는 상태로 파악함으로써 다분히 경제학의 영향을 크게 받은 것으로 보인다.

그러나 구체적인 기업결합 사건에서 산업의 특성이나 결합의 유형에 따라 경쟁제한의 양상도 달라지고, 공정거래법상 금지요건에 포함된 개념들은 다분히 모호한 것이어서 보다 구체적으로 기업결합의 경쟁제한성을 판단하는 기준을 제시할 필요가 있다. 이러한 필요를 반영한 것이 바로 심사기준이다.

미국의 판례는 종래 구조기준에 따라 시장점유율을 기초로 시장지배력 내지 경쟁의 실질적 제한 여부를 심사하였다. 그러다가 1970년대 후반에 들어오면서 이른바 시카고학파의 영향으로 시장점유율 이외에 구체적인 사례마다 다른 여러 가지 요소, 이를테면 진입장벽이나 경제적 효율성 등을 아울러 고려하는 방향으로 전환이 이루어졌다. 시카고학파의 이러한 태도를 가리켜 이른바 '합리의 원칙'(rule of reason)으로 이해하는 견해가 있다. 그러나 합리의 원칙이란 셔먼법 제1조의 거래제한이라는 지나치게 폭넓은 금지요건을 해석상 제한하려는 노력에서 비롯된 것으로서, 당연위법의 유형에 해당되지 않는 거래제한 내지 경쟁제한의 유형을 제시하는데 그 의미가 있다. 따라서 합리의 원칙은 일정한 계약이나 결의가 그 자체로 경쟁을 제한하는 것으로 간주될 수 없으며, 구체적인 사례마다 과연 그것이 경쟁을 실질적으로 제한하는지의 여부를 종합적으로 고려할 것을 요구할 뿐이다. 따라서 기업결합과 같은 경우에는 클레이튼법상 처음부터 당연위법에 해당되는 경우가 존재할 수 없고, 구조기준을 적용한다는 것이 당연위법을 의미하지도 않으며, 구조기준과 성과기준을 종합적으로 고려한다고 해서 이를 합리의 원칙으로 볼 수도 없다. 미국 경쟁법상으로도 기업결합사례에 대해서 '합리의 원칙'이란 표현은 사용되지 않는다.

나. 경쟁제한을 바라보는 세 가지 척도

(1) 구조기준설

전통적으로 기업결합의 경쟁제한성을 판단하는 척도로 시장집중도(concentration ratio; CR)가 널리 활용되었다. 공정거래법상 일찍이 시장지배적 사업자를 오로지 시장점유율에 기초한 CR1, CR3에 따라 추정하는 것 또한 시장집중도가 시장의 경쟁상황을 보여주는 유력한 대리변수(proxy)라는 인식에 근거한 것이다. 아울러 시장구조야말로 당해 시장에서 활동하는 사업자의 시장행태 및 시장성과를 좌우하는 가장 중요한 징표라고 본다는 점에서 이른바 구조기준설 내지 구조주의라 부른다. 기업결합규제를 구조규제로 파악하는 태도 또한 이와 맥락을 같이 한다.

공정거래위원회의 실무상 기업결합의 경쟁제한성을 판단함에 있어서 허핀달-허쉬만 지수(Herfindahl-Hirschman Index, 이하 "HHI")는 매우 중요한 의미를 갖는다. 관련시장에서 활동하는 모든 사업자의 시장점유율을 산정한 후 이들의 시장점유율을 제곱하여 합산한 지수가 바로 HHI이다. HHI는 1982년 미국의 기업결합 가이드라인(Merger Guidelines)에 처음 도입되었고, 그 후 1984년, 1992년과 2010년에 그 내용이 일부 변경된 후에도 여전히 수평적 결합에 관한 한 시장집중도를 산정하는 툴(tool)로서 HHI가 이용되고 있다. 우리나라에서는 1998년 "프록터앤드갬블" 사건[129]에서 처음으로 공정거래위원회가 동 지수를 당해 기업결합의 경쟁제한성을 판단함에 있어서 후술하는 추정조항과 함께 고려한 바 있다.

HHI는 두 단계를 거쳐 기업결합심사에 적용된다. 우선, HHI를 통하여 관련시장의 집중도를 산정하고, 이어서 기업결합이 이루어진 후의 HHI 증가치를 산정하여 시장지배력의 형성 또는 강화 여부를 판단하게 된다. 구체적으로 관련시장의 집중도와 관련하여 HHI가 1,200 이하인 시장은 '집중되지 않은'(unconcentrated) 시장으로, HHI가 1,200~2,500인 시장은 다소 집중된(moderately concentrated) 시장으로, 그리고 HHI가 2,500 이상인 시장은 '고도로 집중된'(highly concentrated) 시장으로 분류된다. 이어서 기업결합 후에도 집중되지 않은 시장인 경우, 다소 집중된 시장이면서 HHI 증가치가 250 미만인 경우, 고도로 집중된 시장이면서 HHI 증가치가 150 미만인 경우에는 동 기업결합은 경쟁제한적이지 않은 것으로 추정된다.

그런데 시장점유율은 시장지배력을 평가하기 위한 하나의 대리변수(proxy)에 지나지 않으며 과거의 매출액만을 기초로 산정되기 때문에 기업결합을 통하여 당사회가 장래에 시장지배력을 유지 또는 강화할 수 있을 것인지를 보여줄 수 없다는 데에 HHI의 문제점이 있다. 수평결합 시 HHI를 통하여 확실하게 추론할 수 있는 것은 시장집중도의 증가일 뿐이며, 그러한 효과가 과연 당해 기업결합을 금지할 정도로 경쟁과정이나 시장성과, 특히 소비자후생에 미치는 영향을 제대로 보여줄 수 있는지는 의문이다. 당초 합병 후의 HHI를 산정함에 있어서도 불가피하게 장래 시장의 변화에 대한 추론(Prognose)을 하게 되며, 그에 따른 규제의 불확실성도 무시할 수 없다.[130]

(2) 성과기준설

수직결합이나 혼합결합의 경우에는 경쟁의 실질적 제한 여부를 판단하기가 더욱 어렵다. 특히 기업결합의 당사회사들이 동일한 시장에서 활동하지 않기 때문에 구조기준설 내지 HHI에 따른 시장집중도는 별다른 도움이 되지 못한다.

---

129) 공정거래위원회 1998.5.23. 의결 제1998－084호.

130) 대표적인 비판론으로는 Phillip E. Areeda/Herbert Hovenkamp, Weinstock, 29 Antitrust Bulletin 705, 1984; John Kwoka, The Herfindahl Index in Theory and Practice, 30 Antitrust Bulletin 915, 1985, pp. 937－946.

2. 경쟁제한효과의 판단기준

가. 심사기준의 연혁

공정거래위원회는 기업결합의 경쟁제한 여부를 심사하기 위하여 1981년에 「기업결합 심사요령」(이하 "심사요령")[131]을 마련한 바 있으나, 당시 기업결합규제가 그다지 집행되지 않으면서 마찬가지로 별다른 관심을 끌지 못하였다. 그러다가 1997년 11월에 시작된 금융위기로 IMF의 관리체제를 겪으면서, 특히 재벌기업의 재무구조개혁과 뒤이은 소유 및 지배구조개선차원에서 국내기업간은 물론이고 외국기업과의 인수합병이 잇따랐다. 이에 종래의 심사요령을 대폭 손질하여 처음 내놓은 것이 바로 1998년 6월에 마련된 「기업결합 심사기준」(이하 "심사기준")[132]이다. 이후 심사기준은 수차례의 개정을 거쳐 현재에 이르게 되었다.

기업결합을 심사하는 단계를 정리하면 다음과 같다. 먼저, 관련시장을 획정하고 이를 기초로 당해 기업결합이 수평, 수직, 혼합결합 중 어느 것에 해당하는지를 판단한 후, 법 제9조 제3항의 경쟁제한성 추정요건에 해당하는지를 따져보고 그 충족 여부와 상관없이 잠재적 경쟁이나 진입장벽 등 여러 요소를 종합적으로 고려하여 경쟁을 실질적으로 제한하는지 여부를 검토하게 된다. 즉, 제3항의 추정요건을 충족하지 않는 기업결합이라도 경쟁제한성이 당연히 부인되는 것은 아니며, 추정요건을 충족하는 기업결합이 언제나 경쟁을 실질적으로 제한한다고 인정되는 것도 아니다.

아래에서는 우선 기업결합 유형별로 경쟁제한성 판단기준을 살펴보고, 이어서 기업결합의 경쟁제한성 추정조항을 상세히 설명하기로 한다.

나. 경쟁제한성 판단기준

(1) 개 관

심사기준은 기업결합의 경쟁제한성을 판단함에 있어 그 유형을 수평형, 수직형 및 혼합형 기업결합으로 구분하고 각각에 따라 판단기준을 달리하고 정하고 있다. 심사기준은 기본적으로 시장집중도를 중요하게 고려하는바, 기업결합 신고시점에서의 집중도뿐만 아니라 최근 수년간 시장집중도의 변화추이를 함께 고려하

131) 공정거래위원회, 1981.9.2. 제정.
132) 공정거래위원회 고시 제1998-6호, 1998.6.15. 제정.

여야 한다. 최근 수년간 시장집중도가 현저히 상승하는 경향이 있는 경우에 시장점유율이 상위인 사업자가 행하는 기업결합은 경쟁을 실질적으로 제한할 가능성이 높아질 수 있다. 이 경우 신기술개발, 특허권 등 향후 시장의 경쟁관계에 변화를 초래할 요인이 있는지 여부를 고려한다. 심사기준은 결합유형별로 고유한 요소들을 고려하도록 하고 있다(심사기준 Ⅳ. 1.). 아울러 심사기준은 법 제9조 제3항의 경쟁제한성 추정기준 이외에 별도로 HHI에 기반한 경쟁제한성의 '부존재 추정'을 규정하고 있다.

즉, 수평결합의 경우 ① HHI가 1,200에 미달하는 경우, ② HHI가 1,200 이상이고 2,500 미만이면서 HHI 증가분이 250 미만인 경우, ③ HHI가 2,500 이상이고 HHI 증가분이 150 미만인 경우에는 경쟁제한성이 없는 것으로 추정된다. 수직형 또는 혼합형 기업결합의 경우에는 ① 당사회사가 관여하고 있는 일정한 거래분야에서 HHI가 2,500 미만이고 당사회사의 시장점유율이 25/100 미만인 경우, ② 일정한 거래분야에서 당사회사가 각각 4위 이하 사업자인 경우에는 경쟁제한성이 없는 것으로 추정된다. 이때의 추정은 법적 구속력을 갖는 것이 아니어서 공정거래위원회는 그 밖에 다양한 요소를 고려하여 실질적인 경쟁제한효과를 인정할 수 있다. 특히, 수평결합의 경우에 당사회사의 시장점유율 등이 법 제9조 제3항의 경쟁제한성 추정요건에 해당하는 경우에는 심사기준상 경쟁제한성 부존재의 추정이 적용되지 않는다.

"삼익악기/영창악기" 사건에서 서울고등법원은 기업결합 후 업라이트 피아노(UP), 그랜드 피아노(GP), 디지털 피아노(DP) 시장에서 당사회사의 점유율 합계는 각각 92%, 64.4%, 63.4%로서 모두 1위이고, 2위와의 점유율 격차가 각각 85.5%, 45.3%, 31.4%로서 모두 당사회사 점유율 합계의 25% 이상이므로 구법 제7조 제4항 제1호의 경쟁제한성 추정요건에 해당한다고 보아 미국 기업결합 가이드라인상의 경쟁제한성 추정요건을 만족하는 것을 경쟁제한성을 인정하는 고려요소로 참작한 바 있다.[133)]

(2) 수평형 기업결합의 경우

수평형 기업결합이 경쟁을 실질적으로 제한하는지 여부에 대해서는 기업결합 전후의 시장집중상황, 단독효과, 협조효과, 해외경쟁의 도입수준 및 국제적 경쟁상

133) 서울고등법원 2006.3.15. 선고 2005누3174 판결.

황, 신규진입의 가능성, 유사품 및 인접시장의 존재 여부 등을 종합적으로 고려하여 심사한다(심사기준 Ⅵ. 2.). 수평형 기업결합은 기업결합으로 인한 경쟁제한성이 가장 크게 나타날 수 있는 결합유형으로서 그 효과는 관련시장에서 시장지배적 사업자의 등장으로 인한 단독효과 내지 경쟁사업자의 수적 감소로 인한 공동행위의 용이성 등을 고려하는 협조효과 등으로 나타나게 된다. 심사기준은 수평적 결합의 경쟁제한성을 판단함에 있어 당해 결합으로 인하여 발생하게 될 단독효과와 협조효과를 모두 검토하도록 하고 있다.

심사기준상 '단독효과'는 '기업결합 후 당사회사가 단독으로 가격인상 등 경쟁제한행위를 하더라도 경쟁사업자가 당사회사 제품을 대체할 수 있는 제품을 적시에 충분히 공급하기 곤란한 등의 사정이 있는 경우'로 표현된다. 구 심사요령은 경쟁제한적 기업결합의 요건으로 '시장지배력의 형성'을 규정하고 있었는데 이는 결합으로 인하여 당사회사가 단독으로 시장지배력을 가지는 경우를 규율하기 위한 것이었다. 서울고등법원은 위의 "삼익악기/영창악기" 사건에서, "특히 이 사건 기업결합으로 인하여 국내의 양대 피아노 생산·판매업체는 사실상 독점화되고 직접적인 대체재 관계에 있던 두 제품이 하나의 회사 내에서 생산되고 판매되므로 소비자 입장에서는 제품 선택의 폭이 줄어들고 생산자 입장에서는 이를 이용하여 가격인상을 통한 이윤증대 가능성이 커지게 되는 이른바 '단독효과'(unilateral effect)가 발생할 수 있는 전형적인 경우라고 하겠다. 따라서 이 사건 기업결합은 관련시장에서의 경쟁을 실질적으로 제한하는 행위"라고 판단한 바 있다.

구체적으로는 ① 당사회사의 시장점유율 합계, 결합으로 인한 시장점유율 증가폭 및 경쟁사업자와의 점유율 격차, ② 당사회사가 공급하는 제품 간 수요대체가능성의 정도 및 동 제품 구매자들의 타 경쟁사업자 제품으로의 구매전환가능성, ③ 경쟁사업자의 당사회사와의 생산능력 격차 및 매출증대의 용이성 등을 종합적으로 고려하도록 하고 있다. 또한 ④ 위 판단기준의 적용에 있어서는 시장의 특성도 함께 감안하여야 한다.

'협조효과'(cooperative effect)는 단독효과와 달리 결합의 결과로 필연적으로 발생하는 경쟁사업자 수의 감소로 인하여 공동행위의 가능성이 증대하는 것을 고려하는 요소이다. 심사기준은 협조효과를 '기업결합에 따른 경쟁사업자의 감소 등으로 인하여 사업자 간의 가격, 수량, 거래조건 등에 관한 협조가 이루어지기 쉽거나 그 협조의 이행 여부에 대한 감시 및 위반자에 대한 제재가 가능한 경우'로 규정하고 있다.

서울고등법원은 "무학/대선" 사건에서 "부산 및 경남지역에서 실질적인 경쟁관계에 있다고 볼 수 있는 경쟁업체의 수가 3개 업체에서 2개 업체로 감소하게 되고, 소주에 대한 수요변동이 크지 않으며 경쟁업체가 수년간 안정적인 시장점유율을 유지해왔고, 상품의 생산·판매조건이 유사하며, 가격을 인상하더라도 다른 경쟁업체의 시장확대가 어려운 사정 등을 감안하면 이 사건 기업결합으로 인하여 무학 및 보조참가인이 가격인상 등과 같은 묵시적·동시적 공동행위가 이루어질 가능성이 높다고 보아야 할 것"[134]이라고 하면서 기업결합에 있어 협조효과의 발생가능성을 고려하였다.

심사기준상 '사업자간의 협조가 용이해지는지의 여부'는 ① 경쟁사업자 간 협조의 용이성, ② 이행감시 및 위반자 제재의 용이성, ③ 결합상대 회사의 기업결합 전의 경쟁사업자 간 협조에 대한 행태 등을 고려하도록 하고 있다. 구체적으로 경쟁사업자 간 협조의 용이성에 대해서는 정보의 공유 내지 노출가능성, 관련시장 내 상품의 동질성, 관련시장에서의 협조가 이루어진 전력이 있는지 여부, 경쟁사업자 내지 구매자 또는 거래방식의 특성이 합의나 협조를 용이하게 하는 특성이 있는지 여부 등을 고려하게 된다. 협조가 용이해지는지 여부의 판단은 당해사업자 사이에서의 사정을 판단하는 것이 아니라 관련시장 자체의 특성을 고려하는 것이므로 이때 협조가 이루어진 전력이 있는지 여부, 정보의 공유 내지 노출가능성 등의 판단기준은 결합 당사회사가 아니라 당해 관련시장을 기준으로 판단되어야 한다.

'이행감시 및 위반자 제재의 용이성'의 경우 ① 공급자와 수요자 간 거래의 결과가 경쟁사업자 간에 쉽고 정확하게 공유될 수 있는지 여부, ② 공급자에 대하여 구매력을 보유한 수요자가 존재하는지 여부, ③ 당사회사를 포함해 협조에 참여할 가능성이 있는 사업자들이 상당한 초과생산능력을 보유하고 있는지 여부 등을 고려하도록 하고 있다. 여기서의 판단기준 역시 결합 당사회사가 아니라 당해 관련시장 전체가 된다. 또한 ④ 결합상대회사가 결합 이전에 상당한 초과생산능력을 가지고 경쟁사업자들 간 협조를 억제하는 등의 경쟁적 행태를 보여 온 사업자인 경우에도 결합 후 협조로 인해 경쟁이 실질적으로 제한될 가능성이 높아질 수 있다.

---

134) 서울고등법원 2004.10.27. 선고 2003누2252 판결.

심사기준은 이 외에도 '구매력 증대에 따른 효과'를 고려하도록 하고 있다. 결합 당사회사가 판매자로서의 지배력 또는 협조의 가능성을 증대시키는 이외에 구매자의 위치에서도 그러한 단독효과 내지 협조효과를 발생시킬 수 있기 때문이다. 심사기준은 '구매자로서의 지배력이 형성 강화'되어 '구매물량 축소' 등을 통하여 경쟁을 제한하는 경우를 예로 들고 있어 수요지배력만을 고려요소로 하고 수요측면에의 협조효과는 고려하지 아니하는 것으로 해석할 여지가 있으나, 이 경우에도 단독효과 이외에 협조효과에 대한 판단기준을 준용하도록 하고 있으므로 수요측면에 있어서도 협조효과가 고려된다.

(3) 수직형 기업결합의 경우

수직형 기업결합의 경쟁제한성은 '시장의 봉쇄효과'와 '협조효과 등'을 종합적으로 고려하여 판단한다(심사기준 Ⅵ. 3.). 수직결합의 경우에는 시장획정 단계에서 당사회사들이 관련시장을 달리한다는 것을 전제로 하기 때문에 이 경우 수평결합의 경우에서 문제되는 단독효과는 고려요소로 하고 있지 아니하다. 또한 수직형 기업결합에서 문제되는 '협조효과'는 당사회사들이 수평적 관계에 있지 아니하기 때문에 동일한 관련시장에서의 합의나 협조를 전제로 하는 수평결합에서의 협조효과와도 구분된다.

심사기준은 시장의 봉쇄효과를 '수직형 기업결합을 통해 당사회사가 경쟁관계에 있는 사업자의 구매처 또는 판매처를 봉쇄하거나 다른 사업자의 진입을 봉쇄할 수 있는 경우'라고 규정한다. 이 때 봉쇄되는 '시장'은 피취득회사 등 당사회사의 일부를 의미하는 것이 아니라 결합 당사회사 모두가 위치한 관련시장 각각을 모두 의미하는 것으로 보아야 한다. 봉쇄효과를 판단하는 기준으로 심사기준은 ① 원재료 공급회사의 시장점유율 또는 원재료 구매회사의 구매액이 당해시장의 국내총공급액에서 차지하는 비율, ② 원재료 구매회사의 시장점유율, ③ 기업결합의 목적, ④ 수출입을 포함하여 경쟁사업자가 대체적인 공급선판매선을 확보할 가능성, ⑤ 경쟁사업자의 수직계열화 정도, ⑥ 당해 시장의 성장전망 및 당사회사의 설비증설 등 사업계획, ⑦ 사업자 간 공동행위에 의한 경쟁사업자의 배제가능성, ⑧ 당해 기업결합에 관련된 상품과 원재료의존관계에 있는 상품시장 또는 최종산출물 시장의 상황 및 그 시장에 미치는 영향, ⑨ 수직형 기업결합이 대기업 간에 이루어지거나 연속된 단계에 걸쳐 광범위하게 이루어져 시장진입을 위한 필요최소자금규모가 현저히 증대하는 등 다른 사업자가 당해 시장에 진입하는 것이 어려울 정도로 진입장벽이 증대하는지 여부 등을 규정하고 있다. 시장점유율 내지 구매액의 판단에 있어서는 '특수관계인 등'의 점유율과 구매액을 포함하여 산정한다.

협조효과에 대해 심사기준은 '수직형 기업결합의 결과로 경쟁사업자 간의 협조 가능성이 증가하는 경우'라고 규정하고 있다. 구체적으로는 ① 결합이후 가격정보 등 경쟁사업자의 사업활동에 관한 정보입수가 용이해지는지 여부, ② 당사회사 중 원재료구매회사가 원재료공급회사들로 하여금 협조를 하지 못하게 하는 유력한 구매회사였는지 여부, ③ 과거 당해 거래분야에서 협조가 이루어진 사실이 있었는지 여부 등이 판단기준이 된다.

(4) 혼합형 기업결합의 경우

㈎ 특 징

혼합형 기업결합은 결합 당사회사들이 상호 경쟁관계에 있지도 않고 원재료의 공급관계에도 있지 아니한 관계에서 발생하는, 즉 수평결합도 수직결합도 아닌 기업결합을 총칭한다. 다만, 혼합결합은 경쟁사업자와의 결합이 아니라 곧바로 시장집중이 발생하지 않고, 원재료 공급 등 거래처를 봉쇄할 여지도 없으므로 이들에 비하여 직접 경쟁을 제한할 우려가 상대적으로 적으므로 오히려 보다 구체적이고 예측가능한 심사기준이 마련되지 않으면 안 된다.

심사기준은 혼합결합의 경쟁제한성 판단 시 크게 세 가지, 즉 잠재적 경쟁의 저해효과와 경쟁사업자 배제효과 및 진입장벽 증대효과를 고려하도록 규정하고 있다(심사기준 Ⅵ. 4.). 차례로 살펴본다.

1) 잠재적 경쟁의 저해효과

잠재적 경쟁의 저해란 관련시장에서 현재 활동하고 있는 경쟁사업자는 아니지만 언제든지 당해 시장에 진입할 의사와 능력을 가진 경쟁사업자와 결합함으로써 신규진입을 막는 경우를 말한다. 심사기준은 구체적으로 ① 상대방 회사가 속해 있는 일정한 거래분야에 진입하려면 특별히 유리한 조건을 갖출 필요가 있는지 여부, ② 당사회사 중 하나가 상대방 회사가 속해 있는 일정한 거래분야에 대해 잠재적 경쟁사업자인지 여부, ③ 일정한 거래분야에서 당사회사의 시장점유율 및 시장집중도 수준, ④ 당사회사 이외에 다른 유력한 잠재적 진입자가 존재하는지 여부 등을 고려하고 있다.

②의 잠재적 경쟁사업자인지 여부는 a) 생산기술, 유통경로, 구매계층 등이 유사한 상품을 생산하는 등의 이유로 당해 결합이 아니었더라면 경쟁제한 효과가 적은 다른 방법으로 당해 거래분야에 진입하였을 것으로 판단될 것 또는 b) 당해 거래분야에 진입할 가능성이 있는 당사회사의 존재로 인하여 당해 거래분야의 사업자들이 시장지배력을 행사하지 않고 있다고 판단될 것을 기준으로 판단한다. a)는 '실제적 잠재적 경쟁이론'(actual potential competition theory)을, b)는 '인식된 잠재적 경쟁이론'(perceived potential competition theory)을 수용한 것으로 보인다. 다만, 미국에서도 구체적인 사례에서 잠재적 경쟁을 어떻게 입증할 것인지에 대해서는 회의적인 시각이 적지 않다.[135] ④의 다른 유력한 잠재적 진입자가 존재하는 경우에는 언제든지 이들이 시장에 진입하여 경쟁을 촉진할 수 있다는 점에서 당해 기업결합에 따른 잠재적 경쟁저해를 완화하는 요소로 고려할 수 있을 것이다.[136]

그 밖에 잠재적 경쟁이론을 적용하기 위한 추가적인 조건이 필요한가? 일찍이 미국의 연방대법원 및 연방항소법원은 ① 당해 시장이 집중적일 것과 ② 잠재적 경쟁사업자의 수가 적을 것이라는 공통의 요건 이외에, 실제적 잠재적 경쟁이론의 적용에는 취득기업이 당해 결합 이외에 시장에 진입할 수 있는 수단으로서 경쟁제한성이 보다 적은 다른 수단을 가지고 있었을 것과 그러한 수단이 궁극적으로 당해 시장의 집중을 완화시켰을 상당한 개연성이 인정될 것이라는 요건을, 그리고 인식된 잠재적 경쟁이론의 적용을 위해서는 취득기업이 인식된 잠재적 경쟁사업자일 것과 아직 시장에 진입하지 않은 취득기업의 존재가 당해 시장의 경쟁촉진적 행태를 조장할 것이라는 요건을 고려하고 있다.[137]

반면, 심사기준은 이에 관하여 명시적인 규정을 두지 않고 있는데, 공정거래위원회는 대표적으로 "하이트/진로" 기업결합 사건[138]에서 나름 구체적인 고려요소를 제시한 바 있다. 즉, 동 기업결합이 잠재적 경쟁을 저해할 가능성이 있는지를 판단함에 있어서 ① 취득회사가 대규모회사일 것, ② 취득회사가 생산기술, 유통경로, 구매계층 등이 유사한 상품을 생산하는 등의 이유로 당해 결합이 아니었더라면 경

135) Tenneco, Inc. v. FTC, 689 F.2d. 346(2d Cir. 1982); Yamaha Motors Co. v. FTC, 657 F.2d. 971(8th Cir. 1981).

136) 심재한, "혼합형 기업결합 규제의 판단기준", 경제법연구 제9권 제2호, 2010, 7면.

137) 신영수, "잠재적 경쟁이론의 내용과 실제 적용", 경쟁법연구 제10권, 163-172면.

138) 공정거래위원회 2006.1.24. 의결 제2006-009호.

쟁제한 효과가 적은 다른 방법으로 당해 거래분야에 진입하였을 것으로 판단되거나, 당해 거래분야에 진입할 가능성이 있는 취득회사 등의 존재로 인하여 당해 거래분야의 사업자들이 시장지배력을 행사하지 않고 있다고 판단되는 잠재적 진입자일 것, ③ 피취득회사의 시장점유율이 50% 이상이거나 상위 3사의 시장점유율 합계가 70% 이상일 것, ④ 취득회사와 피취득회사의 대다수 경쟁사업자간에 사업규모, 자금력 등의 측면에서 현저한 격차가 있을 것을 들고 있다.

2) 경쟁사업자 배제효과

심사기준은 당해 기업결합으로 당사회사의 자금력, 원재료 조달능력, 기술력, 판매력 등 종합적 사업능력이 현저히 증대되어 당해 상품의 가격과 품질 외의 요인으로 경쟁사업자를 배제할 수 있게 되는 경우에도 경쟁제한성이 인정될 수 있다고 규정하고 있다. 그런데 자금력이나 기술력 등의 강화는 당해 기업의 경쟁력뿐만 아니라 시장경쟁에도 긍정적인 요소이고, 이를 통하여 경쟁사업자를 배제할 수 있다는 것은 다분히 상호 모순적이다. 오히려 중요한 것은 당해 기업결합으로 인하여 '가격이나 품질 외의 방법으로' 경쟁사업자를 배제할 수 있는 힘이 발생한다는 점이다. 따라서 기업결합으로 인하여 비용절감이라는 형태의 효율성 증대가 예상되고, 그 결과 결합기업의 능률이나 성과와 무관한 방법으로 경쟁사업자를 배제할 우려가 있는 경우에 경쟁제한성을 인정할 수 있다고 이해하여야 할 것이다.

이와 관련하여 동 기준이 사업자들이 가격이나 품질 이외의 다른 수단으로 경쟁하는 것 자체를 문제 삼는 것으로 해석해서는 곤란하다. 시장에는 그 밖에도 다양한 경쟁요소가 존재하기 때문이다. 구체적인 사례에서 과연 어떤 수단으로 경쟁사업자를 배제할 경우에 경쟁제한성을 인정할 것인지는 매우 어려운 문제이다. 몇 가지 사례를 살펴보자.

먼저, "하이트/진로" 사건에서 공정거래위원회는 당해 기업결합으로 인하여 주류유통망에 대한 당사회사들의 영향력이 매우 커져서 향후 주류도매상과의 거래에 있어서 끼워팔기 등을 통해 판매력 등 종합적 사업능력이 현저히 증대될 우려가 있어 가격과 품질 외의 요인으로 경쟁사업자를 배제할 가능성이 증대된다고 판단하였다. 또한 "에스케이텔레콤/하나로텔레콤" 사건에서는 SKT가 향후 결합상품 제공을 통해서 자사 이동전화가입자의 이탈방지 및 이동전화 가입자유치를 위한 안정적이고 강력한 수단을 확보하게 되어 이동전화시장의 시장지배력을 유선시장 또는 결합상품시장으로 전이시키고 이동전화시장에서의 지배력도 고착·강화시키게 될 우려가 있다고 판단하였다.

이들 사건에서 공정거래위원회는 끼워팔기(tying)나 결합판매(bundling)를 가격이나 품질 이외의 수단으로 파악한 것으로 보인다. 방송·통신시장의 기업결합에 대해서는 1위 사업자의 결합판매와 이를 통한 지배력전이가 경쟁제한성 판단에서 빈번하게 발견되기도 한다. 그런데 이론적으로 이해하기 어려운 점은 특히 결합판매의 경우에 그 자체가 성과경쟁에 반하는 것은 아니라는 데에 있다. 결합판매란 복수의 상품을 공급하는 사업자에게서 흔히 발견되는 마케팅수단으로서 그 성질상 언제나 수량할인을 수반한다는 점에서 원칙적으로 소비자에게 이로울 것이기 때문이다. 위 "에스케이텔레콤/하나로텔레콤" 사건에서 공정거래위원회는 양사의 결합으로 "비용 우위에 따른 결합상품 제공"이 가능해진다는 점을 들고 있으나, 결국 결합상품을 통한 가격인하경쟁이 촉진된다는 점에서 설사 그로 인하여 2, 3위 사업자가 사업상 불리한 처지에 놓이게 되더라도 '가격이나 품질 외의 방법으로' 경쟁사업자를 배제하는 것은 아니라는 점에서 공정거래위원회가 심사기준을 엄밀하게 적용한 것으로 보기 어렵다.

이와 유사한 접근은 유럽에서도 발견된다. 대표적으로 "GE/Honeywell" 사건이다. GE는 항공기엔진, 항공기리스 및 항공금융분야에서 세계적인 선도업체였고, Honeywell은 항공기 통제장치와 전자장비분야에서 독보적인 활동을 하고 있었다. 유럽집행위원회는 두 기업이 서로 보완적인 시장에서 높은 시장점유율을 보유하고 있음에 근거하여 기업결합 후 기존의 서비스를 결합판매할 유인이 현저하게 높아지고, 이를 통하여 시장점유율을 더욱 확대할 수 있는 반면 그보다 적은 규모의 경쟁사들은 이러한 패키지를 제공할 수 없기 때문에 시장에서 배제되는 것이라고 보았다.[139] 또한 "Tetra Laval/Sidel" 사건에서도 유럽집행위원회는 당해 기업결합 후 Tetra Laval의 종이팩과 Sidel의 PET병 — 두 제품은 기술적인 대체재로 판단되었음 — 을 결합판매(bundling)할 경우 기존에 종이팩시장에서의 지배력이 PET병시장으로 확장 내지 전이될 수 있다고 보았다.[140]

생각건대, 혼합결합 이후 결합기업이 일련의 수단을 통하여 경쟁사업자를 배

139) Kom., M. 2220, ABl. 2004 L 48/1, Rn. 349–355, "General Electric/Honeywell".
140) Kom., M. 2416, ABl. 2004 L 43/13, Rn. 359–365, "Tetra Laval/Sidel".

제할 수 있다는 시나리오는 그 이전에 이미 당해 결합으로 인하여 시장지배적 지위가 형성 또는 강화됨을 전제로 하는 것이고, 경쟁사업자 배제 부분은 원칙적으로 시장지배적 지위남용으로 의율하는 것이 타당할 것이다. 해당 기업결합 후 시장지배적 지위를 가지게 된 회사가 실제로 끼워팔기나 결합판매로 나아간다는 보장도 없고, 설사 그러한 행위로 나아가더라도 그 당시의 여러 시장상황을 고려하여 경쟁제한성 여부를 따져보아 금지할 수 있기 때문이다.[141] 해당 기업결합으로 인하여 성과와 무관한 배제적 행위가 이루어질 충분한 개연성이 설득력 있는 증거(convincing evidence)를 통하여 인정되지 않는 한, 불확실한 예측에 근거하여 당장의 기업결합을 금지할 근거는 없어 보인다.

3) 진입장벽 증대효과

심사기준에 따르면 당해 기업결합으로 시장진입을 위한 필요최소자금의 규모가 현저히 증가하는 등 다른 잠재적 경쟁사업자가 시장에 새로 진입하는 것이 어려울 정도'로 진입장벽이 증대'하는 경우에는 경쟁을 실질적으로 제한할 수 있다.

공정거래위원회는 “하이트/진로” 사건에서 당해 기업결합이 이루어질 경우 당사회사의 주류도매상에 대한 영향력이 더욱 커짐에 따라 주류시장에 신규로 진입하려고 하는 사업자는 주류도매상을 확보하는 것이 그만큼 어려워지게 된다는 점을 진입장벽의 증대효과로서 인정하였다. 즉, 신규진입을 계획하는 사업자는 당해 기업결합이 이루어질 경우 기업당사회사와 경쟁할 수 있을 정도의 규모를 갖추어야 하고, 주류유통망을 확보하는데 더 많은 시간과 비용이 소요되게 되므로 이 사건 기업결합이 맥주시장에서의 진입장벽을 증대시켜 경쟁을 제한하는 것으로 판단한 것이다. 또한 “에스케이텔레콤/하나로텔레콤” 사건에서도 주파수 한정, 대규모 설비투자 필요 등 통신산업의 특수성으로 인하여 당시에도 통신시장의 신규진입은 어려운 형편이나, 이건 결합으로 인하여 진입장벽이 더욱 높아질 가능성이 크다고 판단하였다.[142]

이와 같은 태도는 이른바 참호이론(entrenchment theory)을 고려한 것으로 볼 수

141) Areeda/Hovenkamp, Antitrust Law, 2nd ed., 2003, pp. 202–204.

142) 공정거래위원회 2006.1.24. 의결 제2006–009호. 다만 동 결정에서는 경쟁제한적인 기업결합 자체를 금지하는 데까지는 이르지 아니하고 향후 5년간 가격인상의 제한 및 영업 관련 인력·조직의 분리운영, 그리고 거래강제 내지 거래상 지위의 남용행위 등의 불공정거래행위를 금지하는 행태적 시정조치를 내린 바 있다.

도 있는데, 참호효과란 주로 과점시장에서 지배적인 기업을 인수하는 경우에 문제된다. 동 이론은 미국에서 연방대법원이 "Procter & Gamble(P&G)" 사건[143]에서 취한 바 있고, 혼합결합을 통하여 다양한 제품군을 확보하게 되는 점에 착안하여 후술하는 포트폴리오 이론으로 변화되었으나 1980년대 이후 많은 비판과 함께 실무에서 사실상 자취를 감추었다.[144] 반면, "하이트/진로" 사건에서 언급된 주류도매상 확보의 곤란은 유통망이 대표적인 진입장벽이 될 수 있는 주류시장의 특성을 반영한 것으로서 일응 설득력이 있으나, "에스케이텔레콤/하나로텔레콤" 사건의 경우 오히려 인가를 통한 제도적 진입장벽이 훨씬 중요한 요소일 것으로 보인다.

4) 포트폴리오 효과(Portfolio Effect)

포트폴리오 이론 내지 범위효과(range-effects)는 혼합결합으로 인하여 시장에서의 경쟁이 궁극적으로 봉쇄되는 경우에 이를 금지하여야 한다는 이론으로 1970년대까지 미국에서 널리 받아들여지다가 1980년대 이후는 급속히 쇠퇴하였다. 반면, 유럽에서는 1990년대 후반 이후 10여년간 동 이론이 혼합결합을 금지하는 근거로 적극 활용된 바 있으므로, 유럽을 중심으로 살펴본다.

포트폴리오 효과는 주로 당해 기업결합으로 인하여 일정한 — 대체로 보완재의 관계에 있는 — 상품군을 갖추게 되고, 그러한 상품군의 확보가 경쟁상 매우 중요하여 이를 갖추지 못한 경쟁사업자에게 야기될 수 있는 봉쇄효과를 가리킨다.[145] 유럽집행위원회는 미국 기업 간의 혼합결합을 금지한 "GE/Honeywell" 사건[146]에서도 포트폴리오 효과를 근거로 활용한 바 있다. 대형항공기 엔진시장에서 지배적 지위를 가지고 있던 GE와 항공기기 및 비항공기기용 부품시장에서 지배적 지위를 가지고 있던 Honeywell의 결합에 대하여 유럽집행위원회는 번들링, 레버리지효과,

143) FTC v. Procter & Gamble Co., 386 U.S. 568(1967). 세제시장에서 지배적 지위를 보유한 P&G가 표백제시장에서 49%의 시장점유율로 1위인 클로록스(Clorox)사를 인수한 사건에서 연방대법원은 클로록스가 P&G의 막강한 자금력 등을 통하여 광고나 판촉상 상당한 이점을 누리게 됨으로써 표백제시장의 경쟁구조를 중대하게 침해할 수 있음을 들어 클레이튼법 제7조 위반이라고 판시하였다.

144) 심재한, 앞의 글, 9면.

145) Schröter/Jakob/Mederer/Albers/Hacker, Europäisches Wettbewerbsrecht, Kommentar, Art. 2 FKVO Rn. 302; 대표적인 사례로는 Kom., M. 938, ABl. 1998 L 288/24, Rn. 100 ff., "Guinness/Grand Metropolitan"; Kom., M. 2621, ABl. 2002 C 49/18, Rn. 44, "SEB/Moulinex". 상표의 포트폴리오에 관한 사례로는 Kom., M. 833, ABl. 1998 L 145/41, "Coca Cola/Carlsberg" 및 Kom., M. 938, ABl. 1998 L 288/24, "Guinness/Grand Metropolitan".

146) Commission, 2001, OJ(C. 46), pp. 427-434, "GE/Honeywell".

수직적 효과 및 수평적 효과를 감안하여 경쟁제한성을 인정한 바 있다. 구체적으로 Boeing 747 대형항공기분야에서 이미 형성된 독점에 더하여 소형제트기시장에서도 독점을 초래함으로써 보잉사가 모든 종류의 항공기를 공급하는 유일한 항공기제조사가 될 것이고, 자본집약적인 시장의 특성상 진입장벽이 매우 높기 때문에 이러한 지위는 다른 새로운 시장진입자에 의해 위협받지 않게 될 것이라고 본 것이다. 또한 보잉사가 기업결합을 통해 미국의 군수산업분야에서 획득한 연구·개발능력을 민간항공기 분야로 확장하는 효과(spill-over effect; Gruppeneffekt)를 초래하여 동 시장에서 지위를 강화시킬 수 있다고 보았다. 그 외에도 유럽집행위원회는 다수의 혼합결합 사건에서 이를 활용해왔으나,[147] 후술하는 2007년의 「비수평결합 가이드라인」(Non-horizonal Merger Guidelines)은 포트폴리오 효과를 전혀 언급하지 않고 있을 뿐만 아니라, 오히려 넓은 범위의 상품 포트폴리오 그 자체로는 경쟁상 우려가 발생하지 않는다고 언급함으로써[148] 유럽에서도 동 이론은 사실상 배척되었다고 볼 수 있다.

(나) 경쟁제한효과의 입증방법

특히 혼합결합의 경우에 공정거래위원회는 당사회사가 향후 경쟁을 제한할 수 있을 정도의 힘을 갖게 되는지, 그러한 힘을 다른 시장에서 실제로 경쟁을 제한하기 위하여 행사할 개연성이 높다는 점을 입증하여야 한다. 기업결합규제는 기존의 시장구조 내지 경쟁구조가 심각하게 악화되거나 유지되는 것을 사전에 방지하기 위한 구조규제라는 점을 감안할 때, 입증에 있어서도 당해 기업결합이 남용을 가능케 하는 시장구조가 형성될 것인지에 초점이 맞추어져야 한다. 우리나라에서는 기업결합의 경쟁제한성 및 예외요건 심사에서 공정거래위원회의 재량 여지가 매우 넓고 법원도 대체로 공정거래위원회의 판단을 존중하기 때문에 공정거래위원회로서는 입증의 문제에 상대적으로 노력을 하지 않았다. 그 결과 기업결합을 통한 시장지배력의 형성·강화 및 이를 통한 경쟁사업자 배제 등의 경쟁제한효과에 관한 한 입증문제는 법원에서도 제대로 다루어진 바 없다. 유럽의 예를 간략하게 소개한다.

---

147) Commission, 2000 O.J. (C.123), "Boeing/Hughes"; Kom., M. 1681, ABl. 2000 C 011/5, Rn. 41, "Akzo Novell/Hoechst Roussel VET"; Kom., M. 2283, ABl. 2004 L 101/1, Rn. 549, S. 550 ff., "Schneider Electric/Legrand".

148) para. 104.

"GE/Honeywell" 사건에서 구 유럽1심법원(Court of First Instance; 현재는 General Court)은 유럽집행위원회와 달리 수직결합과 혼합결합에 따른 경쟁제한효과를 인정하지 않았다. 그 이유는 유럽집행위원회가 근거로 제시한 '결합판매를 통한 경쟁사업자 배제효과'만으로는 입증에 부족하다고 보았기 때문이다. 즉, 유럽집행위원회가 제시한 근거라는 것이 다분히 가정적인 논리로서 기업결합 후 실제 결합기업의 행태를 보여주는 증거로 보기엔 부족하다는 것이다.[149] 이어서 "Tetra Laval/Sidel" 사건에서 구 유럽1심법원은 혼합결합의 경우에는 당사회사의 시장점유율의 합이 시장지배적 지위의 형성·강화를 보여주지 못하고, 혼합결합이 경쟁에 미치는 효과는 중립적이거나 심지어 긍정적일 수도 있다는 점을 근거로 그에 따른 경쟁제한효과는 명백한 증거를 요한다고 판시하였다. 특히, '지배력전이 이론'(leverage theory)에 대해서는 유럽집행위원회에 보다 엄격한 입증책임을 부과하였는데, 단순히 전이효과가 발생할 가능성이 있다는 것만으로는 부족하고 인접 시장(동 건에서는 지배력을 보유하고 있던 종이팩 포장용기 시장의 인접시장인 PET병 포장용기 시장)에서 '비교적 가까운 시일 내에 시장지배적 지위를 형성하거나 강화할 것이 거의 확실시'되는 정도의 증거를 제시하여야 한다는 것이다.[150]

2007년에 제정된 유럽의 「비수평결합 가이드라인」은 혼합결합의 경쟁제한성을 봉쇄효과에서 찾고, 이를 보여주는 요소로서 봉쇄의 능력과 유인, 가격 등에 미치는 전반적인 영향을 모두 심사하도록 규정하고 있는바, 기존의 실무에서 확실히 진일보한 것으로 평가할 수 있다.[151]

(5) 혁신기반 산업에서 발생하는 기업결합의 경우

공정거래위원회는 혁신기반 산업에서 발생하는 기업결합에 대응하기 위하여 2019년 심사기준을 개정하면서 관련시장의 획정과 시장집중도 산정방식, 경쟁제한성 판단기준에 걸쳐 새로운 기준을 마련하였다.[152] 공정거래위원회는 보도자료에서 혁신기반 산업을 반도체와 IT 기기 등과 같이 연구·개발 등 혁신경쟁이 지속적으로 일어나는 산업으로 표현하고 있으나,[153] '혁신' 내지 '혁신경쟁'이라는 개념의

149) EuG, T-210/01, Slg. 2005, II-00000, Rn. 399, 420, 449, "GE/Kommission".
150) EuG, T-5/02, Slg. 2002, II-4381, Rn. 148, 150, 196, "Tetra Laval/Kommission".
151) para. 91-121.
152) 공정거래위원회 고시 제2019-1호, 2019.2.27.
153) 공정거래위원회, 2019.2.26.자 보도자료.

모호성으로 인하여 새로 제시된 기준들이 향후 기업결합 실무에 적절히 활용될 수 있는지는 여전히 의문이다. 기업결합의 경쟁제한효과를 가격인상이나 거래조건 변경 등의 정태적 측면과 혁신(연구·개발) 저해 등의 동태적 측면으로 나누어, 후자에 맞는 경쟁제한성 판단기준을 제시한다는 취지는 이해할 수 있으나, 경쟁이론상 널리 이해되는 동태적 경쟁(dynamic competition)을 연구·개발분야로 지나치게 축소하고 있다는 비판을 피하기 어려워 보인다.

㈎ **혁신시장의 획정**

혁신시장(innovation market)이란 결합당사회사가 속한 산업의 특성상 연구·개발 등 혁신활동이 필수적이거나 지속적인 혁신경쟁이 이루어지고, 결합당사회사 중 한 쪽 이상이 그 경쟁에서 중요한 사업자인 경우에 근접한 혁신활동이 이루어지는 분야를 말한다. 혁신시장은 제조·판매시장과는 별도로 획정할 수도 있고, 이들 시장을 포괄하여 획정할 수도 있다(심사기준 Ⅴ. 1. 다목).

공정거래위원회가 제시한 예를 살펴보면 그 취지를 어느 정도 짐작할 수 있다. 이를테면 a 성분의 경구형 탈모치료제를 제조·판매하는 A사와 b성분의 경구형 탈모치료제를 연구·개발하여 제품출시에 근접한 B사의 기업결합이 문제되는 경우에, A사의 제조·판매와 B사의 연구·개발을 경쟁관계로 파악하여 수평결합으로 보아 경쟁제한성을 판단할 수 있다는 것이다.

문제는 기업결합 심사의 불확실성이 더욱 커진다는 점이다. b성분의 탈모치료제가 비록 출시에 근접하였다고는 하나 최종적으로 상품화에 성공할 것인지, 가까운 장래에 제품이 출시되더라도 시장에서 어느 정도의 비중을 차지하게 될 것인지를 예측하기란 매우 어렵기 때문이다. 생각건대, 연구·개발시장을 또 하나의 관련시장으로 획정하여 A사와 B사가 동 시장에서 경쟁관계에 있고, 해당 기업결합으로 인하여 양사의 연구·개발경쟁이 제한될 것인지를 심사하거나 연구·개발과 제조·판매를 수직적 관계로 파악하여, 이들 시장에서의 봉쇄효과를 파악하는 것이 보다 타당할 방법일 것이다.

㈏ **혁신시장의 시장집중도**

혁신시장을 별도의 관련시장으로 획정할 경우에도 시장집중도는 해당 기업결합의 경쟁제한성을 판단함에 있어서 1차적으로 중요한 의미를 가진다. 문제는 혁신시장의 경우에 관련상품의 매출액 등에 기반하여 시장점유율을 산정할 수 없는 경우가 흔하다는 점이다. 결국 혁신시장에서는 연구·개발비 지출 규모, 혁신활동에 특화한 자산 및 역량의 규모, 해당 분야 특허출원 또는 피인용 횟수, 혁신경쟁에 실질적으로 참여하는 사업자의 수 등을 참고하여 시장집중도를 산정할 수 있을 것이라고 한다(심사기준 Ⅵ. 1. 다목).

㈐ **혁신저해효과**

심사기준은 수평결합의 경쟁제한성 판단 시 고려할 사항의 하나로 혁신저해효과를 들고 있다. 즉, 기업결합 후 결합당사회사가 연구·개발 등 혁신활동을 감소시킬 유인 및 능력을 보유하는 경우에는 관련시장에서 혁신경쟁을 실질적으로 제한할 수 있으며, 이를 위하여 아래의 사항을 종합적으로 고려하여 판단한다는 것이다(심사기준 Ⅵ. 2. 라목). 수직결합 및 혼합결합에 대해서는 별도의 규정이 없으나, 일응 아래의 사항을 적절히 활용할 수 있을 것이다.

① 결합당사회사가 관련 분야에서 중요한 혁신사업자인지 여부
② 과거 및 현재 결합당사회사가 수행한 혁신활동의 근접성 내지 유사성
③ 기업결합 이후 실질적으로 혁신경쟁에 참여하는 사업자의 수가 충분한지 여부
④ 결합당사회사와 경쟁사업자 간 혁신역량의 격차
⑤ 결합당사회사 한 쪽이 혁신활동을 통하여 다른 쪽의 상품시장에 진입할 수 있는 잠재적 경쟁사업자인지 여부

㈑ **정보자산을 수반하는 기업결합의 경쟁제한성**

정보자산이란 "다양한 목적으로 수집되어 통합적으로 관리·분석·활용되는 정보의 집합"을 말하며(심사기준 Ⅱ. 11.), 4차 산업혁명에서 다방면으로 매우 중요시되는 빅데이터를 염두에 둔 것으로 보인다. 그리고 기업결합 후 결합당사회사가 정보자산을 활용하여 시장지배력을 형성·강화·유지하는 경우에 관련시장에서의 경쟁이 실질적으로 제한될 가능성이 있다(심사기준 Ⅵ. 5.). 이 경우에도 앞서 설명한 기업결합 유형별 경쟁제한성 판단기준을 1차적으로 고려하며, 다만 아래의 사항을 추가로 고려하여 판단할 수 있다.

① 결합을 통하여 얻게 되는 정보자산이 다른 방법으로는 이를 대체하기 곤란한지 여부
② 해당 결합으로 인하여 결합당사회사가 경쟁사업자의 정보자산 접근을 제한

할 유인 및 능력이 증가하는지 여부

③ 결합 이후 정보자산 접근 제한 등으로 인하여 경쟁에 부정적 효과가 발생할 것이 예상되는지 여부

④ 결합당사회사가 정보자산의 수집·관리·분석·활용 등과 관련한 서비스의 품질을 저하시키는 등 비가격 경쟁을 저해할 가능성이 높아지는지 여부

다. 경쟁제한성 완화요인 및 비교형량

(1) 경쟁제한성 완화요인

심사기준상 경쟁제한성의 부존재 추정조항과 결합유형별 경쟁제한성 심사 이외에도 해외경쟁의 도입 수준 내지 국제적 경쟁상황, 신규진입의 가능성, 유사품 내지 인접시장이 존재하거나 강력한 구매자가 존재하는 등 일정한 경우에 공정거래위원회는 경쟁제한성이 완화되는 것으로 고려한다(심사기준 Ⅶ.). 심사기준상의 경쟁제한성 완화요인은 수평·수직·혼합형을 묻지 않고 모든 기업결합의 유형에서 고려될 수 있다.

(2) 경쟁촉진효과와의 비교형량

공정거래법상 기업결합이 일정한 거래분야에서 경쟁을 실질적으로 제한하는지 여부를 판단함에 있어서 기업결합에 따른 경쟁효과가 관련시장에 따라 상이한 경우가 문제될 수 있다. A시장에서는 경쟁제한효과, B시장에서는 경쟁촉진효과가 인정되는 경우에 양자를 비교형량하여 최종적인 경쟁제한성을 판단하여야 하는지 여부이다. 여기서 공정거래법상 해석론의 문제로서 다른 시장에서의 경쟁촉진효과를 아울러 고려할 필요가 있는지, 나아가 다른 시장에서의 경쟁촉진효과와의 형량을 통해서 최종적으로 당해 기업결합의 금지 여부가 결정되어야 하지는 않는지(이른바 경쟁효과에 대한 종합적 접근 내지 비교형량접근법; Konzept einer wettbewerblicher Bilanz)가 다투어질 수 있다.

예컨대, A와 B 간의 기업결합이 X시장에서 경쟁을 실질적으로 제한하는 경우에, Y시장에서는 오히려 기존에 C기업이 보유하고 있던 시장지배적 지위를 약화시키는 경우를 상정할 수 있다. 이때, 공정거래법 제9조 제1항에서 '일정한 거래분야'란 단 하나의 관련시장을 가리키는 것으로 제한해서 해석해서는 안 되며, 하나의 기업결합이 여러 시장에 걸쳐서 경쟁에 미치는 효과를 종합적으로 고려할 필요가 있다. 여러 시장에서 나타나는 효과를 종합해서 경쟁제한효과가 더 크다고 판단되

는 경우에만 당해 기업결합을 금지하여야 하는 것이다. 그렇다면 경쟁제한효과와 경쟁촉진효과를 어떻게 비교할 것인가? 개별 사례마다 여러 관련시장이 국민경제에서 차지하는 비중과, 관련시장의 집중도 및 당사회사가 각각의 관련시장에서 차지하는 비중과 규모 등을 종합적으로 고려하여 판단하여야 할 것이다. 다만, 경쟁촉진효과가 예외사유 중 효율성 증대효과와 본질적으로 다르지 않다는 입장에서는 상반된 경쟁효과의 형량이 특별히 문제되지 않을 것이다.

그렇다면 기업결합 당사회사가 다른 시장에서의 경쟁촉진효과를 입증할 책임을 지는가? 부정하여야 한다. 왜냐하면 기업결합에 따른 경쟁(제한)효과는 전적으로 공정거래위원회가 입증해야 할 사항이기 때문이다. 다만, 구체적인 사례에서 당사회사가 사실상 이를 적극적으로 주장하지 않으면 안 되는 경우가 충분히 있을 수 있다.

3. 경쟁제한효과의 추정

가. 의 의

기업결합 심사에서 가장 어려운 것은 과연 당해 기업결합이 일정한 거래분야에서 경쟁을 실질적으로 제한하는지 여부를 밝히는 일이다. 시장획정이나 경쟁제한성의 판단은 특히 수직결합이나 혼합결합의 경우에 더욱 어려운데, 이때에는 적어도 두 개 이상의 관련시장이 문제될 뿐만 아니라, 참가기업들 간에 직접적인 경쟁관계가 존재하지 않기 때문이다. 이러한 어려움을 해결하고, 나아가 중소기업이 주로 활동하는 시장이 독과점화 되는 것을 막기 위하여 1996년 제5차 개정법[154]에서 새로 도입된 것이 바로 일정한 기업결합에 대하여 시장점유율을 기초로 경쟁제한성을 추정하는 조항이다(현행법 제9조 제3항).[155]

실제로 기업결합규제가 시행된 1981년 4월부터 1998년 6월 심사기준이 마련되기 이전까지 경쟁제한성 판단을 위한 기준으로는 「기업결합 심사요령」이 있었는데, 여기에는 수직·혼합결합에 대한 아무런 기준이 제시되지 않았고, 실무상으로도 1996년 4월 “동양나이론” 사건[156]에서 수직결합을 문제 삼은 이외에 1997년 4월

154) 1996.12.30. 개정, 법률 제5235호.

155) 수직결합이나 혼합결합, 특히 중소기업이 지배적으로 활동하는 시장에 대기업이 진입하기 위한 기업결합이 제대로 규제되지 못하고 있다는 비판으로는 황적인·권오승, 경제법, 1989, 143면, 167면.

156) 공정거래위원회 1996.4.22. 의결 제1996-051호.

동 추정조항이 시행되기까지 수직·혼합결합을 금지한 예가 전혀 없었다.

기업결합의 경쟁제한성을 추정하는 입법례로는 독일의 경쟁제한방지법을 그 대표적인 예로 들 수 있으며, 현행법상의 추정조항은 그 내용상 독일 경쟁제한방지법 제23조a를 거의 그대로 도입한 것으로 보인다. 그런데 동 추정조항은 독일에서도 1980년 제4차 개정법에서 처음 입법화될 때부터 줄곧 폐지론이 강력하게 제기되고 있을 뿐만 아니라 실무상 거의 이용되지 않고 있다. 반면, 우리나라에서는 공정거래위원회가 다수의 사건에서 경쟁제한성 추정을 활용한 바 있어 그 중요성이 적지 않다.[157)]

경쟁이론 상으로나 경험칙(經驗則) 상 실제로 시장에서 일정한 점유율 요건이 충족되더라도 경쟁이 실질적으로 제한될 것이라고 추단할 수 있는 이론적 근거를 찾기 어렵다.[158)] 시장점유율은 시장집중도를 판단하는 가장 중요한 척도이기는 하나 양자 사이에 아무런 확정적인 정(正)의 상관관계를 인정할 수 없고, 구체적인 경쟁제한의 정도는 모든 시장상황을 종합적으로 고려한 후에야 비로소 판단할 수 있기 때문이다.[159)] 추정요건과 경쟁제한성의 상관관계를 둘러싼 이론상 난점은 법 제9조 제3항의 추정이 기업결합 당사회사가 '수요측면'에서 경쟁을 실질적으로 제한할 우려가 있는 경우에도 적용될 수 있다는 점에서도 드러난다. 즉, 공정거래법상 추정요건은 수요측면에도 그대로 적용되는데, 수요측면에서의 경쟁제한성은 기업결합 당사회사의 절대적인 시장점유율보다는 이들에게 원재료나 부품 등의 거래관계에서 나타나는 '상대적인 종속성'에 의해 좌우되는 성격이 강하기 때문이다.

이러한 점을 염두에 두고 공정거래위원회는 실무상 추정요건에 해당하는 기업결합이라도 심사기준에 따라 적극적으로 경쟁제한성을 심사하고 있다.

나. 추정요건

1996년 제5차 개정법[160)]은 당사회사의 시장점유율 합계가 일정 수준을 넘거나

157) 공정거래위원회 2000.5.16. 의결 제2000-076호, "SK텔레콤/신세기통신" 사건; 2002.12.23. 의결 제2002-365호, "코오롱/고합" 사건 등.

158) Erich Hoppmann, Das Konzept der optimalen Wettbewerbsintensität, Jahrbuch für Nationalökonomie und Statistik, Bd. 179, S. 305 ff.; Fritz Rittner, Wettbewerbs- und Kartellrecht, 1999, §13 Rn. 132.

159) Robert Knöpfle, Indiziert der Marktanteil den Wettbewerbsgrad?, BB, 1982; Kurt Markert, Die praktische Bedeutung der qualifizierten Oligopolvermutung in der Fusionskontrolle(§23a Abs.2 GWB), BB, 1986, S. 1667.

160) 1996.12.30. 개정, 법률 제5235호.

대규모회사가 중소기업분야에 기업결합을 통해 진출하여 5% 이상의 시장점유율을 차지하는 경우에는 경쟁제한성이 있는 것으로 추정하는 조항을 도입하였다. 기업결합규제는 경쟁질서를 보호할 목적으로 사적자치에 맡겨져 있는 기업활동에 대한 중대한 고권적 개입이라는 성격을 가지므로 공정거래법이 정한 금지요건, 즉 경쟁을 실질적으로 제한하는 경우에만 정당화될 수 있으며,[161] 이러한 맥락에서 자칫 경험칙에 근거하지 않은 추정을 통하여 일률적으로 기업결합을 규제하는 경우에는 헌법에 위반할 소지를 안고 있다.[162]

(1) 시장점유율 요건(법 제9조 제3항 제1호)

우선 기업결합 당사회사의 시장점유율 합계가 시장지배적 사업자의 요건에 해당하여야 한다. 즉, ① 당사회사의 시장점유율 합계가 100분의 50 이상이거나 3 이하의 사업자의 시장점유율의 합계가 100분의 75 이상이어야 한다. 그리고 ② 당사회사의 시장점유율 합계가 당해 거래분야에서 1위이어야 하며, ③ 시장점유율의 합계와 시장점유율이 2위인 회사(당사회사를 제외한 회사 중 1위인 회사를 말함)의 시장점유율과의 차이가 그 시장점유율 합계의 100분의 25 이상이어야 한다. 이러한 세 가지 요건은 누적적으로 충족되어야 한다.

위 추정요건이 모두 충족되어야 한다는 점을 들어 지나치게 엄격하다는 견해[163]는 대안으로서 위 세 가지 요건 중 어느 하나만 충족하면 경쟁제한성을 추정할 필요가 있다고 한다. 그러나 동 추정은 사업자 측의 반증의 어려움을 고려할 때 사실상 간주와 유사하고, 구체적인 정황을 고려하지도 않고 시장점유율만으로 경쟁제한성을 인정하는 것은 극히 예외적으로만 허용될 수 있다는 점에서 추정요건은 가능한 한 엄격하게 규정되지 않으면 안 된다. 그 밖에 과점시장에서도 과점기업들 간의 내부경쟁이 충분히 효과적으로 기능할 수 있기 때문에, 동 추정의 ②, ③ 요건은 과점기업들 간의 시장점유율 격차를 고려함으로써 내부경쟁의 가능성이 미미한 경우에 한하여 경쟁제한성을 추정하려는 취지로 이해할 수 있다. 세 가지 추정요건이 누적적으로 충족될 것을 요구하는 현행법의 태도가 타당한 이유이다.

161) 경제규제법상 특정성의 원칙에 대한 상세한 설명은 Rolf Stober, Wirtschaftsverwaltungsrecht, 8. Aufl., 1993, §7 III.

162) 추정조항의 헌법합치성에 대해서는 Gert Meier, Verfassungsfragen der kartellrechtlichen Vermutungs-und Beweislastregeln, ZHR, 1981, S. 393 ff.; Joseph H. Kaiser, Fusionskontrolle oder Fusions-verbot?, WuW, 1978, S. 344 ff.

163) 권오승(제13판), 217면; 권오승·서정(제4판), 215-216면.

여기서 당해 기업결합 이전에 이미 어느 한 당사회사의 시장점유율만으로 추정요건을 만족시키는 경우에 그 회사는 경쟁관계에 있는 다른 어떤 회사와도 사실상 결합할 수 없게 된다는 문제를 안고 있다.[164] 기업결합에 의해서 비로소 추정요건이 충족되는 경우에만 제9조 제3항이 적용될 수 있다고 해석하여야 하고, 그 결과 이러한 경우에는 당해 기업결합 후에 경쟁이 실질적으로 제한되는지 여부를 추정이 아닌 방법으로 공정거래위원회가 적극적으로 입증하여야 할 것이다.[165]

동 추정조항은 당사회사의 시장점유율 '합계'를 기준으로 한다는 점에서 일응 수평결합을 염두에 둔 것으로 보이며, 공정거래위원회가 1996년 제5차 법개정[166] 이후 동 추정조항을 원용한 사례 또한 모두 수평결합이었다.[167] 그러나 동 추정조항을 기업결합 당사회사의 시장점유율을 모두 고려한다는 취지로 이해하여 수직·혼합결합에도 적용할 수 있다는 해석도 가능하다.[168]

생각건대, 당사회사의 시장점유율을 합산할 수 없는 수직·혼합결합에도 동호를 적용한다는 것은 결국 당사회사 중 하나만으로도 추정요건을 충족할 수 있다는 결과가 되어 위에서 언급한 바와 같이 사실상 그러한 기업결합을 원천적으로 금지하는 것과 유사하게 된다. 따라서 동호의 추정은 수평결합에 한하여 적용하고, 수직·혼합결합의 경우는 제2호의 추정요건을 충족하지 않는 한 통상의 예에 따라 공정거래위원회가 경쟁제한성을 적극 입증하여야 할 것이다.

(2) 중소시장요건(법 제9조 제3항 제2호)

자산총액 또는 매출액의 규모(계열회사의 자산총액 또는 매출액을 합산한 규모)가 2조 원 이상인 대규모회사가 직접 또는 특수관계인을 통하여 행한 기업결합이 다음과 같은 두 가지 요건을 갖추는 경우에는 그 경쟁제한성이 추정된다. 첫째로, 「중

164) 이는 이론적으로 기업결합과 경쟁제한성간의 인과관계를 인정하기 어려운 경우에 해당된다. 아래 3. 다. 참조.

165) 이와 같은 취지로는 BGH WuW/E 1501, 1503, "KFZ/Kupplungen"; BGH WuW/E 1749, 1750, 1755, "Klöckner/Becorit".

166) 1996.12.30. 개정, 법률 제5235호.

167) 1996년 제5차 법개정(1996.12.30. 개정, 법률 제5235호) 이후 2001년 12월말까지 경쟁제한적인 기업결합으로 공정거래위원회의 시정조치를 받은 사례는 모두 10건으로서 그 중 수직결합인 "에스케이" 사건(공정거래위원회 2001.6.29. 의결 제2001-090호)을 제외한 9건이 수평결합이며, 9건 중에서 "오비맥주" 사건(공정거래위원회 1999.12.10. 의결 제1999-252호), "인천제철" 사건(공정거래위원회 2000.9.30. 의결 제2000-151호)을 제외한 7건에서 시장점유율 추정조항이 적용되었다.

168) Klaus-Peter Schultz, Die Vermutungen des §23a GWB unter besonderer Berücksichtigung der qualifizierten Oligopolvermutung des §23a Abs. 2, WuW, 1981, S. 102, 110.

소기업기본법」에 의한 중소기업의 시장점유율이 3분의 2 이상인 거래분야에서의 기업결합이어야 하며, 이때 결합의 상대방, 즉 피취득회사가 중소기업일 필요는 없다. 「중소기업기본법」상 중소기업이란 업종의 특성, 상시근로자수, 자산규모, 매출액 등을 고려하여 정하되, 다만 대규모기업집단 소속 계열회사는 그 규모와 상관없이 중소기업으로 보지 않는다(동법 제2조, 영 제4조). 둘째로, 당해 기업결합으로 인하여 중소시장에서 100분의 5 이상의 시장점유율을 가지게 되어야 한다. 이때 두 번째 요건은 해석상 대규모회사가 이미 중소시장에서 5% 이상의 시장점유율을 갖는 경우, 대규모회사와 피취득회사의 시장점유율 합계가 5% 이상인 경우, 그리고 대규모회사가 아직 중소시장에서 활동하지 않고 따라서 피취득회사의 점유율만으로 5%를 상회하는 경우에 모두 충족될 수 있다. 다만, 동 추정조항의 취지가 세 번째 경우에 있음은 물론이다.

동 추정은 대규모회사가 중소기업이 주로 활동하는 시장에서 다른 회사를 취득함으로써 당해 중소시장에까지 자신의 시장지배력을 확장하거나 다른 중소기업의 경쟁의욕을 약화시키는 이른바 위하효과(威嚇效果; Entmutigungseffekt)를 막는다는 취지에서 비롯된 것이다. 따라서 대규모회사가 주로 중소기업으로 구성된 시장에서 활동하고 있는 기존의 '대기업'과 결합하는 경우에도 동조에 따라 경쟁제한성이 추정될 수 있다. 여기서 취득회사인 대규모회사가 문제의 시장에서 이미 활동하고 있는지의 여부는 중요하지 않으며, 당해 중소시장에서 피취득회사 이외에 이미 대기업, 심지어 대규모회사가 활동하고 있는 경우에도 동 추정조항이 적용될 수 있다. 다만, 이러한 경우에도 대규모회사의 신규진입을 추정을 통하여 억제하는 것은 오히려 기존에 진입한 다른 대기업 내지 대규모회사의 지위를 역으로 보호하는 엉뚱한 결과를 가져올 수 있다는 점은 문제로 지적할 수 있다. 공정거래위원회가 추정에 지나치게 의존하지 않고 다른 사정을 종합적으로 고려하여 경쟁제한성을 판단하여야 하는 또 다른 이유이다.

한편 제2호의 추정은 당사회사의 시장점유율 합산을 요구하지 않기 때문에 수직결합이나 혼합결합과 같이 경쟁관계에 있지 않은 회사들 간의 결합이 문제되는 경우에 공정거래위원회가 경쟁제한성을 입증하는데 효과적일 수 있다. 그러나 지금까지 공정거래위원회가 동 추정조항을 적용한 예를 찾기 어렵다. 동 추정은 간이심사대상 기업결합과의 관계에서도 다소 불합리해 보인다. 즉, 심사기준에 의하면 대규모회사가 아닌 자가 혼합결합을 하는 경우에는 경쟁제한성이 없는 것으로 추정하고 있는 반면(심사기준 Ⅲ. 3. (1)), 동호에서는 대규모회사가 중소시장에서 혼합결합을 하는 경우에는 경쟁을 제한하는 것으로 추정함으로써 혼합결합이 갖는 경쟁상의 다양한 특성을 충분히 고려한 것으로 보이지 않는다.[169)]

무엇보다 대규모회사에 의한 기업결합인 경우에도 매출액이나 자산총액을 기준으로 한 기업의 절대적인 규모란 관련시장의 규모와 집중도 등에 따라 매우 상대적인 의미를 가질 뿐이고, 기업결합규제의 주된 관심사항인 '시장'이나 '경쟁'과는 직접적으로 아무런 관계를 인정할 수 있는 것이어서[170)] 제2호의 경쟁제한성 추정은 결국 종래 확립된 '개별시장 접근법'(Einzelmarktbetrachtung)을 부분적으로 포기하는 것을 의미한다.

다. 경쟁제한성 추정의 법률효과

공정거래법 제9조 제3항 제1호 또는 제2호의 요건을 충족하는 기업결합에 대해서는 경쟁제한성이 추정되고, 추정은 입증책임의 전환을 가져오므로 당사회사가 경쟁제한성이 없다는 반증을 제시하지 못하거나 법 제9조 제2항 각호의 예외요건을 입증하지 못하는 한 시정조치라는 법률효과를 가져오게 된다.[171)] 법률상 추정에도 불구하고 직권규제의 원칙에 비추어 당해 기업결합이 경쟁을 실질적으로 제한하는지 여부는 공정거래위원회가 이를 조사하여 입증하지 않으면 안 된다. 공정거래위원회가 추정요건의 충족 외에 경쟁제한효과를 적극적으로 입증할 수 없는 경우(이른바 non liquet의 상태)에는 시정조치를 내리지 못한다. 공정거래위원회의 실무도 이와 같다.

동조의 추정요건은 오로지 당사회사의 과거 시장점유율을 기초로 삼고 있으나, 기업결합 심사란 적어도 가까운 장래에 시장경쟁에 미칠 영향을 예측하는 것이다. 따라서 공정거래위원회가 추정조항만을 근거로 당해 기업결합을 규제할 경우에는 결국 장래 경쟁상황의 변화가능성에 따른 불확실성의 위험은 온전히 당사회

---

169) 이봉의, "공정거래법상의 간이기업결합 심사기준 및 절차", 공정경쟁 제70호, 2001.6, 37면 이하.

170) K.－P. Schultz, a.a.O.(1981), S. 198－199.

171) 이남기·이승우, 경제법, 박영사, 2001, 119－120면. 독일에서도 마찬가지로 Burkhard Richter, §20 Rn. 85, in: Herbert Wiedemann (Hrsg.), Handbuch des Kartellrechts, 1999. 경쟁제한방지법 제19조 제1항 2문은 추정요건을 정하는 한편, 당사회사가 과점기업 내부관계에서 또는 과점기업과 나머지 기업과의 외부관계에서 실질적 경쟁이 존재함을 입증하는 경우에는 추정이 적용되지 않음을 명문으로 규정하고 있다.

사에게 귀속될 것이라는 점에서 공정거래위원회가 적극적으로 장래의 경쟁제한효과를 입증하려는 태도가 바람직하다.

나아가 공정거래위원회는 추정요건을 번복할 증거를 스스로 조사하거나 사업자가 제시한 반증사유를 고려하여 경쟁제한성을 인정하지 않을 수도 있다. 이때, 공정거래위원회가 실무상 추정요건 이외에 반증사유를 조사할 의무는 없으며, 여타의 경쟁촉진요소를 아울러 고려하더라도 그것은 법률이 부여한 절차상의 이익을 포기한 데에 불과한 것이다.

라. 반증사유

공정거래법 제9조 제3항의 추정에 대하여 당사회사는 경쟁이 실질적으로 제한되지 않는다는 사유를 들어 추정을 번복할 수 있다. 이때 첫 번째 추정요건, 그 중에서도 시장지배적 사업자의 추정요건이 충족되지 않는다거나 두 번째 추정요건의 하나인 대규모회사에 해당되지 않는다는 등의 주장은 엄밀한 의미에서 반증이 아니라 시장점유율의 산정이나 기타 법적용 상의 잘못을 다투는 것으로서, 추정요건의 충족을 전제로 하여 실제로는 그에 따른 경쟁제한효과가 발생하지 않음을 다투는 반증과 구별되어야 한다. 그 밖에 동법이나 시행령, 심사기준은 구체적인 반증사유에 대해서 언급하지 않고 있으며, 반증의 허용 여부는 전적으로 공정거래위원회의 재량에 맡겨져 있다.

참고로 독일 구(舊) 경쟁제한방지법 제23조a 제2항 1문은 시장점유율 추정과 관련하여 크게 두 가지 반증사유를 규정하고 있었고 그 내용은 현재 제19조 제3항 2문에서 그대로 받아들이고 있는 바,[172] 공정거래법의 해석과 운용에도 시사하는 바가 있다.[173] 그에 따르면 당사회사 사이의 경쟁조건에 비추어 실질적인 경쟁이 기대되거나 당사회사 전체가 나머지 경쟁사업자와의 관계에서 우월적인 시장지위를 갖지 않는 경우에 추정이 번복된다. 이때 전자는 당사회사 간의 내부경쟁(Binnenwettbewerb)을, 후자는 당사회사와 나머지 경쟁사업자들 간의 외부경쟁(Außenwettbewerb)을 염두에 둔 것이다.

172) 독일법상 대규모회사의 기업결합에 대해서는 경쟁제한성을 추정하는 조항이 없으므로 반증사유 또한 규정하지 않고 있다.

173) 미국에서 1970년대 이후 진행된 경쟁제한성을 입증하기 어려운 수직결합 및 혼합결합에 대한 추정의 입법화시도와 추정에 따른 구체적인 반증사유에 대해서는 Meinrad Dreher, Konglomerate Zusammenschlüsse und Widerlegungsgründe, 1992.

반증사유로서 우선 당사회사 간의 '내부관계'에 있어서 실질적인 경쟁이 기대되기 위해서는 현재의 경쟁상태만으로는 충분치 않으며 장래에도 경쟁적인 상태가 기대될 수 있음이 입증되지 않으면 안 된다. 이를 위해서는 가격경쟁, 품질경쟁, 거래조건경쟁 및 시장진입장벽의 유무, 수출입상황과 거래상대방의 수요지배력 등이 종합적으로 고려되어야 한다. 또한 독일의 판례에 의하면 시장점유율의 분산 정도 역시 중요한 의미를 가지는데, 이를테면 제품차별화가 미미한 시장에서 과점기업들 간의 시장점유율이 비슷한 수준인 경우에는 실질적인 경쟁이 존재할 수 있다.[174] 기업결합 이전에 이미 당사회사 간에 실질적인 경쟁이 존재하지 않았다는 사실도 기업결합과 경쟁제한 간의 인과관계를 부인하는 것으로서 반증사유가 될 수 있다.[175]

또한 당사회사와 나머지 경쟁사업자 간의 '외부관계'에서는 다른 경쟁사업자가 그 규모나 시장점유율 면에서 당사회사보다 그다지 열악한 지위에 있지 않다는 사실도 중요한 반증사유에 해당될 수 있다. 이러한 외부관계에서의 반증사유는 공정거래법이 비록 별도로 언급하지는 않고 있으나, 시장점유율 추정의 경우에 당사회사의 시장점유율 합계가 당해 거래분야에서 1위일 것과 2위인 회사의 시장점유율과의 차이가 그 시장점유율 합계의 25% 이상일 것을 요구함으로써 추정요건을 판단하는 단계에서 어느 정도 고려하고 있는 것으로 보인다. 그런데 우리나라에서는 통상 몇몇 과점기업이 절대적인 시장점유율을 차지하고 있어서 실무상 이러한 반증은 그다지 중요하지 않을 것이다. 다만, 진입장벽이 없거나 매우 낮은 상태에서 경쟁관계에 있는 외국의 대기업이 가까운 장래에 국내시장에 새로이 진입할 것으로 예상되고 그 결과 국내의 과점기업에 대하여 힘의 균형을 가져올 수 있는 경우에는 나름의 반증이 가능할 수도 있을 것이다.[176]

마. 주요 쟁점

(1) 추정조항의 필요성과 중소기업보호

먼저, 기업결합의 경쟁제한성을 법률상 추정(推定)할 필요가 있는지는 여전히 의문이다. 왜냐하면 추정조항은 경쟁제한성에 관한 입증책임을 사업자, 즉 당사회

174) 대표적으로 KG WuW/E OLG 3051, 3077, "Morris/Rothmans"; BKartA WuW/E E 2319, 2320, "Messer Griesheim/Buse".

175) KG WuW/E OLG 3051, 3072, "Morris/Rothmans".

176) BKartA WuW/E 2247, 2251, "Hls/Condea".

사에게 전환함으로써 일단 전술한 요건을 충족하는 기업결합을 사실상 기계적으로 불가능하게 할 수 있기 때문이다. 동 추정조항이 없더라도 공정거래위원회는 경제분석과 기존의 심사기준을 활용하여 충분히 경쟁제한성을 입증할 수 있을 것이어서, 굳이 추정조항을 도입한 것은 행정편의주의에 따른 것으로 볼 여지가 있다. 공정거래위원회의 실무는 이 점을 감안하여 추정요건에 해당하는 기업결합이라도 추가로 여러 요소를 감안하여 경쟁의 실질적 제한 여부를 판단하고 있다.

추정조항은 일견 중소기업이 지배하는 시장에 대규모회사가 진입하는 수단으로 기업결합을 이용하는 것을 금지하는 데에 매우 효과적인 것처럼 보일 수 있다. 이는 중소기업이 지배하는 시장에 대기업이 진입하는 형태의 기업결합은 일응 당해 시장에서 결합기업과 여타 중소기업 간의 인력, 자금력 등의 격차를 더욱 심화시키고, 따라서 추정에 의한 금지는 이처럼 장래의 경쟁제한위험에 대한 매우 효과적인 수단이 될 수 있다는 생각에서 비롯된 것으로 보인다. 그런데 동 추정조항의 목적이 중소기업을 보호하기 위한 것인지 아니면 중소기업이 지배하는 시장에서의 경쟁을 보호하기 위한 것인지를 생각해볼 필요가 있다. 생각건대, 기업결합규제의 목적은 의심할 나위 없이 관련시장에서 경쟁을 보호하는 것이므로 후자가 타당하다. 또한 중소기업의 개념과 관련하여 중소기업법상의 중소기업이 공정거래법상 중소기업을 정의하는데 그대로 적합한지 여부도 의문이다. 「중소기업기본법」은 중소기업의 보호를 목적으로 하는 반면, 공정거래법은 중소기업의 보호보다는 시장에서의 경쟁을 보호하기 위한 것으로서, 중소기업의 개념도 개별 시장에 따라 상대적으로 평가할 필요가 있을 것이다.

1996년 제5차 법개정[177) 이후 지금까지 공정거래위원회가 대규모회사에 의한 중소기업 인수에 대하여 추정조항을 적용하여 시정조치를 내린 예가 없으며, 종래 이러한 사례가 실무상 얼마나 빈번하게 이루어졌고 따라서 경쟁정책상 추정이라는 다소 극단적인 수단을 통해서라도 이를 규제할 현실적인 필요가 있었는지에 대한 실증적인 근거도 없다는 점에서 다소 성급한 입법이었다는 비판으로부터 자유롭기 어렵다.

(2) 경쟁제한성 추정의 중첩문제

기업결합 이전이 이미 관련시장에서 경쟁제한성의 추정요건이 충족되는 경우

---

177) 1996.12.30. 개정, 법률 제5235호.

에 다시 법 제9조 제3항의 추정이 적용되는가? 예컨대, 시장에서 1, 2위 사업자가 결합 이전에 이미 시장지배력을 보유하고 있어 경쟁제한성 추정요건에 해당하는 경우, 두 회사 간 결합에 대해 다시 추정조항이 적용될 수 있는지가 문제될 수 있다. 서울고등법원은 "이미 경쟁제한성의 추정요건이 충족된 시장에서의 기업결합에 대하여 기업결합이 이루어지면 경쟁사업자가 줄어들어 시장이 더욱 집중화됨으로서 경쟁을 제한할 개연성이 높아진다고 보이는 점, 만약 이미 공정거래법 제9조 제3항에서 정한 경쟁제한성 추정요건을 충족하고 있는 시장점유율 1위의 사업자의 기업결합에 대하여 위 추정규정을 적용하지 않을 경우, 같은 시장에서 시장점유율 2위 이하의 사업자가 기업결합을 하여 시장점유율 1위의 사업자가 되는 경우에만 위 추정규정이 적용되어 매우 불합리한 결과가 초래되는 점 등에 비추어 보면 이미 경쟁제한성의 추정요건이 충족된 시장에서의 기업결합에 대해서도 위 추정규정은 적용된다."고 판시한 바 있다.[178]

[보론] 구 독일 경쟁제한방지법상 기업결합의 경쟁제한성 추정조항

지금까지 알려진 바에 의하면 일정한 기업결합의 경쟁제한성을 '법률상' 추정하고 있는 입법례로는 유일하게 1980년 독일의 구 경쟁제한방지법 제4차 개정을 찾을 수 있다. 공정거래법상 제9조 제3항의 추정은 내용 면에서 동법 제23조a를 모델로 삼은 것으로 보인다. 동조에 의하면 매출액이 20억 마르크를 넘는 기업이 중소사업자가 3분의 2 이상의 시장점유율을 차지하고 당사회사가 합쳐서 5% 이상의 점유율을 갖게 되는 시장에서 활동하는 기업과 결합하거나 3 이하의 기업의 시장점유율 합계가 당해 시장에서 1위이고 50%를 넘거나 5 이하의 기업의 시장점유율 합계가 마찬가지로 당해 시장에서 1위이고 3분의 2 이상의 시장점유율을 갖는 등의 경우에 각각 우월적 지위 내지 시장지배적 지위가 형성 또는 강화될 우려가 있는 것으로 추정되거나 당해 과점기업 전체가 시장지배력이 있는 것으로 간주되었다. 그리고 우리나라와 달리 독일법상 '시장지배적 지위'는 남용규제와 기업결합규제에 모두 적용되는 공통의 기준에 해당된다(이른바 '일원주의').[179]

178) 서울고등법원 2008.9.3. 선고 2006누30036 사건.

179) 과거지향적인 남용행위규제와 미래지향적인 기업결합규제의 차이를 이유로 독일법상의 일원주의에 문제를 제기하는 견해로는 Rittner, a.a.O., §13 Rn. 132.

동조의 취지와 관련해서는 1980년 법개정 당시 연방카르텔청장이었던 디터 볼프(Dieter Wolf)의 설명이 유의미해 보인다. 그에 의하면 경쟁이 실질적으로 제한되기 이전 단계에서 잠재적인 위험을 방지하는 데에 동법 제23조a가 정한 추정조항의 의미가 있다고 보았다(Potentiallösung).[180] 이러한 견해는 동 추정조항을 제안한 경쟁제한방지법 정부안을 근거로 한 것으로서, 구법 제24조 제1항의 금지요건, 즉 '시장지배적 지위의 형성 또는 강화'가 경쟁을 실질적으로 보호하기 위한 기준으로서 지나치게 엄격하기 때문에 시장지배력의 형성을 초래할 우려가 있는 시장구조의 출현을 사전에 방지한다는 데에서 제23조a의 목적 내지 정당성을 찾을 수 있다고 한다(위험금지요건; Gefährdungstatbestand). 기업결합규제법상 위험금지요건은 시장구조와 행위 간의 일반적인 상관관계를 전제하는 것으로서, 시장구조의 집중 내지 과점화가 담합 등 경쟁제한행위를 초래할 위험을 미연에 방지한다는 의미를 갖는다.[181]

그런데 동 추정조항에 대해서는 독일에서도 입법 당시부터 줄곧 반대론이 강력하게 제기되었고,[182] 입법 후에도 해석·적용상 많은 혼란과 문제를 야기하였다. 이러한 이유로 유럽경쟁법과의 조화를 목표로 한 1998년 제6차 개정법(1999년 1월 1일 시행)에서는 제23조a를 폐지하기에 이르렀다. 이러한 배경을 고려할 때 공정거래위원회가 독일에서도 폐지논의가 한창 진행 중이던 시기에, 사전에 깊이 있는 논의를 충분히 거치지도 않은 채 그와 거의 동일한 내용의 추정제도를 도입한 것은 신중하지 못한 입법이었다는 비판을 면하기 어려울 것이다. 참고로 1980년대에 미국에서도 대규모기업에 의한 혼합결합의 규제와 관련하여 시장점유율 또는 참가기업의 절대적 규모를 기준으로 경쟁제한성을 추정하는 내용으로 일련의 법안이 제출된 바 있으나 단 하나도 입법으로 이어지지 못하였다.[183]

180) Dieter Wolf, Stand der Vierten GWB-Novelle unter besonderer Berücksichtigung der Fusionskontrolle, in: FIW (Hrsg.), Schwerpunkte des Kartellrechts 1978/79, 1980, S. 15 ff.
181) Markert, a.a.O., S. 1667.
182) Klaus-Peter Schultz, Vermutungen statt Prognose, DB, 1979, S. 197 ff.; Markert, a.a.O., S. 1660 ff.
183) 이에 대한 상세한 내용은 Dreher, a.a.O., S. 69 ff.

Ⅳ. 금지에 대한 예외

1. 총 설

가. 개 관

공정거래법은 기업결합이 일정한 거래분야에서 실질적으로 경쟁을 제한하더라도 두 가지 경우에 한하여 예외를 인정하고 있다(법 제9조 제2항). 하나는 당해 기업결합 외의 방법으로는 달성하기 어려운 효율성 증대효과가 경쟁제한으로 인한 폐해보다 큰 경우이고, 다른 하나는 상당기간 대차대조표상의 자본총계가 납입자본금보다 작은 상태에 있는 등 회생이 불가한 회사와의 기업결합으로서 대통령령이 정하는 요건에 해당하는 경우이다. 흔히 '효율성 항변'(efficiency defense)과 '도산기업 항변'(failing company defense)으로 불리기도 하나, 공정거래법상 예외요건은 금지요건과 더불어 공정거래위원회가 기업결합의 위법성 판단에 고려하여야 하는 것이라는 점에서, 법률상 요건과 상관없이 법원이 피고인의 주장을 감안한다는 의미에서 통상적인 항변과는 구별할 필요가 있다.

대표적으로 미국 클레이튼법 제7조는 주식이나 자산의 취득 등으로 대변되는 합병이 경쟁을 실질적으로 감소시키거나 독점을 야기할 우려가 있는 경우에 이를 금지하면서 별도로 효율성 항변이나 도산기업 항변을 규정하지 않고 있다. 과거 미국 법원은 효율성 항변 등을 인용한 예가 있으나, 최근에는 소극적이다. 연방항소법원이나 연방대법원은 효율성 항변을 명시적으로 수용한 바 없고, 특히 연방대법원은 동 항변의 적용가능성(availability)에 대해서 근본적으로 의문을 제기한 바 있다.[184)]

한편, 법 제9조 제2항의 예외요건에 대한 입증책임은 사업자에게 있으나, 직권규제주의의 취지를 감안할 때 당사회사의 예외주장을 전제로 공정거래위원회가 예외요건에 해당하는지 여부를 적극적으로 심사하여 최종적으로 위법성 여부를 판단하여야 하는 것으로 해석하여야 할 것이다.

나. 예외요건의 변천

1980년 제정법[185)] 제7조 제1항은 일정한 거래분야에서 경쟁을 실질적으로 제

184) FTC v. Penn State Hershey Medical Center, 838 F. 3d 327, 347−48 (3d Cir. 2016).
185) 1980.12.31. 제정, 법률 제3320호.

한하는 기업결합을 금지하면서, 단서를 통하여 산업합리화 또는 국제경쟁력의 강화를 위하여 필요하다고 경제기획원장관이 인정하는 경우에는 그러하지 아니하다고 규정하고 있었다. 당시 예외사유는 산업정책적 고려에 국한되어 있었고, 기업결합규제에 내재된 경쟁정책과 산업정책의 충돌가능성을 진작부터 염두에 두었던 것으로 보인다. 산업합리화나 국제경쟁력의 강화에 대한 입증은 당해 사업자가 하여야 했고, 경제기획원장관은 이와 같은 사유로 기업결합을 허용하고자 하는 경우에 미리 주무부장관과 협의를 거쳐야 했다(제정법 제7조 제3항). 이러한 예외제도는 경제기획원에서 공정거래위원회로 소관이 변경된 후에도 1999년 제7차 법개정[186] 이전까지 계속되었다.

위 개정법은 예외사유를 효율성 증대효과와 회생불가회사의 결합이라는 두 가지로 규정하여 현재에 이르고 있는바, 후자는 1999년 제7차 법개정[187]으로 처음 도입된 것이다. 종전과의 차이를 언급하면 다음과 같다. 먼저, 내용 면에서 효율성 증대효과에 고려되는 사항에 개별 기업차원의 효율성뿐만 아니라 국민경제 차원의 효율성이 추가되면서 종래의 산업정책뿐만 아니라 고용, 환경, 지역경제 등 훨씬 다양한 국민경제상 이익이 고려될 수 있게 되었다(구 심사기준 Ⅷ. 1. 가. (1), (2)).[188] 이 부분에 대한 평가는 엇갈린다.

생각건대, 기업결합규제를 포함한 공정거래법상 규제는 경쟁을 다른 모든 공익에 우선하는 가치로 삼지 않고 있으며, 공정거래위원회는 국민경제의 균형발전으로 표현되는 다양한 공익적 가치를 감안하여 금지 여부를 판단하여야 한다. 특히, 독일의 경우와 같이 연방카르텔청의 금지결정에 대하여 연방경제성장관이 최종적으로 국민경제적 고려 하에 경쟁을 일부 희생하더라도 해당 기업결합을 허용하는 처분을 내릴 수 있는 장치[189]가 부재한 우리나라에서 공정거래위원회가 경쟁

186) 1999.2.5. 개정, 법률 제5813호.

187) 구법 제7조 제2항에서는 "제1항 단서의 규정에 의하여 공정거래위원회가 산업합리화 또는 국제경쟁력의 강화를 위하여 기업결합을 인정하고자 할 때에는 미리 주무부장관과 협의하여야 한다. 이 경우에 산업합리화 또는 국제경쟁력의 강화에 관한 입증은 당해 사업자가 하여야 한다."고 하였다. 제7차 개정법에서는 "다음 각호의 1에 해당한다고 공정거래위원회가 인정하는 기업결합에 대하여는 제1항의 규정을 적용하지 아니한다. 이 경우 해당요건을 충족하는지에 대한 입증은 당해 사업자가 하여야 한다. 1. 당해 기업결합외의 방법으로는 달성하기 어려운 효율성 증대효과가 경쟁제한으로 인한 폐해보다 큰 경우, 2. 상당기간 대차대조표상의 자본총계가 납입자본금보다 작은 상태에 있는 등 회생이 불가한 회사와의 기업결합으로서 대통령령이 정하는 요건에 해당하는 경우"와 같이 변경되었다.

188) 공정거래위원회 고시 제1999-2호, 1999.4.15. 개정.

정책적 고려만으로 기업결합의 금지 여부를 판단하는 것은 바람직하지 않다. 공정거래위원회가 산업정책적 고려를 충분히 하지 못하여 기업결합을 금지함으로써 국민경제에는 엄청난 폐해를 야기할 수 있음에도 불구하고 현행법상 공정거래위원회의 판단을 교정할 제도적 장치가 없기 때문이다.

입법론으로는 크게 두 가지를 생각할 수 있다. 하나는 제정법과 같이 공정거래위원회가 예외 여부를 판단할 때 관계부처의 의견을 반드시 듣도록 의무화하는 것이고, 다른 하나는 공정거래위원회의 금지처분에 대하여 국무총리가 재차 심의하거나 국무총리 산하에 별도의 위원회를 구성하여 다양한 정책 간의 모순·충돌을 조정하는 것이다.

2. 효율성 증대효과

가. 예외요건

효율성 증대효과를 이유로 경쟁제한적 기업결합을 허용하기 위해서는 ① 효율성 증대효과가 발생할 것, ② 당해 기업결합 외의 방법으로는 달성하기 어려울 것, ③ 효율성 증대효과가 경쟁제한으로 인한 폐해보다 클 것이라는 세 가지 요건이 모두 충족되어야 한다.

(1) 효율성 증대효과의 존재

효율성 증대효과란 다시 당사회사 차원의 효과와 국민경제 차원의 효과로 나눌 수 있다(심사기준 Ⅷ. 1. 가.). 전자는 생산·판매·연구개발 등에서의 효율성 증대효과로서 규모의 경제나 생산설비의 통합, 생산공정의 합리화 등을 통해 생산비용을 절감할 수 있는지 여부, 판매조직을 통합하거나 공동활용하여 판매비용을 낮추거나 판매 또는 수출을 확대할 수 있는지 여부, 시장정보의 공동활용을 통해 판매 또는 수출을 확대할 수 있는지 여부, 운송보관시설을 공동사용함으로써 물류비용을 절감할 수 있는지 여부, 기술의 상호보완 또는 기술·인력·조직·자금의 공동활용 또는 효율적 이용 등에 의하여 생산기술 및 연구능력을 향상시키는지 여부, 기타 비용을 현저히 절감할 수 있는지 여부를 고려하여 판단한다.

반면, 국민경제 전체에서의 효율성 증대효과는 매우 광범위하여 ① 고용의 증

189) 이 경우 독일의 독점위원회는 해당 기업결합에 관한 특별의견서(Sondergutachten)를 제출하여야 한다.

대에 현저히 기여하는지 여부, ② 지방경제의 발전에 현저히 기여하는지 여부, ③ 전·후방 연관산업의 발전에 현저히 기여하는지 여부, ④ 에너지의 안정적 공급 등 국민경제생활의 안정에 현저히 기여하는지 여부, ⑤ 환경오염의 개선에 현저히 기여하는지 여부 등을 고려하여 판단한다. 그 효과가 광범위한 만큼 당사회사가 이를 어떻게 입증할 것인지는 의문이며, 결국 공정거래위원회가 경쟁정책 외에 다른 정책적 이해를 비교형량하는 과정으로 이해하는 것이 타당할 것이다. 따라서 공정거래위원회가 국민경제 차원의 효율성 증대효과를 충분히 고려하지 않더라도 그것은 정책판단의 영역이므로 그 처분을 다투는 소송에서도 법원이 공정거래위원회 처분의 위법성을 다루기는 사실상 불가능에 가깝다. 지금까지 몇 안 되는 기업결합 관련 취소소송에서 법원이 공정거래위원회가 예외요건을 판단한 것이 위법하다고 한 예가 전무한 것도 이러한 맥락에서 이해할 수 있다.

(2) 효율성 증대효과의 제한요소

당해 기업결합으로 인하여 효율성이 발생하는 경우에도 ① 그것이 당해 기업결합 외의 방법으로는 달성하기 어려운 것이어야 하고, ② 효율성 증대효과는 가까운 시일 내에 발생할 것이 명백하여야 하며, 단순한 예상 또는 희망사항이 아니라 그 발생이 거의 확실한 정도임이 입증될 수 있는 것이어야 하며, ③ 이때의 효율성 증대효과는 당해 결합이 없었더라도 달성할 수 있었을 효율성 증대부분을 포함하지 아니한다.

당해 기업결합 외의 방법으로는 달성하기 어려운 효율성인지는 설비확장, 자체기술개발 등 기업결합이 아닌 다른 방법으로는 효율성 증대를 실현시키기 어려운지, 생산량의 감소·서비스질의 저하 등 경쟁제한적인 방법을 통한 비용절감은 아닌지 등을 고려하여 판단한다. 단순히 불필요한 마케팅 비용의 절감 등 기업결합 당사회사가 당해 기업결합으로 인하여 얻게 될 반사적 이익은 효율성 증대효과에 포함되지 않는다.[190)]

(3) 효율성 증대효과가 경쟁제한의 폐해보다 클 것

기업결합의 예외를 인정하기 위해서는 당해 기업결합으로 달성할 수 있는 효율성 증대효과가 기업결합에 따른 경쟁제한의 폐해보다 커야 한다. 이와 같이 양자를 비교하여 어느 효과가 더 큰지를 판단하기란 지극히 어려운 작업이다. 통상 효

---

190) 서울고등법원 2004.10.27. 선고 2003누2252 판결.

율성 증대효과는 전문가의 경제분석(economic analysis)을 거쳐 일정한 금액으로 산정되는바, 경쟁제한의 폐해란 그보다 다양한 양상으로 표출될 수 있기 때문이다. 더구나 심사기준에 따르면 효율성 증대란 개별 기업 차원에서 예상되는 생산, 판매, 연구개발 등에서의 효율성뿐만 아니라 고용의 증대나 지방경제의 발전, 에너지의 안정적 공급이나 심지어 환경오염의 개선 등을 포함하는 국민경제 차원의 효율성까지 고려하게 되므로(심사기준 Ⅷ. 1. 가.), 정확한 계량화란 처음부터 불가능한 것이다.[191]

이처럼 공정거래법상 기업결합에 대하여 먼저 경쟁제한효과가 인정된 후에 비로소 효율성 증대를 이유로 예외사유를 판단하는 것이 바람직하지 않고, 미국과 같이 경쟁제한성을 판단하는 단계에서 효율성을 함께 다룰 것을 주장하는 견해가 있다.[192] 효율성이란 기업결합을 정당화하는 요인이 아니라 경쟁제한성의 일부라는 것이다.[193] 유럽합병규칙 또한 효율성 증대효과 등 별도의 예외요건을 명정하지 않고 있다. 이론적으로는 일견 타당한 면이 있으나, 현행법상 효율성 증대효과란 순수하게 경제적 의미로만 이해할 수 없는 부분이 적지 않다는 점을 감안할 필요가 있다. 효율성 증대의 다양한 효과와 경쟁제한의 폐해 또한 엄밀한 비교형량이라기보다는 공정거래위원회가 양자를 적절히 고려하여 판단한다는 의미에서 재량판단의 대상으로 이해하는 것이 타당하다. 이러한 접근방법이 법치국가의 관점에서 바람직한지는 의문이나, 이 문제 또한 예외요건을 삭제한다고 해서 쉽게 해소될 수 있는 것은 아니다.

(4) 심·판결례

대법원은 "삼익악기" 사건에서 장래의 막연한 효율성 증대효과를 주장하거나 이를 이유로 경쟁제한적 기업결합을 허용하지 않도록 실체적 요건을 엄격하게 요

191) 경제이론상 효율성 증대나 경쟁제한의 효과를 모두 '가격'의 인상 또는 인하로 포착하고자 하는 경우에 전자는 가격인하효과, 후자는 가격인상효과에 해당하고, 전자가 후자보다 큰 경우에는 결국 해당 기업결합으로 인하여 가격이 종국에는 인하될 것으로 예상되기 때문에 굳이 경쟁제한적 기업결합의 예외를 규정할 필요 없이 처음부터 경쟁제한성이 없는 기업결합으로 파악하게 될 것이다.

192) 손영화, "기업결합규제와 효율성 항변 — 후생기준의 적용을 중심으로 —", 경제법연구 제10권 제1호, 2011, 32면. 여기서는 유럽도 우리나라와 마찬가지로 경쟁제한성 판단 이후에 효율성 항변을 심사한다고 하나, 유럽합병규칙에는 처음부터 경쟁제한성 요건 외에 예외요건이나 예외절차가 존재하지 않는다는 점에서 맞지 않는 지적이다.

193) 정병덕, "혼합형 기업결합의 경쟁제한성 판단기준", 안암법학 통권 제21호, 2005, 277면.

구하여 당사회사가 주장하는 효율성 증대효과란 가까운 시일 내에 발생할 것이 명백하여야 한다는 태도를 취하고 있다.[194] 또한 이 판결의 원심인 서울고등법원은 이때 요구되는 효율성 증대효과란 당해 기업결합 외의 방법으로는 달성하기 어려운 '기업결합 특유의'(merger−specific) 효율성을 의미하며, 효율성 증대효과에 대한 입증책임은 기업결합 당사회사에게 있다.'고 판시한 바 있다.[195]

공정거래위원회는 "한국석유화학과 대림사업 간의 사업교환" 사건 및 "창원특수강과 삼미종합특수강 영업양수" 사건 등에서 효율성 증대효과를 이유로 기업결합을 인정한 바 있다.[196] 그 밖에 1999년 제7차 법개정[197] 이전에 산업합리화를 이유로 예외가 인정된 기업결합으로는 1994년 한화기계가 삼미정공의 주식을 80% 취득한 사례와 1998년 현대자동차가 기아자동차를 인수한 사례를 들 수 있다.

나. 이론상 쟁점

(1) 효율성의 개념 논쟁

효율성이란 경제학계에서도 오랜 논쟁의 대상이다. 구체적인 사안에서 효율성을 분석·평가하는 작업도 지극히 난해하지만, 공정거래법이 추구하는 것이 배분적 효율성인지 아니면 사회적 효율성인지, 정태적 효율성만을 가리키는지 동태적 효율성을 포함하는지, 효율성과 소비자후생의 관계는 어떠한지 등 많은 쟁점이 여전히 해결되지 않은 상태이다. 더구나 심사기준은 당사회사 차원의 효율성뿐만 아니라 국민경제 차원의 효율성을 아울러 예외사유로 상정하고 있는바, 후자를 과연 효율성의 일환으로 이해할 수 있는지는 적어도 경제학적으로는 회의적일 수밖에 없다.

공정거래법 제9조 제2항이 경쟁제한의 폐해에 비하여 효율성 증대효과가 더 큰 경우에 예외를 인정하는 것은 경쟁제한 자체를 효율성 및 소비자후생의 감소와 동일시하고, 무엇보다 경쟁제한의 폐해와 효율성 증대효과를 모두 '가격'으로 치환할 수 있다는 인식에서 비롯된다. 그런데 국민경제상 효율성으로 예시되는 사유들은 대체로 그것이 실현되더라도 가격의 인하로 이어지지 않거나 심지어 고용의 증대나 지방경제의 발전과 같은 경우에는 가격인상을 가져올 수도 있다는 점에서 원

194) 대법원 2008.5.29. 선고 2006두6659 판결.

195) 대법원의 태도는 효율성의 기준을 생산적 효율성에 두고 있는 공정거래위원회나 서울고등법원의 입장과 달리 기업의 생산, 판매, 연구개발 등의 측면 외에도 국민경제의 균형발전 측면까지 고려한다는 해석으로 신동권(제3판), 295면.

196) 신동권(제3판), 296면.

197) 1999.2.5. 개정, 법률 제5813호.

칙적 금지와 예외적 허용이 서로 다른 차원에서 고려될 수 있다는 근본적인 문제를 야기하게 된다.

(2) 효율성의 입증문제

효율성 증대효과를 정량적으로 산정해내기란 간단한 작업이 아니다. 기업결합으로 인한 효율성 증대효과가 예외요건을 충족시키는지 여부에 대해서는 규범적인 평가가 이루어질 수밖에 없고, 이러한 효과란 장래에 나타날 수 있는 효과를 예측하는 것이어서 그 존부와 정도를 입증하기란 지극히 어렵다. 미국의 실무에서도 원가절감으로 인한 가격경쟁력 강화와 같은 효율성 증대효과가 가격인상으로 인한 소비자피해와 같은 경쟁제한효과보다 압도적으로 크다고 확신할 수 있었던 경우가 많지 않았고, 대부분의 경우 판단하기가 매우 모호하였다. 결국 법원으로서는 당사자가 제출한 효율성 증대효과에 관한 경제적 자료를 보수적으로밖에 판단할 수 없고, 공정거래위원회의 판단을 존중할 가능성이 높다.[198]

이러한 맥락에서 미국 수평결합 가이드라인(Horizontal Merger Guidelines)은 '인식가능한 효율성이 관련시장에서의 결합으로 인한 소비자에 대한 잠재적 폐해를 상쇄하기에 충분한지'를 고려하도록 하면서, 효율성 판단기준을 보다 구체화하고 있다는 점에 주목할 필요가 있다.[199] "SKT/신세기통신" 사건에서 공정거래위원회는 효율성을 심사하는 기준을 세부항목으로 나누어 보다 구체적으로 심사하였다는 점에서 긍정적으로 평가할 수 있다.[200]

3. 회생이 불가능한 회사와의 기업결합

가. 취 지

독자적으로 생존이 불가능한, 다른 기업이 인수하지 않는 한 회생이 불가능한 회사와 결합하는 것이 경쟁에는 어떤 영향을 미칠 것인가? 단순 시장원리에 따르자

198) 주진열, "기업결합규제와 효율성 항변 판단기준에 대한 법경제학적 고찰", 경제법연구 제9권 제1호, 2010, 97－102면.

199) 홍명수, "독점규제법상 기업결합의 규제체계와 효율성 항변에 대한 고찰", 비교사법 제14권 제1호, 2007, 180면.

200) 홍명수, 위의 글(2007), 180－181면: "기존 통신망 통합의 효과, 잉여장비 수출의 효과, IS－95C 통신망 관련 효율성 증대 효과, IMT－2000 통신망 관련 효율성 증대 효과, 판매조직 공동 활용의 효과, 단말기 구입가격 인하의 효과, 연구개발의 공동활용 효과, 요금인하의 효과, 주파수자원 활용의 효과, 정보화 촉진 효과, 산업연관 효과, 국제경쟁력 증대 효과 등의 세부 항목을 중심으로" 이루어졌다.

면 회생불가회사는 퇴출되는 것이 자원배분의 효율성 측면에서 바람직할 것이다. 이와 다른 관점에서 그러한 회사를 아무도 인수하지 않아 퇴출된다는 것은 경쟁사업자의 수가 줄어들기 때문에 경쟁구조에는 부정적일 수밖에 없다. 여기서 공정거래법은 회생불가회사와 결합하는 경우에도 관련시장에서 경쟁을 실질적으로 제한할 수 있다는 전제 하에 일정한 요건을 충족하는 경우에 이를 예외적으로 허용하겠다는 취지임에 유의하여야 한다.

그렇다면 회생불가회사를 인수할 경우에 어떻게 관련시장에서 경쟁을 제한할 수 있는가? 회생불가회사가 자연도태되는 경우에 그 회사가 차지하던 시장점유율은 남아 있는 경쟁기업들에게 분산 귀속될 것인 반면, 다른 회사가 인수할 경우에는 그 회사의 시장점유율이 급증하거나 원재료나 부품 또는 유통망을 지배하거나 잠재적 경쟁이 제거됨으로써 경쟁을 현저히 저해할 수 있다. 반면, 회생불가회사가 인수됨으로써 생존하게 될 경우에는 생산설비 등 자원의 사회적 낭비를 줄이고 해당 지역의 고용을 유지할 수 있게 되는 등 국민경제 차원에서 긍정적인 효과를 기대할 수도 있다. 합리적인 비교형량을 통하여 해당 기업결합의 허용 여부를 고민하여야 하는 이유이다.

나. 예외요건

(1) 피취득기업이 회생불가회사에 해당할 것

그렇다면 회생이 불가한 회사란 무엇인가? 회생이 불가능한 회사란 회사의 재무구조가 극히 악화되어 지급불능의 상태에 처해 있거나 가까운 시일 내에 지급불능의 상태에 이를 것으로 예상되는 회사(심사기준 Ⅷ. 2. 가.)로서, 구체적으로는 상당기간 재무상태표상의 자본총액이 납입자본금보다 작은 상태에 있는 회사인지 여부, 상당기간 영업이익보다 지급이자가 많은 경우로서 그 기간 중 경상손익이 적자를 기록하고 있는 회사인지 여부, 「채무자 회생 및 파산에 관한 법률」 제34조 및 제35조의 규정에 따른 회생절차개시의 신청 또는 동법 제294조 내지 제298조의 규정에 따른 파산신청이 있은 회사인지 여부, 당해회사에 대하여 채권을 가진 금융기관이 부실채권을 정리하기 위하여 당해회사와 경영의 위임계약을 체결하여 관리하는 회사인지 여부 등을 종합적으로 고려하여 판단한다.

(2) 부가요건

회생이 불가한 회사로 인정되더라도 추가적으로 ① 기업결합을 하지 아니하는 경우 회사의 생산설비 등이 당해 시장에서 계속 활용되기 어려운 경우, ② 당해 기업결합보다 경쟁제한성이 적은 다른 기업결합이 이루어지기 어려운 경우의 요건을 모두 충족하여야 한다. 다만, 심사기준상의 추가요건은 시행령 제16조가 규정하고 있는 내용을 그대로 반복하고 있을 뿐이어서 실무상 별다른 도움이 되지 않는 것으로 보인다. 회생불가회사가 인수되지 않을 경우에 생산설비 등이 사장(死藏)되는 이외에 야기될 수 있는 상황을 종합적으로 고려할 수 있는 요건을 모색할 필요가 있다.

(3) 심·판결례

판례는 먼저 피취득회사가 독자적으로는 회생할 수 없는 회사라는 점을 인정하는 데 다소 신중한 태도를 보이고 있다. "무학/대선주조" 사건에서 법원은 상당기간 자본총계가 납입자본금보다 적은 상태를 유지하였으나 영업이익의 규모가 크고 영업이익률이 높다는 점에서 회생불가능한 회사라는 점을 부인하였고,[201] "삼익악기" 사건에서도 피취득회사의 자본총계가 납입자본금보다 작은 자본잠식 상태였고 지급이자가 영업이익보다 큰 상황이었으며 회사정리절차 개시결정이 내려지고 상장폐지에까지 이른 상황이었으나 계속기업가치가 청산가치보다 더 크고 회사정리절차 개시결정이 내려졌으나 정리계획안의 인가결정이 내려졌다는 점 등을 감안하여 회생불가능한 회사임을 인정하지 아니하였다.[202]

공정거래위원회가 회생이 불가능한 회사의 예외를 인정한 사례로는 "한국중공업과 현대중공업 및 삼성중공업의 발전설비 영업양수" 사건, "현대정공 및 삼성중공업의 발전설비 영업양수" 사건, "인천제철의 강원산업 합병" 사건 등이 있는 것으로 알려져 있다.[203]

다. 평 가

결론적으로 회생불가회사와의 기업결합에 대한 예외는 공정거래위원회가 경쟁제한효과와 더불어 비교형량 시 고려해야 할 요건 내지 기준을 제시하고 있다는 점에서 의의를 찾을 수 있다. 회생불가회사와의 기업결합도 시장획정과 경쟁제한성 판단에서는 통상적인 경우와 별다른 차이가 없고, 그러한 기업결합의 경우에 기대되는 특수한 긍정적 효과를 고려할 필요가 있을 뿐이다. 다만, 효율성 증대효과

201) 서울고등법원 2004.10.27. 선고 2003누2252 판결.
202) 서울고등법원 2006.3.16. 선고 2005누3174 판결; 대법원 2008.5.29. 선고 2006두6659 판결.
203) 신동권(제3판), 300면.

에 국민경제상 예상되는 다양한 효과가 포함되어 있다는 점에서 회생불가회사라고 하여 별도의 예외요건을 규정할 필요가 있는지는 의문이다.

제 5 절 제 재

공정거래위원회가 매년 기업결합을 신고받아 처리하는 건수는 매우 많다. 공정거래위원회의 업무부담 및 물가상승을 감안하여 신고의무가 발생하는 매출액이 몇 차례 상향 조정되었으나, 그 직후 반짝 신고건수가 줄어들 뿐 얼마 지나지 않아 신고 및 처리건수는 다시 많아지는 양상을 반복하고 있다. 최근 10년간 공정거래법상 기업결합 신고대상에 해당하여 신고접수된 건 중에서 심사가 완료된 건수는 아래와 같다.

기업결합 심사 건수 추이

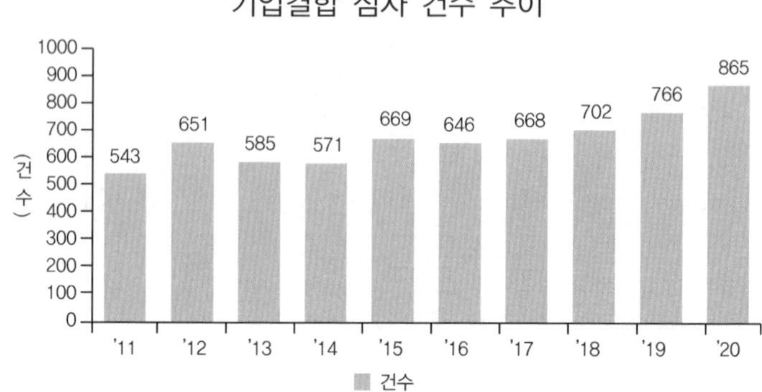

출처: 공정거래위원회 2021.2.18.자 보도자료

이처럼 공정거래위원회의 기업결합 신고 및 처리건수가 많다는 것은 심사절차의 효율 및 시정조치의 실효성과 관련하여 몇 가지 문제를 야기하게 된다. 첫째, 기업결합규제의 경우 적지 않은 심사건수에 비하여 경쟁제한성이 인정되어 시정조치가 부과되는 사례는 지극히 적을 수밖에 없다. 그럼에도 불구하고 불필요하게 많은 사건을 형식적으로나마 처리하게 됨으로써 중요한 기업결합사건에 인력과 자원을 집중할 수 없게 된다. 그 결과 시간이 생명인 기업결합심사에 너무 장기간이 소요되는 경우가 발생하게 된다.[204] 둘째, 경쟁을 실질적으로 제한하는 기업결합이 효

204) 마이크로소프트가 노키아의 휴대전화사업부문을 인수하는 기업결합에서도 중간에 동의의결절차가 개시되었음에도 불구하고 관할권을 행사했던 16개 국가 중에서 가장 늦게 절차가 종료되었다. 휴대전화산업에 관한 한 국내시장에 미치는 효과가 유독 크다는 점을 감안하더라도 지나치게 오래 걸렸다는 비난은 피하기 어렵다.

율성 증대 등 예외요건을 충족하는지 여부에 대하여 산업정책 및 국민경제의 차원에서 심도 있는 심사를 수행하기가 곤란하다. 설사 공정거래위원회가 예외를 인정하는 경우에도 그 사유를 객관적으로 명확하게 제시하기가 어렵고, 이러한 사정은 예외적으로 허용된 기업결합의 경우에 의결서를 제대로 작성하지도 않고 공개하지도 않는 점에서도 짐작할 수 있다. 끝으로, 기업결합에 따른 경쟁제한의 폐해를 시정하기 위하여 영업방식이나 영업범위 등에 제한을 가하는 이른바 행태적 조치를 내리는 경우에도 당사회사가 과연 동 조치를 얼마나 충실하게 준수하는지, 그러한 조치가 실제로 경쟁제한의 폐해를 효과적으로 방지하고 있는지 등에 관하여 사후 모니터링을 할 여유가 없다.[205)]

Ⅰ. 행정적 제재

1. 시정조치

가. 총 설

(1) 기업결합 시정조치의 개관

아무리 관련시장을 합리적으로 획정하고, 경쟁제한성을 정치(精致)하게 심사하더라도 실효성 있는 시정조치가 담보되지 않을 경우, 이와 같은 실체법적 분석은 의미가 없어지게 된다는 점에서 시정조치의 중요성은 아무리 강조해도 지나치지 않다. 기업결합규제의 특성상 공정거래위원회에 부여된 재량이 매우 넓다는 점을 감안하더라도 마찬가지이다. 더구나 합병 등 기업결합의 과정에 내재된 고도의 복잡성으로 인하여 관련시장의 수가 많거나 경쟁제한성 판단이 매우 어려울 경우에는 예상되는 경쟁제한효과를 해소하기 위한 시정조치를 설계하는 작업 또한 매우 복잡해질 수밖에 없다. 이 또한 기업결합 시정조치에 대한 보다 면밀한 검토와 제도보완이 절실히 요구되는 이유이다.

공정거래위원회는 기업결합이 일정한 거래분야에서 경쟁을 실질적으로 제한할 우려가 있는 경우에는, 당사회사 또는 위반행위자에 대하여 당해 행위의 금지,

205) 2020년 전부개정법에 따라 공정거래위원회는 동의의결에 한하여 그 이행 여부를 점검할 수 있고, 관련 업무를 공정거래조정원이나 소비자원에 위탁할 수 있게 되었다(법 제9조 제6항, 제7항). 이와 같은 사후 모니터링은 미래에 대한 시장예측에 기반하여 시정조치를 내리게 되는 기업결합규제의 경우에 더욱 중요한 의미를 갖는다.

주식의 전부 또는 일부의 처분, 임원의 사임, 영업의 일부양도, 법위반사실의 공표 기타 시정을 위하여 필요한 조치를 명할 수 있다(법 제14조 제1항). 이때, 시정조치의 대상인 피심인, 즉 기업결합 당사회사에는 기업결합 당사회사에 대한 시정조치만으로는 경쟁제한으로 인한 폐해를 시정하기 어렵거나 기업결합 당사회사의 특수관계인이 사업을 영위하는 거래분야의 경쟁제한으로 인한 폐해를 시정할 필요가 있는 경우에는 그 특수관계인이 포함된다. 예컨대, 현대제철 등이 계열회사인 현대위아, 현대하이스코와 함께 동부특수강의 주식 100%를 취득한 사건[206]에서 공정거래위원회는 해당 기업결합 이후 현대·기아차가 영위하는 사업 분야에서의 경쟁제한 행위로 인한 폐해를 방지할 필요가 있다는 이유를 들어 이들 또한 피심인 적격성을 갖추고 있다고 판단한 바 있다.

그런데 법 제9조 제1항을 위반하지 않은 자, 즉 당사회사 이외의 자에 대해서 경쟁제한의 폐해를 방지한다는 명분으로 시정조치를 부과하는 것은 행위자책임의 원칙에 맞지 않고, 공정거래위원회의 판단에 따라 피심인의 범위가 과도하게 확장될 소지가 있다는 점에서 법치국가의 원리 및 예측가능성에도 부합하지 않는다. 결합 이후 특수관계인이 경쟁제한행위로 나아갈지 여부도 확실하지 않은 상황에서 그로 인한 폐해방지조치가 적절한 것인지도 판단하기 어렵다. 따라서 위와 같은 태도는 타당하지 않으며, 당사회사 이외의 특수관계인에 의한 경쟁제한행위는 시장지배적 지위남용 금지 등 기존의 사후규제로 해결할 일이다.

공정거래법 제9조 제1항을 위반하는 경우에도 과징금은 부과할 수 없고, 공정거래위원회의 시정조치를 이행하지 않는 경우에 이행강제금만 부과할 수 있을 뿐이다. 거의 대부분의 경우에 당사회사가 사전에 공정거래위원회에 신고하고 더 이상 인수절차를 진행하지 않고 있다가 공정거래위원회의 시정조치가 내려지기 때문에 행정제재 및 부당이득환수의 성격을 갖는 과징금을 부과할 근거 내지 실익이 없기 때문이다.

그 밖에 시정조치의 이행을 담보하는 수단으로서는 의결권행사의 제한을 들 수 있다(법 제15조 제1항). 즉, 공정거래위원회로부터 주식처분명령을 받은 자는 그러한 명령을 받은 날로부터 의결권을 행사하지 못한다. 그런데 시정명령이 확정되기까지는 적어도 30일이 경과하여야 하며, 이의신청이 제기되거나 취소소송이 제기

206) 공정거래위원회 2015.3.3. 의결 제2015－060호.

되는 경우에는 훨씬 더 많은 시간을 요한다. 이처럼 시정명령이 확정되지 않은 동안에 주주의 본질적인 권리를 이처럼 제한하는 것이 바람직한지는 의문이다. 시정조치가 '확정된 날'로부터 의결권이 제한되는 것으로 개정하는 것이 바람직할 것이다.

끝으로 공정거래위원회는 문제된 기업결합에 대하여 내려진 시정조치의 이행여부를 확인하기 위하여 그 이행내역을 정기적으로 보고하도록 하거나 자료열람, 현장조사 등 필요한 조사를 할 수 있다(「기업결합 시정조치 부과기준」[207] Ⅴ.).

공정거래위원회는 경쟁제한적인 기업결합을 전체적으로 금지하는 것이 원칙이나, 비례의 원칙에 따라 일부금지(Teiluntersagung)로 만족해야 할 수도 있다. 다시 말해서 시정조치는 경쟁제한효과를 배제하는데 필요한 한도를 넘어서는 안 된다. 예컨대, 언제나 주식을 전부 처분하도록 명할 이유는 없으며, 지배관계가 형성되지 못하는 수준으로 주식을 처분함으로써 족한 경우에는 취득한 주식의 일부만을 처분하도록 명하는 것이 타당한 것이다.

한편, 공정거래법의 목적에 비추어 문제의 기업결합을 허용하는 대신 그 밖의 다른 조치를 통해서 경쟁을 회복하는 것이 허용될 수 있는지가 문제될 수 있다. 예컨대, 사전신고의무가 발생하지 않아 이미 합병이 이루어지거나 새로운 회사설립이 완료된 다음에 사후신고에 기초하여 경쟁제한성이 인정되는 경우에도 이를 무리하게 해체하는 것보다는 기존의 사업 중 일부를 처분하는 것이 경쟁질서나 국민경제의 관점에서 바람직할 수 있을 것이다. 합병이나 회사설립을 원상으로 돌리는 경우에는 법적 안정성을 해하고 다수의 이해관계자에게 불측의 손해를 야기할 수 있기 때문에 공정거래위원회는 이미 완료된 합병이나 회사설립 자체를 금지하는 처분을 내릴 수 없고, 단지 회사의 합병 또는 설립무효의 소를 제기할 수 있을 뿐이다(법 제14조 제2항).

(2) 기업결합 시정조치의 개념과 특수성

기업결합 시정조치는 당해 기업결합이 장래에 발생시키는 경쟁제한 우려를 해소할 목적으로 부과된다는 점에서 다른 법위반행위에 부과되는 시정조치와는 차이가 있다. 시장지배적 지위남용행위, 부당한 공동행위 등 다른 법 위반행위의 경우 과거 행위로 인해 이미 발생된 경쟁제한의 폐해를 시정할 목적으로 부과되므로 주

207) 공정거래위원회 고시 제2021−26호, 2021.12.30. 개정.

로 행태적 조치가 부과된다. 반면, 경쟁제한적 기업결합의 경우에는 가격인상 가능성, 봉쇄효과 등 당해 기업결합이 장래에 발생시킬 수 있는 경쟁제한 우려를 해소하기 위해 부과되므로 후술하는 바와 같이 구조적 조치를 부과하는 것이 원칙이다.

나. 기업결합 시정조치의 기본원칙

(1) 운영지침상의 기본원칙

일찍이 공정거래위원회는 2005년 11월 1일 「공정거래위원회의 시정조치 운영지침」(이하 "운영지침")[208]을 제정한데 이어 2006년 12월 27일에는 미국 DOJ와 FTC의 합병관련 시정조치 운영실무를 분석한 결과를 토대로 「기업결합 시정조치 부과지침」을 마련하였다. 이는 2011년에는 「기업결합 시정조치 부과기준」(이하 "부과기준")[209]으로 변경되었다.

먼저, 부과기준은 크게 네 가지의 일반원칙을 제시하고 있는바, 대체로 운영지침에서 규정한 시정조치의 원칙과 유사하다. 첫째로 시정조치는 문제된 기업결합의 사실관계를 적절히 반영하여 사안별로 검토·부과되어야 하며, 당해 시정조치를 통하여 기업결합이 야기하는 경쟁제한의 우려를 효과적으로 시정할 수 있어야 한다(부과기준 Ⅲ. 1.). 이는 실효성 및 연관성의 원칙을 표현한 것으로 보인다. 그에 따라 예컨대, 매각대상설비가 다수의 제품(multi－product)을 생산하고 있는 결과 당사회사가 경쟁제한의 우려가 없는 시장에도 참여하고 있던 경우, 최소한 해당설비 전체가 인수기업의 생존가능성과 경쟁력을 보장하기에 필요한 경우에는 전체를 매각하여야 할 것이다. 이 경우, 시정조치의 실효성을 보장하기 위해 필요한 한도에서 중첩되는 자산 이상의 분리가 필요할 수도 있고, 이때에는 비례원칙에 반하지 않는 것으로 볼 수 있을 것이다.

둘째, 시정조치는 당해 기업결합이 야기하는 경쟁제한의 우려를 시정하고 효과적인 경쟁상황을 회복하는 데 필요한 최소한도에 그쳐야 한다(부과기준 Ⅲ. 2.). 이른바 비례의 원칙이다. 시정조치의 실효성은 시정조치의 적정성에 의해서 보완되어야 한다는 의미로도 이해할 수 있다. 즉, 과도한 시정조치는 특정 기업결합에 내재된 효율성 증대의 잠재력을 훼손할 우려가 있는 반면, 과소한 시정조치는 당해

208) 공정거래위원회 지침, 2005.11.1. 제정.
209) 공정거래위원회 고시 제2011－3호, 2011.6.22. 제정.

기업결합에 수반되는 경쟁구조의 악화를 충분히 해소할 수 없을 것이기 때문이다.

셋째로, 시정조치에 따른 의무사항은 그 이행 여부를 객관적으로 판단할 수 있을 정도로 명확하고, 구체적이며, 이행가능하여야 한다(부과기준 Ⅲ. 3.). 이는 명확성, 구체성 및 이행가능성의 원칙에 해당한다.

끝으로, 공정거래위원회는 시정조치의 부과 및 집행에 있어 비밀정보를 최대한 보호하는 가운데 결합당사회사는 물론 경쟁사업자, 소비자, 공급자, 관련업계 전문가 등 이해관계자의 의견을 수렴할 수 있다(부과기준 Ⅲ. 4.). 이는 운영지침에는 없는 것으로서, 비밀보호의 원칙 및 청문의 원칙을 정하고 있다.

(2) 구조적 시정조치와 행태적 시정조치의 관계

무엇보다 시정조치의 실효성 확보라는 관점에서 구조적 시정조치의 우선원칙이 적용된다.[210] 견해에 따라서는 구조적 시정조치와 행태적 시정조치의 구분이 모호할 뿐만 아니라 구별의 실익도 없다고 보기도 하고,[211] 양자의 규제강도 면에서는 차이가 존재하지 않거나 유의미하지 않을 수도 있다. 구조적 시정조치의 보완이 아니라 대체방안으로서 행태적 시정조치가 고려될 경우, 후자 또한 다른 경쟁사업자의 존속 및 경쟁력 강화를 통한 경쟁구조의 보호라는 목표에는 차이가 없고, 그 결과 행태적 시정조치라도 그 강도는 전체적으로 구조적 시정조치와 크게 다르지 않을 수 있기 때문이다.

수평결합의 경우 주식처분명령 등 구조적 조치가 부과되다가, 1997년 IMF 경제위기가 극복된 2002년 말부터 다시 구조적 조치가 원칙적으로 부과되다가, 2008년 이후 다시 행태적 조치를 부과하는 경우가 증가하였다.[212] "eBay" 사건[213]에서는 향후 3년간 판매수수료율의 인상금지, 등록수수료나 광고수수료 단가인상의 제한이라는 시정조치가 부과되었고, "홈플러스" 사건[214]에서도 과거 "이마트" 사건[215]의 예와 달리 조치대상 점포의 상품가격을 비교대상 점포의 가격보다 낮게

210) 권오승(제13판), 232면. 선진 경쟁당국의 경우 기업결합에 대한 구조적 시정조치를 행태적 시정조치보다 선호하고 있다.

211) 이호영, "독점규제법상 기업결합에 대한 시정조치의 개선", 저스티스 제90호, 2006, 198면 각주 6.

212) 그에 대한 자세한 예는 권오승·서정(제4판), 235–238면.

213) 보다 자세한 내용은 공정거래위원회, 공정거래백서, 2009, 112면 이하.

214) 공정거래위원회 2008.10.27. 의결 제2008–285호.

215) 공정거래위원회 2006.11.14. 의결 제2006–264호. 여기에서는 피취득회사인 월마트의 일부 지점에 대한 제3자 매각명령이 내려졌으나, 동 심결은 서울고등법원에서 취소되었고, 공정거래위원회가 상고를 포기함으로써 확정되었다.

유지하도록 하는 등의 조치만이 부과되었다. 최근 공정거래위원회는 “배달의 민족/요기요 결합” 사건[216]에서 6개월 이내에 딜리버리히어로 에스이(DH)가 요기요를 운영하고 있는 딜리버리히어로코리아(DHK)의 지분 전부를 제3자에게 매각하도록 하는 구조적 시정조치를 내리면서, 매각완료시까지 현상 유지하도록 하는 행태적 시정조치도 함께 부과하였다. 한편, 수직결합의 경우에는 구조적 조치를 명한 사례가 없다.

기업결합이란 경제적으로 독립된 둘 이상의 기업이 하나의 지배체제하에 통합되는 것으로서, 기업구조에 근본적인 변화를 가져오는 행위이다. 이때, 그로 인한 경쟁제한효과란 무엇보다 결합관계 그 자체에서 비롯되는 것으로서, 기업결합규제가 사전규제를 중심으로 이루어지고 있는 것도 바로 필요할 경우 결합관계 그 자체를 금지하기 위한 것임은 물론이다. 따라서 어떤 기업결합이 경쟁제한적이라고 판단될 경우에는 그러한 결합관계를 해소하는 것이 정도(正道)이고 동시에 실효적인 조치이며, 폐해를 야기할 수 있는 결합관계를 그대로 방치한 상태에서 폐해만을 시정하겠다는 것은 근본적인 시정이 될 수 없고,[217] 이 점이 기업결합규제와 시장지배적 지위남용규제의 근본적 차이이기도 하다.

이러한 맥락에서 구조적 시정조치는 기업결합 자체에서 비롯되는 경쟁제한의 요소를 사전에 제거하기 위한 조치로서, 결국 중첩자산의 분리매각이 원칙이 될 수 밖에 없다. 반면, 행태적 시정조치는 구조적 시정조치가 불가능하거나 구조적 시정조치를 보완하기 위하여 필요한 범위에서 고려될 수 있으며, 그 유형은 매우 다양할 수 있으나 본질적으로는 사후의 폐해규제라는 성격을 가지게 된다. 다만, 이때의 행태규제가 반드시 공정거래법상 금지된 행위에 국한되는 것은 아니며, 그 범위를 넘는 작위 또는 부작위의무가 부과될 수 있다는 점에 유의할 필요가 있다.

다. 몇 가지 쟁점

공정거래법 제14조에 따른 구조적 시정조치로는 주식처분, 임원의 사임, 영업양도가 대표적이며, 행태적 시정조치로는 당해 행위의 중지, 시정명령을 받은 사실

216) 공정거래위원회 2021.2.2. 의결 제2021－031호.

217) 반면, 이호영, 앞의 글(2006), 197면에서는 기업결합 시정조치에 관한 공정거래위원회의 광범위한 재량이 경쟁제한적 기업결합이라도 그 자체를 금지하거나 원상으로 환원하기 보다는 가능한 한 경쟁제한적 폐해를 방지하면서 그로 인한 긍정적 효과를 누릴 수 있도록 하는 것이 바람직하기 때문에 정당화되는 것이라고 설명하고 있다. 이는 결국 기업결합규제의 본질을 폐해규제로 보아야 한다는 주장으로도 이해할 소지가 있다.

의 공표 외에 “경쟁제한의 폐해를 방지할 수 있는 영업방식 또는 영업범위의 제한”을 들 수 있다. 이때, 당해 행위의 중지란 기업결합 전체를 금지하는 것이어서 일견 행태적 조치의 성격을 가지고 있음에도 불구하고 가장 강력한 제재에 해당한다.

법해석상 문제되는 몇 가지 쟁점을 살펴보면 다음과 같다. 먼저, 경쟁제한적 기업결합에 대하여 당해 행위의 중지가 갖는 의미를 조금 더 살펴볼 필요가 있다. 시장지배적 지위남용이나 카르텔, 불공정거래행위의 금지와 같은 사후규제의 경우에는 심결 시점에 이미 법위반행위가 중지된 경우가 대부분이어서 일견 별다른 실효성이 없어 보인다. 즉, 향후 법위반행위를 다시 해서는 안 된다는 의미를 갖는 것이다.[218] 물론 중지명령이라는 시정조치를 받은 사실이 벌점으로 남게 되어 추후 공정거래법 위반행위가 다시 발생하였을 때 제재의 수준에 영향을 미치게 된다는 법적 효과도 무시할 수 없다. 그런데 경쟁을 실질적으로 저해할 우려가 있는 기업결합에 대해서는 대체로 사전신고 및 사전심사를 통한 예방적 규제가 이루어지고, 이때에는 전술한 바와 같이 당해 기업결합을 전면적으로 금지하는 강력한 효과를 갖게 된다. 반면, 사후신고와 사후심사를 통하여 기업결합이 경쟁을 실질적으로 제한할 우려가 있다고 인정되는 경우에 행위중지명령은 내리지 않는 것으로 이해하여야 한다. 기업결합을 금지하는 효과도 장래에 법위반행위의 반복을 막는다는 효과도 없기 때문이다.

이어서 영업방식 또는 영업범위의 제한이라는 시정조치의 의미와 한계를 따져볼 필요가 있다. 동 시정조치는 어디까지나 경쟁제한의 폐해를 방지하기 위한 것이라는 의미에서 기업결합 자체로 인하여 경쟁이 구조적으로 심히 악화된다는 판단을 전제로 한다. 해당 결합관계 그 자체는 금지하지 않고 경쟁제한으로 인한 폐해만을 사후에 규제하는 조건이라는 의미에서 흔히 조건부 승인으로 불리는 이유도 여기에 있다. 다만, 공정거래위원회로서는 구조적 시정조치를 내리는 경우에도 여전히 경쟁제한의 폐해가 나타날 수 있고, 이 경우 구조적 시정조치를 보완하기 위하여 영업방식 또는 영업범위의 제한을 부과할 수도 있을 것이다.

끝으로, 사전신고나 사후신고의 경우를 막론하고 공정거래위원회가 신고를 받은 후 언제까지 시정조치를 내려야 하는지가 문제된다. 이는 공정거래위원회가 기업결합을 규제할 수 있는 기한의 문제이기도 하며, 사업자로서는 법적 안정성이라

218) 대법원 2003.2.20. 선고 2001두5347 전원합의체 판결.

는 관점에서 실무상 매우 중요한 의미를 갖는다. 2012년부터 공정거래위원회는 사전심사요청의 경우에는 요청을 받은 날로부터 원칙적으로 30일 이내(90일 범위에서 연장가능)에 심사하여 그 결과를 신고자에게 통지하여야 한다(현행법 제11조 제7항). 따라서 사전신고의 경우에는 이행금지기간이 경과하면 일응 기업결합을 실행하는 것이 가능하기는 하지만, 법해석상 그 기간이 경과한 후에도 공정거래위원회가 당해 기업결합을 금지하여 시정조치를 내리는 것이 가능하므로 기업으로서는 사실상 기업결합을 진행할 수 없다. 다만, 공정거래위원회의 실무에서는 이행금지기간을 공정거래위원회가 시정조치를 내릴 수 있는 기간으로 해석하여, 그 기간 내에 의결서가 도달되도록 하고 있다.

입법론으로는 절차의 경제 및 M&A에 요구되는 신속성 등을 감안할 때 기업결합 심사절차가 진행되는 기간을 규범적으로 통제할 수 있는 방안을 고민할 필요가 있다. 유럽합병규칙을 참고할 필요가 있다. 그에 따르면 유럽집행위원회가 일정 기간 내에 금지 또는 허용의 결정을 내리지 않는 경우에 당해 기업결합은 허용되는 것으로 간주되는 것이다. 그런데 더욱 어려운 문제는 공정거래위원회가 심사를 위하여 추가자료를 요청하는 경우(이른바 second request) 자료를 보완하는 기간은 심사기간이나 이행금지기간에 산입되지 않는다는 점이다(영 제18조 제7항). 당사회사가 심사에 필요한 자료를 의도적으로 부실하게 제출할 경우를 염두에 둔 것으로 보이는바, 그러한 취지를 살리면서 선의로 심사절차에 응하는 기업이 과도하게 오랫동안 불확실성에 따른 불이익을 입지 않을 수 있는 방안을 모색하여야 할 것이다.

라. 기업결합 시정조치의 실무

부과기준은 시정조치를 구조적 조치와 행태적 조치로 구분하고, 전자를 다시 금지조치와 자산매각조치로 구분하고 있다(부과기준 Ⅳ. 2. 가., 나.). 금지조치는 당해 기업결합 전체를 금지하거나 이미 발생한 기업결합을 원상회복시키는 조치를 말한다. 반면, 자산매각조치와 관련하여 위 지침은 매각대상자산의 선정과 매각상대방 선정 시 고려할 사항을 단순히 열거하고 있을 뿐이고, 행태적 조치와의 관계에 대해서는 별다른 언급이 없다. 즉, 매각대상자산의 선정과 관련해서는 효과적인 경쟁의 회복에 필요한지, 다른 자산과의 분리가 가능한지, 독자적인 경쟁력이 있는지 등이 고려되고, 매각상대방은 원칙적으로 당사회사가 선정하되, 매각상대방의 향후 영업계획이나 구매자금의 조달계획 등이 고려된다.

반면, 법 제14조 제1항 제6호의 '기업결합에 따른 경쟁제한의 폐해를 방지할 수 있는 영업방식 또는 영업범위의 제한'과 같은 시정조치를 내릴 수 있도록 하고 있는데, 부과기준은 행태적 조치의 개념을 언급하지 않고, [별표 1]에서 그 유형을 들고 있다(부과기준 Ⅳ. 3. 라.). 그에 따르면, 첫째로, 경쟁사업자의 지위를 강화하는 조치로서, ① 최종고객과의 관계를 제한하는 방법, ② 결합당사회사가 필수요소에 대한 접근이나 공급을 통제하고 있는 경우의 조치, ③ 구매자의 행태변화를 촉진하기 위한 조치 유형을 들고 있다. 둘째로, 시장성과를 직접 규제하는 조치로서, ① 가격규제, ② 공급유지 의무, ③ 상품 및 서비스 품질유지 의무를 들고 있다.

또한 부과기준은 행태적 조치를 부과할 수 있는 경우와 행태적 조치만을 부과할 경우에 대한 기준을 두고 있는데, 전자의 경우 "① 해당 기업결합의 경쟁제한 우려를 치유하기에 적절한 구조적 조치가 없거나, 구조적 조치를 부과하는 것이 효과적이지 않은 경우, ② 구조적 조치를 이행할 경우 해당 기업결합으로부터 기대되는 효율성 증대 등 친경쟁적 효과의 상당부분이 없어지는 경우"를 들고 있다. 또한 후자의 경우 "해당 기업결합으로 인한 경쟁제한 우려를 해소하여 경쟁적 시장구조의 유지나 회복에 기여할 수 있는 것으로서 구조적 조치에 상당하는 조치를 우선하여 고려하여야 한다."고 하면서, ① 해당 행태적 조치로써 효과적인 경쟁상황을 회복하기에 충분한지 여부, ② 해당 행태적 조치의 이행 여부를 감독하기 위하여 공정거래위원회가 지속적으로 개입할 필요가 있는지 여부, ③ 해당 행태적 조치가 가격, 생산량, 시장점유율 등 영업의 본질적 내용 및 그 결과에 대한 직접적인 규제로서 시장왜곡을 초래할 가능성이 없는지 여부 등을 종합적으로 고려하도록 하고 있다(부과기준 Ⅳ. 3. 가. 내지 다.).

한편, 시정조치의 이행감독과 관련해서는 공정거래위원회가 당사회사의 시정조치 이행 여부를 확인하기 위하여 일정한 기간을 정하여 정기적으로 그간의 시정조치 이행내역을 보고하게 할 수 있고, 당사회사의 시정조치 이행 여부를 확인하기 위하여 당사회사에 대해 자료열람, 현장조사 등 필요한 조사를 할 수 있다고 규정하고 있다(부과기준 Ⅴ.).

대표적으로 "씨에이치음료" 사건[219]에서 공정거래위원회는 취득회사에게 5년간 제품의 우선공급의무를 명하는 한편 시정명령을 받은 날부터 3년이 경과한 후

219) 공정거래위원회 2009.4.15. 의결 제2009-097호.

피심인이 동 의무의 변경 또는 종료를 요청할 수 있도록 하였으나, 보다 어려운 문제는 5년이 경과한 후 여전히 경쟁제한의 우려가 해소되지 않을 경우 또는 5년이 경과하기 전이라도 경쟁이 당초 예상보다 심각하게 제한될 경우에 어떻게 대처할 수 있는지 여부인 것이다. 이러한 문제는 동 사건에서 거래조건의 차별을 금지한 부분에 관하여 독립적으로 설치된 기구를 통하여 이행을 담보하도록 하고는 있으나, 위에서 언급한 문제는 여전히 남는다.[220]

(1) 구조적 시정조치

공정거래위원회는 오히려 기업결합규제의 초기에 "동양화학공업" 사건,[221] "송원산업" 사건,[222] "프록터앤드갬블" 사건,[223] "코오롱" 사건,[224] "무학" 사건,[225] "삼익악기" 사건,[226] "오웬스코닝" 사건[227] 등에서 구조적 시정조치, 대표적으로 주식처분 또는 생산설비나 영업의 양도를 적극적으로 명하였다. 특히, "송원산업" 사건에서는 당사회사가 취득한 피취득회사의 주식 전부가 아니라 주식소유비율이 10% 미만이 되도록 처분할 것을 명하였는바, 비례원칙의 관점에서 시사하는 바가 크다. 둘 이상의 구조적 조치가 결합되어 부과된 예도 있는바, "프록터앤드갬블" 사건에서 공정거래위원회는 피취득회사가 보유하던 관련 회사의 주식처분과 더불어 피취득회사의 설비 일부매각을 명한 바 있다. "엠디하우스" 사건[228]에서는 피취득회사의 산업재산권 일체의 매각을 명하기도 하였다.

한편, 경쟁제한적 기업결합에 대한 구조적 조치로서 공정거래위원회가 그 용도를 정하여 자산매각을 명한 경우에 일단 기한 내에 매각이 이루어진 후에도 당해 시정명령이 여전히 그 효력을 유지하는지가 다투어질 수 있다. 여기서 구조적 조치와 행태적 조치의 차이에 주목할 필요가 있다. 전자는 경쟁구조의 악화를 가져올 수 있는 기업결합을 아예 금지하거나 혹은 경쟁제한의 폐해를 야기할 수 있는 부문

220) 그 밖에 "포스코" 사건(공정거래위원회 2003.3.24. 의결 제2003-084호)에서도 사후감독을 위하여 "이행감시협의회"의 구성·운영이 명해졌다.

221) 공정거래위원회 1982.1.13. 의결 제1982-001호.

222) 공정거래위원회 1982.12.15. 의결 제1982-004호.

223) 공정거래위원회 1998.5.23. 의결 제1998-084호.

224) 공정거래위원회 2002.12.23. 의결 제2002-365호.

225) 공정거래위원회 2003.1.28. 의결 제2003-027호.

226) 공정거래위원회 2004.9.24. 의결 제2004-271호.

227) 공정거래위원회 2007.12.5. 의결 제2007-548호.

228) 공정거래위원회 2004.4.6. 의결 제2004-079호.

의 자산을 매각하게 함으로써 일거에 문제를 해결하는 방식(one-off remedy)이다. 반면, 후자는 결합 후 경쟁제한의 우려를 현실화할 수 있는 행태를 사후에 금지하는 방식으로서 공정거래위원회의 지속적인 이행감독(monitoring)과 적절한 사후 수정·보완이 필요하다. 생각건대, 공정거래위원회가 기한을 정하여 매각명령을 내리고, 피심인이 그 기한 내에 공정거래위원회와 협의를 거쳐 해당 자산을 적법하게 매각하여 이행을 완료하였다면 그 시점에서 일응 시정조치의 목적은 달성된 것이고, 이로써 해당 시정조치는 효력을 상실한다고 해석하여야 한다. 공정거래위원회가 제3자 매각을 승인한 후에도 여전히 당초의 시정조치가 계속해서 효력을 유지한다면 매수인으로서는 무기한으로 당초의 용도를 유지해야 한다는, 의결서에는 명시되지 않은 의무를 부과하는 것이 되어 부당하다.

반면, 경쟁제한적 기업결합에 대한 시정조치를 면탈하기 위하여 제3자에게 일시적으로 처분대상자산의 소유권을 이전시키고, 얼마 후에 그 용도 내지 목적을 변경하거나 또 다른 제3자에게 재매각하는 행위가 발생할 수 있고, 이를 차단하기 위한 제도적 개선이 요구된다. 생각할 수 있는 구체적인 방안은 다음과 같다.

① 공정거래법을 면탈하는 행위는 실체법적 금지조항뿐만 아니라 절차법이나 시정조치와 관련해서도 발생할 수 있다는 점에서 공정거래법 전체를 포괄하는 탈법행위 금지조항을 새로이 규정하는 방법이다. 공정거래법 제13조는 제3장(기업결합의 제한)에 규정되어 있어서 그 적용범위가 한정될 수밖에 없으므로, 이를테면 제10장(조사 등의 절차)에 새로이 조항을 신설하는 방안을 검토할 수 있다.

② 기업결합 '시정조치'에 관한 탈법행위를 금지하기 위하여 법 제14조 제1항에 법 제16조(시정조치 등)를 추가하는 방법도 생각할 수 있다. 자산매각조치가 일견 기한 내에 이루어진 경우에도 공정거래위원회가 추후 모니터링을 통하여 시정명령의 취지가 제대로 준수되고 있는지를 살펴보고, 필요시에는 시정명령 불이행으로 제재할 수 있는 장치가 마련될 필요가 있다.[229]

③ 공정거래법상 탈법행위의 금지에 반하는 행위를 한 자에 대해서는 벌칙만이 규정되어 있다(법 제124조 제2호). 그런데 탈법행위의 유형이나 정도에 따라서는 시정조치나 과징금 등을 추가로 부과하는 것이 타당한 경우가 있을 수 있으므로 별

229) 현행법상 기업결합 위반에 대한 이행강제금은 피심인이 시정조치를 받은 후 그 정한 기간 내에 이행을 하지 않는 경우에 한하여 부과할 수 있는 것이다(법 제16조 제1항).

도의 근거조항을 마련할 필요가 있다.

그 밖에 최근의 사례로 "딜리버리히어로" 사건에서 공정거래위원회는 국내에서 배달앱 '요기요'를 운영하는 딜리버리히러로코리아(DHK)와 '배달통'을 보유한 독일의 딜리버리히어로가 국내 1위 배달앱 '배달의 민족'을 운영하던 우아한형제들의 주식 약 88%를 인수하는 기업결합에 대하여 배달앱 시장에서의 수평결합부분, 음식배달대행시장 및 공유주방시장에서의 혼합결합부분에 관하여 경쟁제한성을 인정한 후 딜리버리히어로에게 DHK의 지분 전부, 결과적으로 '요기요' 사업을 매각하라는 내용의 구조적 조치를 명한 바 있다.[230] 동 사건에 관해서는 배달앱시장의 동태적 측면이 충분히 고려되지 않았다거나 기타 행태적 조치로서 매각대상인 '요기요'의 서비스와 품질 등 경쟁력 저하를 방지하고 그 자산가치를 유지시키기 위하여 DHK의 매각이 완료될 때까지 현재의 상태를 유지하도록 하는 조치가 실효성을 가질 것인지에 대한 의문이 제기될 여지가 있다.

한편, 구조적 시정조치를 보완하기 위하여 행태적 시정조치가 병행된 사례도 일부 찾아볼 수 있다. 예컨대, 영업양수에 의한 기업결합이 문제되었던 "아이앤아이스틸" 사건[231]에서 공정거래위원회는 취득회사인 아이앤아이스틸과 현대하이스코가 보유하던 압연설비 일체를 매각하라는 구조적 조치와 더불어 향후 인수기업에게 일정기간 압연에 필요한 원재료의 공급의무를 부과하였다. 또한 "백튼디킨슨코리아홀딩" 사건[232]에서 공정거래위원회는 기계설비의 매각명령과 더불어 일정기간 내수판매를 위한 설비의 신·증설 금지 및 국외제품의 수입·판매 금지를 명한 바 있다.

(2) 행태적 시정조치

㈎ 가격인상의 제한

공정거래위원회는 1998년 "질레트컴퍼니" 사건에서 처음으로 가격제한을 부과한 이래 구조적 시정조치 없이 종종 가격인상을 제한하는 시정조치를 내리고 있다. "질레트컴퍼니" 사건[233]에서는 피취득회사인 로케트코리아의 공급가격이 5년간 듀라셀 알카전지의 미국 내 연평균 소비자가격의 27.5%를 초과하지 않도록 하는 조

230) 공정거래위원회 2021.2.2. 의결 제2021-032호.
231) 공정거래위원회 2004.11.17. 의결 제2004-285호.
232) 공정거래위원회 2000.2.25. 의결 제2000-038호.
233) 공정거래위원회 1998.12.18. 의결 제98-282호.

치가 내려졌다. 아울러 이 사건에서 공정거래위원회는 질레트컴퍼니의 시장점유율이 50% 미만인 때에는 그 기간 동안 가격규제를 적용하지 않기로 하였다. 마찬가지로 "하이트/진로" 사건[234]에서도 5년간 소비자물가 상승률 이상으로 소주가격을 인상하지 못하도록 하는 시정조치가 내려진 바 있다.

이와 같은 가격인상규제는 일견 당해 기업결합으로 인한 시장지배력의 형성 또는 강화와 그로 인한 대표적인 남용, 즉 독점가격의 책정을 미연에 방지하기 위한 것으로 볼 수 있다. 그런데 이러한 시정조치는 앞에서 살펴본 기본원칙에 비추어 몇 가지 문제점을 내포하고 있는 것으로 보인다.

첫째, 시정조치의 실효성이라는 관점에서 과연 가격인상을 제한하는 것만으로 경쟁제한효과가 충분히 상쇄될 수 있는지 여부이다. 문제의 기업결합으로 인한 시장지배력은 가격인상으로 나타나는데 국한되지 않고, 다른 여러 가지 방법으로 경쟁을 악화시킬 수 있고, 중장기적으로 관련시장에서의 혁신과 신규진입이 저지될 수 있는 것이다. 더구나 가격규제를 받는 기간이 5년으로 한정될 경우, 당해 기업결합으로 인한 폐해가 5년에 국한된다는 보장이 없는 이상 효과적인 경쟁제한 해소책으로 보기 어렵다.

둘째, 가격인상을 제한하는 기준 또한 실효성의 관점에서 이해하기 어렵다. 예컨대, "질레트컴퍼니" 사건과 같이 경쟁제한의 우려가 큰 듀라셀 알카전지에 대해서 미국 내 소비자가격의 일정 비율을 기준으로 가격인상을 금지할 근거를 찾을 수 없다. "하이트/진로" 사건의 경우도 소주가격의 인상은 당시 국세청의 허가사항이었다는 점에서, 공정거래위원회가 소주가격의 인상을 별도의 기준으로 금지하는 것이 별도의 시정으로 볼 수 있을 것인지도 의문이다. 소비자물가 상승률을 소주가격의 인상을 위한 상한으로 삼은 것 또한 산업별 특성을 감안하지 않은 획일적인 규제로서 시정조치의 실효성을 그만큼 떨어뜨릴 것임은 물론이다.

요컨대, 가격인상의 제한은 당해 기업결합의 경쟁제한성은 전혀 해소하지 못하는 상태에서 인위적인 가격규제와 다를 바 없다는 점에서 가급적 자제하되, 구조적 시정조치에도 불구하고 단기간에 과도한 가격인상을 막을 필요가 있을 때에만 제한적으로 부과하는 것이 타당할 것이다.

---

234) 공정거래위원회 2006.1.24. 의결 제2006-009호.

(나) 시장점유율의 제한

공정거래위원회는 당사회사가 결합 후 관련시장에서 막대한 시장지배력을 확보할 것이 확실시되는 경우에도 구조적 시정조치를 내리는 대신 시장점유율을 제한하는 조치를 내리기도 하였다. 이러한 시정조치의 첫 번째 사례로는 "델피니엄 엔터프라이즈" 사건[235]을 들 수 있는바, 당사회사의 시장점유율 합계가 56.2%에 이를 것임에도 불구하고 매 반기별 신문용지시장의 점유율이 50%를 초과해서는 안 된다는 명령을 내렸다. 그 밖에 "에스케이텔레콤" 사건[236]에서도 당사회사의 시장점유율 합계가 56.9%에 이르는 점을 들어 경쟁제한성을 인정하는 한편, 시정조치로는 향후 약 1년이 되는 2001년 6월 말까지 시장점유율을 50% 미만으로 낮추도록 하는 명령이 내려졌다.

이와 같은 시장점유율 제한은 그 자체가 경쟁원리에 반하는 것일 뿐만 아니라,[237] 당해 기업결합에 따른 효율성 증대효과 자체를 부인하는 것으로서 바람직하지 않다. 더구나 실효성의 측면에서도 일정 기한 동안 시장점유율을 일정수준 이하로 유지한다고 해도, 그 기간이 경과한 후에는 아무런 제한 없이 시장점유율을 늘릴 수 있다는 점에서 의문이고, 시장점유율을 인위적으로 인하하는 방법이란 결국 기존 거래의 중단 내지 신규 거래의 거절을 수반할 수밖에 없다는 점에서 거래상대방, 특히 소비자의 선택권을 침해할 소지 또한 크다. 따라서 시장점유율의 제한이라는 시정조치는 예외적으로나 구조적 시정조치에 대한 보완적 차원에서도 자제되어야 할 것이다.

(다) 경쟁제한행위의 금지

공정거래위원회는 결합관계는 그대로 유지하면서 당사회사에게 일정한 경쟁제한행위를 금지하는 내용의 시정조치를 부과하기도 한다. 예컨대, "에스케이" 사건[238]에서는 석유수송신청의 거부나 수송물량의 제한 등 경쟁제한행위를 금지하는 내용을 피취득회사인 대한송유관공사의 정관에 규정하도록 하였고, "씨제이홈쇼핑" 사건[239]에서는 부당한 거래거절이나 차별취급을 금지하였으며, "하이트/진로"

235) 공정거래위원회 1998.11.20. 의결 제1998-269호.
236) 공정거래위원회 2000.5.16. 의결 제2000-076호.
237) 권오승(제13판), 235면; 정호열(제6판), 246면.
238) 공정거래위원회 2001.6.29. 의결 제2001-090호.
239) 공정거래위원회 2003.3.24. 의결 제2003-084호.

사건에서는 부당한 고객유인이나 거래상 지위남용을 금지하는 등의 공정거래방안을 수립·시행하도록 하였다. 그 밖에 최근에는 “포스코” 사건[240]에서 공정거래위원회는 취득회사에 대하여 정당한 이유 없는 거래거절, 부당한 차별취급, 부당한 구입강제 등을 금지하는 등의 행태적 조치를 부과하기도 하였다.

그런데 이러한 시정조치야말로 기업결합규제의 본질을 간과한 것으로서 부당하다. 위에서 언급된 내용의 시정조치들은 기업결합의 유무와 상관없이 또는 결합관계 그 자체는 유지되더라도 별도의 금지명령 없이도 금지되는 것이기 때문이다. 굳이 차이가 있다면 이를 시정조치의 내용으로 삼을 경우, 위반 시 단순한 공정거래법 위반행위가 아니라 시정조치 불이행에 해당하여 형사처벌을 받을 수 있다는 것뿐이다. 실효성의 관점에서 더욱 심각한 문제는 경쟁제한행위를 금지하는 시정조치를 불이행한 경우에도 당초의 시정조치를 취소 또는 변경하는 등의 방법으로 새로이 당해 기업결합을 금지하거나 구조적 시정조치를 새로 부과할 수 없다는 데에 있다.

따라서 이미 동법에서 금지하고 있는 경쟁제한행위를 굳이 시정조치에 담을 실익이 별로 없으며 기업결합의 경쟁제한성을 효과적으로 해소하지도 못한다는 점에서 이와 같은 시정조치는 허용되지 않는 것으로 보는 것이 타당하다. 굳이 필요하다면 후술하는 바와 같이 공정거래법이 금지하는 이상의 작위·부작위의무를 부과하는 것은 무방할 것이다.

㈑ 기타 작위 또는 부작위 의무

공정거래위원회가 공정거래법이 금지하는 경쟁제한행위의 범주를 넘는 보다 적극적인 작위 또는 부작위의무를 부과하는 예도 있다. 대표적으로 “현대자동차” 사건[241]에서는 당사회사인 현대자동차와 기아자동차가 5년간 비계열부품회사로부터의 연간 구매비율을 결합 당시와 동일한 수준으로 유지하도록 하였고, “씨제이홈쇼핑” 사건[242]과 “씨엠비” 사건[243]에서는 피취득회사인 종합유선방송사업자(SO)의 채널편성에 일정한 제한을 부과하였다. 아울러 “에스케이텔레콤” 사건[244]에서는 동

240) 공정거래위원회 2007.7.3. 의결 제2007－351호.

241) 공정거래위원회 2002.6.18. 의결 제2002－111호.

242) 공정거래위원회 2003.3.24. 의결 제2003－084호.

243) 공정거래위원회 2008.9.8. 의결 제2008－261호. 그 밖에 이 사건에서는 아날로그 묶음형 상품의 수신료 인상을 일정 기간 제한하는 명령이 함께 내려졌다.

244) 공정거래위원회 2000.5.16. 의결 2000－076호.

사의 셀룰러단말기 수요독점에 따른 경쟁제한성을 해소하기 위하여 향후 5년간 계열회사인 에스케이텔레텍로부터의 구매량을 연간 120만대로 제한하는 명령이 부과되었다. 아울러 최근에는 "씨에이치음료" 사건에서 취득회사에게 다른 경쟁업체에 대한 과실음료제품의 우선공급의무를 부과하기도 하였다.

이러한 시정조치는 당초 기업결합규제의 취지에 부합하면서도 가격인상제한이나 시장점유율의 제한 또는 경쟁제한행위의 금지에 비하여 경쟁제한효과를 해소하는 데에 보다 효과적일 것으로 판단된다. 다만, 종래 공정거래위원회가 적극적인 작위 또는 부작위의무를 명하면서 구조적 시정조치를 병행한 예를 찾기 어렵다는 점에서, 구조적 조치와 행태적 조치의 관계 설정을 명확히 정립할 필요는 여전히 크다.

마. 기업결합 시정조치의 개선방안

공정거래위원회의 기업결합 시정조치 실무에서 몇 가지 문제점을 지적할 수 있다. 첫째, 구조적 조치의 우선원칙이 제대로 지켜지지 않고 있고, 동 원칙을 강제할 수 있는 수단이 없다. 둘째, 경쟁제한적 기업결합을 규제하면서 오히려 새로이 경쟁원리에 맞지 않는 시정조치가 부과됨으로써 기업결합규제의 취지를 왜곡하는 경우가 있다. 셋째, 적지 않은 사례에서 특정 시정조치를 내리게 된 법적 근거와 합리적인 사유가 제시되지 못하고, 그 결과 경쟁제한성과 시정조치의 강도 사이에 비례원칙이 담보되기 어렵다. 넷째, 행태적 시정조치만 부과된 경우, 해당 작위 또는 부작위의무를 위반하거나 시장상황의 변동으로 당해 시정조치가 적절하지 않게 된 경우에 대한 제도적 사후조치가 없다. 끝으로, 시정조치를 부과한 후 확실한 이행을 감독하거나 관련 시장에서의 경쟁동향 등을 모니터링하는 장치가 마련되어 있지 않다.

(1) 구조적 조치의 원칙 준수

공정거래위원회가 시정조치의 내용을 선택함에 있어서는 크게 행정법의 일반원칙과 위반된 공정거래법 관련조항의 목적에 의하여 제약을 받게 된다. 시정조치란 그 상대방인 사업자에게는 권리의 제한을 비롯하여 갖가지 불이익을 가하는 처분이고 특히 다른 행정처분에 비하여 그 내용이 추상적인 경우가 많기 때문에,[245] 행정법상 불이익처분에 관한 일반원칙, 예컨대 보충성의 원칙이나 비례의 원칙 등

245) 황보윤, "공정거래위원회의 사건처리절차", 공정거래법강의 Ⅱ, 2000, 577-578면.

이 엄격하게 준수되어야 한다.

다른 한편으로 시정조치란 공정거래법의 목적을 실현하기 위한 수단이기 때문에 문제된 법위반행위의 경쟁제한효과를 상쇄할 수 있는 것이어야 한다. 이와 관련하여 먼저 구조규제와 행태규제의 목적을 구분하지 않으면 안 된다. 이를테면 기업결합규제는 시장에서 유효경쟁이 기능할 수 있는 구조를 보호하기 위한 것으로서 원칙적으로 당해 기업결합의 금지 또는 적어도 시장구조를 다시 경쟁상태로 환원할 수 있는 내용의 시정조치가 내려져야 하는 것이다.

그렇다면 경쟁제한적 기업결합에 대한 최우선의 구조적 조치란 시장구조의 악화를 방지하는 차원에서 해당 기업결합이 없던 상태로 경쟁수준을 회복하는 것이어야 한다. 그 방법으로는 주식의 전부·일부처분이나 영업양도 등 처음부터 당해 기업결합 자체를 금지하는 조치, 또는 여타 중복자산의 매각 등을 통하여 경쟁사업자를 형성하거나 그 지위를 강화하는 조치가 우선적으로 고려되어야 한다. 이때, 매각자산의 종류는 산업의 특성에 따라 달라질 수 있는바, 예컨대 당해 기업결합으로 인하여 핵심기술의 집중 및 그로 인한 혁신경쟁의 저해가 우려되는 경우에는 단지 공장설비와 같은 유형자산의 분리매각보다 특정 기술의 매각이 보다 효과적일 수 있을 것이다.

이러한 구조적 시정조치는 경쟁제한의 폐해를 근본적으로 배제하는 근본적이고도 일회적인 수단으로서 비구조적 내지 행태적 조치에 비하여 사후의 지속적인 감시·감독을 요하지 않는다는 점에서도 효과적이다. 어떤 경우에도 불완전한 시정조치로 인한 위험을 경쟁사업자나 소비자에게 전가해서는 안 되며, 이 문제는 예외사유로서 효율성 증대효과를 고려할 때뿐만 아니라 적절한 시정조치를 강구할 때에도 매우 중요한 의미를 갖는다.

(2) 행태적 시정조치의 전제조건

행태적 시정조치 또한 종국적으로는 구조적 시정조치와 동일한 목표를 지향하고 있다. 양자의 차이는 무엇보다 행태적 조치에는 그 성질상 계속적인 규제·감독이 요구된다는 데에 있을 뿐이다. 문제는 지속적 감시·감독이 여러 가지 이유로 그 실효성을 담보하기 어렵다는 데에 있다. 예컨대, 차별취급의 금지나 접근보장의무 등은 갖가지 공급지연이나 부가서비스의 감소 등의 방법으로 쉽게 규제를 회피할 수 있고, 차별이나 접근거절이 발생하는지 여부는 요금이나 거래조건만 가지고 판단하기 어렵다.

행태적 시정조치가 경쟁사업자에게 주요 기술 등에 대한 접근을 보장하여 시장진입을 촉진하고자 하는 경우에도 그 과정은 그리 수월하지 않다. 이 경우에는 대체로 당사회사와 접근을 요하는 제3자 사이에 일시적이나마 협력기간이 필요하다. 그런데 제3자가 현실적 또는 잠재적 경쟁사업자인 경우에 당사회사가 제3자의 성공적인 진입을 조장하기 위하여 일정 기간이나마 효과적으로 협력하여야 할 유인을 찾기가 매우 어려운 것이다. 이러한 문제들은 결국 구조적 시정조치를 우선해야 하는 또 하나의 이유가 된다. 반면, 가격인상률이나 시장점유율의 제한과 같은 비구조적 조치는 대체로 일정 기간에 국한된 것이고, 중복자산의 매각 등 구조적 조치와 아무런 상관관계가 없으며, 그 자체가 경쟁제한효과를 상쇄하기에도 충분할 수 없다. 뿐만 아니라 행태적 조치를 내릴 경우, 예상되는 모든 경쟁제한행위를 나열하여 시정조치에 포함시키는 것은 사실상 불가능하는 점에서 행태적 조치는 구조적 조치를 보완하는 경우 이외에는 가급적 자제되어야 할 것이다.

당해 기업결합을 금지하지 않고도 경쟁제한성을 제거할 수 있는 방안이 있을 경우에는 어떻게 할 것인가? 구조적 시정조치는 당사회사에 상당한 부담을 초래할 뿐만 아니라 경우에 따라서는 이를 실행하기도 어렵기 때문에, 그러한 조치를 취하지 않고도 경쟁제한의 폐해를 제거할 수 있을 경우에는 행태적인 조치에 만족할 수도 있을 것이다.[246] 다만, 이 경우에도 행태적 조치는 구조적 조치에 상당하는 수준이어야 할 것이다.

끝으로, 기업결합에 대한 시정조치로 행태적 조치가 부과될 경우, 예컨대 결합 후 형성 또는 강화될 시장지배적 지위남용이나 불공정거래행위의 금지명령과 같이 공정거래법이 이미 금지하고 있는 사항을 시정조치의 내용으로 삼는 것이 필요하거나 바람직한가? 이미 금지되어 있는 행위라면 굳이 시정조치에 포함시킬 필요는 없을 것으로 보이며, 시정조치에는 동법상 금지되지는 않으나 합병 후 악화된 구조의 시정을 위해 필요한 보다 적극적인 행태적 의무가 포함되는 것이 정도(正道)일 것이다. 그렇지 않을 경우 자칫 합병규제를 사전규제에서 사후규제로, 사전심사에서 사후감시로 대체될 우려 또한 간과할 수 없다.[247] 다만, 동법상 금지된 행위를

246) 권오승(제13판), 232면.

247) 반면, 유럽법원은 "Tetra Laval" 판결에서 이 경우에도 위원회는 남용을 하지 않는다는 시정방안이 문제된 경쟁제한성을 해소할 수 있는지 여부를 심사할 의무는 있다고 판시하였다. ECJ, Case

다시 시정조치로 부과할 경우에 이를 위반하였을 때의 법률효과에는 차이가 있다. 이 경우에는 단순히 시장지배적 지위남용이나 불공정거래행위로서 제재될 수 있는 외에 시정조치 불이행에 해당하여 가중된 제재를 받을 것이기 때문이다.

(3) 비례원칙 vs. 실효성 제고

기업결합규제에 있어서 올바른 시장획정 및 합리적인 경쟁제한성 판단 못지않게 중요한 것이 바로 적절한 시정조치를 내리는 것이다. 경쟁제한성이 심각함에도 불구하고 이를 충분히 배제할 수 없는 내용의 시정조치만을 명한다면 구조규제의 취지를 달성할 수 없을 것이기 때문이다. 반면, 비구조적 시정조치만으로 충분함에도 불구하고 구조적 조치를 명하는 것은 과잉금지의 위반 소지가 있어 바람직하지 않다.

나아가 모든 시정조치의 범주 내에서 비례의 원칙은 준수되어야 하며, 시정조치의 목적이 어디까지나 기업결합 이전의 경쟁상태로의 '회복'이지 추가로 경쟁을 '촉진'하는 것은 아니라는 점이 중요하게 고려되어야 한다.[248] 주식처분이나 영업양도를 명하는 경우에도 일부의 양도나 처분으로도 결합관계나 경쟁제한성을 충분히 제거할 수 있다면 일부의 양도나 처분을 명하고, 그것이 불가능할 경우에 한하여 전부의 양도나 처분을 명하는 것이 바람직할 것이다. 한편, 행태적 시정조치는 구조적 조치를 보완하되 공정거래법이 금지하는 행위에 국한될 이유는 없다. 즉, 필요한 경우 필수설비에 해당하지 않는 상품이나 서비스의 제공의무도 충분히 고려될 수 있다. 그 밖에 비례원칙의 준수를 담보하기 위해서는 공정거래위원회가 의결에서 시정조치의 종류를 선택한 근거를 명확하게 기재하도록 하여, 그 처분근거에 대한 사법심사가 가능하도록 함으로써 자의적으로 시정조치를 선택할 여지를 줄일 필요가 있다.[249]

다른 한편으로, 시정조치는 최소비용의 원칙에 따라 선택되지 않으면 안 된다 (이른바 the least costly remedy).[250] 동 원칙을 구현하는 방법으로서 유럽의 시정방안

C-12/03, 2005.2.15.

248) 최승재, "통신산업과 혼합결합", IT와 법연구 제3집, 2009, 123-124면은 "SK텔레콤" 사건에서 동사가 독점적으로 보유한 800MHz 주파수를 개방하라는 내용의 시정조치가 결합 이전부터 존재하던 사유를 새삼 해소하라는 것으로서 경쟁을 소급적으로 촉진하는 것을 목적으로 하는 것이라는 흥미롭고 논쟁적인 문제를 제기하고 있다.

249) 최수희, "기업결합에 대한 형태적 시정조치와 구조적 시정조치", 권오승 편, 공정거래와 법치, 법문사, 2004, 256면.

을 고려할 수 있는데, 시정방안이란 최소비용으로 경쟁상 우려를 해소할 수 있는 방법을 가장 잘 알고 있는 당사회사가 가장 적절한 방법을 찾아내는 것에서 출발하기 때문이다. 반면, 우리나라에서는 시정조치의 유형 및 내용에 관한 한 공정거래위원회가 일방적으로 정하여 부과하는 것이어서 시정비용의 최소화라는 요청에 부합하기 어렵다.

그 밖에 공정거래위원회가 기업결합의 경쟁제한성을 해소하기에 필요하고도 적절한 조치를 부과할 수 있는 권한을 갖지 않는 경우에는 해당 규제기관에 적절한 조치를 권고할 수 있는 법적 근거를 마련할 필요가 있다. 다만, 불필요한 관할권 다툼을 막기 위하여 이와 같은 권고는 경쟁제한성을 해소하는 데에 반드시 필요하고도 적절한 내용이어야 하고, 절차적으로 공정거래위원회의 권한 범위 내에서는 당해 조치를 내릴 수 없는 경우에 한정되어야 할 것이다.[251)]

끝으로, 공정거래법에 동의의결(同意議決)이 도입된 점에 주목할 필요가 있다. 공정거래위원회는 경쟁제한적 기업결합에 대한 시정조치를 선택함에 있어서 상당한 재량을 누리고 있다. 공정거래위원회가 이러한 재량을 행사함에 있어서 당해 기업결합의 경쟁제한성을 제거하면서도 가급적 당해 기업결합을 통하여 달성하고자 하는 효율성을 저해하지 않도록 신중을 기해야 함은 물론이다.[252)] 여기서 공정거래위원회가 선택할 수 있는 시정조치의 한계는 무엇인지가 문제된다. 이러한 관점에서 피심인의 예측가능성과 법적 안정성을 제고하기 위하여 시행령 또는 고시 등에 시정조치의 범위와 한계를 명시할 필요가 있다는 견해[253)]도 있으나, 시장에서 일어나는 M&A의 동태적 성격과 장래 경쟁에 미치는 영향의 복잡성 등을 감안할 때 그것이 과연 가능한지, 나아가 타당한지는 의문이다.

또한 행태적 시정조치를 명하는 경우에는 언제나 일정기간 이행 여부에 대한 사후감독이 요구되고, 향후 시장상황의 변화에 따라서는 피심인이 당해 시정조치

250) 2008년 11월 개정된 영국의 시정조치 가이드라인에서는 동 원칙을 명시하고 있다. Peter Citron, Mergers: Remedies – New Guidelines Published, E.C.L.R. 30(4), 2009, p. 53.

251) Citron, Ibid, p. 53. 영국의 경쟁위원회(Competition Commission)는 이와 같은 요건 하에 적절한 조치를 해당기관에 권고할 수 있다.

252) 이호영(제6판), 157면.

253) 제7호에 대해서는 시정조치의 내용을 구체적으로 예상할 수 없을 정도로 광범위하고 불명확하다는 점과 경제행정영역에서의 법적 안정성이 절실히 필요하다는 점에서 위헌성이 짙다고 보는 견해도 있다. 박정훈, "공정거래법의 공적 집행", 권오승 편, 공정거래와 법치, 법문사, 2004, 1018면.

를 그대로 이행하는 것이 불합리한 경우가 발생할 수 있다. 지금까지 실무에서는 공정거래위원회가 이처럼 예측하기 어려운 경제적 사정변화가 발생한 경우에 피심인으로 하여금 공정거래위원회와 협의할 수 있도록 시정조치를 내릴 때 명시함으로써 이러한 문제를 해결하고 있다. 그런데 이에 관해서는 법령에 명문의 근거가 없고, 경우에 따라서는 시정조치의 내용에 중대한 변화를 가져올 수도 있다는 점에서 입법적 해결을 요한다. 따라서 시정조치 이후 공정거래위원회와의 협의절차 및 시정조치의 변경가능성에 대해서 법적 근거를 마련하는 한편, 시정조치의 이행감독을 전담할 조직을 마련하는 것이 필요하다. 그리고 이러한 여러 가지 요청을 모두 포섭할 수 있는 제도가 바로 동의의결이다.

2. 형사적 제재

과거 공정거래법은 경쟁제한적인 기업결합에 대한 공정거래위원회의 시정조치에 따르지 아니한 경우에 2년 이하의 징역 또는 1억 5천만 원 이하의 벌금에 처할 수 있었다(법 제125조).

공정거래위원회가 기업결합 관련규정을 위반한 행위에 대하여 고발권을 행사한 예는 없었으나, 형벌의 전제조건인 '가벌적 범죄행위'(可罰的 犯罪行爲)의 핵심요건인 경쟁제한성이 법률상 추정되고 있고, 범죄행위와 달리 기업결합의 경쟁제한성이란 다분히 장래에 대한 추론을 전제로 하고, 누구도 사전에 그 결과를 정확하게 예측할 수 없다는 점을 감안할 때 형사벌이 타당한지 의문이었다. 2020년 공정거래법 전부개정[254]으로 경쟁제한적 기업결합의 금지위반에 대한 형사처벌 규정은 삭제되었고, 형사벌은 공정거래위원회의 시정명령을 위반한 행위로 국한함으로써 형사벌에 대한 예측가능성이 담보되었다.

그 밖에 기업결합 신고의무를 지는 자가 신고의무를 해태하거나 허위의 신고를 한 경우에는 당해사업자에 대하여 1억 원 이하의 과태료를 부과할 수 있다(법 제130조 제1항 제1호).

254) 2020.12.29. 전부개정, 법률 제17799호.

3. 민사적 제재

가. 사법상 효력

공정거래법 제9조 제1항에 위반하는 기업결합의 효력에 대해서 공정거래법은 아무런 규정을 두지 않고 있다. 무효설은 일정한 거래분야에서 경쟁을 실질적으로 제한하는 기업결합은 — 기업결합은 주식취득부터 합작회사의 설립에 이르기까지 모두 계약의 형태를 띠고 있는데 — 사법상 무효이며, 탈법행위 또한 마찬가지라고 한다. 반면 유효설은 거래안전을 고려하여 그 사법상의 효력에는 아무런 영향이 없다고 한다. 개별적 무효설은 법위반행위의 성질에 따라 사법상 효력 여부를 따져보아야 한다는 태도를 취하고 있다.

이 문제에 접근하기 위해서는 기업결합의 5가지 유형마다 예상되는 법률행위를 구분할 필요가 있다. 우선 임원겸임의 경우를 제외하면 나머지 네 가지 기업결합이 모두 일정한 계약, 즉 매매계약, 합병계약, 영업양수계약 또는 기업설립계약(내지 합작계약)을 기초로 하며, 이에 대한 주주총회의 결의가 이루어지게 된다. 그런데 이러한 계약이 처음부터 무효로 되면 뒤이어 행해진 주총의 결의가 당연히 무효로 되고, 이에 기해서 사법상의 행위가 연속적으로 모두 효력을 잃게 되는데, 그 결과가 거래의 안전이 저해되는 것은 물론이거니와, 과연 무효에 따른 원상회복이 현실적으로 가능할지도 의문이다. 또한 공정거래위원회가 합병이나 새로운 회사설립의 경우에도 당연무효가 아니라 합병무효 또는 설립무효의 소를 제기할 수 있다는 점을 고려하면 경쟁제한적인 기업결합이라도 무효로 되지 않고 있다고 보는 것이 타당할 것이다.

나. 손해배상

공정거래법상 경쟁제한적 기업결합으로 인하여 손해를 입은 자는 당사회사에 대하여 그 배상을 청구할 수 있다. 그런데 기업결합의 경쟁제한성 유무는 당사회사는 물론이고 공정거래위원회조차 사전에 쉽게 판단할 수 없고, 심사할 당시의 관점에서 장래 시장에 미칠 영향을 예측하는 작업을 요한다. 더구나 경쟁을 실질적으로 제한할만한 기업결합이라면 거의 전부 사전심사를 통하여 시정되고 있는 상황에서 법위반인 기업결합으로 인하여 제3자가 손해를 입는 상황이란 상정하기 어렵다.

참고로 독일 경쟁제한방지법상 손해배상은 동법의 규정 중에서도 보호법규

(Schutzgesetz)를 위반한 경우에 한정되며, 기업결합 금지규정은 제도로서의 경쟁을 보호하는 것으로서 개인을 위한 보호법규에 해당되지 않는 것으로 보아 손해배상 청구권은 처음부터 인정되지 않는다는 것이 통설 및 판례의 태도이다.[255)]

255) Julia Topel, §50 Rn. 59, in: Gerhard Wiedemann (Hrsg.), Handbuch des Kartellrechts, 1999.

제 6 절 국제적 M&A에 대한 역외적 관할권

Ⅰ. 총 설

1. 논의의 배경

경제의 글로벌화가 진행되면서 글로벌 기업에게는 국경이 더 이상 중요한 의미를 갖지 않는다. 글로벌 기업들은 각국의 비용상 이점을 누리기 위하여 국제적인 분업체계를 구축하고 있으며, 해외기업의 인수에도 적극적이다. 이와 함께 국제적 M&A가 흔히 발생하게 되는데, 우리나라에서는 2004년 제11차 개정법[256] 제2조의2에 역외적용(extraterritorial application)이 명시적으로 도입되었고, 외국기업 간 기업결합에 관해서는 2007년 11월 개정된 시행령 제18조 제3항이 국내매출액을 기준으로 한 역외적 신고관할권을 규정한 바 있다.

흔히 역외적용이란 외국기업이 외국에서 행한 행위에 대해서 국내의 경쟁법을 적용하는 것을 말하며, 공정거래법 제3조는 "국외에서 이루어진 행위라도 국내시장에 영향을 미치는 경우에는" 적용된다고 규정함으로써 동법상 관할권의 일반원칙을 밝히고 있다. 이때, 경쟁당국의 역외적 관할권을 인정하기 위한 핵심기준은 이른바 효과주의 내지 영향이론(effects doctrine)이다. 그에 따르면, 외국기업이라도 국내시장에 영향을 미치는 행위에 대해서는 공정거래법이 적용되는 반면, 국내기업이라도 국내시장에 영향을 미치지 않는 행위라면 동법이 적용되지 않는다.[257] 당연한 결과로 국내기업이 해외시장에만 영향을 미치는 경우에는 경쟁당국이 관할권을 행사할 수 없는 것이다.

최근 들어 외국기업 간에 외국에서 행해지는 기업결합(이하 "역외적 기업결합")의 신고와 심사는 공정거래위원회의 실무에서도 매우 중요한 비중을 차지하고 있다. 이를테면, 공정거래법상 신고요건을 갖추어 공정거래위원회에 신고된 외국기업 간 기업결합 건수는 2019년의 경우 127건으로 국내기업에 의한 기업결합 건수 598건

256) 2004.12.31. 개정, 법률 제7315호.

257) 여기서 국내시장에 미치는 영향과 국내시장의 경쟁에 미치는 효과는 구별되어야 하는데, 관할권을 심사하는 단계에서는 전자만을 고려하게 되고, 일단 관할권이 인정된 후 금지요건을 심사하는 단계에서 후자를 고려하는 것이다.

에 비하여 적지만 만만치 않은 숫자이다. 더구나 국내기업에 의한 기업결합의 경우 결합금액은 30조 원인 반면, 외국기업 간 결합금액은 무려 408.7조 원으로서 국내 시장에 영향을 미치는 글로벌 기업의 M&A에 대한 공정거래법상 기업결합심사가 매우 중요한 의미를 갖게 된다.[258] 실제로 공정거래위원회는 2016년에 2건("Abott/St.Jude Medical" 사건, "Boehringer Ingelheim/Sonafi" 사건), 2017년에 2건("Maersk/HSDG" 사건, "Dow/DuPont" 사건), 2018년에 2건("Linde/Praxair" 사건, "Qualcomm/NXP" 사건)의 역외적 기업결합에 대하여 시정조치를 부과한 바 있고, 2015년에는 1건("MS/Nokia" 사건)의 역외적 기업결합에 대하여 동의의결을 내린 바 있다. 자세한 내용은 후술하기로 한다.

2. 쟁점의 소재

글로벌 기업 간의 M&A에 대한 경쟁법적 규제, 즉 기업결합규제는 통상 여러 나라에 걸쳐서 관할권이 인정되는데, 역외적 기업결합에 대한 관할권의 출발점은 바로 기업결합 신고의무이다. 그리고 당사회사의 입장에서는 기업결합을 신고받은 여러 나라의 경쟁당국으로부터 모두 승인을 받지 못하는 한 사실상 당해 기업결합을 완성할 수 없게 되고, 그 중 어느 한 나라의 경쟁당국이 절차를 지연하더라도 결국 당해 기업결합 전체의 이행이 지연될 수밖에 없다. 그렇다면 만약 역외적 기업결합에 대하여 신고의무도 없는 나라의 경쟁당국이 규제관할권을 주장하면 어떻게 될 것인가? 이것이 바로 역외적 기업결합의 신고의무와 심사관할권의 관계에 관한 문제이다.

만약 해당 국가에 국내매출액이 없거나 미미하여 사전신고 의무도 발생하지 않는 기업결합에 대해서 해당 국가의 경쟁당국이 언제라도 규제관할권을 주장하고 그 결과 신고를 받아 처리한 다른 나라의 경쟁당국과 서로 상충되는 심사결과를 도출하여 시정조치를 내릴 수 있다면 기업결합 규제의 실효성과 절차의 경제 및 규제의 예측가능성이 심히 훼손될 뿐만 아니라, 종국에는 다른 나라의 주권을 과도하게 침해할 소지가 있다. 이것이 바로 시장지배적 지위남용이나 부당한 공동행위와 마찬가지로 국제적 M&A에 대하여 공정거래법을 역외적용하기 위한 명확한 기준이 필요한 이유이다. 그런데 우리나라에서 공정거래법의 역외적용 여부가 다투어진

258) 자세한 내용은 공정거래위원회 2020.2.20.자 보도자료, "2019년 기업결합 심사동향".

사례는 거의 대부분 카르텔 금지에 관한 것이었고, 역외적 기업결합에 관해서는 그간 학계의 논의도 전혀 없을 뿐만 아니라 대법원 판례도 존재하지 않는다.

Ⅱ. 공정거래법상 기업결합에 대한 역외적용

1. 개 관

역외적용이란 외국에서 외국인에 의해 이루어진 법위반행위에 대해서도 그것이 국내시장에 일정한 부정적 영향을 미치는 경우에는 국내법을 적용하는 것을 말한다. 역외적용은 그 성질상 세법이나 금융법 등 경제관련 규제법령에서 흔히 발견되며, 경쟁법의 경우에도 행위자나 행위지와 상관없이 국내시장의 경쟁을 저해하는 경우에는 자국의 국내 경쟁법을 적용하는 원리를 가리킨다.

이 같은 역외적용은 자국의 영토 밖에서 외국인에 의한 행위에 대해서도 그 영향 또는 효과가 국내에 미치는 경우에는 국내의 경쟁당국이나 법원이 관할권을 행사하는 것을 의미한다는 점에서 전통적인 관할권 원칙은 속지주의나 속인주의에 대한 예외를 구성한다.[259] 그리고 공정거래법의 역외적용은 '국내시장에서' 공정하고 자유로운 경쟁을 보호한다는 동법의 목적에 비추어 명문의 규정이 없더라도 해석론으로 가능함은 물론이다.[260]

현재 공정거래법의 역외적용은 법 제3조에 근거하고 있으며, 국내시장에 미치는 영향에 대해서는 최근 대법원이 항공사들의 유류할증료 담합사건에서 직접성, 상당성, 합리적 예측가능성이라는 기준을 통하여 역외적용의 범위와 한계를 제시한 바 있다.[261] 여기서 주목할 것은 역외적용의 전제가 되는 국내시장에의 영향이란 국내시장에 미치는 경쟁제한효과와 구별되어야 한다는 점이고, 대법원 또한 이러한 전제에서 법 제3조를 해석하고 있는 것으로 이해된다.

그런데 국내시장에 미치는 영향과 관련해서는 금지행위의 유형에 따라 달리

259) 이봉의, 앞의 글(1992), 51면 이하.

260) 공정거래위원회는 문제의 경쟁제한효과가 국내시장에 미치거나 미칠 우려가 있기 때문에 관할권을 행사하는 것이고, 이 경우에도 해외에 미치는 경쟁제한효과까지 제거할 권한을 가질 수 없음은 자명하다. 우리나라에서 최초의 역외적용으로 알려진 "흑연전극봉" 사건은 구법 제2조의2가 도입되기 이전에 이와 같은 해석론에 기초하여 이루어진 것이다. 공정거래위원회 2002.4.4. 의결 제2002-077호; 대법원 2006.3.24. 선고 2004두11275 판결.

261) 대법원 2014.5.16. 선고 2012두13665 판결.

파악할 여지가 있어 보인다는 것이 본서의 출발점이다. 통상 시장지배적 지위남용이나 카르텔의 금지 등 경쟁법상 전통적인 사후규제에서는 문제된 행위를 출발점으로 삼아 그 행위가 국내시장에 미치는 영향을 판단하여야 하는 반면, 사전규제의 성격이 강한 기업결합의 경우에는 신고의무와 이행금지 등 적극적 또는 소극적 의무의 발생 여부를 따져보아야 하고, 나아가 장래에 향하여 국내시장에 미칠 영향을 살펴보아야 하기 때문이다. 그리고 기업결합의 경우 사전신고대상을 정하는 단계에서 미리 국내시장에 미칠 영향을 고려하지 않을 수 없다는 점이 가장 큰 차이일 것이다.

아래에서는 기업결합의 역외적용을 관할권의 관점에서 신고관할권과 심사관할권으로 나누어 살펴보고, 각각의 관할권 판단기준과 이들 간의 관계에 대한 몇 가지 쟁점을 살펴보고자 한다.

2. 역외적 신고관할권

가. 기업결합 신고의 법적 성격

공정거래법상 자산총액이나 매출액이 3천억 원 이상인 회사가 자산총액이나 매출액 300억 원 이상 회사의 주식을 20%(상장법인의 경우 15%) 이상 취득하거나 합병 등을 하는 경우에는 공정거래위원회에 신고(notification)하여야 한다(법 제11조 제1항, 영 제18조 제1항, 제2항). 자산총액이 2조 원 이상인 회사가 기업결합을 하는 때에는 사전에 신고하여야 한다(법 제11조 제6항 단서, 영 제18조). 사전신고를 하여야 하는 자는 공정거래위원회의 심사결과를 통지받기 전까지 각각 주식소유, 합병등기, 영업양수계약의 이행행위 또는 주식인수행위를 하여서는 안 된다(법 제11조 제8항).

이처럼 기업결합 신고요건 중 시행령이 자산총액 또는 매출액 3천억 원 내지 3백억 원 이상이라는 기준을 정한 것은 이 정도 규모의 기업결합이라면 일견 관련시장에서 경쟁을 제한할 우려를 상정할 수 있기 때문에 공정거래위원회에 신고하도록 하는 취지이다. 이때, 신고의무를 좌우하는 매출액이란 '기업결합일의 직전 사업연도의 손익계산서상 매출액'으로서(영 제15조 제2항), 국내외 매출액이 모두 포함된다는 점에서 국내시장에 미치는 영향과 무관하게 단순히 당사회사의 규모를 판단하는 기준으로 이해할 수 있다.

종래 우리나라에서 기업결합 신고의무의 법적 성격에 대해서는 아무런 견해를 찾을 수 없다. 다만, 실무상 공정거래위원회는 기업결합 신고의 경우에도 조사의 단서를 제공하는 데에 그치는 것으로서 신고의무가 존재하지 않는 기업결합에 대해서도 공정거래위원회가 직권으로 조사하는 데에는 문제가 없는 것으로 이해하고 있는 것으로 보인다. 실제로 공정거래위원회는 후술하는 "MS/Nokia" 사건의 심사보고서에 사건의 단서를 '직권인지'로 명시한 적도 있다. 그런데 여기에는 의문이 있는데, 기업결합의 경우에 신고는 통상 법위반행위의 신고와 그 법적 성격이 다르기 때문이다. 후자의 경우 과거의 법위반을 인지한 자는 누구나 공정거래위원회에 직권발동을 촉구하는 단서를 제공하는 것에 불과한 신고를 할 수 있는 반면(법 제80조 제2항),[262] 전자는 장래에 이행될 기업결합에 대하여 당사회사가 공정거래위원회에 그 승인을 구하는 의사표시의 성격을 갖기 때문이다.[263] 영문으로도 통상 기업결합의 신고는 'notification'으로, 법위반행위의 신고는 'report'로 표기하는 것은 이러한 차이를 나름 보여주는 것으로 볼 수 있다.

공정거래법상 기업결합의 신고의무가 존재하지 않는다는 것은 국내시장에 영향을 미칠 우려가 없어 공정거래위원회의 승인을 구할 필요가 없다는 의미이고, 달리 말하자면 신고의무에서 정하는 매출액 기준은 국내시장에 영향을 미칠 수 있는 최소한의 규모를 정한 것으로 보아야 하는 것이다. 따라서 신고의무를 부담하지 않는 당사회사는 해당 거래를 그대로 이행하여도 무방한 것이며, 공정거래위원회는 이를 심사하여 금지 등의 조치를 내려서는 안 되는 것이다. 이와 달리 법위반의 신고는 공정거래위원회를 구속하지 않을 뿐만 아니라 조사의 단서에 불과하기 때문에 신고가 없더라도 공정거래위원회가 다른 경로로 법위반의 혐의를 인지하여 직권으로 조사하여도 무방하다는 점에서 기업결합의 신고와는 법적 성격이 판이한 것이다. 이 문제는 후술하는 바와 같이 기업결합 신고관할권과 심사관할권을 별개로 판단하여야 하는지 여부와도 관련된다.

나. 역외적 기업결합의 신고의무

한편, 역외적용이 문제되는 외국기업 간 결합에 대해서는 해당 외국회사 각각의 국내매출액이 300억 원 이상인 경우에 한하여 신고의무가 발생하게 된다(영 제18조 제3항).[264] 그리고 공정거래위원회의 실무를 보더라도 신고관할권을 판단함에 있

262) 대법원 2000.4.11. 선고 98두5682 판결.

263) 통상 영문으로 기업결합의 신고는 filing, notification 또는 report로, 법위반행위의 신고는 complaint나 report로 표기하고 있어, 용어상 양자의 차이가 명확하게 드러나지는 않는다.

어서는 추가로 역외적용을 위한 '국내시장에 미치는 영향'을 따지지 않는 것으로 해석된다. 즉, 국내매출액 요건만 충족하면 해당 외국회사는 공정거래위원회에 신고의무를 부담하게 되는 것이다. 국내매출액 300억 원이라는 기준이 적절한 수준인지 여부는 공정거래위원회에 신고되는 역외적 기업결합의 숫자와 공정거래위원회의 심사능력 등을 고려하여 판단할 수 있을 것이다.

신고요령에 따르면 역외적 기업결합의 신고의무를 좌우하는 '국내매출액'이란 외국회사의 대한민국에 대한 매출액으로서, 당사회사 각각 기업결합일 전부터 기업결합일 후까지 계열회사의 지위를 유지하고 있는 회사의 매출액을 합산한 규모를 말한다(신고요령 Ⅳ. 1.). 따라서 역외적 기업결합에 관한 한 국내매출액 300억 원의 요건을 충족하지 않는 경우에는 앞서 상술한 바와 같이 누구도 공정거래위원회에 신고할 의무가 없으며, 이와 동일한 맥락에서 신고의무가 존재하지 않는 외국기업 간 기업결합에 대해서는 신고를 전제로 하는 이행금지의무(standstill obligation)도 발생하지 않는 것으로 해석하는 것이 합리적이다. 이것이 관련 법조항의 체계적 해석에도 부합할 것이다.

3. 역외적 심사관할권

가. 심사관할권의 판단기준

공정거래위원회가 어떤 행위에 대하여 규제관할권을 갖는지는 당해 행위가 국내시장에 영향을 미치는지의 문제와 동전의 양면과 같은 관계에 있다. 이를 역외적용의 일반원칙으로 선언하고 있는 것이 바로 공정거래법 제3조인데, 국내시장에 영향을 미치는지는 비단 역외적용이 문제되는 사안에 국한되지 않는다. 국내시장에 아무런 영향도 없는 행위에 대해서 공정거래위원회가 조사절차를 진행할 이유가 없을 뿐만 아니라, 그러한 행위가 국내시장의 경쟁에 영향을 미칠 가능성은 없을 것이기 때문이다. 여기서는 먼저 기업결합의 심사관할권을 판단하는 방식을 살펴보고, 국제카르텔의 역외적용 사례에서 심사관할권을 판단하는 방식과 공통되는

264) 영 제18조 제3항에서는 "제1항과 제2항에도 불구하고 법 제11조(기업결합의 신고) 제1항에 따른 기업결합신고대상회사와 상대회사가 모두 외국회사(외국에 주된 사무소를 두고 있거나 외국 법률에 따라 설립된 회사를 말함)이거나 기업결합신고대상회사가 국내회사이고 상대회사가 외국회사인 경우에는 공정거래위원회가 정하여 고시하는 바에 따라 산정한 그 외국회사 각각의 국내매출액의 규모가 300억 원 이상인 경우에만 법 제11조 제1항에 따른 신고의 대상으로 한다."고 한다.

기준을 찾아보기로 한다.

먼저, 기업결합의 경우에 전술한 신고요건으로서 당사회사의 자산총액이나 매출액이 3천억 원 또는 3백억 원이어야 한다는 기준은 비록 국내외의 자산과 국내외의 매출을 모두 합산한 것으로서 국내시장에의 영향에 국한되지는 않지만 일응 이 정도 규모의 기업결합이라야 국내시장에 영향을 미칠 우려가 있다는 판단에 따른 것으로 보아야 한다. 역외적 기업결합에 대해서는 특칙이 마련되어 있는 점을 감안하면, 국내회사들 간의 결합이나 국내회사가 외국회사를 인수하는 식의 결합에서 국내회사의 자산총액이나 매출액을 기준으로 국내시장에의 영향을 판단하는 방식 자체가 신고의무의 명확성과 통일성이라는 관점에서 전혀 무리는 아닐 것이다. 다만, 이례적으로 이를테면 국내회사들 간의 결합으로서 전술한 규모요건을 충족하더라도 국내시장에는 매출액이 전혀 또는 거의 없는 경우[265]에는 결국 신고를 받더라도 경쟁제한성이 인정되기 어려울 것이다.

이어서 종래 역외적용이 문제되었던 국제카르텔 사건에서 공정거래위원회의 실무는 국내시장에 미치는 영향을 어떻게 판단하였는지를 살펴보자. 역외적용을 시도한 일련의 사례에서 공정거래위원회는 의결서에서 따로 국내시장에 미치는 영향을 다루지는 않고 있으나, 부당한 공동행위의 경우 대체로 담합의 대상에 국내시장이 포함되어 있다는 사실[266] 및 국내시장에서 상당 수준의 매출이 발생하는 점을 주된 근거로 삼았던 것으로 보인다. 최초의 역외적용사건으로 알려진 "흑연전극봉" 사건[267]에서 해외 제조업체들은 담합기간 중 국내시장에서 연간 1천억 원 이상의 매출(우리나라 입장에서는 그만큼의 수입)을 올렸다는 점이 고려되었고, "비타민" 사건[268]에서는 당해 의결과 관련된 일련의 비타민의 2001년도 수입액(다시 말하면 국내 매출액)이 약 3천3백만 달러에 이른다는 점이 지적되었다. 또한 "복사용지" 사건[269]

265) 국내회사들 간의 결합이나 국내회사에 의한 결합이 문제되는 경우에 국내에 자산이 전혀 없는 경우란 생각할 수 없을 것이다. 입법론으로는 여전히 해외자산이나 해외매출액을 합산하는 기존의 방식이 타당한지에 대해서 의문이 제기될 수 있다.

266) "마린호스" 사건(공정거래위원회 2009.7.3. 의결 제2009-152호)에서는 6개 외국회사가 세계시장에서 점유율목표를 합의한 이른바 시장분할담합이 문제되었고, 여기에 국내시장이 포함되었다는 점이 역외적용의 가장 중요한 근거로 작용하였다. 그런데 국제카르텔에 국내시장이 포함되었다는 사실은 매출액의 정도와 무관하게 국내시장에서 일정한 매출이 발생한다는 점을 추단하기에 충분하다는 점에서 매출액 기준과 본질적으로 유사한 기준이라고 할 수 있다.

267) 공정거래위원회 2002.4.4. 의결 제2002-077호.

268) 공정거래위원회 2003.4.29. 의결 제2003-098호.

에서는 피심인 적격성을 따지면서 "종이제품을 한국시장에 수출하고 있으므로" 그 범위에서 국내법의 적용을 받는 사업자로 볼 것이라고 언급하고 있다.

이처럼 공정거래법상 통상의 기업결합에 대한 공정거래위원회의 심사관할권은 당사회사의 자산총액이나 매출액을 기준으로 한 신고의무의 존부에 따라 정해지고, 국제카르텔의 경우 공정거래위원회는 국내시장에서의 매출액 내지 수입액을 역외적용의 핵심근거로 삼아 왔다. 아울러 국제카르텔에 대한 역외적용 사건에서 과징금 산정의 기초가 되는 관련매출액(담합기간 중 해당 상품의 국내수입액) 또한 결국 국내수입액을 기초로 삼는다는 점을 감안하더라도[270] 결국 공정거래위원회의 규제관할권 내지 역외적 심사관할권을 가져오는 가장 확실한 기초는 바로 (국내)매출액인 것이다.

나. 역외적 기업결합의 심사관할권

무릇 역외적용에 있어서는 특정 행위의 경쟁제한효과를 심사하기 이전에 당초 특정국의 경쟁당국이 당해 사건을 심사할 권한을 갖는지가 문제되는 것이고, 역외적 관할권이 인정된 연후에야 비로소 구체적인 경쟁제한효과를 따지게 된다는 점에서 국내시장에 미치는 영향과 경쟁제한효과는 이를 구별하지 않으면 안 된다. 역외적 기업결합에 고유한 쟁점은 결국 경쟁제한효과를 판단하기 이전 단계에서 국내시장에 영향을 미칠 가능성을 기준으로 심사관할권을 고려하여야 하는데, 그것이 과연 신고관할권과 분리될 수 있는지 여부일 것이다.

이 문제에 대한 답은 역외적 신고관할권을 정하는 국내매출액 기준의 취지를 어떻게 이해하느냐에 달려 있다. 전술한 바와 같이 신고기준 자체가 국내시장에 미칠 영향을 정한 것으로 이해하는 것이 타당하고, 이때 기업결합의 경우에 장래 예상되는 매출액을 기준으로 당해 결합의 국내적 영향을 파악할 수는 없다는 점에서 결국 가까운 과거의 일정 기간 내에 당사회사가 국내시장에서 얻은 매출액을 기준으로 심사관할권을 판단할 수밖에 없을 것이다. 그렇다면 기업결합신고대상회사와 상대회사가 모두 외국회사로서 공정거래법의 역외적용이 문제되는 경우에는 신고

269) 공정거래위원회 2009.1.30. 의결 제2009-047호. 공정거래위원회는 이 사건에서 복사용지의 수입액을 직접 언급하지는 않고 있으며, 단지 수입용지의 국내시장점유율(물량 기준)이 2002년 53.9%에서 2004년 65.6%로 증가하였다는 사실을 통하여 수입액도 적지 않았을 것으로 추단될 수 있을 뿐이다.

270) 전술한 "항공화물운송" 사건에서 공정거래위원회는 7년여에 걸친 관련매출액을 약 6조 7천억 원으로 산정한 바 있다.

요건이 공정거래법상 기업결합규제의 역외적용, 즉 역외적 심사관할권을 인정하기 위한 요건과 직접 결부되어 있는 것이다.

4. 역외적 기업결합과 법 제3조

가. 법 제3조와 신고의무의 관계

공정거래법 제3조는 역외적용, 즉 공정거래위원회가 관할권을 갖기 위한 근거이자 요건으로서 국내시장에 영향을 미칠 것을 명정하고 있다. 총칙에 포함되어 있는 동조의 성격상, 그리고 별도의 다른 조항이 없는 한 역외적용의 요건, 즉 국내시장에의 영향은 일견 기업결합의 신고 및 심사를 포함하여 동법이 규제하고 있는 모든 경쟁제한행위에 적용되는 것으로 볼 수 있다. 동조가 도입되기 이전부터 다수설과 공정거래위원회의 실무는 국내시장에 영향을 미치는 행위에 대해서는 국적과 행위지를 불문하고 공정거래법을 적용할 수 있다는 태도를 취하고 있었다. 동조의 적용상 발생하는 고유한 문제는 기업결합의 제한과 같이 사전규제의 성격이 강하고, 경쟁제한성 심사 외에 일정한 신고의무를 부과하고 있는 경우에 발생한다. 즉, 기업결합과 관련하여 법 제3조는 신고의무에도 적용되는가, 아니면 오로지 경쟁제한성 심사에만 적용되는가 하는 문제이다.

이와 관련하여 국내에는 아무런 학설이 없다. 생각건대 두 가지 해석이 가능할 것이다. 하나는 법 제3조는 공정거래법 전체의 역외적용에 관하여 규정하고 있는 것으로서, 외국기업 간 기업결합의 신고의무 유무를 판단함에 있어서도 국내 매출액 외에 추가로 국내시장에 미치는 영향을 고려하여야 한다고 보는 것이다. 그런데 이러한 해석은 종래 공정거래위원회의 기업결합 신고와 관련한 실무와도 부합하지 않을 뿐만 아니라 신고의무는 가급적 사전에 당사회사가 명확하게 판단할 수 있어야 한다는 점에서 바람직하지 않아 보인다. 더구나 이러한 해석을 따를 경우에는 결국 개별 기업결합마다 국내시장에 미치는 영향을 고려하여야 하기 때문에 신고의무에 관한 국내매출액 요건이 어떠한 독자적인 법적 의미를 갖는지를 설명할 수 없다.

다른 하나는 법 제3조는 일견 기업결합에도 적용되는 것으로 보이나, 외국기업 간 기업결합에 대해서는 국내매출액 요건에 국내시장에 미치는 영향이 사전에 입법적으로 충분히 반영되어 있고, 따라서 신고의무 여부와 관련해서 추가로 국내시장에 미치는 영향을 개별적으로 판단할 필요는 없다고 보는 것이다.[271] 역외적 기업결합에 대한 신고의무의 명확성과 법적 안정성을 고려할 때, 그리고 국내시장에 미치는 영향은 종래 공정거래위원회의 실무나 판례에 비추어보더라도 국내매출액이 가장 중요하고도 확실한 근거라는 점을 감안할 때 이러한 해석이 타당하다.

나. 법 제3조와 심사관할권의 관계

전술한 바와 같이 역외적 기업결합에 대한 신고의무를 판단함에 있어서 별도로 공정거래법 제3조를 적용할 필요가 없다는 입장에서 볼 때, 이러한 태도는 심사관할권의 유무를 판단함에 있어서 그대로 타당하다. 즉, 기업결합의 경우 신고요건의 충족은 곧 국내시장에 영향을 미치는 것으로 사실상 간주되는 점을 감안할 때, 역외적 기업결합에 대하여 국내매출액을 기준으로 한 신고요건의 미충족은 곧바로 심사관할권의 부존재를 의미하는 것으로 보아야 하는 것이다. 통상 전 세계적으로 '기업결합 심사를 위한 신고기준'(notification thresholds for merger review)이라는 용어가 널리 쓰이는 것도 이와 같은 맥락에서 이해할 수 있다.

외국사업자의 어떤 행위가 국내시장에 미치는 영향은 공정거래법의 속성상 통상 사후적으로 판단하게 될 것이나, 기업결합규제와 같이 사실상 사전규제의 성격을 갖는 경우에는 역외적용을 위한 국내시장에의 영향을 객관적으로 수량화한 기준을 명시하여야만 외국회사들의 신고의무 이행을 담보하고 아울러 절차의 예측가능성을 제고할 수 있기 때문에 시행령 제18조 제3항이 국내매출액에 따른 신고의무를 통하여 동시에 역외적 기업결합의 심사관할권을 명정하고 있는 것이다. 즉, 기업결합 규제에 있어서 신고관할권과 심사관할권은 분리될 수 없으며, 이러한 원칙은 특히 신고의무가 없는 역외적 기업결합에 대해서 더욱 타당하다. 통상 복수의 나라에 신고의무가 발생하는 기업결합에 있어서 심지어 신고의무도 존재하지 않는 나라의 경쟁당국이 언제라도 심사관할권을 주장할 수 있게 될 경우에는 규제의 예측가능성이 현저히 저해되고 기업결합의 법적 안정성 또한 심히 훼손될 것이기 때문이다.

이와 달리 역외적 기업결합에 대한 공정거래위원회의 심사관할권은 오로지 공정거래법 제3조에 따라서 개별 사례마다 국내시장에 미치는 영향을 고려하여 판단

271) 신상훈, "M&A에 대한 각국의 기업결합 신고 및 심사제도와 사례", 국제거래법연구 제20권 제2호, 2011, 3-4면도 이와 유사한 견해로 보인다.

하여야 한다는 견해가 있을 수 있다. 무엇보다 공정거래법은 역외적 기업결합에 대해서도 신고의무만을 따로 명정하고 있을 뿐이고, 심사와 관련해서는 아무런 규정을 두지 않고 있기 때문에 결국 법 제3조에 따라 심사관할권을 따져볼 수밖에 없다는 이유를 생각할 수 있을 것이다. 그에 따라 국내매출액 요건을 충족하지 않는(그 결과 신고를 요하지 않는) 역외적 기업결합에 대해서 공정거래위원회가 심사관할권만을 행사하고자 할 경우에는 기업결합규제의 지리적 적용범위가 매우 모호해질 뿐만 아니라 현실적으로 신고 되지 않은 무수한 역외적 기업결합에 대하여 규제의 형평성과 실효성을 담보하기도 지극히 어려울 것이다. 그럼에도 불구하고 공정거래위원회가 심사관할권을 적극 행사하고자 한다면 결국 법 제3조에 따라 당해 기업결합이 국내시장에 미칠 '직접적이고 상당하며 합리적으로 예측가능한' 영향을 적극적으로 입증하여야 할 것인데, 당사회사의 국내매출액도 없거나 지극히 미미한 상태에서 과연 공정거래위원회가 그 밖에 어떤 기준으로 국내시장에의 영향을 보여줄 수 있을지, 그것이 이론상으로나마 가능할지는 매우 의문스럽다.

다. 소결: 신고관할권과 심사관할권의 관계

각국이 기업결합의 신고의무와 관련하여 대체로 국내매출액 기준을 정하고 있는 취지의 하나는 자국 내 시장의 경쟁에 영향을 미칠 우려가 없는 기업결합을 처음부터 심사대상에서 제외함으로써 경쟁당국이나 당사회사의 불필요한 비용부담을 최소화하기 위한 것이다.[272] 이러한 맥락에서 공정거래법상 역외적 기업결합에 대하여 국내매출액 300억 원이라는 신고기준을 정하고 있는 것은 기업결합 규제와 관련하여 제3조를 보다 구체화하여 기업결합 당사회사가 모두 외국회사인 경우에 국내시장에 미치는 직접적이고 상당한 수준의 영향을 판단할 수 있는 최소한의 객관적인 기준을 수량화한 것으로 해석하여야 할 것이다.

특히 글로벌 기업 간의 M&A 규제는 통상 여러 나라에 관할권이 인정되는데, 해당 국가에 국내매출액이 없거나 미미하여 신고의무도 없는 기업결합에 대해서 각국이 언제라도 심사관할권을 주장할 수 있다면 규제의 예측가능성이 심히 훼손될 것이라는 점에서도 신고관할권과 심사관할권은 분리할 수 없으며, 신고의무가 없는 역외적 기업결합에 대하여 공정거래위원회가 심사관할권만을 주장할 수는 없다.

272) ICN, Setting Notification Thresholds For Merger Review, April 2008, p. 4.

5. 기업결합 신고요건의 문제점과 개선방안

이처럼 역외적 기업결합에 대한 공정거래법상 신고의무란 결국 심사대상 기업결합을 한정하는 의미를 갖는 것이고, 이때 국내매출액 300억 원이라는 기준은 입법론상 그 타당성 여부는 차치하고 국내시장에 어느 정도 직접적인 영향을 보여주는 대리변수(proxy)라고 보아야 한다. 이러한 관점에서 공정거래법상 기업결합 신고의무가 과연 체계적으로 정비되어 있는지는 의문이다.

현재 기업결합 신고의무는 자산총액 또는 매출액을 기준으로 취득회사의 경우 3천억 원 이상, 피취득회사의 경우 3백억 원 이상인 경우에 발생하게 된다. 여기서 두 가지 문제를 생각할 수 있는데, 하나는 자산총액 또는 매출액 기준이 타당한지 여부이고, 다른 하나는 3천억 원 또는 3백억 원이 적절한 수준인지 여부이다(법 제11조 제1항, 영 제18조). 그리고 이 문제는 본질적으로 역내·외 기업결합을 불문하고 신고의무의 법적 성격이 무엇인지와 밀접하게 관련되어 있다.

기업결합 신고의무란 국내시장에 영향을 미칠 수 있는 결합을 경쟁당국이 충분히 심사할 수 있는 범위에서 포착하기 위한 것으로서, 신고기준을 정하는 관건은 국내시장에 미치는 영향을 보여줄 만한 '실질적인 연결성'(material nexus)을 얼마나 객관화된 징표로 구체화할 수 있는지 여부이다. 이 점에서 종래 여러 나라에서 사용하고 있는 신고의무의 기준이 매출액(sales volume)이나 자산총액(assets)에 기초하고 있는 것을 이해할 수 있다. 그런데 당사회사의 자산규모는 동 회사의 기업결합이 국내시장에 미치는 '직접적인' 영향을 보여주기 어렵다는 점에서 매출액 기준이 보다 타당하며, 외국의 입법례 또한 대체로 매출액을 기준으로 삼고 있다는 점에 주목할 필요가 있다.

이와 동일한 맥락에서 공정거래법상 기업결합 신고의무를 좌우하는 매출액이 직전 사업연도 손익계산서상의 매출액을 기준으로 하고 있는 점도 재고할 필요가 있다. 왜냐하면 동 매출액에는 당사회사가 외국에서 올린 매출액도 포함되고(영 제15조 제2항), 외국시장에서의 매출액은 당해 기업결합이 국내시장에 미칠 영향을 '직접적으로' 보여주기 어렵기 때문이다.[273] 따라서 입법론으로서 기업결합 신고의무

273) 극단적으로 어떤 국내회사가 제품의 100%를 수출하는 경우, 즉 국내매출액이 전혀 없는 경우에도 현행법상으로는 신고의무가 발생할 수 있는 것이다.

를 정하는 기준은 매출액으로 일원화하고, 동시에 국내매출액에 한정하여 규정하는 방식으로 전환하는 것이 바람직할 것이다.

이러한 필자의 주장에 대해서는 — 예컨대 "MS/Nokia" 사건과 같이 — 비록 당사회사의 일방이 국내에 아무런 매출액을 갖지 않더라도 향후 국내시장에서 경쟁을 제한할 우려가 있을 수 있고, 따라서 공정거래위원회로서는 여전히 국내매출액 요건을 충족하지 못하는 기업결합을 직권으로 심사할 실익이 있다는 반론이 가능할 것이다. 그런데 이 문제는 사안에 따라 다르기는 하겠지만 본질적으로 국내시장에서 경쟁을 제한할 우려가 과연 해당 기업결합으로부터 야기되는 것인지, 다시 말해서 해당 기업결합과 경쟁제한효과 사이에 상당한 인과관계가 있는지에 관한 것으로 이해할 수 있다. 국내매출액이 전혀 없는 회사를 인수할 경우에 예상되는 국내시장에서의 경쟁제한효과란 일견 그런 회사를 인수하지 않더라도 취득회사 단독의 행위로도 발생할 수 있을 것이기 때문이다. 아울러 국내매출액이 없는 외국회사의 인수를 심사에서 제외할 경우 만약 규제의 공백이 발생할 우려가 있다면 그것은 신고요건이나 심사절차 등을 정비하여 절차의 경제와 예측가능성을 담보하는 방법으로 해결할 필요가 있을 것이며, 지금과 같이 신고와 무관하게 공정거래위원회의 임의로 심사절차를 개시하는 방법은 바람직하지 않다.

끝으로 국내매출액 기준을 취하는 경우에 국내회사의 기업결합과 외국회사 간 기업결합에 대하여 통일된 신고기준(thresholds)을 정하는 방안도 검토할 필요가 있다. 국내매출액이 결국 국내시장에 미칠 상당한 영향을 직접 보여주는 것이어야 한다면 신고의무를 정함에 있어서 양자를 구별하여야 할 이유를 찾기 어렵기 때문이다. 현재 통상적인 기업결합의 신고의무와 관련하여 (피)취득회사의 매출액(국내매출액은 아님!)을 역외적 기업결합의 신고의무와 마찬가지로 300억 원으로 정하고 있는 것도 단순한 우연이라고 보기는 어려울 것이다. 다만, 당사회사의 일방이 3천억 원 이상으로 정해진 부분은 — 자산규모 3천억 원 이상인 회사로 규제대상을 한정하겠다는 정책적인 판단을 논외로 하면 — 적어도 국내시장에 미치는 영향이라는 관점에서 볼 때 체계상 맞지 않아 보인다. 그리고 최종적으로 국내매출액이 얼마 이상인 회사의 결합에 대해서 신고의무를 부과할 것인지는 종래 기업결합 신고건수와 국내·외 기업결합의 규모 차이, 공정거래위원회가 충실하게 심사할 수 있는 건수 등을 종합적으로 고려하여 정하면 될 것이다.

6. 기업결합 역외적용 사례

가. "Owens Corning/Compagnie de Saint-Gobain Vertrotex" 사건

먼저, 오웬스코닝(미국)이 상고방베트로텍스(프랑스)와 60:40의 지분율로 각사의 유리강화섬유 사업을 통합하는 합작기업의 설립에 관한 의향서를 작성하고, 이에 대하여 공정거래위원회에 임의적 사전심사를 요청한데 대하여, 공정거래위원회는 해외에 합작회사를 설립하는 기업결합의 경우는 신설법인의 국내매출액이 존재하지 않으므로 구법 제12조 제1항(현행법 제11조)에 의한 기업결합 신고대상이 아니나, 이 사건의 경우 구법 제7조 제4항(현행법 제9조 제3항)에 의한 경쟁제한성이 추정되는 기업결합으로서 직권조사 대상에 해당한다고 보아 기업결합 심사절차를 진행한 바 있다.[274)]

이때까지만 해도 공정거래위원회는 추정요건을 판단하는 과정에서 이들 외국회사의 국내 자회사의 국내공급액을 고려하여 시장점유율을 산정하였고, 구법 제7조 제4항(현행법 제9조 제3항)의 요건이 충족된다는 것은 이들 회사의 국내매출액이 신고요건인 매출액 기준보다도 훨씬 높은 수준일 것이기 때문에 결과적으로 국내시장에 미치는 영향을 인정하는 데에 무리가 없었던 것으로 보인다.

참고로, 기업결합의 일 유형으로서 합작기업의 설립이 문제되는 경우에 공정거래위원회는 심사기준에서 일관되게 새로운 회사설립에 참여하는 2 이상의 회사와 신설회사 사이에 지배관계가 형성되어야 한다고 보고 있는바, 그에 따라 합작형태의 기업결합에서 상대회사는 언제나 합작법인인 신설회사가 되고, 그 결과 역외적 기업결합의 경우 때로는 아직 설립되지도 않은 합작회사의 국내매출액을 기준으로 신고관할권을 판단해야 함으로써 언제나 신고의무가 발생할 수 없는 문제점이 있었다. 다만, 공정거래위원회는 실무상 이 경우에도 공동출자자, 즉 설립회사들의 국내매출액을 기준으로 관할권 요건의 충족 여부를 판단하고 있으며, 외국기업들이 합작회사를 설립하는 경우에도 신설법인인 합작회사가 아니라 설립주체인 외국기업들의 국내매출액을 기준으로 신고의무의 존부를 판단하고 있다.

나. "Western Digital/Viviti Technologies" 사건

이 사건에서 공정거래위원회는 웨스턴디지털이 비록 미국 법에 따라 설립된

274) 공정거래위원회 2007.12.5. 의결 제2007-548호.

외국사업자이나 구법 제2조의2의 규정(현행법 제3조)에 따라 외국 사업자가 국외에서 행한 행위에 대하여도 국내시장에 영향을 미치는 경우에는 법 적용대상이 되는 점, 구법 제12조 제1항(현행법 제11조 제1항)과 구 시행령 제18조 제3항(현행법의 영 제18조 제3항)에 따라 외국사업자 간 기업결합 행위에 대하여도 일정한 요건을 충족할 경우에는 기업결합 신고대상이 되는 점 등을 고려할 때 취득회사의 피심인 적격성이 인정된다고 판단하였다.[275] 즉, 공정거래위원회는 역외적 관할권을 판단하면서 크게 두 가지를 병렬적으로 고려하였는데, 하나가 역외적용에 관한 근거조항이고, 다른 하나가 신고요건이었다.

문제는 이 두 가지 요건이 어떻게 충족되는지에 대해서 공정거래위원회가 아무런 언급을 하지 않고 있다는 점이다. 이를테면 공정거래위원회는 문제된 HDD의 시장규모와 경쟁상황을 설명하면서, 국내 HDD 시장의 규모가 약 3억 달러이고, (영업비밀 보호차원에서 국내 경쟁사업자의 매출액과 시장점유율을 명시하지는 않고 있으나) 삼성전자가 1위이고 당사회사가 2위, 3위라고만 언급하고 있을 뿐 더이상 국내시장에 대한 분석은 제시하지 않았다. 일견 당사회사의 국내시장 점유율이 각각 10%는 상회할 것으로 보이기 때문에 신고요건은 충족될 것으로 보이지만, 구법 제2조의2(현행법 제3조)에 따른 국내시장에의 영향은 과연 어떤 기준으로 판단하였는지 알 수가 없는 것이다. 결론의 당부와 상관없이 의결의 완전성을 해하는 중대한 흠결이라고 보지 않을 수 없다.

이 사건 심결이 보여주는 보다 근본적인 문제는 역외적용의 일반적 요건과 신고요건의 관계를 엄밀하게 밝히지 않고 양자를 모두 고려한다는 식의 애매한 접근을 통하여 기업결합의 역외적 관할권에 관한 불확실성을 심화시켰다는 점이다. 그 결과 아래에서 살펴보는 바와 같이 국제적인 M&A에 대한 역외적 관할권이 명확한 근거도 제시하지 않은 채 그 후 일련의 사건에서도 반복되고 있는 것은 매우 우려할 만하다.

다. "MediaTek/Mstar" 사건

이 사건에서는 대만의 SoC칩 설계·제조업자인 MediaTek이 MStar를 인수한 것이 문제되었는데, 전자는 우리나라에 현지법인을 두고 제품판매 및 기술지원서비스를 제공해온 반면, 후자는 국내에 지점을 두고 기술지원서비스만을 제공해왔다.

---

275) 공정거래위원회 2012.2.3. 의결 제2012-017호.

공정거래위원회는 13개 관련시장을 중심으로 형성되는 일련의 결합 중에서 DTV용 SoC칩 시장에서 발생하는 수평결합에 대하여 경쟁제한성을 인정한 후, 다양한 행태적 시정조치를 부과하였다.[276)]

그런데 공정거래위원회는 후술하는 "ASML/Cymer" 사건과 마찬가지로 지리적 관련시장을 세계시장으로 획정한 후, 일견 세계시장에서 MediaTek과 MStar가 차지하는 점유율을 기준으로 HHI를 산정하고 시장지배적 사업자로 추정하는 한편 구법 제7조 제2항에 따른 경쟁제한성 추정 등의 접근방법을 취하였다.[277)] 실제 공정거래위원회는 의결서에 양사가 관련시장에서 어느 정도의 국내매출액을 갖고 있는지에 대해서 전혀 언급하지 않고 있는바, 이것은 시장지배적 사업자를 추정함에 있어서 국내매출액을 기준으로 시장점유율을 산정한다는 원칙에 반할 뿐만 아니라 역외적 관할권을 인정하는 기본적인 테스트를 소홀히 하였던 것으로 보인다. 이러한 태도는 근본적으로 기업결합 심사에 요구되는 경쟁제한효과는 무엇보다 국내시장에서 발생할 우려가 있어야 한다는 전제에서 이탈한 것으로서, 지리적 관련시장에 대한 무지에서 비롯된 측면도 있어 보인다.[278)]

라. "ASML/Cymer" 사건

이 사건에서는 미국회사로서 리소그래피 시스템을 생산하는 ASML이 주요 원재료가 되는 광원을 생산·판매하는 Cymer의 주식 전부를 인수한 것이 문제되었고, 공정거래위원회는 경쟁제한성을 인정하여 다양한 행태적 시정조치를 내린 바 있다.[279)] 그리고 ASML의 경우 2011년을 기준으로 국내시장에서 97.8%의 점유율로 1위인 사업자로서 국내 리소그래피시장에서의 매출액이 약 10억 유로에 달하여 200

276) 공정거래위원회 2013.6.10. 의결 제2013-110호.

277) 이 사건에서 공정거래위원회는 13개의 관련시장 중 대부분에 대해서 세계시장을 전제로 점유율을 제시하고 있을 뿐이다.

278) 사견으로는 지리적 관련시장을 세계시장으로 획정할 수 없고, 설사 세계시장을 전제로 삼더라도 그 의미는 단지 해외의 경쟁상황을 경쟁제한성 판단 시에 종합적으로 고려할 수 있다는 데에서 찾을 수 있다고 본다. 이와 관련하여 관련시장을 획정하는 목적을 생각할 필요가 있는바, 세계시장에서 경쟁제한효과가 인정되더라도 최종적으로 국내시장에서 실질적인 경쟁제한효과가 발생할 우려가 없는 기업결합을 국내 경쟁당국이 규제할 이유는 없는 것이다. 공정거래위원회가 세계의 경쟁당국이 아닌 한 세계시장에서 발생하는 경쟁제한효과를 근거로 시정조치를 내릴 수는 없으며, 그렇지 않을 경우 다수의 관할권을 수반하는 역외적 기업결합에 대한 심사절차의 개시 여부가 나라마다 상이해지는 문제를 피할 수 없게 된다. 다만, 관련시장의 획정을 둘러싼 논쟁은 이 글의 주제를 벗어나는 것이어서, 여기서는 더 이상 자세히 언급하지 않기로 한다.

279) 공정거래위원회 2013.6.26. 의결 제2013-118호.

억 원을 훌쩍 상회하고 있었다.

그런데 Cymer의 경우 자신이 생산한 광원을 네덜란드와 일본에 있는 리소그래피 시스템 제조회사에게 직접 판매하고 있어, 공정거래위원회도 의결서에서 언급하고 있는 바와 같이 국내시장에서 광원판매로 인한 매출이 존재하지 않는다. 즉, Cymer는 국내시장 매출액 200억 원이라는 요건을 충족하지 않는 것이다. Cymer가 2011년 기준으로 전 세계 광원시장에서 매출액 기준이나 판매수량 기준으로 시장지배적 사업자에 해당한다는 점[280]은 동 기업결합에 대한 신고의무를 판단함에 있어서 고려될 여지가 없다.

이 사건을 살펴보면, 과연 동 기업결합에 대해서 공정거래법상 신고의무가 발생하는지도 의문이며, 공정거래위원회가 심사절차를 진행하게 된 근거를 전혀 언급하지 않고 있어 그 배경을 이해하기 어렵다. 의결서에 나타난 사실에 기초하여 판단하자면 동 기업결합은 Cymer의 국내매출액 부존재로 인하여 공정거래위원회에 신고할 의무도 없고, 나아가 공정거래위원회의 심사관할권도 존재하지 않았던 것으로 볼 소지가 충분히 있어 보인다.

마. "MS/Nokia" 사건

이 사건에서 2013년 9월에 MS가 노키아의 휴대폰 단말기사업을 인수하는 계약을 체결하고 동년 11월에 공정거래위원회에 신고하였다가, 노키아의 창원공장이 인수대상에서 제외되면서 2014년 4월 신고가 철회되었으나 공정거래위원회가 직권에 의한 심사관할권을 전제로 심사보고서를 작성하였다. 그 후 2014년 8월 27일 MS가 동의의결을 신청하였고, 2015년 2월 4일 전원회의에서 동의의결 개시결정을 내렸으며, 2015년 8월 기업결합 신고 후 1년 8개월이나 경과한 시점에서 동의의결로 사건은 종료되었다.

기업결합의 역외적 관할권 유무를 파악하기 위해서는 어떤 방식으로든 국내적 영향을 판단하였어야 하는바, 공정거래위원회는 이에 관하여 명확한 근거를 제시하지 않은 채 동 기업결합에 대한 심사를 계속 진행하였고,[281] 이례적으로 오랜 시

280) 공정거래위원회는 동 사건 의결서에서 Cymer의 시장점유율만을 들어 시장지배적 사업자라고 적시하고 있는바, 관련시장도 획정하기 전에 시장점유율을 논하거나 세계시장의 점유율을 근거로 일견 공정거래법상 시장지배적 사업자 운운하는 것은 방법론상 전혀 타당하지 않다. 시장지배적 사업자란 각국의 국내 경쟁법에 따라 달리 판단되어야 하고, 시장점유율은 지배적 지위를 인정하기 위한 고려요소의 하나일 뿐이기 때문이다.

281) 이 사건 동의의결은 처분의 성격을 가짐에도 불구하고 의결서가 공개되지 않아 많은 쟁점에 관하

간이 경과한 후에 종국에는 동의의결로 마무리되었던 것이다.[282] 즉, MS가 국내 노키아 공장을 인수하지 않고, 노키아가 국내 윈도 단말기시장에서 차지하는 점유율이 사실상 제로(0)에 가까운 상황에서 동 기업결합은 공정거래법상 신고의무를 발생시키지 않고, 이 점은 곧 동 기업결합이 국내시장에 미치는 영향이 없거나 미미하다는 것으로서 공정거래위원회는 심사관할권을 행사할 수 없었다고 보는 것이 타당하다.

Ⅲ. 외국의 입법례

1. 유럽의 예

유럽경쟁법은 1957년 유럽경제공동체조약(EEC Treaty)이 출범할 당시부터 여러 회원국의 경쟁법과 병렬적으로 적용될 것을 염두에 두었기 때문에, 유럽집행위원회와 개별 회원국의 관할권을 구체적인 사안에서 어떻게 구분할 것인지가 중요한 문제로 다루어졌다. 더구나 유럽기능조약이나 유럽합병규칙에는 역외적용에 관한 명문의 규정이 없기 때문에, 제3국에서 발생한 외국회사의 경쟁제한행위에 유럽경쟁법을 적용하기 위한 기준이 후술하는 미국과 마찬가지로 오래 전부터 다투어졌다. 그런데 유럽기능조약상으로는 여전히 제101조와 제102조에 관한 한 유럽공동체와 회원국의 관할권이 중첩될 수 있는 반면,[283] 1989년에 제정된 유럽합병규칙은 기업결합의 규제에 관한 한 유럽공동체와 회원국이 일정한 요건 하에 각기 배타적인 관할권을 갖는 방식으로 정리하였다.

구체적으로 유럽합병규칙은 기업결합규제에 관하여 이른바 'one stop shop' 절차를 마련하고 있는바, 무엇보다 동 규칙은 '공동체 차원의 중요성'(gemeinschaftsweite Bedeutung)을 갖는 기업결합에만 적용된다는 점을 선언하고(규칙 제3조 제1항), 어떤

여 공정거래위원회가 어떤 근거로 판단하였는지를 알 수 없다. 그 후 일련의 동의의결 또한 마찬가지의 문제를 안고 있는바, 입법적으로 해결해야 할 문제로 보인다.

282) 공정거래위원회가 보도자료에서 밝힌 MS의 시정방안은 그 내용에 비추어 다양한 행태적 시정조치와 별반 다를 것이 없는바, 무엇보다 라이선스 관련한 내용과 관련해서도 역외적용의 한계 문제가 발생할 수 있다는 점에 유의할 필요가 있다. 시정방안 또는 시정조치의 역외적 한계에 대해서는 다음 기회에 별도의 논문에서 다루기로 한다.

283) 공동체법의 우선원칙은 유럽경쟁법과 회원국의 경쟁법이 충돌하는 상황, 이른바 규범충돌(Normkonflikte)이 일어나는 경우에 의미를 갖게 된다. Kling/Thomas, a.a.O., S. 32.

기업결합이 공동체 차원의 의미를 갖기 위해서는 ① 당사회사가 세계시장에서 합계 50억 유로 이상의 매출액을 갖고, ② 공동체 차원에서는 적어도 두 개의 회사가 각각 2억 5천만 유로의 매출액을 충족하여야 하며, ③ 당사회사 중 누구도 특정 회원국에서 공동체 시장 매출액의 2/3 이상을 가져서는 안 된다고 규정하고 있다(규칙 제1조 제2항). 공동체 차원의 의미를 갖는 기업결합에 대해서만 유럽집행위원회에 사전 신고할 의무가 발생한다는 점에서, 신고기준 자체가 공동체시장에 미치는 일정한 영향을 염두에 두고 있는 것으로 볼 수 있다(규칙 제4조).

이러한 매출액 기준, 특히 ②의 요건은 유럽합병규칙의 적용범위를 정하는 것으로서 동 기준이 충족되지 않을 경우에는 신고의무뿐만 아니라 처음부터 EU의 합병규제 자체를 받지 않는다. 예컨대, 미국의 2개 회사가 합병을 함에 있어서 세계시장에서 합계 100억 유로의 매출액을 갖는 경우에도, 공동체 내에서는 아예 매출이 발생하지 않는 경우에는 유럽의 합병규제는 적용될 여지가 없는 것이고, 관련시장을 세계시장으로 획정한다고 하여 역내 매출액과 무관하게 관할권을 행사할 수 있는 것은 전혀 아니다.[284] 심지어 일단 신고된 기업결합이라도 위 요건을 충족하지 못하는 경우에 유럽집행위원회는 '관할권 없음'의 결정을 내릴 수 있게 되어 있다(규칙 제6조 제1항 a호).[285] 반대로 매출액 기준을 충족하는 기업결합이라면 추가로 역내시장에 미치는 영향을 고려할 필요 없이 유럽집행위원회에 신고의무가 발생하고, 아울러 유럽집행위원회는 그에 대한 심사관할권을 갖게 되는 것이다. 다른 한편으로 유럽합병규칙을 회원국이 아닌 제3국에 역외적용하기 위한 핵심기준 또한 마찬가지로 '공동체시장에 미치는 영향'이고, 이를 판단하는 최소한의 형식적인 기준 또한 바로 위에서 언급한 ②의 요건이다. ②의 기준은 유럽의 기업결합규제를

284) 유럽합병규칙 제1조 제3항은 유럽공동체에 관할권이 인정되는 또 다른 기업결합의 요건을 정하고 있는바, ① 당사회사가 세계시장에서 합계 25억 유로 이상의 매출액을 갖고, ② 적어도 3개의 회원국에서 당사회사가 합계 1억 유로 이상의 매출액을 가지며, ③ 이들 3개 회원국마다 2 이상의 당사회사가 각각 2천 5백만 유로 이상의 매출액을 가지고, ④ 2 이상의 당사회사가 각각 공동체 차원에서 1억 유로 이상의 매출액을 가져야 한다. 이는 제2항과 선택적인 관계에 있고 제2항을 충족하지 않는 기업결합 중에서 적어도 3개 이상의 회원국에 중대한 영향을 미칠 수 있는 경우를 상정한 것이다. 즉, 위 규칙 제1조 제3항은 순수하게 공동체 차원의 의미를 갖지 않더라도 한 회원국을 넘어서 영향을 미치는 결과 여러 회원국에 신고의무를 발생시킬 수 있는 기업결합에 대한 관할권을 유럽집행위원회에 배타적으로 귀속시키는 내용을 담고 있다.

285) Markus Wagemann, in: Gerhard Wiedemann (Hrsg.), Handbuch des Kartellrechts, 2008, §15 Rn. 17, 20. 유럽의 경우 기업결합을 도모하는 사업자는 관할권에 관한 의문이 있을 경우 일단 유럽집행위원회에 신고하는 경향이 있다고 한다.

제3국의 기업들 사이에 제3국에서 행해지는 기업결합에 역외적용하기 위한 영향을 고려하여 역내 매출액이라는 수치로 단순 규정한 것으로 이해할 수 있는 것이다.

그 밖에 ①의 요건은 비록 전 세계매출액을 기준으로 삼고 있으나 적어도 일방 당사회사가 대기업집단(ein Großkonzern)일 것을 염두에 둔 것으로 이해되고 있으며, ③의 요건은 사실상 거의 대부분의 매출이 특정 회원국에서만 발생하는 경우에는 유럽합병규칙의 적용을 배제하려는 취지의 소극적 의미를 갖고 있다.[286]

아울러 유럽합병규칙의 이와 같은 태도는 EU와 회원국의 관할권을 명확하게 구별하려는 취지만으로는 설명할 수 없는바, 역외적 기업결합의 관할권 문제는 EU 밖에서 이루어지는 제3의 외국기업들 간의 결합에 관한 것이기 때문이다. 즉, 유럽에서도 역외적 관할권을 명확하게 정하는 일은 비단 'one stop shop' 차원에서만 이해할 수 없다.

그 밖에 유럽에서는 오히려 이처럼 형식적인 매출액 기준이 유럽합병규칙의 지리적 관할권을 지나치게 확장할 수 있는 부분을 우려하는 목소리[287]가 적지 않다는 점은 제3국과의 국제예양에 반할 소지가 있는 기업결합 규제의 관할권행사에 얼마나 신중할 필요가 있는지를 잘 보여주고 있다. 이와 동일한 맥락에서 최근 유럽에서는 기업결합 규제절차의 간소화를 위한 논의가 진행되고 있는바, 이를테면 유럽공동체 밖에 소재하면서 활동하는 완전합작기업(full-function joint venture)을 설립하고자 하는 경우에는 비록 합병규칙상의 매출액 기준을 충족하더라도 처음부터 동 규칙의 적용을 받지 않는 방안이 제시되기도 하였다.[288] 이 또한 신고의무를 비롯한 역외적용의 과도한 확대를 막고 기업결합 심사절차의 효율성을 제고하기 위한 취지로 이해할 수 있음은 물론이다.

2. 미국의 예

역외적용에 관한 법리가 가장 먼저 판례법으로 발전한 미국에서는 일찍이 미국의 국내시장이나 수입 또는 수출에 '직접적이고 상당하며 합리적으로 예측가능한 영향'(direct, substantial, and reasonably foreseeable effect)을 갖는 외국기업의 외국에서의 행위에 대해서 국내법을 적용한다는 원칙이 나름 확립되어 있다. 이러한 원칙

286) Simon, a.a.O., S. 1063.

287) Immenga/Körber, a.a.O., Art.1 FKVO Rn. 55, 57.

288) European Commission, Ibid, para. 77.

은 기업결합에도 원칙적으로 적용된다.

일찍이 기업결합에 대한 사전신고의무를 규정하고 있는 1976년의 HSR법은 우리나라나 유럽 등과 마찬가지로 취득회사나 피취득회사의 매출액을 일부 고려하여 신고요건을 규정하고 있다.[289] 그리고 어떤 기업결합이 동법상 신고의무를 야기하는지 여부와 무관하게 DOJ와 FTC는 종래의 역외적용의 일반원칙에 따라 관할권이 있는지를 살펴서, 관할권이 인정되는 한 외국기업 간 기업결합에 대해서도 적극적으로 조사할 권한을 갖게 되는 것이다.[290]

다만, 여기서도 유의할 것은 HSR법의 이행규칙에 따르면 외국에서의 일정한 기업결합에 대하여 미국 내 거래에 미칠 직접적인 영향이 미미한 것으로 간주하여 신고의무를 면제하고 있다는 점이다. 즉, 피취득회사의 미국 내 매출액이 5,000만 달러를 넘지 않는 경우에는 신고의무가 없다.[291] 단순히 신고의무가 없는 기업결합

---

289) 15 U.S.C. § 18a. no person shall acquire, directly or indirectly, any voting securities or assets of any other person, unless both persons (or in the case of a tender offer, the acquiring person) file notification pursuant to rules under subsection (d)(1) of this section and the waiting period described in subsection (b)(1) of this section has expired, if—

(1) the acquiring person, or the person whose voting securities or assets are being acquired, is engaged in commerce or in any activity affecting commerce; and

(2) as a result of such acquisition, the acquiring person would hold an aggregate total amount of the voting securities and assets of the acquired person—

(A) in excess of $200,000,000 (as adjusted and published for each fiscal year beginning after September 30, 2004, in the same manner as provided in section 19 (a)(5) of this title to reflect the percentage change in the gross national product for such fiscal year compared to the gross national product for the year ending September 30, 2003); or

(B) (i) in excess of $50,000,000 (as so adjusted and published) but not in excess of $200,000,000 (as so adjusted and published); and

(ii) (I) any voting securities or assets of a person engaged in manufacturing which has annual net sales or total assets of $10,000,000 (as so adjusted and published) or more are being acquired by any person which has total assets or annual net sales of $100,000,000 (as so adjusted and published) or more;

(II) any voting securities or assets of a person not engaged in manufacturing which has total assets of $10,000,000 (as so adjusted and published) or more are being acquired by any person which has total assets or annual net sales of $100,000,000 (as so adjusted and published) or more; or

(III) any voting securities or assets of a person with annual net sales or total assets of $100,000,000 (as so adjusted and published) or more are being acquired by any person with total assets or annual net sales of $10,000,000 (as so adjusted and published) or more.

290) ABA Section of Antitrust Law, Ibid, p. 508.

291) 16 C.F.R. §§ 802.50−802.52.

과 달리 이 경우에는 미국 내 영향이 미미한 것으로 간주되기 때문에, 별도로 역외적용의 가능 여부를 살펴본다는 것 자체가 성립하기 어렵고, 결국 이러한 기업결합에 대해서는 신고관할권과 심사관할권이 모두 존재하지 않는 것이 된다.

여기서 한 가지 유의할 점이 있다. 미국에서도 HSR법상 신고의무가 없는 기업결합에 대해서 연방법무부나 연방거래위원회가 직권으로 문제 삼은 예가 적지 않다는 사실이다. HSR법 이전에 제정된 클레이튼법 제7조는 HSR법상의 신고의무나 기업결합의 완료 여부와 상관없이 기업결합을 규제할 수 있었고, 실제로 2000년 이후 이러한 기업결합을 상대로 경쟁당국이 법원에 소를 제기한 건수는 꾸준히 증가한 것으로 알려져 있다.[292] 그런데 이들 사례가 곧바로 신고의무 없는 '역외적' 기업결합에 대하여 미국의 경쟁당국이 관할권을 행사한 것으로 이해할 수는 없는바, 대표적으로 언급되는 DOJ의 "Bazaarvoice" 사건[293]이나 "Heraeus Electro/Nite" 사건, FTC의 "Polypore International" 사건이나 "Cardinal Health" 사건 등은 모두 미국 기업들 상호간의 결합으로서 해당 기업결합이 미국 내에 미치는 영향을 고려할 필요가 없었던 것으로 보인다.

요컨대, 미국의 경우에도 미국 내 매출액을 기준으로 국내에 미치는 영향을 추론하는 방식으로 외국기업 간의 일정한 기업결합에 대하여 신고의무가 면제되고, 이 경우에는 추가적으로 역외적용의 일반원칙을 적용할 실익이 없게 된다는 점에서 유럽합병규칙과 유사한 측면이 있다. 다만, 특징적인 부분은 미국에서 통상의 기업결합 신고의무는 경쟁당국의 규제권한 행사가능성과 결부되어 있지 않으나, 역외적 기업결합에 관한 한 신고의무가 미국 내 거래에 미치는 영향과 결부됨으로써 이 경우에는 신고관할권과 심사관할권이 분리되어 있지 않다는 점이다. 이론적으로 기업결합 신고의 법적 성격을 국내적 결합과 역외적 결합으로 나누어 이원적으로 파악할 수 있을지는 추가로 논의할 여지가 있다.

---

292) OECD, Ibid, 2014.

293) U.S. vs. Bazaarvoice, Inc., C13−0133. 이 사건에 대한 평석으로는 이중배·원홍식, "HSR법상 합병 신고의무가 없는 M&A가 '프리패스'일까?", 경쟁저널 제185호, 2016.3, 96면 이하.

제5장

경제력집중의 억제

제1절 개 관

Ⅰ. 서 설

1. 시장경제와 경제력집중

가. 자본주의 시장경제와 경제력

자본주의는 필연적으로 자본의 집중을 가져온다. 근대 자본주의가 출범한 이래 자본은 시장경제를 지배하는 힘의 원천으로 인식되고 있다. 시장경제를 구성하는 핵심원리가 바로 경쟁이고, 경쟁의 본질은 비효율적인 사업자를 끊임없이 퇴출시킨다는 의미에서 선택(market selection) 및 독점화의 과정이다. 시장의 선택이 반복되면서 결국 시장은 집중되고, 시장에서의 힘 내지 경제력 또한 소수의 기업에 집중되게 마련이다. 집중과정에 달리 부당한 수단이 동원되지 않는 한 시장경제는 경쟁과 독점이라는 전혀 상반되어 보이는 요소를 본질적으로 내재하게 마련이다.

무릇 모든 사업자는 정도의 차이가 있을 뿐 나름의 경제력을 보유하고 있게 마련이다. 이때의 경제력이란 가장 넓은 의미로서 거래상대방이나 소비자에게 일정 정도 영향을 미칠 수 있다는 의미이다. 자본주의 시장경제 하에서 경제력집중이라는 현상 그 자체를 불온시(不穩視)할 수는 없으며, 개별 기업이 갖는 경제력은 시장에서의 경쟁을 통하여 견제와 균형을 찾아가게 된다. 이러한 균형이 깨지는 상황에 대하여 각국의 법규범은 오래 전부터 관심을 가져 왔으며, 우리나라에서 독과점규제나 불공정거래행위의 금지, 나아가 대기업집단에 대한 각종 사전규제는 특정 기업이나 기업집단이 시장경쟁이나 거래상대방, 국민경제를 구성하는 여타 주체로부터 적절히 견제되지 않는 상황에 대한 문제의식을 배경으로 한다.

우리나라 헌법 제119조 제1항은 경제질서를 규정하면서 국가가 경제에 관한 규제와 조정을 행하는 근거이자 목적을 균형있는 국민경제의 성장 및 안정, 적정한 소득의 분배, 시장의 지배와 경제력 남용의 방지 및 경제주체간의 조화를 통한 경제의 민주화라는 4가지로 열거하고 있다. 여기서 언급된 '경제력'이 무엇을 의미하는지는 확실하지 않으나, 비단 시장지배력이나 우월적인 지배력에 국한할 것은 아니다.[1] 더욱이 재벌에 의한 과도한 경제력집중은 국민경제의 균형성장이나 헌법 제119조 제1항이 규정하는 개인과 기업의 자유와 창의를 기본으로 하는 경제질서와도 부합하지 않는다는 점에서 일정한 규제는 필요할 것이다.

나. 경제력집중의 세 가지 차원

무릇 힘(power)이란 자신의 의지를 타인의 의사와 무관하게 관철하는 것을 말한다.[2] 그리고 경제력(economic power)이란 다른 경제주체의 의사에 반하여 가격이나 품질 또는 공급량 등을 어느 정도 좌우할 수 있는 힘이다. 경제력집중이란 이러한 경제력이 소수의 경제주체에게 집중되어 있는 상태로서, 자본주의 시장경제 하에서 그러한 현상 자체는 지극히 자연스러운 것이다.

종래 우리나라에서는 경제력집중을 일반집중(overall concentration), 시장집중(industry or market concentration) 및 소유집중(ownership concentration)의 세 가지 차원으로 나누어 설명해왔다. 특정 소수의 경제주체, 대표적으로 기업집단에 한 나라의 경제력이 집중되는 것을 일반집중이라 하며, 하나의 시장에서 특정 기업에 경제력이 집중되는 산업집중 내지 시장집중과 구별된다. 그리고 소유집중이란 개별 기업이나 기업집단의 경제력이 소수의 자연인 총수와 그 일가에 집중되어 있는 것을 의미한다. 공정거래법은 1980년 제정[3] 당시부터 제1조의 목적조항에 '과도한 경제력의 집중을 방지'하는 것을 담고 있었고, 제3장에 기업결합의 제한만을 규정하고 있었다. 그 후 1986년 제1차 법개정[4]으로 동법은 대기업집단 규제를 도입하여, 제3장에 '경제력집중의 억제'를 추가하였다. 즉, 당초 경제력이란 개별 시장에서의 지배력 내지 시장집중만을 의미한 반면, 이후 일반집중으로 확장되었던 것이다.

그런데 일반집중에 대한 규제를 둘러싸고 전부터 타당성 논란이 제기되었으

---

1) 경제민주화란 단지 공정거래법을 통해서 실현가능한 것이 아니라 다른 여러 정책과 통일적으로 추진됨으로써 비로소 달성될 수 있는 고도의 정치이념 내지 사회이념의 영역에 속한다.

2) Bertrand Russel, Power: A New Social Analysis, Allen & Unwin, 1938.

3) 1980.12.31. 제정, 법률 제3320호.

4) 1986.12.31. 개정, 법률 제3875호.

며, 그 논란이란 무엇보다 일반집중의 개념적 모호성에서 비롯되어 과연 경제력집중을 규제해야 할 이유에 대한 혼선으로 이어지게 된다.[5)] 나아가 공정거래법이 전형적인 경쟁법의 범주를 넘어서 일반집중에도 관심을 가져야 하는지, 나아가 일부 대기업집단에 대한 규제의 필요성과 정당성을 인정하더라도 동법상의 규제가 과연 합리적이고 실효적인 수단인지에 대한 의문이 존재한다.

1986년 제1차 법개정[6)]으로 동법에 대기업집단 규제가 도입된 이후 어언 35년이 경과한 시점에서 그간의 시장상황 등 대외적 여건의 변화와 대기업집단의 지배구조 및 관행의 변화, 나아가 4차산업혁명으로 대변되는 디지털경제 하에서 기존의 규제틀이 여전히 유효한지에 대해서도 근본적인 검토가 필요한 시점이다. 이러한 의문에 답하기 위해서는 우리나라 헌법상 경제질서 하에서 경제력집중을 어떻게 평가할 수 있는지를 살펴보아야 하고, 아울러 공정거래법이 재벌의 일반집중을 규제하는 것이 바람직한지를 동법의 근본이념에 비추어 검토해보아야 한다. 이를 기초로 구체적인 개편방안에 대해서 추가적인 논의가 이뤄져야 할 것이다.

2. 경제력집중 규제의 근거와 수단

일반집중의 관점에서 경제력집중은 비단 소수 재벌(財閥) 내지 대기업집단의 지배구조와 같은 내부 문제에 국한되지 않고 국민경제 차원의 의미를 갖게 된다. 무엇보다 소수의 기업집단이 고용, 수출, 연구·개발(R&D) 등 국민경제에서 차지하는 비중이 과도하게 커지면 그만큼 시스템 리스크도 덩달아 커지게 된다. 과거 1997년 말 IMF 외환위기 때 경험한 바와 같이 부실한 재벌이 쓰러지면서 연관 산업과 기업이 동반 부실화되고, 그것이 국민경제 전반에 막대한 손실을 가져왔던 것이다. 또한 재벌이 총수 및 그 일가에 의해 소유·지배될 경우, 국민경제 차원에서 자원배분이 시장원리나 경쟁원리보다는 총수의 관심과 이해관계에 따라 왜곡될 수 있다. 따라서 재벌의 경제력집중은 자원배분의 비효율성뿐만 아니라 국민경제의 균형 있는 발전이나 민주적인 정치·사회체제를 위태롭게 한다는 차원에서 접근할 필요가 있다.

---

5) 이철송, "대기업집단법제의 법리적 평가", 상사법연구 제35권 제3호, 2016, 21면 이하; 송옥렬, "신주인수권부사채의 발행과 공정거래법상 부당지원행위", BFL 제10호, 서울대학교 금융법센터, 2005.3, 95면.

6) 1986.12.31. 개정, 법률 제3875호.

여기서 공정거래법이 일반집중을 바라보는 시각을 살펴보자. 우선 공정거래법은 경쟁법의 주요 관심인 개별 시장에서의 집중을 넘어서 기업집단의 '규모나 크기'(size or bigness)를 기준으로 경제적 부(富)가 소수의 기업집단으로 '과도하게' 집중되는 현상을 바람직하지 않은 것으로 인식하고 있는 것으로 보인다. 다만, 동법이 예정하고 있는 규제란 기업의 내부적 성장 자체를 문제 삼지 않는 것과 마찬가지로 소속 계열회사의 성장을 통하여 기업집단의 규모가 커지는 것을 금지하는 것이 아니라 국민경제의 관점에서 — 경쟁질서의 관점이 아님! — 계열회사 간 상호출자나 순환출자, 채무보증 등 적절하지 않은 수단을 통하여 기업집단의 규모를 키우는 행위를 금지하고 있다.

여기서 대기업집단에 의한 경제력집중을 공정거래법에 규정하는 방식이 타당한지를 둘러싼 논쟁은 실익이 없다. 이 문제는 입법정책의 영역에 속하며, 일반집중이 개별 시장의 경쟁 및 우리나라의 시장경제 시스템에 부정적인 영향을 미칠 수 있다는 우려에 비추어 전통적인 경쟁법적 수단으로는 해결하기 어렵다는 인식을 바탕으로 현재의 규제체계가 마련된 것이기 때문이다. 과거 우리나라의 경쟁정책이 재벌문제에 대하여 충분히 실효적이었는지에 대한 평가는 다를 수 있으나, 적어도 그 실효성을 저해한 요인으로서 일제시대와 6·25 전쟁 후 한국경제의 특수성, 독과점에 대한 모순적 태도와 올바른 철학의 미성숙, 관료가 주도하는 산업정책의 우위 등의 여러 가지를 들 수 있다는 점은 부인하기 어렵다. 이러한 상황에서 1980년 12월 공정거래법[7]이 제정된 이후에 경쟁정책이나 공정거래법학, 산업조직론이 개별시장접근법에 스스로를 한정해온 것은 어쩌면 지극히 당연한 현상이기는 하나, 우리나라에 적합한 시장경제와 경쟁원리를 정착시키고 그 특수성을 반영한 입법과 실무 및 법리를 개발하는 데에는 적지 않은 한계를 노정할 수밖에 없었던 것이다.

이러한 맥락에서 1986년 공정거래법을 최초로 개정[8]하면서 지주회사를 비롯한 기업집단을 규제대상으로 삼고 시장집중 외에 일반집중으로 규제대상을 넓힌 것 자체는 그때까지의 경쟁정책과 법리를 넘어 패러다임을 전환하는 계기로 평가할 수 있다.[9] 재벌 내지 대기업집단을 공정거래법의 규범적 틀에 수용함으로써 제

7) 1980.12.31. 제정, 법률 제3320호.
8) 1986.12.31. 개정, 법률 제3875호.
9) 일본에서는 전후 미군정의 주도 하에 이루어진 재벌해체를 항구화하기 위하여, 이념적으로는 경제

도적 접근을 위한 단초를 마련하게 되었고, 나아가 여타 법령에서도 공정거래위원회가 지정한 대기업집단을 각자의 규제틀에 반영하게 되었던 것이다. 즉, 과도한 일반집중이 경쟁원리의 작동을 왜곡할 수 있다는 점에서 공정거래법을 통해서 일반집중을 규제하는 것은 나름 중요한 의미를 가진다. 문제는 과도한 일반집중 여부를 어떻게 평가할 것인지, 자칫 일반집중을 규제하는 수단이 오히려 개별 시장에서 경쟁을 제한 또는 왜곡하는 위험을 어떻게 방지할 것인지에 관한 것이고, 향후 추가 연구가 필요한 부분이다.

공정거래법 제1조는 공정하고 자유로운 경쟁을 촉진하기 위한 수단의 하나로 경제력의 과도한 집중을 방지하는 것을 규정하고 있다. 법 제1조의 문리적 해석상 과도한 경제력집중의 억제는 어디까지나 공정하고 자유로운 경쟁을 촉진하는 차원에서 정당성을 갖는 것이어서, 이와 달리 일반집중의 억제를 경쟁촉진과 별개의 목적이거나 심지어 경쟁촉진보다 상위의 목적으로 보기는 어렵다. 현실의 시장에서 양자가 일치하지 않음은 두말할 나위가 없다.

Ⅱ. 경제력집중억제의 규제체계

1. 공정거래법상의 규제

공정거래법상 경제력집중의 억제를 위한 수단은 '사전규제'와 '사후규제'로 나눌 수 있다. 사전규제로는 일정한 대기업집단을 지정하고 소속 계열회사에 대하여 상호출자의 금지, 신규 순환출자의 금지, 채무보증의 금지, 금융·보험계열회사의 의결권 제한 및 공시의무 등이 있고, 사후규제로는 불공정거래행위의 하나인 부당지원행위의 금지와 이른바 총수 등 특수관계인에 대한 부당한 이익제공의 금지가 있다. 이 중에서 그나마 개별시장에서의 경쟁과 관련되어 있는 것으로는 부당지원행위가 유일하다.

자산총액을 일반집중의 핵심적인 척도로 삼고 있는 점에 착안할 경우에는 공정거래법이 경제력집중 억제 차원에서 도입하고 있는 일련의 규제수단을 체계적으로 이해하기 쉽다. 상호출자의 금지는 계열회사 사이에 직접적인 상호주 보유를 통

민주주의를 실현하기 위하여 독점금지법 제정이 추진되었다는 측면에서 우리나라와 그 맥락이 사뭇 다르다.

하여 실질적인 자본투입 없이 명목 자본금을 증가시키는 방법으로 자산총액을 증가시키는 것을 막는 것이고, 계열회사의 채무보증 금지는 다른 계열회사의 채무보증을 통하여 자금을 조달함으로써 부채를 증가시키는 방법으로 자산총액을 증가시키는 것을 막는 것이며, 과거 출자총액의 제한이나 현재 순환출자의 금지는 모두 간접적 또는 우회적 상호출자를 방지함으로써 마찬가지로 신규 자본의 투입 없이 계열회사 및 나아가 기업집단의 자산총액을 부풀리는 것을 막기 위한 것이다. 지주회사의 행위제한 또한 지배구조의 투명성 확보와 무관하게 지주회사를 통하여 수직적으로 과도하게 자회사를 보유하는 것, 다시 말해서 지주회사체제의 기업집단이 자산총액을 과도하게 확대하는 것을 규제하려는 것에 다름 아니다.

한편, 사후규제로서 부당지원행위나 특수관계인에 대한 부당한 이익귀속을 금지하는 취지는 단순하게 설명하기 어렵다. 부당지원행위는 불공정거래행위의 하나로 규정되어 있고, 그 결과 판례도 지원객체가 속한 시장에서의 경쟁저해나 경제력집중의 심화 등을 복합적으로 고려하고 있다. 부당지원행위의 흠결을 막기 위해 도입된 특수관계인에 대한 부당한 이익제공의 경우 그 자체가 일반집중과는 무관하다는 점에서 결국 소유집중의 문제와 결부되어 있는 것으로 해석할 수밖에 없다. 이때, 소유집중이라는 용어 또한 다분히 모호하나, 입법취지를 보자면 사익편취 그 자체를 문제 삼기보다는 소유-지배구조를 이용하여 총수 일가에게 부(富)를 이전하고 이를 기업집단의 경영권에 대한 편법승계에 활용하는 측면에 방점을 찍고 있는 것으로 보인다.

2. 기업법상의 규제

상법, 특히 회사법은 회사의 조직과 운영, 그리고 주주·채권자와의 이해관계를 규율하고 있어서 개별시장이나 국민경제와 직접 관련성을 갖지 않는다. 종래 기업법 차원에서 기업집단의 지배구조를 투명하게 하고, 주주·채권자보호를 강화하기 위하여 일련의 장치가 논의되었다. 논의의 핵심은 주식회사의 기관, 특히 등기이사가 아니면서 실질적으로 개별 회사의 중요한 사안에 대하여 결정권 내지 지배력을 행사하는 자, 대표적으로 총수 및 총수 일가에게 그에 상응하는 책임을 부여하는 것이었다. 이른바 총수의 전횡을 막고 지배와 책임을 일치시키는 방향으로 회사법을 개정하자는 논의가 주종을 이루었다.

그 결과 일련의 상법 개정이 이루어졌다. 무엇보다 2011년 4월 개정된 상법[10]은 기업의 공정하고 투명한 경영을 확보하고자 기업지배구조와 관련된 제도를 대폭 손질하였다. 즉, 일정 규모 이상의 상장회사는 법령을 준수하고 회사경영을 적정하게 하기 위하여 임직원이 그 직무를 수행할 때 따라야 할 준법통제기준을 마련하여야 하고, 그러한 준법통제기준의 준수에 관한 업무를 담당할 준법지원인을 1인 이상 두어야 한다(상법 제542조의13). 이사회의 승인을 얻어야 하는 이사의 자기거래 대상이 확대되었고(상법 제398조), 회사의 사업기회 및 자산의 유용 금지가 도입되었으며(상법 제397조의2), 자산총액 1,000억 원 이상 2조 원 미만인 상장회사가 엄격 감사위원회 및 다른 법률에 따른 감사위원회를 설치하는 경우에만 상근감사를 두어야 할 의무를 면제함으로써 3% 룰을 회피하기 위하여 상근감사 대신 일반 감사위원회를 설치할 수 없도록 하였다(상법 제542조의10 제1항 단서).

가장 최근인 2020년 12월 개정[11]에서는 모회사의 대주주가 자회사를 설립하여 자회사의 자산 또는 사업기회를 유용하거나 감사위원회 위원의 선임에 영향력을 발휘하여 그 직무의 독립성을 해치는 등의 전횡을 방지하고 소수주주의 권익을 보호하기 위하여 다중대표소송제(상법 제406조의2)와 감사위원회 위원 분리선출제(상법 제542조의12 제2항 단서 신설)가 도입되었다. 상장회사의 감사위원회 위원 선임·해임 시 적용되던 3% 의결권 제한 규정을 정비하여, 사외이사가 아닌 감사위원회 위원의 선임·해임 시에는 최대주주는 특수관계인 등의 소유 주식을 합산하여 3%, 그 외의 주주는 3%를 초과하는 주식에 대하여 의결권이 제한되도록 하고, 사외이사인 감사위원회 위원의 선임·해임 시에는 모든 주주는 3%를 초과하는 주식에 대하여 의결권이 제한되도록 하였다(상법 제542조의12 제4항, 제7항).

3. 다른 법률에서의 원용례

공정거래법상 기업집단, 특히 상호출자기업집단은 산업정책, 금융·통화정책, 중소기업정책 등을 위하여 다른 법률에서도 널리 원용되고 있다.[12] 대기업집단의 지정이 합리적으로 신중하게 이루어져야 하는 또 다른 이유이다.

10) 2011.4.14. 개정, 법률 제10600호.

11) 2020.12.29. 개정, 법률 제17764호.

12) 자세한 내용은 최난설헌 외, “대기업집단 지정기준에 대한 연구”, 공정거래위원회 연구용역보고서, 2017.

예컨대, 산업정책과 관련해서는 「기업활력제고를 위한 특별법」은 사업재편계획의 목적이 생산성 향상보다는 경영권의 승계나 특수관계인의 지배구조 강화, 상호출자제한기업집단의 계열회사에 대한 부당한 이익의 제공 등의 경우에는 사업재편계획의 승인 또는 변경승인을 불허하도록 규정하고 있고 승인을 받은 후에는 승인취소를 할 수 있도록 규정하고 있고(동법 제10조 제7항, 제13조 제1항), 중소기업정책과 관련하여 「대·중소기업 상생협력 촉진에 관한 법률」은 상호출자제한기업집단에 속한 중소기업에 대하여 불공정거래행위에 대한 특례를 인정하지 않고 그 결과 부당지원행위 금지를 그대로 적용하고 있다(동법 제13조). 또한 「소프트웨어진흥법」은 중소 소프트웨어사업자의 사업참여 지원과 관련하여 상호출자제한기업집단에 속하는 회사는 국가기관 등이 발주하는 소프트웨어사업에 참여할 수 있는 기회를 제한하고 있다(동법 제48조 제4항). 「에너지산업융복합단지의 지정 및 육성에 관한 법률」은 상호출자제한기업집단에 속하는 발전사업자를 에너지특화기업 지정에서 제외하고 있고(동법 제14조 제2호), 「유통산업발전법」은 준대규모점포에 대해서 영업시간의 제한을 명하거나 의무휴업일을 지정할 수 있다(동법 제12조의2 제1항).

그 밖에 금융정책의 경우 「금융지주회사법」이 비금융주력자로서, 상호출자제한기업집단에 속하는 계열회사가 취득한 지분의 합이 출자총액의 30% 이상인 경영참여형 사모투자전문회사는 은행지주회사의 의결권 있는 발행주식총수의 4%(지방은행지주회사 15%)를 초과하여 은행지주회사의 주식보유를 금지하고(동법 제2조 제8호 라., 제8조의2 제1항), 「은행법」은 비금융주력자로서, 상호출자제한기업집단에 속하는 계열회사가 취득한 지분의 합이 출자총액의 30% 이상인 경영참여형 사모투자전문회사는 은행의 의결권 있는 발행주식 총수의 4%(지방은행 15%)를 초과하여 은행의 주식보유를 금지하며(동법 제2조 제1항 제9호 라., 제16조의2 제1항), 「자본시장과 금융투자업에 관한 법률」은 상호출자제한기업집단에 속하는 집합투자업자는 집합투자재산으로 그와 계열회사의 관계에 있는 주권상장법인이 발행한 주식을 소유하고 있는 경우에 의결권 행사를 15% 범위 내로 제한하고 있다(동법 제87조 제3항).

제 2 절 기업집단에 대한 규제

Ⅰ. 기업집단의 개념과 범위

1. 의의와 개념

가. 기업집단의 의의

우리나라에서 1945년 해방 이후만 놓고 보더라도 재벌의 역사는 반세기를 훌쩍 넘어선다. 그러나 종래 회사법은 개별 기업을 넘어선 기업집단을 규율대상에 포섭하지 못하고 있었고, 기업집단이 규범의 틀 안에 들어온 것은 1986년 공정거래법 제1차 개정[13]으로 경제력집중 억제시책이 규정되면서부터였다. 기업집단이 법개념으로 정의된 것으로 공정거래법이 최초였음은 물론이다.

공정거래법상 기업집단의 개념은 경제력집중의 억제를 염두에 둔 각종 규제의 적용대상을 파악하기 위한 출발점이다. 동법은 기업집단의 개념과 범위를 규정하였다. 대규모기업집단 내지 대기업집단이란 공정거래법상 규정된 용어는 아니며, 과거 자산규모 기준으로 상위 10대, 30대 기업집단을 지정하던 시기에 지정된 기업집단을 지칭하기 위해 사용된 바 있으나,[14] 현재는 사용되지 않는다. 2017년 제26차 법개정[15] 이후 소속 계열회사의 자산총액의 합이 5조 원 또는 10조 원 이상인 기업집단을 각각 공시대상기업집단과 상호출자제한기업집단으로 지정하고, 소속 계열회사와 특수관계인에 대하여 일정한 규제를 하게 되었다.

그러다가 2020년 전부개정[16]을 통해서는 상호출자제한집단이 경제규모의 성장에 연동하여 자동적으로 결정될 수 있도록 하기 위하여, 상호출자제한집단을 국내총생산액의 1천분의 5에 해당하는 금액 이상인 경우로 변경하였다(법 제31조 제1항). 다만, 위 규정은 이 법 시행 이후 국내총생산액이 2천조 원을 초과하는 것으로

13) 1986.12.31. 개정, 법률 제3875호.

14) 1987－1992년까지 기업집단에 속하는 국내회사들의 자산총액 합계가 4천억 원 이상인 경우로 지정하였다가, 1993－2001년까지 자산총액 합계액 기준 상위 30대 기업집단을 지정하였다. 2002－2008년 7월까지 자산총액 2조 원 이상의 기업집단을 지정하였고, 2016년 9월까지 자산총액 5조 원 이상의 기업집단을 지정하였다.

15) 2017.4.18. 개정, 법률 제14813호.

16) 2020.12.29. 전부개정, 법률 제17799호.

「한국은행법」에 따른 한국은행이 발표한 해의 다음 연도에 상호출자제한기업집단을 지정하는 경우부터 적용한다(부칙 제4조).

공정거래법상 지주회사란 그 개념상 당연히 기업집단을 전제로 하며, 지주회사와 그 지배를 받는 자회사나 손자회사 등을 합하여 기업집단을 형성하게 된다. 다만, 이때에도 기업집단의 범위는 후술하는 바와 같이 동일인(同一人)을 중심으로 획정되고, 많은 경우에 지주회사를 지배하는 동일인이 존재하기 때문에 실제로는 동일인－지주회사－자회사－손자회사 등으로 기업집단의 범위가 보다 넓게 정해지게 된다. 지주회사로 전환한 기업집단의 경우에는 통상의 상호출자제한기업집단에 적용되는 일련의 경제력집중 억제시책이 적용되지 않는다.

나. 기업집단과 동일인

기업집단이란 동일인이 사실상 그 사업내용을 지배하는 회사의 집단을 말한다. 동일인이 회사인 경우에는 그 동일인과 그 동일인이 지배하는 1 이상의 회사의 집단, 그리고 동일인이 회사가 아닌 경우에는 그 동일인이 지배하는 2 이상의 회사의 집단을 말한다(법 제2조 제11호). 2 이상의 회사가 동일한 기업집단에 속하는 경우에 이들 회사는 서로 상대방의 계열회사라 한다(동조 제12호). 따라서 공정거래법상 기업집단은 2 이상의 계열회사만으로 성립할 수 있고, 우리나라에는 대기업집단 외에도 중소기업이나 중견기업 단위에서도 수많은 기업집단이 존재하고 있다.

기업집단의 범위를 획정하여야만 소속 계열회사를 모두 파악할 수 있고, 그래야만 특정 기업집단의 규모, 즉 계열회사의 자산합계를 산정할 수 있다. 기업집단의 범위를 획정함에 있어서 핵심은 '동일인'과 '사실상 지배'이다. 공정거래법은 어디에서도 동일인이 누구인지를 정의하지 않고 있으나, 이론상 기업집단 지배구조의 정점에 있는 자로서 자연인인 동일인을 흔히 '총수'라고 부르며, 전통적인 재벌이 여기에 해당한다. 반면, 기업집단 지배구조의 정점에 회사가 존재하는 경우란 대체로 공기업집단이나 공기업에서 민영화한 기업집단을 들 수 있다. 지주회사체제로 완전히 전환된 기업집단이라도 해당 지주회사를 사실상 지배하는 자연인이 존재하는 경우에는 그 자가 동일인이 된다.

다. 동일인의 판단기준과 확인절차

종래 기업집단에서 동일인을 판단하기란 그다지 어렵지 않았다. 그런데 기업집단의 경영권이 3세 또는 4세로 승계되는 과정에서 총수 일가의 지분율이 희석되거나 가족 간 분쟁이 지속되거나 공시대상기업집단으로 신규 지정되는 등의 경우에는 동일인이 누구인지에 대한 불확실성이 존재하는 것이 사실이다.

공정거래법에 동일인 개념이 처음으로 도입된 1986년 법개정 이후 최근까지 구체적으로 동일인을 판단하는 기준이나 절차에 대해서는 아무런 규정이 없었다. 공정거래위원회의 실무에만 의존하는 상태였다. 그 결과 동일인으로 인정된 자가 이를 다툴 방법도 없었다. 그러다가 최근 공정거래위원회가 행정예고를 마친 「동일인 판단기준 및 확인절차에 관한 지침」(안)[17]에 따르면 다음의 기준에 해당하는 '자연인', 각 기준에 해당하는 자가 상이할 경우에는 결국 이를 종합적으로 고려하여 동일인을 판단하게 된다. 아래 ③이 동일인 판단에 관한 한 일반적인 기준이라고 볼 수 있다.

① 기업집단 최상단회사의 최다출자자
② 기업집단의 최고직위자
③ 기업집단의 경영에 지배적인 영향력을 행사하고 있는 자
④ 기업집단 내·외부적으로 기업집단을 대표하는 자로 인식되는 자
⑤ 기업집단 내 친족간 합의에 따른 승계방침이 존재하는 경우 그 방침에 따라 기업집단의 동일인으로 결정된 자

아울러 위 지침안은 그간 실무에만 존재하던 동일인 확인절차를 명시적으로 규정하였다. 그에 따르면 공정거래위원회는 ① 기존 공시대상기업집단 중에서 동일인이 자연인인 기업집단, ② 공시대상기업집단으로 신규 지정이 예상되는 기업집단 및 ③ 기업집단이 동일인 변경의사를 표명하거나 공정거래위원회가 동일인 변경을 검토할 필요성이 있다고 판단한 기업집단과 동일인 확인에 관한 '협의'를 진행하여야 한다. 공정거래위원회는 위와 같은 협의대상기업집단에게 동일인 확인에 필요한 자료제출을 요청할 수 있으며, 제출받은 자료와 협의결과를 토대로 동일인을 최종 확인하고 그 결과를 기업집단에게 통지하여야 한다.

위 지침안은 추후 확정되더라도 법령의 위임 없이 마련된 예규에 불과하기 때문에 그 한계 또한 매우 크다. 무엇보다 동일인으로 통지받은 자가 이를 다툴 수 있는 방법이 없다. 지침안은 동일인 확인 결과에 대해 이의가 있는 기업집단이 공정거래위원회에게 재협의를 요청할 수 있도록 규정하고 있을 뿐이다. 동일인 판단기준

---

17) 2023.6.30. 공정거래위원회 보도자료 참조.

과 확인절차가 갖는 중요성을 감안할 때 조속히 관련 법령을 개정할 필요가 있다.

2. 기업집단의 범위: "사실상 지배"의 판단

동일인이 '사실상 그 사업내용을 지배하는 회사'의 범위를 획정해야 하는바, 시행령 제4조에 따라 실무상 특히 이를 판단하기란 간단한 작업이 아니다. 기업집단의 범위는 사전규제의 예측가능성을 담보하기 위해서라도 공정거래위원회나 기업집단 스스로 명확하게 판단할 수 있어야 하는데, 적지 않은 불특정개념으로 인하여 구체적인 사례에서 그 판단이 쉽지 않은 것이 사실이다. 아래에서는 지배관계의 핵심요소별로 나누어 살펴보기로 한다.

가. 최다출자자 기준

동일인이 단독으로 또는 '동일인관련자'와 합하여 해당 회사의 발행주식(상법 제344조의3 제1항에 따른 의결권 없는 주식을 제외) 총수의 100분의 30 이상을 소유하는 경우로서 최다출자자인 회사는 동일인이 사실상 지배하는 회사로 본다(정량적 기준). 여기서 동일인관련자란 동일인과 다음의 어느 하나의 관계에 있는 자를 말한다(영 제4조 제1항 제1호).

① 동일인과 다음의 관계에 있는 사람("친족")
 1) 배우자
 2) 4촌 이내의 혈족
 3) 3촌 이내의 인척
 4) 동일인이 지배하는 국내 회사 발행주식총수의 100분의 1 이상을 소유하고 있는 5촌·6촌인 혈족이나 4촌인 인척
 5) 동일인이 「민법」에 따라 인지한 혼인 외 출생자의 생부나 생모

② 동일인이 단독 또는 동일인관련자와 합하여 총출연금액의 100분의 30 이상을 출연한 경우로서 최다출연자가 되거나 동일인 및 동일인관련자 중 1인이 설립자인 비영리법인 또는 단체(법인격 없는 사단 또는 재단을 말함)

③ 동일인이 직접 또는 동일인관련자를 통하여 임원의 구성, 사업운용 등에 지배적인 영향력을 행사하고 있는 비영리법인 또는 단체

④ 동일인이 최다출자자 기준(영 제4조 제1항 제1호)이나 후술하는 상당한 영향력 행사 기준(동항 제2호)에 따라 사실상 사업내용을 지배하는 회사

⑤ 동일인 및 동일인과 ② 내지 ④의 관계에 해당하는 자의 사용인(법인인 경우에는 임원, 개인인 경우에는 상업사용인 또는 고용계약에 의한 피고용인)

그러나 ④에 해당함에도 불구하고 동일인과 ⑤의 관계에 있는 자 중 「상법」 제382조 제3항에 따른 사외이사가 경영하고 있는 회사로서 시행령 제5조 제1항 제3호 각 목의 요건을 모두 갖춘 회사는 동일인이 지배하는 기업집단의 범위에서 제외한다(영 제4조 제2항).

그 밖에 최다출자자기준에 따라 기업집단소속 계열회사인지 여부를 판단함에 있어서 지분율이나 최다출자자 여부와 달리 동일인관련자인지 여부를 판단하기란 언제나 용이한 것이 아니다. 예컨대, 위 ③에서 동일인이 사업운용 등에 대하여 '지배적인 영향력'을 행사하고 있는지를 판단하기란 쉽지 않을 수 있다. 더구나 위 ④에서 언급하고 있는 '상당한 영향력'과 '지배적인 영향력'이 어떻게 다른지는 지극히 모호한 것으로 보인다.

나. 상당한 영향력 행사 기준

동일인이 다음의 어느 하나에 해당하는 회사로서 당해 회사의 경영에 대하여 지배적인 영향력을 행사하고 있다고 인정되는 회사는 사실상 지배하는 회사로 본다(영 제4조 제1항 제2호). 이른바 정성적 기준이다.

① 동일인이 다른 주요 주주와의 계약 또는 합의에 따라 대표이사를 임면하거나 임원의 100분의 50 이상을 선임하거나 선임할 수 있는 회사

② 동일인이 직접 또는 동일인관련자를 통하여 당해 회사의 조직변경 또는 신규사업에 대한 투자 등 주요 의사결정이나 업무집행에 지배적인 영향력을 행사하고 있는 회사

③ 동일인이 지배하는 회사(동일인이 회사인 경우에는 동일인을 포함)와 해당 회사 간에 다음의 경우에 해당하는 인사교류가 있는 회사

- 동일인이 지배하는 회사와 해당 회사 간에 임원의 겸임이 있는 경우
- 동일인이 지배하는 회사의 임직원이 해당 회사의 임원으로 임명되었다가 동일인이 지배하는 회사로 복직하는 경우(동일인이 지배하는 회사 중 당초의 회사가 아닌 다른 회사로 복직하는 경우를 포함)
- 해당 회사의 임원이 동일인이 지배하는 회사의 임직원으로 임명되었다가 해당 회사 또는 해당 회사의 계열회사로 복직하는 경우

④ 동일인 또는 동일인관련자와 해당 회사 간에 통상적인 범위를 초과하여 자금·자산·상품·용역 등의 거래 또는 채무보증이 있는 회사

⑤ 그 밖에 해당 회사가 동일인의 기업집단의 계열회사로 인정될 수 있는 영업상의 표시행위를 하는 등 사회통념상 경제적 동일체로 인정되는 회사

그런데 지배적 영향력 행사기준은 최다출자자 기준에 비하여 훨씬 그 요건이 모호하다. 시행령은 지배적 영향력이란 어떤 것인지에 대하여 세부기준을 제시하였어야 하지만, 위 ②의 경우 동일인이 주요 의사결정 등에 '지배적인 영향력을 행사하는' 회사라고 규정한 것은 동어반복에 불과하고, 위 ③의 경우 임원겸임이나 인사교류만으로 동일인의 사실상 지배를 간주하기에는 그 관계가 지극히 모호하다. 특히 임원보유회사의 계열회사 편입 문제는 도입 당시부터 논란의 소지가 많았던 제도로서, 일반적으로 비영리법인의 임원 중에는 이미 일정한 분야에서 성공적으로 사업을 영위하던 자들이 적지 않게 포함되어 있다. 비영리법인의 취지에 비추어보더라도 이미 특정 분야에서 자리 잡은 회사의 CEO를 이사로 영입하는 경우가 적지 않은데, 이때 그 회사를 무리하게 엉뚱한 기업집단의 계열회사로 자동 편입시킨다면 훌륭한 자격을 갖춘 이사를 확보하기가 어려워질 것이다.

가장 판단이 어려운 것은 위 ④와 ⑤의 경우인데 두 가지 경우 모두 핵심기준에 과도하게 불특정개념을 사용함으로써 계열관계에 대한 예측가능성을 현저히 저해하고 있다. 이를테면 ④의 경우, 동일인 또는 동일인관련자, 대표적으로 계열회사와 상품·용역을 거래하는 경우 그것이 '통상적인 범위'를 초과하는지 여부를 판단하기란 지극히 어렵거나 자의적일 수밖에 없다. 공정거래법 제45조 제1항 제9호에 따라 시행령 제52조 및 [별표 2] 제9호 가목 내지 다목에서 금지하고 있는 규모성 지원행위와의 관계 또한 닭과 달걀의 관계만큼이나 모호하다. 즉, 통상적인 범위를 넘어서 상당한 규모로 거래하여 계열회사 간 지원행위가 성립하는 것이 먼저인가, 아니면 상당한 규모의 거래를 이유로 비로소 계열관계가 성립하는 것이 먼저인가?

그 밖에 ⑤에서 규정하고 있는 '경제적 동일체'야말로 공정거래법상 매우 중요하면서도 여전히 모호한 채 남아 있는 개념이다. 당초 경쟁법상 '경제적 동일체'(a single economic entity)란 둘 이상의 법적으로는 독립된 사업자를 경제적으로 하나의 경쟁단위로 포섭하기 위한 툴(tool)로서 독일 및 유럽에서 확립된 것이다. 그런데 시행령은 계열회사로 볼만한 영업표지를 사용하는 등 사회통념에 따라 경제적 동일

체를 인정할 수 있음을 규정하고 있는 셈이고, 동조의 체계상 결국 동일인이 상당한 영향력을 행사할 수 있는 회사들을 경제적 동일체로 본다는 의미로 해석될 수밖에 없다. 이처럼 공정거래법의 경우에 경제적 동일체란 사업자개념이 아니라 기업집단의 개념적 징표로 사용되고 있다는 점에 유의할 필요가 있는바, 양자가 구체적으로 어떻게 구별되는지는 추후의 연구에 맡겨져 있다.

끝으로, 정량적 기준과 정성적 기준의 관계를 살펴볼 필요가 있다. 공정거래위원회의 실무는 1차적으로 정량적 기준에 따라 동일인의 사실상 지배 여부를 간주하고 있다. 예컨대, 동일인 및 동일인관련자의 지분율 합계가 30% 이상이면서 최다출자자인 경우에는 동일인이 사실상 지배하는 회사로 보는 것이다. 그런데 지분율 요건이 충족되더라도 그 회사를 사실상 지배하는 자가 다를 수 있다는 데에 문제가 있다. 이를테면, 동일인은 지분이 전혀 없는 상태에서 동일인관련자인 인척 2촌이 최대지분을 가지고 있다면 그 인척이 해당 회사를 사실상 지배하고 있을 개연성이 큰 것이다. 그런데 이러한 경우에도 공정거래위원회의 실무는 최대지분을 보유하고 실제로 지배력을 행사하고 있는 인척 2촌이 아니라 지분도 없는 자를 동일인으로 간주하고 있는바,[18] 이러한 실무가 부당함은 다언을 요하지 않는다. 생각건대, 지분율 기준만으로 계열회사를 판단하기가 곤란한 경우에는 상당한 영향력 기준을 통하여 동일인의 사실상 지배 여부를 따질 수 있도록 관련 조항을 개정할 필요가 있다.

다. 기업집단으로부터의 제외

먼저, 공정거래위원회는 다음 각 호의 회사로서 동일인이 그 사업내용을 지배하지 않는다고 인정되는 경우에는 이해관계자의 요청에 의하여 당해 회사를 동일인이 지배하는 기업집단의 범위에서 제외할 수 있다(영 제5조 제1항 제1호 내지 제6호). 전술한 동일인의 사실상 지배 여부 판단이 경우에 따라서 기계적으로 또는 공정거래위원회의 재량판단에 따라 이루어짐으로써 그 실질에 있어서는 동일인의 지배를 인정할 수 없는 경우가 생길 수 있음을 염두에 둔 것이다.

사실상 지배 여부에 관한 1차적인 판단은 이해관계자, 대표적으로 계열편입이 이루어진 회사가 제대로 할 수 있다는 점에서 이해관계자의 요청이 있어야 한다. 이해관계자의 요청이 없더라도 공정거래위원회가 동일인이 사실상 지배하지 않는 회사를 인지한 경우에는 직권으로 지정제외를 하여야 하는 것으로 해석하여야

---

18) 공정거래위원회 2023.3.1. 결정 제2023－003호.

한다.

① 출자자 간의 합의·계약 등에 의하여 다음 각 목의 자 외의 자가 사실상 경영을 하고 있다고 인정되는 회사

- 동일인이 임명한 자
- 동일인과 제4조(기업집단의 범위) 제1항 제1호 가목 또는 마목의 관계에 있는 자

② 아래의 요건을 모두 갖춘 회사로서 동일인의 친족이 해당 회사를 독립적으로 경영하고 있다고 인정되는 회사

- 동일인의 친족이 사실상 사업내용을 지배하고 있는 회사 중 기업집단으로부터 제외를 요청한 각 회사(이하 "친족측계열회사")에 대하여 동일인 및 동일인관련자[친족측계열회사를 독립적으로 경영하는 자(이하 "독립경영친족") 및 독립경영친족과 영 제4조 제1항 제1호 각 목의 어느 하나에 해당하는 관계에 있는 자 중 독립경영친족의 요청에 의하여 공정거래위원회가 동일인관련자의 범위로부터 분리를 인정하는 자를 제외]가 소유하고 있는 주식의 합계가 각 회사의 발행주식 총수의 100분의 3(「자본시장과 금융투자업에 관한 법률」 제9조 제15항 제3호에 따른 주권상장법인(이하 "상장법인")이 아닌 회사의 경우에는 100분의 10) 미만일 것
- 각 회사(기업집단에서 친족측계열회사를 제외한 회사를 말하며, 이하 "비친족측계열회사")에 대하여 독립경영친족 및 독립경영친족관련자가 소유하고 있는 주식의 합계가 각 회사의 발행주식 총수의 100분의 3(상장법인이 아닌 회사의 경우에는 100분의 15) 미만일 것
- 비친족측계열회사와 친족측계열회사 간에 임원의 상호 겸임이 없을 것
- 비친족측계열회사와 친족측계열회사 간에 채무보증이나 자금대차가 없을 것(다만, 법 제24조 제1호에 따른 채무보증 및 거래에 수반하여 정상적으로 발생한 것으로 인정되는 채무보증이나 자금대차는 제외)
- 다음의 어느 하나에 해당하는 거래(기업집단의 범위에서 제외된 날의 직전 3년 및 직후 3년간의 거래에 한정)와 관련하여 부당지원행위(법 제45조 제1항 제9호, 동조 제2항)의 금지 또는 특수관계인에 대한 부당한 이익제공의 금지(법 제47조) 위반으로 비친족측계열회사, 친족측계열회사, 동일인 또는

친족이 공정거래위원회로부터 시정조치(시정권고 또는 경고 포함)를 받거나 과징금을 부과받은 사실이 없을 것

- 비친족측계열회사와 친족측계열회사 간의 거래
- 비친족측계열회사와 독립경영친족(독립경영친족관련자를 포함) 간의 거래
- 친족측계열회사와 동일인(동일인의 친족 중 독립경영친족관련자를 제외한 나머지 자를 포함) 간의 거래

③ 다음의 요건을 모두 갖춘 회사로서 동일인과 시행령 제4조 제1항 제1호 마목의 관계에 있는 자가 해당 회사를 독립적으로 경영하고 있다고 인정되는 회사

- 동일인과 시행령 제4조 제1항 제1호 마목의 관계에 있는 자가 사실상 사업내용을 지배하고 있는 회사 중 기업집단으로부터의 제외를 요청한 각 회사(이하 "임원측계열회사")를 독립적으로 경영하는 자(이하 "독립경영임원")가 동일인과 같은 목의 관계에 있기 전부터 사실상 사업내용을 지배하는 회사(해당 회사가 사업내용을 지배하는 회사 포함)일 것
- 임원측계열회사에 대하여 동일인 및 동일인관련자(독립경영임원 및 시행령 제4조 제1항 제1호 각 목의 어느 하나에 해당하는 관계에 있는 자 중 독립경영임원의 요청에 따라 공정거래위원회가 동일인관련자의 범위로부터 분리를 인정하는 자(이하 "독립경영임원관련자"))가 출자하고 있지 않을 것
- 기업집단에서 임원측계열회사를 제외한 각 회사(동일인이 법인인 경우에는 동일인을 포함, 이하 "비임원측계열회사")에 대해 독립경영임원 및 독립경영임원관련자가 출자하고 있지 않을 것(다만, 독립경영임원 및 독립경영임원관련자가 독립경영임원이「상법」제382조 제3항에 따른 사외이사나 그 밖의 상시적인 업무에 종사하지 않는 이사에 해당할 것 그리고 독립경영임원이 동일인과 시행령 제4조 제1항 제1호 마목의 관계에 있기 전부터 독립경영임원 및 독립경영임원관련자가 비임원측계열회사에 대해 소유하고 있는 주식의 합계가 각 회사의 발행주식총수의 100분의 3(상장법인이 아닌 회사의 경우에는 100분의 15) 미만일 것을 모두 충족하여 출자하고 있는 경우는 제외)
- 비임원측계열회사와 임원측계열회사 간에 독립경영임원 외에 임원의

상호 겸임이 없을 것

- 비임원측계열회사와 임원측계열회사 간에 채무보증이나 자금대차가 없을 것
- 기업집단으로부터 제외를 요청한 날이 속하는 사업연도의 직전 사업연도 동안, 각 비임원측계열회사의 총매출 및 총매입 거래액 중에서 전체 임원측계열회사에 대한 매출 및 매입 거래액이 차지하는 비율 그리고 각 임원측계열회사의 총매출 및 총매입 거래액 중에서 전체 비임원측계열회사에 대한 매출 및 매입 거래액이 차지하는 비율이 모두 100분의 50 미만일 것

④ 「채무자 회생 및 파산에 관한 법률」에 의한 파산선고를 받아 파산절차가 진행 중인 회사

⑤ 「기업구조조정 투자회사법」에 따른 약정체결기업에 해당하는 회사로서 다음 각 목의 요건을 갖춘 회사

- 동일인 및 동일인관련자가 소유하고 있는 주식 중 당해 회사 발행주식 총수의 100분의 3(상장법인이 아닌 회사의 경우에는 100분의 10)을 초과하여 소유하고 있는 주식에 대한 처분 및 의결권 행사에 관한 권한을 「기업구조조정투자회사법」에 따른 채권금융기관에 위임할 것
- 동일인 및 동일인관련자가 위 목에 따른 위임계약의 해지권을 포기하는 내용의 특약을 할 것

⑥ 「채무자 회생 및 파산에 관한 법률」에 따른 회생절차개시결정을 받아 회생절차가 진행 중인 회사로서 다음 각목의 요건을 모두 갖춘 회사

- 동일인 및 동일인관련자가 소유하고 있는 주식 중 해당 회사 발행주식 총수의 100분의 3(상장법인이 아닌 회사의 경우에는 100분의 10)을 초과하여 소유하고 있는 주식에 대한 처분 및 의결권 행사에 관한 권한을 「채무자 회생 및 파산에 관한 법률」 제74조에 따른 관리인에게 위임하되, 정리절차가 종료된 후에는 해당 권한을 회사가 승계하게 할 것
- 동일인 및 동일인관련자가 위 목에 따른 위임계약의 해지권을 포기하기 내용의 특약을 할 것

또한 공정거래위원회는 다음 각 호의 어느 하나에 해당하는 회사에 대해서는

이해관계자의 요청에 따라 동일인이 지배하는 기업집단의 범위에서 제외할 수 있다. 다만, 시행령 제5조 제2항 제3호 또는 제5호의 회사에 대해 특수관계인에 대한 부당한 이익제공 금지(법 제47조)를 적용할 때에는 기업집단의 범위에 속하는 것으로 본다(영 제5조 제2항).

① 다음 각 목의 자가 「사회기반시설에 대한 민간투자법」에 따라 설립된 민간투자사업법인(이하 "민간투자사업법인")의 발행주식총수의 100분의 20 이상을 소유하고 있는 경우 그 민간투자사업법인(이 경우 해당 민간투자사업법인은 다른 회사와의 상호출자와 출자자 외의 자로부터의 채무보증이 모두 없어야 함)
 - 국가 또는 지방자치단체
 - 「공공기관의 운영에 관한 법률」 제5조에 따른 공기업
 - 특별법에 따라 설립된 공사·공단 또는 그 밖의 법인

② 다음 각 목의 회사 중 최다출자자가 2인 이상으로서 해당출자자가 임원의 구성이나 사업운용 등에 지배적인 영향력을 행사하지 않는다고 인정되는 회사(이 경우 최다출자자가 소유한 주식을 산정할 때에는 동일인 또는 동일인관련자가 소유한 해당 회사의 주식을 포함)
 - 동일한 업종을 경영하는 둘 이상의 회사가 사업구조조정을 위하여 그 회사의 자산을 현물출자하거나 합병, 그 밖에 이에 준하는 방법으로 설립한 회사
 - 민간투자사업법인으로서 「사회기반시설에 대한 민간투자법」 제4조 제1호부터 제4호까지의 방식으로 민간투자사업을 추진하는 회사

③ 위의 민간투자사업법인으로서 다음의 요건을 모두 갖춘 회사(다만, 해당회사가 「사회기반시설에 대한 민간투자법」 제13조에 따라 사업시행자로 지정된 날부터 같은 법 제15조 제1항에 따라 주무관청의 승인을 받아 같은 조 제2항에 따라 고시된 실시계획에 따른 사업(같은 법 제21조 제7항에 따라 고시된 부대사업은 제외)을 완료하여 같은 법 제22조 제1항에 따른 준공확인을 받기 전까지의 기간까지만 기업집단 범위에서 제외할 수 있음)
 - 해당 회사의 최다출자자가 임원의 구성이나 사업운용 등에 대하여 지배적인 영향력을 행사하지 않는다고 인정될 것(이 경우 최다출자자가 소유한 주식을 산정할 때 동일인 또는 동일인관련자가 소유한 해당 회사의 주식을 포함)

- 해당 회사(해당 회사가 그 사업내용을 지배하는 회사를 포함)가 동일인이 지배하는 회사(동일인이 회사인 경우에는 동일인을 포함)에 출자하고 있지 아니할 것
- 해당 회사(해당 회사가 그 사업내용을 지배하는 회사를 포함)와 동일인이 지배하는 회사 간에 채무보증관계가 없을 것(다만, 해당 회사(해당 회사가 그 사업내용을 지배하는 회사는 제외)에 출자한 동일인이 지배하는 회사가 해당회사에 대하여 채무보증을 제공하는 경우는 제외)
- 동일인 또는 동일인관련자가 해당 회사의 주식을 취득하거나 소유하여 시행령 제4조 제1항의 요건에 해당하게 된 날 이후 해당 회사(해당 회사가 그 사업내용을 지배하는 회사를 포함)와 동일인(그 친족을 포함) 간에 또는 해당 회사와 동일인이 지배하는 회사 간에 법 제45조 제1항 제9호, 같은 조 제2항 또는 제47조를 위반하여 해당 회사, 동일인(그 친족을 포함) 또는 동일인이 지배하는 회사가 공정거래위원회로부터 시정조치(시정권고 또는 경고를 포함)를 받거나 과징금을 부과받은 사실이 없을 것

④ 다음의 어느 하나에 해당하는 회사로서 회사설립등기일부터 10년 이내이고 동일인이 지배하는 회사(동일인이 회사인 경우 동일인을 포함)와 출자 또는 채무보증 관계가 없는 회사
- 「산업교육진흥 및 산학연협력촉진에 관한 법률」에 따른 산학연협력기술지주회사 및 자회사
- 「벤처기업육성에 관한 특별조치법」에 따른 신기술창업전문회사 및 같은 법 제11조의2 제4항 제2호에 따른 자회사

⑤ 다음 요건을 모두 갖춘 회사(해당 회사가 그 사업내용을 지배하는 회사를 포함)
- 해당 회사가 시행령 제4조 제1항의 요건에 해당하게 된 날의 전날을 기준으로 다음의 어느 하나에 해당하는 회사일 것
  1) 「중소기업기본법」 제2조에 따른 중소기업 중 공정거래위원회가 정하여 고시하는 바에 따라 산정한 연간 매출액에 대한 연간 연구개발비의 비율이 100분의 3 이상인 중소기업
  2) 「벤처기업육성에 관한 특별조치법」에 따른 벤처기업
- 동일인 또는 동일인관련자가 해당 회사의 사업내용을 지배하는 자와 합의하여 그 회사의 주식을 취득 또는 소유하여 시행령 제4조 제1항의 요건에

해당된 날부터 7년[해당 회사가 벤처지주회사의 자회사인 경우나 일반지주회사의 자회사인 「벤처투자 촉진에 관한 법률」에 따른 중소기업창업투자회사 또는 「여신전문금융업법」에 따른 신기술사업금융전문회사가 투자한 회사(투자조합의 업무집행을 통한 투자를 포함함)인 경우에는 10년] 이내일 것

- 해당 회사(해당 회사가 그 사업내용을 지배하는 회사를 포함. 이하 아래 요건에서 같다)가 동일인이 지배하는 회사(동일인이 회사인 경우 동일인을 포함)에 출자하고 있지 아니할 것
- 해당 회사와 동일인이 지배하는 회사(동일인이 회사인 경우 동일인을 포함) 간에 채무보증 관계가 없을 것
- 위 두 번째 요건해당일 이후 해당 회사와 동일인(그 친족을 포함) 간에 또는 해당 회사와 동일인이 지배하는 회사 간에 부당지원행위(법 제45조 제1항 제9호, 동조 제2항)의 금지 또는 특수관계인에 대한 부당한 이익제공의 금지(법 제47조) 위반으로 해당 회사, 동일인(그 친족을 포함) 또는 동일인이 지배하는 회사가 공정거래위원회로부터 시정조치(시정권고 또는 경고를 포함)를 받거나 과징금을 부과받은 사실이 없을 것

Ⅱ. 기업집단의 지정 및 지정제외

1. 지정요건 및 절차

가. 지정기준의 변천

공정거래위원회는 소속 계열회사의 자산총액이 5조 원 이상인 기업집단을 공시대상기업집단으로 지정하고, 지정된 공시대상기업집단 중에서 자산총액이 국내총생산액의 1천분의 5에 해당하는 금액 이상인 기업집단을 상호출자제한기업집단으로 지정한다(법 제31조 제1항). 구체적으로 공시대상기업집단과 상호출자제한기업집단은 해당 기업집단에 속하는 국내 회사들의 공시대상기업집단 지정 직전사업연도의 대차대조표상 자산총액(금융업 또는 보험업을 영위하는 회사의 경우에는 자본총액 또는 자본금 중 큰 금액으로 하며, 새로 설립된 회사로서 직전사업연도의 대차대조표가 없는 경우에는 지정일 현재의 납입자본금으로 함)의 합계액이 각각 5조 원 또는 국내총생산액의 1천분의 5에 해당하는 금액 이상인 기업집단으로 한다(영 제38조 제1항, 제2항).

공정거래위원회는 매년 5월 1일(부득이한 경우에는 5월 15일까지) 위 기준에 새로 해당하는 기업집단을 공시대상기업집단 또는 상호출자제한기업집단으로 지정하여야 한다(동조 제3항). 공정거래위원회는 공시대상기업집단 또는 상호출자제한기업집단을 새로 지정하거나 후술하는 사유로 지정제외하는 경우에는 즉시 그 사실을 해당 기업집단에 속하는 회사와 그 회사를 지배하는 동일인의 특수관계인인 공익법인에 서면으로 알려야 한다(동조 제5항). 공정거래위원회는 지정·통지 후 해당 기업집단에 속하는 회사에 변동이 있는 경우에도 해당 회사에 서면으로 그 사실을 알려야 한다(동조 제6항).

구법에서는 상호출자제한기업집단의 지정기준을 자산총액 10조 원으로 하였고(구법의 영 제21조 제2항), 공정거래위원회는 3년마다 국민경제 규모의 변화, 상호출자제한기업집단으로 지정된 기업집단의 자산총액 변화, 상호출자제한기업집단으로 지정된 기업집단 간 자산총액 차이 등을 고려하여 동조 제2항에 따른 자산총액 합계액의 타당성을 검토한 후 자산총액 합계액의 조정 등 필요한 조치를 할 수 있었다(동조 제3항).

그런데 자산총액 지정기준은 경제여건의 변화에 따라 지속적으로 변경할 필요성이 발생하였고, 기준을 변경할 때마다 이해관계자들 사이의 이견으로 적지 않은 사회적 합의 비용이 발생하는 문제가 있었다. 상위 몇 개의 기업집단을 지정할 것인지, 자산총액과 같이 절대적인 기준에 따라 일률적으로 지정할 것인지, 후자의 경우 적정한 자산총액의 수준은 어떠한지 등의 문제에 대하여 처음부터 객관적인 정답은 존재하지 않기 때문이었다.

이러한 배경 하에 2020년 전부개정된 공정거래법[19]은 상호출자제한기업집단 지정기준을 대폭 개편하였던 것이다(법 제31조). 그에 따라 상호출자제한집단의 범위가 경제규모의 성장에 연동하여 자동적으로 결정될 수 있도록 그 지정기준을 종래의 자산총액 10조 원에서 국내총생산액의 0.5%로 변경하고, 이 법 시행 이후 최초로 국내총생산액이 2천조 원을 초과하는 것으로 발표된 해의 다음 연도에 이루어지는 상호출자제한기업집단의 지정부터 적용하도록 하였다(부칙 제4조). 일반집중을 보여주는 척도로는 절대적인 규모보다 국민경제에서 특정 대기업집단이 차지하는 비중이 더욱 적합하다는 점을 감안할 때 진일보한 변화로 평가할 수 있다.

19) 2020.12.29. 전부개정, 법률 제17799호.

나. 지정절차와 법치행정의 요구

공정거래법은 공시대상 및 상호출자제한기업집단으로 지정된 기업집단, 보다 정확하게는 동 기업집단에 속하는 계열회사나 지주회사, 공익법인 등에 대하여 공시의무를 비롯하여 상호출자와 순환출자의 금지, 계열회사에 대한 채무보증의 금지, 금융·보험회사 및 공익법인의 의결권 제한 등의 사전규제를 두고 있고, 공시대상기업집단에 대해서는 특수관계인(자연인에 한함)에 대한 부당한 이익제공 금지라는 사후규제를 추가로 규정하고 있다(법 제47조 제1항). 규제에 관한 예측가능성 및 법적 안정성을 확보하기 위하여 각종 사전·사후규제의 적용시점 또한 계열회사 등이 공정거래위원회로부터 지정통지 또는 법 제32조 제4항에 따른 편입통지를 받은 날부터 적용하는 것으로 되어 있다(법 제31조 제1항, 제2항).

시행령은 공시대상기업집단 등의 지정 및 지정제외에 필요한 세부사항에 관하여 공정거래위원회가 고시하도록 규정하고 있으나(영 제38조 제8항), 아직까지 아무런 고시도 제정된 바 없다. 지정자료의 범위와 관련해서도 시행령은 법 제31조 제4항에 예시된 것 외에 회생절차·관리절차가 진행 중인 소속회사 현황과 감사보고서만을 추가하고 있으며(영 제38조 제7항 각호), 동항 제7호에서 공정거래위원회가 고시하는 자료를 규정하고 있으나 해당 고시 또한 제정된 바 없다. 기업집단 관련 자료제출의무 위반행위에 대하여 고발 여부를 판단하기 위한 지침[20]이 전부이다. 아울러 공정거래위원회의 실무상 '동일인 지정'이라는 표현을 쓰고 있으나, 동일인 지정을 위한 법적 근거나 동일인 지정절차 등이 법령에 규정되어 있지 않은 것도 법치행정의 원리에 반하는 문제임은 두말할 나위가 없다.

이처럼 공시대상기업집단 등의 지정은 경제력집중 억제시책을 위한 출발임에도 불구하고, 동일인 확인을 비롯하여 지정자료의 제출 등에 있어서 절차상 법치주의는 미비한 채로 남아 있다. 그 자리를 공정거래위원회의 오랜 '관행'이 차지하고 있을 뿐이다.

2. 지정제외의 요건 및 절차

공정거래위원회는 공시대상기업집단 또는 상호출자제한기업집단으로 지정된

20) 공정거래위원회 예규 제354호, 2020.9.20. 제정 "기업집단 관련 신고 및 자료제출의무 위반행위에 대한 고발지침".

기업집단이 시행령 제38조 제1항 또는 제2항의 기준에 해당하지 않게 되는 경우에는 해당 기업집단을 지정에서 제외하여야 한다(동조 제3항). 공정거래위원회가 지정기준이 충족되지 않음을 인지하고도 지정제외를 지연하여 소속 계열회사에게 손해가 발생한 경우에는 국가의 불법행위책임이 문제될 수 있음은 물론이다.

아울러 자산총액기준을 충족하더라도 다음의 어느 하나에 해당하는 기업집단은 공시대상기업집단이나 상호출자제한기업집단에서 제외한다(영 제38조 제1항).

1. 금융업 또는 보험업만을 영위하는 기업집단
2. 금융업 또는 보험업을 영위하는 회사가 동일인인 기업집단
3. 해당 기업집단에 속하는 회사 중 다음의 어느 하나에 해당하는 자산총액의 합계액이 기업집단 전체 자산총액의 100분의 50 이상인 기업집단. 다만, 아래 회사를 제외한 회사의 자산총액 합계액이 5조 원 이상인 기업집단은 제외한다.

– 「채무자 회생 및 파산에 관한 법률」에 따른 회생절차의 개시가 결정되어 그 절차가 진행 중인 회사

– 「기업구조조정 촉진법」에 따른 관리절차의 개시가 결정되어 그 절차가 진행 중인 회사

4. 「공공기관의 운영에 관한 법률」 제4조에 따른 공공기관, 「지방공기업법」 제2조 제1항에 따른 지방직영기업, 지방공사 또는 지방공단이 동일인인 기업집단
5. 해당 기업집단에 속하는 회사 모두가 아래의 어느 하나에 해당하는 기업집단

– 「자본시장과 금융투자업에 관한 법률」 제9조 제19항 제1호에 따른 기관전용 사모집합투자기구

– 위의 경우에 해당하는 자가 투자한 「자본시장과 금융투자업에 관한 법률」 제249조의13 제1항에 따른 투자목적회사(이하 이 호에서 "투자목적회사")

– 위의 경우에 해당하는 자가 투자한 투자목적회사

– 위의 세 가지 경우에 해당하는 자가 투자한 「자본시장과 금융투자업에 관한 법률」 제249조의18 제2항 제4호에 따른 투자대상기업

– 위의 경우에 해당하는 자가 지배하는 회사

– 「자본시장과 금융투자업에 관한 법률」 제249조의15 제1항에 따라 금융위원회에 등록된 기관전용 사모집합투자기구의 업무집행사원

6. 해당 기업집단에 속하는 회사 모두가 금융업 또는 보험업을 영위하는 회사 또는 영 제38조 제1항 제5호 각 목의 어느 하나에 해당하는 회사. 이 경우 가목 또는 나목의 회사가 각각 하나 이상 포함되어 있어야 한다.

아울러 공정거래위원회는 공시대상기업집단 또는 상호출자제한기업집단으로 지정된 기업집단이 다음의 어느 하나에 해당하는 경우에는 그 사유가 발생한 때에 지정제외할 수 있다(영 제38조 제4항). 이 경우에 공정거래위원회는 해당 기업집단에 속하는 회사와 그 회사를 지배하는 동일인의 특수관계인인 공익법인에 서면으로 알려야 한다.(동조 제5항).

1. 지정일 이후 제1항 제3호 각 목 외의 부분 본문에 해당하게 된 경우(다만, 제1항 제3호 가목 또는 나목에 해당되는 회사를 제외한 회사의 자산총액 합계액이 3조 5천억 원 이상인 경우에는 공시대상기업집단에서 제외하지 않고, 그 합계액이 국내총생산액의 1만분의 35에 해당하는 금액 이상인 경우에는 상호출자제한기업집단에서 제외하지 않음)
2. 소속회사의 변동으로 해당 기업집단에 소속된 국내 회사들의 자산총액 합계액이 3조 5천억 원 미만으로 감소한 경우(공시대상기업집단만 해당)
3. 소속회사의 변동으로 해당 기업집단에 소속된 국내 회사들의 자산총액 합계액이 국내총생산액의 1만분의 35에 해당하는 금액 미만으로 감소한 경우(상호출자제한기업집단만 해당)

3. 지정자료의 제출

가. 의　　의

공정거래법상 대기업집단에 대한 규제는 기업집단의 개념 및 계열회사의 범위 획정으로부터 시작된다. 기업집단이란 동일인이 사실상 지배하는 회사의 집단으로서, 공정거래법은 자산총액이 5조 원 이상인 공시대상기업집단과 이 중 자산총액이 국내총생산액의 1천분의 5에 해당하는 금액 이상인 상호출자제한기업집단으로 나누어 각각 다양한 규제를 하고 있다(법 제31조 제1항). 이때, 규제의 실효성을 제고하는 동시에 수범자의 예측가능성을 담보하기 위하여 공정거래위원회는 매년 공시대

상기업집단 등을 사전에 지정하고, 동 기업집단에 속하는 국내 회사와 그 회사를 지배하는 동일인의 특수관계인인 공익법인에 지정 사실을 통지하고 있다(법 제31조 제1항, 영 제38조 제3항, 제5항).

공시대상 및 상호출자제한기업집단 지정의 요체는 바로 경제력집중 내지 일반집중의 우려가 상당하다고 판단되는 소수의 기업집단을 특정하는 것이고,[21] 이를 위해서 기술적으로 자산총액을 합산할 국내계열회사의 범위를 특정하는 데에 있다. 이때, 과도한 경제력집중 여부를 확인하고 이를 적절히 해소하기 위해서는 동일인이 사실상 지배하는 계열회사만으로 기업집단을 정확하게 획정하는 작업이 선결되어야 하는 것이다. 대기업집단 지정이나 계열회사의 편입이 잘못될 경우에는 소속 계열회사에 대한 각종 규제가 실체적 정당성을 가질 수 없게 된다는 점에서 계열관계의 실질적 판단은 매우 중요한 의미를 갖는다. 그런데 계열관계를 판단하기 위하여 필요한 자료는 대부분 동일인이나 그의 특수관계인(특히, 소속 계열회사)이 보유하고 있으므로, 공정거래위원회로서는 지정자료 제출요청이라는 제도적 장치가 요구되는 것이다.

공시대상기업집단 등을 지정하기 위하여 공정거래위원회는 회사 또는 해당 회사의 특수관계인에 대하여 필요한 자료의 제출을 요청할 수 있는데, 구체적으로 회사의 일반현황, 회사의 주주 및 임원구성, 특수관계인 현황, 주식소유 현황 등 대통령령으로 정하는 자료의 제출을 요청할 수 있다(법 제31조 제4항, 영 제38조 제7항 제1호 내지 제7호). 한편, 자료제출을 거부하거나 허위자료를 제출한 자에 대하여 벌칙(2년 이하의 징역 또는 1억5천만 원 이하의 벌금)이 규정되어 있다는 점(법 제125조 제2호)에서, 자료제출을 요청받은 자에게 '사실에 부합하는' 자료의 '제출의무'가 부과되어 있다고 볼 여지도 있다. 그런데 지금까지 공정거래위원회의 실무상 해당 기업집단의 동일인에게만 자료제출 요청이 이루어지고 있으므로, 허위자료의 제출 등에 대해서는 결국 그룹 총수가 전적으로 형사벌의 위험을 부담하게 된다. 이러한 맥락에서 과연 자료제출 '요청'만으로 사실에 부합하는 자료를 제출할 의무가 발생하는지, 일부 자료의 누락 등에 대하여 형사벌만을 부과하는 것이 법체계상 타당한지를 따져볼 필요가 충분하다.

21) 이황, "공정거래법상 경제력집중 억제시책과 일반집중의 문제", 법학연구 제31권 제1호, 2021, 242면.

나. 자료제출 요청의 대상

(1) 동일인

공정거래법상 기업집단의 범위를 정하기 위해서는 먼저 동일인이 정해져야 하며, 동일인은 기업집단의 가장 핵심적인 개념요소이다(법 제2조 제11호 참조). 이때, 동일인은 회사가 될 수도 있고[22] 자연인이 될 수도 있는바, 2023년 6월에 행정예고된 「동일인 판단기준 및 확인절차에 관한 지침」(안)[23]에 따르면 동일인은 원칙적으로 자연인이고, 적절한 자연인이 존재하지 않는다고 판단되는 경우에 비로소 회사 또는 비영리법인이 동일인이 될 수 있다(동 지침안 Ⅱ. 1.).[24] 그런데 어떤 회사를 사실상 지배하는 자가 누구인지는 해당 기업집단 지배구조의 정점에 있는 동일인이 가장 정확하게 알 수 있을 것이다. 다만, 동일인의 '사실상 지배' 여부가 매우 광범위하게 정해진 동일인관련자의 지분율 등에 따라 기계적으로 간주됨에 따라 실제로 동일인이 지배하지 않는 회사가 계열편입될 소지가 있고, 그 결과 동일인으로서는 법령상 지배관계가 추단되는 모든 계열회사를 파악하지 못할 소지가 있다. 그럼에도 불구하고 공정거래위원회는 실무상 동일인을 먼저 상정하고, 그 자에게 계열회사의 지정에 필요한 자료 일체를 제출하도록 하고 있다. 이와 같은 공정거래위원회의 실무는 과연 어떤 법적 근거에 기초한 것인가?

실무상 공정거래위원회가 구체적으로 누구에게 지정자료의 제출을 요청할 것인지는 매우 중요하다. 왜냐하면 그 요청을 받은 자가 일견 자료제출의무 및 미제출에 대한 법적 책임을 지게 될 것이기 때문이다. 공정거래법은 "회사 또는 해당 회사의 특수관계인"이라고 규정하고 있는바(법 제31조 제4항), 문언상 기업집단에 속하는 어느 계열회사 또는 그 회사를 지배하는 동일인과 동일인관련자에게 폭넓게 자료요청을 할 수 있는 것으로 해석된다.[25] 따라서 공정거래위원회가 지정자료의

---

22) 지정자료의 누락과 관련하여 회사가 동일인인 기업집단이 문제된 사례는 아직 없다.

23) 2023.6.30. 공정거래위원회 보도자료 참조.

24) 다만, 비영리법인을 동일인으로 볼 수 있는지는 해석상 다툼의 소지가 있어 보인다. 공정거래법 제2조 제11호는 기업집단을 동일인이 회사인 경우와 회사가 아닌 경우로 나누고 있는데, 「동일인 지침」에 따르자면 결국 동일인이 회사가 아닌 경우로서 자연인과 비영리법인을 들고 있는 셈이기 때문이다. '회사가 아닌 경우'를 무한정 넓게 해석할 경우에는 비영리법인도 포함된다고 볼 수 있으나, 자연인과 법인을 하나의 범주에 포섭시키는 것은 다분히 어색해 보인다.

25) 공정거래법상 특수관계인이란 동일인, 동일인관련자 및 지배목적으로 기업결합에 참여하는 자(영 제14조 제1항 각호, 제4조 제1호 각목 참조)로서, 기업집단과 관련해서는 동일인과 (계열회사를 포함한) 동일인관련자가 여기에 해당한다. 다만, 지정자료 제출요청과 관련해서는 동일인관련자의

제출을 동일인에게 요청하는 것 자체가 위법하지는 않으나, 동일인에게만 요청해야 하는 것은 아니다. 동일인에게만 자료제출을 요구하는 공정거래위원회의 실무관행은 총수의 협조를 쉽게 이끌어낸다는 측면에서 다분히 행정편의를 위한 것으로 볼 수밖에 없다. 입법론으로는 지정 후 각종 규제를 받는 자는 소속 계열회사라는 점을 감안할 때, 해당 기업집단의 지정자료 제출을 대신할 계열회사를 신고받아 그 회사에게 지정자료 제출을 일괄 요청하는 것이 바람직할 것이다.

(2) 요청대상 기업집단의 범위

공정거래법 제31조 제4항에 따른 자료제출 요청으로 인하여 과연 동일인에게 법적인 구속력을 갖는 자료제출의무가 발생하는지도 의문이나, 그에 앞서 지정제도의 취지에 비추어 공정거래위원회가 '어떤 기업집단'의 동일인에게 자료제출을 요청할 수 있는지를 살펴볼 필요가 있다. 공정거래법은 이에 관하여 아무런 규정을 두지 않고 있다.

여기서 공정거래법상 공시대상기업집단 등을 지정하도록 하는 것은 그 자체가 목적이 아니라 경제력집중의 우려가 큰 대기업집단을 사전에 적절한 범위에서 지정하여 동 시책의 실효성을 확보하기 위한 취지이다. 이를테면 자산총액 5조 원 이상인 기업집단의 동일인이 지정자료를 허위로 제출하여 지정을 면탈하고 나아가 각종 규제를 회피하는 행위를 중대한 법위반행위로 보아야 하는 이유이다. 반면, 지정에 필요한 자료에서 누락된 일부 회사의 자산총액을 합산하더라도 어차피 5조 원에 훨씬 못 미치는 경우라면 해당 회사에 관한 자료가 누락되었다는 이유로 제재할 합당한 이유가 없을 것이다.

종래 공정거래위원회는 지정을 위한 자료제출을 요청함에 있어서 자산총액이 2조 원 이상인 기업집단에게 자료제출을 요청하되, 자산총액이 3.5조 원 미만인 기업집단에게는 비교적 간단한 자료제출로 끝내고 있다. 신규지정을 위해서 5조 원 미만의 기업집단에게 지정자료를 요청하는 것 자체는 납득할 수 있으나, 2조 원 또는 3.5조 원이라는 기준은 지나치게 낮아 보인다. 입법론으로는 자산총액 4조 원 이상인 기업집단만을 자료제출대상으로 특정하는 방향으로 법령을 정비하는 것이 바람직할 것이다.

범위가 매우 넓기 때문에 공정거래위원회가 6촌 혈족이나 비영리법인, 비영리법인의 임원, 계열회사의 임원 등에게도 자료제출을 요청할 수 있다는 점에서 수범자로서는 자칫 형사벌에 노출될 수 있다. 입법론으로 자료요청대상을 합리적인 수준에서 특정하여야 하는 이유이다.

다. 자료제출 '요청'과 자료제출의무?

공정거래위원회는 대기업집단에 대한 경제력집중 억제시책을 집행하기 위하여 해마다 공시대상기업집단 등을 지정하여 소속 계열회사에 통지하고 있는데, 이를 위해서는 동일인을 비롯하여 동일인관련자나 특수관계인 등에 대한 구체적인 현황을 정확히 파악하지 않으면 안 된다. 그런데 공정거래위원회는 스스로 그러한 자료를 파악하기가 어렵기 때문에, 관련 회사나 특수관계인의 협조를 받아서 지정에 필요한 자료를 확보할 필요가 있다는 점은 부인하기 어렵다. 그리고 성실한 자료협조를 담보한다는 명분으로 정당한 이유없이 자료제출을 거부하거나 허위자료를 제출한 자에 대하여 벌칙이 규정되어 있다(법 제125조 제2호).

그런데 공정거래법상 자료제출요청제도는 상대방의 '협조'를 '요청'하는 것으로서, 자료제출을 명하거나 요구하는 것도 아니고, 법위반행위를 전제로 내리는 불이익처분도 아니다. 현행법상 자료제출 요청이 위법·부당하다고 판단되는 경우에도 동일인이 공정거래위원회의 요청을 다투지 못하는 것도 그것이 상대방에게 아무런 법적 의무나 불이익을 창설하지 않기 때문이다.[26] 그렇다면 실무상 자료제출의 요청을 받은 동일인으로서는 공정거래위원회의 시책에 협조한다는 차원에서 가능한 범위에서 자료를 수집하여 제출하는 것이고, 제출된 자료의 진위 여부나 혹시라도 누락된 자료가 있는지를 완벽하게 조사하여야 할 의무를 지지는 않는 것으로 보아야 한다. 그럼에도 불구하고 공정거래법 제125조 제2호가 비교적 완벽한 자료제출의무를 전제로 형사벌을 규정하고 있는 것은 자료제출 요청의 법적 성격에 비추어 타당하지 않다.

한편, 법리적으로도 공정거래위원회의 협조요청에 성실히 응하지 않는 경우라면 기껏해야 과태료 정도를 부과할 수 있을 뿐이다. 후술하는 고발지침이 이와 달리 "지정자료 제출의무"를 언급하고 있는 것도 공정거래법상 명시적 근거를 찾을 수 없다는 점에서 적절하지 않은 용어사용이다.

그렇다면 대기업집단 지정제도의 취지를 실현하기 위하여 동일인에게 엄격한

---

26) 이와 달리 기왕의 실무와 같이 공정거래위원회의 자료요청으로 인하여 동일인에게 자료제출의무가 발생한다고 해석할 경우에는 자료요청 자체가 불이익처분에 해당하여 그 처분의 위법·부당을 이유로 동일인은 취소소송을 제기할 수 있다고 보는 것이 논리적으로 합당하다. 자료누락 등 해당 의무를 위반하는 경우에는 동일인이 형사벌에 처해질 수 있다는 점 또한 자료요청을 불이익처분으로 보아야 하는 중요한 이유이다.

자료제출의무를 부과할 필요가 있는가? 과연 '어느 범위에서' 자료제출의무를 인정할 필요가 있는지, 자료제출의무의 성실한 이행을 담보하기 위하여 '적절한 제재수단'은 무엇인지의 문제는 이 질문에 대한 답에 따라 불필요해질 수도 있다. 공정거래위원회로부터 지정자료 제출요청을 받은 동일인이 — 현실적으로 자료제출을 거부하는 경우란 상정하기 어려우므로 — 일부 자료를 누락한 경우에 정책적으로 제재를 부과할 근거를 찾자면 누락으로 인하여 어떤 회사가 특정 기업집단의 계열회사로 편입되지 못함으로써 공시대상기업집단 등으로 지정되지 않거나 지정되었더라도 해당 계열회사가 누락됨으로써 규제를 면탈하는 것을 막고자 하는 것을 들 수 있다.

그런데 공정거래법은 "정당한 이유없이 자료제출을 거부하거나 거짓의 자료를 제출"함으로써 계열회사에서 누락되는 경우에도 편입사유가 발생한 날 등을 고려하여 ① 공시대상기업집단의 지정 당시 그 소속회사로 편입되어야 함에도 불구하고 편입되지 않은 회사의 경우에는 그 공시대상기업집단의 지정·통지를 받은 날, ② 공시대상기업집단의 지정 이후 그 소속회사로 편입되어야 함에도 불구하고 편입되지 않은 회사의 경우에는 그 공시대상기업집단에 속해야 할 사유가 발생한 날이 속하는 달의 다음 달 1일에 계열회사로 편입된 것으로 간주하여 각종 규제를 소급해서 적용하도록 규정하고 있다(법 제33조, 영 제39조). 그 결과 동일인의 부주의나 기타 불가항력 등으로 인하여 지정자료에 누락이 발생하더라도 경제력집중 억제시책에는 아무런 흠결이 발생하지 않으며, 결국 추후 편입의제되는 회사가 누락에 따른 책임을 지게 되는 것이다. 이러한 해결방식이 계열회사로 하여금 지정자료의 누락을 막기 위한 나름의 노력을 기울이게 하는 한편, 자료제공에 성실히 협조하지 않은 데에 따른 규제공백을 충분히 메우고 있는 것이다. 요컨대, 지정자료의 누락으로 인하여 침해될 규제상 이익은 존재하지 않으며, 따라서 형사벌로 자료제출의무를 강제할 실익도 찾기 어렵다.

라. 지정자료의 흠결이나 누락에 대한 제재의 적정성

대기업집단의 지정에 필요한 자료를 거짓으로 제출한 자에 대하여 2년 이하의 징역 또는 1억 5천만 원 이하의 벌금에 처하도록 하는 법 제125조 제2호는 다른 절차상 의무위반행위에 대한 제재와 비교할 때 균형이 맞지 않을 정도로 과도한 제재를 정하고 있는 것으로 보인다.

우선, 공정거래위원회는 공시대상기업집단의 국내 계열회사로 편입하거나 계열회사에서 제외해야 할 사유가 발생한 경우에는 해당 회사(해당회사의 특수관계인 포함)의 요청에 의하거나 직권으로 계열회사에 해당하는지를 심사하여 국내 계열회사로 편입하거나 국내 계열회사에서 제외하고 그 내용을 해당 회사에 통지하도록 규정하고 있다(법 제32조 제1항). 이것은 어떤 기업집단이 공시대상기업집단으로 지정된 이후에도 필요시 계열회사로 편입하거나 계열회사에서 제외할 수 있다는 것을 의미한다. 그리고 공정거래위원회는 그러한 심사를 위하여 필요하다고 인정하는 경우에는 해당 회사에 대하여 필요한 자료의 제출을 요청할 수 있게 하고 있다(법 제32조 제3항). 이 경우에 공정거래위원회의 자료요청에 대하여 정당한 이유없이 자료를 제출하지 아니하거나 허위의 자료를 제출한 자에 대하여는 형벌을 부과하지 않고 과태료를 부과하고 있다는 점(법 제130조 제1항 제5호)을 유의할 필요가 있다.

즉, 공정거래법은 일단 공시대상기업집단으로 지정된 이후 계열회사의 편입 및 제외에 필요한 자료제출 요청에 협조하지 않은 자에 대하여는 과태료만 부과하면서, 공시대상기업집단의 지정에 필요한 자료제출 요청에 협조하지 않은 자에 대하여는 형벌을 부과(법 제125조 제2호)하는 불균형을 보이고 있다. 전술한 바와 같이 신규 대기업집단의 지정에 필요한 자료제출의무는 제한적으로 해석하여 신중하게 적용할 필요가 있는데, 회사 측에서 제출한 자료에 일부 누락된 사실이 있다고 하여 이를 거짓 자료의 제출로 보아 고발(법 제129조 제1항)하는 것은 관련 법취지에 부합하지 않는 위법한 법집행에 해당할 수 있다.

둘째, 공정거래법은 공시대상기업집단에 속한 회사에게 각종 사항(대규모내부거래의 이사회 의결, 비상장회사 등의 중요사항, 기업집단현황 등, 특수관계인인 공익법인의 이사회 의결)을 공시할 의무를 부과하는 한편(법 제26조 내지 제29조), 그 공시를 하지 아니한 자 또는 주요 내용을 누락하거나 허위로 공시한 자에 대해서 과태료를 규정하고 있다(법 제130조 제1항 제4호). 공시대상기업집단을 운용하는 취지는 — 상호출자제한기업집단의 경우와 달리 — 오로지 대규모 내부거래 등을 시장에 알림으로써 편법적인 내부거래를 방지하고 그룹운영의 투명성을 제고하는 데에 있는바, 이러한 취지를 해하는 허위공시에 대해서도 형벌이 아니라 과태료가 부과되고 있다(법 제130조 제1항 제5호). 그렇다면 공정거래위원회가 법 제125조 제2호의 요건을 엄격하게 해석하지 않고 느슨하게 해석하여 단순히 일부 계열회사가 누락된 경우에 대해서까지 형벌을 구하는 고발을 의결할 경우에는 공시대상기업집단에 대한 핵심적인 규제인 공시의무위반에 대한 제재와 균형이 맞지 않는 결과를 초래하게 된다.

셋째, 동일인이 '사실상 지배'하는지 여부는 대단히 난해한 불특정개념으로서 공정거래위원회의 주관적 판단이 결정적으로 작용할 우려가 매우 크다. 반면, 법 제125조 제2호는 '거짓의 자료' 제출행위를 무거운 형사처벌(2년 이하의 징역 또는 1억 5천만 원 이하의 벌금)의 대상으로 삼고 있는바, 결국 회사가 제출한 지정자료에 거짓이 있는지 여부는 결국 동일인이 누구인지, 어떤 회사를 그가 사실상 지배하고 있는지에 대한 공정거래위원회의 주관적 판단 내지 폭넓은 재량에 좌우될 수밖에 없기 때문에, 결과적으로 공정거래위원회의 재량판단에 따라 동일인의 처벌 여부가 좌우되는 부당한 결과를 초래하게 된다. 이는 죄형법정주의의 원칙에 반하는 것으로서 해석론과 입법론을 통해 해결할 필요가 있다.

마. 지정자료 제출의무 위반에 대한 고발

(1) 고발 여부의 판단기준

공정거래위원회는 지정자료의 요청에 대하여 정당한 이유 없이 이를 거부하거나 거짓의 자료를 제출한 자(법 제125조 제2호) 및 지주회사의 설립·전환신고를 하지 아니하거나 거짓으로 신고한 자, 지주회사 등의 사업내용에 관한 보고서를 제출하지 아니하거나 거짓으로 보고서를 제출한 자, 공시대상기업집단이나 상호출자제한기업집단에 속하는 회사의 주식소유 현황이나 채무보증 현황을 신고하지 아니하거나 거짓으로 신고한 자(법 제126조 제1호 내지 제3호)에 대한 고발 여부를 판단하기 위한 기준을 마련한 바 있다.

즉, 「기업집단 관련 신고 및 자료제출의무 위반행위에 대한 고발지침」[27]에 따르면 행위자의 의무위반에 대한 인식가능성과 의무위반의 중대성을 종합적으로 고려하여 고발 여부를 판단한다. 동 지침은 인식가능성 및 중대성의 정도를 다시 현저한 경우, 중대한 경우, 경미한 경우로 구분하고 이를 조합하여 아래와 같이 조치수준을 정하도록 규정하고 있다(지침 Ⅲ. 1, 2). 여기서 인식가능성이 가장 결정적인 요인으로 보이는데, 이를테면 인식가능성이 현저한 경우에는 고발, 경미한 경우에는 미고발이며, 인식가능성이 상당한 경우에는 중대성을 추가로 고려하게 된다.

---

27) 공정거래위원회 예규 제354호, 2020.9.20. 제정.

인식가능성 \ 중대성	상(현저)	중(상당)	하(경미)
상(현저)	고발	고발	경고/수사기관 통보
중(상당)	고발	경고/고발	경고
하(경미)	고발	경고	경고

그런데 구체적인 사례에서 인식가능성과 중대성을 세 가지로 준별하기란 매우 어려워 보인다. 결국 공정거래위원회의 재량판단이 결정적으로 작용할 수밖에 없을 것이다. 또한 인식가능성과 관련하여 크게 두 가지 의문을 제기할 수 있다. 하나는 인식가능성을 판단하는 요소로서 동 지침은 행위 당시 의무위반에 대한 인식 여부, 행위의 내용·정황·반복성 등을 들고 있는바, 여전히 모호할 뿐만 아니라 예컨대 어떤 회사가 제출하여야 할 자료를 충분히 인지하지 못하고 있는 상태에서 수년간 반복해서 특정 자료를 누락하였다면 과연 인식가능성이 현저하다고 평가할 수 있을지 의문이다.

다른 하나는 당초 자료요청을 받은 회사나 동일인이 자료제출의무의 존재와 제출해야 할 자료의 범위를 정확하게 알 수 없는 상황이라면 과연 그러한 의무를 전제로 한 자료제출 불이행이나 허위자료제출을 문제 삼을 수 있는지에 관한 것이다. 법 제31조 제4항은 공정거래위원회가 자료를 요청할 수 있는 자로 '회사 또는 해당 회사의 특수관계인'을, 자료요청의 목적은 동조 제1항에 따른 공시대상기업집단 및 상호출자제한기업집단을 지정하는 것이라고 규정하고 있을 뿐이어서, 이미 전년도에 지정되었던 기업집단을 제외하고 자산총액이 지정기준에 어느 정도 근접한 기업집단의 소속 회사나 동일인에게 자료를 요청할 수 있는지에 대해서는 아무런 언급이 없다. 현행법상 자산총액이 5조 원을 현저히 하회하는 기업집단이라면 소속 회사나 특수관계인이 공정거래위원회의 자료요청에 응할 의무를 진다고 해석할 수 없다. 공정거래위원회의 요청이라는 행위로 인하여 소속 회사나 특수관계인에게 자산총액의 규모와 무관하게 언제나 내용적으로도 완벽한 자료제출의무가 발생한다고 볼 수는 없기 때문이다. 이때에는 요청받은 자에게 자료제출의무에 대한 인식가능성을 논하는 것 자체가 타당하지 않다. 이 문제는 2020년 전부개정법[28]에 따라 상호출자제한기업집단의 지정기준을 자산총액이 국내총생산액의 0.5% 이상

28) 2020.12.29. 전부개정, 법률 제17799호.

인 경우로 변경하더라도 달라지지 않는바(법 제31조 제1항), 입법상 불비로서 조속히 해결해야 할 것이다.

(2) 평가 및 개선방안

공정거래법상 자료제출의 요청은 엄밀한 의미에서 이미 공시대상기업집단 등으로 지정되었거나 지정될 가능성이 높은 기업집단에 대하여 대기업집단의 지정에 필요한 자료를 확보하기 위하여 필요한 제도로서, 지정가능성이 전혀 없는 기업집단에게는 적용할 여지가 없다. 무엇보다 공정거래위원회가 실무상 편의에 따라 동일인에게만 자료제출 요청을 하고 있는데, 그로부터 요청을 받은 동일인에게 나름 완벽한 자료제출의무가 발생하지는 않는다. 이와 같은 맥락에서 동일인이 지정에 필요한 자료를 제출함에 있어서 일부 누락 내지 단순 누락된 사항이 있었다고 하여, 공정거래위원회가 사후에 이를 문제 삼아 고발조치를 하는 것은 과잉제재로 볼 소지가 있다. 입법론으로는 먼저 공정거래위원회가 지정자료의 제출을 요청할 수 있는 기업집단의 기준을 법률에 규정하는 한편, 추후 제출된 자료에 사실과 부합하지 않은 부분이 발견되는 경우에도 오로지 형벌만을 규정하고 있는 것은 비례원칙에 비추어 바람직하지 않다는 점에서 여타 절차규칙 위반행위와 마찬가지로 과태료를 부과하도록 법률을 개정할 필요가 있다.

자료제출 요청의 취지에 비추어 공정거래위원회 실무자와 기업의 담당자 사이에 서류제출 과정에서 긴밀한 '협의'가 필요하고, 그 결과에 따라 이루어진 자료제출에 대해서는 추후 흠결이나 누락을 문제 삼지 않는 등 협의 결과에 대하여 법적 안정성을 보장해줄 필요가 있음은 물론이다. 이것이 지정자료의 제출에 성실하게 협조하려는 기업에게 법준수를 용이하게 함으로써 궁극적으로 대기업집단 지정제도의 실효성을 제고하는 방법일 것이다.

4. 계열편입 및 계열제외 절차

기업집단의 지정 및 지정제외는 소속 계열회사의 자산총액에 변동이 발생하여 상호출자제한기업집단이나 공시대상기업집단에 요구되는 자산총액 기준의 충족 여부가 달라질 경우 해당 기업집단 전체를 신규지정하거나 지정에서 제외하는 절차이다(법 제31조 제1항). 반면, 계열편입이란 공시대상기업집단 등에 해당하는 점에는 변동이 없이 특정 회사가 동일인의 사실상 지배를 받는지 여부가 달라짐으로써 해당 회사가 계열관계에 있는지, 그 결과 경제력집중억제 관련 규제를 적용받는지 여부에 변동이 발생하게 되는 절차이다(법 제32조 제1항).

공정거래위원회는 공시대상기업집단의 계열회사로 편입하거나 계열회사에서 제외하여야 할 사유가 발생한 경우 해당 회사(해당 회사의 특수관계인 포함)의 요청이나 직권으로 국내 계열회사에 해당하는지 여부를 심사하여 국내 계열회사로 편입하거나 계열회사에서 제외하고 그 내용을 해당 회사에 통지하여야 한다(법 제32조 제1항). 또한 공익법인을 공시대상기업집단에 속하는 회사를 지배하는 동일인의 특수관계인으로 편입하거나 제외하여야 할 사유가 발생한 경우에는 해당 공익법인(해당 공익법인의 특수관계인 포함)의 요청에 의하거나 직권으로 특수관계인에 해당하는지를 심사하여 특수관계인으로 편입하거나 특수관계인에서 제외하고 그 내용을 해당 공익법인에 통지하여야 한다(동조 제2항).

공정거래위원회는 위와 같은 심사에 필요하다고 인정하는 경우에는 해당 회사에 대하여 주주 및 임원의 구성, 채무보증관계, 자금대차관계, 거래관계, 그 밖에 필요한 자료의 제출을 요청할 수 있다(동조 제3항). 또한 공정거래위원회는 계열회사 편입 또는 제외에 관한 심사를 요청받은 경우에는 30일 이내에 그 심사결과를 요청한 자에게 통지하여야 하고, 필요하다고 인정할 때에는 60일의 범위에서 그 기간을 연장할 수 있다(동조 제4항).

공정거래위원회는 제31조 제4항 또는 제32조 제3항에 따른 요청을 받은 자가 정당한 이유없이 자료제출을 거부하거나 거짓의 자료를 제출함으로써 공시대상기업집단의 국내 계열회사 또는 위 집단의 국내 계열회사를 지배하는 동일인의 특수관계인으로 편입되어야 함에도 불구하고 편입되지 아니한 경우에는 공시대상기업집단에 속하여야 할 사유가 발생한 날 등을 고려하여 대통령령으로 정하는 날에 그 공시대상기업집단의 소속회사로 편입·통지된 것으로 본다(법 제33조). '대통령령으로 정하는 날'이란 다음의 어느 하나에 해당하는 날을 말한다(영 제39조).

① 공시대상기업집단의 지정 당시 그 소속회사로 편입되어야 함에도 불구하고 편입되지 아니한 회사의 경우에는 그 공시대상기업집단의 지정·통지를 받은 날
② 공시대상기업집단의 지정 이후 그 소속회사로 편입되어야 함에도 불구하고 편입되지 아니한 회사의 경우에는 그 공시대상기업집단에 속하여야 할 사유가 발생한 날이 속하는 달의 다음 달 1일

5. 규제의 적용시점

경제력집중 억제에 관한 일련의 규제, 즉 법 제21조부터 제30조까지 및 47조는 상호출자제한기업집단으로 지정된 사실을 통지(법 제32조 제4항에 따른 계열회사 편입 통지 포함) 받은 날부터 적용한다(법 제31조 제2항). 지정통지는 지정된 기업집단에 속하는 개별 '회사'에 대하여 이루어지고, 지정 당시에 계열회사의 범위가 확정되어 일괄적으로 통지되므로 통상적으로는 기업집단소속 계열회사들은 공히 같은 날부터 관련 규제를 받게 된다. 다만, 새로 계열편입되는 회사에 대해서는 편입통지를 받은 날로부터 관련 규제가 적용된다(법 제32조 제1항).

그 밖에 상호출자제한기업집단으로 지정된 사실을 통지받은 회사 또는 새로이 계열회사로 편입되어 통지를 받은 회사가 통지받은 당시 법 제21조 제1항, 제3항 또는 제24조를 위반하고 있는 경우에 대해서는 별도의 규정이 마련되어 있다(법 제31조 제3항 제1호, 제2호). 즉, 법 제21조 제1항 또는 제3항을 위반하고 있는 경우(취득 또는 소유하고 있는 주식을 발행한 회사가 새로 계열회사로 편입되어 제3항을 위반하게 되는 경우를 포함)에는 지정일 또는 편입일부터 1년간은 동항의 규정을 적용하지 아니한다. 아울러 제24조를 위반하고 있는 경우(채무보증을 받고 있는 회사가 새로 계열회사로 편입되어 위반하게 되는 경우를 포함)에는 지정일 또는 편입일부터 2년간은 같은 조를 적용하지 아니한다.

Ⅲ. 상호출자의 금지 등

1. 의 의

상호출자제한기업집단에 속하는 국내 회사는 자기의 주식을 취득 또는 소유하고 있는 국내 계열회사의 주식을 취득 또는 소유해서는 아니 된다(법 제21조 제1항). 우리나라에서는 1972년 「기업공개촉진법」[29]에 의하여 정부가 기업공개를 적극적으로 유도하기 시작하면서부터 주식의 상호보유가 본격적으로 이용되기 시작하였는데, 이는 기업을 공개하면 소유권을 빼앗긴다는 의식 때문에 기업주들이 사전에 주식을 위장 분산하여 기업공개를 사실상 회피하는 수단으로 이용되었다. 이러한

29) 1972.12.30. 제정, 법률 제2420호; 1987.11.28. 타법폐지, 법률 제3946호.

폐해를 시정하기 위하여 1982년에 개정된 구 「증권거래법」[30] 제189조에서는 상장법인 사이의 주식의 상호보유를 규제하였다. 그러나 상장법인과 비상장법인, 비상장법인 상호간의 주식 상호보유와 간접적인 상호주(相互株) 보유는 동법에 의하여 규제되지 않았다.

그런데 상호주는 자본의 공동화, 회사지배권의 왜곡을 초래할 뿐만 아니라, 기업의 위장공개수단으로도 이용되는 등 주주와 채권자의 보호에 여러 가지 난점을 안고 있었다. 그리하여 1984년의 개정 「상법」[31]은 모자회사 간의 상호주보유를 금지하고, 모·자관계가 없는 회사 간의 상호주에 대해서는 의결권의 행사를 제한하는 규정을 마련하였다(동법 제342조의2, 제369조 제3항). 동조는 상장법인(上場法人)인지 여부를 묻지 않고, 상장법인과 비상장법인, 비상장법인 간의 상호주보유에 폭넓게 적용됨으로써 전술한 구 「증권거래법」을 보완하는 역할을 담당하고 있으나, 주식회사 사이의 상호주 및 직접적인 상호주에만 적용된다는 점에서 여전히 그 한계를 안고 있었다.

그런데 상호주 보유는 상법상의 주주나 채권자의 이익이라는 차원을 넘어 국민경제상 폐해를 가져올 수 있다. 즉, 대기업집단에 속하는 회사들이 서로 주식을 보유함으로써 이들 간의 결속을 강화할 뿐만 아니라, 주로 계열회사의 증자나 다른 기업의 인수 시에 주식을 상호 보유함으로써 사실상 추가적인 자금투입 없이도 기업집단의 규모를 인위적으로 확대할 수 있는 것이다. 이처럼 상호주 보유가 대기업집단의 경제력집중을 위한 수단으로 이용될 소지가 있고, 이것이 구 「증권거래법」이나 상법에 의해서는 적절히 규제될 수 없다는 인식 하에 공정거래법은 1986년 제1차 개정[32] 시에 상호출자의 금지에 관한 규제를 도입하였던 것이다.[33]

2. 상호출자의 금지

가. 금지요건

자산총액이 국내총생산액의 1천분의 5에 해당하는 금액 이상으로서 상호출자

30) 「증권거래법」은 2007.8.3. 폐지되었고, 「자본시장과 금융투자업에 관한 법률」로 대체되었다.

31) 1984.4.10. 개정, 법률 제3724호.

32) 1986.12.31. 개정, 법률 제3875호.

33) 상호주보유가 갖는 상법, 경제법상의 제문제에 대해서는 Ulrich Waster/Franz Wagner, Wechselseitige Beteiligungen im Aktienrecht: eine aktuelle und kritische Bestandsaufnahme, AG, 1997, S. 241 ff.

제한기업집단으로 지정된 기업집단에 속하는 회사(다만 부칙 제4조에 따라, 위 기준은 국내총생산이 2천조 원을 초과하는 것으로 한국은행이 발표한 해의 다음 연도부터 적용하고, 그 전까지는 구법에 따라 자산총액 10조 원을 기준으로 지정함)는 자기의 주식을 취득 또는 소유하고 있는 계열회사의 주식을 취득 또는 소유해서는 안 된다(법 제21조 제1항, 제31조 제1항). 상호주보유는 그 규모를 묻지 않고 금지된다. 일반집중의 관점에서 공정거래법이 계열회사 간 상호출자를 단 1주라도 금지하는 것이 비례원칙에 비추어 타당한지는 의문이다. 회사법의 경우에는 자본유지의 원칙이 매우 중요하고, 이를 넘는 상호주라도 6개월 이내에 이를 처분하여야 하거나 의결권 행사를 제한하는 데에 불과하기 때문에(상법 제342조의2 제2항, 제369조 제3항) 단 1주라도 상호주를 금지하는 것을 과도하다고 보지 않을 여지가 있다.

반면, 공정거래법이 경제력집중을 억제하기 위한 취지에서 상호출자를 금지하는 것이라면 일견 전면금지보다는 일반집중의 유지 내지 강화를 가져올 정도의 상호출자에 한하여 이를 금지하는 것이 타당하다. 계열회사의 사업전망이 불투명하거나 재무상황이 지극히 열악하다는 등의 이유로 정상적인 방법으로는 적정한 가격에 신주발행 및 인수를 기대하기 어려운 경우에 다른 계열회사가 일부라도 이를 인수할 수 있다면 일시적인 유동성 위기에 놓인 계열회사의 퇴출을 막을 수 있는 긍정적 효과를 가질 수도 있기 때문이다. 회사법의 경우와 달리 공정거래법 위반 시에는 과징금과 형사고발과 같은 강력한 공적 제재가 예정되어 있다는 점에서도 적정 범위를 벗어나는 상호출자만을 금지하는 것이 바람직할 것이다. 후술하는 예외사유를 적절히 확대하는 등의 입법적 보완이 필요해 보인다.

상호출자의 주체인 계열회사는 모두 주식회사이어야 하며, 직접적인 상호출자만 금지된다는 점은 상법상 상호주 보유와 마찬가지이다. 법 제21조에 위반하는 상호출자가 발생하는 시점에 대해서는 법령에 아무런 규정이 없다. 이 문제는 통상적인 처분시효뿐만 아니라 단서에 따라 예외적으로 허용되는 상호출자의 해소기한과 관련하여 중요한 의미를 가진다. 상법상 상호주의 해당 여부를 판단하는 시점은 실질적인 출자 없는 의결권 행사를 통하여 주주총회결의와 회사의 지배구조가 왜곡되는 것을 방지하려는 취지에 비추어 실제로 의결권이 행사되는 주주총회일을 기준으로 하나,[34] 공정거래법상 경제력집중 억제의 목적에 비추어 이러한 법리를 그

---

34) 대법원 2009.1.30. 선고 2006다31269 판결. 동 판결에 대한 평석으로는 유영일, “상호주(상법 제369

대로 원용할 수는 없다. 생각건대, 예외적으로 다른 계열회사의 주식을 취득 또는 소유한 날부터 6개월 이내에 처분하여야 한다는 점에서, 취득·소유가 완료된 날을 기준으로 상호출자가 성립하는 시점을 판단하여야 할 것이다. 이때, 주식취득에 의한 기업결합일(법 제9조 제5항 본문, 영 제17조 제1호)을 준용하여 주권을 교부받은 날(주권이 발행되지 않은 경우에는 주식대금을 지급한 날), 신주를 인수하는 경우에는 주식대금의 납입기일의 다음 날에 상호출자가 성립할 것이다.

나. 상호출자금지의 예외

상법상 다른 회사의 발행주식의 총수의 100분의 50을 초과하는 주식을 가진 회사('모회사')의 주식은 그 다른 회사('자회사')가 이를 취득할 수 없다. 다만, 아래 두 가지의 경우에는 상호주를 보유하는 것이 예외적으로 허용된다(상법 제342조의2 제1항 각호).

① 주식의 포괄적 교환, 주식의 포괄적 이전, 회사의 합병 또는 다른 회사의 영업전부의 양수로 인한 때

② 회사의 권리를 실행함에 있어 그 목적을 달성하기 위하여 필요한 때

공정거래법상 상호출자의 금지에도 일정한 경우에 예외가 인정되어 있다(법 제21조 제1항 각호). 즉, ① 회사의 합병 또는 영업전부의 양수, 그리고 ② 담보권의 실행이나 대물변제의 수령을 위한 상호주의 취득 또는 소유는 상호출자에 의한 경제력집중의 효과가 미미하고, 합병 등의 절차상 번거로움을 덜거나 채권의 만족을 위해서 불가피한 것으로 보아 허용된다. 다만 예외적으로 허용된 상호주라도 당해 주식을 취득 또는 소유한 날로부터 6개월 이내에 이를 처분하여야 하며, 자기의 주식을 취득 또는 소유하고 있는 국내 계열회사가 그 주식을 처분한 때에는 상호출자가 성립할 수 없으므로 6개월 이내에 처분할 필요가 없다(동조 제2항).

상법과 공정거래법상 예외사유가 대체로 유사한 점에 대해서는 의문이 제기될 수 있다. 공정거래법상 상호출자를 금지하는 고유한 목적, 즉 경제력집중의 억제라는 관점에서 예외사유를 고민할 필요가 있으며, 경제력집중의 우려가 미미하거나 객관적으로 정당한 이유로 볼만한 사유를 추가하는 방안을 검토할 필요가 있다.

그 밖에 합병에 의하여 상호출자가 발생한 경우는 다시 두 가지로 나누어 살펴볼 필요가 있다. 하나는 계열회사 간의 합병으로 상호주를 보유하게 되는 경우이

조 제3항)의 판단시점과 판단기준", 상사판례연구 제24집 제1권, 2011, 197면 이하.

고, 다른 하나는 계열회사가 비계열회사와 합병하면서 당해 비계열회사가 보유하고 있던 다른 계열회사의 주식을 인수하게 되는 경우이다. 그런데 전자의 경우에 우리나라에서 이루어지는 합병 중 상당수가 계열회사 간의 합병이라는 점을 고려할 때 주의를 요한다. 계열회사 간의 합병은 그 과정에서 상호주 보유를 수반하게 되는바 그 전후로 일반집중에는 아무런 변화가 없을 것이기 때문이다. 이 경우에도 6개월 이내 처분의무를 부과하는 것이 타당한지는 의문이다.

다. 중소기업창업투자회사의 경우

2002년 제10차 개정된 공정거래법[35]은 상호출자제한기업집단에 속하는 회사로서 「중소기업창업 지원법」(이하 "중소기업창업법")에 의하여 설립된 중소기업창업투자회사는 국내 계열회사의 주식을 취득 또는 소유하지 못하도록 금지하는 조항을 도입하였다. 2020년에는 「벤처투자 촉진에 관한 법률」(이하 "벤처투자법")[36]이 제정됨에 따라 공정거래법상 위 규정 중 중소기업창업법이라는 문언은 벤처투자법으로 대체되었다(법 제21조 제3항). 소기업의 창업을 진흥하기 위하여 설립된 회사, 대표적으로 벤처캐피탈이 그 투자자금을 자기가 속한 기업집단의 계열회사에 투자하는 것을 막기 위한 것이다.

그런데 중소기업창업법상 중소기업창업투자회사는 「중소기업기본법」상 중소기업의 창업자에게 투자하는 것을 주된 업무로 하는 회사(동법 제2조 제2호, 제3호, 제4호)로 등록되어야 하고(중소기업창업법 제10조), 중소기업에만 출자할 수 있었다. 「중소기업기본법」 제2조 제1항에서는 공시대상기업집단에 속하는 회사 또는 공시대상기업집단의 소속회사로 편입·통지된 것으로 보는 회사는 중소기업자에서 제외되었다. 그렇다면 공정거래법상 상호출자제한기업집단의 계열회사는 상시근로자 수나 자본금과 상관없이 중소기업에서 제외된다는 점에서 공정거래법이 새로운 규제를 도입한 것은 아니었다. 뿐만 아니라 중소기업창업법은 공정거래법 제21조 제3항보다 포괄적으로 기업집단 계열회사에 대한 출자를 금지하고 있었다(중소기업창업법 제15조 제1항).

벤처투자법이 제정된 이후에도 이러한 사정은 마찬가지이다. 동법상 중소기업창업투자회사는 벤처투자를 주된 업무로 하는 회사로서 제37조에 따라 등록한 회

---

35) 2002.1.26. 개정, 법률 제6651호.
36) 2020.2.11. 제정, 법률 제16998호.

사를 말하고(동법 제2조 제10호), 제39조 제1항에서 동 회사의 행위를 제한하는 규정을 두고 있다. 이처럼 벤처투자법은 공정거래법 제21조 제3항보다 훨씬 포괄적인 내용을 금지하고 있으며, 후자는 다른 계열회사가 이미 중소기업창업투자회사의 주식을 취득 또는 소유하고 있을 것을 요건으로 하지도 않기 때문에 엄밀한 의미에서 상호출자를 금지하는 것도 아니라는 점에 비추어볼 때 입법론상 삭제하는 것이 타당할 것이다.

라. 법률효과

상호출자의 금지를 위반하는 행위에 대한 법률효과로서 특이한 점을 들자면, 우선 시정조치는 주식의 일부처분이 허용되지 않고 언제나 전부처분만 가능하다는 점에 유의하여야 한다. 상호출자는 단 1주의 보유로도 성립되기 때문이다. 그리고 시정조치로서 주식처분명령을 받은 때에는 법위반상태가 주식의 처분에 의하여 해소될 때까지 당해 주식전부에 대하여 의결권 행사가 제한된다. 이때 의결권 행사가 금지되는 주식은 출자총액제한의 경우와는 달리 따로 특정할 필요가 없으며, 계열회사가 자기의 주식을 취득 또는 소유하고 있는 다른 계열회사에 대하여 취득한 주식, 즉 상호주 전부이다.

Ⅳ. 순환출자의 금지

1. 도입배경 및 연혁

가. 기업집단의 지배구조와 출자

기업집단을 형성하는, 다시 말해서 동일인이 회사를 지배하는 주된 수단은 계열회사의 주식 보유, 즉 출자이다. 다른 회사의 주식을 취득하는 출자 또한 사적자치의 발현이며, 시장경제 하에서 원칙적으로 사인의 자율에 맡겨져 있는 것과 마찬가지로 어떤 방식으로 기업집단을 형성할 것인지 여부 또한 동일인 내지 지배주주가 자유롭게 판단할 수 있다. 공정거래법을 비롯하여 기업집단을 형성하는 것 자체를 금지하는 법률은 없으며, 다만 출자구조나 출자방식에 따라서는 주주나 채권자의 이익을 해할 우려가 있거나 경제력집중을 심화시키는 등의 폐해를 가져올 수 있기 때문에 상법과 공정거래법이 일정한 규제수단을 두고 있는 것이다.

그런데 일반집중의 관점에서 상호출자의 금지는 계열회사 간의 직접적인 출자만 대상으로 삼고 있기 때문에 종래에 환상형(環狀型) 상호출자 내지 순환출자는 적절히 규제할 수 없었다. 그런데 환상형 상호출자나 순환출자, 즉 '3개 이상의 회사가 상호간에 출자함으로써 출자회사가 피출자회사를 통하여 궁극적으로 자산에게 출자하고 있는 상태'[37]나 그러한 출자행위는 거래처의 안정적 확보나 적대적 M&A로부터 경영권 보호 등 긍정적인 기능을 가질 수도 있는 반면,[38] 자본충실의 원칙을 훼손함은 물론이고 그 실질에 있어서는 상호출자에 해당하는 것으로서 일반집중의 폐해를 보다 심각하게 가져올 수 있다는 지적이 적지 않았다.[39] 더구나 우리나라에서는 총수가 복잡한 순환출자를 통하여 매우 적은 지분으로 그룹 전체를 지배하는 이른바 의결권괴리의 문제가 심각하였고, 복잡한 지배구조를 통하여 과다하게 계열회사를 지배하는 문제가 지적되어 왔다. 이에 1986년 제1차 공정거래법 개정[40]을 통해 상호출자의 금지와 더불어 도입된 것이 바로 출자총액의 제한이었다.

그런데 계열회사 간 출자는 그 원인 내지 동기와 효과 면에서 매우 복잡한 문제이다. 출자에 기초한 기업집단의 지배구조란 단지 주주나 채권자 등 이해관계자와의 관계에서만 결정되는 것이 아니라 각국마다 상이한 경제발전과정, 산업적 특성, 금융·조세제도, 정부와 기업의 관계, 승계제도, 정치권의 영향, 자본시장의 성숙도, 국민의 정치·문화적 성향 등 여러 가지 요인에 의하여 영향을 받기 때문이다. 이러한 맥락에서 기업집단의 출자구조와 방식은 1997년 말에 촉발된 외환위기를 전후하여 중대한 변화를 겪게 된다.[41]

즉, 외환위기 이전에 우리나라의 기업집단은 재무구조와 수익성을 경시하고 자본시장의 미성숙으로 인하여 필요자본을 주로 외부차입에 의존해왔다. 그 결과 지배주주의 지분율이 높고 부채비율도 높으며, 수익성보다 성장성을 중시하는 방식으로 그룹을 확장하는 과정에서 비관련다각화가 널리 행해지면서 출자구조가 복

37) 천경훈, "순환출자의 법적 문제", 상사법연구 제32권 제1호, 2013, 97면.

38) 홍명수, "대규모기업집단 규제에 대한 평가 및 정책방향의 검토", 경제법연구 제5권 제1호, 2006, 103면; 김화진·송옥렬, 기업인수합병, 박영사, 2007, 312면.

39) 박상인, "출자총액제한제도의 대안연구: (환상형) 순환출자금지를 중심으로", 경쟁법연구 제14권, 2006, 28면 이하.

40) 1986.12.31. 개정, 법률 제3875호.

41) 김현종, 한국 기업집단 소유지배구조에 대한 역사적 영향요인 고찰 및 시사점 연구, 한국경제연구원, 2012, 86면 이하.

잡해지는 요인이 되기도 하였다. 굳이 표현하자면 그때까지 기업집단의 폐해로는 문어발식 확장과 높은 부채비율이었다고 할 수 있다. 그런데 1997년 말 촉발된 외환위기는 과도한 다각화와 높은 부채비율을 가진 기업집단을 제일 먼저 퇴출시키는 계기가 되었다. 그와 함께 재무구조와 수익성을 중시하는 인식이 확산되었으며, 자본시장의 개방에 따라 차입경영 대신 계열회사 간 출자가 늘어나게 되었다. 그와 함께 재벌 1세대인 창업주로부터 2세로의 그룹승계가 이루어지면서 공정거래법의 관심도 소유-지배의 괴리 및 편법승계 내지 이를 위한 부당지원행위로 변화하게 되었다. 1996년 제5차 법개정[42]으로 부당지원행위에 대한 금지가 도입된 계기도 여기서 찾을 수 있다.

나. 구(舊) 출자총액제한제도의 연혁

1986년 제1차 공정거래법 개정[43]으로 대기업집단에 의한 경제력집중 억제시책이 전격 도입되면서 일반집중을 직접 규제하는 수단으로 출자총액제한이 마련되었다. 종래 자금조달능력이 강하고 광범위한 거래관계를 가지고 있는 대기업집단에 속하는 종합상사 등이 기업집단의 형성과 확대를 주도하고 다른 회사에 대한 지배력을 강화하는 데에 대하여, 다른 회사에 대한 출자의 총액을 제한함으로써 경제력집중을 완화하고 효율적인 투자를 유도하기 위한 수단이 바로 출자총액제한이었던 것이다. 당초 출자총액제한은 해당 기업집단에 속하는 회사별 출자한도를 당해 회사의 순자산액의 40%로 제한하였고(구법 제7조의4 제1항), 1994년 제4차 개정법[44]은 출자한도를 25%로 인하하는 방식으로 규제를 강화한 바 있다(구법 제10조 제1항). 이때 출자제한을 받는 다른 국내회사에는 계열회사 이외에 널리 다른 모든 회사가 포함되었으며, 다른 국내회사가 대기업집단에 속하는 당해 회사의 주식을 이미 보유하고 있을 필요도 없었다.

그러다가 1997년 말 우리나라가 사상 초유의 외환위기를 겪으면서 외국인의 국내기업에 대한 M&A 활성화와 국내기업의 구조조정이라는 정책요구에 따라 1998년 제6차 개정[45]에서는 급기야 출자총액제한을 폐지하였다. 그 후 계열회사에 대한 출자의 급증과 부실 계열회사에 대한 지원 등의 문제점이 또다시 부각되었고,[46]

---

42) 1996.12.30. 개정, 법률 제5235호.
43) 1986.12.31. 개정, 법률 제3875호.
44) 1994.12.22. 개정, 법률 제4790호.
45) 1998.2.24. 개정, 법률 제5528호,

1999년 제8차 법개정[47]으로 출자비율을 25%로 제한하는 내용의 출자총액제한을 부활하게 되었다. 출자총액제한이 일반집중의 억제에 일정한 역할을 수행하였다는 점에는 대체로 이견이 없으나, 동 규제가 대기업집단에 속하는 개별 회사단위로 적용되기 때문에 기업집단 차원에서 출자단계를 늘리거나 순환출자를 통하여 출자총액을 유지·확대할 수 있다는 점에서 그 실효성에 적지 않은 한계를 안고 있었다.[48] 아울러 출자총액제한이 기업의 합리적인 투자까지 일률적으로 저해한다는 재계의 비판도 동 규제의 정착을 어렵게 하였다.

다. 순환출자의 동기 및 폐해

순환출자는 주로 외환위기 이후에 두드러지게 형성되었고, 그 동기는 기업집단에 따라 다양하다. 친족 간 계열분리 과정에서 순환출자가 발생하기도 하고, 신규 기업을 인수하는 과정에서 순환출자가 형성 또는 강화되기도 하며,[49] 경영권 승계를 위해 그룹 지배의 핵심고리를 만드는 과정에서 순환출자가 형성되기도 한다.[50] 그런데 순환출자가 이루어지는 비교적 공통의 동기가 총수 일가의 그룹지배권을 확보하려는 데에 있음을 부인하기 어렵다.

회사법의 관점에서 순환출자는 직접적 상호주 보유나 자기주식 취득의 연장선에서 자본의 환급과 그에 따른 자본충실원칙의 저해, 가공자본의 형성을 통한 출자 없는 지배와 그에 따른 지배구조의 왜곡 등의 폐해를 안고 있다.[51] 반면, 공정거래법의 관점에서 문제되는 것은 순환출자가 경제력집중, 그 중에서도 일반집중을 심화시키는 부분이다. 특정 기업집단이 국민경제에서 차지하는 비중이 높다는 의미에서 일반집중은 무엇보다 기업집단의 자산총액이라는 규모를 기준으로 평가하게

46) 공정거래위원회 보도자료에 따르면, 출자총액제한이 폐지될 즈음인 1998년 4월 30대 기업집단의 출자비율은 29.8%에서 불과 3년 후인 2001년 4월에는 35.6%로 급증하였고, 같은 기간 이들의 출자총액 또한 17.7조 원에서 50.8조 원으로 증가하였다.

47) 1999.12.28. 개정, 법률 제6043호.

48) 박상인, "출자총액제한제도의 대안 연구", 경쟁법연구 제14권, 2006, 23면.

49) 과거 출자총액제한제도 하에서 한 기업이 단독으로 주식 전부를 인수하기 곤란한 경우에 여러 계열회사들이 나누어 주식을 인수하는 방식으로 순환출자가 형성되기도 하였다.

50) 천경훈, "순환출자의 법적 문제", 상사법연구, 2013, 107면 이하.

51) 손창완, "환상형 순환출자에 관한 「회사법」적 검토 — 의결권 제한 가능성을 중심으로", 상사판례연구 제26집 제1권, 2013, 33면. 그 밖에 주식회사제도의 건전성을 유지하는 차원에서 순환출자에 대한 규율이 필요하다는 지적 또한 회사법의 관점과 일맥상통한다. 임영재·전성인, "환상형 순환출자 규율의 도입방안 — 사전적·행정적 규율 v. 사후적·사적 규율 —", KDI정책포럼 제170호, 2009, 2면.

되는바, 순환출자를 통하여 실질적인 자본의 유입 없이 해당 계열회사들의 자산규모를 키울 수 있기 때문이다.

순환출자의 문제를 어떻게 이해하느냐에 따라 규제수단에도 차이가 발생하게 된다. 즉, 순환출자의 폐해를 주로 지배구조의 왜곡에서 찾는 경우에는 순환출자를 형성하는 주식에 대하여 의결권 행사를 제한하는 방식으로도 규제의 목적을 달성할 수 있을 것이다. 반면, 순환출자로 인한 일반집중의 심화가 문제라면 의결권 행사 여부와 무관하게 종국적으로 순환출자를 해소하는 것, 다시 말해서 순환출자의 연결고리가 되는 지분을 처분하는 방법 외에 대안이 없을 것이다.

생각건대, 순환출자가 경제력집중의 유일한 수단도 아니고, 이를 금지한다고 하여 일반집중이 완화될 것이라고 단정하기도 어렵다. 순환출자가 원천적으로 불가능한 지주회사 체제 하에서도 일반집중의 문제는 여전하다는 점이 이를 반증하고 있다. 다만, 순환출자를 금지함으로써 간접적 상호주 보유를 억제하여 가공자본을 통한 그룹규모의 확대를 일정 부분 막아주고, 이를 통하여 소유－지배의 괴리를 완화할 경우에는 지배구조의 왜곡과 편법승계의 소지를 억제하는 효과를 기대할 수 있을 것이다.

라. 순환출자의 도입경과

2008년 새로 출범한 정부가 'Business Friendly', 즉 기업친화적인 경제정책을 전면에 내세우면서 이듬해인 2009년 제16차 공정거래법개정[52]을 통하여 출자총액제한을 폐지하면서 동 제도는 또 다시 역사의 뒤안길로 사라지게 되었다. 그러다가 2012년 대선과정에서 '경제민주화'가 주요 관심사로 부각되면서 거의 모든 후보들이 재벌규제의 강화를 공약하였고, 여야 후보를 막론하고 모두 순환출자의 금지를 주장하였다.[53] 후보별로 기존 순환출자까지 해소할 것인지, 아니면 장래에 대해서만 추가적인 순환출자를 금지할 것인지 등 방법론상 약간의 차이가 있을 뿐이었다. 그리고 2014년 제21차 법개정[54]을 통하여 신규 순환출자의 금지를 내용으로 하는 구법 제9조의2가 도입되기에 이르렀던 것이다.

한편, 2020년에 이루어진 전부개정법[55]은 상호출자제한기업집단에 속하는 국

52) 2009.3.25. 개정, 법률 제9554호.

53) 2012년 4월 기준으로 상호출자제한기업집단 63개 중에서 순환출자구조를 갖고 있던 15개 기업집단 모두 총수 있는 기업집단, 즉 재벌이었다.

54) 2014.1.24. 개정, 법률 제12334호.

내 회사로서 순환출자를 형성하는 계열출자를 한 회사는 상호출자제한기업집단 지정일 당시 취득 또는 소유하고 있는 순환출자회사집단 내의 계열출자대상회사 주식에 대하여 의결권을 행사할 수 없도록 하는 조항을 추가하였다(법 제23조 제1항). 다만, 순환출자회사집단에 속한 다른 국내 회사 중 하나가 취득 또는 소유하고 있는 계열출자대상회사의 주식을 처분함으로써 기존에 형성된 순환출자를 해소한 경우에는 위 제한을 적용하지 아니하도록 하였다(동조 제2항). 이는 신규순환출자가 금지되는 상황에서 이 규제를 받기 전 순환출자를 형성한 것에 따른 문제를 개선하기 위한 것이었다. 위 규정은 법 시행 이후 최초로 상호출자제한기업집단으로 지정되는 경우부터 적용된다.

2. 금지요건

가. 규제대상

순환출자의 금지가 적용되는 자는 상호출자제한기업집단에 속하는 회사이다(법 제22조 제1항). 지주회사의 경우에는 자회사 또는 손자회사 등 수직적인 형태의 지분소유만 허용되기 때문에 동 체제에 편입된 자회사를 거친 순환출자 또한 원천적으로 금지되어 있다(법 제18조 제2항 내지 제5항).

나. 금지행위

상호출자제한기업집단에 속하는 회사는 순환출자를 형성하는 계열출자를 해서는 안 된다. '계열출자'란 기업집단 소속 회사가 계열회사의 주식을 취득 또는 소유하는 행위이고(법 제2조 제13호), 이와 같은 계열출자를 통하여 다른 계열회사의 주식을 취득 또는 소유하는 계열회사를 '계열출자회사'라 한다(동조 제14호). 그리고 계열출자를 통하여 계열출자회사가 취득 또는 소유하는 계열회사 주식을 발행한 계열회사란 '계열출자대상회사'라 한다(동조 제15호). '순환출자'란 3개 이상의 계열출자로 연결된 계열회사 모두가 계열출자회사 및 계열출자대상회사가 되는 계열출자 관계를 말한다(동조 제16호).

순환출자를 아래 그림과 같이 도식화하자면, A사가 B사에, B사가 C사에 C사가 A사에 출자하는 상태이고, 공정거래법은 순환출자가 이루어지는 행위를 금지하기 때문에 최종적으로 순환출자의 고리가 연결되는 출자행위가 금지대상이 된다. 이

55) 2020.12.29. 전부개정, 법률 제17799호.

를테면 A사가 B사에, B사가 C사에 출자한 상태에서 C사가 A사의 주식을 취득하는 행위가 여기에 해당한다.

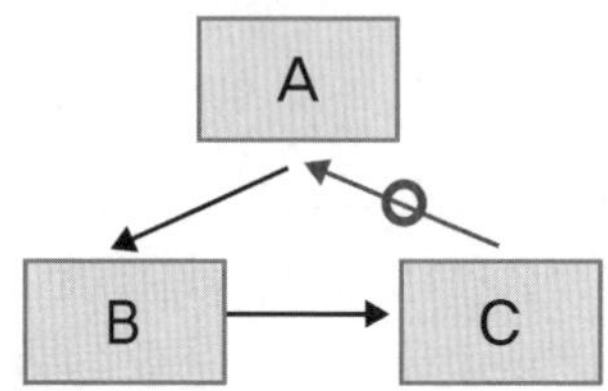

이러한 맥락에서 공정거래법상 상호출자제한기업집단에 속하는 국내 회사는 순환출자를 '형성하는' 계열출자(국내 계열회사에 대한 계열출자로 한정), 즉 순환출자를 가져오는 다른 계열회사의 주식을 취득 또는 소유하는 행위를 하여서는 아니 된다. 또한 상호출자제한기업집단 소속 회사 중 순환출자 관계에 있는 국내 계열회사의 계열출자대상회사에 대한 추가적인 계열출자[계열출자회사가 상법 제418조 제1항에 따른 신주배정 또는 제462조의2 제1항에 따른 주식배당(이하 "신주배정 등")에 따라 취득 또는 소유한 주식 중에서 신주배정 등이 있기 전 자신의 지분율 범위의 주식, 순환출자회사집단에 속하는 계열회사 간 합병에 의한 계열출자는 제외]도 해서는 안 된다(법 제22조 제1항).

새로이 순환출자를 형성하는 계열출자만이 금지된다는 점에서 신규 순환출자만 금지된다는 점은 전술한 바와 같다. 금지되는 신규의 계열출자에는 아무런 한도가 없으므로, 단 1주의 주식취득이라도 순환출자에 해당하며, 최종적으로 순환고리를 연결하는 출자를 행한 계열회사가 바로 법위반사업자에 해당하여 시정조치의 대상이 된다(법 제37조 제1항).

3. 예외 및 처분의무

가. 계열출자로부터의 제외

법 제22조 제1항에 따라 금지되는 것은 순환출자를 형성하는 '계열출자'이다. 다음과 같은 사유로 행해지는 출자는 계열출자에서 제외된다.

① 회사의 합병·분할, 주식의 포괄적 교환·이전 또는 영업전부의 양수

② 담보권의 실행 또는 대물변제의 수령

③ 계열출자회사가 신주배정 등에 따라 취득 또는 소유한 주식 중에서 다른 주

주의 실권 등에 따라 신주배정 등이 있기 전 자신의 지분율 범위를 초과하여 취득 또는 소유한 계열출자대상회사의 주식이 있는 경우

④ 「기업구조조정 촉진법」 제8조 제1항에 따라 부실징후기업의 관리절차를 개시한 회사에 대하여 같은 법 제24조 제2항에 따라 금융채권자협의회가 의결하여 동일인(친족을 포함)의 재산출연 또는 부실징후기업의 주주인 계열출자회사의 유상증자 참여(채권의 출자전환을 포함)를 결정한 경우

⑤ 「기업구조조정 촉진법」 제2조 제2호의 금융채권자가 같은 조 제7호에 따른 부실징후기업과 기업개선계획의 이행을 위한 약정을 체결하고 금융채권자협의회의 의결로 동일인(친족을 포함)의 재산출연 또는 부실징후기업의 주주인 계열출자회사의 유상증자 참여(채권의 출자전환을 포함)를 결정한 경우

나. 처분의무

예외적으로 허용되는 계열출자를 한 회사는 일정한 기간 내에 취득 또는 소유한 해당주식(위 ③부터 ⑤의 경우에는 신주배정 등의 결정, 재산출연 또는 유상증자 결정이 있기 전 지분율 초과분을 말함)을 처분하여야 한다. 다만, 순환출자회사집단에 속한 다른 회사 중 하나가 취득 또는 소유하고 있는 계열출자대상회사의 주식을 처분하여 계열출자로 형성 또는 강화된 순환출자가 해소된 경우에는 그러하지 아니하다(법 제22조 제3항).

그에 따라 ① 또는 ②의 계열출자를 한 회사는 해당 주식을 취득 또는 소유한 날부터 6개월 이내, ③의 계열출자를 한 회사는 그로부터 1년 이내, 그리고 ④ 또는 ⑤의 계열출자를 한 회사는 그로부터 3년 이내에 해당 주식을 처분하여야 한다.

4. 행정적 제재

순환출자의 금지를 위반한 경우에 공정거래위원회는 시정조치로서 동조를 위반하여 취득한 주식의 처분명령을 내릴 수 있다(법 제37조 제1항). 처분의 대상이 되는 주식에 대해서는 그 시정조치를 부과받은 날부터 법 위반상태가 해소될 때까지 해당 주식 전부에 대하여 의결권 행사가 제한된다(법 제39조 제1항). 공정거래법을 위반하여 취득한 주식에 대하여는 법위반상태의 해소를 위하여 해당 주식을 처분하도록 하는 것이 원칙이며, 의결권 행사의 제한이란 주식이 처분될 때까지의 한시적 조치이자 주식보유의 핵심적인 이점을 제거함으로써 처분을 압박하는 수단으로

서 의미를 가진다.

그런데 순환출자의 폐해인 지배구조의 왜곡 등을 해소하기 위해서 상법 제369조 제3항의 상호주 제한을 통하여 일부 순환출자에 대한 의결권 행사를 규율하는 외에 그 범위를 확장할 필요가 있고,[56] 그 밖에 일반집중의 관점에서 동일인 등 특수관계인을 통한 그룹 지배권의 유지 또는 확장을 억제하기 위해서라면 순환출자의 연결고리에 해당하는 주식 내지 계열출자에 대하여 의결권 행사를 금지하는 것으로 충분할 여지가 있다. 그렇다면 '원칙적인' 주식처분명령은 비례원칙에 반할 소지가 있다는 점에서 입법론상 재고할 필요가 있어 보인다.

한편, 공정거래위원회가 시정조치의 내용을 정하는 시점에서 상호출자의 금지와는 다른 어려운 문제가 발생한다. 고리형으로 연결된 순환출자에 해당하는 주식을 특정하는 문제로서 주식처분명령의 대상이 되는 주식이자 의결권 행사가 제한되는 주식을 특정하기가 쉽지 않기 때문이다. 이 문제는 2015년 삼성물산과 제일모직의 합병으로 신규순환출자가 발생하게 된 사안에서 첨예한 법리적 쟁점으로 부상한 바 있다.[57] 2018년 제정된 「합병관련 순환출자 금지 규정 해석지침」(이하 "지침")[58]은 이와 관련된 주요 쟁점들에 관하여 구체적인 기준을 제시하고 있다.

먼저, 법 제22조 제1항은 순환출자를 '형성하는' 계열출자를 금지하고, 이미 순환출자관계에 있는 국내 계열회사의 순환출자대상회사에 대한 추가적인 계열출자 또한, 신주배정이나 합병에 의한 계열출자를 제외하고, 마찬가지로 금지한다. 이처럼 공정거래법은 순환출자의 형성뿐만 아니라 기존 순환출자의 '강화'를 가져오는 계열출자도 폭넓게 금지하고 있다. 지침은 계열출자의 예를 아래와 같은 7가지로 나누어 설명하고 있다.

56) 손창완, 앞의 글, 34면 이하.

57) 공정거래위원회는 삼성물산과 제일모직의 합병으로, 삼성 SDI의 옛 삼성물산 주식은 기준 순환출자에 해당하여, 기존의 고리가 강화되었다고 2015년 12월 유권해석을 내렸다가, 2018년 2월 26일 신규 순환출자의 형성으로 판단을 변경하여, 삼성 SDI가 보유한 신 삼성물산의 주식을 추가로 모두 처분하도록 명령을 내렸다.

58) 공정거래위원회 예규 제394호, 2021.12.30. 개정.

【순환출자를 강화하는 계열출자 사례】

사례	
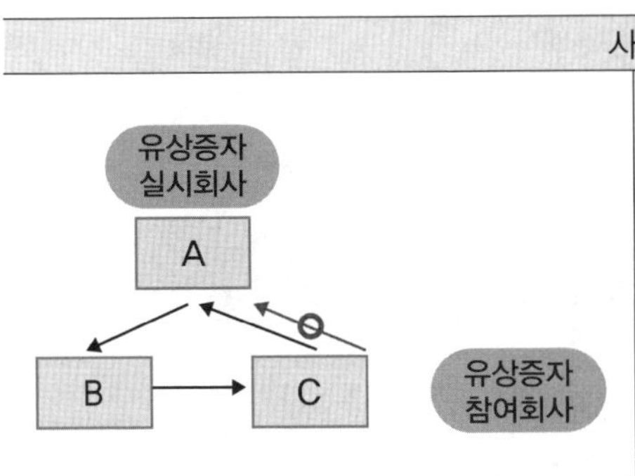	• A(계열출자대상회사)의 유상증자에 C(계열출자회사)가 참여하여 신주를 배정받음으로써 C가 보유한 A의 출자 주식 수가 증가하는 경우 ☞ 순환출자를 강화하는 계열출자에서는 기존 순환 출자 고리 내 계열회사의 구성에는 변동이 없고 C→A로의 출자 주식 수만 증가

둘째, 합병을 통해서 기존 순환출자 고리 내에 있는 계열회사 간의 합병에 의한 계열출자는 모두 적용제외에 해당한다. 법 제22조 제1항 본문 후단은 순환출자회사집단에 속하는 국내 계열회사 간 합병에 의한 계열출자인 경우를 금지에서 제외시키면서 이에 대하여 어떠한 예외도 두지 않고 있으므로, 기존 순환출자 고리 내에 있는 계열회사 간의 합병에 따른 계열출자는 추가적인 계열출자의 발생 여부, 고리의 변형 및 고리 수의 증감 여부, 합병 당사회사 간의 인접 여부를 불문하고 모두 적용제외에 해당한다(지침 Ⅴ. 1.).

【합병 당사회사가 인접한 경우】

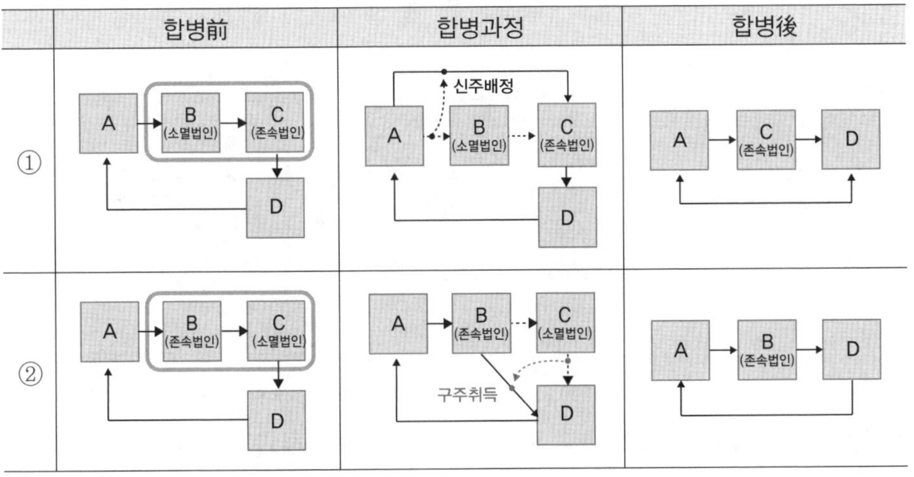

【합병 당사회사 사이에 1개 계열회사가 있는 경우】

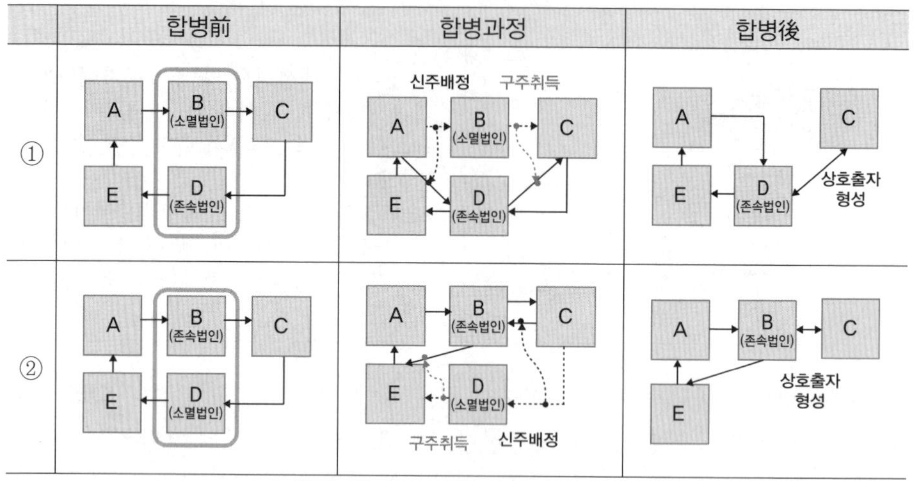

【합병 당사회사 사이에 2개 이상의 계열회사가 있는 경우】

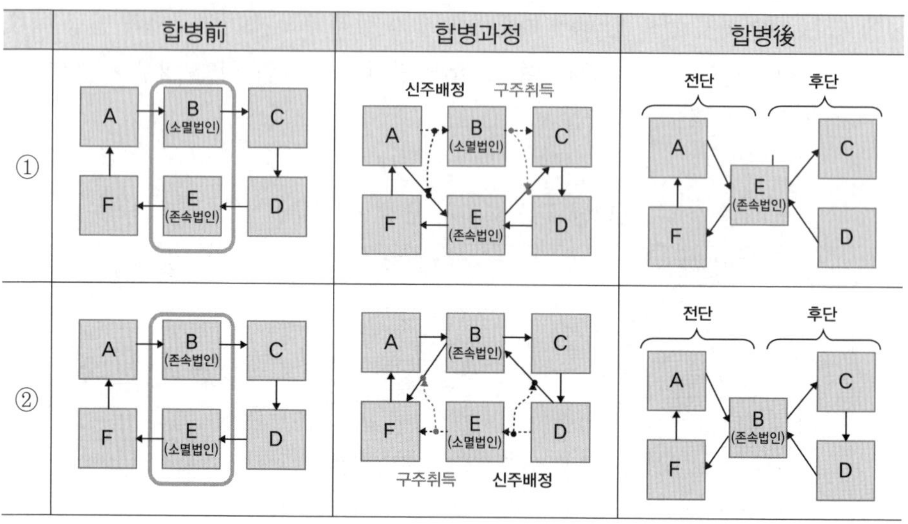

셋째, 기존 순환출자 고리 내에 소멸법인이 있는 경우에는 합병에 의해 존속법인(합병 후 법인)의 합병신주 배정과 구주 취득이 모두 발생하게 되며, 그 결과 고리 밖에 있던 존속법인이 고리 내로 편입되어 순환출자 구성회사가 달라지므로(소멸법인→존속법인), 이는 순환출자의 형성에 해당한다. 법 제22조 제1항 본문 후단은 순

환출자 강화를 '순환출자 관계에 있는(같은 고리 내에 있는) 계열회사의 계열출자대상회사에 대한 추가적인 계열출자'로 규정하고 있으므로, 해석상 계열출자대상회사는 추가적인 계열출자 당시(합병 당시) 이미 순환출자 고리 내에 있는 회사로 한정되는바, 기존에 순환출자 고리 내에 있지 않았던 존속법인은 소멸법인과의 합병을 통해 비로소 고리 내로 편입되는 것이므로 동 규정의 적용대상에 해당되지 않는다고 보아야 한다(지침 Ⅴ. 2.).

	합병前	합병과정	합병後
①	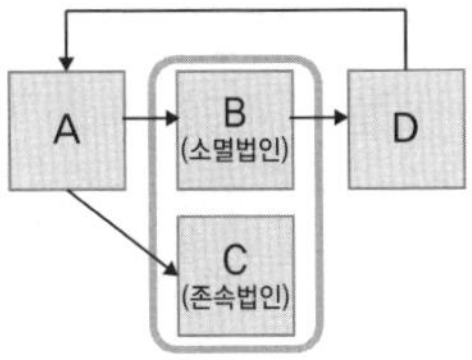 A, B (소멸법인), C (존속법인), D	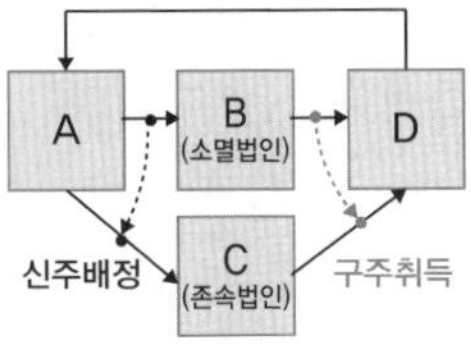 A, B (소멸법인), C (존속법인), D, 신주배정, 구주취득	
②	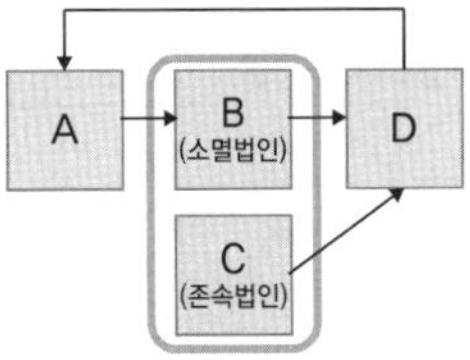 A, B (소멸법인), C (존속법인), D	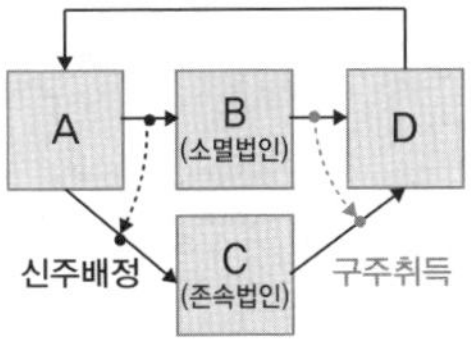 A, B (소멸법인), C (존속법인), D, 신주배정, 구주취득	

끝으로 서로 다른 복수의 순환출자 고리가 합병 후 동일해지는 경우에도 순환출자 형성, 강화, 적용제외 해당 여부는 각 순환출자 고리별로 판단한다. 법 제22조는 순환출자회사집단이 순환출자 고리별로 존재하는 것을 전제하고 있으므로 각 고리별로 순환출자금지 위반 여부를 판단하는 것이 원칙이며, 이에 따라 1개의 회사가 2개 이상의 고리에 속해있는 경우 각 고리별로 순환출자금지 위반 여부가 달리 판단되는 것을 모순이라고 볼 수 없다. 따라서 처분대상 주식은 다음과 같은 두 가지로 나누어 볼 수 있다.

① A가 포함된 큰 고리(A→B→C→D→E→A)는 합병 후 적용제외에 해당하고 A가 제외된 작은 고리(B→C→D→E→B)는 합병 후 순환출자 강화에 해당하며, 합병 후 이들 2개 고리가 외형상 동일해지는 경우, 각 고리별로 판단한다는 원칙에 따라 E는 작은 고리에서 발생한 순환출자 강화분(E→B 추가 출자)을 처분하여야 한다.

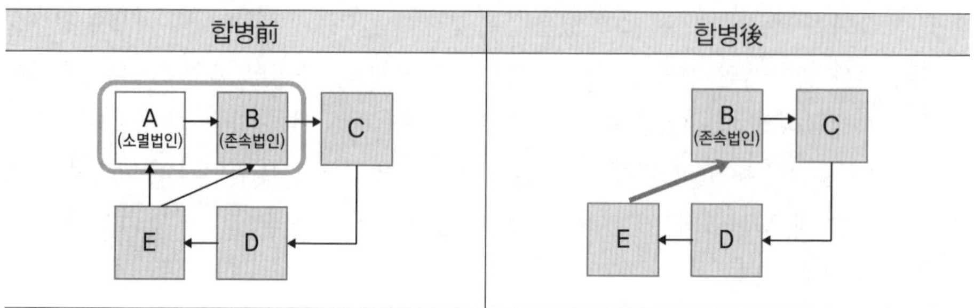

② A가 포함된 큰 고리(A→B→C→D→E→F→A)는 합병 후 적용제외에 해당(전단, 후단 모두 처분의무 없음)하고 A가 제외된 작은 고리(D→E→F→D)는 합병 후 순환출자 강화에 해당하며, 합병 후 큰 고리의 전단과 작은 고리가 외형상 동일해지는 경우, 각 고리별로 판단한다는 원칙에 따라 F는 작은 고리에서 발생한 순환출자 강화분(F→D 추가 출자)을 처분하여야 한다.

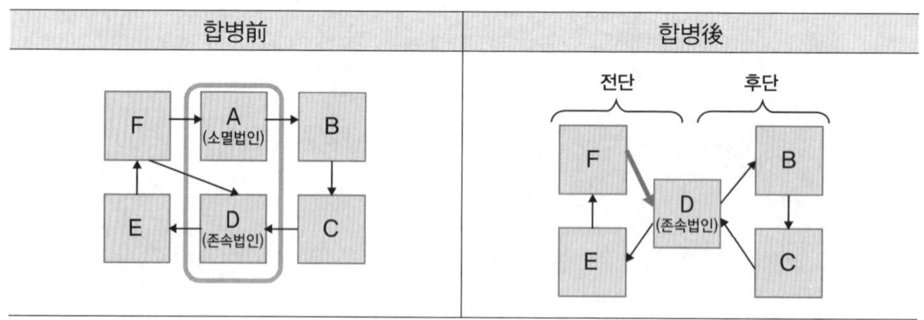

Ⅴ. 계열회사에 대한 채무보증의 금지

1. 의 의

과거 대기업집단에 속하는 계열회사 간에 이루어진 채무에 대한 직·간접적인 상호보증은 경제력집중의 형성 또는 강화를 위한 직접적인 수단으로 이용되기도 하였고, 금융자원의 효율적인 분배라는 측면에서도 대기업집단 계열회사에 대한 편중여신이 문제로 지적되기도 하였다. 나아가 계열회사에 대한 채무보증은 한계기업의 퇴출을 인위적으로 막음으로써 구조조정을 어렵게 하고, 부채비율을 과도하게 높이며, 여러 계열회사가 서로 채무보증에 얽힘으로써 유사시에 동반부실을 초래할 위험이 적지 않다. 공정거래법은 대기업집단으로 일반집중이 심화되는지를 판단하는 척도로 해당 기업집단의 규모, 그중에서도 자산총액을 상정하고 있고, 부채란 자본과 함께 자산을 구성하는 항목이므로 계열회사들의 부채 증가는 곧 해당 기업집단의 자산총액의 증가로 이어지게 된다.

이러한 배경 하에 계열회사 간 채무보증에 대한 규제는 1992년 공정거래법 제3차 개정[59] 시에 도입되었다. 당초에는 자기자본의 200%를 넘는 채무보증을 금지하였다가, 그 후 한도가 100%로 인하되었고, 이어서 기존의 채무보증에 대하여 일정한 해소시한을 두고 신규채무보증을 일체 금지한 이후 2000년 말 기준으로 기존의 채무보증이 모두 해소되면서 2002년 제10차 법개정[60] 시에는 단순히 채무보증의 금지로 변경되어 현재에 이르고 있다.

그런데 채무보증의 제한은 어떤 의미에서 실기(失機)한 정책일 수도 있다. 1970년대와 80년대에 이미 적지 않은 대기업집단은 재무구조의 건전성을 중시하지 않은 채 비관련다각화 과정에서 부채위주의 외형경쟁에 집중하였고, 1990년대에 들어와서도 국내은행으로부터의 채무를 상당부분 해외단기채무로 전환하였을 뿐 여전히 막대한 부채비율을 쌓아가고 있었기 때문이다. 1992년 채무보증을 제한하는 조치를 내렸음에도 불구하고 상황은 별반 달라지지 않았고 결국 1997년 말 찾아온 외환위기와 더불어 일부 과다한 부채를 보유한 대기업집단의 붕괴로 이어졌던 것이다.

외환위기를 계기로 대기업집단은 부채비율을 낮추기 시작하였고, 이것은 기업의 주요 자금조달수단이 종전의 은행채무에서 계열회사의 출자로 전환되었음을 의미한다. 아울러 자본시장의 개방과 함께 기업집단이 은행채무에 대한 의존을 줄이게 되면서 결과적으로 금융산업에 대하여 절대적인 영향력을 행사하던 정부로부터 그만큼 자유로워지게 되었고, 기업집단의 지배구조는 자본시장과 외국자본의 영향을 점차 많이 받게 되었다. 그 밖에 파생상품 등 금융기법의 발전으로 기업집단으로서는 은행채무나 증자 외에도 자금을 조달할 수 있는 다양한 통로가 열려 있다는 점은 최근 수년간 저금리기조에도 불구하고 부채비율의 감소를 가속시키고 있다.

59) 1992.12.8. 개정, 법률 제4513호.
60) 2002.1.26. 개정, 법률 제6651호.

2020년 5월 1일을 기준으로 연속 지정된 33개 대기업집단의 제한대상 채무보증금액은 약 7억 원에 불과하고, 2019년 기준 3개 기업집단(에스케이, 카카오, 에이치디씨)이 보유하던 채무보증 106억 원은 모두 해소되었다.[61] 향후에도 계열회사 간 채무보증을 통한 대출을 이용하여 무리하게 계열회사를 늘리거나 부실 계열사를 존속시키는 등의 폐해가 발생할 가능성은 크지 않아 보인다는 점에서 동 규제의 존치 여부를 다시 논의할 필요가 커진 상황이다.

2. 금지요건

가. 금지의 내용

채무보증의 금지는 상호출자제한기업집단에 속하는 회사에 적용되며, 업종상 채무보증을 할 수밖에 없는 금융업 또는 보험업을 영위하는 회사는 제외된다(법 제24조).

이때 금지대상인 '채무보증'이란 국내금융기관의 여신과 관련하여 국내 계열회사에 대하여 하는 보증을 말한다(법 제2조 제18호 가목 내지 사목). 여기에 해당하는 국내금융기관에는 「은행법」에 따른 은행, 「한국산업은행법」에 따른 한국산업은행, 「한국수출입은행법」에 따른 한국수출입은행, 「중소기업은행법」에 따른 중소기업은행, 「보험업법」에 따른 보험회사, 「자본시장과 금융투자업에 관한 법률」에 따른 투자매매업자·투자중개업자 및 종합금융회사, 그 밖에 시행령(영 제7조)에서 정하는 금융기관으로서 직전 사업연도 종료일 현재 대차대조표상의 자산총액(새로 설립된 회사로서 직전 사업연도의 대차대조표가 없는 경우에는 설립일 현재 납입자본금을 말함)이 3천억 원 이상인 「여신전문금융업법」에 따른 여신전문금융회사와 「상호저축은행법」에 따른 상호저축은행이 있다. 또한 '여신'(與信)이란 국내 금융기관이 행하는 대출 및 회사채무의 보증 또는 인수를 말한다(법 제2조 제19호).

나. 예 외

상호출자제한기업집단에 속하는 회사라도 다음의 하나에 해당하는 채무보증을 할 수 있다(법 제24조 제1호, 제2호).

(1) 「조세특례제한법」상 허용되는 채무보증

여기에 해당하는 보증으로는 다시 다음의 두 가지가 있다(영 제31조 제1항).

---

61) 공정거래위원회 2020.10.27.자 보도자료.

① 주식양도 또는 합병 등의 방법으로 인수되는 회사의 인수시점의 채무나 인수하기로 예정된 채무에 대하여 인수하는 회사 또는 그 계열회사가 하는 보증

② 인수되는 회사의 채무를 분할인수함에 따라 인수하는 채무에 대하여 인수하는 회사의 계열회사가 하는 보증

(2) 기업의 국제경쟁력강화를 위하여 필요한 경우 등의 채무보증

여기에 해당하는 보증으로는 다음의 여덟 가지가 있다(영 제31조 제2항).

① 「한국수출입은행법」 제18조 제1항 제1호 및 제2호에 따라 자본재나 그 밖의 상품의 생산이나 기술의 제공과정에서 필요한 자금을 지원하기 위해 한국수출입은행이 하는 대출 또는 이와 연계하여 다른 국내 금융기관이 하는 대출에 대한 보증

② 해외에서의 건설 및 산업설비공사의 수행, 수출선박의 건조, 용역수출 그 밖에 기업의 국제경쟁력 강화를 위해 공정거래위원회가 인정하는 물품수출사업과 관련하여 국내금융기관이 행하는 입찰보증·계약이행보증·선수금환급보증·유보금환급보증·하자보수보증 또는 납세보증에 대한 보증

③ 국내의 신기술 또는 도입된 기술의 기업화와 기술개발을 위한 시설 및 기자재의 구입 등 기술개발사업을 위하여 국내 금융기관으로부터 지원받은 자금에 대한 보증

④ 인수인도조건수출 어음 또는 지급인도조건수출 어음의 국내 금융기관 매입 및 내국신용장개설에 대한 보증

⑤ 「외국환거래법」의 규정에 의한 해외직접투자, 해외 건설 및 용역사업자가 하는 외국에서의 건설 및 용업사업, 그 밖에 유사한 사업으로서 기업의 국제경쟁력 강화를 위해 공정거래위원회가 인정하는 외국에서의 사업과 관련하여 국내금융기관의 해외지점이 행하는 여신에 대한 보증

⑥ 「채무자 회생 및 파산에 관한 법률」에 따른 회생절차개시를 법원에 신청한 회사의 제3자 인수와 직접 관련된 보증

⑦ 「사회기반시설에 대한 민간투자법」 제4조 제1호 내지 제4호까지의 규정에 따른 방식으로 민간투자사업을 영위하는 계열회사에 출자를 한 경우에 국내 금융기관이 해당 계열회사에 행하는 여신에 대한 보증

⑧ 「공기업의 경영구조 개선 및 민영화에 관한 법률」 제2조에 따른 회사가 구조개편을 위해 분할되는 경우에 그 회사가 계열회사가 아닌 회사에 한 보증을 분할로 신설되는 회사가 인수하는 것과 직접 관련하여 그 회사가 그 신설회사에 대하여 행하는 재보증

Ⅵ. 금융·보험회사의 의결권제한

1. 의결권 행사의 원칙적 금지

상호출자제한기업집단에 속하는 국내 금융·보험회사는 그가 취득 또는 소유하고 있는 국내계열회사의 주식에 대하여 의결권을 행사할 수 없다(법 제25조). 동조는 대기업집단이 계열회사인 금융·보험회사를 통하여 다른 계열회사를 지배함으로써 계열회사를 확장하고 궁극적으로 일반집중이 심화되는 것을 막기 위한 취지이다. 계열회사인 금융·보험회사는 다른 회사를 지배할 목적이 아니라 투자목적으로만 다른 국내계열회사의 주식을 취득할 수 있을 뿐이라는 의미이다.

동 규제의 배경에는 금융·보험회사의 특성이 자리하고 있다. 금융·보험회사는 고객의 투자금이나 보험료 등을 자산으로 삼아 이를 운용하여 수익을 창출하는바, 투자금이나 보험료는 궁극적으로 고객에게 이윤과 함께 돌려주어야 하는 자금으로서 이를 이용하여 총수 일가가 자신이 지배하는 계열회사의 유지·확장을 해서는 안 된다는 것이다. 다만, 금융·보험회사가 자산을 운용하는 대표적인 방식이 바로 다른 회사의 주식취득, 출자라는 점을 감안하여 국내계열회사의 주식취득 그 자체를 금지하지는 않는 대신 지배목적의 의결권 행사만을 금지하고 있는 것이다.

2. 의결권 행사가 허용되는 경우

상호출자제한기업집단의 국내 계열회사인 금융·보험회사가 금융 또는 보험업을 영위하기 위해서나 보험자산의 효율적인 운용·관리를 위하여 관계법령에 의한 승인 등을 얻어 주식을 취득 또는 소유하고 있는 등 지배목적과 무관한 경우에는 의결권 행사가 허용된다. 구체적으로 다음의 어느 하나가 예외사유에 해당한다(법 제25조 제1항 제1호 내지 제3호).

① 금융업 또는 보험업을 영위하기 위하여 주식을 취득 또는 소유하는 경우

② 보험자산의 효율적인 운용·관리를 위하여 「보험업법」 등에 의한 승인 등을 얻어 주식을 취득 또는 소유하는 경우

③ 해당 국내 계열회사(상장법인에 한함)의 주주총회에서 임원의 선임 또는 해임, 정관 변경, 그 계열회사의 다른 회사로의 합병이나 영업의 전부 또는 주요부분의 다른 회사로의 양도에 관한 사항을 결의하는 경우. 이 경우 그 계열회사의 주식 중 의결권을 행사할 수 있는 주식의 수는 그 계열회사에 대하여 특수관계인 중 대통령령이 정하는 자(영 제14조 제1항 제3호에 규정된 자로서, 경영을 지배하려는 공동의 목적을 가지고 법 제9조 제1항 각 호 외의 부분 본문에 따른 기업결합에 참여하는 자; 영 제32조)를 제외한 자가 행사할 수 있는 주식수를 합하여 그 계열회사 발행주식총수(상법 제344조의3 제1항 및 제369조 제2항, 제3항의 의결권 없는 주식의 수는 제외)의 100분의 15를 초과할 수 없다.

이러한 예외규정을 둔 이유는 적대적 M&A 방어 등의 필요성을 인정하였기 때문인데, 2020년 전부개정법[62]에서는 적대적 M&A와 무관한 계열사 간 합병 및 영업양도에 대한 금융보험사의 의결권 행사를 금지하였다. 이를 통해 금융·보험회사가 편법적인 지배력 확대에 악용될 수 있는 여지를 없앴다. 즉, 동법은 해당 국내 계열회사의 주식 중 15%를 초과하여 의결권을 행사할 수 있는 예외사유에서 계열회사 간 합병 및 영업의 전부 또는 주요 부분의 계열회사로의 양도를 제외하였다(법 제25조 제1항 제3호 다목 단서).

3. 위반 시 제재

금융·보험회사가 의결권 제한 규정을 위반한 경우에는 공정거래위원회가 시정조치를 명할 수 있다(법 제37조 제1항). 하지만 경제력 집중억제에 관한 규정을 위반한 경우 과징금이 부과될 수 있는 것(법 제38조 제1항 내지 제3항)과 달리, 과징금이 부과될 수 없다. 반면, 3년 이하의 징역 또는 2억 원 이하의 벌금에 처할 수 있다(법 제124조 제1항 제3호).

4. 공익법인의 의결권 제한

2020년 공정거래법 전부개정법에서는 금융·보험회사의 의결권 제한을 강화함

62) 2020.12.29. 전부개정, 법률 제17799호.

과 동시에 새로이 공익법인의 의결권을 제한하는 규정을 도입하였다. 여기서 공익법인이란 상호출자제한기업집단에 속하는 회사를 지배하는 동일인의 특수관계인에 해당하는 법인(「상속세 및 증여세법」 제16조에 따른 공익법인등을 말함)을 의미한다. 이러한 공익법인은 취득 또는 소유하고 있는 주식 중 그 동일인이 지배하는 국내 계열회사 주식에 대하여 의결권을 행사할 수 없다. 다만, 다음 각 호의 어느 하나에 해당하는 경우에는 그러하지 아니하다(법 제25조 제2항). 이는 공익법인이 총수 일가의 지배력을 확대하는 수단으로 이용되는 것을 방지하기 위한 취지이다.

① 공익법인이 해당 국내 계열회사 발행주식총수를 소유하고 있는 경우

② 해당 국내 계열회사(상장법인으로 한정)의 주주총회에서 다음 각 목의 어느 하나에 해당하는 사항을 결의하는 경우. 이 경우 그 계열회사의 주식 중 의결권을 행사할 수 있는 주식의 수는 그 계열회사에 대하여 특수관계인 중 대통령령으로 정하는 자(영 제14조 제1항 제3호에 규정된 자로서, 경영을 지배하려는 공동의 목적을 가지고 법 제9조 제1항 각 호 외의 부분 본문에 따른 기업결합에 참여하는 자; 영 제32조)를 제외한 자가 행사할 수 있는 주식수를 합하여 그 계열회사 발행주식총수의 100분의 15를 초과할 수 없다.

가. 임원의 선임 또는 해임

나. 정관 변경

다. 그 계열회사의 다른 회사로의 합병, 영업의 전부 또는 주요 부분의 다른 회사로의 양도. 다만, 그 다른 회사가 계열회사인 경우는 제외한다.

2020년의 전부개정법[63]은 공포일로부터 1년 후인 2021년 12월 30일부터 시행되는데, 법적 안정성을 고려하여 공포일로부터 2년이 경과한 후인 2022년 12월 30일부터 3년에 걸쳐 단계적으로 의결권 행사 한도가 축소되도록 규정되었다. 따라서 2023년 12월 31일까지는 상장계열회사의 경우 적대적인 M&A에 대응할 수 있도록 특수관계인과 합산하여 30%내에서 의결권을 행사할 수 있도록 하는데, 2024년 12월 31일까지 25%, 2025년 12월 31일까지 20%, 2026년 1월 1일부터 15%로 점차 축소하기로 하였다(부칙 제7조).

63) 2020.12.29. 전부개정, 법률 제17799호.

Ⅷ. 대규모내부거래의 이사회의결 및 공시

1. 의 의

가. 내부거래와 기업집단

내부거래, 다시 말해서 기업집단 소속 계열회사 사이의 거래는 기업집단에 내재된 본질적 현상이다. 심지어 과거 재벌의 문어발식 확장이 횡행하던 시기에도 서로 관련이 없는 계열회사 간에는 제한적인 범위에서나마 내부거래가 흔히 발생하였다. 이를테면 계열관계에 있는 건설회사와 음료회사가 건설현장에 필요한 음료 일체를 공급받거나 음료회사의 공장건설을 시공하는 것도 충분히 가능하기 때문이다. 부품과 완제품 형태의 수직계열화된 기업집단의 경우 계열회사 간 내부거래를 처음부터 염두에 둔 것임은 물론이다.

내부거래는 경제적으로 시장거래에 따른 탐색비용이나 계약체결비용 등 일련의 거래비용을 절감하는 등 효율성을 수반하는 것으로서 그 자체가 국민경제 차원에서 폐해를 가져오는 것은 아니다. 다만, 예외적으로 내부거래가 상당한 규모에 이르고 부실한 계열회사를 지원함으로써 시장에서의 퇴출을 인위적으로 억제하거나 지원받는 계열회사가 속한 시장에서 공정경쟁이 저해되거나 다른 비계열회사를 시장에서 배제할 우려가 있는 경우에 공정거래법의 규율을 받게 되는 것이다.

나. 이사회의결 및 공시의무의 경과

당초 1996년 제5차 법개정[64]으로 부당지원행위의 금지가 불공정거래행위의 하나로 도입되었다. 그런데 동 금지는 여타의 불공정거래행위와 마찬가지로 사후규제로서 공정거래위원회의 조사와 심의를 거쳐 일정한 요건 하에 제한적으로 적용되는 것으로서, 일상적으로 이루어지는 수많은 내부거래(內部去來)를 효과적으로 감시하기란 처음부터 불가능한 일이었다. 따라서 내부거래를 행하는 회사의 내부적 통제와 주식시장을 통한 외부적 통제를 통하여 부적절한 내부거래를 적절히 거르거나 미연에 방지할 수 있는 장치가 필요하다는 판단 하에 도입된 것이 바로 이사회의결 및 공시의무이다.

즉, 공시대상기업집단에 속하는 국내 회사가 특수관계인을 상대방으로 하거나 특수관계인을 위하여 대통령령으로 정하는 규모 이상(그 거래금액이 100억 원 또는 대

64) 1996.12.30. 개정, 법률 제5235호.

규모내부거래를 하려는 법 제31조 제1항 전단에 따라 지정된 공시대상기업집단에 속하는 국내 회사의 자본총계 또는 자본금 중 큰 금액의 100분의 5에 해당하는 금액(그 금액이 5억 원 미만인 경우에는 5억 원) 중 낮은 금액 이상인 경우로서 법 제26조 제1항 제4호의 경우는 제외; 영 제33조 제1항 각호)의 거래를 하려는 때에는 미리 이사회의 의결을 거친 후 이를 공시하여야 한다(법 제26조 제1항). 특수관계인을 직접적인 거래상대방으로 하는 경우뿐만 아니라 제3의 비계열회사를 통하여 간접적으로 특수관계인과 거래하는 경우도 공시대상에 포함된다.[65] 동 제도가 처음 도입될 당시[66]에는 자산총액을 기준으로 10대 기업집단에만 적용되던 것이 2001년 시행령 개정[67]으로 자산총액 기준 30대 기업집단으로 확대되었다가(구법의 영 제17조의8 제1항), 2017년 제26차 법개정[68]으로 자산총액 5조 원 이상의 공시대상기업집단이 새로 지정되기 시작하면서 현재와 같이 그 범위가 공시대상기업집단 소속 계열회사로 대폭 확대되기에 이르렀다.

2. 대규모내부거래의 판단기준

가. '내부거래'

이사회의결 및 공시의무가 적용되는 내부거래는 다음과 같다(법 제26조 제1항 제1호 내지 제4호).

① 가지급금 또는 대여금 등의 자금을 제공 또는 거래하는 행위

② 주식 또는 회사채 등의 유가증권을 제공 또는 거래하는 행위

③ 부동산 또는 무체재산권 등의 자산을 제공 또는 거래하는 행위

④ 주주의 구성 등을 고려하여 대통령령으로 정하는 계열회사를 상대방으로 하거나 동 계열회사를 위하여 상품 또는 용역을 제공 또는 거래하는 행위

(이 경우에는 분기에 이루어질 거래금액의 합계액이 100억 원 또는 대규모내부거래를 하려는 법 제31조 제1항 전단에 따라 지정된 공시대상기업집단에 속하는 국내 회사의 자본총계 또는 자본금 중 큰 금액의 100분의 5에 해당하는 금액(그 금액이 5억 원 미만인 경우에는 5억 원) 중 낮은 금액 이상인 규모에 한함; 영 제33조 제1항 각호). 여기서 '대통령령으로 정하는 계열회사'란 자연인인 동일인이 단독으로 또는

65) 신동권(제3판), 360면.
66) 2000.4.1. 개정, 대통령령 제16777호.
67) 2001.3.27. 개정, 대통령령 제17176호.
68) 2017.4.18. 개정, 법률 제14813호.

동일인의 친족(영 제6조 제1항에 따라 동일인관련자로부터 제외된 자는 제외)과 합하여 발행주식 총수의 100분의 20 이상을 소유하고 있는 계열회사 또는 그 계열회사의 상법 제342조의2에 따른 자회사인 계열회사를 말한다(영 제33조 제2항).

「대규모내부거래에 대한 이사회 의결 및 공시규정」[69](이하 "공시규정) 제8조에 따르면 내부거래 공시대상 회사는 이미 공시한 사항 중 거래목적 또는 거래대상의 변경, 거래상대방의 변경(다만, 상호변경, 영업양수도·합병 등으로 인하여 실질적으로 거래상대방이 변경되지 아니한 경우에는 이사회 의결대상에서 제외), 거래금액 및 조건의 변경(다만, 거래금액·거래단가·약정이자율 등이 당초에 의결·공시한 것보다 20%이상 증가하거나 감소한 경우를 거래금액 및 조건의 변경으로 봄)이나 기타 계약기간 변경 등 당사자 간의 계약관계에 중대한 영향을 미치는 거래내용의 변경 등 주요내용을 변경하고자 할 때에는 이를 이사회에서 의결하고 그 내용을 공시하여야 한다.

법 제45조 제1항 제9호는 부당지원행위와 관련하여 그 유형을 크게 자금, 자산, 상품·용역 및 인력거래로 구분하고 있는데 반하여, 법 제26조 제1항에서는 그 중 인력에 관한 내부거래를 명시적으로 언급하지 않고 있어서 해석상 의문이 있다. 인력에 관한 내부거래는 상대방 계열회사의 인건비를 절감시킨다는 점에서 성질상 자금지원의 일 유형으로 이해할 수도 있으나, 동조의 해석상 공시대상 내부거래를 인력지원에까지 확대하기는 어려워 보인다. 또한 부당지원행위는 계열관계를 묻지 않고 넓게 성립할 수 있는 반면, 이사회의결 및 공시의무의 대상인 내부거래는 계열회사와 계열회사를 비롯한 특수관계인 사이에만 가능하다는 점에서 양자의 적용대상에 차이가 있다.

나. '대규모' 내부거래

이사회 의결 및 공시대상이 되는 대규모 내부거래(법 제26조 제1항)는 거래금액이 100억 원 또는 대규모내부거래를 하려는 법 제31조 제1항 전단에 따라 지정된 공시대상기업집단에 속하는 국내 회사의 자본총계 또는 자본금 중 큰 금액의 100분의 5에 해당하는 금액(그 금액이 5억 원 미만인 경우에는 5억 원) 중 낮은 금액 이상인 거래행위를 말하며, 위 ④의 경우에는 분기에 이루어질 거래금액의 합계액을 말한다(영 제33조 제1항 각호).[70]

69) 공정거래위원회 고시 제2021-11호, 2021.8.18. 개정.

구체적으로 위 ① 내지 ③의 행위가 대규모 내부거래에 해당하는지 여부의 판단은 동일 거래상대방과의 동일 거래대상에 대한 거래행위를 기준으로 하고, ④의 행위는 동일 거래상대방과의 거래행위를 기준으로 한다(공시규정 제4조 제2항). 거래금액의 산정은 원칙적으로 다음의 기준에 따른다.

① 자금, 유가증권 및 자산거래는 실제 거래하는 금액으로 한다. 다만 담보제공의 경우에는 담보한도액, 부동산임대차거래의 경우에는 연간임대료와 계약기간동안의 보증금을 부가가치세법시행규칙 제47조에 의한 이율을 적용하여 연간임대료로 환산하여 합산한 금액, 보험계약은 보험료총액을 기준으로 한다.

② 상품·용역거래는 분기에 이루어질 거래금액의 합계액으로 한다.

3. 절차 등

이사회 의결은 상법에 따른다. 다만, 상장법인이 상법 제393조의2(이사회 내 위원회)에 따라 설치한 위원회(같은 법 제382조 제3항에 따른 사외이사가 3명 이상 포함되고, 사외이사의 수가 위원총수의 3분의 2 이상인 경우로 한정)에서 의결한 경우에는 이사회의 의결을 거친 것으로 본다(법 제26조 제5항).

공시대상기업집단에 속하는 국내 회사는 공시를 할 때 거래의 목적·상대방·규모 및 조건 등 대통령령으로 정하는 주요 내용을 포함하여야 하는데, 주요 내용은 다음과 같다(영 제33조 제3항). 공시내용이 「자본시장과 금융투자업에 관한 법률」상 신고·공시사항과 중복되는 경우에는 동법에 따라 신고·공시하면 공정거래법상 공시의무를 이행한 것으로 본다(공시규정 제10조).

① 거래의 목적 및 대상

② 거래의 상대방(특수관계인을 위한 거래인 경우에는 그 특수관계인을 포함)

③ 거래의 금액 및 조건

④ ②에 따른 거래의 상대방과의 동일 거래유형의 총거래잔액

⑤ 그 밖에 위의 경우에 준하는 것으로서 대규모내부거래의 이사회 의결 및 공시를 위해 필요하다고 공정거래위원회가 정하여 고시하는 사항

---

70) 2023.5.30. 개정, 대통령령 제33494호, 시행 2024.1.1. 공시대상 대규모 내부거래의 기준 금액을 50억 원에서 100억 원으로 상향하였고, 국내 회사의 자본총계 또는 자본금 중 큰 금액이 5억원인 경우는 제외하였다.

위와 같은 주요 내용을 변경하려는 때에도 마찬가지로 이사회 의결 및 공시의무가 적용된다.

아울러 공정거래위원회는 공시와 관련되는 업무를 「자본시장과 금융투자업에 관한 법률」 제161조(주요사항보고서의 제출)에 따라 보고서를 제출받는 기관, 즉 금융위원회를 통하여 할 수 있다. 이 경우 공시의 방법·절차 및 그 밖에 필요한 사항은 해당 기관과의 협의를 거쳐 공정거래위원회가 정한다(법 제26조 제3항).

4. 예 외

공시대상기업집단에 속하는 국내 회사 중 금융업 또는 보험업을 영위하는 회사가 약관에 따라 정형화된 거래로서 대통령령으로 정하는 기준에 해당하는 거래행위, 즉 「약관의 규제에 관한 법률」에 따른 약관상의 거래행위이고 금융업 또는 보험업을 영위하는 과정에서 발생하는 일상적인 거래행위를 하는 경우에는 이사회의 의결을 거치지 아니할 수 있다(법 제26조 제4항, 영 제33조 제4항). 보험회사의 약관대출이나 증권회사의 회사채 중개, 은행·증권사의 수익증권판매 등 금융·보험사가 일상적으로 약관에 의하여 정형화된 금융거래를 하는 경우에도 일일이 이사회 의결을 거치도록 하는 것은 절차상 비효율적이기 때문이다.[71] 일응 수긍할 만하나, 약관에 의한 정형화된 금융거래를 통하여 부당지원의 소지가 있는 대규모내부거래가 행해질 가능성이 없다고 단정하기 어렵다는 점에서 입법론상 재고할 여지가 있다.

이사회 의결이 면제되는 경우에도 시장을 통한 외부통제는 여전히 필요하다는 점에서 금융·보험사의 일상적인 약관거래라도 그 내용은 공시하여야 한다.

5. 제 재

대규모내부거래의 이사회 의결 및 공시 규정을 위반한 경우 공정거래위원회는 시정조치를 명할 수 있고(법 제37조 제1항), 법 제26조에 따른 공시를 하는 경우에 이사회의 의결을 거치지 아니하거나 공시를 하지 아니한 자 또는 주요 내용을 누락하거나 거짓으로 공시한 자에게는 과태료를 부과한다(법 제130조 제1항 제4호). 이때 사업자 또는 사업자단체, 공시대상기업집단에 속하는 회사를 지배하는 동일인 또는 그 동일인의 특수관계인인 공익법인에게는 1억 원 이하, 회사 또는 사업자단체, 공

71) 정호열(제6판), 298면.

익법인의 임원 또는 종업원, 그 밖의 이해관계인에게 1천만 원 이하의 과태료를 부과할 수 있다(동조 제1항 본문). 세부적인 공시의무 위반행위에 대한 과태료 부과기준은 시행령 [별표 9]에서 정하고 있다(법 제130조 제1항 제4호; 영 제94조 제3호).

Ⅷ. 소속회사의 공시의무와 공정거래위원회의 정보공개 등

1. 비상장회사 등의 중요사항 공시

공시대상기업집단에 속하는 국내 회사 중 자산총액 등이 대통령령으로 정하는 기준에 해당하는 회사(금융업 또는 보험업을 영위하는 회사는 제외)로서 상장법인을 제외한 회사는 소유지배구조나 재무구조 또는 경영활동에 관련된 중요사항을 공시하여야 한다(법 제27조 제1항). 이는 2004년 제11차 법개정[72]으로 도입되었다. 상장법인은 자본시장법에 따른 공시의무를 지고 있기 때문이다. 대통령령으로 정하는 기준이란 직전 사업연도 말 현재 자산총액이 100억 원 미만인 회사 또는 직전 사업연도 말 현재 자산총액이 100억 원 미만인 회사로서 특수관계인(자연인인 동일인 및 그 친족만을 말함)이 단독으로 또는 다른 특수관계인과 합하여 발행주식총수의 100분의 20 이상의 주식을 소유한 회사 또는 그 회사가 단독으로 발행주식총수의 100분의 50을 초과하는 주식을 소유한 회사(다만, 청산 절차가 진행 중이거나 1년 이상 휴업 중인 회사는 제외)를 말한다(영 제34조 제1항 각호).

공시대상은 다음의 어느 하나에 해당하는 사항이다(법 제27조 제1항 각호; 영 제17조의10 제2항 내지 제4항). 다만, 대규모내부거래로서 법 제26조에 따라 공시되는 사항은 제외된다(법 제27조 제1항 단서).

① 대통령령으로 정하는 최대주주와 주요주주[73]의 주식소유 현황 및 그 변동사항, 임원의 변동 등 회사의 소유지배구조와 관련된 중요사항으로서 대통령령이 정하는 사항[74]

72) 2004.12.31. 개정, 법률 제7315호.

73) 시행령 제34조 제2항 제1호에 따라 최대주주는 해당 회사의 주주로서 의결권 있는 발행주식총수를 기준으로 소유하고 있는 주식의 수가 가장 많은 주주(동일인이 단독으로 또는 동일인관련자와 합산하여 최다출자자가 되는 경우에는 그 동일인 및 동일인관련자를 포함함)을 말한다. 동항 제2호에 따라 주요주주는 누구의 명의로 하든지 자기의 계산으로 회사의 의결권 있는 발행주식총수의 100분의 10 이상의 주식을 소유하고 있거나 임원의 임면 등 회사의 주요 경영사항에 대해 사실상 지배력을 행사하고 있는 주주를 말한다.

② 자산·주식의 취득, 증여, 담보제공, 채무인수·면제 등 회사의 재무구조에 중요한 변동을 초래하는 사항으로서 대통령령이 정하는 사항[75]

③ 영업양도·양수, 합병·분할, 주식의 교환·이전 등 회사의 경영활동과 관련된 중요한 사항으로서 대통령령이 정하는 사항[76]

위 공시의 구체적 항목과 공시관련 업무의 위탁 등에 관하여는 대규모내부거래의 공시에 관한 규정(법 제26조 제2항, 제3항)을 준용한다(법 제27조 제2항).

---

74) 시행령 제34조 제3항 제1호 및 제2호에 따라, "대통령령으로 정하는 사항"이란 제2항 제1호에 따른 최대주주와 같은 항 제2호에 따른 주요주주의 주식보유현황 및 그 변동사항(해당 최대주주나 주요주주의 주식보유비율이 발행주식총수의 100분의 1 이상 변동이 있는 경우로 한정) 또는 임원의 구성현황 및 그 변동사항을 말한다.

75) 여기서 "대통령령으로 정하는 사항"은 다음과 같다(영 제34조 제4항). 이 경우 최근 사업연도말 현재 자산총액 및 자기자본은 매 사업연도 종료 후 3개월이 지난 날부터 그 다음 사업연도 종료 후 3개월이 되는 날까지의 기간을 기준으로 하고, 새로 설립된 회사로서 최근 사업연도의 대차대조표가 없는 회사의 경우에는 최근 사업연도말 현재 자산총액 및 자기자본 대신 설립 당시의 납입자본금을 기준으로 한다.

1. 최근 사업연도말 현재 자산총액의 100분의 10에 해당하는 금액 이상의 고정자산의 취득 또는 처분[「자본시장과 금융투자업에 관한 법률」에 따른 신탁계약(그 법인이 운용지시권한을 가지는 경우로 한정함) 또는 같은 법에 따른 사모집합투자기구(그 법인이 자산운용에 사실상의 영향력을 행사하는 경우로 한정함)를 통한 취득·처분을 포함한다]에 관한 결정이 있는 경우에는 그 결정사항
2. 자기자본의 100분의 5에 해당하는 금액 이상의 다른 법인(계열회사는 제외)의 주식 및 출자증권의 취득 또는 처분에 관한 결정이 있는 경우에는 그 결정사항
3. 자기자본의 100분의 1에 해당하는 금액 이상의 증여를 하거나 받기로 결정한 경우에는 그 결정사항
4. 자기자본의 100분의 5에 해당하는 금액 이상의 타인을 위한 담보제공 또는 채무보증(계약 등의 이행보증 및 납세보증을 위한 채무보증은 제외)에 관한 결정이 있는 경우에는 그 결정사항
5. 자기자본의 100분의 5에 해당하는 금액 이상의 채무를 면제 또는 인수하기로 결정하거나 채무를 면제받기로 결정한 경우에는 그 결정사항
6. 증자 또는 감자에 관한 결정이 있는 경우에는 그 결정사항
7. 전환사채 또는 신주인수권부사채의 발행에 관한 결정이 있는 경우에는 그 결정사항

76) 여기서 "대통령령으로 정하는 사항"은 다음과 같다(영 제34조 제5항).

1. 상법 제360조의2·제360조의15·제374조·제522조·제527조의2·제527조의3·제530조의2에 따른 결정이 있는 경우에는 그 결정사항
2. 상법 제517조 또는 다른 법률에 따른 해산사유가 발생한 경우에는 그 해산사유
3. 「채무자 회생 및 파산에 관한 법률」에 따른 회생절차의 개시·종결 또는 폐지의 결정이 있는 경우에는 그 결정사항
4. 「기업구조조정 촉진법」에 따른 관리절차의 개시·중단 또는 해제결정이 있는 경우에는 그 결정사항

2. 기업집단 현황 공시

공시대상기업집단에 속하는 국내 회사로서 자산총액 등이 대통령령으로 정하는 기준에 해당하는 회사, 즉 직전 사업연도 말 현재 자산총액이 100억 원 미만인 회사로서 청산 절차가 진행 중이거나 1년 이상 휴업 중인 회사를 제외한 모든 회사는 그 기업집단의 다음의 어느 하나에 해당하는 사항으로서 대통령령으로 정하는 사항을 공시하여야 한다(법 제28조 제1항; 영 제35조 제1항, 제2항).[77] 이는 2009년 제16차 법개정[78]으로 도입되었다.

① 일반 현황

② 주식소유 현황

③ 지주회사 등이 아닌 계열회사 현황[지주회사 등의 자산총액 합계액이 기업집단 소속 회사의 자산총액(금융업 또는 보험업을 영위하는 회사의 경우에는 자본총액 또는 자본금 중 큰 금액) 합계액의 100분의 50 이상인 경우로 한정]

④ 2개의 계열회사가 서로의 주식을 취득 또는 소유하고 있는 상호출자 현황

⑤ 순환출자 현황

⑥ 채무보증 현황

⑦ 취득 또는 소유하고 있는 국내 계열회사 주식에 대한 의결권 행사(금융업 또

---

77) "대통령령으로 정하는 사항"이란 공시대상기업집단에 대한 다음 각 호의 사항을 말한다.

1. 소속회사의 명칭, 대표자의 성명, 사업내용, 재무현황, 직전 1년간의 계열회사의 변동 현황, 임원 현황, 이사회 운영 현황, 그 밖에 공정거래위원회가 정하여 고시하는 일반현황
2. 소속회사의 주주 현황
3. 소속회사 간 출자 현황
4. 소속회사 중 지주회사등이 아닌 계열회사 현황[지주회사등의 자산총액 합계액이 기업집단 소속회사의 자산총액(금융업 또는 보험업을 영위하는 회사의 경우에는 자본총액 또는 자본금 중 큰 금액으로 함) 합계액의 100분의 50 이상인 경우로 한정]
5. 소속회사 간의 상호출자 현황
6. 소속회사 간의 순환출자 현황
7. 소속회사 간의 채무보증 현황
8. 소속회사 중 금융업 또는 보험업을 영위하는 회사의 법 제25조 제1항에 따른 의결권 행사 여부(다만, 금융업 또는 보험업을 영위하는 회사의 주식에 대한 의결권 행사는 제외)
9. 소속회사와 그 특수관계인 간 자금·자산 및 상품·용역을 제공하거나 거래한 현황
10. 사업기간(상장회사는 사업분기를 말하고, 비상장회사는 사업연도를 말함) 동안 계열회사와 이루어진 상품 또는 용역의 거래금액이 그 사업기간 매출액의 100분의 5 이상이거나 50억 원 이상인 경우 그 계열회사와의 상품 또는 용역의 거래내역 현황

78) 2009.3.25. 개정, 법률 제9554호.

는 보험업을 영위하는 회사의 주식에 대한 의결권 행사는 제외) 여부

⑧ 특수관계인과의 거래 현황

공시는 대규모내부거래의 공시에 관한 규정(법 제26조 제2항 및 제3항)을 준용하여, 거래의 목적·상대방·규모 및 조건 등 대통령령(영 제33조 제3항)으로 정하는 주요 내용을 포함하고, 「자본시장과 금융투자업에 관한 법률」 제161조에 따라 보고서를 제출받는 기관을 통하여 할 수 있다(법 제28조 제3항). 공시의 시기·방법 및 절차에 관하여 그 외에 필요한 사항은 대통령령으로 정하고 있는데(법 제28조 제4항), 공시는 공정거래위원회가 정하여 고시하는 바에 따라 분기별, 반기별 또는 연도별로 하도록 하고 있다(영 제35조 제7항).

3. 특수관계인인 공익법인의 이사회 의결 및 공시

2020년 전부개정법[79]은 공시대상기업집단에 속하는 회사를 지배하는 동일인의 특수관계인에 해당하는 공익법인은 다음의 어느 하나에 해당하는 거래행위를 하거나 주요 내용을 변경하려는 경우에는 미리 이사회 의결을 거친 후 이를 공시하여야 한다고 하고 있다.

① 해당 공시대상기업집단에 속하는 국내 회사 주식의 취득 또는 처분

② 해당 공시대상기업집단의 특수관계인(국외 계열회사는 제외한다. 이하 이 조에서 같음)을 상대방으로 하거나 특수관계인을 위하여 하는 대통령령으로 정하는 규모[80] 이상의 거래로서, 가지급금 또는 대여금 등의 자금을 제공 또는 거래하는 행위, 주식 또는 회사채 등의 유가증권을 제공 또는 거래하는 행위, 부동산 또는 무체재산권 등의 자산을 제공 또는 거래하는 행위, 주주의 구성 등을 고려하여 대통령령으로 정하는 계열회사[81]를 상대방으로 하거나

---

79) 2020.12.29. 전부개정, 법률 제17799호.

80) "대통령령으로 정하는 거래행위의 규모"는 그 거래금액(같은 호 라목의 경우에는 분기에 이루어질 거래금액의 합계액을 말함)이 100억 원 또는 법 제29조 제1항 제2호 각 목에 따른 거래행위를 하려는 공익법인의 자본총계 또는 자본금 중 큰 금액의 100분의 5에 해당하는 금액(그 금액이 5억 원 미만인 경우에는 5억 원) 중 낮은 금액 이상인 것으로 한다(영 제36조 제1항 각호). 2023.5.30. 개정된 시행령 제33494호(2024.1.1. 시행)는 위 거래금액을 50억 원에서 100억 원으로 상향조정하였고, 위 거래금액이 '공익법인의 순자산총계 또는 기본순자산 중 큰 금액의 100분의 5 이상'이던 것을 '공익법인의 자본총계 또는 자본금 중 큰 금액의 100분의 5에 해당하는 금액(그 금액이 5억 원 미만인 경우에는 5억 원)'으로 변경하였다.

81) "대통령령으로 정하는 계열회사"란 제33조 제2항에 따른 계열회사를 말하는 것으로서(영 제36조 제2항), 자연인인 동일인이 단독으로 또는 동일인의 친족(제6조 제1항에 따라 동일인관련자로부터

그 계열회사를 위하여 상품 또는 용역을 제공 또는 거래하는 행위 중 어느 하나에 해당하는 행위

이와 같은 공시는 기업집단 현황 공시와 마찬가지로 대규모내부거래의 공시에 관한 규정(법 제26조 제2항 및 제3항)을 준용한다(법 제29조 제2항).

4. 주식소유 현황 등의 신고

공시대상기업집단에 속하는 국내 회사는 대통령령으로 정하는 바에 따라 해당 회사의 주주의 주식소유 현황·재무상황 및 다른 국내 회사 주식의 소유현황을 공정거래위원회에 신고하여야 한다(법 제30조 제1항).[82] 시행령 제37조 제1항에 따라, 신고를 하려는 회사는 매년 5월 31일까지 해당 회사의 명칭·자본금 및 자산총액 등 회사의 개요, 계열회사 및 특수관계인이 소유하고 있는 해당 회사의 주식수, 해당 회사의 국내 회사 주식소유 현황의 사항이 포함된 신고서를 공정거래위원회에 제출해야 하고, 다만, 법 제31조 제1항 전단에 따라 새로 공시대상기업집단으로 지정된 기업집단에 속하는 회사의 경우에는 제38조 제5항에 따른 통지를 받은 날부터 30일 이내에 그 신고서[83]를 제출(공시대상기업집단으로 새로 지정된 연도로 한정)해야 한다.

한편, 상호출자제한기업집단에 속하는 국내 회사는 대통령령으로 정하는 바[84]

제외된 자는 제외함)과 합하여 발행주식총수의 100분의 20 이상을 소유하고 있는 계열회사 또는 그 계열회사의 상법 제342조의2에 따른 자회사인 계열회사를 말한다.

82) 시행령 제37조 제3항에 따라, 신고한 회사는 주식취득 등으로 법 제31조 제1항 전단에 따라 지정된 공시대상기업집단에 속하는 국내 회사에 변동사유가 발생한 경우 다음 각 호의 구분에 따른 날부터 30일 이내에 그 변동내용이 포함된 신고서를 공정거래위원회에 제출해야 한다.
1. 주식을 소유하게 되거나 주식소유비율이 증가한 경우에는 제17조 제1호 각 목에 따른 날
2. 임원 선임의 경우에는 임원을 선임하는 회사의 주주총회 또는 사원총회에서 임원의 선임이 의결된 날
3. 새로운 회사설립에 참여한 경우에는 회사의 설립등기일
4. 위의 경우에 해당하지 않는 경우로서 지배적인 영향력을 행사할 수 있게 된 경우: 주요 주주와의 계약·합의 등에 따라 해당 소속회사의 경영에 대해 지배적인 영향력을 행사할 수 있게 된 날

83) 시행령 제37조 제2항에 따라, 신고서에는 해당 회사의 소유주식 명세서와 계열회사와의 상호출자 현황표, 해당 회사의 직전 사업연도의 감사보고서를 첨부해야 한다.

84) 시행령 제37조 제4항에 따라, 신고를 하려는 회사는 매년 5월 31일까지 해당 회사의 채무보증 금액이 포함된 신고서에 다음 각 호의 서류를 첨부하여 공정거래위원회에 제출해야 한다. 다만, 법 제31조 제1항 전단에 따라 새로 상호출자제한기업집단으로 지정된 기업집단에 속하는 회사의 경우에는 제38조 제5항에 따른 통지를 받은 날부터 30일 이내에 그 신고서를 제출(공시대상기업집단으로 새로 지정된 연도로 한정함)해야 한다.

에 따라 채무보증 현황을 국내 금융기관의 확인을 받아 공정거래위원회에 신고하여야 한다(법 제30조 제2항).

위와 같은 신고에 관하여는 법 제11조 제11항 단서를 준용하여야 함에 따라서(법 제30조 제2항), 신고의무자가 둘 이상인 경우에는 공동으로 신고하여야 하고, 다만, 공정거래위원회가 신고의무자가 소속된 기업집단에 속하는 회사 중 하나의 회사의 신청을 받아 대통령령으로 정하는 바에 따라 해당 회사를 기업결합신고 대리인으로 지정하는 경우에는 그 대리인이 신고할 수 있다.

5. 공시대상기업집단의 현황 등에 관한 정보공개

공정거래위원회는 과도한 경제력 집중을 방지하고 기업집단의 투명성 등을 제고하기 위하여 공시대상기업집단에 속하는 회사에 대한 다음 각 호의 정보를 공개할 수 있다(법 제35조 제1항; 영 제41조 제1항, 제2항). 2017년 제26차 개정법[85]에서는 상호출자제한기업집단 등의 현황에 대한 정보공개에 관한 규정을 공시대상기업집단의 경우로 변경하였다. 공정거래위원회는 공개대상정보의 효율적 처리 및 공개를 위하여 정보시스템을 구축·운영할 수 있으며, 2017년 7월 16일부터 OPNI(http://groupopni.ftc.go.kr)라는 대기업집단 관련 포털사이트를 운영하고 있다.

① 공시대상기업집단에 속하는 회사의 일반현황, 지배구조현황 등에 관한 정보로서 대통령령으로 정하는 정보, 즉 공시대상기업집단에 속하는 회사의 명칭, 사업내용, 주요 주주, 임원, 재무상황, 그 밖의 일반 현황 그리고 공시대상기업집단에 속하는 회사의 이사회 및 상법 제393조의2에 따라 이사회에 설치된 위원회의 구성·운영, 주주총회에서의 의결권 행사 방법, 그 밖의 지배구조 현황

② 공시대상기업집단에 속하는 회사 간 또는 공시대상기업집단에 속하는 회사와 그 특수관계인 간의 출자, 채무보증, 거래관계 등에 관한 정보로서 대통령령으로 정하는 정보, 즉 공시대상기업집단에 속하는 회사 간 또는 공시대

---

1. 해당 회사의 계열회사에 대한 채무보증명세서 및 직전 1년간의 채무보증 변동내역
2. 해당 회사가 계열회사로부터 받은 채무보증명세서 및 직전 1년간의 채무보증 변동내역
3. 해당 회사의 채무보증 금액과 제1호 및 제2호의 내용을 확인하기 위해 법 제2조 제18호 각 목의 국내 금융기관이 공정거래위원회가 정하는 서식에 따라 작성한 확인서

85) 2017.4.18. 개정, 법률 제14813호.

상기업집단에 속하는 회사와 그 특수관계인 간의 주식소유 현황 등 출자와 관련된 현황 그리고 상호출자제한기업집단에 속하는 회사 간의 채무보증 현황, 공시대상기업집단에 속하는 회사 간 또는 공시대상기업집단에 속하는 회사와 그 특수관계인 간의 자금, 유가증권, 자산, 상품, 용역, 그 밖의 거래와 관련된 현황

6. 위반 시 제재

비상장회사의 중요사항에 대한 공시의무위반(법 제27조), 기업집단현황 등에 관한 공시의무위반(법 제28조), 특수관계인인 공익법인의 이사회 의결 및 공시의무위반(법 제29조)을 위반하거나 위반할 우려가 있는 행위가 있을 때에는 시정조치를 명할 수 있고(법 제37조 제1항), 위 공시 규정들과 관련하여 이사회의 의결을 거치지 않거나 공시를 하지 아니한 자 또는 주요 내용을 누락하거나 거짓으로 공시한 자에 대해서는 과태료(사업자 또는 사업자단체, 공시대상기업집단에 속하는 회사를 지배하는 동일인 또는 그 동일인의 특수관계인인 공익법인에게는 1억 원 이하, 회사 또는 사업자단체, 공익법인의 임원 또는 종업원, 그 밖의 이해관계인에게는 1천만 원 이하)가 부과된다(법 제130조 제1항 제1호).[86] 공시의무 위반에 대해서는 과징금이나 형사벌이 부과되지 않는다.

Ⅸ. 탈법행위의 금지

누구든지 상호출자의 금지(법 제21조), 순환출자의 금지(법 제22조), 계열회사에 대한 채무보증 금지(법 제24조), 금융·보험회사 또는 공익법인의 의결권 제한(법 제25조) 규정을 회피하려는 행위를 하여서는 아니 된다(법 제36조 제1항). 탈법행위의 유형 및 기준은 대통령령으로 정한다고 하고, 시행령은 상호출자제한기업집단에 속하는 회사가 하는 행위에 관하여 관련 규정을 마련해두고 있다(영 제42조 제1호 내지 제7호). 탈법행위를 하거나 그러할 우려가 있을 때에는 시정조치를 명할 수 있고(법 제37조 제1항), 탈법행위를 한 자는 3년 이하의 징역 또는 2억 원 이하의 벌금에 처한다(법 제124조 제1항 제2호).

86) 시행령 제94조에 따라 법 제130조 제1항 제4호의 과태료에 대해서는 [별표 9]에서는 세부적인 공시의무위반행위에 따른 과태료 부과기준을 정하고 있다.

제 3 절 지주회사에 대한 규제

Ⅰ. 총 설

1. 연 혁

1980년 공정거래법 제정[87] 당시에는 경제력집중 중에서도 시장집중을 문제 삼는 기업결합규제 외에 일반집중이나 소유집중을 억제하는 수단이 존재하지 않았다. 그 후 1986년 제1차 개정법[88]에서 일반집중을 염두에 둔 다수의 규정이 도입되었고, 그 과정에서 지주회사(holding company)의 설립이나 지주회사로의 전환이 원칙적으로 금지되었다(구법 제8조 제1항). 아울러 지주회사의 설립·전환 금지를 면탈하는 행위 또한 금지되었다(동조 제3항). 이러한 태도는 제2차 세계대전을 주도했던 일본 재벌이 순수지주회사를 정점으로 하는 지배구조를 취하고 있었고, 패전 후 재벌해체 및 경제민주화의 구호 아래 제정된 일본 사적독점금지법이 순수지주회사를 금지하였던 관련규정을 대체로 받아들였기 때문이었다.

그런데 지주회사의 설립·전환을 엄격하게 금지하는 태도는 처음부터 그 실효성을 기대할 수 없었다. 무엇보다 우리나라에서 경제력집중의 수단으로 지주회사가 활용되어 왔거나 활용될 우려가 없었기 때문이다. 1986년 제1차 개정법이 금지한 지주회사란 다른 회사의 사업활동 지배를 주된 목적으로 하는 이른바 순수지주회사로서, 당시 우리나라의 대기업집단에서는 거의 활용되지 않고 있던 조직형태였던 것이다. 우리나라에서 재벌로 약칭되는 대기업집단들은 대체로 사업지주회사를 정점으로 순환출자 등을 통하여 지배구조를 구축하고 있었다. 따라서 순수지주회사만을 금지하는 구법의 태도는 재벌의 형성이나 유지·강화를 억제하는 수단으로는 처음부터 현실적합성이 없었던 것이다.

그 후 1997년 IMF 외환위기를 겪으면서 기업의 구조조정이 긴요한 과제가 되었고, 그 과정에서 재벌차원에서 비주력부문의 분리 또는 매각, 외자유치의 촉진 등이 이루어지면서 지주회사가 갖는 긍정적인 기능이 부각되었다. 아울러 지주회

87) 1980.12.31. 제정, 법률 제3320호.

88) 1986.12.31. 개정, 법률 제3875호.

사라는 법적 실체를 통하여 그룹경영에 대한 책임소재가 명확해진다는 점도 장점의 하나로 지적되었다.[89] 전 세계적으로 지주회사는 우리나라와 일본의 독점금지법에서만 금지되고 있었는데, 일본에서도 1997년 6월 법개정을 통하여 지주회사의 설립을 전격 허용하였다.[90] 이에 1999년 제7차 개정[91] 공정거래법은 지주회사의 설립·전환을 전격 허용하게 되었다.[92] 다만, 동 개정법은 지주회사의 허용에 따른 폐해로서 경제력집중이 심화되는 것을 막기 위하여 그 요건을 엄격하게 규정하는 한편, 지주회사 및 그 자회사 등의 행위에 일정한 제한을 가하고 있다.

지주회사 등에 대한 행위제한은 그 후에도 많은 변천을 겪었다. 무엇보다 대기업집단의 복잡한 출자관계와 그에 따른 불투명한 지배구조를 개선하는 대안으로서 지주회사체제가 부각되면서 역대 정권마다 지주회사로의 전환을 유도하는 정책을 추진하였고, 그에 맞게 규제완화가 이루어지기도 하였다.[93] 비교적 최근에는 정권의 이념성향과 무관하게 경제민주화가 강조되고, 그 수단의 하나로 재벌개혁이 전면에 등장하면서 다시 느슨해졌던 지주회사 관련 규제를 1986년 체제로 되돌리려야 한다는 주장도 제기되고 있다.

그런데 2020년 전부개정법[94]은 벤처기업에 대한 투자 및 인수합병이 활성화되도록 하기 위해, 벤처지주회사에 대한 설립 요건과 행위 제한 규제를 완화하고 일

---

89) 1990년대 이후 재계에서는 기업집단의 효율적 운영을 위하여 지주회사의 설립을 허용해줄 것을 꾸준히 요구하였고, 외환위기를 계기로 OECD가 지주회사의 합법화를 내용으로 하는 권고안을 IMF에 전달하기에 이르렀다. 다만, 당시 정부는 먼저 1998년 상법 개정을 통하여 사실상의 이사(shadow director) 내지 업무집행지시자 등의 책임(상법 제401조의2)을 도입하는 방법으로 총수를 비롯한 그룹의 비서실이나 기조실에 법적 책임을 지도록 하는 방법을 채택하였다. 이동원, "독점규제법상 경제력집중 조항에 대한 평가", 법학논총 제36권 제1호, 2012, 787면.

90) 일본에서는 1947년 사적독점금지법 제정 당시부터 재벌체제를 가능케 했던 지주회사의 설립·전환을 금지하고 있었다(구법 제9조 제1항, 제2항). 그 후 일련의 지주회사 완화를 내용으로 하는 몇 차례의 개정에 이어 1997년 개정법은 "사업지배력이 과도하게 집중하게 되는" 지주회사의 설립·전환을 금지하는 것으로 규제를 완화하였다. 일본에서는 과거나 지금이나 자회사나 손자회사의 지분율, 부채비율에 대한 규제는 존재하지 않는다.

91) 1999.2.5. 개정, 법률 제5813호.

92) 법개정 이후 우리나라에서 처음으로 설립된 지주회사는 2000년 1월 SK엔론(현재 SK E&S)이고, 두 번째로 2003년에는 LG그룹이 지주회사체제로 전환하였다.

93) 기업구조의 재편, 분사화를 통한 효율성 제고, 통합경영의 이점 등 지주회사의 효용을 강조하는 견해로는 이재형, "지주회사의 본질과 정책과제", 한국개발연구원, 2000, 15면. 지주회사란 기업집단을 형성하는 수단으로서 그룹지배구조의 재편을 수반할 뿐이고, 지주회사체제가 일반적으로 종전의 순환형 출자구조에 비하여 과연 경영상 효율성 내지 이점만을 갖는지는 의문이다. 경제적으로나 규범적으로 지배구조에 정답은 없기 때문이다.

94) 2020.12.29. 전부개정, 법률 제17799호.

반지주회사의 '기업형 벤처캐피탈'(corporate venture capital; CVC)에 대한 지분보유를 제한적으로 허용하였다. 자세한 내용은 관련 부분에서 상술한다.

2. 지주회사 등의 개념 및 요건

가. 지주회사

(1) 개념 및 요건

공정거래법상 지주회사란 주식 또는 지분의 소유를 통하여 국내 회사의 사업내용을 지배하는 것을 주된 사업으로 하는 회사로서 자산총액이 대통령령이 정하는 금액[95] 이상인 회사(법 제2조 제7호)를 말한다. 이론상 '순수지주회사'(pure holding company)란 오로지 다른 회사의 사업내용을 지배하는 것만을 목적으로 하는 회사뿐만 아니라 다른 회사의 지배를 주된 사업으로 하는 회사를 널리 지칭한다. 반면, '사업지주회사'(mixed holding company)는 별도의 주된 사업을 영위하면서 부수적으로 다른 회사를 지배하고 있는 회사를 가리킨다.[96] 공정거래법은 순수지주회사와 사업지주회사를 준별하지 않고 있으나, 다른 회사의 지배를 주된 사업으로 삼아야 한다는 점에서 순수지주회사만을 규제대상으로 삼고 있는 것으로 이해함이 타당하다.[97] 금융지주회사도 마찬가지로 금융기관 등의 지배를 주된 사업으로 하는 회사를 말한다(「금융지주회사법」 제2조 제1호). 한편, 공정거래법상 지주회사는 자회사의 지분을 100% 보유하여야 한다는 의미에서 완전지주회사[98]에 국한되지 않는다.

---

95) 시행령 제3조 제1항에 따라, "자산총액이 대통령령으로 정하는 금액 이상인 회사"란 해당 사업연도에 설립되었거나 합병 또는 분할·분할합병·물적분할(이하 "분할")을 한 경우에는 설립등기일·합병등기일 또는 분할등기일 현재의 대차대조표상 자산총액이 5천억 원(법 제18조 제1항 제2호에 따른 벤처지주회사의 경우에는 300억 원) 이상인 회사를 말하고, 그 외의 경우에는 직전 사업연도 종료일(사업연도 종료일 전의 자산총액을 기준으로 지주회사 전환신고를 하는 경우에는 해당 전환신고 사유의 발생일) 현재의 대차대조표상 자산총액이 5천억 원(법 제18조 제1항 제2호에 따른 벤처지주회사의 경우에는 300억 원) 이상인 회사를 말한다.

96) 지주회사가 자회사를 지배하는 것 이외에 고유한 사업을 수행하는지 여부에 따라서 순수지주회사와 사업지주회사를 구분하는 견해에 따르면 공정거래법상 규제대상인 지주회사에는 양자가 모두 포섭될 수 있다. 권오승 외 6인(제7판), 136-137면(홍명수 집필부분). 이 문제는 결국 순수지주회사와 사업지주회사를 고유사업 여부를 기준으로 구별할 것인지 아니면 주된 사업이 무엇인지에 따라 달리 정의할 것인지에 관한 것으로서 아직까지 개념상 다소 혼선이 있어 보인다.

97) 이동원, 지주회사, 세창출판사, 2001, 11면.

98) 공정거래법은 완전지주회사를 규정하고 있지 않으나, 금융지주회사법 제2조 제4호는 '완전지주회사' 및 '완전자회사'를 각각 금융지주회사가 자회사의 발행주식총수를 소유하는 경우의 당해 금융지주회사 및 당해 자회사로 정의하고 있다.

지주회사의 또 다른 유형으로는 벤처지주회사가 있다. 이는 「벤처기업육성에 관한 특별조치법」 제2조 제1항에 따른 벤처기업(이하 "벤처기업") 또는 대통령령으로 정하는 중소기업[99]을 자회사로 하는 지주회사로서, 대통령령으로 정하는 기준[100]에 해당하는 지주회사를 말한다(법 제18조 제1항 제2호).

공정거래법상 주식소유에 따른 의결권 행사가 아니라 경영위탁계약에 따라 다른 회사를 지배하는 경우에는 지주회사에 해당될 수 없고, 외국회사의 지배를 주된 사업으로 하는 회사도 지주회사가 될 수 없다. 반면, 외국인이나 외국회사라도 국내회사의 지배를 주된 사업으로 하는 회사라면 공정거래법상 지주회사로서 관련 규제를 받게 된다.

---

99) 시행령 제27조 제2항에 따라, "대통령령으로 정하는 중소기업"이란 제5조 제2항 제5호 가목 1)에 따른 중소기업을 말하고, 이는 다음 각 목의 요건을 모두 갖춘 회사(해당 회사가 그 사업내용을 지배하는 회사를 포함)를 말한다.
  가. 해당 회사가 제4조 제1항의 요건에 해당하게 된 날의 전날을 기준으로 다음의 어느 하나에 해당하는 회사일 것
    1) 「중소기업기본법」 제2조에 따른 중소기업 중 공정거래위원회가 정하여 고시하는 바에 따라 산정한 연간 매출액에 대한 연간 연구개발비의 비율이 100분의 3 이상인 중소기업
    2) 생략
  나. 동일인 또는 동일인관련자가 해당 회사의 사업내용을 지배하는 자와 합의하여 그 회사의 주식을 취득 또는 소유하여 제4조 제1항의 요건에 해당하게 된 날부터 7년[해당 회사가 벤처지주회사의 자회사인 경우나 일반지주회사의 자회사인 「벤처투자 촉진에 관한 법률」에 따른 중소기업창업투자회사 또는 「여신전문금융업법」에 따른 신기술사업금융전문회사가 투자한 회사(투자조합의 업무집행을 통한 투자를 포함)인 경우에는 10년] 이내일 것
  다. 해당 회사(해당 회사가 그 사업내용을 지배하는 회사를 포함. 이하 라목 및 마목에서 같다)가 동일인이 지배하는 회사(동일인이 회사인 경우 동일인을 포함)에 출자하고 있지 않을 것
  라. 해당 회사와 동일인이 지배하는 회사(동일인이 회사인 경우 동일인을 포함) 간에 채무보증 관계가 없을 것
  마. 나목에 따른 요건해당일 이후 해당 회사와 동일인(그 친족을 포함) 간 또는 해당 회사와 동일인이 지배하는 회사 간에 법 제45조 제1항 제9호, 같은 조 제2항 또는 제47조를 위반하여 해당 회사, 동일인(그 친족을 포함) 또는 동일인이 지배하는 회사가 공정거래위원회로부터 시정조치(시정권고 또는 경고를 포함)를 받거나 과징금을 부과받은 사실이 없을 것

100) 시행령 제27조 제3항에 따라, "대통령령으로 정하는 기준에 해당하는 지주회사"란 다음의 요건을 모두 충족하는 지주회사를 말한다.
  1. 해당 회사가 소유하고 있는 전체 자회사 주식가액 합계액 중 제5조 제2항 제5호 가목 1) 또는 2)에 따른 중소기업 또는 벤처기업의 주식가액 합계액이 차지하는 비율이 100분의 50 이상일 것. 다만, 제3호에 따라 벤처지주회사의 설립·전환을 최초로 의결한 날부터 2년까지는 그 비율을 100분의 30 이상으로 한다.
  2. 해당 회사(법 제31조 제1항 전단에 따라 지정된 공시대상기업집단으로서 동일인이 자연인인 기업집단에 소속된 회사로 한정함)의 동일인 및 그 친족이 자회사, 손자회사 또는 법 제18조 제5항에 따른 증손회사(이하 "증손회사")의 주식을 소유하지 않을 것
  3. 이사회 또는 주주총회를 통해 벤처지주회사로 설립 또는 전환하기로 의결했을 것

동법의 적용을 받는 지주회사가 되기 위해서는 일정한 규모를 갖추어야 한다. 1986년 제1차 개정법[101]은 "누구든지 주식의 소유를 통하여 국내회사의 사업내용을 지배하는 것을 주된 사업으로 하는 회사를 설립할 수 없다(구법 제7조의2 제1항)."고 규정하고 있었기 때문에 규모를 기준으로 지주회사를 한정할 필요가 없었다. 그 후 지주회사의 설립·전환이 양성화된 1999년 제7차 개정법[102]에서는 당초 자산총액 100억 원을 기준으로 삼았다가, 일련의 법개정을 거치면서 현재와 같은 5천억 원에 이르게 되었던 것이다(영 제3조 제1항 각호).

(2) 주된 사업

어떤 회사가 지주회사에 해당되기 위해서는 다른 국내 회사의 지배가 주된 사업내용인지를 심사하여야 하는데(법 제2조 제7호), 시행령은 그 판단을 용이하게 하고 규제의 예측가능성을 제고하기 위하여 나름 명확한 기준을 제시하고 있다. 그에 따르면 당해 회사가 소유하는 자회사의 주식 또는 지분 가액(자산총액 산정 기준일 현재의 대차대조표상에 표시된 가액, 즉 장부가액)의 합계액이 해당 회사 자산총액의 100분의 50이상인 경우에 '주된 사업'으로 인정된다(영 제3조 제2항). 자회사의 주식 가액만을 합산하므로, 자회사가 아닌 다른 계열회사의 주식을 보유하고 있더라도 그 계열회사의 주식 가격은 고려하지 않는다.[103] 당해 회사가 자회사의 주식을 지배목적으로 보유하고 있는지 여부는 중요하지 않다.

이처럼 '주된 사업' 여하에 따라 지주회사 해당 여부가 좌우되고, 주된 사업은 당해 회사의 자산총액에서 자회사 주식가액의 합계액이 차지하는 비중에 따라 자동적으로 판정되기 때문에, 해당 회사가 지주회사의 지위를 갖고자 하는 의도는 전혀 중요하지 않다. 또한 해당 회사의 자산총액이나 자회사의 주식가액은 수시로 변동할 수 있는 것이어서, 이들 회사의 의도와 상관없이 해당 회사가 지주회사로 '전환'되는 일도 생길 수 있다. 예컨대, 해당 회사의 자산총액이 감소하면서 갑자기 자회사 주식 가액의 합계액의 비중이 50%를 넘게 되거나, 당해 회사의 자산총액에는 변동이 없으나 자회사의 주식가액이 증가하면서 마찬가지로 자회사 주식 가액의 합계액의 비중이 50%를 넘을 수도 있는 것이다. 이때, 해당 회사로서는 의도하지 않은 채 지주회사로 전환되어 공정거래법상 각종 행위제한을 받게 되는 것을 피하

101) 1986.12.31. 개정, 법률 제3875호.

102) 1999.2.5. 개정, 법률 제5813호.

103) 권오승·서정(제4판), 532면.

기 위하여 증자나 차입을 통하여 인위적으로 자산총액을 늘리게 되는 경우도 발생할 수 있다.[104]

나. 자회사 등

(1) 자회사

공정거래법상 자회사는 상법상 자회사의 개념[105]과 달리 지주회사에 의하여 그 사업내용을 지배받는 국내회사를 말한다(법 제2조 제8호). 구체적으로 지주회사의 자회사가 되기 위해서는 ① 지주회사의 계열회사(「벤처투자 촉진에 관한 법률」에 따른 중소기업창업투자회사 또는 「여신전문금융업법」에 따른 신기술사업금융업자가 창업투자 목적 또는 신기술사업자 지원 목적으로 다른 국내 회사의 주식을 취득하여 계열회사가 된 경우 그 계열회사는 제외)이고, ② 지주회사가 소유하는 주식이 특수관계인(영 제14조 제1항 제1호, 제2호), 즉 당해 자회사를 사실상 지배하고 있는 자(이른바, 동일인 내지 총수) 또는 동일인관련자(영 제6조 제1항 또는 제2항에 따라 동일인관련자에서 제외된 자는 제외) 중 최다출자자가 소유하는 주식수와 같거나 많아야 한다(영 제3조 제3항 제1호, 제2호).

따라서 기업집단의 총수와 지주회사가 공동으로 출자하여 합작법인을 설립할 수도 있고, 지주회사와 다른 계열회사가 함께 합작법인을 설립할 수도 있다. 후자의 예로, 경영에 영향을 미칠 수 있는 상당한 지분을 소유하고 있는 2인 이상의 출자자(특수관계인의 관계에 있는 출자자 중 대통령령으로 정하는 자 외의 자는 1인으로 봄)가 계약 또는 이에 준하는 방법으로 출자지분의 양도를 현저히 제한하고 있어 출자자간 지분변동이 어려운 법인, 이른바 공동출자법인(법 제18조 제1항 제1호)을 상정할 수 있을 것이다. 지주회사가 최다출자자로서 그 사업내용을 지배하더라도 외국회사는 자회사가 될 수 없으므로, 이때의 합작법인도 국내회사여야 함은 물론이다. 아울러 자회사가 되려면 지주회사가 당해 회사의 단독 또는 공동의 최대주주이어

104) 2003.12.31. 현재 삼성에버랜드가 보유한 삼성생명의 주식가액이 삼성에버랜드의 자산총액의 50%를 초과함으로써 삼성에버랜드가 「금융지주회사법」 및 공정거래법상의 (금융)지주회사가 되었다는 지적이 있었고, 실제 2004년 말에 삼성에버랜드는 금융기관으로부터 단기자금을 차입하여 자산총액을 늘리는 방식으로 (금융)지주회사에 해당하는 것을 회피한 바 있다. 삼성에버랜드가 (금융)지주회사로 자동 전환될 경우, 삼성생명이 보유하고 있던 삼성전자의 지분 7.25%를 전량 매각하여야 하고, 그렇게 되면 당시 「이재용→삼성에버랜드→삼성생명→삼성전자→삼성카드→삼성에버랜드」라는 순환출자로 이루어진 삼성그룹의 지배권 승계구도에 중대한 차질이 발생하였을 것이다.

105) 상법 제342조의2 제1항에 따르면 어떤 회사가 50%를 초과하여 다른 회사의 주식을 보유할 경우 그 다른 회사를 자회사라 한다. 반면, 공정거래법상 지주회사의 자회사에는 최소지분율에 관한 규정이 존재하지 않는다.

야 하므로, 지주회사의 계열회사라 하더라도 당해 지주회사 등이 최대주주가 아닌 경우에는 공정거래법상 자회사에는 해당하지 않게 된다.

(2) 손자회사 등

손자회사란 자회사에 의하여 대통령령으로 정하는 기준에 따라 그 사업내용을 지배받는 국내 회사를 말한다(법 제2조 제9호). 구체적으로 손자회사가 되기 위해서는 ① 자회사의 계열회사이고, ② 자회사가 소유하는 주식수가 특수관계인(영 제14조 제1항 제1호, 제2호), 즉 해당 자회사를 사실상 지배하고 있는 자(이른바, 동일인 내지 총수) 또는 동일인관련자 중 최다출자자가 소유하는 주식과 같거나 많아야 한다(자회사가 소유하는 주식수가 자회사의 지주회사 또는 지주회사의 다른 자회사가 소유하는 주식수와 같은 경우는 제외; 영 제3조 제4항).

공정거래법상 증손회사란 단순히 손자회사가 지배하는 자회사가 아니라 손자회사가 발행주식 총수를 소유하고 있는 국내 계열회사(금융업 또는 보험업을 영위하는 회사를 제외; 법 제18조 제4항 제4호) 또는 손자회사가 국내 계열회사(금융업 또는 보험업을 영위하는 회사는 제외) 발행주식총수의 100분의 50 이상을 소유하는 벤처지주회사(동항 제5호)로서, 그 주식을 소유하고 있는 회사를 말한다. 즉, 지주회사는 증손회사까지 보유할 수는 있으나 단지 증손회사의 지분을 100% 소유해야 한다는 제한이 부과되어 있다. 다만, 2020년 전부개정법[106]은 벤처지주회사를 손자회사 단계에서 설립하는 경우에는 상장과 비상장 자회사 모두 지분 보유 요건을 50%로 완화하였다. 아래에서는 지주회사, 자회사, 손자회사 및 증손회사를 합하여 '지주회사 등'이라고 부르기로 한다(법 제18조 제7항).

Ⅱ. 지주회사의 설립·전환과 현황

1. 지주회사의 설립·전환

가. 신고의무

공정거래법상 누구나 자유롭게 지주회사를 설립하거나 기존의 사업회사를 지주회사로 전환할 수 있으며, 대통령령으로 정하는 바에 따라 공정거래위원회에 신고하여야 한다(법 제17조).[107] 즉, ① 지주회사를 새로 설립하는 경우에는 설립등기

106) 2020.12.29. 전부개정, 법률 제17799호.

일로부터 30일 이내, ② 다른 회사와의 합병 또는 회사분할을 통하여 지주회사로 전환하는 경우에는 합병등기일 또는 분할등기일로부터 30일 이내, ③ 「자본시장과 금융투자업에 관한 법률」 제249조의19 등 다른 법률에 따라 법 제17조의 적용이 제외되는 회사의 경우에는 그 다른 법률에서 정하고 있는 제외기간이 지난 날부터 30일, 그리고 ④ 다른 회사의 주식취득이나 자산의 증감 또는 그 밖의 사유로 지주회사로 전환되는 경우에는 영 제3조 제1항 제2호에 따른 자산총액 산정 기준일, 즉 직전 사업연도 종료일(사업연도 종료일 전의 자산총액을 기준으로 지주회사 전환신고를 하는 경우에는 해당 전환신고 사유의 발생일)부터 4개월 이내에 신고 해야 한다(영 제26조 제2항 각호). 지주회사의 설립·전환은 사후신고로 규정되어 있으며, 신고일 이전이라도 위에서 규정된 지주회사의 설립·전환이 이루어진 날 이후부터 지주회사의 행위제한규정이 적용된다(「지주회사 관련 규정에 관한 해석지침」[108] Ⅱ. 3. 가.). 지주회사의 설립에 참여하는 자가 2 이상인 경우에는 공동신고가 원칙이며, 다만 신고의무자 중 1인을 대리인으로 정하여 그 대리인이 신고할 수도 있다(영 제26조 제3항).

한편, 공정거래법의 적용을 받는 지주회사인지 여부는 당해 회사의 자산총액에서 자회사 주식가액이 차지하는 비율에 의해서 변동될 수 있기 때문에, 사업연도 중 소유한 주식의 감소나 자산의 증감 등의 사유로 종래의 지주회사가 더 이상 그 요건을 충족하지 못하는 경우가 발생할 수 있다. 이러한 경우에는 당해 회사가 이를 공정거래위원회에 알린 경우에는 해당 사유가 발생한 날부터 지주회사로 보지 않는다(영 제26조 제4항). 이때의 신고는 의무적인 것은 아니며, 지주회사로부터 벗어날 법률상 이익을 갖는 회사가 자발적으로 신고하는 것이 상례이다. 이때 신고회사는 지주회사가 되지 않는 사유가 발생한 날을 기준으로 공인회계사의 회계감사를

---

107) 시행령 제26조 제1항에 따라, 지주회사의 설립·전환을 신고하려는 자는 다음 각 호의 사항이 포함된 신고서에 그 신고내용을 입증하는 서류와 법 제19조 각 호의 채무보증의 해소실적에 관한 서류(법 제31조 제1항 전단에 따라 지정된 상호출자제한기업집단에 속하는 회사를 지배하는 동일인 또는 그 동일인의 특수관계인이 신고하는 경우로 한정함)를 첨부하여 공정거래위원회에 제출해야 한다.

1. 명칭 및 대표자의 성명
2. 지주회사, 자회사, 손자회사 및 법 제18조 제5항에 따른 증손회사(이하 "지주회사등")에 대한 사항으로서, 해당 회사의 명칭 및 대표자의 성명, 자산총액 및 부채총액, 주주 현황 및 주식소유 현황, 사업내용
3. 그 밖에 제1호 및 제2호에 준하는 사항으로서 지주회사의 설립·전환의 신고에 필요하다고 공정거래위원회가 정하여 고시하는 사항

108) 공정거래위원회예규 제395호, 2021.12.30. 개정.

받은 대차대조표 및 주식소유 현황에 관한 서류를 공정거래위원회에 제출하여야 하고(영 제26조 제5항), 공정거래위원회는 서류를 제출받은 경우 제출받은 날부터 30일 이내에 그 처리결과를 해당 지주회사에 서면으로 알려야 한다(영 제26조 제6항).

한편, 지주회사의 설립 또는 전환신고를 하지 않거나 허위의 신고를 한 자에 대해서는 통상의 신고의무 위반과 달리 1억 원 이하의 벌금에 처하도록 되어 있다(법 제126조 제1호).

나. 지주회사의 설립제한

지주회사의 설립·전환 자유주의에 대해서는 동법상 그리고 특별법에 의한 예외가 인정되어 있다.

(1) 공정거래법상 제한

먼저, 공정거래법상 상호출자제한기업집단에 속하는 회사를 지배하는 동일인 또는 해당 동일인의 특수관계인이 지주회사를 설립하거나 지주회사로 전환하려는 경우에는 다음의 채무보증을 해소하여야 하고(법 제19조), 이때 신고인인 동일인 또는 그의 특수관계인은 채무보증 해소실적에 관한 서류를 첨부하여 공정거래위원회에 제출하여야 한다(영 제26조 제1항).

① 지주회사와 자회사 간의 채무보증

② 지주회사와 다른 국내 계열회사(그 지주회사가 지배하는 자회사는 제외)간의 채무보증

③ 자회사 상호 간의 채무보증

④ 자회사와 다른 국내 계열회사(그 자회사를 지배하는 지주회사 및 그 지주회사가 지배하는 다른 자회사는 제외)간의 채무보증

(2) 금융지주회사의 경우

금융지주회사의 설립에 대해서는 신고주의가 적용되지 않고, 이를 설립하고자 하는 자가 「금융지주회사법」에 따라 금융위원회의 사전 인가를 받아야 하며, 인가를 받은 경우에 당해 금융지주회사는 공정거래법 제17조의 규정에 의한 신고를 한 것으로 본다(동법 제3조 제1항). 다만 금융위원회가 인가를 함에 있어서는 관련시장에서 경쟁을 실질적으로 제한하는지의 여부에 관한 사항에 관하여 공정거래위원회와 미리 협의하여야 한다(동조 제4항).

그런데 금융위원회가 금융지주회사를 인가함에 있어서 경쟁제한성을 고려하

도록 규정한 것은 경제력집중 억제라는 규제취지에 비추어 일견 타당하지 않아 보일 수 있다. 공정거래법상 지주회사의 행위금지 등을 비롯하여 대기업집단에 대한 사전 규제 등은 경제력집중, 특히 일반집중의 억제를 규제하기 위한 것으로서 개별시장에 미치는 경쟁제한효과는 중요하지 않기 때문이다. 다만, 여러 업종에 걸친 자회사를 거느리게 되는 일반지주회사와 달리 금융지주회사는 언제나 금융기관이나 금융업의 영위와 밀접한 관련이 있는 회사를 자회사로 삼게 되고, 현재의 겸업주의(兼業主義; universal banking) 하에서 이들 회사는 많은 경우에 현실적 또는 잠재적 경쟁관계에 있게 되므로 금융지주회사의 설립과정에서 경쟁제한의 우려가 발생할 여지가 있다는 점에서 나름 근거를 찾을 수 있을 것이다.

2. 지주회사 등의 보고의무

모든 지주회사는 당해 사업연도 종료 후 4개월 이내에 당해 지주회사·자회사·손자회사 및 증손회사의 주식소유현황과 재무상황 등 사업내용에 관한 보고서를 공정거래위원회에 제출하여야 한다(법 제18조 제7항, 영 제29조 제1항).

3. 지주회사의 현황과 특징

가. 지주회사의 현황

2020년 12월 기준으로 우리나라에서 설립·전환된 지주회사는 164개이다. 그 중 일반지주회사가 154개, 금융지주회사가 10개이다. 공시대상기업집단 소속 지주회사는 모두 46개이고, 지주회사 및 소속회사의 자산 총액 합계액이 기업집단 소속 전체 회사의 자산 총액 합계액의 100분의 50 이상인 대기업집단(이하 "전환집단")은 24개이다. 자산총액이 1천억 원 이상 5천억 원 미만인 중소 지주회사가 76개로 전체의 지주회사의 46.6%를 차지하고 있는바, 2027년 7월부터는 지주회사에서 제외될 예정이다.[109)]

한편, 지주회사로 전환된 기업집단이라고 하여 동일인 내지 총수가 존재하지 않는 것은 아니다. 즉, 총수 있는 전환집단 소속 지주회사에 대한 총수 및 그 일가의 평균 지분율은 26.0%와 50.1%로서, 다음의 표에서 알 수 있는 바와 같이 총수

---

109) 2017년 7월 시행령 개정으로 지주회사의 최소 자산요건이 1천억 원에서 5천억 원으로 상향되었는바(영 제3조 제1항), 기존에 자산총액 5천억 원 미만인 지주회사에게는 2027년 6월 30일까지 10년의 유예기간을 부여하고 신청을 받아 지주회사에서 제외할 수 있게 되어 있다.

등은 변함없이 지주회사를 지배하는 방법으로 기업집단 전체를 사실상 지배하고 있다.

〈전환집단 소속 지주회사의 총수 및 총수일가 평균 지분율(단위: %)〉

구분	'13년	'14년	'15년	'16년	'17년	'18년	'19년	'20년	'21년
총수	30.3	31.1	34.2	35.2	35.9	28.2	27.4	26.3	26.0
총수 일가	44.1	53.4	49.6	48.6	50.3	44.8	49.7	49.5	50.1

출처: 공정거래위원회 2021.12.21.자 보도자료

아울러 지주회사체제로 전환을 유인하는 정책은 추가적인 자금투입 없이 총수의 그룹지배권을 더욱 확고하게 다져주는 결과를 가져왔음을 간과해서는 안 된다.[110] 총수(일가)로서는 자본금이 크지 않은 지주회사의 다수지분을 보유하기만 하면 사실상 영구적으로 그룹 전체를 지배할 수 있게 되고, 승계를 위해서도 자녀들이 지주회사만을 지배할 수 있을 정도의 안정적인 지분을 증여 등의 방법으로 확보할 수 있게 하면 족하기 때문이다. 지주회사로 전환하는 과정에서 인적분할과 주식교환을 통하여 총수가 한 푼도 들이지 않고 지주회사의 지배권을 갖게 되거나,[111] 지주회사의 자사주 소각을 통하여 일시에 총수(일가)의 지분율을 높이거나, 그 밖에 물량몰아주기나 사익편취를 통하여 후계자에게 막대한 부를 이전하는 일들도 이러한 배경 하에 벌어지는 것임은 물론이다. 경제력집중의 억제시책이 추구하는 목표가 단순히 그룹 지배구조의 투명성으로 대체될 수 있는 것인지 근본적인 의문을 갖게 하는 부분이다.

또 하나의 특징은 지주회사체제로 전환하였더라도 여전히 체제 밖에 있는 계

110) 대표적인 예가 LG그룹이다. 구본무 회장 및 그 일가는 지주회사로 전환하기 전인 1999년 12월 31일 LG화학 지분의 5.79%, LG전자 지분의 6.63%, 그리고 LG홈쇼핑 지분의 47.77%를 보유하고 있었으나 두 번의 공개매수와 합병을 거치면서 지주회사 LG에 대한 구본무 일가의 지분은 42.79%(2003년 3월 31일 기준)로 급격히 증가하였다. 특히 신주발행을 통한 공개매수 과정에서 발행된 신주의 대부분(LGCI의 경우 49.22%, LGEI의 경우 73.5%)을 구본무 회장 및 그 일가가 취득한 것이 결정적인 요인이었다. 김주영·이은정·이주영, "지주회사 전환과 기업지배구조", BFL 제2호, 서울대학교 금융법센터, 2003.11, 49면 이하.

111) 경제개혁연대, "지주회사 전환을 통한 지배주주 일가의 지배권 강화 효과", 경제개혁리포트 제2008-4호, 2008.3, 18면; 홍명수·이찬열, "독점규제법상 지주회사 규제와 개선 방안에 관한 고찰", 가천법학, 2017, 23-24면.

열회사가 다수 존재한다는 점이다. 총수가 있는 전환집단 22개에서 총수일가가 체제 밖에서 지배하는 계열회사가 모두 161개이고, 그 중에서 사익편취의 규제대상인 계열회사는 약 절반인 80개에 달한다. 이러한 경우에 대기업집단은 지주회사체제로 일부 전환하여 경제력집중억제 관련 규제를 피하는 한편, 종전과 다름없이 소수의 지분으로 기업집단 전체를 지배하는 장점을 누릴 수 있게 된다. 지주회사로의 전환이 단지 그룹 지배구조의 변화일 뿐 일반집중의 문제는 여전하거나 오히려 악화할 수 있다는 지적도 이러한 맥락에서 일응 타당하다.[112] 즉, 지주회사체제 그 자체가 경제력집중의 억제를 위하여 효과적인 수단인지 의문인 것이다.[113]

나. 지주회사의 설립방식에 따른 특징

지주회사의 장점은 지배구조의 단순함에 있다. 지분관계가 수직적으로만 이루어지고, 종래 대기업집단에서 흔히 발견되던 순환출자가 원천적으로 금지되기 때문이다. 그런데 지배구조에는 시장환경이나 그룹만의 특성이 반영되는 것이어서 통상 최적의 지배구조란 존재하지 않고, 경제력집중의 관점에서도 단순함이 평가의 절대적인 잣대가 될 수는 없다. 그럼에도 공정거래위원회는 일관되게 나름 복잡한 지배구조를 가진 재벌로 하여금 지주회사 체제로 전환하도록 유도하는 정책을 추진해왔고, 재벌의 입장에서 최대 관심사는 과연 지주회사 및 자회사를 여전히 지배함으로써 기업집단 전체의 경영권을 효과적으로 확보하는 데에 있을 수밖에 없다. 여기서 여러 가지 방법이 고안되었는데, 대표적인 것이 바로 인적분할[114] 및 공개매수이다. 이 방법이 총수(일가)로서는 최소의 비용으로 그룹의 경영권을 확보하면서 종전의 대기업집단에 대한 규제를 피할 수 있는 것이었기 때문이다.

인적분할이란 존속회사의 주주들이 지분율대로 신설법인의 주식을 나눠 갖는 것으로서 신설회사와 존속회사의 주주가 분할 초기에는 동일하지만 주식맞교환(swapping) 등을 통해 총수(일가)가 지주회사의 최대지분을 갖게 되는 특징이 있다. 인적분할 이후 지주회사가 자회사 주식을 확보하는 방식에 따라 공개매수와 제3자 배정방식의 유상증자가 활용되기도 한다. LG,[115] 농심, 태평양, 대상홀딩스의 경우

112) 이황, 앞의 글(2021), 244면.

113) 김우찬·이수정, "지주회사 체제로의 전환은 과연 기업집단의 소유·지배구조 개선을 가져오는가?", 경제개혁리포트 제2010-11호, 경제개혁연구소, 2010, 20면.

114) 물적분할은 주로 인적분할을 통하여 지주회사를 설립한 후 남은 사업부문을 자회사로 반드는 과정에서 활용되며, 예컨대 기업집단 네오위즈와 대웅이 이 같은 물적분할을 한 바 있다.

115) LG그룹 지주회사 설립과정에 대한 소개는 김주영·이은정·이주영, 앞의 글(2003), 45면 이하.

인적분할을 통해 지주회사를 설립하고, 이후 자회사가 될 회사의 주식을 보유한 주주를 상대로 한 공개매수와 지주회사의 유상증자를 통한 신주발행을 통하여 주요 상장 계열회사들을 자회사로 편입한 바 있다.

인적분할 후 제3자 배정 유상증자는 지주회사로 전환할 회사를 인적분할한 후 지배주주가 보유하게 된 자회사 지분을 지주회사에 현물출자하고 지주회사가 제3자배정 유상증자를 통해 지배주주에게 신주를 발행해 주는 것을 말한다. 대교홀딩스, 케이피씨홀딩스, 이수, 디피아이홀딩스, 케이이씨홀딩스 등이 대표적인 예이다. 이 중 대교홀딩스의 경우에는 지주회사와 자회사가 모두 비상장회사이며, 이수는 비상장 지주회사가 상장 자회사를 거느리고 있다. 공개매수의 경우와 다르게 자회사 소수주주의 참여를 배제한 채 이루어지는바, 비상장 자회사 주식의 현물출자 후 지주회사의 신주를 제3자배정 유상증자를 통해 받는 경우에는 다른 주주들의 이익을 침해할 소지가 별로 없으나, 상장 자회사의 경우에는 제3자배정에 참여하지 못하는 다른 주주들의 선택권을 박탈하게 되는 문제가 지적되기도 한다.[116)]

그 밖에 물적분할을 통하여 지주회사로 전환하는 경우도 있다. 물적분할이란 분할로 인한 신설회사 또는 분할합병의 상대방회사의 주식을 분할회사의 주주에게 귀속시키지 않고 분할회사가 그대로 소유하는 방법으로서, 지주회사로 전환할 회사가 보유하고 있던 사업부문을 100% 자회사로 분할할 경우 주주들은 분할 전과 동일하게 지주회사의 지분만을 보유하게 되고, 지주회사가 자회사의 지분을 100% 보유하게 되므로 지주회사가 추가로 자회사의 지분을 소유할 필요가 없다.

Ⅲ. 지주회사 등의 행위제한

순수지주회사든 사업지주회사든 공정거래법상 지주회사의 설립·전환은 원칙적으로 자유롭다(법 제17조). 다만, 일단 설립·전환된 지주회사와 그 자회사 등에 대해서는 지주회사의 장점은 살리되 경제력집중의 폐해를 방지하기 위해서 일정한 행위가 금지되고 있다. 공정거래법은 지주회사, 자회사, 손자회사별로 각각 별도의 규제를 정하고 있다(법 제18조).

참고로 독일에서 지주회사란 콘체른(Konzern)의 최정점에 있는 회사로서 주식

116) 경제개혁연대, 앞의 보고서, 6면.

법 및 경쟁제한방지법상 관련 규정을 두고 있다. 다만, 콘체른법에서는 주로 지배회사와 종속회사의 관계 및 주주·채권자보호를 다루고 있으며, 경쟁제한방지법도 시장집중이든 일반집중이든 콘체른에 관하여 별도의 공법적 규제를 가하는 규정은 두지 않고 있다.[117)]

1. 지주회사에 대한 제한

가. 부채비율의 제한

지주회사는 자본총액(대차대조표상의 자산총액에서 부채액을 뺀 금액)의 2배를 초과하는 부채액을 보유하는 행위를 해서는 안 된다(법 제18조 제2항 제1호). 지주회사가 외부차입을 통하여 조달한 자금으로 자회사를 늘리는 경우 수직적으로 일반집중이 심화될 수 있기 때문에, 부채비율을 200%로 제한하고 있는 것이다. 다만, 지주회사로 전환하거나 설립될 당시에 자본총액의 2배를 초과하는 부채액을 보유하고 있을 때에는 지주회사로 전환하거나 설립된 날부터 2년간은 자본총액의 2배를 초과하는 부채액을 보유할 수 있다(동호 후단). 따라서 지주회사는 2년 이내에 부채액을 줄이거나 자본총액을 늘리는 방법으로 부채비율을 200% 이내로 낮추는 조치를 취해야 한다.

2020년 12월 기준으로 164개 지주회사의 평균 부채비율은 35.3%에 불과하여 법정 상한인 200%에 훨씬 못 미치고 있다. 93.8%에 달하는 지주회사는 부채비율이 100%에 미치지 못하고, 100%를 초과하는 지주회사는 10개(중소 지주회사 6개 포함)에 불과하다. 부채비율 200%를 초과하는 지주회사는 단 1개인데, 중소지주회사여서 실질적으로는 의미가 없다.

나. 자회사 지분율의 제한

지주회사는 자신의 자산으로 지배에 필요한 최소한의 지분만큼 자회사의 주식을 소유함으로써 정해진 부채비율 이내에서 최대한 많은 수의 자회사를 지배하는 것이 합리적인 선택일 수 있다. 그러나 이 경우 지주회사가 적은 지분으로 과다한 자회사를 지배함으로써 일반집중이 심화될 우려가 있으므로 공정거래법은 자회사에 대한 지분율을 일정 수준 이상으로 유지하도록 강제하고 있는 것이다.

즉, 지주회사는 그 자회사 발행주식총수의 50%[자회사가 상장법인인 경우, 주식 소

---

117) 김건식·노혁준, 지주회사와 법, 소화출판사, 2009, 89면 이하.

유의 분산요건 등 상장요건이 「자본시장과 금융투자업에 관한 법률」에 따른 증권시장으로서 대통령령으로 정하는 국내 증권시장의 상장요건에 상당하는 것으로 공정거래위원회가 고시하는 국외증권거래소에 상장된 법인(이하 "국외상장법인")인 경우 또는 공동출자법인인 경우에는 30%, 벤처지주회사의 자회사인 경우에는 20%(이하 "자회사주식보유기준")] 미만으로 소유하는 행위를 해서는 안 된다. 다만, 다음의 어느 하나에 해당하는 사유로 인하여 자회사주식보유기준에 미달하게 된 경우에는 그러하지 아니하다(법 제18조 제2항 제2호).

① 지주회사로 전환하거나 설립될 당시에 자회사의 주식을 자회사주식보유기준 미만으로 소유하고 있는 경우로서 지주회사로 전환하거나 설립된 날부터 2년 이내인 경우

② 상장법인 또는 국외상장법인이거나 공동출자법인이었던 자회사가 그에 해당하지 아니하게 되어 자회사주식보유기준에 미달하게 된 경우로서 그 해당하지 아니하게 된 날부터 1년 이내인 경우

③ 벤처지주회사이었던 회사가 그에 해당하지 아니하게 되어 자회사주식보유기준에 미달하게 된 경우로서 그 해당하지 아니하게 된 날부터 1년 이내인 경우

④ 자회사가 주식을 모집하거나 매출하면서 「자본시장과 금융투자업에 관한 법률」 제165조의7에 따라 우리사주조합원에게 배정하거나 당해 자회사가 상법 제513조(전환사채의 발행) 또는 제516조의2(신주인수권부사채의 발행)의 규정에 따라 발행한 전환사채 또는 신주인수권부사채의 전환이 청구되거나 신주인수권이 행사되어 자회사주식보유기준에 미달하게 된 경우로서 그 미달하게 된 날부터 1년 이내인 경우

⑤ 자회사가 아닌 회사가 자회사에 해당하게 되고 자회사주식보유기준에는 미달하는 경우로서 그 회사가 자회사에 해당하게 된 날부터 1년 이내인 경우

⑥ 자회사를 자회사에 해당하지 아니하게 하는 과정에서 자회사주식보유기준에 미달하게 된 경우로서 그 미달하게 된 날부터 1년 이내인 경우(같은 기간 내에 자회사에 해당하지 아니하게 된 경우로 한정)

⑦ 자회사가 다른 회사와 합병하여 자회사주식보유기준에 미달하게 된 경우로서 그 미달하게 된 날부터 1년 이내인 경우

일반지주회사의 자회사에 대한 평균 지분율은 2020년 12월 기준으로 72.3%(상

장 40.0%, 비상장 86.3%)로서 법정 하한인 상장 20%, 비상장 40%를 훌쩍 상회하고 있다. 2020년 전부개정법[118]에서는 신규 설립·전환된 지주회사이거나, 기존 지주회사가 자·손자회사를 신규·편입하는 경우, 자회사 및 손자회사에 대한 의무지분율을 상장사와 비상장사의 경우 모두 10%p씩 상향하였다. 따라서 상장사인 경우 20%에서 30%로, 비상장사인 경우 40%에서 50%로 높였고, 이를 통해 총수일가가 적은 자본으로 지배력을 확대해나가는 문제가 해소되도록 하였다.

한편, 2020년 전부개정법은 벤처지주회사에 관한 규제를 다소 완화하였다. 벤처지주회사 제도는 벤처기업 활성화를 위하여 도입되었는데, 벤처지주회사에도 일반지주회사에 대한 행위제한을 동일하게 적용받았기에 그간 제대로 활용되지 못하였다. 따라서 개정법은 벤처지주회사를 일반지주회사의 자회사 단계에서 설립하는 경우, 비상장 자회사 지분보유 요건을 40%에서 20%로 완화하였고(상장 자회사는 20% 유지; 법 제18조 제3항 제1호), 손자회사 단계에서 설립하는 경우, 상장·비상장 자회사 모두 지분보유 요건을 100%에서 50%로 완화하였다(법 제18조 제4항 제5호). 또한 5% 한도 내에서만 비계열사 주식을 취득하도록 하는 제한 규정을 폐지하였다(법 제18조 제2항 제3호).

다. 자회사 이외에 국내회사 주식의 지배목적 소유의 금지

지주회사는 계열회사가 아닌 국내회사(「사회기반시설에 대한 민간투자법」 제4조 제1호부터 제4호까지의 규정에서 정한 방식으로 민간투자사업을 영위하는 회사는 제외)의 주식을 그 회사 발행주식총수의 100분의 5를 초과하여 소유하는 행위(벤처지주회사 또는 소유하고 있는 계열회사가 아닌 국내회사의 주식가액의 합계액이 자회사의 주식가액의 합계액의 100분의 15 미만인 지주회사에 대하여는 적용하지 않음) 또는 자회사 외의 국내계열회사의 주식을 소유하는 행위를 해서는 안 된다. 다만, 다음의 어느 하나에 해당하는 사유로 인하여 주식을 소유하고 있는 계열회사가 아닌 국내 회사나 국내 계열회사의 경우에는 예외로 한다(법 제18조 제2항 제3호).

① 지주회사로 전환하거나 설립될 당시에 위 행위에 해당하고 있는 경우로서 지주회사로 전환하거나 설립된 날부터 2년 이내인 경우

② 계열회사가 아닌 회사를 자회사에 해당하게 하는 과정에서 위 행위에 해당하게 된 날부터 1년 이내인 경우(같은 기간 내에 자회사에 해당하게 된 경우에 한

---

118) 2020.12.29. 전부개정, 법률 제17799호.

함)

③ 주식을 소유하고 있지 아니한 국내 계열회사를 자회사에 해당하게 하는 과정에서 그 국내 계열회사 주식을 소유하게 된 날부터 1년 이내인 경우(같은 기간 내에 자회사에 해당하게 된 경우에 한함)

④ 자회사를 자회사에 해당하지 아니하게 하는 과정에서 그 자회사가 자회사에 해당하지 아니하게 된 날부터 1년 이내인 경우

라. 금융지주회사의 비금융회사 주식소유금지

금융업 또는 보험업을 영위하는 자회사의 주식을 소유하는 지주회사, 즉 금융지주회사는 금융업 또는 보험업을 영위하는 회사(금융업 또는 보험업과 밀접한 관련이 있는 등 대통령령이 정하는 기준에 해당하는 회사를 포함) 외의 국내 회사의 주식을 소유하여서는 안 된다. 다만, 금융지주회사로 전환하거나 설립될 당시에 금융업 또는 보험업을 영위하는 회사 외의 국내 회사 주식을 소유하고 있는 때에는 금융지주회사로 전환하거나 설립된 날부터 2년간은 그 국내 회사의 주식을 소유할 수 있다(법 제18조 제2항 제4호).

마. 일반지주회사의 금융회사 주식소유금지

금융지주회사 외의 지주회사, 즉 일반지주회사는 금융업 또는 보험업을 영위하는 국내 회사의 주식을 소유해서는 안 된다(법 제18조 제2항 제5호). 금산분리원칙에 따른 것으로서, 일반지주회사가 금융기관의 성격을 갖는 기업형벤처캐피탈(corporate venture capital; CVC)의 지분을 소유하는 것도 금지되어 있다. 다만, 일반지주회사로 전환하거나 설립될 당시에 금융업 또는 보험업을 영위하는 국내 회사의 주식을 소유하고 있는 때에는 일반지주회사로 전환하거나 설립된 날부터 2년간은 그 국내회사의 주식을 소유할 수 있다(동호 후단).

그런데 2020년 전부개정법[119]은 벤처기업에 대한 투자와 M&A의 활성화를 목적으로 기존의 금산분리원칙을 일부 완화하여 일반지주회사의 기업형벤처캐피탈의 보유를 허용하였다. 기업형벤처캐피탈, 즉 CVC란 통상 대기업이나 대기업집단의 계열회사가 대주주인 벤처캐피탈을 말하며, 그 성질상 금융회사에 해당한다. 공정거래법상 기업형벤처캐피탈의 법적 형태는 후술하는 중소기업창업투자회사와 신기술사업금융업자를 말한다. 종래에도 일반지주회사 밖에 기업집단 차원에서 기

119) 2020.12.29. 전부개정, 법률 제17799호.

업형벤처캐피탈을 설립하거나 일반지주회사라도 해외에 기업형벤처캐피탈을 보유하는 것은 가능했기 때문에,[120] 금번 개정으로 달라지는 것은 일반지주회사가 국내에 기업형벤처캐피탈을 보유할 수 있게 되었다는 점이다.

이처럼 기업형벤처캐피탈의 허용에 따라 총수일가가 타인자본을 통하여 지배력을 확대하거나 사익편취에 이용하는 등의 폐해를 막기 위하여, 전부개정법[121]에 따르면 일반지주회사는 기업형벤처캐피탈을 100% 완전자회사의 형태로만 소유할 수 있고, 기업형벤처캐피탈에게는 부채비율을 자기자본의 200% 이내로 제한하는 한편 기업형벤처캐피탈이 보유한 펀드 내의 외부자금을 40%로 제한하며, 기업형벤처캐피탈이 투자한 회사의 주식이나 채권 등을 특수관계인(동일인 및 그 친족에 한함) 및 특수관계인이 투자한 회사로서 지주회사 등이 아닌 계열회가가 취득 또는 소유하는 것이 금지된다(법 제20조 제1항 내지 제3항).

구체적으로 살펴보면, 일반지주회사는 「벤처투자 촉진에 관한 법률」에 따른 중소기업창업투자회사(이하 "중소기업창업투자회사") 및 「여신전문금융업법」에 따른 신기술사업금융전문회사(이하 "신기술사업금융전문회사")의 주식을 소유할 수 있게 되었다(동조 제1항). 일반지주회사가 중소기업창업투자회사 및 신기술사업금융전문회사의 주식을 소유하는 경우에는 중소기업창업투자회사 및 신기술사업금융전문회사의 발행주식총수를 소유하여야 하고, 다만, 다음의 어느 하나에 해당하는 경우에는 그러하지 아니하다(동조 제2항).

① 계열회사가 아닌 중소기업창업투자회사 및 신기술사업금융전문회사를 자회사에 해당하게 하는 과정에서 해당 중소기업창업투자회사 및 신기술사업금융전문회사 주식을 발행주식총수 미만으로 소유하고 있는 경우로서 해당 회사의 주식을 보유하게 된 날부터 1년 이내인 경우(1년 이내에 발행주식총수를 보유하게 되는 경우에 한정)

② 자회사인 중소기업창업투자회사 및 신기술사업금융전문회사를 자회사에 해당하지 아니하게 하는 과정에서 해당 중소기업창업투자회사 및 신기술

120) 이와 같은 방식으로 2020년 6월을 기준으로 자산총액 5조 원 이상인 대기업집단 64개 중에서 15개 기업집단이 모두 17개의 기업형벤처캐피탈을 보유하고 있는 것으로 알려져 있다. 신영수, "개정 공정거래법상 기업형벤처캐피탈(기업형 벤처캐피탈) 관련 규정에 대한 평가와 전망", 경영법률 제31권 제4호, 2021, 170면.

121) 2020.12.29. 전부개정, 법률 제17799호.

사업금융전문회사 주식을 발행주식총수 미만으로 소유하게 된 날부터 1년 이내인 경우(발행주식총수 미만으로 소유하게 된 날부터 1년 이내에 모든 주식을 처분한 경우에 한정)

이와 함께, 일반지주회사가 주식을 소유한 중소기업창업투자회사 및 신기술사업금융전문회사는 다음 각 호의 어느 하나에 해당하는 행위를 하여서는 아니 되고, 다만, 법 제20조 제2항 각 호의 어느 하나에 해당하는 경우에는 제1호부터 제5호까지의 규정을 적용하지 아니한다(동조 제3항).

① 자본총액의 2배를 초과하는 부채액을 보유하는 행위

② 중소기업창업투자회사인 경우 「벤처투자 촉진에 관한 법률」 제37조 제1항 각 호 이외의 금융업 또는 보험업을 영위하는 행위

③ 신기술사업금융전문회사인 경우 「여신전문금융업법」 제41조 제1항 제1호, 제3호부터 제5호까지의 규정 이외의 금융업 또는 보험업을 영위하는 행위

④ 다음 각 목의 어느 하나에 해당하는 투자조합(「벤처투자 촉진에 관한 법률」 제2조 제11호에 따른 벤처투자조합 및 「여신전문금융업법」 제2조 제14호의5에 따른 신기술사업투자조합)을 설립하는 행위

- 자신이 소속된 기업집단 소속 회사가 아닌 자가 출자금 총액의 100분의 40 이내에서 대통령령으로 정하는 비율을 초과하여 출자한 투자조합
- 자신이 소속된 기업집단 소속 회사 중 금융업 또는 보험업을 영위하는 회사가 출자한 투자조합
- 자신의 특수관계인(동일인 및 그 친족에 한정)이 출자한 투자조합(동일인이 자연인인 기업집단에 한정)

⑤ 다음의 어느 하나에 해당하는 투자(「벤처투자 촉진에 관한 법률」 제2조 제1호 각 목의 어느 하나에 해당하는 것을 말함)를 하는 행위(투자조합의 업무집행을 통한 투자 포함)

- 자신이 소속된 기업집단 소속 회사에 투자하는 행위
- 자신의 특수관계인(동일인 및 그 친족에 한정)이 출자한 회사에 투자하는 행위
- 공시대상기업집단 소속 회사에 투자하는 행위
- 총자산(운용 중인 모든 투자조합의 출자금액을 포함)의 100분의 20을 초과하

는 금액을 해외 기업에 투자하는 행위

⑥ 자신(자신이 업무를 집행하는 투자조합을 포함)이 투자한 회사의 주식, 채권 등을 자신의 특수관계인(동일인 및 그 친족에 한정) 및 특수관계인이 투자한 회사로서 지주회사 등이 아닌 계열회사가 취득 또는 소유하도록 하는 행위

나아가, 일반지주회사는 중소기업창업투자회사 및 신기술사업금융전문회사의 주식을 소유하는 경우에 해당 주식을 취득 또는 소유한 날부터 4개월 이내에 그 사실을 공정거래위원회가 정하여 고시하는 바에 따라 공정거래위원회에 보고하여야 하고(법 제20조 제4항), 일반지주회사의 자회사인 중소기업창업투자회사 및 신기술사업금융전문회사는 자신 및 자신이 운용중인 모든 투자조합의 투자 현황, 출자자 내역 등을 공정거래위원회가 정하여 고시하는 바에 따라 공정거래위원회에 보고하여야 한다(동조 제5항).

이처럼 1995년 개정된 은행법에 은산분리를 규정하면서 도입된 금산분리의 원칙에 대한 또 하나의 예외가 인정되었으나,[122] 그 실효성은 다소 의문이다. 기존의 기업형벤처캐피탈도 벤처활성화에 기여하는 바가 크지 않다는 평가가 지배적인 상황에서 일반지주회사의 자회사인 기업형벤처캐피탈이 여타 기업형벤처캐피탈에 비하여 무거운 규제를 적용받게 될 경우 기업형벤처캐피탈 설립이 조장될 것으로 기대하기 어렵고, 막상 벤처투자를 통한 총수 일가의 사익편취 우려가 실증적으로 밝혀지지 않은 상황에서 일반지주회사에 대한 규제가 과도한 측면이 있으며, 「벤처투자 촉진에 관한 법률」 및 「여신전문금융업법」상 기업형벤처캐피탈에 대한 조사·감독 권한은 종전과 마찬가지로 중소벤처기업부와 금융위원회가 보유함으로써 공정거래위원회를 포함할 경우 3개 부처의 규제가 중첩되는 상황이기 때문이다.

2. 자회사에 대한 제한

가. 손자회사 지분율의 제한

일반지주회사의 자회사는 손자회사의 주식을 그 손자회사 발행주식총수의 100

122) 일찍이 기업집단은 은행을 제외한 증권회사나 보험회사 등을 자유롭게 소유할 수 있다는 점에서 금산분리의 토대는 허물어졌고, 그나마 유지되던 은산분리원칙 또한 2018년에 「인터넷전문은행 설립 및 운영에 관한 특례법」이 제정되면서 비금융주력자의 은행지분 보유한도를 34%로 정하였고, 상호출자제한기업집단은 지분보유한도가 10%이지만 정보통신기술 기업집단에는 예외가 인정되어 카카오(주)가 카카오뱅크의 최대주주(34%)가 되면서 중대한 예외가 만들어졌다.

분의 50(그 손자회사가 상장법인 또는 국외상장법인이거나 공동출자법인인 경우에는 100분의 30. 이하 "손자회사주식보유기준") 미만으로 소유해서는 안 된다. 다만, 다음의 어느 하나에 해당하는 사유로 인하여 손자회사주식보유기준에 미달하게 된 경우에는 그러하지 아니하다(법 제18조 제3항 제1호).

① 자회사가 될 당시에 손자회사의 주식을 손자회사주식보유기준 미만으로 소유하고 있는 경우로서 자회사에 해당하게 된 날부터 2년 이내인 경우

② 상장법인 또는 국외상장법인이거나 공동출자법인이었던 손자회사가 그에 해당하지 아니하게 되어 손자회사주식보유기준에 미달하게 된 경우로서 그에 해당하지 아니하게 된 날부터 1년 이내인 경우

③ 일반지주회사의 자회사인 벤처지주회사였던 회사가 벤처지주회사에 해당하지 아니한 자회사가 됨에 따라 손자회사주식보유기준에 미달하게 된 경우로서 그 해당하지 아니한 자회사가 된 날부터 1년 이내인 경우

④ 손자회사가 주식을 모집하거나 매출하면서 「자본시장과 금융투자업에 관한 법률」 제165조의7에 따라 우리사주조합에 우선 배정하거나 그 손자회사가 상법 제513조 또는 제516조의2에 따라 발행한 전환사채 또는 신주인수권부사채의 전환이 청구되거나 신주인수권이 행사되어 손자회사주식보유기준에 미달하게 된 경우로서 그 미달하게 된 날부터 1년 이내인 경우

⑤ 손자회사가 아닌 회사가 손자회사에 해당하게 되고 손자회사주식보유기준에는 미달하는 경우로서 그 회사가 손자회사에 해당하게 된 날부터 1년 이내인 경우

⑥ 손자회사를 손자회사에 해당하지 아니하게 하는 과정에서 손자회사주식보유기준에 미달하게 된 경우로서 그 미달하게 된 날부터 1년 이내인 경우(같은 기간 내에 손자회사에 해당하지 아니하게 된 경우로 한정)

⑦ 손자회사가 다른 회사와 합병하여 손자회사주식보유기준에 미달하게 된 경우로서 그 미달하게 된 날부터 1년 이내인 경우

나. 손자회사 이외에 국내계열회사의 주식소유 금지

일반지주회사의 자회사는 손자회사가 아닌 국내 계열회사의 주식을 소유해서는 안 된다. 다만, 다음의 어느 하나에 해당하는 사유로 인하여 주식을 소유하고 있는 국내계열회사의 경우에는 그러하지 아니하다(법 제18조 제3항 제2호).

① 자회사가 될 당시에 주식을 소유하고 있는 국내 계열회사의 경우로서 자회사에 해당하게 된 날부터 2년 이내인 경우
② 계열회사가 아닌 회사를 손자회사에 해당하게 하는 과정에서 그 회사가 계열회사에 해당하게 된 날부터 1년 이내인 경우(같은 기간 내에 손자회사에 해당하게 된 경우에 한정)
③ 주식을 소유하고 있지 아니한 국내 계열회사를 손자회사에 해당하게 하는 과정에서 그 국내 계열회사의 주식을 소유하게 된 날부터 1년 이내인 경우(같은 기간 내에 손자회사에 해당하게 된 경우에 한정)
④ 손자회사를 손자회사에 해당하지 아니하게 하는 과정에서 그 손자회사가 손자회사에 해당하지 아니하게 된 날부터 1년 이내인 경우(같은 기간 내에 계열회사에 해당하지 아니하게 된 경우에 한정)
⑤ 손자회사가 다른 자회사와 합병하여 그 다른 자회사의 주식을 소유하게 된 경우로서 주식을 소유한 날부터 1년 이내인 경우
⑥ 자기주식을 보유하고 있는 자회사가 회사분할로 인하여 다른 국내 계열회사의 주식을 소유하게 된 경우로서 주식을 소유한 날부터 1년 이내인 경우

다. 금융업이나 보험업을 영위하는 회사를 손자회사로 지배하는 행위

일반지주회사의 자회사는 금융·보험회사를 손자회사로 둘 수 없다. 다만, 일반지주회사의 자회사가 될 당시에 금융업이나 보험업을 영위하는 회사를 손자회사로 지배하고 있는 경우에는 자회사에 해당하게 된 날부터 2년간 그 손자회사를 지배할 수 있다(법 제18조 제3항 제3호).

3. 손자회사에 대한 제한

가. 증손회사 주식소유 금지

일반지주회사의 손자회사는 국내 계열회사의 주식을 소유해서는 안 된다(법 제18조 제4항). 일반지주회사의 손자회사가 증손회사를 보유하는 경우에는 그 지분 100%를 소유하여야 한다(동항 제4호). 지주회사가 자회사 등을 통하여 수직적으로 무한하게 확장할 우려를 고려하여 원칙적으로 손자회사까지만 보유하도록 하되, 예외적으로 증손회사를 보유하고자 하는 경우에는 지분 전부를 소유하도록 한 것이다. 다만, 다음의 어느 하나에 해당하는 경우에는 그러하지 아니하다(동항 후단).

① 손자회사가 될 당시에 주식을 소유하고 있는 국내 계열회사의 경우로서 손자회사에 해당하게 된 날부터 2년 이내인 경우
② 주식을 소유하고 있는 계열회사가 아닌 국내 회사가 계열회사에 해당하게 된 경우로서 그 회사가 계열회사에 해당하게 된 날부터 1년 이내인 경우
③ 자기주식을 소유하고 있는 손자회사가 회사분할로 인하여 다른 국내계열회사의 주식을 소유하게 된 경우로서 주식을 소유한 날부터 1년 이내인 경우
④ 손자회사가 국내 계열회사(금융업 또는 보험업을 영위하는 회사는 제외) 발행주식총수를 소유하고 있는 경우
⑤ 손자회사가 벤처지주회사인 경우 그 손자회사가 국내 계열회사(금융업 또는 보험업을 영위하는 회사는 제외) 발행주식총수의 100분의 50 이상을 소유하는 경우

동 규제에 대해서는 일찍이 지주회사의 신규사업 진출을 어렵게 하고 손자회사 단계에서 전략적 제휴를 통한 경쟁력 강화에 장애요소로 작용한다는 문제가 제기되었다. 예컨대, 자회사가 다른 회사(손자회사)를 인수하는 과정에서 다른 회사가 보유 중인 또 다른 자회사(증손회사)의 지분까지 100% 보유해야 함으로써 구조조정이나 신규사업 진출 차원에서의 M&A가 어려움을 겪을 수 있다는 것이다.[123)]

나. 증손회사의 주식보유 금지

손자회사가 주식 100%를 소유하고 있는 회사, 즉 증손회사는 국내 계열회사의 주식을 소유해서는 안 된다. 다만, 다음의 어느 하나에 해당하는 경우에는 그러하지 아니하다(법 제18조 제5항).

① 증손회사가 될 당시에 주식을 소유하고 있는 국내계열회사인 경우로서 증손회사에 해당하게 된 날부터 2년 이내인 경우
② 주식을 소유하고 있는 계열회사가 아닌 국내 회사가 계열회사에 해당하게 된 경우로서 그 회사가 계열회사에 해당하게 된 날부터 1년 이내인 경우
③ 일반지주회사의 손자회사인 벤처지주회사였던 회사가 동조 제1항 제2호에 따른 기준에 해당하지 아니하게 되어 제4항 제5호의 주식보유기준에 미달하게 된 경우로서 그 해당하지 아니하게 된 날부터 1년 이내인 경우

123) 주수익, “공정거래법상 지주회사의 규제에 대한 개선방안 — 행위규제를 중심으로”, 상사판례연구 제25집 제1권, 2012, 377면 이하. 지주회사나 자회사의 지분율 제한과 동일하게 상장법인 20%, 비상장법인 40%를 개정할 것을 대안으로 제시하고 있다.

Ⅳ. 제 재

지주회사의 설립·전환에 대한 신고의무를 위반하는 경우에 공정거래위원회가 시정조치를 명할 수 없고, 과징금이나 과태료를 부과할 근거규정도 없다. 법 제17조에 따른 지주회사 설립 또는 전환의 신고의무를 이행하지 않거나 거짓으로 신고를 한 자는 1억 원 이하의 벌금에 처할 수 있을 뿐이다(법 제126조 제1호). 법 제18조 제7항에 따른 지주회사등의 사업내용에 관한 보고서를 제출하지 아니하거나 거짓으로 보고서를 제출한 자도 마찬가지이다(동조 제2호).

반면, 법 제19조가 규정하고 있는 채무보증을 해소하지 않고 지주회사를 설립하거나 지주회사로 전환한 경우에 공정거래위원회는 당해 행위의 중지를 비롯하여 법위반상태의 시정에 필요한 조치를 명할 수 있으며(법 제37조 제1항 제1호, 제8호), 당해 회사의 설립무효의 소를 제기할 수도 있다(동조 제2항). 아울러 법 제19조에 따른 채무보증 해소의무를 위반한 자에게는 3년 이하의 징역이나 2억 원 이하의 벌금 등 형사벌이 부과될 수 있다(법 제124조 제1항 제5호).

지주회사 등의 행위제한을 위반하거나 위반할 우려가 있는 경우에 공정거래위원회는 지주회사 등의 행위제한(법 제18조 제2항 내지 제5항)을 위반하거나 그러할 우려가 있는 경우 시정명령을 내릴 수 있고(법 제37조 제1항), 이에 응하지 않는 경우에는 2년 이하의 징역이나 1억5천만 원 이하의 벌금을 부과하도록 고발을 할 수 있다(법 제125조 제1호). 뿐만 아니라 법에서 규정한 금액의 100분의 20을 곱한 금액을 과징금으로 부과할 수 있다(법 제38조 제3항)

① 제18조(지주회사 등의 행위제한 등) 제2항 제1호의 규정을 위반한 경우에는 대통령령이 정하는 대차대조표(이하 "기준대차대조표")상 자본총액의 2배를 초과한 부채액

② 동항 제2호의 규정을 위반한 경우에는 해당 자회사 주식의 기준대차대조표상 장부가액의 합계액에 다음의 비율에서 그 자회사 주식의 소유비율을 뺀 비율을 곱한 금액을 그 자회사 주식의 소유비율로 나누어 산출한 금액

- 해당 자회사가 상장법인 또는 국외상장법인이거나 공동출자법인인 경우에는 100분의 30
- 벤처지주회사의 자회사인 경우에는 100분의 20

– 위의 경우에 해당하지 아니하는 경우에는 100분의 50

③ 동항 제3호 내지 제5호, 같은 조 제3항 제2호·제3호, 같은 조 제4항 제1호 내지 제4호 또는 같은 조 제5항을 위반한 경우에는 위반하여 소유하는 주식의 기준대차대조표상 장부가액의 합계액

④ 동조 제3항 제1호의 규정을 위반한 경우에는 해당 손자회사 주식의 기준대차대조표상 장부가액의 합계액에 다음의 비율에서 그 손자회사 주식의 소유비율을 뺀 비율을 곱한 금액을 그 손자회사 주식의 소유비율로 나누어 산출한 금액

– 해당 손자회사가 상장법인 또는 국외상장법인이거나 공동출자법인인 경우에는 100분의 30

– 해당 손자회사가 벤처지주회사의 자회사인 경우에는 100분의 20

– 위의 경우에 해당하지 아니하는 손자회사의 경우에는 100분의 50

⑤ 동항 제5호를 위반한 경우에는 해당 손자회사인 벤처지주회사가 발행주식총수의 100분의 50 미만을 소유하고 있는 국내 계열회사 주식의 기준대차대조표상 장부가액의 합계액에 100분의 50의 비율에서 그 국내 계열회사 주식의 소유비율을 뺀 비율을 곱한 금액을 그 국내 계열회사 주식의 소유비율로 나누어 산출한 금액

한편, 공정거래법 제25조에 따른 금융·보험회사의 의결권 제한은 지주회사와 관련된 것이 아니다. 왜냐하면 이때 의결권 행사의 제한을 받는 회사는 국내 계열회사의 주식을 취득 또는 소유하고 있는 계열 금융 또는 보험회사에 한하며, 이들 회사는 지주회사가 아니기 때문이다. 또한 공정거래위원회는 법 제19조를 위반하여 설립된 지주회사의 설립무효의 소를 제기할 수도 있다(법 제37조 제2항).

탈법적인 방법으로 지주회사의 행위제한, 상호출자제한기업집단의 지주회사 설립 제한, 일반지주회사의 금융회사 주식 소유에 관한 특례 등의 규정을 회피하는 것도 금지되고(법 36조 제1항), 이를 위반하는 경우 시정조치를 내리거나(법 37조 제1항) 3년 이하의 징역 또는 2억 원 이하의 벌금에 처할 수 있다(법 124조 제1항 제2호). 다만 탈법행위로 인한 지주회사의 설립에 대해서는 설립무효의 소에 관한 준용규정이 없다.

제6장

부당한 공동행위의 제한

제1절 총　　설

Ⅰ. 입법례

부당한 공동행위는 통상 카르텔(cartel; Kartell)[1]이라고도 불리며, 가장 고전적인 형태의 경쟁제한행위로서 고대 로마와 중세시대에 이미 성행하였던 것으로 알려져 있다. 일찍이 로마황제들도 특히 수입곡물의 가격안정을 위하여 카르텔을 강력하게 억제하였으나 그때마다 별다른 효과가 없었다. 그 후 중세 유럽에서는 길드(guild), 즉 상인조합 및 공인조합에서 카르텔의 초기 형태를 찾을 수 있을 정도로 부당한 공동행위란 가장 전형적이고, 잘 알려져 있으며 역사적인 의미를 갖는 경쟁제한행위이다.

자유시장경제를 경제질서의 기본으로 채택하고 있는 나라는 거의 예외 없이 독점금지법을 두고 있으며, 각국의 독점금지법은 나름대로 부당한 공동행위를 금지하고 있다. 그런데 부당한 공동행위에 대한 규제는 각 나라마다, 당시의 시대상황에 따라 그 모습을 달리해왔다. 일찍이 미국에서는 1890년 세계 최초로 셔먼법을 제정한 이래 동법 제1조가 거래제한을 폭넓게 금지하는 일반조항을 통하여 부당한 공동행위를 금지해왔다. 독일에서는 나치정부가 1933년에 '강제카르텔의 설치에 관한 법률'(Zwangskartellgesetz)을 통하여 카르텔을 전시경제(戰時經濟)에 대비한 수단으로 이용하기도 하였으나 전후 1957년 '경쟁제한방지법'을 제정하고, 동법 제1조에서 카르텔을 원칙적으로 금지하였다. 그리고 같은 해 유럽경제공동체(EEC)가 창설되면서

1) 카르텔이란 용어는 종이나 서면을 의미하는 프랑스어인 카르타(charta)에서 유래한 것으로서, 중세를 거쳐 근대까지는 주로 교전국간의 서면에 의한 포로교환협정을 가리키는 용어로 사용되었다. 그 후 19세기 자본주의가 발전하면서 경쟁사업자간의 일시적인 휴전상태 내지 경쟁포기를 가리키는 의미로 사용되기 시작하였다.

유럽차원의 경쟁법이 구 로마조약 제85조(회원국 간 거래제한의 금지)와 제86조(시장지배적 지위남용의 금지)로 도입되었다. 일본에서도 카르텔이 대공황의 극복과 전시동원 등 통제경제를 위한 수단으로 이용되기도 하였으나, 패전 후 미군정 하에서 미국의 독점금지법을 모델로 한 사적독점금지법이 제정되었고, 동법 제15조에서 부당한 거래제한을 금지하고 있다.

공정거래법도 1980년 제정[2] 당시부터 경쟁제한적인 공동행위를 금지해왔으나, 공동행위에 대한 태도와 관련하여 일련의 변천을 겪었다. 제정 공정거래법은 정당한 공동행위(법 제11조)와 부당한 공동행위(법 제12조)를 구분하고, 모든 공동행위를 당시 경제기획원 소속의 공정거래실에 등록(登錄)하도록 하되, 경쟁을 제한하는 부당한 공동행위에 대해서는 등록을 거부하게 하는 한편, 등록되지 않은 공동행위는 이를 사법상 무효로 하며, 무효인 공동행위를 실행하는 자에 대해서는 형사벌을 가할 수 있도록 규정하였다.

그 후 1986년 제1차 개정법[3]은 사업자가 다른 사업자와 공동으로 일정한 거래분야에서 경쟁을 실질적으로 제한하는 공동행위, 즉 부당한 공동행위를 원칙적으로 금지하면서, 일정한 요건을 갖춘 공동행위에 대하여는 엄격한 인가절차를 통해 예외적으로만 허용할 수 있도록 태도를 전환하였다. 이어서 1992년 제3차 개정법[4]은 '사업자는 다른 사업자와 공동으로 일정한 거래분야에서 경쟁을 실질적으로 제한하는 행위'를 금지하던 것을 그와 같은 행위를 할 것을 '합의'하는 것을 금지하였다. 이것이 바로 현재까지 이어지고 있는 '합의 도그마'를 가져온 계기였음은 물론이다. 1999년 제7차 개정법[5]은 부당한 공동행위의 실체적 요건에 중대한 변화를 가져온 것이었는데, '일정한 거래분야'라는 문언을 삭제하고, '실질적 제한'을 '부당하게 경쟁을 제한하는'으로 개정하였다.

Ⅱ. 등록주의와 인가주의: 카르텔 금지의 패러다임 변화

1980년 제정법[6]의 태도는 '등록주의'나 '폐해규제주의'로, 1986년 제1차 개정

2) 1980.12.31. 제정, 법률 제3320호.
3) 1986.12.31. 개정, 법률 제3875호.
4) 1992.12.8. 개정, 법률 제4513호.
5) 1999.2.5. 개정, 법률 제5813호.

법[7]은 '인가주의'나 '원인금지주의'로의 전환이라고 이해하기도 한다.[8] 현재와 같은 인가주의를 택한 것은 그만큼 부당한 공동행위에 대한 규제를 강화한 것이라고 한다. 그런데 이러한 변화를 제대로 이해하기 위해서는 먼저 1980년의 등록주의가 어떤 것인지를 살펴볼 필요가 있다. 경쟁제한효과가 우려되는 공동행위는 처음부터 등록을 거절함으로써 부당한 공동행위가 원천적으로 금지된다는 점을 감안할 때 등록주의가 오히려 원인금지주의에 가까운, 보다 엄격한 규제라고도 이해할 수 있기 때문이다.

1987년 "동양통운" 판결[9]에서 대법원은 구법(1986년 개정법 이전의 법)에 대하여 "문제의 약정이 거래상대방을 제한하는 내용으로서 공동행위임이 명백하므로 이와 같은 약정은 경제기획원에 등록되어야만 그 효력을 발생시킬 수 있는데, 원심이 위 약정의 등록 여부를 판단하지 않고 위 약정의 내용이 부당한 공동행위가 아니라고 판단한 것은 부당하다."고 하여 원심을 파기환송하였다.[10] 이 사건에서 문제된 약정이 등록되지 않았다면 무조건 무효라는 대법원의 견해는 1980년 제정된 공정거래법[11] 제11조 제3항의 규정에 충실한 것이었다. 그런데 경쟁제한 여부를 묻지 않고 등록되지 아니한 모든 공동행위가 무효라고 판단한 판례의 태도는 지나치게 형식에 치우친 것으로서 부당한 공동행위를 금지한다는 동법의 목적에도 반하는 것이라는 비판이 제기됨에 따라, 동법은 1986년 제1차 개정[12]을 통하여 일정한 거래분야에서 경쟁을 제한하는 공동행위를 '원칙적으로' 금지하게 되었던 것이다.

---

6) 1980.12.31. 제정, 법률 제3320호.

7) 1986.12.31. 개정, 법률 제3875호.

8) 정호열, 경제법(제6판), 박영사, 2018, 306면.

9) 대법원 1987.7.7. 선고, 86다카706, 법원공보 807호, 1291면 이하.

10) 1980년 12월에 동양통운은 전국적 규모의 운송 및 하역업체로서 일반하역사업자인 대한통운과 대한통운이 향후 동남상선(주) 소속 선박들에 대한 하역작업을 일체 취급하지 않기로 약정하였다. 그 후 1982년 7월에 양 사 간에 동남상선 소속 선박에 대한 하역문제로 분규가 발생하였고, 동년 7월 27일에 양사는 대한통운이 동남상선 소속 선박을 제외하고는 동양통운이 하역을 전담하고 있는 연안여객선 및 연안화물선에 대하여 하역작업을 취급하지 않기로 하는 두 번째의 약정을 하였다. 그 후 1983년 10월 대한통운은 위 두 번째 약정을 위반하고, 동양통운이 하역을 전담하고 있던 유성해운(주) 소속 선박에 대하여 1년 기간의 하역계약을 체결하였다. 이에 대하여 동양통운은 1982년 7월의 약정위반을 이유로 대한통운에게 손해배상을 청구하는 소를 제기하였고, 이에 대한통운은 위 약정이 부당한 공동행위를 금지하던 1980년 공정거래법 제11조에 따라서 무효라고 주장하였다.

11) 1980.12.31. 제정, 법률 제3320호.

12) 1986.12.31. 개정, 법률 제3875호.

또한 1986년 제1차 개정법[13]의 태도를 인가주의로 설명하는 것도 오해의 소지가 크다. 인가주의란 일정한 사법상의 행위를 처음부터 금지하고 일정한 요건을 갖춘 경우에 한하여 인가라는 행정행위를 통하여 허용하는 것을 말한다. 일정한 행위를 위해서는 관할관청의 사전인가를 받아야 한다는 점에서 인가란 전형적인 사전규제의 수단인 것이다. 그런데 공정거래법은 처음부터 모든 '공동행위'를 일반적으로 금지하고 있지 않다. 즉, 공동행위 역시 하나의 계약으로서 1차적으로는 사적자치가 지배하는 영역이며, 공동행위의 영역이라고 하여 사적자치의 원리가 처음부터 배제되는 것은 아니다. 1986년의 개정법은 부당한 공동행위에 대한 예외적 허용을 위하여 인가를 정하고 있을 뿐이다. 경쟁을 제한하는 공동행위를 원칙적으로 금지한다는 의미에서 폐해규제주의가 보다 적절한 용어로 보인다.

1986년의 개정법은 공동행위에 대한 인식의 전환을 반영하였다는 점에서 의미를 찾을 수 있다. 1980년 제정법상 등록주의란 공동행위에 대한 사전적 관리를 의미하며, 경쟁을 제한하는 공동행위라도 국민경제상 바람직한 결과를 가져올 수 있다는 사고를 담고 있었다. 반면, 동 개정법은 경쟁을 제한하는 공동행위를 원칙적으로 위법한 것으로 파악하되 부당성을 종합적으로 평가하여 최종적으로 금지 여부를 정하는 사후규제로 전환한 것이다.

Ⅲ. 공동행위의 동기와 폐해

부당한 공동행위를 효과적으로 금지하기 위해서는 그 발생원인과 장단점을 살펴볼 필요가 있다. 담합이 발생하는 원인에 대한 고찰은 부당한 공동행위의 성행을 방지하는 등 실효적인 규제수단을 모색함에 있어서도 중요한 의미를 갖는다. 이와 관련하여 먼저 공동행위의 형성이 용이한 시장조건은 어떠한지에 대해서 살펴보자. 대체로 과잉설비의 존재, 제품차별화의 미흡,[14] 과점적 시장구조,[15] 시장점유율의 대등한 분포, 사업자별 유사한 비용조건, 수요의 비탄력성 내지 상당기간에 걸

---

13) 1986.12.31. 개정, 법률 제3875호.

14) 제품차별화가 제대로 이루어지지 않음으로써 경쟁이 주로 '가격'을 중심으로 이루어지는 경우에도 공동행위의 우려는 커지게 된다.

15) 오히려 과점시장에서 경쟁이 보다 치열할 수 있으며, 최적의 경쟁정도를 가져오는 시장구조란 바로 '넓은 과점'(weite Oligopole)이라는 주장에 대해서는 Erhard Kantzenbach, Die Funktionsfähigkeit des Wettbewerbs, 2. Aufl., Göttingen, 1967, S. 234 ff.

친 수요의 감소추세 등의 시장조건이 중요하다. 이들 조건은 통상적으로 최종재보다는 원재료나 중간재 시장에서 충족되기 쉽다. 결국 집중이 심화된 시장구조를 개선하는 것이 가장 근본적인 정책수단이라는 점을 알 수 있다.

공동행위의 가장 큰 발생 원인은 바로 경쟁이다. 자본주의의 발전과 기술의 발달에 따라 대량생산과 대량소비가 가능해지면서 대기업이 출현하고, 이들 대기업은 막대한 설비투자를 하게 됨으로써 당해 설비의 유지 및 가동에 관심을 갖지 않을 수 없게 되었다. 이때 시장에서 경쟁이 치열할수록 사업자는 경쟁을 회피하고 막대한 설비투자에 대한 이윤을 안정적으로 확보하기 위하여 부당한 공동행위로 나아갈 유인을 갖게 되는 것이다.

이처럼 공동행위의 발생 원인을 치열한 경쟁과정에서 찾을 경우에는 그것이 언제나 경쟁제한을 목적으로 하거나 경쟁제한효과를 갖는다고 단정하기 어렵다. 왜냐하면 경쟁에 대응하기 위해서 이루어지는 공동행위는 다른 사업자와의 경쟁에서 보다 유리한 이점을 누리기 위해서도 이루어질 수 있고, 전략적 제휴나 공동의 연구·개발 등을 위한 수단으로서 이루어지는 공동행위는 경쟁의 요소 중에서 가격보다는 효율성 제고나 기술개발에 의한 품질 향상을 목적으로 하는 것이기 때문이다. 그 밖에 공동행위는 사업자들 간의 파멸적인 경쟁을 막을 수 있고, 산업합리화나 경쟁력향상을 통하여 기업의 도산이나 그에 따른 대량해고 사태를 방지하며, 중소사업자들이 개별적으로는 감당할 수 없는 연구·개발을 추진하도록 할 수 있을 뿐만 아니라, 거래상대방이 수요독점이나 공급독점인 경우 자신들의 교섭력을 강화하여 사적자치를 제고하는 등의 긍정적인 효과를 가질 수 있다.[16)]

그러나 공동행위는 그 목적이나 의도가 아무리 긍정적인 것이라도 시장에서의 경쟁을 제한할 우려가 있으며, 다음과 같은 폐해를 지적할 수 있다. 첫째, 공동행위를 통해서 사업자들 간의 능률경쟁을 배제하고 경우에 따라서는 한계기업의 퇴출을 인위적으로 저해함으로써 결국 자원배분의 효율성을 왜곡하고 소비자에게는 보다 높은 가격과 같은 불이익을 가져온다. 둘째로 사업자들 간에 경쟁의 압력이 제거됨으로써 사업자가 창의력을 발휘하고 신기술을 개발하며 기타 경영합리화를 도모할 유인을 약화시킨다. 셋째로, 공동행위의 특성상 참가사업자의 자유로운 활동

---

16) 권오승, 경제법(제13판), 법문사, 2019, 279면; 신현윤, 경제법(제8판), 법문사, 2020, 2431면; 정호열, 경제법(제6판), 박영사, 2018, 303-304면.

내지 의사결정을 구속한다. 넷째로, 공동행위에 참가하지 않은 사업자나 신규사업자의 시장진입을 저해하여 시장에서의 경쟁을 제한할 수 있다.[17)]

Ⅳ. 부당한 공동행위의 규제목적

공정거래법 제40조 제1항은 경쟁사업자들 간의 공동행위를 모두 금지하는 것이 아니라 그 중에서도 부당하게 경쟁을 제한하는 것만을 금지하고 있으며, 비록 공동행위가 경쟁을 제한하더라도 개별 기업이나 국민경제적 차원에서 긍정적인 효과를 갖는 경우에는 예외적인 인가를 통하여 이를 제한적으로 허용하고 있다. 여기서 부당한 공동행위를 금지하는 1차적인 목적이 자유로운 경쟁의 보호에 있음에는 이견이 없다.

문제는 법 제40조 제1항이 요구하는 경쟁제한(競爭制限)의 해석과 관련하여 동조의 보호법익이 참가사업자들 간의 경쟁의 자유를 보호하기 위한 것인지, 아니면 관련시장에서의 자유로운 경쟁질서를 보호하기 위한 것인지 여부이다. 전자는 동조의 보호법익을 사업자의 경쟁의 자유 내지 경제활동의 자유에서 찾고 있는데, 경쟁조건에 대한 합의는 법률상의 구속력을 떠나서 당사회사에 대하여 사실상의 구속력을 가지는 경우가 많고, 그 결과 공동행위는 원칙적으로 이들 사업자 간의 경쟁을 제한하는 것이라는 결론이 도출된다. 부당한 공동행위는 거래상대방의 지위를 악화시키는 결과를 가져올 수 있고, 이러한 거래상대방의 지위 악화를 방지하기 위한 것으로 보는 견해[18)] 역시 이와 동일한 맥락에서 이해할 수 있다.

그런데 공정거래법은 어디까지나 시장에서의 경쟁 그 자체를 보호하기 위한 법규범이고, 부당한 공동행위를 금지하는 1차적인 취지 역시 여기에서 찾아야 한다. '제도로서의 경쟁'(Wettbewerb als Institution)을 보호하는 동법의 목적에 비추어볼 때, 참가사업자 간에 경쟁이 제한된다는 이유만으로 공동행위를 금지할 수는 없다.[19)] 법해석상으로도 공동행위가 성립하더라도 그것이 관련시장에서 경쟁을 제한하는지 여부를 따지지 않으면 안 되며, 이는 가격담합의 경우에도 예외가 아니어서 부당성 요건을 차치하고라도 당연위법을 논할 여지가 없는 것이다.

17) 권오승(제13판), 280면; 신현윤(제8판), 243-244면; 정호열(제6판), 304면.
18) Volker Emmerich, Kartellrecht, 7. Aufl. 1994, S. 55.
19) 이봉의, "공정거래법상 카르텔의 '부당성' 판단", 사법 제2호, 2007, 127면.

이와 관련하여 법 제40조 제1항 제9호 전단은 법리상 중대한 문제를 안고 있다. 무엇보다 그 행위를 한 사업자를 포함하여 다른 사업자의 사업활동이나 사업내용을 방해하거나 제한하는 행위를 공동행위의 하나로 포섭할 경우 자칫 사업자 간의 모든 합의가 규제대상이 될 수 있기 때문이다. 교환계약을 포함한 통상의 합의 또한 참가사업자에게는 일정한 사업활동이나 사업내용상 제한을 수반할 수밖에 없는 것이다. 뿐만 아니라 동호는 법 제40조 제1항의 체계와도 맞지 않는바, 각호에 열거된 사항은 합의의 내용에 해당하는 것인데 제40조는 여기에 일정한 거래분야에서 경쟁을 실질적으로 제한할 것을 규정함으로써 제1항 본문에서 요구하는 '부당하게 경쟁을 제한하는'이라는 요건과 중복 내지 불일치가 발생하게 되는 것이다. 게다가 2020년 전부개정법[20]은 동항 제9호 후단에서 가격, 생산량, 그 밖에 대통령령으로 정하는 정보를 주고받는 행위도 부당한 공동행위의 하나로 금지하게 되었는데, 이 역시 '일정한 거래분야에서 경쟁을 실질적으로 제한하는'이라는 요건을 두고 있다.

20) 2020.12.29. 전부개정, 법률 제17799호.

제 2 절 부당한 공동행위의 성립요건

Ⅰ. 공동행위

1. 서 설

공정거래법상 부당한 공동행위라 함은 사업자가 계약, 협정, 결의 등의 방법으로 다른 사업자와 공동으로 상품 또는 용역의 가격, 거래조건, 거래량, 거래상대방 또는 거래지역 등을 제한하는 행위를 말한다(법 제40조 제1항). 부당한 공동행위가 성립하기 위한 요건은 우선 크게 주관적 요건과 객관적 요건으로 나눌 수 있다. 주관적 요건으로 '2 이상의 사업자'에 의한 '합의'가 존재하여야 하고, 이 점에서 흔히 말하는 단독행위 내지 일방적 행위(unilateral conduct)와 구별된다. 객관적 요건으로 그러한 합의가 부당하게 경쟁을 제한하는 것이어야 한다.

카르텔이라는 용어가 부정적인 의미를 갖게 되면서 기업 간의 '협력'이나 '전략적 제휴'(strategic alliances)라는 새로운 용어들이 사용되기도 하나, 이러한 협력이나 제휴는 통상 계약의 형태로 이루어지고 그 내용에 가격이나 생산량 등을 정하는 사항이 포함되는 경우에는 '부당성' 여부와 상관없이 일단 공동행위가 성립하게 된다. 그런데 이를테면 공동의 연구개발과 같이 계약 자체의 내용에 따라서는 공동행위의 해당성 여부, 즉 당해 계약이 법 제40조 제1항 각호의 어느 것을 내용으로 삼고 있는지가 불확실할 수 있다. 따라서 법적용을 둘러싼 해석상의 모호함을 해소하고 그 적용범위를 명확하게 정하기 위해서는 공동행위의 개념을 명확히 할 필요가 있다. 다만, 2007년 제14차 법개정[21]으로 합의의 내용에 관한 한 일반조항이라고 볼 수 있는 제9호가 추가되었고, 그에 따라 다른 사업자(그 행위를 한 사업자를 포함)의 사업활동 또는 사업내용을 방해 또는 제한하는 행위가 공동행위에 포섭됨으로써 전과 같은 불확실성은 상당 부분 제거되었다.

한편, 2004년 제11차 개정법[22]은 법 제40조 제1항 후단에 "다른 사업자로 하여금 부당한 공동행위를 행하도록 하여서는 아니 된다."는 규정을 신설하였다. 대법

---

21) 2007.8.3. 개정, 법률 제8631호.

22) 2004.12.31. 개정, 법률 제7315호.

원은 2009년 "모토로라 코리아 입찰담합" 판결[23]에서 "이 법률조항의 입법 취지 및 개정경위, 관련 법률조항의 체계, 이 조항이 시정명령과 과징금 납부명령 등 침익적(侵益的) 행정행위의 근거가 되므로 가능한 한 이를 엄격하게 해석할 필요가 있는 점 등에 비추어 보면, 위 제40조 제1항 후단의 '다른 사업자로 하여금 부당한 공동행위를 행하도록 하는 행위'는 다른 사업자로 하여금 부당한 공동행위를 하도록 교사(敎唆)하는 행위 또는 이에 준하는 행위를 의미하고, 다른 사업자의 부당한 공동행위를 단순히 방조(傍助)하는 행위는 여기에 포함되지 않는다."고 판시하였다.

그리고 2020년 전부개정법[24]은 제40조 제1항 제9호에 가격, 생산량 그 밖에 대통령으로 정하는 정보를 교환하는 행위, 즉 경쟁제한적인 정보교환 행위도 규율될 수 있도록 금지행위 유형에 포함시켰다. 또한, 동조 제5항에 가격의 공동인상 등 외형상 일치와 정보교환이 확인되는 경우 법률상 합의가 추정되도록 하였다.

2. 둘 이상의 사업자

가. 개 념

공동행위의 주체는 2 이상의 사업자이며, 사업자들 간의 공동행위만이 금지대상에 포함된다. 법 제40조 제1항의 문언상 공동행위의 법형식(Rechtsformel)이 합의이고, 합의에는 적어도 둘 이상의 행위주체가 있어야 하기 때문이다. 이 점에서 공동행위가 단독행위인 시장지배적 지위의 남용이나 불공정거래행위와 구별된다는 견해[25]도 있다. 그러나 이 견해는 시장지배적 지위의 남용이나 불공정거래행위, 재판매가격유지행위도 다른 사업자와 공동으로 합의를 통해서 행해질 수 있다는 점에서 타당하지 않다. 예컨대, 공동의 시장지배(collective dominance)가 인정되는 2 이상의 사업자에 의한 남용행위도 금지되며, 불공정거래행위의 경우에도 공동의 거래거절이나 집단적 차별취급 등과 같이 행위주체가 2 이상인 경우가 있기 때문이다. 무엇보다 차별취급이나 배타조건부거래 등 적지 않은 유형의 시장지배적 지위 남용이나 불공정거래행위가 합의로 이루어진다는 점에 비추어보더라도 마찬가지이다.

그렇다면 공동행위의 본질적인 특징은 어디에 있는가? 우선 공동행위는 그 본

23) 대법원 2009.5.14. 선고 2009두1556 판결.
24) 2020.12.29. 전부개정, 법률 제17799호.
25) 정호열(제6판), 303면.

질이 '합의'에 있는 만큼 둘 이상의 의사표시 내지 의사의 연락(連絡)을 전제로 하는 반면, 시장지배적 지위남용이나 불공정거래행위는 일방적인 의사표시 내지 사실행위로도 충분히 성립할 수 있다는 점을 들 수 있다. 그리고 후자는 비록 그것이 계약의 형태로 이루어지는 경우에도 일정한 급부의 교환을 내용으로 하는 계약인 반면, 공동행위는 사업자들 간의 교환계약(交換契約; Austauschvertrag)이 아니라 경쟁제한적인 행위의 실행이라는 동일한 방향의 의사표시를 내용으로 한다는 점을 들 수 있다.

한편, 공동행위에 참가하는 2 이상의 사업자는 각기 독립된 법인격을 가지고 있어야 한다. 왜냐하면 공동행위의 본질은 계약이고, 계약이라는 법률행위를 하기 위해서는 그 당사자인 사업자가 권리능력과 행위능력을 가져야 하기 때문이다. 여기서 문제되는 것은 법적으로는 독립성이 있으나 경제적으로는 독립성이 없는 사업자, 예컨대 모자관계에 있는 자회사나 하나의 기업집단에 속해 있는 계열회사도 각기 공동행위의 주체가 될 수 있는지 여부이다.

나. 사실상 하나의 사업자인 경우

(1) 학설과 판례

동일한 기업집단에 속하는 계열회사는 모두 동일인의 사실상 지배하에 놓여 있다는 공통점을 가지고 있다. 이들 계열회사는 경제적으로는 하나의 동일체로 인식되기도 하고, 공정거래법도 부분적으로 '경제적 동일체' 이론을 받아들이고 있다. 그렇다면 복수의 계열회사가 하나의 관련시장에서 활동하고 있는 경우에 이들 간의 합의도 법 제40조 제1항의 공동행위에 해당할 수 있는가?

「공동행위 심사기준」에 따르면, 다수의 사업자를 실질적·경제적 관점에서 '사실상 하나의 사업자'로 볼 수 있는 경우에는 그들 간에 이루어진 법 제40조 제1항 각호의 사항(입찰담합은 제외)에 관한 합의에는 법 제40조 제1항을 적용하지 아니한다. 다만, 그 합의에 다른 사업자가 참여한 경우는 그러하지 아니한다. 법적으로는 독립된 2 이상의 회사가 사실상 하나의 사업자로 인정될 경우에 이들 회사는 행위주체로서 단일 사업자로 본다는 것이다(심사기준 Ⅱ. 1. 나). 두 가지의 경우를 나누어 볼 수 있다. 사실상 하나의 사업자에 해당하는 복수의 회사만 합의에 참가한 경우와 해당 복수의 회사와 다른 회사도 참여한 경우이다. 전자의 경우에는 2 이상의 사업자 간 합의를 요구하는 법 제40조 제1항을 충족할 수 없고, 후자라면 여전히 사실상 하나의 사업자로 간주되는 복수의 계열회사와 다른 사업자 간 합의가 성립할 수 있게 된다.

여기서 '사실상 하나의 사업자'란 사업자가 ① 다른 사업자의 주식을 모두 소유한 경우이거나 ② 주식 소유 비율, 당해사업자의 인식, 임원겸임 여부, 회계의 통합 여부, 일상적 지시 여부, 판매조건 등에 대한 독자적 결정 가능성, 당해 사안의 성격 등 제반사정을 고려할 때 사업자가 다른 사업자를 실질적으로 지배함으로써 이들이 상호 독립적으로 운영된다고 볼 수 없는 경우에 해당한다.

학설은 실질적, 경제적 측면에서 경제적으로 단일한 사업자의 경우 하나의 사업자라는 견해,[26] 합의한 사업자들 간의 '완전한 이해의 일치'가 존재할 경우에 이들의 합의를 공동행위로 볼 수 없다는 견해,[27] 주로 주식의 소유관계를 근거로 하고 의사결정 가능성 등을 고려해야 한다는 견해[28] 등으로 다양하다. 2009년 "모토로라 코리아 입찰담합" 판결에서 서울고등법원은 입찰담합에 참여한 국내총판 3사를 법 제40조 제1항에서 정한 '다른 사업자'에 해당하지 않는 '경제적 단일체'(a single economic entity)로 볼 수는 없다고 판시하였다.[29] 그 근거로 서울고등법원은 다분히 사업자의 법적 형식을 강조하여 ① 총판 3사는 모토로라코리아와 완전 별개의 법인격을 가진 법률적으로 별개의 독립한 거래주체인 점, ② 총판 3사가 수요처에 최종 공급하는 제품의 부품 중 모토로라 코리아의 제품이 차지하는 비중은 50%가 되지 아니하는 등 그 영업활동을 수행함에 있어 독자적으로 판단할 수 있는 여지가 없지 아니한 점, ③ 모회사가 주식의 100%를 소유하고 있는 자회사라 하더라도 양자는 법률적으로는 별개의 독립한 거래주체로 보는 점[30] 등을 제시하였다. 즉, 모토로라 코리아의 지휘·관리·통제 하에 서로 유기적으로 역할을 분담하면서 일체화된 영업판매 시스템을 형성하였다는 사정만으로는 단일한 사업자로 볼 수 없다는 것이다.

(2) 외국의 입법례

독일에서는 오래 전부터 기업집단의 조직형태 중 하나인 콘체른(Konzern)을 중

26) 권오승(제13판), 294면.

27) 이호영, 독점규제법(제6판), 홍문사, 2020, 223-224면.

28) 신동권, 독점규제법(제3판), 박영사, 2020, 483-484면.

29) 서울고등법원 2009.9.10. 선고 2008누15277 판결; 대법원 2009.12.24.자 2009두18059 판결(심리불속행 기각).

30) 대법원 2004.11.12. 선고 2001두2034 판결 등.

심으로 '결합기업들'(verbundene Unternehmen; 우리나라의 계열회사와 유사한 개념임) 간의 공동행위를 어떻게 파악할 것인지를 둘러싸고 논의가 진행되었다. 여기서 핵심적인 문제는 과연 콘체른 내부에 보호할 만한 경쟁이 처음부터 존재하는지 여부이다. 콘체른의 유형에 따라 정도의 차이는 있으나, 콘체른 구성사업자들 간에는 대체로 경제적 경쟁이 존재하지 않는다. 왜냐하면 콘체른의 본질상 구성사업자들이 하나의 '통일적인 관리'(einheitliche Leitung) 하에 놓이게 되고, 그 결과 시장에서 하나의 경쟁단위로 활동하고 있기 때문이다.

이와 관련하여 독일의 다수설과 실무는 부정설을 취하고 있다. 즉, 경제적으로 독립성이 없는 사업자들 간의 합의는 경쟁제한방지법 제1조의 공동행위에 해당하지 않는다는 것이다. 그 근거로는 경제적으로 독립성이 없는 사업자 사이에는 처음부터 제한할 '경쟁'이 존재하지 않는다는 점을 들고 있음은 물론이다.[31] 반면 소수설은 문제의 합의가 제3자와의 관계에서 경쟁제한적인 효과를 갖는 경우에는 부당한 공동행위로서 금지될 수 있다고 한다. 그러나 이 견해는 공동행위의 성립이라는 금지요건의 판단을 제3자와의 경쟁제한이라는 위법성 요소에 귀속시키고 있다는 비난을 면할 수 없다. 그 밖에 에머리히(Emmerich)는 일률적인 해석은 곤란하다는 전제하에 이를테면 제3자에 대하여 경쟁제한효과를 미치거나, 콘체른에 편입된 이후에도 계속해서 독립성을 유지하고 있는 사업자들 간의 느슨한 결합이 문제되거나 또는 독점금지법이 이미 결합되어 있는 사업자들 간에도 경쟁을 유지하고자 하는 경우에는 여전히 카르텔 금지가 적용된다고 보았다. 반면, 문제된 경쟁제한행위가 회사법상 모회사의 구속력 있는 지시에 근거한 경우에는 카르텔 금지가 적용될 여지가 없다고 주장하였다.[32]

생각건대, 독일의 다수설과 실무는 공동행위에 참가하는 사업자의 경쟁의 자유를 강조하는 입장으로서, 공동행위를 금지하는 목적을 시장에서의 자유로운 경쟁촉진으로 이해하는 공정거래법의 해석론에 비추어 볼 때 그대로 수용하기는 어렵다. 또한 공동행위의 성립 여부는 위법성 판단의 전 단계에서 충족되어야 하는 요건으로서, 경제적 독립성이 없는 사업자들 간의 합의가 이들 간에 또는 제3자와의 관계에서 경쟁제한성을 갖는지의 여부는 위법성을 판단하는 단계에서 따지는

31) Emmerich, a.a.O., S. 57.
32) Emmerich, a.a.O., S. 56 ff.

것이 타당하다. 그렇다면 공정거래법의 해석론으로는 경제적으로 독립성이 없더라도 법적으로 독립적인 행위능력을 갖는 사업자로서 어느 정도 자율적인 결정의 여지가 있는 사업자들 간의 합의는 공정거래법상의 공동행위에 해당된다고 보는 것이 타당하다. 다만 예외적으로 경제적 독립성이 없는 사업자들이 '하나의 경제단위'(eine wirtschaftliche Einheit; 사실상 하나의 사업자와 유사한 개념임)를 이루고, 자율적으로 경쟁관련행위를 결정할 수 없는 정도에 이른 경우에 그들 간의 합의는 단지 하나의 사업자의 내부에서 이루어지는 과정에 불과하므로 2 이상의 사업자를 전제로 하는 공동행위의 성립요건이 결여된다고 보아야 할 것이다.

이와 관련하여 미국에서는 1984년의 "Copperweld" 판결[33]에서 연방대법원이 셔먼법 제1조의 목적에 비춰볼 때 모회사와 100% 자회사 사이에는 비록 각자 별개의 법인격을 갖는 경우에도 담합이 성립할 수 없다고 판시하였다. 이들은 하나의 '경제적 동일체'(a single economic entity)를 구성하기 때문에 모회사와 100% 자회사는 경제적 이해관계를 같이 하게 되므로 담합의 전제로서 별개의 (경제적으로) 독립된 사업자가 존재하지 않는다는 것이다. 이른바 '기업 내 공모이론'(intra-enterprise conspiracy)은 모회사가 일부의 지분만을 보유하고 있는 자회사의 관계에는 적용되지 않는다. 유럽의 경우도 미국과 유사하다.

유럽법원(ECJ) 역시 "Viho" 판결[34]에서 모회사가 100% 지분을 보유한 자회사가 시장행위를 결정함에 있어서 실질적인 자율(real autonomy)을 누리지 못하고 모회사의 지시를 따라야 하는 경우에 이들은 하나의 경제단위에 해당하고, 자회사들 간에 역내시장을 분할하기로 하는 모회사와의 합의란 그 실질에 있어서 하나의 사업자의 일방적인 행위로서 유럽기능조약 제101조가 적용될 수 없다고 판시하였다. 미국과 유럽의 경우에는 100% 자회사만을 경제적 동일체로 포섭[35]한다는 점에서 우리나라의 심사기준보다 그 범위가 좁다고 평가할 수 있다.

33) Copperweld Corp. v. Independence Tube Corp., 467 U.S. 752(1984).
34) ECJ, C-73/95 P, Viho Europe BV. v. Commission, C-73/95 [1996] ECR I-5457, para. 16-17.
35) 미국의 경우 하급심 판결에서는 완전자회사가 아닌 경우에도 경제적 동일체로 인정된 사례들이 있으며, 대체로 자회사에 대한 지분율이 100%에 가까울수록 경제적 동일체로 인정될 가능성이 높은 것으로 알려져 있다. Herbert Hovenkamp, Federal Antitrust Policy: The Law of Competition and Its Processes(4th ed.), West Publishing Co.(2011), p. 205.

(3) 평 가

공정거래법은 공동행위에 관해서는 '사실상 하나의 사업자'를 인정하고 있는바, 기업집단 소속 계열회사라도 당연히 여기에 해당하는 것이 아니라 심사기준이 제시하고 있는 일련의 엄격한 요건이 충족되어야 한다. 반면, 부당한 지원행위에 관해서는 심지어 100% 모·자회사라도 그 입법취지에 비추어 서로 별개의 사업자로 보아야 한다는 것이 판례의 태도이다. 그런데 '사실상 하나의 사업자'나 '경제적 동일체'나 그 실질은 동일한 것으로서, 법인격과 무관하게 경제적 실체에 따라 경쟁단위를 파악하려는 경쟁법의 방법론이라는 점에서 행위유형에 따라 용어나 기준을 달리 설정하는 것은 타당하지 않아 보인다.

한편, '사실상 하나의 사업자' 여부는 합의의 존부를 판단할 때뿐만 아니라 경쟁제한성, 나아가 공동의 자진신고와도 관련하여 중요한 쟁점이 된다. 사실상 하나의 사업자에 해당하는 2 이상의 회사들이 가격 등에 관하여 합의하더라도 이들 사이에는 처음부터 '제한할 수 있는 경쟁' 자체가 존재하지 않고, '사실상 하나의 사업자'에 속하는 특정 회사의 자진신고에 따른 순위확정 등 법률효과는 이를 구성하는 다른 회사에도 미쳐야 할 것이기 때문이다. 자세한 내용은 해당하는 부분에서 상술하기로 한다.

다. 경쟁관계의 존부: 수직적 공동행위의 성립 가능성

(1) 논의의 경과 및 학설

1999년 제7차 법개정[36]전, 구법 제19조 제1항(현행법 제40조 제1항)에 대한 논의를 살펴보면, 종래 거래단계를 서로 달리하는 사업자들 간의 수직적 거래제한을 공동행위로 포섭할 수 있는지에 관하여 '구속의 공통성', 즉 어떤 합의가 모든 당사자에게 공통적인 사업활동의 제한을 정하는 것이어야 하는지가 다투어진 바 있다. 이 문제는 서로 경쟁관계에 있는 사업자 간에만 공동행위가 성립할 수 있는지의 여부에 관한 것이다. 긍정설은 일본의 경우 사적독점금지법상 부당한 거래제한이 성립하기 위한 요건으로서 사업활동에 대한 구속성과 더불어 구속의 '상호성'이 명정되어 있음을 근거로 하였다.[37] 이와 달리 부정설은 1999년의 법개정 이전에는 '일정한 거래분야'에서 경쟁을 실질적으로 제한하는 공동행위가 금지되고 있었는데, 이

36) 1999.2.5. 개정, 법률 제5813호.

37) 황적인·권오승, 경제법(제5판), 1996, 164면.

때 일정한 거래분야란 거래의 객체별, 단계별 또는 지역별로 경쟁관계에 있거나 경쟁관계가 성립될 수 있는 분야를 의미하는 것이기 때문에 구법 제19조(현행법 제40조)의 부당한 공동행위는 동일한 거래단계에 있는 경쟁사업자들 간에만 성립가능하고, 따라서 수직적 공동행위란 동조의 적용범위에 포함되지 않는다고 보았다.[38]

그런데 1999년 제7차 법개정[39] 이후 구법 제19조 제1항(현행법 제40조 제1항)에서 '일정한 거래분야'라는 문언이 삭제됨으로써 부당한 공동행위를 금지함에 있어서 사업자 간의 경쟁관계를 전제로 하지 않는다고 해석할 여지가 생겼다. 현재의 학설은 긍정설과 부정설로 나뉘어 있다. 수직적 공동행위를 긍정하는 견해는 무엇보다 법 제40조 제1항의 포괄적인 문언 외에도 미국이나 유럽 등 대부분의 입법례가 수평적 공동행위와 수직적 공동행위를 함께 규율하고 있다는 점을 근거로 들고 있다.[40]

종래 미국 셔먼법 제1조는 동법이 금지하고 있는 거래제한(restraint of trade) 중에 수직적 거래제한을 포함시키고 있는 반면, 일본의 공정취인위원회는 초기에는 미국과 같은 태도를 취하였으나 그 후 1953년 "신문판로 협정" 판결[41]에서 그 태도를 바꾸어 부당한 공동행위는 당사자 간에 일정한 사업활동의 제한을 공통적으로 설정하는 것을 그 본질로 하기 때문에, 상호 경쟁관계에 있는 사업자 간에서만 성립하고, 제조업자와 도매업자와 같이 거래단계를 달리하는 사업자들 간의 수직적 합의는 이에 포함되지 않는다고 보았다. 이는 일본의 사적독점금지법이 '부당한 거래제한'의 요건으로서 우리나라와 달리 '서로 그 사업활동을 구속'할 것을 명시적으로 규정하고 있는데 따른 것이다. 그러나 일본의 다수설은 여전히 법원의 이러한 태도가 사적독점금지법의 적용범위를 지나치게 제한하는 것이라고 하여 소극적인 입장을 취하고 있다.

(2) 심·판결의 태도

과거 공정거래위원회는 수평적 관계, 즉 경쟁관계에 있는 사업자들 간의 공동행위만을 금지해왔다. 부당한 공동행위를 담합 내지 카르텔로 이해하던 통설에 따른 것으로서, 수직적 합의가 일부 불공정거래행위로 규제되었던 사정과는 무관해

38) 손주찬, 신공정거래법, 법경출판사, 1990, 170면.
39) 1999.2.5. 개정, 법률 제5813호.
40) 이호영(제6판), 226－227면.
41) 동경고재(東京高裁), 1953.3.9. 선고("신문판로협정사건" 결정; 新聞販路協定事件判決).

보인다. 그리고 판례는 아직 수직적 공동행위를 적극적으로 또는 명시적으로 인정한 바 없으며, 그간 수직적 합의에 의한 공동행위 여부가 다투어졌던 것으로 알려진 사례들도 예외 없이 경쟁사업자들 간의 합의 과정에 수직적 관계에 있는 사업자가 추가로 가담한 것들이어서, 사안의 본질이 여전히 수평적 관계에서 발생한 담합이라는 점에는 변함이 없다. 대표적인 사례를 간략히 살펴보자.

먼저, "7개 영화배급·상영업자 담합" 사건[42]에서는 5개 영화배급업자와 3개 상영업자(1개 사업자는 배급과 상영을 모두 영위하고 있음)가 영화관에서 허용되는 할인의 종류와 범위를 설정하고 그 이외의 모든 할인을 금지하기로 합의한 것이 문제되었고, 공정거래위원회는 이들 모두가 법 제40조 제1항의 부당한 공동행위를 한 것으로 판단하였다. 서울고등법원은 수평적 관계에 있지 않은 사업자도 수평적 관계에 있는 다른 사업자와 부당한 공동행위를 할 수 있다고 판시하였고, 대법원은 이 부분 쟁점에 관하여 판단하지 않은 채 원심을 인용하였다.[43] 다만, 이 사건에서 서울고등법원은 그 이유로 법 제40조 제1항이 "사업자는 계약·협정·결의 기타 어떠한 방법으로도 다른 사업자와 공동으로 부당하게 경쟁을 제한하는 행위를 할 것을 합의하거나 다른 사업자로 하여금 이를 행하도록 하여서는 아니 된다."라고 규정하고 있고, 위 규정 중 '다른 사업자로 하여금 부당한 공동행위를 행하도록 하는 행위'는 다른 사업자로 하여금 부당한 공동행위를 하도록 교사하는 행위 또는 이에 준하는 행위를 의미한다(대법원 2009.5.14. 선고 2009두1556 판결 참조)고 할 것이라는 점을 들고 있다는 점에서, 일견 교사 또는 이에 준하는 행위 또한 '부당한 공동행위'로 이해하고 있는 것으로 보인다. 즉, 수평적 경쟁관계에 있는 사업자들 사이에 합의의 존재를 전제로 수직적 관계에 있는 사업자가 그러한 합의를 교사한 경우에도 이들 모두 부당한 공동행위를 한 것이라는 논리이다.

이어서 "13개 음원유통사업자들의 담합" 사건[44]에서 공정거래위원회는 온라인 음악서비스사업자에 Non－DRM 월정액제 다운로드 상품 및 복합상품의 곡 수 및 소비자가격을 제한하는 조건으로만 음원을 공급하기로 합의한 행위가 부당한 공동행위에 해당한다고 보았다. 서울고등법원은 이 사건 합의가 동일한 거래단계에 있는 음원사업자들 사이에 성립한 것으로서 부당한 공동행위에 해당하고, 수직적 담

42) 공정거래위원회 2008.6.10. 의결 제2008－168호.
43) 서울고등법원 2009.10.7. 선고 2009누2483 판결; 대법원 2010.2.11. 선고 2009두11485 판결.
44) 공정거래위원회 2011.6.29. 의결 제2011－85호.

합의 금지 여부에 관하여 나아가 판단할 필요가 없다고 보았으며,[45] 대법원도 이와 같은 원심의 판단이 정당하다고 보았다.[46] 이 사건에서는 음원사업자(CP)와 온라인 음악서비스 사업자(OSP)의 지위를 겸하던 주요 4개사가 먼저 음원의 공급조건에 관하여 합의하고, 얼마 후 나머지 음원사업자들이 모두 이와 같은 조건에 합의하였는데, CP와 OSP의 관계만을 상정하여 이 사건 합의를 수직적 합의로 접근하는 것은 적절치 않아 보인다. 합의의 내용 또한 음원사업자로서의 공급조건에 관한 것이었음이 이 점을 더욱 분명하게 한다.

또한, "5개 종합유선방송사업자 담합" 사건에서 원고인 종합유선방송사업자들은 유선방송사업구역이 지역적으로 분할되어 있어 자신들이 수평적 경쟁관계에 있지 않다고 주장하였다. 이 사건에서는 인터넷멀티미디어방송사업자(IPTV사업자)의 유료방송서비스 시장에 대한 신규 진입이 예상되자 5개 종합유선방송사업자가 이에 대응하여 방송채널사용사업자(PP사업자)들로 하여금 IPTV사업자에게 방송프로그램을 공급하지 못하도록 할 의도로 기왕에 IPTV사업자와 방송프로그램 공급계약을 체결한 PP사업자인 온미디어에 대하여 방송채널을 축소하는 방식으로 불이익을 주는 제재로 가하기로 합의한 행위가 문제되었다. 그러나 서울고등법원은 공정거래법 제40조 제1항이 사업자가 '다른 사업자'와 공동으로 부당하게 경쟁을 제한하는 행위를 할 것을 합의하여서는 아니 된다고 규정하고 있을 뿐이고, 그들 사이에 수평적 경쟁관계가 있을 것을 요건으로 하지 않으며, 또한 수평적 경쟁관계에 있지 않은 사업자들의 공동행위라 할지라도 그것이 시장에서 부당하게 경쟁을 제한하거나 제한할 우려가 있다면 규제의 필요성은 인정된다는 이유를 들어 공정거래법상 부당한 공동행위가 성립하기 위해 반드시 공동행위 참여자들 사이에 수평적 경쟁관계가 있어야 한다고 볼 수는 없다고 판시하였다.[47] 이어서 대법원 또한 원심과 같은 이유로 공정거래법상 부당한 공동행위가 성립하기 위하여 반드시 공동행위 참여자들 사이에 수평적 경쟁관계가 있어야 하는 것은 아니라고 판단하였다.[48] 이 사건은 수직적 관계에 있는 사업자들 사이에 합의가 이루어진 것은 아니었고, 비록 허가권역별 다채널유료방송시장을 전제로 할 경우에 종합유선방송사업자들 사이

45) 서울고등법원 2012.7.11. 선고 2011누25717 판결.
46) 대법원 2013.11.28. 선고 2012두18479 판결.
47) 서울고등법원 2012.9.19. 선고 2011누32470 판결.
48) 대법원 2015.4.23. 선고 2012두24191 판결.

에 경쟁관계가 성립하지는 않으나, IPTV사업자들의 진입에 공동으로 대응할 필요가 있을 만큼 넓은 의미에서 잠재적으로나마 경쟁관계에 있다고 볼 수 있다는 점에서 여타 사건들과는 차이가 있어 보인다.

(3) 사 견

수직적 경쟁제한에 관해서는 시장지배적 지위남용이나 불공정거래행위 등 별도의 규정을 두고 있는 공정거래법의 체계를 감안할 때 법 제40조 제1항의 규정은 수평적 공동행위만을 금지하는 것으로 보는 부정설이 타당하다.[49] 그 근거를 몇 가지 들자면 다음과 같다. 첫째, 시장지배적 지위남용이나 불공정거래행위, 재판매가격유지행위에 관한 규정을 통해서 수직적 합의에 의한 경쟁제한은 충분히 규제되고 있으며, 굳이 법 제40조 제1항에 수직적 합의를 포함시킬 실익이 없다. 더구나 수직적 경쟁제한행위는 대체로 효율성 증대와 같은 긍정적 효과를 동반한다는 점에서 경쟁사업자들 간에 인위적으로 경쟁을 제거하는 경우에 비하여 상대적으로 제재 수준이 낮다는 점까지 고려한다면, 더더욱 법 제40조에 수직적 합의를 기계적으로 포섭시킬 수는 없을 것이다.[50]

둘째, 공동행위의 본질이 카르텔이라는 점이다. 역사적으로도 카르텔이란 동종 분야의 경쟁사업자 사이에 행해지던 것으로서, 그것이 경쟁을 제한하기 위해서는 참가사업자들 간에 현실적이든 잠재적이든 경쟁이 존재하지 않으면 안 된다. 경쟁관계가 없는 사업자들이 서로 경쟁을 하지 않기로 합의한다는 것은 상정할 수 없다. 거래단계를 달리 하는 사업자들 간의 수직적 합의는 시장지배적 지위남용이나 불공정거래행위, 재판매가격유지행위 등으로 규제될 수 있으며, 유럽이나 미국에서 문제 삼고 있는 수직적 합의 내지 수직적 거래제한이란 제조업자와 판매업자 사이의 배타적 거래나 선택적 판매 등과 같이 담합과는 전혀 성질을 달리하는 것이다.

셋째, 수직적 합의는 수평적 공동행위와 달리 대체로 상품이나 서비스의 거래관계에서 발생하는 것으로서, 이를 법 제40조 제1항의 합의에 널리 포섭시킬 경우 시장에서 이루어지는 모든 거래관계가 공동행위에 과잉포섭되는 부당한 결과를 가져오게 된다. 경쟁정책적 관점에서도 수직적 합의는 별도의 고유한 취급이 요구된다. 수직적 합의는 많은 경우에 '브랜드 간 경쟁'(inter-brand competition)을 촉진하

49) 신현윤(제8판), 254-255면.

50) 정호열(제6판), 329-330면.

고,[51] 새로운 시장에의 진입을 용이하게 하는 등 긍정적인 효과를 가질 수 있기 때문에 수평적 공동행위와 동일하게 취급할 수 없다. 즉, 경쟁제한사항을 내용으로 하는 수평적 거래제한에 비하여 수직적 경쟁제한의 경우 일종의 이익형량이 필요한 것이다. 이러한 맥락에서 공정거래법은 일찍이 각 금지행위의 법적 성질이 상이한 점을 감안하여 별도의 규정을 두고 있는 것이다.[52]

끝으로, 지금까지의 심·판결례를 살펴보더라도 순수하게 수직적 관계에 있는 사업자들 사이의 공동행위가 문제된 적은 없어 보인다. 모든 사건에서 수평적 관계에 있는 경쟁사업자들 사이에 가격 등을 정하는 합의가 존재하고, 그 과정에서 공동행위를 하게 하는 차원에서 수직적 관계에 있는 사업자가 가담하고 있었던 것이다. 그리고 판례는 공동행위를 하게 하는 행위 또한 법 제40조 제1항이 정하는 (넓은 의미의) 공동행위에 포함되는 것으로 이해하고 있는 것으로 보이고, 이러한 맥락에서 수직적 관계에 있는 사업자들 또한 부당한 공동행위의 금지를 위반할 수 있다는 태도를 취하고 있는 것으로 이해하는 것이 타당할 것이다.

3. 합 의

가. 합의의 개념

(1) '합의' 도그마

부당한 공동행위가 성립하려면 계약, 협정, 결의 기타 어떠한 방법으로든 2 이상의 사업자 간에 법 제40조 제1항 각호의 하나에 해당하는 행위를 하기로 하는 '합의'가 있어야 한다. 부당한 공동행위를 인정하기 위한 합의에는 계약, 협정, 협약, 결의, 양해각서, 동의서 등과 같은 명시적 합의뿐만 아니라 사업자 간의 암묵적 양해와 같은 묵시적 합의까지 포함된다.

1980년 제정법[53]은 "사업자는 계약·협정·결의 기타 어떠한 방법으로도 다른

51) 물론, 판매업자들이 경쟁과 무관한 이해관계를 관철시키기 위하여 제조업자에게 수직적 거래제한 시스템을 요구한 경우에는 브랜드 간 경쟁의 이점이 실현되기 어렵다.

52) 외국의 입법례를 소개하면, 독일 경쟁제한방지법은 1998년의 제6차 개정을 통하여 제1조를 대폭 수정, 공동행위 내지 카르텔이 잠재적 또는 현실적인 경쟁관계에 있는 사업자 간에만 성립할 수 있음을 명문으로 확인하고 있다. 유럽의 경쟁법도 조약 제101조 제1항에서 양자를 모두 포괄하고는 있으나, 동조 제3항에 근거한 개별예외 및 일괄예외(block exemptions)에서는 수직적 거래제한에 대하여 매우 폭넓은 예외를 인정하고 있다.

53) 1980.12.31. 제정, 법률 제3320호.

사업자와 공동으로 다음 각호의 1에 해당하는 행위(이하 "공동행위")를 하고자 할 때에는 대통령령이 정하는 바에 의하여 그 공동행위의 내용을 경제기획원에 등록하여야 하며, 등록하지 아니하고는 이를 행할 수 없다."고 규정함으로써 반드시 '합의'를 요하지 않고 있었다(구법 제12조 제1항). 해석하기에 따라서는 제정법이 공동행위의 요건으로 합의뿐만 아니라 실행행위까지 요구하고 있었다고 볼 여지도 있다.[54] 반면, 제정법이 합의를 명시적으로 요구하지 않는 점을 감안할 때 2 이상의 사업자가 합의 없이 공동으로 가격을 결정하는 등의 행위만으로도 공동행위는 성립하는 것으로 해석할 여지도 충분해 보인다. 이와 같은 공동행위의 등록제도는 사업자에게 무거운 부담을 지우고, 등록하지 않은 공동행위는 무효에 해당하여 공정거래위원회가 시정조치를 내리기도 마땅치 않았다.[55] 이에 1986년 제1차 개정법[56]은 공동행위를 원칙적으로 금지하고 예외적으로 인가를 받은 것에 한하여 이를 허용하는 방식으로 전환하였다.

그러다가 1992년 제3차 법개정[57]으로 현재와 같이 공동행위의 형식을 '합의'로 규정하였다. 그 이유는 공동행위란 사업자들의 합의로서 비록 공정거래법이 이를 금지하고 있더라도 그것이 성립되면 실행되는 것이 일반적이고, 만약 실행행위만으로 부당한 공동행위가 성립되는 것으로 해석할 경우에 공정거래위원회로서는 합의를 적발하고도 그것이 실행되기까지 기대한 연후에야 비로소 금지할 수 있게 됨으로써 규제의 실효성에 문제가 있었기 때문이다.[58]

그런데 사업자들이 경쟁을 회피하기 위하여 담합을 행하는 수단은 매우 다양하고 은밀하여 언제나 다분히 엄격해 보이는 '합의'를 요구하는 태도는 법령상 또 다른 왜곡을 가져왔다. 대표적인 것이 바로 합의를 법률상 추정하는 것이다(법 제40

54) 정호열(제6판), 308면.

55) 정호열(제6판), 306면.

56) 1986.12.31. 개정, 법률 제3875호. 구법 제11조 제1항은 "사업자는 계약·협정·결의 기타 어떠한 방법으로도 다른 사업자와 공동으로 일정한 거래분야에서 경쟁을 실질적으로 제한하는 다음 각호의 1에 해당하는 행위(이하 "부당한 공동행위")를 하여서는 아니 된다."고 규정하였다.

57) 1992.12.8. 개정, 법률 제4513호. 구법 제19조 제1항은 "사업자는 계약·협정·결의 기타 어떠한 방법으로도 다른 사업자와 공동으로 일정한 거래분야에서 경쟁을 실질적으로 제한하는 다음 각호의 1에 해당하는 행위를 할 것을 합의(이하 "부당한 공동행위") 하여서는 아니 된다."고 규정하고 있었다.

58) 권오승·서정, 독점규제법(제4판), 법문사, 2020, 250면; 신동권(제3판), 479면; 정호열(제6판), 308면.

조 제5항 제1호). 공정거래위원회로서는 명시적이든 묵시적이든 언제나 '합의'를 입증해야 하기 때문에 심지어 합의 없이 이루어지는 행위조정, 이를테면 '동조적 행위'(concerted practices; 同調的 行爲)일지라도 정황증거를 들어 합의의 존재를 보여야 했던 것이다. 정보의 교환을 매개로 하는 담합이나 기타 담합을 조장하는 각종 수단에 대해서도 합의를 입증하지 못하는 한 아무런 조치를 취할 수 없었다. 현재 경쟁법을 두고 있는 나라에서 담합의 형식을 '합의'에만 국한하는 입법례는 찾을 수 없으며, 향후 입법적 해결이 필요한 부분이다.

한편, 합의는 일정한 거래분야나 특정한 입찰에 참여하는 모든 사업자들 중에서 일부의 사업자들 사이에만 이루어진 경우에도 성립될 수 있으며, 공동으로 구매조건을 정하는 경우와 같이 수요측면의 합의라도 무방하다.

(2) 합의의 성립요건

공동행위가 성립하기 위해서는 우선 법적으로 독립된 사업자 간에 법 제40조 제1항 각호에서 열거하고 있는 사항에 대한 합의가 존재하여야 하고, 합의에는 명시적인 합의뿐만 아니라 묵시적인 합의도 포함되며,[59] 합의에 별도의 형식이 필요한 것도 아니다. 합의는 계약, 협정, 결의 등과 같이 명시적인 방법으로 행해지는 경우도 있고, 묵시적으로 이루어져도 무방하다.[60] 학설과 판례에 따르면, 합의에는 당사자 간 의사가 합치되었다는 상호인식이나 이해, 암묵적 요해가 이루어진 것으로 충분하나,[61] 판례는 어떤 경우에도 합의에는 2 이상의 사업자 사이에 의사의 연락이 있을 것을 본질로 하므로, 사업자 간 의사연결의 상호성을 인정할 만한 사정에 관한 증명이 있어야 한다고 한다.[62]

---

59) 대법원 2003.2.28. 선고 2001두1239 판결; 대법원 2013.11.14. 선고 2012두19298 판결.

60) 대법원은 2013년 "Non-DRM 가격담합" 판결(대법원 2013.11.28. 선고 2012두17773 판결)에서 "합의 및 그에 따른 실행행위가 있었던 경우 '부당한 공동행위'는 그 합의를 실행하는 행위가 계속될 때까지 유지된다. 따라서 '부당한 공동행위'가 이루어지고 있는 영업을 양수한 사업자가 기존의 합의 사실을 알면서도 이를 받아들여 양도인과 동일하게 기존 합의를 실행하는 행위를 하였으며, 기존의 합의 가담자들도 양수인의 영업을 기존 합의에서 배제하는 등의 특별한 사정이 없이 종전과 마찬가지로 양수인과 함께 합의를 실행하는 행위를 계속하였다면, 양수인도 기존 합의 가담자들 사이의 '부당한 공동행위'에 가담하여 그들 사이에서 종전과 같은 '부당한 공동행위'를 유지·계속한다는 묵시적 의사의 합치가 있다고 보는 것이 타당하다."고 판시한 바 있다.

61) 권오승(제13판), 282면; 권오승·서정(제4판), 256면; 신동권(제3판), 486면; 신현윤(제8판), 250면; 이호영(제6판), 215면; 정호열(제6판), 309면; 대법원 2007.12.13. 선고 2007두2852 판결; 대법원 2002.3.15. 선고 99두6514 판결, 6521 판결.

62) 대법원 2013.11.28. 선고 2012두17421 판결, 대법원 2013.11.14. 선고 2012두20212 판결, 대법원 2013.11.14. 선고 2012두18844 판결(이상 "13개 음원유통사업자 담합" 판결), 대법원 2014.2.13. 선

합의의 존재만으로 공동행위는 성립하기 때문에 참가사업자들이 당해 합의를 현실로 이행하였는지의 여부는 중요하지 않다. 일본의 다수설은 공동행위의 성립요건으로 '의사의 연락'과 이에 기한 '행위의 일치'를 들고 있는바,63) 이처럼 합의의 실행행위를 요구하지 않는 이유는 ① 공동행위는 사업자들 간 자발적인 합의로서 그 실행이 이루어지는 것이 보통이며, ② 공동행위의 실행이 이루어질 때까지 이를 금지할 수 없다는 것은 동법의 취지에 부합하지 않기 때문이라고 한다.64)

공정거래법상 문제되는 공동행위로서의 합의가 '법률행위'에 한정되는가? 적극적으로 해석하여야 한다. 법률행위, 즉 계약에 의하지 않은 공동행위란 상호 의사의 합치 없이 행위만 조정하는 경우로서 공정거래법은 이를 '합의추정'의 문제로 다루고 있을 뿐이고,65) 이때의 추정은 어디까지나 '합의'의 존재를 전제로 한 것이기 때문이다. 판례도 공동행위의 성립요건으로서 당사자 간에 상호 '의사의 연락'또는 '의사연결의 상호성'을 요구하고 있는바, 의사의 연락 없는 합의란 생각할 수 없다는 점에서 지극히 당연하다. 다만, 공동행위로서 합의가 민법상 유효한 것일 필요는 없다.

그 당연한 결과로 단순한 행위의 일치 내지 '의식적 병행행위'(conscious parallelism)만으로는 합의가 성립할 수 없다. 사업자가 독자적 판단에 따라 한 행위가 우연하게 일치하더라도 합의는 인정되지 않는다.66) 대법원은 일관되게 "부당한 공동행위는 '부당하게 경쟁을 제한하는 행위에 관한 합의'로서, 이때 '합의'에는 명시적 합의뿐 아니라 묵시적인 합의도 포함되지만, 합의는 2 이상 사업자 사이의 의사의 연락이 있을 것을 본질로 하므로 단지 위 규정 각 호에 열거된 '부당한 공동행위'가 있었던 것과 일치하는 외형이 존재한다고 하여 당연히 합의가 있었다고 인정

고 2011두16049 판결; 대법원 2014.6.26. 선고 2012두23075 판결 등("7개 LPG 사업자 담합" 판결); 대법원 2014.7.24. 선고 2013두16395 판결 등("16개 생명보험회사 담합" 판결); 2015.1.29. 선고 2012두21840 판결 등("5개 원적사 담합" 판결).

63) 이는 일본 공정취인위원회의 기본적인 입장이기도 하다. 대표적으로 合板入札價格協定事件(公取委 1949.8.30. 審決), 레코드價格協定事件(1951.10.5. 審決), 石油製品販賣價格協定事件(1955. 12.1. 審決), 秋田市理容組合價格協定事件(1965.8.11. 勸告審決)가 있다.

64) 권오승(제13판), 282면; 신현윤(제8판), 249면; 정호열(제4판), 336면.

65) 독일법상 카르텔 금지의 개념론에 대해서는 Karsten Schmidt, Kartellverfahrensrecht, 1976. 그는 종래의 통설과 달리 구법 제1조는 카르텔계약체결의 금지위반에 대한 제재로서 당해 계약의 무효선언마을 규정하고 있을 뿐이어서, 오히려 동조적 행위를 금지하는 제25조가 카르텔 금지에 관한 일반조항이라고 설명하였다.

66) 권오승·서정(제4판), 300－301면; 신동권(제3판), 504－508면; 정호열(제6판), 318－319면.

할 수는 없고 사업자 사이에 의사연결의 상호성을 인정할 만한 사정에 대한 증명이 있어야 한다."고 판시하였다.[67]

공정거래법상 합의가 민법상 계약과 구별되는 것은 바로 '구속성' 여부이다.[68] 민법상의 계약에는 반드시 법적인 구속성이 수반되는 반면, 공정거래법상 공동행위로서의 합의에는 법적인 구속성이 없는, 예컨대, 신사협정과 같이 사실상의 구속력만을 갖는 것으로도 족하기 때문이다. 종래 다수설은 공동행위의 성립요건으로서 합의가 당사자들을 '어느 정도' 구속하는 것이어야 한다고 한다. 공동행위의 본질이 계약 내지 합의인 이상 어느 정도의 구속성은 당연하며, 구속의 수단이나 정도는 중요하지 않다. 그 결과 합의를 시행하는 시점이나 준수하는 정도에는 차이가 있을 수 있는 것이다.[69] 나아가 합의 위반에 대한 제재가 반드시 있어야 할 필요는 없고, 합의에 의하여 형성된 공동의 인식에 기하여 상대방이 그 협정을 지킬 것이라는 기대 하에 서로 합의의 내용을 준수하는 관계가 성립하고 있으면 족한 것이다.

그렇다면 당사자 간의 합의가 당사자의 일방만을 구속하고 다른 일방은 구속하지 않는 경우에도 합의가 인정되는가? 이른바 구속의 상호성(相互性)을 요구하는 것은 부당한 공동행위의 본질을 참가사업자들 간의 경쟁제한에서 찾는 경우에 그나마 타당하며, 이와 달리 관련시장에서 자유로운 경쟁의 제한으로 파악하는 경우에 상호구속성을 요구함으로써 공동행위의 성립 자체를 제한적으로 해석할 필요는 없다.[70]

(3) 비진의 의사표시의 경우

공동행위의 법형식인 '합의'의 성립 여부와 관련하여 일부가 비진의(非眞意) 의사표시로 합의에 참여한 경우에 해당 사업자를 포함하여 공동행위가 성립하는지, 아니면 해당 사업자를 제외한 나머지만으로 공동행위가 성립하는지가 문제될 수 있다. 공동행위가 성립하는 범위에 따라 부당하게 경쟁을 제한하는지 여부 및 그에 따른 책임의 범위가 달라질 수 있다는 점에서 이 문제는 매우 중요한 의미를 가질

---

67) 이와 같은 판례는 대법원 2014.5.16. 선고 2012두13665 판결("유류할증료 담합" 판결); 대법원 2014.2.13. 선고 2011두16049 판결; 대법원 2013.11.28. 선고 2012두17421 판결 등이 있다.

68) 부당한 공동행위를 할 것을 약정하는 계약 등은 무효인 점에서 합의의 구속성을 따져볼 실익이 없다는 주장은 양명조, 경제법강의(제8판), 신조사, 2010, 192면.

69) 정호열(제6판), 312-313면.

70) Volker Emmerich, 69 BGHZ 31, 105 = NJW 1960, 145; BGHZ 68 = NJW 1977, 804.

수 있다.

공정거래위원회의 실무와 판례는 일견 민법의 효력규정에 충실한 태도를 취하고 있다. 즉, 진의 아닌 의사표시의 경우에도 원칙적으로 유효하고, 상대방이 표의자의 진의 아님을 알았거나 이를 알 수 있었을 경우에는 무효인데(민법 제107조 제1항), 선의의 제3자에게는 어떤 경우에도 대항할 수 없다는 의미에서 언제나 유효한 것이 된다. 따라서 어느 한 쪽의 사업자가 당초부터 합의에 따를 의사도 없이 '진의 아닌 의사표시'에 의하여 합의한 경우라고 하더라도 다른 쪽 사업자는 당해 사업자가 합의에 따를 것으로 신뢰하고 당해 사업자는 다른 사업자가 위와 같이 신뢰하고 행동할 것이라는 점을 이용한 것으로 합의를 인정하기에 충분하다는 심사기준의 태도는 해당 비진의 의사표시가 유효인 경우를 상정하고 있는 것으로 해석될 수 있는 것이다(심사기준 Ⅱ. 2. 가. (2)). 그 당연한 결과로 비진의 의사표시로 담합에 참여한 사업자를 포함하여 공동행위가 성립하게 되고, 해당 사업자 역시 부당한 공동행위에 따른 책임을 면할 수 없게 된다.

일찍이 "정부종합청사 입찰담합" 사건[71]에서는 대법원은 복수의 건설회사들이 특정 회사가 낙찰 받을 수 있도록 그 보다 높은 금액에 응찰하기로 합의하였으나, 그 중 한 회사가 내심으로는 자신이 최저가로 응찰하여 낙찰을 받을 의사를 가졌었고, 그 후 실제로 합의와 달리 응찰하였다고 하더라도 이러한 사정은 부당한 공동행위의 성립에 방해가 되지 아니한다고 판시하였고, 심사기준은 동 판결을 반영한 것이었다.

(4) 공동행위의 수(數)

공동행위는 합의라는 형식으로 성립하므로, 일견 2 이상의 사업자가 합의를 한 횟수가 공동행위의 개수일 수 있다. 그런데 복수의 합의라도 내용적 동일성이 인정되거나 서로 종합하여 하나의 완전한 합의가 되는 경우도 적지 않은바, 그 실질에 비추어 공동행위의 수를 판단하는 것이 타당할 것이다. 판례는 일관되게 사업자들이 가격담합을 위한 기본적 원칙에 관한 합의 후 이에 따라 위 합의를 실행하는 과정에서 장기간 동안 수회에 걸쳐 회합을 가지고 구체적인 합의를 계속하여 온 일련의 합의를 전체적으로 하나의 부당한 공동행위로 볼 수 있다고 한다.[72]

---

71) 대법원 1999.2.23. 선고 98두15849 판결.

72) 대법원 2011.6.30. 선고 2010두28915 판결.

공동행위의 수는 개별 공동행위의 시기(始期)와 종기(終期)를 통해서 정해진다. 그에 따라 부당한 공동행위의 법위반기간이 산정되므로, 결국 과징금 산정에도 직접 영향을 미치게 된다. 이와 관련한 설명은 후술한다.

나. 합의의 입증과 추정

(1) 연 혁

법 제40조 제5항은 합의를 법률상 추정하고 있다. 그 배경은 합의의 입증이 쉽지 않다는 데 있다. 공동행위에 해당하는 합의라도 그것이 계약·협정·결의 등과 같이 명시적인 방법으로 이루어지는 경우도 있지만, 단순히 참가사업자들 간에 암묵적인 요해로 그치는 경우도 적지 않기 때문이다. 특히 과점시장(寡占市場)에서는 사업자들 간에 시장행위의 상호의존성이 매우 높기 때문에 의사의 연락이 전혀 없이 다른 사업자의 행위를 인식하고 그와 동일한 행위가 사실상 병행적으로 이루어지는 경우 즉, 이른바 '의식적 병행행위'(conscious parallelism)가 이루어지거나 선발사업자의 (가격인상) 행위를 후발사업자들이 일방적으로 수차례 모방하는 과정에서 동조화가 진행된 경우에 이로부터 합의를 어떻게 추론·입증할 것인지가 문제된다. 과점시장에서는 경쟁기업의 수가 적고 경쟁행위에 대한 투명성이 높기 때문에 합의의 단서가 될 수 있는 의사의 연락을 입증하기가 거의 불가능하거나 심지어 의사의 연락이 없이도 경쟁제한적인 행위의 조정이 가능한 것이다.

이러한 배경 하에 공정거래법은 1992년 제3차 개정[73]을 통하여 합의를 법률상 추정하는 규정을 도입하였다. 즉, "2 이상의 사업자가 일정한 거래분야에서 경쟁을 실질적으로 제한하는 행위를 하고 있는 경우에는, 그 사업자들 사이에 부당한 공동행위를 약정한 명시적인 합의가 없는 경우에도, 그러한 합의가 있는 것으로 추정"하도록 규정하였다(구법 제19조 제5항).[74] 즉, 구법은 추정요건으로 ① 2 이상의 사업자가 동조 제1항 각호에서 정하고 있는 행위를 하고 있을 것, ② 그러한 행위의 일치가 관련시장에서 경쟁을 실질적으로 제한할 것을 요구하고 있었다.

종래 학설과 판례는 서로 다른 해석론을 전개하였다. 구법 제19조 제5항(현행법 제40조 제5항)에서 추정되는 것은 '부당성'이 아니라 '합의'라는 데에는 다툼이 없

73) 1992.12.8. 개정, 법률 제4513호.

74) 사업자단체에 의한 공동행위의 경우 대체로 단체의 결의를 통해서 이루어지고 이때 결의의 존부에 대한 입증은 별다른 어려움을 야기하지 않는다. 그 결과 공정거래법 제26조는 따로 결의의 존재를 추정하는 규정을 두지 않고 있다.

었는데,[75] 다만 법률상 합의추정을 위해서 입증되어야 할 이른바 간접사실이 무엇인지가 명확하지 않았다. 다수설은 합의를 추정하기 위해서는 2 이상의 사업자가 구법 제19조 제1항(현행법 제40조 제1항) 각호에 열거된 행위를 하고 있다는 이른바 행위의 외형상 일치를 비롯하여 여러 정황사실을 기초로 일단 사업자들 간의 합의 내지 암묵적인 요해(了解)가 추정되어야 한다고 보았다. 구법의 추정규정을 행위의 일치와 경쟁제한성만으로 위법하다고 본다면, 인위적인 행위의 조정의 경우가 아니라도 사업자가 이를 번복하기 어렵기 때문이다.[76] 이와 같은 맥락에서 일부 고등법원 판결 중에는 당시 다수설과 마찬가지로 구법 제19조 제5항(현행법 제40조 제5항)을 적용하기 위해서는 인식 있는 병행행위를 넘어서 사업자들 간에 암묵적인 요해가 있었음을 입증할 수 있어야 한다고 판시한 경우가 있다.[77]

반면, 대법원은 합의추정을 위한 구법 제19조 제5항(현행법 제40조 제5항)의 취지 및 논리구조에 착안하여 추정요건을 '외관상 행위의 일치'와 '경쟁제한성'으로 명확히 밝히는 한편, 그 밖에 사업자들의 합의 내지 암묵적 양해를 추정하기 위한 정황사실의 입증은 사실상의 추정이라면 몰라도 법률상의 합의추정에는 필요하지 않다고 판시하였다.[78] 그 결과 공정거래위원회가 합의를 추정하기가 수월해질 것인지, 아니면 전보다 까다로워질 것인지를 단정하기는 어렵다.[79] 판례의 태도는 합의를

---

75) 양명조, "부당한 공동행위에 있어서 '부당성' 판단기준", 권오승 편, 공정거래법강의, 법문사, 1996, 268면.

76) 권오승(제13판), 283－284면.

77) 서울고등법원 2000.6.20. 선고 98누10839 판결; 서울고등법원 1996.2.13. 선고 94구36751 판결. 이 사건에서 법원은 공정거래위원회가 행망용 PC컴퓨터 입찰에 있어서 5개 컴퓨터 등 제조업자가 부당한 공동행위를 한 것으로 추정하여 과징금등을 부과한 조치에 대하여 불복하여 제기한 소에 대해서 "여러 간접증거 내지 정황증거에 의하여 이 사건 단가입찰과정에서 원고들 사이에 단순히 의식적인 병행행위가 있었던 것에 그치지 아니하고 적어도 상호 간에 암묵적으로 요해가 있었음을 추단할 수 있으므로" 원고의 주장이 이유 없다고 판시하였다.

78) 대법원 2009.4.23. 선고 2007두6892 판결; 대법원 2006.12.7. 선고 2004두3045 판결; 대법원 2003.2.28. 선고 2001두1239 판결; 대법원 2002.5.28. 선고 2000두 1386 판결; 대법원 2002.3.15. 선고 99두6521 판결 등.

79) 용인죽전지구과 동백지구의 "분양아파트의 평당 분양가 담합" 판결에서 공정거래위원회는 구법 제19조 제5항에 따라 합의를 추정하였지만, 대법원은 전자의 경우(대법원 2009.4.9. 선고 2007두6793 판결)에는 합의의 대상이 되는 상품의 개별특성에 따른 외관상 차이를 배제한 다음 행위의 외형이 실질적으로 일치하는지의 여부를 판단하여야 한다고 판시하면서 합의의 추정을 인정하였다. 반대로 후자의 경우(대법원 2009.4.23. 선고 2007두6892 판결)에는 합의 내지 암묵적인 양해를 추정케 할 정황사실에 불과한 것은 고려해서는 안 되며, 이 사건의 경우 외형상 일치가 인정되지 않는다고 판시하였다.

추정하는 단계에서 경쟁의 실질적 제한 여부를 증명하도록 함으로써 추정조항이 남용될 위험을 방지하는 데에 기여할 수 있을 것으로 보이며, 동항의 문리적·체계적 해석에도 부합하는 것으로서 타당한 것이었다. 다만, '경쟁제한성'이란 당해 상품의 특성, 소비자의 제품선택 기준, 당해 행위가 시장 및 사업자들의 경쟁에 미치는 영향 등 여러 사정을 고려한 결과로서 공정거래위원회의 경쟁정책적 가치판단이 개입될 수밖에 없다는 점에서 합의 추정의 가부를 좌우할 객관적 사실로 파악할 수 없고, 추정요건으로서의 경쟁제한성과 추정대상인 합의 간에 어떠한 논리적 인과관계도 발견하기 어렵다는 점에서 이론상으로는 많은 문제를 안고 있었다.

그 후 2007년 제14차 개정법[80]은 법 제19조 제5항(현행법 제40조 제5항)의 경우 합의는 쉽게 추정되고 이를 번복하기란 상당히 어렵다는 학계의 비판을 수용하여, 추정요건을 행위의 일치와 정황증거(circumstantial evidence)로 변경하였다.[81][82] 즉, 2 이상의 사업자가 제1항 각 호의 어느 하나에 해당하는 행위를 하는 경우로서 해당 거래분야 또는 상품·용역의 특성, 해당 행위의 경제적 이유 및 파급효과, 사업자 간 접촉의 횟수·양태 등 제반사정에 비추어 그 행위를 그 사업자들이 공동으로 한 것으로 볼 수 있는 상당한 개연성이 있는 때에는 그 사업자들 사이에 공동으로 제1항 각 호의 어느 하나에 해당하는 행위를 할 것을 합의한 것으로 추정한다. 개정법은 종래 판례가 합의를 사실상 추정하기 위한 요건으로 제시한 것을 법률상 추정요건으로 받아들인 것으로 보이며, 그간 널리 알려진 '병행행위와 추가요소'(parallelism plus)[83]에 관한 법리를 명문화한 것이라는 점에서 공정거래위원회의 실무에도 별다

80) 2007.8.3. 개정, 법률 제8631호.

81) 권오승(제13판), 286면. 권오승은 구법에 대한 비판에서 법개정이 이루어졌다는 것을 소개하는 한편, 정황증거를 통하여 개정법의 추정규정이 아니더라도 사실상의 추정이 가능하다는 점에는 동의하나, 이론적으로는 개정법의 태도가 행위의 일치를 보이고 정황사실을 제시하는 것만으로 합의가 추정될 수 있다는 입장을 표명한 점에서는 의의가 있다고 평가한다.

82) 2020년 전부개정(2020.12.29. 전부개정, 법률 제17799호)을 통해 현행법 제40조 제5항에서는 동조 "제1항 각 호의 어느 하나에 해당하는 행위를 하는 둘 이상의 사업자가 다음 각 호의 어느 하나에 해당하는 경우에는 그 사업자들 사이에 공동으로 제1항 각 호의 어느 하나에 해당하는 행위를 할 것을 합의한 것으로 추정한다."고 하면서, 제1호에서는 "해당 거래분야, 상품·용역의 특성, 해당 행위의 경제적 이유 및 파급효과, 사업자 간 접촉의 횟수·양태 등 제반 사정에 비추어 그 행위를 그 사업자들이 공동으로 한 것으로 볼 수 있는 상당한 개연성이 있을 때", 그리고 제2호에서는 "제1항 각 호의 행위(제9호의 행위 중 정보를 주고받음으로써 일정한 거래분야에서 경쟁을 실질적으로 제한하는 행위를 제외함)에 필요한 정보를 주고받은 때"를 들고 있다.

83) 개정법의 태도는 미국에서 인식 있는 병행행위가 금지되기 위해서 특히 과점사업자들의 행위의 일치(parallelism)에 더하여 합의의 (사실상) 추정을 가능케 하는 여러 가지 '정황증거'(circumstantial

른 변화를 가져오기 어려운 것이었다.

법개정 이후 한동안 공정거래위원회의 실무는 위 추정조항 대신 사실상 합의 추정을 통하여 합의를 입증하는 방향으로 이루어졌는데, 법률상 추정이나 행위의 외형상 일치와 정황사실로써 합의 내지 암묵적인 양해를 추정하는 이른바 '사실상의 추정'이나 요건은 마찬가지이기 때문이다.[84] 경험칙(經驗則) 상 합의의 존재를 간접적으로나마 보여줄 수 있는 정황증거에 따른 '사실상의 추정'을 활용하는 것이 외국 입법례의 공통적인 태도이기도 하다. 법률상 추정에 근거하여 내려진 공정거래위원회 의결이나 대법원 판결은 찾기 어렵다.[85] 그 후 공정거래위원회는 법률상의 추정보다는 간접증거를 통한 사실상의 추정 방식으로 합의의 입증을 시도하는 경향을 보이고 있는바, "라면담합" 판결[86]과 같이 법원에서 패소하는 사례가 증가하는 하나의 계기가 되었다.

(2) 합의추정과 묵시적 합의

'합의'를 위한 의사의 합치(meeting of the minds)가 반드시 계약이나 서면과 같은 명시적 의사표현의 방식으로만 이루어져야 할 필요는 없다. 그에 따라, 판례는 이른 바 '묵시적 합의'도 '부당한 공동행위'의 '합의'에 해당된다는 입장을 취하고 있다.[87] '명시적 합의'(express agreements)는 계약서나 합의문 같은 법률문서가 아니더라도 모임, 통화, SNS 등 다양한 소통 수단을 활용하여 사업자들 간에 직접 의사를 교환하는 방식으로 의사의 합치를 이루는 것이다. 이에 반해 '묵시적 합의'(implicit agreements)는 언어적 수단에 의한 직접적인 의사교환 없이 정황상 간접적인 방식으로 상호 간 의사연락 및 합치가 이루어지는 것을 의미한다. 가령, 특정한 사업자가 모임에서 가격인상 희망의사를 표시하였으나 동석한 다른 사업자들이 그에 동조하는 아무런 의사표시를 하지 않은 경우, 다른 사업자들이 실질적으로 가격인상 의사에 동조하거나 합치했다고 볼 수 있는 다른 정황증거들이 존재하는 상황에서 결과

---

evidences)가 '추가요소'(plus factors)로써 제시되어야 하는 것을 참조한 것으로 보인다. 그런데 여기서 인식 있는 병행행위는 합의에 관한 사실상의 추정에서만 원용될 수 있을 뿐이다.

84) 추정조항의 독자적 의의에 의문을 제기하는 견해로는 정호열(제4판), 341면.

85) 이선희, "공정거래법상 부당한 공동행위에 있어서 합의의 개념과 입증", 서울대학교 법학 제52권 제3호, 2011, 443면.

86) 대법원 2015.12.24. 선고 2013두25924 판결; 대법원 2016.1.14. 선고 2013두26309 판결; 대법원 2016.1.14. 선고 2014두939 판결.

87) 대법원 2002.3.15. 선고 99두6514, 99두6521 판결.

적으로 가격인상이라는 외형일치까지 나타났다면 이는 묵시적 합의로 인정될 여지가 존재한다.[88]

합의의 추정은 문제되는 합의가 명시적인 방식이 아닌 묵시적 형태로 나타날 때 주로 활용된다. '추정'은 요증사실(要證事實; 직접사실)의 증명이 어려울 때 일정한 간접사실의 존재를 먼저 증명하여, 그로부터 요증사실인 직접사실의 존재를 추론하는 증명의 방식이다.[89] 명시적 합의는 부당 공동행위의 요증사실인 '합의'를 입증할 직접증거인 회의록이나 합의문 등의 확보를 통해 증명할 수 있다. 반면, 묵시적 합의의 경우 그 개념상 합의사실을 증명할 직접증거가 부재하다는 점이 전제되기에, 의사연락의 상호성이 있었다고 볼 수 있는 개연성을 더해주는 다양한 간접사실들을 종합하여 비로소 합의라는 요증사실을 추론하는 합의의 추정에 의존할 수밖에 없다.

(3) 합의추정의 요건

경쟁당국이 합의를 보여주는 직접증거를 확보하기란 지극히 어렵다. 그 결과 합의사실을 간접적으로 보여주는 이른바 간접증거(Indizienbeweis)가 널리 활용되고 있다. 이때 경제적으로 밝혀진 경험칙은 간접증거의 증명력을 보여주는 개연성(Wahrscheinlichkeit)의 기초가 된다.[90] 합의추정에는 외관상 행위의 일치와 그 밖에 정황증거가 있어야 한다. 의식적 병행행위의 경우에도 행위의 일치만으로는 합의를 추정할 수 없으며, 그 밖에 추가요소(plus factors)로서 간접증거 내지 정황증거가 요구된다.

㈎ 행위의 일치

공정거래법에 합의추정 조항이 도입된 것은 공동행위의 형식을 '합의'로 명정한 1992년 제3차 개정법[91]에서였다. 구법 제19조 제3항(현행법 제40조 제5항)은 합의추정의 요건으로서 외관상 행위의 일치와 경쟁의 실질적 제한을 명정하고 있었다.

88) 홍대식, "합리적인 부당공동행위 추정", 카르텔 종합연구(하), 한국경제연구원 연구보고서, 2010, 210면.

89) 권오승·서정(제4판), 306면.

90) Jutta Leube, Die kartellrechtliche Beurteilung des „Erfahrungsaustausches" bei zwischenbetrieblicher Kooperation, BB, 1974, S. 208; Thomas Marx, Zum Nachweis aufeinander abgestimmten Verhaltens, BB, 1978, S. 332; Rolf Belke, Die vertikalen Wettbewerbsbeschränkungsverbote nach der Kartellgesetznovelle 1973, ZHR 139, 1975, S. 1575.

91) 1992.12.8. 개정, 법률 제4513호.

그런데 경쟁제한성이 합의의 존재를 보여주는 간접증거로는 적절하지 않다는 문제 제기가 계속되었다. 그에 따라 2007년 제14차 법개정[92]으로 현재와 같이 행위의 일치와 공동행위의 개연성을 보여줄 정황증거를 합의추정의 요건으로 명정하게 되었으나, '행위의 일치'를 추정의 일 요건으로 삼는 데에는 종전과 차이가 없다. 다만, 행위의 외형상 일치만으로 합의의 존재를 인정할 수는 없고 사업자 간 의사연결의 상호성을 인정할 수 있을 만한 사정이 증명되어야 하며, 그에 대한 증명책임은 그러한 합의를 이유로 시정조치 등을 명하는 공정거래위원회에 있다.[93]

그렇다면 행위의 '외형상 일치'란 무엇인가? 조문상으로는 사업자가 다른 사업자와 공동으로 법 제40조 제1항 각호의 어느 하나에 해당하는 행위를 하고 있음을 의미한다. 문제는 과연 어느 정도의 행위가 있어야 행위의 외형상 일치를 인정할 수 있는지에 관한 부분이고, 그 판단은 공동행위 여부가 다투어지는 일련의 행위로부터 규범적으로 내려질 수밖에 없다. 판례는 가격인상의 시기나 정도가 완전히 일치하지는 않더라도 어느 정도의 동일한 외관이 있으면 행위의 외형상 일치가 있다고 본다. 즉, 합의의 대상이 되는 상품이 그 특성상 개별성이 강하여 사업자들이 공동행위를 하더라도 그 객관적 외관이 엄밀히 일치할 것으로 기대하기 어려운 경우에는 그 개별 특성에 따른 외관상 차이를 배제한 후에 당해 행위의 외형이 '실질적으로' 일치하는지 여부를 판단하여야 한다는 것이다.[94]

행위의 외형상 일치를 판단하는 방법론을 잘 보여주는 사례가 분양가 담합사건이다. 먼저, "용인시 죽전지구 내 건설사업자의 담합" 판결[95]에서 대법원은 "아파트는 모두 평당 분양가 650만 원선을 하한선으로 하여 그 이상으로 분양된 사실, 이 사건 각 회사별 평당 평균분양가 중 최고가 및 최저가와의 차이도 30평형대는 최대 87,000원, 40평형대는 최대 178,000원, 50평형대는 최대 176,000원에 그치고 이러한 아파트 분양가로 환산하더라도 그 편차가 최대 1,000만 원 정도에 불과한 사실 등 판시와 같은 사실을 인정한 다음, 이 아파트의 분양가는 이 사건 아파트의 품질, 입지여건, 회사 내부사정, 토지 구입비용, 마감재료 비용 등과 같은 개별 사정에 따라 일정 부분 차이가 날 수밖에 없고 이러한 개별사정을 배제하면 위와 같

92) 2007.8.3. 개정, 법률 제8631호.
93) 대법원 2013.11.28. 선고 2012두17421 판결; 대법원 2014.5.29. 선고 2011두23085 판결 외.
94) 대법원 2009.4.9. 선고 2007두6793 판결.
95) 대법원 2009.4.9. 2007두5387 판결 등.

은 각 평당 분양가는 종전에 이 사건 회사들이 예정하였던 각 평당 분양가에 비하여 모두 650만 원 이상으로 인상된 금액이면서 동시에 상호 간에 상당히 근접한 금액인 점 등에 비추어 보면, 이 사건 회사들의 분양가 책정행위에는 외형적 일치가 있다."고 판단한 원심의 판단이 정당하다고 판시하였다.

한편, "용인시 동백지구 내 건설사업자의 담합" 판결[96]에서 대법원은 행위외형의 실질적인 일치를 강조하면서도, 단지 사업자들의 합의를 추정하게 할 정황사실만 고려해서 외형의 일치를 인정해서는 안 되며 분양가 책정행위의 외형이 실질적으로 일치하는지 여부를 판단했어야 한다는 점을 강조하였다. 동 사건의 원심은 각 회사들이 협의체 구성 후 분양업무의 추진방식과 진행상황에 관한 정보교환과 지속적 논의를 해 온 정황, 2003.7.16. 회의에서 구체적으로 평당 '700만 원' 전후의 분양가 조정에 대해 논의한 정황 등을 고려하여 각 회사별 분양가의 일부 편차에도 불구하고 외형의 일치를 인정하였다. 그러나 대법원은, "아파트의 전체 평균 분양가는 원심이 인정한 바와 같이 693만 7,946원(평당가 약 700만 원)이라고 하더라도 각 회사별 평균 분양가는 개별 특성이 매우 강한 소외 1 주식회사를 제외하더라도 670만 원에서 761만 원까지 다양하게 분포되어 있는 점, 이 아파트의 최종 분양가는 평당 최저 637만 원부터 최고 777만 원까지 사이였고 이를 비슷한 평형별로 세분하여 보더라도, 대략 30평 이하는 평당 637만 원부터 685만 원까지 사이로 그 편차가 48만 원, 32평 내지 34평형은 평당 653만 원부터 716만 원까지 사이로 그 편차가 63만 원, 38평 내지 46평형은 평당 676만 원부터 772만 원까지 사이로 그 편차가 96만 원, 49평 내지 59평형은 평당 683만 원부터 778만 원까지 사이로 그 편차가 95만 원으로 나타나는 점, 이러한 편차를 유사한 평형 간 총 분양가를 기준으로 비교하여 보면 대략 1,000만 원에서 3,000만 원 정도에 이르는 편차를 보이는 점 등을 알 수 있다. 반면에 공정거래위원회가 제출한 증거로는 이 아파트의 개별 특성을 배제하더라도 그 분양가가 실질적으로 어느 정도까지 일치하는지를 알기 어렵다."

96) 대법원 2009.4.9. 선고 2007두4742 판결 등. 외형의 일치를 인정한 "죽전지구" 판결에서는 평형별 평당 분양가 편차가 각각 8만 7천~17만 6천 원에 불과했으나, 외형의 일치를 부인한 "동백지구" 판결에서는 48~96만 원에 달한 것으로 나타났다. 아파트 1채 분양가의 편차 역시 죽전지구는 1천만 원 이하였지만 동백지구는 1~3천만 원이었고, 평당 분양가에 있어서도 죽전지구는 모두 650만 원 이상이었지만 동백지구의 경우 637~777만 원 사이에 분포되어 있는 등 편차를 보인 것으로 파악되었다. 양명조, "독점규제법 위반 공동행위 사건에 있어서의 부당성 판단과 행위일치의 쟁점", 경쟁법연구 제21권, 2010.5, 28－29면.

고 하여, 실질적 외형일치 여부보다는 합의의 정황사실에 주로 의존한 원심의 판단을 배척하였다.

(나) 정황증거

정황증거를 평가함에 있어서는 공동행위가 문제된 시장의 특수성이 고려되어야 하며, 사업자들에게 구체적으로 서로 다른 행위로 나아갈 여지가 어느 정도인지도 중요하다. 예컨대, 사업자들이 다른 행위의 가능성이 충분함에도 불구하고 장기적으로 지속되는 행위의 일치는 사실상 합의를 추정하기에 충분할 수 있다. 정황증거로는 시장구조, 시장행태 및 '정보의 교환'(information exchange) 등이 있으며, 반면 시장성과는 간접증거로서 적절한 기준이 될 수 없다. 왜냐하면 시장성과는 대체로 동일한 행태로 나타나게 되는데, 이러한 시장행위의 동일성, 예컨대 가격의 인상이나 거래조건의 변경 등은 공동행위에 의하지 않고도 생겨날 수 있기 때문이다.

심사기준은 합의추정을 보강하기 위한 정황증거로서 ① 직·간접적인 의사연락이나 정보교환 등의 증거가 있는 경우, ② 공동으로 수행되어야만 당해사업자들의 이익에 기여할 수 있고 개별적으로 수행되었다면 당해 사업자 각각의 이익에 반할 것이라고 인정되는 경우, ③ 당해 사업자들의 행위의 일치를 시장상황의 결과로 설명할 수 없는 경우, ④ 당해 산업구조상 합의가 없이는 행위의 일치가 어려운 경우를 예시하고 있다.

(4) 추정의 번복과 동조적 행위

법 제40조 제5항에 의하여 합의가 추정되는 경우, 사업자는 그 행위가 합의에 기한 것이 아님을 입증함으로써 추정을 번복할 수 있다. 현행법은 구법과 달리 합의를 추정함에 있어서 정황증거나 제반사정을 종합적으로 검토하도록 하고 있으므로, 공정거래위원회가 제시한 정황증거 외에 새로운 반대사실이나 정황증거가 없는 한 합의추정이 번복되기는 쉽지 않다.[97] 합의추정을 번복하기 위해서는 사업자가 복멸사유를 제시하여야 하고, 여러 사정이 종합적으로 고려되어 복멸 여부가 결정된다.

즉, 법 제40조 제5항에 따라 부당한 공동행위의 합의 추정을 받는 사업자들이 부당한 공동행위의 합의의 추정을 번복시킬 수 있는 사정을 판단함에 있어서는 당해 상품 거래분야 시장의 특성과 현황, 상품의 속성과 태양, 유통구조, 가격결정 구

97) 이호영(제6판), 237-238면.

조, 시장가격에 영향을 미치는 제반 내·외부적 영향, 각 개별업체가 동종 거래분야 시장에서 차지하고 있는 지위, 가격의 변화가 개별사업자의 영업이익, 시장점유율 등에 미치는 영향, 사업자의 개별적 사업여건에 비추어 본 경영판단의 정당성, 사업자 상호 간의 회합 등 직접적 의사교환의 실태, 협의가 없었더라도 우연의 일치가 이루어질 수도 있는 개연성의 정도, 가격모방의 경험과 법위반 전력, 당시의 경제정책적 배경 등을 종합적으로 고려하여 거래 통념에 따라 합리적으로 판단하여야 한다.[98)]

구체적으로 판례는 합의를 번복할 만한 사유로서 ① 문제의 행위가 실제로는 아무런 합의 없이 각자의 경영판단에 따라 독자적으로 이루어졌음에도 마치 우연한 일치를 보게 된 경우,[99)] ② 합의에 따른 공동행위가 아니라고 수긍할 만한 정황을 인정할 경우, ③ 선도업체의 가격 인상을 후발업체가 단순히 모방한 경우,[100)] ④ 시장의 특수성으로 인하여 사업자들은 이에 따라야 한다고 볼 만한 정황이 있는 경우,[101)] ⑤ 의사의 연락에 기인한 것이 아니라, 행정지도로 인한 경우[102)] 등을 제시하고 있다.

다수설과 판례는 '동조적 행위'의 경우에도 일정한 요건을 충족하면 합의의 존재를 추정할 수 있다고 한다.[103)] 대법원은 "과점시장에서 시장점유율이 높은 업체가 독자적인 판단에 따라 가격을 먼저 결정한 뒤에, 그 밖의 경쟁사업자들이 그 가격을 추종하고 있고, 그와 같은 가격결정 관행이 상당한 기간 누적되어 사업자들이

---

98) 대법원 2009.4.9. 선고 2007두4759 판결; 대법원 2008.11.13. 선고 2006두13145 판결; 대법원 2006.11.23. 선고 2004두8323 판결; 대법원 2006.10.12. 선고 2004두9371 판결; 대법원 2006.9.22. 선고 2004두7184 판결; 대법원 2003.12.12. 선고 2001두5552 판결; 대법원 2003. 5.27. 선고 2002두4648 판결 등.

99) 대법원 2008.2.15. 선고 2006두11583 판결; 대법원 2006.12.7. 선고 2004두3045 판결; 대법원 2006.10.12. 선고 2004두9371 판결; 대법원 2006.9.22. 선고 2004두7184 판결; 대법원 2005.1.28. 선고 2002두12052 판결; 대법원 2003.12.12. 선고 2001두5552 판결; 대법원 2003. 5.27. 선고 2002두4648 판결; 대법원 2003.5.27. 선고 2002두4648 판결 등.

100) 대법원 2008.11.13. 선고 2006두13145 판결; 대법원 2003.12.12. 선고 2001두5552 판결 등.

101) 대법원 2003.12.12. 선고 2001두5552 판결; 대법원은 제주도 지역의 휘발유판매시장의 특수성으로 인하여 주유소들이 다른 주유소가 공급받는 휘발유가격을 쉽게 알면서 공급자인 원고들에게 다른 주유소가 공급받는 가격으로 판매해줄 것을 요구하면 원고들은 이에 따라야 한다고 볼 만한 정황이 있었다는 점을 추정 번복의 사유로 고려하였다.

102) 대법원 2003.2.28. 선고 2001두1239 판결.

103) 이호영, "공정거래법상 경쟁자 간 정보교환행위의 평가에 관한 연구", 상사법연구 제33권 제1호, 2014, 364-365면.

이러한 사정을 모두 인식하고 있는 경우에, 가격 결정과 관련된 의사 연락이 증명되거나 추가적인 여러 사정들에 비추어 그 의사 연락을 추인할 수 있다면 부당하게 경쟁을 제한하는 행위에 대한 합의가 있다고 인정할 수 있다."고 보았다.[104] 그러나 동 판결은 어디까지나 사업자들 간의 의사연락을 증명 또는 추인할 수 있음을 전제로 한다는 점에서 의사연락에 이르지 않은 동조적 행위에 대해서 합의를 추정한 것으로는 볼 수 없다. 같은 이유로 동조적 행위가 사업자들 간에 행위의 일치를 수반하고 아울러 그러한 일치된 행위가 우연이 아니라 상호 의사연락의 결과임을 보여주는 간접증거가 충분한 경우에는 통상의 합의추정이 적용될 수 있을 것이지 굳이 동조적 행위를 운운할 일은 아니다.

오히려 동조적 행위 내지 가격동조화는 합의추정의 복멸을 불허하는 사유로서 중요한 의미를 가질 수 있다. 일찍이 "화장지 담합" 판결[105]에서 대법원은 "과점적 시장구조 하에서 시장점유율이 높은 선발업체가 독자적인 판단에 따라 가격을 결정한 뒤 후발업체가 일방적으로 이를 모방하여 가격을 결정하는 경우에는, 선발업체가 종전의 관행 등 시장의 현황에 비추어 가격을 결정하면 후발업체들이 이에 동조하여 가격을 결정할 것으로 예견하고 가격 결정을 하였다는 등의 특별한 사정이 없는 한, 법 제40조 제5항에 따른 공동행위의 합의 추정은 번복된다. 다만, 이때 후발업체들이 서로간의 명시적이거나 묵시적인 합의 또는 양해에 따라 선발업체의 가격을 모방한 경우에는 그 후발업체들 상호 간의 공동행위가 문제되나, 후발업체들 상호 간의 공동행위 성립 여부는 그들의 시장점유율 등 가격결정 영향력 등에 따라 별도로 판단되어야 한다."고 판시하였다.

즉, 대법원은 과점시장에서의 일방적인 모방과 동조화현상을 구분하고, 전자의 경우 합의추정을 복멸해주는 반면, 후자에 대해서는 선·후발업체 간 합의추정은 번복되지 않는다는 것이다. 그 결과 후발업체가 경쟁의 의지 없이 일방적으로 선도자의 가격정책을 따라가는 경우를 적절히 규제할 수 없게 되었다. 나아가 과점시장에서는 경쟁사업자들 간에 사전접촉이나 정보교환이 없더라도 경쟁상 위험을 회피하기 위한 일방적인 모방행위가 이루어질 수 있다는 점에서 경쟁의 보호에 흠결이 생길 수도 있다. 문제는 일방적 모방과 동조화에 따른 행위를 구별하기가 쉽지 않

104) 대법원 2014.6.26. 선고 2013도5456 판결.

105) 대법원 2008.9.25. 선고 2006두14247 판결; 대법원 2002.5.28. 선고 2000두1386 판결.

고, 경쟁보호의 관점에서 양자를 구별할 실익이 없어 보인다는 데에 있다. 입법론으로 현행법 제40조 제5항의 합의추정조항을 폐지하는 한편, 동조 제1항에 넓은 의미의 동조적 행위를 합의와 병렬적으로 규정하는 것이 바람직할 것이다.[106)]

이와 관련하여 동조적 행위에 관한 외국의 입법례를 참고할 필요가 있다. 일찍이 독일 경쟁제한방지법 제1조의 동조적 행위(abgestimmte Verhaltensweise; concerted practices) 금지는 일찍이 1973년의 제2차 개정 때 유럽공동체조약(EC조약) 제81조 제1항(현 유럽기능조약 제101조 제1항)을 모델로 하여 받아들인 것으로서, 동조적 행위를 금지하는 취지는 카르텔 금지의 대상을 합의나 계약, 결의 등에 국한하는데 따른 경쟁보호 상의 흠결을 메우기 위한 것이었다. 따라서 동조적 행위에는 서로 독립적인 2 이상의 사업자들이 의도적으로 행위를 조정하는 모든 형태를 포괄하고, 합의와의 차이점은 참가사업자들이 처음부터 자신들의 행위조정을 법적으로나 사실상 구속 내지 강제하기를 포기하였다는 점에 있다. 이때 독일법상 동조적 행위는 계약이나 신사협정보다 완화된, 그러나 단순한 의식적 병행행위보다는 견고한 형태의 카르텔로 이해되고 있으며, 명시적이든 묵시적이든 어느 정도 의사의 합치(Willenseinigung) 또는 양해(Verständigung)가 필요한 것으로 해석되고 있다.

마찬가지로 유럽에서도 기능조약(TFEU) 제101조 제1항에서 '동조적 행위'를 금지하고 있는데, 유럽집행위원회는 동조적 행위를 합의의 존재를 입증할 수 없는 사안에서 이른바 포착금지요건(Auffangtatbestand), 다시 말해서 카르텔의 인지를 위한 수단으로 활용하고 있다. 그리고 금지되는 동조적 행위와 허용되는 자율적인 행위를 구분하는 가장 중요한 기준은 이른바 '독립성의 원칙'(Selbständigkeitsgebot)으로서, 사업자가 위험이 수반되는 경쟁 대신 의도적으로 행하는 모든 형태의 행위조정과 다른 사업자의 요구에 의도적으로 단지 응하는 행위가 금지되며, 종래의 실무상 행위조정에 이용되는 대표적인 수단으로는 사전에 가격표나 기타 정보를 교환하는 것이었다. 반면, 다른 경쟁사업자의 행위에 자율적으로 대응하는 행위, 예컨대 경쟁사업자의 가격에 동승하는 행위는 문제되지 않는다. 동조적 행위에 대한 입증은 주로 간접증명의 방법에 의하고, 무엇보다도 지속적인 행위의 일치 여부, 당해 시장의 특성 및 사업자가 독자적으로 행위 할 수 있는 가능성이 고려된다. 예컨대 개별사업자의 이해관계에 비추어볼 때 행위의 외형상 일치를 다른 합리적인 이유로

106) 이봉의, "과점시장에서의 가격모방과 합의추정의 번복", 공정경쟁 제86권, 2002, 86-88면.

는 설명할 수 없는 경우에 동조적 행위는 사실상 추정될 수 있을 것이다.

다. 정보교환과 카르텔

(1) 정보교환의 의의

경쟁법상 관심의 대상이 되고 있는 정보교환(information exchanges)은 사업자들 간에 가격, 수량(산출·판매량, 재고 등), 비용, 고객정보, 영업전략, 연구·개발계획 등 경쟁과 관련된 정보를 주고받는 행위를 말한다. 기업활동에서 빈번하게 이루어지고 있는 정보교환행위는 그 자체만으로 경쟁에 미치는 영향을 추단하기 어렵다. 정보교환은 한편으로 시장의 투명성을 높임으로써 경쟁을 촉진하거나 기업의 효율성을 제고하는 등 긍정적인 효과를 가질 수 있으나, 다른 한편으로 경쟁사업자 간에 '경쟁상 민감한 정보'(competitively sensitive information)를 교환하여 실질적으로 담합을 실행한 것과 같은 결과를 초래하는 경우에는 경쟁법상 문제될 수 있다.

OECD의 연구결과[107]는 정보교환의 효율성 증대효과를 시장전략의 효과적인 수립, 벤치마킹을 통한 내부 효율성 향상, 신규진입 촉진 등의 3가지 관점에서 설명하고 있다. 먼저, 시장의 수급현황에 대한 정보가 공유되면 자신의 공급량과 재고를 시장의 적정 수요에 맞춰 조절할 수 있어, 효과적인 공급전략을 수립하는 것이 가능해진다. 과잉생산이나 과소공급의 우려를 줄여줄 수 있기에, 소비자의 선호도 변화가 민감하거나 수요의 불확실성이 큰 시장에서의 정보교환은 시장 전반에 경쟁촉진효과를 가져올 수 있다.[108] 다음으로, 시장성과가 우수한 경쟁사업자의 정보를 통해 그를 벤치마킹(benchmarking)하여 기업 내부의 효율성과 경쟁력을 높이는 효과를 기대할 수 있다. 효율적인 경쟁사업자에 관한 사업정보는 다른 경쟁사업자로 하여금 불필요한 시행착오와 시간과 비용을 감소시켜 줄 수 있기 때문이다. 마지막으로, 정보교환은 시장상황에 대한 불확실성을 줄이고 예측가능성을 높여주어 신규진입을 활성화할 수 있다. 초기 투자비용이 높고 수익창출의 불확실성이 큰 시장일수록 시장정보의 투명성 증대는 시장진입의 성공 가능성을 판단하는데 도움을 줄 수 있기 때문이다.

한편, 정보교환은 이미 형성된 카르텔이 원활하게 이행되도록 하는 유용한 수

---

107) OECD, Information Exchanges between Competitors under Competition Law, Competition Policy Roundtables, 2010, pp. 30−35.

108) Matthew Bennett/Phillips Collins, The Law and Economics of Information Sharing: The Good, the Bad, and the Ugly, European Competition Journal Vol. 6 No. 2, 2010, p. 318.

단으로 활용되거나, 그 자체로 카르텔과 유사한 결과를 야기하는 경우도 있다는 점에서 경쟁제한적인 측면이 동시에 존재한다. 우선, 정보교환은 사업자들 간에 카르텔의 합의점을 도출하고, 형성된 카르텔을 안정적으로 유지할 수 있도록 하며, 이탈자에 대한 적발을 용이하게 한다. 동일한 시장에서 경쟁하고 있는 카르텔참가자들이라 하더라도 각자의 비용구조, 거래상대방, 공급하는 상품은 동일하지 않을 수 있는데, 이러한 이질성(heterogeneity)으로 인하여 카르텔참가자들의 이윤이 공동으로 극대화되는 합의점을 찾아내는데 장애 요인이 된다.[109] 정보교환은 이러한 상황에서 카르텔참가자 모두에게 최적화된 가격이나 산출량의 합의점을 도출하는 것을 원활하게 해줄 수 있다.

특히, 시장에 공개되지 않은 개별 사업자의 장래 가격·수량의 변동 폭과 인상·감소의 시기에 관한 정보를 교환하는 행위는 사업자들 간에 별도의 가격합의 등이 존재하지 않는 경우에도 그 자체만으로 카르텔과 유사한 효과를 나타낼 우려가 있는데, 이러한 유형의 정보교환 행위를 '독자적'(stand-alone) 정보교환이라 한다. 장래의 정보가 아닌 과거·현재의 정보라 하더라도 카르텔에서 이탈하여 개별적으로 가격을 인하한 사업자를 적발하여 보복을 가하기 위한 유용한 수단이 될 수 있다. 상시적인 정보의 교환은 카르텔참가자들이 개별 사업자의 가격변동의 추이를 파악하고 적기에 이를 발견하여 담합에서 이탈한 사업자가 가격인하를 통해 이윤을 얻기 전에 동시에 가격을 인하하여 이탈을 억지하는 기능을 수행한다.

(2) 정보교환의 유형과 법적 성격

정보교환의 유형은 직접적 또는 간접적 방식 등 교환행위가 행해지는 방식에 따라 직접적인 정보교환과 간접적 또는 우회적인 정보교환으로 구분될 수 있다.[110]

한편, 정보교환의 법적 성격은 정보교환 행위가 담합을 형성·유지 또는 조장하기 위한 수단으로 활용되는지, 아니면 그 자체로서 경쟁법상 문제되는 공동행위에 해당하는지에 따라 달라질 수 있다. 전자의 경우에 정보교환은 추후 경쟁사업자 간 합의를 야기하거나 기존의 합의이행을 감시한다는 등의 맥락에서 합의를 보여주는 정황증거로서의 성격을 가지게 되며, 후자의 경우에는 경쟁사업자 간에 정보

109) George J. Stigler, A Theory of Oligopoly, Journal of Public Economy Vol. 72, No. 1, Feb 1964, pp. 45-46.

110) 강지원, "경쟁사업자 간 가격정보 교환행위의 규제 법리에 관한 연구", 서울대학교 박사학위논문, 2018, 20-23면.

교환을 목적으로 하는 합의가 존재할 경우에 그러한 합의가 법 제40조 제1항 각호의 어느 하나에 해당할 것인지에 따라 공동행위의 성립 여부가 좌우된다.

사업자들은 자신들의 생산 또는 판매전략을 결정하기 위하여 시장상황에 항상 관심을 가지게 되며, 원활한 정보수집을 위하여 가격정보를 서로 교환할 유인을 가지게 된다. 일반적으로는 가격정보의 수집을 전담할 공동의 기구를 설치하고, 여기에 가격정보를 제공하여 수집한 다음, 이를 분석·정리하여 다시 각 사업자에게 제공하는 수단을 이용하게 된다. 그런데 참가사업자의 가격결정의 자유를 제한하지 않고 단지 시장의 투명성에만 기여하는 경우에는 가격정보의 교환 그 자체는 경쟁제한행위로 인정될 수 없고, 따라서 공정거래법상 문제되지 않는다.

종래 공정거래법상 공동행위는 합의의 입증을 요구하는데, 구법 제19조 제5항(현행법 제40조 제5항)의 합의추정조항이 제대로 활용되고 있지 못한 상황에서, 정보교환행위(information exchange)가 과연 구법 제19조 제1항(현행법 제40조 제1항)에 따른 묵시적 합의를 구성하는지 여부가 다투어지게 되었다. 공정거래위원회 의결을 살펴보면, 2007년 제14차 법개정[111]을 통해 구법 제19조 제5항(현행법 제40조 제5항)의 추정조항이 개정된 이후 이를 적용하기가 사실상 어려워지게 됨에 따라, 정보교환행위를 포함한 관련 정황증거를 토대로 가격고정에 관한 묵시적 합의의 존재를 인정한 바 있다.[112] 대법원은 정보교환행위가 공동행위를 할 합의를 구성하는지에 대하여 의사연락의 상호성, 정보교환 후의 외형상 일치 등을 요구한 바 있다. 대법원은 "경쟁사업자들이 가격 등 주요 경쟁요소에 관한 정보를 교환한 경우에, 정보교환은 가격 결정 등의 의사결정에 관한 불확실성을 제거하여 담합을 용이하게 하거나 촉진할 수 있는 수단이 될 수 있으므로 사업자 사이의 의사연결의 상호성을 인정할 수 있는 유력한 자료가 될 수 있지만, 그렇다고 하더라도 정보교환 사실만으로 부당하게 경쟁을 제한하는 행위에 대한 합의가 있다고 단정할 수는 없고, 관련시장의 구조와 특성, 교환된 정보의 성질·내용, 정보 교환의 주체 및 시기와 방법, 정보교환의 목적과 의도, 정보교환 후의 가격·산출량 등의 사업자 간 외형상 일치 여부 내지 차이의 정도 및 그에 관한 의사결정 과정·내용, 그 밖에 정보 교환이 시장에 미치는 영향 등의 모든 사정을 종합적으로 고려하여 구법 제19조 제1항이 금

111) 2007.8.3. 개정, 법률 제8631호.
112) 이호영(제6판), 242면에서는 관련된 최근 공정거래위원회 의결들을 정리하고 있다.

지하는 '부당하게 경쟁을 제한하는 행위에 대한 합의'가 있는지를 판단해야 한다." 고 판시하였다.[113)]

(3) 정보교환에 관한 판례의 태도

종래 공정거래위원회는 정보교환에 기한 공동행위에 대하여 일부 정황증거를 보태어 합의를 직접 입증하고자 하였다. 최근 구체적인 사례를 살펴보면, 정보교환 행위가 있었던 사건에서 대법원은 합의가 존재하지 않다고 보았다. 이는 합의 즉 의사연결의 상호성(相互性)을 입증하는데 엄격한 기준을 요구하면서, 정보교환행위에 따른 부당한 공동행위를 금지하는 것을 사실상 어렵게 만들었다.[114)] 먼저 2014년 "LPG 가스 담합" 판결에서 대법원은 가격담합에 관한 합의를 추정함에 있어서 가격 등에 관한 정보교환행위를 고려한 원심의 판단은 정당하다고 보았다.[115)] 또한 대법원은 위 담합과 함께 구매업자인 주유소들의 담합행위를 인정한 원심에 대해, "수입사 중 SK가스가 자신의 충전소 판매가격을 통보하면서 그 수신자란에 원고 현대오일뱅크도 표시한 것은 SK가스의 일방적 행위이므로, 이러한 사정을 들어 원고와 다른 LPG 사업자 사이에 가격결정에 관하여 상호 의사 연락이 있었다고 볼 수는 없다."고 판시하면서 여러 사정을 고려하여 합의의 추정을 부인하였다.[116)]

2014년 생명보험사의 "개인생명보험 이율 담합" 판결[117)]에서 대법원은 "갑 생명보험 주식회사가 을 생명보험 주식회사 등 15개 보험회사와 2001년부터 2006년까지 미래의 예정이율 및 공시이율 등에 관한 정보를 서로 교환하고 이를 통해 각자의 이율을 결정하였다는 이유로 공정거래위원회가 갑 회사에 시정명령 및 과징금부과처분을 한 사안에서, 갑 회사 등 16개 생명보험회사 사이에 '공동으로 예정

113) 대법원 2015.12.24. 선고 2013두25924 판결("라면담합" 판결); 대법원 2014.7.24. 선고 2013두16951 판결("생명보험사" 판결).

114) 류송, "정보교환 공동행위 관련 국내 사례의 검토와 시사점", 경쟁과 법 제6호, 서울대학교 경쟁법센터, 2016, 78면.

115) 대법원 2014.6.26. 선고 2012두23075 판결. 대법원은 "원심이 원고 이원과 SK가스, 두 수입 2사는 2002.12.31.부터 2008.12.까지 거의 매달 말경 전화 등을 통해 LPG 판매가격의 근간이 되는 기준가격과 판매가격 결정 시 변동요인의 참작 여부나 정도에 관한 의견 등 판매가격에 대한 정보를 교환 또는 협의하고 충전소 판매가격을 결정해 왔으며, LPG의 판매실적자료와 판매계획을 서로 교환하기도 하고 적정한 중간이윤을 유지하는 방향으로 기준가격을 결정하기로 하는 등의 가격정책을 논의하여 온 사실 등을 토대로 LPG 판매가격을 동일 또는 유사한 수준으로 결정하기로 하는 묵시적 합의가 있었거나, 적어도 LPG 판매가격을 공동으로 결정한 것으로 볼 수 있는 상당한 개연성이 있다고 인정"한 것은 정당하다고 보았다.

116) 대법원 2014.5.29. 선고 2011두23085 판결.

117) 대법원 2014.7.24. 선고 2013두16951 판결.

이율 등을 결정'하기로 하는 합의가 있었다고 인정하기 부족하다는 등의 이유로 위 처분이 위법하다고 본 원심판단을 정당하다."고 보았다. 대법원은 "① 원고 등 16개 보험회사가 2001년부터 2006년까지 공동으로 가격을 결정·유지 또는 변경하는 행위를 하기로 합의하였음이 인정되지 않는 이상, 원고 등 16개 생명보험회사 사이에 미래의 예정이율 및 공시이율 등에 관한 정보교환행위가 있었다는 사정만으로 곧바로 부당한 공동행위를 한 것이라고 볼 수는 없고, ② 원고 등 16개 생명보험회사가 2001년부터 2006년까지 정보교환행위를 통해 각자의 이율을 결정하여 왔다는 사정만으로 그들 사이에 '공동으로 예정이율 등을 결정'하기로 하는 합의가 있었다고 인정할 증거가 부족하다는 등의 이유를 든" 원심의 판단을 수긍한 것이다.

비교적 최근에 과점시장에서 정보교환을 '합의' 입증과 관련하여 어떻게 보아야 할 것인지가 다루어진 대표적인 사례가 바로 "라면담합" 판결[118]이다. 이 사건에서는 라면 4사가 대표자회의에서 1위사업자의 가격인상 시 타사들도 동참하여 가격을 인상하기로 합의한 후 2001.5.부터 동년 7월까지 순차적으로 가격을 인상한 행위('1차 가격인상')와 2002.10.부터 2010.2.까지 5차례에 걸쳐 명시적 합의 없이 가격인상정보를 서로 교환하여 타사의 가격인상 진행상황을 확인한 후 자사의 가격인상안에 반영하면서 순차적으로 가격을 인상한 행위('2 내지 6차 가격인상')가 문제되었고, 공정거래위원회는 두 행위 모두에 대하여 구법 제19조 제1항의 부당한 공동행위를 인정하여 담합금지명령, 정보교환 금지명령 및 약 1,354억 원의 과징금을 부과하였다.

이에 불복하여 사업자들이 제기한 취소소송에서 서울고등법원은 공정거래위원회의 손을 들어주었다. 그러나 대법원은 '1차 가격인상'과 관련하여 공정거래위원회와 원심이 받아들인 주요한 증거가 전문증거(傳聞證據)로서 신빙성을 부여할 수 없고, 그에 따른 정보교환의 합의 내용이 불분명할 뿐만 아니라 보다 근본적으로 정보교환의 기초가 되는 명확한 합의가 있었다고 보기 어렵다고 판단하였다. 그 당연한 결과로 대법원은 '2 내지 6차 가격인상' 또한 위 1차 가격인상의 기초가 된 명시적 합의에 기초하였다고 볼 수 없으므로 단순한 정보교환이 아닌 가격인상에 대한 의사연락의 상호성이 인정되어야 함을 전제로 정부가 라면가격의 결정에 관여

118) 대법원 2015.12.24. 선고 2013두25924 판결; 대법원 2016.1.14. 선고 2013두26309 판결; 대법원 2016.1.14. 선고 2014두939 판결.

한 관행이 종래 있었고 일부 합의주장에 부합하지 않는 다른 정황이 존재함을 고려할 때 이 사건 정보교환행위 자체를 곧바로 가격을 결정·유지하는 행위에 관한 합의로 인정할 수는 없다고 판시하면서 서울고등법원의 판결을 파기·환송하였다. 이후 파기환송심 판결에서 공정거래위원회가 소를 취하하면서 공정거래위원회 전부 패소가 확정되었다.

위 판결을 둘러싸고 정보교환을 둘러싼 다양한 논의가 전개되었는데, 법 제40조 제1항의 '합의'와 정보교환의 관계를 정리하는 계기가 되었다. 판례로부터 도출되는 몇 가지 쟁점을 정리해보자. 첫째, 정보교환은 이를 위한 '합의'와 합의 없이 이루어지는 '사실행위'로 나누어 살펴보아야 한다. 앞서 살펴본 "라면담합" 판결[119]에서는 두 가지가 모두 문제되었는데, 1차 가격인상이 후자와, '2 내지 6차 가격인상'이 전자와 관련되어 있었다. '2 내지 6차 가격인상'의 경우 정보교환을 위한 합의가 존재하지 않았고, 순차적 가격인상의 관행에 따라 외관상 행위의 일치는 있었던 것으로 보인다.

둘째, 정보교환을 위한 합의는 그 자체가 법 제40조 제1항을 충족할 수 있는 공동행위이고, 그러한 합의에 기초한 순차적 가격인상은 별도의 공동행위를 구성하는지를 살펴볼 필요가 있다. 통상의 가격담합은 가격결정에 대한 합의와 이를 실행하는 행위로 이루어지고, 이때 합의만으로 공동행위가 성립하고 추후의 실행행위까지 하나의 공동행위로 파악하게 된다. 그런데 정보교환합의와 가격인상합의는 그 내용이 전혀 다른 것이어서 양자가 별개의 공동행위에 해당한다고 보는 것이 타당하다. 따라서 위 사건 '2 내지 6차 가격인상'의 경우, 문제된 정보교환은 합의가 아닌 단순 사실행위에 불과하고, 순차적 가격인상은 외관상 행위의 일치에 불과하여 결국 담합을 인정하기 위해서는 정보교환이나 가격인상에 관한 합의를 보여줄 간접증거가 있어야 하는 것이다. 그런데 단순히 정보를 교환하였다는 사실만으로는 그 어떤 합의를 입증하기에도 충분하지 않다는 것이 대법원의 태도인 것이다.

이와 달리, 가격정보의 교환행위는 그 자체가 경쟁제한적인 성격을 가진다는 견해가 독일에서는 지배적인 위치를 차지하고 있다.[120] 그에 따르면 시장참가자의

---

119) 대법원 2015.12.24. 선고 2013두25924 판결.

120) 독일의 다수설과 판례는 가격정보의 교환 자체가 경쟁제한적일 수 있음을 인정하고 있다. Fabian Stancke, Marktinformation, Benchmarking und Statistiken – Neue Anforderungen an Kartellrechts–Compliance, BB, 2009, S. 912 ff.

경쟁상황, 그중에서도 가격정보에 대한 무지상태(Ungewißheit)가 상실되면 모든 참가사업자는 알려진 가격정보에 따라 즉시 반응하게 되고, 그 결과 경쟁상의 우위가 상실된다. 왜냐하면 가격이나 할인, 기타 거래조건 등은 일종의 영업비밀로서 실질적으로 다른 사업자에 대한 중요한 경쟁수단이 되기 때문이라고 한다. 그 결과 모든 사업자는 가격 및 이윤이 하락하게 되고 이를 막기 위하여 자연스럽게 높은 수준에서 '가격의 동조화'(Preisgleichförmigkeit)가 이루어져서, 결과적으로 가격경쟁이 제한된다는 것이다. 이러한 경우에 공동행위로서의 경쟁제한성은 사업자의 행위기준으로서의 '비밀경쟁'(Geheimniswettbewerb)의 배제 그 자체에 있고, 객관적으로도 안정적 수준으로의 가격의 조정이나 통일이라는 결과를 충분히 예측할 수 있으며, 이는 동법이 규정하고 있는 경쟁제한에 해당된다고 한다. 특히 과점시장에서는 이미 사업자들의 시장행태가 상당히 동질화되어 있기 때문에 이러한 위험성이 더욱 커진다.

다만 가격정보를 교환하였다는 사실만으로 바로 위법성이 인정되는 것은 아니며, 그것이 경쟁제한성을 갖기 위해서는 그 내용면에서 공급자나 고객의 특정, 계약체결의 상황명시 등이 이루어져야 한다('특정성'). 기준가격과 함께 최고가격 내지 최저가격이 교환되거나 가격추세를 교환하는 것도 일종의 동조적 행위를 암시할 수 있기 때문에 허용되지 않는다. 반면 단순히 평균가격만이 제시되어 그로부터 개별적인 가격결정행위의 추론이 불가능한 경우, 즉 가격정보가 특정되지 않은 경우에는 경쟁제한성이 인정되지 않는다. 그러나 이에 대해서는 다음과 같은 반론이 가능하다. 즉, 가격정보의 교환 그 자체에는 특정한 가격수준에 맞추어야 할 의무가 없으며, 따라서 가격협정은 존재하지 않는다는 것이다. 그리고 가격정보의 교환에 따라 가격정보공개시스템(open-price system)이 마련되면 사업자의 부당한 가격인상이 방지될 수 있는 측면도 있다.

유럽에서도 유럽최고법원(ECJ)은 "T-Mobile Netherlands" 사건[121]에서 문제의 정보교환행위는 경쟁사업자들 간의 행위조정이 시장에서 사업자들 간의 행위에 영향을 줄 수 있다면 조약 제101조의 목적에 의한 경쟁제한행위를 구성한다고 판시하면서, 여기서 실제로 경쟁제한의 효과가 나타났는지 또는 소비자 가격에 영향을

121) Case C-8/08, T-Mobile Netherlands BV and others v. Raad van bestuur van de Nederlandes Mededingingsautoriteit, [2009] ECR I-4529.

주었는지는 고려되지 않고, 다만, 과징금을 부과함에 있어서 고려될 수 있다고 하였다. 이 사건에서 정보교환을 한 5개의 사업자들은 한 차례의 회합을 가졌을 뿐이었지만, 그것만으로도 네덜란드의 무선이동통신 네트워크 사업자들이 갖고 있던 경쟁사업자의 행동에 대한 불확실성을 해소해주었다는 점에서 그들의 행위가 일치한 것에는 정보교환이 인과관계가 있다고 본 것이다.[122)]

한편, 독일에서는 가격정보의 교환과 유사한 것으로서 공동의 시장분석행위에 대하여, 그 자체가 시장상황의 판단 내지 생산(량)의 조정이 필요한 것이기는 하나, 공급자를 특정하여 제공된 상품의 총판매량에 대한 통계 작성행위가 경쟁제한적이라고 본 사례가 있다.[123)] 그러나 순수하게 통계상의 목적으로 주문량, 판매량, 가격, 할인율 등의 데이터를 처리하여 사업상 공동으로 이용하는 행위는 공정거래법상 중립적인 것으로 판단되어야 한다.

(4) 2020년 전부개정법과 입법론

2018년 공정거래법 전부개정을 위한 T/F는 수개월에 걸친 논의 끝에 정보교환에 관련된 공동행위를 효과적으로 규제하기 위한 개정안을 마련하였고, 그해 8월 공정거래위원회의 정부안은 T/F의 개정안을 일부 반영하여 두 가지 방안을 제시하였다.[124)]

첫째, 공동행위의 유형 중 정보교환을 내용으로 하는 합의를 기존의 제9호에 추가하였다. 둘째, 합의추정의 요건에 정보교환을 유력한 정황증거로 명시하여 외형일치와 정보교환만으로 합의가 추정될 수 있도록 하였다. 반면, 민간 T/F가 제안한 '동조적 행위'의 도입은 반영되지 않았다. 동조적 행위가 독일이나 유럽의 경쟁법에서 사용되고 있는 개념으로서 여전히 그 범주가 명확하지 못하여 규제의 예측가능성을 담보할 수 없다는 우려가 반영된 것으로 보인다. 제20대 국회에 제출되었다가 임기만료로 폐기된 개정안은 제21대 국회에 다시 제출되어 2020.12.9. 국회 본회의를 통과하였으며, 그 내용은 2018년 제출된 정부안과 동일하다.[125)]

즉, 공동행위의 형식인 합의의 내용 중 하나로 "가격, 생산량, 그 밖에 대통령

122) FIW, Wettbewerbspolitik und Kartellrecht in der Marktwirtschaft: 1960 bis 2010, 2010, S. 217－221.
123) WuW/E 1809, 1815.
124) 공정거래위원회, 2018.8.24.자 보도자료, "공정거래법, 38년 만에 전면 개편".
125) 공정거래위원회, 2020.12.9.자 보도자료, "공정거래법 전부개정안 국회 본회의 통과"; 2020.12.29. 전부개정, 법률 제17799호.

령으로 정하는 정보를 주고받음으로써 일정한 거래분야에서 경쟁을 실질적으로 제한하는 행위"(법 제40조 제1항 제9호 후단)가 추가되었고 '그 밖에 대통령령으로 정하는 정보'는 '상품·용역의 원가,' '출고량·재고량·판매량', '상품·용역의 거래조건 또는 대금·대가의 지급조건' 중 하나를 의미한다(영 제44조 제2항). 또한, 법률상 합의 추정의 사유로 "제1항 각 호의 행위(제9호의 행위 중 정보를 주고받음으로써 일정한 거래분야에서 경쟁을 실질적으로 제한하는 행위를 제외함)에 필요한 정보를 주고받은 때"(법 제40조 제5항 제2호)가 추가되었다. 동 법개정 이후에도 종전 판례와 같이 정보교환 행위는 가격 등 행위의 일치와 결합하여 합의 추정이 성립할 수 있는 것은 별론으로 하고, 그 자체를 곧바로 가격 등을 결정·유지하는 행위에 관한 합의로 인정할 수 없다.[126)]

상기 법 개정사항을 반영하여 향후 정보교환을 매개로 한 담합을 효과적으로 규율하고 수범자들의 혼선을 경감하기 위해, 공정거래위원회는 「사업자 간 정보교환이 개입된 부당한 공동행위 심사지침」(이하 "정보교환 심사지침")[127)]을 제정하였다. 동 지침은 금지되는 정보교환의 개념, 위법성 판단기준 및 예시, 신설된 정보교환에 의한 합의추정 규정의 해석방식 등을 규정하고 있다. 정보교환의 개념은 사업자가 경쟁사업자에게 직·간접적으로 가격, 생산량, 원가 등 경쟁상 민감한 정보를 알리는 행위를 의미하며, 핵심표지인 '알리는' 수단·방식에는 우편·전자우편·전화통화·회의 등 수단을 불문하고 사업자단체 등 중간매개체를 경유하는 경우 역시 포함된다. 단, 사업자단체가 구성사업자들로부터 정보를 취합하였더라도 취합된 정보를 다시 구성사업자들에게 전달하지 않은 경우는 정보교환에 해당되지 않는다(심사지침 Ⅲ.). 또한, 공개된 정보의 교환이라 하더라도 금지대상에서 자동적으로 제외되는 것은 아니며, 정보가 공개된 매체의 성격 및 이용자의 범위, 매체에의 접근비용 등을 종합적으로 고려하도록 한다.

정보교환 심사지침은 또한, 위법한 정보교환의 요건인 합의 성립 및 경쟁제한성 판단기준에 대해 명시하고 있다. 정보교환이 해당 정보와 관련된 경영상 의사결정 권한이 있는 주체 간에 장기간 걸쳐 빈번하게, 중요한 의사결정 전 이루어지거

126) 경쟁사업자들이 가격 등 주요 경쟁요소에 관한 정보를 교환한 경우에 그 정보교환은 사업자 사이의 '의사연결의 상호성'을 인정할 유력한 자료가 될 수 있을 뿐이다. 대법원 2014.7.24. 선고 2013두16951 판결.

127) 공정거래위원회 고시 제2021-33호, 2021.12.28. 제정.

나 교환된 정보를 각자 활용하는 등의 행태는 묵시적 합의의 지표로 볼 수 있다(심사지침 Ⅳ. 2. 나. (2)). 정보교환으로 인한 경쟁제한성 평가요소로는 정보교환 전후의 가격, 시장점유율 등의 변동 여부에 주목하되, 다른 경제변수(원자재 가격, 환율, 금리 등)의 변동상황이 영향을 미쳤는지 여부도 균형 있게 고려하도록 하고 있다. 미래보다는 과거의 정보 또는 개별 사업자의 정보보다는 통계적 정보가 경쟁제한우려가 낮으며, 정보교환의 기간·빈도·시점 및 교환주체도 함께 고려된다. 단, 시장점유율 합계 20% 이하인 사업자들 간의 정보교환은 특별한 사정이 없는 한 경쟁에 미치는 영향이 미미한 것으로 판단한다(심사지침 Ⅳ. 3. 나. (3)).

마지막으로, 정보교환에 의한 합의추정 규정(법 제40조 제5항 제2호)의 적용과 관련하여 심사지침은, 법 제40조 제1항 제1호~제9호(동호 후단 제외)까지의 행위를 함으로써 '외형상 일치'가 있고, 그러한 외형상 일치의 창출에 '필요한 정보'의 교환이 있어야 함을 합의추정의 요건으로 규정하고 있다(심사지침 Ⅴ.). 이 때 추정대상이 되는 합의가 특정 가격수준을 정한 것이 아닌 느슨한 정도의 합의인 경우 외형상 일치가 엄격히 요구되는 것은 아니다. 외형일치 창출에 '필요한 정보'인지 여부는 정보의 종류·성격(경쟁상 민감한 정보 여부), 정보교환의 시점(의사결정 임박 여부), 교환된 정보와 외형상 일치 간 내용의 유사성 여부 등을 종합적으로 고려하여 판단한다.

2020년 전부개정법은 기업들의 정보교환을 매개로 하는 담합을 억제할 것으로 기대되는 한편, 추후 법집행상 몇 가지 난점이 내재되어 있는 것으로 보인다. 첫째, 정보교환을 내용으로 하는 합의라면 일응 법해석상 모호할 여지가 별로 없으나, 제9호 후단은 정보교환을 통하여 관련시장에서 경쟁을 실질적으로 제한하는 행위라고 규정함으로써 일견 합의의 내용과 그에 따른 효과를 준별하지 않고 있다는 점, 그리고 합의의 내용인 경쟁제한성과 합의의 부당성을 구성하는 경쟁제한성의 관계를 적절히 설명하기 어렵다는 점에서 추후 실무상 다툼의 소지가 적지 않다. 둘째, 합의추정의 요건으로 제1항 각호의 행위에 필요한 정보란 과연 무엇인지, 그러한 정보를 폭넓게 해석할 경우 웬만한 정보교환에 뒤이어 행위의 일치가 발생할 경우에는 과도하게 합의가 추정될 수 있는 반면, 그에 맞는 반증사유가 적절히 개발되어 있지 않다. 법 제40조 제5항 제1호와 제2호의 관계도 의문이다. 종래 제2호의 정보교환이라는 사실은 제1호가 들고 있는 정황증거의 하나로 활용되어왔기 때문이다. 제2호의 과잉적용을 적절히 통제하는 차원에서 '외관상 행위의 일치'를 보다 엄격하게 해석할 필요성이 커지는 것은 아닌지 고민하지 않으면 안 될 것이다.

생각건대, 정보교환에 기초한 담합을 적절히 규제하지 못하는 가장 큰 이유는 법 제40조 제1항이 고수하고 있는 '합의 도그마'에 있다는 점을 감안할 때, 전부개정법만으로는 근본적인 해결을 기대할 수 없을 것으로 보인다. 공동행위의 양태가 매우 다양하고, 일정한 형식, 특히 '합의'에 기초하지 않고도 경쟁회피적인 행위조정이 가능하다는 점을 감안할 때, 동조적 행위의 도입이야말로 담합규제의 탄력성을 보장할 수 있는 방안일 것이다. 외국의 예가 그러하듯, 동조적 행위의 개념과 요건 및 그 범주는 향후 공정거래위원회의 심결과 법원의 판례를 통해서 형성될 것이므로, 종래의 회의론은 그다지 설득력이 없다.

그럼에도 불구하고 가격결정에 대한 정부의 규제 및 관여가 뿌리 깊고, 과점시장에서 가격의 동조화가 폭넓게 자리 잡고 있으며, 경쟁사업자들이 이런저런 이유로 함께 논의하는 관행 내지 정서가 강한 우리나라에서 정보교환 그 자체를 부당한 공동행위로 의율하기란 현실적으로나 법리상 매우 어렵다. 가격동조화에 대한 규제상 흠결의 문제는 비단 정보교환이라는 현상에 국한된 문제도 아니라는 점을 간과해서는 안 된다.

Ⅱ. 부당한 경쟁제한

1. 서 설

가. 연 혁

공정거래법은 경성이나 연성의 공동행위를 구분하지 않고 있고, 어떤 경우에도 공동행위 그 자체를 금지하지 않고 있다. 즉, 공동행위라도 그것이 부당하게 경쟁을 제한하는 경우에만 위법한 것이 된다. 공동행위의 위법성 판단에 관한 입법연혁을 살펴보면, 1999년 제7차 법개정[128] 이전에는 기업결합의 경우와 마찬가지로 '일정한 거래분야에서 경쟁을 실질적으로 제한할 것'이 요구되었고, 이는 무엇보다 일본 사적독점금지법 제3조의 규정을 받아들인 것으로 이해되었다. 비록 공정거래위원회의 실무에서는 양자 간에 다소 차이를 두었던 것으로 보이나 법해석상으로

128) 1999.2.5. 개정, 법률 제5813호.

는 기업결합이나 공동행위의 경우에 경쟁제한의 정도에는 해석상 차이가 없는 것으로 이해되고 있었다.

공동행위의 위법성 판단기준으로서 경쟁의 실질적 제한에 관하여는 일찍이 1953년 동경고등재판소가 밝힌 태도[129]가 추후 우리나라의 법개정 및 법해석에도 영향을 미친 것으로 보인다. 이 사건에서 법원은 경쟁의 실질적 제한이란 "경쟁 자체가 감소하여 특정의 사업자 또는 사업자단체가 그의 의사로 어느 정도 자유롭게 가격, 품질, 수량 기타 여러 가지 조건을 좌우함으로써 시장을 지배할 수 있는 상태를 가져오는 것"을 말한다고 판시하였다. 이러한 해석은 1996년 공정거래법 제5차 개정[130] 시 제2조의 정의조항에 추가된 제8의2호의 규정에 그대로 반영되어 있다.

한편, 1999년 이전의 법규정에 대해서는 공동행위에 대하여 당연위법을 주장하는 입장에서 심각한 비난이 제기되었고, 그 후 법개정으로 '일정한 거래분야'를 삭제하고, 경쟁의 실질적 제한을 부당한 경쟁제한으로 바꾸기에 이르렀다. 위와 같이 조문이 변경되었어도, 법원은 '실질적인 경쟁제한성'에 해당하는 표현을 그대로 사용하고 있다. 하지만, 법원이 실제 경쟁제한성 판단기준으로 구체적으로 고려되는 요소들은 그와 같지 않다.

구법 제19조 제1항의 개정을 두고 일부에서는 동법이 공동행위의 경우에는 시장을 획정할 필요 없이 원칙적인 금지의 태도를 명시적으로 밝힌 것으로 이해하기도 하였다. 그러나 앞서 살펴본 바와 같이 공동행위에 대한 당연위법이나 원칙적인 금지는 사적자치의 원리로 보나 구법 제19조 제1항의 해석으로 보나 그 근거가 없을 뿐만 아니라, 공정거래위원회의 실무 역시 법개정 이후에도 별반 달라진 것이 없다. 즉, 종전과 마찬가지로 공정거래위원회나 법원은 관련시장을 획정하고, 문제의 공동행위가 시장에서 경쟁을 어느 정도 제한하는지를 따지고 있는 것이다.

나. 공동행위의 위법성 판단방식: 당연위법 및 합리의 원칙

(1) 미국 고유의 판례법리 및 수용 여부

독점금지법의 종주국이라고 할 수 있는 미국의 셔먼법 제1조는 주간(interstate)의 거래나 통상을 제한하는 계약이나 결합 또는 공모행위(contract, combination or

129) 東寶·新東寶 판결.
130) 1996.12.30. 개정, 법률 제5235호.

conspiracy)를 중죄로서 금지하고 있다. 이를 총칭하는 이른바 거래제한(restraint of trade)을 금지하는 방식으로는 '당연위법의 원칙'(per se doctrine; illegal per se)과 '합리의 원칙'(rule of reason)이 있는바, 역사적으로 후자가 전자를 대체해가고 있다고도 말할 수 있다. 당초 미국에서 당연위법의 원칙은 가격고정이나 시장분할을 위한 약정은 존재만으로도 경쟁제한성에 대한 별도의 입증 없이 당연히 위법하다는 법리로서, 일찍이 미국 셔먼법 제1조의 거래제한의 해석과 관련하여 판례에 의하여 발전된 것이다.[131] 동 법리는 일정한 행위와 경쟁제한효과 간의 인과관계에 대한 경험칙(經驗則)에 뿌리를 둔 것으로서, 법적용의 편의와 명확성, 예측가능성을 제고한다는 이점이 있다.[132] 또한 일정한 카르텔에 대하여 당연위법의 원칙을 인정한다는 것은 시장획정과 관련하여 상당히 중요한 의미를 갖는다. 즉, 시장획정은 시장지배력 내지 경쟁의 실질적 제한 여부를 판단하기 위한 것이며, 일정한 유형의 카르텔에 경쟁제한 여부를 따지지 않고 당연히 위법성을 인정하게 되면, 그러한 유형의 카르텔 심사에는 시장획정이 필요하지 않게 되는 것이다.[133]

반면, 당연위법의 원칙이 적용되지 않는 다른 유형의 거래제한행위에 대해서는 널리 합리의 원칙이 적용되었는데, 이는 1911년의 "Standard Oil" 판결[134]과 "American Tobacco" 판결[135]에서 White 대법원장이 처음으로 제시한 바 있다. 동 원칙에 따르면 거래에 관한 모든 약정은 무엇인가를 제한하는 구속이기 때문에 그러한 약정의 위법성은 단지 그것이 사업자의 행위를 구속하거나 제한한다는 사실만이 아니라 경쟁을 제한 또는 파괴하는지의 여부에 의해 판단되어야 하며, 그 판단에 있어서는 당해 사업분야의 특수성, 제반사정, 당해 제한의 성격, 그의 실제적 및 잠재적 효과 등을 종합적으로 고려해야 한다.[136] 이 같은 합리의 원칙은 셔먼법

131) United States v. Socony-Vacuum Oil. Co., 310 U.S. 150(1940).

132) 미국 독점금지법의 시행 초기에는 당연위법의 원칙에 따른 편의를 의식한 듯하다. 예컨대 마샬(Thurgood Marshall) 판사는 "당연위법의 원칙은 그 적용에서 오는 이득이 손실보다 훨씬 크며, 막대한 행정적 편의를 가져온다는 전제하에 정당화된다. 다시 말해서 경쟁제한 및 어떤 특정한 상황에서 그것이 가져올 폐해를 판단하는데 따르는 행정비용의 합이 그러한 행위로 인해 발생할 수 있는 이득보다 훨씬 커야 한다."고 한다(신광식 역, Robert H. Bork, "반트러스트의 모순", 1991, 33면).

133) 실제로 미국에서는 당연위법이 인정되는 유형의 카르텔이 문제된 경우에는 별도의 시장획정을 하지 않고 있다. 반면, 일본에서는 가격카르텔 등에 대하여 학설이나 심결례가 당연위법을 인정하면서도 시장획정을 중시하고 있는 점이 특징이다.

134) Standard Oil Co. of New Jersey v. United States, 221 U.S. 1(1911).

135) United States v. American Tobacco Co., 221 U.S. 106(1911).

제1조의 거래제한금지가 경쟁제한을 포섭하는 일반조항으로서 그 적용범위가 지나치게 넓은 점을 감안하여 그 한계를 정하기 위한 것으로서, 개념상 당연위법의 원칙을 전제로 하게 된다. 즉, 당연위법에 해당하는 행위유형이 인정되지 않는 한, 합리의 원칙이란 그 존재의 의의가 없게 되는 것이다.

한편, 우리나라에서는 미국 독점금지법의 영향으로 가격담합 등 일정한 유형의 공동행위에 대해서 당연위법이라는 관념이 널리 받아들여졌다. 그러나 부당한 공동행위에 대하여 당연위법을 논하는 것은 공정거래법의 체계에 부합하지도 않을 뿐만 아니라 그 필요성이나 정당성도 인정하기 어렵다. 우리나라에서는 이들 원칙에 대한 설명이 개념상 매우 혼란된 모습을 보이고 있다. 예컨대, 공정거래법상 공동행위는 '2 이상의 사업자에 의한 경쟁제한행위'를 의미하기 때문에, 모든 공동행위가 부당한 것이고 따라서 공정거래법이 공동행위에 관하여 당연금지의 원칙을 취하고 있다는 견해[137]도 있다. 그러나 이러한 견해는 공동행위의 개념에 경쟁제한성을 포함시켜서 설명하는 것으로서, 공정거래법의 해석에 맞지 않는다. 즉, 동법은 공동행위가 원칙적으로 허용되지만 그것이 '부당하게 경쟁을 제한하는' 경우에만 이를 금지하는 것으로 규정함으로써 굳이 표현하자면 예외 없는 합리의 원칙을 취하고 있는 것이다.

그런데 공정거래법이 합리의 원칙을 취한다고 보는 견해 중에는 그 근거로서 동법에서 정하는 인가사유에 해당되면 부당한 공동행위라도 예외적으로 허용될 수 있다는 점을 들기도 한다. 그러나 합리의 원칙이란 공동행위의 위법성을 평가하는 단계에서 일정한 행위가 존재하는 것만으로 바로 위법성 내지 경쟁제한성을 인정하는 것이 아니라 여러 가지 시장상황을 종합적으로 고려하여 결정한다는 의미이며, 이러한 의미에서 당연위법의 원칙과 대조를 이루는 것이다. 반면, 인가를 통한 예외란 이미 부당하게 경쟁을 제한하는 공동행위로 판명된 상태에서 그로 인한 폐해보다는 국민경제적 효과 내지 당해 산업이나 사업자의 효율성 증대효과나 경쟁촉진효과가 더 큰 경우에 예외적으로 위법성을 조각시키는 것이어서, 이를 합리의 원칙과 결부시키는 것은 타당치 않다.[138]

---

136) Chicago Board of Trade v. United States, 246 U.S. 231(1918), 그 중에서도 특히 Brandies 대법관의 판시내용 참조.

137) 손주찬, 경제법, 법경출판사, 1993, 175면.

138) 양명조(제8판), 188-189면.

(2) 경성·연성의 공동행위

공정거래법상 부당한 공동행위를 금지함에 있어서 당연위법과 합리의 원칙을 적용하는 문제는 공동행위를 경성(硬性)과 연성(軟性)으로 나누어 위법성 판단을 달리할 수 있는가의 문제로 이어진다. 흔히 당연위법이 적용되는 부당한 공동행위의 유형으로서 '경성카르텔'(hardcore cartels)이 언급되기 때문이다. 이 문제는 공동행위의 부당성 판단에 있어서 시장획정 및 경쟁제한효과에 대한 분석을 요하는지와 결부되어 있는바, 경성카르텔의 경우에는 추가적인 분석이 필요하지 않다는 것이다. 우리나라에서 학설은 나누어져 있다. 가격담합이나 시장분할, 입찰담합과 같은 이른바 경성카르텔에 대해서는 당연위법의 원칙에 따라 시장획정이나 경쟁제한성 분석을 하지 않고 위법한 것으로 보아야 한다는 견해와 공동행위의 유형에 관계없이 법 제40조가 명문으로 요구하는 경쟁제한성 분석과 부당성에 대한 종합적인 판단을 거쳐서 최종적으로 위법성 여부를 가려야 한다는 견해가 그것이다.

공정거래법 시행 초기에 공정거래위원회도 취한 바 있는 전자의 입장[139]에 따르면, 경성카르텔의 경우에는 관련시장을 획정하는 것이 불필요하고, 엄밀한 의미에서 경쟁제한성 판단이나 부당성 판단 없이 원칙적으로 행위 그 자체만으로 위법하다고 한다. 1999년 제7차 개정법[140]은 '일정한 거래분야에서 경쟁을 실질적으로 제한하는'이라는 요건을 '부당하게 경쟁을 제한하는'으로 변경하였는데, 그 취지는 경성의 공동행위가 문제된 경우에는 기업결합과 달리 경쟁에 미치는 영향이 직접적이거나 대체로 부정적이기 때문에 면밀한 심사가 불필요하다는 점을 나름 분명하게 밝히는 데에 있었다고 한다.[141] 우리나라의 경우에도 공동행위의 위법성 심사방법에 어느 정도 정형화가 이루어지고 있는 상황에서 경성카르텔에까지 엄밀한 시장획정을 요구하는 것은 많은 시간과 비용 등이 들어 금지의 실효성 측면에서 적절하지 않다고도 한다.[142] 경성카르텔에 대해서는 그 성질상 경쟁제한효과만 발생시킬 가능성이 높고, 부당성 요건의 경우 소극적인 의미에서 시장지배력을 갖추지 못한 사업자들의 공동행위인 경우나 특별한 사정이 있는 예외적인 경우가 있는가를 확인하는 의미가 있다고 보는 견해도 이와 동일한 맥락에서

139) 권오승(제13판), 288면; 신현윤(제8판), 255-256면; 이호영(제6판), 251면.
140) 1999.2.5. 개정, 법률 제5813호.
141) 권오승(제13판), 288-289면.
142) 이호영, "공정거래법상 경성카르텔의 경쟁제한성 판단방법", 법조 제60권 제6호, 2011, 283-322면.

이해할 수 있다.[143)]

반면, 후자[144)]에 따르면 법 제40조 제1항의 해석상 공동행위의 유형에 따라서 위법성 판단의 기준을 달리할 근거가 없고, 공정거래위원회의 실무상 인가제도가 형해화(形骸化)된 상태에서 부당성 요건에 대해서도 나름 고유한 규범적 의미를 부여할 필요가 있다고 한다. '제도로서의 경쟁'(Wettbewerbs als Institution)을 보호하는 경쟁법의 목적을 고려할 때, 참가사업자 간의 경쟁이 제한된다는 이유만으로 당연위법과 같이 금지할 수 없고 시장에 미치는 영향도 고려해야 한다는 것이다. 경쟁제한효과와 그 밖에 시장 또는 국민경제에 미치는 긍정적인 효과를 함께 고려한다는 의미에서 비록 예외적이나마 이익형량의 필요가 있다는 것이다. 여기서 친경쟁적 효과로 고려될 수 있는 사유들은 경제적 효율성이나 소비자이익과 같은 경제학적 가치뿐만 아니라 국민경제상 다양한 이익들이 고려될 수 있을 것이다.

또 다른 견해는 미국식 당연위법과 합리의 원칙을, 공정거래법상 부당한 경쟁제한행위를 금지하고 있고 인가제도를 두고 있는 체계상 이에 적용할 수 없고, 시장획정을 통한 시장지배력의 검토가 필요할 것이나 부당성 요건은 경쟁제한적 공동행위의 원칙적 금지의 취지를 살리기 위해 소극적인 의미만을 가지는 것으로 해석해야 한다고 본다.[145)] 즉 시장지배력이 없거나 형성가능성이 없는 공동행위만을 제외하는 의미가 있다는 것이다.

종래 공정거래위원회는 (구) 「공동행위 심사기준」[146)]에서 공동행위의 유형을 '경성'과 '연성'으로 구분하여 위법성 판단을 달리하려고 하였는데, 2012년 심사기준[147)]이 개정되면서, 이를 폐기하고 공동행위를 그 성격상 경쟁제한의 효과가 '명백'한 경우와 그렇지 않은 경우로 나누어 검토하고 있다. 대법원 역시 행위의 유형에 따라 공동행위의 위법성 판단기준을 달리 보지 않고 있다. 즉, 가격담합의 경우에도 관련시장의 획정 및 경쟁제한성 판단이 이루어져야 하고, 나아가 "관련 상품시장의 획정을 필요로 하는 행위가 무엇인지 여부에 따라 관련 상품시장 획정의 기준이 본질적으로 달라진다고 볼 수 없다"는 것이다.[148)] 대법원은 부당성 판단에 있

143) 권오승(제13판), 289면; 양명조(제8판), 188면.

144) 정호열(제6판), 322면; 신영수, "경성카르텔의 위법성 판단과 관련시장의 획정", 법조 제60권 제10호, 2011; 이봉의, 앞의 글(2007), 126면.

145) 양명조(제8판), 188-189면.

146) 공정거래위원회 예규 제71호, 2009.8.21. 개정.

147) 공정거래위원회 예규 제165호, 2012.8.20. 개정.

어서도 경쟁제한효과와 친경쟁적 효과를 종합적으로 검토하도록 하고 있는데,[149] 가격담합이나 일부 입찰담합 판결에서는 위법성을 배척할만한 '특별한 사정'이 존재하는지의 여부를 고려하여야 한다고 판시하고 있다.[150]

요컨대, 공정거래법 제40조의 위법성 판단에 있어서 당연위법과 합리의 원칙은 적용할 수 없고, 공정거래법에 맞는 해석론을 전개해야 한다. 공정거래법상 부당한 공동행위의 위법성을 판단하기 위해서는 2 이상의 사업자들 간 합의가 존재해야 하며, 이 합의가 관련 시장에서 경쟁을 제한하고 부당한지의 여부를 따져봐야 한다. 즉, 원칙적으로 사업자는 다른 사업자와 일정한 사항에 대하여 자유롭게 합의할 수 있는 것이다. 다만, 그러한 행위가 경쟁을 제한하는 경우에는 경쟁질서에 반하는 것이 되어 그러한 계약의 체결이나 이행이 금지되는 것이다. 대법원도 2014년 "GSK" 판결[151]에서 "어떠한 합의가 공정거래법상 부당한 공동행위에 해당하기 위해서는 합의의 존재만으로 곧바로 위법성이 인정되는 것이 아니라 그러한 합의가 부당하게 경쟁을 제한하는지 여부를 다시 심사하여 판단하여야 하고, 여기서 부당하게 경쟁을 제한하는지 여부는 관련 상품시장의 획정을 전제로 당해 합의가 경쟁에 미치는 영향 등을 고려하여 개별적으로 판단하여야 한다."고 판시한 바 있다.

생각건대, 공정거래법상 부당한 공동행위를 금지함에 있어서는 모든 행위유형에 대하여 그 위법성 여부를 적극적으로 판단해야 하는데, 구체적인 접근방식은 다음과 같다. 첫째로, 구법은 일정한 거래분야에서 경쟁을 실질적으로 제한하는 행위를 금지하였으나, 이는 경쟁을 부당하게 제한하는 행위로 문언이 변경된 바 있다. 일정한 거래분야라는 표현이 삭제되었다고 하나, 공정거래법상 당연위법이 적용되지 않기에, 관련시장을 획정하여 그 시장에서 문제의 공동행위가 경쟁을 제한하는가를 판단하여야 한다. 공동행위의 경쟁제한성은 시장지배적 지위남용이나 기업결합에 요구되는 경쟁제한효과와 구별되며, 각각의 규제목적에 맞게 판단이 이루어

148) 대법원 2013.4.11. 선고 2012두11829 판결; 대법원 2013.2.14. 선고 2010두28939 판결 등.

149) 대법원 2013.11.28. 선고 2012두17773 판결. 대법원은 "공동행위의 부당성은 소비자를 보호함과 아울러 국민경제의 균형 있는 발전을 도모한다는 공정거래법의 궁극적인 목적(제1조) 등에 비추어 당해 공동행위에 의하여 발생될 수 있는 경쟁제한적인 결과와 아울러 당해 공동행위가 경제 전반의 효율성에 미치는 영향 등을 비롯한 구체적 효과 등을 종합적으로 고려하여 그 인정 여부를 판단하여야 한다."고 판시한 바 있다.

150) 대법원 2009.7.9. 선고 2007두26117 판결; 대법원 2015.7.9. 선고 2013두26804 판결 등.

151) 대법원 2014.2.27. 선고 2012두27794 판결.

져야 한다.[152)]

둘째로, 공동행위가 경쟁을 제한하는지에 대한 판단이 이루어져야 한다. 여기서 우선 개념상 한 가지 사실에 유의하여야 한다. 즉, 카르텔이란 '다수의 사업자가 상호 경쟁을 제한하기 위하여 시장에서의 행위를 계약 등의 수단을 통하여 조정하는 것'으로서, 동 개념에는 이미 공동행위의 부당성 내지 경쟁제한성이 포함되어 있다는 점이다. 즉, 독일의 경우에는 카르텔 금지와 관련하여 경쟁제한성을 금지요건, 즉 카르텔의 성립단계에서 판단하게 되나, 공정거래법은 '부당한' 공동행위라고 표현하고 있기 때문에, 금지요건에서는 공동행위의 성립만을 판단하고, 위법성의 단계에서 경쟁제한성을 판단하게 된다. 따라서 경쟁제한적인 카르텔 또는 부당한 카르텔이라는 표현은 적절하지 않다.

공정거래법상 모든 공동행위가 그 자체로 금지되는 것은 아니며, 부당하게 경쟁을 제한하는 경우에만 금지된다. 부당한 공동행위를 이유로 제3자가 손해배상을 청구하는 경우에 사업자가 지는 책임은 그 성격이 불법행위책임이며, 따라서 공동행위의 위법성을 요한다. 여기서 위법성이란 공정거래법이라는 강행법규의 위반으로서, 공정거래법이 공동행위를 금지하기 위한 판단기준, 내지 무가치판단의 기준이 되는 것이 경쟁제한성이며, 그것이 바로 공동행위의 핵심적인 위법성 징표가 된다.

셋째로, 최근 대법원은 부당한 공동행위의 위법성 판단에 있어서 경쟁제한효과와 경쟁촉진효과를 형량(衡量)하여 부당성 여부를 판단하거나, 경쟁을 제한하는 공동행위라도 예외적으로 허용할 만한 '특별한 사정'이 존재하는지를 판단하도록 하는 독특한 법리를 판시하고 있다. 여기서 형량의 대상이 되는 경쟁촉진효과나 특별한 사정이 무엇이며, 이를 경쟁제한효과와 어떻게 형량할 것인가의 문제를 살펴볼 필요가 있다.

2. 관련시장의 획정

가. 의 의

경쟁사업자 간 공동행위는 일종의 협력형태로서 그 자체가 위법한 것은 아니다. 공정거래법은 공동행위라도 경쟁을 제한하는 경우에만 금지될 수 있음을 명정

152) 미국에서도 셔먼법 제1조는 불합리한 거래제한을 요건으로 하는 반면, 제2조는 현실적인 독점화 내지 독점화 기도를 요한다는 점에서 양자 간에는 위법성 판단기준에 차이(gap)가 있다. Copperweld corp. v. Independence Tube Corp., 467 U.S. 752, 776(1984).

하고 있다. 공동행위의 경쟁제한성 여부를 판단하기 위해서는 시장지배적 지위남용이나 기업결합의 경우와 마찬가지로 먼저 관련시장이 획정되어야 한다. 관련시장의 획정은 어떤 공동행위가 경쟁에 미치는 효과를 분석하여, 단지 그 지위가 미약한 몇몇 사업자에 의한 공동행위를 공정거래법의 금지에서 배제함으로써 공정거래위원회의 불필요한 규제를 방지하는 기능을 아울러 갖는다. 다만, 공동행위의 경쟁제한성을 판단하기 위한 전제로서 시장획정을 함에 있어서 기업결합의 경우와 동일한 기준이 적용되는지 여부는 의문이다.

종래 경쟁제한효과의 명백한 공동행위, 이를테면 경성의 공동행위에 대하여 시장획정이 불필요하다는 견해[153]가 있다. 우리나라의 경우에도 공동행위의 위법성 심사방법에 어느 정도 정형화가 이루어지고 있는 상황에서 경성카르텔에까지 엄밀한 시장획정을 요구하는 것은 많은 시간과 비용이 소요되기 때문에 규제의 실효성 측면에서 적절하지 않다는 것이다.[154] 심사기준 및 공정거래위원회의 실무[155] 역시 '경성'제한에 관한 기준을 폐기한 이후에도 가격담합이나 입찰담합[156]과 같이 경쟁제한의 효과가 비교적 명백한 경우에는 면밀한 시장획정을 거치지 않고 위법성을 인정하고 있다. 입찰담합의 경우에는 시장획정을 하지 않고, 공동행위가 이루어진 입찰단위를 그대로 관련시장으로 삼게 되면, 담합참가자들은 언제나 시장점유율 100%를 가진 것이 되어 당연위법을 인정하지 않는 공정거래법의 체계 하에서 당연히 경쟁을 제한하여 위법하다고 인정하게 되는 부당한 결과를 가져오게 된다.[157]

이와 달리 1999년 제7차 개정법[158] 제19조 제1항(현행법 제40조 제1항)이 '부당한 경쟁제한'이라는 문언을 도입한 것을 계기로 경성카르텔에 대하여 당연위법을 주장하는 견해가 적지 않고, 반면 공정거래법의 체계상 시장획정이 필요하다는 견해[159]도 있다. 판례도 적극적이다. 대법원은 최근 가격담합행위나 입찰담합이 문제

153) 권오승(제13판), 288－289면; 권오승·서정, 독점규제법(제4판), 법문사, 2020, 270면; 신현윤(제8판), 255－256면; 이호영(제6판), 251－253면.

154) 이호영, 앞의 글(2011), 283－322면.

155) 공정거래위원회 2015.6.29. 전원회의 의결 제2015－212호("한국철도시설공단 발주 전차선 및 조가선 구매입찰" 사건).

156) 특히 입찰이란 대체로 1회성의 거래의 형태로서 하나의 입찰과 그 참가자들을 대상으로 하기 때문에, 특별한 경우를 제외하고는 그러한 간략한 분석만으로도 충분할 수 있다는 것이다.

157) 심재한, "부당한 공동행위와 관련시장의 획정", 고려법학 제74호, 2014, 519면.

158) 1999.2.5. 개정, 법률 제5813호.

된 사건들에서도 관련시장을 획정해야 한다고 설시하고 있다. 대법원은 "BMW" 사건[160]에서 먼저 관련시장을 획정한 다음 경쟁제한성을 평가하여야 하고, 구체적으로 공동행위의 거래대상인 상품의 기능 및 효용의 유사성, 구매자들의 대체가능성에 대한 인식 및 그와 관련한 경영의사 결정형태 등을 종합적으로 고려하여 관련시장을 획정하여야 한다고 판시하였다.

시장획정은 공동행위의 경쟁제한효과를 분석하기 위한 것으로서, 1차적으로는 공동행위의 경쟁제한성을 입증해야 하는 공정거래위원회가 구체적으로 증명하여야 한다.[161] 이 경우 직권규제주의 하에서 공정거래위원회가 관련시장을 획정하는 기준과 방법에 대하여서는 재량판단에 따를 수 있다고 하더라도, 불복의 소에서 법원은 재량권의 일탈·남용과 관련하여 시장획정의 타당성을 검토하게 될 것이다.[162]

나. 시장획정의 기준 및 방법

시장획정에 관해서는 법률상 명시적 기준이 없고, 심사기준은 시장지배적 지위남용이나 기업결합 심사의 경우와 달리 아예 관련시장의 획정에 관하여 아무런 언급도 하지 않고 있다.[163] 여기서 부당한 공동행위 여부를 판단하기 위한 관련시장의 획정이 여타 금지행위의 경우와 동일하게 이루어지는지가 문제된다. 대법원은 시장획정이 고려되는 맥락과 무관하게 언제나 관련 상품시장의 범위는 경쟁관계에 있는 상품들의 범위를 말하는데, 이를 정할 때에는 거래에 관련된 상품의 가격, 기능 및 효용의 유사성, 구매자들의 대체가능성에 대한 인식 및 그와 관련한 구매행태는 물론 공급자들의 대체가능성에 대한 인식 및 그와 관련한 경영의사결정형태, 사회적·경제적으로 인정되는 업종의 동질성 및 유사성 등을 종합적으로 고려하여 판단하여야 하고, 그 밖에도 그 상품의 생산을 위하여 필요한 다른 상품 및 그 상품을 기초로 생산되는 다른 상품에 관한 시장의 상황, 시간적·경제적·법적 측면에서 대체의 용이성 등도 함께 고려하여야 한다는 입장을 취하고 있다.[164]

---

159) 양명조(제8판), 183면; 정호열(제4판), 344–345면.

160) 대법원 2012.4.26. 선고 2010두18703 판결. 같은 날 내려진 대법원 2010두11757 판결("렉서스" 판결) 또한 그와 동일한 취지이다.

161) 대법원 2012.4.26. 선고 2010두11757 판결.

162) 정재훈, "부당한 공동행위와 관련시장의 획정", 법조 제62권 제11호, 2013, 307면.

163) 신영수, 앞의 글(2011), 210면; 정재훈, 위의 글(2013), 290면.

164) 대법원 2014.11.27. 선고 2013두24471 판결; 대법원 2015.6.11. 선고 2013두1676 판결.

2013년 "음료담합" 판결[165]에서도 대법원은 원심이 관련 상품시장의 획정을 필요로 하는 행위가 공정거래법상 규제대상에 해당하는 기업결합행위인지 또는 부당한 공동행위인지 여부 등에 따라 관련 상품시장이 달라져야 한다고 전제하였으나, 관련 상품시장의 획정을 필요로 하는 행위가 무엇인지 여부에 따라 관련 상품시장획정의 기준이 본질적으로 달라진다고 볼 수 없다고 판시하였다. 특히 입찰담합의 경우에도 일회성 입찰에 관한 담합에 그치지 않고 여러 개의 입찰에 관하여 하나의 담합으로 보아야 할 경우나, 동일한 성격의 입찰에 계속적인 입찰담합이 이루어질 수 있기 때문에 시장획정은 여전히 필요하고도 중요한 의미를 갖는다. 이와 같은 맥락에서 "비료입찰담합" 판결[166]에서 대법원은 부당한 공동행위에 해당하는지 여부를 판단하기 위해서 먼저 경쟁관계가 문제 될 수 있는 일정한 거래분야에 관하여 거래의 객체인 관련 상품시장을 구체적으로 정하여야 함을 재확인하는 한편, 그에 따라 비료에 관한 입찰담합이 이루어진 시장들을 하나의 시장으로 묶어 '일반화학비료 전체를 관련 상품으로 하는 입찰시장'으로 획정하는 것이 타당하다고 보았다.

한편, 시장획정 단계에서 공동행위에 관련된 요소로서 그 목적, 의도, 내용 등을 고려할 수 있으나, 과거에 발생한 공동행위의 효과를 토대로 시장획정을 하는 것은 타당하지 않다.[167] 이와 관련하여 "음료담합" 판결[168]에서 대법원은 "이 사건 공동행위의 관련 상품시장을 획정함에 있어서 원심이 기준으로 삼고 있는 합의의 대상·목적·효과 등은 주로 관련 상품시장 획정 그 자체를 위한 고려요소라기보다 관련 상품시장 획정을 전제로 한 부당한 공동행위의 경쟁제한성을 평가하는 요소들에 해당하므로, 경쟁제한의 효과가 미치는 범위를 관련 상품시장으로 보게 되는 결과가 되어 부당하다."고 지적한 바 있다.

---

165) 대법원 2013.2.14. 선고 2011두204 판결.

166) 대법원 2014.11.27. 선고 2013두24471 판결; 대법원 2010.3.11. 선고 2008두15169 판결. 대법원은 "사업자들이 부당한 공동행위의 기본적 원칙에 관한 합의를 하고 이를 실행하는 과정에서 수차례의 합의를 계속하여 온 경우는 물론, 그러한 기본적 원칙에 관한 합의 없이 장기간에 걸쳐 여러 차례의 합의를 해 온 경우에도 그 각 합의가 단일한 의사에 기하여 동일한 목적을 수행하기 위한 것으로서 단절됨이 없이 계속 실행되어 왔다면, 그 각 합의의 구체적인 내용이나 구성사업자 등에 일부 변경이 있었다고 할지라도, 그와 같은 일련의 합의는 전체적으로 하나의 부당한 공동행위에 해당된다."고 판시한 바 있다.

167) 신영수, 앞의 글(2011), 210-211면.

168) 대법원 2013.2.14. 선고 2011두204 판결.

한편, 관련시장의 획정은 경제이론이나 경제분석과 밀접한 관련을 맺고 있다. 그렇다면 공동행위의 경쟁제한성을 판단하기 위한 전제로서 관련시장을 획정할 때 반드시 실증적인 경제분석을 거쳐야 하는가? 이는 소극적으로 이해하여야 한다. 판례의 태도도 이와 같은데, “비료입찰담합” 판결[169]에서 대법원은 공정거래위원회가 실증적인 경제분석을 거치지 아니한 채 관련상품시장을 획정하였더라도 문제된 공동행위의 유형과 구체적 내용, 그 내용 자체에서 추론할 수 있는 경제적 효과, 공동행위의 대상인 상품이나 용역의 일반적인 거래현실 등에 근거하여 그 시장획정의 타당성을 인정할 수 있다고 판시하였다.

3. 경쟁제한성

가. 의 의

(1) 경쟁제한성 요건의 독자성

공정거래법은 사업자들 간의 공동행위가 부당하게 경쟁을 제한하는 경우에만 금지하고 있다. 공동행위, 즉 법 제40조 제1항 각호의 1의 행위를 공동으로 행하기로 하는 합의의 존재가 인정되면, 공정거래위원회는 이어서 그러한 공동행위의 경쟁제한성을 판단하게 된다. 공동행위가 경쟁을 제한하는지의 여부를 심사하기 위해서는 먼저 일정한 거래분야, 즉 관련시장을 획정하여야 함은 전술한 바와 같다.

경쟁제한이란 사업자가 시장메커니즘에 맡겨져야 할 요소, 이른바 ‘경쟁의 파라미터’(competition parameter)를 인위적으로 제약하는 상태를 말하며, 이때 제한되는 경쟁은 당연히 ‘공정한’ 경쟁이다. 따라서 불공정경쟁을 하지 않기로 하는 합의는 경쟁제한성을 갖지 않는다. 그 외에 가격담합 등 일정한 유형의 공동행위가 존재하면 일반적으로 경쟁을 실질적으로 제한하는 효과가 발생하며, 그 결과 경쟁제한성을 별도로 판단할 필요가 없다는 견해가 있다.[170] 그에 따르면 기업결합의 경우와 달리 공동행위는 관련시장에서 상당한 시장점유율을 갖는 사업자들 간에 이루어지는 것이 일반적이라거나, 공동행위는 기업결합과 달리 그 성질상 경쟁제한성을 본질적으로 수반하기 때문이라고 한다.

물론 공동행위는 가격, 생산량 또는 판매량, 거래지역, 거래상대방, 또는 거래

169) 대법원 2014.11.27. 선고 2013두24471 판결.
170) 권오승(제13판), 288－289면; 양명조(제8판), 186면.

조건 등과 같이 경쟁에 직접 관련되는 사항을 제한하는 것이기 때문에 원칙적으로 경쟁을 제한하는 것으로 볼 여지가 없지 않다. 그러나 경쟁에 관련된 주요사항에 대한 합의라 하더라도 상품시장이나 지리적 시장의 획정 여하에 따라서는 공동행위에 참가한 사업자들의 시장점유율 합계가 미미하여 경쟁에 미치는 영향이 금지할 정도에 이르지 않는 경우가 있을 수 있다. 경쟁제한성 판단이 필요하지 않다는 태도는 공동행위의 금지목적을 참가사업자의 경쟁자유보호에서 찾거나 가격이나 산출량에 관한 담합과 같이 시장성과에 직접 영향을 미치는 점으로부터 경쟁제한성을 추론하는 것이다. 그런데 공정거래법은 (관련)시장에서의 경쟁을 보호하는 것을 목적으로 삼고 있고, 모든 공동행위는 합의라는 성질상 언제나 참가사업자의 자유를 일정 부분 제한하는 측면이 있기 때문에 자칫 공동행위를 과도하게 금지하게 된다. 또한 가격인상을 경쟁제한효과와 동일시하는 경제적 접근방식은 규범적으로 완전히 수용할 수 없다는 점에서 이러한 주장은 타당하지 않다.

이와 같은 맥락에서 '역지불합의'(reverse payment agreement) 사건[171]에서 대법원은 공정거래위원회가 '발트렉스'의 관련 상품시장을 획정하지 아니하였을 뿐만 아니라 이 사건 합의 중 '발트렉스'의 경쟁제품에 관한 부분이 경쟁에 미치는 영향 등에 대하여 아무런 근거를 제시하지 아니한 채 그 부분 합의의 경쟁제한성을 인정하여 시정명령과 과징금 납부명령을 한 것은 위법하다고 판시하였다.

(2) 입법연혁

1980년 제정된 공정거래법[172]은 공동행위를 경제기획원에 등록하도록 하고, 등록신청사항이 '공공의 이익에 반하여 일정한 거래분야의 경쟁을 실질적으로 제한하게 되는' 경우에도 이를 금지하는 것이 아니라 경제기획원장관으로 하여금 등록을 거부하거나 변경 등록하도록 하고 있었다(구법 제11조, 제12조). 그 후 1986년 제1차 법개정[173]으로 일정한 거래분야에서 경쟁을 실질적으로 제한하는 공동행위를 원칙적으로 금지함으로써 관련시장의 획정을 전제로 한 경쟁제한성이 공동행위가 갖는 위법성의 요체로 자리 잡게 되었다. 그런데 1999년 제7차 법개정[174]으로 '일

171) 대법원 2014.2.27. 선고 2012두24498 판결.

172) 1980.12.31. 제정, 법률 제3320호.

173) 1986.12.31. 개정, 법률 제3875호. 구법 제11조 제1항은 "사업자는 계약·협정·결의 기타 어떠한 방법으로도 다른 사업자와 공동으로 일정한 거래분야에서 경쟁을 실질적으로 제한하는 다음 각 호의 1에 해당하는 행위(이하 "부당한 공동행위")를 하여서는 아니 된다."고 규정하고 있었다.

174) 1999.2.5. 개정, 법률 제5813호.

정한 거래분야' 및 '실질적으로'라는 용어가 사라지고 대신 '부당하게'라는 보다 포괄적인 요건이 규정되었다. 이를 계기로 특히 경성의 공동행위의 위법성 판단에 관련시장 획정이 요구되는지, 경쟁제한성을 개별적으로 심사하여야 하는지에 관하여 논의가 촉발되었다.

1999년 제7차 법개정[175)]의 취지에 대해서는 경성의 공동행위의 경우 그것이 경쟁에 미치는 부정적인 효과가 직접적이고 일반적이기 때문에 기업결합과 같이 면밀히 심사할 필요가 없다는 점을 반영한 것이라거나[176)] 경성과 연성의 공동행위를 구분하여 경쟁제한성 심사를 달리할 수 있는 법적 근거를 마련하였다고 이해하는 견해[177)]가 지배적이다. 동 개정법이 미국 판례법상 당연위법의 법리를 받아들인 것이라는 주장[178)]도 이와 같은 맥락이다.

그런데 공정거래법 제40조 제1항은 경성이나 연성(non－hardcore)을 전혀 구분하지 않고 있을 뿐만 아니라 모든 공동행위에 경쟁제한성을 요건으로 명정하고 있어 경성의 공동행위를 달리 판단할 법적 근거가 되지는 않는다. 경쟁제한성 요건을 규범적으로 형해화하는 당연위법식의 해석론은 받아들일 수 없으며,[179)] 심사기준이나 판례 또한 경성의 공동행위라도 경쟁제한성 요건을 배제하지는 않고 있다. 공정거래법상 공동행위의 위법성이 인정되기 위해서는 그것이 야기할 시장에서의 경쟁제한이 상당한 정도에 이르러야 하며, 그 정도는 공정거래위원회나 법원의 판단에 맡겨져 있는 것이지, 처음부터 경쟁제한성에 대한 판단이 필요 없는 것은 아니다. 즉, 공정거래위원회는 공동행위의 성립이 인정될 경우에 언제나 위법성, 즉 일정한 거래분야에서 당해 공동행위가 유효경쟁을 기대할 수 없을 정도로 경쟁을 제한한다는 점을 증명하여야 할 것이다.[180)]

이러한 맥락에서 거의 대부분의 공동행위가 독과점시장에서 이루어지고, 참가사업자들의 점유율이 상당히 높다는 점을 감안할 때 특히 가격이나 산출량 등 중요한 경쟁요소에 관한 공동행위의 경우 그에 따른 경쟁제한성에 대한 입증이 그리 어려운 것은 아니며, 절차상 다소의 번거로움이 있더라도 경쟁제한성이 미미한 공동

---

175) 1999.2.5. 개정, 법률 제5813호.

176) 권오승(제13판), 288면.

177) 권오승·서정(제4판), 269면.

178) 홍명수, "카르텔규제의 문제점과 개선방안에 관한 고찰", 경쟁법연구 제11권, 2005.4, 249면.

179) 권오승·서정(제4판), 262면.

180) 신동권(제3판), 516면.

행위를 걸러내는 것은 과잉규제를 방지하는 차원에서도 중요한 의미를 갖는다. 판례 또한 당해 공동행위에 참가한 사업자들이 관련시장에서 시장지배력을 형성하고 있다고 인정되는 한 특별한 입증 없이도 경쟁제한성이 인정될 수 있다고 한다.[181)]

나. 경쟁제한성의 판단기준

(1) 심사기준의 태도

우선 심사기준[182)]을 살펴보면, 공동행위의 성격상 경쟁제한효과만 발생시키는 것이 명백한 경우와 공동행위의 성격상 경쟁제한효과와 효율성 증대효과를 함께 발생시킬 수 있는 경우를 나누어 판단하고 있다. 전자의 경우, 공동행위는 행위 자체가 직접적으로 경쟁을 제한하여 가격상승이나 산출량 감소를 초래하기 때문에 구체적인 경쟁제한성에 대한 심사 없이도 시장상황에 대한 개략적인 분석을 통하여 부당한 공동행위로 판단할 수 있다고 한다. 사업자들이 공동으로 시장에서 가격·수량·품질 및 기타 조건을 좌우할 수 있는 '시장지배력'을 획득할 수 있는 경우에 공동행위가 발생·유지될 수 있으므로, 이러한 유형의 공동행위를 수행하였다는 사실 그 자체가 관련시장에서 경쟁을 제한하는 시장지배력을 보유하고 있다는 증거가 될 수 있다.

반면 심사기준은 후자의 예로서 공동마케팅, 공동생산, 공동구매, 공동연구·개발, 공동표준개발 등을 들고 있으며, 그에 따른 경쟁제한효과와 효율성 증대효과를 비교형량하여 종합적으로 심사하게 된다(심사기준 Ⅴ. 2. 가.). 참가사업자들의 시장점유율 합계가 20%를 초과하는 경우에 당해 공동행위가 경쟁제한효과를 발생시키는지 여부는 ① 참가사업자들의 시장지배력 보유와 ② 참가사업자 간 경쟁제한의 정도를 종합적으로 고려하여 결정한다. 시장지배력의 경우 관련시장에서 사업자들이 보다 큰 시장지배력을 보유하고 있을수록 당해 공동행위가 관련시장에서 경쟁제한효과를 발생시킬 가능성은 증가할 것이다. 참가사업자 간의 경쟁제한의 경우 그들 간 독자적 경쟁능력·경쟁동기의 감소수준, 경쟁기회·경쟁수단·경쟁방법의 제한 등이 검토되어야 하고, 참가사업자 간 경쟁제한의 정도가 클수록 당해 공동행위가 관련시장에서 경쟁제한효과를 발생시킬 가능성은 증가한다.

공동행위에 따른 효율성 증대효과에는 규모의 경제, 범위의 경제, 위험 배분,

181) 대법원 2012.6.14. 선고 2010두10471 판결("생보사" 판결).

182) 공정거래위원회 예규 제390호, 2021.12.28. 개정.

지식·경험의 공동 활용에 의한 혁신속도의 증가, 중복비용의 감소 등을 들 수 있다. 반면, 단순한 시장지배력의 행사에 의해 발생하는 비용절감이나 제품·서비스의 품질 저하 등 소비자의 이익 감소를 통해 발생하는 비용절감은 효율성 증대효과로 주장할 수 없다(심사기준 Ⅴ. 3. 가.).

요컨대, 심사기준에 따르자면 가격이나 수량 등을 공동으로 정하는 공동행위는 행위로부터 경쟁제한성을 입증할 수 있고, 그 밖의 공동행위는 참가사업자들이 시장지배력을 갖는지, 이들 간에 경쟁이 제한되는지를 고려하여 시장에서의 경쟁제한효과를 심사한 후 효율성 증대효과와 비교하여 최종적으로 위법성을 가리게 된다.

(2) 판례의 태도

판례는 경성이나 연성 등 공동행위의 성격·유형에 따라 위법성 판단을 달리하지 않고, 이른바 '종합적 접근방법'(comprehensive approach)을 취하고 있다. 즉, 어떤 공동행위가 경쟁제한성을 가지는지는 당해 상품이나 용역의 특성, 소비자의 제품선택 기준, 시장 및 사업자들의 경쟁에 미치는 영향 등 여러 사정을 고려하여, 공동행위로 인하여 일정한 거래분야에서의 경쟁이 감소하여 가격·수량·품질 기타 거래조건 등의 결정에 영향을 미치거나 미칠 우려가 있는지를 살펴서 개별적으로 판단하여야 한다.[183] 분명한 것은 관련시장에서 경쟁을 제한하는지 여부가 관건이라는 점이다.

"소주 담합" 판결[184]에서 대법원은 비가격경쟁이 치열한 소주시장에서 사업자들이 각자 거래상대방과 사이에서 교섭의 대상으로 삼아야 할 거래조건이나 각자의 고유 사업활동 영역에 속하는 사항에 관하여 허용되는 최대한도를 정하는 행위는 그 범위에서 경쟁제한적 효과가 있음이 명백하다고 판시하였다. 구체적으로 법원은 관련시장에서의 경쟁제한효과를 판단하기 위하여 담합에 참가한 사업자들의 규모나 매출액, 시장점유율과 시장상황이나 상품의 특성 등을 구체적으로 고려하면서, 이것이 시장지배력의 형성이나 행사를 의미하는지를 판단하고 있다.[185] 여기

183) 대법원 2015.10.29. 선고 2012두28827 판결; 대법원 2015.7.9. 선고 2013두26804 판결; 대법원 2015.6.11. 선고 2013두1676 판결; 대법원 2011.5.26. 선고 2008두20376 판결; 대법원 2011.4.14. 선고 2009두7844 판결; 대법원 2009.3.26. 선고 2008두21058 판결 등.

184) 대법원 2014.2.13. 선고 2011두16049 판결.

185) 양명조(제8판), 185면.

서 가장 중요한 것은 참가사업자들의 시장점유율(의 합)이다. 다만, 공동행위의 경우에는 시장지배적 사업자의 추정요건과 같이 이를테면 50% 이상의 시장점유율을 요구하는 것은 아니다.[186)]

구체적으로 "Non－DRM 상품의 거래조건 담합" 판결[187)]에서 대법원은 음원매출액 기준으로 시장점유율이 91%에 이르는 음원사업자들이 합의하여 Non－DRM 상품이 단 두 종류로 제한됨으로써 상품의 거래조건을 통한 경쟁이 제한되고 소비자의 선택가능성이 제한되었다고 보았다. "영화배급업 또는 영화상영업 가격담합" 판결[188)]에서도 대법원은 참가사업자들이 국내 영화배급시장의 약 79.3%와 영화상영시장의 약 60%라는 높은 점유율을 차지하고 있는 점을 중요하게 고려하였다. "학생복 3사의 교복담합" 판결[189)]에서는 참가사업자들의 전국시장 점유율 합계가 50%를 상회하기도 하였다.

그 밖에 "화물운송회사 담합" 판결[190)]에서 법원은 가격담합행위의 경우에도 전체 8,000여 개의 운송회사 중 0.01%에 불과한 참가사업자들이 화물차 수를 기준으로는 18.6%의 시장점유율을 가지고 있으나 운송물량 기준으로는 30~40%의 시장점유율을 보유하고 있고, 나머지 운송회사들은 상대적으로 소규모 회사들이어서 담합에 참여한 사업자들이 화물운송시장에서 상당한 가격결정력을 가지고 있다고 보이는데, '컨테이너 육상운임 적용률 및 운송관리비 징수에 관한 합의' 중 운송관리비 징수에 관한 부분은 참가사업자들이 컨테이너 전용장치장 운영분야에서 80%가 넘는 시장점유율을 가지고 있어 운송관리비 징수를 통하여 자가운송업자의 가격 경쟁에 영향을 미치거나 미칠 우려가 있다고 판단하였다.

(3) 경쟁제한의 상당성

그렇다면 과연 어느 정도의 경쟁제한을 위법한 것으로 볼 수 있는가? 공정거래법상 공동행위의 경쟁제한효과가 매우 경미한 경우에는 이를 금지할 실익이 없고, 어느 정도 상당한 수준으로 경쟁을 제한하는 경우에만 금지되는 것으로 해석함이 타당하다. "화장지 담합" 판결[191)]에서 대법원은 4개사 중 시장점유율이 12%와 11%

186) 양명조(제8판), 189면.
187) 대법원 2013.11.14. 선고 2012두19298 판결.
188) 대법원 2010.2.11. 선고 2009두11485 판결.
189) 대법원 2006.11.9. 선고 2004두14564 판결.
190) 대법원 2009.7.9. 선고 2007두26117 판결.
191) 대법원 2006.12.7. 선고 2004두3045 판결.

로 낮은 2개사의 가격인상행위의 경우에는 경쟁을 실질적으로 제한하지 않는다고 판시한 바 있다.[192] 이러한 맥락에서 실무상 경쟁에 미치는 효과가 처음부터 미미할 것으로 예상되는 공동행위의 경우에는 처음부터 이를 심사대상에서 제외함으로써 경쟁사업자들이 공정거래위원회의 시정조치나 과징금의 위험이나 심사절차에 따른 비용부담 없이 공동행위를 할 수 있도록 하는 것이 절차의 경제나 국민경제의 관점에서 바람직하다고 볼 수 있다.

실제로 심사기준에 따르면, 공동행위의 성격상 경쟁제한효과와 효율성 증대효과를 함께 발생시킬 수 있는 경우에 공동행위의 경쟁제한효과를 심사하기 위해서는 우선 관련시장을 획정하고 당해 공동행위에 참여하고 있는 사업자들의 시장점유율을 산정하되, 참가사업자들의 시장점유율의 합계가 20% 이하인 경우에는 당해 공동행위로 인해 경쟁제한효과가 발생할 가능성이 없거나 경쟁제한효과가 발생하더라도 그 효과가 미미한 것으로 보고 심사를 종료한다(제2-1단계~제2-3단계). 반면 시장점유율의 합계가 20%를 초과하는 경우에는 시장지배력, 참가사업자 간의 경쟁제한수준 등을 분석하여 경쟁제한효과의 발생 여부 및 '크기' 등을 심사하도록 규정하고 있다.

유럽이나 독일의 경쟁법이 카르텔에 관한 안전지대 또는 약식카르텔에 대한 기준을 마련하고 있는 것을 같은 맥락에서 이해할 수 있다. 유럽기능조약 제101조 제1항의 공동행위가 위법한 것으로 인정되려면 역내시장에 '상당한 영향'(appreciable impact)을 미쳐야 한다. 1969년 "Völk" 판결[193]을 시작으로 유럽최고법원(ECJ)은 그 목적이 경쟁제한에 있는 합의[194]의 경우에 비록 시장에 미치는 구체적인 효과를 입증하도록 요구하지는 않으면서도 시장에 '상당한 영향'을 미칠 우려가 있는지에 대해서는 해당 시장상황을 종합적으로 고려하여야 한다고 판시하였다.[195] 그 후 1986년 이래 매출액이나 시장점유율 등 일정한 기준 이하의 사업자들 간에 행해지는 공동행위는 경쟁제한성이 없다고 보아 신고의무를 면제하는 등 처음부터

192) 이봉의, 앞의 글(2007), 132면.

193) Judgment of the Court of 9 July 1969. – Franz Völk v S.P.R.L. Ets J. Vervaecke. – Reference for a preliminary ruling: Oberlandesgericht München – Germany. – Case 5–69.

194) Mannesmannröhren–Werke AG v Commission of the European Communities (T–44/00) [2004] E.C.R. II–2223 at [129]-[131]; Expedia Inc v Autorité de la concurrence (C–226/11) [2013] 4 C.M.L.R. 14.

195) Richard Whish/David Bailey, Competition Law(7th ed.), 2012, Chapter. 3.

동조의 적용에서 제외시키는 제도를 마련해두고 있다.[196] 대표적으로 간이고시(De Minimis Notice)에 따라 유럽집행위원회는 회원국 간의 거래에 영향을 미치는 합의라도 관련시장 내에서 합의에 참가한 사업자들의 시장점유율 합계가 10%를 초과하지 않는 경우에는 실제적 또는 잠재적 경쟁사업자들 간의 합의라도 이를 문제 삼지 않는다.

한편, 독일 경쟁제한방지법의 해석론으로도 어떤 합의가 시장에 미치는 영향은 시장참여자가 감지할 수 있을 정도에 이르러야 하고, 또 그 정도에 이르면 족하다고 한다. 즉, 카르텔이 금지되기 위해서는 관련시장에서의 관계에 통상의 경제적 경험 내지 경험칙에 비추어 감지할 수 있을 정도로 영향을 미칠 것이 요구된다고 한다.[197] 독일에서는 이와 같은 '상당성 이론'(Spürbarkeitsdoktrin)이 학설과 판례의 지지를 받고 있다. 이때 시장참가자의 수가 적을수록, 그리고 공동행위에 참가한 사업자들의 시장점유율이 높을수록 시장관계에 미치는 영향은 상당한 수준에 이르게 된다.

독일 연방카르텔청(BKartA)은 2007년에 이와 관련하여 별도의 고시[198]를 마련한 바 있고, 실무상 시장점유율 합계가 10~15% 이하인 경우에는 공동행위를 금지하지 않고 있다. 다만, 독일 연방대법원(BGH)은 시장분할을 통하여 참가사업자들 간의 잠재적 경쟁이 영향을 받는 경우에는 4% 정도의 시장점유율만으로도 감지가능성 내지 상당성이 인정된다고 판시한 바 있다.[199]

(4) 인과관계

경쟁제한성은 문제된 공동행위에서 비롯된 것이어야 한다는 의미에서 양자 사이에는 상당한 인과관계가 존재하여야 한다. 즉, 합의에 가담한 사업자들이 문제된 합의가 없었더라면 과연 서로 유효하게 경쟁할 수 있었는지가 중요하다. 유효경쟁이 지배하고 있는 통상의 시장에서 사업자들이 자발적으로 합의에 이른 경우에는 원칙적으로 그로 인한 경쟁제한성을 인정할 수 있을 것이다. 물론 이 경우에도 판

196) Bekanntmachung der Kommission über Vereinbarungen von geringer Bedeutung, die den Wettbewerb gemäß Artikel 81 Absatz 1 des Vertrags zur Gründung der Europäischen Gemeinschaft nicht spürbar beschränken(de minimis) (1) (2001/C 368/07).

197) BGHZ 68, 6.11, "Fertigbeton".

198) BKartA, Bekanntmachung Nr. 18/2007; Joachim Pfeffer/Anne C. Wegner, Neue Bekanntmachungen des Bundeskartellamts zur zwischenbetrieblichen Kooperation: Bagatellbekanntmachung 2007 und Bekanntmachung KMU 2007, BB, Heft 22, 2007. S. 1173. 영문 부록.

199) WuW/E BGH 2967, "Golden Toast".

례에 따르면 사업자들 사이의 경쟁의사의 유무, 각 사업자들의 존재나 그들의 시장성과가 서로에게 경쟁압력 내지 경쟁상 제약으로 작용하는지를 중심으로 판단하되, 각 사업자가 보유한 생산능력이나 기술력, 공급의 대체가능성과 신규 시장진입 가능성, 시장의 구체적 현황 등을 종합적으로 고려하여야 한다고 한다.[200]

부당한 공동행위에서 인과관계(因果關係)가 문제되는 대표적인 예는 규제산업이다. 이른바 "원적지 담합" 사건[201]에서 공정거래위원회는 정유사 간 시장점유율 변동이 미미하다는 사실로부터 문제된 합의의 경쟁을 도출하였으나, 실상 이 사건 합의와 무관하게 이미 과점화된 석유시장에서 계열주유소와의 전량구매계약 내지 전속계약과 장기에 걸친 폴사인 등 상표권 사용계약 등에서 비롯되는 것으로서, 이 사건 합의와는 별다른 인과관계가 없어 보인다. 더구나 유통경로별 판매 비중을 보면, 경질유 석유제품 물량의 대부분이 특정 정유사 제품만 취급하는 대리점(직영 또는 전속대리점)을 통해서 공급되고 있어, 실제 주유소 확보경쟁을 논할 수 있는 부분은 전체 공급물량의 절반에도 훨씬 미치지 못하며, 전술한 장기계약관계의 특성으로 인하여 그 중에서 거래처를 전환할 여지가 있는 주유소는 지극히 미미한 숫자에 불과할 수밖에 없는 것이다. 더구나 정유사별로 직영주유소가 차지하는 비중이 상이한데, 예컨대 SK네트웍스와 같이 직영주유소의 비중이 상대적으로 큰 정유사의 경우에는 자영주유소에 대한 의존도가 상대적으로 낮기 때문에 주유소 확보경쟁에서 그만큼 자유로울 수 있다.

그 밖에 요금규제로 인하여 요금경쟁이 이루어질 수 없는 통신시장에서 요금에 관하여 합의를 한 경우에도 당시의 경쟁 부재상황을 합의로 인한 것으로 볼 수 없게 되는 경우도 생각할 수 있다. 행정지도(行政指導)가 결부된 공동행위와 관련해서도 사업자들 간에 그와 별도의 합의가 존재하더라도 경우에 따라서는 공정거래위원회가 주장하는 경쟁제한이 이미 행정지도로 인한 것일 수 있다는 점에서 여전히 공동행위와 경쟁제한성 간의 인과관계가 다투어질 여지가 있다.

다. 경쟁제한의 입증

(1) 입증책임의 원칙

공정거래위원회는 법위반행위의 신고를 받거나 그 혐의를 인지(認知)한 경우에

---

200) 대법원 2015.7.9. 선고 2013두26804 판결.

201) 공정거래위원회 2011.9.16. 의결 제2011-161호("5개 석유제품 담합" 사건).

조사절차를 개시하고 심사를 진행할 권한을 가지고 있으며, 의결절차에서 부당한 공동행위의 존재를 입증할 증거의 제출의무를 지게 된다. 직권규제주의에 따라 적절한 입증을 하지 못하는 경우에 그 위험부담은 공정거래위원회가 지는 것은 물론이며, 이는 공정거래위원회가 합의추정의 요건을 제대로 입증하지 못한 경우에도 마찬가지이다. 의결절차에서는 원칙적으로 민사소송에서와 마찬가지로 자유심증주의(freie Beweiswürdigung)가 지배하게 되며, 그 결과 언제나 공정거래위원회가 어느 정도의 증명을 해야 하는지가 문제된다.

또한 경쟁제한효과의 입증은 어떤 시점을 기준으로 판단을 해야 할 것인가가 문제가 된다. 어떤 공동행위가 경쟁을 제한하는지의 여부를 과연 어떤 시점에서 판단할 것인가에 대하여 부당한 공동행위를 금지하는 것은 그러한 합의에 따른 반경쟁적 효과를 방지하기 위한 것이기 때문에, 공정거래위원회가 심결 내지 법원이 판결을 내릴 당시에 이미 경쟁제한효과가 사라지고 없다면 더 이상 방지할 경쟁제한효과도 존재하지 않으므로 공정거래위원회가 심결을 내리는 시점 또는 법원이 판단을 내릴 시점을 기준으로 경쟁제한성을 판단해야 한다고 보는 견해가 있다. 그러나 이 견해는 전혀 타당치 않다. 우선, 공정거래법상 부당한 공동행위의 규제는 제도로서의 경쟁 그 자체를 철저히 보호하기 위한 것이고, 이를 위하여 이미 경쟁제한효과가 발생한 경우는 물론이고 장래에 경쟁을 제한할 우려가 있는 경우 또한 금지된다. 이러한 의미에서 경쟁제한성의 판단시점과 실제 경쟁제한효과의 발생시점을 구분하지 않으면 안 된다.

그렇다면 우선 경쟁제한성의 판단시기는 공동행위의 시점을 기준으로 하는 것이 타당하며, 그와 구별하여 공정거래위원회가 심결을 내릴 시점에 경쟁제한효과가 이미 발생하였을 필요는 없고, 경쟁제한효과가 이미 제거된 경우에도 향후 그에 따른 경쟁제한의 우려가 남아 있는 경우에는 여전히 경쟁제한성을 인정할 수 있을 것이다. 전자의 경우 경쟁제한효과의 발생 내지 발생의 우려는 어디까지나 행위시점을 기준으로 판단하여야 한다는 것이 되는데, 이는 부당한 공동행위가 공정거래위원회의 개입을 위한 요건일 뿐만 아니라 과징금이나 형사벌의 부과를 위한 요건이기도 하다는 점에서 그 정당성을 찾을 수 있다. 예컨대, 부당한 공동행위에 대하여 공정거래위원회가 형사고발을 하였다면 법원은 당연히 범죄로서의 부당한 공동행위가 행해진 당시를 기준으로 그 위법성, 책임성을 가려야 하는 것은 형사법의 대원칙이며, 제3자가 손해배상을 청구한 경우에도 과거의 부당한 공동행위로 피해를 입은 자에 대해서는 그 당시에 경쟁제한성이 있었는지를 기준으로 하는 것이 지극히 당연한 것이다. 또한 공정거래위원회의 심결이 내려진 시점을 기준으로 한다는 견해에 의하면 문제의 공동행위가 한시적으로 행해진 경우에는 언제나 시정조치를 내리거나 형사벌을 부과하거나 또는 손해배상을 청구하는 것이 불가능해진다는 난점이 있다.

(2) 입증의 방법

공정거래위원회는 제40조 제1항에 따라 부당한 공동행위를 입증함에 있어서나 동조 제5항에 따라 합의추정을 위해서 공통적으로 '부당한 경쟁제한성' 내지 '실질적인 경쟁제한성'을 입증하여야 하는데, 이들 양자가 동일한 수준의 경쟁제한성을 의미하는 것인지, 각각의 경쟁제한성을 어떠한 방법으로, 그리고 어느 정도로 입증하여야 하는지는 여전히 의문이다.

전술한 바와 같이 공정거래위원회의 의결절차에도 법률상 합의추정의 경우를 제외하고 자유심증주의(自由心證主義)가 지배한다. 일찍이 대법원은 합의가 있었다고 인정하기 위해서는 사업자 사이에 의사연결의 상호성을 인정할 만한 사정이 증명되어야 한다는 전제 하에 법원이 변론 전체의 취지와 증거조사의 결과를 참작하여 자유로운 심증으로 사회정의와 형평의 이념에 입각하여 논리와 경험의 법칙에 따라 사실주장이 진실한지 아닌지를 판단하고(행정소송법 제8조 제2항, 민사소송법 제202조), 그 판단은 위와 같은 자유심증주의의 한계를 벗어나지 않는 한 사실심법원의 전권에 속한다는 태도를 견지하고 있다.[202]

그 밖에 실무에서는 경제학에 기초한 이론이나 경험칙이 자유심증주의를 일정부분 제한할 수 있는지의 여부가 다투어질 수 있으나, 사견으로는 소극적이다. 다만, 표현증명(表見證明)은 본래 형사소송법의 기본원칙으로서 공정거래법 위반행위에 대한 형사절차에도 적용되어야 할 것이나, 법치국가적인 관점에서 공정거래위원회는 직권조사주의의 원칙상 표현증명을 흔들 수 있는 증거 역시 조사하여야 할 의무가 있다는 점에서 표현증명을 인정하는 데에는 매우 신중을 기할 필요가 있다. 한편, 공동행위의 경쟁제한성을 직접 입증하는 것이 가능한지, 가능하다면 어떤 기준으로 입증할 수 있는지는 이론적으로도 아직 밝혀진 바가 없다. 이론적으로도 경

202) 대법원 2017.3.30. 선고 2015두46666 판결.

쟁제한성은 시장의 구조나 행태 등을 통하여 간접적으로만 가능할 것이므로, 간접증명은 공정거래법상 경쟁제한성의 입증에서 언제나 중요한 의미를 가질 수밖에 없다.

대법원은 "경쟁사업자 사이에서 가격을 결정·유지 또는 변경하는 행위를 할 것을 합의하는 가격담합은 특별한 사정이 없는 한 합의의 내용 자체로 경쟁제한적 효과가 있다는 점이 비교적 쉽게 드러나게 되므로, 이러한 경우 관련지역시장을 획정하면서 공동행위 가담자들의 정확한 시장점유율을 계량적으로 산정하지 않았거나, 공정거래위원회가 적법한 관련시장의 범위보다 협소하게 시장획정을 한 잘못이 있음이 밝혀져 적법한 시장획정을 전제로 한 정확한 시장점유율이 산정되어 있지 않더라도, 예상되는 시장점유율의 대략을 합리적으로 추론해 볼 때 경쟁을 제한하거나 제한할 우려가 있음이 인정되지 않을 정도로 시장점유율이 미미하다는 등의 특별한 사정이 없다면, 경쟁제한성 판단의 구체적 고려 요소를 종합하여 경쟁제한성을 인정할 수도 있다."고 판시하였다.[203)]

4. 부당성 판단

가. 부당성의 의미

1999년 제7차 법개정[204)]을 통하여 법 제19조 제1항(현행법 제40조 제1항)은 부당하게 경쟁을 제한하는 합의를 금지하고 있다. 문리적 해석에 기초하면 법 제40조 제1항에 위배되는 경우에는 경쟁제한성과 부당성, 두 요건을 충족해야 한다. 부당성 요건에 대하여 학설은 소극설과 적극설로 나뉘어 있다. 전자의 견해는 부당성이란 경쟁제한효과가 적거나 시장지배력이 없는 행위를 제외하는 의미가 있다고 보는 경우[205)]이거나 공동행위의 성격상 경쟁제한성과 부당성 판단을 달리해야 한다는 견해[206)] 등이 있고, 후자의 경우를 지지하는 견해들을 자세히 살펴보면, 법 제40조 제1항의 법문에 비추어 부당성 요건이란 공동행위가 경쟁을 제한하는 경우 이를 정당화하는 예외적인 사유가 존재하는지를 판단하기 위함이라는 견해,[207)] 동조

203) 대법원 2015.10.29. 선고 2012두28827 판결.

204) 1999.2.5. 개정, 법률 제5813호.

205) 양명조(제8판), 186면.

206) 권오승(제13판), 288－289면; 신현윤(제8판), 255－256면; 이호영(제6판), 251－252면.

207) 이봉의, "공정거래법상 공동행위의 부당성과 '특별한 사정'", 인권과 정의 제430호, 2012, 135면.

의 목적과 이념을 종합적으로 고려하면 부당성에 대한 규범적 평가가 필요하다는 견해,[208] 구법 제40조 제2항의 인가사유가 고려되어야 할 제반사정을 포괄하지 못하다는 점에서 부당성 요건을 통하여 경쟁제한효과와 제반사정, 효율성에 미치는 효과가 비교형량 되어야 한다는 견해[209] 등이 있다.

대법원은 흔히 경성담합의 경우에는 원칙적으로 부당하다는 입장을 취함으로써 적어도 '부당성' 판단에 있어서는 경성과 연성담합을 일견 구분하여 접근하는 것으로 볼 여지도 있다. 가격담합에 대해서는 그 행위가 그 범위 내에서 가격경쟁을 감소시킴으로써 그들의 의사에 따라 어느 정도 자유로이 가격 결정에 영향을 미치거나 미칠 우려가 있는 상태를 초래하게 되어 특별한 사정이 없는 한 부당하다는 것이다.[210] 경쟁제한적인 공동행위는 원칙적으로 부당하고, 예외적으로 특수한 사정이 인정되는 경우에는 부당성이 인정되지 않을 수 있다거나[211] 법 제40조의 부당성을 판단할 때에는 경쟁촉진효과와 경쟁촉진효과를 비교형량하여야 한다는 것이다.[212]

대법원은 일찍이 1999년 제7차 법개정[213] 이전부터 구법 제26조 제1항(현행법 제51조 제1항)에 따른 사업자단체의 경쟁제한행위가 문제된 판결에서도 소비자보호나 국민경제의 균형발전이라는 동법의 궁극적인 목적에 반하지 않는다는 예외적인 경우에 해당되지 않는 한 부당하다고 판시한 바 있다.[214] "종래 판례는 사업자단체의 카르텔에 대하여 공정거래법 제1조의 궁극적 목적에 반하지 않는 한 실질적인

---

208) 박해식, "공정거래법의 해석, 적용론", 한국경쟁포럼 발표자료, 2007, 15면.

209) 정호열(제6판), 321－322면.

210) 대법원 2011.9.8. 선고 2010두344 판결; 대법원 2009.3.26. 선고 2008두21058 판결; 대법원 2005.8.19. 선고 2003두9251 판결; 특히 대법원 2014.5.16. 선고 2012두5466 판결에서 대법원은 "항공화물 운송사업자들이 일정한 시기에 유류할증료 도입과 인상을 통하여 유류할증료 자체뿐 아니라 유류할증료가 포함된 항공화물운송의 가격을 유지·변경하는 행위에 대하여, 참여한 사업자들의 시장점유율이 한국발 전세계행 노선에서 약 51~99%, 홍콩발 국내행 노선에서 약 88~99%, 일본발 국내행 노선에서 약 76~88%에 이른 점까지 고려하여 볼 때, 이 사건 합의로 인한 경쟁감소와 공동행위 가담자들에 의한 항공화물운송의 가격에 대한 통제력이 증대한 점"을 고려하였다.

211) 대법원 2009.3.26. 선고 2008두21058 판결; 2009.6.23. 선고 2007두19416 판결.

212) 대법원 2015.6.11. 선고 2013두1676 판결.

213) 1999.2.5. 개정, 법률 제5813호.

214) 대법원 2005.8.19. 선고 2003두9251 판결; 2005.9.9. 선고 2003두11841 판결 등. 이러한 맥락에서 내려진 초기 판결인 서울고등법원 1996.12.6. 선고 96나2240 판결에 대한 평석으로는 이봉의, "공정거래법의 목적과 경쟁제한행위의 위법성", 경제법판례연구 제1권, 2004, 1면 이하.

부당성이 배척될 수 있다는 태도를 취하다가, 개별 사업자의 카르텔 사건에서 법 제1조를 언급하지 않고 여전히 그 의미가 다소 모호한 '특별한 사정'과 '친경쟁적 효과' 등을 이유로 부당성이 인정되지 않을 수 있음을 밝히고 있다."[215] 따라서 부당성 요건을 적용함에 있어서 반경쟁적 효과와 형량이 될 요소는 구체적으로 무엇이며, 이들을 어떻게 비교형량 또는 이익형량 할 것인가가 문제가 된다.

나. 친경쟁적 효과의 의미

(1) 경쟁촉진효과와의 구분

경쟁제한효과와 비교형량이 될 친경쟁적 효과란 무엇인가? 이론적으로 친경쟁적 효과 내지 경쟁촉진효과는 반경쟁적 효과와 비교하여 경쟁에 미치는 순효과(純效果; net effect)를 판단할 것이기에, 부당성 판단에 있어서 고려해야 할 요소는 아니다. 경제적 접근법에 따르자면 '경쟁이 촉진됨에 따른 효과'란 가격 또는 산출량의 변화를 의미하고 이는 효율성과 그에 따른 소비자후생 증대로 이어지는 개념이기 때문이다. 판례는 긍정적인 것으로 보인다.

일례로, 2011년 "지하철 연장공사 입찰담합" 판결[216]에서 대법원은 "건설회사인 피고인들이 지하철 7호선 연장공사가 시행될 특정 공구의 입찰에 참가하면서 공동수급체를 구성하여 공동계약을 체결한 사안에서, 여러 회사가 공동수급체를 구성하여 입찰에 참가하는 경우 해당 입찰시장에서 경쟁사업자의 수가 감소되는 등으로 경쟁이 어느 정도 제한되는 것은 불가피하나, 사실상 시공실적, 기술 및 면허 보유 등의 제한으로 입찰시장에 참여할 수 없거나 경쟁력이 약한 회사의 경우 공동수급체 구성에 참여함으로써 경쟁능력을 갖추게 되어 실질적으로 경쟁이 촉진되는 측면도 있다."고 판시한 바 있다.

(2) 고려요소

심사기준은 비교형량의 요소로서 효율성이란 개별 기업차원의 효율성이나 단순한 사업경영상의 필요 또는 거래상의 합리성 내지 필요성을 의미한다고 보고 있다. 심사기준은 공동행위가 경쟁제한효과만 있는 공동행위로 분류되는 유형이라도 효율성을 증대시키는 생산, 판매, 구매 또는 연구개발 등의 경제적 통합과 합리적으로 연관되어 추진되고, 효율성 증대효과의 목적을 달성하기 위해 합리적으로 필

215) 이봉의, 앞의 글(2012), 141–142면.
216) 대법원 2011.5.26. 선고 2008도6341 판결.

요하다고 인정되는 경우에는 연관되는 경제적 통합의 경쟁제한효과와 효율성 증대효과 등을 종합적으로 고려하여 위법성 여부를 판단하도록 한다.[217] 또한 공동행위의 성격상 효율성 증대효과와 경쟁제한효과가 동시에 생길 수 있는 경우에 대하여 효율성 증대효과로서 규모의 경제, 범위의 경제, 위험 배분, 지식·경험의 공동활용에 의한 혁신 속도 증가, 중복 비용의 감소 등 경제적 효율성을 고려하고 있다.[218] 그런데 경제질서의 기본인 경쟁을 제한하는 공동행위를 금지하여 경제 전반의 효율성을 제고하는 것이 공정거래법의 근본취지라는 점에 비추어볼 때 개별기업의 효율성 증대에 따른 이익은 경쟁이라는 공익에 우선할 수 없기 때문에, 부당성 판단 시 고려되는 개별 기업 차원의 효율성은 법 제40조 제2항의 인가사유에 해당하는 범위에서만 제한적으로 고려되는 것이 타당하다.[219]

이와 달리, 대법원은 최근 판결에서 반경쟁적 효과와 비교형량 할 요소들에 대하여 소비자후생 증대효과와 국민경제전반의 효율성 증대효과 등을 들고 있다. 다만, 예외적으로, 대법원은 "화물 운송회사 담합" 판결[220]에서 경쟁제한효과가 존재하더라도 위법성이 부인될 수 있는 특별한 사정의 대표적인 경우로서 "법령에 근거한 행정기관의 행정지도에 따라 적합하게 이루어진 경우와 경제전반의 효율성 증대로 인하여 친경쟁적 효과가 매우 큰 경우"를 들고 있다. 여기서 대법원은 "적용제외에 해당되지 않는 행정지도라도 부당성 판단의 일요소로 고려될 수 있다."고 판시한 것으로 보인다.

우선, 대법원은 경쟁촉진효과로서 여러 판결에서 소비자후생 증대효과를 고려하고 있고, 여기서 소비자란 최종소비자를 의미하는 것으로 보인다. 2014년 "소주담합" 판결[221]에서 "원고들이 거래조건에 대한 합의를 한 것이 비가격경쟁이 치열

217) 심사기준은 효율성을 증대시키는 경제적 통합에 참여하는 사업자들은 중요한 자본, 기술 또는 상호보완적인 자산 등을 결합한다. 가격, 산출량, 고객 등에 대한 단순한 조정 또는 합의는 경제적 통합이 아니라고 규정하고 있다.

218) 심사기준에 따르면, 공동행위는 이러한 효율성 증대는 사업자 간 경쟁을 촉진시켜 상품의 가격하락, 품질·유통속도의 제고 등 소비자 편익의 증가로 연결될 수 있다. 산출량 감축, 시장 분할 또는 단순한 시장지배력의 행사에 의해 발생하는 비용절감 등은 효율성 증대효과로 주장할 수 없다. 또한, 제품·서비스의 품질 저하 등 소비자의 이익 감소를 통해 달성되는 비용절감도 효율성 증대효과로 주장될 수 없다. 산출량 감축, 시장 분할 또는 단순한 시장지배력의 행사에 의해 발생하는 비용절감 등은 효율성 증대효과로 주장할 수 없다. 또한, 제품·서비스의 품질 저하 등 소비자의 이익 감소를 통해 달성되는 비용절감도 효율성 증대효과로 주장될 수 없다.

219) 이봉의, 앞의 글(2012), 140면.

220) 대법원 2009.7.9. 선고 2007두26117 판결.

한 소주시장에서 원고들이 주장하는 비용절감 효과가 소비자후생증진으로 이어진다고 볼 수 없다."고 본 원심 판결이 정당하다고 보았다. 또한 "원심이 공동행위는 병마개를 공급하는 독점사업자의 일방적인 가격 인상계획에 대하여 그 수요자인 소주 제조사업자들이 대응하여 그 실행을 연기하게 함으로써 소주 가격의 인상을 당분간이나마 저지하는 결과를 가져옴으로써 소비자후생에 기여하였고, 이는 경쟁제한의 효과를 넘어서는 것이므로 부당하지 아니하다고 판단하여 이에 관한 시정명령을 취소한 것도 정당하다."고 판시하였다.

또한 대법원은 2014년 "Non-DRM 거래조건 담합" 판결[222]에서 소비자들의 비용절감효과를 고려하였고, 2013년 "Non-DRM 가격담합" 판결[223]에서는 "경쟁촉진적 효과는 당해 공동행위로 인한 효율성 증대가 소비자후생의 증가로 이어지는 경우를 포괄적으로 감안하되 당해 공동행위가 그러한 효과 발생에 합리적으로 필요한지 여부 등을 고려하여야 할 것이다."라고 판시하면서 "이 사건 합의로 Non-DRM 상품이 단 두 종류로 제한됨으로써 상품의 거래조건을 통한 경쟁이 제한되고 소비자의 선택가능성이 제한되었으며, 이 사건 합의로 Non-DRM 상품의 출시가 앞당겨졌을 수 있으나 당시 시장 상황에 비추어 그 여지도 크지 않다고 할 것이므로, 이 사건 합의로 인한 경쟁제한효과보다 경쟁촉진효과가 더 크다고 볼 수 없다."고 판단하였다. 2011년 "매트리스 및 내장침대 담합" 판결[224]에서는 "매트리스 및 내장침대 제조업을 영위하는 사업자들이 자사 제품을 판매하는 대리점 등 업주를 상대로 소비자에 대한 할인판매를 금지하는 내용의 가격표시제를 실시하여 적정한 가격 정보를 소비자에게 제공함으로써 대리점 등 유통업자의 변칙할인 등을 막고 거래관계의 신뢰를 제고하는 등 소비자후생을 증대할 수 있는 효용은 가격표시제의 효과이지 가격표시제를 공동으로 실시한 효과라고 보기 어려울 뿐만 아니라, 위와 같은 효용 증대의 정도가 이 사건 공동행위로 인한 경쟁제한의 효과에 비하여 상당히 크다고 볼만한 사정도 드러나지 아니하였다."고 본 원심의 판결이 정당하다고 보았다.

소비자후생을 경쟁촉진효과로 고려하고 있는 대법원의 접근방식은 경제적 접

221) 대법원 2014.2.13. 선고 2011두16049 판결.
222) 대법원 2013.11.28. 선고 2012두17773 판결.
223) 대법원 2013.11.14. 선고 2012두19298 판결.
224) 대법원 2011.9.8. 선고 2010두344 판결.

근방식에서 비롯하였다고도 볼 수 있다.[225] 이와 같은 예로서 대법원은 시장지배적 지위남용에 관한 여러 판결에서도 경쟁제한효과를 판단하기 위하여 상품의 가격상승, 산출량 감소 등을 예시하고 있고,[226] 재판매가격유지행위와 관련하여 대법원이 정당한 이유의 유무를 판단함에 있어서 '관련 상품시장에서의 상표 간 경쟁을 촉진하여 결과적으로 소비자후생을 증대하는'이라고 언급하고 있다.[227]

다른 한편으로, 대법원은 경제 전반의 효율성에 미치는 영향도 고려하고 있다. 그 개념은 상당히 모호하고 광범위한 것으로 보이는데, 법원은 2013년 "Non-DRM 가격담합" 판결[228]에서 "공동행위의 부당성은 소비자를 보호함과 아울러 국민경제의 균형 있는 발전을 도모한다는 공정거래법의 궁극적인 목적(제1조) 등에 비추어 당해 공동행위에 의하여 발생될 수 있는 경쟁제한적인 결과와 아울러 당해 공동행위가 경제전반의 효율성에 미치는 영향 등을 비롯한 구체적 효과 등을 종합적으로 고려하여 그 인정 여부를 판단하여야 한다."고 판시하면서, "원고들이 주장하는 효율성 증진 효과 중 불법 음악시장의 양성화를 통한 합법 음악시장의 규모 확대 및 거래 활성화, 음악저작권 보호로 인한 음악시장의 창작 및 투자활성화 효과, 규격의 표준화 등의 효과가 문제의 합의의 결과라고 보기 어렵고 이러한 효율성 증대효과가 경쟁제한적 효과보다 더 크다고 인정하기 어렵다고 판단한 것은 정당하다."고 하였다. 2009년 "화물차 담합" 판결[229]에서는 경제전반의 효율성 증대로 인한 친경쟁적 효과가 매우 큰 경우와 같이 특별한 사정이 있는 경우 부당성이 부인된다고 보았는데, "컨테이너 운임의 덤핑을 방치할 경우 출혈가격경쟁이 발생하여 이로 인한 전국적인 산업 분규, 물류의 차질 및 교통안전 위해 등의 문제가 발생할 수 있고, 이를 해결하기 위하여 추가되는 사회적 비용은 육상화물 운송시장에서의 가격경쟁으로 인한 소비자 후생 증대효과에 비교하여 적다고 볼 수 없는 점 등에 비추어 볼 때, 문제의 합의가 친경쟁적 효과가 매우 커 공동행위의 부당성이 인정되지 않을 여지가 있다"고 판시하였다.

이러한 대법원의 판시내용을 살펴보면, 법원은 경쟁제한효과와 비교형량할 요

---

225) 이봉의, 앞의 글(2012), 138면.

226) 대법원 2007.11.22. 선고 2002두8626 전원합의체 판결("포스코" 판결); 대법원 2011.10.13. 선고 2008두1832 판결.

227) 대법원 2010.11.25. 선고 2009두9543 판결; 대법원 2011.3.10. 선고 2010두9976 판결.

228) 대법원 2013.11.14. 선고 2012두19298 판결.

229) 대법원 2009.7.9. 선고 2007두26117 판결.

소에 대하여 소비자후생 증대효과나 효율성 증대효과와 같은 경제학적인 가치들뿐만 아니라 그 외의 가치들, 즉 '공공의 이익에 상응하는 국민경제차원의 바람직한 효과'를 고려하고 있는 것으로 보인다. 이와 유사한 판시로는 "보험회사 담합" 판결[230]에서 보험회사의 재무건전성 확보, 국민경제의 균형 있는 발전이라는 가치를 고려한 것이나, 2005년 "제주도 관광사업자단체 카르텔" 판결[231]에서 대법원이 "문제의 합의로 인하여 과다한 송객수수료의 인하를 통하여 거래조건을 합리화함으로써 관광부조리를 방지하여 관광질서를 확립하고 관광상품 판매가격이 인하되도록 유도하는 등의 효과가 적지 아니하고, 그로 인한 혜택이 최종소비자인 관광객들에게 귀속될 뿐 아니라 제주도의 관광산업 발전에도 이바지하는 점에서, 위법하지 않다"고 판시한 것도 들 수 있다.

이처럼 판례를 통하여 살펴본 바와 같이, 경제전반의 효율성은 그 실질이 경제학에서 말하는 효율성을 뛰어넘는 개념이다. 이와 같이 친경쟁적 효과가 보다 넓은 의미에서 국민경제 차원의 바람직한 효과를 의미한다면, 부당성 요건의 해석에 있어서 해석상의 오해를 낳을 수도 있을 것이다. 이러한 개념을 지나치게 넓은 의미로 해석할 경우, 경쟁을 제한하는 공동행위에 대하여 부당성을 부인하는 범위가 불특정하게 확대될 수 있는 우려가 있다. 따라서 경쟁제한효과와 비교형량 할 수 있는 경쟁촉진효과의 개념과 내용은 공정거래법의 틀 안에서 명확하고 일관되게 이해할 필요가 있다.[232]

(3) 경쟁촉진효과의 조건

심사기준은 공동행위의 성격상 효율성 증대효과와 경쟁제한효과가 동시에 생길 수 있는 경우에 대하여 당해 공동행위 외의 방법으로는 효율성 증대효과를 달성하기 어렵다고 판단되는 경우에만 당해 공동행위의 효율성 증대효과를 인정한다. 효율성은 검증하거나 계량화가 어렵다. 무엇보다 효율성과 관련된 정보를 오직 공동행위의 참가사업자들만 보유하고 있기 때문이다. 따라서 효율성 증대효과를 주장하는 사업자로서는 당해 공동행위로 발생하는 효율성 증대효과를 판단하기 위한 충분한 자료를 제출하여야 하며, 그렇지 않은 경우 효율성 증대효과는 인정되지 않는다.

230) 대법원 2011.5.26. 선고 2008두20376 판결.

231) 대법원 2005.9.9. 선고 2003두11841 판결.

232) 이봉의, 앞의 글(2012), 141면.

대법원 판례를 살펴보면, “경쟁제한효과와 비교형량하게 될 국민경제 전반의 효율성 증대효과는 구체적이어야 하고, 그러한 효과가 발생하였거나 발생할 개연성이 크다는 점이 확실히 입증되어야 한다.”[233] 한 예로, 대법원은 입찰담합 판결에서 효율성 증대효과에 대하여 판단함에 있어서도 해당 담합에 고유한 효과일 것을 요구함으로써 특별한 사정을 나름 엄격하게 접근하는 태도를 보이고 있다.[234] 공동행위의 경우 대체로 이미 실행이 이루어진 점을 감안하면 경쟁제한효과가 발생하였을 것이고, 이를 상쇄할 수 있는 효율성 증대효과 또한 원칙적으로 발생한 것이어야 할 것이다. 공정거래법상 합의만으로도 공동행위가 성립하는 점을 감안할 때, 합의가 실행되지 않은 경우에는 효율성 증대효과 또한 그 발생의 개연성만으로 족하다고 볼 것이다.

이와 같이 「기업결합 심사기준」[235]의 경우에도 예외사유로 고려되는 효율성 증대효과는 다음의 누적적인 요건들을 충족해야 한다고 한다. ① 당해 기업결합외의 방법으로는 달성하기 어려운 것이어야 하며, 설비확장, 자체기술개발 등 기업결합이 아닌 다른 방법으로는 효율성 증대를 실현시키기 어려울 것, 생산량의 감소, 서비스질의 저하 등 경쟁제한적인 방법을 통한 비용절감이 아닐 것이다. ② 효율성 증대효과는 가까운 시일 내에 발생할 것이 명백하여야 하며, 단순한 예상 또는 희망사항이 아니라 그 발생이 거의 확실한 정도임이 입증될 수 있는 것이어야 한다. ③ 효율성 증대효과는 당해 결합이 없었더라도 달성할 수 있었을 효율성 증대부분을 포함하지 아니한다.

한편, 사업자단체의 공동행위에 관하여 대법원이 구법 제19조 제2항의 인가사유[236]를 부당성 판단의 요소로 고려하고 있는 것은 타당하다.[237] 산업합리화,

---

233) 대법원 2011.5.26. 선고 2008두20376 판결; 2011.9.8. 선고 2010두344 판결.

234) 대법원 2015.7.9. 선고 2013두26804 판결. 대법원은 원고가 주장하는 개발과정에서의 기술력 집중 등의 효율성 증대효과는 이 사건 공동행위의 효과로 발생한 것이라고 보기 어렵고, 그 밖의 경쟁촉진적 효과도 인정되지 아니하며, 그러한 효과가 있더라도 경쟁제한적 효과를 상회한다고 볼 수 없다고 보아, 이 사건 공동행위가 이 사건 소나체계 입찰시장에서의 경쟁을 부당하게 제한한다고 판단하였다.

235) 공정거래위원회 고시 제2023−20호, 2023.2.7. 개정.

236) 산업합리화, 연구·기술개발, 불황의 극복, 산업구조의 조정, 거래조건의 합리화, 중소기업의 경쟁력향상의 목적을 위하여 행하여지는 경우로서 대통령령이 정하는 요건에 해당하는 경우를 의미한다.

237) 대법원 2005.9.9. 선고 2003두11841 판결(“제주도관광협회” 판결); 대법원 2005.8.19. 선고 2003두9251 판결(“부산광역시치과의사회” 판결).

연구·기술개발, 거래조건의 합리화 등 동항이 열거하고 있는 사유는 개별 기업 차원을 넘는 산업, 또는 더 나아가 국가차원의 효율성을 의미한다. 사업자가 사전에 인가 절차를 밟지 않았더라도 해당 공동행위의 부당성은 부인될 수 있다.

다. 비교형량의 의미

(1) 형량의 기준

심사기준에 따르면, 당해 공동행위가 효율성 증대효과와 경쟁제한효과를 동시에 발생시키는 경우 양 효과의 비교형량(balancing)을 통해 당해 공동행위의 위법성을 심사하는데, 효율성 증대효과가 당해 공동행위의 경쟁제한효과를 상쇄할 수 있는지 여부를 검토한다. 당해 공동행위가 허용되기 위해서는 관련시장에서 경쟁제한에 따른 폐해가 클수록 이를 상쇄하기 위한 효율성 증대효과 또한 커야 한다.

한편, 대법원 판례를 살펴보면, 부당성을 판단하는 방식은 3가지로 볼 수 있다. 첫째는 대법원은 일반적으로 법 제40조의 부당성을 판단할 때에는 반경쟁적 효과와 친경쟁적 효과를 비교형량 하도록 하고 있고, 둘째로, 다수의 판례에서 가격 담합이나 입찰담합의 경우에는 경쟁제한성이 있는 한 특별한 경우를 제외하고는 위법하다고 판시하고 있다.[238] 셋째로, 법 제1조의 목적 조항을 근거로 부당성 판단을 하고 있는 경우를 볼 수 있다.[239]

두 번째와 같은 경우를 두고, 대법원이 공동행위의 유형에 따라 위법성 판단기준을 달리한다고는 볼 수 없다. 원칙적으로 경쟁제한성이 있더라도 특별한 사정을 고려하는 것은 경쟁제한효과와 다른 사정을 종합적으로 검토하는 것과 실제적으로 다른 기준을 적용하는 것은 아니다. 입찰담합 판결에서도 대법원이 경쟁촉진효과나 효율성 증대효과를 특별한 사정으로 표현하지 않고 종합적으로 비교형량 하도록 한 경우도 있다. 2015년 "의약품 도매상 담합" 판결[240]에서 대법원은 "입찰에 관

238) 대법원 2015.7.9. 선고 2013두26804 판결; 대법원 2013.11.28. 선고 2012두17773 판결; 대법원 2011.9.8. 선고 2010두344 판결; 대법원 2009.7.9. 선고 2007두26117 판결; 대법원 2009.3.26. 선고 2008두21058 판결; 대법원 2009.6.23. 선고 2007두19416 판결; 대법원 2005.8.19. 선고 2003두9251 판결; 대법원 2007.9.20. 선고 2005두15137 판결.

239) 대법원 2013.11.28. 선고 2012두17773 판결; 대법원 2008.12.24. 선고 2007두19584 판결.

240) 대법원 2015.6.11. 선고 2013두1676 판결. 대법원은 입찰실시 후 의약품 도매상들과, 낙찰 받은 도매상이 기존 제약사와 거래를 해오던 다른 도매상에서 낙찰단가대로 의약품을 구매하고 병원에서 대금을 수령하면 그 도매상에게 낙찰단가대로 금액을 송금하기로 합의하고 실행한 사안에 대하여 입찰시장에서의 경쟁을 부당하게 제한하는 행위에 해당한다고 설시하면서, 동 행위가 경쟁제한적 효과 외에 경쟁촉진적 효과도 함께 가져오는 경우에는 양자를 비교·형량하여 경쟁제한성을 가지는지 여부를 판단하여야 한다고 판시하였다.

하여 사업자들이 사전에 합의한 것이 아니라, 입찰실시 후 낙찰자와 다른 사업자들이 관련 상품의 가격에 대하여 합의를 한 결과, 입찰시장에서의 경쟁이 제한된 사안과 관련하여 경쟁제한효과와 경쟁촉진효과를 형량하여 종국적으로 경쟁제한효과를 판단하였다." 2011년 "지하철공사 입찰담합" 판결[241]에서 대법원은 "여러 건설회사가 공동수급체, 이른바 컨소시엄(consortium)을 구성하여 입찰에 참여한 부분에 대하여 당해 카르텔의 경쟁제한성 판단 시 그것이 갖는 실질적인 경쟁촉진효과와 효율성 증대효과 등을 종합적으로 고려하여야 한다."고 하였다.

세 번째의 경우로서, 종래 대법원이 법 제1조의 목적 조항을 근거로 부당성 판단을 한 몇 가지의 예를 살펴보면, 2013년 "Non-DRM 가격담합" 판결[242]에서 대법원은 "공동행위의 부당성은 소비자를 보호함과 아울러 국민경제의 균형 있는 발전을 도모한다는 공정거래법의 궁극적인 목적(제1조) 등에 비추어 당해 공동행위에 의하여 발생될 수 있는 경쟁제한적인 결과와 아울러 당해 공동행위가 경제전반의 효율성에 미치는 영향 등을 비롯한 구체적 효과 등을 종합적으로 고려하여 그 인정여부를 판단하여야 한다."고 판시하였다. 법원은 국민경제적인 차원의 효율성 즉, 불법 음악시장의 양성화를 통한 합법 음악시장의 규모 확대 및 거래 활성화, 음악저작권 보호로 인한 음악시장의 창작 및 투자활성화 효과, 규격표준화에 대하여 검토하였다. 이 경우 법 제1조에 따른 법의 목적을 근거한다고 판시한 부분 외에 실제 부당성 판단에 있어서 다른 판결과 특별한 차이를 보이지 않는다.

그런데 2008년 대법원은 사업자단체 카르텔에 대하여 법 제1조의 목적 조항을 근거로 위법성을 판단하였던 것[243]을 인용하면서, 구법 제19조 제1항(현행법 제40조 제1항)에 반하는 경쟁제한적인 공동행위가 동법 제1조에서 정하고 있는 국민경제의 균형 있는 발전이라는 궁극적인 목적에 반하지 않는 경우에도 위법성이 부인될 수 있다고 판시한 바 있다.[244] 이러한 해석은 개별금지조항에 대하여 일정한 요건 하에만 예외를 허용하고 있는 공정거래법의 체계와 맞지 않을 뿐만 아니라, 경쟁촉진이라는 동법의 직접적인 목적이 아무런 비교형량 없이 법집행기관의 자의적인 판단에

241) 대법원 2011.5.26. 선고 2008도6341 판결.
242) 대법원 2013.11.28. 선고 2012두17773 판결.
243) 대법원 2005.8.19. 선고 2003두9251 판결. 대법원은 기공료에 관한 가격경쟁을 제한함으로써 국민구강보건의 향상에 이바지한다는 점에서 부당성을 부인하였다.
244) 대법원 2008.12.24. 선고 2007두19584 판결.

의하여 형해화(形骸化) 될 수 있다는 점에서 다분히 의문이다. "카르텔에 고유한 비교형량은 법 제40조의 틀 내에서 이루어지는 것이 바람직하며, 이를 위해서는 경쟁제한효과와 다른 국민경제상의 이익이 지극히 예외적으로 경우에 양자를 비교형량한다는 의미에서 '부당성' 여부를 소극적으로나마 고려할 필요가 있을 것이다."[245] 또한 법원이 공정거래법을 해석함에 있어서 산업정책적 판단을 하도록 하여서는 안 되고, 법률에 근거하지 않은 행정지도가 공정거래법의 적용을 배제할 수 있다는 점에서도, 법 제40조의 부당성 판단은 동조의 틀 안에서 해석하는 것이 적절할 것이다.[246]

(2) 우월한 가치의 판단

한편, 경쟁제한효과와 경쟁촉진효과 등을 비교형량 함에 있어서는 어떠한 가치에 더 우위를 두어야 하는지도 비교형량에 중요한 문제가 될 것이다. 카르텔과 같은 경쟁제한적인 수단을 통하여 경제 외적인 목표, 예컨대 국민보건이나 환경보호 등을 추구하는 경우에 양자 간의 관계를 어떻게 파악할 것인지, 경쟁제한과 기타의 공익적 가치가 공정거래법의 해석과정에서 구체적으로 어떻게 비교형량의 대상이 될 수 있는지가 문제된다. 독일에서는 이른바 '공정경쟁규약'이라는 명목으로 담배제조업자들이 광고수단과 내용을 제한하는 약정의 위법성 판단에 관하여 논의가 있었다. 독일 연방대법원은 청소년의 건강을 보호하기 위하여 담배의 TV광고를 제한하기로 하는 협정을 허용하였다.[247] 그렇다고 하여 법원이 건강이라는 가치를 경쟁의 가치보다 당연 우위에 있다고 본 것은 아니다. 다만, 담배광고의 제한이 사실상 소비자의 흡연에 얼마나 영향을 미치는지, TV광고 없이는 시장진입이 거의 불가능한 경우에 이러한 광고제한이 새로운 경쟁사업자에게는 오히려 진입장벽으로 작용할 수 있는지 등에 대해서는 여전히 논쟁의 소지가 적지 않다.

공정거래법은 자유롭고 공정한 경쟁이 시장에서 제대로 작동하게 되면, 소비자를 이롭게 하고 국민경제도 균형 있게 발전할 수 있다는 것을 전제로 한다. "경제질서의 기본인 경쟁을 제한하는 카르텔을 금지하여 경제 전반의 효율성을 제고

245) 이봉의, "질서정책적 과제로서의 경쟁 — 과거와 미래", 경쟁법연구 제23권, 2011, 209면.

246) 이봉의, 앞의 글(2007), 124−125면.

247) WuW/E BGH 143. 담배의 TV광고가 금지된 이후 담배제조업체들이 자신의 웹사이트에서 광고를 하는 방법으로 이를 우회하자, 2017년 10월에 연방대법원은 포털사이트를 비롯한 인터넷 상에서의 광고 또한 허용되지 않는다고 판시하였다. 독일은 유럽연합의 회원국 중에서 담배의 플래카드 광고가 여전히 허용되어 있는 유일한 나라이다.

하는 것이 공정거래법의 근본취지라는 점에 비추어볼 때",[248] 충돌하는 양자의 이익을 형량 함에 있어, 다른 요소가 경쟁이라는 공익에 우선할 수 있는가에 대한 판단이 필요하다. 법 "제40조가 고려하는 다양한 법원리들 중에서 카르텔에 있어서는 경쟁이 다른 가치들보다 우선하는 가치이며, 이들을 비교형량 할 때 경쟁이 아닌 다른 가치들은 경쟁보다 월등한 경우에만 예외적으로 공정거래위원회가 정치적 책임 하에 허용하도록 하고 있다는 것을 알 수 있다."[249]

248) 이봉의, 앞의 글(2012), 140면.
249) 이봉의, 앞의 글(2004), 16-18면.

제 3 절 부당한 공동행위의 유형

Ⅰ. 서 설

공정거래법은 부당한 공동행위의 유형을 10가지로 열거하고 있다. 즉 가격협정, 거래조건협정, 거래제한협정, 시장분할협정, 설비제한협정, 상품이나 용역의 종류 또는 규격제한협정, 회사의 설립, 입찰담합 및 정보교환, 다른 사업자의 사업활동제한을 규정하고 있다. 이러한 방법으로는 예컨대 기술개발, 광고와 판촉활동, 연구와 개발, 선택적인 공급이나 판매에 관한 협정 등 새로운 형태의 부당한 공동행위를 규제하지 못할 우려가 있다.

이와 관련하여 과연 법 제40조 제1항이 이러한 요청에 부합하고 있는지를 살펴보기 위해서는 먼저 두 가지를 따져보지 않으면 안 된다. 하나는 법 제40조 제1항 각호를 '한정적 열거'로 볼 것인지 아니면 '예시적 열거'로 볼 것인지의 여부이고, 다른 하나는 동항 제9호 전단을 카르텔 금지에 관한 일반조항으로 볼 수 있는지의 여부이다. 우선, 학설은 동조를 한정적 열거주의로 보는 견해와[250] 예시적 열거로 보는 견해로 나뉜다. 후자에 따르면, "열거된 공동행위 유형이 모두 카르텔에 해당하는 것은 아니며 상품의 종류 및 규격제한과 같이 카르텔 조장수단에 불과한 것도 있다."는 것이다.[251] 또는 특허의 공동이용, 가격정보의 교환, 공동수집 및 배포 등과 같이 예시되지 않은 행위에 대해서도 공동행위 규정에 따라 금지할 수 있다는 것을 근거로 제시한다.[252] 그런데 동조의 규정 형식상 공동행위에 해당하기 위해서는 법 제40조 제1항 각호의 1에 해당하는 행위를 할 것을 합의하여야 하고, 합의추정을 통한 금지를 위해서도 제1항 각호의 1에 해당하는 행위를 하고 있을 것을 요하고 있기 때문에 동조를 한정적 열거주의로 해석할 수밖에 없을 것이다.

또한 동항 제9호는 동항 제1호부터 제8호까지의 행위가 아닌 행위를 규율하기 위하여 마련한 것인데, 이를 포괄규정으로 설명하는 견해와,[253] 부당한 공동행위가

250) 권오승(제13판), 302면; 정호열(제6판), 305면.

251) 신현윤(제8판), 257면; 이기종, "독점금지법상의 카르텔 규제에 관한 연구", 연세대학교 박사학위논문, 1993, 140면.

252) 양명조(제8판), 182면.

중대한 형사범죄를 구성한다는 점에서 예시주의적 해석은 한계가 있다는 견해[254]로 나뉜다. 그런데 그 내용이 다소 추상적이기는 하나 '다른 사업자의 사업활동 또는 사업내용을 방해하거나 제한할 것'을 요구하고 있기 때문에 참가사업자들 간의 협력을 위한 합의로서 그 자체가 다른 사업자의 사업활동 등을 방해 내지 제한하지 않는 경우에는 해당되지 않고, 그 결과 이를 공동행위에 관한 일반조항으로 보기에는 무리가 있다. 따라서 전술한 바와 같이 법 제40조 제1항의 규정형식을 포괄적으로 전환하는 필요성이 인정된다고 할 것이다.

외국의 입법례를 살펴보면, 유럽, 미국이나 독일, 일본[255]의 경우 공동행위에 관한 포괄적인 일반조항(Generalklausel)을 두고 있다. 예를 들어, 유럽기능조약 제101조 제1항은 일반조항과 함께 가격고정, 생산량제한, 시장분할 등 몇 가지 대표적인 행위유형을 예시적으로 열거하고 있다. 일반조항을 둘 경우 많은 불특정개념과 폭넓은 요건의 해석의 문제가 발생하여 법적 안정성(Rechtssicherheit)이 저해될 우려가 있다.

그럼에도 불구하고, 입법론으로서는 경쟁을 제한하는 공동행위를 원칙적으로 금지한다는 취지의 일반조항을 두고, 예외적으로 허용되는 공동행위의 유형을 열거하여 규정하는 것이 바람직할 것이다. 열거규정(列擧規定)은 법 시행초기에 이러한 법위반행위를 명시함으로서 수범자의 위법행위를 방지하려는 목적에서 비롯하였다고 볼 수 있는데,[256] 법 시행 후 30여년이 지난 현재로서는 그러한 차원을 넘어 공동의 연구개발이나 수출입카르텔, 특허풀 등 다양하고 복잡하게 이루어지는 공동행위를 빠짐없이 규제할 수 있는 포괄적인 규정형식의 도입이 요청된다고 할 것이다.[257]

이하에서는 공동행위의 다양한 유형들을 임의로 법 제40조 제1항이 열거하고 있는 행위와 열거하고 있지 않은 행위에 대하여, 그 개념과 관련 판례를 중심으로 구체적으로 살펴보고자 한다.

---

253) 권오승(제13판), 302면; 신현윤(제8판), 257면.

254) 정호열(제6판), 305－306면.

255) 일본 사적독점금지법 제2조 제6호는 '부당한 거래제한'을 정의하면서, 대가의 결정이나 유지·인상, 수량이나 기술, 제품, 설비 내지 거래상대방제한 등을 예시하는 정도에 그치고 있다.

256) 양명조(제8판), 182면.

257) 권오승(제13판), 302면; 신동권(제3판), 557면.

Ⅱ. 법에 열거된 행위

1. 가격협정

가격협정이라 함은 사업자가 다른 사업자와 공동으로 상품이나 용역의 가격을 결정·유지 또는 변경하는 행위를 말한다(법 제40조 제1항 제1호). 시장경제체제에서 상품이나 용역의 가격은 수요와 공급의 원리에 따라서 자유롭게 정해지게 된다. 그런데 사업자들이 공동으로 상품이나 용역의 가격을 인위적으로 결정하게 되면, 이는 공정거래법상 금지된다. 이는 가장 전형적인 공동행위로서, 공동행위의 모든 참가자에게 직접적으로 이익이 되는 경우가 많다.[258)]

심사기준에 따르면, '가격'이란 사업자가 거래의 상대방에게 상품 또는 용역을 제공하고 반대급부로 받는 일체의 경제적 대가를 의미하며, 권고가격, 기준가격, 표준가격, 수수료, 임대료, 이자 등 명칭 여하를 불문한다. 대법원은 "구법 제19조 제1항 제1호에서 말하는 '가격'은 사업자가 제공하는 상품 또는 용역의 대가, 즉 사업자가 거래의 상대방으로부터 반대급부로 받는 일체의 경제적 이익을 가리키는 것으로, 당해 상품이나 용역의 특성, 거래내용 및 방식 등에 비추어 거래의 상대방이 상품 또는 용역의 대가로서 사업자에게 현실적으로 지급하여야 하는 것이라면 그 명칭에 구애됨이 없이 당해 상품 또는 용역의 가격에 포함된다 할 것이다."라고 판시한 바 있다.[259)] 반면, 대법원은 사업자들이 협의나 정보교환을 통하여 실제로 지급받는 대가가 아니라 관련 법령에 따라 행정기관에 신고하여야 하는 가격, 이른바 신고가격을 결정한 사안에서 신고가격에 관한 공동행위의 성립을 인정한 바 있다.[260)]

가격협정의 방법으로서는 최저 또는 최고가격[261)]을 정하거나 현행가격의 유지[262)]하기로 하는 확정가격을 정하는 방법과, 인상률을 정하는 방법, 표준품목의

258) 권오승(제13판), 296면.

259) 대법원 2001.5.8. 선고 2000두10212 판결.

260) 대법원 2017.3.30. 선고 2015두46666 판결.

261) Kieger-Stewart Co. v. Joseph E. Seagram & Sons, 340 U.S. 211(1951); 권오승(제13판), 297면은 최고가격제의 경우 가격 인상에 제한을 둔다는 점에서 소비자에게 일응 유리할 수도 있지만, 실제로는 가격고정의 효과를 낳고 자원의 비효율적 배분을 야기하므로, 이를 금지해야 한다고 한다.

262) 대법원 2012.1.27. 선고 2010두24227 판결. 이는 연질폴리우레탄폼(Flexible Polyurethane Foam)을 제조·판매하는 갑 주식회사 등 8개 회사가 10여 차례에 걸쳐 FPF 제품의 가격인상·유지 및 거래

가격을 정하는 방법, 재판매가격을 정하는 방법, 가격할인율,[263] 리베이트(rebate)율이나 마진율을 정하는 방법, 운송비와 같은 부대비용을 정하여 가격구성요소에 합의하는 방법[264] 등이 있다.[265] 대법원은 "가격결정 등에 관한 공동행위에는 '할인율 등 가격의 구성요소에 관하여 그 수준이나 한도를 정하는 행위'가 포함되는 한편, 경쟁관계에 있는 상품을 제조·판매하는 사업자들이 '각자 대리점 등 유통업자들에게 영향력을 행사하여 그들이 소비자에게서 받는 판매가격을 결정·유지 또는 변경하는 행위'를 할 것을 합의한 것도 포함된다고 보는 것이 타당하다."고 판시하였다.[266] 또한 대법원은 공장도가격도 실제거래가격의 기준이 되는 가격이라는 점에서,[267] 신용카드업에서 현금서비스수수료, 할부수수료, 수수료에 대한 이행기 이후 지연손해금, 연체이자율도 소비자가 부담하게 되는 금원인 점에서,[268] 가격에 해당한다고 판시하였다.[269]

2. 거래조건협정

거래조건협정이라 함은 사업자가 다른 사업자와 공동으로 상품 또는 용역의 거래조건이나, 그 대금 또는 대가의 지급조건을 정하는 행위를 말한다(법 제40조 제1항 제2호). 구 심사기준[270]에 따르면, '거래조건'이란 상품 또는 용역의 품질, 거래의 장소, 거래의 방법, 운송조건 등과 같이 상품 또는 용역의 거래와 관련된 조건을 의미한다. 또한 '대금 또는 대가의 지급 조건'이란 지급 수단, 지급 방법, 지급 기간 등과 같이 대금 또는 대가의 지급과 관련된 조건을 의미한다. 그러나 '거래의 조건'

제한에 관하여 한 일련의 합의가 문제된 사건이다.

263) 대법원 2013.10.11. 선고 2012두7103 판결. 이는 기준가격표를 공동으로 작성하고 가격할인율을 합의한 사건이다.

264) 대법원 2001.5.8. 선고 2000두7872 판결. 대법원은 "사업자들 사이에 석도강판의 운송을 사업자가 담당하여 판매할 때에는 거래처까지의 실제 운송거리에 상관없이 사업자들 중 가장 가까운 생산공장과 거래처 간의 거리에 해당하는 협정 운송비를 징수하기로 하는 운송비 합의를 한 경우, 석도강판의 가격은 판매가격과 운송비를 합한 인도가격이고, 따라서 이러한 운송비 합의는 석도강판의 가격을 사업자들의 의도대로 결정하는 행위"로서 부당한 공동행위에 해당한다고 보았다.

265) 권오승(제13판), 297면; 대법원 2008.4.24. 선고 2007두2944 판결.

266) 대법원 2011.9.8. 선고 2010두344 판결.

267) 대법원 2002.5.28. 선고 2000두1386 판결.

268) 대법원 2006.9.22. 선고 2004두7184 판결.

269) 정호열(제6판), 332−333면.

270) 공정거래위원회 예규 제235호, 2015.10.23. 개정.

은 경쟁변수로 보기 어렵고 '거래의 방법'이 포괄적 개념이어서 실무상 유용성이 떨어진다는 비판을 반영하여, 현행 심사기준은 "판매장려금, 출하장려금, 위탁수수료, 무료 상품·서비스 제공 여부, 특정 유형의 소비자에 대한 상품서비스 공급방식, 운송조건"으로 거래조건 협정의 예시를 구체화하였다.

거래조건 협정은 가격 외에 일정한 거래조건에 관한 것으로서,[271] 끼워팔기 또는 특별할인이나 리베이트와 같은 판매조건을 부여하는 것도 이에 해당할 수 있다. 이는 "거대한 기업에 대항하기 위하여 중소기업자들이 체결하는 거래조건협정과 같이 경쟁제한적인 효과가 그다지 크지 않은 합리적인 것도 있을 수 있으나, 이러한 거래조건협정이 가격결정에 영향을 미치는 경우에는 부당한 공동행위로서 금지된다."[272]

대법원은 2013년 "Non-DRM 거래조건 담합" 판결[273]에서 "월 정액제 Non-DRM 상품에 음원을 공급하되 곡수 무제한 상품에는 공급하지 않고 월 40곡 5,000원, 월 150곡 9,000원 상품에만 음원을 공급하기로 합의한 행위는 Non- DRM 상품이 단 두 종류로 제한됨으로써 상품의 거래조건을 통한 경쟁이 제한되고 소비자의 선택가능성이 제한된 것"이라고 판단하였다. 2006년 "손해보험회사 담합" 판결[274]에서 대법원은 원고 손해보험회사들이 무료로 제공하던 5개 주요 긴급출동 서비스 중 긴급견인 및 비상급유 서비스, 또한 나머지 배터리 충전, 타이어 교체, 잠금장치 해제 서비스를 순차적으로 폐지하고, 이후 긴급출동 서비스를 특약 상품으로 만들어 유료화한 행위에 대하여, 거래조건협정에 해당한다고 보았다.

3. 거래제한협정

거래제한협정이라 함은, 상품의 생산·출고·수송 또는 거래의 제한이나 용역의 거래를 제한하는 행위를 말한다(법 제40조 제1항 제3호). 심사기준에 따르면, 상품 또는 용역의 거래에서 생산량, 판매량, 출고량, 거래량, 수송량 등을 일정한 수준 또는 비율로 제한하거나 사업자별로 할당하는 행위가 포함된다. 가동률, 가동시간, 원료구입 여부 또는 비율 등을 제한함으로써 실질적으로 생산·출고·수송을 제한

271) 정호열(제6판), 335면.
272) 권오승(제13판), 298면.
273) 대법원 2013.11.14. 선고 2012두19298 판결.
274) 대법원 2006.11.23. 선고 2004두8323 판결.

하는 행위도 포함된다.

공동의 출고조절은 각 사업자의 생산량이나 판매량을 일정 수준으로 제한하거나 일정 비율로 감축시킴으로써 가격을 유지하거나 인상하려는 것인데, 가격협정에 비하여 참가사업의 이익이 일치하기 어렵고 가격에 미치는 영향도 간접적이기 때문에, 가격담합보다 성립하기가 다소 어려울 뿐만 아니라, 일단 성립한 후에도 담합을 유지하기가 용이하지 않다는 특징을 갖는다.[275]

이러한 협정의 주체는 주로 생산자나 제조업자이지만, 유통사업자도 원재료의 구매물량을 할당하고 통제함으로써 이러한 협정을 할 수 있다. 전자의 예로 석유수출국기구(이른바 OPEC)를 들 수 있는데, 동 기구는 국제석유시장에서의 공급을 제한하기 위하여 설립되어 국제유가를 일정수준으로 유지하는데 주도적인 역할을 하고 있다. 그러나 공급제한은 수급에 직접 영향을 미치게 되므로, 가격협정을 수반하지 않더라도 부당한 공동행위로서 규제를 받게 된다. 후자의 경우, 1994년 제4차 법개정[276]을 통하여 '상품의 판매나 용역의 제공'이라는 표현을 '상품이나 용역의 거래'로 변경함으로써 이 규정의 적용이 가능하게 되었다.[277]

대법원은 2011년 "설탕 담합" 판결[278]에서 사업자들이 향후 계속적으로 상품의 생산·출고 등을 제한하기로 하면서 그에 관한 일정한 기준을 정하고 이를 실행하기 위하여 계속적인 회합을 가진 것에 대하여 거래제한협정에 해당한다고 판시하였다. 2002년에 대법원은 제강 4사가 국내 고철 사용비율을 57%로 제한한 행위를 거래제한 합의로 판단하였다.[279] 2001년 "석도강판 담합" 판결[280]에서 대법원은 "시장점유율 합의는 시장에서의 극심한 경쟁으로 인하여 결코 지켜질 수 없으므로 구법 제19조 제1항에서 말하는 합의에 해당하지 않는다는 원고의 주장에 대하여, 이는 석도강판의 생산·출고 또는 거래를 제한하는 행위로서 국내 석도강판 거래분야에서의 경쟁을 실질적으로 제한하는 구법 제19조 제1항 제3호의 부당한 공동행위에 해당한다."고 판시하였다. 1992년에도 대법원은 6개 출판사가 고등학교 영어자습서 등의 생산, 판매에 관한 공동사업 약정서를 작성하고 판매 포장 및 운송, 유

275) 권오승(제13판), 298면.
276) 1994.12.22. 개정, 법률 제4790호.
277) 정호열(제6판), 336면.
278) 대법원 2011.7.28. 선고 2008도5757 판결.
279) 대법원 2002.7.12. 선고 2000두10311 판결.
280) 대법원 2001.5.8. 선고 2000두10212 판결.

통업자와의 판매계약에 관하여 합의한 행위를 구법 제19조 제1항 제3호에 해당한다고 보았다.[281)]

4. 시장분할협정

시장분할협정이라 함은, 사업자가 다른 사업자와 공동으로 거래지역 또는 거래상대방을 제한하는 행위를 말한다(법 제40조 제1항 제4호). 사업자별로 거래지역을 정하는 행위, 특정 지역에서는 거래하지 않도록 하거나 특정 지역에서만 거래하도록 하는 행위 등과 같이 거래지역을 제한하는 행위가 포함된다. 사업자별로 거래상대방을 정하는 행위, 특정사업자와는 거래하지 않도록 하거나 특정사업자와만 거래하도록 하는 행위 등과 같이 거래상대방을 제한하는 행위도 마찬가지이다.

대표적으로 "GSK" 판결[282)]에서 제약사인 글락소-스미스-클라인(GSK)이 복제약을 생산·판매하는 동아제약에게 자신이 특허권을 보유하고 있던 항구토제 조프란의 국내 공동판매권과 발트렉스 국내 독점판매권, 통상적인 관행을 넘어서는 높은 수준의 현금 인센티브 등의 경제적 이익을 제공하고, 그 대신 동아제약이 복제약인 온다론의 생산 및 판매를 중단하기로 합의한 것이 결과적으로 국내 항구토제시장 전체가 GSK에게 할당되고 아울러 동아제약에게는 국내 항구토제시장에서 거래를 제한한다는 측면에서 거래지역·거래상대방을 제한하는 합의로 인정된 바 있다. 또한 SK 건설 등 6개사의 "서울지하철 7호선 입찰담합" 판결에 대하여 2009년 대법원은 이들이 공구를 분할하여 1개의 공구에 각자 참여하기로 한 행위는 구법 제19조 제1항 제4호에 해당한다고 판시한 바 있다.[283)] 시장분할협정에는 경쟁사업자와 신규거래를 금지하거나 고객등록제에 의하여 거래처의 고정화를 도모하는 거래처고정카르텔이나, 수주자를 담합으로 결정하는 수주조정카르텔, 또는 공동의 판매기구를 설치하는 공동판매카르텔 등이 있다.

심사기준은 경쟁관계에 있는 사업자 간에 거래지역 또는 거래상대방을 제한·할당하는 행위에 대하여 공동행위의 성격상 경쟁제한효과만 발생시키는 것이 명백한 경우로서, "소비자의 선택가능성을 제한하고 사업자 간 경쟁을 감소시켜 결국 가격 상승이나 산출량 제한을 초래한다."고 보고 있다. 이와 달리 대법원은 공동행

281) 대법원 1992.11.13. 선고 92누8040 판결.

282) 공정거래위원회 2011.12.23. 의결 제2011-300호.

283) 대법원 2009.1.30. 선고 2008두21812 판결.

위의 특정한 유형에 따라 위법성 판단기준을 달리하지 않고 있다.

한편, 시장분할협정 외에 가격이나 생산량 등에 관해서도 함께 합의가 이루어졌다면, 문제의 합의에 대한 경쟁제한성이나 부당성 판단은 달라진다. “시장분할협정 자체는 가격수준을 직접 좌우하는 것이 아니기 때문에 경쟁제한적인 효과가 약하며, 가격협정의 보조수단으로 사용되는 경우가 많다. 그런데 제재 등을 수반하는 경우, 시장의 개방성을 부당하게 제약하게 될 수 있다.” 대법원은 “시외전화요금 담합” 판결[284]에서 “2004년 합의를 통하여 주로 논의된 것이 시외전화 사전선택제와 관련된 사항들이었다고 하더라도, 문제의 합의는 시외전화 요금부분에 한정되지 않고, 시외전화 사전선택제 가입자 수 분할 및 상호협력에 의한 시장분할 합의, 번들상품 금지에 따른 상품의 종류제한 합의 등 시외전화 전체 시장의 경쟁(시외전화 사전선택제 가입자 유치활동 및 가입자 수에 관함)에 직접적인 영향을 미치는 사항까지 포함되어 있는 점”을 관련매출액 산정 시 고려하였다.

5. 설비제한협정

설비제한협정이라 함은, 한 사업자가 다른 사업자와 공동으로 상품의 생산 또는 용역의 제공을 위한 설비의 신설 또는 증설이나 장비의 도입을 제한하는 행위를 말한다(법 제40조 제1항 제5호). 심사기준에 따르면, “업계 전체 또는 개별 사업자별로 설비 총량 또는 신·증설 규모를 정하는 행위, 특정한 장비 도입을 제한하거나 또는 유도하는 행위 등이 포함된다.” 이러한 협정은 투자조정카르텔로서, 생산량이나 판매량을 직접 제한하지 않고 가까운 장래의 수요에 충분한 공급을 가능케 한다면 부당하지 않고, 과잉설비를 폐기하는 경우에도 그러하다.[285]

6. 종류·규격제한협정

상품이나 용역의 종류·규격제한협정이라 함은, 사업자가 다른 사업자와 공동으로 상품의 생산 또는 거래 시에 그 상품 또는 용역의 종류 또는 규격을 제한하는 행위를 말한다(법 제40조 제1항 제6호). 심사기준에 따르면, 특정 종류 또는 규격의 상품 또는 용역을 생산 또는 거래하지 않도록 하는 행위, 사업자별로 상품 또는 용역

284) 대법원 2008.12.24. 선고 2007두19584 판결.
285) 권오승(제13판), 299면.

의 종류 또는 규격을 할당하는 행위, 새로운 종류 또는 규격의 상품 또는 용역의 생산 또는 공급을 제한하는 행위가 포함된다. 대법원 판결을 살펴보면, 대법원은 요금 경쟁을 자제하기 위해 번들상품을 출시하지 않기로 한 합의의 경우[286]와 입찰에 참가하면서 기계설비분야에 특정한 공법 및 설비를 적용하지 않기로 한 행위가 구법 제19조 제1항 제6호에 해당한다고 보았다.[287] 상품이나 용역의 종류·규격 제한협정은 새로운 또는 다른 규격의 상품의 공급을 제한하거나 상품이 표준화되어 있는 경우 외국 사업자의 공급을 제한하는 경우에는 금지될 수 있고, 다만, 이러한 합의가 가격을 유지하기 위한 것이 아니라, 경쟁을 합리화하는데 기여한다면 허용될 수 있다.[288]

7. 회사의 설립

회사의 설립이란 영업의 주요부문을 공동으로 수행·관리하거나 수행·관리하기 위한 회사 등을 설립하는 행위(법 제40조 제1항 제7호)를 말한다. 심사기준에 따르면, 상품 또는 용역의 생산, 판매, 거래, 원자재의 구매, 기타 영업의 주요 부분을 공동으로 수행하거나 관리하는 행위, 이를 위해 회사 등을, 소위 '합작기업'을 설립하는 행위가 포함된다. 예컨대 상호경쟁관계에 있는 다수의 사업자들이 상품 또는 서비스의 공동판매 또는 원자재의 공동구입을 위한 회사를 설립하는 경우가 이에 해당한다. 전자의 경우를 이른바 신디케이트(syndicate)라고 한다. 제7호는 회사 등의 설립이라고 명정하고 있기 때문에, 조합이나 법인격 없는 사단 등 조직의 형태를 묻지 않는 반면, 회사 등 조직의 설립을 수반하지 않고 이루어지는 영업의 공동수행을 위한 합의는 적어도 제7호의 적용을 받지 않는다. 또한 제7호는 회사설립 그 자체가 부당한 공동행위로서 규제되는 경우를 말하며, 영업을 공동으로 수행하기 위하여 설립한 회사가 그 후 가격결정이나 시장분할 등의 행위를 하는 경우에는 법 제40조 제1항 제1호나 제2호가 별도로 적용될 수 있다.

한편, 회사의 설립은 개념상 기업결합과의 구별이 모호하게 되어 있다. 예컨대 공동판매를 위하여 경쟁관계에 있는 회사들이 공동으로 회사를 설립하는 경우, 이를 공동행위로 볼 것인지, 아니면 기업결합으로 볼 것인지가 문제가 있다. 학설은

286) 대법원 2008.10.23. 선고 2007두2586 판결.
287) 대법원 2007.9.20. 선고 2005두15137 판결.
288) 권오승(제13판), 299면.

합작기업을 둘로 나누어 보려는 견해와 그렇지 않은 견해로 나뉜다. 전자의 경우를 살펴보면, 위법성 심사와 관련하여 "카르텔의 경우는 생산 기타 영업활동에 대한 공동관계를 통한 부당한 경쟁제한을 문제 삼고, 기업결합의 경우 합작기업에 의해 시장진입포기가 이루어지고 실질적인 경쟁제한을 문제 삼는 것"이라는 견해가 있다.[289] 유럽의 합병규칙[290]의 예를 참고하여 일반적으로 새로 설립된 회사가 독립성을 갖고 주체적인 사업활동을 할 수 있도록 의사결정이 가능한 경우에는 기업결합의 조인트벤처(joint venture) 법리로서 규율하고, 그렇지 않은 경우에는 부당한 공동행위로 금지해야 한다는 견해도 있는데,[291] 이는 합작기업이 경쟁에 미치는 효과를 개별 금지요건과 관련하여 체계적으로 합목적적으로 파악하기 위한 수단으로 이해할 수 있을 것이다.[292]

생각건대, 합작회사의 설립을 기업결합인지, 아니면 공동행위인지에 따라 달리 취급할 경우에는 법적 안정성이 크게 저해될 수 있다. 합작기업의 설립은 본질적으로 기업조직 내지 지배구조의 근본적인 변화를 초래한다는 점에서 기업결합의 관점에서 파악하되, 설립 후 참가회사들 사이에 야기될 수 있는 공동행위의 가능성을 경쟁제한성 심사에 함께 고려하는 방법이 타당할 것이다.[293]

8. 입찰담합

가. 의의 및 현황

입찰담합(入札談合; bid rigging)은 1980년 법제정 당시에는 규정되지 않다가, 그 심각성이 부각되면서 1996년 제5차 법개정[294]으로 법 제19조 제1항 제8호(현행법 제40조 제1항 제8호)로 금지되었다. 그에 따라 2 이상의 사업자가 입찰 또는 경매에 있

289) 양명조(제8판), 216-217면; 정호열(제6판), 361면.

290) Council Regulation (EC) No 139/2004 of 20 January 2004 on the control of concentrations between undertakings (the EC Merger Regulation) (Text with EEA relevance).

291) 권오승(제13판), 300면. 이와 유사한 견해는 신동권(제3판), 547면 또는 오승한, "공동행위의 경쟁제한성 입증", 공정거래법의 쟁점과 과제, 서울대학교 경쟁법센터, 2010, 158면 등.

292) 이봉의, "합작기업의 경쟁법적 고찰", 경쟁법연구 제7권, 2001, 69면.

293) 이봉의, 위의 글(2001), 69면.

294) 1996.12.30. 개정, 법률 제5235호. 구법에서는 '다른 사업자의 사업활동이나 사업내용을 방해하거나 제한하는 행위'를 금지하였는데, 법개정으로 '기타 다른 사업자의 사업활동 또는 사업내용을 방해하거나 제한함으로써 일정한 거래분야에서 경쟁을 실질적으로 제한하는 행위'를 금지하게 되었다.

어서 낙찰자, 경락자, 투찰가격, 낙찰가격 또는 경락가격 등의 사항을 합의하는 행위로서 부당하게 경쟁을 제한하는 경우에는 금지된다. 종래 입찰담합에서는 대체로 응찰가격을 합의하는 것이 문제되었으나,[295] 그 밖에 흔히 들러리입찰로 알려진 바와 같이 낙찰자나 경락자(競落者)를 사전에 정하는 경우도 적지 않게 적발되었다. 그런데 과거에는 입찰과정에서 나타나는 다양한 합의의 내용을 토대로 기존의 부당한 공동행위 유형 중에서 해당 입찰담합을 어느 것으로 분류할 것인지에 대하여 적지 않은 혼선이 있었다. 예를 들어, 단순히 투찰가격을 합의하거나 경락자를 사전에 정하는 행위가 부당한 공동행위 유형 중 어느 것에 해당하는지를 특정하기가 용이하지 않았다. 그 결과, 2007년의 제14차 법개정[296]을 통하여 입찰담합은 부당한 공동행위의 한 유형으로 추가되었다.

그 후 공정거래위원회가 적발하여 시정한 담합 중에서 입찰담합의 비중은 꾸준히 증가하여 아래 표에서 알 수 있는 바와 같이 2014년 이후에는 그 비중이 평균 60%를 상회하고 있고, 2017~2019년에는 70%를 넘어서고 있다.

공동행위 유형별 시정실적 중 입찰담합의 비중[297]

(단위 : 건, %)

연도	'09	'10	'11	'12	'13	'14	'15	'16	'17	'18	'19
전체	61	62	72	41	45	76	88	64	69	157	77
입찰담합	21	30	34	14	22	51	66	39	50	138	56
비율	34.4	48.3	47.2	34.1	48.8	67.1	75.0	60.9	72.4	87.9	72,7

공정거래법 제40조 제1항 제8호에 따르면 사업자는 계약·협정·결의 기타 어떠한 방법으로도 다른 사업자와 공동으로 부당하게 경쟁을 제한하는 행위로서 입

295) 송은지, "입찰담합 규제제도의 현황과 정책방향", 산업조직연구 제23권 제2호, 2015, 218−219면. 1998년 1월 1일부터 2012년 12월 31일까지 15년간 '공정거래위원회로부터 시정명령이나 과징금 명령을 받은 입찰담합 사건의 수는 170건으로 1년 평균 약 11.33건이 발생하였다. 이 중 제조업의 경우는 64건(약 37.64%), 건설업의 경우에는 41건(약 24.11%)을 차지하였다.

296) 2007.8.3. 개정, 법률 제8631호. 법개정을 통해 '입찰 또는 경매에 있어 낙찰자, 경락자(競落者), 투찰(投札)가격, 낙찰가격 또는 경락가격, 그 밖에 대통령령으로 정하는 사항을 결정하는 행위'를 부당한 공동행위의 한 유형으로 금지하게 되었다.

297) 공정거래위원회, 공정거래백서, 2020, 151면.

찰 또는 경매에 있어 낙찰자, 경락자, 입찰가격, 낙찰가격 또는 경락가격, 그 밖에 '대통령령으로 정하는 사항'을 결정하는 행위를 할 것을 합의하거나 다른 사업자로 하여금 이를 행하도록 하여서는 안 되며, 대통령령은 경매·입찰담합의 유형으로 ① 낙찰 또는 경락의 비율, ② 설계 또는 시공의 방법, ③ 그 밖에 입찰 또는 경매의 경쟁 요소가 되는 사항 어느 하나를 말한다고 규정하고 있다(영 제44조 제1항). 이처럼 공정거래법은 입찰담합에 대해서도 부당한 공동행위의 다른 유형과 마찬가지로 '합의의 내용'을 중심으로 그 개념을 정의하고 있다.

나. 입찰담합의 전형적 폐해

경쟁 입찰방식은 가격 대비 더 좋은 급부를 제공하는 사업자를 선정하고자 고안된 공정하고 효율적인 시스템이라고 할 수 있다.[298] 사업자들은 입찰에 참가함에 있어서 서로 경쟁하지 않기로 합의함으로써 여러 가지 부당한 이익을 얻을 수 있게 된다. 그 결과 입찰담합은 사업자 사이의 경쟁을 왜곡하고, 발주자에게 피해를 주며, 납품되는 상품이나 서비스의 가격을 인상시키거나 품질을 저하시키는 등[299] 결과적으로 독점 내지 단독입찰과 유사한 폐해를 야기할 수 있다.[300] 뿐만 아니라 입찰담합은 공공분야와 건설업 및 제조업 분야에서 발주되는 대규모 공사에서 종종 행해짐에 따라,[301] 국고에도 막대한 피해를 야기하였다. 입찰의 응찰자인 사업자들 간의 담합은 가격경쟁을 저해할 뿐만 아니라 궁극적으로 예산의 낭비, 부실공사 및 국민후생의 감소라는 부정적인 효과가 있기 때문에, 이를 엄격히 규제할 필요가 있다.

우리나라에서 적발된 입찰담합은 건수 면에서 민간입찰에 비하여 조달청 등이 주도하는 공공입찰의 경우에 훨씬 많은 것으로 알려져 있다. 그 원인을 정확하게 파악하는 것은 입찰담합을 실효적 억지라는 관점에서 매우 중요함에도 불구하고 그간 세부적인 논의가 거의 이루어지지 못하였다. 정부나 공공기관의 조달비용 절감 차원에서 경쟁 입찰 및 최저가입찰이 확대되는 것과 동시에 사업자들의 경쟁은

298) 홍명수, "공정거래법상 입찰담합 규제와 공정거래위원회의 역할", 법학논고 제30집, 2009, 69-70면.
299) 이봉의, 앞의 글(2015), 12면.
300) 다른 한편으로 공공분야에서 이루어지는 입찰담합은 국가 및 지자체의 재정을 낭비하고, 공무원들의 부정부패를 야기하는 문제를 야기한다. 송정원, "OECD의 입찰담합 방지 가이드라인과 확산 시책", 경쟁저널 제151호, 2010, 50면.
301) 김영덕·손태홍·박용석, "최근 공공공사 입찰담합의 주요 쟁점과 정책적 대응 방향", 한국건설산업연구원 ISSUE FOCUS, 2015, 4면.

더욱 치열해지고 그 결과 공급비용 내지 원가상승을 적절히 입찰가격에 반영할 수 없다는 점이 주요 원인 중 하나로 제기된다. 이러한 상황에서 사업자들은 나름 생존전략의 하나이자 선택이 아닌 필수로 입찰담합을 하게 되는 경우가 적지 않게 될 것이다.

다. 입찰담합의 경쟁제한성

공정거래위원회는 낙찰예정순위나 투찰가격 등을 합의한 입찰담합의 경쟁제한성을 폭넓게 인정하면서 대체로 다음과 같은 근거를 제시하고 있다.

① 입찰담합은 그 성격상 주로 경쟁을 제한하는 효과만 있는 공동행위에 해당한다.

② 사업자들이 경쟁 회피를 통해 공급가격 하락 등을 방지하기 위한 목적으로 행해진 것으로서 이를 통해 정상적인 경쟁상황에서 발생할 수 있는 손실을 최소화한다.

③ 참가사업자들이 모두 낙찰을 받을 수 있는 구조적 특징이 있다 하더라도 공동행위가 없었다면 이들 간의 가격경쟁에 의해 더 낮은 가격으로 투찰되고 낙찰되었을 것이므로 결국 참가사업자들이 경제적 이익을 취득한 것이다.

④ 입찰담합으로 가격 등의 경쟁이 소멸하여 입찰참가자들 간의 가격경쟁을 통하여 거래상대방, 거래조건 등을 결정하고자 한 경쟁 입찰제도의 취지를 사실상 무력화시키고 발주처의 이익을 침해하거나 침해할 우려가 있는 상태를 초래한다.

다만, 여기서 합의는 어떠한 거래분야나 특정한 입찰에 참여하는 모든 사업자들 사이에서 이루어질 필요는 없고, 설사 일부의 사업자들 사이에서만 이루어진 경우에도 그것이 경쟁을 제한하는 행위로 평가되는 한 부당한 공동행위가 성립한다.[302)]

라. 입찰담합의 적발상 난점

여타의 담합과 마찬가지로 입찰담합 또한 이를 적발하거나 합의를 입증하기가 기술적으로 매우 어렵다. 특히, 입찰의 경우 절차의 복잡성과 은밀성으로 인하여 입찰을 주관하는 기관이 아니고서는 담합을 포착하기가 사실상 불가능에 가깝기 때문에, 조달기관과 공정거래위원회 사이에 긴밀한 협조가 필수적이다.[303)] 또한 조

302) 대법원 1999.2.23. 선고 98두15849 판결.

303) 미국에서는 41 U.S.C. 253b (i) 및 10 U.S.C. 2305 (b) 9에서 입찰담당기관이 담합혐의가 있는 응찰을 접한 경우에는 이를 검찰총장(Attorney General)에게 보고할 의무를 규정하고 있다.

달시장에서 공정하고 자유로운 경쟁을 보호하려면 비단 입찰담합만을 규제하는 것으로는 턱없이 미흡하다. 이를 방지하기 위해서는 조달시장에 대한 현황 및 담합의 유인 등을 실증적으로 분석할 필요가 있으며, 제도적으로 입찰과정이 투명하게 이루어질 수 있는 장치를 마련하는 것이 중요하다.[304)]

입찰담합의 유형은 크게 입찰의 '발주자'와 '낙찰자', '입찰담합의 방식'에 따라 구분할 수 있다. 즉, 입찰의 발주자가 누구인가에 따라 공공입찰과 민간입찰[305)]로 나눌 수 있고, 전자의 경우 국가나 공공기관이 발주자인 경우를 의미한다. 입찰담합은 낙찰자를 기준으로 단독입찰과 공동입찰로 나눌 수도 있다. 공동입찰은 '공동의 목적을 성취하기 위하여 공동의 활동에 참여하거나 그들의 자원을 공동으로 이용하기 위하여 합작투자(joint venture)의 방식으로 컨소시엄(consortium)을 구성하여 입찰에 참여하는 것'을 말한다.[306)] 이러한 컨소시엄의 구성은 입찰에 참여하는 경쟁사업자의 수를 감소시킬 수 있고, 주로 초대형 공공입찰에서 이루어지는 경우가 많기 때문에 그 폐해가 클 수밖에 없다.[307)] 그런데 이러한 유형 구분은 입찰담합이라기보다는 입찰의 유형에 해당하고, 입찰담합의 경쟁제한성이나 부당성을 판단함에 있어서 유의미한 시사점을 제공하기 어렵다.

한편, 실무에서 입찰담합은 공동의 응찰(collusive bidding), 선도가격의 설정(follow the leader pricing), 순환적인 저가응찰(rotated low bids), 공동의 입찰가격평가시스템(collusive price estimating systems) 또는 거래정보의 공유(sharing of the business transactions) 등 다양한 형태로 나타난다.[308)] 입찰담합은 이른바 경성카르텔에 해당

---

304) 독일에서는 1998년 제6차 개정된 경쟁제한방지법이 신설된 제4장에 공공조달에 관한 상세한 규정을 두고 있는 점이 주목할 만하다. 정부조달에서도 자유롭고 공정한 경쟁을 보호하려는 취지에서 경쟁제한방지법은 정부조달의 공정성과 투명성을 보장하며, 연방카르텔청은 그 안에 설치된 공공조달심결부(Vergabekammer)를 통하여 중앙 및 지방정부 등이 체결한 정부조달계약에 대한 심사를 담당하고 있다. 일본에서는 '입찰담합등 관여행위의 배제 및 방지와 직원의 입찰공정저해행위의 처벌에 관한 법률'(入札談合等関与行為の排除及び防止並びに職員による入札等の公正を害すべき行為の処罰に関する法律)을 마련하여, 무엇보다 공무원이 입찰담합에 관여한 경우에 시정조치와 당해 공무원의 징계 등을 규정하고 있다.

305) 송은지, 앞의 글, 220면. 1998년 1월 1일부터 2012년 12월 31일까지 제조업에서의 입찰담합 사건 중 민간 부문 사건 수는 20.31%, 건설업의 경우에는 7.32%에 불과하였다.

306) 김두진, "컨소시엄 방식에 의한 경매입찰의 경쟁법적 문제점", 경제법연구 제10권, 2011, 165면.

307) 송은지, 앞의 글, 112면.

308) 다른 담합과 마찬가지로 입찰담합은 그 단서를 찾기가 쉽지 않은데, 사업자 간에 합의나 상호 간의 암묵적인 양해를 추론할 수 있는 요소로는 다음과 같은 것을 들 수 있다. ① 입찰사업자가 입찰서류를 작성함에 있어서 참조하는 '업종별 가격표'가 존재하는지의 여부, ② 경쟁적인 응찰에서

하여 이를 엄격하게 금지해야 한다는 주장들이 있는데, 입찰담합에 대해서도 대법원은 다른 유형의 공동행위 위법성 판단기준과 동일한 원칙을 적용하고 있다.[309)] 입찰담합의 경우에도 관련시장획정은 필요하다. 여러 개의 입찰을 묶어 하나의 시장으로 획정할 필요가 있을 수도 있고, 관련 시장에서의 경쟁제한효과가 일견 미미한 경우 이를 금지할 이유가 없을 수도 있기 때문이다. 무엇보다 가격담합 등 여타의 경성카르텔과 입찰담합을 근본적으로 다르게 취급할 이유를 찾을 수 없다. 대법원도 일관되게 부당한 공동행위의 유형에 관계없이 시장획정의 필요성을 언급하고 있다. 최근에 대법원이 실증적인 경제분석 없이 개별 부당한 공동행위의 특성들을 고려하여 시장을 획정할 수 있다고 판시한 점은 주목할 만하다.

입찰담합의 경우에도 시장획정을 하여야 하는 이유로는 다음과 같은 점을 들 수 있다. ① 입찰담합의 경우에 시장획정을 하지 않고 공동행위가 이루어진 하나의 입찰시장을 문제 삼게 되면 이들은 언제나 시장점유율 100%를 가진 사업자들로서 경쟁제한성을 갖게 된다.[310)] 그런데 위에서 언급한 "비료입찰담합"[311)]에 대하여 여러 개의 입찰을 하나의 시장으로 보아야 할 경우와 같이 경쟁관계를 토대로 관련시장을 획정할 필요가 있을 것이다. ② 시장획정은 공동행위의 경쟁제한효과를 분석하기 위한 것으로서, 합의 당사자들의 시장에서의 지위가 미미한 경우에 이를 공정거래법 집행에서 배제함으로써 불필요한 규제를 방지하기 위하여 필요하다. ③ 공정거래위원회가 관련시장에 관하여 검토하는 수준과 방법에 대해서는 재량판단에 따를 수 있다고 하더라도 불복의 소에서 법원은 재량권의 일탈남용이라는 관점에서 시장획정의 문제를 검토할 수밖에 없다.[312)]

갑자기 단일응찰로 변경되었는지의 여부, ③ 가격의 동시인상 또는 모방적인 인상 여부, ④ 순차적으로 낙찰을 받을 수 있도록 차례로 응찰하거나 입찰액의 큰 경우에는 일부 사업자들이, 입찰액이 적은 경우에는 다른 사업자들만이 응찰하는지의 여부, ⑤ 발주기관별, 지역별 또는 입찰대상인 상품이나 용역별로 응찰자를 정하는 이른바 시장획정이 존재하는지의 여부, ⑥ 경쟁사업자들이 공동의 입찰가격평가시스템을 구축하고 있는지의 여부, ⑦ 하나의 사업자가 당해 공사를 수행할 만한 자금력과 기술력을 보유하고 있는데도 둘 이상의 경쟁사업자들이 공동으로 입찰서류를 제출하였는지의 여부, ⑧ 둘 이상의 응찰에서 계산 액이 동일하거나 철자상의 오류 등 우연적으로 담합의 존재를 추론할 수 있는 사실이 존재하는지의 여부 등이다.

309) 이에 관한 자세한 내용은 이봉의, "공정거래법상 입찰담합의 주요 쟁점", 경쟁과 법 제5호, 서울대학교 경쟁법센터, 2015.

310) 심재한, 앞의 글(2014), 519면.

311) 대법원 2014.11.27. 선고 2013두24471 판결.

312) 정재훈, 앞의 글(2013), 307면.

공정거래법이 입찰담합을 금지하는 취지는 다른 부당한 공동행위와 마찬가지로 사업자들이 합의를 통하여 일정한 거래분야에서 부당하게 경쟁을 제한하는 것을 막는 데에 있다. 그런데 입찰이란 대체로 1회성 거래로서, 통상 참가자격이나 공급되는 재화의 품질 등이 사전에 명확하게 정해져 있다는 의미에서 다분히 '통제된 경쟁'이라는 특성을 갖는다. 그 결과 입찰가격의 고저에 따라 수주자가 결정되는 입찰시스템 하에서 경쟁은 거의 '가격'에 의해서 좌우되며, 이러한 의미에서 입찰담합의 핵심은 결국 가격경쟁을 제거하는 데에 있다. 담합의 유무는 우선 '동일한 입찰'(identical bids)을 중심으로 이루어지는바, 입찰의 동일성은 단위가격이나 별도로 가격이 책정되는 상품 또는 서비스품목의 수량에 비추어 동일한 품목에 대한 입찰을 의미한다.

공정거래위원회는 입찰담합이 "입찰가격과 낙찰자 결정에 관한 합의가 입찰과정에서 자유로운 가격경쟁을 제한하고, 당해 입찰에서 낙찰자 및 낙찰가격 결정에 영향을 미치는 것임이 분명하므로 특별한 사정이 없는 한 부당하다고 볼 수밖에 없는데, 이 경우 경쟁제한효과만 발생시키고 달리 효율성 증대효과가 전혀 없다."고 판단하였다.[313] 이와 달리 대법원은 입찰담합의 경우에도 일반적인 부당한 공동행위의 위법성 판단기준에 따라 관련 시장에서의 경쟁제한성과 부당성 판단을 하고 있다. 경쟁을 제한하는 입찰담합이라면 예외적으로 특별한 사정이 없는 한 부당하다는 것이다. 다만, 대법원은 컨소시엄을 구성한 사안이나 입찰 후에 이루어진 합의가 문제된 사안에서 경쟁제한효과와 친경쟁적 효과를 종합적으로 고려하여 경쟁제한 여부를 판단한 바 있다.[314]

9. 다른 사업자의 사업활동제한

제1호부터 제8호까지 외의 그 밖의 행위로서 다른 사업자(그 행위를 한 사업자를 포함)의 사업활동 또는 사업내용을 방해하거나 제한함으로써 일정한 거래분야에서 경쟁을 실질적으로 제한하는 행위 역시 부당한 공동행위의 하나로서 금지된다(법 제40조 제1항 제9호 전단).

'다른 사업자'의 범위와 관련하여 종래 학설은 공동행위 참가자와 참여하지 않

313) 공정거래위원회 2015.8.1. 전원회의 의결 제2015-286호; 2015.8.3. 의결 제2015-124호; 2015.7.27. 의결 제2015-283호.

314) 이봉의, 앞의 글(2015), 19-21면.

은 자, 양자 모두에 관한 것이라는 견해의 대립이 있었다. 대법원은 2006년 "학생복 담합" 사건[315]에서 전국시장 점유율 50%를 상회하는 학생복 3사가 협의회를 구성하여 공동으로 정부와 학교 등의 공동구매를 방해하고, 대리점들의 사은품·판촉물 제공을 금지·제한하고, 대리점들의 백화점 입점 여부 및 수수료율을 결정하도록 합의하고 이를 점검한 행위에 대하여 공동행위 참가자들에 대한 제한만으로도 공동행위가 성립한다고 판시하였다. 그 후 2007년 제14차 법개정[316]을 통하여 합의에 참가하거나 참가하지 않은 자에 대한 사업활동 또는 사업내용의 방해·제한이 모두 공동행위에 포함되는 것으로 명문화되었다.[317]

심사기준도 그에 맞추어 정비되었다. 그에 따르면, ① 영업장소의 수 또는 위치를 제한하는 행위, 특정한 원료의 사용비율을 정하거나 직원의 채용을 제한하는 행위, 자유로운 연구·기술개발을 제한하는 행위 등과 같이 제1호부터 제8호까지에 해당하지 않는 행위로서 다른 사업자의 사업활동 또는 사업내용을 방해하거나 제한하는 행위, ② 공동행위 참가사업자들이 공동행위에 참여하지 않은 다른 사업자의 사업활동 또는 사업내용을 방해하거나 제한하는 경우뿐만 아니라, 공동행위에 참여한 사업자 자신들의 사업활동 또는 사업내용을 제한하는 경우도 포함된다.

그런데 합의에 참가한 사업자의 사업활동 제한을 공동행위로 포섭하는 경우에 모든 합의에는 당사자를 구속하여 사업활동을 제약하는 힘이 있음을 감안할 때 공동행위와 여타 합의를 구별하기 어렵게 되는 문제가 있다. 이 문제는 공동행위의 본질에 대한 무지에서 비롯된 것으로서, 공동행위에는 법률상 또는 사실상 참가사업자를 어느 정도 구속하는 힘이 내재되어 있기 때문에, 제9호는 합의대상인 행위의 유형이라기보다는 공동행위의 일반적 성질과 위법성을 규정하고 있는 것이다. 구법 제19조 제1항의 체계상 각호의 행위유형에 '일정한 거래분야에서 경쟁의 실질적 제한'을 포함한 사업활동 제한을 규정한 것도 당초 '경쟁의 실질적 제한' 요건(현행법 제2조 제5호)은 기업결합의 금지요건을 정한 것일 뿐만 아니라 제1항의 위법성과 불필요한 중복을 가져오는 것으로서 타당하지 않다. 이는 입법적으로 해결할 문제이다.

그 밖에 합의에 내재된 구속에 상호성이 있어야 하는가? 공정거래위원회의 실

315) 대법원 2006.11.9. 선고 2004두14564 판결.

316) 2007.8.3. 개정, 법률 제8631호.

317) 신동권(제3판), 555-556면; 양명조(제8판), 219면.

무와 판례는 소극적이다. 대표적으로 "GSK 담합" 판결에서 사업자들은 구법 제19조 제1항 제9호는 공동행위의 당사자를 상호 구속하는 경우에는 적용될 수 있지만, 공동행위로 인해 일방 당사자만 구속하는 경우에는 적용될 수 없는 점, 이 사건 합의로 인해 동아제약은 조프란 및 발트렉스의 판매권을 얻어 오히려 사업활동에 도움이 된 점 등을 이유로 이 사건 합의가 사업활동 방해나 제한에 해당되지 않는다고 주장하였다. 반면, 공정거래위원회는 구법 제19조 제1항 제9호상 사업활동 또는 사업내용을 방해받거나 제한받는 다른 사업자에는 그 행위를 한 사업자가 포함되므로, 당해 공동행위로 인해 스스로를 구속하든 다른 사업자를 구속하든 이를 불문하고 사업자의 사업활동 내지 사업내용이 방해되거나 제한되면 성립한다 할 것이고, 이러한 행위로 인해 사업활동이 방해·제한되는 사업자의 범위가 당해 행위에 참여한 사업자 전부에 미치는지 일부에만 국한되는지 역시 공동행위의 성립에 문제가 되지 않는다고 판단하였고, 이 부분 쟁점은 상고이유에 포함되지 않았다.[318)]

Ⅲ. 법에 열거되지 않은 행위

1. 대항카르텔

공급독점에 대항하기 위한 공동행위는 법 제40조 제1항 각호나 동조 제2항 각호의 예외 중 어디에도 규정되어 있지 않아서, 그 법적 성격과 지위가 명확하지 않다. 소주업체들이 직접 (출고)가격을 합의한 것이 아니라 병마개공급을 독점해오던 세왕금속과의 가격인상 관련 협상에 공동으로 대응하기로 하는 합의가 문제되었던 대표적인 사례로 2010년 "병마개" 담합사건을 들 수 있다.

이 사건에서 공정거래위원회는 진로를 제외한 금복주, 두산, 대선, 무학, 보해, 선양, 충북, 하이트, 한라산 등 9개 피심인들은 병마개 가격 인상을 저지하기 위하여 2008. 9. 19. 개최된 209회 천우회에서 병마개 가격 인상 보류 요청을 하기로 합의하고, 같은 해 10월 8일에 이들 9개 피심인들 대표이사 명의로 '병마개 인상시기 연기 건의문'을 세왕금속에게 송부한 행위와 관련하여, 세왕금속의 사업활동의 일부인 병마개 가격 결정행위를 제한하고자 합의한 것으로서, 구법 제19조 제1항 제9

318) 대법원 2014.2.27. 선고 2012두24498 판결.

호의 다른 사업자의 사업활동을 방해하거나 제한함으로써 일정한 거래분야에서 경쟁을 실질적으로 제한하는 행위에 해당된다고 판단하였다. 이에 대하여 서울고등법원은 위와 같은 합의가 제9호에 해당하기는 하나, 병마개를 독점공급하는 세왕금속의 일방적인 가격인상에 대응하여 일시적으로나마 가격인상을 저지한다는 점에서 소비자후생을 증대시키는 긍정적인 효과가 경쟁제한효과보다 크다는 점을 들어 위법성을 부인하였다.[319] 반면, 대법원은 소주사업자들의 공동대응이 세왕금속에게 가격인상 결정을 재고하거나 연기해달라는 차원의 '건의'에 불과하다는 점을 들어 당초 제9호의 적용대상이 아니라고 판시하였다.[320]

여기서 제9호의 합의 해당 여부와 관련하여 대법원은 중요한 시사점을 제공하고 있는바, 공정거래위원회 및 서울고등법원의 판단과 비교하여 간략히 살펴보자. 먼저, 공정거래위원회는 소주병마개시장에서 독점적 공급자인 세왕금속의 입장에서 9개의 사업자가 거래상대방의 전부였다는 점에서 세왕금속이 그들의 요구를 무시한 채 가격을 인상하는 것은 어려웠을 것이라고 보았고, 또한 경쟁을 통하여 결정되어야 할 가격을 합의를 통하여 결정하였다는 점에서 공정거래법을 위반하였다고 판단하였다. 그런데 소주업체들이 공동으로 가격인상 연기를 요청한 경우에 마땅히 세왕금속이 이를 감안하여 인상시기와 인상폭을 결정하게 되었다고 하여 다른 사업자(여기서는 세왕금속 및 소주업체들)의 사업활동을 방해 또는 제한하는 것으로 볼 수는 없다. 가격협상, 특히 독점사업자와의 협상과정에서 거래상대방들은 어차피 가격을 결정할 힘이 없고, 협상과정에서 힘을 모아 조금이라도 유리한 조건을 얻어내려는 합의를 문제 삼을 경우에는 독점사업자의 압도적인 지위, 일방적으로 가격을 결정할 수 있는 힘을 억제하는 내용의 합의조차 해당 독점사업자의 사업활동을 방해·제한하는 것으로 보아 결과적으로 기존 독점사업자의 가격결정력만을 공정거래위원회가 철저하게 보호하는 것에 지나지 않게 된다.

한편, 서울고등법원은 소주업체들이 병마개 가격에 대한 거래조건을 정한 것이 아니라 단지 인상연기를 요청한 것에 불과하여 제1호 내지 제8호에 해당하지 않는 별개의 행위에 해당한다는 이유만을 들어 이 사건 합의가 제9호의 행위를 합의한 것으로 판단하였으나, 이러한 태도는 제9호의 합의내용에 아무런 한계를 정하지

319) 서울고등법원 2011.6.2. 선고 2010누21718 판결.
320) 대법원 2014.2.13. 선고 2011두16049 판결.

않은 채 제1호 내지 제8호에 해당하지 않는 합의는 모두 제9호에 해당한다는 것이 되어 공동행위로서 합의내용이 일정한 경쟁관련성을 가져야 한다는 점을 간과하고 있다.

반면, 대법원은 ① 소주사업자들이 2008. 10. 8. 송부한 병마개 가격 인상 시기 연기 건의문의 내용은 세왕금속의 일방적인 소급적 가격 인상 통보에 대하여 인상 결정을 재고해달라거나 그 인상 시기를 잠시 연기하여 줄 것을 요청하는 '건의'에 불과한 것으로 보일 뿐, 가격을 공동으로 결정하거나 거래 자체 또는 거래상대방을 제한하는 내용은 아닌 점, ② 세왕금속은 위와 같은 연기 건의에 관하여 '자체적인 판단을 거쳐 다시 협상을 진행한 결과 주정 가격이 인상된 2008. 11. 1. 이후인 2008. 12. 1.에 병마개 가격을 인상하기로 합의한 것'이라는 의견을 제시하고 있는 점, ③ 종래 소주사업자들이 세왕금속으로부터 병마개를 공급받는 과정에서 병마개 가격은 거래 당사자들 사이의 협의가 아닌 일괄적인 가격 인상 통보에 따라 결정되어 왔던 것으로 보이는데, 위 연기 건의로 위 사업자들의 세왕금속에 대한 개별적 교섭권이 방해받았다기보다는 가격 협의를 위한 교섭기회의 보장을 요청한 것으로 볼 여지도 충분한 점 등의 사정을 들어 위 사업자들의 행위가 세왕금속 또는 진로 외의 원고들 각자의 독자적인 판단에 의한 영업상의 의사결정과 사업내용에 관여하여 자유롭고 공정한 경쟁을 통한 사업활동을 실질적으로 제한하거나 방해하는 것으로서 구법 제19조 제1항 제9호에서 정한 부당한 공동행위에 해당한다고 볼 수 없다고 판시하였다. 여기서 다음과 같이 몇 가지 중요한 시사점을 도출할 수 있다.

첫째, 거래상대방에게 가격에 관하여 건의하는 행위는 거래 자체 또는 거래상대방을 제한하는 내용이 아니라는 점이다. 세왕금속 스스로 소주업체들의 행위를 건의로 받아들여 자체 판단으로 가격인상시기를 연기하였다고 진술하고 있는바, 결국 소주업체들의 공동대응에도 불구하고 가격인상 여부나 그 시기를 결정할 수 있는 힘은 여전히 공급독점인 세왕금속에게 있었다는 것이다. 공동행위란 본질적으로 가격이나 거래조건 등을 결정하거나 상당한 영향을 미칠 수 있는 경우에 성립할 수 있다는 취지로서, 대법원은 단순히 거래관계에서 협상에 공동으로 임하기로 한다고 해서 공동행위에 해당할 수는 없음을 확인하고 있는 것이다. 즉, 거래상대방이 여전히 가격에 관한 거래조건을 일방적으로 정할 수 있거나 공동으로 협상에

임한 사업자들의 요청을 일부 수용하는 정도에 그치는 경우에 이들간의 합의는 그 실질에 있어서 공동행위가 될 수 없다.

둘째, 공정거래위원회와 서울고등법원은 다른 사업자의 사업활동이 방해받는 것과 관련하여 세왕금속의 사업활동은 물론 세왕금속과 개별적으로 병마개 가격에 관하여 교섭을 할 수 있는 각자의 사업활동이 방해를 받았다고 판단하였다. 먼저, 제9호의 다른 사업자에 세왕금속이나 9개 소주업체들이 모두 포함된다는 해석에도 의문이 있으나, 설사 그렇다고 하더라도 세왕금속은 여전히 일방적으로 소주가격 인상시기를 정할 수 있는 지위에 있었다. 또한 소주업체들이 개별적으로 교섭할 수 있는 여지가 이들 간의 합의로 인하여 제한받았다고 볼 수 있으나, '방해'란 자신의 의사에 반하여 활동이 제약된다는 의미로서 교섭력 강화를 위하여 공동으로 가격 인상시기의 연장요청을 하기로 합의한 소주업체들이 그로 인하여 사업활동을 방해 받았다고 보기는 어렵다. 개별 교섭이 오히려 불리한 상황에서 공동 교섭을 하기로 한 행위가 스스로를 방해한다는 것은 성립할 수 없는 것이다.

셋째, 제9호가 정하는 사업활동 또는 사업내용의 방해·제한이란 각자의 독자적인 판단에 의한 영업상의 의사결정과 사업내용에 관여하여 자유롭고 공정한 경쟁을 통한 사업활동을 실질적으로 제한하거나 방해하는 것이라는 점이다. 이 점에서 대법원은 앞서 언급한 바와 같이 제9호의 적용범위를 '경쟁'의 관점에서 적절히 축소하고 있으며, 결론적으로 타당하다. 즉, 소주업체들이 공동으로 투입재인 병마개 가격의 인상 연기를 요청하기로 합의하였다고 해서 이들 간에 병마개시장이든 소주시장이든 자유롭고 공정한 경쟁이 제한될 소지는 없는 것이다.

2. 공동사업

회사의 설립은 이론적으로 '공동사업'의 하나로도 분류할 수 있을 것이다. 공동사업의 유형은 법적인 수단 또는 형태에 따른 분류와 경영관계에 따른 공동사업의 분류에 따라 구분해볼 수 있다. 우선, 전자에 따르면, 공동사업은 컨소시엄의 경우와 같이 계약에 의하여 진행되는 경우와 둘 이상의 기업이 합병 또는 합작기업의 설립이라는 형태로 진행되는 경우가 있다. 후자에 따르면, 사업단계에 따라 공동사업이 갖는 경쟁제한효과는 다르게 나타나기 때문에 사업의 단계에 따라 공동사업을 분류하여 검토할 필요가 있다.[321)]

공동사업에 대한 공정거래법의 적용기준은 공동사업의 경쟁제한효과와 효율성 증대효과를 고려하지 않으면 안 된다. 연구·개발 → 생산 → 판매라는 단계에서 경쟁제한의 폐해와 효율성증진의 이점은 각기 상이하다. 이러한 구분에 있어서 전 단계의 경우일수록 효율증진상의 효과가 상대적으로 큰 반면, 후 단계의 경우일수록 경쟁제한의 폐해가 크다.

첫째로, 공동연구·개발이 갖는 효율성 측면에서의 이점으로는 다음과 같은 것을 들 수 있다. ① 첨단기술제품의 연구·개발을 위하여 거액의 비용을 분담할 수 있다. 그 결과 하나의 기업이라면 진출할 수 없는 연구·개발분야에 손쉽게 진출할 수 있다. ② 제품의 수명주기가 짧기 때문에 첨단기술제품은 리스크가 매우 크다. 이러한 사업상 리스크를 공동사업을 통하여 분산시킬 수 있는 것이다.[322)]

공동연구·개발의 경쟁제한성은 우선 공동사업에 참여하는 기업 간의 연구·개발경쟁이 제한되는데서 비롯한다. 공동사업에 참여한 기업들의 시장점유율의 합이 큰 경우에는 경쟁제한효과도 크다. 생산단계에서의 공동사업이 갖는 효율성 증대효과는 연구·개발의 경우와 유사하다. 첨단기술제품의 생산설비건설을 위해 필요한 거액의 비용을 분담시킬 수 있다는 점과, 그 과정에서 거액의 투자에 수반하는 리스크를 분산시키는 것이 이점이다. 이에 연구·개발의 성과를 공동사업의 참가사업자들 간에 나누어 갖고 타 기업의 참여를 막는 것이 공동연구개발의 유지를 위해 필요하기 때문에, 개발제품의 생산도 동일한 사업자들에 의해 공동으로 수행될 필요가 있다. 이때 경쟁제한성의 핵심은 생산량이 공동으로 결정되는 것이며, 연구·개발의 경우에도 그러한 경쟁제한은 소비자가격에 직접적으로 영향을 미친다. 공동사업이 연구·개발 또는 생산에 한정되어 행해지는 경우에도, 판매단계에서 경쟁이 제한될 가능성이 있다. 연구·개발 또는 생산을 공동화하고 있는 기업들에게는 판매단계에서의 경쟁(판매가격, 판매량, 판매지역)을 제한할 기회가 쉽게 제공되기 때문이다. 이와 같은 경쟁제한은 종적인 단계뿐만 아니라 여러 제품에 걸쳐서 횡적으로도 확대될 수 있다. 이를테면 전자업체 간의 반도체에 관한 공동사업은 전자제품 전반에 걸쳐서 경쟁을 제한할 수 있다.

둘째로, 판매망의 공동화에 의한 효율성 상승효과는 중소 소매업자가 판매활

321) 신동권(제3판), 546면.

322) J. A. Ordover & W. J. Baumol, "Antitrust policy and high-technology industries", Oxford Review of Economic Policy, vol. 4, 1988.

동을 공동화하여 대규모판매업자에 대항하는 경우 등에 인정된다. 그러나 거액투자의 필요성과 높은 리스크가 판매활동에 수반되는 경우가 적기 때문에, 연구·개발과 생산의 경우만큼 효율성이 증대되는 경우가 많지 않다. 다만, 공동연구·개발을 실현하기 위해서 공동생산이 필요하다는 주장과 같은 이유에서 공동판매의 필요성이 주장되는 경우가 있다. 그러나 공동판매의 경쟁제한성은 명백하다. 가격의 공동설정, 판매수량의 제한, 판매지역의 할당은 각각 부당한 공동행위로서 금지되고 있는 전형적인 행위유형에 해당하는 것이다.

공동판매의 형태는 매우 다양하나, 대표적인 예로는 '판매 신디케이트'를 들 수 있다. '공동의 판매기구를 이용할 의무가 없는 경우'(Torsosyndikate)가 주로 문제된다. 그러나 이러한 경우에도 공동의 판매기구란 그것이 구성사업자가 제품을 공급하는 가격과 기타 거래조건 등에 대하여 참가사업자들이 서로 양해하는 경우에 한하여 제대로 기능할 수 있기 때문에 언제나 부당한 공동행위에 해당된다. 판매수량의 할당이나 직접적으로 판매수량의 최고한도를 정하는 것도 마찬가지이다.

그런데 공동사업은 카르텔의 경우와 달리 단순히 경쟁제한효과가 있다는 것으로는 족하지 않고, 경쟁제한효과가 어느 정도 이상에 달하지 않으면 안 된다는 점에서 기업결합과 유사하다. 즉, 경쟁제한의 정도가 시장지배력의 형성에 이르는 경우에만 기업결합과 공동사업을 위법하다고 하는 기준이 바로 그것이다. 이때 시장집중도가 높으면 높을수록, 시장진입이 어려울수록, 수요자의 구매력이 적을수록, 그리고 또는 공동사업에 참가하는 기업들의 시장점유율의 합이 높을수록 시장지배력이 형성될 가능성이 높아진다. 그렇다면, 공동사업의 경우 시장지배력을 갖게 되는 경우 친경쟁적 효과와 비교형량을 어떻게 할 것인가의 문제도 있다. 시장지배력이 형성된 경우에도 그에 따른 국민경제상의 부정적 효과와 효율성 증대에 따른 긍정적 효과를 비교형량 하여, 전자가 큰 경우에만 기업결합을 금지해야 한다는 견해가 있다.[323] 공정거래법의 궁극적인 목적이 경쟁제한의 금지가 아니라 국민이익의 증대라고 한다면, 이러한 주장은 일응 타당하다고 할 수 있으나, 다음과 같은 의문이 있다. ① 시장지배력이 형성되면 경쟁의 자극에 의한 경영효율의욕이 감퇴하기 때문에, 장기적으로는 효율성 증대효과도 감소하게 된다. ② 시장지배력이 형성되

323) Williamson, "Economies as an antitrust defense: the welfaretrade-offs", 53 American Economic Review 112, 1968.

면 효율성 증대효과가 있는 경우에도 그 이익은 가격인하의 형태로 소비자에게 전가되지 않기 때문에, 국민경제상의 이익에는 도움이 되지 않는다. ③ 효율성 증대효과는 객관적인 평가가 곤란하며, 이를 경쟁제한에 따른 불이익과 비교하는 것은 더욱 곤란하다.

3. 전략적 제휴

전략적 제휴란 본래 경영학에서 비롯된 용어인데, 전략적 제휴에 관하여 경영·경제학과 법학에서 일반적으로 승인된 견해는 없다고 할 수 있다. 전략적 제휴는 "그 내용에 따라 자본제휴, 기술제휴(라이선스를 통한 기술제공이나 기술개발), 생산제휴(공동생산이나 생산위탁), 판매제휴 및 아웃소싱을 위한 (부품)조달제휴로, 그 법적 형태에 따라서는 합작기업의 설립을 포함한 자본참가와 단순한 계약관계, 그리고 사실상의 거래관계로 나누어볼 수 있고 거래단계에 따라 수평적 제휴와 수직적, 그리고 혼합적 제휴로 분류할 수도 있다."[324)]

전략적 제휴의 개념적 특징을 살펴보면, ① 전략적으로 제휴에 참여한 복수의 사업자들이 법적으로나 경제적으로 독립성(Selbständigkeitsgebot)을 유지하고, ② 이들 간의 협력은 대체로 한시적 성격(Selbständigkeitsgebot)을 보이며, ③ 협력의 분야가 연구·개발이나 생산, 판매, 조달 등 일정부분에 국한되는 점 등이 있다. 그런데 실제 전략적 제휴의 양상은 중소기업 간 협력을 넘어 대기업들 간에도 광범위하게 이루어지며, 복잡하고 다양하게 이루어지고 있다.

전략적 제휴가 부당한 공동행위로서 규율되려면, 법 제40조 제1항에 해당하는 요건을 갖추어야 한다. 사업자들 간의 계약이나 결의 등의 합의가 이루어져야 하고, 그 합의가 법 제40조 제1항 각호에서 열거하고 있는 행위에 해당해야 한다. 전략적 제휴의 경쟁제한성을 판단할 때에는 서로 경쟁관계에 있는 사업자들 간의 제휴가 이들 간의 경쟁을 회피하는 결과를 낳아 관련 시장에서의 경쟁을 제한하는지, 그리고 개개의 전략적 제휴가 세계적인 네트워크로 연결되어 시장의 진입장벽을 높이고 시장의 구조를 경직화할 수 있는지를 고려해야 한다. 다만, 이는 기업결합

---

324) 전략적 제휴의 개념과 경쟁에 미치는 효과에 대해서는 이봉의, "전략적 제휴와 경쟁질서", 권오승 편, 자유경쟁과 공정거래, 2002, 373-385면. 전략적 제휴는 시장의 형성단계, 팽창단계, 성숙단계, 그리고 쇠퇴단계별로 나누어 즉, '시장발전단계론'(Marktphasenschema)에 따라, 시장구조, 시장행위 및 시장성과를 유형화할 수 있다.

과 같이 직접적으로 시장집중을 심화하지는 않을 것이고, 경쟁제한의 효과가 미미한 대신 협력을 통한 효율성이 증대되고 경쟁과 혁신이 촉진될 수 있을 것이다. 그렇다고 하여 공정거래위원회가 전략적 제휴를 동태적 효율성을 토대로 판단하기란 쉽지 않을 것인데, 공정거래위원회는 정태적 상태를 판단하는 수단을 갖고 있을 뿐이며, 동태적 효율성이란 자칫하면 임의적 판단에 지나지 않을 수 있기 때문이다. 공정거래위원회는 공정거래법의 목적에 기초하여 전략적 제휴가 경쟁을 제한한다면 이를 금지한다는 원칙을 두고 판단해야 한다. 나아가 안전지대를 설정하는 것은 사업자들에게 예측가능성과 법적 안정성을 가져다주지만, 단순히 시장점유율을 기준으로 하는 경우에는 적절하지 않을 것이다. 또한 기업결합 규제상 합작기업의 법리로서 규율하는 이중규제의 문제도 해결해야 할 것으로 보인다.

4. 경업금지

경업금지와 같은 계약에 내재된 부수적 제한은 일찍이 독일의 쉬타인도르프(Steindorff)가 제시한 내재성이론(內在性理論; Immanenztheorie)에 근거한다. 이 이론은 "경쟁의 원활한 작동을 실현하고자 할 경우에는 법질서가 이미 허용하고 있는 다른 법규범이나 제도의 존속이나 효력을 위태롭게 할 우려가 있는 경우에는 위법성 내지 경쟁제한성을 인정하지 않아야 한다."는 것이다. 이는 주로 사법상의 제도와 계약에 의한 경쟁제한이 충돌하는 경우에 어느 것을 우선시킬 것이냐의 문제로서, 계약상 경쟁제한적인 부수의무가 주된 논의대상이 된다.

경업금지(競業禁止)란 기업계약, 상사대리계약, 기업양도계약에서 일정한 기간을 붙여서 경업을 금지하는 것인데, 부당한 공동행위에서 처음부터 배제되는 것은 아니다.[325] 이때 양도인이 유사한 사업분야에서 계속 활동하고 있는 경우에 양수인에게는 무기한의 경업금지가 허용될 수도 있다. 이러한 경업금지는 통상 교환계약에서 나타나며 이를 통하여 경쟁제한적인 목적을 추구하는 것이다. 이때 계약에 내재된 경쟁제한과 경쟁질서의 보호 간의 관계는 단순한 비교형량의 대상이 아니며, 사법제도의 유지나 존속, 또는 당해 계약의 목적달성을 위해서 문제의 경쟁제한이 반드시 필요한지의 여부가 결정적으로 중요한 기준이 된다. 이때 '필요성'의 판단은 계약당사자의 주관적 판단이 아니라 객관적으로 인정될 수 있어야 하며, 경쟁제한

325) WuW/E 1317, BB 74, 482. 독일 판례는 5년까지는 이를 허용한다.

에 대한 반대급부의 존부는 결정적인 사항은 아니지만 어느 정도 고려된다.[326)]

당사자 간의 잠재적인 경쟁을 직접 또는 간접적으로 제한하거나 시장 내지 고객을 분할하는 경우에는 부당한 공동행위로서 금지될 수 있다. 반면 경업금지가 대상적, 공간적, 시간적으로 취득자가 매도인의 고객을 인수하기 위하여 필요한 한도에 그치는 경우에는 언제나 허용되는 것으로 보아야 하며, 그 한도를 넘는 경우에는 부당한 공동행위로서 금지된다. 이때 그 허용한도는 사례에 따라 개별적으로 정해진다. 또한 사원이나 이사에 대한 경업금지를 정관 등에 의하여 부과하는 것은 당해 기업의 존속과 기능을 위하여 필수적인 경우에 한하여 허용된다. 이와 같은 근거에서 경영자에 대하여 퇴사 후에도 일정기간 대상적으로 제한된 경업금지의무를 부과하는 것은 허용된다. 그 밖에 일정한 대가를 지급하고 특정 사업자를 시장에서 배제하기로 하는 합의나, 경쟁사업을 경쟁제한적인 목적으로 매수하는 행위 또는 시장에서 탈퇴할 것을 조건으로 경쟁사업자에게 대가를 지급하는 행위도 마찬가지이다. 경쟁소송이나 특허소송에서 분쟁조정이나 화해의 수단으로 경쟁제한적인 의무를 부과하는 경우에 대해서는 적극설과 소극설이 나누어져 있다. 그러나 예외를 인정할 법적 근거가 전혀 없다는 점에서 소극설이 타당하다고 본다.

326) WuW/E 1835. 독일에서는 실제로 상당히 높은 수준의 반대급부는 경쟁제한방지법 제1조의 적용을 배제한다.

제 4 절 예외적 허용과 적용제외

I. 서 설

공정거래법은 부당한 공동행위를 원칙적으로 금지하면서, 산업합리화, 불황극복, 산업구조의 조정, 중소기업의 경쟁력향상 또는 거래조건의 합리화를 위한 공동행위로서, 공정거래위원회의 인가를 받은 경우에는 이를 예외적으로 허용하고 있다(법 제40조 제2항). 인가를 받은 경우에는 당해 공동행위의 위법성이 조각된다.

다른 한편으로 부당하게 경쟁을 제한하는 공동행위라도 일정한 요건을 갖추어 적용제외(법 제116조, 제117조, 제118조)에 해당하는 경우에는 처음부터 금지가 적용되지 않는다. 전자의 경우 공정거래위원회가 부당한 공동행위를 사전심사를 거쳐 예외적으로 허용하는 것이고, 후자의 경우 원천적으로 법의 적용에서 제외하는 것이다.

경쟁당국이 부당한 공동행위를 사전에 인가하는 방식은 과거 독일을 비롯한 유럽과 일본 등에서 채용한 바 있으나 현재는 비교적 포괄적인 예외조항을 통한 사후심사로 전환한 바 있다. 미국에서는 일찍이 개별법에 적용제외 규정을 마련하고 있을 뿐이고, 카르텔에 고유한 사전인가나 사후예외를 둔 적이 없다.[327] 공정거래위원회 실무상으로도 예외적 인가가 사실상 사문화(死文化)되어 있는 점, 그간 담합에 관한 규제실무가 축적되면서 사업자 스스로 어느 정도 예외사유 해당 여부를 판단할 수 있는 점, 그리고 판례 또한 인가사유를 비롯하여 공정거래법의 목적을 종합적으로 고려하여 소극적인 의미에서나마 부당성 판단을 하고 있는 점을 감안할 때, 향후 예외적 인가제도는 폐지하는 것이 바람직할 것이다.

---

327) 신영수, "주요국 경쟁당국의 권한 및 경쟁법 적용제외에 관한 비교연구", 정책연구 2015-26, 한국경제연구원, 2015.12, 16-17면. 농·수산업에 관해서는 Capper-Volstead Act 및 Fisherman's Marketing Act에 의해 농 또는 수산업 생산자 협동조합의 설립 및 조합의 판매상품 가격 설정 또는 공동 마케팅 등에 대해 경쟁법의 적용을 제외한다. 보험업에 있어서는 McCarran-Ferguson Act에 따라 주법에 의해 규율되는 보험사업 일부 활동에 대해 경쟁법의 적용을 배제시키고 있다. 연방법령에 의한 노조활동 및 파업 역시 Norris-Laguardia Act에 의해 경쟁법의 적용제외가 이루어진다.

Ⅱ. 공동행위의 인가

1. 입법연혁 및 운영연혁

1980년 제정 공정거래법[328]은 공동행위 등록제도를 시행하였는데, 1986년 제1차 개정법[329]은 공동행위에 대한 인가제도를 도입하여 부당한 공동행위를 원칙적으로 금지하고 예외적으로 인가를 통하여 이를 허용하도록 하였다. 인가제도로의 선회는 "산업정책을 우선하던 경제적 환경에서 경쟁법의 규율만으로 포섭할 수 없는 사회경제적 가치를 보호하기 위하여 부당한 공동행위를 허용하기 위함"[330]이었던 것으로 알려져 있는데, 이는 경쟁제한적인 공동행위가 부당하지 않다고 하여 면책시켜주는 것이 아니라, 산업정책적 고려에서 예외적으로 허용해주는 제도인 것이다.[331]

인가제도를 도입한 이래 공정거래위원회가 부당한 공동행위에 대하여 예외적으로 인가한 건수는 총 8건에 불과하다. 그 중에서 6건은 1986년 이전 등록제도에 따라 등록된 것이 그 후로도 계속된 경우였고, 제도 도입 이후로는 1988년 밸브제조업자의 공동행위가 허용된 바 있다. 이후 몇 차례의 인가신청이 모두 불허되거나 자진취하 되었다. 2010년 공정거래위원회는 레미콘 업계의 인가신청에 대하여 원재료 공동구매와 영업의 공동수행은 불허하고 공동의 품질 관리와 연구개발을 2년간 허용하였다. 후자의 경우에는 경쟁제한효과가 거의 없고, 레미콘의 품질개선, 산업합리화 등의 긍정적 효과가 기대된다고 판단하였기 때문이다.[332]

이처럼 인가제도가 제대로 운영되지 못하였던 이유를 살펴보자면, 공정거래위원회가 인가제도에 대하여 부당한 공동행위를 금지하는 틀을 무력화할 수 있다는 우려를 가짐에 따라 인가를 쉽게 내어주지 않았던 것에도 원인이 있다고 볼 수 있

---

328) 1980.12.31. 제정, 법률 제3320호.

329) 1986.12.31. 개정, 법률 제3875호. 구법 제11조 제1항에서는 "사업자는 계약·협정·결의 기타 어떠한 방법으로도 다른 사업자와 공동으로 일정한 거래분야에서 경쟁을 실질적으로 제한하는 다음 각호의 1에 해당하는 행위(이하 "부당한 공동행위")를 하여서는 아니 된다."고 하였다.

330) 신영수, "공동행위 인가제도에 대한 평가와 제도개선을 위한 몇 가지 방안", 영남법학 제40권, 2015-a, 37면. 미국이나 일본과 같이 '거래제한'을 금지하는 폭넓은 일반조항을 두고, 원칙적으로 예외를 인정치 않는 경우도 있고, 독일이나 유럽과 같이 일정한 요건을 갖춘 카르텔을 원칙적으로 금지하면서 갖가지 예외사유를 법정하는 경우도 있다.

331) 양명조(제8판), 221면.

332) 신동권(제3판), 558면.

다. 뿐만 아니라, 사업자들 역시 인가를 받기가 어렵다고 인식하거나 오히려 인가 신청을 통하여 부당한 공동행위가 공정거래위원회에 노출되는 것을 우려하였던 것에 있다고 할 것이다.[333] 그로 인하여 인가제도에 관하여 폐지론이 제기되는 한편, 인가요건을 엄격하고 명확하게 개선하여 이 제도를 활성화하는 방안을 모색해야 한다는 주장도 제기되고 있다.[334]

2. 인가의 요건

가. 개 관

전부개정 전 공정거래법 제19조 제2항은 부당한 공동행위의 인가사유로서 산업합리화, 연구·기술개발, 불황극복, 산업구조의 조정, 거래조건의 합리화, 중소기업의 경쟁력향상이라는 6가지를 한정적으로 열거하고 있었다. 2020년 전부개정법[335]은 이를 불황극복을 위한 산업구조조정, 연구·기술개발, 거래조건의 합리화, 중소기업의 경쟁력향상으로 변경하였다. 각 인가사유에 대한 구체적인 요건은 시행령 제45조 제1항에 규정되어 있다. 다만, 시행령 제45조 제2항은 공동행위 인가의 한계를 규정하고 있다. 시행령 제45조의 규정에도 불구하고 ① 해당 공동행위의 목적을 달성하기 위해 필요한 정도를 초과하는 경우, ② 수요자 및 관련 사업자의 이익을 부당하게 침해할 우려가 있는 경우, ③ 참가사업자 간에 공동행위의 내용과 관련하여 부당한 차별이 있는 경우, ④ 당해 공동행위에 참가하거나 탈퇴하는 것을 부당하게 제한하는 경우 어느 하나에 해당하는 경우에는 이를 인가할 수 없다.

대법원은 일부 판결에서 구법 제19조 제2항의 인가사유를 부당성 판단의 일요소로 고려하고 있다.[336] 이 점에서 법이 규정한 인가사유들의 존립의 입지는 넓어져있지만, 인가제도의 실효성과 합리적 운영을 위한 추가적 검토가 필요하다.[337] 인가 요건에 대한 비판으로는 ① 인가에 관한 일반조항을 도입하는 것이

333) 신영수, 앞의 글(2015－a), 38면. 최근 2010년 1월 한 건의 인가가 내려졌고, 그 전의 것은 22년 전이었다. 구체적인 사례는 40면－44면.

334) 신영수, 앞의 글(2015－a), 49면.

335) 2020.12.29. 전부개정, 법률 제17799호.

336) 주로 사업자단체의 카르텔에서 그 예를 찾을 수 있다. 대표적으로 대법원 2005.9.9. 선고 2003두11841 판결("제주도관광협회" 판결)과 대법원 2005.8.19. 선고 2003두9251 판결("부산광역시치과의사회" 판결)이 있다.

337) 신영수, 앞의 글(2015－a), 51면.

바람직하다는 것, ② 인가요건을 시행령에서 규정하는 것은 바람직하지 않고 법률에 규정하는 것이 타당할 것이라는 점이다. ①에 따르면, 변화하는 시장상황에 탄력적으로 적응하기 위해서는 열거조항을 운영하는 것이 적절하지 않다는 것이다. 예를 들어 외국의 입법례에서 규정하고 있는 이른바 '수출카르텔'에 대해서는 명문의 예외규정이 없다. 수출카르텔에 대한 예외는 수출증대라는 산업정책적인 근거 외에 독점금지이론상 순수한 수출카르텔은 법이 보호하는 국내시장의 경쟁질서와는 무관하다는 데에서 원칙적으로 허용된다고 보는 것이 타당하다. 다만, 수출카르텔이 국내시장에서 경쟁제한효과를 가져오는 경우에는 당연히 공정거래법상 금지될 수 있다.

②에 따르면, 공동행위의 인가요건은 공동행위가 허용되는 기준을 정하는 것이기 때문에, 법률에 규정해야 하고, 인가요건을 입법화함에 있어서 가능한 한 객관적인 개념을 사용하여 그 기준을 명확하게 설정함으로써, 공동행위를 도모하고 있는 사업자들에게는 그 공동행위가 허용될 수 있는지의 여부를 쉽게 예측할 수 있게 하고, 그 인가기관인 공정거래위원회가 재량권을 남용할 소지를 줄이는 것이 바람직할 것이다. 각 사유 간에는 중복되는 부분이 있을 수 있는데, 2020년 전부개정법은 기존에 6개이던 인가사유의 중복소지를 해소하고 간략하게 규정하기 위한 취지로 4개로 정비하였다(제40조 제2항 각호). 이는 기존 인가사유 중 '불황의 극복'과 '산업구조의 조정'을 하나로 통합하고, 그 개념이 모호한 '산업합리화'를 폐지한 것이다.

나. 인가사유

첫 번째 인가사유로서 시행령 제45조 제1항 제1호는 불황극복을 위한 산업구조정을 위한 공동행위에 대한 인가요건을 규정하고 있다. 공정거래위원회는 ① 해당 산업 내 상당수 기업이 불황으로 인해 사업활동에 곤란을 겪을 우려가 있고 ② 해당 산업의 공급능력이 현저하게 과잉상태에 있거나 생산시설 또는 생산방법의 낙후로 생산능률이나 국제경쟁력이 현저하게 저하되어 있으며, ③ 기업의 합리화를 통해서는 ① 또는 ②의 상황을 극복할 수 없고, ④ 경쟁을 제한하는 효과보다 산업구조조정의 효과가 더 큰 경우에 한하여, 이를 인가할 수 있다.

'불황'이란 "경쟁상태 하에서 수요가 지속적으로 감퇴되어, 상품의 가격이 효율적인 기업의 평균생산비 이하로 떨어짐으로 인하여 상당수의 기업이 도산 내지 생산중단의 위험에 빠지게 되는 상황을 말하고, 불황극복을 위한 공동행위는 각 기업의 생산성향상·경비절감 등과 같은 합리화 수단만으로는 불황극복이 어려울 때 경기회복 후의 경쟁성의 유지와 한계적인 기업의 보호를 위하여 상품의 생산·판매·설비·가격 등을 제한하는 행위를 말한다. 기업의 집단도산을 방지하고 추후 경기가 회복된 후에 경쟁기능의 회복을 담보함으로써 국민경제상 필요한 생산력을 보전한다는 관점에서 예외적·한정적으로 인정되는 것이다."[338]

이때 불황에는 경기순환적 불황과 구조적 불황이 있으며, 이를 구별하는 실익은 각각의 경우에 합리적인 대응방식이 서로 상이하다는 데에 있다. 즉, 전자는 단기적인 수급불균형에서 비롯되는 것으로서, 생산량의 조절이 적절한 대응책이 될 수 있는 반면, 후자는 기존의 과잉설비를 해소하는 것이 필요하기 때문이다. 그렇다면 불황극복을 위한 공동행위에는 양자가 모두 포함되는가? 구조적 불황에 대해서는 산업구조조정을 위한 공동행위가 별도로 규정되어 있기 때문에 여기서는 경기순환적 불황만 해당된다고 보아야 할 것이다.

산업구조조정을 위한 공동행위는 '기업합리화'의 행위로서 참가사업자들의 경제적 행위를 조정하여 기술, 경영, 조직, 생산 및 판매의 관점에서 참가사업자들 전체의 효율성을 향상시키려는 공동행위이며, 특정한 생산단위의 폐쇄나 가동률의 조정, 표준화 또는 특성화, 생산 및 판매량의 조정, 공동연구 및 정보교환 등의 행위와 경우에 따라서는 가격설정행위까지 포함된다.[339] 이는 개별기업 차원의 노력만으로는 달성하기 어려운 경우 예외적으로 허용해야 할 필요가 있다. 그런데 산업합리화 요건은 연구·기술개발 요건이나 거래조건의 합리화 요건과 유사하다는 비판이 있다.[340]

한편, 기존의 인가사유가 '불황극복을 위한 산업구조조정'으로 새롭게 통합됨에 따라, 「공동행위 및 경쟁제한 행위의 인가신청 요령」[341] 역시 이를 반영한 내용으로 개정되었다. 개정 인가신청 요령은 불황극복을 위한 산업구조조정 사유에 근거한 인가를 얻기 위한 필수적 기재사항으로, 공동행위의 내용·방법, 관련 업종 현황, 산업구조조정이 필요한 국내·외 경제여건, 최근 3년간 업종 손익현황 및 사업

338) 권오승(제13판), 305면.
339) 권오승(제13판), 304면; 이규억, "우리나라 카르텔의 이행과 대안", 한국개발연구원, 1989, 7면.
340) 신영수, 앞의 글(2015-a), 51면.
341) 공정거래위원회 고시 제2021-34호, 2021.12.28. 개정.

자 수 변동, 최근 3년간 생산능력, 수급현황, 유통단계별 가격, 당해 상품·용역, 대체제에 대한 장기 수급전망, 당해 상품·용역의 가격 및 생산성 관련 국제비교자료, 불황극복 및 능률향상을 위한 공동행위 참가자의 자구 노력, 예상되는 소비자 및 관련 사업자에의 영향 등을 명시하고 있다.

두 번째 인가사유로서 시행령 제45조 제1항 제2호는 연구·기술개발을 위한 공동행위에 대한 인가요건을 규정하고 있다. 공정거래위원회는 ① 해당 연구·기술개발이 산업경쟁력의 강화를 위하여 필요하며, 그 경제적 파급효과가 크고, ② 연구·기술개발에 소요되는 투자금액이 과다하여 한 사업자가 조달하기 어려우며, ③ 연구·기술개발 성과의 불확실성에 따른 위험분산을 위해 필요하고, ④ 경쟁제한을 금지하는 효과보다 연구·기술개발의 효과가 클 경우에 한하여, 이를 인가할 수 있다. 이는 심사기준에 따르면 그 성격상 효율성 증대효과와 경쟁제한효과가 동시에 생길 수 있는 경우에 해당할 수 있다. 이 경우 사전 인가를 받지 않더라도 사후적으로 법 제40조 제1항에 따라서 위법하지 않을 수 있다는 비판이 제기된다.[342)]

세 번째 인가사유로서 시행령 제45조 제1항 제3호는 거래조건의 합리화를 위한 공동행위에 대한 인가요건을 규정하고 있다. 공정거래위원회는 ① 거래조건의 합리화로 생산능률의 향상, 거래의 원활화 및 소비자의 편익증진에 명백하게 기여하고, ② 거래조건의 합리화 내용이 해당 사업분야의 대부분의 사업자들에게 기술적·경제적으로 가능하며, ③ 경쟁을 제한하는 효과보다 거래조건의 합리화의 효과가 클 경우에 한하여, 이를 인가할 수 있다. 사업자들은 원가의 절감이나 품질향상 등에 노력해야 하는데, 다수의 사업자가 공동으로 추진하는 것이 더욱 효과적일 경우 이는 사전 인가의 대상이 될 수 있다. 그런데 이에 대해서는 사후심사의 부당성 판단에서 이루어지면 될 것이지, 사전적으로 허용되어야 할 사유로 적합한지에 대한 의문이 제기된다.[343)]

네 번째, 마지막 인가사유로서 시행령 제45조 제1항 제4호는 중소기업의 경쟁력향상을 위한 공동행위에 대한 인가요건을 규정하고 있다. 공정거래위원회는 ① 공동행위에 따라 중소기업의 품질·기술향상 등 생산성 향상이나 거래조건에 관한 교섭력 강화 효과가 명백하고, ② 공동행위에 참가하는 사업자 모두가 중소기업자

342) 신영수, 앞의 글(2015-a), 53면.
343) 신영수, 앞의 글(2015-a), 51면.

이며, ③ 공동행위 외의 방법으로는 대기업과 효율적으로 경쟁하거나 대기업에 대항하기 어려운 경우에 한하여, 이를 인가할 수 있다.

중소기업 간 협력은 이들 기업의 경영합리화 또는 경쟁력 향상을 도모하여 자금력, 기술수준, 경영능력 등의 열위를 극복할 수 있도록 해준다.[344] 그렇지만, 이는 경쟁정책 측면의 장기적 관점에서 오히려 기업의 체질을 약화시킬 수도 있는 문제가 있다.[345] 독일에서도 2007년 개정된 경쟁제한방지법 제2조에 일반적 적용면제 조항을 도입하였음에도 불구하고 '중소기업카르텔'(Mittelstandskartelle)에 대해서는 제3조에서 특별히 규정하고 있다. 한편, 중소기업의 경쟁력을 향상시키기 위한 방법으로 협동화가 많이 이용되는데, 이 문제에 대해서는 크게 공정거래법 제118조(일정한 조합의 행위)의 적용을 받는 경우와 제116조(법령에 따른 정당한 행위)에 따라 특별법에 의한 적용을 받는 경우에 해당할 수도 있다는 점에서 인가사유로서의 적절성이 의문이 제기될 수 있다.

3. 인가의 절차

우선, 시행령 제46조(공동행위의 인가 절차 및 방법)에 따라서, 공동행위의 인가를 받고자 하는 자는 대표사업자(이하 "공동행위대표사업자")를 선정하여 신청인의 명칭 및 소재지(대표자의 성명 및 주소 포함), 공동행위의 내용, 공동행위의 사유, 공동행위의 기간, 참가사업자에 관하여 규정된 사항[참가사업자의 수, 참가사업자의 사업내용, 참가사업자의 명칭 및 소재지(대표자의 성명 및 주소 포함)]의 사항이 포함된 신청서를 공정거래위원회에 제출하여야 한다(영 제46조 제1항). 또한 신청서에는 ① 제45조 제1항의 요건에 적합함을 증명하는 서류, ② 제45조 제2항 각 호의 어느 하나에 해당하지 않음을 증명하는 서류, ③ 참가사업자의 최근 2년간의 영업보고서·대차대조표 및 손익계산서, ④ 공동행위의 협정 또는 결의서 사본, ⑤ 그 밖에 공동행위의 인가를 위해 공정거래위원회가 필요하다고 정하여 고시하는 서류를 첨부하여야 한다(동조 제2항).

공정거래위원회는 인가 신청을 받은 경우에는 그 신청일부터 30일(동조 제4항에 따른 공시기간은 제외) 이내에 인가 여부를 결정해야 한다. 다만, 공정거래위원회는

---

344) 권오승, "서독의 경쟁제한방지법상의 중소기업의 협동화촉진", 경희법학 제19권 제1호, 1984, 37면 이하.

345) 권오승, "중소기업의 협동화와 공정거래법", 법경제연구(I), 한국개발연구원, 1991, 199면 이하.

인가 신청의 내용 또는 인가의 효과 등에 비추어 그 연장이 필요하다고 인정하는 경우 30일 이내의 범위에서 그 처리기간을 연장할 수 있다(영 제46조 제3항). 또한 공정거래위원회는 인가를 위해 필요하다고 인정하는 경우 30일 이내의 범위에서 그 인가 신청 내용을 공시하여 이해관계인의 의견을 들을 수 있다(동조 제4항).

공정거래위원회는 공동행위의 인가를 하는 경우에는 신청인에게 인가증을 발급해 주어야 한다(동조 제5항). 공동행위의 인가를 받은 사업자가 인가사항을 변경하려는 경우에는 변경사항 및 변경사유가 포함된 신청서와 ① 변경사항이 제45조 제1항의 요건에 적합함을 입증하는 서류와 ② 변경사항이 제45조 제2항 각 호의 어느 하나에 해당하지 않음을 입증하는 서류와 인가증을 첨부하여 공정거래위원회에 제출해야 한다(영 45조 제6항). 마지막으로, 공동행위대표사업자는 인가된 공동행위가 폐지된 경우 지체 없이 그 사실을 공정거래위원회에 알려야 한다(영 제47조).

그런데 공정거래법은 공동행위를 인가함에 있어서, 그 공동행위의 유형이나 그것이 경쟁관계에 미치는 영향과는 상관없이 모두 동일한 절차에 따라 인가하도록 하고 있다. 공동행위는 그 행위의 유형이나 내용에 따라 경쟁관계에 미치는 영향이 서로 다르기 때문에, 그 인가절차를 일률적으로 규율할 것이 아니라 그 공동행위가 경쟁관계에 미치는 영향에 따라 차등적으로 규율하는 것이 바람직할 것이다.

Ⅲ. 적용제외

1. 개 념

공정거래법은 법 제116조에서부터 제118조까지 이 법의 적용이 배제되는 경우에 대하여 규정하고 있다. 제116조(법령에 따른 정당한 행위)에 따라서 사업자 또는 사업자단체가 다른 법률 또는 그 법률에 의한 명령에 따라 행하는 정당한 행위에 대하여는 이를 적용하지 아니한다. 과거에는 개별법령에 따라 많은 카르텔이 인정되어 왔는데,[346] 1999년 소위 「카르텔일괄정리법」[347]이 제정됨에 따라, 18개 법률에

346) 공정거래위원회, 공정거래 10년, 1991, 400면. 1990년 11월 적용제외법률은 35개에 이르고, 이들 법률에 의해 적용되는 공동행위가 44건이었다.

347) 이는 「독점규제 및 공정거래에 관한 법률의 적용이 제외되는 부당한 공동행위등의 정비에 관한 법률」을 말한다.

서 규정하고 있는 카르텔이 정비된 바 있다. 대법원은 제116조의 해석에 대하여, "이 법의 규정은 사업자 또는 사업자단체가 다른 법률 또는 그 법률에 의한 명령에 따라 행하는 정당한 행위에 대하여는 이를 적용하지 아니한다고 규정하고 있고, 위 조항에서 말하는 '법률 또는 그 법률에 의한 명령에 따라 행하는 정당한 행위'라 함은 당해 사업의 특수성으로 경쟁제한이 합리적이라고 인정되는 사업 또는 인가제 등에 의하여 사업자의 독점적 지위가 보장되는 반면, 공공성의 관점에서 고도의 공적 규제가 필요한 사업 등에 있어서 자유경쟁의 예외를 구체적으로 인정하고 있는 법률 또는 그 법률에 의한 명령의 범위 내에서 행하는 필요·최소한의 행위를 말한다."고 판시한 바 있다.[348)]

또한 제117조(무체재산권의 행사행위)에 따라서 이 법의 규정은 「저작권법」, 「특허법」, 「실용신안법」, 「디자인보호법」 또는 「상표법」에 의한 권리의 정당한 행사라고 인정되는 행위에 대하여는 적용하지 아니한다. 제118조(일정한 조합의 행위)에 따라서도 이 법의 규정은 ① 소규모의 사업자 또는 소비자의 상호부조를 목적으로 할 것, ② 임의로 설립되고, 조합원이 임의로 가입 또는 탈퇴할 수 있을 것, ③ 각 조합원이 평등한 의결권을 가질 것, ④ 조합원에 대하여 이익배분을 행하는 경우에는 그 한도가 정관에 정하여져 있을 것을 갖추어 설립된 조합(조합의 연합회를 포함)의 행위에 대하여는 이를 적용하지 아니한다. 다만, 불공정거래행위 또는 부당하게 경쟁을 제한하여 가격을 인상하게 되는 경우에는 그러하지 아니하다.

2. 행정지도와 적용제외

행정지도(行政指導; administrative guidance)에 따라 부당한 공동행위가 행해진 경우에도 법 제116조에 따른 적용제외가 가능한가? 행정청이 표준가격을 설정하거나 조업단축을 통한 생산량 감소를 권고하고, 과잉설비의 해소를 위해 설비투자조정에 개입하는 경우에는 행정청이 제시한 통일적인 기준에 따라 당해 시장에서 활동하는 사업자들 간에 공동행위를 가져오기 쉽다. 이러한 행정지도는 행정청이 직접 사업자들에게 행하기도 하고, 사업자단체를 통하여 간접적으로 사업자들의 통일적인 행위를 유도하는 방법으로 이루어지기도 한다.

---

348) 대법원 1997.5.16. 선고 96누150 판결; 대법원 2009.6.23. 선고 2007두19416 판결; 대법원 2011.6.9. 선고 2008두22020 판결 등.

행정지도가 개입된 공동행위 사건의 경우 법원은 합의의 추정과 번복의 측면, 부당성 요건의 판단의 측면, 법 제116조의 적용제외의 측면에서 고려한 바 있다. 대법원은 행정지도가 있었지만 그와 관련한 사업자 간 별도의 합의는 없었다는 점에서 합의의 추정이 번복된 경우[349)]나 행정지도가 있었던 특별한 사정에 의해 공동행위의 부당성이 인정되지 않는다고 판시한 것[350)]과 달리, 행정지도가 개입된 행위라는 이유만으로 법 제116조에 따른 적용제외를 인정한 경우는 아직까지 없었다. 행정지도와 관련해서 대법원은 문제의 공동행위가 행정지도에 따른 것이라고 볼 수 없으며, 관련법의 해당 규정이 자유경쟁의 예외를 구체적으로 인정하고 있는 법률 등에 해당한다고 볼 수도 없다는 점에서 공정거래법 제116조의 적용제외에 해당되지 않는다고 판시하였다.[351)]

법 제116조에서 말하는 '법률 또는 그 법률에 의한 명령에 따라 행하는 정당한 행위'에 관하여 학설은 세 가지로 나뉘는데, "행정작용법상 명확한 법적 근거를 의미한다는 제1설, 행정조직법적 근거 하에 이루어진 행정지도라도 그 내용이 구체적이고 사업자에게 사실상의 구속력이 미쳐야 한다는 제2설, 행정지도는 행정작용법

349) "손해보험사 담합" 판결(대법원 2005.1.28. 선고 2002두12052 판결)의 경우, 대법원은 "행정지도를 기화로 보험료를 동일하게 유지하기로 하는 별도의 합의를 하였다고 볼 자료도 없으므로, 원고들의 행위는 원고들 사이의 의사연락에 의한 것이 아니라고 할 것이니 공동행위의 합의가 있었다는 추정은 번복되었다고 할 것이다."고 보았다. "맥주가격 담합" 판결(대법원 2003.2.28. 선고 2001두1239 판결)에서 대법원은 "재정경제원이나 국세청과 사전협의를 하거나 사전승인을 받도록 하는 법령상의 명문의 규정은 없으나, 국세청이 법에 근거하여 맥주가격인상률을 허용한 점, 국세청은 가격 선도업체와 협의된 사항을 다른 맥주 제조업체에게 제공하고, 다른 업체가 이를 모방한 인상안을 제시하면 그대로 승인하여 온 점, 국세청과의 협의 전이나 후에 별도의 합의를 하지 않은 점 등을 고려하여 합의 추정을 번복하였다."

350) 두 번째의 경우를 보면, "화물 운수회사 담합" 판결의 경우(대법원 2009.7.9. 선고 2007두26117 판결) 대법원은 "공동행위가 법령에 근거한 정부기관의 행정지도에 따라 적합하게 이루어진 경우와 같이 특별한 사정이 있는 경우에는 부당하다고 할 수 없다."고 판시하면서, 원심이 "정부기관의 행정지도가 이 사건 합의 중 컨테이너 운임적용률을 인상한 부분에 대하여도 있었는지 여부"를 판단하지 않았다는 점 등을 들어 원심을 파기환송하였다.

351) 대법원 2009.6.23. 선고 2007두19416 판결; 대법원 2008.12.24. 선고 2007두19584 판결. 특히, 대법원 2012.5.24. 선고 2010두375 판결. 대법원은 "상해보험상품 담합" 판결에서 "금융감독원이 단체보험시장에서 보험료율 적용방식이나 과도한 할인·환급 등으로 인한 문제점을 인식하고 그 대책을 마련하기 위하여 보험사들의 의견을 청취한 사실 등을 인정한 다음, 금융감독원이 이와 같은 의견청취 절차 등을 통하여 이 사건 합의에 관여하기는 하였으나 보험사들로 하여금 이 사건 합의를 할 것을 직접적이고 구체적으로 지시하였다고 할 수 없고, 금융감독원의 보험사들에 대한 감독의 근거가 되는 「보험업법」의 해당 규정들이 자유경쟁의 예외를 구체적으로 인정하고 있는 법률 등에 해당한다고 볼 수도 없으므로, 이 사건 합의가 공정거래법 제58조에 규정된 법령에 따른 정당한 행위에 해당하지 않는다."고 판단하였다.

적 근거를 요하는 것이 아니고, 조직법적 근거만 있으면 적용제외의 대상이 된다는 제3설 등이 있다."[352] 대법원은 "법률 또는 그 법률에 의한 명령에 따라 행하는 정당한 행위'라 함은 당해 사업의 특수성으로 경쟁제한이 합리적이라고 인정되는 사업 또는 인가제 등에 의하여 사업자의 독점적 지위가 보장되는 반면 공공성의 관점에서 고도의 공적 규제가 필요한 사업 등에 있어 자유경쟁의 예외를 구체적으로 인정하고 있는 법률 또는 그 법률에 의한 명령의 범위 내에서 행하는 필요·최소한의 행위를 말한다."고 판시한 점에서 제1설에 가깝다.[353]

「행정지도가 개입된 부당한 공동행위에 대한 심사지침」[354]에 따르면, ① 행정기관이 법령상 구체적 근거 없이 사업자들의 합의를 유도하는 행정지도를 한 결과 부당한 공동행위가 행해졌다 하더라도 그 부당한 공동행위는 원칙적으로 위법하다(동 지침 Ⅲ. 1.). ② 다른 법령에서 사업자가 법 제40조 제1항 각호의 1에 해당하는 행위를 하는 것을 구체적으로 허용하고 있는 경우이거나 다른 법령에서 행정기관이 사업자로 하여금 법 제40조 제1항 각호의 1에 해당하는 행위를 하는 것을 행정지도할 수 있도록 규정하고 있는 경우로서, 그 행정지도의 목적, 수단, 내용, 방법 등이 근거법령에 부합하고, 사업자들이 그 행정지도의 범위 내에서 행위를 한 경우 법 제116조의 적용제외에 해당한다(동 지침 Ⅲ. 2.). ③ 사실상 구속력이 있는 행정지도가 부당한 공동행위의 동인이 된 경우에 한하여 과징금 감경사유가 될 수 있다(동 지침 Ⅲ. 3.). ④ 행정기관이 사업자들에게 개별적으로 행정지도를 한 경우, 사업자들이 이를 기화로 제40조 제1항 각호의 1에 해당하는 사항에 관하여 별도의 합의를 한 때에는 부당한 공동행위에 해당한다(동 지침 Ⅳ. 1.). ⑤ 행정지도에 사업자들이 개별적으로 따른 경우에는 부당한 공동행위에 해당하지 않는다(동 지침 Ⅳ. 2.).

이처럼 행정지도에 따른 공동행위에 대하여 매우 엄격한 요건을 충족하는 경우에만 이를 공정거래법의 적용에서 제외하는 이유는, 행정지도란 비권력적 사실행위로서 사업자의 임의적 협력을 기다려 행정목적을 실현하기 위한 것이므로 사업자에게는 그에 따를 의무가 있는 것도 아니고, 그에 따른 공동행위라도 경쟁제한

352) 최재준, "행정지도와 공정거래법의 적용제외", 경쟁저널 제133호, 2007에 따르면, 제1설을 지지하는 견해로는 이기수, 유진희, 이호영, 임영철 등, 제2설의 경우 정호열, 제3설의 경우 이원우를 소개하고 있다.

353) 대법원 2012.5.24. 선고 2010두375 판결.

354) 공정거래위원회 예규 제391호, 2021.12.28. 개정.

적인 효과 면에서는 본질적으로 차이가 없기 때문이다. 이는 행정청의 재량이 법률상의 금지에 우선할 수 없는데서 오는 당연한 결과이다.

[보론] 노어면제 이론

판례[355]는 정부의 정책 또는 법집행에 영향력을 행사하기 위한 사업자의 행위가 헌법상의 표현의 자유 및 청원권의 행사로 인정된다는 이유만으로 공정거래법의 적용이 배제될 수 없다는 태도를 취함으로써, 미국의 판례 법리인 '노어면제 이론'(Noerr-Pennington Immunity Doctrine)의 수용에 신중한 입장을 보이고 있다.

대의제 정부의 원칙에 근거하여 1960년대 미국 판례[356]에 의해 인정되고 있는 노어면제 이론은 정부 입법·정책 등에 영향력을 행사하기 위한 로비활동 등의 노력은 그 의도와 목적이 경쟁을 제한하기 위한 것이라 해도 독점금지법의 적용을 제외한다는 법리이다.

[보론] 행정지도와 부당한 공동행위의 관계

1. 쟁점의 정리

관할 행정관청이 고유한 행정목적을 달성하기 위하여 가격이나 생산량 등에 관한 행정지도를 하고, 사업자들이 동 행정지도를 이행하는 과정에서 부당한 공동행위로 나아간 경우에 발생하는 법적 쟁점은 법 제40조 제1항의 요건체계상 다음과 같이 정리할 수 있다.[357]

첫째, 사업자들이 행정지도에 따라 각자 행위로 나아간 결과 설사 외관상 행위의 일치가 발생하더라도 행정지도를 빌미로 별도의 합의를 하지 않는 한 '합의'요건은 충족되지 않는다. 공정거래위원회가 행위의 일치와 정황증거를 들어 합의를 추정한 경우라도 사업자가 단순히 각자 행정지도를 이행한 결과임을 보이는 경우에는 합의추정이 복멸될 수 있다.

355) 대법원 2012.5.24. 선고 2010두375 판결.

356) Eastern R.R. President Conference v. Noerr Motor Freight Inc., 365 U.S. 127(1961); Mine Workers v. Pennington, 381 U.S. 657(1965).

357) 법 제116조의 적용제외 여부는 위 2. 참조.

둘째, 행정지도를 포함하여 특정 산업규제법에 따라 문제된 시장에서 사실상 경쟁이 존재하지 않는다면, 사업자들 사이에는 경쟁의 자유 내지 경쟁의 여지가 없는 것이고 설사 외관상 경쟁을 제한하는 합의가 존재하더라도 경쟁제한성을 인정할 수 없다. 사견으로는 이 경우에는 사업자들 간의 합의와 경쟁제한효과 사이에 인과관계도 인정할 수 없게 된다.

셋째, 설사 합의가 성립하고 그에 따른 경쟁제한성이 인정되더라도 마지막으로 그것이 법령에 근거한 행정기관의 행정지도에 따라 적합하게 이루어진 경우에는 부당성이 조각될 수 있다. 「행정지도가 개입된 부당한 공동행위에 대한 심사지침」은 동 요건을 법 제116조의 적용제외에 해당하는 것으로 서술하고 있으나, 판례가 언급한 부당성 조각사유로서 특별한 사정의 하나로 이해하는 것이 타당하다. 판례에 따르면 행정지도를 근거로는 법 제116조의 적용제외가 원천적으로 불가능하기 때문이다.

끝으로 행정지도가 개입된 공동행위가 부당하게 경쟁을 제한하는 것으로 판단되는 경우에 순수하게 사업자들이 독자적으로 공동행위로 나아간 경우에 비하여 책임을 감경할 필요가 있다.

2. 몇 가지 쟁점에 대한 추고(追考)

(1) 행정지도의 적법성

적법한 행정지도에 따른 경우에 원칙적으로 적용제외를 인정하여야 한다는 견해가 있다. 행정지도가 개입된 공동행위에 대하여 위법성이나 책임성 면에서 차별화가 필요하다는 입장은 공히 문제된 행정지도가 적법한 경우를 상정하고 있는 것으로 보인다. 행정지도에 조직법적 근거가 있으면 족하다거나[358] 행정지도에는 대부분 법적 근거가 없는 것이 당연하고 필요하다는 견해도 이와 맥락을 같이 한다. 그런데 행정지도의 적법성은 바로 그 개념에서 도출될 수 있으며, 법령에 근거가 있는지 여부는 논의의 실익이 별로 없어 보인다.

행정절차법상 행정지도란 "행정기관이 그 소관사무의 범위 안에서 일정한 행정목적을 실현하기 위하여 특정인에게 일정한 행위를 하거나 하지 아니하도록 지도·권고·조언 등을 하는 행정작용"이고(법 제2조 제3호), 여기서 행정지도의 적법성 여부는 세 가지 개념요소에 부합하는지에 따라 좌우됨을 알 수 있다. 즉, ①

358) 김동희, 행정법강의 I 제23판, 박영사, 2017, 207면; 김성수, 일반행정법(제8판), 홍문사, 2018, 427면.

행정지도가 그 소관사무의 범위를 벗어나서 이루어지거나, ② 법령이 정한 정당한 행정목적을 실현하기 위한 것으로 볼 수 없거나 또는 목적 실현의 수단으로서 과도하거나 ③ 지도·권고 등 비권력성 내지 임의성이 없는 경우에 그러한 행정지도는 적법하다고 볼 수 없는 것이다.

나아가 행정절차법이 행정지도가 그 목적달성에 필요한 최소한도에 그쳐야 하고, 행정지도의 상대방의 의사에 반하여 부당하게 강요하여서는 안 되며, 행정기관이 행정지도의 상대방이 행정지도에 따르지 아니하였다는 것을 이유로 불이익한 조치를 하여서는 안 된다는 기본원칙을 명정하고 있는 것도 이와 같은 맥락에서 이해할 수 있다. 그리고 행정절차법을 위반한 행정지도, 이를테면 사실상 강제력이 있는 행정지도라면 그 적법성을 인정하기 어려울 것이다.[359)]

(2) 산업규제법과 경쟁법의 충돌

행정지도가 개입된 공동행위의 문제는 특정 산업분야를 규제하는 행정기관 내지 산업규제기관이 산업발전이나 해당 기업의 존속, 이용자보호 등을 목적으로 행정지도를 행하는 경우에 흔히 발생한다. 통신산업의 경우 「전기통신사업법」은 각종 통신시장에서 유효경쟁을 조성하고 촉진하기 위하여 단기적으로는 경쟁제한적인 규제를 허용하기도 한다. 여기서 행정지도에 의한 담합을 산업규제법과 공정거래법, 산업규제기관과 공정거래위원회의 이중규제와 충돌의 산물로 이해하고, 그에 따른 리스크를 사업자에게만 부담시키는 것은 불합리하다는 주장이 나오게 된다.[360)] 미국 판례법상 묵시적 적용제외이론을 원용하고자 하는 것도 마찬가지이다.[361)]

그런데 산업규제법과 경쟁법이 명백히 충돌하거나 모순되는 경우를 전제로 전자(특별법)의 우선적용이나 양자의 비교형량을 통한 법적용을 주장하는 견해는 몇 가지 점에서 타당하지 않다. 첫째, 산업규제법은 특정 산업에 속하는 사업자에만 적용되는 반면 공정거래법은 모든 사업자에게 적용된다는 점에서 양자를 특별법－일반법의 관계로 보아 행정지도에 따른 공동행위가 전자의 목적을 달성하기 위한 것이라면, 특별법우선의 원칙에 따라 공정거래법은 적용하지 말아야 한

359) 이문지, "행정지도와 공정거래법의 적용제외 및 부당한 공동행위의 성립요건", 경영법률 제16권 제1호, 2005, 662면.

360) 박세민, "금융감독당국의 행정지도에 따른 보험회사의 공동행위에 대한 공정거래법 제19조 해석에 관한 연구", 고려법학 제88호, 2018, 195면; 유성희·장교식, "공정거래법상 행정지도에 따른 부당한 공동행위에 대한 법적 검토", 법학연구 제16권 제1호, 2016, 87면.

361) 신석훈, "행정지도와 카르텔 적용제외", 카르텔 종합연구(하), 한국경제연구원, 2010, 152면 이하.

다는 주장은 동 원칙을 잘못 이해하고 있다. 동 원칙은 특별법과 일반법이 공히 적용되는 결과 법률효과가 상충되는 경우에 이를 조절하기 위한 것인데, 후술하는 바와 같이 실무상 양자가 충돌하는 경우란 흔치 않고, 그러한 충돌상황에 대비한 것이 공정거래법 제116조인 것이다.

둘째, 양자가 명백히 충돌한다는 것, 이른바 '법의 충돌'(conflict of laws)은 사업자가 규제법령과 공정거래법을 모두 준수하는 것이 불가능한 상황을 의미한다. 이러한 상황은 현실에서 거의 찾아보기 어려우며, 적용제외에 관하여 대법원이 설시하고 있는 지극히 예외적인 법률이 바로 여기에 해당할 것이다. 즉, 법 제58조는 미국의 '묵시적 적용제외이론'에 상응하는 조항(counterpart)으로 이해하여야 한다. 산업규제법과 경쟁법의 충돌 시 어느 법을 적용하는 경우에 경제적 효율성이 더 큰지, 다시 말해서 경쟁촉진이라는 목적을 어느 법이 효율적으로 달성할 수 있는지를 기준으로 판단하자는 제안[362]은 효율성 개념의 모호함, 누가 어떻게 각각의 효율성을 비교형량 할 것인지 정하기 어려운 점 등을 감안할 때 법적 안정성을 해할 우려가 매우 크다는 점에서 수용하기 어렵다.

362) 정하윤·강재규, "행정지도와 부당한 공동행위의 상호관계와 그 구별기준", 상사판례연구 제32집 제1권, 2019, 437면 이하. 양자가 충돌하지 않는 경우에도 '효율성' 기준에 따라 적용법률을 정하는 것이 바람직하다고 하나, 필자의 표현대로 양자가 공존할 수 있는 경우라면 굳이 공정거래법을 적용하지 않을 이유가 없게 된다.

제 5 절 제 재

공정거래위원회는 동법에 위반하는 부당한 공동행위를 하는 사업자에 대하여, 당해 행위의 중지, 법위반사실의 공표, 기타 시정을 위하여 필요한 조치를 명할 수 있으며(법 제42조), 이러한 시정조치에 응하지 아니한 사업자에 대하여는 2년 이하의 징역 또는 1억5천만 원 이하의 벌금에 처한다(법 제125조 제1호). 그리고 동법을 위반하는 부당한 공동행위가 있는 경우에는 공정거래위원회가 그 사업자에게 대통령령으로 정하는 매출액(관련매출액)에 100분의 20을 곱한 금액을 초과하지 아니하는 범위 안에서 과징금을 부과할 수 있다. 다만, 매출액이 없는 경우 등에는 40억 원을 초과하지 아니하는 범위 안에서 과징금을 부과할 수 있다(법 제43조, 영 제50조). 구법 상 과징금 부과의 상한액으로는 부당한 공동행위에 대한 부당이득 환수가 충분하지 않아 담합이 반복되는 유인으로 작용한다는 비판에 따라, 2020년 전부개정법은 과징금 부과상한을 2배 상향하였다.

한편, 공동행위의 기간을 어떻게 산정하느냐는 과징금을 부과하거나 형사적 제재를 가하거나 손해배상에 있어서 손해액을 산정하는데 중요한 전제가 된다. 다수의 판결에서도 부당한 공동행위에 대한 과징금부과 기준요소인 위반행위기간을 확정하기 위한 공동행위의 실행개시일과 종료일이 언제인가에 대한 다툼이 많았다. 특히 공동행위의 종기의 경우에는 시정명령, 과징금 부과처분의 처분시효와, 형사처벌의 공소시효의 기산점이 되고, 과징금 산정 시 관련매출액 산정의 기준이 되며, 나아가 자진신고자로서 지위를 인정할 전제가 된다.[363]

Ⅰ. 행정적 제재

1. 제재연혁

공정거래위원회는 행정적 제재로서 시정조치와 과징금을 부과할 수 있다. 담합에 대한 과징금의 부과는 1986년 제1차 법개정[364]으로 공정거래법에 도입되었다.

363) 양대권·김대영, “부당한 공동행위의 시효와 관련된 실무상 쟁점”, 경쟁과 법 제5호, 서울대학교 경쟁법센터, 2015, 23면.

364) 1986.12.31. 개정, 법률 제3875호. 구법 제11조 제1항에서는 “사업자는 계약·협정·결의 기타 어떠

과징금은 부당이득의 환수와 행정제재벌적 성격을 동시에 겸비하고 있다.

공정거래위원회는 동법의 시행 당초부터 1987년까지는 주로 시정권고라고 하는 미온적인 방법을 이용해오다가, 1988년부터는 보다 강력한 시정명령을 활용하였다. 이것은 여러 가지 의미로 이해할 수 있지만, 당초 공정거래위원회의 의도는 사업자들이 새로운 제도에 적응할 때까지는 시정권고를 통하여 사업자들이 동 제도에 위반하지 않도록 지도해오다가, 동 제도가 어느 정도 정착된 뒤에는 보다 강력한 시정명령을 통하여 이에 위반한 사업자들을 적극 규제하려고 한 것이 아닌가 생각된다. 그리고 공정거래위원회가 부당한 공동행위를 금지하기 위하여, 1988년에 이르러 부당한 공동행위를 한 사업자에게 상당한 금액의 과징금을 부과한 것은 부당한 공동행위를 강력하게 규제하겠다는 의지를 표명한 획기적인 사례로 평가되고 있지만, 과징금의 부과는 1988년에 단 1건 밖에 없었다. 과징금 부과기준은 2004년 제11차 법개정[365]을 통하여 부과상한이 매출액 대비 5%에서 10%로, 상한액도 10억 원에서 20억 원으로 상향되었다.

공정거래위원회의 연간 통계연보[366]를 살펴보면, 10년 정도의 단위로 구분해 볼 때 행정적 제재의 건수도 점차 증가하여 온 것을 알 수 있다. 1981년부터 2019년까지의 공정거래위원회가 부당공동행위에 대하여 내린 총 시정실적은 1,475건이고, 시정명령이 821건(55.6%), 이 중 과징금이 521건(35.3%)이고, 시정권고가 48건(3.3%), 경고가 323건(21.9%), 자진시정이 69건(4.7%)이었다. 1981년부터 1995년까지 15년간 공정거래위원회의 부당한 공동행위 시정실적은 총 140건이었는데, 시정명령이 내려진 경우는 44건, 이 중 과징금의 경우는 11건이었고, 시정권고의 경우 32건, 경고의 경우 61건이었다. 이후 1996년부터 2005년까지 10년의 연혁을 보면, 시정명령을 내린 건수는 350건으로 증가하였고, 이 중 과징금이 부과된 경우도 142건에 달하였다. 2006년부터 2019년까지 13년간의 시정명령의 경우는 752건으로 증가하였고 과징금의 경우 393건이 부과되었다.

또한 위반유형별 공정거래위원회의 시정실적[367]을 살펴보면, 가격에 관한 합

한 방법으로도 다른 사업자와 공동으로 일정한 거래분야에서 경쟁을 실질적으로 제한하는 다음 각호의 1에 해당하는 행위(이하 "부당한 공동행위")를 하여서는 아니 된다."고 하였다.

365) 1996.12.30. 개정, 법률 제5235호.

366) 공정거래위원회, 2019년도 통계연보, 61면.

367) 공정거래위원회, 위의 자료, 62면.

의가 가장 많고 다음으로는 입찰담합에 관한 것이었다. 1981년부터 2019년까지, 총 1,475건 중 가격의 공동결정 유지행위의 경우 717건(48.6%), 판매조건 합의는 30건(2%), 생산출고 제한합의는 34건(2.3%), 거래지역·상대방제한합의는 70건(4.7%), 종류규격 제한합의는 4건(0.3%), 공동회사 설립의 경우는 39건(2.6%), 사업활동제한의 경우는 61건(4.1%), 입찰담합의 경우는 520건(35.3%)에 달하였다.

과징금의 액수에 관한 통계[368]를 살펴보면, 10년 정도를 단위로 하여 볼 때, 시정조치 및 과징금의 부과건수가 점차 증가하여온 것처럼 부과된 과징금 금액의 규모도 높은 수준으로 증가하여왔다. 1988년부터 2019년까지 부당한 공동행위로 공정거래위원회가 부과한 과징금의 총액수는 6조 9,230억 8,200만 원인데, 이는 공정거래법 위반에 대한 과징금 부과건수 중 32.5%에 달하고, 금액의 규모로는 83.6%에 이른다. 1988년부터 1995년까지 15년간 부당한 공동행위 위반에 대하여 과징금은 44억 4,600만 원이 내려졌는데, 1996년부터 2005년까지 7,517억 3,000만 원이 부과되었고, 2006년부터 2019년까지 5조 1,668억 5,600만 원이 부과되었다.

2. 시정조치

공정거래법 제42조는 "공정거래위원회는 부당한 공동행위가 있을 때에는 당해 사업자에 대하여 해당 행위의 중지, 시정명령을 받은 사실의 공표 또는 그 밖에 필요한 시정조치를 명할 수 있다."고 규정하고 있다. 공정거래위원회가 내릴 수 있는 시정조치의 구체적인 범위는 어디까지에 관한 해석론이 중요한 문제가 된다. 이하에서는 '그 밖에 필요한 시정조치'의 해석과 그에 해당할 수 있는 구체적인 명령의 범위를 살펴보고자 한다.

첫째로, 동조의 '그 밖에 필요한 시정조치'(구법상 '기타 시정을 위한 필요한 조치')라는 문언의 해석에 관하여, 대법원은 "밀가루 담합" 판결[369]에서 "이 조항의 문언 내용, 공정거래법에 의한 시정명령이 지나치게 구체적인 경우 매일 다소간의 변형을 거치면서 행해지는 수많은 거래에서 대응성이 떨어져 결국 무의미한 시정명령이 되므로 시정명령은 그 속성상 다소간의 포괄성·추상성을 띨 수밖에 없다는 점, 시정명령의 내용은 과거의 위반행위에 대한 중지는 물론 가까운 장래에 반복될 우

368) 공정거래위원회, 2019년도 통계연보, 36면.

369) 대법원 2009.6.11. 선고 2007두25138 판결; 대법원 2009.5.28. 선고 2007두24616 판결.

려가 있는 동일한 유형의 행위의 반복금지까지 명할 수는 있는 것으로 해석함이 시정명령제도의 취지에 부합한다는 점 등에 비추어 보면, 위 조항에 정한 '기타 시정을 위한 필요한 조치'에는 행위의 중지뿐만 아니라 그 위법을 시정하기 위하여 필요하다고 인정되는 제반 조치가 포함된다고 할 것이다."고 판시하면서, "제분회사들이 상호 정보교환을 통하여 부당한 공동행위를 하기에 이른 경우에 공정거래위원회는 그 공동부당행위의 시정을 위하여 필요하다면 사업자들에 대하여 정보교환 금지명령을 할 수 있는 것이고, 이 경우 이와 같은 정보교환 금지명령이 공정거래법 제21조에 정한 필요한 조치로서 허용되는지는 그 정보교환의 목적, 관련시장의 구조 및 특성, 정보교환의 방식, 교환된 정보의 내용, 성질 및 시간적 범위 등을 종합적으로 고려하여 판단하여야 하며, 시정명령의 속성상 다소간 포괄성·추상성을 띨 수밖에 없다 하더라도, 정보교환 금지명령은 금지되어야 하는 정보교환의 내용이 무엇인지 알 수 있게 명확하고 구체적이어야 하고, 당해 위반행위의 내용과 정도에 비례하여야 할 것이다."고 판시하였다.

그 밖에 판례에 따르면 공정거래위원회는 가까운 장래에 반복될 우려가 있는 "동일한 유형의 행위"에 대하여 반복금지명령을 내릴 수 있는바,[370] 구체적인 사례에서는 이른바 '동일성'의 범주를 어떻게 판단할 것인지가 관건이 된다. 대법원은 대체로 "동일한 유형의 행위를" 넓게 해석함으로써 반복금지명령을 가급적 용인하는 태도를 취하고 있는바, 장차 법위반이 될 수 있는 행위를 미연에 방지하기 위한 시정명령 부과조차 가능한 것으로 해석될 소지가 있고, 무엇보다 사업자가 장래에 그러한 행위를 범한 경우에는 시정명령 불이행으로서 형사벌에 처해질 수 있다는 점에서 신중을 요한다.[371]

둘째로, '그 밖에 필요한 시정조치'로서 가격담합 사건에서 공정거래위원회가 가격을 원래의 수준으로 회복하도록 하거나 경쟁수준으로 인하하도록 명령을 내릴 수 있는지가 문제가 될 수 있는데, 가격인하명령은 허용되지 않는다고 보는 것이 타당하며, 이것이 통설이다.[372] 가격이 인상된 경우 공정거래위원회는 그에 관한

370) 대법원 2003.2.20. 선고 2001두5347 전원합의체 판결; 대법원 2010.11.25. 선고 2008두23177 판결; 대법원 2015.9.10. 선고 2014두11113 판결 등.

371) 신영수, "공정거래법 위반 사업자에 대한 시정조치의 허용범위", 법경제학연구 제14권 제2호, 2017, 291면 이하. 여기서는 불공정거래행위에 대한 시정조치를 규정한 법 제49조와 마찬가지로 부당한 공동행위의 경우에도 "재발방지를 위한 조치"를 명시적으로 도입할 것을 제안하고 있다.

372) 권오승(제13판), 311면; 권오승·서정(제4판), 388면; 신동권(제3판), 586면; 양명조(제8판), 246면;

합의가 무효라고 결정하고 당해행위를 금지하는 명령을 내릴 수 있지만, 가격을 인하하는 명령은 내릴 수 없는 이유가 사업자들의 가격 결정 자체에 공정거래위원회가 개입하여 시장의 기능을 왜곡할 수 있기 때문이다.[373] 「공정거래위원회의 시정조치 운영지침」(이하 "시정조치 운영지침")[374]에 따르면, 공정거래위원회는 시정조치로서 작위와 부작위에 관한 명령을 내릴 수 있다고 하면서, 작위명령의 하나로서 독자적 가격재결정 명령을 내릴 수 있다고 한다. 즉, ① 공정거래법 제40조 제1항이 적용되는 명백한 합의가 있고, ② 최종 심의일까지 그 합의가 종료되지 않아 부당한 공동행위가 유지되고 있으며, ③ 부당한 공동행위에 있어 공동행위가 관행화되어 있거나 시장구조가 과점화되어 있어 향후 공동행위의 재발가능성이 크며, ④ 가격공동행위의 기간이 장기간에 걸쳐 있어서, 합의에 의한 가격결정·유지·변경행위의 중지를 구체적인 작위명령으로 명할 필요가 있는 제한적인 경우에 가격재결정명령을 내릴 수 있는 것이다(시정조치 운영지침 Ⅶ. 2. 라.). 이와 같은 독자적 가격재결정 명령은 가격인하명령과 다르다.[375]

셋째로, 시정조치와 관련하여 참가사업자들이 공동행위를 합의한 후 이를 철회하거나 무효로 됨으로써 이미 소멸한 경우에도 시정조치를 내릴 수 있는지에 관해서는 학설이 나누어진다. 공정거래위원회가 합의파기명령을 자주 내리고 있음에도 불구하고 처음부터 무효인 합의를 파기하라는 명령은 논리적으로 맞지 않다는 견해[376]와, 사법상 당연무효(當然無效)임에도 실제 합의가 폐기되고 종결하게 되는 상태와는 다르기 때문에 이는 가능하다는 견해가 있다.[377] 시정조치 운영지침[378]과

이호영(제6판), 269면; 정호열(제6판), 361–362면; 홍대식, "카르텔 규제의 이론과 실제", 경쟁법연구 제12권, 2005, 97면.

373) 권오승(제13판), 311면.

374) 공정거래위원회 예규 제380호, 2021.12.30. 개정.

375) 이호영(제6판), 269–270면.

376) 권오승(제13판), 310면.

377) 정호열(제6판), 362면.

378) 동 운영지침 Ⅶ. 2. 나목에 따르면, 공정거래위원회는 예를 들어 법 제40조 제1항이 적용되는 명백한 합의가 있고, 최종 심의일까지 그 합의가 종료되지 않아 부당한 공동행위가 유지되고 있으며, 공동행위가 관행화되어 있어 합의파기라는 외형적 행위를 통해 법 위반행위를 효과적으로 종료시킬 필요가 있거나 법 위반행위를 억지할 필요가 있는 경우에 '합의파기명령'을 명할 수 있다. 합의파기 방식은 피심인 각자가 이사회 등의 공식적인 최고 의결기구의 의결을 통해 '사업자 간의 합의를 파기하며, 향후 독자적으로 의사결정을 하겠다.'는 취지로 합의파기 의사를 확인하고 그 결과를 회의록에 기재하는 한편, 공동행위에 참가한 다른 피심인 및 관련 있는 자에게 이를 통지하게 할 수 있다.

실무, 판례는 후자와 같은 적극설을 취하고 있는데, 이는 일응 타당하다. 소극설을 지지하는 견해 역시 합의가 법적으로는 무효이나 사실상의 구속력을 가지고 있고, 독과점화 되어 있는 시장에서 사법적 효력을 부인하는 것만으로는 경쟁을 회복할 수 없는 현실적인 이유에서 합의의 파기명령이 이루어지고 있다는 점에서 이견이 없다.[379)]

넷째로, 정보교환을 금지하는 명령의 허용 여부이다. 금지되는 정보교환의 구체적인 내용을 특정하지 아니한 금지명령과 관련되어 문제된 바 있다. 일찍이 대법원은 정보교환의 목적, 관련시장의 구조 및 특성 정보교환의 방식, 교환된 정보의 내용, 성질 및 시간적 범위 등을 종합적으로 고려하여 그러한 조치가 필요한지 여부를 판단하여야 한다고 판시하면서, 정보교환 금지명령은 금지되어야 하는 정보교환의 내용이 무엇인지 알 수 있도록 명확하고 구체적이어야 한다는 태도를 취하고 있다.[380)] 2020년 법개정으로 가격 등 정보의 교환을 내용으로 하는 합의가 명문으로 금지되었으므로, 향후 동 조치의 중요성은 더욱 커질 것으로 예상된다.

다섯째, 영업의 주요부문을 공동으로 수행하거나 관리하기 위하여 회사를 설립한 경우에 공정거래위원회는 어떤 시정조치를 내릴 수 있는지가 문제될 수 있다. 이 경우 공정거래위원회는 설립등기를 하기 전이라도 정관(定款)이 작성된 경우에는 설립절차의 중지를 명하는 조치를 할 수 있으나, 이미 설립등기를 마치고 회사가 설립된 후에 설립무효의 소를 제기할 수는 없다는 견해가 있었다.[381)] 이 경우 법문상 공정거래위원회가 설립무효의 소를 제기할 수 없음에는 의문의 여지가 없다. 문제는 이미 회사가 설립된 경우에는 어떤 시정조치를 내릴 수 있는가에 관한 것이다. 종래 공정거래위원회는 이 경우 회사의 해산 및 청산을 명하고 있다. 공동행위로서 회사의 설립 그 자체가 문제되는 경우에 그 시정을 위해서는 설립된 회사를 다시 해소하는 방법이 가장 원칙적인 방법일 수는 있다. 그러나 회사의 설립에는 당사자는 물론이고 다수의 제3자의 이해관계가 얽혀있게 마련이며, 이미 회사를 설립하여 사업활동을 수행하고 있던 경우에는 수많은 거래관계를 통하여 형성된 제3자의 신뢰를 고려하지 않으면 안 된다.

한편, 입찰담합의 경우에는 「건설산업기본법」상 공정거래위원회로부터 과징금

379) 권오승(제13판), 310－311면.
380) 대법원 2009.6.11. 선고 2007두25138 판결.
381) 손주찬, 신공정거래법, 법경출판사, 1990, 186면.

부과처분을 받고 그 처분을 받은 날부터 3년 이내에 동일한 사유에 해당하는 위반행위를 하여 다시 2회 이상 과징금 부과처분을 받은 경우에 국토교통부장관은 건설업 면허를 말소하도록 규정하고 있다(동법 제83조 제13호).

3. 과징금

가. 부과기준

(1) 개 관

공정거래법 제43조는 법 제40조에 위반하는 부당한 공동행위가 있는 경우에는 당해 사업자에 대하여 매출액의 20% 이내, 매출액이 없는 경우에는 40억 원 이내에서 과징금을 부과할 수 있도록 규정하고 있다. 과징금의 부과기간은 당해 위반행위가 있은 날로부터 그 행위가 없어진 날까지로 하고, 그 금액은 그 기간 동안의 당해 사업자의 매출액에 100분의 1을 곱한 금액을 초과하지 못한다. 이때 위반사업자의 귀책사유를 묻지 않는다.[382] 시행령 제50조와 관련하여 [별표 6]에서는 위반행위의 과징금 부과기준을 규정하고 있다.[383] 부당한 공동행위의 경우 관련매출액에 100분의 20을 곱한 금액의 범위에서, 관련매출액에 중대성의 정도별로 정하는 부과기준율을 곱하여 산정하는데, 관련매출액을 산정하기 곤란한 경우 등에는 40억 원 이내에서 중대성의 정도를 고려하여 산정한다고 한다(영 [별표6] 2. 가. 표의 3) 가)).

「과징금부과 세부기준 등에 관한 고시」(이하 "과징금 고시")[384]는 위반행위 유형별 산정기준에 따라 부당한 공동행위에 관한 과징금 산정기준을 마련하고 있다. 기본과징금 산정에 관한 내용을 살펴보면, 우선, 관련매출액에 위반행위 중대성의 정도별 부과기준율을 곱하여 산정기준을 정한다(과징금 고시 Ⅳ. 1. 라. 1) 가)).

---

382) 이와 달리 독일의 경우 과징금은 사업자에게 고의가 있는 경우에 한하여 부과될 수 있으며, 참가사업자들이 이미 카르텔의 실행에 착수하였을 것과 당해 계약과 참가사업자들의 행위사이에는 인과관계가 있을 것을 요건으로 한다(경쟁제한방지법 제38조 제1항 제1호).

383) 그에 따르면, 과징금은 법 제102조 제1항 각 호에서 정한 사유와 이에 영향을 미치는 사항을 고려하여 산정하되, 위반행위 유형에 따른 기본 산정기준에 위반행위의 기간 및 횟수 등에 따른 조정, 위반사업자의 고의·과실 등에 따른 조정을 거쳐 부과과징금을 산정한다. 기본 산정에 있어서는 위반 행위의 중대성 정도를 '중대성이 약한 위반행위', '중대한 위반행위', '매우 중대 한 위반행위'로 구분한다. 다음으로 위반행위의 기간 및 횟수 등에 따른 1차 조정과 위반사업자의 고의·과실 등에 따른 2차 조정을 거쳐야 한다. 마지막으로 사업자의 현실적 부담능력이나 그 위반행위가 시장에 미치는 효과, 그 밖에 시장 또는 경제여건 및 법 제102조 제1항 제3호에 따른 위반행위로 취득한 이익의 규모 등을 고려하여 최종적으로 부과과징금을 결정한다.

384) 공정거래위원회 고시 제2021-50호, 2021.12.29. 개정.

중대성의 정도	기준표에 따른 산정점수	부과기준율
매우 중대한 위반행위	2.6 이상	15.0% 이상 20.0% 이하
	2.2 이상 2.6 미만	10.5% 이상 15.0% 미만
중대한 위반행위	1.8 이상 2.2 미만	6.5% 이상 10.5% 미만
	1.4 이상 1.8 미만	3.0% 이상 6.5% 미만
중대성이 약한 위반행위	1.4 미만	0.5% 이상 3.0% 미만

또한 과징금 고시는 시행령 제13조 제3항 각 호의 어느 하나에 해당하는 경우에는 위반행위 중대성의 정도별 부과기준금액의 범위 내에서 산정기준을 정하도록 한다(과징금 고시 Ⅳ. 1. 라. 1) 라)).

중대성의 정도	기준표에 따른 산정점수	부과기준금액
매우 중대한 위반행위	2.6 이상	30억 원 이상 40억 원 이하
	2.2 이상 2.6 미만	22억 원 이상 30억 원 미만
중대한 위반행위	1.8 이상 2.2 미만	15억 원 이상 22억 원 미만
	1.4 이상 1.8 미만	8억 원 이상 15억 원 미만
중대성이 약한 위반행위	1.4 미만	1천만 원 이상 8억 원 미만

대법원은 2015년 “지에스건설” 판결[385)]에서 “공정거래위원회는 공정거래법 위반행위에 대해 과징금을 부과할 것인지 여부와 만일 과징금을 부과할 경우 공정거래법령이 정하고 있는 일정한 범위 안에서 과징금의 액수를 구체적으로 얼마로 정할 것인지에 관하여 재량을 가지고 있고, 다만 이러한 재량을 행사할 때 과징금 부과의 기초가 되는 사실을 오인하였거나 비례·평등의 원칙에 위배되는 등의 사유가 있다면 이는 재량권의 일탈·남용으로서 위법하게 된다.”[386)]고 판시하였다. 나아가 공정거래위원회의 과징금 납부명령 등이 재량권 일탈·남용으로 위법한지 여부는 다른 특별한 사정이 없는 한 과징금 납부명령 등이 행하여진 ‘의결일’ 당시의 사실상태를 기준으로 판단하여야 한다.

385) 대법원 2015.5.28. 선고 2015두36256 판결.
386) 대법원 2011.7.14. 선고 2011두6387 판결 등 인용.

(2) 관련상품 또는 용역

관련상품의 범위는 참가사업자들이 맺은 합의를 기준으로 판단하되, 과징금 고시의 원칙에 따른다. 즉, 관련상품은 "위반행위로 인하여 직접 또는 간접적으로 영향을 받는 상품의 종류와 성질, 거래지역, 거래상대방, 거래단계 등을 고려하여 행위유형별로 개별적·구체적으로 판단하되, 해당 위반행위로 인하여 거래가 실제로 이루어지거나 이루어지지 아니한 상품이 포함된다(과징금 고시 Ⅱ. 5. 나. 1))." 이러한 방법으로 "관련상품의 범위를 정하기 곤란한 경우에는 해당 위반행위로 인하여 직접 발생하였거나 발생할 우려가 현저하게 된 다른 사업자(사업자단체를 포함)의 피해와 연관된 상품을, 다른 사업자의 직접적 피해가 없는 경우에는 소비자의 직접적 피해와 연관된 상품을 관련상품으로 볼 수 있다(과징금 고시 Ⅱ. 5. 나. 2))."

"관련상품의 범위를 결정할 때에는 통계청장이 고시하는 「한국표준산업분류」상 5단위 분류 또는 해당 사업자의 품목별 또는 업종별 매출액 등의 최소 회계단위를 참고할 수 있다(과징금 고시 Ⅱ. 5. 나. 3))." 다만, "합의에 포함되지 아니한 경우에도 실질적 거래관계와 시장상황 등에 비추어 보아 일정한 거래분야에서 경쟁제한 효과가 미친 상품이 있을 경우에는 이를 포함할 수 있다(과징금 고시 Ⅳ. 1. 라. 1) 나))." 합의일과 실행행위일이 상이한 경우 공정거래위원회는 일관된 태도를 보이지 않고 있는 반면, 법원은 3월에 합의가 이루어지고 6월에 실행된 공동행위의 경우 합의일부터 관련매출액을 산정한 바 있다.[387)]

나. 입찰담합의 경우

한편, 입찰담합의 경우에는 과징금 산정기준이 매출액이 아니라 계약금액 등이라는 차이가 있다.[388)] 과징금 고시에 따르면, 경락 및 낙찰이 되어 계약이 체결된 경우에는 계약금액을, 낙찰은 되었으나 계약이 체결되지 아니한 경우에는 낙찰금액을, 낙찰이 되지 아니한 경우에는 예정가격(예정가격이 없는 경우에는 응찰금액)을, 예상물량만 규정된 납품단가 입찰에 대해서는 낙찰이 되어 계약이 체결된 경우에는 심의일 현재 발생한 매출액을, 낙찰은 되었으나 계약이 체결되지 아니한 경우에는 낙찰단가에 예상물량을 곱한 금액을, 낙찰이 되지 아니한 경우에는 예정단가(예

387) 서울고등법원 2012.4.18. 선고 2011누29276 판결; 대법원 2012.9.13.자 2012두11485 판결(심리불속행 기각).

388) 정성무, "입찰담합에 대한 기본과징금 산정 관련 쟁점 검토", 경쟁과 법 제5호, 서울대학교 경쟁법센터, 2015, 35－48면.

정단가가 없는 경우에는 낙찰예정자의 응찰단가)에 예상물량을 곱한 금액을 해당 입찰담합에 참여한 각 사업자의 관련매출액으로 본다(과징금고시 Ⅳ. 1. 라. 1) 다) (1)). "공동수급체("컨소시엄")의 구성원에 대해서는 2분의 1 범위 내(지분율 70% 이상인 사업자에 대해서는 10분의 1 이내, 지분율 30% 이상 70% 미만인 사업자에 대해서는 10분의 3 이내, 지분율 30% 미만인 사업자에 대해서는 2분의 1 이내)에서 산정기준을 감액할 수 있다." 또한 "탈락하였거나 응찰하지 아니한 자(들러리 사업자)에 대하여는 들러리 사업자의 수가 4 이하인 경우에는 2분의 1 범위 내에서, 들러리 사업자의 수가 5 이상인 경우에는 N분의 (N−2)(N은 들러리 사업자의 수를 말하며, 공동수급체로 참여한 경우에는 공동수급체의 수를 말함) 범위 내에서 산정기준을 감액할 수 있다." 법원은 구법 제19조 제1항의 입찰담합에 관한 규정을 적용하지 않았더라도 그 실질이 입찰담합이라면 이는 계약금액을 기준으로 과징금 부과기준을 산정한다고 판시한 바 있다.[389)]

구체적인 쟁점을 살펴보면, 공동수급체를 구성한 "서울지하철 7호선 담합" 판결[390)]에서 대법원은 사업자의 참가 지분율이 아니라 계약금액 전체를 기준으로 과징금을 부과한 공정거래위원회 처분이 정당하다고 판시하였다. 또한 "군납유류 담합" 판결[391)]에서 대법원도 계약금액을 기준으로 보았다. 다만, "아산시 하수관거정비 BTL 민간투자사업 입찰담합" 판결[392)]에서 서울고등법원은 원고의 공동수급체 내 지분이 25% 정도로 작다는 점을 고려하지 않은 것은 비례원칙에 반한다고 판시하였다. "상주시 하수관거정비 BTL 민간투자사업 입찰담합" 판결[393)]의 경우에도 원고의 지분율이 30%라는 점에서 같은 결론이 나왔다.

또한 이른바 "4대강 담합" 사건에서 서울고등법원은 이 사건 공사는 「중소기

389) 대법원 2014.11.27. 선고 2014두1291 판결("경농 담합" 판결); 대법원 2014.11.27. 선고 2013두24471 판결 등("비료입찰담합" 판결).

390) 대법원 2009.1.30. 선고 2008두21812 판결.

391) 대법원 2004.10.27. 선고 2002두6842 판결. 대법원은 "입찰담합에 있어서 '계약이 체결된 경우'라 함은, 입찰담합에 의하여 낙찰을 받고 계약을 체결한 사업자가 있는 경우를 의미하고 이러한 계약이 체결된 경우에는 계약을 체결한 당해사업자뿐만 아니라 담합에 가담한 다른 사업자에 대해서도 그 '계약금액'이 과징금 부과기준이 되며, 담합이 수 개의 입찰을 대상으로 한 경우에는 담합에 가담한 모든 사업자에 대하여 각 입찰에서의 계약금액을 모두 합한 금액이 과징금 부과기준이 된다는 취지로 판단하였는바, 관계 법령의 규정을 종합하여 보면 원심의 위와 같은 판단은 정당한 것으로 수긍이 가고, 거기에 입찰담합에 있어서 과징금 부과기준이 되는 '계약금액'의 해석에 관한 법리오해 등의 위법이 없다."고 판시하였다.

392) 서울고등법원 2008.7.10. 선고 2007누24434 판결; 대법원 2008.11.27.자 2008두13767 판결(심리불속행 기각).

393) 서울고등법원 2008.10.23. 선고 2008누8859 판결; 대법원 2009.1.15. 선고 2008두20734 판결.

업제품 구매촉진 및 판로지원에 관한 법률」에 의한 공사용 자재 직접구매 대상 공사로 직접구매 대상품목으로 확정된 자재(이하 "관급자재")는 발주처가 직접 구매하여 공급하며 그에 해당하는 금액을 계약금액에서 공제한다는 조건을 명시하였으므로 관급자재비는 계약금액에서 제외되는 것이고 최초 계약의 계약금액은 임시적인 계약금액에 불과한 점과 이 사건 변경계약 체결로 인하여 사업자가 얻는 이익이 현저히 줄어든 점 등을 고려하여 과징금 산정의 기준이 되는 계약금액은 변경된 최종 계약금액으로 보아야 한다고 판시하였다.[394] 대법원도 유사한 취지에서 관급자재에 해당하는 금액은 이 사건 공동행위의 유무와 관계없이 결정된 점 등을 근거로 관급자재 금액 부분은 본질적으로 이 사건 공사계약에 따른 매출액에 해당한다고 볼 수 없다고 판시하였는데, 그 근거로 관련 규정이 입찰담합의 특수성 등을 감안하여 관련매출액의 특수한 형태로 계약금액을 기준으로 과징금을 산정한다고 규정하고 있을 뿐이어서, 계약금액을 공정거래법령이 정한 매출액 또는 관련매출액의 본질적 성격과 무관한 전혀 별개의 개념으로 규정하는 취지라고 볼 수는 없으므로, 입찰담합의 경우에도 그에 따라 체결된 계약상의 금액 중 일부가 매출액에 해당한다고 볼 수 없는 특별한 사정이 있는 경우에는 이를 과징금의 기본 산정기준인 '계약금액'에서 공제하여야 한다는 점을 제시하였다.[395]

그 밖에 물량배분에 관한 입찰담합에 있어서 계약금액은 있지만 매출이 발생하지 않은 경우 대법원은 계약금액을 기준으로 과징금을 부과한 공정거래위원회 처분이 정당하다고 보고 원심을 파기하였다.[396] 또한 대법원은 "무인단속 감시장치 구매입찰" 판결[397]과 "지게차 제조업체들의 입찰담합" 판결[398]에서 들러리 입찰의 경우 계약금액의 2분의 1에 해당하는 금액을 기준으로 과징금을 산정해야 한다고 판시하였다. 과징금고시에 따르면, "탈락하였거나 응찰하지 아니한 자(들러리 사업자)에 대하여는 들러리 사업자의 수가 4 이하인 경우에는 2분의 1 범위 내에서, 들러리 사업자의 수가 5 이상인 경우에는 N분의 (N−2)(N은 들러리 사업자의 수를 말하며 공동수급체로 참여한 경우에는 공동수급체의 수를 말함) 범위 내에서 산정기준을 감액

394) 서울고등법원 2015.5.7. 선고 2014누63048 판결.
395) 대법원 2018.12.27. 선고 2015두44028 판결.
396) 대법원 2015.2.12. 선고 2013두6169 판결; 대법원 2014.11.27. 선고 2013두24471 판결.
397) 대법원 2014.4.30. 선고 2013두26798 판결.
398) 대법원 2008.1.24. 선고 2006두19723 판결.

할 수 있다."고 한다(과징금고시 Ⅳ. 1. 라. 1) 다) (2)).

다. 공동행위의 기간과 시효

(1) 공동행위의 단위(單位)

공동행위의 단위는 과징금부과의 기준이 되는 행위로서 사회관념상 하나의 행위로 평가되는 독립된 공동행위를 의미한다. 일견 수 개의 합의가 하나의 공동행위로 평가되면 그 공동행위 전체에 대하여 과징금이 부과되고 또 그 공동행위에 전체에 대해 처분시효가 진행된다. 공동행위의 단위를 따지는 이유는 부당한 공동행위가 시간적으로 연속해서 지속되는 경우에 언제까지 그 행위를 하나의 행위로 볼 것인가에 대한 문제에서 시작한다. 시간적으로 연속하는 공동행위가 언제 끝나는지를 정하고 이를 기준으로 과징금을 산정하기 위한 편의적 기준으로 공동행위의 개수 또는 단위가 논의되었던 것이다. 따라서 그 성격상 일회의 합의로 부당한 공동행위가 완료되는 경우라면 공동행위의 단위를 정하는 문제는 그렇게 커다란 의미를 갖지 못한다.

(2) 단위산정의 기준: 시기와 종기

일정기간에 걸쳐 개별적인 수차례의 공동행위가 있었을 경우 이들 공동행위의 기본원칙을 담거나 토대가 되는 기본적 합의가 존재하거나, 그 개별적인 공동행위들이 사실상 동일한 목적을 위해 단절됨 없이 계속 실행되었는지를 기준으로 이에 해당하는 경우를 하나의 공동행위로 보는 것이 원칙이다.[399] 만약 이러한 기준이 충족되지 않으면 수 개의 개별적 공동행위는 각각 별개의 공동행위로 판단되어 각각의 행위별로 과징금을 산정하거나, 행위별로 처분시효를 계산해야 한다.

종래 부당한 공동행위에 대한 과징금을 산정함에 있어서 공동행위의 시기(始期)와 종기(終期)는 실무상 매우 중요한 의미를 가진다. 과징금액은 관련매출액(법위반기간 동안 일정한 거래분야에서 판매한 상품 또는 용역의 매출액)에 법위반행위의 중대성에 따른 부과기준율을 곱한 금액을 기본산정기준으로 삼고, 다시 이 금액에 1차 및 2차에 걸친 조정을 거쳐 최종적인 부과과징금을 결정하는 방식으로 산정된다(과징금고시 Ⅱ. 2, 3).

여기서 과징금액을 좌우하는 가장 중요한 요소가 '관련매출액'인데, 관련매출액 산정을 위해서는 '법위반기간'이 확정되어야 하고, 위반기간은 법위반행위의 개시일

399) 대법원 2009.6.25. 선고 2008두16339 판결.

(시기)과 종료일(종기)까지의 기간이 된다. 따라서 일련의 합의가 부당한 공동행위로 문제된 경우에도 공동행위의 시기와 종기를 어떻게 보느냐에 따라 공동행위의 개수가 달라질 뿐만 아니라 법위반기간 및 관련매출액이 좌우되며, 처분시효나 공소시효의 기준일이 되고,[400] 나아가 적용법령을 판단하는 날짜가 되는 것이다.[401]

공정거래법상 공동행위의 시기는 법 제40조 제5항에 따른 합의 추정 여부에 따라 크게 두 가지 경우로 나누어진다. 심사기준에 따르면 합의 특정이 가능한 경우, 즉 합의를 직접 입증할 수 있는 경우에는 합의한 날을 법위반행위의 개시일로 보고, 합의 추정의 경우에는 사업자별로 합의의 실행개시일을 위반행위의 개시일로 본다(심사기준 Ⅲ. 2. ㈎). 한편, 실무상 주로 문제되는 것은 공동행위의 종기인데, 종기야말로 관련매출액 산정의 주요 판단기준이 될 뿐만 아니라 처분시효나 공소시효의 기산일이 되기 때문이다.

공동행위의 종기에 대해서는 일찍이 대법원이 일관된 기준을 제시해왔는데, 합의일이 아니라 그 합의에 기한 실행행위가 종료한 날을 의미하고,[402] 실행행위의 종료를 위해서는 ① 일부 사업자의 종료의 경우 다른 사업자에 대하여 합의에서 탈퇴하였음을 알리는 명시적 또는 묵시적 의사표시를 하고 독자적인 판단에 따라 담합이 없었더라면 존재하였을 가격 수준으로 인하하는 등 합의에 반하는 행위를 하여야 하며, ② 사업자 전부의 종료의 경우 합의에 참가한 사업자들이 명시적으로 합의를 파기하고 각 사업자가 각자의 독자적인 판단에 따라 담합이 없었더라면 존재하였을 가격 수준으로 인하하는 등 합의에 반하는 행위를 하거나 또는 합의에 참가한 사업자들 사이에 반복적인 가격경쟁을 통하여 담합이 사실상 파기되었다고 인정할 수 있을 만한 행위가 일정 기간 계속되는 등 합의가 사실상 파기되었다고 볼 만한 사정이 있어야 한다.[403] 이러한 판례의 태도는 심사기준에도 그대로 반영되어 있다(심사기준 Ⅲ. 2. ㈏). 그 밖에 담합에 참여한 3개 회사 중에서 2개 회사가 담합에서 탈퇴한 것으로 인정될 경우에는 남아 있는 회사가 1개뿐이어서 담합의

400) 대법원 2011.6.30. 선고 2009두12631 판결. 처분시효나 공소시효는 공동행위의 종료일을 기준으로 한다.

401) 대법원 2011.7.28. 선고 2009두12280 판결. 원칙적으로 공동행위의 종료일 당시의 법령을 적용한다.

402) 대법원 2011.4.14. 선고 2009두4159 판결; 대법원 2006.3.24. 선고 2004두11275 판결. 따라서 실행행위가 유지되고 있는 한 일시적인 회합중단은 공동행위의 종료로 볼 수 없다.

403) 대법원 2008.10.23. 선고 2007두12774 판결; 대법원 2019.3.14. 선고 2016두46113 판결; 대법원 2021.1.14. 선고 2019두59639 판결.

성립요건 중 '2인 이상 사업자들 사이의 의사의 합치'라는 요건을 충족하지 못하게 되므로 그 담합은 종료된 것이 된다.[404)]

입찰담합의 경우 종료일이 언제인지가 다소 복잡해진다. 종래 대법원은 입찰담합의 종료일, 즉 합의에 기한 실행행위가 종료되었는지 여부는 해당 합의 내용을 기초로 그에 따라 예정된 실행행위의 구체적 범위 및 태양, 합의 등에 따른 경쟁제한효과의 확정적 발생 여부 등 여러 요소를 종합적으로 고려하여 각 사안별로 개별적·구체적으로 판단하여야 한다는 입장을 취하고 있다.[405)] 그리고 적어도 일회성 입찰담합의 경우 판례는 참가사업자들이 입찰에 참여함으로써 해당 합의의 내용이 최종적으로 실현되었고 예정된 경쟁제한효과도 확정적으로 발생하였음을 들어 그 종료일은 '입찰일'이라고 판시한 바 있다.[406)]

이와 같은 기준에 따라 부당한 공동행위의 시기와 종기가 정해지면 해당 공동행위는 비로소 하나의 공동행위로 파악될 수 있게 된다. 즉, 부당한 공동행위의 종기 판단은 공동행위의 개수를 결정하는 문제와 직접 관련되어 있다. 그에 따라 수개의 합의가 불연속적으로 이루어진 경우에 이들 전체를 하나의 공동행위로 보게 된다면 그 실행행위 중에서 가장 늦게까지 지속된 실행행위가 종료한 시점을 기준으로 공정거래법 제80조 제4항의 처분시효의 기산점이 정해질 것이고, 각각의 합의를 별개의 공동행위로 보게 된다면 각각의 합의의 실행행위가 종료된 시점을 기준으로 이를 판단하게 될 것이다.

[보론] 처분시효와 종기의 판단

처분시효의 종기에 대한 판단기준을 살펴보면, 구법 제49조 제4항[407)]은 "공정거래위원회는 이 법의 규정에 위반하는 행위가 종료한 날부터 5년을 경과한 경우에는 당해위반행위에 대하여 이 법에 의한 시정조치를 명하지 아니하거나 과징금 등을 부과하지 아니한다."고 규정하고 있었다. 그런데 2012년 제18차 개정법[408)]은

404) 대법원 2010.3.11. 선고 2008두15176 판결; 대법원 2022.7.28. 선고 2020두48505 판결.

405) 대법원 2015.5.28. 선고 2015두37396 판결.

406) 위의 판결. 일반적인 입찰담합에서는 입찰일이 종기라는 해석으로 정재훈, "부당한 공동행위의 중단 및 종기, 소송의 대상 등의 문제", 인권과 정의 통권 제455호, 2006, 153면 이하.

407) 2002.8.26. 개정, 법률 제6705호.

"공정거래위원회 '공정거래위원회가 이 법 위반행위에 대하여 조사를 개시한 경우 조사개시일부터 5년' 또는 '공정거래위원회가 이 법 위반행위에 대하여 조사를 개시하지 아니한 경우 해당 위반행위의 종료일부터 7년'이 경과한 경우에는 이 법 위반행위에 대하여 이 법에 따른 시정조치를 명하지 아니하거나 과징금을 부과하지 아니한다."고 규정하였다. 2020년 전부개정법[409]은 이원화 되어 실무상 혼선이 있는 처분시효 기준일을 명확하기 위해 법 위반행위 종료일로부터 7년으로 단일화하였지만, 사건을 인지하고 조사하여 처리하는데 상대적으로 장기간이 소요되는 부당한 공동행위에 대해서는 종래의 이원화된 처분시효를 적용하는 것으로 하였다. 공동행위의 시기 또는 종기를 어떻게 판단할 것인지는 여전히 중요한 문제로 남아 있다.

2021년 개정된 「공동행위 심사기준」에 따르면, "참가사업자 전부에 대하여 법 제40조 제1항 각 호의 어느 하나에 해당하는 행위를 할 것을 합의한 날을 위반행위의 개시일로 본다. 합의일을 특정하기 어려운 경우에는 사업자별로 실행개시일을 위반행위의 개시일로 본다(심사기준 Ⅲ. 2. 가.)." 또한 위 고시에서는 위반행위의 종료일에 관하여는 "원칙적으로 그 합의에 기한 실행행위가 종료한 날을 의미한다. 그리고 ① 합의에 정해진 조건이나 기한이 있는 경우로서 그 조건이 충족되거나 기한이 종료한 경우 또는 ② 공동행위의 구성사업자가 합의 탈퇴의사를 명시적 내지 묵시적으로 표시하고 실제 그 합의에 반하는 행위를 한 경우(다만, 합의에 반하는 행위를 하는 것이 현저히 곤란한 객관적이고 구체적인 사유가 인정되는 경우에는 합의 탈퇴의 의사표시로 부당한 공동행위가 종료한 것으로 볼 수 있음)에 해당하는 사유가 발생한 경우에는 합의에 기한 실행행위가 종료한 것으로 볼 수 있다. 또한 공동행위가 심의일까지 지속되는 경우에는 심의일에 그 공동행위가 종료된 것으로 본다(심사기준 Ⅲ. 2. 나.)."

대법원도 "공정거래법이 금지하는 부당한 공동행위가 종료한 날이란 가격 결정 등의 합의 및 그에 터 잡은 실행행위가 있었던 경우 그 합의에 터 잡은 실행행위가 종료한 날이다."라고 본다.[410] "협정의 결과로 어느 정도의 인상효과가 나타나면 부

408) 2012.3.21. 개정, 법률 제11406호.

409) 2020.5.19. 개정, 법률 제17290호.

410) 대법원 2015.5.28. 선고 2015두37396 판결; 대법원 2015.2.12. 선고 2013두6169 판결; 대법원 2014.12.24. 선고 2012두6216 판결; 대법원 2012.9.13. 선고 2010도16001 판결; 대법원 2011.4.14. 선고 2009두4159 판결; 대법원 2006.3.24. 선고 2004두11275 판결.

당한 공동행위가 된다. 이는 협정에서 정한 기일에 가격이 일제히 인상되지는 않았지만, 일정한 기간 동안에 점진적으로 인상되거나 예정된 인상폭의 일부가 실현되거나, 또는 경쟁이 희박한 지역에서만 인상이 실현될 경우도 있기 때문이다."[411)]

대법원은 공동행위 참가자들 간 합의의 파기를 어떻게 판단할 것인가의 문제에 있어서, "합의에 참가한 일부 사업자가 부당한 공동행위를 종료하기 위해서는 다른 사업자에 대하여 합의에서 탈퇴하였음을 알리는 명시적 내지 묵시적인 의사표시를 하고 독자적인 판단에 따라 담합이 없었더라면 존재하였을 가격 수준으로 인하하는 등 합의에 반하는 행위를 하여야 한다."고 보았다. 또한 "합의에 참가한 사업자 전부에 대하여 부당한 공동행위가 종료되었다고 하기 위해서는 합의에 참가한 사업자들이 명시적으로 합의를 파기하고 각 사업자가 각자의 독자적인 판단에 따라 담합이 없었더라면 존재하였을 가격 수준으로 인하하는 등 합의에 반하는 행위를 하거나 또는 합의에 참가한 사업자들 사이에 반복적인 가격 경쟁 등을 통하여 담합이 사실상 파기되었다고 인정되는 행위가 일정 기간 계속되는 등 합의가 파기되었다고 볼 만한 사정이 있어야 한다."고 판시하였다.[412)] 이와 유사한 취지로, 2008년 "시외전화 요금 담합" 판결[413)]에서도 대법원은 일부 사업자의 가격인하 행위에 대하여 원고의 합의행위 종료일로 볼 수 없다고 판시하였다.[414)]

이하에서는 종료일 판단에 대한 추가적인 쟁점들을 살펴보고자 한다. 첫째로, 대법원은 합의가 추정되는 경우에는 "구법 제19조 제5항에 의하면 외형상 일치된 행위가 경쟁제한성을 가질 때 비로소 부당한 공동행위의 합의가 추정되므로, 공동행위의 실행개시일은 위와 같은 행위의 외형상 일치와 경쟁제한성이라는 두 가지 간접사실이 모두 갖추어졌을 때가 될 것이고, 종료일은 위와 같은 행위의 외형상

411) 권오승(제13판), 297면.

412) 대법원 2011.4.14. 선고 2009두4159 판결; 대법원 2008.10.23. 선고 2007두12774 판결.

413) 대법원 2008.12.24. 선고 2007두19584 판결.

414) 대법원은 "원심은 이 사건 2004년 합의에 따른 부당한 공동행위의 종기가 2004.8.12. 또는 2004.8.17.이라고 보기는 어렵고, 주식회사 온세통신(이하 "온세통신")이 사업자들 사이의 요금경쟁 및 가입자 유치경쟁을 위하여 시외전화 요금을 인하함으로써 이 사건 2004년 합의의 본질에 명백히 반하는 행위를 한 2004.9.22.이 이 사건 2004년 합의에 따른 부당한 공동행위의 종기이며, 이러한 사정을 비롯한 여러 사정을 종합하면 원고에 대한 이 부분 과징금이 지나치게 과중하여 재량권을 일탈·남용한 경우에 해당한다고 볼 수 없다고 판단하였는데", 이에 대법원은 "원고 등이 명시적으로 이 사건 2004년 합의를 파기하고 각자의 독자적인 판단에 따라 위 합의가 없었더라면 존재하였을 수준으로 가격을 책정하는 등 위 합의의 목적에 반하는 행위를 하지 않은 이상, 온세통신이 시외전화 요금을 인하한 2004.9.22.을 원고에 대한 이 사건 2004년 합의에 따른 부당한 공동행위의 종기로 인정하기는 어렵다."고 판시하였다.

일치와 경쟁제한성이라는 두 가지 간접사실 중 어느 하나라도 갖추지 못하게 되었을 때가 될 것이다."라고 판시하였다.[415)]

둘째로, 대법원은 다수의 판결에서 "합의에 참가한 일부 사업자가 당해 영업을 제3자에게 양도하여 더 이상 그 영업을 영위하지 아니하였다면, 양수인이 영업을 양수한 이후 그 합의에 가담하여 이에 따른 실행행위를 하였다고 하더라도, 양도인이 양수인의 위반행위를 교사하였다거나 또는 양수인의 행위를 양도인의 행위와 동일시할 수 있는 등 특별한 사정이 없는 한 양도인의 실행행위는 영업양도 시점에 종료되었고, 양도인에 대한 처분시효도 그때로부터 진행된다고 보아야 한다."고 판시한 바 있다.[416)]

셋째로, 입찰담합의 경우 종기의 판단에는 추가적인 문제가 고려되어야 한다. 대법원은 2015년 "지하철 SMRT Mall 사업자 공모입찰담합" 판결[417)]에서 구법 제19조 제1항 제8호에서 정한 낙찰자, 경락자, 투찰가격 등의 결정에 관한 입찰담합 및 그에 기한 실행행위가 있었던 경우에도 합의에 의한 실행행위가 종료된 날을 공동행위의 종기로 보는 법리가 그대로 적용된다고 하였다. 그리고 "입찰담합에 기한 실행행위가 종료되었는지 여부는 해당 합의 내용을 기초로 하여 그에 따라 예정된 실행행위의 구체적 범위 및 태양, 합의 등에 따른 경쟁제한효과의 확정적 발생 여부 등 여러 요소를 종합적으로 고려해 각 사안별로 개별적·구체적으로 판단하여야 한다."고 하였다. 동 사건은 단발성 입찰담합의 종료일을 입찰 참여일로 판단하였다. 이 사건 합의는 그 내용이 최종적으로 실현되었고 예정된 경쟁제한효과도 확정적으로 발생되었다고 보았기 때문이다. 이와 달리, 2015년 "전력선 구매입찰담합" 판결[418)]에서 대법원은 "입찰 방식의 물품거래에서 낙찰가격과 거래물량의

415) 대법원 2008.2.29. 선고 2006두10443 판결; 대법원 2008.2.15. 선고 2006두11583 판결; 대법원 2008.1.31. 선고 2006두10764 판결; 대법원 2003.5.30. 선고 2002두4433 판결. 대법원 2003.5.27. 선고 2002두4648 판결.

416) 대법원 2014.12.24. 선고 2012두6216 판결.

417) 대법원 2015.5.28. 선고 2015두37396 판결.

418) 대법원 2015.2.12. 선고 2013두6169 판결. 대법원은 "① 당사자들이 그 실행으로 입찰절차를 거쳐 물품공급계약을 체결함으로써 그 거래에서 경쟁제한효과를 확정적으로 발생시키고, 전선조합과 같이 물품공급계약을 체결한 당사자가 소속 중소기업에 낙찰받은 물량을 배분하는 행위는 그 결과물을 내부적으로 나누는 것에 불과한 점, ② 이 사건 공동행위는 한전이 2000년부터 2006년까지 매년 실시한 각종 전력선 구매입찰에 관한 각 합의이고, 이러한 각 합의는 단일한 의사에 기하여 동일한 목적을 수행하기 위한 것으로서 그것이 단절됨이 없이 계속 실행되어 온 것일 뿐 아니라, 원고들 등 사이에 매년 입찰담합을 시행하겠다는 암묵적 합의가 존재하는 것으로 볼 수 있어, 전체적으로 하나의 부당한 공동행위를 구성한다고 할 것인데, '원고 넥상스코리아 등 12개 중

제한에 관하여 이루어진 지속적인 합의는 이 사건 공동행위는 2006년의 입찰계약이 최종 마무리된 시점으로 볼 수 있는 600V 절연전선의 2006년도 공급분에 관한 입찰계약 체결일(2007.9.12.) 또는 2007년 전력선 구매입찰에서 공동행위의 중단을 선언하고 경쟁 입찰에 나아간 날(2007.11.28.)에 종료되었다고 봄이 상당하다."고 판시하였다.

한편, 계속적 입찰담합 및 물량배분에 관한 합의와 단발성 입찰담합에 있어서 공동행위의 종기를 다르게 판단할 이유가 있는지에 대한 의문을 제기하는 견해도 있다.[419)]

(3) '기본합의' 내지 '동일한 목적'

수 개의 합의를 하나의 공동행위로 볼 수 있는지에 대해서는 「공동행위 심사기준」과 과징금고시에서 정하고 있다. 심사기준은 그간 판례[420)]의 태도를 반영하여 다음과 같이 정리하고 있다. 즉, 사업자들이 일정한 기간에 걸쳐 수차례의 합의를 하는 경우 부당한 공동행위의 수는 그 개별적인 합의들의 기본원칙을 담거나 토대가 되는 '기본합의'가 있었는지 여부 또는 그 개별 합의들이 사실상 '동일한 목적'을 위해 단절됨 없이 계속 실행되어 왔는지 여부 등을 종합적으로 살펴서 판단하여야 한다.

그에 따르자면 사업자들이 부당한 공동행위의 기본적 원칙에 관한 합의를 하고, 이에 따라 그 합의를 실행하는 과정에서 수차례의 합의를 계속 하여 온 경우에 그와 같은 일련의 합의는 전체적으로 하나의 부당한 공동행위로 본다. 기본원칙에 관한 합의 또는 각 합의의 구체적 내용이나 구성원 등에 일부 변동이 있었다고 하더라도 또한 같다. 반면, 사업자들이 부당한 공동행위의 기본적 원칙에 관한 합의 없이 장기간에 걸쳐 여러 차례의 합의를 해 온 경우에도 그 각 합의가 단일한 의사에 기하여 동일한 목적을 수행하기 위한 것으로서 단절됨이 없이 계속 실행되어 왔다면 특별한 사정이 없는 한 그와 같은 일련의 합의는 전체적으로 하나의 부당한

소기업'이 2007.11.28. 2007년에 실시되는 전력선 구매입찰에서 공동행위의 중단을 선언하고 경쟁입찰에 나아감으로써 계속적으로 지속되어 오던 하나의 공동행위가 전체적으로 중단되었다고 평가할 수 있는 점을 고려한다."고 판시하였다.

419) 양대권·김대영, 앞의 글, 25-26면.

420) 대법원 2009.6.25. 선고 2008두16339 판결 등.

공동행위로 본다. 그 각 합의의 구체적 내용이나 구성원 등에 일부 변동이 있었다고 하더라도 또한 같다.

그 밖에 과징금고시에 따르면 일반적으로 "위반행위가 2일 이상 행하여지되 불연속적으로 이루어진 경우에는, 해당 위반행위의 유형·성격·목적·동기, 연속되지 아니한 기간의 정도와 이유, 위반행위의 효과, 시장상황 등 제반사정을 고려하여 '경제적·사회적 사실관계가 동일하다고 인정되는 범위 내에서' 이를 하나의 위반행위로 보아 마지막 위반행위의 종료일을 당해 위반행위의 종료일로 본다(과징금고시 Ⅱ. 6. 나. 2))."

한편, 종래 대법원이 기본합의가 존재하지 않더라도 단일한 의사를 인정하여 수회의 개별 합의를 하나의 공동행위로 인정한 사례는 굴삭기,[421] 세제,[422] 설탕[423] 등 예외 없이 동질적 상품으로 이루어진 과점시장에서 담합참가자에도 변경이 없고 가격 등에 관한 1회의 합의만으로도 장기간 지속될 수 있는 성질의 것이었다. 이처럼 통상의 가격담합에서는 일응 계속범(繼續犯)에 준하여 그 실행행위가 일정기간 지속되고 그에 따른 경쟁제한적 효과 역시 지속적으로 발생하는 것과는 달리, 입찰담합의 경우에는 일반적으로 입찰 참가행위나 그에 따른 계약체결행위만으로 실행행위가 종료되고 그 밖에 별도의 경쟁제한적 행위가 수반되지 않으므로 수회의 입찰 관련 합의가 일정한 시간적 간격을 두고 이루어질 수밖에 없는데, 이와 같은 경우에도 수 개의 합의를 전체적으로 하나의 공동행위로 볼 수 있는 요건은 무엇인지, 그와 같은 경우에 공동행위의 단절 여부를 판단할 수 있는 기준은 무엇인지가 다투어질 수 있는 것이다.[424]

이와 관련하여 입찰담합이 문제된 사건에서도 대법원은 수 개의 합의가 있더라도 이들 사이에 이를테면 목적-수단의 관계가 인정되거나 하나의 합의가 다른 합의를 내용적으로 포섭할 정도로 광범위한 경우에는 전체적으로 하나의 공동행위를 구성한다는 입장을 취한 바 있다.[425] 즉, "전선입찰담합" 판결에서 대법원은 사업자들 간에 물량배분합의가 있고 그 합의를 실행하는 수단으로서 추가로 합의

421) 대법원 2008.9.25. 선고 2007두3756 판결.

422) 대법원 2009.6.25. 선고 2008두16339 판결.

423) 대법원 2010.3.11. 선고 2008두15169 판결.

424) 이호영, "공정거래법상 소위 '포괄적 단일 공동행위' 법리에 관한 연구", 사법 제39호, 2017.3, 129면 이하.

425) 대법원 2015.2.12. 선고 2013두6169 판결.

가 이루어진 경우, 이를테면 '물량배분비율을 정하는 합의 및 그에 따른 수주예정자가 낙찰 받은 물량을 재분배'하는 합의는 전체적으로 하나의 공동행위에 해당한다고 판시하였다. 이처럼 그간 수 개의 합의를 하나의 공동행위로 인정한 판결들은 나름의 특성을 갖는 상품에 관한 담합이었거나 입찰담합이라도 수 개의 합의 간에 목적-수단의 관계 또는 포섭관계가 인정되는 담합이었음을 알 수 있다.

반면, 건설입찰이란 그 특성상 발주자가 공사내역을 공고하기 전까지는 언제 어떤 공사가 입찰에 부쳐질지 외부에서 확실히 알 수 없을 뿐만 아니라 입찰참가자격도 그때그때 변경되어 담합참가자를 장기에 걸쳐 미리 확정하기가 어렵다는 등의 특성을 가지고 있다. 즉, 건설입찰담합의 경우에 단일한 의사란 지극히 예외적인 상황에서만 성립할 수 있을 뿐이다.

(4) 입찰담합의 개수 산정

공동행위의 종기에 관한 논의 및 하나의 공동행위를 판단하는 기준은 1차적으로 과징금 부과를 위한 것이었다. 법위반기간(시기-종기)에 걸쳐 발생한 관련상품의 매출액을 토대로 과징금액을 산정하게 되어있는 과징금고시의 태도에 비추어볼 때 이러한 맥락은 지극히 당연한 것이다. 그리고 공동행위의 종기 등을 판단하는 기준은 대체로 공정거래법상 처분시효의 기산점(起算點), 즉 합의에 기한 실행행위가 종료한 날이라는 기준과 동일한 것으로 이해되고 있다. 여기서 두 가지 의문을 제기할 수 있다. 첫째, 종기 판단의 일반원칙이 건설입찰담합의 경우에도 그대로 적용될 수 있는가? 둘째, 과징금 산정을 위한 종기 판단기준이 과연 처분시효의 경우에, 그것도 입찰담합의 처분시효에 그대로 원용되는 것이 과연 타당한가? 아래에서 차례로 살펴보기로 한다.

㈎ 종기 판단의 일반원칙이 건설입찰담합에도 적용되는지 여부

판례가 일관되게 확인하고 있는 바와 같이 부당한 공동행위의 종기는 일반적으로 합의에 터잡은 실행행위가 종료한 날이다. 명시적 또는 묵시적으로 합의 탈퇴의사를 표시하고 실제 그 합의에 반하는 행위를 한 날인 것이다. 그런데 이와 같은 종기 판단기준은 원칙적으로 동질적인 상품으로 이루어진 과점시장에서 발생하는 공동행위에 대하여 타당하다고 볼 수 있다. 이 경우에는 1회의 포괄적인 합의만으로도 장기간에 걸쳐 담합이 유지될 수 있기 때문이다.

반면, 입찰담합의 경우에는 담합참가자, 대상 및 내용이 수시로 변경되기 때문에 원칙적으로 개별입찰마다 종기를 확정하지 않으면 안 된다. 앞서 언급한 판례가 입찰일을 입찰담합의 종기로 판단한 것도 이러한 맥락에서 이해할 수 있다. 또한 원칙적으로 각각의 입찰마다 개별 합의와 실행행위로서의 투찰이 이루어지기 때문에 1차 합의 및 실행행위로서의 입찰이 있은 후에는 굳이 탈퇴의사를 밝히거나 가격을 인하하는 등 담합 이전으로 복귀하는 행위가 불필요하거나 사실상 불가능하다는 점도 고려되었을 것이다. 이와 같은 맥락에서 입찰담합의 경우에 종기의 일반원칙으로서 실행행위 종료일은 개별 공사의 입찰일로 보아야 할 것이다.

(나) 과징금 산정과 처분시효의 목적상 차이

공정거래법은 경제법의 기본영역으로서 동법의 개별 조항은 이른바 '목적론적 해석'(teleologische Auslegung)에 따른다. 동 해석방법론에서 중요한 것은 형식보다는 실질과 기능이라고 할 수 있다. 그 결과 '사업자'와 같이 다른 법령에서 사용되는 용어라도 동법에서는 다른 의미로 정의될 수 있고,[426] 법원이 이를 구체화하는 과정에서 "사경제의 주체로서 거래에 참여하는 한 국가나 지방자치단체도 동법상 사업자에 해당한다."는 판시를 하기도 하였다.[427] 목적론적 해석은 실체법뿐만 아니라 절차법을 포괄하여 공정거래법을 관철하는 해석원리라고 이해할 수 있다.

이러한 맥락에서 부당이득환수와 행정제재의 성격을 갖는 과징금을 정확하게 산정하기 위하여 종기를 확정할 필요가 있는 것이다. 부당한 공동행위의 경우에는 무엇보다 그에 따른 부당이득 환수의 필요성이 크고, 법위반행위를 억지하기 위해서라도 가급적 법위반기간과 그 기간의 관련매출액을 폭넓게 파악하는 것이 용인되어 왔던 측면도 부인하기 어렵다. 더구나 통상의 공동행위인 경우(동질적인 상품, 과점시장, 가격 등 단순한 내용 등)에는 1회의 합의만으로도 비교적 수월하게 후속합의가 이루어지고 그 결과 장기간에 걸친 담합이 가능해지기 때문에 과징금 산정단계에서 이들 전체를 하나의 공동행위로 인정하더라도 별다른 무리가 없다고도 볼 수 있다.

반면, 공정거래법상 처분시효는 행정제재권에 대한 최소한의 자기구속(공정거래위원회가 신속하게 법위반행위를 적발·제재하지 않은 데에 대한 책임 부담), 불안정한 법률관계의 조속한 확정(언제라도 오래 전의 법위반행위에 대해서 제재를 받을 수 있다는 불

---

426) 대표적인 예가 바로 자회사에 대한 개념정의인데, 공정거래법상 자회사란 회사법과 달리 지주회사의 지배를 받는 회사만을 지칭한다.

427) 대법원 1990.11.23. 선고 90다카3659 판결.

확실성 제거), 공정거래위원회 행정력의 효율적 운용(특히, 공정거래위원회가 조사를 개시한 경우에는 비교적 단기인 5년의 처분시효를 통하여, 그 기간 내에 제재가 완료되지 않을 경우 더 이상의 행정력을 투입하지 말라는 취지) 및 증거보전의 어려움(시간이 오래 경과할 경우 사실관계를 정확하게 파악하여 입증하기 어렵고, 이때에도 무리하게 법집행을 시도할 경우 무고한 피해자 발생 가능) 등을 고려하여 도입된 제도이다.

따라서 공정거래법상 처분시효를 산정하기 위한 법위반행위의 종료일은 매우 엄격하게 해석되어야 하고, 입찰담합의 경우에는 '입찰일'과 같이 비교적 개별합의와 그에 따른 실행행위가 명확한 경우에는 이를 하나의 공동행위로 보는 것이 처분시효의 취지에 부합하는 것이다.

더구나 시기별로 1차 내지 3차 합의가 존재하고 각각의 실행행위로서 입찰일이 분명한 경우에 이를 모두 합쳐 하나의 공동행위로 파악할 경우 과징금 산정과 처분시효에 있어서 통상의 경우와 상당히 상이한 결과가 도출된다는 점도 간과해서는 안 된다. 통상의 경우에는 하나의 공동행위를 인정하게 되면 1차 합의의 실행행위가 종료한 날과 2차 합의일, 2차 합의의 실행행위 종료일과 3차 합의일 사이에 발생한 매출액도 (법위반기간의) 관련매출액에 산입되는 반면, 입찰의 경우에는 각 개별합의의 대상이 되는 입찰마다 일반적으로 계약금액이 관련매출액이 되므로[428] 위와 같은 기간의 매출액을 합산할 일이 없다. 즉, 입찰담합의 경우에는—3차에 걸친 합의가 처분시효에 걸리지 않을 경우—하나의 공동행위를 인정함으로써 과징금 산정에 아무런 차이가 발생하지 않는 것이다. 반면, 처분시효를 고려할 경우에는 상황이 달라진다. 아주 오래 전의 1차 합의에 대해서도 하나의 공동행위를 인정함으로써 처분시효의 도과를 방지할 수 있기 때문이다. 문제는 오래전의 합의에 대해서 시정조치나 과징금을 부과할 수 있도록 처분시효의 기산점을 운용하는 것은 동 제도의 취지에 부합하지 않는다는 점이다.

428) 낙찰(경락을 포함)이 되어 계약이 체결된 경우에는 계약금액을, 낙찰은 되었으나 계약이 체결되지 아니한 경우에는 낙찰금액을, 낙찰이 되지 아니한 경우에는 예정가격(예정가격이 없는 경우에는 응찰금액)을, 예상물량만 규정된 납품단가 입찰의 경우에는 심의일 현재 실제 발생한 매출액을, 낙찰은 되었으나 계약이 체결되지 아니한 경우에는 낙찰단가에 예상물량을 곱한 금액을, 낙찰이 되지 아니한 경우에는 예정단가(예정단가가 없는 경우에는 낙찰예정자의 응찰단가)에 예상물량을 곱한 금액을 해당 입찰담합에 참여한 각 사업자의 관련매출액으로 본다(과징금고시 Ⅳ. I. 라. 1) 다) (1)).

4. 자진신고자 감면제도

가. 개 관

(1) 자진신고자 감면의 의의

'자진신고자 감면제도'(leniency program)는 부당한 공동행위를 한 사업자가 이를 신고하거나 조사에 협조하는 경우에 면책을 주는 제도로서, 1996년 제5차 법개정[429]으로 도입되어 1997년부터 시행되었다. 가격협정, 판매량할당이나 시장분할 등에 대한 합의는 일반적으로 경쟁제한성이 매우 큰 반면 비밀스럽게 이루어진다. 부당한 공동행위를 발견하여 이를 중지시키기 위해서는 당해 공동행위에 참가한 사업자의 신고 내지 협조가 결정적으로 중요하다. 그런데 경쟁제한적인 공동행위의 실행을 포기하고 공정거래위원회에 그에 관한 정보를 제공하고자 하는 사업자로서는 시정조치나 과징금이 부과될 것을 우려하여 신고를 꺼릴 수 있다. 따라서 동 제도는 시정조치나 과징금의 부과에 있어서 재량권을 가진 공정거래위원회가 부당한 공동행위를 억지하는 이익이 개별 참가사업자를 제재하는 이익보다 클 수 있음을 고려한 것이다.[430]

(2) 입법연혁

1997년 시행된 공정거래법 시행령[431] 제35조는 최초신고자에게만 과징금 등의 감면을 인정하고 그에 대한 감면 여부는 공정거래위원회 재량사항으로 규정되어 있었다. 2001년 개정된 시행령[432]은 조사협조자에 대해서도 감면을 허용하면서 최초 자진신고자에게 과징금의 75% 이상, 최초 조사협조자에게 과징금의 50%이상,[433] 기타 자진신고자와 조사협조자에게 과징금의 50% 미만을 공정거래위원회의 재량에 따라 감경해주도록 하였다. 이 제도를 이용한 건수는 실제 적용이 이루어진 1999년부터 2004년까지 연평균 1건 내외에 그쳤다.[434]

---

429) 1996.12.30. 개정, 법률 제5235호.

430) 권오승(제13판), 314면; 권오승·서정(제4판), 357면; 신동권(제3판), 631－632면; 신현윤(제8판), 270면; 양명조(제8판), 228면; 이호영(제6판), 292면; 정호열(제6판), 368면.

431) 1997.3.31. 개정, 대통령령 제15328호.

432) 2001.3.27. 개정, 대통령령 제17176호.

433) 대법원 2008.9.25. 선고 2007두12699 판결. 이 판결에서 대법원은 최초 조사협조자가 제출한 증거가 공정거래위원회가 그 전에 확보한 자료와 달리 가격이나 협조자의 공동행위 참가에 대한 충분한 증거가 되므로, 최조 조사협조자로 인정할 수 있다고 판시하였다. 자세한 내용은 이호영(제6판), 296면.

2005년 개정 시행령[435]은 최초 자진신고자와 조사협조자에게 과징금을 100% 면제하고(현행법의 영 제51조 제1항 제1호, 제2호), 2순위 자진신고자와 협조자에게 과징금을 30% 감경해주도록 하고 부당한 공동행위를 중단할 것을 요구하고, 주도자나 강요자가 아닐 것이란 규정을 삭제하였다. 또한 다른 공동행위의 증거를 최초로 제공한 경우 이에 대한 과징금도 면제해주거나 감경해주도록 하였다(추가감면제도; amnesty plus 제도, 현행법의 영 제51조 제1항 제4호). 반면, 자진신고자가 해당 카르텔 이외에 자신이 가담한 다른 카르텔에 대하여 자진신고하지 않았다가 나중에 적발된 경우에 가중처벌하는 이른바 '페널티 플러스(penalty plus) 제도'는 아직까지 도입된 바 없다.[436] 나아가 개정 시행령은 종래 '부당한 공동행위임을 입증하는데 필요한 증거를 최초로 제공하였을 것'이라는 문언[437]을 '부당한 공동행위 관련된 사실을 모두 진술하고, 관련 자료를 제출하는 등 조사가 끝날 때까지 협조하였을 것' 등으로 구체화하였다(현행법의 영 제51조 제1항 제1호 다목은 '성실하게' 협조했을 것을 요구함). 그 결과 이 제도를 이용한 건수는 7건으로, 그 이후 매년 증가하게 되었다.

2007년 개정된 시행령[438]은 종래 2순위의 자진신고자나 조사협조자에 과징금의 30%를 감경하던 것에서 50%를 감경하는 것으로 개정되었다(구법의 영 제35조 제1항 제3호, 현행법의 영 제51조 제1항 제3호). 강요자에 대해서는 감면을 허용하지 않도록 하였다(구법의 영 제35조 제1항 제5호, 현행법의 영 제51조 제2항 제1호).[439] 2009년 개정 시행령[440]은 1순위 신고자와 2순위 신고자와 협조자가 '공동행위에 참여한 2 이상의 사업자가 공동으로 증거를 제공하는 경우에도 이들이 실질적 지배관계에 있는 계열회사이거나 회사의 분할 또는 영업양도의 당사회사로서 공정거래위원회가 정하는 요건에 해당하면 단독으로 제공한 것으로 보도록'[441] 하였다(구법의 영 제35조

434) 공정거래위원회, 2012년 공정거래백서, 204면.

435) 2005.3.31. 개정, 대통령령 제18768호.

436) 미국에서도 페널티 플러스가 실제로 적용된 사례는 아직 없는 것으로 보인다.

437) 대법원 2008.9.25. 선고 2007두3756 판결. 대법원은 여기서 '필요한 증거'라 함은 대법원은 "부당한 공동행위를 직접적 또는 간접적으로 입증할 수 있는 증거를 의미하므로, 여기에는 문서를 비롯한 진술 등도 이에 포함된다고 봄이 상당하다."고 판시하였다.

438) 2007.11.2. 개정, 대통령령 제20360호.

439) 윤성운·송준현, "부당한 공동행위 자진신고자 감면제도의 실무 운용상 제문제", 경쟁법연구 제20권, 2009, 264-267면에서는 2001년부터 2009년까지의 개정시행령과 공정거래위원회 고시에 관하여 자세하게 소개하고 있다.

440) 2009.5.13. 개정, 대통령령 제21492호.

441) 대법원 2015.9.24. 선고 2012두13962 판결. "LPG 담합" 판결에서 대법원은 "그 규정의 취지는, 부

제1항 제1호 가목 단서, 제3호 가목 단서, 현행법의 영 제51조 제1항 제1호 가목 및 제2호 나목에서는 최초의 신고자와 조사협조자의 경우가 이에 해당됨).[442] 2012년 개정된 시행령[443]은 2순위 신고자나 협조자가 2개 사업자가 부당한 공동행위에 참여하고 그 중의 한 사업자인 경우이거나, 구법 시행령 제35조 제1항 제1호 또는 제2호에 해당하는 자가 자진신고하거나 조사에 협조한 날부터 2년이 지나 자진신고하거나 조사에 협조한 사업자인 경우에 해당하는 경우에는 과징금 및 시정조치를 감경하지 않도록 하였다(구법의 영 제35조 제1항 제6호, 현행법의 영 제51조 제1항 제3호 가목 및 다목).

한편, 공정거래위원회는 「부당한 공동행위 자진신고자 등에 대한 시정조치 등 감면제도 운영고시」(이하 "감면고시")[444]를 통하여, 감면요건 등의 판단기준(감면고시 제2장), 감면신청(제3장), 감면 여부의 결정(제4장) 등에 대하여 구체적인 기준을 마련하고 있다. 대법원은 "이 고시가 행정조직 내부의 재량준칙에 지나지 않더라도 행정청의 의사는 존중되어야 하며, 재량준칙이 정한 바에 따라 되풀이 시행되어 행정관행이 이루어지게 되면 평등의 원칙이나 신뢰보호의 원칙에 따라 행정기관은 상대방에 대한 관계에서 그 규칙에 따라야 할 자기구속을 받게 되므로, 이러한 경우에는 특별한 사정이 없는 한 그에 반하는 처분은 평등의 원칙이나 신뢰보호의 원칙에

당공동행위에 대한 자진신고는 단독으로 하는 것이 원칙이어서 그로 인한 감면혜택도 단독으로 받게 하되, 둘 이상의 사업자가 한 공동신고를 단독으로 한 신고에 준하는 것으로 인정해 줄 필요가 있는 경우에는 자진신고의 혜택 역시 같은 순위로 받도록 하는 데에 있다."고 하면서 "위와 같은 법령의 내용과 공동감면제도의 취지에 비추어 볼 때, '실질적 지배관계'에 있다고 함은 각 사업자들 간 주식지분 소유의 정도, 의사결정에서 영향력의 행사 정도 및 방식, 경영상 일상적인 지시가 이루어지고 있는지 여부, 임원겸임 여부 및 정도, 사업자들의 상호 관계에 대한 인식, 회계의 통합 여부, 사업영역·방식 등에 대한 독자적 결정 가능성, 각 사업자들의 시장에서의 행태, 공동감면신청에 이르게 된 경위 등 여러 사정을 종합적으로 고려하여, 둘 이상의 사업자 간에 한 사업자가 나머지 사업자들을 실질적으로 지배하여 나머지 사업자들에게 의사결정의 자율성 및 독자성이 없고 각 사업자들이 독립적으로 운영된다고 볼 수 없는 경우를 뜻하는 것이다."라고 판시하였다.

442) 대법원 2010.9.9. 선고 2010두2584 판결. "엘리베이터 제조업자 입찰담합" 판결에서 대법원은 "2 이상의 사업자가 실질적 지배관계에 있는 계열회사이거나 회사의 분할 또는 영업양도의 당사회사로서 그들이 함께 당해 공동행위에 참여한 사실이 없는 경우 등과 같이 공동의 자진신고를 허용하더라도 감면제도의 취지에 어긋나지 않는다고 볼 만한 사정이 있는 경우라고 하면서, 문제의 두 사업자들은 영업양도의 당사회사이지만 영업양도 이전까지 두 건의 부당한 공동행위에 함께 참여하여 신고 우선순위에 이해관계가 대립되는 지위에 있고, 양 사업자 사이에 실질적 지배관계가 인정되거나 이해관계가 일치한다고 볼 수도 없으므로 공동의 자진신고를 인정할 수 없다."고 판시하였다.

443) 2012.6.19. 개정, 대통령령 제23864호.

444) 공정거래위원회 고시 제2023-13호, 2023.4.14. 개정.

어긋나 재량권을 일탈·남용한 위법한 처분이 된다."고 판시한 바 있다.[445]

그럼에도 불구하고 시행령이 규정한 요건을 모두 갖추었다고 판단되는 경우에도 면책의 효력을 부여할 것인지는 완전히 공정거래위원회의 재량에 속함으로써 신고자로서는 면책에 대한 예측가능성과 안정성이 전혀 담보되지 못한다는 비판이 제기된 바 있는데, 위와 같은 입법연혁을 살펴보면, 시행령이 그 요건을 점차 구체화하였고, 최초 자진신고자 외에 1순위 협조자뿐만 아니라 2순위의 신고자와 협조자에게도 감면 또는 감경혜택을 제공한 점은 사업자들에게 신고나 협조의 유인을 제공하고 예측가능성을 높였다는 점에서 의의가 있을 것이다.[446]

(3) 운영현황

자진신고자 감면제도의 적용현황을 살펴보면, 1999년부터 2019년까지 부당한 공동행위에 관하여 과징금이 762건 부과되었는데, 자진신고자 감면제도가 429건(56.3%)가 활용되었다. 2005년에 부당한 공동행위에 부과한 과징금 대비 리니언시 적용비율이 33%로 증가한 것을 계기로, 2011년에는 82.9%에 이르기까지 매년 증가하였고[447], 2005년부터 2020년까지 과징금 부과 건수 681건 중 리니언시가 부과된 건수가 416건으로 그 비율이 54.5%에 달하였다.[448]

또한 최근 20년간 최고의 과징금이 부과된 5개 사건을 살펴보면, 2010년의 "LPG 담합" 사건의 경우 최초 과징금액이 6,689억 원이고 감면 후 과징금은 4,093억 원, 2014년의 "호남고속철도 입찰담합" 사건의 경우 4,355억 원과 2921억 원, 2011년의 "석유제품 담합" 사건의 경우 4,326억 원과 2,548억 원, 2011년 "생명보험사 담합" 사건의 경우 3,630억 원과 2,452억 원, 2013년의 "냉연강판 등의 담합" 사건의 경우 2,813억 원과 2,167억 원에 달하였는데, 자진신고자 제도가 시행된 지 약 20년이 지났음에도 담합에 부과되는 과징금액도 막대하고 부과된 과징금 대비 감면된 금액의 비중도 상당한 것을 알 수 있다. 심지어 자진신고자나 협조자가 있었던 사건의 경우 공정거래위원회의 제재에 불복의 소를 제기한 경우도 있어서, 이 제도에 대한 비판과 개선에 대한 요구가 계속될 것으로 보인다.

---

445) 대법원 2013.11.14. 선고 2011두28783 판결.
446) 양명조(제8판), 228면.
447) 공정거래위원회, 공정거래위원회 40년사, 2021, 729면.
448) 공정거래위원회, 공정거래백서, 2020, 134면.

자진신고자 감면제도가 활용된 카르텔 사건 수[449)]

연도	과징금 부과건수 (A)	감면제도 적용건수 (과징금 부과 건수, B)	비율 (%, B/A)
'99	15	1(1)	6.7
'00	12	1(1)	8.3
'01	7	–	–
'02	14	2(1)	7.1
'03	9	1(1)	11.1
'04	12	2(0)	0
'05	21	7(6)	28.6
'06	27	7(6)	22.2
'07	24	10(10)	41.7
'08	45	21(20)	46.5
'09	21	17(13)	61.9
'10	26	18(18)	69.2
'11	35	32(29)	82.9
'12	24	13(12)	50
'13	28	23(23)	82.1
'14	56	46(44)	78.6
'15	63	48(48)	76.2
'16	45	30(28)	65.1
'17	52	42(41)	78.8
'18	94	41(37)	39.4
'19	52	34(33)	63.5
'20	68	48(48)	70.6
계	762	443(416)	54.5

449) 공정거래위원회, 공정거래위원회 40년사, 2021, 729면.

구분	2010	2011	2012	2013	2014	계
카르텔 사건 전체 과징금	5,858	5,779	3,988	3,647	7,694	27,495
리니언시 적용사건 과징금	5,572	5,603	2,721	3,523	7,161	25,004
비율	95	97	68	97	93	90.9

나. 감면 요건

법 제44조에서는 자진신고자 면책제도에 대하여 규정하고 있고, 면책 여부를 판단하기 위한 기준을 명확하게 하기 위하여 시행령에서 보다 상세한 내용을 정하고 있다. 시행령은 면책 여부를 결정함에 있어서 신고자의 기여정도와 비난가능성의 정도를 고려하여, 다음과 같은 요건이 모두 누적적으로 충족되는 경우에 한하여 면책이 가능하도록 규정하고 있다(영 제51조 제1항).

리니언시 제도는 카르텔의 자진신고를 유인하려는 취지에서 제재의 감면을 인센티브로 제공하는 것인 만큼, 동 제도가 실효성을 갖기 위해서는 순위확정의 방법이나 협조의무의 범위와 정도, 제출하여야 할 증거의 범위 등 감면을 받기 위한 요건이 사전에 명확하게 제시되지 않으면 안 된다. 즉, 공정거래법이 금지하는 경쟁제한행위의 판단기준은 불특정개념을 사용하여 불가피하게 모호한 부분이 있을 수밖에 없으나, 자진신고감면 요건의 해석에 있어서는 수범자(受範者)의 예측가능성을 제고할 수 있도록 명확성의 원칙이 매우 중요한 의미를 갖는다.

(1) 적극적 요건

먼저 공정거래위원회가 조사를 시작하기 전에 자진신고한 자로서 이하의 모두에 해당하는 경우에는 과징금 및 시정조치를 면제한다(영 제51조 제1항 제1호).

① 부당한 공동행위임을 입증하는데 필요한 증거를 단독으로 제공한 최초의 자일 것. 다만, 그 부당한 공동행위에 참여한 2 이상의 사업자가 공동으로 증거를 제공하는 경우에도 이들이 실질적 지배관계에 있는 계열회사이거나 회사의 분할 또는 영업양도의 당사회사로서 공정거래위원회가 정하여 고시하는 요건에 해당하면 단독으로 제공한 것으로 본다.

이때, 부당한 공동행위를 입증하는데 '필요한' 증거란 제출 당시까지 공정거래위원회가 파악하지 못한 새로운 사실에 관한 입증자료에 한정되지 않고, 이미 제출된 증거들의 증명력을 높이거나 조사단계에서 밝혀진 사실관계의 진실성을 담보하는데 이바지하는 증거들을 포함하며, 그에 해당하는 한 공정거래위원회가 이미 다른 경로를 통해 확보한 자료 또한 마찬가지이다.[450] 아울러 여기서 증거에는 문서뿐 아니라 진술, 즉 진술서나 확인서 등도 포함된다.[451] 진술증거가 제외된다거나 혹은 그것만으로 부족하다고 한다면 관련자들의 진술 외에 별다른 입증자료를 갖지 못한 공동행위 참여자는 자진신고자나 조사협조자가 될 수 없어 자진신고자 등 감면제도의 취지에 반하기 때문이다. 다만, 1순위 조사협조자에 대하여는 과징금을 면제하고 시정조치를 감면하도록 한 반면, 2순위 조사협조자에 대하여는 과징금을 50% 감경하고 시정조치를 감경할 수 있도록 함으로써 그 감면 정도에 현저한 차이를 두고 있는 점을 감안할 때 2순위 조사협조자에 요구되는 필요한 증거의 수준은 1순위 조사협조자에 요구되는 수준에 비하여 낮다.[452]

② 공정거래위원회가 부당한 공동행위에 대한 정보를 입수하지 못했거나 부당한 공동행위임을 입증하는 증거를 충분히 확보하지 못한 상태에서 자진신고했을 것

③ 부당한 공동행위와 관련된 사실을 모두 진술하고, 관련 자료를 제출하는 등 조사 및 심의·의결(이하 "조사등")이 끝날 때까지 성실하게 협조했을 것

④ 그 부당한 공동행위를 중단했을 것이다.

또한 공정거래위원회가 조사를 시작한 후에 조사에 협조한 자로서 이하의 모두에 해당하는 경우에는 과징금을 면제하고, 시정조치를 감경하거나 면제한다(영 51조 제1항 제2호).

① 공정거래위원회가 부당한 공동행위에 대한 정보를 입수하지 못했거나 부당한 공동행위임을 입증하는 증거를 충분히 확보하지 못한 상태에서 조사등에 협조했을 것

② 동항 제1호 ①(가목), ③(다목) 및 ④(라목)에 해당할 것이다.

다음으로 공정거래위원회가 조사를 시작하기 전에 자진신고하거나 공정거래위원회가 조사를 시작한 후에 조사에 협조한 자로서 이하의 모두에 해당하는 경우에는 과징금의 100분의 50을 감경하고, 시정조치를 감경할 수 있다(영 51조 제1항 제3호).

450) 서울고등법원 2012.3.21. 선고 2011누26239 판결 및 대법원 2013.5.23 선고 2012두8724 판결 참조.
451) 대법원 2008.9.25. 선고 2007두3756 판결.
452) 서울고등법원 2012.3.21. 선고 2011누26239 판결.

① 부당한 공동행위임을 입증하는 증거를 단독으로 제공한 두 번째의 자일 것. 다만, 부당한 공동행위에 참여한 사업자가 2개이고, 그 중 한 사업자인 경우는 제외한다.

② 동항 제1호 ③(다목) 및 ④(라목)에 해당할 것이다.

③ 제1호 또는 제2호에 해당하는 자진신고자등이 자진신고하거나 조사등에 협조한 날부터 2년 이내에 자진신고하거나 조사등에 협조했을 것

그런데 사업자들이 가격담합을 위한 기본적 원칙에 관한 합의 후 이를 실행하는 과정에서 장기간 동안 수회에 걸쳐 회합을 가지고 구체적인 합의를 계속해옴으로써 그와 같은 일련의 합의를 전체적으로 하나의 부당한 공동행위로 볼 수 있는 경우에, 대법원은 "부당한 공동행위의 참가사업자들 가운데 부당한 공동행위임을 입증하는 데 필요한 증거를 최초로 제공한 참가사업자만이 참여 시기와 관계없이 부당한 공동행위 전체에 대하여" 구법 시행령 제35조 제2항 제1호 및 제2호에서 정한 감면요건에 해당한다고 판시한 바 있다.[453)]

공동행위를 입증할 수 있는 자료에는 공정거래위원회가 파악하지 못한 새로운 사실에 관한 입증자료에 한정하지 않고 이미 제출된 증거의 증명력을 높이는 증거도 포함되며, 나아가 공정거래위원회가 이미 다른 경로로 입수한 자료도 포함된다. 조사협조자의 입장에서는 공정거래위원회가 어떤 사실을 파악하고 있는지, 어떤 자료를 이미 입수하였는지를 알지 못하는 상태에서 자료를 제출할 수밖에 없는바, 공정거래위원회의 사실 인지 내지 자료 확보 여하에 따라서 지위인정이 좌우될 경우에는 조사협조자의 예측가능성을 심히 해할 것이기 때문이다.[454)]

한편, 자진신고 감면제도의 취지에 비춰볼 때, 공정거래위원회가 공동행위 '외부자'의 제보에 따라 필요한 증거를 이미 충분히 확보한 이후에 증거를 제공한 공동행위 참여자는 1순위 조사협조자는 물론 2순위 조사협조자도 될 수 없다.[455)]

그 밖에 성실협조의무가 충족되기 위해서는 공정거래위원회의 조사 및 심의·의결이 끝날 때까지 관련 사실을 모두 진술하고 부당한 공동행위를 입증하는데 필

453) 대법원 2015.2.12. 선고 2013두987 판결; 대법원 2011.9.9. 선고 2009두 15005 판결; 대법원 2011.6.30. 선고 2010두28915 판결.

454) 서울고등법원 2012.3.21. 선고 2011누26239 판결; 대법원 2013.5.23. 선고 2012두8724 판결.

455) 대법원 2020.10.29. 선고 2017두54746 판결. 1순위 조사협조가가 없는 한 2순위 조사협조자도 성립할 수 없다.

요한 관련 자료를 성실하게 제출하여야 한다(영 제51조 제1항). 자진신고자가 성실협조의무를 위반한 경우에는 감면혜택이 제공되지 않는바, 성실협조 여부는 다음의 사유를 종합적으로 고려하여 판단한다(감면고시 제5조 제1항).

① 자진신고자 등이 알고 있는 관련 사실을 지체없이 모두 진술하였는지 여부

② 당해 공동행위와 관련하여 자진신고자등이 보유하고 있거나 수집할 수 있는 모든 자료를 신속하게 제출하였는지 여부

③ 사실 확인에 필요한 위원회의 요구에 신속하게 답변하고 협조하였는지 여부

④ 임직원(가능한 범위에서 전직 임직원 포함)이 위원회의 조사, 심의(심판정 출석 포함) 등에서 지속적이고 진실하게 협조할 수 있도록 최선을 다하였는지 여부

⑤ 공동행위와 관련된 증거와 정보를 파기, 조작, 훼손, 은폐하였는지 여부

이와 관련하여 몇 가지 쟁점을 살펴보자. 먼저, 성실협조의무는 언제 발생하는가? 이에 관하여 판례는 원칙적으로 자진신고 시점 또는 조사에 협조하기 시작한 시점부터 발생하는 것이 원칙이나, 다만, 성실협조의무가 발생하기 이전에 증거인멸 행위 등이 이루어졌더라도 그로 인하여 자진신고 시점 또는 조사협조 개시 시점에 불충분한 증거를 제출한 것으로 평가할 수 있다면, 자진신고 또는 조사협조 그 자체가 불성실한 것으로 판단될 수 있다고 한다.[456)]

뿐만 아니라 감면고시에 따르면 공정거래위원회는 위 5가지 사유를 종합적으로 고려한다고 규정하고 있으나, 실무상 그 중 어느 하나라도 위반 시에는 성실협조가 없었던 것으로 판단할 수 있다는 점에서 실질적으로는 5가지의 요건이 모두 충족되어야만 감면혜택을 기대할 수 있을 것이라는 지적이 가능하다. 이와 관련하여 법원은 완전한 진술이나 허위문서의 작성·제출이 있었다고 해서 곧바로 감경처분의 취소사유에 해당되지는 않는다는 태도[457)]를 취함으로써 위 사유의 기계적 해석에 거리를 두면서도 성실협조의무 위반으로 볼 수 있는 사정이 일부 인정될 때에도 종국적으로 성실협조의무 위반을 인정함으로써 자진신고자 지위를 부인할 것인지, 구체적으로 제1호 내지 제4호가 정하는 적극적·긍정적인 고려요소를 모두 충족하였더라도 동시에 제5호가 정하는 소극적·부정적 고려요소 또한 인정되는 경우에 어떠한 방식으로 이들을 형량할 것인지 등에 관하여 공정거래위원회에 폭넓은

456) 대법원 2018.7.11. 선고 2016두46458 판결.

457) 서울고등법원 2012.5.16. 선고 2011누15826 판결 외. 이 판결은 공정거래위원회가 증거의 조작·은폐를 이유로 당초의 지위확인을 취소하는 처분에 대한 불복의 소에서 내려진 것이다.

재량을 허용하고 있다.[458)]

살피건대, 위와 같은 고려사유는 몇 가지 점에서 감면요건의 충족 여부에 관한 공정거래위원회의 재량판단을 지나치게 확대함으로써 자진신고감면제도의 실효성을 떨어뜨릴 소지가 큰 것으로 보인다. '지체 없이' '신속하게' '진실하게'와 같이 모호한 요건이 사용되고 있을 뿐만 아니라, '모두 진술' '모든 자료'와 같이 100% 완벽한 진술이나 자료제출을 요구함으로써 엄격히 따지자면 자진신고자가 성실협조의무를 확실하게 이행하기란 사실상 불가능해 보인다. 가급적 모호한 용어의 사용을 피하고, 성실협조를 얻어내기에 반드시 필요한 몇 가지만을 고려하도록 감면고시 제5조 제1항을 개정할 필요가 있다.

그 밖에 자진신고자 등이 심의종료 이전에 위원회의 동의 없이 감면신청 및 해위사실을 제3자에게 누설한 경우에도 성실하게 협조하지 않은 것으로 간주된다. 법령에 따라 공개해야 하거나 외국정부에 알리는 경우는 그러하지 아니하다(감면고시 제5조 제2항). 자진신고자 등이 성실협조의무를 이행하였는지 여부와 관련하여 감면고시 제5조 제1항은 제1호 내지 제5호의 사유를 종합적으로 고려하여 판단하도록 규정하고 있는 반면, 감면신청 등의 사실을 제3자에게 누설한 경우에는 그러한 사유만으로 성실협조의무 위반으로 간주되는 것이다.[459)]

당초 감면고시가 제3자 누설을 성실협조 판단시 고려사항의 하나로 규정한 취지는 심사보고서가 송부되기 전에 자진신고자가 공정거래위원회의 동의 없이 다른 사람에게 감면신청 사실을 누설하면, 이를 알게 된 담합 가담자들은 공정거래위원회의 조사에 대한 대응방안을 보다 쉽게 수립할 수 있게 되고, 경우에 따라서는 관련 증거를 은닉·변조하거나 자진신고 자체를 담합할 여지가 생기게 되는바, 결국 그로 인하여 공정거래위원회의 실효적 조사에 방해요인으로서 작용할 수 있고, 그에 따라 담합 가담자 사이에 불신 구조를 형성함으로써 담합의 형성·유지를 어렵게 하려는 자진신고 감면제도의 도입 취지를 몰각시키는 결과를 가져올 수 있기 때문이다.[460)] 그런데 공정거래법상 자진신고와 관련하여 비밀유지의무 내지 누설금

---

458) 대법원 2018.7.26. 선고 2016두45783 판결.

459) 구 감면고시는 제1호 내지 제5호의 사유와 더불어 "심사보고서가 통보되기 전에 위원회의 동의 없이 제3자에게 행위사실 및 감면신청 사실을 누설하였는지 여부"를 종합적으로 고려하여 성실협조 여부를 판단하도록 규정하고 있었으나, 2016년 4월 15일 개정(공정거래위원회 고시 제2016-3호, 2016.4.15.)으로 현재와 같이 누설 자체가 성실협조를 부인하는 독립된 사유로 규정되었다.

지의무는 공정거래위원회 및 그 소속 공무원에게 적용되는 것이고(법 제44조 제4항), 자진신고자 등은 그러한 의무를 지지 않는다. 그럼에도 불구하고 감면신청 등의 사실을 누설하였다는 이유만으로 성실협조의무 위반으로 보아 기계적으로 감면혜택을 제공하지 않는 것은 그 취지를 고려하더라도 과도한 것으로서 부당하며, 제3자 누설행위가 이를테면 관련 증거의 파기·조작 등에 비하여 조사방해나 담합억제 등이 미치는 영향이 훨씬 중하다고 볼 합리적 근거가 없고, 그 자체가 법령에 따른 위임의 한계를 넘어서 고시에 금지의무를 규정한 것으로서 감면고시 제5조 제2항은 무효라고 봄이 타당하다.

(2) 소극적 요건

자진신고자가 전술한 적극적 요건을 갖추었더라도 다음과 같은 일정한 사유가 존재하는 경우에는 시정조치나 과징금을 감면하지 않는다. 이때 감면 여부에 관하여 공정거래위원회의 재량은 인정되지 않는다.

첫째로, 자진신고 감면 후 5년 이내에 새로운 부당한 공동행위를 하지 않았을 것(법 제44조 제2항)이다. 자진신고로 시정조치 또는 과징금을 감면받은 자가 그 후 새롭게 법 제40조 제1항을 위반하는 경우에는 종전에 감면받은 날로부터 5년 이내에는 자진신고에 따른 감면을 하지 아니한다. 자진신고에 따른 적발효과보다는 담합을 억지하려는 취지가 강조된 것으로서, 감면 자체를 부인하기 보다는 감면 폭을 다소 줄이거나 또는 5년의 기간을 줄이는 방안을 전향적으로 검토할 필요가 있다.

종전에 감면받은 날은 공정거래위원회가 감면을 결정한 날로서 비교적 명확하나, 새롭게 부당한 공동행위를 한 날이 언제인지가 확실하지 않다. 새로운 부당한 공동행위로서 공정거래위원회가 시정조치 등을 의결한 날이 아니라 실제로 해당 공동행위가 개시된 날을 기준으로 5년을 산정하는 것이 입법취지에 부합할 것이다. 따라서 원칙적으로 합의일을 기준으로 하되, 합의일을 특정하기 어려운 때에는 사업자별로 실행개시일을 기준으로 삼아 5년 이내인지 여부를 판단하여야 할 것이다. 이와 같이 해석하지 않을 경우에는 공정거래위원회가 언제 의결할 것인지에 따라 5년의 경과 여부가 좌우될 수 있어 리니언시의 예측가능성이 상당부분 훼손될 수 있음은 물론이다.

둘째로, 부당한 공동행위에 대한 참여 또는 계속을 강요하지 않았을 것(영 제51

---

460) 대법원 2018.7.26. 선고 2016두45783 판결.

조 제2항 제1호)이다. 자진신고 감면의 요건을 모두 충족하였더라도 다른 사업자에게 그 의사에 반하여 해당 부당한 공동행위에 참여하도록 강요하거나 이를 중단하지 못하도록 강요한 사실이 있는 때에는 시정조치와 과징금의 감면을 하지 아니한다. 강요자에게도 감면을 인정할 것인지는 입법정책의 문제로서 나라마다 태도를 달리 하고 있는바, 우리나라의 경우에는 비록 부당한 공동행위의 적발이나 입증에 크게 기여하였더라도 강요행위의 위법성이 매우 크다고 판단하여 감면을 부인하고 있는 것이다.

구체적으로 강요가 있었는지 여부는 ① 다른 사업자에게 그 의사에 반하여 당해 부당한 공동행위에 참여하도록 하기 위하여 또는 이를 중단하지 못하도록 하기 위하여 폭행 또는 협박 등을 가하였는지 여부, 또는 ② 다른 사업자에게 그 의사에 반하여 당해 부당한 공동행위에 참여하도록 하기 위하여 또는 이를 중단하지 못하도록 하기 위하여 당해 시장에서 정상적인 사업활동이 곤란할 정도의 압력 또는 제재 등을 가하였는지 여부를 종합적으로 고려하여 판단한다(감면고시 제6조의2).

셋째로, 일정 기간 반복적으로 부당한 공동행위를 하지 않았을 것(영 제51조 제2항 제2호)이다. 사업자가 일정 기간 동안 반복적으로 법 제40조 제1항을 위반하여 부당한 공동행위를 한 경우에도 시정조치와 과징금의 감면을 하지 아니한다. 이때 일정 기간 반복적인 법위반을 한 경우란 부당한 공동행위로 시정조치와 과징금 납부명령을 받은 자가 시정조치 또는 과징금납부명령을 받은 날로부터 5년 이내에 다시 당해 시정조치에 위반되는 부당한 공동행위를 한 경우를 말한다(감면고시 제6조의3).

이러한 소극적 요건은 사업자가 과거 시정조치에 포함된 부당한 공동행위의 중지명령 또는 재발방지명령을 위반하여 당해 부당한 공동행위를 계속하거나 그와 동종의 부당한 공동행위를 다시 행한 경우를 가리키는 것으로 해석된다.[461] 즉, 당해 시정조치 전후의 부당한 공동행위 사이에 동일성이 있어야 하는 것이다. 따라서 과거의 시정조치와 무관하게 5년 이내에 새로이 부당한 공동행위를 한 경우에는 자진신고에 따른 감면이 허용되어 있다.

461) 공정거래위원회 2010.11.1. 의결 제2010-017호.

다. 면책의 범위

(1) 행정제재의 감면

법 제44조 제1항에 따르면, 부당한 공동행위의 사실을 자진신고한 자이거나 증거제공 등의 방법으로 조사에 협조한 자 중 어느 하나에 해당하는 자(소속 전·현직 임직원을 포함)에 대하여는 법 제42조에 따른 시정조치나 제43조에 따른 과징금을 감경 또는 면제할 수 있다. 공정거래위원회가 조사를 시작하기 전후를 묻지 않고 최초의 증거제공자로서 일정한 요건을 충족하는 경우에는 모두 과징금을 전액 면제하되, 조사시작 전후를 기준으로 시정조치를 면제하거나 또는 시정조치를 감경하거나 면제하는 점에 차이가 있다. 공정거래법은 2순위 자진신고자에 대해서도 과징금의 절반을 감경하고, 시정조치를 감경할 수 있다(영 제51조 제1항 제3호). 입법례에 따라서 자진신고자에게 과징금 또는 벌금(fines)을 감면하기 위한 요건과 감경자의 범위, 감경 비율에는 차이가 있다. 미국의 경우에는 최초신고자에게만 벌금의 100% 벌금의 감면을 인정하고 있으나, 우리나라의 경우에는 유럽과 마찬가지로 최초신고자에 대해서 전액 감면하고, 두 번째 신고자에게는 차등적으로 부과과징금의 50%를 감경하고 있다.

법률상 감면요건이 갖추어진 경우에는 감면 여부에 관한 한 공정거래위원회의 재량이 인정되지 않는다. 대법원은 구법 제22조의2(현행법 제44조) 제1항에 따라 과징금을 감경 또는 면제할 때에는, 먼저 구법 "제22조(현행법 제43조)에 정해진 한도액을 초과하지 아니하는 범위 안에서 과징금을 산정한 다음, 그와 같이 산정된 과징금을 감경 또는 면제하여야 한다."고 판시하였다.[462] 법령상 요건을 갖춘 자진신고자에 대해서는 행정제재가 감면되며, 그 밖에 부당한 공동행위로 인한 손해배상책임이나 형사벌에 대해서는 면책이 불가능하다. 손해배상액을 정하거나 양형을 함에 있어서 참작사유로만 기능할 수 있을 뿐이다. 또한 면책의 기준·정도에 대해서는 시행령에서 정하도록 되어 있으나, 시행령에서는 단지 행정제재의 면책을 위

462) 대법원 2010.1.14. 선고 2009두15043 판결. 대법원은 구 공정거래법 "제22조의2 제1항의 문언 내용과 관련 조문들의 체계, 부당한 공동행위의 참여 사업자가 자발적으로 조사에 협조하여 입증자료를 제공한 데에 대하여 혜택을 부여함으로써 참여 사업자들 간의 신뢰를 약화시켜 부당한 공동행위를 중지 내지 예방하고자 하는 자진신고자 감면제도의 취지, 침익적 제재규정의 엄격해석 원칙 등에 비추어 보면, 부당한 공동행위를 행한 사업자로서 부당한 공동행위 사실을 신고하거나 조사에 협조한 자에 대하여 구법 제22조의2 제1항에 따라 과징금을 감경 또는 면제할 때에는, 먼저 구법 제22조에 정해진 한도액을 초과하지 아니하는 범위 안에서 과징금을 산정한 다음, 그와 같이 산정된 과징금을 감경 또는 면제하여야 한다고 봄이 상당하다."고 판시한 바 있다.

한 요건만을 보다 구체적으로 정하고 있을 뿐이다.

다른 한편으로, 시행령은 자진신고 감면제도가 제대로 활용되기 위한 방안으로, 자진신고 또는 조사협조자로서 인정되는 자에 대하여 추가적인 혜택을 부여하거나 면책의 범위를 제한하는 규정을 두고 있다. 전자의 경우로서, 부당한 공동행위로 인하여 과징금 부과 또는 시정조치의 대상이 된 자가 그 부당한 공동행위 외에 그 자가 관련되어 있는 다른 부당한 공동행위에 대하여 시행령 제51조 제1항 제1호 각 목 또는 제2호 각 목의 요건을 충족하는 경우에 공정거래위원회는 그 부당한 공동행위에 대하여 다시 과징금을 감경 또는 면제하고, 시정조치를 감경할 수 있다(영 제51조 제1항 제4호, 추가감면제도; amnesty plus 제도). 대법원은 이 조항의 해석에 관하여 "당해 공동행위와 다른 공동행위가 모두 여럿인 경우 감경률 등을 어떻게 정할 것인지에 관하여 구체적인 규정이 없는 상태에서 공정거래위원회가 과징금 부과처분을 하면서 적용한 기준이 과징금제도와 추가감면제도의 입법 취지에 반하지 않고 불합리하거나 자의적이지 않으며, 나아가 그러한 기준을 적용한 과징금 부과처분에 과징금 부과의 기초가 되는 사실을 오인하였거나 비례·평등의 원칙에 위배되는 등의 사유가 없다면, 그 과징금 부과처분에 재량권을 일탈·남용한 위법이 있다고 보기 어렵다."고 판시한 바 있다.[463]

동 판결이 있은 후 2017년 감면고시가 개정되면서 다른 공동행위가 여러 개인 경우를 감안하여 다음과 같이 당해 공동행위에 대한 과징금의 추가적인 감경 또는 면제기준이 마련되었다(감면고시 제13조 제2항).

① 다른 공동행위의 규모(다른 공동행위가 여러 개인 경우에는 다른 공동행위 규모의 합을 말함)가 당해 공동행위의 규모(당해 공동행위가 여러 개인 경우에는 당해 공동행위 규모의 합을 말함)보다 작거나 같은 경우 : 20% 범위 내 감경

② 다른 공동행위의 규모가 당해 공동행위보다 크고 2배 미만인 경우 : 30% 감경

③ 다른 공동행위의 규모가 당해 공동행위의 2배 이상 4배 미만인 경우 : 50% 감경

④ 다른 공동행위의 규모가 당해 공동행위보다 4배 이상인 경우 : 면제

이때, 공동행위의 규모란 위반사업자가 법위반기간 동안 판매한 관련 상품 또는 용역의 매출액을 말하며, 입찰담합의 경우에는 계약금액을 기준으로 한다(감면

463) 대법원 2013.11.14. 선고 2011두28783 판결.

고시 제13조 제3항, 영 제13조 제1항 및 영 제50조 후단).

후자의 경우로서, (2007년 개정 시행령[464]부터) 시행령 제51조 제1항 제1호부터 제4호까지의 규정에 해당하는 자라도 다른 사업자에게 그 의사에 반하여 해당 부당한 공동행위에 참여하도록 강요하거나 이를 중단하지 못하도록 강요한 사실이 있는 경우 또는 (2011년 개정 시행령[465]부터) 일정 기간 동안 반복적으로 법 제40조 제1항을 위반하여 부당한 공동행위를 한 경우에는 시정조치와 과징금의 감면을 하지 아니한다(영 제51조 제2항 제1호, 제2호). 또한 (2012년 개정 시행령[466]부터) 시행령 제51조 제1항 제3호에 해당하는 자로서 2개 사업자가 부당한 공동행위에 참여하고 그 중의 한 사업자인 경우이거나, 제1호 또는 제2호에 해당하는 자가 자진신고하거나 조사에 협조한 날부터 2년이 지나 자진신고하거나 조사에 협조한 사업자인 경우 중, 어느 하나에 해당하는 경우에는 과징금 및 시정조치를 감경하지 아니한다(영 제51조 제1항 제3호).[467]

(2) 고발 면제

자진신고자나 조사협조자에 대해서는 고발을 면제할 수 있다(법 제44조 제1항). 공정거래위원회는 실무상 자진신고자로서 그 지위를 부여받은 '사업자'에 대해서는 검찰에 고발하지 않으며, 다만, 당해 공동행위가 법 제129조 제2항에 해당하거나 제3항에 의하여 검찰총장이 공정거래위원회에 고발 요청을 한 경우에는 그러하지 아니하다(감면고시 제17조). 감면의 소극적 요건에 해당하는 경우에는 당연히 고발이 면제되지 아니한다.

그런데 여기서 고발이 면제되는 자가 과연 누구인지에 대해서 규정상 혼선이 있어 보인다. 공정거래법상 형사벌의 대상은 원칙적으로 법 위반행위, 여기서는 공동행위를 실제로 행한 자로서 통상 회사의 임·직원이 된다. 이 점은 법인의 대표자나 법인 또는 개인의 대리인, 사용인, 그 밖의 종업원이 그 법인 또는 개인의 업무에 관하여 법위반행위를 하면 그 행위자를 벌하는 외에 그 법인 또는 개인에게도 법위반행위의 방지를 위한 주의·감독의무를 게을리한 경우에 그 법인에게도 벌금

464) 2007.11.2. 개정, 대통령령 제20360호.

465) 2011.12.30. 개정, 대통령령 제23475호.

466) 2012.6.19. 개정, 대통령령 제23864호.

467) 권오승·서정(제4판), 368면. 입법자는 독과점화 되어 있는 시장에서 지배적 지위에 있는 두 사업자가 부당한 공동행위에 참여하였음에도 자진신고자 감면의 혜택을 받는 경우를 방지하기 위해 이 규정을 마련한 것이다.

형을 부과하도록 한 양벌규정을 통해서도 확인할 수 있다(법 제128조). 공정거래법이 자진신고한 '자' 또는 조사에 협조한 '자'에 대하여 고발을 면제할 수 있도록 규정한 것도 이러한 맥락에서 이해하는 것이 타당하다. 감면고시가 고발면제의 대상을 '사업자'로 규정하고 있는 것(동 고시 제17조)은 기속재량(羈束裁量)이라는 점에서 의미를 갖는다. 요컨대, 해석론으로는 자진신고 감면의 요건을 갖춘 임·직원에 대하여는 고발을 면제할 수 있고, 사업자에 대하여는 고발을 면제해야 한다.

그런데 공정거래위원회의 실무는 이와 다르다. 법률상 감면요건의 충족 여부가 사업자를 기준으로 판단되고, 그 결과 지위확인 또한 사업자에 대해서 이루어지며, 감면 또한 원칙적으로 사업자에 대해서 행해진다. 따라서 실무상으로는 지위확인을 받은 사업자에 속한 임·직원에 대해서도 고발이 면제되는지 여부가 다투어질 수 있다. 이 점에 관하여는 법령이나 감면고시에 아무런 규정이 없으므로 해석론으로 해결할 수밖에 없다. 부당한 공동행위 금지의 수범자이자 그로 인한 부당이득을 누린 사업자에 대해서 고발을 면제하면서 정작 사업자를 위하여 법위반행위로 나아간 임·직원을 고발한다는 것은 고발면제의 취지에 맞지 않는다는 점에서 긍정설이 타당할 것이다.[468] 다만, 향후 공정거래법상 전속고발제도가 부당한 공동행위에 관하여 폐지될 경우에는 이른바 '개인 리니언시'가 주요 이슈로 등장할 것이고, 그에 맞추어 관련 규정을 정비해야 할 것이다.

라. 공동의 감면신청

(1) 단독신청의 원칙

시정조치 또는 과징금 감면사유가 되는 부당한 공동행위의 자진신고는 단독으로 하여야 한다. 즉, 자진신고의 공동신청은 원칙적으로 허용되지 않는다. 이는 2 이상의 사업자에 의한 공동의 자진신고를 인정하게 되면 법위반행위에 참여한 사업자들이 담합하여 자진신고하는 방법으로 감면을 받을 수 있게 되어 자진신고자에게 일정한 혜택을 부여함으로써 참가사업자들 간의 신뢰를 약화시켜 부당한 공동행위를 중지 내지 예방하고자 하는 자진신고 감면제도의 취지에 반할 우려가 있기 때문이다.

한편, 공정거래법은 제44조에 자진신고자의 감면에 관한 근거규정만을 마련해 두고, 감면되는 자의 범위와 기준 등은 시행령에 위임하고 있는데, 2009년에 개정

---

468) 오행록, "Leniency 제도 집행성과와 향후 과제", 경쟁법연구 제16권, 2007, 114면 이하.

된 시행령[469]에서 과징금의 면제 또는 감면의 대상자를 규정하면서 제한적이나마 공동감면신청을 규정하였다. 즉, 2 이상의 사업자가 '실질적 지배관계'에 있는 계열회사이거나 회사의 분할 또는 영업양도의 당사회사로서 그들이 함께 당해 공동행위에 참여한 사실이 없는 경우 등과 같이 공동의 자진신고를 허용하더라도 감면제도의 취지에 어긋나지 않는다고 볼 만한 사정이 있는 경우에는 예외적으로 허용된다(구법의 영 제35조 제1항 제1호 가목 단서 및 제3호 가목 단서, 현행법의 영 제51조 제1항 제1호 가.).[470]

대리신고(代理申告)가 가능한지 여부에 대해서는 법령에 규정이 없으나 공동신고에 준하여 제한적으로 인정해야 할 것이다. 즉, 자진신고 또는 조사협조를 하면서 자신의 명의로 하였을 뿐 다른 참가사업자를 대리하거나 대행한다는 표시를 하지 아니한 상태에서 설사 자진신고 또는 조사협조에 다른 참가사업자의 법위반행위에 관한 내용이 일부 포함되어있다 하더라도 이는 자진신고자 또는 조사협조자로서 다른 공동행위자의 법위반사실을 포함시킨 것에 불과할 수 있으므로, 공동신고의 요건을 충족하지 않는 한 대리신고는 원칙적으로 허용되지 않는다고 볼 것이다.[471]

법원은 호남석유화학이 엘지화학과 함께 씨텍의 전신인 현대석유화학을 분할, 흡수합병하였고, 당시 잔존법인인 씨텍의 지분 50%를 소유하고 있는 주주회사로서 자신의 부당공동행위에 대한 부분인 분할 후의 부당공동행위에 관하여 자진신고를 하면서 분할 전 현대석유화학의 부당공동행위에 대하여도 이를 신고하고 그 관련 서류를 제출한 사안에 대하여 호남석유화학의 행위는 분할 후 자신의 부당공동행위에 관한 자진신고인 동시에 분할 전 현대석유화학을 '대리하여' 그의 부당공동행위 내용을 자진신고한 경우에 해당한다고 판단하였다.[472]

(2) 공동 감면신청의 취지

1996년 법개정[473]으로 자진신고자 감면제도를 도입할 당시에는 담합에 참가한 사업자들이 공동으로 감면신청을 하여 과징금을 면제받게 되면 카르텔규제의 실효

469) 2009.5.13. 개정, 대통령령 제21492호.

470) 2020년 전부개정법의 시행령(대통령령 제32274호, 2021.12.28. 전부개정)에서는 2순위 신고자나 협조자에게는 공동감면을 인정하지 않았다.

471) 대법원 2010.9.9. 선고 2010두2548 판결.

472) 대법원 2010.9.9. 선고 2009두8939 판결.

473) 1996.12.30. 개정, 법률 제5235호.

성이 떨어질 뿐만 아니라 국민정서에도 맞지 않는다는 이유로 공동감면제도를 인정하지 않았다. 그런데 2009년 개정된 시행령[474] 제51조가 단독감면 이외에 공동감면을 제한적인 범위에서 허용한 이유는 무엇보다 부당한 공동행위에 참가한 복수의 사업자들이 비록 법인격은 서로 다르지만 실제로는 독립적으로 운영되는 것이 아니라 단일한 의사에 의해 지배되는 관계에 놓여 있을 경우에는 증거자료가 그들 복수의 사업자에 분산되어 있어서 각 사업자의 증거제출만으로는 충실한 증거를 확보하기가 곤란하고, 특히 전 세계에 지사를 두고 있는 다국적 기업의 경우에는 본사뿐만 아니라 지사까지 포함하여 폭넓은 협조를 받아야 내실 있는 증거수집 및 조사가 가능하다고 판단되었기 때문이다. 뿐만 아니라 공동감면으로 인하여 다수의 사업자가 1, 2순위의 감면신청 순위를 모두 차지하는 경우 다른 사업자들의 감면신청이 원천적으로 봉쇄됨으로써 부당한 공동행위의 입증에 필요한 증거의 확보와 관련하여 이들의 협조를 얻는데 어려움이 발생할 수 있다는 점도 고려되었다.

(3) 공동감면의 요건: 실질적 지배관계

실무상 공동감면을 인정하기 위한 핵심 요건은 공동으로 증거를 제공하는 2 이상의 사업자가 '실질적 지배관계에 있는 계열회사'이어야 한다는 점이다(영 제51조 제1항 제1호 가.). 그 밖에 공동으로 증거를 제공하는 복수의 사업자가 회사의 분할 또는 영업양도의 당사회사인 경우는 해석상 다툼의 소지가 없으므로 추가 설명은 생략하기로 한다. 공동감면의 핵심 요건을 다시 세분하면 아래와 같고, 이들 요건은 누적적으로 충족되어야 한다.

① 공동감면을 신청하는 2 이상의 사업자가 공동행위에 참여하였을 것

② 위 복수의 사업자들이 공동으로 증거를 제공할 것

③ 위 사업자들이 실질적 지배관계에 있는 계열회사일 것

㈎ 공동감면을 신청하는 2 이상의 사업자가 공동행위에 참여하였을 것

2 이상의 사업자가 문제된 공동행위에 함께 참여하였어야 하므로, 이들 사업자가 실질적으로 하나의 사업자에 해당하는 경우에는 이 요건이 충족되지 않는다. 왜냐하면 실질적, 경제적 관점에서 볼 때 하나의 사업자에 해당하는 다수의 사업자들 간에 이루어진 합의에는 법 제40조 제1항이 적용되지 않고,[475] 이들을 하나의 사업

474) 2009.5.13. 개정, 대통령령 제21492호.

475) 심사기준 Ⅱ. 1.

자 즉, '경제적 동일체'(single economic entity)로 파악한다는 것은 원칙적으로 그들 중 어느 한 사업자의 행위에 대한 법률효과를 복수의 사업자 모두에게 귀속시킨다는 것을 의미하기 때문이다.[476)]

따라서 2 이상의 사업자가 사실상 하나의 사업자로 인정될 경우에는 ②와 ③의 요건을 따로 규정하지 않더라도 그들 중에 한 사업자의 감면신청과 협조, 증거제출에 따른 법률효과가 당해 복수의 사업자 모두에게 미치게 된다. 이에 대한 반대해석으로서 위 공동감면을 인정하기 위한 첫 번째 요건은 당해 복수의 사업자가 서로 계열관계에 있더라도 사실상 하나의 사업자에 해당하는 정도에는 미치지 못하는 관계에 있는 것으로 보는 것이 타당할 것이다.

㈏ 위 복수의 사업자들이 공동으로 증거를 제공할 것

복수의 사업자들이 공동으로 증거를 제공하여야 하는바, 그로부터 두 가시를 추론할 수 있다. 하나는 ①의 요건에서 이미 해당 사업자들이 공동행위에 모두 참여하였음을 전제로 하기 때문에, 이들이 각각 당해 공동행위에 대한 증거를 보유하고 있을 것이라는 점이다. 자진신고제도의 취지상 이들이 보유한 증거를 최대한 제공받는 것이 필요함은 물론이다. 다른 하나는 이들 복수의 사업자들이 '공동으로' 증거를 제공하여야 하므로, 그 중 한 사업자의 증거제공만으로는 공동감면이 불가능하다는 점이다.

따라서 한 사업자의 증거제공만으로 충분히 부당한 공동행위를 입증할 수 있는 경우에도 일정한 관계에 있는 복수의 사업자가 함께 증거를 제공하는 경우에 공동감면을 받을 수 있게 된다. 다만, 공동의 감면신청을 행한 사업자들에게 동일한 지위를 인정할 경우에는 일종의 담합에 의한 자진신고를 조장할 소지가 있으므로 ③의 요건이 그 의미를 갖게 된다.

㈐ 위 사업자들이 실질적 지배관계에 있는 계열회사일 것

끝으로 ③의 요건은 공동행위에 함께 참여한 2 이상의 사업자가 공동으로 증거를 제공한다고 하여 이들에게 언제나 공동감면을 인정하는 것이 아니라, 이들 사업자 간에 일정한 요건을 갖춘 계열관계를 요구함으로써 공동감면의 대상을 제한하고 있다. 부당한 공동행위에 가담한 사업자들이 공동으로 대응하면서 함께 자진신고를 하거나 증거를 함께 제공하였다는 이유만으로 그들 모두에게 공동감면을

---

476) Jones/Sufrin, EC Competition Law(2nd ed.), 2004, p. 123, 126 ff.

인정할 경우에는 감면신청의 순위도 그들의 공모를 통해서 인위적으로 조정될 우려가 있기 때문이다.

실질적 지배관계가 있는 계열회사의 판단기준은 다음과 같다(감면고시 제4조의2). 첫째로, 사업자가 다른 사업자의 주식을 모두 소유한 경우(동일인 또는 동일인 관련자가 소유한 주식을 포함)이다. 위 요건은 이른바 100% 소유의 모·자회사로서 이들 간에 실질적 지배관계는 물론이고, 나아가 두 회사를 경제적인 면에서 하나의 동일체로 보는 데에 무리가 없다. 그렇다고 해서 역으로 실질적 지배관계가 인정될 경우, 언제나 이들을 하나의 사업자로 볼 수 있는 것은 아니다. 실질적 지배관계에는 다양한 스펙트럼이 존재할 수 있고, 그 중 지배관계가 가장 강력한 것이 바로 사실상 하나의 사업자이기 때문이다.

둘째로, 사업자가 다른 사업자의 주식을 모두 소유하지 아니한 경우라도 주식소유비율, 당해 사업자의 인식, 임원겸임 여부, 회계의 통합 여부, 일상적 지시 여부, 판매 조건 등에 대한 독자적 결정 가능성, 당해 사안의 성격 등 제반사정을 고려할 때 사업자가 다른 사업자를 실질적으로 지배함으로써 이들이 상호 독립적으로 운영된다고 볼 수 없는 경우(다만 관련시장 현황, 경쟁사업자의 인식, 당해 사업자의 활동 등을 고려할 때 경쟁관계에 있다고 인정되는 경우는 제외)이다.[477] 그렇다면 위 요건을 어떻게 해석할 것인가? 공동 감면신청을 하는 사업자들이 계열회사이면 족한가, 아니면 계열회사 중에서도 상호 간에 실질적 지배관계에 있는 경우에만 한정할 것인지가 문제될 수 있다. 후자의 입장에서는 공동감면제도가 당초 '사실상 하나의 사업자'에 해당하는 경우를 염두에 둔 것인데, 계열관계에 있기만 하면 모두 공동감면을 허용할 경우에는 규제의 실효성을 약화시키고 계열회사들이 단순히 감면혜택만 함께 누리려는 의도로 악용될 소지가 있다는 것이다.

생각건대, 공동감면 신청이 2 이상의 사업자가 사실상 하나의 사업자에 해당하는 경우에 한하여 허용하려는 취지라고 보기는 어렵다. 사실상 하나의 사업자 간에는 공동행위가 성립할 여지가 없고, 굳이 당해 공동행위에 2 이상의 사업자가 함께 참여한다거나 증거를 공동으로 제공할 것을 요건으로 할 필요가 없기 때문이다. 이는 아래에서 조금 더 자세히 살펴보자.

심사기준 Ⅱ. 1. 나.에서 사실상 하나의 사업자로 볼 수 있는 경우에 그들 간에

477) 이와 비슷한 취지로 대법원 2015.9.24. 선고 2012두13962 판결.

이루어진 카르텔 합의에 법 제40조 제1항을 적용하지 않는다고 규정하고, 사실상 하나의 사업자로 인정할 수 있는 기준으로 제시하고 있는 것이 문언상 감면고시 제4조의2에서 실질적 지배관계를 인정하는 기준과 동일한 것은 사실이다. 그러나 두 가지 점에 유의할 필요가 있다. 하나는 심사기준이 사실상 하나의 사업자를 파악하는 방법으로 '실질적·경제적 관점'을 명시하고 있다는 점이고, 다른 하나는 설사 양자가 동일한 문언을 사용하고 있다고 하더라도 이를 해석함에 있어서는 해당 규정의 취지와 목적을 고려하여야 한다는 점이다.

이러한 점을 감안할 때 두 가지 결론을 도출할 수 있다. 첫째, 사실상 하나의 사업자라는 개념을 인정할 필요성은 그들 간에 경제적 독립성이 전혀 존재하지 않음으로써 부당한 공동행위의 성립요건인 합의, 그리고 그 합의의 전제가 되는 자유로운 의사형성이 전적으로 불가능한 경우에는 공동행위 자체를 인정하지 않는 데에 있다. 이때에는 그 요건을 매우 엄격하게 해석할 수밖에 없고, 복수의 사업자 간에 계열관계에 있다는 것과 같은 지배형식 이외에 그들 상호 간에 실질적·경제적으로 경쟁이 존재할 여지가 없을 정도의 이른바 '경제적 동일체'로 인정될 것을 요구하고 있는 것이다.

둘째, 이와 달리 공동감면의 취지는 지극히 예외적인 경우에 공동행위의 성립을 부인하는 것이 아니라 오히려 부당한 공동행위를 전제로 그 적발과 입증을 용이하게 하기 위하여 공통의 이해관계를 갖는 사업자들의 협력을 효과적으로 얻어내는 데에 있다. 이 경우에는 매우 엄격한 수준의 지배관계가 필요한 것이 아니라, 공동감면의 혜택이 부여되는 대상을 계열관계에 한정함으로써 제도의 남용을 막고 감면 여부에 관한 예측가능성을 담보한다는 차원에서 객관적으로 계열회사일 것을 요구하는 것이다.

그 밖에 공동감면을 신청한 복수의 계열회사가 상호 직접적인 지배관계에 있어야 하는지가 문제될 수 있다. 실질적 지배관계를 계열관계와 동일한 의미로 이해할 경우에 소극적이다. 문리적 해석에 따르더라도 2개 회사가 계열회사라는 말은 서로 계열관계에 있으면 족한 것이고, 이때 필요한 지배관계는 동일인을 중심으로 직접적, 간접적인 지배를 모두 포함하기 때문이다. 또한 공정거래법상 기업집단의 범위를 획정함에 있어서 사실상의 지배관계란 언제나 동일인을 중심으로 파악하는 것이고, 계열회사 간의 직접적 지배·종속관계 여부는 중요하지 않기 때문에, 공동감면을 신청하는 복수의 회사가 실질적 지배관계에 있는 계열회사라는 문언은 동일인의 지배를 받는다는 의미로 해석하여야 할 것이다.

뿐만 아니라 공동감면의 취지를 복수기업 간에 경쟁의 부재와 적발의 용이 및 증거제공의 편의 등에서 찾을 경우에 이들 간에 직접적인 지배관계가 성립하는지 여부는 중요하지 않고, 동일인에 의해서 실질적으로 지배되고 있는 계열회사들을 포착함으로써 그 취지를 충분히 달성할 수 있다. 특히 공동감면신청이란 복수의 계열회사가 동일한 관련시장에서 활동하고 있던 경우를 전제로 하는바, 이때 이들 계열회사가 실질적 경쟁관계에 놓이기 어렵고 부당한 공동행위의 입증에 있어서도 서로 보완적일 것이라는 점도 고려할 필요가 있다.

일부 외국에 소개되고 공정거래법상 공동감면의 요건도 '동일한 기업집단에 속하는 계열회사'(affiliate companies who belong to the same business group)[478] 또는 '실질적으로 동일한 지배하에 있는 계열회사'(affiliates substantially under the same control)[479] 등으로 표현되고 있는바, 국제카르텔 사건의 경우 이러한 문언을 믿고 외국회사들이 1순위로 공동 신고하였을 때 공정거래위원회가 위 요건을 매우 제한적으로 해석할 때에는 법적 안정성과 예측가능성이 적지 않게 훼손될 우려가 있다. 공정거래위원회의 실무에 대한 국제적인 신뢰 또한 저하될 것이 분명하다. 따라서 시행령 제51조 제1항 제1호 가목 및 감면고시 제4조의2에서 정하는 '실질적 지배관계에 있는 계열회사'는 동일인이 직접 또는 간접적으로 지배하고 있는 계열회사를 의미하는 것으로 해석하는 것이 리니언시 제도의 취지를 살리는 동시에, 빈번하게 문제되고 있는 국제카르텔에서 공정거래위원회의 신뢰를 높이는 방안일 것이다.

반면, 동일한 기업집단에 속하는 계열회사들에게 실질적 지배관계의 부존재를 이유로 공동감면을 허용하지 않는다면 결국 해당 기업집단 차원에서 과징금 총액을 최소화하기 위하여 관련매출액이 가장 적은 회사를 1순위로 신고하게 하는 등 계열회사들의 신고순위를 인위적으로 조정하게 될 가능성이 있고, 그렇게 되면 1, 2순위를 준별하여 신고 순위를 둘러싼 경쟁을 유도하려는 리니언시 제도의 취지에 부합하지 않게 된다. 외국의 입법례 또한 계열회사의 공동감면을 폭넓게 인정하고 있다. 먼저, 미국의 경우에는 명문의 규정은 없으나 기업집단 단위의 감면신청을

478) http://www.paulhastings.com/assets/publications/1527.pdf

479) http://www.internationallawoffice.com/newsletters/detail.aspx?g=71edae56-06a3-44cf-8a17-c98dcb0d748d.

인정하여, 감면의 법률효과를 기업집단 전체 계열회사에 미치도록 운영하고 있고, 유럽에서도 기업집단의 경우 사업상 필요에 따라 여러 법인격을 이용하여 분업체계를 구축하고 있는 점을 감안하여 동일 기업집단 소속 계열회사의 경우 공동감면의 범위를 비교적 폭넓게 인정하고 있다. 과거 공동의 감면신청을 허용하지 않던 일본에서도 2009년 개정된 사적독점금지법은 제7조의2 제13항에서 의결권 있는 주식의 과반수를 보유하여 모·자회사의 관계에 있는 계열회사들에 대하여 공동감면신청을 허용하고 있다.

보다 근본적으로는 공동감면의 요건을 매우 제한적으로 운용하는 것이 타당한지도 의문이다. 무릇 자진신고제도의 가장 중요한 취지는 부당한 공동행위의 적발 및 입증의 용이성에 있기 때문이다. 심지어 네덜란드의 경우 공동감면은 둘 이상의 사업자가 '동시에'(simultaneously) 감면신청을 하고 이들이 공동신청자로서 각자 리니언시의 요건을 충족하는 경우에는 그 감면에 있어서 동일한 카테고리로 인정하고 있다.[480]

마. 개인감면신청의 가부

개인감면신청(individual leniency)이란 공동행위에 가담하였던 개인이 경쟁당국에 법위반사실을 신고하거나 조사에 협조한 경우 제재를 면제해주는 제도로서, 대표적으로 1994년 미국 법무부가 도입하여 운용하고 있다. 법무부는 1994.10.8.「개인감면신청에 대한 정책」(Leniency Policy for Individuals)[481]을 공표하였는데, 경쟁당국이 법 위반사실의 조사에 착수하기 전에 다음 3가지 요건을 충족시키는 개인 자격의 자진신고자는 기소를 면제받는다. 우선, ① 자진신고 시점에 경쟁당국이 다른 정보원으로부터 법 위반과 관련한 정보를 입수하지 못했어야 한다. 다음으로, ② 자진신고를 한 개인은 법 위반사실을 '진실에 부합하게 온전히'(with candor and completeness) 신고해야 하며, '조사과정 전반에 걸쳐 최대한의 전폭적인 협조를 지속적으로'(full, continuing, and complete cooperation) 보여야 한다. 마지막으로, ③ 자진신고를 한 개인은 카르텔의 강요자(coercer) 또는 '명백한 주도자'(clearly the leader or the originator)에 해당되지 않아야 한다. 이러한 3가지 요건을 충족시키는 자진신고자는 기소 면제의 대상이 되나, 위 요건을 전부 충족시키지 못 하는 자진신고자—예

480) Leniency Guidelines on the Non–imposition or Reduction of Fines under Articles 51, 56 para 1, 4, 57, 62, 88 and 89 of the Dutch Competition Act in Cartel Cases.

481) U.S. DOJ, Antitrust Division, "Leniency Policy for Individuals", August 10, 1994.

를 들어 1순위 신고자가 아닌 조사협조자의 경우 — 라 하더라도 사안별로 법무부의 재량에 따라 감면대상이 될 수 있다.

최초 자진신고자가 아닌 개인(조사협조자)의 경우 리니언시 혜택 부여의 가능성은 그만큼 낮아지게 된다. 2017.1.17. 개정된 「리니언시 제도 해설서」(FAQs)[482]는 개인 리니언시 혜택에 있어 해석상 다소 불명확했던 점들에 대해 엄격한 입장을 표명하고 있는데, '비난가능성이 높은'(highly culpable) 현직 임직원의 경우 감면혜택이 제외될 수 있다. 개정 해설서는 또한, 퇴직 임직원은 원칙적으로 감면대상에서 제외됨을 명시하고 있다. 이처럼 개인 리니언시에 대한 엄격한 태도는 '비난가능성이 높은' 신고자 해당 여부를 명확히 알기 어려운 현직 임직원의 감면 여부에 대한 불확실성을 가중시킨다는 점에서 예측가능성을 중시하는 리니언시 제도의 활용도를 위축시킬 우려가 있으며, 퇴직자의 자진신고에 의한 법 위반혐의 포착 가능성 역시 저해하는 측면이 존재한다.

공정거래법상 감면의 혜택을 받을 수 있는 자진신고자나 조사협조자에 해당하기 위해서는 공히 부당한 공동행위에 참가한 '사업자'일 것이 요구된다는 점(감면고시 제2조 제1호, 제2호)에서 실제 담합에 참여한 임·직원 등 개인은 감면신청을 할 수 없는 것으로 해석된다. 어차피 공정거래법상 담합에 참여한 임·직원에 대해서는 과징금을 부과할 수 없기 때문에 리시언시가 별다른 의미를 갖지 않는다. 따라서 개인 리니언시의 문제는 결국 자진신고에 따른 형사벌의 면제와 관련해서만 논의의 실익이 있는바, 입법적으로 그 도입을 신중하게 모색할 필요가 있다.

바. 자진신고와 공동행위의 중단

(1) 중단, 종료 및 단절의 개념 및 취지

공정거래법상 공동행위란 2 이상의 사업자가 법 제40조 제1항 각호의 어느 하나에 해당하는 행위를 할 것을 '합의'하는 것으로서, 합의는 공동행위의 목적을 실현하기 위한 법적 수단이자 공동행위의 법적 형태에 해당한다. 그런데 합의의 개수와 공동행위의 개수가 언제나 일치하지는 않는다. 공정거래법상 복수의 합의를 하나의 공동행위로 볼 수 있는지, 공동행위의 종기를 언제로 보아야 하는지, 자진신고 감면요건의 하나로서 공동행위를 중단한 시기는 언제로 보아야 하는지가 다투

482) U.S. DOJ, Antitrust Division, "Frequently Asked Questions about the Antitrust Division's Leniency Program and Model Leniency Answers", January 26, 2017.

어질 수 있는 것이다.

하나의 공동행위가 성립하기 위해서는 당해 공동행위가 '단절'없이 계속 실행되어야 하는바, 이때 '단절'은 복수의 합의를 분리하여 복수의 공동행위로 파악할 수 있는지와 관련하여 중요한 의미를 갖는다. 동시에 이 문제는 복수의 합의와 실행이 존재하는 경우에 각각의 공동행위가 종료되는 시기가 언제인지와도 결부되어 있다. 공동행위의 시기와 종기를 기초로 하나의 공동행위가 성립하는지 여부는 과징금의 산정 및 처분시효·공소시효의 기산점을 언제로 볼 것인지와 관련하여 매우 중요할 수밖에 없다. 이때, 공동행위의 종료시기 및 공동행위의 단절에 대해서는 법령에 전혀 언급이 없고, 일련의 대법원 판례에 나타난 기준과 이를 반영한 공정거래위원회의 고시 등에 규정된 기준을 참고할 수 있을 뿐이다.

반면, 공정거래법 제44조가 정하는 자진신고 감면 및 그 요건을 구체화한 시행령 제51조에 기초하여 구체적으로 1순위 자진신고자가 되기 위한 요건의 하나로 '그 부당한 공동행위를 중단하였을 것'이 명정되어 있다(영 제51조 제1항 제1호 라.). 이때, 공동행위의 중단 여부는 당해 공동행위에 참가한 사업자가 1순위로 법위반사실을 공정거래위원회에 신고하고 필요한 증거를 충분히 제출함으로써 담합의 입증에 상당히 기여한 경우에 시정조치 및 과징금, 형사고발의 면제라는 혜택을 부여할지를 판단하는 단계에서 중요한 의미를 가지므로, 앞서 언급한 공동행위의 종료나 단절이 갖는 의미와 다른 차원의 성격을 가지게 된다.

요컨대, 공동행위의 단절이나 종료는 시정조치, 과징금 산정이나 처분시효의 기산과 관련하여 가급적 공동행위의 범위를 넓히고 제재의 강도를 높이는 것과 관련되어 있기 때문에 가급적 엄격하게 제한적으로 해석함이 옳다. 담합규제의 실효성을 높이기 위해서이다. 그런데 공동행위의 중단은 자진신고에 따른 제재의 감면을 부여하는 이른바 수익적 행정처분과 관련되어 있어서, 가급적 자진신고자에게 예측가능하도록 비교적 폭넓게 인정해주는 것이 자진신고 감면제도의 실효성을 담보하기 위해서도 필요하다.

(2) 공동행위의 '중단' 여부에 대한 판단기준

구체적인 사건에서 자진신고를 한 사업자가 그 공동행위를 중단하였는지를 어떻게 판단해야 하는지는 결국 목적론적 해석, 즉 관련 법규정의 목적과 취지에 상당 부분 의지하지 않을 수 없다. 시행령 제51조 제1항은 1순위 자진신고자의 요건으로 ① 부당한 공동행위임을 입증하는 증거를 단독으로 제공한 최초의 자일 것, ② 공정거래위원회가 부당한 공동행위에 대한 정보를 입수하지 못했거나 부당한 공동행위임을 입증하는 증거를 충분히 확보하지 못한 상태에서 자진신고했을 것, ③ 관련 사실을 모두 진술하고 관련 자료를 제출하는 등 조사 및 심의·의결(이하 "조사등")이 끝날 때까지 성실하게 협조했을 것을 규정하면서, 마지막으로 ④ 당해 공동행위를 중단하였을 것을 요구하고 있다.

㈎ 부당한 공동행위 '중단' 관련 규정의 개관

공정거래법 제44조 제1항 제1호에 따른 동법 시행령 제51조 제1항 제1호 라목은 '그 부당한 공동행위를 중단하였을 것'을 1순위 자진신고자의 지위를 인정하기 위한 마지막 요건으로 규정하고 있다. 이에 근거하여 감면고시 제6조 제1항은 공동행위 중단 여부의 판단과 관련하여 시행령 제51조 제1항 각 호의 요건 중 '그 부당한 공동행위를 중단'하였는지 여부는 "그 합의에 기한 실행행위가 종료하였는지 여부에 따라 판단하되, 합의탈퇴의 의사표시로 부당한 공동행위를 중단한 것으로 볼 수 있으며, 다만 입찰담합의 경우 당해 입찰이 종료되면 실행행위가 종료된 것으로 볼 수 있다."고 규정하고 있다. 또한 동조 제2항은 "공동행위는 감면신청 후 즉시 중단하여야 하며, 심사관이 조사상 필요에 의하여 일정한 기간을 정하는 경우 예외적으로 그 기간이 종료한 후 즉시 중단하여야 하는 것"으로 정하고 있다. 아울러 감면고시 제12조는 위원회가 자진신고자 지위 결정을 통하여 감면에 관한 사항을 심의·의결하도록 하면서, 동조 제2항에서는 자진신고자 지위를 부여하지 않는 경우를 예시하고 있다.

이처럼 자진신고자 등에 대한 시정조치 등 감면제도에 있어서 '부당한 공동행위의 중단'은 오로지 자진신고자 지위 부여·유지를 위한 요건의 하나이고, 이 점에서 수 개의 공동행위 내지 하나의 공동행위를 인정할 것인지를 좌우하는 개념적 표지로서 단절이나 종료[483]와 그 성격을 달리하게 된다. 전자의 맥락에서 보면 공정거래법 시행령 제51조 제1항 각호 및 감면고시 제6조의 요건은 공정거래법 제40조 제1항 각호의 어느 하나에 해당하는 행위를 할 것을 합의함으로써 야기된 법위반 상태를 스스로 벗어나겠다는 사업자의 의사를 구체적으로 확인할 수 있는 외형상

483) 장기간에 걸친 수 회의 합의로 이루어진 부당한 공동행위에 있어서 그 중단이 인정되는 경우 '하나의 행위로서 연속성'이 부정됨에 따라 상이한 처분시효의 주장이 가능한 수 개의 공동행위로 구분될 수 있으며, 그로 인하여 과징금 산정을 위한 관련매출액 산정 결과에 영향을 미치게 된다.

요소들을 열거한 것으로 이해함이 타당하다.

결국 자진신고 관련 일련의 규정에 따른 부당한 공동행위 '중단'의 요건은 법위반 행위를 중단하려는 신청인의 진정한 의사 확인이라는 규정의 본래 취지에 부합하는 방향으로 해석되어야 하고, 단절·종료와 같이 엄격하게 제한하여 해석할 것은 아니다. 단절·종료의 경우 이를 제한적으로 해석하여 복수의 합의를 하나의 공동행위로 파악하더라도 법위반 기간이 길어져서 과징금액이 늘어나거나 처분시효에 걸려서 적발하고도 제재를 하지 못하는 상황을 막을 수 있는 등 규제의 실효성을 제고하는 방향으로 작용하는 반면, 공동행위의 '중단'을 그와 같이 엄격하게 해석할 경우에는 진정한 의사로 과거의 담합행위를 신고하고 각종 제재로부터 벗어나고자 하는 자진신고자에게 예기치 못한 엄청난 불이익을 안겨줌으로써 오히려 자진신고 감면제도에 대한 불신을 야기하여 결국 동 제도의 실효성을 저해할 수 있기 때문이다.

따라서 공동행위의 '중단' 요건이 충족되는지 여부를 지나치게 기계적으로 적용하거나, 동 요건의 충족 여부에 관하여 다소의 흠결이나 의문이 있음을 이유로 자진신고가 이루어진(보다 정확하게는 자진신고의 내용에 포함된) 담합에 대한 감면혜택 전체가 부정되는 경우에는 자진신고자 감면제도의 취지와 목적, 실효적 제도 운영에 반하는 결과를 초래할 수 있다. 이러한 이유로 자진신고자 또는 조사협조자로서 감면대상에 해당하는지 여부 및 감면순위를 판단함에 있어, 해당 사업자가 부당한 공동행위의 적발 및 입증에 기여한 정도를 기준으로 한 종합적 고려가 요구된다. 대법원 역시 이러한 맥락에서 "공정거래법에서 정한 자진신고자 감면제도의 취지와 목적이 부당한 공동행위에 참여한 사업자가 자발적으로 부당한 공동행위 사실을 신고하거나 조사에 협조하여 증거자료를 제공한 것에 대한 혜택을 부여함으로써 참가사업자들 사이의 신뢰를 약화시켜 부당한 공동행위를 중지 내지 예방하고자 하는 데에 있는 점 등을 감안할 때, 자진신고자 또는 조사협조자로서 감면대상에 해당하는지 여부 및 감면순위에 대하여 판단할 때에는 해당 사업자가 부당한 공동행위의 적발 가능성에 기여한 정도를 기준으로 삼아야 한다."고 판시한 바 있다.[484] 더욱이 자진신고자 감면제도 자체는 자진신고를 한 사업자, 즉 지위인정의 신청인의 관점에서 수익적 성격의 법규정에 해당하는 만큼 이를 지나치게 엄격하

484) 대법원 2010.1.14. 선고 2009두15043 판결; 대법원 2015.2.12. 선고 2013두987 판결.

게 해석·적용하는 것은 바람직하지 않다는 점도 간과해서는 안 된다.[485)]

㈏ **판례의 태도**

부당한 공동행위의 '중단'은 '종기'에 관한 법리와 밀접하게 관련되는 만큼 '종기'에 관한 기존 판례의 입장을 간략하게 살펴볼 필요가 있다.[486)] 자진신고와 관련하여 '공동행위 중단' 여부가 향후 소송상 쟁점이 될 수 있다는 언급[487)]은 공동행위의 '중단'이 단절이나 종료와 별도로 자진신고자 지위인정을 둘러싼 고유한 핵심쟁점으로 발전할 것임을 시사하는 것이다.

그런데 자진신고자 지위인정의 요건으로서 공동행위의 '중단' 여부를 다룬 판례가 축적되어 있지 않을 뿐만 아니라, 특히 입찰담합 사건에서는 '중단'으로 인정될 수 있는 사유에 대한 하급심 판단이 엇갈려 왔다.[488)] 무엇보다도 공동행위의 합의, 입찰참가, 낙찰, 계약체결, 물량배분 등 일련의 단계로 조합될 수 있는 입찰담합의 특성을 고려할 때, 어느 단계를 담합의 종기로 볼 것인지에 대하여 명확한 기준을 제시하기란 쉽지 않았을 것이다. 특히 '자진신고'가 이루어진 경우, '자진신고' 자체를 담합의 중단으로 인정할 것인지에 관한 검토가 요구된다.

이러한 맥락에서 입찰담합과 관련한 일련의 대법원 판결은 중요한 의의가 있다. 포스코 발주 철강제품 운송용역 관련 부당한 공동행위가 문제된 당해 사안의 경우 '자진신고'가 있었던 경우로, 이른바 "전력선 구매입찰담합" 판결,[489)] "두유 담

485) 헌법재판소 2008.9.25. 선고 2007헌가9 결정 등; 대법원 2010.1.14. 선고 2009두15043 판결: "구 독점규제 및 공정거래에 관한 법률(2004.12.31. 법률 제7315호로 개정되기 전의 것) 제22조의2 제1항의 문언 내용과 관련 조문들의 체계, 부당한 공동행위의 참여 사업자가 자발적으로 조사에 협조하여 입증자료를 제공한 데에 대하여 혜택을 부여함으로써 참여 사업자들 간의 신뢰를 약화시켜 부당한 공동행위를 중지 내지 예방하고자 하는 자진신고자 감면제도의 취지, 침익적 제재규정의 엄격해석 원칙 등에 비추어 보면, [···]."

486) 정재훈, "부당한 공동행위의 중단 및 종기, 소송의 대상 등의 문제(대법원 2015.2.12. 선고 2013두6169 판결의 쟁점)", 인권과 정의 제455호, 2016, 147면: "[···] 부당한 공동행위의 중단이 인정되어 수 개의 행위로 본다면 먼저 발생한 일부 행위에 대하여 처분시효가 완성될 가능성이 높아, 나머지 기간의 관련매출액에 대하여만 과징금이 산정되므로 부당한 공동행위의 중단은 공정거래 소송실무에 있어 매우 중요한 쟁점이다."

487) 강우찬, "담합의 종기와 관련한 몇 가지 쟁점에 대한 소고 — 계속적 입찰담합, 담합의 탈퇴, 자진신고 관련 쟁점을 중심으로 —", 경쟁법연구 제32권, 2015, 52, 71면에서는 대법원 2015.2.12. 선고 2013두6169 판결("전선 담합" 판결), 대법원 2015.2.12. 선고 2013두987 판결("두유 담합" 판결), 대법원 2015.5.28. 선고 2015두37396 판결을 중심으로 대법원이 제시한 부당한 공동행위의 종기 관련 법리와 기준을 검토하고 있다.

488) 정재훈, 앞의 글(2016), 147면.

489) 대법원 2015.2.12. 선고 2013두6169 판결.

합" 판결[490] 그리고 "LCD 담합" 판결[491]을 자세히 살펴볼 필요가 있다.

주지한 바와 같이 공정거래법 제44조 및 동법 시행령 제51조 제1항 제1호에 따른 1순위 자진신고자의 요건으로서 '부당한 공동행위 중단'의 인정 여부가 중점적으로 다투어진 사례는 그리 많지 않다. 그럼에도 불구하고 '자진신고와 부당한 공동행위의 종기'에 관한 법원의 시각을 드러낸 이하의 판결은 '자진신고로 공동행위가 중단되면서 종료된' 당해 사안의 해결을 위한 일정한 기준과 관련 규정의 해석 방향을 제시할 수 있을 것으로 보인다.

1) "전력선 구매입찰담합" 판결

전선제조사 등의 "한국전력공사 발주 전력선 구매입찰담합" 사건[492]은 부당한 공동행위 중단사유를 판단하는 일정한 기준을 제시하고 있다. 이 사건에서 공정거래위원회는 11년간 전력선 구매입찰 과정에서, 전선 품목·규격별로 투찰가격과 낙찰예정자(주계약자), 낙찰 업체와 들러리 업체들 간 물량배분에 관하여 담합해온 35개 중전압용 및 저전압용 전력선을 제조·판매 사업자를 적발하여 이 중 32개 사업자에 대하여 시정조치 및 385억 원의 과징금을 부과하였다.[493] 동 처분에 대하여 피심인 중 넥상스코리아를 포함한 22개 사업자("넥상스코리아 등" 판결')[494]와 일진홀딩스("일진홀딩스" 판결)[495]가 각기 불복의 소를 제기하였고, 서울고등법원은 별개로 심리된 양 사건에 대하여 상이한 결론을 내놓았는데, "넥상스코리아 등" 판결과 달리 "일진홀딩스" 판결에서는 경쟁 입찰로 인하여 부당한 공동행위가 중단된 것으로 판단하였다. 그리고 대법원은 "넥상스코리아 등" 판결에 대한 원심 판결을 파기하면서, "수회의 입찰담합 중에 1999.10.5. 입찰에서 합의에 이르지 못하여 위와 같이 바로 경쟁입찰이 이루어졌고, 그 이후 한 달간 있었던 일련의 입찰에서도 계속적으로 경쟁입찰이 이루어졌고, 이를 일시적인 가격인하의 경우와 같이 볼 수 없다."고 판시하면서 경쟁입찰 방식으로의 전환이 부당한 공동행위의 중단 사유가 될

490) 대법원 2015.2.12. 선고 2013두987 판결.

491) 서울고등법원 2014.2.13. 선고 2011누46417 판결(상고는 심리불속행 기각).

492) 공정거래위원회 2012.5.4. 의결 제2012−072호("한국전력공사 발주 전력선(연간단가 계약품목) 구매입찰담합" 사건).

493) 자세한 내용은 정재훈, 앞의 글(2016), 148면, 구체적인 사실관계의 정리는 장혜명, "일시적 가격인하와 부당공동행위의 종기에 관한 분석 — 대법원 2015.2.12. 2013두6169 판결을 중심으로 —", 법학논총 제30권 제3호, 2018, 392−397면.

494) 서울고등법원 2013.2.7. 선고 2012누16529 판결.

495) 서울고등법원 2013.12.20. 선고 2012누36868 판결.

수 있음을 확인하였다.[496)]

특히, 서울고등법원은 "넥상스코리아 등" 판결에서 "넥상스코리아, 극동전선이 다른 공동행위자에 대하여 이 사건 합의에서 탈퇴하였음을 알리는 의사표시를 하지 않았더라도 이 사건 공동행위를 중단하고 공정거래위원회에 자진신고 함으로써 넥상스코리아, 극동전선의 이 사건 공동행위는 종료되었다고 볼 수 있으므로, 넥상스코리아, 극동전선에 대하여는 자진신고일(2007.12.21.)이 종기"라고 판단하였다.[497)] 이에 대하여 대법원이 비록 자진신고는 공동행위가 종료된 후 한 것에 불과하므로 그 시점을 원고의 공동행위의 종기로 볼 것은 아니라는 입장을 취하였으나,[498)] 이는 부당한 공동행위가 지속되는 와중에 이루어진 자진신고라면 특별한 사정이 없는 한 자진신고를 통하여 종기에 이른다는 점을 전제한 것이라는 점[499)]에 주목할 필요가 있다. 공동행위의 종료=종기이므로, 다른 사정으로 종료 이후에 자진신고가 이루어졌다면 자진신고 시점을 종기로 볼 수 없는 것은 지극히 당연하다. 오히려 주목할 것은 대법원의 이 같은 판시가 자진신고 한 사업자에게 유리한 방향으로 공동행위의 종기를 인정해준 것이고, 다른 사유로 종료가 인정되었다면 굳이 그 후의 자진신고 시점을 종기로 볼 실익이 없음을 보여주고 있다는 점이다.

요컨대, 앞서 살펴본 서울고등법원과 대법원 판결은 '경쟁 입찰'과 '지속 중인 부당한 공동행위에 대한 자진신고'를 부당한 공동행위 종기의 인정 사유로 확인하고 있다는 점에 의미가 있으며, 이러한 '자진신고와 부당공동행위의 종기'에 관한 대법원의 입장은 같은 날 선고된 "두유 담합" 판결[500)]에서 동일하게 확인되었다.

2) "LCD 담합" 판결

공정거래위원회는 삼성전자 등 국내외 LCD 제조업자들이 TFT-LCD의 제조·판매와 관련하여 공동으로 주요제품의 판매가격을 설정하고, 한국을 포함한 전 세계 시장에 공급하는 제품의 생산량을 제한하여 생산설비를 공동으로 전환하는 등 공급량을 조절하기로 합의한 행위에 대하여 시정조치와 함께 과징금 1,973억 8천만

496) 대법원은 앞서 "넥상스코리아 등" 판결(2013.2.7. 선고 2012누16529 판결)에 대한 서울고등법원의 판결을 파기하면서, "일진홀딩스" 판결(2013.12.20. 선고 2012누36868 판결) 판결에 대하여는 상고 기각한 바 있다.

497) 서울고등법원 2013.2.7. 선고 2012누16529 판결.

498) 대법원 2015.2.12. 선고 2013두6169 판결.

499) 정재훈, 앞의 글(2016), 154면.

500) 대법원 2015.2.12. 선고 2103두987 판결; 정재훈, 앞의 글(2016), 154-155면.

원을 부과하였다.[501)]

이 사건에서 서울고등법원은, “원고들의 자진신고일인 2006.7.27. 이후부터 2006.12.7.까지 실무자급 다자회의에 계속하여 참석한 사실은 인정되나 원고들의 자진신고에는 진정성이 인정되고 당시 이 사건 공동행위를 종료하려는 의사가 있었던 점, 피고도 관련매출액 산정의 종기를 원고의 자진신고일 전날인 2006.7.26.로 판단한 점 등을 고려할 때 이 사건 공동행위를 자진신고일인 2006.7.27.경 종료하였다고 봄이 상당하고 이 사건 처분은 그로부터 5년이 경과한 이후에 있었으므로 처분시효 경과로 이 사건 처분은 부적법하다.”고 판시함으로써,[502)] 공정거래위원회 판단과 달리 담합의 종기를 자진신고 시점으로 보았다. 공정거래위원회가 상고하였으나 대법원은 심리불속행으로 이를 기각하였다.[503)]

서울고등법원은 자진신고가 이루어진 시점을 공동행위의 ‘종기’로 보면서, 그 근거로서 ① 원고들의 자진신고에는 진정성이 인정되고, 당시 이 사건 공동행위를 종료하려는 의사가 있었던 점, ② 이 사건 자진신고 그 자체를 이 사건 공동행위에 반하는 행위로 볼 여지가 있는 점, ③ 또한 이 사건 자진신고 행위 및 미국 DOJ의 이 사건 협조 요청에 부응한 행위는 합의에 반하는 행위와 동등하게 볼 수 있고, 합의에 가담한 업체들에 대하여 합의 파기의사를 표시한 것으로 평가될 수 있거나 그에 대한 기대가능성이 없어 그와 같은 요건을 구비한 것으로 보아야 할 것인 점 등을 근거로 제시했다는 점에서[504)] 주목할 필요가 있다.

물론, “LCD 담합” 사건의 경우에 국제적 요인으로 인한 가격인하 상황에서 자진신고만으로 부당한 공동행위의 종기를 인정하는 것이 상대적으로 용이하였다는 지적도 가능하다.[505)] 다만, ① ‘자진신고의 진정성’ 여부, 즉 공동행위를 종료하고자 하는 신청인의 실제적 의사를 확인하고자 하는 점, ② ‘자진신고’는 그 자체로 공동행위에 반하는 행위로 볼 수 있다는 점을 판시하였다는 점에서,[506)] 지위인정의 요

---

501) 공정거래위원회 2011.12.1. 의결 제2011－212호(“초박막액정표시장치(TFT－LCD) 제조판매사업자 담합” 사건).

502) 서울고등법원 2014.2.13. 선고 2011누46417 판결.

503) 대법원 2014.6.26.자 2014두5521 판결(심리불속행 기각).

504) 서울고등법원 2014.2.13. 선고 2011누46417 판결; 강우찬, 앞의 글, 68면; 공정거래위원회, 카르텔 정책 및 법 집행 동향, 2014.5.30, 10－11면.

505) 정재훈, 앞의 글(2016), 154면.

506) 서울고등법원 2014.2.13. 선고 2011누46417 판결(원고들의 처분시효 만료 주장에 대한 법원의 판단 부분 중 ‘원고들 자진신고의 진정성 및 공동행위의 종료의사’ 및 ‘합의에 반하는 행위 여부 및

건으로서 부당한 공동행위의 '중단'을 판단하는 데에도 시사하는 바가 적지 않다.

3) "두유 담합" 판결

두유제품을 제조·판매하는 정식품과 삼육식품, 매일유업은 2007년 말부터 곡물가격을 비롯한 원재료 가격이 급등하자 1위 업체인 정식품을 중심으로 가격인상 및 덤 증정을 제한하기로 합의하였다. 이에 공정거래위원회는 두유가격을 공동으로 인상하고, 덤 증정을 제한하기로 합의한 정식품 등 3개 두유업체에 대해서 시정명령과 총 131억 원의 과징금을 부과하였다.[507]

대법원은 원심판결[508] 중 2011.7.18.자 과징금 감경처분에 관한 부분을 파기하면서, "부당한 공동행위에 가담한 사업자가 구법 제22조의2에서 정한 자진신고자 등에 대한 감면조치를 받기 위하여 공정거래위원회에 적법하게 자진신고를 하였다면, 신고 후 정당한 사유 없이 공동행위를 중단하지 않거나 조사에 성실하게 협조하지 않는 등으로 인하여 자진신고자 지위확인이 취소되는 등의 특별한 사정이 없는 이상, 자진신고를 부당한 공동행위에서 탈퇴하는 의사표시와 함께 합의에 반하는 행위가 있었던 경우에 준하여 볼 수 있으며, 따라서 위와 같은 적법한 자진신고 사업자에 대하여는 감면대상 순위에 해당하는지 여부와 상관없이 자진신고일 시점이 공동행위의 종기가 된다."고 판시하였다.[509]

이로써 대법원은 자진신고 후 정당한 사유 없이 공동행위를 중단하지 않거나 조사에 성실하게 협조하지 않는 등으로 인하여 자진신고자 지위확인이 취소되는 등의 특별한 사정이 없는 이상, '자진신고'가 공동행위의 탈퇴 여부를 판단하기 위한 요건으로 기존 판례가 제시하여 온 ① 다른 공동행위 가담 사업자에 대한 명시적·묵시적 합의탈퇴의 의사표시를 하였을 것, ② 합의에 반하는 행위를 하였을 것이라는 요건에 상응하는 것임을 분명히 하였다.

또한 감면고시 제6조 제1항이 '그 부당한 공동행위를 중단'하였는지 여부를 판단함에 있어서, "그 합의에 기한 실행행위가 종료하였는지 여부에 따라 판단하되, 합의탈퇴의 의사표시로 부당한 공동행위를 중단한 것으로 볼 수 있다."고 규정하고 있는 점을 고려하면, 위와 같은 대법원의 판단은 매우 중요한 의미를 지닌다. 즉

기대가능성' 부분).

507) 공정거래위원회 2011.6.9. 의결 제2011-067호("두유제품 제조·판매사업자 담합" 사건).

508) 서울고등법원 2012.11.28. 선고 2011누46387 판결.

509) 대법원 2015.2.12. 선고 2103두987 판결.

'자진신고'는 부당한 공동행위에서 탈퇴하는 의사표시와 함께 합의에 반하는 행위가 있었던 경우에 준하는 것으로서 그 시점을 담합의 종기로 볼 수 있는 만큼, 일단 자진신고 시점에 담합의 종기가 인정된다면 자진신고자 지위인정을 위한 공동행위의 '중단' 또한 그 시점에 인정되지 않을 수 없는 것이다.

㈐ 해석론

그렇다면 시행령 제51조 제1항에서 자진신고 감면의 요건 중 하나로 그 공동행위를 중단할 것을 규정한 취지는 무엇일까? 당해 공동행위에 참가한 사업자가 위 세 가지 요건을 모두 충족한 상황이라면 자진신고 감면제도가 기대하는 법위반행위의 적발과 입증이라는 목적은 충분히 달성되는 것이므로, 네 번째 '중단' 요건이란 당해 사업자가 진의로 자진하여 신고하였음을 확인하기 위한 취지로 이해할 수 있다. 자진신고자 중에는 일단 1순위자의 지위를 얻기 위해서나 다른 경쟁사업자를 해하기 위하여 외관상 1순위 신고자의 지위를 차지하려는 이례적인 경우가 생길 수 있으므로, 진정으로 부당한 공동행위를 시정하려는 의사가 있는지를 가장 확인하기 쉬운 것이 공동행위의 '중단'이다.

실제로 위의 ①~③ 요건을 충족하는 자진신고자가 자기도 가담한 공동행위를 내심뿐만 아니라 겉으로 드러나도록 계속해서 실행한다는 것은 스스로 자진신고에 따른 혜택을 포기하는 것으로서 기업의 상식에도 반하는 지극히 비합리적인 행태일 것이다. 이왕 1순위로 자진신고를 하고 감면혜택을 받고자 한 사업자가 의도적으로 공동행위를 계속하거나 지사의 일탈행위를 인식하고도 이를 방치할 유인이 전혀 없으므로, 원칙적으로 자진신고를 한 시점에 공동행위를 중단할 의사는 분명하다고 보아야 하는 것이다. 따라서 공동행위의 '중단'이란 공정거래위원회도 해당 법위반행위를 인지하지 못한 상태에서 사업자가 스스로 신고한 시점, 즉 자진신고가 이루어진 시점으로 파악하여야 하고, 지극히 이례적으로 그 후에도 실행이 계속된 경우에 공정거래위원회로서는 자진신고자에게 불가피하거나 합리적인 사정이 있었는지 여부를 심사하여야 할 것이다.

특히, 자진신고 감면제도란 그 운영의 투명성과 예측가능성을 생명으로 하는 바, 부당한 공동행위를 신고하는 사업자가 자신의 의도와 상관없이 신고 시점 이후에 일부 임·직원이나 일부 지역에서 담합이 계속 실행되었음을 이유로 장기에 걸친 담합을 신고한데 따른 혜택을 완전히 박탈당할 수 있다면 어떤 사업자라도 제일 먼저 공정거래위원회에 신고하기가 곤란해질 수 있다. 심지어 본사가 알지 못하는 영업부서의 계속된 담합실행으로 인하여 사후에 언제라도 지위인정이 취소되고, 나아가 감면혜택이 사라질 우려가 상존한다면 더욱 그러할 것이다.

이와 달리 자진신고가 공동행위의 중단으로 인정되기 위해서는 객관적·실질적으로 '중단'으로 평가될 수 있어야 한다는 반론이 제기될 수도 있다. 자진신고 당시에는 공동행위를 중단할 진정한 의사가 있었더라도 추후 객관적·실질적 중단이 이루어지지 않았다면 감면혜택을 부여하지 않는 것이 동 제도의 취지에도 부합한다는 것이다. 그런데 이와 같은 견해는 몇 가지 이유에서 타당하지 않다.

첫째, 공동행위의 '중단'은 단절이나 종료와 달리 하나의 공동행위를 포착하기 위한 것이 아니다. 즉, 이때의 '중단'은 리니언시의 혜택, 다시 말해서 자진신고자의 지위를 부여하기 위한 요건의 하나에 불과하고, 따라서 '하나의 공동행위'가 성립하기 위한 요건으로서 중단 전후에 '단일한 의사와 동일한 목적'이 존재하는지는 '중단' 여부를 판단함에 있어 고려되어서는 안 된다. 둘째, 공동행위의 '중단' 여부를 자진신고자가 신고한 시점에서 품고 있던 주관적 의사, 즉 진정으로 담합을 중단하려는 의사 유무에만 결부시킬 경우에는 객관적·실질적으로 공동행위가 계속되는 외관과 일견 상충되는 경우가 발생할 수 있으나, 시행령 제51조 제1항은 이러한 점을 이미 감안하여 '공정거래위원회가 조사를 개시하기 전에 자진하여 신고하였을 것'이라는 요건 외에 '그 후에도 관련자료를 제출하는 등 공정거래위원회 조사가 끝날 때까지 성실하게 협조하였을 것'을 요건으로 정하고 있다. 즉, 시행령상 자진신고자의 요건에는 비단 사업자의 신고 시점을 기준으로 한 중단의 의사뿐만 아니라 그 후로도 상당 기간에 걸쳐 그 진정성을 객관적·실질적으로 확인할 수 있는 자료제출의무와 성실협조의무가 포함되어 있는 것이다. 따라서 자진신고 전후에 동일·유사한 공동행위가 반복되었더라도, 공정거래위원회가 자진신고에 이르게 된 경위와 그간의 협조정도, 동일·유사한 공동행위가 추후 진행된 배경 등 여러 사정을 종합적으로 고려하여 자진신고의 시점을 중단시점으로 볼 것인지를 판단하는 것이 타당하다.

원칙적으로 자진신고를 한 시점에 당해 공동행위를 중단한 것으로 보아야 한다는 해석론은 대법원의 태도[510)]와도 부합한다. 판례에 따르면 "자진신고 후에 정

510) 대법원 2015.2.12. 선고 2013두987 판결; 대법원 2022.7.28. 선고 2020두48505 판결.

당한 사유 없이 공동행위를 중단하지 아니하거나 조사에 성실하게 협조하지 아니하는 등으로 인하여 자진신고자 지위확인이 취소되는 등의 특별한 사정이 없는 이상, 그 자진신고를 부당한 공동행위에서 탈퇴하는 의사표시와 함께 합의에 반하는 행위가 있었던 경우에 준하는 것으로 볼 수 있다." 즉, 공동행위를 중단하지 않은 경우에도 지위취소를 위해서는 공정거래위원회가 정당한 사유의 유무를 살펴보아야 하고, 지위확인이 취소되지 않는 이상 자진신고란 부당한 공동행위에서 탈퇴하거나 합의를 지키지 않으려는 의사를 보여주는 일응의 징표인 것이다.

반면, 부당한 공동행위에 가담한 사업자가 외국의 경쟁당국에 자진신고를 한 경우에는 다음과 같은 이유에서 해당 자진신고일 시점을 곧바로 공동행위의 종기로 볼 수 없다. 첫째, 국가별로 자진신고자에 대한 감면의 요건 등이 상이하고 외국 경쟁당국에 자진신고를 한 후에도 국내시장에서 합의에 터 잡은 실행행위가 계속될 여지가 있다는 점에서 공정거래법이 정한 자진신고자 감면제도의 취지와 목적에 맞지 않는다. 둘째, 공정거래법 제80조 제5항의 처분시한은 공정거래위원회가 시정조치를 명하거나 과징금을 부과할 수 있는 기간으로서, 공정거래위원회는 공동행위에 가담한 사업자들이 외국 경쟁당국에 자진신고를 한 사실을 알지 못하는 경우가 많고 설령 그러한 사실을 알게 되었다고 하더라도 그것만으로 부당한 공동행위의 전체적인 내용을 파악하고 시정조치나 과징금 부과 등의 제재처분을 하는 데 필요한 기본적인 요소들을 확정지을 수 있을 만큼의 사실관계가 갖추어져 조사의 대상에 포함되고 제재처분의 대상이 되었다고 보기 어렵다. 셋째, 외국 경쟁당국에 대한 자진신고일을 공동행위의 종기로 보지 않더라도 사업자는 공정거래위원회에 추가로 자진신고함으로써 공동행위의 종기를 조속히 확정하여 법률관계의 안정을 도모할 수 있는 법적 수단이 마련되어 있다.[511]

끝으로 자진신고 한 사업자가 부당한 공동행위의 실행을 사실상 중단하지 않은 경우에도 정당한 사유가 인정되는 경우에는 여전히 자진신고 시점을 중단시점으로 보아야 한다. 담합이 이루어진 사업분야의 영업방식에 따라서는 권역별 지사(영업소)가 영업을 책임지는 시스템이 존재할 수 있고, 사업분야의 특성상 본사에서 개별 지사의 일상적·관행적인 영업행태를 감독하는 데에는 한계가 클 수 있다. 특정 지사나 임·직원의 일탈행위를 이유로 문제된 부당한 공동행위의 중단을 전혀

511) 대법원 2022.7.28. 선고 2020두48505 판결.

인정하지 않고, 자진신고에 따른 지위확인마저 부정하는 것은 타당하지 않다.

그렇다면 공동행위의 즉시 중단 여부를 자진신고자 지위 부여 시 고려하도록 하고 있는 감면고시 제12조는 어떻게 해석되어야 하는가? 구체적으로 동조 제2항은 어느 하나에 해당하는 경우 공정거래위원회가 자진신고자 지위를 부여하지 못하는 사유를 열거하고 있다. 그리고 그 사유 중 하나로 "감면신청 후 즉시 또는 심사관이 정한 기간 종료 후 즉시 공동행위를 중단하지 않았거나, 공동행위 중단 상태를 유지하지 않은 경우"를 들고 있는 것이다(동항 제3호). 생각건대, 이와 같은 사정을 지위 불인정의 사유 중 하나로 규정한 것은 자진신고 후에 부당한 공동행위와 관련된 사실을 모두 진술하지 않고 관련 자료를 제출하지 않는 등 성실하게 협조하지 않는 경우(동항 제1호)나 고의로 허위자료를 제출한 경우(동항 제2호)에 상응한 정도로 자진신고의 진정성이 명백하게 의심되는 경우를 지위인정 시 배제하려는 취지이다. 즉, 자진신고가 이루어진 경우라면 원칙적으로는 그 시점에 중단이 인정되어 지위가 부여될 것이지만, 매우 이례적으로 그 진정성을 의심케 하는 공동행위가 지속되는 경우에는 지위를 부여하지 않을 수 있는 것이다.[512)]

종래 공동행위의 종료, 종기를 판단하는 기준은 비교적 '하나의 공동행위'를 폭넓게 인정하여 과징금의 수준을 높게 유지하고 처분시효의 회피를 막으려는 취지에서 매우 제한적으로 엄격하게 마련되어 왔다. 공동행위의 중단도 이와 같은 맥락에서 다루어져 왔고, 결과적으로 대부분의 사례에서 중단은 인정되지 않고 하나의 공동행위가 성립하는 식으로 판례가 정립되었다. 그런데 이들 쟁점이 자진신고자 지위인정과 결부되는 경우에는 그 해석원칙이 변경되어야 한다.

사. 자진신고와 공동행위의 단절

(1) '단절' 논의의 실익

공정거래법상 부당한 공동행위의 금지가 실효성을 갖기 위해서는 공정거래위원회의 적발능력, 적발 시 높은 수준의 제재 및 자진신고의 활성화가 요구된다. 따라서 일단 적발된 담합에 대한 과징금이나 처분시효에 관한 한 단절 내지 종료의

---

512) 상식적으로 보더라도 처음부터 공동행위를 중단하지 않을 것을 염두에 두고 굳이 자진신고가 이루어지는 상황을 상정하기 어렵다. 자칫 지위 인정은 받지 못하고 담합행위만 적발되어 과징금, 고발 등의 제재에 그대로 노출될 것이기 때문이다. 또한 자진신고로 인하여 담합유지에 대한 상호 간 신뢰가 붕괴되었음에도 불구하고, 공동행위에 가담한 다른 사업자들이 1순위 자진신고자와 함께 기꺼이 담합을 이어가려 하거나, 향후 일정 기간 안에 기존 합의의 실행을 재개할 것으로 예상하기도 힘들다.

개념은 엄격하게 해석할 필요가 있는 반면, 자진신고자 지위인정 요건의 하나인 공동행위의 '중단'은 리니언시가 갖는 수익적 성격뿐만 아니라 비교적 예측가능한 감면혜택 부여를 통하여 자진신고를 촉진한다는 취지에서 보다 완화된 기준에 따라 판단하여야 한다. 이러한 맥락에서 공동행위의 '중단'이란 지위 인정 여부를 판단할 때 여러 가지 사정을 감안하여 종합적으로 판단하여야 할 것이다.

이 문제는 결국 부당한 공동행위의 개수를 판단하는 것으로서 공동행위의 시기(始期)와 종기(終期) 및 부당한 공동행위의 처분시효를 정하는 문제와 깊은 관련이 있기 때문에 실무상 매우 중요한 의미를 갖는다.[513] 즉, 수회의 공동행위를 각각 개별의 공동행위로 인정할지 아니면 전체적으로 하나의 공동행위로 인정할지에 따라 공동행위의 시기 및 종기, 나아가 처분시효가 달라지기 마련이다. 그런데 공동행위의 개수를 어떻게 판단하는지에 따라 자진신고 감면 여부와 자진신고 감면효력의 범위가 달라질 수도 있다. 자진신고가 관련된 경우 시기·종기·처분시효를 정하는 경우와는 어떠한 상이한 쟁점들이 발생하는지, 나아가 이를 어떻게 해석·적용하여야 하는지가 관건이 된다는 점에서 논의의 실익이 크다.

(2) 공동행위의 개수 판단기준

공정거래법 및 시행령은 부당한 공동행위의 개수를 정하는 판단기준에 관해 어느 곳에도 규정하고 있지 않다. 다만, 공정거래위원회가 마련한 심사기준과 과징금고시에서 부당한 공동행위 개수를 판단하는 기준을 제시하고 있을 뿐인데, 여기서 유의할 것은 이들 고시에서 개수를 판단하는 배경은 자진신고 지위인정과는 무관하게 결국 과징금 산정과 처분시효 기간을 목적으로 삼고 있기 때문에 지위인정과 관련된 해석론을 전개함에 있어서는 일정한 수정 내지 변경된 법리가 요구된다는 점이다. 먼저 관련 규정의 내용을 간략히 살펴보면 다음과 같다.

위 심사기준에서는 "사업자들이 일정한 기간에 걸쳐 수차례의 합의를 하는 경우 부당한 공동행위의 수는 그 개별적인 합의들의 기본원칙을 담거나 토대가 되는 기본합의가 있었는지의 여부 또는 그 개별합의들이 사실상 동일한 목적을 위해 단절됨 없이 계속 실행되어 왔는지의 여부 등을 종합적으로 살펴서 판단하여야 한다."고 규정하고 있다(심사기준 Ⅲ. 1.). 그에 따르면 두 가지 경우 즉, ① 기본적 원칙에 관한 합의가 있는 경우와 ② 기본적 원칙이 없지만 각 합의가 단일한 의사에 기

513) 이호영, "2008년 공동행위관련 판례의 동향", 경쟁법연구 제19권, 2008, 350면.

하여 동일한 목적을 위해 단절됨이 없이 계속 실행되어 온 경우에는 일정한 기간 동안 성립된 합의들을 '하나의 부당한 공동행위'로 보게 된다.

한편, 과징금고시는 직접적으로 공동행위의 수의 문제를 규율하고 있지 않다. 그러나 동 고시는 "위반행위가 2일 이상 행하여 졌지만 불연속적으로 이루어진 경우"의 위반행위 종료일을 적시하고 있고, 그에 따르면 특히 "당해 위반행위의 유형·성격·목적·동기, 연속되지 아니한 기간의 정도와 이유, 위반행위의 효과, 시장상황 등 제반 사정을 고려하여 경제적·사회적 사실관계가 동일하다고 인정되는 범위 내에서 이를 하나의 위반행위로 보아 마지막 위반행위의 종료일을 당해 위반행위의 종료일"로 보게 된다(과징금고시 Ⅱ. 6. 나. 2)).

(3) 판례의 태도

부당한 공동행위의 개수를 어떻게 판단해야 하는지에 관하여 판례는 일관되고도 확고한 입장을 견지하고 있다. 대법원은 2000년대 후반에 일련의 판결들을 통해 하나의 공동행위의 판단기준을 확립하였고, 추후 심사기준에 그대로 반영된 바 있다. 판례의 입장을 정리하면, 수회의 합의가 하나의 공동행위인지 여부는 ① 합의들이 '단일한 의사'에 의해 '동일한 목적'을 달성하기 위한 것인지 ② '공동행위의 실행행위의 단절이 없는지', 그리고 ③ 별개의 공동행위로 볼 특별한 사정이 없는지에 따라 결정된다.

우선, 대법원은 2006년 "흑연전극봉 담합" 판결[514)]에서 공동행위의 개수를 판단하는 원칙을 최초로 제시하였다. 즉, 대법원은 "사업자들이 경쟁을 제한할 목적으로 공동하여 향후 계속적으로 가격의 결정, 유지 또는 변경행위 등을 하기로 하면서, 그 결정주체, 결정방법 등에 관한 일정한 기준을 정하고, 향후 이를 실행하기 위하여 계속적인 회합을 가지기로 하는 등의 기본적 원칙에 관한 합의를 하고, 이에 따라 위 합의를 실행하는 과정에서 수회에 걸쳐 회합을 가지고 구체적인 가격의 결정 등을 위한 합의를 계속하여 온 경우, 그 회합 또는 합의의 구체적 내용이나 구성원에 일부 변경이 있더라도, 그와 같은 일련의 합의는 전체적으로 하나의 부당한 공동행위로 봄이 상당함"이라고 판시하여 공동행위의 개수를 판단하는 기준을 기본적 원칙에 관한 합의 및 그러한 합의의 계속성으로 제시하였다.

이후 실무에서는 하나의 공동행위가 인정되기 위해서 '기본원칙 내지 기본합

---

514) 대법원 2006.3.24. 선고 2004두11275 판결.

의'가 반드시 필요한 것인지에 관한 논쟁이 있었다. 즉, "흑연전극봉 담합" 사건의 원심판결이 하나의 공동행위로 인정되기 위해서는 '공동행위에 관한 기본원칙'이 존재해야만 한다는 취지로 판시한 이후,[515] 몇몇 하급심 판례에서도 '기본합의'의 존재를 하나의 공동행위를 인정하기 위한 필수적인 요소로 설시하였던 것이다. 예컨대 서울고등법원의 2004년 "비타민 담합" 판결[516]과 2007년 "밀가루 담합" 판결[517]에서는 '기본합의'의 존재가 공동행위 개수 판단의 직접적인 기준이 되기도 하였다.

그런데 대법원은 2009년 "합성고무 제조사 담합" 판결[518]에서 '기본합의' 없이도 하나의 공동행위로 판단할 수 있다는 법리를 제시하였다. 대법원은 동 사건에서 '기본적 원칙에 관한 합의'를 명시적으로 판단한 원심판결을 파기하면서, "사업자들이 부당한 공동행위의 기본적 원칙에 대한 합의를 하고 이를 실행하는 과정에서 수차례의 합의를 계속하여 온 경우는 물론, 그러한 기본적 원칙에 관한 합의 없이 장기간에 걸쳐 여러 차례의 합의를 해 온 경우에도 그 각 합의가 단일한 의사에 기하여 동일한 목적을 수행하기 위한 것으로서 단절됨이 없이 계속 실행되어 왔다면, 그 각 합의의 구체적인 내용이나 구성원 등에 일부 변경이 있었다고 할지라도, 특별한 사정이 없는 한 그와 같은 일련의 합의는 전체적으로 1개의 부당한 공동행위로 봄이 상당하다."고 판시하였다. 즉, 대법원은 '기본적 원칙에 관한 합의 없이도' 수 개의 합의를 1개의 공동행위로 볼 수 있다고 명시적으로 밝혔고, 따라서 하나의 공동행위를 판단함에 있어 반드시 기본합의가 있어야 하는 것은 아니다.[519]

이상을 정리하면, 하나의 공동행위가 인정되기 위한 고려요소는 '단일한 의사 내지 동일한 목적'과 '단절 없는 행위', '특별한 사정이 없을 것'으로 정리할 수 있으며, 이는 일견 주관적 요소와 객관적 요소, 그리고 예외인정 사유의 성격을 각각 갖는다고 할 수 있다.[520] 그리고 대법원이 하나의 공동행위를 보다 포괄적으로 인정

---

515) 서울고등법원 2004.8.19. 선고 2002누6110 판결.

516) 서울고등법원 2004.11.24. 선고 2003누9000 판결.

517) 서울고등법원 2007.12.5. 선고 2006누23007 판결.

518) 대법원 2009.1.30. 선고 2008두16179 판결.

519) 권오승·서정(제4판), 273면; 강우찬, 앞의 글, 60면.

520) 최수희, "공동행위의 수와 기본합의의 의미에 대한 소고", 경제법판례연구 제6권, 2010, 130면. 한편 동 견해에 따르면 단일한 의사 및 동일한 목적이 있었는지 여부 또한 각 합의의 내용이나 범위 등을 기준으로 하는 객관적 판단에 의한다.

할 수 있는 법리를 제시한 데에는 앞선 공동행위의 처분시효 도과를 막고 과징금을 높게 산정하여 해당 공동행위에 대한 제재 수위를 높이려는 취지가 담겨 있다고 보아야 한다.

(4) '단절 없는 공동행위'에 관한 해석론

㈎ 쟁점의 소재

공동행위의 '단절'은 가급적 하나의 공동행위를 넓게 해석하여 담합에 대한 제재를 강화한다는 차원에서 매우 엄격하게 제한적으로 해석하여야 한다. 그러나 공동행위의 단절 여부가 '간접적으로' 자진신고자의 지위인정 내지 감면혜택 부여와 결부되어 있다면 사정이 달라진다. 이를테면 자진신고에도 불구하고 특정 지역에서 동종의 공동행위가 계속되었음을 이유로 공정거래위원회가 감면혜택을 거부하고자 하는 경우, 자진신고자의 지위가 부정되는 과거의 공동행위를 특정함에 있어서는 해당 공동행위가 중간에 단절되었는지 여부가 감면 또는 감면거부의 대상이 되는 공동행위를 좌우한다는 의미에서 자진신고와 밀접한 관련성을 가지는 것이다. 그런데 자진신고 감면제도의 취지, 그 중에서도 과거의 담합을 효과적으로 적발한다는 취지에 비춰볼 때 '단절'은 비교적 폭넓게 인정할 실익이 있다.

여기서 하나의 공동행위를 판단하는 데에 있어 객관적 요소인 '단절 없는 행위'와 관련하여 다음 두 가지 쟁점, 즉 '단절 없는 행위' 여부를 '단일한 의사·동일한 목적'과 구별되게 고려하여야 하는지, 그리고 공동행위의 단절을 구체적으로 어떻게 해석하여야 하는지를 살펴볼 필요가 있다.

㈏ '단절 없는 행위'의 독자성 여부

하나의 공동행위 문제는 수회의 합의가 '단일한 의사·동일한 목적' 하에 이루어졌는지, 그리고 이에 기반한 공동행위가 '단절 없이' 행해졌는지 여부에 따라 결론을 달리한다. 판례 및 이를 그대로 수용하고 있는 심사기준 모두 두 가지 요소를 일견 별개인 것으로 구분하고 있으나, 각각의 요소가 하나의 공동행위를 판단함에 있어서 어떤 의미를 갖는지는 그다지 명확하지 않다. 먼저 대법원의 태도를 중심으로 양자가 엄밀히 구별되어 판단이 내려지는지 즉, '단절 없는 공동행위'라는 요소가 하나의 공동행위를 인정하기 위한 별개·독립의 요건인지, 아니면 그때그때 사안을 종합적으로 고려하는 과정에서 중요한 고려요소에 불과한지를 살펴보자.

먼저, 대법원은 2006년 "흑연전극봉 담합" 판결[521]과 2008년 "굴삭기 휠로다 담합" 판결[522]에서 '단일한 의사·동일한 목적'과는 구분하여 '단절 없는 공동행위'에 대한 판단을 내린 바 있다. 대법원은 "흑연전극봉 담합" 판결에서 공동행위의 기본적 원칙에 관한 합의가 있다고 판단하면서도, "합의를 계속하여 왔거나 실질적으로 합의에 기한 실행행위를 계속하여 왔다."고 지적하였고, "굴삭기 휠로다 담합" 판결에서도 당해 부당한 공동행위를 하려는 의사나 목적이 달려졌다고 보이기 어려우면서도 "그 실행행위 또한, 단절됨이 없이 계속되어 왔다."고 명시적으로 언급하였다.

또한, 2015년 "전력선 구매입찰담합" 판결[523]에서 대법원은 "일반적으로 가격담합의 경우, 사업자들의 명시적인 담합파기 의사표시가 있었음이 인정되지 않는 이상 합의가 파기되거나 종료되어 합의가 단절되었다고 보기 어렵다."고 판시하면서, 다만 해당 사건에서 "수회의 입찰담합 중에 1999년 입찰에서 합의에 이르지 못하여 경쟁 입찰이 이루어졌고, 그 이후 한 달간 있었던 일련의 입찰에서도 계속적으로 경쟁 입찰이 이루어졌으므로, 이를 일시적인 가격인하의 경우와 같이 볼 수 없다."는 점에 주목하여 1998년의 합의와 2000년 이후의 합의가 단일한 의사에 기하여 동일한 목적을 수행하기 위한 것이었다고 보기 어렵다고 보고 두 개의 공동행위를 인정하였는데, 위 사건에서 대법원은 1999년에 나름 공동행위 실행의 단절이 있었음을 전제하고 있는 것이다.[524]

끝으로 최근 대법원의 판결 중에서는 두 가지 요소를 명확히 구분하지 않은 것으로 보이는 사례도 발견할 수 있는데, 여기서도 대법원은 공동행위의 단절을 암묵적으로 인정함으로써 단일한 의사와 동일한 목적을 부인한 것으로 볼 수 있다. 대표적으로 2016년 "오존처리설비 입찰담합" 판결에서 대법원은 "원고와 오조니아 사이에 전체 공동행위에 관한 기본적 합의가 존재하지 않는 점, 이 사건 공동행위 기간 중 실시된 29건의 입찰 가운데 14건의 입찰에 관하여만 공동행위가 이루어졌고 나머지 15건의 입찰 또는 수의계약에서는 각 회사의 영업력 등을 바탕으로 치열한 경쟁이 이루어졌던 것으로 보이는 점, 원고와 오조니아가 합의시마다 발주 예정

521) 대법원 2006.3.24. 선고 2004두11275 판결.
522) 대법원 2008.9.25. 선고 2007두3756 판결.
523) 대법원 2015.2.12. 선고 2013두6169 판결.
524) 이 사건의 원심도 마찬가지의 취지로 판시한 바 있다. 서울고등법원 2013.2.7. 선고 2012누16529 판결.

상황과 각자 회사의 이해관계 등을 기초로 새로운 합의를 한 것으로 보이는 점 등"에 비추어, "제출된 자료만으로 이 사건 공동행위가 단일한 의사에 기하여 동일한 목적을 수행하기 위한 것으로서 전체적으로 하나의 부당한 공동행위에 해당한다고 보기는 어렵다."고 판시한 원심의 판단을 긍정하였다. 이때, 전체 29건 입찰 중 14건의 공동행위가 이루어졌고 나머지 15건의 입찰 또는 수의계약에서는 경쟁이 이루어졌다는 사실은 일견 공동행위가 단절되었다는 객관적 사정임에도 불구하고,[525] 대법원은 이 부분을 적극적으로 언급하는 대신 그러한 사정을 고려하여 '단일한 의사와 동일한 목적'을 부인하고 있다.

요컨대, 판례는 하나의 공동행위 여부를 판단함에 있어서 '단일한 의사·동일한 목적'과 함께 '단절 없는 공동행위' 두 가지가 모두 충족되어야 한다는 입장인데, 이는 반대로 둘 중 하나의 요소만 충족되지 않더라도 하나의 공동행위가 부인될 수 있다는 의미이다.

㈐ '공동행위의 단절'의 구체적 인정기준

'하나의 공동행위' 여부를 판단하는 기준의 하나로서 '공동행위의 단절'을 이해할 경우, 구체적으로 단절의 존부를 어떻게 파악할 것인지가 문제된다. 이때, 공동행위의 '단절'을 '종료'나 '중단'과 구별되는 별개의 개념으로 볼 것인지가 정리되어야 한다. 비록 하급심 판결이기는 하나, 다음 세 가지 사례는 공동행위의 단절 여부를 판단하는 기준을 엿볼 수 있게 한다.[526]

우선, 서울고등법원은 2015년 "수중펌프 구매입찰담합" 판결에서 담합 기간 중간에 몇 차례의 경쟁 입찰이 있었다는 사정만으로 공동행위가 단절되었다고는 보기 어렵다고 판시하였다.[527] 즉, 법원은 ① 공동행위가 실행되는 입찰 사이에 몇 차례 경쟁 입찰이 이루어졌다고 하더라도, 대체적으로 순번제, 공동순번제 또는 이익금 배분제에서 미리 정한 순서대로 낙찰자가 결정되고 이익이 배분된 사정을 보면 실행행위가 연속적으로 이루어지지 않았다고 볼 수도 없다고 하고, ② 몇 차례의 경쟁 입찰이 있었다는 것을 두고 이 사건 공동행위에서 명시적으로 탈퇴하거나 합

525) 실제로 당해 사건의 원심은 이 부분에 있어서는 "원고와 오조니아 사이에 공동행위가 단절 없이 지속되었다는 점"이 증명되었다고 보기는 어렵다고 판시하였는데, 대법원은 이를 엄밀히 구분하지 않은 듯하다. 서울고등법원 2016.5.18. 선고 2015누32140 판결.

526) 당해 사안들은 상고심 심리불속행 기각 등으로 모두 서울고등법원의 원심 판결이 확정된 사안들이다.

527) 서울고등법원 2015.9.17. 선고 2014누43198 판결.

의에 반하는 행위를 하여 합의가 사실상 파기되거나 단절되었다고 볼 수 없다고 판시하였다.

또한 같은 해 "전력량계 입찰담합" 판결[528]에서도 서울고등법원은 공동행위 중에 경쟁 입찰이 이루어진 사실은 인정되지만, 이는 수많은 합의 중에 일시적으로 나타난 사업자들의 가격인하 조치로 보일 뿐 사업자들의 명시적인 담합파기 의사표시가 있었음이 인정되지 않는다고 보았다. 구체적으로 법원은 ① 당해 공동행위 가담자들의 진술을 바탕으로 이 사건 공동행위의 구성원 간 합의가 불성립한 것이 아니라 합의한 대로 실행되지 않아 경쟁 입찰에 이른 것이라고 볼 가능성을 배제할 수 없고, ② 경쟁 입찰 이후 불과 14일 만에 동일한 사업자들 사이에서 동일한 방식으로 합의가 이루어졌다는 점 등을 보아 일회성 합의 미이행으로 인하여 이 사건 공동행위가 파기되거나 종료되어 단절되었다고 볼 수 없다고 판시하였다. 나아가 법원은 ③ 신규사업자를 이 사건 공동행위의 구성원으로 추가하였다는 사실만으로는 공동행위가 단절되었고 그때부터 새로운 공동행위가 시작되었다고 볼 수 없다고 판시하였다.

끝으로 2016년 "오존처리설비 입찰담합" 판결에서는 단절 없이 공동행위가 지속되었다는 점이 부정된 바 있고,[529] 대법원에서 그대로 확정되었다. 즉, 법원은 "공동행위 기간 중 실시된 29건의 입찰 가운데 14건의 입찰에서만 담합이 이루어지고 나머지 15건의 입찰 또는 수의계약에서는 각 회사의 영업력 등을 바탕으로 치열한 경쟁이 이루어진 점"을 인정하였고, 15건의 경쟁 입찰 내지 수의계약에 관해서는 조사가 미흡했다는 공정거래위원회의 진술을 들어 "공정거래위원회가 내세우는 사정만으로 위 15건의 입찰 또는 계약 내역의 존재에도 불구하고 원고와 오조니아 사이에 공동행위가 단절 없이 지속되었다는 점이 증명되었다고 보기는 어렵다."고 판시하였다.

요컨대, 공동행위의 기간 중 경쟁 입찰이나 수의계약이 존재하는 경우 그 사실만으로 공동행위의 단절이 당연히 인정되지는 않고, 구체적인 사정을 종합적으로 고려하여 판단해야 한다. 이때 주로 고려되는 사정에는 경쟁 입찰 내지 수의계약의 전후 사정과 공동행위의 양태, 공동행위가 단절된 것으로 보이는 시간적 간격 등이

528) 서울고등법원 2015.12.16. 선고 2014누8249 판결.
529) 서울고등법원 2016.5.18. 선고 2015누32140 판결.

있다. 이러한 법리는 주로 하급심 판결을 중심으로 정립되었는데, 대법원 또한 "부당공동행위의 단절에 관한 법리"[530]라는 표현을 사용한 바 있어 향후 대법원 판결에서 보다 명확한 기준이 제시될 가능성이 높다.

(5) 자진신고와 '단절'의 판단기준

㈎ 단절의 다차원성

위에서 공동행위의 단절 여부를 다룬 일련의 판결들은 모두 공동행위의 시기와 종기를 판단하고 궁극적으로 '하나의 공동행위'를 인정할 것인가에 답하기 위한 목적으로 공동행위의 개수 문제를 접근하고 있다. 공동행위의 시기 및 종기는 실무적으로 당해 사안에 적용해야 하는 법률의 적정성, 과징금의 산정, 처분시효의·공소시효 기산점 등의 문제를 판단하여 적정한 제재를 내리기 위한 기초가 되기 때문이다. 즉, 지금까지 판례가 언급한 공동행위의 단절에 관한 법리는 사업자들의 부당한 공동행위에 대해 처분시효의 도과를 막고 엄중한 제재를 부과하기 위한 목적으로 정립된 것이다.

그런데 자진신고가 이루어지고 1순위자에게 지위를 부여할 것인지가 결부되어 있는 경우에는 사정이 달라진다. 특히 일련의 합의가 이루어지는 도중에 사업자의 자진신고가 이루어진 경우 내지 자진신고 대상이 된 공동행위가 일견 복수인 경우에는 앞서 논의와는 상이한 쟁점들이 야기된다.[531] 우선, 사업자가 자진신고를 하고 그에 따라 자진신고 감면의 효력범위에 있는 공동행위를 검토하는 경우에 있어서는 그 대상이 되는 공동행위의 개수가 어떻게 되는지 판단해야 하는데, 그 결과에 따라 자진신고 인정의 효력범위가 달라질 수 있기 때문이다. 나아가 자진신고 대상이 된 공동행위가 일견 복수의 공동행위인 경우 ① 각 공동행위에 대해 자진신고자 지위인정이 개별적으로 이루어져야 하는지, ② 자진신고 이후 새로운 공동행위가 있었던 경우에도 개별 공동행위에 대한 자진신고자 지위는 유지되어야 하는지 등의 쟁점이 제기될 수 있다.

이러한 쟁점에 접근할 때에는 무엇보다 자진신고 제도의 취지와 목적을 충분히 고려하여야 한다. 자진신고 제도는 공동행위의 적발을 용이하게 하기 위한 것으로서 법 위반에 대한 제재를 가하는 과징금 제도와 그 목적을 명백히 달리한다. 특

530) 대법원 2016.12.27. 선고 2016두43282 판결.

531) 여기서 말하는 '자진신고'는 법 위반 혐의 사업자의 '적법한 자진신고'를 뜻하고, '자진신고'는 '자진신고자 지위부여'와는 엄밀히 다른 개념임을 염두에 두어야 한다.

히 자진신고를 부당한 공동행위에서 탈퇴하는 의사표시와 함께 합의에 반하는 행위가 있었던 경우에 준하여 볼 수 있다는 판례의 입장[532]과 부당한 공동행위가 지속되는 중간에 자진신고를 한 경우에는 신고 후에 정당한 사유 없이 공동행위를 중단하지 아니하거나 조사에 성실하게 협조하지 아니하는 등으로 인하여 자진신고자 지위확인이 취소되는 등의 특별한 사정이 없는 이상 자진신고 시점을 공동행위의 종기로 보아야 한다는 판례의 입장[533]을 감안할 때 사업자의 적법한 자진신고와 충분한 조사협조가 이루어는 경우에는 공동행위의 개수 및 자진신고자 지위 인정 여부에 대해서도 보다 합목적적으로 제도의 취지에 맞게 해석할 필요가 있다. 아래에서는 이 점을 고려하여 각각의 쟁점을 살펴보기로 한다.

㈏ 몇 가지 쟁점

첫 번째 쟁점으로, 자진신고자 지위가 각 공동행위에 대해 별개로 인정되어야 하는지를 생각해 볼 수 있다. 자진신고가 이루어진 공동행위가 일견 복수의 공동행위로 이루어진 경우라면, 원칙적으로는 각각의 공동행위에 대해 자진신고자 지위 인정 여부를 고려해야 할 것이다. 이러한 해석이 한편으로는 자진신고 지위는 각 공동행위를 기준으로 하여 부여되어야 한다는 원칙에도 부합하고, 다른 한편으로는 일정한 기간의 공동행위에 대해 자진신고 한 경우 한 개의 공동행위에 대해 자진신고자 지위가 인정되지 않더라도 다른 공동행위에 대해서는 인정될 수 있는 가능성을 열어놓음으로써 자진신고의 유인을 최대한 확보해야 한다는 자진신고 제도의 목적 및 취지와 일견 일치하기 때문이다.

이러한 해석에 따르면 공정거래위원회는 자진신고의 대상이 된 일련의 합의들이 하나의 공동행위인지 아니면 복수의 공동행위인지를 면밀히 판단하되, 일견 복수의 공동행위인 경우에는 각 공동행위에 대하여 자진신고 감면요건 충족 여부를 살펴야 한다. 그 당연한 결과로 자진신고 감면요건이 충족되는 공동행위에 한해서는 자진신고자 지위를 개별적으로 인정하여야 할 것이다. 이러한 해석에는 일견 복수의 공동행위가 존재하고 이를 합쳐서 하나로 보아야 할 것인지에 대하여 다툼이 있을 경우에 공정거래위원회는 리니언시와 관련된 범위에서 가급적 별개의 공동행위로, 즉 '하나의 공동행위'를 인정하지 않는 쪽으로 접근하여야 한다는 전제가 깔

532) 대법원 2015.2.12. 선고 2013두987 판결.
533) 대법원 2015.2.12. 선고 2013두6169 판결; 대법원 2022.7.28. 선고 2020두48505 판결.

려 있다. 공정거래위원회의 재량판단에 따라 전체 공동행위에 대한 지위인정 여부가 자진신고자에게 불리하게 좌우되는 것을 막는다는 차원에서도 이 같은 해석원칙이 준수될 필요가 있다.

두 번째 쟁점으로 자진신고 이후 공동행위가 계속되거나 새로운 공동행위를 행하였다 하더라도 개별 공동행위에 대한 자진신고자 지위는 유지되어야 하는지가 있다. 이와 관련하여 다음 두 가지 경우가 검토되어야 한다. '자진신고 이후 공동행위를 중단하지 못한 사정'이 있는지와 '자진신고 이후 새로운 공동행위를 행한 경우에도 개별 공동행위에 대한 자진신고자 지위가 인정 및 유지되어야 하는지'이다.

첫 번째 경우에는 무엇보다 자진신고 이후 공동행위를 중단하지 못한 정당한 사유에 대해 면밀히 검토해야 할 것이고, 원칙적으로는 자진신고를 통해 합의에서 탈퇴할 의사를 명백히 밝힌 사업자가 공동행위를 계속할 유인이 전혀 없다는 점에 주목해야 한다. 그럼에도 불구하고 공정거래위원회가 공동행위의 중단을 끝내 인정하지 않는 경우에는 공동행위의 단절을 제한적으로 엄격해석할 것이 아니라 가급적 단절로 볼 여지가 있는 시점 이전의 공동행위에 관해서는 자진신고자 지위를 인정하여야 할 것이다.

두 번째 경우는 보다 명확하게 해결될 수 있다. 자진신고 이후 새로운 공동행위를 하거나 자진신고를 통해 공동행위가 중단되어 결국 그 이후의 공동행위가 새로운 공동행위로 인정된다면, 자진신고 이전의 공동행위에 대해서는 개별적으로 자진신고자 지위를 인정해야 한다는 원칙에 따라 판단하고, 새로운 공동행위에 한하여 그에 상응하는 제재를 가하면 족할 것이다.

(6) 자진신고 감면제도의 취지에 부합하는 해석론의 정당성

이처럼 자진신고된 대상 공동행위의 일부에 감면혜택을 인정한다고 해서 그것이 부당한 공동행위 금지제도를 약화시키는 것이 아님은 물론이고, 오히려 향후 자진신고 감면제도의 실효성을 높이는 방법일 것이다. 법 제40조(부당한 공동행위의 금지)와 제44조(자진신고자 등에 대한 감면)는 모두 담합규제의 실효성 확보라는 공통의 목표에 기여하여야 하고, 이러한 목표는 적발된 담합에 대한 최대한의 제재와 자진신고된 담합에 대한 최소한의 제재라는 툴(tool)을 통해서 적절히 실현된다. 담합을 규제하는 궁극의 목적은 과징금을 부과하거나 고발을 하는 등 제재 그 자체에 있지 않다. 전체적으로 적발된 담합에 대한 제재수준을 높이고, 이를 통해 각종 제재를

면제받기 위한 자진신고의 유인을 높임으로써 법위반행위를 사전에 억지하는 것이 바로 '실효성'의 요체이기 때문이다.

아. 자진신고자 지위확인을 둘러싼 쟁점들

(1) 자진신고자 지위의 취소

자진신고자의 지위는 시정조치나 과징금을 감면받고 형사고발을 면제받을 수 있는지 여부를 좌우한다는 점에서 중요한 의미를 갖는다. 더구나 1순위자가 그 지위를 상실하는 경우에는 2순위자가 1순위자로 변경되기 때문에 경우에 따라서는 2순위자도 지위확인에 관하여 중요한 이해관계를 갖게 된다. 공정거래위원회로서는 자진신고의 실효성을 담보하기 위해서 가장 먼저 신고하는 것도 중요하지만 신고된 행위사실이 정확하고 추후 조사에도 성실하게 협조하는 것이 매우 중요하다. 따라서 1순위자가 감면요건을 충족하지 못하는 경우에는 추후에 그 지위를 취소할 실익이 있다.

한전이 발주한 "전력선 입찰담합" 사건[534)]에서는 공정거래위원회가 당초 1순위자로 지위확인을 받았던 LS에 대하여 불성실협조 및 허위자료 제출을 이유로 그 지위를 취소하였고, LS는 지위확인 취소처분의 취소를 구하는 소를 제기하였다. 먼저, 서울고등법원은 지위확인 및 그 취소는 항고소송의 대상이 되는 처분에 해당한다고 보았는데,[535)] 공정거래위원회가 제1순위 조사협조자 지위를 최종적으로 인정하지 아니하는 의결만이 처분에 해당한다고 본다면, 지위확인취소통지를 받은 자는 또다시 조사를 거쳐 의결이 이루어질 때까지 오랜 기간 과징금 등의 감면 여부를 알지 못하는 불안한 지위에 놓이게 되는바, 이러한 법적인 불안을 조기에 근본적으로 해결하고 조사협조를 계속할 것인지를 정할 수 있도록 하기 위해서는 지위확인취소통지를 받은 자가 소로써 그 취소를 구할 수 있도록 하여야 한다는 것이

534) 공정거래위원회 2012.5.4. 의결 제2012-072호("한국전력공사 발주 전력선(연간단가 계약품목) 구매입찰담합" 사건).

535) 그 밖에 서울고등법원 2012.5.16. 선고 2011누15826 판결 참조. 자진신고 감면신청을 한 자가 제1순위 조사협조자의 요건을 충족한 때에는 과징금 면제와 시정조치의 감경 또는 면제 등의 법률상 이익을 받게 되고, 더욱이 제1순위 조사협조자에 해당한다는 지위확인을 받은 때에는 법령 등에서 정한 취소사유가 존재하지 않는 한 이러한 법률상 이익을 부당하게 박탈당하지 아니하리라는 정당한 신뢰를 하게 되는바, 공정거래위원회가 제1순위 조사협조자 지위확인을 취소한다는 통지(이하 '지위확인취소통지')를 한 경우에 이것은 공정거래위원회가 제1순위 조사협조자의 법률상 이익을 인정하지 아니하고 의결을 거쳐 과징금과 시정명령 등 제재를 하겠다는 의사표시를 명시적으로 표시한 것이어서 제1순위 조사협조사 지위확인을 받았던 자는 그러한 취소통지로 말미암아 자신의 법률상 이익이 직접적, 구체적으로 박탈당하게 되었다고 보아야 할 것이다.

다. 다만, 이 사건에서는 LS가 고의로 담합 관련 사실을 모두 진술하지 않았을 뿐만 아니라 공정거래위원회의 조사에도 제대로 협조하지 않고 허위의 자료를 제출하였으므로 지위확인을 취소하더라도 신뢰보호원칙이나 자기부죄금지(自己負罪禁止)의 원칙에 위배되지 않는다고 판시하였다.[536]

한편, 공정거래위원회로부터 자진신고자의 지위를 인정받아 감면혜택을 받은 뒤 추후 제기된 행정소송의 재판과정에서 자진신고 당시의 진술을 번복하는 등 제도의 악용 소지를 방지하기 위해, 2020년 전부개정법[537]은 감면혜택을 받은 후 재판에서 조사과정과 달리 진술하는 경우 등에 시정조치·과징금의 감면을 취소할 수 있도록 하는 규정을 신설하였다(법 제44조 제3항). 자진신고 감면 취소사유로는, ① 공정거래위원회의 조사 등의 과정에서 한 진술이나 제출했던 자료의 중요한 내용을 재판[538]에서 전부 또는 일부 부정하는 경우, ② 공정거래위원회의 조사 등의 과정에서 진술한 내용이나 제출했던 자료가 재판에서 거짓인 것으로 밝혀진 경우, ③ 정당한 이유 없이 재판에서 공동행위 사실에 대한 진술을 하지 않는 경우, ④ 정당한 이유 없이 재판에 출석하지 않는 경우, ⑤ 자진신고한 부당한 공동행위 사실을 부인하는 취지의 소를 제기하는 경우 해당된다(영 제51조 제3항).

(2) 자진신고자에 대한 과징금 부과처분의 적법성 여부

자진신고자는 그 요건에 따라 과징금의 전부 또는 50%를 감면받게 된다. 공정거래위원회가 1순위자임에도 불구하고 임의로 과징금의 일부만 감면하는 것이 가능한가? 이때에는 공정거래위원회가 신뢰보호의 원칙을 위배하였는지가 관건이 된다. 통상 행정청의 행위에 대하여 신뢰보호의 원칙이 적용되기 위하여는, 첫째 행정청이 개인에 대하여 신뢰의 대상이 되는 공적인 견해표명을 하여야 하고, 둘째 행정청의 견해표명이 정당하다고 신뢰한 데에 대하여 그 개인에게 귀책사유가 없어야 하며, 셋째 그 개인이 그 견해표명을 신뢰하고 이에 기초하여 어떠한 행위를 하였어야 하고, 넷째 행정청이 위 견해표명에 반하는 처분을 함으로써 그 견해표명을 신뢰한 개인의 이익이 침해되는 결과가 초래되어야 하며, 어떠한 행정처분이 이

536) 서울고등법원 2012.1.19. 선고 2011누17891 판결(상고는 심리불속행 기각); 권오승·서정(제4판), 364-365면.

537) 2020.5.19. 개정, 법률 제17290호.

538) 현행 감면고시 제15조는 '재판'이 공정거래위원회 처분에 대한 불복소송, 즉 행정소송으로 한정된다는 점을 명확히 규정하고 있다.

러한 요건을 충족하는 때에는 공익 또는 제3자의 정당한 이익을 현저히 해할 우려가 있는 경우가 아닌 한 신뢰보호의 원칙에 반하는 행위로서 위법하다.[539)]

"건설중장비 담합" 사건에서 공정거래위원회는 2005.3.31. 개정[540)] 전 시행령의 시행 당시 구 「공동행위신고자 등에 대한 감면제도 운영지침」(2002.9.)에 따라 1순위 자진신고자에 대하여 과징금의 60%만을 감경하였는바, 법원은 1순위자였던 볼보코리아의 입장에서는 신고 및 조사협조과정에서 과징금을 전부 면제받는다고 정당하게 신뢰하였고 공정거래위원회는 신뢰보호의 원칙에 반하여 일부 감경만을 하였으므로 그러한 과징금 부과처분은 위법하다고 판시하였다.[541)]

(3) 기간별 리니언시 인정 여부

구체적인 사안에서 누가 1순위 또는 2순위의 지위확인을 받게 되는지가 1차적으로 중요하나, 이때 전제는 자진신고의 대상인 부당한 공동행위가 기간이나 범위면에서 동일하다는 점이다. 그런데 각 사업자가 신고하거나 증거자료제출 등 조사에 협조한 부당한 공동행위가 일치하지 않을 수 있고, 이때 과연 누구에게 지위확인을 해줄 것인지가 다투어질 수 있다. 이때 문제해결의 출발점은 자진신고자 또는 조사협조자로서 감면대상에 해당하는지 여부 및 감면순위에 대한 판단을 함에 있어서는 동 제도의 취지를 감안했을 때 해당 사업자가 부당한 공동행위의 적발가능성에 기여한 정도를 기준으로 삼아야 한다는 점이다.

이를테면 전체적으로 1개의 부당한 공동행위로 평가되는 사업자들 간 수회에 걸친 일련의 합의가 실행되는 도중 담합에 가담한 사업자가 자신의 가담 기간뿐만 아니라 부당한 공동행위 전체 기간에 대한 증거자료를 최초로 제출하여 조사에 협조한 경우에는 부당한 공동행위 전체에 대하여 최초의 조사협조자 지위를 획득하게 되며, 다른 참가사업자가 최초의 조사협조자가 가담하지 않은 기간에 해당하는 부당한 공동행위에 대하여 그 후 증거자료를 제출하고 조사에 협조한 경우에도 그 일부의 기간에 대하여 별도의 최초 조사협조자 지위를 획득한다고 볼 수는 없다.[542)] 후자의 경우에는 당해 부당한 공동행위 전체의 적발에 전혀 기여한 바가 없기 때문이다.

539) 대법원 1999.3.9. 선고 98두19070 판결; 대법원 2006.6.9. 선고 2004두46 판결 등.
540) 대통령령 제18768호, 2005.3.31. 개정.
541) 대법원 2011.7.28. 선고 2010두23989 판결.
542) 대법원 2011.9.8. 선고 2009두15005 판결.

하나의 공동행위의 일부 기간에만 참여한 사업자가 자신이 참여한 기간에 대해서만 1순위자의 지위를 인정받은 이후 다른 참가사업자가 부당한 공동행위 전체에 대하여 증거를 제출하고 조사에 협조한 경우에 관하여는 아직 판례가 없으나, 위 "합성수지 담합" 판결[543]의 취지를 감안할 때 나중에 전체 공동행위를 신고한 자가 감면요건을 충족하는 경우에는 기존에 1순위자가 존재하는 기간을 제외한 나머지 기간에 한하여 최초의 조사협조자지위를 인정하는 것이 타당할 것이다. 나머지 기간에 관한 한 해당 공동행위의 적발과 입증에 기여한 바가 매우 크기 때문이다.

(4) 감면기각처분에 대한 불복

공정거래위원회는 자진신고자의 감면요건을 심리하여 요건을 불충족한다고 판단하는 경우에는 감면신청을 기각할 수 있다. 1996년 제5차 공정거래법 개정[544]으로 자진신고 감면제도가 도입된 이후, 특히 2001년 시행령 개정[545]으로 일정한 요건 충족 시 의무적 감면으로 전환된 이후 공정거래위원회가 적발하여 제재한 카르텔의 대부분은 자진신고에 의존하고 있다. 그만큼 사업자로서는 감면 여부에 직접적인 이해관계를 갖기 때문에, 자진신고자의 지위 인정 자체를 다투는 소송이 늘어나고 있다. 더구나 성급하게 일단 자진신고를 한 뒤에 공정거래위원회가 요구하는 수준의 증거를 제출하지 못하거나 공정거래위원회 의결 단계에서는 자진신고에 기하여 카르텔의 성립을 인정하였으나, 법원에서 공동행위의 성립 자체가 부인되는 경우도 발생하고 있다.

이때, 감면신청이 기각[546]된 사업자가 시정명령, 과징금 부과처분을 다투는 외에 따로 심리하여 의결권 감면신청 기각처분의 취소를 구할 소의 이익이 있는지가

543) 대법원 2011.9.8. 선고 2009두15005 판결.

544) 1996.12.30. 개정, 법률 제5235호.

545) 2001.3.27. 개정, 대통령령 제17176호.

546) 선순위 감면신청이 기각되면 후순위 감면신청인은 승계한 순위의 감면요건을 충족할 경우에 한해 선순위를 승계할 수 있다. 단, 1순위 감면신청이 공동행위의 미중단, 조사협조의 불성실 등 신청인의 귀책사유로 인해 기각되고, 공정거래위원회가 이미 충분한 증거를 확보하고 있는 경우(1순위 요건 중 증거 확보의 불충분성 요건 미충족)에 한해, 예외적으로 2순위 신청인이 1순위를 승계하지 않고 2순위 감면을 그대로 받도록 하고 있다. 기존 실무상으로는 이러한 승계예외규정이 3순위 신청인의 2순위 승계에도 적용되는지 여부에 대한 혼선이 있었는데, 2021년 개정된 현행 감면고시는 2순위 신청인의 1순위 승계에만 적용되는 것임을 명확히 하였다(감면고시 제12조 제4항, 제5항).

문제된다. 이와 관련하여 대법원은 과징금 등의 처분과 감면기각처분은 그 근거조항이 엄격히 구분되고, 자진신고 감면의 인정 여부에 대한 결정은 시정조치의 내용과 과징금액이 결정된 이후에 일정한 요건 충족 여부에 따라 결정된다는 점에서 양자의 요건이 구별되는 점, 공정거래위원회로서는 자진신고가 있는 경우에 시정명령 및 과징금 부과요건과 자진신고 감면요건을 각각 심리·의결할 의무를 부담한다는 점 등을 감안하면 공정거래위원회가 과징금 등의 부과와 감면 여부를 분리 심리하여 별개로 의결한 후 별도의 처분서로 감면기각처분을 하였다면 원칙적으로 2개의 처분이 성립한 것으로 보아야 하고, 처분의 상대방인 사업자로서는 각각의 처분에 대하여 함께 또는 별도로 불복을 할 수 있다고 판시하였다.[547)]

한편, 공정거래위원회가 종국적인 처분을 준비하는 과정에서 자진신고의 요건을 충족하지 않음을 이유로 행한 자진신고자 불인정통지는 감면신청사업자에게 시정조치 및 과징금 감경 또는 면제, 형사고발 면제 등의 법률상 이익을 누리지 못하게 한다는 점에서 권리·의무에 직접 영향을 미치고, 감면불인정 통지가 이루어진 단계에서 신청인에게 그 적법성을 다투어 법적 불안을 해소한 다음 조사협조행위에 나아가도록 함으로써 장차 있을지도 모르는 위험에서 벗어날 수 있도록 하는 것이 법치행정의 원리에도 부합한다는 점에서 항고소송의 대상이 되는 행정처분에 해당한다.[548)]

그렇다면 자진신고자 감면을 인정받지 못한 사업자가 다른 사업자에 대한 공정거래위원회의 1순위 확인의 취소를 구할 수 있는가? "한국유리공업" 판결[549)]을 보면, 한국유리가 접수 1순위로 감면신청을 하고 KCC가 접수 2순위로 감면신청을 하였으나 공정거래위원회가 한국유리에 대하여 소정의 감면요건을 충족하지 못하였다는 이유로 감면불인정 통지를 하고 KCC에게 1순위 조사협조자 지위확인을 해주었다. 이에 한국유리가 KCC에 대한 지위확인의 취소를 청구하였으나, 법원은 설사 KCC에 대한 지위확인이 위법하여 취소된다고 하더라도 한국유리가 1순위 조사협조자의 지위를 당연히 승계하게 되는 것이 아니고, 스스로 감면불인정 처분의 위법 여부를 다투어 그 감면불인정이 번복되는 경우에 1순위 조사협조자의 지위를

547) 대법원 2015.2.12. 선고 2013두987 판결; 대법원 2016.12.27. 선고 2016두43282 판결; 대법원 2017.1.12. 선고 2016두35199 판결.

548) 대법원 2012.9.27. 선고 2010두3541 판결.

549) 대법원 2012.9.27. 선고 2010두3541 판결.

그대로 인정받을 수 있으므로 한국유리가 KCC에 대한 지위확인의 취소를 구할 소의 이익이 없다고 판시하였다.

자. 자진신고자의 신원보호 등

담합에 참가한 사업자는 그 신원이 충분히 보호되지 않을 경우에 동종 업계에서 배신자나 고자질쟁이로 비난을 받는 등 유무형의 불이익을 받을 수 있고, 신원이 드러날 소지가 있을 경우에는 그 만큼 자진신고의 유인이 감소하게 된다. 공정거래법은 위원이나 공무원 등에 대하여 포괄적인 비밀엄수의무를 정하는 외에(법 제119조), 별도로 자진신고자 등의 신원을 보호하는 수단으로 해당 공무원의 누설금지를 명정하고 있다.

구체적으로 공정거래위원회 및 그 소속 공무원은 다음과 같은 경우를 제외하고는 원칙적으로 자진신고자나 조사협조자의 신원·제보내용 등 관련 정보와 자료를 사건처리와 관계없는 자에게 제공하거나 누설해서는 안 된다(법 제44조 제4항; 영 제51조 제4항 각호).

① 사건처리를 위해 필요한 경우

② 자진신고자 등이 정보 및 자료의 제공에 동의한 경우

③ 해당 사건과 관련된 소의 제기 또는 그 수행에 필요한 경우

그 밖에 공정거래위원회는 자진신고자 등의 요청이 있으면 그 자의 정보가 공개되지 않도록 해당 사건을 분리 심리하거나 분리 의결할 수 있으며(영 제51조 제5항), 감면고시는 추가로 조사공무원 등의 비밀엄수의무를 상세하게 규정하고 있다. 대표적으로 자진신고자 등은 심사보고서에 가명으로 기재하여야 하고, 심사보고서에 첨부되는 관련 증거자료에도 그 신원이 노출되지 않도록 관련 부분을 삭제, 음영처리 기타 필요한 조치를 하여야 하며, 특히 언론보도를 통해 면책 수혜자의 신원이 공개되지 않도록 주의하여야 한다(감면고시 제16조).

그런데 자진신고자의 신원이 충분히 보호되고 있는지는 의문이다. 공정거래법 제44조 제4항을 위반한 공무원에 대해서는 아무런 처벌조항이 존재하지 않고, 포괄적인 비밀엄수의무를 위반한 자에 한하여 2년 이하의 징역이나 2백만 원 이하의 벌금이 부과될 수 있을 뿐이다(법 제127조 제3항). 이때, 누설된 자진신고자 등의 신원이나 제보내용이 해당 사업자의 비밀에 해당하는지 여부도 확실치 않으나, 사견으로는 소극적이다. 신원이란 특정 사업자를 확인할 수 있는 정보에 불과하고, 객관

적으로 확인되지 않은 제보내용 그 자체만으로는 대체로 특정 사업자의 비밀이라고 보기 어려울 것이기 때문이다.

Ⅱ. 형사적 제재

1. 제재현황

공정거래법상 부당한 공동행위의 형사적 제재에 관한 논의는 별로 없는데, 그 이유는 그동안 형사적 제재의 집행이 그다지 활발하지 않았기 때문으로 보인다. 공정거래위원회는 '전속고발권'을 갖고 있고,[550] 공정거래위원회가 가진 임의조사권만으로는 형사처벌에 필요한 충분한 합의증거를 확보하기가 어려웠다.[551] 1981년부터 2013년까지 공정거래위원회가 부당한 공동행위에 대해 시정조치를 내린 경우는 945건이고, 시정명령을 부과한 경우는 546건(57.7%), 과징금을 부과한 경우는 315건(33.3%)인데, 형사고발을 한 경우는 66건(6%, 시정명령 대비 12%)에 불과하였다.[552]

2013년에 들어와서야 감사원장, 조달청장, 중소기업청장이 고발요청을 할 경우나 검찰총장이 고발요청을 할 경우 공정거래위원회는 검찰에 고발하여야 한다는 규정이 신설되어, 전속고발권한이 완화되었다. 공정거래위원회도 고발의 건수를 전에 비하여 더 늘려왔는데, 2014년부터 2020년까지 부당한 공동행위에 대한 시정조치 건수는 614건이고, 이 중 시정명령 부과 건수는 331건(53.9%), 과징금 부과 건수는 265건(43.1%), 고발 건수는 162건(26.3%, 시정명령 대비 48.9%)이었다. 최근에는 공정거래위원회가 고발을 남발한다는 지적까지 제시되는 상황이어서, 공정거래법의 형사법화에 대한 우려도 커지고 있다.

550) 헌법재판소 1995.7.21. 선고 94헌마136 결정. 헌법재판소는 "공정거래법은 고발에 대한 이해관계인의 신청권(申請權)을 인정하는 규정을 두고 있지 아니할 뿐만 아니라, 법해석상으로도 공정거래위원회의 고발권행사가 청구인의 신청이나 동의 등의 협력을 요건으로 하는 것이라고 보아야 할 아무런 근거도 없으므로 행정부작위는 행정심판 내지 행정소송의 대상이 되는 '부작위'로서의 요건을 갖추지 못하였다고 할 것이다."라고 보았다.

551) 이호영, "경성카르텔, 누구를 제재하는가?", 경쟁법연구 제15권, 2007, 141, 147면.

552) 공정거래위원회, 공정거래위원회 40년사, 2021, 53면.

공동행위 조치유형별 시정 실적[553]

(경고 이상, 단위: 건)

구 분	고발[554]		시정명령[555]		시정권고	경고	계
		과징금		과징금			
'81~'00	7	3	172	73	48	89	316
'01	4	1	29	6	0	10	43
'02	0	0	34	14	0	13	47
'03	5	3	11	6	0	7	23
'04	3	2	21	10	0	11	35
'05	4	2	28	19	0	14	46
'06	3	2	31	25	0	11	45
'07	7	6	22	18	0	15	44
'08	5	5	45	38	0	15	65
'09	5	5	33	16	0	23	61
'10	1	1	34	25	0	27	62
'11	8	8	38	27	0	26	72
'12	2	2	28	22	0	11	41
'13	12	12	20	16	0	13	45
'14	36	36	25	20	0	15	76
'15	9	9	61	54	0	18	88
'16	22	21	27	22	0	15	64
'17	27	27	27	25	0	15	69
'18	44	39	91	55	0	22	157
'19	19	19	36	33	0	22	77
'20	5	5	64	56	0	14	83
합 계	228	208	877	580	48	406	1,559
구성비	14.6%		56.3%		3.1%	26.0%	100%

553) 공정거래위원회, 공정거래위원회 40년사, 2021, 53면.

554) 고발이 대표 조치유형인 사건을 말하며, 고발만 한 경우, 고발과 시정명령을 병과한 경우, 고

그런데 담합은 행정적 제재만으로 적절히 근절할 수 없고, 미국, 영국, 호주, 캐나다 등 많은 외국의 입법례와 같이 최고의사결정권자, 실제의사결정을 하는 임원이나 행위를 하는 직원에 대한 형사적 제재가 필요하다는 주장이 주목을 받고 있다.[556] 그런데 부당한 공동행위에 대한 형사적 제재는 부당한 경쟁제한성이라는 평가적 요소에 대하여 형사책임을 인정하는 것이 법기술적으로 많은 어려움이 있는데, 미국에서도 형사적 제재는 가격담합, 물량담합, 입찰담합 등에 한정되어 있다.[557]

공정거래위원회는 임원이나 행위자가 단순히 기업의 이익을 위하여 담합으로 나아간 경우가 많고 이들이 최종 의사결정권자는 아니라는 점에서 임·직원에 대한 고발에 소극적이었고, 2015년 상반기의 경우 고발된 부당한 공동행위 사건 중 개인이 고발된 경우는 1건에 불과하였다.[558] 2015년 3월에는 "새만금 방수제 건설공사 가격담합" 사건에 대하여 처음으로 검찰총장의 고발요청권도 행사되었다.[559]

2. 전속고발권과 고소불가분의 원칙

법 제40조 제1항의 규정을 위반하여 부당한 공동행위를 한 자 또는 이를 행하도록 한 자에 대하여는 3년 이하의 징역 또는 2억 원 이하의 벌금에 처한다(법 제124조 제1항 제9호). 법 제129조(고발)에 따라, 제124조(벌칙)의 죄는 공정거래위원회의 고발이 있어야 공소를 제기할 수 있고(동조 제1항), 그 위반의 정도가 객관적으로 명백하고 중대하여 경쟁질서를 현저히 해친다고 인정하는 경우에는 검찰총장에게 고발하여야 한다(동조 제2항). 검찰총장은 제2항의 규정에 의한 고발요건에 해당하는 사실이 있음을 공정거래위원회에 통보하여 고발을 요청할 수 있고(동조 제3항), 공정거래위원회가 제2항에 따른 고발요건에 해당하지 아니한다고 결정하더라도 감사원장, 중소벤처기업부장관, 조달청장은 사회적 파급효과, 국가재정에 끼친 영향, 중소기업에 미친 피해 정도 등 다른 사정을 이유로 공정거래위원회에 고발을 요청할

발·시정명령·과징금을 병과한 경우를 포함한다.

555) 시정명령이 대표 조치유형인 사건을 말하며, 시정명령만 부과한 경우, 시정명령·과징금을 병과한 경우를 포함한다.

556) 이호영, 앞의 글(2007), 141－142면.

557) 홍대식, "카르텔 규제의 형사적 집행 검찰", 법학실무연구회, 2009, 194면.

558) 윤진용, "입찰담합에 대한 형사적 제재의 주요 쟁점", 경쟁과 법 제5호, 서울대학교 경쟁법센터, 2015, 51－54면. 윤진용은 임원이나 행위자도 자신의 이익 즉, 성과나 보상 등을 위하여 부당한 공동행위를 할 유인이 있다고 한다.

559) 2015.11.22. 경향신문 기사, "'약식기소란 없다' 원칙 … 기업 '담합' 처벌 세졌다".

수 있다(동조 제4항). 제3항 또는 제4항에 따른 고발요청이 있는 때에는 공정거래위원장은 검찰총장에게 고발하여야 하며(동조 제5항), 공정거래위원회는 공소가 제기된 후에는 고발을 취소하지 못한다(동조 제6항).

공정거래위원회는 「독점규제 및 공정거래에 관한 법률 등의 위반행위의 고발에 관한 공정거래위원회의 지침」[560]을 만들어 부당한 공동행위가 있는 때에는 "'각 법률별 과징금고시의 세부평가 기준표에 따라 산출한 법위반점수가 1.8점 이상인 경우'이거나 '특별한 사유 없이 공정거래위원회의 시정조치나 금지명령에 응하지 않는 경우', '과거 5년간(신고사건의 경우에는 신고접수일을, 직권조사 또는 자진신고사건의 경우는 자료제출 요청일, 이해관계자 등 출석요청일, 현장조사일 중 가장 빠른 날을 기준으로 함) 법위반으로 각각 경고이상 조치를 3회 이상 받고 각 법률별 과징금 부과기준 관련 고시에 따른 누적벌점이 6점 이상인 경우(무효 또는 취소판결이 확정된 건을 제외)'에는 고발함을 원칙으로 한다."고 규정하고 있다(동 지침 제2조 제1항 제1호, 제5호, 제9호).

대법원 판례에 따르면, 검찰은 공정거래위원회가 공동행위를 한 사업자들 중 자진신고자 감면제도에 따라 고발하지 않은 자들에 대하여도 다른 행위자들에 대한 고발이 있다면 기소할 수 있다고 주장하였는데, 이에 대법원은 구 "공정거래법은 법 제71조(현행법 제129조) 제1항에서 '제66조(현행법 제124조) 제1항 제9호 소정의 부당한 공동행위를 한 죄는 공정거래위원회의 고발이 있어야 공소를 제기할 수 있다.'고 규정함으로써 그 소추요건을 명시하고 있는데, 이와 관련하여 공정거래위원회가 공정거래법 위반행위자 중 일부에 대하여만 고발을 한 경우에 그 고발의 효력이 나머지 위반행위자에게도 미치는지 여부, 즉 고발의 주관적 불가분 원칙의 적용 여부에 관하여는 아무런 명시적 규정을 두지 않고 있고, 친고죄에 관한 고소의 주관적 불가분 원칙을 규정한 형사소송법 제233조도 구 공정거래법 제71조(현행법 제129조) 제1항의 고발에 준용된다고 볼 아무런 명문의 근거가 없으며, 죄형법정주의(罪刑法定主義)에 비추어 그 유추적용을 통하여 공정거래위원회의 고발이 없는 위반행위자에 대해서까지 형사처벌의 범위를 확장하는 것도 허용될 수 없으므로, 위반행위자 중 일부에 대하여 공정거래위원회의 고발이 있다고 하여 나머지 위반행위자에 대하여도 위 고발의 효력이 미친다고 볼 수 없고,[561] 나아가 구 공정거래법

560) 공정거래위원회 예규 제427호, 2023.4.14. 개정.

제70조(현행법 제128조)의 양벌규정에 따라 처벌되는 법인이나 개인에 대한 고발의 효력이 그 대표자나 대리인, 사용인 등으로서 행위자인 사람에게까지 미친다고 볼 수도 없다."고 한다.[562]

이와 같이 고소불가분의 원칙을 적용하지 않은 대법원의 판시는 죄형법정주의 원칙에 따른 유추해석금지 원칙을 고려할 때 타당한 판단으로 보이고, 고소불가분의 원칙이란 사인의 고발의 경우에 적용될 필요가 있지만, 공공기관에 의한 고발에는 이를 적용하는 것이 불필요하다고 할 것이다.[563]

3. 입찰담합죄의 처벌

입찰담합에 대해서는 공정거래법 외에도 형법과 「건설산업기본법」이 형사처벌규정을 두고 있다. 형법 제315조(경매, 입찰의 방해)의 경우 위계 또는 위력 기타 방법으로 경매 또는 입찰의 공정을 해한 자는 2년 이하의 징역 또는 700만 원 이하의 벌금에 처한다고 규정하고 있다. 또한 「건설산업기본법」 제95조는 형법상 경매입찰방해죄에 해당하는 건설업자들에 대한 가중처벌 규정으로서, 건설공사의 입찰에서 ① 부당한 이익을 취득하거나 공정한 가격 결정을 방해할 목적으로 입찰자가 서로 공모하여 미리 조작한 가격으로 입찰한 자, ② 다른 건설업자의 견적을 제출한 자, ③ 위계 또는 위력, 그 밖의 방법으로 다른 건설업자의 입찰행위를 방해한 자 중 어느 하나에 해당하는 행위를 한 자는 5년 이하의 징역 또는 2억 원 이하의 벌금에 처한다고 한다.

이와 달리 공정거래법 제124조 제1항 제9호는 부당한 공동행위를 한 자로서 입찰담합을 행한 자 또는 이를 하게 한 자에 대하여 3년 이하의 징역 또는 2억 원 이하의 벌금에 처한다고 한다. 또한 동법 제128조(양벌규정)에 따라 법인(법인격이 없는 단체를 포함)의 대표자나 법인 또는 개인의 대리인, 사용인, 그 밖의 종업원이 그 법인 또는 개인의 업무에 관하여 제124조부터 제126조까지의 어느 하나에 해당하는 위반행위를 하면 그 행위자를 벌하는 외에 그 법인 또는 개인에게도 해당 조문의 벌금형을 부과한다. 다만, 법인 또는 개인이 그 위반행위를 방지하기 위하여 해

561) 대법원 2010.9.30. 선고 2008도4762 판결.
562) 대법원 2011.7.28. 선고 2008도5757 판결.
563) 최승재, "공정거래위원회의 전속고발권과 고발불가분의 원칙", 형사판례연구 제25집, 2011, 344면; 김재봉, "고발의 주관적 불가분원칙 인정 여부", 한양대학교 법학논총 제23권 제4호, 2006, 22면.

당 업무에 관하여 상당한 주의와 감독을 게을리하지 아니한 경우에는 그러하지 아니하다. 입찰담합의 경우에도 이러한 양벌규정이 적용될 수 있다.

그런데 입찰담합에 대하여 어느 조항을 적용하느냐에 따라 형사처벌시 형량에 있어서 형평성의 문제가 제기될 수 있고, 무엇보다 공정거래위원회가 고발하지 않은 기업을 대상으로 검찰이 형법이나 「건설산업기본법」을 근거로 입건이나 수사 등 절차를 진행할 수 있다는 점에서 법적 안정성이 저해되고 있는 문제도 간과할 수 없다.[564)]

4. 시 효

현행 형사소송법 제252조(시효의 기산점) 제1항에 따르면, "시효는 범죄행위를 종료한 때로부터 진행한다." 이에 대법원은 공정거래법 위반행위의 형사처벌을 위한 공소시효의 기산점에 대하여, 구 공정거래법 "제19조(현행법 제40조) 제1항 제1호 소정의 가격결정 등의 합의 및 그에 기한 실행행위가 있었던 경우 부당한 공동행위가 종료한 날은 그 합의가 있었던 날이 아니라 그 합의에 기한 실행행위가 종료한 날을 의미하고, 그러한 실행행위가 있는 경우 구 공정거래법 제66조(현행법 제124조) 제1항 제9호 위반죄의 공소시효는 그 실행행위가 종료한 날부터 진행한다 할 것이다."[565)]고 판시하였다.

또한 수 개의 공동행위가 하나의 부당한 공동행위로서 포괄일죄로 인정되게 되면, 개별 행위에 대한 공소시효가 도과하더라도 대법원은 "포괄일죄의 공소시효는 최종의 범죄행위가 종료한 때로부터 진행한다."는 원칙에 따라[566)] "포괄일죄로 기소된 피고인들에 대한 이 사건 부당공동행위의 공소시효는 가격 결정 등에 관한 최종 합의에 따른 실행행위가 종료된 날부터 기산된다 할 것이다."라고 판시하였다.[567)]

564) 윤진용, 앞의 글, 53면.

565) 대법원 2012.9.13. 선고 2010도16001 판결; 대법원 2012.9.13. 선고 2010도17418 판결("합성수지 담합" 판결).

566) 대법원 2002.10.11. 선고 2002도2939 판결.

567) 대법원 2012.9.13. 선고 2010도17418 판결; 양대권·김대영, 앞의 글, 29면. 법원은 공정거래법 위반으로 공소제기된 판결은 대법원 2011.7.28. 선고 2008도5757 판결("설탕가격 담합" 판결), 대법원 2012.9.13. 선고 2010도17418 판결("합성수지제품 입찰담합" 판결), 대법원 2013.10.31. 선고 2013도6913 판결("광케이블 입찰담합" 판결) 등이 있다.

Ⅲ. 민사적 제재

1. 공동행위의 무효

공정거래법은 부당한 공동행위를 원칙적으로 금지하고 있으며(법 제40조 제1항 본문), 이에 위반하는 계약이나 결의 등은 사업자 간에 있어서 이를 무효로 한다(동조 제4항). 부당한 공동행위의 당사자가 다른 당사자인 사업자에게 공동행위에 관한 계약을 준수하지 않는 것에 대하여 그 이행을 강제하거나 채무불이행의 책임을 물을 수 없다는 것을 의미한다. 이 계약을 기반으로 제3자와 체결한 계약은 유효하고, 피해를 입은 제3자는 공정거래법이나 민법상 손해배상을 청구할 수 있다.[568] 이하에서는 공동행위의 무효에 관하여 이를 유동적 무효와 절대적 무효, 일부무효에 관한 쟁점을 다룬 독일의 논의를 구체적으로 살펴보고자 한다.

가. 유동적 무효

공동행위는 그 위법성의 충족 여부, 그리고 위법성의 조각 또는 일정한 공동행위에 대한 인가 등에 따라 동법상 정당화될 수 있는 가능성이 있다. 따라서 공동행위가 성립한 때로부터 공정거래위원회의 처분이나 법원의 판결에 의하여 그 위법성 여부가 확정될 때까지는 그러한 공동행위는 유동적으로 무효(schwebende Unwirksamkeit)인 상태에 있게 된다. 공동행위가 유동적으로 무효인 동안에도 공동행위에 참가한 사업자들은 여전히 부분적으로 당해 계약 등에 구속되며, 이러한 구속에는 당해 계약 등의 내용을 준수할 의무 이외에도 나아가 당해 공동행위가 공정거래위원회나 법원으로부터 정당성을 얻어내기 위하여 필요한 모든 조치를 하거나 그러한 조치에 협력할 의무가 포함된다. 당사자들이 공동행위를 위한 계약의 이행을 청구할 수 없음은 물론이다. 다만 공동행위가 유동적으로 무효인 동안에도 특별한 사유로 계약 등의 구속력이 없어질 수 있다. 즉, 당사자들 스스로 당해 계약을 해지할 수 있으며, 이때 비로소 당해 계약은 절대적으로 무효가 될 것이다.

부당한 공동행위는 원칙적으로 당사자 간에 있어서 무효라는 점에서도 공정거래법 제40조 제1항은 수평적인 경쟁제한만을 포섭하는 것으로 이해되어야 한다. 왜냐하면 예컨대, 재판매가격유지행위와 같은 전형적인 수직적 행위는 경쟁제한효과가 매우 다양하게 평가될 수 있을 뿐만 아니라, 나아가 브랜드 간의 경쟁촉진이나

568) 권오승(제13판), 312면; 정호열(제6판), 360－361면.

시장진입의 용이성과 같은 경쟁촉진적인 효과를 아울러 가질 수 있고, 따라서 원칙적으로 모든 수직적인 계약 등을 무효로 판단할 수 없기 때문이다.

나. 절대적 무효

부당한 공동행위는 공정거래위원회의 시정조치나 법원의 판결이 확정된 날로부터 절대적으로 무효가 된다. 그러나 공동행위에 참가한 사업자들이 당해 공동행위의 정당성을 주장하지 않는 경우에는 상대적 무효가 인정되지 않는다.[569] 무효인 공동행위의 이행을 소송을 통하여 강제할 수 없고, 약정위반을 이유로 채무불이행이나 계약위반책임을 추궁할 수 없다.[570] 즉 공동행위의 합의에 대한 위반은 불법행위를 구성하지 않는다.[571]

다. 일부무효

한편 공동행위가 상대적으로 무효이든, 절대적으로 무효이든 합의의 내용 중에서도 공정거래법 제40조에 반하여 실질적으로 경쟁을 제한하는 내용의 규정만이 무효로 된다. 따라서 나머지 계약부분의 유·무효 여부는 공정거래법에 별도의 조항이 없기 때문에, 민법상 일부무효의 법리(민법 제137조)에 정해지는 것이 원칙이다. 따라서 나머지 계약부분의 주된 목적이 영향을 받지 않으면서 경쟁제한적인 규정만 제외될 수는 없는 경우에는 당해 합의 전부가 무효로 된다. 나아가 나머지 규정을 통하여 무효로 된 조항을 보충할 수 있는 경우에는 일부무효의 법리는 적용되지 않고, 그러한 보충에 의하여 합의의 내용이 일부 변경되는 것에 그친다. 다른 한편, 판례상으로는 전부무효의 주장이 부당한 권리행사인 경우에는 신의칙에 따른 '악의의 항변'(Arglisteinwand)을 통하여 그러한 주장이 배척될 수 있다.

그런데 민법상 일부무효의 법리를 공정거래법에 그대로 적용하는 것이 동법의 의미와 목적에 적합한지에 대해서는 의문의 여지가 있다.[572] 그 밖에 이익형량을 통해서 합의의 유·무효를 판단하는 것은 현행법상 부인되고 있으나, 이 또한 재검토될 여지가 있다. 따라서 특히 국제계약의 실무에서는, 당해 계약의 일부조항이 무효로 되더라도 나머지 계약부분은 여전히 유효하게 존속한다는 특약을 하는 경우가 많으며(이를 독일에서는 통상 "salvatorische Klauseln"), 이와 함께 무효로 된 조항을

569) WuW/E, "Taxi–Besitzervereinigung".
570) 대법원 1987.7.7. 선고 86다카706 판결.
571) 정호열(제6판), 361면.
572) AcP 1989.

대체하거나 조정할 의무를 규정하는 경우도 적지 않다. 이러한 특약은 사법상 전혀 유효하며, 문제된 계약의 일부조항이 공정거래법 위반으로 무효로 되더라도 당사자들의 신뢰보호는 물론 법적 안정성을 제고할 수 있다는 점에서 일응 긍정적인 기능을 갖는 것으로 보아야 한다.

2. 손해배상

가. 의의 및 요건

법 제109조 제1항에 따라 사업자 또는 사업자단체는 이 법의 규정을 위반함으로써 피해를 입은 자가 있는 경우에는 해당 피해자에 대하여 손해배상의 책임을 진다. 다만, 사업자 또는 사업자단체가 고의 또는 과실이 없음을 입증한 경우에는 그러하지 아니한다. 부당한 공동행위에 참가한 사업자는 공동불법행위자로서 손해배상에 관하여 부진정(不眞正)연대채무를 진다. 대법원은 일련의 사건[573]에서 "부당한 공동행위 및 그 실행이 없었더라면 존재하였을 가정적 이익상태와 그러한 부당한 공동행위 및 그 실행으로 불이익하게 변화된 현재의 이익상태의 차이가 손해가 된다."고 판시하였다.[574]

공동행위를 이유로 한 손해배상에는 두 가지 종류가 있을 수 있다. 하나는 카르텔 내부, 즉 참가사업자로부터의 손해배상으로서 어느 사업자의 계약 등의 위반을 이유로 다른 사업자가 손해배상을 하는 것이다. 이는 유동적 무효인 동안에도 공동행위에 참가한 사업자들은 여전히 그러한 계약에 구속되기 때문에 이론상 가능하다. 즉, 어느 사업자가 공동행위의 법적 정당성을 얻기 위하여 필요한 모든 조치를 하거나 이에 협력할 의무를 위반한 경우에 다른 사업자는 '계약체결상의 과실'(culpa in contrahendo)을 이유로 한 손해배상을 청구할 수 있을 것이다.

다른 하나는 카르텔 외부로부터의 손해배상으로서, 부당한 공동행위로 인하여

---

573) 대법원 2014.9.4. 선고 2013다215843 판결; 대법원 2014.8.28. 선고 2013다16619, 2013다16626(병합) 판결.

574) 독일의 경우에도 무효인 카르텔계약을 실행에 옮기는 경우에만 손해배상(과징금부과도 마찬가지임)이 가능하도록 되어 있다(경쟁제한방지법 제37조a). 공정거래법이 금지하는 것이 경쟁을 제한할 우려가 있는 '합의'일 경우, 그러한 합의를 했다는 사실로 인하여 제3자가 손해를 입는 경우란 생각할 수 없고, 따라서 해석론 상으로는 부당한 공동행위에 해당하는 합의 등을 실제로 이행한 경우에만 손해배상을 인정하는 것과 결과적으로 차이는 없다. 손해배상채무에 대해서는 공동행위에 참가한 사업자들이 연대하여 책임을 지는 것이 원칙이다.

손해를 입은 제3자, 특히 소비자가 담합에 참가한 사업자들을 상대로 손해배상을 청구할 수 있다. 대법원은 “부당한 공동행위를 한 사업자로부터 직접 상품을 구입한 직접구매자뿐만 아니라 그로부터 다시 그 상품 또는 그 상품을 원재료로 한 상품을 구입한 이른바 간접구매자도 부당한 공동행위와 자신의 손해 사이에 상당인과관계가 인정되는 한 부당한 공동행위를 한 사업자에 대하여 손해배상청구를 할 수 있는데, 이러한 법리는 부당한 공동행위를 한 사업자에게 용역을 공급하는 자를 상대로 다시 그 용역의 일부를 공급하는 이른바 간접적인 용역공급자에게도 마찬가지로 적용된다.”고 판시하고 있다.575)

우리나라는 공정거래법 집행이 공정거래위원회에 의한 공적 집행에 집중되어 있다. 2002년 말 부당한 공동행위에 관한 손해배상소송은 공정거래법 위반에 관한 손해배상소송 31건 중 단 1건에 불과하였다.576) 그러나 최근에는 부당한 공동행위에 관련된 손해배상소송이 점차 증가하고 있다. 예를 들어 “군납유류 입찰담합” 사건, “제분업자 담합” 사건, “VAN사 담합” 사건, “교복 담합” 사건,577) “시내전화 요금 담합” 사건,578) “경유 담합 손해배상청구” 사건579) 등에 대하여 손해배상청구의 소가 제기된 바 있다.580)

공정거래법 위반행위를 이유로 위자료를 청구할 수 있는가? 재산상의 손해로 인하여 받는 정신적 고통은 재산상 손해의 배상만으로는 전보될 수 없을 정도의 심대한 것이라고 볼 만한 특별한 사정이 없는 한 재산상 손해배상으로써 위자(慰藉)되는 것으로 본다.581) 따라서 재산상 손해배상이 인용될 경우에 위자료 청구가 받아들여질 가능성은 지극히 낮다. 법원은 피해자가 재산상 손해를 입증하기 어려운 경우에 일부 위자료 지급을 명한 예가 있으나 그 금액은 매우 낮다.582)

---

575) 대법원 2014.9.4. 선고 2013다215843 판결; 대법원 2014.8.28. 선고 2013다16619, 2013다16626(병합) 판결.

576) 홍대식, “카르텔로 인한 손해액의 산정”, 비교사법 제48호下, 2007, 1104면.

577) 서울고등법원 2007.6.27. 선고 2005나109365 판결.

578) 서울고등법원 2009.12.24. 선고 2008나22773, 22780 판결. 이는 상고하지 아니하여 서울고등법원 판결이 확정된 사건이다.

579) 서울중앙지방법원 2012.11.8. 선고 2007가합43530 판결. 이 사건은 현재 항소심이 진행 중이다(서울고등법원 2012나104344).

580) 장윤순, “부당한 공동행위로 인한 손해배상청구권”, 가천법학 제7권 제1호, 2014, 108－114면.

581) 대법원 1998.7.10. 선고 96다38971 판결 등.

582) 서울고등법원 1998.3.19. 선고 97나45527 판결(이른바 “고름우유” 판결). 이 사건에서 서울고등법원은 소비자들이 상용하는 식품인 우유에 대하여 가지는 신뢰로 인한 안정감과 만족감 등은 법

나. 소멸시효

민법 제766조(손해배상청구권의 소멸시효) 제1항은 단기소멸시효에 관하여 규정하고 있는데, "불법행위로 인한 손해배상의 청구권은 피해자나 그 법정대리인이 그 손해 및 가해자를 안 날로부터 3년간 이를 행사하지 아니하면 시효로 인하여 소멸한다."는 것이다. 또한 제2항에서는 장기소멸시효의 경우를 말하는데, "불법행위를 한 날로부터 10년이 경과한 때에도 시효로 소멸한다."는 것이다.

구체적인 예를 살펴보면, 대법원은 소멸시효항변과 관련하여, 2014년 "VAN사 담합" 판결[583]에서 구 공정거래법 제56조(현행법 제109조) 제1항에 의한 "손해배상청구권은 그 법적 성격이 불법행위로 인한 손해배상청구권이므로 이에 관하여는 민법 제766조 제1항의 단기소멸시효가 적용된다."고 판시하는 한편, "불법행위로 인한 손해배상청구권의 단기소멸시효 기산점이 되는 민법 제766조 제1항의 '손해 및 가해자를 안 날'이란 손해의 발생, 위법한 가해행위의 존재, 가해행위와 손해의 발생 사이에 상당인과관계가 있다는 사실 등 불법행위의 요건사실에 대하여 현실적이고도 구체적으로 인식하였을 때를 의미하고, 피해자 등이 언제 불법행위 요건사실을 현실적이고도 구체적으로 인식하였다고 볼 것인지는 개별적 사건에서 여러 객관적 사정을 참작하고 손해배상청구가 사실상 가능하게 된 상황을 고려하여 합리적으로 인정하여야 한다."고 판시하였다.[584]

실제로 위 판결에서 대법원은 "원고의 피고들에 대한 손해배상청구권의 성립 여부는 피고들의 행위가 공정거래법에 정한 부당한 공동행위에 해당하는지 여부와 밀접히 관련된 것으로서, 피고들의 행위가 공정거래법상의 부당한 공동행위에 해당되고 이로 인하여 손해를 입었다고 주장해야 하는 원고로서는 공정거래위원회의 처분에 대한 행정소송 판결이 확정된 때에 비로소 피고들의 공정거래법 위반으로 인한 손해의 발생을 현실적이고도 구체적으로 인식하였다고 보아야 할 것이나, 특별한 사정이 없는 한 공동행위자들 모두에 관한 행정소송 판결이 확정될 필요는 없고 그중 1인에 의한 행정소송 판결이 확정됨으로써 관련 공동행위자들 전부의 불

이 보호하여야 할 인격적 법익에 해당하고, 이러한 인격적 법익을 침해한 불법행위자는 이로 인한 정신적 고통에 대한 손해를 배상할 의무가 있다고 판시하고 있는바, 재산적 손해의 입증 가부와 무관하게 위자료를 인정한 이례적인 사례로 볼 수 있다.

583) 대법원 2014.9.4. 선고 2013다215843 판결.

584) 대법원 2011.11.10. 선고 2011다54686 판결 등.

법행위를 현실적이고 구체적으로 인식하였다고 보아야 한다."고 판시한 바 있다.

그런데 입찰담합이 문제된 하급심 판결들을 살펴보면, 소멸시효의 기산점은 해당 사건의 구체적인 사정에 따라 다른 기준이 적용되었다. 우선, "엘리베이터 입찰담합" 사건[585]에서 고등법원은 단기소멸시효의 경우 공정거래위원회의 의결 통지일을, 장기소멸시효의 경우 개별 입찰에 대한 구매계약체결일을 들었다. 후자의 경우 "통상 엘리베이터 구매계약이 체결된 후 약 2년의 장기간에 걸쳐 대금을 분할 지급하는 점을 고려하면, 계약대금 중 일부에 불과한 마지막 대금의 지급일에 손해가 현실화된 것은 아니다."라고 보았기 때문이다.

다음으로 "지하철 7호선 입찰담합" 사건[586]에서 지방법원은 단기소멸시효의 경우 최소한 공정거래위원회의 정식 서면 의결일 이후를, 장기소멸시효의 경우 계약대금지급일을 기준으로 하였다. 전자의 경우에는 "공정거래위원회가 이 사건 담합행위를 인정하고 과징금을 부과할 것을 의결하였고 이와 같은 사실이 언론보도를 통해 알려진 사실은 인정되나, 한편 구 공정거래법 제45조(현행법 제68조) 제1항에 의하면 공정거래위원회가 공정거래법의 규정에 위반되는 사항에 대하여 의결하는 경우에는 그 이유를 명시한 의결로서 하여야 한다고 규정하고 있으므로, 원고는 최소한 공정거래위원회의 정식 서면의결이 있기 전에는 위 피고들의 담합행위를 이유로 손해배상을 청구할 수 있다는 것을 인식할 수 없었다고 보아야 할 것"이고, 후자의 경우에는 "원고는 이 사건 공사계약에 따른 공사대금을 지급할 때까지는 위와 같은 부당입찰 부분에 대하여 무효나 취소를 주장하여 그 대금 지급을 거절할 수 있으므로, 원고가 해당 공사금액을 실제로 각 지급한 시점에야 비로소 손해가 현실화되고 소멸시효가 기산된다고 볼 것"이기 때문이다.

다른 한편으로, 행정제재와 형사제재의 소멸시효의 기산점은, 제재의 측면에서 여러 차례의 행위를 하나의 행위로 보고, 마지막 행위의 종료일로 볼 수 있다. 이와 달리 손해배상청구의 경우 손해의 구제에 초점이 있으므로, 하나의 공동행위라고 하더라도 각각의 행위에 대하여 시효의 기산점을 산정할 수 있다.[587] 우선, "전선사 OPWG 입찰담합" 판결[588]에서 법원은 "손해배상청구권의 시효기간은 민법 제766

585) 서울고등법원 2014.12.18. 선고 2014나4899 판결.

586) 서울중앙지방법원 2014.1.10. 선고 2011가합26204 판결.

587) 심재한, "토론문: 입찰담합의 시효", 경쟁과 법 제5호, 서울대학교 경쟁법센터, 2015, 34면.

588) 서울중앙지방법원 2013.2.21. 선고 2009가합129216 판결.

조 제2항에 따라 10년이고, 불법행위가 계속적으로 행하여지는 결과 손해도 역시 계속적으로 발생하는 경우 그 손해는 날마다 새로운 불법행위에 기하여 발생하는 손해로서, 이 조항에 따른 소멸시효는 그 각 불법행위를 한 날로부터 각별로 진행된다고 보아야 한다. 따라서 위 행위에 대한 손해배상청구권의 소멸시효는 1999.4.2.자 입찰에 따른 구매계약이 성립된 때부터 진행된다고 할 것인데, 원고의 이 사건 소는 그로부터 10년이 지난 2009.11.13.에야 제기되었음이 기록상 명백하므로, 원고의 위 손해배상청구권은 이 사건 소 제기 전에 이미 시효로 소멸하였다."고 보고 또한 "포괄일죄로 평가되는 공정거래법위반죄의 공소시효에 관한 법리를 민법 제766조 제2항에서 정한 소멸시효의 기산점에 관하여 그대로 적용할 수 없다."고 판시하였다.

다. 손해배상액의 산정

공정거래법 위반행위에 의한 손해액을 산정하는 방법으로는 '전후비교법'(before and after method), '표준시장비교법'(yardstick or benchmarking method), '비용기반접근법'(cost-based approach), '경제이론모형'(theoretical modelling)을 통한 추정법, '계량경제학적 모형'(economic modelling)을 이용한 추정법, 그리고 '이중차분법'(difference in difference method)을 들 수 있다. 손해배상소송이 활성화되어 있는 미국에서는 1980년대 이후 계량경제학적 모델을 통한 분석법이 널리 활용되고 있는 반면, 유럽에서는 2009년 12월 '경쟁법위반에 다른 손해액 산정에 관한 기준'(이른바, Oxera 보고서)[589]이 발표된 이후에도 각 회원국마다 각기 상이한 산정방식을 채택하고 있다.

우리나라에서는 비교적 최근에 부당한 공동행위 규제가 강화되면서 공정거래위원회의 시정조치 이후 손해배상을 청구하는 사례가 늘어나고 있고, 종래 불법행위에 따른 손해액의 산정방식 외에 경제분석을 활용하려는 시도가 대폭 많아졌다. 학계에서는 여전히 계량경제학적 방법이나 이중차분법의 효용에 대하여 이견을 표출하고 있으며, 판례도 일관된 태도를 보이지 않고 있다. 이들 방법 중 어느 하나가 절대적으로 맞는 것은 아니라는 점에서, 유럽의 Oxera 보고서도 밝히고 있는 바와 같이 개별 사안의 특성을 고려하여 상호보완적으로 활용할 수 있을 것이다.

---

589) Oxera and a multi-jurisdictional team of lawyers led by Dr Assimakis Komninos, Quantifying antitrust damages: Towards non-binding guidance for court, Study prepared for the European Commission, December 2009.

(1) 차액설

판례는 부당한 공동행위의 손해배상소송에서 손해액 산정에 관하여 차액설(差額說)을 취하고 있다.[590] 다수설도 이와 같다. 예를 들어 대법원은 "VAN사 담합" 사건에서 "원심은, 구매자의 위법한 담합에 의하여 수수료가 인하된 서비스를 제공한 경우 서비스 제공자가 입는 직접적인 손해는 특별한 사정이 없다면 실제로 지급받은 수수료와 담합행위가 없었을 경우에 형성되었을 수수료(이하 "가상 경쟁수수료")의 차액이 되고, 여기서 가상 경쟁수수료는 담합행위가 발생한 당해 시장의 다른 수수료 형성 요인을 그대로 유지한 상태에서 담합행위로 인한 수수료 인하분만을 제외하는 방식으로 산정되어야 한다는 전제한 것은 타당하다."고 보았다.[591]

또한 "밀가루 담합" 사건[592]에서 대법원은 "위법한 가격담합에 의하여 가격이 인상된 재화나 용역(이하 "재화 등")을 매수한 경우에, 매수인이 입는 직접적인 손해는 특별한 사정이 없다면 실제 매수한 가격과 담합행위가 없었을 경우에 형성되었을 가격(이하 "가상 경쟁가격")의 차액이 되며, 여기서 가상 경쟁가격은 담합행위가 발생한 당해 시장의 다른 가격형성 요인을 그대로 유지한 상태에서 담합행위로 인한 가격상승분만을 제외하는 방식으로 산정된다."고 판시하였다. 담합에 의하여 가격이 인상된 재화 등을 매수한 매수인이 다시 이를 제3자인 수요자에게 판매하거나 그 재화 등을 원료 등으로 사용·가공하여 생산된 제품을 수요자에게 판매한 경우에, 재화 등의 가격 인상 후 수요자에게 판매하는 제품 등의 가격이 인상되었더라도, 재화 등의 가격인상을 자동적으로 제품 등의 가격에 반영하기로 하는 약정이 있는 경우 등과 같이 재화 등의 가격인상이 제품 등의 판매가격의 상승으로 곧바로 이어지게 되는 특별한 사정이 없는 한, 제품 등의 가격은 매수인이 당시의 제품 등에 관한 시장 상황, 다른 원료나 인건비 등의 변화, 가격 인상으로 인한 판매 감소

590) 대법원 2014.9.4. 선고 2013다215843 판결; 대법원 2014.8.28. 선고 2013다16619, 2013다16626(병합) 판결; 대법원 2012.11.29. 선고 2010다93790 판결. 대법원은 "불법행위로 인한 손해는 그 위법행위가 없었을 경우에 상대방에게 존재하였을 재산상태와 그 위법행위가 가해진 재산상태의 차이를 말한다(대법원 2010.4.29. 선고 2009다91828 판결 등). 그리고 불법행위 등이 채권자 또는 피해자에게 손해를 생기게 하는 동시에 이익을 가져다 준 경우에는 공평의 관념상 그 이익은 당사자의 주장을 기다리지 아니하고 손해를 산정할 때에 공제하여야 하나, 손익상계가 허용되기 위해서는 손해배상책임의 원인이 되는 행위로 인하여 피해자가 새로운 이득을 얻었고 그 이득과 손해배상책임의 원인행위 사이에 상당인과관계가 있어야 한다(대법원 2005.10.28. 선고 2003다69638 판결; 대법원 2011.4.28. 선고 2009다98652 판결 등)."

591) 대법원 2014.9.4. 선고 2013다215843 판결.

592) 대법원 2012.11.29. 선고 2010다93790 판결.

가능성, 매수인의 영업상황 및 고객 보호 관련 영업상의 신인도 등 여러 사정을 고려하여 결정할 것이므로, 재화 등의 가격 인상과 제품 등의 가격 인상 사이에 직접적인 인과관계가 있다거나 제품 등의 인상된 가격 폭이 재화 등의 가격 인상을 그대로 반영하고 있다고 단정할 수 없다는 것이다. 뿐만 아니라 제품 등의 가격인상은 통상 수요를 감소시키므로 전체적으로는 매출액 또는 영업이익이 감소할 수 있고, 이 역시 위법한 담합으로 인한 매수인의 손해라 할 수 있으므로, 이와 같은 여러 사정을 종합적으로 고려하지 않고 제품 등의 가격 인상에 의하여 매수인의 손해가 바로 감소되거나 회복되는 상당인과관계가 있다고 쉽게 추정하거나 단정할 수 없다. 다만, 제품 등의 가격인상을 통하여 부분적으로 손해가 감소되었을 가능성이 있는 경우에는 직접적인 상당인과관계가 인정되지 않더라도 이러한 사정을 손해배상액을 정할 때에 참작하는 것이 공평의 원칙상 타당할 것이라고 보았다.

"군납유류 입찰담합" 사건[593]에서도 대법원은 "위법한 입찰담합행위로 인한 손해는 담합행위로 인하여 형성된 낙찰가격과 담합행위가 없었을 경우에 형성되었을 '가상 경쟁가격'의 차액을 말한다. 여기서 가상 경쟁가격은 담합행위가 발생한 당해 시장의 다른 가격형성 요인을 그대로 유지한 상태에서 담합행위로 인한 가격상승분만을 제외하는 방식으로 산정하여야 한다. 위법한 입찰담합행위 전후에 특정 상품의 가격형성에 영향을 미치는 경제조건, 시장구조, 거래조건 및 그 밖의 경제적 요인의 변동이 없다면 담합행위가 종료된 후의 거래가격을 기준으로 가상 경쟁가격을 산정하는 것이 합리적이라고 할 수 있지만, 담합행위 종료 후 가격형성에 영향을 미치는 요인들이 현저하게 변동한 때에는 그와 같이 볼 수 없다. 이러한 경우에는 상품의 가격형성상의 특성, 경제조건, 시장구조, 거래조건 및 그 밖의 경제적 요인의 변동 내용 및 정도 등을 분석하여 그러한 변동 요인이 담합행위 후의 가격형성에 미친 영향을 제외하여 가상 경쟁가격을 산정함으로써 담합행위와 무관한 가격형성 요인으로 인한 가격변동분이 손해의 범위에 포함되지 않도록 하여야 한다."고 판시한 바 있다.

(2) 손해액 산정방식의 재검토

그런데 손해배상청구를 활성화하려면 손해의 개념에 대한 전통적인 차액설을 부당한 공동행위의 손해배상소송에서도 그대로 적용할 것이 아니라, 손해액의 산

593) 대법원 2011.7.28. 선고 2010다18850 판결.

정에 있어서 확정적인 손해액을 입증하도록 요구하지 않음으로써 손해의 입증책임을 줄여주는 방안이 필요할 것이다.[594] 손해액을 산정하기 위하여 경제분석을 통한 경제적 증거를 활용하는 경우가 늘어나고 있다. 한 예로, "제분업체 담합"에 대한 손해배상 판결[595]에서 1심 재판부는 중회귀분석이 적절하다고 보고 경제분석 전문가의 감정을 통하여 손해액을 산정하였다. 2심 재판부도 "이 사건에서 담합 종료 후 밀가루 가격이 즉시 담합 이전 가격으로 하락하지 않은 점에 비추어 보면, 담합 후 더미변수 사용이 단순히 가능성에만 근거한 것으로 보이지 않는다. 감정인의 감정결과는 그 감정방법 등이 경험칙에 반하거나 합리성이 없는 등의 현저한 잘못이 없는 한 이를 존중하여야 한다. 담합 후 더미변수를 사용한 것이 경험칙에 반하거나 합리성이 없는 것으로 보이지 않는다(감정인은 담합 후 경쟁가격으로 회귀한 시점을 정확하게 특정할 수 없는 어려움으로 인하여 담합 후 기간 1년 6개월 전체에 대하여 더미변수를 적용하였고, 이러한 경우 원고의 손해액이 과대평가될 수 있다는 점을 감안하여, 피고들의 책임제한에서 이를 고려하기로 함)."고 판시하였다.[596] 대법원 역시 "계량경제학적 분석 방법인 회귀분석을 통하여 담합 후 더미변수와 3개월 전의 원맥도입가 및 실질국내총생산 등을 각각 설명변수로 하고 밀가루 입고단가를 종속변수로 한 회귀방정식을 추정한 다음, 이를 근거로 계산한 밀가루의 경쟁가격을 전제로 원고의 손해액을 산정한 1심 감정인의 감정 결과를 채택한 원심의 판단에, 감정 방법 등이 경험칙에 반하거나 합리성이 없는 등의 현저한 잘못이 있는 감정 결과를 채택하거나 손해액 산정 및 손해배상의 범위에 관한 법리를 오해한 위법 등이 있다고 할 수 없다."고 판시하였다.[597]

또 다른 예로 "군납유류 담합"에 관한 손해배상 판결에서는 손해액 산정의 방식이 중대한 쟁점으로서 다투어졌다. 2000년 공정거래위원회는 3년간 5개 정유사가 사전 담합한 데 대하여 1,901억 원을 과징금으로 부과했다.[598] 이에 따라 2000년

594) 이선희, "공정거래법상 부당한 공동행위에 대한 손해배상청구", 서울대학교 박사학위 논문, 2012, 263면.

595) 서울중앙지방법원 2009.5.27. 선고 2006가합99567 판결.

596) 서울고등법원 2010.10.14. 선고 2009나65012 판결.

597) 대법원 2012.11.29. 선고 2010다93790 판결.

598) 국방부가 당초 내수가연동제 방식으로 군용유류 입찰을 실시하였다가 정유업체들의 담합으로 수회 유찰되자 업체들이 요구하는 연간고정가 방식으로 유류구매계약을 체결함으로써 그 후 환율 및 국내 유가가 하락하였는데도 구매가격을 감액조정하지 못하여 국가가 손해를 입은 사안.

방위사업청이 제기한 손해배상 소송의 결과를 살펴보면, 2007년 1심에서 법원은 계량경제분석을 위한 전문 감정인단에게 감정을 촉탁하여 경제학적 분석방법(중회귀분석에 의한 이중차분법)에 의하여 810억 원의 손해액을 산정하였는데[599), 2009년 고등법원은 이를 배척하고 표준시장비교법을 채택하면서 표준시장으로 본 싱가포르 현물시장의 가격(MOPS 가격) 대신 "원고가 주장한 가격(MOPS 가격에 담합기간동안 표준시장과의 차이에 해당하는 비용을 더해 조정한 금액)에 일정한 금액을 가산한 MOPS 기준 보정가격"[600)[(담합기간의 낙찰가격-MOPS 기준 보정가격)×낙찰물량][601)으로서 1,960억 원을 산정하였다.[602) 이에 2011년 대법원은 "담합기간 동안의 국내 군납유류시장은 과점체제하의 시장으로서 완전경쟁시장에 가까운 싱가포르 현물시장과 비교할 때 시장의 구조, 거래조건 등 가격형성요인이 서로 다르므로 전반적으로 동일·유사한 시장이라고 볼 수 없고, 정부회계기준에서 정하고 있는 부대비용은 이러한 양 시장의 가격형성요인의 차이점을 특히 염두에 두고 군납유류의 가격책정 시 그 차이점을 보완하기 위하여 마련된 것이 아니므로, 단순히 담합기간 동안의 MOPS 가격에 정부회계기준에 의한 부대비용을 합산한 가격(이하 "MOPS 기준가격")이 가상 경쟁가격이라고 단정할 수 없다."고 판시하면서, "원심이 단지 비담합기간 동안 MOPS 기준가격과 실제 군납유류의 낙찰가격 사이에 상관관계가 높게 나타났다는 점을 근거로 담합기간의 MOPS 기준가격이 담합기간의 가상 경쟁가격이 될 수 있다고 본 것은 합리적이라고 할 수 없고, 담합기간과 비담합기간 동안 싱가포르 현물시장의 성격 내지 그 거래가격의 형성요인이 전반적으로 동일·유사하게 유지되고 있음을 전제로 담합기간의 MOPS 기준가격이 가상 경쟁가격이 될 수 있다고 본 것은 타당하지 아니하다."고 판시하였다.[603) 이에 파기환송심은 정유사들에게 배상금 1,355억 원을 명하는 화해권고결정을 내렸고 이는 받아들여졌다.[604)

이와 같이 손해배상소송에서는 손해액을 산정하기 위하여 전문 감정인에게 경제학적 분석을 촉탁하였음에도 불구하고, 법원은 어떠한 경제분석을 사용하는 것

599) 서울중앙지방법원 2007.1.23. 선고 2011가합10682 판결.

600) 이선희, 앞의 글(2012), 184면.

601) 홍대식, "가격담합으로 인한 공정거래 손해배상소송에서의 손해액 산정", 비교사법 제19권 제2호, 2012, 714면.

602) 서울고등법원 2009.12.30. 선고 2007나25157 판결.

603) 대법원 2011.7.28. 선고 2010다18850 판결.

604) 서울고등법원 2013.7.10. 선고 2011나62825 판결.

이 적절하며 어떠한 증거들을 인정할 것인지 등에 대하여 검토하였다. 즉, 손해액을 산정하기 위한 경제적 증거에 대해서는 여전히 법원의 규범적인 통제가 필요하고 이는 절차적, 형식적 통제뿐만 아니라 내용적인 통제도 포함된다고 할 것이다.[605] 대법원은 "제분업자 담합" 판결[606]에서 "불법행위로 인한 손해배상사건에서 불법행위의 발생경위나 진행경과, 그 밖의 제반 사정을 종합하여 피고의 책임비율을 제한하는 것은 그것이 형평의 원칙에 비추어 현저히 불합리하다고 인정되지 않는 한 사실심의 전권사항에 속한다."고 판시하였다.[607]

라. 손해배상액의 상계 및 제한

(1) 과실상계

법위반행위로 피해를 입은 자라도 손해의 발생이나 확대에 과실이 있는 경우에는 민법의 일반원칙에 따라 법원이 손해배상액을 정함에 있어서 참작할 수 있다. "간염백신 입찰담합" 사건에서 서울고등법원은 비록 약품도매상들의 보건소 입찰가격 유지행위에 의하여 서울특별시의 자치구들이 그러한 행위가 없었더라면 가능하였던 공급가격보다 높은 가격에 간염백신을 공급받는 손해를 입었다 하더라도, 보건소들이 ① 상당 기간 항상 똑같은 가격에 의하여 입찰이 이루어짐에도 제대로 된 시장가격조사조차 없이 이를 방치하여 사실상 묵인한 점, ② 간염백신은 제약회사에 의하여 제조된 것이므로 약품도매상의 차이는 큰 의미가 없음에도 입찰조건에 있어 대부분 생물학적 제재 출하증명서의 제출을 요구하여 약품도매상들로 하여금 제약회사들의 통제를 받도록 하여 가격의 균일화를 사실상 유도한 것도 이 사건 손해발생의 주요 원인 중의 하나인 점, 그리고 제약회사들도 ③ 약품도매상들에게 간염백신을 공급하면서 보건소 공급가격을 사실상 결정하여 문제된 입찰담합에 대하여 그들도 상당부분 책임이 있는 점, 그런데 이와 같은 일련의 사정은 약품도매상들의 담합행위와 밀접하게 관련되는 점 등을 종합적으로 고려할 때, 각 자치구의 '과실'이나 행위가 손해배상책임을 면제할 정도에는 이르지 않는다 하더라도 그 책임을 경감시키기에는 부족함이 없다고 보아 손해배상책임을 차액의 50%로 제한한 바 있다.[608]

---

605) 이선희, 앞의 글(2012), 263-264면; 홍대식, 앞의 글(2012), 742-743면.

606) 대법원 2012.11.29. 선고 2010다93790 판결.

607) 대법원 2011.3.24. 선고 2009다29366 판결.

608) 서울고등법원 1998.5.20. 선고 97나4465 판결.

(2) 손익상계

담합에 대한 손해배상소송에서는 손해배상액을 상계하는 문제 역시 쟁점으로 다투어졌다. “군납유류 입찰담합” 사건에서 대법원은 입찰담합에 의한 부당한 공동행위에 부과되는 과징금은 “담합행위의 억지라는 행정목적을 실현하기 위한 제재적 성격과 불법적인 경제적 이익을 박탈하기 위한 성격을 함께 갖는 것으로서 피해자에 대한 손해 전보를 목적으로 하는 불법행위로 인한 손해배상책임과는 성격이 전혀 다르므로, 국가가 입찰담합에 의한 불법행위 피해자인 경우 가해자에게 입찰담합에 의한 부당한 공동행위에 과징금을 부과하여 이를 가해자에게서 납부 받은 사정이 있다 하더라도 이를 가리켜 손익상계 대상이 되는 이익을 취득하였다고 할 수 없다.”고 판시하였다.[609)]

“제분업자 담합” 사건[610)]에서 대법원은 “원심은 ① 1심 감정인은 담합 후 기간에 대하여 담합 후 더미변수를 설명변수로 사용하여 원고의 손해액수를 산정하였으나, 위 기간의 어느 시점에 밀가루 가격이 경쟁가격으로 복귀하였다면, 손해액수가 과대평가될 수 있고, ② 피고들이 원고에게 지급한 장려금이 원고와 피고들 사이의 거래관계에 있어 실질적으로 밀가루 가격을 할인하여 주고, 시장 경쟁을 촉진시킨 측면이 있으므로, 원고가 입은 손해액을 산정함에 있어 이를 고려함이 신의칙상 타당함에도 불구하고, 1심 감정인은 당사자들이 주장하는 장려금 액수가 다르다는 이유로 손해액을 산정하면서 원고가 지급받은 장려금을 전혀 고려하지 않았으므로, 앞서 본 손해액수가 과대평가된 것으로 볼 수 있으며(1심 감정 결과가 법원에 제출된 이후 당사자들도 1심 변론기일에서 장려금으로 지급된 돈의 1/2 정도가 손해액에서 공제되거나 손해액을 정하는 데 참작되어야 함을 다투지 아니하기로 하였음), ③ 원고는 피고들의 담합행위로 인하여 입은 손해 중 일부를 소비자에게 전가시켰는데, 공정거래법의 제정 목적은 공정하고 자유로운 경쟁을 촉진함으로써 궁극적으로 소비자를 보호하기 위한 것이기 때문에, 소비자에게 궁극적으로 손해의 일부를 전가시킨 원고에 대하여 비용전가 사실을 전혀 고려하지 아니한 채 손해 전부를 전보시켜준다면, 원고가 뜻하지 않은 이익을 취득하게 되는 것이어서 손해배상제도의 이념에 반하므로, 그 전가액을 고려하여 피고들이 부담하는 손해배상액수를 일

609) 대법원 2011.7.28. 선고 2010다18850 판결.
610) 대법원 2012.11.29. 선고 2010다93790 판결.

부 감액함이 타당하다는 사정들을 종합하여, 피고 씨제이와 피고 삼양사가 각각 배상할 손해액을 원심판시 각 손해배상액으로 제한하였다."고 하면서 이는 위법하지 않다고 보았다.

부당한 공동행위와 인과관계 있는 손해를 입은 간접구매자의 손해배상청구권을 침해하지 않으면서도 직접구매자가 손해를 전가한 부분에 대하여 중복배상 금지를 위하여 위반행위자의 배상책임을 제한한 것은 정당한 것으로 생각된다."[611]

(3) 손해액의 제한 - 손해전가와 관련하여

㈎ 의의 및 쟁점

손해전가의 항변(passing-on defense)이란 담합에 참가한 사업자가 직접구매자의 손해배상청구에 대하여 그 손해의 전부 또는 일부가 간접구매자에게 전가(轉嫁)되었음을 주장하는 것이다. 다음과 같은 구도를 상정해보자.

밀가루 제조사(A) —— 제과회사(B) —— 소비자(C)
(담합참가자) —— (직접구매자) —— (간접구매자)

위와 같은 구도에서 B가 A를 상대로 가격담합에 의해 야기된 가격인상분 내지 비용인상분에 대하여 손해배상을 청구하는 경우에, A가 그 손해의 전부 또는 일부가 C에게 전가되었음을 항변으로서 주장하는 것이다(이른바 "defensive passing-on").

이와 달리 손해전가는 항변사유가 아니라 간접구매자인 C가 자신에게 담합에 따른 가격인상분이 전가되었음을 이유로 A에게 손해배상을 청구할 수 있는지 여부와도 관련되며, 이는 "offensive passing-on"이라고 한다.

어느 경우나 '손해전가' 그 자체를 인정할 것인지 여부에 따라 담합사업자의 항변이 받아들여지거나 담합사업자에게 손해전보를 받을 수 있을 것인지가 좌우된다. 형식적 당사자주의를 취하는 우리나라에서는 미국과 달리 원고적격이 문제되지 않으며, 간접구매자가 과연 손해전가를 이유로 어느 정도의 손해배상을 받을 수 있는지, 즉 구체적인 손해액산정이 문제될 뿐이다.

손해전가의 법리는 3배배상과 집단소송을 통하여 손해배상이 매우 활성화된 미국에서 발전되었다. 대표적으로 1968년 "Hanover Shoe" 판결에서 연방대법원은

611) 이선희, 앞의 글(2012), 263면.

손해전가의 항변을 처음으로 배척하면서, 이를 허용할 경우 소송이 너무 복잡해지고 비용이 많이 소요되며, 최종소비자는 소를 제기할 유인도 적다는 점을 근거로 들었다.[612] 이어서 1987년 "Illinois Brick" 판결에서는 간접구매자의 손해배상청구에 대한 원고적격(standing) 유무가 다투어졌는데, 연방대법원은 항변의 경우와 마찬가지로 손해전가와 이를 전제로 한 원고적격을 모두 인정하지 않았다. 그 근거로는 "Hanover Shoe" 판결에서 제시된 것 외에 대체로 직접구매자가 가격인상분의 전부 또는 대부분을 흡수하고 간접구매자는 담합사업자와 아무런 거래관계가 없으므로 손해액 입증이 지극히 어려우며, 담합사업자에게 발생하는 이중배상의 위험을 제거할 필요가 있다는 점이 제시되었다.[613]

(나) 학설 및 쟁점의 정리

학설은 주로 간접구매자의 손해배상청구에 관한 것이다. 담합사업자의 손해전가항변이나 간접구매자의 손해배상청구와 관련하여 다수설은 손해전가에 대하여 긍정설을 취하고 있다.[614] 미국과 달리 간접구매자에게도 원고적격을 부인할 수 없고, 따라서 간접구매자라도 담합과 손해 사이의 인과관계 및 자신에게 전가된 손해액을 증명할 수 있다면 족하다는 것이고, 직접구매자가 담합사업자와의 거래관계상 손해배상청구를 포기할 수도 있다는 점, 손해전가를 인정할 경우 담합사업자에게 이중배상이 발생할 우려가 있다는 점 등이 제시된 바 있다. 반면 부정설은 간접구매자의 손해배상청구를 기각하여 직접구매자에게 손해배상청구를 집중시키는 것이 바람직하다고 하며, 대체로 미국 연방대법원의 태도를 지지하고 있다.[615]

다른 한편으로 담합사업자에게 손해전가의 항변을 긍정하더라도 구체적으로 간접구매자에게 어느 정도의 손해배상을 인정할 것인지에 관해서는 다시 견해가 갈리고 있다. 손해전가를 손익상계(損益相計)로 파악하고 경제분석을 통하여 간접구매자에게 전가된 손해액, 다시 말해서 직접구매자가 전가를 통하여 얻게 된 이익을

612) Hanover Shoe, Inc. v. United Shoe Machinery Corp., 392 U.S. 481(1968).

613) Illinois Brick Co. vs. State of Illinois, 431 U.S. 720(1977).

614) 오진환, "독점규제법상 손해배상제도", 권오승 편, 공정거래법강의 Ⅱ, 2000, 622면; 이선희, "공정거래법 위반을 이유로 한 손해배상청구권 — 부당한 공동행위로 인한 손해배상청구권을 중심으로 —", 민사판례연구 제31권, 2009, 937면 이하 등.

615) 김영호, "독점규제법 위반행위와 손해배상", 황적인 교수 정년기념논문집: 손해배상법의 제문제, 1990, 500면 이하; 주진열, "카르텔 억지 및 피해자의 효과적 구제를 위한 독점규제법의 사적 집행 방안", 행정법연구 제34호, 2012, 389면.

산정하는 데에 어려움이 없다고 한다.[616] 그러나 손익상계란 불법행위로 피해자에게 손해가 발생함과 동시에 이익이 생긴 경우에 그 이익을 손해액에서 공제하는 법리로서, 직접구매자가 간접구매자에게 가격인상을 통하여 손해를 전가한 경우에도 이를 담합으로 인한 (상당인과관계 있는) 이익이라고 볼 수 있는지 의문이고, 더구나 손해전가는 직접구매자와 간접구매자 사이에 별도의 매매계약을 원인으로 하여 이루어진 것이라는 점에서 손익상계로는 보기 어렵다.[617] 차라리 손해의 공평부담이라는 견지에서 간접구매자에 대한 손해액을 적절히 공제 내지 감경하는 것이 현실적으로 타당해 보인다.[618]

㈐ **판 례**

1) "밀가루 담합" 판결

8개 밀가루 제조업체가 공동으로 생산량을 제한하고 가격을 인상한 사건에서 직접구매자인 제과회사 삼립식품이 씨제이와 삼양사를 상대로 손해배상을 청구하였다. 대법원은 차액설의 입장을 견지하면서 담합에 의한 가격인상과 그 후 직접구매자의 가격인상에 따른 손해의 감소나 회복 사이에 상당인과관계가 있다고 볼 수 없다는 이유로 손익상계를 부인하였다.[619] 다만, 대법원은 제품 등의 가격인상으로 인하여 부분적으로 (원고인) 직접구매자의 손해가 감소되었을 가능성이 있는 경우에는 이러한 사정을 손해배상액을 정할 때에 참작하는 것이 공평의 원칙상 타당하다고 판시함으로써 손해배상액 제한의 방식을 취하였다.[620] 즉, 판례는 담합사업자의 손해전가항변을 배척하고, 직접구매자(중간구매자)에 대한 손해배상책임을 인정하였다.

---

616) 이동진, "가격담합에 대한 불법행위책임 소고(小考): 간접피해자의 손해배상청구와 이른바 손해전가(損害轉嫁)의 항변을 중심으로", 법경제학연구 제11권 제1호, 2014, 220면 이하. 그에 따르면 직접피해자에 대해서는 손익상계의 형태로 손해전가의 항변을 인정하고, 간접피해자의 경우에는 손해전가에 대한 주장 및 증명책임을 채무자인 담합사업자에게 부담시키는 것이 매우 상식적인 결론이라고 한다. 마찬가지로 장혜림, "손해의 전가와 독점규제법 제56조 1항 '손해'의 개념 및 범위 — Passing-on Defence 문제를 중심으로", 비교사법 제14권 제2호, 2007, 314면 이하.

617) 이선희, 앞의 글(2012), 936면 이하.

618) 권오승 외 6인, 독점규제법(제7판), 법문사, 2020, 375면(홍대식 집필부분); 이선희, 앞의 글(2012), 938면.

619) 대법원 2012.11.29. 선고 2010다93790 판결.

620) 1심에서는 제과회사가 소비자에게 전가한 비용을 전체 손해의 50% 이상으로 보아 감정된 전가액 전액을 법관의 재량에 의한 손해배상액 제한을 통하여 손해액에 반영하였다. 서울중앙지방법원 2009. 5.27. 선고 2006가합99567 판결.

2) "VAN사 담합" 판결

신용카드사들과 VAN사들의 수수료 담합 사건에서는 간접구매자의 손해배상청구가 문제되었다. 이 사건에서 VAN사의 대리점들이 신용카드사를 상대로 제기한 손해배상청구소송에서 부당한 공동행위를 한 사업자로부터 직접 상품을 구입한 직접구매자뿐만 아니라 그로부터 다시 그 상품 또는 그 상품을 원재료로 한 상품을 구입한 간접구매자도 부당한 공동행위와 자신의 손해 사이에 상당인과관계가 인정되는 한 부당한 공동행위를 한 사업자에 대하여 손해배상청구를 할 수 있다고 보아 위 밀가루 판결의 논리를 그대로 받아들이고 있다.[621)]

생각건대, 담합사업자의 손해전가항변과 간접구매자의 손해배상청구는 구분하여 살펴볼 필요가 있다. 그리고 피해자에 대한 적절한 손해전보와 담합의 억지효과를 감안하여 해결책을 찾아야 한다는 것이 출발점이 되어야 한다. 그렇다면 이중배상이나 일부 초과배상, 남소(濫訴)의 우려는 그다지 고려할 여지가 없게 된다.

결론적으로, 담합에 참가한 사업자에게는 손해전가항변을 원칙적으로 부인하고, 직접구매자에게 차액에 근거한 손해액의 전부를 배상하도록 하는 것이 타당하다. 예외적으로 담합사업자가 구체적인 전가액을 증명한 경우에는 그러하지 아니하다. 이를 명확히 하기 위해서는 입법적 해결이 바람직할 것이다. 손해전가항변이 그 실질에 있어서 손익상계와 같은 것인지 여부는 중요하지 않을 수 있다. 그리고 간접구매자에게도 손해배상청구를 인정함이 당연하고, 다만 손해액을 정함에 있어서는 상당인과관계에 있는 전가액을 증명하기란 지극히 곤란하다는 점을 감안하여 손해의 공평부담 및 담합의 억지목적 등을 종합적으로 고려하여 법관이 재량으로 판단하는 방법이 타당할 것이다.

---

621) 대법원 2014.9.4. 선고 2013다215843 판결; 서울고등법원 2013.10.15. 선고 2012나77060 판결; 1심이었던 서울중앙지방법원 2012.8.17. 선고 2011가합95248 판결에서는 신용카드사들의 항변, 즉 VAN사와 그 대리점 사이의 수수료는 그들 간의 협상에 의하여 결정되는 사항이어서 대리점들이 입은 손해에 신용카드사들이 관여한 바 없고, 간접구매자의 손해배상청구를 인정할 경우에는 남소 및 이중배상의 위험이 있으며 손해배상액 산정이 곤란하다는 항변을 배척하였다.

제 7 장

불공정거래행위의 금지

제 1 절 총　　설

Ⅰ. 개　　관

1. 의의 및 규제체계

가. 의의와 성격

사업자는 공정한 거래를 저해할 우려가 있는 행위(이하 "불공정거래행위")를 해서는 안 된다(법 제45조 제1항). 공정거래법은 일방 당사자가 시장경제에서 발생하는 거래상 지위의 차이를 이용하여 거래상대방에게 부당하게 불이익을 가하는 경우에 1차적으로 거래상대방을 보호하여 자유경쟁의 기반을 확보하고 궁극적으로 공정한 거래질서를 보호하기 위하여 불공정거래행위를 금지하고 있다. 부당한 고객유인이나 부당한 사업활동 방해를 제외한 대부분의 불공정거래행위는 그 실질에 있어서 일방의 거래상 지위 내지 우월적 지위를 전제로 하고 있으며, 이 점에서 공정거래법 제45조는 시장경제 하에서 거래의 공정성을 보장하는 기본규범이자 계약자유를 실질적으로 보장하는 기능을 담당한다. 따라서 불공정거래행위의 금지는 행위자가 대기업인지 중소기업인지를 구별하지 않고, 개별 거래관계마다 당사자 사이에서 나타나는 상대적 지위의 불균형에 착안하여 적용된다.

이처럼 불공정거래행위의 금지가 공정한 거래질서를 보호하기 위한 것이기는 하나, 그것이 보호하는 대상은 제도로서의 공정경쟁 이외에 경쟁사업자와 거래상대방 또는 소비자로까지 확대된다.[1)] 공정한 거래를 공정한 경쟁보다 넓은 의미로 이해해야 하는 이유도 여기에 있다. 또한 시장에 처음부터 경쟁이 존재하지 않거나 자유로운 경쟁이 이루어지지 못하는 경우에는 공정한 거래질서 자체가 존재할 수 없다는 점에서, 자유로운 경쟁의 보호는 공정한 거래질서를 조성하기 위한 전제조

1) Köhler/Bornkamm, Gesetz gegen den unlauteren Wettbewerb UWG, 28. Aufl., 2010, S. 98.

건이라고 할 수 있다.[2)] 역사적으로 볼 때 세계 각국은 대체로 독점금지법을 제정한 초창기에는 시장에서의 자유로운 경쟁에 초점을 맞추다가, 어느 정도 규제체계가 정착된 이후에 점차 거래의 공정성 보장으로 관심을 넓히는 양상을 보인 바 있다.[3)] 이념상으로나 현실적으로 자유가 공정에 선행하는 전제조건(prerequisite)인 셈이다.

한편, 공정거래법은 미국의 셔먼법 제1조·제2조나 유럽기능조약 제101조·제102조와 같이 단독행위와 공동행위라는 이분법 체계를 따르지 않고 있다.[4)] 흔히 단독행위로 설명되고 있는 시장지배적 지위의 남용행위나 불공정거래행위에는 차별취급이나 배타조건부거래 등 '합의' 형태의 행위가 다수 포함되어 있다는 점에서 단독행위와 공동행위라는 이분법(dichotomy)은 공정거래법에 있어서는 그다지 정확한 설명으로 보기 어렵다. 어쨌든 불공정거래행위가 대체로 수직적 거래제한, 말 그대로 거래상대방에게 행해지는 불공정한 거래관행을 내용으로 담고 있다는 점은 분명해 보인다. 비록 공동의 거래거절이나 집단적 차별취급과 같이 일견 수평적 거래제한 내지 부당한 공동행위로 보이는 경우도 불공정거래행위에 포함되어 있으나, 이때에도 불공정성의 핵심은 거래상대방에 대한 수직적 성격, 즉 거래거절이나 차별취급을 받는 거래상대방이 입게 될 사업상 곤란이나 불이익에 있는 점은 마찬가지이다.[5)]

그 밖에 불공정거래행위를 독점에 대한 예방적 규제로 설명하는 견해도 있다. 미국 연방거래위원회법 제5조를 맹아이론(萌芽理論; incipiency doctrine)[6)]으로 설명하는 것과 같은 맥락에서 시장지배적 지위의 형성이 공정한 경쟁과정을 거쳐서 이루어져야 하고, 이를 담보하기 위한 규제가 바로 공정거래법 제45조라는 것이다. 그

---

2) 권오승, 경제법(제13판), 법문사, 2019, 318-319면; 정호열, 경제법(제6판), 박영사, 2018, 383면.

3) 미국의 경우, 1890년에 제정된 셔먼법은 자유경쟁을 보호하기 위한 것으로서, 연방거래위원회(FTC)의 설치 및 불공정경쟁을 규제하는 내용의 연방거래위원회법은 1914년에 이르러 제정되었다. 다만, 독일에서는 19세기에 영업의 자유가 폭넓게 인정되면서부터 부정한 경쟁수단에 대한 문제가 심각하게 제기되기 시작하였고, 1957년에 경쟁제한방지법이 제정되기 훨씬 이전인 1896년에 부정경쟁방지법(UWG)가 제정되어 불공정거래행위를 폭넓게 규율한 바 있다. 이에 관해서는 Ludwig Raiser, Marktbezogene Unlauterkeit, GRUR Int., 1973, S. 443 ff.

4) 홍명수, "불공정거래행위 규제의 의의와 개선논의의 기초", 안암법학 통권 제45호, 2014.9, 451면 이하는 공정거래법도 이와 같은 이분법을 취하고 있다는 전제에서 단독행위를 다시 시장지배적 지위 남용행위와 불공정거래행위로 이원화하고 있는 것으로 설명하고 있다.

5) 이봉의, "불공정거래행위의 위법성 — 계약질서의 관점에서 —", 권오승 편, 공정거래와 법치, 2004-a, 661면.

6) 미국에서 전개된 맹아이론의 기원과 함의에 대해서는 Robert Lande, Resurrecting incipiency: From von's grocery to consumer choice, 68 Antitrust L.J. 875, 2000-2001, p. 876.

에 따르면 불공정거래행위의 금지는 시장지배적 지위남용 규제와 상호 보완관계에 있게 된다.[7] 다만, 일찍이 "포스코" 판결[8]에서 대법원은 양자가 각기 별도의 규제 목적을 갖는 점에 착안하여 불공정거래행위 금지의 독자성을 인정한 바 있다. 적어도 판례상 시장지배적 지위남용과 불공정거래행위는 비록 행위요건이 중첩될 수는 있어도 위법성 면에서는 완연한 차이가 있으므로, 하나의 시장행위에 대하여 양자를 병렬적으로 적용할 수 있다고 보아야 한다.[9] 공정거래위원회의 실무도 마찬가지이다.

나. 규제체계

사업자는 누구나 공정한 거래를 저해할 우려가 있는 행위를 하거나 또는 계열회사 또는 다른 사업자로 하여금 이를 행하도록 하여서는 안 된다(법 제45조 제1항). 공정거래법은 금지되는 불공정거래행위의 유형을 거래거절, 차별적 취급, 경쟁사업자 배제, 부당한 고객유인, 거래강제, 거래상 지위의 남용, 구속조건부거래, 사업활동 방해, 부당한 지원행위, 그리고 그 밖의 행위로서 공정한 거래를 저해할 우려가 있는 행위 등 10가지로 열거하고 있다. 시행령 [별표 2]는 법 제45조 제1항 각호에 열거된 불공정거래행위의 세부 유형과 기준을 정하고 있다.

아울러 공정거래위원회는 특정 분야 또는 특정 행위에 관한 불공정거래행위(이하 "특수불공정거래행위")에 대하여 관계행정기관의 장의 의견을 들어 세부기준을 담은 고시를 제정할 수 있다(영 [별표 2] 비고). 「병행수입에 있어서의 불공정거래행위의 유형고시」(이하 "병행수입 고시),[10] 「신문업에 있어서의 불공정거래행위 및 시장지배적 지위 남용 행위의 유형 및 기준」(이하 "신문업 고시"),[11] 「TV홈쇼핑사업자의 특정불공정거래행위에 대한 위법성 심사지침」,[12] 「노무제공자에 대한 거래상 지위남용행위 심사지침」[13] 등이

---

7) 谷原修身, 獨占禁止法の解說, 一橋出版, 2006, 12－13항.

8) 대법원 2007.11.22. 선고 2002두8626 전원합의체 판결.

9) 정호열(제6판), 378－379면. 한편, 「불공정거래행위 심사지침」(공정거래위원회 예규 제387호, 2021.12.22. 개정)상 불공정거래행위가 시장지배적 지위남용에도 해당하는 경우에는 후자를 우선하여 적용함이 원칙이라고 규정하고 있으나(심사지침 Ⅱ. 3.), 동 지침의 규정은 법규명령의 효력이 없고 무엇보다 판례의 태도에 정면으로 반한다는 점에서 고려할 여지가 없다.

10) 공정거래위원회 고시 제2021－20호, 2021.12.30. 개정.

11) 공정거래위원회 고시 제2021－22호, 2021.12.30. 개정.

12) 공정거래위원회 예규 제438호, 2023.7.18. 개정.

13) 공정거래위원회 예규 제437호, 2023.7.1. 제정. 위 지침은 「특수형태·근로종사자에 대한 거래상 지위남용행위 심사지침」을 폐지하는 대신 제정된 것이다.

여기에 해당한다.[14] 2005년에는 부당지원행위를 제외한 나머지 불공정거래행위의 유형별 공정거래위원회의 접근방법을 제시한 「불공정거래행위 심사지침」이 제정되었다.

그 밖에 불공정거래행위, 그중에서도 거래상 지위남용이 주로 빈발하던 분야에서는 먼저 고시가 제정·운영되다가 점차 별도의 법률로 승격되기도 하였다. 대표적인 예로 공정거래위원회는 종래 「백화점업에 있어서 특수불공정거래행위의 유형 및 기준」을 마련하여 동법상 불공정거래행위로서 거래상 지위남용을 규제해 왔으며, 1998년에는 그 적용범위를 확대하여 「대규모소매점업에 있어서의 특수불공정거래행위의 유형 및 기준」[15]으로 새로 제정한 바 있다. 이어서 2011년 11월에는 위 고시를 법률로 승격하여 대규모유통업법[16]이 제정되었다.

2. 연 혁

가. 불공정법의 연원

불공정거래행위를 규율하는 이른바 불공정법(Unlauterkeitsrecht)의 연원은 독점금지에 비하여 매우 오래 전으로 거슬러 올라가고, 대체로 특별사법 내지 특수불법행위법의 성격을 갖고 있었다. 그런데 시장경제에서 국가가 불공정한 경쟁이나 불공정한 거래행위를 규율하기 시작한 것은 유럽에서 촉발된 근대화와 맥락을 같이 한다. 경제의 영역에서 근대화는 사적자치와 계약자유를 기초로 한 자유경쟁과 그 맥을 같이 하는바, 경쟁의 자유는 경쟁자를 비방하거나 허위광고를 통하여 소비자를 유인하는 등 수단을 가리지 않는 불공정한 경쟁을 촉발하였고, 실제로 대등하지 못한 당사자 사이에서 불공정한 거래가 빈발하였다.

여기서 자유경쟁을 남용하는 행위 내지 경제적 힘을 거래관계에서 남용하는 행위에 법적 한계를 두는 수단으로서 불공정법이 탄생하게 되었다. 다만 사법과 불공정법이 그 연원에 있어서 뿌리를 같이 한다는 점에서 상호 밀접한 관련을 맺고 있으나, 양자의 관계가 고정불변인 것은 아니다. 예컨대, 독일의 부정경쟁방지법은

14) 「표시·광고에 관한 공정거래지침」, 「가맹사업에 있어서의 불공정거래행위의 기준」, 「경품류 제공에 관한 불공정거래행위의 유형 및 기준 지정고시」, 및 「대규모소매업에 있어서의 특정불공정거래행위의 유형 및 기준 지정고시」는 폐지되었다.

15) 공정거래위원회 고시 제1998-5호, 1998.5.12. 제정.

16) 2011.11.14. 제정, 법률 제11086호.

1897년 개정 이후 오랫동안 제1조의 일반조항에서 양속위반을 위법성의 핵심징표로 규정하여 왔으나, 2004년 법개정 이후 '경쟁'과의 관련성을 명시적으로 요구하고 있다.

역사적으로 나라마다 불공정거래행위를 규율하는 방법에는 차이가 있었다. 독일은 재산권 및 계약관계의 기본을 정하는 민법전을 마련하기도 전인 1869년에 이미 부정경쟁방지법을 제정하여 과도한 경쟁에 따른 부정경쟁의 폐해를 금지청구나 단체소송을 통하여 억제하는 한편, 할부거래법, 방문판매법 등을 통하여 사업자와 소비자 사이의 불공정한 거래관계를 시정하고자 하였다.[17] 반면, 프랑스에서는 별도의 특별법을 제정하는 대신 민법상 일반 불법행위 규정을 통하여 사업자의 혼동야기행위, 모방행위, 비방행위, 비밀누설행위 등을 부정경쟁(concurrence déloyale)으로 규율함으로써 경쟁자를 보호하고자 하였다.[18] 흥미로운 것은 역사적으로 독일이나 프랑스에서 불공정법은 상표, 상호 등의 침해를 부정경쟁으로 보아 규제하는 데에서 출발하였다는 점이다.[19]

나. 입법의 연혁

공정거래법은 1980년 제정[20] 당시부터 시장지배적 지위의 남용, 경쟁제한적 기업결합, 부당한 공동행위와 더불어 불공정거래행위(구법 제15조)를 금지하고 있었다. 당초 동 조항은 다분히 일본 사적독점금지법 제2조 제9호와 제19조에서 규정하고 있던 것을 참고하였는데,[21] 일본법은 다시 미국 연방거래위원회법 제5조(불공정하거나 기만적인 행위; unfair or deceptive acts or practices)[22]를 계수한 것으로 알

---

17) 독일에서는 2002년 민법 현대화작업의 일환으로 일련의 불공정법률과 소비자보호법률이 민법전에 편입되었다.

18) Marie Malaurie–Vignal, Droit de la concurrence interne et européen, Sirey 6ème éd., 2013. p. 152, 153.

19) Karl–Heinz Fezer, in: UWG Lauterkeitsrecht Band I, 2010, S. 25.

20) 1980.12.31. 제정, 법률 제3320호.

21) 이호영, 독점규제법(제6판), 2020, 304–306면. 일본 사적독점금지법 제19조는 1974년에 도입되었는데, 미국 연방거래위원회법 제5조를 계수하여 '불공정한 경쟁방법'을 금지하였다. 그 후 1953년 법개정을 통하여 '불공정한 거래방법'을 금지하는 식으로 적용대상을 확대하였다. 2009년 개정법은 '공정거래저해성'이라는 표현을 삭제하고, 법에서 열거하는 행위를 금지하도록 하였다. 즉 공동의 거래거절, 차별적 취급, 부당염매, 구속조건부거래, 우월적 지위의 남용, 기타 공정한 경쟁을 저해할 우려가 있는 행위를 열거하고 있다.

22) 1914년 제정된 연방거래위원회법 제5조는 '불공정한 경쟁방법'(unfair methods of competition)만을 금지하여 경쟁에 부정적인 영향 없는 기만행위 등을 규제할 수 없었고, 1938년 휠러–리법을 통하여 현재와 같이 경쟁과 무관하게 불공정하거나 기만적인 거래관행을 폭넓게 금지하는 방식으로

려져 있다.[23)]

1980년 제정된 공정거래법 제15조 제1항은 다음의 어느 하나에 해당하는 행위로서 경제기획원장관이 공정한 거래를 저해할 우려가 있다고 인정하여 불공정한 거래행위로 지정·고시한 행위를 하여서는 안 된다고 규정하고 있었다.

① 부당하게 거래상대방을 차별적으로 취급하는 행위
② 부당하게 경쟁사업자를 배제하기 위하여 거래하는 행위
③ 부당하게 경쟁사업자의 고객을 자기와 거래하도록 유인하거나 강제하는 행위
④ 자기의 거래상의 지위를 부당하게 이용하여 상대방과 거래하는 행위
⑤ 거래상대방의 사업활동을 부당하게 구속하는 조건으로 거래하는 행위
⑥ 상품 또는 용역에 관하여 허위 또는 과장된 광고를 하거나 상품의 품질 또는 수량을 속이는 행위

여기서 눈에 띄는 것은 열거된 행위가 곧바로 금지되는 것이 아니라 경제기획원장관의 지정·고시를 거쳐서 비로소 금지되는 행위가 특정된다는 점이다. 그리고 현재와 같은 사업활동 방해, 부당한 거래거절, 부당한 지원행위, 그 밖의 불공정거래행위는 규정되어 있지 않았다.

그에 따라 1981년 「불공정거래행위 지정고시」[24)]가 처음으로 제정되었다. 1986년 제1차 개정법[25)]은 불공정거래행위에 '사업활동 방해'를 추가하는 한편, 모든 불공정거래행위에 대하여 계열회사나 다른 사업자에 대한 일종의 교사행위(법 제23조 제1항 후단)를 금지하는 규정을 신설하였다. 1990년 제2차 개정법[26)]이 거래거절을, 1996년 제5차 개정법[27)]이 부당한 지원행위를 추가하였고, 불공정거래행위의 유형 및 기준을 시행령에 위임하는 것으로 변경하면서 이듬해에 시행령[28)] [별표]에 종전

개정되었다.

23) 다만, 연방거래위원회법 제5조는 좁은 의미의 불공정한 거래행위 외에도 셔먼법 및 클레이튼법 위반행위를 널리 포섭하고, 나아가 소비자 기만행위까지 규율한다는 점에서, 동조의 불공정거래행위 자체를 독립된 행위유형으로 보기 어려운 측면도 있다. 심재한, "공정거래법상 불공정거래행위에 대한 연구", 안암법학 제27권, 2008, 514, 553면.

24) 경제기획원 고시 제40호, 1981.5.13.

25) 1986.12.31. 개정, 법률 제3875호. 구법 제11조 제1항에서는 "사업자는 계약·협정·결의 기타 어떠한 방법으로도 다른 사업자와 공동으로 일정한 거래분야에서 경쟁을 실질적으로 제한하는 다음 각호의 1에 해당하는 행위(이하 "부당한 공동행위")를 하여서는 아니 된다."고 하였다.

26) 1990.1.13. 전부개정, 법률 제4198호.

27) 1996.12.30. 개정, 법률 제5235호.

28) 1997.3.31. 개정, 대통령령 제15328호.

고시의 내용이 규정되었다. 1999년 제7차 개정법[29]이 기타의 불공정거래행위에 관한 제8호를 신설하였다. 제8호는 입법기술상 복잡하고 다양한 불공정거래행위를 모두 열거하기 어려운 점을 감안하여 일종의 작은 일반조항(kleine Generalklausel)으로 신설되었으나, 시행령에 구체적인 유형과 기준이 없다. 이와 관련하여 대법원은 제8호가 불공정거래행위를 전부 열거하기 어려운 상황에서 규정이 된 것으로서 그에 대한 판단기준을 대통령령으로 정하도록 하고 있는 수권규정임에도 불구하고 그 기준이 전혀 제시되어 있지 않아 수범자가 법위반 여부를 예측하기가 매우 어렵다는 점을 들어서 이를 직접 적용하여 제재할 수 없다고 판시한 바 있다.[30] 또한 제정 공정거래법[31]이 불공정거래행위 중 부당한 고객유인의 일 유형으로 규정하였던 허위·과장의 광고행위는 1999년 표시·광고법[32]이 별도로 제정되면서 삭제되었다.

3. 금지의 방식

가. 한정적 열거주의

공정거래법은 불공정거래행위를 한정적으로 열거하는 방식을 취하고 있고(법 제45조 제1항), 불공정거래행위의 유형 또는 기준은 대통령령으로 정하도록 하고 있다(법 제45조 제3항). 그에 따라 시행령 제52조 제1항에 따라 [별표 2]에서 보다 구체적인 행위유형과 기준을 마련하고 있다. 불공정거래행위란 각종 거래관계에서 복잡다양하게 이루어지며 그 형태 또한 부단히 변동되고 있는바, 국회가 모든 분야의 불공정거래현상들을 그때그때 예측하거나 파악할 수 없고, 그러한 상황에 즉응하여 그때마다 법률을 개정하는 것도 용이하지 않으므로 불공정거래행위의 유형과 기준을 미리 법률에 자세히 정하지 아니하고 이를 명령에 위임한 것은 부득이하였다.[33]

한정적 열거주의란 법에서 금지하는 행위를 일일이 법령에 특정하는 방식을 말한다. 이는 불공정거래행위를 포괄적으로 금지하는 일반조항에 비하여 사업자의 법위반 여부에 대한 예측가능성을 높여주는바, 동법에 규정된 행위만으로 금지되

29) 1999.2.5. 개정, 법률 제5813호.

30) 대법원 2008.2.14. 선고 2005두1879 판결. 동 판결이 내려진 지 수년이 넘도록 시행령은 제8호의 적용을 위한 세부기준을 정하지 않고 있다.

31) 1980.12.31. 제정, 법률 제3320호.

32) 1999.2.5. 제정, 법률 제5814호.

33) 헌법재판소 2002.7.18. 선고 2001헌마605 결정.

는 것은 아니고 행위유형별로 부당성 또는 정당한 사유의 유무 등을 종합적으로 고려하여 위법성 여부를 판단하게 된다.[34] 다만, 한정적 열거주의는 새로운 형태의 불공정거래행위를 포섭하기에 한계가 있고, 행위유형을 지나치게 세분화함으로써 적용법조 사이에 불필요한 중첩이 나타날 소지가 있다. 미국 연방거래위원회법 제5조나 독일 부정경쟁방지법 제3조는 일반조항의 형식을 취하고 있는바, 사적 집행의 활성화로 법원의 판례가 상당히 축적됨으로써 금지요건의 불확실성이 상당 부분 해소된 것으로 알려져 있다.

공정거래법 제45조 제1항이 불공정거래행위를 한정적으로 열거하고는 있으나, 그 성격상 불공정거래행위에 해당하는 행위가 각호에 열거된 것에 국한되지는 않는다. 재판매가격유지행위와 사업자단체의 금지행위 중 대부분이 그 실질에 있어서 불공정거래행위의 범주에 속하기 때문이다. 전자는 거래상대방의 가격결정권을 침해하여 재판매가격을 강제하는 행위를 문제 삼는 것이고, 후자는 사업자에 대해서만 적용되는 법 제45조와 달리 사업자단체가 구성사업자나 다른 사업자에 대하여 행할 수 있는 부당한 행위, 이를테면 구성사업자의 사업활동을 부당하게 제한하는 행위 등을 금지하는 것이다.

나. 행정적 규제주의

불공정거래행위를 금지하는 입법례를 살펴보면 나라마다 상이한 법체계에 따라 금지의 방식도 다양하다. 불공정거래행위를 금지하는 목적은 계약자유를 실질적으로 보장하여 공정하고 자유로운 경쟁이 기능할 수 있는 여건을 조성하는 데에 있으며,[35] 이러한 책무를 1차적으로 행정기관에 맡길 것인지 아니면 사법부에 맡길 것인지는 나라마다 입법자의 판단에 맡겨져 있다.[36]

행정적 규제방식을 채택하고 있는 미국에서 연방거래위원회는 연방거래위원회법 제5조 위반행위에 대하여 직접 금지명령(injunction)을 내릴 수 있다. 이를 계수한 일본의 사적독점금지법 또한 사업자의 불공정한 거래방법에 대하여 공정취인위원회가 시정권고나 시정명령을 내리게 된다. 우리나라도 마찬가지이다. 그 밖에 전통적인 독점금지법 외에 불공정거래행위를 규율하기 위한 별도의 법률을 제정하여

34) 정호열(제6판), 386-387면.

35) 이호영, "경쟁법과 불공정경쟁행위의 관계에 관한 비교법적 연구", 법학논총 제33집 제1호, 2016, 345-347면.

36) 이봉의, 앞의 글(2004-a), 659면.

운영하는 나라도 있으며, 독일을 포함한 유럽연합의 회원국 중 19개국과 영국이 이러한 방식을 취하고 있는 것으로 알려져 있다.[37] 예컨대, 독일에서는 1896년 부정경쟁방지법이 제정된 이래 동법 위반행위에 대해 일정한 단체에 의한 금지청구(Unterlassungsklage)나 사인의 손해배상청구를 허용하고 있다.

한편, 프랑스에서는 우리나라 공정거래법 제45조와 비슷한 불공정거래행위 규정들은 상법 L.442-1 이하에 있는데, 프랑스의 불공정거래행위 규제의 특징은 경쟁위원회(l'Autorité de la concurrence)가 구체적인 불공정거래행위를 직접 행정제재하지는 아니하고 기본적으로 피해자가 법원에 소를 제기하여 손해를 배상받는 민사제재 체계를 택하고 있다는 점이다. 대신에 대형마트와 납품업자와 같이 힘이 매우 불균형한 거래관계에 있어서는 민사소송은 현실적인 구제수단이 되지 못할 수 있기 때문에, 프랑스 입법자는 경제부 내 DGCCRF가 사건을 조사한 후 불공정거래행위의 피해자들을 위하여 민사소송을 제기, 수행할 수 있는 제도를 마련함으로써 행정청인 DGCCRF가 불공정거래행위 사건에 직접 관여할 수 있는 길을 열어두었다.[38] 끝으로, 독점금지법이나 별도의 입법을 하지 않고 민법에 불공정거래행위를 규정하는 입법례도 있는바, 이를테면 네덜란드의 경우에는 민법상 불법행위 규정을 통하여 혼동야기행위와 모방행위, 비방행위, 비밀누설행위 등과 같은 불공정거래행위를 규율하고 있다.

Ⅱ. 다른 법률과의 관계

1. 특별법과의 관계

가. 특별법의 유형 및 체계

불공정거래행위는 모든 산업분야에서 발생할 수 있다. 공정거래법은 특정 산업분야에 대한 적용제외를 두지 않고 있으므로, 법 제45조 또한 원칙적으로 모든 거래분야에서 발생하는 불공정거래행위에 적용된다. 그런데 공정거래법 외에 다른

37) 박세환, "EU 차원의 불공정거래행위 규제방안에 대한 연구", 경쟁법연구 제38권, 2018, 159면. 19개국은 오스트리아, 불가리아, 키프로스, 체코, 독일, 그리스, 스페인, 핀란드, 프랑스, 크로아티아, 헝가리, 아일랜드, 이탈리아, 리투아니아, 라트비아, 포르투갈, 루마니아, 슬로베니아, 슬로바키아이다.

38) 박세환, "상거래의 공정을 추구함에 있어서 사적자치와 경제적 공공질서 간의 조화", 상사판례연구 제32집 제3권, 2019-a, 123면 이하.

특별법에서 그 성격상 불공정거래행위에 해당하는 금지행위를 규정하는 경우가 증가하고 있다. 기존의 공정거래법 규정들만으로는 해당 분야에서 발생하는 불공정거래행위를 효과적으로 방지·제재하기 어렵다는 취지에서 제정된 것들이다. 이때, 특별법이 일반법인 공정거래법보다 우선하게 됨은 물론이다. 이와 같은 특별법에는 당초 공정거래법상 불공정거래행위, 그중에서도 거래상 지위남용으로 규제하다가 별도의 고시가 제정되어 운용된 이후 그 중요성이 부각되면서 법률로 승격한 경우와 다른 정부기관이 관장하는 규제법에 불공정거래행위에 상당하는 금지행위가 추가된 경우가 있다. 아래에서 차례로 살펴본다.

첫째, 공정거래위원회 소관의 법률로서 거래유형에 따라 특수고시의 형태로 규제하던 것을 법률로 승격시키면서 사전규제의 내용을 추가하거나 제재의 수준을 높인 경우이다. 1984년에 제정[39])된 하도급법, 2002년 제정[40])된 가맹사업법, 2011년 제정[41])된 대규모유통업법 및 2015년 제정[42])된 대리점법 등이 여기에 해당한다. 이들 특별법은 모두 공정거래법상 거래상 지위 남용을 엄격하게 규제하려는 취지에서 제정된 것이다. 예컨대 대규모유통업법은 종전 고시와 마찬가지로 일정 규모 이상의 백화점, 할인점 등이 중소 납품업자나 매장임차인의 신고 및 권리구제를 용이하게 하려는 취지에서 제정되었다.

2021년 1월 6일에 국무회의를 통과한 바 있는 「온라인 플랫폼 중개거래의 공정화에 관한 법률」(안) 또한 온라인 플랫폼을 중심으로 중개사업자와 이용사업자 사이에 공정한 거래질서를 실현하기 위한 것으로서 거래의 투명성 강화를 위하여 계약서 작성·교부의무나 중개계약내용 변경 시 사전통지의무 등 일부 사전규제(안 제6조 내지 제8조) 외에 동 거래에 고유한 우월적 지위남용행위를 사후적으로 금지하는 내용을 담고 있었다(안 제9조).[43]) 그런데 동 법안이 온라인 플랫폼 중개사업자의 정의 규정과 같은 동법의 적용대상을 판단하기 위한 명확한 기준을 마련해두고 있는지에 대해서는 의문이 제기되고 있다. 다만 디지털 경제의 역동적인 특성을 감안하여 보복행위나 시정명령 불이행의 경우에만 형사처벌이 가능하도록 형사처벌의

39) 1984.12.31. 제정, 법률 제3779호.
40) 2002.5.13. 제정, 법률 제6704호.
41) 2011.11.14. 제정, 법률 제11086호.
42) 2015.12.22. 제정, 법률 제13614호.
43) 동법의 적용대상인 온라인 플랫폼 중개사업자의 정의 등에 내재된 불확실성에 대한 문제제기로는 이정란, "온라인플랫폼 공정화법의 적용범위에 관한 검토", 경쟁법연구 제43권, 2021, 60면 이하.

범위를 제한한 점에는 주목할 만하다.

둘째, 특정 산업분야를 규제하는 법률에 불공정성을 이유로 금지규정을 마련한 경우이다. 예컨대, 「전기통신사업법」은 공정한 경쟁 또는 이용자의 이익을 해치거나 해칠 우려가 있는 행위를 금지하고 있으며(법 제50조 제1항), 「인터넷멀티미디어방송사업법」은 효율적인 경쟁체제 구축과 공정한 경쟁 환경 조성을 위하여 경쟁상황평가를 실시하고 시장점유율을 제한하는 것(법 제12조, 제13조) 외에 공정한 경쟁 및 이용자이익의 보호를 위하여 우월적 지위를 이용하여 인터넷 멀티미디어 방송 콘텐츠사업자에게 부당한 계약을 강요하거나 적정한 수익 배분을 거부하는 행위 등 일련의 금지행위를 두고 있다(법 제17조).

나. 공정거래위원회 소관 특별법의 특징

불공정거래행위를 규율하는 일련의 특별법은 공정거래법상 불공정거래행위에 비하여 전반적으로 규제를 강화한 데에서 그 특징을 찾을 수 있다. 이들 특별법은 해당 분야에서 빈발하는 불공정거래행위 유형을 세분하여 구체적으로 규정하는 한편, 대체로 '정당한 이유'가 없는 한 원칙적으로 금지하는 태도를 취하고 있다. 예컨대, 하도급법의 경우 부당한 하도급대금의 결정을 금지하면서 '정당한 사유 없이 일률적인 비율로 단가를 인하하여 하도급대금을 결정하는 행위' 등에 대해서 부당성을 간주하고(법 제4조), 품질의 유지·개선 등 정당한 사유가 있는 경우 외에는 물품 등의 구매강제행위를 할 수 없도록 하고 있다(법 제5조). 또한 정당한 이유 없이 기술자료의 제공을 요구하는 행위를 금지하고(법 제12조의3), 동법에서 명시한 사유에 해당하는 경우에만 대물변제를 허용하고 있다(법 제17조). 가맹사업법[44]이나 대규모유통업법,[45] 대리점법[46]도 대체로 유사하게 부당성에 대한 입증책임을 전환하는 방식으로 해당 분야에 전형적인 불공정거래행위유형에 대해서 엄격한 태도를

44) 가맹사업법도 허위·과장된 정보제공 등의 금지(법 제9조), 부당한 점포환경개선 강요 금지 등(제12조의2), 부당한 영업시간 구속 금지(제12조의3), 부당한 영업지역 침해금지(제12조의4)에 관한 금지규정을 두고 있다.

45) 대규모유통업법은 상품대금 감액의 금지(법 제7조), 상품의 수령거부·지체 금지(법 제9조), 반품금지(법 제10조), 판촉비용의 전가 금지(법 제11조), 납품업자등의 종업원 사용금지(법 제12조), 배타적 거래 강요금지(법 제13조), 경영정보나 경제적 이익 제공 요구 금지(법 제14조, 제15조), 부당한 영업시간 구속 금지(법 제15조의2), 불이익 제공행위 금지(법 제17조) 등을 규정하고 있다. 또한 2023년 법개정(2023.8.8. 개정, 법률 제19615호, 2024.2.9. 시행)으로 경영활동 간섭행위(법 제14조의2)도 금지하게 되었다.

46) 대리점법은 주문내역의 확인요청 거부 또는 회피 금지(법 제11조)를 규정하고 있다.

취하고 있다.

그런데 이들 특별법에 고유한 특징은 사후규제를 주된 내용으로 삼고 있는 공정거래법과 달리 거래공정화를 위하여 일부 사전규제(ex ante regulation)를 담고 있다는 데에서 찾을 수 있다. 예컨대, 하도급법의 경우 서면의 발급 및 서류의 보존(법 제3조), 표준하도급계약서의 작성 및 사용(법 제3조의2), 원사업자와 수급사업자 간 협약체결(법 제3조의3), 선급금의 지급(법 제6조), 검사의 기준·방법 및 시기(법 제9조), 하도급대금의 지급 등(법 제13조), 건설하도급 계약이행 및 대금지급 보증(법 제13조의2), 하도급대금의 직접 지급(법 제14조), 관세 등 환급액의 지급(법 제15조), 설계변경 등에 따른 하도급대금의 조정(법 제16조), 공급원가 등의 변동에 따른 하도급대금의 조정(법 제16조의2)에 관한 규정들을 두고 있다.

가맹사업법은 가맹계약서의 기재사항(법 제11조), 가맹계약의 갱신과 해지(법 제13조)[47] 외에 정보제공 측면에서 정보공개서 등록제도(법 제6조의2 내지 제6조의4, 제7조)를 두는 한편 광고·판촉행사 관련 집행 내역 통보의무(법 제12조의6)를 규정하여 광고비나 판촉행사비 내역에 대한 정확한 정보를 숨긴 채 가맹본부가 일방적으로 가맹사업자들에게 부담지우지 않도록 집행내역을 가맹사업자들에게 정보제공하도록 하였다. 동법은 2013년 개정[48]을 통해 가맹점사업자단체의 구성 및 교섭권을 도입하여 가맹사업자들의 협상력을 높이기도 하였다(법 제14조의2).

대규모유통업법 또한 대규모유통업자에게 서면의 교부 및 서류의 보존의무(법 제6조), 상품 판매대금을 판매마감일로부터 40일 이내에 지급할 의무(법 제8조)와 매장 설비비용의 보상의무(법 제16조)를 부과하고 있다. 대리점법 역시 대리점거래 계약서의 작성의무(법 제5조)를 명정하고 있다.

끝으로 공정거래법상 불공정거래행위의 금지를 위반한 사업자에 대해서는 '관

47) 가맹사업법은 가맹계약이 체결될 때부터 갱신 또는 해지되는 경우에 대한 규정을 두고 있다. 그에 따르면 가맹본부는 가맹계약서에 일정한 내용을 명시하여 미리 제공하고, 그로부터 14일이 지난 후에야 가맹금을 수령하거나 가맹계약을 체결할 수 있다. 또한 가맹점사업자가 계약기간 만료 전 180일부터 90일까지 사이에 가맹계약의 갱신을 요구하는 경우에는 정당한 사유 없이 이를 거절할 수 없고, 이를 거절하는 경우에는 그 요구를 받은 날부터 15일 이내에 가맹점사업자에게 거절 사유를 서면으로 통지하여야 한다. 아울러 가맹점사업자에게 10년의 계약갱신요구권을 부여하는 한편, 가맹본부가 가맹계약을 해지할 때에는 가맹점사업자에게 계약의 위반 사실을 구체적으로 밝히고 이를 시정하지 아니하면 그 계약을 해지한다는 사실을 서면으로 2회 이상 통지하여야 한다(법 제13조, 제14조).

48) 2013.8.13. 개정, 법률 제12094호.

련매출액'(위반기간 동안 관련 상품의 매출액)의 4% 이내에서 과징금을 부과할 수 있다(법 제50조 제1항). 부당지원행위의 경우에는 예외적으로 관련매출액의 10%라는 더 높은 상한이 적용된다(동조 제2항).[49]

그런데 유통관련 특별법상 금지행위 위반 시에 부과되는 과징금의 산정기준은 관련매출액이 아니라는 점에 유의하여야 한다. 즉, 대규모유통업법에 따르면 대통령령으로 정하는 산출방식에 따른 납품대금이나 연간 임대료를 초과하지 아니하는 범위에서 과징금을 부과할 수 있고, 매출액을 산정하기 곤란한 경우 등에는 5억 원을 초과하지 아니하는 범위에서 과징금을 부과할 수 있다(동법 제35조 제1항). 또한 대리점법상 금지행위를 위반한 경우에도 대통령령으로 정하는 법 위반 금액을 초과하지 아니하는 범위에서 과징금을 부과할 수 있도록 하고 있고, 위 금액을 산정하지 못한 경우 5억 원까지 과징금을 부과할 수 있도록 하고 있다(동법 제25조 제1항). 그에 따라 시행령에서는 법 제6조를 위반한 경우 대리점에 구입하도록 강제한 상품 또는 용역의 가액(제1호), 법 제7조를 위반한 경우 대리점에 제공하도록 강요한 금전·물품·용역, 그 밖의 경제상 이익의 가액(제2호), 법 제9조를 위반하여 대리점에 끼친 불이익으로서 ① 영 제6조 제5호의 행위 위반의 경우, 삭감하거나 지급하지 아니한 판매장려금의 금액, ② 동조 제7호의 행위 위반의 경우, 반품을 거부한 물품의 가액, ③ 동조 제8호의 행위 위반의 경우, 대리점에 부담시킨 반품에 든 비용, ④ 그 밖에 법 위반 금액 산정이 가능한 위반행위의 경우 산정된 금액(제4호)을 기준으로 과징금을 부과하도록 하고 있다(영 제19조 제1항 제1호 내지 제4호).

이와 같이 과징금 부과기준을 이원화할 경우 그 실질에 있어서 동일한 위반행위에 대하여 적용법률에 따라 부과되는 과징금에 현저한 차이가 발생할 수 있다는 점에서 입법론상 재검토할 필요가 크다.[50] 대규모유통업법과 대리점법의 과징금의 부과기준은 공정거래법과 비교할 때 법위반의 정도에 비추어 비례의 원칙에도 부합하지 않기 때문이다.

한편, 특별법이 적용되는 불공정거래행위 사건이 점점 늘어나는 반면에 공정거래법 제45조가 적용되는 사건의 영역과 비중이 축소되는 현상이 발생하고 있는데, 이러한 현상이 지나칠 경우 불공정거래행위 사건처리와 정책수행이 특별법 만

49) 2020.12.29. 전부개정, 법률 제17799호. 2020년 개정 공정거래법 전부개정법은 법위반행위별로 과징금 부과기준을 일률적으로 2배씩 상향하였다.

50) 이봉의, "유통분야 불공정거래행위에 대한 제재의 재구성", 경쟁법연구 제35권, 2017-a, 56-57면.

능주의로 흐를 수 있다는 점에도 유의할 필요가 있다. 업종별로 유사한 내용의 특별법을 계속 제정하는 것은 불공정거래행위 규제를 파편화시킬 수 있고 추후에 불공정거래행위가 발생하는 분야마다 제3의 특별법을 끊임없이 만들어야 하는 문제를 야기할 것이기 때문이다. 가급적 공정거래법 제45조를 활발하게 적용하여 불공정거래행위의 개념, 정의, 성립요건, 판단기준 등에 대하여 명확한 방향을 제시해주는 것이 바람직하고, 특별법으로 법위반행위의 범위와 요건을 정함에 있어서도 불공정거래행위와의 관계를 적절히 고려하여야 할 것이다.[51)]

2. 민법과의 관계

가. 양속위반과 불공정거래행위

불공정거래행위, 그중에서도 거래상 지위남용은 그 성질상 거래관계를 규율하는 민법과의 관련성이 매우 크다. 공정거래법상 시장과 사법(私法)이 접하는 대표적 인터페이스(interface)가 바로 불공정거래행위인 것이다. 불공정거래행위는 순수하게 '경쟁제한'에 착안하는 여타의 법위반행위와 달리 경제분석의 대상으로 삼기도 어렵고, 효율성 증대나 소비자후생에 미치는 효과만으로 그 위법성을 판단하기도 쉽지 않다. 여기서 일찍이 민법의 일반원칙, 예컨대 제103조의 공서양속(公序良俗) 위반행위나 제104조의 불공정한 법률행위에 해당하는 경우에만 공정거래법상 불공정거래행위의 금지가 적용되어야 한다는 견해도 있었다.[52)] 이 경우에는 종래 법원이 민법 제103조나 제104조 위반을 매우 소극적으로 인정해왔다는 점에서 자칫 불공정거래행위의 적용범위를 지나치게 좁힐 우려가 있다.

그럼에도 불구하고 공서양속을 불공정거래행위의 위법성을 판단하기 위한 출발점으로 보아야 한다는 주장[53)]은 사법과 불공정거래행위 금지의 밀접한 연관성을 고려할 때 시사하는 바가 적지 않다. 이를테면 거래상 지위남용이 민법 제103조, 제104조 위반으로 무효로 될 수 있으며, 대법원 또한 "대성산업" 판결[54)]에서 거래

51) 박세환, "공정거래위원회의 최근 불공정거래행위 심결례에 대한 소고 — 불공정거래행위의 일반적 금지규정의 후퇴 —", 경쟁법연구 제41권, 2020, 104－106면; 박세환, "대형유통사업자의 불공정 상거래행위를 규제하는 입법 방식과 적용범위에 대한 비교연구", 상사법연구 제38권 제2호, 2019－b, 434, 435면.

52) 변동열, "거래상 지위의 남용행위와 경쟁", 저스티스 제34권 제4호, 2001, 187－190면.

53) 홍대식, "불공정거래행위와 공서양속", 비교사법 제14권 제1호, 2007, 117면 이하. 동 견해에 따르더라도 양속위반을 개별 불공정거래행위의 성격에 맞게 구체화하는 작업은 불가피할 것이다.

상 지위남용 중 특정 유형의 행위에 관하여 민법 제103조 위반으로 무효라고 판시한 바 있다. 즉, 거래상 지위의 남용행위가 공정거래법상 불공정거래행위에 해당하는 것과 별개로, 문제된 거래약정이 경제력의 차이로 인하여 우월한 지위에 있는 사업자가 그 지위를 이용하여 자기는 부당한 이득을 얻고 상대방에게는 과도한 반대급부 또는 기타의 부당한 부담을 지우는 것으로 평가할 수 있다면 선량한 풍속 기타 사회질서에 위반한 법률행위에 해당할 수 있다는 것이다.

다만, 공정거래법의 목적에 비추어 볼 때 불공정거래행위를 양속위반행위와 전적으로 동일시하기는 어렵다. 다수설 또한 사인 간의 거래관계를 규율하는 민법상 규정과는 그 입법취지와 요건이 다르다는 점에서 불공정거래행위의 범위를 그보다 넓게 파악하고 있다.[55] 판례도 공정거래법 제1조의 목적에 비추어 불공정거래행위에서의 '거래'란 통상의 매매와 같은 개별적인 계약 자체를 가리키는 것이 아니라 그보다 넓은 의미로서 사업활동을 위한 수단 일반 또는 거래질서를 뜻하는 것으로 보아야 하는 점을 고려할 때, 불공정거래행위 규정은 단순히 불공정한 계약내용이나 사법상 권리의무를 조정하기 위한 것이 아니라 공정한 거래질서 또는 경쟁질서의 확립을 위하여 경제에 관한 규제와 조정이라는 공법적 관점에서 불공정한 거래행위를 금지하는 규정이라고 보아야 한다고 판시함으로써 다수설과 같은 입장을 취한 바 있다.[56]

생각건대, 불공정거래행위는 시장경제를 지탱하는 또 다른 지주인 거래의 공정성을 저해하는 것으로서 공정거래위원회는 단지 개별 거래관계에서 발생하는 불공정한 내용을 시정하기 위하여 개입하는 것이 아니다. 공정거래위원회는 공정한 거래질서를 보호하려는 취지에서 거래의 불공정성을 시정하는 것이다. 공정한 거래질서란 경쟁에 참가하는 사업자가 경제활동상 기본적인 규칙(rules)을 준수할 때 비로소 제대로 기능할 수 있으며, 공서양속은 이러한 경쟁규칙의 일부를 구성할 뿐이다.[57] 이러한 맥락에서 공서양속을 현대적 의미에 맞게 시장경제에 적합한 사회

54) 대법원 2017.9.7. 선고 2017다229048 판결.

55) 황태희, "거래상 지위 남용으로서의 불이익 제공행위의 부당성", 공정거래법의 쟁점과 과제(서울대학교 경쟁법센터 연구총서), 법문사, 2010, 288-289면.

56) 대법원 2015.9.10. 선고 2012두18325 판결("금보개발" 판결) 및 대법원 2010.1.14. 선고 2008두14739 판결.

57) 양속위반의 법률행위는 선의의 제3자에게도 절대적으로 무효라는 점을 감안하더라도 제3자에 대한 효력이 구체적인 사안에 따라 달라질 수 있는 불공정거래행위의 공정거래저해성보다는 좁은

질서의 하나로 확장하여 파악하려는 견해[58]도 주목할 만하다. 다만, 사회질서라는 개념의 확장은 자칫 불공정거래행위의 범주를 시장이나 경쟁과 무관한 행위에까지 넓히는 한편, 불공정거래행위의 경쟁법적 성격을 희석할 우려가 있다는 점에서 신중할 필요가 있다. 어떤 경쟁윤리나 경쟁규칙이 불공정성을 판단하는 '규범적' 잣대로 수용될 수 있는지 여부는 1차적으로 입법자의 판단, 나아가 학설과 판례를 통한 유형화와 구체화를 거쳐서 정해지게 될 것이다.

나. 민사분쟁과 거래상 지위 남용의 구분

불공정거래행위, 그중에서도 거래상 지위남용은 거래의 불공정성, 특히 불공정한 내용을 기준으로 위법성을 판단하게 되므로 오래전부터 민사법과의 관계가 논의되었다. 공정거래법상 불공정거래행위의 금지가 사인 간의 분쟁에 국가가 불필요하게 또는 과도하게 개입하는 것이라는 비판도 여전하다.[59] 공정거래위원회의 실무에서 불공정거래행위가 차지하는 양적 비중이 매우 큰 반면, 경쟁질서와의 관련성은 약하다는 점에서 민사분쟁의 성격이 강한 사건을 가급적 공정거래법의 적용대상에서 제외할 필요가 있다는 것이다.

그런데 특정 사안의 본질이 민사분쟁인지 여부를 가려서 공정거래법의 적용여부를 가리기란 매우 어려우며, 중요한 것은 '공정한 거래질서'의 관점에서 공법적 개입이 필요한지 여부이다. 다시 말해서 불공정거래행위의 금지가 단지 개별 거래에서 공정성을 회복하기 위한 것인지 아니면 그 밖에 공정한 거래질서의 확립차원에서 요구되는 것인지에 따라 공정거래위원회와 법원의 역할이 달라질 수 있는 것이다. 그 결과 일견 계약당사자 사이의 사적인 분쟁으로 보이는 사안이라도 공정한 거래질서의 확립과 경제력남용의 방지를 위하여 공정거래법적 규제가 필요한 경우에는 거래상 지위남용으로 규율될 수 있으며, 단지 계약의 내용과 해석을 둘러싼 민사분쟁의 성격을 갖는다는 이유만으로 동법의 적용을 배제할 것은 아니다.[60]

의미로 이해하는 것이 타당하다.

58) 대표적으로 권오승, "반사회질서의 법률행위", 월간고시 제19권 제2호, 1992, 68면.

59) 서정, "불공정거래행위의 사법상 효력", 민사판례연구 제31권, 2009, 808면.

60) 대법원 2009.10.29. 선고 2007두20812 판결(금융기관이 고객에게 변동금리부 주택담보 대출상품을 판매한 후 대부분의 시장금리가 약 30% 하락하였음에도 대출기준금리를 고정시킨 것은 정상적인 거래관행을 벗어난 것으로서 공정한 거래를 저해할 우려가 있는 부당한 불이익제공행위라고 한 사례). 신영수, "판례에 비추어 본 거래상 지위남용 규제의 법리", 상사판례연구 제28집 제1권, 2015, 177면; 홍대식, "우월적 지위의 남용행위의 위법성 판단기준", 경쟁법연구 제7권, 2001, 305-307면.

대법원은 일찍이 거래상 지위남용행위에 대하여 민법과는 별도로 공정거래위원회가 금지할 수 있다고 판시하였는데, "파스퇴르유업" 판결[61]에서 민법 제103조와 제104조 위반에 이르지 않는 경우에도 공정거래위원회가 현실의 거래관계에서 경제력 차이가 있는 거래당사자 간의 내부적 이해관계를 조정하기 위해서 개입할 수 있고, 민법 제103조, 제104조, 제398조 제2항에 의하여 무효이거나 감액될 수 있더라도 공정한 거래질서를 보호하기 위해 공정거래법이 적용될 수 있다고 판시한 바 있다.[62] 당사자의 경제력에 격차가 존재하여 계약내용의 공정성 여부가 문제되는 경우에 비교적 폭넓게 거래상 지위남용의 금지를 적용할 수 있다는 것이다.

다만, 개별 거래내용의 불공정성이 문제될 뿐이고 거래질서와의 관련성이 미미한 사안에 공정거래위원회가 개입할 경우에는 오히려 경쟁의 존립기반인 사적자치와 계약자유를 지나치게 제한하는 결과가 야기될 수 있다. 심사지침은 이 문제를 해결하기 위하여 거래상 지위를 제한적으로 해석하고 있다(심사지침 Ⅴ. 6. (3)). 즉, 거래상 지위남용행위는 거래상 지위가 있는 예외적인 경우에 한하여 민법의 불공정성 판단기준을 사업자 간 거래관계에서 완화한 것이므로 거래상 지위는 민법이 예상하고 있는 통상적인 협상력의 차이와 비교할 때 훨씬 엄격한 기준으로 판단되어야 한다는 것이다. 대법원 또한 법문상 거래상 지위남용의 상대방이 사업자 또는 경쟁자에 한정되어 있지는 않지만, 적어도 거래질서와의 관련성은 필요하다고 판시한 바 있다.[63] 즉, 거래상 지위남용의 상대방이 일반 소비자인 경우에는 단순히 거래관계에서 문제될 수 있는 행태 그 자체가 아니라 널리 거래질서에 미칠 수 있는 파급효과라는 측면에서 불특정 다수의 소비자에게 피해를 입힐 우려가 있거나 유사한 위반행위 유형이 계속적·반복적으로 발생할 수 있는 등 거래질서와의 관련성이 인정되는 경우에 한하여 공정거래저해성을 인정할 수 있다는 것이다.

3. 부정경쟁방지법과의 관계

가. 입법의 변천

종래 부정경쟁행위와 불공정거래행위의 관계에 대해서는 양자를 본질적으로 동

61) 대법원 2000.6.9. 선고 97누19427 판결.

62) 신영수, "거래상 지위남용 규제 법리의 형성과 전개", 시장경제와 사회조화, 남천 권오승 교수 정년기념논문집, 2015, 632면.

63) 대법원 2015.9.10. 선고 2012두18325 판결.

일시하는 견해가 유력한 지위를 차지하고 있었다. 양자의 본질은 불공정경쟁 또는 불공정거래에 관한 기본법규라는 점에서 차이가 없으나, 전자는 사법적 구제에 의존하는 반면 후자는 공법적 수단에 의지한다는 점에서 차이가 있을 뿐이라는 것이다.[64] 그 밖에 양자의 관계는 우리나라의 현행 「부정경쟁방지 및 영업비밀보호에 관한 법률」[65](이하 "부정경쟁방지법")의 변천사를 통해서 어느 정도 밝혀질 수 있다.

1934년에 일본은 독일의 1909년 부정경쟁방지법을 모방하여 부정경쟁방지법(不正競爭防止法)을 제정하였다. 같은 해 우리나라에서는 일본법을 그대로 의용(依用)하여 「부정경쟁방지령」이 시행되었다. 해방 후 1961년에 국회에서 부정경쟁방지법[66]이 제정되었으나, 그 내용에 있어서는 1934년의 총독부령과 거의 동일하였고, 점차 특허법 등 지식재산권법의 한 영역으로 인식되면서 실제로 시장에서 행해지고 있는 여러 가지 형태의 불공정거래행위를 포괄적으로 규제하는 데에는 미치지 못하였다. 그러다가 1980년에 공정거래법이 제정되어 불공정거래행위가 폭넓게 포섭되기에 이르렀다. 이때부터 양자의 관계가 문제될 소지가 생긴 것이다.

우리나라에서 부정경쟁방지법의 모태가 된 독일의 부정경쟁방지법은 1869년 영업의 자유가 도입된 이후 늘어나는 부당한 경쟁수단으로서의 부당표시 내지 오인유발표시를 규제하기 위하여 1894년 5월 12일에 제정된 「상표법」(Warenzeichengesetz)에서 비롯되었다. 그러나 동법은 상표로 등록되지 않은 영업표지를 제대로 보호하지 못한다는 비난을 받았고, 1896년 5월 27일 제1차 부정경쟁방지법이 제정되는 결과를 가져왔다. 그러나 동법에서는 불공정한 경쟁수단을 규제하는 일반조항이 없었을 뿐만 아니라, 손해배상을 청구하기 위해서는 부당표시자의 고의나 과실이 입증되어야 하는 등 일반 불법행위의 한계를 넘지 못하였다. 이에 따라 1909년 6월 7일에 전면 개정된 제2차 부정경쟁방지법 제1조에는 양속위반행위를 금지하는 일반조항이 처음으로 규정되었고, 손해배상의 요건으로서는 고의·과실을 요하지 않는 등 부당표시나 영업비밀 누설에 대한 경쟁사업자의 보호가 충분히 마련되었다. 이처럼 부정경쟁방지법은 금지행위에 관하여는 지식재산권법, 집행절차와 관련해서는 불법행위법과 밀접한 관계를 가지고 발전하였다. 그 주된 목적도 경쟁사업자의 보호에 있었으며, 그 수단은 피해를 입은 경쟁사업자의 손해배상청구나

64) 정호열(제6판), 381면.
65) 2020.12.22. 개정, 법률 제17727호.
66) 1961.12.30. 제정, 법률 제911호.

금지청구에 국한되었다. 특히 주목할 것은 일반조항이 추가된 이후 동법은 불공정한 경쟁수단 일반을 규율하는 법으로서, 경쟁제한방지법과 함께 경쟁질서를 유지하기 위한 양대 축으로서 자리 잡게 되었다는 점이다.

나. 양자의 관계에 대한 입법적 해결

우리나라에서 일제 때 의용된 「부정경쟁방지령」이나 1961년의 제정법[67]은 1909년의 독일 경쟁제한방지법 중 일반조항을 제외한 나머지만을 받아들였으며, 그 결과 경쟁수단 일반을 규율하기 위한 법률의 성격을 갖지 못한 채, 특허법과 같은 지식재산권법의 한 영역으로서 오히려 이들 법영역의 그늘에 가려 그 중요성을 인정받지 못하였다. 그 후 공정거래법이 제정된 이후 부정경쟁방지법은 상대적으로 위축되었고, 1992년 개정된 부정경쟁방지법[68]에서는 공정거래법과의 충돌을 피하기 위하여 동법의 목적을 혼동초래행위와 영업비밀(trade secrets) 누설행위의 금지로 국한하고(법 제1조), 공정거래법과 경합될 수 있는 규제조항을 대거 삭제하였다. 동시에 종래 부정경쟁방지법에서 규율되던 원산지, 출처, 품질이나 수량에 관한 오인유발행위는 불공정정거래행위의 한 유형으로 포섭되었다. 그 결과 우리나라는 독일과는 달리 불공정거래행위 일반은 공정거래법에 의해서 규율되고, 동법에서 포섭되지 않는 부정경쟁행위만을 부정경쟁방지법에서 규율하는 체계가 자리잡게 되었다. 여기서 불공정거래행위의 규제는 공정거래법의 목적 중 하나인 공정한 경쟁질서를 유지하기 위한 수단의 성격을 가지는 한편, 혼동유발행위나 영업비밀 누설과 같은 부정경쟁행위는 단지 경쟁사업자를 보호하기 위한 것이었다.

생각건대 두 법률이 그 본질을 전혀 달리하는 것으로 보기는 어렵다.[69] 부정경쟁행위는 시장경제에서 자신의 '성과에 기초한 경쟁'(competition on the merits)이라는 원칙에 반하는 것으로서, 대표적으로 타인의 평판 등을 무단 이용하거나 타인의 영업비밀을 자신의 사업에 무단 사용하는 등의 행위는 경쟁수단의 불공정성이라는 차원에서 허용될 수 없는 것들이다. 우리나라에서 부정경쟁행위를 별도의 법률에 규정하게 된 역사적 경위, 독일에서 경쟁제한방지법과 부정경쟁방지법의 관계에 비춰볼 때 양자는 다소 좁은 의미에서 공정경쟁에 반하는 행위라는 점에서 본질적으로 유사하다고 볼 것이다. 다만, 불공정거래행위의 포섭범위가 경쟁수단의 불공

67) 1961.12.30. 제정, 법률 제911호.

68) 1991.12.31. 개정, 법률 제4478호.

69) 이와 달리 양자의 본질적 차이에 주목하는 견해로는 권오승(제13판), 325면.

정성을 넘어서 보다 광범위하고, 공정거래법상 불공정거래행위의 금지가 공정한 거래질서를 보호하기 위한 것으로서 공정거래위원회의 공적집행에 의존하는 반면, 부정경쟁방지법은 비록 일련의 행정·형사적 제재수단이 마련되어 있기는 하지만 어디까지나 사업자의 경쟁상 정당한 이익을 보호하기 위한 것으로서 부정경쟁행위에 대한 금지청구나 손해배상청구 등 사적집행에 맡겨져 있다는 점에서 일부 차이가 있을 뿐이다.

한편, 부정경쟁방지법은 공정거래법 등과의 관계에 관하여 입법적 해결을 시도하고 있다. 즉, 동법 제15조 제2항은 공정거래법, 표시·광고법 등에 부정경쟁행위 중 원산지 거짓표시행위, 출처지 오인야기행위, 품질 등 오인야기행위 등 오인유발행위나 기타 부정경쟁행위에 관한 규정과 다른 규정이 있을 경우에 그 법에 따르도록 규정함으로써 일련의 오인유발행위에 관한 한 공정거래법이나 표시·광고법이 우선하여 적용됨을 명정하고 있다. 참고로 독일에서는 경쟁제한방지법과 부정경쟁방지법이 병렬적으로 중첩하여 적용될 수 있으며, 일반법–특별법의 관계는 인정되지 않는다.

제 2 절 불공정거래행위의 위법성

Ⅰ. 공정거래저해성

1. 공정거래와 공정경쟁

공정거래법 제45조는 미국 연방거래위원회법 제5조, 보다 가깝게는 일본 사적독점금지법 제19조를 참고한 것이었다. 셔먼법을 보완하기 위하여 1914년 제정된 연방거래위원회법 제5조는 불공정한 경쟁방법(unfair methods of competition)과 더불어 불공정하거나 기만적인 행위·관행(unfair or deceptive acts or practices)을 금지하였는데, 1947년에 제정된 일본의 사적독점금지법 제19조는 그중에서 전자만을 규정하였다가 1953년 법개정으로 후자를 포함하여 '불공정한 거래방법'으로 그 대상을 확장하였다. 우리나라는 이러한 미국 연방거래위원회법과 일본 사적독점금지법, 특히 1953년의 개정법을 참고하여 1980년 제정 당시부터 불공정거래행위를 폭넓게 규정하였다.

과거 공정거래법의 지나친 확대적용을 막고 민법상 계약관계에서 발생하는 불공정한 법률행위(법 제104조)와의 혼동을 방지하고 공정거래법을 좁은 의미의 경쟁법으로 파악하려는 관점에서 공정거래를 '공정경쟁'의 의미로 좁게 해석하려는 시도가 있었다.[70] 이와 유사한 맥락에서 부당성이나 공정거래저해성을 '공정경쟁저해성' 또는 '경쟁저해성'으로 이해하기도 하였는데[71], 이는 우리나라의 불공정거래행위 금지규정의 형식과 내용이 일본 사적독점금지법 제2조 제9항 및 제19조를 계수하였고, 동법 제2조 제9항에서 불공정거래행위를 "…… 행위로서 공정한 경쟁을 저해할 우려가 있는 것 중 ……"이라고 정의하고, 일본의 학자들이 이를 '공정경쟁저해성' 또는 '경쟁저해성'이라고 설명한 데에서도 일부 기인한 것으로 보인다.

그러나 다수설[72] 및 판례는 공정거래를 법률행위뿐만 아니라 사실행위를 포함

70) 한현옥, "불공정거래행위의 위법성", 자유경쟁과 공정거래, 법문사, 2002, 446면 이하; 김영호, 경제법신론, 팔마도서, 2000, 296면; 이경현, "부당공정거래행위에 관한 비교법적 연구", 이화여자대학교 박사학위논문, 1991, 229, 231－234면; 정주환, 한국경제법, 세창출판사, 1997, 111면.

71) 정영화, "공정거래법상 부당내부거래의 위법성 심사에 관한 소고", 월간 공정경쟁 제59호, 2000, 12면.

72) 권오승(제13판), 318; 신현윤, 경제법(제8판), 법문사, 2020, 276면. 저자는 경쟁(경쟁질서)과 무관한 행위는 금지하지 않는 것이 적절하나, 실제 공정거래법은 "경쟁사업자가 거래상대방 또는 소비

하는 넓은 의미로 해석하고 있으며, 규제목적을 감안할 때 경쟁과 직접 관련되지 않는 영역을 포괄하여 공정한 거래질서로 이해하고 있다. 그에 따르면 공정거래에는 경쟁수단이나 방법의 공정성은 물론이고 거래내용의 공정성 및 기타 사업활동을 위한 수단 일반의 공정성을 모두 포함하게 된다.

생각건대, 다수설이 타당하나, 경쟁관련성(Wettbewerbsbezug) 여부에 대해서는 약간 견해를 달리한다. 공정한 거래의 개념은 공정거래법의 목적에 비추어 해석되어야 하는바, 동법이 공정하고 자유로운 경쟁을 보호함을 1차적인 목적으로 명정하고 있는 이상 법 제45조에서 언급하고 있는 '공정한 거래'란 무엇보다 경제적 경쟁과정에서 그 수단이나 내용이 공서양속이나 기타 법률에 비추어 허용되는 범위를 의미한다고 보는 것이 타당하다.[73] 불공정거래행위를 민법을 비롯한 사법의 규율에 맡기지 않고, 공법적 성격을 갖는 공정거래법에서 별도로 규율토록 하고 있는 입법자의 의도 또한 그것이 경쟁과 직·간접적으로 관련될 수 있고, 그러한 경우에 한하여 국가의 고권적인 개입이 필요하다고 판단하였기 때문이다. 다만, 이때 요구되는 경쟁관련성은 시장지배적 지위남용이나 부당한 공동행위 등에 비하여 상대적으로 넓게 이해할 필요가 있다. 실질적인 계약자유를 보호하는 한편 계약자유의 남용을 방지하는 것은 과정으로서의 경쟁 또는 건전한 거래질서를 보호하기 위함이고, 현실과 동떨어진 경쟁모델에 따라 공정거래의 범위를 한정할 경우에는 자칫 법 제45조의 보호범위를 축소시킬 우려가 있기 때문이다.[74]

그 밖에 거래의 의미 또한 넓게 파악하여야 하는바, 대법원은 "삼성화재해상보험" 판결[75] 에서 불공정거래에서의 '거래'란 통상의 매매와 같은 개별적인 계약 자체를 가리키는 것이 아니라 그보다 넓은 의미로서 사업활동을 위한 수단 일반 또는 거래질서를 뜻하고, 피해차주는 자동차손해보험의 특성상 보험계약 성립 당시에 미리 확정될 수 없을 따름이지 그 출현이 이미 예정되어 있다는 등의 점을 근거로

자의 이익을 침해하는 개별적인 거래질서 저해행위까지 규제의 대상으로 삼고 있다."고 한다; 양명조(제8판), 236-237면. 저자는 법 적용은 그렇게 이루어지더라도 경쟁수단의 불공정성 외에 경쟁과 무관한 사인 간 거래에 있어서의 불공정성까지 이 법에서 금지하는 것은 부적절하다고 본다.; 이호영(제6판), 306-307면; 정호열(제6판), 383면.

73) 홍명수, "불공정거래행위의 유형에 따른 위법성 판단", 경희법학 제50권 제3호, 2015, 45면에 따르면 경쟁매커니즘이 제대로 작동하기 위한 전제로서 시장의 자유와 공정이 요구된다는 점에서, 공정의 문제란 경쟁을 보호하는 규범 체계에서 본질적으로 벗어난 것이 아니라고 한다.

74) 이봉의, 앞의 글(2004-a), 658면.

75) 대법원 2010.1.14. 선고 2008두14739 판결.

직접적인 계약이 존재하지 않는 보험회사와 피해차주 사이에도 피보험자를 매개로 한 '거래관계'가 존재한다고 판시하였다.

2. 공정거래저해성의 의미

가. 부당성과 공정거래저해성

공정거래법 제45조 제1항은 각호의 1에 해당하는 행위로서 공정한 거래를 저해할 우려가 있는 행위를 금지하고 있다.[76] 각호에서는 다시 행위요건에 더하여 공히 '부당하게'를 요구함으로써 부당성과 공정거래저해성의 관계에 대하여 한때 논란이 있었다. 거래상 지위남용이나 부당지원행위와 같이 경쟁저해효과와 직접 연결하기 어려운 행위유형을 감안하여 경쟁제한성 외에 불공정성이 포함된다는 견해,[77] 양자를 별개의 요건으로 파악하는 견해,[78] 공정거래저해성이란 부당성 판단의 한계기능을 담당한다는 견해[79] 등 모두 약간의 차이는 있으나 부당성과 공정거래저해성을 나름 준별하고자 하는 시도라고 볼 수 있다.

반면, 일찍이 판례는 문제된 행위의 부당성 유무를 판단함에 있어서 거래당사자의 거래상 지위 내지 법률관계, 상대방의 선택가능성·사업규모 등의 시장상황, 그 행위의 목적과 효과 등을 종합적으로 고려하여 그 행위가 공정하고 자유로운 경쟁을 저해할 우려가 있는지 여부를 따져보아야 한다는 입장을 취함으로써 부당성을 공정하고 자유로운 경쟁저해와 동일시하고 있다.[80] 이때, 법원이 언급하고 있는 공정하고 자유로운 경쟁저해가 '공정거래'의 저해를 가리키는 것인지는 명확하지 않아 보인다.

생각건대, 부당성과 공정거래저해성은 동일한 의미로 해석할 수밖에 없으나, 그 기능에는 차이가 있어 보인다. 즉, 부당성은 각호의 1에 열거된 불공정거래행위를 비교적 넓게 포섭할 수 있게 하는 반면, 공정거래저해성은 법 제45조의 입법취

76) EU의 식품공급채널에서의 불공정거래행위(B2B) 지침(directive)은 제1조에서 불공정거래행위란 바람직한 상행위에서 크게 벗어나고 선의와 공정에 반하고 거래의 일방 당사자에 의해서 다른 일방 당사자에게 일방적으로 강요되는 행위라고 정의하고 있다. 박세환, 앞의 글(2018), 162면.

77) 양명조, 경제법강의 제8판, 신조사, 2010, 236면.

78) 박상용·엄기섭, 경제법원론, 박영사, 2006, 262면.

79) 홍명수, "부당한 지원행위의 의의와 위법성 판단", 공정거래와 법치(권오승 편), 법문사, 2004, 411면.

80) 대법원 1998.9.8. 선고 96누9003 판결. 그 밖에 헌법재판소 2008.10.30. 선고 2005헌마1005 결정; 신동권, 독점규제법(제3판), 박영사, 2020, 679-680면.

지를 고려하여 지나치게 광의로 해석될 수 있는 부당성 및 경우에 따라서는 행위요건의 해석에 거래질서와의 관련성이라는 '방향'과 '한계'를 정해주는 역할을 담당한다. 공정거래법상 부당성이란 시장지배적 지위남용이나 부당한 공동행위, 불공정거래행위 등에도 명시적으로 규정되어 있는 요건으로서, 그 의미나 해석이 같을 수 없기 때문이다. 이러한 맥락에서 대법원이 거래상 지위남용에 관하여 거래질서와의 관련성을 요구한 취지를 짐작할 수 있다.[81] 심사지침 역시 양자의 의미가 동일한 것으로 보고 있으며(심사지침 Ⅲ. 1. 가. (2) (가)), 현재는 학설이나 실무에서 더 이상 다투어지지 않고 있는 것으로 보인다.

나. 공정거래저해성

사업자의 행위가 공정한 거래를 저해할 우려가 있는지 여부는 각각의 행위유형별로 그 입법취지, 보호법익, 규제의 필요성 등을 종합적으로 감안하여 그 고유한 '불공정성' 또는 '부당성'의 의미를 개별적으로 판단할 필요가 있다.[82] 공정거래위원회의 실무나 판례도 이와 같다.[83] 불공정거래행위의 유형을 ① 경쟁제한의 전단계로 이루어지는 행위, ② 상대방 사업자의 영업상 이익을 침해하는 행위, ③ 일반 소비자의 의사결정의 자유 또는 자유롭고 진정한 판단을 해치는 행위로 구별하는 방법을 제시하는 견해[84]도 있으나, 이 또한 경쟁 수단이나 방법이 불공정한 경우는 물론이고 거래의 내용이나 조건이 부당하거나 불공정한 경우 또는 거래를 위한 교섭이나 정보제공에 있어서 상대방의 합리적인 선택을 방해하는 행위 등과 같이 거래행위의 태양에 따른 차이를 분명히 구별하기 어려운 난점을 안고 있다.

한편, 심사지침은 거래상 지위남용과 사업활동 방해, 부당한 고객유인을 제외한

---

81) 대법원 2015.9.10. 선고 2012두18325 판결.

82) 원용수·정호열, "불공정거래행위에 대한 합리적 규제방안 연구", 공정거래위원회 1999년 용역보고서, 128-130면.

83) 대법원 2000.6.9. 선고 97누19427 판결; 대법원 1998.9.8. 선고 96누9003 판결; 대법원 1998. 3.27. 선고 96누18489 판결; 대법원 1990.11.23. 선고 90다카3659 판결; 대법원 1990.4.10. 선고 89다카29075 판결; 서울고등법원 1999.12.15. 선고 99누1177 판결; 서울고등법원 1993.6.24. 선고 92구20257 판결.

84) 원용수·정호열, 앞의 글, 128-130면. 이 견해는 구체적으로 각 불공정거래행위의 유형들이 다음과 같이 3가지 부당성의 의미 중 하나 또는 수 개의 의미에 속하는 것으로 분석하고 있다. ① 공정거래법 제5조(시장지배적 지위의 남용금지)의 적용을 위한 전제로서의 경쟁제한적 효과에 이르지는 아니하나 그 전단계에서 이루어지는 행위: 거래상의 지위남용(구입강제, 이익제공강요, 판매목표강제, 불이익제공, 경영간섭), 거래거절, 혼합결합과 관련된 부당한 자금·자산·인력의 지원 등, ② 상대방 사업자의 영업상의 이익을 부당하게 침해하는 행위: 거래거절, 차별취급, 경쟁사업자 배제행위, 사업활동 방해 등, ③ 일반소비자의 의사결정의 자유 또는 자유롭고 진정한 판단을 해치는 행위: 부당한 고객유인, 허위·과대광고 및 선전 등.

모든 불공정거래행위를 경쟁제한성 위주로 판단하도록 규정하고 있는바(심사지침 Ⅴ.), 이들 두 행위유형에 요구되는 '불공정성'(unfairness)이란 경쟁수단 또는 거래내용이 정당하지 않음을 의미한다(심사지침 Ⅲ. 1. 가. (2) ㈑). 심사지침에 의하면, '경쟁수단의 불공정성'은 상품 또는 용역의 가격과 질 이외에 바람직하지 않은 경쟁수단을 사용함으로써 정당한 경쟁을 저해하거나 저해할 우려가 있는 경우이고, '거래내용의 불공정성'이라 함은 거래상대방의 자유로운 의사결정을 저해하거나 불이익을 강요함으로써 공정거래의 기반이 침해되거나 침해될 우려가 있는 경우를 의미한다.

그런데 과연 나머지 행위유형의 위법성 징표를 경쟁제한에서 찾을 수 있을지 의문이고, 그러한 구분이 자칫 불공정거래행위의 고유한 성격을 몰각할 우려가 있다는 점에서 쉽게 수긍하기 어렵다. 결국 대부분의 불공정거래행위의 유형들이 다양한 부당성의 의미 중 두 가지 이상의 의미를 복합적으로 가진다고 보아야 할 경우가 많을 뿐만 아니라, 불공정거래행위가 보호하고자 하는 거래당사자나 거래행위, 경쟁구조 등 여러 요소 중 어떤 요소를 중심으로 부당성의 의미를 파악하느냐에 따라 '부당성'이 달리 판단될 수 있다는 점에서 그 어떤 방법도 완벽한 체계화로 이어지기 어렵다. 또한 심사지침이 거래상대방의 자유로운 의사결정 저해를 거래내용의 불공정성에 포함시킨 것도 의문이다. 왜냐하면 거래내용 자체는 객관적으로 볼 때 크게 불공정하지 아니하고 더 나아가 설사 거래상대방에게 유익하더라도 거래상대방의 의사결정권을 부당하게 제약하는 것 자체로 불공정거래행위가 성립할 여지가 있기 때문이다. 예컨대, 거래상대방에게 손해를 입히지 않는 경영간섭행위를 들 수 있다. 요컨대, 거래내용의 불공정성은 객관적인 요소가 중심이 되는데 비해서 거래상대방의 의사결정권 침해는 주관적인 요소가 중심이 되므로 양자는 서로 구분될 필요가 있을 것이다.

생각건대, 불공정거래행위의 '부당성'의 의미를 ① 경쟁의 수단이나 방법이 공정하지 않은 경우로서 경쟁사업자의 이익을 침해하는 경우(경쟁저해), ② 자유롭고 공정한 경쟁이 이루어지기 어렵게 하는 경우(경쟁기반의 저해), ③ 거래의 내용이나 조건이 부당하거나 불공정한 경우(불공정한 내용의 거래), ④ 거래를 위한 교섭이나 거래의 이행에 있어서 상대방의 자유로운 의사결정권을 침해하는 경우(거래상대방의 의사결정권 침해) 등으로 분류하는 것이 무난해 보인다.[85] 굳이 행위유형을 분류하자

85) 이와 유사한 분류방식을 제시한 견해는 신현윤(제8판), 278면. 저자는 "① 자유경쟁성, ② 경쟁수

면 ①의 유형으로는 경쟁사업자 배제, 공동의 거래거절, 차별적 취급, 부당한 고객유인, 거래강제, 배타조건부거래, 사업활동 방해 등을 들 수 있을 것이다. ②의 유형으로는 공동의 거래거절, 계열회사를 위한 차별, 고객유인, 거래강제, 거래상 지위의 남용, 거래지역 또는 거래상대방의 제한, 사업활동 방해 등을 들 수 있으며, ③의 유형에는 차별적 취급, 고객유인, 거래강제, 거래상 지위의 남용, 구속조건부거래 등을, ④의 유형으로는 거래거절, 거래강제, 거래상 지위의 남용, 구속조건부거래 등을 상정할 수 있을 것이다.

이처럼 공정거래저해성을 계약자유와 경쟁의 관점에서 세 가지로 나누어 이해할 경우, 구체적인 사안에서 이익형량(balancing interests; Interessenabwägung)은 최종적으로 특정 행위의 위법성을 도출하기 위하여 필수적이다. 즉, 개별 행위유형에 따라 공정거래질서의 관점에서 양 당사자의 이익을 함께 비교형량하여 최종적으로 공정거래저해성을 판단하여야 할 것이다. 판례도 이와 같은 맥락에서 이해할 수 있다.[86] 그 과정에서 사업자의 지배영역에 속하는 '정당한 이유'를 적절히 고려하여야 함은 물론이다.

한편, 불공정거래행위의 유형별 이질성은 부당지원행위 및 특수관계인에 대한 부당한 이익제공의 금지가 도입되면서 더욱 심화되었다. 대기업집단에 의한 경제력집중의 심화를 막기 위한 취지에서 마련된 부당지원행위의 금지(법 제45조 제1항 제9호)는 입법취지와 체계상 위치의 상위로 인하여 부득이 공정거래저해성의 파편화를 강화하였다. 또한 지원행위와 행위요건이 상당 부분 중첩되는 법 제47조의 특수관계인에 대한 부당한 이익제공 금지 규정은 의도적으로 불공정거래행위와 별도의 조문으로 규정되었으나, 여전히 특수관계인에게 제공되는 이익의 '부당성'과 관련하여 불확실성이 여전하다.

다. 공정한 거래를 저해할 '우려'

불공정거래행위의 위법성 징표로서 공정한 거래를 저해할 우려라 함은 공정한 거래를 저해하는 결과가 나타날 것까지 요하지 않으며, 공정한 거래를 저해할 가능성이 상당한 것만으로 족하다.[87] 즉, 학설과 판례는 공정한 거래를 저해할 우려를

단의 공정성, ③ 거래결정의 자주성, ④ 거래내용의 공평성"으로 구분한다.

86) 대법원 2005.1.28. 선고 2002두9940 판결. 이때의 이익형량은 단지 거래상대방 내지 당사자에게 미치는 불이익의 정도에 국한되는 것이 아니라 경쟁질서에 미치는 영향을 포괄하게 된다.

87) 신현윤(제8판), 279면; 양명조(제8판), 235면.

구체적 위험성과 추상적 위험성으로 구분하여 이해하고 있다. '공정한 거래를 저해할 우려'에 대한 구체적인 표현은 학자들마다 조금씩 다른데, ① '우려'는 추상적 위험성으로 충분하며 구체적 위험성까지 있어야 하는 것은 아니라는 견해,[88] ② '우려'는 추상적 위험성(가능성)으로 충분하며 구체적 위험성(개연성)까지 있어야 하는 것은 아니라는 견해,[89] ③ '우려'는 당해 행위유형이 자유경쟁에 대하여 유의미한 영향력, 즉 추상적 위험성만 있으면 인정할 수 있으므로 경쟁저해성의 여부도 당해 행위가 전체 시장의 경쟁에 미치는 영향에 대한 위법성의 판단에 있어서 구체적인 입증을 요하지 않는다는 견해,[90] ④ 추상적 위험성으로 충분하다고 하더라도, 개별 사안에서 거래행위의 의도, 목적, 내용, 시장상황, 보호법익의 침해가능성 등을 종합적으로 검토해야 한다는 견해[91] 등이 있다. 미세한 차이는 있을지 몰라도 이들 견해를 엄밀히 구분하기란 쉽지 않아 보인다.

공정거래위원회의 심사지침 역시 공정한 거래를 저해하는 효과가 실제로 구체적인 형태로 나타나는 경우뿐만 아니라 나타날 가능성이 큰 것으로 족하고, 현재는 그 효과가 없거나 미미하더라도 미래에 발생할 가능성이 큰 경우를 포함한다고 한다(심사지침 Ⅲ. 1. 가. (4)). 판례 역시 추상적 위험성으로 족하고, 그러한 위험을 판단함에 있어서는 여러 사정을 종합적으로 고려하여야 한다는 태도를 취함으로써 ④설에 가까운 것으로 보인다.[92] 생각건대, 법적 안정성과 예측가능성을 담보하기 위해서 공정거래저해의 우려를 인정하기 위해서는 결과실현의 추상적 위험성으로 족하나, 단지 막연한 가능성으로는 부족하다고 보아야 할 것이다. 이때, 추상적 위험성이란 개연성 이상의 가능성으로서 불공정거래행위의 금지를 통하여 달성하고자

88) 권오승(제13판), 321면; 신동권(제3판), 673면.

89) 이남기, 앞의 책, 189면. 이남기는 추상적 위험성을 가능성과 같은 개념으로 보고 구체적 위험성을 개연성과 같은 개념으로 본다.

90) 정영화, 앞의 글, 13면.

91) 이현종, "불공정거래행위의 금지", 독점규제법 30년(권오승 편저), 법문사, 2011, 321면.

92) 대법원 2001.6.12. 선고 99두4686 판결. 경쟁사업자는 통상 현실적으로 경쟁관계에 있는 사업자를 가리킨다고 할 것이지만, 부당염매를 규제하는 취지가 같은 법이 금지하는 시장지배적 지위의 남용을 사전에 예방하는데 있다고 볼 때, 시장진입이 예상되는 잠재적 사업자도 경쟁사업자의 범위에 포함된다고 보아야 할 것이고, 나아가 경쟁사업자를 배제시킬 우려는 실제로 경쟁사업자를 배제할 필요는 없고 여러 사정으로부터 그러한 결과가 초래될 추상적 위험성이 인정되는 정도로 족하다고 할 것인바, 경쟁사업자를 배제시킬 우려는 당해 염매행위의 의도, 목적, 염가의 정도, 행위자의 사업규모 및 시장에서의 지위, 염매의 영향을 받는 사업자의 상황 등을 종합적으로 살펴 개별적으로 판단하여야 한다."

하는 법익, 즉 공정한 거래질서에 의미 있는 영향을 미칠 수 있는 정도의 가능성을 의미한다.

Ⅱ. 공정거래저해성의 판단기준

1. 공정거래위원회의 접근방식

공정거래법이 사후규제의 대상으로 삼고 있는 행위 중에서 '경쟁'과 직접적인 관련성을 찾기 어려운 것이 바로 불공정거래행위, 그리고 사업자단체의 금지행위(법 제51조 제1항 제1호는 제외)이다. 과거 독과점과 기업결합 및 부당한 공동행위에 관심이 집중되었던 전통적인 경쟁법의 관점에서 보자면 이들 두 행위유형은 다분히 이질적으로 비칠 수도 있을 것이다. 불공정거래행위의 요체를 공정성(fairness)으로 파악할 경우에는 경제분석을 통하여 가격이나 효율성, 소비자후생에 미치는 효과를 산정하는 것 자체가 불가능하기도 하다. 시장지배적 지위남용이나 기업결합, 부당한 공동행위 등의 위법성과 근본적으로 다른 부분이다.

반면, 불공정거래행위의 위법성을 경쟁제한효과에서 찾으려는 태도는 공정거래법의 위법성 판단기준을 '경쟁제한'으로 일원화하려는 시도로 이해할 수 있으며, 무엇보다 공정거래법 제정 이전부터 오랫동안 불공정성을 다루어온 사법(私法)의 연장선에서 공정거래저해성을 파악하려는 방식을 거부하는 것이다. 공정거래위원회가 마련한 심사지침이 바로 이러한 접근을 잘 보여주고 있다.

가. 심사지침의 '경쟁' 도그마

우리나라에서 공정거래법이 불공정거래행위의 금지를 규정하고 있는 것에 대해서는 비판적인 시각이 적지 않다. 불공정법(不公正法; Unlauterkeitsrecht)은 경쟁법에서 이질적인 존재로 인식되기도 하였다. 특히, 공정거래분야에서 광범위하게 확산된 '경제적 접근방법'(more economic approach)이나 이른바 '효과중심의 접근방법'(effects-based approach)[93]은 경제적 효율성과 소비자후생을 강조하면서 불공정거래행위를 폭넓게 금지할 경우에 자칫 공정거래위원회가 자의적으로 사적자치에 개입하게 될 소지가 크다는 점이 지적되었다.[94]

93) 자세한 내용은 이봉의, "시장지배적 사업자의 방해남용과 판례상 나타난 경제적 접근방법의 한계", 특별법연구 제10권(전수안 대법관 퇴임기념), 2012, 416면 이하.

94) 양명조, "한국 독점규제법의 평가와 전망", 경쟁법연구 제8권, 2002, 20면.

더구나 공정한 거래질서를 형성할 1차적인 책무를 지고 있는 공정거래위원회조차 불공정성의 문제를 단순한 사적인 분쟁으로 평가절하하여, 1990년대 이후에는 판례와도 상반되는 접근방법을 고수하고 있다. 대표적인 예가 2005년 제정된 「불공정거래행위 심사지침」[95](이하 "심사지침")이다. 당초 심사지침은 불공정거래행위의 부당성을 유형별로 구분하여 '경쟁제한성' 또는 '불공정성'을 위주로 판단하도록 하였고, 미국에서 경제적 접근방법이 퇴조하고 있던 2015년 12월 공정거래위원회는 오히려 심사지침을 개정[96]하면서 종래 경쟁제한성을 위주로 위법성을 판단하던 행위유형을 확대하면서 시장력 보유, 가격상승, 생산량 감소를 경쟁제한성 판단기준으로 제시하였는바(심사지침 <별첨>), 결과적으로 심사지침은 판례가 시장지배적 지위남용에 대해서 사용하는 잣대를 불공정거래행위의 경쟁제한성 판단기준으로 차용한 셈이고, 그 근거로 불공정거래행위를 금지하는 목적이 경쟁자보호가 아니라 경쟁보호임을 애써 강조하고 있는 것이다.

생각건대, 현재의 지침대로라면 공정거래위원회가 대부분의 불공정거래행위를 사실상 규제하지 않겠다고 선언한 것이나 다름없다. 대법원이 그간 일관되게 시장지배적 지위남용과 달리 불공정거래행위의 위법성을 거래상대방의 사업상 곤란 등을 기준으로 사법(私法)의 연장선에서 여러 사정을 종합적으로 고려해온 태도와도 거리가 멀다. 공정거래위원회의 실무가 심사지침에 충실하게 이루어지고 있는지도 의문이다.[97] 유통 3법 등 거래의 불공정성을 규율하는 특별법을 만드는데 적극적인 만큼, 기왕의 공정거래법상 불공정거래행위 금지라도 충실히 집행하려는 공정거래위원회의 의지와 노력이 필요해 보인다.[98]

95) 공정거래위원회 예규 제25호, 2005.1.1. 제정.

96) 공정거래위원회 예규 제241호, 2015.12.31. 개정.

97) 반면, 그간 많은 심판결례가 엄밀한 분석을 거치지는 않았으나 경쟁제한성을 근거로 위법성을 판단하였음을 이유로 "포스코" 판결(대법원 2007.11.22. 선고 2002두8626 전원합의체 판결)의 이분법적 접근에 문제를 제기하는 견해로는 이호영, 앞의 글(2016), 350-351면. 심판결례의 문언상 경쟁제한 또는 경쟁저해라는 표현을 사용한 경우가 적지 않은 것은 사실이나 대체로 그 실질에 있어서는 '경쟁제한'을 문제 삼았다고 보기 어렵다.

98) 참고로 독일 연방카르텔청의 홈페이지 첫 화면에는 'Offene Märkte/Fairer Wettbewerb'(개방된 경쟁/공정경쟁)라는 로고가 선명히 드러나 있는 반면, 공정거래위원회 사이트의 첫 화면에는 자신의 정체성을 보여줄 만한 그 어떤 로고도 보이지 않는다.

나. 경쟁제한성 기준 및 법리상 난점

심사지침상 경쟁제한성 위주로 심사하는 불공정거래행위 유형의 경우에는 관련시장의 획정이 먼저 요구된다(심사지침 Ⅳ. 1.). 행위자의 시장점유율, 경쟁사업자의 범위, 경쟁사업자의 사업활동 곤란성, 안전지대(safety zone)[99] 해당 여부 등을 판단함에 있어서 시장획정이 선행되지 않으면 안 되는 것이다.[100] 불공정거래행위의 심사에 필요한 시장획정에 특별한 방법론이 따로 있는 것은 아니며, 「기업결합 심사기준」[101]에서 정하는 기준이 준용된다(심사지침 Ⅳ. 3).

심사지침에 따르면, '경쟁제한성'이란 당해 행위로 인하여 시장 경쟁의 정도 또는 경쟁사업자(잠재적 경쟁사업자 포함)의 수가 유의미한 수준으로 줄어들거나 줄어들 우려가 있음을 의미한다(심사지침 Ⅲ. 1. 가. ⑵ ㈐). 나아가 심사지침은 〈별첨〉에서 불공정거래행위에 고유한 경쟁제한성 판단기준을 제시하고 있는바, 시장력(market power)[102]을 보유한 사업자가 경쟁제한효과가 있는 경쟁제한요건 행위를 행하고 동 경쟁제한효과가 효율성 증대효과보다 큰 경우에 인정된다." 그리고 행위주체가 획정된 시장에서의 시장점유율이 30% 이상인 경우에는 행위주체의 시장력이 인정되나, 시장점유율이 20%에서 30% 사이인 경우도 시장집중도, 경쟁상황, 상품의 특성 등 제반사정을 고려하여 시장력이 인정될 수 있다. 시장점유율이 10% 이상인 경우에는 다수의 시장참여자들이 동일한 행위를 하고 그 효과가 누적적으로 발생하거나 발생할 우려가 있는 경우(누적적 봉쇄효과)에 한하여 시장력이 인정될 수 있다. 나아가 시장력을 보유하고 있는 사업자에 의해 경쟁제한요건 행위가 행해진 경우에는 경쟁제한효과가 나타날 가능성이 크다.

이와 같은 태도는 몇 가지 중대한 법리상 난점을 안고 있다. 즉, 불공정성과 무관한 경쟁제한성을 위주로 위법성을 판단할 경우에는 당초 입법취지와 달리 불공정거래행위의 독자적 의미를 형해화시키고, 시장력 내지 시장지배력을 보유하지 않은 사업자의 일견 불공정한 행위를 대거 금지대상에서 제외하며, 공정성이라는

---

99) 안전지대에 해당할 경우에는 불공정거래행위의 외형에 해당되는 행위가 있더라도 공정거래저해성이 없는 것으로 보아 공정거래위원회가 원칙적으로 심사절차를 개시하지 않는다.

100) 신동권(제3판), 685-686면; 신현윤(제8판), 279면.

101) 공정거래위원회 고시 제2023-20호, 2023.2.7. 개정.

102) 'market power'는 시장지배력으로 번역하는 것이 적절해 보인다. 시장력이란 자칫 '시장의 힘'(market force)으로 오인될 소지가 있을 뿐만 아니라, 시장에서 특정 사업자가 보유한 지배력을 가리키는 용어로는 적절하지 않아 보인다.

규범적 가치판단을 요하는 공익을 경제적 효율성과 비교한다는 사실상 불가능한 작업을 요구하기 때문이다. 또한 안전지대란 경쟁제한효과가 미미한 행위에 대하여 설정되는 것으로서 불공정거래행위에 대하여 안전지대를 정하는 입법례는 찾을 수 없다. 끝으로 공정거래위원회의 실무가 이러한 접근방법을 따르고 있는지도 의문이며, 판례의 일관된 태도와도 거리가 먼 점은 두말할 나위도 없다.

2. 주관적 의도 내지 목적

불공정거래행위의 부당성은 당해 행위와 관련된 제반 사정을 종합적으로 고려하여 판단하게 된다. 이때, 구체적으로 당해 행위자의 주관적 요소, 즉 당해 거래행위의 동기 또는 목적, 공정거래를 저해할 수 있다는 인식 또는 고의 등도 부당성을 판단하는 요소에 포함되는가? 심사지침에 따르면 원칙적으로 공정거래저해성은 당해 행위의 효과를 기준으로 판단하며, 사업자의 의도나 거래상대방의 주관적 예측은 공정거래저해성을 입증하기 위한 정황증거로서 고려할 수 있을 뿐이라고 한다(심사지침 Ⅲ. 1. 나.). 생각건대, 주관적 의도를 공정거래저해성을 판단하는 중요한 요소로 보는 것이 타당하다. 불공정성이라는 가치에는 객관적인 효과를 중시하는 여타의 경쟁제한행위에 비하여 주관적 요소가 중요한 의미를 가지기 때문이다.

판례 역시 당해 행위의 효과와 영향, 상품의 특성, 거래의 상황, 당해 사업자의 시장에서 지위 및 상대방이 받게 되는 불이익의 내용과 정도 또는 거래당사자의 거래상의 지위 내지 법률관계, 상대방의 선택가능성·사업규모 등의 시장상황 등과 함께 그 행위의 목적 및 효과 등에 비추어 볼 때 정상적인 거래관행을 벗어난 것으로서 공정한 거래를 저해할 우려가 있는지 여부를 판단하도록 하고 있다.[103)]

'그 밖의 거래거절'이 문제되었던 "한일사" 사건[104)]에서 서울고등법원은 저가낙찰을 이유로 한 공급거절은 독점취급품목에 대한 시장가격을 자신의 의도대로 유지하려는 경쟁저해적인 '목적'을 위한 수단으로서 부당하다고 판시하였다. 그 밖에 예외적으로 계열회사를 위한 차별취급의 경우에는 시행령에 "자기의 계열회사

103) 대법원 2000.6.9. 선고 97누19427 판결; 대법원 1998.9.8. 선고 96누9003 판결; 대법원 1998.3.27. 선고 96누18489 판결; 대법원 1990.11.23. 선고 90다카3659 판결; 대법원 1990.4.10. 선고 89다카29075 판결; 서울고등법원 1999.12.15. 선고 99누1177 판결; 서울고등법원 1993.6.24. 선고 92구20257 판결.

104) 서울고등법원 1995.12.14. 선고 94구34120 판결; 대법원 1996.6.25. 선고 96누2019 판결.

를 유리하게 하기 위하여"라는 주관적 의도가 명시적으로 요구되고 있는바(영 [별표 2] 2. 다.), "SK 텔레콤" 판결[105]에서 대법원은 그러한 의도를 인정하는 방법으로서 단지 "특정 사업자가 자기의 이익을 위하여 영업활동을 한 결과가 계열회사에 유리하게 귀속되었다는 사실만으로는 부족하고, 차별행위의 동기, 그 효과의 귀속주체, 거래의 관행, 당시 계열회사의 상황 등을 종합적으로 고려하여 사업자의 주된 의도가 계열회사가 속한 일정한 거래분야에서 경쟁을 제한하고 기업집단의 경제력 집중을 강화하기 위한 것이라고 판단되는 경우에 한하여 인정된다."고 판시하였다.

3. '부당하게'와 '정당한 이유 없이'의 비교

가. 공정거래저해성에 관한 입증책임의 전환

공정거래법 제45조 제1항은 공정한 거래를 저해할 우려가 있는 행위를 금지하고 있는바, 시행령 [별표 2]는 각 호가 정한 금지행위의 세부유형을 '부당하게' 또는 '정당한 이유 없이'로 구별하여 재규정하고 있다.

양자의 구별에 관하여 과거 불공정거래행위의 세부유형을 고시로 정하던 시기에 공정거래위원회는 부당성을 공정거래저해성의 구체적인 표현으로 보되, '부당하게'의 행위유형에는 합리의 원칙이 적용되고, '정당한 이유 없이'의 행위유형에는 당연위법의 법리가 적용된다고 보기도 하였다.[106] 그런데 당연위법의 법리를 적용하려는 해석론은 공정거래법상 근거를 찾을 수 없을 뿐만 아니라, 미국에서도 당연위법의 법리는 공동행위 중에서도 가격담합이나 시장분할(market division)과 같이 그 행위 자체가 관련시장에서의 경쟁을 실질적으로 저해하는 경우에 한하여 예외적으로 인정되는 것이라는 점에 비추어 볼 때, 불공정거래행위에 대해서 당연위법의 법리가 적용될 여지가 없다는 점에서 타당하지 않다.

'정당한 이유 없이'로 규정된 행위의 경우 사실상 입증책임이 사업자에게도 전환된다거나[107] 위법성이 추정된다는 견해도 있으며,[108] 판례 또한 이와 같다.[109]

---

105) 대법원 2004.12.9. 선고 2002두12076 판결.

106) 공정거래위원회, 공정거래백서, 1997, 199면; 공정거래위원회 재결 2002.2.15. 제2002-002호.

107) 권오승(제13판), 320-321면; 신현윤(제8판), 284-285면; 정호열(제6판), 387-388면.

108) 양명조(제8판), 238면. 다만, 이 견해는 '부당하게'를 요구하는 행위의 경우 경쟁제한성, 불공정성과 효율성 증대효과, 소비자후생 증대효과를 비교형량하여 위법성을 판단하여야 한다고 보는 점에서 일견 미국 판례법상 '합리의 원칙'(rule of reason)을 염두에 둔 것으로 보인다.

109) 대법원 2001.12.11. 선고 2000두833 판결; 대법원 2001.6.12. 선고 99두4686 판결; 헌법재판소

즉, 대법원은 구법 "시행령 제36조 제1항 [별표 1의2] 제2호 (가), (나), (라)목에서 '가격차별', '거래조건차별', '집단적 차별'에 대하여는 그러한 행위가 '부당하게' 행하여진 경우에 한하여 불공정거래행위가 되는 것으로 규정하면서도 (다)목에서 '계열회사를 위한 차별'의 경우에는 정당한 이유가 없는 한 불공정거래행위가 되는 것으로 문언을 달리하여 규정하고 있는 취지는, 이러한 형태의 차별은 경쟁력이 없는 기업집단 소속 계열회사들을 유지시켜 경제의 효율을 떨어뜨리고 경제력 집중을 심화시킬 소지가 커서 다른 차별적 취급보다는 공정한 거래를 저해할 우려가 많으므로 외형상 그러한 행위유형에 해당하면 일단 공정한 거래를 저해할 우려가 있는 것으로 보되 공정한 거래를 저해할 우려가 없다는 점에 대한 입증책임을 행위자에게 부담하도록 하겠다는 데에 있다."고 판시한 바 있다.[110] 심사지침 역시 양자의 차이를 입증책임 내지 입증의 정도와 연결시켜 해석하고 있는 것으로 보인다. 그에 따르면 전자가 후자보다 위법성이 인정될 가능성이 높다고 보는 것이 타당하다고 하면서 실제로 이러한 구별을 입증책임의 차이로 이해하여 '정당한 이유 없이'라는 문언이 포함되어 있는 경우에는 행위자가 정당한 이유를 입증하지 않는 한 위법한 것으로 하고, '부당하게'라는 문언이 포함되어 있는 행위는 공정거래위원회가 그 부당성을 적극적으로 입증해야 한다고 한다(심사지침 Ⅲ. 1. 가. (3)).

그런데 불공정거래행위의 특정 유형에 대하여 '부당하게' 또는 '정당한 이유 없이'라는 문언을 통하여 해석으로 입증책임을 전환하는 것이 적절한지 여부는 별론으로 하더라도, 이러한 표현의 차이를 입증책임의 전환과 결부시킬 수 있는지에 관하여 의문을 제기하는 견해도 있다.[111] 시행령의 근거인 공정거래법 제45조 제1항에서는 모두 '부당하게'라는 표현을 사용하고 있는데, 하위법령인 시행령에서 그 중 일부의 경우에 입증책임을 사업자에게 전환하도록 정하는 것은 위임입법의 한계를 벗어난 것이라는 비판도 충분히 가능하다.[112] '직권규제주의'라는 공정거래법의 기본원리에 따르면, 공정거래위원회는 동법이 달리 정하지 않는 한 공정거래저해성을 적극적으로 입증할 책임을 부담하기 때문이다.[113]

2004.6.24. 선고 2002헌마496 결정; 헌법재판소 2006.3.30. 선고 2005헌마818 결정.

110) 대법원 2001.12.11. 선고 2000두833 판결.

111) 박상용·엄기섭, 앞의 책, 265면; 신동권(제3판), 684−685면; 이봉의, "공정거래법상 저가입찰의 '부당염매' 해당요건", 상사판례연구, 2002, 365−366면; 홍대식, 앞의 글(2001), 291−292면.

112) 홍대식, 앞의 글(2001), 291−292면.

113) 이봉의, 앞의 글(2002), 365−366면.

생각건대, 해석론으로는 판례의 태도를 일응 수긍할 수 있다.[114] 다만, 입증책임의 전환은 오로지 공정거래저해성에 국한된 것이라는 점에 유의하여야 한다. '부당하게'가 요구되는 행위에 대해서는 공정거래위원회가 공정거래저해성을 입증하여야 하는 반면, '정당한 이유 없이'가 규정된 행위에 대해서는 공정한 거래를 저해할 우려가 있는 것으로 보게 될 뿐이다. 그리고 정당한 이유의 유무는 경쟁제한적 기업결합이나 부당한 공동행위 등 예외요건이 명정되어 있는 금지행위와 달리 언제나 부당성 판단 과정에서 사업자가 이를 주장할 수 있고, 공정거래위원회로서는 이를 적절히 참작하여야 하는 것이다. 따라서 '부당하게'나 '정당한 이유 없이'로 규정된 모든 불공정거래행위에 대해서 사업자는 정당한 이유를 주장할 수 있고, 그 입증책임은 정당한 이유가 소재하는 사업자에게 있다. 즉, 입증책임의 대상은 어디까지나 '공정거래저해성'에 그치는 것이다. 시행령이 '정당한 이유 없이'로 분류하고 있는 세부유형들이라고 해서 원칙적으로 공정거래를 저해할 우려가 있다고 볼만한 근거가 객관적으로 명확한 것은 아니므로, 시행령에서 임의로 '부당하게'와 '정당한 이유 없이'를 구별하여 정하는 것 자체를 법 제45조 제1항의 문언에 맞추어 행위유형별로 재검토할 필요도 있어 보인다.

나. 정당한 이유의 부존재

공정거래법 제45조 제1항에서 규정하고 있는 행위가 공정한 거래를 저해할 우려가 있는지를 좌우하는 최종 관문은 바로 그러한 행위에 정당한 이유가 존재하는지 여부이다. 정당한 이유에 대한 주장·입증책임은 언제나 법위반의 혐의가 있는 사업자가 부담한다는 점은 전술한 바와 같다.

공정거래저해성을 상쇄할 만한 정당한 이유가 존재하는지 여부는 무엇보다 공정한 거래질서의 관점에서 판단하여야 한다. 다만, 공정거래저해성이 공정한 경쟁기반의 보호, 불공정한 경쟁수단의 금지, 경쟁사업자 및 소비자의 보호 등 다양한 보호법익을 고려하여 정해지는 것이라면 각 행위유형별로 보호법익이 무엇인지에 따라 '정당한 이유'의 판단요소가 달라질 여지도 있다.[115] 단순한 사업경영상의 필요성 또는 합리성만으로 곧바로 정당한 이유가 인정되어 위법성이 부인되는 것은

114) 신동권(제3판), 685면.

115) 根岸哲, 不公正な取引方法と獨占禁止法,民商法雜誌臨時增刊: 特別法からみ民法:創刊五十周年記念論集(2), 93卷 2號, 有斐閣, 1986, 401-402항; 김영식, "불공정거래행위 해당성 조각사유로서의 '정당한 이유'의 판단기준", 대법원 판례해설 통권 제13호, 1990, 153면.

아니지만, 사업경영상의 필요성 등은 다른 사유와 아울러 공정한 거래질서의 관점에서 평가하여 공정거래저해성의 유무를 판단함에 있어서 고려되어야 하는 요인의 하나가 될 수 있다.[116] 정당한 이유를 판단함에 있어서 사업경영상의 필요성 또는 합리성 외에 영업윤리, 안정성, 공익성 등도 고려요소가 될 수 있고,[117] 소비자의 이익의 확보라는 공익적 목적 또는 다른 법령상 특별한 정책 목적 등도 그 고려요소가 될 수 있을 것이다.[118]

그 밖에 공동의 거래거절행위가 문제된 "CD 공동망" 사건[119]에서 원심에 이어 대법원은 CD 공동망의 운영에 있어서는 전산망 구축과 유지에 상당한 비용과 노력을 투자한 참가은행들의 의사가 존중되어야 하는 점, 신용카드회사가 CD 공동망을 이용함으로써 참가은행들보다 부당하게 경쟁우위에 설 가능성이 크고, 위와 같은 공동의 거래거절로 인하여 신용카드시장에서 다른 거래처를 용이하게 찾을 수 없어 거래기회가 박탈되었다고는 할 수 없는 점 등에 비추어, 참가은행들의 위 가상계좌서비스에 대한 공동의 거래거절행위에는 정당한 사유가 있으므로 부당하지 않다고 판시한 바 있다.

116) 대법원 1990.4.10. 선고 89다카29075 판결; 대법원 2004.12.9. 선고 2002두12076 판결 외.
117) 日本 大阪 高判 平成 5. 7. 30. 判決(判時1479號), 23항.
118) 日本 最高裁判所 平成 1. 12. 14. 判決(民集 43卷 12號, 2078-2082항.
119) 대법원 2006.5.12. 선고 2003두14253 판결.

제 3 절 불공정거래행위의 유형

공정거래법 제45조 제1항 각호에서는 불공정거래행위의 유형을 거래거절(제1호)과 차별적 취급(제2호), 경쟁사업자 배제(제3호), 부당한 고객유인(제4호), 거래강제(제5호), 거래상 지위의 남용(제6호), 구속조건부거래(제7호), 사업활동 방해(제8호), 부당한 지원행위(제9호), 그 밖의 공정한 거래를 저해할 우려가 있는 행위(제10호)로 나누어 규정하고 있다. 시행령 제52조에 따라 [별표 2]에서는 불공정거래행위의 세부유형과 구체적인 판단기준을 제시하고 있다. 다만, 그 밖의 불공정거래행위(제10호)에 대해서는 아무런 언급이 없다.

Ⅰ. 거래거절

1. 의 의

거래거절이란 부당하게 거래를 거절하는 행위(법 제45조 제1항 제1호)로서 사업자가 다른 사업자에 대하여 거래의 개시를 거절하거나 계속적인 거래관계를 중단하거나 거래하는 상품 또는 용역의 수량이나 내용을 현저히 제한하는 행위를 가리킨다. 시행령은 이를 다시 공동의 거래거절(가목)과 그 밖의 거래거절(나목)로 나누고 있으나(영 [별표 2] 1. 가, 나.), 그 성격상 거래개시의 거절과 거래계속의 거절·중단으로 구분할 수도 있다. 후자의 구분이 위법성 판단에 어떤 차이를 가져오는지는 확실하지 않으나, 사업자가 처음부터 거래의 개시를 거절할 수 있는 자유를 보다 폭넓게 인정하는 것이 대체적인 견해이다.[120]

시장경제 하에서 거래거절은 원칙적으로 사업자의 자유로운 판단에 맡겨져 있다. 사업자는 보다 유리한 가격이나 조건을 제시하는 상대방과 거래를 체결할 자유가 있으며, 그 과정에서 그렇지 못한 상대방에 대해서는 거래거절이라는 행위가 발생하게 된다. 이는 자유로운 경쟁과정에서 나타나는 선택(selection)의 결과로서, 일반적으로 비효율적인 기업을 퇴출시키고 소비자후생과 자원배분의 효율성을 증대시킨다. 심지어 독과점사업자도 누군가의 거래요청에 반드시 응해야 할 의무는 없

120) 공정거래위원회의 실무상 문제된 대부분의 사례도 거래의 중단에 관한 것들이다.

으며, 달리 다른 법률에 체약강제 내지 거래의무가 명정되어 있지 않는 한 일반적인 거래의무란 인정되지 않는다.

그런데 사업자가 합리적인 이유 없이 자기보다 열악한 지위에 있는 거래상대방에게 거래거절을 함으로써 사업상 불이익이나 곤란을 야기하고, 그 결과 시장에서 공정한 거래를 저해하거나 저해할 우려가 있다면 공정거래법상 불공정거래행위로서 금지될 것이다.[121] 일찍이 "포스코" 판결[122]에서 대법원은 시장지배적 지위남용행위와 구별되는 불공정거래행위로서 거래거절행위의 위법성에 대하여 거래거절로 인하여 특정 사업자가 사업활동에 곤란을 겪게 되었다거나 곤란을 겪게 될 우려가 발생하였다는 것과 같이 특정 사업자가 불이익을 입게 되었다는 사정을 중요한 고려요소로 언급한 바 있다.

2. 공동의 거래거절

가. 행위요건

공동의 거래거절이란 정당한 이유 없이 자기와 경쟁관계에 있는 다른 사업자와 공동으로 특정사업자에 대하여 거래의 개시를 거절하거나 계속적인 거래관계에 있는 특정사업자에 대하여 거래를 중단하거나 거래하는 상품 또는 용역의 수량이나 내용을 현저히 제한하는 행위를 말한다(영 [별표 2] 제1호 가.). 공동의 거래거절인 경우 주체는 경쟁관계에 있는 2 이상의 사업자이고, 이들 사업자 사이에 법 제40조 제1항(부당한 공동행위의 금지)에서 요구하는 것과 같은 합의가 있어야 하는 것은 아니다. 거래개시를 거절한 경우에 그 상대방은 행위 시점에 아무런 거래관계가 없는 특정사업자이고, 갱신거절을 비롯한 거래중단의 경우에는 행위 당시 '계속적 거래관계에 있는' 특정사업자이다. 따라서 결과적으로 복수의 경쟁사업자들과 거래관계가 단절되는 상태에 이르게 되더라도 이들과 거래상대방 사이에 직접적인 거래관계가 없다면 공동의 거래거절에 해당하지 않는다.[123]

121) 이봉의, 앞의 글(2004-a), 670면.

122) 대법원 2007.11.22. 선고 2002두8626 전원합의체 판결.

123) 헌법재판소 2004.6.24. 선고 2002헌마496 결정. "인천정유와 현대오일뱅크 사이에 체결된 석유류제품 판매대리점계약의 당사자는 엄연히 인천정유와 현대오일뱅크로서 양자 사이의 거래관계 단절로 인하여 인천정유가 생산한 석유류제품이 더 이상 현대오일뱅크 산하의 자영주유소에서 판매되지 않는다고 하더라도 이들 주유소들이 직접 인천정유로부터 석유류제품을 구매하는 거래관계를 맺은 바 없을 뿐 아니라 현대오일뱅크와 위 주유소들이 경쟁관계에 있는 것도 아니므로, 어

그렇다면 2 이상의 사업자가 특정 사업자와 거래를 하지 않기로 합의한 경우라면 어떻게 되는가? 법 제40조 제1항과 법 제45조 제1항 제1호의 관계에 관한 문제이다. 심사지침에서는 공동의 거래거절이 부당한 공동행위에 해당되는 경우에는 위법성이 보다 강하다고 보아 제재의 수준이 높은 제40조의 규정을 우선적으로 적용하도록 규정하고 있다(심사지침 V. 1. 가. (2)). 이와 같은 취지의 견해[124]도 있으나 양자는 행위의 성격이 근본적으로 상이하다는 점에서 수긍하기 어렵다. 부당한 공동행위는 합의를 통하여 관련시장에서 경쟁을 제한하는 반면, 공동의 거래거절은 경쟁제한이 아니라 거절의 상대방인 특정사업자의 사업활동을 곤란하게 하는 것이기 때문이다. 양자의 관계가 문제되는 상황은 2 이상의 사업자가 특정사업자에 대한 거래거절을 합의하고 실제로 이를 실행에 옮긴 경우인데,[125] 주된 의도나 효과가 참가사업자 사이의 경쟁제한에 있는지 아니면 특정사업자의 사업활동 방해에 있는지에 따라 적용법조를 정해야 할 것이다. 즉, 행위의 실질에 비추어 공동행위와 불공정거래행위를 준별할 필요가 있으며, 단지 '공동으로'에 착안하여 일종의 상상적 경합을 인정할 것은 아니다. 후술하는 "CD 공동망" 사건에서 공정거래위원회 또한 이러한 관점에서 당해 행위가 공동의 거래거절에 가깝다는 이유로 부당한 공동행위 여부를 문제 삼지 않았으며,[126] 이러한 태도가 타당하다.

이때 거래거절의 상대방은 '특정'사업자이다. 불특정다수의 사업자나 소비자에 대한 거래거절은 포함되지 않는다(심사지침 V. 1. 가. (1) (다), (라)). 공동의 거래거절은 서로 다른 거래단계, 즉 수직적 관계에서 뿐만 아니라 동일한 거래단계 내지 경쟁관계에서도 가능하다. 예컨대, 복수의 사업자가 특정 경쟁사업자에 대하여 정보의 제공이나 시설의 사용 또는 공동구매에서의 배제 등을 행하는 경우를 상정할 수 있을 것이다.

느 모로 보나 이 사건 거래거절을 두고 공동의 거래거절에 해당한다고 볼 수는 없다.".

124) 이호영(제6판), 316면. 이 견해는 공동의 거래거절이 원래 집단배척(group boycott)이라는 셔먼법 제1조의 유형이라는 점에 착안한 것으로 보인다고 한다.

125) 2 이상의 사업자가 실제로 거래를 거절하지 않은 이상 불공정거래행위로서 행위요건 자체가 성립하지 않는다.

126) 공정거래위원회 2002.1.8. 의결 제2002-001호. 다만, 거래거절의 '공동성'이 법 제45조 제1항의 공동행위와 동일한 의미인지는 의문이다. 무엇보다 전자의 경우에는 그 어떤 '합의'를 요하지 않기 때문이다. 공정거래위원회의 실무 또한 거래거절의 공동성을 판단함에 있어서 복수의 사업자 간에 거래거절에 대한 '공동의 인식'을 강조하고 있다(공정거래위원회 2013.9.5. 의결 제2013-152호).

나. 부당성

공동의 거래거절은 정당한 이유가 없는 한 원칙적으로 금지된다. 거래거절을 당한 사업자는 여러 사업자와의 거래를 거절당함으로써 거래상대방에 대한 선택의 자유 및 경쟁의 자유를 제한받는다는 점에서 일응 공정거래를 저해할 우려가 있다고 보는 것이다. 따라서 공정거래위원회는 시행령이 정하는 행위요건을 입증하는 것으로 족하며, 예외적으로 정당한 사유가 주장되는 경우에 한하여 적절한 비교형량을 거쳐 위법성을 최종적으로 확정하게 된다. 그런데 공정거래위원회는 실무상 공동의 거래거절에도 적극적으로 공정거래저해성을 판단해 왔다. “레미콘” 사건[127]에서는 복수의 레미콘사업자들이 발주자에게 공동으로 공급을 거절한 행위가 문제되었는데, 공정거래위원회는 레미콘이 발주자의 사업영위에 필수적인 요소이고, 발주자로서는 다른 대체거래선을 찾기 어렵다는 점을 들어 해당 지역 민수 레미콘시장에서 경쟁제한성을 인정하였다.

정당한 이유로는 흔히 재고부족이나, 특정사업자의 채무불이행과 같은 사업상 불가피하거나 합리적인 사유도 고려될 수 있으며, 거래거절이라는 수단의 합목적성과 대체수단의 유무 등을 종합적으로 고려하여 판단하여야 한다. 다만, 단독의 거래거절에 비하여 정당한 사유는 원칙적으로 인정되기가 쉽지 않을 것이다. 그럼에도 불구하고 이례적으로 법원이 정당한 이유를 인정한 대표적인 사례가 바로 “CD 공동망” 판결[128]이다. 여기서 대법원은 CD 공동망의 참가은행들이 공동으로 특정 은행의 CD 공동망 이용을 제한한 행위에 대하여 정당한 이유가 있기에 부당하지 않다고 보는데, 구체적으로 ① CD 공동망의 운영에 있어서는 전산망 구축과 유지에 상당한 비용과 노력을 투자한 참가은행들의 의사가 존중되어야 하는데, 신용카드회사가 CD 공동망을 이용함으로써 참가은행들보다 부당하게 경쟁우위에 설 가능성이 커서 공정경쟁이 저해되는 점, ② 공동의 거래거절행위를 당한 사업자가 신용카드시장에서 다른 거래처를 용이하게 찾을 수 없어 거래기회가 박탈되었다고는 할 수 없는 점, ③ 전산망을 유지·보수하는 비용은 참가은행들이 부담하는데, CD 공동망 이용에 따른 이득을 다른 특정 은행이 얻게 되어 공정경쟁을 저해할 우려가 있는 점 등을 들고 있다.

---

127) 공정거래위원회 2013.9.5. 의결 제2013-152호. 이 사건에서 피심인들은 발주자에 대한 미수채권을 회수하기 위한 의도였다고 정당한 이유를 주장하였으나, 받아들여지지 않았다.

128) 대법원 2006.5.12. 선고 2003두14253 판결.

3. 그 밖의 거래거절

가. 행위요건

그 밖의 거래거절이란 부당하게 특정사업자에 대하여 거래의 개시를 거절하거나 계속적인 거래관계에 있는 특정사업자에 대하여 거래를 중단하거나 거래하는 상품 또는 용역의 수량이나 내용을 현저히 제한하는 행위를 말한다(영 [별표 2] 제1호 나.). 흔히 단독의 거래거절이라고 한다. 특정사업자에는 경쟁사업자뿐만 아니라 경쟁관계에 있지 않은 사업자도 포함되지만, 소비자는 포함되지 않는다(심사지침 V. 1. 나. (1) ㈐, ㈑). 단독의 거래거절의 경우에 거래거절을 행하는 사업자가 독점적 지위에 있는 사업자인 경우에만 경쟁저해성이 인정된다는 견해[129]도 있으나, 시장지배적 지위남용과 준별되는 불공정거래행위로서 거래거절의 고유한 성격에 비춰볼 때 타당하지 않다.

나. 부당성

(1) 계약자유의 남용과 공정거래저해성

공동의 거래거절이 정당한 이유가 없는 한 원칙적으로 금지되는 것과 달리 그 밖의 거래거절은 그것이 공정한 거래질서의 관점에서 부당한 경우에만 금지된다. 누구라도 거래상대방을 선택할 자유를 누린다는 점에서 그 밖의 거래거절은 일응 계약자유의 일환이라고 볼 수도 있다. 따라서 그 밖의 거래거절을 어떤 경우에 금지할 것인지는 결국 계약자유가 허용되는 한계를 정하는 것인 동시에 계약자유의 남용을 공정거래질서의 관점에서 억제하는 것이 된다. 이때, 구체적인 거래관계에서 사업자가 거래를 거절하는 이유 또한 매우 다양하기 때문에 사례별로 여러 사정을 종합적으로 고려하여 공정거래저해성을 판단하지 않으면 안 된다. 헌법재판소가 통상 그 밖의 거래거절은 적어도 당해 행위자에 있어서는 나름대로 사업상 또는 거래상의 합리적인 이유에 기하여 행해지는 경우가 많을 뿐 아니라 경쟁시장을 전제로 할 때 공동의 거래거절과 달리 원칙적으로 경쟁제한적 성질이나 효과를 갖지 아니하는바, 당해 거래거절의 행위요건에 해당한다는 것만으로는 부족하고 시장에 있어서 경쟁 제약·배제효과와 같은 특별한 위법요소로서의 '부당성'이 부가적으로

129) 신광식·황창식, "시장지배적 사업자의 거래거절에 대한 공정거래법리: 대법원의 포스코 사건 판결", 경쟁법연구 제18권, 2008, 36면.

인정되어야 한다고 판시한 부분도 이러한 맥락에서 이해할 수 있다.[130)]

대법원은 "코카콜라" 판결[131)]에서 그 밖의 거래거절이란 거래상대방이 계속적 거래관계에 있는 경우에도 거래처 선택의 자유라는 원칙에 비추어 거래거절행위 그 자체로 불공정거래행위에 해당하지는 않는다고 하면서, 부당한 거래거절에 해당하는 3가지의 경우를 예시하였다. 그에 따르면 ① 거래거절이 특정사업자의 거래기회를 배제하여 그 사업활동을 곤란하게 할 우려가 있거나, ② 오로지 특정사업자의 사업활동을 곤란하게 할 의도를 가진 유력 사업자에 의하여 그 지위남용행위로써 행하여지거나, ③ 독점규제 및 공정거래에 관한 법률이 금지하고 있는 거래강제 등의 목적 달성을 위하여 그 실효성을 확보하기 위한 수단으로 부당하게 행하여진 경우라야 공정한 거래를 저해할 우려가 있는 거래거절행위에 해당한다. 아울러 거래거절행위의 부당성 유무를 판단할 때에는 당사자의 거래상 지위 내지 법률관계, 상대방의 선택 가능성·사업규모 등의 시장상황, 그 행위의 목적·효과, 관련 법규의 특성 및 내용 등 여러 사정을 고려하여 그 행위가 공정하고 자유로운 경쟁을 저해할 우려가 있는지 여부에 따라야 한다고 판시하였다. 여기서 주목할 점은 원심이 거래거절행위의 위법성을 경쟁제한의 목적을 달성하기 위한 수단으로 그 실효성이 인정된다는 점에서 찾은 반면, 대법원은 경쟁제한과 무관하게 거래상대방이 겪는 불이익이나 사업상 곤란 등을 고려하였다는 점이다.[132)]

이어서 "하이트맥주 I" 판결[133)]에서도 대법원은 거래를 중단한 행위는 채권을 회수함으로써 손해가 확대되는 것을 방지하기 위한 조치로 보일 뿐이고, 거래상대방의 거래기회를 배제하여 그 사업활동을 곤란하게 할 우려가 있다거나 오로지 사업활동을 곤란하게 할 의도 하에 지위남용행위로서 행하여졌다거나 혹은 법이 금지하고 있는 거래강제 등의 목적 달성을 위하여 그 실효성을 확보하기 위한 수단으로 부당하게 행하여진 경우로 볼 수 없다고 판시함으로써 위 "코카콜라" 판결에서 대법원이 제시한 부당성 판단기준을 그대로 원용하였다. 아울러 "듀폰" 판결[134)] 에서도 대법원은 모회사의 주요 거래처의 요청을 받아 그의 경쟁사업자에게 공급

130) 헌법재판소 2004.6.24. 선고 2002헌마496 결정.
131) 대법원 2001.1.5. 선고 98두17869 판결.
132) 이호영(제6판), 322면.
133) 대법원 2004.7.9. 선고 2002두11059 판결.
134) 대법원 2005.5.27. 선고 2005두746 판결.

을 중단한 행위가 경쟁사업자를 배제하기 위한 목적으로 행하여진 것으로서, 이러한 행위의 동기나 경위와 경제적 효과 등에 비추어 볼 때 경쟁사업자의 거래기회를 배제하여 그 사업활동을 곤란하게 할 우려가 있다고 판단함으로써 종전의 판례를 유지한 바 있다.[135]

이와는 다른 접근방법을 보이는 사례로 "하이트맥주 II" 판결[136]을 살펴볼 필요가 있다. 이 사건에서 서울고등법원은 부산과 경남지역의 주류시장에서 80% 이상의 점유율을 가진 하이트맥주가 염가판매전략을 한 신규 주류도매업자에게 주류공급을 거절한 행위는 시장에 진입장벽을 설치하여 기존 도매상들의 매출과 이율을 보장해주고, 염가판매행위로 촉발될 수 있는 가격경쟁을 봉쇄하려는 경쟁제한적 의도에서 비롯하였고, 자신 역시 그 대가로 독점적인 지위를 보장받고자 하는 행위로서 부당하다고 판시하였다. 이 사건에서 하이트맥주의 높은 시장점유율을 감안할 때 문제된 공급거절행위를 시장지배적 지위남용으로 보지 않은 점, 그리고 경쟁제한의 의도를 강조한 점은 그 타당성이나 기준의 일관성 차원에서 의구심을 야기시키는 부분이다.

(2) 법위반사업자의 지위 등

그 밖의 거래거절이 위법한지를 판단함에 있어서 중요한 요소는 거래상대방이 대체거래선을 용이하게 확보할 수 있는지 여부이다. 거래상대방의 입장에서 공급을 거절당한 상품이나 용역이 자신의 사업활동에 필수적이면서 동시에 거래처전환의 가능성이 상당 부분 제한되어 있는 경우에 비로소 거래거절로 인하여 거래상대방의 사업활동이 심히 곤란하게 된다고 볼 수 있기 때문이다. 이를 거래거절을 행한 사업자의 입장에서 보자면 거래처전환이 사실상 지극히 곤란한 필수요소를 보유하고 있다는 점에서 일견 딩해 사업자가 어느 정도 거래상 유력한 지위 또는 시장지배적 지위에 준하는 지위를 가졌다고 볼 수 있을 것이다.[137]

---

135) 이봉의, "모회사 및 대규모수요자의 요청에 의한 거래거절", 경제법판례연구 제3권, 2006. 다만, 모자회사의 경제적 단일성을 근거로 공정거래위원회가 자회사에게만 시정조치를 내린 것이 타당하지 않았다는 비판이 있고, 그와 반대로 국내에 있는 자회사에게 편의상 시정조치를 내린 것이라는 점도 수긍할 수 있다. 또한 모회사의 주요 거래처가 이 사건 거래거절행위를 하게 한 사업자로서 책임을 져야하였다는 비판도 타당하다.

136) 서울고등법원 2006.4.27. 선고 2005누2744 판결; 대법원 2006.8.31.자 2006두9924 판결(심리불속행기각).

137) 신현윤(제8판), 288면; 정호열(제6판), 393면.

이와 관련하여 판례가 언급하고 있는 '유력한 사업자'의 의미를 살펴볼 필요가 있다. 대법원은 그 밖의 거래거절이 부당할 수 있는 사유의 하나로서 "특정사업자의 사업활동을 곤란하게 할 의도를 가진 유력 사업자에 의하여 그 지위남용행위로써 행하여지는 경우"를 제시하면서[138] '유력 사업자'라는 용어를 사용하고 있다. 그런데 '유력한 지위'란 일본의 사적독점금지법에서 시장점유율 10% 이상 또는 3위 이내의 사업자에게 사용한 적이 있으나, 그 내용과 판단기준이 모호할 뿐만 아니라 공정거래법에는 존재하지도 않은 개념이다.[139] 독일 경쟁제한방지법상 유력사업자(marktstarke Unternehmen)란 시장지배적 지위에 있지 않으면서 거래처를 쉽게 전환할 수 없어서 자신에게 종속되어 있는 중소규모의 사업자에 대하여 지배적인 영향력, 다시 말해서 상대적 지배력(relative Marktmacht)을 갖는 사업자를 가리키는바(GWB 제20조 제1항), 일견 독일법의 개념이 불공정거래행위의 성격에는 보다 유용해 보인다.

판례는 부당성을 판단함에 있어서 행위자가 시장지배적 지위는 아니더라도 그에 준하는 어느 정도의 영향력을 가진 사업자인지를 고려하기도 한다. "코카콜라" 사건[140]이나 "한일사" 사건[141]에서 공정거래위원회는 사실상 독점적 지위에 있는 사업자에 대해서 별다른 근거 없이 불공정거래행위의 금지를 적용한 바 있다. "듀폰" 사건[142]에서도 듀폰의 국내 ETFE 시장에서의 점유율이 100%였음에도 불구하고 공정거래위원회는 문제의 거래거절을 시장지배적 지위남용으로 접근하지 않고 불공정거래행위로 금지하였다.[143] "하이트맥주 Ⅱ" 판결[144]도 마찬가지이다.

생각건대, 불공정거래행위로서 그 밖의 거래거절은 시장지배적 지위남용과 달리 경쟁제한성과 무관하게 거래상 지배·종속관계에서 비롯되는 우월적 지위를 남용하여 거래상대방의 사업활동을 곤란하게 하는 행위로서 달리 객관적 정당화사유가 존재하지 않는 경우에 금지되는 것으로 이해하는 것이 타당하다.[145] 이와 같은

---

138) 대법원 2001.1.5. 선고 98두17869 판결, 대법원 2005.5.27. 선고 2005두746 판결.
139) 이봉의, 앞의 글(2006), 119면.
140) 공정거래위원회 1997.8.27. 의결 제1997-133호.
141) 공정거래위원회 1994.7.14. 의결 제1994-196호.
142) 공정거래위원회 2002.12.23. 의결 제2002-363호.
143) 이봉의, 앞의 글(2006), 119면.
144) 공정거래위원회 2004.7.31. 의결 제2004-238호.
145) 불공정성을 야기하는 행위의 경우에는 거래상 지위남용행위의 한 유형으로 규정하자는 견해도 있다. 정재훈, "공정거래법상 불공정거래행위 개편 방안에 관한 고찰", 법학논집 제23권 제3호, 2019, 10면.

맥락에서 외관상 시장지배적 사업자의 거래거절이라고 하여 언제나 법 제5조를 적용해야 하는 것은 아니며, 당해 사업자가 그 실질에 있어서는 거래상 지위를 남용하여 경쟁과 무관하게 상대방의 사업활동을 심히 곤란하게 하는 경우에는 여전히 불공정거래행위로 의율하는 것이 타당할 것이다.[146)]

그 밖에도, 그 밖의 거래거절행위가 부당한지를 판단함에 있어서 계속적 거래관계의 유무와 성격을 따져보아야 한다. 거래의 개시를 거절하는 경우와 달리 거래를 중단한 경우에는 거래상대방이 기존의 사업을 개시 또는 유지하기 위하여 설비투자 등을 하는 경우 등 잠금효과(lock-in effect)로 인하여 종속성이 강해지는 경향이 있기 때문이다. 아울러 거래의 당사자들이 상당기간 계속적 거래관계를 유지해 온 경우에는 그만큼 이들 사이에 긴밀한 신뢰와 협조가 중요하다는 것을 의미하므로, 이를 일방적으로 해지 또는 중단하였다면 거래를 중단한 사업자에게 정당한 이유가 없는 한 부당성이 인정될 소지가 크다고 할 수 있다. 판례는 계속적 거래관계로부터 거래의 의무 또는 기존 거래처의 보호의무를 인정한 바 있으나,[147)] 이러한 의무를 넓게 인정할 경우에는 거래중단을 원칙적으로 위법하다고 보는 결과로 이어질 수 있다는 점에서 개별 사례마다 계속적 거래관계에 이른 원인과 중단의 사유 등을 종합적으로 고려할 필요가 있다.

(3) 사업경영상의 필요성과 비교형량

그 밖의 거래거절행위에 대하여 판례는 "코카콜라" 판결[148)]에서 대표적으로 예시한 3가지 경우에 해당되지 않는 한 통상 부당성을 인정하지 않고 있다. "현대오일뱅크" 판결[149)]은 거래거절행위의 부당성을 판단함에 있어서 어떻게 비교형량을 할 것인지에 관하여 시사하는 바가 크다. 1995년부터 한화에너지플라자는 계열회사인 한화에너지와 판매대리점계약을 체결하여 석유류 제품을 구입하여 왔고 매년 1년 단위로 계약을 갱신하여 왔는데, 1999년 정부 방침에 따라 정유업계가 구조

146) 이와 같은 관점에서 현대·기아차의 시장지배적 지위남용에 대한 비판적 평석으로는 이봉의, "공정거래법상 부당한 사업활동 방해의 경쟁제한성 판단 — 현대·기아차 판결을 중심으로 -", 중앙대학교 법학논문집 제41집 제2호, 2017-b, 159-160면.

147) "듀폰" 판결(대법원 2005.5.27. 선고 2005두746 판결)을 보면, 공정거래위원회와 법원은 계속적 거래관계를 인정한 다음, 거래거절행위의 부당성을 인정하였다. 계속적 거래관계의 존재를 인정할 수 있을지와 거래처보호의 의무에 관하여 의문을 제기하는 견해로는 이봉의, 앞의 글(2006), 119-120면.

148) 대법원 2001.1.5. 선고 98두17869 판결.

149) 대법원 2008.2.14. 선고 2004다39238 판결.

조정되면서 한화에너지플라자는 현대오일뱅크에 흡수합병되었고, 한화에너지는 인천정유가 되었다. 이들은 기존의 대리점 관계를 이어왔는데, 2002년 현대오일뱅크는 인천정유에게 누적된 적자로 인한 경영위기를 해소하고자 판매대리점 계약을 갱신하는 것을 거절하였다. 공정거래위원회는 해당 거래거절행위가 부당하지 않다고 보아 무혐의 결정을 내렸고, 이에 인천정유는 헌법재판소에 헌법소원을 제기하는 한편, 법원에 민사소송을 제기하였다.

이 사건 결정[150)]에서 헌법재판소는 거래거절의 위법성을 평가함에 있어서 사업경영상의 필요성이라는 사유는 다른 주관적·객관적 위법요소들과 대등한 가치를 지닌 독립된 제3의 요소로 취급할 수 없다고 하면서, 이 사건 거래거절은 고도의 경쟁 제약·배제효과를 초래하고 있음이 명백하므로 위법성 요소들 상호 간의 비교형량을 함에 있어서 적어도 행위자가 상대방과 이 사건 판매대리점계약을 종료하지 않으면 곧 도산에 이를 것임이 확실하다는 등의 긴급한 사정이 명백히 인정될 정도가 되어야만 그와 같은 경쟁제한효과를 상쇄할 여지가 있다고 할 것이라고 하면서 사업경영상의 필요성을 엄격하게 제한하여 해석하였다. 비교형량과 관련하여 이 결정에서 특이한 점은 경쟁의 제약·배제효과 등 행위가 미치는 영향의 정도에 따라 이를 세 단계, 즉 '상대방의 사업활동의 원활한 수행이 방해되는 경우', '상대방의 사업활동이 현저히 제약되는 경우', '상대방의 사업활동의 계속이 곤란하게 되는 경우'로 나누어 그러한 부정적인 효과의 정도에 따라 사업경영상의 필요성이 비교형량에서 작용하는 정도가 달라진다고 판단한 부분이다.

그런데 이와 같은 헌법재판소의 태도와 달리 대법원은 거래거절행위는 그러한 행위를 한 사업자의 자유를 보다 폭넓게 인정하고, 사업상 필요성이 있다면 비교적 폭넓게 거래거절을 할 수 있다고 판단하였다. 향후 부당성 판단에 있어서 사업경영상의 필요성이 어떻게 비교형량과정에 포섭될 것인지 지켜볼 일이다.

(4) 그 밖의 거래거절의 대상인 사업자의 범위

시행령은 그 밖의 거래거절의 상대방을 '특정사업자'라고 기재하고 있고(영 [별표 2] 1. 나.), 심사지침 역시 거래거절의 상대방은 특정사업자이므로 자기의 생산 또

150) 헌법재판소 2004.6.24. 선고 2002헌마496 결정; "하이트맥주 Ⅱ" 판결(서울고등법원 2006.4.27. 선고 2005누2744 판결; 대법원 2006.8.31.자 2006두9924 판결(심리불속행 기각))에서 서울고등법원은 헌법재판소의 취지를 원용하였는데, 거래거절행위가 정당화되는 사업경영상 필요성을 단계별로 나누어 판단하였다.

는 판매정책상 합리적 기준을 설정하여 그 기준에 맞지 않는 불특정다수의 사업자와의 거래를 거절하는 행위는 원칙적으로 대상이 되지 않는다고 밝히고 있다(심사지침 V. 1. 나. (1) (다)). 그런데 이와 동시에 심사지침은 합리적 이유 없이 '특정한 유형의 판매업자'에 대해서 거래를 거절함으로써 해당 사업자가 경쟁상 열위에 처하는 경우를 법위반행위에 해당할 수 있는 행위라고 예시함으로써, 마치 '특정한 유형의 판매업자'들에 대한 거래거절행위도 그 밖의 거래거절의 성립이 가능한 것 같은 다소 상충되는 태도를 취하고 있다(심사지침 V. 나. (5) (사)).

이와 관련하여 한국조에티스와 벨벳이 '동물약국'에 대한 개·고양이 심장사상충 예방제의 공급을 거절함으로써 위 예방제가 보다 높은 가격이 형성되는 '동물병원'에서 유통되도록 한 사건에서, 서울고등법원[151]은 단독사업자가 자기의 생산 또는 판매정책상 적정한 기준을 설정하고 그 기준에 맞지 않는 '불특정다수 사업자'와의 거래를 거절하는 행위는 원칙적으로 그 밖의 거래거절에 해당하지 않는다고 전제한 후, 원고의 거래거절 대상은 모든 동물약국과 도매상 일반을 대상으로 하므로 원고의 거래거절 대상이 '특정 사업자'에 해당한다고 보기 어렵다고 설시하였다. 시행령상 거래거절의 상대방으로 명시된 '특정사업자'를 심사지침을 통하여 '특정한 유형의 사업자'로 확장하는 것은 적절하지 않으므로 특정한 유형의 판매업자에 관한 심사지침 규정은 삭제할 필요가 있다.[152]

Ⅱ. 차별취급

1. 의 의

차별취급이란 부당하게 거래의 상대방을 차별하여 취급하는 행위를 말한다(법 제45조 제1항 제2호). 차별취급은 다시 가격차별(가목), 거래조건차별(나목), 계열회사를 위한 차별(다목), 집단적 차별(라목)로 구분된다(영 [별표 2] 제2호).

사업자는 자유롭게 자신이 공급하는 상품이나 서비스의 가격이나 거래조건을 결정할 수 있으며, 그 당연한 결과로 경영판단과 시장상황 등을 고려하여 거래상대방에 따라 각기 다른 가격이나 거래조건으로 거래할 수도 있다.[153] 이때, 해당 차별

151) 서울고등법원 2018.1.19. 선고 2017누39862 판결; 대법원 2018.6.15.자 2018두36080 판결(심리불속행 기각).

152) 박세환, 앞의 글(2020), 97-98면.

취급이 거래비용의 차이로 인한 것이거나 수급관계, 시장성과에 대응한 것이라면 일응 정당한 것이라고 할 수 있다. 그러나 차별취급이 거래상대방에 따라 다른 가격이나 거래조건을 제시하여 공정한 거래를 저해할 우려가 있는 경우에는 금지된다. 무엇보다 합리적인 이유 없이 거래상대방을 다른 상대방보다 차별하여 그의 경쟁기능에 상당한 영향을 미치게 된다면 이는 공정한 거래질서를 저해하는 것이 될 수 있다.[154)]

공정거래위원회는 차별취급의 위법성을 경쟁제한성으로 보고, 차별취급으로 인한 경쟁사업자 배제효과나 경쟁제한효과가 인정되는 경우에 이를 금지하고 있다. 이와 관련하여 흔히 1936년 제정된 미국 로빈슨·패트만법(Robinson－Patman Act) 제2조가 소개되기도 한다. 차별취급을 새로운 경쟁사업자의 진입을 곤란하게 하는 '1선 차별행위'(primary line discrimination)와 거래상대방이 활동하는 시장에서 경쟁을 제한하는 '2선 차별행위'(secondary line discrimination)로 나누어 설명[155)]하는 것도 미국식의 경쟁제한성 기준에 따라 차별취급을 판단해야 하는 논거로 활용되고 있다. 그러나 불공정거래행위로서의 차별취급을 시장지배적 지위남용의 경우와 동일한 잣대로 평가하는 것은 적절하지 않으며, 보다 넓은 의미에서 경쟁제한성 내지 공정거래저해성에 주목할 필요가 있다. 공정거래위원회가 실무에서 법위반사업자가 시장지배적 지위에 있는지 여부를 고려하지 않는 것도 이러한 맥락에서 이해할 수 있다.[156)]

차별취급의 부당성 기준이 모호하여, 과거 공정거래위원회가 차별취급을 문제삼았던 사례는 매우 적었다.[157)] 다만, 최근에 공정거래위원회는 몇몇 사건에서 거래조건에 대한 차별취급을 금지한 바 있다.[158)]

153) 신현윤(제8판), 289면.
154) 권오승(제13판), 328면.
155) 신동권(제3판), 711면; 이호영(제6판), 326－327면.
156) 신동권(제3판), 715면; 이호영(제6판), 328－329면.
157) 대표적인 사례로는 공정거래위원회 2002.11.28. 의결 제2002－341호; 서울고등법원 2004.4.7. 선고 2003누416 판결; 대법원 2006.12.7. 선고 2004두4703 판결(신용카드사업자의 수수료율 차별행위에 관한 사례). 당해 사례에 대한 평석으로는 윤신승, "5개 신용카드사들의 가맹점수수료율 차별사건에 관한 평석", 경제법판례연구 제3권, 2006, 131－192면.
158) 공정거래위원회 2015.3.6. 의결 제2015－070호("롯데쇼핑" 사건); 공정거래위원회 2018.11.15. 의결 제2018－341호("골프존" 사건).

2. 가격차별

가. 행위요건

가격차별(price discrimination)이란 부당하게 거래지역 또는 거래상대방에 따라 현저하게 유리하거나 불리한 가격으로 거래하는 행위를 말한다(영 [별표 2] 제2호 가.). 가격이란 상품 또는 용역의 제공에 대하여 거래상대방이 실제 지불하는 모든 대가를 말한다. 여기에는 할인율이나 리베이트 등 가격에 직접 영향을 미치는 거래조건이 포함되고, 가격차별의 대상이 되는 거래상대방은 사업자 또는 소비자이다(심사지침 Ⅴ. 2. 가. (1) (나)). 가격차별을 불공정거래행위로 규정하고 있는 것은 가격차별로 인하여 차별취급을 받는 자들의 경쟁력에 영향력을 미치고, 경쟁자의 고객에게 유리한 조건을 제시하여 경쟁자의 고객을 빼앗는 등 경쟁자의 사업활동을 곤란하게 하거나 거래상대방을 현저하게 불리 또는 유리하게 하는 등 경쟁질서를 저해하는 것을 방지하고자 함에 그 취지가 있다.[159)]

먼저, 공정거래법상 문제되는 가격차별은 효율성이나 한계비용의 차이를 반영하는 단순한 가격차이(price difference)와 구별되어야 한다. 경제학상 가격차별이란 판매자가 상이한 거래상대방으로부터 서로 다른 수익률을 올리는 것으로서, 구매자집단에 따라 달라지는 한계비용(marginal cost)에 상응하는 가격을 부과하는 것을 의미한다. 반면, 가격차이란 단지 가격의 절대적인 수준이 거래상대방에 따라 다른 것을 의미한다. 대량구매할인이나 총량공급계약에 따른 할인도 실질적으로는 비용차이에 의한 가격차이로 이해할 수 있다. 따라서 가격차이가 존재한다고 하여 반드시 가격차별이 존재하는 것은 아니다. 동일한 가격이라도 가격차별이 존재할 수 있으며, 가격이 다르다고 해서 언제나 가격차별이 존재하는 것도 아니다.

가격차별이라는 행위요건에 대해서는 서울고등법원이 “5개 신용카드회사” 판결[160)]에서 다음과 같은 세 가지를 제시한 바 있고, 이는 일응 타당하다. ① 동일한 행위자에 대하여 적어도 둘 이상의 거래상대방이 존재하고, ② 그 거래상대방들이 동일한 시장 내에서 경쟁관계에 있어야 하며, ③ 거래지역이나 거래상대방에 따라 현저한 가격의 차이가 존재하여야 한다. 그런데 구체적인 사안에서 가격차별의 존

159) 대법원 2005.12.8. 선고 2003두5327 판결.
160) 서울고등법원 2004.4.7. 선고 2003누416 판결.

부를 확인하는 것 자체가 기술적으로 어렵고, 설사 가격차별이 존재하더라도 무엇보다 경쟁을 제한할 우려가 있는 경우만을 선별하기란 마찬가지로 쉽지 않다. 예컨대, 경제학상 엄밀한 의미에서 비용이란 기회비용(opportunity cost)을 의미하게 되는데 기회비용은 회계처리가 사실상 불가능하고, 공통비용(common cost)이나 매몰비용(sunk cost)을 특정제품에 분배하는 일률적이고 명확한 기준이란 존재하지 않는다. 더구나 이러한 비용변수들은 시간에 따라 항상 변화한다는 난점을 가지고 있다.

나. 부당성

가격차별은 거래지역이나 거래상대방에 따라 현저한 가격의 차이가 존재하여야 하고, 그러한 가격의 차이가 부당하여 시장에서의 공정한 거래를 저해할 우려가 있는 경우에 성립하며, 이때의 부당성은 가격차별의 정도, 가격차별이 경쟁사업자나 거래상대방의 사업활동 및 시장에 미치는 경쟁제한의 정도, 가격차별에 이른 경영정책상의 필요성, 가격차별의 경위 등 여러 사정을 종합적으로 고려하여 판단하여야 한다.[161] 시장경제 하에서 가격차별이란 수요·공급이나 거래량, 시장여건 등 여러 가지 요인에 따라 자연스럽게 발생하는 것으로서 사업자의 가격 및 거래조건 결정의 자유를 보여준다. 가격차별이 원칙적으로 경쟁촉진효과를 갖는 이유이다.

차별취급은 일시적인 경우와 계속적인 경우를 나누어 상정할 수도 있다. 전자는 예컨대 동일한 상품을 판매하면서 상황에 따라 임의로 가격에 차별을 두는 경우로서, 통상적으로 거래상대방의 경쟁기능에 상당한 영향을 미치지 않고 공정한 거래를 저해할 우려도 없다.[162] 반면, 후자는 불리한 가격에 구매하는 자들이 장기적으로 구입처를 다른 경쟁사업자로 전환할 것이기 때문에 차별을 행하는 사업자의 입장에서는 고객을 빼앗길 우려가 크므로 이를 지속적으로 유지하기란 매우 어렵다. 그나마 지속적인 가격차별이 존재하기 위해서는 거래상대방이 거래처를 전환하기 어려울 정도로 당해 사업자가 시장지배적 지위를 갖고 있어야 할 것이라는 점에서 불공정거래행위로 포착하기에 적절하지 않다.

판례는 시장지배적 지위남용과 달리 가격차별에 따른 공정거래저해성을 여러 사정을 종합적으로 고려하여 판단하는 방식을 취하고 있다. 적어도 판례가 거래상대방에 속하는 시장에 미치는 경쟁제한효과를 중심으로 부당성을 판단하지 않는다

---

161) 대법원 2012.6.14. 선고 2010다26035 판결; 대법원 2006.12.7. 선고 2004두4703 판결.

162) 홍명수, “독점규제법상 차별적 취급”, 비교사법 제12권 제2호, 2005, 652면.

는 점에서 심사지침과는 확연한 차이가 있다.[163)] 예컨대, 대법원은 “5개 신용카드회사” 판결[164)]에서 가격차별의 부당성을 인정하지 않았다. 대법원은 백화점과 할인점의 가맹점 수수료율에 1% 내지 1.1%의 차이를 둔 점에서 현저한 차이가 존재하나, 매출액 대비 이윤율이 높고, 수요의 가격탄력성이 상대적으로 낮은 백화점에 대하여 할인점보다 높은 수수료율을 적용하는 것은 신용카드사들의 경영정책에 따른 현상으로 볼 수 있는 점, 신용카드사들의 입장에서는 백화점보다 후발 업자이면서 발전가능성이 많은 할인점에 대하여 백화점보다 낮은 수수료율을 적용하는 방법으로 할인점을 선점하려는 경영상의 필요도 있었다고 볼 수 있고, 이러한 요인에 의한 가격차별은 다른 카드업자들과 사이에 할인점 선점을 둘러싼 경쟁에 대응하는 것으로서 오히려 경쟁을 촉진시키는 측면도 있는 점, 백화점과 할인점 수수료율의 차등 적용은 호화업종과 생필품업종을 구분하여 수수료율을 정하도록 유도한 감독관청인 재무부의 행정지도에서 비롯된 것인 점, 국내 대부분의 신용카드업자들은 대체로 비슷한 수준으로 백화점과 할인점에 대하여 업종별로 차별화된 수수료율을 적용하고 있고, 외국의 경우에도 양 시장의 특성을 반영하여 일정 수준의 차별화된 수수료율을 적용하는 사례가 있는 점 등의 제반 사정을 고려하였다.

3. 거래조건차별

가. 행위요건

거래조건차별이란 부당하게 특정사업자에 대하여 수량·품질 등의 거래조건이나 거래내용에 관하여 현저하게 유리하거나 불리한 취급을 하는 행위를 말한다(영 [별표 2] 제2호 나.). 가격 이외의 거래조건을 차별하는 행위가 대상이 된다. 이는 가격이나 가격에 직접 영향을 미치는 조건(예: 수량할인 등)을 제외한 계약의 이행방법, 대금의 결제조건 등 거래내용 면에서의 차별을 말하며, 여기에는 특정사업자를 대상으로 하므로 가격차별의 경우와 달리 소비자에 대한 차별은 포함되지 않는다(심사지침 V. 2. 나. (1) (나)). 그런데 가격과 거래조건은 동전의 양면처럼 서로 밀접한 관

163) 대법원이 가격차별의 부당성 판단기준을 경쟁제한성을 중심으로 고려하고 있다는 점과 시장지배적 지위를 갖지 않은 사업자의 가격차별행위가 금지된 예를 찾기 어렵다는 점에서, 불공정거래행위로서 가격차별 금지규정을 두는 것에 대해 의문을 제기하는 견해로 정재훈, 앞의 글, 13면. 대법원의 태도를 그와 같이 설명할 수 있는지는 의문이고, 경쟁제한성 외에 공정거래저해성이 갖는 고유한 성격이 있음을 감안할 때 보다 신중한 검토가 필요해 보인다.

164) 대법원 2006.12.7. 선고 2004두4703 판결.

련을 맺고 있다. 거래조건은 가격을 결정하는 주요 요소이기 때문이다. 따라서 가격 또는 거래조건의 차별을 엄밀하게 구분하기란 쉽지 않은 반면, 양자의 요건과 법률 효과는 매우 유사하기 때문에 실무상 구별의 실익이 별로 없다고도 볼 수 있다.

"롯데쇼핑" 사건[165]에서 공정거래위원회는 롯데쇼핑의 사업부인 롯데시네마가 롯데엔터테인먼트라는 명칭으로 배급하는 영화와 다른 배급사의 영화에 대하여 스크린 수나 상영기간, 상영관의 크기 등 상영조건을 차별적으로 적용한 행위에 대하여 부당한 거래조건차별에 해당한다고 보았으나, 서울고등법원은 그와 달리 판단하였다. 일단 거래조건 차별에 해당하기 위해서는 특정사업자에 대한 거래조건이나 거래내용이 다른 사업자에 대한 것보다 유리 또는 불리하여야 하는데 롯데시네마와 롯데엔터테인먼트는 각각 부가가치세법상 사업자등록은 되어 있으나 근본적으로 롯데쇼핑에 소속된 하나의 사업부 또는 그 내부조직에 불과하므로 롯데엔터테인먼트가 롯데쇼핑에 대한 독자적인 거래상대방이 된다고 보기는 어렵다고 보았다. 이어서 롯데쇼핑이 상영회차나 상영관 규모, 선전행위물 배치 같은 거래조건을 설정함에 있어서 롯데쇼핑의 사업부인 롯데엔터테인먼트에 비하여 다른 배급사에게 현저한 차별행위를 하였다고 단정하기 어렵고 그 행위가 부당하여 공정거래를 저해할 우려가 있다고 보기도 어렵다고 판단하였다.[166]

나. 부당성

거래조건차별의 부당성은 가격차별의 경우에 준한다.[167] "한국토지공사" 판결[168]에서 대법원은 거래조건차별은 특정사업자에 대한 거래조건이나 거래내용이 다른 사업자에 대한 것보다 현저하게 유리 또는 불리하여야 할 뿐만 아니라, 그렇게 차별취급하는 것이 부당한 것이어야 한다고 판시하였다. 대법원은 원고가 남양주지구 공동주택지를 판매하기 위한 선수협약을 체결함에 있어서, 대한주택공사에 대해서는 공급가격이 10% 이상 상승할 경우 대한주택공사가 그 협약의 해제를 청구할 수 있고 이에 따라 협약이 해제될 경우 대한주택공사로부터 수납한 선수금에 법정이자를 가산하여 반환한다는 조항을 설정한 반면, 민간건축사업자들에게는 협

165) 공정거래위원회 2015.3.6. 의결 제2015-070호.

166) 서울고등법원 2017.2.15. 선고 2015누39165 판결; 대법원 2017.7.11.자 2017두39372 판결(심리불속행 기각).

167) 신현윤(제8판), 291면.

168) 대법원 2006.5.26. 선고 2004두3014 판결.

의해제권만을 규정한 것에 대하여, 원고의 내부지침인 선수공급에 관한 지침 및 용지규정 등의 관련조항에 의하면 민간건축사업자들에게도 협약이 해제되는 경우 위약금 귀속 없이 선수금 및 이에 대한 법정이자를 가산하여 반환해줄 의무가 있다고 할 것이므로 부당하지 않다고 보았다.

"대한주택공사" 판결[169]에서 대법원은 대한주택공사가 주택관리 위·수탁 약정을 체결하면서 자회사인 뉴하우징에 대하여는 지체상금 부과조항을 설정하지 아니한 반면에 다른 민간주택관리업체에 대하여는 지체상금 부과조항을 설정한 행위가 거래조건 차별취급행위에 해당한다고 보았다. 그 이유는 정부투자기관회계규칙에 따르면 계약상대방이 계산상의 의무를 지체한 때에는 지체상금을 부과하도록 규정하고 있는 점, 지체상금과 같은 계약조건을 설정함에 있어 독립된 거래주체인 뉴하우징과 비자회사 간에 차별을 둘 합리적 이유가 없는 점, 뉴하우징은 원고와의 계약에서 지체상금 부과조항을 두지 않아 계약이행과 관련하여 이행지체로 인한 부담을 덜게 됨으로써 경영활동에 유리한 환경이 조성된 점 등을 고려하였다.

"골프존" 사건을 보면, 공정거래위원회는 가맹사업을 시작하면서, 가맹계약을 체결한 스크린골프장에게만 신제품 골프시뮬레이터시스템을 제공하고, 기존의 시스템을 구입하여 사용하고 있었지만 가맹계약을 체결하지 않은 사업자들에게는 이를 제공하지 않은 행위에 대하여 거래조건 차별행위라고 판단하였다. 공정거래위원회는 골프존이 비가맹점들의 가맹전환을 강제할 목적으로 가맹점에게만 골프시뮬레이터 신제품을 공급하였다고 보았기 때문이다.[170] 그러나 서울고등법원은 기존 시스템을 매수한 기존 사업자들이 매출을 안정적으로 유지하면서 사업 활동을 영위할 수 있도록 보호할 의무가 없고, 가맹사업 전환이 부당하지도 않다고 하였다. 또한 공정거래위원회는 차별의 현저성을 판단함에 있어서, 새 시스템에 대한 가맹사업으로 말미암아 수요 측면에서 새 시스템이 기존 시스템을 충분히 대체했다고 보기 어려운 점, 스크린골프 시장에서 경쟁이 의미 있게 줄어들었다고 단정하기 어려운 점을 고려할 때, 비가맹점사업자가 사업을 영위하기 위해 반드시 새 시스템을 확보해야 한다거나, 가맹점과 경쟁에서 현저히 불리한 상황에 놓인다고 단정하기에 부족하다고 보았다.[171]

169) 대법원 2007.1.26. 선고 2005두2773 판결.
170) 공정거래위원회 2018.11.15. 의결 제2018-341호.
171) 서울고등법원 2019.10.2. 선고 2018누76721 판결.

4. 계열회사를 위한 차별

가. 행위요건

계열회사를 위한 차별이란 정당한 이유 없이 자기의 계열회사를 유리하게 하기 위하여 가격·수량·품질 등의 거래조건이나 거래내용에 관하여 현저하게 유리하거나 불리하게 하는 행위를 말한다(영 [별표 2] 제2호 다.). 계열회사를 위한 차별행위와 차별정도의 현저성, 계열회사를 유리하게 하려는 의도가 존재한다면 원칙적으로 계열회사와 다른 경쟁사업자 간에 공정한 경쟁을 저해할 우려가 인정된다.

(1) 거래조건이나 거래내용의 차별

계열회사를 위한 차별취급 또한 법 제45조 제1항 제2호가 정한 바와 같이 복수의 거래상대방을 대상으로 한다. 여기서 계열회사란 동일한 기업집단에 속하는 회사이고(법 제2조 제12호), 가격·수량 등의 거래조건이나 거래내용 면에서 차별이 존재하여야 한다. 또한 차별에는 계열회사에게 현저하게 유리한 조건으로 거래하는 경우뿐만 아니라 계열회사의 경쟁사업자에게 현저히 불리한 조건으로 거래하는 경우가 포함되고, 차별의 대상에는 소비자도 포함된다(심사지침 V. 2. 다. (1) (나)). 이와 같은 맥락에서 차별취급에는 거래상대방에게 차별적인 거래조건을 직접 설정하는 경우뿐만 아니라, 차별취급을 통하여 계열회사에게 매출액이나 고객의 증가와 같은 차별의 '효과'가 실제로 귀속되는 경우도 포함된다.[172]

일찍이 차별취급의 대상이 직접적인 거래상대방에 국한되는지가 다투어진 바 있다. 자기와 직접적인 거래관계가 없는 자들을 차별하는 행위가 성립할 수 있는지의 문제이다. "현대·기아자동차" 판결[173]에서는 현대·기아차가 자신의 계열회사인 현대캐피탈과 사후정산을 수반하는 오토할부약정을 맺고 비계열 할부금융사는 이와 같은 약정 없이 자신이 직접 할부금융상품을 개발하고 할부금리까지 결정하는 오토론을 제공하게 되면서 현대·기아차의 구매고객으로서는 계열 할부금융사를 선택한 경우에만 금리상 이점을 얻을 수 있게 된 행위가 문제되었다.

대법원은 다음과 같은 2단계의 논리구조를 거쳐서 이 경우에도 차별취급이 존재한다고 판시하였다. 첫째, 비록 현대·기아차와 비계열 할부금융사 간에는 오토

172) 대법원 2004.12.9. 선고 2002두12076 판결.
173) 대법원 2007.2.23. 선고 2004두14052 판결.

할부약정이 체결되지 않아서 직접적인 거래관계는 없으나 모든 할부금융사들이 현대·기아차의 구매고객들에게 자신들의 할부금융상품을 판매하는 것이므로 현대·기아차와 계열·비계열 할부금융사 사이에는 이들 구매고객을 매개로 하는 실질적 거래관계가 존재하고, 둘째 그렇다면 현대·기아차가 현대캐피탈과의 오토할부약정에 기하여 오토할부의 금리를 인하한 행위는 자사의 구매고객 중 현대캐피탈을 이용하는 고객과 비계열 할부금융사를 이용하는 고객을 차별하여 취급한 것에 해당한다는 것이다.

이러한 판례의 태도는 결론적으로 타당하나, 두 가지만 언급하기로 한다. 첫째로, 계열회사를 위한 차별취급을 금지하는 것은 실상 재벌의 부당지원행위를 규제하는 것과 그 취지가 유사하며, 계열회사를 보다 유리하게 차별하여 취급하는 행위는 당해 계열회사를 지원하기 위한 수단에 불과하다는 점에서 전통적인 경쟁법상 차별취급과는 그 성질을 달리한다. 따라서 차별취급이라는 수단을 가급적 넓게 포섭하여 편법적인 계열회사 지원을 막는다는 차원에서 실질적 거래관계를 포함하여 차별취급을 인정할 실익이 인정되는 것이다. 다만, 이러한 해석론을 여타의 차별취급에 무차별적으로 확대 적용하는 것에는 신중할 필요가 있다. 둘째로, 판례의 태도와 같이 굳이 이처럼 2단계에 걸쳐서 거래상대방을 확장하는 식의 해석이 필요하였는지 여부는 의문이다. 생각건대, 현대·기아차는 자사의 구매고객(직접적인 거래상대방임)이 계열 또는 비계열 할부금융사를 선택하는 것에 따라 할부금리에 차등을 두는 방식으로 자신의 고객들을 차별취급한 것이고, 그 의도와 효과는 결국 계열 할부금융사를 지원하는 것이었다고 해석하였더라면 굳이 실질적 거래관계를 끌고 오지 않더라도 차별취급을 인정할 수 있었을 것으로 보인다.

(2) 차별의 현저성

계열회사를 위한 차별취급은 다른 차별적 취급과 마찬가지로 그 정도가 현저하여야 한다. 차별에 현저성을 요구할 것인지 상당성으로 족할 것인지는 입법정책의 문제이다. 다만, 현저성 요건은 다소의 차별이란 시장경제에서 흔히 발생하는 일이고 보기에 따라서 차별의 정도에 대한 평가는 상이할 수 있다는 점에서 회색지대에 놓인 차별행위는 금지하지 않는다는 취지와 기능을 갖는다. 동 요건을 반대해석하자면 현저하지 않은 차별은 위법하지 않은 것이다. 현저성 입증이 매우 중요한 이유이다.

그런데 공정거래위원회의 실무상 차별의 정도가 현저한지에 대해서 면밀하게 검토한 예를 찾기 어렵고, 그만큼 차별의 '현저성' 판단은 모호한 채로 남아 있다. "SK텔레콤" 사건[174)]에서 원심은 차별의 현저성은 할인율이나 할인금액의 다과만을 기준으로 획일적으로 결정할 것이 아니고, 행위 당시의 시장상황과 그러한 거래조건으로 인한 시장변동의 추이, 소비자들의 구매심리에 미치는 영향, 거래당사자에게 귀속되는 이익의 규모와 그 거래상대방에게 주는 손해의 정도 등 제반 요소를 종합적으로 고려하여 공정거래저해성을 판단해야 한다고 하면서 계열회사와 관련시장에서의 경쟁상대인 다른 사업자들에게 미치는 결과의 비교를 통하여 판단되어야 한다고 하였다.

차별에 따른 경제적 효과가 차별의 직접적인 대상인 거래상대방과 그의 경쟁사업자 사이에 차별적으로 귀속되는 경우도 원칙적으로 차별취급에 해당하는바, 경쟁제한성의 관점에서 보자면 차별의 현저성은 관련시장에 국한하여 판단하여야 한다. 위 사건에서도 대법원은 원심과 달리 차별의 현저성은 문제된 행위로 인한 경제적 효과의 귀속으로 차별이 발생한 대리점과 계열회사인 SK글로벌 및 그 경쟁상대인 삼성전자 등과의 거래분야(단말기사업자모델시장)에 국한되어야 하고, 이를 넘어서 차별적 효과의 범위 밖에서 일어난 SK텔레콤과 무관한 별도의 거래분야(유통모델)까지 포함할 수는 없다고 판시하였다.[175)]

(3) 부당지원행위와의 관계

계열회사를 위한 차별의 금지는 미국, 유럽, 독일, 일본 등 다른 나라에서 그 예를 찾을 수 없는바, 1986년 제1차 개정법[176)]에서 '거래상' 차별을 통하여 계열회사가 부당하게 경쟁상 우위를 갖게 됨으로써 경제력집중을 낳게 되는 문제를 해결하기 위해 마련된 것이었다. 그러다가 1996년 제5차 개정법[177)]에서 제23조 제1항 제7호의 부당한 지원행위에 관한 규정이 신설됨에 따라 지원성 거래뿐만 아니라 증여 내지 일방적인 이익제공까지 폭넓게 금지될 수 있게 되었으나, 다른 한편으로

174) 대법원 2004.12.9. 선고 2002두12076 판결; 서울고등법원 2002.10.10. 선고 16073 판결.

175) 이를 비판하는 견해는 홍명수, "'계열회사를 위한 차별'의 법리적 고찰", 경제법판례연구 제3권, 2006, 199－202면.

176) 1986.12.31. 개정, 법률 제3875호. 구법 제11조 제1항에서는 "사업자는 계약·협정·결의 기타 어떠한 방법으로도 다른 사업자와 공동으로 일정한 거래분야에서 경쟁을 실질적으로 제한하는 다음 각호의 1에 해당하는 행위(이하 "부당한 공동행위")를 하여서는 아니 된다."고 하였다.

177) 1996.12.30. 개정, 법률 제5235호.

일정 부분 규제가 중복되는 상황을 피할 수 없게 되었다.[178] 계열회사를 위한 차별은 정당한 이유가 없는 한 금지되는 반면, 지원행위의 부당성은 이를 공정거래위원회가 입증하지 않으면 안 된다.[179] 실무상 양자를 준별할 실익은 무엇보다 과징금의 상한에 커다란 차이가 있다는 데에서 찾을 수 있다.[180] 부당지원행위에 대해서는 대통령령이 정하는 매출액의 10% 이내, 계열회사를 위한 차별을 비롯한 여타의 불공정거래행위에 대해서는 대통령령이 정하는 매출액의 4% 이내에서 과징금이 부과된다(법 제50조 제1항, 제2항).

당초 부당지원행위는 가지급금·대여금·인력·부동산·무체재산권을 특수관계인 또는 다른 회사에 지원하는 행위를 금지하고 있었다. 상품이나 용역 거래의 경우에는 계열회사를 위한 차별취급으로 금지할 수 있었다. 그리고 일련의 사건에서 서울고등법원은 상품·용역거래와 자금·자산거래를 구분하여 전자에 수반하여 간접적으로 자금지원효과를 가져오는 행위는 자금지원행위에 해당하지 않으므로, 결과적으로 상품·용역거래를 통한 지원행위에는 계열회사를 위한 차별취급 등 여타 불공정거래행위 금지규정이 적용되어야 한다고 판시하였다.[181]

이에 대하여 대법원은 법이 부당지원행위의 규제대상을 포괄적으로 규정하면서 '가지급금·대여금·인력·부동산·유가증권·무체재산권'을 구체적으로 예시하고 있을 뿐 상품·용역이라는 개념을 별도로 상정하여 상품·용역거래와 자금·자산·인력거래를 구별하여 대응시키거나 상품·용역거래를 부당지원행위의 규제대상에서 제외하고 있지 아니하기에, 부당지원행위의 요건을 충족하면, 상품이나 용역거래에 대해서도 부당지원행위로 금지하는 것이 가능하다고 판시하였다.[182] 상품·용역거래와 자금·자산거래를 준별할 수 있는 명확한 기준이 존재할 수 없고, 지원효과의 직·간접성을 기준으로 지원행위 여부를 가려야 할 근거도 없다는 등의 점을 고려할 때 대법원의 태도가 타당하다.[183]

178) 위 규제의 목적에는 경쟁을 보호하는 것뿐만 아니라 경제력 집중의 억제에 기여하는 것도 포함되어 있다는 견해는 권오승(제13판), 330면 또는 권오승·서정(제4판), 427면.

179) 이호영(제6판), 331면; 신동권(제3판), 723-724면.

180) 이봉의, "상품·용역거래의 지원행위 해당 여부", 경쟁저널 제110호, 2004-b, 11면.

181) 서울고등법원 2004.2.3. 선고 2001누15865 판결; 서울고등법원 2004.1.13. 선고 2001누12477 판결; 서울고등법원 2003.12.23. 선고 98누13159 판결; 서울고등법원 2003.10.21. 선고 2002누12252 판결; 서울고등법원 2003.9.23. 선고 2002누1047 판결 등.

182) 대법원 2004.10.14. 선고 2001두2935 판결.

183) 이봉의, 앞의 글(2004-b), 17면 이하.

그 후 2007년 공정거래법이 개정되면서[184] 경제력집중의 억제 부분과 부당지원행위 금지 규정이 개정되었는데, 부당지원행위의 경우에는 유가증권이나 상품·용역을 지원하는 행위도 포함하게 되었다. 계열회사를 위한 차별취급의 금지를 존치할 필요가 있는지에 대하여 소극적인 견해[185]도 있으나, 부당지원행위에 포섭하기 어려운 거래내용에 관한 차별의 경우에는 여전히 계열회사를 위한 차별금지를 적용할 실익이 있다는 점에서 신중한 검토가 필요할 것이다.

비교적 최근에 다투어진 "CJ CGV" 사건[186]은 계열회사를 위한 차별취급이 실무상 활용될 가능성을 충분히 보여주고 있다. 공정거래위원회는 CJ CGV가 계열회사인 CJ ENM이 배급하는 영화를 다른 배급사가 공급하는 영화보다 영화상영 회차나 상영관 규모, 예고편 편성, 현장마케팅 등에 있어서 차별취급한 행위에 대하여 위법성을 인정하였다.[187] 반면, 서울고등법원은 차별행위가 존재하거나 차별행위가 현저하다고 인정하지 않았고, 계열회사인 CJ ENM이 배급하는 영화에 높은 비중을 두었더라도 개별 영화의 구체적 흥행실적 등을 분석하여 경제적 이익을 극대화하기 위한 차원에서 이루어진 것에 불과하고 영화산업의 추세와 전반적인 경쟁 상황, 상영관들이 선택한 영업전략 내역 등에 비추어 공정거래저해성이 인정되지 않는다고 판시하였다.

나. 계열회사를 유리하게 하려는 의도

공정거래법상 금지행위의 위법성을 판단함에 있어서 의도는 언제나 중요한 고려요소이다. 불공정거래행위의 유형 중에서 주관적 의도를 요건으로 명시한 경우로는 계열회사를 위한 차별취급이 유일하다.[188] 이때 요구되는 의도는 주관적 요소이자 위법성을 판단하기 위한 요소에 해당한다. 이른바 주관적 위법성 요소로 이해할 수 있다.

계열회사를 유리하게 하기 위한 '의도'는 특정 사업자가 자기의 경제적 이익을 극대화하기 위하여 영업활동을 한 결과가 계열회사에 유리하게 귀속되었다는 사실만으로는 인정하기에 부족하고, 차별행위의 동기, 그 효과의 귀속주체, 거래의 관

184) 2007.4.13. 개정, 법률 제8382호.

185) 정재훈, 앞의 글, 14면.

186) 서울고등법원 2017.2.15. 선고 2015누44280 판결; 대법원 2017.7.11.자 2017두39303 판결(심리불속행 기각).

187) 공정거래위원회 2015.4.24. 의결 제2015－125호.

188) 정호열(제6판), 397면.

행, 당시 계열회사의 상황 등을 종합적으로 고려하여 사업자의 '주된' 의도가 계열회사가 속한 일정한 거래분야에서 경쟁을 제한하고 기업집단의 경제력 집중을 강화하기 위한 것이라고 판단되는 경우에 한하여 인정된다.[189] 위 "SK텔레콤" 판결[190]에서 대법원은 단말기보조금 금지로 인해 SK글로벌의 매출이 감소하여 경영상 어려움이 예상되는 상황에서 차별취급행위로 인한 결과가 SK글로벌에 유리하게 귀속되었다고 하더라도, 신세기통신과의 기업결합승인 조건을 이행하기 위한 필요에 의해 이루어진 점, 이 사건 행위로 인해 이자비용을 부담하게 되었지만, 이동통신서비스 가입자증가로 SK글로벌의 단말기 매출증가이익을 훨씬 능가하는 이익을 얻게 된 점, 효과적인 영업활동으로 인정할 수 있는 점, SK글로벌에 이익을 주기 위한 행위를 하여야 할 긴급한 경영상의 필요가 있었다고도 보이지 않는 점 등을 고려하여, 행위의 주된 의도는 SK글로벌이 속한 일정한 거래분야에서 경쟁을 제한하고 기업집단의 경제력 집중을 강화하기 위한 것이 아니라고 보았다.

또한 "현대·기아자동차" 판결[191]에서도 대법원은 동사가 오로지 현대캐피탈과 오토할부약정을 체결한 결과 거래비용을 절감하고 영업비밀의 누설을 막을 수 있으며, 당시 자동차 할부금리에 대한 사회적 인하압력이 있었고, 그 무렵 GM-대우자동차의 할부금리 인하가 예정되어 있어서 현대·기아차로서는 선제적으로 할부금리를 인하하여 자동차시장에서의 점유율의 하락을 막을 필요가 있었던 점 등을 감안할 때, 주된 의도가 계열회사인 현대캐피탈이 속한 시장에서의 경쟁제한이나 경제력집중 강화에 있었다고 보기 어렵다고 판시하였다.

그런데 계열회사를 위한 차별취급의 주된 의도를 판단함에 있어서 경제력집중의 심화 여부를 고려하는 것에 대해서는 이를 비판하는 의견이 있다.[192] 입법취지에 비추어 볼 때 여기서 경제력집중이란 일반집중, 즉 국민경제 차원에서 특정 기업이나 기업집단이 차지하는 비중을 의미하는바, 차별취급으로 인하여 계열회사에게 유리한 조건에 따른 이익이 귀속될 경우에 결국 해당 기업집단으로 경제력집중이 심화될 것이라는 점을 근거로 제시하고 있다. 위 주장이 결론적으로는 타당하

189) 대법원 2007.2.23. 선고 2004두14052 판결; 대법원 2004.12.9. 선고 2002두12076 판결; 대법원 2017.7.11. 선고 2017두39303 판결 외.

190) 대법원 2004.12.9. 선고 2002두12076 판결.

191) 대법원 2007.2.23. 선고 2004두14052 판결.

192) 홍명수, 앞의 글(2006), 203-204면.

나, 차별취급행위로 인하여 행위자의 개별시장에서의 시장지배적 지위가 다소 강화될 수는 있겠지만 그로 인하여 경제력집중이 심화되는지 여부와 그 정도까지를 정확하게 추단하기는 곤란하다는 점에서 위 주장의 논지는 적절하다고 보기 어렵다. 법문의 문리적 해석상 계열회사를 유리하게 하려는 의도이면 족하고, 차별취급의 효과인 경쟁제한이나 경제력집중을 주관적 의도의 내용으로 보기는 어려우며, 대법원의 태도와 같이 의도 요건을 매우 제한적으로 해석할 이유가 없기 때문이다. 사견으로는 계열회사를 유리하게 하려는 의도가 있었는지가 중요하며, 대법원이 그것이 해당 차별취급의 '주된' 의도일 것까지 요구하는 것은 합리적 근거를 찾기 어려워 보인다.

다. 정당한 이유의 부존재

시행령은 정당한 이유 없이 자기의 계열회사를 현저히 유리하게 취급하는 행위를 금지하고 있으므로(영 [별표 2] 2. 다.), 가격 등 거래조건이나 거래내용 등에 관하여 계열회사에 대해 현저하게 유리하거나 계열회사의 경쟁사업자에 대해 현저하게 불리하게 취급하였을 경우에는 원칙적으로 위법성이 인정된다. 이러한 행위는 통상 계열회사의 퇴출을 막아 시장기능을 저해하거나 경제력집중을 심화시켜 공정한 거래를 저해할 우려가 크기 때문이다.[193] 판례 또한 이와 같은 취지에서 계열회사를 위한 차별의 경우 부당성에 대한 입증책임이 사업자에게 전환된 것으로 해석하고 있다. 즉, 대법원은 "대한주택공사" 판결[194]에서 계열회사를 위한 차별의 경우에 "정당한 이유가 없는 한 위법한 것으로 문언을 달리하여 규정하고 있는 취지는, 이러한 형태의 차별은 경쟁력이 없는 기업집단 소속 계열회사들을 유지시켜 경제의 효율을 떨어뜨리고 경제력집중을 심화시킬 소지가 커서 다른 차별적 취급보다는 공정한 거래를 저해할 우려가 많으므로 외형상 그러한 행위유형에 해당하면 일단 공정한 거래를 저해할 우려가 있는 것으로 보되, 공정한 거래를 저해할 우려가 없다는 입증책임을 행위자에게 부담하도록" 하는 것이라고 판시하고 있다.

위 판결은 입증책임과 관련하여 다소 혼선을 주고 있는 것으로 보인다. 정당한 이유가 없는 한 공정거래저해성을 입증함이 없이 원칙적으로 금지되는 행위유형의 경우 사업자는 정당한 이유를 소명하고 공정거래위원회가 이를 인정하면 위법성이

193) 정호열(제6판), 397면.
194) 대법원 2001.12.11. 선고 2000두833 판결.

부인된다. 즉, 이때에는 공정거래저해성 유무가 처음부터 금지요건에 해당하지 않게 되는 것이다. 결국 위 판결의 취지를 종합해보자면, 계열회사를 위하여 차별취급을 한 사업자는 공정거래를 저해할 우려가 없다는 점을 보이거나 그러한 차별에 정당한 이유가 있음을 들어 위법성을 다툴 수 있는 것으로 해석할 수 있다. 다만, 공정거래저해성의 부존재와 정당한 이유의 존재란 그 법적 성격이나 판단기준이 다른 것이어서 양자를 공히 위법성 조각사유로 파악하는 방식이 법리적으로 타당한지는 여전히 논란의 대상이 될 수 있다.

심사지침은 판례와 같은 맥락에서 계열회사를 위한 현저한 차별이 인정되는 경우에 원칙적으로 경쟁제한성 또는 경제력집중의 우려가 있는 것으로 보되, 사업자가 정당한 이유를 소명하여 인정될 경우에는 법위반으로 보지 않을 수 있다고 한다(심사지침 V. 2. 다. (2)). 그런데 심사지침은 정당한 이유와 관련하여 납득하기 어려운 설명을 하고 있다. 즉, 계열회사를 위한 차별취급으로 인한 효율성 증대효과나 소비자후생 증대효과가 경쟁제한효과를 현저히 상회하는 경우나 차별취급을 함에 있어 기타 합리적 사유가 있다고 인정되는 경우 등을 규정하고 있는바, 계열회사를 위한 현저한 차별이 인정될 경우에는 원칙적으로 경쟁제한성이나 경제력집중 우려가 있는 것으로 간주한다면서 사업자가 소명해야 하는 정당한 이유의 하나로 경쟁제한효과와 효율성이나 소비자후생 증대효과의 비교형량을 요구할 경우에는 결국 사업자가 경쟁제한효과와 그 정도까지 증명해야 하는 결과가 되어 부당하기 때문이다.

기타 차별취급의 합리적 이유와 관련하여 단순한 사업경영상 또는 거래상의 필요성이나 합리성이 인정된다는 사정만으로 곧 그 위법성이 부인되는 것은 아니다. 다만, 판례는 일관되게 차별취급의 원인이 된 사업경영상의 필요성 등은 다른 사유와 아울러 공정한 거래질서의 관점에서 평가하여 공정거래저해성의 유무를 판단함에 있어서 고려요인의 하나가 될 수 있다고 한다.[195] 이때, 사업경영상의 필요성을 회사의 존속을 위하여 불가피한 수단임이 객관적으로 명백한 경우에 한정해서 고려할 수 있다고 보는 견해도 있다.[196] 생각건대, 경영상의 필요성을 넓게 해석하여 동 금지의 실효성을 떨어뜨릴 위험도 경계하여야 하나, 현저성 판단이 모호할

195) 대법원 2007.2.23. 선고 2004두14052 판결; 대법원 2004.12.9. 선고 2002두12076 판결.
196) 홍명수, 앞의 글(2006), 205면.

뿐만 아니라 경쟁제한효과 등에 대한 입증이 없어도 원칙적으로 계열회사를 위한 차별을 금지하는 태도에 비춰볼 때 이를 지나치게 제한하여 해석하는 것도 과잉금지의 우려를 가져온다는 점에서 비용절감이나 안정적인 거래처확보의 필요성 등 객관적으로 납득할 만한 합리적인 사유를 소명하는 것으로 족하다고 보는 것이 무난하다.

한편, 위 "CJ CGV" 사건을 살펴보면 공정거래위원회가 계열 배급사가 공급한 영화를 상영회차나 상영관 규모, 현장 마케팅 등에 관하여 비계열 배급사가 공급한 영화에 비하여 유리하게 취급한 행위를 문제 삼았던 태도에서 수직계열화에 관한 근본적인 의문이 제기될 수밖에 없다. 수직계열화가 이루어진 계열회사들 사이의 거래에서 차별취급이란 처음부터 수직계열화에 내재된 본질적인 속성이라고 볼 수는 없는가? 이때에도 차별취급을 원칙적으로 금지한다면 결과적으로 수직계열화의 장점을 부인하는 것은 아닌가? 수직계열화에 따른 차별취급이 정당한 이유로 고려될 여지는 있는가?

생각건대, 기업집단의 형성과 마찬가지로 수직계열화의 첫 번째 장점은 거래비용의 절감이다. 수직계열화가 반드시 기업집단 차원에서 이루어졌는지와 상관없이 해당 회사들은 서로 거래상 우대할 합리적인 유인이 존재한다. 예컨대, 원자재업체와 완제품업체가 수직계열화를 추진한 경우에는 원자재의 공급상 애로가 발생한 경우에 계열관계에 있는 완제품업체에게 1차적으로 물량을 공급하게 마련이다. 이 또한 외관상 거래조건의 차별에 해당할 것이다. 쉽게 말해서 수직계열화 그 자체가 본질적으로 차별취급을 예정하고 있는 것이며, 이를 원칙적으로 금지한다는 현행법의 태도는 타당하지 않다. 계열관계의 형성을 금지하지 않고 있는 현행법 하에서 계열회사에게 보다 무거운 평등취급의무를 부과할 합리적 근거를 찾기 어렵다. 입법론으로 계열회사를 위한 차별의 경우에는 공정거래위원회가 적극적으로 차별의 현저성과 공정거래저해성을 입증하도록 하는 방향으로 시행령을 개정할 필요가 있다.

5. 집단적 차별

집단적 차별이란 집단으로 특정사업자를 부당하게 차별적으로 취급하여 그 사업자의 사업활동을 현저하게 유리하거나 불리하게 하는 행위를 말한다(영 [별표 2]

제2호 라.). 공동의 거래거절과 마찬가지로 2 이상의 사업자가 집단으로 차별한다는 점에서 부당한 공동행위와 일정 부분 중첩될 소지가 있다. 부당한 공동행위와 달리 집단적 차별취급은 복수의 사업자들 사이에 차별에 관한 합의가 없더라도 성립할 수 있으며, 실제로 차별행위가 행해져야 한다. 차별취급에 참가하는 복수의 사업자들이 반드시 현실적 또는 잠재적 경쟁관계에 있을 필요는 없고, 차별취급의 상대방은 특정사업자이다(심사지침 V. 2. 라. (1) (다)).[197]

공정거래위원회가 현재까지 집단적 차별을 문제 삼은 사례는 없고, 법원의 판결도 내려진 바 없다. 여기에 해당하는 경우란 ① 복수의 사업자가 특정사업자에 대해 동시에 합리적인 이유 없이 가격차별 또는 거래조건 차별 등을 행하는 경우 또는 ② 합리적 이유 없이 복수의 판매업자와 제조업자가 공동으로 판매단계에서 경쟁관계에 있는 특정사업자에 대하여 차별적으로 높은 가격을 책정함으로써 그의 사업활동을 곤란하게 하고 그 결과 당해 시장에서의 경쟁에 영향을 미치는 경우, ③ 복수의 제조업자가 공동으로 덤핑판매를 하거나 온라인판매를 한다는 이유만으로 특정판매업자에 대하여 공급가격을 다른 판매업자에 비하여 비싸게 책정함으로써 사업활동을 현저히 불리하게 하고 다른 판매업자를 경쟁상 우위에 서게 하는 경우가 있다(심사지침 V. 2. 라. (4)).

Ⅲ. 경쟁사업자의 배제

1. 의 의

경쟁사업자 배제란 부당하게 경쟁사업자를 시장에서 배제하는 행위를 말한다(법 제45조 제1항 제3호). 공정거래법상 불공정거래행위의 하나인 경쟁사업자 배제는 오로지 가격책정을 통한 배제만을 포섭하고 있으며, 크게 부당염매(가목)와 부당고가매입(나목)으로 나뉜다(영 [별표 2] 제3호). 염매의 상대방에는 사업자와 소비자가 포함되나, 고가매입의 상대방에 소비자는 포함되지 않는다(심사지침 V. 3. 가. (1) (라) 내지 나. (1) (나)). 또한 경쟁사업자란 통상 현실적으로 경쟁관계에 있는 사업자뿐만 아니라, 부당염매를 규제하는 취지가 시장지배적 지위의 남용을 사전에 예방하는 데 있다는 점에서 시장진입이 예상되는 잠재적 경쟁사업자를 포함한다.[198]

197) 정호열(제6판), 399면.

시장경제에서 사업자들이 가격경쟁을 하는 것은 가장 전형적인 경쟁수단이자 경쟁양상이며, 혁신이나 소비자후생의 관점에서도 매우 장려할 일이다. 그러나 대표적으로 부당염매는 현저히 낮은 가격으로 경쟁사업자를 배제시킨 후 독점적 지위를 구축할 경우에 결국 시장구조를 단기적으로 악화시키고 소비자후생을 저하시킬 수 있다는 점에서 이를 금지할 필요가 있다.[199]

이러한 맥락에서 부당염매와 부당고가매입은 경쟁사업자를 배제하기 위한 경쟁수단의 불공정성 또는 그 결과 야기될 수 있는 경쟁질서의 침해를 방지하는 데에서 이를 금지하는 취지를 찾을 수 있다. 경쟁사업자 배제가 성립하기 위해서 배제의 주관적 의도가 표현될 필요는 없으며, 객관적으로 그러한 목적을 추단할 수 있으면 족할 것이다.[200] 심사지침상 관련시장에서 자기 또는 계열회사의 경쟁사업자를 배제시킬 우려가 있으면 족하며, 이때 배제의 우려란 경쟁제한성으로 이해되고 있다(심사지침 Ⅴ. 3. 가. (2) ㈎ 내지 나. (2) ㈎). 그런데 불공정거래행위로서 경쟁사업자 배제 여부가 다투어지는 경우에 시장지배적 사업자가 아닌 사업자의 저가 또는 고가의 가격책정으로 인하여 경쟁사업자가 시장에서 배제되는 상황을 상정하기란 지극히 어렵다.[201] 그리고 경쟁사업자의 사업활동이 상당히 어려워질 우려가 있으면 족하고 부당염매 또는 부당고가매입으로 인하여 경쟁사업자의 사업활동이 실제로 곤란하게 될 것을 요하지 않는다고 해석하는 것이 타당하다.[202]

2. 부당염매

가. 행위요건

(1) 염매의 의미

염매란 자기의 상품 또는 용역을 공급함에 있어서 정당한 이유 없이 그 공급에 소요되는 비용보다 현저히 낮은 대가로 계속하여 공급하거나 그 밖에 부당하게 상품 또는 용역을 낮은 대가로 공급함으로써 자기 또는 계열회사의 경쟁사업자를 배제시킬 우려가 있는 행위라 한다(영 [별표 2] 제3호 가.).

---

198) 대법원 2001.6.12. 선고 99두4686 판결.
199) 정호열(제6판), 400면.
200) 이기수·유진희, 경제법(제9판), 세창출판사, 2012, 232면.
201) 이봉의, 앞의 글(2002), 362면.
202) 신현윤(제8판), 293면.

과거 시행령은 염매를 '계속거래상의 염매행위'와 '장기거래계약상의 염매행위'로 나누고 있었는데, 1997년 개정[203)]을 통하여 현재와 같이 개정되면서 지속적이지 않은 부당염매도 금지할 수 있도록 그 적용범위가 확대되었다. 심사지침상 전자를 '계속적 염매'로, 후자를 일회 또는 단기간(1주일 이내)에 걸쳐 이루어지는 '일시적 염매'라 한다(심사지침 Ⅴ. 3. 가. (1) ㈎ 내지 ㈐). 전자의 경우 시행령은 공급비용을 기준으로 판단하도록 하고, 후자의 경우에는 그에 대한 기준이 없다. 따라서 전자와 같은 기준으로 판단하여야 할 것으로 보인다.[204)]

계속적 염매에서 '공급에 소요되는 비용'이란 제조원가 또는 유통단계의 경우 실제 구입가격(계열관계나 제휴관계와 같은 특수한 사정이 있는 경우에는 일반사업자 간 거래가격을 고려하여 수정된 가격)을 기준으로 한다. 제조원가는 재료비, 인건비, 기타 제조경비와 일반관리비를 포함하여 산정하는바, 복수의 상품을 생산하거나 서비스를 제공하는 사업자의 원가를 산정하는 것은 언제나 매우 어려운 작업이다.[205)] 염매의 계속성 여부는 상당 기간에 걸쳐 반복해서 이루어졌는지를 기준으로 판단하며, 염매하는 행위가 계속·반복되었는지가 관건이다.[206)]

일시적 염매의 경우에 '낮은 대가'를 어떻게 판단할 것인지에 대해서 법령에 아무런 언급이 없다. "현대정보기술" 판결[207)]에서 대법원은 계속거래의 경우에 '공급에 소요되는 비용보다 현저히 낮은 대가'라고 규정하고 있는 이상, 그 밖의 경우에도 '낮은 대가'의 판단은 일응 '공급에 소요되는 비용'을 기준으로 판단하여야 한다고 판시함으로써 양자 모두에 공통된 기준을 적용하여야 한다는 태도를 취한 바 있다. 계속적인 거래와 그 밖의 거래에서 저가 여부를 달리 판단할 마땅한 이유가 없고, 공급비용을 기준으로 판단할 경우 사업자마다 각기 상이한 원가구조를 갖고 있는 상황에서 개별 사업자의 비용구조에 따른 염매 판단이 가능해질 뿐만 아니라, 당해 원가 이상으로 가격을 인상하라는 시정조치를 내림으로써 공정거래위원회가

---

203) 1997.3.31. 개정, 대통령령 제15328호 [별표].

204) 이호영(제6판), 338면.

205) 정호열(제6판), 401면.

206) 1997년 법개정 이전에는 계속거래상의 염매가 규정되어 있었으므로, 다량의 제품을 수회에 걸쳐 나누어 이행하거나 장차 잔여 물량에 대한 거래가 계속될 것으로 예상되는 등 소정의 장기간 동안의 상품을 거래하는 계약인 경우에 계속거래가 인정되었다. 서울고등법원 1997.7.31. 선고 96구21388 판결("캐드랜드" 판결).

207) 대법원 2001.6.12. 선고 99두4686 판결.

거래단계에서의 가격경쟁에 지나치게 개입하지 않게 된다는 이점이 있으며, 그나마 '원가'가 객관적이고 투명하게 산정될 수 있다는 점을 고려할 때 일응 타당하다.

이때 요구되는 '공급비용'의 산정과 관련해서 위 사건의 원심인 서울고등법원은 "제조업체의 경우 고정비와 변동비 모두를 포함한 총원가를 기준으로 저가 여부를 판단하여야 할 것이고, 시장상황의 악화, 수요감퇴 등으로 말미암아 고정비를 포함한 가격으로는 정상적인 판매가 불가능하여 변동비만을 상회하는 금액으로 가격을 정하고 가격과 변동비의 차액으로 고정비 일부에 충당할 수밖에 없게 된 경우에 그러한 사정은 부당성 유무의 판단의 한 요소로 고려되어야 할 것"이라고 판시하였다.[208]

(2) 약탈가격과 염매의 관계

법 제5조 제1항 제5호 전단의 경쟁사업자 배제행위의 한 유형으로서 시행령은 '약탈가격 책정행위'(predatory pricing)를 금지하고 있다(영 제9조 제5항 제1호). 또한 법 제45조 제1항 제3호에서는 불공정거래행위의 한 유형으로서 경쟁사업자 배제행위를 규정하고, 시행령이 부당염매행위를 그 해당 유형의 하나로 두고 있다. 일견 매우 유사해 보이는 양자의 판단기준은 어떻게 다른가?

남용으로서 약탈가격은 시장지배적 사업자가 '통상거래가격'에 비하여 낮은 가격을 설정하여 경쟁사업자를 배제하려는 의도를 갖는지 또는 경쟁사업자 배제의 효과를 야기할 우려가 있는지를 기준으로 판단한다. 이에 비해 염매행위의 경우에는 주로 '공급비용' 내지 원가에 비하여 낮은 대가를 통하여 경쟁사업자를 배제시킬 우려가 있는지를 기준으로 판단한다.[209] 대법원은 부당염매를 규제하는 취지가 시장지배적 지위의 남용을 사전에 예방하는데 있다는 입장을 취함으로써 양자 간에 본질적인 차이가 있다고 보지는 않았다.[210] 이와 달리, 부당염매의 위법성을 약탈가격행위와 동일하게 보아 시장지배적 지위에 있거나 그 전 단계에 있는 사업자의 염매행위로 국한해서 금지하려는 태도는 적절하지 않다는 비판도 있다.[211] 그런데 독일 부정경쟁방지법에서도 경쟁사업자 방해행위의 한 유형으로 염매행위를 금지하고 있지만, 실제 시장지배적 지위를 보유하지 않은 사업자의 염매행위를 금지

208) 서울고등법원 1999.2.11. 선고 98누9181 판결.
209) 신현윤(제8판), 294면.
210) 대법원 2001.6.12. 선고 99두4686 판결("현대정보기술" 판결).
211) 정호열(제6판), 400-401면.

한 예는 찾기 어렵다. 공정거래위원회 역시 부당염매로 보아 시정명령을 내렸다가 추후 그 처분을 다투는 소송에서 승소한 예가 거의 없을 뿐만 아니라[212] "현대정보기술" 판결[213] 이후 공정거래위원회가 부당염매행위를 이유로 법 제45조를 적용하여 제재를 가한 적도 없다. 시장지배적 지위를 갖지 않는 사업자가 염매를 통하여 경쟁사업자를 시장에서 배제시킬 수 있는 경우를 상정하기 어렵다는 점에서 법 제45조의 부당염매행위가 적용되는 사건은 앞으로도 드물 것으로 보인다. 물론 시장지배적 지위와 무관한 사업자의 염매행위가 다른 사업자의 사업활동을 방해하거나 다른 경쟁자의 고객을 자기와 거래하도록 유인하는 경우가 있을 수 있는바, 이 경우에는 그 밖의 사업활동 방해나 과대한 이익제공에 의한 고객유인 등 여타의 불공정거래행위로 금지될 수 있다.

끝으로 공정거래법상 약탈가격이나 부당염매는 미국 셔먼법상 약탈적 가격책정과 그 요건을 달리하고 있는 점에 유의하여야 한다. 미국법상 약탈가격은 셔먼법 제2조의 '독점화 내지 독점화시도'(monopolization or attempt to monopolize)의 일 유형으로서 금지되고 있다.[214] 실무에서는 입증이 상대적으로 용이한 '독점화시도'로 문제 삼는 것이 일반적인데, 이 경우에는 독점화 의도, 약탈적 행위 및 경쟁자 배제 후 '손실보전의 가능성'(recoupment test)이 입증되면 족한 것으로 되어 있다. 그리고 셔먼법 제2조 사건에서는 '원가 이하의 가격'과 '추후 손실보전의 가능성'을 인정할 수 있어야 하기 때문에, 언제나 사업자의 독점력 내지 '독점에 준하는 지위'(near monopoly power)가 인정되지 않으면 안 된다.

그러나 경쟁을 저해할 수 있는 약탈가격이 현실적으로 가능한지에 대해서는 시카고학파를 중심으로 적지 않은 비판이 제기되고 있으며, 그에 따르면 제품별 원가를 산정하는 작업은 기술적으로 매우 곤란할 뿐만 아니라 과점시장에서조차 손실분의 보상은 가격담합에 의하지 않고는 실현불가능하고, 자칫 독점금지법의 적용이 가격경쟁만을 제한하는 결과를 가져올 수도 있다고 한다.[215] 이러한 입장에서

---

212) 정재훈, 앞의 글, 16면.

213) 대법원 2001.6.12. 선고 99두4686 판결.

214) 약탈적 가격책정이 특정 지역이나 특정 거래상대방에 한하여 차별적으로 이루어지는 경우에는 로빈슨-패트만법(Robinson-Patman Act) 제2조a에 의해서 규제된다. 자세한 내용은 Lawrence Anthony Sullivan/Warren S. Grimes, The Law of Antitrust, 2000, p. 143 ff.

215) 대표적으로 Jonathan Baker, "Predatory Pricing After Brooke Group: An Economic Perspective", 62 Antitrust L.J. 585, 1994.

1986년에 연방대법원은 약탈가격을 매우 제한적으로 파악하는 입장을 취한 바 있으나,[216] 현실적으로 사업자가 언제나 단기적인 이윤극대화만을 추구하는 것은 아니고 현재 계산가능한 비용에 비하여 장래의 잠재적 이익을 평가하는 일은 다분히 주관적 판단에 좌우되기 때문에 일종의 전략적 행위로서 약탈가격이 충분히 가능하다는 주장도 만만치 않다.[217]

나. 부당성

(1) 경쟁사업자 배제 우려와 부당성 판단의 이원화

시행령 [별표 2] 제3호의 문언을 충실하게 해석하자면 염매를 통하여 자기 또는 계열회사의 경쟁사업자를 배제하는 행위가 존재하여야 하고, 그러한 행위가 공정한 거래를 저해할 우려가 있는 경우에만 불공정거래행위가 성립한다. 이때 경쟁사업자 배제 우려는 실제로 경쟁사업자를 배제할 필요는 없고 여러 사정으로부터 그러한 결과가 초래될 '추상적 위험성'이 인정되는 정도로 족하다.[218] 그런데 공정거래법상 주로 경쟁제한성을 이유로 금지되는 불공정거래행위들을 고려할 때 '경쟁사업자 배제 우려'란 시장에 미치는 효과를 가리키는 것으로서 행위요건이라기보다는 다분히 부당성의 핵심징표에 해당한다. 다만, 후술하는 바와 같이 경쟁사업자 배제 우려가 있더라도 그 밖의 여러 사정을 감안하여 공정거래저해 여부를 살펴보아야 함은 물론이다.

계속적 염매의 경우에는 정당한 이유 없는 한 원칙적으로 위법하고, 일시적 염매는 적극적으로 부당성이 인정되어야 위법하다(영 [별표 2] 제3호 가.). 대법원도 "현대정보기술" 판결[219]에서 계속거래상의 부당염매와 그 밖의 거래상의 부당염매의 부당성 판단을 이원적으로 제시한 바 있다. 즉, 대법원은 전자의 경우 사업자가 채산성이 없는 낮은 가격으로 상품 또는 용역을 계속하여 공급하는 것을 가리키므로 그 행위의 외형상 그에 해당하는 행위가 있으면 정당한 이유가 없는 한 공정한 거래를 저해할 우려가 있다고 보아야 하지만, 후자의 경우 그 행위태양이 단순히 상품 또는 용역을 낮은 가격으로 공급하는 것이어서 그 자체로 이를 공정한 거래를

216) Matsushita Elec. Indus. Co. v. Zenith Radio Corp., 475 U.S. 574, 589(1986); Cargill, Inc. v. Monfort of Colorado, Inc., 479 U.S. 104 (1986).
217) Sullivan/Grimes, Ibid, p. 145 ff.
218) 대법원 2001.6.12. 선고 99두4686 판결.
219) 위의 판결.

저해할 우려가 있다고 보기 어렵기에 부당하게 행하여진 경우라야 공정한 거래를 저해할 우려가 있다고 하였다.

(2) 일시적 염매의 부당성과 경쟁사업자 배제효과

대법원은 "현대정보기술" 판결[220]에서 일시적 염매행위의 부당성의 유무는 당해 염매행위의 의도, 목적, 염가의 정도, 반복가능성, 염매대상 상품 또는 용역의 특성과 그 시장상황, 행위자의 시장에서의 지위, 경쟁사업자에 대한 영향 등 개별 사안에서 드러난 여러 사정을 종합적으로 살펴 그것이 공정한 거래를 저해할 우려가 있는지의 여부에 따라 판단하여야 한다고 판시하였다. 그러면서 대법원은 일시적 부당염매행위의 부당성은 경쟁사업자를 배제시킬 우려를 기준으로 판단하되, 실제로 경쟁사업자를 배제할 필요는 없고 여러 사정으로부터 그러한 결과가 초래될 추상적 위험성이 인정되는 정도로 족하다고 하였다. 그러면서 원심이 원고의 경쟁사업자를 이 사건 입찰에 참가한 위 소외 회사들로만 한정한 것과 경쟁사업자를 배제시킬 우려는 어느 정도 구체성을 가져야 한다고 본 것은 잘못이라고 하였다. 그런데, 추상적 위험성과 구체적 위험성의 의미가 무엇인지는 명확하지 않다.

이 사건에서 공정거래위원회는 경쟁입찰에서 최소한의 인건비도 반영되지 않은 저가입찰행위로 낙찰받은 것을 부당하다고 보았던 것과 달리, 대법원은 1회성에 그치는 원고의 이 사건 입찰행위를 가리켜 이를 경쟁사업자를 배제시킬 위험성이 있는 행위라고 단정하기는 어렵다고 하였다. 이후 공정거래위원회는 1원 입찰이라고 하여도 곧바로 부당염매로 보지 않고, 문제의 행위의 경쟁자 배제효과를 종합적으로 고려하여 판단하였다.[221]

염매행위는 소비자에게 이익을 주기 때문에 그 자체로 문제되는 것이 아니고, 이로 인하여 경쟁질서가 저해될 수 있다는 점에서 금지되는 것이다. 염매행위가 경쟁사업자 배제행위의 하나로서 금지되는 이유는 특정한 경쟁사업자의 이익을 침해하는 것을 막는 것을 넘어서 경쟁사업자를 배제하기 위한 불공정한 경쟁수단 또는 그로 인해 야기된 공정경쟁 또는 거래질서의 침해를 막기 위한 것이다. 이를 위하여 문제된 행위의 가격이 통상의 거래가격이나 공급비용에 비하여 현저히 낮고 이러한 행위가 경쟁사업자 배제효과를 가져올 것인지를 검토해야 한다. 부당염매의

220) 대법원 2001.6.12. 선고 99두4686 판결.

221) 권오승·서정(제4판), 431면; 신동권(제3판), 729면 각주 163.

부당성은 자신의 성과와 무관하게 경쟁사업자의 정당한 이익을 침해하여 궁극적으로 공정거래저해성이 인정되는 경우를 기준으로 판단하는 것이 적절하다.

3. 고가매입

고가매입행위란 부당하게 상품 또는 용역을 통상거래가격에 비하여 높은 대가로 구입하여 자기 또는 계열회사의 경쟁사업자를 배제시킬 우려가 있는 행위라 한다(영 [별표 2] 제3호 나.). 이러한 행위는 통상적인 가격보다 현저히 높게 구매하여 품귀현상을 가져와 경쟁사업자를 배제하고자 한, 필수적인 원료의 매점행위와 같은 경우 위법할 수 있다.[222] 이러한 행위는 염매행위와 마찬가지로 계속적인 경우뿐만 아니라 1회적인 경우라도 위법할 수 있다.

부당고가매입의 경우 부당염매행위에 비해서 의미 있는 판례를 발견하기가 더욱 어렵다. 부당고가매입행위에 해당되는 경우란 ① 합리적 이유 없이 제품의 생산·판매에 필수적인 요소를 통상거래가격에 비하여 높은 대가로 매점하여 자기 또는 계열회사의 경쟁사업자가 시장에서 배제될 수 있을 정도로 사업활동을 곤란하게 하는 행위 또는 ② 신규로 시장에 진입하려는 사업자를 저지하기 위한 목적으로 그 사업자가 필요로 하는 상품 또는 용역을 통상 거래가격 보다 높은 가격으로 매점함으로써 사실상 진입을 곤란하게 하는 행위가 있다(심사지침 Ⅴ. 3. 나. (4)).

Ⅳ. 고객유인

1. 의 의

부당한 고객유인이란 부당하게 경쟁사업자의 고객을 자기와 거래하도록 유인하는 행위를 말한다(법 제45조 제1항 제4호).[223] 이는 다시 부당한 이익에 의한 고객유인(가목), 위계에 의한 고객유인(나목), 그 밖의 부당한 고객유인(다목)으로 나뉜다(영 [별표 2] 제4호). 이익제공의 상대방에는 소비자뿐만 아니라 사업자도 포함된다(심사지침 Ⅴ. 4. 가. (1) (다) 내지 나. (1) (다), 다. (1) (나)). 경쟁사업자의 고객이란 경쟁사업자

222) 권오승·서정(제4판), 431면; 신현윤(제8판), 296면.

223) 공정거래위원회는 특수불공정거래행위로서, 고객유인행위로서 무가지 및 경품류 제공에 관해서는 신문업 고시를, 위계에 의한 표시, 광고에 의한 고객유인에 관해서는 표시·광고법을 적용하고 있다.

와 기존의 거래관계가 유지되고 있는 상대방에 한정되지 아니하고, 새로운 거래관계를 형성하는 과정에서 경쟁사업자의 고객이 될 잠재적 가능성이 있는 상대방까지도 포함된다.[224)]

부당한 고객유인행위는 부당한 이익을 제공하거나 위계에 의하여 오인을 유발하는 방법으로 고객을 유인한다는 점에서 경쟁수단의 불공정성으로 인한 공정한 경쟁질서 및 소비자선택권을 침해하게 된다.[225)] 나아가 그로 인해 경쟁사업자의 정당한 이익을 침해할 소지도 있다.[226)] 위계와 달리 이익제공을 통하여 고객을 유인하는 행위는 정상적인 경쟁행위이고 소비자에게도 편익을 제공할 수 있다. 따라서 이익제공 그 자체를 금지하는 것이 아니라, 성과경쟁 또는 '장점에 의한 경쟁'(competition on the merits)이 아니라 정상적인 거래조건에 의하지 않거나 과대한 경제상 이익을 제공하여 공정한 거래를 저해할 우려가 있는 경우에만 부당한 것이다.[227)]

2. 부당한 이익에 의한 고객유인

가. 행위요건

부당한 이익에 의한 고객유인행위란, 정상적인 거래관행에 비추어 부당하거나 과대한 이익을 제공 또는 제공할 제의를 하여 경쟁사업자의 고객을 자기와 거래하도록 유인하는 행위다(영 [별표 2] 제4호 가.). 이익제공 또는 제의의 방법에는 제한이 없으며, 표시·광고를 포함하고, 부당한 이익이란 적극적 이익제공뿐만 아니라 소극적 이익제공 등 모든 경제적 이익이 포함된다고 한다(심사지침 V. 4. 가. (1) (나)). 이러한 행위에는 배타조건부거래를 하는 대가로서 판촉지원금이나 판매장려금을 주거나 각종 리베이트를 제공하는 경우에도 해당될 수 있다. 대법원은 특정기간 동안 이루어진 고객유인행위들을 하나의 고객유인행위로 인정하고 있다.[228)]

---

224) 대법원 2002.12.26. 선고 2001두4306 판결.

225) 대법원 2018.7.12. 선고 2017두51365 판결; 이봉의, 앞의 글(2004-a), 674-675면. 대법원 역시 "한국피앤지" 판결에서 부당한 이익에 의한 고객유인행위를 금지하는 취지는 부당한 이익 제공으로 인하여 소비자의 합리적인 상품 선택을 침해하는 것을 방지하고, 사업자 간의 가격 등에 관한 경쟁을 통하여 공정한 경쟁 질서를 유지하기 위한 데에 있다고 하였다.

226) 신현윤(제8판), 297면; 정호열(제6판), 404면; 정재훈, 앞의 글, 18면.

227) 권오승(제13판), 335면.

228) 신동권(제3판), 740면; 대법원 2010.12.23. 선고 2008두22815 판결; 대법원 2010.11.25. 선고 2009두3268 판결; 대법원 2010.11.25. 선고 2008두23177 판결 등.

나. 부당성

부당한 이익제공의 가장 대표적인 예로 의약품 제조·도매 사업자 혹은 의료기기 판매사업자가 의료기관 내지 의료인에게 리베이트를 제공하는 행위를 들 수 있는데, 이와 관련된 공정거래위원회 심결들이 지금도 꾸준하게 내려지고 있다. "일성신약" 판결[229]에서 대법원은 제약회사들이 병원이나 전문의약품 처방권한이 있는 의사 등에게 부당한 이익을 제공하는 각종 리베이트의 부당성을 인정하였다. 원심[230]은 부당한 고객유인행위란 정상적인 관행에 비추어 통상적인 수준을 넘어서는 이익이라는 점에서 '부당하거나 과대한 이익'이 제공되었고, 객관적으로 고객의 의사결정에 상당한 영향을 미칠 가능성이 있기에 고객유인가능성이 인정되어야 한다고 하면서, 이 사건 행위의 부당성을 인정하였다. 약품의 오남용을 막기 위해 처방권을 의료전문종사자에게 부여한 상황에서 생명 관련 사업으로서 높은 규범성이 요구되는 점에서 그에게 제공된 각종 이익의 규모 등을 고려할 때 부당하거나 과대한 이익임이 인정된다고 보았고, 의사나 의료기관의 의약품에 대한 결정은 최종소비자인 환자의 의약품 구매로 연결될 수밖에 없는데 그러한 의약품 처방증대 및 판매증진을 위한 의도에서 지원행위가 이루어진 점을 고려할 때 고객유인가능성도 인정된다고 보았다. 그리고 대법원은 "한미약품" 판결[231]에서 제약회사의 판매촉진활동이 정상적인 거래관행에 비추어 부당하거나 과다한 이익을 제공한 것인지를 가림에 있어서 투명성, 비대가성, 비과다성을 판단기준으로 삼을 수 있다고 하였다.

"한국피앤지" 판결[232]에서는 값비싼 수입화장품에 의존할 필요가 없다는 광고를 하면서, 공병행사를 통하여 경쟁사업자가 수입, 판매하는 화장품 에센스의 공병을 가져오면 자신이 판매하는 에센스 정품을 무료로 제공하는 행위가 문제되었는데, 대법원은 에센스를 출시하면서 1개월동안 한시적으로 진행된 점, 소비자 입장에서는 두 제품을 모두 사용해 보고 품질과 가격을 비교평가할 기회를 갖는 반면, 무료로 제공받은 에센스를 구입할 것인지의 최종결정은 여전히 소비자의 선택에 맡겨져 있는 점, 경쟁사업자의 에센스는 약 3배 이상 고가인 수입화장품으로서 그 판매처나 구입하는 소비층이 같다고 할 수 없는 점 등을 종합적으로 고려하여 고객

229) 대법원 2010.12.9. 선고 2008두23504 판결.
230) 서울고등법원 2008.11.19. 선고 2008누2868 판결.
231) 대법원 2010.11.25. 선고 2009두9543 판결.
232) 대법원 2014.3.27. 선고 2013다212066 판결.

유인의 부당성을 인정하지 않았다. 아울러 대법원은 고객유인의 부당성 판단과 관련하여 사업자와 경쟁사업자 상품 간의 가격 등 비교를 통한 소비자의 합리적인 선택이 저해되는지 여부, 해당 업계 사업자 간의 공정한 경쟁질서가 저해되는지 여부와 함께 사업자가 제공하는 경제적 이익의 정도, 제공의 방법, 제공기간, 이익 제공이 계속적·반복적인지 여부 등을 종합적으로 고려하여야 한다고 판시하였다.

한편, "KNN 라이프" 판결[233)]에서 대법원은 거래질서 전반에 미치는 영향 등 다양한 사정을 종합적으로 고려하여 부당성을 인정하였다. 대법원은 경쟁 상조회사들의 다수 고객들에게 계약을 해지하고 자신과 상조거래계약을 체결하면 최대 36회차분까지 납입금 지급 의무를 면제해주는 내용의 이관할인이 부당하다고 판단하였다. 그 이유로는 고객이 KNN 라이프의 경쟁 상조회사로부터 해약환급금을 받지 않거나 적게 받아서 과다한 이익을 얻었다고 보기 어려운 경우도 일부 있지만, 다수의 사업자가 시장 전반에 걸쳐 이러한 행위를 시행하고 있는 상황에서 이와 같은 고객유인행위에 따른 부담은 결국 상조용역시장 전체의 부담으로 돌아갈 수밖에 없고, 시장 전체의 비효율성을 초래할 수 있는 점, 일반 고객들은 물론 이관할인 방식에 따라 상조계약을 체결한 고객 역시 그에 따른 직·간접적인 부담을 지게 되는 점, 고객들이 상조용역 등의 내용과 질, 상조회사의 신뢰성 등을 기초로 한 합리적인 선택을 하는 데 상당한 지장을 초래할 수 있는 점 등 상조 시장 전체의 경쟁질서나 거래질서에 미치는 부정적 영향을 고려하였다.

3. 위계에 의한 고객유인

가. 행위요건

위계에 의한 고객유인행위란 부당한 표시·광고 외의 방법으로 자기가 공급하는 상품 또는 용역의 내용이나 거래조건 및 그 밖의 거래에 관한 사항에 관하여 실제보다 또는 경쟁사업자의 것보다 현저히 우량 또는 유리한 것으로 고객을 오인시키거나 경쟁사업자의 것이 실제보다 또는 자기의 것보다 현저히 불량 또는 불리한 것으로 고객을 오인시켜 경쟁사업자의 고객을 자기와 거래하도록 유인하는 행위를 말한다(영 [별표 2] 제4호 나.). 전자는 실제보다 우량하거나 유리한 것처럼 거짓·과장

233) 대법원 2018.7.12. 선고 2017두51365 판결. 상고심의 피상고인인 '더 리본'의 상호 변경 전 상호는 'KNN 라이프'이다.

하는 성격이 있고, 후자는 실제보다 불량 또는 불리한 것처럼 은폐·축소하는 의미에서 기만적인 성격이 있다.

(1) 위 계

'위계'란 통상 행위자의 행위목적을 이루기 위하여 상대방에게 오인, 착각, 부지를 일으키게 하고, 그 오인이나 착각·부지를 이용하는 것을 말한다.[234] 그런데 고객유인의 수단으로서 위계 여부를 가리기 위해서는 실제보다 현저히 유리하거나 경쟁자에게 불리한 것으로 고객을 오인시키는지(위계), 즉 문제된 행위 자체가 실제와 얼마나 괴리가 있는지를 먼저 판단하여야 한다.

그 성질상 위계에 의한 고객유인과 같은 맥락에서 이해할 수 있는 것이 허위·과장의 표시·광고인데, 양자 모두 사업자가 고객에 대하여 행하는 정보제공행위를 대상으로 삼고 있다. 다만, 표시·광고법 제3조 제1항에 따른 부당한 표시·광고행위는 소비자를 오인시킬 우려가 있고 나아가 공정거래저해성이 인정되어야 위법하다는 점에서, 추가로 고객유인성이 요구되는 위계에 의한 고객유인행위보다 적용범위가 더 넓다고 볼 여지가 있다.[235] 지금까지 표시·광고 이외의 방법으로 대법원이 위계에 의한 고객유인을 인정한 대표적인 사건으로는 "한국오라클" 판결[236]이 있다. 여기서 대법원은 자신의 제품이 실제보다 또는 경쟁사업자의 것보다 현저히 우량 또는 유리하다고 하거나 경쟁사업자의 제품이 실제보다 또는 자신의 제품보다 현저히 불량 또는 불리하다고 하는 내용을 담고 있는 비교자료를 잠재적 고객에게 제출한 행위는 고객을 위계 또는 기만적인 방법에 의하여 유인한 행위에 해당하고, 나아가 그러한 행위는 고객의 구매의사결정에 영향을 미쳤을 가능성이 있다는 점에서 오인의 우려가 있다고 판시하였다.

위계의 수단으로는 실제와 비교하는 것과 경쟁자의 것과 비교하는 것이 있는데, 후자의 경우에는 비교의 대상이 명확한 반면, 전자의 '실제'가 무엇인지 모호한 측면이 있다. 이러한 경우에는 객관적인 근거가 없거나 불리한 사실만을 제시하는 비방적 성격인 경우에 위계가 인정될 수 있을 것이다.[237] 그런데 상거래에서 모든

---

234) 대법원 2008.3.13. 선고 2007도7724 판결.

235) 홍대식, "공정거래법상 위계에 의한 고객유인행위 판단의 법리 — SK텔레콤 사건에 대한 서울고등법원 판결에 대한 검토", 경쟁법연구 제36권, 2017, 38면.

236) 대법원 2002.12.26. 선고 2001두4306 판결.

237) 홍대식, 위의 글(2017), 41-42면.

사업자는 자신의 상품이나 용역이 실제보다 좋다고 설명하는 것이 당연하다. 따라서 실제와 조금이라도 다르게 설명하였다는 이유만으로 위계를 인정할 수는 없으며, 시행령은 구체적으로 '현저성' 요건을 통하여 '미미한'(marginal) 경우를 금지에서 제외하고 있다(영 [별표 2] 4. 나.). 고객의 입장에서 실제보다 현저히 유리한 것으로 오인될 우려가 있어야 하는 것이다. 이때 현저성 여부를 따지는 작업은 다분히 규범적 가치판단 내지 일정한 법적 평가를 요하며,[238] 이러한 점에서 행위요건을 판단함에 있어서도 규범목적에 비추어 일정한 가치판단을 거쳐야 한다.

위계에 의한 고객유인의 객체가 되는 상대방, 즉 경쟁사업자의 고객은 경쟁사업자와 기존의 거래관계가 유지되고 있는 상대방에 한정되지 아니하고, 새로운 거래관계를 형성하는 과정에서 경쟁사업자의 고객이 될 가능성이 있는 상대방까지도 포함된다.[239]

(2) 고객유인성

이어서 위계가 인정되는 경우에도 그 결과 경쟁사업자의 고객을 자기와 거래하도록 유인하는지를 살펴보아야 한다.[240] 위계와 고객유인성은 별개의 요건이기 때문이다. 동법의 목적과 법문의 명시적인 요건에 비추어 볼 때 비록 위계라는 용어가 갖는 부정적인 뉘앙스에도 불구하고 위계만으로 곧바로 당연위법(*per se* illegal)으로 볼 수는 없고,[241] 그로 인하여 경쟁사업자의 고객을 끌어들일 가능성이 있어야 한다. 상거래에서 어느 정도의 위계는 일상적인 현상일 뿐만 아니라, 설사 행위 자체에는 위계 내지 위계적 요소가 존재하더라도 거래상대방(고객)에게 별다른 유인효과를 기대할 수 없는 경우도 적지 않기 때문이다.

여기서 고객유인성이란 위계로 인하여 객관적으로 경쟁사업자의 고객이 오인할 우려가 있는 것으로 족하고, 반드시 오인의 결과가 발생하여야 하는 것은 아니

---

238) 홍대식, "사법적 관점에서 본 불공정거래행위", 경쟁법연구 제18권, 2008, 224면 이하.

239) 대법원 2002.12.26. 선고 2001두4306 판결.

240) 불공정거래행위를 행위자요건, 행위요건 및 위법성요건으로 3분하는 견해도 있다. 홍대식, 앞의 글(2008), 221면 이하에 따르면, 이러한 요건구분은 공정거래법상 포착금지요건으로 볼 수 있는 행위만으로는 위법성 판단을 내릴 수 없음을 시사한다는 점에서 중요한 의미를 갖는다.

241) 대륙법계를 취하고 있는 우리나라의 경우 공정거래법상 당연위법의 유형은 존재하지 않으며, 심지어 동법 제46조 제1항에서 재판매가격유지행위 그 자체를 추가적인 부당성을 요하지 않고 금지하고 있음에도 불구하고, 판례는 일관되게 이 경우에도 정당한 이유가 주장·입증되는 경우 위법성이 조각될 수 있다고 판시하고 있다. 요컨대, 공정거래법은 일정한 행위 요소만으로 위법성을 추단하는 예가 없는 것이다.

며, 오인의 우려란 고객의 상품에 대한 선택에 영향을 미칠 가능성 또는 위험성을 의미한다.[242] 오인에 대한 사업자의 주관적인 의도가 있어야 하는 것은 아니다.[243] 특정 행위 자체에 위계적 요소가 내재하더라도 거래상대방 내지 고객이 이를 중요하게 고려하지 않거나 이미 위계적 요소를 인지하고 있는 경우에는 유인이 발생할 우려가 없다. 거래상대방의 의사형성과정에 영향을 미치지 않기 때문이다. 이때, 고객이 오인할 우려가 있는지를 판단함에 있어서 위계의 결과로 고객이 거래처를 전환하여 '자기'와 거래할 가능성이 없는 경우에는 단순한 비방에 불과할 뿐 고객유인에는 해당하지 않는다는 점에 유의하여야 한다.[244]

나. 부당성

위계에 의한 고객유인이 부당하려면 추가로 공정거래저해성이 인정되어야 한다.[245] 위계에 의한 고객유인행위를 금지하는 취지는 위계 또는 기만행위로 소비자의 합리적인 상품선택을 침해하는 것을 방지하는 한편, 사업자 간의 가격 등에 관한 경쟁을 통하여 공정한 경쟁질서 내지 거래질서를 유지하기 위한 데에 있다는 점에서, 그러한 행위의 부당성은 결국 위계에 의한 고객유인이 가격과 품질 등에 기초한 바람직한 경쟁질서를 저해하는 불공정한 경쟁수단에 해당되는지 여부를 위주로 판단한다.

공정거래위원회는 "SK텔레콤" 사건에서 이동통신단말기 제조사 3사와 이동통신 3사가 협의하여 공급가 또는 출고가를 부풀려 소비자에게 지급할 약정외 보조금의 재원을 조성하고, 이를 대리점 등을 통해 소비자에게 지급함으로써 소비자로 하여금 고가의 단말기를 할인받아 저렴하게 구매하는 것으로 오인시켜 자신의 이동통신서비스에 가입하도록 유인하여 위계에 의한 고객유인행위를 하였다고 보아 시정조치를 내렸다.[246] 대법원은 이러한 위반행위로 인하여 소비자는 실질적인 할인혜택이 없음에도 할인을 받는 것으로 오인하여 출고가가 높은 단말기를 구매하였고, 할인의 재원이 단말기의 출고가 자체에 이미 포함되었던 것이 아니라 자신이

242) 대법원 2019.9.26. 선고 2014두15047 판결; 대법원 2002.12.26. 선고 2001두4306 판결.

243) 권오승·서정(제4판), 443면; 신현윤(제8판), 299면.

244) 대법원 2002.12.26. 선고 2001두4306 판결.

245) 공정거래법은 공정하고 자유로운 경쟁의 촉진을 1차적인 목적으로 삼고 있으므로, 동법이 금지하는 모든 행위는 마땅히 경쟁관련성을 가져야 한다. 이 점에서 위계라도 경쟁의 관점에서 부당성이 인정되어야 금지할 수 있는 것이다.

246) 공정거래위원회 2012.7.10. 의결 제2012-106호.

이동통신서비스에 가입함에 따라 이동통신사가 얻게 되는 수익 중 일부였다고 오인할 우려가 큰 점 등을 감안할 때 위계에 의한 고객유인행위로서 부당하다고 보았다.[247)]

이어서 고객유인의 '부당성'에 관하여 대법원은 "사업자의 행위로 인하여 보통의 거래경험과 주의력을 가진 일반 소비자의 거래 여부에 관한 합리적인 선택이 저해되거나 다수 소비자들이 궁극적으로 피해를 볼 우려가 있게 되는 등 널리 업계 전체의 공정한 경쟁질서나 거래질서에 미치게 될 영향, 파급효과의 유무 및 정도, 문제 된 행위를 영업전략으로 채택한 사업자의 수나 규모, 경쟁사업자들이 모방할 우려가 있는지 여부, 관련되는 거래의 규모, 통상적 거래의 형태, 사업자가 사용한 경쟁수단의 구체적 태양, 사업자가 해당 경쟁수단을 사용한 의도, 그와 같은 경쟁수단이 일반 상거래의 관행과 신의칙에 비추어 허용되는 정도를 넘는지, 계속적·반복적인지 여부 등을 종합적으로 살펴야 한다."고 판시하였다.[248)] 생각건대, 어떤 상품을 실제보다 싸게 구입하는 것과 같은 외관을 갖추는 마케팅이나 그러한 거래방법은 결국 소비자의 착시효과를 염두에 둔 것으로서, 설사 위계적 요소가 포함되어 있다하더라도 최종적으로는 고객의 입장에서 오인할 가능성 및 경쟁질서나 거래질서에 미치는 영향 측면에서 위법성을 모두 엄밀하게 따져보지 않으면 안 될 것이다.

4. 그 밖의 부당한 고객유인

그 밖의 부당한 고객유인은 경쟁사업자와 그 고객의 거래에 대하여 계약성립의 저지, 계약불이행의 유인 등의 방법으로 거래를 부당하게 방해함으로써 경쟁사업자의 고객을 자기와 거래하도록 유인하는 행위를 의미한다(영 [별표 2] 제4호 다.). 경쟁사업자와 고객의 거래를 방해함으로써 자기와 거래하도록 유인하는 행위가 대상이 되고, 거래방해의 수단에는 제한이 없으며, 부당한 이익제공이나 위계를 제외한 모든 수단이 포함된다. 또한 거래방해의 상대방은 경쟁사업자 또는 경쟁사업자의 고객이고, 경쟁사업자의 고객에는 경쟁사업자와 거래를 한 사실이 있거나 현재

247) 대법원 2019.9.26. 선고 2014두15047 판결.

248) 위의 판결. 이와 동일한 취지로 대법원 2019.9.26. 선고 2014두15740 판결, 대법원 2019.9.26. 선고 2014두4702 판결, 대법원 2019.10.18. 선고 2014두4801 판결, 대법원 2019.10.18. 선고 2015두370 판결 등이 있다.

거래관계를 유지하고 있는 고객뿐만 아니라 잠재적으로 경쟁사업자와 거래관계를 형성할 가능성이 있는 고객이 포함된다(심사지침 V. 4. 다. (1) (나)).

그 밖의 부당한 고객유인행위에 관한 공정거래위원회 심결이나 법원 판결은 아직 없다. 이러한 행위에 해당되는 경우란 ① 경쟁사업자와 고객 간의 거래를 방해하기 위한 목적으로 경쟁사업자와 고객 간 계약의 성립을 저지하거나 계약해지를 유도하는 행위 또는 ② 합리적 이유 없이 자신의 시장지위를 이용하여 판매업자에 대해 경쟁사업자의 제품을 매장 내의 외진 곳에 진열하도록 강요하는 행위가 있다(심사지침 V. 4. 다. (3)).

V. 거래강제

1. 의 의

거래강제란 부당하게 경쟁사업자의 고객을 자기와 거래하도록 강제하는 행위를 말한다(법 제45조 제1항 제5호). 시행령 [별표 2] 제5호에 따르면, 거래강제행위란 끼워팔기(가목), 사원판매(나목), 그 밖의 거래강제(다목)로 나뉜다. 끼워팔기와 그 밖의 거래강제행위로부터의 보호대상에는 사업자와 소비자가 포함된다(심사지침 V. 5. 가. (1) (라) 내지 다. (1) (다)).

이러한 행위로는 가격이나 품질, 또는 서비스에 의한 경쟁에 의하지 않고, 우월적 지위를 이용하여 행위를 '강제'하는 행위가 문제될 수 있다.[249] 사업자가 거래상대방 또는 자사 직원 등으로 하여금 본인의 의사에 반하여 자기 또는 자기가 지정하는 자의 상품 또는 용역을 구입(판매)하도록 강제하는 행위는 시장에서의 지위를 이용하여 고객을 확보하는 행위로서, 불합리한 수단으로 시장지배력의 확장을 도모하며 소비자의 자율적 선택권을 제약하므로 금지된다(심사지침 V. 5.). 거래강제행위의 행위 요건인 '거래강제성'은 단지 거래의 행태를 특징지우는 것이고, 이러한 행위가 부당하기 위해서는 정상적인 관행에 비추어 소비자의 합리적인 선택권을 침해하는 등 공정거래저해성이 인정되어야 한다. 거래강제성이 있는 행위가 반드시 소비자의 합리적인 선택권을 침해하는 것은 아니기 때문이다.[250]

249) 권오승(제13판), 338면.
250) 홍명수, 앞의 글(2015), 63면.

1990년 제2차 법개정[251)]에 따라 공정거래위원회는 불공정거래행위의 유형과 기준을 지정하면서 거래강제행위의 한 유형으로 끼워팔기(tie in sales; tying)와 사원판매를 포함시키고, 종래의 부당한 거래강제를 기타의 거래강제로 규정하였다. 이러한 거래강제행위들은 거래상 지위남용행위의 한 유형인 구입강제나 불이익제공행위 등과 중복될 수 있다. 2015년 개정된 심사지침은 거래강제행위 중 끼워팔기에 대해서는 경쟁제한성을, 다른 행위에 대해서는 경쟁수단의 불공정성을 기준으로, 거래상 지위남용행위의 경우에는 거래내용의 불공정성을 기준으로 공정거래저해성을 판단하도록 하고 있다는 점에서 같은 행위에 대하여 다른 위법성 판단기준을 적용할 수 있다.

2. 끼워팔기

가. 행위요건

끼워팔기(tying)란 거래상대방에 대하여 자기의 상품이나 용역을 공급하면서 정상적인 거래관행에 비추어 부당하게 다른 상품이나 용역을 자기 또는 자기가 지정하는 사업자로부터 구입하도록 강제하는 행위를 말한다(영 [별표 2] 제5호 가.). 정상적인 거래관행에 비추어 통상적으로 함께 제공되는 상품이나 서비스의 경우는 끼워팔기에 해당하지 않는다.

공정거래위원회의 실무[252)]와 판례[253)]를 비롯하여 다수설[254)]은 부당한 끼워팔기가 성립하기 위해서는 '별개상품성'과 '거래강제성' 내지 '거래상대방의 선택의 자유침해', 그에 따른 '종된 상품시장에서의 능률경쟁의 저해 우려'만 인정되면 족하다고 한다. 이때 종된 상품이란 주된 상품의 밀접불가분한 구성요소가 아닌 별개의 상품으로서 독립하여 거래의 대상이 될 수 있고, 통상적으로 주된 상품과 하나의 단위로 판매 또는 사용되지 않는 상품이면 족하다. 이 경우 당해 사업자가 주된 상

251) 1990.1.13. 전부개정, 법률 제4198호.

252) 지금까지 공정거래위원회가 금지한 끼워팔기는 거의 대부분 예식장이나 장례식장 사건에서 문제되었다.

253) "한국토지공사 택지분양" 판결(서울고등법원 2004.2.10. 선고 2001누16288 판결; 대법원 2006.5.26. 선고 2004두3014 판결)이 유일하다.

254) 이남기·이승우, 경제법, 2001, 252-254면; 신현윤(제8판), 301-302면; 한편, 상호거래(reciprocal dealing)란 상호합의 하에 거래상대방이 자기의 상품이나 용역을 구입하는 조건으로만 거래상대방으로부터 상품이나 용역을 구입하는 행위를 말한다. 양자는 하나의 상품이나 용역에 대한 거래를 조건으로 다른 상품이나 용역을 거래한다는 점에서 동일한 면이 있다.

품시장에서 시장지배적 지위에 있을 것을 요하지 않으며,[255] 공정거래저해성을 판단함에 있어서 종된 상품시장에서의 경쟁제한성을 심사할 필요도 없다. 일단 끼워팔기가 능률경쟁을 저해하는 것으로 판단될 경우 사업자의 주관적 의도나 사업상의 이유는 부당성을 판단하는데 고려되지 않는다. 행위요건으로서 '별개상품성'과 '거래강제성'을 조금 더 살펴보자.

(1) 별개상품성

'별개상품성'(separate product markets)이란 두 상품에 대해 별개의 시장이 존재한다는 것을 의미한다. 주상품에 대해 시장지배력을 가질 필요는 없다. 부상품이 주상품의 밀접불가분한 구성요소가 아니고, 독립적으로 거래될 수 있으며, 이들이 통상적으로 하나의 단위로 판매되거나 소비자들의 수요에 비추어 그와 같이 사용되지 않는 것을 구입하도록[256] 하는지를 정상적인 거래관행에 비추어 판단해야 한다.[257] 소비자의 수요측면을 고려할 때, 문제의 두 상품 중 한 상품이나 용역의 가격이 상당기간 5~10% 정도 인상하더라도 다른 상품을 구입하지 않는다면 대체성이 인정되기 어렵다.

"한국토지공사" 판결[258]에서 원고인 한국토지공사는 인기토지와 비인기토지 모두 토지로서 같은 종류의 상품이기에 끼워팔기가 성립하지 않는다고 주장하였으나, 원심인 서울고등법원은 인기토지와 비인기토지는 독립하여 거래되는 것이고, 통상적으로 같이 판매되는 것도 아니며, 주택사업자들이 구입을 원하여 분양이 양호한 토지는 주된 상품이고 구입을 원하지 않아 상대적으로 분양이 저조한 토지는 종된 상품으로 볼 수 있다고 하였다. 인기토지의 가격이 5~10% 정도 상당기간 인상된다고 하더라도 비인기토지로 구입이 전환되지 않을 것이기 때문이었다.[259]

255) 끼워팔기에 해당하기 위하여는 주된 상품을 공급하는 사업자가 주된 상품을 공급하는 것과 연계하여 거래 상대방이 그의 의사에 불구하고 종된 상품을 구입하도록 하는 상황을 만들어낼 정도의 지위를 갖는 것으로 족하고 반드시 시장지배적 사업자일 필요는 없다. 대법원 2006.5.26. 선고 2004두3014 판결.

256) 서울중앙지법 2009.6.11. 선고 2007가합90505 판결.

257) 이봉의, "독점적 사업자의 끼워팔기", 법과 사회 제27권, 2004-c, 343-352면. 1984년 미국연방대법원은 Jefferson Parish 판결(Jefferson Parish Hosp. Dist. v. Hyde, 466 U.S. 2)에서 부상품에 대해 개별적으로 소비자들의 충분한 수요가 있는지의 여부를 판단하도록 하였다('소비자수요테스트').

258) 서울고등법원 2004.2.10. 선고 2001누16288 판결.

259) 대법원 2006.5.26. 선고 2004두3014 판결. 대법원은 원심과 같이 부당한 끼워팔기를 인정하였다.

(2) 거래강제성

'거래강제성'이란 구입의 강제행위로 인해 거래상대방에게 경제적 부담이나 불이익이 수반되는 것을 의미한다. 강제성은 계약조항이나 기술적 결합, 패키지에 대한 할인, 품질보증의 제한, 두 상품을 각각 공급하는 것을 거절하는 방법 등 여러 가지로 이루어질 수 있다. 예를 들어 동일한 제조업자에게 부품을 구입하지 않으면 주된 상품의 품질보증이나 A/S를 해주지 않는 경우에도 사실상 강제성을 인정할 수 있다. 두 상품을 함께 구매하면 추가적으로 경제적인 이익을 제공하는 패키지 판매나 번들링 내지 결합판매(bundling)에서는 원칙적으로 강제성이 인정되지 않는다.

끼워팔기가 기술의 상호의존성에 의하여 불가피한 경우도 있을 수 있다. 이는 특정 상품이나 장비의 성능은 그 상품 자체의 성능뿐만 아니라 부품이나 원재료의 품질이나 성능에 크게 좌우되는 경우가 있고, 이 경우에는 특정한 부품이나 원재료를 끼워파는 것이 합리적일 수 있다. 두 상품을 구매하는 경우 추가적인 가격할인 등의 이익을 제공하는 번들링이나 패키지 판매행위의 경우 거래상대방에게 선택의 자유가 존재한다는 점에서 강제성이 없을 수 있다.

"한국토지공사" 판결[260]에서 대법원은 불공정거래행위로서 '끼워팔기'에 해당하기 위하여는 자기가 공급하는 상품 또는 용역 중 거래상대방이 구입하고자 하는 상품 또는 용역(이하 "주된 상품")을 공급하는 사업자가 주된 상품을 공급하는 것과 연계하여 거래상대방이 그의 의사에 불구하고 상대방이 구입하고자 하지 않거나 상대적으로 덜 필요로 하는 상품 또는 용역을 구입하도록 하는 상황을 만들어낼 정도의 지위를 갖는 것으로 족하고 반드시 시장지배적 사업자일 필요는 없다고 판시한 바 있다. 불공정거래행위에 해당하는 끼워팔기의 경우 거래상대방에게 원하지 않는 행위를 '강제'할 수 있는 정도의 거래상 지위 또는 우월적인 지위가 존재하여야 하며, 시장지배적 지위에 있어야 하는 것은 아니다.[261]

나. 부당성

불공정거래행위로서 끼워팔기가 정상적인 거래관행에 비추어 부당한지 여부[262]는 거래상대방의 선택의 자유를 침해하는 등 종된 상품시장에서 능률경쟁을

260) 대법원 2006.5.26. 선고 2004두3014 판결.

261) 이황, "불공정거래행위 중 끼워팔기에 관한 소고 — 대법원 2006.5.24. 선고 2004두3014 판결을 대상으로", 경쟁법연구 제14권, 2006, 268면; 정호열(제6판), 408면.

262) 이와 달리 미국에서는 "International Salt" 판결(International Salt Co. v. United States, 332 U.S.

저해할 우려가 있는지를 고려하여 판단한다.[263] 정상적인 거래관행은 상업적 용도나 상품·용역의 특성, 결합 방식이나 기능통합에 따른 시너지 효과, 소비자 편익 증대, 제품통합과 기술혁신 추세 등을 종합적으로 고려하여 객관적으로 정당한지를 판단한다. 예컨대, 종된 상품을 별도로 구입할 수 있는지 또는 별도로 공급하기 위한 기술적인 어려움이 있거나 많은 비용이 소요되는지 등도 고려해야 한다.[264]

그와 달리, 시장지배적 지위남용행위로서 끼워팔기의 경우에는 거래강제성과 같은 불이익이 제공되지 않더라도, 별개의 상품을 끼워팔기하여 이를 통해 관련시장에서 경쟁이 제한되는 경우에 금지될 수 있다.[265] 그런데 공정거래위원회는 2015년 심사지침을 개정하여 불공정거래행위로서 끼워팔기행위의 위법성은 경쟁제한성에 있다고 하면서, 독과점적 지위에 있는 사업자가 끼워팔기를 하여 종된 상품시장에서의 경쟁을 제한하는 경우에만 금지할 수 있도록 하였다.[266] 그렇다면 시장지배적 지위남용행위의 위법성과 어떠한 차이가 있는지에 대해 근본적인 의문이 든다.

끼워팔기를 불공정거래행위로 금지한 대표적인 사례로는 "마이크로소프트" 사건[267]이 있다. 공정거래위원회는 마이크로소프트의 3가지 결합판매행위에 대해 시장지배적 지위남용뿐만 아니라 불공정거래행위로서 끼워팔기에 해당한다고 의결한 바 있다. 공정거래위원회는 문제의 행위가 마이크로소프트의 주된 상품으로의 편재성(偏在性)을 초래하고 이로 인해 발생한 네트워크효과 및 고착효과를 통해 종된 상품시장의 경쟁을 제한한다고 하였다. 뿐만 아니라, 그 거래내용 및 경쟁수단

392, 396(1947))에서 잭슨(Jackson) 대법관이 끼워팔기를 당연위법한 것으로 판시한 이래, "Standard Oil" 판결(Standard Oil Co. of California Stations, Inc. v. United States, 337 U.S. 293, 305(1949))에서 프랑크푸르터(Frankfurter) 대법관이 끼워팔기는 경쟁제한 이외의 어떠한 목적에도 기여하지 않는 것이라고 하여 당연위법을 확인하였다. 그 후 "Northern Pacific Railway" 판결(Northern Pacific Railway Co. v. United States, 356 U.S. 1, 6, 8−9(1958))에서 블랙(Black) 대법관이 끼워팔기를 위법한 것으로 판단함에 있어서는 주된 상품이나 종된 상품에 대하여 시장지배력이 존재하는지의 여부는 중요하지 않다고 판시함으로써 당연위법의 원칙을 더욱 확고히 하였다. 그런데 점차 사실상 합리의 원칙을 적용하면서 사업자의 정당화사유를 고려하고, 끼워팔기의 경제적 효과를 분석하며, 주상품의 상당한 시장지배력과 부상품시장에서의 영향력을 고려하고 있다(이호영(제6판), 349−350면).

263) 대법원 2006.5.26. 선고 2004두3014 판결.

264) 정호열(제6판), 409면.

265) 이봉의, 앞의 글(2004−c), 354면.

266) 권오승·서정(제4판), 446면.

267) 공정거래위원회 2006.2.24. 의결 제2006−042호.

이 불공정한 반면, 그로 인한 효율성 증대효과는 미약하여 공정한 거래를 저해할 우려가 있는 불공정한 거래행위라고 인정된다고 보았다.

"한국토지공사" 판결[268]에서 대법원은 끼워팔기가 정상적인 거래관행에 비추어 부당한지 여부는 종된 상품을 구입하도록 한 결과가 상대방의 자유로운 선택의 자유를 제한하는 등 가격과 품질을 중심으로 한 공정한 거래질서를 저해할 우려가 있는지 여부에 따라 판단하여야 한다고 하였다. 여기서 대법원은 거래상대방의 선택의 자유를 침해하였는지의 여부를 중점적으로 고려하여 부당성을 판단하였다. 즉, 대법원은 공공부문 택지개발사업의 40% 이상을 점하고 있는 한국토지공사가 주택사업자에게 비인기토지의 매입 시 인기토지에 대한 매입우선권을 부여함으로써 비인기토지를 매입하지 않고서는 사실상 인기토지를 매입할 수 없게 하여, 주택사업자가 사실상 종된 상품인 비인기토지를 매입할 수밖에 없는 상황에 처하게 하였고, 주택사업자들의 상품 선택의 자유를 제한하는 등 공정한 거래질서를 침해할 우려가 있었으므로 부당하다고 보았다.

3. 사원판매

가. 행위요건

사원판매란 부당하게 자기 또는 계열회사의 임직원에게 자기 또는 계열회사의 상품이나 용역을 구입 또는 판매하도록 강제하는 행위를 말한다(영 [별표 2] 제5호 나.). 임원이란 이사·대표이사·업무집행사원·감사나 이에 준하는 자 또는 지배인 등 본점이나 지점의 영업전반을 총괄적으로 처리하는 상업사용인을 말하고, 정규직, 계약직, 임시직 등 고용의 형태를 묻지 않는다. 직원이란 계속하여 회사의 업무에 종사하는 자로서 임원 외의 자를 말한다(심사지침 V. 5. 나. (1) ㈎). 사원판매를 금지하는 외국의 입법례는 찾을 수 없으나, 공정거래법은 우리나라만의 불합리한 판매관행이라는 관점에서 이를 금지하고 있다.[269][270]

임·직원은 회사의 업무를 충실히 수행해야 할 의무가 있고, 가능한 한 자기가 속한 회사나 계열회사의 제품을 구매하고 경쟁사업자의 상품을 기피하는 것이 직

268) 대법원 2006.5.26. 선고 2004두3014 판결.

269) 이호영(제6판), 348면.

270) 사원판매를 삭제하고, 근로관계법으로 임·직원에 대한 문제를 해결하는 것이 바람직하다는 견해로는 정재훈, 앞의 글, 20면.

업윤리에는 부합할지도 모른다. 그런데 회사의 경영자나 소유주가 내부의 위계질서에 따른 우위를 이용하여 임·직원들의 의사에 반해 사원판매를 강제하고, 이를 따르지 않을 경우 급여에서 공제하거나 실적을 인사고과에 반영하는 등[271] 불이익을 주는 행위는 건전한 직업윤리의 차원을 넘어서 시장의 경쟁질서를 왜곡할 수 있다.[272] 사원판매를 하지 않는 다른 경쟁사업자에 비하여 판매경쟁에서 부당한 방법을 우위에 설 수 있기 때문이다.

"조선일보" 판결[273]에서 대법원은 사원판매는 사업자가 그 임·직원에 대하여 직접 자기 회사 상품을 구입하도록 강제하거나 적어도 이와 동일시할 수 있을 정도의 강제성을 가지고 자기 회사 상품의 판매량을 할당하고 이를 판매하지 못한 경우에는 임·직원에게 그 상품의 구입부담을 지우는 등의 행위가 있어야만 성립하는 것이라고 하였다. 단지 임·직원들을 상대로 자기 회사 상품의 구매자 확대를 위하여 노력할 것을 촉구하고 독려하는 것만으로는 부족하다는 것이다. 이와 같은 맥락에서 대법원은 당해 신문사가 '창간 73주년 기념 가족확장대회'라는 이름 아래 자사 및 계열회사의 임·직원 1인당 5부 이상 신규 구독자를 확보하도록 촉구하고, 각 부서별로 실적을 집계하여 공고하는 한편 판매목표를 달성한 임·직원에게는 상품을 수여하는 등의 신규 구독자 확장계획을 수립·시행한 것이 사원에 대한 강제판매에 해당하지 않는다고 보았다. 마찬가지로 "한겨레신문" 판결[274]에서도 대법원은 임·직원에 대한 신문판매부수 확장행위는, 원고가 판매실적이 부진한 임·직원에 대하여 어떤 형태로든 불이익을 준 적이 전혀 없고 위 구독자 확장계획에 참가한 임·직원이 전사원의 35.6%에 불과한 점 등의 사정에 비추어 부당한 사원판매에 해당하지 아니한다고 판단하였다.

이와 달리 "대우자동차판매" 판결[275]에서 서울고등법원은 원고 회사가 판매활성화 방안을 수립하고 그 관리직 대리급 이상 임·직원과 전입 직원들을 상대로 그

271) 신현윤(제8판), 303면.

272) 권오승(제13판), 340면; 정호열(제6판), 409–410면.

273) 대법원 1998.3.27. 선고 96누18489 판결.

274) 대법원 1998.5.12. 선고 97누14125 판결. 신문사가 판매실적이 부진한 임·직원에 대하여 어떤 형태로든 불이익을 준 적이 전혀 없고 구독자 확장계획에 참가한 임·직원이 전사원의 35.6%에 불과한 점 등에 비추어 신문사의 임·직원에 대한 신문판매부수 확장행위는 사원판매에 해당하지 아니한다고 보았다.

275) 서울고등법원 2000.6.13 선고 99누4077 판결.

취급 차종에 관하여 1인 1대씩 구입하도록 구체적으로 판매목표를 설정하였고, 실제 그 판매결과를 집계하여 관리하였으며, 당장 신분상 불이익을 가하지는 않았더라도 전체 사원의 78.9%가 특판 차량을 구매하였다는 등의 사정을 종합하여 원고 회사가 누적되는 재고 차량의 소진을 위하여 우월한 지위를 바탕으로 임·직원들의 임의적인 의사에 반하여 차량을 구입하도록 조직적으로 사원들의 차량구입 여부 및 차종에 대한 선택의 기회를 제한하여 자사 제품의 구입을 강제한 사원판매에 해당된다고 보았다.

한편, 2001년 "엘지계열사의 019가입자유치를 위한 사원판매" 사건[276] 이후 공정거래위원회가 사원판매를 제재한 사례는 한동안 존재하지 아니하였는데, 20여년 만인 2020년 공정거래위원회는 사조산업이 그룹 소속 임직원들에게 계열회사가 제조한 추석, 설 명절 선물세트를 구입, 판매하도록 강제한 행위를 적발하여 제재하였다.[277]

나. 부당성

사원판매가 부당하기 위해서는 거래상대방인 임·직원에게 선택의 자유를 제한하여 공정거래저해성이 인정되어야 한다. 이러한 행위를 금지하는 목적은 회사가 그 임·직원에 대하여 가지는 고용관계상의 지위를 이용하여 상품과 용역의 구입 또는 판매를 강제함으로써 공정한 거래질서를 침해하는 것을 방지하고자 하는 것이기 때문이다. 즉, 부당한 사원판매에 해당하기 위해서는 문제된 행위의 태양과 범위, 대상 상품의 특성, 행위자의 시장에서의 지위, 경쟁사의 수효와 규모 등과 같은 구체적 상황을 종합적으로 고려할 때 당해 행위가 거래상대방인 임·직원의 선택의 자유를 제한함으로써 가격과 품질을 중심으로 한 공정한 거래질서를 침해할 우려가 있다고 인정되어야 한다. "대우자동차판매" 판결[278]에서 대법원은 문제의 행위가 대상 임·직원들의 차량 구입 및 차종에 대한 선택의 기회를 제한하여 그 구입을 강제한 사원판매로서 불공정거래행위에 해당한다고 보았다. 그리고 당해 행위에 의하여 구입, 판매와 같은 거래가 반드시 현실적으로 이루어져야 하거나 또는 공정한 거래질서에 대한 침해의 우려가 구체적일 것까지 요구되는 것은 아니고, 공정한 거래질서에 대한 침해의 우려가 있는 한 단순한 사업경영상의 필요나 거래

276) 공정거래위원회 2001.11.5. 의결 제2001-153호.
277) 공정거래위원회 2020.1.29. 의결 제2020-031호.
278) 대법원 2001.2.9. 선고 2000두6206 판결.

상의 합리성 내지 필요성이 있더라도 부당하다고 판시하였다.

한편 사원판매에서의 강제성에 관하여, 대법원은 사업자가 그 임직원에 대하여 직접 구입을 강제하거나 이와 동일시할 수 있을 정도의 강제성을 가지고 판매량을 할당하고 구입부담을 지우는 등의 행위가 있어야 하고, 단지 임직원들을 상대로 자기회사 상품의 구매자 확대를 위하여 노력할 것을 촉구하고 독려한 것은 사원판매행위 유형에 해당되지 않는다고 판시하였다.[279)]

4. 그 밖의 거래강제

가. 행위요건

그 밖의 거래강제란 정상적인 거래관행에 비추어 부당한 조건 등 불이익을 거래상대방에게 제시하여 자기 또는 자기가 지정하는 사업자와 거래하도록 강제하는 행위를 말한다(영 [별표 2] 제5호 다.). 그 밖의 거래강제행위란 끼워팔기와 달리, 종된 상품을 구매하지 않더라도 주된 상품은 구매할 수 있다는 점에서 차이가 있다.[280)] 이러한 행위에는 명시적인 강요와 묵시적인 강요, 직접적 강요와 간접적 강요가 포함되고, 행위자와 상대방 간 거래관계 없이도 성립할 수 있다. 거래상 지위남용(구입강제)의 경우 행위자와 상대방 간 거래관계가 있어야 성립할 수 있다는 점에서 이와 구별된다(심사지침 Ⅴ. 5. 다. (1) (나)).

그 밖의 거래강제는 그 성질상 주된 거래관계에서의 우월적 지위를 이용하여 거래상대방에게 정상적인 거래관행에 비추어 부당한 조건 등을 제시하여 자기 또는 자기가 지정하는 사업자와 여타의 거래를 강제하는 경우에 문제될 수 있다. 이러한 행위에 해당될 수 있는 경우에는 ① 사업자가 자신의 계열회사의 협력업체에 대해 자기가 공급하는 상품 또는 용역의 판매목표량을 제시하고 이를 달성하지 않을 경우 계열회사와의 거래물량 축소 등 불이익을 가하겠다고 하여 판매목표량 달성을 강제하는 행위 또는 ② 사업자가 자신의 협력업체에 대해 자신의 상품판매 실적이 부진할 경우 협력업체에서 탈락시킬 것임을 고지하여 사실상 상품판매를 강요하는 행위가 있다(심사지침 Ⅴ. 5. 다. (3)).

실무상 이에 관한 사례는 많지 않다.[281)] 사업자가 거래상 지위에 있는 사업자

279) 대법원 1998.3.27. 선고 96누18489 판결.

280) 권오승(제13판), 340－341면.

281) 공정거래위원회 2003.2.10. 의결, 제2003－029호("엘지텔레콤 거래강제" 사건)에서는 LGT가 019

이어야 할 필요가 있는지에 관하여는 명확한 언급이 없으나, 실효적인 강제가 가능하기 위해서는 주로 대량구입에 따른 수요지배력이나 필수적인 원자재의 공급에 따른 공급지배력 등이 당연히 전제되는 것으로 보아야 할 것이다.[282] 이때 자기 또는 자기가 지정하는 자와 실제로 거래가 성립하였을 것을 요하지 않으며, 기존의 거래관계는 주로 자기 또는 계열회사의 협력업체나 대리점과 같이 계속적인 경우이다. 그 밖에 정상적인 거래관행에 비추어 부당한 불이익을 제시하여야 하는 바, 그 수단으로는 주된 거래관계에서 공급량이나 구입량의 축소, 대금지급의 지연, 거래의 중단 등이 있다. 한편, 자기 또는 자기가 지정하는 사업자와 거래할 경우 일정한 인센티브를 제공하는 것은 강제성이 없으므로 위법성이 인정되지 않는다.

나. 부당성

그 밖의 거래강제행위의 부당성은 사업자가 거래상대방에게 불이익을 줄 수 있는 지위에 있는지와 정상적인 관행에 비추어 부당한지, 거래상대방이 요구사항을 자유로이 거부할 수 있는지 등을 종합적으로 고려하여야 한다.[283]

"대우건설" 판결[284]에서 공정거래위원회는 시공사가 아파트를 분양하면서 대출세대의 경우 지정법무사에게만 등기업무를 위임하도록 강제한 행위를 업계의 관행으로 보기 어렵고, 이는 대출세대의 법무사 선택권을 원천적으로 제한할 뿐만 아니라 다른 법무사에게도 부동산 등기서비스 시장 참여가 제한되기에 부당하다고 하였다. 그러나 서울고등법원은 이러한 행위는 시공사에게 자신의 이익이 침해되지 않도록 자신이 신뢰하는 법무사를 선임할 권리가 있다는 점 등에서 부당성을 인정할 수 없다고 판시하였다.

PCS를 판매함에 있어서 자기의 계열회사에 설비·부품을 납품하는 협력업체에 소속된 직원들에게 하청물량의 감소 등 불이익을 제시하여 자기와 거래하도록 강제한 행위가 문제되었다.

282) 권오승(제13판), 341면에서 거래강제가 성립하기 위해서는 거래상 우월적 지위를 이용하는 것이어야 함을 지적하고 있는 것도 마찬가지의 맥락에서 이해할 수 있다.

283) 신현윤(제8판), 303면.

284) 서울고등법원 2007.9.13. 선고 2006누27900 판결; 대법원 2007.12.13.자 2007두20492 판결(심리불속행 기각).

Ⅵ. 거래상 지위의 남용

1. 의 의

가. 개념 및 행위유형

거래상 지위의 남용행위란 “자기의 거래상의 지위를 부당하게 이용하여 상대방과 거래하는 행위”를 말한다(법 제45조 제1항 제6호). 이는 구입강제(가목), 이익제공강요(나목), 판매목표강제(다목), 불이익제공(라목), 경영간섭(마목) 등 5가지로 나뉜다(영 [별표 2] 제6호). 거래상 지위남용행위의 상대방은 원칙적으로 사업자에 한정되며, 소비자는 포함되지 않는다.[285] 다만, 불특정 다수의 소비자에게 피해를 입힐 우려가 있거나 유사한 위반행위 유형이 계속적·반복적으로 발생하는 등 거래질서와의 관련성이 인정되는 경우에는 그러하지 아니하다(심사지침 Ⅴ. 6. 가. (1) (나) 내지 나. (1) (나), 라. (1) (다)). 거래상 지위남용 여부는 거래상 지위의 존부, 정당한 이유를 포함한 남용 여부를 판단하여 결정한다.

나. 거래상 지위

거래상 지위란 시장지배적 지위와 달리 현실의 거래주체 사이에 존재하는 경제력의 차이에서 비롯된다. 즉, 거래상 지위란 ‘상대적 우월성’을 의미하고, 상대방의 거래활동에 상당한 영향력을 미칠 수 있는 지위를 의미한다.[286] 이것은 당해 시장에서 경쟁이 실질적으로 기능하고 있는지 여부와 상관없이, 그리고 관련사업자의 시장점유율의 높낮이와 관계없이 개별적인 거래관계에서 나타날 수 있는 ‘구조적 종속성’에서 그 본질을 찾을 수 있다. 따라서 시장지배적 사업자라도 특정 거래상대방과의 관계에서는 거래상 우월적인 지위를 가지지 못할 수 있고, 반대로 거래상 우월적 지위에 있는 사업자라도 시장지배적 지위에 해당하지 않을 수 있다.

학설도 위와 같이 대체로 상대적 지배력의 관점에서 거래상 지위를 접근하고 있다.[287] 일본의 학설도 대체로 상대적 지배력에서 출발하고 있으나, 실제 거래계에서 힘의 불균형은 언제나 존재하게 마련이라는 점에서 거래상 지위 판단 시 ‘거

---

285) 판매목표강제나 경영간섭은 그 행위의 성질상 소비자에게 행해질 수 없으며, 나머지 3개 행위에 관하여 거래상대방이 누구인지가 문제될 수 있을 뿐이다. 구 심사지침(공정거래위원회 예규 제134호, 2012.4.25. 개정.)은 구입강제와 이익제공강요, 불이익강제의 금지가 소비자와의 거래에도 원칙적으로 적용된다는 태도를 취하고 있었다.

286) 대법원 2011.5.13. 선고 2009두24108 판결; 대법원 2009.10.29. 선고 2007두20812 판결.

287) 권오승(제13판), 341면; 이호영(제6판), 358면.

래의 필요성' 즉 거래상대방이 거래하지 않으면 안 되는 경우를 의미하는 것으로 본다. 일본 공정취인위원회도 거래상 지위는 행위 한 사업자의 시장에서의 지위, 거래상대방의 거래의존도와 거래처의 전환가능성, 행위주체인 사업자와의 거래 필요성을 보여주는 구체적인 사실을 종합적으로 고려하고 있다.[288] 독일 경쟁제한방지법 제20조 제1항도 상대적 지배력을 판단하는 기준으로 다른 사업자로 교체할 충분하고 기대할 수 있는 가능성이 없는 경우를 명시하고 있다. 생각건대, 거래상 지위는 일방의 타방에 대한 종속성에 그 본질이 있다고 보아야 할 것이고, 종속성이 바로 상대적 지배력의 핵심요소임은 물론이다. 거래의 필요성이라는 것도 종속성 여부를 판단하는 일 요소로 이해하는 것이 타당할 것이다.

이러한 맥락에서 심사지침은 거래상 지위가 인정되기 위해서 두 가지, 즉 계속적인 거래관계가 존재하여야 하고,[289] 또한 일방의 타방에 대한 거래의존도가 상당할 것을 요구하고 있다(심사지침 (3)). 그 구체적인 수준이나 정도는 시장상황, 관련 상품 또는 서비스의 특성 등을 종합적으로 고려하여 판단하여야 한다. 일회성 거래에서는 원칙적으로 거래관계의 종속성이 발생할 여지가 없고, 거래의존도는 종속성을 좌우하는 주된 요소일 수 있다는 점에서 일견 타당하다.

그런데 실무상으로는 공정거래위원회가 거래상 지위남용행위로 의결한 사례들 중에서 법원에 의해서 거래상 지위의 존재가 부정된 예는 매우 드물다. 이러한 예로는 서울고등법원이 "경기도시공사" 판결[290]에서 경제력과 전체적 사업능력에서 원고(경기도시공사)보다 우위에 있고 전국을 사업지역으로 하는 거래상대방(삼성물산, 현대건설 등 대형건설사)은 원고 이외의 거래처를 선택할 충분한 기회가 있고, 실제 원고에 대한 거래의존도도 낮은 점을 알 수 있으므로, 원고가 거래상대방에 대해서 상대적으로 우월한 지위 또는 상당한 영향을 미칠 수 있는 지위에 있다고 볼 수 없다고 한 사례 정도가 눈에 띈다. 이처럼 실무상 공정거래위원회와 법원은 거래상 지위의 존재를 기본적으로 폭넓게 인정하는 셈이다.

---

288) 한도율, "거래상 지위와 남용행위의 판단기준", 경쟁법연구 제36권, 2017, 74-75면.

289) 공정거래위원회는 계속적 재판매거래에 대한 거래상 지위남용행위 금지를 강화하기 위해 「계속적 재판매거래 등에 있어서의 거래상 지위남용행위 세부유형 지정고시」(공정거래위원회 고시 제2021-23호, 2021.12.30. 개정.)를 운영하고 있다. 가맹사업에 대해서는 동 고시가 적용되지 않는다.

290) 서울고등법원 2016.9.28. 선고 2016누34563 판결; 대법원 2017.2.1.자 2016두56417 판결(심리불속행 기각).

한편, 거래상 지위란 사업자 사이뿐만 아니라 소비자와의 거래에서도 상정할 수 있다. 법문상으로는 거래상대방에 별다른 제한이 없고, 공정거래위원회의 실무 또한 소비자와의 관계에서 거래상 지위를 인정한 예가 적지 않다.[291] 반면, 대법원은 구법상 우월적 지위남용의 요건 중 첫 번째로 '사업자 간의 거래'일 것을 요구한 적도 있으나,[292] 대체로 소비자와의 관계에서도 거래상 지위가 가능함을 전제로 남용을 인정해왔다.[293] 이러한 태도에 대해서는 긍정적인 견해가 지배적이나,[294] 반대로 거래상 지위 내지 우월적 지위란 사업자 간에만 가능하고, 소비자와의 거래상 나타나는 불공정의 문제는 제반 소비자보호법령으로 치유할 수 있다는 이유로 비판적인 견해가 유력하였다.[295]

그 후 대법원의 "금보개발" 판결[296]과 2015년 개정된 심사지침이 거래상대방을 원칙적으로 사업자에 한정하고 거래질서와의 관련성이 있는 경우에는 소비자거래를 포함시키고 있다. 대법원은 소비자와의 거래에 있어서는 거래질서와 관련이 있는 경우에만 공정거래위원회가 개입해야 한다는 기준을 제시하였다.[297] 거래상 지위남용행위를 금지하는 취지가 공정거래질서를 보호하는 데에 있는 점을 감안할 때 이러한 태도가 타당할 것이다. 다만, 거래질서와의 관련성 여부를 공정거래저해성과 결부시키지 않고 거래상대방의 범위에서 고려하게 되는 현재의 규정방식이 과연 적절한지는 의문이며,[298] 오히려 거래상대방에는 제한을 두지 않고 부당성을 판단하는 단계에서 거래질서와의 관련성을 판단하도록 하는 방법도 고민할 필요가

291) 대법원 2015.9.10. 선고 2012두18325 판결("금보개발" 판결).

292) 대법원 1993.7.27. 선고 93누4984 판결.

293) 서울고등법원 2003.9.2. 선고 2002누19758 판결, 대법원 2004.1.16.자 2003두11537 판결("골프장 회원권 명의개서료의 과다징수". 심리불속행 기각); 대법원 2006.11.9. 선고 2003두15225 판결("할부금융사의 개별약정에 반하는 금리인상"); 대법원 2010.1.14. 선고 2008두14739 판결("피해 차주들의 미청구를 이유로 손해보험사들이 약관에 정한 대차료, 휴차료, 자동차 시세하락 손해금 미지급") 등.

294) 신영수, 앞의 글, 182면; 황태희, "공정거래법상 거래상 지위남용행위의 법리", 선진상사법률 제81호, 2018, 74면; 홍명수, "불공정거래행위에 관한 대법원 판결 분석(2010) — 거래상 지위남용 사건을 중심으로", 경쟁법연구 제23권, 한국경쟁법학회, 법문사, 2011, 104면.

295) 주진열, "독점규제법상 거래상 지위남용 조항의 적용 범위에 대한 비판적 고찰", 고려법학 제78호, 2015, 202면 이하.

296) 대법원 2015.9.10. 선고 2012두18325 판결.

297) 이는 대법원의 정책적인 결정이라고 평가한 견해는 정재훈, 앞의 글, 22면.

298) 물론 공정거래위원회가 거래상대방을 원칙적으로 사업자에 국한하는 주된 취지는 초기 단계에서 소비자거래의 경우 조사를 개시하지 않을 수 있게 함으로써 모든 사건에 대해서 반드시 부당성을 판단할 필요가 없어지는데 따른 부담경감에 있다고 이해할 수 있다.

있다.

한편, 캐디, 레미콘기사, 보험설계사, 학습지 교사, 택배기사, 퀵서비스기사, 대출모집인, 신용카드회원모집인, 대리운전기사, 건설기계기사와 같은 특수형태근로종사자는 근로자와 유사하게 노무를 제공하면서도 노동관계법의 보호를 받지 못하고 있었는데, 2021년 1월 「고용보험법」[299]이 개정되면서, 특수형태근로종사자 등 노무제공자도 7월부터 고용보험의 피보험자격을 얻게 되었고(법 제77조의6), 시행령[300]이 개정되어 12개 직종이 7월 1일부터 고용보험에 적용되었다(영 제104조의11). 또한 동법은 2022년 1월부터 노무제공플랫폼사업자(퀵서비스, 대리운전)도 고용보험의 적용을 받도록 하였다(법 제77조의7).[301] (구)「산업재해보상보험법」도 특수형태 근로종사자도 산업재해의 보상을 받을 수 있도록 하였다(법 제125조 및 영 제125조).[302] 공정거래위원회는 이러한 자도 거래상 지위남용행위의 보호대상에 포함시키려는 취지에서 「특수형태 근로종사자에 대한 거래상 지위남용행위 심사지침」을 제정·운영하였다.

2022년 6월 개정된 「산업재해보상보험법」(2022.6.10. 개정, 법률 제18928호, 2023.7.1. 시행)은 기존 특수형태근로종사자 및 온라인 플랫폼 종사자를 노무제공자로 정의하여(기존 14개에서 18개로 적용대상 확대) 산업재해보상보험의 적용을 받을 수 있게 하였고, 공정거래위원회도 위 심사지침을 폐지하고 「노무제공자에 대한 거래상 지위남용 심사지침」을 새로이 제정하였다. 뿐만 아니라 직접적인 거래관계가 없는 경우에도 거래상 지위남용행위의 보호대상이 될 수 있는데, 대법원은 보험회사와 피해차주들 사이에는 피보험자를 매개로 한 거래관계가 존재한다고 판시한 바 있다.[303]

다. 지위의 남용

공정거래법이 거래상 지위남용행위를 금지하는 것은 현실의 거래관계에서 경제력에 차이가 있는 거래주체 간에도 상호 대등한 지위에서 법이 보장하고자 하는 공정한 거래를 할 수 있도록 상대적으로 우월적 지위에 있는 사업자에 대하여 그 지위를 남용하여 상대방에게 거래상 불이익을 주는 행위를 금지시키고자 하는 데

299) 2021.1.5. 개정, 법률 제17859호(시행 2021.7.1.).
300) 2021.6.8. 개정, 대통령령 제31748호(시행 2021.7.1.).
301) 2021.1.5. 개정, 법률 제17859호(시행 2022.1.1.).
302) 2022.1.11. 개정, 법률 제18753호; 2021.1.12. 개정, 대통령령 제31388호.
303) 대법원 2010.1.14. 선고 2008두14739 판결.

그 취지가 있다.[304)]

이러한 행위의 부당성을 판단함에 있어서 거래상대방의 선택의 자유 또는 능률경쟁의 침해 여부가 관건이 된다.[305)] 판례는 여타 불공정거래행위와 마찬가지로 거래상 지위남용행위의 부당성에 대하여도 이른바 '종합적인 접근방법'(comprehensive approach)을 취하고 있는바, 그에 따르면 당사자가 처한 시장 및 거래의 상황, 당사자 간의 전체적 사업능력의 격차, 거래의 대상인 상품 또는 용역의 특성, 그리고 당해 행위의 의도·목적·효과·영향 및 구체적인 태양, 당해사업자의 시장에서의 우월한 지위의 정도 및 상대방이 받게 되는 불이익의 내용과 정도 등에 비추어 볼 때 정상적인 거래관행을 벗어난 것으로서 공정한 거래를 저해할 우려가 있는지 여부를 판단하여 결정하여야 한다.[306)] 여기서 거래상대방이 거래처를 쉽게 변경할 수 있는지의 여부가 중요한데, 거래처를 용이하게 옮길 수 있다면 의사결정의 자유가 제약되었다고 보기 어렵다.[307)]

정당한 사유를 고려함에 있어서 심사지침은 합리성이 있는 행위인지 여부는 당해 행위로 인한 효율성 증대효과나 소비자후생 증대효과가 거래내용의 불공정성으로 인한 공정거래저해효과를 현저히 상회하는지 여부, 기타 합리적인 사유가 있는 여부 등을 종합적으로 고려하여 판단한다(심사지침 6. (4) ㈑). 그런데 비록 심사지침이 거래상 지위남용행위의 속성상 합리성 여부에 관하여 제한적으로 해석함을 원칙으로 하고 있음에도 불구하고, 근본적으로 공정거래저해효과와 효율성·소비자후생 증대효과가 각각의 성질상 서로 비교형량 할 수 있는 대상인지는 매우 의문스럽다. 공정거래저해성을 효율성·소비자후생 증대효과가 상쇄할 수 없다는 점에서 정당한 사유로 고려하기는 어렵다.[308)]

---

304) 대법원 2011.10.27. 선고 2010두8478 판결; 대법원 2006.11.9. 선고 2003두15225 판결; 대법원 2006.9.8. 선고 2003두7859 판결; 대법원 2004.1.28. 선고 2003두15232 판결; 대법원 2003.12.26. 선고 2001두9646 판결; 대법원 2002.9.27. 선고 2000두3801 판결; 대법원 2000.6.9. 선고 19427 판결; 대법원 2002.1.25. 선고 2000두9359 판결.

305) 신현윤(제8판), 305면.

306) 대법원 2014.2.13. 선고 2012두10772 판결; 대법원 2000.6.9. 선고 97누19427 판결.

307) 정호열(제6판), 412면.

308) 홍대식, "불공정거래행위의 위법성 판단기준에 대한 재검토", 법·경제분석그룹(LEG) 연구보고서, 공정거래조정원, 2009(상반기), 116－119면; 홍명수, "공정거래법상 부당 고객유인행위 규제에 관한 대법원 판결 검토", 행정법연구 제31호, 2011, 238면.

라. 시장지배적 지위남용과의 관계

한편, 시장지배적 사업자의 착취남용행위로서 법 제5조 제1항 제1호 가격 남용행위나 제2호 출고량 조절행위, 제5호 후단 소비자이익저해행위의 경우에는 거래상 지위남용행위 유형과 중복될 수 있다. 하지만 착취남용행위는 시장지배적 사업자가 유효경쟁이 이루어지고 있지 않은 시장에서 사업자나 소비자 등 거래상대방의 정당한 이익을 침해한다는 점[309]에서 금지하는 것이지만, 그러한 행위로 독과점 이윤을 얻음으로써 시장지배적 지위를 강화하는 것을 방지하고자 한다는 점에서 다르다.

또한 시장지배적 사업자의 방해남용행위로서 법 제5조 제1항 제3호의 다른 사업자에게 불이익을 주는 사업활동 방해행위 역시 거래상 지위남용행위 유형과 중복될 수 있지만, 방해남용행위는 시장지배적 사업자의 존재로 이미 구조적으로 제한된 시장에서의 잔존경쟁(殘存競爭; Restwettbewerb)을 보호하고자 하는데 있다는 점[310]에서 거래상 지위남용행위와는 차이가 있다.

2. 구입강제

가. 행위요건

구입강제는 거래상대방이 구입할 의사가 없는 상품 또는 용역을 구입하도록 강제하는 행위를 말한다(영 [별표 2] 제6호 가.). 구입이 강제되는 상품 또는 용역은 행위자가 공급하는 상품이나 역무뿐만 아니라 행위자가 지정하는 사업자가 공급하는 상품이나 역무도 포함하고, 사업자가 거래상대방에게 구입의사가 없는 상품 또는 용역을 구입하도록 강제하는 행위가 대상이 되며, 구입요청을 거부하여 불이익을 당하였거나 주위의 사정으로 보아 객관적으로 구입하지 않을 수 없는 사정이 인정되는 경우에는 구입강제행위가 있는 것으로 본다.[311] 대표적인 예로는 대리점에 대한 밀어내기 관행이 있다.

구입강제는 끼워팔기와 마찬가지로 거래강제의 성격을 갖는바, 후자가 주된 상품을 판매하면서 부상품의 구입을 강제하는 것인 반면, 전자는 자신의 거래상 지

309) 이봉의, "독과점시장과 착취남용의 규제", 경쟁법연구 제22권, 2010, 123면.

310) 이봉의, "공정거래법상(公正去來法上) 방해남용(妨害濫用)의 위법성(違法性) 판단기준", 법조 제52권 제10호, 2003, 124면.

311) 대법원 2002.1.25. 선고 2000두9359 판결("부관훼리" 판결).

위를 이용하여 특정 상품의 구입을 강제하는 것이라는 점에서 강제성의 기초에 차이가 있다.[312)]

나. 부당성

대법원은 "조흥은행" 판결[313)]에서 금융기관이 여신제공과 관련하여 고객의 해약·인출의 자유가 제한된 구속성 예금(이른바 '꺾기')을 하게 하였다는 이유만으로 곧바로 구입강제에 해당하게 된다고 할 수는 없으며, 그 해당 여부는 ① 고객의 신용도, 영업상태, 금융기관과의 종전의 거래관계, ② 당해 예금 외의 물·인적 담보의 내용과 정도, ③ 총 여신액 대비 구속성 예금액의 비율, ④ 특히 예금 당시의 이자제한법을 고려한 총 실질 여신액의 실질 금리수준, ⑤ 예금 및 인출 제한의 경위, ⑥ 금융환경과 상관습 등을 종합하여 결정하여야 한다고 판시하면서, 문제의 행위가 당시의 상관습상 허용되는 범위를 초과하여 자기의 거래상의 지위를 부당하게 이용한 것이 아니라고 보았다.

반면, 대법원은 "부관훼리" 판결[314)]에서 최초로 구입강제행위의 부당성을 인정하였다. 대법원은 거래상의 지위를 부당하게 이용하였는지 여부는 당사자가 처하고 있는 시장 및 거래의 상황, 당사자 간의 전체적 사업능력의 격차, 거래의 대상인 상품 또는 용역의 특성, 그리고 당해 행위의 의도·목적·효과·영향 및 구체적인 태양, 해당 사업자의 시장에서의 우월한 지위의 정도 및 상대방이 받게 되는 불이익의 내용과 정도 등에 비추어 볼 때 정상적인 거래관행을 벗어난 것으로서 공정한 거래를 저해할 우려가 있는지 여부를 판단하여 결정하여야 한다고 판시하였다. 그러면서 대법원은 컨테이너를 이용한 육·해상 복합운송의 경우 해상운송업체가 거래상의 우월한 지위를 이용하여 거래상대방인 화주들에게 어쩔 수 없이 자사가 지정한 업체로부터 육상운송용역을 제공받도록 사실상 강요한 행위가 구입강제에 해당한다고 하였다.

그 밖에 대법원은 "롯데리아" 판결[315)]에서 가맹본부가 가맹점사업자에게 16개 일반공산품을 구입하도록 한 행위에 대해서도 가맹사업의 목적달성에 필요한 범위 내의 통제로서 구입강제가 아니라고 보면서도, 5개 일반공산품에 대해서는 구입강

312) 신동권(제3판), 782면; 신현윤(제8판), 305면.
313) 대법원 1999.12.10. 선고 98다46587 판결.
314) 대법원 2002.1.25. 선고 2000두9359 판결.
315) 대법원 2006.3.10. 선고 2002두332 판결.

제로서 부당하다고 보았다. 대법원은 구입강제의 부당성을 판단함에 있어서, 본부가 가맹점사업자의 판매상품 또는 용역을 자기 또는 자기가 지정한 자로부터 공급받도록 하거나 그 공급상대방의 변경을 제한하는 행위가 가맹사업의 목적달성을 위한 필요한 범위 내인지 여부를 판단해야 한다고 하면서, 가맹사업의 목적과 가맹점계약의 내용, 가맹금의 지급방식, 가맹사업의 대상인 상품과 공급상대방이 제한된 상품과의 관계, 상품의 이미지와 품질을 관리하기 위한 기술관리·표준관리·유통관리·위생관리의 필요성 등에 비추어 가맹점사업자에게 품질기준만을 제시하고 임의로 구입하도록 하여서는 가맹사업의 통일적 이미지와 상품의 동일한 품질을 유지하는 데 지장이 있는지 여부를 판단하여 결정하여야 할 것이라고 판시하였다.

대법원은 "티브로드 홀딩스" 판결[316)]에서도 구입강제행위란 상대방이 구입하지 않을 수 없는 객관적인 상황을 만들어 내는 것을 포함한다고 판시하면서, 종합유선방송사업자가 방송송출 거래관계에 있던 3개 홈쇼핑사업자에게 골프장 회원권의 구입을 요청한 행위는 비록 회원권을 구입하지 않은 홈쇼핑사업자에게 불이익이 가해지거나 회원권을 구입한 홈쇼핑사업자에게 이익이 제공된 바 없음에도 불구하고, 홈쇼핑사업자들이 회원권을 구입하지 않을 경우 방송채널의 변경 등 불이익을 당할 것을 우려하였던 객관적인 정황을 고려하여, 방송채널 거래시장의 성격이나 그 영업내용 등에 비추어 볼 때 정상적 거래 관행과는 거리가 먼 것이어서 부당성을 인정하였다. 반면, 종합유선방송사업자가 방송채널사용자(PP)들로 하여금 광고방송시간을 구매하도록 한 "씨앤앰" 판결[317)]과 잡지의 광고지면을 구입하도록 한 "CJ 헬로비전" 판결[318)]에서는 구입요청에 불이익을 주지 않은 점, PP 사업자들도 광고방송시간을 구매하거나 잡지를 통해 공동마케팅을 할 필요가 있었던 점 등을 고려하여 구매하지 않을 수 없는 객관적인 상황을 만들어 내지 않았다는 이유로 부당성이 부인된 바 있다.

3. 이익제공강요

가. 행위요건

이익제공강요는 거래상대방에게 자기를 위하여 금전·물품·용역 및 그 밖의

316) 대법원 2013.11.28. 선고 2013두1188 판결.

317) 대법원 2014.2.13. 선고 2012두10772 판결.

318) 대법원 2014.3.27. 선고 2012두5589 판결.

경제상 이익을 제공하도록 강요하는 행위를 말한다(영 [별표 2] 제6호 나.). 경제상 이익에는 금전, 유가증권, 물품, 용역을 비롯하여 경제적 가치가 있는 모든 것이 포함되고, 거래상대방에게 경제상 이익을 제공하도록 적극적으로 요구하는 행위뿐만 아니라 자신이 부담하여야 할 비용을 거래상대방에게 전가하여 소극적으로 경제적 이익을 누리는 행위도 포함된다(심사지침 Ⅴ. 6. 나. (1) ㈎). 따라서 실제로 거래상대방이 이익을 제공하였는지는 고려하지 않는다.

나. 부당성

이익제공강요의 부당성은 행위의 의도 및 목적, 거래상대방의 예측가능성, 통상의 거래관행, 이익제공의 내용과 성격 및 관계법령 등을 종합적으로 고려하여야 한다.[319] 병원이 의약품거래를 하면서, 제약업체에게 보험삭감액에 관한 경제적 손실을 전가하는 이익제공행위를 한 경우를 제재한 사례가 많다. 그 예로, "천주교 서울대교구 유지재단"사건[320]에서 공정거래위원회는 이 재단 소속 8개 모든 병원들이 대량구매자로서의 거래상 우월적 지위를 이용하여 13개 제약업체로부터 약품을 납품받음에 있어 기부금 및 보험삭감보상금을 제공받은 행위가 정상적인 거래관행에 비추어 부당하게 경제적 이익을 제공받은 행위라고 보고 시정명령을 내렸다. "경상대학교" 사건[321]에서 경상대학교병원 진료처장 겸 약사관리위원회 위원장이 의약품을 공급하던 CJ 마산지점 직원에게 요청하여, 그 직원이 16명의 병원 직원 골프모임의 경비 353만 원 정도를 지불한 행위에 대하여, 공정거래위원회는 부당하다고 보았다.

한편, 서울고등법원은 "삼공개발" 판결[322]에서 회원제골프장 운영법인이 회원자격을 양수한 사람에게 명의개서에 필요한 비용보다 550만 원 내지 1100만 원을 더 징수한 행위를 부당한 이익제공강요행위라고 보았다. 나아가 서울고등법원은 "남양유업" 판결[323]에서 남양유업이 대형유통업체에 파견하는 진열판촉사원의 파견계획을 직접 수립하고 실질적으로 고용·관리하였음에도 대리점과의 사전합의

319) 신현윤(제8판), 306면.
320) 공정거래위원회 1994.3.3. 의결 제1994-037호.
321) 공정거래위원회 2003.7.4. 약식 제2003-071호.
322) 서울고등법원 2003.9.2. 선고 2002누19758 판결; 대법원 2004.1.16.자 2003두11537 판결(심리불속행 기각).
323) 서울고등법원 2015.1.30. 선고 2014누1910 판결; 대법원 2015.6.11.자 2015두38962 판결(심리불속행 기각).

없이 진열판촉사원 임금을 50% 이상 전가한 행위를 부당한 이익제공강요에 해당한다고 판시하였다.

4. 판매목표강제

가. 행위요건

판매목표강제란 자기가 공급하는 상품 또는 용역과 관련하여 거래상대방의 거래에 관한 목표를 제시하고 이를 달성하도록 강제하는 행위를 말한다(영 [별표 2] 제6호 다.). 다른 사업자에게 합리적인 범위에서 판매목표량을 설정하고 인센티브 제공을 통해 이를 독려한 것은 정당할 수 있다. 하지만 판매목표를 달성하지 못할 경우 불이익을 줄 것으로 위협하면서 강제한 행위는 거래상대방의 영업활동의 자유를 침해함으로써 위법할 수 있다.[324] 이때 대상상품 또는 용역은 특약점이나 전속대리점 등 유통망에 사업자가 직접 공급하는 것이어야 한다. 대체로 상품의 경우 판매량의 할당이, 용역의 경우 일정수의 가입자나 회원확보가 문제된다. 판매목표강제는 직접 물품의 목표를 지정하고 판매를 강제하는 행위를 말하지만, 구입강제는 원하지 않는 물품을 구입하도록 강제하는 행위라는 점에서 구분된다.[325]

대법원은 “CJ 헬로비전” 판결[326]에서 복합종합유선방송사업자가 케이블방송 등의 설치, 관리 및 유지 등의 업무를 위탁한 협력업체들에 대해 신규가입자 유치목표를 부여하고 목표미달성업체에 대해서 수수료 감액이나 계약해지를 약정한 점에서 판매목표강제의 부당성을 인정하였다. 특히, 판매목표강제에서 ‘목표를 제시하고 이를 달성하도록 강제하는 행위’에는 상대방이 목표를 달성하지 않을 수 없는 객관적인 상황을 만들어 내는 것을 포함하고, 사업자가 일방적으로 상대방에게 목표를 제시하고 이를 달성하도록 강제하는 경우뿐만 아니라 사업자와 상대방의 의사가 합치된 계약 형식으로 목표가 설정되는 경우도 포함한다고 판시한 부분이 주목할 만하다. 즉, 판매목표의 강제성이란 거래상 지위에 있는 사업자가 일방적으로 요구 내지 부과하는 경우뿐만 아니라 비록 외관상 합의나 계약으로 약정되는 경우에도 인정될 수 있다는 것이다. 합의와 강제는 개념상 양립할 수 없는 것이지만, 거래상 지위의 성격에 비추어 합의라는 외관보다 합의의 내용에 비추어 강제성을 도

324) 신현윤(제8판), 307면.
325) 신동권(제3판), 787면.
326) 대법원 2011.5.13. 선고 2009두24108 판결.

출할 수 있고, 합의라는 형식을 통한 면탈행위를 막기 위해서도 이러한 해석이 타당하다.

판매목표의 달성을 '강제'하기 위한 수단에는 제한이 없으며, 목표가 과다한 수준인지, 실제 거래상대방이 목표를 달성하였는지 여부는 강제성 인정에 영향을 미치지 않는다(심사지침 V. 6. 다. (2) (나)). 목표불이행 시 실제로 제재수단이 사용되었을 필요는 없다. 목표를 달성하지 못했을 경우 대리점계약의 해지나 판매수수료의 미지급 등 불이익이 부과되는 경우에는 강제성이 인정되나, 거래상대방에게 장려금을 지급하는 등 자발적인 협력을 위한 수단으로 판매목표가 사용되는 경우에는 원칙적으로 강제성이 인정되지 않는다. 다만, 판매장려금이 정상적인 유통마진을 대체하는 효과가 있어 사실상 판매목표를 강제하는 효과를 갖는 경우에는 그러하지 아니하다. 그런데 실무상으로 판매목표 미달성을 이유로 금원이 지급되지 않은 경우 이 금원이 강제성을 띄는 수수료인지 아니면 자발적 성격의 장려금 내지 보조금인지는 판별하기 쉽지 아니하다. 이 경우 공정거래위원회가 구체적인 사안마다 해당 금원의 명칭에 얽매이지 아니하고 금원의 실질적인 성격이 무엇인가를 엄밀하게 가려내는 수밖에 없을 것이다.

나. 부당성

대법원은 "쌍용자동차" 판결[327]에서 판매목표강제의 부당성은 사업자가 자기의 거래상의 지위를 부당하게 이용하여 자기가 공급하는 상품 또는 용역과 관련하여 거래상대방의 거래에 관한 목표를 제시하고 이를 달성하도록 강제한 것으로 인정되고 그로써 공정한 거래를 저해할 우려가 있어야 한다고 하였다. 구체적으로 부당성은 판매목표가 상품 또는 용역의 특성과 거래의 상황 등을 고려하여 합리적이고 차별 없이 결정·적용되었는지 여부와 해당 행위의 의도·목적·효과·영향 등 구체적 태양, 당해사업자의 시장에서의 우월한 지위의 정도, 상대방이 받게 되는 불이익의 내용과 불이익 발생의 개연성 등에 비추어 정상적인 거래관행을 벗어난 것으로서 공정한 거래를 저해할 우려가 있는지 여부를 판단하여 결정하여야 하는데, 단지 자기가 공급하는 상품 또는 용역의 구매자 확대를 위하여 노력하도록 거래상대방에게 촉구 또는 독려하는 것만으로는 부족하다고 판시하였다.

이 사건에서 대법원은 대리점에 판매목표 달성을 촉구하거나 차량의 선출고를

327) 대법원 2011.6.9. 선고 2008두13811 판결.

요청하는 공문 또는 문자메시지를 보낸 행위 등은 판매목표 달성을 독려한 것에 불과하고, 일부 대리점과의 계약관계를 종료한 것은 판매목표 미달성에 대한 제재라기보다는 경영상의 필요에 따른 행위라고 보는 것이 타당하다는 점에서 부당성을 인정하지 않았다.

5. 불이익제공

가. 행위요건

불이익제공이란 시행령 [별표 2] 제6호 가목부터 다목의 행위 외의 방법으로 거래상대방에게 불이익이 되도록 거래조건을 설정 또는 변경하거나 그 이행과정에서 불이익을 주는 행위를 말한다(영 [별표 2] 제6호 라.). 불이익제공행위는 다분히 보충적 일반조항의 성격을 가지고 있고, 그 요건이 느슨하여 공정거래위원회는 실무상 거래상 지위남용을 대체로 불이익제공행위로 금지해왔다.[328] 불이익제공을 금지하고 제재하기 위해서는 불이익제공을 한 내용이 구체적으로 명확히 특정되어야 하고,[329] 불이익이 금전상 손해인 경우에는 손해의 존재와 손해액까지 명확하게 확정되어야 한다.[330]

거래상 지위남용이란 관련 법령의 내용 및 입법취지를 감안할 때 거래관계의 존재를 전제로 우월한 지위를 이용하여 거래의 상대방에 대하여 불이익을 주는 행위를 말하며, 직접적인 거래관계가 없는 자에 대해서까지 그 적용범위를 확대할 수는 없다.[331] 영화상영업자들의 무료입장권 발행이 부당한 불이익제공에 해당된다는 이유로 영화투자자·제작사들이 손해배상을 청구한 사안을 다룬 "CJ CGV 등" 사건에서 법원은 양자 사이에는 아무런 계약관계가 없고, 투자자·제작사들은 배급사 등과의 계약에 따라 배급사가 영화상영업자들로부터 영화상영계약에 따라 지급받게 되는 수익 중 일부를 배급사로부터 지급받는 지위에 있을 뿐이어서, 양자 사이에 불공정거래행위 성립의 전제가 되는 거래관계가 존재한다고 볼 수 없고, 투자자·제작사들을 영화상영업자의 거래상대방으로 볼 수도 없다고 보았다.[332] 이와

328) 이호영(제6판), 357면.

329) 대법원 2007.1.12. 선고 2004두7146 판결.

330) 대법원 2002.5.31. 선고 2000두6213 판결.

331) 서울고등법원 2015.1.9. 선고 2013다74846 판결.

332) 위의 판결; 대법원 2017.5.31. 선고 2015다17975 판결. 서울고등법원은 특히 '거래관계'의 범위를 다소 확장한 바 있는 "삼성화재해상보험" 판결(대법원 2010.1.14. 선고 2008두14739 판결)을 단

달리 '거래' 내지 '거래상대방'의 의미를 확대 해석할 경우에는 죄형법정주의의 원칙에 반할 소지가 있고, 특히 영화제작업자들도 아닌 투자자들에게까지 거래상대방의 지위를 인정하는 것은 공정거래법 적용의 외연을 지나치게 확장한 것으로 허용될 수 없다는 취지로서 지극히 타당하다.

거래상대방에게 불이익이 되도록 거래조건을 설정 또는 변경하는 행위는 거래상대방에게 일방적으로 불리한 거래조건을 당초부터 설정하였거나 기존의 거래조건을 불리하게 변경하는 것을 말한다.[333] 거래조건에는 각종의 구속사항, 저가매입 또는 고가판매, 가격조건(수수료 등 포함), 대금지급방법 및 시기, 반품, 제품검사방법, 계약해지조건 등 모든 조건이 포함된다.[334] 또한 불이익제공행위란 거래조건을 불이행함은 물론 거래관계에 있어 사실행위를 강요하여 거래상대방에게 불이익이 되도록 하는 행위를 말한다. 불이익제공은 적극적으로 거래상대방에게 불이익이 되는 행위를 하는 작위뿐만 아니라 소극적으로 자기가 부담해야 할 비용이나 책임 등을 이행하지 않는 부작위에 의해서도 성립할 수 있다.

사업자가 거래상 지위를 이용하여 거래를 함에 있어 거래상대방에 대한 거래조건의 설정 또는 변경이나 그 이행과정에서 거래상대방에게 불이익을 주는 행위를 의미하는 것이므로, 그 사업자가 제3자에 대한 거래조건의 설정 또는 변경이나 이행과정에서 제3자에게 이익을 제공함으로써 거래상대방이 제3자에 비하여 상대적으로 불이익한 취급을 받게 되었다고 하여 사업자가 거래상대방에게 불이익을 제공한 것으로 볼 수는 없다.[335]

나. 부당성

대법원은 불이익제공이란 당해 행위의 내용이 상대방에게 다소 불이익하다는 점만으로는 부족하고, 구입강제, 이익제공강요, 판매목표강제 등과 동일시할 수 있을 정도로 일방 당사자가 자기의 거래상 지위를 부당하게 이용하여 그 거래조건을

순히 경제적으로 영향을 받는 지위에 있기만 하면 곧바로 불공정거래행위에서의 거래관계가 존재하는 것으로 보아야 한다거나, 특별한 사정이 없는 경우에도 통상의 계약관계 밖에 있는 제3자에게까지 '거래상대방'의 범위를 확장한 취지로 해석할 수 없음을 분명히 하였다. 이 부분에 관한 비판으로는 김차동, "공정거래법 위반행위에 관한 손해배상제도의 의의와 그 개선방향", 상사판례연구 제30집 제3권, 2017, 184면 이하.

333) 대법원 2001.12.11. 선고 2000두833 판결; 대법원 2002.5.31. 선고 2000두6213 판결.

334) 신현윤(제8판), 307면.

335) 대법원 2005.12.8. 선고 2003두5327 판결.

설정 또는 변경하거나 그 이행과정에서 불이익을 준 것으로 인정되어야 하고, 이때 부당성의 유무를 판단할 때에는 당해 행위의 의도와 목적, 효과와 영향 등과 같은 구체적 태양과 상품의 특성, 거래의 상황, 당해사업자의 시장에서의 우월적 지위의 정도 및 상대방이 받게 되는 불이익의 내용과 정도 등에 비추어 볼 때, 정상적인 거래관행을 벗어난 것으로서 공정한 거래를 저해할 우려가 있는지를 판단하여야 한다고 판시하였다.[336] 다만, 실무상 불이익이 제공된 정도가 다소 불이익한지 아니면 부당한지의 여부 그리고 상대방의 자발적인 동의에 의해 이루어진 것인지 아니면 강제적으로 이루어진 것인지를 판단하기란 쉽지 않은 측면도 있다.[337]

종래 법원은 민사분쟁의 영역과 거래상 지위남용행위로서 불이익제공행위를 엄격히 구분하려는 태도를 취해왔고, 이것은 다수의 판결에서 불이익제공에 해당하지 않는다는 결론으로 이어졌다.[338] 그와 달리, "파스퇴르유업" 판결[339]에서 대법원은 현실의 거래관계에서 경제력에 차이가 있는 거래주체 간에도 상호 대등한 지위에서 공정한 거래를 할 수 있게 하도록 보장하기 위하여 우월적 지위남용행위를 민사법리에 의해서만 판단해서는 안 된다는 점을 분명히 하였다.[340] 대법원은 원고 회사가 기존 대리점주의 투하자본 회수를 위하여 통상 승인하여 주고 있던 대리점 양도를 허용하지 아니한 행위가 우월적 지위를 부당하게 이용하여 상대방에게 불이익을 준 행위인지 여부는 당해 행위의 의도와 목적, 효과와 영향 등과 같은 구체적 태양과 상품의 특성, 거래의 상황, 해당 사업자의 시장에서의 우월적 지위의 정도 및 상대방이 받게 되는 불이익의 내용과 정도 등에 비추어 볼 때 정상적인 거래관행을 벗어난 것으로서 공정한 거래를 저해할 우려가 있는지 여부를 판단하여 결정하여야 한다고 판시하였다. 계약의 해석에 관하여 다툼이 있는 민사 사안이

---

336) 대법원 2013.4.25. 선고 2010두25909 판결; 대법원 2002.10.25. 선고 2001두1444 판결; 대법원 2002.5.31. 선고 2000두6213 판결; 대법원 2001.12.11. 선고 2000두833 판결; 대법원 1998.3.27. 선고 96누18489 판결.

337) 이황, "불이익제공행위에 있어서 부당성의 판단기준과 사례", 대법원판례해설 제65호, 2007, 479면.

338) 대법원 2007.12.27. 선고 2007두18833 판결("한국컨테이너부두공단" 판결); 대법원 2006.12. 21. 선고 2004누5119 판결("한국토지공사" 판결); 대법원 2004.7.9. 선고 2002두11059 판결("하이트맥주" 판결); 대법원 2001.12.11. 선고 2000두833 판결("대한주택공사" 판결) 등. 민사사건에서도 이와 같은 경우가 있는데, 대법원 2008.4.24. 선고 2008다405 판결("KT" 판결)이 있다.

339) 대법원 2000.6.9. 선고 97누19427 판결.

340) 신영수, "판례에 비추어 본 거래상 지위남용 규제의 법리", 상사판례연구 제28권 제1호, 2015, 169－170면.

라는 이유만으로 공정거래법의 적용이 배제되지는 않는 것이다.[341)]

이후에도 대법원은 여러 판결에서 불이익제공행위의 부당성을 인정하였다. "국민신용카드" 판결[342)]에서 대법원은 원고가 제휴은행들에게 자기의 가맹점에 적용되는 수수료율을 일괄적으로 동일하게 적용하도록 하고 이를 따르지 않을 경우 업무제휴계약을 해지할 수 있다고 통보하여 제휴은행들로 하여금 가맹점 수수료율을 변경하도록 한 행위는 제휴은행들의 시장에서의 경쟁력을 필요 이상으로 제한하는 것으로서 정상적인 거래관행을 벗어나 부당하다고 판단하였다. "한국전력공사" 판결[343)]에서도 서울고등법원은 변전소 토건공사를 발주하면서 동 회사의 책임있는 사유로 공사가 중단되었음에도 계약상 정해진 지연배상금을 지급하지 않은 행위가 거래상 지위남용에 해당한다고 보았고, "동일리조트" 판결[344)]에서도 합동회사로부터 유기시설을 위탁받아 운영하다가 인건비 등의 상승을 이유로 운영관리비를 인상해줄 것을 요구하였으나, 이에 응하지 않자 위탁료 전액의 지급을 중단한 행위에 대하여 거래상 지위남용이 인정되었다.

6. 경영간섭

가. 행위요건

경영간섭이란 거래상대방의 임직원을 선임·해임함에 있어 자기의 지시 또는 승인을 얻게 하거나 거래상대방의 생산품목·시설규모·생산량·거래내용을 제한함으로써 경영활동을 간섭하는 행위를 말한다(영 [별표 2] 제6호 마.). 경영간섭행위는 다른 사업자의 자유로운 경영활동을 위한 의사결정을 제한한다는 점에서 위법성이 있고, 구속조건부거래행위와 같은 다른 불공정거래행위와 함께 이루어지는 것이 일반적이다.[345)]

---

341) 현재 우리나라에서는 사적분쟁의 성격이 강한 불공정거래행위, 특히 거래상 지위남용 중에서 불이익제공행위 등에 관한 신고가 경쟁당국에 제기되고 있는데, 이러한 현상은 자칫 경쟁당국을 전문성이 약한 민원처리기관으로 변화시킬 수 있고 중요한 경쟁사건에 자원을 집중하기 어렵게 한다는 점에서 중장기적으로 그 해결방안을 고민할 필요가 있다. 박세환, 앞의 글(2019-a), 158면 이하.

342) 대법원 2006.6.29. 선고 2003두1646 판결.

343) 서울고등법원 2007.9.5. 선고 2007누9046 판결; 대법원 2007.12.13.자 2007두20287 판결(심리불속행 기각).

344) 대법원 2008.3.13.자 2008두259 판결(심리불속행 기각).

345) 황태희, 앞의 글(2018), 71면.

나. 부당성

대법원은 "한국도로공사" 판결[346]에서 불공정거래행위의 한 유형으로 규정하고 있는 거래상대방에 대한 소정의 경영간섭행위는 그 규제의 목적과 당해 규정의 내용 등에 비추어 볼 때 문제된 행위의 의도와 목적, 효과와 영향 등 구체적 태양과 거래상품의 특성, 유통거래의 상황, 당해 사업자의 시장에서의 지위 등에 비추어 우월적 지위의 남용행위로 인정되어야 한다고 판시하였다. 대법원은 한국도로공사가 우림석유와 사이에 체결한 주유소에 관한 운영계약에서 그 유류공급 정유사를 자신이 직접 지정한 행위는 고속도로상의 주유소가 가지는 진출입 제한이라는 장소적 특성과 유류라는 거래 상품 및 그 관련 시장의 상황과 특성, 고속도로상 주유소의 설치 및 관리주체인 한국도로공사가 각 개별 주유소에 관한 운영계약을 체결하게 된 경위 등을 고려할 때, 부당한 경영간섭에 해당하지 않는다고 판시하였다.

"한국수자원공사" 판결[347]에서도 대법원은 17개 댐 및 하구둑의 휴게소·매점을 일반 민간업체에 임대함에 있어, 임차인이 가격 결정 시 판매량이 많은 품목에 대하여는 한국수자원공사와 협의하여 결정된 가격을 가격표시판에 부착하도록 하고, 이를 위반한 때 계약을 해지할 수 있도록 임대차계약에 명시한 행위가 부당한 경영간섭에 해당하지 않는다고 보았다. 그 이유는 휴게소·매점 등의 그 지리적 특성상 다른 경쟁사업자가 없는 독점적 지위에 있어 운영업체들이 부당하게 비싼 가격을 책정할 우려가 있으므로 이를 사전에 방지하여 소비자를 보호하기 위한 것인 점 등의 사정에 비추어, 운영업체의 자율적인 경영을 다소 제약하였다 하더라도 부당하다고 보기 어렵기 때문이라고 하였다.

"롯데쇼핑" 판결[348]에서 대법원은 롯데백화점의 경쟁사업자인 다른 백화점에 대한 매출정보를 확인하기 위해, 납품업체에게 다른 백화점 시스템 접속권한을 받아 매출정보를 확인한 후, 경쟁사와의 매출대비율을 일정하게 유지하도록 강요한 행위를 경영간섭행위의 부당성을 인정하였다. 대법원은 납품업체가 영업 비밀인 다른 백화점에서의 매출정보를 자발적으로 공개할 이유가 없고, 거래상 우월적 지위에 있는 롯데백화점의 요구를 거부할 수 없었기 때문에 경쟁사 시스템 접속권한을 준 것이라고 봄이 상당한 이상, 납품업체들이 매출대비율을 일정하게 유지하도

346) 대법원 2000.10.6. 선고 99다30817 판결.
347) 대법원 2007.1.11. 선고 2004두3304 판결.
348) 대법원 2011.10.13. 선고 2010두8522 판결.

록 관리하고 롯데백화점 및 경쟁 백화점에서 할인행사를 진행할지 여부에 관한 자유로운 의사결정을 저해하는 등 납품업체들의 거래내용을 제한하였다고 판단하였다.

이와 달리 "신세계" 판결[349]에서 신세계는 납품업체로부터 경쟁백화점 EDI 접속권한을 제공받아 경쟁백화점의 매출정보를 취득하였지만, 납품업체에게 매출대비율 관리를 위한 추가적인 강요행위를 행하지는 아니하였는데, 대법원은 경영간섭이 성립하려면 단순히 협력업체로부터 경쟁백화점의 매출정보를 취득한 행위만으로는 부족하고, 더 나아가 매출정보를 바탕으로 협력업체에게 판촉행사나 할인행사를 강요하거나 이를 거부하면 제재를 가하는 등의 행위를 함으로써 그 의사결정이나 판단에 부당하게 관여하는 경우에 해당하여야 한다고 판시하였다. 다만, 2011년 11월 제정된 대규모유통업법에서 대규모유통업자가 납품업자에게 부당하게 정보를 제공하도록 요구하는 행위 자체를 금지하는 규정(법 제14조)을 별도로 두고 있기 때문에 납품업자에 대한 추가적인 강요행위 유무에 따라 결론이 달라졌던 위 2개 판결의 실질적인 의미는 축소되었다.

Ⅷ. 구속조건부거래

1. 의 의

가. 유형 및 체계

구속조건부거래란 거래상대방의 사업활동을 부당하게 구속하는 조건으로 거래하는 행위를 말한다(법 제45조 제1항 제7호). 구속조건부거래는 가장 대표적인 수직적 비가격제한행위로서, 공정거래법은 배타조건부거래(가목)와 거래지역 또는 거래상대방의 제한(나목)으로 구분하고 있으며(영 [별표 2] 제7호), 배타조건부거래는 다시 독점판매계약과 독점공급계약[350]으로 나눌 수 있다. 이때 배타조건부거래 역시 자기 또는 계열회사의 경쟁사업자와 거래하지 않는 조건이라는 점에서 거래상대방의 사업활동의 자유를 제한하는 것이나, 이 경우에는 제조업자가 판매업자의 구입처

349) 대법원 2011.10.27. 선고 2010두8478 판결; 서울고등법원 2010.4.8. 선고 2009누548 판결.

350) 우리나라에서는 이들 두 가지 독점계약을 영어권에서와 반대의 의미로 사용하고 있는 듯하다. 아래에서는 우리나라의 용례에 따르기로 하는데, 예컨대 유럽경쟁법상으로는 exclusive supply가 독점판매계약에 해당하는 반면, non-compete obligation이 독점공급계약에 해당한다. 반면, exclusive distribution은 거래지역이나 거래상대방제한과 유사한 것으로 보인다.

를 제한하거나 판매업자가 제조업자의 공급처를 제한하는 것으로서 후방시장(downstream)에서 거래상대방의 거래지역이나 거래상대방의 거래상대방을 다시 제한하는 경우와 구별된다. 구속조건부거래행위의 보호대상은 사업자만 해당된다(심사지침 Ⅴ. 7. 가. (1) (나) 내지 나. (1) (라)).

구속조건부거래는 수직적인 거래관계에서 거래상대방과의 지속적이고 안정적인 거래관계를 유지하기 위하여 일정한 조건을 걸어 거래하는 경우 사업활동의 효율성을 높여주는 긍정적인 효과를 가질 수 있다.[351] 수직적 거래관계에서 거래상대방은 거래처나 거래지역 등을 자유롭게 결정할 수 있는 것이 원칙이나 일방당사자가 거래상대방의 거래처를 제한하거나 거래지역을 할당함으로써 조달시장이나 판매시장에서의 경쟁을 제한하는 경우에 공정거래법은 이를 공정한 거래질서를 저해할 우려가 있는 것으로 보아 금지하고 있다. 사업자가 거래상대방의 거래처나 거래지역 등을 구속하는 조건으로 거래하는 행위는 거래상대방의 자유를 인위적으로 제한하는 측면과 그로 인하여 관련시장에서의 경쟁을 제한하는 측면이 있는 바, 종래 구속조건부거래의 위법성이 그중 어디에 있는지에 관하여는 이견이 있다.[352]

구속조건부거래는 일반적으로 제조업자가 판매업자를 수직계열화하거나 판매업자가 특정 제조업자의 상품을 독점적으로 확보하는 수단으로 이용되며, 그에 따라 제조업자로서는 안정적인 판매처의 확보와 판매비용의 절감을, 판매업자로서는 상품의 안정적 공급확보와 판매활동의 효율성제고를 기대할 수 있기 때문에 양자 모두에게 이득이 된다.[353] 그 결과 구속조건부거래는 거래강제나 거래상 지위남용처럼 사업자가 일방적으로 거래상대방에게 강요하기보다는 양 당사자가 합의하여 성립하는 경우가 대부분이다.

구속조건부거래는 거래의 형태나 구속의 정도가 다양하기 때문에, 이를 일률적으로 위법하다고 판단할 수 없다.[354] 구속조건부거래가 일방적인 구속이나 강제의 행위로 인해 정상적인 관행에 비추어 거래상대방의 계약자유를 부당하게 침해하여 공정한 거래를 저해할 우려가 있는 경우에는 위법할 수 있다.[355] 이와 달리 당사자

351) 신현윤(제8판), 309면; 이봉의, 앞의 글(2004-a), 679면.

352) 공정거래위원회는 구속조건부거래의 경쟁제한성을 따로 심사하지 않는 반면, 학설은 브랜드 간 또는 브랜드 내의 경쟁제한 여부를 위법성 판단요소로 지적하고 있다. 권오승(제13판), 347-348면; 신현윤(제8판), 310면; 이호영(제6판), 383면.

353) 권오승(제13판), 345면.

354) 권오승(제13판), 345면.

간의 순수한 자발적 합의에 의한 구속조건부거래는 경쟁제한성을 기준으로 위법성을 판단하되, 시장지배적 지위남용행위에서 금지하는 것이 타당할 것이다.[356)]

나. 수직적 비가격제한에 대한 규제

어느 나라나 유통(distribution)은 매우 중요한 의미를 갖는다. 그 이유는 단지 산업의 발전에 따라 1차나 2차산업보다 3차산업의 비중이 커지고, 유통부문이 3차산업 중에서도 국내총생산이나 고용에서 상당히 큰 비중을 차지하기 때문만은 아니다. 그에 못지않게 거의 모든 상품이 유통채널을 통해서 최종소비자에게 도달한다는 점에서 유통은 다른 모든 산업의 성장·발전에 필수불가결한 존재이기 때문이다. 따라서 유통시장을 개방적이고 경쟁적으로 유지하는 것은 국민경제의 발전에 필수적이다. 즉, 공정거래법이 보호하고자 하는 공정하고 자유로운 경쟁(법 제1조)은 비단 생산단계에 국한되는 것이 아니라 유통단계에서도 효과적으로 기능할 수 있어야 하는 것이다.

유통은 크게 생산과정으로의 투입, 즉 공급(supply)과 소비과정으로의 투입, 즉 판매(sales)로 나눌 수 있으며, 이들 모든 과정에서 서로 다른 거래단계에 있는 공급자와 거래상대방이 상품 또는 용역의 판매 또는 구입에 관하여 체결하는 계약을 통상 수직적 거래 내지 '수직적 합의'(vertical arrangement; vertical agreement)라 한다. 이러한 수직적 거래의 대표적인 예로는 제조업자와 도·소매업자 간의 유통계약을 들 수 있고, 부품제조업자와 이들 부품을 이용하여 상품을 완성하는 제조업자 간의 부품공급계약 내지 납품계약도 여기에 해당한다. 그리고 이는 다시 거래상대방의 가격설정의 자유를 제한하는 이른바 가격제한행위 내지 재판매가격유지행위와 가격 이외에 다른 사업활동의 자유를 제한하는 비가격제한행위(non-price restraints)로 나눌 수 있다.

통상적으로 수직적 거래에서는 판매 또는 구매하는 물품의 가격이나 수량 등이 정해지고, 이러한 거래 자체는 수평적 관계에서의 전형적인 경쟁제한행위인 카르텔 내지 부당한 공동행위와 달리 원칙적으로 경쟁상의 문제를 야기하지 않는다. 그러나 수직적 거래라도 그것이 거래상대방의 사업활동의 자유를 제한함으로써 자기 또는 거래상대방이 속한 시장에서의 경쟁을 저해할 우려가 있는 경우에는 공정

355) 정호열(제6판), 417면.
356) 이봉의, 앞의 글(2004-a), 679-680면.

거래법이 적용되지 않을 수 없다.

수직적 합의 및 그에 수반되는 수직적 거래제한은 일반적으로 제조업자가 새로운 시장에 진입하는 것을 용이하게 하거나 판매업자가 다른 판매업자의 판촉노력에 무임승차하는 상황을 방지하거나 또는 납품업자에게 특정 거래상대방과의 거래를 위하여 투입한 투자비를 회수할 수 있게 하는 등 긍정적인 효과를 갖는 경우가 많다. 따라서 수직적 거래제한이 경쟁제한효과를 갖는 경우에도 그에 따른 긍정적 효과를 아울러 고려하여 금지 여부를 결정하여야 한다는 이론적 주장도 만만치 않다.[357)]

그런데 공정거래법은 수평적 거래제한과 수직적 거래제한을 명시적으로 구분하지 않고 있을 뿐만 아니라 수직적 거래제한에 해당되는 행위유형 또한 시장지배적 지위남용, 재판매가격유지행위, 불공정거래행위 등 복잡·다양하게 분산되어 있고, 이들 각각의 행위를 금지하기 위한 요건도 상이하여 이들에 공통된 접근방법을 도출하기 어렵게 되어 있다. 예컨대, 수직적 가격제한에 해당되는 재판매가격유지행위는 재판매가격을 강제 또는 구속하는지 여부를 기준으로 위법성을 판단하는 반면, 나머지 수직적 비가격제한행위는 '부당성'이나 '공정거래저해성'이라는 매우 추상적인 기준에 따라 위법성을 판단하게 되어 있다.

경쟁법상 주로 문제되는 수직적 비가격제한행위에는 대표적으로 구매업자에게 경쟁브랜드의 상품을 구입하지 않을 의무를 부과하는 행위(독점공급계약상의 不爭義務; non-compete obligation 또는 single branding), 공급업자에게 자기와 경쟁관계에 있는 다른 판매업자에게는 공급하지 않을 의무를 부과하는 행위(독점판매계약)가 있다. 그 밖에 '선별적 유통'(selective distribution)[358)]이나 끼워팔기 등도 수직적 관계에

357) 입법례 중에서도 회원국 간의 경쟁제한행위를 폭넓게 금지하고 있는 유럽에서 조약 제81조 제3항의 예외는 주로 수직적 거래제한에 적용되는 것이며, 미국에서 셔먼법 제1조상 금지되는 거래제한 중에서 수직적 거래제한은 합리의 원칙에 따라 경쟁촉진효과 등을 비교형량 할 수 있게 되어 있다.

358) 유럽에서는 선별적 유통 시스템이 브랜드 이미지, 고객응대, 사용설명, A/S 등이 중요한 시장에서 종종 사용되고 있다. 선별적 유통 시스템이란 공급사업자가 정해진 기준에 의하여 선별된 유통사업자들에게만 계약에 따른 상품이나 서비스를 제공하고 해당 유통사업자들은 선별 유통 시스템을 운영하는 공급자가 정한 지역 내에서는 승인되지 않은 유통사업자들에게는 이러한 상품과 서비스를 판매하지 않는 유통시스템을 뜻한다(수직적 제한에 대한 EU Regulation No 2010/330 Art. 1 (e)). 선별적 유통 시스템에서는 유통사업자에 대한 선별기준이 중요한 의미를 가지는데, 제품의 성격에 비추어 볼 때 그 기준은 질적으로도 객관적이어야 하고 차별적으로 적용되어서는 안되며 필요 이상으로 과도해서는 안 된다. 자칫하면 선별 유통 시스템이 브랜드 내 경쟁을 저해하거나 다른 판매업자를 봉쇄하는 효과를 가질 수 있기 때문이다. 공정거래법은 선별적 유통 시스템에 대한 별도의 규정을 두고 있지 아니하지만, 만약 공급사업자가 선별 유통 기준 불충족을 이

있는 거래상대방의 자유로운 사업활동을 제약하는 것으로서 비가격제한행위에 해당된다.

공정거래법은 여러 규정에서 다양한 수직적 비가격제한행위를 포섭하고 있다. 먼저 시장지배적 사업자가 정당한 이유 없이 거래하는 유통사업자와 배타적 거래계약을 체결하는 행위는 지위남용으로서 금지되고(법 제5조 제1항 제5호, 영 제9조 제5항 제2호), 일반사업자가 부당하게 경쟁자의 고객을 자기와 거래하도록 강제하거나, 자기의 거래상 지위를 부당하게 이용하여 상대방과 거래하거나[359] 또는 거래상대방의 사업활동을 부당하게 구속하는 조건으로 거래하는 행위가 불공정거래행위로서 금지된다(법 제45조 제1항 제5호, 제6호, 제7호).

다. 수직적 비가격제한의 쟁점과 해결방안

(1) 주요 쟁점

비가격제한행위를 주로 불공정거래행위로 규제하고 있는 우리나라에서 나타나는 문제점으로는 크게 두 가지를 들 수 있다. 하나는 비가격제한행위 중에서도 거래상 지위남용이 유독 그 비중이 지나칠 만큼 높다는 사실인데, 이는 공정거래저해성을 경쟁제한의 측면보다는 거래상대방이나 경쟁사업자에 미치는 피해에 치중하여 판단하였기 때문으로 보이며, 그 결과 공정거래위원회의 자원을 사적 분쟁에 소모한다는 지적이 나오고 있다.[360] 다른 하나는 공정거래저해성의 성격과 그 판단기준이 모호하다는 점인데, 비가격제한행위의 유형마다 부당성 여부를 둘러싸고 적지 않은 혼선이 발생함으로써 법적용의 예측가능성이 저해되고 있는 측면이다. 이는 많은 입법례와 경쟁이론에서 수직적 경쟁제한을 수평적 경쟁제한, 즉 카르텔과 대비시키는 등 '경쟁제한성'을 기준으로 위법성을 판단하는 태도와 달리 공정거래법은 수직적 거래제한을 대부분 불공정거래행위로 포섭하여 공정거래저해성이라는 다의적 기준으로 위법성을 판단하고 있는 데에서 그 원인의 하나를 찾을 수

유로 특정 유통사업자에 대한 제품공급을 거절하거나, 선별 유통 승인을 받은 유통사업자의 판매행위를 지나치게 제약할 경우(예: 오픈마켓 판매 금지)에는 거래거절, 구속조건부거래 등이 문제될 수 있다. 유럽의 대표적인 판례로는 "Coty" 판결(CJUE 2017.12.7. C-230/16)과 "Metro" 판결(CJCE 1977.10.25. 26/76)을 들 수 있다. 박세환, 앞의 글(2020), 90면 이하.

359) 거래상 지위남용은 본래 자신의 거래상 우월적 지위를 이용하여 거래상대방에게 불이익을 가하는 행위를 말하나, 그중 구입강제나 판매목표강제 및 경영간섭은 거래상대방의 자유로운 판단을 제약한다는 의미에서 일응 수직적 거래제한의 성질을 가질 수 있다.

360) 양명조, "한국독점규제법의 평가와 전망", 경쟁법연구 제8권, 2002, 20면; 정호열, "불공정거래행위의 금지", 권오승 편, 공정거래법강의 Ⅱ, 2000, 373, 400면.

있다.

이러한 문제점을 해소하기 위해서는 비가격제한행위의 경우 그 부당성이 '경쟁' 내지 '경쟁제한성'과 어떻게 결부되어 있는지, 경쟁촉진효과 내지 효율성 증대효과를 비교형량 할 필요가 있는지, 그렇다면 형량의 구체적인 기준은 무엇인지, 특히 비가격제한행위의 경쟁제한효과가 미미한 경우에 이를 심사할 필요가 여전히 존재하는지 등이 명확하게 밝혀지지 않으면 안 된다.

(2) 해결방안

㈎ 비가격제한행위의 위법성요소와 비교형량의 여부

일반적으로 비교형량을 한다는 것은 어떤 경쟁제한행위가 동시에 효율성 증대 내지 소비자후생 증대효과를 수반하는 경우에 이러한 긍정적 효과를 종합적으로 고려하여 최종적으로 금지 여부를 결정하는 과정을 말한다. 수직적 비가격제한행위의 경우에도 그 위법성을 무엇보다 경쟁제한성 여부를 기준으로 판단하는 입법례에서 이러한 비교형량은 결국 경쟁보호라는 이익과 효율성증대효과라는 이익을 비교한다는 의미에서 '이익형량'(Interessenabwägung)의 의미를 가진다. 미국 독점금지법상 '합리의 원칙'(rule of reason) 또한 경쟁제한성과 효율성 증대효과를 비교한다는 의미에서 마찬가지로 비교형량을 전제로 한 개념임은 주지하는 바와 같다.

그런데 문제는 공정거래법상 불공정거래행위로 포섭되는 비가격제한행위는 모두 공정거래저해성을 위법성 요소로 하고, 이때 공정거래저해성은 행위유형에 따라 경쟁제한과는 무관하게 '강제성', '불이익제공' 내지 '구속성' 여부 등을 기준으로 판단하게 되어 있다는 점이다. 그 결과 공정거래위원회의 실무와 다수설은 당초 비가격제한행위의 부당성을 판단함에 있어서 엄격한 의미에서 경쟁제한성을 고려하지 않고 있으며, 아직까지 공정거래위원회의 실무에서 위법성 판단을 위한 일관된 태도나 예측가능한 기준을 찾을 수 없다. 판례 역시 비가격제한행위를 비롯하여 불공정거래행위의 위법성은 공정한 경쟁질서라는 관점에서 평가되어야 하고 단순한 사업경영상의 필요나 거래상의 합리성 내지 필요성만으로는 정당한 이유가 인정되지 않는다는 입장을 견지하고 있고,[361] 이 점에서 비교형량에 대하여 매우 소극적인 것이 현실이다.

---

361) 대법원 1990.4.10. 선고 89다카29057 판결. 다만, 최근에 판례는 경영상의 필요나 합리적인 사유, 행위의 동기나 목적, 공익에의 부합 여부 등에 대한 비교형량의 여지를 남겨두는 듯한 태도를 보이고 있다(대법원 1998.9.8. 선고 96누9003 판결; 대법원 2001.12.11. 선고 2000두833 판결).

그러나 수직적 거래제한, 그중에서도 비가격제한행위는 그 동기나 효과 면에서 경쟁촉진적이거나 효율성 증대효과를 수반하는 경우가 적지 않다는 점에서 비교형량의 허용 여부와 구체적인 형량기준을 마련할 필요가 있다.[362] 이를 위해서는 먼저 전술한 비가격제한행위의 유형별로 고유한 위법성 요소를 명확히 하여야 하며, 특히 구속조건부거래의 경우에는 경쟁제한성을 위주로 위법성을 판단하는 한편, 당해 행위에 따른 경쟁촉진효과 내지 효율성 증대효과를 아울러 고려하는 것이 바람직할 것이다. 다만, 이때 고려될 수 있는 효율성 증대효과란 그로부터 경쟁이 촉진되는 한편 새로운 경쟁자의 진입에 대한 장애가 되지 않고, 궁극적으로 소비자에게도 이익이 되는 것이어야 하며, 다음의 네 가지 요소를 갖추어야 할 것으로 보인다. 즉 ① 효율성이 당해 불공정거래행위에 특수한 것이어야 하고, ② 효율성의 내용이 미미한 수준이 아니라 실질적인 것으로서, ③ 가까운 장래에 발생할 것이 확실한 것이어서, ④ 효율성의 정도를 충분히 입증할 수 있어야 할 것이어야 한다.

(나) 안전지대의 수정

안전지대란 매출액이나 시장점유율 등을 기준으로 통상적으로 경쟁저해성이 미미할 것으로 판단되는 사업자의 행위에 대하여 원칙적으로 경쟁법 위반에 해당되지 않고, 따라서 심사절차를 개시하지 않을 것임을 밝히는 제도를 말하며, 법집행의 효율성과 과도한 규제의 개선을 도모하기 위한 수단으로 이해되고 있다.

공정거래법상 비가격제한행위의 금지는 모든 사업자에게 적용되며, 법위반사업자의 규모나 시장점유율 등은 그나마 위법성을 판단하는 과정에서 부분적으로 고려될 뿐이다. 그 결과 원칙적으로 인지된 모든 사건에 조사절차가 개시되고, 사업자로서는 미미한 법위반행위에 대해서도 시정조치나 과징금이 부과될 위험을 부담하게 된다. 즉, 그 규모나 시장점유율 면에서 미미한 지위에 있는 사업자는 심사절차에서 종국적으로 위법성이 없는 것으로 판명될 가능성이 높음에도 불구하고 절차의 진행에 따른 경제적 비용과 고객 및 거래처의 신뢰저하 등의 손실을 입게 된다. 아울러 공정거래위원회로서도 종국에는 공정거래저해성이 부인될 소지가 큰 사건에 대해서도 조사 및 심사절차를 진행하게 됨으로써 자원을 낭비하게 되고, 보다 중대한 사건에 역량을 집중하기가 어려워지게 된다.

362) 다만, 거래강제나 거래상 지위남용의 경우 현행법의 틀 내에서 경쟁제한성을 기준으로 위법성을 판단할 수 있는지는 의문이며, 이처럼 경쟁제한성과 무관하게 위법성을 판단하는 경우에도 비교형량이 가능한지, 가능하다면 형량기준이 어떠한지는 여전히 불확실한 문제로 남아 있다.

따라서 비가격제한행위를 포함한 불공정거래행위 전반에 걸쳐서 법집행의 효율성과 사업자의 자유로운 경제활동보장을 제고하기 위하여 시장점유율 등을 기준으로 한 심사면제제도의 도입을 검토할 필요가 있다. 외국의 입법례를 보면, 사업자의 시장점유율이 일정 수준 이하인 경우에는 당해 행위가 경쟁에 미치는 효과가 미미할 것으로 판단하여 원칙적으로 위법성이 없는 것으로 취급하고 있다. 대표적으로, 유럽의 경우 간이심사지침(de minimis Guidelines)[363)]에서는 수평적 경쟁제한의 경우 10%의 시장점유율, 수직적 경쟁제한의 경우 15%의 시장점유율을 넘지 않는 경우에는 원칙적으로 경쟁저해성이 없는 것으로 추정하며, '일괄예외규칙 및 수직적 거래제한에 관한 가이드라인'[364)]에서는 원칙적으로 30%의 시장점유율을 기준으로 심사면제를 인정하고 있다. 그렇다면 우리나라에서도 수직적 거래제한, 그중에서도 가격제한행위에 비하여 경쟁저해의 우려가 상대적으로 적을 수 있는 비가격제한행위에 대해서 관련사업자의 시장점유율이나 매출액을 기준으로 원칙적으로 심사대상에서 면제되는 범위를 설정하는 것이 필요하고도 바람직할 것이다.

2. 배타조건부거래

가. 행위요건

배타조건부거래란 부당하게 거래상대방이 자기 또는 계열회사의 경쟁사업자와 거래하지 아니하는 조건으로 그 거래상대방과 거래하는 행위를 말한다(영 [별표 2] 제7호 가.).

배타조건부거래의 개념요소별로 의미를 살펴보면, 첫째로, 거래상대방이란 수직적인 거래의 관계에 있는 사업자를 말한다. 공급업자가 다른 판매업자들에게 공급하지 않기로 하는 배타적 인수계약(예로, 독점판매계약)을 맺거나, 판매업자가 다른 공급업자에게 공급받지 않기로 하는 배타적 공급계약(예로, 배타적인 특약점계약)을 맺을 수 있고, 공급업자와 판매업자 모두 다른 사업자와 거래하지 않기로 하는 상호 배타조건부거래를 맺을 수 있다.[365)]

---

363) Comm., Notice on agreements of minor importance, OJ C 368, 13(2001.12.22.).

364) Comm., Regulation No. 2790/1999, Block Exemption Regulation, OJ L 336(1999.12.29.); Comm., OJ C 291(2000.10.13.). 시장점유율 30% 기준을 초과하는 경우에도 당해 수직적 거래제한행위의 위법성이 추정되는 것은 아니며, 단지 적법성 추정(presumption of legality)의 혜택을 누리지 못하고 개별 심사를 받게 될 뿐이다.

365) 권오승·서정(제4판), 432면; 신현윤(제8판), 310면에서는 배타조건부거래행위의 유형을 배타적

둘째로, 자기 또는 계열회사의 경쟁사업자라 함은 현재 경쟁관계에 있는 사업자뿐만 아니라 잠재적 경쟁사업자를 포함한다.

셋째로, 거래하지 않도록 하는 배타조건의 내용에는 거래상대방에 대해 직접적으로 경쟁사업자와의 거래를 금지하거나 제한하는 것뿐만 아니라 자신이 공급하는 품목에 대한 경쟁품목을 취급하는 것을 금지 또는 제한하는 것을 포함하고, 경쟁사업자와의 기존거래를 중단하는 경우뿐만 아니라 신규거래 개시를 하지 않을 것을 조건으로 하는 경우도 포함된다. 또한 배타조건의 형식에는 경쟁사업자와 거래하지 않을 것이 계약서에 명시된 경우뿐만 아니라 계약서에 명시되지 않더라도 경쟁사업자와 거래시에는 불이익이 수반됨으로써 사실상 구속성이 인정되는 경우가 포함된다.

나. 부당성

학설은 배타조건부거래라도 독점판매계약이냐 독점공급계약이냐에 따라 경쟁제한의 모습에 다소 차이가 있으나, 전술한 바와 같이 대체로 시장에서의 자유로운 경쟁을 제한하는 데에서 위법성을 찾고 있는 것으로 보인다. 독점판매계약의 경우 제조업자가 이미 여러 판매업자와 거래관계를 맺고 있는 경우에 다른 판매업자가 이를 배제하고 독점적인 판매권을 획득하거나, 한 판매업자가 여러 제조업자와 독점판매계약을 체결함으로써 다른 판매업자의 경쟁을 제한하거나 또는 제조업자가 경쟁자의 시장진입을 막기 위하여 생산에 필요한 원재료의 독점적 판매권을 취득하는 경우에 경쟁제한성이 인정되며, 독점공급계약의 경우 제조업자가 다수의 판매업자와 배타적 특약점계약을 체결하여 해당 판매업자와 거래하던 기존의 경쟁사업자를 시장에서 배제할 우려가 있는 경우에 경쟁제한성이 인정된다고 한다.

반면, 공정거래위원회는 사업자의 시장지위나 거래상 지위에 비추어 다른 경쟁사업자의 제품을 취급하지 못하도록 할 경우 판매업자의 자유의사가 부당하게 제한되고 이를 통하여 시장봉쇄를 통한 경쟁제한효과가 나타날 수 있다는 점을 고려한 경우도 있으나,[366] 대부분의 경우에는 대리점, 특약점 내지 특수유통점과의 배타조건부거래가 거래상대방의 사업활동을 부당하게 제약한 데에 위법성이 있는지 아니면 경쟁을 제한하는 데에 위법성이 있는지에 대하여 명확한 판단기준을 제

공급계약과 배타적 구입계약, 상호배타조건부거래로 나누고 있다.

366) 공정거래위원회 2001.10.8. 의결 약식2001－183(“에스케이텔레콤 구속조건부거래” 사건).

시하지 않고 있다.[367)]

그런데 배타조건부거래는 자기 또는 계열회사의 경쟁사업자와 거래하지 않는 조건으로 거래하는 행위로서, 그 형태에 따라 브랜드 내 경쟁이나 브랜드 간 경쟁을 저해할 우려가 있는 경우에 한하여 부당성을 인정하여야 할 것이다. 다만, 배타조건부거래는 동시에 효율성 증대효과나 경쟁촉진효과를 수반할 수 있으므로 합리적 기준에 의한 비교형량을 통하여 위법성을 판단하여야 할 것이다. 특히, 새로운 상품시장 내지 지역시장에 진입하기 위하여 판매업자에게 독점판매권을 부여하는 경우 경쟁제한성 자체가 미미한 반면 경쟁촉진효과가 클 수 있음에 유의하여야 한다.[368)]

대법원은 "S-Oil" 판결[369)]에서 시장지배적 지위남용행위로서 배타조건부거래의 부당성과 불공정거래행위로서의 부당성을 구분하였다. 대법원은 시장지배적 사업자의 지위남용행위로서의 배타조건부거래를 규제하면서도 모든 사업자의 불공정거래행위로서의 배타조건부거래를 규제하고 있는 이유는, 배타조건부거래가 시장지배적 사업자의 지위남용에 해당하는지 여부를 떠나 관련시장에서의 경쟁을 제한하거나 그 거래상대방에 대하여 거래처 선택의 자유 등을 제한함으로써 공정한 거래를 저해할 우려가 있는 행위라고 평가되는 경우에는 이를 규제하여야 할 필요성이 있기 때문이라고 판시하였다. 나아가 불공정거래행위의 '부당성'은 당해 배타조건부거래가 물품의 구입 또는 유통경로의 차단, 경쟁수단의 제한을 통하여 자기 또는 계열회사의 경쟁사업자나 잠재적 경쟁사업자를 관련시장에서 배제하거나 배제할 우려가 있는지를 비롯한 경쟁제한성을 중심으로 그 유무를 평가하되, 거래상대방인 특정 사업자가 당해 배타조건부거래로 거래처 선택의 자유 등이 제한됨으로써 자유로운 의사결정이 저해되었거나 저해될 우려가 있는지 등도 아울러 고려할 수 있다고 판시하였다.

나아가 위 사건에서 대법원은 배타조건부거래의 부당성을 판단함에 있어서 고려해야 하는 요소들도 제시하였다. 즉, 당해 배타조건부거래로 인하여 대체적 물품

367) 공정거래위원회, 2003.8.26. 의결 약식2003-108("학교법인 삼육학원(삼육식품) 거래상지위남용 행위 등" 사건 등).

368) 유럽경쟁법의 경우 새로운 시장진입을 위한 수직적 거래제한은 출시 후 2년간, 특정 지역이나 특정 고객집단에 신제품을 테스트하기 위한 거래지역제한은 1년간 원칙적으로 조약 제81조 제1항 위반으로 보지 않는다. European Commission, The Competition Policy in Europe: The Competition rules for supply and distribution agreements, 2002, p. 18.

369) 대법원 2013.4.25. 선고 2010두25909 판결.

구입처 또는 유통경로가 차단되는 정도, 경쟁사업자가 경쟁할 수 있는 수단을 침해받는지 여부, 행위자의 시장점유율 및 업계순위, 배타조건부거래의 대상이 되는 상대방의 수와 시장점유율, 배타조건부거래의 실시기간 및 대상이 되는 상품 또는 용역의 특성, 배타조건부거래의 의도 및 목적과 아울러 배타조건부거래계약을 체결한 거래당사자의 지위, 계약내용, 계약체결 당시의 상황 등을 종합적으로 고려하여야 한다고 하였다.

끝으로, 대법원은 배타조건부거래의 부당성을 인정하였는데, 원고의 시장점유율이 경질유제품을 기준으로 13~15% 상당이고, 휘발유 기준으로 12~13% 정도로 낮고, 원고가 정유업계 4위이지만 3위 사업자와 3% 정도 밖에 차이가 나지 않기에, 원고 등의 시장점유율이 상당한 기간 동안 큰 변화 없이 유지됨으로써 사실상 고착되어 유통경로에 대한 봉쇄효과가 작다고 할 수 없는 점, 주유소들이 원고의 전량공급조건거래에 동의한 것은 국내 모든 정유사가 그러한 거래를 하고 있기 때문에 이를 수용할 수밖에 없었던 것으로 보이는 점 등을 고려하였다.

이와 같이 배타조건부거래의 부당성을 경쟁제한성과 거래처 선택의 자유 침해와 같이 이원적으로 이해할 경우, 공정거래위원회가 경쟁제한효과를 면밀하게 입증하지 않은 채 공정거래저해성을 들어 배타조건부거래를 금지하는 것 자체를 문제 삼을 수는 없다.[370] 반면, "현대모비스" 판결[371]에서 대법원은 배타조건부거래의 경쟁제한성이 인정된다고 보면서 시장지배적 지위남용에도 해당되고 불공정거래행위에도 해당된다고 보았다. 경쟁제한의 의도가 명백하고 그에 따른 경쟁제한효과가 인정되는 사안에서 공정거래를 저해할 우려까지 존재한다면 두 조항을 모두 적용해도 무리가 없다. 다만, 법위반행위의 본질이 거래처 선택의 자유를 침해하는 일방적인 배타조건부거래는 불공정거래행위로, 당사자 간 합의를 기초로 시장에서 경쟁을 제한하는 배타조건부거래는 가급적 시장지배적 지위남용행위로 접근하는 것이 타당할 것이다.

---

370) 이봉의, 앞의 글(2004－a), 680면.

371) 대법원 2014.4.10. 선고 2012두6308 판결.

3. 거래지역·거래상대방의 제한

가. 행위요건

거래지역·거래상대방의 제한이란 상품 또는 용역을 거래함에 있어서 그 거래상대방의 거래지역 또는 거래상대방을 부당하게 구속하는 조건으로 거래하는 행위를 말한다(영 [별표 2] 제7호 나.). 이는 수직적인 비가격제한행위로서, 수직적인 가격제한에 대해서는 법 제46조의 재판매가격유지행위 규정에서 금지하고 있다. 사업자가 자신의 계산과 위험부담 하에 위탁매매인에게 판매대상 등을 지정하는 상법상 위탁매매관계는 거래상대방의 판매지역 또는 거래상대방 제한에 해당되지 않는다.

구속조건부거래의 유형으로서 첫째로, 거래상대방의 거래지역(판매지역) 구속행위에는 그 구속의 정도에 따라 거래상대방의 판매책임지역을 설정할 뿐 그 지역외 판매를 허용하는 책임지역제(또는 판매거점제), 판매지역을 한정하지만 복수의 판매자를 허용하는 '개방적 지역제한제'(open territory), 거래상대방의 판매지역을 할당하고 이를 어길 경우에 제재를 가함으로써 실효성을 확보하는 '엄격한 지역제한제'(closed territory)로 구분할 수 있다. 거래지역 제한행위는 가격차별이나 재판매가격유지 등을 달성하기 위한 목적으로 사용될 수 있다.

둘째로, 거래상대방의 거래상대방 즉 영업대상 또는 거래처를 제한하는 행위에는 제조업자나 수입업자가 대리점(또는 판매업자)을 가정용 대리점과 업소용 대리점으로 구분하여 서로 상대의 영역을 넘지 못하도록 하거나 대리점이 거래할 도매업자 또는 소매업자를 지정하는 행위 등이 해당된다. 구속조건은 사업자가 거래상대방이나 거래지역을 일방적으로 강요할 것을 요하지 않으며, 거래상대방의 요구나 당사자의 자발적인 합의에 의한 것을 포함한다. 조건은 그 형태나 명칭을 묻지 않으며, 거래상대방이 사실상 구속을 받는 것으로 충분하다.

나. 부당성

거래상대방의 거래지역이나 거래상대방을 제한하는 행위는 주로 제조업자의 대리점에 대한 판매지역제한에 관하여 문제되었으며, 공정거래위원회는 배타적 특약점 내지 대리점에게 각자의 관할구역 내에서만 판촉 및 판매활동을 하도록 제한하는 행위를 특약점 내지 대리점 간의 공정하고 자유로운 고객확보경쟁을 제한하거나 판매업자의 거래처 선택의 자유를 제한하는 것으로 보아 금지하고 있다. 즉,

공정거래위원회는 새로운 시장에 진입하기 위한 수단으로서 브랜드 간 경쟁이 촉진되는 측면을 제대로 고려하지 않고 있다. 거래상대방의 제한이 문제된 사례에서 공정거래위원회는 구속의 범위를 넓게 해석하여 자기 또는 계열회사의 경쟁사업자와 거래하지 않는 경우까지 포함시키고 있는바, 예컨대, 상품을 구입하면서 자기 또는 계열회사가 판매활동에 참여하고 있는 지역에서 다른 경쟁사업자에게는 판매하지 않도록 하는 조건을 부과하는 행위도 거래상대방의 제한으로 파악하고 있다.[372)]

한편, 이들 행위의 위법성은 대리점의 사업활동구속과 그에 따른 자유의사침해에 있는 것이 아니라 브랜드 내에서 판매업자들 간의 경쟁제한에 있으므로, 부당성 판단에 있어서는 브랜드 간의 경쟁이 촉진되거나 유통효율성의 제고 여부를 비교형량 할 필요가 있다. 이처럼 거래지역 등 제한의 위법성을 '경쟁제한성'에서 찾을 경우, 계약상 구속의 강약에 따라 위법성 여부가 좌우되지는 않으며, 단지 경쟁제한 유무와 그 정도를 판단하는데 고려될 수 있을 뿐이다. 다른 한편, 일반적으로 구속의 강도가 낮고 위반 시 제재가 없거나 경미한 것은 사업자에게 이를 강행할 지배력이 없거나 유통계열화의 필요성이 별로 없음을 보여주는 것이고, 따라서 위법성이 인정되기 어려울 것이다. 반면, 구속의 강도가 높고 위반 시 제재가 강력한 경우에는 일반적으로 경쟁제한의 우려가 인정될 소지가 크나, 언제나 위법성이 인정되는 것은 아니며 오히려 특히 유통계열화의 필요성이나 효과가 크다는 것을 보여주는 것일 수도 있다. 따라서 거래지역이나 거래상대방의 구속을 받는 판매업자의 수와 이들의 시장점유율 등을 종합적으로 고려하여 위법성 유무를 판단하여야 할 것이다.

판례에 따르면 거래지역 또는 거래상대방의 제한행위의 부당성 여부는 해당 행위의 의도와 목적, 효과와 영향 등 구체적 태양과 거래의 형태, 상품 또는 용역의 특성, 시장 상황, 사업자 및 거래상대방의 시장에서의 지위, 제한의 내용과 정도, 경쟁에 미치는 영향, 공정거래법상 위법한 목적 달성을 위한 다른 행위와 함께 또는 그 수단으로 사용되는지 여부 등을 종합적으로 고려하여 판단하여야 한다.[373)]

대표적으로 "한국캘러웨이골프" 판결[374)]에서 대법원은 원심이 거래상대방 제

372) 공정거래위원회, 2002.12.23. 의결 제2002－356호("대한도시가스엔지니어링 구속조건부거래행위" 사건).

373) 대법원 2017.6.19. 선고 2013두17435 판결; 대법원 2011.3.10. 선고 2010두9976 판결.

374) 대법원 2011.3.10. 선고 2010두9976 판결.

한행위가 공정거래저해성이 있는지 여부는, 거래상대방 제한의 목적이 된 이 사건 재판매가격유지행위가 정당한 이유로 인하여 적법한지 여부, 거래상대방 제한에 경쟁을 촉진하는 효과 등이 있는지 여부도 아울러 고려하여 판단함이 상당하다고 하면서, 재판매가격유지행위가 정당한 이유에 관하여 살펴 볼 필요 없이 위법하다고 단정한 후에 거래상대방 제한행위가 재판매가격유지의 수단으로 활용되었다는 등의 이유로 위법하다고 판단하였다는 점에서 부당하다고 보았다.

최근에는 온라인판매가 확산하면서 제조업자들이 자신의 제품에 대한 브랜드 이미지를 유지하고 판매의 효율성을 높이기 위하여 자신과 거래하는 유통업자들이 온라인을 통하여 제품을 판매하는 것을 제한하는 행위가 문제된 바 있다. 이른바 선택적 판매(selective distribution) 또는 선별적 유통시스템의 문제이다. 먼저, "필립스전자" 판결[375]에서 대법원은 전기면도기 등의 제조업자인 필립스전자가 대리점에 대하여 비교적 고가인 제품들을 인터넷 오픈마켓에 공급하는 것을 금지하고 이를 위반한 대리점에 대하여 출고정지·공급가격 인상 등의 제재를 한 행위에 대하여, 인터넷 오픈마켓에서 가격 경쟁으로 저렴하게 판매됨에 따라 다른 유통채널에서도 판매가격이 인하되는 것을 막기 위하여 행한 점, 인터넷 오픈마켓에서의 상표 내 경쟁을 근본적으로 차단하였을 뿐만 아니라, 그에 따라 오픈마켓과 오프라인, 인터넷 종합쇼핑몰 등 다른 유통채널과의 가격경쟁도 제한된 점, 온라인 종합쇼핑몰에 제품을 공급하는 것은 허용한 점 등에 비추어 신규 제품의 원활한 시장 진입이나 무임승차 방지를 위한 합리적인 유통채널 선별전략이라고 인정하기 어렵기 때문에 공정거래저해성이 인정된다고 하였다.

이와 맥락이 유사하면서도 다른 결론이 내려진 사건이 바로 "고어텍스" 판결[376]이다. 이 사건에서는 원고가 국내 아웃도어 제품 제조·판매업체에 방수·방풍·투습의 성질이 있는 기능성 원단인 고어텍스를 판매하면서, 고어텍스 소재 완제품을 대형마트에서 판매하지 못하도록 한 행위가 문제되었고, 이 점에서 온라인 유통채널을 제한한 "필립스전자" 사건과 유사하다. 그런데 대법원은 원심과 마찬가지로 이러한 행위가 공정한 거래를 저해할 우려가 없다고 판시하였다. 그 근거로 대법원은 원고가 중간재 브랜딩(ingredient branding) 사업전략을 채택하여 품질 및 서

375) 대법원 2017.6.19. 선고 2013두17435 판결.

376) 대법원 2022.8.25. 선고 2020두35219 판결.

비스 측면에서 고어텍스 원단이 고급 브랜드 가치를 유지하도록 노력해온 점(거래상대방 제한의 필요성), 전체 유통채널 중 고어텍스 소재 완제품이 대형마트를 통해 판매되는 비중은 5% 미만에 불과하고, 원고들이 다른 유통채널에서의 판매는 제한하지 않아서 고객사로서는 브랜드 이미지를 훼손하지 않는 범위에서 직영점, 백화점, 대리점, 아웃렛, 온라인 등을 통해 재고처리를 할 수 있었던 점(거래상대방 제한의 합리성), 원고들의 중간재 브랜딩 사업모델 및 고급 브랜드 전략은 소비자들에게 차별화된 브랜드 구매경험을 제공하는 등으로 브랜드 간 경쟁을 촉진시키고 소비자 후생을 증대시키는 효과를 가져올 수 있는 점을 제시하였다.[377)]

한편, “현대자동차” 판결[378)]에서는 판매대리점의 거점 이전 승인 및 판매인원 채용등록을 지연하거나 거부하는 등 판매대리점의 사업활동을 방해한 행위가 문제가 되었고, “기아자동차” 판결[379)]에서 판매대리점의 거점 이전 승인 지연·거부행위만이 문제가 되었다. 두 사건에서 공정거래위원회는 이를 모두 시장지배적 사업자의 사업활동 방해행위로 금지하였는데, 대법원은 “현대자동차” 판결에서는 부당성을 인정하였지만, “기아자동차” 판결에서는 부당성을 인정하지 않았다. 다만, 수직적으로 통합된 현대·기아자동차는 전속관계에 있는 판매대리점이 위탁판매의 역할을 담당해줌으로써 공생관계에 있고, 상호 경쟁관계에 있지 않다는 점에서, 직영점과의 이격거리 미달이나 노동조합의 반대 등을 이유로 거점 이전에 대한 승인을 지연하거나 거부한 행위를 시장지배적 지위남용행위로 접근한 것은 의문이다. 사견으로는 현대·기아자동차가 판매대리점에게 거래상 지위를 남용하여 대리점에게 불이익을 제공한 행위로 보는 것이 타당하였을 것이다.[380)]

377) 이와 달리 유력 원자재 및 중간재를 제조·공급하는 사업자가 지명도나 시장력 등을 바탕으로 그와 거래하는 여러 완제품 제조업자들의 유통채널을 제한할 경우에는 중간재 및 완제품 브랜드 내 경쟁뿐만 아니라 완제품 브랜드 간 경쟁도 함께 제한되는 효과가 발생할 수 있다는 등의 이유로 동 판결을 비판하는 견해로는 최난설헌, “거래상대방 제한 구속조건부거래행위의 공정거래저해성 판단기준에 대한 검토 — 고어텍스 사건을 중심으로 —”, 유통법연구 제9권 제1호, 2022, 18면, 24면 이하.

378) 대법원 2010.3.25. 선고 2008두7465 판결.

379) 대법원 2010.4.8. 선고 2008두17707 판결.

380) 이봉의, 앞의 글(2017 - b), 147면 이하.

Ⅷ. 사업활동 방해

1. 의 의

사업활동 방해란 부당하게 다른 사업자의 사업활동을 방해하는 행위를 말한다(법 제45조 제1항 제8호). 이는 사업활동 방해행위는 기술의 부당이용과 인력의 부당유인·채용, 거래처 이전 방해, 그 밖의 사업활동 방해로 나뉜다(영 [별표 2] 제8호). 공정거래법은 종래 '거래상대방의 사업활동을 방해하는 행위'를 금지하였지만, 경쟁사업자와 같이 거래관계가 없는 사업자를 포섭하지 못하는 문제가 있어서 1996년 제5차 개정법[381]이 '다른 사업자의 사업활동을 방해하는 행위'로 변경하였다.

사업자는 기술을 개발하고 정당한 방법으로 인력을 확보하며 가격과 품질에 의한 능률경쟁을 하여야 한다. 다른 사업자의 사업활동을 방해하는 행위는 민법, 형법, 부정경쟁방지법에 따라 민사분쟁으로 다투어질 수 있는데, 이러한 행위가 시장에서의 공정한 경쟁을 저해할 우려가 있다는 공정거래법 역시 이를 금지하게 된다.[382] 이러한 행위란 기술의 부당이용과 인력의 부당유인·채용 등의 방법으로 다른 사업자의 사업활동을 심히 곤란하게 할 정도로 방해할 경우 가격과 질, 서비스에 의한 경쟁을 저해하는 경쟁수단이 불공정한 행위에 해당되므로 금지된다. 이러한 행위는 다른 사업자의 사업활동에 직접 타격을 주는 반윤리적인 성격이 강하다. 사업활동 방해의 부당성을 판단하기 위해서는 동종 업종의 관행, 사업자들의 시장에서의 위치, 다른 사업자의 피해의 정도, 다른 사업자가 경쟁에 불리하게 된 정도 등을 종합적으로 고려하여야 한다.[383]

이와 같이 시장지배적 지위남용 외에도 불공정거래행위로서 사업활동 방해를 금지하는 입법례는 일본의 사적독점금지법에서 찾아볼 수 있다. 그런데 일본의 경우 방해의 대상의 경쟁사업자이고 경쟁사업자와 그의 거래상대방 간의 거래를 방해하는 것을 문제 삼는다는 점에서, 공정거래법의 규정보다 범위가 좁다.[384] 공정거래위원회가 사업활동 방해를 문제 삼은 사례는 2009년 이후로 흔치 않다.[385]

381) 1996.12.30. 개정, 법률 제5235호.

382) 신현윤(제8판), 313면.

383) 신현윤(제8판), 313-314면.

384) 이호영(제6판), 386-387면; 이호영, "공정거래법상 사업활동방해의 공정거래저해성", 경쟁법연구 제32권, 2015, 260면.

385) 정재훈, 앞의 글, 25면.

2. 기술의 부당이용

기술의 부당이용이란 다른 사업자의 기술을 부당하게 이용하여 다른 사업자의 사업활동을 심히 곤란하게 할 정도로 방해하는 행위를 말한다(영 [별표 2] 제8호 가.). 다른 사업자는 경쟁사업자에 한정되지 않고, 다른 사업자의 '기술'이란 특허법 등 관련 법령에 의해 보호되거나 상당한 노력에 의하여 비밀로 유지된 생산방법·판매방법·영업에 관한 사항 등을 의미한다(심사지침 Ⅴ. 8. 가. (1)). 기술 부당이용행위에 해당되는 유형으로는 다른 사업자의 기술을 무단으로 이용하여 다른 사업자의 생산이나 판매활동에 심각한 곤란을 야기하는 경우가 있다(심사지침 Ⅴ. 8. 가. (3)). 기술의 부당이용행위의 부당성은 기술이용의 목적 및 의도, 기술의 특수성, 특허법 등 관련 법령 위반 여부, 통상적인 업계의 관행 등을 고려해야 한다.[386]

기술의 부당이용은 부정경쟁방지법에 의해서도 중지명령 또는 손해배상, 형사처벌의 대상이 될 수 있다.[387] 따라서 동 행위에 관한 공정거래위원회의 심결이나 판결은 아직 없다.

3. 인력의 부당유인·채용

인력의 부당유인·채용은 다른 사업자의 인력을 부당하게 유인·채용하여 다른 사업자의 사업활동을 심히 곤란하게 할 정도로 방해하는 행위를 말한다(영 [별표 2] 제8호 나.). 다른 사업자의 우수한 인력을 끌어오는 행위는 사업자의 사업활동의 자유에 해당하고, 그러한 종업원이나 기술자도 직업선택의 자유를 누리기에 보다 좋은 조건에 자신의 직업적 인격을 실현할 수 있는 것이다.[388] 하지만 이러한 행위가 ① 다른 사업자의 핵심인력 상당수에게 과다한 이익을 제공하거나 제공할 제의를 하여 스카우트함으로써 당해 사업자의 사업활동이 현저히 곤란하게 되는 경우와 ② 경쟁관계에 있는 다른 사업자의 사업활동 방해 목적으로 핵심인력을 자기의 사업활동에는 필요하지도 않는 핵심인력을 대거 스카우트하여 당해 사업자의 사업활동을 현저히 곤란하게 하는 경우 부당하다(심사지침 Ⅴ. 8. 나. (3)).

공정거래위원회는 "현대오토엔지니어링" 사건[389]에서 현대자동차가 상용차부

386) 신현윤(제8판), 314면.
387) 정호열(제6판), 423면.
388) 정호열(제6판), 423면.

문을 울산공장에서 전주공장으로 이전하면서 전주공장에 소재한 상용제품개발연구소 내의 인력지원업체로 입주한 리빙인력개발과의 거래를 중단하고, 현대오토엔지니어링에게 교사하여 리빙인력개발의 직원 50명 중 41명을 유인하여 흡수·채용한 행위에 대하여, 당해 사업자의 사업활동을 심히 곤란하게 할 정도로 방해한 점에서 부당성을 인정하였다.

4. 거래처 이전 방해

거래처 이전의 방해란 다른 사업자의 거래처 이전을 부당하게 방해하여 다른 사업자의 사업활동을 심히 곤란하게 할 정도로 방해하는 행위를 의미한다(영 [별표 2] 제8호 다.). 이는 자신의 거래상대방이 거래처를 옮기는 것을 방해하여 객관적인 경쟁질서를 저해하는 경우 부당하다.[390] 이러한 행위의 부당성은 목적과 의도, 방해에 사용된 수단, 통상적인 업계의 관행, 이전될 거래처가 차지하는 중요성, 관련 법령 등을 고려하여 판단해야 한다.[391] 이에 해당되는 유형에는 거래처이전 의사를 밝힌 사업자에 대하여 기존에 구입한 물량을 일방적으로 반품처리하거나 담보해제를 해주지 않는 행위가 있다(심사지침 V. 8. 다. (3)).

공정거래위원회는 "한국출판협동조합" 사건[392]에서 자신의 조합원인 2개 출판사가 일원화 공급계약을 체결하였다가 다른 출판유통기구로 거래처를 이전하자, 조합이 장부이체방식에 의한 정산요청을 거절하고 사전논의 없이 각 서점에 기출고되었던 출판사들의 서적을 일시 전량반품하도록 하여, 출판사와 서점에 상당한 손실을 입힌데 대하여, 거래상대방의 사업활동을 심히 곤란하게 하였다는 점에서 부당성을 인정하였다.

5. 그 밖의 사업활동 방해

가. 행위요건

그 밖의 사업활동 방해란 시행령 [별표 2] 제8호 가목부터 다목의 행위 외에 부당한 방법으로 다른 사업자의 사업활동을 심히 곤란하게 할 정도로 방해하는 행

389) 공정거래위원회 1997.12.8. 의결 제97－181호.
390) 정호열(제6판), 423－424면.
391) 신현윤(제8판), 315면.
392) 공정거래위원회 1997.4.12. 의결 제97－52호.

위를 말한다(영 [별표 2] 제8호 라.). 이때 방해의 수단을 묻지 않으며, 자기의 능률이나 효율성과 무관하게 다른 사업자의 사업활동을 방해하는 모든 행위를 포함한다(심사지침 Ⅴ. 8. 라. (1)). 그 밖의 사업활동 방해에 해당되는 행위로는 ① 사업영위에 필요한 특정시설을 타 사업자가 이용할 수 없도록 의도적으로 방해함으로써 당해 사업자의 사업활동을 곤란하게 하는 행위, ② 경쟁사업자의 대리점 또는 소비자에게 경쟁사업자의 도산이 우려된다거나 정부지원대상에서 제외된다는 등의 근거 없는 허위사실을 유포하여 경쟁사업자에게 대리점계약의 해지 및 판매량감소 등을 야기하는 행위, ③ 타 사업자에 대한 근거없는 비방전단을 살포하여 사업활동을 곤란하게 하는 행위가 있다(심사지침 Ⅴ. 8. 라. (3)). 그 밖의 사업활동 방해행위로 금지된 행위유형을 보면, 불공정거래행위 다른 규정을 적용하기가 마땅하지 않은 행위들을 이러한 행위로 금지한 것으로 보인다.[393] 이는 그 밖의 사업활동 방해행위의 요건이 매우 추상적이고 광범위하다는 점에서 비롯된 것으로 보인다.

"한국 MSD" 판결[394]에서 대법원은 의약품 판매촉진 및 처방증대를 위해 병원과 의원, 의사들에게 과도한 지원을 하고, 의료인에게 경쟁사 제품의 문제점과 시험에서 발생한 문제 등을 알린 행위는 공정거래저해의 우려가 있으나, 경쟁사업자의 사업활동이 심히 곤란하게 되지 않았다고 보아 부당성을 인정하지 않았다.

나. 부당성

(1) 부당성의 의미

기본적으로 그 밖의 사업활동 방해의 부당성의 유무는 당해행위의 의도와 목적, 당해 시장의 특성, 관련 법령, 통상적인 업계 관행 등을 종합적으로 고려하여 그 행위가 공정하고 자유로운 거래를 저해할 우려가 있는지 여부에 따라 판단하여야 하고, 다른 사업자의 사업활동이 심히 곤란하게 되는지 여부는 단순히 매출액이 감소되었다는 사정만으로는 부족하고 부도발생 우려, 매출액의 상당한 감소 등으로 인해 현재 또는 미래의 사업활동이 현저히 곤란하게 되거나 될 가능성이 있어야 한다.[395]

대법원은 "한국휴렛팩커드" 판결[396]에서 다른 사업자로부터 전산장비의 공급

393) 정재훈, 앞의 글, 25면. 그러한 예로는 대법원 2012.5.10. 선고 2010두4896 판결("국보 외 10인" 판결), 대법원 2013.11.14. 선고 2011두16667 판결("한국 MSD" 판결), 대법원 2018.7.11. 선고 2014두40227 판결("하이트진로음료" 판결)이 있다.

394) 대법원 2013.11.14. 선고 2011두16667 판결.

395) 서울고등법원 2011.6.2. 선고 2009누15557 판결; 대법원 2013.11.14. 선고 2011두16667 판결.

396) 대법원 2006.1.13. 선고 2004두2264 판결.

자증명을 요구받고 그 발급 전에 납품경로 등을 확인하는 과정에서 공급자증명의 발급이 지체된 경우, 그 발급지체가 사업활동 방해에 해당하지 않는다고 한 원심의 판단을 정당하다고 판시하였다.

대법원은 "세방" 판결[397]과 "국보 외 10인" 판결[398]에서도 부당성을 인정하지 않았다. 그 이유는 원고들이 해상운송회사들로부터 지급받는 컨테이너전용장치장의 조작료와 자가운송업자들로부터 징수하는 운송관리비가 중복된다고 보기 어렵고, 원고들이 컨테이너전용장치장의 설치에 투자된 비용과 운영·관리 비용을 회수하기 위하여 자가운송업자들로부터 각 운송관리비를 징수한 행위는 비용 발생의 원인자가 비용을 부담하여야 한다는 시장경제의 기본원리인 수익자부담원칙에 부합하는 것이기 때문이라고 하였다.

그와 달리 "하이트진로음료" 판결[399]에서 대법원은 부당성을 인정하였다. 대법원은 제시된 거래조건이나 혜택 자체가 경쟁사업자와 기존에 전속적 계약관계를 맺고 있는 대리점에 대한 것이고, 그 혜택이나 함께 사용된 다른 방해 수단이, 통상적인 거래 관행에 비추어 이례적이거나 선량한 풍속 기타 사회질서에 반하는 등으로 관련 법령에 부합하지 않는다면, 단순히 낮은 가격을 제시한 경우와 똑같이 취급할 수는 없다고 하면서, 이때에는 방해수단을 사용한 사업자가 단순히 경쟁사업자와 대리점의 기존 거래계약 관계를 알고 있었던 것에 불과한지, 아니면 더 나아가 경쟁사업자와 기존 대리점 계약관계의 해소에 적극적으로 관여하거나 그 해소를 유도하였는지 여부, 그로 인하여 경쟁사업자의 사업활동이 어려워지게 된 정도 역시 중요하게 고려하여야 한다고 판시하였다. 대법원은 경쟁사업자의 대리점에게 변호사비용을 지원하는 등 경제적 이익 등을 제공하여 기존 거래를 중단하도록 하고 자신과 거래하도록 한 행위에 대하여, 경쟁사업자와의 대리점 계약을 해소하도록 적극적으로 관여한 점, 변호사비용의 일부를 지불하기로 한 것은 통상의 거래관행이라고 보기 어려운 점, 전국 시장 단위에서 상당한 지위를 점하고 있는 원고가 천안 지역시장에 진입하기 위하여 특정한 경쟁사업자를 표적으로 삼아 그와 기존에 거래하던 대리점들에 유리한 거래조건을 선별적으로 제시한 의도와 목적이 있는 점, 총 11개 대리점들 중 8개와 한꺼번에 거래가 끊겨 사업활동이 심히 곤란하

397) 대법원 2012.4.26. 선고 2010두4858 판결.
398) 대법원 2012.5.10. 선고 2010두4896 판결.
399) 대법원 2018.7.11. 선고 2014두40227 판결.

게 된 점 등을 고려하여, 부당성을 인정하였다. 위 판결의 결론 자체는 타당하나, 하이트진로가 행한 주된 사업활동 방해 수단은 경쟁사업자의 기존 대리점들에게 더 낮은 가격을 제시한 것이고 변호사비용 지원은 비록 이례적이고 통상의 거래관행에 해당하지 아니하나, 이 사건에서 사업활동 방해의 주된 수단은 아니었다는 점에서 판례의 논리는 매끄럽지 아니하다.

(2) 병행수입과 사업활동 방해

병행수입에 관련된 불공정거래행위에 대해서는 병행수입 고시에 규정되어 있다. 병행수입행위란 정식 루트를 거치지 않고 진정상품, 즉 상표가 외국에서 적법하게 사용할 수 있는 권리가 있는 자에 의하여 부착되어 배포된 상품(고시 제2조 제1항)을 수입하는 행위를 말한다. 위 고시의 기본원칙에 따르면, 병행수입은 독점수입권자 외의 제3자가 다른 유통경로를 통하여 진정상품을 수입함에 따라 일반적으로 경쟁을 촉진시키는 효과를 지니는 것이므로 이를 부당하게 저해하는 경우에는 법에 위반된다고 한다(고시 제4조 제1항). 이 중 해외 유통경로로부터의 진정상품 구입방해행위로서 ① 병행수입권자가 진정상품을 구입하고자 하는 경우 외국상표권자의 해외거래처에 대하여 외국상표권자로 하여금 제품공급을 하지 못하게 하는 행위이거나 ② 병행수입품의 제품번호 등을 통하여 그 구입경로를 알아내어 동제품을 취급한 외국상표권자의 해외거래처에 대하여 외국상표권자로 하여금 제품공급을 하지 못하게 하는 행위는 구속조건부거래행위나 사업활동 방해행위로서 그 밖의 사업활동 방해행위에 해당된다(고시 제5조).

"한성자동차" 판결[400]에서 벤츠자동차의 국내 독점수입·판매업자(한성자동차)가 병행수입차량의 차대번호를 추적·조사하여 벤츠사로부터 독점적 판매권의 침해에 대한 약정상의 커미션을 수령하자, 병행수입업자(오토월드)가 벤츠사의 해외(캐나다) 판매법인으로부터 위 커미션 해당액을 구상받고 지급을 거절함으로써 벤츠자동차를 수입할 수 없게 되었는데, 이에 공정거래위원회는 위와 같은 커미션 수령행위를 병행수입에 대한 사업활동 방해행위로서 금지하였다.

이에 대법원은 "독점수입권자가 병행수입품의 제품번호 등을 통하여 그 구입경로를 알아낸 행위 등과 외국상표권자로 하여금 병행수입품을 취급한 외국상표권자의 해외거래처에 대하여 제품공급을 하지 못하게 한 결과 사이에 상당인과관계

400) 대법원 2002.2.5. 선고 2000두3184 판결.

가 있어야 하고, 독점수입·판매계약에 의한 권리행사 등과 같은 독점수입권자의 행위에 의하여 결과적으로 병행수입방해의 결과가 초래된 경우에는 행위의 외형상 바로 공정한 거래를 저해할 우려가 있다고 보기는 어려우므로, 그것이 부당하게 행하여진 경우라야 공정거래성이 인정될 수 있다."고 하였다. 그러면서 대법원은 "부당성의 유무는 당해 권리행사의 의도와 목적, 가격경쟁저해성, 대상 상품의 특성과 그 시장상황, 행위자의 시장에서의 지위, 병행수입업자에 대한 영향 등 개별사안에서 드러난 여러 사정을 종합적으로 살펴 그것이 공정한 거래를 저해할 우려가 있는지 여부에 따라 판단하여야 하며, 그에 관한 입증책임은 공정거래위원회에게 있다."고 하였다.

대법원은 이 사건의 경우에 병행수입을 방해한 행위가 부당하지 않다고 판시하였다. 독일 벤츠사의 국내 독점수입·판매대리점인 원고는 병행수입업자인 오토월드가 캐나다 판매법인으로부터 벤츠자동차를 수입하여 판매하자, 벤츠사로부터 판매가격의 3%에 해당하는 금액을 커미션 명목으로 지급받았고, 벤츠사는 커미션 해당액을 캐나다법인에게, 이 법인은 오토월드에게 청구하는 과정에서 이들 간의 거래관계가 중단되었다. 대법원은 이러한 결과와 원고의 커미션 청구 및 그에 수반된 차대번호 조사행위 사이에 상당인과관계가 없고, 원고가 벤츠사를 통하여 오토월드의 병행수입을 방해·저지하였음을 인정할 증거도 없으므로 부당하지 않다고 하였다. 그러나 벤츠사의 행위는 캐나다법인이 오토월드에게 자동차를 더 이상은 판매하지 못하도록 하는 효과가 있다는 점에서 부당성을 인정할 여지가 충분해보이고, 계약이 결렬된 원인이 단지 오토월드의 커미션 지불 거절이었는지는 의문이다.

제 4 절 제 재

Ⅰ. 행정적 제재

1. 시정조치

공정거래위원회는 제45조 제1항의 규정에 위반하는 행위가 있을 때에는 당해 사업자에 대하여 법위반행위의 중지 및 재발방지를 위한 조치, 해당 보복조치의 금지, 계약조항의 삭제, 시정명령을 받은 사실의 공표, 그 밖의 시정에 필요한 조치를 명할 수 있다(법 제49조).

법위반행위의 중지를 명하는 부작위명령은 의결 당시 계속되고 있는 행위의 금지는 물론이고, 가까운 장래에 반복하여 동일한 행위를 할 수 없도록 하는 재발방지명령의 의미도 포함한다.[401] 즉, 공정거래위원회는 시정명령으로 과거의 위반행위에 대한 중지가 아닌 가까운 장래에 반복될 우려가 있는 동일한 유형의 행위의 반복금지도 명할 수 있다. “유한양행” 판결[402]에서도 대법원은 공정거래위원회가 의료기관과 그들의 임원, 의료담당자, 기타 종업원 등에게 현금·상품권 및 회식비 등의 지원, 골프·식사비 지원, 학회나 세미나 참가자에 대한 지원, 시판 후 조사를 통한 자금지원, 원고가 주최하는 제품설명회 등에서의 비용지원 등에 있어서 정상적인 거래관행에 비추어 부당하거나 과대한 이익을 제공하여 경쟁사업자의 고객을 자기와 거래하도록 유인하는 행위를 다시 하여서는 안 된다는 시정명령을 내렸는데, 막상 제품설명회 등에서의 비용지원행위에 대해서는 구체적인 법위반행위로 명정하지 않았으나, 이러한 행위도 부당한 이익제공을 통한 고객유인행위에 해당하여 시정명령을 내린 것과 동일한 유형의 행위로서 가까운 장래에 반복될 우려가 있으므로, 그러한 행위의 반복금지까지 명할 수 있다고 판시하였다.

아울러 공정거래위원회는 “그 밖의 시정을 위한 필요한 조치”로서 부작위명령뿐만 아니라 적극적인 작위명령도 내릴 수도 있다. “마이크로소프트” 사건[403]에서 공정거래위원회는 윈도우 PC 운영체제에 WMP와 윈도우 메신저를 결합하지 않은

401) 대법원 2004.4.9. 선고 2001두6203 판결(“현대자동차 부당지원행위” 판결).
402) 대법원 2010.11.25. 선고 2008두23177 판결.
403) 공정거래위원회 2006.2.24. 의결 제2006-042호.

버전을 판매하도록 하는 분리판매명령을 내린 바 있다.[404] 또한 공정거래위원회는 “엘지전자” 사건[405]과 “SK텔레콤” 사건[406]에서 부당한 고객유인행위를 금지하면서 이들이 제조 또는 판매하는 일체의 단말기의 모델별 출고가와 판매장려금 내역을 각자의 홈페이지에 공개하도록 하고, 최초 공급가, 최초 출고가, 판매량, 총 지급장려금, 대당 장려금, 장려금 비중을 공정거래위원회에 보고하도록 명하였다. 엘지전자에 대한 시정조치에 대하여 원심과 대법원은 엘지전자와 이동통신사 사이에 장려금에 관한 협의가 있었는지 여부 등을 전혀 고려하지 않은 채 모든 단말기를 대상으로 하여 이 사건 위반행위와 관련성이 없는 단말기까지 공개명령과 보고명령 대상에 포함시키는 것은 위반행위의 내용과 정도에 비례하지 않고, 나아가 공개명령과 보고명령 대상인 계약모델의 장려금의 경우 제조사인 엘지전자가 이동통신사와 협의하여 정하지 않으면 알기 어려우므로, 이 부분에 대하여는 사실상 시정명령을 이행하기도 어렵다는 점을 들어 위법하다고 판시하였다. SK텔레콤에 대한 시정조치 또한 이와 유사한 이유로 위법하다고 판시되었다. 이러한 시정명령은 시정목적을 달성하는데 필요한 상당성 내지 합리성을 결여하였다거나 비례의 원칙에 반한다는 것이다. 한편, 거래상 지위남용에 대해서는 하도급법상 지급명령제도와 같이 “그 밖의 시정을 위한 필요한 조치”로서 손해배상명령을 내릴 수 있다는 견해도 있다.[407]

2. 과징금

공정거래위원회는 제45조 제1항의 규정을 위반하는 행위가 있을 때에는 당해 사업자에 대하여 대통령령이 정하는 매출액에 100분의 4(법 제45조 제1항 제9호의 규정에 위반한 경우에는 100분의 10)를 곱한 금액을 초과하지 아니하는 범위 안에서 과징금을 부과할 수 있다(법 제50조 제1항, 제2항). 다만, 매출액이 없는 경우 등에는 10억원(법 제45조 제1항 제9호의 규정에 위반한 경우에는 40억 원)을 초과하지 아니하는 범위 안에서 과징금을 부과할 수 있다. 이른바 정액과징금은 1996년 제5차 개정법[408]이

---

404) 신동권(제3판), 919면.

405) 서울고등법원 2014.11.21. 선고 2012누33869 판결; 대법원 2019.9.26. 선고 2014두15740 판결(상고기각).

406) 서울고등법원 2014.10.29. 선고 2012누22999 판결; 대법원 2019.9.26. 선고 2014두15047 판결(상고기각).

407) 임영철·조성국, 공정거래법 — 이론과 실무 —, 박영사, 2018, 129면.

법위반사업자의 매출액이 없거나 매출액을 산정하기 어려운 경우에도 과징금을 부과할 수 있도록 도입한 것이다. 2020년 전부개정법[409]은 과징금 부과의 상향기준을 일괄적으로 2배씩 인상하였다.

Ⅱ. 민사적 집행

불공정거래행위에 대한 민사적 집행수단으로는 계약의 무효화(nullification)[410]와 금지청구(injunction) 및 손해배상청구(damage action)를 들 수 있다. 공정거래조정원에 설치된 분쟁조정협의회에서 이루어지는 조정 또한 재판상 화해와 동일한 효력을 갖는다는 점에서(법 제78조 제5항) 일응 민사적 집행의 하나로 볼 수 있을 것이다. 2020년 전부개정법[411]에서는 부당지원행위를 제외한 불공정거래행위에 관하여 사인의 금지청구제도가 도입되었다(법 제108조 제1항).

1. 손해배상

누구든지 불공정거래행위로 인하여 피해를 입은 때에는 법위반사업자에 대하여 손해배상을 청구할 수 있다(법 제109조 제1항). 이때의 손해배상은 그 성질상 특수불법행위에 해당하기 때문에 법위반사업자와의 계약관계를 전제로 하지 않는다. 예컨대, 끼워팔기나 부당한 고객유인으로 인하여 매출액 감소 등의 피해를 입은 경쟁사업자도 법위반사업자에게 손해배상을 청구할 수 있다. 다만, 계약관계가 존재하지 않는 경우에는 법위반행위와 손해 사이의 인과관계를 입증하기가 매우 어려워서, 고의·과실의 입증책임 전환이나 손해액 인정제도에도 불구하고 피해자가 그 피해를 구제받기가 쉽지 않다.

반면, 불공정거래행위 중에서도 거래상 지위남용은 계약관계를 전제로 행해지는 경우가 많은데, 특히 거래내용의 불공정성이 문제되는 행위유형에서는 가해자와 피해자를 특정하기 쉽고, 인과관계나 구체적인 손해액을 입증하기도 상대적으로 용이하다.

---

408) 1996.12.30. 개정, 법률 제5235호.
409) 2020.12.29. 전부개정 법률 제17799호.
410) 권오승·이민호, "경쟁질서와 사법상의 법률관계", 비교사법 제14권, 2007, 79면 이하.
411) 2020.12.29. 전부개정, 법률 제17799호.

2. 사법상 효력

가. 학 설

불공정거래행위가 법률행위의 형태를 취하는 경우에 그 효력은 어떠한가? 불공정거래행위가 민사상 불법행위를 구성한다고 해서 그 사법상 효력까지 당연히 부인되는 것은 아니다. 공정거래법은 이에 관하여 아무런 규정을 두지 않고 있으므로, 결국 학설과 판례에 맡겨져 있다. 먼저, 불공정거래행위의 사법상 효력을 부인하는 것은 불공정한 계약이 법원에 의해 집행될 가능성을 봉쇄하는 한편, 법위반사업자가 불공정한 계약으로 인하여 경제상 이익을 얻지 못하도록 한다는 점에서 일응 긍정적 기능을 가질 수 있다. 뿐만 아니라 피해자가 손해배상을 청구하는 경우에 법원은 손해배상의 책임 및 그 금액을 정함에 있어서 피해자의 과실을 아울러 참작하여야 하는데(민법 제396조, 제763조), 불공정거래행위의 무효를 전제로 부당이득반환을 청구하는 경우에는 과실상계(過失相計)가 적용되지 않는다[412]는 점에서 불공정거래행위를 무효로 보아야 할 실익을 찾을 수도 있을 것이다.

종래 학설은 통일된 모습을 보이지 않고 있다. 먼저, 무효설에 따르면 거래상 지위남용에 해당하기 위해서는 최소한 민법 제103조의 양속위반이 성립하여야 하므로, 불공정거래행위에 해당한다면 당연히 양속위반으로서 무효라고 한다.[413] 공정거래법 위반행위란 헌법상 경제질서의 구성요소이지 민법상 기본원리인 계약자유를 침해한다는 점에서 민법 제103조 위반에 해당하여 원칙적으로 무효이나, 무효시 거래의 안전을 해하거나 법위반의 정도가 미미한 등의 경우에 한하여 유효로 보아야 한다는 견해[414]도 큰 틀에서 무효설에 가깝다. 그런데 불공정거래행위의 사법상 효력을 민법 제103조의 사회질서와 결부시켜야만 설명할 수 있는지는 의문이다.[415] 공정거래법에 명문의 규정이 없는 한 불공정거래행위의 금지조항이 추구하는 목표, 계약당사자 및 제3자에게 미치는 영향, 공정거래질서와의 관련성 등을 종합적으로 고려하여 그 효력을 부인할 것인지 여부를 개별적으로 판단할 수 있다는 이른바 '개별적 무효설'[416]도 주목할 만하나, 거래의 안전을 지나치게 저해할 수 있

412) 대법원 2014.3.13. 선고 2013다34143 판결.
413) 변동열, "거래상 지위의 남용행위와 경쟁", 저스티스 제34권 제4호, 2001, 187면 이하.
414) 권오승·이민호, 앞의 글, 89면.
415) 홍명수, "Sylvania 판결의 의의", 경쟁저널 제114호, 2005, 79면.

다는 점에서 쉽게 받아들이기 어렵다.

나. 원칙적 유효설

그렇다면 불공정거래행위의 사법상 효력을 어떻게 보아야 할 것인가? 사법상 무효를 언급하고 있는 공정거래법의 일부 조항을 기초로 체계적 해석을 통해 일응 타당한 해석론을 도출할 수 있을 것이다.

먼저, 공정거래법은 2 이상의 사업자가 부당한 공동행위를 할 것을 약정하는 계약 등은 당해 사업자 간에 있어서 무효라고 규정하고 있고(법 제40조 제4항), 그 밖에는 효력규정을 전혀 두지 않고 있다. 그런데 동법은 법위반행위라도 일단 유효하고, 일정한 절차를 거쳐서 비로소 취소되거나 무효로 될 수 있는 경우를 규정하고 있다. 즉, 계열회사에 대한 채무보증의 금지를 위반한 경우에 공정거래위원회는 해당 채무보증의 취소를 명할 수 있고(법 제37조 제1항 제5호), 그에 따라 법위반사업자가 채무보증을 취소하는 행위를 통하여 비로소 해당 채무보증계약의 효력이 상실된다. 또한 경쟁제한적 기업결합에 대하여 공정거래위원회가 회사의 합병 또는 설립무효의 소를 제기하고 무효를 확인하는 법원의 확정판결로 해당 합병계약이나 회사설립행위가 비로소 무효로 된다(법 제14조 제2항). 이들 모두 법위반행위라도 일단 사법상 효력은 유지됨을 전제로 하는 것이다.

이와 같은 조항들을 체계적으로 구성해볼 때, 불공정거래행위라도 원칙적으로 유효로 보는 것이 타당하다. 공정거래법이 명문으로 법위반행위의 무효나 취소를 언급하지 않고 있는 이상, 나머지 법위반행위의 사법상 효력 유무를 민법 등 타법에 근거하여 판단하는 것은 적절하지 않기 때문이다. 예외적으로 불공정거래행위의 규제목적에 비추어 사법적 효력을 인정하지 않을 수 있는 경우가 생길 수는 있다. 부당하게 기존의 대리점계약을 해지한 행위가 불공정거래행위에 해당하는 경우에 이를 일률적으로 무효로 볼 경우에는 대리점계약의 종료를 원하는 대리점에게 추가적인 피해가 발생하여 오히려 법 제45조의 규제목적에 반할 수 있는 것이다. 거래상 지위남용이 문제된 때에도 법 제45조의 규제목적을 실현함에 있어서 당사자 사이에 법률행위의 효력을 부인하지 않고는 법규정이 달성하고자 하는 목적을 달성할 수 없고, 사법적 효력을 부인하더라도 거래의 안전을 심히 침해할 우려가 없는 경우에는 개별 사안에 맞게 당해 사법상 행위를 무효로 볼 수 있을 것이

---

416) 홍대식, “독점규제법상 불공정거래행위의 사법적 효력”, 사법논집 제30집, 1999, 166－168면.

다.[417)]

법 제45조 제1항에 반하는 불공정거래행위가 예외적으로 무효인 경우에도 그 것은 장래에 향하여 무효일 뿐이며, 소급효는 인정되지 않는 것으로 보아야 한다. 이는 거래안전의 보호라는 측면도 있지만, 다른 한편으로 사적자치에 맡겨져 있는 행위에 대하여 공정거래위원회의 시정조치가 있기까지 당사자들이 불공정거래행위인지 여부를 알 수 없을 것이기 때문이다. 다만, 피해자가 민법 제103조의 양속위반을 이유로 불공정거래행위인 계약의 무효를 주장하는 경우에는 공정거래위원회의 시정조치를 기다릴 필요 없이 법원이 당해 계약을 무효로 판결할 수 있으며, 이때의 무효는 소급효를 갖는다.

Ⅲ. 형사적 제재

일부 불공정거래행위(법 제45조 제1항 제4호, 제5호, 제6호, 제8호, 제10호)를 한 자와 그에 관한 시정조치에 응하지 아니한 자에 대해서는 2년 이하의 징역 또는 1억5천만 원 이하의 벌금에 처한다(법 제125조). 사업자가 직접 불공정거래행위를 한 경우가 아니라 계열회사 또는 다른 사업자로 하여금 이를 하도록 한 경우에도 형사처벌의 대상이 되는가? 판례는 소극적이다. 비록 사업자가 거래상대방에게 직접 거래상 지위남용 등의 행위를 한 경우가 아닌 경우에 구법 제23조 제1항 제4호의 금지규정을 위반한 것으로서 과징금 부과 등 별도의 제재를 받을 수 있음은 별론으로 하고, 구법 제67조 제2호에 따른 형사처벌의 대상이 되지는 않는다는 것이다. 형벌법규는 문언에 따라 엄격하게 해석·적용하여야 하고, 구법 제23조 제1항 위반에 대한 벌칙규정인 제67조 제2호는 사업자를 위해 그 위반행위를 한 자연인만이 처벌대상이 되고 법인인 사업자는 구법 제70조의 양벌규정이 정하는 별도의 요건을 갖춘 때에

417) 거래상지위남용행위 제재의 기본적 형태는 공정거래위원회가 공정거래법에 따라 행정제재하는 것이라는 점('공·사법의 구별'), 부당한 공동행위와 달리 공정거래법은 불공정거래행위의 사법상 효력에 대해서 규정하고 있지 않은 점, 처분시효가 도과된 불공정거래행위에 대한 사법상 무효 주장이 늘어날 경우 처분시효 제도의 의미가 반감될 수 있다는 점에서 불공정거래행위와 관련된 약정을 무효로 하는 것은 법적안정성 관점에서 신중해야 한다는 견해도 원칙적 유효설에 포함될 수 있다. 참고로 프랑스의 경우 불공정거래행위를 민사적으로 제재하는 체계를 택하고 있는데 프랑스 상법전에서 불공정거래행위와 관련하여 조항이나 계약이 무효가 되는 5개의 행위를 나열하는 조항을 두고 있음에도 불구하고 프랑스 법원은 법적안정성 측면에서 불공정거래행위를 무효화함에 있어서 신중한 태도를 취하고 있다. 박세환, 앞의 글(2019-a), 136면 이하.

만 처벌대상이 된다는 점에서 과징금 부과와는 규율의 대상이나 요건 면에서 차이가 있기 때문이다.[418)]

2020년 전부개정법 이전에는 모든 불공정거래행위에 대하여 형사적 제재가 가능하였다. 비교법적으로 살펴보면 불공정거래행위에 관한 규정을 위반한 자에 대하여 형사적 제재를 가하는 예를 찾기 어렵다는 점에서 우리나라에서는 형사적 제재의 부과대상이 매우 넓다고 평가되었다.[419)] 뿐만 아니라, 부당지원행위를 제외한 불공정거래행위에 관한 한 법위반자의 법익침해의 정도가 낮다는 점[420)]을 감안할 때 입법론으로는 불공정거래행위에 대한 형사적 제재조항을 삭제하는 것이 바람직하다는 비판이 일찍부터 제기되었다.[421)]

따라서 공정거래법 전면개편을 위한 T/F 논의 결과를 토대로 2020년에 이루어진 전부개정법[422)]은 그 동안 형벌을 부과한 사례가 거의 없고, 앞으로도 부과할 가능성이 크지 아니한 일부 불공정거래행위로서 경쟁제한성을 주로 문제 삼는 거래거절(법 제45조 제1항 제1호), 차별취급(제2호), 경쟁사업자 배제(제3호), 구속조건부 거래행위(제7호)에 관하여 형벌규정을 삭제하였다.

비슷한 취지에서 대법원은 최근 불공정거래행위의 금지규정 위반에 다른 형벌규정의 적용범위를 좁게 인정하였다. 즉, 사업자가 거래상대방에게 '직접 거래상 지위남용행위를 한 경우'가 아닌 '계열회사 또는 다른 사업자로 하여금 이를 하도록 한 경우'는 불공정거래행위 금지규정을 위반한 것으로서 과징금 부과 등 공정거래법이 정한 별도의 제재대상이 될 수 있음은 별론으로 하고, 이를 이유로 형사처벌의 대상이 되지는 않는다고 하였다.[423)] 위 판결에 대해서는 형벌법규는 문언

418) 대법원 2020.2.27. 선고 2016도9287 판결.

419) 조성국, "경쟁법의 형사적 집행에 관한 연구", 남천 권오승 교수 정년기념논문집, 2015, 461－462면. 주요 국가의 형사벌 제도 현황을 살펴보면 아래와 같다.

행위유형	미국	일본	영국	독일	한국
거래제한	○	○	○	×	○
시지남용	○	○	×	×	○
기업결합	×	×	×	×	○
불공정거래	－	×	－	－	○

420) 선종수, "공정거래법상 형사제재 규정의 정비방안", 형사법의 신동향 제46호, 대검찰청, 2015, 304면.

421) 권오승·서정(제4판), 489면.

422) 2020.12.29. 전부개정, 법률 제17799호.

423) 대법원 2020.2.27. 선고 2016도9287 판결. 대법원은 공정거래법 제40조 제1항, 제125조와 관련 법률조항 문언의 해석, 입법 취지와 개정 경위, 형벌법규는 문언에 따라 엄격하게 해석·적용하는

에 따라 엄격하게 해석·적용되어야 한다는 원칙에 충실하였다고 평가할 수 있을 것이다.[424)]

것이 원칙인 점, 공정거래법 제45조 제1항 위반에 대한 벌칙규정인 제125조 제4호는 사업자를 위해 그 위반행위를 한 자연인만이 처벌대상이 되고 법인인 사업자는 양벌규정인 제128조에 따른 별도의 요건을 갖춘 때에만 처벌대상이 되는 등 과징금 부과에 관한 규정과는 규율의 대상자나 적용요건에서 구별되어 위 규정들의 해석이나 적용이 반드시 일치할 필요가 없다는 점을 감안하였다.

424) 이선희, "2020년 경쟁법 중요판례평석", 인권과 정의 제497호, 2021, 228면.

제8장

부당지원행위와 부당한 이익제공의 금지

제1절 총　　설

Ⅰ. 연혁과 규제체계

1. 연　혁

부당지원행위를 금지하는 규정은 다른 나라에서 입법례를 찾기 어렵다. 우리나라에서는 뿌리 깊은 재벌체제 하에서 계열회사들 사이의 지원성 거래를 통하여 대기업집단으로의 경제력집중이 유지·심화되고 있다는 문제의식이 사회 전반에 확산되었고, 그것이 공정거래법 제45조 제1항 제9호를 도입한 배경이다.

먼저, 입법연혁을 살펴보면, 일찍이 1986년 제1차 개정법[425]에서 지주회사의 설립·전환 금지 및 출자총액제한제도와 같은 경제력집중의 억제수단이 도입된 바 있다. 이와 함께 1992년 제정된 「대규모기업집단의 불공정거래행위에 대한 심사기준」[426]을 통하여 당시 지정된 대규모기업집단 소속 계열회사들의 상품·용역거래와 관련한 거래거절, 차별취급, 경쟁사업자배제, 거래강제, 배타조건부거래, 거래상대방구속 등을 규제하였는데, 이를 통하여 일부 계열회사 간의 부당한 지원성 거래가 규제되었다. 동 심사기준에 의하더라도 자금·자산·인력의 지원성 거래행위가 상당 부분 규제대상에 포섭될 수 있었기 때문에, 종래의 불공정거래행위 금지만으로는 대규모기업집단 소속 계열회사 간의 부당지원행위에 대한 규제에 흠결이 있었다고 단정하기는 어렵다. 그런데 공정거래위원회는 자금·자산 등을 지원하는 행위를 통하여 경제력이 집중되거나 공정한 경쟁이 저해될 우려가 더욱 클 수 있다는 점과 이를 직접 규제할 수단이 마땅치 않다는 이유로 자금·자산·인력의 지원행위를 널리 규제할 수 있도록 1996년 구법 제23조 제1항(현행법 제45조 제1

425) 1986.12.31. 개정, 법률 제3875호.

426) 공정거래위원회 고시 제1992-0호, 1992.7.1. 제정; 공정거래위원회 지침 제248호, 2009.8.12. 폐지.

항)에 별도의 부당지원행위 금지규정을 신설하게 되었다.[427] 그에 따라 동 심사기준은 2009년에 이르러 폐지되었다.

1996년 제5차 개정법[428]은 부당하게 특수관계인 또는 다른 회사에 대하여 가지급금·대여금·인력·부동산·무체재산권 등을 제공하거나 현저히 유리한 조건으로 거래하여 특수관계인 또는 다른 회사를 지원하는 행위를 금지하였다. 당초 동 규제는 대기업집단에 속하는 계열회사가 다른 계열회사를 지원하는 것을 염두에 두고 논의되었으나, 최종적으로 불공정거래행위의 한 유형으로 도입됨에 따라 법문상 지원주체는 사업자이면 족하고 지원객체 또한 지원주체와 계열관계에 있을 것을 요하지 않는다.[429] 또한 상호출자제한기업집단 소속 계열회사는 대규모 내부거래에 대한 이사회 의결 및 공시에 관한 법 제26조를 적용받는데, 이는 회사 내부의 통제와 자본시장의 통제를 통하여 대기업집단 소속 계열회사 간의 내부거래를 적절한 수준에서 사전에 억지하기 위한 것이고, 이와 달리 부당지원행위의 금지는 사후적으로 계열회사 간 지원성 거래행위를 불공정거래행위의 하나로 금지하기 위한 것이었다.[430]

이어서 2007년 제13차 개정법[431]은 법 제23조 제1항 제7호(현행법 제45조 제1항 제9호 가목)의 지원행위에 해당하는 제공 또는 거래의 대상에 유가증권과 상품, 용역을 추가하였다. 2013년 제20차 개정법[432]은 지원행위의 성립요건으로 '현저히 유리한 조건'을 요구하던 것을 '상당히 유리한 조건'으로 변경하여 공정거래위원회의 입증부담을 완화하고자 하였다. 또한 제7호에 나목(현행법 제9호 나목)을 신설하여 다른 사업자와 직접 상품·용역을 거래하면 상당히 유리함에도 불구하고 거래상 실질적인 역할이 없는 특수관계인이나 다른 회사를 매개로 거래하는 행위, 이른바 '통행세 관행'을 추가로 금지하였다.

---

427) 공정거래위원회, 1997년판 공정거래백서, 18면.

428) 1996.12.30. 개정, 법률 제5235호.

429) 이호영, 독점규제법(제6판), 홍문사, 2020, 393면; 정호열, 경제법(제6판), 박영사, 2018, 426면.

430) 권오승, "공정거래법의 개요와 쟁점", 권오승 편, 자유경쟁과 공정거래, 2002, 27면; 정병덕, "부당지원행위의 규제목적과 적용범위", 상사판례연구 제19집 제4권, 2006, 384면; 이봉의, "공정거래법상 부당지원행위", 경쟁법연구 제27권, 2013, 229면.

431) 2007.4.13. 개정, 법률 제8382호.

432) 2013.8.13. 개정, 법률 제12095호.

2. 규제체계

공정거래법 제45조 제1항 제9호는 부당지원행위를 크게 두 가지로 나누어 규정하고 있다. 첫째는 지원행위의 거래의 대상 및 대가성 유무를 기준으로 특수관계인 또는 다른 회사에 대하여 '가지급금·대여금·인력·부동산·유가증권·상품·용역·무체재산권' 등을 '제공'하거나 '상당히 유리한 조건으로' 거래하는 행위이다. 둘째는 직접적인 상품·용역거래가 아니라 이들 거래를 매개하는 방법에 착안하여 다른 사업자와 직접 상품·용역을 거래하면 상당히 유리함에도 불구하고 거래상 실질적인 역할이 없는 특수관계인이나 다른 회사를 매개로 거래하는 행위로서, 이른바 '통행세 관행'이라 불린다. 부당지원행위는 지원방식을 기준으로 유리한 거래조건을 통한 지원행위와 대규모거래를 통한 지원행위로 나누기도 하는바, 후자의 경우 정상적인 가격이라도 계열회사 등에 대규모거래가 이루어질 경우에는 마찬가지로 지원객체에게 경제상 이익이 제공될 수 있음을 고려한 것이다.

시행령 [별표 2]에서는 지원행위의 객체에 따라 부당한 자금지원, 부당한 자산·상품 등 지원, 부당한 인력지원 및 부당한 거래단계의 추가 등을 규정하고 있다. 먼저, 부당한 자금지원이란 특수관계인 또는 다른 회사에 대하여 가지급금·대여금 등 자금을 상당히 낮거나 높은 대가로 제공 또는 거래하거나 상당한 규모로 제공 또는 거래하는 행위를 말한다. 부당한 자산·상품 등 지원이란 부동산·유가증권·무체재산권 등 자산 또는 상품·용역을 상당히 낮거나 높은 대가로 제공 또는 거래하거나 상당한 규모로 제공 또는 거래하는 행위이고, 부당한 인력지원은 인력을 상당히 낮거나 높은 대가로 제공 또는 거래하거나 상당한 규모로 제공 또는 거래하는 행위이다.

끝으로 부당한 거래단계의 추가란 ① 다른 사업자와 직접 상품·용역을 거래하면 상당히 유리함에도 불구하고 거래상 역할이 없거나 미미(微微)한 특수관계인이나 다른 회사를 거래단계에 추가하거나 거쳐서 거래하는 행위, 또는 ② 다른 사업자와 직접 상품·용역을 거래하면 상당히 유리함에도 불구하고 특수관계인이나 다른 회사를 거래단계에 추가하거나 거쳐서 거래하면서 그 특수관계인이나 다른 회사에 거래상 역할에 비하여 과도한 대가를 지급하는 행위를 말한다. 흔히 그룹 차원에서 유지·보수서비스(MRO) 내지 조달업무를 수행하는 비상장 계열회사를 설립하고, 총수 일가가 동 회사의 지분을 다수 보유하면서 상대적으로 유리한 조건 또는 상당한 규모로 거래하도록 하는 행태가 문제된다.

Ⅱ. 부당지원행위 금지의 입법취지

부당지원행위의 금지를 신설하게 된 입법취지는 구체적인 사안에서 부당지원행위의 금지요건을 이해함에 있어서도 매우 중요한 의미를 갖는바, 결국 그러한 행위가 야기할 수 있는 폐해가 무엇인지를 통해서 일응 짐작할 수 있다. 그런데 부당지원행위의 금지와 관련해서 법률 공포 시에 관보에 게재된 간략한 입법이유에 대한 설명 외에는 그 입법취지를 명확하게 밝혀줄 수 있는 자료가 거의 없다. 오히려 개정법 시행 이후 공정거래위원회가 부당지원행위의 폐해로서 ① 지원객체가 속한 시장에서 독립기업에 비하여 기술력이나 경영능력과 무관하게 경쟁상 우위를 차지할 수 있게 되는 점, ② 기업집단 전체의 부실을 초래할 수 있는 점, 그리고 ③ 국민경제 차원에서 경제력집중의 주요 원인으로서 부실계열회사의 지원은 사회후생의 감소와 국가경쟁력의 약화를 가져올 수 있는 점을 지적한 바 있다.[433] 요컨대, 부당지원행위는 ① 내지 ③의 폐해를 막기 위한 것인데, 아래에서 차례로 살펴보자.

1. 경제력집중의 억제

1996년 11월 19일 정부는 부당지원행위 금지조항의 신설을 포함한 공정거래법 제5차 개정안[434]을 국회에 제출하면서 입법 이유를 밝혔는데, 부당지원행위를 금지하려는 목적이 '기업 간의 부당한 자금·자산 등의 지원금지 등을 통하여 경제력집중을 억제'하기 위한 것이라고 하였다. 동년에 공포된 개정 법률[435]에서도 그와 같은 입법취지를 밝혔다. 여기서 경제력집중이란 시장집중(market concentration)이 아니라 '일반집중'(overall concentration)을 의미하는 것으로 이해되고 있는바,[436] 공정거래법에 일견 시장 내지 경쟁과 무관해 보이는 규제를 두는 것이 타당한지에 관하여는 동법 제1조의 해석과 관련하여 예나 지금이나 논란이 여전하다.

433) 공정거래위원회, 시장경제 창달의 발자취 - 공정거래위원회 20년사, 2001, 331면.
434) 1996.11.19. 의안번호 제150310호; 관보, 제13499호 정호, 행정자치부, 1996.12.30, 296면.
435) 1996.12.30. 법률 제5235호.
436) 이봉의, 앞의 글(2013), 246면.

다수설에 따르면 경제력집중의 억제란 '자유롭고 공정한 경쟁의 촉진'이라는 동법의 직접적인 목적을 달성하기 위한 수단의 성격을 갖는다.[437] 특히 대기업집단 소속 계열회사들이 대부분의 국내시장에서 독과점적인 지위를 차지하고 있는 우리나라의 현실에서 기존의 경제력집중 억제장치만으로는 계열회사 간 지원행위를 통하여 개별 시장에서 차지하는 압도적인 지위를 유지·강화함으로써 결과적으로 당해 기업집단이 국민경제에서 차지하는 지위를 유지·강화해 나가는 현상을 제대로 규제하기 어렵다는 것이다. 기업집단 소속 계열회사 사이의 지원성 내부거래는 지원객체의 효율성 향상을 위한 노력을 저해하고 구조조정을 지연하며 기업시스템의 왜곡을 가져오고 국민경제적 차원에서 부실기업도산에 따른 위험을 초래할 수 있다. 따라서 부당지원행위의 금지는 개별시장에서의 경쟁촉진을 넘어서 국민경제의 관점에서 일반집중의 폐해를 억제하기 위한 것으로 이해할 수 있다.[438]

헌법재판소 역시 부당지원행위를 금지하는 취지를 무엇보다 경제력집중의 억제에서 찾고 있다. 다수의 계열회사들이 기업집단 전체의 이익을 위하여 계속적으로 서로 지원을 주고받으면서 계열관계의 유지·확장을 위한 수단으로 부당내부거래를 이용하는 것이므로, 중·장기적으로 볼 때 부당내부거래는 경제력집중을 통하여 결국 부당지원을 한 기업에게도 상당한 부당이득을 발생시키게 됨을 부인하기 어렵다는 것이다.[439]

이와 같은 태도에 대하여는 ① 일반집중의 억제는 공정거래법의 목적인 경쟁촉진을 위한 수단이 될 수 없다는 견해,[440] ② 경제력집중의 억제는 입법목적의 모호함으로 인하여 헌법상 기본권제한의 한계인 규제의 필요성이 결여되어 위헌성이 있다는 견해,[441] ③ 대기업집단에 대해서만 경제력집중을 억제하는 것은 잘못이라고 하면서 공정거래법상 경제력집중 억제제도를 전면적으로 폐지하여야 한다는 견

437) 권오승(제13판), 84, 239면; 김영갑, 경제법학의 현황과 발전방향, 경제법의 제문제(재판자료 제87집), 법원도서관, 2000.6, 99-102면; 신동권, 독점규제법(제3판), 박영사, 2020, 16면; 신현윤(제6판), 311면; 양명조(제8판), 267면; 정준우, "경제법령상 특수관계자규정의 타당성 검토 — 공정거래법을 중심으로", 인권과 정의 통권 제278호, 1999.10, 74-75면.

438) 홍대식, "자본거래관련 부당지원행위의 성립", 경쟁법연구 제17권, 2008, 149면; 이봉의, 앞의 글(2013), 237-238면.

439) 헌법재판소 2003.7.24. 선고 2001헌가25 결정.

440) 이문지, "공정하고 자유로운 경쟁은 목적인가 수단인가?: 공정거래법의 목적에 관한 통설적 견해의 문제점", 상사법연구 제16권 제2호, 1997, 623-624면.

441) 이철송, "경제법령의 위헌요소 검색", 전국경제인연합회, 1996.12, 56-59면.

해[442] 등이 제기되고 있다.

일반집중이 원래 경쟁법(competition law)의 고유한 규제대상이 아닌 것은 사실이다. 그러나 우리나라와 같이 재벌이라고도 불리는 대기업집단이 전체 국민경제에서 차지하는 비중이 매우 크고, 이들이 상당수의 시장에서 독과점적 지위를 차지하고 있는 현실에서는 공정거래법 제1조의 목적인 국민경제의 균형 있는 발전을 도모할 수 없음은 물론, 시장에서의 공정하고 자유로운 경쟁이 유지되기 어렵다. 이와 같은 우리나라의 경제현실에서 경제력집중의 억제는 동법의 목적을 달성하기 위한 중요한 수단의 하나라고 볼 수 있는 것이다.

그 밖에 주력사업부서의 핵심역량(core competence) 강화와 경쟁력 없는 한계기업의 퇴출을 유도하는 등 대규모기업집단의 구조조정을 촉진하기 위해서 부당지원행위에 대한 금지가 필요하다거나,[443] 대규모기업집단 소속 계열회사 간의 내부거래는 과도한 기업확장을 통하여 경제력집중을 심화시키고, 기업집단으로부터 계열분리된 회사에 대한 부당한 지원행위는 경제력집중을 완화하기 위한 계열분리 촉진시책의 실효성을 상실시키게 되므로 부당지원행위에 대한 금지가 필요하다는 견해[444] 역시 넓게는 경제력집중의 억제가 그 입법취지임을 밝히고 있는 것으로 볼 수 있다.

공정거래위원회는 부당지원행위의 폐해로서 ① 퇴출되어야 할 부실기업이 계열회사 형태로 존속하게 되어 경쟁사업자인 독립기업을 배제하거나 신규진입을 억제하고, ② 계열회사 간 독과점 이윤의 상호 간 창출을 통해 기업집단 소속 계열회사들의 독점력을 강화시킴으로써 경제력집중을 야기하며, ③ 우량 계열기업의 핵심역량이 분산·유출되어 우량기업의 경쟁력이 저하됨에 따라 기업집단 전체의 동반부실화 위험을 초래할 뿐만 아니라 ④ 기업의 투명성을 저해하고 특히 소액주주와 채권자 등의 이익을 침해하는 점을 지적한 바 있다.[445]

2. 공정한 거래질서의 보호

공정거래법상 부당지원행위 금지가 동법 제45조의 불공정거래행위의 한 유형

442) 전용덕, “공정거래법의 모순”, 자유기업센터, 1997, 30−31면.

443) 공정거래위원회, 1999년판 공정거래백서, 132면.

444) 서동원, “내부거래에 대한 공정거래법상의 규제”, 공정경쟁 제11호, 1997.10, 53−54면; 조학국, “기업 구조조정과 부당내부거래”, 공정경쟁 제35호, 1998.7, 9−10면.

445) 공정거래위원회, 공정거래위원회 40년사, 2021, 87면.

으로 도입된 것에 비추어 보면, 일응 그 입법취지에는 공정한 거래질서의 보호가 포함되어 있다고 볼 수 있다. 다수설도 부당지원행위 금지의 입법취지에는 경제력집중의 억제뿐만 아니라 공정한 거래질서의 확립이 포함되어 있다고 한다.[446] 상품·용역거래보다 지원효과가 더 큰 자금·자산 등의 부당지원행위를 널리 규제대상에 포함시킴으로써 계열회사에게 효율과는 무관한 '경쟁상의 우위'(competitive advantage)를 확보하게 하여 경쟁기업을 도태시키고, 잠재적인 경쟁사업자의 진입을 저지할 수 있는 자금·자산 등에 대한 부당지원행위를 금지할 필요가 있다는 것이다.[447] 공정거래위원회의 실무도 부당지원행위 규제의 필요성이 기업집단 소속 계열기업과 독립기업 간의 공정경쟁을 저해하는 요인을 제거하는 데에 있다고 하거나,[448] 동일 기업집단 내 한계기업의 퇴출을 저해하거나 과도한 기업확장으로 중소기업과의 공정한 경쟁을 저해하게 되는 것을 방지하는 데에 있다고 하거나,[449] 또는 계열기업 간의 수직통합에 의한 거래비용의 내부화를 통하여 기존의 전문기업을 시장으로부터 배제하거나 중소기업의 육성을 저해하게 되는 것을 방지하는 데에 있다고 한다.[450]

3. 공정거래저해성과 경제력집중 심화의 관계

부당지원행위를 금지하는 입법취지를 경제력집중의 억제와 공정한 거래질서의 보호로 설명할 경우 양자는 서로 어떠한 관계에 있는가? 이 질문에 대한 해답에 따라 부당지원행위의 범위와 성립요건, 특히 부당성을 판단하는 기준이 달라진다. 학설은 대체로 양자를 병렬적으로 설명하고 있는 것으로 보인다.[451] 반면, 공정거

446) 권오승(제13판), 352면; 김영갑, 앞의 글, 96-99, 102-103면; 이문지, 한국 공정거래법 비판, 자유기업센터, 1997.11, 49-54면; 이승철, 내부거래의 경제분석과 경쟁정책, 한국경제연구원, 1999, 42-43면; 신현윤, 경제법(제8판), 법문사, 2020, 316면.

447) 공정거래위원회, 1997년판 공정거래백서, 164-167면; 삼일회계법인, "계열회사간의 자산·자금거래 관련 부당지원행위 조사에 관한 용역", 공정거래위원회 용역보고서, 1996, 29-33면; 이봉의, 앞의 글(2013), 237면.

448) 공정거래위원회, 1999년판 공정거래백서, 132면.

449) 이남기, 앞의 책, 239면.

450) 서동원, 앞의 글, 53-54면; 조학국, 앞의 글, 9-10면; 우영수, 앞의 글, 38면.

451) 권오승(제13판), 271-272면에서도 부당지원행위 규제의 목적을 경제력집중 억제와 공정한 거래질서의 확립이라고만 설명하고 있다.; 김영갑, 앞의 글, 106-107면에서는 자유롭고 공정한 시장경쟁의 확보를 부당내부거래 규제의 직접적인 목표로 보고, 나머지는 또 다른 목표 또는 기대효과라고 한다.

래위원회는 부당지원행위의 금지가 공정한 거래질서의 보호를 목적으로 하는 불공정거래행위의 한 유형으로 규정되어 있고, 계열회사 간의 거래행위 그 자체가 직접 경제력집중을 가져오는 것은 아니며, 계열회사 간 내부거래가 갖는 경제적 효용성을 고려할 때 동법이 금지하는 것은 계열회사 간 거래 그 자체가 아니라 공정거래를 저해할 우려가 있을 정도로 '부당한' 거래에 한정되고, 부당지원행위로 인하여 발생할 수 있는 가장 큰 폐해로서 계열회사로부터 제공받은 경제적 이익을 이용하여 부당하게 경쟁사업자를 배제하거나 잠재적 경쟁사업자의 진입을 저지하거나 또는 한계기업의 퇴출을 인위적으로 막는 등 시장의 잠재적인 경쟁기반을 저해할 가능성이 높다는 점을 들고 있다는 점에서 다분히 '경쟁저해성'에 방점을 두고 있는 것으로 이해할 수 있다.[452]

한편, 대법원은 다수의 판결[453]에서 "부당지원행위가 성립하기 위하여는 당해 지원행위로 인하여 지원객체의 관련시장에서 경쟁이 저해되거나 경제력집중이 야기되는 등으로 공정한 거래가 저해될 우려가 있는지 여부에 따라 판단하여야 한다."는 태도를 취하고 있다. 여기서 판례는 경제력집중의 억제라는 입법취지와 함께 부당지원행위가 불공정거래행위의 하나로 규정되어 있는 법체계상의 지위를 종합적으로 고려한 것으로 보인다.[454] 다만, 대법원은 지원행위의 부당성 판단기준으로서 경제력집중을 줄곧 언급하면서도 경쟁저해의 우려 없이 오로지 경제력집중이 야기될 우려만을 이유로 지원행위의 부당성을 인정한 적이 없다.

대표적인 예로, 대법원은 "삼성 SDS" 판결[455]에서 "경제력집중의 억제가 부당지원행위 규제의 입법목적에 포함되어 있다고 하더라도, 구법상 경제력집중의 억제와 관련하여서는 제3장에서 지주회사의 제한적 허용, 계열회사 간 상호출자금지

452) 공정거래위원회, 1997년판 공정거래백서, 165－167면; 김영갑, 앞의 글, 96－99, 103면; 서동원, 앞의 글, 57－59면; 조학국, 앞의 글, 10면.

453) 대법원 2007.1.11. 선고 2004두3304 판결("수자원공사" 판결); 대법원 2004.3.12. 선고 2001두7220 판결("에스케이씨앤씨" 판결); 대법원 2004.4.9. 선고 2001누6197 판결("현대자동차" 판결); 대법원 2004.10.14. 선고 2001두2881 판결("대우" 판결); 대법원 2004.11.12. 선고 2001두2034 판결("엘지반도체" 판결); 대법원 2005.4.15. 선고 2004두7986 판결("주택공사" 판결); 대법원 2005.4.29. 선고 2004두3281 판결("에스케이네트웍스" 판결); 대법원 2005.6.10. 선고 2004두3021 판결("한화" 판결); 대법원 2005.9.15. 선고 2003두12059 판결("조선일보" 판결); 대법원 2006.6.2. 선고 2004두558 판결("도로공사" 판결); 대법원 2006.5.12. 선고 2004두12315 판결("에스케이해운" 판결); 대법원 2007.1.11. 선고 2004두3304 판결("수자원공사" 판결) 등이 있다.

454) 이봉의, 앞의 글(2013), 234면.

455) 대법원 2004.9.24. 선고 2001두6364 판결.

및 대규모기업집단에 속하는 중소기업창업투자회사의 계열회사의 주식취득 금지, 금융회사 또는 보험회사의 의결권 제한 등에 관하여 규정을 통하여 대규모기업집단의 일반집중을 규제하면서도 부당지원행위는 제5장(현행법 제6장)의 불공정거래행위의 금지의 한 유형으로서 따로 다루고 있으며, 변칙적인 부의 세대 간 이전 등을 통한 소유집중의 직접적인 규제는 법의 목적이 아니고 시장집중과 관련하여 볼 때 기업집단 내에서의 특수관계인 또는 계열회사 간 지원행위를 통하여 발생하는 경제력집중의 폐해는 지원행위로 인하여 직접적으로 발생하는 것이 아니라 지원을 받은 특수관계인이나 다른 회사가 자신이 속한 관련시장에서의 경쟁을 저해하게 되는 결과 발생할 수 있는 폐해라고 할 것인 점 등에 비추어 보면, 부당지원행위의 부당성을 판단함에 있어서는 지원주체와 지원객체와의 관계, 지원객체 및 지원객체가 속한 관련시장의 현황과 특성, 지원금액의 규모와 지원된 자금 자산 등의 성격, 지원금액의 용도, 거래행위의 동기와 목적, 정당한 사유의 존부 등을 종합적으로 고려하여 판단하여야 한다."고 판시한 바 있다. 요컨대, 경제력집중은 지원행위에 따른 경쟁저해의 결과적 폐해에 불과하여 그 자체가 독자적 의미를 갖지 않고,[456] 지원행위의 부당성이란 결국 공정거래질서의 관점에서 평가되어야 한다는 것이다.[457]

생각건대, 부당지원행위를 금지함으로써 대기업집단에 의한 경제력집중을 억제하는데 그 궁극적인 입법목적이 있지만, 법 제45조 제1항 제9호는 상호출자 및 순환출자의 금지나 채무보증의 금지 등과 같이 경제력집중을 가져올 수 있는 행위를 직접 규제하는 것이 아니라, 계열회사가 속한 관련시장에서 잠재적인 경쟁기반의 저해를 가져올 정도로 '부당한' 계열회사 간의 거래행위를 규제함으로써 궁극적으로 경제력집중을 억제하고자 하는 것으로 해석하는 것이 타당할 것이다. 공정한 거래질서의 보호는 부당지원행위의 1차적인 입법취지일 뿐만 아니라, 경제력집중의 억제라는 궁극적인 입법취지를 달성하는 수단으로서 의미를 가지며, 계열회사 간 부당지원행위의 성립 여부를 판단함에 있어서는 이러한 두 가지 입법취지를 종합적으로 고려하여 판단하여야 할 것이다.[458] 다만, 불공정거래행위는 대체로 거래

456) 임정하, "부당지원행위 규제에 관한 논의", 경제법연구 제10권 제2호, 2011, 63면.
457) 정호열(제6판), 427면. 이에 대하여 비판적인 견해는 이호영, "공정거래법상 특수관계인에 대한 부당지원행위의 규제", 행정법연구 제12호, 2004, 381－401면.
458) 그 판단과정이란 결국 개별 시장적인 접근과 국민경제 전체의 관점을 조화시키는 작업일 것이다.

상대방 또는 소비자에게 불이익을 가져오는 반면에 부당지원행위 그 자체는 소비자에게 불이익을 야기하지도 않는다는 점에서 양자의 공정거래저해성을 차별화할 여지가 있다. 끝으로, 입법론으로서 부당지원행위를 법 제45조 제1항에 따른 불공정거래행위로 규율할 것인지, 법 제4장의 경제력집중의 억제를 위한 사전규제에 맡길 것인지[459]는 여전히 고민할 만하다.

Ⅲ. 부당한 이익제공의 금지

1. 금지의 체계

공정거래법 제31조 제1항에 따른 공시대상기업집단에 속하는 국내 회사는 특수관계인(동일인 및 그 친족으로 한정)이나 동일인이 단독으로 또는 다른 특수관계인과 합하여 발행주식총수의 20% 이상을 소유한 국내 계열회사 또는 그 계열회사가 단독으로 발행주식총수의 50%를 초과하는 주식을 소유한 국내 계열회사와 다음의 어느 하나에 해당하는 행위를 통하여 특수관계인에게 부당한 이익을 귀속시키는 행위를 하여서는 아니 된다(법 제47조 제1항).

① 정상적인 거래에서 적용되거나 적용될 것으로 판단되는 조건보다 상당히 유리한 조건으로 거래하는 행위

② 회사가 직접 또는 자신이 지배하고 있는 회사를 통하여 수행할 경우 회사에 상당한 이익이 될 사업기회를 제공하는 행위

③ 특수관계인과 현금이나 그 밖의 금융상품을 상당히 유리한 조건으로 거래하는 행위

④ 사업능력, 재무상태, 신용도, 기술력, 품질, 가격 또는 거래조건 등에 대한 합리적인 고려나 다른 사업자와의 비교 없이 상당한 규모로 거래하는 행위

2013년 제20차 개정법[460]은 특수관계인에게 이익을 귀속시키는 거래를 통하여 대기업집단의 경제력집중이 유지·심화되는 것을 막기 위하여 종래 관련시장에서

같은 취지로 홍명수, "현저한 규모에 의한 지원행위(물량몰아주기)의 규제 법리 고찰", 법과사회 제42호, 2012.6., 박영사, 228면.

459) 신영수, "계열회사간 내부거래(부당지원행위) 규제에 대한 입법론적 분석과 대안", 법제연구 제12권 제1호, 2012-a, 94면.

460) 2013.8.13. 개정, 법률 제12095호.

경쟁저해의 우려를 이유로 금지하던 부당지원행위와 구별하는 차원에서 별도로 법 제23조의2를 추가하였고, 제5장의 제목 또한 '불공정거래행위 및 특수관계인에 대한 부당한 이익제공의 금지'[461]로 변경하였다.

2. 입법취지 및 연혁

종래 법원은 2004년 "삼성 SDS" 판결[462] 이후로 부당지원행위와 관련하여 불공정거래행위에 공히 요구되는 '공정거래저해성' 기준을 토대로 경쟁저해성과 경제력집중의 심화, 특히 전자의 관점에서 그 위법성을 해석해왔다. 그 결과 지원행위가 현저하지 못하거나 사인인 특수관계인에 대한 지원행위로서 관련시장에서 공정거래저해성을 야기하지 않는 경우에 공정거래위원회는 이를 금지할 수 없었다. 즉, 흔히 터널링(tunnelling)[463]이나 총수의 사익편취(私益騙取)에 대한 규제상의 흠결이 존재하였던 것이다.

그 와중에 대·중소기업의 동반성장과 상생협력에 대한 사회적 관심이 높아지게 되었는데, 특히 대기업집단이 총수 일가가 대주주로 있는 비상장 계열회사에게 이른바 '물량몰아주기'를 통하여 부당한 이익을 제공하는 행위와 재벌 2, 3세에게 비상장 계열회사의 주식 등을 저가로 양도하거나 계열회사에 상당한 이익이 될 사업기회를 총수 일가나 이들이 지배하는 계열회사에 제공하는 등의 방법으로 경제적 부(富)와 경영권을 편법적으로 세습하는 행태에 대한 문제제기가 꾸준히 이루어졌다.[464]

이에 2013년 제20차 개정법[465]은 부당지원행위의 요건을 일부 완화하여 규제를 강화하는 한편, 구법 제23조의2(현행법 제47조)에서 총수 및 그 일가에 대한 부당한 이익제공행위를 금지하는 규정을 새로 마련하였다.[466] 후자에는 계열회사 간 거래를 통하지 않은 총수 일가 개인에 대한 지원성 거래도 규제대상에 포함되고, 정

461) 현행법은 제47조이며 '제6장 불공정거래행위, 재판매가격유지행위 및 특수관계인에 대한 부당한 이익제공의 금지'에 포함되어 있다.

462) 대법원 2004.9.24. 선고 2001두6364 판결.

463) 박상인, "터널링을 위한 내부거래 방지의 입법화", 경쟁과 법 제1호, 서울대학교 경쟁법센터, 2013.

464) 이호영(제6판), 391면.

465) 2013.8.13. 개정, 법률 제12095호.

466) 이봉의, "특수관계인에 대한 부당한 이익제공의 금지", 경쟁법연구 제31권, 2015, 207-208, 212면.

상가격 산정이 곤란한 분야에서 발생하는 일감몰아주기 또한 당해 기업이 거래상대방 선정 시 사업능력이나 재무상태 등을 합리적으로 비교·평가하지 않고 총수일가가 지분을 다수 보유한 회사에 몰아주는 경우에 금지될 수 있으며, 총수 일가가 회사에 이익이 될 사업기회를 중간에서 가로채는 행태도 금지할 수 있게 하였다는 점에서 실무상 그 의미가 적지 않다.

이처럼 부당지원행위의 금지는 지원객체가 속한 시장에서 공정한 경쟁이 저해되거나 경제력집중이 심화되는 것을 막기 위한 것이고, 부당한 이익제공의 금지는 자연인인 특수관계인에게 부당한 이익을 제공함으로써 이루어지는 편법적인 부의 이전을 차단하기 위한 것으로서 양자는 그 취지를 달리 하는 것이다.[467] 다만, 이러한 입법취지의 차이가 지원행위 및 이익제공행위의 부당성 판단에 어떠한 차이를 가져올 것인지는 여전히 확실치 않다.

---

467) 이봉의, 앞의 글(2015), 232면.

제 2 절 지원행위의 경제적 효과

Ⅰ. 서 설

동일 기업집단 내 계열회사 간의 거래는 당해 기업집단 전체 또는 거래당사자인 회사 모두에게 경제적 효율성을 증대시킬 수 있고, 이러한 측면은 국민경제 전체 또는 경쟁정책적인 관점에서 긍정적으로 판단될 수 있는 여지가 있다. 그러나 계열회사 간의 내부거래가 언제나 경제적 효율성을 증가시키는 것은 아니며, 무엇보다도 개별 시장에서의 자유롭고 공정한 경쟁질서를 저해하고 이를 통하여 대기업집단에 의한 경제력집중을 유지 또는 심화시키는 측면도 부인할 수 없다. 공정거래법은 문언상 부당지원행위 금지대상을 계열관계가 없는 다른 회사로 널리 확장하고 있고, 문제되는 지원성 거래가 계열회사 간의 내부거래인지를 묻지 않고 있다. 그런데 입법취지의 하나로서 경제력집중의 억제를 강조할 경우에는 그와 무관한 비계열거래에 수반되는 지원행위는 원칙적으로 문제되지 않을 것이다. 그렇다면 결국 부당지원행위의 주된 금지대상이 대기업집단 계열회사 간 내부거래라는 관점에서 지원행위와 내부거래의 관계를 먼저 살펴볼 필요가 있다.

부당지원행위의 개념과 관련하여 종래 학계와 실무에서는 관행적으로 이를 '부당내부거래'라는 개념과 동의어처럼 사용해왔다.[468] 이것은 공정거래위원회가 과거부터 대규모기업집단 소속 계열회사들의 상품·용역거래를 통한 불공정거래행위를 '부당내부거래'로 불러오다가,[469] 부당지원행위 규정이 신설된 이후 자금·자산·인력의 거래를 통한 부당지원행위를 포함하여 이를 모두 '부당내부거래'라고 통칭해온 데에서 비롯되는 것으로 보인다.[470] 그런데 상품·용역의 내부거래에는 자

468) 김영갑, 앞의 글, 96-102면; 서동원, 앞의 글, 53면; 손영화, "기업집단내 거래행위에 대한 공정거래법의 적용문제", 조세학술논집 제16집, 2000.6, 169면; 우영수, "부당내부거래 규제의 필요성과 공정거래위원회의 과제", 공정경쟁 제44호, 1999.4, 35면; 이문지, 앞의 책, 27-28면; 삼일회계법인, 앞의 보고서, 2-5면; 조학국, 앞의 글, 10면. 다만, 이러한 의미의 내부거래를 기업 내 거래와 구별하기 위하여 계열거래로 부르는 것이 타당하다는 견해도 있다(이승철, 앞의 책, 10면).

469) 공정거래위원회, 1997년판 공정거래백서, 167-168면; 이동규, 독점규제 및 공정거래에 관한 법률 개론, 행정경영자료사, 1995, 344면; 이문지, "재벌의 내부거래와 공정거래법의 규제", 상사법연구 제15집 제1호, 1996, 225-226면; 조선일보 1996.11.3.자 기사, "'공정거래위원회' 12개 그룹 부당내부거래 조사"; 조선일보 1997.1.30.자 기사, "'공정거래위원회' 현대 6개사 부당내부거래로 징계".

신 또는 자신의 계열회사와 거래하는 등의 조건으로 거래상대방과 거래를 하는 경우와 같은 비계열회사와의 '상호거래'(reciprocal dealing)도 실질적으로 계열회사를 상호지원하는 효과를 가진다는 의미에서는 간접적인 내부거래로서 포함될 수 있다.[471] 이와 달리 하나의 회사 안에 있는 복수의 사업부서 사이의 거래를 내부거래라 하고, 이에 반대되는 의미의 거래를 외부거래라고 부르기도 한다.[472] 그 밖에 자산거래, 자금거래에다 자본거래까지 포함하는 개념으로 이를 '넓은 의미의 내부거래'라 부르기도 한다.[473]

생각건대, 공정거래법상 내부거래와 지원행위는 일응 구별이 가능하다. 법 제26조는 대규모내부거래의 이사회 의결 및 공시의무를 정하고 있는바, 양자의 개념상 혼동을 피하기 위해서는 내부거래 대신 법 제45조 제1항 제9호에 사용되고 있는 '지원행위'라는 용어를 사용하는 것이 적절할 것이다. 다만, 아래에서 살펴볼 지원행위의 경제적 효과는 공정거래위원회의 실무상 거의 대부분을 차지하는 계열회사간 지원성 거래를 전제로 기대되는 것이다.

Ⅱ. 기업집단에 미치는 효과

1. 기업의 본질과 거래비용이론

가. 거래비용이론의 개관

어느 한 경제주체의 경제활동에 따른 비용 또는 편익이 다른 경제주체에도 파급되는 현상을 흔히 외부효과(externality)라고 한다.[474] 외부효과는 다른 경제주체에게 반대급부를 받지 않고 편익만을 제공하는 외부경제(external economy)와 반대급부 없이 손실만 입히는 외부불경제(external diseconomy)로 나누어 볼 수 있다.[475]

코즈(Ronald H. Coase)는 이러한 외부효과를 내부화(internalization of externality)하

470) 공정거래위원회, 2000년판 공정거래백서, 73면; 공정거래위원회 2000.6.22. 자 보도자료; 212회 국회 정무위 주요업무보고; 금융감독원 공보실 2000.7.28. 자 보도자료, 경제장관간담회 개최결과.

471) 김영갑, 앞의 글, 92-93면; 이동규, 앞의 책, 344면; 삼일회계법인, 앞의 보고서, 2-5, 29-33면. 반면 이문지, 앞의 책, 28면에서는 내부거래와 '상호거래'를 서로 구별하여 사용하여야 한다고 한다.

472) 이문지, 앞의 글, 225면; 이승철, 앞의 책(1999-a), 10면.

473) 이문지, 앞의 책, 28면.

474) 박세일, 법경제학, 박영사, 2000, 67면; 이승철, 공정거래경제학, 한국경제연구원, 1999-b, 140면.

475) 이승철, 앞의 책(1999-b), 140면.

여야 자원의 효율적 배분이 가능하며, '거래비용이 없는 경우'(zero transaction cost)에는 비록 외부효과가 존재하더라도 거래당사자의 자발적인 거래를 통하여 자원배분의 효율성을 달성할 수 있다고 보았다.[476] 그는 거래비용이란 사회적 관점에서 불필요한 자원의 낭비이므로, '거래비용이 소요되는 경우'(positive transaction cost)에는 자원의 효율적인 배분을 위하여 정부의 개입이 필요하다고 역설하였다.[477] 코즈는 자원의 효율적 배분을 방해하는 거래비용을 적절한 가격 또는 상대방을 찾기 위한 조사비용, 거래를 체결하기 위한 계약협상비용, 장기계약에 따르는 경직성비용[478]의 세 가지를 들고 있는데,[479] 거래비용을 좀 더 넓은 의미로 시장이라는 자발적인 교환의 장을 이용하는데 드는 일체의 비용으로 이해할 경우에는 재산권의 확정 및 그 재산권의 유지에 드는 비용[480]이나 거래가 성립한 이후 계약의 이행을 감시·감독하는데 드는 비용 등도 여기에 포함될 수 있다.[481]

결국 법경제학적인 측면에서 볼 때 거래비용은 불필요한 사회적 비용이고, 이러한 거래비용이 존재하는 한 시장의 실패를 가져올 가능성이 크다. 따라서 거래비용을 가능한 한 제로(zero)에 가깝게 낮추는 것이 정부의 1차적인 역할이며, 이때 정부는 직접 시장의 거래관계에 직접 개입하기보다는 거래비용이 발생하는 구조적인 요인을 제거하는 데에 중점을 두어야 할 것이다. 코즈 이론의 진정한 기여 중 하나로 시장실패가 발생하는 경우 정부가 직접 개입하는 것이 당연하고 항상 바람직한 것으로 파악하였던 피구(A. C. Pigou)와 같은 종래의 지배적 견해에 근본적인 의문을 제기하고 정부실패(government failure)의 위험성을 지적한 것을 드는 이유도 여기에 있다. 즉, 코즈는 경우에 따라서는 외부효과로 인한 자원배분의 비효율이

476) 박세일, 앞의 책, 70면. 이를 흔히 '코즈의 정리'(Coase Theorem)라 한다; Ronald Coase, The Problem of Social Cost, 3 J.L. & Econ. 1, 1960.8., p. 19.

477) Coase, Ibid(1960), p. 19.

478) 이승철, 앞의 책(1999-b), 246면. 이러한 비용은 장기계약의 경우에 발생할 수 있는 것으로서 계약기간 중 거래대상인 재화 또는 용역의 가격변동 가능성에 따라 거래 각 당사자가 부담할 수 있는 위험비용을 말한다.

479) Ronald Coase, The Nature of the Firm, 4 Economica, 1937, pp. 386-405.

480) 박세일, 앞의 책, 81면. 이러한 종류의 비용은 부동산의 경우를 생각해 보면 쉽게 알 수 있다. 즉, 어떤 부동산을 취득하여 소유권을 확보하기 위한 등기비용, 수수료, 취득세, 등록세, 부동산을 계속 소유하는데 소요되는 재산세, 각종 부담금 등이 유지비용에 해당한다 할 것이고, 부동산을 취득하고자 하는 자는 그 매매대금 외에 이러한 비용도 당연히 거래비용을 감안하여 거래를 하게 될 것이다.

481) 박세일, 앞의 책, 81면; 이승철, 앞의 책(1999-b), 503면.

존재하더라도 정부가 전혀 개입하지 않는 편이 나을 수도 있으며, 이때 쟁점은 시장, 기업, 정부와 같은 '사회적 기구'(social arrangement) 중 어느 것이 가장 효과적으로 문제를 해결할 수 있는가 하는 선택의 문제라는 점을 명백히 밝히고 있다는 점에서 그 이론적인 가치를 찾을 수 있을 것이다.[482)]

나. 거래비용과 내부거래의 관계

거래비용, 즉 시장에서 자발적인 거래를 통하여 경제활동을 수행하는 데 드는 비용은 수많은 경제활동이 개인 대신 기업, 또는 개별기업 대신 기업집단 단위로 이루어지고 있는 이유를 설명하는 데에도 유용한 도구를 제공한다.[483)] 각각의 경우를 거래비용이론(transaction cost theory)에 따라 설명하자면 '기업'이라는 조직은 본질적으로 거래비용을 내부화하는 것으로서, 종래에 계약을 통한 거래에 의지하던 경제활동이 위계질서를 갖춘 조직 내부에서의 명령에 따라 이루어진다는 것을 의미한다.[484)] 그 결과 기업은 적어도 그 내부에서는 시장에서 거래비용을 발생시키는 전제인 '가격메커니즘'에 따르지 않고 경제활동을 수행하게 되며, 그 대신 조직내부에서는 근로자 등 구성원에 대한 지휘·감독과 그들에게 일정한 행위를 요구할 수 있는 권리에 대한 대가로서 임금이 문제될 뿐이다. 여기서 기업조직을 통한 '거래의 내부화'(internalization of transaction)는 기업이라는 조직의 형성·유지·관리하는데 필요한 새로운 비용을 야기하는바, 이를 조직비용(organization cost)이라 한다.[485)] 조직비용 중 가장 대표적인 것이 임금이다.

이를 단순한 예를 들어 설명하면 다음과 같다. 우선 어떤 사업가가 제품을 공급하기 위해서 부품공급업자와 계약을 체결하고, 이를 조립하는 자와 별도로 계약을 체결하고, 끝으로 조립된 최종제품을 판매할 자와 계약을 체결하는 방법을 생각할 수 있다. 또 다른 방법으로 그 사업자가 사용자로서 자기의 지시 하에 이러한 작업을 수행할 자와 각각 고용계약을 체결하는 경우를 생각할 수 있다. 첫 번째 방법은 전통적으로 계약법의 영역에 속하며, 두 번째 방법은 '주인과 머슴법'(master－servant law)의 영역에 속하는 것이다. 첫 번째 방법의 본질은 사업가가 다른

482) 박세일, 앞의 책, 90－92면.

483) 向田直範, 來生新 外 5人 共著, 論爭 獨占禁止法 -獨禁法主要論點の批判的檢討と反批判, 風行社, 1994.2, 211항; 小林好宏, 企業集團の分析, 北大圖書刊行會, 1980, 88항; 김영갑, 앞의 글, 93－94면; 이승철, 앞의 책(1999－b), 503면.

484) 박세일, 앞의 책, 426－427면.

485) 박세일, 앞의 책, 427면.

생산업자 내지 판매업자와 가격, 수량, 품질, 인도일, 결제조건 등에 대하여 계약을 체결하는 데에 있고, 두 번째 방법의 핵심은 특정한 행위에 대한 대가가 아니라 그들에게 급부를 명할 수 있는 권리에 대한 대가로서 임금을 지불한다는 데에 있다.

그런데 두 가지 방법 모두 일정한 비용을 수반한다. 즉, 계약을 체결하기 위해서는 생산업자가 이행하여야 할 급부의 자세한 내용이 미리 합의되지 않으면 안 되고, 이는 상당한 협상과 그에 따른 절차비용을 수반하며, 사정이 변경된 경우에는 계약 또한 다시 협상되지 않으면 안 된다. 반면, 두 번째 방법, 즉 기업을 조직할 경우에는 인센티브, 정보 및 의사소통을 위한 비용이 소요된다. 이때 근로자는 직접 자기의 성과에 대해서 보수를 받는 것이 아니기 때문에 자기의 비용을 최소화할 인센티브가 적게 마련이다. 그리고 기업의 경우에는 비용 또는 가치에 대한 정보가 불확실하여, 필요한 자원을 어디에서 어떻게 조달하는 것이 경제적인지를 정확하게 알기 어렵다. 무엇보다 가격에 대한 정보가 부족한 것이다. 나아가 기업에서의 행위는 사용자의 지시에 따라 이루어지기 때문에 지휘체계의 상하 의사소통을 극대화할 필요가 있으며, 이 또한 비용이 소요될 뿐만 아니라 완전하지도 못하다.

요컨대, 경제활동을 조직하는 방법으로서 계약은 높은 거래비용이라는 문제에 직면하게 되고, 기업을 통해 조직하는 방법은 지배(control)의 문제를 안고 있다. 그리고 지배의 문제는 다른 말로 표현해서 '대리인비용'(agency costs)[486]을 말하며, 효율적인 기업의 규모를 정하는 것은 결국 '수확체감의 법칙'(the law of diminishing returns)[487]이 아니라 대리인비용인 것이다. 기업의 조직 중 소유와 경영이 분리된 주식회사 조직에 있어서는 이러한 대리인비용의 문제가 가장 특징적으로 드러난다. 주식회사의 경우에 대리인비용은 주주와 전문경영인 사이의 관계 및 전문경영인과 채권자 사이의 관계로 나누어 접근할 수 있다.[488]

486) Michael C. Jensen/William H. Meckling, Theory of the Firm: Managerial Behavior, Agency Costs and Ownership Structure, 3 Journal of Financial Economics, 1976, pp. 305−306. 대리인비용은 다음과 같은 세 가지로 설명될 수 있다. ① 감독비용(monitoring cost): 대리인의 행위를 감시·감독하는데 드는 비용, 일의 성과에 대한 평가비용, 합리적 보상체계와 유인체계의 도입비용, 기회주의적 행위에 대한 제재비용 등. ② 보증비용(bonding cost): 대리인이 스스로 기회주의적 행동을 하지 않겠다는 물적·인적 보증을 하는 경우 이와 관련된 비용. ③ 잔여손실비용(residual loss): 감독과 보증노력을 하고도 남는 비효율과 낭비요소.

487) 수확체감의 법칙은 한 기업이 어떤 단일 제품을 어느 수량만큼 생산해야 가장 효율적일 것인지를 설명하는 것이다.

488) 박세일, 앞의 책, 442−443면.

다. 기업집단으로의 원용 가능성

원래 코즈의 거래비용이론은 단일 기업의 조직원리를 설명하기 위한 것이었다. 그에 따르면 거래비용과 조직비용 중 어느 것이 큰가에 따라 상품의 생산이 시장을 통하여 조직화될 것인가, 아니면 기업을 통하여 조직화될 것인지가 결정되며,[489] 기업은 거래비용보다 조직비용이 낮은 경우에는 필요한 상품을 외부시장에서 조달하지 않고 내부조직을 통해 생산하게 된다는 것이다.[490]

그런데 이러한 분석틀은 기업집단 내 계열회사 간의 거래행위에도 마찬가지로 적용될 수 있다.[491] 거래비용의 절감이라는 측면에서 본다면 그러한 경제적 효과는 합병이나 사업다각화(conglomeratization) 등에 의해서도 달성할 수 있는데, 그 중에서도 기업집단화가 선택되는 이유를 '중간조직론'으로 설명하기도 한다. 기업 간의 협조, 연합, 업무제휴, 계열화, 집단화 등 약한 수준의 기업 간 결합은 시장과 내부조직이라는 이분법에 대하여 중간영역을 형성한다고 보고, 기업집단도 이러한 중간조직의 하나라고 보는 것이다.[492] 즉, 기업집단소속 계열회사 간에는 일정한 지배·종속관계가 존재하고, 기업집단화의 특징은 기업집단 내 계열회사 간의 계속적인 거래관계가 가장 큰 특징이라고 보고, 이러한 계속적 거래관계의 형성의 원인은 크게 '지배·복종관계 때문'이라고 보는 입장과 '이익공동체 관계 때문'이라고 보는 입장으로 나누어 볼 수 있다.[493]

한편, 기업집단 내 계열회사 간 거래행위에 의하여 얻을 수 있는 경제적 효용을 지배·종속관계의 형성 측면에서 분석하지 않고 이익공동체로서의 기업집단이라는 관점에서 파악하는 견해도 있다. 즉, 하나의 기업집단에 속하는 계열회사 간에는 '이익공동체'(Interessengemeinschaft; Interessengeflecht)가 형성되며, 이들은 경제적으로나 법적으로 독립적인 기업과 달리 서로 경쟁관계에 있기보다는 지속적인 협력관계에 있다. 이러한 협력관계는 비단 계열관계뿐만 아니라 그보다 느슨한 형태

489) 김영갑, 앞의 글, 93면; 박세일, 앞의 책, 427면.

490) Coase, Ibid(1937), pp. 386-405; 김영갑, 앞의 글, 93-94면; 이승철, 앞의 책(1999-b), 503면.

491) 向田直範, 來生新 外 5人 共著, 전게서, 211항; 小林好宏, 전게서, 88항; 김영갑, 앞의 글, 93-94면; 이승철, 앞의 책(1999-a), 20면; 삼일회계법인, 앞의 보고서, 8-9면.

492) 向田直範, 來生新 外 5人 共著, 전게서, 211항; 和田健夫, 來生新 外 5人 共著, 전게서, 224항; 今井賢一·伊丹敬之, 組織と市場の相互浸透, 伊丹敬之·加護野忠男·伊藤元重 共著, 日本の企業システム, 有斐閣, 1993, 22항.

493) 根岸哲, '企業系列の法構造', 根岸哲 外3人 共著, 企業系列と法, 現代經濟學講座4, 三省堂, 1990, 4항; 和田健夫, 來生新 外 5人 共著, 전게서, 225항.

의 이른바 '전략적 제휴관계'(strategic alliances), 특히 자본제휴를 수반하는 경우에도 흔히 찾아볼 수 있으며, 이때에도 당사회사들은 '기업지배를 공유'(control-sharing) 하고, 상호 간에 경쟁이 자제되며, 이들 상호 간의 거래는 당해 네트워크에 속하지 않은 기업과의 거래보다 유리한 조건으로 이루어지기도 한다. 그러나 기업집단에서 지배관계가 지속되는 것은 지배받는 회사에게도 중·장기적으로는 경제적으로 이익이 되기 때문이라는 점에서 지배·종속관계와 이익공동체적 관계가 개념적으로 완전히 구별되는 것은 아니다.[494)]

한편, 기업집단화에 따른 거래비용 절감의 효과는 ① 시장 이용에서 생기는 거래비용, 위험비용, 불확실성에 대한 비용 절약, ② 생산기술, 시장에 대한 정보비용의 절약, ③ 경영비용의 절약, ④ 자금비용의 절약, 금융기관으로부터 특별히 유리하게 자금을 조달하는 이익, ⑤ 동일상표의 사용에 따른 광고·선전비의 절약, ⑥ 집단 내의 상호거래에 대한 판로의 확보 등을 들 수 있다.[495)]

먼저, 기업집단 계열회사 간에 상품 또는 용역거래가 이루어지는 동기는 중간재가 고유한 전문성을 요하고 따라서 그의 안정적인 공급이 매우 중요한 의미를 갖는 경우에 상대적으로 불완전한 시장구조 하에서는 계열회사로부터 중간재인 상품 또는 용역을 공급받음으로써 거래비용을 절감할 수 있다는 데에서 찾을 수 있다. 아울러 생산된 제품을 판매하는 과정에서도 계열회사인 판매회사를 통하여 안정적인 판매처의 확보 및 판매수수료의 절감 등 거래비용의 감소를 기대할 수 있다.[496)]

다음으로, 자본시장이 불완전할수록 기업집단으로서는 가급적 다른 계열회사로부터 자금을 조달하는 것이 매우 효율적일 수 있다. 이것이 우리나라에서 적지 않은 기업집단으로 하여금 증권·보험·투신 등 금융회사를 계열회사로 거느리게 하는 원인이 되기도 하지만, 다른 한편으로 계열회사 간 상호 자금거래를 통하여 안정된 자금조달이 가능해짐에 따라 불완전한 자본시장을 보완하는 순기능을 가지고 있다는 점을 부인할 수 없다.[497)]

마지막으로, 기업이 요구하는 자질과 능력을 갖춘 인력이 풍부하지 못하고, 또

494) 和田健夫, 來生新 外 5人 共著, 전게서, 226항.

495) 向田直範, 來生新 外 5人 共著, 전게서, 211항; 小林好宏, 전게서, 88항.

496) 向田直範, 來生新 外 5人 共著, 전게서, 211항; 小林好宏, 전게서, 88항; 김영갑, 앞의 글, 94면; 이승철, 앞의 책, 33-34, 37면.

497) 向田直範, 來生新 外 5人 共著, 전게서, 211면; 小林好宏, 전게서, 88면; 김영갑, 앞의 글, 94-95면; 이승철, 앞의 책, 34-37면.

한 시장에서의 정보교환이 취약한 이른바 불완전한 노동시장일수록 기업이 인력을 채용함에 있어서 보다 많은 시간과 비용을 요함은 물론, 채용한 인력을 그 목적에 맞게 훈련시키는 데에도 상대적으로 보다 많은 시간과 비용이 소요된다. 따라서 이런 노동시장에서는 단기간 내에 적은 비용으로 필요한 인력을 조달하기 위해서 계열회사의 숙련된 근로자를 전직시킴으로써 상당한 거래비용을 절감할 수 있다.[498]

이상과 같이 이론적으로 시장의 불완전성에서 비롯되는 과다한 거래비용을 절감하기 위하여 이루어지는 기업집단 내 계열회사 간의 거래행위는 시장의 발전 정도와 서로 상반되는 관계에 있으며, 시장이 발전하면서 거래비용이 하락하여 내부거래에 의하여 발생하는 비용보다 낮은 수준을 유지하게 된다면 거래비용의 절감을 위한 내부거래는 자연스럽게 사라지게 될 것이다.[499]

그런데 실제로 완전한 시장이란 존재하지 않으며, 이렇게 시장이 본질적으로 불완전하여 상당한 거래비용이 발생하고 있는 상태에서는 기업집단 내 계열회사들이 거래비용을 절감하기 위하여 상호 상품·용역, 자금, 자산, 인력 등을 거래할 필요성이 있을 수 있는 것이다. 한국 재벌의 내부거래의 경제적 동기를 중간재시장, 자본재시장, 노동시장 등의 실패에서 찾을 수 있다는 견해[500]나, 개발도상국은 시장이 제 기능을 다하지 못하고 있어 거래비용이 높고, 따라서 기업외부의 시장에 의존한 기업성장에 한계가 있으므로 재벌의 급격한 해체보다는 시장기구가 제대로 작동되도록 하는데 역점을 두어야 한다는 견해 등도 내부거래의 경제적 동기를 거래비용의 측면에서 이해하고 있는 것으로 보인다.[501]

또한 이러한 계열회사 간 거래를 통하여 절감한 거래비용은 당해 기업이 생산하는 상품 또는 용역의 가격 및 공급량에 긍정적인 영향을 미치고 궁극적으로 당해 기업의 경쟁력을 상승시키고 이는 다시 시장에서의 경쟁을 촉진할 수 있으며, 결국 소비자후생의 증대 및 자원의 효율적 배분에 기여할 수 있다는 점에서 경쟁법적 관점에서도 긍정적인 효과를 찾을 수 있다.[502]

---

498) 김영갑, 앞의 글, 95면.

499) 김영갑, 앞의 글, 95면.

500) 장세진·홍재범, "한국의 기업집단이 계열기업의 수익성에 미치는 효과분석", 경영학연구 제28권 제1호, 1999, 1, 5면 이하.

501) 김영갑, 앞의 글, 94-95면에서 재인용.

502) 이승철, 앞의 책, 34-35면에서는 거래비용의 절감뿐만 아니라, 효율적인 자원의 재분배 및 투자판단의 위험감소를 기업집단 내 내부거래에 내재된 경쟁촉진적 동기의 하나로 설명하고 있다.

그러나 효율적인 자원의 재분배는 불완전한 시장에서 기업집단 내 내부거래를 함으로써 국가경제 전체가 달성할 수 있는 효과 중의 하나이지, 이것이 개별 기업집단이 내부거래를 하게 되는 동기가 된다고 보기는 어렵다. 투자판단의 위험감소 역시 거래비용의 감소 효과 중 일부라 할 것이어서 거래비용 감축을 위한 기업집단 내 내부거래의 동기 중 하나에 포함될 수 있을 뿐, 내부거래의 또 다른 동기라 보기는 어려울 것이다.

2. 지원행위에 따른 효율성 증대효과

앞에서 거래비용이론을 기초로 회사형태를 통해서 경제활동을 조직하는데 따른 경제적 효용과 이러한 거래비용이론을 기업집단으로 확대 적용할 수 있는지를 살펴보았다. 그렇다면 보다 구체적으로 부당지원행위와 관련하여 법적으로 독립된 회사의 경제활동을 기업집단을 통해서 조직하는 것은 무슨 이유에서 비롯되며, 그 경제적 효용은 어떠한지에 관해서 조금 더 생각해보자. 동 이론에 따르면 기업집단은 시장에 의한 '경제활동의 조정'(marktliche Koordination)과 회사에 의한 '위계질서식의 조정'(hiearchische Koordination)의 중간단계에 있는 것으로서,[503] 다음과 같은 경제적 이점을 가질 수 있다.

가. 거래비용의 절감

법적으로 독립된 기업들이 하나의 통일적인 관리 하에 기업집단으로 결합되면 이들 경제단위 간에는 시장에 의한 조정 대신 위계질서에 따른 조정이 이루어지게 된다. 그리고 이때 시장에서의 거래관계를 내부화함으로써 예상할 수 있는 비용상의 이점 내지 거래비용의 절감을 가능케 하는 전제조건으로는 시장을 통한 조정이 높은 거래비용을 초래하기 위한 조건으로서 거래상대방의 수가 상대적으로 적을 것, 고도로 전문화된 투자재의 투입이 요구될 것, 상품의 품질에 대한 불확실성이 클 것, 그리고 물품의 공급이나 장래의 거래조건에 대한 신뢰가 필요할 것 등을 들 수 있다. 이러한 전제조건은 경제주체의 '제한적 합리성'(bounded rationality)과 더불어 각자 자기의 이익을 위하여 의사결정이 내려질 경우 언제나 기회주의적인 행위가 발생할 수 있음을 고려한 것이다.[504] 왜냐하면 이러한 조건하에서 거래당사자는

---

503) 向田直範, 來生新 外 5人 共著, 전게서, 211항; 和田健夫, 來生新 外 5人 共著, 전게서, 224항; 今井賢一·伊丹敬之, 伊丹敬之·加護野忠男·伊藤元重 共著, 전게서, 22항.

504) 박세일, 앞의 책, 428, 639면.

언제나 자기의 이익을 극대화하기 위하여 '기회주의적인 행동'(opportunism)을 보이게 마련이며, 이 같은 기회주의적인 행동은 특히 거래당사자 간에 나타나는 정보의 비대칭성에 의해서 더욱 용이해진다.[505] 이를 방지하는 과정에서 적지 않은 거래비용이 발생하기 때문이다.

이에 비하여 위계질서에 의한 조정비용은 보다 경제적일 수 있다. 왜냐하면 이 경우 그 조정비용은 단지 회사내부의 변수인 경제활동의 양(量)과 그 이질성의 정도에 의해 결정되고, 회사내부에서는 상대적으로 소수의 행위주체 간에 정보의 비대칭성이 존재하지 않을 뿐만 아니라, 정보교환 자체가 시장에서 보다 신속하고 신뢰할 수 있게 이루어지며, 개별 기업의 유인(誘引) 및 제재시스템이 보다 상위의, 즉 기업집단 전체의 목적을 지향하고, 기회주의적인 행위를 방지하기 위한 통제가 덜 필요하며, 투자를 전후해서 여러 가지 계획이나 기타 행위가 상대적으로 용이하게 조정될 수 있기 때문이다.[506]

그런데 기업집단 내부에서 전술한 경제적 효율성이 현실적으로 발생하기 위해서는 우선 분업적인 기업활동이 위계질서에 의하여 조정되고, 아울러 시장에서의 조정기능에 의지할 경우 전술한 전제조건이 충족되어야 한다. 그런데 이러한 조건들은 무엇보다도 생산단계에서 수직적 통합 내지 분업체계를 형성하기 위하여 기업집단을 조직하는 경우에 실현될 수 있다는 점에서 거래비용이론을 우리나라 기업집단의 경우에 그대로 원용하는 데에는 일정한 한계가 있다.[507] 실제 우리나라의 기업집단이나 기업결합현황을 분석해보면 계열회사 간에 생산단계에서 원재료 및 부품공급관계가 존재하는 비중이 그다지 크지 않고, 계열회사 간에 형성된 수직계열화의 정도 역시 그다지 높지 않다. 기업집단의 경우 문어발식 내지 선단식 경영이 문제될 정도로 다양한 사업분야로 구성되어 있으며, 이들 계열회사 간에 수직적인 공급관계는 그다지 큰 비중을 차지하지 못하고 있다.

이러한 경우에도 전술한 경제적 이익을 기대할 수 있는지의 여부를 밝히기 위해서는 마찬가지로 전술한 조건이 사업다각화(diversification)를 특징으로 하는 기업집단의 경우에도 충족되는지의 여부가 밝혀지지 않으면 안 된다. 수평적 내지 혼합

505) 자세한 내용은 Oliver E. Willianson, Markets and Hierarchies: analysis and antitrust implications, 1975; Oliver E. Willianson, The Economic Institutions of Capitalism, 1985.

506) Roger D. Blair/David L. Kaserman, Law and economics of vertical integration and control, 1983.

507) 박세일, 앞의 책, 639−640면.

적 결합관계를 특징으로 하는 기업집단의 경우에 시장에 의한 조정과 기업집단 내부의 조정 간의 대체관계는 특정 상품이나 용역이 아니라 이를 생산하기 위한 투입요소, 예컨대 자금, 자산, 인력 등에 의해서 결정된다. 그런데 고도로 전문화된 투입요소에 대해서는 별도의 시장이 존재하지 않는 경우가 많기 때문에 이러한 투입요소를 위계질서의 방식으로 조정할 경우에는 단지 예외적인 경우에만 국민경제상 이로울 수 있다는 점에 유의하여야 한다. 따라서 이 경우 거래비용상의 이점은 무엇보다 다국적 기업집단의 경우에 발생할 수 있는데, 각기 다른 나라에서 활동하는 계열기업들이 전문화된 투입요소, 예컨대 상표나 노하우, 연구개발의 성과 등을 공동으로 이용함으로써 시장에서의 높은 조달비용을 회피할 수 있을 것이다.

아울러 다각화된 기업집단의 경우 계열회사 간의 거래는 대체로 자본의 조달과 관련되어 있었다. 그런데 이 경우에 자본은 그 성격상 시장에서 보편적으로 조달가능한 성격을 갖는 것이기 때문에 기업집단의 내부에서 조달하기보다는 시장메커니즘을 거치는 것이 보다 효율적일 수 있기 때문에 적어도 일반적으로는 경제상의 이점을 기대하기 힘들다. 자본조달에 관한 법제도상의 부담이나 자본시장의 구조적 특성(진입장벽, 시장집중)상 시장에서의 자본조달에 추가적인 비용이 요구되는 경우에는 보편적으로 조달 가능한 투입요소를 기업집단 내부의 조정을 통해 조달하는 것이 이로울 수도 있으나, 이 또한 국민경제 전체의 관점에서는 장점이라고 보기 어려우며, 자금조달상의 이점은 기타 연구·개발이나 판매 면에서의 손실에 의해 쉽게 상쇄되고 만다. 기업집단의 규모가 커지고, 그에 따라 위계질서에 의해 조정되는 활동의 수와 이질성이 커질 경우 그에 비례해서 조직비용(organization cost)이 증가하기 때문이다. 요컨대, 기업집단 내부의 거래를 통한 거래비용 상의 이점은 수직적으로 통합되거나 다국적으로 활동하는 기업집단의 경우에 한하여 제한적으로 추론할 수 있을 뿐이다.

나. 기업집단의 형성에 따른 장점

우리나라에서 대기업은 거의 예외 없이 주식회사의 형태, 즉 주주가 자신이 출자한 자본의 한도 내에서만 책임을 지는 형태로 존재한다. 따라서 당해 기업이 경제활동을 통하여 얻은 이윤은 주주들에게 귀속되는 반면, 부실경영 등에 따른 손실은 주주 이외에도 거래상대방이나 은행 등 제3자에게 전가되는데, 이른바 손실의 외부화(externalization)에 해당된다. 이를 통하여 주식회사는 위험을 수반하는 사업에 대규모자본을 조달할 수 있고, 전문경영인에 대한 업무의 위임이 가능해진다. 그런데 주식회사 형태의 개별 회사는 자기의 모든 경제활동의 결과에 대하여 자기의 기업재산으로 책임을 지며, 따라서 기업들은 위험한 사업활동에 따른 책임을 기업집단이라는 조직 내에서 법적으로 독립된 다수의 회사로 분산시키려는 유인을 갖게 된다.

다만, 책임의 분산이라는 유인만으로 기업집단의 형성을 일반적으로 설명할 수는 없으며, 국민경제적 차원에서 책임의 분산이란 그것이 거래상대방이나 주주 또는 채권자가 적절히 대응할 수 있도록 장래의 인식 가능한 위험에 국한되는 경우에 한하여 그다지 부정적이지 않을 수 있다. 반대로 그러한 위험이 사후에 기업집단 내부적으로 자금·자산 등의 거래를 통하여 인위적으로 분산되거나 그러한 위험분산이 제3자에게 예측할 수 없는 경우에는 국민경제상의 폐해가 커질 수 있을 것이다.

또한 정부의 다양한 규제에 효과적으로 대응하기 위해서 독립된 회사 대신에 기업집단을 선호하기도 한다. 개별회사의 경우에는 하나의 법적 형태와 원칙적으로 하나의 본사만이 가능한 반면, 기업집단의 경우에는 다양한 법적 형태, 기업의 규모 및 본사의 수가 서로 조합될 수 있으며, 이는 기업집단으로 하여금 회사의 형태와 규모, 본사의 위치 등에 따라 우대를 하거나 불이익을 가하는 수많은 법령과 제도에 탄력적으로 적응하는 것을 가능케 한다. 이러한 장점은 무엇보다도 세법, 회계 및 공시관련 법령, 기타 금융업에 있어서의 겸업제한 등과 관련되어 의미를 갖는다. 이를테면, 사업분야나 지역에 따라 별도의 회사를 유지함으로써 기업집단은 전체적으로 조세 면에서의 혜택 등 금전상의 이익뿐만 아니라, 공시절차의 간이화나 보조금의 수령, 위험부담이 큰 사업에 대한 외부로부터의 자금조달 등의 이점을 누릴 수 있게 되는 것이다.

그 밖에 대만, 싱가포르에서 피라미드형의 기업집단이 형성되는 원인으로는 자회사, 손자회사 등에 대한 지분참가를 통하여 자본규모를 확대하려는 유인을 빼놓을 수 없다. 지주회사나 계열회사 간의 순환출자 등을 통한 다단계의 기업집단조직은 제한된 자본으로 의결권 행사를 통하여 경제적 영향력을 극대화하고, 이를 통하여 다른 회사를 직·간접적으로 지배하는 것을 용이하게 한다.[508] 아울러 계열회

---

508) Rolf Bühner, Strategische Führung im Bereich der Hochtechnologie durch rechtliche Verselb-

사들 간의 자본조달은 그에 따른 주주나 채권자보호의 문제는 논외로 하고 일단 기업집단의 입장에서는 지배구조의 안정적 유지라는 측면에서 이익이 된다.[509]

Ⅲ. 시장에 미치는 효과

2003년에 내려진 헌법재판소의 결정[510]은 부당지원행위가 초래하는 시장경제 차원의 폐해가 무엇인지를 명료하게 제시하고 있다. 그에 따르면 부당지원행위는 "첫째, 퇴출되어야 할 효율성이 낮은 부실기업이나 한계기업을 계열회사의 형태로 존속케 함으로써 당해 시장에서 경쟁사업자인 독립기업을 부당하게 배제하거나 잠재적 경쟁사업자의 신규 시장진입을 억제함으로써 시장의 기능을 저해한다. 둘째, 계열회사 간에 이루어지는 지속적인 부당내부거래는 독과점적 이윤을 상호 간에 창출시키게 되고, 그 결과 대기업집단 소속 계열회사들의 독점력을 강화함으로써 경제력집중의 폐해를 야기한다. 셋째, 부당내부거래는 우량 계열기업의 핵심역량이 부실 계열기업으로 분산·유출되어 우량기업의 경쟁력이 저하됨에 따라 기업집단 전체가 동반 부실화할 위험을 초래한다. 넷째, 부당내부거래는 또한 기업의 투명성을 저해하고 주주, 특히 소액주주와 채권자 등의 이익을 침해하게 된다." 아래에서는 부당지원행위의 시장경제 차원의 부정적 효과를 경제력집중의 측면과 공정한 거래질서의 측면에서 조금 더 구체적으로 살펴보자.

1. 경제력집중의 심화

일반적으로 경제력집중은 ① 특정 기업이 개별 시장에서 차지하는 비중인 '시장집중', ② 특정 기업집단이 국민경제 전체에서 차지하는 비중을 의미하는 '일반집중', 그리고 ③ 특정 기업이나 기업집단의 소유구조와 관련하여 총수나 그의 친족에 대한 집중의 정도를 나타내는 '소유집중'으로 나눌 수 있다. 공정거래법상 경제력집중의 억제는 일반집중, 시장집중 및 소유집중 등을 포함하는 복잡, 다양한 성격을 가진 규제라고 할 수 있다.[511] 이는 시장집중의 측면에서 한편으로는 자유롭

ständigung von Unternehmensbereichen, DB, 1986, S. 2345 ff.

509) Uwe H. Schneider, Das Recht der Konzernfinanzierung, ZGR, 1984, S. 504 ff.

510) 2003.7.24. 선고 2001헌가25 전원재판부.

511) 권오승(제13판), 244면.

고 공정한 경쟁을 촉진하기 위한 수단으로서, 다른 한편으로는 동법의 궁극적인 목적인 자원배분의 효율성과 소비자후생의 증진을 실현하기 위한 수단으로서의 의미를 가진다. 뿐만 아니라, 소수의 대기업집단이 국민경제에 차지하는 비중이 매우 커서 경제력집중이 심화된, 우리나라의 특수한 상황에 대한 규제를 가하기 위한 것이다. 특히 공정거래법상 경제력집중의 억제는 개별 시장에서의 경쟁보호나 개별 기업 내지 기업집단의 소유집중을 완화하기 위한 것이 아니라, 대기업집단에 의한 국민경제상 부의 지나친 집중, 즉 일반집중에 더 초점을 두고 있다고 할 수 있다. 아래에서는 계열회사 간의 지원행위가 일반집중에 미치는 부정적인 효과를 중심으로 살펴보기로 한다.

공정거래법은 지주회사의 행위제한, 채무보증의 금지, 상호출자 및 순환출자의 금지, 금융회사 및 보험회사의 의결권제한 등을 통하여 대기업집단에 의한 일반집중을 억제하고 있다. 그러나 일반집중이 지주회사의 설립이나 계열회사 간 출자 또는 채무보증에 의해서만 이루어지는 것은 아니며, 계열회사 간 지원행위를 통해서도 이루어질 수 있다. 즉, 대기업집단의 우량 계열회사가 다른 계열회사에게 직접 자금이나 자산을 이전함으로써 경제력의 이전을 받은 계열회사가 그 우월한 경제력을 이용하여 자신이 속한 시장의 경쟁사업자를 약탈·구축하거나 잠재적 경쟁사업자의 진입을 저지함으로써 일반집중을 더욱 심화시킬 수 있는 것이다. 이러한 결과는 기업집단 자신의 신용도 및 자금조달능력을 이용하여 외부에서 보다 유리한 조건으로 자금을 조달하여 신용도 및 자금조달능력이 낮은 계열회사에게 이전해 주는 방법에 의하여도 발생할 수 있다. 또한 특정 계열회사와 대규모로 거래하는 방법으로 지원객체에게 안정적인 판로(販路)를 확보하게 하여 상당한 경제적 이익을 제공함으로써 기업집단 또는 총수 일가에게 막대한 부를 제공하는 행위는 편법적인 상속의 수단으로 이용되기도 한다.[512] 계열회사 간 지원행위는 이른바 선단식(船團式) 경영을 유지하고, 수익성이 없는 사업에 대한 계열회사의 확장, 부실한 계열기업의 유지·존속을 가능하게 함으로써 대기업집단에 의한 경제력집중을 유지·강화하는 수단이 될 수 있고, 국민경제 전체의 균형발전도 저해하게 된다.[513]

그런데 이러한 기업집단 내 계열회사 간 지원행위로 인하여 발생하는 경제력

512) 신영수, "공정거래법상 현저한 규모에 의한 지원행위(물량몰아주기)의 위법성 판단기준", 고려법학 제64호, 2012-b, 408-409면.

513) 이호영, 앞의 글(2004), 389면.

집중의 폐해는 지원을 받은 계열회사가 자신이 속한 관련시장에서의 경쟁을 저해하게 되는 결과 발생할 수 있는, 시장경제의 본질을 저해하는 폐해라 할 것이고, 계열회사 간 지원행위로 인하여 이러한 폐해가 직접적으로 발생하는 것인지는 의문이다.[514] 또한 여기서 말하는 경제력집중의 폐해는 순수하게 가정적·추상적 논증에 따른 결론일 뿐, 이를 뒷받침할 만한 이론적·실증적 근거가 있는 것은 아니다. 많은 견해들이 우리나라에서 대기업집단의 내부거래비중이 높다는 것을 경제력집중 현상이 심각하다는 근거로 들고 있으나,[515] 내부거래의 원인은 매우 다양하고 기업집단에서 흔히 발견되는 나름 효율적인 수직계열화는 처음부터 내부거래를 전제로 한다는 점에서 내부거래의 비중으로부터 지원행위의 위법성을 추단하기는 곤란하다.

생각건대, 공정거래법상 부당지원행위 규제가 경제력집중을 억제하는 수단으로서 합리적 근거를 갖기 위해서는 지원행위와 경제력집중의 상관관계에 관한 보다 실증적인 검토가 뒷받침될 필요가 있다. 공정거래법이 계열회사 간 지원행위 자체를 금지하지 않고, 공정한 거래를 저해할 우려가 있는 경우에만 금지하고 있는 취지를 감안하여 부당성 판단에 신중을 기해야 하는 이유도 무엇보다 경제력집중의 의미와 지원행위와의 관련성이 분명하지 않기 때문이라고 이해할 수 있다.

2. 공정한 거래질서의 저해

공정거래법 제45조에 공히 요구되는 공정거래저해성은 일의적(一義的)으로 이해하기가 쉽지 않다. 종래 '공정한 거래를 저해할 우려'를 경쟁의 수단이나 방법이 불공정한 경우는 물론이고 거래의 내용이나 조건이 부당하거나 불공정한 경우 또는 거래를 위한 교섭이나 정보제공에 있어서 상대방의 합리적인 선택을 방해하는 행위 등을 포함하는 넓은 개념으로 파악하려는 견해[516]도 이러한 맥락에서 이해할 수 있다. 사업자의 행위가 공정한 거래를 저해하는지 여부는 각 행위유형별로 입법취지와 보호법익, 규제의 필요성 등을 감안하여 개별적으로 판단할 필요가 있는바, 이러한 접근방법은 지원행위에 의하여 발생할 수 있는 경제적 폐해의 하나로서 '공정거래저해성'을 따지는 경우에도 마찬가지이다.

514) 김영갑, 앞의 글, 99-101면; 이남기, 앞의 책, 239면; 조학국, 앞의 글, 9면; 삼일회계법인, 앞의 보고서, 8-9면.

515) 이호영, 앞의 글(2004), 389면.

516) 권오승(제13판), 319-320면.

기업집단 내 계열회사 사이의 지원성 거래는 경쟁사업자 배제, 거래상 지위의 남용, 구속조건부 거래 등에도 해당할 수 있는바, 그러한 거래행위를 여타의 불공정거래행위와 달리 취급하여야 할 이유란 무엇보다 지원객체가 속한 관련시장에서의 경쟁저해에서 찾을 수 있다.

먼저, 지원행위로 인하여 지원객체는 자신이 속한 시장에서 자신의 경쟁력, 기술력, 경영능력 등과는 무관하게 '경쟁상 우위'(competitive advantage)를 차지할 수 있다.[517] 한 기업집단 내에서 자금조달능력이 떨어지는 계열회사가 다른 계열회사로부터 유리한 조건으로 자금을 원활하게 조달하는 경우에 자신이 속한 경쟁사업자에 비하여 자금력에 있어 우월한 경쟁력을 쉽게 획득할 수 있게 되고, 이를 통하여 자신이 속한 관련시장에서의 경쟁의 기반에 부정적인 영향을 미칠 수 있다.[518] 자금시장이 불완전한 상태에서 어느 기업이 자신에게 필요한 자금을 금융시장에서 조달하지 않고 계열기업을 통하여 조달하는 것 자체를 부당한 것으로 볼 수는 없다. 이러한 자금조달행위가 기존의 경쟁사업자를 배제하게 될 정도로 경쟁에 영향을 미칠 것인지 여부는 자금거래의 방법 및 규모에 있어서 내부거래의 효율성을 넘는 경제상 이익의 이전 여부와 이를 통하여 관련시장에서의 경쟁에 영향을 미칠 우려가 있는지 등을 종합적으로 고려하여 판단하지 않으면 안 된다.[519]

또한 계열회사 간 자금·자산 등의 거래를 통하여 기업집단 전체의 자금력을 자신의 자금력으로 전이시킴으로써 지원객체인 계열회사가 약탈적 가격정책을 구사할 수 있는 여지가 있고, 이를 통하여 기존의 경쟁사업자를 시장에서 배제할 가능성이 있다.[520] 기업집단 전체의 자금력을 이용한 약탈가격정책은 자본시장이 불완전하여 기업들이 시장에서 원활하게 자금을 조달하기 어려운 상황에서는 이론적으로 충분히 가능하다고 볼 수 있다.[521]

그러나 실제로 약탈적(掠奪的) 가격정책이 행해지기는 매우 어렵다. 약탈적 가

517) 이호영, 앞의 글(2004), 388면.

518) 권오승(제13판), 351-352면; 김영갑, 앞의 글, 96-99면; 서동원, 앞의 글, 54면; 우영수, 앞의 글, 35면; 이남기, 앞의 책, 239면; 조학국, 앞의 글, 9면; 삼일회계법인, 앞의 보고서, 18-23면.

519) 삼일회계법인, 앞의 보고서, 21면에서도 이러한 이유로 계열회사 간 내부거래를 당연히 위법한 것으로 하여서는 아니 될 것이며, 시장의 거래조건과 '상당한' 차이가 있는 거래를 통하여 경쟁을 실질적으로 제한하는 내부거래만 규제하여야 한다고 보고 있다.

520) 삼일회계법인, 앞의 보고서, 18-21면; 김영갑, 앞의 글, 97-98면.

521) 삼일회계법인, 앞의 보고서, 18-21면; 이승철, 앞의 책(1999-a), 25면.

격정책이란 이를 통하여 우선 경쟁사업자를 배제시킨 후에 가격인상을 통하여 그 간의 손실을 보전할 수 있어야 하는데, 최근에 대부분의 시장에서는 진입장벽이 거의 철폐되어 있어서, 경쟁사업자를 배제한 이후에도 가격 인상 시 새로운 경쟁사업자들이 진입함으로써 손실을 보전할 기회를 얻기가 쉽지 않기 때문이다. 또한 실제로 시장에서 나타나는 가격이 약탈적 가격정책에서 비롯된 것인지 아니면 경쟁에 의한 가격인하의 효과인지를 판명하기란 현실적으로 매우 어렵다. 따라서 계열회사 간 내부거래를 통하여 지원객체인 계열회사가 약탈적 가격정책을 구사할 수 있다는 주장은 이론적으로는 가능할지 모르지만 적어도 현실적으로는 그 예를 찾기 어려울 것이다.[522)]

기업집단 내 계열회사 간 부당지원행위, 이를테면 계열회사 간 자금·자산 등의 거래는 자금조달의 용이성, 기업집단 전체의 자금력의 전이가능성 등을 감안할 때 계열회사가 속한 관련시장에서 '잠재적 경쟁사업자'(potential competitor)의 진입을 억제할 수도 있다.[523)] 이에 반하여 계열회사 간 상품 또는 용역거래의 경우 거래 일방이 관련시장에서 수요독점의 지위에 있는 경우를 제외하면 이를 통하여 직접 잠재적 경쟁사업자의 진입을 제한할 우려는 상대적으로 크지 않아 보인다. 결국 법적·제도적 진입장벽이 거의 사라진 현재의 시장여건에 비추어 볼 때 내부거래를 통하여 잠재적 경쟁사업자의 진입을 저지할 수 있는 경우란 다음과 같은 경우를 생각해 볼 수 있다. 즉, 신규진입에 막대한 투자가 소요되는 시장 또는 중소기업이 주로 참여하고 있는 시장에서는 계열회사와의 내부거래를 통하여 월등한 자금력을 확보한 계열회사가 존재할 경우 정상적인 방법으로 시장에서 자금을 조달한 경쟁업체는 그와 대등한 경쟁력을 가질 수 없게 된다. 이러한 현상은 자본시장이 불완전한 경우에 더욱 심화될 수 있을 것이다.

---

522) 삼일회계법인, 앞의 보고서, 19-21면에서는 미국 FTC의 9개 대규모 복합기업에 대한 조사보고서에서 이들이 시장에서 약탈행위를 하였다는 어떤 증거도 발견하지 못하였고, 또 그렇게 할 합리적인 유인도 발견하지 못하였다는 점을 원용하면서도 이러한 결론은 자본시장이 어느 정도 효율적으로 움직인다는 것을 전제로 성립하는 것이기 때문에 우리나라와 같이 자본시장이 불완전한 경우에는 약탈적 가격정책이 가능하다는 취지로 기술하고 있다. 그러나 이 보고서는 이에 관한 실증적·이론적 근거를 제시하지 않고 있으며, 실제로 시장에서 약탈적 가격정책과 경쟁적 가격정책을 구별하는 것은 어렵다는 사실을 인정하고 있다.

523) 원래 잠재적 경쟁사업자의 제거를 통한 시장지배력의 강화문제는 혼합형 기업결합에 의한 경쟁제한의 폐해와 관련하여 중요한 의미를 갖는다. 박세일, 앞의 책, 647-650면. 잠재적 경쟁에 관한 자세한 내용은 Joe S. Bain, Barriers to New Competition, 1956; Peter Otto Steiner, Mergers: Motives, Effects, Policies, 1975.

한편, 계열회사 간에 인력을 제공하면서 그에 따르는 정당한 비용을 지급하지 않는 경우에는 거래상대방의 인건비를 절감케 함으로써 결과적으로 자금을 지원하는 것과 마찬가지의 효과가 있다. 그러나 회사의 필요경비 중에서 단순한 인건비의 절감으로 인하여 시장에서 경쟁이 저해될 수 있는지 여부는 의문이며, 설사 경쟁을 저해할 우려가 있다고 하더라도 자금·자산의 내부거래에 의한 경우보다는 현저히 낮다고 보아야 할 것이고, 인력지원에 의하여 시장에서의 경쟁을 저해하는 효과가 발생하기 위해서는 그로 인하여 절감된 인건비의 규모가 관련시장의 규모, 관련기업의 비용구조 또는 경쟁사업자규모 및 시장상황 등에 비추어 경쟁질서에 현저하게 영향을 미칠 수 있는 정도이어야 할 것이다. 계열회사 간 인력지원에 의하여 발생할 수 있는 경쟁상 폐해는 자금 또는 자산지원에 비하여 본질적으로는 다르지 않으나, 폐해의 정도는 상대적으로 낮다고 볼 수 있다.

요컨대, 계열회사 간 거래행위로 인하여 발생할 수 있는 경쟁저해의 가능성은 그야말로 잠재적·추상적으로 상정할 수 있는 경제적 폐해라 할 수 있다. 즉, 계열회사 간 거래 그 자체로 인하여 경제상 이익을 이전받은 계열회사, 즉 지원객체가 속한 관련시장에서 경쟁이 저해되기보다는 당해 회사가 이전받은 경제력을 자신이 속한 관련시장의 경쟁과정에서 부당하게 활용하거나 이러한 경제력을 기반으로 불공정한 거래행위를 실행에 옮기는 경우에 발생할 수 있는 폐해인 것이다. 이러한 폐해는 결국 현실적인 경쟁저해라기보다는 '잠재적' 경쟁기반의 저해로 이해할 수 있다.[524)]

524) 삼일회계법인, 앞의 보고서, 12면.

제 3 절 부당지원행위의 요건

Ⅰ. 개 설

1. 지원주체와 객체

가. 지원주체

공정거래법 제45조 제1항 제9호에 의한 부당지원행위의 주체는 다른 불공정거래행위와 마찬가지로 '사업자'이다. 「부당한 지원행위의 심사지침」[525](이하 "심사지침")에서는 이를 '지원주체'라고 정의하고 있다(심사지침 Ⅱ. 1.). 따라서 부당지원행위의 금지는 공정거래법 제2조 제1호에서 정의하고 있는 '사업자'에게 널리 적용된다. 여기서 사업자란 '제조업, 서비스업, 기타 사업을 행하는 자'를 말하며, 법인격의 유무를 묻지 않는다. 지원주체가 대기업집단 소속 계열회사일 필요도 없다.[526]

부당지원행위를 금지하는 궁극적인 목적은 대기업집단에 의한 경제력집중을 억제하는데 있고,[527] 따라서 부당지원행위의 금지가 적용되는 자는 원칙적으로 대기업집단의 계열회사에 한정시키는 것이 마땅하였을 것이다. 지원행위가 지원객체가 속한 시장에서의 경쟁을 제한하는지의 여부 등 부당성 판단에 대한 기준이 명확하지 않은 상황과 부당지원행위 금지의 입법취지가 대기업집단에 의한 일반집중이라는 점을 고려할 때, 지원주체를 대기업집단 소속 계열회사로 제한하는 입법적 개선이 필요하고, 종래와 같이 임의적으로 그에 해당하지 않는 사업자의 지원행위에 대하여 법적용을 하지 않는 것은 법적 안정성의 관점에서 적절하지 않다.[528] 물론, 대기업집단에는 속하지만 관련시장에서 미미한 지위를 가진 계열회사들만 거느리고 있어 시장에서의 영향력이 그다지 크지 않은 기업집단도 얼마든지 있을 수 있다. 결국 부당지원행위의 규제대상인 지원주체를 누구로 정할 것인가 하는 점은 대기업집단 지정제도에 대한 법적·정책적 재검토를 통하여 정해질 수 있는 문제라 할 것이다.

---

525) 공정거래위원회 예규 제415호, 2022.12.9. 개정.
526) 대법원 2004.3.12. 2001두7220 판결; 대법원 2004.10.14. 선고 2001두2881 판결.
527) 정호열(제6판), 426면.
528) 정병덕, 앞의 글, 385면; 이봉의, 앞의 글(2013), 239면.

나. 지원객체

(1) 특수관계인 또는 다른 회사

한편, 부당지원행위의 객체는 '특수관계인 또는 다른 회사'이다(법 제45조 제1항 제9호). 2013년 제20차 개정법[529]은 구법 제23조 제2항에 특수관계인 또는 회사는 다른 사업자로부터 제1항 제9호에 해당할 우려가 있음에도 불구하고 해당 지원을 받는 행위를 하여서는 아니 된다는 규정을 신설하였다(법 제45조 제2항). 이는 경제적 이익을 얻은 자에게 과징금을 부과하여야 나름대로의 예방적 효과를 거둘 수 있게 된다는 점에서, 지원주체만을 부당지원행위 금지의 위반자로 하여야 하는지에 대해서도 상당한 의문이 제기된데 따른 것이다. 심사지침에서는 '지원객체'라 함은 지원주체의 지원행위로 인한 경제상 이익이 귀속되는 특수관계인 또는 다른 회사를 말하고, 이때 다른 회사는 지원주체의 계열회사에 한정되지 아니한다고 한다(심사지침 Ⅱ. 2.). 그에 따라 아래에서도 부당지원행위의 객체를 '지원객체'라고 부르기로 한다.

여기서 '특수관계인'이란 시행령 제14조(특수관계인의 범위)의 규정에 의하여 정하여지는 자를 말한다. 즉 ① 해당 회사를 사실상 지배하고 있는 자, ② 동일인관련자(다만, 제6조 제1항 또는 제2항에 따라 동일인관련자로부터 분리된 자는 제외), ③ 경영을 지배하려는 공동의 목적을 가지고 법 제9조 제1항 각 호 외의 부분 본문에 따른 기업결합에 참여하는 자를 말한다. 이 중 '해당 회사를 사실상 지배하고 있는 자'는 공정거래법 제2조 제11호에서 '기업집단'을 정의하는데 사용하고 있는 '동일인'을 의미하며, '다른 회사'란 지원주체 이외의 모든 회사로서 국내회사인지 외국회사인지를 묻지 않으며, 공정거래법상 '사업자' 또는 '특수관계인'을 판단함에 있어서는 국내회사와 외국회사를 따로 구별하고 있지 않으므로, 외국회사도 여기에 포함되는 것으로 해석하는 것이 타당하다. 다만 회사가 아닌 민법상의 '사단'은 제외된다. 대법원은 "현대 제4차 부당내부거래" 판결[530]에서 특수관계인에 대한 지원행위에 대하여서도 부당한 지원행위로서 위법하다고 판시한 바 있다.[531]

529) 2013.8.13. 개정, 법률 제12095호.

530) 대법원 2005.1.17. 선고 2004두2219 판결. 파기환송심에서 서울고등법원은 "이 사건 실권주인수행위와 현물출자 사이에 상당한 시간적 간격이 존재하고, 실권주인수의 규모가 계열회사의 자본잠식 규모에 비하여 미미하여 실질적 경쟁제한을 초래할 가능성이 거의 없다."는 점에서 위법하지 않다고 보았다(서울고등법원 2006.5.25. 선고 2005누4924 판결).

531) 대법원은 현대택배가 유상증자를 실시하면서 발생한 실권주를 특수관계인에게 저가로 배정하고,

그런데 '다른 회사'의 범위에 대해서는 동법이나 시행령 또는 심사지침은 어디에서도 설명하고 있지 않다. 동법이 지원객체로서 특수관계인 이외에 따로 '다른 회사'를 규정하고 있다는 점에서 우선, '다른 회사'란 이를 문언 그대로 해석할 경우 지원객체와 특수관계인의 지위에 있지 않은 모든 회사를 의미하는 것으로 볼 수밖에 없다. 대법원도 "부당지원행위의 지원객체의 하나로 '다른 회사'라고만 규정하고 있을 뿐 다른 제한을 두고 있지 않고 있는 점, 부당지원행위 금지제도의 입법 취지 등에 비추어 보면, 부당지원행위의 객체인 '다른 회사'는 반드시 대기업집단의 계열회사에 한정되는 것은 아니다."라고 판시한 바 있다.[532] 그런데 실무상 비계열회사에 대한 지원행위는 발생하기가 어렵고, 이에 대한 부당성을 입증하는 것도 어렵기 때문에, 이러한 경우에 법이 적용된 예는 드물다.[533]

'다른 회사'의 의미를 이처럼 넓게 해석할 경우, 부당지원행위 금지규정이 대기업집단 계열회사 간 거래행위를 통하여 부당하게 계열회사가 속한 관련시장의 경쟁을 저해하고 해당 기업집단에 경제력이 집중되는 것을 제한하기 위한 것이라는 입법취지에도 벗어나게 된다. 지원객체를 이처럼 널리 규정하는 취지를 기업집단 간 교차지원행위나 우회적인 지원행위를 포섭하기 위한 것으로 이해하는 견해[534]도 있으나, 소극적이다. 공정거래법상 다른 사업자로 하여금 부당지원행위를 하도록 하는 행위도 널리 금지되고 있으므로(법 제45조 제1항), 교차 또는 우회지원행위에 대해서도 규제상 공백은 없어 보이기 때문이다.

한편, 경제력집중을 억제하고 공정한 거래질서를 확립하고자 하는 부당지원행위 금지규정의 입법 취지에 비춰볼 때, 부당지원행위는 지원행위로 인하여 지원객체가 직접 또는 간접적으로 속한 시장에서 경쟁이 저해되거나 경제력이 집중되는 등으로 공정한 거래를 저해할 우려가 있다는 의미로 해석하여야 하므로, 지원객체가 지원행위 당시에 일정한 거래분야에 직접 참여하고 있을 필요까지는 없다.[535]

동 특수관계인은 취득한 주식을 당시 경영상 어려움에 처해 있던 다른 계열회사에 현물로 출자한 행위에 대하여 "특수관계인이 위 회사에 대한 지배력을 가지게 되었고, 동 특수관계인을 매개로 다른 계열회사를 지원할 의도에 따른 것으로 볼 여지가 있다."고 보아 공정거래저해성을 인정한 바 있다.

532) 대법원 2004.10.14. 선고 2001두2881 판결.

533) 신영수, 앞의 글(2012−a), 78면; 대기업집단이 아닌 경우 부당지원행위 규정이 적용된 예로는 "조선일보" 판결을 들 수 있다(대법원 2005.9.15. 선고 2003두12059 판결).

534) 홍명수, 앞의 글, 231면.

535) 대법원 2004.9.24. 선고 2001두6364 판결; 대법원 2005.5.27. 선고 2004두6099 판결; 대법원

(2) 친족독립경영회사의 적용문제

공정거래법 시행령 제5조 제1항에 의하여 특정 기업집단의 계열회사에서 제외된 회사, 즉 친족독립경영회사는 특수관계인에 포함되지 않는다. 이 점에서 동법이 지원객체에 특수관계인 이외에 '다른 회사'를 들고 있는 것은 특정 기업집단의 계열회사는 아니지만, 과거에 계열회사였으나 현재는 계열분리되었다는 등의 사정으로 인하여 해당 기업집단과 밀접한 관련성이 있다고 보이는 회사와의 거래행위도 지원행위의 규제대상에 포함시키고자 하였던 것으로 보인다.[536)]

다시 말해서 친족독립경영회사의 경우, 특수관계인에 해당하지 않음에도 불구하고 다른 회사로서 부당지원행위 금지의 적용을 받게 된다. 이러한 태도는 입법 당시 부당지원행위 금지규정을 경제력집중 억제의 수단으로 보아 구법 제3장(현행법 제4장)에 규정하고자 하였으나, 이를 대기업집단에만 적용되도록 하는 것은 타당하지 않다는 재계의 비판을 수용하였기 때문이라는 견해도 있다.[537)] 그러나 당시 재계가 비판한 것은 대기업집단에 대해서만 이를 적용하는 것은 공정거래법이 일반 사업자에 비하여 대기업집단을 역차별한다는 논리였지, 부당지원행위 금지규정을 일반 사업자에게 널리 적용하는 것이 타당하다는 취지는 아니었고, 재계로서는 부당지원행위 금지규정의 신설 자체에 반대하였다고 이해하는 것이 맞을 것이다.

생각건대, 법 제45조 제1항 제9호가 지원객체를 특수관계인을 비롯하여 다른 회사로 매우 광범위하게 규정하고 있는 것은 입법취지나 그간 공정거래위원회의 실무에도 부합하지 않는다. 법규정과 실무의 간극을 줄인다는 차원에서도 입법적으로 해결하는 것이 타당하나, '다른 회사'를 그 입법취지에 맞게 축소·해석하는 방안도 생각할 수 있다. 동법상 기업집단을 전제로 하는 특수관계인뿐만 아니라 특수관계인에는 해당하지 않지만 그에 준하는 관계에 있는 회사만을 지원객체로 포섭하도록 해석하는 것이다. 이와 같이 해석할 경우에 계열회사에서 제외된 회사를 지원객체에 포함시키는 것은 일응 합목적적으로 이해할 수 있을 것이다. 어떤 회사가 특정 대기업집단의 계열회사에서 제외되었다는 의미는 기존 동일인의 지배에서 벗어나 제3의 동일인의 지배 하에 놓이게 되었다는 것인데, 언제나 특수관계인과 동일하게 지원객체로 파악하는 것은 타당하지 않다. 그렇다면, 동일인관련자의 요건

2006.9.8. 선고 2004두2202 판결.

536) 신현윤(제8판), 317면.

537) 박성범, "내부거래의 부당성 판단기준 및 규제시 고려사항", 공정경쟁 제59호, 2000, 28면.

에 해당하지 않거나 친족독립경영기업 인정기준을 충족하여 특정 기업집단으로부터 제외된 회사는 공정거래법상 당연히 독립된 회사로서 지원객체에서 제외하고, 만약 그러한 회사가 특정 기업집단으로부터 제외된 이후에도 통상적인 범위를 초과하여 예전에 계열회사였던 회사와 자금·자산·상품·용역 등의 거래를 하고 있거나 채무보증관계에 있는 사실(영 제4조 제1항 제2호 라.) 또는 거래에 수반하여 정상적으로 발생한 것이 아닌 채무보증이나 자금대차관계가 있는 사실(영 제5조 제1항 제2호 라.)이 인정되는 경우에는 예외적으로 부당지원행위의 규제를 받도록 하는 것이 마땅할 것이다.

(3) 완전자회사

부당지원행위로서 금지하고자 하는 것은 계열회사 간의 거래행위 그 자체가 아니라, 경제적 이익을 제공받는 계열회사(지원객체)가 속한 관련시장에서 경쟁을 저해하고 이를 통하여 해당 기업집단에 의한 경제력집중을 인위적으로 유지 또는 심화시킬 우려가 있는 행위이다. 따라서 100% 모·자관계에 있는 계열회사 사이의 거래와 같이 이들 간에 경제적 이해관계가 완전히 일치하는 경우에는 모·자회사관계의 형성단계에서 관련시장에서 경쟁을 실질적으로 제한하거나 경제력집중을 야기 또는 심화시킬 우려가 있는지 여부는 별론으로 하고, 해당 회사 간의 거래행위로 인하여 관련시장의 경쟁의 저해 또는 경제력집중의 폐해가 발생한다고 보기는 어려우므로, 부당지원행위 규제의 대상에 포함되지 않는 것으로 보는 것이 이론적으로 타당할 수 있다.

그런데 판례는 모회사가 주식의 전부 또는 대부분을 소유하고 있는 자회사라 하더라도 양자는 법률적으로는 별개의 독립된 거래주체라 할 것이고, 부당지원행위의 객체를 정하고 있는 법 제45조 제1항 제9호의 '특수관계인 또는 다른 회사'의 개념에서 자회사를 지원객체에서 배제하는 명문의 규정이 없으므로, 모회사와 자회사 사이의 지원행위도 법 제45조 제1항 제9호의 규율대상이 된다는 태도를 취하고 있다.[538] 제9호의 법문을 기계적으로 해석한 것으로서 타당하지 않다.

생각건대, 부당지원행위의 금지는 대기업집단 계열회사 중에서도 서로 경제적 이해관계가 완전히 일치된다고 볼 수 없고, 그 결과 어느 정도 독자적인 판단에 의하여 거래행위가 이루어져야 할 계열회사 간의 거래에 한하여 적용된다고 보는 것

538) 대법원 2006.4.14. 선고 2004두3298 판결; 대법원 2004.11.12. 선고 2001두2034 판결.

이 타당하다. 이때 거래당사자 간에 '완전한 지배관계' 또는 '경제적 이해관계의 완전한 일치'가 존재하는지 여부에 대해서는 무엇보다 해당 기업집단의 내부지분율이 중요한 기준이 될 수 있을 것이다. 즉, 어떤 계열회사에 대하여 내부지분율이 100%에 이르는 경우에는 당연히 완전한 지배관계에 있는 것으로 볼 수 있고, 내부지분율이 100%에 이르지는 못하더라도 50%를 초과할 뿐만 아니라 이사회의 과반수를 동일인 또는 해당 기업집단의 다른 계열회사가 임명하는 등 이사회를 실질적으로 지배하고 있으며, 주주총회의 특별결의에 필요한 의결권을 확보하고 있고, 해당 기업집단이 해당 계열회사의 일상적인 의사결정에 실질적인 영향력을 행사할 수 있다고 볼 수 있는 사정이 인정되는 경우에는 완전한 지배관계에 있다고 볼 수 있을 것이다.

한편, 내부지분율이 50% 이하인 경우에도 해당 기업집단이 1대 주주일 뿐만 아니라, 해당 계열회사의 경영에 적극적으로 참여하는 다른 주주가 존재하지 않고 상장법인의 경우와 같이 주식분산도가 높아 회사의 의사결정에 영향을 미칠만한 정도의 지분을 가진 다른 주주가 존재하지 않는 등 해당 기업집단의 완전한 지배관계를 인정할 수 있는 경우에도 기업집단과 해당 계열회사 간에는 경제적 이해관계가 일치한다고 볼 수 있다. 요컨대 어떤 계열회사가 그가 소속한 기업집단과 경제적 이해관계가 완전히 일치되는지의 여부는 해당 기업집단의 내부지분율, 주식분산도, 주주구성, 임원 및 이사회 구성, 해당 기업집단과의 거래비중, 일상적인 의사결정 형태 및 과정 등 제반 사정을 종합하여 구체적인 사안에 따라 개별적으로 판단할 수 있을 것이다.

2. 지원행위의 성립

가. 지원성 거래행위

(1) 거래의 의미

공정거래법 제45조 제1항 제9호는 특수관계인 또는 다른 회사에 대하여 가지급금·대여금·인력·부동산·유가증권·상품·용역·무체재산권 등을 제공하거나 상당히 유리한 조건으로 거래하는 행위 또는 다른 사업자와 직접 상품·용역을 거래하면 상당히 유리함에도 불구하고 거래상 실질적인 역할이 없는 특수관계인이나 다른 회사를 매개로 거래하는 행위를 통하여 부당하게 특수관계인 또는 다른 회사를 지원하는 행위를 금지하고 있다. 시행령 [별표 2]는 이를 "부당한 자금지원행위, 자산, 상품 등 지원행위, 인력지원행위, 거래단계 추가 등의 행위로서, 특수관계인 또는 다른 회사에 대하여 상당히 낮거나 높은 대가로 제공 또는 거래하거나 상당한 규모로 제공 또는 거래하여, 과다한 경제상 이익을 제공함으로써 특수관계인 또는 다른 회사를 지원하는 행위"라고 규정하고 있다.

심사지침에 따르면, "지원행위라 함은 지원주체가 지원객체에게 직접 또는 간접으로 제공하는 경제적 급부의 정상가격이 그에 대한 대가로 지원객체로부터 받는 경제적 반대급부의 정상가격보다 높거나(무상제공 또는 무상이전의 경우를 포함) 상당한 규모로 거래하여 지원주체가 지원객체에게 과다한 경제상 이익을 제공하는 작위 또는 부작위를 말한다."고 한다(심사지침 Ⅱ. 4.).[539] 나아가 심사지침은 이러한 지원행위를 ① 가지급금 또는 대여금 등 자금을 거래한 행위, ② 유가증권·부동산·무체재산권 등 자산을 거래한 행위, ③ 부동산을 임대차한 행위, ④ 상품·용역을 거래한 행위, ⑤ 인력을 제공한 행위, ⑥ 거래단계를 추가하거나 거쳐서 거래한 행위로서 구체화하고 있다(심사지침 Ⅲ. 1. 내지 6.). 이를 종합하여 보면, 부당지원행위의 금지대상인 '거래'란 그 종류와 상관없이 '경제적 대가관계가 수반되거나 수반되어야 하는 법률행위 전반'이라 볼 수 있다.

공정거래법 제45조 제1항 제9호는 "…… 제공하거나 상당히 유리한 조건으로 거래하는 행위"라고 규정하고 있고, 시행령 [별표 2]에서는 이를 "상당히 낮거나 높은 대가로 제공 또는 거래하거나 상당한 규모로 제공 또는 거래하는 행위"라고 규정하고 있으며, 심사지침은 "…… 경제적 급부의 정상가격이 그에 대한 대가로 지원객체로부터 받는 경제적 반대급부의 정상가격보다 높은 경우(무상제공 또는 무상이전의 경우를 포함)……"라고 규정하고 있다(심사지침 Ⅱ. 4.). 이러한 규정에 비추어 볼 때 '지원행위'에 해당하기 위해서는 거래의 일방당사자에게 경제적 이익의 제공이 있어야 한다는 점에는 의문이 없다. 또한 무상의 거래행위인 경우에는 언제나 그것이 '유리한' 조건의 거래에 해당된다는 점에 의문의 여지가 없다.

539) 다만, 심사지침에 따르면, 그러한 작위 또는 부작위의 결과 지원객체가 얻게 되는 이익은 지원행위의 경제상 효과에 불과하므로 법 제45조 제1항 제9호의 규정이 시행(1997.4.1.)되기 이전에 지원행위가 있었던 경우에는 그로 인한 경제상 이익의 제공이 동 규정의 시행시점 이후에까지 계속되었다고 하여도 변제기를 연장하거나 금리를 변경하는 것 등과 같이 새로운 지원행위라고 볼 만한 다른 특별한 사정이 없는 한 지원행위에 해당하지 아니한다(법 제80조 제4항의 규정에 의한 시정조치 등의 처분가능시점 이전에 지원행위가 있었던 경우에도 이를 준용한다).

그런데 공정거래법과 시행령은 그 내용이 다소 상충되어 법해석상 몇 가지 의문이 제기된다. 즉, 법 제45조 제1항 제9호는 '제공'과 '거래'를 구별하고 있는데, 이를 문리적으로 해석하면 '제공'은 반대급부가 따르지 않는 무상의 경제적 이익의 이전행위를 가리키고, '거래'는 반대급부가 따르지만 그 반대급부가 제공되는 경제적 이익에 상응하지 않는 경우를 의미하는 것으로 해석할 수밖에 없다. 이렇게 해석하지 않으면 무상으로 경제적 이익을 제공하는 행위는 부당한 지원행위에 포함되지 않을 수도 있기 때문이다. 그런데 시행령에서는 "…… 상당히 낮거나 높은 대가로 제공 또는 거래하는 행위"라고 규정하고 있고, 이를 '제공'과 '거래' 모두 대가관계 있는 쌍무계약(雙務契約)을 의미하는 것으로 볼 경우에는 결과적으로 무상제공행위에 대해서는 금지의 근거가 없어지게 된다. 따라서 시행령에서 '제공행위'에도 마치 어떠한 대가관계가 수반되는 것처럼 규정하고 있는 것은 입법상의 오류로서 수정될 필요가 있다.

(2) 간접적 지원행위와 부작위

일찍이 판례는 대규모기업집단 소속의 계열회사인 지원주체가 같은 계열회사인 지원객체를 지원하기 위한 목적으로 지원행위를 하되 지원주체와 지원객체와 사이의 직접적이고 현실적인 상품거래행위라는 형식을 회피하기 위한 방편으로 제3자를 매개하여 상품거래행위가 이루어지고 그로 인하여 지원객체에게 실질적으로 경제상 이익이 귀속되는 경우에는 자금지원행위에 해당된다고 판시한 바 있다.[540] 이른바 간접적 내지 우회적 지원행위도 제9호의 부당지원행위에 해당할 수 있다는 취지로서, 이를 반영하여 심사지침 또한 간접적으로 경제적인 급부를 제공하는 경우도 지원행위의 개념에 포함시키고 있다(심사지침 Ⅱ. 4.). 부당지원행위의 규제를 회피하기 위하여 제3자를 통한 우회적인 지원행위가 이루어지는 것을 방지하기 위한 것이며, 타당한 태도이다.[541]

문제는 공정거래위원회가 실무상 '간접적인 경제적 급부를 제공하는 경우'를 확대해석하여, 아무런 거래행위가 존재하지 않음에도 불구하고 막연한 작위의무를 전제로 일정한 행위를 하지 않은 '부작위'가 지원행위에 해당한다고 보거나, 한 계열회사가 다른 계열회사의 제3자와의 거래행위로 인하여 반사적인 이익을 얻게 되

540) 대법원 2004.3.12. 선고 2001두7220 판결; 대법원 2004.10.14. 선고 2001두2935 판결; 대법원 2006.7.13. 선고 2004두3007 판결 등.

541) 이호영(제6판), 366면.

는 경우에도 지원행위에 해당한다고 볼 소지가 있다는 점이다. 실제로 공정거래위원회와 법원은 부작위에 의한 지원행위를 폭넓게 인정해왔다. 자회사와 주택임대 및 관리업무를 위탁하고 동 회사에 대하여 위탁수수료를 지급한 반면, 동 회사로부터 지급받아야 할 정산금의 입금을 상당 기간 유예해준 행위,[542] 계열회사로부터 공사대금 등을 지연수령 또는 미수령한 행위,[543] 납품한 계열회사에 대하여 선급금을 지급한 후 이를 회수하거나 상품대금과 상계처리하지 않은 행위[544] 등에 대하여 지원행위가 인정된 바 있다.

그런데 단순한 부작위 또는 반사적 이익의 제공은 '간접적인 지원행위'와는 구별되지 않으면 안 된다. 즉, 부당지원행위 금지규정에 대해 문리적 해석을 하더라도, 부당지원행위가 성립하기 위해서는 직접적이든, 간접적이든 지원주체와 지원객체가 거래의 당사자가 되어야 하고, 또 실제로 경제적 이익이 이전되는 적극적인 작위행위가 있어야 한다. 제3자를 통한 간접적인 지원행위의 경우도 지원객체는 우회적인 거래행위의 일방 당사자가 되는 것이고, 지원주체와 제3자 간의 거래행위로 이전된 경제적 이익이 다시 그들 간의 거래행위를 통하여 지원객체에게 이전되게 된다는 점에서 직접적인 거래행위에 의하여 지원행위가 이루어지는 경우와 다르지 않다. 반면, 부작위 또는 반사적 이익의 경우에는 이러한 관계가 인정되지 않는다. 부작위가 위법한 것이 되기 위해서는 그러한 부작위 자체가 일정한 작위의무를 이행하지 않는 등의 방법으로 위법성이 인정될 수 있어야 한다. 막연한 부작위를 부당지원행위로 금지하는 것은 사업자의 예측가능성을 저해하고 아울러 경쟁당국의 자의적 판단으로 이어질 수 있다는 점에서 신중을 요한다.

구체적인 예를 통하여 살펴보면, 우선, 단순한 자금대차관계에서 계약 당시에 양 당사자가 약정한 이자율은 정상이율이었으나 계약체결 이후 시중 금리가 상승한 경우, 자금을 대여한 회사는 당연히 계약을 해지하고 대여한 자금을 회수하거나 계약을 변경하여 이자율을 인상하여야 하고, 만약 그렇게 하지 않는 경우 대여기간 동안 인상된 금리와 처음에 약정한 이자율과의 차이만큼 부당한 지원행위를 한 것으로 볼 수 있는지는 의문이다. 나아가 이러한 사정이 발생하는 경우에 대비하여

542) 대법원 2003.9.5. 선고 2001두7411 판결.

543) 대법원 2004.10.14. 선고 2001두6012 판결.

544) 대법원 2004.4.9. 선고 2001두6197 판결; 2004.10.14. 선고 2002두2881 판결; 대법원 2006. 4.14. 선고 2004두3298 판결 외.

계약서에 자금을 대여한 회사의 일방적인 계약해지권 또는 일방적인 이자율 변경권을 약정하였음에도 불구하고 실제로 이러한 조치를 취하지 않은 경우에도 구체적인 사정에 따라서는 자금을 대여한 회사가 해당 자금을 즉시 회수하거나 이자율을 인상하는 것보다는 종래의 계약관계를 그대로 유지하는 것이 자신에게 경제적으로 더 유리한 경우도 얼마든지 있을 수 있으므로, 자신이 가지는 계약해지권 또는 이자율 인상권을 행사하지 않은 것 자체를 부당한 지원행위로 보기 어려운 경우가 있을 수 있다. 자금을 대여한 회사가 해당 자금을 회수하더라도 원계약상 이자수익 이상으로, 달리 해당 자금을 운용할 대안이 없거나, 자금을 차용한 회사가 자신에게 필수불가결한 원료 또는 부품을 공급하는 자인데 해당 자금을 회수하거나 이자율을 인상하게 되면 경영에 어려움을 겪게 되어 자신에 대한 원료 또는 부품을 원활하게 공급할 수 없게 되는 경우에는 자금을 대여한 회사로서는 해당 자금을 회수하거나 이자율을 인상하는 것보다는 기존의 계약관계를 유지하는 것이 경제적으로 더욱 이익일 수 있는 것이다. 물론, 이러한 사정 역시 '부당성' 여부를 판단하는 과정에서 고려할 수도 있으나, 이러한 경영판단의 당부를 일일이 공정거래위원회의 재량적 판단에 의존하여야 한다면 법적 안정성을 현저하게 저해하는 결과를 가져올 것이다.

또 다른 예로서, 한 회사가 다른 회사에게 채권을 가지고 있고, 그 다른 회사가 채무를 이행하지 않고 있음에도 불구하고 이를 적극적으로 강제집행하여 회수하지 않고 있는 경우에 이를 지원행위로 보고, 그 채권에 부가되는 지연손해금과 채무자인 회사의 조달금리의 차이를 해당 지원행위에 의한 경제적 이익이라고 볼 수 있는지도 의문이다. 만약 이 경우에도 부당지원행위가 성립한다면, 공정거래법이 모든 사업자들로 하여금 채권이 이행기에 이행되지 않으면 반드시 강제집행을 신청하도록 강제하는 결과를 가져올 것인 바, 이것이 부당한 것임은 두말할 필요도 없다.

다음으로는 대법원이 부작위에 의한 지원행위를 인정한 사례들을 살펴보자.[545] 대법원은 "자금을 지원할 의도로 자산이나 용역 등의 거래로 인한 대가인 자금을 변제기 이후에도 회수하지 아니하여 지원객체로 하여금 그 자금을 운용하도록 함으로써 금융상 이익을 얻게 하는 것과 같은 부작위도 자금지원행위에 포함

545) 대법원 2004.11.12. 선고 2001두2034 판결; 대법원 2004.10.14. 선고 2001두2881 판결; 대법원 2003.9.5. 선고 2001두7411 판결.

한다고 해석함이 상당하다."고 판시함으로써 긍정설을 취한 바 있다.[546] 또한 "대한주택공사" 판결[547]에서도 대법원은 자회사에게 지급받아야할 정산금의 입금을 1월씩 유예해준 행위를 위법하다고 판시하였다. "조선일보" 사건[548]에서는 조선일보가 코애드 등 광고대행사를 통하여 지하철 벽면광고를 하면서 자신의 소유인 조선닷컴(chosun.com)에 관한 내용 외에 자신의 계열회사인 디지틀조선일보를 의미하는 'DIZZO'라는 문구와 디조커뮤니티 포털사이트에 관한 내용을 포함시켜 광고하면서도 디지틀조선에 대하여는 광고비 분담을 요구하지 아니한 행위에 대하여 지원행위의 성립을 인정한 바 있다.

대법원은 직접적인 거래관계는 없는 상태에서 다른 회사나 임직원을 통하여, 또는 주식의 고가 매입행위 등을 통하여 반사적으로 경제적 이익을 얻도록 하는 경우에도 부작위의 경우와 마찬가지로 부당지원행위가 성립한다고 보았다. 예컨대, 다른 회사의 광고에 자신의 상호 또는 상표가 이용됨으로 인하여 반사적인 홍보효과를 얻었다면 이 회사가 광고행위를 한 회사로부터 지원을 받은 것이라고 볼 수 있을 것이다. "현대 제3차 부당지원행위" 판결[549]에서 대법원은 현대증권이 이 사건 광고에 바이코리아 펀드의 판매회사로 자신뿐만 아니라 현대투자신탁증권도 함께 표시하여 이들이 공동으로 광고를 하는 것과 같은 외관을 창출하였으나, 실제로는 현대증권이 광고비 전액을 지불한 행위는 그 자체로 현대증권이 현대투자신탁증권에게 경제적 이익을 제공한 행위라고 보았다.

또한 "SK C&C" 사건[550]에서는 우회적 지원행위가 문제가 되었는데, 대법원은 "원고와 소외 회사 사이의 직접적인 자산거래행위는 아니지만, 실질적으로는 원고가 소외 회사를 지원할 의도하에 한국종금 발행의 기업어음을 매입하고 한국종금으로 하여금 원고의 판시 매입행위와 동일 또는 유사한 시점에 그 매출금액의 범위 내에서 소외 회사 발행의 기업어음을 소외 회사에게 현저히 유리한 조건으로 매입하도록 함으로써 제3자인 한국종금을 매개로 하여 우회적으로 소외 회사를 지원하는 행위에 해당한다."고 판시한 바 있다. "대우 제1차 및 제2차 부당내부거래" 판결

546) 대법원 2004.11.12. 선고 2001두2034 판결.

547) 대법원 2003.9.5. 선고 2001두7411 판결; 대법원 2004.10.14. 선고 2001두6012 판결 외.

548) 대법원 2005.9.15. 선고 2003두12059 판결.

549) 대법원 2007.1.25. 선고 2004두7610 판결. 이 사건에서 문제된 광고가 현대증권과 현대투자신탁증권 사이의 직접적인 거래관계에 따른 것이 아니라도 지원행위의 성립을 부인할 수 없다.

550) 대법원 2004.3.12. 선고 2001두7220 판결.

에서도 대법원은 지원주체의 임직원들에게 무이자대출행위와 이자대납행위를 통하여 지원객체에게 경제상 이익을 준 것이 부당하다고 판단하였다.[551] "현대 제4차 부당내부거래" 판결[552]에서 대법원은 주식의 우회적 고가매입행위를 부당지원행위라고 판단한 바 있다.

그런데 거래단계에서 다른 사업자가 반사적으로 경제적 이익을 얻게 되는 경우는 얼마든지 찾아볼 수 있다. 예컨대 유통사업자들이 자신과 자신이 판매하는 상품을 홍보하기 위하여 그 광고에서 자신이 취급하는 상품을 소개함으로 인하여 해당 상품의 공급자가 반사적인 홍보효과를 보는 경우와 같이 일반 사업자들의 행위에서도 이러한 현상은 널리 찾아볼 수 있다. 따라서 제3자와의 거래행위로 인하여 경제적으로 반사적 이익을 얻었다는 사실만으로 지원행위를 인정할 수는 없으며, 어떤 거래행위가 다른 사업자에게 반사적으로 이익을 제공한다는 인식과 그러한 목적을 가지고 이루어진 경우에 한하여 지원행위를 인정할 수 있을 것이다.

551) 대법원 2004.10.14. 선고 2001두2881 판결; 대법원 2004.10.14. 선고 2001두2935 판결: 대법원은 "이 사건 무이자대출행위의 경우 지원주체인 대우와 그 임직원들 사이의, 대출금에 대한 이자대납행위의 경우 지원주체인 대우중공업와 그 임직원들 사이의 각 거래행위로서 지원주체들과 지원객체인 대우자판 사이에 직접적인 자동차거래행위가 없으나 이 사건 무이자대출행위나 대출금에 대한 이자의 대납행위를 실질적으로 살펴보면, 지원주체들이 지원객체의 자동차판매에 따른 경제상 이익을 주기 위한 목적으로 하되 지원주체들과 지원객체 사이의 직접적이고 현실적인 자동차거래행위라는 형식을 회피하기 위한 방편으로 제3자인 지원주체들의 각 임직원들을 매개하여 이루어지고 그로 인하여 지원객체에게 자동차판매에 따른 경제상 이익이 귀속되었으므로 자금지원행위에 해당한다고 할 것이고, 또한, 대우가 지원객체인 대우자판으로부터 대우자동차를 구입하여 소속 임직원에게 다시 판매하면서 판매대금을 무이자 36개월 분할상환 조건으로 대여한 것은 마찬가지로 지원주체가 지원객체의 자동차판매에 따른 경제상 이익을 주기 위한 목적으로 하되 지원주체와 지원객체 사이의 직접적이고 현실적인 자금거래행위라는 형식을 회피하기 위한 방편으로 제3자인 지원주체의 임직원들을 매개하여 이루어지고 그로 인하여 지원객체에게 자동차판매에 따른 경제상 이익이 귀속되었으므로 자금지원행위에 해당한다고 할 것이며, 이 경우 지원객체가 받은 경제상 이익은 지원주체들이 소속 임직원들에게 준 금융상 이익과 같다는 취지로 판단"한 원심을 그대로 인용하였다.

552) 대법원 2006.7.13. 선고 2004두3007 판결. 대법원은 "주식매매계약 당시의 국민투신의 실제 주가가 1주당 10,000원에 미치지 못하고, 이 사건 주식매수계약에 기하여 CIBC가 원고에게 주식매수청구권을 행사할 당시의 이 사건 주식의 1주당 가격이 이 사건 주식매수계약상의 가격(18,892원)보다 높을 것이라고 기대하기 어려웠던 상황임에도, 현대전자가 CIBC와 1주당 12,000원이라는 고가에 이 사건 주식매매계약을 체결하고 원고가 CIBC와 1주당 18,892원에 이 사건 주식매수계약을 체결한 점, 이 사건 주식매매계약에 따라 현대전자가 CIBC로부터 받은 155,900,000,000원 상당의 매매대금은 현대전자의 1997년도 당기순손실액 183,500,000,000원에 육박하는 규모이고, 거래 주식주 역시 13,000,000주에 달하는 점 등의 여러 사정에 비추어 보면, 원고가 1주당 정상가격이 10,000원에 미치지 못하는 주식을 우회적으로 고가로 매입한 행위는 현대전자에 과다한 경제상 이익을 제공한 행위로서 현대전자에 현저히 유리한 조건의 거래에 해당한다고 할 것이다." 라고 본 원심을 그대로 인용하였다.

요컨대, '간접적인 거래행위'의 범위를 부작위 또는 반사적 이익의 제공에까지 확대하여 해석하는 것은 부당지원행위 규제에 관한 사업자의 예측가능성을 현저하게 저해하고 공정거래위원회의 재량을 지나치게 확대하는 결과를 가져올 수 있다. 이러한 문제를 방지하기 위해서 부작위 또는 반사적 이익의 제공행위가 지원행위에 해당하기 위한 구체적인 요건을 마련할 필요가 있을 것이다.

(3) 거래의 내용

공정거래법 제45조 제1항 제9호의 가목에서는 특수관계인 또는 다른 회사에 대하여 가지급금·대여금·인력·부동산·유가증권·상품·용역·무체재산권 등을 제공하거나 상당히 유리한 조건으로 거래하는 행위를 금지한다고 규정하고 있고, 나목에서는 다른 사업자와 직접 상품·용역을 거래하면 상당히 유리함에도 불구하고 거래상 실질적인 역할이 없는 특수관계인이나 다른 회사를 매개로 거래하는 행위를 금지한다고 한다. 시행령 [별표 2]에서는 이를 부당한 자금지원행위, 부당한 자산·상품 등 지원행위, 부당한 인력지원행위, 부당한 거래단계 추가 등의 행위로서 구체화하고 있다. 이에 관하여 심사지침에서는 ① 가지급금 또는 대여금 등 자금을 거래한 경우, ② 유가증권·부동산·무체재산권 등 자산을 거래한 경우, ③ 부동산을 임대차한 경우, ④ 상품·용역을 거래한 경우, ⑤ 인력을 제공한 경우, ⑥ 거래단계를 추가하거나 거쳐서 거래한 경우로 나누고 있다(심사지침 Ⅲ. 1. 내지 6.).

문제는 이렇게 자금·자산·인력에 대한 모든 거래에 대하여 지원행위의 성립을 인정하는 것이 타당한지의 여부이다. 왜냐하면 실제로 어떤 유형의 거래는 그 성질상 특정 계열회사 등에 대한 지원성을 갖기 어렵기 때문이다. 우선, 규제대상인 거래행위에서 '출자행위'를 자금지원으로 볼 수 있는지는 의문이다. 공정거래위원회의 심결례를 보면 유상증자, 전환사채의 전환권행사 등과 같은 출자행위를 부당지원행위로 판단한 사례가 다수 있다.[553] 신주를 인수한 가격이 해당 주식의 시장가격보다 현저하게 높거나 현저하게 낮은 경우에 우선 신주를 발행한 회사가 고가에 신주를 발행하여 경제적 이익을 얻게 되는 경우에는 회사자본의 충실을 가져오고 그에 따른 이익은 궁극적으로 신주를 인수한 주주에게 되돌아가는 것이며, 신

553) "SK 제1차 부당지원" 사건 중 신주인수를 통한 부당지원행위의 건; 공정거래위원회 1999.3.9. 전원회의 의결 제1999-024호(이하 "한진" 사건) 중 유상증자 참여를 통한 부당지원행위의 건; "현대 제3차 부당지원" 사건 중 전환사채 저가전환을 통한 지원의 건 및 유상증자 참여를 통한 지원의 건; 공정거래위원회 1999.10.28. 전원회의 의결 제1999-212호("삼성 제3차" 사건).

주를 인수한 회사가 저가로 신주를 인수하여 경제적 이익을 얻게 되는 경우에는 신주를 발행한 회사의 자본을 부실하게 함으로써 결국 인수한 신주의 주당가치를 감소시키고 그 결과 신주를 인수한 회사의 불이익으로 돌아가는 것이다. 따라서 이러한 자본거래에 의한 경제적 이익에 대한 판단은 해당 신주발행의 조건만으로는 판단할 수 없을 뿐만 아니라 부당지원행위의 성립요건인 '거래조건이 일방에게 유리한 경우'에 해당하는지의 여부도 판단하기 어렵다.

한편, 한 계열회사가 발행한 신주를 다른 계열회사가 인수한다고 하여 공정거래법상 특별히 해당 기업집단의 경제력집중이 심화되거나 그 거래의 당사자가 된 회사가 속한 시장의 경쟁을 실질적으로 저해한다고 보기는 어렵다 할 것이므로, 대규모기업집단에 속하는 계열회사가 다른 계열회사에게 출자하는 행위는 경제력집중억제의 측면에서 볼 때 기존의 경제력집중 억제수단에 의하여 규제하는 것 이외에 따로 그 기업결합의 조건까지도 통제하여야 할 합리적인 이유를 찾기는 어렵다. 출자행위는 그로 인하여 당사회사 간에 지배관계가 성립하는 경우에만 기업결합으로 인정될 수 있으며, 지원행위가 문제되는 대부분의 출자행위는 지배관계의 변동을 수반하지 않는다. 따라서 지배관계를 수반하는 출자행위를 제외한 나머지 계열회사 간 출자행위는 기업결합규제를 받지 않게 된다. 뿐만 아니라 계열회사 간의 출자가 기업결합으로 인정되는 경우에도 「기업결합 심사기준」에서는 이러한 기업결합을 '간이심사대상 기업결합'으로 보아 신속하게 처리하고 있음에 비추어 볼 때 적어도 현행 기업결합규제의 틀 속에서 계열회사 간의 출자행위를 적절히 통제하기는 어려울 것이다.

또한 2007년 제13차 개정법[554]은 상품과 용역을 금지의 대상의 하나로 열거하였다. 개정된 시행령에서도 이와 관련하여 부당한 자산·상품 등 지원행위로서 규율하도록 하였다. 구법에 관한 해석론상 부당지원행위의 규제대상인 거래에는 모든 유형의 자금·자산·인력의 거래행위가 포함될 뿐만 아니라, 상품거래는 대부분 자산거래의 범주에 포섭될 수 있고, 용역거래는 인력의 거래 또는 간접적인 자금거래에 포섭될 수 있기 때문에, 종래 일반 불공정거래행위의 각 유형에서 규제하던 상품·용역에 대한 거래행위 중에서 경제적 이익의 부당한 이전이 문제될 수 있는 사안[555]까지 모두 그 규제대상에 포섭될 수 있었다.

554) 2007.4.13. 개정, 법률 제8382호.

대법원 역시 다수의 판결에서 "부당지원행위를 불공정거래행위의 한 유형으로 규정하여 이를 금지하는 입법 취지는 공정한 거래질서의 확립과 경제력집중의 방지에 있고, 제45조 제1항 제9호는 부당지원행위의 규제대상을 포괄적으로 규정하면서 '가지급금·대여금·인력·부동산·유가증권·무체재산권'을 구체적으로 예시하고 그에 관한 시행령 [별표 2] 제9호도 부당지원행위의 유형 및 기준을 '자금지원행위', '자산지원행위', '인력지원행위'로 나누어 규정하였을 뿐, 위 법이나 시행령 어디에도 상품·용역거래를 특별히 구분하여 규정하거나 부당지원행위의 규제대상에서 제외하고 있지 아니하므로, 계열회사를 위한 차별이나 경쟁사업자 배제의 경우와는 달리, 상품·용역의 제공 또는 거래라는 이유만으로 부당지원행위의 규제대상에서 제외되는 것은 아니고 그것이 부당지원행위의 요건을 충족하는 경우에는 부당지원행위의 규제대상이 된다."는 취지로 원심을 파기한 바 있다.[556)]

끝으로, 인력거래에 의한 부당지원행위는 삭제하는 것이 바람직할 것으로 보인다. 인력거래에 의한 부당지원행위는 입법과정에서 그에 따른 경제적 폐해나 그로 인한 규제의 필요성에 대한 깊이 있는 분석이 이루어지지 않은 채 정책적인 이유로 갑작스럽게 삽입되었다.[557)] 그런데 인력을 무상으로 또는 일방에게 현저히 유리한 조건으로 거래하여 일방 당사자가 경제적 이익을 얻게 되면, 이는 실질적으로 간접적인 자금대여행위로 보아 금지할 수 있다. 아울러 부당지원행위에 관한 심결례 중에서 인력거래를 따로 문제 삼은 경우는 거의 찾아볼 수 없다. 따라서 자금거래와 자산거래의 개념을 현재와 같이 포괄적으로 해석·적용하는 한 인력거래를 별도의 지원행위로 규정할 실익은 없는 것이다.

(4) 상당한 규모의 거래

한편, 공정거래법 시행령은 대가관계가 일방에게 유리한 경우뿐만 아니라, '상당한 규모'의 거래행위도 일견 또 하나의 지원행위 유형에 해당하는 것으로 규정하고 있다. 상당히 낮거나 높은 대가로 제공 또는 거래하거나 상당한 규모로 제공 또는 거래하는 경우가 모두 지원행위에 해당하기 때문이다. 후술하는 "과다한 경제상 이익" 요건과 결부되어 정상가격과의 차이가 크더라도 거래규모가 미미한 경우에

555) 주로 계열회사를 위한 차별적 취급이 문제될 것이다.

556) 대법원 2007.1.11. 선고 2004두3304 판결; 대법원 2005.9.15. 선고 2003두12059 판결; 대법원 2005.5.13. 선고 2004두2233 판결; 대법원 2004.11.12. 선고 2001두2034 판결.

557) 조선일보 앞의 1996.10.30.자 기사.

는 지원행위로 보기 어렵다는 점을 감안할 때, 상당한 규모의 거래는 정상가격과의 차이가 없거나 미미하면서 거래규모가 상당한 경우에 지원행위로 포착할 실익이 있을 것이다.

대법원은 "현대 제3차 부당내부거래" 판결[558]에서 현대투자신탁운용의 행위와 관련하여 법률과 시행령의 규정을 조화시키고 있는 것으로 보이는데, "거래의 조건에는 거래되는 상품 또는 역무의 품질, 내용, 규격, 거래수량, 거래횟수, 거래시기, 운송조건, 인도조건, 결제조건, 지불조건, 보증조건 등이 포함되고 그것이 자금, 자산, 인력의 거래라고 하여 달리 볼 것은 아니며, 거래규모는 거래수량에 관한 사항으로서 거래조건에 포함된다고 할 수 있고 현실적인 관점에서 경우에 따라서는 유동성의 확보 자체가 긴요한 경우가 적지 않음에 비추어 현저한 규모로 유동성을 확보할 수 있다는 것 자체가 현저히 유리한 조건의 거래가 될 수 있으므로, '현저한 규모로 제공 또는 거래하여 과다한 경제상 이익을 제공'하는 것도 같은 법 제45조 제1항 제9호 소정의 '현저히 유리한 조건의 거래'의 하나라고 볼 수 있을 것이지만, 현저한 규모의 거래라 하여 바로 과다한 경제상 이익을 준 것이라고 할 수 없고 현저한 규모의 거래로 인하여 과다한 경제상 이익을 제공한 것인지 여부는 지원성 거래규모 및 급부와 반대급부의 차이, 지원행위로 인한 경제상 이익, 지원기간, 지원횟수, 지원시기, 지원행위 당시 지원객체가 처한 경제적 상황 등을 종합적으로 고려하여 구체적·개별적으로 판단하여야 한다."고 판시한 바 있다. 이 사건에서 대법원은 "문제의 대출은 투신사의 부실을 보전하기 위하여 금융당국의 승인 하에 이루어졌고 대출규모가 당해 투신사가 정상적으로 제공받을 수 없는 정도의 규모로 보기 어렵고 경쟁사업자인 다른 투신사의 대출규모에 비하여 대규모라고 인정할 수 없다."는 점에서 현저한 규모의 거래를 인정하지 않았다. 일견 정상가격에 상응하는 '정상적인 거래규모'와 비교가 이루어진 것으로도 볼 수 있는바, 비교대상인 시장의 거래규모를 따져보기란 쉽지 않고, 결국 지원주체와 지원객체의 경제상황 및 제반 시장여건을 종합적으로 고려하게 될 것이다.

한편, 서울고등법원은 "글로비스" 사건[559]에서 "현대자동차와 기아자동차, 현대모비스, 현대제철 등이 계열 물류회사인 글로비스에게 자사 제품의 생산 및 판매

558) 대법원 2007.1.25. 선고 2004두7610 판결.

559) 서울고등법원 2009.8.19. 선고 2007누30903 판결; 대법원 2012.10.25. 선고 2009두15494 판결.

에 부수하는 완성차 배달탁송, 철강운송 등 각종 물류업무를 비경쟁적인 사업양수도 또는 수의계약의 방식으로 몰아준 것"에 대하여 "그 거래금액이 국내 화물운송주선업시장 1위 사업자의 매출액의 34.6%, 동 시장 전체매출액의 6.8%에 달한다."는 점에서 위법하다고 판시하였다. 그럼에도 불구하고 규모성 지원행위를 판단하기 위한 기준은 여전히 모호한 상태에 머무르고 있다.[560)]

한편, 시행령이 '상당한 규모의 지원행위'를 규정하고 있는 것은 다분히 위임입법의 한계를 벗어난 것으로 볼 수 있다. 공정거래법 제45조 제1항 제9호에서는 자금이나 자산 등을 제공하거나 상당히 유리한 조건으로 거래하는 경우만을 지원행위로 정하고 있을 뿐, 거래규모가 상당하게 대규모인 경우에 대해서는 아무런 규정을 두지 않고 있기 때문이다. 또한 내용적으로도 거래의 규모가 상당하게 크다 하더라도 그 대가가 정상가격에 부합하는 것이라면 거래당사자의 어느 면도 경제적 이익을 제공받는다고 볼 수 없으며, 경제적 이익의 이전이 없는 한 지원행위의 본질적인 요소가 결여되기 때문이다. 게다가 상당한 규모로서 위법한지 여부를 객관적으로 판단하기 어렵다는 점에서 금지규정의 법적 안정성과 예측가능성을 저해할 우려가 있다.[561)] 시행령에서 상당한 규모의 거래행위를 지원행위로 규정하고 있는 부분은 삭제하는 것이 타당할 것이다. 시행령의 관련 규정을 "…… 등을 무상으로 제공하거나 ……에게 유리한 조건으로 거래하여, ……에게 과다한 경제적 이익을 제공하는 방법으로 ……를 지원하는 행위"로 개정하는 것이 타당할 것이다.

⑸ 일감몰아주기와 규모성 지원행위의 구분

공정거래위원회는 부당지원행위나 특수관계인에 대한 부당한 이익제공을 문제 삼으면서 구체적인 양태로 '일감몰아주기'를 지적하기도 한다. 그런데 일감몰아주기란 그 자체가 이미 불법의 뉘앙스를 강하게 내포하는 용어로서, 학계에서는 흔히 대가성 지원행위와 구별하여 '규모성 지원행위'라고 한다. 거래규모가 상당한 경우에는 가격 등의 거래조건이 상당히 유리하지 않더라도 여러 사정을 종합적으로 고려하여 지원행위를 인정할 수 있다는 취지로 이해되고 있다. 그런데 공정거래법은 일감몰아주기라는 용어를 사용하지 않고 있으며, 2013년 법개정 이후에는 법령상 지원행위뿐만 아니라 특수관계인에 대한 이익제공에도 해당될 수 있다. 따라서

560) 황태희, "공정거래법상 부당지원행위의 과징금 개선방안 — 규모성 지원행위를 중심으로 —", 법학논고 제38집, 2012, 412면.

561) 이봉의, 앞의 글(2013), 229, 243면.

현재는 일감몰아주기를 규모성 지원행위와 동일시할 수도 없다. 부당지원행위에 한정하더라도 다음과 같은 이유에서 일감몰아주기라는 용어의 사용에는 신중을 요한다.

첫째, 일감몰아주기란 종래 SI나 물류 등의 업종에서 흔히 문제되었고, 특별한 사정없이 주로 또는 대부분 지원객체로부터 자신이 필요한 물품이나 용역을 구매 또는 제공받는 것을 지칭하였다. 즉, 원칙적으로 수직적 거래관계에서만 상정할 수 있는 것이다. 계열회사 A(지원주체)에게 필요한 물품이나 용역을 아웃소싱하면서 다른 계열회사 B(지원객체)로부터 전부 또는 대부분 제공받는 경우가 대표적이다. 따라서 계열회사 A가 거액의 유가증권이나 부동산을 다른 계열회사 B에게 매각하여 일견 거래규모가 커 보이는 경우에도 이를 일감몰아주기의 범주에 포섭시키는 것은 타당하지 않다.

둘째, 다른 계열회사에 일감을 몰아주는 행위는 설사 거래조건이 다소 유리하더라도 거래규모가 워낙 크기 때문에 결국 지원객체에게는 과다한 경제상 이익을 제공할 수 있다는 전제에서 이를 문제 삼는 것이다. 거래성립의 시점에서 지원객체에게는 아무런 리스크 없이 거래규모를 통하여 상당한 이익이 보장된다는 점이 특징이다. 따라서 다른 계열회사에게 주식이나 부동산을 대량 매각하더라도, 그 이후 해당 회사의 가치 상승이나 부동산 개발 등에 따른 이익이 당해 계열회사에게 귀속되더라도, 특별한 사정이 없는 한 주식이나 부동산의 가치변동은 예측불가능하다는 점에서 이러한 행위 또한 일감몰아주기로 문제 삼는 것은 타당하지 않다.

나. 유리한 조건

(1) 정상가격의 산정

부당지원행위의 성립에 있어서 '상당히 유리한 조건'이란 무상 또는 상당히 유리한 조건을 의미하고, 지원성 거래에 따라서 경제상 이익제공행위에 따른 이전되는 경제상 이익이 상당하여야 한다.[562] 시행령 [별표 2] 제9호에서는 이를 경제상 이익이 과다한 경우로 규정하고 있는데, 이를 판단하기 위해서는 지원금액을 산정하는 작업이 선행되어야 한다. 현재 공정거래법이나 시행령에서는 정상가격(正常價格)에 관한 아무런 기준도 제시하고 있지 않으며, 심사지침에서만 그 판단기준을 정하고 있을 뿐이다.

---

562) 이봉의, 앞의 글(2013), 240면.

판례[563]와 심사지침에 따르면, 지원금액은 지원주체가 지원객체에게 제공하는 경제적 급부의 정상가격에서 그에 대한 대가로 지원객체로부터 받는 경제적 반대급부의 정상가격을 차감한 금액을 의미하므로(심사지침 Ⅱ. 6.), 지원금액을 산정하기 위해서는 '정상가격'이 전제되지 않으면 안 된다. 이때, 정상가격이란 "지원주체와 지원객체 사이에 이루어진 경제적 급부와 동일한 경제적 급부가 시기, 종류, 규모, 기간, 신용상태 등이 유사한 상황에서 특수관계가 없는 독립된 자 간에 이루어졌을 경우 형성되었을 거래가격"을 말한다(심사지침 Ⅱ. 5.).[564] 이처럼 정상가격이란 지원행위의 성립 여부 및 과징금 산정의 기초가 되는 지원금액 산정을 위한 출발점으로서 매우 중요한 의미를 가지는 반면, 그것은 현실의 가격이 아니라 일정한 사정을 전제로 한 가상의 가격이므로, 흔히 경쟁가격과 마찬가지로 그 산정은 매우 어려운 작업이다. 지원행위의 여타 성립요건과 마찬가지로 정상가격의 입증책임은 공정거래위원회가 진다.[565] 심사지침이 정하고 있는 정상가격의 산정방법을 거래유형별로 살펴보면 다음과 같다.

(2) 가지급금 또는 대여금 등 자금을 거래한 경우

1997년 심사지침의 제정[566] 당시에는 '가지급금 또는 대여금 등을 거래한 경우'라고만 되어 있었는데, 여기에서 제시되는 기준이 자금거래 일반에 적용되는 것임을 명확하게 하기 위하여 1999년에 현재와 같이 '가지급금 또는 대여금 등 자금을 거래한 경우'로 개정되었다.[567] 자금거래에 의한 지원행위는 회계처리상 계정과목을 가지급금 또는 대여금으로 분류하고 있는 경우에 국한하지 아니하고, 지원주체가 지원객체의 금융상 편의를 위하여 직접 또는 간접으로 현금 기타 자금을 이용할 수 있도록 경제상 이익을 제공하는 일체의 행위를 말한다(심사지침 Ⅲ. 1. 다.). 이때 지원주체와 지원객체 간의 가지급금 또는 대여금 기타 자금의 거래에 의한 지원행위는 실제 적용된 금리(이하 "실제적용금리")가 해당 자금거래와 시기, 종류, 규모,

563) 대법원 2007.1.25. 선고 2004두7610 판결.

564) 대법원 2014.10.14. 선고 2001두2935 판결; 대법원 2014.6.12. 선고 2013두4255 판결; 대법원 2009.5.28. 선고 2008두7885 판결; 대법원 2008.6.26. 선고 2006두8792 판결; 대법원 2008.3.27. 선고 2005두9972 판결; 대법원 2008.2.14. 선고 2007두1446 판결; 대법원 2007. 1.25. 선고 2004두1490 판결; 대법원 2006.12.7. 선고 2004두11268 판결; 대법원 2006.7.27. 선고 2004두1186 판결; 대법원 2006.2.10. 선고 2003두15171 판결 등.

565) 대법원 2008.2.14. 선고 2007두1446 판결; 대법원 2009.5.28. 선고 2008두7885 판결 외.

566) 공정거래위원회 지침, 1997.7.29. 제정.

567) 공정거래위원회 지침, 1999.2.10. 개정.

기간, 신용상태 등의 면에서 동일 또는 유사한 상황에서 특수관계가 없는 독립된 자 사이에 자금거래가 이루어졌다면 적용될 금리(이하 "개별정상금리")보다 상당히 낮거나 높은 경우에 성립한다(심사지침 Ⅲ. 1. 나.).

2021년 개정된 심사지침[568]은 그간의 판례를 반영하여 자금거래에서 적용될 정상가격, 즉 '개별정상금리'[569]를 다음과 같은 방법을 거쳐 순차적으로 산출하도록 규정하였다(심사지침 Ⅲ. 1. 라.).

① 지원주체와 지원객체 사이의 자금거래와 시기, 종류, 규모, 기간, 신용상태 등의 면에서 동일한 상황에서 그 지원객체와 그와 특수관계가 없는 독립된 자 사이에 자금거래가 이루어졌다면 적용될 금리(동일한 상황에서 지원객체와 특수관계가 없는 독립된 자 사이에 적용될 금리)

② 지원주체와 지원객체 사이의 자금거래와 시기, 종류, 규모, 기간, 신용상태 등의 면에서 유사한 상황에서 그 지원객체와 그와 특수관계가 없는 독립된 자 사이에 자금거래가 이루어졌다면 적용될 금리로서, 유사한 시점이란 사안별로 지원규모, 지원시점의 금리변동의 속도 등을 종합적으로 고려하여 결정하되, 해당일 직전·직후 또는 전후의 3개월 이내의 기간을 말한다. 다만, 유사한 시점에 독립적인 방법으로 차입한 금리는 없으나 그 이전에 변동금리 조건으로 차입한 자금이 있는 경우에는 지원받은 시점에 지원객체에게 적용되고 있는 그 변동금리를 유사한 시점에 차입한 금리로 본다(유사한 상황에서 지원객체와 특수관계가 없는 독립된 자 사이에 적용될 금리)

③ 지원주체와 지원객체 사이의 자금거래와 시기, 종류, 규모, 기간, 신용상태 등의 면에서 동일 또는 유사한 상황에서 특수관계가 없는 독립된 자 사이에 자금거래가 이루어졌다면 적용될 금리

이러한 개별정상금리의 산정방법과 순서는 원칙적으로 타당하다. 그러나 구체적인 사안에서 위 기준을 적용할 때에는 유사한 시기 또는 유사한 수단인지 여부가 공정거래위원회의 자의적인 판단에 맡겨질 가능성이 적지 않을 뿐만 아니라, 비교

568) 공정거래위원회 예규 제396호, 2021.12.30. 개정.

569) 심사지침이 제정될 당시에는 개별정상금리의 구체적인 산정기준이 전혀 제시되지 않았으나, 5대 대규모기업집단에 대한 1차 및 2차 부당지원행위의 조사 및 제재 과정에서 이러한 개별정상금리의 산정이 객관적인 기준에 의하여 이루어지지 못하고 각 사안별로 자의적으로 이루어졌다는 비판이 제기되자, 공정거래위원회는 1999년 2월 10일 심사지침을 개정하여 개별정상금리의 산정기준을 세부적으로 규정하게 되었다.

의 대상이 될 만한 유사한 거래를 찾아내기가 어려운 경우도 적지 않다. 또한, 비교 대상이 될 수 있는 여타의 독립적인 거래가 상당수 존재하는 경우에도 실무상 공정거래위원회는 실제적용금리와 가장 차이가 많이 나는 거래를 기준으로 정상금리를 판단하는 경향이 있어서 어떤 행위가 지원행위인지의 여부를 객관적으로 판단하기보다는 일견 지원행위의 성립을 전제로 지원금액을 추산하는 듯한 태도를 보이기도 한다. 이처럼 개별정상금리의 산정이 공정거래위원회의 광범위한 재량에 맡겨져 있는 한, 객관적이고 공정한 지원금액의 산정은 기대하기 어려울 것이다.

또한 공사대금 미회수, 기간이 특정되지 않은 단순대여금 등 지원시점에 만기를 정하지 않은 경우에는 지원객체의 월별평균차입금리를 개별정상금리로 본다. 여기서 월별평균차입금리는 지원객체가 해당 월에 독립적으로 차입한 자금의 규모를 가중하여 산정한 금리를 말한다(심사지침 Ⅲ. 1. 마.). 여기서 기간을 정하지 않은 단순대여금은 일반적으로 대여자가 언제든지 상환을 청구할 수 있는 채권이라 할 것이므로, 자금을 대여한 시점에 지원객체의 평균차입금리를 기준으로 개별정상금리를 산정하는 것이 바람직할 것이다.

그 밖에 위의 원칙에 따라 정해진 금리를 개별정상금리로 볼 수 없거나, 적용순서를 달리할 특별한 사유가 있다고 인정될 경우, 또는 지원주체의 차입금리가 지원객체의 차입금리보다 높은 경우 등 다른 금리를 개별정상금리로 보아야 할 특별한 사유가 있는 경우에는 그 금리를 개별정상금리로 본다(심사지침 Ⅲ. 1. 바.). 또한 개별정상금리를 위에서 규정된 방법에 의해 산정하기 어렵고, 또한 지원객체의 재무구조, 신용상태, 차입방법 등을 감안할 때 개별정상금리가 한국은행이 발표하는 시중은행의 매월 말 평균 당좌대출금리(해당 월말 현재 시중은행의 당좌대출계약에 의하여 실행한 대출액 잔액 전부를 가중평균하여 산출한 금리; 이하 "일반정상금리")를 하회하지 않을 것으로 보는 것이 합리적인 경우에는 해당 자금거래의 실제적용금리와 일반정상금리를 비교하여 지원행위 여부를 판단한다(심사지침 Ⅲ. 1. 사.).[570] 그럼에도 불

570) 대법원은 "웅진씽크빅" 사건에서 "부당한 자금지원행위에 대한 과징금부과기준인 '지원금액'은 정상금리에서 지원주체와 지원객체의 특정한 자금거래에 실제로 적용된 금리를 차감한 금리를 근거로 산정해야 하는데, 여기서 정상금리란 지원주체와 지원객체 사이의 자금거래와 시기, 종류, 규모, 기간, 신용상태 등의 면에서 동일 또는 유사한 상황에서 그 지원객체와 그와 특수관계가 없는 독립된 금융기관 사이에 자금거래가 이루어졌다면 적용될 금리, 또는 지원주체와 지원객체 사이의 자금거래와 시기, 종류, 규모, 기간, 신용상태 등의 면에서 동일 또는 유사한 상황에서 특수관계가 없는 독립된 자 사이에 자금거래가 이루어졌다면 적용될 금리(이하 "개별정상금리")를 의미하는바(대법원 2004.4.9. 선고 2001두6197 판결, 대법원 2008.6.26. 선고 2006두8792 판

구하고, 지원객체의 재무구조, 신용상태, 차입방법 등을 감안할 때 지원객체의 개별정상금리가 일반정상금리보다 높은 수준인 것으로 보는 것이 합리적인 상황에서 일반정상금리 수준으로 상당한 규모의 자금거래를 하는 것은 지원행위에 해당한다(심사지침 Ⅲ. 1. 아.).

또한 개별정상금리를 구체적으로 특정할 수 없는 경우에는 지원객체와 그와 특수관계가 없는 독립된 금융기관 사이에 또는 특수관계 없는 독립된 자 사이에 지원주체와 지원객체 사이의 자금거래에 비하여 시기, 종류 내지 거래의 성격 등의 면에서는 동일 또는 유사하지만 기간이나 신용상태 등의 면에서 우위의 조건을 가진 거래행위가 있는 경우 해당 거래에 적용된 금리를 지원주체와 지원객체 간 자금거래에 대한 개별정상금리의 최하한으로 볼 수 있다(심사지침 Ⅲ. 1. 자.). 그런데 어떠한 방법으로도 개별정상금리를 산정할 수 없는 경우에는 '지원행위' 자체가 성립하지 않는 것으로 보는 것이 타당할 것이다. 공정거래법 시행령 제84조와 [별표 6] '위반행위의 과징금 부과기준'에 의하면 지원금액이 산출되기 어렵거나 불가능한 경우 해당 지원성 거래규모의 100분의 10의 금액을 기준으로 과징금을 부과하도록 정하고 있고, 공정거래위원회는 100분의 10 이내의 금액을 부과하도록 할 때부터 일률적으로 지원금액을 지원성 거래규모의 10%로 산정하고 있다. 공정거래위원회가 지원행위의 성립을 입증하지 못함에도 불구하고 정상가격을 인위적으로 간주함으로써 결과적으로 지원금액을 추산할 수 있도록 하는 것은 지나치게 행정편의만을 고려한 것으로서 부당하다.

개별정상금리란 시중에서 통용되고 있는 이른바 '시장금리'를 말하는데, 시장금리는 자금의 대여자 및 차용자의 각 신용상태, 업종(당사회사가 금융기관인지 여부, 산업 또는 업종의 특성 등), 재무상태(자산 및 부채의 규모, 자본규모, 매출액 등), 양자의 관계(주거래 금융기관인지 여부, 사업상 협력관계의 존부 등), 시중의 금리상황 및 경제상황, 자금의 규모, 대여기간, 자금상환방식 등 제반 여건에 따라 다양하게 결정되므로,

---

결 등 참조), 시중은행의 매월 말 평균 당좌대출금리(이하 "일반정상금리")는 당좌대출계약을 기초로 한 일시적 단기성 대출금리로서 정상적인 기업어음 대출금리 등 일반대출금리보다 일반적으로 높기 때문에, 개별정상금리가 일반정상금리를 하회하지 않을 것으로 인정되는 특별한 사정이 없는 한 개별정상금리를 산정하기 어렵다는 이유만으로 바로 일반정상금리를 정상금리로 적용할 수는 없고(대법원 2007.1.25. 선고 2004두7610 판결 등 참조), 개별정상금리가 일반정상금리를 하회하지 않을 것으로 인정되는 특별한 사정은 피고가 증명하여야 한다."고 판시한 바 있다(대법원 2014.6.12. 선고 2013두4255 판결). 이와 유사한 취지로 대법원 2004.3.12. 선고 2001두7220 판결("SK C&C" 판결).

이를 하나의 금리로 특정하기란 사실상 불가능하고 현실에도 맞지 않는다. 따라서 개별정상금리를 정할 때에는 위의 기준에 따라 산정된 금리에서 일정한 상하의 범위를 정하여 그 범위 안에 포함되는 금리를 개별정상금리로 다소 넓게 보는 것이 타당할 것이다.

한편, 2021년 개정된 심사지침은 "지원주체와 지원객체 간의 자금거래에 적용된 실제적용금리가 개별정상금리보다 상당히 낮거나 높은 것으로 보는 것이 합리적이나 개별정상금리의 구체적 수준을 합리적으로 산정하기 어려운 경우에는 지원성 거래규모를 기준으로 지원금액을 산정한다."는 규정을 추가하였다(심사지침 Ⅲ. 1. 차.). 그런데 지원성 거래규모와 지원금액은 전혀 별개의 개념으로서 양자의 관계를 일의적으로 판단하기 어렵다는 점에서, 전자를 기준으로 후자를 산정하는 방식은 그 내용의 모호성을 차치하고라도 타당하지 않다.

끝으로 지원주체가 지원객체를 지원하려는 의도 하에 제3자를 매개하여 자금거래를 하고 그로 인하여 지원객체에게 실질적으로 경제상 이익을 제공하는 경우에 지원금액은 지원주체가 지원과정에서 부수적으로 제3자에게 지출한 비용을 제외하고 지원객체가 받았거나 받은 것과 동일시할 수 있는 경제상 이익만을 고려하여 산정하며, 유가증권 등 자산거래, 부동산 임대차, 상품·용역거래, 인력제공 등에 의한 지원행위의 경우에도 이를 준용한다(심사지침 Ⅲ. 1. 카.). 또한 자금거래에 의한 지원행위가 지원객체에게 상당히 유리한 조건의 거래인지 여부는 실제적용금리와 개별정상금리 또는 일반정상금리 사이의 차이는 물론 지원성 거래규모와 지원행위로 인한 경제상 이익, 지원기간, 지원횟수, 지원시기, 지원행위 당시 지원객체가 처한 경제적 상황 등을 종합적으로 고려하여 구체적·개별적으로 판단하며, 유가증권 등 자산거래, 부동산 임대차, 인력제공 등에 의한 지원행위의 상당성 판단에도 이를 준용한다(심사지침 Ⅲ. 1. 타.). 다만, 지원주체와 지원객체 간의 자금거래에 의한 실제적용금리와 개별정상금리 또는 일반정상금리와의 차이가 개별정상금리 또는 일반정상금리의 7% 미만이면서 거래당사자 간 해당 연도 자금거래 총액이 30억 원 미만인 경우에는 지원행위가 성립하지 아니하는 것으로 판단할 수 있다. 해당 연도 자금거래 총액은 지원주체와 지원객체 간에 이루어진 모든 자금거래 규모를 포함하여 계산한다(유가증권 등 자산거래, 부동산 임대차, 상품·용역거래, 인력제공 등에 의한 지원행위의 거래총액 판단에도 이를 준용)(심사지침 Ⅲ. 1. 파.).

(3) 유가증권·부동산·무체재산권 등 자산을 거래한 경우

지원주체가 지원객체에게 유가증권·부동산·무체재산권이나 기타 자산(이하 "자산")을 정상적인 거래에서 적용되는 대가보다 상당히 낮거나 높은 대가로 제공 또는 거래하는 행위를 통하여 과다한 경제상 이익을 제공하는 것은 지원행위에 해당한다. 이와 같은 지원행위는 "실제 거래가격이 해당 자산 거래와 시기, 종류, 규모, 기간 등이 동일 또는 유사한 상황에서 특수관계가 없는 독립된 자 사이에 이루어졌다면 형성되었을 거래가격에 비하여 상당히 낮거나 높은 경우에 성립한다(심사지침 Ⅲ. 2. 나). 또한 지원주체가 지원객체에게 자산을 상당한 규모로 제공 또는 거래하는 행위를 통하여 과다한 경제상 이익을 제공하는 것도 지원행위에 해당한다(심사지침 Ⅲ. 2. 가.). 여기에서 제시되는 기준이 자산거래 일반에 적용되는 것임을 명확하게 하기 위하여 1999년 개정된 심사지침[571)]은 '자산'이라는 문언을 추가하였다.

상당히 유리한 조건인지 여부를 가리기 위한 기준으로서 정상가격은 다음의 방법에 따라 순차적으로 산출한다(심사지침 Ⅲ. 2. 다.).

① 해당 거래와 시기, 종류, 규모, 기간 등이 동일한 상황에서 특수관계가 없는 독립된 자 사이에 실제 거래한 사례가 있는 경우 그 거래가격을 정상가격으로 한다.

② 해당 거래와 동일한 실제사례를 찾을 수 없는 경우에는 먼저 해당 거래와 비교하기에 적합한 유사한 사례를 선정하고, 그 사례와 해당 지원행위 사이에 가격에 영향을 미칠 수 있는 거래조건 등의 차이가 존재하는지를 살펴, 그 차이가 있다면 이를 합리적으로 조정하는 과정을 거쳐 정상가격을 산정한다.

③ 해당 거래와 비교하기에 적합한 유사한 사례도 찾을 수 없다면 부득이 통상의 거래 당사자가 거래 당시의 일반적인 경제 및 경영상황 등을 고려하여 보편적으로 선택하였으리라고 보이는 현실적인 가격을 규명함으로써 정상가격을 산정한다. 이 경우 자산의 종류, 규모, 거래상황 등을 참작하여 「국제조세조정에 관한 법률」 제8조(정상가격의 산출방법) 및 동법 시행령 제2장 제1절(국외특수관계인과의 거래에 대한 과세조정) 또는 「상속세 및 증여세법」 제4장(재산의 평가) 및 동법 시행령 제4장(재산의 평가)에서 정하는 방법을 참고

571) 공정거래위원회 지침, 1999.2.10.

할 수 있다.

다만, 사업자가 자산거래 과정에서 국제조세조정에 관한 법률 등에 따라 가격을 산정하였다고 하여 그러한 사정만으로 부당한 지원행위에 해당하지 않는 것으로 판단되는 것은 아니다(심사지침 Ⅲ. 2. 다.). 지원주체와 지원객체 간의 자산거래에 적용된 실제 거래가격이 정상가격보다 상당히 낮거나 높은 것으로 보는 것이 합리적이나 정상가격의 구체적 수준을 합리적으로 산정하기 어려운 경우에는 지원성 거래규모를 기준으로 지원금액을 산정한다. 다만, 다음과 같이 본 지침에서 지원성 거래규모의 산정방법을 따로 정한 경우에는 그에 따른다. ① 후순위사채의 경우 지원주체가 매입한 후순위사채의 액면금액을 지원성 거래규모로 본다. ② 유상증자시 발행된 주식의 경우 지원주체의 주식 매입액을 지원성 거래규모로 본다(심사지침 Ⅲ. 2. 라.). 다만, 실제 거래가격과 정상가격의 차이가 정상가격의 7% 미만이고, 거래당사자 간 해당 연도 자산거래 총액이 30억 원 미만인 경우에는 지원행위가 성립하지 아니하는 것으로 판단할 수 있다(심사지침 Ⅲ. 2. 마.).

한편, 자산거래 중에서 기업어음이나 회사채와 같은 유가증권을 거래하는 경우에 그 실질은 자금거래와 아무런 차이가 없으므로, 자금거래에서의 정상금리 산정기준이 그대로 적용될 수 있다. 이 밖에 동산, 부동산, 무체재산권 등과 같이 순수한 자산의 경우 당해 자산이 시장에서 널리 거래되는 경우에는 시가를 쉽게 산정할 수 있을 것이나, 그렇지 않은 경우에는 감정기관의 평가와 같이 객관적인 가치를 보여줄 만한 자료가 없는 한 그 시가를 판단하기란 쉽지 않을 것이다. 따라서 이 경우 결국 자산의 가치는 세법상 자산거래 평가방법에 준하여 산정하는 것이 객관적으로 가장 공정한 방법일 것이며, 심사지침에서도 유가증권에 대한 거래행위와 일반 자산의 거래행위를 구별하여 그 시가를 평가하는 기준을 각각 세분화하여 규정하는 것이 바람직할 것이다. 또한 시가를 산정할 수 없는 경우에도 「상속세 및 증여세법」상 재산평가 방법은 단지 시가를 판단하는 보충적인 기준으로 삼는 것이 바람직할 것이다.

먼저, 대법원은 "SK 텔레콤" 사건[572]에서 "부당지원행위의 판단에 있어서 지원주체가 지원객체 발행의 기업어음을 매입함에 있어 그와 동일한 방법으로 동일 또는 근접한 시점에 특수관계 없는 독립된 자가 지원객체 발행의 기업어음을 매입한

572) 대법원 2006.2.10. 선고 2003두15171 판결.

사례가 있는 경우 그 기업어음의 정상할인율은 동일한 시점의 거래가 있으면 그 거래에 적용된 할인율로, 동일한 시점의 거래가 없으면 당해 기업어음 매입행위와 가장 근접한 시점의 거래에 적용된 할인율로 봄이 상당하고, 동일한 시점 또는 가장 근접한 시점의 거래가 다수 있으면 그 가중평균한 할인율로 봄이 상당하다."고 하면서 "공정거래위원회가 기업어음 매입행위의 부당지원행위 여부를 판단하는 기준으로 삼은 할인율인, 특정 증권회사가 취급한 기업어음을 발행한 회사들의 신용등급별로 그 최저할인율과 최고할인율을 정리한 금리기준표에서 지원객체와 유사한 신용등급을 가진 회사 발행의 기업어음에 대한 최저할인율과 최고할인율을 평균한 할인율은 동일한 시점 및 신용등급 안에서도 최저할인율과 최고할인율의 차이가 상당히 클 뿐만 아니라 최저할인율과 최고할인율을 단순 평균할 경우 거래규모, 거래횟수 등이 고려되지 않아 할인율 자체가 왜곡될 우려가 있는 점 등에 비추어 지원주체가 매입한 지원객체 발행의 기업어음의 정상할인율로 볼 수 없다."고 판시하였다.

대법원은 "대우건설" 사건[573]에서 지원주체가 지원객체에 대한 채권을 실제로 회수할 가능성이 있는지 여부 등을 감안하지 않고 지원행위의 부당성 여부를 판단한 원심판결을 법리오해 등을 이유로 파기한바 있는데, 지원주체의 지원객체에 대한 채권을 실제로 회수할 가능성이 없다면 지원주체가 지원객체에 대하여 그 채권의 회수를 위한 조치를 취하지 아니하였다 하더라도 지원객체에게 그 채권액 상당을 제3자로부터 차용할 경우 부담하게 되었을 이자 상당액의 경제상 이익을 제공하여 지원객체가 속한 관련시장에서의 공정한 거래를 저해할 우려가 있다고 할 수 없어 부당성이 있다고 할 수 없으나, 지원주체의 지원객체에 대한 채권을 실제로 회수할 가능성이 있다면 지원객체에게 그 채권액 상당을 제3자로부터 차용할 경우 부담하게 되었을 이자 상당액의 경제상 이익을 제공함으로써 지원객체가 속한 관련시장에서의 공정한 거래를 저해할 우려가 있다고 할 수 있어 부당성이 있다고 할 것이고, 한편 법인세법 소정의 대손충당금을 설정하였다 하여 그 대상이 되는 채권이 소멸한다거나 회수불능으로 확정되는 것은 아니라고 판시하였다.

그 밖에 대법원은 "삼호" 사건[574]에서 "심사지침이란 공정거래위원회 내부의

573) 대법원 2005.5.27. 선고 2004두6099 판결.

574) 대법원 2005.6.9. 선고 2004두7153 판결.

사무처리준칙에 불과하므로 위 심사지침에서 원용하고 있는 구「상속세 및 증여세법」시행령(2000.12.29. 대통령령 제17039호로 개정되기 전의 것) 第56조 제1항 제2호에서 추정이익을 산출할 수 있도록 한 평가기관에 의뢰하지 않고 회사가 스스로 위 규정에 따른 방법으로 주식을 평가하였다고 하더라도 그것만으로 그 평가가 부적절하다고 할 수는 없고(다만, 위 평가기관에 의뢰하여 평가함으로써 그 평가에 대한 신뢰도를 높일 수 있을 것임), 따라서 그 평가방법이 주식의 객관적인 가치를 반영할 수 있는 적절한 것인지, 그 방법에 의한 가격산정에 다른 잘못은 없는지 여부 등에 관하여 나아가 살펴보아야 할 것인바, 급속히 발전할 것으로 전망되는 정보통신 관련 사업을 영위하면서 장래에도 계속 성장할 것으로 예상되는 기업의 주식가격은 기준시점 당시 당해 기업의 순자산가치 또는 과거의 순손익가치를 기준으로 하여 산정하는 방법보다는 당해 기업의 미래의 추정이익을 기준으로 하여 산정하는 방법이 그 주식의 객관적인 가치를 반영할 수 있는 보다 적절한 방법"이라고 판시하였다.

(4) 부동산을 임대차한 경우

지원주체가 지원객체에게 당해 부동산을 무상으로 사용하도록 제공하거나, 정상임대료보다 낮은 임대료로 임대하거나 정상임차료보다 상당히 높은 임차료로 임차하는 행위를 통하여 과다한 경제상 이익을 제공하는 것은 지원행위에 해당한다. 또한 지원주체가 지원객체에게 부동산을 상당한 규모로 임대차하는 행위를 통하여 과다한 경제상 이익을 제공하는 것은 지원행위에 해당한다(심사지침 Ⅲ. 3. 가.). 이때, 정상임대료는 해당 부동산의 종류, 규모, 위치, 임대시기, 기간 등을 참작하여 유사한 부동산에 대하여 특수관계가 없는 독립된 자 간에 형성되었을 임대료로 하되, 이를 합리적으로 산정하기 어려운 경우에는 다음 산식에 의한다. 산식을 적용함에 있어 정기예금이자율은 임대인이 정한 이자율이 없거나 정상이자율로 인정하기 어려운 때에는「부가가치세법」시행규칙 제47조에 의한 정기예금이자율을 기준으로 한다. 즉, (부동산 정상가격의 50/100) × 임대일수 × 정기예금이자율/365 = 해당기간의 정상임대료(심사지침 Ⅲ. 3. 나.). 또한 임대보증금을 포함하는 임대차계약의 경우에는 임대보증금을 다음 산식에 의하여 환산한 금액을 임대료로 본다. 해당기간의 임대보증금 × 임대일수 × 정기예금이자율/365 = 임대료(심사지침 Ⅲ. 3. 다.). 다만, 실제 임대료·임차료와 정상 임대료·임차료의 차이가 정상 임대료·임차료의 7% 미만이고, 거래당사자간 해당 연도 부동산 임대차거래 총액이 30억 원 미만인 경우에는 지원행위가 성립하지 아니하는 것으로 판단할 수 있다(심사지침 Ⅲ. 3. 라.).

지원주체가 지원객체에게 부동산을 임대하면서 임대차보증금을 정상가격보다 낮게 책정한 경우가 문제된 "현대자동차 등의 부당지원행위" 사건[575]에서 대법원은 지원행위가 성립하기 위해서는 지원객체가 임대차보증금 수수행위를 통하여 받았거나 받은 것과 동일시할 수 있는 경제상 이익이 확정될 수 있어야 하고, 그와 같은 경제상 이익의 확정은 지원주체가 특수관계 없는 독립된 자에게 해당 부동산을 임대할 경우에 일반적인 거래관념상 형성되는 거래조건을 기준으로 하여야 한다. 이 사건에서 원심[576]은 "현대자동차가 2000.12.1.부터 2003.5.31.까지 이 사건 사옥 중 1층 자동차 전시장 62~85평(공용면적 포함)을 계열회사인 기아자동차에게 평당 임대차보증금을 535만 원으로 계산하여 임대하였으나, 그 무렵 이 사건 사옥 1층에 입주한 조흥은행 및 외환은행에게는 평당 임대차보증금을 그보다 훨씬 높은 각각 2,100만 원 및 2,300만 원으로 임대한 사실을 인정한 다음, 이 사건 자동차 전시장과 금융기관에 임대한 부동산은 동일한 1층에 위치하고 있으므로 평당 임대차보증금이 일응 동일하게 산정되어야 할 것임에도 현대자동차가 같은 1층에 임차한 금융기관의 임대차보증금의 약 5분의 1 수준의 저가로 계열회사인 기아자동차에게 이 사건 자동차 전시장을 임대한 행위는 기아자동차에게 같은 층에 위치하고 있는 금융기관에 대하여 적용한 평당 임대차보증금과의 차액에 해당하는 경제상의 이익을 제공하여 자금력을 제고시키고 경영여건을 경쟁사업자에 비해 유리하게 하여 공정한 거래를 저해하거나 저해할 우려가 있는 부당한 지원행위"라고 보았다. 반면, 대법원은 "기아자동차는 현대자동차로부터 이 사건 자동차 전시장을 포함한 이 사건 사옥 1 내지 8층을 함께 임차하였고, 공정거래위원회가 평당 임대차보증금으로 본 535만 원은 1 내지 8층에 대한 총 임대차보증금 253억 원을 그에 대한 총 임대면적으로 나누어 산출한 금액인데, 이 사건 사옥과 같은 상업용 건물에 있어서 통상 1층의 임대차보증금이 중간이나 상층에 비하여 높을 개연성이 있는 점을 감안할 때, 위 평당 임대차보증금 535만 원과 이 사건 사옥 1층의 일부만을 임대 목적으로 하여 약정된 조흥은행의 평당 임대차보증금인 2,100만 원 및 외환은행의 평당 임대차보증금인 2,300만 원을 단순 비교하기 곤란하다는 점을 들어 지원행위에

575) 대법원 2007.12.13 선고 2005두5963 판결.

576) 서울고등법원 2005.5.12. 선고 2003누20076 판결.

해당한다고 단정할 수 없다."고 판시하였다.

그 밖에 "중앙일보사" 사건[577]에서는 "사옥을 삼성생명보험에게 매각하고 위 건물의 지상 1층 내지 7층 및 지하 1층 내지 3층을 각 층별 보증금 및 임차료를 각기 달리 정하여 임차한 후 이를 다시 계열회사인 중앙일보미디어인터내셔널(이하 "JMI")에게 위 건물의 4층 중 115.15평을, 중앙방송에게 지하 1층 162.81평을 각 전대하면서, JMI에게 적용한 평당 연간환산 전대료는 756,000원으로서 중앙일보사가 이 사건 건물을 임차할 당시 4층의 평당 연간환산 임차료 1,326,600원의 57%에 불과하고, 중앙방송에게 적용한 평당 연간환산 전대료는 324,000원으로 지하 1층의 평당 연간환산 임차료 603,000원의 53.7%에 불과한 점"을 들어 지원행위의 성립을 인정하였다.

(5) 상품·용역을 거래한 경우

당초 구법 제23조 제1항 제7호(현행법 제45조 제1항 제9호)는 지원행위의 거래객체로 '가지급금, 대여금, 인력, 부동산, 유가증권, 무체재산권 등'을 규정하고 있었고, 시행령 역시 지원행위를 '자금지원, 자산지원 및 인력지원'으로 구분하고 있어서, 상품이나 용역거래를 통한 지원행위도 포함되는지 여부가 다투어졌다. 초기에 서울고등법원은 소극적인 태도를 취해왔으나, 기업집단 "대우" 사건[578]에서 대법원은 구법 제7호가 부당지원행위의 규제대상을 포괄적으로 규정하면서 "'가지급금·대여금·인력·부동산·유가증권·무체재산권'을 구체적으로 예시하고 있을 뿐 상품·용역이라는 개념을 별도로 상정하여 상품·용역거래와 자금·자산·인력거래를 상호 구별하여 대응시키거나 상품·용역거래를 부당지원행위의 규제대상에서 제외하고 있지 아니한 점 등을 들어 상품·용역의 제공 또는 거래라는 이유만으로 부당지원행위의 규제대상에서 제외되는 것은 아니고 그것이 앞에서 본 바와 같은 부당지원행위의 요건을 충족하는 경우에는 부당지원행위의 규제대상이 될 수 있다."고 판시하였다. 그 후 2007년 제13차 개정법[579]으로 구법 제7호에 '상품·용역'이 포함되기에 이르렀다.

그에 따라 지원주체가 지원객체와 상품·용역을 정상적인 거래에서 적용되는 대가보다 상당히 낮거나 높은 대가로 제공 또는 거래하는 행위를 통하여 과다한 경

577) 서울고등법원 2003.1.13. 선고 2001누12477 판결; 대법원 2005.5.13. 선고 2004두2233 판결.
578) 대법원 2004.10.14. 선고 2001두2935 판결 외.
579) 2007.4.13. 개정, 법률 제8382호.

제상 이익을 제공하는 것은 지원행위에 해당한다(심사지침 Ⅲ. 4. 가. 1)). 이러한 지원행위는 실제 거래가격이 해당 상품·용역 거래와 시기, 종류, 규모, 기간 등이 동일 또는 유사한 상황에서 특수관계가 없는 독립된 자 사이에 이루어졌다면 형성되었을 거래가격에 비하여 상당히 낮거나 높은 경우에 성립한다(심사지침 Ⅲ. 4. 가. 2)). 정상가격의 산정은 유가증권·부동산·무체재산권 등 자산을 거래한 경우(심사지침 Ⅲ. 2. 다.)에서 정한 순서와 방법을 준용한다(심사지침 Ⅲ. 4. 가. 3)). 또한 상품·용역 거래의 경우에도 실제 거래가격이 정상가격보다 상당히 낮거나 높은 것으로 보는 것이 합리적이나 정상가격의 구체적 수준을 합리적으로 산정하기 어려운 경우에는 지원성 거래규모를 기준으로 지원금액을 산정하게 되어 있는바(심사지침 Ⅲ. 4. 가. 5)), 이러한 태도의 부당함은 전술한 바와 같다. 다만, 지원주체와 지원객체 사이에 거래된 상품·용역의 실제 거래가격과 정상가격의 차이가 정상가격의 7% 미만이고, 거래당사자간 해당 연도 상품·용역 거래총액이 100억 원 미만인 경우에는 지원행위가 성립하지 아니하는 것으로 판단할 수 있다(심사지침 Ⅲ. 4. 가. 6)).

대법원은 "한국토지공사" 사건[580]에서 정부투자기관인 한국토지공사가 수의계약을 통해 책임감리용역을 발주한 행위와 관련하여 건설공사의 감리 및 설계용역 시장에서의 경쟁을 제한하는 측면이 전혀 없는 것은 아니나, 지원객체인 감리용역회사의 인력감축 등 구조조정을 전제로 민영화를 달성하기 위한 공익적 목적으로 위 정부투자기관에게 부여된 수의계약 집행권한의 범위 내에 속하는 행위로서 해당 수의계약에 관하여 주무부장관인 건설교통부장관으로부터 승인을 받았고, 그 책임감리용역 발주행위의 규모 및 그로 인한 경제상 이익이 그다지 크지 아니한 점 등에 비추어 부당지원행위에 해당하지 않는다고 보았다. 그 밖에도 대법원은 계열회사만 충족시킬 수 있는 차별적인 지급기준에 따라 계열회사에게 과도한 특별판매장려금을 지급하는 행위 또한 상품·용역거래에 수반하는 지원행위에 해당할 수 있다고 하였다.[581]

뿐만 아니라, 지원주체가 지원객체와 상품·용역을 상당한 규모로 제공 또는 거래하는 행위를 통하여 과다한 경제상 이익을 제공하는 것도 지원행위에 해당한

580) 대법원 2006.5.26. 선고 2004두3014 판결. 이 사건에서 지원객체였던 건설관리공사는 한국도로공사, 대한주택공사 및 한국토지공사가 공동으로 출자하여 설립한 회사로서, 지원주체와 계열관계에 있는 회사는 아니었다.

581) 대법원 2004.11.12. 선고 2001두2034 판결.

다(심사지침 Ⅲ. 4. 나. 1)). 이때, 상당한 규모의 거래로 인하여 과다한 경제상 이익을 제공한 것인지 여부는 지원성 거래규모 및 급부와 반대급부의 차이, 지원행위로 인한 경제상 이익, 지원기간, 지원횟수, 지원시기, 지원행위 당시 지원객체가 처한 경제적 상황, 지원객체가 속한 시장의 구조와 특성, 여타 경쟁사업자의 경쟁능력 등을 종합적으로 고려하여 구체적·개별적으로 판단한다(심사지침 Ⅲ. 4. 나. 2)). 상당한 규모에 의한 지원행위 여부는 다음과 같은 사항을 고려하여 판단할 수 있다(심사지침 Ⅲ. 4. 나. 3)).

① 거래대상의 특성상 지원객체에게 거래물량으로 인한 규모의 경제 등 비용 절감효과가 있음에도 불구하고, 동 비용 절감효과가 지원객체에게 과도하게 귀속되는지 여부

② 지원주체와 지원객체 간의 거래물량만으로 지원객체의 사업개시 또는 사업유지를 위한 최소한의 물량을 초과할 정도의 거래규모가 확보되는 등 지원객체의 사업위험이 제거되는지 여부

그런데 심사지침에 따르면 대규모거래의 지원행위 여부를 판단할 때에는 해당 지원객체와의 거래에 고유한 특성에 의하여 지원주체에게 비용절감, 품질개선 등 효율성 증대효과가 발생하였는지 여부 등 해당 행위에 정당한 이유가 있는지 여부를 고려하여야 한다(심사지침 Ⅲ. 4. 나. 4)). 이 부분은 금지요건의 체계상 혼선을 내재하고 있는바, 거래상대방에게 해당 대규모거래를 통하여 경제적 효율성이 발생하는지 여부는 지원행위의 '효과'와 관련된 것으로서 '부당성' 판단 시 고려되어야 할 것이다. 공정거래법상 '정당한 이유'의 법적 성격을 감안하더라도 이와 같이 이해하는 것이 타당하다.

다만, 거래당사자간 해당 연도 상품·용역거래 총액이 100억 원 미만이고, 거래상대방의 평균매출액의 100분의 12 미만인 경우에는 상당한 규모에 의한 지원행위가 성립하지 아니하는 것으로 판단할 수 있다. 거래상대방의 평균매출액은 매년 직전 3년을 기준으로 산정한다. 다만, 해당 사업연도 초일 현재 사업을 개시한 지 3년이 되지 아니하는 경우에는 그 사업개시 후 직전 사업연도 말일까지의 매출액을 연평균 매출액으로 환산한 금액을, 해당 사업연도에 사업을 개시한 경우에는 사업개시일부터 위반행위일까지의 매출액을 연매출액으로 환산한 금액을 평균매출액으로 본다(심사지침 Ⅲ. 4. 나. 5)).

이처럼 상품·용역거래를 통한 지원행위 또한 원칙적으로 정상가격을 기준으로 판단하게 되나, 공정거래위원회가 정상가격에 비하여 '상당히' 유리한 조건인지를 입증하기가 쉽지 않은 경우에 대체로 이를 규모성 지원행위로 포착하여 문제삼았다.[582] 대표적으로 "현대글로비스" 사건[583]에서 현대자동차, 현대제철 등 계열회사들이 완성차의 배달탁송이나 철강운송 등 물류서비스를 새로 설립된 글로비스에게 수의계약 등의 방식으로 몰아준 행위가 문제되었는데, 단지 거래규모가 크다는 점 외에 단가인상 요인이 없었음에도 불구하고 운송단가를 시장가격 인상률보다 상대적으로 높게 인상시켜 준 점 등을 함께 고려하여 지원행위의 성립이 인정되었다.

한편, 지원주체가 지원객체를 거래단계에 추가하거나 거쳐서 거래함에 있어 지원주체 또는 지원주체와 유사한 사업을 영위하는 사업자가 통상적으로 다른 사업자와 직접 거래하는 것이 일반적인 관행인 경우에는 지원주체가 특수관계에 있는 지원객체를 배제한 채 다른 사업자와 직거래를 했을 경우에 형성되었을 가격을 정상가격으로 볼 수 있다. 다만, 계열회사1(지원주체) — 계열회사2(지원객체) — 계열회사3의 거래구조에서는 계열회사1 또는 계열회사1과 유사한 사업을 영위하는 사업자가 통상적으로 계열회사 또는 다른 사업자와 직접 거래하는 것이 일반적인 관행인 경우에 계열회사1이 특수관계에 있는 계열회사2를 배제한 채 계열회사2의 거래상대방인 계열회사3과 직거래를 했을 경우 형성되었을 가격을 정상가격으로 볼 수 있다(심사지침 Ⅲ. 4. 가. 4)).

(6) 인력을 제공한 경우

지원주체가 지원객체와 인력을 정상적인 거래에서 적용되는 대가보다 상당히 낮거나 높은 대가로 제공 또는 거래하는 행위를 통하여 과다한 경제상 이익을 제공하거나 인력을 상당한 규모로 제공 또는 거래하는 행위를 통하여 과다한 경제상 이익을 제공하는 것도 지원행위에 해당한다(심사지침 Ⅲ. 5. 가.). 그리고 지원객체가 지원주체 또는 해당 인력에 대하여 지급하는 일체의 급여·수당 등(이하 "실제지급급여")이 해당 인력이 근로제공의 대가로서 지원주체와 지원객체로부터 지급받는 일체의 급여·수당 등(이하 "정상급여")보다 상당히 적은 때에는 지원주체가 지원객체

582) 신영수, 앞의 글(2012—b), 401—402, 425면.

583) 서울고등법원 2009.8.19. 선고 2007누30903 판결.

에게 인력지원을 한 경우에 해당한다(심사지침 Ⅲ. 5. 나.). 해당 인력이 지원객체와 지원주체 양자에게 근로제공을 하고 있는 경우에는 그 양자에 대한 근로제공 및 대가지급의 구분관계가 합리적이고 명확한 때에는 해당 인력이 지원객체와 지원주체로부터 지급받는 일체의 급여·수당 등의 금액에서 해당 인력의 지원주체에 대한 근로제공의 대가를 차감한 금액을 위의 정상급여로 간주한다. 그 구분관계가 합리적이지 아니하거나 명확하지 아니한 때에는 해당 인력이 지원객체와 지원주체로부터 지급받는 일체의 급여·수당 등에서 지원객체와 지원주체의 해당 사업연도 매출액 총액 중 지원객체의 매출액이 차지하는 비율에 의한 분담금액을 위의 정상급여로 간주한다. 다만, 인력제공과 관련된 사업의 구분이 가능한 경우에는 그 사업과 관련된 매출액을 지원객체와 지원주체의 매출액으로 할 수 있다(심사지침 Ⅲ. 5. 다.). 그러나 실제지급급여와 정상급여의 차이가 정상급여의 7% 미만이고, 거래당사자 간 제공된 인력의 해당 연도 인건비 총액이 30억 원 미만인 경우에는 지원행위가 성립하지 아니하는 것으로 판단할 수 있다(심사지침 Ⅲ. 5. 라.).

인력제공에 있어서 정상급여란 당해 인력이 지원객체에게 정상적으로 고용되었을 경우에 지급되었어야 할 급여를 기준으로 하여, 당해 인력이 지원주체와 지원객체에 근무한 비율을 평가하여 지원객체에 근무한 비율을 곱하여 지원금액을 계산하는 것이 합리적이다. 이러한 점에서 그 양자에 대한 근로제공 및 대가지급의 구분관계가 합리적이고 명확한 때에 관하여 심사지침이 제시한 기준은 원칙적으로 타당하다. 그러나 심사지침에서 그 양자에 대한 근로제공 및 대가지급의 구분관계가 합리적이고 명확하지 않은 때에 관하여 마련한 기준은 그 타당성을 인정하기 어렵다. 왜냐하면 그 구분관계가 명확하지 않은 경우에 전체 급여의 50%를 지원객체가 지급하였어야 할 급여로 추정하는 것이라면 몰라도, 지원주체와 지원객체가 지급한 금액 전부를 정상급여로 보는 것은 지원금액을 합리적인 이유 없이 과대계산하는 것이 되기 때문이다. 따라서 공정거래위원회가 그 구분관계를 합리적으로 인정할 수 있는 근거를 찾지 못한 경우에는 해당 인력에게 지급된 전체 급여의 50%만을 정상급여로 추정하는 것이 타당할 것이다.

대법원은 "하나로통신" 사건[584]에서 시내전화 및 초고속인터넷사업 등의 서비

---

584) 대법원 2005.10.28. 선고 2003두13441 판결. 다만, 당해 인력지원행위로 인하여 무선인터넷시장에서의 경쟁제한이나 경제력집중의 효과가 간접적으로 나타날 것으로 보이고, 문제된 급여의 액수가 신설회사의 매출액에 비하여 매우 적으며, 무선인터넷 정보서비스시장에서의 경쟁조건을 결

스업자가 무선인터넷 정보서비스사업을 목적으로 설립된 다른 계열회사에 직원을 파견하여 재무 및 회계업무를 수행하게 하면서 급여를 지원한 경우에 지원행위의 성립을 인정한 바 있다.

다. '상당성': 정상가격과의 상당한 차이

(1) 의 의

정상가격을 산출한 다음에는 실제가격과 비교하여 그 차이가 상당한 수준이어야 비로소 지원행위가 성립하게 된다. 당초 정상가격에 비하여 '현저히 유리한 조건'의 거래로 규정하던 것이 2013년 제20차 개정법[585]을 통하여 '상당히 유리한 조건'으로 변경되었다. 종래 현저성(顯著性) 요건을 정한 것은 거래조건이 정상적인 가격수준을 현저히 밑도는 경우에 한하여 지원행위를 인정함으로써, 거래조건의 사소한 차이까지 금지의 대상으로 삼는 것을 피하기 위한 것이었다. 다만, 공정거래위원회의 실무상 현저성과 상당성을 어떻게 해석할 것인지, 각각의 경우마다 입증의 정도가 어떻게 달라지는 확실하지 않다.[586]

(2) '상당성'의 해석원칙

2013년 제20차 개정법[587]이 현저성 요건을 '상당성' 요건으로 변경한 취지는 지원행위의 요건을 다소 완화하는 데에 있었다. 그러나 과연 입법취지와 같이 상당성 기준으로의 변화를 통하여 공정거래위원회의 입증상 부담을 덜어주고, 나아가 부당지원행위에 대한 규제가 실질적으로 강화되었는지에 대한 평가는 쉽지 않다. 일견 종전보다는 낮은 정도의 유리한 조건이나 규모로도 지원행위가 성립될 여지는 있어 보인다.[588] 다만, '상당성' 요건은 다음과 같은 이유에서 여전히 공정거래위원회가 지원행위를 과도하게 확장해석하는 것을 막는 기능을 수행하여야 할 것이다.

첫째, 법개정 이전에도 공정거래위원회나 법원이 '현저성'을 그다지 엄격하게

정짓는 것은 초기 설비투자의 규모 및 기술력에 의존하는 측면이 강하여 해당 인력지원행위가 무선인터넷 정보서비스시장의 경쟁에 미치는 영향은 미미할 것으로 보이는 점 등을 고려하여 대법원은 해당 인력지원행위의 부당성을 인정하지 않았다.

585) 2013.8.13. 개정, 법률 제12095호.

586) 권오승(제13판), 275면; 이호영(제6판), 401면.

587) 2013.8.13. 개정, 법률 제12095호.

588) 정종채·이문성, "부당지원행위의 쟁점들: 개정 법령 및 고시를 중심으로", 경쟁저널 제175호, 2014.7, 55면 이하.

해석하지 않았으며,[589] 동 요건을 둔 취지와 법적 기능을 감안할 때 '상당성' 요건으로의 변경으로 지원행위가 쉽게 인정된다거나 공정거래위원회의 입증책임이 종전보다 의미 있는 수준으로 완화된다고 보기는 어렵다.

둘째, 2014년 2월 개정된 시행령 [별표 2]는 여전히 상당히 유리한 조건의 거래를 통하여 종국적으로 지원객체에게 '과다한 경제상 이익'이 이전될 것을 요구함으로써, 어차피 이전되는 경제상 이익의 과다 여부에 따라 지원행위의 성립이 좌우된다는 점은 종전과 마찬가지이다. 지원객체에게 과다한 경제상 이익이 제공되는 경우에 비로소 지원객체가 속한 시장에서 경쟁저해 여부를 따질 실익이 있다는 점에서 결국 지원행위의 핵심은 지원객체에게 제공된 경제상 이익의 과다성인 것이다.[590]

셋째, 공정거래법상 '정상가격'이란 대가성 지원행위 내지 지원성 거래 여부를 판단하기 위하여 반드시 산정하지 않으면 안 되는 '가상의 가격'(hypothetical price)으로서 과거의 일정 기간에 걸쳐 이루어진 수많은 거래가격으로부터 여러 사정을 감안하여 단 하나의 점(point)으로 특정하게 된다. 그 과정에서 경쟁가격의 산정과 마찬가지로 공정거래위원회의 자의적인 판단이 개입될 소지가 적지 않고, 누구라도 납득할 만한 정상가격의 수준을 도출하기란 객관적으로 지극히 곤란하다. 따라서 정상가격에 내재된 고도의 불확실성과 그 판단에 수반되는 공정거래위원회의 폭넓은 재량을 고려할 때 실제거래가격과의 차이가 상당한 경우에만 지원행위의 성립을 인정하여야만 그 산정상의 오류가 그나마 완화될 수 있는 것이다.

끝으로 법치국가원리의 관점에서 종래 '현저성' 요건은 국가가 제재를 통하여 금지하고자 하는 행위를 준별함에 있어서 명시적 또는 묵시적으로 통상 요구되는 것으로서 과잉금지의 원칙을 실현하는 수단이자, 동시에 절차의 경제 및 집행자원의 효율화를 위해서도 필요한 것이다. 따라서 '상당성'으로 요건이 변경되었다고 하더라도 금지되는 행위의 범위를 명확하게 정하고 공정거래위원회의 재량을 적절히 통제하며, 수범자에게 법적 안정성과 규제의 예측가능성을 담보한다는 차원에서 동 요건은 가급적 엄격하게 해석되어야 할 것이다.

---

589) 이호영, "물량몰아주기 관련 법개정안에 대한 소고", 경쟁과 법 창간호, 서울대학교 경쟁법센터, 2013, 64면; 이와 달리 현저성 입증의 곤란을 지적하면서 '상당성'으로 변경을 주장했던 견해로는 손영화, "계열사 부당지원행위 규제의 법적 쟁점과 개선방안", 경제법연구 제12권 제1호, 한국경제법학회, 2013, 48면.

590) 이봉의, 앞의 글(2013), 241면 이하.

(3) 지원금액의 상당성

'상당하게 유리한 조건'이란 무상 또는 지원객체에게 유리한 조건의 거래를 하여 제공된 경제적 이익, 즉 지원금액이 상당한 경우를 의미한다고 해석하는 것이 타당하다. 대법원은 구법상 "현저히 유리한 조건의 거래, 즉 '현저히 낮거나 높은 대가로 제공 또는 거래하거나 현저한 규모로 제공 또는 거래하여 과다한 경제상 이익을 제공'한 것인지 여부를 판단함에 있어서는 급부와 반대급부 사이의 차이는 물론 지원성 거래규모와 지원행위로 인한 경제상 이익, 지원기간, 지원횟수, 지원시기, 지원행위 당시 지원객체가 처한 경제적 상황 등을 종합적으로 고려하여 구체적·개별적으로 판단하여야 한다."고 판시한 바 있다.[591] 과거 현저성을 요구하던 구법에 대한 대법원의 판시를 정리해보면, 거래조건을 통한 지원행위의 경우에는 현저한 급부 내지 가격 차이가 존재하고 상당한 거래규모나 기간, 횟수 등이 있다면 현저성 요건이 충족될 것이고, 거래규모를 통한 지원행위의 경우에는 상당한 급부 내지 가격 차이가 존재하고, 현저한 거래규모가 존재하는 경우 그러하다.[592] 그런데 이러한 해석은 법문의 요건이 상당성으로 변경됨에 따라, 상당성 요건에 대해서는 어떠한 해석론을 전개하여야 하는지가 문제가 될 것이다.

거래조건이 무상이거나 지원객체에게 상당하게 유리한 경우에는 당해 지원성 거래의 규모가 크지 않다 하더라도 '상당한' 지원으로 볼 수 있는 가능성이 상대적으로 높아지고, 거래조건이 지원객체에게 약간 유리한 정도에 그치더라도 그 지원성거래규모가 상당한 것이라면 '상당한' 지원으로 볼 수 있는 가능성이 상대적으로 높아질 수 있다. 따라서 이러한 거래조건의 상당한 차이와 지원규모의 상당성은 각각 독자적인 의미를 가지는 것이 아니고 함께 결합되어 '지원금액'의 상당성이라는 측면에서 판단되어야 한다.

'지원금액'의 상당성은 지원객체에게 제공된 경제적 이익이 지원객체가 속한 시장에서 지원객체가 자기의 효율성이 아닌 방법으로 관련시장에서 경쟁상 우위를 확보하는데 기여할 수 있는지, 그리고 그 결과 그가 속한 기업집단의 경제력집중을 유지 또는 심화시킬 수 있는지의 여부를 기준으로 판단하여야 할 것이므로, 당연히 지원객체의 재정상태, 규모, 관련시장에서의 지위, 관련시장의 규모, 경쟁사업자의

591) 대법원 2014.6.12. 선고 2013두4255 판결; 대법원 2004.10.14. 선고 2001두2881 판결.

592) 신영수, 앞의 글(2012-a), 81면.

현황 등과 지원금액의 크기를 고려하지 않으면 안 된다. 그런데 심사지침에서는 이러한 '상당성'에 대한 판단요건을 전혀 규정하지 않고 있을 뿐만 아니라, 공정거래위원회의 실무는 지원행위성만 인정되면 당연히 부당성이 존재하는 것처럼 추정하는 듯한 태도를 보여 '상당성'의 요건을 사실상 무시하는 것으로 보인다. 이는 명백히 잘못된 해석방법이라 할 것이므로, 심사지침에서 '상당성'의 의미와 그 구체적인 판단기준에 대하여 명시적인 규정을 마련하는 것이 타당하다 할 것이다.

상당한 지원금액으로 인하여 지원객체가 자신이 속한 관련시장에서 잠재적 경쟁을 저해할 우려가 있을 정도로 경쟁상 우위를 확보하거나 당해 기업집단의 경제력집중을 유발 또는 심화시킬 수 있는지 여부는 '부당성'에 대한 심사를 통하여 최종적으로 판단하여야 할 것이므로, '상당성'에 대한 판단기준은 일단 일률적인 기준을 제시하는 것이 바람직하다고 본다. 즉, 일률적인 기준을 충족하여 일단 지원금액의 '상당성'이 인정되면 그 다음 단계로 당해 지원행위가 현실적으로 '부당성'을 가지는지 심사하는 구조를 취하는 것이다. '상당성'에 대한 일률적인 판단기준으로 제시할 만한 사항들을 본다면, 지원금액이 지원객체의 매출액 또는 자산총액 등의 일정비율 이상에 해당하는 경우, 지원금액이 지원객체가 속한 관련시장 전체 매출액 또는 전체 사업자의 자산총액 등의 일정비율 이상에 해당하는 경우 등의 방법을 생각해 볼 수 있을 것이다. 구체적으로는 지원객체를 기준으로 한 요건과 지원객체가 속한 관련시장을 기준으로 한 요건을 함께 규정하여 어느 면이든 충족하면 일단 '상당성'의 요건을 갖추는 것으로 보는 것이 바람직할 것이다. 그리고 비교대상인 매출액이나 자산총액은 연 단위, 월 단위, 일정 기간 등을 기준으로 하되, 일정 기간 동안 계속적으로 이루어지는 지원행위를 판단하기 위하여 동일 또는 유사한 방법에 의한 지원행위가 일정 기간 동안 계속되는 경우 상당성은 이 기간 동안의 지원금액을 합산하여 판단하여, 그 비교대상인 평균 매출액도 당해 지원행위의 기간을 고려하여 합산하도록 하면 될 것이고, 다수의 지원주체에 의하여 동일 또는 유사한 시기에 이루어지는 지원행위는 그 지원금액을 합산하여 판단하는 것이 바람직할 것이다. 실무상으로는 현저성 요건의 경우 정상가격과의 차이가 10% 미만인 경우 이를 충족하지 못하였는데, 상당성 요건으로 변경됨에 따라 7%를 기준으로 하는 것이 바람직하다는 견해도 있다.[593)]

593) 신현윤(제8판), 318면.

라. '과다한' 경제상 이익의 제공

지원행위가 성립하기 위해서는 상당히 유리한 조건의 거래 또는 통행세 관행에 더하여 공히 지원객체인 특수관계인이나 다른 회사에게 과다한 경제상 이익이 제공되어야 한다. 지원성 거래행위가 존재한다거나 단지 내부거래의 비중이 높다는 이유만으로 지원행위가 성립하지는 않는 것이다. 내부거래를 포함한 모든 거래의 당사자는 경제상 이익을 얻는 것이 상례이고, 그러한 이익이 일방의 당사자, 즉 지원객체에게만 정상적인 수준 이상인 경우에만 지원행위가 성립할 수 있는 것이다. 나아가 개별 거래에서 정상가격과의 차이가 상당하더라도 또는 거래상 실질적 역할이 없는 계열회사를 거쳐서 거래하였더라도 그것만으로는 지원행위에 해당하지 않고, 일련의 지원성 거래를 통하여 지원객체에게 제공되는 경제상 이익의 규모가 '과다'한 때에만 지원행위가 성립하게 된다.

이른바 통행세 관행의 경우도 마찬가지이며, 지원객체, 즉 계열회사 간 거래의 매개로 등장하는 회사에게 과다한 경제상 이익이 제공되어야 함은 물론이다. 이러한 맥락에서 일찍이 대법원은 현저한 규모의 거래를 통한 지원행위가 문제된 사안에서 그로 인하여 과다한 경제상 이익을 제공하였는지를 따져보아야 하고, 그 여부는 지원성 거래규모 및 급부와 반대급부의 차이, 지원행위로 인한 경제상 이익, 지원기간, 지원횟수, 지원시기, 지원행위 당시 지원객체가 처한 경제적 상황 등을 종합적으로 고려하여 구체적·개별적으로 판단하여야 한다고 판시한 바 있다.[594]

이때, 경제상 이익이 과다한지 여부는 거래규모와 직결되어 있고, 지원성 거래규모란 일정한 기간에 걸쳐 이루어진 거래의 총합으로서, 문제된 법위반행위의 기간을 어떻게 설정하는지에 따라 좌우될 수 있음에 유의할 필요가 있다.[595] 그 밖에 사안에 따라서는 기업집단 내부의 수직계열화 여부와 그 정도 역시 중요한 요소로 고려되어야 한다. 다만, 진정한 의미의 수직계열화와 아무런 실질적 역할이 없는 회사를 통한 통행세 관행을 구분하기란 이론상으로나 실무상 결코 쉬운 작업이 아닐 것이다.

594) 대법원 2007.1.25. 선고 2004두7610 판결.
595) 이봉의, 앞의 글(2013), 243면.

3. 거래단계를 추가하거나 거쳐서 거래한 경우

가. 개 관

(1) 주요 내용

한편, 법 제45조 제1항 제9호 나목에서는 다른 사업자와 직접 상품·용역을 거래하면 상당히 유리함에도 불구하고 거래상 실질적인 역할이 없는 특수관계인이나 다른 회사를 매개로 거래하는 행위를 금지하고 있다. 이에 시행령 [별표 2]에서는 ① 다른 사업자와 직접 상품·용역을 거래하면 상당히 유리함에도 불구하고 거래상 역할이 없거나 미미한 특수관계인이나 다른 회사를 거래단계에 추가하거나 거쳐서 거래하는 행위, ② 다른 사업자와 직접 상품·용역을 거래하면 상당히 유리함에도 불구하고 특수관계인이나 다른 회사를 거래단계에 추가하거나 거쳐서 거래하면서 그 특수관계인이나 다른 회사에 거래상 역할에 비하여 과도한 대가를 지급하는 행위를 금지한다고 규정하고 있다(영 [별표 2] 제9호 라.). 이에 심사지침에서는 거래단계를 추가하거나 거쳐서 거래한 경우, "지원주체가 다른 사업자와 상품이나 용역을 거래하면 상당히 유리함에도 불구하고 거래상 역할이 없거나 미미한 지원객체를 거래단계에 추가하거나 거쳐서 거래하는 행위를 통하여 과다한 경제상 이익을 제공하는 것은 지원행위에 해당한다. 또한 거래상 지원객체의 역할이 있다고 하더라도 그 역할에 비하여 과도한 대가를 지원객체에게 지급하는 것도 지원행위에 해당한다."고 한다.(심사지침 Ⅲ. 6. 가.)

2013년 제20차 개정법[596]에 따른 거래단계 추가에 관한 규정이 신설되기 이전에 공정거래위원회가 이러한 통행세 관행을 문제 삼은 대표적인 사례는 "롯데피에스넷" 사건이다. 여기서는 롯데피에스넷이 ATM을 대량 구매하는 과정에서 전문 제조업체 대신 계열회사인 롯데알미늄을 거쳐서 구매한 행위가 문제되었고, 서울고등법원은 금융자동화기기는 그 특성상 설치 후 유지보수가 반드시 필요한데, 별도의 유지보수 전문업체가 존재하지 아니하는 거래의 현실상 금융지원서비스업자로서는 이미 설치한 금융자동화기기에 대한 안정적인 유지·보수의 필요성으로 인하여 금융자동화기기를 제조하는 업체와 직접 거래하고 있고, 롯데피에스넷도 종전까지는 CD, ATM 등을 모두 금융자동화기기 제조사로부터 직접 구매하였으며, 금

596) 2013.8.13. 개정, 법률 제12095호.

융자동화기기 제조사인 네오도 이 사건 행위 이전까지는 모든 금융자동화기기를 금융지원서비스업자에게 직접 공급하였던 점, 구 롯데기공(합병 후의 롯데알미늄 기공사업부)은 가스보일러 및 자동판매기 제조·판매업 등을 주요 목적으로 하는 회사로서 이 사건 ATM 등 금융자동화기기 제조 경험이 전혀 없었던 점 등에 비추어, 롯데피에스넷이 이 사건 ATM을 네오로부터 직접 구매하지 않고 이와 무관한 구 롯데기공을 통해 구매하기로 한 것은 관련 업계의 보편적인 거래관행과 자신의 과거 구매행태에 부합하지 않는 매우 이례적인 것이었고, 불필요한 유통단계를 추가하는 것이어서 자신에게도 불리한 조건의 거래방식으로서 지원행위에 해당하는 것으로 판단하였다.[597] 대법원도 원심을 인용하였다.[598]

(2) 도입배경과 체계상 난점

2013년 제20차 개정법[599]은 구법 제23조 제1항 제7호(현행법 제45조 제1항 9호)를 개정하면서 이른바 '통행세' 관행, 즉 실질적인 역할 없이 수수료만 챙기는 거래를 규제하기 위한 근거를 신설하였는데, 구법 제23조 제1항 제7호 나목에서 다른 사업자와 직접 상품·용역을 거래하면 상당히 유리함에도 불구하고 거래상 실질적인 역할이 없는 특수관계인이나 다른 회사를 매개로 거래하는 행위가 금지되게 되었다. 아울러 그간 부당지원행위를 통해 이득을 본 지원객체에 대하여 과징금을 부과할 수 없는 것에 대하여 꾸준히 비판이 제기되었는데, 2013년 제20차 개정법은 특수관계인이나 회사가 해당 지원을 받는 행위를 금지하는 조항을 신설하는 한편, 이와 연계하여 지원주체뿐만 아니라 지원객체에게도 시정조치와 과징금을 부과할 수 있도록 규정하였다(법 제45조 제2항, 제50조 제2항).

한편, 2014년 2월에는 시행령[600]의 [별표 2]도 개정되어, 통행세 관행을 ① 다른 사업자와 직접 상품·용역을 거래하면 상당히 유리함에도 불구하고 거래상 역할이 없거나 미미한 특수관계인이나 다른 회사를 거래단계에 추가하거나 거쳐서 거래하는 행위와 ② 다른 사업자와 직접 상품·용역을 거래하면 상당히 유리함에도 불구하고 특수관계인이나 다른 회사를 거래단계에 추가하거나 거쳐서 거래하면서 그 특수관계인이나 다른 회사에 거래상 역할에 비하여 과도한 대가를 지급하는 행

597) 서울고등법원 2013.7.18. 선고 2012누30730 판결.

598) 대법원 2014.2.13. 선고 2013두17466 판결.

599) 2013.8.13. 개정, 법률 제12095호.

600) 2014.2.11. 개정, 대통령령 제25173호.

위라는 두 가지 유형으로 세분하여 규정하였다. 법률에서는 거래상 역할이 없거나(사실상 없는 것과 마찬가지로) 미미한 경우만을 상정하고 있으나, 시행령은 이를 거래상 역할에 대하여 과도한 대가를 지급하는 경우까지 넓히고 있다는 점에 주목할 필요가 있다.

여기서 빼놓을 수 없는 것은 법 제45조 제1항 제9호 나목의 통행세 관행이 경우에 따라서는 법 제47조 제1항 제2호의 사업기회유용이나 제4호의 상당한 규모로 거래하는 행위 등 특수관계인에게 부당한 이익을 귀속시키는 거래수단과 행위요건 측면에서 중첩될 수 있다는 점이고,[601] 이 점은 통행세 관행의 개념 및 고유한 위법성 징표와 관련하여 적지 않은 다툼의 여지를 남기게 된다.[602]

나. 통행세 관행의 개념 및 해석상 난점

(1) 통행세 관행의 낙인효과

먼저, '통행세 관행'이란 법개념(Rechtsbegriff)이 아니다. 이는 '중간에 계열회사를 끼우는 방식의 부당지원행위', '대기업 계열회사가 중간 브로커(broker) 역할을 하는 다른 계열회사를 끼워넣는 방식으로 거래단계를 추가하여 거래상대방인 중소기업으로부터 수수료를 챙기는 관행', '시스템통합'(system integration; SI)이나 광고 등의 분야에서 계열회사 일감을 따낸 뒤 계약금액의 일정 비율을 수수료로 챙긴 후 중소기업에 일을 맡기는 행태', 최근에는 '가맹본부의 특수관계인이 가맹점사업자에게 특정 물품을 공급하면서 높은 마진을 취하는 행위'[603] 등으로 이해되고 있을 뿐, 그에 대한 통일된 개념정의조차 없다.

오히려 제각각 다른 맥락에서 통행세 관행을 이해하고 있는바, 대체로 중소기업을 착취하는 측면에 방점을 두거나 다른 계열회사를 지원하는 측면 또는 특수관계인(동일인 및 그 친족)에게 이익을 귀속시키는 측면에 방점을 두는 것으로 보인다. 각각의 경우 법령상 행위요건과 부당성 요건이 상이함은 물론이다. 여기서 공통된

---

601) "삼양식품" 사건(공정거래위원회 2014.3.3. 의결 제2014-037호)의 예를 보면 실제로도 통행세 관행과 총수의 사익편취가 중첩하여 발생할 수 있음을 알 수 있다.

602) 통행세 관행을 불공정거래행위의 하나로 규정하는 방식에 대한 문제제기로는 이호영, 앞의 글(2013.10), 65면.

603) 예컨대, 공정거래위원회 스스로 2018년 「가맹사업의 공정화에 관한 법률」 시행령을 개정하면서 그 취지로 가맹본부의 특수관계인이 가맹사업 과정에 참여하면서 취득하는 경제적 이익이 그동안 일명 '치즈통행세'로 불린다는 점을 언급하고 있다(공정거래위원회, 2018.3.26.자 보도자료, 2면).

것은 통행세 관행이라는 용어 자체에 이미 불법이라는 낙인이 찍혀 있어서, 갑을관계 내지 대·중소기업 관계에서 통행세 관행이라는 문제가 제기되는 순간 반사회적인 범죄로 인식된다는 점이고, 그 결과 기업집단 소속 계열회사 사이의 내부거래나 수직계열화에 따르는 전속거래까지 자칫 뭉뚱그려서 통행세 관행으로 매도될 우려가 크다.

(2) 법 제45조 제1항 제9호 나목의 개념정의

통행세 관행을 규제하기 위하여 공정거래법에 추가된 법 제45조 제1항 제9호 나목은 거래상 실질적 역할이 없는 특수관계인 등을 매개로 거래하는 형태의 지원행위를 규정하고 있으나, 동조의 해석상 그러한 행위가 곧바로 위법한 것은 아니며 가목의 경우와 마찬가지로 공정거래를 저해할 우려가 있는 경우에만 금지된다.

시행령 [별표 2]는 통행세 관행을 다시 두 가지로 나누고 있는바, 거래상 역할이 없거나 미미한 특수관계인이나 다른 회사를 거래단계에 추가하거나 거쳐서 거래하는 행위와 (거래상 역할이 나름 존재하더라도) 특수관계인이나 다른 회사를 거래단계에 추가하거나 거쳐서 거래하면서 거래상 역할에 비하여 과도한 대가를 지급하는 행위가 그것이다.

먼저, 두 가지 경우에 공통적으로 요구되는 '다른 사업자와 직접 거래하면 상당히 유리한지' 여부는 개별 사례에서 판단하기가 매우 어렵다. 뿐만 아니라, 거래를 매개하는 특수관계인 등에게 거래상 실질적인 역할이 없는지, 거래상 역할에 비하여 그 대가가 과도한지 여부를 어떻게 해석할 것인지에 관한 문제가 있다. 왜냐하면 거래상 실질적 역할의 유무 및 그 정도에 따라서 다른 사업자와의 직접거래가격이 상당히 유리한지가 크게 좌우될 수 있고, 현행 규정상으로는 특수관계인 등의 거래상 역할이 전혀 없는 경우에 한하여 직접거래가격과 특수관계인 등과의 거래가격을 단순 비교하여 나목의 행위요건을 판단할 수 있을 것이기 때문이다. 시행령의 요건을 법률에 부합하도록 해석하자면 실질적인 역할 없이 단지 명목상 미미한 역할을 수행하는 경우에는 그 역할에 맞는 대가가 지급되었는지를 기준으로 행위요건을 판단하여야 할 것이다.

즉, 실질적인 역할이 없는 경우란 ① 아무런 역할이 없거나 미미한 역할만 존재하는 경우와 ② 나름 일정한 역할을 수행하는 경우로 나눌 수 있고, 전자의 경우에는 다른 사업자와 직접 거래하는 것보다 불리한 조건으로 거래할 경우에 지원행위에 해당하는 반면, 후자의 경우에는 매개로 개입한 계열회사의 실제 역할과 지급된 대가와의 관계를 추가로 따져보아 지원행위 여부를 판단하여야 하는 것이다. 이때, 후자의 경우 대가의 적정성을 어떻게 판단할 것인지가 관건이 되는바, 보기에 따라서는 법 제45조 제1항 제9호 가목이 정하는 '상당히 유리한 조건의 거래'에 해당될 수도 있는 만큼 법적 불확실성이 매우 커 보인다.

(3) 통행세 관행의 위법성 징표

무릇 시장에서 사적 거래는 당사자 모두에게 그 이익이 돌아간다. 시장경제에서 가격이나 거래조건의 정당성이 원칙적으로 계약의 자유와 경쟁에서 비롯된다는 명제도 이러한 맥락에서 이해할 수 있다. 기업들 간의 거래는 그것이 비록 기업집단 소속 계열회사 간에 이루어지는 경우에도 어떤 형태로든—직접적이든 간접적이든, 단기적이든 장기적이든—궁극적으로 상호 간에 이익이 되는 것이 일반적이다.[604] 이를테면 계열회사 간의 거래라도 전적으로 일방당사자에게만 이익이 되는 반면 타방당사자는 손해만을 입게 되는 경우란 매우 이례적인 것이고, 이처럼 이례적인 경우로서 관련시장이나 국민경제에 커다란 폐해를 가져오는 한도에서 공정거래법이 개입하게 된다. 판례가 일관되게 지원객체가 속한 시장에서 경쟁을 저해할 것을 부당성의 핵심징표로 삼고 있는 것도 이러한 맥락에서 이해할 수 있다.

심사지침은 거래단계 추가 등에 의한 부당한 지원행위에 해당하는지에 대하여 다음과 같은 사항을 고려할 수 있다고 한다(심사지침 Ⅲ. 6. 나.). 즉 "① 지원주체가 지원객체를 거래단계에 추가하거나 거쳐서 거래하기로 결정함에 있어 통상적으로 행하는 필요최소한의 분석·검증 작업을 거치지 않는 등 정상적인 경영판단에 따른 결과로 보기 어려운 경우에 해당하는지 여부, ② 통상적인 거래관행이나 지원주체의 과거 거래행태상 이례적인지 여부, ③ 불필요한 거래단계를 추가하는 것이어서 지원주체에게 불리한 조건의 거래방식인지 여부, ④ 지원주체가 역할이 미미한 지원객체를 거래단계에 추가하거나 거쳐서 거래함으로써 지원객체에게 불필요한 유통비용을 추가적으로 지불한 것으로 볼 수 있는지 여부, ⑤ 지원주체가 지원객체를

604) 예를 들어 A사가 계열관계인 B사로부터 건물공사를 정상가격인 100억 원에 수주하여 이를 완성한 다음, B사의 공사대금 지급 지연에 따른 이자 1억 원을 청구하지 않았다면 현행법상 1억 원 상당의 자금지원을 한 것이 된다. 그런데 이 경우에 A사는 공사수주로 인하여 이를테면 대금의 10%인 10억 원의 이익을 누리는 것이고, 이자를 수령하지 않더라도 9억 원의 이익을 받는 것이어서 서로에게 모두 이익이 되는 것이며, A사는 결과적으로 100억 원 중 1억 원을 깎아준 것에 불과할 뿐이다.

거치지 않고 다른 사업자와 직접 거래할 경우 지원객체를 거쳐서 거래하는 것보다 더 낮은 가격으로 거래하는 것이 가능한지 여부"를 고려하도록 한다.

Ⅱ. 부당성 판단

1. 부당성의 의미

부당지원행위는 다른 일반불공정거래행위의 유형과는 그 입법목적, 보호법익, 금지의 필요성에 있어서 차이가 있으므로, 그에 따라 부당성을 검토하여야 한다. 부당지원행위로 인한 경제적 폐해에서 살펴본 바와 같이, 부당지원행위가 부당한 거래거절이나 차별적 취급 등 다른 일반불공정거래행위의 유형에 해당하지 않는 한 그로 인하여 경쟁사업자의 이익을 침해하는 결과를 가져온다고 보기는 어렵고, 지원행위는 거래당사자 간에 일방의 타방에 대한 경제적 이익의 이전을 본질적인 내용으로 하는 것으로서 거래상대방 또는 소비자의 권리를 침해하는 경우를 생각하기 어렵다. 따라서 부당지원행위로 발생할 수 있는 경제적 폐해는 크게 지원객체가 이전받은 경제적 이익을 이용하여 자신이 속한 관련시장에서 효율이 아닌 방법으로 경쟁상의 우위를 차지하고 그러한 지위를 이용하여 자유롭고 공정한 경쟁을 저해할 가능성과 이로 인하여 궁극적으로 그가 속한 기업집단이 국민경제에서 차지하는 지위를 유지·강화할 가능성의 두 가지라 할 것이므로, 부당지원행위에서의 '부당성' 역시 경쟁의 저해와 경제력집중에서 그 기준을 찾을 수 있을 것이다.

그런데 경제력집중의 억제라는 목적은 기업집단소속 계열회사 간 거래행위를 규제함으로써 직접적으로 달성하고자 하는 것이 아니라, 지원객체가 속한 관련시장에서 경쟁을 저해할 우려가 있는 정도의 중대한 부당지원행위를 규제함으로써 궁극적으로 실현될 수 있는 것이고, 따라서 그 구체적인 판단기준을 제시하기 위해서는 부당지원행위에 고유한 '부당성' 요소를 밝히지 않으면 안 된다. 특히 경제력집중의 정도를 파악하는 척도는 계열회사의 수, 자산총액이나 매출액 등이 고려되나, 상호출자제한 기업집단의 자산총액 기준을 사후규제의 기준으로 삼기도 어렵고, 부당지원행위와 부실기업의 존속이나 신설기업의 확장 등과의 인과관계를 입증하기 어려운 문제가 있다는 점에서, 경제력집중 개념을 부당성의 직접적인 고려요소로 삼기는 어려울 것으로 보인다.[605]

대법원과 현행 심사지침(심사지침 Ⅳ. 1. 가.)은 "부당지원행위가 성립하기 위해서는 지원주체의 지원객체에 대한 지원행위가 부당하게 이루어져야 하는바, 지원주체의 지원객체에 대한 지원행위가 부당성을 갖는지 유무를 판단함에 있어서는 지원주체와 지원객체와의 관계, 지원행위의 목적과 의도, 지원객체가 속한 시장의 구조와 특성, 지원성 거래규모와 지원행위로 인한 경제상 이익 및 지원기간, 지원행위로 인하여 지원객체가 속한 시장에서의 경쟁제한이나 경제력집중의 효과 등은 물론 중소기업 및 여타 경쟁사업자의 경쟁능력과 경쟁여건의 변화 정도, 지원행위 전후의 지원객체의 시장점유율의 추이, 시장개방의 정도 등을 종합적으로 고려하여 당해 지원행위로 인하여 지원객체의 관련시장에서 경쟁이 저해되거나 경제력집중이 야기되는 등으로 공정한 거래를 저해될 우려가 있는지 여부에 따라 판단하여야 한다."고 한다.[606] 또한 판례[607]와 같이, 심사지침(심사지침 Ⅳ. 1. 가, 나.)은 "이러한 지원행위의 부당성은 공정한 거래질서라는 관점에서 판단되어야 하며, 지원행위에 단순한 사업경영상의 필요 또는 거래상의 합리성 내지 필요성이 있다는 사유만으로는 부당성이 부정되지 아니한다. 다만, 사업자가 아닌 특수관계인에 대한 지원행위의 부당성은 특수관계인이 당해 지원행위로 얻은 경제상 급부를 계열회사 등에 투자하는 등으로 인하여 지원객체가 직접 또는 간접적으로 속한 시장에서 경쟁이 저해되거나 경제력집중이 야기되는 등으로 공정한 거래를 저해할 우려가 있는지 여부에 따라 판단한다."고 한다.

나아가 심사지침은 부당한 지원행위에 해당하는 경우에 대하여 "① 지원객체가 해당 지원행위로 인하여 일정한 거래분야에 있어서 유력한 사업자[608]의 지위를 형성·유지 또는 강화할 우려가 있는 경우, ② 지원객체가 속하는 일정한 거래분야에 있어서 해당 지원행위로 인하여 경쟁사업자가 배제될 우려가 있는 경우, ③ 지원객체가 당해 지원행위로 인하여 경쟁사업자에 비하여 경쟁조건이 상당히 유리하

605) 신영수, 앞의 글(2012-b), 430면; 이봉의, 앞의 글(2013), 247면.

606) 다만, 고려요소에 중소기업을 들고 있는 것은 적절하지 않아 보인다; 대법원 2007.1.11. 선고2004두3304 판결; 대법원 2006.5.26. 선고 2004두3014 판결; 대법원 2004.3.12. 선고 2001두7220 판결.

607) 대법원 2004.10.14. 선고 2001두2881 판결.

608) 공정거래법은 '유력한 사업자'를 따로 정의하지 않고 있는바, 대법원이 기타의 거래거절이 부당한지를 다루면서 "특정사업자의 사업활동을 곤란하게 할 의도를 가진 유력 사업자에 의하여 그 지위 남용행위로서 행하여지"는 경우를 예시한 것이 처음인 것으로 알려져 있다(대법원 2001.1.5. 선고 98두17869 판결). 즉, 특정사업자의 사업활동을 곤란하게 할 수 있는 정도의 지위 정도로 이해할 수 있을 것이다.

게 되는 경우, ④ 지원객체가 속하는 일정한 거래분야에 있어서 해당 지원행위로 인하여 지원객체의 퇴출이나 타사업자의 신규진입이 저해되는 경우, ⑤ 관련 법령을 면탈 또는 회피하는 등 불공정한 방법, 경쟁수단 또는 절차를 통해 지원행위가 이루어지고, 해당 지원행위로 인하여 지원객체가 속하는 일정한 거래분야에서 경쟁이 저해되거나 경제력집중이 야기되는 등으로 공정한 거래가 저해될 우려가 있는 경우"를 들고 있다(심사지침 Ⅳ. 2. 가. 내지 마.).[609] 이러한 사항은 모두 '잠재적 경쟁기반의 저해 우려'와 '이를 통한 당해 기업집단의 경제력집중 가능성'을 구체적으로 표현한 것으로 이해할 수 있다. ② 항목은 전형적인 경쟁제한성을 의미하는 것이고, 나머지의 요소들은 엄밀한 의미의 경쟁제한효과보다 넓은 경쟁을 왜곡하는 수준을 의미한다고 볼 수 있다. ① 항목의 경우 일본에서 사용하는 유력한 사업자라는 개념을 사용하여 그 요건이 무엇인지가 모호하고, ③ 항목의 경우 지원행위가 성립하면 발생하게 되는 효과를 의미한다는 점에서 적절하지 않아 보인다.[610]

한편, 1999년 개정된 심사지침[611]을 통하여, ⑤ 항목을 추가하여 예시하였다. 그러나 이러한 행위는 당해 법규에 의하여 충분히 금지될 수 있으므로, 당해 행위가 부당지원행위의 해석론상 지원행위성이 인정되고 지원객체가 속한 관련시장의

609) 한편, 심사지침은 부당한 지원행위에 해당하지 않는 경우로 "① 대규모기업집단 계열회사가 기업구조조정을 하는 과정에서 구조조정 대상회사나 사업부문에 대하여 손실분담을 위해 불가피한 범위 내에서 지원하는 경우, ②「대·중소기업 상생협력 촉진에 관한 법률」에 의하여 위탁기업체가 사전에 공개되고 합리적이고 비차별적인 기준에 따라 수탁기업체(계열회사 제외)를 지원하는 경우, ③ 기업구조조정과정에서 일부 사업부문을 임직원 출자형태로 분사화하여 설립한「중소기업기본법」상의 중소기업에 대하여 해당회사 설립일로부터 3년 이내의 기간 동안 자생력 배양을 위하여 지원하는 것으로서 다른 중소기업의 기존 거래관계에 영향이 적은 경우, ④ 정부투자기관·정부출자기관이 공기업 민영화 및 경영개선계획에 따라 일부 사업부문을 분사화하여 설립한 회사에 대하여 분사 이전의 시설투자자금 상환·연구기술인력 활용 및 분사 후 분할된 자산의 활용 등과 관련하여 1년 이내의 기간 동안 자생력 배양을 위하여 불가피하게 지원하는 경우로서 기존 기업의 거래관계에 영향이 적은 경우, ⑤「금융지주회사법」에 의한 완전지주회사가 완전자회사에게 자신의 조달금리 이상으로 자금지원을 하는 경우, ⑥ 개별 지원행위 또는 일련의 지원행위로 인한 지원금액이 1억 원 이하로서 공정거래저해성이 크지 않다고 판단되는 경우, ⑦「장애인고용촉진 및 직업재활법」 제28조 제1항에 따른 장애인 고용의무가 있는 사업주가 같은 법 제2조 제8호에 해당하는 장애인 표준사업장의 발행주식 총수 또는 출자총액의 50%를 초과 소유하여 실질적으로 지배하고 있는 장애인 표준사업장에 대하여 자생력 배양을 위하여 합리적인 범위 내에서 지원하는 경우, ⑧「사회적 기업 육성법」 제7조에 따라 고용노동부장관의 인증을 받은 사회적 기업의 제품을 우선 구매하거나, 사회적 기업에게 각종 용역을 위탁하거나, 사회적 기업에게 시설·설비를 무상 또는 상당히 유리한 조건으로 임대하는 등의 방법으로 지원하는 경우"를 들고 있다(심사지침 Ⅳ. 3. 가. 내지 아.).

610) 이봉의, 앞의 글(2013), 245-246면.

611) 공정거래위원회 지침, 1999.2.10.

경쟁을 저해할 우려가 있다고 인정되지 않는 한 관련 법령의 면탈(免脫) 또는 회피만을 이유로 부당지원행위에 해당한다고 보아야 할 합리적인 근거를 찾기 어렵다. 공정거래법 이외에 다른 관련 법령을 면탈 또는 회피하는 행위 그 자체는 부당지원행위를 금지하는 취지에 비추어 볼 때 여기서 문제 삼을 만한 행위로 볼 수 없고, '지원행위의 방법 또는 절차가 불공정한 경우'란 어떤 경우를 말하는지도 모호하다. 따라서 이 부분은 지원행위의 부당성을 지나치게 확대할 우려가 큰 것으로서 삭제하는 것이 타당할 것이다.

2. 부당성의 판단기준

가. 서 설

(1) 지원행위: 원칙적 허용과 예외적 금지

지원행위가 금지되기 위해서는 그것이 부당한 것이어야 하고, 부당성에 대한 입증책임은 공정거래위원회가 부담한다는 데에 이견은 없다. 종래 지원행위는 기업집단 내부거래로도 불리면서 경제적으로는 거래비용(transaction cost)을 절감할 수 있는, 그 결과 나름 효율적인 거래형태로 이해되어 왔다. 실제로 지원행위의 동기나 효과는 매우 다양하며, 국민경제 차원에서는 효율성 증대와 소비자후생 증대효과를 가져올 수 있다는 인식이 경제학자들 사이에서는 지배적인 듯하다. 반면, 과거의 경험상 지원행위가 부실한 지원객체의 퇴출을 억제하거나 지원객체에게 경쟁상 우위를 제공하는 등의 방법으로 시장에서의 경쟁을 저해하고 나아가 대기업집단의 경제력집중을 유지·강화하는 폐해를 야기할 수 있다는 점에서 공정거래법은 지원행위 중에서 일정한 경우는 엄격하게 금지하고 있는데, 이때 금지되는 선(line)이 바로 '부당성'인 것이다.

금지와 허용을 좌우하는 선(線)인 '부당성'이란 경제적 합리성과 시장 또는 국민경제상 폐해를 비교형량(balancing)하는 작업을 요구하고, 이를 통하여 경제적 사고와 법적 사고의 충돌을 조화로 이끌어야 할 임무를 갖게 된다. 양자의 충돌상황에서 판례는 지원객체가 속한 관련시장에서 경쟁을 저해 또는 제한하거나 경제력집중을 야기하는 등 공정한 거래를 저해할 우려가 있는지 여부를 기준으로 부당성 여부를 판단하여야 한다는 해석론을 확립하였다.[612] 이러한 태도는 지원행위의 경

612) 대법원 2004.3.12. 선고 2001두7220 판결; 대법원 2005.4.29. 선고 2004두3281 판결 등.

제적 합리성과 폐해를 비교형량 함은 물론 입법취지와 공정거래법상 위치, 즉 불공정거래행위라는 법적 성격을 아울러 고려한 것으로서 매우 타당하다.

(2) 부당성의 규범적 기능

지원성 거래와 관련하여 특히 2013년 제20차 법개정[613] 이후 기업집단에서는 매우 광범위하게 일상으로 이루어지는 수많은 내부거래가 언제든 부당지원행위로서 사후에 금지될 수 있는 위험에 노출되었다. 종전보다 '부당성' 요건을 통하여 금지되는 지원행위를 일정 부분 걸러주어야 할 필요성이 더욱 커진 것이다. 거래조건의 상당한 유리함이나 거래상 실질적 역할 등의 요건에 내재된 불명확성을 감안할 때 공정거래위원회의 재량판단에 따라 수직통합된 계열회사 간의 거래가 광범위하게 금지와 제재에 노출될 경우에는 계열거래가 갖는 장점이 현저하게 훼손 내지 왜곡될 우려가 있기 때문이다.

계열회사 간의 계속적 거래관계를 놓고 볼 때 법 제45조 제1항 제9호가 규정하고 있는 거래들은 시장에서 일상적으로 이루어지고 있고, 그 중 공정거래의 관점에서 위법성이 인정될만한 거래는 지극히 일부이자 예외적인 것이다. 시장에서 형성되는 수많은 거래가격은 대부분 수시로 변동하고 있고, 그중에서 다소 높아 보이는 가격을 정상가격으로 상정할 경우, 어느 기업집단이나 부당지원행위를 이유로 한 규제에서 자유로울 수 없다. 이러한 상황에서 내부거래의 과잉금지를 막고 거래당사자에게 법적 예측가능성을 담보하기 위해서라도 지원행위의 부당성은 계열화 내지 수직통합의 효율성과 장점을 최대한 살리면서 경쟁저해성이나 경제력집중이라는 부당성 판단이 정치적 내지 정책적 고려에 좌우되지 않도록 그 판단기준을 최대한 명확하게 제시하려는 노력을 하는 가운데 판단되어야 한다. 끝으로, 지원행위의 부당성은 구체적인 사례마다 여러 사정을 종합적으로 고려하여 결론지어야 하는바, 부당성 판단에 긍정적인 영향을 미치는 요인과 더불어 부정적인 영향을 미치는 요인을 함께 고려한다는 의미에서 일종의 이익형량이 이루어져야 함은 물론이다.[614]

(3) 부당성의 구성요소

부당지원행위는 그 입법취지, 금지의 필요성이라는 측면에서 다른 일반불공정

613) 2013.8.13. 개정, 법률 제12095호.

614) 홍대식, "부당지원행위의 부당성 판단에서의 사업경영상 필요성의 지위와 역할", 경쟁법연구 제24권, 2011, 31−32면.

거래행위와 구별되는 차이가 있다는 점을 감안할 때 부당지원행위의 부당성을 판단함에 있어서는 ① 지원주체와 지원객체의 관계, ② 지원객체 및 지원객체가 속한 관련시장의 구조 및 특성 등, ③ 지원금액의 규모와 지원된 자금·자산 등의 성격, 지원된 금액의 용도 등, ④ 지원행위의 의도와 목적, 정당한 사유의 존부 등에 대한 종합적인 고려가 필요하다.[615)]

즉, 지원행위의 공정거래저해성을 판단함에 있어서는 다른 불공정거래행위에서 고려되는 요소를 포함하여 부당지원행위 금지의 입법취지 및 금지의 필요성에 비추어 특수한 요소들을 고려하여야 할 것이다. 부당지원행위는 거래당사자 간의 거래조건의 공정성을 보장하기 위하여 금지하는 것이 아니고, 지원객체가 속하고 있는 시장의 경쟁저해와 경제력집중을 방지하기 위한 것인 이상, 부당성을 인정하기 위해서는 이에 관한 제반 요소들이 객관적인 증거에 의하여 검토되고, 이를 기초로 당해 지원행위가 지원객체가 속한 시장의 경쟁에 상당한 영향을 미칠 수 있고 그 결과 당해 기업집단의 경제력집중을 심화시킬 수 있다는 점이 인정되어야 한다.

구체적으로 지원행위의 부당성을 판단하기 위한 요소로서, ① 지원주체와 지원객체의 관계, ② 관련시장, ③ 지원금액의 규모와 지원된 자금·자산 등의 성격, 지원된 금액의 용도 등, ④ 지원행위의 의도와 정당한 사유의 존부, ⑤ 공정한 거래를 저해할 '우려'를 살펴볼 필요가 있다. 또 다른 고려사항으로 경제력집중과 경쟁저해성도 생각할 수 있다. 다른 불공정거래행위에서 흔히 발생할 수 있는 경쟁사업자의 이익침해, 거래상대방 또는 소비자의 이익침해 등(불공정성)의 문제는 기업집단 내 계열회사 간 거래행위에서 비롯되는 것으로 보기 어렵다.

나. 지원주체와 지원객체의 관계

부당지원행위 금지의 궁극적인 목적이 경제력집중의 억제에 있는 이상 그 규제대상은 대규모기업집단의 계열회사로 한정되는 것이 논리적으로 타당함에도 불구하고 공정거래법은 그 주체와 객체를 각각 '사업자'와 '특수관계인 또는 다른 회

615) 대법원 2007.1.11. 선고 2004두3304 판결; 대법원 2006.5.26. 선고 2004두3014 판결; 대법원 2004.3.12. 선고 2001두7220 판결. 대법원은 "지원주체와 지원객체와의 관계, 지원행위의 목적과 의도, 지원객체가 속한 시장의 구조와 특성, 지원성 거래규모와 지원행위로 인한 경제상 이익 및 지원기간, 지원행위로 인하여 지원객체가 속한 시장에서의 경쟁제한이나 경제력집중의 효과 등은 물론 중소기업 및 여타 경쟁사업자의 경쟁능력과 경쟁여건의 변화 정도, 지원행위 전후의 지원객체의 시장점유율의 추이, 시장개방의 정도 등을 종합적으로 고려하여 당해 지원행위로 인하여 지원객체의 관련시장에서 경쟁이 저해되거나 경제력집중이 야기되는 등으로 공정한 거래가 저해될 우려가 있는지 여부에 따라 판단하여야 한다."고 판시하였다.

사'라고 규정함으로써 부당지원행위의 주체와 객체는 대기업집단의 계열회사에 한정되지 않고 매우 폭넓게 확장되어 있다. 그런데 동일한 기업집단소속 계열회사 간의 거래와 계열분리된 회사 또는 제3자와의 거래는 각각 부당성의 판단이 달라질 수 있고, 동일한 기업집단 계열회사 간의 거래인 경우에도 거래당사자인 회사 간의 관계에 따라 부당성 판단의 기초가 달라질 수 있다는 점에서 부당지원행위를 금지하는 입법취지는 여전히 중요한 의미를 갖는다.

우선, 문제된 거래행위가 독립된 제3자와의 거래라면 이것은 일응 정상적인 거래조건에 의하여 이루어진 것으로 볼 수 있다. 설사 거래상대방이 계열분리회사인 경우에도 계열회사인 경우와 그 요건 판단을 동일하게 해서는 안 될 것이다. 원칙적으로 계열회사가 아닌 다른 사업자와 거래하는 경우에 그 거래조건은 '독립적으로'(at arm's length) 결정된 것으로 보아야 하고, 그것이 바로 시장에서 형성된 가격, 즉 정상가격이기 때문이다. 또한 일물일가(一物一價)의 원칙이란 현실의 시장에서 작동하지 않는 경우가 많으므로, 동일한 내용의 거래라 할지라도 거래시기, 거래규모, 시장상황, 거래당사자의 관계, 각 당사자의 협상력 등에 따라 얼마든지 다양한 가격이 형성될 수 있고, 또한 외견상 일방에게 불리한 조건의 거래라 하더라도 중·장기적인 관점에서 실질적으로는 불리하지 않은 거래가 얼마든지 가능한 것이다. 따라서 공정거래위원회가 거래당사자인 회사들 간의 거래관계, 채권·채무관계 기타 거래상·영업상 동일한 이해관계를 인정할 수 있거나, 일방에게 유리한 조건으로 거래를 하지 않으면 안 될 특별한 사정이 없음에도 불구하고 통상적인 거래관행에 비추어 상당히 유리한 조건으로 거래를 하게 되었다는 사실을 구체적으로 입증하는 경우에 한하여 지원행위의 성립을 인정할 수 있을 것이다.

한편, 지원객체가 사업자가 아닌 특수관계인인 경우에 당해 지원행위의 부당성은 특수관계인이 해당 지원행위로 얻은 경제상 급부를 계열회사 등에 투자하는 등으로 인하여 지원객체가 직접 또는 간접적으로 속한 시장에서 경쟁이 저해되거나 경제력 집중이 야기되는 등으로 공정한 거래를 저해할 우려가 있는지 여부에 따라 판단한다(심사지침 Ⅳ. 1. 나.).

다. 경쟁저해성

지원행위로 인하여 지원객체가 속한 시장에서 경쟁이 저해될 가능성이 있는지 여부를 판단하기 위해서는 지원객체가 관련시장에서 차지하는 지위, 매출액, 자산규모, 일반적인 자금조달 경로 및 현황, 관련시장의 전체 규모, 경쟁사업자의 현황, 관련시장의 산업적 특수성 및 진입장벽의 유무 등을 종합적으로 고려하여야 한다. 지원행위의 부당성을 판단함에 있어서 지원행위 당시 지원객체가 일정한 거래분야에 직접 참여하고 있는지 여부는 중요하지 않다.[616] 어떤 지원행위로 인하여 지원객체가 속한 시장에서의 공정한 거래를 저해할 우려가 있으면 족하기 때문이다. 다만, 지원객체가 자신이 속한 시장에서 미미한 시장점유율을 가지고 있는 데에 그치는 경우에는 부당지원을 통하여 얻은 경제력을 이용하여 시장에서 경쟁을 저해하고 나아가 공정한 거래를 저해할 가능성은 상대적으로 낮다고 보아야 할 것이다. 아울러 지원객체가 속한 시장이 정부의 인허가로 인하여 진입이 규제되거나 기타 사실상의 진입장벽이 존재하는 경우에는, 비록 지원객체가 지원성 거래를 통하여 경제력이 다소 강화되더라도 그것만으로 기존의 경쟁사업자를 압박하거나 새로운 경쟁사업자의 진입을 저해할 가능성이 더 높아진다고 보기는 어려울 것이다.

이때, '경쟁저해'란 공정한 경쟁을 저해할 우려가 있으면 족하고 구체적으로 경쟁을 저해하는 효과가 발생하고 있다거나 그러한 효과가 발생할 고도의 개연성까지 요구하는 것은 아니라는 의미에서 추상적인 위험으로 족하며, 나아가 서울고등법원은 어느 정도 공정하고 자유로운 경쟁을 방해하거나 거래주체의 자유롭고 자주적인 판단에 기초한 자유로운 경쟁기반을 침해하는 행위로 인정될 수 있으면 충분하다고 설시하기도 하였다.[617] 일견 시장지배적 지위남용이나 기업결합의 위법성에 요구되는 경쟁제한효과보다는 느슨한 기준이라고 볼 수 있을 것이다. 다만, 경쟁저해성을 지나치게 넓게 해석할 경우에는 부당성 요건이 형해화되고, 경쟁에 미치는 효과가 미미한 정상적인 거래마저 부당지원행위로 금지될 수 있다는 점에 유의하여야 한다. 이러한 맥락에서 예컨대 경쟁제한의 정도가 상당하더라도 중장기적인 관점에서 경제력집중의 우려가 없는 경우에는 결론적으로 부당성을 부인하는 것도 해석론으로서 고려할 수 있을 것이다.

그 밖에 지원객체가 속한 시장이 중공업 분야인지, 현금유동성이 매우 중요한지, 투자금의 회수기간이 매우 긴지 등에 따라 지원받은 경제적 이익이 관련시장의 경쟁에 미치는 효과에는 상당한 차이가 있을 것이므로 이러한 요소들도 충분히 고

616) 대법원 2004.9.24. 선고 2001두6364 판결; 대법원 2005.5.27. 선고 2004두6099 판결; 대법원 2006.5.12. 선고 2004두12315 판결 등.

617) 서울고등법원 2016.10.14. 선고 2015누70074 판결.

려되어야 할 것이다. 나아가 지원객체가 속한 시장에서 주요 경쟁사업자가 마찬가지로 대기업집단에 속한 계열회사인지 여부도 지원행위로 인한 경쟁저해 여부 및 이를 통해 당해 기업집단의 경제력집중을 심화시킬 수 있는지를 판단함에 있어 중요한 고려요소가 될 수 있다.

한편, 계열회사 간의 규모성 지원행위란 수직통합된 지원주체와 지원객체 사이의 배타적 거래 내지 (사실상의) 전속거래와 유사한 효과를 낳을 수 있다. 이 점에서 지원주체가 속한 시장에서 경쟁사업자를 배제 또는 봉쇄할 가능성도 배제할 수 없으나,[618] 이러한 측면을 지원행위의 경쟁제한성으로 포착할 것인지는 다소 의문이다. 비록 부당지원행위를 공정거래저해의 관점에서 파악할 수밖에 없더라도 여기에 요구되는 경쟁제한성을 봉쇄효과 등에 제한할 수는 없으며, 경제력집중의 억제라는 입법취지를 감안하더라도 예상되는 효과는 지원객체 및 그가 속한 시장에서 발생할 것이기 때문이다.

종래 지원행위의 부당성 판단요소로서 결과적으로 예견되는 경쟁제한성이 강조되어 왔으나, 그러한 효과는 어디까지나 지원행위로 인한 것이어야 한다는 점에서 인과관계가 존재하여야 한다. 문제는 지원객체에게 과다한 이익을 제공하는 행위가 존재하다고 해서 곧바로 그가 속한 시장에서 경쟁이 제한될 것으로 보기는 어렵다는 데에 있다. 지원객체가 제공받은 이익을 기초로 어떤 형태로든 경쟁제한 '행위'로 나아가지 않으면 안 되는 것이다. 이 점에서 지원행위 이후 지원객체인 사업자의 시장행태에 대한 분석이 필요할 것으로 보이는바,[619] 그렇다면 지원행위 이후의 경쟁제한행위만을 규제하면 족하고 굳이 인과관계도 모호한 지원행위 단계에서 이를 문제 삼는 것이 타당한지에 관한 의문이 제기될 수 있을 것이다.

라. 지원금액의 규모와 지원된 자금·자산 등의 성격, 지원된 금액의 용도 등

지원금액의 규모 역시 지원객체 및 관련시장의 상황에 따라 경쟁에 미치는 영향이 달리 평가될 수 있다는 점에서 부당성 판단에 있어서 중요한 고려요소에 해당된다. 또한 지원된 자금·자산이 현금화가 용이한 것인지 여부, 지원된 자금·자산이 실제 투입된 용도 등도 마찬가지이다. 즉 현금화가 곤란한 자산을 지원받은 경우 또는 지원받은 경제상 이익이 관련시장에서의 경쟁과는 무관하게 신규사업에

618) 홍명수, 앞의 글, 238-239면.
619) 홍명수, 앞의 글, 240면 이하.

대한 투자 등에 사용된 경우에는 관련시장에서 경쟁에 미치는 효과는 상대적으로 적거나 심지어 경쟁을 촉진하는 효과를 갖는다고 볼 수도 있을 것이다.

어떤 거래행위가 지원행위로 되기 위해서는 그것이 거래상대방에게 상당히 유리한 조건이어야 한다. 거래조건이 '상당하게' 유리한지 여부를 판단함에 있어서는 급부와 반대급부 간의 상당한 차이는 물론, 그 거래규모의 상당성도 함께 고려하지 않으면 안 될 것이다. 심사지침에 따르면 지원성 거래규모란 지원주체가 지원객체에게 지원행위를 행한 기간 동안 해당 지원행위와 관련하여 이루어진 거래(무상제공 또는 무상이전을 포함)의 규모를 말한다(심사지침 Ⅱ. 7.).

"조선일보" 사건[620]에서 법원은 디지틀조선은 인터넷 정보서비스업을 영위하는 조선일보의 계열회사로서 2000년 12월 말 인터넷 정보서비스업의 시장규모는 975억 원으로 추산되고 그중에서 디지틀조선이 37.4%의 점유율을 차지하고 있는 사실 등에 비추어 보면, 문제된 무상광고행위로 인한 지원금액은 지원성 거래규모의 10%인 900만 원이고, 이 사건 광고에서 디지틀조선에 대한 광고가 차지하는 비중에 따라 그 지원금액을 추산해 보아도 원고 디지틀조선의 자산총액, 매출액 등에 비하여 극히 미미한 수준에 불과한 점 등을 참작해 보더라도 이러한 정도의 지원행위로 인하여 디지틀조선의 관련시장에서의 경쟁조건이 다른 경쟁사업자에 비하여 유리하게 되거나 그 퇴출이 저지될 우려가 있었다고 보기 어렵다는 점을 들어, 해당 무상광고행위가 관련시장에서의 공정경쟁을 저해할 우려가 있었다고 볼 수 없다고 판시하였다.

마. 불공정한 방법이나 절차에 의한 지원행위

구 심사지침[621]은 '관계 법령을 면탈 또는 회피하여 지원하는 등 지원행위의 방법 또는 절차가 불공정한 경우'에는 부당한 지원행위에 해당한다고 규정하고 있었다(구 심사지침 Ⅴ. 2. 마.). 그런데 심사지침이란 법령의 위임에 따른 것이 아니라 법령상 부당지원행위 금지규정의 운영과 관련하여 심사기준을 마련하기 위하여 만든 공정거래위원회 내부의 사무처리지침에 불과하므로, 지원행위를 둘러싼 일련의 과정 중 관계 법령이 정한 방법이나 절차의 위배가 있다고 하여 곧바로 부당지원행위에 해당한다고는 볼 수 없을 것이다.

---

620) 대법원 2005.9.15. 선고 2003두12059 판결.

621) 공정거래위원회 지침, 1999.12.29. 개정.

이러한 맥락에서 볼 때 "삼성 SDS" 사건[622]에서 신주인수권부사채를 발행하고 당일 신주인수권증권 전체를 특수관계인에게 매각한 행위와 관련하여, 대법원은 그와 같은 행위가 증권거래법과 관련한「유가증권인수업무에 관한 규정」제8조를 면탈, 회피하여 그 수단이나 방법이 공정하지 못한 행위로서 정상적이고 공정한 방법이나 절차에 의한 거래라고 볼 수 없다는 사유만으로는 공정한 거래를 저해할 우려가 있는 행위라고 볼 수 없고, 이러한 관계 법령의 면탈 또는 회피가 지원행위의 부당성에 직접 관련된 것으로서 지원객체가 직접 또는 간접적으로 속한 시장에서 경쟁을 저해하거나 경제력 집중을 야기하는 등으로 공정한 거래를 저해할 우려가 있는 경우에 비로소 부당지원행위에 해당한다고 판시하였다. 현행 심사지침은 판례의 태도를 반영하여 "관련법령을 면탈 또는 회피하는 등 불공정한 방법, 경쟁수단 또는 절차를 통해 지원행위가 이루어지고, 해당 지원행위로 인하여 지원객체가 속하는 일정한 거래분야에서 경쟁이 저해되거나 경제력 집중이 야기되는 등으로 공정한 거래가 저해될 우려가 있는 경우"에 부당한 지원행위에 해당하는 것으로 규정하고 있다(심사지침 Ⅳ. 2. 마.).

바. 지원행위의 의도와 정당한 사유의 존부

지원행위의 부당성 판단에 있어서는 그에 따른 경제상 이익뿐만 아니라, 지원행위의 의도가 존재하여야 한다.[623] 지원성 여부가 다투어지는 거래라도 객관적으로 지원의도가 인정되지 않는 경우에는 부당성이 조각될 수 있을 것이다. 판례와 심사지침은 지원행위의 부당성 판단에 있어서 지원행위의 목적과 의도를 아울러 고려하도록 하고 있다. 대법원은 지원행위가 부당성을 갖는지 여부를 판단함에 있어서는 "지원객체가 속한 시장에서의 경쟁제한이나 경제력집중의 효과와 더불어 지원행위의 목적과 의도 등을 종합적으로 고려하여야 한다."고 판시하고 있다.[624] 나아가 대법원은 부당한 자금지원이 문제된 사건에서 지원의도란 지원행위를 하게 된 동기와 목적, 거래의 관행, 당시 지원객체의 상황, 지원행위의 경제상 효과와 귀속 등을 종합적으로 고려하여 지원주체의 '주된' 의도가 지원객체가 속한 관련시장에서의 공정한 거래를 저해할 우려가 있는 것이라고 판단되는 경우 인정되는 것이

622) 대법원 2004.9.24. 선고 2001두6364 판결.

623) 이호영(제6판), 400면.

624) 대법원 2011.9.8. 선고 2009두11911 판결; 대법원 2007.3.29. 선고 2005두3561 판결; 대법원 2007.1.25. 선고 2004두7610 판결("현대 제3차 부당내부거래" 판결); 2006.6.2. 선고 2004두558 판결.

고, 이러한 지원의도는 지원주체의 주관적인 내심의 의사라기보다는 여러 상황을 종합하여 '객관적으로' 추단할 수 있다는 태도를 취한 바 있다.[625] 따라서 안정적 거래처 확보나 거래비용의 감소 등 지원행위에 객관적으로 정당한 사유가 존재하는 경우에는 지원의도를 인정하기 어려울 것이다.[626]

한편, 지원주체가 자신의 사업경영상의 필요 또는 거래상의 합리성 내지 필요성 때문에 지원객체에게 상당히 유리한 조건으로 거래행위를 한 경우에도 이를 정당한 이유가 있는 것으로 보아 지원행위의 의도 또는 목적이 없다고 볼 수 있는지 여부가 문제된다. 예컨대, 지원주체가 지원객체의 주주이거나 채권자 또는 보증인인 경우 또는 이들이 서로 원재료·부품 등을 공급하는 경우에서처럼 자신의 사업상 중요하고도 필수불가결한 관계에 있는 경우에는 자신의 주식가치 또는 채권을 담보하거나 법적 책임을 부담하지 않기 위하여, 또는 원활한 사업수행을 위하여 지원객체에게 유리한 조건으로 거래를 하는 경우를 생각할 수 있다. 그리고 이 경우에는 지원성 거래를 통하여 지원객체가 원활하게 사업을 수행하는 것이 바로 지원주체 자신의 경제적 이익과 직결되는 것이므로, 지원행위의 정당성을 인정할 여지가 없지 않다. 나아가 지원성 거래가 다른 법률에 따라 강제되거나 다른 법률에서 정한 요건과 절차에 따라 적법하게 행해진 경우에는 그 거래조건이 거래상대방에게 상당히 유리하다고 하여 관련시장에서 경쟁을 저해하려는 의도가 인정되기는 어려울 것이다.

끝으로, 객관적 정당화 사유로서 지원행위로 인한 공익적인 가치 등 경쟁외적인 가치를 고려할 수 있을지도 문제된다. 법원은 일관되게 지원행위의 부당성이란 공정한 거래질서의 관점에서 판단하여야 한다는 전제 하에서 공익적 취지를 고려할 여지를 남겨두고 있는 것으로 보인다.[627] 다만, 대법원은 "한국도로공사" 사건[628]에서 공정한 거래질서 외의 가치도 일부 고려하고 있는 것으로 보이는데, "이 사건 수의계약(隨意契約) 체결행위가 고속도로관리공단 및 고속도로정보통신이 속한 관련시장에서의 경쟁을 제한하는 측면이 전혀 없는 것은 아니나 고속도로관리공단 및 고속도로정보통신의 민영화라는 공익적 목적을 달성하기 위하여 원고에게

625) 대법원 2005.5.27. 선고 2004두6099 판결.
626) 이봉의, 앞의 글(2013), 248면.
627) 대법원 2004.4.9. 선고 2001두6203 판결.
628) 대법원 2007.3.29. 선고 2005두3561 판결.

부여된 수의계약집행권한의 범위 내에서 행하여진 행위인 점, 고속도로관리공단 및 고속도로정보통신의 민영화 과정에서 자생력 확보 및 기업가치 제고, 소속직원의 고용안정, 유지보수 전문회사로서의 육성을 통한 경영합리화 도모 등을 위하여 원고가 고속도로관리공단 및 고속도로정보통신과 이 사건 수의계약을 체결함에 있어서 일정 수준의 낙찰률을 보장해 줄 필요성이 있었던 점과 그 밖에 부당성을 갖는지 유무를 판단함에 있어서 고려되어야 할 여러 사정 등에 비추어 보면, 이 사건 수의계약 체결행위로 인하여 지원객체의 관련시장에서 경쟁이 저해되거나 경제력 집중이 야기되는 등으로 공정한 거래가 저해될 우려가 있다고는 할 수 없다."고 판시한 바 있다.

제 4 절 부당한 이익제공의 금지요건과 유형

Ⅰ. 금지요건 일반

특수관계인에 대한 부당한 이익제공의 성립 여부를 심사함에 있어서 법 제47조 제1항을 문리적·체계적, 그리고 목적론적으로 해석할 때, ① 계열회사와 특수관계인 등과의 사이에 이익제공의 수단이 되는 일정한 행위 내지 거래가 존재하여야 하고, ② 이를 통하여 총수 일가 등 특수관계인에게 상당한 규모의 경제상 이익이 귀속되는 효과가 발생하여야 하며, ③ 이들 양자 간에 상당한 인과관계가 인정되어야 하고, 끝으로 ④ 특수관계인에게 귀속된 이익이 부당한 것이어야 한다.

법 제47조 제3항에서는 제1항에 따른 '부당하게 제공된 이익'을 수령하는 행위도 금지하고 있다. 즉 제1항에 따른 거래 또는 사업기회 제공의 상대방은 제1항 각 호의 어느 하나에 해당할 우려가 있음에도 불구하고 해당 거래를 하거나 사업기회를 제공받는 행위를 하여서는 아니 된다고 규정하고 있다. 이를 위반한다면, 이익제공자와 마찬가지로, 공정거래위원회의 시정명령이나 과징금 부과명령을 받을 수 있도록 한 것이다(법 제49조, 제50조 제2항).

다른 한편으로, 법 제47조 제4항에서는 특수관계인은 누구에게든지 제1항 또는 제3항에 해당하는 행위를 하도록 지시하거나 해당 행위에 관여하여서는 아니하도록 규정하고 있다. 이를 위반하는 경우 특수관계인에 대하여 시정명령이나 형사적 제재가 부과될 수 있다(법 제49조, 제124조 제1항 제10호). 특수관계인이 부당한 이익제공행위에 '관여'하였는지 여부를 판단하기란 쉽지 않다. 판례에 따르면 특수관계인이 계열회사의 임직원 등에게 부당한 이익제공행위를 장려하는 태도를 보였거나 해당 거래의 의사결정 또는 실행과정에서 계열회사의 임직원 등으로부터 부당한 이익제공행위와 관련된 보고를 받고 이를 명시적 또는 묵시적으로 승인하였다면 그 행위에 관여한 것으로 평가할 수 있다.[629] 구체적으로 특수관계인이 부당한 이익제공행위에 '관여'하였는지 제공주체와 제공객체 및 특수관계인의 관계, 행위의 동기와 경위, 행위의 내용 및 결과, 해당 행위로 인한 이익의 최종 귀속자가 누

---

629) 대법원 2023.3.16. 선고 2022두38113 판결(기업집단 "태광" 사건).

구인지, 특수관계인이 부당한 이익제공행위의 의사결정 또는 실행과정에서 법률상 또는 사실상 관여할 수 있는 지위에 있었는지, 특수관계인 외에 실행자가 있는 경우 실행자와 특수관계인의 관계 및 평소 권한의 위임 여부, 실행자가 특수관계인의 동의나 승인 없이 해당 행위를 하는 것이 법률상 또는 사실상 가능한지, 해당 행위를 할 동기가 있는지 여부 등 제반 사정을 종합하여 판단하여야 한다. 특수관계인이 기업집단에 대한 영향력을 이용하여 다양한 방식으로 '간접적으로' 관여할 수 있음은 물론이다.

1. 주체와 객체

2013년 제20차 개정법[630]은 제23조의2(특수관계인에 대한 부당한 이익제공 등 금지, 현행법 제47조)에 관한 규정을 신설하였다. 그에 따라 공시대상기업집단에 속하는 회사는 특수관계인(동일인 및 그 친족에 한정)이나 특수관계인이 대통령령으로 정하는 비율 이상의 주식을 보유한 계열회사와 일정한 거래 또는 행위를 통하여 자연인인 특수관계인에게 부당한 이익을 귀속시키는 행위를 하여서는 아니 된다. 이때, '특수관계인이 대통령령으로 정하는 비율 이상의 주식을 보유한 계열회사'란 동일인이 단독으로 또는 동일인의 친족과 합하여 발행주식 총수의 100분의 30(주권상장법인이 아닌 회사의 경우에는 100분의 20) 이상을 소유하고 있는 계열회사를 말한다(구법의 영 제38조 제2항).

특수관계인에 대한 이익제공행위는 그 수단 면에서 직접적이든 간접적이든 묻지 않으며, 제공주체가 제공객체에게 부당한 이익을 귀속시킬 목적으로 제3자를 매개하여 거래행위가 이루어지고 그로 인하여 제공객체에게 실질적으로 이익이 귀속되는 경우에도 그 행위요건은 충족된다.[631]

한편, 특수관계인에 대한 부당한 이익제공 금지를 회피하기 위하여 특수관계인의 계열회사 지분율을 29% 내외로 유지하거나 특수관계인이 지배하는 계열회사가 상당 지분을 보유한 다른 계열회사와 일정한 거래를 통하여 이익을 제공하는 등의 문제가 제기됨에 따라 2020년 전부개정법[632]은 공시대상기업집단에 속하는 계열회사가 동일인이 단독으로 또는 다른 특수관계인과 합하여 발행주식 총수의 100

630) 2013.8.13. 개정, 법률 제12095호.
631) 대법원 2022.11.10. 선고 2021두35759 판결(기업집단 "효성" 사건).
632) 2020.12.29. 전부개정, 법률 제17799호.

분의 20 이상의 주식을 소유한 국내 계열회사 또는 그 계열회사가 단독으로 발행주식 총수의 100분의 50을 초과하는 주식을 소유한 국내 계열회사와 일정한 거래 또는 행위를 통하여 부당한 이익을 제공하는 행위를 금지하는 것으로 규제대상을 대폭 확대하였다(법 제47조 제1항).

2. 이익제공행위의 수단 및 효과

가. 이익제공의 수단

법 제47조 제1항 각호는 특수관계인에 대한 부당한 이익제공행위 등의 행위에 관하여 규정하고 있고 이 경우 각 호에 해당하는 행위의 유형 또는 기준은 대통령령으로 정한다. 제1항이 열거하고 있는 행위는 다음의 4가지이다.

① 정상적인 거래에서 적용되거나 적용될 것으로 판단되는 조건보다 상당히 유리한 조건으로 거래하는 행위(제1호)

② 회사가 직접 또는 자신이 지배하고 있는 회사를 통하여 수행할 경우 회사에 상당한 이익이 될 사업기회를 제공하는 행위(제2호)

③ 특수관계인과 현금, 그 밖의 금융상품을 상당히 유리한 조건으로 거래하는 행위(제3호)

④ 사업능력, 재무상태, 신용도, 기술력, 품질, 가격 또는 거래조건 등에 대한 합리적인 고려나 다른 사업자와의 비교 없이 상당한 규모로 거래하는 행위(제4호)

법 제47조 제1항 각호가 열거하고 있는 행위유형은 특수관계인에게 이익을 귀속시키기 위한 수단으로서, 여기에는 적지 않은 불특정요소가 포함되어 있는바, 예컨대 '정상적인' 거래, '상당히 유리한' 조건, '상당한' 이익이 될 '사업기회', '합리적인' 고려 없이, '상당한' 규모 등이 그러하다. 동항이 열거하고 있는 일련의 행위 내지 거래가 자연인인 특수관계인에게 — 귀속되는 이익의 규모는 아직 알 수 없으나 — 일응 경제상 이익을 귀속시킬 것이라는 점을 충분히 예상할 수 있으나, 법 제45조 제1항 제9호의 부당지원행위와 마찬가지로 행위 그 자체로는 위법성을 추단할 수 없다.

행위유형별 요건에 대한 상세한 검토는 후술하기로 하고, 여기서는 법 제45조 제1항 제9호의 부당지원행위와 행위요건이 중첩될 수 있다는 점을 지적하는 데에 그치기로 한다. 법 제47조 제1항 제1호와 제3호는 정상가격보다 상당히 유리한 조건으로 거래하는 행위로서 자금이나 자산, 상품·용역 등을 상당히 유리한 조건으로 거래하는 지원행위와 중첩되고, 제2호는 통행세 관행과 중첩될 수 있으며, 제4호는 대규모거래를 통한 지원행위와 중첩되는 것으로 보인다. 법 제45조 제1항 제9호와 법 제47조 제1항의 관계를 규명함에 있어서 '부당성'이 중요한 의미를 가질 수밖에 없는 이유이다.

나. 귀속되는 이익규모의 상당성 및 인과관계

이익제공의 수단이 되는 거래나 사업기회제공은 자연인인 특수관계인이나 특수관계인이 일정한 지분 이상을 보유하고 있는 계열회사와의 것이면 족하나, 이를 통하여 실제 이익이 귀속되는 자는 반드시 자연인인 특수관계인이어야 한다. 특수관계인에게 일정한 이익이 귀속되는 효과가 실제 발생하여야 하는지는 법문상 확실하지 않은데, 이 문제는 열거된 거래를 통하여 당장에는 특수관계인에게 귀속되는 이익이 없거나 미미하더라도 향후에 상당한 이익이 귀속될 것이라는 추단만으로 행위요건을 충족하는 것으로 볼 수 있을 것인지와 관련된 것이다. 생각건대, 이익이 귀속되는 효과가 실제 발생하여야 하는지 여부에 대해서는 소극적이다. 법 제47조 제1항의 문언도 '… 이익을 귀속시키는 행위'로 명시하고 있을 뿐만 아니라, 자칫 특정 거래나 사업기회가 장래에 특수관계인에게 이익이 될 수 있다는 막연한 이론적 가능성만으로 금지될 여지가 있고, 이익귀속의 '가능성'이란 매우 불확실한 것이어서 장래 시장상황의 변화에 따라 크게 좌우될 수 있기 때문이다. 따라서 해석론으로는 공정거래위원회가 일정한 거래를 통하여 특수관계인에게 구체적으로 경제상 이익이 귀속되었거나 적어도 가까운 장래에 경제상 이익이 귀속될 것으로 볼만한 상당한 정도의 개연성이 있음을 입증하도록 하는 것이 타당할 것이다. 추가적으로 이익의 귀속과 관련하여 살펴보아야 할 요건은 다음과 같은 두 가지이다.

첫째, 특수관계인에게 실제로 귀속시키는 이익 또한 부당지원행위와 마찬가지로 '과다한' 것이어야 하는지 여부이다. 법 제47조 제1항은 단지 부당한 이익이라고 규정하고 있을 뿐이고, 열거된 행위요건에서는 '상당히' 유리한 조건이나 규모로 거래하거나 '상당한' 이익이 될 사업기회라고만 규정하고 있을 뿐이기 때문이다. 그런데 상당히 유리한 조건이나 규모의 거래 또는 상당한 이익이 될 사업기회의 제공이란 이익제공을 위한 수단에 불과하고, 그 결과 특수관계인에게 어느 정도의 이익이 구체적으로 귀속되어야 하는지에 대해서는 명문의 규정이 없다. 더구나 주로 계열회사 간의 지원성 거래와 그로 인한 일반집중이 문제되는 부당지원행위의 경우와 동일인 및 그 친족에 대한 이익제공과 그로 인한 소유집중이 문제되는 부당한 이익제공의 경우에, 제공되는 이익의 규모와 정도는 이를 달리 파악할 여지가 충분하다는 점도 간과할 수 없다. 확실한 것은 귀속되는 이익의 과다성(過多性) 여부는 후술하는 이익의 '부당성' 요건과 관련하여 과연 어느 정도의 이익제공이라야 부당성을 인정할 수 있을 것인지와 무관하지 않다는 점에서 행위요건 및 위법성요건 모두와 결부되는 측면이 있다는 점이다.

생각건대, 부당지원행위의 경우에도 법문상으로는 '상당히 유리한 조건으로 거래하는 행위'로 규정되어 있으나 시행령에서 그 결과 지원객체에게 '과다한 경제상 이익'을 제공할 것을 요건의 하나로 추가하고 있는 점을 감안할 때, 부당한 이익제공의 경우 또한 귀속되는 이익의 규모와 정도를 고려하는 것이 마땅할 것이다. 이러한 견해에 대해서는 시행령 [별표 3]이 '정상적인 거래조건과의 차이가 7% 미만'이고 '거래당사자 간 해당 연도 거래총액이 50억 원(상품·용역의 경우에는 200억 원) 미만인 경우'에는—법 제47조 제1항 각호의 행위에 해당하지 않는 것이 아니라—상당히 유리한 조건에 해당하지 않는 것으로 본다고 규정하고 있고, 이것은 일종의 안전지대(safety zone)로서 귀속되는 이익의 양적 측면이 어느 정도 이미 고려되고 있다는 주장이 가능할 것이다. 그러나 이 경우 안전지대란 공정거래위원회의 심사면제를 의미함에 불과하고, 안전지대를 상회하는 경우에도 곧바로 위법이 되는 것이 아니라 공정거래위원회가 상당히 유리한 조건인지 여부를 적극적으로 심사하여 입증하여야 하는 것이며,[633] 더구나 동 안전지대의 요건은 귀속되는 이익의 규모를 적극적으로 보여주는 표지가 아니라는 점에서 적절하지 않아 보인다. 따라서 공정거래위원회로서는 예컨대 정상적인 거래조건보다 유리한 조건으로 거래함으로써 특수관계인에게 직·간접적으로 경제상 이익이 귀속되는 경우에 그러한 이익이 적어도 상당함을 입증하여야 할 것이다. 그렇지 않을 경우에는 비록 안전지대를 벗어난 거래라도 당초 입법취지와 전혀 거리가 먼 행위를 모두 이익귀속행위로 포

633) 같은 취지로 홍대식, "공정거래법상 특수관계인에 대한 부당이익제공행위의 의미 및 판단기준", 비교사법 제21권 제1호, 2014, 217면 이하; 서정, "재벌의 내부거래를 둘러싸고 나타난 규범의 지체현상과 그 극복—공정거래법상 특수관계인에 대한 부당한 이익제공 금지 규정을 중심으로—", 법조 제704권, 2015, 221면 각주 90.

착하게 되고, 부당성 판단단계에서 결국 이익의 규모가 크지 않음이 고려되어 위법성이 부인될 경우에는 불필요하게 법집행을 시도한 데 따른 비효율이 발생할 것이기 때문이다.

그 밖에 귀속되는 이익의 규모를 파악하지 않고는 편법승계 등을 통한 경제력집중의 우려가 있는지를 판단할 수 없고, 나아가 법위반행위가 인정되더라도 과징금을 산정하기 위해서는 시행령 [별표 6]에 따라 구체적인 귀속이익, 1차적으로는 '정상적인 거래에서 기대되는 급부와의 차액'을 일응의 기준에 따라 산정하지 않으면 안 된다는 점에서도 귀속이익의 규모는 법 제47조를 집행함에 있어서도 매우 중요한 의미를 갖는다. 판례는 일관되게 지원행위를 통하여 지원객체에게 과다한 경제상 이익을 제공한 경우, 이익의 규모가 경쟁제한성 및 경제력집중 심화우려에 직접 영향을 미치는 요소로 고려해왔다는 점도 참고할 만하다. 앞서 언급된 기업집단 "한진" 사건에서 대법원은 부당성을 판단함에 있어서 무엇보다 거래의 규모와 특수관계인에게 귀속되는 이익의 규모, 이익제공행위의 기간을 종합적으로 고려하여야 한다고 판시함으로써 귀속되는 이익의 규모가 적을 경우에 부당성이 배척될 수 있음을 시사하고 있다.[634)]

둘째, 특수관계인에게 귀속되는 이익은 문제된 거래 내지 사업기회의 제공에서 비롯된 것이어야 한다는 점에서 민법상 상당한 인과관계에는 이르지 않더라도 어느 정도 양자 사이에 밀접한 상관관계가 존재하여야 한다. 정상적인 거래에 비하여 상당히 유리한 조건이 인정된다면, 일견 용이하게 그러한 상관관계가 드러날 수도 있을 것인 반면, 계열회사가 동일인의 지분율이 높은 다른 계열회사에게 상당한 이익이 될 사업기회를 제공한 것이 문제된 경우에 실제 특수관계인에게 어느 정도의 이익이 귀속될 것인지는 다른 차원으로서 개별 사례마다 매우 다양한 상황이 가능할 것이다.

다. 부당한 이익제공의 '의도'

종래 학설, 판례에 따르면 공정거래법상 금지행위를 판단함에 있어서 사업자의 의도는 그 경중의 차이는 있으나 중요하게 고려되어 왔다. 시장지배적 지위남용의 경우 경쟁제한효과에 대한 의도를 부당성 요건의 하나로 보거나, 불공정거래

---

634) 대법원 2022.5.12. 선고 2017두63993 판결. 같은 취지로 최난설헌, "한진그룹의 '특수관계인에 대한 부당한 이익제공행위' 사건 대법원 판례 검토", 상사판례연구 제35권 제3호, 2022, 187면.

행위의 경우에 행위의 의도 내지 동기를 다른 요소들과 함께 종합적으로 고려하여 부당성을 판단하도록 하는 예가 그러하다. 법 제9조의 경쟁제한적 기업결합의 제한만이 의도와 상관없이 효과만을 고려하는 경우이다. 이처럼 사업자가 당해 행위로 나아간 동기나 의도 등의 목적을 위법성 판단에 고려하는 취지는 공정거래법이 어떤 행위를 금지할지 여부는 1차적으로 경쟁을 저해 또는 제한하는 효과가 발생하거나 발생할 우려가 있는지 여부인데, 이와 같이 시장에서 발생하는 부정적 효과는 당해 행위로부터 야기되는 여러 가지 효과 중의 하나일 뿐 전부가 아니기 때문이다.

자유시장경제 하에서 사업자, 특히 대기업집단 소속 회사의 행위는 당해 기업(집단), 경쟁사업자, 거래상대방, 소비자는 물론이고 국민경제 전반에 영향을 미치게 된다. 더구나 그 효과가 아직 발생하지 않은 우려 수준에 그치는 경우라면 당해 행위가 장래에 어떤 다양한 파급효과를 가져올지 예측하기가 쉽지 않다. 따라서 경쟁당국이나 법원으로서는 어떤 행위에 경쟁법상 비난가능성을 부여하기 위하여 당초 사업자가 어떤 의도를 갖고 있었는지를 객관적인 정황에 비추어 면밀히 고려할 필요가 있는 것이다.

부당지원행위의 경우에도 공정거래법령의 문언과 상관없이 판례는 일찍이 지원주체에게 지원의도가 있어야 한다는 태도를 견지하고 있다.[635] 그렇다면 법 제47조의 경우에도 이익을 제공하는 회사가 특수관계인에게 부당한 이익을 제공하려는 의도를 가지고 있어야 하는가? 당초 법 제47조 제1항을 일정한 행위 내지 거래를 통한 이익제공행위를 일체 금지하는 것으로, 다시 말해서 동항 각호의 행위가 인정될 경우 원칙적으로 부당하다는 식의 해석론에 따르자면 총수 일가에게 이익을 귀속시키려는 '의도'는 전혀 중요하지 않을 것이다. 반면, 이익의 '부당성' 요건에 보다 적극적인 규범적 의미를 부여하고자 하는 다수설의 태도라면 이익제공의 의도는 매우 중요한 기능을 수행하게 된다.

계열회사가 다른 계열회사나 자연인인 특수관계인과 상당히 유리한 조건으로 거래하더라도 거기에는 경영상 합리적 이유나 사업상의 필요가 있을 수 있고,[636] 특수관계인에게 이익이 귀속되는 것은 다른 합리적인 주된 목적에 부수되는 효과

---

635) 이호영(제6판), 400면; 대법원 2009.9.24. 선고 2008두9485 판결.

636) 이봉의, 앞의 글(2013), 234면; 대법원 2004.4.9. 선고 2001두6203 판결 등.

일 수 있다는 점에서 제공회사의 '주된' 의도가 객관적인 여러 정황에 비추어 부당한 이익제공, 즉 편법적인 부의 세대 간 이전을 통한 소유집중에 있음이 어느 정도 입증되어야 할 것이다.[637] 특히, 이익제공을 위한 거래의 당사자(계열회사 vs. 특수관계인이나 특수관계인이 일정 비율 이상의 주식을 보유한 계열회사)와 그로 인하여 이익이 귀속되는 특수관계인이 일치하지 않는 경우에는 거래당사자의 입장에서 제3의 특수관계인에게로 이익을 귀속시키는 것을 의도하였을 때에만 비난가능성을 인정할 수 있을 것이다.

[보론] 일감몰아주기에 대한 과세

일감몰아주기를 이용하여 주로 총수 일가가 출자한 비상장회사의 가치를 급등시킴으로써 부의 이전 및 경영권 승계가 일어나고 있다는 문제의식이 확산되면서 2011년 「상속세 및 증여세법」(이하 "상증세법") 개정을 통하여 특수관계법인과의 거래를 통한 이익을 증여로 의제하여 과세하도록 하는 제45조의3이 신설되었다. 시가 내지 정상가격으로 이루어진 거래에 따른 이익을 증여로 보는 점, 이익을 얻은 회사에게 통상의 법인세를 부과하면 족하다는 점 등을 근거로 반대도 만만치 않았으나, 당시 공정사회에 대한 사회적 공감대가 형성되면서 전격적인 법개정이 이루어졌다.

순수하게 세법의 관점에서 물량몰아주기로 이익을 얻은 회사(상증세법상 "수혜법인")의 지배주주는 기업가치의 증가 및 그에 따른 주가상승으로 막대한 이익을 누리게 되는 반면, 지배주주가 그 이익을 배당하지 않기로 하거나 지배목적으로 장기간 양도조차 하지 않는 경우에는 결국 실질과세가 이루어지지 못한다는 점은 부인하기 어려워 보인다는 점에서 나름 필요한 조치일 수 있다.[638]

다만, 수혜법인이 지주회사인 경우는 기왕의 순환출자를 해소하고 재벌의 지주회사 전환을 유도한다는 취지에서 과세대상에서 제외된다. 그런데 동일인 총수가 존재하는 대기업집단의 경우에는 설사 지주회사체제로 전환된 이후에도 여전히 총수 및 그 친족이 지배구조의 정점에 있는 지주회사를 더욱 확고하게 지배하고

637) 이호영, 앞의 글(2004), 397-398면.

638) 백운찬, "일감몰아주기 과세방안 도입배경 및 주요쟁점 검토", BFL 제57호, 서울대학교 금융법센터, 2013.1, 81-82면.

있다는 점, 현재는 기존 순환출자도 거의 해소되었다는 점, 무엇보다 자회사·손자회사가 지주회사에게 물량을 몰아주거나 사업기회를 제공하는 등의 방법으로 총수 일가에게 이익을 제공할 우려는 여전하다는 점을 감안할 때 지주회사에 대한 비과세는 폐지하는 것이 바람직하다.

이어서 2013년 제20차 공정거래법 개정[639]이 이루어지면서 특수관계인에 대한 부당한 이익제공이 금지되면서 사업기회의 유용이 여기에 포함되자, 2015년에 개정된 상증세법[640] 또한 제45조의4를 신설하여 특수관계법인으로부터 제공받은 사업기회로 발생한 이익을 마찬가지로 증여로 의제하여 과세할 수 있게 되었다. 아울러 상증세법 제45조의5는 공정거래법과 유사하게 지배주주와 그 친족이 직·간접으로 30% 이상의 주식을 보유한 특정법인이 지배주주의 특수관계인과 재산 또는 영역을 부상으로 제공받거나 통상적인 거래관행에 비추어 현저히 낮거나 높은 대가로 양도·제공받거나 양도·제공하는 행위 또한 증여로 의제하여 과세대상으로 삼고 있다. 이때 과세표준이 되는 증여액은 특정법인이 얻은 이익에 해당 법인의 지배주주 등의 주식보유비율을 곱하여 계산한 금액으로 간주한다.

Ⅱ. 이익제공 행위의 유형

1. 상당히 유리한 조건으로 거래하는 행위

정상적인 거래에서 적용되거나 적용될 것으로 판단되는 조건보다 상당히 유리한 조건으로 거래하는 행위(법 제47조 제1항 제1호)란, 시행령 [별표 3] 제1호에 따라 상당히 유리한 조건의 자금 거래(가목), 상당히 유리한 조건의 자산·상품·용역 거래(나목), 상당히 유리한 조건의 인력 거래(다목)가 해당된다. ① '상당히 유리한 조건의 자금 거래'란 가지급금·대여금 등 자금을 정상적인 거래에서 적용되는 대가보다 상당히 낮거나 높은 대가로 제공하거나 거래하는 행위를 말한다. ② '상당히 유리한 조건의 자산·상품·용역 거래'란 부동산·유가증권·무체재산권 등 자산 또는 상품·용역을 정상적인 거래에서 적용되는 대가보다 상당히 낮거나 높은 대가로 제공하거나 거래하는 행위를 말한다. ③ '상당히 유리한 조건의 인력거래'란 인력을

639) 2013.8.13. 개정, 법률 제12095호.
640) 2015.12.15. 개정, 법률 제13557호.

정상적인 거래에서 적용되는 대가보다 상당히 낮거나 높은 대가로 제공하거나 거래하는 행위를 말한다.

다만, 시기, 종류, 규모, 기간, 신용상태 등이 유사한 상황에서 법 제9조 제1항에 따른 특수관계인이 아닌 자와의 정상적인 거래에서 적용되거나 적용될 것으로 판단되는 조건과의 차이가 100분의 7 미만이고, 거래당사자 간 해당 연도거래총액이 50억 원(상품·용역의 경우에는 200억 원) 미만인 경우에는 상당히 유리한 조건에 해당하지 않는 것으로 본다.

그런데, 상당히 유리한 조건의 거래행위 요건에서는 정상가격을 기준으로 삼는다는 점과 동일한 법적 형식을 고려할 때 부당지원행위의 경우와 독자적인 의미를 갖지 않고 다만, 부당성 판단에 있어서 그 정도의 차이가 있을 것이다.[641]

2. 사업기회의 제공

가. 의 의

회사가 직접 또는 자신이 지배하고 있는 회사를 통하여 수행할 경우 회사에 상당한 이익이 될 사업기회를 제공하는 행위(법 제47조 제1항 제2호)란, 시행령 [별표 3] 제2호에 따라 회사가 직접 또는 자신이 지배하고 있는 회사를 통하여 수행할 경우 회사에 상당한 이익이 될 사업기회로서 회사가 수행하고 있거나 수행할 사업과 밀접한 관계가 있는 사업기회를 제공하는 행위로 한다. 다만, 다음 각 목의 어느 하나에 해당하는 경우는 제외한다. 즉 ① 회사가 해당 사업기회를 수행할 능력이 없는 경우(가목), ② 회사가 사업기회 제공에 대한 정당한 대가를 지급받은 경우(나목), ③ 그 밖에 회사가 합리적인 사유로 사업기회를 거부한 경우(다목)이다.

위와 같이 시행령에서 사업기회의 제공행위가 위법하지 않은 경우를 규정한 바에 따르면, 해당 회사가 직접 수행하기 어려운 사업이나 효율적으로 진행하기 어려운 사업의 경우라면 특수관계인에게 사업의 기회를 제공할 수 있음을 알 수 있는데, 물류, 광고, 시스템통합, MRO 등의 분야에서 총수일가의 사익편취행위가 이러한 예외에 해당하는지는 개별적으로 따져보아야 할 것이다.[642]

---

641) 이봉의, 앞의 글(2015), 221면.

642) 이봉의, 앞의 글(2015), 209면.

나. 행위요건

법 제47조 제1항 제2호에 해당하기 위해서는 다음과 같이 크게 다섯 가지 요건이 충족되어야 한다. 아래에서 ⑤를 제외한 행위요건을 살펴보기로 한다.

① 제공주체의 사업기회가 존재할 것

② 해당 사업기회가 직접 수행할 경우 상당한 이익이 될 것

③ 제공주체가 해당 사업기회를 특수관계인 등에게 제공할 것

④ 해당 사업기회 제공으로 특수관계인 등에게 상당한 이익이 귀속될 것

⑤ 제공된 이익이 경제력집중의 관점에서 부당할 것

(1) 제공주체의 사업기회일 것: 이중의 가정(假定)

공정거래법이 금지하는 행위의 요건은 많은 경우에 불특정개념으로 이루어져 있다. 동법이 끊임없이 변화하는 시장환경 속에서 다양하게 나타나는 기업행위를 규율하기 위해서는 불가피한 측면이 있다. 다만, 공정거래위원회의 자의적인 예측이나 기대로 엉뚱한 규제가 이루어지지 않도록 금지요건의 해석에는 신중을 기하지 않으면 안 된다.

그런데 부당한 사업기회제공은 해당 '사업기회'와 관련하여 이중의 가정구조를 보이고 있다. 즉, 제공주체가 직접 수행할 경우 상당한 이익이 될 사업기회가 존재하여야 하는데, 여기에는 ① 제공주체가 직접 수행할 수 있는 것이어야 하고, 아울러 ② 직접 수행할 경우 상당한 이익이 될 것으로 예상되는 것이어야 한다. 여기서 불확실성에 관련된 쟁점이 불거져 나온다. 차례로 살펴보자.

첫째, 제공주체가 직접 수행할 수 있는 것인지 여부와 관련하여 원칙적으로 해당 사업기회는 아직 제공주체가 수행하지 않고 있어야 함을 추론할 수 있다. 이미 제공주체가 특정 사업을 수행하고 있는 경우라면 자신의 사업을 포기하고 이를 제공주체에게 제공하는 형태를 상정할 수 있을 것인데, 이때에는 제공주체와 제공객체 사이에 어떤 형태로든 거래가 존재하기 마련이고, 그러한 거래는 지원행위나 이익제공행위의 유형으로 포섭할 수 있을 것이기 때문이다. 그렇다면 지원주체가 아직 수행하지 않고 있으나 자신이 수행할 수 있는, 다시 말해서 '자신의' 사업기회란 무엇인가? 이를 판단하기란 매우 어렵다. 두 가지를 생각할 수 있다. ① 해당 사업기회가 제공주체 외에는 알려지지 않거나 제공주체만이 그 기회를 배타적으로 보유하고 있을 것, ② 제공주체가 해당 사업기회를 수행할 의사와 능력을 갖고 있을

것이 그것이다. 제공객체를 비롯하여 제3자가 인지하고 있고 스스로 이용할 수 있는 사업기회라면 제공주체의 사업기회라고 보기 어렵고, 자신만이 인지하고 있는 사업기회라도 막상 이를 수행할 의사와 능력이 없다면 자신의 것이라고 보기도 어렵기 때문이다.

둘째, 제공주체만 인지한 채 자신이 수행할 의사와 능력을 가진 사업기회라도 장차 이를 수행할 경우에 상당한 이익이 될 것이어야 한다. 이 부분은 불가피하게 장래 사업수행에 따르는 이익을 상당히 높은 수준의 개연성으로 예측할 수 있어야 충족시킬 수 있는 요건이다. 사업 내지 사업기회란 시장예측이 불확실한 상황에서 일정 정도 모험을 수반하게 되고, 그 성공과 실패는 '누가' 해당 사업기회를 활용하는지를 비롯하여 여러 요인에 의해서 영향을 받게 된다. 해당 사업기회를 제공주체가 수행하였더라도 장래에 상당한 이익을 가져올 것인지는 적어도 기회제공의 시점에서 지극히 불확실하다.

이때, 상당한 이익 여부는 제공주체가 직접 수행하였을 경우에 기대되는 것이다. 여기서 두 가지 경우를 상정할 수 있다. 하나는 제공주체가 수행하였더라면 상당한 이익이 될 것이지만 막상 제공객체에게 제공됨으로써 별다른 이익을 올리지 못하거나 손실이 발생하는 경우이다. 다른 하나는 제공주체가 수행하였더라면 얻었을 것 이상의 이익이 발생한 경우이다.

어떠한 경우든 장래에 상당한 이익이 발생한 경우에도 그것이 누가 해당 사업기회를 수행한 결과인지에 관한 인과의 연결고리를 입증하기란 지극히 어렵다. 그러한 점에서 결과적으로 상당한 이익이 발생하였다는 사정만 가지고 제공시점에 제공주체가 직접 수행하였더라도 그러한 이익이 발생하였을 사업기회였다고 단정하는 것은 주의할 필요가 있다.

(2) 해당 사업기회가 직접 수행할 경우 상당한 이익이 될 것

㈎ 취 지

사업기회 제공이 제공주체로부터 특수관계인 등으로 부당한 이익을 귀속시키는 수단이 되기 위해서는 해당 사업기회를 직접 수행할 경우 제공주체에게 상당한 이익이 될 것인데, 이처럼 상당한 이익이 되는 사업기회를 포기하고 특수관계인에게 이를 수행하도록 함으로써 결과적으로 제공주체로부터 특수관계인으로 상당한 이익이 이전되는 경우를 상정하고 있는 것이다. 여기서 종래 회사기회유용의 근거

로서 미국의 'no-profit rule'과 영국의 'no-conflict rule'[643] 중에서 적어도 공정거래법이 상정하고 있는 것은 양자의 절충인 점을 추론할 수 있다. 즉, ① 자신에게 상당한 이익이 될 사업기회를 특수관계인 등에게 제공함으로써 기대이익의 상실(제공주체의 손실) vs. 기대이익의 실현(제공객체의 이익)이라는 구도가 깔려 있는 한편, ② 제공주체가 해당 사업기회를 수행할 능력이 없거나 합리적인 사유로 사업기회를 거부하는 등의 사유를 사업기회제공에서 제외하고 있는 점이 그러하다.

이와 같은 취지를 이해하는 것은 관련 요건을 해석함에 있어서도 중요한 의미를 갖는다. 즉, 법 제47조 제1항 제2호 위반이 문제되는 사안에서 과연 특정 행위를 둘러싸고 제공주체와 제공객체 사이에 이익충돌의 가능성이 존재하는지 여부를 따져야 하기 때문이다. 이와 관련하여 먼저 제공주체에게 기대되는 상당한 이익이란 무엇인지를 살펴보자.

(나) '상당한 이익'의 판단기준 및 판단시점

자신이 직접 수행할 경우에 상당한 이익이 될 것인지는 추후 여러 가지 변수의 영향으로 인하여 판단하기 어렵다. 통상적으로 회사가 어떤 사업기회를 수행할 때에는 그에 따른 이익을 기대하는 것은 당연한 만큼, 제공주체가 상당한 이익이 될 것으로 주관적으로 예상하고 있었다는 사실만 가지고 '상당한 이익'을 인정하는 것은 자칫 '사업기회 제공'의 인정범위를 지나치게 넓힐 위험이 있다. 따라서 상당한 이익이 될 것인지는 제공시점을 기준으로 객관적으로 평가되어야 할 것이다. 한편 제공주체가 예상한 상당한 이익이 향후 실제 제공객체에게 그 정도의 이익으로 연결되어야 하는 것은 아니나, 특수관계인 등에 대한 이익귀속의 요건을 감안할 때 상당한 수준의 이익이 발생하여야 할 것이다. 그 이익이 경제력집중을 심화시킬 만큼 상당한 수준이어야 하는 점도 다툼의 여지가 없어 보인다.

그런데 해석상 난점은 다른 회사를 인수하는 경우에 발생한다. 계열회사가 다른 회사의 주식을 인수하는 경우에도 당연히 그에 따른 기대이익이 전제된다. 문제는 M&A의 경우 성공 여부에 관한 불확실성이 매우 크고, 평가시점에 따라 그 지분가치가 지극히 유동적이라는 점이다. 그 결과 계열회사가 다른 회사의 과반수 지분을 인수하고 일부를 특수관계인이 인수한 경우에, 만약 일정 기간이 경과한 후 지

643) 미국에서는 해당 사업기회를 누구에게 귀속시키는 것이 타당한가라는 관점에서 접근하는 반면, 영국에서는 해당 사업기회를 둘러싸고 이익충돌의 가능성이 있는가에 초점을 맞추고 있다. 천경훈, "회사기회유용에 관한 영국과 독일의 법리 연구", 상사법연구 제34권 제4호, 2016, 47면.

분가치가 하락하였다면 인수 당시 상당한 이익이 예상되었음을 이유로 사업기회제공으로 의율할 수 있을 것인지 의문이다. 주식의 인수란 지극히 리스크가 큰 행위로서, 사후적으로 여러 요인이 겹쳐서 지분가치가 상승한 경우에만 사업기회제공으로 본다는 해석도 법적 안정성의 관점에서는 수용하기 어렵다. 더구나 지분가치의 상승 또는 하락은 인수회사의 노력과 시너지, 경기상황 등 여러 요인에 의하여 좌우되는 것이어서, 제공주체가 기대한 상당한 이익을 그대로 특수관계인 등에게 제공한다는 것은 지극히 이례적인 경우에만 상정할 수 있을 것이다. 이와 같은 점을 감안할 때, 다른 회사의 지분인수와 같은 경우에는 원칙적으로 자기가 수행할 경우 상당한 이익이 될 사업기회에 해당하지 않는 것으로 해석하는 것이 타당할 것이다.

㈐ 계열회사 간 경제적 이해관계의 불일치

기업의 거래실무상 특수관계인 또는 다른 계열회사에게 어떤 형태로든 경제상 이익이 귀속될 수 있는 거래의 양태는 매우 다양하다. 계열회사 사이의 거래라도 양 당사자에게 이익이 되는 것이 시장경제의 당연한 이치이고, 따라서 비록 법 제47조 제1항이 각호에서 열거하고 있는 행위라도 그것이 오로지 거래상대방인 계열회사에게만 이익을 제공하기 위한 거래인 경우는 지극히 이례적이다. 그리고 해당 거래에 따른 이익이 거래당사자에게 어느 비율로 나누어져야 공정거래법상 정당한 것인지를 객관적으로 판단하는 잣대란 존재하지 않는다.

그런데 통상 터널링을 위한 특수관계인과의 거래는 제공주체의 손실만큼 제공객체에게 이익을 귀속시키는 형태로 이루어진다. 터널링의 핵심적인 개념요소로 '부당한 부의 이전'을 드는 이유도 마찬가지이다.[644] 즉, 법 제47조 제1항의 체계 속에서 부당한 이익제공이란 대표적으로 ① 정상적인 거래조건보다 유리한 조건으로 거래하는 방식으로 계열회사 A의 이익이 동일인 및 가족이 20% 이상의 지분을 보유하고 있는 다른 계열회사 B로 이전되는 경우, ② 직접 수행하면 회사에 이익이 될 사업기회를 특수관계인 등에게 제공하는 방식으로 계열회사 A의 현실적·잠재적 이익을 특수관계인에게 이전하는 경우, ③ 합리적 고려나 다른 사업자와의 비교 없이 계열회사 A가 동일인 및 가족이 20% 이상의 지분을 보유하고 있는 다른 계열

644) 윤성운·김진훈·김윤수, "공정거래법에 의한 터널링규제 — 사익편취금지규정을 중심으로 —", BFL 제78권, 서울대학교 금융법센터, 2016, 24면.

회사 B와—합리적 고려나 비교를 하였더라면 예상되는 규모보다—상당한 규모로 거래함으로써, 계열회사 A의 주주나 채권자가 누려야 할 이익을 동일인 등이 탈취한다는 식의 논리구조를 갖는 것이다. 이처럼 상법이나 공정거래법 학계에 널리 자리 잡고 있는 이러한 사고의 바닥에는 거래당사자인 계열회사 A와 계열회사 B 사이의 '이익충돌'(conflicting interests)이라는 상황이 존재하게 된다.[645)]

또한 여기에는 제공주체인 계열회사들이 합리적 고려나 비교를 하였더라면 제공객체와 거래하였을 경우에 비하여 경제적으로 이득이 되었을 것이 전제되어 있는 것이고, 따라서 제공주체의 손실이란 적극적 손실 외에 소극적 손실이 포함되어 있는 것으로 이해할 수 있다. 이처럼 이익충돌 내지 손익충돌의 상황은 정상가격 여부가 아니라 사업기회제공이나 대규모거래를 문제 삼는 법 제47조 제1항 제2호와 제4호의 경우에도 발생할 수 있다.[646)]

종래 공정거래위원회는 법 제47조 제1항의 요건을 해석하면서, 제공객체가 상당히 유리한 조건이나 대규모거래를 통하여 얻게 되는 이익에만 치중해왔고, 정작 제공주체가 해당 거래로부터 합당한 이득을 얻는지 아니면 심지어 손실을 입는지에 대해서는 그다지 관심을 기울이지 않았다.[647)] 즉, 오로지 특정 계열회사가 얻은 이익만을 산정하고 있을 뿐이어서 그로부터 다른 계열회사가 당해 거래에서 적절한 이익을 누렸는지, 과연 다른 사업자와 거래하였을 때에 비하여 손실을 입었거나 아니면 나름 일정부분 이익을 얻었는지를 정확하게 판단하기 어렵다.

그런데 터널링의 상황을 경제법의 관점에서 포착하려는 동조의 입법취지를 충실히 고려하기 위해서는 공정거래위원회가 제공주체에게 해당 행위나 거래로 인하여 발생하는 적극적 또는 소극적 손실이 발생하였음을 입증하여야 하는 것이다. 이것은 곧 법 제47조 제1항의 요건에 이익충돌상황이 내재되어 있음을 의미하게 된

645) 이상훈, "공정거래법 사익편취 규제: 찬반양론에 대한 비판 및 제언—상법과 공정거래법의 접점, 통섭과 공조의 필요성", 경제법연구 제18권 제1호, 2019, 120, 122면 이하; 최승재, "부당지원행위와 터널링 규제에 대한 연구 - 공정거래법상 부당지원행위 규제의 폐지가능성", 규제연구 제18권 제2호, 2009, 134면 이하.

646) 이와 같은 맥락의 설명으로 신영수, 앞의 글(2012－b), 424면; 홍대식, 앞의 글(2014), 200면 이하.

647) 기업집단 "효성" 사건에서 공정거래위원회는 제공주체인 효성투자개발에게도 문제된 TRS거래가 불리한 조건이라는 점을 적시하고 있을 뿐이고, 보다 구체적인 손실액에 대해서는 전혀 언급이 없다(공정거래위원회 2018.5.21. 의결 제2018－148호, 의결서 45면 이하); 그 밖에 기업집단 "태광" 사건도 마찬가지여서, 문제된 김치의 '정상가격' 여부에만 초점을 맞추고 있다(공정거래위원회 2019.8.23. 의결 제2019－201호, 의결서 93면 이하).

다. 그렇지 않을 경우 거래의 양 당사자 모두 적정한 수준의 이익을 누리게 되는 경우 또는 제공주체에게 아무런 손실이 발생하지 않는 경우에 대해서도 오로지 상대방에게 이익이 되었다는 결과만을 두고 법위반을 논하게 되기 때문이다.

이처럼 공정거래법상 사업기회제공은 제공주체와 제공객체 사이에 이익충돌상황을 전제로 삼고 있다. 제공주체인 계열회사의 입장에서 상당한 이익이 될 것인지에 대한 판단은 다분히 경영판단의 일종으로서 나름 객관적이고 합리적인 기준에 따라 특정 사업기회를 수행하지 않기도 결정하였다면 그러한 판단은 존중되지 않으면 안 된다. 그렇지 않을 경우 상법상 그러한 결정에 대하여 아무런 하자가 없어 이사의 책임이 문제되지 않는 상황에서 공정거래법이 해당 결정을 부당한 사업기회제공으로 보아 제재할 경우에는 이른바 규범 간의 모순·충돌(Normspaltung)이 표면화될 것이기 때문이다. 일찍이 대법원은 특정 기업집단에 속하는 계열회사가 다른 계열회사를 지원한 구체적인 행위가 선량한 관리자로서의 주의의무를 위반한 것인지 판단함에 있어서 기업집단의 공동의 이익을 고려할 수 있다고 판시한 바 있다.[648]

이때 기업집단 전체(공동)의 이익 vs. 특정 계열회사(지원주체)의 손실은 비교형량의 문제로서 전통적인 경영판단의 원칙과 방법론에 있어서 근본적인 차이는 존재하지 않는다. 대법원이 "의사결정 과정에 현저한 불합리가 없는 한 … 경영판단은 존중되어야" 한다고 한 것도 이러한 맥락에서 이해할 수 있다.[649] 기업집단 차원에서 이루어지는 경영상 판단을 계열회사 사이의 지원행위나 특수관계인에 대한 이익제공행위의 위법성을 판단함에 있어서 적절히 고려할 필요가 있는 것이다.

그렇다면 어떤 사업기회가 과연 직접 수행할 경우에 상당한 이익이 될 것인지를 어느 시점에서 판단할 것인지 여부를 따져보자. 경영판단의 원칙을 원용한다는 것에 이미 답이 있다. 즉, 해당 사업기회를 직접 수행할지 아니면 포기할지 여부를 판단하는 시점일 것이다. 따라서 일정한 기간이 경과한 후 해당 사업기회를 얻게 된 특수관계인 등이 상당한 이익을 누리게 되었다는 결과만을 가지고, 처음부터 이익충돌상황을 인식한 상태에서 사업기회를 제공하였다고 추단할 것은 아니다. 이 문제는 사업기회를 제공하는 과거의 시점에서 제공주체가 합리적인 경영판단을 하였는지를 판단하는 단계에서 이익충돌상황을 인식하였는지를 따지는 것으로서, 결

648) 대법원 2017.11.9. 선고 2015도12633 판결.
649) 대법원 2013.9.12. 선고 2011다57869 판결.

국 제공주체에게 당시 특수관계인 등에게 사업기회제공을 통하여 상당한 이익을 귀속시킬 의도가 있었는지 여부와 밀접하게 결부되어 있다.

(3) 제공주체가 해당 사업기회를 특수관계인 등에게 제공할 것

(가) 사업기회 제공의 양태

여기서 법 제47조 제1항 제2호가 적용될 소지가 있는 사업기회 제공이란 계열회사가 직접 또는 자신이 지배하는 회사를 통하여 수행할 경우에 상당한 이익이 될 사업기회를 특수관계인이나 특수관계인이 일정 비율 이상의 지분을 보유한 계열회사에게 제공하는 행위를 말한다. 이때, 과연 사업기회를 '제공'한다는 것이 어떤 의미인지가 다투어질 수 있다. 몇 가지 쟁점을 생각할 수 있는바, 차례로 살펴보자.

첫째, 사업기회를 주고받는 당사자는 누구인가? 제2호의 문언상 사업기회를 제공하는 자는 계열회사이고, 이를 제공받는 자는 자연인인 특수관계인이나 일정한 요건을 갖춘 계열회사라는 점에 의문이 없다. 따라서 예컨대, 총수 일가가 자신이 지배하는 공시대상기업집단 소속 계열회사가 아니라 그와 무관한 자로부터 사업기회를 제공받는 경우에는 원칙적으로 제2호가 예정한 사업기회제공은 성립하지 않는다. 제3자를 경유하여 간접적으로 사업기회를 제공받는 경우도 상정할 수 있는데, 이때에는 처음부터 총수 일가에게 사업기회를 귀속시키려는 의도 하에 특정 사업기회가 계열회사→제3자→특수관계인으로 순차적으로 귀속되는 연결고리가 인정될 수 있어야 할 것이다.

둘째, 위와 같은 사업기회의 제공은 계열회사가 특수관계인에게 제공하는 것이므로 그 과정에서 불확실성이 존재하지 않아야 한다. 다시 말해서, 특수관계인에게 특정 사업기회가 귀속될 것이 확실한 방법이어야 하는 것이고, 총수 일가가 예컨대 공개입찰 절차에 참여하여 해당 기업집단과 전혀 무관한 다른 제3자와의 경쟁(= 불확실성)을 거쳐서 해당 사업기회를 취득한 것이 아니어야 하는 것이다. 이와 관련하여 비록 회사기회유용에 관한 것이기는 하나 미국 델러웨어 주에서 내려진 "Triton v. Eastern Shore Electrical Services" 판결[650]도 참고할 만하다. 이 사건에서 전기공사회사 Triton에서 근무하던 Kirk라는 개인이 Triton의 경쟁사인 Eastern을 위해 다수의 프로젝트 입찰에 참가하여 수주한 사례에서 주법원은 13개의 프로젝트

650) Triton Construction Co. v. Eastern Shore Electrical Services, Civil Action No. 3290－VCP(Del. Ch. 18.5.2019).

에는 Triton도 해당 입찰에 참여하였으므로 사업기회유용이라 볼 수 없고, 나머지 182개 프로젝트 대부분도 신문 등에 입찰이 공고된 만큼 계약체결 여부가 여러 사정에 따라 '지극히 불확실'(highly contingent)하므로 이를 비단 Triton의 사업기회로 보기 어렵다고 판시한 바 있다.

셋째, 계열회사의 부작위에 의한 사업기회 제공이 가능한지 여부이다. 「특수관계인에 대한 부당한 이익제공행위 심사지침」[651](이하 "심사지침")에 따르면 ① 자회사의 유상증자 시 신주인수권을 '포기'하는 방법으로 제공객체에게 실권주를 인수시키는 행위나 ② 회사가 유망한 사업기회를 스스로 '포기'하여 제공객체가 이를 이용할 수 있도록 하거나 ③ 제공객체의 사업기회 취득을 '묵인'하는 소극적 방법도 가능하다고 한다(심사지침 Ⅳ. 2. 가. 9)). 그런데 심사지침의 구속력 여부를 떠나서 이러한 접근을 단순화하거나 일반화할 수는 없다. 먼저, ①은 매우 구체적인 행위유형을 적시한 것으로서 "삼성SDS" 사건[652]과 같은 특수한 경우를 염두에 둔 것으로 보인다. 문제는 ②와 ③이다.

먼저, ② 해당 사업기회가 유망한지 여부는 제공 당시의 시점에서 여러 사정을 감안하여 판단하여야 하고, 무엇보다 제공주체의 사업기회 포기가 곧 제공객체의 이용과 결부될 수 있어야 한다. 그리고 ③의 경우는 다분히 모호한 부분이 크다. 사업기회의 제공이 성립하려면 제공주체에 속하거나 속하게 될 사업기회를 제공객체에게 넘겨주어야 하는데, 제공객체가 사업기회를 취득하는 것을 묵인한다는 것만으로는 이를 제공으로 파악하기가 쉽지 않아 보인다.

㈏ 사업기회의 '제공' 관련 추가 쟁점들

① 사업기회를 제공받았는지 여부의 판단

공정거래법은 계열회사가 자신의 사업기회를 특수관계인 등에게 제공하는 행위와 더불어 그 상대방이 법위반의 우려가 있음에도 불구하고 해당 사업기회를 제공받는 행위를 금지하고 있다(법 제47조 제1항 제3호). 여기서 사업기회를 제공받는 행위가 무엇인지를 살펴볼 필요가 있다. 그런데 기회유용의 흔한 사례로 회사가 취득하고자 하는 부동산을 이사가 먼저 취득하는 경우와는 사정이 다르다. 즉, 상법상 회사기회유용의 경우에는 이사가 적극적으로 자신이 지득(知得)한 정보를 활용

651) 공정거래위원회 예규 제435호, 2023.5.22. 개정.
652) 대법원 2004.9.24. 선고 2001두6364 판결.

하여 회사에게 귀속될 사업기회를 자기 또는 제3자를 위하여 이용하는 것이 문제되는 반면, 부당한 이익제공에 있어서는 특정 계열회사가 적극 또는 소극적인 방법으로 그러한 사업기회를 특수관계인 등에게 제공하는 것이 문제되기 때문이다.

먼저, 특수관계인 등이 해당 사업기회를 실제로 이용하여야 하는가? 적극적으로 해석하여야 한다. 제공주체가 해당 사업기회를 포기하거나 적극적으로 제공하였더라도 특수관계인 등이 이를 제공받았다고 인정할 수 있을 정도의 구체적 이용이 있어야 할 것이다. 이와 같이 해석하지 않을 경우 어차피 특수관계인에게 제공되는 이익이 존재하지 않으므로 행위요건이 충족될 여지가 없을 것이다.

그렇다면 특수관계인이 회사의 사업기회를 100% 이용하여야 하는가? 부동산의 취득과 같은 경우에는 비교적 판단이 용이하나, 이를테면 다른 회사의 지분취득인 경우에는 그 판단이 모호해진다. 즉, 계열회사가 다른 회사를 인수하는 과정에서 이런저런 사정으로 100% 지분을 취득하지 않고 지배에 필요한 만큼의 과반수 지분만을 우선적으로 취득한 경우에, 나머지 일부 지분을 특수관계인 등이 인수하게 된 경우에도 사업기회의 제공으로 볼 수 있는지가 문제될 수 있는 것이다. 생각건대, 상법상 회사기회유용의 법리를 유추하여 보자면 계열회사가 '우선적으로' 해당 사업기회를 이용하였다면 제공은 원칙적으로 성립할 수 없다고 보아야 할 것이다.[653] 이와 같이 해석하지 않을 경우 계열회사가 다른 회사를 인수할 경우에 언제나 지분 전체를 취득하여야 하고, 추후 합리적인 이유로 다른 계열회사나 동일인이 일부 지분을 취득하는 행위가 언제나 사업기회제공으로 금지될 우려가 있기 때문이다.

② '제공'에 내재된 개념요소

사업기회를 특수관계인 등 특정인에게 '제공'한다는 것은 제공주체인 계열회사에게 제공의 의사가 있어야 함과 아울러 전적으로 제공주체의 의사에 따라 해당 사업기회가 특수관계인 등에게 이전될 수 있어야 함을 의미한다. 비록 제공주체가 사업기회를 제공하려는 의사가 있더라도 이를테면 공개입찰 등의 절차를 거침으로써 특수관계인 등에게 해당 사업기회가 귀속될지 여부가 불확실한 경우에는 '제공'을 인정하기 어려울 것이다. 이러한 경우에 특수관계인 등이 얻게 되는 사업기회는 계열회사가 제공한 것이 아니라 공개입찰의 결과 얻어진 것이기 때문이다. 이처럼 사

653) 장재영·정준혁, "개정상법상 회사기회유용의 금지", BFL 제51호, 서울대학교 금융법센터, 2012, 33면.

업기회 '제공'에 대한 행위책임을 제공주체인 계열회사에게 귀속시키기 위해서는 그의 의사에 따라 특수관계인 등이 해당 사업기회를 수행하게 됨에 있어서 '불확실성'이 존재하지 않아야 하는 것이다. 이 부분은 계열회사의 의도가 중요하지만, 계열회사가 특정 사업기회를 포기하는 행위와 해당 사업기회가 특수관계인에게 귀속된 결과 사이에 어느 정도 인과관계가 성립할 수 있어야 함을 의미한다.

③ 사업기회의 거부·포기와 제공 여부

제공주체가 소극적으로 거부 또는 포기하는 방법으로 특정 사업기회를 특수관계인 등에게 제공하는 것도 가능함은 전술한 바와 같다. 다만, 사업기회의 거부나 포기에 합리적인 사유가 있다면 법 제47조 제1항 제2호가 정하는 사업기회 제공에 해당하지 않는다. 즉, 제공주체의 합리적인 거부권이 인정되어 있는 것이다.[654]

사업기회의 제공으로 볼 만한 '거부'를 인정하기 위해서 먼저 고려할 점은 해당 사업기회를 제공주체가 인지하고 이를 직접 수행할 수 있었음에도 불구하고 아무런 조치를 하지 않았는지 여부이다. 대기업집단의 계열회사와 동일인의 관계를 상정할 때, 어떤 유망한 사업기회에 관하여 양자 사이에 '정보의 비대칭성'(information asymmetry)은 원칙적으로 존재하지 않을 것이다. 따라서 남는 이슈는 거부·포기에 객관적으로 합리성을 인정할 만한 사유가 존재하는지 여부이다. 그리고 제공주체가 동일인에게 제공할 목적으로 자신의 사업기회를 거부 또는 포기할 경우에는 그러한 정당한 사유가 인정되지 않을 것은 물론이다. 몇 가지만 첨언하기로 한다.

첫째, 제공주체의 입장에서 사업기회의 거부·포기는 무엇보다 1차적으로 제공주체인 계열회사의 관점에서 자신의 이익을 고려하여 이루어져야 한다. 따라서 제공주체가 자신의 이익을 위해서 해당 사업기회를 포기하면서 결과적으로 특수관계인 등이 그 사업기회를 수행할 가능성을 인지하고 있던 사정만으로 거부·포기의 정당성을 부인할 수는 없을 것이다.

둘째, 미국 판례상 항변사유로 받아들여지고 있는 재무적 무능력, 법적 불능 등은 일응 공정거래법상 거부의 정당한 사유로도 인정될 수 있을 것이다. 즉, 제공주체가 해당 사업기회를 전부 또는 일부 수행할 자금을 확보할 수 없다거나 법적으로 해당 사업을 수행할 수 없는 사정이 있는 때에는 사업기회제공에 해당하지 않는

---

654) 대법원 2013.9.12. 선고 2011다57869 판결. 그에 따르면 회사의 이사회가 충분한 정보를 수집·분석하고 정당한 절차를 거쳐 회사의 이익을 위하여 의사를 결정함으로써 사업기회를 포기하였다면 그 의사결정과정에 현저한 불합리가 없는 한 그와 같은 경영판단은 존중되어야 한다.

것으로 보아야 한다.

셋째, 상법의 경우와 달리 거부 또는 포기가 반드시 이사회의 승인을 거쳐서 이루어져야 하는 것은 아니며, 이사회의 승인을 얻었다는 이유만으로 당연히 정당화되지도 않는다. 사업기회의 일부 거부나 포기가 문제되는 경우에 제공주체가 명시적으로 일부 사업기회만을 수행하기로 결정한 것 자체는 원칙적으로 나머지 사업기회에 대한 거부 또는 포기에 해당할 수 있을 것이다.

㈐ 사업기회의 제공과 규모성 지원행위

공정거래위원회의 실무 상 양자의 관계에 다소 혼선이 보이기도 한다. 특정 계열회사와 이루어진 대규모 거래 자체를 사업기회의 제공으로 의율하려는 경우가 그러하다. 예컨대, 공공주택용 토지의 분양권을 다른 계열회사에게 전매하는 행위와 관련하여 이를 단지 권리의 매각으로 보지 않고 택지개발이라는 유망한 사업기회를 제공한 행위이자 규모성 지원행위로 접근하는 방식이 그것이다. 그런데 양자는 규제목적이 상이할 뿐만 아니라 행위요건 면에서도 전혀 다르다.

이를테면 계열회사 A가 직접 수행하면 상당한 이익이 될 사업기회를 총수가 지배주주인 다른 계열회사 B에게 제공하는 행위가 사업기회의 제공에 해당된다면, 규모성 지원행위는 A를 비롯한 계열회사들이 해당 사업과 관련하여 필요한 물품이나 용역을 계열회사 B로부터 상당한 규모로 공급 또는 제공받는 경우에 성립할 수 있기 때문이다. 이처럼 양자는 시간상 선후관계에 놓이기도 하나, 각각의 행위마다 법령상 요건이 충족되는지 여부를 따져보아야 한다는 의미에서 별개의 행위로 보아야 한다. 물론 양자가 불가분의 관계에 있는 것은 아니며, 사업기회의 제공이 있어야 규모성 지원행위가 성립할 수 있는 것도 아니다.

(4) 상당한 경제상 이익의 제공·귀속 여부

㈎ 특 징

법 제47조 제1항의 금지요건 중 '이익'은 이중으로 고려되어야 하는 경우가 종종 발생한다. 공시대상기업집단 소속 계열회사가 자연인인 특수관계인과 직접 거래한 것이 아니라 특수관계인이 20% 이상의 지분을 보유하고 있는 다른 계열회사와 상당한 규모로 거래함으로써 특수관계인에게 이익을 귀속시키는 경우에는 1차적으로 다른 계열회사에게 이익이 제공되어야 하고, 그 결과 종국적으로 특수관계인에게 이익이 귀속되어야 하기 때문이다. 이를테면 유망한 사업기회의 제공 → 다른 계열회사에 대한 이익제공 → 동 계열회사를 지배하는 특수관계인에 대한 이익귀속이라는 연결고리가 필요한 것이다.

그런데 부의 이전이란 결국 일방에서 타방으로 경제상 이익이 넘어가는 것이어서, '부당한' 이익귀속이 성립하기 위해서는 먼저 제공객체 및 자연인인 특수관계인에게 제공 또는 귀속되는 이익의 규모가 모두 상당한 수준에 달하지 않으면 안 된다. 그렇게 해석하지 않을 경우 계열회사 사이에 부의 이전이 발생하는 거의 모든 내부거래가 부당지원이든 사익편취든 어느 하나에 해당되어 금지될 위험에 놓이게 될 것이기 때문이다. 이때, 제공·귀속되는 이익의 상당성은 동조의 입법취지와 규제체계를 고려하여 요구되는 불문(不文)의 금지요건에 해당하게 된다.

(나) 이익귀속 관련 주요 쟁점들

여기서 충족되어야 하는 요건은 네 가지로 정리할 수 있다. ① 해당 사업기회의 제공으로 인하여 다른 계열회사에게 이익이 발생하여야 하고(상당한 인과관계), ② 그 이익은 제공주체인 계열회사가 해당 거래로 인하여 입은 기대이익의 상실로서의 소극적 손실이나 적극적 손실에 상응하는 것이어야 하며(손실-이익의 대응관계), ③ 해당 사업기회의 제공을 통하여 다른 계열회사에게 제공된 이익이 궁극적으로 자연인인 특수관계인에게 귀속되었어야 할 뿐만 아니라, 끝으로 ④ 다른 계열회사 및 동일인에게 귀속된 이익이 단지 미미하지 않은 것이 아니라 상당한 정도에 이르러야 한다. 만약 제공객체가 자연인인 특수관계인이라면 해당 사업기회의 제공으로 인하여 특수관계인이 지분을 보유한 계열회사(사업수행의 주체)의 기업가치가 상승하는 이익이 발생하고, 그 이익이 제공주체의 손실에 상응하는 것으로서 상당한 정도에 이르러야 할 것이다. 전자의 경우를 중심으로 아래에서 차례로 살펴본다.

① 해당 사업기회의 제공으로 인하여 발생한 이익

법 제47조 제1항에서 언급하고 있는 '이익'이란 넓은 의미에서 경제상 이익을 말한다. 이때의 경제상 이익은 어느 정도 구체적이고 특정할 수 있는 것이어야 하며, 해당 사업기회의 제공으로 인하여 막연하게 상대방 계열회사의 기업가치에 긍정적인 영향을 미쳤다는 정도로는 부족하다. 그런데 동조 제1항은 행위요건으로서 당사자 사이에 일정한 유형의 행위 내지 거래를 특정하여 열거한 후 추가로 '이를 통하여' 특수관계인에게 이익이 귀속될 것을 요구하고 있다. 다시 말해서 특수관계인에게 귀속되는 이익을 산정함에 있어서 그 이익이 해당 거래 또는 행위를 통해서 발생한 것이어야 한다는 의미에서 양자 사이에 상당한 인과관계가 인정되어야 한다.

그리고 부당지원행위의 경우 공정거래위원회가 지원금액을 구체적으로 산정·입증하지 않고는 법위반을 논할 수 없는 것과 마찬가지로 법 제47조 제1항의 경우에도 '해당 거래 내지 행위를 통하여' 계열회사들이 거래상대방인 계열회사에게 제공한 경제상 이익을 입증하지 못하는 한, 더 나아가 살펴볼 것도 없이 이익제공행위는 성립할 수 없는 것이다. 이때, 법위반기간 동안 거래상대방의 전체 매출액에서 해당 거래가 차지하는 비중을 고려할 수는 있으나, 그 비중이 크지 않을 경우에는 단순히 거래상대방의 영업이익 전체를 해당 거래로 인하여 제공된 이익으로 추단할 수는 없을 것이다. 사업기회제공의 경우도 마찬가지여서, 이를 통하여 제공객체에게 제공된 경제상 이익을 어느 정도 특정하여 입증할 수 있어야 함은 물론이다.

② 손실(제공주체)-이익(제공객체)의 상관관계

법 제47조 제1항의 금지취지는 제공주체인 계열회사의 적극적 또는 소극적 손실을 기초로 특수관계인이 다수 지분을 보유하고 있는 다른 계열회사에 이익을 이전하고, 이를 통하여 궁극적으로 특수관계인에게 이익을 귀속시키는 행위, 이른바 터널링(tunnelling)을 경제력집중 억제의 관점에서 방지하기 위한 것이다.[655] 이 점을 염두에 둘 경우 제공주체인 계열회사들이 해당 거래나 행위를 통하여 적정한 수준의 이익을 적절히 누리고 있다면 처음부터 금지요건의 하나인 '이익'의 제공이 성립할 수 없다. 부의 이전 자체가 발생하지 않기 때문이다. 이때, 제공주체인 계열회사들이 다른 계열회사에 지급한 대가가 여타 업체의 통상적인 수준에 비하여 과다하다는 등의 특별한 사정이 없는 한 제공주체들이 동 거래로 인하여 어떠한 손실을 입었다고도 추단하기 어렵다.

문제는 사업기회제공의 경우 통상 제공주체와 객체 사이에는 아무런 거래가 발생하지 않고, 따라서 대가가 존재하지 않는다는 점이다. 이때, 제공주체의 손실은 유망한 사업기회를 수행하지 않은데 따른 소극적인 것이고, 제공객체의 이익은 해당 사업기회를 잘 활용한데 따른 적극적인 것이다. 그런데 법 제47조 제1항 제2호의 특징은 손실과 이익 사이에 상관관계를 인정하기가 지극히 어렵다는 데에서

655) 최승재, "부당지원행위와 터널링 규제에 관한 연구", 규제연구 제18권 제2호, 2009, 134면; 윤성운·김진훈·김윤수, 앞의 글, 24면.

찾을 수 있다. 손실은 당시의 기대이익을 포기한 가상의 것인 반면, 이익은 상당기간 경과 후 여러 요건이 작용하여 나타난 현실의 결과이기 때문이다. 이 경우 양자를 단순히 비교하는 것 자체가 적절하지 않을 것이다.

③ **특수관계인으로의 이익귀속**

법 제47조 제1항은 각호의 행위 또는 거래를 통하여 최종적으로 동일인 또는 그 친족인 특수관계인에게 이익이 귀속될 것을 요건으로 명정하고 있다. 따라서 공정거래위원회는 문제된 거래나 행위를 통하여 1차적으로 다른 계열회사에게 상당한 이익이 제공되고, 결국 그 이익이 동일인에게 상당 부분 귀속되었음을 입증하여야 한다.

제1항의 문언만으로는 특수관계인에게 일정한 이익이 귀속되는 효과가 실제로 발생하여야 하는지 여부가 다소 확실하지 않은데, 적극적으로 해석하여야 한다. 법 제47조 제1항의 문언도 '… 이익을 귀속시킬 우려가 있는 행위'가 아니라 '… 이익을 귀속시키는 행위'로 명정하고 있을 뿐만 아니라,[656] 자칫 특정 거래나 사업기회가 장래에 특수관계인에게 경제적으로 이익이 될 수 있다는 막연한 이론적 가능성만으로 공정거래위원회가 그러한 행위를 금지할 경우에는 거래의 안전을 지나치게 저해할 소지가 크고, 이익귀속의 '가능성'이란 그 자체가 매우 모호하거나 불확실한 것으로서 장래 시장상황이나 해당 기업의 여건 변화에 따라 크게 좌우될 수 있기 때문이다. 따라서 해석론으로는 공정거래위원회가 사업기회제공을 통하여 특수관계인에게 어느 정도 구체적으로 경제상 이익이 어느 정도로 귀속되었음을 입증해야 할 것이다.

④ **귀속되는 이익규모의 상당성**

법 제47조 제1항의 해석상 특수관계인에게 귀속되는 이익은 규모 면에서 객관적으로 '상당성'을 갖추어야 하는바, 그 근거는 다음과 같다.

첫째, 법 제47조의 입법취지를 공정거래법의 목적과 체계에 비추어 경제력집중(일반집중이든 소유집중이든)의 억제에서 찾을 경우,[657] 특수관계인에게 미미한 수

---

656) 공정거래법은 일정한 효과가 발생할 우려가 있는 행위를 금지하고자 할 경우에 대체로 '…할 우려가 있는 행위'와 같이 규정하고 있다. 예컨대, '공정한 거래를 저해할 우려가 있는 행위'(법 제45조 제1항). 다만, 부당한 공동행위의 경우에 '부당하게 경쟁을 제한하는'이라는 요건은 경쟁제한의 우려를 포함하는 것으로 해석된다는 점에서 언제나 이러한 설명이 타당한 것은 아니다.

657) 앞서 기업집단 "한진" 관련 서울고등법원 판결뿐만 아니라 공정거래위원회 또한 사익편취를 금지하는 규정은 총수일가로의 편법적 부의 이전으로 총수가 적은 지분으로 그룹 전체의 경영을 좌지

준의 이익만을 제공한다는 사실만으로는 경제력집중을 형성 또는 심화시킬 우려가 존재하지 않을 것이기 때문이다.[658] 그런데 공정거래법과 시행령에는 특수관계인에게 귀속되는 경제상 이익의 규모에 관한 한 최소한의 안전지대(safety zone)조차 규정되어 있지 않다. 이러한 이유로 동조 위반에는 특수관계인에게 조금이라도 이익이 귀속되면 족하다는 견해도 제시되고 있는바, 설사 그렇게 해석하더라도 미미한 이익의 귀속은 결국 부당성을 부인하게 되는 결과로 이어질 수밖에 없다. 이러한 결과가 법적 안정성의 관점에서 바람직하지 않음은 물론이다. 공정거래위원회가 case-by-case로 이익규모의 상당성을 추가로 입증하지 않으면 안 되는 이유이다.

둘째, 부당지원행위의 경우에도 법문에서는 '상당히 유리한 조건으로 거래하는 행위'만 규정되어 있으나 시행령에서 그로 인하여 지원객체에게 '과다한 경제상 이익'을 제공할 것을 요건으로 추가하고 있는 점을 감안할 때, 시행령에 별도의 명시적인 규정이 없는 부당한 이익제공의 경우에도 제공객체에게 — 과다하지는 않더라도 — 상당한 수준의 이익이 귀속될 것을 요구하는 것이 타당해 보인다.[659] 그렇지 않을 경우에는 비록 안전지대를 벗어난 거래라도 당초 입법취지와 전혀 거리가 먼 행위를 모두 이익귀속행위로 포착하게 되고, 부당성 판단단계에서 결국 이익의 규모가 크지 않음을 이유로 편법승계 등을 통한 경제력집중의 우려가 부인될 경우에는 불필요하게 법집행을 시도한데 따른 비효율만 발생할 것이기 때문이다.

3. 현금, 그 밖의 금융상품의 상당히 유리한 조건의 거래

특수관계인과 현금, 그 밖의 금융상품을 상당히 유리한 조건으로 거래하는 행위(법 제47조 제1항 제3호)란, 시행령 [별표 3]에 따라 "특수관계인과 현금, 그 밖의 금융상품을 정상적인 거래에서 적용되는 대가보다 상당히 낮거나 높은 대가로 제공하거나 거래하는 행위"로 한다. 다만, "시기, 종류, 규모, 기간, 신용상태 등이 유사

우지 하는 등 지배력을 유지·강화함으로써 경제력집중 폐해를 유발하는 것을 방지하기 위한 것이라는 입장을 밝힌 바 있다(2019.9.3. 전해철 의원실이 주최한 "특수관계인에 대한 부당한 이익제공행위 규제 실효성 강화를 위한 입법토론회"에 제출된 공정거래위원회 토론문).

658) 귀속되는 이익이 없거나 미미하여 경제력집중의 우려가 없음에도 불구하고 특정 거래행위를 금지할 경우에는 헌법상 과잉금지의 원칙에도 위반될 여지가 있다. 백승엽, "공정거래법상 일감몰아주기에 관한 연구", 서울대학교 박사학위논문, 2017, 241면.

659) 홍대식, 앞의 글(2014), 200면은 특수관계인에 대한 이익제공의 경우에도 상당한 규모의 거래를 통한 부당지원행위의 경우와 마찬가지로 '과다한 경제상 이익의 제공'이 있어야 한다는 견해를 취하고 있다.

한 상황에서 법 제9조 제1항에 따른 특수관계인이 아닌 자와의 정상적인 거래에서 적용되거나 적용될 것으로 판단되는 조건과의 차이가 100분의 7 미만이고, 거래당사자 간 해당 연도 거래총액이 50억 원 미만인 경우에는 상당히 유리한 조건에 해당하지 않는 것으로 본다(영 [별표 3] 3.)."

그런데 이 규정은 특수관계인만을 금지의 대상으로 삼고 있고 상당히 유리한 조건의 거래인지를 판단함에 있어서 정상적인 거래와 비교하도록 규정하고 있지 않다는 점에서 법 제47조 제1항 제1호, 제2호 및 제4호와 다르다고 할 수 있는데, 시행령 [별표 3]에서 법 제47조 제1항 제3호의 경우에는 정상적인 거래와 비교하도록 한 것은 적절하지 않다. 그렇다면 동항 제1호와 제3호를 달리 규정할 실익이 없을 것이다.[660)]

4. 합리적 고려나 비교 없는 상당한 규모의 거래

가. 의 의

사업능력, 재무상태, 신용도, 기술력, 품질, 가격 또는 거래조건 등에 대한 합리적인 고려나 다른 사업자와의 비교 없이 상당한 규모로 거래하는 행위(법 제47조 제1항 제4호)란, 시행령 [별표 3]에 따라 "거래상대방 선정 및 계약체결 과정에서 사업능력, 재무상태, 신용도, 기술력, 품질, 가격, 거래규모, 거래시기 또는 거래조건 등 해당 거래의 의사결정에 필요한 정보를 충분히 수집·조사하고, 이를 객관적·합리적으로 검토하거나 다른 사업자와 비교·평가하는 등 해당 거래의 특성상 통상적으로 이루어지거나 이루어질 것으로 기대되는 거래상대방의 적합한 선정과정 없이 상당한 규모로 거래하는 행위로 한다."

나. 안전지대 및 예외

"거래당사자 간 상품·용역의 해당 연도 거래총액(2 이상의 회사가 동일한 거래상대방과 거래하는 경우에는 각 회사의 거래금액의 합계액으로 함)이 200억 원 미만이고, 거래상대방의 평균매출액의 100분의 12 미만인 경우에는 상당한 규모에 해당하지 않는 것으로 본다(영 [별표 3] 4.)." 시행령 [별표 3]은 상당한 규모의 거래인지를 판단하는 기준을 제시하지 않은 채, 상당한 규모로 보지 않는다는 소극적인 의미에서 안전지대만을 정하고 있는 것이다.

---

660) 이봉의, 앞의 글(2015), 223-224면.

법 제47조 제2항에서는 일련의 예외사유를 정하고 있는바, 기업의 효율성 증대, 보안성, 긴급성 등 거래의 목적을 달성하기 위하여 불가피한 경우로서 대통령령으로 정하는 거래는 제1항 제4호를 적용하지 아니한다고 한다. 이에 시행령 [별표 4]에서는 그에 대하여 구체적으로 규정하고 있는데, 여기에는 효율성 증대효과가 있는 거래, 보안성이 요구되는 거래, 긴급성이 요구되는 거래가 해당한다(영 [별표 4] 1. 내지 3.).

시행령 [별표 4]에 따르면, 먼저 효율성 증대효과가 있는 거래란 "다음 각 목의 어느 하나에 해당하는 경우로서 다른 자와의 거래로는 달성하기 어려운 비용절감, 판매량 증가, 품질개선 또는 기술개발 등의 효율성 증대효과가 있음이 명백하게 인정되는 거래"를 의미한다. 여기에는 "① 상품의 규격·품질 등 기술적 특성상 전후방 연관관계에 있는 계열회사 간의 거래로서 해당 상품의 생산에 필요한 부품·소재 등을 공급 또는 구매하는 경우(가목), ② 회사의 기획·생산·판매 과정에 필수적으로 요구되는 서비스를 산업연관성이 높은 계열회사로부터 공급받는 경우(나목), ③ 주된 사업영역에 대한 역량 집중, 구조조정 등을 위하여 회사의 일부 사업을 전문화된 계열회사가 전담하고 그 일부 사업과 관련하여 그 계열회사와 거래하는 경우(다목), ④ 긴밀하고 유기적인 거래관계가 오랜 기간 지속되어 노하우 축적, 업무 이해도 및 숙련도 향상 등 인적·물적으로 협업체계가 이미 구축되어 있는 경우(라목), ⑤ 거래목적상 거래에 필요한 전문 지식 및 인력 보유 현황, 대규모·연속적 사업의 일부로서의 밀접한 연관성 또는 계약이행에 대한 신뢰성 등을 고려하여 계열회사와 거래하는 경우(마목)"가 해당된다(영 [별표 4] 1. 가. 내지 마.).

둘째로, 보안성이 요구되는 거래란 "다음 각 목의 어느 하나에 해당하는 경우로서 다른 자와 거래할 경우 영업활동에 유용한 기술 또는 정보 등이 유출되어 경제적으로 회복하기 어려운 피해를 초래하거나 초래할 우려가 있는 거래"를 의미한다. 여기에는 "① 전사적(全社的) 자원관리시스템, 공장, 연구개발시설 또는 통신기반시설 등 필수시설의 구축·운영, 핵심기술의 연구·개발·보유 등과 관련된 경우(가목), ② 거래 과정에서 영업·판매·구매 등과 관련된 기밀 또는 고객의 개인정보 등 핵심적인 경영정보에 접근 가능한 경우(나목)"가 해당한다(영 [별표 4] 2. 가, 나.).

셋째로, 긴급성이 요구되는 거래란 "경기급변, 금융위기, 천재지변, 해킹 또는 컴퓨터바이러스로 인한 전산시스템장애 등 회사 외적 요인으로 인한 긴급한 사업상 필요에 따른 불가피한 거래”를 말한다(영 [별표 4] 3.).

그런데 법 제47조 제1항 제4호의 규정은 지원주체가 지분을 대부분 보유한 계열회사에게 무조건적인 물량몰아주기를 통한 부당한 이익제공행위를 금지하기 위함이라는 점에서, 지원객체를 동일인과 친족이 일정 비율 이상의 주식을 보유한 계열회사의 경우로 한정하는 것도 가능할 것이다. 또한 시행령이 안전지대로 설정한 연간 거래총액 200억 원과 거래상대방의 평균매출액 12%라는 기준을 살펴보면, 지원주체의 매출액이 상당히 큰 경우 200억 원의 거래가 지원주체에게는 평균매출액의 아주 적은 비중을 차지하는 반면, 지원객체에게는 그 매출액의 대부분을 차지할 수 있다는 점에서, 안전지대에서 지원주체의 평균매출액 기준도 규정해주는 것이 필요할 것이다.[661]

Ⅲ. 부당성

1. 부당성 요건의 요부

특수관계인에 대한 부당한 이익제공을 금지하는 규정은 2013년 제20차 개정법[662]을 통해 2014.2.14. 시행되었으나, 공정거래위원회가 시정조치를 내린 사례가 많지 않고, 2023년 6월 현재 대법원은 “한진” 사건 및 “하이트진로” 사건에서 부당성에 관하여 판시한 바 있다. 종래 법 제47조 제1항 각호에서 열거하고 있는 행위가 인정될 경우에 추가로 그것이 특수관계인에게 부당한 이익을 귀속시키는지 여부를 따지지 않고 당연위법(當然違法)으로서 금지되는 것인지, 아니면 법문에서 부당한 이익제공행위를 금지하고 있고 시행령의 문언에서 상당한 이익의 제공을 규정하고 있다는 점에서 부당성 여부를 별도로 따져보아야 하는지가 해석상 다투어졌다.

학설은 대체로 부당성 판단을 요한다는 의미에서 긍정설을 취하고 있으며, 법 제47조는 부당지원행위와 마찬가지로, 법 제4장의 경제력집중 억제의 하나로 규정된 것이 아니라 제6장의 불공정거래행위의 하나로 규정되어 있다는 점에서 제6장의 보호목적과 공정거래법 전체 체계를 고려할 때 부당성 판단이 이루어져야 할 것

661) 이봉의, 앞의 글(2015), 225면.

662) 2013.8.13. 개정, 법률 제12095호.

으로 보인다.[663] 공정거래법은 자유롭고 공정한 경쟁을 촉진하는 것을 법의 직접적인 목적으로 삼고 있다는 점에서, 사익편취(私益騙取)에 관한 규정 역시 경쟁과의 관련성에서 벗어나 특정한 행위 유형을 당연 금지하기 어렵다고 할 것이다.[664] 다른 한편으로, 법 제47조의 규정이 특수관계인에게 이익을 제공하는 행위를 폭넓게 금지하고 있다는 점에서 헌법상 비례원칙을 위반하지 않기 위해서는 부당성 요건을 통하여 그 금지의 범위를 제한해야 할 필요도 있을 것이다.[665]

부당지원행위의 경우 지원객체에게 제공되는 이익은 지원행위의 성립 여부에서 검토하는 것이고, 부당성 요건은 공정거래저해성을 의미하지만, 특수관계인에 대한 부당한 이익제공의 경우에는 법문이 공정거래저해성을 언급하지 않고, 제공하는 이익이 부당할 것을 규정하고 있으므로 이익에 대한 '규범적'인 평가가 필요할 것으로 보인다.[666] 부당지원행위의 부당성 판단에 대하여 법문에서는 상당성을, 시행령에서는 과다성의 여부를 판단하도록 하고 있는데, 특수관계인에 대한 부당한 이익제공의 경우에도 그러한 규정은 없다고 하더라도 유추해석(類推解釋)에 따라 상당성이나 과다성(過多性) 여부를 고려할 수 있을 것이다.[667] 또한 이 규정은 동조의 목적과 법 제1조의 목적규정의 범위 내에서 종합적으로 부당성을 판단하여야 한다는 점에서, 소유집중이라는 경제력집중의 억제 측면에서 접근하되, 공정하고 자유로운 경쟁의 기반을 마련하기 위한 제도로서 해석되어야 할 것이다.[668]

2. '부당성'의 핵심징표

법 제47조 제1항에 규정된 '부당성'이 정당한 이유를 고려하는 근거로만 제한적인 의미만을 갖는가? 그렇지 않다. 동조의 부당성에 독자적이고 적극적인 규범적 의미, 즉 법 제45조 제1항 제9호와 구별되는 고유한 역할을 부여할 필요성이 있는데, 각호의 행위로는 특수관계인에 대한 이익귀속을 추단할 수 있을 뿐, 그로부터 입법취지에 부합하는 경제력집중의 유지·강화 또는 편법상속을 통한 소유집중의 유지·심화 여부를 전혀 판별할 수 없기 때문이다.

663) 이봉의, 앞의 글(2015), 210－211면.
664) 이봉의, 앞의 글(2015), 213－214면.
665) 이봉의, 앞의 글(2015), 226면.
666) 대법원 2022.5.12. 선고 2017두63993 판결("한진" 사건).
667) 이봉의, 앞의 글(2015), 227면.
668) 이봉의, 앞의 글(2015), 229면.

이때, 법 제47조가 규정하고 있는 '부당성'이란 공정거래법 제1조의 목적범위를 넘을 수 없다는 점에 유의하여야 한다. 2013년 제20차 법개정[669] 시 법 제1조를 함께 고치지 않은 것은 단순히 입법상의 실수가 아니라, 그보다는 법 제47조의 입법취지와 제45조 제1항 제9호와의 관계 및 법 제1조의 목적 등을 종합적으로 고려하여 부당성의 고유한 요소를 모색하는 작업을 향후 공정거래위원회와 법원의 해석에 맡겨두었다고 봄이 타당하다. 여기서 법 제47조 제1항이 부당성을 보다 적극적으로 심사해야 할 필요성을 부연하자면 다음과 같다.

첫째, 특수관계인에 대한 부당한 이익제공의 금지는 무엇보다 "삼성SDS" 판결[670]에서 대법원이 변칙적인 부의 세대 간 이전 등을 통한 소유집중의 직접적인 규제는 부당지원행위를 금지하는 목적이 아니라고 판시한 이후 특수관계인에 대한 직접적인 지원행위를 규제하기가 불가능해지고, 다른 한편으로 터널링을 통한 변칙적인 부의 세대 간 이전이라는 형태의 소유집중에 대한 규제상 흠결이 드러나면서 이러한 문제를 해소하기 위한 취지에서 도입된 것이다. 따라서 총수 일가에 대한 이익귀속의 부당성은 공정거래법의 목적 중 경제력집중 억제의 일환으로 '변칙적인 소유집중'이라는 관점에서 파악할 필요가 있다.

둘째, 특수관계인에 대한 부당한 이익귀속을 금지함에 있어서 행정편의에 따른 과잉규제를 방지하고 법적 안정성을 담보하는 것은 매우 중요하다. 법 제47조 제1항 각호가 규정하고 있는 거래들은 시장에서 매우 빈번하게 이루어지고 있고, 그 중 위법성이 인정될만한 거래는 지극히 일부이자 예외적인 것임에도 불구하고 그 자체로 부당성을 추정하는 것이라면 과잉규제를 가져올 뿐만 아니라 거래의 안정성이 훼손될 수밖에 없다. 이 점은 법 제47조 제1항의 적용 시 부당성 추정이 곧 법 위반 및 집행 여부에 대한 공정거래위원회의 재량을 더욱 확대하는 한편, 법원의 사법심사를 대폭 제한함으로써 사업자가 공정하게 재판받을 권리조차 위축될 수 있음을 의미한다.

이러한 맥락에서 법 제47조 제1항이 정하는 '부당한' 이익인지 여부는 각호의 거래를 통하여 특수관계인에게 상당한 이익을 귀속시킴으로써 편법승계를 통한 소유집중의 우려 등 경제력집중의 관점에서 판단하는 것이 타당하다. 그렇다면 법 제

669) 2013.8.13. 개정, 법률 제12095호.

670) 대법원 2004.9.24. 선고 2001두6364 판결.

47조 제1항이 명정하고 있는 '부당한' 이익인지 여부 또한 경제력집중의 억제라는 관점에서 해당 거래 또는 사업기회제공의 동기와 목적, 거래상대방인 계열회사의 지위, 귀속되는 이익 규모의 상당성, 그러한 편법승계를 통한 소유집중의 유지·심화 우려 등을 종합적으로 고려하여 개별 사안에 맞게 판단하여야 하고, 이와 같은 '종합적인 접근방법'(comprehensive approach)은 모델지향적인 이론이나 거의 맹목적인 정책목표와 일정한 거리를 유지하면서, 시장현실과 이해관계자의 상충되는 이익에 부합하는 해결책을 모색할 수 있다는 점에서 대륙법계의 일반적인 방법론이자 타당한 방법론일 것이다.

판례도 이와 같다. 무엇보다 대법원은 "한진" 사건에서 원심과 마찬가지로 공정거래위원회가 이익제공행위의 부당성을 입증하여야 함은 물론 그 부당성은 불공정거래행위와는 달리 이익제공행위를 통하여 제공객체가 속한 시장에서 경쟁이 제한되거나 경제력이 집중되는 등으로 공정한 거래를 저해할 우려가 있을 것까지 요구하는 것은 아니고, 제공주체와 제공객체 및 특수관계인의 관계, 행위의 목적과 의도, 행위의 경위와 그 당시 제공객체가 처한 경제적 상황, 거래의 규모, 특수관계인에게 귀속되는 이익의 규모, 이익제공행위의 기간 등을 종합적으로 고려하여, 변칙적인 부의 이전 등을 통하여 대기업집단의 특수관계인을 중심으로 경제력 집중이 유지·심화될 우려가 있는지에 따라 판단하여야 한다고 판시하였다.[671)]

3. 기타의 고려요소

가. 상당한 이익의 귀속 여부

(1) 상당히 유리한 조건 vs. 상당한 이익

공정거래법 제47조 제1항에 따르면 '상당히 유리한 조건으로' 거래하는 등의 행위를 특수관계인에 대한 이익귀속의 수단으로 규정하고 있는바, 현저성에 비하여 상대적으로 낮은 정도의 것으로 이해할 수 있는 '상당성' 요건을 감안할 때, 공정거래위원회의 판단에 따라 웬만큼 유리한 거래가 모두 규제대상에 포함될 소지

671) 서울고등법원 2017.9.1. 선고 2017누36153 판결; 대법원 2022.5.12. 선고 2017두63993 판결. 그 밖에 하이트진로와 삼광글라스의 부당한 인력제공에 대한 대법원 판시도 이와 전혀 동일하다. 대법원 2022.5.26. 선고 2020두36267 판결 참조. 반면, 법 제47조 제1항 각호에 열거된 행위로 인하여 특수관계인에게 구체적인 이익이 귀속되었거나 귀속되었다고 볼 만한 상당한 개연성이 인정되는 경우에 경제적집중의 유지·심화에 대한 입증의 정도를 경감할 필요성에 대해서는 최난설헌, 앞의 글(2022), 188면.

가 있다. 따라서 거래조건이 상당히 유리한 경우에도 과연 그로 인하여 어느 정도의 이익이 특수관계인에게 귀속되어야 편법승계 등을 통한 소유집중의 유지·심화를 인정할 수 있을지에 관한 규범적 판단이 더욱 중요해진다. 즉, '부당성' 요건은 특정 거래로 인하여 거래상대방인 계열회사에게 제공되는 이익의 규모와 그로 인하여 특수관계인에게 이익이 귀속되는 규모의 관계를 고려함으로써 개별 사례마다 귀속되는 이익의 허용범위에 대한 규범적 판단을 가능케 하는 최종적인 기능을 수행하여야 한다.

종래 부당지원행위의 경우 공정거래위원회는 지원객체에게 제공되는 이익의 규모, 즉 지원금액은 지원행위의 성립을 판단하는 단계에서만 고려하고, 부당성은 오로지 공정거래저해성만으로 심사해왔다.[672] 그런데 법 제47조 제1항에서는 특수관계인에게 귀속되는 이익이 부당할 것을 요건으로 명시하고 있기 때문에 그러한 '이익'에 대한 규범적 판단이 필요한 것이다. 자연인인 특수관계인의 경우 그가 속한 시장에서 경쟁이 저해되는 경우란 상정할 수 없고, 특수관계인에 대한 모든 이익귀속으로부터 당연히 무가치판단을 내릴 만한 경제력집중의 심화를 추단하기도 어렵다는 점을 고려할 때, 특수관계인에 대한 이익귀속을 위법하다고 볼만한 또 다른 기준이 필요하게 되는 것이다.[673]

이와 관련하여 부당지원행위의 예는 시사하는 바가 크다. 즉, 지원행위가 성립하기 위한 요건으로 종래 시행령 [별표 2] 제9호는 자금·자산·인력 등의 지원을 통하여 특수관계인 또는 다른 회사에게 '과다한 경제상 이익을 제공'할 것을 요구하고 있고, 이러한 태도는 지원행위의 현저성 요건을 상당성으로 완화한 2013년 제20차 개정법[674]에서도 그대로 유지되고 있다. 그렇다면 법 제47조 관련해서도 법문이나 시행령에 명문의 규정은 없으나 부당성을 판단하는 단계에서 특수관계인에게 귀속되는 이익의 '과다성'이나 적어도 '상당성' 여부를 따져볼 필요가 있는 것이다.

(2) 이익귀속의 발생 여부

이익제공의 수단이 되는 거래나 사업기회제공이 특수관계인에게 이익을 귀속

672) 이봉의, 앞의 글(2013), 233면; 대법원 2004.3.12. 선고 2001두7220 판결; 대법원 2005.4.29. 선고 2004두3281 판결 등.

673) 특수관계인에 대한 지원행위의 경우 다른 계열사에 대한 지원행위와 차별화된 부당성 판단기준이 필요하다는 지적은 법 제23조의2가 정하는 부당성 해석에 있어서도 시사하는 바가 크다. 이호영, 앞의 글(2004), 398면 이하.

674) 2013.8.13. 개정, 법률 제12095호.

시키는 행위가 성립하려면, 그 효과가 실제로 발생하여야 하는지에 대하여 법문에는 규정이 없으나, 이익이 귀속되었거나 귀속될 상당한 개연성이 있는 경우로 보는 것이 타당하고, 이익이 없거나 미미하더라도 향후 귀속될 것이라는 장래에 추단될 가능성이 있는 경우까지 금지할 수는 없을 것이다. 또한 이익의 제공행위에 대하여 법문은 부당성을(법 제47조 제1항), 시행령은 이를 상당성으로 규정하고 있는데(영 [별표 3]), 이는 이익제공을 위한 수단의 성격을 의미하는 것이고, 부당지원행위의 상당성 요건과 달리 이익의 정도가 상당할 것을 요구하는 것은 아니라고 할 것이다. 게다가 부당한 이익제공의 금지규정은 총수 일가의 이익제공을 통한 소유집중을 문제 삼는다는 점에서 부당지원행위의 금지규정상 법문의 상당성 요건과 시행령의 과다한 경제상 이익의 경우와 같이 문제 삼는 이익의 규모와 정도를 달리 보아야 할 것이다.[675)]

또한 특수관계인에게 귀속되는 이익이 문제된 거래나 사업기회의 제공으로 인한 것이라는 인과관계를 입증하여야 할 것이다. 인과관계란 이익을 제공하는 주체가 그 객체에 대하여 어느 정도의 지분을 보유하고 있는가와 객체가 그 이익을 어떤 용도로 사용하는가에 달려있다고 할 것인데, 법 제47조와 시행령은 특수관계인이 20% 이상의 지분을 보유하고 있는 계열회사에게 상당한 이익을 귀속시키는 거래의 경우 특수관계인에게 상당한 이익이 귀속되는 인과관계가 있는 것으로 간주하고 있는 것으로 보인다. 하지만 이러한 추론에는 합리적인 근거가 없으며 과잉금지의 원칙에 반하는 추론이 될 수 있다는 점을 고려하여야 할 것이다.[676)]

나. 이익제공의 의도

법 제47조가 금지하는 이익제공행위란 당연위법이 아니고, 경영상 합리적인 이유나 사업상 필요에 따른 행위에 따른 것이거나 부수적인 것일 수 있으므로, 이익제공행위의 주된 목적이 편법적인 부의 이전을 통한 소유집중에 있음을 입증하여야 할 것이다. 이익제공의 의도는 부당성 판단을 함에 있어서 객관적으로 정당한 이유가 존재하는지의 여부를 검토하는 차원에서 종합적으로 고려할 수 있을 것이다.[677)]

---

675) 이봉의, 앞의 글(2015), 218면.
676) 이봉의, 앞의 글(2015), 219－220면.
677) 이봉의, 앞의 글(2015), 220면.

다. 정당화 사유의 부존재

법 제47조 제2항에서는 상당한 규모의 거래에 관한 동조 제1항 제4호를 적용하지 않을 정당화 사유를 규정하고 있고, 동조 제1항 제1호 내지 제3호에 대해서는 적용이 제외될 사유에 대한 규정은 없다. 또한 법 제47조 제2항에 따라 시행령 [별표 4]에서 규정하고 있는, 효율성 증대효과가 있는 거래, 보안성이 요구되는 거래 그리고 긴급성이 요구되는 거래의 경우를 살펴보면, 이러한 사유들은 지원주체에게 해당하는 사유로서 지원객체에게 부당한 이익이 제공되었고 그것을 형량하도록 하는 기준을 마련하고 있지 않다. 시행령이 규정하는 사유에 해당한다면, 문언상 이는 법 제47조 제1항에 대하여 적용제외가 된다는 것으로 해석되는데, 그렇다면 사안별로 공정거래위원회에 사전인가를 받도록 하는 결과를 낳게 된다고 할 수 있다.[678] 이와 별개로 법 제47조 제1항에서는 부당성을 요건으로 하고 있기 때문에, 동조 제2항과 무관하게 위법성 판단에 있어서 정당한 사유가 부존재하는가를 확인하여야 할 것이다.[679]

678) 이봉의, 앞의 글(2015), 231면.
679) 이봉의, 앞의 글(2015), 228면.

제 5 절 제재 및 절차

I. 행정적 제재

1. 시정조치

공정거래위원회는 제45조(불공정거래행위의 금지) 제1항 또는 제2항, 제47조(특수관계인에 대한 부당한 이익제공 등 금지) 또는 제48조(보복조치의 금지)를 위반하는 행위가 있을 때에는 해당사업자[제45조 제2항 및 제47조의 경우 해당 특수관계인 또는 회사를 의미함]에 대하여 해당 불공정거래행위 또는 특수관계인에 대한 부당한 이익제공행위의 중지 및 재발방지를 위한 조치, 해당 보복조치의 중지, 계약조항의 삭제, 시정명령을 받은 사실의 공표 기타 시정을 위한 필요한 조치를 명할 수 있다(법 제49조). 또한 2013년 제20차 개정법[680]은 법 제45조 제2항에서 특수관계인 또는 회사는 다른 사업자로부터 제1항 제9호에 해당할 우려가 있음에도 불구하고 해당 지원을 받는 행위를 하여서는 아니 된다고 규정하는 한편, 제47조 제3항에서 부당한 이익을 제공받는 지원객체에 대하여도 동조 제1항에 해당하는 거래나 사업기회를 제공받는 행위를 금지하고 있다. 이로써 지원객체 역시 법위반행위자에 포함되게 되었고, 그에 대한 행정적 제재가 이루어질 수 있게 되었다.

그런데 부당지원행위에 대하여 시정조치를 내림에 있어서는 다음과 같은 몇 가지 사항이 고려되어야 한다. 첫째, 시정조치 중에서 '당해 불공정거래행위의 중지'란 "피심인은 ……하여 과다한 경제상의 이익을 제공함으로써 ……를 지원하는 행위를 다시 하여서는 아니 된다."라는 형태의 시정조치 또는 "피심인은 ……함으로서 ……를 지원하는 행위를 지체없이 중지하여야 한다."라는 형태로 내려진다. '당해 행위의 중지'라는 시정조치는 주로 예방적 기능을 수행하는데 그치는 것이어서, 법위반행위의 공표나 과징금을 부과하는 경우와 마찬가지로, 그것만으로 소기의 목적을 달성할 수 있을지 의문이다. 이를 위반하여 법위반행위자가 추후 동일한 유형의 부당지원행위를 다시 하는 경우에는 과징금부과 등에서 가중사유가 될 수 있음(법 제102조 제1항 제2호)은 물론, 형사고발의 대상이 될 수 있다(법 제124조 제10

680) 2013.8.13. 개정, 법률 제12095호.

호)는 점에서, 동일한 부당지원행위의 반복을 막는 예방적 기능을 하게 된다.

둘째, '계약조항의 삭제'는 원래 어떤 계약조항이 불공정거래행위에 해당하는 경우에 문제된 조항만을 제거함으로써 당해 거래행위의 효력은 유지하도록 하면서 위법상태만 시정하도록 하는 것이다. 그러나 부당지원행위의 경우에는 지원객체가 받은 경제적 이익을 지원주체에게 환원하지 않는 한 궁극적으로 법위반상태는 시정될 수 없다는 점을 고려할 때, 이러한 유형의 시정조치가 부당지원행위에 적당한 것인지는 의문스럽다. 실제 공정거래위원회의 부당지원행위에 관한 심결 중에서 이러한 유형의 시정조치가 내려진 예는 보이지 않는다.

셋째, '시정명령을 받은 사실의 공표'는 당해사업자가 자신의 위법사실을 일반에게 알림으로써, 신문게재에 따른 경제적 부담은 물론이고 그로 인하여 피해를 입은 자에게 필요한 구제조치를 취할 수 있도록 정보를 제공하고, 끝으로 당해 법위반행위자에 대한 공중의 신뢰에 부정적인 영향을 줌으로써 어느 정도 법위반행위의 재발을 방지하는 기능도 겸하게 된다.

문제는 하나의 의결에서 실제로는 여러 건의 부당지원행위의 사례가 인정되고 있는데, 이때 전체 피심인들에게 이러한 공표명령을 연대하여 이행할 것으로 명하고 있는 점이다. 그런데 이 경우 여러 건의 부당지원행위의 사례 중에서 한 건 또는 일부의 건에 대해서만 법위반행위를 한 사업자도 마치 다른 모든 건에 대하여 법위반행위를 한 것으로 오해받을 소지가 있다는 점에서 개별 건별로 당해 행위에 관련된 법위반행위자들에 대해서만 연대하여 공표명령을 이행하도록 하는 것이 바람직할 것이다.

또한 시정명령을 받은 사실의 공표를 명하는 경우 그로부터 법위반행위자가 입게 되는 불이익과 당해 법위반행위의 정도에 대하여 비교형량을 제대로 하지 않을 때에는 일응 공정거래위원회가 재량권을 일탈·남용한 경우로 볼 수 있는 경우도 있다. 부당지원행위에 대한 시정조치도 '당해 행위의 중지' 외에 '법위반사실의 공표'를 따로 명하기 위해서는 법위반행위의 정도, 법위반행위자가 입게 되는 불이익, 법위반행위 이전과 이후의 정황 등 제반사정을 종합하여 그 공표의 필요성이 인정되어야 할 것이고, 공정거래위원회는 각 시정조치별로 그러한 시정조치의 필요성을 실질적으로 심사하고 처분 시에 이를 밝히도록 하는 것이 바람직하다.

넷째, '그 밖에 필요한 시정조치'는 결국 법위반상태를 제거하는데 가장 적절한 조치로서 그 종류와 내용의 결정에 관하여는 공정거래위원회에게 폭넓은 재량권이 부여되어 있다. 부당지원행위에 적용될 수 있는 기타의 시정조치유형으로는 '당해 계약의 취소 또는 원상회복', '지원금액의 지원주체에 대한 반환' 등의 방법으로 지원객체가 얻은 경제적 이익을 지원주체에게 다시 회복시키는 방법을 생각해볼 수 있다. 그러나 이러한 조치를 강제하기 위해서는 공정거래위원회가 지원객체에게 직접 시정명령을 내리지 않으면 안 되는데, 종래 공정거래법은 법위반행위자를 '지원주체'에만 한정함으로써 이러한 시정조치는 사실상 부여되기 어려웠다. 시정조치가 지원객체에게 직접 내려져서 지원객체가 받은 경제적 이익을 지원주체에게 반환할 것을 명하지 않는 한, 이러한 시정조치를 받은 지원주체에게 관련 계약을 임의로 파기하거나 당해 시정조치로 지원객체에게 경제적 이익의 반환을 요구할 수 있는 권리가 당연히 생기는 것은 아니기 때문이다. 그런데 2013년 제20차 개정법[681]에 따라 부당지원행위와 부당한 이익제공행위에 대해서는 법위반행위자에 지원객체도 포함되었다.

2. 과징금

가. 과징금의 법적 성격

공정거래법상 과징금제도의 법적 성격에 관하여 다양한 논의가 있었으나, 다수설은 과징금이 부당이득의 환수와 행정제재적 성격을 동시에 가지고 있지만[682], 어디까지나 전자가 주된 목적인 것으로 이해하는 것으로 보인다.[683][684] 그런데 과징금에 대하여 행정제재적인 성격이 강화되면 헌법상 이중처벌금지의 원칙, 적법절차, 국민의 재판청구권 등의 관점에서 중대한 문제가 제기되지 않을 수 없다.[685]

681) 2013.8.13. 개정, 법률 제12095호.

682) 권오승(제13판), 312−313면; 권오승·서정, 독점규제법(제4판), 법문사, 2020, 751−752면; 정호열(제6판), 500면; 이호영(제6판), 554−557면은 과징금의 법적 성질은 법위반행위의 유형별로 성격을 달리한다고 본다.

683) 신현윤(제8판), 368면; 박해식, "과징금의 법적 성격", 권오승 편, 공정거래법강의Ⅱ, 법문사, 2000, 597면; 김남욱, "독점규제행위 위반에 대한 과징금", 토지공법연구 제12권, 2001, 526−527면; 손수일, "공동행위(카르텔)의 규제와 추정조항의 문제점", 경제법의 제문제(재판자료 제87집), 434면; 이동규, 앞의 책, 104−105면; 이봉의, "공정거래법상 과징금 산정과 법치국가원리", 경쟁법연구 제24권, 2011, 9면.

684) 부당이득환수의 성격을 강조한 판결은 헌법재판소 2003.7.24. 선고 2001헌가25 결정, 대법원 2004.10.27. 선고 2002두6842 판결 등이 있고, 행정제재벌의 성격을 강조한 판결은 대법원 2004.4.9. 선고 2001두6197이 있다.

그런데 헌법재판소는 2003년 결정[686]에서 "이 사건 법률조항에 의한 과징금은 정확한 부당이득환수를 직접적인 목적으로 하는 것이 아니라 부당지원행위의 억지에 그 주된 초점을 두고 있는 것이므로 반드시 부당지원을 받은 사업자에 대하여만 과징금을 부과하는 것만이 입법목적 달성을 위한 적절한 수단이 된다고 할 수 없다. 과징금의 취지가 제재를 통한 부당지원행위의 억지에 있는 이상 입법자는 누구에게 과징금을 부과하는 것이 위반행위를 보다 효율적으로 차단하고 시장의 경쟁질서를 효과적으로 회복·유지하게 될 것인가라는 정책적 관점에서 과징금 부과의 객체를 정할 수 있다 할 것인데 입법자는 이 점에서 지원을 한 기업에 대하여 제재를 가하는 것이 보다 효율적이라 본 것이고, 또한 비록 그것이 지원을 받는 기업으로부터 부당이득을 직접 환수하는 방법은 아니라 할지라도 서로 긴밀히 연결된 기업집단 내 계열기업들 간의 관계에 비추어 볼 때 지원을 한 기업에 대한 제재와 억지는 결국 지원을 받는 기업이 속한 시장의 경쟁질서를 회복하는 효과를 낳는다고 본 것인 바, 입법자가 선택한 이러한 수단이 공정한 경쟁질서 보호에 부적절한 것이라 할 수 없다."고 하였다.

그런데 2013년 제20차 개정법[687]에서 과징금은 부당지원행위와 특수관계인의 부당한 이익제공행위의 경우 지원객체나 부당한 거래를 통해 이득을 얻은 수혜자에게도 부과할 수 있는 것으로 변경되었다. 동 개정 전 과징금은 지원주체에게만 부과될 수 있었다는 점에서 본래의 목적인 '부당한 경제적 이익의 환수'라는 성격은 완전히 사라지고 오직 '법위반행위에 대한 제재'로서의 의미만 존재하였다. 그런데 이제는 지원주체와 객체, 부당한 이익의 제공자와 수익자 모두에게 과징금이 부과될 수 있다는 점에서 부당이득의 환수와 행정제재라는 양 차원에서 제재의 실효성이 한층 제고되었다고 할 것이다.

나. 과징금 부과 여부

「과징금부과 세부기준 등에 관한 고시」(이하 "과징금고시")[688]에 따르면 상호출자제한기업집단에 속하는 사업자가 행한 부당한 지원행위에 대하여는 원칙적으로

685) 이봉의, "대규모유통업법상 과징금 산정의 근본 문제", 유통법연구 제3권 제1호, 2016, 12면 이하; 이호영(제6판), 555면 이하.

686) 헌법재판소 2003.7.24. 선고 2001헌가25 결정.

687) 2013.8.13. 개정, 법률 제12095호.

688) 공정거래위원회 고시 제2021－50호, 2021.12.29. 개정.

과징금을 부과하되, 당해 업계의 특수성이나 거래관행 등을 참작할 때 위반의 정도나 지원효과가 미미한 경우 등에는 과징금을 부과하지 아니할 수 있다. 반면, 상호출자제한기업집단에 속하지 아니한 사업자가 행한 부당한 지원행위에 대하여는 지원객체가 참여하는 관련 시장에서 위반행위로 인하여 나타난 경쟁질서 저해효과가 중대하거나 악의적으로 행해진 경우에 원칙적으로 과징금을 부과한다(과징금고시 Ⅲ. 2. 마. 1), 2)).

특수관계인에게 부당한 이익을 제공하는 행위는 처음부터 공시대상기업집단에 속하는 사업자에 한하여 금지되는 것으로서, 원칙적으로 과징금을 부과한다. 다만, 위반의 정도나 위반의 효과가 미미한 경우 등에는 과징금을 부과하지 아니할 수 있다(과징금고시 Ⅲ. 2. 바.).

다. 과징금 부과기준

공정거래위원회는 제45조 제1항(제9호는 제외) 또는 제48조(보복조치의 금지)를 위반하는 행위가 있을 때에는 당해사업자에 대하여 대통령령이 정하는 매출액에 100분의 4를 곱한 금액을 초과하지 아니하는 범위 안에서 과징금을 부과할 수 있다. 다만, 매출액이 없는 경우 등에는 10억 원을 초과하지 아니하는 범위 안에서 과징금을 부과할 수 있다(법 제50조 제1항). 이와 달리 공정거래위원회는 제45조 제1항 제9호 또는 동조 제2항, 제47조 제1항 또는 제3항을 위반하는 행위가 있을 때에는 해당 특수관계인 또는 회사에 대하여 대통령령으로 정하는 매출액에 100분의 10을 곱한 금액을 초과하지 아니하는 범위에서 과징금을 부과할 수 있다. 다만, 매출액이 없는 경우 등에는 40억 원을 초과하지 아니하는 범위에서 과징금을 부과할 수 있다(법 제50조 제2항).

여기서 시행령 [별표 6]의 위반행위의 과징금 부과기준에 따르면, '대통령령으로 정하는 매출액'이란 부당지원행위의 경우에는 평균매출액에 100분의 10을 곱한 금액의 범위에서 법 제45조 제1항 제9호 또는 동조 제2항을 위반하여 지원하거나 지원받은 지원금액에 중대성의 정도별로 정하는 부과기준율을 곱하여 산정한다(영 [별표 6] 2. 가. 표의 5.). 이때, '지원금액'이란 지원행위와 관련하여 지원주체가 지출한 금액 중 지원객체가 속한 시장에서 경쟁을 제한하거나 경제력 집중을 야기하는 등으로 공정한 거래를 저해할 우려가 있는 '지원객체가 받았거나 받은 것과 동일시할 수 있는 경제적 이익'만을 의미하며, 지원과정에서 부수적으로 제3자에게 지출한 비용은 포함되지 않는다.[689] 다만, 지원금액의 산출이 어렵거나 불가능한 경우 등에는 그 지원성 거래규모의 100분의 10을 지원금액으로 본다(영 [별표 6] 2. 가. 표의 5.).

또한 특수관계인에 대한 부당한 이익제공행위의 경우에는 평균매출액에 100분의 10을 곱한 금액의 범위에서 법 제47조 제1항·제3항을 위반하여 거래 또는 제공한 위반금액(정상적인 거래에서 기대되는 급부와의 차액을 말함)에 중대성의 정도별로 정하는 부과기준율을 곱하여 산정한다. 다만, 위반금액의 산출이 어렵거나 불가능한 경우 등에는 그 거래 또는 제공 규모(법 제47조 제1항 제2호의 경우에는 사업기회를 제공받은 특수관계인 또는 계열회사의 관련매출액)의 100분의 10을 위반금액으로 본다(영 [별표 6] 2. 가. 표의 6.).

다음으로, 과징금고시는 과징금의 산정기준에 대하여, 위반액에 위반행위 중대성의 정도별 부과기준율을 곱하여 산정기준을 정하면서, 부당지원행위와 특수관계인에 대한 부당한 이익제공행위의 경우에는 다음과 같이 동일한 산식을 적용하도록 하고 있다(과징금고시 Ⅳ. 1. 바, 사). 이때, 부당지원행위의 경우 위반액이란 법 제45조 제1항 제9호 또는 제2항의 규정에 위반하여 지원하거나 지원받은 지원금액으로서, 지원금액의 산출이 가능한 경우에는 해당 지원금액을, 지원금액의 산출이 어렵거나 불가능한 경우에는 해당 지원성 거래규모의 100분의 10에 해당하는 금액을 말한다(과징금고시 Ⅱ. 8. 나.).

중대성의 정도	기준표에 따른 산정점수	부과기준율
매우 중대한 위반행위	2.2 이상	120% 이상 160% 이하
중대한 위반행위	1.4 이상 2.2 미만	50% 이상 75% 이하
중대성이 약한 위반행위	1.4 미만	20%

또한 법 제47조의 경우에 위반액이란 특수관계인 또는 계열회사에 제공한 금액(정상적인 거래에서 기대되는 급부와의 차액)으로서, 위반금액의 산출이 가능한 경우에는 위반금액을, 위반금액의 산출이 어렵거나 불가능한 경우에는 그 거래 또는 제공 규모(법 제47조 제1항 제2호의 경우에는 사업기회를 제공받은 특수관계인 또는 계열회사의

689) 대법원 2004.3.12. 2001두7220 판결.

관련매출액)의 100분의 10에 해당하는 금액을 말한다(과징금고시 Ⅱ. 8. 다.).

중대성의 정도	기준표에 따른 산정점수	부과기준율
매우 중대한 위반행위	2.2 이상	120% 이상 160% 이하
중대한 위반행위	1.4 이상 2.2 미만	50% 이상 75% 이하
중대성이 약한 위반행위	1.4 미만	20%

Ⅱ. 형사적 제재

1. 개 요

불공정거래행위의 금지규정을 위반한 자는 2년 이하의 징역 또는 1억5천만 원 이하의 벌금에 처한다(법 제125조). 이와 달리 2013년 제20차 개정법[690]을 통하여 부당지원행위와 부당한 이익제공행위에 대한 형사벌의 수준이 상향되었다. 즉, 부당지원행위와 특수관계인에 대한 부당한 이익제공행위의 금지규정을 위반한 자 그리고 제48조(보복조치의 금지)의 규정을 위반한 자는 3년 이하의 징역 또는 2억 원 이하의 벌금에 처한다(법 제124조). 또한 공정거래위원회가 위 규정을 위반한 자에 대하여 부과한 시정조치 또는 금지명령에 응하지 않은 자에게도 2년 이하의 징역 또는 1억5천만 원 이하의 벌금에 처한다(법 제125조).

구법에 대하여 헌법재판소는 "과징금은 부당내부거래의 억지에 그 주된 초점을 두고 있고, 부당지원을 한 사업자의 매출액을 기준으로 하여 그 2% 범위 내에서 과징금을 책정토록 하고 실제 부과되는 과징금액은 매출액의 100분의 2를 훨씬 하회하는 수준에 머무르고 있는바, 그렇다면 부당내부거래의 실효성 있는 규제를 위하여 형사처벌의 가능성과 병존하여 과징금 규정을 둔 것 자체를 두고 비례성원칙에 반하여 과잉제재를 하는 것이라 할 수 없다."고 하고, "부당내부거래가 시장에서 퇴출되어야 할 부실기업 또는 한계기업에 대하여 대규모 기업집단의 차원에서 의도적으로 거액의 지원행위를 은밀히 감행하여 시장의 경쟁질서를 교란하고 경제현상을 왜곡하는 등 갖가지 폐해를 낳는데도 이에 대한 형사처벌은 2년 이하의 징역 또는 1억 5천만 원 이하의 벌금에 불과하여 이것만으로 규제의 효과를 거둘 것을

690) 2013.8.13. 개정, 법률 제12095호.

기대하기는 어려웠다."는 점에서 과징금 부과에 관한 규정은 이중처벌금지원칙, 적법절차원칙, 비례성원칙 등에 위반되지 않는다고 하였다.[691]

한편, 2013년 제20차 개정법[692]은 부당한 이익제공을 지시하거나 그에 관여한 특수관계인에게도 형사벌을 부과할 수 있게 하였다(법 제47조 제4항, 제124조 제1항 제10호). 부당한 이익을 귀속시키는 거래 또는 사업기회 제공의 상대방은 과징금의 부과대상이기는 하나, 이들에게 형사벌을 부과할 수는 없다.

2. 사 례

가. 기업집단 "신세계의 부당지원행위" 사건

"신세계" 사건[693]에서 공정거래위원회는 기업집단 신세계의 계열회사인 신세계에스브이엔을 지원할 목적으로 신세계 및 이마트가 즉석피자 및 입점 제과점에 대한 판매수수료율을 정상판매수수료율인 5%와 23%에 미달하는 각 1%와 20.5%로 책정한 것이 부당지원행위에 해당한다고 판단하고, 지원회사들뿐만 아니라 부당지원행위에 관여한 임직원들을 고발하였고, 검찰은 이들을 「특정경제범죄가중처벌 등에 관한 법률」 위반 중 배임죄와 공정거래법 위반죄로 기소하였다.

1심법원[694]은 먼저 즉석피자 수수료율과 관련하여, 신세계가 비교가능한 동종업계의 판매수수료율이 존재하지 않는 상황에서 즉석피자가 초저가의 고객유인용 상품인 특성을 반영하여 그 판매수수료율을 1%로 정한 것으로 보이는 이상 2011.3.경 즉석 피자에 대한 판매수수료율을 5%로 인상하였다거나 2011년 초 롯데마트나 홈플러스에서 즉석피자를 도입하면서 5~10%의 판매수수료율을 적용하였다는 사후적인 사정만으로는 신세계의 즉석피자에 대한 판매수수료율 결정 당시의 정상판매수수료율이 5%라고 보기 어렵다고 판시하였다. 이어서 제과점 수수료율과 관련해서는 20.5%의 판매수수료율과 이마트의 평균매출이익률인 23%의 차이는 불과 2.5%에 불과하고, 다른 대형 할인점 내부에 입점한 제과점에 대한 판매수수료율이 16~22%로 다양하게 형성되어 있는 점 등을 종합하면 제과점에 대한 판매수수료율을 20.5%로 정한 것이 신세계에스브이엔에 현저히 유리한 조건의 거래에 해당한다

691) 헌법재판소 2003.7.24. 선고 2001헌가25 전원재판부 결정.
692) 2013.8.13. 개정, 법률 제12095호.
693) 공정거래위원회 2013.8.19. 의결 2013제감1455.
694) 서울중앙지방법원 2014.9.26. 선고 2013고합947 판결.

고 보기 어렵다는 이유로 각 회사 및 개인들에 대하여 무죄를 선고하였고, 배임죄에 대하여도 마찬가지로 무죄를 선고하였다. 그 후 대법원은 원심 판단이 정당하다는 원심을 확정지었다.[695]

나. 기업집단 "태광의 부당지원행위" 사건

"태광" 사건[696]에서 공정거래위원회는 태광산업과 그 계열회사들이 다른 계열회사인 동림관광개발에 대하여 투자금 명목으로 자금을 사실상 무이자로 제공한 행위를 부당지원행위로 판단하여, 지원주체 중 태광산업, 흥국생명보험, 대한화섬을 고발하였다. 이 사건에서도 검찰은 공정거래법 위반죄 외에 태광그룹 회장 및 특수관계인인 계열회사의 대표이사 등에 대하여 업무상 배임과 업무상 횡령 등의 혐의도 추가하여 함께 기소하였다.

1심에서 흥국생명보험을 제외한 태광산업 및 대한화섬의 부당지원행위에 대하여 유죄가 선고되었으나,[697] 항소심에서는 이들 3개사가 사실상 무이자의 자금제공을 통하여 동림관광개발로 하여금 경쟁사업자에 비해 유리한 경쟁조건을 갖게 하는 등 공정한 거래를 저해할 우려가 있는 행위를 하였다고 판단하여 전부 유죄가 선고되었고,[698] 대법원은 원심 판결을 그대로 확정하였다.[699]

3. 부당지원행위에 대한 형사벌의 난점

지원행위의 성립 여부를 좌우하는 정상가격이 무엇인지, 정상가격과 어느 정도의 차이가 있어야 상당히 유리하다고 할 수 있는지에 관하여는 공정거래법이나 심사지침에 규정된 바 없다. 정상가격에 관한 판례의 태도를 정리하면 다음과 같다.

정상가격이란 "지원주체와 지원 객체 사이에 이루어진 경제적 급부와 동일한

---

695) 서울고등법원 2015.6.26. 선고 2014노3117 판결; 대법원 2015.12.24. 선고 2015도11003 판결. 한편, 공정거래위원회의 시정명령 및 과징금 납부명령에 대하여 서울고등법원은 일부취소판결을 내렸고(서울고등법원 2014.3.14. 선고 2013누45067 판결), 상고심에서 대법원은 공정거래위원회가 다른 대형할인점 및 이마트 내의 유사한 거래사례를 정상가격 추산을 위한 기준으로 삼은 것에 대하여 이 사건과 비교사례 사이에 존재하는 시장점유율, 매출액, 인지도 등의 차이점을 합리적으로 조정하지 않았다는 이유로 원심판결 중 신세계, 이마트의 패소 부분에 대하여 파기환송하였다(대법원 2015.1.29. 선고 2014두36112 판결). 그 후 파기환송심에서 공정거래위원회의 처분을 전부 취소하는 판결이 확정되었다(서울고등법원 2015.10.7. 선고 2015누33440 판결).

696) 공정거래위원회 2011.6.29. 의결 2010서감2312.

697) 서울중앙지방법원 2012.2.21. 선고 2011고합26 등 판결.

698) 서울고등법원 2012.12.20. 선고 2012노755 판결.

699) 대법원 2016.8.30. 선고 2013도658 판결.

경제적 급부가 시기, 종류, 규모, 기간, 신용상태 등이 유사한 상황에서 특수관계가 없는 독립된 자 사이에 이루어졌을 경우 형성되었을 거래가격"을 의미한다.[700)]

하지만, 당해 거래와 동일한 실제 사례를 찾을 수 없어 부득이 유사한 사례에 의해 정상가격을 추단할 수밖에 없는 경우에는, 단순히 제반 상황을 사후적, 회고적인 시각에서 판단하여 거래 당시에 기대할 수 있었던 최선의 가격이나 당해 거래가격보다 더 나은 가격으로 거래할 수도 있었을 것이라 하여 가벼이 이를 기준으로 정상가격을 추단하여서는 아니 되고, 먼저 당해 거래와 비교하기에 적합한 유사한 사례를 선정하고 나아가 그 사례와 당해 거래 사이에 가격에 영향을 미칠 수 있는 거래조건 등의 차이가 존재하는지를 살펴 그 차이가 있다면 이를 합리적으로 조정하는 과정을 거쳐 정상가격을 추단하여야 한다.[701)]

당해 거래 당시의 실제 사례를 찾을 수 없어 부득이 여러 가지 간접적인 자료에 의해 정상가격을 추단할 수밖에 없는 경우에는 우선 통상의 거래 당사자가 해당 거래 당시의 일반적인 경제 및 경영상황과 장래 예측의 불확실성까지도 모두 고려하여 보편적으로 선택하였으리라고 보이는 현실적인 가격을 규명하여야 한다.[702)]

무릇 범죄는 원칙적으로 고의가 있는 경우에만 처벌하고, 법률에 정함이 없는 한 과실범은 처벌할 수 없다(형법 제14조). 공정거래법상 부당지원행위에 대해서는 과실범 처벌조항이 없으므로, 지원주체에게 고의가 있는 경우에만 처벌할 수 있음은 물론이다. 그런데 '고의'란 주관적 금지요건요소로서, 객관적 금지요건요소에 대한 인식과 의사를 말하는바, 부당지원행위의 경우에는 적어도 지원행위, 즉 정상가격보다 상당히 유리한 조건에 대한 인식과 의사가 인정되어야 할 것이다.

이처럼 정상가격이 부당지원행위의 고의를 인정하기 위한 핵심요소임에도 불구하고 실상은 누구도 정상가격의 수준을 예측조차 하기 어렵다. 판례 또한 공정거래위원회가 지원행위의 성립 여부를 판단함에 있어 거쳐야 할 정상가격의 산정절차를 규명한 것에 불과하다. 검찰의 정식기소에 따라 부당지원행위가 유죄로 확정된 거의 유일한 예는 사실상 무이자 수준의 자금제공이 문제되었던 "태광" 사건[703)]

700) 대법원 2006.12.7. 선고 2004두11268 판결; 대법원 2007.1 25. 선고 2004두7610 판결; 대법원 2014.6.12. 선고 2013두4255 판결 등.

701) 대법원 2008.2.14. 선고 2007두1446 판결; 대법원 2009.5.28. 선고 2008두7885 판결; 대법원 2015.1.29. 선고 2014두36112 판결 외.

702) 대법원 2008.2.14. 선고 2007두1446 판결; 대법원 2008.6.26. 선고 2006두8792 판결.

703) 대법원 2016.8.30. 선고 2013도658 판결.

이었다는 것은 시사하는 바가 적지 않다. 자칫하면 부당지원행위에 대한 형사처벌이 행정기관의 자의적인 정상가격 산정에 따라 좌우될 수 있는 것이다.

제 9 장

재판매가격유지행위의 제한

제 1 절 의 의

Ⅰ. 개념 및 연혁

재판매가격유지행위(resale price maintenance)란 사업자가 상품 또는 용역을 거래함에 있어서 거래상대방인 사업자 또는 그 다음 거래단계별 사업자에 대하여 거래가격을 정하여 그 가격대로 판매 또는 제공할 것을 강제하거나 이를 위하여 규약 기타 구속조건을 붙여 거래하는 행위[1]를 말한다(법 제2조 제20호). 공정거래법은 재판매가격유지행위를 원칙적으로 금지하는 한편(법 제46조 제1항), 사업자단체의 금지행위의 하나로 사업자단체가 구성사업자에게 재판매가격유지행위를 하게 하거나 이를 방조하는 행위를 규제하고 있다(법 제51조 제1항 제4호). 공정거래위원회는 2006년 「재판매가격유지행위 심사지침」[2](이하 "심사지침")을 제정하여 금지 여부를 판단하기 위한 세부 가이드라인을 제시한 바 있다.

공정거래법은 법 제정[3] 당시부터 사업자의 재판매가격유지행위를 금지하였는데, 제정법에서는 제20조 제1항에서 "상품을 생산 또는 판매하는 사업자는 재판매가격유지행위를 하여서는 아니 된다."고 규정하였고, 제2항 이하에서 당시 경제기획원장관으로 하여금 재판매가격유지행위 허용상품의 지정 및 고시 등을 하도록 규정하고 있었다. 당해 조문은 1990년 제2차 법개정[4]으로 법 제29조로 이동하여 별도의 장인 제7장에 규정되었다가 2020년 전부개정[5]으로 불공정거래행위 및 특수

1) 동 요건은 1986년 공정거래법 제1차 개정에서 최초로 추가된 것으로서, 직접적으로 재판매가격을 구속하는 행위를 아울러 규제하기 위한 것이다.

2) 공정거래위원회 예규 제34호, 2006.8.30. 제정; 현행 고시는 공정거래위원회 예규 제386호, 2021.12.30. 개정.

3) 1980.12.31. 제정, 법률 제3320호.

4) 1990.1.13. 전부개정, 법률 제4198호.

5) 2020.12.29. 전부개정, 법률 제17799호.

관계인에 대한 부당한 이익제공의 금지행위와 함께 제5장에 편재된 제46조로 이동하였다. 이 조항에 대한 중요한 개정은 2001년 제9차 법개정[6]에서 이루어졌다. 즉, "사업자는 재판매가격유지행위를 하여서는 아니 된다."는 본문에 이어 "다만, 상품이나 용역을 일정한 가격 이상으로 거래하지 못하도록 하는 최고가격유지행위로서 정당한 이유가 있는 경우에는 그러하지 아니하다."라는 단서조항을 추가하여 재판매가격행위를 무조건적으로 금지했던 과거의 규정에서 정당한 이유가 있는 최고재판매가격유지행위의 경우에는 허용하는 방향으로 전환하였다.

2020년 전부개정법[7]에서는 재판매가격유지행위를 원칙적으로 금지하되, 이하 각호에서는 "효율성 증대로 인한 소비자후생 증대효과가 경쟁제한으로 인한 폐해보다 큰 경우 등 재판매가격유지행위에 정당한 이유가 있는 경우"와 "「저작권법」 제2조 제1호에 따른 저작물 중 관계 중앙행정기관의 장과의 협의를 거쳐 공정거래위원회가 고시하는 출판된 저작물(전자출판물을 포함)인 경우"를 규정함으로써 최저재판매가격유지행위도 최고 재판매가격유지행위와 마찬가지로 정당한 사유가 있는 경우 예외를 허용하도록 하였다.

한편, 1980년 제정법[8]은 제21조에서 제20조 제4항의 상품을 취급하는 사업자가 당해 상품의 재판매가격을 결정하는 등의 계약을 체결한 때에는 경제기획원장관에게 신고하도록 하였다. 이후 1990년 제2차 법개정[9]에서는 이러한 사업자의 신고의무가 제29조와 함께 제30조로 이동하였다가, 1999년 제7차 법개정[10] 시에는 삭제되었고, 재판매가격결정 관련 계약이 소비자의 이익을 현저히 저해할 우려가 있거나 공공의 이익에 반하는 경우에는 계약내용의 수정을 명할 수 있도록 하는 '재판매가격유지의 수정' 조항으로 변경되었다. 그후 2020년 전부개정법[11]에서는 이를 삭제하였다.

그렇다면 시장지배적 사업자가 거래상대방인 사업자에게 재판매가격유지행위를 하거나 하게 하는 경우에 공정거래법 제5조를 적용할 수 있는가? 동조에서는 재판매가격유지행위를 남용행위의 하나로 명시하지는 않고 있기 때문에 이는 해석론

6) 2001.1.16. 개정, 법률 제6371호.
7) 2020.12.29. 전부개정, 법률 제17799호.
8) 1980.12.31. 제정, 법률 제3320호.
9) 1990.1.13. 전부개정, 법률 제4198호.
10) 1999.2.5. 개정, 법률 제5813호.
11) 2020.12.29. 전부개정, 법률 제17799호.

에 맡겨져 있다. 시장지배적 사업자가 재판매가격유지행위를 하거나 하게 하는 행위는 여타 사업자의 경우보다 시장에 미치는 효과가 더욱 크다는 점에서 적극적으로 해석하는 것이 옳다. 따라서 시장지배적 사업자가 재판매가격유지행위를 하거나 하게 하는 경우에는 법 제5조 제1항 제3호의 부당한 사업활동 방해 또는 제5호의 소비자의 이익을 현저히 저해하는 행위에 해당할 수 있을 것이다.

끝으로, 종래 금융·보험회사에 대해서 예외적으로 재판매가격유지행위가 허용되던 적용제외(구법 제61조)가 1996년 제5차 개정법[12]에 의해 폐지되었고, 이들 산업에서도 보다 자유로운 가격경쟁이 이루어질 수 있게 되었다. 다만, 「보험업법」은 독일의 입법례를 참고하여 보험대리점에 대해서 가격할인을 금지하고 있는바(동법 제98조 제2호), 이는 보험서비스에 관한 한 보험사에게 재판매가격을 정할 권한을 부여하고 보험대리점이 이를 준수할 의무를 규정한 것에 다름 아니다. 보험업에 대해서만 판매가격경쟁을 제한하는 것으로서 보험업의 특성을 감안하더라도 바람직하지 않다.[13]

Ⅱ. 재판매가격유지행위의 동기와 성격

재판매가격유지행위의 법적 성격은 그 동기 내지 발생 배경에 따라 다르게 파악할 수 있다.[14] 제조업자가 판매업자에게 판매하는 가격(도매가격)과 당해 판매업자가 다음 단계의 판매업자 또는 소비자에게 판매하는 가격(소매가격)의 차이는 판매업자의 판매마진으로서 제조업자의 입장에서 보면 유통비용이 되기 때문에 어떤 제조업자라도 이 비용을 최소화하려고 한다. 즉, 제조업자로서는 자신의 이윤이 포함된 도매가격으로 제품을 판매업자에게 판매하고 나면 판매업자들 간의 가격경쟁을 통하여 최종소비자가격이 가능한 한 낮아지는 것이 제조업자의 판매량, 나아

12) 1996.12.30. 개정, 법률 제5235호.

13) 보험시장을 극도의 불완전시장으로서 그 구조적 특성상 유효경쟁논리가 적용되기 어렵다는 견해로는, 김성태, "보험행정과 독점금지법", 경희법학 제18권 제2호, 1983.12. 그 밖에 정호열, "보험사업에 대한 독점금지법의 적용면제 — 미국의 경우 —", 양승규 화갑기념논문집 — 현대상법의 과제와 전망, 1994, 385면 이하 및 양승규, "보험산업과 독점금지법", 보험학회집 제39집, 1992, 8면 이하. 이에 대해 보험산업에 대해서도 공정거래법의 적용을 강화해야 한다는 견해로는 이규억, "공정거래법의 적용대상 확대의 필요성 — 적용대상의 현황과 문제점 —", 경제법연구 제2호, 32면 이하.

14) 신광식, "재판매가격유지제도의 법경제학", 법경제연구(I), 1991, 203면 이하.

가 이윤을 극대화하는 방법이다. 그럼에도 불구하고 제조업자들이 재판매가격유지행위를 통하여 흔히 판매가격을 높게 유지하려는 동기가 무엇인가? 이것은 곧 재판매가격유지행위가 갖는 위법성의 본질이 어디에 있는지를 밝히는 중요한 요소가 된다.

1. 기존의 학설

가. 유인염매 방지설

유인염매란 판매업자가 고객을 유인할 목적으로 소비자에게 잘 알려진 상표품(branded product; Markenatrikel)을 원가 이하의 가격으로 판매하는 것을 말한다. 특히 신규 판매업자들은 기존의 다른 판매업자와의 가격비교를 위하여 유명상표품을 유인염매(誘引廉賣; loss leader)의 대상으로 사용하기 쉽다. 그런데 어떤 상표품이 유인염매의 목적으로 쓰이게 되면 이러한 전략을 쓰지 않는 기존 판매업자들은 대체브랜드로 고객들의 수요에 응하게 된다. 따라서 당해 상표품을 취급하는 판매업자의 수가 감소함에 따라 판매량이 줄어들고 결국 이러한 상품은 유명 또는 고급브랜드로서의 지위를 잃게 되어 이를 유인염매품으로 사용한 판매업자들도 결국 다른 상품으로 옮겨가게 된다. 따라서 제조업자들은 판매업자들이 그들의 제품을 유인염매용으로 쓰이는 것을 방지하기 위하여 재판매가격을 유지할 필요가 있게 된다.

이러한 맥락에서 행해지는 재판매가격유지행위의 법적 성격은 무엇보다 제조업자에 의한 판매가격 강제와 그에 따른 판매업자들의 계약자유의 침해가 된다. 이때, 판매업자들의 계약자유, 그중에서도 가격결정의 자유는 판매단계에서 가격경쟁이 이루어지기 위한 전제조건이기 때문에, 적어도 특정 브랜드에 국한되더라도 재판매가격유지행위는 '판매업자들 간의 가격경쟁'(intra-brand competition)을 불가피하게 제한하는 결과를 가져오게 된다.

나. 판매업자 카르텔설

판매업자들이 각종 할인점이나 온라인쇼핑몰의 등장으로 치열해지는 가격경쟁으로부터 스스로를 보호하기 위하여 제조업자로 하여금 재판매가격을 유지하도록 요구하고, 제조업자가 이를 수용하여 실행하는 방식으로 재판매가격유지행위가 이루어질 수도 있다. 제조업자는 집단적 거래거절 등 판매업자들의 위협과 강압에 못 이겨 재판매가격을 정하고 이를 수직적으로 유지해줌으로써 사실상 이들의 (수평적) 담합을 용이하게 한다는 것이다. 즉, 이 설은 외관상 재판매가격유지행위가 그 실질에 있어서는 판매업자들 간의 부당한 공동행위에 해당할 수 있음을 제시하고 있다. 이때 제조업자가 다른 판매경로를 확보하는 것이 판매업자들의 압력에 굴복하여 재판매가격을 유지하는 것보다 유리하거나 용이하다고 판단한다면 제조업자는 당연히 판매업자들의 재판매가격유지요구를 거절하게 될 것이다.

그러나 이러한 설명은 이론적으로 의문이 있을 뿐만 아니라 경제현실에도 부합하기 어렵다. 즉, 판매업자 카르텔이 소기의 목적을 이루기 위해서는 제품이 세분화가 되어 있어 소비자들이 매우 선호하는 제품에 대하여 재판매가격유지를 요구하거나 또는 특정제품의 경쟁적 제조업자들 모두 또는 대부분에게 압력을 가하여 재판매가격을 유지하도록 하여야 한다. 그렇지 않으면 소비자는 재판매가격이 유지되지 않는 다른 경쟁제품으로 수요를 전환할 것이고, 이때 재판매가격유지는 단지 경쟁 제조업자들 사이에 판매량 변동만을 초래하게 될 것이기 때문이다.

더구나 판매업자들이 제조업자에 대하여 재판매가격유지를 요구할 수 있을 정도로 영향력을 보유하는 경우란 대규모유통업자를 제외하고는 존재하기 어렵다. 설사 판매업자들이 일시적으로 제조업자에게 상당한 영향력을 행사할 수 있다고 하더라도 유통시장은 진입장벽이 상대적으로 낮기 때문에 신규진입이 일반적으로 용이하다는 점을 고려할 때, 재판매가격유지가 얼마나 지속가능할지도 의문이다.

다. 제조업자 카르텔설

제조업자들이 판매가격을 담합한 경우에 기회주의적 이탈행위를 막기 위한 수단으로 재판매가격유지행위가 활용될 수도 있다는 설명이다. 재판매가격이 유지되지 않는 경우에는 제조업자들이 도매단계에서 합의된 가격을 준수하더라도 판매업자들이 각자의 상황에 따라 유통마진을 조정하여 소비자가격을 변동시킬 수 있다. 가격경쟁에 직면하고 있는 판매업자들은 제조업자에게 공급가격 인하를 요구하고 일부 제조업자가 은밀하게 담합가격 이하로 제품을 공급하여 소비자가격에 반영되더라도 다른 제조업자들은 어느 단계에서 기만행위가 있었는지를 알아내기가 대단히 어렵다. 소매가격의 변화와 그에 따른 개별 제조업자의 판매량 변동이 판매업자의 독자적인 마진조정의 결과인지 또는 일부 제조업자의 가격인하의 결과인지 또는 양자의 복합적인 결과인지가 불확실하게 되는 것이다. 이러한 상황에서는 특정제품의 소비자가격 하락이 다른 제조업자들의 연쇄적인 도매가격 인하를 초래하여 종국에는 제조업자 카르텔이 와해될 수 있다.

반면, 제조업자들이 미리 재판매가격유지에 합의한다면, 어떤 제조업자가 도매가격을 인하하더라도 소비자가격의 인하로 이어지지는 않으므로 해당 제조업자가 기만적으로 가격을 인하할 유인이 사라지게 된다. 어떤 판매업자가 도매가격 인하분의 일부 또는 전부를 소비자들에게 이전한다면 결국 제조업자들이 합의한 재판매가격에서 벗어나게 되므로 도매가격을 인하한 제조업자가 누구인지 드러나게 된다. 그 결과 제조업자 카르텔이 안정적으로 유지될 수 있게 된다는 것이다.

그런데 제조업자들이 — 판매가격 외에 — 재판매가격유지에 관하여 합의한 경우에 담합가격 이하로 공급받은 판매업자가 소비자가격을 인하할 수는 없다고 하더라도 판매량을 증가시키기 위하여 사용할 수 있는 다른 방법은 여전히 많다.[15] 설사 이러한 상황에서 판매업자가 판매량을 증가시킬 수 있는 모든 수단이 봉쇄된다고 하더라도 제조업자가 공급가격을 인하할 경우에는 판매업자의 마진이 그만큼 커지기 때문에 이들은 언제나 공급가격을 내려주는 제조업자로 거래처를 대체할 유인을 갖게 된다. 따라서 제조업자의 가격담합이 안정되기 위해서는 재판매가격의 유지뿐만 아니라 모든 판매업자와의 거래조건 및 모든 판매업자의 소매조건을 완전히 동일하게 만듦으로써 판매업자들이 모든 제조업자와 브랜드에 대하여 무차별해지도록(indifferent) 하는 것이 필요하다. 그러나 이러한 조건을 충족시키기란 현실적으로 거의 불가능할 것이고, 그만큼 이 이론은 현실적이라고 볼 수 없다.

라. 유통효율 제고설(무임승차 방지설)

제조업자는 자기 제품에 대한 수요를 증가시키기 위하여 소비자에게 다양한 정보를 제공하게 된다. 그리고 판매업자는 소비자를 직접 대면하기 때문에 제조업자보다 효율적으로 상품 관련 정보를 전달할 수 있는 경우가 많다. 따라서 소비자의 수요는 판매업자의 정보전달 및 서비스노력 여하에 상당부분 좌우되며, 판매업자의 노력은 제품브랜드를 확립하고 제품에 대한 높은 평판을 유지하는데 불가피한 요소이다.

그러나 판매업자들이 제공하는 정보의 수준은 제조업자가 기대하는 최적의 수준과 다를 수 있다. 유통시장이 경쟁적일 경우에 발생할 수 있는 무임승차(free

15) 재판매가격이 유지되더라도 유통업자들은 보조품의 가격인하, 무료배달, 유리한 할부신용판매조건 등 사실상 가격인하효과가 있는 판매조건을 소비자에게 제시하여 판매량을 늘릴 수 있다.

riding) 현상이 하나의 원인이기도 하다. 즉, 상표품과 같이 소비자들이 제품을 쉽게 식별할 수 있는 경우에는 일부 판매업자들이 정보를 제공하지 않고 판매가격만을 낮춤으로써 애써서 정보와 서비스를 제공한 판매업자들의 노력에 무임승차할 수 있는 것이다. 결국 판매업자들은 모두 제품판매에 필요한 서비스를 제공할 유인을 상실하고 말 것이다.

이러한 상황을 방지하기 위하여 제조업자는 판매업자들의 재판매가격을 유지하여 그들 간의 가격경쟁을 배제함으로써 무임승차를 막고 효율적인 유통체계를 달성할 수 있는 것이다. 이 이론 역시 재판매가격유지행의의 본질을 판매시장의 가격경쟁을 억제하는 데에서 찾는다는 점에서는 유인염매방지설과 동일하다.

2. 불공정거래행위로서의 재판매가격유지행위

위에 언급한 여러 이론적 근거를 통해서 알 수 있듯이 실제로 재판매가격유지는 다양한 동기에 의하여 행해질 수 있다. 따라서 재판매가격유지의 법적 성질도 구체적인 사례에 따라 달라지고 그때마다 공정거래법상의 다른 금지요건으로도 포섭될 수 있는 것이다. 그러나 재판매가격유지행위의 본질은 동일한 제조업자의 상품을 공급하는 여러 판매업자들 간의 가격경쟁을 제한한다는 데에 있으며, 전술한 여러 견해는 이러한 판매업자들 간의 가격경쟁이 제한되는 여러 가지 변형된 형태를 지적하는데 지나지 않는다. 따라서 공정거래법은, 어느 경우나 브랜드 내에서 가격경쟁이 이루어질 수 있도록 제조업자에 의한 가격구속을 규제하고 있는 것이다.

그간 공정거래위원회의 실무에서 문제되었던 사례를 살펴보면 대체로 거래상 지위에 있는 제조업자나 수입업자가 상대적으로 열악한 지위에 있는 대리점에 대하여 최저재판매가격을 일방적으로 강요한 것들이었다. 판매업자나 제조업자의 카르텔이라는 실질을 가진 경우는 찾을 수 없으며, 제조업자가 유인염매를 방지하기 위한 경우도 거의 존재하지 않는다. 즉, 이론적으로는 재판매가격유지행위의 동기가 다양할 수 있으나 실제로는 제조업자나 수입업자가 판매단계에서의 가격경쟁을 제한하여 도·소매가격을 인위적으로 높게 책정함으로써 단순히 브랜드 가치를 제고하는 외에 경제상 이득을 취하려는 의도로 재판매가격유지행위를 강제해온 것이다. 거래계에서 제조업자·수입업자와 판매업자가 자발적인 합의로 재판매가격을 약정하는 경우도 우리나라에서는 찾기 어렵다.

생각건대, 공정거래법이 상정하고 있는 재판매가격유지행위는 강제성을 본질로 하는 수직적 거래제한으로서 그 본질은 불공정거래행위로 보는 것이 타당하다. 2018년 공정거래법 전면개편 T/F에서 마련한 개정안이 당시 구법 제29조를 제23조(불공정거래행위의 금지) 제1항의 일 유형에 편입하도록 권고한 것도 바로 이러한 결론을 뒷받침하는 것이다.

제 2 절 재판매가격유지행위의 요건

I. 개 관

1. 의 의

가. 재판매가격유지행위의 규제목적

2020년 전부개정[16] 전까지 공정거래법상 재판매가격유지행위는 시장지배적 지위남용이나 불공정거래행위와 마찬가지로 별도의 장(章)을 구성하고 있었다. 이에 전술한 바와 같이 동법상 재판매가격유지행위는 일방사업자의 가격에 관한 '강제성'을 요건으로 한다는 점에서 전형적인 불공정거래행위로 파악하는 것이 타당하다는 비판을 받아 왔다. 아울러 재판매가격유지행위를 통하여 판매업자들은 가격카르텔이 존재하는 것과 마찬가지로 가격경쟁을 제한받게 되며, 제조업자들은 가격의 신호기능을 마비시킴으로써 특히 과점시장에서 묵시적인 담합을 용이하게 하는 부정적인 효과를 갖는다.

따라서 공정거래법의 규제목적도 두 가지 측면에서 이해할 수 있다. 우선 판매업자들 간의 가격경쟁과 판매단계에서의 가격경쟁을 가능하게 하는 판매업자들의 가격결정의 자유를 보호하고, 나아가 관련시장에서 제도로서의 자유경쟁을 보호하는 것이다. 여기서 알 수 있는 것은, 동 제도는 품질경쟁이 아니라 어디까지나 가격경쟁만을 보호하는데 그 목적이 있다는 점이다. 따라서 특히 과점시장의 경우와 같이 브랜드 간에 가격차이가 거의 없고, 따라서 실제로는 브랜드 간 가격경쟁이 거의 이루어지고 있지 않은 경우에는, 브랜드 내의 경쟁제한을 정당화시킬 만큼의 브랜드 간 경쟁이 존재하지 않기 때문에, 이 경우 재판매가격유지행위를 정당화할 수 있는 여지는 더욱 줄어든다.

나. 재판매가격유지행위와 수직적 거래제한

재판매가격유지행위는 경쟁사업자 간에 이루어지는 수평적 거래제한과 대비되는 수직적 거래제한의 대표적인 예이다. 수직적 거래제한에는 다시 가격제한과 비가격제한(non-price restriction)이 있는바, 전자가 바로 재판매가격유지행위이고,

16) 2020.12.29. 전부개정 법률 제17799호.

후자가 거래지역 또는 거래상대방 제한행위로서 불공정거래행위의 하나로 규정되어 있다. 이러한 금지체계를 보더라도 재판매가격유지행위는 불공정거래행위의 실질을 갖는다고 말할 수 있다.

(1) 수직적 거래제한의 개념

'수직적 거래제한'(vertical restraints of trade)이란 경쟁법·정책에 있어서 널리 사용되는 만큼이나 그 개념이 명확한 것은 아니다. 수직적 거래제한은 흔히 경쟁관계가 아니라 서로 다른 거래관계에 있는 사업자 간에 행해지는 경쟁제한행위로 이해되기도 하고, 경쟁제한의 효과가 참여사업자가 속한 시장뿐만 아니라 그 거래상대방이 속한 시장에도 미치는 경쟁제한행위를 지칭하기도 한다.

그런데 '수직적'의 의미는 위법성을 판단함에 있어서 수평적 거래제한, 대표적으로 카르텔과 구별되는 요소로 흔히 제시되고 있는 이른바 '브랜드 내 경쟁제한'(intra-brand restraints of competition)의 맥락에서 이해하여야 수직적 거래제한에 대하여 이를 규제하는 규범목적에 부합하는 개념정의가 가능할 것으로 보인다. 이 경우 수직적 거래제한은 그 효과를 중심으로 거래단계에 따른 둘 이상의 시장에 영향을 미치는 행위로 이해하는 것이 일반론으로서는 타당할 것이다.[17] 이러한 정의는 동시에 수직적 거래제한이 브랜드 내 경쟁뿐만 아니라 브랜드 간 경쟁과도 관련될 수 있음을 암시하고 있기도 하다.

이때 브랜드 내 경쟁제한은 '브랜드 간 경쟁제한'(inter-brand competition)을 수반하지 않는 경우가 많고, 이를 수반하는 경우에는 공정거래법상 별도의 법위반행위를 구성하게 된다. 예컨대, 어떤 제조업자가 판매업자에게 재판매가격유지의무를 부과하면서, 동시에 다른 제조업자의 물품구입을 금지하는 경우에는 구속조건부거래가 동시에 문제될 수 있고, 시장지배적 사업자가 약탈적 가격을 효과적으로 실행하기 위하여 최고재판매가격유지행위를 실행하는 경우에는 지위남용이 함께 문제될 수 있을 것이다.

(2) 수직적 거래제한의 유형 및 성격

재판매가격유지행위는 수직적 거래제한의 대표적인 예로 알려져 있는바, 수직적 거래제한에는 여러 가지 행위유형이 있다. 통상 이를 '수직적 가격제한'(vertical

17) 이호영, "공정거래법상 상표내 경쟁제한행위의 규제에 관한 연구", 서울대학교 박사학위논문, 2003, 2면.

price restraints; RPM)과 '수직적 비가격제한'(vertical non－price restraints)으로 나누기도 하고, 후자에는 주로 수직적으로 이루어지는 시장분할이나 거래상대방 제한 등이 포함된다. 공정거래법상 전자에는 제46조의 재판매가격유지행위 금지가, 후자에는 제45조 제1항 제7호의 불공정거래행위 금지가 적용된다. 수직적 가격제한은 따로 행해지는 경우가 별로 없고, 대체로 비가격제한과 결부되어 행해진다.

수직적 거래제한은 그 수단에 따라 다시 계약, 즉 양 당사자의 합의에 의한 경우와 일방당사자의 강요 내지 사실상의 강제에 의한 경우로 나눌 수 있다(vertical restraints by contact or by force). 그런데 양자의 구분은 특히 우리나라에서 각각의 경우 수직적 거래제한의 성격과 위법성 판단의 핵심요소가 상이할 수 있다는 점에서 중요한 의미를 갖는다. 다만, 수직적 거래제한을 그 효과를 기준으로 폭넓게 정의하고, 합의 또는 강제에 의한 경우를 모두 포섭하는 개념으로 이해할 경우, 끼워팔기나 거래거절 등 시장지배적 사업자의 일방적 거래제한이 모두 수직적 거래제한으로 이해될 수 있고, 그 결과 수직적 거래제한이라는 개념 자체가 갖는 경쟁법적 함의가 과연 무엇인지에 대하여 근본적인 의문이 제기될 수 있다.[18)]

(3) 재판매가격유지행위 규제의 이론적 근거와 비판

재판매가격유지행위를 규제하는 논거는 다양하며, 시장집중도가 높고 유통계열화가 진전되는 과정에서 시장독점의 방지 및 판매업자의 가격경쟁촉진이라는 과제가 강조되어 왔다. 아래에서는 가장 흔히 문제되는 최저재판매가격유지행위를 중심으로 규제논거를 살펴보고, 그 문제점을 지적하고자 한다.

(가) 카르텔방지논리

일반적으로 제조업자로서는 자신이 판매한 상품의 가격이 판매업자들 간의 경쟁으로 낮아지고, 그 결과 판매량이 늘어남으로써 이익을 얻게 된다. 그런데 제조업자가 오히려 최저재판매가격유지행위를 통하여 가격을 일정 수준 이상으로 유지하려는 행위를 합리적으로 설명하려는 대표적인 논리가 바로 카르텔이다. 즉, 판매업자들이 가격경쟁의 압력을 피하기 위하여 제조업자에게 집단보이코트나 차별취급 등을 수단으로 재판매가격유지행위를 요구 또는 강제할 수 있다는 것이다.[19)] 그

18) 필자는 이론적으로 수직적 거래제한은 브랜드 내 경쟁제한을 필수적인 개념요소로 할 수밖에 없는데, 브랜드 내 경쟁제한에 고유한 규범적 의미를 부여할 필요가 없다는 입장에서 수직적 거래제한이라는 유형화가 카르텔과 같은 수평적 거래제한과의 구별 외에 경쟁법상 독자적인 분석틀을 제공하기 어렵다는 견해를 갖고 있다.

런데 판매업자카르텔의 성격을 갖는 재판매가격유지행위가 현실적으로 얼마나 가능한지 여부를 차치하고, 이 점은 판매업자들의 카르텔이나 불공정거래행위로 규제할 사안이지, 공정거래법상 이를 별도의 금지요건으로 규정할 근거로 보기 어렵다.[20] 또한 카르텔과 결부될 수 있는 재판매가격유지행위는 그 예를 찾기도 어렵고, 대부분의 재판매가격유지행위는 제조업자가 판매업자에 대하여 상당한 지배력을 행사할 수 있는 대리점관계에서 발생하고 있는 점을 고려하더라도,[21] 카르텔방지논리는 우리나라의 기업현실에 맞지 않는 것으로 보인다.

(나) 브랜드 내 경쟁제한

재판매가격유지행위를 규제하는 가장 큰 이유로는 그것이 판매업자로 하여금 동일 브랜드제품을 취급하는 다른 판매업자와 가격경쟁을 하지 못하게 한다는 점, 즉 판매업자 간 브랜드 내 가격경쟁을 제한한다는 점을 들 수 있다. 이러한 특정 브랜드의 상품 내에서 경쟁제한성을 상정하기 위해서는 제조업자가 거의 모든 판매업자에게 재판매가격유지행위를 빠짐없이 부과하고, 그 이행 여부를 실효성 있게 감시하여야 함은 물론이다. 재판매가격유지행위의 속성상 대체로 브랜드 내 경쟁제한을 수반하며, 이는 합의에 의하든 일방적 강요에 의하든 마찬가지이다.

이러한 수직적 가격제한에 대해서는 가격카르텔과 동일한 맥락에서 엄격한 규제를 주장하는 견해[22]가 있는 반면, 제조단계에서 상당한 수준의 시장지배력을 가진 사업자가 경쟁 수준 이상의 가격을 책정할 수 있는 때에만 재판매가격유지행위가 규제되어야 한다는 상반된 견해[23]가 존재한다. 특히 후자에 의하면 재판매가격유지행위는 판매업자의 마진을 보장함으로써 유통망을 효과적으로 확보할 수 있고, 무임승차를 방지하며, 가격 대신 품질이나 서비스를 중심으로 한 경쟁을 촉진

---

19) 대표적으로 Ward S. Bowmann, "The Prerequisites and Effects of Resale Price Maintenance", U. Chi. L. Rev. Vol. 22 Iss. 4 Art. 3, 1955, p. 825.

20) Robert Bork, "The Rule of Reason and the Per Se Concept: Price Fixing and Market Division", 75 Yale L. J. Vol. 75 No. 3, Jan., 1966, p. 373, 406. 이와 같은 맥락에서 제조업자들이 카르텔을 유지하기 위하여 공동으로 재판매가격유지행위를 행하는 경우 또한 카르텔이나 집단적 거래거절 등 불공정거래행위의 문제이지, 재판매가격유지행위의 고유한 위법성 판단요소가 되지 않는다.

21) 신광식, "재판매가격유지행위의 규제제도 개선방안", 경쟁법연구 제5·6권, 1994, 161면.

22) William Comanor, "Vertical Price Fixing, Vertical Market Restrictions and the New Antitrust Policy", Harvard L. R. Vol. 98 No. 5, Mar., 1985, p. 983.

23) Richard A. Posner, Antitrust Law, 2001, p. 171; Herbert Hovenkamp, Federal Antitrust Policy, 5th ed., 2016, p. 657도 같은 맥락에서 수직적 가격제한과 수직적 비가격제한을 효과 면에서 달리 취급할 이유가 없다고 한다.

한다는 점에서 다분히 긍정적인 측면, 무엇보다 브랜드 간 경쟁을 촉진하는 효과를 가질 수 있다고 한다.

그런데 흔히 제시되는 재판매가격유지행위의 긍정적 효과는 암묵적으로 '합의'에 의한 경우를 상정하고 있으며, 이 경우 브랜드 내 경쟁과 브랜드 간 경쟁 내지 재판매가격유지행위의 긍정적 효과를 종합적으로 고려하여 위법성을 판단하여야 한다는 주장[24]은—공정거래법 제46조와 달리—어디까지나 재판매가격유지행위의 위법성을 경쟁제한성에서 찾을 때에만 제한적으로 정당성을 가질 수 있음에 유의할 필요가 있다.

2. 입법례

가. 유럽의 예

유럽경쟁법은 크게 유럽기능조약 제101조(거래제한의 금지), 제102조(시장지배적 지위남용의 금지)와 경쟁제한적 기업결합을 규제하는 합병규칙으로 이루어져 있으며, 1957년 조약의 발효와 함께 출범한 유럽경쟁법은 다분히 미국의 영향을 많이 받은 것으로 알려져 있다. 특히, 조약 제101조는 셔먼법 제1조와 마찬가지로 수평적, 수직적 거래제한을 모두 포섭하고 있을 뿐만 아니라 계약이나 협정, 결의 등에 의한 각종 경쟁제한행위에 널리 적용된다는 의미에서 일반조항(general clause)의 성격을 갖고 있다.

재판매가격유지행위에 관한 한 유럽기능조약 제101조나 제102조에는 이를 금지하는 명시적인 조항이 없고, 유럽집행위원회나 유럽법원의 실무에서 전개된 해석론이 가장 중요한 법리를 형성하고 있다. 그에 따라 수직적 거래제한의 대표적 행태인 재판매가격유지행위는 먼저 조약 제101조 제1항의 적용을 받는다. 제101조 제1항의 금지가 적용되는 경우에 그러한 구속은 제101조 제2항에 따라 무효로 된다. 특히 최저재판매가격유지행위는 원칙적으로 제1항에 반하여 위법한 것으로 보고 있다. 이처럼 엄격한 태도는 최근 수직적 거래제한에 관한 보다 탄력적이고 긍정적인 방향으로의 전환추세에도 불구하고 조만간 근본적으로 변화할 여지는 없어 보인다.[25] 다만, 최고재판매가격유지행위는 카르텔에 비하여 효율성 증대효과나

24) 재판매가격유지행위에 대하여 합리의 원칙을 적용해야 한다는 견해이기도 하다. 이호영, 앞의 글, 284, 286-289면; 신광식, 앞의 글, 164-166면.

25) Lennart Ritter/W. David Braun, European Competition Law, 3rd ed., 2004, p. 321.

소비자후생 증대효과를 가져올 수 있는 점을 고려하여 수직적 거래제한에 관한 일괄예외규칙 제2790/1999호에 따라 허용될 수 있다.[26)]

한편, 유럽기능조약 제101조는 언제나 계약이나 협정을 통한 재판매가격유지행위에 대해서만 적용되기 때문에, 일방적 내지 강요에 의한 재판매가격유지행위는 제102조의 남용규제, 즉 방해남용의 금지로만 포섭할 수 있다. 이 경우 특정 재판매가격유지행위의 남용 여부 판단에 있어서는 단순히 브랜드 간 경쟁제한이 아니라 사업활동 방해 및 그로 인한 유효경쟁의 저해가 중요한 요소로 고려됨에 유의할 필요가 있다.

당초 유럽집행위원회는 순수하게 회원국의 국내에 국한된 재판매가격유지행위의 경우 회원국 간의 거래에 영향을 미치지 않는다는 이유로 조약 제101조를 적용하지 않았다. 그러나 유럽집행위원회는 소비자가 어느 회원국에서나 가장 유리한 가격으로 상품을 구입할 수 있어야 한다는 인식 하에 국내적인 재판매가격유지행위가 공동시장에서 물품의 자유이동을 저해하는 경우에 한하여 이를 금지하고자 하였다.[27)] 실제로 다른 회원국으로부터의 수입이 자유롭게 이루어지는 경우 재판매가격유지행위를 유지하기란 거의 불가능한 것이었다. 이어서 유럽법원은 비록 최저재판매가격유지행위를 정함으로써 경쟁을 제한할 목적이나 효과를 갖는 계약은 공동체 내의 거래에 영향을 미칠 수 있다는 방향으로 전환하였다.[28)]

반면, 최고재판매가격유지행위는 유럽집행위원회가 암묵적으로 이를 허용하는 태도를 취함으로써 실제 규제된 예가 거의 없으며, 이러한 태도는 전술한 규칙 제2790/1999호를 통하여 뒷받침되었다. 아울러 흔히 프랜차이즈에서 행해지던 가격

26) Commission, Regulation on the application of Article 81(3) of the Treaty to Categories of vertical agreements and concerted practices, OJ L 336/21. 최저재판매가격유지행위 외에 판매지역이나 거래상대방의 제한과 같은 경성의 거래제한행위는 일괄예외규칙의 적용을 받지 못한다. 이들은 당사회사의 시장점유율과 무관하게 금지되며, 조약 제101조 제3항에 따른 개별예외를 기대하기도 어렵다.

27) 대표적인 사례가 Metro판결(ECJ, Deutsche Grammophon v. Metro, 1971 ECR 487)이다. Metro는 Deutsche Grammophon이 제작한 레코드판을 프랑스에서 구입하여 이를 다시 독일로 수입하여 정식판매업체보다 낮은 가격에 판매하고자 하였다. 당시 독일 경쟁제한방지법은 재판매가격유지행위를 금지하는 규정을 두지 않고 있었고, Metro는 그러한 판매금지를 구하는 소를 제기하였다. 이에 대하여 유럽법원은 배타적 권리를 보유한 자라도 구 조약 제81조에서 금지하는 가격책정을 목적으로 다른 회원국에서 수입되는 레코드판의 판매를 금지하기 위하여 권리를 행사하고자 하는 것은 허용되지 않는다고 판시하였다.

28) ECJ, BNIC v. Clair, 1971 ECR 487; Bureau National Interprofessionnel du Cognac (BNIC) v. Clair 1985 ECR 391.

권고(price suggestions)에 대해서는 경쟁제한성이 없다는 이유로 조약 제101조 제1항 위반을 인정하지 않고 있다.[29] 다만, 재판매가격유지행위를 심사함에 있어서 위원회는 회원국 간 거래제한과 공동시장의 경쟁왜곡을 고려하고 있으며, 그것이 갖는 경제적 효과는 그다지 중요시하지 않고 있다. 예컨대, "Hennessy−Henkell" 사건[30]에서 프랑스의 코냑 제조업자가 재판매가격유지행위를 실행한데 대하여 위원회는 다른 브랜드의 가격에 대해서는 재판매가격유지행위가 존재하지 않고 독일 내에 상당한 브랜드 간 경쟁이 이루어지고 있음에도 불구하고 개별예외를 인정하지 않았다.

한편, 재판매가격유지행위의 위법성 판단과 관련하여 중요한 사례가 바로 "Metro−Saba" 판결[31]이다. 여기서 유럽법원은 Saba의 선택적 판매가 조약 제101조 제1항 위반에 해당하지 않는다고 판시하면서, 무엇보다 가격경쟁이 경쟁의 유일한 형태는 아니고, 추가적인 서비스제공을 보장하는 수준의 가격을 유지하고자 하는 행위가 언제나 조약 제101조 제1항에 따라 금지되는 것은 아니라고 판시하였다. 가격경쟁이 중요하기는 하나, 선택적 판매업자로부터 보다 높은 가격에 구입할지 아니면 서비스수준은 낮지만 저렴한 매장에서 구입할지를 소비자가 선택할 수 있어야 한다는 것 또한 중요하다는 것이다.

끝으로, 유럽경쟁법은 상사대리계약과 위탁판매계약에서 나타나는 구속을 그 적용에서 제외시키고 있다.[32] 유럽기능조약 제101조 제3항에 따른 일괄예외는 간접적인 가격구속과 조건구속에는 적용되지 않는다.[33]

---

29) ECJ, Pronuptia de Paris v. Imgard Schillgallis, 1986 ECR 353.

30) Commission Decision of 11 Dec. 1980 relating to a proceeding under Article 85 of the EEC Treaty, IV/26.912, "Hennessy−Henkell".

31) ECJ, 1977 ECR 1875, "Metro−Saba".

32) EuGH WuW 1966, 909, 913 = WuW/E EWG/MUV 145, 149, "Italienische Klage" 및 die Handelsvertreterbekanntmachung der Kommission vom 24. Dez. 1962 (ABl. 1962, 2921). 이 고시는 그 후 새로운 고시로 대체되었다. Fritz Rittner, Der Einfirmenvertreter in der Versicherungswirtschaft und der Gemeinsame Markt, in: Geburtstagsschrift für G. Büchner, 1991, S. 691; Heinz−Joachim Freund, Handelsvertreterverträge und EG−Kartellrecht − Für die Beendigung eines Privilegs, EuZW, 1992, S. 408; Holger Wissel/Peter Scherer, Handelsvertreterverträge: Neue Bekanntmachung der EG−Kommission in. Vorbereitung, DB, 1991, S. 1659. 회원국마다 상사대리권이 1986년 12월 18일의 조정지침(ABl. Nr. L 382/17)에도 불구하고 여전히 상당부분 다르기 때문에 이러한 일반규정은 EG가 이를 폭넓게 적용하려고 하면 할수록 EG측에 더욱 커다란 어려움을 가져온다.

33) 예컨대 Art. 2 Commission Regulation (EEC) No 1983/83 of 22 June 1983 on the application of Article 85 (3) of the Treaty to categories of exclusive distribution agreements (Alleinvertriebs-

나. 미국의 예

셔먼법이 제정된 이래 처음에는 재판매가격을 정하는 계약은 셔먼법 제1조상 부당한 거래제한으로서 당연위법의 법리가 적용되었다. 즉, "Dr. Miles" 사건[34]에서 법원은 의약품의 소매가격을 정하는 계약과 같은 수직적인 가격지정행위를 셔먼법 위반으로 판단하였다.

수직적 가격제한에 대한 법원의 엄격한 태도에 대응하여 소규모 판매업자들은 셔먼법의 적용을 피하고자 노력하였고, 1930년대의 대공황과 소매 연쇄점의 확산을 계기로 판매업자들은 각 주(州)가 법률을 제정하여 어느 정도의 재판매가격유지를 허용하도록 압력을 가하였다. 주의회에 대한 이러한 압력은 효과를 거두어 1931년 캘리포니아 주에서 처음으로 재판매가격유지행위를 합법화시키는 공정거래법(Fair Trade Act)이 통과되었다. 그런데 제조업자의 상품은 다양한 경로를 통하여 수많은 소매상에 공급되므로 개별적으로 모든 판매상과 재판매가격유지계약을 체결한다는 것은 제조업자들에게 거의 불가능한 일이었다. 이러한 어려움을 해소하기 위하여 1933년 개정법에 소위 비계약자조항(non−signer clause)이 추가되었고, 그에 따라 일단 특정 소매업자와 계약으로 재판매가격이 정해지면 다른 소매업자가 고의로 그 가격보다 싼 값으로 판매하는 행위는 위법한 것으로 되었다. 즉, 특정 재판매가격유지계약에 서명하지 않은 판매업자도 법률상 계약한 소매업자와 동일한 구속을 받게 되는 것이다. 이러한 공정거래운동(fair trade movement)은 그 후에도 계속되어 1936년에는 10개의 주에서, 1941년에는 45개의 주에서 이와 같은 내용의 법률이 제정되기에 이르렀다.

그런데 주간통상(interstate commerce)의 경우에는 여전히 연방법인 셔먼법과 충돌할 수 있었다. 그래서 주간통상에 적용되는 연방법으로서 Miller−Tydings Act가 제정되어 최저재판매가격을 정하는 계약을 셔먼법 제1조의 적용에서 제외시켰다.

---

vereinbarungen). 이에 대해서는 Gerhard Wiedemann, Gruppenfreistellungsverordnungen, Bd. II, 1990, S. 46 f.

34) "Dr. Miles" 사건(Dr. Miles Medical Co. v. John D. Park & Sons Co. − 220 U.S. 373, 31 S. Ct. 376, 1911)에서 Dr. Miles는 자신의 비밀처방에 의하여 의약품을 제조하고 이를 거래하는 모든 도매업자와 소매업자로 하여금 의약품의 최저가격을 규정하는 계약서에 서명하도록 요구하였는데 Park & Sons가 그 계약서에 서명하기를 거절하고 다른 거래처로부터 그 의약품을 구입하여 할인판매를 하자 Dr. Miles가 계약상의 방해를 이유로 소를 제기하였는데 이에 대하여 연방대법원은 Dr. Miles가 독점금지법을 위반하였으므로 계약은 위법하고 따라서 Park & Sons를 비난할 수 없다고 판시하였다.

이어서 제정된 MaGuire Act는 연방거래위원회법 제5조를 수정하여 최저가격과 마찬가지로 재판매가격을 특정하는 경우에도 셔먼법이 적용되지 않도록 하였다. 그 후 1975년에 이르러 두 법률이 모두 폐지되고 각 주의 공정거래법도 거의 폐지되면서 재판매가격유지계약은 연방법의 효력이 미치는 범위 내에서 셔먼법 제1조에 위반하는 것으로 금지되었다.

나아가 1980년대에 들어서는 재판매가격유지행위에 대한 당연위법의 법리가 일단 유지되면서도 현격하게 완화된 모습을 보였다.[35] 1984년 "Monsanto" 판결[36]과 1988년 "Business Electronics" 판결[37]에서는 모두 재판매가격행위를 당연위법으로 보는 대신 수직적 거래제한을 인정하기 위한 직접적 또는 정황적 증거 또는 합의의 입증이 있어야 한다고 판시하였다. 1997년 "Khan" 판결[38]에서는 최고재판매가격유지행위에 대해서도 1968년 "Albrecht" 판결[39] 이후 30여 년간 당연위법의 원칙을 합리의 원칙으로 전환하였다. "Kahn" 판결에서 연방대법원은 최고재판매가격유지행위의 경쟁제한성은 당연위법에 의하지 않고도 통제가능하고, 이를 언제나 금지할 경우 제조업자의 수직통합을 조장함으로써 오히려 독립적인 판매업자의 존속을 어렵게 할 수 있다는 점을 지적하였다. 법원은 제조업자가 최고재판매가격유지행위를 시행하는 취지가 주로 구역별 독점판매업자의 남용을 방지하거나 판매업자 간 카르텔을 방지하기 위한 데에 있음을 적극적으로 고려하였다.[40] 즉, 행위의 동기가 주로 구역별 독점을 유지하고 있는 판매업자의 높은 가격책정이나 판매업자들 간의 가격담합으로 인하여 제조업자의 생산량이 감소할 우려가 있기에, 최고재판매가격유지행위가 경쟁제한의 폐해를 상쇄할 정도의 공급량 증가나 소비자후생증가의 효과를 기대할 수 있다면 정당하다는 '합리의 원칙'(rule of reason)식 접근방법이 채택된 것이다.

한편 일련의 변천을 겪으면서도 유지되던 최저재판매가격유지행위에 대한

35) 이호영, 독점규제법(제6판), 2020, 456-458면; 신동권, 독점규제법(제3판), 박영사, 2020, 837-839면.

36) Monsanto Co. v. Spray-Rite Service Corp., 465. U.S. 752, 104 S. Ct. 1464(1984).

37) Business Electronics Corp., Petitioner v. Sharp Electronics Corp. 485. U.S. 717, 108 S. Ct. 1515(1988).

38) State Oil Co. v. Khan, 522 U.S. 3, 118 S. Ct. 275 (1997).

39) Albrecht v. Herald Co. 390 U.S. 145 (1968). 여기서는 신문사가 배달업체에 대하여 최고가격을 정한 것이 문제되었고, 연방대법원은 이를 당연위법으로 판시하였다.

40) 이처럼 효율성이나 소비자후생을 증대시킨다는 점에서 바람직한 재판매가격유지행위를 bona fide 재판매가격유지행위라 한다.

당연위법의 원칙은 2007년 연방대법원이 "Leegin" 판결[41]에서 당연위법의 원칙에 일대 변화를 가져올 판결을 내리면서 와해되기에 이르렀다. "Leegin" 판결이 최저 재판매가격유지행위에 대해서 경쟁촉진효과를 아울러 고려할 것을 밝힌 것도 수직적 비가격제한이 가질 수 있는 긍정적 효과를 수직적 가격제한에서도 원용할 수 있다는 의미로 이해할 수 있다.

다. 일본의 예

일본의 사적독점금지법은 제2조 제9항에서 불공정한 거래방법, 즉 불공정거래행위를 금지하는 한편, 동항 제4호에서 '상대방의 사업활동을 부당하게 구속하는 조건으로 거래하는 행위'를 규정하고 있다. 이른바 구속조건부거래의 대표적인 예로서 일본 공정취인위원회의 일반지정 제12항은 '재판매가격의 구속', 즉 "정당한 이유 없이 거래상대방에 대하여 자기가 판매하는 상품의 판매가격을 정하여 이를 유지시키는 행위 및 거래상대방의 판매가격에 대하여 이와 같은 구속을 하는 행위"를 명정하고 있다(동항 제1호, 제2호).

이때, 재판매가격을 '유지시키는 행위'란 계약상 명시될 필요가 없고, 사실상 거래상대방에 대한 구속으로 기능하기만 하면 족하다.[42] 즉, 재판매가격유지행위는 불공정거래행위, 그중에서 구속조건부거래의 하나로서 기본적으로 '일방적 행위'라는 본질을 갖기 때문에 비록 외관상 '합의'의 형식을 취하고 있더라도 실제로 '일방적 구속'에 해당하는지를 판단하여야 한다. 그에 따라 전혀 대등한 당사자 간의 합의에 의한 재판매가격유지행위에는 '구속' 자체가 존재하지 않는다는 점에서 부당성을 인정할 수 없다는 견해가 유력하다.[43]

한편, 일반지정 제12항이 '정당한 이유'가 없을 것을 규정하고 있기는 하나, 일본의 통설은 재판매가격유지행위가 판매업자의 자유로운 가격결정을 제한하는 한편, 그 당연한 결과로 유통업자 간의 상표 내 경쟁을 소멸시킨다는 이유로 원칙적

---

41) Leegin Creative Leather Products, Inc. v. PSKS, Inc. 127 S. Ct. 2705(2007). 동 판결에도 불구하고 시장지배적 사업자의 재판매가격유지행위나 제조업자 또는 판매업자 간 수평적 경쟁제한을 조장하는 재판매가격유지행위는 여전히 금지될 가능성이 높고, 여전히 당연위법의 원칙을 고수하고 있는 각 주의 독점금지법이 적용될 수도 있다. 동 판결에 대한 평석으로는 홍명수, "Leegin 판결이 남긴 것", 경제법판례연구 제8권, 법문사, 113면 이하, 141면. 여기서는 후술하는 우리나라 대법원 판결을 전제로 과연 예외사유로서 친경쟁적 효과를 어떻게 분석·평가할 것인지가 향후 논의의 중심이 되어야 한다고 결론짓고 있다.

42) 根岸 哲·舟田正之, 獨占禁止法 概說 第3版, 有斐閣, 2006, 259항 이하, 265항 이하.

43) 根岸 哲·舟田正之, 전게서, 267항.

으로 공정거래저해성을 갖는다고 보고 있다.[44] 그렇다면 일본에서 재판매가격유지행위는 어떤 경우에 예외적으로 정당한 이유를 갖는가? 대표적으로 다음과 같은 세 가지 경우를 들 수 있다.[45]

첫째, 사적독점금지법 제23조(적용제외) 제1항이 정하고 있는 지정상품의 경우이다. 동항의 적용제외는 우리나라 공정거래법 제46조 제2항에 상응하는 것으로서, 일본에서도 현재 동항의 지정을 받아 재판매가격유지행위가 허용되고 있는 상품은 없다. 둘째, 지극히 예외적이나마 정당한 이유가 인정될 수 있는 경우로서 그 지위가 약한 중소 제조업자가 일부의 판매업자에 한하여 재판매가격을 유지하거나 제조업자가 판매부문을 분사한 후 그 판매회사에게 재판매가격을 지시하는 경우를 들 수 있다. 끝으로, 최고재판매가격유지행위를 생각할 수 있는데, 이 경우에도 사업자가 임의적으로 가격을 지배하는 것 자체가 결국 소비자에게는 불리하기 때문에 실무상 이를 정당화하는 사유로 받아들이기는 쉽지 않다. 즉, 유통업자의 가격결정의 자유를 제한하여 경쟁을 제한한다는 점에서는 최저재판매가격유지행위나 최고재판매가격유지행위가 본질적으로 동일하다는 것이다.

그 밖에 일본의 공정취인위원회는 평성 3년에 이른바 「유통·거래관행에 관한 사적독점금지법상의 지침」(평성 17년, 22년, 23년 개정)을 제정하였고, 여기에 나타난 불공정거래행위로서의 재판매가격유지행위에 대한 규제태도를 정리하자면 다음과 같다.

먼저, 사업자가 시장상황에 따라 자기의 판매가격을 자유로이 결정하는 것은 시장경제에서 가장 중요한 사항이고, 이를 통하여 사업자 간의 경쟁과 소비자의 선택이 확보된다. 그런데 제조업자가 마케팅의 일환으로서 또는 유통업자의 요청을 받아 재판매가격을 구속하는 경우에는 유통업자 간의 가격경쟁이 감소·소멸되기 때문에, 이러한 행위는 원칙적으로 불공정거래행위로서 위법하다. 이때, 제조업자가 유통업자에게 제시하는 가격에는 고정된 가격 이외에도 기준가격에서 일정한 할인율 이내의 가격이나 인근점포의 가격을 하회하지 않는 가격 등이 모두 포함된다.

그리고 제조업자가 유통업자의 재판매가격을 '구속'하는지 여부는 어떠한 인위

---

44) 根岸 哲·舟田正之, 전게서, 268항.

45) 根岸 哲·舟田正之, 전게서, 270항.

적 수단을 통해서든 유통업자가 제조업자가 제시한 가격으로 판매하도록 강제될 수 있는 실효성이 확보되어 있는지 여부를 기준으로 판단한다. 예컨대, 문서 또는 구두에 의하든 제조업자가 제시한 가격으로 판매하지 않는 경우에 거래중단 등의 경제상 불이익을 가하거나 가할 것을 암시하는 방법으로 특정 가격으로 판매하도록 하는 경우에 구속성이 인정된다. 재판매가격을 구속하는 수단으로서 거래거절이나 리베이트 등의 제공에 있어서 차별취급이 행해지는 경우에는 그 행위 자체가 별도로 불공정거래행위에 해당할 수 있음은 물론이다.

라. 최고재판매가격유지행위와 합리의 원칙

최고재판매가격유지행위란 상품이나 용역을 일정한 가격 이상으로 거래하지 못하도록 하는 행위로서 정당한 이유가 있는 경우에는 구법 제29조에 따라 금지되지 않았다(구법 제29조 제1항 단서). 동 단서조항은 일견 최고재판매가격유지행위에 대하여 합리의 원칙을 채용한 것으로 해석될 여지도 있는바, 구법의 심사지침이 최고재판매가격유지행위의 경우에 효율성 증대효과와 소비자후생 증대효과를 비교·형량하여 정당한 이유가 존재하는 경우에는 위법성이 부인될 수 있다고 규정하고 있는 것(구법의 심사지침 3. 나. (2) (나))도 이러한 주장을 뒷받침하고 있다.

1980년 제정[46] 당시부터 공정거래법은 일본 사적독점금지법의 예에 따라 재판매가격유지행위를 일률적으로 금지하고 있었다. 그에 따라 최고재판매가격유지행위도 강제성을 갖는 경우에는 달리 이를 허용할 여지를 인정하지 않고 있었다. 그 후 2001년 1월 법개정을 통해서 지금과 같이 구법 제29조 제1항에 단서를 추가하여 최고재판매가격유지행위에 대한 특칙을 규정하게 되었다. 그런데 그 후에도 동 단서조항의 해석상 논란은 여전하였고, 그로부터 6년이 지난 2006년에 와서야 비로소 재판매가격유지행위의 위법성 판단기준을 포괄적으로 담은 심사지침이 마련되었던 것이다.

그런데 구법 제29조가 최고재판매가격유지행위에 대하여 예외적으로 이익형량의 가능성을 두고 있다고 하여 최저재판매가격유지행위와 위법성의 본질이 달라지는 것은 아니다. 공정거래법이 최고재판매가격유지행위에 한하여 예외를 인정하고 있는 것은 그 행위에 내포된 강제성이나 구속성에 있어서는 최저재판매가격유지행위와 차이가 없으나 그에 따른 효과에는 차이가 있을 수 있기 때문이다. 즉, 최

46) 1980.12.31. 제정, 법률 제3320호.

저재판매가격유지행위의 경우 구법 제29조 제2항이 정하는 적용제외사유를 빼면 거래상대방인 판매업자의 가격결정의 자유 침해 및 그에 따른 브랜드 내 가격경쟁의 제한이라는 부정적 효과 외에 달리 긍정적인 효과를 기대할 수 없는 반면, 최고재판매가격유지행위의 경우에는 비록 강제성이라는 측면에서는 최저재판매가격유지행위와 다를 바 없으나 소비자후생의 증대를 기대할 수 있거나 브랜드 간 경쟁을 촉진할 수 있는 등 거래상대방인 판매업자의 개별적인 가격결정의 자유와 비교형량할 만한 긍정적 사유가 존재할 수 있기 때문에 '예외적으로' 정당한 이유의 유무를 종합적으로 고려할 필요가 있음을 입법자가 염두에 둔 것이다.[47]

이러한 맥락에서 최고재판매가격유지행위에 대하여 미국식의 합리의 원칙을 받아들인 것으로 해석하는 것 또한 법 제2조 제20호가 재판매가격유지행위의 개념요소로 강제성을 명시하고 있는 태도와 부합하기 어렵다. 미국에서는 주로 재판매가격유지행위약정에 따른 브랜드 내 경쟁제한을 폭넓게 금지한다는 의미에서 종래 당연위법의 원칙을 채택하고 있었고, 그 후 브랜드 간 경쟁촉진이나 판매효율성의 증대를 비교형량 하는 원리로서 합리의 원칙을 수용한 반면, 공정거래법은 당초부터 경쟁제한보다는 강제성과 그에 따른 판매업자의 자율침해에서 위법성을 찾고 있었기 때문이다. 그렇다면 구법 제29조 제1항 단서는 일부 불공정거래행위의 유형에서 발견되는 '정당한 이유 없이'와 같은 맥락에서 이해하는 것이 타당할 것이다.[48] 즉, 최고재판매가격유지행위도 강제성을 갖는 한 원칙적으로 금지되나 사업자가 이를 정당화할 사유를 입증할 책임을 진다는 것이다.[49]

47) 구법의 심사지침은 최고재판매가격유지행위를 정당화사유의 구체적인 예로서 ① 시장지배력이 없는 사업자가 유통업자와 전속판매계약을 체결하면서 유통업자가 지나치게 높은 이윤을 추구하지 못하도록 가격을 일정한 수준 이상으로 올리지 못하도록 하는 경우와 ② 제조업자가 자사상품을 판매하는 유통업체가 소수이고 유통업체 간 담합 등을 통한 가격인상의 가능성이 높아 경쟁사에 비하여 자사 상품의 경쟁력이 저하될 것을 우려하여 일정한 범위 내에서 최고가격을 설정하는 경우를 들었다. 현행법의 심사지침은 재판매가격유지행위가 정당한 이유가 있다고 인정되는 예시로, ① 제조업자가 유통업자와 전속적 판매계약을 체결하면서 유통업자가 지나치게 높은 이윤을 추구하는 행위를 방지하기 위하여 가격을 일정한 수준 이상으로 올리지 못하도록 하는 경우와 ② 제조업자가 자사상품을 판매하는 유통업체가 소수이고 유통업체 간 담합 등을 통해 가격인상 가능성이 높아 경쟁사에 비해 자사상품의 경쟁력이 저하될 것을 우려하여 일정한 범위 내에서 최고가격을 설정하는 경우를 들고 있다.

48) 불공정거래행위로서 공동의 거래거절, 계열회사를 위한 차별, 계속적 염매는 당해 행위의 외형이 있는 경우에 정당한 이유가 없는 한 금지되고, 정당한 이유의 존재에 대한 입증책임은 피심인이 부담한다(대법원 2001.12.11. 선고 2000두833 판결).

49) 일찍이 이러한 제안으로는 신광식, 앞의 글, 167-168면.

한편, 위에서 설명한 구법 제29조는 2020년 공정거래법 전부개정[50] 과정에서 재판매가격유지행위가 거래상대방에 대한 직접적인 강제가 있는 경우에 한정되는 것으로 해석될 소지가 있으며, 최저 재판매가격유지행위도 브랜드 간 경쟁 촉진 등 소비자후생 증대효과가 있을 수 있으나, 최고 재판매가격유지행위와 달리 예외를 두지 않고 위법으로 규정하고 있다는 비판에 따라, 최저 재판매가격유지행위도 최고 재판매가격유지행위와 같이 정당한 사유가 있는 경우 예외를 허용하도록 개정되었다(법 제46조).

Ⅱ. 재판매가격유지행위의 요건

1. 적용대상

먼저 공정거래법상 상품과 용역에 대한 재판매가격유지행위가 모두 금지된다. 2001년 제9차 법개정[51] 이전에는 법문언에 명시적으로 상품을 생산 또는 판매하는 사업자의 재판매가격유지행위를 금지하다가 법개정에 따라 해당 문언이 삭제되고, 단서조항에서 "상품이나 용역을 일정한 가격 이상으로 거래하지 못하도록 하는 최고가격유지행위"를 규정하면서 상품 외에 용역을 거래하는 사업자로 수범자가 확대되었다. 그 후 2004년 제11차 법개정[52]으로 정의조항을 현재와 같이 고친 바 있다(법 제2조 제20호).

재판매가격유지행위의 당사자는 모두 공정거래법상 사업자여야 하며, 경제적으로 독립적이어야 한다. 따라서 사실상 하나의 사업자 내부에서 이루어지는 재판매가격유지행위란 성립하지 않는다.[53] 대리점은 통상 독립된 사업자이기 때문에 이들에게도 재판매가격유지가 행해져서는 안 된다.[54] 아울러 둘 이상의 사업자 사이에 당해 상품이나 용역의 판매에 관한 계약('1차 계약')이 먼저 존재하여야 한다.[55]

---

50) 2020.12.29. 전부개정, 법률 제17799호.

51) 2001.1.16. 개정, 법률 제6371호.

52) 2004.12.31. 개정, 법률 제7315호.

53) Volker Emmerich, Kartellrecht, 10. Aufl., 2006, S. 145; OLG München, WuW/E OLG 4667.

54) BGH WuW 1986, 1002 = WuW/E BGH 2288, "Pronuptia"; Uwe Blaurock, Handelsrecht und Wirtschaftsrecht in der Bankpraxis, in: FS Winfried Werner, 1984, S. 2, 28 f.

55) 이에 대해 재판매가격의 지정은 당사자 간의 합의나 일방 당사자의 강요에 의할 수도 있고, 계약에 한정시키지 않는 견해도 존재하는 것으로 보인다. 이호영(제6판), 493면.

제조업자와 판매업자 간에 재판매가격유지에 관하여 명시적인 합의가 있어야 하는 것은 아니며, 아무런 계약을 체결함이 없이 제조업자가 판매업자에게 일방적으로 재판매가격을 강제하는 행위도 공정거래법상 재판매가격유지행위에 해당한다. 이때 제조업자와 판매업자 간에 체결되는 계약과 판매업자가 그 다음 단계에 있는 거래상대방과 체결하는 계약 사이에는 적어도 어느 정도의 경제적 관련성이 있어야 한다. 예컨대, 자동차 제조업자가 그로부터 부품을 공급받는 자동차 정비업자에게 수리비와 관련하여 구속을 하는 경우를 들 수 있다.

그리고 재판매가격을 유지하는 수단으로는 일정한 가격으로의 판매를 강제하는 경우뿐만 아니라 최고가격이나 최저가격 또는 기준가격을 지정하여 강제하는 경우가 있을 수 있으며, 사업자가 재판매가격의 범위만을 지정해주는 경우도 포함된다. 이처럼 구속되는 재판매가격은 다양한 형태의 거래가격을 폭넓게 포섭하는데, 문제되는 것은 재판매가격을 직접 지정하지 않고 가격의 구성요소, 예컨대 가격할인폭이나 마진율 등을 지정하여 구속하는 것도 포함되는지의 여부이다. 재판매가격에 직접적인 영향을 미치는 요소에 대한 지정 역시 재판매가격유지행위로 보는 것이 타당하며, 공정거래위원회의 실무도 이와 같다.

공정거래법 제2조 제20호는 재판매가격유지행위를 정의하면서, '사업자가 상품 또는 용역을 거래함에 있어서 거래상대방인 사업자 또는 그 다음 거래단계별 사업자에게 거래가격을 미리 정하여 강제하는 행위'에 한정하고 있기 때문에, 반대로 대규모판매업자가 제조업자에게 다른 중소판매업자들에 대하여 재판매가격을 강제하도록 하는 경우에는 적어도 동법상 재판매가격유지행위에 해당되지 않는다. 재판매가격유지행위에 대해서는 교사나 방조를 금지하는 규정이 없기 때문이다.

2. 재판매

재판매가격유지행위에 있어서 상대방인 판매업자는 자기의 이름과 계산으로 계약을 체결하는 독립적인 사업자이어야 한다. 따라서 상사대리인이나 위탁판매상이 재판매가격유지행위를 하는 때에 공정거래법 위반 여부가 문제된다.

가. 상사대리의 경우

상사대리인이 본인과 상대방 사이의 계약을 체결하는 경우에는 본인과 상대방 사이의 1차 계약 외에 상사대리인과 상대방 사이의 2차 계약도 재판매가격유지행위로서 문제가 되는지 여부이다. 독일의 학설은 상사대리인과 상대방 사이의 2차 계약이 아니라 본인과 상대방 사이의 1차 계약만이 재판매가격유지행위의 대상이 된다고 한다.[56] 즉, 제조업자와 상사대리인 사이에 재판매가격을 정하는 계약만이 금지되는 것이다. 상사대리인과 달리 중개상은 상대방과의 계약을 자신의 이름으로 체결하기는 하지만 본인의 지시에 구속되기 때문에 처음부터 제3자와 독립적으로 계약을 체결할 자유가 없고, 따라서 재판매 자체가 성립하지 않는다. 상사대리인처럼 자기의 이름과 계산으로 거래하지만 다른 사업자를 위하여 판매거래를 계속적으로 위임받고 있는 대리상(딜러)도 마찬가지이다.[57]

동법의 규정을 면탈하기 위하여 상사대리인이나 중개인을 이용하는 경우에 대해서는 동법상 명문의 규정이 없으나, 그 실질에 따라 재판매 여부를 판단하여야 할 것이다.[58] 왜냐하면 동법의 적용이 당사자들이 임의로 규율할 수 있는 내부관계에 따라 좌우되어서는 안 되기 때문이다. 따라서 위험의 부담 여부가 유일하고도 결정적인 기준이 될 수는 없으며, 중요한 것은 당해 계약의 전체적인 모습과 기능이다.[59]

나. 위탁판매의 경우

형식적인 위탁판매가 원칙적으로는 재판매가격유지행위에 해당하지 않는다고 보더라도, 구체적인 거래사안에서 실질적으로 위탁매매인지 여부를 살펴보아야 할 것이다.[60] 위탁판매(委託販賣)라 함은 위탁매매인이 위탁매매계약에 따라 위탁자의 계산으로 자기명의로 제3자와 물건 또는 유가증권의 매매계약을 체결하는 것을 말한다(상법 제101조). 이러한 위탁매매인은 위탁자가 지정한 가격을 준수할 의무가 있

---

56) BGH WuW 1968, 295, 303 = WuW/E BGH 877, 885, “Shell−Tankstelle”; BGHZ 97, 317 = WuW/E BGH 2238 = WuW 1986, 720, “EH−Partner−Vertrag” 및 Fritz Rittner, Handelsvertreterverhältnis und Preisbindungsverbot, DB, 1985, S. 2543; Kurt Markert, Kommentar zu BGH vom 15.4.1986 − KVR 3/85, BB, 1986, S. 1390; Wernhard Möschel, Absatzmittler und vertikale Preisbindung, BB, 1985, S. 1477.

57) Emmerich, a.a.O., S. 139 ff.; Fritz Rittner, Die Wettbewerbsverbote der Handelsvertreter und §18 GWB, ZHR 135, 1971, S. 289, 304 ff. 그러나 그는 전부터 법률문언을 무시하고 있다. 광고대행사에 대해서는 BGH v. 9.4.1970 − KRB 2/69 = BGHSt. 23, 246 = WuW/E BGH 1103, 1104 f. Emmerich는 딜러에 대해서도 재판매가격유지가 성립할 수 있다고 한다.

58) 독일의 연방카르텔청은 이러한 면탈행위를 재판매가격유지행위로서 금지하였으나, 연방법원은 이를 기각함으로써 사실상의 가격구속을 제대로 규율하지 못하고 있다는 비판을 받고 있다.

59) 정호열, 경제법(제6판), 박영사, 2018, 470면.

60) 권오승, 경제법(제13판), 법문사, 2019, 390−391면; 신현윤, 경제법(제8판), 법문사, 2020, 341면; 정호열(제6판), 470면.

다. 위탁판매는 그 형태나 목적도 다양해서 생산자가 상품의 재고나 멸실(滅失)의 위험을 판매업자에게 부담시키지 않게 하기 위한 경우, AS가 특별히 필요한 상품을 자기의 지시와 감독 하에 판매하기 위한 경우를 비롯하여 생산자가 재판매가격유지행위에 대한 규제를 피해서 자기가 지시하는 판매가격을 지키게 할 목적으로 상품의 판매를 위탁하는 경우가 있다. 공정거래법상 문제되는 경우는 당연히 세 번째인데, 동법이 '재판매'를 요건으로 하고 있기 때문에 동 법문을 엄격하게 해석할 경우 위탁판매의 형태에서는 재판매가격유지 자체가 성립할 여지가 없게 된다.

심사지침 역시 이와 같은 입장에서 위탁자가 수탁자에게 자기 소유의 상품 또는 용역의 판매가격을 지정하더라도 원칙적으로 재판매가격유지행위에 해당되지 않다고 하면서, 위탁판매에 해당하는지 여부는 당해 상품 또는 용역의 '실질적인 소유권의 귀속주체'와 당해 상품 또는 용역의 판매·취급에 따르는 '실질적인 위험의 부담주체'가 위탁자인지 또는 수탁자인지 여부에 따라 결정한다고 규정하고 있다(심사지침 2. 라. (1), (3)). 위탁판매업자가 독립된 경쟁단위로서의 기능과 책임을 가지고 있는가를 기준으로 하여 위탁판매제를 채택한 목적이 재판매가격유지와 같은 경제적 효과를 거두는가 여부에 따라 위법성을 판단하여야 한다. 위탁판매업자가 독립된 경쟁단위로서의 성격을 갖고 있는가 여부에 대한 판단기준으로는 외상판매대금회수책임이나 상품보관책임, 잔고품에 대한 위험부담, 보수산정방법 등이 고려될 수 있다. 즉, 판매업자가 특정생산자에 전속되지 않고 스스로 판매를 위한 투자를 행하고 상품의 보관비용, 보관책임 및 대금회수책임 등을 부담하는 형태의 위탁판매제의 경우에 그 위탁판매업자는 경제적으로 위탁자로부터 독립하여 기능하는 것으로 볼 수 있을 것이다. 따라서 이러한 경우에는 마땅히 공정거래법이 적용될 수 있어야 할 것이다.

심사지침에 따르면 위탁판매라 함은 수탁자가 위탁자의 계산으로 자기 명의로써 상품 또는 용역을 판매하고 그 법적 효과는 위탁자에게 귀속하는 법률행위를 의미한다(심사지침 2. 라. (1)). 위탁자는 위탁판매 시 자기 소유의 상품 또는 용역의 거래가격을 수탁자에게 당연히 지정할 수 있다는 점에서 수탁자에게 판매가격을 지정하더라도 재판매가격유지행위에 해당되지 않기 때문에 재판매와 위탁판매의 구별실익이 존재한다. 위탁판매 여부를 판단하는 기준으로 심사지침은 ① 수탁자는 자신의 명의로 판매할 것, ② 판매로 인한 손익은 상품·용역 소유자인 위탁자에게 귀속될 것, ③ 상품을 판매하는 자는 수수료만 수령하는 등 주선행위를 업으로 하는 자일 것 등을 들고 있으나(심사지침 2. 라. (2)), 실제 위탁판매 해당 여부는 당해 상품 또는 용역의 '실질적인 소유권의 귀속주체'와 당해 상품 또는 용역의 판매·취급에 따르는 '실질적인 위험의 부담주체'가 위탁자인지 또는 수탁자인지 여부에 따라 결정된다. 전자와 관련해서는 상품폐기비용을 대리점이 부담하거나 대리점에서 판매되지 않은 재고품에 대한 반품을 허용하지 않는 경우에는 대리점이 실질적인 소유권을 갖는다고 볼 여지가 클 것이다. 후자와 관련해서는 대리점 계약서에 출고된 상품의 판매에 관한 일체의 비용 및 손실을 대리점의 부담으로 규정하는 등 대리점이 당해 상품 또는 용역의 보유·취급 등에 따른 멸실·훼손의 책임을 지는 경우에는 위탁판매가 아닐 소지가 크다.

3. 강제성

재판매가격유지행위에는 일정한 가격대로 판매할 것을 직접 강제하는 행위뿐만 아니라 재판매가격유지의 목적을 달성하기 위하여 간접적으로 구속조건을 붙여 강제하는 행위도 포함된다(법 제2조 제6호). 구속조건을 붙여 거래하는 행위는 1986년 제1차 법개정[61] 시 추가된 것이다. 따라서 공정거래법상 금지되는 재판매가격유지행위가 성립하기 위해서는 어느 정도의 강제성이 요구되느냐가 관건이 된다. 강제성이 인정되기 위해서는 판매업자가 재판매유지조건을 준수하지 않는 경우에 일정한 경제적 불이익이 수반되어 있어야 한다고 보는 것이 통설의 입장이다. 이때 경제적 불이익의 내용은 재판매가격유지가 계약에 의하여 정해지는 경우와 제조업자의 지시나 통지 등의 방법으로 사실상 강제되는 경우에 따라 다르게 나타난다.

공정거래법이 금지하는 재판매가격유지행위가 성립하기 위해서 강제성 외에 별도로 구속조건 내지 구속성이 요구되는지가 다투어질 수 있다. 법 제2조 제6호의 정의에 따르면 '강제하거나 이를 위하여 … 구속조건을 붙여 거래하는 행위'가 있어야 하므로, 문리적 해석에 따르자면 구속조건은 그 자체가 독자성을 갖지 못하고 제조업자가 정해준 재판매가격을 강제하는 수단의 하나에 불과한 것이 된다. 이러한 해석이 타당하다. 이와 달리 '구속성' 요건이 재판매가격유지행위의 핵심에 해당한다는 견해[62]가 있는바, 재판매가격유지행위를 불공정거래행위 중 구속조건부거

61) 1986.12.31. 개정, 법률 제3875호.

래의 일종으로 이해하는 것으로 보인다. 그런데 구속조건부거래의 부당성은 배타조건 등 거래조건의 구속성에 있는 것이 아니라 그러한 구속이 일방적으로 강제된다는 데에 핵심이 있으므로 위 견해는 타당하지 않다.

가. 재판매가격유지계약의 경우

재판매가격유지의무가 명시적으로 계약의 내용으로 규정되어 있는 경우에는 당연히 재판매가격유지행위가 성립한다. 재판매가격유지를 강제하기 위하여 규약이나 기타 구속조건을 붙이는 경우가 여기에 해당할 것이다. 계약의 내용에 그 위반에 대한 해약조항이나 위약금조항 등 별도의 실효성 확보수단이 포함되어 있어야 강제성이 인정되는가?

계약상 특별한 제재 수단이 없는 경우에는 실질적인 구속력 내지 강제성이 없다는 이유로 재판매가격유지행위가 성립하지 않는다고 보아야 한다. 심사지침도 이와 유사한 맥락에서 직접적인 강제행위가 없더라도 재판매가격유지를 위하여 ① 희망가격을 준수하도록 하고 위반 시 계약해지조항을 규정하거나 ② 제시된 가격을 준수하지 않을 경우 제재조치를 취할 수 있는 조항을 규정한 경우에는 강제성이 있는 것으로 본다는 입장을 취하고 있다(심사지침 2. 다. (2)).

끝으로, 재판매가격유지계약도 다른 계약과 마찬가지로 별도의 형식을 요하지 않으며, 명시적으로 뿐만 아니라 묵시적으로도 성립할 수 있으며, 이 경우에도 당연히 재판매가격유지행위가 성립한다.

나. 사실상 강제의 경우

사실상의 강제란 재판매가격에 관하여 아무런 약정도 하지 않았으나, 판매업자가 재판매가격을 준수하지 않을 경우 제조업자가 사실상의 강제수단을 동원하여 이를 구속할 수 있는 경우이다. 사실상 강제의 대표적인 수단으로는 거래거절이 이용되며, 그로 인한 경제적 불이익이 클수록 제조업자의 의사를 관철할 수 있는 매우 효과적인 수단이 된다. 이러한 점에서 재판매가격유지행위의 성립 여부는 강제성 유무에 좌우되며, 그 형식 내지 외관은 중요하지 않다.[63]

이때 거래거절 등 제재가 이미 행해져야 하는지가 문제된다. 단지 재판매가격을 준수하지 않을 경우 거래를 중단 내지 거절할 것이라는 의사표시가 일방적으로

62) 김성탁, "재판매가격유지행위의 구속성 요건", 상사법연구 제23권 제1호, 2004, 214면.
63) 권오승(제13판), 393-394면; 신현윤(제8판), 341-342면; 정호열(제6판), 470-471면; 이호영(제6판), 494-495면.

행해진 경우 또는 재판매가격유지를 준수하지 아니하는 경우 거래거절이 명백하게 예견되는 경우에는 강제성을 인정할 수 있을 것이다. 그 밖에 자주 이용되는 수단으로는 재판매가격유지에 협력하지 않는 경우 리베이트 등 기존에 제공하던 이익을 박탈하거나, 평소보다 과도하게 높은 가격이나 불리한 거래조건을 요구하는 등의 방법이 있다.

끝으로 제조업자가 자신이 요구한 재판매가격을 준수한 판매업자들에게 일정한 경제적 이익을 제공하는 경우에도 동법상의 재판매가격유지로 금지되는지는 의문이다. 이 경우에는 판매업자들이 여전히 재판매가격을 자유롭게 정할 수 있으므로 제조업자가 판매업자들의 가격결정의 자유를 부당하게 제한하는 것으로 보기는 어려울 것이다.[64]

다. 권장소비자가격의 경우

제조업자가 권장가격이나 희망가격을 표시하는 행위는 강제성이 없어 원칙적으로 재판매가격유지행위에 해당하지 않는다. 권장소비자가격이란 거래상대방인 사업자에게 재판매가격 결정시 단순한 참고사항에 불과하기 때문이다. 이때 강제성 유무는 당사자가 계약에서 사용한 문언을 기준으로 하지 않고, 그러한 가격을 준수하도록 하는 어떠한 형태의 강제성이 있는지 여부를 기준으로 판단한다. 이것은 결국 강제성을 그 실질에 따라 확대해석하는 법리로서, 제조업자가 외관상 강제수단을 동원하지 않더라도 기타의 정황에 의해서 사실상 강제성이 인정되는 경우에도 재판매가격유지행위에 포함된다는 것이다.

문제는 권장소비자가격이 재판매가격유지를 위한 탈법적인 수단으로서 이용되는 경우이다. 즉, 권장소비자가격이 강제성을 갖는 경우로는 크게 두 가지를 생각할 수 있다. 첫째, 유통계열화가 진행된 상품에 있어서는 제조업자의 단순한 권장만으로도 가격을 준수시킬 수 있으므로 결과적으로 재판매가격유지의 효과를 거둘 수 있는 경우가 있다. 둘째, 제조업자가 엄격한 가격구속을 행하는 것이 사실상 곤란하고 생산자로서도 부담이 큰 경우이다. 즉, 상품의 성질상 또는 경쟁사업자와

64) BGH v. 8.10.1958 – KZR 1/58 = BGHZ 28, 208, 219 f. = WuW/E BGH 251, 256 f. 이에 따르면, 구속자에게 계약상 제시된 가격을 준수하는 경우에는 경제적 이익이, 이를 준수하지 않는 경우에는 경제적 불이익이 의도적으로 제공되는 경우에 한하여 이러한 경제적 조건이 존재하는 것이 된다. BGH v. 27.1.1981 – KVR 4/80 = BGHZ 80, 43, 50 f., “Garant–Lieferprogramm”도 마찬가지이다.

의 관계에서 엄격한 재판매가격유지가 곤란할 뿐만 아니라 그 실시를 위하여 많은 비용만 들고 재판매가격을 성실하게 준수한 소매업자로부터 위반자를 제재하지 못한 책임을 추궁당할 우려가 있는 경우에는 권장소비자가격을 이용하게 되는 것이다. 어느 경우나 현행법의 해석으로는 규제하기 어렵다. 다만, 판례에 의하면 예외적으로 사실상 구속성 내지 강제성을 갖는 경우, 이를테면 권장소비자가격을 준수하지 않았다는 이유로 제조업자가 불이익 등 제재를 가하는 경우에는 일종의 탈법행위로서 금지된다고 한다.[65] 공정거래위원회의 실무도 마찬가지이다(심사지침 2. 다. (3)). 이때에도 강제성 유무는 사실적인 거래관계를 종합적으로 고려하여 판단하여야 한다.

4. 정당한 이유의 부존재

가. 판례 및 실무

1980년 제정법[66]상 공정거래위원회는 재판매가격유지행위가 성립할 경우, 즉 재판매가격이 강제될 경우에는 달리 정당화사유를 심사하지 않고 금지하는 태도를 취하고 있었다. 그 후 2001년 제9차 법개정[67]으로 최고재판매가격유지행위, 즉 "상품이나 용역을 일정한 가격 이상으로 거래하지 못하도록 하는 행위에 대해서는 정당한 이유가 있는 경우에 금지되지 않는다."는 단서조항이 법 제29조 제1항에 추가되었다. 최고재판매가격유지행위는 판매업자의 가격인상을 억제함으로써 적어도 단기적으로는 소비자후생에 유리하다는 고려에 따른 것이었다. 그 후 일련의 판결에서 대법원이 최저재판매가격유지행위에 대해서도 비록 법률에 명문의 규정은 없으나 공정거래위원회가 정당한 이유를 심사하여야 한다고 판시함으로써 결과적으로 최고 또는 최저재판매가격유지행위 사이에 법적용상의 차이는 없어진 것으로 보인다.

판례에 따르면 재판매가격유지행위의 정당한 이유의 인정 여부는 상표 간 경쟁의 활성화, 가격 이외의 서비스 경쟁의 촉진, 소비자의 상품 선택의 다양화, 상품시장에의 용이한 진입가능성 등을 종합적으로 고려하여 결정되어야 하며, 정당한 이유에 대한 증명책임은 사업자에게 있다고 하였다. 대법원은 후속 판결[68]에서 최

---

65) 대법원 2001.12.24. 선고 99두11141 판결; 대법원 2011.5.13. 선고 2010두28120 판결.

66) 1980.12.31. 제정, 법률 제3320호.

67) 2001.1.16. 개정, 법률 제6371호.

저재판매가격유지행위에 대한 정당한 이유를 증명할 기회를 사업자에게 주지 않은 처분을 위법하다고 판시하면서 이러한 법리를 다시 확인하였다.[69)]

공정거래위원회는 판례의 태도를 반영하여, 2016년의 개정 심사지침[70)]에서부터 최저 및 최고가격유지행위라도 정당한 이유가 있는 경우에는 금지되지 않는다고 명시하였다. 다만, 양자를 접근하는 방식에는 차이를 두고 있어 보이는데, 전자의 경우에는 '원칙적으로 위법'하다고 규정하는 반면, 후자에 대해서는 "판매가격이 최고가격 수준으로 수렴하여 사실상 유통업체 간 카르텔 가격으로 기능하거나 하게 될 가능성이 높은 등 경쟁제한효과가 있는 경우에는 위법성이 인정될 수 있다."고 하였다. 정당한 이유를 판단하는 기준은 대체로 유사하나, 후자에 대해서만 심사지침은 두 가지 예시를 들었다.

2020년 공정거래법 전부개정에 따라 개정된 현행 심사지침에서는 재판매가격유지행위의 경우 원칙적으로 위법하나, "효율성 증대로 인한 소비자후생 증대효과가 경쟁제한으로 인한 폐해보다 큰 경우 등 정당한 이유가 있는 경우에는 위법하지 아니하다."고 하면서, 마찬가지로, 정당한 이유가 존재한다고 인정될 수 있는 경우로, 최고재판매가격유지행위에 대해서만 2가지 예시하고 있다. 즉, ① 제조업자가 유통업자와 전속적 판매계약을 체결하면서 유통업자가 지나치게 높은 이윤을 추구하는 행위를 방지하기 위하여 가격을 일정한 수준 이상으로 올리지 못하도록 하는 경우와 ② 제조업자가 자사상품을 판매하는 유통업체가 소수이고 유통업체간 담합 등을 통해 가격인상 가능성이 높아 경쟁사에 비해 자사상품의 경쟁력이 저하될 것을 우려하여 일정한 범위 내에서 최고가격을 설정하는 경우를 들고 있다.

나. '정당한 이유'의 판단기준

대표적으로 "한국캘러웨이" 판결[71)]에서 대법원은 공정거래법과 재판매가격유지행위 금지의 목적이 모두 경쟁촉진을 통하여 '소비자후생'(consumer welfare)을 증대하는 데에 있다고 밝히는 한편, 그 당연한 결과로 최저재판매가격유지행위가 상표 내 경쟁을 제한하는 것으로 보이더라도 궁극적으로 상표 간 경쟁을 촉진하여 소비자후생을 증대하는 등 '정당한 이유'가 있는 경우에는 이를 허용할 필요가 있다

68) 대법원 2011.3.10. 선고 2010두9976 판결.
69) 서울고등법원 2013.8.22. 선고 2012누28867 판결(대법원 심리불속행 기각).
70) 공정거래위원회 예규 제249호, 2016.6.30. 폐지제정.
71) 대법원 2011.3.10. 선고 2010두9976 판결.

고 밝혔다. 여기서 정당한 이유의 존부를 고려할 필요가 있다는 것으로부터 곧바로 구법 제29조에 아무런 근거도 없는 '정당한 이유'를 불문의 예외요건으로 창출하는 것이 법원의 해석권한을 넘었다는 지적이 타당함은 물론이다.[72] 이후 2020년 전부개정법[73]에서는 재판매가격유지행위가 허용될 수 있는 정당한 사유를 법 제46조 제1호에서 '효율성 증대로 인한 소비자후생 증대효과가 경쟁제한으로 인한 폐해보다 큰 경우'라고 들었다. 여기서는 몇 가지만을 부연하고자 한다,

먼저, 소비자후생이 공정거래법이나 재판매가격유지행위금지의 궁극적 목적에 해당하는지 여부이다. 이와 같은 주장이 오래전부터 국내외의 경제이론에서 널리 받아들여지고 있는 것도 사실이다.[74] 문제는 이론적으로 소비자후생이 공정거래법의 지향점이라고 하더라도, 구체적인 사례와 관련하여 동법의 금지요건을 규범적으로 판단하는 과정에서 소비자후생 증대 여부가 곧바로 최종적인 준거가 될 수 있는지 여부이다. 그런데 소비자후생이란 다분히 경제학에서 사용되는 용어로서, 소비자후생이란 꽤나 간접적이고 막연한 추론에 가까운 것으로서, 이를 기초로 구체적인 시장행위의 위법성 여부를 가리기에는 향후 보다 설득력 있고 입증가능한 분석틀이 요구된다.[75] 경제학의 개념이 곧바로 법개념으로 수용될 수 있는 것은 아니며, 특히 이처럼 불특정한 경제용어가 위법성의 유무를 좌우하는 데에는 더욱 신중을 요하는 것이다.[76]

둘째, "한국캘러웨이" 판결[77]에서 대법원은 수직적 거래제한의 양면성을 전제로 하고 있다. 최저재판매가격유지행위가 문제되는 경우에 그것이 경쟁제한적인

---

72) 조성국, "재판매가격유지행위의 위법성 판단기준에 관한 최근 판례분석", 경제법판례연구 제8권, 2013, 110면 이하. 이와 달리 법문의 형식에 구애될 것이 아니라 경쟁제한성에 대한 평가를 구법 제29조 제1항 본문의 해석·적용에 반영하여야 한다는 견해로는 홍명수, "재판매가격유지행위에 관한 대법원 판결의 검토", 경제법론 Ⅱ, 2010, 399면.

73) 2020.12.29. 전부개정, 법률 제17799호.

74) 대표적으로 Robert Bork, The Antitrust Paradox, a Policy at War with Itself, 1978, p. 91.

75) 2008년 영국에서 개최된 Antitrust Marathon Ⅱ에서 Philip Marsden 박사의 코멘트, European Competition Journal 2008, p. 218.

76) 독점금지법상 금지요건의 해석 또한 다른 법영역에서와 마찬가지로 경제이론에 기초한 자유로운 평가가 아니라 엄밀한 포섭과정이며, 경제적 접근방법이 관련 사실관계를 이해하는 데에 없어서는 안 되지만 그렇다고 법률이 정한 구체적인 금지요건 하에서 이와 같은 포섭과정을 대신할 수는 없다. Fritz Rittner/Meinrad Dreher, Europäisches und deutsches Wirtschaftsrecht – Eine systematische Darstellung, C. F. Müller, 2007, §14 Rn. 86.

77) 대법원 2011.3.10. 선고 2010두9976 판결.

효과와 더불어 경쟁촉진적인 효과를 수반할 수 있다는 식의 접근은 어떤 측면에서는 여러 시장상황을 종합적으로 고려하여 해당 행위의 위법성이 달라질 수 있다는 결론에 이르게 된다. 이를테면 티롤(Jean Tirole)의 다음과 같은 언급이 이와 같은 접근방법을 잘 대변하고 있다. "이론적으로 수직적 거래제한에 대하여 수용할 수 있는 입장은 합리의 원칙인 것으로 보인다. 대부분의 수직적 거래제한은 환경에 따라 후생을 증가시킬 수도 있고 감소시킬 수도 있다. 따라서 당연합법이나 당연위법은 타당하지 않은 것으로 보인다."[78] 이러한 접근방법을 법해석에 그대로 차용할 때의 문제는 무엇보다 가치판단이 부재하거나 경제적 효율성에 편향되어 있어, 공정거래법의 헌법적 기초인 경제활동의 자유가 도외시될 수 있다는 점이다.[79]

셋째, 대법원이 구법에 따라 최저재판매가격유지행위의 경우에 상표 내 경쟁제한과 상표 간 경쟁촉진을 비교형량하여야 하는 듯이 판시하고 있는 부분 또한 수직적 거래제한에 관한 주로 미국의 판례를 그대로 수용한 것으로서, 공정거래법상 재판매가격유지행위의 위법성 판단기준으로는 합당하지 않다. 공정거래법이 상표 내 경쟁제한만을 이유로 재판매가격유지행위를 금지하는 것이라고 보기도 어려우며, 더구나 재판매가격유지행위가 상표 간 경쟁을 촉진할 수 있다는 것은 여러 가정 하에 발생 가능한 이론적 가능성에 불과한 것으로서, 그 현실적 가능성은 매우 희박해 보인다. 아울러 재판매가격유지행위가 상표 간 경쟁을 촉진하기 위한 조건이 바로 무임승차(free ride)를 방지하여 판매업자들이 판촉활동에 더 많은 투자를 하게 한다는 것인데,[80] 실제로 판매업자들이 최저재판매가격유지행위에 따라 높게 책정된 가격으로 얻는 초과이윤을 판촉활동에 투자할 유인이 존재하는지는 의문이며, 설사 그렇더라도 그러한 판촉활동이 소비자후생에 긍정적으로 작용할 것인지도 확실치 않다.[81]

끝으로, "한국캘러웨이" 판결[82]에 따르자면 최저재판매가격유지행위라도 사업

---

78) Jean Tirole, The Theory of Industrial Organization, 1990, p. 186.

79) Hovenkamp, Ibid, p. 96에서는 독점금지에 있어서 경제학적 모델의 한계를 적절히 지적하고 있는바, 그중 아무리 충분한 데이터가 제공되더라도 그러한 모델은 과연 효율성이 유일하게 중요한 것인지 여부에 대해서는 답할 수 없다고 한다.

80) 수직적 거래제한에서 발생가능한 무임승차 등의 문제에 대해서는 Richard Whish/David Bailey, Competition Law, 8th ed., Oxford University Press, 2018, p. 664.

81) 재판매가격유지행위의 부재 시 무임승차 위험을 지나치게 과대평가하는 주장에 대한 비판으로는 Lucas Peeperkorn, Resale Price Maintenance and its Alleged Efficiencies, Eur. Competition J. 4(1), 2008, p. 208.

자가 정당한 이유를 제시하는 경우에 공정거래위원회는 이를 종합적으로 고려하여 위법성 판단을 하여야 한다. 여기서 먼저 정당한 이유가 무엇인지를 살펴볼 필요가 있다. 하나의 단초가 심사지침인데, 여기서는 최고재판매가격유지행위를 정당화하는 사유로서 ① 제조업자가 유통업자와 전속적 판매계약을 체결하면서 유통업자가 지나치게 높은 이윤을 추구하는 행위를 방지하기 위하여 가격을 일정한 수준 이상으로 올리지 못하도록 하는 경우와 ② 제조업자가 자사상품을 판매하는 유통업체가 소수이고 유통업체 간 담합 등을 통한 가격인상의 가능성이 높아 경쟁사에 비하여 자사 상품의 경쟁력이 저하될 것을 우려하여 일정한 범위 내에서 최고가격을 설정하는 경우를 들고 있다. 결국 정당한 사유의 요체는 유통업자의 부당한 가격인상(=소비자후생저해)을 억제하는 데에 있다고 할 수 있다.

따라서 유통업자의 가격인상을 제한하는 최저재판매가격유지행위를 정당화할 이유는 다른 데에서 찾을 수밖에 없을 것으로 보인다. 이와 관련하여 대법원은 정당한 이유의 유무를 판단함에 있어서 고려할 요소로서 상표 간 경쟁이나 서비스경쟁의 촉진, 소비자선택의 다양화, 신규진입의 촉진 등을 들고 있는바, 이러한 긍정적 효과를 정확하게 분석하기란 지극히 곤란하다. 뿐만 아니라 이와 같은 접근방법이 이론적으로 정당화되기 위해서는 적어도 여러 요소를 종합적으로 보았을 때 긍정적인 효과가 더 큰 최저재판매가격유지행위가 현실적으로 과연 얼마나 존재할 수 있는지에 대한 실증적인 분석이나 그에 합당하는 경험칙이 전제되지 않으면 안 된다. 설사 이를 뒷받침할 실증분석이나 경험칙이 존재하더라도 입법자가 공정거래위원회나 법원에 위와 같은 비교형량을 할 수 있는 근거를 부여하지 않고 있는 한, 대법원 판결은 결국 '법리'에 따라 판단한 것이 아니라 경제이론에 입각하여 오히려 법리를 파괴하는 오류를 범한 것이다. 따라서 공정거래법 제2조 제20호의 재판매가격유지행위를 불공정거래행위의 하나로 이해하는 한, 정당한 이유 또한 공정한 거래질서의 관점에서 파악하는 것이 타당하다.[83)]

---

82) 대법원 2011.3.10. 선고 2010두9976 판결.

83) 鈴木加人, 獨禁法の運用と不公正な去來方法, 嵯峨野書院, 2005, 76항 이하.

[보론] 재판매가격유지행위의 위법성

가. 문제의 소재

재판매가격유지행위의 위법성은 동 행위의 성격을 어떻게 이해하느냐에 따라 다르게 판단할 수 있다. 재판매가격유지행위를 일본과 마찬가지로 불공정거래행위의 하나로 파악하면서 위법성에 대한 별도의 판단을 요하지 않음을 원칙으로 한다는 견해[84]도 있다. 정당한 이유가 없는 한 원칙적으로 금지되는 공동의 거래거절이나 계열회사를 위한 차별취급 등과 금지요건의 구조가 유사하다는 점에서 일응 수긍되는 부분도 있으나, 그렇다고 해서 이들 행위에 위법성 요소가 존재하지 않는 것은 아니다. 위 견해 또한 재판매가격유지행위가 성립하기 위하여 '구속성'을 강조하고 있는바, 구속성이란 결국 독립된 사업자의 가격결정의 자유를 제약하는 것이기 때문이다.

반면, 재판매가격유지행위를 미국이나 유럽과 같이 합의에 의한 수직적 거래제한으로 보는 입장에서는 다소 넓은 의미에서 경쟁제한성에 따라 위법성을 판단하여야 한다고 한다.[85] 이러한 견해에 따르자면 재판매가격유지행위라도 경쟁제한성 여부를 별도로 심사하여야 하고, 그렇다면 이를 정당화할 사유 또한 브랜드 간 경쟁촉진이나 소비자후생 증대효과가 되어야 한다. 그러나 외국의 입법례는 하나같이 재판매가격유지행위를 법률에서 정의하지도 않을 뿐만 아니라 강제성을 개념요소로 파악하고 있지도 않다는 점에서 공정거래법상 재판매가격유지행위의 위법성을 모색함에 있어서 고려하기에 적절하지 않다.

생각건대, 공정거래법상 재판매가격유지행위의 개념에 이미 '강제'라는 자유침해의 요소가 포함되어 있기 때문에, 행위 요소에 이미 위법성 요소가 중첩되어 있다. 즉, 재판매가격유지행위가 성립하면 그에 내재된 강제성으로 인하여 별도로 경쟁제한성 등 다른 요건을 따질 필요 없이 곧바로 위법하게 되는 것이다. 즉, 재판매가격유지행위는 제조업자가 판매업자들이 마땅히 누려야 할 가격결정의 자유를 합리적인 이유 없이 제한 내지 구속한다는 데에 위법성의 본질이 있다.

84) 김성탁, 앞의 글, 214면.

85) 권오승(제13판), 392－394면; 권오승·서정(제4판), 613－614면; 신동권(제3판), 1004－1011면; 이호영(제6판), 493－497면; 홍명수, 앞의 글, 394면 이하.

나. 학설과 판례

다수설과 법원 및 공정거래위원회의 실무는 대체로 동호의 취지와 법문에 충실하게 '강제성', 즉 재판매가격의 유지가 계약상 또는 사실상 강제되어 있는지 여부를 위법성 판단요소로 이해해왔다.[86] 이처럼 재판매가격유지행위 자체를 금지하는 것을 두고 과거에 당연위법이라고 설명하기도 하였다.[87] 그러나 미국 판례이론으로 발전한 당연위법이란 셔먼법 제1조의 거래제한을 해석하는 도구이자 합리의 원칙과 동전의 양면과 같은 지위를 갖고 있다는 점에서 대륙법계를 따라 금지요건과 예외요건을 세세하게 규정하고 있는 공정거래법의 해석론으로는 필요하지도 타당하지도 않다.

이와 관련하여 프랜차이즈 영업방식에서 행해지는 가격구속에 대해서는 합리의 원칙을 적용하여, 단지 가격책정이 구속적이기 때문에 재판매가격유지행위라고 판단해서는 안 되며, 본부와 가맹점 간의 우월적인 지위 여부나 구속의 강도 등을 고려하여 그 위법성 여부를 판단해야 한다고 보는 견해[88]가 있다. 결론적으로는 사견과 같은 취지이나, 그것은 합리의 원칙을 적용한 결과라기보다는 재판매가격유지행위의 금지요건, 특히 강제성 유무와 정도, 정당한 사유 등을 판단하는 과정에서 당연한 것이다.

공정거래법은 2001년 제9차 법개정[89]으로 최고가격유지행위에 대해서는 정당한 이유가 있는 경우에 예외가 인정된다고 규정하였다. 이에 더하여 대법원은 최저재판매가격유지행위에도 공정거래법의 문언과 상관없이 사업자가 정당한 이유를 주장할 경우 이를 최종적인 위법성 판단에 고려하여야 한다고 판시해왔다. 즉, 판례는 공정거래법의 입법목적과 재판매가격유지행위를 금지하는 취지를 고려하여 최저재판매가격유지행위가 비록 상표 내 경쟁을 제한한다 할지라도 시장의 구체적 상황 등을 볼 때 관련 상품시장에서의 상표 간 경쟁을 촉진하여 정당한 이유가 인정되는 경우에는 이를 예외적으로 허용할 수 있다는 입장을 취하고 있다.[90]

---

86) 특히, 구속성 요건을 상세히 다룬 것으로는 김성탁, 앞의 글, 213면 이하.

87) 신광식, "재판매가격유지의 공정거래 법리에 대한 법경제학 분석: 골프용품 사건", 법경제학연구 제6권 제1호, 2009, 49면 이하; 이기종, "사업자단체에 의한 불공정거래행위 및 재판매가격유지행위의 강요", 경제법연구 제6권 제1호, 2007, 20면 이하 및 2016년 개정 전의 예규인 공정거래위원회 예규 제68호, 2009.8.12. 개정.

88) 신현윤(제8판), 342면.

89) 2001.1.16. 개정, 법률 제6371호.

그런데 이러한 해석론은 — 법원의 문언해석에 따른 한계를 넘었다는 비판은 별론으로 하고 — 재판매가격유지행위를 수직적 거래제한으로 파악하는 외국의 입법례를 추종한 것으로서 논란을 해소하기보다는 오히려 혼선을 야기하고 있다. 즉, 대법원은 구법 "제29조 제1항이 재판매가격유지행위를 금지하는 취지도 사업자가 상품 또는 용역에 관한 거래가격을 미리 정하여 거래함으로써 유통단계에서의 가격경쟁을 제한하여 소비자후생을 저해하는 것을 방지하기 위한 데에 있다."고 판시하였다.[91] 여기서 핵심개념은 '가격경쟁의 제한'과 '소비자후생의 저해'인데, 혼선은 바로 대법원이 이들 개념을 재판매가격유지행위를 금지하는 취지 내지 목적의 맥락에서 언급하고 있다는 점이다.

그런데 대법원이 재판매가격유지행위를 금지하는 취지를 이와 같이 설명할 근거가 빈약할 뿐만 아니라 어떤 법조항의 취지나 목적과 이를 실현하기 위한 구체적인 금지요건은 서로 연결되어 있기는 하나, 개념상 양자는 엄밀한 의미에서 구별되지 않으면 안 된다는 점에서 과도하게 이론지향적인(over-theoretical) 접근방법이라고 평가할 수밖에 없다.[92] 강제성을 기초로 재판매가격유지행위의 위법성을 판단하는 것은 다른 입법례와 달리 공정거래법 제2조 제20호가 정의하고 있는 재판매가격유지행위의 개념에서 너무나 당연하게 도출되는 것으로서, 이와 같은 정의규정을 따로 두지 않고 있는 나라의 입법례나 해석론을 그대로 차용할 일은 아니다.

다. 가맹계약의 경우

가맹사업, 이른바 프랜차이즈사업이란 가맹본부가 다수의 가맹점사업자로 하여금 자기의 상표·서비스표·상호·간판 그 밖의 영업표지를 사용하여 일정한 품질기준이나 영업방식에 따라 상품 또는 용역을 판매하도록 하고 그에 따른 경영 및 영업활동 등에 대한 지원·교육과 통제를 하며, 가맹점사업자는 영업표지의 사용과 경영 및 영업활동 등에 대한 지원·교육의 대가로 가맹금을 지급하는 계속적 거래관계를 말한다. 이때 가맹본부는 브랜드의 동일성을 유지하기 위하여 가맹점사업자의 영업활동에 여러 가지 제한을 가하는 것이 일반적이며, 그중 하나로 재판매

90) 대법원 2010.11.25. 선고 2009두9543 판결; 대법원 2010.12.23. 선고 2008두22815 판결; 2011.3.10. 선고 2010두9976 판결; 대법원 2011.7.14. 선고 2010두13753 판결.

91) 대법원 2010.11.25. 선고 2009두9543 판결.

92) 주진열, "공정거래법상 경쟁제한성 요건의 증명방법에 관한 연구", 사법 제1권 제22호, 2012. 공정거래법상 재판매가격유지행위의 위법성이 소비자후생의 저해에 있다는 주장 또한 이와 같은 오해에서 비롯된다.

가격을 지정하기도 한다. 이때 비록 가맹사업의 특성상 필요한 경우에도 재판매가격을 지정하는 행위는 공정거래법 제46조에 따라 금지되는가? 가맹사업법은 재판매가격유지행위를 따로 정의하거나 명시적으로 이를 금지하지는 않고 있으나, 가맹점사업자가 취급하는 상품 또는 용역의 가격을 부당하게 구속하거나 제한하는 행위를 금지하고 있어(가맹사업법 제12조 제1항 제2호), 두 법의 관계를 명확하게 정리할 필요가 있다.

가맹본부가 재판매가격유지행위, 즉 가맹점사업자에게 재판매가격을 강제하는 경우에는 일단 공정거래법 제46조 제1항 위반에 해당할 수 있으나, 가맹사업법의 적용을 받는 사항에 대해서는 공정거래법이 적용되지 않으므로(가맹사업법 제38조), 결국 가맹사업법상 '가격의 부당한 구속 또는 제한'에 재판매가격유지행위가 포함되는지를 따져보아야 한다. 생각건대, 가맹본부가 가맹사업자가 정해야 할 가격을 구속하거나 제한하는 행위에도 '강제성'은 여전히 요구된다고 보아야 할 것이다. 다만, 가맹사업의 특성을 감안하여 재판매가격을 통일할 필요와 사유를 종합적으로 고려하여야 한다는 점에서 '부당성' 요건이 의미를 가질 것이다. 가맹사업법은 공정거래법이 정하는 재판매가격유지행위를 그대로 금지하지 않고, 가맹사업방식 자체가 어느 정도 가맹점사업자의 가격에 대한 통제를 요하는 점을 감안하여 그것이 부당한 경우에만 금지되는 것으로 규정하고 있는 취지로 해석해야 한다.

따라서 가맹본부가 재판매가격유지행위로 나아간 경우에도 동 행위의 의도와 목적, 구속의 범위와 정도가 가맹사업의 특성상 필요하고도 합리적인 범위 내에 있는지 등을 종합하여 가맹사업법 위반 여부를 판단하여야 하고,[93] 가맹사업법 위반으로 인정되는 경우에 공정거래법 제46조는 적용될 여지가 없다. 아울러 가맹사업법에 반하지 않는 가맹본부의 재판매가격유지행위에 대하여 공정거래법 제46조를 적용하는 것은 공정거래법과 가맹사업법의 일반법-특별법 관계에 비춰볼 때 허용되지 않는다고 봄이 타당하다.

93) "프랜차이즈 영업방식 자체가 가맹본부와 가맹점사업자 간의 협력에 의한 경영효율성을 도모하는데 있어 어느 정도 가격과 품질에 대한 통제가 불가피한 측면이 있으므로 단지 가격책정이 구속적이라는 이유로 재판매가격유지행위에 해당한다고 할 것이 아니라, 경쟁상태에 미치는 영향과 유형, 목적, 기능 및 구속의 정도 등을 구체적으로 고려하여 판단하여야 할 것"이라는 견해도 같은 맥락에서 이해할 수 있다. 신현윤(제8판), 342면.

Ⅲ. 저작물 등에 대한 예외

1. 예외대상

구법 제29조 제2항에서는 "대통령령이 정하는 저작물과 다음 각호의 요건을 갖춘 상품으로서 사업자가 당해 상품에 대하여 재판매가격유지행위를 할 수 있도록 공정거래위원회로부터 미리 지정을 받은 경우에는 제1항의 재판매가격유지행위 규정을 적용하지 않는다고 규정하였다. 대통령령으로 정하는 저작물과 지정상품, 즉 ① 당해 상품의 품질이 동일하다는 것을 용이하게 식별할 수 있고(대표적으로 '상표품'),[94] ② 당해 상품이 일반소비자에 의하여 일상 사용되며(유인염매에 이용되기 쉬운 제품),[95] ③ 당해 상품에 대하여 자유로운 경쟁이 행하여지는 것으로서(과도하게 높은 수준의 재판매가격유지는 허용되지 않으며, 특히 독과점시장에서의 재판매가격유지는 허용되지 않음) 사업자가 당해 상품에 대하여 재판매가격유지행위를 할 수 있도록 공정거래위원회로부터 미리 지정받은 경우에는 재판매가격유지행위가 예외적으로 허용되었다(구법 제29조 제2항 제1호 내지 제3호). 그런데 이러한 지정요건은 그 내용이 불명확하여 재판매가격유지행위를 실시하려는 사업자로서는 그 해당 여부를 판단하기가 쉽지 않았다.[96]

여기서 대통령령이 정하는 저작물이라 함은 「저작권법」 제2조의 저작물을 말하며(구법의 영 제43조), 따라서 음반이나 CD롬도 당연히 저작물로서 재판매가격유지행위가 허용되었다.[97] 나아가 공정거래위원회는 「재판매가격유지행위가 허용되는 저작물의 범위」[98]를 고시하였는데, 그에 따라 ① 「출판문화산업진흥법」 적용대상 간행물과 ② 「신문 등의 진흥에 관한 법률」상 일반일간신문 및 특수일간신문에

94) 이에 대해 상표품으로 해석하는 견해(신현윤(제8판), 345-346면)와 상표품에 한정할 필요가 없다는 견해(권오승(제13판), 397면)가 대립한다.

95) 유인염매는 제23조의 불공정거래행위를 통해서 규제할 수 있고 유인염매의 경우 일반소비자의 이익증대를 설득력 있게 제시할 수가 없다는 점에서 이를 요건으로 하는 것은 타당하지 않다는 견해가 있다. 권오승(제13판), 398면.

96) 이호영(제6판), 487-488면. 마찬가지로 자유로운 경쟁이 존재하는지 여부를 사전심사대상으로 하기에는 부적절하다는 점에서 입법론적인 근본적 재검토가 필요하다는 견해로는 권오승(제13판), 398면.

97) 독일의 경우 전통적인 출판물을 제외한 음반이나 CD롬은 재판매가격유지행위의 허용대상에서 제외된다. BGH WuW 97, 627. 동 판결에 의하면 CD롬은 출판물에 포함되지 않는다고 한다.

98) 현행 고시는 공정거래위원회 고시 제2021-21호, 2021.12.30. 개정.

대해서도 예외가 인정되었다. 2020년 전부개정법[99]은 재판매가격유지행위가 허용되는 경우로서 "「저작권법」 제2조 제1호에 따른 저작물 중 관계 중앙행정기관의 장과의 협의를 거쳐 공정거래위원회가 고시하는 출판된 저작물(전자출판물을 포함)인 경우"라고 규정하였다(법 제46조 제2호).

한편, 「출판문화산업진흥법」은 이른바 도서정가제(fixed book price system)를 규정하고 있는바, 도서가격을 둘러싼 출혈경쟁으로 인하여 다양한 도서출판이 위축되는 것을 막기 위한 취지에서 출판사가 정한 (소매)가격대로 서점들이 판매하도록 법률로 강제하는 제도를 말한다. 그에 따라 원칙적으로 모든 간행물에 대한 정가판매가 의무화되어 있으며(법 제22조 제1항, 제4항), 예외적으로 독서진흥과 소비자보호를 위하여 정가의 15% 이내에서 가격할인과 경제상의 이익을 자유롭게 조합하여 판매할 수 있다. 이 경우에도 가격할인은 10% 이내로 하여야 한다(동조 제5항). 이처럼 도서정가제란 단순히 사업자의 재판매가격유지행위를 '허용'하는 선에서 그치는 것이 아니라 재판매가격유지행위를 법률에 따라 '강제'[100]하는 것이라는 점에서 단지 도서정가제의 소관부처가 문화체육관광부라는 점 외에도 공정거래법 제46조와는 그 성격을 달리한다.[101]

2. 지정절차와 현황

구법 제29조 제2항에 따라 적용제외의 지정을 받고자 하는 사업자는 ① 사업내용, ② 최근 1년간의 영업실적, ③ 대상상품의 내용, ④ 대상상품의 유통경로 및 최근 1년간의 유통단계별 판매가격동향, ⑤ 대상상품에 대한 판매업자의 조직상황, ⑥ 지정신청사유 등을 기재한 신청서에 당해 상품의 재판매가격유지행위가 일반소비자의 이익을 부당하게 해치지 아니함을 증명하는 서류 및 구법 제29조 제2항 각호의 요건에 해당함을 증명하는 서류를 첨부하여 공정거래위원회에 제출하여야 하며(구법 제29조 제3항, 구법의 영 제44조) 공정거래위원회가 재판매가격유지행위를 할 수 있는 상품을 지정한 때에는 이를 고시하여야 하였다(구법 제29조 제4항). 저작물은

99) 2020.12.29. 전부개정, 법률 제17799호.

100) 도서정가제의 강제시행은 2002년 「출판 및 인쇄진흥법」에서 비롯되었고, 그 후 동법이 폐지되고 새로 제정된 현재의 「출판문화산업진흥법」으로 이어지고 있다.

101) 공정거래법상 재판매가격유지행위와 「출판문화산업진흥법」상 도서정가제의 비교에 관해서는 김봉철, "도서정가제에 관한 출판산업진흥법과 공정거래법의 평가", 유통법연구 제2권 제1호, 2015, 83면 이하.

보통 다품종 소량생산의 형태를 띠고, 저작물의 가격이 아니라 내용이 중요한 경쟁요소이며, 가격경쟁에는 익숙하지 않은 문화상품이라는 점을 이유로 적용제외가 인정되어 있다.[102)]

실무상 저작물 외에, 공정거래위원회의 지정에 의한 적용제외는 1981년에는 화장품 1,654개 품목에 대하여, 1983년에는 약품 12개 품목에 대하여 지정이 이루어졌으나, 1984년 12월 기준으로 지정품목에서 모두 해제되었고, 그 후 현재까지는 지정된 품목이 하나도 없다.[103)] 따라서 저작물에 대한 재판매가격유지행위를 제외한 모든 재판매가격유지행위가 금지되어 있다고 할 수 있었다. 문제는 어떤 경우에 공정거래위원회가 지정을 해제할 수 있는지 여부였다. 공정거래법에는 동법의 적용이 제외되는 상품의 지정요건과 절차만을 정하고 있을 뿐, 해제를 위한 요건과 절차는 규정하지 않고 있는바, 입법적인 보완이 필요하였다. 2020년 전부개정법[104)]에서는 재판매가격유지행위가 허용되는 경우를 「저작권법」상 저작물 중 관계 중앙행정기관의 장과의 협의를 거쳐 공정거래위원회가 고시하는 출판된 저작물로만으로 제한하였다(법 제46조 제2호).

3. 구법상 재판매가격유지계약의 수정명령

구법상 일단 지정상품으로 지정된 경우에도 사업자가 당해 상품의 재판매가격을 결정하고 유지하기 위하여 체결한 계약이 소비자의 이익을 현저히 저해할 우려가 있는 경우에 공정거래위원회는 해당 계약내용의 수정을 명할 수 있었다(구법 제30조). 과거에는 공정거래위원회가 지정·고시한 상품을 생산 또는 판매하는 사업자가 당해 상품의 재판매가격을 결정하고 이를 유지하기 위한 계약을 체결하거나 계약사항을 변경할 때에는 이를 공정거래위원회에 신고하도록 규정하고 있었으나(구법 제30조 제1항), 2004년 제11차 개정[105)] 때 삭제되었다. 그러다가 2020년 전부개정법[106)]에서는 위의 재판매가격유지의 수정에 관한 조항을 삭제하였다.

---

102) 저작물에 대한 적용제외를 인정해주는 이유로, 일반 공산품과는 다른 저작물의 특성, 저작물 발행자유의 보장의 필요성, 저작물 판매상의 이윤을 보장해 줄 필요성, 출판업계의 성질상 중소기업 내지 영세기업의 비중이 높다는 특성을 고려하는 견해도 있다. 권오승(제13판), 396－397면.

103) 정호열(제6판), 474면.

104) 2020.12.29. 전부개정, 법률 제17799호.

105) 2004.12.31. 개정, 법률 제7315호.

106) 2020.12.29. 전부개정, 법률 제17799호.

제 3 절 제 재

Ⅰ. 행정적 제재

공정거래위원회는 법 제46조에 반하는 재판매가격유지를 한 사업자에 대하여 당해 행위의 중지 및 재발방지를 위한 조치, 해당 보복조치의 금지, 계약조항의 삭제, 시정명령을 받은 사실의 공표, 그 밖에 필요한 조치를 명할 수 있다(법 제49조). 또한 공정거래위원회는 위반사업자에 대하여 관련매출액의 100분의 4를 초과하지 않는 범위 내에서 과징금을 부과할 수 있다(법 제50조). 매출액이 없는 경우 등에는 10억 원 이내에서 정액과징금을 부과할 수 있다(동조 단서).

Ⅱ. 민사적 제재

1. 재판매가격유지약정의 사법상 효력

우리나라에서 흔히 문제된 재판매가격유지행위는 강제성을 내포하고 있다는 점에서 당사자 사이에 이른바 재판매가격유지행위 약정을 하는 경우란 흔치 않으며, 대체로 제조업자나 수입업자가 판매업자에게 일방적으로 재판매가격을 부과하는 행위가 문제된다. 그런데 재판매가격유지의무 및 이를 위한 구속조건이 약정된 경우에 그러한 약정의 사법상 효력이 다투어질 수 있다. 공정거래법은 부당한 공동행위의 경우를 제외하고 법위반행위가 계약의 형태로 이루어진 경우, 그 계약의 사법상 효력에 관하여 명문의 규정을 두지 않고 있어 견해가 갈라질 수 있다.

먼저, 무효설은 재판매가격유지행위를 금지하는 공정거래법 제46조의 규정은 단순히 이러한 위반상태의 사실상의 존재 내지 출현을 금지하는 데만 그 목적이 있는 것이 아니라 이러한 위반상태를 생기게 한 법률행위의 효력까지도 부인하는데 그 입법취지가 있다고 한다. 재판매가격유지약정의 사법상의 효력을 부인하지 않을 경우, 당해 위반행위를 한 사업자는 거래상대방에게 법위반행위의 이행을 강제하거나 그 불이행을 이유로 손해배상을 청구할 수 있게 되어 결과적으로 공정거래법이 재판매가격유지행위를 금지하는 것을 무의미하게 만들 수 있다는 것이다.

반면, 유효설은 재판매가격유지약정을 무효로 보게 되면 거래의 안전을 저해할 우려가 있으므로 공정거래법이 법위반행위의 사법상의 효력에 관하여 명시적으로 규정함이 없는 한 그러한 약정도 사법상으로는 유효한 것으로 보아야 한다고 한다. 다만, 거래안전에 직접 중대한 관계가 없는 순수한 작위·부작위 의무를 중심으로 한 채권계약으로서 그 효과의사의 내용이 명백하게 공정거래법상 위법한 경우에는 공서양속의 원칙상 무효로 해석하여야 할 경우가 있으나, 이때의 무효가 공정거래법상의 금지위반에 따른 직접적인 법률효과는 아니며 공서양속과 관련지어 구체적인 경우마다 그 사정을 고려하여 당해 계약의 유·무효를 판단할 것이라고 보는 견해도 있다.

생각건대, 공정거래법에 반하는 재판매가격유지의무가 약정된 경우에 사법질서가 그 효력을 인정하는 것은 오히려 법질서 내부의 균열을 가져올 뿐만 아니라, 이를 무효로 하는 것이 오히려 거래상대방인 판매업자의 거래상 자유를 회복시킨다는 점에서 무효설이 타당하다. 다만, 무효의 법률효과는 법위반사업자와 거래상대방 사이에만 발생하며, 거래상대방으로부터 상품을 구매한 자와의 거래에까지는 미치지 않는 것으로 해석하는 것이 거래안전에 비추어 바람직할 것이다. 즉, 거래상대방인 판매업자가 그 다음 거래단계에서 체결한 계약은 거래안전을 고려하여 재판매가격유지약정 또는 공급계약 자체의 유·무효와 상관없이 유효하다.

2. 일부무효의 원칙

재판매가격유지약정을 사법상 무효로 볼 경우, 민법상 일부무효의 원칙이 적용될 것인가? 긍정설에 의하자면 재판매가격유지조항이 공정거래법에 반하여 무효로 되는 경우에, 민법상 일부무효의 법리에 따라 전부무효를 원칙으로 하되, 당해 조항이 없더라도 계약을 체결하였을 것이라고 인정될 경우에는 계약 나머지 조항은 유효로 보게 될 것이다(민법 제137조).

그런데 실무상 재판매가격을 유지하려는 목적만을 가지고 별도의 약정이 체결되는 경우란 거의 없으며, 기껏해야 제조업자와 판매업자 간의 계속적인 공급계약에 재판매가격유지의무와 관련된 조항을 삽입하는 경우를 상정할 수 있을 뿐이다. 이때, 대부분의 재판매가격유지조항은 제조업자가 다수의 판매업자를 상대로 계약을 체결하기 위하여 미리 마련한 약관에 포함되어 있기 때문에, 이러한 경우에는 민법상의 일부무효의 원칙이 적용되지 않는다. 즉, 약관법에 따라 무효로 되는 재판매가격유지조항[107]만이 무효로 되고 계약의 나머지 부분은 원칙적으로 유효하게 된다(동법 제16조 본문). 그 밖에 재판매가격유지의무가 약관에 규정되지 않은 경우에는 일부무효의 원칙이 적용될 수밖에 없을 것이다.

3. 손해배상책임

사업자가 재판매가격유지행위를 함으로써 거래상대방인 판매업자에게 피해를 입힌 때에는 당해 피해자에 대하여 손해배상의 책임을 진다. 사업자가 고의 또는 과실이 없음을 입증한 때에는 그러하지 아니하다(법 제109조 제1항).

Ⅲ. 형사적 제재

구법에서는 재판매가격유지행위를 금지하는 제29조 제1항의 규정을 위반하였거나 제31조의 시정조치에 불응한 자에게 2년 이하의 징역 또는 1억 5천만 원 이하의 벌금이 부과되었다(법 제67조 제4호, 제6호). 2020년 전부개정법[108]에서는 위와 같은 형사벌 규정을 삭제하였다.

107) 이때, 재판매가격유지조항이 약관법 위반인지는 공정거래법 제46조 제1항과 상관없이 별도로 판단하여야 할 사항이다.

108) 2020.12.29. 전부개정, 법률 제17799호.

제10장

사업자단체의 금지행위

제1절 의 의

Ⅰ. 개 관

1. 사업자단체의 순기능과 역기능

공정거래법은 원칙적으로 사업자의 경제행위에 적용되며, 동법에서 달리 정하고 있는 경우에만 사업자 외의 자에게도 적용된다. 그 예로 공정거래법은 사업자단체(trade association)에만 일정한 금지행위를 별도로 규정하고 있다(법 제51조). '누구든지' 경쟁제한적인 기업결합을 해서는 안 되지만, 이때에도 다수설은 그 수범자를 사업자에 한정되는 것으로 해석하고 있다.[1]

우리나라에는 거의 모든 업종에 걸쳐서 사업자단체가 존재한다. 1961년 말까지 불과 14개의 임의단체가 있었으나, 1962년부터 경제개발 5개년 계획을 수행하면서 정부주도의 개발전략을 효율적으로 추진하기 위하여 중소기업의 단체화 및 수출촉진을 위한 수출조합법의 제정을 통한 조합의 결성을 적극 권장하였다. 이들 사업자단체는 회원들의 친목뿐만 아니라 공동의 이익을 증진하기 위한 여러 가지 활동을 수행하고 있으며, 전통적으로 정부의 각종 시책을 개별 사업자에게 전달하고 이에 협조하는 창구로서의 역할도 담당하고 있다는 점에서 나름 공적 기능을 아울러 담당하였던 것이다. 또한 민간경제부문에 대한 정부개입의 증대에 수반하여 정부와 기업 간 연락체계의 필요성이 커지면서 민간 차원에서도 사업자단체 결성이 활발히 추진되었다.[2] 그 결과 1962년 이후 사업자단체의 설립이 크게 늘어나 제조업만 보더라도 1962년 49개에서 1983년에는 163개, 1989년에는 512개로 증가

1) 권오승 외 6인, 독점규제법(제7판), 법문사, 2020, 95면; 신동권, 독점규제법(제3판), 박영사, 2020, 251면.
2) 공정거래위원회·한국개발연구원, 공정거래10년, 1991, 136면.

되었다.

사업자단체는 대내적으로 개별 구성사업자가 얻기 어려운 여러 가지 정보의 수집·제공과 더불어 연구·개발과 교육 등의 활동을 수행하는 한편, 대외적으로는 공익사업을 비롯하여 구성사업자 전체의 이익을 대변하는 역할을 담당한다.[3] 사업자단체는 국회나 정부의 각종 위원회에 참여하거나 청문과정 등을 통하여 입법과 행정에도 영향을 미치는데, 그 과정에서 정부기관에게 전문지식과 최신 정보를 제공하기도 한다. 또한 사업자단체는 소비자의 민원과 고충을 처리하기도 하고, 구성사업자의 임·직원에 대한 교육기능을 수행하기도 한다.[4]

반면, 사업자단체의 증가와 함께 위와 같은 순기능 외에 역기능도 나타나기 시작하였다. 즉, 사업자단체가 구성사업자 사이에 상호협조 또는 공동이익을 도모함에 그치지 않고, 자신의 힘을 이용하여 각종 경쟁제한행위나 불공정거래행위를 하는 사례가 나타났다. 즉, 공정거래법이 사업자단체에 대해서도 일정한 행위를 금지하고 있는 취지는 사업자단체가 공정하고 자유로운 경쟁을 저해하는 폐해를 야기할 우려가 있기 때문이다.[5] 이때 경쟁제한은 사업자단체의 관점에서 대내관계와 대외관계로 나누어 살펴볼 수 있다. 즉, 사업자단체는 구성사업자의 카르텔 형성을 용이하게 할 수 있고, 자신이 가진 사회·경제적 지위[6]를 이용하여 구성사업자에게 부당한 구속을 부과할 수도 있다. 나아가 사업자단체는 구성사업자 이외에 다른 사업자의 사업활동을 방해하거나 신규진입을 억제하기도 한다.[7] 그런데 사업자단체의 부당한 행위는 국민경제에 미치는 폐해가 더욱 클 뿐만 아니라,[8] 사업자의 경우와 다른 특성을 갖고 있기 때문에 1980년 공정거래법 제정[9] 당시부터 사업자와 별도로 사업자단체의 금지행위를 규정하게 되었다.

---

3) 신현윤, 경제법(제8판), 법문사, 2020, 327면.
4) 정호열, 경제법(제6판), 박영사, 2019, 454면.
5) 이호영, 독점규제법(제6판), 2020, 452면.
6) 일부 규제산업에서 사업자단체의 힘은 정부 내지 관(官)에서 비롯되기도 한다. 관료 출신이 상근부회장으로 임명되는 경우로서, 이들은 사실상 규제기관처럼 구성사업자에게 상당한 영향력을 행사할 수 있기 때문이다.
7) 정호열(제6판), 454면.
8) 신현윤(제8판), 327면.
9) 1980.12.31. 제정, 법률 제3320호.

2. 입법례

사업자단체에 대해서 별도의 금지행위를 규정하고 있는 대표적인 입법례로는 일본의 사적독점금지법을 들 수 있고, 공정거래법은 1980년 제정[10] 당시부터 일본의 예에 따라 사업자단체의 금지행위를 별도로 규정하고 있었다. 일본에서는 제2차 세계대전 이전에 정부 시책에 따라 사업자단체들이 개별 기업의 자유를 제한하고 카르텔을 주도하는 등의 역할을 수행하였고, 이러한 역사적 배경이 패전 이후 미국의 군정(軍政) 하에 사적독점금지법을 제정하는 과정에서 반영되었던 것이다.

구체적으로 일본에서 사업자단체에 대한 규제는 제2차 대전 후 미군이 점령정책의 일환으로서 추진했던 통제단체 제거와 맥락을 같이 한다. 무엇보다 「중요산업단체령」(소화 16년 칙령 제831호)이 폐지되면서 전시의 통제단체는 민주적인 조직으로 개편되었다. 이때 처음에는 일본경제의 통제필요성에 의해 임시물자수급조정법 제2조에서 민주화된 사업자단체에 물자의 배급할당권한을 부여하였으나, 소화 21년 12월 총사령부각서를 통하여 이를 폐지하였고, 그 결과 공공시책에 대한 사적단체의 관여가 금지되기에 이르렀다.

이어서 소화 22년에 제정된 사적독점금지법에서는 사업자에 의한 통제단체의 설립을 금지하고(법 제5조), 「폐쇄기관령」(소화 22년 칙령 제74호)에 따라 기존의 통제단체는 해산되었다. 나아가 소화 23년에는 「사업자단체법」을 제정하여 사업자단체의 정당한 활동범위를 정하는 한편, 공정취인위원회에 신고하도록 하였다. 그러나 동법의 제정에 대해서는 처음부터 비판이 제기되어 소화 27년에는 사업자단체에 원칙적으로 허용되는 활동을 규정한 제4조를 삭제하였다. 그리고 소화 28년 사적독점금지법을 개정하면서 사업자단체법이 폐지되었고, 그 대신 사적독점금지법 제8조에서 사업자단체법상 금지되던 행위의 일부를 규정하여 오늘에 이르고 있다.

그 밖에 유럽과 미국 등 대부분의 입법례에서는 사업자단체에 관한 별도의 특칙이 존재하지 않고, 유럽기능조약 제101조가 카르텔 등 거래제한을 금지하면서 2 이상의 사업자 간 합의와 병렬적으로 사업자단체의 결의(decision)를 규정하고 있을 뿐이다.

---

10) 1980.12.31. 제정, 법률 제3320호.

3. 법 제51조의 독자성

그런데 공정거래법에 사업자단체에 관한 별도의 규정을 두어야 하는지에 대해서는 견해의 대립이 있다. 다수설은 소극적이다.[11] 그런데 사업자단체의 금지행위를 별도로 규정하는 것은 나름의 독자적인 의미를 갖는다.

가. 부당한 공동행위의 경우

먼저, 사업자단체의 금지행위 중에서 부당한 공동행위를 별도로 규정한 것은 법 제40조의 적용대상이 사업자인 점을 차치하고, 개별 사업자가 합의를 통하여 행위를 일치시키기 곤란한 분야에서 사업자단체가 쉽게 결의를 도출할 수 있다는 점을 고려한 것이다. 사업자단체의 공동행위는 사업자단체의 구성사업자에 대한 구속력에 뿌리를 두고 있으나, 그 본질에 있어서는 제40조가 금지하는 공동행위와 동일하고 단지 행위주체나 책임주체에 차이가 있을 뿐이다. 유럽기능조약 제101조 제1항이 복수사업자와 사업자단체의 카르텔을 함께 규정하고 있는 것도 이러한 맥락에서 이해할 수 있다. 요컨대, 법 제40조 제1항과 제51조 제1항 제1호의 차이는 ① 공동행위의 형식이 복수사업자의 합의인지 단체의 결의인지, ② 부당한 공동행위에 대한 행정제재나 손해배상 등의 책임을 원칙적으로 개별사업자가 지는 것인지, 아니면 사업자단체가 지는 것인지에 있다.

이러한 정도의 차이가 과연 사업자단체의 공동행위를 별도로 규정할 필요성을 정당화하는지는 의문일 수밖에 없다. 입법론으로는 복수사업자의 합의와 사업자단체의 결의에 따른 공동행위를 법 제40조 제1항에 함께 규정하는 것이 법 제51조의 독자성이라는 관점에서 바람직할 것이다. 다만, 공동행위에 따른 책임귀속이라는 관점에서 사업자단체의 부당한 공동행위에 참가한 사업자들에게는 법 제40조 제1항 위반과 동일한 수준의 과징금을 부과하게 되어 있으나, 피해자가 법 제51조 제1항 제1호 위반을 이유로 사업자단체 이외에 법위반행위에 참가한 구성사업자에게도 손해배상을 청구할 수 있을지는 의문이다.

나. 사업활동 제한 등의 경우

사업자단체는 정관이 정하는 바에 따라 의결을 거쳐 구성사업자의 사업내용이

11) 반면, 별도의 사업자단체 규제에 대한 부정적 견해로는 서정, "사업자단체의 부당행위와 경쟁제한성", 경제법판례연구 제1권, 2004, 332면; 권오승 편, 공정거래와 법치, 법문사, 2004, 16면; 양명조, "21세기 경쟁법과 정책의 방향 ; 한국 독점규제법의 평가와 전망", 경쟁법연구 제8권, 2002, 20면.

나 사업활동을 구속 내지 제한할 수 있다. 사업자단체가 공동의 이익이라는 설립목적을 실현하기 위해서는 자신의 결의에 일정한 구속력과 그에 따른 통일된 관행의 수립이 필요하기 때문이다. 문제는 사업자단체와 구성사업자 또는 다른 사업자 사이의 관계에서 사업자단체가 자신의 지위를 남용하는 경우이다. 그런데 사업자단체와 구성사업자 사이에는 불공정거래행위에서 언급되는 '거래상 지위'가 존재하지 않고, 이 점은 사업자단체와 다른 사업자 사이에서도 마찬가지이다. 더구나 사업자단체란 시장에서 거래주체로 등장하지 않는 경우를 상정한 것으로서 법 제45조 제1항 각호에 규정된 불공정거래행위의 유형에 해당한다고 보기도 곤란하다.

이러한 점을 고려할 때 법 제51조 제1항 제2호 내지 제4호는 사업자로 포착할 수 없는 사업자단체가 구성사업자 또는 다른 사업자에게 행하는 고유한 부당행위를 규제하기 위한 것으로서 나름의 독자적인 의미를 갖는다고 할 것이다.

Ⅱ. 사업자단체의 개념

1. 사업자단체의 요건

사업자단체(Unternehmensverbände 또는 Unternehmensvereinigung[12)])란 그 형태 여하를 불문하고 2 이상의 사업자가 공동의 이익을 증진할 목적으로 조직한 결합체 또는 그 연합회를 말한다(법 제2조 제2호). 사업자단체란 헌법상 결사의 자유에 따라 사업자들이 공동의 목적을 추구하기 위하여 조직한 사단이라고 할 수 있다. 사업자단체는 대내적으로는 구성사업자에 대한 각종의 지원과 통제를 행하는 한편, 대외적으로는 구성사업자의 이익을 대표한다는 특성을 갖는다.

사업자단체가 직접 사경제의 주체로서 거래에 참여하는 경우에 사업자단체는 사업자성을 갖게 되므로 그렇지 않은 경우에만 공정거래법상 별도의 취급을 받게 된다. '공동수급체 간 경쟁 입찰'과 같이 2 이상의 중소기업으로 구성된 조합이 관급공사에 응찰하는 경우에 해당 조합을 사업자단체로 볼 수 있는지가 문제된다. 종래 공정거래위원회의 실무상 해당 조합 그 자체를 사업자로 보지 않고, 사업자단체의 부당한 경쟁제한행위로 파악되어 왔다. 사업자단체가 직접 사업자로서 활동하지 않는 경우에도 그 결의는 구성사업자나 다른 사업자의 사업활동에 상당한 영향

12) Meinrad Dreher/Michael Kulka, Wettbewerbs- und Kartellrecht, 10. Aufl., 2018, Rn. 736-737, 1062.

을 미칠 수 있기 때문에 공정거래법은 사업자단체의 일정한 행위를 금지하고 있는 것이다.

가. 법적 형태

사업자단체는 법적 형태와 상관없이 인정되며, 법인격이 있어야 하는 것도 아니다. 법인격의 유무는 사업자단체의 법위반행위에 대하여 누가 책임을 지는지와 관련하여 중요한 의미를 갖는다. 따라서 사업자단체에는 모든 사단과 재단이 포함되며, 상법상의 회사일 수도 있다. 2 이상의 회사가 공동의 사업을 수행하기 위하여 설립하는 합작기업도 사업자단체에 해당할 수 있는지에 관하여는 적극적으로 해석해야 할 것이다. 예컨대, BC카드는 12개 은행의 출자로 설립되었는바, 출자은행이 공동의 이익을 증진할 목적으로 조직한 것이라는 점에서 사업자단체의 성질을 갖게 된다. 여기서 유의할 것은 사업자와 사업자단체의 구분이 절대적이지 않다는 점이다. 사업자단체가 스스로 영리를 목적으로 제조업, 서비스업, 기타의 사업을 영위하는 것을 주된 목적으로 하는 경우에, 그 사업자단체는 이미 하나의 독립한 '사업자'에 해당한다. 하나의 '경제적 실체'(economic entities)가 그 실질에 따라 사안별로 사업자나 사업자단체로 파악될 수 있는 것이다.

한편 사업자단체의 법적 형태는 중요하지 않으나, 독립적인 명칭이나 정관 및 어느 정도 상설적인 조직의 유지 등 최소한의 단체성(organization)이 요구된다. 사업자단체에 참가하는 개별 구성사업자는 독립된 사업자이어야 하므로 개별 사업자가 그 단체에 흡수되어 독자적인 활동을 하지 않는 경우에는 사업자단체라고 할 수 없고, 사업자단체로 되기 위해서는 개별 구성사업자와 구별되는 단체성 내지 조직성을 갖추어야 하는 것이다.[13] 이때, 최소한의 단체성이 인정되기 위해서는 단체자치(團體自治; Verbandsautonomie)에 따라 정관상 해당 조직이 구성사업자의 의사결정이나 사업활동에 상당한 영향력을 행사할 수 있어야 한다.

다른 한편으로 일정한 사업분야에 대해서는 사업자단체의 조직 및 가입이 법률상 강제되는 경우가 있다. 이때 사업자단체의 조직형태 역시 법률에서 정하는 경우가 대부분이다. 예컨대, 「변호사법」상 사업자단체인 지방변호사회와 대한변호사협회는 설립이 강제되어 있으며(법 제64조 제1항, 제78조 제1항), 변호사로서 개업을 하려면 대한변호사협회에 등록을 하여야 하고(법 제7조 제1항), 이들 협회의 법적 형태

13) 대법원 2008.2.14. 선고 2005두1879 판결.

는 법인이어야 한다(법 제64조 제2항, 제78조 제2항). 의사회나 약사회도 마찬가지이다.

끝으로 본부 이외에 지부도 스스로 독립된 활동의 주체가 되는 경우 사업자단체에 해당한다는 데에 이견이 없고,[14] 사업자단체들의 결합체인 연합회도 사업자단체에 해당된다.[15] 이와 관련하여 다수설은 사업자단체로서의 실질을 요구하고 있는바, 그에 따르면 사업자단체의 하부조직으로서 지부, 지회는 물론이고 그 상부조직으로서 연합회나 중앙회 등도 별도의 규약과 의사결정기구 등을 가지고 그 구성사업자의 공동의 이익을 증진할 목적으로 '독자적인 의사결정'에 기하여 '독자의 활동'을 하는 경우에는 그 자체가 또 하나의 사업자에 해당하게 된다.[16] 그런데 공정거래법상 요건을 충족하는 사업자단체의 경우 그 연합회는 법률상 사업자단체로 간주되고 있으므로,[17] 사업자단체의 상부조직이 별개의 사업자단체에 해당하기 위하여 또다시 실질적 요건을 갖추어야 하는 것으로 보기 어렵다.

나. 둘 이상의 사업자

사업자단체에는 언제나 둘 이상의 사업자가 참여하여야 한다. 사업자단체의 모든 구성원이 사업자일 필요는 없으며, 일부라도 사업자이면 족하다. 따라서 소비자단체나 부녀회와 같이 '비사업자'만으로 구성된 단체는 사업자단체가 아니고, 다만 이들 단체가 대외적으로 제3자와 거래관계를 맺는 경우에는 제한적이나마 사업자의 개념에 포섭될 수 있을 것이다. 예컨대, 소비자들이 공동구매를 목적으로 조합을 결성하여 제3자와 계약을 체결하거나 아파트 입주자대표회의가 용역업체와 아파트 관리계약을 체결하는 등의 경우에는 사업자로서 공정거래법의 적용을 받게 된다.

한편, 사업자단체에 관한 규정을 적용함에 있어서는 사업자의 이익을 위하여 행위 하는 임원, 종업원, 대리인 기타의 자를 모두 사업자로 본다(법 제2조 제1호 후단). 회사의 임원이나 종업원 등이 개인 명의로 단체를 조직하였으나, 그 단체가 사업자들의 공동의 이익을 증진하기 위하여 조직된 것이고 이들이 자기가 속한 사업자의 이익을 대표하는 경우에도, 이러한 단체를 사업자단체에 포함시키려는 취지

14) 권오승·서정, 독점규제법(제4판), 2020, 590면; 신동권(제3판), 65면; 이호영(제6판), 454면.

15) 연합회는 2 이상의 사업자단체가 연합한 것으로서 법원은 여러 사례에서 연합회를 사업자단체로 인정한 바 있다. 신동권(제3판), 64－65면.

16) 신현윤(제8판), 329면; 정호열(제6판), 452면.

17) 간주조항이 없을 경우에 연합회의 구성원은 사업자가 아니라 사업자단체이므로 둘 이상의 사업자가 조직하여야 한다는 요건을 충족할 수 없게 된다.

이다.[18] 이때 임원 등이 법적으로 회사의 대표권을 가져야 할 필요는 없으며, 사실상 회사를 위하여 행위하고 있다는 사실만으로 족하다.[19]

다. 단체의 목적

(1) 공동의 이익

사업자단체는 '공동의 이익'을 증진할 것을 목적으로 한다. 여기서 '공동의 이익'이란 구성사업자 사이의 이해관계가 일치함에 따라 그들이 향수하게 되는 이익을 말하며, 그 이익이 사업자 전체에 관한 것에 한하지 않고, 그 일부에 관한 것도 무방하며, 받는 이익이 직접적이든 간접적이든 무방하다.[20] 이때의 이익은 단체를 구성하는 사업자에게 귀속되는 경제적 이익은 물론 단체가 속해 있는 업계의 이익을 포함한다.[21] 또한 그 이익은 구성사업자의 사업활동과 관련된 경제적인 것이어야 하나,[22] 사업활동의 전부 또는 중요한 부분에 관한 것일 필요는 없고 그 사업활동의 일부 또는 부수적인 활동인 경우에도 무방하다.[23] 공동의 이익 증진이 단체의 주된 목적이어야 하는 것은 아니므로 주로 공익을 추구하는 경우에도 사업자단체에 해당할 수 있다.[24]

반면, 단순한 친목단체, 학술단체 또는 종교단체와 같이 구성사업자의 사업활동과 관계없는 비경제적 이익만을 도모하는 단체 또는 사회정책적인 목적만을 추구하기 위한 단체는 사업자단체에 해당하지 않는다. 이때 정관에 규정된 단체의 목적만으로 판단하기는 어려우며, 해당 단체의 실질적인 목적 내지 활동으로부터 객관적으로 추단되는 목적이 사업자단체 해당 여부를 가리는 핵심적인 기준이 된

18) 이와 동일한 맥락에서 법 제2조 제1호 후단을 실제로 임·직원들이 협의체를 만들어 활동하는 경우 사업자단체로 볼 수밖에 없는 현실적 필요성을 감안한 규정으로 보는 견해로 신동권(제3판), 65면.

19) 동종 업계에 속하는 회사의 영업부장들이 결성한 모임도 사업자단체에 해당될 수 있으며, 공정거래위원회는 건설회사들의 과장급 이상 간부가 공동의 이익을 증진할 목적으로 조직한 결합체인 '건설회사자재직원협의회'도 사업자단체에 해당된다고 판단한 바 있다(공정거래위원회 1995.6.5. 의결 제1995-099호); 권오승·서정(제4판), 589면.

20) 대법원 2008.2.14. 선고 2005두1879 판결. 일본의 동경고법은 "그 이익이 단체의 구성사업자 전원에 대하여 공통일 필요는 없고, 구성사업자인 2 이상의 사업자에 대하여 공통이면 족하다."고 판시하였다(대판총합식품사건판결, 소화 26.11.30).

21) 권오승·서정(제4판), 589면.

22) 대법원 2008.2.14. 선고 2005두1879 판결.

23) 厚谷襄兒, 사업자단체, 주해경제법(상), 청림서원, 소화 60, 31항.

24) 대법원 2003.2.20. 선고 2001두5347 판결.

다.[25] 따라서 정관에서는 친목만을 목적으로 규정하고 있으나, 실제로는 구성사업자의 경제상 이익을 증진하기 위한 활동을 수행하는 단체 역시 사업자단체로 보아야 한다.

여기서 공동의 이익을 넓게 해석하여 한국경영자총협회(경총)와 같은 사용자단체 역시 사업자단체에 해당한다는 견해가 있다.[26] 흔히 사용자단체라도 그 실질은 근로자를 고용하는 자, 즉 회사들로 조직된 단체로서 공동의 경제상 이익증진을 주된 목적으로 삼고 있다는 점에서 사업자단체로 보지 않을 이유가 없다. 반면, 근로자단체, 대표적으로 노동조합은 사업자단체에 해당하지 않는다. 2 이상의 사업자가 노조에 참여하는 경우를 상정할 수 없을 뿐만 아니라 노조의 구성원은 근로자이고, 근로자는 사업자로 볼 수 없기 때문이다. 다만, 노조가 대외관계에서 하나의 거래주체로 등장하는 경우에는 사업자에 해당할 수 있을 것이다.[27]

(2) 업종의 동일성 여부

'공동의 이익' 요건이 충족되기 위해서는 구성사업자들이 동종 또는 유사업종에 종사하고 있어야 하는가? 다수설은 소극적이며, 대한상공회의소나 전국경제인연합회와 같이 구성사업자의 업종을 묻지 않는 조직 역시 사업자단체로 보는데 문제가 없다고 한다.[28] 사업자단체의 규제목적과 규제내용을 고려하여 '공동의 이익'의 의미를 해석하는 것이 타당하다.

공정거래법은 사업자단체에 의한 부당한 공동행위뿐만 아니라, 참여사업자의 수를 제한하거나 구성사업자의 사업활동을 제한하거나 또는 다른 사업자에게 불공정거래행위를 하도록 하는 경우를 폭넓게 규제하고 있으며, 이러한 금지행위는 관련 사업자들이 서로 경쟁관계에 있지 않은 경우에도 충분히 행해질 수 있다. 따라서 '공동의 이익'이란 폭넓게 해석하여야 하며, 구성사업자들이 동종 또는 유사업종

25) 공정거래위원회는 대한소아과학회 서울특별시지회에 대하여 이 단체의 설립목적은 소아과학에 관한 학술연구 및 소아보건의 향상 등이지만 수년간에 걸쳐 구성사업자인 소아과 개원의들의 공동의 이익을 도모하는 행위를 사실상 수행하여 왔다는 점 등을 근거로 사업자단체로 인정하였다(공정거래위원회 1992.5.12. 의결 제1992-056호).

26) 권오승, 경제법(제13판), 법문사, 2019, 376면.

27) 화물연대의 파업과 관련하여 동 단체의 성격이 문제된 적이 있다. 화물연대란 지입화물차주가 조직한 단체로서 화주 내지 물류업체와의 관계에서 집단적으로 협상을 수행하기는 하나, 차주는 어디까지나 각자 사업자의 성격을 갖는다는 점에서 공정거래법상 사업자단체에 해당할 것이다. 따라서 화물연대는 노동조합에 해당하지 않고, 그 당연한 결과로 단체협약의 당사자가 될 수도 없다.

28) 권오승·서정(제4판), 590면.

에 종사하여야 할 필요는 없다고 보는 것이 타당하다.

2. 조합 및 적용제외와의 관계

가. 사업자단체와 조합

공정거래법상 사업자단체의 요건을 충족하는 단체가 법 제118조의 조합에도 해당될 수 있는가? 동법은 사업자단체의 개념과 조합의 요건을 각기 따로 규정하고 있을 뿐이어서 양자의 중첩 여부에 따라 사업자단체의 행위가 적용제외의 대상이 될 수 있는지 여부가 좌우된다.

공정거래법상 사업자단체는 그 형태 여하를 묻지 않으므로, 2 이상의 소규모 사업자가 공동의 이익을 증진할 목적으로 설립한 조합 역시 법 제2조 제2호의 사업자단체에 해당할 수 있다. 그 밖에 해당 조합의 정관에 조합원의 임의 가입 또는 탈퇴, 평등한 의결권, 이익배분의 한도가 정해져 있는 경우에는 사업자단체로서 법 제51조의 규제를 받게 될 것이다.

나. 조합인 사업자단체의 적용제외

사업자단체는 법 제51조가 열거하고 있는 금지행위를 해서는 안 된다. 법 제118조 각호의 요건을 갖춘 조합인 사업자단체는 원칙적으로 공정거래법의 적용을 받지 않는바, 다만, 불공정거래행위 또는 부당하게 경쟁을 제한하여 가격을 인상하게 되는 경우에는 그러하지 아니하다(법 제118조 단서).

여기서 두 가지 쟁점이 발생한다. 첫째, 조합이 불공정거래행위의 주체가 될 수 있는지 여부이다. 법 제118조 단서를 반대해석하면 조합에 대해서는 불공정거래행위의 금지가 적용될 것이기 때문이다. 조합이 사경제의 주체로서 거래에 참여하는 경우에는 공정거래법상 사업자에 해당할 수 있을 것이고, 그러한 범위에서 동 단서조항이 의미를 가질 것이다. 그런데 조합이 사업자단체에 해당하는 경우에는 처음부터 법 제45조의 적용을 받지 않으므로 동 단서조항 또한 적용될 여지가 없다. 그렇다면 조합인 사업자단체가 불공정거래행위를 하게 하거나 이를 방조하는 경우에도 법 제51조 제1항의 금지가 적용제외되는가? 이에 관하여는 소극적으로 해석하는 것이 타당하다. 법 제118조 단서가 불공정거래행위에 대해서 적용제외를 인정하지 않는 취지를 감안할 때, 불공정거래행위의 교사·방조에 대해서도 적용제외를 허용해서는 안 될 것이기 때문이다.

둘째, 적용제외가 배제되는, 부당하게 경쟁을 제한하여 가격을 인상하게 되는 경우란 무엇인가? 적용제외는 가급적 엄격하게 해석해야 한다는 관점에서 동 사유는 가급적 넓게 해석할 필요가 있다. 대표적으로 조합이 시장지배적 사업자로서 경쟁사업자를 방해 또는 배제하는 방법으로 가격을 인상하게 되는 경우와 조합이 조합원들의 부당한 공동행위(특히, 가격담합)를 조장함으로써 가격을 인상하게 되는 경우를 생각할 수 있을 것이다. 따라서 조합인 사업자단체가 구성사업자의 가격을 정하는 내용의 결의를 하게 되는 경우에는 법 제51조 제1항이 여전히 적용되어야 한다.

제 2 절 사업자단체에 대한 규제

1980년 제정법[29]은 사업자단체에 신고의무를 정하고 있었고, 그에 따라 공정거래위원회는 전국적으로 업종별 사업자단체의 현황과 활동내용을 어느 정도 파악할 수 있었다. 그 후 법개정으로 신고의무가 폐지되면서 우리나라에는 사업자단체를 총괄하는 정부부처가 사실상 존재하지 않게 되었다. 사업자단체의 금지행위는 법제정 이후 전혀 개정된 바 없이 현재에 이르고 있다.

공정거래법 제51조 제1항은 사업자단체의 금지 '행위'에 적용되며, 이때 그 형식은 사업자의 행위와 달리 단체의 행위로 귀속시킬 수 있는 것이어야 한다. 통상 사업자단체의 정관 등에 따라 대표권을 갖는 총회나 이사회가 정해진 절차에 따라 행한 결의가 여기에 해당할 것이다. 사업자단체의 결의가 구성사업자를 구속하는 것이어야 하는가? 긍정하여야 한다. 사업자단체가 구성사업자에게 아무런 구속력이 없는 결의를 행한 경우에는 실제로 경쟁을 저해하거나 다른 사업자를 방해할 소지가 없고, 구속력이 없음에도 불구하고 구성사업자가 일정한 법위반행위로 나아간 경우에는 결국 해당 사업자가 행위주체로서 제재를 받게 되면 족하기 때문이다. 대체로 단체구속성을 전제로 하는 사업자단체의 결의는 그 자체가 구성사업자에게 구속력을 갖는다는 점에서, 예외적인 경우에 구속성 유무가 다투어질 수 있을 것이다.

이 문제는 사업자단체의 공동행위와 개별 사업자들 간의 공동행위를 구분하는 것과 관련하여 중요한 의미를 갖는다. 그 행위주체가 대표권을 가진 단체인지 아니면 개별 사업자인지에 따라 명확하게 구분되어야 하기 때문이다. 다만, 공정거래법은 양자를 엄밀하게 구별하지 않은 채 단지 사업자단체의 법위반행위에 참가한 사업자에 대해서도 높은 수준의 과징금을 부과하도록 규정하고 있는바(법 제53조 제1항, 제2항), 제재 및 억지력의 강화라는 정책목표에는 부합할 수 있으나 법리상으로는 타당한 근거를 찾기 어려워 보인다.

---

29) 1980.12.31. 제정, 법률 제3320호.

Ⅰ. 사업자단체의 부당한 공동행위

사업자단체는 제40조 제1항 각호의 행위(부당한 공동행위)에 의하여 부당하게 경쟁을 제한하는 행위를 하여서는 아니 된다(법 제51조 제1항 제1호).

1. 의 의

복수 사업자 간 합의에 의한 카르텔과 사업자단체의 결의에 의한 카르텔을 함께 규정하고 있는 미국이나 유럽의 입법례와 달리 공정거래법은 이를 각각 법 제40조와 제51조 제1항 제1호로 나누어 규정하고 있다. 2 이상의 사업자에 의한 카르텔 외에 별도로 사업자단체에 의한 카르텔을 금지하는 취지는 무엇보다 우리나라에 널리 조직되어 있는 사업자단체가 카르텔을 주도 또는 조장하는 경우가 많기 때문이다.

대표적으로 상품이나 서비스가 매우 이질적이고, 진입장벽이 낮아 신규진입이 자유롭게 이루어지며, 그 결과 관련시장에 참여하고 있는 사업자가 매우 많은 경우에는 경쟁사업자 간에 합의를 통하여 카르텔을 형성하기란 지극히 곤란하다. 그런데 이러한 분야에서도 사업자단체가 결의 등의 형식으로 카르텔을 용이하게 조직할 수 있다는 점을 감안한 것이 바로 사업자단체의 경쟁제한행위를 금지하는 법 제51조 제1항 제1호인 것이다. 이러한 맥락에서 법 제51조 제1항 제1호가 제40조 제1항의 보충규정의 성격을 갖는다는 견해도 있으나,[30] 양자는 나름 병렬적이자 독자적인 의의를 가지는 것으로 보아야 한다.

구법 제26조 제1항 제1호는 "제19조 제1항 각호의 행위에 의하여 일정한 거래분야의 경쟁을 실질적으로 제한하는 행위"로 규정되어 있다가, 1999년 제19조의 부당한 공동행위 규정이 개정됨에 따라, 이에 맞추어 "부당하게 경쟁을 제한하는 행위"로 개정되었다. 따라서 제1호에 해당하는 사업자단체의 행위가 부당하게 경쟁을 제한하는지 여부는 제40조의 부당한 공동행위와 유사하게 판단하게 된다.

사업자단체가 권리능력 없는 사단(社團)이나 조합의 형태를 띠고 있는 경우에 그에 의한 경쟁제한행위는 단체 자체가 독자적으로 행하는 것이라기보다는 구성사업자들의 총의에 의한 단체의사의 형성에서 비롯되는 것으로 볼 수 있다. 이러한

---

30) 권오승·서정(제4판), 591-592면.

경우에 공정거래법 제51조 제1항 제1호에 의해 사업자단체의 경쟁제한행위로 규제할 수 있는지가 이론상 다투어질 수 있다. 이에 관한 학설은 없으나, 사업자단체 및 참여사업자들에 대하여 각각 제51조 제1항 제1호와 제40조 제1항을 각각 적용할 수 있을 것이다. 다만, 사업자단체를 이용하거나 단체의 결의라는 형식을 빌어서 실질적으로는 구성사업자들이 부당한 공동행위를 하는 경우에는 동법 제40조 제1항만을 적용하는 것이 타당할 것이다.[31)]

2. 요 건

가. 사업자단체의 결의

사업자단체의 행위가 법 제51조 제1항 제1호 위반에 해당하기 위해서는 먼저 법 제40조 제1항 각호의 사항에 관하여 총회나 이사회, 임원회의 등 사업자단체의 결의로 볼 수 있는 의사결정이 있고, 구성사업자 사이에 사업자단체의 의사결정을 준수하여야 한다는 공동의 인식이 형성되어야 하나, 구성사업자가 사업자단체의 의사결정에 따른 행위를 현실적으로 행하였을 것을 요하는 것은 아니다.[32)]

나. 경쟁제한성

공동행위의 주체가 사업자단체라는 점 외에는 법 제40조 제1항과 마찬가지로 사업자단체의 결의가 부당하게 경쟁을 제한하는 것이어야 한다. 먼저, 사업자단체 카르텔은 최상위 단체에 의하여 이루어지는 경우도 있으나, 하위단체인 지역별 사업자단체에 의한 담합이 대다수를 이루고 있다. 이 경우 공정거래위원회는 지리적 시장을 해당 사업자단체가 관장하는 지역으로 세분하는 경향이 있는 반면, 상품시장은 별도의 엄밀한 획정을 하지 않고 담합의 대상품목을 그대로 관련시장으로 파악하고 있다.[33)]

---

31) 일본 공정취인위원회는 당초 사업자단체의 경쟁제한행위를 카르텔로 보지 않고, 제재에 있어서도 사업자단체만을 그 위반주체로 삼았었다. 왜냐하면 카르텔의 요건보다 그 입증이 용이하기 때문이었다. 그러나 소화 47년 이후에는 사업자단체의 구성원수가 비교적 적고 그들의 회의에서 공통적으로 행위제한을 결정한 경우에는 이를 카르텔로 보아 일본 사적독점금지법 제3조(사적독점 및 부당한 거래제한의 금지)만을 적용하고 있다. 그러나 이에 대해서는 사업자단체의 금지행위에 대한 동법 제8조 제1항 제1호를 병렬적으로 적용해야 한다는 견해도 유력하다.

32) 대법원 2006.11.24. 선고 2004두10319 판결.

33) 예컨대, "여수공육협의회" 사건(공정거래위원회 2009.12.14. 의결(약) 제2009－241호)에서 여수공육협의회가 구성사업자들의 건설기계 대여단가를 결정한 행위가 문제되었는바, 이에 대하여 공정거래위원회는 "사업자단체의 가격결정행위가 부당하게 경쟁을 제한하는지 여부는 사업자단체의 시장점유율, 경쟁사업자의 수와 공급여력, 대체성 등 여러 사정을 종합하여 판단하여야 한다."라

일찍이 구법상 판례는 경쟁을 실질적으로 제한한다는 것을 “시장에서의 유효한 경쟁을 기대하기 어려운 상태를 초래하는 행위, 즉 일정한 거래분야의 경쟁상태가 감소하여 특정사업자 또는 사업자단체가 그 의사로 어느 정도 자유로이 가격·수량 ·품질 및 기타 조건을 좌우할 수 있는 시장지배력의 형성”을 의미하는 것으로 이해하여 폐문결의에 반대하는 사업자들에 대해서까지 폐문을 강제하여 의약품의 판매를 제한한 결과 의약품판매시장인 약국업 분야에서 사업자단체인 약사회가 그 의사대로 시장지배력을 형성한 것으로 보인다는 점을 근거로 실질적 경쟁제한성을 인정하였다.[34)]

1999년 제7차 법개정[35)]으로 현재와 같이 ‘부당하게 경쟁을 제한하는’ 사업자단체의 결의가 금지된 이후, 판례는 시장지배력의 형성을 요구하던 종전보다 다분히 완화된 기준을 제시하였다. 즉, 사업자단체의 행위가 부당하게 경쟁을 제한하는 것인지 여부는 다양한 사정을 종합하여 판단하는데, 특히 사업자단체의 시장점유율, 경쟁사업자의 수와 공급여력, 대체가능성 등을 고려해야 한다는 것이다.[36)]

“고양시태권도협회 일산구지부의 사업자단체금지행위” 사건[37)]에서는 지리적 시장을 일산구로 한정하고, 이 지역에서 태권도장을 운영하는 73개업자 중 35개 사업자, 즉 48%의 사업자가 가입하고 있는 위 지부의 관장 총회에서 교육비 인상을 결의하고, 이를 명시한 교육비 현황표를 회원에게 배포한 사례가 문제되었고, 공정거래위원회는 48%의 사업자가 참여한 사업자단체의 가격인상결의에 대하여 동 협회가 해당 시장에서 48%의 시장점유율을 차지하는 것으로 보았다. 이 사건에서는 문제의 협회가 승품·단 심사권 등을 통하여 구성사업자에게 상당한 영향력을 미칠

는 대법원 판례(대법원 2005.1.27. 선고 2002다42605 판결)를 전제한 후, 피심인은 여수지역 공육기종 굴삭기 사업자들 대다수를 자신의 구성사업자로 하고 있어 여수지역 공육기종 굴삭기 시장의 약 80% 이상의 시장점유율을 차지하고 있는 점, 비용적인 면을 고려할 때 건설사들이 건설현장이 소재한 지역이 아닌 타 지역 건설기계로 대체하기 쉽지 않은 점 등을 고려할 때, 피심인의 행위는 여수지역 공육기종 굴삭기 대여업 분야에서 사업자 간 유효한 경쟁을 기대하기 어려운 상태를 초래하여 여수 공육기종 굴삭기 대여업 분야의 가격경쟁을 제한하는 행위라고 판단하였다. 그 외 “부산광역시 동래구 사직동PC방연합회” 사건(공정거래위원회 2007.4.27. 의결(약) 제2007－102호), “경북전세버스운송사업조합” 사건(공정거래위원회 2007.4.23. 의결(약) 제2007－088호), “경북레미콘공업협동조합” 사건(공정거래위원회 2005.3.8. 의결 제2005－047호) 등이 있다.

34) 대법원 1995.5.12. 선고 94누13794 판결.

35) 1999.2.5. 개정, 법률 제5813호.

36) 대법원 2005.1.27. 선고 2002다42605 판결.

37) 공정거래위원회 2006.12.18. 의결(약) 제2006－441호.

수 있는 상태에서, 실제로 구성사업자의 약 94%가 협회가 정한 교육비를 받고 있으며, 나머지 비회원인 사업자들까지 그와 유사한 수준에서 교육비를 책정하고 있음을 고려하여 위 결의가 부당하게 경쟁을 제한하는 것으로 판단하였다.

다. 부당성

(1) 판례의 태도

판례는 일찍이 사업자단체의 공동행위가 경쟁을 제한하더라도 예외적으로 부당성이 조각될 수 있다는 입장을 취하고 있다. 이와 관련하여 판례는 공정거래법의 궁극적인 목적에 비추어 부당성을 판단해왔는데, 사업자단체에 의한 가격결정행위가 일정한 거래분야에서의 경쟁이 감소하여 사업자단체의 의사에 따라 어느 정도 자유로이 가격의 결정에 영향을 미치거나 미칠 우려가 있는 상태를 초래하는 행위, 즉 구 공정거래법상 사업자단체가 가격을 결정·유지 또는 변경하는 행위에 의하여 일정한 거래분야에서의 경쟁을 실질적으로 제한하는 행위에 해당하더라도, 이로 인하여 경쟁이 제한되는 정도에 비하여 같은 법 제40조 제2항 각호에 정해진 목적 등에 이바지하는 효과가 상당히 커서 소비자를 보호함과 아울러 국민경제의 균형 있는 발전을 도모한다는 법의 궁극적인 목적에 실질적으로 반하지 아니하는 예외적인 경우에 해당한다면, 부당한 가격제한행위라고 할 수 없다는 것이다.[38)]

대표적으로 "제주도관광협회" 판결[39)]에서 대법원은 제주지역의 일부 관광사업자들로 구성된 사업자단체가 관광상품과 용역의 판매 가격 및 송객수수료가 위 판매가격에서 차지하는 비율을 하향조정하기로 결의한 다음 이를 준수하도록 구성원인 사업자들에게 통보한 행위는, 위 사업자단체가 제주지역 내의 전체 관광산업에서 차지하는 비중이 높지 아니할 뿐만 아니라 구성사업자의 탈퇴에 특별한 제한이 없고 구성사업자가 위 사업자단체의 결의사항을 위반하였을 경우에도 효과적인 제재수단이 없는 점, 위 사업자단체의 결의가 제주도 관광사범수사지도협의회의 수수료 지급실태에 대한 조사 및 협의에 따라 지나치게 과다한 송객수수료의 지급으로 인한 관광의 부실화 및 바가지요금, 물품강매 등 관광부조리를 방지하고 관광상품 판매가격의 인하를 유도하기 위하여 행하여진 점 등에 비추어 구법상 부당한 가격제한행위에 해당하지 아니한다고 판시하였다.

---

38) 대법원 2005.8.19. 선고 2003두9251 판결; 대법원 2006.9.22. 선고 2004두14588 판결 등.

39) 대법원 2005.9.9. 선고 2003두11841 판결.

위와 같은 판례의 태도는 경쟁제한성이 당해 공동행위가 시장에 미치는 경쟁효과를 의미하는 것이고, 그와 별도로 그 공동행위가 소비자후생이나 국민경제의 균형발전 등 보다 포괄적인 관점에서 궁극적으로 무가치한 것인지를 고려한다는 의미에서 일견 '규범적 가치판단'의 대상으로서 부당성을 파악하는 것으로 이해할 수 있다.

(2) 부당성 요건의 독자성

(가) 법 제40조의 체계적 해석

공정거래법 제40조 제1항에 의하면, 공동행위가 금지되기 위해서는 그것이 '부당하게' 경쟁을 제한하는 것이어야 한다. 여기서 위 조항을 문리적으로 해석할 때 경쟁제한성과는 별도로 당해 공동행위의 '부당성'이 요구되는 점에는 의문이 없다. 그러나 단순한 문리적 해석의 당위성 외에 부당성 요건이 별도로 필요한지, 만약 필요하다면 공정거래법 체계상 어떻게 판단되어야 하는지도 검토되어야 하는바, 부당성의 독자적 의미는 다음과 같은 이유에서 그 근거를 찾을 수 있다.

먼저, 합의의 경쟁제한성과 예외적 인가사유 해당 여부에 대한 고려만으로는 카르텔 금지를 위한 최종적인 '무가치판단'(Unwerturteil)을 하기에 충분하다고 할 수 없기 때문이다. 특정 행위가 시장 및 경쟁에 미치는 효과를 중시하는 공정거래법의 특성상 경쟁제한효과를 중심으로 위법성을 판단하는 것이 일응 타당하다고 할 것이나, 금지 여부에 관한 최종적인 판단은 시장에 미치는 또 다른 효과를 함께 고려하는 것이어야 한다. 왜냐하면 다른 법률에 특별한 규정이 없는 이상, 카르텔 금지는 공정거래위원회의 전속관할사항이어서 다른 부처와의 협의를 전혀 요하지 않기 때문에 결국 공정거래위원회가 당해 카르텔이 미치는 다양한 효과를 보다 종합적으로 고려하지 않으면 안 되기 때문이다.

또한, 공정거래법 제40조 제2항은 경성카르텔과 연성카르텔을 구분하지 않고 인가사유를 매우 제한적으로 정하고 있을 뿐만 아니라 공정거래위원회의 재량 판단의 여지가 많아서 예외적 인가가 사실상 사문화되어 있기 때문에,[40] 특정 카르텔에 대하여 참여사업자의 의도, 당해 산업의 특성, 규제의 유무와 정도, 관련시장 및 국민경제에 미치는 효과 등을 종합적으로 고려하여 규범적 무가치판단을 내릴 필요가 있다.

---

40) 이봉의, "통신요금 카르텔의 위법성 판단에 관한 고찰", 행정법연구 제13호, 2005.5, 185-188면.

(나) 이익형량의 제도화

공동행위가 경쟁제한효과를 갖는 경우에도 그것이 경제질서 전체의 관점에서 부당하다고 판단되는 경우에만 금지할 필요가 있는바, 공동행위에 따른 경쟁제한효과와 그와 반대되는 효율성 증대효과 및 경쟁촉진효과를 비교형량한 후 최종적으로 위법성을 판단하는 것이 타당할 것이다. 공동행위에 따라서는 정태적 경쟁은 제한되더라도 동태적 경쟁은 오히려 촉진되는 경우도 있을 수 있고, 특히 규제산업의 경우에는 국민경제 전체의 관점에서 바람직한 공동행위도 있을 수 있을 수 있기 때문에 이러한 제반 요소를 종합적으로 비교형량한 후 최종적으로 당해 공동행위에 대한 위법성 판단이 이루어지지 않으면 안 된다.[41)]

사업자단체의 공동행위에 대해서도 법 제40조 제2항의 인가조항이 준용되고 있고, 인가사유에는 대체로 경쟁제한효과와 비교형량 할 만한 산업정책이나 국민경제상 이익이 포함되어 있다는 점을 고려할 때 이 경우에도 부당성 판단과 유사한 이익형량이 이루어지게 된다(영 제45조 이하). 흔히 경성카르텔 중에서도 가장 악성으로 인식되고 있는 가격담합의 경우에도 관련시장에서 경쟁제한성을 입증하는 것은 상대적으로 쉬울 뿐만 아니라, 비교형량을 하더라도 극히 예외적인 경우에만 정당성이 인정될 수 있을 것이기 때문에 이익형량을 적극 고려하더라도 가격담합에 대한 규제 자체가 현저히 완화될 우려는 없다고 할 것이다.

(다) 규제산업과 카르텔의 '부당성'

일반적으로 카르텔은 정부의 개입 유무나 정도에 따라 크게 ① 순수하게 당사자의 합의에 따른 카르텔(cartel as a private treaty), ② 정부의 조장에 의하여 형성된 카르텔(governmental encouragement), ③ 정부의 강제에 의한 카르텔(compulsory cartel)의 세 가지로 분류할 수 있는바(다만, 둘째와 셋째 유형은 양자를 구분하기가 거의 불가능하고, 정부 개입의 정도 차이에 불과함), 이러한 유형화가 시사하는 것은 기업의 이익과 공공의 이익이 현실적 또는 잠재적으로 수렴 또는 충돌하는지 여부에 따라 카르텔에 대한 규범적 판단 및 규제태도가 달라질 수 있다는 점이다.

즉, 규제산업에서의 카르텔의 실체적 요건을 판단함에 있어서는 특히 당해 규제산업의 특성, 보호가치 있는 경쟁의 존재 여부 및 경쟁제한의 동태적 측면, 카르

41) 양명조, 경제법강의(제8판), 신조사, 2010, 179, 221면. 공동행위의 인가제도는 산업정책적 고려를 통한 예외를 인정하기 위한 것으로서, 경쟁제한효과와 경쟁촉진효과를 비교형량하기 위한 장치가 아니라고 한다.

텔의 부당성과 이익형량 등을 고려할 필요가 있고, 이 문제는 결국 특정 산업에서 카르텔 금지를 엄격히 적용하였을 때 나타날 수 있는 동태적 효과에 관한 것으로서, 당연위법의 관념에 집착할 경우 올바른 해법을 찾기 어렵다고 할 것이다.[42]

독일이나 유럽과 같이 카르텔의 전통이 강한 나라와 처음부터 국내 정치적 이유로 인하여 카르텔을 범죄로 규정한 미국의 예를 비교할 때, 전자의 경우 정부에 의해 조장 또는 강제된 카르텔은 오히려 공공의 이익을 실현하기 위한 편리한 수단으로서 과거 법질서가 이를 보호 또는 용인하였음도 시사하는 바가 크다고 할 수 있는바, 그 이유는 우리나라에서는 공정거래법의 적용에 있어서 정부와 기업 간의 협력적 전통을 도외시한 채 지나치게 미국식의 접근방법, 즉 원자론적 기업관 및 정부와 기업의 대립관을 강조하는 경향이 있기 때문이다.

이러한 관점에서 볼 때, 앞에서 본 바와 같이 대법원[43]이 공동행위가 법령에 근거한 정부기관의 행정지도에 따라 적합하게 이루어진 경우에는 부당하다고 할 수 없다고 판시한 것은, 규제산업에서의 카르텔에 대한 공정거래법의 올바른 적용에 관한 일응의 방향을 제시한 것으로 볼 수 있다는 점에서 매우 중요한 의의를 갖는다고 할 것이다.

3. 사업자단체의 정보교환행위

공정거래위원회는 사업자단체로 하여금 금지되는 행위와 허용되는 행위를 보다 쉽게 판별할 수 있도록 하기 위하여 제51조 제3항에 근거하여 「사업자단체 활동지침」[44]을 제정·고시하고 있다. 이하에서는 사업자단체의 정보교환활동에 관해서만 간단히 살펴보기로 한다.

사업자단체의 정보교환활동은 가장 중요한 활동 중 하나이지만, 경쟁정책적 측면에서 보면 두 가지 상반되는 성질을 갖는다. 즉, 일반적으로 사업자단체는 시장에 관한 정확하고 풍부한 정보를 기초로 합리적인 판단을 할 수 있으며, 그 결과 바람직한 시장성과도 기대할 수 있다. 특히 중소기업의 경우에는 대기업에 비하여

42) Peter Asch/Joseph J. Seneca, Characteristics of Collusive Firms, J Ind Econ Vol. 23 No. 3, 1975, p. 233.

43) 대법원 2009.7.9. 선고 2007두26117 판결. 한편, 법령에 직접적인 근거가 있는 행정지도에 따른 공동행위는 공정거래법 제58조의 법령에 따른 정당한 행위에 해당한다고 할 것이나, 대법원은 법 제58조를 매우 엄격하게 해석하는 태도를 취하고 있다.

44) 공정거래위원회 고시 제2021-35호, 2021.12.28. 개정.

정보력이 열세에 있으므로 그들 간의 정보교환 내지 정보공유는 대·중소기업 간 정보비대칭을 해소하고 대기업에 대한 중소기업의 경쟁력을 제고시켜, 시장에서의 경쟁을 촉진시키는 기능을 하기도 한다. 이러한 맥락에서 「사업자단체 활동지침」은 당해 산업에 관련한 국내 및 해외시장, 경제동향, 경영지식, 시장환경, 입법·행정의 동향 등에 대한 일반적인 정보를 수집·제공하는 행위 등을 원칙적으로 법위반이 되지 않는 행위의 하나로 명정하고 있다.

반면, 사업자단체에 의한 정보교환활동은 가격 또는 수량을 제한하기 위한 담합의 수단으로 이용될 수도 있는바, 특히 시장구조가 과점적인 경우에는 묵시적인 경쟁제한을 초래할 가능성이 크다는 점에서, 정보교환활동이라도 부당하게 경쟁을 제한하는 경우에는 이를 금지할 필요가 있다. 다만, 2020년 법개정 이전에는 사업자단체가 구성사업자들에게 정보를 교환하도록 하는 내용의 결의를 한 경우에 구 법 제19조(현행법 제40조) 제1항 각호에는 정보교환이 명정되어 있지 않았으므로, 사업자단체에게 구법 제26조(현행법 제51조) 제1항 제1호 위반의 책임을 물을 수 없었다.

그런데 2020년 전부개정법[45]을 통하여 다른 사업자의 사업활동 또는 사업활동을 방해·제한하거나 가격, 생산량, 그 밖에 대통령령[46]이 정하는 정보를 주고받음으로써 일정한 거래분야에서 경쟁을 실질적으로 제한하는 행위가 명시적으로 금지되었다(법 제40조 제1항 제9호).[47] 이로써 사업자단체에 의한 경쟁제한적 정보교환행위 역시 규율되게 되었다(법 제51조 제1항 제1호).

이러한 법령 개정에 맞추어 2021년 12월 개정된 「사업자단체 활동지침」은 가격, 생산량 등의 정보를 주고받음으로써 일정한 거래분야에서 경쟁을 실질적으로 제한하는 행위를 추가하고, 구체적으로 다음과 같은 행위는 원칙적으로 금지되는 것으로 규정하였다.

① 사업자단체가 구성사업자들로부터 경쟁상 민감한 정보(가격, 생산량, 원가, 출

45) 2020.12.29. 전부개정, 법률 제17799호.

46) 시행령 제44조 제2항은 각호에서 사업자 간 교환 시 경쟁을 제한할 우려가 있는 정보의 유형으로, 상품 또는 용역의 원가, 출고량, 재고량 또는 판매량, 상품·용역의 거래조건 또는 대금·대가의 지급조건을 규정하고 있다.

47) 2020년 공정거래법 전부개정으로 가격·생산량 등 경쟁제한적인 정보교환행위도 규율될 수 있도록 금지행위유형에 이 행위를 포함시키고, 가격의 공동인상 등 외형상 일치와 정보교환이 확인되는 경우 법률상 합의가 추정되도록 하였다.

고량·재고·판매량 또는 거래조건·지급조건을 의미)를 전달받고 이를 다른 구성사업자들에게 전달하는 행위

② 사업자단체가 구성사업자들 간 경쟁상 민감한 정보를 상시 공유하기로 하는 협조체계(회의체, 전산시스템 등 형태는 무관)를 구축하기로 하는 행위

③ 사업자단체가 구성사업자들로 하여금 경쟁상 민감한 정보를 교환하도록 하는 행위

4. 금지행위의 예외적 허용

공정거래법 제40조 제2항 및 제3항은 제51조 제1항 제1호의 경우에 준용한다(법 제51조 제2항). 즉, 사업자단체의 경쟁제한행위가 산업합리화, 연구·기술개발, 불황극복, 산업구조의 조정, 중소기업의 경쟁력향상 또는 거래조건의 합리화를 위한 경우로서 공정거래위원회의 인가를 받은 경우에는 예외적으로 허용되는 것이다. 이때 인가를 받고자 하는 사업자는 경쟁제한행위를 하고자 하는 사유 및 그 내용과 참여사업자의 기준과 범위를 기재한 신청서에 당해 경쟁제한행위의 필요성을 증명하는 서류를 첨부하여 이를 공정거래위원회에 제출하여야 한다(영 제46조 제1항).

그 밖에 공정거래법 제40조 제4항과 제5항은 사업자단체의 경쟁제한행위에 준용되지 않는다. 따라서 사업자단체가 구성사업자의 가격인상률에 관한 결의를 하더라도 그 결의가 법률상 무효로 되지는 않으며, 사업자단체의 결의를 직접 증명할 수 없는 경우에도 구성사업자들의 행위의 일치와 정황증거를 들어 그러한 결의를 한 것으로 추정할 수도 없다.

Ⅱ. 사업자수의 제한

사업자단체는 일정한 거래분야에 있어서 현재 또는 장래의 사업자수를 제한하는 행위를 하여서는 아니 된다(법 제51조 제1항 제2호).

1. 의 의

사업자단체는 헌법 제21조 제1항이 기본권으로서 보장하는 결사의 자유의 표현이다. 그에 따라 사업자단체는 단체자치(Verbandsautonomie) 내지 정관자치(定款自

治; Satzungsautonomie)를 누리며, 사업자단체에의 가입이나 탈퇴는 정관의 규정에 따른다는 점에서 사업자단체는 새로운 사업자의 가입·탈퇴 여부에 대해서 원칙적으로 자유롭게 결정할 수 있다.

그런데 공정거래법상 사업자단체가 사업자의 수를 제한하는 것을 금지하고 있는 것은 단체자치의 남용을 염두에 둔 것이다. 사업자단체라도 단체에의 가입이나 단체로부터의 탈퇴를 합리적인 사유 없이 거부할 수 있는 것은 아니다. 예컨대, 사업자단체에의 가입이 어떤 사업자가 사업을 영위하기 위하여 법률상 또는 사실상 필수적이거나 긴요한 경우에 특정 사업자에 대한 가입거부나 제명조치는 해당 분야에서 경쟁사업자의 수를 제한하여 자유로운 경쟁을 억제하는 효과가 있기 마련이다. 이러한 취지에서 비록 법문상 "일정한 거래분야"를 언급하고는 있으나 엄밀한 의미의 관련시장 획정을 요하지 않는다.

일찍이 독일제국법원은 독점적인 지위에 있는 사업자단체(Monopolverband)에 대한 가입청구를 민법 제826조에 기초하여 인용한 바 있으며,[48] 제2차 세계대전 이후에 정관이 정하는 요건을 갖춘 경우에 사업자단체는 회원가입을 거부할 수 없다는 판례가 확립되었다. 나아가 독일 연방대법원은 구 경쟁제한방지법 제27조(현행법 GWB 제24조)와 관련하여 사업자단체가 독점적 지위에 있고, 비록 정관에서 정하는 바에 따라 사업자의 단체가입이 거부된 경우에도 그것이 기존의 구성사업자와의 관계에서 실질적으로 정당화될 수 없고 그 결과 가입을 원하는 사업자에 대한 차별취급과 부당한 피해를 가져오는 경우에 당해 사업자단체는 가입신청을 받아들일 의무가 있다는 태도를 취함으로써 정관에 기한 가입거부라도 법위반이 될 수 있음을 밝힌 바 있다.[49] 뿐만 아니라 연방대법원은 사업자단체가 심지어 독점적인 지위에 있지 않더라도, 경제적, 사회적으로 지배적인 지위에 있는 경우에도 가입강제 내지 체약강제를 인정할 수 있다고 판시하였다.[50]

---

48) RG v. 2.2.1905 – Rep. VI. 153/04 = RGZ 60, 94, 103.

49) BGH v. 2.12.1974 – II ZR 78/72 = BGHZ 63, 282, 284 ff.; BGH v. 10.12.1984 – II ZR 91/84 = BGHZ 93, 151.

50) BGH v. 14.7.1980 – II ZR 224/79 = WM 1979, 1114. 이때 사업자단체에 대한 가입이 거부된 사업자에게는 가입을 청구할 수 있는 소권이 인정되었다. BGH v. 25.5.1956 – VI ZR 66/55 = BGHZ 21, 1; BGH v. 25.2.1959 – KZR 2/58 = BGHZ 29, 344; BGH v. 24.4.1974 – IV ZR 138/72 = BGHZ 62, 282; BGH v. 26.6.1979 – KZR 25/78 = NJW 1980, 186.

2. 요 건

가. 사업자 수 제한행위

사업자단체가 정관에서 정한 일정한 요건에 따라 새로운 사업자의 가입을 거부하거나 기존 구성사업자를 제명하는 등의 행위는 사적자치의 한 표현인 단체자치의 원리에 비추어 원칙적으로 허용된다. 즉, 정관자치(Satzungsautonomie)에 의하여 사업자단체는 자유로이 회원자격을 정할 수 있고, 이에 따라 회원의 가입과 탈퇴를 정할 수 있는 것이 원칙이다. 그런데 사업자단체의 가입거부나 제명(除名)은 일정한 조건 하에서 해당 분야의 현재 또는 장래의 사업자수를 제한할 수 있다는 점에서 공정거래법이 이를 규제하는 것이다.[51)]

법문상 명시적으로 표현되어 있지 않지만 사업자수 제한의 핵심적인 요건 중 하나는 바로 사업자단체가 사업자의 신규가입을 거부하거나 기존 구성사업자를 제명함으로써 특정 사업자의 사업활동이나 존속이 불가능하거나 현저히 곤란해져야 한다는 점이다.[52)] 사업자단체 가입 여부 내지 회원자격의 유무와 상관없이 사업자들이 해당 분야에서 자유롭게 사업활동을 영위할 수 있다면 자의적인 가입거부나 제명으로 인하여 일정한 거래분야에서 사업자수가 제한될 수 없기 때문이다.

한편, 일정한 거래분야에서 사업자수를 제한하여야 한다는 법문을 근거로 사업자단체의 가입거부나 제명이 관련시장에서 경쟁을 실질적으로 제한할 것을 요한다는 견해[53)]도 있다. 동 행위의 위법성은 사업자단체와 현재 또는 장래의 구성사업자에 사이에 발생하는 가입거부 등 행위의 불공정성에 있다는 점에서 타당하지 않다. 입법취지도 경쟁제한성을 묻지 않으며, 공정거래위원회 또한 문제된 행위로 인하여 시장진입이 제한되었음을 언급하기도 하나 엄밀한 의미에서 경쟁제한효과를 따진다기보다는 해당 사업자의 사업상 불이익을 고려하는 것으로 보인다.[54)]

---

51) 사업자단체가 구성사업자의 수를 제한하는 행위는 사업자단체의 조직적인 힘으로 시장의 경쟁에 영향을 미칠 수 있는 특유한 행위라고 보는 견해로 신동권(제3판), 965면.

52) 이와 동일한 취지로 이호영(제6판), 464면.

53) 이기종, "사업자단체의 사업자수 제한행위와 구성사업자활동제한행위", 연세법학연구 제13권 제1호, 2006, 323-324면.

54) 사업자 수 제한을 이유로 시정조치를 받은 경우는 많지 않으며 그에 관한 법원 판례는 이호영(제6판), 464-465면; 신동권(제3판), 965-966면.

나. 가입거부 또는 제명의 부당성

사업자단체의 가입거부나 제명에 정당한 이유가 없어야 한다. 달리 표현하자면, 가입거부나 제명이 불합리한 사유에 근거한 것이어야 한다. 이때, '정당한 이유 없이'란 실무상 동 행위의 (불문의) 부당성 요건에 해당한다.[55)]

특히, 기존 구성사업자를 제명하는 경우에는 민법 제103조(반사회질서의 법률행위), 제104조(불공정한 법률행위)의 한계를 넘지 않아야 하고, 중대한 사유가 있는 경우에도 제명으로 인하여 당해 사업자의 사업활동이 지나치게 제한되지 않아야 한다(비례의 원칙). 즉, 당해 구성사업자가 사업자단체에 남아 있을 경우에 그가 얻게 되는 이익과 제명으로 인하여 그가 받게 되는 불이익 간의 비교형량 또한 적절히 이루어져야 한다.[56)]

사업자단체의 정관이 정한 사유에 해당된다는 이유만으로 가입거부나 제명이 당연히 정당화되지는 않으며, 그 사유가 공정거래의 관점에서 타당한 것이어야 한다. 가입거부나 제명 이외에 보다 약한 다른 수단이 있었다면 그러한 가입거부나 제명 역시 부당한 것으로 보아야 할 것이다(보충성의 원칙).

다. 한계사례

사업자 수 제한행위의 대표적인 유형은 가입거부와 제명이다. 그런데 실무상 그 성격이 모호한 행위가 다수 존재하는바, 몇 가지만 살펴보기로 한다.

첫째, 사업자단체가 최소자격요건을 부과하거나[57)] 회원가입을 지연시키는 행위[58)]의 경우이다. 자격요건을 갖추지 못한 사업자가 사업자단체에 가입하지 못하고, 그로 인하여 예컨대 단체수의계약에 따른 물량배정을 받지 못하게 되는 등 사업활동이 현저히 곤란해진다면 마찬가지로 사업자 수 제한에 해당될 것이다. 다만,

---

55) 정호열(제6판), 458면; 신동권(제3판), 965면.

56) BGH v. 1.4.1953 – II ZR 235/52 = BGHZ 9, 157, 162.

57) 공정거래위원회 1995.12.23. 의결 제1995-331호. 전라북도사진앨범인쇄협동조합이 졸업사진앨범의 조달구매물량을 구성사업자들에게 배정함에 있어서 정관을 변경하여 조합에의 가입자격을 매년 1,000부 이상의 사진앨범제작을 하는 사진업자로 규정한 후 그 미만의 사진업자에게는 가입을 제한하여 졸업사진앨범의 조달구매물량을 배정하지 아니함으로써 전라북도 지역 사진앨범시장에의 진입을 제한한 행위가 문제되었다.

58) 공정거래위원회 1998.7.30. 의결 제1998-144호. 여기서는 한국석재공업협동조합이 9개 조합원의 조합가입신청에 대해 이를 108일 내지 180일에 걸쳐 장기간 지연 처리함으로써 동 기간 중 이루어진 단체수의계약물량의 배정에 있어 동 가입신청업체에 대해 불이익을 준 행위가 문제되었다. 다만, 동 행위로 인하여 신규조합원의 해당 관수시장에 대한 진입이 제한되었다고 볼 수 있는지는 의문이다.

사업의 특성상 최소자격이 필요하고 합리적이라면 그로 인한 사업자 수 제한 자체를 문제 삼기 어려울 것이다. 마찬가지로 회원가입이 지연됨으로써 해당 기간 동안 사업활동에 현저한 장애를 초래하는 경우에는 사업자 수 제한에 해당될 수 있다. 다만, 지연기간이 단기에 그치는 경우라면 통상적으로 법위반을 문제 삼기 어려울 것이다.

둘째, 일단 동일한 조건 하에 가입하였으나 회원 혜택을 신·구회원에 따라 차별적으로 제공한 행위가 문제될 수 있다. 차별에 합리적 이유가 있는 경우에는 문제될 것이 없으나, 그렇지 않은 경우에 신규회원이 대등한 경쟁이 곤란할 정도로 사업상 중대한 불이익을 받게 된다면 사실상 사업자 수를 제한하는 행위로 볼 수 있을 것이다. 그 밖에 사업자단체가 신규회원에 한하여 불이익을 제공하는 경우에는 사업내용 또는 사업활동의 부당한 제한(제3호)에 해당될 여지가 크다.

셋째, 사업자단체가 과다한 가입비 내지 회비를 징수하는 경우이다. 사업자단체에 대한 가입비를 지나치게 높게 책정하는 행위는 물론이고 사업자단체에 가입하기 위해서 사업활동과 직접 관련이 없는 공제회의 가입과 과다한 가입비를 징수하는 행위도 해당 분야에 대한 신규진입을 곤란하게 하는 경우에는 사업자 수를 제한하는 행위에 해당한다.[59)]

끝으로, 사업자단체가 비조합원의 사업활동을 곤란하게 하는 행위는 그 실질에 있어서 가입강요에 해당할 수 있으나, 사업자단체의 금지행위로 보기는 어렵다. 반면, 사업자단체가 구성사업자들에게 비조합원과의 거래를 금지하는 등의 경우에는 사업내용 또는 사업활동의 부당한 제한(제3호)에 해당될 소지가 있다.[60)] 사업자단체에 대한 가입을 곤란하게 하는 행위 또한 사업자단체의 금지행위, 특히 사업자 수 제한에는 해당하지 않는다.

3. 단체벌의 허용한계

사업자단체의 제명에 상응하는 행위로서 사업자단체가 구성사업자에게 부과

59) 공정거래위원회 1999.12.21. 의결 제1999－262호.

60) 공정거래위원회 1996.9.9. 의결 제1996－216호 외 다수. 이 사건에서는 (사)한국서점조합련합회 인천광역시서점조합이 신규가입자에 대하여 가입 후 일정기간 서적공급 금지 및 서점가입권의 양도금지, 서점인수자로 하여금 서점인수 후 일정기간 동안 장소이전을 제한하고 구성사업자로 하여금 서점의 명의변경 시 금원의 징수, 정기휴무일의 준수 강요 및 이의 위반 시 범칙금의 징수, 교내와 학원에 대한 서적판매의 금지·호객금지 및 포장지사용금지를 강요한 행위가 문제되었다.

하는 이른바 단체벌(團體罰; Vereinsstrafen)이 어디까지 허용되는지가 문제된다. 단체벌은 구성사업자가 단체의 이익을 해하는 행위를 하거나 단체의 결의 또는 이를 통하여 부과된 의무를 정당한 이유 없이 이행하지 않는 등의 경우에 사업자단체가 해당 사업자에게 부과하는 제재를 말한다. 일반적으로 사업자단체의 정관이 단체벌의 요건과 제재의 구체적인 내용을 규정하고 있다. 단체벌의 효력근거는 사단법인을 지배하는 정관자치의 원칙이며, 그에 따라 사업자단체는 단체의 유지·존속을 위하여 필요한 방어장치로서 단체벌을 정할 수 있고, 구성사업자는 정관에 동의하여 당해 사업자단체에 가입함으로써 단체벌의 구속을 받게 된다.[61] 단체벌의 대표적인 예로는 위약금이나 극단적으로 당해 사업자단체로부터의 제명을 들 수 있다.

과거 독일에서는 단체벌이 국가의 형벌독점권 이외에 제2의 형벌권을 인정하는 것으로서 허용될 수 없고, 단체벌의 본질은 단지 계약벌(Vertragsstrafen)로 이해하여야 한다는 견해가 있었다.[62] 그러나 단체벌은 계약벌과 달리 사업자단체의 기관에 의하여 개별사례마다 부과된다는 특징이 있으며, 따라서 그 본질은 국가형벌권과는 달리 사적자치에 따라 단체에게 허용된 권한으로서 당해 사업자단체의 질서유지와 같은 정당한 목적의 범위 내에서 행사될 수 있다고 보는 것이 타당하다. 그 당연한 결과로 사적자치의 일반적인 제한·한계와 마찬가지로 그 한계를 정하는 것이 경쟁질서의 관점에서도 매우 중요하다. 단체벌의 정당성 여부, 예컨대 일정한 조치가 정관에서 정한 요건과 절차에 부합하는지, 그러한 조치가 사업자단체의 목적에 비추어 지나치게 무거운 것은 아닌지 등에 대해서 공정거래위원회의 사후규제를 받을 필요가 있다. 특히, 일정한 거래분야에서 독점적이거나 지배적인 지위에 있는 사업자단체에 대해서는 단체벌에 대한 보다 엄격한 규제가 요구될 것이다.

이러한 맥락에서 공정거래법 제51조 제1항 제2호는 사업자단체가 자신의 부당한 요구에 응하지 않는다는 이유로 특정 사업자를 제명하기 위한 수단으로 단체벌을 남용하는 행위에 폭넓게 적용될 수 있도록 해석하여야 할 것이다. 그 밖에 사업자단체의 부당한 요구를 따르지 않은 사업자에 대하여 제명 이외의 단체벌이 부과되고 그것이 당해 사업자의 사업활동을 심히 방해하는 효과를 갖는 경우에는 사업내용 또는 사업활동의 부당한 제한(제3호)에 해당될 수 있다.

61) BGH v. 20.4.1967 – II ZR 142/65 = BGHZ 47, 381, 385.

62) Karl August Bettermann/Albrecht Zeuner, Festschrift für Eduard Bötticher zum 70. Geburtstag, 1969, S. 101 ff.

Ⅲ. 구성사업자의 사업내용 또는 활동의 부당한 제한

사업자단체는 구성사업자의 사업내용 또는 활동을 부당하게 제한해서는 아니 된다(법 제51조 제1항 제3호). 동호는 사업자단체와 구성사업자의 관계에 대하여 경쟁질서의 관점에서 부당성을 평가하는 대표적인 조항이다.

1. 의 의

공정거래법이 제51조 제1항 제3호를 통하여 보호하고자 하는 법익은 제도로서의 경쟁 내지 공정하고 자유로운 경쟁질서를 가능케 하는 구성사업자의 사업활동의 자유이다.[63] 즉, 사업자단체란 자신의 목적달성을 위하여 구성사업자의 사업내용 또는 활동을 제한하는 것은 어느 정도 예견된 바이나, 이를 과도하게 제한하여 구성사업자들의 경쟁의 자유를 부당하게 제한하는 것을 막으려는 것이 이 조항의 취지이다.[64] 따라서 관건은 개별 사례마다 사업자단체의 결의가 일정한 거래분야에서 경쟁을 제한하는지 여부가 아니라 단체적 구속과 경쟁의 자유가 일견 상충되는 상황에서 그것이 단체자치의 한도를 넘어서는 과도한 것인지를 가리는 작업이다.

2. 요 건

가. 사업활동의 제한행위

사업자단체가 구성사업자의 사업내용이나 활동을 제한하는 행위를 하여야 한다. 여기서 사업내용이나 활동이란 상품의 가격, 수량, 종류, 내용, 거래조건, 거래대상 등 상품에 관한 사항이나 기타 영업일, 영업시간, 광고활동, 점포의 신·증설 또는 이전 등 영업에 관한 사항 등 사업활동의 중요한 부분뿐만 아니라 고객의 편익을 위한 사업이나 후생복지사업 등 부수적인 부분까지 포함한다. 반면, 공정거래법의 목적과는 무관한 사항, 즉 회비징수나 회의참석, 영업내부의 경영방식(회계방법, 노무관리) 등에 관한 제한은 다른 법령에 의한 규제는 별론으로 하고 사업활동 제한에 해당하지 않는다.[65]

---

63) 대법원 1995.5.12 선고 94누13794 판결.

64) 이호영(제6판), 465-466면; 이와 달리 제3호의 경우에도 '경쟁제한성'을 중심으로 부당성을 판단해야 한다고 보는 견해로는 신동권(제3판), 967면 또는 신현윤(제8판), 332-334면.

사업자단체가 그 활동을 제한하는 상대방은 구성사업자에 국한되며, 구성사업자 외에 다른 사업자의 사업활동을 제한하는 경우에는 후술하는 불공정거래행위 등의 교사·방조에 해당될 수 있는 점 외에는 달리 공정거래법상 이를 규제할 수 없다.

사업활동을 제한하는 정도는 사례별로 다를 수 있으나, 사업자단체가 구성사업자를 제명 내지 탈퇴시키는 행위는 단순히 제한의 범위를 넘어 통상 사업활동을 불가능하게 하는 것이므로, 법 제51조 제1항 제2호가 금지하는 사업자 수의 제한으로 포섭하는 것이 타당하다. 최근 공정거래위원회는 서울시 상계동 지역 공인중개사회가 2011.4.19. 비구성사업자와 부동산 매물을 공동중개[66] 방식으로 거래한 구성사업자를 제명하고, 영업장(공인중개사 사무실)을 자신의 동의 없이 이전한 구성사업자들을 제명한 행위에 대하여 제3호의 사업활동 제한금지를 적용하였으나, 적용법조에 오류가 있어 보인다.

부당성을 판단하기 이전에 사업내용이나 활동의 제한에 해당하기 위해서 어느 정도의 제한이 있어야 하는지 문제된다. 사업자단체의 결의는 그것이 정관이 정한 절차에 따라 정해진 의사결정기관에서 이루어진 경우 원칙적으로 구성사업자를 구속하게 마련이며, 그것으로 사업활동 제한행위는 인정될 수 있다. 문제는 사업자단체의 결의 외에 별도로 구성사업자에게 결의의 이행을 강요하는 등 실효성을 확보하는 행위가 수반되어야 하는지 여부이다. 대법원은 대한의사협회가 의사들의 휴업·휴진을 강요한 사건에서, 사업자단체가 수차례의 회의를 통하여 휴업·휴진할 것과 참석 서명 및 불참자에 대한 불참사유서를 징구할 것을 결의하는 등 이를 '사실상' 강요하는 정도로 충분하다고 보았다.[67]

나. 부당성

사업자단체는 구성사업자의 공동의 이익을 증진하는 것을 목적으로 하고, 이를 위하여 구성사업자들의 행위에 영향을 미치는 결의를 하게 된다. 따라서 사업자단체의 결의가 구성사업자의 사업내용이나 활동을 일정 부분 제한하는 것은 불가피한 것이라 할 수 있고, 다만 그러한 제한이 부당한 경우에만 이를 금지하는 것이

65) 대법원 2003.2.20. 선고 2001두5347 전원합의체 판결 중 보충의견.

66) 부동산 매물의 매도 의뢰자를 확보한 부동산 중개업자와 매수 의뢰자를 확보한 부동산 중개업자가 공동으로 매칭 중개하고, 발생되는 중개수수료를 각자 50%씩 배분하는 방식을 말한다.

67) 대법원 2003.2.20. 선고 2001두5347 전원합의체 판결.

법 제51조 제1항 제3호의 취지이다. 여기서 '부당성'의 의미는 공정거래법의 목적과 체계, 사업자단체에게 일정한 행위를 금지하는 취지, 제1호와의 관계 등을 종합적으로 고려하여 해석하여야 한다.

종래 학설은 사업자단체의 사업활동 제한이 갖는 부당성을 불공정거래행위의 관점에서 설명하고자 하였다. 그에 따르면 사업자단체가 구성사업자로 하여금 결의 등을 따르게 함으로써 사업내용 또는 활동을 제한하는 행위는 이를 통하여 해당 구성사업자의 경쟁기능의 자유로운 행사를 제한하고, 그에 따라 구성사업자 간에 공정하고 자유로운 경쟁이 저해될 위험이 있는 경우에 부당하다고 한다.[68)]

이러한 견해는 일찍이 "대한약사회" 사건[69)]에서 대법원이 내심으로나마 사업자단체의 폐문결의에 반대하는 구성사업자들에게 결과적으로 자기의 의사에 반하여 집단폐문에 따를 수밖에 없도록 하여 집단폐문기간 중 의약품을 판매할 수 없도록 제한한 점을 들어 부당성을 인정한 근거를 나름 뒷받침하고 있는 것으로 보인다. 즉, 그 의사에 반하여 판매활동의 자유를 침해하는 점, 경쟁기능의 자유로운 행사를 제한하는 점이 곧 구성사업자들 간의 공정하고 자유로운 경쟁을 저해할 우려가 있는 것이다. 이와 동일한 맥락에서 "대한법무사회" 판결[70)]도 사업자단체가 법무사들에 대하여 집단등기사건의 개별 수임을 막은 행위에 대하여 소속 법무사들의 사건 수임의 자유를 제한함으로써 경쟁을 저해하는 사업활동 제한행위라고 판시하였다. 이어서 "한국관세사회" 사건에서도 대법원은 제3호의 취지가 "사업자단체의 결의의 내용이 구성사업자의 사업내용이나 활동을 과도하게 제한하여 구성사업자 사이의 공정하고 자유로운 경쟁을 저해할 정도에 이른 경우에 이를 허용하지 않겠다는 데에 있음"을 확인한 바 있다.[71)]

그 후 "대한의사협회" 사건에 대한 대법원 전원합의체 판결[72)]의 다수의견 또한 종전의 태도를 견지하고 있는 것으로 보인다. 사업자단체인 대한의사협회가 의약분업 시행을 앞두고 개최한 의사대회에서 구성사업자인 의사들에게 휴업·휴진하도록 결의하고 이를 통보한 사건에서 5인의 다수의견과 5인의 반대의견은 '구성

68) 손태호, "독점규제 및 공정거래에 관한 법률 제26조 제1항 제3호의 '구성사업자의 사업내용 또는 활동을 부당하게 제한하는 행위'의 의미", 대법원판례해설 제28호, 1997.12, 488면.

69) 대법원 1995.5.12. 선고 94누13794 판결.

70) 대법원 1997.5.16. 선고 96누150 판결.

71) 대법원 2001.6.15. 선고 2001두175 판결.

72) 대법원 2003.2.20. 선고 2001두5347 전원합의체 판결.

사업자들의 공정하고 자유로운 경쟁을 저해하는지' 여부를 기준으로 부당성을 판단하여야 한다는 입장을 취하였다.[73] 이들의 견해는 과거 "대한의사회" 사건에서 구성사업자들 간의 공정경쟁저해성에 자유경쟁저해 여부를 추가한 정도로 보이며, 특히 법 제51조 제1항 제1호와의 관계에서 여전히 단체적 구속에 반대하는 구성사업자의 의사에 반하여 결의내용이 사실상 강요되는 점을 중요하게 고려하고 있다는 점은 종전과 매우 유사하다.

반면, 3인의 별개의견은 제3호에 대한 문리적 해석을 바탕으로 제1호에서는 '부당하게 경쟁을 제한하는 행위'로 규정된 반면, 제3호에서는 사업내용이나 활동을 '부당하게 제한하는 행위'를 금지하고 있는바, 후자는 경쟁제한과 직접적인 관계가 없는 사업자단체의 구성사업자에 대한 부당한 구속을 금지하고 있는 것으로 판단하였다. 즉, 제3호의 부당성 요건에 전과 달리 '자유경쟁의 저해'를 부가할 것은 아니라는 것이다.[74]

이 문제는 앞서 두 개의 대법원 판결이 언급하고 있는 공정경쟁이나 자유경쟁을 어떻게 이해하느냐에 따라 불필요한 논쟁으로 이어질 수 있다. 생각건대, "대한약사회" 판결이나 "대한의사협회" 판결에서 사업자단체의 결의에 내심 반대하는 구성사업자의 경쟁상 자유가 침해되는 부분이 부당성의 핵심요소이며, 이 부분은 공정경쟁이나 자유경쟁 중 어떤 개념으로도 모두 설명할 수 있다. 그렇다면 "대한의사협회" 판결의 다수의견 및 반대의견이 공정하고 자유로운 경쟁저해란 공정거래법 제1조가 밝히고 있는 목적을 감안하여 해당 금지행위가 넓은 의미에서 경쟁관련성을 가져야 한다는 점을 확인하는 정도의 의미를 가지는데 불과하고, 이를 독자적인 요건을 부가한 것으로 해석해서는 곤란하다.[75]

중요한 것은 2003년 "대한의사협회" 판결이 언급하고 있는 자유경쟁의 저해를

73) 반면, 다수의견은 구성사업자들에 대한 강제적 휴업요구는 결과적으로 의사들 사이의 공정하고 자유로운 경쟁을 저해하는 것으로 보았지만, 반대의견은 당해사업자단체의 행위의 목적이 구성사업자들 사이의 경쟁을 제한하는 데에 있는 것이 아니므로 공정하고 자유로운 경쟁을 저해하는 행위라고 단정하는 어렵다고 보아 정반대의 결론을 내리고 있다.

74) 한편, 이 사건 전원합의체 판결의 반대의견은 의사협회의 행위가 경쟁제한의 목적을 갖지 않고, 정부의 의약분업시책에 항의의사를 표시하는 과정에서 발생한 것이라는 점에서 제3호의 규제대상에 해당되지 않는다고 한다. 이와 같은 논지로는 심재한, "사업자단체의 사업활동 제한행위: 대법원 2003.2.20. 선고 2001두5347 판결", 상사판례연구 제18집 제2권, 2005, 69면 이하.

75) 이러한 해석은 결론적으로 2003년 "대한의사협회" 판결에서 손지열 대법관의 보충의견과 맥락을 같이 한다.

시장지배적 지위남용이나 공동행위 등에서 요구하는 경쟁제한효과로 이해해서는 곤란하다는 점이다. 이것은 곧 사업자단체의 구성사업자에 대한 사업내용·활동의 부당한 제한은 그 실질에 있어서 불공정거래행위에 해당한다는 의미이기도 하다. 이렇게 해석하지 않을 경우 공정거래법상 불공정거래행위의 수범자는 사업자에 한정되어 있는 상태에서 사업자단체가 행하는 대표적인 불공정거래행위인 사업내용·활동의 부당한 제한을 규제할 수 없게 되는 이른바 규제의 공백이 초래될 우려가 있다는 점도 간과할 수 없다.

3. 집단휴업에 대한 공정거래법의 적용? 입법·정책과 거리두기

가. 대한의사협회의 또 다른 집단휴업

2014년에 대한의사협회는 정부의 원격의료제 도입 및 영리병원 도입정책에 반대하는 의사표시에 집단휴업을 결의하고 그 실행을 구성사업자인 의사들에게 강제하였다는 이유로 또다시 공정거래위원회로부터 구법 제26조 제1항 1호 및 제3호 위반에 따른 시정명령 및 과징금을 부과받았다.[76] 이어진 행정소송에서 서울고등법원 및 대법원은 모두 이 사건 집단휴업의 목적과 경쟁에 미치는 영향을 고려할 때 법위반에 해당하지 않는다고 판시하였다.[77] 즉, 원심은 문제된 휴업의 목적이 정부정책에 반대하기 위한 것이었고, 휴업의 기간(하루), 낮은 휴업 참여율, 휴업의 범위(필수 진료기관 제외) 등을 고려할 때 당일 일부 의료기관의 휴업으로 의료서비스의 가격이나 수량, 품질 등에 영향을 미치지 않으며(소비자의 불편이 있었다는 사정만으로 공동행위에 경쟁제한성이 있다고 할 수 없음!), 휴업의 구체적 실행은 의사들의 자율적 판단에 맡겨져 있었다는 점에서 사업자단체의 강제가 있었다고 볼 수 없다고 보았다. 대법원 또한 대체로 원심의 판단을 인용하였고, 추가로 동 휴업결의가 공정거래법의 궁극적인 목적에 실질적으로 반하지도 않는다고 언급하였다.

결론적으로 2021년 대법원 판결은 일견 유사한 내용의 집단휴업결의에 대하여 2003년 전원합의체 판결의 다수의견과는 반대의 결론을 내리고 있는바, 후자의 경우에 집단휴업의 목적에 대해서는 전혀 언급조차 하지 않았다는 점에서 2021년 대법원의 판결이 입법이나 정부정책에 대한 항의표시로 행해지는 휴업결의에 대

76) 공정거래위원회 2014.7.7. 의결 제2014-146호.

77) 서울고법 2016.3.17. 선고 2014누58824 판결; 대법원 2021.9.9. 선고 2016두36345 판결.

한 공정거래법의 적용에 다소 소극적인 태도를 취한 것은 아닌지 의문이 제기될 수 있다.

나. 휴업결의에 경쟁제한의 의도가 요구되는지 여부

사업자단체의 휴업결의가 예컨대 정부정책에 반대하기 위한 것이거나 입법에 영향을 미치려는 것이라도 공정거래법 제116조(법령에 따른 정당한 행위)의 적용제외에 해당하기란 지극히 어렵다. 나아가 현행법상 입법이나 정책에 영향을 미치려는 목적의 행위에 대하여 경쟁법의 적용을 면제하는 미국에서 전개된 판례법리인 이른바 노어면제법리(Noerr Immunity Doctrine)를 해석론으로 수용하기도 곤란하다.[78] 2003년 전원합의체 판결의 반대의견은 당시 대한의사협회의 행위는 그 목적이 정부의 의료정책에 대한 항의를 위한 것이었고 구성사업자인 의사들 사이의 경쟁을 제한하여 이윤을 더 얻겠다는 것이 아니었으므로 결론적으로 공정하고 자유로운 경쟁을 저해한 것으로 볼 수 없다고 지적하였으나, 휴업결의의 목적을 이유로 경쟁저해성을 부인하는 논리적 근거는 매우 약해 보인다. 그렇다면 당초 경쟁에 영향을 미치려는 의도와는 전혀 무관한 행위를 공정거래법 위반으로 보지 않을 수 있는 방법의 하나가 바로 부당한 공동행위의 경우에 요구되는 경쟁제한성에는 경쟁을 제한하려는 의도가 있어야 한다고 해석하는 것이다.

2021년 대법원 판결의 원심은 이와 관련하여 원심은 "이 사건 휴업이 의료서비스의 가격·수량·품질 기타 거래조건 등의 결정에 영향을 미치거나 미칠 우려가 있었고, 원고에게 그에 대한 의도와 목적이 있었다는 점이 인정되어야 이 사건 휴업의 경쟁제한성이 인정될 것인데"라고 적시함으로써 그러한 의도가 전혀 없는 대한의사협회의 휴업결의에 경쟁제한성이 인정될 수 없음을 암시하였다. 대법원 또한 이 사건 휴업결의가 정부정책에 반대하기 위한 목적에서 이루어진 것임을 강조하고 있으나, 그것이 경쟁제한성의 일 요소인지에 대해서는 명시적으로 언급하지 않고 있는바, 이론적으로는 추후 검토할 만한 가치가 있는 것으로 보인다.

다. 사　　견

정치/경제/사회적 이슈로서 입법이나 정책으로 해결할 사안에 공정거래법을 적용하는 것이 바람직한가? 소극적이다. 종래 공정거래위원회는 사안에 따라 '경쟁

---

78) 해석론으로는 사업자단체의 휴업결의가 경제적 행위 내지 시장에 영향을 미치려는 행위가 아니라는 점을 '부당성' 판단에 적극 고려하는 방법도 생각할 수 있으나, 아직까지 공정거래위원회나 법원은 이러한 태도를 취한 바 없다.

관련성'을 폭넓게 해석함으로써 공정거래법을 적용하기도 한 것으로 보인다. 이를테면 과거 공정거래위원회가 화물연대 파업사태, 카풀에 반대하는 택시파업 등에는 공정거래법을 적용하지 않음으로써 정책 관련 집단적 의사표시에 선별적으로 개입한다는 인상을 줄 여지도 있다.

2021년 대법원 판결은 법리 면에서 2003년 전원합의체 판결의 다수의견을 따르면서도, 사업자단체의 결의가 경쟁에 영향을 미치는 것이 아니라 입법이나 정부정책에 대한 집단적 의사표시를 목적으로 하는 경우에 공정거래법 적용을 자제하 필요가 있다는 취지가 일부 반영된 것으로도 이해할 수 있을 것이다.

[보론] 법 제51조 제1항 제1호와 제3호의 관계

(1) 판례의 태도: 문제제기와 대안적 해석론

사업자단체의 구성사업자에 대한 사업활동제한에 관한 대법원의 전원합의체 판결은 부당성에 관하여 ① 구성사업자에 대한 어느 정도의 강제성, 그리고 ② 구성사업자들 사이의 공정하고 자유로운 경쟁의 저해를 요건으로 제시한 것으로 보인다.

그런데 사업자단체란 그 조직형태를 불문하고 구성사업자와의 관계에서 일정한 통제력을 갖게 마련이고, 단체의 제반 활동 및 의사결정은 그러한 관계적 특성에서 비롯된 (정관 등을 통한) 단체자치의 산물로서 구성사업자에게 어느 정도의 구속력 내지 강제성을 갖는 것이 원칙이다. 따라서 위 ①의 요건은 사업자단체의 부당한 공동행위에서와 마찬가지로 제3호의 고유한 부당성 요건이라기보다는 사업자단체의 행위 전반에 전반적으로 내재된 요소로 보는 것이 타당하다. 이러한 맥락에서 "대한의사협회" 판결에서 다수의견이 단순히 의사대회 당일 휴업·휴진할 것과 불참 시 그 사유서를 징구하기로 결의한 것만으로 '강제성'을 인정한 것은 타당하지 않다.[79)]

공정하고 자유로운 경쟁촉진이 공정거래법의 목적인 점을 고려할 때, 사업자단체의 금지행위에 요구되는 '부당성' 또한 경쟁과 무관할 수는 없다. 다만, 경쟁 내지 경쟁제한의 의미는 금지행위마다 다르게 규범적으로 파악하여야 하고, 기업결합의 경우와 같이 대체로 경제분석을 요하는 경쟁제한효과로 이해해서는 안 된다.

79) 이와 동일한 취지로 실제로 의사협회가 불참자에게 어떠한 징계를 하였는지도 확인하지 않은 채, 설사 회원권리의 정지와 같은 징계를 받더라도 의사직을 유지하는데 아무런 구애를 받지 않는 등을 근거로 강제성을 부인하는 견해로는 심재한, 앞의 글, 58면 이하.

그런데 2003년 전원합의체 판결의 다수의견에 따르자면 결국 사업자단체의 결의는 어느 정도 구속성을 가질 수밖에 없고, 다수의 구성사업자가 이를 따르는 경우에는 결국 이들 사이에 공정하고 자유로운 경쟁이 저해될 것이기 때문에 결국 사업활동 제한행위는 원칙적으로 금지되는 엉뚱한 결과가 된다.

생각건대, 사업자단체의 사업활동 방해는 경쟁관련 요소에 대하여 구성사업자의 자유로운 의사를 억압할 정도의 강제성이 있는 경우에 부당하다고 보아야 한다. 제1호의 부당한 공동행위를 제외하고 나머지 금지행위들 모두 본질적으로 사업자단체와 구성사업자의 관계적 특성에서 비롯된 지위남용행위를 규율하기 위한 것으로서, 시장획정을 전제로 한 제한된 의미의 경쟁제한성을 요구할 것은 아니다. "대한의사협회" 판결의 다수의견 또한 이러한 맥락에서 엄밀하게 경쟁제한효과를 요하는 것이 아니라 원칙적으로 강제성에 수반되는 넓은 의미의 경쟁제한성을 설시한 것으로 보는 것이 맞을 것이다.[80)]

(2) 양자의 관계

이 문제를 규명하기 위해서는 법 제51조 제1항 제1호가 제40조 제1항과 어떤 관계에 있는지부터 살펴보아야 한다. 무엇보다 법 제40조는 둘 이상의 사업자에 의한 합의를 적용대상으로 삼고 있다는 점에서 사업자단체의 결의라는 행위형식을 포섭하지 못한다. 그런데 사업자단체는 결의라는 형식으로 합의에 도달하기 어려운 다수의 구성사업자를 하나의 행위로 유도할 수 있다는 점에서 제40조 제1항이 금지하는 담합과 유사한 폐해를 가져올 수 있기 때문에 이를 별도로 금지하는 것이다.

따라서 사업자단체의 공동행위는 법 제40조 제1항 각호의 어느 하나인 경쟁요소에 관하여 사업자단체가 '결의'함으로써 성립하고, 그러한 결의가 참가사업자의 수와 비중 등을 고려할 때 경쟁을 제한할 우려가 있고 달리 특별한 사정이 없다면 위법하게 된다. 구성사업자가 결의를 이행할 것은 요건이 아니며, 추후 과징금 부과 여부를 좌우할 뿐이다.

반면, 법 제51조 제1항 제3호의 경우에는 사업자단체의 결의 외에 사업자단체가 이를 구성사업자에게 불이익제공이나 징계 등을 통하여 강제하는 행위를 하여야

80) 별개의견과 유사하나, 동 견해는 자유롭고 공정한 경쟁의 제한이라는 요건을 제외하고 부당한 제한행위만 인정되면 족하다고 하면서 그 '부당성'이 어떤 경우에 인정되는지에 대해서는 명확한 기준을 제시하지 않고 있다는 점에서 사견과 다르다.

한다. 제1호가 구성사업자 사이의 수평적 관계를 규율하는 합의를 포섭하는 것이라면, 제3호는 사업자단체와 구성사업자 사이의 수직적 관계를 포섭하고자 하는 것이다. 따라서 2021년 "대한의사협회" 사건에서와 같이 사업자단체가 집단휴업을 결의하고 이를 강제하는 행위에 대해서 법 제51조 제1항 제1호와 제3호를 병렬적으로 적용할 수 있게 된다.

한편, 구성사업자들에게 이익 또는 손해가 되는지 여부 내지 단체의 결의내용에 관하여 구성사업자들 사이에 이해관계가 일치 또는 충돌하는지 여부를 기준으로 제1호와 제3호의 관계를 설명하는 것도 최선의 해석론은 아니다. 다수의 구성사업자 사이에 이해관계가 어느 정도로 일치하는지를 판단하기란 용이하지 않고, 일련의 "대한의사협회" 사건만 두고 보더라도 — 단순 가격인상과 달리 — 휴업·휴진이 의사들에게 이익이 될지 아니면 손해만 가져올지도 관점에서 따라 달리 볼 수 있기 때문이다.

Ⅳ. 불공정거래행위 등의 교사·방조

1. 의 의

사업자단체는 사업자에게 제45조 제1항 각호의 1의 규정에 의한 불공정거래행위 또는 제46조의 규정에 의한 재판매가격유지행위를 하게 하거나 이를 방조해서는 아니 된다(법 제51조 제1항 제4호). 동호는 사업자단체에 대한 금지의무를 부과한 것으로서, 교사·방조에 따라 사업자가 불공정거래행위 등을 실행하였는지 여부는 중요하지 않다. 사업자가 불공정거래행위 등을 실행하기까지 기다린 연후에야 사업자단체의 교사·방조를 규제할 경우에는 그 실효성이 담보될 수 없기 때문이다. 다만, 사업자가 불공정거래행위 등을 실행하지 않은 단계에서 사업자단체가 교사·방조한 행위가 공정거래법 제45조나 제46조 위반인지 여부를 판단하기란 사실상 불가능하다는 점에서, 실무상으로는 사업자가 실행에 착수한 이후에야 이를 교사·방조한 사업자단체의 금지행위 여부를 규제할 수 있을 것이다.

그런데 공정거래법이 사업자단체의 불공정거래행위를 명시적으로 금지하지 않은 취지는 무엇인가? 생각건대, 공정거래법 제45조가 금지하는 불공정거래행위는 직·간접적인 거래관계를 전제하고, 여기에서 거래의 불공정성에 착안한 것이다.

사업자단체가 다른 사업자와의 관계에서 거래주체로 등장하는 경우에는 동법상 사업자로서의 성격을 가지므로 법 제45조가 적용될 수 있어 규제상 공백은 발생하지 않는다. 그 밖에 (사업자의 지위가 없는) 사업자단체가 다른 사업자에게 불공정거래행위를 한다는 것은 상정할 수 없다.

다만, 외관상 사업자단체의 행위이나 그 실질에 있어서는 구성사업자들이 공동으로 다른 사업자에게 불공정거래행위를 행한 것으로 파악할 여지가 있다. 사업자단체가 다른 사업자와의 거래를 중단하기로 결의하였으나, 그 실질은 구성사업자들에 의한 공동의 거래거절일 수도 있고, 경우에 따라서는 사업자단체가 구성사업자의 거래상 자유를 침해하는 사업내용 또는 활동의 부당한 제한에 해당할 수도 있다.

2. 요 건

가. 불공정거래행위 또는 재판매가격유지행위

사업자단체가 사업자에게 불공정거래행위나 재판매가격유지행위를 교사 또는 방조하는 행위는 금지된다. 먼저 교사 또는 방조의 대상인 사업자에 구성사업자도 포함되는지가 문제될 수 있는바, 긍정하여야 할 것이다. 그렇지 않을 경우 사업자단체가 구성사업자에게 불공정거래행위 등을 교사·방조하는 행위를 규제할 수 없게 되기 때문이다.

사업자단체가 교사 내지 방조한 것이 불공정거래행위 또는 재판매가격유지행위에 해당하여야 하는가? 교사 또는 방조만으로 사업자단체의 금지행위는 성립하고 사업자가 이를 실행할 것을 요하지 않으며, 불공정거래행위나 재판매가격유지행위의 성립 여부는 사후적으로 규범적 판단과 이익형량을 거친 후에야 비로소 확정되는 것이기 때문이다. 따라서 사업자단체로서는 자신이 교사 또는 방조하는 행위가 불공정거래행위 등에 해당될 수 있음을 어느 정도 인식할 수 있었던 것으로 족하다고 보아야 할 것이다.

나. '하게 하는 행위'

법 제51조 제1항 제4호의 해석과 관련하여 우선 언급할 것은 사업자단체가 사업자에게 불공정거래행위를 '하게 한다'는 의미가 확실치 않다는 점이다. 즉, 사업자단체가 이를 강제해야 하는지, 아니면 단순히 권고하는 것만으로도 족한지 의문이다. 크게 세 가지 경우를 생각할 수 있다. 첫째는 사업자단체의 지시가 강제적이고 사업자가 이를 준수하지 않을 수 없는 경우에는 전형적으로 동호가 적용된다. 둘째로 사업자단체의 지시가 어느 정도 구속력이 있어서 사업자가 스스로 준수 여부를 결정할 자유가 있는 경우에 사업자단체에는 동호가, 실제 불공정거래행위로 나아간 사업자에게는 제45조가 병렬적으로 적용될 수 있을 것이다. 그리고 끝으로 사업자단체의 권고가 법적으로나 사실상 아무런 구속력이 없어서 사업자가 임의로 이를 따른 경우에는 동호가 적용되지 않고 법 제45조만이 적용될 것이다. 즉, 이 경우에는 당해 사업자만 제45조의 불공정거래행위 금지를 위반한 것이 된다.

이와 같은 맥락에서 다수설은 동호의 '하게 한다'의 의미를 불공정거래행위 또는 재판매가격유지행위를 물리적·강제적으로 강요하는 것뿐만 아니라 사업자단체의 지위를 이용한 모든 행위를 포함하는 것으로 넓게 해석하고 있다.[81] 판례도 '하게 하는 행위'는 단순히 물리적으로 이를 강요하는 것만을 의미하는 것이 아니라 불공정거래행위나 재판매가격유지행위를 권장하거나 협조를 요청하는 등 어떠한 방법이로든 이를 '사실상 강요'하는 결과를 가져오는 모든 행위를 뜻한다고 판시하고 있다.[82] 법 제51조 제1항 제4호의 법문상 '하게 하는' 행위만으로 사업자단체의 금지행위는 성립하며, 행위의 상대방인 사업자가 그에 따라 실행을 하였는지 여부는 상관없다.

다. '방조하는 행위'

불공정거래행위 등을 방조하는 행위란 사업자들의 위법행위를 직·간접적으로 돕는 일체의 행위를 뜻하고 상술한 '하게 하는' 행위 이외의 행위를 포함한다.[83] 한편, '하게 하는' 행위와 '방조' 행위의 대상은 구성사업자 뿐만 아니라 모든 사업자를 포함한다. 또한, 사업자단체의 방조로 사업자가 불공정거래행위 내지 재판매가격유지행위를 반드시 실행할 필요는 없다.[84]

형법 제32조 제1항에 의하면 정범을 방조한 자를 종범(從犯)이라 하고, 이를 방조범이라고도 한다. 방조란 정범에 의한 금지요건의 실행을 가능하게 하거나 쉽게

81) 신동권(제3판), 974−975면; 신현윤(제8판), 334면; 이호영(제6판), 470−471면; 정호열(제6판), 460−461면.

82) 대법원 1997.6.13. 선고 96누5834 판결; 대법원 2003.1.11. 선고 2002두9346 판결; 권오승·서정(제4판), 606−607면.

83) 정호열(제6판), 461면.

84) 권오승·서정(제4판), 606면; 신현윤(제8판), 334면; 이호영(제6판), 471−472면.

하거나 또는 정범에 의한 법익침해를 강화하는 것을 말한다. 방조의 방법에는 제한이 없으며, 작위뿐만 아니라 부작위에 의한 방조도 가능하다. 방조가 성립하기 위해서는 정범의 실행을 방조한다는 인식(방조의 고의)과 정범의 행위가 금지요건에 해당하는 행위라는 인식(정범의 고의)이 있어야 하며(이른바 '이중의 고의'), 정범의 실행행위가 있어야 한다.

형법상 방조(범)에 관한 법리가 사업자단체의 방조에 그대로 원용될 수 있는지에 대해서는 다툼의 소지가 있다. 긍정설에 따르자면 사업자단체가 사업자의 불공정거래행위나 재판매가격유지행위를 가능하게 하거나 용이하게 하는 등의 행위가 방조에 해당하며, 사업자단체에게 사업자의 불공정거래행위 등을 돕는다는 인식과 사업자의 행위가 불공정거래행위 등에 해당한다는 인식이 있어야 하고, 사업자가 실제로 불공정거래행위 등을 실행하였어야 한다. 이러한 해석론을 따를 경우 사업자단체의 방조행위가 자칫 '하게 하는 행위'에 비하여 더욱 성립하기 어려워지는 난점이 있어 보인다.

생각건대, 법 제51조 제1항 제4호의 '하게 하는 행위'가 형법상 교사와 달리 매우 폭넓게 해석되고 있는 점을 감안할 때, 방조행위 역시 사업자의 불공정거래행위를 돕는 일체의 행위로 파악해야 할 것이다. 따라서 이때의 방조에는 사업자단체의 고의를 요하지 않고, 사업자의 실행행위도 반드시 요구되지 않는 것이다.

제3절 제 재

Ⅰ. 행정적 제재

1. 시정조치

공정거래위원회는 법위반행위를 한 사업자단체에 대하여 당해 행위의 중지, 시정명령을 받은 사실의 공표, 그 밖의 시정을 위한 필요한 조치를 명할 수 있다(법 제52조). 공정거래위원회는 필요한 경우에는 법위반행위와 관련된 구성사업자에게도 시정조치를 명할 수 있다.

특히, 제51조 제1항 제2호와 관련되어 문제되는 것으로는 공정거래위원회가 특정 사업자의 가입을 강제할 수 있는지, 즉 사업자단체에게 적극적으로 가입명령을 내릴 수 있는지 여부이다. 사업자단체에게 제명결정을 철회하도록 명할 수 있는지 여부도 마찬가지의 문제이다. 생각건대, 사업자단체는 공정거래위원회의 중지명령에 이어 새로이 정관상 회원자격이나 제명사유를 재심사하면 족하고, 그 결과에 따라 여전히 가입을 거부하거나 제명결정을 유지할 수도 있을 것이다. 이러한 해석이 단체자치를 가급적 존중하는 방법일 것이다. 반면, 사업자단체의 정관상 자격조건이나 제명사유 자체가 부당한 경우에 사업자단체가 공정거래위원회의 행위중지명령을 이행하기 위해서는 관련 정관조항을 개정하지 않으면 안 될 것이고, 개정된 정관에 따라 재심사절차를 진행하여야 할 것이다.

2. 과징금

사업자단체가 제51조 제1항 각호의 규정에 위반하는 행위가 있을 때에는 당해 사업자단체에 대하여 10억 원의 범위 안에서 과징금을 부과할 수 있다(법 제53조 제1항). 사업자단체는 사업자와 달리 자체 매출액이 존재하지 않는 점을 감안하여 정액과징금을 부과하도록 하는 것이다. 구체적으로 10억 원의 범위에서 위반행위의 종료일이 속한 연도에 사업자단체의 연간예산액에 중대성의 정도에 따라 정하는 부과기준율을 곱하여 기본과징금이 산정된다(영 [별표 6] 제2호). “한국방송통신산업협동조합” 사건에서 서울고등법원은 구성사업자들의 업종이 동일하더라도 개별적으로 다루는 상품이나 용역이 서로 다른 경우에 해당 사업자단체가 일부 구성사업자만이 다루는 특정 상품이나 용역에 관하여 법위반행위를 하였다면, 그 과징금 산정의 기준이 되는 '연간예산액'도 해당 특정 상품이나 용역을 다루는 구성사업자와 관련된 예산액을 바탕으로 하여야 한다고 판단하였다.[85] 그러나 대법원은 연간예산액과 법위반행위의 관련성을 부인하고, 위반행위의 종료일이 속한 연도의 해당 사업자단체의 연간예산액 전액을 의미한다고 보아 파기환송하였다.[86]

그 밖에 사업자단체의 금지행위에 대한 과징금 부과에는 몇 가지 특칙이 마련되어 있다. 먼저, 사업자단체의 부당한 공동행위가 문제된 경우에는 해당 법위반행위에 참가한 사업자에 대해서도 법 제40조 제1항 위반의 경우와 마찬가지로 관련매출액의 20%를 초과하지 않는 범위에서 과징금을 부과할 수 있다. 해당 사업자에게 매출액이 없는 경우에는 40억 원의 범위에서 과징금을 부과할 수 있다(법 제53조 제2항). 동항은 사업자단체의 경쟁제한행위가 경제적 실질에 있어서는 구성사업자들 간의 공동행위와 구별하기 어렵고, 위반행위로 인한 부당이득은 사업자단체가 아니라 공동행위에 참가한 사업자들에게 귀속된다는 점을 감안한 것이다.[87]

그 밖에 사업자단체의 사업자 수 제한행위, 사업활동의 부당한 제한, 불공정거래행위 등의 교사나 방조행위에 참가한 사업자에 대해서도 관련매출액의 10% 범위에서 과징금을 부과할 수 있으며, 해당 사업자에게 매출액이 없는 경우에는 20억 원의 범위에서 과징금을 부과할 수 있다(법 제53조 제3항). 사업자단체의 금지행위란 종국적으로 (구성)사업자의 행위를 통하여 실현되게 마련이라는 점에서 이들에게도 일정한 책임을 물음으로써 법위반행위를 억지하기 위한 취지이다. 다만, (구성)사업자에게 사업자단체의 금지행위를 실행하지 않을 의무가 규정되지 않은 상태에서 과징금만을 부과하는 것은 법체계에 맞지 않고, (구성)사업자의 참가행위가 그 자체로 공정거래법 위반행위에 해당될 소지가 적지 않은데[88] 이 경우 굳이 별도의 과징금 조항을 둘 필요가 없다는 점을 감안할 때 바람직한 태도라고 보기는 어렵다.

---

85) 서울고등법원 2019.11.20. 선고 2019누34274 판결.

86) 대법원 2020.6.25. 선고 2019두61601 판결.

87) 厚谷襄兒, 전게서, 390항.

88) 예컨대, 구성사업자가 다른 구성사업자의 사업활동을 제한하는 경우에 그 자체가 불공정거래행위에 해당될 수 있는 것이다.

한편, 사업자단체가 불공정거래행위나 재판매가격유지행위를 교사·방조한 경우에 사업자가 교사·방조행위에 참가한다는 것이 무엇을 의미하는지는 명확하지 않다. 그럼에도 불구하고 위반행위에 참가한 사업자에 대해서 법 제45조 제1항이나 제46조 제1항을 직접 위반한 경우(관련매출액의 4%)에 비하여 과징금 부과한도가 2배 이상 높다는 점에 유의하여야 한다. 전자가 후자에 비하여 위법성이 그만큼 무겁다고 볼 이유가 없다는 점에서 입법적으로 해결할 필요가 있다.

Ⅱ. 형사적 제재

법 제51조 제1항을 위반한 사업자단체에 대한 벌칙은 위반행위의 유형에 따라 두 가지로 나뉘어 있다. 즉, 사업자단체가 제51조 제1항 제1호의 규정에 위반하여 부당한 공동행위를 한 경우에는 3년 이하의 징역 또는 2억 원 이하의 벌금에 처하는 반면(법 제124조 제12호), 동항 제3호를 위반한 자는 2년 이하의 징역 또는 1억5천만 원 이하의 벌금에 처하도록 되어 있다(법 제125조 제5호). 과징금과 마찬가지로 형사벌에 있어서도 사업자단체의 카르텔을 보다 무겁게 제재하는 것이다. 2020년 전부개정[89]을 통해 동항 제2호와 제4호를 위반한 경우에는 형사처벌을 하지 않게 되었다.

사업자단체가 금지행위를 위반한 경우 형사처벌의 대상은 원칙적으로 해당 단체의 대표자이나, 그 밖에 금지행위를 실행한 자도 범죄사실의 인식 내지 인용이 있는 때에는 처벌대상이 될 수 있다는 견해가 있다.[90] 일찍이 일본 최고재판소는 석유가격협정에 관한 형사사건[91]에서 "독금법상 처벌의 대상이 된 부당한 공동행위가 사업자단체에 의해 행해진 경우에도, 이것이 동시에 사업자단체를 구성하는 각 사업자의 종업원 등에 의해서 그 업무와 관련하여 행해졌다고 판단될 사정이 있는 경우에는, 이 행위에 대한 형사책임을 사업자단체 외에 각 사업자에 대해서 묻는 것도 허용되며, 이는 공정거래위원회 내지 검찰의 합리적인 재량에 맡겨져 있다고 보아야 한다."고 판시한 바 있다.

---

89) 2020.12.29. 전부개정, 법률 제17799호.

90) 신현윤(제8판), 336면.

91) 최고재 소화 59.2.24. 상세한 내용은 독금법심결·판례백선, 2002.3, 18항 이하.

Ⅲ. 사업자단체와 책임귀속

공정거래법은 사업자단체의 금지행위를 정하고 있으나, 법위반행위의 주체 및 책임귀속과 관련해서는 여러 쟁점이 남아 있다. 특히, 사업자단체가 권리능력 없는 사단이나 조합의 형태를 띠고 있는 경우에 금지행위는 해당 단체가 독자적으로 행하는 것이 아니라, 실질에 있어서는 구성사업자들의 합의에 의한 단체의사의 형성으로 볼 수 있기 때문이다. 공정거래법은 이 문제를 사업자단체의 법위반행위에 참가한 사업자들에게도 과징금을 부과하는 방식으로 해결하고 있으나, 전술한 바와 같이 법리적 근거는 여전히 취약하다. 사업자단체의 금지행위는 부당한 공동행위 외에도 나름 고유한 불공정행위를 규정한 것이라는 점을 고려할 때, 사업자단체의 법적 성격에 따라 책임귀속을 달리 규정하는 것이 타당할 것이다. 사업자단체가 법인격을 가진 경우에는 단체만이 위반행위에 대한 책임을 지고, 그 밖에 권리능력 없는 사단이나 조합인 경우에는 구성사업자들만이 책임을 부담하도록 하는 방식을 고려할 수 있을 것이다.

한편, 사업자단체의 금지행위에 위반한 경우에 누구에게 행정제재를 부과할 수 있는지와 관련하여 두 가지 경우를 나누어 살펴볼 필요가 있다. 하나는 사업자단체와 구성사업자 중에서 누구에게 제재를 부과할 것인지의 문제로서 전술한 부당한 공동행위에 관한 특칙을 제외하면 원칙적으로 행위주체로 인정되는 사업자단체에게만 시정조치나 과징금을 부과할 수 있다고 보아야 한다.

다른 하나는 사업자단체라도 상부단체나 하부단체가 함께 관여한 경우에 어느 단체에게 제재를 부과할 것인지의 문제이다. 일찍이 서울고등법원은 부산시 치과기공사회가 하부단체인 대표자회를 통하여 기공요금을 인상하기로 합의하고, 그 결과로서 치과보철물 수가표를 작성하여 배포한 행위와 관련하여, 동 협회의 회장단회의에서 요금인상안을 발의하고 시행일시를 정했을 뿐만 아니라 위 대표자회의 회의결과 역시 회장단회의에서 확정하였고, 수가표의 작성 및 배포 역시 동 협회에 의해 이루어진 점을 감안할 때 대표자회가 아닌 동 협회가 공정거래법 소정의 사업자단체로서 법위반행위를 실질적으로 주도하였다고 판단하였다.[92] 즉, '실질적 주도자'가 최종적으로 법위반 사업자단체로서 시정조치나 과징금의 대상이 된다는

92) 서울고등법원 2009.5.28. 선고 2008누25403 판결.

것으로서 타당한 결론이다.

제11장

적용제외 및 지식재산권의 행사

제 1 절 개 설

Ⅰ. 적용제외의 의의

공정거래법은 경제질서의 기본법으로서 원칙적으로 다른 법률에 정함이 없는 한 모든 산업분야에서 활동하는 모든 사업자에게 적용된다. 그런데 시장경제가 우리나라 경제질서의 기본이라고 하더라도 시장실패 및 시장한계로 인하여 모든 경제활동을 오로지 시장의 자율기능에만 맡겨 놓을 수는 없다. 따라서 시장경제를 기본으로 하고 있는 나라들도 예외 없이 일정한 산업이나 사업자에 대하여는 동법의 적용을 전부 또는 일부 제외하여 왔다. 우리나라도 마찬가지이다. 즉, 공정거래법은 1980년 제정[1)] 당시부터 제12장에 적용제외에 관한 별도의 장을 마련한 바 있으며, 법령에 따른 정당한 행위, 무체재산권의 행사행위 및 일정한 조합의 행위에 대하여 동법의 적용을 제외하고 있다(법 제116조, 제117조, 제118조).

공정거래법상 적용제외는 개별 금지조항에 대한 예외와 구별하여야 한다. 적용제외란 동법이 정하는 일정한 요건을 충족하는 경우에 개별 금지요건의 충족 여부를 따질 필요도 없이 문제된 행위에 공정거래법을 적용하지 않는 것인 반면, 예외는 개별 금지요건에 해당됨을 전제로 동법이 정하는 (예외)요건이 충족될 경우에 한하여 당해 행위의 위법성을 조각하는 것이다.[2)] 후자의 예로 경쟁을 제한하는 기업결합이라도 효율성 증대효과가 더 큰 경우에 대한 예외(법 제9조 제2항)와 부당한

1) 1980.12.31. 제정, 법률 제3320호.

2) 같은 취지로 김두진, "공정거래법의 적용제외 영역", 상사법연구 제21권 제4호, 한국상사법학회, 2003, 347-348면. 다만, 여기서는 적용제외든 예외든 법률효과로는 공히 행위자가 면책된다는 점에서 차이가 없다고 한다. 그런데 적용제외의 경우와 달리 예외가 인정되기 위해서는 사업자가 예외사유에 해당함을 주장·입증하여야 하고, 그 이전 단계에서 공정거래위원회는 금지요건의 존재를 입증하여야 하며, 무엇보다 일단 경쟁제한성 등 금지요건이 충족되는 때에는 예외가 거의 인정되지 않는다는 점에서 법집행 절차상의 차이는 부인하기 어려워 보인다.

공동행위라도 중소기업의 경쟁력 향상을 위한 경우에 대한 예외적 인가(법 제40조 제2항)를 들 수 있다.

그런데 무체재산권의 행사나 일정한 조합의 행위가 적용제외의 대상으로서 적합한지는 의문이다. 예컨대, 특허권의 정당한 행사인지를 판단하기 위해서는 문제된 행위가 구체적인 금지요건에 해당하는지, 특히 당해 행위가 경쟁에 미치는 영향을 함께 고려하지 않을 수 없고, 소비자조합의 행위라도 종국에는 부당하게 가격을 인상하는지를 따져보지 않을 수 없기 때문이다. 이러한 점은 특허권 행사와 관련된 적용제외 조항이 없더라도 구체적인 사안에서 특허권의 범위와 목적, 특허권 행사가 경쟁에 미치는 형향 등을 종합적으로 고려하여 위법성을 가리게 되는 점에는 차이가 없다는 데에서도 확인할 수 있다. 생각건대, 이들 두 가지 적용제외는 그 본질에 있어서 금지요건에 대한 예외 내지 부당성 판단요소로 이해할 수 있으며, 입법론으로는 해당 조항을 삭제함이 타당할 것이다.

Ⅱ. 적용제외의 근거

적용제외라는 용어는 독일과 일본의 입법례에서 찾을 수 있으며, 영미식의 면제(exemption)와 어떻게 구별되는지는 명확하지 않다. 종래 특정 산업분야에 경쟁법의 적용을 제외하는 근거는 실증적 내지 역사적인 관점과 규범적인 관점으로 대별할 수 있으며, 후자는 다시 정부의 정책목표 사이에 충돌이 발생하는 경우와 시장실패가 발생하는 경우로 나눌 수 있다.[3)]

1. 실증적인 관점

여기에서는 경쟁법상 특정 분야에 대한 적용제외가 도입되는 구체적인 역사적 배경, 즉 적용제외의 정치·경제적 과정을 밝힘으로써 적용제외를 실증적으로 설명하고자 한다. 미국에서는 적용면제(exemption) 및 규제산업(regulated industries)의 근거를 주로 이익집단의 영향에서 찾기도 하였으며,[4)] 대표적으로 포획이론(capture

3) 이와 같이 적용제외를 체계화하여 설명하고 있는 예로는 Wernhard Möschel, Recht der Wettbewerbsbeschränkungen, 1983, Rn. 949 ff.

4) Phillip E. Areeda/Donald F. Turner, Antitrust Law, Bd. I, 1978, pp. 133－227; 독일에서의 논의에 대해서는 Volker Emmerich, Kartellrecht, 10. Aufl., 2006, S. 278.

theory)이나 공공선택이론(public choice theory)이 여기에 해당한다.[5)]

두 이론 모두 합리적 이유 없이 규제당국 내지 관련 공무원의 이해관계에 따라 특정 산업에 대하여 경쟁보다는 독점이 제도적으로 보장되는 과정을 설명하고 있으며, 예컨대 자연독점과 무관한 자동차운수사업에 광범위한 규제가 행해지는 것을 들 수 있다. 그런데 이러한 관점은 적용제외가 특정 국가의 경쟁법에 수용된 정치·경제적 맥락을 설명해줄 뿐이고, 그것이 규범적 정당성을 갖는지를 규명하는 데에는 유용하지 않기 때문에 구체적인 사안에서 적용제외 조항을 어떻게 해석·적용할 것인지에 대해서는 구체적인 시사점을 제공하기 어렵다.

2. 규범적인 관점

(1) 목표충돌 시의 정책적 결단

이것은 입법자가 경쟁의 실효성과는 무관한 이유로 어떤 구체적인 사업영역을 시장의 자율적인 규율 내지 경쟁원리에 맡기지 않기로 결단한 것을 적용제외의 본질로 이해하는 견해이다. 그러한 사업분야에서 국가는 급부제공자로 직접 참여할 수도 있고, 다른 사기업으로 하여금 국가가 정한 목표에 따라 특별한 감독 하에 이를 영위하게 할 수도 있다. 오늘날 대부분의 국가는 국방이나 치안을 국가의 고유한 책무로 보아, 이를 용병이나 경찰기업 등에 맡기지 않고 있다. 공교육, 철도운송, 도시가스 등의 분야도 마찬가지이다. 이들 분야에서는 개별 시장이 아니라 국민경제의 관점에서 경쟁제한이 용인될 수 있는 것이다. 예컨대 경기정책(불황카르텔), 국제수지의 균형(수출카르텔), 산업구조정책(구조조정카르텔, 중소기업의 협동화, 이러한 관점에서의 자율제한협정), 완전고용정책(고용안정을 위한 경쟁제한적인 기업결합의 승인), 국가안보 등을 이유로 한 규제가 여기에 해당된다.

(2) 경쟁이론상의 근거로서 시장실패

여기서도 적용제외의 수용 여부가 입법자의 결단에 좌우되는 것은 위 (1)의 예와 마찬가지이나, 이를 정당화하는 근거가 경쟁이론이라는 점에 차이가 있다. 즉, 시장경제에 있어서 모든 경제활동은 원칙적으로 경쟁에 의하여 조정되어야 하나, 경쟁이 작동할 수 없거나 특정 사업영역에 고유한 성격으로 인하여 경쟁의 긍정적인 효과를 기대할 수 없는 경우에는 경쟁원리가 전부 또는 일부 배제될 수밖에 없

5) 김두진, 앞의 글, 348-349면.

다. 이것을 흔히 시장실패(market failure)라고 한다. 이러한 사정은 공정거래법 제116조 이하가 예정하고 있는 일부 규제산업, 대표적으로 운송산업이나 에너지산업에서 중요한 의미를 가진다. 그러나 개별시장을 계속적으로 변화하고 있는 전체 시장속에서 파악하는 장기적인 체제론의 관점에서는 시장실패라는 명제를 쉽게 받아들일 수 없다. 전체적으로 시장은 비록 그 성과에 있어서 일부 만족스럽지 않은 경우가 있을 수 있지만, 그럼에도 불구하고 항상 어떤 형태로든 경쟁은 작동하고 있기 때문이다.

여기서 시장실패를 가져오는 몇 가지 요인을 들자면 다음과 같다. 첫째, 시장실패의 가장 중요한 사유는 자연독점(natural monopoly)이다. 자연독점이란 어떤 시장에서 소요되는 수요를 충족함에 있어서 하나의 공급자가 공급하는 것이 다수의 기업이 공급하는 것보다 더 싸게 되는 경우를 가리킨다. 규모의 경제가 크게 작동하는 것이다. 이러한 경우에는 장기적으로 오로지 하나의 공급자만이 살아남게 되는데, 생산적 효율성의 관점에서 이러한 사업자는 독점을 인정받는 대신 특별한 규제를 받게 된다.[6] 자연독점의 대척점에 위치한 과당경쟁(過當競爭) 또한 시장실패를 가져올 수 있는바, 과잉설비와 투자과오를 방지하기 위한 규제 및 적용제외의 정당성 여부는 여전히 다투어지고 있다.

둘째, 이른바 부정적 외부효과(negative externalities)를 들 수 있다. 이러한 외부효과는 특정한 재화의 생산이나 소비를 통하여 제3자에게 당사자 간의 시장관계에 반영할 수 없을 뿐만 아니라, 가격형성 시에도 이를 고려할 수 없는 불이익이 발생되는 경우를 가리킨다. 대표적인 예로 폐기물이나 소음과 같은 환경피해를 들 수 있다. 사업자의 시장행위 중에서 정도의 차이가 있을 뿐 외부효과가 발생하지 않는 경우는 없다는 의미에서 그것이 적용제외의 정당화사유가 될 수 있는지에 대해서는 이견이 있다.

그 밖에 시장실패가 발생하는 보다 근본적인 원인을 개인이나 기업에게 넓은 의미의 배타적인 권리로 이해되고 있는 소유권을 인정할 수 없거나, 비용 기타의 이유로 그것이 바람직하지 않다는 데에서도 찾을 수 있다. 국방이나 사법서비스 등 비교적 순수한 공공재가 여기에 해당된다.

---

6) 이호영, "규제산업과 공정거래법의 적용제외", 법학논총 제23권 제1호, 한양대학교 법학연구소, 2006, 361－362면.

Ⅲ. 적용제외의 이념적 기초와 분류체계

1. 적용제외와 법의 지배

고전적 의미에서 “법의 지배”(rule of law)란 사회적 신분이나 경제력의 강약 등에 관계없이 국가를 포함한 사회의 전 구성원이 아무런 차별 없이 동일한 법에 구속되는 것을 의미하였다. “법의 지배”에 의하여 국가가 자의적으로 국민의 자유나 권리를 침해하는 것이 억제되었고, 국가의 행위는 예측가능성을 확보하였다. 법의 지배는 곧 자유를 의미하였고, 경제에 관한 한 시장이 외부의 예측하지 못한 힘에 의해 그 기능이 저해되지 않도록 하는 보루이기도 하였다. 비록 경쟁질서 자체와는 무관하거나 당해 경제영역에서 경쟁을 오히려 촉진시키기 위한 적용제외는 논외로 치더라도, 일정한 정치적, 경제적 목적을 달성하기 위하여 해당 경제영역에서 경쟁원리를 후퇴시키고 시장이라는 제도를 오로지 이들 목적의 달성을 위한 수단으로 이용하려는 시도로서의 적용제외는 결국 법이 지배하는 사회(nomocratic society)가 아니라 목적이 지배하는 사회(teleocratic society)를 가능케 한다.[7] 특히, 현대의 대중민주주의 하에서 각종 이익단체나 압력단체의 로비 등에 따른 적용제외의 창설은 시장구조를 더욱 비경쟁적으로 만들고, 이때 적용제외는 비록 합법성의 외파를 두르고 있을지라도 기업들이 지대(地代)[8]를 추구하기 위한 수단으로 전락하게 되었다.[9]

이처럼 적용제외는 법의 지배와는 원리상 양립하기 힘드나, 차선으로 적용제외가 법의 지배 하에 놓이기 위해서는 불가피하게 이를 법률에 수용하는 경우에도 그 요건이나 기준을 명확히 하여 정책의 일관성 및 예측가능성을 확보하고, 일단 적용제외된 산업분야에 대하여도 정기적인 재심사가 이루어지고 그 허용한도를 넘지 않도록 사후감독이 철저히 행해져야 할 것이다. 이러한 제도적 장치 없이 적용제외를 인정하는 것은 자칫 특정 집단에 특권을 부여하는 것에 지나지 않는다.

---

7) 閔庚菊, “市場秩序政策과 民主主義”, 경쟁법연구 제1권, 한국경쟁법학회, 1989, 32-33면.

8) 렌트(rent) 내지 지대란 공급의 제한으로부터 발생하는 바, 기업은 생산성 향상에 따른 이윤보다도 합법적으로 카르텔을 형성하거나 정부의 규제(대표적으로 인허가)를 수단으로 이용하여 인위적으로 공급을 제한함으로써 렌트를 누리려는 경향이 강하다. 이를 위하여 기업은 교섭상 규모의 경제를 얻기 위하여 초거대화를 추구하기도 한다. 교섭상 규모의 경제에 관하여는 金基台, 韓壽龍, “企業分割政策과 競爭的 市場構造”, 경쟁법연구 제2권, 한국경쟁법학회, 1990, 11-12면.

9) 대중민주주의 하에서 정당간 경쟁의 기능원리와 문제점에 관하여는, 민경국, 앞의 글, 9-18면.

2. 적용제외 사유의 재구성

적용제외를 경쟁질서와의 관련성에 따라 하나의 원리로 통합하고, 적용제외의 수용 여부를 일관성 있게 판단하기 위하여 그 사유에 따라 나누어 보면 다음과 같다.

(1) 경쟁이 성질상 불가능하여 당연히 독점으로 되는 경우로서 이른바 자연독점이라 불리며, 전기·가스·상하수도·철도운송(선박 및 항공운송은 제외) 등이 이에 해당한다.

(2) 경쟁이 가능하더라도 적용제외가 인정될 수 있다. 첫째는 당해 사업분야에서 오히려 경쟁을 실질적으로 촉진하기 위하여 적용제외가 인정되는 경우로서 농림어업과 중소기업분야 등이 이에 해당되며, 경제적 약자에 한하여 무기대등의 원칙을 근거로 그 정당성이 인정된다. 둘째는 정부의 다른 (산업)정책과 충돌이 발생하여 일정 부분 경쟁을 양보하는 경우로서 은행업 및 보험업, 선박 및 항공운송 등의 규제산업이 이에 해당한다.

(3) 경쟁질서와 그 자체로는 무관한 경우로서 노동조합 및 소비자조합의 행위 또는 입법청원 등 정치적 의사표현의 수단인 행위 등이 이에 해당한다.

이처럼 적용제외를 분류해보면 (2)의 두 번째 경우가 경쟁법의 본질적인 적용제외영역을 구성한다는 점을 알 수 있다. 이와 같은 유형화에도 불구하고 구체적인 산업분야나 특정 사안에 대하여 적용제외를 허용할 것인지를 판단하기란 매우 어렵고도 복잡한 문제이다. 이 문제를 해결하기 위해서는 경쟁정책의 궁극적인 의의가 기업을 포함하는 사인의 경제적 자유를 보호함에 있으며, 경제적 효율성 또한 시장에서 경쟁의 자유가 보장될 때에 비로소 실현가능한 이차적인 목표에 불과하다는 점을 인식해야 한다. 즉, 사인의 경제적 자유와 창의가 구현되는 시장을 그 본질적 특징으로 하는 경쟁질서는 그 자체로서 하나의 정당한 질서인 것이다.[10)]

10) Wernhard Möschel, "Competition Policy from an Ordo Point of View", German Neoliberals and the Social Market Economy, 1989, pp. 146–149 참조.

제 2 절 공정거래법상 적용제외

공정거래법은 법령에 따른 정당한 행위(법 제116조), 무체재산권의 행사행위(법 제117조), 일정한 조합의 행위(법 제118조)에 대하여는 동법의 규정을 적용하지 않는다고 규정하고 있다. 그중 법령에 따른 정당한 행위와 무체재산권의 행사행위에 대해서는 공정거래법이 전면적으로 적용제외되고, 일정한 조합의 행위에 대해서는 불공정거래행위나 가격인상을 위한 공동행위를 제외한 나머지 금지규정만이 적용제외되고 있다.

공정거래법상 적용제외는 외국의 입법례나 판례에서 인정되는 것과 차이가 있다. 통상 적용제외란 특정 산업분야, 대표적으로 규제산업에 대하여 경쟁법상 예외를 인정하는 것으로서 유럽경쟁법상 보험산업,[11] 우편산업,[12] 운송산업,[13] 농업과 식품분야[14] 등에 대한 일괄예외규칙(block exemption regulation; BER)을 들 수 있다. 이를테면 우편서비스란 통신과 교역에 필수적인 수단이고, 새로운 우편수단이 등장하고 있는 상황에서 투자를 장려하고 고용을 창출하기 위해서는 경쟁법의 적용여부에 관한 예측가능성이 요구되기 때문이다.

반면, 공정거래법은 규제산업에 해당되는 것 외에 지식재산권의 행사나 소비자조합 등 본래의 적용제외사유로 보기 어려운 것을 함께 규정하고 있다. 또한 공

---

11) Commission Regulation (EU) No 267/2010 of 24 March 2010 on the application of Article 101(3) of the Treaty on the Functioning of the European Union to certain categories of agreements, decisions and concerted practices in the insurance sector (Text with EEA relevance), Official Journal L 83, 30.3.2010, pp. 1-7.

12) Notice from the Commission on the application of the competition rules to the postal sector and on the assessment of certain State measures relating to postal services, Official Journal C 39, 6.2.1998, pp. 2-18; Directive 2008/6/EC of the European Parliament and of the Council of 20 February 2008 amending Directive 97/67/EC with regard to the full accomplishment of the internal market of Community postal services, Official Journal L 52, 27.2.2008, pp. 3-20.

13) 해운업의 경우, Commission Regulation (EC) No 906/2009 of 28 September 2009 on the application of Article 81(3) of the Treaty to certain categories of agreements, decisions and concerted practices between liner shipping companies (consortia), Official Journal L 256, 29.9.2009, pp. 31-34.

14) Commission Regulation (EU) No 702/2014 of 25 June 2014 declaring certain categories of aid in the agricultural and forestry sectors and in rural areas compatible with the internal market in application of Articles 107 and 108 of the Treaty on the Functioning of the European Union, Official Journal L 193, 1.7.2014, pp. 1-75.

정거래법은 적용제외의 사유를 세 가지로 열거하고 있어서, 미국의 판례법상 발전된 노어면제의 법리(Noerr Immunity Docrine)나 묵시적 적용제외(Implied Exemptions) 등을 공정거래법의 해석론으로 직접 수용하기는 곤란하다.[15)]

Ⅰ. 법령에 따른 정당한 행위

1. 개 관

사업자 또는 사업자단체가 다른 법률 또는 그 법률에 의한 명령에 따라 행하는 정당한 행위에 대하여는 공정거래법을 적용하지 않는다(법 제116조). 공정거래법은 1980년 제정[16)] 당시 특별법의 제정을 통하여 동법의 적용을 받지 않는 법률을 구체적으로 지정하도록 규정하고 있었으나(제정법 제47조 제2항), 이른바 적용제외법률은 제정되지 않고 있다가 1986년 동법의 제1차 개정[17)] 시에 동 조항이 삭제되었다. 그 결과 현행법 제116조에서 말하는 다른 법령, 특히 그에 따라 행하는 정당한 행위가 구체적으로 어떠한 것을 의미하는지가 명확하지 않다.

이 문제는 결국 해석론에 맡겨져 있는데, 크게 다른 법령에 따라 행하는 행위는 모두 제116조의 적용제외에 해당된다고 보는 견해와 다른 법령에 따라 행하는 행위 중에서 특히 합리적인 근거가 있는 행위만이 여기에 해당한다고 보는 견해로 대별할 수 있다. 대법원은 법 제116조에서 말하는 정당한 행위라 함은 특정 사업의 특수성으로 경쟁제한이 합리적이라고 인정되는 사업 또는 인가제 등에 의하여 사업자의 독점적 지위가 보장되는 반면 공공성의 관점에서 고도의 공적규제가 필요한 사업 등에 있어 자유경쟁의 예외를 구체적으로 인정하고 있는 법률 또는 그 법률에 의한 명령의 범위 내에서 행하는 필요 최소한의 행위를 말한다는 입장으로서 후자의 견해를 따르고 있는 것으로 볼 수도 있다.[18)]

공정거래법이 경제질서의 기본법으로서 그 본래의 사명을 다하기 위해서는, 종래 정부주도형 경제개발정책을 추진할 당시에 제정되었던 법률 중에서 시장경제의

15) 미국 판례상 적용제외 내지 면제의 법리에 대해서는 이호영, 앞의 글, 365면 이하 참조.

16) 1980.12.31. 제정, 법률 제3320호.

17) 1986.12.31. 개정, 법률 제3875호.

18) 대법원 1997.5.16. 선고 96누150 판결; 대법원 2007.12.13. 선고 2005두5963 판결; 대법원 2008.12.24. 선고 2007두19584 판결.

원리에 맞지 않는 법률들은 이를 과감히 개정 또는 폐지하지 않으면 안 된다. 정부가 그간에 정부규제의 완화라는 차원에서 개인이나 기업의 경제활동을 규제하는 일련의 경제규제를 완화하기 위하여 상당한 노력을 경주해 온 결과, 경제활동을 규제하는 법률이나 명령이 상당히 많이 해소되었다.[19] 따라서 이러한 상황에서 다른 법령에 근거가 있는 행위라고 하여, 이를 모두 '법령에 따른 정당한 행위'로 보아, 여기에 공정거래법을 적용하지 않게 되면, 동법의 실효성은 크게 저하될 수밖에 없을 것이다. 이러한 맥락에서 공정거래법이 경제질서의 기본법으로서의 사명을 다할 수 있도록 하기 위해서는, 비록 다른 법령에 따른 행위라고 하더라도 그것이 합리적인 근거를 가지지 않는 경우에는 '정당한 행위'는 아니라고 보아 여기에는 공정거래법의 적용을 제외하지 말고, 법령에 따른 행위 중에서도 합리적인 근거가 있는 행위에 대해서만 동법의 적용제외를 인정하자는 다수설도 나름 일리가 있다.

이처럼 다수설과 판례는 공정거래법 제116조를 근거로 다른 법령에 따른 행위라도 공정거래위원회가 그 정당성 및 그에 따른 적용제외 여부를 심사할 수 있는 것으로 이해하고 있으나,[20] 다음과 같은 이유로 이러한 해석론을 일반화하는 데에는 신중해야 한다.

첫째, 지금까지 실무상 적용제외 여부가 문제된 사례들은 예외 없이 해당 법률이 공정거래법에서는 금지되는 행위를 명시적으로 허용하는 사례가 아니었고, 그 결과 '정당한 행위'인지 여부를 해당 법률이 과연 경쟁제한이나 독점을 예외적으로 인정하고 있는 것인지, 문제된 행위가 필요최소한의 정도에 그치는지에 비추어 개별 사례마다 따져보지 않을 수 없었다. 그런데 예를 들어 「해운법」[21] 제29조에 따른 공동행위와 같이 다른 법률이 명시적으로 경쟁제한행위를 허용하고 있고, 그에 따른 경쟁제한의 폐해를 소관부처가 직접 시정할 수 있는 장치까지 구비하고 있는 이상, 공정거래법 제116조에 따라 공정거래위원회가 경쟁제한의 필요성이나 경쟁제한이 필요최소한에 그치는지를 심사할 수는 없어 보인다.[22] 즉, 「해운법」 제29조는 외항 정기화물운송사업자들이 운임 등을 공동으로 정하는 협약을 명시적으로

19) 公正去來委員會, 韓國의 政府規制 緩和 — 經濟行政分野를 중심으로 —, 1992.

20) 이호영, 독점규제법(제6판), 홍문사, 2020, 22면; 이정원, "해운업에 있어 부당한 공동행위에 관한 연구", 한국해법학회지 제34권 1호, 한국해법학회, 2012, 299−300면.

21) 2023.5.16. 개정, 법률 제19415호.

22) 법령에 따른 행위의 정당성을 공정거래법이 아니라 당해 법령의 목적이나 이념에 비추어 판단해야 한다는 입장도 이와 유사한 맥락으로 이해할 수 있다. 김두진, 앞의 글, 361−363면.

허용함으로써 경쟁제한의 폐해를 일정 부분 수인(受忍)하는 대신 해운산업의 발전이라는 산업정책적 목표를 달성하고자 하는 점에서 공정거래위원회가 개입할 여지가 없는 한도에서 그 자체로 '자기완결적인 적용제외'에 해당한다.[23)]

둘째, 공정거래법의 적용제외가 인정되기 위해서 다른 법률이 명시적으로 특정 행위에 대하여 공정거래법이 적용되지 않는다는 점을 규정해야 하는 것은 아니다. 적용제외의 본질은 다른 법률이 특정 산업분야에 대하여 경쟁원리를 일정 부분 제한하고 있는 경우에 경쟁을 원칙으로 삼는 공정거래법의 적용을 자제하는 것이기 때문이다. 구체적인 사례에서 공정거래법 제116조의 적용 여부를 따지기 이전에 가장 먼저 살펴보아야 하는 것은 해당 공동행위가 다른 법률이 정한 절차에 따른 것인지, 나아가 내용적으로 당해 법률이 허용하는 범위 내에 있는지 여부이다.

끝으로 위와 같은 맥락에서 어떤 공동행위가 다른 법률이 정한 절차와 요건을 준수하고 있는 경우에 공정거래법에 제116조가 적용될 여지가 있는가? 소극적이다. 법 제116조가 없더라도 일반법－특별법의 관계에 비추어볼 때 동조를 어떻게 해석할 것인지를 살펴볼 필요 없이 경쟁제한행위를 허용하는 다른 법률이 우선하여 적용될 것이기 때문이다. 요컨대, 공정거래법 제116조는 행정지도에 따른 공동행위나 다른 법령에서 허용된 범위를 벗어난 공동행위 등 다른 법령에 따라 허용되는지 여부가 명확하지 않은 경우에 적용될 수 있으며, 반대로 다른 법령이 허용되는 공동행위를 구체적이고 명확하게 규정하고 있고, 문제된 공동행위가 해당 법령의 절차에 따라 허용되는 범위 내에서 이루어졌으며, 공동행위의 허용에 따른 폐해를 시정할 장치가 별도로 마련되어 있는 경우에는 동조를 적용할 여지가 없다고 해석하는 것이 타당하다. 이러한 맥락에서 기존 대법원 판례의 의미는 제한적이다.

2. 규제산업

규제산업에 대하여는 특별법에 의한 정부규제가 경쟁을 대신하고 있으며, 이러한 정부규제는 통상 경제적 규제와 사회적 규제로 나누어지는데,[24)] 여기서 특히 문제가 되는 것은 경제적 규제이다. 경제적 규제는 상품이나 서비스의 생산, 분배,

23) 구 건축사법 제26조나 구 주세법 제45조 제4항 제2호, 제3호 등이 바로 '자기완결적 적용제외'로서, 공정거래위원회는 해당 법률에 따른 공동행위가 법 제58조의 요건을 충족하는지 여부를 따지지 않고 적용제외를 인정해왔었다.

24) 최병선, 政府規制論—規制와 規制緩和의 政治經濟—, 법문사, 1992, 28면 이하.

소비 등과 같은 개인이나 기업의 본원적인 활동에 대한 규제이다. 그런데 이러한 경제적 규제의 모습은 그 규제의 내용과 방법에 따라 다양하게 나타나지만, 이를 그 규제의 대상에 따라 분류해보면 진입규제, 가격규제, 품질·생산량·공급대상·거래조건 등과 같은 경제활동에 대한 규제로 나누어진다. 그리고 이러한 규제산업에 대하여는 공정거래법의 적용이 전면적으로 배제되는 경우도 있고, 부분적으로만 제외되는 경우도 있다. 공정거래법의 적용이 제외되는 규제산업의 대표적인 예로서는 주류·의약품·화장품 등과 같은 주요 소비재산업, 전기·석탄·석유·가스 등과 같은 에너지산업, 자동차·항공기·선박운송 등과 같은 운송산업, 금융·보험업 등과 같은 금융산업, 전신·전화 등과 같은 전기통신사업 등을 들 수 있다.

공정거래위원회는 경쟁제한을 허용하고 있는 현행 개별법의 규정들의 합리성 여부를 검토하여 정당성이 떨어지는 경우에 그 폐지를 주창하기도 하였는데, 그 대표적인 성과가 바로 「독점규제 및 공정거래에 관한 법률의 적용이 제외되는 부당한 공동행위 등의 정비에 관한 법률」(이하 "카르텔폐지법")이다. 동법은 종래 특정 산업의 보호·육성 등을 이유로 정부가 법령으로 허용하여 오던 공동행위 중에서 경쟁제한성이 크거나 국제적 기준에 비추어 정당성이 인정되기 어려운 공동행위 등을 폐지 또는 보완하려는 목적으로 1999년에 제정된 것[25]이다. 카르텔폐지법은 18개의 법률에 규정된 카르텔의 근거조항을 입법적으로 정리하였는데,[26] 여기서 폐지의 대상이 된 카르텔들은 공정거래법상 부당한 공동행위에 해당되지만, 개별법의 근거조항으로 인해 공정거래법 제116조상의 법령에 따른 정당한 행위에 해당되어 동법의 적용이 제외되고 있던 것들이었다.

가. 소비재산업

주류나 의약품을 제조·판매하는 소비재산업에 대하여는 시장진입이 제한될 뿐만 아니라, 거래의 내용에 대하여도 상당한 제한이 가해지고 있다.

우선 주류를 제조하고자 하는 자는 제조할 주류의 종류별로 제조장마다 관할 세무서장의 면허를 받아야 하며(「주류 면허 등에 관한 법률」[27] 제3조), 주류 판매업을

25) 1999.2.5, 일괄개정, 법률 제5815호.

26) 구체적인 법률명은 다음과 같다. 「변호사법」, 「행정사법」, 「공인회계사법」, 「세무사법」, 「주세법」, 「관세사법」, 「보험업법」, 「농수산물수출진흥법」(현재 폐지됨, 현행법 「농업·농촌 및 식품산업 기본법」), 「축산법」, 「수의사법」, 「중소기업진흥및제품구매촉진에관한법률」(현행법 「중소기업진흥에 관한 법률」), 「대외무역법」, 「염업조합법」, 「변리사법」, 「제주도개발특별법」(현재 폐지됨, 현행법 제주특별자치도 설치 및 국제자유도시 조성을 위한 특별법」), 「건축사법」, 「해외건설촉진법」, 「공인노무사법」.

하려는 자 또한 주류의 종류별로 판매장마다 관할 세무서장의 면허를 받아야 한다(동법 제5조 제1항). 나아가 관할 세무서장은 주류 등의 제조업면허 내지 판매업면허를 할 때 주세보전의 필요성이 인정되는 경우 면허 기한, 제조 범위 또는 판매 범위, 제조 또는 판매를 할 때의 준수사항 등을 조건으로 정할 수 있다(동법 제6조 제1항). 그 밖에 의약품·의약부외품·화장품·의료용구 또는 위생용품 등과 같은 주요 소비재산업에 대하여는 시장진입이 제한될 뿐만 아니라(「약사법」[28] 제23조, 제31조), 수입 또는 판매가 제한되고 있다(동법 제42조, 제44조).

나. 에너지산업

전기·가스 등과 같은 에너지산업에 대하여는 시장진입(「전기사업법」[29] 제7조, 「도시가스사업법」[30] 제3조)과 가격·거래조건의 결정이 제한되고 있다(「전기사업법」 제15조). 과거에는 석탄·석유 산업에 대한 규제도 다양하게 존재하였지만, 최근 법개정에 의해 모두 폐지되었다.

다. 운송업

운송업에 관하여 철도운송[31]을 제외한 나머지 운송, 즉 육상, 항공 및 해상운송 등은 이를 원칙적으로 민간 사업자에게 맡기면서, 시장의 진입과 가격 및 거래조건의 결정에 대하여 많은 제한을 가하고 있다.

우선 여객자동차 및 정기항공 운송사업, 도시철도사업을 경영하고자 하는 자는 국토교통부장관의 면허를 받아야 하며(「여객자동차운수사업법」[32] 제4조, 「항공사업법」[33] 제7조, 「도시철도법」[34] 제26조), 해상여객사업을 영위하고자 하는 자는 해양수산부장관의 면허를 받아야 한다(「해운법」[35] 제4조). 그리고 이러한 면허를 받은 자가 그 사업의 전부 또는 일부를 휴업 또는 폐업하고자 할 때에는 국토교통부장관 또는

27) 2020년 말 「주세법」이 전면개정되면서 주류 행정 관련 규정은 새로 2020년 제정된 「주류 면허 등에 관한 법률」(2020.12.29. 제정, 법률 제17761호)에 별도로 규정되었다(현행법 2022.1.6. 개정, 법률 제18723호).

28) 2021.7.20. 개정, 법률 제18307호.

29) 2022.12.27. 개정, 법률 제19117호.

30) 2022.2.3. 개정, 법률 제18814호.

31) 철도업은 정부기업의 형태로 운영되고 있다.

32) 2021.12.7. 개정, 법률 제18558호.

33) 2021.12.7. 개정, 법률 제18565호.

34) 2022.12.27. 개정, 법률 제19117호.

35) 2023.5.16. 개정, 법률 제19415호.

해양수산부장관의 허가 또는 승인을 받아야 한다(「여객자동차운수사업법」 제16조, 「항공사업법」 제24조, 제25조, 「해운법」 제18조).

한편 여객자동차, 정기항공 운송사업자는 국토교통부장관 또는 시·도지사가 정하는 기준 및 요율에 따라 운임 및 요금과 운송약관을 정하여 국토교통부장관 또는 시·도지사에게 신고하거나 인가를 받아야 한다(「여객자동차운수사업법」 제8조, 「항공사업법」 제14조, 제15조). 그리고 해상여객사업자는 운임과 요금을 정하여 해양수산부장관에게 미리 신고하여야 한다(「해운법」 제11조). 특히, 외항화물운송사업자는 다른 외항화물운송사업자(외국인 화물운송사업자를 포함)와 운임·선박배치, 화물의 적재, 그 밖의 운송조건에 관한 계약이나 공동행위(외항 부정기 화물운송사업을 경영하는 자의 경우에는 운임에 관한 계약이나 공동행위는 제외하며, 이하 "협약")를 할 수 있고, 협약을 한 때에는 그 내용을 해양수산부장관에게 신고하여야 한다(동법 제29조 제1항, 제2항). 협약의 내용이 '부당하게 운임이나 요금을 인상하거나 운항 횟수를 줄여 경쟁을 실질적으로 제한하는 경우'에 해양수산부장관은 그 협약의 시행 중지, 내용의 변경이나 조정 등 필요한 조치를 명할 수 있으며, 조치의 내용을 공정거래위원회에 통보하여야 한다(동법 제29조 제5항 제3호). 일종의 해운동맹에 대하여 공정거래법의 적용을 제외하는 것으로 이해할 수 있다.

라. 금융·보험업

금융·보험업에 대해서 예외를 인정할 합당한 근거가 있는가? 전통적으로 보험사업이 갖는 특수성을 근거로 드는 경우가 많다. 금융업은 고객의 금융자산을 적절히 투자하여 이를 증식시키거나 일정한 대가를 받고 채무를 보증하는 등의 업무를 주된 내용으로 하며, 보험업은 일정한 규모의 위험단체를 대상으로 대수의 법칙에 따른 위험발생확률의 산정을 전제로 모든 가입자에게 균등한 조건으로 위험을 인수하는 것이다.

그렇다면 과연 이러한 특수성이 경쟁원리를 배제할 근거가 될 수 있는가? 개별 금융·보험회사의 입장에서 보면 고객과의 거래라는 측면에서 보편적인 조건에 따라 업무를 수행하나, 이는 이들 산업만의 특성이 아니라 다수의 거래상대방과 거래를 체결하는 사업분야에서는 일반적으로 나타나는 현상이며, 그 대표적인 예가 약관을 통한 거래이다. 따라서 금융·보험사업자 간에는 다른 산업과 다름없이 가격이나 품질 또는 서비스 등을 통한 경쟁원리가 적용될 수 있음은 물론이다.

다만, 금융·보험업에 대하여는 시장의 진입과 기업의 합병 및 거래조건의 결정이 제한되고 있다. 우선 은행업을 영위하고자 하는 자는 금융위원회의 인가를 받아야 한다(「은행법」[36] 제8조). 나아가 은행이 분할 또는 합병, 해산 또는 은행업의 폐업, 그리고 영업의 전부 또는 중요한 일부의 양도·양수하고자 할 때에는 금융위원회의 인가를 받아야 하며(동법 제55조), 은행의 대출이나 예금에 대한 이자 기타 요율 또는 지급금의 최고율의 결정에 대하여 금융통화위원회의 통제를 받는다(동법 제30조). 한편 「금융산업의 구조개선에 관한 법률」[37]은 금융기관 간의 합병을 허용하면서(동법 제3조), 금융기관이 동법에 의한 합병을 하고자 할 때에는 미리 금융위원회의 인가를 받도록 하고 있다(동법 제4조). 그리고 보험사업을 영위하고자 하는 자는 금융위원회의 허가를 받아야 하며(「보험업법」[38] 제4조), 보험회사는 생명보험과 손해보험업을 영위할 수 없다(동법 제10조).

그런데 정부가 일정한 산업분야에 대해서 규제를 하는 경우는 비단 금융·보험업에 한정되지 않으며, 실제로는 거의 모든 산업분야에 대해서 갖가지 규제를 하고 있음은 주지의 사실이다. 따라서 이들 규제산업 중에서 금융·보험산업에 대해서만 공정거래법의 적용을 제외할 이유는 없다. 보다 근본적인 문제로서, 정부규제에 의해 금융·보험산업에서 부당한 거래조건에 대한 예방적 통제가 가능하더라도, 이들 규제는 경쟁질서의 보호가 아닌 다른 정책목적을 실현하기 위한 것이 대부분이다. 따라서 금융·보험산업에서 경쟁질서를 유지하는 것은 1차적으로 공정거래법과 동법의 집행을 담당하고 있는 공정거래위원회의 책무에 해당한다.

마. 전기통신사업

전기통신사업에 대하여는 시장의 진입이 제한될 뿐만 아니라, 계약의 체결과 요금 기타 이용조건의 결정 등이 제한되고 있다.

「전기통신사업법」[39]은 전기통신사업을 기간통신사업과 부가통신사업으로 구분한다(동법 제5조). 기간통신사업은 전화·인터넷 접속 등과 같이 음성·데이터·영상 등을 그 내용이나 형태의 변경 없이 송신 또는 수신하게 하는 전기통신역무 및 이를 가능하도록 전기통신회선설비를 임대하는 전기통신역무인 기간통신역무를

36) 2021.12.7. 개정, 법률 제18573호.
37) 2020.12.29. 개정, 법률 제17799호.
38) 2022.12.31. 개정, 법률 제19211호.
39) 2023.1.3. 개정, 법률 제19153호.

제공하는 사업을 의미하고(동법 제2조 제11호), 부가통신사업은 기간통신역무 이외의 전기통신사업인 부가통신역무를 제공하는 사업을 뜻한다(동조 제12호). 그런데 기간통신사업을 경영하려는 자는 과학기술정보통신부장관(이하 "과기부장관")에게 등록하여야 하고, 다만 자신의 상품 또는 용역을 제공하면서 부수적으로 기간통신역무를 이용하고 그 요금을 청구하는 자는 기간통신사업을 신고하여야 하며, 신고한 자가 다른 기간통신역무를 제공하고자 하는 경우에는 다시 등록하여야 한다(동법 제6조 제1항). 부가통신사업을 경영하려는 자 또한 과기부장관에게 신고하여야 하고(동법 제22조 제1항), 특수한 유형의 부가통신사업을 경영하려는 자는 등록하여야 한다(동법 제22조 제2항). 한편, 기간통신사업자가 그 사업의 전부 또는 일부를 휴업하거나 폐업하려면 과기부장관의 승인을 받아야 하며(동법 제19조 제1항), 부가통신사업자의 경우는 과기부장관에게 휴업 내지 폐업을 신고하여야 한다(동법 제26조 제1항). 이 경우 기간통신사업자와 부가통신사업자 모두 휴업 또는 폐업의 내용을 해당 전기통신서비스의 이용자에게 알려야 하는데, 전자의 경우 60일 이전, 후자는 30일 이전에 알리도록 규정되어 있다.

그리고 전기통신사업자는 정당한 사유 없이 전기통신역무의 제공을 거부하여서는 안 되며, 전기통신역무의 요금은 전기통신사업의 원활한 발전을 도모하고 이용자가 편리하고 다양한 전기통신역무를 공평 저렴하게 제공받을 수 있도록 합리적으로 결정되어야 한다(동법 제3조). 전년도 전기통신역무 매출액이 일정한 금액 이상인 기간통신사업자는 그가 제공하려는 전기통신서비스에 관하여 그 서비스별로 요금 및 이용조건을 기재한 이용약관을 정하여 과기부장관에게 신고하여야 한다(동법 제28조 제1항). 뿐만 아니라 전기통신서비스 이용약관을 신고하려는 자는 가입비, 기본료, 사용료, 부가서비스료, 실비 등을 포함한 전기통신서비스의 요금 산정 근거 자료를 과기부장관에게 제출하여야 한다(동법 제28조 제5항).

한편, 전기통신사업자는 다른 전기통신사업자와 전기통신설비의 상호접속 또는 공동사용에 관한 협정을 체결할 수 있는데(동법 제39조 제1항), 이때에는 협정 체결 후 30일 이내에 과기부장관에게 신고하여야 한다(동법 제44조). 그리고 과기부장관은 전기통신사업의 효율적인 경쟁체제를 구축하고 공정한 경쟁환경을 조성하기 위하여 노력하여야 하고(동법 제34조 제1항), 이를 위한 경쟁정책을 수립하는 차원에서 매년 기간통신사업에 대한 경쟁상황 평가를 실시하여야 한다(동법 제34조 제2항).

Ⅱ. 무체재산권의 정당한 행사행위

1. 지식재산과 경쟁법

시장경제를 구성하는 규범적 기초로는 크게 재산권, 계약자유 및 경쟁을 들 수 있다. 이것은 시장경제의 법적 기초를 설명하는 동시에 시장경제가 제대로 작동하기 위한 전제조건이기도 하다. 재산권과 계약자유는 시장경제의 구성요소이기는 하나 그것이 예외적으로 시장경제의 핵심인 경쟁을 침해하는 경우에는 양자 사이에 충돌이 발생하게 되고, 이를 해결하기 위해서는 언제나 균형 내지 형량이 요구된다.

이러한 원리는 지식재산권의 경우에도 여전히 유효하다. 지식재산(intellectual property; IP)이 법적 보호대상인 재산권의 영역에 포섭된 것 또한 그것이 시장경제의 구성요소이자 경쟁원리의 지배를 받는다는 점을 확인하는 것이다. 다만, 어떤 예외적인 상황에서 지식재산에 관하여 계약자유가 일부 후퇴하고, 체약강제(Kontrahierungszwang), 즉 강제라이선스가 들어서게 되는지에 관한 것이다. 경쟁과 지식재산권의 충돌이란 결국 후자가 경쟁을 위협하는 현상에 다름 아니다. 라이선스계약에 포함된 경쟁제한적 조항과 필수적인 특허기술에 대한 라이선스의 거부, 과다한 실시료의 요구 등이 이러한 충돌상황을 잘 보여준다. 그런데 지식재산권법은 발명이나 창작물 등에 배타적인 권리를 부여하고 제3자가 무단으로 타인의 지식재산을 이용하지 못하도록 방지함으로써 권리자에게는 적절한 보상과 유인을 제공하고, 이를 통하여 궁극적으로 혁신을 조장하고자 한다. 따라서 문제는 단지 양자의 관계를 충돌 또는 조화로 이해하는 것과 다른 차원에서, 즉 지식재산권의 행사에 대하여 경쟁법을 어떻게 적용해야 하는지를 둘러싸고 발생하는 지극히 규범적인 성격을 갖는다.

지식재산권, 예컨대 특허권을 취득한 자는 법률이 정하는 일정 기간 당해 기술을 배타적으로 이용할 권리를 누리기는 하나, 이것은 어디까지나 새로운 기술을 개발한 자에게 적절한 보상을 담보하는 한편 특허기술의 공개를 통하여 새로운 기술혁신을 유발하기 위한 취지이다. 기술혁신에 대한 보상은 해당 기술에 대한 독점적 사용·수익을 통해서 실현되는바, 비록 지식재산권이 권리자에게 독점적이고 배타적인 권리를 보장하더라도 그러한 권리행사는 시장에서의 공정하고 자유로운 경쟁질서와 조화되지 않으면 안 된다.

여기서 지식재산권과 공정거래법은 일견 상충되는 측면도 있으나, 대체로 양자 모두 기술혁신과 이를 통한 경쟁을 지향한다는 점에서 서로 보완적인 역할을 수행하는 것으로 이해되고 있다. 문제는 독점적·배타적 성격의 지식재산권 행사가 어떤 경우에 경쟁질서와 충돌할 수 있고, 이 경우에 공정거래법을 어떻게 조화롭게 해석·적용할 것인지에 관한 것이다. 특허권을 적법하게 취득한 사업자가 그와 관련하여 시장에서 행하는 모든 행위가 당연히 공정거래법상 정당성을 갖는 것은 아니며, 법 제117조가 무체재산권의 행사라도 정당한 경우에만 적용제외를 규정하고 있는 것도 이러한 맥락에서 이해할 수 있다.

2. 적용제외의 요건

가. 해석론

「저작권법」, 「특허법」, 「실용신안법」, 「디자인보호법」 또는 「상표법」에 의한 권리의 정당한 행사라고 인정되는 행위에 대하여는 공정거래법의 규정이 적용되지 않는다(법 제117조). 동조는 지식재산권의 정당한 행사만을 적용제외되는 것으로 규정하고 있으나, 지식재산권의 실질적인 행사 여부는 원칙적으로 권리자의 판단에 맡겨져 있는 것이기 때문에, 지식재산권을 일정한 사유로 행사하지 않는 것도 그러한 권리의 당연한 내용으로서 원칙적으로 문제되지 않는다.

「저작권법」, 「특허법」, 「실용신안법」, 「디자인보호법」은 문화적 및 산업적인 창작활동의 활성화를 통하여 문화, 산업의 발전을 도모하기 위하여, 그리고 「상표법」은 산업의 질서유지를 위하여, 문화 및 산업정책상 저작권, 특허권, 실용신안권, 디자인권 및 상표권 등과 같은 무체재산권과 그 권리의 행사를 인정하고 있다. 그런데 이러한 무체재산권은 필연적으로 그 권리의 객체인 무체재산에 대한 독점적, 배타적 지배권을 수반하는 것이기 때문에, 이러한 권리의 행사는 공정거래법이 보호하려는 법익을 침해할 가능성이 있다. 따라서 공정거래법 제117조는 이러한 목표충돌을 해결하기 위하여 이러한 권리의 행사라고 인정되는 행위에 대하여는 동법의 규정을 적용하지 않도록 하고 있다.

다른 한편으로 특허권의 행사 여부가 경쟁을 실질적으로 제한하는 경우에 공정거래법의 적용 여부를 판단하기 위해서는 동조가 명문으로 규정하고 있는 바와 같이, 그것이 지식재산권의 정당한 행사인지 여부를 가리지 않으면 안 된다. 이는 '정당한'이란 표현이 없던 2007년 제14차 공정거래법 개정[40] 이전의 경우에도 마찬가지이다.[41] 모든 지식재산권에 대하여 등록주의를 취하고 있는 현행법 하에서 사용하지도 않는 권리를 배타적으로 인정하여 다른 사업자의 이용을 무한정 막는 것은 지식재산권을 통한 자유롭고 공정한 경쟁을 저해할 우려가 있기 때문에 소극적인 불행사도 일정한 요건을 갖춘 경우에는 남용으로서 규제될 수 있다.

예컨대, 특허권의 경우 특정한 사업자가 가지고 있는 특허권이 다른 사업자가 당해 시장에 진입하기 위한 전제조건으로 되어 있음에도 불구하고 특허권을 실시하지 않음으로써 이를 방해하거나, 시장지배적 사업자가 다수의 특허권을 독점적으로 취득하고 이를 실시하지 않는 경우와 같이 특허권의 소극적인 불행사는 특허권의 남용으로서 정당한 권리행사로 볼 수 없다. 「상표법」 상의 강제실시제도 또한 이러한 특허권의 소극적인 불행사를 규제하기 위한 것이라는 점에서는 그 취지가 동일하다. 다만 공정거래법상 특허권의 남용으로서 특허권의 강제실시(compulsory licensing)가 명해지는 경우에도 특허권자에게 상당한 보상을 조건으로 하여야 함은 물론이다.[42]

나. 심·판결례

공정거래법상 지식재산권의 한계를 다룬 첫 번째 사건에서는 아동복 제조 및 도·소매업을 영위하는 사업자들이 결성한 사업자단체인 7개 아동복상가운영회가 구성사업자인 일부 상인들이 자금난 해소 및 재고품 처리를 위하여 신상품을 동대문 등의 대량구매업자에게 할인판매하거나 거래상대방에 따라 다른 가격으로 판매(이중가격판매)하는 사례가 증가하고, 이로 인하여 동대문시장의 일부점포와 창고할인판매업자들의 중간도매가격이 남대문시장의 원도매가격과 같거나 오히려 낮아지는 경우가 발생하자, 이중가격판매행위와 동대문상권 등으로의 상품판매를 금지하기로 결의하고 이를 구성사업자에게 통지한 행위가 문제되었다. 피심인은 일부 구성사업자들이 정상가격보다 지나치게 낮은 가격으로 제품을 판매하는 과정에서

---

40) 2007.8.3. 개정, 법률 제8631호.

41) 대법원 2014.2.27. 2012두24498 판결.

42) SCM Corp. v. Werox Corp., 463 F. Supp. 983(1978). 이 사건에서와 같이 특허발명의 불실시가 독점금지법 위반으로 되어, 사실상 강제실시가 명해지는 경우 또는 특허권의 남용적인 불행사시에는 특허권침해금지청구를 기각하는 경우에도 강제실시가 인정되는 것과 동일한 효과가 있음은 물론이나, 언제나 상당한 보상을 전제로 한다.

제품의 품질이 하락하고 이로 인해 상표가치가 저하되는 것을 방지하기 위하여 취한 조치로서 이는 공정거래법 제117조에 의한 「상표법」에 의한 권리의 행사에 해당되므로 법적용대상이 아니라고 주장하였다.

이에 대하여 공정거래위원회는 공유상표를 부착한 특정 제품의 가격이 다른 공유자의 제품에 비하여 현저히 낮은 가격으로 계속하여 판매될 경우에는 해당상표를 부착한 제품에 대한 소비자들의 신뢰가 장기적으로 저하될 우려가 있고, 낮은 가격을 보전하기 위하여 저질의 제품을 양산해 낼 가능성을 배제할 수 없다는 점에서 그에 따른 상표가치의 하락을 방지하고 상표의 기능을 유지하기 위하여 구성사업자에게 과도한 할인판매를 금지한 행위는 「상표법」에 의한 권리의 행사로서 그 정당성이 인정되나, 구성사업자 스스로 경영합리화, 기술향상 등 원가절감을 통하여 양질의 제품을 낮은 가격으로 판매하거나, 거래의 규모나 빈도, 거래상대방의 신용도 및 거래기간 등을 감안하여 특정 거래상대방에 대하여 일정한 할인을 해주거나, 재고상품을 처리할 목적으로 일정한 할인율을 적용하여 판매하는 것은 정당한 상거래관행에 해당할 것이므로 이러한 할인판매까지 금지하는 것을 「상표법」상의 정당한 권리행사로 볼 수는 없다고 결정하였다.[43]

그 후 법 제117조의 '정당한' 행사에 관하여 설시한 대법원 판결[44]로는 이른바 GSK와 동아제약 사이에 체결된 역지불합의(reverse payment agreement)를 둘러싸고 부당한 공동행위 여부가 다투어진 사건을 들 수 있다. 대법원은 특허권의 정당한 행사라고 인정되지 아니하는 행위란 행위의 외형상 특허권의 행사로 보이더라도 그 실질이 특허제도의 취지를 벗어나 제도의 본질적 목적에 반하는 경우를 의미하고, 여기에 해당하는지 여부는 「특허법」의 목적과 취지, 당해 특허권의 내용과 아울러 당해 행위가 공정하고 자유로운 경쟁에 미치는 영향 등 제반 사정을 함께 고려하여 판단하여야 한다고 판시하였다. 즉, 「특허법」과 공정거래법의 목적을 절충시킨 해석론으로서 일견 타당하다.

그에 따라 대법원은 이 사건 합의가 자신들의 특허권을 다투면서 경쟁제품을 출시한 동아제약에게 특허 관련 소송비용보다 훨씬 큰 규모의 경제적 이익을 제공하면서 그 대가로 경쟁제품을 시장에서 철수하고 특허기간보다 장기간에 걸쳐서

43) 공정거래위원회 1997.2.18. 의결 제1997-025호.

44) 대법원 2014.2.27. 선고 2012두24498, 2012두27794 판결.

그 출시 등을 제한하기로 한 것으로서 특허권자들이 이 사건 합의를 통하여 자신의 독점적 이익의 일부를 동아제약에게 제공하는 대신 자신들의 독점력을 유지함으로써 공정하고 자유로운 경쟁에 영향을 미친 것이라고 할 수 있으므로, 이는 '특허권의 정당한 행사라고 인정되지 아니하는 행위'에 해당한다고 결론지었다.

3. 특허권 남용에 대한 공정거래법의 적용기준

공정거래위원회는 특허권 등의 남용에 대하여 공정거래법을 적용하기 위한 세부기준으로서 「지식재산권의 부당한 행사에 대한 심사지침」(이하 "심사지침")[45]을 마련한 바 있다.

가. 일반원칙

먼저, 특허권의 남용과 공정거래법상 위법성 인정 여부는 각각의 법제가 추구하는 목적이 상이함에 따라 서로 구분하여 판단하여야 한다는 점에 유의할 필요가 있다.[46] 무엇보다 특허권의 남용은 흔히 특허의 무효사유나 금지청구에 대한 항변사유로 작용하는바, 이때 특허권의 남용 여부는 원칙적으로 권리남용의 법리와 본질적으로 다르지 않다. 반면, 공정거래법상 특허권의 남용 여부는 그것이 당초 권리 부여의 목적범위를 벗어나는지 여부뿐만 아니라 동법이 금지하는 개별 금지규정의 취지에 따라 시장지배적 지위남용이나 불공정거래행위의 요건을 충족하는지 여부에 따라 판단되어야 하는 것이다.

문제는 특허권의 취득과정과 행사가 공정거래법상 적용제외에 해당하기 위한 요건 및 구체적으로 어떠한 요건 하에서 공정거래법상 금지되는 행위에 해당될 수 있는지 여부이다. 그리고 공정거래법상 '정당한' 권리행사인지 여부는 특허법 등 관련 법령의 목적과 취지, 당해 지식재산권의 내용, 당해 행위가 관련 시장의 경쟁에 미치는 영향 등 제반 사정을 종합적으로 고려하여 판단한다(심사지침 Ⅱ. 2. 가.).

나아가 심사지침에 따르면, 지식재산권 행사의 위법성 여부는 원칙적으로 경쟁제한효과와 효율성 증대효과 간의 비교형량을 통해서 판단된다(심사지침 Ⅱ. 2. 라.). 이때 지식재산권 행사가 관련 시장에 미치는 경쟁제한 효과는 관련시장의 가격상승 또는 산출량 감소, 상품·용역의 다양성 제한, 혁신 저해, 봉쇄효과, 경쟁사

---

45) 공정거래위원회 예규 제389호, 2021.12.30. 개정.

46) 박현경, "특허권남용의 규제에 관한 연구", 재산법연구 제27권 제3호, 2011, 614면 이하.

업자의 비용 상승 효과 등을 발생시키거나 발생시킬 우려가 있는지를 종합적으로 고려하여 판단하여야 한다(심사지침 Ⅱ. 3. 나. (1)). 따라서 지식재산권의 정당한 행사 여부에 적용되는 기준은 일견 공정거래법상 일반적 금지행위의 위법성 판단기준과 크게 다르지 않다고 볼 수도 있다. 다만, 특허권 행사의 내용이나 행위유형에 따라 구체적인 사례에 적용되는 위법성 기준이나 그 적용요건은 법령의 해석상 적지 않게 다를 수 있다.

따라서 1차적으로 특허권 등의 행사가 공정거래법상 적용제외에 해당하지 않는 것으로 판단된다고 하더라도, 그 다음 단계에서 문제된 권리행사가 동법상 어떤 금지행위의 요건을 충족하는지를 면밀히 따져보지 않으면 안 된다. 심사지침의 태도도 이와 같다(심사지침 Ⅱ. 2. 가.).

나. 특허침해금지의 정당한 행사 여부

특허권자가 권리행사라고 하더라도 그것이 정당한 행사로 인정되지 않는 경우에는 공정거래법이 적용될 수 있다. 여기서 공정거래법의 적용대상이 되는 특허권의 행사에는 특허권자가 ① 그 권리를 직접 행사하면서 그 침해를 예방 또는 방지하는 행위뿐만 아니라, ② 그 권리를 타인에게 실시허락할 것인지 여부를 결정하거나 실시허락의 조건을 설정하는 행위까지 포함된다. ①의 경우에는 특허법이 규정한 특허권자 보호 제도를 이용한 재산법적인 영역에 속하는 문제라는 점에서 특허권이 재산권으로서 갖는 배타적 지배의 속성에서 유래된 것이지만, ②의 경우에는 특허권의 실시라고 하는 거래관계에서 발생하는 문제를 다루는 점에서 ①의 경우와 구별된다.

심사지침은 특허소송의 남용에 관하여 구체적인 판단기준을 제시하고 있다(심사지침 Ⅲ. 2.). 특허침해소송 등의 법적 절차는 특허권자의 중요한 권리보장 수단이다. 그러나 상당한 기간과 비용이 소요되는 특허침해소송은 소송 당사자에게 직접적인 비용을 발생시키는 한편, 관련시장에서 해당 사업자의 사업활동을 방해하는 효과를 초래할 수 있다. 따라서 부당하게 특허침해소송 등의 법적·행정적 절차를 남용하여 관련 시장의 공정한 거래를 저해할 우려가 있는 행위는 특허권의 정당한 권리범위를 벗어난 것으로 판단할 수 있다. 특히, 특허가 기만적으로 취득된 것임을 알면서도 기만적으로 취득한 특허에 근거하여 특허침해소송을 제기하는 행위, 특허침해가 성립하지 않는다는 사실(해당 특허가 무효라는 사실 등)을 특허권자가 알면서도 특허침해소송을 제기하는 행위, 특허침해가 성립하지 않는다는 사실이 사회통념상 객관적으로 명백함에도 불구하고 특허침해소송을 제기하는 행위의 경우에는 남용행위로 판단될 가능성이 크다.

반면, 소송에 대한 특허권자의 기대가 합리적이고 정당한 것으로 인정되는 경우에는 특허권자가 패소했다는 사실만으로 사후적으로 특허침해소송 남용행위로 추정되는 것은 아니다. 참고로 특허침해소송이 객관적으로 근거가 없음에도 불구하고 단지 소송절차를 이용하여 다른 사업자의 사업활동을 방해할 악의적인 의도로 소송을 제기하는 이른바 '사해소송'(詐害訴訟; sham litigation)[47]의 경우에는 부당한 행위로 판단할 가능성이 크다(심사지침 Ⅲ. 2. 다. [참고]). 아울러 특허침해소송 등 사법적·행정적 절차를 부당하게 이용하는 경우에는 특허권자가 보유한 권리의 취득 절차에 하자가 있는지와 무관하게 불공정거래행위에 해당될 수 있다.

한편, 위와 같은 경우에도 특허권의 정당한 권리행사의 범위를 벗어난 것으로서 공정거래법 제117조의 적용제외에 해당하지 않는다는 것이고, 그러한 권리행사가 곧바로 공정거래법상 금지행위의 요건을 충족하는 것은 아니다. 즉, 그러한 권리행사가 시장지배적 지위남용이나 불공정거래행위 등의 요건에 해당하는지 여부를 개별적으로 살펴보지 않으면 안 된다(심사지침 Ⅱ. 2. 나.).

다. 주요 사례

(1) 퀄컴 Ⅰ 판결

특허실시허락의 대가를 어떻게 정하는 방식에 따라 특허권의 정당한 권리행사인지 여부가 다투어질 수 있다. 대표적으로 2세대 이동통신기술인 코드분할다중접속방식(CDMA)의 원천기술을 보유한 퀄컴은 국내 휴대폰 제조사에게 휴대전화 모뎀칩과 RF칩 등을 판매하면서 자사가 공급하는 모뎀칩 등의 설치 여부에 따라 특허기술 사용에 대한 실시료를 달리 책정하는 이른바 차별적인 실시료를 부과하고, 휴대전화 제조사가 퀄컴의 모뎀칩을 일정 비율 이상으로 구매하고 경쟁사업자들과 거래하지 않을 것을 조건으로 리베이트를 제공하는 배타조건부거래를 통하여 경쟁사업자의 사업활동을 방해한 행위에 대하여 남용으로 인정되었다.[48]

---

47) sham litigation이란 객관적으로 근거가 없고 주관적으로 신의성실에 반하거나 상당한 이유 없이 제기된 소송을 말한다. 여기서는 사해행위라는 용어를 유추하여 사해소송(詐害訴訟)이라 부르기로 한다.

48) 대법원 2019.1.31. 2013두14726 판결.

이와 같은 실시료의 차별적 부과와 관련하여 심사지침은 관련시장에서 경쟁을 제한하는 것으로서, 특히 해당기술이 표준으로 설정되어 업계에서 널리 이용되고 있고, 특허권자가 표준선정 당시 FRAND를 확약하였으며, 차별적 로열티를 통하여 관련시장에서 경쟁사업자의 수가 감소하고 진입장벽이 강화되었다면 특허권의 정당한 권리행사범위를 벗어난 것으로 평가할 수 있다고 한다(심사지침 Ⅲ. 3. 가. 예시 1). 다만, 이와 같은 접근방법은 적용제외의 법적 성격에 비추어 그리 타당해보이지 않는다. 법 제117조의 적용제외란 특허권의 정당한 행사로 인정될 경우에는 시장지배적 지위남용이나 불공정거래행위 등 개별 금지행위의 요건이 충족되는지 여부를 나아가 살피지 않고 공정거래법의 적용을 배제한다는 취지이다. 그런데 이를테면 실시료 차별부과가 경쟁제한효과를 야기하는지 여부를 심사하여 특허권의 정당한 행사인지를 따진다면 결국 적용제외와 남용에 대한 판단이 완전히 중첩될 수밖에 없다. 위와 같은 기준에 따르자면 굳이 적용제외를 논할 실익이 없을 뿐만 아니라, 심사지침은 적용제외가 아니라 실시료 차별취급의 부당성 판단기준을 제시하고 있는 것이다.

(2) 돌비 사건

돌비는 국내 가전제품 제조회사 등 오디오 재생기기 제조업자에게 일련의 오디오 코딩기술에 대한 라이선스계약을 통해 로열티(loyalty)를 부과해왔다. 그런데 돌비는 AC-3 등 기술에 대한 라이선스 계약을 체결하면서 자신이 보유하고 있는 특허의 효력 또는 소유를 다투는 것을 금지하고, 자신이 보유하고 있는 특허의 범위 또는 유효성을 직·간접적으로 다툴 경우 즉시 계약을 해지할 수 있다는 등의 거래조건을 설정한 것이 문제되었고, 공정거래위원회는 이를 거래상 지위의 남용, 그중에서도 불이익제공으로 보아 시정조치를 내렸다.[49]

AC-3 등의 기술은 우리나라를 포함한 세계 여러 나라의 디지털 방송용 표준 오디오 코덱으로서, 그러한 표준기술은 대체가 사실상 불가능하므로 돌비는 이들 기술을 탑재한 오디오 콘텐츠를 재생하는 재생기기를 제조·판매하는 사업자로서는 AC-3 등 기술에 대한 라이선스가 필수적이라는 점에서 돌비의 거래상 지위가 인정되었고, 문제의 계약조항들은 대체로 특허권자의 권리를 과도하게 보호하는 반면, 실시권자의 권리를 과도하게 제한한다는 점에서 부당성이 인정되었다.

49) 공정거래위원회 2015.8.3. 의결 제2015-125호.

(3) 애플 판결

삼성전자와 애플은 표준특허 및 FRAND와 관련하여 두 건의 선례를 남긴 바 있다. 우선 삼성전자는 2011.4.21. 서울중앙지방법원에 애플이 제3세대 이동통신 기술과 관련된 4개 표준특허와 1개 비표준특허를 침해하였다면서 침해금지 및 손해배상 소송을 제기하였다. 그러면서 삼성전자는 애플이 표준특허를 침해하였다면서 iphone과 iPad 일부 제품의 판매금지를 청구하였다. 이에 대하여, 2012.4.3. 애플은 삼성전자가 표준특허에 근거하여 위와 같이 금지청구소송을 제기한 것은 시장지배적 지위남용행위로서 특허침해소송을 부당하게 이용한 사업활동 방해행위, 필수요소에 대한 접근거절행위, 및 기술 표준화 과정에서 특허정보 공개의무 위반으로 인한 사업활동 방해행위라고 하면서 공정거래위원회에 신고하였다.[50)]

2012년 8월 서울중앙지법[51)]은 삼성전자가 소송을 제기함으로써, FRAND 확약을 위반하여 권리남용을 하였거나 필수설비의 사용거절이나 현저한 가격차별 등 불공정한 조건제시, 다른 사업자의 계속적인 사업활동에 필요한 절차의 이행을 부당하게 어렵게 하는 등을 통하여 시장지배적 지위를 남용하지 않았고, 차별취급이나 위계에 의한 고객유인행위로서 불공정거래행위도 하지 않았다고 보았다.

시장지배적 지위남용 여부에 관하여 법원은 첫째로, 표준특허는 필수설비에 해당한다고 보면서도, 경쟁을 제한하는 부당한 거래거절행위에 해당하지 않는다고 보았다. 둘째로, 삼성전자가 제시한 실시료율 등 조건이 FRAND 확약에 부합하지 않는 부당하거나 과도한 실시료로 단정할 수 없고, 애플을 다른 표준특허실시권자에 비해 현저히 차별취급을 하였다 볼 수 없으며 가격차별을 하였다고 하더라도 경쟁제한성을 인정할 수 없다고 하였다. 셋째로, 삼성전자가 특허 은폐 등 적시공개의무를 위반하지 않았고, 표준 채택 이후 일정한 시간이 경과한 이후 FRAND 확약을 한 것만으로 표준화 과정에서 경쟁자를 배제시킬 목적으로 표준특허 공개를 은폐하거나 지연하였다고 보기 어렵고 표준특허에 기한 침해금지청구가 FRAND 선언을 준수할 의사가 없었다고 보기 어렵다고 하였다. 또한 특허정보 공개가 늦어졌다고 하여 적시공개의무에 위반된다고 하더라도 다른 기술의 표준특허 채택가능성이 있었다거나 다른 경쟁사업자의 사업활동을 방해하였다고 보기 어렵다고 보았다.

50) 공정거래위원회 2014.2.15.자 보도자료.

51) 서울중앙지법 2012.8.24. 선고 2011가합39552 판결.

한편, 공정거래위원회는 2014년 2월 삼성전자의 소송이 시장지배적 지위남용행위와 불공정거래행위에 해당하지 않는다고 하면서 무혐의 결정을 내렸다. 첫째로, 애플이 협상과정에서 오히려 먼저 특허침해소송을 제기하는 등 라이센스 협상에 성실히 임하지 않았고, 삼성전자가 협상에 성실히 이행하지 않았다고 보기 어려우며, 삼성전자의 소송은 특허권자의 정당한 권리행사로서 부당한 사업활동 방해행위에 해당하지 않는다고 하였다. 둘째로, 이 사건의 표준특허는 필수요소의 3가지 요소(필수성, 독점적 통제성, 대체불가능성) 중 독점적 통제성을 충족하지 않기에, 삼성전자의 소송은 필수요소의 사용 또는 접근 거절에 해당하지 않는다고 하였다. 셋째로, 삼성전자의 표준특허 공개기간이 다른 기업들에 비하여 상당히 지연되었다고 보기 어렵고, 표준화과정에서 다른 사업자들을 배제시킬 목적으로 특허를 은폐하였다고 보기도 어렵다고 하였다.

Ⅲ. 일정한 조합의 행위

1. 의의 및 요건

소규모의 사업자 또는 소비자의 상호부조를 목적으로 하여, 임의로 설립되고, 조합원이 임의로 가입 또는 탈퇴할 수 있고, 각 조합원이 평등한 의결권을 가지고 있으며, 조합원에 대한 이익배분의 한도가 정관에 정해져 있는 조합 또는 그 연합회의 행위에 대하여는 공정거래법을 적용하지 않는다(법 제118조). 일반적으로 사업자 또는 소비자의 조합에는 농업협동조합, 축산업협동조합, 중소기업협동조합, 수산업협동조합, 신용협동조합, 소비자협동조합 등이 포함된다. 동조의 목적은 시장에서 상대적으로 열악한 지위에 놓여 있는 소규모사업자 및 소비자들의 지위를 강화하여 궁극적으로는 그들이 대규모의 기업과 대등한 입장에서 경쟁할 수 있도록 하기 위한 것이다. 따라서 여기서 주로 문제가 되는 것은 공정거래법 제40조의 부당한 공동행위의 제한에 관한 규정일 것이다. 그러나 가격인상을 위한 공동행위나 불공정거래행위에 대하여는 여전히 동법이 적용된다(법 제118조 단서).

이와 관련하여 법 제118조를 제51조 사업자단체에 대한 금지행위의 예외로 보는 견해가 있다.[52] 그러나 동조에 의해 공정거래법의 적용이 제외되는 소규모사업

52) 손주찬, 경제법(공정거래법), 1993, 370면.

자의 조합은 구성사업자들의 상호부조를 목적으로 하는데 반해, 사업자단체는 구성사업자의 이익을 촉진하기 위한 것이고, 상호부조를 공동의 이익증진이라는 목적을 실현하기 위한 수단의 하나라고 본다면 사업자단체가 보다 넓은 개념이라고 볼 수 있다. 즉, 제118조의 요건을 갖춘 소규모의 사업자조합은 사업자단체의 일유형으로 볼 수 있으며, 이때에는 사업자단체의 금지행위에 관한 제51조가 적용되지 않는 것이다.[53]

사업자단체는 상호부조에 국한되지 않고 경쟁을 제한할 수도 있기 때문에, 공정거래법의 적용을 받는 것이며, 소규모 사업자의 상호부조를 목적으로 하는 조합은 경쟁을 실질적으로 제한할 우려가 적기 때문에 적용제외 되는 것이다. 따라서 상호부조 이외의 목적을 갖거나 기타 제118조의 요건을 갖추지 못한 조합은 제51조의 적용대상이라고 해석하는 것이 타당하며, 그렇다면 제118조는 제51조의 예외가 아니라 특별규정으로 보는 것이 타당할 것이다.

2. 적용제외 되지 않는 행위

비록 법 제118조 각호의 요건을 충족하는 조합의 행위라도 불공정거래행위 또는 부당하게 경쟁을 제한하여 가격을 인상하게 되는 경우에는 공정거래법이 적용된다(법 제118조 단서). 이러한 단서조항은 특히 소비자(협동)조합의 성격과 관련하여 몇 가지 해석상 문제를 안고 있다.

먼저, 일정한 요건을 갖춘 소비자조합이라도 공정거래법의 인적 적용범위에서 당연히 제외되는 것은 아니라는 점이다. 소비자나 소비자단체가 공정거래법의 목적상 규제대상이 아니라고 볼 경우에는 이들의 행위에 대해서 굳이 적용제외규정을 둘 필요가 없을 뿐만 아니라,[54] 더구나 불공정거래행위 등으로 나아간 경우에 공정거래법을 적용하겠다는 태도와도 부합하지 않기 때문이다.

둘째, 그렇다면 소비자조합의 불공정거래행위에 대해서 공정거래법 제45조를 적용하겠다는 문구로부터 소비자조합이 경우에 따라서는 사업자성을 가질 수 있음

53) 「사업자단체활동지침」 4. 가. (2).

54) 소비자조합의 법적 성격을 어떻게 볼 것인지에 따라 공정거래법 적용절차가 달라진다. 소비자조합을 사업자에 해당하지 않는다고 볼 경우에는 처음부터 공정거래법을 적용할 사안이 아니기 때문에 제3자의 신고가 있더라도 각하된다. 반면, 소비자조합을 사업자로 구성하고 적용제외로 접근할 경우에는 일단 공정거래위원회는 사건을 접수하여 법 제118조의 요건이나 단서에 해당하는지 여부를 따져보아야 하고, 경우에 따라서는 심사절차를 진행하지 않으면 안 된다.

을 추론할 수 있다. 법 제45조는 사업자에게만 적용되는 것이고, 소비자조합의 구성사업자는 개별 소비자인데 이들은 통상 사업자에 해당하지 않을 것이기 때문에 소비자조합을 사업자단체로 구성하기는 어려울 것이기 때문이다.

셋째, 그렇다면 사업자조합이나 소비자조합이라도 부당하게 경쟁을 제한하여 가격을 인상하는 행위에는 적용제외가 인정되지 않는다는 부분은 어떻게 이해해야 하는가? 이 문제를 해결하기 위해서는 '부당하게 경쟁을 제한하여 가격을 인상하는 행위'를 먼저 이해할 필요가 있다. 공정거래법상 '부당하게 경쟁을 제한'하는 행위로는 일견 부당한 공동행위가 유일하고, 따라서 카르텔을 통하여 가격을 인상하는 행위 내지 가격카르텔을 의미하는 것으로 해석할 수 있을 것이다. 이때 사업자조합이나 소비자조합을 '사업자'로 이해할 경우에는 처음부터 카르텔이 성립할 수 없으므로, 적어도 사업자단체의 성격을 갖는 사업자조합에 대해서만 법 제51조 제1항 제1호를 적용한다는 의미로 해석하여야 할 것이다. 지극히 예외적으로 소비자가 사업자성을 갖는 경우에 한하여 소비자조합에 대해서도 이와 같은 해석이 가능할 것이다.

관련 판례로는 부산치과의사회가 치과기공료를 가이드라인으로 결정한 사건[55]과 전국학생복발전협의회가 학생복 가격의 인하율 등을 일정 수준으로 유지하기로 결의한 사건[56]이 있다. 법원은 전자에 대해서는 이 사건 행위가 부당하게 경쟁을 제한하는 가격인상행위에 해당한다는 이유로, 후자에 대해서도 실질적인 가격인상행위에 해당한다는 이유로 법 제118조에 따른 적용제외가 가능하지 않다고 판시하였다.

[보론] 불문의 적용제외

공정거래법은 노동시장을 특별히 적용제외의 영역으로서 규정하지 않고 있다. 그런데 노동시장은 통상적인 상품시장과 다른 여러 가지 특성을 가지고 있기 때문에 경쟁원리가 그대로 적용될 수 없고, 따라서 일종의 불문(不文)의 적용제외영역으로 보아야 한다는 견해가 일찍이 독일에서는 대두되고 있고, 이 문제에 대해서

55) 서울고등법원 2003.6.26. 선고 2001누12378 판결; 대법원 2005.8.19. 선고 2003두9251 판결.
56) 서울고등법원 2004.8.18. 선고 2001누17717 판결; 대법원 2006.11.24. 선고 2004두10319 판결.

는 여전히 다투어지고 있다.

적용긍정설은 노동시장에서 노동의 수요자와 공급자로서 등장하는 사용자와 근로자는 일반 시장에서와 다름없이 거래주체로 보아야 하고, 근로조건을 단체협약에서 공동으로 정하는 것은 상품시장에서의 성과경쟁을 제한할 수 있기 때문에, 그러한 한도에서 경쟁제한방지법이 적용되어야 한다고 한다. 반면 적용부정설은 노동시장에서는 단체자치(Tarifautonomie)가 적용되고, 단체협약으로 근로조건을 정하는 것은 헌법에서 보장하고 있는 근로자의 단결권의 행사로서 그 한도에서는 경쟁제한방지법이 처음부터 적용될 여지가 없다고 하며, 현재 독일의 통설이자 판례의 태도이다.

반면, 미국의 클레이튼법 제6조는 정당한 목표를 합법적으로 추구하는 노동조합과 그 구성원에 대하여 독점금지법의 적용을 제외하고 있다. 특히 동법 제20조에서는 고용기간이나 고용조건상 근로자의 이익을 위하여 행하는 파업이나 보이코트 등을 절대적으로 보호받는 노조의 활동으로 열거하고 있다.[57] 반면, 연방대법원의 다수의견은 노조가 사업자들과 영업시간을 제한하는 단체협약을 체결하는 행위는 경쟁에 실질적인 영향을 미친다는 점에서 독점금지법의 적용제외가 인정되지 않는다는 입장을 취하고 있다.

노동조합은 노동자들의 이익을 보호하기 위한 합법적인 조직이다. 그러나 다른 한편으로 노동조합은 특정 산업에서 경쟁을 제한할 수 있는 실질적인 힘을 가지고 있다는 점에서 경쟁법과의 충돌가능성을 내재하고 있다. 노동조합은 경쟁법이 자유시장과 경쟁원리에 맡겨놓은 상품·용역의 생산이나 판매에 대하여 영향을 미칠 수 있는 것이다.

따라서 과연 노동조합의 활동에 대하여 어느 범위까지 경쟁법의 적용을 제외할 수 있는지가 문제된다. 이러한 맥락에서 검토할 문제로는 노조와 사용자 간에 체결되는 단체협약을 카르텔로 보기 위한 전제로서 특히 노조가 사업자로서의 적격을 갖는지 여부, 단체협약의 내용이 경쟁관련성(Wettbewerbsrelevanz)을 가지고 있는지 여부, 그리고 단체협약을 통한 근로자의 이익과 그로 인한 경쟁제한을 방지하는 데에 따른 공익 사이에 비교형량을 어떻게 할 것인지 등을 들 수 있다. 우리나라에서는

57) 처음에는 클레이튼법 제20조에 열거된 행위에 대하여 적용제외를 인정하여, 행위의 당부를 묻지 않았고 secondary picketing과 secondary boycott까지 제외되었다. 하지만 이후에는 이에 대하여 일정한 제한이 가해졌고, 노조가 다른 사업자를 시장에서 축출할 목적으로 일정한 사업자와 임금협정을 체결한 경우에도 적용제외는 인정되지 않았다.

이 문제에 관한 논의가 거의 없으며, 대체로 근로자 또는 노동조합이 경우에 따라서 사업자에 해당할 수 있는지의 관점에서 접근하고 있는 것으로 보인다.

제3편

공정거래법의 집행

공정거래법은 그 집행을 1차적으로 공정거래위원회에, 최종적으로는 처분에 대한 불복절차의 형태로 법원에 맡기고 있다. 법위반사업자에 대한 손해배상을 통한 민사적 구제절차 또한 전적으로 법원이 담당하고 있음은 물론이다. 2020년 전부개정[1])으로 금지청구제가 도입되면서 공정거래위원회의 처분이 없는 상태라도 지방법원 단위에서 법집행에 관여하는 것이 가능해졌다. 뿐만 아니라 형사벌에 관한한 비록 공정거래위원회의 고발을 소송조건으로 하는 제약 속에서 검찰 또한 동법의 집행상 일익을 담당하고 있고, 형사벌의 중요성은 나날이 커지고 있다. 이처럼 공정거래법은 집행의 실효성을 담보하기 위하여 시정조치와 과징금 등의 행정제재와 형사제재 및 민사책임이라는 세 가지 수단을 두고 있는 것이다.

먼저, 공정거래위원회는 시장지배적 지위남용이나 경쟁제한적 기업결합, 부당한 공동행위, 불공정거래행위 등에 대하여 시정조치를 명하거나 과징금을 부과할 수 있을 뿐만 아니라, 형사벌을 구하는 취지의 고발을 의결할 수 있다. 그 밖에 공정거래위원회는 일정한 요건을 갖춘 기업결합의 신고를 받거나 부당한 공동행위에 대하여 예외적으로 인가를 내리기도 하고, 대기업집단의 지정 및 소속 계열회사에 대한 각종 사전규제를 행하고 있다. 공정거래절차의 중심은 우리보다 역사적으로 앞선 미국이나 유럽의 예를 보더라도 사후규제에 놓여 있음에 의문이 없으나, 우리나라는 기업집단규제를 비롯하여 특정 분야의 불공정거래행위를 다루는 특별법에서 사전규제를 확대하는 추세를 보이고 있다.

또한 공정거래법은 법위반행위에 대한 손해배상에 대하여 민법상 불법행위에 대한 특칙을 규정하고 있으나, 최근까지도 그 역할은 크지 않다. 2000년대 이후 사소(私訴)를 중심으로 법집행이 이루어지는 미국 독점금지법과 법경제학의 영향으로 우리나라에서도 사적집행(private enforcement)을 강화하기 위한 논의가 있었고, 2018년 제29차 법개정[2])을 통하여 사업자 또는 사업자단체의 부당한 공동행위와 불공정거래행위에 관련한 보복조치의 금지 위반에 한하여 실손해(actual damage)의 3배까지 배상을 명할 수 있는 징벌배상을 도입하였다. 나아가 최근 2020년 공정거래법 전부개정에 의해 불공정거래행위 금지규정을 위반한 행위로 피해를 입거나 피해를 입을 우려가 있는 자가 그 위반행위를 하거나 할 우려가 있는 사업자 또는 사업자

1) 2020.12.29. 전부개정, 법률 제17799호.
2) 2018.9.18. 법률 제15784호.

단체에 대하여 침해행위의 금지 또는 예방을 청구할 수 있는 사인의 금지청구(禁止請求; injunction)가 도입되었다.

끝으로 공정거래법 위반의 경쟁제한행위 등에 대해서는 광범위하게 형사벌이 규정되어 있다. 최근 들어 공정거래위원회의 고발건수는 늘어나고 있으나, 검찰단계에서 무혐의·불기소로 종결되거나 기소가 되더라도 벌금으로 끝나는 경우가 대부분이어서 그 실효성을 둘러싼 논란은 여전하다. 2020년 전부개정법[3]은 기업결합이나 불공정거래행위 중 거래거절, 차별취급, 경쟁사업자 배제, 구속조건부거래 및 재판매가격유지행위 등 형벌부과의 필요성이 적고 그간 형벌을 부과한 사례가 거의 없는 일련의 행위에 대하여 형벌조항을 삭제하였다.

이처럼 공정거래법의 집행수단이 행정·민사·형사 3차원으로 설계된 것은 법집행의 실효성을 제고하기 위한 입법적 결단이다.[4] 공정거래법의 실효성은 금지규범의 억지력이 얼마나 확보되는가에 좌우된다는 점에서 입법자로서는 가능한 모든 집행수단을 공정거래법에 마련한 것으로 이해할 수 있다. 다만, 무릇 법집행은 법치국가원리의 한계 내에서 이루어져야 하며, 비례의 원칙이나 과잉금지의 원칙을 비롯하여 경쟁당국의 공권력 행사에 대한 적절한 통제수단이 제대로 작동하지 않으면 자칫 경쟁을 기반으로 하는 시장경제가 오히려 위태로워질 수 있음에 유의하여야 한다.

그 밖에 공정거래법의 최적집행(optimal enforcement)을 둘러싼 논의도 현재 진행형이다. 경쟁법의 집행상 오류가능성을 바라보는 시각에 따라 과다집행(type Ⅰ error, false positive error)과 과소집행(type Ⅱ error, false negative error) 중 선호가 달라지고, 그에 따라 집행의 빈도와 강도가 달라지게 된다. 소비자후생 및 경제적 효율성을 강조하여 경쟁제한효과에 대한 엄밀한 경제분석을 강조하는 측에서 과다집행을 우려하는 반면, 사적집행이 미진하고 독과점화가 이루어진 후 원상회복이 불가능한 점을 들어 과소집행을 걱정하기도 한다.[5]

---

3) 2020.12.29. 전부개정, 법률 제17799호.

4) Karsten Schmidt, Drittschutz, Akteneinsicht und Geheimnisschutz im Kartellverfahren, 1992, S. 5.

5) 김지홍·이병주, "과대집행과 과소집행의 딜레마—경쟁법의 숙명", 저스티스 제135호, 2013.4, 291면 이하, 276면 이하. 여기서는 결론적으로 공정거래위원회의 보다 적극적인 법집행을 주문하면서 그에 따른 과대집행의 문제는 법원을 통해 개별적으로 해결될 수 있다고 한다. 그런데 장기간 조사를 받고, 처분에 불복하는 절차를 거쳐야 하는 사업자가 지게 될 막중한 부담을 감안하자면 공정거래위원회 단계의 과대집행을 가벼이 넘길 수 없을 것이다.

이 문제는 법과 경제학이 보여주는 관점의 차이를 그대로 노정하고 있는바, 최적성(optimality)은 당초 경제학에서 유래한 것이나 이를 판단하는 기준은 존재하지 않는다. 무엇보다 과다인지 과소인지, 즉 집행오류를 판단하기 위해서 공정거래법 위반에 관한 가정—사업자가 법위반을 하지 않았음에도 불구하고 또는 법위반을 하였음에도 불구하고 그와 상반되는 결론에 이르게 되었다는 가정—을 기초로 한다는 점에서 최적집행 및 여기에 기초한 과다·과소집행 논의는 그 자체가 한계를 안고 있다. 공정거래법 위반 여부가 다수의 불특정개념과 공정거래위원회의 재량 등으로 인하여 매우 불확실하다는 점을 부인할 수는 없으나, 그러한 불확실성을 전제로 한 의결이나 판결에 대한 논박은 별론으로 하고 사전적으로나 사후적으로 집행상 '오류'를 논할 수는 없기 때문이다. 여기서 '오류'란 다분히 논쟁의 소지가 있는 일방의 주장인 것이지 객관적으로 확인할 수 있는 결과는 아닌 것이다. 다만, 경쟁정책의 관점에서 최적집행에 관한 입장의 차이가 금지요건의 해석 및 절차의 운영에 적지 않은 영향을 미친다는 점에서 과다·과소집행을 둘러싼 논의의 실익을 찾을 수 있다.

제 1 장

공정거래절차의 전담기구: 공정거래위원회

제 1 절 공정거래위원회의 조직과 권한

Ⅰ. 조 직

1. 개 관

공정거래위원회는 공정거래법에 따른 사무를 독립적으로 수행하기 위하여 국무총리 소속 하에 설치되어 있으며, 정부조직법상 중앙행정기관의 성격을 갖는다(법 제54조). 공정거래위원회의 독립성은 그 업무의 중심에 법률의 해석·적용이라는 사법기능이 있다는 점, 경쟁질서 및 시장경제의 보호는 기본권보장 및 법치국가의 요구에 부합하여야 한다는 점, 그리고 법집행에 재량의 여지가 매우 넓은 만큼 그 처분의 실체적 정당성(substantive legitimacy)을 보장하는 장치는 무엇보다 의사결정과정에서 외부의 영향을 받지 않아야 한다는 점에서 그 근거를 찾을 수 있다.

그런데 다른 한편으로 공정거래위원회는 법위반행위에 대한 조사를 하거나 심의·의결을 행하는 것은 물론이고 대기업집단에 대한 각종 사전규제를 수행하는 점에서는 일반행정기관과 매우 유사하고, 경쟁정책이나 소비자정책, 중소기업정책을 수립·집행하는 점에서는 정책기능을 아울러 갖는다. 이처럼 공정거래위원회의 법적 성격이 다원적인 만큼 하나의 통일적인 조직원리를 도출하기란 쉽지 않다.

공정거래법은 조직 및 집행과 관련하여 대체로 '공정거래위원회'를 그 주체로 언급하고 있으나, 실제로 어떤 경우에는 합의제(合議制) 행정기관을 지칭하기도 하고 다른 어떤 경우에는 사무처 또는 소속 공무원을 의미하기도 한다. 아래에서는 공정거래위원회를 합의제 행정기관과 사무처로 나누어 살펴보기로 한다. 전자는 준사법기관의 성격을 강하게 갖는 반면, 후자는 상대적으로 일반행정기관에 가깝기 때문에 그 조직 및 운영원리 또한 상이할 수밖에 없다.

2. 합의제 행정기관으로서 공정거래위원회

가. 위원회의 구성

공정거래위원회는 위원장 1인, 부위원장 1인을 포함한 총 9인의 위원으로 구성되며, 그 중 4인은 비상임위원으로 한다(법 제57조 제1항). '9인의 위원'이라는 표현에서 알 수 있듯이 위원장과 부위원장도 합의제 행정기관의 일원이라는 점에서는 나머지 위원들과 마찬가지로 위원의 지위를 갖는다. 따라서 공정거래법이 임명절차나 임기 등 위원장, 부위원장과 다른 위원을 구분하여 규정한 경우를 제외하고, 신분보장이나 정치운동 금지 등 이들을 구분하지 않고 '위원'이라고 규정한 경우에는 위원장과 부위원장을 포함하는 것으로 해석하여야 한다.

위원장과 부위원장은 국무총리의 제청으로 대통령이 임명하며, 기타 3인의 상임위원과 4인의 비상임위원은 위원장의 제청으로 대통령이 임명한다(법 제57조 제2항). 위원장과 부위원장은 정무직 공무원이고, 나머지 상임위원은 고위공무원단에 속하는 일반직공무원으로서 국가공무원법 제26조의5에 따른 임기제공무원에 해당한다(법 제57조 제3항). 비상임위원은 공무원이 아니며, 다만 형법이나 기타 법률에 의한 벌칙의 적용에 한해서만 공무원으로 간주될 뿐이다(법 제123조 제1항).

공정거래법은 위원장, 부위원장을 포함한 위원은 상임 또는 비상임을 묻지 않고 공히 아래와 같은 자격을 갖춘 자 중에서 임명하도록 규정하고 있다(법 제57조 제2항 각호).

① 2급 이상 공무원(고위공무원단에 속하는 일반직공무원을 포함)의 직에 있던 자

② 판사·검사 또는 변호사의 직에 15년 이상 있던 자

③ 법률·경제·경영 또는 소비자 관련 분야 학문을 전공하고 대학이나 공인된 연구기관에서 15년 이상 근무한 자로서 부교수 이상 또는 이에 상당하는 직에 있던 자

④ 기업경영 및 소비자보호활동에 15년 이상 종사한 경력이 있는 자.

이와 같은 자격조건이 공정거래위원회의 준사법기관이자 합의제기관인 성격에 부합하는지에 대해서는 의문이 제기될 수 있다. 법령을 해석·적용하는 기능에 비춰보면 ④에서 규정한 경력은 그다지 적합하지 않고, 정책기관의 성격을 보자면 ②나 ③의 자격이 필요한지 의문이기 때문이다. 이 문제는 공정거래위원회의 다양

한 역할에 맞게 다양한 경력을 가진 위원을 임명한다는 단순한 논리로 위원의 자격을 정한 데에서 비롯되는 것이기도 하다.

나아가 우리나라의 소회의에 해당하는 독일 연방카르텔청 소속 심결부(審決部; Beschlusskammer)의 장이 언제나 판사의 자격을 갖추고 있어야 하는데 반해, 우리나라에서 전원회의의 장은 다분히 정치적으로 임명되는 공정거래위원장이, 소회의의 장 역시 상명하복의 위계질서에 익숙한 공무원인 상임위원이 관장함으로써, 공정거래위원회가 오로지 법령에 기초하여 당해 사건을 해석·판단할 것을 기대하기가 어려운 실정이다. 입법론으로는 공정거래위원회의 1차적인 과제는 사법기능 내지 심결기능이라는 점을 감안하여 전원회의나 소회의에 참여하는 위원은 ①, ② 또는 ③의 자격을 갖춘 자로 한정하는 것이 바람직할 것이다.

나. 위원의 임기 등

공정거래위원회가 독립행정기관으로서 자리매김하기 위해서는 위원의 임기제와 신분보장이 매우 중요하다. 위원장, 부위원장 및 다른 위원의 임기는 모두 3년이며, 1차에 한하여 연임할 수 있다(법 제61조). 지금까지의 관행을 보면 상임·비상임위원의 임기는 비교적 잘 지켜져 왔으나, 과거 위원장과 부위원장의 경우에 연임은 고사하고 자의반 타의반으로 3년의 임기도 채우지 못하는 경우가 적지 않았다. 1996년 3월 위원장이 장관급으로 격상된 이후를 살펴보면 12명의 위원장 중에서 임기를 채운 것은 3명에 불과한 실정이다.[1)]

국제적으로 한 나라의 경쟁당국이 어느 정도 독립성을 보장받고 있는지를 평가하는 1차적인 척도가 바로 그 수장 및 위원의 임기가 제대로 지켜지고 있는지 여부이다. 미국의 경우 연방거래원회 위원의 임기가 7년임에도 불구하고 임기제가 철저하게 준수되고 있으며, 교차임기제를 통하여 위원들의 임기가 일시에 도래하지 않도록 엇갈리게 임명하고 있는 점은 특히 정권교체와 무관하게 경쟁당국의 독립성과 법집행의 일관성을 보장한다는 관점에서 참고할 만하다.[2)]

그 밖에 공정거래위원회의 위원은 금고 이상의 형의 선고를 받거나 장기간의 심신쇠약으로 직무를 수행할 수 없게 된 경우를 제외하고는 그 의사에 반하여 면직

1) 12대 강철규 위원장(2003.3.10.~2006.3.9.)과 20대 조성욱 위원장(2019.9.9.~2022.9.8.)이 3년 임기를 정확히 채웠고, 10대 전윤철 위원장(1997.3.6.~2000.8.6.)은 중간에 정권이 바뀌고도 위원장직을 계속 유지하였다가, 몇 달 후 당시 기획예산처 장관으로 자리를 옮겼다.

2) 권오승·서정, 독점규제법(제4판), 법문사, 2020, 696면.

(免職) 또는 해촉(解囑)되지 않는다(법 제62조). 대통령이 정책 실패나 특정 사건의 처리결과에 대한 불만을 이유로 위원장을 경질하는 것은 허용되지 않으며, 심지어 현직 위원장의 임기 중에 사임의사를 사전에 묻지도 않고 일방적으로 신임 위원장을 발표하는 것과 같은 행위는 대통령의 직권남용에 해당할 수 있다.

끝으로 위원은 정당에 가입하거나 기타 정치운동에 관여할 수 없다(법 제63조). 위원장, 부위원장과 상임위원은 국가공무원으로서 이미 「국가공무원법」 제65조에 따라 정당이나 그 밖의 정치단체의 결성에 관여하거나 이에 가입할 수 없고, 선거에서 특정 정당 또는 특정인을 지지 또는 반대하기 위한 행위 등 일련의 정치적 행위를 해서는 안 된다. 따라서 공정거래법상 정치활동금지는 공무원이 아니었던 자가 비상임위원에 임명되는 경우에 나름 의미를 가질 뿐이다.

3. 위원회의 회의

가. 회의의 구분

합의제기관으로서 공정거래위원회의 회의는 위원 전원으로 구성하는 전원회의와 상임위원 1인을 포함한 3인으로 구성된 소회의로 구분되며(법 제58조), 소회의는 5개 이내에서 둘 수 있다(영 제59조 제1항). 위원장은 각 소회의의 구성위원을 지정하고 필요한 경우에 이를 변경할 수 있으며(영 제59조 제2항), 각 소회의의 분장업무를 지정하고 필요한 경우에는 이를 변경할 수도 있다(영 제60조). 이 점에서 위원장은 직접 소회의에 참여하지 않더라도 특정 소회의에서 다루어지는 사건에 간접적으로 영향을 미칠 수 있다.

각 소회의의 구성위원에게 특정 사건에 대하여 법 제67조에 의한 제척·기피·회피 사유가 있는 경우에 당해 사건을 다른 소회의에서 심의하도록 하거나 해당 사건에 한하여 다른 소회의의 위원을 그 소회의의 위원으로 지정할 수 있다(영 제59조 제3항). 보기에 따라서는 이 또한 위원장이 개별 사건에 영향을 미칠 수 있는 장치일 수도 있다.

전원회의는 다음의 사항을 심의·의결하며(법 제59조 제1항), 소회의는 전원회의에서 심의·의결하지 않는 사항을 심의·의결한다(법 제59조 제2항).

① 공정거래위원회 소관의 법령이나 규칙·고시 등의 해석적용에 관한 사항

② 제96조에 따른 이의신청

③ 소회의에서 의결되지 아니하거나 소회의가 전원회의에서 처리하도록 결정한 사항

④ 규칙 또는 고시의 제정 또는 변경

⑤ 경제적 파급효과가 중대한 사항 기타 전원회의에서 스스로 처리하는 것이 필요하다고 인정하는 사항

공정거래위원회는 금지요건이나 그에 따른 법률효과를 판단함에 있어서 폭넓은 재량을 부여받고 있는바, 고시나 지침 등의 행정입법을 통하여 객관적이고 통일적인 법집행을 도모하는 방식으로 재량을 스스로 통제하고 있다. 이러한 행정입법은 이른바 재량권행사의 준칙에 해당하는 것이다. 법령의 명시적인 위임근거에 따라 제정된 고시·지침으로서 법률을 보충할 만한 내용인 경우에는 대외적으로 직접 사업자에게도 구속력을 갖는다는 의미에서 법규적 효력을 갖는 반면, 법령에 위임근거가 없는 경우에는 그 내용과 상관없이 법규적 효력을 갖지 못한다.[3)]

한편, 「공정거래위원회 회의운영 및 사건절차 등에 관한 규칙」(이하 "절차규칙")[4)]은 소회의의 심의·의결사항으로 시장지배적 지위남용, 경쟁제한적 기업결합, 부당한 공동행위, 불공정거래행위 등에 대한 시정조치와 과징금 등 법위반사건에 대한 심의·의결을 규정하고 있어 일견 소회의 중심의 사건처리를 예정하고 있다(절차규칙 제5조 제1항 제1호, 제2호). 다만, 경제적 파급효과가 중대한 사항으로 시장의 연간매출액 규모가 1천억 원 이상인 남용사건, 자산규모 2조 원 이상의 대규모회사에 의한 기업결합 사건, 관련매출액이 1천억 원 이상인 부당한 공동행위 사건 또는 계약금액이 5백억 원 이상인 입찰담합 사건 등은 전원회의의 심의·의결을 거치게 됨으로써 대체로 중요 사건들은 전원회의가 담당하고 있다(절차규칙 제4조 제2항 제1호 내지 제4호).

나. 회의의 운영

전원회의의 의사(議事)는 위원장이 주재하며 재적위원 과반수의 찬성으로 의결한다(법 제64조 제1항). 소회의의 의사는 상임위원이 주재하며 구성위원 전원의 출석과 출석위원 전원의 찬성으로 의결한다(동조 제2항). 의결방식에 있어서 합의제의 성격에 부합하는 것은 소회의이며, 소회의에서 의결이 되지 않은 사건은 전원회의에

3) 홍대식, "공정거래법 집행자로서의 공정거래위원회의 역할과 과제", 서울대학교 법학 제52권 제2호, 2011, 178면 이하.

4) 공정거래위원회 고시 제2023-9호, 2023.4.14. 개정.

서 심의·의결하게 된다(법 제59조 제1항 제3호). 전원회의의 경우 다수결에 따라 의결이 이루어지나, 고시·지침 등의 제·개정이 아니라 법위반사건에 대한 심의에 있어서는 종래 의결서에 다수의견과 소수의견이 따로 표시되지 않기 때문에 일견 서명한 위원이 모두 의결내용에 찬성한 것으로 보일 소지가 있었다. 현행 절차규칙은 합의과정에서도 의결내용에 이견이 있는 위원의 의견은 따로 명기해주는 것이 추후 취소소송의 단계에서 피심인의 권리를 실현함에 있어서도 필요하다는 점을 감안하여 의결서나 결정서에 소수의견을 부기할 수 있도록 규정하고 있다(절차규칙 제62조 제3항). 다만, 실무적으로 소수의견이 부기된 예는 아직 없는 것으로 보인다.[5)]

공정거래위원회의 심리는 구술심리를 원칙으로 하되, 필요한 경우에는 서면심리로 할 수 있다(법 제65조 제2항). 공정거래위원회의 심리와 의결은 공개되지만(동조 제1항), 특정 사건에 관한 의결의 합의는 공개하지 않는다(동조 제3항). 위원들이 법령과 법리, 건전한 경제이론에 따라 어떠한 영향도 받지 않고 자유로운 의견개진을 통하여 합의에 이르도록 하기 위한 장치이다.[6)]

전원회의 및 소회의의 의장은 심판정에 출석하는 당사자·이해관계인·참고인 및 참관인 등에 대하여 심판정의 질서유지를 위하여 필요한 조치를 명할 수 있다(법 제66조). 이때, 의장이란 결국 전원회의와 소회의를 주재하는 위원장과 상임위원을 말한다. 이처럼 위원장은 공정거래위원회를 대표하는 동시에 전원회의에서도 회의를 주재하는 이외에 법적으로는 다른 위원과 마찬가지로 다수결의 구속을 받는다. 위원장은 대다수 사건을 처리하는 소회의에는 참여하지 않으며, 개별 사건에 관하여 다른 위원들에게 지시를 할 수도 없다. 즉, 법률상 위원들은 오로지 법률에 따라 사건을 심사하게 되어 있으며, 모든 위원은 심의·의결과정에서 대등한 지위에 있고, 위원장이나 직근(直近) 상급관청인 국무총리로부터도 지시를 받지 않게 되어 있다.

그 밖에 공정거래법은 심의·의결의 공정성을 담보하고 사적 이해관계로부터의 영향을 차단하기 위하여 위원이 다음의 어느 하나에 해당하는 사건에 관해서는 그 심의·의결에서 제척(除斥)되도록 하고 있다(법 제67조 제1항).

---

5) 권오승·서정(제4판), 724면.

6) 공정거래위원회 심결의 투명성과 신뢰를 제고하기 위하여 합의과정 또한 공개할 필요가 있다는 주장도 있으나, 자칫 심결의 독립성을 저해할 우려가 있다. 소수의견을 적극적으로 부기해주는 것이 보다 현실적이고 부작용이 적을 것으로 보인다.

① 자기나 배우자 또는 배우자이었던 자가 당사자이거나 공동권리자 또는 공동의무자인 사건
② 자기가 당사자와 친족관계에 있거나 자기 또는 자기가 속한 법인이 당사자의 법률·경영 등에 대한 자문·고문 등으로 있는 사건
③ 자기 또는 자기가 속한 법인이 증언이나 감정을 한 사건
④ 자기 또는 자기가 속한 법인이 당사자의 대리인으로서 관여하거나 관여하였던 사건
⑤ 자기 또는 자기가 속한 법인이 사건의 대상이 된 처분 또는 부작위에 관여한 사건
⑥ 자기가 공정거래위원회 소속공무원으로서 당해 사건의 조사 또는 심사를 행한 사건

당사자는 위원에게 심의·의결의 공정을 기대하기 어려운 사정이 있는 경우에는 기피신청을 할 수 있으며, 위원장은 이 기피신청에 대하여 위원회의 의결을 거치지 아니하고 결정한다(법 제67조 제2항).[7] 위원 본인도 위의 사유에 해당하는 경우에는 스스로 그 사건의 심의·의결을 회피할 수 있다(동조 제3항).

4. 사무처 및 조사처

공정거래위원회의 사무를 처리하기 위하여 사무처를 둔다(법 제70조). 사무처에는 사무처장 1명을 두고, 사무처장은 고위공무원단에 속하는 일반직 공무원으로 보한다. 사무처장은 위원장의 명을 받아 사무처의 사무를 처리하며, 소속 직원을 지휘·감독한다(공정거래위원회 직제[8] 제5조).

2023년 4월 공정거래위원회의 조직 개편 전까지, 사무처는 운영지원과·경쟁정책국·기업집단국·소비자정책국·시장감시국·카르텔조사국 및 기업거래정책국을 두고 있었으며, 대변인은 위원장, 감사담당관과 심판관리관은 부위원장, 기획조정관은 사무처장 밑에 각 1명을 두고 있었다(구 공정거래위원회 직제 제6조[9]). 시장구조

7) 소회의의 경우에 해당 사건의 심의·의결에 참여하지도 않는 위원장이 제척 여부를 결정하기보다는 소회의의 의장인 상임위원이 결정하는 것이 바람직하다.
8) 2023.8.30. 개정, 대통령령 제33687호, 「공정거래위원회와 그 소속기관 직제」(이하 "공정거래위원회 직제").
9) 2022.12.27. 개정, 대통령령 제33125호.

개선정책관은 경쟁정책국, 그리고 유통정책관은 기업거래정책국 밑에 두고 있었다. 심판관리관은 전원회의 및 소회의의 심리·의결 등의 사항에 관하여 부위원장을 보좌하는바(구 공정거래위원회 직제 제7조의2 제2항[10]), 송무담당관도 여기에 속해 있었다. 그 밖에 서울, 부산, 광주, 대전, 대구의 5개 지방사무소의 장은 사무처장의 명을 받아 소관업무를 통할하고, 소속 공무원을 지휘·감독한다(공정거래위원회 직제 제20조[11]).

2023년 4월 공정거래위원회는 조직개편을 추진하여 사무처와 조사처를 분리하였다. 그에 따라 사무처에는 운영지원과·경쟁정책국·소비자정책국·시장감시국·카르텔조사국·기업집단 감시국 및 기업결합심사국을 두게 되었고, 위원장 밑에 대변인, 부위원장 밑에 심판관리관 및 감사담당관, 사무처장 밑에 조사관리관 및 기획조정관을 두었다(공정거래위원회 직제 제6조).

사무처의 세부조직은 위반행위의 유형별 내지 관련 법령별로 편제되어 있다고 이해할 수 있다. 종래 사건처리의 효율성을 제고한다는 차원에서 행위유형별 조직을 산업별 조직으로 전환할 필요가 있다는 지적이 있다.[12] 법위반행위란 언제나 특정 산업 내에서 이루어지는 것이고, 각각의 산업을 깊이 있게 이해할 경우에는 보다 신속한 사건인지와 내실 있는 조사가 가능해진다는 점에서 충분히 고려할 만하다.

덧붙여서 현재의 행위유형별 조직을 유지하더라도 공정거래위원회의 사건처리부담이 가장 크면서도 다분히 사적 분쟁의 소지가 큰 불공정거래행위에 관한 한 공정거래법 위반행위와 하도급법 등 각종 특별법을 통합하여 조직 및 처리절차의 차별화를 도모하는 방안을 적극적으로 검토할 필요가 있다.

Ⅱ. 공정거래위원회의 권한

1. 개　관

공정거래법은 일정한 경쟁제한행위에 대한 금지를 통하여 그 목적을 실현하게 된다. 그런데 동법의 목적을 실현하기 위해서는 경쟁제한행위나 불공정거래행위에

10) 2022.12.27. 개정, 대통령령 제33125호.

11) 2023.8.30. 개정, 대통령령 제33687호.

12) 홍명수, “공정위 사건처리절차의 효율화를 위한 개선 방안”, 경쟁법연구 제3권, 2006, 279면 이하.

대한 신고나 손해배상의 청구만으로는 충분치 않기 때문에 이를 적극적으로 담당할 국가조직이 요구되는 것이다. 즉, 사인(私人)은 스스로 경쟁제한행위를 인지하지 못하는 경우도 있고, 법위반의 혐의를 인지하더라도 적극적으로 이를 조사할 수 있는 권한도 없다. 따라서 공정거래법에 의하여 창설되고, 공정하고 자유로운 경쟁질서를 확립할 임무를 부여받을 뿐만 아니라 동법을 위반하였다고 인정되는 사업자에 대하여 직접 조사를 행할 수 있는 권한을 가진 국가기관이 필요하게 된다. 문제는 공정거래법을 적용하는 책무를 검찰에 맡길 것인가 아니면 공정거래위원회와 같은 특별행정기관에 맡길 것인가, 그러한 기관에게 구체적으로 어떠한 권한을 부여할 것인가, 예컨대 그러한 기관이 직접 시정명령을 내릴 수 있게 할 것인가 아니면 단지 법원에 제소할 수 있는 권한만을 부여할 것인가의 여부이다.

공정거래위원회는 흔히 입법, 사법 및 행정권한을 모두 갖추고 독립적으로 직무를 수행하는 합의제 행정기관으로서 일종의 독립규제위원회(independent regulatory commission)로 이해되고 있다. 독립규제위원회는 행정의 효율성과 사법의 공정성이라는 장점을 살리기 위하여 미국에서 고안된 것으로서 장관 중심의 독임제(獨任制) 행정기관과 구별된다. 나라마다 경쟁당국을 어떤 형태로 조직할 것인지에 대한 접근이 다르므로 하나의 정답은 없으나,[13] 독임제나 합의제 여하에 관계없이 경쟁당국의 중립성과 전문성이 중요하다는 데에는 이견이 없다. 다만, 1인이 주요 의사결정을 내리는 독임제는 상대적으로 외부의 압력에 취약할 수 있고 이해관계자의 영향을 받기 쉬우므로 공정성이 강조되는 심의·의결을 담당하는 기관은 주로 합의제를 취하고 있다.[14]

구체적으로 공정거래위원회는 법집행에 필요한 기준과 절차에 관한 규정을 제정할 수 있고, 공정거래법령의 해석·적용을 통하여 법위반 여부를 판단하며, 조사를 행하거나 법위반행위에 대한 시정조치나 과징금을 부과할 수 있다. 특히, 공정거래위원회의 사법작용은 1심을 대체하는 역할을 담당하고 있기 때문에, 준사법기관(準司法機關)으로서 고도의 독립성과 전문성을 요하게 된다.

---

13) 합의제나 독임제를 채택하는 입법례에 대해서는 조성국, 독점규제법 집행론, 경인문화사, 2010, 31면 이하.

14) 조성국, 위의 책, 22면.

2. 소관사무

공정거래위원회의 소관사무는 다음과 같다(법 제55조).

① 시장지배적지위의 남용행위 규제에 관한 사항
② 기업결합의 제한 및 경제력집중의 억제에 관한 사항
③ 부당한 공동행위 및 사업자단체의 경쟁제한행위 규제에 관한 사항
④ 불공정거래행위, 재판매가격유지행위 및 특수관계인에 대한 부당한 이익제공의 금지행위 규제에 관한 사항
⑤ 경쟁제한적인 법령 및 행정처분의 협의·조정 등 경쟁촉진정책에 관한 사항
⑥ 기타 법령에 의하여 공정거래위원회의 소관으로 규정된 사항

한편, 2013년 제20차 법개정[15)]으로 기왕의 불공정거래행위와 그 성격을 달리하는 '특수관계인에 대한 부당한 이익제공의 금지'가 추가되었고, 이를 반영하여 2020년 전부개정법[16)]은 제4호에 그에 관한 소관사무를 추가하였다.

아울러 공정거래위원회의 소관을 정하고 있는 법률로는 공정거래법 외에 하도급법, 가맹사업법, 대규모유통업법, 대리점법 등 불공정거래행위의 특별법들과 소비자기본법, 표시·광고법, 약관법, 할부거래법, 방문판매법, 전자상거래법, 소비자생활협동조합법, 제조물책임법 등 소비자보호 관련 법률들이 있다.

3. 국제협력

경제의 글로벌화에 따라 경쟁사건도 국제화의 추세를 보이고 있다. 국제경쟁법이나 국가를 초월하는(supra-national) 경쟁당국이 존재하지 않는 상황에서 국경을 넘는 경쟁제한행위에 대하여 각국은 역외적용을 통해서 대응하는 한편, 국제예양과 국제공조를 강조하고 있다. 무엇보다 국제적인 M&A와 국제카르텔의 경우에 국제협력은 효과적인 법집행을 가능케 하는 요소로서 1990년대 이후 자유무역협정(FTA)이나 행정협정의 증가가 이루어졌다.

우리나라에서도 "흑연전극봉 국제카르텔" 사건을 계기로 2004년 제11차 법개정[17)]을 통해 역외적용의 근거조항을 마련하는 한편(법 제2조의2), 공정거래위원회의

15) 2013.8.13. 법률 제12095호.
16) 2020.12.29. 전부개정, 법률 제17799호.
17) 2004.12.31. 법률 제7315호.

국제협력을 뒷받침하기 위한 법적 장치를 두게 되었다. 즉, 정부는 대한민국의 법률 및 이익에 반하지 않는 범위 안에서 외국정부와 이 법의 집행을 위한 협정을 체결할 수 있고, 공정거래위원회는 체결한 협정에 따라 외국정부의 법집행을 지원할 수 있다(법 제56조 제1항, 제2항). 이른바 '적극적 예양'(positive comity)을 입법화한 것이다.

나아가 정부 간 협정이 체결되어 있지 않는 경우에도 공정거래위원회는 외국정부의 법집행 요청이 있을 때에 동일 또는 유사한 사항에 관하여 대한민국의 지원요청에 응한다는 요청국의 보증이 있는 경우에는 지원할 수 있다(동조 제3항). 이른바 국제법상 상호주의(reciprocity)를 반영한 것이다.

제 2 절 공정거래위원회의 법적 성격

Ⅰ. 공정거래위원회의 이중적 성격

1. 합의제 중앙행정기관

공정거래위원회는 정부조직법상 중앙행정기관으로서의 지위를 가지면서 동시에 처분결정 방식에 있어서는 합의제 행정기관이라는 점에서 이중적인 성격을 갖는다.

먼저 공정거래위원회는 정부조직법 제2조의 규정에 의한 중앙행정기관으로서 그 소관사무를 수행한다(법 제54조 제2항). 공정거래위원장은 국무회의에 출석하여 발언할 수 있고(법 제60조 제2항), 공정거래위원회는 실제로 정부의 경제정책 운영에 있어서 다른 중앙행정부처와 대등한 역할을 수행하고 정책형성과정에도 참여하고 있다. 40년이 넘은 비교적 짧은 기간에 공정거래법이 우리나라 시장경제의 기본법으로서 빠르게 자리 잡을 수 있었던 것은 중앙행정기관으로서의 공정거래위원회의 위상이 큰 기여를 했다고 평가할 수 있다.

반면, 공정거래위원회의 처분이 소회의와 전원회의의 의결을 통하여 내려진다는 것은 합의제 기관으로서의 성격을 잘 보여준다. 심사관이 상정한 심사보고서에 대해 대심구조로 심의절차를 운영하는 것, 그리고 위원들 간의 대등한 합의를 통해 의결이 내려진다는 점은 합의제원리(Kollegialitätsprinzip)[18]에 기초한 것이다. 이와 같은 합의제의 성격에 초점을 맞추어 공정거래위원회의 법적 성격을 미국에서 유래한 독립규제위원회로 파악하기도 한다.[19]

2. 변천과정

1980년 제정된 공정거래법[20]은 동법의 집행에 관한 한 독임제(獨任制)를 취하고 있었다. 공정거래법 위반행위에 대하여 시정명령 등의 처분을 내릴 수 있는 권

18) Hans-Georg Kamann/Stefan Ohlhoff/Sven Völcker, Kartellverfahren und Kartellprozess, 2017, S. 179, Rn. 181.
19) 대표적으로 권오승·서정(제4판), 692면.
20) 1980.12.31. 제정, 법률 제3320호.

한은 물론이고 경쟁정책을 수립하는 권한까지 모두 경제기획원장관이 갖고 있었고, 당시 경제기획원 소속 공정거래실은 장관의 처분에 앞서 사전심의를 위한 기구로서 기능하고 있었다. 즉, 공정거래와 관련된 중요사항과 동법에 위반되는 사항에 대한 경제기획원장의 결정·처분은 반드시 공정거래위원회의 심의·의결을 거친 후에 내려지도록 하였다. 특징적인 것은 공정거래법 위반사건의 조사와 사전심사를 담당하는 심사관과 공정거래위원회의 행정업무는 별도로 조직된 공정거래실 담당이었다는 점이다.

즉, 1980년 제정법[21)]은 우리나라 경쟁당국의 모습을 경제기획원 내의 공정거래위원회와 공정거래실로 이원화하면서 최종적으로는 경제기획원장관에게 공정거래법 집행을 담당하게 하였다. 이러한 조직의 이원적 성격은 1994년 공정거래위원회가 국무총리 소속의 중앙행정기관으로 승격되고(구법 제35조 제1항),[22)] 1996년 3월 8일에 현재와 같은 장관급으로 자리 잡은 이후에도 공정거래위원회의 고유한 조직적 특징으로 현재까지 유지되고 있다.

여기서 알 수 있는 것은 당초부터 공정거래위원회는 미국의 연방거래위원회와 달리 대통령을 비롯한 행정부로부터의 독립을 시도하지 않았고, 중앙행정기관으로 승격된 이후에도 독임제를 기본으로 합의제가 가미된 형태로 조직이 운영되면서 그만큼 행정규제주의의 성격이 강할 수밖에 없었다는 점이다.[23)] 그 후 경제기획원이 해체되고 재정경제원이 출범하였음에도 불구하고 공정거래위원회를 재정경제원 소속이 아닌 국무총리 소속의 독립위원회로 두었다는 것은 합의에 기초한 독립성 또한 중시되었다는 점을 보여준다.

한편, 공정거래위원회의 회의는 1996년 12월 제5차 법개정[24)] 시 위원의 수를 9명으로 증원하면서(구법 제37조 제1항) 그 운영의 효율성을 제고하여 사건을 신속하게 처리하기 위하여 전원회의와 소회의로 구분하여 운영하도록 하였다.[25)] 사무처 조직은 1990년 제2차 법개정[26)]으로 인해 기존의 공정거래실이 공정거래위원회 사무처로 확대 개편된 바 있다(구법 제47조).[27)]

21) 1980.12.31. 제정, 법률 제3320호.
22) 1994.12.23. 타법개정, 법률 제4831호.
23) 공정거래법 집행이 행정규제주의 중심이라는 견해로 정호열, 경제법(제6판), 박영사, 2018, 133면.
24) 1996.12.30. 개정, 법률 제5235호.
25) 권오승·서정(제4판), 34면.
26) 1990.1.13. 전부개정, 법률 제4198호.

1996년 제5차 법개정[28]에 의해 공정거래위원회는 정부조직법에 의한 중앙행정기관으로 승격되었다(구법 제35조 제2항). 그런데 「정부조직법」상 중앙행정기관은 독임제로 예정되어 있어서(동법 제2조 제2항), 합의제의 요소를 갖고 있는 공정거래위원회는 다분히 예외적인 조직형태로 볼 수 있다. 여기에서 공정거래위원회의 법적 성격에 관한 혼선이 발생하게 된다. 그런데 공정거래위원회의 이중적 성격은 공정거래법 제정부터 고유한 특징으로 유지되어 왔기 때문에, 오히려 이러한 이중적 성격을 토대로 공정거래위원회의 고유한 기능과 역할을 모색할 필요가 있다.

3. 공정거래위원회의 집행독점: 진실과 오해

공정거래법의 해석·적용을 통한 집행은 공정거래위원회가 1차적으로 담당하고 있다. 공정거래위원회는 법위반사실의 인지부터 조사, 심의·의결, 시정조치나 과징금 부과 등에 이르는 절차를 관장함으로써 행정규제주의의 성격이 매우 강하다. 미국의 연방거래위원회 및 법무부와 같이 경쟁법의 집행권한이 이원화되어 있는 입법례와 비교하여 우리나라에서는 공정거래위원회의 집행독점(執行獨占)이 언급되고 있다. 이러한 표현은 법위반행위를 1차적으로 취급하는 기관의 개수를 기준으로 사용되는 것이기는 하나, 집행시스템에 관한 오해를 불러일으킬 소지도 크다.

유럽과 독일, 일본 등 행정규제주의가 지배적인 입법례에서는 거의 대부분 '집행독점'이 존재한다고도 말할 수 있는데, 이 경우 집행독점이라는 용어는 법위반행위에 대한 '1차적 관할권'(primary jurisdiction)이 각각 행정기관의 성격을 갖는 유럽집행위원회, 독일 연방카르텔청, 일본 공정취인위원회(公正取引委員會)에 있음을 의미할 뿐이다. 실제 이들 입법례에서 법원과 검찰 역시 민사적 집행 및 형사적 집행에 있어서 중요한 역할을 수행하고 있다는 점에서 집행독점이라는 용어는 다분히 오해의 소지가 있어 보인다.

---

27) 권오승 외 6인, 독점규제법 제7판, 법문사, 2020, 334면(조성국 집필부분).

28) 1996.12.30. 개정, 법률 제5235호.

Ⅱ. 공정거래위원회의 독립성

1. 의 의

공정거래법 제54조 제1항은 "이 법에 따른 사무를 독립적으로 수행하기 위하여 국무총리 소속으로 공정거래위원회를 둔다."고 규정하고 있고, 일찍이 경쟁당국이 갖추어야 할 지도원리 중 하나로 독립성이 언급되어 왔다.[29] 공정거래법은 공정거래위원회의 독립성을 구체적으로 보장하는 규정을 두고 있는바, 위원장이나 위원들의 임기 보장(법 제61조), 위원의 신분보장(법 제62조), 위원의 정치운동 금지(법 제63조) 등이 바로 그것이다.

그런데 여기서 말하는 독립성이 정확히 무엇을 의미하는지, 어느 수준의 독립성이 요구되는지 등에 관해서는 법률에서 언급하는 바가 없다. 최근 유럽에서 제정된 이른바 'ECN+ 지침'[30]에서는 경쟁당국이 갖추어야 할 독립성을 기능적 독립성과 운영상의 독립성으로 구분하고, 기능적 독립성을 다시 대외적 독립성과 대내적 독립성으로 나누고 있는바(동 지침 제4조), 향후 논의에 참고할 만하다. 여기서 말하는 기능적 독립성은 경쟁당국 소속 위원 내지 직원이 자신의 맡은 특정 업무를 수행함에 있어서 보장되어야 하는 독립성을 뜻하고, 이는 대통령이나 정치권, 경제적 권력으로부터의 대외적 독립성과 위원장, 부위원장 등 임원으로부터의 대내적 독립성을 포함하는 것이다. 운영상의 독립성은 어떤 사건을 중요시하여 먼저 개시할 것인지에 대한 판단을 독립적으로 할 수 있는 것을 의미한다.[31]

최근에는 경쟁당국의 '중립성'이라는 용어도 종종 사용되고 있다. 독립성과 중립성의 개념 구분은 쉽지 않다. 중립성이란 통상 어느 편에도 치우치지 않는다는 이른바 불편부당(不偏不黨; impartiality)의 의미로 이해되고 있는바,[32] 주로 판결이나 심결이 어느 한쪽 당사자에게 편파적이지 않아야 한다는 점에서 재판절차나 사건

29) 대표적으로 조성국, 앞의 책, 20면.

30) DIRECTIVE (EU) 2019/1 of the EUROPEAN PARLIAMENT and of the COUNCIL of 11 December 2018 to empower the competition authorities of the Member States to be more effective enforcers and to ensure the proper functioning of the internal market, OJ L 11/3, 14.1.2019.

31) 박준영, "유럽 경쟁법 집행에 관한 ECN+ 지침의 주요내용과 시사점", 한국공정거래조정원 수시연구과제 제10호, 2020, 10-11면.

32) 박세환, "경쟁당국의 중립성 측면에서 평가한 프랑스 경쟁위원회의 조직과 그 특징", 기업법연구 제33권 제1호, 기업법학회, 2019, 140면 이하, 149면. 여기서는 경쟁당국의 중립성을 상위개념으로 놓고, 독립성은 절차적 권리와 더불어 독립성을 확보하기 위한 수단이자 방법으로 이해하고 있다.

처리절차의 객관화·투명화와 당사자의 권리 강화를 포괄하는 '절차적 공정성'(procedural fairness)이라는 맥락에서 다루어진다. 반면, 독립성이란 법원이든 경쟁당국이든 구체적인 사건처리를 포함한 법집행 전반에 걸쳐서 외부로부터 영향이나 압력을 받지 않는 것이고, 독립적인 판단이 이루어졌다면 그 결과로서 중립성이 담보되는 것이다. 이 경우 당사자의 절차적 권리를 보장하는 것만으로 독립성이 보장될 수는 없으며, 일견 중립성은 독립성의 결과물로도 이해할 수 있다. 반면, 경쟁당국의 독립성이 강조될수록 그 권한이 적절하게 행사되는지를 통제하는 수단으로서 중립성이 강조될 수도 있을 것이다.[33)]

2. 독립성 요구의 근거

공정거래법상 금지되는 행위는 시장, 경쟁제한, 부당성 등 다수의 불특정개념으로 이루어져 있다. 구체적인 금지요건을 해석함에 있어서는 경제이론과 도그마틱(Dogmatik)이 혼재한다. 그 결과 경쟁당국이 구체적인 사건에서 어떤 결론을 내리더라도 그것이 언제나 정답이라거나 최적의 해법이라고 말하기는 어렵다. 공정거래위원회가 적법절차를 준수하였는지, 법위반에 대한 처분을 정함에 있어서 재량권의 한계를 일탈·남용하지 않았는지 등은 그 처분의 형식적 정당성을 담보할 수 있을 뿐이다. 결국 공정거래위원회가 내린 결정의 '실체적 정당성'(substantive legitimacy)은 공정거래위원회가 얼마나 대통령실이나 국회 또는 기업이나 조직 내 상급자 등 대내외의 영향으로부터 자유롭게, 독립적으로 판단하였는지에 달려 있다고 해도 과언이 아니다.[34)]

뿐만 아니라 공정거래위원회가 내리는 시정명령 등 처분에 관한 한 수많은 사인의 이해관계가 얽혀있는 경우가 많으므로 어느 정도 독립성을 제도적으로 보장하는 것은 처분의 공평함(impartiality)과 경쟁당국에 대한 신뢰(credibility)를 가져올 수 있는 최선의 방법이다.[35)] 특히, 정치적 중립성은 경쟁당국의 주요 의사결정의 일관성과 예측가능성을 제고하기 위해서도 매우 중요하다.[36)] 다만, 나라마다 경쟁

33) 이때의 중립성은 경쟁당국 차원이라기보다는 주로 심의·의결절차의 중립성에 가까운 것으로 이해할 수 있다.

34) Alves/Capiau/Sinclair, Ibid p.17.

35) Abel Mateus, Why should national competition authorities be independent and how should they be accountable?, European Competition Journal, 2007, p. 23.

36) Roderick Meicklejohn, The Effectiveness of Competition Authorities: Four Questions, (2014)

당국의 독립성에 대한 인식이 다르고, 나름의 역사적 배경 하에 조직을 마련하였기 때문에 실제로 경쟁당국의 독립성 정도도 상이할 수밖에 없다. 나아가 경쟁당국의 독립성은 전문성 내지 직원의 역량강화와 결부되어 경쟁법 집행 전반의 실효성(effectiveness)을 제고한다는 점도 간과할 수 없다.

이처럼 공정거래위원회의 독립성은 개별 사건에서 '법적인' 결정을 내려야 한다는 데에서 비롯되는 것이다. 이때, 법적 판단이 독립적으로 이루어지기 위해서는 공정거래위원회 조직의 독립성 못지않게 개개의 위원 및 직원이 규범적이고 종합적인 판단을 내리기에 적합한 자질을 갖추고 있는지, 이들이 오로지 법령, 그리고 법리와 합리적인 경제이론에 따라 공정거래법을 해석·적용할 수 있는 제도적 장치가 마련되어 있는지가 중요할 것이다.[37] 이것이 독립성의 요체임은 물론이다. 여기서 과연 공정거래위원회에게 어느 정도의 독립성이 요구될 것인지에 따라 현 상태를 바라보는 시각이 달라지고, 그에 맞는 해법도 좌우될 것이다. 다만, 공정거래위원회의 본질적 기능이 법적 결정을 내리는 데에 있다고 하더라도 조직과 운영 등 여러 면에서 행정기관으로서의 성격을 배제할 수 없다는 점에서 법원과 행정기관의 중간지점에서 공정거래위원회의 독립성을 모색해야 할 것이다.[38]

3. 전문성과 독립성의 관계

한편, 공정거래위원회의 독립성은 공정거래위원회의 전문성과 밀접한 관련성을 갖는다. 공정거래위원회가 외부로부터 영향을 받지 않고 법률상 소관사무를 수행하기 위해서는 충분한 전문성이 필요하기 때문이다.[39] 특히, 위원회 위원의 기능적 독립성은 규범적 전문성과 불가분의 관계에 있다. 따라서 공정거래위원회의 독립성을 제고하는 방안은 그 전문성을 향상하는 방안과 일맥상통하기 마련이다. 예컨대 비상임위원을 폐지하고 상임위원을 확대하자는 주장이나 위원회 심결의 전문성과 공정성을 높일 수 있도록 미국 연방거래위원회 위원장이 임명하는 '행정법판사'(administrative law judge; ALJ)를 참조한 이른바 '행정심판관' 제도를 도입하자는 견

Competition Policy International, Vol. 10, p. 111.

37) 이봉의, "공정거래법상 재량의 원인과 그 한계", 경성법학 제12호, 2003.10, 13면 이하.

38) 이봉의, "공정거래위원회의 독립성에 관한 단상(斷想)", 법학연구 제31권 제1호, 2021, 219면 이하, 231면.

39) 이봉의, "공정거래위원회의 신뢰와 '전문성'에 대한 시각", 경쟁저널 제205호, 2020, 4면.

해가 바로 그것이다.[40] 특히 행정심판관 제도는 심사숙고하여 도입할만한 것인데, 미국 연방거래위원회의 공식적인 심의절차를 주재하는 행정법판사가 사건조사와 관계가 없는 제3자로서 심의절차의 공정성을 확보하는 한편, 소추기능과 심판기능의 융합이라는 합의제 기구의 문제점을 보완해주는 제도적 장치로 이해되는 측면을 고려해야 할 것이다.[41] 행정절차법에서도 독립적으로 직무를 수행하는 청문주재자의 역할과 기능을 규율하고 있다는 사실은 공정거래법상 행정심판관 제도 도입의 필요성을 뒷받침해줄 수 있을 것이다(동법 제28조, 제34조, 제34조의2).

Ⅲ. 공정거래위원회의 준사법성

통설은 공정거래위원회를 준사법적 지위를 갖는 기관으로 설명하고 있다.[42] 여기서 준(準)사법성은 사법(司法)에 준하는 성격을 뜻하며, 따라서 공정거래위원회가 준사법기관이라는 것은 사법기관에 준하는 독립성과 공정성, 그리고 엄격성을 갖추어야 한다는 의미이다. 일반적으로 준사법기관의 성격을 인정받기 위해서는, 외부적·내부적 영향으로부터 독립성을 보장받아야 하고 독립성이 보장된 심판절차를 갖추고 있어야 한다. 따라서 공정거래법이 공정거래위원회의 위원들의 임기와 신분을 보장하고, 정치적 중립성을 요구하며(법 제61조 내지 제63조), 절차규칙상 피심인의 방어권을 실질적으로 보장할 수 있는 제도적 장치를 마련하고 있는바, 이러한 장치는 모두 공정거래위원회의 준사법성을 제고하는 것이다.[43]

공정거래위원회의 준사법성에 관하여 주목할 만한 것은 2003년 헌법재판소 결정의 '반대의견'이다.[44] 여기서는 부당한 지원행위를 한 사업자에 대해 공정거래위원회가 과징금을 부과할 수 있도록 한 것이 이중처벌금지원칙, 적법절차원칙, 비례

---

40) 김하열·이황, "공정거래위원회의 법적 성격과 사건처리 및 불복의 절차", 고려법학 제75권, 2014, 198－199면; 황태희, "독점규제법 집행시스템의 개선방안", 저스티스 통권 제123호, 2011, 199면.

41) 조성국, 앞의 책, 155면. FTC의 공식적 심의절차를 진행하는 주체로서 사실심 법원(trial court) 즉, 1심 법원판사의 역할과 유사하다. 다만, 행정법판사는 일종의 예비결정을 내리게 되며, 피심인이나 심사관이 이의를 제기하는 경우에는 FTC가 해당 사건을 심사하게 된다. FTC의 결정에 대한 불복의 소는 연방항소법원에 제기하게 된다.

42) 대표적으로 권오승·서정(제4판), 692－693면; 신동권, 독점규제법(제3판), 박영사, 2020, 1032면; 신현윤, 경제법(제8판), 법문사, 2020, 131, 349면; 이호영, 독점규제법(제6판), 홍문사, 2020, 503면.

43) 임영철, 공정거래법 － 해설과 논점, 법문사, 2007, 438－440면.

44) 헌법재판소 2003.7.24. 선고 2001헌가25 결정 반대의견.

원칙에 위반되는지 여부가 다투어졌고, 다수의견은 헌법 위반이 아니라고 한 반면, 반대의견은 자기책임원칙 및 적법절차원칙에 어긋난다는 입장을 취하였다. 적법절차원칙의 위반과 관련하여 반대의견은 사법절차를 가장 엄격한 적법절차의 하나라고 볼 때 그에 유사한 정도로 엄격하게 적법절차의 준수가 요구되는 절차를 '준사법절차', 그러한 절차를 주재하는 기관을 '준사법기관'이라고 표현할 수 있다고 하였다. 나아가 공정거래위원회에 대해서는 공정거래사건의 특성상 규제기관의 행정적 전문화가 요구되면서도 그 규제가 사업자의 경제적 자유와 재산권에 미칠 수 있는 치명적 침해의 심각성을 고려하면 사법적 엄격화도 동시에 요청된다고 하면서, 그렇다면 공정거래위원회의 규제절차는 당연히 '준사법절차'로서의 내용을 가져야 하는 것이라고 판시하였다.

그러나 공정거래위원회의 지위에 대한 이러한 평가에는 몇 가지 의문이 따른다. 독일의 경우 연방카르텔청이 '준사법기관'의 지위를 갖는다는 관념은 일찍이 1923년 '카르텔규칙'(Kartellverordnung)에서 정하고 있던 카르텔법원(Kartellgericht)이 법원과 행정관청의 기능을 모두 갖고 있던 데에서 비롯되며, 반면 1957년 경쟁제한방지법을 제정할 당시에는 독일 기본법(Grundgesetz)상 삼권분립의 원칙에 따라 이러한 조직모델을 따를 수 없었다.[45] 공정거래위원회는 자유경쟁 및 공정거래와 관련한 실체법 및 절차법상의 문제를 다루기는 하나 어디까지나 행정관청의 하나에 불과하며, 이 점에서 다른 행정관청과 마찬가지로 공정거래위원회의 시정조치, 과징금 부과 등 모든 행위는 예외 없이 법원의 사법심사를 받는다.

공정거래위원장은 임명권자인 대통령과 국민의 대표인 국회에 대하여 직·간접적으로 정치적 책임만을 지며, 그 밖에 위원장은 공정거래위원회를 통할하는 지위를 가질 뿐이다. 따라서 위원장은 일반적인 경쟁정책의 수립·집행, 공정거래법령의 제·개정에 대한 일반적인 지시권은 있으나 개별 사건에 대하여 전원회의나 소회의 위원에게 구체적인 결정에 대해 지시할 수는 없다. 이처럼 합의체로 운영되는 전원회의나 소회의를 통해서 의결이 이루어진다는 점에서 공정거래위원회가 법원과 유사한 조직임을 지적할 수도 있겠으나, 어디까지나 이들 회의의 의결은 행정행위의 실질을 가지며, 의결과정에서 위원들이 법원이나 법관에 상응하는 인적, 물적 독립성을 누리지도 못한다는 점에서 공정거래위원회의 의결은 법원의 판결에

45) Heinz Ewald, Bundeskartellamt und Kartellgesetz, WuW, 1958, S. 317 ff.

준하는 것으로 볼 수 없다.

물론 이론적으로 이들 회의의 의결은 다수결을 따르게 되어 있고, 그 결과 표면적으로 위원장이 의결에 미치는 영향력은 다른 위원들과 다를 바가 없고, 이 점에서는 법원의 합의부와 마찬가지로 상호의사교환을 통해 공통된 견해를 도출하는 것이 원칙이라고 주장할 수도 있다. 그러나 법원 재판장의 의견에 반하는 판결이 사실상 거의 불가능한 것과 마찬가지로, 공정거래위원장의 견해와 상반되는 의결도 생각할 수 없다. 차이가 있다면 법원의 경우 언제나 법률에 따른 해석론의 차이인 반면, 공정거래위원회의 경우에는 위원장의 정책적 판단이 보다 중요하게 작용한다는 사실이다. 그 결과 공정거래위원회는 전체적인 경쟁정책의 수립·집행과 관련해서 정치적으로 독립성을 유지할 수 없고, 법을 해석·적용하는 기관으로서는 상당한 한계를 안고 있다는 점에서 공정거래위원회의 준사법기관으로서의 성격을 인정하기란 쉽지 않아 보인다.

한편, 공정거래위원회가 준사법기관으로서 독립성을 갖는다는 것은 정치권력이나 경제권력으로부터 영향을 받지 않는다는 점 외에 심사관과 피심인의 입장 중 어느 한쪽에 치우치지 않는다는 의미에서 중립성(中立性)을 포함하여야 한다. 법관이 법과 양심에 따라 중립적이고 객관적으로 재판하는 것에 준하여 공정거래위원회, 특히 위원들은 어느 한쪽에 편향되지 않아야 하는 것이다. 공정거래법 제67조가 위원의 제척·기피사유를 규정하고 있는 취지도 바로 여기에 있다. 그런데 공정거래위원회의 중립성은 위원들이 심사관의 입장뿐만 아니라 피심인의 이해관계, 행위의 동기와 배경, 피심인의 입장에서 본 시장상황 등을 제대로 이해할 수 있을 때 비로소 가능해진다는 점을 간과해서는 안 된다. 투명성이 담보된다는 전제 하에 위원들이 피심인의 목소리에 더욱 귀를 기울일 필요가 있으며, 공정거래위원회에 대한 신뢰를 명분으로 위원의 눈과 귀를 가리고 사안을 판단하려는 태도는 결국 중립성을 훼손할 수밖에 없다. 심사관과 피심인 양자의 태도에 대한 충분한 이해 없이 독립성과 중립성을 논할 수 없는 이유이다.

Ⅳ. 공정거래위원회의 전문성

공정거래위원회의 전문성은 전문행정기관 내지 준사법기관으로서의 정체성을 보여주는 핵심 징표이다. 여기서 말하는 전문성의 의미는 다차원적인 것으로 공정거래위원회의 독립성, 심결의 신뢰성, 그리고 절차적 경제가 그 구성요소라고 할 것이다. 심결의 신뢰성에 대해서만 간략히 살핀다면 공정거래법은 경쟁제한성이나 부당성과 같은 매우 추상적인 위법성 요건을 두고 있으며, 그 결과 공정거래위원회는 규범적 정당성 측면에서 언제나 비판을 받을 소지를 안고 있다. 경제상황은 시시때때로 변하고 있으며 다양한 법리 및 경쟁이론이 계속하여 발전함에 따라 거의 유사한 사안에 대해서도 공정거래위원회는 전혀 다른 판단을 내려야 하는 상황에 직면한다. 이와 같은 상황에서 공정거래위원회 심결의 '실체적 정당성'(substantive legitimacy)을 담보할 수 있는 것은 공정거래위원회의 전문성이다. 공정거래 분야에 대한 전문성이 높은 직원의 조사와 지식·경험이 풍부한 위원의 심의를 거쳐 의결이 내려진 것만큼 심결의 정당성과 공정거래위원회에 대한 신뢰를 담보할 수 있는 묘약은 없을 것이다.

공정거래위원회의 전문성을 제고할 수 있는 방안 또한 다양하다. 먼저 전원회의 심결절차에 참여하는 위원장과 부위원장의 역할을 조정하여 정책의 수립·집행, 법령의 제·개정(안) 작업, 국회 및 언론과의 소통, 각종 대내외 행사 참여, 현장 방문 등에 집중하도록 하여야 한다. 또한, 심결의 전문성을 높이기 위해 상시적인 자문위원회를 구성하거나, 대법원 재판연구관에 상응하는 가칭 '심판연구관'을 두는 방안이 고려될 수 있다. 미국의 행정법판사를 참고한 일명 '행정심판관' 제도는 공정거래위원회의 독립성뿐만 아니라 전문성 또한 보장할 수 있을 것이다. 마지막으로 공정거래위원회의 간부나 직원들이 공정거래법이나 경제이론에 관한 전문성을 갖출 필요가 있고, 이를 위한 교육프로그램의 확충, 전문성에 대한 평가 및 보상체계 등 인사관리 전반에 관한 재검토가 요구된다. 경쟁당국의 전문성이 경쟁질서 확립의 가장 긴요한 가치라는 점을 항상 인식하고 있어야 함은 물론이다.

제 2 장

공정거래사건의 처리절차

제 1 절 총 설

I. 공정거래절차의 의의

1. 개 관

공정거래위원회의 사건처리절차(이하 "공정거래절차")[1]는 통상적으로 크게 세 단계, 즉 심사절차와 심의절차 그리고 의결절차로 나눌 수 있으며, 통상 심의절차와 의결절차를 합쳐서 심의·의결절차 내지 심결절차로 부르기도 한다.

심사절차란 공정거래위원회가 직권이나 신고를 통하여 법위반의 혐의가 있는 사실을 인지하고, 당해 사건에 대해서 전원회의 또는 소회의의 의결에 부칠 필요가 있는지를 조사하며, 필요시 문제된 행위에 대하여 1차적인 법의 해석·적용을 행하는 일련의 과정을 말한다. 심사절차는 심사관이 담당한다. 심사관은 원칙적으로 당해 사건이 속하는 업무를 관장하는 국장이나 심판관리관 또는 지방사무소장이 되고(절차규칙 제10조 제6항), 당해 사건이 속하는 업무의 소관이 분명하지 않거나 원칙적으로 심사관이 되는 자가 당해 사건의 심사에 적합하지 아니하다고 인정하는 경우에 조사관리관은 공정거래위원회 소속 4급 이상 공무원 또는 고위공무원단에 속하는 공무원 중에서 심사관을 지정할 수 있다(동조 제7항). 심사관은 법위반사실에 대한 조사 및 사전심사를 수행하고, 심의절차에서는 의견을 진술하는 등 소추자의 역할을 맡게 된다. 심사관이 심사보고서와 그 첨부자료를 전원회의나 소회의에 제출한 경우에만 공정거래위원회는 심의절차를 개시할 수 있다(절차규칙 제25조 제1항).

심의절차는 심사관으로부터 심사보고를 받은 공정거래위원회가 법위반 여부에 대하여 심리를 진행하는 단계로서, 당사자 등의 의견진술과 증거조사, 전문가

1) 예컨대 서울대학교 경쟁법센터에서 발간하는 공정거래법 전문학술지인 경쟁과 법 제6호에서 특집논단의 소제목으로 "공정거래절차법의 주요 쟁점"을 채택한 바 있다. 독일 학계에서도 '경쟁법절차'를 의미하는 'Kartellverfahrensrecht'라는 용어가 널리 통용되고 있다.

감정 등이 이루어진다. 끝으로 의결절차는 공정거래위원회가 법위반 사실을 인정하고, 시정조치나 과징금 부과 또는 형사고발 등 필요한 조치를 결정하는 단계로서, 법위반행위에 일정한 법률효과를 부여하는 과정을 말한다. 심의·의결절차는 전체적으로 심사관과 피심인 사이에 대심적(對審的) 심리구조 하에서 진행된다. 심사절차의 주체는 심사관이며, 심의·의결절차의 주체는 공정거래위원회(전원회의나 소회의)이다. 아래에서는 공정거래사건 처리절차를 ① 법위반행위의 인지, ② 심사절차 및 ③ 심의절차의 순서에 따라 살펴보기로 한다.

2. 공적 집행과 사적 집행

흔히 공정거래법의 집행은 '공적 집행'(public enforcement)과 '사적 집행'(private enforcement)의 이원적 체제로 설명된다.[2)] 전자는 공정거래위원회가 부과하는 시정조치와 과징금을 통한 제재를 의미하고, 후자는 손해배상이나 금지청구, 사법상 무효 등을 통한 법집행을 뜻한다.[3)] 공정거래위원회의 고발을 통한 형사벌은 가장 강력한 공적 집행으로 이해되고 있다.

공정거래위원회 중심의 공적 집행은 1980년 법 제정[4)] 이후 공정거래법이 시장경제의 기본법으로서 자리매김하는 데에 큰 역할을 수행하였고, 경쟁원리가 국민경제에 전반적으로 확산하게 하는 데에 이바지하였다.[5)] 그러나 공정거래위원회 중심의 법집행만큼이나 동법의 사적 집행이 강화되어야 한다는 주장이 일찍부터 꾸준히 제기되어 왔고, 그 결과 기존의 손해배상제도에 더하여 징벌적(懲罰的) 손해배상제도나 사인의 금지청구제도가 마련되기에 이르렀다. 나아가 일부 불공정거래행위에 대해서는 공정거래법상 규제대상에서 제외하여 공정거래위원회의 행정적 제재가 부과되지 않도록 하고, 「부정경쟁방지 및 영업비밀보호에 관한 법률」(이하 "부정경쟁방지법")이나 기타 민사특별법에 포함시켜 당사자들이 스스로 법원에 소송을 제기하여 해결하도록 하여야 한다는 견해도 존재하는데,[6)] 이는 공정거래법의 사적

2) 이봉의, "공정거래법의 실효적 집행", 경쟁법연구 제10권, 2004, 2면.

3) 공정거래법상 형사적 제재는 공적 집행과 사적 집행과는 별도의 제재수단으로 분류되는 것이 일반적이다. 권오승, "독점규제 및 공정거래관련법의 집행시스템", 서울대학교 법학 제51권 제4호, 2010, 217면; 이봉의, 위의 글(2004), 1면.

4) 1980.12.31. 제정, 법률 제3320호.

5) 이봉의, 앞의 글(2004), 26면.

6) 권오승·서정, 독점규제법(제4판), 2020, 830면 참조.

집행을 강화하자는 목소리와 동일선 상에 있는 것이다.

그렇다면 공정거래법의 공적 집행과 사적 집행 간의 관계는 어떻게 정립되어야 하는가? 공정거래법이 보호·촉진하고자 하는 경쟁 내지 공정한 경쟁질서의 유지는 경제주체들 간의 이해관계의 조정 등으로 달성되는 자연적인 사회현상이 아니라 공익적 성격의 국가의 지속적인 과제이므로[7] 동법의 사적 집행은 일정한 한계를 가질 수밖에 없다. 공정거래위원회가 주도하는 공적 집행 또한 완벽한 방법일 수는 없지만, 경쟁의 공익적 성격, 우리나라에서의 경쟁질서 확립에의 기여 등을 고려할 때 사인의 권리보호를 목적으로 하는 사적 집행은 공정거래법의 실효성 차원에서 보완적인 집행수단으로 이해된다. 따라서 사적 집행의 외연을 늘리는 것만큼 공적 집행체계의 전반적인 검토와 개선이 필요하며 여기에는 합리적이고 투명한 절차운영, 이해관계인의 절차상 권리강화, 공정거래위원회의 독립성과 전문성 확보, 사법심사를 통한 공정거래위원회 재량통제 등이 포함될 것이다.

Ⅱ. 공정거래절차의 법원(法源)과 적용범위

1. 공정거래절차의 법원

공정거래법의 집행은 1차적으로 공정거래위원회에서 이루어지기 때문에, 절차적 관점에서 보면 무엇보다도 행정절차 즉, 공정거래절차가 중심이 된다. 공정거래절차의 법원(法源; source of law)으로는 1차적으로 공정거래법 제8장(전담기구), 제9장(한국공정거래조정원), 제10장(조사 등의 절차)과 제11장(과징금 부과 및 징수)를 들 수 있다. 시행령과 더불어 실무상 가장 구체적이고도 중요한 내용을 담고 있는 것이 바로 「공정거래위원회 회의운영 및 사건절차 등에 관한 규칙」(이하 "절차규칙")이다.[8] 1996년 제5차 개정[9]으로 이 법에 규정된 것 외에 공정거래위원회의 운영등에 관하여 필요한 사항은 공정거래위원회의 규칙으로 정한다고 하였고(법 제71조 제2항), 사건처리절차 등에 관하여 필요한 사항은 공정거래위원회가 고시하도록 하였다(법 제

7) 대법원 2007.11.22. 선고 2002두8626 전원합의체 판결.

8) 공정거래위원회 고시 제2023-9호, 2023.4.14. 개정.

9) 1996.12.30. 개정, 법률 제5235호. 심사절차 및 심결절차의 핵심적인 사항을 고시라는 형태로 제정할 수 있다는 명문의 근거는 찾아볼 수 없다. 사견으로는 이러한 심사·심결절차는 법률의 구체적인 위임이 있더라도 고시로 규율할 수는 없다고 본다.

101조).

공정거래절차는 그 실질에 있어서 일종의 행정절차이고, 따라서 원칙적으로 행정절차법이 적용되는지 여부가 문제된다. 공정거래법은 행정절차법에 관하여 아무런 준용규정을 두고 있지 않고, 행정절차법이 공정거래법, 하도급법, 약관법에 따라 공정거래위원회의 의결·결정을 거쳐 행하는 사항에 대해서는 동법을 적용하지 않는다고 규정하고 있는바(동법 제3조 제2항 제9호 및 영 제2조 제6호), 이를 어떻게 해석할 것인지를 살펴보자.

첫째, 공정거래위원회의 의결·결정을 거쳐야 하는 사항에 관한 한 공정거래절차법을 행정절차법에 대한 특별법(lex specialis)으로 보아 우선적 효력을 부여하는 것이 타당하다. 공정거래위원회의 의결·결정을 위한 절차가 준사법절차로서 통상의 행정절차에 비하여 당사자의 권리보장 등에 보다 충실하다는 점을 고려한 것이다.[10] 다만, 공정거래법상 절차규정이 불명확하거나 미비한 경우에는 우선 관련 규정의 합목적적인 해석을 통해 해결하고, 그럼에도 불구하고 해결이 어려운 경우에는 행정절차법의 관련 규정을 준용할 수 있을 것이다.

둘째, 행정절차법에도 명시적인 규정이 없는 경우, 그리고 공정거래절차법이나 행정절차법을 집행함에 있어서 학설과 판례가 인정하고 있는 일반적인 원칙이 법치행정을 위한 전제조건으로서 최종적으로 적용된다. 통상 공정거래위원회의 절차는 법원과 유사한 행정절차 내지 준사법절차로 이해되고 있으나, 그렇다고 해서 공정거래위원회의 사건처리절차에 행정법원에 관한 절차가 준용(準用)될 수는 없다.

끝으로, 행정절차법은 적용제외를 규정하면서 공정거래법과 하도급법, 약관법만을 한정하여 열거하고 있으나, 공정거래위원회의 의결·결정을 거쳐야 하는 사항은 그 밖에도 가맹사업법, 대규모유통업법, 대리점법 등 이른바 유통 3법을 비롯하여 방문판매법, 할부거래법, 전자상거래법 등 소비자관련법에도 규정되어 있다는 점에서 행정절차법 시행령 제2조 제6호를 개정할 필요가 있다. 단지 해석으로 동법의 적용제외를 이들 법률에 따른 공정거래위원회의 의결·결정사항에까지 확장할 수는 없기 때문이다.

10) 홍대식, "공정거래법 집행자로서의 공정거래위원회의 역할과 과제", 서울대학교 법학 제52권 제2호, 2011, 174면.

2. 공정거래절차법의 적용범위

공정거래절차법은 1차적으로 공정거래법상 사건의 조사 및 심의·의결절차에 적용된다. 그런데 절차규칙은 비단 공정거래사건에 국한되지 않고, 다른 법률에 따라 공정거래위원회가 관할권을 가지는 법률, 즉 표시·광고법, 하도급법, 약관법, 방문판매법, 전자상거래법, 가맹사업법, 할부거래법, 대규모유통업법, 대리점법 등에 의하여 공정거래위원회의 회의 및 그 운영과 사건의 조사·심사, 심의·결정·의결 및 그 처리절차에 대하여 적용된다(절차규칙 제1조, 표시·광고법 제16조, 하도급법 제27조, 약관법 제19조 내지 제22조 등, 방문판매법 제57조, 전자상거래법 제39조, 가맹사업법 제37조, 할부거래법 제47조, 대규모유통업법 제38조 및 대리점법 제27조).

Ⅲ. 공정거래절차의 기본원리

1. 직권규제주의

공정거래법은 직권규제주의(職權規制主義)를 원칙으로 삼고 있다. 공정거래위원회는 직권으로 동법을 시행하는 것을 원칙으로 하고, 동법을 위반한 혐의가 있다고 인정할 때에는 직권으로 필요한 조사와 그 결과에 따른 조치를 취할 수 있으며, 신고인이 신고를 취하하거나 당사자 간에 합의 또는 조정이 성립하더라도 공정거래위원회는 조사 및 심결절차를 중단하지 않고 계속 진행할 수 있다는 의미에서 이른바 직권규제주의 내지 '직권조사의 원칙'(Amtsermittlungsprinzip)이 지배하고 있다(법 제80조 제1항).

직권규제주의 하에서 법위반행위에 대한 입증책임은 원칙적으로 경쟁당국이 부담한다. 그 결과 피심인은 자기가 법위반사실이 없음을 스스로 입증할 필요가 없으며, 단지 자기에게 유리한 결정을 얻어내기 위하여 심결과정에서 당해 사건에 참가하여 의견을 진술할 수 있을 뿐이다. 그런데 직권규제주의를 명문으로 규정하고 있는 독일 경쟁제한방지법과 달리 이를테면 공정거래법이 금지요건과 예외요건을 아울러 규정하고 있는 경우, 예컨대 경쟁제한적인 기업결합에 대하여 예외적인 허가를 신청하는 경우에 예외요건의 존재에 대한 입증책임은 이를 주장하는 사업자가 부담하는 것이 원칙이다. 따라서 사업자의 소명에도 불구하고 예외요건이 확실히 입증되지 못한 경우, 그 위험은 사업자가 부담한다. 더 나아가 기업결합의 경쟁제한성 추정이나(법 제9조 제4항), 부당한 공동행위의 합의 추정(법 제40조 제5항)과 같이 중대한 법위반행위의 성립요건에 대한 법률상 추정을 통해서 피심인에게 입증책임이 전가되는 경우도 있다. 이러한 상황에서 공정거래위원회조차 입증이 쉽지 않은 금지요건을 시장점유율에 근거하여 추정토록 하는 것은 오히려 공익으로서의 경쟁을 이해당사자의 처분에 맡기지 않고 제3의 기관인 공정거래위원회로 하여금 보호하게 하려는 직권규제주의의 원래 취지와도 맞지 않는다.[11]

한편, 직권규제주의 하에서 공정거래위원회는 폭넓은 재량권을 가지며, 그 결과 공정거래위원회가 조사를 하지 않거나 조사한 사건에 대해서 아무런 시정조치를 내리지 않는 경우에도 부작위위법확인소송을 제기할 수 있는지 여부가 문제된다.[12] 직권규제주의를 고려하지 않더라도 공정거래법에는 다수의 불확정개념이 포함되어 있고, 이들 개념의 해석은 1차적으로 공정거래위원회에게 맡겨져 있으며 이들 개념은 공정거래법의 의미와 목적에 따라 독자적으로 정의되지 않으면 안되기 때문에 더욱 그러하다. 따라서 '재량이 영(零)으로 수축'되는 것을 인정하기 어렵다고 보는 것이 타당하다. 물론 헌법재판소는 공정거래위원회의 무혐의결정 등을 「헌법재판소법」 제68조 제1항의 '공권력의 행사 또는 불행사'로 보고 헌법소원의 대상으로 인정하고 있으나,[13] 그러한 헌법소원을 인용한 예는 거의 없다.[14]

끝으로, 공정거래위원회의 고발의무와 관련하여 재량을 논할 수 있는가? 공정거래위원회는 공정거래법상 죄 중 그 위반의 정도가 객관적으로 명백하고 중대하여 경쟁질서를 현저히 저해한다고 인정하는 경우에는 반드시 고발을 하여야 한다는 점에서(법 제129조 제2항), 일견 공정거래위원회의 재량이 전혀 없어 보일 수도 있다. 그러나 고발요건, 즉 법위반의 명백성과 중대성에 대한 판단의 여지는 여전히 존재한다고 해석하는 것이 타당하다. 다만, 검찰총장, 감사원장, 중소벤처기업부장관, 조달청장의 고발요청으로 공정거래위원회가 반드시 고발하여야 하는 경우(법 제129조 제4항)에는 재량의 여지가 없다고 보아야 할 것이다.

---

11) Wolfgang Gäbelein, Monopol– und Oligopolvermutungen des GWB, insbesondere bei mehrfachem Vorliegen, ZHR, 1983, S. 574 ff.

12) 독일에서도 동일한 맥락에서 부작위위법확인소송이 제기되더라도 아직까지 승소한 예가 없다.

13) 헌법재판소 2002.6.27. 선고 2001헌마381 결정 등.

14) 헌법재판소 2004.6.24. 선고 2002헌마496 전원재판부 결정("인천정유" 사건)이 있다.

2. 당사자주의

공정거래절차에는 직권규제주의의 한계를 보완하고 보다 신중한 판단을 내리기 위해 당사자주의의 요소가 일부 가미되어 있다. 당사자주의는 경쟁제한행위에 대한 규제가 당사자(경쟁당국 및 피심인) 간의 쟁송을 통해 이루어지는 방식을 일컫는데,[15] 공정거래위원회 심의절차의 대심구조가 이를 일정 부분 반영하고 있다.

즉, 공정거래위원회가 법위반행위에 대한 처분을 내리기 위해서는 대심구조로 진행되는 심의·의결절차를 거쳐야 한다. 공정거래위원회는 법위반사실에 대한 조사결과를 서면으로 당사자에게 통지하여야 하고(법 제80조 제3항), 당사자에게는 공정거래위원회 회의에 출석하여 의견을 진술하거나 필요한 자료를 제출할 수 있는 권리가 보장된다(법 제93조 제2항). 대심구조는 심의절차의 실제 운영과정에서 더욱 명확하게 드러나는데, 대표적으로 절차규칙은 피심인에 대한 심사보고서 송부, 회의개최 통지를 규정하고 있고, 피심인의 회의 출석, 피심인의 질문권, 증거조사 신청권, 최후진술권 등을 규정하고 있다.

3. 법치행정의 원리

종래 경제행정에 관한 한 절차의 신속·효율이 강조되면서 법치주의원리는 매우 제한적으로 기능해 왔다. 경제법, 특히 공정거래법의 경우도 예외가 아니다. 특히 공정거래위원회의 재량(裁量)에 대해서는 상대적으로 경제행정법상의 재량통제 원리를 적용하려는 노력이 미미하였다. 그러나 공정거래법상 규제와 같이 사업자의 경제활동의 기본이 되는 사적자치에 직접적이고도 중대한 개입을 내용으로 하는 경우에는, 다른 경제규제법에서와 마찬가지로 법치국가의 원리 하에 공정거래위원회의 행정행위에 대한 엄격한 사후심사가 매우 중요한 의미를 가진다.

동시에 법치행정은 수범자인 사업자의 권리보호 차원에서도 필수불가결한 기본원리로서 작용한다. 그 밖에 공정거래위원회에서의 심결절차가 투명하게 법률에 따라 객관적으로 진행되고, 법적용이 외부의 정치적 이해관계에 좌우되지 않도록 보장하는 것은 시장참가자들 간의 공정하고 효과적인 경쟁을 가능케 하는 제도적인 장치로서의 의미를 갖는다.

15) 신현윤, 경제법(제8판), 법문사, 2020, 131면.

그런데 헌법상 법치국가의 원리를 실현하기 위해서는 무엇보다 법령의 '특정성이 요구'(Bestimmtheitsgebot)된다. 법령상 금지행위의 특정성을 확보하는 것은 공정거래법 위반으로 피해를 입은 사업자 등이 자신의 피해를 구제받을 수 있을 뿐만 아니라, 동법의 실현이 공정거래위원회의 고권적인 행정행위나 기타 형사벌 등을 통해 강제된다는 점에서 매우 중요한 의미를 갖는다. 이러한 관점에서는 높은 시장점유율을 이유로 기업결합의 경쟁제한성을 추정하거나 경험칙이나 합리적 이유 없이 일정한 유형의 기업행위를 원칙적으로 금지하는 것은 법치국가의 원리에 부합하기 어렵다.

특히 공정거래법상 금지되는 행위에 대해서 과징금이나 형사벌이 규정된 경우에는 헌법 및 형사법상의 특정성의 원칙에 따라 보다 강도 높은 '특정성'과 '예측가능성'이 담보되지 않으면 안 된다. 그에 따라 '헌법합치성'의 관점에서 공정거래법상 금지행위는 원칙적으로 모두 민사적, 행정적 및 형사적 제재의 대상이 될 수 있다는 점에 새삼 주목할 필요가 있다. 그 성격상 불특정개념을 많이 내포하고 있는 공정거래법을 어떻게 집행하는지에 따라서 사전에 법위반행위에 대해서 아무런 인식 없이 행위 한 사업자에게 지나치게 불리한 결과를 가져올 수 있기 때문이다. 즉, 공정거래법에서 금지하고 있는 행위인지의 여부는 때로 적지 않은 경우에 공정거래위원회로서도 판단하기가 매우 어려운데, 그러한 행위를 이유로 막대한 경제적 불이익을 수반하는 시정조치, 과징금 및 형사벌을 부과한다는 것은 헌법상 특정성의 원칙이나 예측가능성의 요구에 반할 수 있는 것이다.

생각건대, 어떤 법위반행위가 문제될 경우 공정거래위원회는 원칙적으로 사후에 그 위법성을 판단하여 이를 중지시키는 시정조치를 내리고, 그럼에도 불구하고 법위반행위를 강행하거나 시정조치를 불이행한 경우에 한해서 과징금이나 형사벌을 부과하는 방향으로 법을 개정하는 것이 타당하다. 최소한 법위반행위에 사업자의 고의나 중대한 과실 등 중대한 귀책사유(歸責事由)가 인정되는 경우에 한하여 과징금 등의 제재를 가하는 것이 바람직하며, 최근까지 부당이득과 괴리된 채 행정제재적 성격의 과징금을 늘리고 있는 공정거래법의 개정추세와 공정거래위원회의 실무는 근본적으로 재고할 필요가 있어 보인다.

4. 공정거래절차법의 과제

가. 절차의 공정성(당사자의 절차적 권리보장)

공정거래위원회가 사건을 처리하는 절차에 있어서 공정성(fairness)이 무엇을 의미하는지에 대해서는 다소 혼선이 존재한다. 유력설은 합의제－독임제와 결부하여 정치적 또는 경제적 외압에 영향을 받지 않고 특정인의 독단적인 의사결정을 막음으로써 어떠한 예단 없이 일련의 절차가 진행되는 것을 지칭하기도 한다.[16] 그런데 넓은 의미의 공정성 개념으로부터 구체적인 절차의 방안을 도출하기란 쉽지 않으므로, 당사자의 절차적 권리에 초점을 맞추어 이를 실질적으로 보장하는 방향으로 절차의 공정성을 확보하는 것이 해법일 수 있다. 즉, 좁은 의미에서 절차의 공정성을 바로 당사자의 절차적 권리보장으로 파악하는 것이다. 이러한 맥락에서 공정거래절차의 당사자가 갖는 절차적 권리는 사건개시, 심사, 심결단계에서 모두 충실히 보장되어야 한다.

나. 대심구조의 강화

공정거래위원회 심의절차에서 나타나는 대심구조가 갖는 취지는 심사관이 1차적으로 결론내린 법위반사항에 대해 당사자 등의 방어권을 보장하고, 공정거래위원회로 하여금 사실관계를 보다 정확히 파악하여 신중한 처분을 내리게 하려는 것이다.[17] 이 점에서 현행 심의절차가 이러한 취지에 충분히 부합하는지는 다소 의문이다. 특히, 위원장과 부위원장이 전원회의·소회의의 위원으로 직접 참여한다는 점, 심사기구와 심의기구가 기능적으로 독립되어 있지 않다는 점, 그리고 대심구조 하에 진행되는 심의절차가 통상적으로 1회에 그친다는 점이 있었다. 2023년 4월 공정거래위원회가 절차규칙을 개정하여 주심위원 등이 심결보좌를 통해서 자료 등을 수령하도록 하고, 의견청취 절차 외에 심사관과 접촉할 수 없도록 하고, 최대예상과징금액이 크거나 피심인이 다수 등 시장에 대한 영향력이 큰 사건의 경우 피심인이 신청하면 특별한 사정이 없는 한 2회 이상의 심의를 실시하도록 한 것은 타당하다.

16) 조성국, 독점규제법 집행론, 경인문화사, 2010, 22면 이하; 권오승·서정(제4판), 제694－695면은 독립성과 공정성을 엄밀히 구분하지 않은 채 사법절차의 한 요소로서 판단주체의 제3자성을 강조하기도 한다.

17) 권오승·서정(제4판), 718면.

생각건대, 위원장과 부위원장과 같은 정무직은 심결과정에 참여하지 않도록 하고,[18] 비상임위원 제도를 폐지하고 전문성을 갖춘 상임위원을 5인으로 확대하여 운영하는 방안을 검토할 필요가 있다.

다. 절차의 효율성

마지막으로 공정거래절차의 효율성이 제고되어야 한다. 비록 공정거래절차가 복잡한 사실관계를 대상으로 경쟁제한성, 부당성과 같은 법개념을 적용하는 난해한 절차이긴 하지만, 그 기간이 지나치게 장기화되는 것은 법적 안정성 측면이나 피해구제의 측면에서 바람직하지 않다. 특히 빠른 속도로 변화·발전하는 디지털 경제 하에서 경쟁당국의 신속한 판단에 대한 요구는 계속 커지고 있다.

절차규칙은 사건의 처리기간을 6개월 내지 13개월로 한정하고 있지만(절차규칙 제13조 제1항), 이는 심사관이 심사절차를 마치고 심사보고서를 각 회의에 상정하는 기간에만 해당되는 것이고, 조사관리관의 허가가 있으면 기간연장도 얼마든지 가능하다는 점에서 실무상 공정거래위원회의 사건처리에는 기한이 없다. 최근 유럽연합이나 독일, 프랑스에서는 경쟁당국의 신속한 조치가 가능하도록 임시조치(interim measures)를 적극적으로 활용하자는 목소리가 커지고 있는 바, 우리나라에서도 공정거래절차의 효율성을 실질적으로 개선하기 위한 방법을 진지하게 고민할 필요가 있다.[19]

---

18) 위원장과 부위원장은 경쟁정책의 수립 및 집행, 법령의 제·개정, 국회 및 언론과의 소통, 각종 대내외 행사 참여, 현장 방문 등에 집중하는 것이 보다 바람직하다는 견해로 이봉의, "공정거래위원회의 신뢰와 '전문성'", 경쟁저널 제191호, 2020, 6면.

19) 박준영, "디지털 경제하 공정거래법상 임시중지명령 도입방안", 경제규제와 법 제14권 제1호, 2021, 111-114면.

제 2 절 공정거래절차의 참여자

공정거래절차에 여러 가지 형태로 참여하는 주체로는 위반행위의 조사 대상인 당사자(피조사인, 피심인), 위반행위 등을 공정거래위원회에 신고한 신고인, 이해관계인, 그리고 참고인을 들 수 있다(법 제81조 제1항 제1호).

Ⅰ. 당사자

1. 당사자의 의의와 범위

공정거래법은 절차상 당해 사건의 '당사자'에 관하여 규정하고 있다. 이때 당사자란 공정거래위원회의 조사 및 심결절차의 주된 참여자를 의미하며, 원칙적으로 공정거래위원회를 제외한 사업자를 의미한다. 법위반사업자란 조사절차에서는 '피조사인'으로서, 그리고 전원회의나 소회의의 심결절차에서는 '피심인'으로서의 지위를 갖게 된다. 부당지원, 사익편취의 경우 자연인인 특수관계인은 사업자에 해당하지 않으나 법위반행위의 주체로서 피조사인, 피심인의 지위를 가질 수 있다. 당사자는 시정조치의 효력이 미치는 대상으로서의 사업자이기 때문에 사업자단체가 일정한 경쟁제한행위를 한 경우에도 그 구성사업자는 당사자가 될 수 없으며, 단지 경우에 따라서 후술하는 이해관계인으로서 절차에 참여할 수 있을 뿐이다. 이때 문제의 법위반사업자는 조사절차에서는 '피조사인'으로서, 그리고 전원회의나 소회의의 심결절차에서는 '피심인'으로서의 지위를 갖게 된다.

문제된 법위반행위가 일정한 계약의 형식을 취하는 경우, 계약의 양 당사자가 모두 공정거래절차상 '당사자'의 지위를 가지는가? 예컨대 기업결합 건에서 단지 지분(주식을 포함)이나 영업의 일부를 양도한 사업자 또는 시장지배적 사업자가 그 지위를 남용하는 수단으로 이용한 계약의 상대방도 당사자에 포함되는지도 문제될 수 있다.

우선, 기업결합의 당사회사 중에서도 주식이나 영업을 양도하는 자는 더 이상 경쟁에 영향을 미칠 수 없으므로 당사자로 볼 수 없으며, 다만 예외적으로 합작기업의 설립에 공동으로 참여한 경우에는 합작계약의 당사자를 모두 공정거래절차법상 당사자로 보아야 할 것이다. 또한 부당한 공동행위에 참가한 사업자는 원칙적으로 모두 당사자로서의 지위를 가지며, 시장지배적 지위의 남용이 비록 양자 간에 대등하게 체결된 계약의 외관을 갖는 경우에도 실제로 법위반행위를 주도한 사업자만이 당사자로 되며, 어쩔 수 없이 이에 응한 상대방 사업자는 당사자에서 제외된다. 그러한 남용행위로부터 일정한 이익 또는 불이익을 받는 사업자는 이해관계인으로서 절차에 참가할 수 있을 뿐이다.

2. 당사자의 절차상 권리

공정거래위원회가 사건을 처리하는 절차 중 당사자의 절차상 권리는 보장되어야 한다. 공정거래법은 이를 위해 피조사인으로서의 권리와 피심인으로서의 권리를 상세히 규정하고 있고, 그 밖의 방어권에 대해서는 행정절차법 등이 보충해줄 수 있을 것이다. 공정거래법상 방어권에 대해서는 후술한다.

한편, 당사자는 조사 및 심결절차에서 의견을 진술할 수 있고(법 제93조) 공정거래위원회는 당사자에게 조사 결과, 시정조치명령 등의 처분의 내용을 통지하여야 한다(법 제80조 제3항). 또한 당사자는 문제되는 처분과 관련된 자료의 열람 또는 복사를 요구할 수도 있다(법 제95조).

Ⅱ. 신고인

1. 신고인의 의의와 범위

신고인은 공정거래위원회에 일정한 사안을 신고함으로써 부여받는 법적 지위이다. 사인이 공정거래위원회에 신고하는 경우는 크게 두 가지로 구분된다. 먼저 이 법의 규정에 위반되는 사실이 있다고 인정할 때 누구라도 그 사실을 공정거래위원회에 신고할 수 있는 법위반사건 신고가 있다(법 제80조 제2항). 다음으로 기업결합의 신고, 지주회사 설립·전환의 신고, 주식소유 현황 등의 신고, 그리고 부당한 공동행위에 대한 자진신고와 같이 사업자 등이 일정한 지위를 인정받기 위한 신고가 있다. 다만, 공정거래법은 동의의결 관련 규정인 법 제90조 제2항에서 신고인 개념을 전자에 한하여 정하고 있으므로, 동법상 신고인 개념은 법위반사실을 공정거래위원회에 신고한 자를 뜻하는 것으로 정리할 수 있다.[20]

신고인의 지위는 법위반사항을 공정거래위원회에 신고하고 공정거래위원회가 당해 사안에 관한 정식절차를 개시함으로써 발생한다. 법 제80조 제2항에 의하면 '누구든지' 공정거래위원회에 법위반사실을 신고할 수 있으므로, 경쟁사업자 내지 거래상대방, 나아가 당해 사건과 직접적인 관련이 없는 기타 경제주체까지 모두 신고인의 지위를 얻을 수 있다. 그러나 신고인의 범위가 적정한지, 피해자와 일반적인 제3자를 동일한 신고인으로 취급할 것인지,[21] 법위반행위의 태양과 경중 그리고 법위반행위에 의한 피해의 직접성 등을 고려하여 신고인의 지위를 달리 평가해야 하는지의 문제가 대두된다.[22] 이와 관련해서는 자신의 신고사항이 공정거래위원회 사건으로 정식 개시되었는지를 기준으로 신고인의 지위 및 절차상 권리를 인정해주어야 한다는 견해도 참조할 만하다.[23] 사건과의 이해관계 유무를 이해관계인의 판단요소로 고려할 여지는 충분해 보인다.

2. 신고인의 절차상 권리

공정거래법상 신고인의 절차상 권리는 사실상 전무하였는데, 2018년 5월 개정된 절차규칙[24]은 신고인의 의견진술권을 보장하고 있다.

먼저, 신고인은 심사절차 불개시 결정이 내려진 경우에 15일 이내에 그 사실을 서면으로 통지받아야 한다(절차규칙 제20조 제2항). 또한 신고인은 사건심사 착수보고 후 3개월 내에 조사진행 상황을 서면, 문자메시지로 통지받을 수 있다(절차규칙 제15조 제5항). 동 규칙 제61조 제5항은 심사관 또는 조사관리관이 제1항 내지 제4항의 규정에 의한 전결을 한 경우 심사관은 15일 이내에 피조사인 및 신고인 등에게 처리결과와 그 이유가 구체적으로 기재된 문서로 통지하여야 한다고 정하고 있다. 나아가 신고인에게는 심사보고서상 자신의 인적사항을 기재하지 않도록 요청할 수

20) 한편, 부당한 공동행위에 대한 자진신고제도상 자진신고자는 부당한 공동행위의 사실을 신고한다는 점에 있어 법위반신고의 성격을 갖지만, 과징금 등의 감면을 위한 자진신고자의 지위를 인정받는 점에 있어서는 일정한 지위 획득을 위한 신고의 성격을 함께 갖는다. 그러나 법 제51조의3 제2항의 신고인 개념에서 자진신고자는 제외되는 것으로 해석되는바, 신고인 개념에서 제외하는 것이 타당하다.

21) 황태희, "독점규제법 집행시스템의 개선방안", 저스티스 통권 제123호, 2011, 189면.

22) 홍대식·최수희, "공정거래법 위반행위에 대한 공정거래위원회의 사건처리절차에 관한 검토", 경쟁법연구 제13권, 2006, 304면.

23) 박준영, 공정거래절차의 법리, 경인문화사, 2020, 305면.

24) 공정거래위원회 고시 제2018-7호, 2018.5.18. 개정.

있고(절차규칙 제25조 제2항), 익명을 요구하거나 심사관의 사전통보가 없는 한 자신이 신고한 사건의 심의지정일시, 장소 및 사건명을 통지받을 수 있다(절차규칙 제37조 제4항). 위원회의 의결이 내려지면, 신고인은 의결 등의 요지를 통지받을 권리 또한 보장된다(절차규칙 제64조 제2항).

2018년 5월 개정된 절차규칙상 신설된 제84조는 신고인의 의견진술권에 대해 정하고 있다. 그에 따라 조사공무원은 사건심사 착수보고를 한 신고사건에 대하여 신고인의 의견을 구술·서면 등의 방식으로 청취하여야 하고(동조 제1항), 각 회의는 심의 시 신고인에게 의견을 진술할 수 있는 기회를 부여하여야 한다(동조 제2항 전문). 다만, 각 회의는 신고인이 원하지 아니하는 경우에는 의견진술 기회를 부여하지 않아도 되는데(동조 제2항 후문), 심판총괄담당관은 신고인에게 심의지정일시를 통지하는 때에 신고인의 참석 여부 및 의견을 진술한 의사가 있는 여부를 확인하여야 한다(동조 제4항). 한편, 이미 해당 사건에 관하여 신고인 의견을 충분히 청취하여 신고인이 다시 진술할 필요가 없다고 인정되는 경우나 신고인의 의견이 당해 사건과 관계가 없다고 인정되는 등의 경우에는 신고인의 의견진술권이 제한될 수 있다(동조 제3항).

그런데 신고인은 위와 같은 권리 외에 정작 공정거래위원회가 무혐의처분을 내리는 경우에도 이를 다툴 수단을 갖고 있지 않다. 신고인은 무혐의결정이 현저히 정의와 형평에 반하는 조사 또는 잘못된 법률의 적용이나 증거판단에 따른 자의적 처분으로서 청구인의 평등권과 재판절차상의 진술권을 침해한 공권력 행사에 해당함을 들어 헌법소원을 제기할 수 있을 뿐이다.[25)] 사견으로는 적어도 이해관계 있는 신고인에게는 비단 무혐의처분에 국한하지 않고 공정거래위원회의 법위반에 대한 시정조치 등에 대하여 보다 폭넓게 이의신청을 허용하는 방향으로 입법적 개선이 필요하다고 본다.[26)]

25) 헌법재판소 2004.6.24. 2002헌마496 결정.

26) 같은 취지로 황태희, 앞의 글, 189면.

Ⅲ. 이해관계인

1. 이해관계인의 의의와 범위

공정거래법은 심결절차와 관련해서 '이해관계인'에 대해서 언급하고 있으나, 이해관계인의 정의나 그 자격요건에 대해서 전혀 규정하고 있지 않으며, 절차규칙에서도 이해관계인의 범위를 정할 아무런 구체적인 기준을 제시하지 않고 있다. 이 문제는 지금까지 학설과 실무에 맡겨져 있었으며, 대체로 공정거래위원회의 폭넓은 재량에 맡겨져 있었다. 여기서 일반적으로 '이해관계인'은 당해 사건의 처리결과에 따라 직접적으로 이해관계에 영향을 받는 자를 지칭하기로 한다.

이해관계인이 반드시 사업자일 필요는 없으며, 그 이익도 법률상의 이익뿐만 아니라 사실상, 경제상의 이익이 있는 것으로 족하다. 공정거래법은 단지 '사업자'의 경쟁상의 자유를 보장하는데 그치는 것이 아니라, 그 밖에 경제활동에 참여하는 모든 자의 이익을 위하여 '경쟁의 자유'를 보호하는 것이기 때문이다. 따라서 법위반행위로 인하여 직접적으로 불이익을 입게 될 경쟁사업자나 거래상대방이 이해관계인의 대표적인 예에 해당된다는 데에는 의문이 없으며, 소비자 및 소비자단체 역시 이해관계인이 될 수 있다고 보아야 할 것이다.

또한 기업결합 시에는 주식이나 영업을 인수한 사업자의 시장지배력이 문제되는 것이고, 이를 매각하려는 사업자는 당해 기업결합의 허용 여부와 관련하여 중대한 이해관계를 가진다. 아울러 기업결합 당사회사와 경쟁관계에 있는 사업자도 당해 기업결합으로 인한 경쟁상 지위에 중대한 영향을 받는 자로서 이해관계인에 포함될 수 있을 것이다.

이해관계인으로서의 경쟁사업자는 당해 행위로 인하여 자기의 경쟁기회가 상당히 제한될 우려가 있어야 하며, 무엇보다도 그가 주장하는 이해관계가 당해 시장에서의 경쟁과 직접적인 관련성이 있어야 한다. 따라서 단지 사법상의 이익이나 권리를 주장하는 자는 비록 법위반사업자와 경쟁관계에 있는 경우에도 공정거래절차상 이해관계인으로 볼 수 없다.

2. 이해관계인의 절차상 권리

이해관계인의 절차상 권리에 대하여 공정거래법은 매우 소극적인 태도를 취하고 있다. 즉, 이해관계인이라고 해서 공정거래위원회에서 진행되는 모든 절차단계에 참여할 수 있는 것도 아니고, 참여가 가능한 절차라고 하더라도 공정거래위원회의 의사결정이나 처분 등에 이의를 제기하는 등 적극적인 참여는 허용되지 않고 있기 때문이다. 이해관계인과 관련하여 이해관계인의 정의와 그 범위를 판단할 기준을 마련하고, 그에 맞게 이해관계인 지위를 명문화하는 절차적 개선이 요구된다.

우선, 현행법상 이해관계인이라도 공정거래위원회에 대하여 절차참여를 요구할 법적인 권리는 인정되지 않으며, 그때그때 공정거래위원회의 필요에 따라 선택적으로 절차참가가 이루어지고 있다. 즉, 공정거래위원회는 이해관계인에게 조사 및 심결절차에서 의견을 진술하거나 필요한 자료를 제출하도록 하는 처분을 내릴 수 있고(법 제81조 제1항 제1호, 제2항), 공정거래위원회가 동의의결결정이나 시정조치, 과징금납부명령을 내릴 때에는 사전에 반드시 이해관계인에게 의견을 진술한 기회를 부여하도록 하고 있으며(법 제90조 제2항, 제93조 제1항), 이해관계인은 공정거래위원회에 대하여 공정거래위원회의 처분과 관련된 자료의 열람 또는 복사를 요구할 수 있다(법 제95조).

문제는 이해관계인이 누구인지가 명확하지 않기 때문에 실제로는 전술한 권리마저 이해관계인이 제대로 행사할 수 없다는 데에 있다.[27] 공정거래위원회는 당해 사건에 대하여 조사절차를 개시한 경우에도 이를 신고인에게 통지할 수 있을 뿐, 그 밖에 당사자에게도 이를 통지할 의무가 없다. 따라서 이해관계인으로서는 공정거래절차에 대한 참여 여부가 오로지 공정거래위원회의 조사상 필요와 편의에 따라 좌우될 뿐, 절차참여권이란 처음부터 법의 보호밖에 있는 것이다. 나아가 이해관계인은 공정거래위원회가 시정조치 등을 내리는 경우에도 그 처분의 고지를 받지 못하기 때문에, 공정거래위원회의 결정에 대하여 적시에 이의제기를 할 수 없는 처지에 놓여 있다.

여기서 이해관계인의 절차참가권에 관해서는 행정절차법을 참고할 필요가 있다. 동법상 '행정처분에 의하여 불이익을 받을 수 있는 모든 자'[28]에게 원칙적으로

27) 2021년 4월에 개정된 공정거래법 시행령(2021.4.20. 대통령령 제31642호)은 자료열람 및 복사를 요구할 수 있는 이해관계인을 신고인, 그리고 당사자로부터 손해배상청구를 받은 자로 규정하였고, 이는 공정거래법상 이해관계인을 처음으로 구체화한 것으로 평가할 수 있다.

28) 행정절차법에서는 '당사자등'의 개념에 '행정청이 직권으로 또는 신청에 따라 행정절차에 참여하게 한 이해관계인'을 포함시키고 있고(동법 제2조 제4호 나목), 처분의 사전통지(동법 제21조), 의견제출(동법 제27조) 등에서 '당사자등'의 권리보호를 규정하고 있어 이해관계인의 방어권이 보장될 범

절차참여의 기회가 부여되어야 한다는 점에서 공정거래위원회가 사건을 인지한 후 스스로 이해관계가 있다고 생각하는 자는 누구나 조사절차 단계에서부터 절차참여를 요청할 수 있다고 보아야 하며, 공정거래위원회가 이를 거부한 경우에는 행정절차법에 따라 이의제기와 불복소송이 가능하다고 보는 것이 타당할 것이다. 이때 공정거래위원회는 이해관계인의 이익과 절차의 경제, 또는 피심인인 사업자의 영업상 비밀의 보호와 같은 다양한 이해관계를 비교·형량하지 않으면 안 되며, 그 결과 이해관계인의 참여를 거부하는 경우에도 합당한 근거를 제시하여야 할 것이다.[29)]

특히 시장지배적 지위의 남용이나 불공정거래행위가 문제된 계약 등에 대하여 공정거래위원회가 법위반으로 보아 시정조치를 내리는 경우 이는 곧바로 계약상대방인 이해관계인의 권리관계에 영향을 미치는 이른바 '권리형성적 처분'으로서 이들 이해관계인에게는 반드시 사전에 필요적인 절차참가권을 보장하는 것이 요구되며, 이를 위해서는 공정거래위원회가 절차를 개시한 경우에는 이를 이해관계인에게 반드시 통지하도록 하고, 이를 통해서 이해관계인이 조사절차에서부터 참가하여 자기의 이해관계를 반영하도록 하는 것이 바람직할 것이다. 공정거래위원회가 이러한 의무를 게을리 한 상태에서 진행된 절차에 따라 내려진 처분에 대해서는 이해관계인이 직접 이의를 제기할 수 있는 장치를 마련할 필요가 있다. 같은 맥락에서 일단 공정거래위원회가 이해관계인의 지위를 인정한 경우에 이것은 수익적 행정처분으로서 행정절차법의 요건을 갖추지 않는 한 일방적으로 철회할 수 없다.

Ⅳ. 참고인 및 감정인

1. 의의와 범위

가. 참고인

공정거래법 및 절차규칙에 따르면 참고인은 조사절차에서의 참고인과 심의절차에서의 참고인으로 구분할 수 있다. 전자에 대해서는 동법 제81조 제1항 제1호에서 규율하고 있고, 후자에 대해서는 동 규칙 제37조(심의기일지정 및 통지), 제41조(인

위가 넓다고 할 것이다.

29) 참조할 만한 제도로 독일 경쟁제한방지법 상의 보조참가(Beiladung) 절차가 있다.

정신문), 제43조(참고인), 제46조(진술의 제한), 제47조(영업비밀 등의 보호를 위한 조치), 제48조(증거조사의 신청 등), 제49조(참고인신문 방식)에 규정되어 있다. 생각건대, 조사절차에서의 참고인은 당해 조사 분야의 전문가 또는 당해 조사와 관련된 자[30)]를 말하고, 심의절차에서의 참고인은 위원회에 상정되는 안건과 관련하여 출석을 요구받은 증인[31)][32)]을 가리키는 것으로 이해할 수 있다.

조사절차 참고인의 범위에서 이해관계인이 제외된다는 것은 명확하지만, 심의절차에서는 양자가 중첩될 수 있다. 즉, 절차규칙 제43조는 "각 회의는 신청 또는 직권으로 심의결과에 대한 이해관계인, 자문위원, 관계행정기관, 공공기관·단체, 전문적인 지식이나 경험이 있는 개인이나 단체, 감정인 등을 참고인으로 하여 심의에 참가시켜 의안에 대한 설명·의견을 듣고 신문할 수 있다."고 규정하여 이해관계인 중에서 참고인을 선정할 수 있도록 규정하고 있다.[33)] 한편, 2021년 12월 개정된 절차규칙은 국가기관과 지방자치단체가 사건처리과정에서 고려되어야 할 정책적 의견이 있다고 판단되는 경우 각 회의에 해당 사건에 관한 의견서를 제출하거나 피룡한 경우 담당공무원을 출석하게 하여 의견을 들을 수 있는 제도를 신설하였는데(절차규칙 제43조 제3항), 이에 따르면 일견 국가기관 및 지방자치단체도 참고인에 속할 수 있다.

나. 감정인

감정인은 종래 '당해 사건과 관련한 전문적인 지식이나 경험이 있는 개인 또는 단체 중 공정거래위원회의 지정을 받은 자'로 정의되어 있었는데(구 절차규칙 제18조 제1항),[34)] 2021년 12월 절차규칙 개정에 의해 동 규정은 삭제되었다. 공정거래법 제81조 제1항 제2호(위반행위의 조사 등), 시행령 제73조 제2항(위반행위의 조사, 공정거래위원회의

30) 「무역위원회 기술설명회 운영에 관한 규정」 (무역위원회 고시 제2013-1호, 2013.9.9. 제정) 제3조 제5호.

31) 「전기위원회 운영·재정 등의 관리에 관한 규정」 (2016.11.2. 개정, 산업통상자원부 고시 제2016-203호) 제2조 제6호.

32) 이는 '공정거래법 및 약관법 위반사건과 관련된 의견이나 증언 등을 듣기 위하여 위원회가 출석요구를 한 자로서 이해관계인을 제외한 자'로 참고인을 규정한 「독점규제 및 공정거래에 관한 법률 등에 의한 이해관계인 등에 대한 경비지급규정」(이하 "경비지급규정", 공정거래위원회 고시 제2021-17호, 2021.12.30. 개정.) 제2조 제2항과도 일맥상통한다 할 것이다. 즉, 위 규정상의 참고인은 심의절차에 있어서의 참고인에 대해 정의하고 있다.

33) 당해 규정의 이해관계인은 이해관계를 갖는 대중으로서의 제3자를 의미한다.

34) 이는 감정인에 관해 '특정분야의 전문적인 지식과 경험을 가진 자로서 위원회로부터 감정인으로 지정된 자'로 규정한 경비지급규정 제2조 제3항과도 동일하다.

조사 등)은 감정인의 지정 및 감정의 위촉행위가 조사절차에서 행해진다고 규정하고 있다. 한편, 2021년 12월에 개정된 절차규칙 제43조에 따르면 감정인은 심결절차의 참고인이 될 수 있다(절차규칙 제43조 제3항).

2. 참고인 및 감정인의 절차상 권리

공정거래법은 참고인의 경우 조사절차와 심의절차에서 몇 가지 절차상 권리를 보장하고 있지만, 감정인에 관해서는 아무런 규정을 두고 있지 않다.

공정거래위원회는 당사자, 이해관계인의 경우와 동일하게 참고인에게도 출석을 요구하여 의견을 청취할 수 있으며(법 제81조 제1항 제1호) 또한 소속공무원으로 하여금 대통령령이 정하는 바에 의하여 지정된 장소에서 참고인의 진술을 듣게 할 수 있다(법 제81조 제2항). 아울러 절차규칙은 참고인이 심판정에서 자신의 사업상의 비밀이 포함된 사항에 대하여 발언하고자 하는 경우에는 회의 개최 5일 전까지 공개가 곤란한 사업상 비밀의 내용과 필요한 조치의 내용을 기재한 서면을 심판관리관에게 제출함으로써 주심위원 또는 소회의 의장에게 분리 심리 또는 다른 피심인 등의 일시 퇴정 기타 필요한 조치를 요청할 수 있도록 하였다(절차규칙 제47조 제1항).

제 3 절 공정거래절차의 개시

Ⅰ. 법위반행위의 인지

1. 인지방법

가. 신고에 의한 인지

누구든지 공정거래법의 규정에 위반되는 사실이 있다고 인정하는 때에는 이를 공정거래위원회에 신고할 수 있다(법 제80조 제2항). 그에 따라 누구나 공정거래법 위반사항을 공정거래위원회에 신고할 수 있으며, 당해 사건과 아무런 이해관계를 요하지 않는다. 실제로 대부분의 사건에서 신고에 의한 인지를 통하여 조사절차가 개시되고 있다. 제3자에 의한 신고는 공정거래법 위반사실에 관한 조사의 직권발동을 촉구하는 단서를 제공하는 것에 불과하므로, 신고인으로서 그 신고내용에 따라 적당한 조치를 취하여 줄 것을 요구한다는 의미에서 구체적인 청구권을 가진다고는 볼 수 없다. 따라서 공정거래위원회가 신고 내용에 따른 조치를 취하지 아니하고 이를 거부하는 취지로 무혐의 또는 각하 처리한다는 내용의 통지를 하였다 하더라도 이는 그 신고인의 권리·의무에는 아무런 영향을 미치지 아니하는 것이어서 그러한 통지를 항고소송의 대상이 되는 행정처분에 해당한다고 볼 수 없다.[35]

자진신고 감면제도에 따른 신고, 즉 부당한 공동행위에 참가한 사업자의 자진신고도 비록 과징금 등의 감면을 신청하는 취지의 것이기는 하나 법위반행위에 대한 단서제공 및 조사촉구라는 점에서 신고로서의 법적 성질은 마찬가지라고 볼 것이다. 즉, 자진신고 또한 법 제80조 제2항의 신고에 해당한다.[36] 다만, 자료제출의

35) 대법원 2000.4.1. 선고 98두5682 판결. 신고인의 제보에 복수의 법위반행위가 기재되어 있고, 공정거래위원회가 조사를 개시한 후 그중 일부에 대해서만 시정명령을 의결한 후 신고인에게 이를 통지한 경우에는 신고사항 중 무혐의 및 각하 처리한 사항이 구체적으로 무엇인지 특정할 수가 없고 다만 시정명령을 한 사항을 제외한 나머지 사항에 대하여 공정거래위원회가 무혐의 또는 각하 처분을 한 것으로 짐작할 수 있을 뿐이므로, 신고사항 중 특정한 일부에 대하여 혐의없음 및 각하 '처분' 자체가 존재한다고 볼 수 없다. 이 사건 원심인 서울고등법원 1998.2.5. 선고 97구26133 판결 참조.

36) 따라서 자진신고가 법 제44조의 감면요건을 충족하지 못하는 경우에도 그에 따른 시정조치나 과징금의 감면 등과 같은 법률효과가 발생하지 않을 뿐이고 법 제80조 제2항의 신고로서의 효력은 여전히 유지된다. 이와 다른 견해로는 황태희, 앞의 글, 189-190면.

무나 시정조치 및 과징금의 감면이익 등 신고인의 권리·의무는 통상의 신고인과 상이하다.

법위반행위가 이미 종료한 뒤에도 누구나 해당 사실을 신고할 수 있으며, 이 경우 공정거래위원회가 단순히 조사의 실익이 없다는 이유로 신고 자체를 수리하지 않는 것은 허용되지 않는다.[37] 법위반행위가 종료한 뒤에도 처분시효가 경과하지 않는 한 공정거래위원회가 과징금을 부과하거나 재발방지 등을 위하여 시정명령을 내릴 수 있기 때문이다. 그 밖에 설사 처분시효가 도과한 경우에도 당해 법위반행위로 피해를 입은 자가 손해배상을 청구하는 것을 용이하게 한다는 측면에서 공정거래위원회가 사실관계와 위법성을 판단해주는 것이 바람직할 수 있다.

신고는 원칙적으로 서면으로 하여야 하며, 신고서에는 신고인의 성명·주소, 피신고인의 주소와 대표자성명 및 사업내용, 위반행위의 내용, 그 밖에 위반행위의 내용을 명백히 할 수 있는 것으로서 공정거래위원회가 필요하다고 인정하는 사항 등을 포함하여 기재하여야 하고, 다만 신고사항이 긴급을 요하거나 부득이한 사유가 있는 경우에는 전화 또는 구두로도 할 수 있다(영 제71조). 그러나 전화나 구두로 신고한 자 또는 무기명 또는 가명으로 신고한 자에 대해서는 공정거래위원회가 심사절차를 개시하지 아니한다는 결정을 할 수 있다(절차규칙 제20조 제1항 제26호).

한편, 공정거래법은 활발한 신고를 유도하기 위하여 2015년 제23차 개정법[38]부터 제64조의2에서 포상금제도를 마련하고 있었는데, 2020년 전부개정[39]에 의해 동 규정은 삭제되었다.

나. 직권인지

공정거래절차는 신고가 없더라도 공정거래위원회가 직권으로 개시할 수 있다(법 제80조 1항). 일반적으로 공정거래위원회는 언론보도나 검찰 등 다른 정부기관의 제보나 이첩, 조사요청, 특정분야의 법위반행위에 대한 정부의 시정방침 등에 따라 사건을 인지하게 되며, 경우에 따라서는 공정거래위원회가 자체 판단에 따라 조사절차를 개시하기도 한다. 또한, 공정거래위원회가 일정한 거래분야의 공정한 거래질서 확립을 위하여 해당 거래분야에 한정하여 시행하는 서면실태조사의 결과에 따라 직권개시가 이루어지기도 한다.

37) BGH 1999, – "Ufex".
38) 2015.1.20. 개정, 법률 제13071호.
39) 2020.12.29. 개정, 법률 제17799호.

직권조사는 부당지원행위나 특수관계인에 대한 부당한 이익제공과 같이 기업집단 내부에서 이루어져 외부에서 인지하기 어려운 경우나 거래상 지위남용과 같이 거래관계의 단절 등을 우려하여 피해자가 신고하기 곤란한 경우[40], 하도급법이나 대규모유통업법과 같이 공정거래위원회가 매년 초 정책목표로 설정한 분야에 대하여 주로 이루어진다. 이 경우에는 일반적으로 조사대상사업자가 많고, 그 결과 조사인력도 커지는 것이 특징이다. 대표적으로 전국 대형백화점의 불공정거래행위, 전국 예식장의 끼워팔기, 공공사업자의 우월적 지위 남용행위, 건설회사의 불공정하도급거래, 대기업집단의 부당지원행위 등에 대하여 대대적인 직권조사가 이루어진 바 있다.

2. 인지 후 처리

신고든 직권이든 공정거래위원회가 공정거래법을 위반한 혐의가 있는 사실을 인지한 때에는 조사관리관이 공정거래위원회의 직제상 당해 사건이 속하는 업무를 관장하는 국장이나 지방사무소장을 심사관으로서 지정하고, 필요한 사실조사와 사전심사를 하게 함으로써(절차규칙 제10조 제1항 및 제6항) 공식적으로 절차는 개시된다. 이때, 조사공무원이란 심사관의 지휘를 받아 법위반사실에 대한 증거를 수집하고 이를 정리·분석하는 자이고(절차규칙 제10조 제4항), 심사관이란 그 조사결과를 기초로 당해 행위의 법위반 여부를 심사하는 자를 말한다.

여기서의 신고는 기업결합의 '신고'[41]와 달리 단지 공정거래위원회가 법위반사실을 인지하도록 함으로써 조사를 촉구하기 위한 하나의 단서제공에 불과하기 때문에,[42] 공정거래위원회는 신고를 받은 사건에 대해서 조사를 하지 않을 수 있다. 조사의 개시 여부는 공정거래위원회의 재량이기 때문이다. 따라서 공정거래위원회가 사건을 인지하고도 조사 등의 절차를 개시하지 않는 경우에도, 신고인이 그 부작위를 다툴 수는 없으며 이 경우에는 '재량이 영(零)으로의 수축'도 인정되지 않는다. 단순한 민원성 신고나 불공정거래행위에 대한 적지 않은 처리부담을 감안하더

40) 일본에서는 「중소기업청설치법」에 따라 중소기업청의 요구가 있을 경우 공정취인위원회가 심사절차를 개시할 수 있는바(법 제4조 제7항), 신고를 하기 어려운 중소기업의 입장을 고려할 때 입법적으로 도입을 검토할 만하다.

41) 일정한 요건을 갖춘 기업결합에 대해서는 법 제12조에 따라 신고의무가 인정되며, 이때 신고인의 기업결합심사절차에서의 권리는 「기업결합심사기준」에서 나름대로 보장되고 있다.

42) 대법원 2000.4.11. 선고 98두5682 판결 등.

라도 공정거래위원회가 법위반행위를 신고 받고도 적절한 조사도 하지 않고 종결하는 것을 정당화하기는 어렵다. 입법론으로 피해자 등 적어도 이해관계 있는 신고인에게는 무혐의처분을 다툴 수 있는 장치를 마련하는 한편, 조사과정에서 의견을 진술할 수 있는 기회를 보장하는 것이 바람직할 것이다.[43] 일본의 예와 같이 신고사건에 대한 공정거래위원회의 조사의무를 명문으로 규정하는 것도 방법이다.[44] 반대로 신고인이 신고를 철회하더라도 이와 상관없이 조사를 계속하거나 유사한 사건으로 조사를 확대할 수 있다.

그 밖에 신고인은 경쟁사업자로서 당해 사건에 이해관계인의 요건을 갖춘 경우에 한해서 제한적으로나마 절차에 참여할 수 있을 뿐, 그렇지 않은 경우에는 현행법상 공정거래위원회의 조사 및 심의과정에서 아무런 권리나 의무를 갖지 않는다.

Ⅱ. 법위반행위에 대한 처분시효

1. 처분시효의 의의

처분시효(處分時效)는 일정 기간이 경과한 후에는 기존의 법률관계를 그대로 확정지음으로써 법적 안정성과 예측가능성을 담보하기 위한 것으로서 2012년 제18차 개정 공정거래법[45]에 도입되었다. 처분시효 기간의 법적 성격은 공정거래위원회가 시정조치를 명하거나 과징금을 부과할 수 있는 제척기간을 의미한다.[46]

2020년 5월 개정[47]된 공정거래법은 먼저 법위반행위에 대하여 해당 위반행위의 종료일부터 7년이 지난 경우에는 이 법에 따른 시정조치를 명하거나 과징금을 부과할 수 없다고 정하면서(현행법 제80조 제4항), 부당한 공동행위에 대해서는 공정거래위원회가 당해 법위반행위에 대하여 조사를 개시한 경우에는 조사개시일로부

43) 공정거래법상 시정조치를 명하거나 과징금을 부과하기 전에 이해관계인에게도 의견진술기회의 제공하여야 하나(법 제93조 제1항), 신고인이 이해관계인에 포함되는지도 확실하지 않고, 무엇보다 공정거래위원회가 심사불개시나 무혐의처분을 하는 경우에는 당사자나 이해관계인에게 필요적으로 의견진술기회를 부여할 필요가 없다.

44) 일본 사적독점금지법상 공정취인위원회는 신고를 받은 경우에 그 사건에 대하여 필요한 조사를 '하여야 한다.'고 규정되어 있다(법 제45조 제2항).

45) 2012.3.21. 개정, 법률 제11406호.

46) 대법원 2019.2.14. 선고 2017두68103 판결.

47) 2020.5.19. 개정, 법률 제17290호.

터 5년, 조사를 개시하지 아니한 경우에는 해당 위반행위의 종료일부터 7년의 처분시효를 별도로 정하고 있다(동조 제5항).

그런데 위의 처분시효가 경과한 이후 공정거래위원회가 당해 사건을 인지한 경우에도 심사절차를 개시할 수 없는가? 이에 관해서는 동조의 문언과 목적에 따라 해석하는 것이 타당하다. 처분시효란 기존의 법상태를 그대로 확정하는 데에 취지가 있고, 법 제80조 제4항은 일정한 기간이 경과한 후에는 공정거래위원회가 시정조치를 명하거나 과징금을 부과하지 않는 것으로만 규정하고 있다는 점을 감안할 때, 필요한 경우 공정거래위원회는 이 경우에도 심사절차를 개시할 수 있다고 보아야 할 것이다. 추후 손해배상청구권의 소멸시효는 별개의 것인바, 손해배상을 청구할 법률상의 이익이 있는 자로서는 이러한 경우에도 공정거래위원회의 심사결과가 중요한 의미를 가질 수 있기 때문이다.

2. 처분시효의 연혁

1980년 법제정[48] 시에는 처분시효가 없었고, 1994년 제4차 법개정[49]으로 5년의 처분시효가 처음으로 도입되었다(법 제49조 제3항).[50] 당시 처분시효는 위반행위의 종료시점만을 기준으로 하는 것뿐이었으며, '조사개시'를 기준으로 하는 처분시효는 존재하지 않았다.

2012년 제18차 법개정[51]을 통해 조사를 개시하였는지 여부를 기준으로 조사가 개시되지 않은 경우 처분시효가 위반행위 종료시점으로부터 7년으로 연장되었고, 조사를 개시한 경우에는 조사개시일로부터 5년이라는 처분시효가 새로 도입되었다(구법 제49조 제4항). 두 가지 처분시효의 관계에 대해서는 명확한 설명을 찾을 수 없다. 다만, 조사개시일로부터 5년의 처분시효를 정한 이유는 부당한 공동행위와 같이 은밀하게 이루어지고 적발이 쉽지 않은 법위반행위를 규제하기 어려운 점을 부분적으로 해소하기 위한 것으로 볼 수 있다.

2020년 5월 개정된 공정거래법[52]은 부당한 공동행위의 경우 이전 규정을 유지

48) 1980.12.31. 제정, 법률 제3320호.
49) 1994.12.22. 개정, 법률 제4790호.
50) 1994.12.22. 개정, 법률 제4790호.
51) 2012.3.21. 개정, 법률 제11406호.
52) 2020.5.19. 개정, 법률 제17290호.

하고, 나머지 법위반행위에 대해서는 위반행위 종료일로부터의 7년으로 처분시효를 일원화하였다(현행법 제80조 제4항, 제5항).

3. 처분시효의 해석운용상 난점

가. 법 제80조 제5항 제1호와 제2호의 관계

무엇보다 부당한 공동행위의 경우, 공정거래위원회가 조사를 개시하지 않고 7년에 근접한 시점에서 조사에 착수한 경우에 다시 5년이 경과하여야 처분시효가 완성되는지, 즉 처분시효가 최대 12년인지 여부가 문제될 수 있다. 이와 관련하여 2012년 제18차 법개정[53] 당시 공정거래위원회의 보도자료에 따르면 "공정거래법상 처분시효를 5년에서 7년으로 개정하는 한편, 공정거래위원회 조사 개시 시 5년이 연장되도록 하여, 국제카르텔이나 글로벌 기업의 행위에 대해서도 시간 구애 없이 조사 및 조치가 가능"하고, "그동안은 위법행위 종료 후 5년이 경과하면 시정조치를 할 수 없었음"이라고 개정 취지를 설명하고 있는 점을 감안하면 법위반행위 종료일에 조사 개시 시에는 추가로 5년이 추가되어 총 12년의 처분시효를 정한 것으로 해석할 여지도 있다. 이것이 그간 공정거래위원회의 실무이기도 하다.

생각건대 7년의 처분시효를 최장으로 보아 5년의 시효와 7년의 시효 중에 먼저 도래하는 시점에 처분시효가 소멸하는 것으로 해석할 수 있을 것이다.[54] 즉, 위반행위 종료 후 7년 또는 조사개시일 후 5년 중 먼저 도달하는 기간에 처분시효는 도과된다. 위반행위의 종료일로부터 7년이 지나면 그간 조사가 개시되었는가와 무관하게 처분시효가 완성되며 어떠한 경우에도 최장의 처분시효는 7년이 된다. 만약 조사의 개시가 위반행위 종료 후 2년 이내에 이루어진 경우에는 처분시효가 7년보다 단축된다. 다른 한편 위반행위 종료 후 2년이 지난 후라면 조사가 개시되어도 7년의 기간경과로 처분시효는 종료된다. 한편, 공정거래법상 처분시효가 5년이었던 것을 7년으로 연장하는 것도 시장참가자들에게 커다란 불이익이 된다. 다만 정도의 기간 연장은 사업자들의 탈법의 정도, 경쟁제한적 공동행위의 양태 등 사회상황을 고려해 허용될 수 있는 것으로 보인다.

---

53) 2012.3.21. 개정, 법률 제11406호.

54) 행정소송법은 처분이 있음을 안 날로부터 90일, 처분이 있은 날로부터 1년으로 정하고 있으며(동법 제20조 제1항, 제2항), 이 두 개의 기간 중 먼저 도래하는 것에 의해 제소기간이 경과하는 것으로 해석된다.

반면, 이 두 개의 처분시효를 각각 별개의 것으로 이해하여 최장 12년의 처분시효를 허용하고, 예컨대 7년의 기간이 거의 경과해서 1개월 정도가 남아있을 때 공정거래위원회가 조사를 개시하면 기간이 총 12년으로 연장되는 것으로 해석할 수도 있다. 조사 개시를 독립된 변수로 해석하고 조사의 개시를 가급적 늦추어 공정거래위원회가 최장 12년의 처분시효를 누릴 수 있도록 해석하는 것은 다른 법률들이 정하고 있는 처분시효 기간과 전혀 균형이 맞지 않고 처분시효의 취지에도 맞지 않는다.

나. 조사개시일의 판단

조사개시일이 언제인지와 관련하여 공정거래위원회 처분의 시효 도과 여부가 크게 달라질 수 있다. 절차규칙 제11조 제1항(영 제72조 제1항)에 따르면 조사개시일은 신고사건의 경우 신고접수일이며, 직권인지 사건의 경우 법 제81조 제1항 및 제2항에 따른 처분 또는 조사를 한 날 중 가장 빠른 날이 된다.

최근 "한국가스공사 입찰담합" 사건에서 서울고등법원은 구법 제49조 제2항의 신고는 공정거래위원회의 조사절차 개시의 직권발동을 촉구하는 단서에 관한 규정에 불과하므로 수리한 신고내용에 대하여 공정거래위원회가 재량권을 일탈하거나 남용한 특별한 사정이 없다면 합리적인 재량으로 조사의 단서로 처리하는 경우에 한하여 그 신고접수일이 조사개시일이 되고 그렇지 않은 경우 신고접수일을 조사개시일로 볼 수 없다고 전제하였다. 즉, 동 법원은 공정거래위원회가 합리적인 재량으로 한국가스공사의 문의 내용을 법위반사건 조사의 단서로서 처리하지도 않았으므로 공문접수일을 신고사건의 제척기간의 기산일인 조사개시일에 해당한다고 볼 수 없다고 판시하였다.[55] 대법원 역시 한국가스공사의 공문은 단순히 법위반행위에 관한 조사를 의뢰할 수 있는 신고가 가능한지 여부를 문의한 것으로서 부당한 공동행위를 나타내는 합의에 관한 내용이 전혀 포함되지 않아 공정거래위원회가 동 공문을 접수한 사실만으로는 조사를 개시하였다고 볼 수 없다고 판시하였다.[56]

그런데 이와 같이 조사개시일을 지나치게 엄격하게 해석하는 법원의 태도는 공정거래법상 신고의 성격과 처분시효의 법리를 제대로 이해하지 못한 것으로서, 신고 여부는 공정거래위원회의 주관적 사정과 무관하게 객관적으로 확정되어야 한

55) 서울고등법원 2017.9.20. 선고 2016누31854 판결 등.
56) 대법원 2019.1.31. 선고 2017두68110 판결 등.

다는 해석원칙에 부합하지 않는다. 뿐만 아니라 법원은 한국가스공사의 제보에 대하여 공정거래법 위반행위의 신고로서 갖추어야 할 위반행위자와 위반행위의 내용이 특정되었다고 볼 수 없다고 지적하고 있는바, 이들 사항의 특정 여부는 정도의 문제로서 신고인에게 과도한 부담을 지우는 결과가 되어 누구라도 신고할 수 있게 한 법규정의 취지에 맞지 않는다.

생각건대 신고사건과 직권조사사건의 구분은 사건을 인지하게 된 방식의 차이에 불과하며 그로 인하여 처분시효의 도과 여부가 좌우되는 것은 법적 안정성의 관점에서 타당하지 않다. 예컨대, 검찰 조사과정에서 공정거래법 위반 혐의가 발견되어 검찰이 해당 사건 부분을 공정거래위원회에 이첩한 경우에 공정거래위원회가 행하는 조사는 직권조사로 분류되고 있으나, 이것은 동일한 국가기관을 공정거래법이 정한 신고인으로 처리하기 곤란하다는 점에서 비롯된 것이고, 이때에도 해당 이첩행위가 법위반행위에 대한 조사권 발동을 촉구하는 단서의 제공이라는 실질에 있어서는 신고와 마찬가지라는 점에서 이첩을 통해 공정거래위원회가 법위반 혐의를 인지한 날을 바로 조사개시일로 보아 처분시효의 기산점으로 삼는 것이 타당하다.

공정거래법상 법위반행위에 대한 신고는 누구라도 할 수 있고(법 제80조 제2항), 신고의 형식에도 사실상 아무런 제약이 없다. 신고서에 법위반행위를 증명할 자료가 반드시 포함되어야 하는 것도 아니다. 신고의 내용이 충분하지 않은 경우에도 조사에 필요한 단서를 제공하는 것으로 족한 것이며, 이를 접수한 공정거래위원회는 그 보완을 요구할 수는 있어도 이를 반려할 수도 없다. 즉, 일단 공정거래위원회에 접수된 신고는 신고인이 이를 철회하지 않는 한 적법한 신고로서 공정거래위원회는 사실에 대한 조사나 사전심사 등 최소한의 조사를 하거나 특별히 심사절차를 개시하지 아니할 사유가 없는 한, 그에 따른 현장조사 등 후속조치를 취해야 하는 것이다.

비록 신고가 공정거래위원회의 직권발동을 촉구하는 성격을 갖는데 그치고 신고인에게 공정거래위원회가 적당한 조치를 밟도록 요구하는 구체적인 청구권을 부여하는 것은 아니라고 하더라도,[57] 공정거래위원회에게 신고사건의 처리에 관하여 무제한의 재량을 부여한 것은 아니다. 따라서 공정거래위원회가 결정적인 단서를

---

57) 대법원 2000.4.11. 선고 98두5682 판결; 대법원 1989.5.9. 선고 88누4515 판결.

제공받은 신고에 대하여 오랫동안 아무런 조치를 취하지 않고 있다가 추후 현장조사를 나갔더라도 현장조사의 계기가 된 단서는 결국 최초의 신고라고 보아야 하는 것이다.

다. 법위반행위 종료 전에 조사가 개시된 경우 처분시효의 기산점

판례는 처분시효 제도의 도입 취지 및 법적 성격에 비추어 구법 제49조 제4항에서 정한 처분시효는 특별한 사정이 없는 한 원칙적으로 공정거래법 위반행위가 종료되어야 비로소 진행하기 시작하고, 이는 공정거래위원회가 조사를 개시한 경우의 처분시효를 정한 동항 제1호가 적용되는 경우에도 마찬가지라고 한다.[58] 즉, 공정거래위원회가 법위반행위에 대하여 조사를 개시한 시점을 전하여 계속된 부당한 공동행위가 조사개시 시점 이후에 비로소 종료된 경우에는 '부당한 공동행위의 종료일'을 처분시효의 기산점인 '조사개시일'로 보아야 하고, 그 처분시효의 기간은 제1호에서 정한 5년이 되는 것이다.

그 근거로서 대법원은 공정거래위원회가 부당한 공동행위에 대해서 조사를 개시하였더라도 조사개시일을 기준으로 종료되지 아니하고 그 후에도 계속된 위반행위에 대해서는 조사개시 시점을 기준으로 볼 때 조사개시 시점 이후에 행해진 법위반행위 부분은 아직 현실적으로 존재하지 않았으므로 조사의 대상에 포함되었다고 볼 수 없고, 따라서 공정거래위원회가 조사를 개시한 시점에 조사개시 시점 이후 종료된 부당한 공동행위 전체에 대해서 시정조치나 과징금 부과 등 제재처분의 권한을 행사할 것을 기대하기도 어려울 뿐만 아니라 처분시효의 취지 및 성질에 비추어 보아도 공정거래위원회가 조사를 개시한 시점을 처분시효의 기산점으로 보는 것은 타당하지 않다는 점을 들고 있다. 조사개시 이전부터 계속되어 오다가 조사개시 시점 이후에 종료된 부당한 공동행위에 대해서는 그 위반행위가 종료된 이후에야 공정거래원회가 부당한 공동행위의 전체적인 내용을 파악하고 시정조치나 과징금 부과 등의 제재처분을 하는 데 필요한 기본적인 요소들을 확정 지을 수 있는 사실관계가 갖추어져 비로소 객관적인 조사의 대상에 포함되고 제재처분의 대상이 될 수 있다.

---

58) 대법원 2021.1.14. 선고 2019두59639 판결.

4. 현행법상 처분시효제도

처분시효에 관한 규정은 2020년 5월 제30차 법개정[59]을 통해 개정되었는데, 이를 통해 공정거래법상 처분시효는 법위반행위 별로 구분된다는 특징을 가지게 되었다. 즉, 공정거래위원회는 이 법 위반행위에 대하여 해당 위반행위의 종료일부터 7년이 지난 경우에는 이 법에 따른 시정조치를 명하거나 과징금을 부과할 수 없다(법 제80조 제4항). 다만, 부당한 공동행위에 대해서는 종전과 동일하게 공정거래위원회가 해당 위반행위에 대하여 조사를 개시한 경우에는 대통령령으로 정하는 조사개시일부터 5년, 그렇지 않은 경우에는 위반행위의 종료일부터 7년으로 처분시효를 정하고 있고(법 제80조 제5항) 그 결과 적어도 부당한 공동행위에 관한 한 위에서 다룬 해석·운용상의 난점은 여전히 상존할 것으로 보인다.

한편, 법원의 판결에 따라 시정조치 또는 과징금 부과처분이 취소되어 재처분을 하는 경우에는 처분시효 규정을 적용하지 아니한다(법 제80조 제6항). 나아가 처분시효는 공정거래위원회가 법 제95조에 따른 자료의 열람 또는 복사 요구에 따르지 아니하여 당사자가 소를 제기한 경우 그 당사자 및 동일한 사건으로 심의를 받는 다른 당사자에 대하여 진행이 정지되고 그 재판이 확정된 때부터 진행한다(법 제80조 제7항).

59) 2020.5.19. 개정, 법률 제17290호.

제 4 절 심사절차

심사절차는 공정거래위원회가 법 위반의 단서를 기초로 하여 해당 사안을 심결절차로 진행할 필요가 있는지를 심사하는 과정으로서, 여기서는 법 위반 사실에 대한 조사가 주로 이루어진다.[60] 효율적인 조사를 위해 공정거래위원회에게는 의견청취권, 정보요구권, 일시보관권, 조사공무원의 현장조사권 등의 권한이 부여되어 있다(법 제81조). 공정거래위원회의 조사는 행정조사로서 상대방의 협력을 전제로 하는 임의조사에 해당한다. 따라서 상대방이 조사에 협조하지 않더라도 공정거래위원회는 조사의 거부·방해 또는 기피에 한하여 과태료나 형벌을 부과하는 방식의 간접강제 수단만을 갖는다.

심사관은 조사결과에 따라 법 위반에 대한 혐의가 발견되지 않는 경우에는 무혐의 조치를, 그렇지 않은 경우에는 심사보고서를 작성하여 심결안건으로 전원회의 또는 소회의에 정식 부의한다. 다만 경고 또는 시정권고에 해당되는 것으로 인정되는 사안은 심사관의 전결로 회의에 부의하지 않고 종료할 수도 있다(절차규칙 제61조).

Ⅰ. 사전심사절차

사건을 인지하게 되면 공정거래위원회는 우선 사전심사절차에 착수하게 된다. 동 절차는 본격적인 조사절차의 개시요건이 존재하는지의 여부를 판단하기 위한 것으로서, 가장 먼저 조사하게 되는 내용은 우선 당해 사건이 공정거래법의 적용대상이 되는지의 여부이다.

사전심사절차에 대해서는 공정거래법상 아무런 근거조항이 없으며, 단지 절차규칙에서 정하고 있다. 그에 따르면 심사관은 당해 사건이 (본안) 심사절차를 개시하지 아니할 수 있는 경우에 명백하게 해당되는 경우를 제외하고는 사건명, 사건의 단서, 사건의 개요 및 관계법조를 기재한 이른바 '사건심사착수보고'를 하여야 한다(절차규칙 제15조 제1항). 이로써 사실상 공정거래절차가 개시되는 시점은 심사관이

60) 신현윤(제8판), 357면.

공정거래위원장에게 '사건심사착수보고'를 한 때로 볼 수도 있을 것이다. 그러나 사전조사절차를 통해서 공정거래위원회는 사실상 어느 정도 당해 사건에 대한 법적인 판단을 내리게 되고, 이는 추후 진행될 심사절차에도 상당한 영향을 미칠 수밖에 없는 바, 사전조사절차를 시작한 시점을 절차개시시점으로 보는 것이 타당하며, 이때부터 이해관계인의 절차참여권을 보장하는 것이 바람직할 것이다. 후술하는 바와 같이 이러한 절차개시점은 이해관계인의 절차참가에 있어서 중요한 의미를 갖기 때문이다.

이때 사건의 인지와 달리 본격적인 조사에의 착수 여부는 전적으로 공정거래위원회의 직권에 의해서 결정되며, 다만 절차규칙은 다음과 같은 사유에 명백하게 해당되는 경우를 제외하고는 심사관으로 하여금 전술한 사건심사착수보고를 하도록 함으로써, 본조사의 개시 여부에 대한 공정거래위원회의 재량판단을 가능한 한 제한하고 있다(절차규칙 제20조 각호). 그에 따르면 공정거래법상 사업자의 요건을 충족하지 않는 경우, 적용제외에 해당되는 경우, 법위반행위에 대하여 조사를 개시한 경우에는 조사개시일로부터 5년, 법위반행위에 대하여 조사를 개시하지 아니한 경우에는 해당 위반행위의 종료일로부터 7년이 경과한 경우, 하도급법, 약관법, 방문판매법, 전자상거래법, 가맹사업법, 할부거래법, 대규모유통업법 등의 요건이 충족되지 않는 등의 경우에는 심사절차를 개시하지 아니할 수 있다.

아울러 그에 따라 심사관이 절차의 불개시를 결정한 때에는 그로부터 15일 이내에 신고인, 임시중지명령요청인·심사청구인 또는 피조사인에게 그 결정내용을 통지하여야 한다(절차규칙 제20조 제2항). 반면 심사절차를 개시하기로 결정한 경우에 심사관은 사건을 심사착수보고한 경우에 피조사인 및 신고인에게 서면으로 통지해야하지만, 통지로 인하여 자료나 물건의 조작·인멸 등이 우려되는 등 조사목적의 달성을 현저히 저해할 우려가 있는 불가피한 사유가 있는 경우에는 통지하지 아니할 수 있다(절차규칙 제15조 제5항).

사전조사 결과 당해 사건이 다른 법령의 적용을 받거나 피신고인이 동법의 적용대상사업자가 아닌 경우에는 그 사건을 각하하며, 그 사건이 다른 정부기관이나 특정 감독기관(은행감독원, 증권감독원 등)에서 처리할 것이면, 그 기관에 사건을 이첩하고 그 사실을 신고인에게 회신한다. 당해 사안이 공정거래법의 적용사항인 경우에 심사관을 지정하고 조사를 착수하는 것은 물론이다.

Ⅱ. 본안심사절차

1. 개 관

공정거래법이 당해 사건에 적용될 수 있는 사안이면, 공정거래위원회는 본격적인 조사에 착수하게 된다. 이때부터 피신고인은 피조사인의 지위에 서게 된다. 이 단계의 조사부터는 심사관에 의하여 이루어진다. 조사 결과 동법 위반사실이 없다고 인정되는 때에는 심사관은 무혐의조치를 한다. 법위반사실이 인정될 경우에도 그 사실이 경미한 경우에는 심사관이 경고나 시정권고를 하고, 경우에 따라서는 종결처리를 하게 된다. 이 경우에는 공정거래위원회로 사건이 정식으로 상정되지 않고 종료되게 되는 것이다. 그러나 사건이 중대한 경우에는 심사관은 당해 사건을 공정거래위원회의 정식안건으로 상정하여, 그 심의·의결을 거쳐 시정명령이나 과징금납부 또는 고발 여부가 결정된다.

심사절차에서의 핵심은 증거조사이며, 원칙적으로 공정거래위원회가 직권으로 조사하는 것으로 되어 있다. 이는 직권규제주의에 따른 당연한 결과이다. 같은 맥락으로 공정거래위원회의 조사절차는 특히 직권규제주의의 성격이 강하며, 효과적인 증거조사를 위한 다양한 수단이 마련되어 있고, 심사관 등은 이들 수단 중의 어느 하나를 선택함에 있어서 폭넓은 재량권을 갖는다. 조사관리관이 심사관을 지정하고 필요한 조사와 사전심사를 하게 함으로써 심사절차는 개시되며, 심사관은 심사에 착수할 때 위원장에게 착수보고서를 제출한다.

2. 공정거래위원회의 조사절차규칙

공정거래위원회의 심사절차는 오랫동안 절차의 불투명성, 불합리하고 억압적인 현장조사 관행, 지나치게 넓은 재량 등으로 인한 비판을 받아왔다. 공정거래위원회는 2015년, 심사절차에 대한 내부통제를 강화하기 위하여 사건처리절차 개혁안(이른바 '사건처리 3.0')을 발표하였고, 이에 기초하여 2016년 「공정거래위원회 조사절차에 관한 규칙」(이하 "조사절차규칙")을 제정하여 시행하였다.[61] 2021년 3월, 동 규칙은 기존의 내용을 보완하면서 절차규칙에 남아있던 조사관련 규정들을 포섭하는 방향으로 개정되었고,[62] 2023년 4월에는 국민의 높아진 기대 수준에 맞추어 조

61) 공정거래위원회 고시 제2016-1호, 2016.2.4. 제정.

사과정에서의 적법절차를 더욱 강화하고, 법집행의 투명성·예측가능성을 높이기 위하여 또 한 차례 개정이 이루어졌다.[63] 동 규칙의 주요 내용은 아래와 같다.

조사절차규칙은 총칙(제1장)과 조사의 개시(제2장), 현장조사(제3장), 그 밖의 조사(제4장), 신고인등 보호(제5장)에 관하여 규정하고 있다. 총칙에서는 동 규칙의 목적(제1조)과 용어의 정의(제2조)를 정하면서, 조사공무원의 자세(제3조), 변호인의 조사과정 참여(제4조), 조사과정의 의견진술기회 부여(제5조), 기간의 계산(제6조)에 관해 규정하고 있다. 이에 따르면 동 규칙은 공정거래위원회 소속공무원이 공정거래위원회 소관 법률에 따라 실시하는 조사의 방법과 절차, 그 밖의 조사에 관하여 필요한 사항을 정함으로써 조사의 공정성과 투명성 및 효율성을 확보하는 것을 목적으로 한다(제1조). 동 규칙 제2장에서는 공정거래위원회가 소관법률 위반 혐의가 있다고 인지하거나 임시중지명령요청, 심사청구 또는 침해정지요청을 받은 때에는 심사절차를 개시하기 전, 사실에 대한 조사와 사전심사를 할 수 있도록 하고, 이를 위한 절차들을 마련해두고 있다.

동 규칙 제3장에서는 현장조사와 관련하여 조사계획의 수립(제9조), 조사공문 등의 교부(제10조), 조사장소(제11조), 조사시간 및 기간(제12조), 조사의 범위(제13조), 자료 등의 수집 및 일시보관(제14조), 수집·일시 보관된 자료의 선별 및 반환·폐기(제14조의2), 진술조사(제15조), 조사과정의 기록(제16조), 조사종료 시 조치사항(제17조), 조사결과의 보고(제18조)에 관한 자세한 규정이 마련되어 있는데, 이는 현장조사에서 공정거래위원회가 갖는 재량을 일정 정도 제한하기 위한 취지이다. 이 중 2020년 5월 법개정[64]을 통해 일시보관 시 보관조서 작성, 일시보관 물건의 반환, 조사시간 및 조사기간에 관한 규정이, 그리고 2020년 전부개정법[65]을 통해 진술조서 작성, 조사 시 변호인의 조력을 받을 권리에 관한 규정이 신설되었다(법 제81조 제5항, 제7항, 제8항, 제82조, 제83조).

동 규칙 제4장은 그 밖의 조사에 관한 내용을 정하면서 진술조사(제19조), 보고·제출명령(제20조), 일시보관(제21조), 감정인의 지정 및 감정위촉(제22조), 예비의견청취절차의 실시(제22조의2) 규정을 두고 있다. 동 규칙은 신고인과 자료를 제공

62) 공정거래위원회 고시 제2021－3호, 2021.3.12. 개정.
63) 공정거래위원회 고시 제2023－11호, 2023.4.14. 개정.
64) 2020.5.19. 개정, 법률 제17290호.
65) 2020.12.29. 전부개정, 법률 제17799호.

한 자를 신고인등으로 규정하고(제2조 제3호), 제5장에서 신고인등 보호(제23조), 신고인등 가명처리(제24조), 신원관리카드 조회·열람(제25조), 신고인의 의견진술(제26조)에 관한 규정을 두고 있다.

3. 공정거래위원회의 조사권

가. 공정거래위원회 조사의 법적 성격과 한계

공정거래위원회의 조사권은 조사대상인 사업자나 사업자단체, 이들의 임직원의 동의 내지 자발적 협력에 의존하고 이들의 의사에 반하여 물리적 강제를 행사할 수 없다는 점에서 강학상 임의조사에 해당한다. 법률상 피조사인의 협조의무란 존재하지 않으며, 피조사인이 조사를 거부·방해 또는 기피하는 경우에 과태료나 형벌 등의 제재를 받을 수 있을 뿐이다. 공정거래법상 협조의무란 자진신고 감면요건의 하나로 존재할 뿐이다(법 제44조 제1항 참조).

한편, 부당한 공동행위와 같이 죄질이 중하고 국민경제에 미치는 폐해가 큰 반면, 임의조사만으로 충분한 증거를 확보하기 곤란한 사건에 대해서 강제조사의 필요성이 제기되기도 한다. 강제조사의 주체와 방식에 관해서는 헌법상 강제수사를 위한 법원의 영장주의의 틀 내에서[66] 몇 가지 대안을 생각할 수 있는바, 대표적으로 공정거래위원회의 조사직원을 특별사법경찰로 지정하여 검찰의 지휘 하에 영장을 발부받아 압수·수색 등의 강제조사를 하는 방식과 카르텔 사건의 경우 처음부터 전속고발권에서 제외하여 검찰이 직접 사건을 인지하여 조사를 하는 방식을 들 수 있다.

나. 조사의 방법

심사관은 필요한 증거조사를 위하여 소속공무원으로 하여금 사업자나 사업자단체의 사무소 또는 사업장에서 업무 및 경영상황, 장부·서류 기타의 자료나 물건을 조사하게 할 수 있고(이른바 '현장조사'), 지정된 장소에서 당사자, 이해관계인 또

66) 일본의 사적독점금지법상 공정취인위원회는 형사처벌을 전제로 한 범칙조사를 할 수 있고, 필요한 때에는 그 소재지를 관할하는 지방재판소나 간이재판소로부터 사전에 허가를 받아 임검(臨檢)이나 수색, 압류 등 강제조사를 할 수 있다(법 제102조). 범칙조사의 결과 법위반의 심증을 얻게 된 때에는 공정취인위원회가 검찰총장에게 고발하여야 하고, 검찰총장이 공소를 제기하지 않기로 한 경우에는 지체 없이 법무대신을 경유하여 내각총리대신에게 그 취지와 이유를 보고하여야 한다(법 제74조 제1항, 제3항). 자세한 내용은 홍명수, "일본의 독점금지법 위반 사건처리절차", 경쟁법연구 제17권, 2008.5, 112면.

는 참고인의 진술을 듣게 할 수도 있다(법 제81조 제2항, 제3항). 현장조사를 하는 공무원은 그 권한을 표시하는 증표(공무원증)를 관계인에게 제시하고, 조사목적·조사기간 및 조사방법과 조사의 거부·방해·기피 시 그 제재에 관한 사항, 의견제출 또는 진술 등에 관한 사항이 기재된 문서, 즉 조사공문을 발급하여야 한다(법 제81조 제9항, 영 제75조 제5항).

이때 심사관 또는 조사공무원은 법위반혐의가 있는 사업자 또는 이들의 임직원에 대하여 조사에 필요한 자료나 물건을 제출하게 할 수도 있으며 제출된 자료나 물건은 증거인멸의 우려가 있는 경우에 한하여 이를 일시 보관할 수 있다(법 제81조 제6항, 영 제75조 제3항).

2023년 4월 절차규칙이 개정되기 전에는 공정거래위원회의 자료 등 제출 요구에 대해서 사업자는 이의를 제기할 수 있음은 행정절차법상 의문이 없으나, 이에 대하여 공정거래위원회는 법위반행위의 가능성을 신빙성 있게 제시하면 족하였다. 그로 인해 본안심사절차 중, 자료 또는 물건의 일시 보관과 관련되어 몇몇 문제점들이 발견되었다. 우선, 조사 및 심결절차에서 피해사업자의 익명성을 보호하기 위한 장치가 필요하였다. 심사관 등이 사업자의 사무소에 출입하여 조사에 필요한 자료 또는 물건을 일시 보관하는 것은 민사소송법상의 '압류'에 해당하며, 따라서 그에 상응하는 절차를 거쳐야 함에도 불구하고, 공정거래법에는 이에 관한 준용규정이나 기타 아무런 규정이 없었다. 독일의 경우 압류 당시 사업자가 부재중이거나 사업자가 그에 대하여 이의를 제기한 경우에 카르텔당국은 3일 이내에 압류가 행해진 지역을 관할하는 지방법원판사의 확인을 받도록 되어 있다.

한편, 일시 보관의 대상은 조사에 필요한 증거수단으로서 중요한 의미를 갖는 목적물에 한하며, 심사관 등의 요청으로 사업자가 제출한 자료 기타 물건이 증거로서 중요하다고 판단되는 경우에는 현장에서 바로 보관처리할 수 있다. 이때 문제는 심사관의 일시보관을 제한할 수 있는 기준이 전혀 마련되어 있지 않기 때문에, 그것이 남용될 소지가 다분하다는 점이다. 더구나 공정거래법 제81조에 따라 심사관 등이 출입하여 조사를 할 수 있는 대상은 반드시 피조사인에 국한되지도 않기 때문에, 사실상 그 사업자가 조사에 협력하지 않는 경우에 특히 일시보관제도가 남용될 우려가 크다. 피심인 이외의 사업자가 공정거래위원회의 조사에 협력할 아무런 법적 의무도 지지 않는다는 점을 고려할 때, 이때의 사무소출입 및 일시보관권의 행사는 매우 제한적으로 인정하지 않으면 안 될 것이다.

한편, 2023년 4월 개정된 절차규칙으로 신설된 제15조의2는 현장조사 공문에 기재한 조사범위를 넘어서 수집·제출된 자료에 대해 피조사인의 반환·폐기 요청 절차를 도입하였다. 피조사인은 공정거래법 위반 사건(단, 법 제45조 제1항 제6호 위반 사건은 제외)과 관련한 법 제81조 제2항에 따른 조사과정에서 조사공문에 기재된 조사목적과 관련이 없는 자료가 수집·제출되었다고 판단하는 경우 현장조사가 종료된 날(「디지털 증거의 수집·분석 및 관리 등에 관한 규칙」 제12조에 따라 수집된 디지털 자료에 대해 선별 절차를 거치는 경우에는 해당되는 디지털 자료에 대한 선별이 모두 완료된 날)부터 7일 이내에 그 자료의 반환 또는 폐기를 요청할 수 있다(절차규칙 제15조의2 제1항).

피조사인의 반환 또는 폐기 요청이 있으면 심사관은 해당 자료의 조사목적 관련성을 검토하여 조사목적과 관련이 없는 자료라고 인정하는 경우에는 피조사인의 요청에 따라 해당 자료를 반환하거나 폐기하여야 한다(동조 제2항). 심사관은 제1항에 따른 반환 또는 폐기 요청이 있는 자료 중 조사목적과 관련이 있다고 인정되는 자료에 대해서는 제출자료 이의심사위원회(이하 "심사위원회")에 해당 자료의 반환 또는 폐기 여부에 대한 심사를 요청하여야 한다(동조 제3항). 심사위원회는 심판관리관과 경쟁정책국장, 기업협력정책관, 소비자정책국장 중 2인을 포함한 3인의 위원으로 구성하며, 심판관리관이 의장이 된다(동조 제4항). 심사위원회는 심사요청된 자료가 조사목적과 관련이 없다고 판단하는 경우 그 자료의 반환 또는 폐기를 결정하고 그 결과를 심사관에게 통지한다(동조 제5항). 심사관은 심사위원회의 결정 내용에 따라 조사목적과 관련이 없는 자료는 반환하거나 폐기하고 피조사인에게 그 결과를 통지하는 등 필요한 조치를 하여야 한다(동조 제6항). 그 밖에 현장조사 수집·제출자료에 대한 이의제기의 방법 및 절차는 「현장조사 수집·제출자료에 대한 이의제기 업무지침」을 따른다(동조 제7항).

뿐만 아니라 2023년 4월 개정된 조사절차규칙은 현장조사 공문에 법위반 혐의를 구체적으로 기재하도록 하였고(제16조 제2항), 준법지원부서 조사기준도 마련하였으며(제11조 제2항), 조사기간 연장시 공문에 적시하도록 하였고(제12조 제2항), 현장조사 종료 후 14일 내에 조사목적과 관련 없는 수집자료를 반환·폐기하도록 하였다(제14조의2).

다. 조사방해에 대한 제재

공정거래법은 공정거래위원회의 실질적인 조사권 행사를 보장하기 위해 조사방해에 대한 제재규정을 두고 있다. 먼저 공정거래위원회의 현장조사 시 폭언·폭행, 고의적인 현장진입 저지·지연 등을 통하여 조사를 거부·방해 또는 기피한 자는 3년 이하의 징역 또는 2억 원 이하의 벌금에 처할 수 있다(법 제124조 제13호). 또한, 법 제81조 제1항 제3호 또는 제6항에 따른 보고 또는 필요한 자료나 물건을 제출하지 아니하거나 거짓의 보고 또는 자료나 물건을 제출한 자와 현장조사 시 자료의 은닉·폐기, 접근거부 또는 위조·변조 등을 통하여 조사를 거부·방해 또는 기피한 자는 2년 이하의 징역 또는 1억 5천만 원 이하의 벌금에 처할 수 있다(법 제125조 제6호, 제7호). 허위감정을 통하여 조사를 방해한 자에 대해 1억 원 이하의 벌금이 부과될 수 있다(법 제126조 제4호).

한편, 조사방해 행위에 대해서는 과태료가 부과될 수도 있다. 즉, 법 제81조 제1항 제1호의 규정을 위반하여 정당한 사유 없이 출석을 하지 아니한 자와 제87조 제2항에 따른 서면실태조사 자료제출 요구에 대하여 정당한 이유 없이 자료를 제출하지 아니하거나 거짓의 자료를 제출한 자에 대해 1억 원 내지 1천만 원 이하의 과태료를 부과한다(법 제130조 제6호, 제7호).

그런데 공정거래위원회의 조사 방법이나 내용에 대하여 사업자가 이의를 제기하는 경우가 적지 않게 발생하는바, 자칫 조사방해를 지나치게 넓게 해석하여 제재처분을 남발하지 않도록 유의할 필요가 있다. 이와 관련하여 공정거래위원회가 조사방해를 방지하고 사업자의 협조를 유도하는 방식으로 이행강제금의 도입이 논의되기도 하나, 이는 타당하다고 볼 수 없다.

이행강제금이란 위법한 상태가 지속되는 경우 법이 보호하고자 하는 공공의 이익에 중대한 침해상태가 계속되므로 이를 속히 시정하기 위하여 부과하는 특수한 형태의 집행벌(Executivstrafe, Zwangsstrafe) 또는 금전벌(Geldstrafe)로서, 단지 일정한 의무이행을 강제하는 수단에 불과하므로 원칙적으로 처벌적 성격이 없다고 보는 것이 행정법학계의 다수설이다.[67] 공정거래법의 경우 법 제16조에서 기업결합 제한규정을 위반하여 공정거래위원회로부터 시정명령을 받고 그 기간 내에 이를 이행하지 않는 경우에는 매 1일당 일정한 범위 내의 금액을 이행강제금으로 부과

67) 김동희, 행정법 Ⅰ(제25판), 박영사, 2019, 401면; 홍정선, 앞의 책, 473면.

할 수 있도록 규정하고 있다. 이 경우에 사업자가 이의를 제기하고자 하는 경우에도 그 금액 자체를 다투어 법원의 심사를 받을 수 있는 제도가 없기 때문에, 결국 이행강제금 부과처분 자체의 취소를 구하는 방법밖에 없다.

따라서 이행강제금에 위법행위에 대한 제재라는 측면이 포함되어 있다 하더라도 이는 부수적인 의미를 가질 뿐이다. 이러한 맥락에서 공정거래법상 이행강제금 역시 기업결합제한 규정에 위반한 행위에 대하여 공정거래위원회가 시정조치를 명하였음에도 불구하고 이를 이행하지 않으면 시장의 경쟁을 실질적으로 제한하는 상태가 지속되게 되고, 이러한 상태가 계속된 후 뒤늦게 시정조치를 이행한 후에는 이미 당해 법위반행위자로 인하여 시장의 경쟁구조가 심각하게 훼손되어 기업결합 규제의 실효성을 상실할 수도 있기 때문에 시정조치의 이행을 강제하는 수단으로 마련된 것임은 물론이다. 반면, 조사거부 등에 대해서는 이미 과태료 규정이 마련되어 있고, 조사거부 등에 의하여 발생하는 중대한 공공의 이익의 침해라는 것은 생각하기 어려우며, 단지 공정거래위원회가 위법사실을 조사하는 과정에서 불편이 초래될 뿐이라는 점에서 이행강제금을 부과하는 것은 맞지 않아 보인다.

4. 피조사인 등의 방어권

공정거래법 위반의 혐의가 있는 사업자의 입장에서는 조사단계에서 자신의 권리가 충분히 보장될 필요가 있다. 2018년 공정거래법 전부개편 T/F 논의결과를 반영하여 이루어진 법개정에서는 피조사인의 방어권을 강화하였다.

먼저, 종래 당사자 또는 이해관계인은 '공정거래위원회의 회의에 출석하여', 즉 심사보고서가 상정된 이후 심의단계에서만 그 의견을 진술하거나 필요한 자료를 제출할 수 있었다(구법 제52조 제2항). 그런데 2020년 5월 제30차 개정[68]에 따라 피조사인과 이해관계인, 참고인은 공정거래위원회가 조사를 진행하는 도중에 의견을 제출하거나 진술할 수 있게 되었다(법 제81조 제19항). 또한, 동법에서는 조사공무원이 당사자의 진술을 들었을 때에는 진술조서를 작성해야 하며(법 제81조 제5항), 사업자 등의 임직원의 자료나 물건을 일시 보관할 때에는 보관조서를 작성·발급하여야 하고(동조 제7항), 일시 보관한 자료 및 물건이 해당 조사와 관련이 없거나 해당 조사 목적의 달성 등으로 자료나 물건을 보관할 필요가 없어진 경우에는 즉시 반환

68) 2020.5.19. 개정, 법률 제17290호.

해야 한다(동조 제8항 각호)는 내용을 추가하였다.

아울러 과거 조사공무원이 현장조사를 행할 경우, 자신의 권한을 표시하는 증표만 관계인에게 제시하도록 하였는데, 전부개정법에 따르면 증표와 함께 조사목적·조사기간 및 조사방법 등이 기재된 문서 즉, 조사공문을 발급하여야 한다(동조 제9항). 조사과정 중 당사자, 이해관계인 또는 참고인의 의견제출 내지 의견진술권은 과거 조사절차규칙에 의해 보장되었으나, 법개정에 의해 법률상 권리로 격상되었다(동조 제10항). 뿐만 아니라 조사시간 및 조사기간(법 제82조), 위반행위 조사 시 변호인의 조력을 받을 권리(법 제83조) 또한 법률에 새로이 규정되었다.

뿐만 아니라 2023년 4월 개정된 조사절차규칙은 법위반혐의 관련 기초 사실관계를 명확히 할 필요가 있는 사건이나 사실관계가 복잡하거나 쟁점이 많은 사건 등의 경우 피조사업체가 심사관 또는 사건담당부서장에게 직접 의견을 제출하거나 진술할 수 있는 '예비의견청취절차'를 마련하였다(조사절차규칙 제22조의2).

Ⅲ. 시정권고 등

공정거래위원회는 이 법의 규정에 위반하는 행위가 있는 경우에 당해 사업자 또는 사업자단체에 대하여 시정방안을 정하여 이에 따를 것을 권고할 수 있다(법 제88조 제1항). 시정권고는 위원회의 권고를 피심인이 받아들임으로써 심결절차 내지 시정조치에 대체하려는 것에 불과하기 때문에(동조 제3항), 시정에 필요한 조치의 내용이나 정도가 경감되는 것은 아니다.

각 회의는 다음 각 호의 어느 하나에 해당하는 경우에 사업자에게 시정권고를 할 수 있다(절차규칙 제58조 제1항 각호).

① 위원회의 심결을 거쳐 위반행위를 시정하기에는 시간적 여유가 없거나 시간이 경과되어 위반행위로 인한 피해가 크게 될 우려가 있는 경우

② 위반행위자가 위반사실을 인정하고 당해 위반행위를 즉시 시정할 의사를 명백히 밝힌 경우

③ 위반행위의 내용이 경미하거나 일정한 거래분야에서 경쟁을 제한하는 효과가 크지 않은 경우

④ 공정거래 자율준수 프로그램(compliance program; CP)을 실질적으로 도입·운

영하고 있는 사업자가 동 제도 도입이후 최초 법위반행위를 한 경우

시정권고는 법위반의 내용, 권고사항, 시정기한, 수락여부 통지기한, 수락거부 시의 조치를 포함하여 반드시 서면으로 하여야 하며, 이를 받은 자는 10일 이내에 당해 권고를 수락하는지의 여부에 관하여 공정거래위원회에 통지하여야 하며, 당해 시정권고를 수락한 때에는 동법에 의한 시정조치가 있는 것으로 본다(법 제88조 제2항, 제3항, 영 제78조, 절차규칙 제58조). 여기서 시정조치와 동일한 법적 효력을 갖는 다는 것은 이의신청 및 손해배상청구와 관련하여 중요한 의미를 갖는다.

시정권고란 사건처리의 신속을 도모한다는 취지에 비춰볼 때 해당 사유의 존부에 관한 한 가급적 공정거래위원회의 판단재량을 줄이는 것이 바람직하며, 심사관의 전결이 원활하게 이루어지기 위해서도 해당 사유의 존부에 관한 예측가능성을 제고할 필요가 있어 보인다.[69] 보다 근본적으로는 공정거래법상 동의의결제도가 도입·운영되고 있고, 한국공정거래조정원을 통한 분쟁조정이 활성화되고 있으며, 무엇보다 사인의 금지청구가 가능해진 상황에서 시정권고에 여전히 유효한 장점은 무엇인지를 고민해볼 필요가 있을 것이다.

시정권고서면에는 수락 여부를 통지할 기한을 명시하여야 하며(절차규칙 제58조 제3항 제1호 바목), 이 기한 내에 서면으로 수락 여부를 통지하지 않은 경우 또는 시정권고를 통지받은 날부터 10일 이내에 그 수락 여부를 서면으로 통지하지 아니한 경우에 심사관은 심사보고서를 작성하여 각 회의에 제출하여야 한다. 즉, 공정거래위원회의 심결절차가 개시되는 것이다. 서면으로 수락하지 않기로 통지한 경우에도 마찬가지이다(절차규칙 제58조 제4항). 심사조정위원회가 위반의 정도가 경미하거나 일정한 거래분야에서 경쟁을 제한하는 효과가 극히 적거나 위반행위를 한 사업자가 사건의 조사 또는 심사과정에서 당해 위반행위를 스스로 시정하여 시정조치의 실익이 없다고 결정한 경우에 심사관은 공정거래위원회에 심사보고를 하지 않고 경고조치를 내린다(절차규칙 제57조, 제61조).

이처럼 심사절차에서는 심사관이 핵심적인 역할을 한다. 나아가 심사관은 심결절차에서 피심인과 대등한 지위에서 공격과 방어를 담당한다.

---

69) 예컨대, 자율준수 프로그램을 "실질적으로" 도입·운영하고 있는 사업자를 어떻게 판단할 것인지란 지나치게 모호하며, 이 점은 위반행위로 인한 피해가 크게 될 우려와 같이 장래의 효과에 대한 평가에 의존할 경우에도 마찬가지이다.

[보론] 조사권과 심결권한의 분리?

공정거래위원회의 절차구조와 관련하여 눈에 띄는 것은 바로 공정거래사건의 조사권과 심결권한이 모두 공정거래위원회에 속해 있다는 점이다. 이러한 절차구조를 가진 입법례로는 가깝게는 일본의 공정취인위원회로부터 유럽의 집행위원회를 들 수 있다. 반면 독일의 경우에도 비록 조사공무원과 심결부가 분리되어 있기는 하나 종국적으로는 모두 연방카르텔청에 속해 있다는 점에서 우리와 마찬가지라고 볼 수 있다. 조사권과 의결권을 분리하고 있는 대표적인 입법례는 미국 연방거래위원회와 연방법무부로서, 이들 기관은 독자적인 조사권을 가지고는 있으나 구체적인 시정조치를 내리기 위해서는 먼저 법원의 판결을 구하지 않으면 안 된다.

한편, 독일 경쟁제한방지법 제정 당시 이들 두 기능을 분리할 것을 주장하는 견해가 있었으며, 이른바 기능적 분업론에 따르면 조사권은 연방카르텔청에, 의결권은 법원에 부여할 것을 주장하였다. 이 제안이 결국 받아들여지지는 않았으나, 대신 연방카르텔청의 조사 및 심결절차에 대한 법원의 무제한적인 재량통제가 도입되었다(GWB 제73조). 아울러 부분적으로 이를 수용한 것이 바로 벌금절차로서 연방카르텔청은 벌금의 부과를 법원에 신청하고, 그 결정에 따라 벌금을 부과하는 것이 그 예이다.

우리나라의 경우 조사권과 심결권한을 모두 공정거래위원회에 부여하고 있으면서도 공정거래위원회의 결정에 대한 사법심사가 충분히 이루어지고 있는지 의문이다. 공정거래위원회의 권한에 대한 효과적인 통제란 궁극적으로 법원을 통해서 가능하다는 점을 고려할 때 제도적 개선방안을 모색할 필요가 있다. 대표적인 대안이 바로 조사기능과 심결기능의 분리이다. 공정거래위원회의 심결절차가 준사법절차인지에 대해서는 의문의 여지가 있으며, 공정거래위원회가 경쟁이라는 공익을 보호하는 절차라는 점에서 당사자 간 이해관계를 조정하는 민사소송에서의 당사자주의를 그대로 도입하는 것은 바람직하지 않다.

공정거래위원회의 심결절차는 행정절차이면서 사법절차의 요소를 일부 포함하고 있는 것으로 이해하는 것이 타당하며, 그렇다면 피심인의 권리보호와 실체적 진실규명을 위하여 심결절차의 객관성과 공정성을 담보하는 차원에서 대심구조를 강화하는 것이 여전히 바람직한 방향으로 보인다. 구체적으로 조사와 심결의 직능 분리(separation of function)를 전제로 미국의 행정법판사(ALJ)와 유사한 심판관을 도입하고, 피심인의 방어권을 실질적으로 보장하며, 이를 위하여 편면적 정보전달(ex parte communication)을 금지하는 방안을 생각해볼 수 있을 것이다.[70] 심결절차의 개선을 위한 전제조건이 심결의 전문성 제고임은 물론이다.

70) 신현윤, "공정거래위원회 심결구조 및 절차의 문제점과 개선방안", 상사판례연구 제14집, 2003, 204면, 211면 이하에서 대심구조의 효율적인 운영방안을 상세히 제시하고 있다.

제 5 절 심결절차

심결절차는 심사관이 심사보고서를 제출하면 이를 바탕으로 법 제57조 내지 제68조에서 규정하는 바에 따라 공정거래위원회가 당해 사안을 심의·의결하는 절차이다.[71] 이는 모두절차와 사실심리절차로 구분할 수 있고, 구체적으로는 인정신문, 심사관의 의견진술, 피심인의 모두진술, 증거조사절차, 심사관의 조치의견 진술, 피심인의 최후진술 등 형사소송절차와 유사하게 이뤄진다. 또한, 민사소송절차와 유사한 석명권, 질문권, 심의의 분리·병합·재개 등이 이뤄진다. 공정거래위원회는 심의 후 그 안건에 대해 의결을 행하는데, 그 유형에는 시정권고, 시정조치명령, 과징금 부과명령, 과태료 부과명령 등이 있다.

정리하면 공정거래법은 공정거래위원회에서의 심결절차를 법원, 특히 민사소송절차와 유사하게 마련함으로써, 다른 행정절차에 비하여 피심인이나 이해관계인의 권리를 적극적으로 두텁게 보호하고 있다.

Ⅰ. 심결절차의 개시

1. 심사보고서

공정거래위원회는 심사관이 심사보고서와 그 첨부자료를 전원회의 또는 소회의에 제출하였을 때 심의절차를 개시한다(절차규칙 제25조). 심사보고서에는 사건의 개요, 시장구조 및 실태, 제도개선사항의 유무, 사실의 인정, 위법성 판단 및 법령의 적용, 자율준수 프로그램 또는 소비자중심경영 인증제도 운용상황의 조사 여부, 심사관의 조치의견, 피심인 수락 여부, 첨부자료가 기재된다(절차규칙 제25조 제1항 각호). 심사관은 심사보고서를 각 회의에 제출함과 동시에 피심인에게 심의절차의 개시 사실을 고지하고 심사보고서와 그 첨부자료의 목록 및 첨부자료를 송부하며, 이에 대한 의견을 4주(소회의에 제출되는 심사보고서의 경우 3주) 내에 심판관리관에게 문서로 제출할 것을 통지하여야 한다(절차규칙 제25조 제10항). 심사관은 영업비밀 보호, 자진신고 등과 관련된 자료, 다른 법률에 따른 비공개 자료에 해당하는 사유를

71) 신현윤(제8판), 364면.

제외하고는 심사보고서 및 첨부자료를 피심인에게 송부하여야 한다(절차규칙 제25조 제12항 각호). 다만 심사관 조치의견의 사전 송부로 인하여 각 회의의 독립적 판단을 저해할 우려가 있거나 기타 불가피한 사유가 있는 경우 심사관은 심사관 조치의견을 심의기일에 피심인에게 배포할 수 있다(절차규칙 제25조 제11항).

전원회의의 의장은 심사보고서를 제출받은 경우 상임위원 1인을 당해 사건의 주심위원으로 지정하고, 이때 필요하면 주심위원 및 소회의 의장은 사건의 심의부의 가능 여부를 사전 검토하고 미비점 발견 시 담당 심사관에게 보완하도록 지시할 수 있다(절차규칙 제28조 제1항, 제2항). 주심위원 등은 사건의 심의와 관련하여 확인이 필요한 자료가 있는 경우에는 심의·의결 업무를 보좌하는 공무원(이하 "심결보좌담당자")를 통해 심사관 또는 피심인에게 해당 자료의 제출을 요구할 수 있다(절차규칙 제28조 제4항).

2. 의견청취절차

주심위원 또는 소회의 의장은 다음 4가지 중 하나에 해당하는 경우에 의견청취절차를 실시할 수 있고, 직권으로 또는 심사관이나 피심인의 신청을 받아 의견청취절차를 2회 이상 개최할 수 있다(절차규칙 제29조 제1항 각호). 이때 위원은 사건의 심의과정에서 심사관 또는 피심인이 주장할 내용과 관련하여 의견청취절차 외의 방법으로 심사관 또는 피심인으로부터 직접 의견제출이나 보고 등을 받아서는 아니 된다(절차규칙 제29조 제3항). 종전에는 이와 유사한 제도로 심의준비절차가 마련되어 있었지만, 지나치게 절차가 복잡하여 거의 활용되지 않았고, 당사자들이 비공식적으로 상임위원들과 접촉하는 사례가 발생하여 절차의 투명성을 저해하는 문제가 발생하였다. 이에 따라 공정거래위원회는 2017년에 심의준비절차를 폐지하고 이를 대폭 간소화시킨 의견청취절차를 신설하였는데, 그 취지는 절차의 효율성과 적법성, 투명성 제고에 있다.72)

① 피심인이 심사보고서의 사실관계, 위법성 판단 등을 다투는 경우

② 사실관계가 복잡하거나 쟁점이 많은 경우

③ 전원회의 의안의 경우

④ 피심인이 의견청취절차 진행을 요청한 의안으로서 피심인의 방어권 보장,

72) 공정거래위원회, 2018년 공정거래백서, 42면.

심의의 효율적 진행을 위해 필요하다고 인정되는 경우

절차규칙에 규정된 대로 의견청취절차가 진행된 후(절차규칙 제30조 내지 제33조) 심결보좌담당자는 의견청취절차의 안건, 일시 및 장소, 참석자, 진행 순서, 심사관과 피심인의 발언 요지 등 주요 내용을 기록·보존하여야 하며, 그 기록을 첫 심의기일 전에 각 회의에 제출하여야 한다(절차규칙 제32조 제3항).

공정거래위원회의 의결·결정을 거쳐 행하는 사항에는 행정절차법의 적용이 제외되는바(행정절차법 제3조 제2항, 영 제2조 제6호), 공정거래위원회의 시정조치 및 과징금 납부명령에 행정절차법 소정의 의견청취절차 생략사유가 존재한다고 하더라도, 공정거래위원회는 행정절차법을 적용하여 의견청취절차를 생략할 수는 없다.[73] 피심인이 방어권을 행사할 기회를 보장하지 않은 경우에는 절차상 하자 있는 위법한 처분에 해당할 수 있는 것이다.

Ⅱ. 심의절차의 진행

1. 심의의 부의 및 진행

심결절차는 대체로 법원의 재판절차와 유사하다. 우선 각 회의의 의장은 절차규칙 제25조 제10항의 규정에 의한 피심인의 의견서가 제출된 날부터, 제29조에 따라 의견청취절차를 종료한 날부터, 의견서가 제출되지 아니한 경우에는 그 정한 기간이 경과한 날부터 30일 이내에 당해 사건을 심의에 부의하여야 한다(절차규칙 제35조 제1항). 다만 각 회의의 의장이 필요하다고 인정할 때에는 그 기간을 연장할 수도 있고(절차규칙 제35조 제1항 단서), 신청 또는 직권으로 심의결과에 대한 이해관계인, 자문위원, 관계행정기관, 공공기관·단체, 전문적인 지식이나 경험이 있는 개인이나 단체 또는 감정인 등을 참고인으로 하여 심의에 참가시켜 의안에 대한 설명 또는 의견을 듣고 신문할 수 있다(절차규칙 제43조). 따라서 각 회의의 의장은 긴급을 요하거나 기타 부득이한 경우를 제외하고 심의개최 10일 전까지 당해 회의 구성위원 및 피심인에게 각 회의 심의개최의 일시, 장소 및 사건명, 심리 공개 여부 등을 서면('전송'을 포함)으로 통지하여야 한다(절차규칙 제37조 제1항).[74] 이때 통지를 받은

73) 대법원 2001.5.8. 선고 2000두10212 판결.

74) 종래 절차규칙은 소회의의 경우 심의개최 5일 전까지 심의기일을 통지하도록 하였는데, 2021년 12월 개정을 통해 방어권 보장 차원에서 소회의와 전원회의 모두 심의기일 통지기간을 10일로 통일

피심인이 통지된 각 회의의 심의지정일시에 부득이한 사유로 출석할 수 없을 때에는 그 사유를 명시하여 개최일시의 변경을 신청할 수 있고, 의장은 지체없이 그 허가 여부를 통지하여야 하며 사정변경이 있는 경우 심의기일을 직권으로 변경할 수 있다(절차규칙 제37조 제3항).

그 밖에 피심인이 회의의 개최에 관한 통지를 받고도 '정당한 이유없이' 출석하지 아니한 경우에는 피심인의 출석없이 회의를 개의할 수 있다(절차규칙 제40조 제2항). 따라서 이처럼 피심인이 회의에 불출석한 경우에 회의를 개의할지의 여부는 각 회의의 의결에 따르며, 그 밖에 불출석에 따른 제재 등 아무런 법률효과가 발생하지 않는다.

공정거래위원회의 회의는 민·형사재판과 마찬가지로 공개하는 것이 원칙이다(법 제65조, 절차규칙 제38조). 즉, 공정거래위원회의 심리와 의결은 공개하며, 다만 사업자 또는 사업자단체의 사업상의 비밀을 보호할 필요가 있다고 인정할 때에는 공개하지 않을 수 있다. 그리고 공정거래위원회는 심의절차가 종료된 후 해당 사건의 법위반 여부나 조치내용 등에 관하여 합의하게 되는바, 위원들 간의 합의과정은 어떠한 경우에도 공개하지 아니한다. 이와 같은 맥락에서 위원들 간의 합의과정을 기록한 회의록 또한 공개하지 않는다. 공정거래위원회의 회의록을 공개하도록 강제한다면 공정거래위원회 회의에 참석하는 위원 등은 자신의 발언 내용이 공개되는 것에 대한 부담으로 인한 심리적 압박 때문에 솔직하고 자유로운 의사교환을 할 수 없고, 심지어 당사자나 외부의 의사에 영합하는 발언을 하거나 침묵으로 일관할 우려마저 있으므로 공정거래위원회의 업무수행에 현저한 지장을 초래할 수 있고, 이러한 우려는 회의록에 기재된 진술을 한 진술자들의 인적사항을 삭제하더라도 여전히 불식하기 어렵다는 점 등을 감안할 때 회의록은 '의사결정과정에 준하는 사항으로서 공개될 경우 공정거래위원회 업무의 공정한 수행에 현저한 지장을 초래한다고 인정할 만한 상당한 이유가 있는 정보'로서 「공공기관의 정보공개에 관한 법률」 제7조 제1항 제5호의 비공개대상에 해당한다.[75]

위원에게는 석명권, 질문권이 있으며(절차규칙 제45조), 의장은 심사관 또는 피심인이 행하는 질문이나 진술이 이미 행한 질문 또는 진술과 중복되거나 당해 사건

하였다.

75) 서울행정법원 2004.4.22. 선고 2003구합16648 판결.

과 관계가 없다고 인정할 때에는 이를 제한할 수 있다(절차규칙 제46조).

심사관과 피심인은 모두 증거조사나 참고인신문을 신청할 수 있다. 증거조사나 참고인신문은 심사관이나 피심인 측이 모두 신청할 수 있으나(절차규칙 제48조 제1항, 제2항), 필요한 증거조사는 공정거래위원회의 직권에 의하여 이미 심사절차에서 진행되는 것이 원칙이므로, 심결절차에서는 심사보고서의 증거를 토대로 하여 판단하되, 새로운 증거가 발견된 경우에 한하여 그 조사를 신청할 수 있다는 의미로 해석하는 것이 타당하다. 증거방법의 하나인 감정인도 조사절차에서는 이를 직권으로 위촉하고, 심결절차에서는 필요한 경우에 한하여 출석시키는 것과 비교할 때도 이렇게 해석하는 것이 합리적이다.

2. 회의의 의사 및 의결정족수

소회의의 의사는 의장으로 지명된 상임위원이 주재하며, 구성위원 전원의 출석과 출석위원 전원의 찬성으로 의결한다(법 제64조 제2항). 이처럼 소회의의 의사는 다수결의 원칙을 택하고 있는 전원회의(동조 제1항)와 달리 만장일치제를 따르고 있다. 따라서 적어도 소회의의 관장사항에 한해서는 비상임위원의 의결권도 의결의 성립에 결정적으로 중요한 역할을 담당하게 됨으로써, 상임위원 위주의 의사진행에 대한 효과적인 견제수단이 될 수 있다.

반면, 절차의 경제라는 측면에서 만장일치제는 심각한 문제를 내포하고 있다. 즉, 시정조치를 의결함에 있어서 모두의 의사가 일치해야 하기 때문에, 정해진 기한 내에 의결이 이루어지기 위해서는 위원들 간의 타협이 불가피하고, 이 과정에서 엄격하게 법을 적용하기보다는 위원들 간의 이해관계나 견해의 상충을 적당한 선에서 절충하는 방식으로 결론이 내려질 수 있기 때문이다. 요컨대, 소회의의 의결방식은 상임위원의 견제 내지 비상임위원의 위상 강화 차원의 기능을 수행할 수 있으나, 이러한 절차법상 요구들을 만장일치제의 채택으로 해결하는 것은 문제에 대한 올바른 해답이 아니며, 오히려 공정거래위원회의 공정하고 투명한 심결 형성에 부정적인 영향을 미칠 소지가 적지 않다.

3. 당사자 또는 이해관계인의 절차상 권리

가. 의견진술권

공정거래위원회는 법위반사항에 대하여 시정조치나 과징금 납부명령을 내리기 전에 반드시 당사자 또는 이해관계인에게 의견을 진술할 기회를 부여하여야 하며, 당사자 또는 이해관계인은 공정거래위원회의 회의에 출석하여 의견을 진술하거나 필요한 자료를 제출할 수 있다(법 제93조). 전술한 바와 같이 당사자는 민형사재판과 달리 회의에 출석할 의무는 없으며, 출석한 경우에도 의견을 진술할 의무는 없다.

그런데 공정거래법은 공정거래위원회가 반드시 의견진술의 기회를 부여할 의무를 지는 경우를 명정하면서, 실제로 공정거래위원회가 그러한 기회를 제공하지 않고 시정조치나 과징금 납부명령을 내린 경우에 대한 법률효과에 대해서는 아무런 규정을 두지 않고 있다. 따라서 의견진술의 기회를 부여하지 않았다는 이유만으로 당해 처분 등에 하자가 있고, 그 결과 당사자가 공정거래법상 이의를 제기할 수 있는지가 문제된다. 공정거래법상 피심인의 방어권 보장을 위한 핵심장치로서 법위반사실에 대한 조사결과의 서면통지(법 제80조 제3항)나 시정조치 또는 과징금납부명령을 하기 전에 당사자에게 의견을 진술할 기회 제공(법 제93조 제1항) 등의 절차적 요건을 갖추지 못한 공정거래위원회의 시정조치 또는 과징금납부명령은 설령 실체법적 사유를 갖추고 있다고 하더라도 위법하여 취소를 면할 수 없다.[76] 문제는 이해관계인에게 의견진술의 기회가 제공되지 않은 경우이다. 이때 이해관계인은 피심인과 달리 처분의 고지조차 받지 못하기 때문에, 현행법상 당해 처분 그 자체를 다툴 수가 없다. 그러나 이해관계인은 — 공정거래법이 아니라 — 행정절차법을 근거로 당해 처분의 취소 등을 구할 수 있음은 물론이다.

이처럼 공정거래절차에서 피심인을 제외한 제3자의 참가권은 매우 제한되어 있다. 이해관계인 등에게는 필요한 경우에 한하여 위원회 개최에 대한 통지와 송부를 하며, 감정인 역시 공정거래위원회의 직권으로 위촉될 수 있을 뿐이다. 더구나 제3자의 절차상 참가 여부는 공정거래위원회의 재량에 속한다. 공정거래사건의 특성상 피심인 이외에 경쟁사업자나 소비자를 비롯한 제3자의 이해와 밀접한 관련이

76) 대법원 2001.5.8. 선고 2000두10212 판결.

있다는 점이 간과되고 있는 것이다.

나. 자료열람·복사 요구권

당사자나 이해관계인이 자기의 의견을 제대로 진술하기 위해서는 공정거래위원회가 조사하거나 또는 다른 사업자가 주장한 모든 사실관계에 대해서 사전에 알 수 있어야 한다. 이와 관련하여 당사자 또는 신고인 등 대통령령으로 정하는 자는 공정거래위원회에 이 법에 따른 처분과 관련된 자료의 열람 또는 복사를 요구할 수 있고,[77] 이 경우 공정거래위원회는 ① 부정경쟁방지법 제2조 제2호에 따른 영업비밀 자료, ② 자진신고 등과 관련된 자료, ③ 다른 법률에 따른 비공개 자료 중 어느 하나에 해당하는 자료를 제외하고는 이에 따라야 한다(법 제95조). 과거 자료를 제출한 자의 동의가 있거나 공익상 필요하다고 인정할 때에는 공정거래위원회가 이에 응하여야 한다고 규정하던 것을 2020년 전부개정법을 통하여 이른바 네거티브 방식으로 전환한 것이다.

나아가 공정거래위원회는 2020년 12월부터 「자료의 열람·복사 업무지침」[78]을 시행하면서 피심인의 외부 변호사가 공정거래위원회 심의과정에서 증거로 채택된 영업비밀 자료의 열람을 허용하는 제한적 자료열람제도를 신설하였다. 동 제도에 따르면 공정거래위원회 허가를 받은 피심인의 외부 변호사는 이른바 한국식 '데이터 룸'(Data room)으로 불리는 제한적 자료열람실에 입실하여 피심인 방어권 행사를 위한 영업비밀 자료를 열람하고 열람보고서 작성을 통하여 그 결과를 피심인과 공유할 수 있으나, 어떤 자료도 밖으로 반출할 수는 없다. 피심인의 외부변호사는 제한적 자료열람실에서 증거의 존부와 내용을 확인하고 심사보고서에 담긴 분석을 검증하여 그 결과를 열람보고서의 형태로 작성할 수 있으며, 열람보고서만 반출이 허용되어 피심인과 공유할 수 있을 뿐이다. 열람보고서에도 영업비밀은 기재될 수 없다.

이때 열람요구의 대상이 되는 자료의 종류와 그 범위에 대해서는 논란의 소지가 있다. 동조는 단지 '공정거래법의 규정에 의한 처분과 관련된 자료'라고만 언급

77) 2021년 4월에 개정된 공정거래법 시행령(2021.4.20. 대통령령 제31642호)은 자료열람·복사를 요구할 수 있는 자를 당사자 즉 공정거래위원회 처분을 받은 사업자, 신고인, 그리고 당사자를 상대로 손해배상청구 소송을 제기한 자로 구체적으로 규정하였다. 공정거래위원회 보도자료, "기업의 방어권 강화 및 분쟁조정을 통한 피해구제 확대—공정거래법 시행령 개정안 국무회의 통과", 2021.4.13, 2면.

78) 공정거래위원회 예규 제356호, 2020.12.3. 제정.

하고 있기 때문이다. 당사자 또는 이해관계인이 자신의 법률상의 이익을 주장 또는 방어하기 위하여 필요한 자료에 한하여 열람권을 인정하여야 할 것이며, 그 필요성에 관한 입증은 열람을 요구하는 자가 해야 한다. 따라서 막연하게 포괄적인 자료의 열람을 요구할 수는 없으며, 공정거래위원회는 언제나 열람의 허용에 따른 관련 사업자의 영업비밀 등의 보호법익 간에 형량을 하지 않으면 안 된다.[79] 그렇다고 후자에게 절대적인 보호 상의 이익을 인정할 수는 없음은 행정절차법의 기본원리상 당연한 결론이다. 그리고 공정거래위원회가 조사, 보유하고 있는 자료에 대해서 동법은 아무런 규정을 두지 않고 있으며, 따라서 「공공기관의 정보공개에 관한 법률」[80]에 따라 일반적으로 해결할 수밖에 없다. 특히 공정거래위원회의 심리과정에서 당사자가 충분한 공격·방어를 할 수 있도록 해당 자료의 복사도 허용하는 것이 원칙이다.

다. 2020년 제30차 개정법상 절차적 권리보장

2020년 5월 제30차 개정법[81] 심결절차와 관련한 당사자의 절차적 권리를 추가로 규정하였다. 심의절차 개시 후 현장조사 제한, 증거조사 관련 규정, 변호인 조력권 규정이 바로 그것인데, 구체적인 내용은 아래와 같다.

첫째, 심의절차 개시 후 현장조사를 제한하는 규정을 새로 두었다(현행법 제81조 제4항). 이에 따르면 조사공무원은 공정거래위원회의 심의·의결 절차가 진행 중인 경우에는 법위반사업자에 대한 현장조사 및 그에 수반한 진술조사를 하여서는 아니된다. 당해 조항은 종래 심의절차 중 현장조사를 통해 새로운 증거를 확보하려는 것이 피심인의 절차적 권리를 위협한다는 비판을 반영하여 보다 두터운 권리보장을 위한 것으로 평가된다.

둘째, 심의절차에서의 증거조사 관련 규정이 마련되었다. 즉, 공정거래위원회는 사건을 심의하기 위하여 필요하면 직권으로 또는 당사자의 신청에 따라 증거조사를 할 수 있다(법 제94조 제1항). 또한 전원회의 또는 소회의 의장은 당사자의 증거조사 신청을 채택하지 아니하는 경우 그 이유를 당사자에게 고지하여야 한다(법 제94조 제2항). 그동안 공정거래법은 증거조사에 관한 법률상 규정을 두지 않았는데, 대심구조를 기본으로 하는 심의단계에서 당사자 및 심사관이 제출한 증거의

79) 대법원 2018.12.27. 선고 2015두44028 판결.
80) 2020.12.22. 개정, 법률 제17690호.
81) 2020.5.19. 개정, 법률 제17290호.

증거능력 또는 증명력에 관한 근거조항이 필요하다는 비판이 제기되었을 뿐만 아니라,[82] 헌법재판소 또한 증거조사 규정의 부재를 비판적으로 판시한 바가 있다.[83] 당해 조항의 신설은 공정거래절차를 헌법상 적법절차원칙에 가깝게 위치시켰다는 의미와 함께 증거조사 관련한 보다 구체적인 논의가 진행될 필요성을 보여주는 것이라 할 수 있다.

셋째, 심의절차에서 변호인의 조력을 받을 권리에 관한 규정이 신설되었다(법 제83조). 이에 따르면 공정거래위원회로부터 조사 및 심의를 받는 사업자, 사업자단체 또는 이들의 임직원은 변호인으로 하여금 조사 및 심의에 참여하게 하거나 의견을 진술하게 할 수 있다. 당해 조항은 종래 공정거래위원회의 조사절차규칙에 마련되어 있던 변호인 조력권 규정을 법률로 상향 규정하면서 그 범위를 심의절차까지 넓힌 것인데, 통상적으로 형사절차에 한하여 인정되는 변호인 조력권이 일견 행정절차의 성격을 갖는 공정거래절차에 규정되었다는 것은 상당한 의미를 가진다. 앞으로 변호인 조력권의 구체적 내용과 한계가 공정거래절차의 성격에 맞게 어떻게 구체화될 것인지 지켜볼 필요가 있다.

라. 제3자의 절차상 권리

절차에 참가한 제3자에게 공정거래위원회가 내린 심결에 대하여 독자적으로 이의제기나 불복소송을 제기할 권한이 인정되는지에 대해서도 공정거래법은 아무런 언급을 하지 않고 있다. 그런데 절차참가란 단순히 절차의 진행을 위한 편의적인 조치가 아니라 제3자에게 의견진술을 비롯하여 갖가지 실체적인 권리를 보장함으로써 공정거래위원회의 판단에 영향을 미치고 나아가 그 결정의 정당성을 다툴 수 있는 법적 지위를 부여하는 것이어야 한다는 점에서 이에 관한 입법적 해결이 절실히 요구된다. 한편, 영업비밀의 보호와 관련하여 피심인에게 제3자의 절차참가에 대하여 이의를 제기할 권한이 있는지 여부도 문제된다. 제3자의 실질적인 절차참가가 이루어질 경우, 제3자의 의견진술이나 회의청취를 통하여 얻게 될 피심인에 관한 정보취득은 피심인의 이해관계에 직접적인 영향을 미치기 때문에, 일정한 요건 하에 피심인의 제3자 절차참가에 대한 이의신청권을 아울러 인정하는 것이 타당할 것이다.

82) 홍대식·최수희, “공정거래법 위반행위에 대한 공정거래위원회의 사건처리절차에 관한 검토”, 경쟁법연구 제13권, 2006, 314면.

83) 헌법재판소 2003.7.27. 선고 2001헌가25 결정 반대의견.

피심인은 변호사나 피심인인 법인의 임원 등 기타 회의의 허가를 얻은 자를 대리인으로 선임할 수 있다(절차규칙 제42조 제1항). 이때 변호사는 당연히 임의대리인인 반면, 법인의 임원인 경우에는 임의대리인지 대표(법정대리와 동일한 지위)인지가 분명치 않다.

Ⅲ. 공정거래위원회의 의결

1. 의 의

공정거래위원회는 심판정에서 심의를 거친 후, 위원들의 합의를 통해 당해 사건에 대한 의결을 내리게 된다. 전원회의의 경우 재적위원 과반수의 찬성, 소회의는 출석위원 전원의 찬성으로 의결하며(법 제64조), 의결을 위한 합의과정은 공개하지 않는다(법 제65조 제3항). 각 회의는 의결 결과 의결의 내용 및 이유를 명시한 의결서를 작성하여야 하고, 의결에 참여한 의원이 의결서에 서명·날인하여야 한다(법 제68조 제1항). 의결서가 피심인 등에게 통지되면 공정거래절차는 공식적으로 종료된다. 공정거래위원회의 의결은 처분을 성격을 갖는다.

2. 공정거래위원회 의결의 종류

공정거래위원회가 내릴 수 있는 의결에는 심의절차종료의결(절차규칙 제53조), 무혐의의결(제54조), 종결처리의결(제55조), 심의중지의결(제56조), 경고의결(제57조), 시정권고의결(제58조), 시정명령·과징금납부명령·과태료납부명령의결(제59조), 그리고 고발·입찰참가자격제한요청·영업정지요청결정(제60조)이 있다.

가. 무혐의의결

무혐의판정은 공정거래위원회가 공정거래법에 반하지 않는다고 인정하거나 위반행위에 대한 증거가 없는 경우에 내리는 조치이다(절차규칙 제54조). 무혐의조치는 심사관의 조사과정에서 내려지는 것이 보통이나, 일단 심사관이 법위반사실이 있다고 인정하여 공정거래위원회에 상정한 경우에도 위원회가 이를 부인하여 무혐의의결 내릴 수도 있다.

나. 심의절차종료와 종결처리

심의절차종료와 종결처리는 모두 법위반에 대한 판단을 보류하고 사건을 종료하는 조치를 의미한다. 다만 양자는 구체적인 사유에서 차이를 보인다.

심의절차종료는 절차규칙 제20조 제1항 각호에 어느 하나에 해당하여 심사절차를 개시하지 아니할 수 있는 경우에 해당하는 경우(다만, 사망이나 해산, 폐업 또는 이에 준하는 사유가 발생한 사업자를 신고한 경우는 제외), 약관법 위반행위를 한 피심인이 사건의 조사 또는 심의과정에서 당해 위반약관을 스스로 시정하여 시정조치의 실익이 없다고 인정하는 경우, 재신고 사건으로 원사건에 대한 조치와 같은 내용의 조치를 하는 경우, 사건의 사실관계에 대한 확인이 곤란하여 법위반 여부의 판단이 불가능하거나 새로운 시장에서 시장상황의 향방을 가늠하기가 매우 어렵거나 다른 정부기관에서 처리함이 바람직하여 공정거래위원회의 판단을 유보할 필요가 있는 등 심의절차종료가 합리적이고 타당하다고 인정하는 경우에 내려진다(절차규칙 제53조).

반면 종결처리는 심사 도중 시정조치를 내릴 필요가 더 이상 존재하지 않거나 시정조치의 이행을 확보하기가 사실상 불가능하게 된 경우에 내려지는 조치이다. 구체적으로 피심인에게 사망·해산·파산·폐업 또는 이에 준하는 사유가 발생함으로써 시정조치 등의 이행을 확보하기가 사실상 불가능하다고 인정될 경우, 피심인이 채무자 회생 및 파산에 관한 법률에 의하여 보전처분 또는 회생절차개시결정을 받았고, 법 위반 혐의가 재산상의 청구권과 관련된 경우에 종결처리가 내려질 수 있다. 다만 후자의 경우, 피심인이 「채무자 회생 및 파산에 관한 법률」에 의하지 아니한 방법으로 정상적인 사업활동을 영위하는 경우에는 사건절차를 재개할 수 있다(절차규칙 제55조).

다. 경 고

경고는 법위반행위가 인정되기는 하나, ① 공정거래법 위반의 정도가 경미한 경우, ② 위반행위자가 당해 위반행위를 스스로 시정하여 시정조치의 실익이 없는 경우, ③ 위반행위자가 공정거래위원회의 시정조치 또는 금지명령에 응하지 않아 심사관이 심사절차를 개시하였으나 심사 또는 심의과정에서 시정조치 또는 금지명령을 이행한 경우에 내려지는 조치로서 가장 가벼운 조치이다(절차규칙 제57조). 경고도 심사관이 조사과정에서 내리는 경우가 일반적이다.

라. 시정권고

절차규칙 제58조 제1항 각호에 해당하는 경우에 공정거래법 등의 위반행위를 한 사업자에게 시정방안을 정하여 이에 따를 것을 권고할 수 있는 것이다. 시정권고는 사건번호, 사건명, 피심인명 등의 사항을 기재한 서면으로 해야 한다(절차규칙 제58조 제3항). 심사관은 권고를 받은 자가 수락하지 아니하기로 통지하거나 10일 이내에 수락 여부에 대한 서면을 보내지 아니한 경우에는 당해 사건에 대한 심사보고서를 작성하여 각 회의에 제출해야 한다. 단, 약관법 위반사건의 경우에는 그러하지 아니한다(동조 제4항).

마. 시정명령

각 회의는 심의절차를 거쳐 시정명령, 시정요청(약관법 위반의 경우)의 의결을 할 수 있다(절차규칙 제59조 제1항). 나아가 각 회의는 법위반 상태가 이미 소멸한 경우에도 법위반행위의 재발방지에 필요하다고 인정하는 경우에는 시정에 필요한 조치 등을 의결할 수 있다(동조 제2항).

바. 과징금 납부명령

과징금은 법위반행위의 내용이 중대한 피심인에 대하여 시정명령에 부가하여 내려지는 행정상의 제재로서(법 제102조, 절차규칙 제59조), 시정명령 없이 내려질 수 없다. 납부의무자가 과징금납부명령을 납부기간 안에 이행하지 않는 때에는 공정거래위원회가 가산금을 징수하고, 「국세징수법」상 국세체납처분의 예에 따라 이를 징수할 수 있다(법 제105조 제1항, 제2항). 공정거래위원회는 과징금 및 가산금의 징수 또는 체납처분에 관한 업무를 국세청장에게 위탁할 수 있다(동조 제3항). 과징금에 관한 상세한 설명은 아래 제5절에서 후술한다.

사. 과태료 납부명령

과태료는 대규모내부거래의 이사회의결 및 공시의무위반, 기업결합의 신고의무위반, 공정거래위원회의 조사요청에 대하여 정당한 이유없이 자료를 제출하지 않거나 허위의 자료를 제출하는 경우 등을 그 부과대상으로 하고 있다(법 제130조, 절차규칙 제59조).

과태료는 공정거래위원회가 부과·징수하는 바, 과태료 부과처분에 대한 불복에 대해서는 「질서위반행위규제법」이 정하고 있다. 그에 따르면 불복소송은 다른 법령에 특별한 규정이 있는 경우를 제외하고 당사자의 주소지의 지방법원 또는 그 지원의 관할로 한다(동법 제25조). 법원은 심문기일을 열어 당사자의 진술을 듣고, 검사의 의견을 구하여야 한다(동법 제31조). 과태료 재판은 이유를 붙인 결정으로써 하고, 결정은 당사자와 검사에게 고지함으로써 효력을 발생한다(동법 제37조 제1항). 당사자와 검사는 즉시항고 할 수 있고, 항고(抗告)는 집행정지의 효력이 있다(동법 제38조).

아. 고 발

고발은 피심인이 시정명령을 이행하지 않거나 법위반사실이 중대하여 형사적 조치를 취할 필요가 있는 경우에 한하여 내려지는 조치이다(법 제129조, 절차규칙 제60조). 공정거래위원회는 고발의 대상이 되는 유형 및 고발기준에 대해서 「독점규제 및 공정거래에 관한 법률 등의 위반행위의 고발에 관한 공정거래위원회의 지침」(이하 "고발 지침")[84]을 운영하고 있고, 사건 의결서와는 별도로 고발 결정서를 작성하여 공개하고 있다. 고발에 관해서는 제5장 형사벌에서 상세히 다루도록 한다.

Ⅳ. 시정조치

1. 시정조치의 의의

공정거래법상 시정조치란 사업자 등이 동법상의 금지규정을 위반하거나 위반할 우려가 있는 경우에 공정거래위원회가 당해 사업자 등에 대하여 당해 행위의 중지, 법위반사실의 공표, 기타 시정을 위하여 필요한 조치를 명하는 것을 말한다. 시정조치는 원래 시정명령만을 의미하나, 이와 달리 시정권고를 받은 자가 당해 시정권고를 수락한 때에는 바로 동법상의 시정조치가 있는 것으로 보기 때문에(법 제88조 제3항) 시정권고도 넓은 의미에서 시정조치에 포함된다고 볼 것이다. 심사관이 사건을 전원회의나 소회의에 회부하지 않고 불문처분하거나 경고조치에 그치는 경우에는 시정조치가 문제되지 않는다.

공정거래위원회는 시정조치의 원칙과 시정조치 주요 유형별 기준 및 예시를 제시함으로써 법위반행위의 시정에 가장 적절하고 효율적인 시정조치를 발굴하여 시정조치의 실효성을 제고하기 위해 「공정거래위원회의 시정조치 운영지침」(이하 "운영지침")[85]을 제정·운영하고 있다.

---

84) 공정거래위원회 예규 제427호, 2023.4.14. 개정.
85) 공정거래위원회 예규 제380호, 2021.12.30. 개정.

2. 시정조치의 유형

공정거래법상 시정조치는 그 언어적 의미를 넘어서 법위반행위의 중지뿐만 아니라 과거 법위반 이전 상태로의 회복 및 향후 법위반행위의 재발 방지를 위한 다양한 조치를 포괄한다. 공정거래위원회는 법위반행위가 인정되더라도 시정조치의 부과 여부 및 어떤 유형과 형식의 시정조치를 부과할 것인지에 관하여 광범위한 재량권을 갖는다.

가. 법위반행위의 중지

공정거래법이 금지하는 모든 법위반행위에 대하여 공정거래위원회는 당해 행위의 중지명령을 내릴 수 있다. 공정거래위원회가 조사를 개시하거나 늦어도 시정조치를 부과하는 시점에는 법위반행위가 이미 중지 또는 소멸한 경우가 일반적이어서, 이때에는 중지명령보다는 금지명령, 즉 향후 동일한 법위반행위의 반복을 금지하는 내용의 조치가 내려진다. 금지명령은 그 형식상 후술하는 '기타 시정을 위한 필요한 조치'에 해당한다.

법위반행위의 중지명령은 일견 부작위를 명하는 것으로 보일 수 있으나, 공정거래위원회는 위반행위의 중지 또는 종료에 관한 '실질적 내용'을 명할 수 있고(운영지침 Ⅶ. 1. 가. (2)), 여기에는 위반행위의 중지를 위해 필요한 다른 행위들이 포함될 수 있으므로 단순 부작위를 넘는 조치를 의미하는 것으로 보아야 할 것이다.[86)]

나. 시정명령을 받은 사실의 공표

공정거래위원회는 시정명령을 받은 사실의 공표명령을 내릴 수 있다. 과거 사죄광고나 법위반사실의 공표명령이 위헌결정을 받음에 따라 이를 대체하기 위하여 도입된 것이다. 이것은 법위반사업자 및 위반행위를 거래상대방이나 소비자 등에게 알게 함으로써 피해의 확산을 방지하고 해당 사업자로 하여금 장래 재발을 억지하는 심리적 압박을 가하는 조치로서, 법위반행위의 중지명령에 수반되는 '보조적 명령'[87)]의 일종이다.

86) 신영수, "공정거래법 위반 사업자에 대한 시정조치의 허용 범위", 법경제학연구 제14권 제2호, 2017, 276면.

87) 그 밖에 시정조치의 이행을 확보하고 법위반의 재발을 억지하기 위하여 주된 명령에 부가하여 내리는 조치로서 시정명령의 이행결과 보고명령, 일정 기간 가격변동 사실의 보고명령, 공정거래교육 실시명령, 관련 자료의 보관명령 등이 이에 해당한다.

다. 기타 시정을 위한 필요한 조치

공정거래위원회는 법위반상태의 시정을 위해서 예시되지 않은 조치를 병렬적으로 다양하게 내릴 수 있다. 주식처분명령이나 임원의 사임명령, 채무보증 취소명령, 계약조항 수정·삭제명령, 합의파기명령, 거래개시·재개명령 등 각종 작위명령과 시정조치의 이행을 실효성 있게 확보하고 당해 위반행위의 재발을 효과적으로 방지하기 위하여 주된 명령에 부가하여 명하는 보조적 명령이 여기에 해당한다(운영지침 Ⅱ. 2. (1), (3)). 공정거래위원회의 시정조치 중에서 차지하는 비중이 가장 크다는 점에서 '기타'라는 표현과 무관하게 사실상으로는 원칙적인 유형으로 볼 여지도 충분하다.

다만, 조문의 체계상 법위반행위에 대해서는 당해 행위의 중지나 시정명령 받은 사실의 공표가 주된 조치이고, 법위반상태의 시정이나 장래 법위반행위의 재발을 억지하기 위하여 보완적·보충적으로 부과되는 것이 바로 '기타 시정을 위한 필요한 조치'이다.[88] 즉, 공정거래위원회는 법위반상태가 이미 소멸된 경우에도 법위반행위의 재발 방지에 필요하다고 인정하는 경우에는 여전히 시정조치를 내릴 수 있는 것이다(절차규칙 제59조 제2항).

공정거래법의 특성상 개별 사안에 맞는 다양한 조치를 형성할 수 있는 비교적 폭넓은 재량권을 공정거래위원회에 부여하고 있는 것임에는 의문이 없으나,[89] 그 의미와 예시된 시정조치와의 관계 및 그 범위가 모호함으로써 시정조치 중에서 다툼이 가장 많은 유형에 해당한다. 다만, 기타의 조치가 남용되지 않도록 장래의 행위를 대상으로 하는 금지명령은 가까운 장래에 반복의 우려가 있어야 하고, 그 내용이 지나치게 추상적이거나 구체적이어서는 안 된다. 나아가 기타의 조치는 법위반행위의 중지 등 앞서 예시된 조치와 대등한 수준의 것이어야 한다.

끝으로, 운영지침상 공정거래위원회는 내용 면에서 장래에 유사한 행위가 반복된 경우에도 이를 새로운 위반행위가 아니라 시정조치 불이행으로 판단할 수 있도록 규정할 필요가 있다. 시정조치 불이행의 경우 형사고발 등 보다 엄격한 제재가 부과될 수 있는 점을 감안할 때, 이와 같은 금지명령에는 높은 수준의 명확성이

88) 홍대식, "카르텔규제의 집행 — 행정적 집행수단과 법원의 역할을 중심으로", 경쟁법연구 제12권, 2005, 94면.

89) 이희정, "사후규제에 있어 시정명령의 기능에 대한 시론", 경제규제와 법 제1권 제2호, 서울대학교 공익산업법센터, 2008, 166면.

담보되어야 할 것이기 때문이다.

라. 개별 법위반행위에 특수한 조치

공정거래법은 위에서 서술한 세 가지 유형 외에 법위반행위에 따라 그 특성을 반영하여 별도의 조치를 규정하기도 한다. 대표적으로 시장지배적 지위남용 중 부당한 가격인상에 대해서는 가격의 인하명령(법 제7조), 경쟁제한적 기업결합에 대해서는 기업결합에 따른 경쟁제한의 폐해를 방지할 수 있는 영업방식 또는 영업범위의 제한(법 제14조 제1항 제6호), 불공정거래행위에 대해서는 재발방지를 위한 조치나 보복조치의 중지, 계약조항의 삭제(법 제49조)를 규정하고 있다.

3. 시정조치 관련 쟁점들

가. 재심사명령 관련 쟁점

심사에 사실의 오인이나 법령의 해석·적용의 잘못이 있거나, 심사종결 뒤에 새로운 사실이나 증거가 발견된 경우에 공정거래위원회는 심사관에게 재심사를 명할 수 있다(절차규칙 제52조). 그러나 공정거래위원회 실무상 절차규칙의 사유가 발생하다는 것을 인정하더라도 재심사를 반드시 명령해야 하는지, 아니면 재심사 없이 의결을 할 수 있는지는 확실치 않다.

생각건대 공정거래위원회 심결절차의 핵심은 사실관계를 최대한 정확히 적용하는 데에 있고, 그에 따르면 사실의 오인이나 새로운 사실이나 증거의 발견 등의 사유 발생 시 원칙적으로는 심사관이 이를 고려하여 재심사하는 것이 바람직할 것이다. 즉, 절차규칙의 재심사명령 관련 규정은 적극적으로 해석·활용될 필요가 있다.

나. 시정조치의 한계

공정거래법은 각 금지행위마다 여러 가지 유형의 시정조치를 열거하고 있으며, 예외 없이 '기타 법위반 상태를 시정하기에 필요한 조치'를 둠으로써 그때그때의 상황에 맞게 시정조치의 내용을 탄력적으로 선택할 수 있도록 하고 있다.

그런데 시정조치의 부과 여부 및 그 종류에 관하여 공정거래위원회가 광범위한 재량을 갖는 만큼 시정조치의 범위에 대한 한계설정은 매우 중요한 의미를 가진다. 이 문제는 개별 조항에서 당해 행위의 중지와 같이 시정조치의 유형을 특정하고 있는 경우보다는 공정거래위원회의 재량이 더욱 큰 '기타 시정을 위한 조치'의 허용범위와 관련해서 다투어지고 있다.

먼저, 소극설은 ① 공정거래위원회가 사업자들의 사적 관계에 지나치게 개입하는 것은 바람직하지 않고, ② 기타의 필요한 조치라도 행위중지를 넘는 조치는 불가능하며, ③ 시정조치 불이행은 형벌의 대상으로서 죄형법정주의의 원칙상 법률에 명시된 당해 행위의 중지, 시정명령을 받은 사실의 공표보다 더 강한 조치를 발동하는 것은 곤란하다는 등의 이유를 들어 기타 시정에 필요한 조치라도 가급적 최소한의 조치에 그쳐야 한다는 태도를 취하고 있다.[90] 반면, 법문의 표현을 들어 공정거래위원회의 폭넓은 재량권을 인정하고자 하는 적극설은 ① 수시로 변화하는 시장상황에 맞는 시정조치 수단을 법률에 모두 열거하는 것은 불가능하므로 탄력적인 대응을 위해 기타의 조치를 부과할 수 있도록 규정한 것이고, ② 공정거래위원회가 시정조치 운영지침을 마련하여 법집행의 실효성과 예측가능성을 위해 노력하고 있는 점 등을 감안할 때 적극적으로 경쟁질서의 확립을 지향하는 조치도 취할 수 있다고 한다.[91]

판례는 시정조치가 지나치게 구체적인 경우에는 다소간의 변형을 거치면서 행해지는 수많은 거래에서 정합성이 떨어져 결국 무의미한 시정명령이 될 수 있으므로 그 본질적인 속성상 다소간의 포괄성·추상성을 띨 수밖에 없다 할 것이고, 시정조치제도를 둔 취지에 비추어 시정조치의 내용은 과거의 위반행위에 대한 중지는 물론 가까운 장래에 반복될 우려가 있는 동일한 유형의 반복 금지까지 명할 수 있는 것으로 해석함이 상당하다 할 것이라고 판시함으로써 적극설에 가까운 입장을 취하고 있다.[92] 다만, 판례는 '기타 시정에 필요한 조치'로서 허용되는지 여부는 시정조치의 목적·내용·성질 및 시간적 범위와 관련시장의 구조 및 특성 등을 종합적으로 고려하여 판단해야 하고, 나아가 시정조치의 포괄성·추상성을 고려하더라도 부과되는 금지명령은 금지되어야 하는 내용이 무엇인지 알 수 있게 명확하고 구체

90) 홍대식, 앞의 글, 94면; 특히 부당한 공동행위에 대한 조치로는 황태희, "공정거래법 위반행위에 대한 시정조치로서의 정보교환 금지명령", 대법원 판례해설 제80호, 2009, 23면 이하; 기업결합의 경우에 대해서는 이봉의, "합작기업의 경쟁법적 고찰: 합작기업의 개념 및 경쟁제한성을 중심으로", 경쟁법연구 제7권, 2001, 79면 이하.

91) 김두진, "공정거래위원회의 제재 내용의 방향성에 관한 연구 — 시정명령을 중심으로", 경쟁법연구 제21권, 2010, 258면; 손수일, "공동행위(카르텔)의 규제와 추정조항의 문제점", 경제법의 제문제 재판자료 제87집, 2000, 433면.

92) 대법원 2003.2.20. 선고 2001두5347 판결.

적이어야 하며, 당해 위반행위의 내용과 정도에 비례해야 한다고 밝힌 바 있다.[93)]

그 밖에 구체적으로 공정거래위원회가 법위반행위에 대하여 금지도 허용도 아닌 이른바 '조건부허용' 내지 '일부금지'라는 시정조치를 결의할 수 있는가? 기업결합의 경우에 공정거래위원회는 기업결합에 따른 경쟁제한의 폐해를 방지할 수 있는 영업방식 또는 영업범위의 제한을 명할 수 있다(법 제16조 제1항 제7호). 공정거래위원회는 문제의 기업결합 그 자체로는 경쟁을 제한할 수 있는 경우에 그 전체를 금지하는 대신에 경쟁제한의 폐해를 방지할 수 있는 다른 조건이나 의무를 부과하는 방법을 선택할 수 있는 것이다.

다. 구조적 조치와 행태적 조치

공정거래위원회의 시정조치는 조치의 성격에 따라 구조적 시정조치와 행태적 시정조치로 구분될 수 있는데, 양자의 관계를 올바르게 설정하는 것은 시정조치의 실효성을 확보하는 차원에서 매우 중요하다.[94)] 경쟁제한적 기업결합에 초점을 맞추어 간략하게 살펴보자.

기업결합에서 시정조치 부과에 필요한 일반원칙, 부과기준, 조치유형 및 이행감독 등에 관한 사항은 「기업결합 시정조치 부과기준」(이하 "부과기준")[95)]이 상세히 정하고 있다. 그에 따르면 구조적 조치는 결합당사회사의 자산이나 소유구조를 변경시키는 시정조치를 뜻하고(부과기준 Ⅱ. 3.), 행태적 조치는 일정 기간을 정하여 결합당사회사의 영업조건·방식·범위 또는 내부경영활동 등을 일정하게 제한하는 시정조치를 의미한다(부과기준 Ⅱ. 10.). 구조적 조치에는 '금지조치',[96)] 자산매각 조치, 지식재산권 조치가 있고, 행태적 조치에는 금지명령, 가격통제, 공개입찰의 활용의무 등의 경쟁사업자의 지위를 강화하는 조치와 가격규제, 공급유지 의무, 품질유지 의무 등의 시장성과를 직접 규제하는 조치가 있다.

그렇다면 기업결합규제에서 구조적 조치와 행태적 조치의 관계는 어떠한가? 동 고시는 행태적 조치에 대하여 구조적 조치를 보완하기 위한 것이라고 명시함으로써 '구조적 조치의 우선원칙'을 천명하고 있다. 예외적으로 행태적 조치만을 부과

93) 대법원 2009.5.28. 선고 2007두24616, 2008두549 판결.

94) 이봉의, "독점규제법상 기업결합 시정조치의 재검토", 경쟁법연구 제20권, 2009, 309면.

95) 공정거래위원회 고시 제2021-26호, 2021.12.30. 개정.

96) 부과기준에 따르면, "금지조치란 해당 기업결합 전체를 발생할 수 없게 하거나 이미 발생한 기업결합을 원상회복시킴으로써 일정한 거래분야의 경쟁상황을 기업결합 전의 상태로 만드는 시정조치를 말한다(부과기준 Ⅱ. 4.).".

하는 경우에도 구조적 조치에 상응하는 조치를 우선하여 고려하여야 한다고 함으로써, 구조적 조치가 원칙임을 재확인하고 있다(부과기준 Ⅳ. 1. 가.). 구조적 조치의 우선원칙은 기업결합규제의 목적에서 도출된다.[97] 기업결합이란 경제적으로 독립된 둘 이상의 기업이 하나의 지배체제 아래에 통합되는 것으로서, 기업구조에 근본적인 변화를 가져오는 행위이다. 이때 그로 인한 경쟁제한효과는 무엇보다 결합관계 그 자체에서 비롯되는 것으로서, 기업결합규제가 사전규제를 중심으로 이루어지고 있는 것도 필요할 경우에는 결합관계 그 자체를 금지하기 위한 취지이다. 따라서 어떤 기업결합이 경쟁제한적이라고 판단될 경우에는 그러한 결합관계를 해소하는 것이 정도(正道)이고 동시에 실효적인 조치이며, 폐해의 원인이 되는 결합관계를 그대로 방치한 상태에서 한계적으로 폐해만을 시정하는 것은 매우 예외적으로 취할 수 있는 조치이다. 이러한 맥락에서 구조적 시정조치는 기업결합 자체에서 비롯되는 경쟁제한의 요소를 사전에 제거하기 위한 조치로서 핵심적 시정방안이며, 행태적 시정조치는 구조적 시정조치가 불가능하거나 구조적 시정조치를 보완하기 위하여 필요한 범위에서만 고려될 수 있을 뿐이다.

라. 시정조치의 원칙

시정조치의 원칙에는 실효성의 원칙, 연관성의 원칙, 명확성과 구체성의 원칙, 이행 가능성의 원칙, 비례의 원칙이 있다(운영지침 Ⅴ. 1.). 먼저 시정조치는 당해 위반행위를 효과적으로 시정할 수 있도록 실효성 있게 명하여져야 하고(실효성 원칙), 당해 위반행위의 위법성 판단과 연관되게 명하여져야 한다(연관성 원칙). 다음으로 시정조치는 시정조치를 받은 피심인이 이행해야 할 시정조치의 내용이 무엇이고, 공정거래위원회가 이행을 확보하고 점검하여야 할 내용이 무엇인지 알 수 있도록 명확하고 구체적으로 명하여져야 한다(명확성과 구체성 원칙). 마지막으로 시정조치는 피심인이 당해 시정조치를 사실상 법률상 이행하는 것이 가능할 수 있도록 명하여져야 하며(이행가능성의 원칙), 시정조치는 당해 위반행위의 내용과 정도에 비례하여야 한다(비례의 원칙).

그 밖에 경쟁제한적 기업결합 위반의 경우에 공정거래위원회는 시정조치를 받은 후 그 정한 기간 내에 이행하지 아니하는 자에 대하여 이행강제금을 부과할 수 있고(법 제16조, 영 제23조 제1항), 시정조치 중 주식처분명령을 받은 자는 그 명령을

97) 이봉의, 앞의 글(2009), 310면.

받은 날부터 당해 주식에 대하여 의결권을 행사할 수 없다(법 제15조). 아울러 「기업결합 시정조치 부과기준」에 따라 공정거래위원회는 결합당사회사의 시정조치 이행 여부를 확인하기 위하여 일정한 기간을 정하여 정기적으로 그 이행 내역을 보고하도록 하거나 결합당사회사에 대해 자료열람, 현장조사 등 필요한 조사를 할 수 있다. 기업결합 이외의 법위반행위에 대해 내려진 시정조치를 따르지 아니한 자에 대해서는 2년 이하의 징역 또는 1억 5천만 원 이하의 벌금에 처할 수 있다(법 제125조 제6호).

V. 공정거래위원회의 재결절차

1. 이의신청

가. 의 의

공정거래위원회의 처분에 대하여 불복이 있는 자는 그 처분의 통지를 받은 날부터 30일 이내에 그 사유를 갖추어 공정거래위원회에 이의신청을 할 수 있다(법 제96조). 공정거래위원회의 처분도 다른 행정행위와 마찬가지의 처분으로서의 법적 성질을 가지며, 이에 대한 불복에도 행정심판법과 행정소송법이 적용된다는 데에는 이견이 없다. 따라서 이의신청절차는 행정심판의 성격을 가지며, 그에 대한 불복은 행정소송에 해당된다. 그런데 공정거래법상의 재결절차에는 공정거래위원회가 마련한 절차규칙 중 심사절차와 심결절차에 관한 규정이 적용되며,[98] 그 밖에 동 절차규칙에 정함이 없는 경우에는 전술한 행정심판법 및 행정소송법이 보충적으로 적용된다.

나. 이의신청의 대상

이의제기의 대상이 될 수 있는 공정거래위원회 처분의 범위가 문제될 수 있다. 공정거래위원회는 공정거래절차와 관련하여 시정명령을 비롯하여 과징금이나 고발에 이르기까지 다양한 처분을 내리게 되는데, 과연 이러한 모든 처분에 대하여 이의신청이 가능한가? 이 문제는 공정거래위원회의 처분에 대하여 불복할 수 있는, 즉 이의신청을 할 수 있는 자의 범위와도 관련되며, 공정거래법 역시 제96조 제1항의 문언상 이의신청의 대상이 되는 처분과 이의신청을 할 수 있는 자의 범위를 서

98) 재결절차에서 다시 심사절차를 밟을 필요가 있는지는 의문이다.

로 결부시켜 해결하고 있다. 즉, 당해 처분의 통지를 받은 자에 한하여 이의신청을 할 수 있기 때문이다. 이처럼 동 조항을 문리적으로 해석할 경우 현행법상 통지대상이 되는 처분에는 시정권고, 시정명령, 과징금·과태료 납부명령은 물론이고, 그 밖에 고발의결 및 동의의결상 시정방안, 그리고 위반행위 조사결과(법 제80조 제3항) 등이 모두 포함된다.[99] 따라서 이의신청을 할 수 있는 자 역시 피심인을 포함하여 심결절차에 참가한 이해관계인을 포함하는 것으로 해석할 수 있을 것이다. 이는 동법이 당해 처분의 통지를 받은 자와 시정조치명령을 받은 자를 법문상 구분하고 있는 데에서도 알 수 있다.

이와 관련하여 이를테면 기업결합의 다른 당사자, 주식취득의 경우 해당 주식을 매도하는 회사 역시 공정거래위원회의 금지처분에 대해서 이의를 신청할 수 있음에는 의문이 없을 것이다. 문제는 공정거래위원회가 일정한 경쟁제한행위에 대해서 시정조치 등을 취하지 않거나 경쟁제한적인 기업결합에 대해서 이를 허용하는 처분을 내리는 경우에 기업결합 당사회사의 일방이나 기타 이해관계인이 공정거래위원회의 부작위에 대해서 이른바 금지처분을 구하는 내용의 이의신청을 할 수 있는지 여부이다(행정심판법 제5조 제3호의 의무이행심판). 생각건대 종래 우리나라에서는 이른바 민중소송은 허용되지 않고, 그 원리에 따르면 공정거래법은 국민경제 전체의 이익, 특히 경쟁질서를 보호하기 위한 것이고 이해관계인의 사적인 이익을 보호하기 위한 것이 아니기 때문에, 공정거래위원회의 금지처분을 구하는 형태의 이의신청은 허용될 수 없을 것이다.[100] 이는 공정거래법상의 이의신청이 단지 합병규제를 위한 금지처분에 대한 방어수단일 뿐이고, 사업자의 경쟁제한에 대항하기 위한 수단으로는 인식되지 않은 데에 따른 당연한 결론일 수도 있다.[101]

그런데 공정거래법은 이러한 문제에 관한 한 형식주의적 내지는 객관적인 기준에 따라 이의신청대상 처분의 종류와 이의신청권자의 범위를 명백히 제시하고 있다. 따라서 기업결합 당사회사나 기타 정당하게 심결절차에 참가했던 이해관계인 역시 공정거래위원회의 허용결정 등에 대해서 통지를 받게 되어 있는 한, 이들

99) 이에 대해 시정권고 자체를 다툴 법률상 이익이 당사자에게 있다고 볼 수 없다는 견해로 권오승, 경제법(제13판), 법문사, 2019, 426면.

100) 이와 같은 결론의 독일 판례로는 WuW/E OLG 1637 “Weichschaum” = NJW 1976, 808.

101) 무엇보다도 Karsten Schmidt, Zum öffentlich－rechtlichen Rechtsschutz des Veräußerers im Verfahren der Fusionskontrolle, WuW, 1976, S. 631 ff.

은 허용결정의 타당성 여부에 대해서 다툴 수 있도록 하는 것이 바람직하다. 그리고 이러한 견해는 경쟁제한을 규제하는 동법의 목적은 공정거래위원회의 부작위 내지 허용결정에 대한 제3자의 주관적 권리를 가능한 폭넓게 인정하고, 제3자의 이의신청권한을 가능한 객관적인 기준에 의해서 판단하도록 함으로써 보다 효과적으로 실현될 수 있다는 점에서 이론적으로나 경쟁정책상으로도 바람직하다고 할 것이다.[102] 따라서 이때 이의신청에 대한 재결절차를 개시함에 있어서 이의신청을 한 자가 1차적으로 추구하는 것이 경쟁질서의 확보라는 공익을 목적으로 하는지 여부는 중요하지 않으며 단지 공정거래위원회가 당해 사건에서 허용결정을 내린 것이 법률상 타당한 것이었는지의 여부만을 다루면 되는 것이다.

다. 공정거래위원회의 부작위

그 밖에 공정거래위원회가 법위반의 혐의가 인정되는 사안에 대해서 정당한 사유없이 심사절차를 개시하지 않거나 무혐의 또는 종결처리하는 경우에, 신고인을 비롯한 이해관계인이 부작위위법확인심판이나 의무이행확인심판을 구할 수 있는가? 불특정성에서 상당한 재량이 인정될 수밖에 없고, 이 문제에 관한 한 공정거래위원회에 1차적인 판단권이 부여되어 있다고 하더라도, 그로부터 공정거래위원회의 판단이 법원의 사법심사로부터 완전히 자유로울 수는 없다. 공정거래위원회는 어디까지나 법적용기관으로서, 그 과정에서 단지 정책상의 이유로 법적용을 자의적으로 행한 경우에는 의문의 여지없이 법원이 그 판단의 '적법성'을 — 정책판단의 적정성이 아니라 — 최종적으로 판단하여야 하기 때문이다. 여기서 이의절차와 행정심판법과의 관계가 문제되는데, 이에 대해서 공정거래법은 아무런 규정도 두지 않고 있다. 법 제96조 제1항의 '처분'을 부작위까지 포함하는 것으로 넓게 해석하여 이의신청의 대상에 부작위도 포함시켜야 한다는 견해[103]도 있는바, 입법적으로 해결하는 방법이 명료할 것이다.

한편, 공정거래위원회의 처분과 관련하여 그 처분성 여부가 다투어지는 경우가 있다. 예컨대 경고조치에 대해서도 불복을 할 수 있는지 여부로서, 이는 경고처분의 처분성에 관련된 문제이다. 처분성 여부는 이의신청뿐만 아니라 후술하는 공정거래소송에서도 문제되는 것이기 때문에, 해당 부분에서 상세히 다루도록 한다.

---

102) Schmidt, a.a.O., S. 634.

103) 박정훈, "공정거래법의 공적 집행", 권오승 편, 공정거래와 법치, 법문사, 2004, 1036면.

라. 공정거래위원회 재결의 불가변력 유무

이의신청에 대해 공정거래위원회가 재결을 내린 경우에는 행정심판의 경우와 동일하게 '불가변력'(不可變力)이 발생하여 기타 특별한 규정 없이는 직권으로 재결을 취소하거나 변경할 수 없는가? 법원은 공정거래위원회의 일반적인 의결과 이의신청에 대한 재결은 그 처분의 주체가 동일하고 관여한 위원이 동일하지는 않으나 과반수 위원이 중복되어 이의신청에 대한 재결이 독립적인 제3의 기관에 의한 판단이 아니고, 절차규칙 제75조가 이의신청 제기 이후의 절차에 관하여 의결 절차에 관한 규정을 대부분 준용하도록 규정하고 있어 양 절차의 본질적인 차이가 없으며, 의결과 이의신청에 대한 재결 모두 '행정처분'의 요소와 '준사법적' 요소가 혼재되어 있으므로 공정거래위원회의 의결과 달리 이의신청에 대한 재결에만 불가변력이 존재한다고 볼 수 없다고 보았다.[104] 나아가 법원은 공정거래법의 취지 및 그 취지를 실현하기 위한 적법한 제재의 필요성 등을 고려하면 행정청의 결정에 불과한 이의신청 재결에 대하여 불가변력을 부여할 이유가 없고, 오히려 그 재결에 위법사유가 있다면 직권취소를 통하여 법의 취지를 실현하고 법적 정의를 확립하여야 한다고 판시하였다.

2. 이의신청의 절차 등

공정거래위원회로부터 처분의 통지를 받은 자, 다시 말해서 의결서를 송부받은 자는 그로부터 30일 이내에 그 사유를 갖추어 이의신청을 할 수 있다(법 제96조 제1항). 이의신청은 서면으로 하여야 하며, 이의신청대상 및 내용, 이의신청사유 등을 포함한 신청서에 이를 증명하는데 필요한 서류를 첨부하여 공정거래위원회에 제출하여야 한다(영 제82조 제1항). 공정거래위원회는 서류 미비를 이유로 기간을 정하여 보완을 명할 수 있고, 이 경우 보완기간(보완명령서를 발송하는 날과 보완서류가 공정거래위원회에 도달하는 날을 포함)은 위 30일의 기간에 산입하지 않는다(동조 제2항).

이의신청사건의 심사관은 심판관리관이 되며(절차규칙 제75조 제1항), 이의신청의 경위와 이의신청의 취지 및 이유, 이의신청에 대한 심사관의 의견 등을 기재한 별도의 심사보고서를 제출하며(절차규칙 제76조), 이의신청에 대한 심의 및 재결은 전원회의에서 담당한다(법 제59조 제1항 제2호). 공정거래위원회는 60일 이내에 재결

104) 서울고등법원 2017.10.25. 선고 2017누40084 판결.

을 하여야 하며(법 제96조 제2항), 그 종류는 각하, 기각, 처분의 취소 또는 변경이라는 세 가지이다(절차규칙 제79조). 공정거래위원회는 다음 각호의 1에 해당하는 부득이한 사정으로 그 기간 내에 재결을 할 수 없을 때에는 30일의 범위 안에서 결정으로 그 기간을 연장할 수 있다(법 제96조 제2항 단서, 영 제82조 제3항 제1호 내지 제4호).

① 처분의 위법 또는 부당 여부를 판단하기 위하여 시장의 범위·구조·점유율·수출입 동향 등에 관한 조사·검토 등 별도의 경제적 분석이 필요한 경우

② 처분의 위법 또는 부당 여부를 판단하기 위하여 고도의 법리적 분석·검토가 필요한 경우

③ 이의신청의 심리과정에서 새로운 주장 또는 자료가 제출되어 관련 조사에 장기간이 소요되는 경우

④ 당사자 또는 이해관계인 등이 진술을 거부하거나 자료를 제때에 제출하지 않는 등 조사에 협조하지 않는 경우

⑤ ① 내지 ④에 준하는 경우로서 기간연장이 불가피한 경우

심판관리관은 재결의 결과를 원처분의 심사관에게 지체없이 통지하고, 이의신청인에게는 재결서 정본을 지체없이 송부하여야 한다(절차규칙 제80조 제2항).

3. 시정조치명령의 집행정지

가. 공정거래법상 집행정지

공정거래위원회가 시정명령을 내린 경우 피심인이 이의신청을 한 경우에도 시정조치는 이행하여야 하는 것이 원칙이다. 즉, 시정조치는 처분으로서 공정력과 집행력을 가진다.[105] 그런데 시정조치의 이행 또는 절차의 속행으로 인하여 피심인에게 회복하기 어려운 손해가 발생할 우려가 있고, 이를 방지하기 위하여 필요하다고 인정하는 때에는 당사자의 신청이나 직권에 의하여 그 명령의 이행이나 절차의 속행에 대한 정지(이하 "집행정지")를 결정할 수 있다(법 제97조 제1항). 당사자의 신청에 의한 경우 그 요건에 대한 입증책임은 당해 피심인에게 있다. 시정조치와 달리 과징금 부과처분에 대해서는 공정거래법상 집행정지는 허용되지 않는다.

105) 반면 독일의 다수설과 판례는 불복이 있는 경우 법원의 확정판결이 있을 때까지 당해 처분은 아무런 법적 효력이 없다는 데에 견해가 일치하고 있다. BGH, 1975 WuW/E BGH 1361, "Krankenhaus–Zusatzversicherung"; BGH, 1983 WuW/E BGH 1985, 1988, "Familienzeitschrift".

여기서 해석상 몇 가지 문제가 제기된다. 우선, 시정조치명령의 집행정지를 신청할 수 있는 자의 범위와 관련해서 '당사자'가 무엇을 의미하는지의 여부이다. 동조에 따르면 일단 집행정지신청은 '시정조치명령을 받은 자'가 이의신청을 제기한 경우에 당사자의 신청이나 직권에 의해서 공정거래위원회가 그 필요성 유무를 판단하게 되어 있기 때문에, 일단 당사자란 '이의신청을 제기한 자'로 제한적으로 해석할 수밖에 없다.

다만, 시정명령의 이행 등으로 인하여 회복하기 어려운 손해가 발생하는 것은 비단 피심인에 국한되지 않는다는 점, 시정조치명령을 받은 자가 이의신청을 제기했어야 한다는 요건은 종래 이의신청에 대해서 시정조치명령의 정지효력을 인정하지 않아왔고 이의신청이 제기된 경우에는 향후 시정명령이 취소 또는 변경될 소지가 있기 때문에 이러한 경우에 한해서 일시적인 집행정지를 인정할 필요가 있다는 점 등을 고려할 때 당사자를 매우 제한적으로 해석하는 것은 바람직하지 않다. 입법론으로는 집행정지를 신청할 수 있는 자로는 시정조치명령을 받은 자는 물론이고, 시정조치의 이행에 대하여 기타 이해관계가 있는 자를 널리 포함시키는 것이 타당할 것이다.

나. 행정소송법상 집행정지

사업자가 공정거래위원회의 처분에 대하여 불복의 소를 제기한 경우라면 행정소송법상 집행정지를 신청할 수 있다. 취소소송이 제기되더라도 공정거래위원회가 내린 처분 등의 효력이나 그 집행 또는 절차의 속행에 영향을 주지 않기 때문이다(행정소송법 제23조 제1항). 취소소송이 제기된 경우 처분 등이나 그 집행 또는 절차의 속행으로 인하여 생길, 회복하기 어려운 손해를 예방하기 위하여 긴급한 필요가 있다고 인정할 때에는 본안이 계속되고 있는 법원은 당사자의 신청 또는 직권에 의하여 처분 등의 효력이나 그 집행 또는 절차의 속행의 전부 또는 일부의 정지(이하 "집행정지")를 결정할 수 있다. 다만, 처분의 효력정지는 처분 등의 집행 또는 절차의 속행을 정지함으로써 목적을 달성할 수 있는 경우에는 허용되지 아니한다(동조 제2항). 집행정지는 공공복리에 중대한 영향을 미칠 우려가 있을 때에는 허용되지 아니한다(동조 제3항). 이때 행정소송법상 집행정지를 신청할 수 있는 당사자 또한 시정조치 등 공정거래위원회의 처분을 받은 자에 국한되나, 이의신청을 제기하였을 필요는 없다.

부당지원행위가 문제된 사안에서 법원은 법위반사실 공표명령과 과징금 납부명령에 대하여 그 효력이 정지되지 아니한 채 본안소송이 진행된다면 신문게재로 대외적 전파에 의한 신용의 실추와 기업운용자금 수급계획의 차질 등에서 상당한 손해를 입을 것임을 쉽게 예상할 수 있는바 그와 같은 손해는 사회관념상 회복하기 어려운 손해에 해당하고, 공공복리에 중대한 영향을 미칠 우려도 예상되지 아니한다고 보아 집행정지를 인용한 바 있다.[106] 과징금 부과처분에 대해서도 행정소송법상 집행정지는 가능하며, 그 집행정지기간 동안은 과징금 부과처분에서 정한 과징금의 납부기간은 더 이상 진행되지 아니하고 집행정지결정이 당해 결정의 주문에 표시된 시기의 도래로 인하여 실효되면 그 때부터 당초의 과징금 부과처분에서 정한 기간(집행정지결정 당시 이미 일부 진행되었다면 그 나머지 기간)이 다시 진행하는 것으로 보아야 한다. 따라서 이 경우 집행정지기간 동안에는 가산금이 발생하지 않는다.[107]

그 밖에 하도급법은 공정거래위원회의 심의·의결 등 일부 절차에 관하여 공정거래법을 준용하도록 규정하고 있으나, 공정거래법 제97조에 따른 집행정지에 관하여는 준용규정을 두지 않고 있다. 결국 행정소송법상 집행정지만이 가능할 것이다. 서울고등법원은 하도급법 위반을 이유로 한 공정거래위원회의 벌점부과처분에 대한 집행정지를 인용하면서, 그로 인하여 발생할 회복하기 어려운 손해를 예방하기 위하여 그 효력을 정지할 긴급한 필요가 있으며, 달리 그 효력 정지로 공공복리에 중대한 영향을 미칠 것으로 보이지 않는다고 판시한 바 있다.[108]

---

106) 대법원 1994.10.11. 선고 94두35 판결; 대법원 1999.12.20. 선고 99무42 판결.

107) 대법원 2003.7.1. 선고 2002다48023 판결.

108) 서울고등법원 2019.6.7. 선고 2019아1244 결정. 그 밖에 하도급법상 공정거래위원회가 관계 행정기관의 장에게 행한 입찰참가자격 제한요청에 대하여 집행정지신청을 인용한 예로는 서울고등법원 2019.6.3. 선고 2019아1233 결정.

제 6 절 과징금

Ⅰ. 총 설

1. 의의 및 연혁

과징금이란 법에 규정된 의무를 실현하기 위하여 고안된 행정제재수단으로서 통상적으로 행정법상 새로운 의무이행확보수단 중 하나로 이해되고 있다. 공정거래법은 개별 금지규정에서 각각 과징금과 관련한 규정을 마련하고 있고(법 제8조, 제38조, 제43조, 제50조, 제53조), 제11장에서 과징금 부과 및 징수에 관하여 규정하고 있다(법 제102조 내지 제106조). 한편, 공정거래위원회는 과징금 부과의 세부기준 및 기타 과징금을 부과함에 있어서 필요한 사항을 정하기 위해 공정거래법(구법 55조의3, 현행법 제102조 제5항)과 시행령(구법의 영 제9조 제3항, 제61조 제3항 및 [별표 2] 3., 현행법의 영 제84조 및 [별표6])의 위임을 받아 「과징금부과 세부기준 등에 관한 고시」[109](이하 "과징금고시")를 제정하여 시행하고 있다.

우리나라에서 과징금제도는 공정거래법상 제재조치로 1980년 제정[110] 시 처음 도입되었다. 보다 구체적으로는 시장지배적 사업자의 가격남용행위에 대한 과징금제도는 1980년 제정 당시부터 도입되었으며, 다른 유형의 위반행위에 대해서는 법 개정을 거쳐 순차적으로 도입되었다. 즉, 상호출자금지 및 출자총액제한에 대한 규제는 1986년의 제1차 개정법[111]에 도입되었고, 그 위반행위에 대한 과징금제도는 1990년 제2차 개정법[112]에서 규정되었으며, 사업자 및 사업자단체에 의한 부당한 공동행위에 대해서는 각각 제1차 개정법과 제2차 개정법에서 규정되었다. 불공정거래행위 및 계열회사에 대한 채무보증의 금지위반의 경우에 대해서는 1992년 제3차 개정법[113]에서 규정되었고, 1994년 제4차 개정법[114]에서는 재판매가격유지행위 및 부당한 국제계약체결에 대해서도 과징금 부과조항을 도입하였다. 반면, 기업결

109) 공정거래위원회 고시 제2021-50호, 2021.12.29. 개정.
110) 1980.12.31. 제정, 법률 제3320호.
111) 1986.12.31. 개정, 법률 제3875호.
112) 1990.1.13. 전부개정, 법률 제4198호.
113) 1992.12.8. 개정, 법률 제4513호.
114) 1994.12.22. 개정, 법률 제4790호.

합과 관련해서는 1996년 제5차 개정법[115]에서 도입되었으나, 1999년 제7차 개정법[116]에서 이를 삭제하는 대신 시정조치의 이행확보를 위하여 이행강제금제도가 도입되었다. 1996년 제5차 개정법[117]에서는 특히 과징금의 부과 및 징수 등에 관한 독립된 장(제10장)을 신설하여 과징금 부과 시 참작사항(구법 제55조의3), 과징금 납부기한의 연장 및 분할납부(구법 제55조의4), 과징금 징수 및 체납처분(구법 제55조의5)에 관한 조항을 규정하였다.[118]

한편, 2020년 전부개정법[119]은 법위반 억지력을 강화하기 위해 법 위반 행위별로 과징금 상한을 2배 상향 조정하였다. 예컨대 시장지배적 지위남용은 3%에서 6%로, 부당한 공동행위의 경우에는 관련매출액의 10%에서 20%로, 불공정거래행위는 2%에서 4%로 과징금 상한이 높아졌다. 이에 맞추어 2021년 12월에 개정된 과징금 고시는 과징금 상한 상향에 따라 각 위반행위 유형별 부과기준율 및 기준금액을 조정하였는데, 중대성이 약한 위반행위의 경우 종래 기준을 유지하면서 중대한 위반행위에 대한 부과율은 최대 1.5배까지, 매우 중대한 위반행위에 대한 부과율을 최대 2배까지 차등하여 상향하였다.

[보론] 외국의 금전적 제재

일본 사적독점금지법에서는 카르텔에 의해 실질적으로 상품의 공급량을 제한함으로써 그 대가에 영향을 미친 경우에 한정하여 과징금을 부과할 수 있고, 그 부과액수에 관해서도 행정재량을 부정하는 기속행위로 규정되어 있다. 독일의 경쟁제한방지법 위반행위는 질서위반행위(Ordnungswidrigkeit)로서 여기에 부과되는 제재금(Bußgeld)은 행정제재가 아니라 형사벌의 성격을 가진다.[120] 제제금의 부과는 동법 제51조 이하의 행정절차가 아니라 질서위반법(Gesetz über Ordnungswidrigkeiten)

115) 1996.12.30. 개정, 법률 제5235호.

116) 1999.2.5. 개정, 법률 제5813호.

117) 1996.12.30. 개정, 법률 제5235호.

118) 연혁에 관하여는 김윤정, "경쟁법 위반행위에 대한 과징금 제도의 비교법적 연구", 한국법제연구원, 2018, 17면 이하.

119) 2020.12.29. 전부개정, 법률 제17799호.

120) 법원이 부과 여부 및 금액을 최종 결정한다는 점에서 우리나라의 과태료에 해당하는 것으로 보아야 한다는 견해로는 홍정선, 앞의 책, 457-458면.

에 따라 이루어진다. 동법 제38조 제1항, 제39조 등 일정한 예외가 있으나 원칙적으로 법위반사업자의 고의를 요건으로 하며, 관할 경쟁당국의 제재금 부과에 대한 불복은 연방고등법원(OLG)에 대한 이의신청을 거쳐 연방대법원(BGH)에 대한 항고절차를 통하여 이루어진다(GWB 제67조 이하, 제82조, 제83조). 제재금의 부과 여부는 경쟁당국의 기속재량에 속하며(GWB 제47조), 위반행위가 확정된 경우에도 연방카르텔청이 곧바로 과징금을 부과할 수 없고 뒤셀도르프 고등법원에 과징금의 확정을 신청하고 그 결정에 따라 과징금을 부과할 수 있다.

유럽연합에서는 유럽기능조약에 의거하여 이사회규칙 제2003-1호에 근거하여 유럽집행위원회가 조약 제101조와 제102조 위반행위에 대해 제재금(fine)을 부과하는데, 유럽집행위원회가 일단 제재금의 부과 여부 및 금액에 관하여 재량을 갖기는 하나, 사업자가 부과처분에 불복하여 유럽법원에 제소할 경우에는 법원이 전면적인 심사권한을 갖고 제재금을 취소하거나 감액하거나 심지어 증액까지 할 수 있다. 유럽의 제재금은 행정벌의 성격을 갖는다. 미국의 경우에 셔먼법 제1조는 위반에 대한 제재로서 징역이나 벌금 등 형사벌만을 규정하고 있고, 클레이튼법 제4조가 법위반행위로 인한 손해의 배상을 규정하고 있을 뿐이어서 우리나라의 과태료 또는 과징금과 유사한 제도는 없다.

2. 과징금의 법적 성격

전통적인 행정법상 의무이행의 확보수단으로는 행정강제(행정상 강제집행과 즉시강제)와 행정벌(행정형벌과 행정질서벌)이 있는데, 과징금은 새로운 의무이행확보수단의 하나에 해당한다.[121] 과징금은 의무위반자에게 금전적 불이익을 과한다는 점에서 행정형벌(벌금)이나 행정질서벌(과태료)과 동일하지만, 벌금이나 과태료는 과거의 의무위반행위에 대한 제재로서 의무를 위반하면 금전적 불이익을 입게 된다는 심리적 압박을 통해서 의무이행을 확보하는 수단으로서 기능하는데 반해, 과징금은 의무위반자가 그러한 의무위반으로 취득한 경제적 이익을 환수함으로써 의무위반을 하더라도 결과적으로 아무런 경제적 이득을 얻지 못한다는 점을 주지시켜 의무이행을 확보하는 수단이 된다는 점에서 양자는 차이가 있다.[122]

121) 김동희, 앞의 책, 406면; 박영도·박수헌, 앞의 책, 15-20면; 박윤흔, 앞의 책, 632면; 오창수, 앞의 글, 55면; 홍정선, 앞의 책, 492면.

122) 홍정선, 앞의 책, 492면.

따라서 과징금의 본질적인 성격은 불법적인 경제적 이익의 환수에 있는 것이고 과거의 의무위반에 대한 제재가 아니기 때문에 행정형벌 또는 행정질서벌과 함께 병과될 수도 있고, 이러한 이유로 헌법 제13조 제1항의 이중처벌금지의 문제는 발생하지 않는다.[123] 과징금의 법적 성격에 대해서는 종래 부당이득환수설과 행정제재설, 그리고 절충설이 있으며, 학설에 따라 형법상 이중처벌금지원칙과의 관계를 보는 입장이 달라진다. 우리나라에서 과징금은 1980년에 제정된 공정거래법 [124] 에서 처음 도입되었고, 시장지배적 사업자가 가격인하명령을 불응한 경우에 '가격인하명령을 내린 날부터 당해 명령에 따라 실제로 가격을 인하한 날까지 가격인상의 차액으로 얻은 수입액'에 대하여 부과되었다. 즉, 당초 과징금은 사업자의 의무이행을 확보하는 수단이지 부당이득(不當利得)을 환수하는 취지로 부과되는 것이어서 앞서 언급한 본래적 성격에 부합하는 것이었다.

종래 공정거래법상 과징금의 법적 성격에 대해서는 아래와 같은 학설의 대립이 있었으나, 부당이득과 전혀 무관한 부당지원행위의 객체에도 과징금이 부과되면서 현실적으로는 절충설이 지배하게 되었다.

가. 부당이득환수설

과징금이란 공정거래법의 금지규정의 실효성을 확보하기 위한 행정적 조치로서 위법한 행위로부터 얻은 경제상의 이익을 국가가 회수하려는 것이다. 이에 따르면 그 당연한 논리적 귀결로서, 공정거래법 위반행위로 인한 부당이득이 존재하는 한 국가는 반드시 과징금을 부과하여야 하며, 그 액수의 산정에 있어서도 공정거래위원회의 재량의 여지는 없게 된다.

나. 행정제재설

과징금이란 경쟁질서의 유지라는 행정목적을 달성하기 위하여 위반행위에 가해지는 경제상의 불이익조치로서, 그 결과 공정거래위원회는 과징금부과의 필요성을 결정할 수 있는 재량이 있을 뿐만 아니라, 그 액수도 반드시 사업자가 위법행위로 얻은 이익이어야 할 필요가 없다고 한다. 즉, 공정거래위원회는 행정상 의무이행의 확보를 위하여 필요한 경우에 한하여, 필요한 한도에서 과징금부과 및 그 액수를 결정할 수 있는 것이다.

---

123) 김동희, 앞의 책, 408면; 박영도·박수헌, 앞의 책, 30－31면; 박윤흔, 최신 행정법강의(상), 박영사, 1999, 635면; 오창수, 앞의 글, 56－57면; 홍정선, 앞의 책, 494면.

124) 1980.12.31. 제정, 법률 제3320호.

3. 절충설: 판례 및 통설

당초 공정거래법에 도입될 당시에 과징금은 부당이득환수의 성격만을 가진 것이었으나 1986년 제1차 법개정[125)]에서는 부당한 공동행위에 대하여 과징금을 신설하고 그 부과기준을 부당한 공동행위로 얻은 현실적 경제적 이익이 아니라 위반기간 동안의 매출액을 기준으로 한 추상적 이득으로 하고, 그 부과 여부를 공정거래위원회의 재량으로 규정함으로써, '의무위반으로 인한 경제적 이익의 환수'라는 과징금제도의 본질적 목적보다는 '의무위반에 대한 행정제재벌'적 성격이 강조되게 되었다. 그 후 나머지 법위반행위에 대해서도 도입된 과징금은 모두 위반기간 동안의 매출액, 주식의 취득가액, 채무보증액 등을 기준으로 한 것으로서, 부당이득의 환수만으로는 설명할 수 없으며, 과징금 액수와 그 부과 여부에 관해 공정거래위원회의 비교적 폭넓은 재량이 인정되기에 이르렀다.

판례는 일관되게 과징금이 부당이득환수와 행정제재의 성격을 모두 갖는다는 입장을 취하고 있다. 즉, 과징금은 행정목적을 실현하기 위한 제재적 성격과 불법적인 경제적 이익을 박탈하기 위한 성격을 함께 갖는다는 것이다.[126)] 그 당연한 결과로서 과징금은 피해자에 대한 손해의 전보(塡補)를 목적으로 하는 불법행위로 인한 손해배상책임과는 그 성격이 전혀 다르므로, 국가가 피해자인 경우 가해자에게 이를테면 부당한 공동행위에 대하여 과징금을 부과하여 이를 납부받은 사정이 있다 하더라도, 이를 손익상계의 대상이 되는 이익을 취득하였다고 할 수는 없게 된다. 반대로 가해자가 법위반행위에 대해서 손해배상을 지급한 경우에도 공정거래위원회는 이를 전혀 고려함이 없이 과징금을 부과할 수 있다. 학설도 과징금의 법적 성질을 부당이득환수의 성격과 행정제재의 성격이 혼재된 것으로 파악하는 견해가 다수설이다.[127)]

헌법재판소는 일찍이 과징금은 그 취지와 기능, 부과의 주체와 절차(형사소송절차에 따라 검사의 기소와 법원의 판결에 의하여 부과되는 형사처벌과 달리, 공정거래위원회라

125) 1986.12.31. 개정, 법률 제3875호.

126) 대법원 2011.7.28. 선고 2010다18850 판결.

127) 대표적으로 권오승(제13판), 421－422면; 권오승·서정(제4판), 751－752면; 신현윤(제8판), 368면; 경제법(제6판), 박영사, 2018, 500면; 관련하여 과징금의 법적 성격을 일률적으로 판단하는 것은 타당하지 않고, 각 법위반행위의 유형에 따라 개별적으로 판단해야 한다는 견해로 이호영, 독점규제법(제6판), 홍문사, 2020, 555면.

는 행정기관에 의하여 부과되고 이에 대한 불복은 행정쟁송절차에 따라 진행됨) 등을 종합할 때 행정상 제재금으로서의 기본적 성격에 부당이득환수의 요소도 부가되어 있고, 이를 두고 헌법 제13조 제1항에서 금지하는 국가형벌권 행사로서의 '처벌'에 해당한다고는 할 수 없으므로, 공정거래법이 일정한 법위반행위에 대하여 형사처벌과 아울러 과징금의 병과를 예정하고 있더라도 이중처벌금지원칙에 위반된다고 볼 수 없다고 판시하였다.[128)]

Ⅱ. 과징금의 부과대상 및 절차

1. 부과대상행위

공정거래법은 원칙적으로 사업자의 법위반 '행위'에 대하여 적용되는 만큼, 시정조치와 더불어 과징금은 동법이 사전적 또는 사후적으로 금지하고 있는 모든 행위에 대하여 부과될 수 있다. 당초 1980년 제정법[129)]은 시장지배적 사업자의 부당한 가격인상에 대해서만 과징금을 부과할 수 있도록 규정하고 있었으나, 여러 차례의 법개정을 통해 부당한 공동행위, 불공정거래행위, 시장지배적 지위남용행위 및 재판매가격유지행위, 상호출자의 금지나 출자총액의 제한 등 대상행위의 범위가 확대된 것은 앞에서 언급한 바와 같다. 한편, 경쟁제한적 기업결합에 대해서는 1990년 제2차 개정법[130)]이 과징금을 규정하였으나, 사전규제의 성격이 강해지면서 과징금을 폐지하고 이행강제금으로 전환되었다.

그 밖에 공정거래법상 절차상 의무위반행위, 대표적으로 대규모 내부거래의 이사회의결 및 공시의무 불이행이나 기업결합의 미신고, 계열회사의 편입 및 제외 등에 필요한 자료의 미제출이나 허위자료의 제출, 조사자료의 은닉·폐기 등에 대해서는 과태료가 규정되어 있다(법 제130조 제1항). 조사 시 폭언·폭행, 고의적인 현장진입 저지·지연 등을 통하여 조사를 거부·방해 또는 기피한 자에 대해서는 3년 이하의 징역 또는 2억 원 이하의 벌금이라는 무거운 형사벌이 규정되어 있다(법 제124조 제1항 제13호).[131)]

---

128) 헌법재판소 2003.7.24. 선고 2001헌가25 결정.

129) 1980.12.31. 제정, 법률 제3320호.

130) 1990.1.13. 전부개정, 법률 제4198호.

131) 중대한 조사방해에 대하여 종전의 과태료에서 형사벌로 전환하게 된 계기는 삼성전자 임원의 현

2. 부과대상자

가. 사업자

공정거래법은 법위반행위에 대하여 과징금을 부과할 수 있도록 규정하면서, 부과대상을 원칙적으로 사업자에 한정하고 있다. 공정거래법은 '사업자'의 행위에 대해서만 적용되기 때문에, 법위반행위에 대한 책임의 귀속이라는 측면에서도 사업자를 과징금 부과대상으로 삼는 태도는 지극히 타당하다. 사업자가 법인인 경우에는 해당 법인, 사업자가 자연인인 경우에는 해당 자연인이 과징금을 부과 받게 된다.

예외적으로 2013년 제20차 법개정[132]으로 부당지원행위의 경우에는 지원하는 행위뿐만 아니라 지원받는 행위도 금지되었고(법 제45조 제2항), 그 결과 지원받은 회사 또는 특수관계인(총수 및 그 친족을 포함)도 과징금 부과대상이다. 뿐만 아니라 특수관계인에 대한 부당한 이익제공 금지 또한 이익제공의 주체인 사업자뿐만 아니라 사업기회 등을 제공받는 특수관계인(총수 및 그 친족에 한함)에 대해서도 과징금을 부과할 수 있게 되었다(법 제50조 제2항). 사업자가 아닌 자연인이 과징금 부과대상에 해당될 수 있는 예이다.

나. 특수한 사례

(1) 분할·합병 등의 경우

법위반사업자인 회사의 합병이 있는 경우에는 당해 회사가 행한 위반행위는 합병 후 존속하거나 합병에 의해 새로 설립된 회사가 행한 행위로 간주하여 과징금을 부과·징수할 수 있다(법 제102조 제2항). 법위반회사가 분할되거나 분할합병(分割合併)되는 경우에는 분할되는 회사의 분할일 또는 분할합병일 이전의 위반행위를 다음의 어느 하나에 해당하는 회사의 행위로 보아 과징금을 부과·징수할 수 있다(법 제102조 제3항).

① 분할되는 회사

② 분할 또는 분할합병으로 설립되는 새로운 회사

③ 분할되는 회사의 일부가 다른 회사에 합병된 후 그 다른 회사가 존속하는

장조사 방해가 문제되었던 사건이다.

132) 2013.8.13. 개정, 법률 제12095호.

경우 그 다른 회사

이미 과징금을 부과받은 회사인 사업자가 분할 또는 분할합병되는 경우(부과일에 분할 또는 분할합병되는 경우를 포함) 그 과징금은 위의 어느 하나에 해당하는 회사가 연대하여 납부할 책임을 진다(법 제104조 제1항). 동조는 예컨대 회사분할 시점에 이미 과징금이 부과된 경우를 상정한 것이므로, 법위반행위는 회사분할 전에 발생하였으나 그에 따른 과징금은 회사분할 후에 부과된 경우에는 적용되지 않는다. 대법원 또한 "지게차 담합" 판결[133]을 비롯한 일련의 판결[134]에서 신설회사나 존속회사가 승계하는 것은 분할하는 회사의 권리와 의무이므로, 분할하는 회사의 분할 전 법위반행위를 이유로 과징금이 부과되기 전까지는 그 과징금과 관련하여 분할하는 회사에게 승계의 대상이 될 만한 어떠한 의도가 있다고 할 수 없고, 따라서 특별한 규정이 없는 한 신설회사에 대하여 분할하는 회사의 분할 전 법위반행위를 이유로 과징금을 부과하는 것은 허용되지 않는다고 판시하였다.

이와 관련하여 사업자가 회사분할제도를 악용하여 공정거래위원회가 조사 또는 심의를 진행 중인 동안에 법위반회사를 분할함으로써 과징금 부과를 회피할 우려가 있다는 문제가 제기되었고,[135] 2012년 제18차 법개정[136]으로 추가된 내용이 바로 위에서 언급한 현행법 제102조 제3항이다. 따라서 현재는 법위반회사가 분할되는 경우에도 그 이전의 법위반행위에 대해서는 행위 당시에 법위반 사실을 알지 못한 경우에도 분할되는 회사나 분할로 신설되는 회사에 모두 과징금을 부과할 수 있게 되었다.

그 밖에 공정거래위원회는 법위반회사가 「채무자 회생 및 파산에 관한 법률」 제215조에 따라 신회사를 설립하는 경우에는 기존 회사 또는 신회사 중 어느 하나의 행위로 보아 과징금을 부과·징수할 수 있다(법 제102조 제4항).

(2) 모자회사 및 계열회사

모자회사관계가 있는 경우에 자회사의 위반행위에 대하여 모회사에게 과징금을 부과할 수 있는가? 판례는 경제적 단일체로 인정되는 복수의 사업자들 중에서

133) 대법원 2007.12.29. 선고 2006두18928 판결.

134) 대법원 2009.6.25. 선고 2008두17035 판결; 대법원 2011.5.26. 선고 2008두18335 판결 등.

135) 이황, "회사분할과 과징금 납부책임의 승계 가능성 — 대법원 2007.11.29. 선고 2006두18298 판결을 중심으로", 고려법학 제53호, 2009, 245면.

136) 2012.3.21. 개정, 법률 제11406호.

'실질적 행위주체'를 처벌의 대상으로 삼아야 한다고 판시한 바 있다.[137] 기업집단에 속하는 계열기업이 위반행위를 한 경우에는 어떻게 되는가? 단순한 계열회사 편입기준인 '사실상 지배관계'만으로는 다른 계열회사에 책임을 부과하는 기초로 보기 어려울 것이다.[138]

(3) 사업자단체와 구성사업자

사업자단체의 위반행위에 대해서는 당해 단체만이 책임을 지는가? 공정거래법상 사업자단체는 물론이고 금지행위에 참가한 사업자에 대해서 별도로 과징금을 부과할 수 있다(법 제53조 제2항, 제3항). 사업자단체에는 10억 원 이내의 정액과징금을 부과할 수 있는 점(동조 제1항)에 비추어 관련매출액(relevant turnover)을 기준으로 과징금을 산정하는 참가사업자가 실제 금지행위를 의결한 사업자단체보다 무거운 과징금을 부과 받을 수 있는 것으로서 그 정당성에는 다소 의문이 있다. 법 제51조의 1차적인 수범자이자 법위반행위의 이니셔티브를 가진 사업자단체가 상대적으로 약한 제재를 받게 되는 수가 생기는 것이고, 단지 사업자단체의 결의를 이행한 사업자가 보다 무거운 제재를 받는다는 것은 위법성에 비례하여 책임을 지워야 한다는 의미에서 비례원칙에도 맞지 않기 때문이다. 유럽연합의 경우에 유럽집행위원회는 1차적으로 사업자단체에 과징금을 부과하고 단체가 이를 납부할 능력이 없는 경우에 한하여 구성사업자들에게 과징금 납부요청을 할 수 있으며, 그 요청기간이 경과한 후에는 구성사업자에게 직접 해당 과징금의 납부명령을 내릴 수 있다. 즉, 사업자단체와 구성사업자 모두에게 과징금을 부과하는 일은 생기지 않는 것이다. 입법적으로 참고할 만하다.

3. 과징금의 부과 여부

공정거래법은 개별 금지행위마다 과징금을 규정하고 있는바, 공정거래위원회가 과징금을 부과할 것인지, 어느 정도의 과징금을 부과할 것인 여부는 원칙적으로 자유재량에 해당한다.[139] 법 제102조 제1항은 과징금 부과 여부 및 과징금액 산정을 위한 기본원칙으로서 위반행위의 내용 및 정도, 위반행위의 기간 및 횟수 및 위반행위로 인해 취득한 이익의 규모 등을 '참작'하도록 정하고 있을 뿐이기 때문이

137) 서울고등법원 1999.10.6. 선고 99누3524 판결; 대법원 2000.2.25. 선고 99두10964 판결.
138) 신동권, 독점규제법(제3판), 박영사, 2020, 1173면.
139) 대법원 2017.6.15. 선고 2016두34714 판결.

다. 다만, 공정거래위원회가 이러한 재량을 행사함에 있어 과징금 부과의 기초가 되는 사실을 오인하였거나, 비례·평등의 원칙에 위배하는 경우에 그러한 처분은 재량권의 일탈·남용으로서 위법하여 해당 처분 전부를 취소할 수밖에 없다.[140] 나아가 공정거래위원회가 수개의 법위반행위에 대하여 하나의 과징금 납부명령을 하였으나, 수개의 위반행위 중 일부만이 위법하고 그 일부의 위반행위를 기초로 한 과징금액을 산정할 수 있는 자료가 없는 경우에는 하나의 과징금 납부명령 전부를 취소할 수밖에 없다.[141]

시행령 또한 공정거래위원회는 위반행위의 내용 및 정도를 우선적으로 고려하고 시장상황 등을 종합적으로 참작하여 그 부과 여부를 결정하되, 다음의 어느 하나에 해당하는 경우에는 다른 특별한 사유가 없는 한 과징금을 부과하도록 하고 있다(영 제84조 제1항 및 [별표 6] 1.). 규정형식으로는 기속재량으로 보이나, 아래 ① 내지 ③에 해당하는지 여부가 정성적 기준에 좌우되어 불명확하고 나아가 ④를 통하여 공정거래위원회에게 원칙적으로 과징금을 부과하는 사유를 위임하고 있다는 점에서 그 실질에 있어서 과징금 부과 여부는 공정거래위원회의 자유재량에 맡겨져 있는 셈이다.

① 자유롭고 공정한 경쟁질서를 크게 저해하는 경우

② 소비자 등에게 미치는 영향이 큰 경우

③ 위반행위로 부당이득이 발생한 경우

④ 그 밖에 ①부터 ③까지에 준하는 경우로서 공정거래위원회가 정하여 고시하는 경우

공정거래위원회의 재량을 적정 수준으로 축소하고 법위반사업자에게 예측가능성을 높이기 위한 입법론으로는 행위유형, 법위반사업자의 매출액, 법위반행위로 인한 부당이득 등 정량적 요소를 활용하여 원칙적으로 과징금을 부과하지 않는 사유를 시행령에 두는 방법을 고려할 수 있다. 예컨대, 불공정거래행위로서 법위반사업자가 중소사업자에 해당하고, 최근 3년간 법위반으로 시정조치를 받은 적이 없는 경우를 생각할 수 있을 것이다.

---

140) 대법원 2002.5.28. 선고 2000두6121 판결; 대법원 2006.5.12. 선고 2004두12315 판결; 대법원 2008.6.26. 선고 2006두8792 판결; 대법원 2010.3.11. 선고 2008두15176 판결 등.

141) 대법원 2004.10.14. 선고 2001두2881 판결.

4. 과징금의 납부와 징수 등

가. 납부의무

과징금을 부과 받은 회사가 분할 또는 분할합병되는 경우(부과일에 분할 또는 분할합병되는 경우를 포함) 그 과징금은 분할되는 회사, 분할·분할합병으로 인하여 설립되는 회사, 분할되는 회사의 일부가 다른 회사와 합병하여 존속하게 되는 그 다른 회사가 연대하여 납부할 책임을 진다. 과징금을 부과 받은 회사가 그로 인하여 해산하게 되는 경우(부과일에 해산하는 경우를 포함)에는 분할 또는 분할합병으로 설립되는 회사 및 분할되는 회사의 일부가 다른 회사와 합병하여 존속하게 되는 그 다른 회사가 연대하여 과징금을 납부할 책임을 진다(법 제104조).

문제는 과징금을 부과 받은 회사가 자산의 전부를 다른 회사에 양도하거나 다른 회사에 흡수 또는 신설합병되는 경우에 법 제104조를 준용할 수 있는지 여부이다. 자산양도나 합병을 통한 과징금 납부의무의 면탈을 방지하여 과징금 징수의 실효성을 담보하기 위해서는 과징금을 부과 받은 사업자의 '실질이 그대로 이전되는 경우'에 한하여 양수회사나 흡수합병 후 존속회사 또는 신설합병으로 설립되는 회사가 부담하는 것이 타당하다는 점에서 긍정하여야 할 것이다(제한적 긍정설).

다만, 과징금납부의무자가 이를 납부하지 않은 때에는 종국적으로 국세체납처분의 예에 따라 이를 징수할 수 있고(법 제105조), 국세는 여타 다른 채권에 대하여 우선한다는 점을 고려할 때, 양수회사나 합병회사의 채권자 보호차원에서 입법적으로 이 경우에 과징금납부의무가 양수회사나 합병회사에 이전됨을 명시하는 것이 바람직할 것이다.

나. 과징금의 징수 등

공정거래위원회는 과징금납부의무자가 납부기한 내에 과징금을 납부하지 아니한 경우에는 납부기한의 다음 날부터 납부한 날까지의 기간에 대하여 연 100분의 40의 범위 안에서 「은행법」 제2조의 규정에 의한 은행의 연체이자율을 참작하여 대통령령으로 정하는 바에 따라 가산금을 징수한다. 이 경우 가산금을 징수하는 기간은 60개월을 초과하지 못한다(법 제105조 제1항). 체납가산금은 체납된 과징금에 연 1천분의 75를 곱하여 계산한 금액으로 한다(영 제87조 제1항).

공정거래위원회는 과징금납부의무자가 납부기한 내에 과징금을 납부하지 아니한 때에는 기간을 정하여 독촉을 하고, 그 지정한 기간 안에 과징금 및 그 가산금을 납부하지 아니한 때에는 국세체납처분의 예에 따라 이를 징수할 수 있다. 이를 위하여 공정거래위원회는 제1항 및 제2항의 규정에 의한 과징금 및 가산금의 징수 또는 체납처분에 관한 업무를 국세청장에게 위탁할 수 있다(법 제105조 제2항).

공정거래위원회는 체납된 과징금의 징수를 위하여 필요하다고 인정되는 경우에는 국세청장에 대하여 과징금을 체납한 자에 대한 국세과세에 관한 정보의 제공을 요청할 수 있고, 과징금 업무를 담당하는 공무원이 과징금의 징수를 위하여 필요한 때에는 등기소 기타 관계 행정기관의 장에게 무료로 필요한 서류의 열람이나 등사 또는 그 등본이나 초본의 교부를 청구할 수 있다(법 제105조 제4항, 제5항).

한편, 공정거래위원회는 과징금·과태료, 그 밖에 이 법에 따른 징수금(이하 "징수금등")의 납부의무자에게 다음의 어느 하나에 해당하는 사유가 있는 경우에는 결손처분을 할 수 있다(법 제107조 제1항).

① 체납처분이 끝나고 체납액에 충당된 배분금액이 체납액에 못 미치는 경우
② 징수금 등의 징수권에 대한 소멸시효가 완성된 경우
③ 체납자의 행방이 분명하지 아니하거나 재산이 없다는 것이 판명된 경우
④ 체납처분의 목적물인 총재산의 추산가액이 체납처분비에 충당하고 남을 여지가 없음이 확인된 경우
⑤ 체납처분의 목적물인 총재산이 징수금등보다 우선하는 국세, 지방세, 전세권·질권 또는 저당권에 의하여 담보된 채권 등의 변제에 충당하고 남을 여지가 없음이 확인된 경우
⑥ 징수할 가망이 없는 경우로서, 「채무자 회생 및 파산에 관한 법률」 제251조(회생채권 등의 면책 등)에 따라 면책되거나 불가피한 사유로 환수가 불가능하다고 인정되는 경우로서 공정거래위원회가 정하여 고시한 경우(영 제90조 제1호, 제2호)

공정거래위원회는 제1항에 따라 결손처분을 한 후 압류할 수 있는 다른 재산을 발견한 때에는 지체없이 결손처분을 취소하고 체납처분을 하여야 한다. 다만, 소멸시효가 완성된 경우에는 그러하지 아니하다(법 제107조 제4항).

다. 환급가산금

공정거래위원회가 이의신청의 재결 또는 법원의 판결 등의 사유로 과징금을

환급하는 경우에는 과징금을 납부한 날부터 환급한 날까지의 기간에 대하여 환급과징금에 「국세기본법」 시행령 제43조의3 제2항 본문에 따른 기본이자율을 곱하여 계산한 금액(환급가산금)을 지급하여야 한다. 다만, 법원의 판결에 의하여 과징금 부과처분이 취소되어 그 판결이유에 따라 새로운 과징금을 부과하는 경우에는 당초 납부한 과징금에서 새로 부과하기로 결정한 과징금을 공제한 나머지 금액에 대해서만 환급가산금을 계산하여 지급한다(법 제106조, 영 제89조).

Ⅲ. 과징금의 산정

1. 과징금 산정의 체계

과징금의 산정은 기본적으로 '대통령령이 정하는 매출액'에 각 행위별 일정 비율을 곱한 후, 제1차·제2차 조정을 거치는 방식으로 이루어진다. 다시 말해 과징금 산정과정은 크게 세 단계, ① 관련매출액 산정단계, ② 부과기준율을 곱하여 '기본 산정기준'을 결정하는 단계, 그리고 ③ 조정에 따른 '부과과징금' 결정단계로 이해할 수 있는 것이다.

시행령은 이 때 문제되는 '매출액'을 '관련매출액'(영 제13조 제1항) 및 '평균매출액'(영 제56조 제2항)으로 명명하면서 그 대략적인 내용만 규율하고, 구체적인 산정방식은 공정거래위원회의 과징금고시에 위임하고 있다. 매출액이 산정되면, 시행령 제84조에 의하여 시행령 [별표 6]에 규정된 대로 각 위반행위의 종류·내용·정도를 고려한 부과기준율을 곱하여 기본 산정기준을 구한다. 그 후, 기본 산정기준으로 계산된 금액에 제1차 조정, 제2차 조정 및 최종 감액 여부 결정을 거치면 실제 사업자에게 부과되는 부과과징금이 결정된다. 이러한 과징금산정의 3단계를 고려하여 이하에서 상술하도록 한다.

2. 관련매출액 및 평균매출액

과징금산정의 첫 번째 단계는 당해 행위의 관련매출액을 산정하는 것이다. 우선 시행령 제13조 제1항은, '위반사업자가 위반기간 동안 일정한 거래분야에서 판매한 관련 상품이나 용역의 매출액 또는 이에 준하는 금액'을 '관련매출액'으로 정의하고 있다. 다만 동항 단서에서는, '위반행위가 상품이나 용역의 구매와 관련하여

이루어진 경우'에는 그 매입액이라고 정하고 있다.[142)]

공정거래위원회는 과징금고시에서 관련매출액의 구성요소인 관련상품과 그 매출액에 관하여 보다 상세히 규정하고 있다. 관련상품의 범위에 대해서는 "위반행위로 인하여 직접 또는 간접적으로 영향을 받는 상품의 종류와 성질, 거래지역, 거래상대방, 거래단계 등을 고려하여 행위유형별로 개별적·구체적으로 판단한다."고 규정하면서, 관련상품은 실제 거래가 이루어진 상품뿐만 아니라 그렇지 아니한 상품까지 포함한다고 밝히고 있다(과징금고시 Ⅱ. 5. 나. 1)). 또한, 매출액의 산정방식에 대해서는, 매출액은 순매출액으로 산정된다고 하면서, 이는 총매출액에서 부가가치세, 매출에누리, 매출환입, 매출할인 등을 제외한 금액이라고 정하고 있다(과징금고시 Ⅱ. 5. 다. 1)). 나아가 2021년 개정[143)]에서는 위반사업자가 매출액 산정자료를 가지고 있지 아니하거나, 제출하지 아니하는 등의 경우에는 위반행위 전후의 실적, 해당 기간의 총매출액 및 관련상품의 매출비율, 관련 사업자의 계획, 시장상황 등을 종합적으로 고려하여 객관적이고 합리적인 범위에서 해당 부분의 매출액을 산정할 수 있다는 내용이 신설되었다(과징금고시 Ⅱ. 5. 다. 2))

한편, 시행령 제56조 제2항은 부당지원행위 금지위반 및 특수관계인에 대한 부당한 이익제공 금지위반에 대해서는 관련매출액 대신 '평균매출액'을 과징금 산정기준으로 정하고 있는데, 이는 '당해 사업자의 직전 3개 사업연도의 평균 매출액'을 말한다. 동항 단서에서는 예외적 상황에서 평균매출액을 정하는 방식을 규정하고 있는데, "해당 사업연도 초일 현재 사업을 개시한 지 3년이 되지 않는 경우에는 그 사업개시 후 직전 사업연도 말일까지의 매출액을 연평균 매출액으로 환산한 금액을, 해당 사업연도에 사업을 개시한 경우에는 사업개시일부터 위반행위일까지의 매출액을 연매출액으로 환산한 금액을 말한다."고 한다. 또한 동조 제3항에서는 그 외에 평균매출액의 산정에 필요한 사항은 공정거래위원회가 정하여 고시하도록 하고 있는데, 과징금고시는 평균매출액 산정 시 "직전 3개 사업연도 또는 해당 사업연도는 위반행위의 종료일을 기준으로 판정한다."고 규정하고 있다(과징금고시 Ⅱ. 7. 가.). 평균매출액은 단지 부당지원행위와 관련된 개념인바, 이하에서는 이를 제외한

142) 시행령 제13조 제1항은 시장지배적 지위 남용행위에 관하여 과징금을 부과할 때에 적용되고, 부당지원행위 및 특수관계인에 대한 부당한 이익제공 금지행위 외의 다른 법위반행위에 대하여 과징금을 부과할 때에는 시행령 제13조 제1항을 준용한다.

143) 공정거래위원회 고시 제2021-50호, 2021.12.29. 개정.

관련매출액을 중심으로 살펴보기로 한다.

3. 부과기준율과 기본 산정기준

관련매출액이 결정되면 위반행위의 종류에 따른 일정 비율을 곱하여 과징금의 '기본 산정기준'(이하 "산정기준")을 구한다. 공정거래법은 위반행위의 종류별로 매출액의 일정 비율을 과징금의 상한으로 정해놓았다. 예컨대 시장지배적 지위남용금지를 위반한 사업자에 대해서는 법 제8조에 의하여 과징금을 부과할 수 있는데, 이에 따르면 공정거래위원회는 관련매출액의 '100분의 6을 곱한 금액을 초과하지 아니하는 범위 안'에서만 과징금을 부과할 수 있다. 또한 법 제102조 제1항에 의하여 공정거래위원회는 몇 가지 사항을 참작하여 구체적인 과징금의 액수를 결정해야 하는데, 그중 제1호에 규정된 위반행위의 내용 및 정도를 참작하여 결정되는 것이 바로 과징금의 산정기준이다. 산정기준은 이렇듯 대략적인 과징금 규모를 유추할 수 있으며, 그 이후 단계인 제1차 조정의 대상이 되는 금액이다.

기본 산정기준을 정하는 방법은 시행령 [별표 6]과 과징금고시에 상세히 규율되어 있다. [별표 6]은 위반행위의 내용 및 정도에 따라 위반행위의 중대성 정도를 ① 중대성이 약한 위반행위, ② 중대한 위반행위, ③ 매우 중대한 위반행위로 구분하고, 관련매출액에 중대성의 정도별로 정하는 부과기준율을 곱하여 산정기준을 정한다고 규정하고 있다(영 [별표 6] 2. 가.). 또한 시행령의 위임([별표 6] 비고. 2.)으로 제정된 과징금고시에서는 각 위반행위별로 기준표에 따른 산정점수를 기준으로 부과기준율 내지 부과기준금액을 세분하여 정하고 있다(과징금고시 Ⅳ. 1.).

공정거래위원회는 위반행위의 중대성을 판단함에 있어서 상당한 재량을 누리는바, 구체적인 사건에서 여러 사정을 감안할 때 결과적으로 비례의 원칙이나 형평의 원칙에 반하는 경우에는 재량권의 일탈·남용에 해당할 수 있다.[144)]

4. 1차·2차 조정과 부과과징금 결정

공정거래법은 과징금을 부과함에 있어서 ① 위반행위의 내용 및 정도, ② 위반행위의 기간 및 횟수, ③ 위반행위로 인해 취득한 이익의 규모 등을 고려하도록 하고 있다(법 제102조 제1항 각호). 이에 따라 공정거래위원회는 산정기준을 구한 후 1

144) 대법원 2009.6.24. 선고 2007두18062 판결.

차 조정, 2차 조정 및 최종 부과과징금을 결정한다(과징금고시 Ⅱ. 2. 내지 4.).

1차 조정은 공정거래위원회가 산정기준을 구한 후 법 제102조 제1항 제2호에 따른 위반행위의 기간 및 횟수를 고려한 과징금 가산과정을 말한다. 시행령 [별표 6]은 이때 산정기준 100분의 100의 범위 안에서 금액을 조정하도록 규정하고 있고, 구체적인 기준은 공정거래위원회의 과징금고시에 위임하고 있다(영 [별표 6] 2. 나.). 이에 따라 과징금고시는 위반행위의 기간을 단기(1년 이내)·중기(1년 초과 2년 이내 또는 2년 초과 3년 이내)·장기(3년 초과)로 구분하고, 각 기간에 따른 비율을 정하여 산정기준에 가산하도록 규정하고 있다(과징금고시 Ⅳ. 2. 가.).[145] 또한, 위반행위의 횟수에 대해서는 과거 5년간의 위반횟수와 위반횟수 가중치를 함께 고려하면서 산정기준의 일정비율을 가산하도록 규정한다(과징금고시 Ⅳ. 2. 나.). 이때 과거 위반횟수 산정의 기준시점을 정하는 것은 공정거래위원회의 재량사항으로서, 공정거래위원회는 위반행위시점이든 조사개시시점이든 합목적적으로 판단하여 결정하면 족하며, 이때 조사개시일이란 특정한 법위반행위에 대하여 공정거래위원회가 이를 인식하고 특정 사업자에 대하여 조사공문을 발송하는 등 그 의사를 외부적으로 표현한 때로 봄이 타당하다.[146]

2차 조정은 위반사업자의 고의·과실에 따른 조정을 말하는데, 시행령 [별표 6]은 1차 조정된 산정기준의 100분의 50의 범위에서 법 제102조 제1항 각호의 사항에 영향을 미치는 위반사업자의 고의·과실, 위반행위의 성격과 사정 등의 사유를 고려하여 액수를 조정하도록 규정하고 있고, 역시 이에 대한 구체적인 기준은 과징금고시에 위임하고 있다(영 [별표 6] 2. 다.). 과징금고시는 2차 조정의 일반원칙으로서 고시에서 정한 가중 또는 감경사유가 인정되는 경우에 각각의 가중비율의 합에서 각각의 감경비율의 합을 공제하여 산정된 비율을 1차 조정된 산정기준에 곱하여 산정된 금액을 1차 조정금액에 더하거나 빼는 방법을 적시한 후, 구체적인 가중·감경사유 및 비율을 정하고 있다. 다만 가중·감경의 결과 가감되는 금액은 1차 조정된 산정기준의 100분의 50 범위 내이어야 한다(과징금고시 Ⅳ. 3. 가.).

1차·2차 조정이 완료되면 시행령 [별표 6]에 따라 공정거래위원회는 마지막으로, 위반사업자(위반사업자단체를 포함)의 현실적 부담능력이나 그 위반행위가 시장에

145) 과징금고시는 1년 이내인 경우에는 산정기준 유지, 1~2년의 경우에는 100분의 10, 2~3년은 100분의 20, 3년 초과인 경우에는 100분의 50에 해당하는 금액을 가산하도록 규정하고 있다.

146) 서울고등법원 2016.4.8. 선고 2014누8416 판결.

미치는 효과, 그 밖에 시장 또는 경제여건 및 법 제102조 제1항 제3호에 따른 위반행위로 인해 취득한 이익의 규모 등을 충분히 반영하지 못하였는지 검토하여, 금액이 과중하다고 인정되는 경우에는 2차 조정된 산정기준의 100분의 50의 범위에서 감액할 수 있다. 또한, 위반사업자의 과징금 납부능력의 현저한 부족, 위반사업자가 속한 시장의 현저한 변동 또는 지속적 악화, 경제위기, 그 밖에 이에 준하는 사유로 불가피한 경우에는 100분의 50을 초과하여 감액할 수도 있다. 2차 조정된 산정기준을 감액하는 경우에는 공정거래위원회 의결서에 그 이유를 명시하여야 한다(영 [별표 6] 2. 라. 1)).

또한 시행령 [별표 6]에서는 위반사업자가 객관적으로 과징금을 납부할 능력이 없다고 인정되는 경우에 과징금을 면제할 수 있도록 규정하고 있는데(영 [별표 6] 2. 라. 2)), 이는 과징금제도의 실효성을 고려하건대 그 요건을 엄격하게 따져보아야 할 것이다. 한편, 과징금고시는 시행령의 위임을 받아 부과과징금의 결정의 세부적인 기준과 방법에 대해 상술하고 있는데, 특기할 만한 것은 2차 조정된 산정기준이 1백만 원 이하인 경우는 과징금을 면제할 수 있다는 것(과징금고시 Ⅳ. 4. 라.)과 부과과징금이 법정 한도액을 넘는 경우에는 법정 한도액을 부과과징금으로 한 것(과징금고시 Ⅳ. 4. 마.), 과징금 부과의 기준이 되는 매출액 등이 외국환을 기준으로 산정되는 경우에는 외국환을 기준으로 과징금을 산정하되, 부과과징금은 원화로 환산하여 결정하도록 한 것 등이다(과징금고시 Ⅳ. 4. 사.).

한편, 과징금의 액수를 산정함에 있어서는 시간적인 요소가 매우 중요하다. 즉, 실행기간을 어디까지로 정할 것이냐에 따라 과징금의 액수가 크게 달라지기 때문이다. 독일의 경우 카르텔의 실행기간에 대한 특정한 제한 없이 증거수집이 가능한 시점까지 소급하여 그 초과수취액을 산정하여 벌금을 부과할 수 있도록 되어 있는 점을 참고할 만하다.

Ⅳ. 과징금 산정의 주요 쟁점[147)]

1. 문제의 제기

헌법의 기본원리 중 하나인 법치국가원리는 대체로 국가기관의 여러 가지 기

147) 이하 내용은 이봉의, "공정거래법상 과징금 산정과 법치국가원리", 경쟁법연구 제24권, 2011, 3-27면을 수정·보완한 것이다.

능과 권한을 창설하고 질서지움으로써 국가활동의 근거를 제공하는 한편 국가활동을 일정한 원칙에 부합하도록 구속함으로써 국가권력의 남용을 가능한 배제하는 것을 말한다. 이하에서는 법치국가를 실현하는 요소 중에서 주로 법치행정과 효과적인 권리구제, 법적 안정성과 신뢰의 보호, 비례의 원칙 내지 과잉금지의 원칙, 투명성의 원칙이라는 관점에서[148] 공정거래법상 과징금 산정기준을 검토하고자 한다.

사업자의 경제활동을 규제하는 법령은 언제나 고유한 목적을 갖게 마련이고, 법목적의 실현을 저해하는 행위에 대한 나름의 제재방식을 갖추지 않으면 안 된다. 그런데 공정거래법을 비롯한 경제법령을 위반하는 행위의 경우 이를 제재하는 시점에 이미 사업자가 법위반행위로부터 일정한 경제상 이익을 얻은 경우도 있고, 법위반행위 직후 이를 중단함으로써 아무런 경제상 이익을 얻지 못하거나 또는 처음부터 경제상 이익을 얻는 것이 불가능한 경우도 있다. 이와 같은 모든 경우에 공정거래위원회는 경제상 이익의 존부와 무관하게 과징금을 부과할 수 있다. 반면, 법위반사업자가 부당이득을 얻거나 제3자에게 손해를 야기한 경우에도 공정거래위원회가 반드시 부당이득을 환수하거나 이미 발생한 손해에 상응하는 정도의 과징금을 부과하여야 하는 것도 아니다.

그렇다면 법치국가의 관점에서 공정거래법상 과징금제도는 몇 가지 근본적인 의문을 던지게 된다. 먼저, 공정거래법은 법위반사업자의 재산권을 중대하게 침해할 수도 있는 과징금의 산정에 관하여 법률에 기본적인 원칙이나 구체적인 산정방식을 정하지 않고, 개별 조항에서 과징금의 상한만을 정하거나 과징금 부과 시 참작사항을 열거하고 있을 뿐이고, 결정적으로 중요한 관련매출액 등에 관해서는 시행령이나 고시에 위임하고 있다는 점에서 법치행정이 충분히 보장되어 있다고 보기 어렵다. 더구나 과징금고시에서도 공정거래위원회가 과징금을 부과함에 있어서 사실상 거의 무제한에 가까운 재량을 허용함으로써 과징금 산정에 명백한 오류가 없는 한 법위반사업자가 과징금 부과처분에 대하여 효과적으로 권리를 구제받을 기회가 보장되기 어렵고, 어떤 법위반행위에 대하여 과연 어느 정도의 과징금이 부과될 것인지에 관하여 법적 안정성이나 예측가능성이 상당히 낮다. 이러한 태도가

148) 경제규제에 있어서 법치주의를 위한 일반원칙에 관해서는 이원우, 경제규제법론, 홍문사, 2010, 165면 이하.

일견 법위반행위의 억지에는 도움이 될지 모르나 법치국가의 원리에는 충분히 부합하지 않을 수 있는 것이다.

다른 한편으로 공정거래법의 목적을 실현하기 위해서는 법위반행위의 억지가 효과적으로 이루어져야 하고, 이를 위해서는 무엇보다 법위반행위로 인한 부당이득만큼을 모두 환수할 수 있는 정도의 과징금이 부과되어야 한다. 이와 관련하여 공정거래법상 과징금 관련규정은 아무런 하한을 정하지 않고, 법률에는 과징금 부과 여부를 정하는 기준도 없을 뿐만 아니라, 부당이득은 의무적 조정이나 부과과징금 산정 시 일부 고려될 수 있을 뿐이어서 지극히 '제한적인 의미'(marginal role)를 가질 뿐이다. 이처럼 공정거래위원회의 재량에 따라 부당이득의 전부 또는 일부를 여전히 법위반사업자가 누릴 수 있도록 과징금을 부과하는 것은 시정조치의 일반원칙 중 하나인 실효성의 원칙에 반할 것이고, 부당이득이 전혀 존재하지 않음에도 불구하고 많은 액수의 과징금을 부과하는 것은 비례의 원칙에 반할 소지가 충분하며, 부당이득이 전혀 존재하지 않음에도 불구하고 과징금을 부과하는 것은 자칫 비례의 원칙과 자기책임의 원칙에 부합하지 않을 수 있는 것이다.[149)]

2. 법치국가원리의 관점에서 본 과징금제도의 문제점

가. 과징금 부과객체와 자기책임의 원칙

공정거래법상 과징금은 원칙적으로 사업자 또는 사업자단체에 대해서 부과된다(법 제8조, 제38조, 제43조, 제50조, 제53조).[150)] 경쟁제한적 기업결합에 대해서는 과징금을 부과할 수 없으나, 상호출자의 금지나 계열회사에 대한 채무보증의 금지 등 경제력집중 억제를 위한 사전적 금지 내지 의무를 위반한 회사에 대해서도 과징금이 부과될 수 있다(법 제38조).

그런데 원칙적으로 사업자 또는 사업자단체에만 과징금을 부과함에 따라 공동행위에 대한 '자진신고 감면제도'(leniency program; 법 제44조) 상 예컨대 1순위 신고자(신고사업자)가 시정조치와 과징금을 전액 면제받는 경우에, 형사처벌의 우려가

149) 이원우, 위의 책, 169면 이하. 자기책임의 원칙은 위험을 야기한 자가 이에 대한 책임을 져야 한다는 원칙으로서, 나아가 위험에 비례하는 책임이라는 측면에서는 비례의 원칙과도 결부된다.

150) 다만, 2013년 제20차 공정거래법 개정(2013.8.13. 개정, 법률 제12095호)으로 부당지원행위나 사익편취행위의 경우 지원객체나 특수관계인에게도 과징금이 부과될 수 있게 됨으로써 과징금 부과대상이 사업자나 사업자단체에 국한되는지에 관한 논란의 소지가 생겨났다(법 제24조의2 제2항 참조).

여전하다면 자진신고를 기대하기 어려울 것이다. 이러한 점을 고려하여 공정거래위원회는 2005년부터 「부당한 공동행위 자진신고자 등에 대한 시정조치 등 감면제도 운영고시」(이하 "감면고시")[151]를 운영하면서 지위확인을 받은 '사업자'에 대해서는 원칙적으로 형사고발을 하지 않도록 규정하고 있으나, 2013년 제19차 개정[152]에서는 고발면제의 대상을 명문으로 정하면서 '자진 신고한 자' 또는 '조사에 협조한 자'로만 규정하고 있다(법 제44조 제1항). 따라서 자진신고가 이루어진 경우에 사업자는 검찰에 고발되지 아니하는 점이 분명하나, 실제로 공동행위에 관여한 임·직원 등의 자연인도 고발로부터 자유로울 것인지는 명확하지 않게 되었다(감면고시 제17조).[153] 입법적 해결이 필요한 부분이다.

그 밖에 사업자단체의 금지행위에 대해서 공정거래법은 사업자단체에 대하여 10억 원 이내에서 과징금을 부과할 수 있도록 하고, 금지행위에 '참가'한 사업자(구성사업자에 한하지 않음에 유의!)에 한하여 관련매출액의 20% 이내에서 과징금을 부과할 수 있도록 정하고 있다(법 제53조 제1항, 제2항). 따라서 사업자단체가 지불능력이 없고 달리 '참가'한 사업자도 존재하지 않는 경우에는 실제 과징금 부과의 실효성이 없게 된다.[154] 이와 관련하여 현행법상 법인격이 없는 사업자단체에 대해서 과징금이 부과되는 경우에 그 채무를 구성사업자가 연대하여 납부할 의무를 지는지도 살펴볼 필요가 있는바, 이 점은 과징금의 효과적인 징수라는 관점뿐만 아니라 사업자단체를 내세워 구성사업자들이 법위반행위를 하는 경우 실질적인 책임주체를 누구로 보아야 하는지 여부와도 관련된다.[155]

이와 관련하여 유럽경쟁법상 절차규칙 제2003-1호[156]는 사업자단체의 법위반행위가 구성사업자의 활동과 관련된 경우에 벌금의 한도를 개별 구성사업자의 매

---

151) 공정거래위원회 고시 제2023-13호, 2023.4.14. 개정.

152) 2013.7.16. 개정, 법률 제11937호.

153) 이처럼 자진신고 감면제도가 행정적 제재나 형사벌의 감면을 보장하더라도, 당해 카르텔로 인하여 손해를 입은 자가 손해배상을 청구하는 데에는 아무런 제약이 없다는 점 또한 자진신고를 일부 제약하는 또 다른 요인이 될 수 있다.

154) 유럽의 절차규칙 제2003-1호는 이 경우에 대비하여 사업자단체가 지불능력이 없는 경우에는 징수의 실효성을 담보하기 위하여 구성사업자에게도 '보충적으로' 벌금을 부과할 수 있도록 규정하고 있다(규칙 제23조 제2항 4호).

155) 이처럼 공정거래법은 사업자단체의 법위반행위에 대하여 법위반행위에 참가한 사업자에 대해서도 과징금을 부과할 수 있도록 규정하고 있으나, 그 성립요건과 책임근거는 여전히 모호하다.

156) Council Regulation (EC) No 1/2003 of 16 December 2002 on the implementation of the rules on competition laid down in Articles 81 and 82 of the Treaty (Text with EEA relevance).

출액 합계의 10%로 정하고, 사업자단체가 지불능력이 없는 경우에는 해당 단체가 구성사업자에게 벌금액의 납부를 구할 의무를 부과하고, 구성사업자들이 납부를 하지 않는 경우에는 유럽집행위원회가 직접 사업자단체의 의사결정기구에 참여하고 있는 구성사업자 중 누구에게라도 제재금의 납부를 요구할 수 있게 하고 있는 점을 참고할 수 있을 것이다(유럽절차규칙 제23조 제2항, 제4항).

끝으로, 과징금의 부과대상과 관련하여 사업자에게 과징금의 제재를 부과하는 근거를 다시 생각해볼 필요가 있다. 공정거래법이 금지하는 행위로 나아간 데에 대한 행위주체이자 책임주체로서 사업자에게 과징금을 부과하는 것이라면 무엇보다 행위불법(Handlungsunwert)과 행위자의 비난가능성을 인정할 수 있어야 한다. 카르텔에 해당하는 합의가 이루어진 경우에 참가사업자 모두에게 과징금을 부과하는 것도 이와 같은 맥락에서 이해할 수 있다. 그렇다면 공정거래법이 시장지배적 지위남용이나 불공정거래행위 중에서 수직적 합의가 문제되는 경우에도 일방사업자만을 대상으로 과징금을 부과하는 것을 어떻게 설명할 수 있는가?

이에 대해서는 행위주체나 부당이득의 향유자가 누구인지와 무관하게 과징금 부과대상을 입법정책적으로 정할 수 있다는 견해가 지배적인바, 수직적 '합의'에 대해서도 마찬가지의 설명이 가능할 것이다. 문제는 경쟁제한행위를 금지하는 목적을 달성하기 위한 적절한 수단으로서 과징금의 성격만을 강조하여 부과대상을 정할 수 있다는 인식이 자칫 평등의 원칙이나 비례의 원칙 등 법치국가원리를 훼손할 수 있다는 점이다.

나. 과징금 부과요건과 고의·과실

공정거래법은 시장지배적 지위남용이나 카르텔, 불공정거래행위를 금지하고, 위반사업자에게 과징금을 부과하면서 달리 사업자의 고의·과실을 묻지 않는다. 나아가 과징금 부과대상행위와 형사벌 부과대상행위의 요건이 동일하여 위와 같은 행위를 한 자는 결과의 발생 여부는 물론이고 고의·과실의 유무와 상관없이 형사처벌을 받을 수 있다.

그런데 유럽의 절차규칙은 '고의 또는 과실로'(intentionally or negligently) 경쟁을 제한하는 약정 등을 체결하거나 시장지배적 사업자가 지위를 남용한 경우에 한하여 직전 사업년도 총매출액의 10% 이내에서 사업자 등에게 제재금을 부과할 수 있다(유럽절차규칙 제23조 제2항).[157] 독일도 마찬가지여서 적어도 벌금부과를 위해서는 법위반사업자에게 고의 또는 과실이 존재하여야 한다. 즉, 질서위반행위는 경쟁제한방지법 제81조 제1항 내지 제3항의 어느 하나에 해당하는 금지 또는 명령[158]을 고의 또는 과실로 위반한 경우에 성립한다. 동조 제4항에 따라 중대한 위반행위와 경미한 위반행위로 나뉘어 벌금액에 차이가 생기는바, 전자의 경우에는 최대 백만 유로, 그리고 후자의 경우에는 최대 십만 유로의 벌금이 부과될 수 있다.[159] 사업자에 대해서는 전년도 총매출액의 10%까지 벌금이 부과될 수 있다(GWB 제81조 제4항 2문).[160]

법치국가원리에 따라 비록 형사벌은 아니지만 그와 유사한 경제적 제재로서의 실질을 갖는 과징금을 부과함에 있어서도 — 형사벌의 경우와 비록 정도의 차이는 있더라도 — 실체법상 금지의무를 위반한 사업자에게 고의나 과실 등 귀책사유가 있을 것을 요건으로 추가할 필요가 있어 보인다.

다. 과징금 산정과 '관련매출액'

(1) 과징금 부과 시 참작사항

공정거래법상 '관련매출액'은 과징금의 부과한도와 관련하여 법 제8조, 제38조, 제43조, 제50조, 제53조에서 정의하고 있다. 그 한도에서 과징금을 어떻게 산정할 것인지에 관해서 동법은 관련매출액을 언급하지 않고 있으며, 법 제102조 제5항과 시행령 제84조 및 [별표 6]에 따라 제정된 과징금고시에서 관련매출액을 기준을 채용하고 있는 것이다. 동 고시와 관련하여 두 가지 의문이 제기된다. 하나는 관련매출액 기준이 과연 법률의 위임한도를 적절히 준수하고 있는지 여부이고, 다른 하나는 위반행위로 인해 취득한 이익, 즉 부당이득의 규모가 과징금 부과기준에서 적절히 고려되고 있는지 여부이다.

먼저, 공정거래법은 공정거래위원회가 과징금을 부과함에 있어서 위반행위의 내용 및 정도, 기간 및 회수, 그리고 위반행위로 인해 취득한 이익의 규모 등을 열

157) Council Regulation (EC) No 1/2003 of 16 December 2002 on the Implementation of the Rules on Competition laid down in Article 81 and 82 of the Treaty.

158) 금지 또는 명령에는 실체법적인 것도 있고 신고 또는 등록의무와 같이 절차법적인 것도 있다. Ulrich Immenga, in: Knut Werner Lange(Hrsg.), Handbuch des deutschen und europäischen Kartellrechts, 2. Auflage, 2006, S. 702.

159) 참고로 독일 경쟁제한방지법상 벌금은 형사벌적 성격이 강하고, 원칙적으로 법위반행위를 행한 자연인에게 부과된다.

160) Johanna Hartog/Britta Noack, Die 7. GWB-Novelle, WRP, 2005, S. 1405 ff.

거하여 참작하도록 하고 있는바(법 제102조 제1항 각호), 그 취지는 구체적인 과징금액을 산정함에 있어서 공정거래위원회의 재량을 일정 부분 제한함으로써 적정한 수준의 과징금을 도출함과 아울러 법적 안정성과 예측가능성을 담보하기 위한 것으로 보인다. 그에 따라 시행령 [별표 6]은 과징금 '부과 여부'를 결정함에 있어서 위반행위의 내용 및 정도를 우선적으로 고려한다고 규정하고 있고, 그에 따라 과징금 산정기준과 관련해서는 기본과징금의 경우에 위반행위의 내용 및 정도에 따라 관련매출액에 일정한 부과기준율을 곱하여 산정하도록 하고 있다.

그런데 무엇보다 기본과징금의 액수를 좌우할 '중대성'에 따른 부과기준율을 고시에 규정함으로써(과징금고시 Ⅳ. 1.) 법치행정의 기본원리에 부합하기 어렵다는 점과 과징금에 의한 재산권 침해의 중대성 등을 고려할 때 부과기준율은 법률 또는 적어도 시행령에 규정하는 것이 타당할 것이다. 보다 어려운 문제는 과연 관련매출액(또는 관련매출액×부과기준율)이 법위반행위의 내용 및 정도를 적절히 포착할 수 있는지, 법위반행위의 중대성과 어떠한 관련성이 있는지에 관한 것이다. 과징금고시는 법위반행위의 유형별로 중대성을 3분류하여 각기 다른 부과기준율을 정하고 여기에 관련매출액을 곱하도록 하고 있으나, 이것은 구체적인 법위반행위의 내용과 정도를 보여주기 어렵기 때문이다. 관련매출액과 법위반행위의 내용·정도 간에는 별다른 상관관계가 없어 보이기 때문이다. 이 문제는 과징금고시에 따른 기본과징금이 과징금액의 적정성을 담보하는 출발점이라는 점에서 심도 있는 검토를 요한다.

(2) 관련매출액 기준의 취지와 성격

우리나라에서 관련매출액에 부과기준율을 곱하여 산정한 기본과징금에 의무적 조정(행위요소에 의한 조정)과 임의적 조정(행위자요소 등에 의한 가중·감경)을 거쳐 최종적으로 위반사업자의 현실적 부담능력 등을 고려하여 부과과징금을 산정하는 방식은 2004년 전면 개정된 과징금고시[161]를 통해서 도입되었다. 그 후 현행 과징금고시는 관련매출액에 부과기준율을 곱하여 산정한 금액에 1차조정(행위요소에 의한 조정)과 2차조정(행위자요소 등에 의한 가중·감경)을 거쳐 최종적으로 위반사업자의 현실적 부담능력 등을 고려하여 부과과징금을 산정하는 방식으로 전환되었고, 종전과의 가장 큰 차이는 행위자 요소와 관련하여 공정거래위원회의 재량을 원천적

161) 공정거래위원회 고시 제2004-7호, 2004.4.1. 전부개정.

으로 배제하고 있다는 점이다.

과거에나 현재나 관련매출액에 부과기준율을 곱하는 공통된 방식은 다른 조건이 동일할 경우에 매출액이 크고 작은 사업자마다 실질적으로 공평하게 경제적 부담을 지울 수 있고, 특히 공정거래법과 같이 입법목적과 수단의 실효성을 중시하는 경우에 의미를 가질 수 있다. 즉, 과징금의 제재 및 억제효과는 절대적인 금액에 비례하는 것이 아니라 해당 사업자의 자금력에 좌우되게 마련이고, 따라서 구체적인 과징금액은 물론이고 그 상한을 사업자의 매출액에 따라 탄력적으로 정하는 것이 오히려 비례의 원칙에도 부합할 수 있기 때문이다.[162] 따라서 과징금의 적절성 내지 최적의 과징금은 개별 사안마다 그리고 개별 사업자에 따라 상대적으로 판단할 수 있을 뿐이며, 이를 위해서는 경쟁당국에 적정수준의 재량이 허용되어야 함은 물론이다.

다만, 관련매출액을 기초로 한 과징금산정이 위와 같은 장점을 갖는다는 이유만으로 '명확성의 원칙'(Bestimmtheitsprinzip)이나 법적 안정성, 예측가능성, '비례의 원칙'(Proportionalität)에 우선하거나 이들 헌법원리를 과도하게 제약하는 것이 정당화될 수 있는지는 또 다른 문제이다. 여기서 경쟁당국이나 법원이 관련매출액 및 부과과징금을 산정하는 일련의 과정에서 서로 상반되는 원칙들을 적절히 비교형량할 수 있도록, 다시 말해서 개별 사례마다 사업자의 지급능력과 제재효과를 감안하면서 동시에 과징금액을 어느 정도 예측가능하도록 할 수 있는 입법적인 해결책을 마련할 필요가 있다. 종래 법원은 법령이 정하는 범위 내에서 적정과징금 여부에 대해서는 판단할 수 없고, 재량권의 일탈·남용 여부만을 심사할 수 있다는 태도를 견지하고 있는바,[163] 향후 공정거래위원회나 법원 단계에서 관련매출액에 따른 과징금산정의 불명확성을 최소화하려는 노력도 병행할 필요가 있을 것이다.

이와 관련하여 가장 큰 문제는 부당이득을 가장 중요한 기준으로 과징금을 산정하는 경우와 달리 관련매출액 기준은 이미 발생한 법위반행위, 당해 행위의 중대성과의 관련이 매우 약하다는 점이다. '관련매출액'이란 위반사업자가 위반기간 동안 일정한 거래분야에서 판매한 관련상품이나 용역의 매출액이고(영 제13조 제1항),

162) 이를테면 대기업을 염두에 둔 제재가 중소기업에게는 불합리하게 과도할 수도 있다. Andreas Mundt, Die Bußgeldleitlinien des Bundeskartellamtes, WuW, 2007, S. 458, 465.

163) 과징금 산정 시 공정거래위원회의 재량에 관해서는 황태희, "부당한 공동행위와 기본과징금의 산정", 서울대학교 법학 제50권 제3호, 2009.9, 418면 이하.

'관련상품'이란 위반행위로 인하여 직접 또는 간접으로 영향을 받는 상품을 말한다. 그런데 관련상품의 매출액이 위반행위로 인하여 어떠한 영향을 받는다고 하여 그 것이 법위반행위와 인과관계에 있다고 볼 수는 없기 때문에, 관련매출액과 행위의 위법성 내지 책임의 정도 사이에는 별다른 상관관계를 인정하기 어렵다. 즉, 매출액의 위반행위 '관련성'이 매우 약하거나 모호한 것이다. 이 문제는 '관련성' 판단[164]의 불명확성과 별도로 법위반행위의 중대성을 보여주는 대리변수(proxy)로서 관련매출액이 과연 적절한지와도 연결된다.

(3) 관련매출액, 부과과징금과 명확성의 원칙

법치국가원리가 실현되기 위해서는 형사벌 내지 준형사적 제재에 대해서 금지요건과 제재의 내용에 대하여 충분한 정도의 명확성, 그에 따른 예측가능성이 보장되어야 한다.[165] 그리고 과징금이 비록 형사벌과는 구별된다고 하나, 벌금에 준하는 경제적 '제재'로서 법위반사업자의 재산권에 미치는 효과가 심대한 점을 감안할 때 명확성의 원칙이 어느 정도 높은 수준으로 지켜지지 않으면 안 된다. 특히, 과징금이 법위반행위의 예방·억지효과를 발휘하기 위해서도 단순히 그 금액이 높은 것이 아니라 사업자의 입장에서 부과된 과징금이 적절하고 자신의 법위반정도와 비례한다고 인식할 수 있어야 하며, 그 금액에 대한 예측가능성이 높아야 하는 것이다.[166] 그런데 관련매출액이란 법위반행위로 인하여 직접 또는 '간접적으로' 영향을 받는 상품의 매출액이라는 점에서 과징금의 산정에 관한 한 예측가능성이 매우 낮고, 경우에 따라서는 법위반행위와 전혀 무관한 매출액이 포함될 소지도 있다는 점에서 수범자에게 충분한 명확성을 담보하기 어렵다.

다른 한편으로, 공정거래위원회가 최종적으로 부과하는 과징금은 1차, 2차에 걸친 조정을 거치고, 또다시 마지막 단계에서 여러 사정을 감안하여 그 금액이 현저히 과중하다고 판단되는 경우에 이를 또다시 감액하여 산정된다. 이를테면, 2차 조정된 산정기준이 위반사업자의 현실적 부담능력, 시장 또는 경제여건, 위반행위가 시장에 미치는 효과 및 위반행위로 인해 취득한 이익의 규모 등을 충분히 반영

164) 홍대식, "부당한 공동행위에 대한 과징금 산정의 실무상 쟁점", 경쟁법연구 제32권, 2015, 127-135면.

165) 독일기본법(Grundgesetz)은 제103조 제2항에서 명확성의 원칙을 명정하고 있다. 그 밖에 BVerfG, 105, 135, 155.

166) 이러한 관점에서 보자면, 법위반행위로 얻은 이익 또는 법위반행위와 직접 관련된 매출에 따른 이윤이 보다 명확한 기준일 수 있다.

하지 못하여 과중한 경우에는 또다시 30%, 50%, 그리고 그 이상까지 감액할 수 있는 것이다(과징금고시 Ⅳ. 4. 가.). 여기에는 일견 비례의 원칙이 고려되고 있기는 하나, 무엇보다 관련매출액을 기준으로 나름 엄격한 기준과 절차에 따라 산정된 금액을 지극히 모호한 여러 요소를 고려하여 절반까지 감액하는 것은 과징금의 실효성 및 예측가능성의 관점에서 의문이 제기될 수밖에 없다.[167)]

(4) 과징금 산정과 법원의 사후심사

관련매출액은 그 산정방식의 모호성에도 불구하고 나름 객관적일 수 있고, 부과기준율 또한 실체적 타당성은 차치하고 일견 법위반의 중대성을 차등화한 것으로서 정당화할 여지는 있다. 문제는 공정거래위원회의 과징금 산정에 대해서 사업자가 불복하는 경우이다. 종래 법원은 관련상품의 범위 획정이나 법위반행위의 기간 등 다분히 사실관계 인정에 대해서 공정거래위원회의 재량에 일정한 한계를 판단한 바 있으나, 무엇보다 과거 의무적, 임의적 조정을 비롯하여 최종적인 부과과징금의 산정단계에서 이루어진 공정거래위원회의 재량을 문제 삼은 적이 없다. 법원이 공정거래위원회의 과징금 산정에 인정되는 폭넓은 재량의 일탈·남용을 판단하기 위한 근거가 미흡하기 때문이다.

2012년 개정된 과징금고시[168)]는 공정거래위원회의 자의적인 감경에 따른 문제제기를 반영하여 임의적 조정을 '2차조정'으로 명칭을 변경하면서 재량의 소지는 가급적 없애는 한편, 감경사유와 감경비율을 구체적으로 명시하여 추후 법원에 의한 재량통제를 훨씬 용이하게 만들었다는 점에서 진일보한 것으로 평가할 수 있다. 개정된 과징금고시는 부과과징금의 결정단계에 대해서도 고려요소와 감경기준을 전보다는 명확하게 규정하고 있다. 그럼에도 불구하고 여전히 부과과징금의 결정단계에서는 불특정개념, 법원의 사법심사가 사실상 불가능한 모호한 개념이 다수 사용됨으로써 법원의 견제기능에는 일정한 한계가 있을 수밖에 없어 보인다.

한편, 어느 정도 공정거래위원회의 재량이 인정되는 과징금 납부명령에 대하

---

167) 참고로 독일에서는 가중 또는 감경 이후에는 추가적인 감경이 허용되지 않으며, 단지 정해진 벌금한도가 과도한 과징금액의 부과를 방지하고 있을 뿐이다. BKartA, Bekanntmachung Nr. 38/2006 über die Festsetzung von Geldbußen nach §81 Abs. 4 Satz 2 des Gesetzes gegen Wettbewerbsbeschränkungen gegen Unternehmen und Unternehmensvereinigungen, 15.9.2006. 우리나라에서도 법률에 근거도 없는 감경을 폭넓게 허용하기 보다는 과징금 부과한도를 적절히 설정·활용하는 것이 타당할 것이다.

168) 공정거래위원회 고시 제2012-6호, 2012.3.28. 개정.

여 그 명령이 재량권을 일탈하였을 경우에 법원으로서는 재량권의 일탈 여부만 판단할 수 있을 뿐이고, 재량권의 범위 내에서 어느 정도가 적정한 것인지에 관하여는 판단할 수 없다. 따라서 재량권의 일탈이 인정되는 경우에도 법원은 해당 과징금 납부명령 전부를 취소할 수밖에 없고, 법원이 적정하다고 인정되는 부분을 초과한 부분만 취소할 수는 없다.[169]

라. 과징금의 부과한도의 필요성

1980년 제정된 공정거래법[170]은 과징금 부과한도가 시장지배적 사업자가 실행기간 동안 부당한 가격인상으로 얻은 수입으로 명확하게 한정되어 있었고, 수입액을 산정함에 있어서 일부 재량의 여지가 없지는 않았으나 과징금액 또한 적어도 법령상 부당이득의 일부로 특정되어 있었다. 그 후 과징금 부과대상이 공정거래법 위반행위 전반으로 확대되면서 현재 과징금 부과한도는 정액과징금을 부과하는 경우나 불공정거래행위 중 부당지원행위와 부당한 이익제공행위를 제외하면 대통령령이 정하는 매출액, 즉 관련매출액의 일정 비율로 정해져 있다.[171]

이와 관련하여 우리나라에서는 대체로 이러한 방식을 관련매출액의 일정 비율로 과징금의 상한을 정함과 동시에 법위반행위와 관련된 매출액을 연계하여 그 상한을 탄력적으로 운영하려는 것으로 이해하고 있다. 그리고 그 정당성은 무엇보다 법위반행위의 억지효과를 제고한다는 데에 있는 것으로 보인다. 다른 한편으로 공정거래법이 위와 같이 과징금 부과한도를 정하는 것은 전혀 금액상의 한도를 설정하지 못한다는 점에서 그 실질에 있어서는 매출액과 무관하게 과도한 과징금이 부과되지 못하도록 함으로써 법위반사업자의 존속을 보장하기 위한 상한선(cap)을 정한 것으로 이해할 수도 있다.

그런데 '과징금의 부과한도가 왜 필요한가'라는 관점에서 보다 근본적으로 살펴보자면 이와 같은 방식은 실질적으로 과징금산정에 아무런 한계설정기능을 하지 못함을 알 수 있다. 관련매출액의 산정에 따라서는 동일한 유형이나 동일한 내용의

169) 대법원 1998.4.10. 선고 98두2270 판결; 대법원 2007.10.26. 선고 2005두3172 판결; 대법원 2009.6.24. 선고 2007두18062 판결 등.

170) 1980.12.31. 제정, 법률 제3320호.

171) 부당지원행위에 대해서는 직전 3개 사업연도의 평균 매출액을 기준으로 그 금액의 10%를 초과하지 않는 범위에서 과징금을 부과할 수 있는바(법 제50조, 영 제56조 제2항), 지원행위의 경우에는 법위반행위와 관련된 상품이나 서비스를 특정하기 어려운 사정이 있을 수 있음을 감안한 것으로 보인다.

법위반행위에 대해서도 사안에 따라 과징금의 한도가 천차만별로 달라질 수 있고, 이는 거의 전적으로 공정거래위원회의 재량에 맡겨져 있기 때문이다. 이것이 법치국가원리와 재산권보장을 기본으로 하는 시장경제의 법질서와 부합하기 어려운 까닭이다.

이러한 문제는 법위반행위의 기간산정과 결부되어 더욱 어려워진다. 과징금고시가 정하고 있는 '법위반행위의 기간'은 관련매출액 산정의 중요한 요소 중 하나이자 동시에 과징금의 지나친 확장을 방지하는 기능을 가질 수 있다. 그러나 특히 장기에 걸친 카르텔사건에서는 실무상 오히려 법위반행위의 기간이 과징금의 폭증을 가져오는 경향이 있고, 법위반행위의 기간은 관련매출액 산정에 고려되기 때문에 관련매출액의 일정비율로 정해진 부과한도는 이 경우에도 아무런 실질적인 한도설정기능을 수행할 수 없게 되어 있다.

생각건대, 법치국가원리의 관점에서 과징금을 부과할 수 있는 한도를 정함에 있어서는 법위반행위의 중대성이나 비난가능성에 비추어 과도하게 과징금에 부과되지 못하도록 한다는 의미에서 비례의 원칙 내지 과잉금지의 원칙이 고려되어야 한다. 법위반행위의 억지력만을 강조하여 관련매출액의 일정 비율로 상한을 정할 경우에는 실질적인 한도설정기능을 기대할 수 없을 뿐만 아니라, 행위불법(Handungsunwert)과의 연계가 모호하게 됨으로써 법위반행위의 중대성이나 비난가능성을 현저히 상회하는 과징금액의 산정이 이루어질 소지가 크다.

그렇다면 과징금 부과한도는 두 가지 관점에서 접근할 필요가 있다. 하나는 법위반사업자가 부담할 수 있는 수준의 과징금이 부과되어야 한다는 점이다. 경쟁을 보호하고자 하는 공정거래법이 사업자의 존속을 곤란하게 할 정도의 과징금을 부과할 경우에는 오히려 경쟁을 제한하게 될 우려가 있기 때문이다. 다른 하나는 과징금이 법위반행위의 중대성을 넘어서 부과되지 않도록 하여야 한다는 점이다. 이러한 점들은 예컨대 과징금액의 한도를 부당이득으로 파악하는 방법으로 구체화할 수 있을 것이며, 현재와 같이 부과과징금의 단계에서 모호한 기준에 따라 감액하는 방법으로 고려할 것은 아니다. 한편, 이른바 과징금액의 탄력적 운용이라는 취지는 과징금의 부과한도를 정하는 것과 무관하며, 기껏해야 관련매출액에 비례하여 과징금의 수준을 달리하는 것으로서 구체적인 과징금액의 산정에 관련될 뿐이다.

3. 과징금제도에 대한 방향전환의 모색

공정거래법 위반행위에 대한 과징금의 부과가 적극적으로 이루어지면서, 과징금제도에 대한 실체법 및 절차법적 개선이 이루어질 수 있도록 논의가 필요하다. 그 이유는 과징금제도가 당초의 목적인 법위반행위의 제재 및 부당이득환수를 효과적으로 담보할 수 있는지 보다는, 과연 현행 제도가 법치국가의 원리에 비추어 요구되는 예측가능성을 충분히 담보하고 있는지, 사법질서의 기초를 이루는 자기책임의 원리에 부합하는지, 나아가 그것이 헌법상 요구하는 법치행정의 원리나 명확성의 원칙에 비추어 적절한지 등에서 찾을 수 있다. 이러한 관점에서 몇 가지 개선방향을 제시하자면 다음과 같다.

가. 과징금과 부당이득환수

독일에서 경쟁법 위반으로 발생한 부당이득이 법위반사업자에게 유보될 수 없다는 점은 널리 인정되고 있다. 유럽공동체에서도 이 점은 제재법(Sanktionsrecht)의 기본원칙으로 널리 받아들여지고 있다.[172] 유럽경쟁법상 제재금 또한 오로지 제재적 성격만을 갖는 것은 아니고 법위반행위로부터 얻은 경제상 이익을 회수할 목적을 가지고 있다는 것이다. 따라서 공정거래법상 과징금의 부과 여부 및 구체적인 금액, 나아가 과징금액의 한도를 정함에 있어서 부당이득의 유무와 그 규모는 가장 중요한 요소로 고려될 필요가 있다. 이러한 방식이 법적 안정성과 예측가능성, 비례의 원칙 등 법치국가원리에도 가장 부합할 것이라는 점도 간과할 수 없다.

나. 과징금과 손해배상

과징금이 아무리 높게 부과되더라도 법위반행위로 피해를 입은 자는 별도로 손해배상청구소송을 제기하지 않으면 안 되고, 사업자가 막대한 손해배상액을 지급한 경우에도 이미 부당이득이 고려되어 확정된 과징금액은 그와 상관없이 납부하여야 한다. 이러한 상황을 법위반행위의 억지효과만으로 설명하기는 곤란하며, 1980년 제정법[173]의 태도를 모든 법위반행위에 확대하여 손해배상액만큼을 징수한 과징금에서 환급하는 절차를 마련할 필요가 있다.

---

172) Commission, XXI. Report on Competition Policy 1991 (1992), para. 139.

173) 1980.12.31. 제정, 법률 제3320호.

다. 과징금과 벌금

과징금과 벌금이 금전적 제재라는 측면에서 일정 부분 대체관계에 있음을 감안하여 양자 간의 적절한 역할분담이 필요할 것이다. 이 문제는 전속고발권의 존속 여부와도 관련하여 검토할 필요가 있으나, 향후 검찰의 법집행이 보다 강화될 경우 무엇보다 양벌규정의 적용을 통하여 법위반행위를 실제로 행한 임직원에 대해서는 과징금이 부과되지 않는 점을 보완할 수 있다는 점을 고려하여 필요시 공정거래위원회가 고발권을 적극 활용할 필요가 있을 것이다. 이때, 사업자에 대하여 부과되는 과징금액과 벌금액을 종합적으로 검토하여 적정수준을 판단하는 방안도 생각할 수 있다.

라. 법령개정을 통한 해결

(1) 과징금액 산정의 기본원칙 명시

공정거래위원회가 과징금을 부과함에 있어서 1차적으로 위반행위에 따라 취득한 이익, 즉 부당이득을 고려하도록 하고, 부당이득을 산정하기가 지극히 곤란하거나 불가능한 경우 또는 부당이득이 발생하지 않는 순수한 제재적 성격을 갖는 경우에는 법위반행위로 직접 영향을 받은 상품의 매출액을 기준으로 과징금을 산정하거나 정액과징금을 부과하는 방법을 생각할 수 있다.

아울러 사업자가 과징금을 납부한 후 손해배상액을 지급한 때에는 그 전부 또는 일부를 과징금에서 환급해주도록 하고, 나아가 과징금이 갖는 부당이득환수의 성격을 감안하여 징수한 과징금을 해당 피해자(소비자를 포함)나 피해자집단에게 적절히 반환할 수 있는 방법을 강구할 필요가 있다. 동의의결제도를 활용하여 사업자로부터 피해자에 대한 적절한 보상책을 제시하도록 하고 과징금은 부과하지 않거나 일정액의 제재금만 부과하는 방안도 고려할 수 있을 것이다.

(2) 과징금 부과한도의 새로운 설정

먼저, 과징금 부과한도를 정액방식과 관련매출액방식의 조합으로 재편하는 방안도 생각할 수 있다. 즉, 법위반사업자에 대하여 원칙적으로 일정액의 과징금 한도를 정하는 한편, 중대한 법위반행위에 한하여 관련매출액의 일정 비율을 기준으로 과징금 한도를 정하는 방식이다. 부당이득이 발생하지 않는 법위반행위에 대한 제재적 과징금의 경우에는 정액과징금으로만 그 한도를 정하는 방법도 고려할 수 있을 것이다.

그 밖에 과징금의 상한을 개별 사례에 따라 탄력적으로 정할 필요성과 예측가능성을 조화시키는 방법으로 정액과 부당이득을 접목하는 방식도 생각할 수 있다. 이를테면, 100억 원 또는 법위반행위로 얻은 부당이득 중 큰 금액을 초과하지 않는 범위에서 과징금을 부과하는 방식이다. 아울러 법위반행위의 유형에 따라 정액한도에 차등을 두는 방식도 고려할 수 있는바, 시장지배적 지위남용과 불공정거래행위에 대해서 각각 100억 원과 10억 원의 차등을 둘 수도 있을 것이다.

(3) 과징금고시의 개선

현행 과징금고시는 과징금 산정에 있어서 공정거래위원회의 재량행사에 명확한 기준을 주는 측면 못지않게 지나치게 복잡·다양한 가중·감경사유 등으로 인하여 금액산정의 명확성과 예측가능성을 담보하기 어려우며, 여러 고려요소가 어떻게 고려되어 부과과징금이 산정되었는지에 관하여 투명성이 높지 않다. 공정거래위원회가 특히 가중·감경사유 고려 시 그 근거를 의결서에 보다 명확하게 제시함과 아울러 과징금고시의 고려사항을 보다 단순화할 필요도 있어 보인다. 특히, 부과과징금의 결정단계에서 50%까지를 감액하거나 아예 면제할 수 있도록 규정하고 있는 것은 삭제하는 방향으로 재고할 필요가 있다(과징금고시 Ⅳ. 4. 가.).

제 7 절 동의의결

Ⅰ. 개 관

1. 동의의결의 의의

동의의결(同意議決)이란 미국 독점금지법상 동의명령(consent order)[174] 제도를 우리나라에 도입한 것으로서, 공정거래법은 동의의결의 개념을 따로 정의하지 않고 있다(법 제89조). 동의의결은 흔히 경쟁사건의 당사자인 경쟁당국과 법위반혐의가 있는 사업자 간에 '상호 합의'(mutual agreement)를 통하여 조사 또는 심의절차를 종료시키는 것으로서, 공정거래법상 동의의결은 이른바 경쟁제한의 우려가 있는 행위에 대하여 위법성을 확정하지 않은 상태에서 행위중지나 원상회복, 소비자나 중소기업의 피해구제를 신속하게 마련하기 위한 제도로 이해된다. 동의의결은 다음 몇 가지에 비추어 보면 지난 40여 년에 걸쳐서 공정거래법에 정착된 기존의 공적 집행시스템, 특히 시정조치와 과징금을 중심으로 한 행정제재 시스템에 근본적인 변화를 가져올 수 있다.

먼저, 동의의결제는 법위반의 혐의가 있는 행위에 대하여 끝까지 조사하여 법위반 여부에 관한 일도양단(一刀兩斷)의 결론을 내리는 방식이 아니라는 점에서 기존의 집행방식과 구별된다. 즉, 동의의결제는 복잡한 경쟁사건의 조기종결을 통하여 행정자원의 효율적 활용을 가능케 하고,[175] 경쟁제한의 폐해와 피해구제를 보다 신속하고 탄력적으로 도모할 수 있는 해결방안을 마련할 수 있다는 측면에서 기존의 시정조치가 갖는 한계를 극복하기 위한 적절한 수단일 수 있다.[176] 특히, 동의의결은 법위반행위의 중지라는 소극적인 명령을 주된 내용으로 하는 종래의 시정조치와 달리 적극적으로 소비자나 중소기업의 피해를 구제하거나 예방하기 위하여

174) 이와 구별되는 절차로서 동의판결(consent decree)이란 미국 법무부가 제소한 민사절차에서 피고와 벌금 등에 관한 합의가 이루어진 경우에 법원이 사건을 종료하면서 내리는 것이다. 자세한 내용은 신영수, "미국 독점금지법상의 동의명령 제도에 관한 고찰", 기업법연구 제19권 제4호, 2006, 497면 이하.

175) 홍준형·김정희, "공정거래법상 동의명령제 도입방안에 대한 연구", 기업법연구 제21권 제4호, 2007, 357면.

176) 한철수, "한미 FTA 이후 공정거래법의 과제", 저스티스 제98호, 2007.6, 28면.

필요한 방안을 폭넓게, 그리고 탄력적으로 포함시킬 수 있는 장점이 있다.

반면, 공정거래법의 특징 중 하나인 직권규제주의(Amtsermittlungsprinzip)의 관점에서 볼 때, 동의의결을 통한 절차종료는 법위반의 혐의가 있는 행위에 대하여 최종적인 불법판단을 유보함으로써 형사절차상 영미(英美)법계의 유죄협상(plea bargaining)과 유사한 결과를 가져올 수 있어 우리나라의 사법체계와 부합하는지 여부에 관하여 문제가 제기되어 왔다. 뿐만 아니라 법위반행위로 나아간 사업자가 자칫 시정조치나 고액의 과징금, 나아가 손해배상책임을 면탈하기 위한 수단으로 동의의결제도를 악용할 가능성도 배제할 수 없다. 동의의결제도가 법위반사업자에게 면죄부를 주는 것이어서는 안 되고, 내용적으로 법위반행위의 시정 및 피해구제가 충실히 담보되어야 하며, 이를 위해서는 동 제도를 운영하는 과정에서 직권규제주의의 근간을 어떻게 유지할 것인지에 대한 고민이 필요한 것이다.

아울러 동의의결은 신고인이나 경쟁사업자, 피해자 등 사건의 직접적인 당사자가 아닌 자들의 이해관계에도 직·간접적으로 영향을 미칠 수 있는바, 단순히 동의의결과정에서 이해관계인의 의견을 청취하는 것만으로는 부족하다. 이 문제는 결국 동의의결절차의 공정성과 투명성에 관련된 것으로서, 공정거래법의 운영상 이들 제3자의 권리가 충분히 보장되지 않을 때에는 동 제도의 성공적인 안착도 어려워질 수 있다. 따라서 이해관계자의 권리보호를 비롯하여 동의의결의 실효성을 담보할 수 있는 제도적 장치가 마련되지 않으면 안 된다.

2. 도입배경

우리나라에서 동의의결제가 본격 논의되기 시작한 계기는 2007.6.30. 전격 타결된 한·미 FTA 협상이었고, 협정문의 경쟁챕터에서 동 제도의 도입이 약속되었다. 2011.10.12. 미국 상·하원이 전격적으로 한·미 FTA 이행법안을 통과시킨 후, 21일에는 오바마 대통령이 이에 서명하였고, 우리나라에서는 같은 해 11월 22일에 비준안이 전격적으로 국회를 통과하였다. 뒤이어 12월 2일에는 '동의의결제'를 담은 공정거래법 제17차 개정법이 통과됨[177]으로써 우리나라에서 동의의결제의 도입 여부를 둘러싼 논의는 일단락되었다.

그 후 2014년 1월에는 「표시·광고의 공정화에 관한 법률」[178]에도 동의의결제

177) 2011.12.2. 개정, 법률 제11119호.

도가 도입되었으며(동법 제7조의2), 2021년 12월에는 「대리점거래의 공정화에 관한 법률」, 「가맹사업거래의 공정화에 관한 법률」, 「대규모유통업에서의 거래공정화에 관한 법률」 및 「방문판매 등에 관한 법률」에 동의의결제도를 도입하는 개정안이 국회를 통과하였다.

3. 관련 규정

공정거래법은 제89조 내지 제91조에서 동법상 동의의결제도의 근거규정을 마련하고 있다. 법 제89조는 동의의결 신청(제1항), 서면신청(제2항), 시정방안 마련에 따른 동의의결 확정(제3항)을 규율하고 있으며, 동의의결은 당해 행위가 이 법에 위반된다고 인정한 것을 의미하지 아니하며, 누구든지 신청인이 동의의결을 받은 사실을 들어 해당 행위가 이 법에 위반된다고 주장할 수 없다고 규정하고 있다(제4항).

제90조는 동의의결의 절차를 규율하면서, 동의의결 절차의 개시(제1항), 신고인 등 이해관계인의 의견수렴(제2항), 관계 행정기관 및 검찰과의 절차(제3항), 동의의결을 위한 심의·의결절차(제4항)를 정하고 있다. 한편, 동조 제5항은 동의의결 신청인의 이행계획 및 이행결과의 제출에 관해 규정하고 있었는데, 2020년 5월 법개정[179]에 의해 한국공정거래조정원 또는 한국소비자원에 업무를 위탁한다는 것을 골자로 하는 이행감독·관리 규정이 신설되었다(제6항 내지 제9항). 마지막으로 법 제91조는 동의의결의 취소(제1항), 신청인의 재신청에 따른 동의의결(제2항), 동의의결 취소에 따른 심의절차의 속행(제3항)에 대하여 정하고 있다.

아울러 공정거래위원회는 동의의결 관련 서면 신청 방법, 의견조회의 방법, 심의·의결 절차 등 동의의결제도를 운영하는 데에 필요한 세부사항을 정한 「동의의결제도 운영 및 절차 등에 관한 규칙」(이하 "동의의결규칙")[180]을 마련하여 시행하고 있다.

---

178) 2014.1.28. 개정, 법률 제12380호.
179) 2020.5.19. 개정, 법률 제17290호.
180) 공정거래위원회 고시 제2023-10호, 2023.4.14. 개정.

Ⅱ. 동의의결의 법적 성격: 여타 조치와의 관계

1. 시정조치와 동의의결의 관계

동의의결제도의 도입은 무엇보다 기존의 시정조치와 과징금으로 대변되는 행정적 제재시스템에 중대한 변화를 가져오게 된다. 시정조치는 조사절차가 완료된 후 법위반행위가 확인된 경우에 공정거래위원회가 주도적으로 그 시정을 명하는 것인 반면, 동의의결이란 법위반 여부를 확정하지 않은 상태에서 문제된 경쟁제한의 소지를 제거하거나 피해를 구제하기 위하여 사업자가 이니셔티브를 갖고 적절한 시정방안을 모색하고 공정거래위원회는 그 수용 여부를 판단하는 것이기 때문이다(법 제89조 제4항). 이 점에서 동의의결은 공적집행과 사적집행의 중간에 위치한 제3의 집행방식이라고도 볼 수 있다.

이 같은 동의의결은 전통적인 시정조치의 범위를 대폭 확장할 수 있는 잠재력을 안고 있다. 먼저, 동의의결은 그간 공정거래법상 명문의 규정이 없어 논란이 되었던 이른바 '구조적 시정조치'(structural remedy)를 사실상 가능케 하는 효과를 갖는다. 즉, 시장지배적 지위남용이 독과점적 시장구조에서 고질적으로 나타나는 것으로서 구조분리 등의 조치가 재발방지를 위한 효과적인 수단인 경우에, 사업자가 구조적 시정방안을 제시하고 공정거래위원회가 이를 수락하는 경우에는 별다른 논란 없이 구조적 시정조치와 동일한 결과를 기대할 수 있기 때문이다. 또한 동의의결은 시정조치가 법위반행위의 중지와 같은 소극적 성격을 갖고 피해구제와 같은 적극적인 내용을 담기 어려운 반면, 경쟁질서의 회복에 필요한 적극적인 조치나 직접적인 피해구제를 기할 수 있다는 점에서 시정조치의 한계를 극복할 수 있는 대안이기도 하다.

여기서 이론상 다툼의 소지가 있는 것은 공정거래법상 동의의결에 포함된 시정방안이 법위반행위로 인정될 경우에 예상되는 시정조치나 제재 등과 균형을 이루어야 한다는 부분이다(법 제89조 제3항 제1호). 이 부분은 보기에 따라서 공정거래위원회가 동의의결로 사건을 종료하는 것이 자칫 법위반사업자에게 면죄부를 주는 결과가 되지 못하도록 하는 안전장치로 이해될 수도 있다. 그런데 달리 보자면 이 부분은 동의의결의 본질과 결부되어 있는바, 법문에 충실히 따르자면 이와 같은 원칙은 동의의결을 내리지 않을 경우에 법위반행위가 인정될 개연성이 매우 크다는 전제에서만 가능할 것이다. 그렇다면 결국 동의의결이란 법위반 여부가 중대하지 않을 뿐 조사 및 심의를 진행했을 경우에 법위반이 인정될 소지가 크고, 따라서 시정방안은 예상되는 시정조치에 상응하는 수준이어야 한다는 원칙이 도출될 수 있는 것이다. 이러한 태도는 동의의결의 또 다른 취지, 즉 법위반 여부가 명백하지 않은 사건에서 절차의 경제와 구제의 실효성을 제고한다는 부분을 도외시한 것으로서 재고할 여지가 크다. 법위반이 명백하지 않은 상태에서 사업자가 져야 할 부담이 법위반이 인정되는 경우에 상응하는 수준이어야 할 이유가 없기 때문이다.

다른 한편으로 기존의 시정권고제도를 계속 존치할 필요가 있는지도 고민할 부분이다. 절차규칙에 따르면 시정권고는 위원회의 심결을 거쳐 위반행위를 시정하기에는 시간적 여유가 없거나 시간이 경과되어 위반행위로 인한 피해가 크게 될 우려가 있는 경우, 위반행위자가 위반사실을 인정하고 당해 위반행위를 즉시 시정할 의사를 명백히 밝힌 경우, 위반행위의 내용이 경미하거나 일정한 거래분야에서 경쟁을 제한하는 효과가 크지 않은 경우 또는 '공정거래 자율준수 프로그램'(CP)을 실질적으로 도입·운용하고 있는 사업자가 동 제도 도입 이후 최초 법위반행위를 한 경우에 비교적 간이한 절차로 사건을 종결시키는 것으로서(절차규칙 제58조 제1항 제1호 내지 제4호) 나름의 장점도 가지고 있으나, 동의의결제와 일부 기능상 중첩이 불가피해 보이기 때문이다.[181)]

2. 과징금과 동의의결의 관계

동의의결은 법위반행위의 존재를 확정하지 않고 절차를 종료하는 것이기 때문에 공정거래위원회가 동의의결을 내리면서 동시에 법위반을 전제로 하는 과징금을 부과할 수는 없다. 문제는 고액의 과징금을 부과할 정도의 중대한 법위반 혐의가 있는 때에도 공정거래위원회가 동의의결로 절차를 종료할 수 있도록 할 것인지, 아니면 이 경우에는 직권규제주의에 따라 공정거래위원회가 조사절차를 계속하여 법위반 여부를 확정하고 시정조치와 과징금을 부과할 필요가 있는지 여부이다.

우리나라의 경우 이 문제는 일견 딜레마 상황이 예견된다. 한편으로, 과징금이

181) 일본에서는 2005년 사적독점금지법 개정으로 권고심결제도가 폐지되었는데, 그 근거는 동의의결과의 불필요한 중첩을 피하는 한편 법위반행위에 대해서는 정식절차를 통하여 심결을 내리는 것이 바람직하다는 것 등이었다. 伊従 寛, "獨禁法の事前審判制度と勸告制度の廢止の問題點", NBL No. 816, 2015, 9, 24항 이하.

부과되어야 할 만큼 중대한 사건을 동의의결의 대상에서 모두 제외할 경우 자칫 불공정거래행위만 남게 되고, 불공정거래행위에 대해서 동의의결을 널리 활용할 경우에는 오히려 절차의 경제가 훼손될 우려도 있다. 뿐만 아니라 동의의결이란 경제분석을 요하거나 법위반행위의 입증이 용이하지 않는 등 복잡한 사안에서 장점을 가지는 것인데, 정작 이러한 사건들은 모두 시정조치로 나아갈 수밖에 없게 된다. 다른 한편으로 과징금이 부과될 만한 사건을 모두 포함하여 동의의결의 대상으로 삼을 경우에는 공익적 가치를 갖는 경쟁보호 내지 이미 침해된 경쟁회복에 흠결이 생길 우려가 있다.

이러한 문제는 한미 FTA 협상이 타결된 이후 공정거래위원회가 공정거래법 개정안을 입법예고하면서 이미 논의된 바 있고, 제17차 법개정[182]을 통해 공정거래법에는 제40조 제1항의 부당한 공동행위와 법 제129조 제2항의 고발요건에 해당하는 경우 등에 관해서 동의의결을 배제하는 조항이 추가되었다(법 제89조 제1항 제1호, 제2호). 그에 따르자면 결국 법위반 여부가 명백하지 않은 만큼 사안이 복잡하고 조사·분석에 시간이 많이 소요되며, 법위반의 정도가 중대하여 경쟁제한의 폐해가 매우 큰 사안들은 대거 동의의결에서 제외됨으로써 동 제도가 절차의 경제에 기여할 수 있는 부분은 매우 제한적일 수밖에 없을 것이다. 최근 연성카르텔을 동의의결의 대상에서 일괄 배제하는 것에 대하여 문제가 제기되는 배경도 이러한 맥락에서 이해할 수 있다.[183]

3. 형사처벌과 동의의결의 관계

동의의결제의 도입을 둘러싼 다툼 중에 일찍이 유죄협상이 존재하지 않는 우리나라의 형사법체계와 맞지 않는다거나[184] 특히 공정거래위원회의 전속고발권[185] 하에서 검찰의 형사소추권과 충돌될 수 있다[186]는 문제가 제기되었다. 전자와

---

182) 2011.12.2. 개정, 법률 제11119호.

183) 이봉의 외 2인, "동의의결제도의 규범적 정당성 및 실효성에 관한 연구", 한국공정거래조정원 연구보고서, 2015, 47면 이하.

184) 윤세리, "세계화시대의 공정거래법의 전개 방향", 저스티스 제98호, 2007.6, 8면.

185) 2013년 공정거래법 제19차 개정(2013.7.16. 개정, 법률 제11937호)으로 종래 검찰총장의 고발요청 외에 감사원장, 조달청장, 중소기업청장도 공정거래위원회에 고발요청을 할 수 있고 공정거래위원회는 재량의 여지없이 고발을 하여야 하나, 이 경우에도 공정거래위원회의 고발은 반드시 전제되어야 한다는 의미에서 전속고발제는 여전히 남아 있는 것이다.

186) 김범식, "동의명령제 도입에 대한 형사법적 고찰", 성균관법학 제20권 제2호, 2008, 281면 이하.

관련하여 동의의결은 형사벌이 아니라 행정제재에 관한 것이라는 점에서 형사법체계와 무관할 뿐만 아니라, 무엇보다 유죄협상이란 피의자가 범죄사실 및 유죄를 인정하는 것을 전제로 기소를 하지 않기로 하는 절차인 반면, 공정거래법상 동의의결은 피조사인이나 피심인의 법위반 여부를 확정짓지 않은 상태에서 이루어지는 절차이다. 즉, 양 절차에는 본질적 차이가 있는 것이다.

후자와 관련하여 보면 공정거래위원회가 사업자의 시정방안이 경쟁제한의 소지를 제거하기에 충분하다고 판단하는 경우에 동의의결로 절차를 종료한다는 것은 시정방안의 이행을 전제로 법위반의 여지가 있는 상태가 더 이상 존재하지 않을 것이라는 판단을 전제로 한다. 더구나 공정거래위원회가 법위반행위의 존부를 확정짓지 않는 동의의결을 내리면서 사업자를 형사고발하는 경우란 상정할 수 없다. 즉, 공정거래위원회가 동의의결을 하면서 고발을 하지 않아서 검찰의 기소권이 침해되는 것이 아니라, 동의의결을 하면서 고발권(告發權)을 행사하는 것 자체가 공정거래법상 불가하다는 점에서 기소권이 일정 부분 제한될 수밖에 없는 것이다. 추후 입법적으로 해결해야 할 문제이다.

이와 관련하여 공정거래법은 동의의결을 결정하기 이전에 검찰총장과 사전 협의하도록 규정하고 있다(법 제90조 제3항). 아울러 법 제129조 제2항에 따라 법위반의 정도가 객관적으로 명백하고 중대한 경우에 공정거래위원회가 검찰총장에게 고발해야 할 의무가 인정되는 사안에 대해서 이미 동의의결을 배제하고 있어(법 제89조 제1항 제2호) 형사벌이 요구될 만한 행위에 대해서는 검찰의 기소권이 침해될 우려가 그만큼 줄어들게 된다. 다만, 고발의무의 대상[187]도 아닌 비교적 경미한 행위에 대해서도 폭넓게 검찰총장과 협의를 거치도록 하는 취지는 이해하기 어렵고, 사업자의 입장에서는 그만큼 동의의결을 신청할 유인이 줄어들 것으로 보인다. 다른 한편으로, 검찰총장과의 협의란 '합의'와 달리 검찰총장의 의견을 듣는 정도에 불과한 것이어서 양 기관 간 분쟁의 소지는 여전해 보인다.

특히, 2011년 제17차 법개정[188] 당시 공정거래법 제안이유를 보면, 법위반 여부가 중대하지 않거나 명백하지 않은 사건에 한하여 위법 여부를 확정하지 않고 사건을 신속하게 종결하는 점에서 동의의결제의 취지를 찾고 있다는 점을 감안하면,

187) 고발 지침 제2조 제1항.

188) 2011.12.2. 개정, 법률 제11119호.

동법이 고발의무나 고발요청의 대상이 되는 행위를 동의의결의 대상에서 제외하면서 동의의결 시에는 예외 없이 검찰총장과의 사전협의의무를 규정함으로써 당초 형사처벌을 염두에 두지 않은 사안에 대해서까지 불필요한 협의를 거치도록 하여 오히려 절차의 경제 등 동의의결의 실효성을 저해시킬 우려가 있는 것이다.

4. 분쟁조정 및 손해배상과의 관계

먼저, 공정거래법상 한국공정거래조정원에 의한 조정과 동의의결의 관계를 살펴볼 필요가 있다. 전자는 불공정거래행위의 혐의가 있는 행위로 인하여 피해를 입은 사업자가 분쟁조정을 신청하고, 조정이 성립하여 그 합의된 사항을 사업자가 이행한 경우에는 공정거래위원회가 별도의 시정조치를 하지 않는 제도로서, 일견 동의의결과 유사한 측면이 있다. 또한 구법(법 제76조 제1항 단서)에서는 공정거래위원회가 사건을 인지하여 조사를 개시한 사건에 대해서는 분쟁조정을 신청할 수 없었는데, 2018년 제29차 법개정[189)]을 통해 해당 규정은 삭제되었다. 반면, 동의의결은 공정거래위원회가 조사절차를 개시한 연후에만 내려질 수 있다.

한편, 분쟁조정은 불공정거래행위에 국한하여 그로 인하여 피해를 입은 '사업자'만이 신청할 수 있는 반면(법 제76조 제1항), 동의의결은 그보다 폭넓은 법위반행위에 대해서 가능하고, 동시에 거래상대방인 소비자에 대한 피해구제 내지 예방을 위한 대책까지 그 내용에 포함시킬 수 있다는 점에서 그 적용범위가 더 넓다(법 제89조). 이처럼 공정거래조정원의 분쟁조정과 공정거래위원회의 동의의결은 별다른 중첩 없이 서로 보완적인 역할을 수행할 수 있을 것으로 보인다.

한편, 동의의결로 인하여 공정거래위원회가 별도의 시정조치를 내리지 않더라도 피해자는 손해배상을 청구할 수 있다(법 제109조). 다만, 동의의결이 내려진 경우에는 법위반 여부가 확인된 것이 아니기 때문에 문제된 행위로 인하여 피해를 입었음을 이유로 손해배상을 청구하려는 자는 종래와 같이 공정거래위원회의 심결로 확인된 사실관계와 위법성을 쉽게 주장할 수 없게 된다. 문제는 사업자가 시정방안에 현실적 또는 잠재적 피해자에 대한 보상책을 마련하고, 공정거래위원회가 이를 수용한 경우이다. 이 경우에도 사업자가 제안한 피해구제책이 불충분하다고 판단하는 피해자로서는 별도로 손해배상을 청구할 실익이 있을 것이다. 공정거래위원

189) 2018.9.18. 개정, 법률 제15784호.

회와 사업자 간의 합의로 사건이 종료되었다고 해서 그것이 제3자의 손해배상청구권을 배제할 수는 없기 때문이다. 이와 같이 비록 피해자의 입증 상 편의에는 차이가 있으나 손해배상과 동의의결 또한 서로 보완적인 역할을 수행할 수 있을 것으로 보인다.

Ⅲ. 동의의결절차상 주요 쟁점

1. 논의의 기초

동의의결이 어떤 의미를 갖는지에 대해서는 다분히 현실과 이론 사이에 괴리가 있어 보인다. 먼저, 세간에는 공정거래위원회가 시장획정의 난점이나 경쟁제한효과 분석의 복잡성으로 인하여 어떤 사건의 법위반 여부에 대하여 확신할 수 없을 때, 그럼에도 불구하고 무혐의로 끝내기에는 사회적 파장이 크거나 어느 정도 경쟁제한의 우려를 배제할 수 없을 때 사업자와 적정한 선에서 합의로 절차를 종료하는 것이 동의의결이라는 인식이 비교적 폭넓게 자리 잡고 있는 것으로 보인다. 그런데 동의의결제에 대한 이와 같은 이해는 공정거래위원회의 준사법기관성 및 직권규제주의에 부합할 수 없을 뿐만 아니라, 공정거래법 위반행위에 대한 입증책임분배의 기본원칙에도 맞지 않는다.

먼저, 공정거래위원회는 그간 나름의 독립성과 전문성을 근거로 준사법기관의 성격을 인정받아왔다. 그 결과물이 바로 공정거래위원회 처분을 다투는 행정소송에 대한 2심제이다.[190] 그런데 직권이든 신고든 공정거래위원회가 어떤 사건에 대한 조사에 착수하였다면 그 결과는 원칙적으로 공정거래법 위반 아니면 무혐의가 되어야 하고, 어떤 이유로든 위법성을 입증할 수 없다면 무혐의결정을 내리는 것이 정도(正道)이다. 이때 동의의결은 공정거래위원회가 조사나 심의 등의 절차를 계속 진행할 의사가 있는, 즉 법위반이 인정될 개연성이 큰 상황에서 공정거래위원회가 우려하는 경쟁제한의 우려를 사업자가 자진해서 시정할 뿐만 아니라 그에 따른 피해까지 배상하는 등의 포괄적인 시정방안을 제시할 경우에 굳이 절차를 진행할 실익이 없기 때문에 내려지는 것이다. 아울러 공정거래위원회가 법위반행위를 나름

190) 헌법재판소 2003.7.24. 선고 2001헌가25 결정. 특히, 한대현·권성·주선회 재판관의 반대의견 참조.

의 방식으로 입증할 수 있음에도 불구하고 동의의결절차로 나아가는 것은 이를 통해서 무엇보다도 경쟁침해상태나 소비자 등의 이익침해상태를 보다 효과적으로 회복할 수 있기 때문에 규범적 정당성을 가질 수 있다.

또한 공정거래법의 특징 중 중요한 것이 직권규제주의인데, 동 원칙은 단지 공정거래위원회가 제3자의 신고가 없더라도 직권으로 조사를 개시할 수 있다는 피상적인 내용 외에 동법이 보호하고자 하는 '경쟁'이라는 가치는 다분히 공익의 성격을 갖는 것이어서, 법위반사업자나 그로부터 피해를 입은 사업자 등 이해관계인의 의사와 무관하게 법위반행위를 인지한 이상 공정거래위원회는 조사절차를 개시하여야 한다는 의미를 갖는다. 신고인이 신고를 철회하더라도 공정거래위원회가 절차를 종료할 의무가 없는 것도 이러한 맥락에서 이해할 수 있다. 아울러 경쟁이라는 공익에 대해서는 사인뿐만 아니라 공정거래위원회조차도 처분권을 가질 수 없기 때문에, 직권규제주의는 공정거래위원회의 사건처리절차를 포괄적으로 구속하고 절차상의 재량에 일정한 한계를 부과하는 역할을 하게 된다. 직권규제주의의 맥락에서 동의의결제도를 이해하여야 할 필요성도 바로 여기에 있다. 즉, 동의의결제가 공정거래위원회로 하여금 경쟁제한 내지 경쟁이 훼손된 상태를 심지어 그와 직접 상관이 없는 반대급부를 통해서 방치하도록 허용하는 수단이어서는 안 되는 것이다. 이러한 맥락에서 공정거래법이 동의의결에 요구되는 시정방안을 심사함에 있어서 그것이 공정하고 자유로운 경쟁질서나 거래질서의 회복에 적절한지 여부를 고려하도록 한 것도 동 절차에 대한 공정거래위원회의 재량을 일정부분 제약하는 한편 직권규제주의와 동의의결제도를 일정 부분 조화시키는 기능을 수행하게 된다 (법 제89조 제3항 제2호).

끝으로, 공정거래사건에 대한 입증책임의 원칙에 비추어볼 때에도 동의의결은 공정거래위원회가 법위반행위를 입증하기 어려울 때 활용하는 조치가 아니다. 공정거래법상 금지요건, 다시 말하자면 공정거래위원회가 사업자에게 시정조치나 과징금을 부과하기 위하여 필요한 요건은 동법에 달리 추정조항이나 입증책임을 전환하는 것으로 볼 만한 근거조항이 없는 한 공정거래위원회가 입증하여야 하고, 그렇지 못하면 공정거래위원회는 마땅히 무혐의결정을 내려야 한다. 공정거래위원회가 법위반행위를 입증할 수 없음에도 불구하고 동의의결을 내린다면 사업자로서는 부당하게 그 실질에 있어서 시정조치나 과징금에 상응하는 제재를 받게 되는 결과가 되기 때문이다. 반면, 공정거래위원회가 법위반을 입증할 수 있는 사안을 동의의결절차로 처리하는 것은 동 절차가 시정조치나 과징금이라는 수단에 비하여 보다 효과적인 시정과 피해구제를 담보할 수 있을 때 비로소 정당성을 확보하게 되는 것이다.

2. 동의의결절차의 개시

동의의결절차는 공정거래위원회의 조사나 심의를 받고 있는 사업자 또는 사업자단체가 동의의결을 신청함으로써 개시될 수 있다(법 제51조의2 제1항). 따라서 일단 공정거래위원회가 법위반 여부에 대한 조사를 개시한 이후에 동의의결절차는 진행될 수 있는 것이다. 그런데 공정거래위원회는 비록 조사 개시 직후에 동의의결이 신청되었더라도 당해 행위의 '사실관계에 대한 조사를 마친 후', '해당 행위 관련 심의절차를 중단하고' 동의의결을 할 수 있다(법 제89조 제3항). 즉, 동의의결의 신청은 조사 또는 심의 중에 가능하나, 설사 동의의결절차가 개시되더라도 조사절차는 중단되지 않고, 최종적인 동의의결은 심의절차만 중단시키게 되는 것이다.

사업자는 공정거래위원회가 문제 삼고 있는 법위반 혐의의 내용이 무엇인지를 인식한 상태에서 적절한 시정방안을 제출하여야 한다는 점에서 어느 정도 조사를 마친 후에 동의의결을 할 수 있는 것은 당연하다. 문제는 첫째로, 사업자는 무엇을 계기 또는 근거로 하여 동의의결을 신청할 것인지, 둘째로 공정거래법상 공정거래위원회가 심의 중인 사건이라면 이미 심사보고서가 발송된 이후일 것이고, 이미 법위반 여부에 대한 입증을 거의 마친 상태에서 사업자가 동의의결을 신청하는 것이 바람직한지 여부이다. 이들 문제는 사업자가 동의의결을 신청할 수 있는 시점과 공정거래위원회가 동의의결을 내릴 수 있는 시점에 관한 것이다.

가. 조사 중 신청의 경우

공정거래위원회가 조사절차를 진행하는 중에 사업자가 동의의결을 신청할 수 있고, 이때 사업자는 사실관계와 원상회복 등 경쟁질서의 회복 등을 위하여 필요한 시정방안 등을 기재한 서면을 제출하여야 한다(법 제89조 제1항, 제2항). 신청인이 심사보고서를 송부받기 이전의 조사단계에서 동의의결을 신청한 경우에 심사관은 해당 행위에 대한 조사를 완료한 후 '개략적인' 조사결과를 서면으로 통지해주어야 한다(동의의결규칙 제4조 제1항).

이와 관련하여 공정거래법이 조사를 받고 있는 사업자에게도 동의의결을 신청할 수 있도록 허용한 부분과 관련해서는 두 가지 점에서 재검토의 여지가 있다.

첫째, 조사절차란 공정거래위원회의 전원회의나 소회의에서 이루어지는 것이 아니라 원칙적으로 조사관리관 소속의 심사관과 조사공무원이 진행하는 것으로서, 조사 중에 동의의결의 신청을 받은 심사관은 해당 행위에 대한 '조사를 완료한 후'(동의의결규칙 제4조 제1항) 이를 전원회의나 소회의에 보고하도록 하고 있는바(동 규칙 제5조 제1항), 결국 심사관은 동의의결절차의 개시에 별다른 관여를 할 수 없게 되어 있다. 동의의결절차의 개시 여부 또한 전원회의나 소회의에서 보고를 받은 날로부터 14일 이내에 결정하도록 규정하고 있다(동 규칙 제5조 제1항). 그렇다면 사업자가 조사 중에 동의의결을 신청할 수 있도록 한 취지가 무엇인지 의문인데, 결국 심사관이 동의의결을 염두에 두고 조사절차를 진행하게 되는 점 외에 별다른 특이점을 찾기 어렵다. 더구나 사업자가 공정거래위원회의 조사경위나 법위반혐의, 나아가 조사결과 등을 전혀 알지 못하는 상태에서 동의의결을 신청하기란 기대하기 어렵다는 점에서 전술한 바와 같이 심사보고서 작성 이전 단계에서 공정거래위원회가 일정한 사항을 사업자에게 통지하도록 하는 장치가 보완될 필요가 있는 것이다.

둘째, 공정거래법이 법위반 여부로 조사 또는 심의가 진행 중인 사업자에게 동의의결을 신청할 수 있도록 규정하고 있는 반면(법 제89조 제1항), 공정거래위원회는 직권으로 동의의결절차를 개시할 수 없다는 점 또한 문제이다. 동의의결로 절차를 종료하기에 적합하다고 판단되는 사안에 대해서는 공정거래위원회가 먼저 직권으로 사업자에게 시정방안의 제출을 요구할 수 있도록 하는 것이 동의의결제도의 취지에 보다 부합할 것이기 때문이다. 사업자와 시정방안을 둘러싼 협의를 진행하는 데에도 사안에 따라서는 적지 않은 시간이 소요될 수 있음에 비추어볼 때, 조사절차 개시 후 법위반의 혐의가 드러나는 대로 최대한 신속하게 사업자에게 시정방안을 제출할 기회를 부여하는 것이 절차의 경제에도 부합한다는 점에서 공정거래위원회가 직권으로 동의의결절차를 개시하거나 적어도 사업자에게 시정방안의 제출을 권고할 수 있도록 공정거래법을 개정하는 것이 바람직할 것이다.

그 밖에 공정거래법은 공정거래위원회가 동의의결을 할 수 없는 사유의 하나로 사업자가 동의의결신청을 취소하는 경우를 상정하고 있으나(법 제89조 제1항 제3

호), 취소사유나 기한 등에 대해서는 아무런 규정이 없다는 점에서 추후 보완될 필요가 있다. 적어도 전원회의나 소회의가 동의의결절차를 개시하기로 결정한 이후에는 절차의 경제와 동의의결 신청의 악용을 막기 위해서라도 이를 취소 또는 철회하는 것은 허용하지 않는 것이 입법론상 타당할 것이다.

나. 심의 중 신청의 경우

공정거래위원회가 심사보고서를 송부한 후, 나아가 심의절차를 진행 중인 때에도 사업자는 동의의결을 신청할 수 있다(법 제89조 제1항). 다시 말해서 사업자는 전원회의일 직전까지 동의의결을 신청할 수 있는 것이다. 그런데 동의의결이란 기본적으로 법위반 여부가 명백하지 않은 경우를 상정한 것인 반면, 심사보고서가 작성되었다는 사실은 공정거래위원회가 많은 시간과 노력을 들여 법위반행위를 충분히 입증하였음을 보여주는 것으로서 한참 심의가 진행 중인 동안에 동의의결을 해야 할 실익이 그만큼 적을 것이다.[191] 따라서 심사보고서가 송부된 후 또는 심의절차가 개시된 이후에는 '원칙적으로' 동의의결을 신청할 수 없도록 하는 것이 입법론상 타당할 것이다.

다. 신청서 기재사항

동의의결 신청인이 서면으로 제출하는 동의의결 신청서에는 법 위반혐의가 있는 행위를 특정할 수 있는 사실관계, 해당 행위의 중지, 원상회복 등 경쟁질서의 회복이나 거래질서의 적극적 개선을 위하여 필요한 시정방안 등이 기재되어야 한다(법 제89조 제2항 각호). 특히 시정방안과 이행계획 등에 관해서는 다음 네 가지 사항이 기재되어야 한다(동의의결규칙 제4조 제3항). 다만 자료의 작성 등에 상당한 시간을 요하거나 신청서와 동시에 관련 자료를 제출할 수 없는 특별한 사정이 있는 경우에는 다음 각 호의 사항 중 일부를 생략한 신청서를 제출할 수 있으나 이 경우 각 회의 의장의 허가를 얻어 연장된 기간 내에 생략된 신청서의 요건을 보완하여야 한다.

① 시정방안의 내용이 명확하고 제3자의 조력 없이 단독으로 실행가능하다는 소명자료. 다만, 제3자의 조력이 시정방안의 마련에 필수적이라고 인정되는 경우에는 제3자의 조력을 입증할 수 있는 증거자료를 첨부하여야 한다.

② 시정방안이 신속하고 실효성 있게 경쟁질서를 회복하거나 거래질서를 적극

191) 윤성운, "동의의결제도와 손해배상의 쟁점", 경쟁과 법 제2호, 2014, 31면.

적으로 개선할 수 있다는 소명자료

③ 금전적 피해가 발생하고 피해자 및 피해금액이 특정될 수 있는 경우 피해자의 범위 확정 및 피해액 산정의 방법과 절차, 피해보상에 사용될 비용의 계산액, 피해보상의 기간 등

④ 기타 구체적인 시정방안의 이행계획. 이행계획은 최소한 월 단위로 구체적으로 기재되어야 하며 시정방안의 이행기간이 1년 이상인 경우 등 이행기간이 장기인 경우에는 분기 또는 반기 단위로 작성할 수 있다.

3. 동의의결의 개시요건

가. 개시절차

어떤 사건이 동의의결로 종료되기 위해서는 두 가지의 실체적 기준이 요구된다. 하나는 공정거래위원회가 사업자의 신청을 받아 동의의결절차를 개시할지 여부, 다시 말해서 해당 사안이 동의의결로 해결하기에 적합한지 여부를 판단하는 기준이고, 다른 하나는 사업자가 제출한 시정방안이 과연 경쟁질서의 회복이나 소비자보호 등에 타당한지 여부를 판단하는 기준이다. 공정거래법이 동의의결절차의 개시요건과 동의의결의 부과요건을 구별하여 정하고 있는 태도는 일견 타당할 수도 있다. 다만, 다음과 같이 몇 가지 점에서 보완할 부분은 있어 보인다.

먼저, 사업자의 신청을 받은 공정거래위원회는 ① 신속한 조치의 필요성, ② 소비자 피해의 직접 보상 필요성 등을 종합적으로 고려하여 동의의결 절차의 개시 여부를 결정하여야 한다(법 제90조 제1항). 그리고 동의의결규칙에 따르면 동의의결절차의 개시를 인용할 것인지 여부를 판단함에 있어 각 회의는 해당사건을 동의의결로 처리하는 것이 해당 행위의 중대성, 증거의 명백성 여부 등 사건의 성격, 시간적 상황에 비추어 적절한 것인지 여부 및 소비자 보호 등 공익에의 부합성을 고려하여야 한다(동 규칙 제5조 제2항).

여기서 동의의결절차의 개시요건과 후술하는 동의의결의 부과요건이 그 성격상 어떻게 구별되는지를 살펴볼 필요가 있다. 공정거래위원회가 동의의결절차를 개시할지 여부를 판단하는 단계에서는 신청 시 제출된 시정방안의 적절성은 중요하지 않을 것이고, 동의의결을 내리는 단계에서는 사업자와의 협의를 거쳐 수정된 특정 시정방안이 경쟁질서의 회복이나 소비자보호 등에 적절한지 여부가 핵심적인

고려요소라고 이해하여야 할 것이다. 이러한 차이를 감안하여 향후 두 요건을 준별하여 규정하는 방안도 검토할 필요가 있다.

나. 개시결정의 효과

각 회의가 동의의결 절차를 개시하는 결정을 한 경우에는 해당 사건의 조사·심의절차는 중단된다(동의의결규칙 제6조). 또한 각 회의는 동의의결 절차를 개시한 경우라도 신청인이 절차지연 등의 목적으로 동의의결 절차를 남용하거나 심사관 또는 신청인이 동의의결 절차를 중단하여 줄 것을 요청한 경우, 기타 동의의결 절차로 사건을 진행하는 것이 부적절하다고 판단하는 경우에는 각 회의는 동의의결 절차를 중단할 수 있으며(동 규칙 제7조 제1항), 각 회의가 동의의결 절차를 중단한 경우에는 결정이 있는 날로부터 5일 이내에 그 결과를 신청인에게 서면으로 통지하여야 한다(동 규칙 제7조 제2항).

4. 동의의결의 확정

공정거래위원회는 사업자가 제출한 시정방안이 다음의 요건을 모두 충족하는 경우에만 동의의결을 내릴 수 있다(법 제90조 제3항).

① 해당 행위가 공정거래법을 위반한 것으로 판단될 경우에 예상되는 시정조치, 그 밖의 제재와 균형을 이룰 것

② 공정하고 자유로운 경쟁질서나 거래질서를 회복시키거나 소비자, 다른 사업자 등을 보호하기에 적절하다고 인정될 것

위 요건은 시정방안의 적정성을 판단하기에 다소 모호한 면이 있다. 공정거래위원회가 시정방안의 적정성을 올바르게 판단하고 시정방안이 수용될지 여부에 대한 사업자의 예측가능성[192]을 제고하기 위하여 이를테면 법위반의 우려가 있는 행위의 예상되는 위법성 정도, 경쟁제한의 기간 및 정도, 경쟁사업자나 소비자피해의 정도와 신속한 조치의 필요성, 이미 침해된 경쟁의 회복가능성 등을 구체적으로 명정할 필요가 있을 것이다.

그런데 위 ①의 요건은 동의의결이 내려지는 사안의 성격에 비추어 타당하지 않아 보인다. 동의의결은 공정거래위원회의 조사나 심의가 진행 중인 사안에서 사

192) 사업자가 제시한 시정방안을 공정거래위원회가 거부하는 경우에도 공정거래법상 사업자가 이를 다툴 방법은 없다는 점에서 시정방안의 수용 여부에 대한 예측가능성은 매우 중요한 의미를 갖는다.

업자가 경쟁제한상태를 자발적으로 해소하고 소비자 피해구제를 행함으로써 불필요한 절차진행을 방지하려는 데에 취지가 있는 것이고, 사업자가 법위반사실을 스스로 시인하는 것이 아니다. 동의의결이 있다고 하여 법위반을 추단할 수는 없는 것도 이와 같은 이유에서 비롯된다(법 제89조 제4항 참조). 공정거래법 위반을 전제로 법위반상태의 해소를 목적으로 하는 시정조치와 법위반 여부를 확정하지 않은 채 조사·심의절차를 종료하는 동의의결은 그 성질이 전혀 다르다는 점에서 시정방안이 양자 사이의 균형을 유지할 필요는 없는 것이다. ① 요건은 삭제하는 것이 타당하다. 아울러 ②의 요건 중 '적절하다'를 '필요하고도 충분하다'로 바꾸는 것이 동의의결의 취지에도 부합하고 수범자의 입장에서도 보다 명확할 것이다.[193]

동의의결의 확정은 심사관과 신청인, 필요한 경우 이해관계인이나 관계행정기관 등 또한 출석하는 심의절차를 통하여 각 회의의 인용결정에 따라 이루어진다(동의의결규칙 제12조). 그 전에 잠정 동의의결안의 작성 및 보고, 의견수렴절차, 최종 동의의결안 상정 등의 절차를 거치게 되는데 각 회의는 의견수렴의 결과 등을 고려하여 동의의결의 인용 여부를 결정할 수 있다(동 규칙 제8조, 제9조, 제10조, 제11조). 각 회의는 동의의결을 하는 경우 그 의결이 있은 날로부터 30일 이내에 시정방안의 이행을 명한다는 취지 및 시정방안의 내용 등의 주문이 기재된 동의의결서를 작성하여야 한다(동 규칙 제13조 제1항, 제2항 각호). 동의의결서 말미에는 부동문자로 "이 동의의결은 해당 행위가 공정거래법(또는 표시·광고법)을 위반한다고 인정한 것을 의미하지 아니하며, 누구든지 신청인이 동의의결을 받은 사실을 들어 해당 행위가 공정거래법(또는 표시·광고법)을 위반한다고 주장할 수 없다."는 취지의 내용이 기재되어 있어야 한다(동 규칙 제13조 제3항).

5. 동의의결의 취소 등

공정거래법은 ① 동의의결의 기초가 된 사실관계의 현저한 변경이 있거나, ② 사업자가 허위의 자료를 제공하는 등 부정한 방법으로 동의의결을 받았거나, ③ 정당한 이유 없이 동의의결에 포함된 시정방안을 이행하지 않는 경우에 공정거래위원회가 동의의결을 취소할 수 있도록 규정하고 있다(법 제91조 제1항 각호). 사실관계

193) 이와 유사한 취지로 최지필, "일본 동의의결(확약)제도 및 사례연구", 경희법학 제56권 제4호, 2021, 30-31면.

의 현저한 변경으로 동의의결을 취소하는 경우에 사업자의 신청에 따라 공정거래위원회는 다시 동의의결을 할 수 있다(동조 제2항). 동의의결이 취소된 후 공정거래위원회는 중단된 심의절차를 계속하여 진행할 수 있다(동조 제3항)

이와 관련하여 공정거래법은 일견 직권취소만을 염두에 두고 있는 것으로 보이나, 입법론으로는 그 밖에 이해관계 있는 제3자의 신청을 받아 동의의결을 취소할 수 있는 장치 또한 마련할 필요가 있다. 공정거래위원회는 동의의결을 하기 전에 30일 이상의 기간을 정하여 다음 각 호의 사항을 신고인 등 이해관계인에게 통지하거나, 관보 또는 공정거래위원회의 인터넷 홈페이지에 공고하는 등의 방법으로 의견을 제출할 기회를 주어야 하는바(법 제90조 제2항), 동의의결의 투명성을 강화한다는 차원에서 동의의결을 내릴 때뿐만 아니라 추후 동의의결이 제대로 이행되지 않는 등의 사유가 발생한 때에도 이해관계 있는 제3자의 참여를 보장할 필요가 있는 것이다. 이 경우 공정거래위원회가 동의의결의 취소 여부를 판단하는 과정에서 절차의 경제를 지나치게 훼손하지 않으면서 소비자(단체)를 비롯한 이해관계인의 요구를 충분히 반영할 수 있는 장치를 마련하는 것이 관건이 될 것이다.

한편, 동의의결 또한 시정조치와 마찬가지로 공정거래위원회의 처분이라는 점에서 일응 사업자가 이에 불복하여 취소소송을 제기할 수 있을 것이나, 시정방안을 통하여 동의의결을 구하는 것이 당해 사업자라는 점에서 피심인이 불복을 하는 경우란 지극히 예외적인 경우를 제외하고는 생각하기 힘들다. 공정거래법도 동의의결에 대한 불복에 대해서는 별다른 규정이 없다. 이와 관련하여 제도적으로도 동의의결에 대하여 이의신청 및 취소소송을 제기할 수 있는 권한을 처분의 상대방 외에 이해관계 있는 제3자에게까지 확대할 수 있을 것인지를 신중하게 고민할 필요가 있다. 동의의결의 전 과정에 걸쳐 폭넓은 공정거래위원회의 재량을 감안할 때, 동 제도의 공정성과 투명성을 제고하는 차원에서 직접적이고 개별적으로 이해관계를 갖는 제3자도 동의의결에 대하여 불복할 수 있도록 공정거래법에 명문화하는 방안을 검토할 필요가 있다.

6. 동의의결의 불이행에 대한 제재

사업자가 공정거래위원회에 제출한 시정방안은 최종적으로 동의의결이라는 처분의 형식을 통해서 법적 구속력을 갖게 된다. 그런데 동의의결이 당해 행위가 법위반이라는 점을 인정한 것은 아니며, 누구도 신청인이 동의의결을 받은 사실을 들어 법위반을 주장할 수 없다(법 제90조 제4항). 사업자는 동의의결에 포함된 시정방안을 정해진 기한 내에 이행하여야 할 의무를 지게 될 뿐이다.

동의의결의 경우 사후의 감독장치가 미흡할 경우에는 당초 의도한 경쟁상태의 회복이나 소비자·중소기업의 피해구제 등이 제대로 이루어지지 못할 우려가 있다는 점도 간과할 수 없다. 그런데 사후감독이 제대로 이루어지기 위해서는 시정방안이 매우 구체적이어야 하고, 불이행 시 충분한 제재가 이루어져야 한다. 시정방안이 매우 구체적이기 위해서는 당초 공정거래위원회의 조사경위나 법위반혐의 등이 그만큼 구체적이어야 함은 물론이다.

후자와 관련하여 공정거래법은 사업자가 정당한 이유 없이 상당한 기간 내에 이를 불이행하는 경우에는 동의의결이 이행되거나 취소되기 전까지 1일당 200만원 이하의 이행강제금을 부과할 수 있도록 규정하고 있다(법 제92조 제1항). 입법론으로는 유럽이나 독일의 예와 같이 동의의결의 불이행 그 자체 대해서 과징금을 부과할 필요가 있다. 이행강제금은 사전규제의 성격이 강한 기업결합규제에서는 타당하나, 이미 법위반 혐의가 있는 행위가 발생한 경우 사건을 조기종료하기 위한 수단으로 이용되는 동의의결에는 맞지 않고, 무엇보다 동의의결 또한 시정조치에 준하는 공정거래위원회의 처분으로서 그 불이행에 대한 제재는 적어도 시정조치 불이행에 대한 제재와 균형이 맞아야 하기 때문이다.[194]

Ⅳ. 동의의결절차의 개선방안

1. 기본방향

동의의결은 위법성을 전제로 하지 않고 경쟁당국과 사업자의 협의로 시정방안의 내용이 정해진다는 점에서 시정조치에 비하여 공정거래위원회의 일방적 판단이 상대적으로 약한 측면이 있고, 소비자나 중소기업의 피해구제 및 예방에 필요한 조치를 폭넓게 반영할 수 있다는 점에서 나름의 장점을 가진다. 다만, 동의의결은 다분히 공정거래위원회와 사업자 간 타협의 산물일 수 있다는 점에서 그 절차는 공정

194) 공정거래위원회의 시정조치에 응하지 아니한 자에 대해서는 형사벌이 부과될 수 있다(법 제125조 제1호).

거래법상 직권규제주의의 틀을 감안하여 통상의 시정조치보다 높은 수준의 공정성과 투명성을 담보하여야 한다.

무릇 새로운 법제도를 도입할 때에는 언제나 그러하듯이 동의의결제도를 도입함으로써 실현하고자 하는 목표가 과연 다른 방법으로는 효과적으로 실현될 수 없는 것인지를 면밀히 검토할 필요가 있다. 이러한 관점에서 볼 때 법위반의 입증은 공정거래위원회의 고유의 몫이고, 시정조치의 다양성은 공정거래법의 합리적 해석이나 시정조치 관련 조항을 개선함으로써 충분히 실현될 수 있으며, 절차의 신속과 기업부담의 경감은 공정거래위원회의 사건처리절차의 개선 및 역량강화를 통해서 실현하는 것이 정도(正道)일 것이다. 따라서 법위반을 입증할 수 없어 무혐의결정을 내려야 할 사안이나 법위반이 매우 중대한 사안에 대해서 동의의결이 내려져서도 안 될 것이다.

동의의결이란 공정거래위원회가 법위반행위를 입증할 수 있음에도 불구하고, 다시 말하자면 사업자의 법위반에 대한 개연성이 높은 상황에서 경쟁회복을 위한 조치의 탄력성이나 피해구제의 신속성과 실효성이라는 절차의 경제를 위하여 내려지는 것이다. 준사법기관인 공정거래위원회가 동의의결제도를 법위반에 대한 판단을 회피하는 수단으로 활용해서는 안 되는 이유이다. 나아가 직권규제주의 하에서 공정거래위원회가 이미 침해된 경쟁을 그와 다른 대가를 통하여 묵인할 수는 없고, 따라서 동의의결에는 반드시 침해된 경쟁상태의 회복에 필요한 효과적인 수단이 포함되어야 한다. 그렇지 않을 경우 동의의결제도 자체의 정당성에 근본적인 의문이 제기될 수밖에 없다.

아래에서는 이러한 원칙을 실현하기 위하여 공정성·투명성 제고와 이해관계인의 절차참여 확대, 그리고 사후감시의 강화라는 관점에서 동의의결제의 개선방향을 제시하고자 한다. 여기서 간과할 수 없는 것은 동의의결절차에 공정거래위원회의 재량이 어느 정도 불가피하나, 당초 취지대로 동 제도가 기능하기 위해서는 절차의 투명성 제고와 이해관계인의 폭넓은 참가를 통하여 공정거래위원회의 재량에 일정한 한계를 그어주는 것이 필요하다는 점이다. 동의의결 과정에서 공정거래위원회의 재량에 적절한 견제장치를 마련하는 것은 대통령실이나 국회, 언론 등 외부의 영향으로부터 공정거래위원회의 독립성을 지키는 방법이기도 하다.

2. 절차의 공정성·투명성 제고

동의의결절차의 투명성과 신속성, 예측가능성을 담보하기 위하여 동의의결 신청시점부터 일정 기간 내에 동의의결의 가부 판단을 내리도록 하는 한편, 피해구제의 실효성을 제고하기 위한 방도로 공정거래위원회의 보다 적극적인 심사와 불편부당한 법집행, 충분한 사법통제 등이 이루어질 필요가 있다. 특히, 소비자나 중소기업이 입은 피해를 실질적으로 구제하기 위해서 동의의결제가 시정조치보다 효과적일 수는 있으나, 그 밖에 사업자가 제출한 시정방안이 기왕에 침해된 경쟁의 회복을 어느 정도 담보할 수 있는지, 이미 악화된 시장구조가 동의의결에 의해서 실제로 충분히 회복되지 않을 경우 그에 따른 소비자의 장기간에 걸친 미래의 피해는 어떻게 할 것인지를 신중히 고려할 필요가 있다.

무릇 절차의 공정성과 투명성은 그것이 진행되는 과정이 얼마나 공개되는지에 크게 좌우된다. 동의의결절차의 경우 말 그대로 공정거래위원회와 사업자 간의 협의를 거쳐 시정방안이 확정되고 심의절차가 종료된다는 점에서 당초 공정거래위원회가 조사를 개시한 경위와 사실관계, 법률상의 쟁점 등이 적절한 시점에 공개되어야 하고, 동의의결이 이루어지는 과정에서 이해관계인이 제출한 의견도 최대한 공개되는 것이 바람직하다. 이 점은 후술하는 바와 같이 입법론으로서 이해관계인에게 동의의결에 대한 불복의 기회를 제공하고자 할 때, 이해관계인이 스스로 불복 여부를 판단하고 나아가 공정거래위원회가 내린 동의의결의 위법 여부를 법원에서 다투기 위해서도 필수적일 것이다.

3. 이해관계인의 절차참여 확대

동의의결절차가 공정하고 투명하게 이루어지기 위해서는 동의의결을 통한 절차종료로부터 자신의 이익이 침해될 수 있는 경쟁사업자나 거래상대방(소비자를 포함)이 동의의결과정에 적절히 참여할 수 있어야 하고, 이미 내려진 동의의결에 대해서도 이들 제3자가 불복하거나 추후 그 취소를 구할 수 있는 장치를 마련하는 한편, 동의의결에 대해 적절한 사법심사의 가능성을 충분히 열어두는 것이 필요하다.

공정거래위원회는 동의의결을 하기 전에 30일 이상의 기간을 정하여 시정방안 등을 신고인 등 이해관계인에게 통지하거나 관보 또는 공정거래위원회의 인터넷 홈페이지에 공고하는 등의 방법으로 의견을 제출할 기회를 주어야 하나(법 제90조 제2항), 동의의결규칙에서는 이해관계인에 대해서 관보 또는 공정거래위원회의 인터넷 홈페이지에 공고하는 방법으로 의견제출의 기회를 줄 수 있다고 정하고 있을 뿐이다(동 규칙 제9조 제1항). 그런데 경우에 따라서는 신고인이 아닌 이해관계인이 동의의결의 가부나 그 내용에 관하여 관심이 매우 클 수 있다는 점에서, 공정거래위원회가 잠정적 동의의결안에 대하여 '직접' 의견을 구하여야 할 대상에 일정한 이해관계인을 포함시키고, 해당 이해관계인의 범위를 보다 구체적으로 명시하며, 이해관계인으로부터 의견을 받은 경우에 공정거래위원회가 그 내용을 적어도 관보나 인터넷 홈페이지에 공고하는 것이 바람직할 것이다.

또한 공정거래법은 동의의결에 대한 불복절차를 따로 정하지 않고 있고, 그 결과 동의의결을 처분으로 해석하더라도 경쟁사업자나 거래상대방은 처분의 상대방이 아니기 때문에 공정거래법상 이의신청이나 불복의 소를 제기할 수 없게 되어 있다. 피해구제의 대상이 될 수 있는 이해관계인(해당 중소기업 포함)이 시정방안에 이의가 있을 경우 공정거래위원회의 최종적인 동의의결에 대하여 불복할 수 있는 권리를 제한적인 범위에서나마 보장하는 방법도 검토할 필요가 있다. 따라서 동의의결의 특성을 고려하여 경쟁사업자나 거래상대방 등에게도 이의신청 등 불복의 가능성을 열어두는 방향으로 법률을 다듬을 필요가 있을 것이다.

4. 사후적 이행감시 강화

동의의결의 내용과 더불어 그 내용이 충실이 이행되는지 여부가 중요한데, 공정거래위원회는 사후 모니터링을 철저하게 시행하고, 그 이행상황을 점검하여 관보나 인터넷홈페이지에 공지하여야 할 것이다. 정당한 이유 없이 불이행시에는 동의의결을 취소하는 등의 조치를 내려야 할 것임은 물론이다. 현행법상 사업자가 정당한 이유 없이 상당한 기한 내에 동의의결을 이행하지 않는 경우에 공정거래위원회는 1일당 200만 원 이하의 이행강제금을 부과할 수 있고(법 제92조 제1항), 심지어 동의의결 자체를 취소할 수도 있는바(법 제91조 제1항 제3호), 동의의결을 이행하지 않는 사업자에 대해서는 조사 또는 심의를 필요적으로 재개하는 것이 동의의결의 실효성을 담보하는 데에 보다 효과적일 것이다.

이러한 동의의결 이행관리의 필요성을 반영하여 2020년 5월 개정법[195]은 관련 규정을 신설하였다. 즉, 법 제90조 제6항에서는 공정거래위원회는 제출된 동의의결 이행계획의 이행 여부를 점검할 수 있고, 동의의결을 받은 신청인에게 그 이행에 관련된 자료의 제출을 요청할 수 있다고 규정하면서, 이 경우 공정거래위원회는 한국공정거래조정원 또는 한국소비자원에 동의의결의 이행관리에 관한 업무를 위탁할 수 있다고 정하고 있다. 나아가 위탁을 받은 기관의 장은 제5항에 따라 신청인이 제출한 동의의결의 이행계획과 이행결과에 대한 이행관리 현황을 분기별로 공정거래위원회에 보고하여야 하며, 다만, 공정거래위원회의 현황 보고 요구가 있는 경우 즉시 이에 따라야 한다(동조 제7항). 또한, 동조 제6항에 따른 위탁을 받은 기관의 장은 동의의결을 받은 신청인이 그 이행을 게을리하거나 이행하지 아니하는 경우에는 지체 없이 그 사실을 공정거래위원회에 통보하여야 한다(동조 제8항). 그 밖에 공정거래위원회는 2021년 5월, 동의의결 이행관리의 구체적인 운영을 위해 동의의결규칙에 제5장 동의의결의 이행관리를 신설하여 수탁기관의 지정(동 규칙 제14조의2), 지휘·감독(제14조의3), 자료의 제공 등(제14조의4), 이행관리 현황의 보고(제14조의5) 규정을 신설하였다.

한편, 유럽의 입법례를 참고하여 동의의결 불이행에 대해서는 곧바로 법위반행위에 준하는 과징금을 부과하는 등의 법적 수단을 도입하는 방안도 검토할 필요가 있다. 아울러 동의의결의 실효성을 확보하기 위해서 동의의결을 원칙적으로 기한을 정하여 부과하되, 그 기한이 경과하기 전에 당해 시정방안이 당초 의도한 효과를 충분히 가져왔는지를 다시금 판단하여 시정방안을 수정하거나 추가할 수 있는 가능성을 열어두는 것도 필요하다. 이 경우 사업자가 동의의결을 선호하지 않을 수도 있으나, 보다 중요한 것은 경쟁제한상태의 해소 내지 원상회복이 이루어졌는지, 그리고 소비자나 중소기업에 대한 피해가 적절히 보상되었는지 여부일 것이기 때문이다.

195) 2020.5.19. 개정, 법률 제17290호.

제3장

불복의 소

제1절 총 설

I. 개 관

공정거래사건에 관한 소송은 크게 공정거래위원회의 처분을 다투는 행정소송, 법위반행위로 인한 손해의 배상이나 법위반행위의 금지를 구하는 민사소송, 법위반행위를 한 자에 대한 형사벌을 부과하는 형사소송으로 나눌 수 있다. 손해배상과 금지청구, 형사벌은 관련 부분에서 상술하기로 하고, 여기서는 불복(不服)의 소를 중심으로 공정거래소송의 주요 내용을 살펴보기로 한다.

사업자가 공정거래위원회의 처분에 대하여 불복의 소를 제기하고자 할 때에는 처분의 통지를 받은 날 또는 이의신청에 대한 재결서의 정본을 송달받은 날부터 30일 이내에 서울고등법원에 이를 제기하여야 한다(법 제99조, 제100조). 30일의 기간은 불변기간이다. 일반행정소송의 경우에 행정소송법상 처분 또는 재결이 있음을 안 날로부터 90일, 처분 등이 있은 날로부터 1년 이내에 소를 제기할 수 있는 것(동법 제20조 제1항, 제2항)에 비하여 짧은 불복기간으로서 제소기간에 관한 특례로 이해되는데, 공정거래사건의 특성상 신속하게 처분을 확정할 필요에 따른 것이다.

공정거래위원회의 의결은 사실상 1심판결을 대체한다. 서울고등법원은 공정거래사건에 관한 행정소송에 관하여 전속관할권(exclusive jurisdiction)을 갖는다. 불복소송의 경우에 공정거래위원회 측에서는 처분 등과 관련된 부서의 협조를 받아 송무담당관이 수행한다(절차규칙 제82조 제1항). 공정거래위원회는 필요하다고 인정하는 경우에 소송수행자를 위원회 소속의 다른 공무원으로 변경하거나 변호사를 당해 소송의 대리인으로 선임할 수 있다(동조 제3항).

1. 전속관할권

공정거래법에 의한 공정거래위원회의 처분에 대하여 제기되는 불복의 소는 서울고등법원의 전속관할에 속한다(법 제100조). 통상의 경우 처분청의 소재지를 관할하는 행정법원, 중앙행정기관이나 그 장이 처분청인 경우에는 대법원 소재지의 행정법원, 즉 서울행정법원이 관할권을 갖는 것과 상이하다.

참고로, 독일 경쟁제한방지법이 처음부터 연방카르텔청의 처분에 대한 불복을 예외적으로 베를린 고등법원(현재는 뒤셀도르프 고등법원)의 전속관할로 정한 것은, 경쟁법이 갖는 이중적 성격에 따른 타협의 산물로서 민사법원이나 행정법원 중에서 어느 한 법원에 관할권을 인정하기가 곤란한 데에서 비롯되었다.[1] 우리의 경우에는 1997년 별도의 행정법원이 설치되기 이전인 1980년 공정거래법 제정[2] 당시부터 서울고등법원의 전속관할권을 정하고 있었다.

2. 공정거래법에 의한 처분

서울고등법원의 전속관할권이 인정되는 것은 오로지 공정거래위원회의 처분이나 재결에 대한 불복소송에 한하며, 따라서 법위반에 대한 금지청구나 손해배상청구의 소를 구하는 것은 민사소송법에 따라 지방법원이 관할권을 가진다. 예컨대, 법위반행위의 중지 등 시정조치, 과징금[3] 또는 이행강제금의 납부명령, 나아가 표시·광고법상 임시중지명령 등이 취소소송의 대상이자 전속관할권의 대상이다.

반면, 공정거래위원회의 처분이라도 공정거래법에 근거하지 않는 경우에는 일반행정소송의 대상으로서 행정법원의 관할에 속한다. 이와 관련하여 공정거래위원회가 공정거래법 제105조 제2항 및 「국세징수법」에 기초한 과징금 등의 납부를 독촉한 고지처분의 취소를 구하는 소의 관할은 어디에 속하는지가 문제된 바 있다.[4] 서울고등법원은 동 고지처분은 위원장이 전체회의 또는 소회의의 의결을 거치지

1) 상고심인 독일연방법원의 카르텔부(Kartellsenat)는 민사법원의 하나로 편제되어 있다는 점은 카르텔사건의 본질론과 관련하여 시사하는 바가 적지 않다.

2) 1980.12.31. 제정, 법률 제3320호.

3) 공정거래법 및 「국세징수법」에 따라 공정거래위원회가 부과한 과징금 및 체납에 따른 가산금의 납부를 독촉하는 처분의 취소를 구하는 경우에도 그 청구원인사실은 공정거래법에 의한 처분에 해당하여 서울고등법원의 전속관할에 속한다. 대법원 2004.7.14. 선고 2004무20 결정.

4) 신동권, 독점규제법(제3판), 박영사, 2020, 1154면.

아니하고 단독으로 행한 처분에 불과하다고 본 반면,[5] 대법원은 고지처분의 성격이 과징금 및 가산금의 납부를 독촉한 처분으로서 이는 공정거래법 제99조 제1항 소정의 '이 법에 의한 공정거래위원회의 처분'에 해당하여 서울고등법원의 전속관할에 속한다고 판시하였다.[6]

그 밖에, 공정거래위원회의 처분과 관련된 경우에도 시정조치에 대한 불복이 아니라 공정거래절차 중에 내려진 처분, 이를테면 법위반 여부에 대하여 공정거래위원회의 회의록이나 조사과정에서 확보한 증거서류 등 정보공개의 거부처분 등에 대하여 당사자나 이해관계인이 그 처분의 적법성을 다투는 경우에는 일반 행정법원의 관할에 속한다.[7]

3. 불복의 사유

취소소송을 제기할 수 있는 사유는 원칙적으로 공정거래위원회의 내린 처분의 위법성 여부이다. 달리 표현하자면, 공정거래위원회의 처분사유가 바로 취소소송에서 다루어져야 할 범위이자 불복사유인 것이다. 기본적인 사실관계가 동일하다는 전제에서 처분사유는 변경될 수 있으며, 처분사유의 동일성이 유지되는 범위에서 취소소송 중에도 공정거래위원회는 처분사유를 변경하여 주장할 수 있다.[8] 반면, 양자 사이의 기본적 사실관계가 동일하더라도, 부당공동행위의 시기, 종기, 합의의 내용과 방식, 참가자의 수 등 다수의 관련 사실이 변경되는 경우에는, 단순한 처분사유의 정정에 그치는 것이라고 보기 어렵고, 당사자의 방어권 행사에 실질적인 불이익이 초래될 우려도 있으므로, 이러한 경우에는 공정거래위원회가 처분사유를 추가·변경하지 않은 상태에서 법원이 직권으로 당초의 처분사유에서 상당 부분 변경된 다른 사실을 처분사유로 인정할 수는 없다.[9]

서울고등법원은 공정거래위원회가 내린 처분이 적법한 것인지 여부만을 심사할 뿐이며, 법해석상의 현저한 부당성, 공정거래위원회의 재량권 일탈·남용 등이 법률상의 하자로서 사법심사의 대상이 된다. 취소소송에서는 공정거래위원회의 재

5) 서울고등법원 2004.2.4. 선고 2003루156 판결.
6) 대법원 2004.7.14. 선고 2004무20 판결.
7) 서울행정법원 2004.4.22 선고 2003구합16648 판결.
8) 정재훈, "공정거래위원회의 처분에 대한 불복쟁송", 제6기 공정거래법연수원 자료집 I, 서울지방변호사회, 2018, 238면.
9) 대법원 2014.7.24 선고 2013두16951 판결.

량권을 둘러싼 다툼이 특히 중요한 의미를 갖게 된다. 공정거래위원회는 법위반 여부에 대한 판단뿐만 아니라 위반행위를 확정한 후에도 그에 상응하는 시정조치의 종류와 그 강도를 정함에 있어서 폭넓은 재량을 누리기 때문이다.[10] 공정거래위원회의 재량을 적절히 통제하기 위해서는 사법심사가 필수적이나, 사법심사의 범위가 확대되는 만큼 동 기관의 전문성과 준사법기관성을 감안할 때 심사의 강도를 적절히 조절할 필요가 있다.[11]

아울러 공정거래법에 규정된 수많은 불특정개념은 공정거래위원회의 주관적 가치판단을 전제로 하는 것이어서, 입법자 역시 그 가치의 내용을 스스로 정하지 않고 공정거래위원회의 포괄적인 고려에 맡기려는 의도로 볼 수 있다. 따라서 재량권의 일탈·남용과 관련해서는 공정거래위원회의 시정조치가 과연 공정거래법의 목적에 부합하는 것인지, 법위반의 중대성에 상응하는 수준인지(비례의 원칙) 등도 아울러 고려될 수 있다.

이때 문제될 수 있는 것은 공정거래위원회의 경쟁정책적 판단에 대해서도 사업자가 불복의 소로 다툴 수 있는지 여부이다. 소극적으로 보아야 한다. 헌법상 부여된 법원의 권한과 정부의 임무는 어디까지나 구별되지 않으면 안 되며, 공정거래정책의 정당성에 대해서까지 다툴 수 있게 될 경우 행정법원의 실질을 갖는 서울고등법원의 고유한 업무영역을 넘어서게 되기 때문이다. 아울러 다른 경우와 마찬가지로 공정거래사건에서도 법원의 역할은 1차적으로 불특정개념과 그에 따른 가치판단의 어려움에도 불구하고 언제나 법률을 일관되게 해석함으로써 수범자에게 법적 안정성을 보장하는 데에 있으며, 사업자뿐만 아니라 법을 해석하는 판사 역시 법률에 구속된다는 점에서 법원이 특정한 경쟁정책의 타당성 여부에 대해서 판단한다는 것은 바람직하지 않다. 특히 공정거래사건에서도 당사자는 소송에서의 승패에 따라 이해관계가 크게 좌우되기 마련이고, 그의 행위가 공정거래위원회의 경쟁정책적인 관념에 비추어 문제가 있다는 이유만으로 명백하게 법률을 위반하지 않는 한 법률상의 불이익을 가할 수는 없을 것이다.[12]

아울러 불복의 소에서 공정거래위원회의 심결과 재결(裁決)에서 시정조치에 대

10) 이봉의, "공정거래위원회의 재량통제", 규제연구 제11권 제1호, 2002, 18－20면.

11) 박정훈, "공정거래법의 공적 집행", 권오승 편, 공정거래와 법치, 법문사, 2004, 1047면 이하.

12) 공정거래사건에서 법원의 역할, 특히 법적 안정성에 대해서는 Gerd Pfeiffer, Grundfragen der Rechtskontrolle im Kartellverfahren, in: Schwerpunkte des Kartellrechts 1978/79, 1980, S. 5 ff.

한 명확하고 충분한 근거가 제시되지 않는 경우도 적지 않다. 심결에 명확한 근거가 제시되지 않을 경우에는 그만큼 수범자인 사업자의 예측가능성을 제한하고, 법적 안정성을 저해하며, 사실상 불복을 곤란하게 하는 결과를 가져오게 된다. 경쟁제한 여부나 예외요건의 존부 등에 대해서는 이론적으로 언제나 상반된 견해가 제시되게 마련이며, 공정거래위원회는 그중 어느 한 견해를 취한 사유를 충분히 제시하지 않으면 안 된다. 부분적으로 공정거래위원회에 법형성적 역할과 권한이 부여되었다고 해서 스스로의 권위에만 의존해서는 안 되는 것이다.

요컨대, 다양하고 변화에 민감한 법리 및 경제이론에 대해서 법원은 언제나 중립적인 입장을 취해야 하며, 법률의 엄격한 해석·적용을 통해서 법적 안정성을 도모하는 데에 기여하여야 한다. 따라서 예컨대 경쟁이론은 경쟁정책적 논의나 입법론으로서 의미를 가지며, 법원이 이를 고려하기 위해서는 우선 그것이 입법과정에 수용되어 법규범의 성격을 가지지 않으면 안 되는 것이다. 이러한 원칙은 경쟁정책을 입안하고, 각종 법령을 제안 또는 스스로 제정하며, 구체적인 사건에서 법령을 해석·적용하는 공정거래위원회의 경우에 특히 유의할 필요가 있다.

Ⅱ. 심급제 논의

공정거래위원회의 처분에 대한 불복의 소는 행정법원을 거치지 않고 곧바로 서울고등법원을 전속관할로 한다(법 제100조). 통상 행정기관의 처분에 대한 불복소송의 1심을 행정법원, 2심을 고등법원에서 담당하는 반면, 공정거래위원회 처분에 관한 불복소송을 서울고등법원의 전속관할로 하면서 대법원까지 2심제로 운영하는 것은 우리나라의 법체계상 다분히 이례적이다.[13] 통설은 공정거래소송을 2심제로 운영하는 이유를 공정거래위원회의 사건처리절차가 준사법적 형태 즉, 대심적 구조로 이루어진 심의·의결을 거쳐서 처분을 내리는 형태로 운용되기 때문이라고 설명하고 있다.[14]

그러나 이와 같은 2심제에 대한 비판이 학계와 실무에서 꾸준히 제기되고 있다.[15] 공정거래위원회의 사건처리절차가 법원에 준하는 정도의 공정성과 독립성

13) 우리나라 법체계상 불복소송이 2심제로 운영되는 법영역에는 대표적으로 특허소송과 선거소송이 있고, 행정소송에서 행정기관의 처분을 2심제로 운영하는 분야는 공정거래법이 유일하다.

14) 권오승·서정, 독점규제법(제4판), 법문사, 2020, 742면; 신동권(제3판), 1153-1154면.

을 갖추지 못하였기 때문에, 법원 단계에서 다른 사건에 비해 사후심사를 한번 더 적게 받는 것이 헌법상 재판청구권을 침해한다는 주장이 대표적이다. 일본의 사적 독점금지법이 2013년 개정을 통하여 종전의 2심제를 3심제로 바꾼 것을 계기로,[16] 공정거래소송 또한 3심제로 운영되어야 한다는 주장은 더욱 힘을 받고 있는 상황이다.

생각건대, 2심제인 공정거래소송의 심급은 공정거래소송의 고유성과 특수성을 보여주는 것이고, 통상적인 행정소송에 비하여 이례적이라는 이유만으로 3심제로 전환하는 것은 바람직하지 않다. 먼저, 심급제도는 원칙적으로 입법자의 형성의 자유에 속하는 것이라는 헌법재판소의 판례[17]에 따르면 공정거래소송이 2심제로 운영된다는 것 자체로는 재판청구권이 침해되는 등의 헌법상의 문제는 발견되지 않는다.

비교법적으로도 EU, 독일은 각각 유럽집행위원회(EU Commission) 및 독일연방카르텔청(Bundeskartellamt)의 결정에 대한 불복소송의 1심을 각각 유럽일반법원(General Court; GC)과 뒤셀도르프 고등법원의 관할로 두고, 유럽최고법원(ECJ)과 독일연방대법원(Bundesgerichtshof; BGH)에 상고할 수 있도록 하고 있다. 미국에서도 연방거래위원회의 결정에 대한 불복은 1차적으로 연방항소법원에 제기하도록 하여 2심제로 운영되고 있다. 무엇보다 2심제 운영에 따라 제기되는 당사자의 방어권 보장 등의 문제는 공정거래절차를 개선하고 불복소송에서의 심사방식과 절차를 합리화하는 방법으로 개선하는 것이 우선이다. 3심제로의 전환은 다소 시간을 두고 심사숙고해야 할 문제이다.

15) 조성국, "피조사기업의 절차적 권리보장에 관한 주요 쟁점", 경쟁과 법 제6호, 2016, 22면.
16) 한도율, "일본 독점금지법상 3심제 도입과정과 시사점", 경쟁과 법 제6호, 2016, 63-73면.
17) 헌법재판소 1997.10.30. 선고 97헌바37 결정; 헌법재판소 2007.7.26. 선고 2006헌마551 결정.

제2절 불복의 소의 쟁점

I. 원고적격 등

공정거래위원회의 처분에 대하여 불복의 소를 제기할 수 있는 자, 즉 불복의 소에 관한 원고적격은 처분의 통지를 받거나 이의신청에 대한 재결서의 정본을 송달받는 자이다. 공정거래위원회로부터 처분의 통지를 받은 자는 바로 피심인을 말하며, 따라서 공정거래위원회가 의결서의 요지 등을 통지하게 되는 신고인이나 이해관계인은 불복소송을 위한 원고적격을 갖지 않는다. 그런데 피심인을 제외한 제3자도 경우에 따라서는 공정거래위원회의 처분에 대하여 중대한 이해관계를 가질 수 있고, 나아가 공정거래위원회의 절차에 어떤 형태로든 참여한 자도 처분의 적법 타당성을 다툴 필요가 있을 수 있다. 이처럼 공정거래위원회의 처분에 대한 불복의 여지를 확대할 경우 그만큼 사건처리절차의 공정성과 투명성을 제고할 수 있다는 점에서 원고적격을 입법적으로 손질할 실익이 있어 보인다.

이를테면 공정거래법 위반행위 중에서도 경쟁제한적 기업결합의 제한과 같이 비교적 순수하게 경쟁만을 보호하는 경우와 달리 불공정거래행위의 금지는 해당 법위반행위의 상대방이 가지는 개별적·직접적·구체적 이익을 보호하는 취지가 포함되어 있다고 볼 수 있고, 그러한 경우에는 비록 행정처분의 직접 상대방이 아닌 제3자도 취소소송을 제기하여 당해 처분의 당부에 관한 판단을 받을 수 있도록 불복의 소를 제기할 수 있는 이해관계인의 요건과 범위를 확대하여 규정하는 것이 바람직할 것이다.[18] 이와 관련하여 유럽경쟁법 상 이해관계 있는 제3자도 유럽집행위원회의 처분을 다툴 수 있도록 하는 예를 참고할 만하다.

한편, 간혹 보조참가의 허용 여부가 다투어지는 경우가 있다. 행정소송사건에서 참가인이 한 보조참가는 행정소송법 제16조가 규정한 제3자의 소송참가에 해당하지 않더라도, 민사소송법상 보조참가(補助參加)의 요건을 갖춘 경우에 허용된다(이른바, '공동소송적 보조참가').[19] 그리고 민사소송법 상 보조참가는 소송결과에 이해

18) 대법원 2015.7.23. 선고 2012두19496, 19502 판결. 이 사건 판결에서는 교수협의회와 총학생회가 교육부의 이사선임처분을 다툴 법률상 이익이 있는지에 관하여 적극설을 취하고 있다.

19) 대법원 2013.3.28. 선고 2011두13729 판결 등 참조.

관계가 있는 자가 할 수 있는데, 여기서 이해관계란 '법률상 이해관계'를 말하는 것으로서 당해 판결의 기판력이나 집행력을 당연히 받는 경우 또는 당해 판결의 효력이 직접 미치지는 않더라도 적어도 그 판결을 전제로 하여 보조참가를 하려는 자의 법률상 지위가 결정되는 관계에 있는 경우를 의미한다.[20] 불복의 대상인 처분에 이해관계를 가진 자는 보조참가를 신청할 수 있고, 법원은 신청인의 대표성 유무와 소송참가의 필요성 및 그로 인하여 절차가 지연될 우려 등을 종합적으로 고려하여 허가 여부를 결정하게 될 것이다.

대법원은 공정거래위원회가 명한 시정조치에 대한 불복소송에서 당해 시정조치가 사업자의 상대방에 대한 특정 행위를 중지·금지시키는 것을 내용으로 하는 경우에, 당해 소송의 판결 결과에 따라 해당 사업자가 특정행위를 계속하거나 또는 그 행위를 할 수 없게 된다는 점에서 그 행위의 상대방은 그 판결로 법률상 지위가 결정된다는 의미에서 이해관계를 가진 자로 볼 수 있으므로 공정거래위원회를 보조하기 위하여 보조참가를 할 수 있다고 결정한 바 있다.[21]

Ⅱ. 불복의 대상

공정거래법상 불복의 소는 이의신청을 거친 경우에는 공정거래위원회의 재결을 대상으로, 그렇지 않은 경우에는 공정거래위원회의 처분을 대상으로 이루어진다. 1999년의 제7차 공정거래법은[22] 필요적 전치주의(必要的 前置主義)에서 임의적 전치주의로 변경하였기 때문에, 공정거래위원회의 처분에 불복하는 자는 이의신청을 거치지 않고 곧바로 원처분을 대상으로 취소소송을 제기할 수 있다. 그렇다면 불복의 대상이 되는 처분이 무엇인지와 관련하여 몇 가지 쟁점을 살펴보자.

1. 시정권고

시정권고란 법위반행위가 존재하나 공정거래위원회가 정식으로 심결을 거쳐 이를 시정할 시간적 여유가 없거나 시간이 경과할 경우 피해가 커질 우려가 있거나 또는 위반행위자가 위반사실을 인정하고 이를 즉시 시정할 의사를 명백히 밝힌 경

20) 대법원 2007.2.8. 선고 2006다69653 판결 등.
21) 대법원 2013.7.12. 자 2012무84 결정.
22) 1999.2.5. 개정, 법률 제5813호.

우에 당해 사업자나 사업자단체에 대하여 시정방안을 정하여 이에 따를 것을 권고하고 절차를 종료하는 것이다(법 제88조 제1항, 절차규칙 제58조 제1항). 시정권고를 받은 자가 이를 '수락'한 경우에는 공정거래법에 의한 시정조치가 행해진 것으로 본다(법 제88조 제3항). 피심인이 시정권고를 수락한 이후 다시 이를 다툰다는 것은 생각하기 어려우나, 해석상 시정권고의 수락으로 시정조치가 확정되는 것은 아니므로 이의신청이나 불복의 소를 제기할 수 있다고 보아야 한다. 다만, 사업자가 시정권고를 수락하지 않는 경우에는 다시 정식절차에 따라 시정조치가 내려질 것이므로 굳이 시정권고를 소로 다툴 실익은 없을 것이다.

2. 경고조치

당초 법원은 공정거래위원회가 법위반의 정도가 미약하다고 판단하여 경고조치를 내린 경우에 일관되게 그 처분성을 부인해왔다.[23] 그 후 서울고등법원은 경고가 누적될 경우에 추후 과징금 부과 시 위반행위의 횟수로서 참작될 수 있다는 점을 근거로 경고라도 처분에 해당한다고 판시하였고,[24] 그 연장선에서 대법원은 표시·광고법 위반 사건에서 공정거래위원회의 경고(의결)가 장래 과징금 부과 여부나 그 정도에 영향을 주는 고려사항이 되어 사업자의 자유와 권리를 제한하는 행정처분에 해당한다고 보았다.[25] 공정거래위원회의 경고에 대해서도 불복의 소가 제기될 수 있는 것이다.

3. 무혐의 또는 각하 등

공정거래위원회가 신고의 내용에 따른 조치를 취하지 않고 이를 거부하는 취지로 무혐의 또는 각하한다는 내용의 회신을 신고인에게 한 경우에 이것은 신고인의 권리·의무에 아무런 영향을 미치지 않는 것으로서 항고소송(抗告訴訟)의 대상이 되는 행정처분에 해당하지 않는다.[26] 신고란 공정거래위원회에 대하여 법위반사실에 관한 조사의 직권발동을 촉구하는 단서를 제공하는 것에 불과하여 신고인이 그

23) 서울고등법원 2006.10.12. 선고 2005누27668 판결; 2002.12.3. 선고 2002누433 판결; 2001.8.23. 선고 2001누3732 판결 등.

24) 서울고등법원 2011.1.12. 선고 2010누17344 판결.

25) 대법원 2013.12.26. 선고 2011두4930 판결.

26) 대법원 2000.4.11. 선고 98두5682 판결.

신고내용에 따른 적당한 조치를 취하여 줄 것을 요구할 수 있는 구체적인 청구권을 갖지는 않기 때문이다.[27] 다만, 공정거래위원회의 무혐의 결정은 심사불개시결정과 마찬가지로 헌법재판소법상 공권력의 행사에 해당하고, 자의적인 무혐의 결정은 국민의 평등권을 침해할 수 있으므로 헌법소원의 대상이 될 수 있다.[28] 공정거래위원회의 심사불개시결정[29]이나 심의절차종료결정도 항고소송의 대상인 처분에는 해당하지 않는다.

4. 고발의결

공정거래위원회는 법위반행위가 명백하고 중대한 경우에 고발의결을 할 수도 있는바, 이때의 고발에 대해서도 피고발인이 불복의 소를 제기할 수 있는지가 다투어진 바 있다. 판례는 공정거래위원회의 고발이란 수사의 단서에 불과할 뿐 그 자체가 국민의 권리·의무에 어떤 영향을 미치는 것이 아니고, 특히 공정거래법 제129조는 공정거래위원회의 고발을 동법 위반죄의 소추요건으로 규정하고 있어서 공정거래위원회의 고발조치는 관할당국에 대하여 형벌권 행사를 요구하는 행정기관 상호 간의 행위에 불과하여 항고소송의 대상이 되는 행정처분이라 할 수 없으며, 더욱이 공정거래위원회의 고발의결은 행정청 내부의 의사결정에 불과할 뿐 최종적인 처분은 아닌 것이므로 이 역시 항고소송의 대상이 되는 행정처분이 아니다.[30]

5. 동의의결

동의의결의 신청인은 공정거래위원회가 의결한 동의의결에 대해 불복의 소를 제기할 수 있는가? 공정거래법은 이와 관련하여 아무런 규정을 두고 있지 않다. 동의의결은 신청인이 자발적으로 제출한 시정방안에 기초한 것이므로 신청인이 이에 대해 불복하는 경우는 주로 절차상의 문제이거나 동의의결이 취소된 경우에 한할 것이다. 나아가 동의의결로 인하여 피해를 입을 우려가 있거나 법률상·경제상 이해관계에 변동이 생길 수 있는 제3자가 동의의결의 내용을 다투는 경우도 상정할 수 있을 것이다.[31] 동의의결에 관한 한 공정거래위원회의 재량이 더욱 광범위하게

27) 대법원 1989.5.9. 선고 88누4515 판결.
28) 헌법재판소 2002.6.27. 선고 2001헌마381 결정; 헌법재판소 2012.12.27. 선고 2011헌마280 결정.
29) 대법원 2000.5.29. 선고 2000두1188 판결; 2006.9.8. 선고 2006두8839 판결 등.
30) 대법원 1995.5.12. 선고 94누13794 판결.

허용되는 현실 또한 불복수단을 강화할 필요성을 뒷받침해준다.

생각건대, 동의의결 또한 법적 성격에 비추어 공정거래위원회의 처분에 해당한다. 현행법상 이의신청에 관한 규정(법 제96조) 및 불복의 소의 전속관할에 관한 규정(법 제100조), 동의의결에 관한 규정(법 제89조 및 제91조)을 문리적으로 해석할 때 동의의결에 대한 불복의 소는 얼마든지 가능하다. 다만, 동의의결의 취지인 신속한 사건해결을 고려하여 제한적인 경우에만 불복을 인정할 필요가 있다는 점에서[32] 구체적으로 불복사유를 어떻게 제한할 것인지가 관건이며, 이것은 입법적으로 해결할 문제이다.

Ⅲ. 특수한 쟁점

1. 헌법재판소의 권한과 그 한계

공정거래위원회의 처분은 피심인이 이를 다투지 않거나, 다투는 경우에는 서울고등법원을 거쳐 대법원 판결을 통하여 최종 확정된다. 그런데 공정거래위원회가 무혐의결정이나 각하 등 법위반을 인정하지 않는 결정을 내리는 경우에는 어려운 문제가 발생한다. 무혐의결정 등은 불복의 대상인 처분에 해당하지 않는 반면, 헌법소원의 대상은 될 수 있기 때문이다.

대표적인 사례로 헌법재판소는 현대오일뱅크가 인천정유와의 판매대리점계약 갱신을 거절한 행위에 대하여 공정거래위원회가 내린 무혐의결정을 뒤집고, 당해 행위가 공정거래법상 부당한 거래거절에 해당한다고 보아 무혐의결정을 취소하였다.[33] 뒤이어 인천정유가 현대오일뱅크를 상대로 제기한 판매대리점계약의 존속확인소송에서 법원은 헌법재판소와 달리 부당한 거래거절을 인정하지 않았고, 그 결과 원고패소판결이 확정되었다.[34]

여기서 두 가지 쟁점이 발생한다. 첫째, 헌법재판소가 공정거래위원회의 무혐의결정이 청구인(인천정유)의 평등권과 재판절차상의 진술권을 침해한 공권력행사

---

31) 최난설헌, "공정거래법상 동의의결제도에 대한 불복절차와 관련한 비교법적 검토", 경쟁법연구 제26권, 2012, 174-175면.

32) 최난설헌, 위의 글(2012), 197면.

33) 헌법재판소 2004.6.24. 선고 2002헌마496 결정.

34) 대전고법 2004.6.24. 선고 2003나4974 판결; 대법원 2008.2.14. 선고 2004다39238 판결.

라고 결론 내리는데 그치지 않고 특정 사안에 대하여 공정거래법 위반 여부를 적극적으로 판단하는 것이 적법한지, 그렇다면 그러한 태도가 대법원과의 역할분담에 반하지는 않는지가 문제된다. 생각건대, 헌법재판소는 공정거래위원회의 무혐의결정이 헌법상 보장된 기본권을 침해하는지 여부를 판단하는데 그쳐야 하고, 그것이 헌법재판소에게 맡겨진 본연의 책무이다. 따라서 위 사건의 경우에 현대오일뱅크의 행위가 불공정거래행위에 해당하는지에 관한 실체법적 판단은 대법원을 통하여 최종적으로 확정되는 것이 타당할 것이다.

둘째, 현실적으로 헌법재판소가 이와 같은 한계를 지키지 않은 채 공정거래법 위반을 인정한 상태에서 이후 대법원이 법위반을 부인하는 경우에 발생하는 충돌을 어떻게 해소할 것인지도 의문이다. 결론적으로 마땅한 방법이 없다. 공정거래위원회로서는 헌법재판소의 결정에 따라 당해 사안을 재조사하게 되더라도 결국 대법원이 부당한 거래거절에 해당하지 않는다는 결론을 내린 상태이므로 그와 다른 결론에 도달할 가능성은 전혀 없을 것이다. 결국 위 사건에서 인천정유는 헌법재판소로부터 법위반이라는 결정을 받아놓고도 막상 법원으로부터는 판매대리점계약의 존속을 보장받지 못하게 됨으로써 사법에 대한 신뢰가 저해될 수밖에 없는 것이다. 향후에는 이러한 상황이 재발하지 않도록 헌법재판소가 자신의 권한의 한계를 적절히 지켜주는 수밖에 없어 보인다.

2. 자진신고 관련 선행처분의 취소

공정거래위원회가 예컨대 부당한 공동행위를 한 사업자에게 과징금 부과처분(선행처분)을 한 뒤 다시 자진신고자나 조사협조자에 대한 사건을 분리하여 과징금 감면처분(후행처분)을 한 경우에 당해 사업자는 선행처분의 취소를 구하는 소를 제기할 수 있는가? 대법원은 이 경우 후행처분은 자진신고감면까지 포함하여 그 처분의 상대방이 실제로 납부하여야 할 최종적인 과징금액을 결정하는 종국처분이고, 선행처분은 이러한 종국처분을 예정하고 있는 일종의 잠정적 처분으로서 후행처분이 있을 경우 선행처분은 이에 흡수되어 소멸한다는 이유로 선행처분의 취소를 구하는 소는 부적법하다고 판시하였다.[35] 이 문제는 실무상 특히 제소기간의 기준을

35) 대법원 2015.2.12. 선고 2013두6169 판결. 원심 또한 선행처분을 '중간적 처분'이라 부르는 점 외에는 대법원과 같은 취지의 판결을 내린 바 있다. 서울고등법원 2012.11.28. 선고 2011누46387 판결. 대법원이 사용한 잠정적 처분이라는 용어가 강학상 '잠정적 행정행위'를 의미하는지는 다툼의 여

판단함에 있어서 의미를 가질 것이다.

이러한 태도는 종래 경정처분(更正處分)에 관하여 이원적인 태도를 취한 판례와 일견 상이한데, 그에 따르면 행정청이 과세처분을 한 후 이를 감액하는 감액경정처분은 당초 처분의 일부 효력을 취소하는 처분으로서 소송의 대상은 경정처분으로 인하여 감액되고 남아 있는 당초 처분인 반면,[36] 증액경정처분의 경우 당초 처분은 증액경정처분에 흡수되어 독립한 존재가치를 상실하여 당연히 소멸하므로 증액경정처분만이 소송의 대상이 된다고 한다.[37]

그런데 자진신고나 조사협조를 전제로 한 과징금 감면은 통상 공정거래위원회의 이의신청절차에서 이루어지는 과징금 감면이나 경정처분과 달리 당초 과징금을 부과할 때부터 예정되어 있던 것으로서(법 제44조 제1항, 영 제51조 제1항, 제2항), 그 이전의 과징금 부과처분은 처음부터 독립적인 존재가치를 갖는다고 보기 어렵다. 선행처분이 어떤 이유로든 변경되어 별도의 종국처분이 있게 되면 선행처분은 언제나 잠정적 처분이 된다고 일반화할 수는 없으며, 선행처분과 후행처분의 관계에 따라 전자의 법적 성격이 달라지는 것이다. 그리고 잠정적 처분을 논하기 위해서는 선행처분이 다분히 예비적인 것으로서 종국적인 후행처분으로 이어질 수밖에 없는 관계가 성립하여야 한다는 점에서 과징금 감면처분에 관한 대법원의 태도는 결론에 있어서는 타당하나 그 근거는 적절하지 않아 보인다.

3. 처분사유의 추가·변경 등

시정명령 및 과징금 부과처분을 다투는 행정소송 중에 공정거래위원회가 처분사유를 변경하여 새로운 처분을 내리는 경우에는 이른바 처분변경을 이유로 소의 변경을 신청할 수 있다(행정소송법 제22조 제1항). 그 밖에 불복의 소가 법원에 계속 중인 상태에서 공정거래위원회가 처분사유를 추가할 수 있는가? 경우를 나누어 살펴보자.

가. 예비적 처분사유를 추가한 경우

한국공항공사의 거래상 지위남용(불이익제공)이 문제된 사건에서 공정거래위원

지가 있으나, 이 판결은 잠정적 처분이라는 용어를 사용한 첫 번째 사례라는 점에서 그 의미가 적지 않다.

36) 대법원 2009.5.28. 선고 2006두16403 판결.

37) 대법원 2000.9.8. 선고 98두16149 판결.

회는 서울고등법원 단계에서 예비적 처분사유로 가격차별행위에도 해당한다고 주장하였다. 이에 대하여 서울고등법원은 이 사건 처분은 당초 공정거래위원회가 불이익제공에 해당한다는 이유로 시정조치를 한 것으로서, 공정거래위원회가 예비적으로 주장하는 '가격차별'과는 그 적용법조 및 금지요건을 달리할 뿐 아니라 시정조치의 내용 또한 가격차별의 경우와 같지 아니하므로, 설사 한국공항공사의 행위가 가격차별에 해당한다고 하더라도 그 처분사유 및 내용에 변경이 없는 한 불이익제공에 해당한다는 이유로 내린, 이 사건 처분이 정당하다고 볼 수는 없다고 판시하였다.[38] 대법원 또한 불이익제공과 가격차별을 불공정거래행위로 규정한 근거와 입법 취지, 요건 및 처분의 내용이 다른 점 등 여러 사정을 합목적적으로 고려하여 보면, 가격차별을 사유로 하는 시정조치와 불이익제공을 사유로 하는 시정조치는 별개의 처분이라 할 것이므로, 가격차별의 사유를 불이익제공을 사유로 하는 시정조치의 적법성의 근거로 삼을 수 없다는 점을 들어 원심을 확정하였다.[39]

나. 법령 개정 전후의 행위

흔히 생길 수 있는 쟁점은 아니지만 법령 개정으로 사업자의 소극적 부작위가 어느 시점에서 새로이 법위반행위로 인정될 수 있는지 여부가 다투어질 수 있다. 현대자동차의 부당지원행위, 즉 1995년 12월에 행해진 선급금 미회수행위가 문제된 사안에서 대법원은 자금지원행위는 자금을 지원할 의도로 자산이나 용역 등의 거래로 인한 대가인 자금을 변제기 이후에도 회수하지 아니하여 지원객체로 하여금 그 자금을 운용토록 함으로써 그 이자 상당의 수익을 얻게 하는 것과 같은 부작위행위도 포함한다고 해석함이 상당하나, 부당한 자금지원행위의 규제대상은 지원의도에 기한 자금의 제공 또는 거래행위나 자금을 회수하지 아니하는 행위 그 자체이므로 자금지원의 의도로 자금의 제공 또는 거래나 자금을 회수하지 아니하는 행위가 있으면 그 즉시 자금지원행위가 성립하는 것이고, 그로 인하여 지원객체가 얻게 되는 이익은 이러한 행위로 인한 경제상 효과에 불과한 것이므로 지원주체가 자금지원의 의도로 자금의 제공 또는 거래나 자금을 회수하지 않는 부작위가 이미 공정거래법 제5차 개정[40]에 따라, 제45조 제1항 제9호의 부당지원행위 규정이 시행되기 이전에 있었고, 위 규정이 시행된 이후에도 단순히 그러한 부작위가 계속

38) 서울고등법원 2003.5.13. 선고 2002누10072 판결.
39) 대법원 2005.12.8. 선고 2003두5327 판결.
40) 1996.12.30. 개정, 법률 제5235호, 시행 1997.4.1.

되는 데 불과한 경우에는 다른 특별한 사정이 없는 한 자금지원행위에 해당한다고 할 수 없다고 판시하였는데,[41] 결론적으로 타당하다.

위 대법원 판결에 따라 공정거래위원회는 일부 과징금 부과명령을 취소하면서 1997년 4월 부당지원행위 금지가 시행된 이후 추가로 현대종합건설에 대한 선급금 상환연기라는 별도의 부당지원행위를 들어 이 부분에 대한 과징금 납부명령을 취소하지 않았으나, 대법원은 동 행위가 1995년 12월에 문제되었던 선급금 미회수행위와는 기본적 사실관계에 있어서 동일성이 인정되지 않는 별개의 사실관계로서 새로운 처분사유가 될 수 없다고 판시하였다.[42]

다. 감액처분의 소송물

공정거래위원회는 원처분에 하자가 있는 경우에 별도의 법적 근거가 없더라도 스스로 이를 취소 또는 변경할 수 있다. 공정거래위원회가 원처분을 전부 취소한 경우에는 불복의 대상이 없어지는 것이므로 원처분을 대상으로 하는 취소소송을 제기할 수 없음은 당연하다. 문제는 원처분의 일부만을 취소하거나 과징금을 감액한 경우이다.

"군납유 입찰담합" 판결[43]에서 대법원이 과징금 부과처분을 재량권의 일탈·남용으로 보아 파기환송하였고, 그 후 서울고등법원의 심리 도중에 공정거래위원회는 일부 과징금 부과처분을 취소하였다. 이때 당초 행정소송의 소송물이었던 원처분은 전부 파기되어야 하는지가 다투어졌다. 대법원은 행정청이 부과처분의 하자를 이유로 과징금의 액수를 감액하는 경우에 그 감액처분은 감액된 과징금 부분에 관하여만 법적 효과가 미치는 것으로서 당초 부과처분과는 별개·독립의 부과처분이 아니라 그 실질은 당초 부과처분의 변경으로서 납부의무자에게 과징금의 일부취소라는 유리한 결과를 가져오는 처분이므로, 당초의 부과처분이 전부 실효되는 것은 아니라고 판시하였다.[44] 그 결과 해당 감액처분에 의하여 감액된 부분, 즉 일부취소되지 않고 남은 부분을 초과하는 부분에 대한 부과처분 취소청구는 이미 소멸하고 없는 부분에 대한 것으로서 소(訴)의 이익이 없어 부적법한 것이다.[45]

---

41) 대법원 2004.4.9. 선고 2001두6197 판결.

42) 대법원 2008.7.10. 선고 2006두14735 판결.

43) 대법원 2004.11.12. 선고 2002두5627 판결.

44) 대법원 2008.2.15. 선고 2006두4226 판결.

45) 대법원 2008.2.15. 선고 2006두4226 판결; 대법원 2017.1.12 선고 2015두2352 판결.

4. 변론주의의 한계

공정거래위원회의 처분을 다투는 소송 또한 그 본질에 있어서 행정소송이라는 점에는 의문이 없다. 전통적으로 행정소송에서도 민사소송에서와 마찬가지로 변론주의(辯論主義)가 적용된다. 행정소송법 제26조가 "법원은 필요하다고 인정할 때에는 직권으로 증거조사를 할 수 있고, 당사자가 주장하지 아니한 사실에 대하여도 판단할 수 있다."고 규정하고 있음에도 불구하고 종래 대법원은 동조를 행정소송의 특수성에서 연유하는 당사자주의, 변론주의에 대한 일부 예외규정일 뿐이고, 법원이 아무런 제한 없이 당사자가 주장하지 아니한 사실을 판단할 수 있는 것은 아니며, 기록상 현출되어 있는 사항에 관하여서만 직권으로 증거조사를 하고 이를 기초로 하여 판단할 수 있을 따름이라는 입장을 취해 왔다.[46)]

그런데 비교적 최근에는 변론주의를 완화하고 법원의 직권에 의한 석명(釋明)을 적극적으로 강조하는 판결도 종종 발견된다. 즉, "행정소송에서 기록상 자료가 나타나 있다면 당사자가 주장하지 않았더라도 판단할 수 있고, 당사자가 제출한 소송자료에 의하여 법원이 처분의 적법 여부에 관한 합리적인 의심을 품을 수 있음에도 단지 구체적 사실에 관한 주장을 하지 아니하였다는 이유만으로 당사자에게 석명을 하거나 직권으로 심리·판단하지 아니함으로써 구체적 타당성이 없는 판결을 하는 것은 행정소송법 제26조의 규정과 행정소송의 특수성에 반하므로 허용될 수 없다."는 것이다.[47)]

공정거래소송에서 변론주의를 둘러싼 문제는 공정거래위원회의 처분사유가 복잡·다양하고, 행위유형별 금지요건의 해당 여부를 판단해야 한다는 점에서 종종 중요한 쟁점으로 등장하게 된다.[48)] 판례는 다소 소극적이다. 즉, 과징금을 부과받은 사업자가 사실심의 변론종결시까지 당기순이익뿐만 아니라 자산, 자본, 부채 및 이익잉여금의 규모 등 전체적인 재정상태를 고려하여 현실적인 부담능력이 없음을 주장하지 않았고, 이익잉여금의 액수·규모 등을 확정할 자료도 제출하지 않은 이상 법원이 당기순이익을 중심으로 사업자의 현실적 부담능력을 판단한 것은 변론주의의 원칙상 위법하다고 볼 수 없다는 것이다.[49)] 그런데 보다 중요한 것은 법원

46) 대법원 1994.4.26. 선고 92누17402 판결; 대법원 2013.8.22. 선고 2011두26589 판결.
47) 대법원 2010.2.11. 선고 2009두18035 판결.
48) 정재훈, 앞의 글, 236면.

이 불복하는 원고인 사업자가 다투거나 주장하지 않고 있으나, 이미 제출된 자료나 증거를 통하여 공정거래위원회가 내린 처분의 하자를 발견한 경우이다. 생각건대, 적극적으로 해석하여야 할 것이다.

그렇다면 예컨대, 사업자가 과징금 부과처분만을 다투고 시정명령의 위법성 여부는 명시적으로 다투지는 않는 경우에도, 이미 제출된 자료에 비추어볼 때 시정명령이 비례원칙에 위배되어 지나치게 광범위하다고 판단하는 경우에 법원은 해당 시정명령의 일부를 취소할 수 있다고 보아야 한다. 이와 같은 맥락에서 부당한 공동행위에 참여한 복수의 사업자들에게 하나의 처분으로 시정명령 및 과징금 납부명령이 내려진 경우에, 법원이 제출된 증거에 기초하여 직권으로 그 중 일부 사업자에 한하여 합의의 존재를 부인하고 처분을 취소할 수도 있을 것이다.

5. 취소판결의 기속력

공정거래위원회의 처분에 대하여 패소판결이 확정된 이후 새로운 처분을 내리는 경우에 동 판결이 미치는 기속력(羈束力)의 범위가 문제될 수 있다. 공정거래위원회의 처분사유가 매우 복잡·다양하다는 점에서, 기속력의 범위 또한 쉽게 판단하기 어렵다. 특히, 공정거래위원회가 처분을 뒷받침할 새로운 증거를 확보하거나 부당성 내지 경쟁제한성을 새로이 입증하여 패소한 부분에 대하여 종전과 동일한 처분을 내릴 수 있는지가 다투어질 수 있다. 소극적으로 보아야 한다. 새로운 증거 확보나 경쟁제한성의 재입증을 통하여 기초적 사실관계의 동일성이 깨지지 않는 한 동일한 사실관계에 대하여 동일한 사유로 재처분을 하는 것이 되어 기속력에 반하기 때문이다.[50)]

49) 대법원 2015.5.28. 선고 2015두36256 판결.

50) 정재훈, 앞의 글, 240면 이하. 이 경우에는 엄밀한 의미에서 새로운 처분으로 보기 어렵다는 점에서 기판력이 적용되어야 할 것이다. 어떤 경우에도 결론은 동일하다.

제4장

민사절차

제1절 손해배상

Ⅰ. 총 설

1. 의의 및 기능

사업자 또는 사업자단체는 공정거래법을 위반하여 피해를 입은 자에 대하여 그 손해를 배상할 책임을 진다(법 제109조 제1항). 이를테면 제조업자들의 공동행위로 가격이 부당하게 인상되고 그에 따라 그 인상된 가격으로 제품을 구입한 판매업자(도·소매업자를 불문)나 소비자는 그에 따른 손해의 배상을 청구할 수 있는 것이다. 경제이론상 사업자의 경쟁제한행위에 따른 후생의 감소는 시장참여자, 특히 소비자의 손해에 상당하는 것이므로, 실제로 손해를 입은 자가 소를 제기하는 것은 국민경제상의 후생을 보호한다는 긍정적 기능을 수행하게 된다. 이와 같은 손해배상제도는 다음과 같은 점에서 공정거래법의 집행수단으로서도 중요한 역할을 담당하고 있다.

첫째, 사업자가 법위반행위로 얻은 부당이득을 환수하는 수단으로는 행정제재벌적인 성격의 과징금이나 조세로서의 부당이득세가 있으나 이는 모두 국고에 귀속되는 것이어서, 현실적인 피해자인 사업자나 소비자에게는 아무런 이익이 돌아가지 않는다. 반면, 손해배상은 공정거래위원회의 시정조치나 과징금과 무관하게 피해자가 직접 자기가 입은 불이익을 전보할 수 있게 한다.

둘째, 공정거래위원회의 시정조치나 형사벌은 과거의 법위반행위에 대한 단순한 제재에 불과하여 공정거래법을 위반한 사업자에 대하여 앞으로 이를 하지 않도록 강제하는 힘이 약하다. 이러한 역할이 제 기능을 발휘하기 위해서는 우선 사업자나 소비자가 손해배상을 용이하게 청구할 수 있어야 할 뿐만 아니라, 그 액수가 법위반사업자에게는 과징금보다도 실질적으로 과중한 부담으로 작용할 수 있는 수준이어야 한다. 이러한 점에 비추어 볼 때 현재까지 법원의 실무를 살펴보면, 손해입증상의 문제로 인하여 손해배상의 액수가 통상의 과징금에 훨씬 못 미친다는 점에서 문제를 찾을 수 있다.

마지막으로 손해배상청구는 사인이 자발적으로 사업자의 공정거래법 위반행위에 대하여 소를 제기하는 것으로, 규제당국이 일일이 수많은 사업자의 법 준수여부를 감시하는데 따른 예산 및 인력상의 한계를 보완해주는 역할을 한다. 이는 다시 말해서 직접 피해를 입은 자의 이니셔티브(initiative)에 의하여 법의 목적을 실현하는 것으로서, 경쟁정책이 그때그때 정부의 정책에 의해 좌지우지되는 것을 막고, 일관되게 법의 목표인 '자유롭고 공정한 경쟁질서'를 꾀할 수 있는 방법으로서 특히 중요한 의미를 갖는다.

한편, 피해자에게는 공정거래법상 손해배상청구권과 민법상 손해배상청구권이 선택적으로 주어진다.[1] 공정거래법상 손해배상소송은 일반 민사소송과 유사하게 피고의 보통재판적(普通裁判籍) 소재지의 지방법원 또는 불법행위지(不法行爲地)를 관할하는 지방법원을 1심 관할법원으로 한다.

2. 손해배상제도의 연혁

공정거래법상 손해배상제도는 1980년 제정 당시[2]부터 입법되어 있었다. 다만 당시에는 동법 제45조 및 제46조에 규정이 되어있었고, 1990년 제2차 개정[3]에서 제56조 및 제57조로 이동하였다. 당시 제56조 제2항에서는 "제1항의 규정에 의하여 손해배상의 책임을 지는 사업자 또는 사업자단체는 그 피해자에 대하여 고의 또는 과실이 없음을 들어 그 책임을 면할 수 없다."고 함으로써 무과실책임 성격의 손해배상제도를 규정하고 있었다. 또한, 제57조 제1항에서는 "제56조의 규정에 의한 손해배상청구권은 이 법의 규정에 의한 시정조치가 확정된 후가 아니면 이를 재판상 주장할 수 없다."고 하여 시정조치전치주의를 천명하고 있었고, 제2항에서는 손해배상청구권의 소멸시효를 1년으로 정하고 있었다.

위 제57조는 1996년 제5차 개정[4]에서 약간의 변화를 겪는데, 제1항은 단서 조

1) 대법원 2009.7.23. 선고 2008다40526 판결.
2) 1980.12.31. 제정, 법률 제3320호.
3) 1990.1.13. 전부개정, 법률 제4198호.
4) 1996.12.30. 개정, 법률 제5235호.

항을 추가하여 공정거래법상 손해배상청구권이 "민법 제750조의 규정에 의한 손해배상청구의 소를 제한하지 아니한다."고 하였고, 제2항에서는 그 소멸시효를 3년으로 연장하였다. 한편, 1999년 제7차 개정[5]에서는 기록의 송부 등에 관한 제56조의2가 추가되었다.

공정거래법상 손해배상제도가 전면적으로 변화한 것은 2004년 제11차 개정법[6]이다. 우선 개정법은 제56조에서 20년 넘게 유지되어 오던 무과실책임(無過失責任)을 규정한 제2항을 삭제하고, 제1항의 단서조항으로서 사업자 또는 사업자단체가 '고의 또는 과실이 없음을 입증한 경우'에는 손해배상책임을 면제할 수 있도록 규정하여 고의 또는 과실의 입증책임을 가해자에게 전환하였다(현행법 제109조 제1항). 또한, 제57조에서는 시정조치전치주의와 손해배상청구권의 소멸시효를 규정했던 내용을 삭제하고, 공정거래법상 손해액 인정제도를 도입하였다(현행법 제115조).

2018년 제29차 개정법[7]은 징벌배상(punitive damage)을 도입하여 일정한 법위반행위에 대해서는 발생한 손해의 3배까지 배상책임을 지도록 하였고(구법 제56조 제3항, 현행법 제109조 제2항), 자진신고자나 조사협조자에 대해서는 종전과 같이 실손해배상과 공동불법행위의 책임을 명시하였다(동조 제4항, 제5항, 현행법 제109조 제2항 단서 및 동조 제4항).

끝으로 과거의 시정조치전치주의에 관하여 첨언하자면, 구 공정거래법에서 공정거래위원회의 시정조치가 확정되기 전에 손해배상청구권의 행사를 제한한 이유는 다음과 같았다. 첫째, 그것이 공정거래법의 시행기관인 공정거래위원회의 판단을 존중하고, 법원의 판단과 공정거래위원회의 판단이 서로 충돌하는 것을 막기 위한 것이었고, 둘째, 판단의 전문성과 정책성, 일관성을 유지하기 위함이었으며, 셋째, 사적 주체가 사업자의 법위반사실을 입증하기란 사실상 불가능하므로 공정거래위원회의 판단을 기다렸다가, 이를 증거로 이용하는 것이 소비자 등에게도 더 유리하다는 것이었다. 그러나 공정거래위원회에게 공정거래법의 집행권한을 전적으로 부여하고 있는 것은 사인의 정당한 권리로서의 소권의 행사를 본질적으로 침해하면서까지 공공의 이익을 추구하라는 취지는 아닌바, 소비자가 동법 위반으로 피해를 입은 경우에는 당연히 하나의 권리로서 손해배상청구를 할 수 있어야 한다는

5) 1999.2.5. 개정, 법률 제5813호.
6) 2004.12.31. 개정, 법률 제7315호.
7) 2018.9.18. 개정, 법률 제15784호.

학계의 비판이 있어왔다. 이러한 논의는 상술한 바와 같이 2004년 제11차 법 개정[8] 시 반영되어 시정조치 전치주의를 규정한 내용을 삭제하게 되었던 것이다.

3. 손해배상청구권의 법적 성질

일본에서의 초기학설을 보면 공정거래법위반에 대한 손해배상청구권은 그 법 규정에 의해 창설된 것으로서, 민법상의 불법행위로 인한 손해배상청구권에는 해당하지 않는다고 한 경우도 있었다. 하지만 이들 견해에 대해서는 전통적인 시민법적 원리의 변화를 현대법에 조화적으로 도입하는 것을 인정하지 않는다거나, 공정거래법 위반사건이 불문처분 등에 의하여 시정조치를 받지 않는 경우에는 피해자를 구제할 방법이 없어진다는 비판이 제기되고 있다.

현재는 공정거래법상 손해배상청구권이 인정된다고 하여 민법에 기한 손해배상청구권이 배제되는 것은 아니라는 견해가 우리나라의 다수설이자 일본의 다수설 및 판례의 입장이다. 즉, 공정거래법상의 손해배상이나 민법상의 손해배상을 같은 성격의 것으로 보는 것이다.

4. 손해배상청구권자

공정거래법상 손해배상은 동법의 규정 중에서 공익을 보호하는 이외에 경쟁제한이나 불공정한 경쟁으로 인한 법익의 침해로부터 개인이나 사업자, 특히 소비자를 보호하는데 기여하는 모든 규정의 위반이 있는 경우에 인정된다. 소비자의 원고적격, 즉 피해자의 범위와 관련하여서는 공정거래법상 명문의 규정이 없으나, 형식적 당사자 개념을 취하는 우리나라에서는 손해배상청구권이 있다고 주장하는 자는 모두 원고적격을 가진다는 점에서, 소비자의 경우도 예외 없이 손해배상을 청구할 수 있음에 의문이 없다.

5. 자료제출명령 및 비밀유지명령

2020년 전부개정법[9]은 손해배상의 활성화와 집행상의 실효성을 제고하기 위해 자료제출명령 제도(법 제111조)와 비밀유지명령 제도(법 제112조 내지 제114조)를 도

---

8) 2004.12.31. 개정, 법률 제7315호.

9) 2020.12.29. 전부개정, 법률 제17799호.

입하였다.

가. 자료제출명령

법원은 부당한 공동행위(법 제40조 제1항), 불공정거래행위(법 제45조 제1항), 또는 사업자단체의 부당한 공동행위(법 제51조 제1항 제1호)를 위반한 행위로 인한 손해배상청구소송에서 당사자의 신청에 따라 상대방 당사자에게 해당 손해의 증명 또는 손해액 산정에 필요한 자료의 제출을 명할 수 있다(법 제111조 제1항). 다만, 당해 자료가 자진신고 등과 관련된 자료이거나 그 자료의 소지자가 자료의 제출을 거절할 정당한 이유가 있으면 그러하지 아니하다(동조 제1항 단서).

자료제출을 거절할 만한 정당한 이유에 관해 법원은 이를 주장하는 자료의 소지자에게 그 주장의 당부를 판단하기 위하여 자료의 제시를 명할 수 있고, 이 경우 법원은 그 자료를 다른 사람이 보게 하여서는 아니 된다(동조 제2항). 한편, 제1항에 따라 제출되어야 할 자료가 영업비밀에 해당하나 손해의 증명 또는 손해액의 산정에 반드시 필요한 경우에는 제1항 단서의 정당한 이유로 보지 아니하고, 이 경우 법원은 제출명령의 목적 내에서 열람할 수 있는 범위 또는 열람할 수 있는 사람을 지정하여야 한다(동조 제3항). 법원은 당사자가 정당한 이유 없이 자료제출명령에 따르지 아니한 경우에는 자료의 기재에 대한 상대방의 주장을 진실한 것으로 인정할 수 있고(동조 제4항), 법원은 이 경우 자료의 제출을 신청한 당사자가 자료의 기재에 관하여 구체적으로 주장하기에 현저히 곤란한 사정이 있고 자료로 증명할 사실을 다른 증거로 증명하는 것을 기대하기도 어려운 경우에는 그 당사자가 자료의 기재로 증명하려는 사실에 관한 주장을 진실한 것으로 인정할 수 있다(동조 제5항).

나. 비밀유지명령

법원은 손해배상청구소송에서 그 당사자가 보유한 영업비밀에 대하여 다음 사항을 모두 소명한 경우에는 그 당사자의 신청에 따라 결정으로 다른 당사자(법인인 경우에는 그 대표자), 당사자를 위하여 소송을 대리하는 자, 그 밖에 그 소송으로 영업비밀을 알게 된 자에게 그 영업비밀을 그 소송의 계속적인 수행 외의 목적으로 사용하거나 그 영업비밀에 관계된 이 항에 따른 명령을 받은 자 외의 자에게 공개하지 아니할 것을 명할 수 있다(법 제112조 제1항 본문). 다만, 그 신청 시점까지 다른 당사자, 당사자를 위하여 소송을 대리하는 자, 그 밖에 그 소송으로 영업비밀을 알게 된 자가 준비서면의 열람이나 증거조사 외의 방법으로 그 영업비밀을 이미 취득하고 있는 경우에는 그러하지 아니하다(동조 제1항 단서). 당사자가 소명해야 하는 사항은 다음과 같다.

① 이미 제출하였거나 제출하여야 할 준비서면, 이미 조사하였거나 조사하여야 할 증거 또는 제11조 제1항에 따라 제출하였거나 제출하여야 할 자료에 영업비밀이 포함되어 있다는 것

② 영업비밀이 해당 소송 수행 외의 목적으로 사용되거나 공개되면 당사자의 영업에 지장을 줄 우려가 있어 이를 방지하기 위하여 영업비밀의 사용 또는 공개를 제한할 필요가 있다는 것

당사자는 비밀유지명령을 신청하려면 일정 사항을 적어 서면으로 신청하여야 하며(동조 제2항 각호), 법원은 비밀유지명령이 결정된 경우에는 그 결정서를 명령을 받을 자에게 송달하여야 하는데(동조 제3항), 비밀유지명령은 당해 결정서가 송달된 때부터 효력이 발생한다(동조 제4항). 한편, 비밀유지명령의 신청을 기각하거나 각하한 재판에 대해서는 즉시항고를 할 수 있다(동조 제5항).

나아가 비밀유지명령을 신청한 자 또는 비밀유지명령을 받은 자는 비밀유지명령의 요건을 갖추지 못하였거나 갖추지 못하게 된 경우 법원에 당해 명령의 취소를 신청할 수 있다(법 제113조 제1항). 법원은 비밀유지명령의 취소를 결정하는 경우 그 결정서를 그 신청을 한 자 및 상대방에게 송달하여야 하며(동조 제2항), 취소신청에 대한 재판에 대해서는 즉시항고(卽時抗告)가 가능하다(동조 제3항). 한편, 비밀유지명령을 취소하는 재판은 확정되어야 효력이 발생한다(동조 제4항). 비밀유지명령을 취소하는 재판을 한 법원은 해당 영업비밀에 관한 비밀유지명령을 받은 자가 있는 경우에는 즉시 당해 재판을 한 사실을 알려야 한다(동조 제5항).

2020년 전부개정법[10)]은 이외에도 비밀유지명령 소송의 기록에 대한 열람 등의 청구통지에 관한 규정을 마련하였다(법 제114조).

Ⅱ. 손해배상책임의 요건

1. 법위반행위

공정거래법은 동법의 규정을 위반한 행위로 인한 손해에 대하여 법위반 사업

10) 2020.12.29. 전부개정, 법률 제17799호.

자나 사업자단체의 손해배상책임을 인정함으로써, 손해배상청구의 대상이 되는 법위반행위에 아무런 제한을 두지 않고 있다. 그리고 이 점에서 미국 경쟁법과 동일하나, 사적 독점, 부당한 거래제한 또는 불공정거래행위에 국한하고 있는 일본 사적독점금지법 제25조나 보호법규 위반행위로 인한 손해에 국한하고 있는 독일 경쟁제한방지법과는 대조적이다.

한편, 공정거래법의 규정을 위반한다는 의미는 사업자 또는 사업자단체의 행위가 동법에 비추어 위법하다는 것으로 이해해야 하고, 여기서 말하는 위법성이란, 법에서 규정하는 행위가 있었다는 것 외에 법의 목적 내지 법질서 전체에 비추어 허용될 수 없다는 성질을 말한다. 판례 또한 불공정거래행위로 인한 손해배상책임을 구하는 사건[11]에서 사업자 행위의 위법성을 시장에서의 경쟁질서 전체의 입장에서 판단해야 한다는 법리를 취하고 있다.

사업자의 행위가 위법하다는 공정거래위원회의 판단이 존재할 때 피해자는 공정거래위원회의 조사·심결 자료를 인용함으로써 자신의 손해에 대한 입증부담을 덜 수도 있을 것이다. 판례 또한, 시정조치에 있어서 공정거래위원회가 인정한 사실은 법원을 구속하지는 못하지만 사실상 추정을 받게 된다고 하는바,[12] 피해자는 본인의 피해를 입증하는 데에 있어서 공정거래위원회의 시정조치와 그 배경이 된 인정사실들을 이용할 수 있을 것이다. 이는 구 공정거래법에서 시정조치전치주의를 취하고 있을 때의 판례이지만, 그 조항이 삭제된 이후에도 충분히 원용될 수 있을 것이다.

2. 손해발생

가. 손해의 개념

공정거래법상 손해배상청구는 사업자의 법위반행위로 인한 손해가 현실적으로 발생하고 이를 피해자가 입증해야만 성립한다.[13] 이때의 손해는 가해자의 위법행위로 인하여 피해자에게 발생한 법익의 침해를 의미하는데, 공정거래법 위반행위로 인한 피해는 경제의 순환과정에 따라 광범위하게 확산될 수 있다. 따라서 공정거래법상 손해는 경쟁규범의 보호목적 범위 내에서 발생한 손해로 한정하는 것

11) 대법원 1990.4.10. 선고 89다카29075 판결.
12) 위의 판결.
13) 권오승, 경제법(제13판), 법문사, 2019, 439－440면.

이 타당할 것이다.

그 밖에 공정거래법 위반으로 인한 손해배상의 청구에서도 피해자가 정신적 피해에 대해서도 배상을 청구할 수 있는지가 문제된다. 공정거래법에 명문의 규정이 없는 이상 제한적으로 해석할 이유가 없다. 피해자 구제와 법위반행위의 예방이라는 차원에서, 그리고 공정거래법상 3배 배상제도(treble damage)는 실손해액의 3배를 상한으로 삼고 있으며, 그 사유 또한 복수 사업자나 사업자단체의 부당한 공동행위 등 매우 제한적인 범위에서 인정되고 있는 점을 고려할 때(법 제109조 제2항), 여타 법위반행위에 대한 손해배상의 범위는 가능한 넓게 해석하는 것이 입법정책상 타당하며, 가급적 정신적 피해도 배상범위에 포함시켜야 할 것이다.

나. 손해액 산정

(1) 일반원칙

손해액을 산정하는 방법은 기본적으로 차액설(差額說)에 따르는데 이는 위법행위 전후로 발생한 재산상태의 차이로 손해를 계산하는 방법이다. 우선 손해배상의 기초가 될 손해액의 기산시점이 문제된다. 예컨대 부당한 공동행위의 경우 사법상의 유·무효와 마찬가지로 공정거래위원회의 처분을 고지 받은 날과 그 처분이 확정적 효력을 갖게 되는 날 사이의 공백이 문제된다. 반면, 피해자가 공정거래위원회의 시정조치를 거치지 않고 바로 손해배상을 청구한 경우에 대해서는 판례나 학설을 찾기 어렵다.

구체적으로는 법위반행위의 유형에 따라 달라질 수 있다. 예컨대 가격담합이나 시장지배적 사업자의 지위남용으로서 가격인상이 문제된 경우에는 거래상대방인 원고가 초과로 지불한 금액 내지 경쟁가격 '이상으로 지불한 금액'(overcharge)이 되며, 원고가 실제로 지급한 금액과 법위반행위가 없었더라면 지급하였을 금액과의 차이가 바로 손해액이 된다. 이때 법위반행위가 없었더라면 지급하였을 가격을 경쟁가격을 기준으로 산정할 것인지(차액이론; als ob Theorie), 아니면 법위반행위가 있기 전에 지급하던 가격을 기준으로 산정할 것인지가 문제된다(전후이론; before and after theory). 그 밖에 법위반행위가 없는 지역의 가격을 기준으로 법위반행위가 있었던 지역과의 가격차를 기준으로 하는 방법도 생각할 수 있을 것이다(yard-stick theory). 다만, 이 방법을 적용하기 위해서는 비교대상상품의 동일성, 시장상황의 유사성이 인정될 수 있어야 한다.

그리고 거래거절이나 가격차별의 경우에는 일실이익(逸失利益; lost profit)이 손해액이 될 수 있을 것이다. 이때의 일실이익은 법위반행위가 없었더라면 기대할 수 있었을 이익을 의미하며, 법위반행위를 당하지 않은 자의 이익을 기준으로 법위반으로 피해를 입은 자의 이익과의 차이를 기준으로 할 수도 있을 것이다. 끝으로 위반행위로 인한 시장점유율의 감소분이나 위반행위로 인하여 얻지 못한 시장점유율의 증가분을 매출액으로 환산하여 위반행위가 없었을 경우의 이익을 추정함으로써 손해액을 산정하는 방법도 있다(시장점유율이론; market share theory). 이 방법은 대표적으로 신규진입이 방해된 경우에 유용할 수 있으나, 이를 위해서는 비교대상상품의 동일성, 진입이 방해된 시장과 비교대상시장의 유사성이 인정되지 않으면 안 된다는 제약이 있다.[14)]

한편, 손해액의 산정과정에서 과실상계, 손익상계(損益相計) 또는 손해액 제한의 가능성 문제가 제기될 수 있다.[15)] 불법행위에 있어 과실상계(過失相計)는 손해배상액을 정함에 있어 공평 내지 신의칙의 견지에서 피해자의 과실을 참작하는 것[16)]인데, 이는 법원이 손해배상의 책임과 그 금액을 정할 때 참작될 수 있는 것이다. 법원은 과실상계를 고려함에 있어서는 가해자와 피해자의 고의·과실의 정도, 위법행위의 발생 및 손해의 확대에 관하여 어느 정도의 원인이 되어 있는지 등의 제반사정을 고려해야한다고 판시하였다. 또한, 과실상계에 해당되지 않더라도 가해자의 책임을 적정한 범위 내로 제한할 수 있는 경우가 있는데, 이 경우에도 신의칙 내지 공평의 원칙이 고려된다.

(2) 징벌배상제

2018년 제29차 법개정[17)]으로 공정거래법 위반행위에 대한 손해배상에도 징벌배상제(punitive damages)가 부분적으로 도입되었다. 즉, 사업자 또는 사업자단체가 법 제40조(부당한 공동행위), 제48조(불공정거래행위 관련 보복조치의 금지) 또는 제51조 제1항 제1호(사업자단체의 부당한 경쟁제한행위)를 위반함으로써 손해를 입은 자에게

14) 그 밖에 손해액산정을 위해서 미국에서는 회귀분석이 이용된 예도 있는데, 이를테면 가격상승요인을 법위반행위와 물가상승 등 제3의 요인으로 나누어 각각의 기여분을 통계학적으로 추정하여, 순수하게 법위반행위에서 기인한 손해를 산출해내는 방법으로서, U.S. vs. Container Corporation of America(1977)에서 사용된 바 있다.

15) 권오승 외 6인, 독점규제법 제7판, 법문사, 2020, 382−383면(홍대식 집필부분).

16) 대법원 2012.6.14. 선고 2010다26035 판결.

17) 2018.9.18. 개정, 법률 제15784호.

발생한 손해, 즉 실손해액의 3배를 넘지 않는 범위에서 배상책임을 진다(법 제109조 제2항). 따라서 종전의 실손배상의 원칙은 위 세 가지 행위를 제외한 나머지 법위반 행위에 대해서만 적용된다. 실손배상인지 3배 배상인지와 무관하게 사업자나 사업자단체가 고의 또는 과실이 없음을 입증한 경우에는 처음부터 손해배상책임이 인정되지 아니한다(과실책임주의, 법 제109조 제1항 단서).

이와 같은 징벌배상이란 보통법(Common Law)에서 유래한 제도로서 위법성이 정도가 강한 악의적 행위에 대하여 실손해액(actual damages)을 초과하는 수준의 배상을 명하는 것이다. 미국 독점금지법상 징벌배상은 클레이튼법 제4조 a항에 따른 3배 배상(treble damages)으로 널리 알려져 있다.[18] 징벌배상은 손해의 전보를 넘어 법위반행위를 억지하기 위해 고안된 제도로서, 자기책임의 원칙에 반한다거나 재산권에 대한 과잉 침해라는 논란에도 불구하고 전격 도입되었다. 특히, 소액다수의 피해가 일반적인 담합의 경우 손해배상이 거의 이루어지지 못하는 점을 감안하면 오히려 징벌배상이 손해의 공평한 분담이라는 이념에도 더욱 부합할 수 있을 것이다.[19]

공정거래법 제29차 개정[20]에 따라 법원은 실손해액의 3배 범위에서 배상액을 정할 수 있는바, 법원은 다음 각호의 사항을 고려하여야 한다(법 제109조 제3항).

① 고의 또는 손해 발생의 우려를 인식한 정도
② 위반행위로 인한 피해 규모
③ 위법행위로 인하여 사업자 또는 사업자단체가 취득한 경제적 이익
④ 위반행위에 따른 벌금 및 과징금
⑤ 위반행위의 기간·횟수 등
⑥ 사업자의 재산상태
⑦ 사업자 또는 사업자단체의 피해구제 노력의 정도

다만, 부당한 공동행위를 자진신고하거나 공정거래위원회의 조사에 협조한

18) 미국 독점금지현대화위원회(Antitrust Modernization Committee)는 징벌배상의 목표로서 법위반행위의 억제, 위반자에 대한 처벌, 부당이득의 환수, 피해에 대한 완전배상, 사적 구제에 대한 유인제공이라는 5가지를 들고 있다. Antitrust Modernization Committee, Report and Recom －mendations, 2007, p. 244.

19) 홍명수, "공정거래법상 징벌적 손해배상제도의 도입에 관한 검토", 성균관법학 제20권 제2호, 2008, 535면.

20) 2018.9.18. 개정, 법률 제15784호.

자로서 일정한 요건을 갖춘 경우에 그 배상액은 해당 사업자가 제40조를 위반함으로써 손해를 입은 자에게 발생한 손해를 초과해서는 안 된다(법 제109조 제2항 단서). 이 경우에는 종전과 마찬가지로 실손해배상의 원칙이 적용되는 것이다. 또한 자진신고자가 3배까지 배상책임을 지는 경우에는 다른 사업자와 공동으로 제40조를 위반하여 손해를 입은 자에게 발생한 손해를 초과하지 아니하는 범위에서 민법 제760조에 따른 공동불법행위자의 책임을 진다(법 제109조 제4항). 즉, 이때에도 자진신고자는 실손해액의 범위 내에서만 다른 공동행위 참여사업자와 연대책임을 지게 된다.

그 밖에 공정거래법상 징벌배상제가 도입되었다고 하더라도 법위반행위와 손해 사이의 인과관계, 손해의 발생, 실제 입은 손해액에 대해서는 여전히 피해자인 원고가 입증책임을 진다. 종래 공정거래법 위반을 이유로 한 손해배상청구소송에서 원고가 주로 인과관계[21]나 손해액의 입증에 실패하여 패소한 점을 감안할 때 3배까지 배상한도를 확대한 것만으로는 사적집행(私的執行)의 실효성을 제고하고 이를 통하여 법위반을 억지하려는 징벌배상제의 취지를 제대로 발휘하기 어렵다. 더구나 징벌배상의 대상행위가 거의 담합이고, 담합에 따른 피해란 소비자의 소액다수인 경우가 많은데 공정거래법상 집단소송제가 부재한 상황에서 손해배상의 활성화를 기대하기는 어렵다.[22]

한편, 미국의 경우에도 독점금지법 위반행위에 대해서는 3배 배상이 규정되어 있는바(클레이튼법 제4조), 우리나라의 경우에는 실손해액의 3배까지 배상이라는 점에서 징벌배상이라는 공통점에도 불구하고 여전히 차이가 있다. 여기서 법위반사업자가 국내에 소재하거나 집행재산이 국내에 있을 경우 피해자가 3배 배상을 명하는 미국법원의 판결을 기초로 강제집행을 할 수 있는가? 종래 다수설은 징벌적 손해배상은 피해자가 입은 손해의 정도와 상관없이 가해자에 대한 제재와 일반예방을 목적으로 부과되는 형사벌적인 성격을 갖는 것이어서 손해전보를 목적으로 하는 우리나라의 사법질서에 어긋나는 것이어서 원칙적으로 공서양속(公序良俗)에 반한다고 보아 외국의 징벌배상판결의 승인·집행을 부정하고 있었다(민사소송법 제217조 제1항 제3호).[23] 다만, 이를 명분으로 실질적으로 확정재판 등의 옳고 그름을

21) 서울중앙지법 2009.6.11. 선고 2007가합90505 판결.

22) 그 밖에 절차법적 보완으로는 미국 클레이튼법 제4조 c항이 규정하는 부권소송(parens patriae action)을 고려할 수 있다.

전면적으로 재심사하는 것은 “집행판결은 재판의 옳고 그름을 조사하지 아니하여야 한다.”고 규정한 민사집행법 제27조 제1항에 반할 뿐만 아니라, 외국법원의 확정재판 등에 대하여 별도의 집행판결제도를 둔 취지에도 반하는 것이므로 허용되지 않는다.

그런데 우리나라에도 3배까지의 징벌배상제도가 일부 도입되면서 3배 배상을 명한 외국판결의 승인을 적정 범위로 제한하려는 차원에서[24] 2014년 민사소송법개정[25]으로 제217조의2가 신설되었다. 그에 따르면, 법원은 손해배상에 관한 확정재판 등이 대한민국의 법률 또는 대한민국이 체결한 국제조약의 기본질서에 현저히 반하는 결과를 초래할 경우에는 해당 확정재판 등의 전부 또는 일부를 승인할 수 없다. 생각건대, 부당한 공동행위 등에 대하여 실손해액의 3배를 한도로 삼는 징벌배상이 도입된 이상 종전과 같이 손해발생 이전 상태로의 회복을 목적으로 하는 우리나라 손해배상제도의 원칙만을 강조하여 양속위반으로 판단하는 것은 타당하지 않다. 적어도 외국판결의 청구원인이 부당한 공동행위와 동종의 유사한 위반행위인 경우에 한하여 달리 특별한 사정이 없는 한 실손해액의 3배를 상한으로 삼아 외국판결의 승인 여부를 판단하여야 할 것이고(이른바, 제한적 긍정설),[26] 그 상한 범위 내에서 또다시 공서양속 위반 여부를 검토할 필요는 없어 보인다.

(3) 손해액 인정제도

피해자는 현실적 피해의 발생을 입증함과 아울러 구체적인 손해액을 입증하여야 한다. 손해액 입증의 난점을 완화하기 위하여 공정거래법은 법위반행위로 인하여 손해가 발생된 것은 인정되나, 그 손해액을 입증하기 위하여 필요한 사실을 입증하는 것이 해당 사실의 성질상 극히 곤란한 경우에는, 변론 전체의 취지와 증거조사의 결과에 기초하여 상당한 손해액을 인정할 수 있다고 하여 이른바 ‘손해액

23) 어떤 외국의 확정판결이라도 국내에서 집행하기 위해서는 민사소송법 제217조가 정하는 외국판결의 승인요건을 갖추어 민사집행법 제26조 제1항에 따른 집행판결을 받아야 한다. 승인과 집행의 차이에 대해서는 김진오, “징벌적 배상이 아닌 전보배상을 명한 외국판결의 경우 인용된 손해배상액이 과다하다는 이유로 승인을 제한할 수 있는지 여부”, 대법원판례해설 제105호, 2016, 321면.

24) 대법원 2015.10.15. 선고 2015다1284 판결.

25) 2014.5.20. 개정, 법률 제12587호.

26) 서울고등법원 2018.3.23. 선고 2017나2005753 판결. 기본적으로 같은 취지의 견해로 남궁주현, “징벌적 손해배상을 명한 외국판결의 승인과 집행에 관한 소고”, 상사판례연구 제33집 제3권, 2020, 355, 363면.

인정제도'를 도입하고 있다(법 제115조). 동조는 2004년 제11차 공정거래법 개정[27)]을 통하여 도입되었고, 이어서 2011년 개정된 「저작권법」[28)] 제125조의2 제4항과 「상표법」[29)] 제67조의2 제1항 2문(현행법 제111조), 2014년에 개정된 「정보통신망 이용촉진 및 정보보호 등에 관한 법률」[30)] 제32조의2에도 명문화되었다.[31)] 다만 손해액 인정의 상한을 정하고 있는 이들 법률과 달리 공정거래법 제57조는 아무런 상한 없이 법관에게 비교적 폭넓은 재량을 부여하고 있다는 점이 특징이라고 할 수 있다.[32)] 2016년 개정된 민사소송법[33)] 제202조의2(손해배상 액수의 산정) 또한 거의 동일한 내용을 규정하고 있어서 손해액 인정제도는 비단 공정거래법에 특수한 것이 아니라 손해배상제도에 일반화되었다고 평가할 수 있다.

이처럼 변론 전체의 취지와 증거조사의 결과를 고려하여 그 범위 내에서 상당한 손해액을 인정할 수 있다는 것은 종래 판례가 일반 불법행위법과 계약법에서 사안의 성질상 손해액을 엄밀하게 증명하기 곤란한 경우에 법관의 재량에 의한 손해액 인정을 허용해오던 것을 확인하는 성격을 가질 뿐이다.[34)] 공정거래법 제115조는 미국 특유의 민사책임형식인 이른바 법정손해배상(statutory damages) 제도를 도입한 것으로도 이해할 수 있으나, 후자가 주로 소액다수의 피해에 적용되는 제도라는 점에서 차이가 있다. 무엇보다 아직 공정거래 관련 소송실무에서는 손해액 인정이 거의 활용되지 못하고 있다. 법원의 소극적 태도를 탓할 수도 있으나, 인과관계의 입증책임은 여전히 원고인 피해자가 부담하기 때문에, 인과관계의 입증이 지극히

---

27) 2004.12.31. 개정, 법률 제7315호.

28) 2011.12.2. 개정, 법률 제11110호.

29) 2011.12.2. 개정, 법률 제11113호.

30) 2014.5.28. 개정, 법률 제12681호. 동법의 개인정보 보호에 관한 사항은 2020.2.4. 개정된 「개인정보보호법」(법률 제16930호)으로 이관되었다.

31) 다만, 이들 법률이 정하고 있는 법정손해배상은 손해액의 증명이 그 성질상 어려운지 여부를 묻지 않고, 다시 말해서 판례상 요건을 충족하지 않는 경우에도 피해자의 선택에 따라 증명도 경감의 혜택을 누릴 수 있도록 규정되어 있다. 반면, 공정거래법 제57조는 판례와 전혀 동일한 요건을 정하고 있기 때문에 피해자가 손해액 인정제도를 활용하기 위해서는 먼저 법위반행위로 손해가 발생한 사실은 인정되지만 손해액을 산정하기가 지극히 곤란한 사정이 인정되어야 하는 것이다.

32) 손해액 인정이 법관에게 자유재량을 허용하는 것은 아니고, 간접사실들의 탐색을 위해 최선의 노력을 다하고 이를 합리적으로 평가하여 객관적으로 수긍할 수 있는 손해액을 산정하여야 한다는 점에서 합리적 재량까지 부정하는 것은 아니다. 권영준, 민법판례연구 I, 박영사, 2019, 157－158면.

33) 2016.3.29. 개정, 법률 제14103호.

34) 이동진, "개정 정보통신망법 제32조의2의 법정손해배상", 서울대학교 법학 제55권 제4호, 2014. 12, 18－19면.

곤란한 대부분의 공정거래 사건에서 막상 법관이 재량으로 손해액을 인정할 여지가 없는 측면도 부인하기 어렵다.

대법원은 "경유 담합" 손해배상 판결[35]에서 손해액 인정을 최초로 시도하면서 나름의 기준을 제시한 바 있다. 이 사건에서는 정유사들이 주유소 등에 공급하는 경유 가격을 합의하여 부당한 공동행위로 시정조치와 과징금 부과처분이 확정되었고, 그 후 화물트럭과 덤프트럭, 레미콘 등에 주유할 목적으로 경유를 구매한 자들이 정유사들을 상대로 손해배상을 청구한 것이 다투어졌다. 1심법원[36]과 원심[37]은 모두 손해발생 사실을 인정하기 어렵다거나 손해액이 충분히 증명되지 않았음을 이유로 원고들의 청구를 기각하였으나, 대법원은 이 사건에 구법 제57조(현행법 제115조)가 적용될 수 있다고 보아 원심 판결을 파기하였다. 그에 따르면 손해발생 사실이 인정되는 원고별 손해액은 각각의 경유 구매량을 알아야 산정될 수 있고, 원고별 구매량은 유류보조금 자료를 통해서만 알 수 있는바 이들 자료는 이미 1심 심리가 개시되기 전에 대부분 폐기되었으므로 손해액 증명이 극히 곤란하다고 보았다. 원고들이 주장하는 가상 경쟁가격이나 초과가격은 합리성과 객관성이 없고, 그렇다면 법원은 상당한 가상 경쟁가격 또는 초과가격을 산정하기 위한 심리를 하여야 하고, 원고들이 이를 제대로 증명하지 못하고 있다면 원고들에게 적극적으로 석명권(釋明權)을 행사하거나 경우에 따라서는 직권으로라도 상당한 가상 경쟁가격이나 초과가격을 심리·판단하였어야 한다. 구체적으로 대법원은 계량경제학적 방법에 한하지 않더라도, 합리성과 객관성이 인정되는 한, 담합으로 인한 초과가격에 대한 통계자료, 유사사건에서 인정된 손해액의 규모, 사업자가 위반행위로 취득한 이익의 규모 등을 고려하여 산정하는 방법, 담합기간 중에 담합에 가담하지 않은 정유사들의 공급가격과 담합 피고들의 공급가격을 비교하여 산정하는 방법, 국내 경유 소매가격이 MOPS 가격에 연동된다면 원고 측 보고서의 산정 결과에 일정한 조정을 하는 방법 등이 고려될 수 있다고 판시하였다.

(4) 손해전가의 항변

손해전가의 항변(passing-on defense)은 담합으로 인한 초과가격을 지불함으로써 직접구매자가 입는 손해의 전부 또는 일부를 자신의 하위 단계 구매자인 간접구

35) 대법원 2016.11.10. 선고 2014다81511 판결.

36) 서울중앙지방법원 2012.11.9. 선고 2007가합114265 판결.

37) 서울고등법원 2014.10.24. 선고 2012나99336 판결.

매자(indirect purchaser)에게 전가할 수 있고, 이 경우 직접구매자의 손해액은 전가된 손해의 전부 또는 일부를 제한 것으로 산정되어야 한다는 것을 뜻한다. 일반적인 손해액 산정은 부당한 공동행위로 인해 책정된 초과가격을 지급함으로써 발생한 손해를 전부 최종 소비자인 직접구매자가 부담하게 된다는 것을 전제로 한다. 그러나 직접구매자가 중간단계의 유통업자이거나 원재료 구매자인 경우에는 그가 입은 손해의 전부 또는 일부가 그 하위 단계에 있는 구매자인 간접구매자에게 전가될 가능성이 있고, 실손해배상 원칙을 기본으로 한다면 전가된 손해만큼은 실질적인 손해액 산정에서 제외되어야 한다. 이러한 손해전가의 항변을 허용해야 하는지에 관한 논의가 필요하다.

미국의 경우 직접구매자에게 손해전가 항변을 허용하지 않는 대신 이중배상 문제를 방지하기 위하여 간접구매자의 원고적격을 부정하는 법리가 연방대법원에 의해 확립되었다.[38] 우리나라 대법원 또한 재화 등의 가격인상이 제품 등의 판매가격 상승으로 바로 이어지는 특별한 사정이 없는 한, 양자 사이에 직접적인 인과관계가 있다거나 제품 등의 인상된 가격 폭이 재화 등의 가격인상을 그대로 반영하고 있다고 단정할 수 없다고 보면서 손해전가의 항변을 인정하지 않는 태도를 보이면서도, 다만 제품 등의 가격인상을 통하여 부분적으로 손해가 감소되었을 가능성이 있는 경우에는 이러한 사정을 참작해야 한다는 입장이다.[39] 생각건대 손해전가의 항변을 인정할지 여부는 손해 전가의 사실 및 정도, 간접구매자의 청구로 인한 이중 배상의 위험성 등 제반 사정을 고려할 때 손해분담의 공평의 원칙에 비추어 직접구매자의 손해배상액을 적정하게 제한하도록 하는 법원의 재량을 인정하는 것이 바람직해 보인다.[40]

3. 인과관계

판례와 통설은 공정거래법 위반을 이유로 한 손해배상의 경우에도 상당인과관계설을 원용하고 있다.[41] 공정거래법상 손해배상은 민법상 일반불법행위에 따른

38) 권오승 외 6인(제7판), 383면(조성국 집필부분).

39) 대법원 2012.11.29. 선고 2010다93790 판결.

40) 권오승 외 6인(제7판), 383면(조성국 집필부분); 이선희, “공정거래법 위반을 이유로 한 손해배상청구 — 부당한 공동행위로 인한 손해배상청구권을 중심으로”, 민사판례연구 제31권, 2009, 936-937면; 홍대식, “공정거래법의 사적 집행에 관한 국내 동향과 쟁점”, 경쟁저널 제145호, 2009.

41) 권오승(제13판), 442면; 서울중앙지법 2009.6.11. 선고 2007가합90505 판결.

손해배상과 동일한 법적 성격을 갖고 있다는 인식에 기초한 것으로 보인다. 위법행위와 손해 발생 사이의 인과관계(causation; Kausalität)를 원고가 입증해야 한다.

공정거래법은 법위반행위에 대한 손해배상에 관하여 일부 특칙을 정하고 있으나, 손해의 발생과 인과관계의 입증이 비교적 용이한 카르텔의 경우를 제외하고는 피해자가 여전히 구제를 받기란 매우 어렵다. 손해배상책임의 확대를 통하여 법위반사업자의 부당이득을 환수하고 법위반행위를 효과적으로 억지하기 위해서는 손해의 발생, 특히 인과관계에 관한 증명도(證明度)를 경감시켜주기 위한 별도의 장치를 마련할 필요가 있다. 우리나라 민사법분야에서 인과관계의 증명을 경감시켜주기 위한 특별조항은 찾아볼 수 없고, 대부분의 경우에 사업자의 고의·과실이나 손해(액)의 입증에 관한 것이다. 전술한 일부 법률에서 정하고 있는 법정손해배상 역시 원고의 손해(액)에 관한 증명책임을 경감시키고 있을 뿐이다.

따라서 종래 판례가 의료과오소송이나 환경오염소송에서 인과관계의 입증에 관하여 확립한 일응의 추정(prima facie) 법리를 공정거래법 위반을 이유로 한 손해배상의 특성을 고려하여 입법화하는 방안을 검토할 만하다. 이를테면 법위반행위가 경험칙 상 손해를 가져올 개연성이 크다고 인정되는 때에는 사업자가 자신의 법위반행위와 손해 사이에 인과관계가 없음을 입증하지 못하는 한 손해배상책임을 지도록 규정하는 것이다.

공정거래법 위반행위는 시장의 경쟁질서와 관련된 새로운 유형의 불법행위라는 점을 들어, 최근 환경오염소송, 의료과오소송 등의 특수소송에서 인과관계에 대한 입증책임을 완화하는 판례의 입장을 공정거래법상 손해배상소송에도 도입해야 한다고 하는 주장[42)]은 경청할 만하다.

인과관계를 입증함에 있어서 사업자의 법위반행위가 원고에게 발생한 사업상 기타 재산상 피해의 유일한 원인일 필요는 없으며, 문제의 법위반행위가 손해발생의 '중요한 또는 실질적인 원인'(material or substantial cause)이면 족하다.[43)] 이 경우에 피고는 당해 주장된 손해가 자기의 법위반행위가 아닌 제3의 원인에 의해서 발생한 것임을 반증함으로써 책임을 면할 수 있음은 물론이다.

42) 권오승(제13판), 442면.

43) Zenith Radio Corp. vs. Hazeltine Research Inc., 395 U.S 100, 114(1969).

4. 고의·과실

법 제109조 제1항 단서에서는 사업자 또는 사업자단체가 고의 또는 과실이 없음을 입증한 경우에는 손해배상책임이 없다고 규정함으로써 고의·과실을 손해배상청구권의 요건 중 하나로 포함시키고 있다.

상술하였듯이 1990년 제2차 개정[44]은 손해배상의 책임을 지는 사업자 또는 사업자단체는 고의 또는 과실이 없음을 들어 책임을 면할 수 없다고 하면서, 공정거래법상 손해배상책임을 무과실책임의 성격을 가진 것으로 규정하였다. 이는 물론 사업자나 사업자단체가 공정거래법을 위반한 경우에는 통상적으로 고의 또는 과실을 인정할 수 있겠지만, 처음부터 법률상 무과실책임을 규정함으로써 피해자의 불필요한 입증상의 곤란을 제거하고 아울러 법위반 사업자가 고의 또는 과실이 없음을 주장함에 따른 소송의 지연을 막는다는 효과가 있었다.[45] 그러나 2004년 제11차 법개정[46] 시 무과실책임을 규정한 제56조 제2항이 삭제되고, 제1항 단서로 사업자 또는 사업자단체의 고의·과실에 관한 규정이 들어옴으로써, 손해배상책임을 지는 사업자는 이를 입증함으로써 자신의 책임을 면할 수 있음이 명문상 인정된다(현행법 제109조 제1항 단서).

공정거래법과 같은 경제법령의 경우에 법 위반행위와 손해발생 사이의 인과관계만 인정되면 과실의 존재는 사실상 추정된다는 견해[47]에 따르면 고의·과실에 대한 입증책임의 전환은 원고의 입증부담을 경감시켜 손해배상제도의 실효성을 높이는 역할을 한다. 법위반 사업자가 반증을 들어 그 사실상 추정을 깨뜨릴 가능성은 물론 열려있다.

---

44) 1990.1.13. 전부개정, 법률 제4198호.

45) 독일의 경우에는 (예방적) 금지소송은 귀책사유의 유무와 상관없이 이를 제기할 수 있으나, 손해배상의 경우에는 귀책사유가 있는 경우에 한하여 소를 제기할 수 있는 것으로 되어 있다(독일 민법 제276조). 그러나 현행법은 명문으로 무과실책임을 선언하고 있다.

46) 2004.12.31. 개정, 법률 제7315호.

47) 권오승(제13판), 439면.

Ⅲ. 입증책임 및 입증의 정도

1. 개 관

법위반행위의 존재, 손해발생 및 이들 간의 인과관계에 대한 입증책임은 원고인 피해자가 부담하게 된다. 이때 어느 정도의 입증이 필요한지가 문제된다. 영미의 증거법에서는 이른바 '증거의 우월성'(preponderance of evidence) 원칙에 따라 민사소송에서 원고 측(이를테면 경쟁당국)의 입증책임이 다소 완화되어 있다. 그에 따라 원고로서는 형사사건에서의 '합리적 의심의 수준을 넘는 수준의 증명'(proof beyond a reasonable doubt)이나 행정소송에서의 '명백하고 설득력 있는 증명'(clear and convincing proof)을 할 것까지 요구되지는 않으며, 상대방 피고가 제출한 증거보다 설득력이 있는 증거를 제출하는 것으로 족하게 된다.

다만, 구체적인 금전적 손해액을 입증함에 있어서는 입증의 정도가 다소 완화되어 우월적 증거수준이 요구되지 않고, 미국 판례는 추측(speculation)이나 개산(approximation)일지라도 그것이 '공정하고 합리적인 평가'(just and reasonable estimation)이면 족하다고 한다. 이는 손해발생 사실이 입증될 경우 구체적인 손해액 산정의 불확실성에서 비롯되는 불이익은 법위반 사업자가 스스로 부담하는 것이 형평의 원칙에 부합하기 때문이다.

공정거래법 제109조 제1항 단서에 의해 사업자의 법위반행위로 피해를 본 자는 그 가해자의 고의나 과실을 입증할 필요가 없다. 그러나 가해자의 고의·과실 등의 주관적 요건은 증명을 요하지 않더라도, ① 위반행위가 존재할 것, ② 당해 위반행위로 인하여 자기가 구체적으로 손해를 입었을 것(인과관계의 문제), ③ 그 손해를 금전으로 평가한 액 등은 여전히 피해자가 이를 입증하여야 할 것인 바, 이것이 바로 손해배상청구에 있어 가장 어려운 부분이다. 특히, 시정조치의 전제가 되는 법위반사실의 존부는 강력한 조사권 등을 가진 공정거래위원회조차 그 입증이 여간 곤란한 것이 아닌 바, 이를 시정조치의 제3자인 피해자(특히 소비자)가 입증하기란 거의 불가능에 가까운 것이다. 그럼에도 불구하고 우리나라에서는 민사소송의 경우에도 행정소송에서와 마찬가지로 상당한 개연성을 요구함으로써 영미법과는 다른 태도를 취하고 있고,[48] 그만큼 피해자인 원고의 입증부담이 크다고 할 수 있다.

48) 박재완, 민사소송법 강의, 박영사, 2017, 327면.

따라서 이러한 입증의 곤란을 해결하여 피해자인 사업자 등이 조사를 위한 권한과 인원을 갖춘 공정거래위원회의 판단 및 자료를 원용할 수 있도록, 그 시정조치에 어느 정도의 증명력을 인정할 것인지가 중요한 문제로 제기되는 것이다.

2. 시정조치의 증명력

시정조치란 공정거래위원회와 같은 합의제 행정위원회가 내리는 결정의 형식을 말하며, 공정거래위원회가 공정거래법의 운용과 관련하여 법위반사실의 인정과 그에 따른 법률판단을 행한다는 점에서 법원과 유사한 준사법적 기관으로서의 성격을 갖는다는 점을 고려할 때, 그 시정조치는 법원의 재판에 준하는 성격을 갖는다. 따라서 공정거래위원회의 시정조치를 기록한 의결서는 민사소송법상 판결문과 마찬가지로 일종의 처분문서로 볼 수 있을 것이고, 이와 달리 공정거래위원회의 시정조치를 단순한 행정처분의 일종으로 보더라도, 당해 의결서가 처분문서로서의 성질을 갖는다는 점에는 의문이 없다고 본다. 따라서 이때 피해자가 증거로서 법원에 제출한 공정거래위원회 의결서에 증거능력이 있음은 물론이다.

나아가 이러한 처분문서는 그 형식적 증명력이 인정되는 한, 실질적 증명력은 당연히 인정되며, 그 증명력은 상대방이 반증에 의하여 분명하고도 수긍할 수 있는 특별한 사유가 없는 한 부정할 수 없는, 이른바 강력한 사실상의 추정이라고 이해되고 있다. 또한 이때 사실상의 추정이 인정되는 범위는 당해 의결서에 기재된 법률행위의 존재와 그 내용에 국한된다. 즉, 그러한 시정조치가 있었는지, 그리고 어떤 내용의 시정조치가 내려졌는지에 관한 사실만을 사실상 추정하는데 불과한 것이다.

따라서 시정조치에 나타난 사실인정에 관한 사항을 입증하기 위하여 의결서를 서증(書證)의 형식으로 이용하는 경우, 이는 처분문서가 아니라 일종의 보고문서로 보아야 할 것이며, 그 결과 원칙적으로 자유심증주의에 의하여 그 증명력의 판단은 법관에 일임되어 있다고 보아야 하는 것이다. 여기서 문제되는 것은 피해자구제 및 법목적 실현의 용이성을 달성하기 위하여 확정된 의결서의 내용에 일정한 법률상 내지 사실상의 추정력을 인정하는 것이 바람직한지의 여부이다. 이는 다시 말해서 공정거래법상의 손해배상청구소송의 경우에 공해소송(公害訴訟)이나 의료과오소송(醫療過誤訴訟)에서 허용되고 있는 것과 같은 증명도의 경감을 인정할 필요가 있느냐의 문제이다.

3. 학설과 판례

공정거래위원회의 시정조치가 확정된 후 공정거래법 제109조에 의한 손해배상청구가 제기되었을 때 확정된 시정조치에서 인정된 사실관계가 이와 별개인 손해배상청구소송에서 증거로 제출된 경우 어느 정도의 증명력을 갖는지에 관한 문제는 현실적으로 법위반행위의 존부에 관한 공정거래위원회가 내린 판단의 타당성 여부를 법원이 다시 심사할 수 있는가의 문제인 바, 이에 관하여는 현행법상 명문의 규정이 없으므로 부득이 기존의 해석론과 판례에 의존할 수밖에 없다. 해석론을 둘러싼 논의는 지금까지 주로 일본에서 이루어졌고, 최근 우리나라에서는 이에 관한 대법원 판결이 나온 후에야 비로소 약간의 논의가 진행되고 있다.

종래 손해배상청구소송에 있어서 시정조치의 증명력에 관해서는 다음과 같은 세 가지 견해가 대립하고 있다.

가. 전부긍정설

이는 종래 일본의 통설로서 시정조치의 종류를 불문하고 시정조치를 확정할 때 인정한 사실은 법적으로 법원을 구속한다는 견해이다. 이 견해는 원고인 피해자의 입증책임을 경감시킬 필요가 있고, 이것이 공정거래위원회 중심의 집행구조를 취하고 있는 동법의 취지와도 부합하며, 시정조치의 내용을 불문하고—시정명령이든 시정권고든 관계없이—사실인정의 법적인 추정력을 인정함으로써 손해배상을 용이하게 하는 것이 경쟁정책적 목표를 달성하는 데도 도움이 된다는 것을 그 논거로 삼고 있다.

다른 한편으로, 사업자 등이 시정조치에 대하여 불복의 소를 제기하여 원고패소판결을 받은 후 시정조치가 확정된 경우에는 이미 법원을 경유하였다는 점에서, 그리고 사업자 등이 취소소송을 제기하지 않고 시정조치가 그대로 확정된 경우에는 재판상 자백에 준한다는 점에서 전술한 바와 같은 법률상의 추정력을 인정해도 무방하다고 한다. 이 같은 전부긍정설에 의하면 법원은 피해자가 제출한 의결서에 대하여 별도의 증거평가를 할 수 없는 것이 된다.

나. 일부긍정설

이는 시정명령에서 확정된 사실은 법원을 법적으로 구속하나, 시정권고에서는 위반사실의 확인에 필요한 절차를 거치지 않는 경우가 많으므로 이 경우에는 법원을 구속하지 못한다는 견해이다. 일본의 사적독점금지법 및 우리나라의 공정거래법에서도 시정명령을 내릴 경우에는 사전에 당사자 또는 이해관계인에게 의견을 진술할 기회를 부여하고 있는 반면, 시정권고의 경우에는 이러한 절차를 요하지 않도록 규정하고 있다.

따라서 이 설은 시정조치전치주의 하에서 시정명령보다 약식의 절차인 시정권고 등에 의한 사실인정까지 법원을 구속할 경우 피해자의 재판을 받을 권리를 부당하게 침해하는 것이라는 점을 주된 논거로 하는 바, 현재 우리나라에서 이 설을 취하는 입장은 없다. 한편 일본에서 일부긍정설을 주장하는 견해에 의하면, 시정권고 외에 동의심결의 경우에도 법원에 대한 법률상의 추정이 인정되지 않는다고 한다.

또한 이 설은 일본 사적독점금지법 제80조에서 정식의 시정조치 즉, 시정명령에 대한 취소소송에서 '실질적 증거'(substantial evidence)의 법칙에 따라 공정거래위원회가 행한 사실인정의 법적인 구속력을 인정하고 있다는 점에 비추어,[49] 손해배상청구소송에서도 이를 인정하는 것이 법의 취지에도 부합한다는 점을 들고 있다.

다. 전면부정설 또는 사실상의 추정력설

이는 시정조치의 종류를 불문하고 그 법적인 구속력을 전면적으로 부정하는 견해로서 우리나라의 다수설이자 판례의 입장이다.[50] 이 설은 그 논거로서 손해배상청구권을 소송상 행사하기 위한 요건으로 시정조치의 확정을 규정한 것은 문제의 행위에 대한 '1차적인 관할권'(primary jurisdiction)을 당해 행정규제위원회에 부여하려는 것일 뿐이지 그 이상도 이하도 아니라는 점과, 공정거래위원회의 사실판단을 존중한다고 하지만 그 존중방법으로서 반드시 그 시정조치의 내용에 법적인 구속력까지 인정하여야 하는 것은 아니라는 점을 들고 있다.

그 결과 부정설은 손해배상청구소송에 있어서 공정거래위원회의 판단은 존중되어야 하고, 소송에 있어서 원고인 피해자의 입증책임을 경감할 필요성을 인정하여 그 시정조치의 사실상의 추정력을 인정하는 것으로 족하다고 한다. 즉, 공정거

49) 동조에 의하면, "공정거래위원회 심결의 취소를 구하는 소송에 있어서 공정거래위원회가 인정한 사실은 이를 입증하는 실질적 증거가 있는 때에는 재판소를 구속한다."고 규정되어 있다. 이와 같은 실질적 증거의 법칙이 인정되기 위해서는 ① 인정사실에 관한 증거가 존재할 것과 ② 합리적인 판단에 의하여 당해 증거가 인정사실에 도달할 수 있을 것, 즉 경험칙과의 관계에서 합리성이 인정되고 반증에 의해서도 그 합리성이 흔들리지 않을 것이 요구된다.

50) 대법원 1990.4.10. 선고 89다카29075 판결; 대법원 1999.12.10. 선고 98다46587 판결 등.

래위원회의 시정조치가 법원의 판단을 기계적으로 구속하는 것은 인정되지 않으나, 사실상의 추정력을 가지므로 피해자는 당해 시정조치의 내용을 중요한 증거로 하여 사업자의 위법행위를 입증할 수 있고, 반면 법위반의 사업자는 법원을 납득시키기에 충분한 반증을 들어 위반행위의 부존재를 입증하지 못하는 한, 손해배상책임을 면치 못하게 되는 것이다. 그러나 현실적으로는 시정조치가 확정된 이상 피고인 법위반사업자가 반증을 제시하는 것이 거의 불가능하므로, 결과적으로는 시정조치의 추정력을 법적으로 인정하는 것과 별반 차이가 없어 보인다.

4. 문제점과 개선방안

앞에서 살펴본 바와 같이 공정거래위원회의 판단을 전제로 심리가 진행되며, 따라서 위법행위의 존부에 관한 한 법원은 시정조치에서의 사실인정에 사실상 구속된다. 즉, 이 경우에 공정거래위원회의 사실판단은 실질적으로는 최종적인 것으로서, 가해사업자가 그 사실의 부존재에 관한 반증을 제시하지 못하는 한 동법상의 손해배상책임을 면치 못한다. 그러나 이러한 태도는 일본 또는 미국의 법제와 우리나라의 법제에서 나타나는 차이를 제대로 인식하지 못한데서 비롯되는 것으로 보인다.

가. 실질적 증거의 원칙

미국에서는 민·형사소송을 막론하고 사실심은 1심에 한하고 항소심은 법률심으로서 1심에서의 사실인정에 대해서는 실질적 증거의 존부라는 점에 한해서만—이것은 어디까지나 법률문제이다—문제 삼을 수 있다. 즉, 이러한 원칙이 각종 행정위원회의 심결에 대한 사법심사에도 적용되어, 1차적 관할권에 의하여 행정위원회가 내린 판단은 그 사실인정에 있어 최종적인 것으로 인정되는 것이다.[51] 그 결과 미국에서는 각종 규제위원회가 내린 심결의 증명력 문제가 별도로 제기되지 않는다.

또한 일본에서도 시정조치가 아직 확정되기 이전에 이에 불복하여 소를 제기한 경우에도 그 심결서에 법률상의 추정력을 명문으로 인정하고 있음에 비추어(일본 사적독점금지법 제80조), 이미 시정조치가 어떠한 형태로든 확정된 경우에 적어도 법률상의 추정력을 인정하는 것은 지극히 당연하다고도 할 수 있는 것이다.

그러나 미국과는 달리 우리나라의 경우에 항소심도 사실심인 법체계에서 공정

51) 조성국, 독점규제법 집행론, 경인문화사, 2010, 158면.

거래위원회의 시정조치에서 인정된 사실에 대하여 — 현실적으로 법률상의 추정과 별 차이 없는 — 강한 사실상의 추정력을 인정하는 것은 타당하지 않다. 더구나 일본 사적독점금지법상 시정조치에 대한 취소소송에서 명문으로 실질적 증거의 원칙을 규정하고 있고, 이 규정을 통하여 확정된 시정조치의 사실상 추정력을 논리적으로 끌어내고 있는 것과는 달리, 우리 공정거래법에는 이에 상응하는 규정이 없는 이상, 일본에서와 동일한 해석론을 전개하는 데에는 다소 무리가 있다고 본다.

나. 손해배상소송의 전속관할

미국에서는 실질적 증거의 원칙과 1차적 관할권을 통하여 독립적인 행정위원회의 판단이 실질적으로 1심의 기능을 담당하고, 일본에서는 손해배상청구소송을 동경고등재판소의 전속관할로 함으로써(일본 사적독점금지법 제81조 제2호) 행정위원회의 판단을 존중하도록 하고 있다. 반면, 우리 공정거래법에서는 공정거래위원회의 시정조치에 대한 불복의 소와는 달리, 손해배상청구소송에서 1심은 여전히 지방법원에 속함으로써 사실판단에 관한 한 별도의 고려를 하지 않고 있다. 즉, 다른 민사사건에서와 똑같이 사실문제에 대하여 두 번의 심사를 기대할 수 있는 것이다. 따라서 우리나라의 경우 구태여 시정조치의 내용에 법원이 구속될 필요는 없는 것이며, 공정거래위원회의 판단을 하나의 유력한 증거로서 판단하면 족하다.

또한 소송경제라는 측면에서 볼 때, 미국과 달리 피해자의 소권을 엄격히 제한하고 있는 이상 우리나라에서 공정거래법에 기한 손해배상청구사건은 거의 제기되기 힘들고, 따라서 사실심을 두 번 거치면서 사실에 관한 심리를 다시 행하더라도 그다지 법원에 무리가 되지는 않을 것이다.

다. 피해자구제의 용이

사실상의 추정을 지지하는 견해에 의하면, 법논리적인 면보다는 합목적적으로 이 문제에 접근할 필요가 있으며, 피해자구제의 용이성과 법목적의 실현을 촉진시키기 위해서도 사실상의 추정은 유효하게 작용한다고 한다. 그러나 시정조치를 담당하는 공정거래위원회의 독립성과 전문성, 중립성이 보장되어 있지 않은 상태에서 그에 의한 사실판단 여하에 따라 피해자의 구제 여부가 좌우되는 것이 과연 바람직할 것인지도 의문이다. 뿐만 아니라 법관도 민사소송법 및 전부개정시 신설된 여러 권한(예를 들면 문서제출명령)을 통하여 사실에 관한 조사를 충분히 할 수 있으므로, 그 자체의 증거조사절차를 통하여 시정조치에서 확정된 사실에 대한 증명도를 자유롭게 평가할 수 있도록 하는 것이 피해자의 구제에도 보다 합치할 것이다.

한편 사실상의 추정을 통하여 실질적으로는 피해자의 입증책임을 경감시켜줄 필요가 있다는 점도 사실상의 추정력설의 한 논거로 보이는 바, 공정거래법상 손해배상사건이 이른바 현대형 소송에 있어서 다수 인정되고 있는 입증책임의 경감을 필요로 하는 경우인지의 여부도 다시 검토해보아야 한다. 즉, 공해소송이나 의료과오소송과 같은 경우 이 같은 예외를 인정하는 데에는 가해자와 피해자 사이에 구조적인 힘의 불균형이 심각하게 존재하여, 기존의 입증책임 분배원리를 그대로 적용할 경우에는 오히려 형평과 정의에 반하는 결과를 가져올 수 있다는 배려가 작용한 것으로 볼 수 있다.

라. 시정명령과 시정권고의 구별

시정조치에 사실상의 추정력을 인정하는 다수의 견해는 동시에 모두 시정조치 중에서도 시정명령과 시정권고를 구별하고 있다. 즉, 시정권고의 경우에는 당사자 사이에 공격방어의 기회가 평등하게 부여되지 않고, 그 결과 당사자의 참가에 따른 사실존부의 확인이 행해지지 않는다는 점을 들어 시정명령보다는 그 추정력이 약하다고 한다. 그러나 실제로 미국의 경우에도 사실상의 추정의 인정 여부는 절차적 보장의 유무가 아니라 법목적의 실현 여부에 보다 근본적으로 의존하고 있다는 점에서, 절차의 경유 여부에 따라 추정력의 강약을 정할 필요는 없다고 본다.

특히 앞에서 살펴본 바와 같이 시정조치의 사실상의 구속력을 인정하지 않고, 법관의 자유심증에 따른 증거평가의 문제로 이를 해결하고자 한다면, 시정조치와 시정권고는 법관의 심증형성에 영향을 줄 수 있을 뿐이라고 해야 한다.

Ⅳ. 소멸시효

1. 문제의 소재

여타의 부당한 공동행위와 마찬가지로 입찰담합 또한 소비자를 비롯한 거래상대방에 대하여 경쟁제한에 따른 불이익 내지 손해를 발생시키는 것이 통상의 예이다. 그 결과 공정거래위원회가 입찰담합을 적발하여 시정조치와 과징금을 부과한 이후 거래상대방이 손해배상을 청구하는 수순을 밟는 것이 일반화되어 있다. 그런데 담합이 적발되더라도 공정거래위원회의 조사와 심의를 거치는 동안에 적지 않은 시일이 경과하게 되므로, 막상 의결을 통하여 법위반행위가 공개된 이후 피해자가 손해배상을 청구하고자 할 때에는 이미 소멸시효(消滅時效)가 완성되는 일이 종종 발생하게 된다.

우리나라에서 종래 판례가 입찰담합에 따른 손해배상 청구소송에서 소멸시효의 기산점으로 삼고 있는 것은 입찰일이나 낙찰일, 체결일, OEM 물량배분종료일 등으로 다양하여, 피해자로서는 손해를 전보 받을 수 있을지에 대한 예측가능성이 그리 높지 않다. 공공입찰의 경우 피해자는 대한민국(국가)으로서, 법무부가 시효의 완성으로 인하여 손해배상을 받지 못할 경우 곧바로 국민들의 피해로 이어진다는 점에서 적정한 소멸시효의 기산점을 해석론으로나 입법을 통하여 명확히 정할 필요가 있다.

이러한 맥락에서 공정거래법은 법위반행위로 인한 사업자의 손해배상책임을 명정하는 한편 일련의 특칙을 두고 있으나, 정작 중요한 소멸시효에 대해서는 민법의 일반규정에 맡기고 있다. 여기서 처분시효와 소멸시효 사이에 기산점의 불일치와 담합의 특성을 충분히 고려하지 않는 법원의 전통적인 접근방법은 공정거래법상 손해배상청구권의 소멸시효 완성 여부에 관하여 많은 불확실성과 불합리함을 예고하고 있다.

민법상 일반적인 소멸시효의 기산점에 관한 판례법리는 (입찰)담합의 특성을 충분히 고려하는 한편, 손해배상을 통한 억지효과를 제고하고 법적 안정성을 확보하는 데에 기여할 수 있는 방향으로 해석되어야 하고, 궁극적으로 공정거래법에 소멸시효에 관한 객관적이고 합리적인 규정을 마련할 필요가 있을 것이다. 입찰담합에 따른 손해배상청구소송에서 소멸시효의 기산점을 합리적으로 판단하기 위해서는 먼저 민법 제750조의 불법행위에 대한 손해배상의 경우에 대한 소멸시효의 일반원칙을 살펴보고, 입찰담합에는 어떠한 특성이 추가로 고려되어야 할 것인지를 살펴보아야 한다. 공정거래법상 손해배상에는 비단 손해의 전보(塡補; compensation)만이 아니라 동시에 법위반행위의 억지(抑止; deterrence)를 목적으로 삼고 있다는 점도 아울러 고려되지 않으면 안 된다.

2. 손해배상청구권의 소멸시효와 입찰담합의 특성

가. 입찰담합과 민법상 소멸시효

고의 또는 과실로 인한 위법행위로 타인에게 손해를 가한 자는 그 손해를 배상할 책임이 있다(민법 제750조). 이러한 불법행위로 인한 손해배상청구권은 피해자나 그 법정대리인이 그 손해 및 가해자를 안 날로부터 3년간 이를 행사하지 않거나, 불법행위를 한 날로부터 10년을 경과한 때에 시효로 인하여 소멸한다(민법 제766조 제1항, 제2항). 흔히 전자를 단기소멸시효, 후자를 장기소멸시효라 한다.

그런데 공정거래법 위반행위로 인하여 피해를 입은 자는 그 배상을 청구할 권리를 갖는데(법 제109조 제1항 본문), 동법은 고의·과실의 입증책임 전환(동항 단서)이나 손해액 인정제도(법 제115조) 등을 규정하고 있을 뿐 손해배상청구권의 소멸시효에 대해서는 아무런 규정을 두지 않고 있다. 종래 학설은 공정거래법 위반행위가 그 성질상 민법상 불법행위와 동일하므로, 그로 인한 손해배상청구권의 소멸시효 또한 민법 제766조 제1항 및 제2항에 따라 그 손해 및 가해자를 안 날로부터 3년 또는 법위반행위를 한 날로부터 10년이 적용된다고 한다.[52] 여기서 '손해 및 가해자를 안 날'이란 손해의 발생, 위법한 가해행위의 존재, 가해행위와 손해의 발생과의 사이에 상당인과관계가 있다는 사실 등 불법행위의 요건사실에 대하여 현실적이고도 구체적으로 인식하였을 때를 의미하고, 구체적으로는 개별 사건의 여러 객관적 사정을 참작하고 손해배상청구가 사실상 가능하게 된 상황을 고려하여 합리적으로 인정하여야 한다.[53]

통상적으로는 공정거래위원회의 심결이 확정되는 시점에 요건사실에 대한 현실적이고 구체적인 인식이 있다고 볼 것이나, 공정거래위원회의 처분이 행정소송에 의하여 다투어지고 있다면 행정소송 판결이 확정된 때에 비로소 공정거래법 위반으로 인한 손해의 발생을 현실적이고도 구체적으로 인식하였다고 보아야 할 것이며, 특별한 사정이 없는 한 공동행위에 참가한 사업자들 모두에 관한 행정소송 판결이 확정될 필요는 없고 그중 1인에 대해서 판결이 확정되었더라도 관련 사업자들 전부의 불법행위를 현실적이고 구체적으로 인식하였다고 보아야 한다.[54]

52) 양대권·김대영, "부당한 공동행위의 시효와 관련된 실무상 쟁점", 경쟁과 법 제5호, 서울대학교 경쟁법센터, 2015.10, 30면.

53) 대법원 2014.2.27. 선고 2012다67061 판결; 대법원 2008.4.24. 선고 2006다30440 판결 등.

마찬가지로 「국가재정법」은 국가가 발주하는 공공입찰에서 발생한 담합을 이유로 한 국가의 손해배상청구권은 금전의 급부를 목적으로 하는 국가의 권리로서, 다른 법률에 시효에 관한 정함이 없는 한 5년 동안 행사하지 아니하면 시효로 소멸한다(동법 제96조 제1항)고 규정하고 있을 뿐이고, 소멸시효의 '기산점'에 대해서는 아무 것도 규정하지 않고 있다. 그런데 동법 제96조 제3항이 시효와 관련하여 다른 법률의 규정이 없는 때에는 민법의 규정을 적용하도록 명시하고 있기 때문에, 이 경우에도 국가의 손해배상청구권은 손해 및 가해자를 안 날로부터 3년 또는 불법행위가 있은 날로부터 5년의 소멸시효가 적용되게 된다. 따라서 장기소멸시효의 경우에 한하여 민법상 손해배상청구권의 절반에 불과한 짧은 장기소멸시효가 적용되는 것이다. 「지방재정법」 제82조에 따른 손해배상의 경우도 마찬가지이다.

나. 처분시효와의 관계

공정거래법이 처분시효를 정한 취지가 무엇인지에 대해서는 그다지 알려진 바 없으나, 이 부분은 민법상 소멸시효와의 관계를 이해하는데 중요한 단초가 된다는 점에서 매우 중요한 의미를 갖는다. 생각건대, 공정거래법이 처분시효를 명정한 것은 무엇보다 행정의 예측가능성과 거래의 안전에서 그 취지를 찾아야 한다. 공정거래위원회가 일정 기간 조사조차 개시하지 않거나 조사를 개시하였더라도 일정 기간 아무런 조치를 내리지 않고 있다면, 사업자로서는 당해 행위가 법위반 또는 무효가 아니라고 예견하게 될 것이고, 많은 시장참가자들이 오랜 기간 문제된 사업자와 다수의 거래를 체결하게 될 것이기 때문이다.

반면, 민법상 소멸시효란 권리를 행사할 수 있음에도 불구하고 권리불행사의 상태가 일정기간 계속될 경우에 권리관계의 확정, 다시 말해서 법적 안정성을 위하여 권리소멸의 효과를 발생시키는 제도이다. 따라서 소멸시효의 전제조건은 피해자가 자신의 권리를 인식하고 이를 행사하는데 아무런 제약이 없음에도 불구하고 권리를 행사하지 않는 부작위상태가 일정기간 계속되어야 한다는 점이다. 그렇다면 과연 입찰담합의 경우에 피해자가 손해배상청구권을 행사할 수 있는 시점은 언제부터일지 생각해보아야 한다. 손해전보와 아울러 법위반행위의 억지를 목적으로 하는 공정거래법상 손해배상제도의 특성을 감안할 때, 처분시효나 민법상 소멸시

54) 대법원 2014.9.4. 선고 2013다215843 판결; 대법원 2014.8.28. 선고 2013다16619, 2013다16626(병합) 판결 등.

효와 차별화된 해석론이 필요할 것이다.

다. 입찰담합의 특성

문제는 통상의 불법행위와 입찰담합(入札談合; bid rigging)이 그 성질 면에서 다르다는 데에 있다. 즉, 통상의 불법행위는 피해자가 그 발생 및 존재를 인식하는 데에 그리 오랜 시일이 걸리지 않는 반면, 공정거래법 위반행위, 특히 입찰담합은 매우 은밀하게 이루어지기 때문에 법위반행위의 존재가 드러나는 데에 상당한 시일이 소요되는 경우가 일반적이다. 그리고 공정거래위원회가 입찰담합을 인지하여 조사 및 시정조치를 내린 연후에야 비로소 법위반행위가 있음을 안 날로 볼 수 있으므로, 예컨대, 입찰담합이라는 행위가 있은 후 5년이 경과한 후에 해당 담합이 인지되어 공정거래위원회가 조사를 개시하였거나 5년 이내에 조사를 개시하였더라도 시정조치 부과일이 그보다 늦다면 언제나 국가의 손해배상청구권은 시효로 소멸하는 것이 되어 국가재정상 손실을 회복할 기회가 사라지게 된다.

입찰담합이 있은 후 2년 후에 공정거래위원회가 조사를 개시하여 그로부터 2년 후 시정조치를 내리는 경우에도 사업자가 '합의'의 존재를 다투는 때에는 대법원 판결로 담합 사실, 즉 합의의 존재가 확정되는 시점에는 이미 피해자의 손해배상청구권은 마찬가지로 시효로 소멸하게 된다. 아울러 담합행위 자체가 장기간에 걸쳐서 진행되는 계속범의 성격을 갖는다는 특성도 소멸시효의 기산점을 판단함에 있어서 중요한 의미를 갖는다.

또한 입찰담합은 공동행위의 개념상 언제나 2 이상의 사업자가 참여하여 공동불법행위를 성립케 한다. 공동불법행위에 따른 손해배상책임은 복수의 불법행위자가 연대하여 부담하는 것이어서, 가장 늦게 시효가 완성되는 자를 기준으로 소멸시효의 기산점을 정하여야 한다는 점도 간과해서는 안 된다. 이러한 해석이 공정거래법 위반행위의 억지에 보다 부합할 것이기 때문이다.

라. 입찰담합의 경우 소멸시효의 기산점을 위한 일반원칙

입찰담합은 그 시기(始期)와 종기(終期) 사이에 존재하게 마련이다. 판례는 대체로 공동행위의 종기는 합의가 있었던 날이 아니라 그 합의에 기한 실행행위가 종료한 날을 의미한다고 판시하였고,[55] 처분시효의 기산점과 마찬가지로 공소시효에 대해서도 그 기산점을 '합의에 기한 실행행위가 종료한 날'로 보아야 한다고 일관

55) 대법원 2006.3.24. 선고 2004두11275 판결; 대법원 2009.6.23. 선고 2007두19416 판결 등.

되게 판시해왔다.[56] 그에 따르자면 부당한 공동행위의 일종인 입찰담합 또한 그 종료일은 그 합의에 터 잡은 실행행위가 종료한 날이 된다.

그렇다면 실행행위가 종료한 날은 과연 언제인가? 대법원은 참여사업자 일부에 대한 경우와 참여사업자 전부에 대한 경우를 나누고 있는바, 대체로 다른 사업자에게 탈퇴의사를 명시적 또는 묵시적으로 표시하고 실제로 그 합의에 반하는 행위를 한 날이라는 입장을 취하고 있다.[57] 그런데 입찰담합의 경우에는 비교적 단기간 내에 응찰과 낙찰이 이루어지고 참여사업자 대부분의 경우 투찰행위로 합의의 이행이 종료되기 때문에 위와 같은 종료일을 적용하기가 어렵다. 입찰담합의 경우 실행행위가 종료한 날이 언제인가를 별도로 따져볼 수밖에 없는 이유이다. 이와 관련하여 앞서 살펴본 입찰담합의 특성을 감안하여 소멸시효 기산점에 관한 일반원칙을 정리하면 다음과 같다.

① 위법행위 내지 법위반행위를 한 날은 곧 입찰담합의 실행이 완전히 종료한 날이다.

② 입찰담합에 있어서 실행행위는 합의에 따른 응찰, 낙찰, 계약체결 및 대금지급 등 전 과정이 마무리될 때 종료된다.

③ 실행행위의 종료일은 담합에 참가한 사업자 중 마지막으로 종료하는 자를 기준으로 한다.

3. 판례의 태도

가. 처분시효, 공소시효 및 소멸시효의 관계

법원은 먼저 여러 차례에 걸친 담합행위에 대하여 경제적·사회적 사실관계가 동일하다고 인정되는 경우에도 처분시효나 포괄일죄와 관련된 공소시효에서 그 기산점이 되는 '위반행위가 종료한 날'은 민법 제766조 제2항에서 정하는 소멸시효의 기산점에 관하여 그대로 적용할 수 없고, 개별 담합행위별, 즉 각 입찰 또는 수의계약일(계약체결일)로부터 진행한다고 판시하였다.[58]

---

56) 대법원 2012.9.13. 선고 2010도17418 판결("합성수지" 판결).

57) 대법원 2008.1.23. 선고 2007두12774 판결. 이러한 태도는 공정거래위원회의 「공동행위 심사기준」 Ⅲ. 2. 나목에도 반영되어 있다.

58) "전선 입찰담합" 판결(서울중앙지방법원 2013.2.21. 선고 2009가합129216 판결, 서울고등법원 2013.12.20. 선고 2013나29228 판결 및 대법원 2014.4.30.자 2014다7469 판결(심리불속행 기각)).

이로부터 두 가지 결론이 도출될 수 있다. 하나는 위반행위 종료일, 즉 담합의 종기는 소멸시효의 기산점이 될 수 없다는 것이고, 다른 하나는 위반행위의 종기는 객관적인 것인 반면 법위반행위를 안 날과 같은 단기의 소멸시효에는 피해자의 인식이라는 주관적 요소가 관건이 되기 때문에 양자는 별개의 관점에서 판단되어야 하고, 입찰담합으로 계약이 체결되면 그 시점에서 대금지급은 확실한 정도로 예견 가능하다는 점에서 원칙적으로 계약체결일을 손해발생일로 보아야 한다는 것이다.[59] 위와 같은 태도는 다음과 같은 방법론상 오류가 있다.

첫째, 민법 제766조 제1항은 공정거래법 제49조 제4항 제2호의 처분시효나 형사소송법 제252조 제1항의 공소시효의 기산점이 '위반행위 내지 범죄행위의 종료시'인 점과 달리 '불법행위를 한 날'로 규정하고 있으나, 이처럼 단순한 문언상의 차이가 소멸시효의 기산점을 처분시효나 공소시효와 다르게 판단해야 할 근거가 되지는 못한다. 공정거래법상 법위반행위는 많은 경우에 일종의 계속범에 해당하기 때문이다. 예컨대, 거래거절이라는 행위는 사업자가 거래상대방에게 거절의 의사표시를 한 특정일에 국한되는 것이 아니라, 그로부터 실제 공급이 이루어지지 않고 있는 시기를 모두 합쳐서 거래거절행위가 지속되는 것으로 파악하여야 한다. 따라서 공정거래법상 법위반행위를 한 날이라 함은 언제나 시기와 종기에 걸쳐 하나의 행위가 존재하는 것으로 보아 종기까지의 상태를 포섭하여야 한다.

그렇다면, 입찰담합의 경우에 처분시효나 공소시효와 달리, 소멸시효의 기산점을 판단하여야 하는 근거는 무엇보다도 공정거래법상 입찰담합을 금지하는 취지와 손해배상제도의 목적에서 찾아야 한다. 공정거래법이 입찰담합을 금지하는 것은 입찰과정에서 경쟁사업자들이 합의를 통하여 경쟁을 제한하는 것을 막기 위한 것으로서, 합의와 이를 실행에 옮기게 되는 응찰, 낙찰 등을 통하여 이미 경쟁을 부당하게 제한할 우려는 충분히 존재하는 것이다. 반면, 손해배상이란 이미 발생한 손해의 전보를 1차적인 목적으로 삼고 있기 때문에, 앞으로 예견되는 손해의 발생을 예방하거나 손해발생의 우려가 인정된다는 것만으로 이루어질 수 없으며, 입찰담합이라도 손해가 현실화될 수 있는 시점을 기준으로 소멸시효의 기산점을 따져야 하는 것이다. 이때, 손해가 현실화되는 시점은 구체적인 사안에 따라 다를 수밖에

59) 양대권·김대영, "부당한 공동행위의 시효와 관련된 실무상 쟁점", 경쟁과 법 제5호, 서울대학교 경쟁법센터, 2015, 29, 31면.

없을 것이다. 그런데 입찰담합에 있어서는 가격이나 거래조건 등에 관한 합의만으로 아무런 손해가 발생하지 않고, 합의에 기반하여 입찰이 이루어지고 그에 따라 발주자인 거래상대방과 공급계약을 체결하는 날까지도 손해가 현실화될 여지는 없으며, 결국 공급계약에 따라 대금지급이 이루어지는 시점에 손해는 구체적으로 현실화된다고 봄이 타당할 것이다.[60)]

둘째, 처분시효와 공소시효의 기산점을 법위반행위의 종료 시, 다시 말해서 법위반상태가 종료된 시점으로 정하고 있는 취지는 제재의 실효성을 제고하기 위한 것이고, 이 점은 공정거래법상 손해배상에 대하여 일련의 특칙을 규정하는 있는 태도와도 일맥상통한다. 공정거래법상 손해배상은 단순히 피해자의 손해전보만을 목적으로 하는 것이 아니라 법위반행위의 억지라는 목적을 함께 갖기 때문이다. 따라서 공정거래법 위반행위를 이유로 한 손해배상청구권의 소멸시효에 관하여 비록 민법의 규정이 적용되기는 하지만, 구체적인 소멸시효의 기산점에 관한 해석은 동법의 목적을 고려하여 독자적으로 해석하는 것이 타당하고(이른바 목적론적 해석; teleologische Auslegung), 그렇다면 가급적 동법 위반에 따른 손해배상청구권이 시효로 소멸되지 않도록 기산점을 늦춰 잡는 것이 올바른 해석이 될 것이다. 그렇다면 입찰담합의 경우에도 최종적으로 대금이 지급된 날을 소멸시효의 기산점으로 보아, 가급적 피해자의 손해배상청구권을 오랫동안 인정하는 것이 공정거래법의 사적집행을 통한 실효성 확보에도 부합하는 해석론일 것이다.

나. 소멸시효의 기산점

(1) “지하철 7호선 입찰담합” 사건

공정거래위원회의 서면의결일이나 각 계약대금 지급일을 손해가 현실화된 시점으로 보아 소멸시효의 기산점으로 삼은 사례이다. 이 사건에서는 서울 지하철 7호선 온수역에서 인천 지하철 1호선 부평구청역까지 연결하는 내용의 9개 정거장, 총 10.2㎞ 규모의 지하철 7호선 연장공사에 대하여 일부 건설업체들이 공구분할 및 들러리입찰을 행하였고, 이에 대하여 서울시와 인천시가 각각 손해배상을 청구하자, 삼성물산 등 일부 피고가 소멸시효의 완성을 주장하였다.

먼저, 단기소멸시효와 관련하여 피고들은 공정거래위원회가 2007.7.11. 이 사건 담합행위를 인정하고 과징금을 부과할 것을 의결하였고 이와 같은 사실이

---

60) 권오승·서정, 독점규제법(제4판), 법문사, 2020, 797면.

2007.7.17. 언론보도를 통해 알려졌으므로, 원고는 그 무렵 이 사건 담합행위로 말미암은 손해 및 가해자를 알았다고 할 것인데, 이 사건 소는 그로부터 3년이 지난 2010.7.23. 제기되었으므로, 원고의 피고들에 대한 손해배상청구권은 3년의 단기소멸시효가 완성하였다고 주장하였다. 그러나 법원은 민법 제766조 제1항이 정하는 '손해 및 가해자를 안 날'이라 함은 피해자가 손해 및 가해자를 현실적이고도 구체적으로 인식한 날을 의미하며, 그 인식은 불법행위의 요건사실에 대한 인식으로서 위법한 가해행위의 존재, 손해의 발생 및 가해행위와 손해 사이의 인과관계 등이 있다는 사실까지 안 날을 뜻한다[61]는 전제에서, 공정거래위원회가 이 사건 공구분할에 대하여 시정명령 및 과징금 납부명령을 정식으로 그 이유를 명시하여 서면으로 의결(법 제45조 제1항 참조)한 날은 2007.7.25.이므로, 원고는 최소한 그 날 이전에는 위 피고들의 담합행위를 이유로 손해배상을 청구할 수 있다는 것을 인식할 수 없었다고 보아야 한다고 판시하였다.[62] 공정거래위원회의 의결통지일을 단기소멸시효의 기산점으로 본 "엘리베이터 입찰담합" 판결[63]도 이와 같은 맥락에서 이해할 수 있다.

장기소멸시효와 관련하여 피고들은 원고의 손해배상청구권이 「지방재정법」 제82조에 의하여 '불법행위가 있은 날'로부터 5년간 행사하지 않으면 시효로 소멸한다 할 것인데, 이 사건에서 그 기산점은, ① 위 피고들이 담합행위를 한 2004.11. 초순경이거나 ② 늦어도 원고가 공사대금 채무를 부담함으로써 위 피고들의 담합행위로 인한 손해가 현실화된 이 사건 '1차분 계약'을 체결한 2004.12.30.이고, 이 사건 소는 그로부터 5년이 지난 2010.7.23. 제기되었으므로, 원고의 피고들에 대한 손해배상청구권은 「지방재정법」상 5년의 소멸시효가 완성되었다고 주장하였다. 그러나 법원은 가해행위와 그로 인한 현실적인 손해의 발생 사이에 시간적 간격이 있는 불법행위에 기한 손해배상채권의 경우, 소멸시효의 기산점이 되는 '불법행위를 한 날'이란 잠재적으로만 존재하던 손해가 그 후 비로소 현실화되었다고 볼 수 있는 때로 보아야 하고,[64] 원고는 이 사건 공사계약에 따른 공사대금을 지급할 때까지는 위와 같은 부당입찰 부분에 대하여 무효나 취소를 주장하여 그 대금 지급을

61) 대법원 2013.7.12. 선고 2006다17539 판결; 2014.9.4. 선고 2013다215843 판결 등.
62) 서울중앙지법 2014.1.10. 선고 2011가합26204 판결.
63) 서울고등법원 2014.12.18. 선고 2014나4899 판결.
64) 대법원 2012.8.30. 선고 2010다54566 판결 등.

거절할 수 있으므로, 이 사건 공사계약을 체결함으로서 공사대금 지급채무를 부담하는 것만으로는 손해가 현실화되어 소멸시효가 기산된다고 볼 수 없으며, 원고가 해당 공사금액을 실제로 각 지급한 시점에야 비로소 손해가 현실화되어 소멸시효가 기산된다고 판시하였다.[65] 만일 공사계약을 체결한 시점에 손해가 현실화되어 소멸시효가 기산된다고 본다면, 원고로서는 공사계약을 체결하였다는 사정만으로는 아무런 현실적인 손해가 없어 손해배상청구소송을 제기할 수 없음에도 불구하고 손해배상청구권의 소멸시효는 기산된다는 불합리한 결과가 된다는 것이다.

그런데 항소심인 서울고등법원은 장기소멸시효와 관련하여 소멸시효의 기산점에 관한 서울중앙지법의 판단을 인용하지 않고, "1차 계약을 체결함으로써 서울시는 지하철 공사 1차 공사분에 관한 공사금액뿐만 아니라 1차 계약서에 부기된 총 공사금액을 건설사에 지급해야 하는 법적 구속력 있는 의무가 발생한 것"으로서 "1차 계약을 통해 총공사금액 전부가 손해로 현실화 됐다고 봐야 한다."고 판시함으로써 이 사건 손해배상청구권이 시효로 소멸하였다고 보았다.[66]

생각건대, 이처럼 입찰담합에 따른 국가의 손해배상청구권의 단기 및 장기소멸시효를 각각 공정거래위원회의 서면의결이 있은 날과 각 공사대금을 지급한 날로 판단한 서울중앙지법의 판단이 결론적으로 타당해 보인다. 서울중앙지법은 손해배상제도의 취지를 감안하여 공동행위의 종기와 별도로 불법행위를 한 날을 판단하였으며, 구체적으로 입찰담합의 경우에 손해가 현실화된 날이 언제인지를 명확하게 밝히고 있을 뿐만 아니라 손해배상을 통한 담합의 억지라는 취지에도 부합하는 결론을 내리고 있다는 점에서 그 의미가 적지 않다.

반면, 장기소멸시효에 있어서 서울고등법원이 판시한 바와 같이 1차 계약체결을 통해서 총 공사금액에 대한 법적 지급의무가 발생한 것이고 당해 입찰담합에 따른 손해의 결과도 원고에게 현실적으로 발생한 것이라는 내용은 전혀 타당하지 않다. 통상 소멸시효의 기산점에 앞서는 처분시효의 경우에도 1차 계약체결일은 공동행위의 종기라는 관점에서도 기산점이 될 수 없으며, 대규모 공사와 같이 계약체결일과 대금완납일 사이에 간격이 크고 예측불가능한 여러 사정으로 인하여 추후 조정될 수 있음을 감안할 때 1차 계약을 통하여 대금채무가 현실적·확정적인 상태로

65) 대법원 2011.3.24. 선고 2010다92612 판결. 이 사건 판결은 무효인 보험계약에 따라 납부한 보험료의 반환청구권에 관한 소멸시효의 기산점을 밝힌 것이었다.

66) 서울고등법원 2016.9.8. 선고 2014나9467 판결.

된다고 기대할 수도 없고, 대금지급일에 앞서 그것도 1차 계약체결일을 기준으로 손해배상채권의 소멸시효가 신속하게 진행됨으로써 피해자의 손해전보를 매우 어렵게 하여 손해배상제도가 가지는 담합억제기능을 현저히 약화시킬 수 있기 때문이다.

(2) "VAN사 등의 수수료 담합" 사건

공정거래법 위반의 입찰담합에 따른 손해배상청구권의 소멸시효 기산점과 관련하여 이 사건에서 다루어진 쟁점은 단기소멸시효 부분에서 시정조치나 과징금을 부과 받은 날, 즉 서면의결이 이루어진 이후 사업자들이 이에 불복하여 부당한 공동행위 여부가 행정소송에서 다투어지고 있는 경우에도 앞서 살펴본 바와 같이 공정거래위원회의 조치가 있은 날을 소멸시효의 기산점으로 볼 것인지 여부이다. 법원은 소극설을 취하였다.

즉, 원고인 피해자로서는 행정소송 판결이 확정된 때에 비로소 피고들의 공정거래법 위반으로 인한 손해의 발생을 현실적이고도 구체적으로 인식하였다고 보아야 할 것이나, 특별한 사정이 없는 한 공동행위자들 모두에 관한 판결이 확정될 필요는 없고 그중 1인에 의한 행정소송 판결이 확정됨으로써 관련 공동행위자들 전부의 불법행위를 현실적이고 구체적으로 인식하였다고 보아야 한다고 판시하였다.[67] 그에 따르자면 피고 신용카드사들에 대한 손해배상청구권은 피고 롯데카드 주식회사의 행정소송판결이 상고기각으로 확정된 2009.3.26.부터, 피고 VAN사들에 대한 손해배상청구권은 피고 주식회사 코밴의 행정소송 판결이 상고기각으로 확정된 2009.8.27.부터 3년의 단기소멸시효가 진행됨으로써, 이 사건의 경우 소멸시효가 완성되지 않았다는 결론이 내려졌다. 요컨대, 담합에 참가한 사업자들이 불복의 소를 제기한 경우에는 그중 최초의 확정판결이 내려진 날이 바로 '손해 및 가해자를 안 날'로서 소멸시효의 기산점이 된다는 것이다.

하나의 담합행위에 복수의 사업자가 참여한 경우, 이들이 공정거래위원회의 시정조치나 과징금 부과처분을 다투는 행정소송을 제기하여 그중 어느 한 사업자가 패소확정의 판결을 받게 되면 결국 나머지 사업자들도 순차적으로 동일한 취지의 판결이 내려질 것이라는 전제에서 볼 때에 위와 같은 대법원의 판시는 일응 타당하다고 볼 것이다. 다만, 담합이라는 것이 합의의 존부 및 합의에 대한 참여 여부

67) 대법원 2014.9.4. 선고 2013다215843 판결.

가 관건이 되고, 개별 사업자마다 합의 또는 참여 여부에 대한 판단이 달라질 수 있다는 점에서 위와 같은 전제 하에 소멸시효의 기산점을 일반화하는 것은 다소 부적절한 소지가 있다.

사견으로는 손해배상채무를 부담하게 될 피고별로 마지막 확정 패소판결이 내려진 시점이 소멸시효의 기산점이 되어야 할 것으로 판단된다. 그렇지 않을 경우 최초의 패소 확정판결이 내려진 이후 다른 피고가 승소판결을 받은 경우, 즉 당해 사업자의 담합사실이 부인되는 경우에 손해배상청구의 대상이 될 수 없다는 점에서 마지막 패소판결이 확정되기까지는 피고의 범위조차 확정될 수 없는 때부터 손해배상청구권의 시효가 진행되는 불합리한 결과를 가져오기 때문이다. 따라서 입찰담합이 연대책임을 내용으로 하는 공동불법행위의 성격을 가진다는 점을 감안했을 때, 실제 담합참여자가 모두 확정되는 시기까지는 소멸시효가 진행되지 않는다고 해석하는 것이 타당하다.

4. 외국의 예

가. 독일 등의 경쟁법상 손해배상과 소멸시효

독일 경쟁제한방지법은 동법 또는 유럽기능조약 제101조나 제102조를 고의 또는 과실로 위반한 자에 대하여 그 손해를 배상할 의무를 규정하고 있으며(GWB 제33조a 제1항), 손해배상청구권의 소멸시효에 대해서는 우리나라와 마찬가지로 명문의 규정을 두지 않고 있다. 따라서 소멸시효에 대해서는 독일 민법 제195조 및 제199조 제3항이 적용된다. 즉, 시효기간은 원칙적으로 3년이고, 이때 시효는 청구권이 발생하고 채권자가 권리의 발생 및 채무자를 알았거나 알 수 있었던 해의 말부터('알았거나 알 수 있었던 날'부터가 아님!) 기산된다(단기소멸시효). 그 밖에 손해배상청구권은 당해 청구권이 발생한 때로부터 10년이 경과함으로써 시효로 소멸한다(장기소멸시효). 이때, 청구권이 발생한다는 것은 쉽게 말해서 만기 내지 지불시기가 도래한 것을 의미하며, 그 결과 채권자가 확정적인 근거를 가지고 충분히 승소 가능한 상태에서 소를 제기할 수 있는 상태를 말한다.[68)]

여기서 눈에 띄는 것은 경쟁제한방지법 제33조h 제2항에서 손해배상청구권의 시효가 정지되는 사유를 명시하고 있다는 점이다. 그에 따르면 독일 연방카르텔청

68) Mansel Jauernig, Kommentar zum BGB, 16. Aufl., 2015, §199 Rn. 2.

이나 유럽집행위원회 또는 다른 회원국의 경쟁당국이 법위반을 이유로 조사절차를 개시한 때에는 손해배상청구권의 시효가 정지된다(Verjährungshemmung). 경쟁당국이 아니라 오스트리아의 OLG Wien이나 아일랜드의 High Court와 같이 특별법원에서 절차가 개시된 때에도 마찬가지이다. 만약 여러 개의 기관이 복수로 절차를 개시한 경우에는 최종 절차가 종료될 때까지 소멸시효는 정지되는 것으로 해석된다.[69]

시효의 정지는 경쟁당국의 처분이 내려진 날로부터 1년 후에 종료되며(GWB 제33조h 제6항 제3호, 민법 제204조 제3항 3문, 4문), 이를 통하여 피해자로서는 자신의 손해배상청구권이 경쟁당국의 장기간에 걸친 절차가 끝나기를 기다리다 그 사이 시효로 소멸될 것을 우려할 필요가 없게 된다(참고로 1997~2001년 사이 유럽에서 이루어진 "화물차 담합"의 경우 차량구매자들의 손해배상청구권은 유럽집행위원회의 조사절차가 오랜 기간 진행되면서 근 20년이 지난 2017년 1월에야 시효로 소멸하게 되었음). 이 경우 경쟁당국이 조사절차를 공식적으로 개시한 때와 종료한 시점이 매우 중요한 의미를 갖게 된다. 그 밖에 오스트리아에서도 2012년 개정된 반독점법 제37조a 제4항은 독일법과 동일하게 소멸시효의 정지를 규정하고 있다.

참고로 독일의 경우 경쟁제한방지법의 위반행위는 질서위반행위의 성격을 갖는바, 질서위반법상 벌금 등의 제재를 위한 시효는 법위반행위로부터 통상 3년인 반면, 경쟁제한방지법은 그보다 긴 5년의 처분시효기간을 명정하고 있어(GWB 제81조g 제1항), 처분·공소시효와 소멸시효를 이원적으로 규율하고 있음을 알 수 있다.

나. 유럽 손해배상지침

유럽경쟁법은 손해배상에 관한 직접적인 규정을 두지 않고 있으며, 유럽경쟁법 위반을 이유로 한 손해배상 등 사적집행은 각 회원국의 국내법과 국내법원에 맡겨져 있다. 그런데 유럽차원에서 경쟁법 위반에 따른 손해배상제도의 조화를 촉진하기 위하여 2014년 5월 유럽의회와 각료이사회가 이에 관한 지침(Directive)[70]을 제정하기에 이르렀다. 동 지침은 각 회원국이 정해진 기한 내에 국내법으로 전환해야 할 의무를 진다는 점에서 유럽 차원의 법조화(法調和) 과정에서 결정적으로 중요한

69) Volker Emmerich, in: Ulrich Immenga/Ernst Joachim Mestmäcker, Kommentar zum Deutschen Kartellrecht(4. Aufl.), 2007, §33 Rn. 69.

70) European Parliament and Council, Directive on certain rules governing actions for damages under national law for infringements of the competition law provisions of the Member States and of the European Union, OJ L 349/1, 5.12.2014.

역할을 담당한다. 이러한 맥락에서 소멸시효 관련 동 지침의 내용을 살펴보는 것은 향후 유럽공동체 회원국의 경쟁법 위반 관련 손해배상청구권의 소멸시효제도를 전망하는데 매우 유용할 것으로 보인다.

무엇보다 동 지침 제10조는 피해자가 경쟁법 위반을 이유로 손해배상을 청구할 수 있는 기간, 이른바 제소기간(limitation periods)을 정하고 있다. 그에 따르면 먼저, 소멸시효의 기산점은 법위반행위가 종료하고 피해자가 ① 문제된 행위 및 동 행위가 경쟁법 위반이라는 사실, ② 당해 위반행위가 손해를 발생시킨 사실 및 ③ 가해자가 누구인지를 알았거나 알 수 있었던 시점이다. 소멸시효가 진행되기가 매우 까다로움을 짐작할 수 있다. 그리고 회원국들은 손해배상 청구소송의 제소기간이 위 기산점으로부터 최소 5년이 되도록 보장하여야 한다. 끝으로, 경쟁당국이 조사절차나 손해배상과 관련된 경쟁법 위반행위에 대하여 일정한 절차를 개시한 때에는 시효의 진행이 정지(suspension)되도록 하는 내용의 입법조치를 취하여야 한다. 이때 시효의 정지는 경쟁당국의 최종 결정이 내려지거나 그 밖에 절차가 종료된 때로부터 최소 1년 이상 계속되어야 한다.

다. 시사점

공정거래법 위반행위에 따른 손해배상청구권의 소멸시효가 불법행위를 한 날로부터 10년이 경과하면 완성된다는 점에는 의문이 없으나, 동법 위반행위의 특성상 과거에 은밀하게 행해진 결과 공정거래위원회가 시정조치를 내림으로써 피해자가 그 사실을 알게 된 때에는 이미 시효가 얼마 남지 않을 수 있다. 심지어 공정거래위원회가 조사절차를 개시한 시점에 피해자가 예컨대 입찰담합의 의심을 갖게 된 경우에도 조사가 장기화될 경우 막상 손해배상을 청구할 시점에는 시효가 완성되었을 수도 있다.

그런데 우리 민법은 시효의 정지에 관하여 제179조(제한능력자의 시효정지), 제180조(재산관리자에 대한 제한능력자의 권리, 부부 사이의 권리와 시효정지), 제181조(상속재산에 관한 권리와 시효정지)와 제182조(천재 기타 사변과 시효정지)를 두고 있으나, 위와 같은 공정거래법 위반행위의 성격과는 전혀 맞지 않는 사유들뿐이다. 따라서 입찰담합에 관한 소멸시효의 기산점을 민법 제766조에 따라 판단하더라도, 독일이나 오스트리아의 입법례, 그리고 유럽의 손해배상지침과 마찬가지로 공정거래법 위반행위에 대한 손해배상청구권의 소멸시효가 정지되는 사유로 공정거래위원회의 조사절차 개시를 명시하는 방향으로 공정거래법을 개정할 필요가 있다.

5. 요약 및 입법론

가. 해석론

공정거래법상 입찰담합은 다른 부당한 공동행위와 마찬가지로 합의만으로도 성립하며, 그 실행이 완료된 날은 경우에 따라 각기 다르게 판단할 여지가 있다. 그리고 입찰담합을 비교적 조기에 적발하여 응찰이나 낙찰이 이루어지지 않은 경우에도 공정거래법상 시정조치나 과징금을 부과할 수 있는 반면, 손해배상청구는 가능하지 않다. 손해배상청구가 처음부터 불가능한 시점부터 소멸시효가 진행되도록 한다는 것은 피해구제에도 부적절할 뿐만 아니라, 종국적으로 사적집행을 통한 담합의 사전억지에도 부합하지 않는다. 이러한 맥락에서 입찰담합에 따른 손해배상청구권의 소멸시효, 특히 장기소멸시효는 입찰담합의 종기와는 다르게 판단하여야 할 것이다. 이에 따라 입찰담합의 경우 단기 및 장기소멸시효는 다음과 같이 해석하는 것이 타당할 것이다.

(1) 단기소멸시효

민법이나 「국가재정법」상 공히 법위반행위를 안 날이 손해배상청구권의 소멸시효가 기산되는 시점이 된다. 그리고 구체적으로 피해자가 입찰담합으로 인한 손해 및 가해자를 알 수 있는 날은 적어도 공정거래위원회가 입찰담합을 이유로 한 시정조치 및 과징금 납부명령을 서면의결한 날 또는 공정거래위원회가 서면의결서를 피심인에게 송부한 날로 보는 것이 타당할 것이다. 공정거래위원회, 정확하게는 전원회의나 소회의가 시정조치 등을 의결한 후 의결서를 작성·교부하는 데에도 경우에 따라서는 적지 않은 시간이 소요된다는 점을 감안할 때, 후자가 적절해 보인다. 다만, 의결서를 교부받는 자는 피심인, 즉 입찰담합에 참가한 사업자라는 점을 감안할 때, 공정거래위원회가 의결서를 서면교부하더라도 발주자가 곧바로 불법행위로서 입찰담합의 요건사실을 모두 인식하게 된다는 가정이 타당한지는 의문일 수 있다.

이러한 점을 감안할 경우, 공정거래위원회가 의결서를 관보나 인터넷에 게재한 시점을 손해배상청구권 소멸시효의 기산점으로 삼는 방안도 검토할 여지가 있다. 나아가 사업자가 공정거래위원회의 처분에 불복할 경우에는 법위반행위의 존부 자체에 대하여 여전히 불확실한 상태가 지속된다는 점에서, 시정조치가 확정된 날을 소멸시효의 기산점으로 삼는 방법도 피해자의 권리보호 확대라는 관점에서 바람직할 수 있다.

(2) 장기소멸시효

민법 또는 「국가재정법」상 '불법행위가 있은 날'이란 당해 행위로 인하여 '손해가 발생한 날'을 의미하는 것으로 해석하여야 한다. 손해가 발생하지 않은 시점에서 피해자의 권리행사를 기대할 수 없고, 존재하지도 않는 권리(손해배상청구권)의 불행사에 따른 시효진행의 불이익을 피해자에게 부담지울 수는 없기 때문이다.

그리고 부당한 공동행위, 대표적으로 가격담합의 경우를 상정하였을 때 경쟁사업자들이 합의한 가격으로 거래상대방과 계약을 체결하고, 실제로 대금지급까지 이루어지지 않은 시점에서 거래상대방에게는 아무런 손해배상청구권이 발생하지 않는다. 통상적인 담합의 경우에도 손해액의 산정은 매우 복잡하고 난해한 쟁점이어서, 실제 대금지급이 이루어지지 않은 때에는 더더욱 손해액을 추산하기도 곤란한 경우가 많다. 더구나 입찰담합의 경우 대금지급방식의 특성이 거래별로 두드러지기 때문에 건별로 대금지급이 이루어진 연후에야 비로소 손해가 발생하였다고 봄이 상당하며, 따라서 그 시점이 바로 손해배상청구권의 기산점이 되어야 할 것이다.

나. 입법론

법위반행위의 억지와 피해자구제의 관점에서 손해배상을 활성화하기 위한 여러 대안이 논의되어 왔다. 집단소송제나 징벌배상제가 그 예이다. 그런데 현행 공정거래법상 손해배상의 특칙만으로는 효과를 기대하기 어렵다. 무엇보다 피해자가 법위반행위와 손해 사이의 인과관계를 입증하기란 지극히 곤란하기 때문이다. 아울러 피해자가 입찰담합 등 부당한 공동행위에 한해서라도 명확하고도 충분한 기간 동안 손해배상을 청구할 수 있도록 소멸시효에 관한 특칙을 마련할 필요가 있다. 이때, 소멸시효 조항 재도입의 기본원칙은 손해배상청구권의 존속기간 확대, 시효정지사유의 명시, 소멸시효 기산점의 명확화로 정리할 수 있을 것이다.

구체적으로 공정거래법 위반으로 인한 손해배상청구권은 시정조치가 확정된 날로부터 3년간 또는 법위반행위로 인한 손해가 발생한 날로부터 10년간 행사하지 아니하면 시효로 인하여 소멸하도록 하고, 그 소멸시효는 공정거래위원회가 조사절차를 개시한 때로부터 시정조치가 확정된 날 이후 6개월까지 정지하는 것으로 규정하는 방안이 적절해 보인다.

당초 1980년 제정 공정거래법[71]에는 손해배상청구권이 이를 행사할 수 있는 날로부터 1년간 행사하지 않으면 시효로 소멸한다는 규정을 두고 있었고(법 제46조), 1996년 제5차 법개정[72]으로 그 기간이 3년으로 연장된 바 있다(법 제57조). 소멸시효의 '기산점'에 대해서 별다른 규정이 없었으나 당시에는 시정조치 전치주의가 존재하였으므로, 손해배상청구권을 행사할 수 있는 날은 곧 '시정조치가 확정된 날'을 의미한다는 점에 해석상 이견이 없었다.[73] 그러다가 2004년 제11차 법개정[74]으로 시정조치 전치주의와 더불어 소멸시효에 관한 조항이 삭제되고, 민법 제766조가 준용되기에 이르렀다.

[보론] 집단소송제도

2000년대 이후 공정거래법 위반에 대한 사인의 소제기를 촉진하기 위한 여러 방안이 '사적집행의 활성화'라는 주제 하에 논의되고 있다. 국회에서도 이를 위한 법안이 제출된 바 있다. 그중 하나가 공정거래법에 집단소송제도를 도입하는 방안으로서, 소액다수의 피해라는 특징을 갖는 법위반행위에 대하여 피해자들이 집단적으로 구제를 받을 수 있도록 하자는 취지이다. 집단소송은 미국에서 유래한 제도로서, 유럽에서는 영국, 이탈리아, 네덜란드에도 도입되어 있으나, 2014년 '손해배상에 관한 EU 지침'(EU Directive on Damages Actions)은 집단적 피해구제(collective claims)를 적용범위에서 제외하는 한편, 구속력이 없는 권고(Recommendation)에서—경쟁법 위반행위에 특정하지 않고—금지청구와 집단적 피해구제에 관한 일반원칙을 정하고 있을 뿐이다.

집단소송은 다음과 같은 이유에서 원칙적으로 도입할만하다. 첫째, 경쟁이란 다분히 공익(public goods)의 성격을 갖는 것으로서 경쟁법 위반은 다수의 시장참가자에게 손해를 가져온다. 둘째, 소송을 포기하기 쉬운 소액다수의 피해자들에게 소제

71) 1980.12.31. 제정, 법률 제3320호.
72) 1996.12.30. 개정, 법률 제5235호.
73) 권오승, 경제법(제5판), 법문사, 2005, 480면.
74) 2004.12.31. 개정, 법률 제7315호.

기를 용이하게 함으로써 '보상적 정의'(restorative justice)를 실현하는 수단이 된다. 끝으로 손해배상이 활성화될 경우 사업자에게는 법위반을 억지하는 효과를 갖게 된다. 다만, 집단소송이 남용되지 않으면서 원활한 소제기가 이루어질 수 있도록 소제기의 요건을 명확하게 정하는 한편, 법원을 통한 소송허가, 변호사비용의 분담이나 'opt-out' 방식의 채용과 같은 장치를 정교하게 마련할 필요가 있음은 물론이다.

제 2 절 사인의 금지청구

Ⅰ. 개 관

1. 의 의

공정거래법 상 사인의 금지청구는 동법을 위반하거나 위반할 우려가 있는 행위에 대해 그 피해자 내지 피해를 입을 우려가 있는 자가 법원에 금지를 청하는 제도이다. 일반적으로 민법상 인정되는 사적집행의 수단으로는 손해배상과 금지청구가 있고, 후자를 공정거래법에 준용하여 도입한 것이 동 제도이다.

기존의 공정거래법 상 사적집행 수단인 손해배상청구는 공정거래법상 위반행위가 발생한 것을 전제로 한다. 그러나 손해배상은 피해자의 손해를 사후적으로만 전보할 뿐만 아니라, 위반사업자가 손해배상 이후에도 위반 이익을 일부 보유하고 있는 경우가 많아 완전한 법집행이 이루어지지 못할 수 있다.[75] 따라서 법위반이 발생하기 이전에 특정 행위를 금지할 필요가 있고, 예방적 구제수단으로서 사인의 금지청구의 필요성이 대두된다. 아울러 사인의 금지청구제도는 신속한 사건처리의 측면에서도 그 유용성이 인정된다. 공정거래위원회의 사건처리절차가 장기화되어 추후 실질적인 피해구제가 불가능하거나 공정거래위원회의 결정이 신뢰할만하지 않다고 판단하는 피해자로서는 법원에 직접 금지청구의 소를 제기하는 것이 보다 효과적일 수도 있다.[76]

다만, 공정거래법이 보호목적으로 하는 경쟁 내지 경쟁질서가 다분히 공익의 성격을 갖는다는 점을 고려하면, 사인의 금지청구제도는 어디까지나 공정거래절차에 의한 공적 집행을 보완하는 것으로서 1차적으로 법위반행위로 인한 피해구제의 실효성을 제고하기 위한 수단으로 이해할 수 있다.

2. 연 혁

공정거래법 상 금지청구에 관해서는 법률상 근거규정이 없는 상황에서도 이것

75) 홍대식, “공정거래법상 사적집행제도로서의 사인의 금지청구제도”, 경쟁법연구 제39권, 2019, 34면.
76) 홍대식, 위의 글(2019), 44면.

이 인정될 수 있는지, 그렇지 않다면 민법 일반론 상으로 인정될 수 있는지를 중심으로 논의되어 왔다. 공정거래법상 근거규정이 없는 한 금지청구는 인정될 수 없다는 것이 다수설을 이루었고, 당해 청구의 가능성을 열었다고 평가되는 몇몇 판례들이 있지만, 실무적으로는 거의 활용되지 않았다.

당해 제도에 대한 입법론이 본격화된 것은 2017년이다. 공정거래위원회는 2017년 8월부터 공정거래 법집행체계 개선 T/F를 발족하여 5개 우선 과제 중 하나로 사인의 금지청구제도를 선정하였으며, 논의 결과 향후 공정거래법과 하도급법, 유통3법 등에 도입하는 데에 의견이 수렴되었다.[77] 그 후, 2018년 마련된 공정거래법 전부개정안은 사인의 금지청구제도 관련 규정을 마련하였는데,[78] 결과적으로 이것이 2020년 12월에 국회 본회의를 통과하면서 전부개정된 공정거래법[79]에 명시적으로 도입되었다(법 제108조 제1항).

Ⅱ. 2020년 전부개정법상 사인의 금지청구

1. 법 제108조

2020년 전부개정법은 제108조에서 금지청구의 소를 규정하고 있다. 동조 제1항에 따르면, 법 제45조 제1항(제9호는 제외)의 불공정거래행위 및 제51조 제1항 제4호의 사업자단체의 (제45조 제1항(제9호는 제외)에 따른) 불공정거래행위를 위반한 행위로 피해를 입거나 피해를 입을 우려가 있는 자는 그 위반행위를 하거나 할 우려가 있는 사업자 또는 사업자단체에 자신에 대한 침해행위의 금지 또는 예방을 청구할 수 있다. 동 규정은 제51조 제1항 제4호 중 재판매가격유지행위 내용은 제외한다고 명시하여 동 금지청구는 공정거래법상 불공정거래행위에 한한다는 것을 명확히 하고 있다.

2. 세부내용

가. 청구의 주체와 상대방

동조에 따르면 공정거래법상 금지청구권을 가지는 자는 불공정거래행위로 피

77) 공정거래위원회, 공정거래 법집행체계 개선 T/F 논의결과 최종보고서, 2018.2, 2, 4면.
78) 공정거래위원회 2018.8.24. 보도자료, “공정거래법, 38년 만에 전면 개편”, 1, 6면,
79) 2020.12.29. 전부개정, 법률 제17799호.

해를 입은 자와 피해를 입을 우려가 있는 자이다. 금지청구제도의 원고적격을 손해배상제도의 그것과 비교하여 어떻게 설정할 것인지에 대한 논의가 가능한데, 이는 남소에 따른 사회적 비용발생의 위험성을 원고적격의 범위를 조정함으로써 낮출 필요가 있는지의 문제와 직결된다.[80)]

이와 관련하여 2020년 전부개정법[81)]은 '피해를 입거나 피해를 입을 우려'라는 요건을 설정함으로써 피해를 입은 자만이 제기할 수 있는 손해배상제도에 비해 원고적격을 넓게 규정하였다. 다만 제108조 제3항은 "법원은 제1항에 따른 금지청구의 소가 제기된 경우에 그로 인한 피고의 이익을 보호하기 위하여 필요하다고 인정하면 피고의 신청이나 직권으로 원고에게 상당한 담보의 제공을 명할 수 있다."고 규정하여 사인의 금지청구소송의 남용을 예방하기 위해 소송법상의 제도인 담보제공명령제도를 보완적으로 도입하였다.

청구의 상대방은 위반행위를 하거나 할 우려가 있는 사업자 또는 사업자단체이다. 위반행위를 한 사업자 등은 금지청구 및 예방청구의 대상이 되는데, 위반행위가 지속하는 경우가 전자에 해당하고 위반행위가 종료하였지만 장래 반복될 개연성이 높은 경우가 후자에 해당한다. 위반행위를 할 우려가 있는 사업자 등은 위반행위가 아직 발생하지 않았으나 발생할 개연성이 높은 경우 제기하는 예방청구의 대상만이 될 것이다.

나. 대상행위

금지청구의 대상이 되는 행위는 공정거래법 위반행위 중 불공정거래행위이다. 보다 구체적으로는 사업자 등이 행한 불공정거래행위와 사업자에게 불공정거래행위를 하게 하거나 이를 방조한 사업자단체의 행위가 여기에 해당한다. 비교법적으로 사인의 금지청구를 도입한 국가 중 청구의 대상이 되는 행위를 불공정거래행위로 한정한 국가는 일본이 유일한데, 우리나라의 경우에도 제도의 안정적 정착을 위하여 불공정거래행위에 대해서만 우선적으로 도입하는 것이 바람직하다는 견해가 있다.[82)]

다. 성립요건

금지청구는 '법위반행위'와 그로 인한 '피해의 발생 내지 발생의 개연성'이 인

---

80) 관련 논의로 홍대식, 앞의 글(2019), 45−46면.

81) 2020.12.29. 전부개정, 법률 제17799호.

82) 홍대식, 앞의 글(2019), 49면.

정되는 경우에 가능하다. 먼저 금지청구권은 공정거래법상 불공정거래행위의 금지를 위반하는 행위로 피해를 입거나 피해를 입을 우려가 있을 때 행사할 수 있고, 위반행위 요건은 법 제45조 제1항에 열거된 행위에 해당하는지, 공정거래저해성이 있는지를 살핌으로써 판단될 것이다. 여기에는 위반행위가 존재하는 경우와 위반행위가 행해지지 않았더라도 장래에 행해질 우려가 있는 경우가 모두 해당한다. 다음으로 피해의 발생 또는 발생의 개연성 요건은 금지청구를 위해서 피해를 실제로 발생할 필요가 없다는 것을 의미하는데, 이는 미국 클레이튼법 제16조의 '손해 발생의 우려'(threatened loss or damage)와 대응된다. 피해를 입을 우려가 있는지 여부는 위반행위가 이미 이루어진 경우에는 피해 발생이 반복 내지 계속될 우려가 있는지가 문제될 것이고, 위반행위가 이루어지지 않은 경우에는 피해 발생의 임박한 위험 여부가 문제된다.

라. 금지청구의 내용과 범위

금지청구의 내용으로서 작위명령이 내려질 수 있는가? 금지청구제도가 실효적으로 작동하기 위해서는 위반행위별 금지청구의 내용을 탄력적으로 인정할 필요가 있고, 거래거절의 경우 거래개시 등의 작위명령이 내려질 수 있는 등, 침해의 정지 또는 예방에 필요한 조치의 일환으로 일정한 작위를 명하는 것도 가능하다.

금지청구의 범위는 위반행위로 인해 피해자에게 발생한 침해행위에 국한되는데, 이는 '자신에 대한 침해행위'라는 명문의 규정으로부터 도출된다. 만일 당해 피해자 구제에 필요한 범위를 넘어 위법행위 전체에 대한 일반적 금지가 허용될 경우에는 제3자의 지위, 변론주의 및 기판력 등과 관련하여 법체계에 부합하지 않는 문제가 발생할 것이기 때문이다.[83)]

3. 절　차

법 제108조 제2항은, 제1항에 따른 금지청구의 소를 제기하는 경우에는 민사소송법에 따라 관할권을 갖는 지방법원 외에 해당 지방법원 소재지를 관할하는 고등법원이 있는 곳의 지방법원에도 제기할 수 있다고 규정하고 있다.

83) 홍대식, 앞의 글(2019), 49면.

제3절 공정거래분쟁조정

Ⅰ. 한국공정거래조정원

1. 설립 및 주요 업무

한국공정거래조정원(이하 "조정원")은 공정거래법 제45조 제1항의 불공정거래행위에 해당할 혐의가 있는 행위로 인하여 사업자들 사이에 발생한 분쟁을 해결하고자 2007년 제14차 법개정[84]을 거쳐 동년 12월 3일에 설립되었다. 조정원은 분쟁조정을 통하여 신속한 피해보상을 가능케 함은 물론이고 사적 분쟁의 성격을 아울러 갖는 불공정거래행위 사건이 공정거래위원회의 절차를 거치지 않고 종료됨으로써 전체적인 사건처리의 효율성을 제고하는 데에도 기여하고 있다.

그 밖에 조정원은 가맹사업법에 따른 가맹사업 당사자 간 분쟁의 조정과 같이 다른 법률에서 조정원으로 하여금 담당하게 하는 분쟁의 조정,[85] 시장 또는 산업의 동향과 공정경쟁에 관한 조사·분석, 사업자의 거래관행과 행태의 조사·분석, 법 제90조 제7항에 따라 공정거래위원회로부터 위탁받은 동의의결의 이행관리, 그 밖에 공정거래위원회로부터 위탁받은 사업을 수행한다(법 제72조 제1항). 이들 업무 중에서 분쟁조정을 제외한 나머지는 대체로 연구기능에 해당한다고 볼 수 있는바, 당초 공정거래위원회가 경쟁법 관련 국책연구소의 설립을 추진하였으나 예산문제 등으로 무산되면서 조정원으로 대체되었던 것을 보면 이해할 수 있다. 공정거래위원회가 위탁하는 사업 또한 '공정거래 자율준수 프로그램'(CP) 등급평가업무를 제외하면 대부분 연구위탁이다.

향후 분쟁조정의 실효성을 강화하는 방안과 더불어 경쟁법 집행이 날로 복잡해지는 상황에서 연구기능을 대폭 강화하는 방안을 모색할 필요가 있으며, 이러한 맥락에서 최근 분쟁조정에 초점을 맞추었던 공정거래조정원을 '공정거래진흥원'으

84) 2007.8.3. 개정, 법률 제8631호.

85) 현재 공정거래분쟁조정협의회 외에 개별 법률에 따라 마련된 가맹사업거래분쟁조정협의회, 하도급분쟁조정협의회, 대규모유통업분쟁조정협의회, 대리점분쟁조정협의회, 약관분쟁조정협의회 등 모두 6개의 분쟁조정협의회가 있다. 그런데 유사한 사안에 관하여 복수의 분쟁조정협의회가 존재하고, 이들마다 별개의 절차가 마련되어 있으며, 공정거래분쟁조정협의회에 업무가 과도하게 편중되어 있는 점을 고려할 때 운영의 효율성 차원에서 정비가 필요해 보인다.

로 바꾸는 법률안이 제출된 바 있다.[86]

2. 조직 및 운영

조정원은 법인으로 하며(법 제72조 제2항), 공정거래법에 달리 정함이 없는 한 민법상 재단법인에 관한 규정을 준용한다(동조 제5항). 조정원은 그 설립과 운영에 필요한 경비를 예산의 범위 안에서 정부로부터 출연 또는 보조받고 있으며, 조정원의 장은 공정거래위원회 상임·비상임위원의 자격을 갖춘 자로서 공정거래위원장이 임명한다는 점에서 인적·물적으로 정부나 공정거래위원회와 밀접한 관계에 있다(동조 제3항, 제4항). 2014년 조정원은 '기타 공공기관'[87]으로 지정되었다.

실제로 그간 조정원의 원장은 퇴직 시 직급에는 차이가 있으나 모두 공정거래위원회 관료출신이고, 조정원 전체 수입의 약 90%가 정부출연에 의한 직접지원이라는 점에서도 조정원은 명실상부한 공정거래위원회의 하부조직이자 공공기관의 성격을 갖는다고 볼 수 있다.

조정원의 세부조직에 대해서는 법률에 규정이 없으며, 크게 원장, 부원장, 기획조정실, 분쟁조정1실, 분쟁조정2실, 상생협력실로 구성되어 있다.[88] 조정원의 지배구조와 관련해서는 이사회의 기능·역할이 모호하다는 문제가 있다. 즉, 이사회는 원장, 부원장 및 비상임이사 5인으로 구성되어 있는바, 조정원의 성격에 부합하는 조직과 의사결정이 이루어지는지 의문이다. 법경제분석그룹(LEG)의 조직적 실체가 모호하고, 분쟁조정실이 비대화되었고 연구기능이 미흡하다는 점이 여러 차례 지적되었다.

향후 공정거래진흥원으로의 확대 및 이를 통한 역할 강화가 소기의 목적을 달성하기 위해서는 조직의 관료화를 탈피하고, 연구기능을 실질적으로 확충하며, 임직원의 전문성을 강화하는 작업이 병행되어야 할 것이다. 그렇지 않을 경우에는 자

86) 2021년 11월 윤관석 의원이 대표발의한 「독점규제 및 공정거래에 관한 법률」 개정안에서는 공정거래협약 이행평가, CP 보급, 공정거래제도 준수 및 공정거래 문화확산을 위한 업무를 추가하고 있다. 다만, 이들 업무는 이미 조정원이 수행하고 있다는 점에서 개정안은 명시적인 법적 근거를 마련하려는 취지로 이해할 수 있다.

87) '기타 공공기관'이란 공기업과 준정부기관을 제외한 공공기관을 말한다(「공공기관의 운영에 관한 법률」 제5조 제2호).

88) 조정원은 2021년 1월, 신규사업 및 위탁사업을 통솔할 '상생협력실'의 신설을 골자로 하는 조직개편을 단행하여 현재 4실 1센터 15팀 체제의 조직을 갖추고 있다.

칫 분쟁조정이 또 다른 규제로 작동하거나 조정원 스스로 공정거래위원회의 말단 조직이 될 소지가 충분하기 때문이다.

Ⅱ. 공정거래분쟁조정

1. 공정거래분쟁조정협의회

가. 설치 및 구성

공정거래법 제45조 제1항의 불공정거래행위 금지 규정을 위반한 혐의가 있는 행위와 관련된 분쟁을 조정하기 위하여 조정원에 공정거래분쟁조정협의회(이하 "협의회")를 두고 있다(법 제73조 제1항). 협의회는 위원장 1인을 포함한 7인 이내의 위원으로 구성하며, 위원장은 조정원의 장이 겸임한다(동조 제2항, 제3항). 협의회의 위원은 독점규제 및 공정거래 또는 소비자분야에 경험 또는 전문지식이 있는 자로서 다음 각호의 어느 하나에 해당하는 자 중에서 조정원장의 제청으로 공정거래위원장이 임명 또는 위촉하되, 다음 각호의 어느 하나에 해당하는 자가 1인 이상 포함되어야 한다(동조 제4항, 영 제63조 제1항, 제2항).

① 4급 이상의 공무원의 직에 있던 자

② 판사·검사 또는 변호사의 직에 7년 이상 있던 자

③ 법률·경제·경영 또는 소비자 관련 분야 학문을 전공하고 대학이나 공인된 연구기관에서 7년 이상 근무한 자로서 부교수 또는 이에 상당하는 직에 있던 자

④ 기업경영 및 소비자보호활동에 7년 이상 종사한 경력이 있는 자

협의회 위원의 임기는 3년이다(법 제73조 제5항).[89] 위원 중 결원이 생긴 때에는 보궐위원을 위촉하여야 하며, 그 보궐위원의 임기는 전임자의 남은 임기로 한다(동조 제6항). 공정거래위원회 위원장은 협의회 위원이 직무와 관련된 비위사실이 있거나 직무태만, 품위손상 또는 그 밖의 사유로 위원으로 적합하지 아니하다고 인정되는 경우 그 직에서 해임 또는 해촉할 수 있다(동조 제7항). 그 밖에 협의회의 조직·운영·조정절차 등에 관하여 필요한 사항 중 공정거래법에 정하지 않은 사항은 대통령령으로 정한다(법 제79조).

89) 종전에는 위원의 연임을 허용하였지만, 공정거래법 전부개정을 통해 연임 규정이 삭제되었다.

나. 협의회의 운영

협의회 위원장, 즉 조정원장은 협의회의 회의를 소집하고 그 의장이 된다(법 제74조 제1항). 위원장이 협의회의 회의를 소집하려면 긴급을 요하는 경우를 제외하고 위원들에게 회의개최 7일 전까지 회의의 일시·장소 및 안건을 서면으로 통지하여야 하고, 협의회의 회의는 공개하지 아니하며, 다만 협의회의 위원장이 필요하다고 인정하는 때에는 분쟁당사자, 그 밖의 이해관계인에게 공개할 수 있다(영 제64조 제2항). 협의회는 재적위원 과반수의 출석으로 개의하고, 출석위원 과반수의 찬성으로 의결한다(법 제74조 제2항). 협의회 위원장이 사고로 직무를 수행할 수 없는 때에는 공정거래위원장이 지명하는 협의회 위원이 그 직무를 대행한다(동조 제3항). 조정의 대상이 된 분쟁의 당사자인 사업자(이하 "분쟁당사자")는 협의회에 출석하여 의견을 진술할 수 있다(동조 제4항).

한편, 분쟁조정의 공정성을 담보하기 위하여 제척·기피·회피제도가 마련되어 있다. 먼저, 협의회 위원은 다음 각 호의 어느 하나에 해당하는 경우에는 해당 분쟁조정사항의 조정에서 제척된다(법 제75조 제1항).

① 협의회 위원 또는 그 배우자나 배우자이었던 자가 해당 분쟁조정사항의 분쟁당사자가 되거나 공동권리자 또는 의무자의 관계에 있는 경우

② 협의회 위원이 해당 분쟁조정사항의 분쟁당사자와 친족관계에 있거나 있었던 경우

③ 협의회 위원 또는 협의회 위원이 속한 법인이 분쟁당사자의 법률·경영 등에 대하여 자문이나 고문의 역할을 하고 있는 경우

④ 협의회 위원 또는 협의회 위원이 속한 법인이 해당 분쟁조정사항에 대하여 분쟁당사자의 대리인으로 관여하거나 관여하였던 경우 및 증언 또는 감정을 한 경우

아울러 분쟁당사자는 협의회 위원에게 협의회의 조정에 공정을 기하기 어려운 사정이 있는 때에 협의회에 그 협의회 위원에 대한 기피신청을 할 수 있고, 협의회 위원이 전술한 제척 또는 기피사유에 해당하는 경우에는 스스로 해당 분쟁조정사항의 조정에서 회피할 수 있다(동조 제2항, 제3항).

2. 분쟁조정절차

가. 조정의 신청·각하 등

조정원의 분쟁조정은 사업자 간의 공정거래 관련 분쟁을 해결하는 수단이다. 분쟁조정을 신청할 수 있는 자는 법 제45조 제1항을 위반한 혐의가 있는 행위로 인하여 피해를 입은 사업자이고, 이러한 사업자는 분쟁조정신청서를 협의회에 제출함으로써 분쟁조정을 신청할 수 있다(법 제76조 제1항). 협의회가 신청인으로부터 직접 분쟁조정의 신청을 받거나 공정거래위원회의 분쟁조정 의뢰를 받은 경우 즉시 공정거래위원회와 당사자에게 통지하여야 하고(동조 제3항), 분쟁조정 신청을 받은 경우 신청인에게 분쟁조정신청 접수증을, 공정거래위원회와 다른 분쟁당사자에게 분쟁조정 신청 관련 서류의 사본을 송부해야 한다(영 제65조 제3항). 또한 공정거래위원회로부터 분쟁조정을 의뢰받은 경우 그 사실을 분쟁당사자에게 알려야 한다(동조 제4항).

다수 사업자가 동일한 사안에 대하여 공동으로 분쟁조정을 신청하는 때에는 신청인 중 3명 이내의 대표자를 선정할 수 있다(영 제66조 제1항). 신청인이 대표자를 선정하지 아니한 경우 협의회의 위원장은 신청인에게 대표자를 선정할 것을 권고할 수 있다(동조 제2항). 신청인이 대표자를 선정하거나 변경하는 때에는 그 사실을 지체 없이 협의회의 위원장에게 알려야 한다(동조 제3항).

분쟁조정의 신청은 시효중단의 효력이 있다. 조정절차가 진행되는 도중에 손해배상청구권 등의 소멸시효가 도과되는 것을 방지하기 위한 취지이다. 다만, 신청이 취하되거나 각하된 때에는 시효가 진행되며, 이 경우에도 6개월 내에 재판상의 청구, 파산절차참가, 압류 또는 가압류, 가처분을 한 때에는 시효는 최초의 분쟁조정의 신청으로 인하여 중단된 것으로 본다. 반면, 중단된 시효는 분쟁조정이 이루어져 조정조서를 작성한 때 또는 분쟁조정이 이루어지지 아니하고 조정절차가 종료된 때부터 새로이 진행한다(법 제76조 제4항, 제5항, 제6항).

한편, 협의회는 다음 각 호의 어느 하나에 해당하는 행위 또는 사건에 대하여는 조정신청을 각하하여야 한다. 이 경우 협의회는 분쟁조정이 신청된 행위 또는 사건이 공정거래위원회의 조사 중인지 등에 대하여 공정거래위원회의 확인을 받아야 한다(법 제77조 제3항).

① 조정신청의 내용과 직접적인 이해관계가 없는 자가 조정신청을 한 경우
② 이 법의 적용대상이 아닌 사안에 관하여 조정신청을 한 경우
③ 위반혐의가 있는 행위의 내용·성격 및 정도 등을 고려하여 공정거래위원회가 직접 처리하는 것이 적합한 경우로서 대통령령으로 정하는 기준에 해당하는 경우
④ 조정신청이 있기 전에 공정거래위원회가 제80조에 따라 조사를 개시한 사건에 대하여 조정신청을 한 경우. 다만, 공정거래위원회로부터 시정조치 등의 처분을 받은 후 분쟁조정을 신청한 경우에는 그러하지 아니하다.

한 가지 유념할 점은 공정거래법 2020년 전부개정[90]을 통해 조정신청 대상이 확대되어 공정거래위원회가 제재 조치를 완료한 사건에 대해서도 분쟁조정 신청이 가능하고(법 제77조 제3항 제4호 단서), 기존에 분쟁조정의 대상에서 제외되었던 공동의 거래거절, 계열회사를 위한 차별이나 집단적 차별, 계속적 부당염매에 관한 분쟁조정이 가능해졌다는 점이다(구법의 영 제53조의8 제1항 이하 각호의 내용 삭제).[91] 그러나 여전히 부당지원행위에 관한 한 분쟁조정은 불가하다.

나. 조정의 진행 및 종료

협의회는 분쟁당사자에게 분쟁조정사항에 대하여 스스로 합의하도록 권고하거나 조정안을 작성하여 제시할 수 있고(법 제77조 제1항), 해당 분쟁조정사항에 관한 사실을 확인하기 위하여 필요한 경우 조사를 하거나 분쟁당사자에 대하여 관련 자료의 제출이나 출석을 요구할 수 있다(동조 제2항). 협의회는 분쟁당사자에 대하여 출석을 요구하려는 때에는 시기 및 장소를 정하여 출석요구일 7일 전까지 분쟁당사자에게 통지하여야 한다. 다만, 분쟁당사자가 미리 동의하거나 그 밖에 긴급한 사정이 있는 경우에는 출석요구일 전까지 알릴 수 있다(영 제67조 제1항). 통지를 받은 분쟁당사자는 협의회에 출석할 수 없는 부득이한 사유가 있는 경우에는 미리 서면으로 의견을 제출할 수 있다(동조 제2항).

협의회는 다음 각 호의 어느 하나에 해당되는 경우에는 조정절차를 종료하여야 한다(법 제77조 제4항).

① 분쟁당사자가 협의회의 권고 또는 조정안을 수락하거나 스스로 조정하는

90) 2020.12.29. 전부개정, 법률 제17799호.

91) 2021.4.20. 개정, 대통령령 제31642호; 공정거래위원회 2021.4.13. 보도자료, “기업의 방어권 강화 및 분쟁조정을 통한 피해구제 확대 – 공정거래법 시행령 개정안 국무회의 통과”, 3면.

등 조정이 성립된 경우

② 제76조 제1항에 따라 분쟁조정의 신청을 받은 날 또는 같은 조 제2항에 따라 공정거래위원회로부터 분쟁조정의 의뢰를 받은 날부터 60일(분쟁 당사자 쌍방이 기간연장에 동의한 경우에는 90일로 함)이 경과하여도 조정이 성립하지 아니한 경우

③ 분쟁당사자의 일방이 조정을 거부하거나 해당 분쟁조정사항에 대하여 법원에 소(訴)를 제기하는 등 조정절차를 진행할 실익이 없는 경우.

이를 위하여 분쟁당사자는 분쟁조정 신청 후 해당 사건에 대하여 소를 제기한 때에는 지체 없이 이를 협의회에 알려야 한다(영 제68조).

협의회는 조정신청을 각하하거나 조정절차를 종료한 경우에는 공정거래위원회에 조정의 경위, 조정신청 각하 또는 조정절차 종료의 사유 등을 관계 서류와 함께 지체 없이 서면으로 보고하여야 하고 분쟁당사자에게 그 사실을 통보하여야 한다(법 제77조 제5항). 공정거래위원회는 분쟁조정사항에 관하여 조정절차가 종료될 때까지 해당 분쟁당사자에게 시정조치 및 시정권고를 하여서는 아니 된다(동조 제6항).

다. 조정조서의 작성 및 그 효력

협의회는 분쟁조정사항에 대하여 조정이 성립된 경우 조정에 참가한 위원과 분쟁당사자가 기명날인하거나 서명한 조정조서를 작성한다(법 제78조 제1항). 협의회는 분쟁당사자가 조정절차를 개시하기 전에 분쟁조정사항을 스스로 조정하고 조정조서의 작성을 요청하는 경우에는 그 조정조서를 작성하여야 한다(동조 제2항).

2007년 제14차 개정법[92]은 조정조서가 작성된 경우에는 분쟁당사자 간에 조정조사와 동일한 내용의 합의가 성립된 것으로 보았고(동법 제48조의8 제1항 2문), 그 결과 조정내용을 이행하지 않더라도 조정조서만으로는 이행을 강제할 수 없어 피해사업자는 별도로 민사소송을 제기하지 않으면 안 되었다. 이와 같은 문제를 해결하기 위하여 2016년 제25차 법개정[93]으로 조정조서에 재판상 화해와 동일한 효력, 즉 확정판결과 같은 효력을 부여하게 되었다(동법 제48조의8 제5항, 동조 제1항 2문은 삭제함).

---

92) 2007.8.3. 개정, 법률 제8631호.

93) 2016.3.29. 개정, 법률 제14137호.

협의회는 조정이 성립된 경우에는 다음 각 호의 사항(영 제69조 제2항 제1호 내지 제3호 및 제3항 제2호)이 기재된 조정조서를 작성한 후 그 사본과 관련 서류를 첨부한 조정결과를 공정거래위원회에 보고하여야 한다(동조 제3항).

① 분쟁당사자의 일반현황

② 분쟁의 경위

③ 조정의 쟁점

④ 조정의 결과

분쟁당사자는 조정에서 합의된 사항을 이행하여야 하고, 이행결과를 공정거래위원회에 제출하여야 한다(법 제78조 제3항). 공정거래위원회는 합의가 이루어지고, 그 합의된 사항을 이행한 경우에는 시정조치 및 시정권고를 하지 아니한다(동조 제4항).

제5장

형사벌

제1절 총　　설

Ⅰ. 공정거래법상 형사벌 제도

공정거래법은 제15장(벌칙)에서 법 위반행위를 행한 자에 대하여 형사적 제재를 내릴 수 있는 조항(법 제124조 내지 제127조)과 그 외에 양벌규정(법 제128조), 고발(법 제129조), 과태료(법 제130조)에 관한 조항들을 두고 있다. 공정거래법상 형사벌 제도는 법 제정[1] 당시로부터 존재해왔는데 실체법상 금지행위를 한 자에 대하여 징역형과 벌금형을 내릴 수 있도록 규정하고 있다(법 제124조 내지 제126조). 이는 공정거래법이 법 위반행위에 대해 광범위한 수준으로 형벌을 부과하도록 되어 있는 것인데, 이것이 과연 적절한 것인지에 대한 논란이 있다.

한편, 제127조의 벌칙조항은 국내외에서 정당한 이유없이 비밀유지명령(법 제112조 제1항)을 위반한 경우, 그리고 비밀엄수의 의무를 다하지 못한 경우(법 제119조 위반)를 규율하고 있는바, 제124조 내지 제126조와는 성격을 달리한다. 이와 관련하여 제14장(보칙)에서는 공정거래위원회의 위원 중 공무원이 아닌 위원을 형법이나 그 밖의 법률에 따른 벌칙의 적용에 있어 공무원으로 의제되고, 공정거래분쟁조정협의회의 분쟁조정업무를 담당하였던 자 또한 유사하게 형법 제129조부터 제132조까지의 규정에 따른 벌칙의 적용에서는 공무원으로 본다고 규정하고 있다(법 제123조).

공정거래법상 형사벌의 가장 특징적인 조항은 제128조 및 제129조인데, 전자는 양벌규정, 후자는 공정거래위원회의 고발 내지 전속고발권, 그리고 검찰총장, 감사원장, 중소벤처기업부장관, 조달청장의 고발요청에 대해 규정하고 있다. 이에 대해서는 제2절과 제3절에서 상술한다. 법 제130조는 사업자 또는 사업자단체 등에

1) 1980.12.31. 제정, 법률 제3320호.

대한 과태료를 규정하고 있다. 즉, 기업결합 신고 관련(법 제130조 제1항 제1호), 일반지주회사의 금융회사 주식 소유 제한 관련(제2호, 제3호), 대기업집단의 각종 공시 관련(제4호), 계열회사 자료제출 요청 관련(제5호), 출석요구조사 관련(제6호), 서면실태조사 관련(제7호), 그리고 심판정의 질서유지 관련(동조 제2항)하여서는 공정거래위원회가 시행령이 정하는 바에 의하여 과태료를 부과할 수 있도록 되어 있다(동조 제3항).

공정거래법상 형사적 제재는 다음과 같은 특성을 갖는다. 첫째, 보호법익의 문제로서 공정거래법은 경쟁질서 그 자체를 보호하기 위한 법이므로, 자유롭고 공정한 경쟁 그 자체가 1차적인 보호법익이 된다. 따라서 경쟁제한행위에 따라 장차 발생하는 부당하게 높은 가격이나 부당이득의 발생은 중요하지 않다. 다만 공정거래법의 목적에는 소비자의 보호가 명시되어 있기 때문에, 경쟁제한행위로 인한 소비자의 피해 역시 보호법익의 침해로 볼 수 있는지의 여부가 문제된다. 둘째는 경쟁제한행위의 문제로, 경쟁제한행위를 범죄로 볼 경우 그에 따른 구체적인 효과의 발생(구체적인 경쟁의 제한)은 요구되지 않기 때문에 '행위' 그 자체에 초점이 맞추어 진다. 이때 실무상으로는 당해 행위의 착수시기나 기수 여부를 가리는 것이 매우 어려워진다. 한편, 위반행위의 중대성에 따라 형량을 재조정할 필요가 있다. 중대성의 판단은 동법의 목적에 따라 경쟁제한성이 가장 중요한 기준이 된다. 마지막으로 행위주체에 관한 문제가 있는데, 전통적인 형법이론상 법인 자신의 행위는 있을 수 없고, 법인은 자연적 의미에서의 행위를 할 수 없다. 단지 자연인에 의한 범죄의 성립을 전제로 하여 양벌규정에 따라 법인 자신의 형사책임이 문제될 수 있을 뿐이다. 이 점은 양벌규정을 두고 있는 공정거래법상으로도 별 차이가 없다. 따라서 공정거래법상으로도 각 사업자에 있어서 실제로 의사결정을 하는 지위에 있는 자의 행위를 범죄의 실행행위로 보게 된다.

Ⅱ. 공정거래법상 형사벌의 연혁

공정거래법은 1980년 법 제정[2] 당시부터 법위반 사업자들에 대한 형사 처벌규정을 두고 있었다. 제정법에는 벌칙 조항이 제55조부터 제58조까지 규정되어 있었

2) 1980.12.31. 제정, 법률 제3320호.

고, 양벌규정은 제59조, 경쟁당국(당시는 경제기획원장관)의 전속고발권(專屬告發權)에 대해서는 제60조에 의하여 규율되었다. 1990년 제2차 개정법[3]에서는 위 규정들이 제66조 내지 제71조로 이동하였으며 1992년 제3차 개정[4]에서 과태료 부과규정인 제69조의2가 신설되고 2004년 제11차 개정[5]에서 제69조 제1항이 새로 규정되었다. 2020년 전부개정법[6]은 이들을 제124조 내지 130조로 이동시키고 형벌 부과 필요성이 낮다는 주장이 제기되어 온 기업결합행위, 불공정거래행위 중 거래거절, 차별취급, 경쟁사업자 배제, 구속조건부거래, 그리고 재판매가격유지행위에 대해서는 형벌조항이 삭제함으로써 현재의 모습을 갖추었다.

법 제124조 내지 제126조는 사업자의 금지행위를 정하는 실체법적 규정의 변동, 새로운 규제수단의 도입, 우리나라 경제발전에 따른 물가상승 등의 다양한 요인들로 그 징역형 내지 벌금형의 정도에 있어서 상당한 변화를 겪었다. 예컨대 시장지배적 지위남용행위를 한 자에 대해서 제정법[7]에서는 1년 이하의 징역 또는 7,000만 원의 벌금에 처하도록 되어 있었지만(동 구법 제55조 제1항 제1호), 1986년 제1차 법개정[8]을 통해 2년 이하의 징역 또는 1억 원 이하의 벌금(법 제55조 제1항 제1호), 1990년 제2차 개정 이후 3년 이하의 징역 또는 2억 원 이하의 벌금이 내려지게 되어있다(구법 제66조 제1항 제1호, 현행법 제124조 제1항 제1호).

양벌규정에 관한 조항은 그 내용상 큰 변화 없이 이어오고 있다. 1996년 제5차 개정[9] 시에 문제가 되는 법인을 법인격 없는 단체를 포함하는 것으로 명문화시켰고, 2009년 제16차 개정[10]에서는 단서규정이 신설되어 법인 또는 개인이 위반행위를 방지하기 위하여 상당한 주의와 감독을 게을리하지 아니한 경우에는 벌칙을 부과하지 못하도록 하였다.

전속고발권에 대해 규정하고 있는 법 제129조는 고발의무와 고발요청 내용이 추가되면서 변화를 겪었다. 즉, 1980년 제정법에서는 경제기획원장의 고발이, 1990

3) 1990.1.13. 전부개정, 법률 제4198호.
4) 1992.12.8. 개정, 법률 제4513호.
5) 2004.12.31. 개정, 법률 제7315호.
6) 2020.12.29. 전부개정, 법률 제17799호.
7) 1980.12.31. 제정, 법률 제3320호.
8) 1986.12.31. 개정, 법률 제3875호.
9) 1996.12.30. 개정, 법률 제5235호.
10) 2009.3.25. 개정, 법률 제9554호.

년 제2차 개정을 통해 "제66조 및 제67조의 죄는 공정거래위원회의 고발이 있어야 공소를 제기할 수 있다."고 되어 있었는데(동법 제71조), 1996년 제5차 법 개정[11] 시 제71조 제2항 내지 제4항이 신설되었고, 이는 경쟁질서를 현저히 저해한다고 인정하는 경우에는 공정거래위원회가 검찰총장에게 고발하여야 한다는 의무조항과, 그 경우에 검찰총장이 공정거래위원회에 고발을 요청할 수 있는 요청조항이 포함된 것이었다. 그리고 2013년 제19차 법개정[12]에서는 동조 제4항에서 제2항의 고발요건에 해당하지 아니하더라도 감사원장이나 조달청장, 중소기업청장이 일정한 이유로 공정거래위원회의 고발을 요청할 수 있는 내용을 추가되었는바, 이는 공정거래위원회의 자의적인 고발권 행사를 통제하기 위한 견제장치를 공정거래법이 두고 있음을 보여주는 것이다.

무릇 형벌의 부과는 시정조치나 과징금이라는 행정적 제재나 손해배상과 같은 민사적 구제에 비하여 자연인에 대한 징역이나 벌금 등과 같은 가장 강력한 제재를 통하여 법집행의 실효성을 담보하고자 하는 특징을 가지고 있다. 이와 같이 형벌이 가장 무거운 제재라는 점을 감안할 때 공정거래위원회가 고발을 의결할 때에는 행정적 제재나 민사적 제재만으로는 달성하기 어려운 억지 효과를 발휘하기 위하여 '최후의 수단'(ultima ratio)으로만 신중하게 고려하여야 할 것이다.

---

11) 1996.12.30. 개정, 법률 제5235호.

12) 2013.7.16. 개정, 법률 제11937호.

제 2 절 전속고발권

Ⅰ. 의 의

1. 의의 및 취지

공정거래법 제124조 및 제125조의 죄는 공정거래위원회의 고발이 있어야 공소를 제기할 수 있다(법 제129조). 즉, 공정거래법 위반행위에 대해서는 공정거래위원회의 고발을 소추요건으로 하고 있는 것이다. 이는 공정거래위원회의 고발이 없는 한 검찰은 이러한 범죄에 대하여 공소를 제기할 수 없다는 것을 의미하며, 따라서 공정거래위원회의 고발이 없이도 검찰이 수사권을 발동하는 것은 상관없다.

이처럼 공정거래법상 중요한 범죄의 대부분을 공정거래위원회의 고발을 소추요건으로 규정하는 것은 이러한 범죄의 위법성이 다른 범죄와 마찬가지로 사전에 명백한 것이 아니고, 따라서 이에 관하여 전문성을 갖춘 공정거래위원회가 사전에 시장분석을 행한 후에 경제상황에 따라 시정조치와 과징금 등 행정적인 제재에 그칠 것인지 아니면 형사적인 제재까지 적용할 것인지를 우선적으로 판단할 수 있는 여지를 남겨 두기 위한 목적에서 비롯된 것이라고 설명하는 것이 일반이다. 이러한 전속고발제도는 우리나라와 일본에 특유한 것으로서, 미국 법무부가 형사소추권을 갖고 있는 미국과 같은 체제하에서는 그 필요성이 없다.

헌법재판소는 전속고발권을 인정하는 취지로 공정거래위원회로 하여금 상세한 시장분석을 통하여 위반행위의 경중을 판단하고 그때그때의 시장경제상황의 실상에 따라 시정조치나 과징금 등의 행정조치만으로 이를 규제함이 상당할 것인지 아니면 더 나아가 형벌까지 적용하여야 할 것인지 여부를 결정하도록 함으로써, 공정거래법의 목적을 달성하고자 하는 데에 있음을 지적한 바 있다.[13] 그 밖에 공정거래법 위반행위에 대하여 공정거래위원회의 행정적 제재수단을 활용하여 처리하는 것이 형벌권 행사에 비하여 효율적이라는 점도 빼놓을 수 없다.[14]

---

13) 헌법재판소 1995.7.21. 선고 94헌마136 결정.

14) 박미숙, "공정거래법상 전속고발제도", 형사정책연구소식 제74호, 2002, 2면.

2. 전속고발권의 적용대상

이러한 전속고발권을 규정하는 조항은 공정거래법 이외에도 공정거래위원회의 소관법률인 하도급법, 표시·광고법, 대규모유통업법, 가맹사업법, 대리점법이 있다. 그 밖의 법률로는 「조세범 처벌법」, 「출입국관리법」, 「항만운송사업법」, 「해운법」 등이 있다.[15)]

종래 형법상 입찰방해나 건설산업기본법 제95조 제1호 위반의 입찰담합에 대해서는 전속고발권이 적용되지 않으므로, 검찰에서 직접 인지·수사하여 공소를 제기하는데 아무런 제약이 없다. 검경수사권 조정에 따라 2021년 1월 1일부터 검찰은 6대 범죄에 대해서만 직접 수사가 가능하게 되었고, 그 중에서 공정거래범죄에는 공정거래법, 하도급법, 표시·광고법, 가맹사업법 등 4개 법률 위반죄만 포함되었다. 2022년 5월에는 「검찰청법」[16)]이 개정되어, 6대 범죄 중 4대 범죄를 검사의 직접 수사 대상에서 제외하여 2대 범죄(부패범죄, 경제범죄)만이 직접 수사의 대상이 된다.

3. 친고죄와의 비교

전속고발제도와 관련하여 공정거래법 위반의 죄를 '친고죄'라고 설명하는 견해가 있다[17)]. 우선 '친고죄'라는 개념과 관련된 문제이다. 즉, 친고죄(親告罪)란 원래 강간죄나 모욕죄 등의 경우에 피해자의 고소가 있어야만 검사가 공소를 제기할 수 있는 범죄를 말하며, 그 근거는 강간죄의 경우 기소해서 일반에 알려지는 것이 오히려 피해자에게는 더욱 큰 불이익을 가져올 수 있다는 점에 있다.

생각건대 공정거래위원회의 전속고발권을 근거로 공정거래법상 죄를 친고죄로 보는 것은 부당하다. 왜냐하면 친고죄란 피해자의 적극적인 고소를 요건으로 하는 것으로서, 공정거래위원회는 당해 사건에서 피해자가 될 수 없으며, 그 결과 공정거래위원회는 단지 고발을 할 수 있는데 그치기 때문이다. 미국의 경우에는 법무부 독점금지국이 사건의 조사, 공소제기 및 유지를 총괄하고 있기 때문에, 고발에 관한 별도의 규정을 두지 않고 있다(FTC의 경우 참조). 또한, 공정거래법상의 고발은

15) 「항만운송사업법」은 1997년 법개정(1997.4.10. 개정, 법률 제5335호)을 통해, 「해운법」은 2015년 법개정(2015.1.6. 개정, 법률 제13002호)을 통해 전속고발제도를 폐지하였다.

16) 2022.5.9. 개정, 법률 제18861호.

17) 김병배, "알기쉬운 공정거래", 중앙일보사, 1996, 427면.

형사소송법상의 일반적인 고발(동법 제234조 제1항)과는 달리 범죄수사의 단서로서의 고발이 아니라, 소추요건으로서의 성격을 가지며 동법 제232조 제1항에 의하면 1심 판결선고 전까지는 고발을 취소할 수도 있지만 현행 공정거래법에는 공소가 제기된 후에는 이를 취소하지 못한다는 명문의 규정이 있는바(법 제129조 제6항), 여러 가지 점에서 양자 사이에는 차이가 있다.

정리하자면, 공정거래법 위반행위의 직접적인 피해자가 공정거래위원회가 아니므로 일반적으로 공정거래위원회가 고발권을 갖는 것도 법리적으로 맞지 않으며, 친고죄는 피해자의 고소를 요건으로 한다는 점에서 피해자가 아닌 자의 고발에 대해서는 인정될 수 없고, 나아가 공소가 제기된 경우에 피해자에게 더욱 불이익이 될 수 있는 우려도 전혀 없으므로, '친고죄'라는 표현은 적절하지 않다.

Ⅱ. 전속고발권의 운용현황과 문제점

전속고발제도의 운용현황을 보면, 1981년 공정거래법이 시행된 이래 2014년까지 공정거래위원회는 총 1,042건을 고발하였다. 2008년(33건), 2010년(19건), 2011년(38건)을 제외하면 2006년 이후로 꾸준히 매년 40건 이상의 고발건수를 보이고 있고, 특히 2013년에는 처음으로 60건을 넘어섰고 2018년과 2019년에는 각각 84건과 82건의 고발건수를 보이고 있다.[18)]

그러나 검찰이 적발한 대기업 등의 불공정거래행위 건수에 비하여 공정거래위원회가 고발한 건수는 적다는 등의 비판이 끊이지 않고 있고, 그 결과 이러한 전속고발제도로 인하여 각종 경제범죄에 대하여 면죄부만 부여하게 되었다는 비난이 제기되고 있다. 또한 같은 맥락으로 공정거래위원회의 전속고발권에 대한 위헌논의가 활발하게 제기된바 있다.

공정거래위원회가 고발 여부에 관하여 어느 정도의 재량권을 가지는가? 공정거래법은 "공소를 제기할 수 있다."고 규정하여(법 제129조 제1항) 고발 여부는 기본적으로 공정거래위원회의 재량의 영역임을 천명하고 있지만, 전술한 바와 같이 1996년 제5차 법개정[19)]과 2013년 제19차 법개정[20)]을 통하여 그 재량을 제한하는

18) 공정거래위원회, 2020년판 공정거래백서, 40면.

19) 1996.12.30. 개정, 법률 제5235호.

20) 2013.7.16. 개정, 법률 제11937호.

조항들이 신설되었다. 그렇지만 여전히 공정거래위원회는 고발 여부에 대한 재량권을 갖는다고 볼 수 있고, 다만 위법성이 중대하고도 명백한 사건에 한하여 고발을 해야 할 의무가 있다. 그러나 전술한 법개정에도 불구하고 공정거래위원회가 중대한 사건에서 고발을 하지 않는 경우에 대한 문제는 여전히 남아 있으며, 이러한 재량권 남용에 대한 통제수단이 마련될 필요가 있다.

Ⅲ. 전속고발제도의 위헌 여부

1. 위헌론의 근거

종래 전속고발제도를 위헌으로 보는 근거로는 다음과 같은 것을 들 수 있다. 가장 우선적으로는 헌법 제27조 제1항의 재판을 받을 권리, 재판절차진술권이 침해되었다는 주장이다. 다음으로는 헌법 제11조의 평등권이 침해되었다는 논리인데, 이는 공정거래법 위반행위에 대해서만 공정거래위원회의 고발을 소추요건으로 함으로써 일반범죄의 피해자와 공정거래법위반으로 인한 피해자를 부당하게 차별대우하는 것으로서 평등원칙에 위배된다는 것이다.

또한, 권력분립주의가 침해되었다는 주장이 있다. 이는 형사소추권이 검사의 고유권한이라는 데에 근거한 것으로서, 검사의 공소제기 여부를 행정기관에 불과한 공정거래위원회의 판단에 맡김으로써 이들 간의 기능적 권력분립이 침해된다고 한다. 그러나 형사소추권은 법률의 규정에 의하여 검사에게 부여된 것이며, 따라서 법률의 규정에 의하여 이를 제한하거나 예외를 인정하는 것은 전혀 문제되지 않는다. 더구나 공정거래위원회의 고발이 있는 경우에도 반드시 검찰이 공소를 제기할 의무가 있는 것은 아니므로, 검사의 소추권한을 본질적으로 제한하는 것으로는 볼 수 없다.

한편으로, 소비자기본권의 침해를 위헌론의 근거로 내세우는 경우도 있다. 헌법학계의 통설에 의하면 사회국가원리, 인간의 존엄과 가치, 행복추구권, 재산권, 인간다운 생활을 할 권리, 범죄피해자구조청구권 및 헌법 제124조의 소비자보호운동에 관한 규정을 근거로 소비자기본권이 인정되고 있다. 이러한 헌법원리를 근거로 제정된 「소비자기본법」[21]은 소비자의 기본적 권리로서 안전의 권리, 피해구제

---

21) 동법은 2006년 법개정을 통해(2006.9.27. 전부개정, 법률 제7988호) 「소비자보호법」에서 「소비자기

청구권, 소비자운동권 등을 규정하고 있는데, 전속고발제도는 그중에서 소비자의 피해구제청구권을 침해하고 있다는 것이다.

또한, 헌법 제37조에 규정된 비례성원칙을 위반한 것이라고 하는데, 국민의 기본권을 제한함에 있어서는 헌법 제37조 제2항에 따른 최소한 제한의 원칙을 준수하여야 하는데, 전속고발제도는 기본권제한을 정당화시킬 만한 합리적인 공익적 목적을 갖고 있지 않다고 한다. 마지막으로 공정거래위원회의 전속고발제도는 벌칙의 실효성을 저해함으로써 동법의 목적과 취지에 반하는데, 이는 규범 상호 간의 내용과 체계상의 조화를 요구하는 헌법상의 체계정당성요구를 벗어나는 것이라는 주장이 있다.

2. 합헌론의 근거

합헌론은 크게 공정거래법의 입법취지와 법위반행위 판단의 전문성이라는 두 가지로 대별된다. 우선 전자에 관하여 살펴보면, 공정거래법의 보호법익은 피해 받은 개인의 권리라기보다는 국가의 기본적인 경제질서인 자유로운 시장경제체제의 유지·실현으로 보아야 하며, 자유롭고 공정한 경쟁질서의 회복을 유효하게 담보하기 위한 수단으로서 전속고발제도는 문제되지 않는다고 보는 견해이다. 즉, 공정거래법은 기본적으로 시장에서의 경쟁을 확보하고 공정한 거래질서의 확립을 목적으로 하고 있으므로, 동법 위반행위에 대해서는 우선 그 위반행위를 시정하도록 권고, 유도하여 왜곡된 거래질서를 회복시키는 것이 중요하며, 형사처벌은 시정조치가 있었음에도 불구하고 사업자가 이에 불응하는 경우나 위반행위가 거듭되거나 위반행위가 지극히 중대하여 시정조치 등의 행정조치만으로는 그 시정의 효과를 거두기 어렵다고 판단되는 경우에 비로소 그 필요성이 인정된다고 한다. 그러나 공정거래법은 제1조의 목적조항에서 소비자의 권리보호를 명문으로 규정하고 있을 뿐만 아니라, 경쟁질서유지의 궁극적인 목적도 소비자보호에서 찾아야 한다면 소비자의 보호에 반하는 전속고발제도는 그 존재의의를 상실하게 될 것이다.

이어서 후자에 관해서는 자유로운 시장경제체제의 유지라는 정책목표를 실현하기 위한 수단의 선택으로서 형벌이라는 수단까지 동원하여야 할 것인지의 여부는 경쟁질서의 유지를 직접 소관으로 하는 기관의 전문적인 판단에 맡기는 것이 타

본법」으로 법률명을 변경하였다.

당하다고 한다. 그러나 이러한 공정거래위원회의 전문성을 인정하더라도 그것이 전속고발제도를 합헌으로 보아야 하는 근거가 되지는 않는다. 공정거래위원회가 구체적인 시장상황에 따라 고발 여부를 결정하는 것은 경쟁질서의 유지 또는 회복을 위한 것이고, 소비자 등의 고소권은 직접적으로 자신이 입은 피해의 보상을 위한 것으로서 서로 그 목적을 달리하고, 양자가 반드시 양립불가능하지 않음에도 불구하고 소비자의 고소권까지 제한하는 것은 그 근거가 없는 것이다.

나아가 형사적 제재가 무분별하게 남용될 우려를 주장하는 자도 있으나, 고소고발사건에 대하여 구체적으로 기소할 것인지 여부는 위반행위의 중대성이나 소비자에게 미치는 효과 등을 고려하여 검찰이 스스로 판단하여 결정할 문제이기 때문에, 전속고발제도를 폐지한다고 하여 형사벌이 남용된다는 결론을 내리는 것은 논리의 비약인 것이다. 또한 기소된 행위의 위법성 여부는 피해자인 소비자가 제일 먼저, 그리고 정확하게 인식할 수 있으며, 위법성에 관한 판단은 재판과정에서 충분히 밝혀질 수 있는 것이지, 공정거래위원회만이 판단할 수 있는 것은 아니다. 아울러 공정거래위원회의 위법성 판단에 대해서는 법원에서 다시 다툴 수 있게 되어 있는 이상, 결국 당해 행위의 위법성은 법원의 판결에 의하여 확정될 수밖에 없는 것이다.

3. 헌법재판소의 입장

공정거래법상 전속고발권과 관련한 위헌논쟁은 1995.7.21. 헌법재판소가 내린 2개의 결정을 통하여 일단락되었다. 하나는 1994년 7월에 있었던 4개 백화점의 가공일자변경부착행위(부당한 표시, 광고행위)로 피해를 입은 소비자들이 구법 제71조의 위헌확인을 구하는 헌법소원을 제기한데 따른 것이고,[22] 다른 하나는 에이스침대로부터 부당하게 대리점계약이 해지되었다는 이유로 피해자가 공정거래위원회의 고발권 불행사에 대하여 위헌확인을 구하는 헌법소원을 제기한 데 따른 것이었다.[23] 후자에 대해서는 공정거래위원회의 재량한계와 관련하여 후술한다.

전자의 사건은 공정거래법 전속고발권 규정 그 자체의 위헌 여부를 심판대상으로 삼았으나, 헌법재판소는 이 청구가 '직접관련성'을 결여하고 있다는 이유로

22) 헌법재판소 1995.7.21. 선고 94헌마191 결정.

23) 헌법재판소 1995.7.21. 선고 94헌마136 결정.

각하결정을 내렸다. 즉, 구법 제71조는 공정거래위원회의 고발을 공정거래법위반죄의 소추요건을 규정하고 있는 것에 불과하므로, 그 자체만으로는 자유의 제한이나 의무의 부과, 권리 또는 법적 지위의 박탈 등 기본권 침해를 포함하고 있다고 볼 수 없다고 판단하였다. 즉, 법률 내지 법률조항 자체에 대한 헌법소원은 그 법률의 구체적인 집행을 기다리지 않고 직접 기본권이 침해될 것을 요건으로 하는데, 구 공정거래법 제71조 그 자체만으로는 어떠한 기본권 침해도 문제되지 않는다는 것이다.

다만, 법률에 의한 구체적인 집행행위가 존재하더라도 예외적으로 그 집행행위를 대상으로 하는 구제절차가 없거나 구제절차가 있더라도 권리구제의 기대가능성이 없고 불필요한 우회절차에 불과한 경우에는 당해 법률 자체를 바로 헌법소원의 대상으로 삼을 수 있다[24]는 점에 주목할 필요가 있다. 그런데 공정거래법상 피해자가 공정거래위원회에 고발을 신청하거나 고발 여부의 결정에 대하여 이의신청을 할 수 있는 규정이 없고, 공정거래위원회의 고발권 불행사가 행정소송법상 구제절차의 대상이 되는 행정부작위라고 보기도 어렵다는 점을 감안할 때 헌법소원의 대상으로 볼 수는 없더라도, 공정거래위원회의 재량에 대한 통제는 더욱 중요한 의미를 가지게 된다.[25]

Ⅳ. 전속고발권의 한계

1. 공정거래위원회의 재량과 한계

공정거래위원회의 전속고발권, 즉 공정거래법 위반행위에 대한 형사벌의 필요성에 관하여 공정거래위원회가 1차적으로 판단하도록 한다는 취지에는 대체로 공감대가 형성되어 있으나, 고발권을 적절히 행사하지 않을 우려 또한 부인하기 어렵다. 공정거래위원회가 과도하게 경미한 사건을 무차별적으로 고발하거나 중대한 사건을 고발하지 않는 경우를 상정할 수 있는바, 우리나라에서는 과거 후자에 대한 문제제기가 적지 않았다. 어느 경우에나 공정거래위원회의 전속고발권이 갖는 법적 성격을 파악하고, 여기에 일정한 한계를 설정할 필요가 있는 것이다.

---

24) 헌법재판소 1992.4.14. 선고 90헌마82 결정.

25) 황태희, 앞의 글(2011), 193면은 고발권 불행사에 대한 불복수단을 마련할 필요가 있다고 한다.

공정거래위원회의 전속고발권을 통제하는 수단으로는 크게 두 가지가 있다. 하나는 해석론으로서 고발권의 불행사에 대한 재량통제이고, 다른 하나는 입법적으로 일정한 요건 하에 공정거래위원회에게 고발의무를 부과하는 것이다. 여기서는 해석론을 살펴보고, 고발의무는 후술하기로 한다.

일찍이 헌법재판소는 공정거래위원회가 갖는 전속고발권의 성격과 관련하여 구 공정거래법 제71조에서 정하는 죄는 공정거래위원회의 고발이 있어야 공소를 제기하고 있다고 규정하고 있을 뿐 고발권행사의 요건이나 제한규정을 두지 않고 있고, 공정거래위원회의 고발은 친고죄와 마찬가지로 1심 판결 선고 전까지는 언제든지 취소할 수 있다는 점을 들어 공정거래위원회는 고발 여부를 결정할 재량권을 가지나, 그 고발재량권도 그 운용에 있어 자의(恣意)가 허용되는 무제한의 자유재량이 아니라 스스로 내재적인 한계를 가지는 합목적적 재량이라고 판시하였다(합목적적 재량설).[26]

위 결정에서 헌법재판소에 의하면 공정거래법의 목적에 비추어 행위의 위법성과 가벌성이 중대하고 피해의 정도가 현저하여 형벌을 적용하지 아니하면 법목적의 실현이 불가능하다고 보는 것이 상당한 사안에서는 공정거래위원회가 당연히 고발을 하여야 할 의무가 있고, 이러한 작위의무에 위반하여 고발권을 행사하지 않는 것은 명백히 자의적인 것으로서 피해자의 평등권과 재판절차진술권을 침해하는 것이 된다. 이러한 요건을 갖춘 경우에 소비자를 비롯한 피해자는 공정거래위원회의 부당한 고발권의 불행사에 대하여 위헌확인을 위한 헌법소원을 제기할 수 있고, 이에 대하여 헌법재판소가 인용결정을 내리게 되면 공정거래위원회는 결정의 취지에 맞게 새로운 처분, 즉 고발을 하여야 할 의무를 부담하게 된다(「헌법재판소법」 제75조 제4항).

그 밖에 형사소송법상 고발의무를 근거로 '공정거래위원회의 고발의무를 인정하여야 하는가?' 형사소송법상 공무원이 직무집행에 따라 범죄를 발견한 때에는 반드시 고발을 하여야 하고(법 제234조 제2항), 공무원이 이러한 고발의무를 위반한 경우에는 국가공무원법상 징계사유가 된다. 공정거래위원회에 전속고발권을 부여한 취지에 비추어 볼 때 형사소송법 관련 조항을 준용하게 되면 결국 공정거래위원회의 재량권 자체가 부인되는 결과가 되어, 해석론으로는 받아들이기 어렵다. 공정거

26) 헌법재판소 1995.7.21. 선고 94헌마136 결정.

래법 제71조의 전속고발권 규정은 형사소송법 제234조 제2항에 대한 특별규정으로 볼 수 있다는 점에서 공정거래법이 우선 적용되고, 따라서 공정거래위원회의 고발재량에 대한 한계설정 근거로는 타당하지 않다.

2. 고발의무 및 고발요청제도

공정거래법은 공정거래위원회의 전속고발권에 대한 한계설정의 필요성을 반영하여 제129조에서 이를 위한 명문규정을 두고 있다. 즉, 공정거래위원회는 제124조 및 제125조의 죄 중 '그 위반의 정도가 객관적으로 명백하고 중대하여 경쟁질서를 현저히 저해한다고 인정하는 경우'에는 검찰총장에게 고발하여야 한다(법 제129조 제2항). 또한 검찰총장은 제2항의 고발요건에 해당하는 경우에는 고발을 요청할 수 있고(동조 제3항),[27] 뿐만 아니라 제2항에 해당되지 않음에도 불구하고 감사원장이나 조달청장, 중소기업청장은 사회적 파급효과, 국가재정에 끼친 영향, 중소기업에 미친 피해 정도 등의 다른 사정을 이유로 공정거래위원회에게 고발을 요청할 수 있다(동조 제4항). 그리고 공정거래위원회는 제3항 또는 제4항에 따른 고발요청이 있는 때에는 검찰총장에게 고발하여야 한다(동조 제5항).

두 차례의 법 개정을 통해[28] 신설된 법 제129조 제2항 이하의 규정들로 인하여 공정거래위원회가 종전처럼 고발권을 소극적으로 행사하기는 어려울 것이다. 그러나 기본적으로는 여전히 공정거래위원회에게 고발재량권이 인정되는 이상 소비자의 입장에서나 기업의 입장에서 형사벌에 대한 객관성과 예측가능성을 보장해주기 위해서는 나름대로의 구체적인 기준이 필요할 것이다. 또한 공정거래위원회와 검찰의 공조체계를 구축하는 것이 필요하다. 1995년 4월부터 검찰과 공정거래위원회의 실무자 총 6인으로 구성된 '공정거래사범협의회'가 발족되어, 서로 정보를 교환하고 수사착수에 필요한 고발 여부를 사전에 협의하고 있다. 그러나 다른 한편으로 미국의 예와 같이 이들 기관 간의 경쟁을 유도하는 방법이 보다 효과적일 것으로 보이며, 이를 위해서는 전속고발제도에 대한 근본적인 재검토가 요구된다.

27) 실무상 각 지검 또는 지청 또한 기관장의 명의로 공정거래위원회에 고발을 '의뢰'할 수 있으며, 이때 공정거래위원회의 해당 국에서 심사하여 전원회의나 소회의에서 심의를 진행한 결과 고발 의결이 이루어지면 통상적인 경우와 마찬가지로 공정거래위원회 명의의 고발결정서를 작성하여 대검찰청에 송부하게 된다.

28) 법 제71조 제2항과 제3항은 제5차 개정(1996.12.30. 개정, 법률 제5235호)을 통해, 제4항과 제5항은 제19차 개정(2013.7.16. 개정, 법률 제11937호)을 통해 신설되었다.

한편, 공정거래위원회의 고발은 통상 친고죄에 있어서의 고소와 같이 1심 판결 선고 전까지는 언제든지 이를 취소할 수 있고, 일단 고발을 취소한 뒤에 다시 고발할 수는 없다(형사소송법 제232조 제1항, 제2항).[29]

29) 헌법재판소 1995.7.21. 선고 94헌마136 결정.

제 3 절 양벌규정 등

Ⅰ. 형사벌 적용의 필요성 내지 당위성 문제

공정거래법상 형사벌이 왜 필요한가? 이 문제에 답하기 위한 방법론으로는 여러 가지를 생각할 수 있다. 예컨대 기타의 제재수단이 실효성을 갖는지의 여부를 살펴보고 난 후, 그렇지 않을 경우 형사벌의 필요성을 당위적으로 도출하는 방법이 있다. 그런데 형사벌적용의 당위성 문제는 공정거래법의 실효성을 담보하는 가장 효과적인 방법이 무엇인지를 살펴보는 과정에서 도출되어야 한다. 기존의 다른 제재수단이 비록 충분한 억지력을 갖지 못한다고 하더라도, 그것이 제재수단의 본질적인 결함 때문이 아니라 제도상의 불비에 기인하는 것이라면 이러한 미비점을 개선하는 것이 바람직할 것이기 때문이다.

이는 동시에 공정거래법의 궁극적인 목적이 무엇인가의 문제와도 관련된다. 즉, 동법이 궁극적으로 소비자의 이익을 보호하는 것을 목적으로 한다면, 직접적인 이해관계자인 소비자의 참여를 통하여 문제를 해결하는 것이 타당한 것이다. 그렇다고 하여 형사벌 적용이 필요 없다는 의미는 아니며, 어디까지나 형사벌은 보충적인 수단으로 그쳐야 한다는 점이다. 그 근거로는 형사벌의 억지효과(deterrence effect) 등을 들 수 있다.

Ⅱ. 양벌규정

1. 의의 및 기능

공정거래법은 법 제124조부터 제126조까지의 어느 하나에 해당하는 위반행위를 하면 그 행위자를 벌하는 외에도 그 법인 또는 개인에게도 해당 조문의 벌금형을 과하도록 규정하여 양벌규정을 두고 있다(법 제128조). 양벌규정의 기능 내지 형벌규정의 해석론 문제는 계속해서 제기되고 있다.

학설은 양벌규정의 기능에 대해 '사업자'를 대상으로 하는 공정거래법상 금지규정들과 '행위자'인 자연인만을 처벌대상으로 이해할 수밖에 없는 형법상의 일반

형사책임 원칙을 조화시키는 것으로 이해한다.[30] 즉, 공정거래법 제124조 내지 제126조의 규정만을 살핀다면, 해당 조항의 '행위를 한 자'는 동법상 금지규정의 수범자인 '법인 또는 개인사업자'라고 해석할 수밖에 없을 것이고, 따라서 이 조항만으로는 '행위자'만을 처벌하는 형법 일반원칙상 법인사업자와 구체적 행위자 그 누구도 처벌할 수 없는바, 양벌규정인 제128조가 이를 이론적으로 조화롭게 해결해주는 기능을 한다는 것이다.

2. 양벌규정의 문제점

법위반행위에 대한 억지력은 사업자에 대한 벌칙의 적용을 통하여 충분히 달성될 수 있으며, 행위주체로서의 개인을 특정하기도 어렵고 위반행위를 통하여 이익을 얻는 것도 사업자이므로 이를 고려하면 개인에 대해서는 벌칙을 적용할 필요가 없다. 또한 공정거래법의 양벌규정상 법인과 자연인에 대한 벌금액은 일본이나 미국의 경우와 마찬가지로 그 상한에 차등이 없다(일본 사적독점금지법 제95조 제1항 제1호, 제2항 제1호; 미국 셔먼법 제1조). 즉, 일본의 경우에도 법인의 대표자, 법인이나 개인의 대리인, 사용인 기타 종업원이 그 법인 또는 개인의 업무에 관하여 제89조의 규정에 반하는 행위를 한 경우에는 행위자를 벌하는 외에 그 법인 또는 개인에 대해서도 각 본조의 벌금형을 과함으로써, 대표자 등에 대해서는 3년 이하의 징역이나 500만 엔 이하의 벌금, 그리고 사업자에 대해서는 500만 엔 이하의 벌금을 부과하게 된다.

여기서 문제는 양자의 벌금형의 상한을 연계시키는 것이 타당한지의 여부이다. 위반행위의 억지라는 양벌규정의 취지, 양벌규정에 따른 책임도 결국 사업자 자신의 선임·감독의무불이행에 따른 자기책임이라는 점, '전가벌'(轉嫁罰)로 보는 경우에도 반드시 벌금액이 양적으로 동일하여야 한다는 근거가 없다는 점, 대표자 등은 벌금 이외에 징역형도 부담할 수 있다는 점 등을 고려할 때 연계의 당위성은 인정될 수 없다고 본다.

또한 감독책임(대표자를 제외한 종업원등의 위반행위에 대하여 사업자로서 그 종업원 등의 선임·감독 기타 위법행위의 방지에 필요한 주의를 게을리한 점에 대한 책임)과 행위책

30) 이호영, 독점규제법(제6판), 홍문사, 2020, 610－611면; 임영철, 공정거래법 — 해설과 논점, 법문사, 2007, 512－513면.

임(종업원 중에서 일정한 범위에 속하는 자의 행위를 법인 자신의 행위로 파악하는데 따른 법인의 책임)을 분리하여 양자의 법정형을 구분할 필요가 있는지 여부도 문제된다. 이때 법인사업자의 행위책임을 인정할 수 있는 자의 범위를 대표자로 한정할 경우, 실제로 대표자 자신이 행위자로 되는 경우가 드물고 대표자 이외의 종업원이 행위자로 되는 경우에는 '감독책임'에 해당하여 보다 낮은 법정형의 적용을 받게 된다. 그리고 대규모사업자의 경우에는 이사 등이, 중소사업자의 경우에는 대표자가 행위자가 되는 경우에는 위반사업자 간에 처벌의 균형이 상실될 수도 있다. 더구나 대규모사업자의 경우에는 실제의 업무집행권한이 상당부분 하부에 위임되어 있어서 행위책임을 인정할 수 있는 주체의 범위를 정하는 일이 쉽지 않게 된다. 생각건대, 양자의 책임을 구분하는 경우에도 이는 양형의 문제로 해결하는 것이 바람직하다.

그 밖에 자연인사업자와 법인사업자를 구별하는 문제는 전자의 경우 자연인사업자가 종업원과 공범이 되는 경우가 적지 않다는 점, 그 결과 징역형이 부과될 수 있으므로 벌금형의 강화는 불필요할 수도 있다는 점과 자력(資力)이 상대적으로 약하기 때문에 오히려 벌금형을 완화할 필요가 있다는 점 등이 고려될 수 있다. 결론적으로 이 문제는 양형(量衡) 과정에서 다루는 것이 합리적이다.

Ⅲ. 형사벌과 과징금과의 구분

우선 과징금제도는 경쟁제한행위로 인한 경제적 이득을 국가가 징수함으로써 사업자가 부당이득을 얻지 못하도록 함과 동시에 법위반행위의 억지를 도모하고 나아가 금지규정의 실효성을 제고하기 위한 것이다. 따라서 과징금의 법적 성격 역시 행정법상의 부당이득환수제도로서, 일종의 원상회복조치라고도 볼 수 있다. 그에 반하여 형사벌은 당해 행위의 반사회성 내지 비도덕성에 근거하여 이에 대한 제재를 가하는 것이다. 따라서 양자의 병과가 헌법상의 이중처벌금지원칙(헌법 제13조 제1항)에 반하지 않는다고 보는 것이 타당하다.

과거 우리나라에서는 과징금과 관련하여 이중처벌금지원칙과의 관계, 즉 공정거래위원회가 위반사업자에 대하여 과징금을 부과한 경우에 그 사업자가 다시 동법 제124조 이하의 벌칙으로서 형벌을 부과 받는 경우에는 형법상 이중처벌금지의 원칙에 반하지는 않는지의 여부가 문제되었다. 그러나 이 문제에 대해서는 헌법재판소의 결정이 어느 정도 해결해주었는데, 부당지원행위 관련 구 공정거래법 제24조의2에 대한 위헌법률심판결정에서 헌법재판소는 과징금 제도의 취지와 기능, 부과의 주체와 절차 등을 종합적으로 고려하여 과징금은 국가형벌권 행사로서의 '처벌'과는 구분되는 것이라고 밝혔다.[31)]

Ⅳ. 기 타

1. 공정거래위원회의 고발조치와 이의신청

공정거래위원회가 검찰에 고발하기로 하는 내용의 의결을 한 경우, 피심인이 시정명령의 경우와 마찬가지의 절차에 따라 이의신청을 할 수 있는지의 여부가 문제된다. 아직까지 이 문제에 대하여 뚜렷한 견해는 없으나, 공정거래위원회의 고발에 대해서는 법원에서 다시 그 정당성 여부가 검토되기 때문에, 별도의 이의신청은 허용되지 않는다는 견해가 있다.[32)] 그러나 공정거래위원회의 고발권 행사도 행정법상 재량처분의 일종이고, 고발권의 남용에 따른 행사에 대해서는 법원에서의 행사와는 별도로 그 전 단계에서 이의신청을 할 수 있도록 하는 것이 바람직할 것이다. 이는 특히 공정거래위원회가 재량권을 남용하여 고발권을 부당하게 행사하지 않는 일종의 부작위처분에 대해서 더 중요한 의미를 갖는다.

2. 형사벌의 면제

형사벌의 면제와 관련해서는 동의의결절차 및 부당한 공동행위 자진신고자 제도와 연관된 쟁점들이 존재한다. 우선 전자에 대해서는, 공정거래법 제89조 제4항에서 동의의결결정은 해당 행위가 이 법위반이라는 것을 의미하지 아니하며 동의의결을 받은 사실을 들어 법위반을 주장할 수 없다고 규정하는 바, 동의의결이 내려진 후에는 사업자에 대한 형사벌이 내려질 수 없다고 보아야 한다. 한편, 법 제89조 제1항 제2호에서는 제129조 제2항에 따른 고발요건 즉, 법위반의 정도가 객관적으로 명백하고 중대하여 경쟁질서를 현저히 저해하는 경우에는 동의의결을 하지

31) 헌법재판소 2003.7.24. 2001헌가25 결정.

32) 김병배, "알기쉬운 공정거래", 중앙일보사, 1996, 427면.

못하도록 되어 있는바, 이는 동의의결제도로 인한 형사적 제재의 실효성 저해를 방지하기 위한 장치로 이해할 수 있다.

부당한 공동행위에 관한 자진신고자와 관련해서는, 공정거래위원회가 자진신고를 한 업체 중 1순위 신고자에 대해서 고발을 면제하였는데, 검찰은 형사소송법 제233조의 고소불가분(告訴不可分)의 원칙을 들어 1순위 신고자 또한 기소한 사건이 있었다. 이에 대해 대법원은 공정거래위원회의 전속고발권의 법적 성질, 죄형법정주의에 근거한 형사소송법상 고소불가분의 원칙의 유추금지 등을 들면서 검찰의 공소를 기각하였다.[33] 따라서 공정거래위원회의 재량으로 자진신고자에 대한 고발을 면제하는 경우에는 형사벌 또한 면제된다고 보아야 할 것이다.

33) 대법원 2010.9.30. 선고 2008도4762 판결; 본서의 제2편 제6장(부당한 공동행위의 제한) 제5절(제재) 참조.

제6장

보 칙

Ⅰ. 비밀엄수의 의무

공정거래법 제119조는 "이 법에 의한 직무에 종사하거나 종사하였던 위원, 공무원 또는 협의회에서 분쟁조정업무를 담당하거나 담당하였던 사람 또는 동의의결 이행관리 업무를 담당하거나 담당하였던 사람은 그 직무상 알게 된 사업자 또는 사업자단체의 비밀을 누설하거나 이 법의 시행을 위한 목적 외에 이를 이용해서는 아니된다."고 비밀엄수의 임무를 규정하고 있다. 그리고 이러한 비밀엄수의 의무를 위반한 자는 2년 이하의 징역 또는 200만 원 이하의 벌금에 처하도록 하고 있다(법 제127조 제3항). 한편, 2020년 5월 법개정[1)]에 의해 동의의결 이행관리 업무 담당자 또한 당해 의무를 지는 대상에 포함되었다.

공정거래법상 위원이나 조사공무원 등의 비밀엄수의무는 경우에 따라서 정보공개법상 공공기관이 보유한 정보에 대한 국민의 공개청구권과 충돌할 수 있다. 예컨대, 법위반사실을 공정거래위원회에 신고한 자가 추후 무혐의처분 통지를 받은 경우에 공정거래위원회에 무혐의조치를 내린 근거서류의 공개를 청구할 수 있고, 이때 공정거래위원회가 법 제119조를 근거로 해당 정보는 「공공기관의 정보공개에 관한 법률」[2)] 제9조 제1항 제1호의 "다른 법률 또는 법률에서 위임한 명령에 따라 비밀이나 비공개 사항으로 규정된 정보"에 해당함을 이유로 정보공개를 거부할 수 있는지가 다투어질 수 있는 것이다.

그런데 공정거래법 제119조 소정의 사업자의 '비밀'이란 "사업자의 영업상의 비밀 뿐만 아니라, 직무과정에서 알게 된 사업자에 대한 보호가치가 있는 정보, 즉, 당해 사실이 통상의 지식과 경험을 가진 다수인에게 알려질 경우 실질적으로 사업자의 정당한 활동이나 신용에 영향을 미칠만한 것"이어야 하는데, 통상 법위반의

1) 2020.5.19. 개정, 법률 제17290호.
2) 2020.12.22. 개정, 법률 제17690호.

협의가 있는 사실로 이루어진 신고내용이란 대체로 과거에 이미 공개되었거나 현재 공개가능한 일반적인 사항이므로 보호가치 있는 정보로 보기 어려울 것이다. 판례도 이와 같다.[3] 공정거래위원회의 심리와 의결은 공개함이 원칙이고, 사건에 관한 의결의 합의만을 공개하지 않는다는 점을 감안할 때(법 제65조 제1항, 제3항), 공정거래위원회의 내부문서라도 예외적으로 업무수행의 독립성을 해치는 등 공정한 업무수행에 현저한 지장을 초래하는 정보에 해당하지 않는 한 관련 자료를 최대한 공개하는 것이 업무수행과정에 대한 공정성과 투명성을 제고한다는 차원에서 바람직할 것이다.

Ⅱ. 경쟁제한적인 법령 제정의 협의 등

관계행정기관의 장은 경쟁제한사항을 내용으로 하는 법령을 제·개정하거나 사업자 또는 사업자단체에 대하여 경쟁제한사항을 내용으로 하는 승인 기타의 처분을 하고자 하는 때에는 경쟁당국인 공정거래위원회에 미리 협의해야 한다(법 제120조 제1항). 경쟁제한사항이란 구체적으로 사업자의 가격·거래조건의 결정, 시장진입 또는 사업활동의 제한, 부당한 공동행위 또는 사업자단체의 금지행위 등을 뜻한다.

같은 맥락으로 관계행정기관의 장은 경쟁제한사항을 내용으로 하는 예규·고시 등을 제·개정하는 경우에는 공정거래위원회에 통보하여야 하고(동조 제2항), 동조 제1항 규정에 의한 경쟁제한사항을 내용으로 하는 승인 또는 그 밖의 처분을 행한 경우에는 그 내용을 공정거래위원회에 통보하도록 되어 있다(동조 제3항).

공정거래위원회는 법 제120조 제2항의 규정에 의한 통보, 제1항의 규정에 의한 협의 없이 제·개정된 법령과 통보 없이 제·개정된 예규·고시 등이나 통보 없이 행하여진 승인 기타의 처분에 관해서는, 경쟁제한사항 등의 문제가 있다고 인정되는 경우에 관계행정기관의 장에게 경쟁제한사항의 시정에 관한 의견을 제시할 수 있

3) 서울고등법원 2000.10.24. 선고 2000누613 판결; 대법원 2003.3.28. 선고 2000두9212 판결. 그 밖에 법원은 정보공개법 제7조 제1항 제5호에서 규정하고 있는 "의사결정과정 또는 내부검토과정에 있는 사항 등"도 동 조에서 열거된 사항 뿐 아니라 그에 준하는 정보로서 공개될 경우에는 업무의 공정한 수행에 현저한 지장을 초래한다고 인정할 만한 상당한 이유가 있다고 인정되어야 한다고 보아, 미공개정보의 대상을 매우 제한적으로 해석하고 있다.

다(동조 제4항).

Ⅲ. 관계기관장 등의 협조

공정거래위원회는 이 법의 시행을 위하여 필요하다고 인정할 때에는 관계행정기관 기타 기관 또는 단체의 장의 의견을 들을 수 있고(법 제121조 제1항), 필요한 조사를 의뢰하거나 필요한 자료를 요청할 수 있다고 규정하고 있다(동조 제2항). 또한, 이 법의 규정에 의한 시정조치의 이행을 확보하기 위하여 필요하다고 인정되는 경우에 공정거래위원회는 관계행정기관 등에게 필요한 협조를 의뢰할 수 있다(동조 제3항).

Ⅳ. 권한의 위임·위탁

공정거래법은 1980년 제정법[4]에서부터 권한의 위임 또는 위탁 규정을 두었다. 현행법은 공정거래위원회가 이 법의 규정에 의한 그 권한의 일부를 대통령령으로 정하는 바에 의하여 소속기관의 장이나, 특별시장·광역시장·특별자치시장·도지사 또는 특별자치도지사 위임하거나, 다른 행정기관의 장에게 위탁할 수 있다고 한다(법 제122조).

---

4) 1980.12.31. 제정, 법률 제3320호. 동법 제53조는 경제기획원장관은 이 법의 규정에 의한 그 권한의 일부를 대통령령이 정하는 바에 의하여 소속기관의 장이나, 서울특별시장·부산시장 또는 도지사에게 위임하거나, 다른 행정기관의 장에게 위탁할 수 있다고 하였다. 1990년 제2차 개정법(1990.1.13. 전부개정, 법률 제4198호)부터 공정거래위원회가 위임 또는 위탁을 할 수 있도록 변경되었다.

사항색인

[ㄹ]

[ㅁ]

[ㅈ]

저자 약력

이 봉 의(李 奉 儀)

[학력]
서울대학교 경영대학 졸업(학사)
서울대학교 법과대학원 졸업(법학석사)
서울대학교 법과대학원 박사과정 수료
독일 Johannes Gutenberg－Uni. (Mainz) 졸업(법학박사, Dr. Ius.)

[주요 경력]
현) 서울대학교 법학전문대학원 교수
　서울대학교 경쟁법센터장
　공정거래위원회 경쟁정책자문단 위원
　아시아태평양경쟁커뮤니티(APCC) 회장
　(재)한국인터넷광고재단 이사장 외
전) 한국경쟁법학회 회장
　공정거래위원회 법개정특별위원회 경쟁법제분과 위원장
　중소벤처기업부 고발요청심의위원회 위원
　과학기술정보통신부 규제심사위원회 위원장
　과학기술정보통신부 적극행정위원회 위원
　대중소기업협력재단 위수탁분쟁조정협의회 위원장
　방송통신위원회 법률자문단 위원 및 합병심사위원

[주요 저서 및 논문]
공정거래법상 온라인 플랫폼의 자사우대, 박영사, 2023(공저)
독점규제법(제7판), 법문사, 2020(공저)
독일경쟁법, 법문사, 2016
기업결합규제법, 법문사, 2012(공저)
경제법연습, 홍문사, 2013(공저) 외

해운선사 간 운임협약과 해운법상 “자기완결적” 적용제외, 경쟁법연구 제48권, 한국경쟁법학회, 2023.
공정거래위원회의 독립성에 관한 단상(斷想), 법학연구 제31권 제1호, 연세대학교 법학연구원, 2021.
공정거래법상 특수관계인 등에 대한 부당한 사업기회제공의 도그마틱, 상사법연구 제39권 제4호, 한국상사법학회, 2021.
디지털플랫폼의 자사 서비스 우선에 대한 경쟁법의 쟁점, 법학연구 제30권 제3호, 연세대학교 법학연구원, 2020.
입찰담합에 따른 손해액의 산정에 관한 연구, 경쟁법연구 제41권, 한국경쟁법학회, 2020.
디지털경제와 기업결합 신고의무의 개선방안, 경쟁법연구 제39권, 한국경쟁법학회, 2019.
공정거래법상 특수관계인에 대한 이익제공의 ‘부당성’에 관한 해석방법론, 선진상사법률연구 제81권, 2018.
공정거래법상 과징금 부과와 그룹책임(group liability)의 법리, 경쟁법연구 제36권, 한국경쟁법학회, 2017.
공정거래법상 부당한 사업활동방해의 경쟁제한성 판단 — 현대·기아차 판결을 중심으로 —, 법학논문집 제41권 제2호, 중앙대학교 법학연구원, 2017.
유통분야 불공정거래행위에 대한 제재의 재구성, 경쟁법연구 제35권, 한국경쟁법학회, 2017.
한국형 시장경제의 심화와 경제법의 역할, 서울대학교 법학 제58권 제1호, 서울대학교 법학연구소, 2017.

제 2 판
공정거래법

초판발행 2022년 2월 25일
재2판발행 2024년 1월 1일

지은이 이봉의
펴낸이 안종만 · 안상준

편 집 이승현
기획/마케팅 손준호
표지디자인 이영경
제 작 고철민 · 조영환

펴낸곳 (주) 박영사
서울특별시 금천구 가산디지털2로 53, 210호(가산동, 한라시그마밸리)
등록 1959. 3. 11. 제300-1959-1호(倫)
전 화 02)733-6771
f a x 02)736-4818
e-mail pys@pybook.co.kr
homepage www.pybook.co.kr
ISBN 979-11-303-4559-8 93360

정 가 82,000원